ISBN 978-1-332-63572-6
PIBN 10328542

FB &c Ltd, Dalton House, 60 Windsor Avenue, London, SW19 2RR.
Company number 08720141. Registered in England and Wales.

For support please visit www.forgottenbooks.com

DIE

GESETZE DER ANGELSACHSEN.

HERAUSGEGEBEN

IM AUFTRAGE DER SAVIGNY-STIFTUNG

VON

F. LIEBERMANN.

ZWEITER BAND

ERSTE HÄLFTE: WÖRTERBUCH.

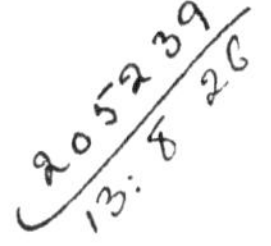

HALLE a. S.
MAX NIEMEYER.
1906.

Vorwort.

Willst du dich am Ganzen erquicken,
So musst du das Ganze im Kleinsten erblicken.
Goethe, *Gott, Gemüth und Welt.*

Das Wörterbuch will hauptsächlich dem Benutzer der *Gesetze der Angelsachsen* dienen. Es erklärt ihm jedes Wort des Englischen und des Französischen Textes, sowie vom Lateinischen jedes, das den Lexicis der classischen Sprache fehlt, und es ermöglicht, jede Stelle der Gesetze sofort aufzufinden. Daneben aber möchte es die Wissenschaft von der Angelsächsischen Sprache allgemein fördern. Zu diesem Zwecke sind erstens die Bedeutungen eines Wortes schärfer gesondert als zum Verständnis bloss dieses Einen Textes nötig gewesen wäre, der ja im ersten Bande auch Deutsch übersetzt steht; man findet ferner sämtliche Wurzeln in alphabetischer Ordnung so verzeichnet, als bildeten sie stets den Anfang des Wortes, und hinter dem Simplex diejenigen Ableitungen aufgeführt, welche mit anderen Anfangsbuchstaben beginnen; endlich stehen zu einigen Stücken der Laut- und Formenlehre, der Syntax und Sprachgeschichte, freilich ohne jeden Versuch der Systematik, Erklärung oder Vollständigkeit, Bemerkungen und Stoffsammlungen, die zunächst dem Herausgeber den eigenen Weg haben finden helfen. Eine Liste der Stichworte letzterer Artikel bietet S. VI.

Ende 1902 zwang mich ein chronisches Augenleiden zu dem Versuche, einen Teil der mehr mechanischen Arbeit durch fremde Hilfe erledigen zu lassen. Herr Dr. Karl Wildhagen hat unter meiner Anleitung etwa zwei Drittel der Wörter auf Einzelzetteln ausgezogen, dann die Ausarbeitung der Buchstaben *b c g n o* begonnen und teilweise den für die philologischen Artikel gesammelten Stoff vervollständigt und gesichtet. Herr Dr. Otto Krackow hat die erste Correctur gelesen. Die Verantwortung für Fehler muss ich allein tragen.

Die andere Hälfte dieses Bandes wird das Rechtsglossar, der dritte Band schliesslich die Erklärungen bringen.

Berlin, Februar 1906.
10 Bendlerstr.

F. Liebermann.

Einrichtung des Wörterbuches.

1. Westsächsisch um 890 gilt als leitende Norm, wo ein Wort oder eine Form in mehr als Einer Lautgestalt erscheint.

2. Stichwort für mehrere Formen eines Wortes ist nom. (im Franz. obl.), masc., bezw. inf.; dagegen jede nur einmal vorkommende Form wird selbst Stichwort. — Um jedoch Verwandtes bei einander zu halten und das meist sich auf jene Normalform richtende Aufsuchen zu erleichtern, treten bisweilen ins Stichwort Buchstaben, die der Text nicht belegt; sie erscheinen [eckig] eingeklammert. — Die vom Stichwort abweichenden Formen erhalten nur dann ein eigenes Stichwort, wenn die Variante in die ersten drei Buchstaben eingreift, oder der alphabetische Platz der Variante sich vom Stichworte um mehr als zwei Artikel entfernt; daher *lifað* s. *libban; sceawiað* s. *sceawian.*

3. Von **i** wird **j** typographisch, aber nicht in der alphabetischen Ordnung geschieden. — Die mit consonantischem **v** beginnenden Wörter stehen hinter *uxorari;* sonst erhält **v** zwar eigene Type, aber den Platz als wäre es **u.** — Die aspirirte Dentale **th** wird im Anlaut, auch nach einem Praefix oder vorderem Gliede eines Compositums, zu **þ** normalisirt, sonst als **ð** gedruckt. Die mit ihr beginnenden Wörter stehen hinter *tyrian;* sonst aber ordnet sich **þ** hinter **tg**, also *geþyncðo* vor *getiema.*

4. Der Accent wird, ausser in dem Artikel *Accent* und da wo er zwei Wörter desselben Buchstabenbildes unterscheidet, nicht beachtet. — Ebenfalls nur um Verschiedenes, das im Text gleich geschrieben erscheint, auseinander zu halten, wird Vocallänge (*ān*) oder vom sbst. (*weard*) das Genus angegeben.

5. Jeder Form geht die grammatische Charakterisirung voran; fehlt letztere, so ist bzw. gemeint: *sg, masc, no, inf, praes* und vor blosser Ziffer der Person: *ind.* — Geordnet sind die Formen nach *sg, pl; masc, fm, nt; no, gn, dt, ac, instr,* wo dieser sich vom *dt* formell scheidet; *inf, ind, op, ipa, pc; praes, ptt, fut*

6. Innerhalb der Stellencitate bedeutet ***S.*** die Seite des Ersten Bandes, ausser wo durch *o[ben]* das Wörterbuch auf sich selbst verweist. Römische Ziffer ohne Königsnamen bedeutet ein neues Gesetz des letzterwähnten Königs; einem Punkte **.** folgt Citat neuen Capitels, einem Semikolon **;** das eines neuen Paragraphen. Also I As 3. VI 5. 8, 1; 3 = I As 3. VI As 5. VI As 8, 1. VI As 8, 3. — Verschiedene Gestalten Einer grammatischen Flexionsform trennt ein Semikolon, verschiedene Flexionsformen die Verticale |. — Citate ohne Angabe der Handschrift beziehen sich auf die linke Spalte des Textes in Band I.

Abkürzungen, Citirzeichen Siglen.

Die Seitenzahlen beziehen sich auf Band I.

A	Hs. Harley 55
Abt	Æthelberht S. 3
abw.	abweichend [*s. u. S.* VI*]
ac	Accusativ
Af	Ælfred S. 16
afz	altfranzösisch
AGu	Ælfred-Guthrum S. 126
Ap AGu	App. zu Ælfr.-Guthr. S. 394
I As	I Æthelstan S. 146
As Alm	„ , Almosen S. 148
II As	II „ S. 150
III As	III „ (Kent) S. 170
IV As	IV „ (Thunresf.) S. 171
V As	V „ (Exeter) S. 166
VI As	VI „ (London) S. 173
Að	Eideswert des Thegn S. 464
I Atr	I Æthelred (Woodstock) S. 216
II Atr	II „ Vertr. m. Olaf S. 220
III Atr	III „ (Wantage) S. 228
IV Atr	IV „ (London) S. 232
V Atr	V „ S. 236
VI Atr	VI „ (Eanham) S. 246
VII Atr	VII „ (Bath) S. 260
VIIa Atr	VIIa „ („ Poenit.) S. 262
VIII Atr	VIII „ S. 263
IX Atr	IX „ Woodstock S. 269
X Atr	X „ S. 269
B	Hs. Camb. Corpus 383
Becwæð	Antwort d. Verklagten S. 400
Blas	Blaseras S. 388
Bu	Hs. Burney 277
C	Hs. Camb. Corpus 265
CHn cor	Charta Henr. I. coronati S. 521
Ci	Hs. Camb. Corpus 146
cj	Conjunction
Cn 1020	Cnut 1020 S. 273
Cn 1027	„ 1027 S. 276
I Cn	„ Gesetz kirchl. S. 278
II Cn	„ „ weltl. S. 308
Cons(Cn)	Consiliatio Cnuti S. 618
cpa	Comparativ
D	Hs. Cambr. Corpus 201
Der.	Derivativ
dt	Dativ
Duel	Duell-Ritual S. 430

Duns	Dunsæte S. 374
E	Hs. Camb. Corpus 173
ECf	Leges Edwardi Conf. S. 627
II Eg	II Eadgar (Andover) S. 194
III Eg	III „ „ weltl. S. 200
IV Eg	IV „ (Wihtbordesst.) S. 206
EGu	Eadweard-Guthrum S. 128
El	Einleitung
I Em	I Eadmund (London) S. 184
II Em	II „ S. 186
III Em	III „ (Culinton) S. 190
Episc	Episcopus Bischofspflicht S. [477
Erc	Earconberht S. 9
I Ew	I Eadweard S. 138
II Ew	II „ S. 140
Excom I—VI	Excommunicatio I—VI S. 432
„ VII	Excommunicatio VII S. 438
„ VIII-XIII	„ VIII-XIII S. 439
F	Hs. Nero E I
F(z)	Französisch
fl	flectirt
fm	Femininum
Forf	Forfang S. 388
für	*s. u. S.* VI*
G	Hs. Nero A I
Ger	Gerefa S. 453
Geþyncðo	Ehrenrang S. 456
glossnd	glossirend
gn	Genetiv
Grið	Sonderschutz S. 470
H	Hs. Textus Roffensis
Had	Verletzung an Klerikern S. 464
Hk	Hs. Holkham 228
Hl	Hlothære und Eadric S. 9
Hn	Leges Henrici S. 547
Hn com	Henr. I. 'Comitatus et hundr.' S. 524
Hn Lond	Henr. I. Charta London. S. 524
Hn mon	„ De moneta S. 523
Hu	Hundredgemot (I Eg) S. 192
I	Pseudo-Ingulf
Im	Ingulfs Leis Wl ed. Fell
In (Cn)	Instituta Cnuti S. 612
ind	Indicativ
Ine	Ine S. 88
inf	Infinitiv
instr	Instrumental
ipa	Imperativ
Io	Ingulfs Leis Wl ed. Selden
Isp	„ „ „ ed. Spelman

Iud Dei I-III	Iudicium Dei I-III S. 401
„ IV-VI	„ IV-VI S. 409
„ VII-XVI	„ VII-XVI S. 413
Iudex	Richterpflicht S. 474
K	Hs. Claudius A III
K	im Quadr.: Claudius D II
L(at)	Lateinisch
Ld	Lambarde *Ἀρχαιονομία*
Leis Wl	Leis Willelme S. 492
Lib Lond	Libertas Londoniensis S. 673
Lond	London(iis retractat.)
m	mit
me	mittelenglisch
Mirce	Mircna laga S. 462
no(m)	Nominativ
Nor grið	Norðhymbra cyricfrið S. 473
Norðleoda	Norðleoda laga S. 458
Northu	Northumbr. Priestergesetz S. 380
nt	Neutrum
O	Hs. Cambr. Corpus 190
op	Optativ
Ordal	Ordal S. 386
Ot	Hs. Otho B XI
Pax	Pax S. 390
pc	Particip
pf	parfait
pl	Plural
pr(o)n	Pronomen
pr(ae)p	Praeposition
prs	Praesens
Ps Cn for	Pseudo-Cnut De foresta S. 620
ptt	Praeteritum
Q(uadr)	Quadripartitus S. 529
Rb	Rubrik
Rect	Rectitudines sing. pers. S. 444
retr	retractat.
Romscot	Peterspfennig S. 474
Sacr cor	Krönungseid S. 214
sb(j)	Subject
sbjf	subjonctif
sbst	Substantiv
sbstirt	substantivirt
schw	schwach
sg	Singular
So	Somner's Canterbury-Hs.
spl	Superlativ
st	stark
st(att)	*s. u. S.* VI*
Swer	Swerian: Eidesformeln S. 396
übs	übersetzt

übsnd	übersetzend
übtr	übertragen
unfl	unflectirt
unübs	unübersetzt
Vt	Hs. Vitellius A VII
Wal	Walreaf: Totenberaubung S. 392
Wb	Wörterbuch
Wi	Wihtræd S. 12
Wif	Wifmannes beweddung S. 442
Wl art	Willelmi articuli X S. 486
Wl art Fz	„ „ Franz. S. 488
Wl art retr	„ „ Lond. retr. S. 489
Wl Edmr	Wilhelms I. Politik nach Eadmer S. 520
Wl ep	Will. Episcopales leges S. 485
Wl lad	Wilh. Beweisrecht S. 483
Wl Lond	Wilh. I. für London S. 486

~ als selbständiges Wort: Stichwort

~ mit folg. Buchst.: Stichwort weniger letzten gemeinsamen Buchstabens; unter **abbod** heisst *~dan: abbodan,* unter **eadig** heisst *~ge: eadige*

- letzt citirtes Wort, nicht Stichwort

- mit folg. Buchst.: eben citirtes Wort weniger letzten gemeinsamen Buchstabens; unter **twihynde,** hinter *twyhyndum* heisst *-hin-r twyhindum*

( ) Das innerhalb citirten Textes (Eingeklammerte) steht nicht an allen sonst gleichlautenden Stellen, sondern nur an der mit (eingeklammertem) Citirzeichen; *wise healdan* (*habban*) Af El 49, 3 (Ger 5, 1) heisst: *wise healdan* Af El 49,3; *wise habban* Ger 5, 1; und (*ge*)*wilniað* E(H) heisst *wilniað* E; *gewilniað* H

[ ] um oder im Stichwort: [ ] nicht im Text

* erschlossene, nirgends belegte Form

| trennt Flexionsformen oder Bedeutungen oder dient nur statt verstärkten Semikolons

‖ und ❙ in längeren Artikeln sondert Abschnitte

= gleich; in Citaten: Folgendes Vorigem entstammend

Artikel zur Phonologie*, Flexion Syntax, Sprachgeschichte.

*) *In diesen Artikeln bedeutet* für, statt, abweichend von *nicht immer, dass die erste Form aus* (*oder auch nur zeitlich nach*) *der zweiten entstand, sondern manchmal bloss, dass jene vorkommt, gleichbedeutend neben dieser häufigeren oder zum Stichwort gewählten.*

---

a
a- Praefix
L-a Endung F-a-
-aa-
Abkürzungen
Ablativus
Accent
Accusativ
Activ medial
Adjectiv, Syntax
-æ- L-æ
-æg-
-æig-
æt-
-ai- F-ai
-ain- Fain
-ais-
an- F-an
and-, -and-
Antithese
Artikel L*dass.*
Assimilation
F-aun-
-b- Lb
be-
-bs
buri
c- Lc Fc
cc- Lcc
-ccg-, cch, cg, cgc
-cgcg, cgg
ch- Lch
chs
L-ci-
Lcom
Comparativ
Conjugation
Consonanten-Verdoppelung, -Vereinfachung
-cs
-ct
cw-
-d- Ld Fd
Dativ F*dass.*
-dd
Declination
Demonstrativum F*dass.*
-dh-
Dittographie
-e- Le Fe
-ea-
-ear-
-ee-
-eg-
-egn
-ei F-ei, ein, eis
Ellipse
-en F-en
Endreim
eo-
eor-
-er-
eu-
f- Lf
ff
for-
fore-
formelhafte Verbindg.
Formeln
Fremdwort
Futurum FFutur
-g- Lg Fg
-gc
-ge-
ge- Praefix
Genetiv F*dass.* L*dass.*
Genus
Gerundium
-gg
-gh
gi-
-gie
Gleitlaut
F-gn
-gs
-gt
FLgu-, gw-
-h- Lh Fh
-hc
Hendiadyoin
-hg
-hh
hl-
-hs
-ht
hw-
hybride Composition
hypothetischer Satz
-i Li Fi
-ie Fie
-ig
-ige
-ii
Imperativ
Indefinitum L*dass.*
Indicativ F*dass.*
Infinitiv LF*dass.*
-ing
Instrumentalis
Interrogativum
-io
-ir-
-k
-l FLl
Latein
-lef
-lic, -lice
-ling
ll Lll
-ls
-m Lm Fm
-mb LFmb
Metathese
mis-
-mm LFmm
Modernisirung
L-mp(t)
-n Ln Fn
LF-nb
-nc
-nd-
-ne
-ng
Negation
Neutrum
-ng, ngc
-nn Lnn
Nominativ
nordische Lehnwörter
Numerus F*dass.*
-o Fo
LObliquus F*dass.*
-oe
of-
ofer-
on-
ond-
-oo-
Optativ
or-
oð-
ou
-p Lp
Parenthese
Pars pro toto
Particip F*dass.*
Passiv
Lper- Fper-
Perfect L*dass.*
Personalpronomen
F*dass.*
Pleonasmus
Plural
Plusquamperfect
Possessivpronomen
F*dass.*
-pp- F-pp- L-pp-
prädicativ
Praefix
Praeposition L*dass.*
Praesens
Praeteritum
Pronomen
pur
-qu-
-r Fr-
-ræ
-re
-ref
Reflexiv
reflexives Verb
Reim
Relativ
Relativum generale
F*dass.*
-rf-
-ri-
-ro-
-rode-
-rr Lrr -rs
Runen
ry
-s- Ls Fs
-sc-
-sch-
schwache Declination
sh | -sl
sp
Sprichwörter
-ss Lss Fss
ssc-, ssh-
-st-
starke Declination
Subject
Substantiv
Substantivirung
Suffix
-sum
Lsuper
Superlativ L*dass.*
Supinum
-t- Lt
Tautologie
-tg
-th Lth Fth
L-ti
-tn-
to-
-tr-
tt
þ- Fð
þþ
-u
-um
Umlaut
un-
under-
-ung
unpersönliche Verba
F-ur
Urkundenstil
-uu
-v- Lv
verallgemeinernd
Verbum
Vocalverdoppelung
-vu
-w- FLw
wea
weard
welf-
weo-
wh
wi, -wie-
wið-
-woe-
-wor-
Wortbildung
Wortschatz variirt
Wortstellung
-wu-
-wy-
x
-y, -y
-ya-
ye-
yo
-yr-
F-z
Zahlwort LF*dass.*

Berichtigungen zu Band I.

[Der Inhalt von I S. LXII wird hier wiederholt.]

> Es liesse sich alles trefflich schlichten,
> Könnte man die Sachen zweimal verrichten.
> Goethe.

S. XIV, Sp. 3, Z. 11 v. u. *lies* 368 Alet: Rj

" " Z. 10 v. u. *streiche:* Alet

S. XXXVI[5]: Der Angelsächs. Beda in Ot heisst bei Rudborne im 15. Jh. *liber de Suthwyk; vgl.* Plummer *Alfred* 168

S. XXXVII, Sp. 1, Z. 6 *lies:* Egbert'. Gehörte P's Vorlage Egbert? Oder empfing P Egberts Namen, weil Egberts *Excarpsum* vorhergeht?

S. XL, Sp. 2, Z. 4 v. u. *lies:* Canterbury gehörte. Dies bestätigt James *Anc. libraries of Canterbury* p. 518

S. LIX, Sp. 2, Z. 4 *lies:* 82; James *Facsim. nat. mss.*, daraus Ellis *Transa. Philolog. soc.* 1868/9 p. 134

S. 5, Sp. 1, c. 46 *lies:* hleore[7] | Sp. 2: es Eine[2] Wange

S. 5[7]: *für* hleor; *vgl.* Wb: -e *n.* 2

S. 7, Sp. 2, c. 65, 1 *lies:* da dürfen Sippen schlichten

S. 9, Z. 2, linker Rand *setze:* [*Erc*]

S. 9[1] *füge zu:* Vgl. o. S. LIV, Sp. 1, Z. 8

S. 11, Sp. 2, c. 13, Z. 2 *lies:* trinken, er jedoch dort keine Bluttat tut

S. 12 *streiche Anm.* ***

S. 14, Sp. 2, c. 28, Rand *setze:* vgl. Ine 20

S. 17, Sp. 3, Z. 2 *lies:* einem anderen

S. 19, Sp. 1, Z. 8 *lies:* ðeofes[8]

S. 19, Sp. 3, c. 37 *lies:* Über Wohnstätten-Gemeinde [polit. District]

S. 20* *lies:* fæþe (*unter* Errata *em.* fæhþe) Ld

S. 26, Sp. 2, S. 27, Sp. 1 *hinter* CXX } *ändere* —901 *in:* —899
S. 28—89

S. 29, Sp. 2, c. 9, Z. 4: bouem, non

S. 35, Sp. 3, c. 23, Z. 4: [beide Herren]

S. 37, Sp. 3, Z. 6 *lies:* er unter Zwang handelte

S. 38, Sp. 1, c. 36, Z. 2 *lies:* wreonne 7* to

" *setze:* *) 7 to werianne, *viell. einst interlinear, weil nicht aus Exodus, und weil* oððe *to* w- *in* GH

S. 41, Sp. 3, c. 40: Wort achte du dessen nicht, um [darauf]

S. 45, Sp. 2, c. 49, 6: Aus diesem E. Spruch kann man ersinnen, jeden (Urteilspruch *H*) richtig zu beurteilen;

S. 49, Sp. 2, c. 1, 8: Wenn aber fernere [nämlich] bürgerlichrechtliche Bürgschaft vorhanden ist

S. 56, Sp. 1[12] *lies:* Ld; *er trägt es nach unter* Errata

S. 60, Sp. 2, c. 19, 3, Z. 1. 3 *lies:* monnes[2]

" " c. 20, Z. 3 *lies:* befæste[13]

S. 61, Sp. 2 *über* c. 20 *lies:* I 5, 2 e

S. 61, Sp. 3, Z. 4: man gebe in dies [Bussgeld als Zahlung] hinein keinen

S. 61, Sp. 3, c. 19, Z. 2: hinleiht, dass der damit e. M. erschlage,

S. 71, Sp. 3, c. 37 *lies:* W. j. v. e. Wohnstätten-Gemeinde [polit. Bezirk] fort in e. a. Wohnstätten-Gemeinde [ziehn] will [um sich] e. H. zu suchen, so t. er das mit Z. j. E., in dessen G. er b. Vasall gewesen ist | 37, 1, Z. 6 Grafschaft, wo j. M. b. Vasall gewesen ist,

S. 88, Sp. 1, Z. 5 *streiche:* [5]

S. 89, Sp. 3, Z. 9: Richtigeres

S. 91, Sp. 3, c 4, Z. 5: 12fach die Kirchensteuer der

S. 99, Sp. 3, c. 20, Rand *setze:* vgl. Wi 28

S. 101, Sp. 2, c. 25, 1, letzte Z. *lies:* Mitstehler war

S. 106, Sp. 1, c. 40, Z. 3: untyned

S. 115, Sp. 1, c. 56, Z. 3: manus **coa**genti[15]

Anm. 15) *fehlt Lond;* to agenti (-is Br) TMHkBr [*wohl* to agende *'dem Eigner' verstehend*]

S. 117, Sp. 2, c. 60, Z. 3: zahlen [genug] besitzt, sehe

S. 119, Sp. 3, c. 67, Z. 2: auf bereite [in Geld od. Wert zahlbare] Abgabe

S. 123, Sp. 1, Anm., vorletzte Z. *lies:* ðam 6) Folgt

S. 127, Sp. 2, Z. 6: ihre Beamten (Nachkommenschaft

S. 127, Sp. 2, c. 2, Z. 1 *lies: Ld*) Nämlich also (Und

S. 133, Sp. 1, c. 9, Z. 2: **i**eiuniis

S. 135, Sp. 2, c. 12, Z. 2: Fremden irgendwodurch an

S. 141, Sp. 2, Z. 4: nach der Schätzung des

S. 141, Sp. 2, c. 3, Z. 2: meineidig gewesen sind, .. fehlgeschlagen o. ü. worden ist, dass

S. 145, Sp. 2, Z. 3 v. u: wann es [das Urteil] zustande komme

S. 151, Sp. 2, Z. 3, Rand *setze:* vgl. Ine 22

S. 157, Sp. 2, c. 11, Z. 7: der Mutterseite —

S. 163, Sp. 2, c. 23, Z. 5 *streiche:* ;

S. 165, Sp. 2, c. 25, 1, Z. 2: ein, in dessen Diöcese dies vor- [kommt

S. 166, Sp. 1, Z. 3 v. u.: from[9] **d**ó

S. 169, Sp. 2, c. 1, 3, Z. 2: Recht der Gegenpartei beugt

S. 176, Sp. 3, Z. 7: wenn man mehr bedarf, dorthin

S. 178, Sp. 3, vorletzte Z: vogte, in dessen B. dies vorkommt

S. 180, Sp. 3, Z. 11 v. u.: worden: viele Leute

S. 183, Sp. 1, Z. 7: wið rædde

" Sp. 3, c. 12, 2, Rand: Vgl. **VI** As 1, 4

S. 188, Anm. §§) *für* sehtan; settan [*missverst.*] Ld

S. 189, Sp. 2, c. 4, Z. 7: vorschreibt, in dessen S. es vorkommt

S. 191, c. 4, Z. 2: et extopentur*, et | *) -topp ... Br: *vgl.* hættie

S. 211, Sp. 1, c. 3, 1 *sperre:* f i d e l e

S. 213, Sp. 2, c. 11, Z. 5: Vieh, bezw. d. W. d. Viehs [falls dies selbst unterging], bis

S. 214, Z. 6 v. u. *lies:* Cp [*vgl. o. S.* LV *Sp.* 2, *Z.* 7 v. u. *und über Alfreds Krönungseid Stevenson* Asser 182]

S. 215, Sp. 1, Z. 4 v. u. *hinter Anm.* *) *setze: vgl. o. S.* XXV Sp. 1, Z. 5

S. 226, Sp. 1, c. 9, 3: andsæ[c[25]]

S. 230, Sp. 1, c. 5, Z. 1: habbe, 7

S. 233, Z. 1: Und dass in dém Falle das U.

S. 237, c. 8, Z. 2: sie beiderseits bei

S. 245, Z. 9 v. u.: welche gar manchen | Anm. 2) *streiche:* , 1

S. 248, c. 3, 1, Z. 2: b*iscope*

S. 254, Sp. 2, c. 32, 3, Z. 2: þ*onne, also* ne *nicht fett*

S. 255, Sp. 2, c. 32, Z. 1: Sicherheitsreform

S. 262, Sp. 1, c. 5, 1: þeowe m*en*

S. 266, Sp. 1, c. 22, Z. 2: aðfultu*m*

" Sp. 2, c. 23, Z. 1: Kleriker wegen Totschlags beschuldigt und

S. 267, Sp. 2, c. 36, Rand Z. 2: Pr 2

S. 274, Sp. 1, c. 15, Z. 1: sceolon[5] eallan

„ *setze Anm.:* 5) *ergänze* mid

S. 277, c. 11, Z. 2: iniustitiam

S. 279, Sp. 1 *setze über* Z. 1: *Anglonormann. Übersetzung zu Stücken von* I. II Cnut *s. u.* Leis Willelme *S.* 492 *ff.*

S. 285, Sp. 3, c. 4, 3, Z. 4: und für des Volkes Notlage eifrig

S. 287, Sp. 3, c. 5, 2b: Kleriker wegen Totschlags beschuldigt und

S. 307, Sp. 3, c. 26, 3, Z. 6: welche g. Herden

S. 311, letzte Z., Rand: 40 f.

S. 323, Z. 3 v. u.: Gar mancher . . bequemer [erfolgreich] vert.

S. 330, Sp. 1, Anm. Z. 2 *lies:* Ld 4) ealle

S. 339, Sp. 1, c. 36, Z. 1: iuramentum

„ Z. 8 v. u.: notorisch auf f. Z. ertappt wird, indem er

S. 349, Z. 6 v. u. *lies:* 56 (Unleugbarer Mord *B*). Wenn

S. 355, Sp. 3, c. 68, 2: bei gar mancher

S. 363, Z. 9 v. u.: hat, sorge, dass

S. 379, Sp. 1, Z. 3 *sperre* c o n s c i e n t i a

„ Sp. 2, Z. 4: solcher Teilnahme [durch

S. 380, Sp. 2, c. 2, 3, Z. 2: Priestersatzung

S. 393, Sp. 2, c. 3, Z. 3: stellt demgemäss wie dafür gebührt, d. h.

S. 401[b], Z. 10, *hinter* XV *setze: aus* Co *nahm* Or f. 16—19: XVI. I. XV

S. 409, Anm. 35): *für* dearr

S. 427, letzte Anm. a) Z. 1 *lies:* Oriel Coll. 46 f. 16) folgt

S. 431 *setze vor* Anm. 24: episcopo Et [*vgl. o. S.* xxv, *Handschr.* Et *Z.* 9]

S. 432, 433, Rand links Z. 1: *Excom.* I

S. 432[a], Z. 1: ähnliche mehr; vgl. o. S. xx, Sp. 1, Z. 3 v. u.

S. 443, Sp. 2, c. 8, Z. 2 durch kirchliche Einsegnung

S. 445, Sp. 3, c. 2 vorl. Z.: ferner wie näher

S. 450, Sp. 3, c. 10, Z. 6: er aus eigenem Vermögen; und

S. 453, Sp. 2, c. 3, Z. 2: muss beobachten sowohl

S. 454, Sp. 2, c. 10, Z. 3: Hürde flechten[r], St. | Anm. r) *streiche:* wischen a. m. reinigen; *füge hinzu:* [*vgl.* Archiv neu. Spra. 1904 *S.* 408]

S. 454, *ebd.* h.[s] u. Schweinestall[ss] (-ställe?) ebenfalls | *Anm. setze hinter* s): ss) *vgl. Napier* Modern philology I 394

S. 455, Sp. 1, Z. 6: *Original:* oðð [ð]es [c]ynnes [*vgl.* Forf 3, 1]

S. 455[b]: *für* gem.; *vgl.* 1[2] [(*solcher*

S. 457, Sp. 3, c. 3, Z. 7: Hiden, zur Verantwortung für die staatliche Grundlast ausserhalb [des Landguts], besass

„ *ebd.* c. 4, Z. 3 v. u.: musste[2] in eigener Person, um[3]

S. 458, Sp. 2, Z. 4: wid-

S. 461, Sp. 2, c. 9, Z. 3: Landes, zur Verantwortung für die staatliche Grundlast ausserhalb [des Landguts], besitzt

S. 465, Sp. 1, Z. 3: syx | Sp. 3, Z. 7 v. u. *streiche* [ ]

S. 470, Sp. 2, c. 9: Südengländer[1*] gilt

S. 478, Sp. 3, Z. 1: Volkes Lage gut beschaffen noch

S. 478[22] *füge hinzu: bessere* iunioribus

S. 511, Sp. 2, c. 24, Z. 7 sonen *IL*

S. 515[2]: *so emendirt Fr. Michel bei Thorpe*; mespriorai

S. 519[2]: *bessere*

S. 525, c. 2: ciuitatis

S. 529[a] *füge zu: vgl. o. S.* LX, *Sp.* 2, *Z.* 2 *v. u.*

S. 531[c]: *füge hinzu: Orig. las viell.* immunditiis

S. 546[d]: Macrob.

S. 558[h]: *ändert mit Recht Schmid*

S. 566, c. 35, 2, Z. 2: borhbreche | Anm. 24: *so Sc;* burb.

S. 575, Z. 13 *lies:* [56, 1]

S. 584[h] *lies: vgl.* 66, 9a. 31, 8

S. 586[1] *lies: Loos, nicht des Richters* [*s. o. Anm.* i] *Wahl*

S. 614[n], Z. 2 *streiche:* noch d. er an S. a. Königsboden | 614[o] *lies:* eise: *Servitut (Nutzungsrecht) auf Königsboden*

S. 618, Rand links: *setze* [Cons Cn, Inso]

S. 621[o] *füge hinzu: ; und 8 Pence ist Ritters Tagessold unter Heinrich II. nach Round* Archaeol. journal 59 [1902], 148

S. 633, Sp. 2, c. 9a: non[21] per[cd]

„ *hinter Anm.* cc *setze:* cd) *vgl.* Iud Dei III 3, 1

S. 637, Sp. 1, c. 12, Z. 3 und Sp. 2, c. 12, Z. 6: handsealde

„ Anm. Z. 3 v. u.: 8) puerum *las Gi; s. o. S.* xxvi, *Hs.* Gi *letzte Z.*

„ 11) dimicabunt Gi Or; *s. ebd.*

S. 643, Sp. 1, c. 18, Z. 2: misericordiam eius, timore

Berichtigungen zum folgenden Wörterbuch.*

*) [W]: *bemerkt von K. Wildhagen.*

S. 5, Sp. 3, Z. 18 *setze:* **ægen** *s.* agen

S. 7, Sp. 2, Z. 5 v. u. *lies:* hordern, sl. [W]

S. 8, Sp. 3, Z. 23 *lies:* 46, 1 B; oðs- *übr.* [W]

S. 9, Sp. 3, Z. 10 v. u. *lies:* 24, 1 (ægen A). Ger

„ Sp. 3, Z. 3 v. u. *lies:* ~de *Einfänger (des Verbrechers)* Wi 27

S. 19, Sp. 3, Z. 5 *lies:* bisii, bistandeð, [W]

S. 29, Sp. 3, Z. 2 v. u. *streiche:* e [W]

S. 39, Sp. 2, Z. 23 v. u. *streiche: gramm.* — 3)

S. 43, Sp. 3, Z. 18 v. u. *ac:* ~nan Northu 35 — *Der. s.* horc~

S. 57, Sp. 1, Z. 11 *lies: germ.* ä [W]

„ Sp. 2, Z. 24 *streiche:* æa [W]

S. 72, Sp. 3, Z. 5 *lies:* **fod(d)r-** *s.* foðor

S. 85, Sp. 1, Z. 2 *streiche:* u [W]

S. 120 Sp. 3, Z. 17 *lies: n.* I 1a [W]

S. 121, Sp. 3, Z. 18 v. u. *streiche: für* e: *s.* here *dt* 2) [W]

S. 147, Sp. 1, Z. 19 v. u. *lies:* **midwiste**, *gn*, *Teilnahme, Teilhaberschaft*

S. 159, Sp. 3, Z. 4 v. u. *streiche*

S. 160, Sp. 1, Z. 19 *lies:* (ge)don, fæmne

S. 169, Sp. 2, Z. 29 *lies:* Af 31, 1 (ofs~ Ld So; æts~ [W]

S. 172, Sp. 3, Z. 4 v. u. *lies: Ellipse n.* 2 [W]

S. 187, Sp. 3, Z. 10 *lies:* Chiltre [W]

„ „ Z. 22 *streiche:* estre [W]

S. 203, Sp. 3, Z. 26 v. u. *lies:* sunne [W]

S. 207, Sp. 3, Z. 22 *lies:* lian, Wihtbord

S. 224, Sp. 3, Z. 7 v. u. *lies:* Geþyncðo 6 H [W]

S. 228, Sp. 1, Z. 12 *lies:* 23, 1; ondo Ot Ld [W]

S. 244, Sp. 1, Z. 30 *lies:* 1, 4; Wighb~ L

A.

-a- *eingeführt zwischen* -rw- *s. Gleitlaut*

a-, -a- *abweichend von ws. Lauten* **1)** *von* e: *s.* Engle; *north. Endg.* -are *für ws.* -ere *s.* ricsare, þrowere **2)** *von* æ: *s.* (sulh)æcer, æðeling, bærnet, Sunnandæg, hwæðer, mæssepreost, mæstan, stæltihtle, swæðer, wælreaf **3)** *von* ǣ: *s.* unrihthæmed, hæðen, (ge)hwær, mæð, ræd, gerædnes, aræran, gesælig, (scrift)spræc, tæcean, þær(on, ∼to), wæpentæc **4)** *von* ea: *s.* eald, gealdorcræft, healdan, healf(marc), heall, healm, healsfang, wealdan, (unge)wealdes, horswealh, Westsaxones *in lat. Hss.* 12. *Jhs. für* Westseax- **5)** *von* ēa: *s.* Eadgar, Greatanleage, sceawian, stream

a- *vor Nasalen oft geändert aus* o *in* H: *s. z. B.* and, hand, land, mann, wamm, *bes. in* Af-Ine; *sonst häufig: s.* þonne, þonon

-a- *dafür abweichend:* ea, o *s. d.*

ā *geschrieben* aa *s. d.*

-a *in Flexionsendungen* **1)** *abweichend für* e *s. Conjugation, Declination* **2)** *dafür abweichend (spät.)* e *s. d.*

a- ***Praefix:*** **I)** *später praefigiert s.* abidan, aliesan, aræran, utlædan **II)** *später geschwunden s.* beran, brecan, cwellan, delfan, fiellan, giefan, ofslean **III)** *für* **1)** æ- *s.* æbære, æbylgð **2)** *für* ān- *s.* ancenned **3)** *für* ge- *s.* abidan, unaboht **4)** *für (ält.)* on- *s.* onbutan, onbyrigan, onfindan, onfon, ongiman, onginnan, hand, onlænan, ariht, onweg, onwendan, awoh **5)** *für* oð- *s.* oðcwolen, ut oðberstan **IV)** *dafür abweichend* for-, ge-, of- *s. d.*

[L]**-a** *ersetzt ags. Endung* -e, *auch des masc und nt; z. B.* handhabbenda IV As 6 Q; or(a), wer(e), wite

[F]**-a-** *für* -ai- *s.* forfait(ure); *ersetzt durch* -e- *s. d.;* -an- *durch* -en- *s. d.*

a *adv.* [*Form:* a Af 7, 1. III Eg 3. V Atr 12; á VI As 8, 1; aa II Cn 15, 1. Grið 3. Norgrið *Z.* 6. Had 10; áá III Eg 3 D. G 2. V Atr 26, 1; ha II Cn 84, 4 b A]. — *Bed.: immer, stets* Af El 44. IV Eg 12. VIII Atr 5, 2; *ewig* a butan ende Iud Dei VIII 2, 4 | *jedesmal* VI Atr 20 = VIII 13 = I Cn 13; a þonne *immer wenn* VI Atr 32, 3; *je, jedesmal* Af 9, 1. VI As 3. 6, 4; *macht folgende Zahl distributiv* a emban ænne VI As 8, 1; a ymbe feower II Ew 8. Hu 1; aa be þam þe *immer je nachdem* V Atr 31 | a swa + *compar.* + swa *je .. um so* II Cn 38, 1. Ger 5, 1; beo hit a læsse *wär es noch weniger* Rect 3, 3. — *Ersetzt durch* æfre II Cn 68 B

[F]**a** *prp.* **1)** *zur Decl.* **a)** *dativ. Sinnes* al rei Leis Wl Pro. 17, 3 I; Wl art Fz 2 **b)** *genetiven Sinnes* sires al homicide Wl art Fz 3, 1; costumes as Engleis Wl art Fz 4; aveir al larrun Leis Wl 27; cunged a la justise 4, 1; relief al vilain 20, 3 **2)** *Ort wo? zu, bei* a Gloucestre Wl art Fz 4; a rei Leis Wl 43; a qui (*in wessen*) curt (en *Hk*) 24 **3)** *Ort wohin? zu, vor, in* venir a justise (devant *Hk*) Leis Wl 3 I; aler a l'ewe 15, 3; a terre 18, 1; a vis (el *Hk*) 10, 1 I; a (*zur*) iglise 1 **4)** *Zeit bei, zu, an* a la tierce fiee 44, 1; a la devise 4; a jour de mort (le *Hk*) 20, 2 I; al comencement Wl art Fz 1 **5)** *Art und Weise auf, zu, mit, unter* a cense Leis Wl 20, 4; a force (per *Hk*) 18 I **6)** *gemäss, nach* a pleisir 39, 1; a acient 49 **7)** *Mass, Werthöhe für, um, bis, zu, nach* a duble de 2, 1; a tant cum 20, 4; a la vailaunce 49; a sa were Hn Lond 7 **8)** *Qualität, in, nach, an* as solz Engleis 42, 1[a]; al forfait 2, 3 I; a (*für*) franc hume tenu Wl art Fz 8 **9)** *distributiv* al os al pouz *für jeden* Leis Wl 10, 1 **10)** *Adverb bildend* a present 38 **11)** *vor Infinitiv 'zu'* a saver Leis Wl 1; ceo est a saver (*das heisst*) 14, 1; a venir (de *I*) 3; a garder Wl art Fz 2; a rendre 3, 1; *um zu:* a faire Leis Wl 30, 1

[F]**a** (*habet*) *s.* aver 3

aa *für* ā *s.* a, að, ladrinc, nam, ta.

[L]**abarnare** *offenbar machen, ertappen, aufdecken, zu gerichtl. Verfolgung bringen, anzeigen* II Cn 76 Q. Hn 75, 6. 91, 1a

[L]**abatissa** *für* abb∼ VI Atr 2 L

[F]**abatre** *niederwerfen;* 3: abat Leis Wl 18, 1; ∼to I

[F]**abbeie** *Abtei* Leis Wl 1, 1 I; abeie Hk

abbod *Abt* Ine 23, 2; abbud H B | *gen:* ∼des II As 14, 2 | *pl:* ∼das VI Atr 2. 2, 2 = VIII 31, 1 = I Cn 6a; abbudas V Atr 4, 1; habbodas G 2 | *dt:* ∼dan VIII Atr 32

abbodesse *Äbtissin* Ine 23, 2; abbudisse H B; *pl:* ∼dissan VI Atr 2

Abdenago [*aus Daniel*] Iud Dei IV 3, 3. XII 16, 4. XIII 13, 2; Excom VI 14, 1; *ac:* ∼ Iud Dei II 3, 2. VII 23, 2 A; Abdi' IV 3, 3 *Glosse*

aberan *tragen; Zahlungspflicht* III Eg 6, 1 (beran D G 2); byrðene II Cn 68, 1a B (ahebban G A) | *ptt pc:* aboren *Sündenlast* Iud Dei V 2, 3

[-abeden] *Der.:* una∼

[F]**abeie** *s.* abb∼

abere *s.* æbære

aberendlic beon *erträglich sein* III Eg 1, 2 = VI Atr 10, 2 = II Cn 2; abr∼A

ut **aberste,** *op* 3, *hinaus entfliehe* III Eg 6, 1 D; ut oðb∼ G; ut ætb∼ G 2. A

L**Abetot,** Urso de, CHn cor Prot. Hn mon Prot. Hn com Prot

abicgan *s.* abyc~

abiddan Ine 8. III Eg 2 | *op pl* 1: ~ VI As 6, 1 | 3: ~*den* Ine 42 | *ptt pl* 3: abædon II Atr 1 | *ptt op pl:* abædon VI As 6, 3 — (*Recht*) *erlangen* Ine 8. III Eg 2; (*Schadenersatz*) *erholen* (*von* = æt) Ine 42; (*Überschuss*) *einfordern* VI As 6, 1; 3; *erbitten* (*von* = æt) II Atr 1. — *Ersetzt durch* habban (*erhalten*) *s. d.*

abide (*op* 3) mid *warte mit,* Ine 71 HB; bide E; *für* geb~ II Cn 35 Ld

L**abigere** *treiben, schiffbrüchig verschlagen* II Atr 2 Q

abilgð *s.* æbylgð

L**abinde** *von dorther* Hn 70, 20b

Abiron (*aus Numeri* 16) Excom V 6. VI 4. VIII 3. X 7; Abyron III 2. XI 8

abite, *op* 3 1) *tot beisse* Af 23; *verschlinge* I Cn 26, 3 2) *m gn:* metes~ *koste von* II Cn 76, 2 [*vgl.* onb~]

L**abjurare** 1) *sich freischwören von* Ine 35, 1 Q; 2) *abschwören, sich zu enthalten schwören* Quadr II 8, 1. Hn 88, 13; factionem ~ *Urfehde schwören* Ine 28 Q [3) *vgl.* forisjurare]

Abkürzungen: and (ond) *durch* 7; *als Wortsilbe nur* 7wyrdan II Cn 72; ge7werde II Cn 27[5] | autem *s. d.* | Christe *durch* xpe EGu 12. Geþyncðo 7 H | coll[ecta] Ordal 4, 2 | den[arius] *s. d.* | diab[olico] Iud Dei IV 4, 4 | -er (-re) *in* wat[2] Iud Dei I 23[c] (wætre Ordal Inscr) | h[alig] Swer 2 B | hine *durch* ·N· II Cn 44, 1 G. A. 45, 3 A. Q. Dm. R. 48[6] A[3]. 61, 1 G. 65 A[4.7] B[3] | k[apitol, capitulum *oder* caput] VI Atr 1 ff., *auch* L | li[vre *fz.*] | lib[ra *lat.*] | *s.* -m | man(n) *durch* m *s. d.* | *s.* -n | N[omen] Swer B 1. 3. 4 | oððe *und* [ve]l *durch* I Duns 7. Northu 48 | p[ening] Duns 7. *Rect* 4, 1 | pr[eost] Ordal 4, 1[1] | p[und] *Rect* 9 | sca, sce, scs *s.* sanct | þ[erh] Iud Dei IV 4, 6[9] | þon[ne] AGu 1

L**ablatio** *Weggenommenes, Entwendetes* ECf 5, 3

Ablativus *absolutus s. Dativ.* — *Lat. Ablativ* 1) '*wegen*' Hn 8, 7 2) *zum abl. abs.* se duodecimo '*selbzwölft*' ECf 20, 3 *setzt retr: existente*

ablendað, *pl* 3, *verblenden* Af El 46 (-læn- H), excæcant *übsnd.* Iudex 4

L**abnegare** (*Schuld*) *leugnen, sich reinschwören* Af 4, 2 Q. II As 6, 1 Q ~**gatio** *Reinigungsrecht* Ine 15, 2 Q

[-aboht] *s.* una~

aborgian 1) *op* 3: ~ie (~ige Ot Ld) *nehme jem. in Bürgschaft* II As 20, 5 2) *op pl* 3: ~ *etwas verbürgen* Wif 1. 2. 5

Abraham Iud Dei II 2; Hab~ V 1; *gn:* ~ XI 4; Hab~ Excom VI 1, 3

abrecan 1) (*Recht, Pflicht*) *brechen, verletzen* IV Eg 1, 5 | *op* 3: ~ce Af 3 (brece Ld So). EGu 8 f. VIII Atr 1, 1 — I Cn 2, 3. II 46. 58. 58, 1 (brece B); 2. 83, 2 B (wyrde G A). Northu 19. Ordal 6 | *ptt pc:* abrocen VIII Atr 4 = I Cn 3; *pl:* ~cene V As Pro 3 2) *etwas verbrechen, verüben; ptt pc:* abrocen V Atr 5 = VI 3a

abregde, *op* 3, *zücke* (*Waffe*) Hl 13

L**absistere** *aufhören, enden* VI Atr 32. 32, 1 L

L**absolvere** 1) *von Kirchenbann lösen* ECf 2, 8a. 2) absolutus *rein von Blutschuld* Hn 87, 3

L**absoniare** *verwerfen, vermeiden* Swer 1 Q, ascunian *übsnd.* [*Vgl.* soinus, sonet. *Wohl Gleichklangs halber gebildet aus afz.* essoigner, resoigner]

L**abundare;** ex habbundanti *reichlich* Hn 29, 4[89]

abutan *s.* onbuton

abycgan 1) *op* 3: abicge *zahle* (*Strafe*) Abt 31 2) *op pl* 3: ~ *leisten* (*Eid*) Wi 19. *Der.:* unaboht

abyrige *s.* onbyrigan

ac *vielmehr, sondern* Ine 27. 75. Af El 39. EGu 9, 1. I Ew 1. 1, 5. I As 5. II Atr 9, 4. V 2. VIII 43. Grið 28. Episc 6; *aber, jedoch* Af El 12. Grið 21. 21, 1. Iudex 9, 1; *dagegen* Af El 49, 9. *Später eingefügt* Af 36, 2 B. — *Für* 7 þeah *und doch* Norðleod 8 Ld

Accent *nach Alphabet accentuirter Wortglieder:* á II Ew 8. VI As 3. 8, 1; 4; áá III Eg 3. V Atr 31 | ábiddan Ine 8 | áblendað Af El 46 G | ofácorfen Af 66 | ácwæle Af El 28. 45 | ǽ Af El 49, 1 GH; ǽw Ine Pro H | ǽgylde EGu 6, 7 | ǽla Ine 70, 1 B | ǽlætan I Cn 7, 1 D | ǽlþeodige Af El 33 | ǽmton VI As 8, 1 | ǽr Af El 21. Af 43. Ine 48 *oft* | ǽscean VI As 2 | ǽwyrdlan Af El 18 G. 27 G | áfliemed Af 1, 7 | áge Ine 2, 1 H; ágen II Ew 4; ágene Ine 11 B | ágife Af El 29 G | áhwer I Cn 5, 2d A | álædo Af 8 | álæte Ine 36 | ále Af El 11 G | áleoganne Af 1, 1 | unáliefed Ine 39 | áliesan Ine 20. 24, 1 | ámanige III Eg 3 | án Af 31, 1. Ine 54, 1 H. I As 4 Ld *oft* | áncenneda Af El 49 | áne VI As 5 | ánfón Af El 30 G | ánigge Af El 20 | ánweald VI As 11 | áre Af 42, 2 H | árære Af 38, 1; ~*ron* II Cn 11 A | áredige IV Eg 8 | árise Af 9, 1 | árwyrðe Af 2 | áslea Af El 20 G. Af 46 f. | áð Ine 35; foráð Af 33 H | áwearp Af El 49, 9 | áweodige II Cn 1 | áwyrtwalige II Cn 1 A | bán Af 74 H | (*ge*)bé*te* Ine 2 B. 31 B *oft* | abí*to* Af 23 HB | bóndan VI Atr 32 D | fulbórenra Wal | bót Af El 13 Ld. 26 Ld So *oft*; bótléas III Atr 1 H | abréce Ordal 6 | *brýne* I Cn 6, 1 | bú Af 36, 2 H So | canónicas V Atr 7 | cépan Af El 49, 6 H | cínbán Af 50, 1 H | cnéowe Af 63, 1 B | Cnút I Cn Ins*or* D | cóm Af El 49 G | lahcóp III Atr 3 H | cú Af 16 H. Ine 38 HB; cúhorn Ine 59 H | cwéonan II Cn 4a B | cwicon III Atr 2 H | *cýnge* II Cn 13, 2 B. 15, 1 B | dǽd EGu 3 B *oft*; misdǽda Af 14 B | dǽge III *Atr* 14. V 13, 1 | *dǽ*l Af 47. Ine 42. 57 *oft* | geandágode I Ew 2 | déadon III Atr 2 H | déaf Af 14 | dó Af El 12 G. H. 20. II Ew 7 B *oft*; dón II Ew 3 Ld; gedó Af El 20 H. EGu 8. I As Pro Ld | dóm Af El 49, 6. Ine Pro. II Ew 5 *oft* | ofe*r*drífene III Atr 13, 2 | *dýde* II Cn 45 | éac Af 34. Ine Pro *oft*; eác IV Eg 7 | éa*c*an Af El 35 G; éacniende Af El 18 | éadig III Eg 1, 1 | éal Af El 39 G | éardes VIII Atr 26 | écelice I Cn Epil B | ége II Cn 68, 1 | élbogen Ordal 2 | émban VI As 6, 1 | énde II Cn 4 B | géén*d*ige Northu 62. 63, 1 ['*Vocale getrennt zu sprechen*' *Hein* Sprache Eadwines (*Diss. Würzb.*) *S.* 34] | éom Af El Pro | ésne Ine 29 H | éten Af El 21 G | fǽce A Gu 5 B 2 | godfǽdere Ine 76, 2 B | gefán Af 42, 1; 4 | forfáre II Cn 3 B; gefáre II Cn 35 B | féo Ine 28, 2. EGu 12. II Cn 8 A *oft* | feóht II Atr 8, 2 | féorh VI As 1, 4 | fet Af El 19 | flǽsc Af El 23 | fléo Af 27 B | fó Af 13 H. 22 H | befó Ine 53 H; gefó Af 18; onfón Ine 67; underfó II Ew 7 *oft* | fó*re* Af 34 B. Ine 34 H | fót Af 71 H | wodfréca I Cn 26, 3 B | fréonda VI Atr 28 D | agenfríga Ine 49, 1 B; f*r*igéa Ine 74, 2 B | fúl II Ew 4 | fýr Af El 27. Ine 43 | gá Ine 46, 1 H; gán Af 42, 4 H. Ine 7, 1 H | gé Af El 48 G. VIII Atr 26 | géa*ra* Ordal 3 | gés Ine 70, 1 H | agífe II Eg 1, 1; agýfe Af 33 B | ongínne Ordal 4, 2 | Gód I Cn 18, 3 B | gúlde III Atr 4 H | hǽlo Ine Pro H | hǽse Ine 3 B. 3, 2 B | hǽ*t*tian II Cn 30, 5 B | hálsfang II Cn 60 Q |

hámes Af 21 B | hánd III Atr 1 H; ~da I Cn 22, 6 B. 36 B; ~de 13, 1 B *oft* | hé Af 39. 39, 1 B. AGu 3 B 2. II Cn 15. 15, 1 B *oft* | hégas Ine 42, 1 B | forhélan III Atr 3, 1 H | gehén*de* I Cn 25 B | héo Af El 11 G. Af 18, 1 B. I Atr 1, 9 a *oft* | héo*ra* Ine 1 B. 42 B | hére*geat* II Cn 70 Q | hí Af El 12 G. 20 G. 29 G. Hu 4 *oft* | híd*a* Ine 52 f. B. 64 B | hím Af El 23 G. II Cn 16 B | hín*e* II Cn 15, 1; 1a B *oft* | hít Ine 54 B. II Cn 23, 1 | hláfa Ine 70, 1 B | [h]léope II Cn 30, 7 B | hó Ine 24 | oferhógie I Cn 26, 4 | hóp Hu 8 Cons | hór*dern* II Cn 76, 1a Q | hréame I Cn 26 B. II 29 B | hús Af El 25. II Atr 3, 3 Ld | hwá Af El 26 G. Af 39 B. Ine 13 B *oft* | sweord-hwíta Af 19, 3 B | ahýred Ine 60 B | íc Af El Pro G | Íne Ine Pro Rb | ís (*ist*) Af 1. VI As 8, 5 | iú Af El 33 G | reafl*á*c Ine 10 | læ*g* III Atr 7, 1 | onlág (*lieh*) Af 19, 1 So | lága III Atr Pro H; láge II Cn 15, 1 B; láhslit II Cn 46 Q. 48 Q | lánd VI As 2; lándcóp III Atr 3 H | léa*den* *Or*dal 1 b | giemeléas Af El 42 | belé*d* Duns 4 | lésan Af 32 B | forlét Af El 49, 9 | gelío Ine 76 | líf Ine 6 | forlóren III Atr 4, 2 | alúc Af El 13 H | má Ine 43, 1 | mǽge I Cn 26 B. II 20, 1 B *oft* | gemǽne Af El 23. Ine 38 B | mán VI As 1, 1. II Cn 22, 1a B; món Af 32 H; landmán Duns 6, 1 Q; mánslaga I Em 4 H | mánswora I Ew 3 | mé Cn 1020, 5 | méd*sceat* Af El 46 | geméta II Cn 9 B. A | mid Af 47, 1 B. II Cn 15, 1 B | míse*venire* II Cn 51, 1 Q | mónunge VI As 8, 2 | mót Af 42, 5. Ine 41; *gemót* Af 34 Q | mynegúnge VI As 7 | myne*téra* III Atr 8 | ná Af El 41 G. 47 G | nááme II Cn 19 B | nǽ*re* Af 5, 4 B | nánan VI As 1, 1; nánum Af El 47 G | né Af El 34. 39 H. III Atr 4 H | nígene VI As 3 | nósu II Cn 30, 5 | nú Af El 49, 2 G | óf Af El 13. Af 32. II Cn 30, 4 B *oft;* ófascire Af 35, 5; ófaslea Af El 20. Af 64 *oft;* óffelle Af 13; ófslea Af El 13. 24. Ine 42, 1 *oft;* ófslegen Af El 21; ófstinge Af El 21 | óft Af El 46. Af 34 | ón Af El 12 G. 28 G. 42, 1 *oft;* ónfon Af El 49, 7; ónscuna Af El 44 | ór Northu 2, 2 ff.; [h]óras EGu 7 Q[13] | órceapunga Af El 11; órdal VI As 1, 4. III Atr 4 H; 4, 1. *Or*dal 6. 11; órwige Af 42, 7 | órf I Atr 3, 1 B. III 5 | óxa Af El 23 G | utrǽcan Af 5, 3 B | forrǽde EGu 12 B; rǽdene Ine 62 H | rám (*Widder*) As Alm 1 | réon Af 42, 7 | portiréve I Ew 1 Q | be*ríde* Af 42, 1 H | Róme II Eg 4, 1 f. A; Rómfeoh EGu 6, 1 | rýt Af El 27 | sǽ Ine 11 H | sámmǽle III Atr 13, 2 H | scéal I Cn 26 B | scéote Hu 6, 1 | geburhscípa I Ew 1, 4 Q | scírmen Ine 8 | scóte Wl art 4 | scýlan X Atr Pro | sé Af El 21 G. III A*tr* 13, 3 | gesé*c*e Af 5, 4 B | sín Ine 4 | sléa III Atr 9 *oft;* ofsléa Af 27 ff. B; forsléa Af 75 ff. B | sócn Ine Rb 5 | spéce III Atr 14 | spór VI As 4. Duns 1 Ld | stácan *Or*dal 1a | gestǽle Af 22 B | stápelan *Or*dal 4, 2 | stéora EGu Pro 2; stéore II Cn 2 | strǽc II Cn 20, 1 B | *strǽt* AGu 1 B | gestríndon Af 41 | swá Ine 30 B. EGu Pro 2 B | swéora III Atr 4, 1 | swín Ine 49 | tá Af 64 H. B | tǽoan Ine 64 B | wæpentáke III Atr 1, 2 H | teáge II Cn 78 Q | *téam* III Atr 6, 1 | Témese AGu 1 B | teó Hu 6, 1; téo Af 17 B. Ine 30 B. II Cn 31a B *oft;* tíond III Atr 6; tíhla II Cn 35 Q | tó Af El 49, 1 ff. II Eg 3, 1 *oft;* fare tó I Atr 4. VIII 8; nime tó II Cn 30, 7 B; tóanhagie VI As 8, 1; tóbrocen III Atr 13; tócuman VI As 6, 3; tóg*æ-dere* VI As 8, 1 | betógen II Ew 3 | tréowa Ine 43, 1 B. II Cn 5, 1 B | getréowe I Cn 20 B | tród Hu 5 | tún Af 1, 2 Ld; gærstún Ine 42 H | ontýne Af El 22 G | þá Af 33 G. 49, 1 G | *þǽt* I Atr 1 | þás Af El 49, 9 | þéarf VI Atr 42, 2 D. I Cn 26 B | þén VIII Atr 22. II Cn 39 A | þeófgyld II Cn 30, 1 B | þéowne Ine 23, 3 B | þínges Iud Dei VII 12, 4 A | þú Af El 43 G. 47 G | úncuð Af El 47; úncwydd III Atr 14; únforwandod V Atr 22; úngewintred Af 26 B; únræd Af El 41 G; únriht Af El 47 G; únscyldig Iud Dei VII 12, 4 A; únþances II Eg 3, 1 | úp Af 34. III Atr 7, 1 *oft;* úp*gange* Af El 25 G | úre Af El 49 G. 49, 3 G | ús Af El 49, 3; 9. IV Eg 12, 1 | út Af El 11. 12. II Cn 30, 7 *oft;* útflowe Af 53; útgangan Af El 16 G; útlagan II Cn 4, 1 B; útlah E Gu 6, 6; útrád IV Eg 8; útan Af El 33 *G* | wǽs II Cn 15a B | wǽ*ter* II Cn 5, 1 B | wán*dode* VI As 12, 3 | wát Ine 41 | wé Af El 49, 3. VI As 1, 1. V Atr 14, 1. *Or*dal 3 | awég III Atr 9, 1 | wéga (*ws.* wǣg) Ine 59, 1 B | awénde III Atr 3 H | awéodige II Cn 1 B | wér Ine 11 B. 27 B. II Cn 16 B. 30, 3 b B. 51 Q. 60 Q *oft* | wícneran VIII Atr 32 | wíf Af El 11. 21. Ine 7. 31 *oft* | wí*tan* VI As 3 | w*íte* Af 38, 2 B. EGu 6, 2 f. *oft.* II Cn 48 Q | gewítnes III Atr 3 H | wítuma Af El 12 H | wóh Af 42, 6 H | wrécnige II Cn 41 B | wríste *Or*dal 2 | wúdewan VI As 2 | wúdu II Cn 5, 1 | ýldestan VI As 3.

L**acceptatio** *Berücksichtigung* Hn 3

L**accidentia** *Nebenumstand, Bedingung* Hn 80, 10

L**accipere** 1) *zu Eideshelfern nehmen* Ine 13, 1 Q. 14 In Cn. II Cn 22, 1a In 2) *nehmen ohne Gebers Willen* CHn cor 3, 1; *fortnehmen zur Strafe* Wl art 8, 2

L**acclamatrix** *Kundmacherin, Melderin* Ine 43, 1 Q

L**accriter** *für* acr~ VI Atr 7 L

L**accrocitare** *zukrächzen, schadenfroh jubeln* Quadr Arg 19

L**accusatio** 1) *irrig für* geþing *Abmachung* Ine Rb 52 Q; *wofür* actio VI As 11 Q 2) *vgl.* infamatus accusationibus

Accusativ. 1) *Statt Nominativs* [*durch unsyntakt. Hineindenken des* Haben *statt* Sein, Ein*treten*] sien forgifene XII dagas 7 þone dæg Af 43; *stande* þriddan *dæl* þære *bote* inne 47, 1; gæð bot: þriddan dæl 71; beon þa heregeata: byrnan (*sg*) II Cn 71, 1 2) *Acc. cum infinit: s.* þæt *cj, n.* 3a 3) *Acc. d. Zeit:* his dæg *zu Lebzeiten* II Cn 72 B; dagas Af El 3; III (VII) niht Hl 15. III Atr 9. *Rect* 13; þa hwile þe Af El 13; ælc gear As Alm 1 4) *der Beziehung:* his dæl *seinesteils* Ine 57 5) *regiert von* befleon, gebugan, *abw. vom* Deutschen (*s. d.*); *von Verben, die früher gn dt regiert hatten, s. Genetiv, Dativ* 6) *Flexion s. Declination*

[**-aceapian**] *Der.* ofa~

acenned *s.* anc~

aceorfe, *op* 3, *abhaue* Ine 44. *Der.:* ofa~

L**acephalus** *Herrenloser, Unbeschützter* Hn 21

acer *s.* æcer

F**achater** *kaufen; sbj* 3: acha*t* Leis Wl 45 | *pf* 3: ~*tad* 21, 1a | *pf pc:* ~té Wl art Fz 5; *fm:* ~too *ebd.*

F**a acient** *absichtlich* Leis Wl 49

acirran *umkehren, sich abwenden* fram sinnan I Cn 1c D

F**acordement** *Versöhnung* Leis Wl 10, 2

L**acquietare,** adq~ 1) *frei* (*Anspruches ledig*) *machen, von Zahlungspflicht befreien* Leis Wl L: 17a. 17, 1. 20, 2a. II Cn 79 Rb Q. Hn 7, 7. Lond ECf 32 B 4 2) *gegen aussen vertreten*

Rect 3, 4 Q **3)** *gerichtlich von Anschuldigung reinigen* II Atr 8, 1 f. Q. Hn 88, 9

[L]**acquirere,** adq~ *erlangen, erreichen, erzwingen* II As 9 Q. II Cn 22, 1a. 30, 3a In

[L]**acquisitio** *Erblassers eigner Erwerb* (*Ggs.: Ererbtes*) Hn 70, 21

[L]**acra** *s.* æcer

acsian *s.* ascian

[L]**actio** *Gerichtsverhandlung* Af 34 Q, gemot *übsnd;* ~pacis *Sicherheitsreform, Friedenschutz* I Cn 2,1. II 8 Q

Activ in medialer Bedeutung *s. Unpersönliche Verba*

[L]in **actu** *bei Handhaftigkeit, frischer Missethat* Hn 9, 6

[L]**acubare** *für* acc~ Lond ECf 32 D 3

acuman *ertragen* (*Milde*) Cn 1020, 11

acwæint *s.* acwencan

acwelan *sterben; op* 3: acwyle Hl 6 | *ptt op* 3: acwæle Af El 28 | *pc:* acwolon Ine 53 B; oðcwolen EH

acwellan *töten; op* 3: ~lle Wi 27 | *ipa:* ~*ele* Af El 45; ~elle G; ~el H; *ersetzt durch* cwæle Ld So | *ptt pc:* acweald II As 6

acw[e]ncan (*Licht*) *verlöschen; ptt pc:* acwæint Excom VII 23

acwyle *s.* acwelan

[L]**ad** 1) (*zeitlich*) *nach* Hu 1 Q 2) ad faciendum habere II Cn 75 Q, ærende hæbbe *übersetzend* [*aus fz* affaire]

[F]**ad** *s.* aver, 3

Adam, *gn,* Excom VI 1, 3

[L]**adc-** *s.* acc-

[L]**adcausare** *für* accusare II As 14, 1 Q

[L]**adcredulitare** *von Schuld rein schwören* Ine 34 Q

[L]**addicere** *anordnen, dafür festsetzen* EGu 5, 1 Q

adelfe, *op* 3, *grabe* Af El 22; delfe G

[L]**Adhelbertus** *s.* Æðelberht

[L]**adherbare** (*Vieh*) *weiden lassen* Rect 12 Q

[L]**adiacentiae** *Nachbargebiet, Umgebung* II Atr 5, 2 Q

Adjectiv, *Syntaktisches* [*Flexion s.* Declination; *Lautliches s. Umlaut*]: 1) *Praedicativ: flect. Form wird in jüngeren Hss. ersetzt durch unflect.:* **a)** *masc.* hine fleondne [fleonde H] Ine 35; gefan hamsittendne [~de Ot H] Af 42; hine wierðne [wyrðe HB (Bu)] Ine 8; **b)** *fem.:* sie syxhyndu [~de HB] Af 18, 2; sie twelfhyndu [~de HB] 18, 3 **2)** *Substantivierung des Adjectivs umgehen Spätere* **a)** man *zufügend:* ælc [man H] II As 1, 5 So (*aus* Ot?); ælþeodigne [man B] II Cn 40; deadan [monnes H] Ine 53; *fremde* [man B] II Cn 25, 2; gehadodne [man B] II Cn 40; getreowe [man B] 30, 7. *Vgl.* mann **b)** þing *zufügend:* eowra þinga [*statt* eowres] I As 5 Ld; manega [þingc B] II Cn 76, 3. — *Vgl. Genetiv, Dativ; Numerus; Genus, Neutrum; Comparativ, Superlativ*

[L]**adinventio** *Ausfindigmachung* IV Eg 2, 1 L

[F]**adiré** *verirrt* Leis Wl 6; endirez I

[L]**adjurare** (*Person oder Sache durch Anrufung Gottes, etwas zu tun*) *beschwören* Iud Dei XIII 10, 1. 11, 1

[L]**adjuratio** *Beschwörung* I Cn 4, 2 In. Cons. Iud Dei I 2. XIII 11

[L]**adlegatio** *Reinigungsbeweis, Unschuldseid* Swer 1 Q. Episc 5 Q. Quadr Rb II Cn 30, 1 (*S.* 53)

[L]**adlegiare,** all~ 1) *gerichtlich rein schwören, unschuldig erweisen* **a)** *mit* se (*sich*) Q: Af 4, 1. 17. AGu 3. II Ew 3. II As 1, 1. IV As 6, 3. III Em 6, 2. IV Atr 7, 3. I Cn 5, 1a = Hn 64, 8a. II Cn 13, 2. Wl lad 1, 1 **b)** manum~ II As 14, 1 Q. II Cn 31, 1a = Hn 41, 9. II Cn 65 = Hn 66, 6. 86, 3. **2)** *gerichtlich* [*jem. als Kläger*] *zulassen, anerkennen* Hn 63, 2

[L]**admallare** *gerichtlich erreichen* Geþyncðo 3 Q [*vgl.* mallum], geræcan *übsnd*

[L]**admannire** *einfordern* III Eg 3 Q, amanian *übersetzend*

[L]**admensurare** (*Strafe*) *ermässigen* Iudex 1 Q

[L]**admonere** *einmahnen, eintreiben* II As 25, 1 Q (*Var.* mon~), amanian *übersetzend* [*vgl.* monere]

[-adon] *Der.:* ofadon

[L]**Adonay** [*Hebräisch*] *mein Herr* Duel 6

[L]**ad opus** *s.* opus

[L]**adp-, adqu-** *s.* app-, acqu-

adræfe, *op* 3, *vertreibe* Cn 1020, 10

[L]**adregniare** *anhalftern* [*afz.* aresner, araigner] Hn 83, 6

adrifan 1) *Vieh diebisch forttreiben;* 3: ~fð Af 16 B; *op* 3: ~fe Af 16 **2)** *Vieh hinausjagen; op* 3: ~fe Ine 40 **3)** *Hintersassen abzuziehen zwingen; op* 3: ~fe Ine 68 **4)** ~fe spor ut of scire *leite Spurfaden hinaus aus* VI As 8, 4. *Der.:* ofa~; uta~

adsan, *ac, Beil* Ger 15

[L]**adterminare** *Termin ansetzen* I Ew 2 Q. Hu 7 Q

[L]**adulterium** *Ehebrecher-Paar?* Leis Wl 35[d]. 35, 1[d] L

[L]**Adventus Domini** *vierter Sonntag vor Weihnachten* E Cf 2

[L]**advocare** 1) *zur Gewähr rufen, die Gewähr hinziehen auf* Q: Ine 47. 53. 75. I Ew 1, 5. II Atr 9. 9, 4. IV 3, 3. 7. II Cn 24 Rb (*S.* 537). Hn 92, 3; [*vgl.* advocatus] **2)** (*Fahrhabe*) *zur Gewähr schieben* Q: II Atr 8. Swer 3, 2 **3)** *Berufung einlegen, appellieren* Hn 5, 3a. 31, 6. 33, 2

[L]**advocatio** 1) *Gewährzug,* team *übersetzend* II Atr 9, 1 Q; ~tutationis II Cn 23. 24, 1 Cons 2) *Gewährleistung* Hn 85, 1

[L]**advocatus** 1) *Gewährsmann* Q: AGu Pro. 4. I Ew 1. II Atr 8 **2)** *Beschützer, gerichtlicher Verteidiger, vertretender Vogt* EGu 12 Q. Hn 10, 4. 43, 3. 75, 7a [*vgl.* avurie]

adwæscan *vertilgen, vernichten; op* 3: ~ce Cn 1020, 10 | *pttpcpl:* ~cede Excom VII 23

æ, *geschrieben* ae *s.* æt, maeht (*unter* miht)

æ-, -æ- *abweichend von ws. Lauten* **1)** *von* a: *s.* þancung, warnian **2)** *von* ā: *s.* lad, lar, nam, þas (*unter* þes) **3)** *von* e: **a)** *aus* a + i: *s. elcor*, esne, *ettan*, feccean, oferhebban, secgan, slege, onsprecan, *wedd; vor Nasalen s.* ablendan, *cennan*, Cen*t*, *ende*, Engle, *fremde*, æftergenga, hen*t*an, lenden(-), leng, leng*t*en, mæn (*unter* mann), menigo, nemnan, onfeng, pening, (to)-sendan, sengan, sprengan, stænt (*unter* standan), geswencan, temespile, (ge)-þencean, unwemme **b)** *aus* e (*nur in spät. Hss*): *s.* utoðberstan, *etan*, melda, þegn, weg, wer(-), wrecan **4)** *von* ē: *s.* dæð (3. *sg. unter* don), geferscipe, medrenmæg, gesecean **5)** *von* ea: *s.* gearnian, healm, eahta, geeahtian, mæhte (*unter* magan), mearg, West-seaxe, sceaftmund, sceal (*unter* sculan), *sceatt*, þearf (*unter* þurfan) **6)** *von* ēa: *s. dead*, eac, Eadgar, Ea*d*mund, Ead*weard*, heafo*d*, leaf, freondleast, sceapætere **7)** *von* ie (i): *s.* mih*t*, ælmihtig, stodmiere, slieht, ofslæhð (*s.* ofslean), wiernan, wiernung [*vgl. Umlaut*] **8)** *von* īe (ī): *s.* iecan, unliegne, *tieman* [*vgl. Umlaut*]

-æ- *für* e, *das dialectisch für ws.* y: *s. twelfhynde*

-æ(-) *abweichend für* e: 1) *in Ableitungssilben s.* hundred(-), oðer, pundere, neawist, gewitnes 2) *in Flexionssilben s. Conjugation, Declination*

(-)**æ-**, *dafür abweichend* e, ea *s. d.*

L-**ae-** (æ), ę *für* e: aefficere Iud Dei V 2, 3; aepistola Quadr Rb II 6; æsnus (*s.* esne); faecit II Cn 68, 2 Q[13]; vasæ Af El 28 Rb Q; ętiam IV Eg 1, 6 L; prętium In Cn III 46. 48. 55; diligerę VI Atr 1, 1 L; sintquę IV Eg 6, 2 L

L**ae** *ersetzt durch* e *s. d.*

æ *Gesetz, Recht* Ine Pro Ld; ǽ 1, 1 B; æw 1, 1 | *ac:* æ Hl Pro. Af El 49, 1; æw Ine Pro; æwe B. *Missverstanden 'Ehe'* coniugium Q [*vgl.* æwe; æwum]

Æad-, Æalf- *s.* Ead-, Ælf-

æbære *offenbar, notorisch; stark masc:* ~ þeof II Cn 82; æbere B | *pl:* ~ manslagan VI Atr 36 | *fm pl:* ~ horcwenan EGu 11; æbere Ld; abere Q | *nt n:* ~ morð *unleugbar* II Cn 64 (æbere B; abere A; *ebere* Q Rb[9]) = *ebere* Hn 12, 1a ‖ *schwach* se ~ra þeof III Eg 7, 3 (æbera Ld) = II Cn 26; abere A; ebæra B [~ *oder* open þeof *lag vor für:* publicus latro In Cn III 48]

æbbe *s.* habban

æbesne, æbreca *s.* æfe~, æwb~

æbylgð *Beleidigung* [*gegen = gn obj*]; *ac:* Godes ~ðe II Cn 40, 2 (-lðe B A; æbyld Ld) *aus* abilgðe VIII Atr 35; Cristes æbylhðe VIII Atr 2, 1 G; abilgðe D

æcer *Acker, Feld* I Cn 8, 2 | *dt:* ~re Ine 42, 1. Excom VII 12 | *ac:* ~ VIII Atr 7. *Rect* 4, 1b | *pl:* ~res *Rect* 3, 3 | *gn:* æcra Ine 67; ~ra B. Pax | *ac:* æcras Alf El 26; ~ras *G.* Ine 42. *Rect* 4, 1c — 3. 10; æcceras Ine 42 Ld. 1) *im Gegs. zu* hus Excom VII 12; *sonst* 2) *ein Stück Saatflur in* Af Ine 3) *Flächenmass, etwa 'Morgen', in übrigen.* — æcera bræde *Ackerbreite,* $^1/_{10}$ *Ackerlänge, c.* 66 *Fuss* Pax = Hn 16, 1. — *Lat.* acra Q: Ine 42. I Cn 8, 2. VII Atr 4. *Rect* 3, 1. [*Vgl.* ungilde.] *Der.:* sulhæ~

æcremannus *Ackermann, Bauer statt* æhtem~ (*Leibeigener*) *Rect* 9, 1 Q[6]

æcs *s.* æx **æcton** *s.* iecan

Æd- *s.* Ead-

[**-æde**] *Der.:* cyningæde

ædeava *s.* ætiewan

L [**a**]**editui** *Kirchenhüter, -wächter* Af 5, 1 Q, *aber* hiwan (*Stiftsconvent*) *übersetzend*

[**æ**]**fæst** *s.* æwf~

æfen 1) *Abend; dt:* on æfne Iudex 12 2) *Vorabend; gn:* Monan ~nes setlgang = *Sonntag Abend* Wi 9 | *ac:* Sunnan ~ *Sonnabend* Wi 9. *Der.:* Easteræ~; freolsæ~

æfesne, *ac, Abgabe für Schweinemast* Ine 49, 3; æbesne H B

æfre [æ*v*re II Atr 8, 4 *allemal;* æfra Ger 4 *je;* afre I Cn 1 A. II 54, 1[1] A] *immer, stets, künftighin, hinfort* Af El 11. II As 1, 3. 6, 1. IV Eg 1, 5a. VIII Atr 41. I Cn Epil. II 84, 5f. Grið 17; *jemals* VI Atr 12. 12, 1. Becwæð 3, 1; ~ænig, *Verallgemeinerung verstärkt durch* on worolde Grið 25; *jedesmal, je* (*distributiv*). Duns 2. Forf 1. — *Ersetzt* a (*immer*) II Cn 68 B; ne . . æfre *ersetzt durch* ne . . næfre *s.* næfre

æft *s.* eft

þa **æftemestan,** *spla fm ac, letzte* Ordal 4, 2

æfter [*Form:* efter Hl Pro. Wi Pro 3. 9]. **A**) *adv.: nachher* Abt 17; *später, darnach* II As 1, 2. Grið 27; ær oððe ~ *vor- oder nachher* V Atr 20 = VI 25, 2 = I Cn 17, 3. Grið 26; *nachstehend* Hl Pro. Wi Pro **B**) **æfterra** (*cpa adj*) *zweit; dt* (*instr*): ~ran Ine 26; ~*eran* H. Af 23; æftran So. Ine 26 B. Hu 3 | *fm:* sio ~rre ta Af 64, 1; ~*ere* H B. — *Ersetzt durch* oðer *s. d.* [*Vgl.* ær; secundus] **C**) *prp m dt:* 1) *'nach' zeitlich* Wi 9. Af El 25. 49, 1. II Cn 79. *Rect* 6, 2; 4 | ~ þam *hinfort* Ine Pro; *demnächst* Ine 1, 1; *hernach* EGu 10. Ger 12 | ~ þam þe, *cj, nachdem* (postquam) II Cn 24, 3 2) *gemäss, zufolge* Af El 40. Af 42, 6. I Atr Pro. VI 10, 2. Cn 1020, 9. II 64. Swer 1. Wif 1. Had 10. Wl lad 1, 1 3) *im Verhältnis, je nachdem* Af El 29 4) *hinter . . her, nach Verben der Bewegung:* ~ ceape ride IV Eg 7; *verfolgend* faran on ryd~ Hu 2 5) *übertr.: zur Erreichung von* swore ~ his rihte Geþyncðo 4

æftereode, *ptt* 3 *von* æftergan; þæt (*ac*) he ~ *das, welchem er* [*spürend*] *nachging* II Cn 76

æftergenga 1) *pl:* ~gas *Nachkommen* Norðleod 11 Ld[!]; ofspring *übr.* 2) *pl ac:* ~gængan *Rechtsnachfolger* V Atr 32, 3 D

æftergild *nochmalige Werthzahlung; ac:* II Cn 24, 1; secunda solutio Q; 'iterum tantum' In; 'iterum tantumdem' ECf 26, 2, *wo Var.:* aftri- (astri-, atri-, alst'-, ersthi-)*gelt* (-*kelt*, -kilt, -kibt, -keb, -delt, -hilt, -bilt) forgieldan [*vgl.* persolvere, prosoluta, parsoudrad]

æfterra *s.* æfter *n.* B

æfterspræce, *ac, zukünftige Einklagung* Swer 7; postlocutio Q

þe **æftersprecð,** 3, *welcher einklagt, Kläger* II Atr 9, 4; ~spræcð Ld.

æfwerdelsan, *ac, Schaden, Verlust* Af El 27; -wyr- Ld; æwyrdlan GH —

æfw[i]erdlan, *ac, Schaden, Verlust;* æfwer~ Ine 40; æfwyrdlan H; æfwyrlan B; æwer~ Ine 42; æfwyrdlan H B; æwyrdlan Af El 27 G H (æfwerdelsan E), damnum *übsnd*

-æg- 1) *geschr.* -æig- *s. d.;* 2) *dafür* ei *s. d.*

Ægel- *s.* Æðel-

L [**a**]**eger** *schwierig, Erfolges unsicher* Hn 26, 2

æghwær *überall* IV Eg 1, 6. Cn 1020, 3. 11. II 4; ~*war* V Atr 26, 1. VI 42, 3. VIII 32. Northu 55. Nor grið *Z.* 9

æghwæt, *m gn, etwas davon* Af 43; *ac:* on ~ *jegliches* [*Ding*] Episc 7

æghwelc *jeder, jeglicher* (*in Verneinung: irgend welcher* Swer 2) Af 1. 29; ~wilc Hl 5. Af 1 H | *gn:* ~wilces Northu 45 | *dt:* ~wylcum II Cn 4 B; ~wylcan G; aghwylcan A | *ac:* ~welcne Af El 49, 6; ~wylcne H | *fm gn:* ~cere Af 66, 1; ægehwilcre AGu 3; ~wylcre Ld | *dt:* ~cere Af 5 | *ac:* ~wylce II Cn 11; ~wilce A; ~wælce Ld | *nt:* ~wilc Northu 10; ~wylc Episc 6. 12 | *dt:* ~wylcum Swer 2 | *ac:* ~ Af 2, 1; ~wylc Af 12 | *instr:* ~wylce geare V Atr 11. — *Für* gehwilc I Cn 19 A. *Ersetzt durch* ælc *s. d.*

ægilde *nicht* [*durch das vom Totschläger an die Sippe des Erschlagenen geschuldete Wergeld*] *entgolten;* egylde: sine emendatione II Cn 62, 1 Q; ægylde EGu 6, 7. V *Atr* 31, 1 = VI 38; ~ II Cn 48, 3 (ag~ A). 62, 1; ag~ A; egil*de* EGu 6, 7 Q; igilde II Cn 48, 3. In (*Var.:* eðgelde, egelde *ebd.* 62, 1); egil*de* meruisse, *als hiess es: 'Schande, erschlagen und nicht entgolten zu werden'*, Hn 88, 5. — *Ersetzt durch* org~ EGu 6, 7 Ld Q[12] [*vgl.* ungil*de*, in(*per*)-solutus, -ubilis]

ægðer 1) *jeder von beiden* **a**) *subst:* AGu 2 **b**) *adj dt:* ~ðrum Af 61, 1 H; ~ðran B | *fm dt:* of ægðre healfe *von beiden Seiten, jeder Partei* Ordal 3. 4; of ~*ere* mægðe Wer 4; on ~*ere sceale*

Iudex 1; *ac:* on ∼ra [∼re H] hond *beiderseits* II As 23, 2 | *nt dt:* of ægðran stæðe Duns 2, 2 ‖ *nt sbst ac:* ∼ *beides, bez. auf 2 Fem. u. 2 Masc.*, II Cn 30, 4. — *Für* gehwæðer Af 61, 1 HB. 2) ∼ ge .. ge (*dreimal* ge IV Eg 2, 2) *beides, nämlich sowohl .. als auch* (*wie*) **a**) *flectirt gn:* þolige ægðres ge .. ge (*also als* utriusque *empfunden*) VIII Atr 26 **b**) *unflectirt, Partikel* [*Form:* ægðær Swer 9 B. Ger 1; æðer II Cn 68, 1c B; *sonst stets* ∼] (∼ ge dæde ge dihtes Swer 5) II Ew 1, 1. I As Pro. 5. I Em Pro. II Eg 1, 1. IV 15, 1. VIII Atr 3. 27. Northu 45. — *Getrennt* ∼ *vom ersten* ge III Eg 8, 3. 5, 2 = II Cn 18, 1. 68, 1c. Ger 1. Swer 9

ᴸ**Ægyptus** *Ägypten* Iud Dei X 19, 3; Eg∼ XIV 3 **Egyptius** *Ägypter* I 20, 1. [*Vgl. Ags.* Egypta]

æhl[i]ep *Angriff, Überfall, Gewalt*; *dt:* æhlype (*geänd.* æth. *H*) II As 6, 3; ∼lepe So; ehlipe Q | *ac:* ∼lip VI 1, 5; ∼lyp V Atr 31, 1. *Missverstanden* [*als liege* clipian *vor*] conclamatio II As 6, 3 Q; evocatio VI 1, 5 Q

æht II Cn 70, 1. Swer 3, 4; æhte B | *gn:* mines agenes æh*t*es I As Pro Ld | *dt:* æh*t*o II As 9 (æh*t* So). VI Atr 51. II Cn 51 (ehte A). 70 (∼ta G *pl ac?*). Becwæð 3; be forstolene æhtaII Cn 76 Rb B; ealra æh*t*an *schwach* Wi 12 *bis* | *ac:* æhte Swer B Rb: 2. 4. 7; eht Norðleod 7 Ld ‖ *pl:* æhta II Atr 3, 1 f. | *gn:* æhta Ine 57 B. IV Eg 1, 2. II Cn 73a (ehta A; æh*t*an *schwach* B). 73, 2 | *dt:* æhtum Wi 4. AGu 5. II Cn 55; æhtan II Ew 3, 1. II Atr 4. V 29. VI 36. II Cn 73a. 77 (æh*t*on B). 78; eh*t*an A: II Cn 73a. 77; *dafür in beiden Fällen sing:* æhte B | *ac:* æh*t*a Af 1, 2. II Ew 3, 2. II Atr 3, 3. 4 (eh*t*a Ld). II Cn 70 (-te BA *sg dt?*); *schw.* ealle þa æhtan Abt 9. — *Bed. Fahrhabe, im Ggs. zu* Land Wi 4. II Ew 3, 1. VI Atr 36. 51. II Cn 55. 73a. 77 | *ausser* (*neben*) *Vieh* AGu 5 | *nur* (*oder zunächst*) *Vieh* Swer 2 B. 3, 4. 4 B. 7 B; pecuniam (*Vieh*) *übs.* Q æhta II Atr 7, 1 [*irrig statt* eahta] | *Eigenthumsrecht* [*an Land*] Becwæð 3 | *Habe einschl.* Land Af 1, 2 (?). I As Pro Ld. IV Eg 1, 2. II Cn 51 (?). Norðleod 7 Ld (*vielleicht nur Land?*) — *Ersetzt* god I As Pro Ld. *Der.:* cwic∼; woruldæht

æht *Schätzung s.* eaht

æht(a) *s.* eaht(a)

æhteman; *pl dt:* ∼nnum *leibeigenen Leuten herrschaftlicher Domäne* Rect 9, 1; ethemannus (*Var.* ehte-) Q. *Ersetzt durch* æcrem- *ebd.* — æhtamen *statt* eahta men II Atr 5, 2 Q *Hs. R* = athemen Hn 70, 7a

æhteswane, *dt, leibeigenem Schweinehirten Rect* 7; eht∼ id est servus porcarius Q

-æi(g) *für* -æg *s.* hwæg; mæg(bot); (mæsse)dæg; wægpundern

æl- *s.* el- **æl** *s.* awel **Æl-** *s.* Æðel-

æla, *pl gn, Aale* Ine 70, 1

ælæte, *fm, geschiedene Frau* I Cn 7, 1 In (*Var.* ælete, eðlete, le*t*e) | *dt:* ∼*t*an VI Atr 12, 1 = I Cn 7, 1; ∼*t*en A

ælc *jeder* [*im negirten Satze: irgend ein* ælc (*nt ac*) wed Sacr cor Pro] **1**) *adj.* Wi Pro 2. Af 30. II Ew 8. II Eg 2, 2 (ylc Ld). I Atr 1. III 6, 1. 8. 8, 2; elc II Cn 80, 1 A; alc 31 A; eal Ld | ælo mon *jedermann* Ine 46, 2. AGu 4. II Ew 4. Hu 1 | *gn:* ælces V As 1, 5 (*geändert* ylces). II Eg 5 | *dt:* æloum IV Eg 2. 2, 2; ælcom II Eg 2, 2 A; ælcon Forf 3, 1; ælcan Rect 3, 4 | *ac:* ælone EGu Pro 1. II Eg 5 | *instr:* ælce *Rect* 3 ‖ *fm:* ∼ II Ew 8 | *gn:* ælcre *Rect* 3. 4a. 4, 1b | *dt:* ælcre II Eg 5, 1; ælcere Hu 7. IV Eg 2a. Duns 2 | *ac:* ælce II Ew 7. II Eg 1, 1. VI Atr 40 D; ælc maeht Iud Dei IV 2 ‖ *nt:* ælo II Atr 2 | *gn:* ælces II Eg 1 AD. I Atr 1, 5. II Cn 30, 3b. Wif 6. *Rect* 11; alces II Cn 30, 3b A | *dt:* ælcon I Atr 1. Swer 9. Forf 3, 1; ælcan VIIa Atr 6, 2. Northu 1 | *ac:* ælc Af 12. Iud Dei IV 2; ælcwih*t* *jegliches* Iudex 13 | *instr:* ælce geare Rect 6, 1 2) *sbst masc:* ∼ II Cn 84, 4a (alc A; eal Ld). Duns 6, 2 | *mit abhäng. gn:* ∼hiora Af 31; ∼þara II As 1, 5 So; ∼ man þara *übr.* | *dt:* æloum þara IV Eg 1, 5 ‖ *nt:* ∼ Af 12 H. Hu 8; *m gn:* þreora ∼ Hu 8; ∼ þæra landa II Atr 1, 2 | *ac:* ∼ Ine 43, 1; *m gn:* ∼ þæra II Cn 15, 2. — ∼ þara, þe *mit Sing. des Verbs* EGu 6, 6. V As 1, 1. — *Für* æghwelc Af 12 H. 29 B. VI Atr 40 D. *Ersetzt durch* eal, ilc *s. d.*

ælcor *s. elcor*

Ælfe- *s.* Ælfhe-

[Ælfgifu] *Gm. Cnuts d. Gr.* Elviva-Emma (*Var.* Al[f]veva; Elwyna) ECf 34, 2e; Elwina, Elwyna (Elfgive *archaisirend* Ld) Lond ECf 13, 1 A

Ælf[h]eah 1) Stybb VI As 10; ∼feach Q (*Var.* Alfeach, Ælfeagus, Æalfegus, Ealpheagus) 2) *gn:* ∼feahi, *Erzbischofs von Canterbury* VI Atr Pro L

Ælfhere, *Ealdorman von Mercien* IV Eg 15, 1; Ælfere C; Ælferus L

Ælfred 1) *d. Gr.* Af El Rb 49, 6 H. Af El 49, 9 f. AGu Pro. EGu Inscr Pro; ∼dus AGu Pro Q (*Var.* Ælvredus; Alfredus). EGu Pro Q (*Var.* Ælvredus, Alvredus, Alf*red*). Lon*d* ECf 13, 1 A; Elvredus Af El 49, 10 Q[18]; *gn:* ∼*des* AGu Pro B 2. 2) **Alv**[redus] (*geschr.* Alver', Alv*ero*, Alnero) de Toteneis Hn Lon*d* Tes*t*

Ælfric, *Ealdorman von Hampshire* II Atr 1; Ealfricus Q (*Var.* Alfuricus, Ealvricus)

[Ælfwine] Alwinus, B*ischof*, *von Winchester* Quadr Arg 9

ælhyde, *ac, Aalbehälter* Ger 17

ælmesfeoh *Almosengeld Rect* 1, 1; elm∼, pecunia elemosine Q; elmesfeach *ebd.*[9] | *ac:* ∼ 2; ∼fech Q[10]. — *Für* sulhælmessan I Em 2 HBQ; id est elemosine pecunia Q

ælmessan, *dt, Almosen* VIIa Atr 5. *Der.:* sulhæ∼

ælmihtig *allmächtig* Af El 49, 7. VIIa Atr 8. I Cn 18, 3. II 84, 6; ealmigtig I 18, 3 A; allmæhtig Iud Dei IV 4, 1; 4. 5 | *gn:* ∼ges *Godes* Cn 1020, 16. Swer 7—9. Excom VII 2; ealmih*t*iges Swer 7—9 B. Grið 31; allmæh*t*iges Iud Dei IV 2—2, 2 | *dt: Gode* ∼gum Cn 1020, 6. 7; ∼gan IX Atr 1 | *ac:* God ∼ [*Formel zum Indeclinabile geworden?*] Ordal 4, 3; God ealmihtigne V Atr 35 ‖ *schwach:* se ∼*t*ega God Af El 49; ∼*t*iga GH | *ac:* þæne ∼tigan God Iud Dei VII 12, 1 A

ælþeodig *s.* el∼

æmte *Musse; dt:* on æmtan I Cn 1a D; *ac:* ∼*t*on (*geänd.:* ∼*t*an) VI As 8, 1

æmtige, *adj fm ac, Ledige* II Cn 50, 1; em∼ BA

ænde I) *s.* and II) *s. ende*

æne Ine 49, 1; **ænes** Wi 7 *einmal.*

Ængl- *s.* Engl-

ænig *irgend einer* 1) *adj:* II Atr 1, 1. Northu 2. Episc 10; enig I Ew 1, 5. VI As 8, 9; anig I Cn 2, 3 A. II 40 A; æni Becwæð 3, 1; ∼ mon *jemand* Af 43. Episc 5. 6; nis ∼ ∼ *niemand* Ger 16; ∼ oðer man *jemand sonst* IV Eg 13, 1 | *dt:* ∼gum Hl 15. IV Eg 1, 4. Northu 1; ængum [*instr. Sinnes*] *co*s*t*e Iud Dei V 2, 2; ænegum IV Eg 1, 4 f.; anigum IV Eg 1, 4 C | *ac:* ∼gno EGu 9, 1. Wl lad 1; ∼ [*unflect.!*] dæl (habban) Excom VII 3 | *pl gn:* ∼gra EGu 6, 4 ‖ *fm ac:* ∼ge IV Eg 1, 4. II Cn

5,1. 47 (*geänd. aus* ængie B[3]) ‖ *nt:* swilces ~gge [*so*] fleard Northu 54 | *gn:* ~ges cynnes II Cn 5, 1 | *dt:* ængum Af 1, 1; ~gum H | *ac:* ~ Northu 1. Episc 5. 6; ~ þing *etwas* EGu 12 B (enig H). II Cn 5, 1; *m gn:* Iud Dei VIII 2, 1 | *pl dt:* on ænegum hwilsticcum Af 43; ~gan þingan Wl lad 1 2) *subst m gn:* Cantwara ~ Hl 16; gerefana VI As 8, 9; heora II As 10, 1; manna I Ew 1, 5; hwa B; ure A Gu 5 B 2 | *ac:* heora ~gne II As 20, 7 Ot Ld; þæra II Atr 1, 2 | *nt ac:* ~ *etwas* Northu 2,2. — *Ersetzt durch* hwa I Ew 1, 5 B; *in Verneinung durch* nan *s. d. Verlesen als* agen IV Eg 7 C

ænote, *nt praed, unbrauchbar* VI Atr 34

L **[a]equalis** *unparteilich* Leis Wl 21, 4 L, *fz.* uele *übsnd*

ær I) *adj: frühe, ehemalig;* ***cpa*** ærra, *ac:* ærran II Cn 73 a; erran A | *pl:* ærran VI Atr 43 | *fm pl ac:* ærran I Cn Inscr D | *nt pl dt:* ærran II Cn 84, 1a | ***spl:*** *erster,* ærest *als erster* (*oder adv. zuerst*) Abt 17. Af El 49, 9. I Cn 22, 2. Grið 24 [*und vielleicht einige Fälle, die unten als adv. bemerkt sind*] | æt ærestan *zuerst* Af 1 **II**) *adv. früher, vorher, zuvor* Abt 78. Hl Pro. Wi Pro 1. Af El 21. 25. Ine 35, 1. 39. I Ew 2, 1. II 1. II As 20. II Cn 15 a. *Rect* 4, 4; *früher schon* I Atr 1, 8; *schon, bereits* Af 1, 6. Ine 48; *bisher* Af 37. 37, 1. Hu 2; *oben im Text* Wi Pro. II As 23, 2; *soeben* Ordal 3; ær beforan *eben zuvor* II As 14, 1. *Rect* 21. 21, 1; ær oððe æfter V Atr 20. VI 25, 2. I Cn 17, 3. Grið 26. [*Vgl.* her.] ***cpa:*** æror *früherhin* VI As 12, 3 | ***spl:*** ærest *zuerst, erstens* I As Pro. VIII Atr 4, 1 [*und vielleicht z. T. die Fälle oben unter* I] | *als erstes Glied einer Reihe vor* æfter (Abt 17?) Ine 1; *vor* eft Wif 1; *vor* syððan V Atr 14. VI 22,2; *vor* þonne A Gu 1 | þis ærest EGu Pro 1; þæt is ærest B. I Em 1 H (æres D). VIII Atr 1; þæt is þonon ærest EGu 1; þæt is þonne ærest VIII Atr 2. I Cn 1 (þonne is þæt ærest D). II Cn 1 | *als erstes Glied vor* oðer .., þridde VI As 1, 1. Sacr cor 1, 1; þæt syndon þonne ærest II Eg 1; an ærest II As 1 Ot (*nur* ærest HB). IX Atr 1; þæt is þonne an ærest .., oðer .., þridde V Atr 32, 1 D **III**) *conj* (*m op*) *ehe, bevor* Ine Rb 9. Af 42, 3. Ine 48. II Ew 7 B (hær H). II As 3. 20. 23 (ær þe Ld). II Atr 6, 1. II Cn 28, 1 (ære Ld). 54, 1 BA (ær þam G). Ger 10. ~ *für* ær þon Ine 9 H **IV**) *prp zeitlich, 'vor, binnen'* **a**) *m dt: 'vor'* Af El 36. Af 1, 6. 13. 43. VII a Atr 1. II Cn 24, 3. 46, 1; *'binnen, innerhalb'* Af 13. IV Eg 8, 1. II Cn 24, 3; *'vor'* ~ undern Romscot 1. *Zuss.* 1) ~ þam *α*) *adv: vordem, ehedem* II Ew 1. II Atr 6, 1; oðeræfter II As 1, 2 B So *β*) *conj: bevor* II Cn 54, 1; *bloss* ær BA | ~ þam þe (*conj*) *bevor* Af El 49, 1 (~ þon þe H). VI Atr 36 2) ~ þyson *bisher* II Cn 69 **b**) *m instr:* ~ þon (*conj*) *bevor, ehe* Ine 9; ar þan Q; *blosses* ær H; ~ þon þe *dasselbe* Af El 49, 1 H; ær þam þe *übr.*

ærcebisceop *Erzbischof* I IV Eg 1, 4; ar ~ Sacr cor Pro; arcebiscop I Em Pro. II Atr 1. Cn 1020, 3. Grið 6 | *gn:* ~ cepes Af 3. 40; ~ copes II As 23, 2; ~ pes As Alm Pro. Norðleod 2 Ld; *arce*bisceopes II Cn 58, 1; arcebiscopes I As Pro G (*endungslos* D). II Cn 58, 1 A. Ordal 1. Grið 7. 11; ercebisceopes Af 40 B; ercebiscopes Af 3. 40 H | *dt:* ~ cepe Af 15; arcebiscope VI As 10. I Cn 3, 2; ~ pe II 62; arcebiscpe Grið 12; ercebisceope Af 15 B | *ac:* arcebiscop Grið 4 | *pl ac:* arcebiscopas Cn 1020, 1. 8. — *Ersetzt durch* heahbiscop I As Pro Ld

[æ]rcediacon *Archidiacon; gn:* arcediacones Northu 6 f

æren alfæt, *nt, ehern* Ordal 1b

ærende, *dt, Auftrag* Geþyncðo 3 H | *ac:* ~ *Geschäft* II Cn 75 | *pl dt:* ~ dan Geþyncðo 3

ærendgewrit *Sendschreiben* Af El 49, 2; ~ *ite* H, *geänd.* ~ itt; *ac:* ~ *ebd.*

ærendian *Botschaft tragen* Rect 2. *Der.:* geæ~

ærendwrecan, *pl ac, Boten* Af El 49, 1; ~ drecan Ld; ~ dracan H (dra *auf Rasur*). So

ærest, ærost, ærra *s.* ær

ærfe *s.* ierfe

[æ]rist; *ac:* erist *Auferstehung* Iud Dei V 2, 2

[-ærnan] *Der.:* geæ~

ærne, *dt, Gebäude, Haus* Af 5, 1 (*ersetzt durch* huse B). Ine 57 (*ersetzt durch* huse H; *durch* deorne id est secretum Q, *früheste Rec., wofür* ~ habitaculum *später*). *Der.:* beodærn, carcern, slæpærn

ærwyrð *s.* arwyrðe

æsc *s.* æx

æscað, *pl,* (*Geld*)*einklagen* VI As 6, 4

æsce *Nachforschung* (*nach einem Diebe*) VI As 6, 4. 8, 8 | *ac:* ~ can *Spurfolge nach verlorenem Vieh* VI As 5. 7. Duns 1, 1; ~ cean *Klage sammt Bussgeld-Ertrag* VI As 2

æscena, *pl gn, Holzgefässe* Ger 17.

æt- 1) *geschwunden s.* ætfleon. 2) *für* on- *s.* ætsacan 3) *für* oð- [*vgl. Klaeber* Anglia 27, 421] *s.* ætberstan, ætfæstan, æthleapan, ætsacan, ætstandan, ætswerian, ætwindan 4) *Ersetzt durch* to- *s. d.*

æt *prp mit dat* [*Form abweichend:* aet Abt 16; at Ld: Ine 59. 1. I Cn 5; et Ine 44, 1 Q] 1) *zeitlich: zu, bei, in* ~ mæssan; *tide* Af 43; ~ ærestan Af 1; ~ siðestan Ine 18; ~ frumcyrre II As 3, 1; ~ oðrum cyrre Af 23. I Ew 2, 1. II 1, 3. I Atr 1, 6. 2, 1. II Cn 30, 4. 32, 1; ~ þam Iorman gylte Af El 49, 7 | *in Verlauf von, bei der That des:* ~ lade II Cn 56, 1; ~ þiefðe Ine Rb 28 2) *örtlich* **a**) *ruhend: an, bei, in* Abt 3. 22. Af 42, 7. I As 4. V 3. Swer 3 | (*Beschlag nehmen*) *im Hause von* Hl 16, 1. Ine 25, 1. 53 | *vor Ortsnamen: zu* I Ew 1. VI As Pro. 1, 4 **b**) *zielend: zu .. hin* Hl 16, 1. Af El 11 G; to *übr.*; ~ ham *nach Hause* Abt 31 3) *im Falle von, bei, an, betreffend, in Bezug auf* Abt 16. 51. 55. Af Rb 29. Af El 49, 7. Af 13. 61, 1. Ine 70. EGu 3, 1. 12. VI As 1, 4. III Atr 1, 2. 2. V 32, 3 D. VIII 5, 1. I Cn 5. II 35. Northu 11 4) *aus, von, von ... her, seitens* [*meist in Verbindung mit Verben des Nehmens etc. Vgl. in Lex Salica* ad grafionem *im Sinne von* a grafione; *Sohm* 88] Abt 82. Hl 5; ~ (*aus*) woroldlican þingan V Atr 20 = VI 25, 2; abiddan ~ Ine 42. II Atr 1; ~ (*aus*) handa ahreddan Forf 3, 1; handa aliesan (*lösen*) ~ II Cn 48, 1; amanian (*Geld eintreiben*) ~ II As 25, 1; giernan ~ II Cn 2 a; ladian ~ VIII Atr 19, 1; onweg lætan ~ II Atr 6, 1; nagan (*nicht bekommen*) ~ Ine 40. 72; ut niman æt VI As 1, 4; medsceat niman ~ II 17; ~ handa onfon I Cn 22, 6; ah ane swingellan ~ him *hat einmaliges Prügelrecht an, gegen* Ine 48 5) *je bei, jedesmal für, von jedem* Ine 44, 1. 59, 1. I Ew 1, 4. II Eg 5, 2 DH. I Cn 12. Forf 1; æt þære syhl II men II As 16 6) ~ hæbbendre handa *bei* (= *noch während*) [*den gestohlenen Gegenstand*] *haltender Hand, handhaft, auf frischer Missetat* Wi 26. II As 1. V Pro 2. — *Dem regierten*

Worte nachgesetzt nah him mon æt Ine 72 *und* [*falls nicht* ætbefon, ætbegytan, ætbregdan, ætbycgan *Ein Begriff*] Ine 53. 75. II As 2. 24. II Atr 8. 8, 2. II Cn 23. Swer 3. — ∼ *für* on: *im Ortsbezirk* Af 1, 2 H; *bei* (*in*) *Landwehr* II Cn 78 Ld; *für* to (*örtlich: zu .. hin*) Af El 11 G. — *Ersetzt durch* mid, to *s. d.* *Der.:* þæræt

[-æta] *Der.:* hlafæta

ætbefon (*abhanden gekommene Fahrhabe*) *im Anefang fassen bei, als Eigentümer dem Besitzer dessen Vieh anschlagen* Ine 53. 75. II Atr 8. 8, 2. *Überall* æt [*hinter regiertem Pronomen*] *getrennt von* befon (*s. d. u.* æt) *zu lesen möglich*

ætbegytan *erhalten, bekommen von* II As 2; *als* æt [*hinter regiertem Pronomen*] begietan [*s. d. u.* æt] *zu fassen*

ætbere, *op* 3, *entwende* feoh Grið 17

ætberstan *entkommen; op* 3: ∼te VIII Atr 1, 1 = I Cn 2, 3; ut ∼te III Eg 6, 1 A G 2; ut oðb∼ G; ut ab∼ D | *op pl* 3: up ∼ *an Land gelangen* II Atr 2, 1; ∼bær∼ Ld

ætbregdan *wegnehmen;* 3: þe (*dt*) mon orf ∼ryideð Swer 3 Rb B | *ptt pc pl:* dælas bið ∼rædene I As 3 Ld; beniman D G

ætb[ycgan] *abkaufen; ptt op* 3: þe (*dt*) he hit (*Vieh*) ær ætbohte II As 24 [*oder* æt *prp hinter regiertem Pronomen; s.* æt]

æten *s. etan*

[-ætere?] *Der.:* sceapæ∼

ætfæsteð (3) *m dt, anvertraut* Af 17 B *Überschr.; im Text* [*älter*] oðf∼

ætfeallan; 3: wer ∼alð *Wergeld fällt fort* Duns 5 | *op* 3: ∼lle bot þam *Busse entgehe dem* Ine 76, 2

ætfeng *Anefangs-Beschlagnahme; dt:* yrfes ∼ge II As 9 | *pl dt:* ∼gan V Atr 32, 1 D

ætferede, *ptt* 3, *entwendete* orf Swer 3

ætfleon *fliehen, flüchten; op* 3: ∼eo II Atr 2, 1; Iram: *von* II Cn 77; ∼ea Ld; fleo B

ætfon *im Anefang anschlagen; op* 3: ∼fó Hl 7. 16, 1 | *ptt op* 3: ∼fenge I Ew 1, 5; ∼fence B

ætforan, *prp m dt* 1) *vor* [*örtlich*] weofode Wi 18. VII a Atr 6, 3 2) *in Gegenwart von* hlaforde II Cn 78; tof∼ Ld

ætgædere *bei-(zu)sammen* Af El 49, 1 (tog∼ So). VII a Atr 6. II Cn 30

ætgebrenge, *op* 3, *herbeibringe* þone *Verkäufer* Hl 7

ætgeb[y]cgan *ab-(er)kaufen; op* 3: willan ætgebicge æt *Einwilligung von* Abt 82

æð- *s.* āð- **[-æðed]** *s.* geæ∼

æðel *adlig, edel;* Anglice nobilis: aðel (*Var.* adþel, adela, ældela) ECf 35, 1 d | *pl dt:* ∼lum II As Epil ‖ *schwach:* æðela *hoch ehrwürdig* Iudex 10, 1. — Æðel- *als* Ægel-, Æl- *s.* Æðelnoth, ∼lred, ∼lstan

Æðelb[eo]rht 1) *König der Kenter, Gesetzgeber,* ∼birht Abt Inso | *gn:* ∼bryhtes Af El 49, 9; ∼brihtes Q; ∼byrhtes Ld; ∼birhtes So; ∼berhtes H 2) Sanctus Adhelbertus [*von Hereford?*] Excom X 1

æðelborenran, *cpa fm dt, edeler geborenen* Af 11, 5

æðeling *königlicher Prinz. Lateinisch zu eng erklärt:* filius regis de legali coniuge [*viell. im Hinblick auf Wilhelm* Ætheling † 1120] In Cn III 56, 2; filius regis II Cn 58, 1 Q; regulus *übs.* In; basilides Cons; filius regum, *aber Beiname Eadgars, des Sohnessohns Eadmunds II.,* ECf 35, 1—1 d — Lond ECf 35, 1 A 1 (*Var.* aðe∼, eþe∼, ede∼, adþe∼, ade∼, adl∼, eade∼, eadl∼); *erklärt aus* aðel *und* [*irrig*] ling: nobilis ymago 35, 1d | *gn:* ∼ges Norðleod 2. Grið 11; -gces II Cn 58, 1 | *dt:* -ge Grið 12 | *ac:* ∼ 4. — *Ersetzt durch* eorl Norðleod 21q

Æthelnothus *Erzbischof von Canterbury* Cn 1027 Inso; *Var.* Ath∼, Ægel∼, Ail∼, Al∼

Æðelred 1) (II.) *König* I Atr Pro. II Pro. III Pro. IX Pro. X Pro; ∼dus VI Atr 40, 2 L. ECf 34, 2 a (*Var.* Æde∼, Ethe∼, Ade∼, Ældr∼, Aldr∼); Að∼ Quadr Arg 9 (*Var.* Ethe∼, Athe∼); Aldredus Lond ECf 32 A 15 | *gn:* ∼des I Atr Inscr. II 3, 1 | *dt:* ∼de II 1 ‖ *Beiname* Unrad Lond ECf 34, 2 a. 2) *Irrig st.* Æðelwerd *v. Devons.* II Atr 1 Q

Æðelstan *Nachfolger Eadweards I.,* I As Pro. II Epil. VI 10 f. VIII Atr 43; ∼ne As Alm Pro Ld; ∼nus Q: I As Pro. V Pro. VI 10 (*Var.* Aethes∼, Eþes∼, Aels∼) | *gn:* ∼nes I As Insor. II As Insor.

[æðelu] *s.* eðles

Æðelwerd, *ealdorman von Devonshire,* II Atr 1; [*irrig*] ∼lredus Q

Æðelwine, *dt, dem ealdormen von Ostanglien* IV Eg 15, 1

æðen *s.* hæ- **æðer** *s.* ægðer

æt[h]leape, *op* 3, ut ætleape *entflieht, entspringt* II Cn 31, 1 B; oðhl∼ *G*; hleape A

æthwam, *dt, jedem* Episc 10

[ætiewan] ædeava 1) *zeigen, offenbaren* Iud Dei IV 3, 4 | *op* 3: ∼ 3, 2, manifestet *glossirend* 2) *erscheine* 3, 5, appareat *glossirend*

ætsacan *leugnen* (*Schuld, Sünden*), *sich unschuldig erweisen* (be: *mit, durch* Ine 46, 1 B) *einer Anklage* (*gn:* II As 4 [*ac.* B]. 6. 6, 1 [*ac.* Ld]. IV Eg 6, 1). Af 14 B. Ine 28, 2 B. 46, 2 B. 54 B | *op* 3: ∼ce Ine 46, 1 B. IV Eg 6, 1. II Cn 47, 1. Northu 51 ff.; ætsæce Northu 53. — *Für* ons∼ Ine 28, 2 B. 46 B ff. 54 B; *für* onsecgan Af 14 B; *für* oðs∼ Ine 41 H B

ætsomne *beisammen* Af El 49, 1.

ætstandan 1) *stille stehen, aufhören* (*Gewährzug*) II Atr 9. 9, 4 2) *fortbleiben, verloren sein; op* 3: ∼de Af 46, 1 3) *dabei stehen; op pl* 3: ∼den Wi 19

to **ætstrengenne** [*für* oðs∼] *zu ertrotzen* IV Eg 1, 2

ætswerian *sich frei schwören* Af 31, 1 B | *ptt ptc:* ∼woren Ine 35, 1 B; *beidemal* oðs∼ E

ættan *s. etan*

ætweneð, 3, *entzieht* deoflum II Cn 84, 2 a; ∼nað B [oðw∼ Ld

ætwinde, *op* 3, *entfliehe* II As 20, 8;

æw(-) *s.* æ(-)

æwbreca *Ehebrecher* II Cn 6 In (*Var.* ∼ce, ewebreche [-ege]) | *pl:* ∼ecan Cn 1020, 15. II Cn 6; ∼rican D; ∼ræcan Ld; *falsch* æðbruche In; *missverstanden* legis *transgressor* Cons

æwbryce *Ehebruch* II Cn 50, 1 | *dt:* ∼rice I Em 4 (ew- Q) | *ac:* ∼ I Cn 24 (∼rece A). II 50, *wo* æw *zweimal missverstanden als* lex, legale institutum Cons | *pl dt:* ∼rican V Atr 25 = VI 28, 3

æwda *Eideshelfer* [*vgl.* Bruckner *Sprache d.* Langobarden, *Gloss.* aydo]; *ac:* ∼an Wi 23 | *pl dt:* ∼dum Hl 2. 4. *Der.:* cyningæde [Hl 5

æwdamanna, *pl gn, Eidesmannen*

æwe, *ac, Ehefrau* II Cn 50, 1. Northu 65

æwerdla *s.* æfwie∼

æwfæst *verehelicht* II Cn 50, 1 A; eawf∼ G B

æw[ie]lm, æwylm, *ac, Quelle* A Gu 1

æwum [*dt adverbialen Sinnes*] borenre (*fm dt*) *ehelich geborener* Af 42, 7

æx *Axt;* sio ~ bið melda, nalles þeof Ine 43, 1 H; æsc E; eax B | *ac:* æcse Ger 15

Æxeceaster *s.* Eaxanceaster

afangen *s.* onfon

aferian; averian *durch Pferd* [*aus* eafor *Arbeitsgaul*] *Spanndienst leisten Rect* 2 | 3: aferað *Rect* 4a. *Lat.* averiare Q; *Var.* avar-

F **aferir** *gehören, zukommen;* 3: afiert Leis Wl 2, 3 I. 20 I; af*ert* 2a. 2, 3 Hk. 20 Hk | *pl* 3: afierent 2a I. 2, 2a I; aferent 2, 2a Hk

L **affinitas** *Grenznachbarschaft* [*zwischen Suffolk und Essex*] ECf 32

L **affirmatio** *Klägers Behauptung* II Atr 9, 3 Q, onsagu *übsnd*

L **afflator** *Einbläser des* Bösen (*Teufel*) Iud Dei II 4, 2. X 20, 2

L **afflictio** *Realinjurie, Körperschädigung* Af 77 Q*; *Verstümmelung* EGu 10 Q

af[ie]llan; afyllan VI Atr 40. II Cn 11 (-len B) | *op* 3: afelle Af 36, 1. Ine 43, 1; afylle HB. Af 36, 1 HB. EGu 6, 7. II As 17. V Atr 1, 1. 31, 1. VI 8. 38. X 2. II Cn 1. 20 B. 39. 48, 2 f. 62, 1 | *ptt pc:* afylled Af 12 B. Ine 53. *Bed.:* **1)** treow *fällen* Ine 43, 1 **2)** *niederstrecken, töten* Af 12 B Rb. EGu 6, 6 f. = V Atr 31, 1 = VI 38 = II Cn 48, 2 f. 20 B. 39. 62, 1 **3)** wite *niederschlagen, los werden* Af 36, 1. Ine 53; riht *zu Falle bringen, vernichten* II As 17; unlaga *beseitigen, abschaffen* V Atr 1, 1 = VI 8. 40 = X 2 = II Cn 1. 11. — *Für* teon *verklagen* II Cn 20 B. *Ersetzt durch* alecgan, fiellan *s. d.*

F **afier-** *s.* af*erir*

af[ie]rsian *austreiben;* 3: afyrsað deofla I Cn 4, 2; afyrseð A | *op* 3: hi afirsige of earde *verjage sie aus dem Lande* VIII Atr 40

afind- *s.* onfindan

afirred, *ptt pc, ausgetrieben* Iud Dei V 2, 2, exorcizatum *glossirend*

afliemed, *ptt pc, geächtet, verbannt* Af 1, 7

afre *s.* æfre **aft-** *s.* æfter

L **afuisse,** *mit Sinn von* affuisse Iud Dei IX 3, 7

afylan; *op* 3: hine ~le *sich besudele* II Cn 46, 1 (gef-B) | *ptt pc fm pl:* ~lede horcwenan *verderbte* EGu 11

afyll- *s.* afiellan

afylled, *ptt pc, angefüllt* Iudex 11.

agan Abt 80. IV Eg 2, 2 | 3: ah Ine 17. 23. 28. 48. 74. EGu 4. I Cn 2, 1. 4, 1. Grið 31, 1 | *pl* 1: agan Episc 14 f. | 3: agon IV Eg 1, 5. Duns 3, 3; aghon Wif Insc B; agan Grið 6 | *op* 3: age Abt 9. 78 f. Hl 10 f. Af 2. 7, 1. 17. II As 20, 1; 3 f. V Pro 3. Hu 2, 1. IV Eg 11. I Atr 3, 1. III 3. 6. 8, 1. Duns 3. Northu 2, 1; hage Hl 5; ahe II Cn 37 G | *pl* 3: agon Cn 1020, 11; agan Abt 81. Ine 42. Episc 2 | *ptt* 3: ahte Af 20. II Cn 25a. Becwæð 1 f. Grið 4. 5; agte Sw*er* 3, 3 | *op* 3: ahte Af El 49, 6 H. II Cn 53. — *Bed.:* **1)** *Concretes 'besitzen'* Af 20. Ine 74 | *factisch als* Besitzer *geniessen* IV Eg 2, 2 | eal (þæ*t*) þe he age *alles Vermögen* Af 4. 4, 2. Ine 2, 1. II Ew 5, 1. II As 3, 1. 20, 1; 3 f. V Pro 3. Hu 3, 1. II Eg 4, 3. III 7, 1. IV 1, 5. VI Atr 37. Cn 1020, 17. II Cn 25a. Grið 9; eal þæt (þe) hi agon Cn 1020, 11. Duns 3, 3 | land age *als Obereigner* (*Grundherr*) *nach aussen vertrete* Duns 1, 1 [*vgl.* landagend Northu 52. 60]; flet age Hl 13 | *besitzen, ohne Eigentumsrecht* Ine 53, 1 **2)** *etwas Abstractes 'haben':* ah ofer *geniesst Rechtsanspruch an* II Cn 14; dom Af El 49, 6 H; Iie*rst* Af 2; grið Grið 4 ff. Episc 14; geweald III Atr 6; socne II Cn 37; swingellan (*Prügelrecht*) Ine 48; tihtlan (*Klagerecht*) Hl 10 f.; þearfe (*Pflicht, nötig*) I Cn 2, 1. Grið 31, 1. Episc 15; gewyrht (*trage Missetat-Schuld*) Af 7, 1 **3)** *in Amtsdienst halten* III Atr 8, 1 **4)** *rechtlich zu eigen haben ohne factischen* Besitz, *als Eigentümer zu beanspruchen haben* Hu 2, 1. I Atr 3, 1. Northu 2, 1 | *als Eigner zu vertreten haben, verantworten* Ine 42, 1 **5)** *mit Recht* (*eigentümlich*) *besitzen* Ine 17; (L*and*) Becwæð 1 **6)** *behalten* (*Kinder*) Abt 80 | *ob er* lif age, þe nage Ine 6 (hæbbe Bu). Blas 3. Grið 9 **7)** *erhalten, bekommen* Abt 9. 78 f. 81. Wi 8. 11. 26. Ine 17. 23. 28. EGu 4 **8)** agan to + *inf.: dürfen, befugt sein zu* III Atr 3. Sw*er* 3, 3. Becwæð 2 | *können, vermögen zu* I Cn 4, 1 | *sollen* Wif Insc B. Episc 2. — *Für* habban Norðleod 9 Ld; *s. d.* [*Vgl.* agend, nagan, (un)landagend]

agān, *ptt pc, zeitlich vergangen, verlaufen* EGu 9, 1 = II Cn 45. I 17

F **agardé,** *ptt pc, gesetzlich festgestellt* Wl art Fz 4

L s. **Agatha** Iud Dei XVI 30, 9

agen I) ***adj.,*** *eigen; masc:* ECf 23, 1; *Var.* (h)ogen, og(h)en(e), oghan, oyen, ovine, ayen, age, (h)awen; *schw.:* se agena frigia *Eigentümer* III Atr 4, 2 | *gn:* ~nes II Cn 74 | *dt:* ~num Abt 31 [*instr. Sinnes*]. Episc 15; agnum Ine 30; ~non B; ~num H; ~non I Atr 1, 10; *schw.:* þam ~nan frian III 4, 1 | *ac:* ~nne Af El 17 (~ So). Ine 11 (~*ene* B). VIII Atr 2 | *instr:* ~ne Abt 30; agn*e* Ine 30 | *pl:* ~ne Episc 14 | *gn:* ~nra II Atr 3 ‖ ***fm:*** ~ Episc 13 | *gn:* ~nre teoðunge II Eg 2 (*pl:* ~ra -unga D) = I Cn 11 (~ne A) | *dt:* ~nre VI As 10. III Atr 1. Becwæð 3 | *ac:* ~ne VI Atr 27, 1 ‖ ***nt:*** ~ Af El 17. Grið 31, 1; achan ECf 12[8] | *gn:* ~nes Geþyncðo 2 | *dt:* ~num Hl 15. I As Pro. IV Eg 13. V Atr 2 = VI 9. Cn 1020, 11. Geþyncðo 6; aganum *Rect* 4, 2; ~nan I Cn 2, 1; aganan A | *ac:* ~ Af El 19. Ine 40. II Ew 4. VI Atr 2. 10, 1. Northu 4 | *pl dt:* agnum Sw*er* 3, 4 ‖ ***Cpa. nt:*** ~nre IV Eg 1, 5a. | *Für* ænig *verlesen:* ~ IV Eg 7 C. *Der.:* una~. — *Bed.:* **1)** *possessiv* **a)** *das pron. verstärkend:* Abt 31. Af El 17. Ine 11. I As Pro; his agenum hame Hl 15; his ~ *ihm selbst anvertraut* VI As 10; *auf ihm selbst lastend* II Eg 2 = I Cn 11. IV Eg 13. I Atr 1, 10. V 2 = VI 9. VI 2. 27, 1. VIII 2. Cn 1020, 11. Sw*er* 3, 4. *Rect* 4, 2. Geþyncðo 6. **aa)** *im Ggs. zu anderen Personen des Satzes auf syntakt. Hauptperson bezogen:* his agen ge*at das von jenem selbst verschuldete Loch* Ine 40 **b)** *pron. poss. ersetzend:* ~ne scætte *aus seinem Geld* Abt 30; ~nes þances *freiwillig* II Cn 74; *ferner* IV Eg 7. Becwæð 3. Geþyncðo 2 **c)** *gen. poss. verstärkend:* VI Atr 10, 1. Northu 4. Episc 13 ff.; Cristes (kinges) ~ grið *'von C., K[önig] selbst'* I Cn 2, 1 = Grið 31, 1 (ECf 12). **2)** *'selbst', subst. verstärkend:* ~nra friðmanna II Atr 3. **3)** ~nfria *Eigentümer* [*vgl.* agendfrio]. — **II)** ***sbstirt. nt*** *Eigentum; gn:* ~nes I As 5 | *dt:* ~num I Em 5. IV Eg 1, 5a. Duns 3; agnum *Rect* 20, 1; agenan II Atr 9 = agenon Forf 2. II Cn 19, 2. 69, 1. 80 | *ac:* ~ II Ew 4. II Cn 24, 1. Ger 5; hagen II Atr 9, 1 **a)** *abhanden gekommenes Eigen, nicht factisch* Besessenes II Ew 4. II Atr 9 f. = Forf 2. II Cn 19, 2. 24, 1 **b)** *von Rechtswegen Zukommendes* Af 2, 1

agend 1) *Eigentümer* (*von Sklav und Vieh*) Hl 1. 3. 7; *im Ggs. zum 'Besitzer'* 16, 3 | *dt:* ~de Wi 27 **2)** *Inhaber* (*der Vormundschaft über ein Mädchen*) Abt 82. — *Der.:* (un)landa~

[L]**agenda** *Verhandlungen* pacis AGu Pro Q; *Gerichtsklagen, Processe, Klagefälle* Quadr Arg 3 (~causarum 32). Hn 33, 1. 71, 1a. 88, 2; ~dorum locus *Gerichtsstätte* Hn 7, 6

agendfrio *Eigentümer von abhanden gekommener Fahrhabe;* agenfrigea Ine 42, 1 (-iga Q). 49, 1 (-iga, liber cuius habentur, *auch sonst unverstanden*, Q). IV Eg 11; agenfria III Atr 4, 2 Q; agena frigia H | *dt:* ~ Ine 53; -ige H; -reo B; agenfrigean II Cn 24, 1

ageotan *vergiessen* blod; *op* 3: ~te I Em 3 | *ptt* 3: ageat I Cn 18, 3 B; scal*de übrige*

agev- *s.* agiefan

[L]**aggravare** *bedrücken* II Cn 69 Q

[L]**aggregatio** *Versammlung* Hn 8, 1b

aghon *s.* agan

aghwær *s.* ahw~

agi[e]fan; agifan Ine 59, 1. 61; agyfan I As 2 Ld; *flect:* to agifanne Ine 60 | 3: agifð Ine 36 | *op* 3: agefe Abt 77, 1. Hl 1. 3. 16—16, 2; agife Af El 12. 29. Af 8, 3. 21. 33. Ine 4. 9. 10. 31. 38. 53. I As 4. II 22, 1. II Eg 1, 1. III Atr 4, 2. 5. Romscot 2; agyfe As Alm 1. III Eg 6, 2. II Atr 4. 5. I Cn 9, 1. 10, 1. II 24, 1 f. 56. 63. 66; agyve 56 B. 63 B | *pl* 2: agifan I As Pro | 3: agifan Af 19, 3. VI As 1, 4. Northu 57, 2 | *ipa* 2: agif Af El 38; agyf G | *ptt pc: unfl.* agifen Af El 36. Ine 6, 4. Romscot 1; agyfen II Eg 4 | *pl:* agifene Ine 4; agevene B. — *Bed.:* **1) a)** *geben* Af El 12. Af 8, 3. 13. As Alm 1. I As Pro 2 **b)** (*Eid*) *leisten* Af 33 **c)** *zahlen, entrichten, liefern: Geld* Ine 38; *Pacht* 59, 1; *Miete* 60; *Kirchensteuer* Af El 38. Ine 4. 61. I As 4. I Cn 10, 1; *Zehnt* I As Pro. II Eg 1, 1; *Romschoss* Romscot 1 f.; *Herdpfennig* II Eg 4; 1 *Pfennig* I Cn 9, 1; *Busse* Af El 29; *Wert doppelt* III Atr 4, 2 **2)** (*Menschen*) *ausliefern* II Cn 56; *dem Gerichte* III Eg 6, 2. II Cn 66; *der Rache* Hl 1. 3. Af 21. II Atr 5; *Vieh* III Atr 5; (*zur Haft*) *übergeben* Ine 36 **3)** *zurückgeben* (*Wert, Gut, Geld*) Abt 77, 1. Hl 16—16, 2. Ine 31. III Eg 6, 2. II Cn 24, 1; *Geraubtes* Ine 9. 10. 53; *Pfand* Af El 36; *Werkzeug* Af 19, 3; *wieder abliefern* Northu 57, 2; *einen Menschen* II As 22, 1. VI 1, 4. — *Ersetzt durch* giefan, gesellan *s. d.*

ag[i]eldan *bezahlen;* agyldan VI Atr 52 | *op* 3: agylde Hl 9; agelde 11 f. | *ptt pc:* agolden Wer 6 **1)** *entgelten* healfne (*getöteten Sklaven*) Wi 27; misdæda VI Atr 52 **2)** *entrichten* scill. (*als Strafe, Busse*) Hl 9. 11 f.; healsfang Wer 6

agilt- *s.* agyltan **aginnan** *s.* ong~

agiten, *ptt pc, betroffen, ertappt* Northu 48 | *pl:* ~ne II Cn 4a; agytene EGu 11. VI Atr 7.

agnian *als sein ursprüngliches Eigentum gerichtl. erklären* (*zur Verteidigung gegen Einklagung*) II As 9. II Atr 9, 4. II Cn 24, 3. Duns 8, 3; *Land* Becwæð 3 | *op* 3: ~ige II Cn 24, 2 | *ptt op* 3: agnode I Ew 1, 5; ahnode B. — *Der.:* gea~

agnung *Erweis ursprünglichen Eigentumsrechtes* II Atr 9, 4 | *dt:* ~ge I Ew 1, 3; ahn- B; agenunge II Atr 9, 4; agenonge Ld

[L]**Agnus (Dei) 1)** *Christus* Iud Dei V 2. XVI 30, 17. Excom VIII 1 **2)** [*Liturgieteil*] Iud Dei X 17, 1

agolden *s.* agieldan

agrise (*op* 3) for, *m. dt, schaudere vor* I Cn 25

agsode *s.* ascian.

agte *s.* agan **Agust** *s.* Aug~

[F]**agwait** *s.* await

agyf- *s.* agiefan **agyld-** *s.* agieldan

agyltan *sich verschulden, sündigen; pl* 3: ~að II Cn 2a | *op* 3: ~te 2; agilte Northu 3

agynnan *s.* onginnan

agyten *s.* agiten **agyv-** *s.* agiefan

aheardað, 3, *hartnäckig wird* IV Eg 1, 2

ahebban *heben, tragen* VI Atr 52. II Cn 68, 1a; aberan B

ah[ie]ldan; *op* 3: ahylde heafod to *neige vor* Grið 27

ahne[sc]ian; *ipa:* ahnexa þu (*übergeschr. pl:* ahnexige ge) *mache weich* (*Herz*) Iud Dei VII 23, 3 A, emollias *übsnd*

ahreddingge, *dt, Rettung* Cn 1020, 6

ahret, 3, *rettet* IV Eg 14; æt handa *von* (Diebes) *Hand entreisst* Forf 3, 1

[-ahsian] *s.* geascian

aht *s.* awiht **ahte** *s.* agan

ahtrodað *s.* at~

ahwænan, *op pl* 3, *belästigen* VI Atr 47

ahwær *irgendwo* I Cn 5, 2 d (~wer A; ~wear Ld). 5, 3; aghwær 7, 2 Ld; ahwar EGu 11. I As 5. VI Atr 7. 38. 50. VIII 25. 27. I Cn 7, 2 G. Becwæð 3, 1. Geþyncðo 8. — *Irrig statt* awðær Af El 49, 9 So Ld

[ahwæðer] *s.* awðer

ahylde *s.* ahieldan

ahyrod, *ptt pc, gemietet* Ine 60

-ai- *north.* Diphthong *s.* cniht

[F]**-ai-;** *dafür* **-a-:** *s. d.*

Æiel-, A(i)l- *s.* Æðel-

[F]de **ailurs** *von anderswo* Wl art Fz 5

-ain *für* -egn *s.* þegn

[F]**-ain** *für* -an *s.* mannbot; *ersetzt durch* en *s. d.*

[F]**[ainsi]** *s.* issi

[F]**ainz 1)** *zuvor, bisher* Leis Wl 48 (*Var.* aniz); einz 45, 2 **2)** *sondern* 30, 1

[F]**ajosta,** *pf* 3, *hinzufügte* Wl art Fz 7

[F]**ai(e)t** *s.* aveir

-ais-, *frühme. für ags.* æs(c), *s.* flesmangeres

[L]**aisia,** commoditas *Nutzungsrecht an dem was nicht eigenes Land* In Cn III 52 [*fz.* aise, *engl.* easement]

al- *s.* eal-

[F]**al** *s.* a, li

[-alædan] *Der.:* uta~

alæne *s.* onlænan

alæte, *op* 3 **1)** þeof *entfliehen lässt* Ine 36 **2)** handa *verliere = bekomme abgehauen* II Cn 48, 1; forlete B

[F]**alaier 1)** se *sich eidlich reinigen* Wl art Fz 6, 3; ~ se, que *dass* Leis Wl 39, 2, geladian *übsnd* **2)** aleier, que [*ohne* se] *dsgl.* 39, 1 [*vgl.* esl~]

[L]**alba** *Priestergewand* ECf 36, 5

[L]**Albania** *Schottland* 11./12. *Jhs.* Wl art Lond retr 1. Lond ECf 35, 1 A 2 | ~**nicus** *Schotte* 32 B 7

[L]**albanus** *Fremder* ECf 15, 7 [*fz.* aubain]

[L]**Alba-Spina** [*statt* Albini] Hn Lond Test[12]

[L]**[Albericus]** (*bessere statt* Hubertus?) de Vere, camerarius Hn Lond Test

[L]**Albini;** Willelmus de ~ Hn Lond [Test

alc *s.* ælc

[F]**alcun 1)** *sbst.* **a)** *jemand; ac:* aucun Leis Wl 26; home I | *nom:* alquens 2, 1 I. 3 I. 6, 1 I; alquns 19 I; alquons 1, 1 I; alcons 15 I. 51 I; alquen 11 I; aucuns *in* Hk: 1, 1. 3. 6, 1. 11. 15; ~ 37, 3 I **b)** *irgend einer; obl:* en ~ des chemins 26 **2)** *adj: irgend ein; obl:* aucun Engleis Wl art Fz 6 | *nom:* aucuns vescunte Leis Wl 2, 1

ald(-) *s.* eald- **ale** *s.* awul

alecgan *legen; op* 3: **1)** *eig.* on hengenne ~cgge Af 35, 2; gebringe HB

2) ~ge *erschlägt* II Cn 62, 1 A; afylle G B 3) *bei Seite setzen:* halig ryht ge Af 40, 2; ~cgge E; oðres ryht cge *Recht beugt* V As 1, 3; evertet Q 4) *beseitigen, abschaffen; inf:* ~ unriht Cn 1020, 3. II Cn 7, 1 (á legan A). Episc 8 f. | *op* 3: ~ge II Cn 11, 1. V Atr 33, 1; unlaga 33 | *pl* 3: ~ unlaga 32 D; alicgan *unterbleiben* G G 2 | *ptt* 3: egde 32, 5 D

alef *s.* aliefan

Faleier *s.* alaier

aleogan 1) *nicht erfüllen* (*das Zugesagte*); *fl:* to ~nne Af 1, 1; ~genne H | *op* 3: ~ge Af 1, 2. Grið 18 2) *Aussage falsch abgeben; ind pl* 3: ~gað Ine Rb 13 | *op* 3: ~ge Ine 13

Faler *gehen; davonkommen* Leis Wl 49 | *sbj* 3: alt *zu Gericht* Leis Wl 44, 1; *zum Ordal* 15, 3 I; aut 15, 2; 3 ‖ s'en ~ *davongehen* | *pf pc:* s'ent (sen Im) seit alé 52, 2

Alf- *s.* Ælf-

alfæt *Kessel Ordal* 1b; alfetum Q

Lalgar *für* laganum Hn 10, 1

alibbe 3 niht, *op* 3, *überlebe* EGu 10

alicgan, *op pl* 3, *sollen unterbleiben* unlaga V Atr 32; alecgan *beseitigen* D

al[i]efan; alyfan *erlauben* Grið 15 | *op* 3: alefe Af El 12; alyfe G; *gestatte das Vaterland = gestatte Unterbleiben der Verbannung* Hu 3, 1 | *ptt pc:* alyfed II Cn 38. — *Der.:* unaliefed

aliesan; alysan Grið 15; *flect.:* to ~nne Ine 20; to alysenne Wi 28 | *pl* 2: alysað As Alm 1 | *op* 3: ~se Ine 12. 15; alese Wi 26 f.; alyse 14. II Cn 48, 1 (~sa A) | *ptt* 2: alesdest of Iud Dei IV 3, 1; 3. 4, 2 | 3: alysde VII 12, 1 A | *op pl* 3: aliesden Ine 24, 1 1) *auslösen* (*jem. von Strafe*) Wi 14. 26 ff. Ine 12. 20. 24, 1. Grið 15; hine *sich* Ine 15; *eine Sache von jem.* (æt) II Cn 48, 1 2) *erlösen von* (of) Iud Dei IV 3, 1; 3. 4, 2. VII 12, 1 A 3) *jem. freigeben* (*aus Sklaverei*) As Alm 1. — *Für* liesan Af 6, 1. 32 H. *Ersetzt durch* liesan Ine 12 Bu. 20 Bu H

Lalleg- *s.* adl-

LAlleluia *s.* Hal~

Lallevamen *Erleichterung von Staatslast* II Cn 69 Cons; CHn cor 11[44]; **alleviatio** *dasselbe* II Cn 69 In. Q, *auch* Rb *S.* 538

Lalleviare, *m abl, von etwas erleichtern, befreien* CHn cor 11

Alliteration [*'Spur der gebundenen Sprache, die ungeschriebenes Recht festhielt'; Palgrave* Rise of Engl. commonwealth I 42, II cxxxiii; *vgl.: Formelhafte Verbindung, n. C: Identität der Wurzeln*]

A) *zwischen Wörtern gegensätzlichen Sinnes:* ær oððe æfter V Atr 20. VI 25, 2. I Cn 17, 3. Grið 26 | ne að ne *ordal* I Atr 1, 2. II Cn 22. 30, 1. Episc 5 ‖ mid *beran* oððe forebetan I Cn 5, 2 b | binnan byrig (muðan) oððon *buton* II Atr 5, 2. (II 3) ‖ *Crist* 7 (oððe) cyning (*Kirche und Staat*) *s. d.; Godes* cyricgrið 7 cyninges handgrið Grið 2 ‖ ge dæde ge dihtes *Swer* 5; actionis et dictionis Q ‖ earm 7 (ge, ne) eadig *s. d.* ‖ ge on *felda* ge on *falde* Ger 3 | feo 7 (oððe) feorh E Gu 12. III Eg 4 A. VIII Atr 33. II Cn 40. Becwæð 1; feo oððe feorm III Eg 4 G. II Cn 16 A. Becwæð 1; feo oððe fremu III Eg 4 G 2. D. II Cn 16 Ld; *censu* aut *commodo* Cons | on anum freondscype swa feondscype VI As 7 ‖ se *hearra* þam heanran Episc 10 ‖ geierne oððe geærne Af 5 | ge inne ge (oððe) ute Ger 3 (Grið 26); innan *londe*(s, *scire*) oððe uton (ut of, *scire*) VI As 8, 2. II Cn 78 (19) ‖ ne leofum ne laðum Iudex 3 | ne libbende ne *liegende* II Cn 24 | ge on life ge on *legere s. d.* | lufe oððe lage III Atr 13, 3 ‖ on dæge 7 æfter dæge II Cn 79 ‖ ne ruh ne rum Becwæð 3 ‖ ge þæs selran ge þæs sæmran Ger 4 | sprecende 7 swigiande Excom VII 8 ‖ twelfhynde 7 twyhynde *s. d.* ‖ ge þegen ge þeoden Geþyncðo 1 | þræl wearð to þegene Grið 21, 2 ‖ utlendisc man ... inlendiscan Duns 6, 2 ‖ swa werhades swa wifhades I Em 1 | gewita 7 (oððe) [ne] gewyrhta VIII Atr 27 (I Cn 5, 3. Duns 6, 2) [*Swer* 3] | þu .. *wite* oððe gewita wære Iud Dei VIII 2, 1 [*vgl. u.* gewyrhtum] | word 7 (oððe, ne) weorc *s. d.* | gewyrhtum oððe gewitnesse Iud Dei VI 1 [*vgl. o.* gewita]

B) *zwischen anderen Wörtern:* aweodige *s. unt.* w ‖ becwæð *s. unt.* c | bellhus 7 burhgeat Geþyncðo 2 | *bende* oððe *beate* oððe bismrige VIII Atr 33. II 42 | beorbydene, bæðfæt, beodas, *butas*, *bleda* Ger 17 | bewarian *s. unt.* w | biddan ne *betan* VIII Atr 25 = I Cn 5, 2 d; *bidde* ic 7 *beode* Cn 1020, 9; unabeden 7 unaboht to *Swer* 8 | to bocan 7 to bellan VI Atr 51 | wearð bocere to biscpe Grið 21, 2 | *bodian* 7 bysnian I Cn 26 = Grið 19, 1 | borh oððe *bote* V Atr 20 — VI 25, 2 = I Cn 17, 3; *under borge* gebringan II Cn 33 | *bote biddan* II Atr 6, 1 | unbryde 7 unforboden Becwæð 2 | bricgian, beoddian, bencan Ger 13 | gebugan 7 *gebetan* II Cn 6 | burhbota 7 bricbota VI Atr 32, 3 = II Cn 10 | *butan bræde* 7 biswice I Ew 1, 5. *Swer* 2; *es lag vor sine controversia* et seductione III Em 1 I bytlian, boteatan Ger 9 ‖ on ceapstowe oððe cyricware Becwæð 3, 1 | cirican 7 kycenan Geþyncðo 2 H | hit becwæð 7 becwæl Becwæð 1 | cwydde oððe crafode Becwæð 3, 1; uncwydd 7 un(be)crafod III Atr 14 = II Cn 72 | cyfa, cyflas, cyrne, cysfæt, ceodan Ger 17 ‖ Domdæg ondræde I Cn 25 ‖ eagum 7 *earum* II Cn 23, 1. *Swer* 8. Excom VII 15; *zu* geseah oððe gehyrde IV Eg 6, 1 *setzt* L: auribus audierit aut oculis viderit ‖ faldian, fiscwer (macian) Ger 9 | *fede* oððe feormie II Cn 13, 2 | ge geferscipes gefreondscipes þolian VIII Atr 27 = I Cn 5, 3 | fihtewita 7 fyrdwita II Cn 15 | flæsc ne flotsmeru Ger 4 | fleo oððe feohte II Atr 3, 4. II Cn 45 | flor feormian Ger 13 | forhele *s. u.* h | *forsteal* 7 flymena fyrmðe 7 *fyrdwite* II Cn 12 | frefrian 7 fedan VI Atr 46 | freols 7 (oððe) *fæsten* V Atr 12, 3. 15 = VI 22. 22, 3. 43, 1 = VIII 16 = I Cn 14, 1. Northu 11. 57; freolsbrycan, fæstenbrycan V Atr 25 G 2, VI 28, 3; freolstidan 7 fæstentidan II Cn 38 G | frið 7 freondscipe V Atr 1, 2 = VI 8, 2 = X 2, 1; to friðe ~ fullice fengon E Gu Pro; ~ gefæstnian I Cn Inscr D; friðes *bote* 7 *feos bote* II Cn 8 | friðian 7 forðian Ger 2 | ful ne faon *Swer* 9 | furh ne fotmæl Becwæð 3 | *furst* 7 fandung Hn 46, 2 | fyr oððe flod II Cn 5, 1 ‖ gafol 7 gislas Duns 9 | gebugan, geferscipe, gewill, gewita, gewritu, gewyrht *s. u.* b, f, w | on gitsungan 7 gifernessan V Atr 25 = VI 28, 3 | *golde* 7 glæncgum VII a Atr 2 ‖ hæbbe 7 healde II Cn 66, 1 | haligdom 7 *hadas* Grið 28; ~ 7 gehalgode *Godes* hus I Cn 4. Had 1, 3. 11; halsung 7 halgung I Cn 4, 2 | *hand s. d.* | heafodwearde healdan 7 horswearde *Rect* 2 | to healme 7 heorðe Ine 61 | forhele oððe forhæbbe Northu 59 | ne for *hete* ne for hole *Swer* 4 | hriddel, hersyfe Ger 17 | husel halgað I Cn

4, 2 | hy*de* 7 heafod healdan III Atr 9 | hyrwan þæt (*was*) hy sceoldan he*r*ian Grið 21 ‖ **isen** oððe æren Or*d*al 1 b ‖ **lætan** 7 læfan Becwæð 1 | ne læðes ne lan*de*s Becwæð 3, 2 | laga sceal on leo*d*e luflice leornian, lof se þe on lan*de* sylf *nele* leosan *Rect* 21, 3 | ne lan*d* ne læse Becwæð 3; lan*de*s 7 lif*e*s þolian I Cn 2, 2 | la*r*a 7 laga VI Atr 42, 2. X Pro 2. I Cn 21 | lea*d*en oððe læmen Or*d*al 1b | leoh*te* 7 lacum gegretan VI Atr 42, 3 | licceteras 7 leogeras II Cn 7 | lif 7 lan*d* werian V Atr 35 | God lufian 7 *Go*de*s* lage fylgean 7 godcundan lareowan II Cn 84, 1 ‖ **mæg** 7 mundbora E Gu 12 = VIII Atr 33 = II Cn 40 | mægbo*te* ge manbo*te* I Cn 2, 5 | mægslagan 7 morðslagan 7 mansworan Cn 1020, 15 | mæðe 7 mun*de* Geþyncðo 7. Grið 3 | magan 7 mo*t*an Cn 1020, 20. II Cn 20, 1 | manslagan 7 manswaran II Cn 6; manswaran, morðweorcan, manslihtan V Atr 25; morðweorcum 7 manslihtan VI Atr 28, 3 | ne me*te* ne mun*de* II Em 1, 1 | mun*ec*as 7 myne*c*ena I Cn 6 a | mu*r*nan to gemynde X Atr Pro 1 | my*c*ol 7 mæ*re* I Cn 4, 1 | mylne maoian Ger 9 ‖ **orneste** oððe *irene* Wl lad 2 ‖ ne **plo*t*** ne ploh Becwæð 3 | ne penig ne peniges weorð Sw*er* 11 ‖ **ræ*d*** aredian VI Atr 40 = II Cn 11 | *rance* ne *rice* Grið 21 | rowen*de* 7 ridende Excom VII | ryperas 7 reaferas II Cn 7 ‖ **saca** seh*t*an Episc 4; *vgl. u.* sib | sac*e* ne (7) soone Becwæð 3, 2. Leis Wl 2, 3. 27, 1 (so*c*h 7 sac L). II Cn 30, 6 In | wearð sang*ere* to sa*cerde* Grið 21, 2 | saulum to hæle 7 us sylfum to þearfe I Cn 2 | sceap scyran Ger 9 | *sceatt* ne scylling Sw*er* 11 | scyrde oððe scynde Grið 27 | setl 7 sundernote Geþyncðo 2 | sib 7 som V Atr 19 = VI 1. 25, 1 = I Cn 17, 2; som 7 sib V Atr 19 D. Episc 3 | sibbiað 7 sehtað 7 sac*e* twæmað X Atr Pro 1 [*vgl. o.* saca] | smeagian 7 spyrian VIII Atr 40. I Cn 21 B A | to soðe ic s*eege* Ger 3, 1 | forspekan nec forspillan Hn 61, 13 b; forspecen ne forswigod VI As 8, 9 | on s*t*alan 7 strudungan V Atr 25 = VI 28, 3 | swa se sealmscop soðlice sæ*de*, sang Grið 23 | systras, syfa, sædleap Ger 17 ‖ **toll** e tem Leis Wl 2, 3 | turf ne *toft* Becwæð 3 | *t*ynan, tymbrian Ger 9 | *ty*r*i*an ne *t*ynan VI Atr 48 ‖ **þ*eode*** (to) þearfe I Cn 1 D (VI Atr 40) | þ*eode* þeawas X Atr Pro 1 | þeofas 7 þeodsceaðan II Cn 4, 2 ‖ **unabeden**, unbryde, uncwydd, unwilles *s. o. unter* b, c, w ‖ ne wac ne wom Sw*er* 9 | to w*æde* 7 wis*te* VI Atr 51 | wæterwyllas oððe wudutreowa II Cn 5, 1 | bewarian 7 bewerian I Cn 26, 3 | wealdend 7 wyrhta VI Atr 42, 2 | wealtes ne wæteres Becwæð 3 | w*e*lan 7 wædle VI Atr 52. II Cn 68, 1 b | on worolde ne wurdan welige ne wlance þu*r*h woroldglenge Grið 21 | aweodige 7 awyrtwalige II Cn 1; weod wyrtwalian Ger 13 | wer oððe wi*te* Af 38 In Cn. VI Atr 38 | werian 7 weorðian VI Atr 45 | wic*c*ean 7 wælcyrian Cn 1020, 15; wic*c*ean oððe wigleras II Cn 4a; wiccecræft oððon morðweorc II Cn 5, 1 | ne to wif*e* ne to worldwige VIII Atr 30 | wifte, wefle, wulcamb Ger 15 | wilian, windlas 17 | ne gewill ne geweald ne gewitnes II Cn 75, 1; will*e*s 7 (ne) gewealdes VI Atr 52, 1 (Sw*er* 1); unwill*e*s 7 ungewealdes VI Atr 52, 1 | word 7 w*edd* V Atr 1. 5 = VI 3 a | gewritu 7 word Cn 1020, 1 | ge on wu*d*a ge on wætere Ger 3 | wu*d*ian, weodian Ger 9 | wyrde oððe wanige Grið 26 | Lvia et villa Excom VI 7

allmæhtig *s.* ælmih

L**alludere** *zeugend bespringen* Hn 77, 2

F*cent* **almaille** 100 *Stück Rindvieh* Leis Wl 5 [*vgl.* animal]

Alner' *s.* Ælfred

L**alodium** id est boolan*d* In Cn: I Cn 11. II 13, 1 (15, 1b H). 77, 1. III 46 *S.* 613 | *der* alo*d*ium (*für* land Geþyncðo 2) habens *steht zwischen* liberalis *und ceor*l In Cn II 15, 1b

F**alquens** *s.* al*c*un

F**alt** *s.* al*er*

L**alternalis** *wechselseitig* Qua*dr* Ded 8

L**alternatim** *gegenseitig* Hn 48, 2a

F**altre** *Form* A) *sbst. obl.* ~ Leis Wl 10. 11. 11, 1. 14. 36. 38 *stets* I; au*tre* Wl art Fz 6, 1. Leis Wl Hk (11, 1; au*ter* 10[1]. 11. 14) | *nom. masc.* ~ 5, 2. 6, 1. 10. 14, 1. (li~) 21, 1 *stets* I; alter 5, 2[29]. 6, 1 I (Hk: au*tre* 5, 2; au*ter* 2, 1. 6, 1; li au*ter* 21, 1 | *pl obl:* ~es 20. 20, 1 *stets* I; au*tr*es Hk B) *adj. obl. masc:* ~ 2, 3 I; au*ter* Wl art Fz 8, 2. Leis Wl 10, 1 | *fm:* ~ 6. 14, 3 27 *stets* I; au*ter* 14, 3. 27 Hk. *Bed.* 1) '*der* (*ein*) *andere*(*r*)', *allg.:* Wl art Fz 6, 1. Leis Wl 2, 1. 5, 2. 6 I. 6, 1. 10, 1. 11, 1. 14, 3. 37; pur ~ chose 14, 3; *pl: die anderen* 20. 20, 1 2) *der eine von zweien* l'au*tre* meitié *die eine Hälfte* 27 3) *der andere* (*die anderen*) *von zwei Parteien* 10. 36. 38 3a) *Beklagter* 14. 21, 1 4) *zweit, nochmalig* un au*tre* bof *ein zweiter* Och*se* Wl art Fz 8, 2; une fes e au*tre ebd.;* a l'au*tre* sumunse *ebd.* 5) ~ fie(ð)e *vormals* 15 I[21]; au*ter* Hk. [*Vgl.* autrement]

F**altresi** *ebenso* Leis Wl 2. 6. 13 *stets* I (*Var.* altersi); aut~ *stets* Hk

F**altr[ui]**, *abs. sbst., gn: jemandes anderen* ~rei espouse Leis Wl 12 I; al*tri* gainurs 31; au*tr*ui 12 Hk; autri *terre* 30, 1 | *dt: einem Anderen* otrei 10

aluc from, *ipa* 2, *reisse, ziehe fort* Af El 13, avelles *übsnd*

Alv-, Alw- *s.* Ælf-

aly- *s.* alie

[am] amb, *ac, Webspule oder Riedblatt* Ger 15, 1

Ama *Höllengötze* Excom VI 15

amænsum- *s.* aman-

amanige, *op* 3, *einmahne, eintreibe, einfordere* II Ew 2. III Eg 3; ofm~ D; amon~ (æt *von*) II As 25, 1 [*vgl.* admannire]. *Statt* n̄(on) moneat *verschreiben* amoveat *Hss.* II Ew 2 Q.

amansumod, *ptt pc, kirchlich gebannt, excommunicirt;* amænsumod (of *von, aus*) Af 1, 7; amas~ So; ~ I Em 2. VIII Atr 41; from *aus* Cn 1020, 17; ~ma*d* V Atr 29 | *ac:* amansodne (*geänd. in* -sumodne B) II Cn 66, 1 | *pl:* ~mede Excom VII 3

amb *s.* am

amber *Eimer, Hohlmass; ac:* ~fulne Ine 70, 1; am*b*ra Q; ane ~bra As Alm 1 (Ld!) | *plgn:* XII ~bra *mgn* Ine 70, 1 | *ac:* ~bres, es *auf Rasur* H

ambihtsmið, *ac, Amts* (*Hofdienst*-) *Schmied* (-*Metallarbeiter*) Abt 7.

L**ambire** 1) *begehen* (*Schandtat*) I Cn 7, 2 Cons, begangan *übsnd* 2) *gönnen, wünschen* App AGu 8 [*wie Vulg.* 2 *Mac.* 4, 7]

Lex **amba** par*te von jeder der beiden Parteien* Or*d*al 4 Q

ameldað, 3, *anmeldet* dyrne orf IV Eg 14

amen [*Gebetschluss*] V Atr 33, 1 G 2. VII a Epil. Cn 1020, 20. II Cn 11, 1. 84, 5 f. Iud Dei V 2, 5. VIII 2, 4.

F**amendement**, *ac, Besserstellung* Wl art Fz 7

F**amender** *büssen* (*eine Verschuldung*); *sbj* 3: ~nd Leis Wl 49. 50; ~nt

52,2 | *fut* 3: ~drad 19 | *pf pc:* ~*ded* 15,3 I; ~dé Hk. [*Vgl.* Lemendare]

F**amendes**, *pl, Busszahlung* Leis Wl 2. 2,2; -ez I | *ac:* ~ 7. 10

F**amener** *führen, bringen* a justise Leis Wl 3,4 | *pl* 3: ~nen*t* Wl 22 I; meinent Hk | *pf* 3: ~na od sei Wl art Fz 3

L**amici** *Blutsfreunde, Verwandte* ECf *retr* 36,5 [*vgl.* freond]

L**amicitia** *freundschaftliche* (*vom Richter erlaubte*) *Vereinbarung über Streitsache* Hn 54,3 = **amor** 49,5a. 54,2 [*vgl.* lufu; *Ggs.* iudicium *processuale Urteilfindung* 57,1a; *vgl.* Bracton V f. 369: si an*t*e iudicium *c*apia*t*ur *d*ies amoris; *engl.* loveday]

am[ie]rran; *op* 3: amyrre *zerstört* (*Schiff*) VI Atr 34 | *ptt pc:* amyrred *vernichtet* (*Menschen*) II Cn 56; amyr*dred* A

L**amittere** *entkommen lassen* Hn 12,3 — ~**ti** 1) *entkommen* Af 1,7 Q. Ine 22 Q 2) *verloren gehen* Duns 7 Rb Q (*S.* 375*). Hn 74,3a [*Vgl.* per*d*ere]

L**amor** 1) *s.* amici*t*ia 2) pro amor*e* Dei (*fz.* pour l'amour de Dieu) *um Gottes willen, umsonst* VI As 8,1 Q

ampliare *Weg bahnen, Möglichkeit geben* Ine 21,1 Q, *r*yman *übsnd*

amyrdred (*besser* ~rðred), *ptt pc pl, ermordet* II Cn 56 A; amyrred *übr.*

amyrr- *s.* amierr-

F**-an-** *ersetzt durch* -en-, -ain-: *s. d.*

an- *für* **and-**: *s.* andbyrdnes, andsæc, andswarian, andweard

an I) *s.* unnan II) *s.* on

an *Ein* **A**) *stark:* 1) *adj:* Ine 54. II Atr 7. X Pro | *gn:* an*e*s Hu 8. Northu 18 | *dt:* anum Af El 24. 49,6. Ine 57. AGu 3; anan *Rect* 8 | *ac:* ænn*e* Hl 5. Af El 32 H So Ld. 49,8 H So Ld. EGu Pro 1. I Ew 1,4. VI As 4. V Atr 1. Northu 47. *Rect* 11. Grið 30; ann*e* Af El 32. 49,8 | *instr:* ane Wi 23. 24 | ***fm:*** ane (H!) neaht Hl 10 | *gn:* an*r*e Ine Rb 73 (an*r*a G). Ine 73 B. *Rect* 6,4 | *dt:* anr*e* Af 42,7 (*geänd. aus* are H). VI As 4. Forf 1 (an B) | *ac:* ane Wi 19 (?). Ine 48 '*einmalig*'. Forf 2. Grið 30 | ***nt:*** an Abt 80 | *gn:* an*e*s I Atr 4,2 | *dt:* anum Af El 24. Ine 57. I Ew 1,4. Wer 4 | *ac:* ~ Af 31,1. Ine 44. EGu 4,1. Hu 9. *Rect* 4,1; ón (*geänd.* án) Af 31,1 H [ænn*e* Ine 44 Ld's *Irrtum*] | *instr:* ane Had 2 H 2) *subst* (*meist m gn*) *dt:* his gewitena anum Hl 16,2 | *pl:* þa ane þe Iudex 10,1 | ***nt:*** þreora ~ Grið 16 | *gn:* þreora an*e*s Wi 26 **B**) *schwach:* he ana *er für sich allein* I Cn 5 (sylf A). Duns 8,2; þu ana soð God Iud Dei VII 24,1 A; ane Wi 19 (?). 24 (?). — *Besond. Bedd.* 1) *ein und derselbe:* on anum wæpn*e* Wer 4 | *gleich:* anes rihtes (an*r*e lage) wyrðe I Atr 4,2 (*Rect* 6,4) 2) *allein, einzig:* se teoða an I As 3 Ld; bu*t*on wif*e* anum *nur ohne die Frau* Ine 57; of*e*r God ann*e* *ausser Gott allein* Af El 32; ane (*einmalige*) swingellan Ine 48 | *einzig, alleinig* Wi 19. 23. (24?); an is ece God X Atr Pro 3) an .. oðer (*adj*) *einer .. ein anderer = teils .. teils* Af El 49,8 4) [*aufzählend*] an (*erster, adj*), oðer, þridde Had 9,1; an *ærest erstens* IX Atr 1; an *ærest* .. oðer .. þridde Sacr cor 1,1 5) *je Einer* (*adj*) VI As 4; *ein jeder, je einer* (*adj*) *Rect* 8 6) *als unbest. Artikel zugefügt von* H: mid ane æl*e* Af El 11; mid ane pun*d*e Had 2, *fehlt beidemal ält. Texte. — Regiert gn part:* þreora an(*e*s) Wi 26. Grið 16; of*er* I soi*r*a I wu*e*ena II Atr 8,3. [*Vgl.* æne; nan]

ān- *ersetzt durch* and *s. d*

F**an**, *obl., Jahr* Leis Wl 20,4 | l'an e le (un) jur *Jahr und Tag* 5,2 (I. 6,1); un an e un jur 3,4 [*vgl.* Lannus, *d*ie*s*]

Anakoluth *s. Accusativ; Ellipse*

Analavus *s.* Anlaf

[Ananias], Annanias [*aus Acta apost.*] Excom V 6. VI 4

L**anaso**, asnæsan *übsnd, s. d.*

anbidiað, *pl* 3; ænig dæl ~ to habbann*e* *erwarten, Anteil zu empfangen* Excom VII 3

anbyrdnes *s.* andbyrdnes

ancenned, *adj, eingeboren* (*Christus*) 1) *stark dt:* ancend' bearn*e* Iud Dei IV 4,6 2) *schw. no:* se ~da sunu Af El 49; acen- G H | *ac:* þæne ~dan sunu Iud Dei VII 13 A

F**ancestres** *Vorfahren* Wl art Fz 8,1

L**anclidia** Ine Rb 62 Q, *falsch* ceac [*vielleicht durch* antlia] *übsnd; Var.* aneidia, ancilla

and- *geschr.* ād: *s.* andsaca 1) *für* an-: *s.* andetla 2) *für* on-: *s.* onfeng, onsacan 3) *für* ān-: *s.* andaga, anfeald. 4) *ersetzt durch* an-, on-: *s. d.*

and *zumeist* 7 *geschr.* Abt 1. Hl Pro. Wi Pro *etc.; ausgeschr.* EGu Pro. I As 2. II 1 Ot. 2 B. VIII Atr 2,1; ond II As 1,5 So. 2. 4. 6. 8 *u. öfter, geänd. in* and *in* H: Abt 51. 56. Af Rb 1. Af El 38. 41. 49—49,5. Ine Pro. 9. 30. 38; æn*d*e Wi 8; an IX Atr Expl. II Cn 32, 1 A; *verlesen aus* on II As 2 So. *Bed.* 1) '*und*' 2) '*oder*': gelic, þæt .. and *gleich, ob .. oder* II Cn 51,1; '*beziehungsweise*' (IV Eg 11?) III Atr 1,1. Blas 1. Swer 3,2 ff. Becwæð 2. 3. Grið 11 3) efen ~ *ebenso wie* Episc 13; efen (ealswa B) scyldig, ~ wære *ebenso schuldig, als wenn wäre* II Cn 76,2 4) *jedoch, aber* Af 11,1. 39,1. Ine 31. 72. V As 3,1 Ld. I Atr 1,11. V 9,2. II Cn 24,2. Blas 2 5) *statt* '*und wenn*'. *Folgt einem Satze hypothetischen Sinnes* (*selbst wenn indefin. Form*) *eine durch* und *verbundene zweite Hypothese* (*obwohl mit verändertem Subject*), *so fehlt* gif; *z. B.* se þe ofsloge 7 he ymbsyrede, sie he Af El 13; se þe forstele 7 hit sie Af El 15; se þe swerige 7 hit wurðe II As 26; *ferner* Af 41. 42,4. II Cn 35 6) *da, weil, indem* Ine 8. 42,1. II Ew 6. VI As 12,2. Hu 6. VI Atr 3. II Cn 75. 79 G. Wif 1. 6. *Rect* 17. Geþyncðo 3 7) *obwohl* Ine 71 8) 7 swa forð *und so weiter* Wer 6 9) ~ *statt* ge .. ge Geþyncðo 1 H | *statt* ealswa '*auch*' I Cn 16,1 BA | *schlechter statt* oððe Af El 36 G

-and- *als Wortteil* 7 *geschrieben.* 7wyrdan II Cn 72,1; ge7werde 27

andaga *Termin;* anddaga II Cn 19, 2 B | *dt:* ~an I As 1. II 2,1. 11. II Eg 4,1 | *ac:* ~an I Ew Pro. II 8 (~gen Ld). Hu 7,1. VIII Atr 42. II Cn 19,1 | *pl dt:* ~gum [*für ält. sg*] II As 2,1 So. — *Ersetzt durch* tid I As 1 Ld. *Der.:* gemot(e)a~; rihta~

andagie, *op* 3, *stelle Termin* Hu 7. — *Der.:* gea~

an[d]byrdnes; *dt:* mid anbyrdnesse beginnan *Widerstand wagen* IV Eg 14 [*vgl.* geandbyrdan]

Andeferan, *dt, Andover in Hampshire* IV Eg 1,4 [Arg 18

L**Andegavis**, *gn, Anjou* Quadr

andetlan, *dt, Anzeige, Meldung* Af Rb 22; anddettlan G; ondettan H

andetta, *m gn, geständig* sleges Af 29

andettan *bekennen* I Cn 18,1; *aus* annettan *verb.* B | *op pl* 1: ~ VI Atr 1 | *pc dt:* ondetende þe Iud Dei IV 5, confitenti *t*ibi *glossirend. — Der.:* gea~

andettere Bekenner (*Christi; Heilige, die nicht Märtyrer;* confessores *übsnd*) | *pl gn:* ondetra Iud Dei V 2; andyttra VII 12,2 A | *ac:* ~ras VIII 2; andetras VII 23,1 A

andfeald *s.* anf~

andfeng *s.* anf∼, onf∼

andlang, *m gn, entlang* Ordal 4. AGu 1; up on B 2

andloman, *pl, Hausgeräte; gn:* ∼lomena Ger 14; andlamena 17 | *ac:* andlaman Rect 4, 3b

Andreas *Apostel* Iud Dei XVI 30b. Excom VI 1, 4. VIII 14.

andsaca; ādѕ∼ *Leugner, Verteidiger* IV As 6

andsæc *Leugnung, Reinigungsbeweis, Freischwören des Verklagten;* a bið ∼ swiðere þonne onsagu II Atr 9, 3; ∼cc Swer 11 B Rb | *gn:* ∼oes II Atr 7 | *dt:* ∼ce Ine Rb 41 G (ondsæce E; onsæce Ld). VI As 1, 1 | *ac:* ∼ II Atr 9, 3; and sæt *missverstanden* B

andswarie, *op* 3, *antworte* II Cn 31a; andswerige A; answerige Ld

andweard *gegenwärtig, persönlich anwesend* 1) *adj praed:* andward Wi Pro 1 || *schw gn nt:* þises ∼dan (anw-) lifes IV Eg 1, 4 (Iudex 12) | *pl dt nt:* þisum ∼dum leohtum Excom VII 23 2) *substirt ac:* ∼dne Hl 5 || *nt ac:* to ondveard *gegenwärtig, jetzt* Iud Dei IV 3, 5, ad praesens *glossirend*

andweorc, *ac, Werkzeug* Af 19, 3 H, *geändert aus* on∼; on∼ *übr.* [*vgl.* andegawerc *Geräte täglichen Lebens; Bruckner* Sprache der Langobarden, *Glossar*]

andwyrdan, *op pl* 3, *sich verantworten* II Cn 72, 1 (*geschr.* 7w∼ G); ∼de [!] B; ∼wirdan A — *Irrig für* aðwyrðe Ine 46 B. — *Der.:* gea∼

andyttra *s.* andettere

aneage, *fm ac praed, einäugig* Af El 20 G; anigge E; **anegede** (*ptt pc?*) H [*vgl.* aniege]

F**anel,** *ac, Fingerring* Leis Wl 11, 1

anfandlice *statt* anfealdlice Af 18 H

anfeald *einfach; dt:* ∼dan II Cn 22, 1a; ∼de B | *ac:* ∼dne II Cn 22, 1; ∼*dre*! A || *fm:* ∼ Ordal 2; ∼eld, ∼ealt Q | *gn:* ∼*dre* spæce I Cn 5, 1. II 22; ∼de B; andfealdre VIII Atr 19. 20 | *dt:* ∼*dre* I Cn 5 (∼de [*ac?*] In). 5, 4 | *ac:* ∼de lade II 22, 1a; ∼dne A! || *nt:* ∼ wergild Mirce 2 | *dt:* ∼*dum ordale* III Atr 4; anfaldum, *im* 16. *Jh. zugefügt,* Hu 9*; *nach Artikel:* be þam ∼*dum ordale* II As 7 | *ac:* ∼ I Atr 1, 3. I Cn 18b; ∼hrægl *einziges* Af El 36

anfengnes medsceata *Annahme von Bestechung* Iudex 17. [*Vgl.* onfon]

L**angaria** *Abgaben(Zoll-)last* Cn 1027, 6

L**angariare** *mit Abgaben(Gebühren-)last drücken* Cn 1027, 7

Angelcynn; *gn:* ∼nnes AGu Pro. Duns Pro | *dt:* ∼nne Af El 49, 7[13]; 9. VI Atr 23 | *ac:* ∼cyn Af El 49, 7; ∼Wl lad Pro 1) *Engländer-Stamm, Englische Nation* AGu Pro. VI Atr 23. Af El 49, 9 2) *England* Af El 49, 7. Duns Pro. Wl lad Pro. [*Vgl.* mid Engla cynne Norðleod 1 Ld; mid Englum H]

ang[ie]ld *s.* angyld

anginne, *dt, Initiative* VI As 7

Angl-, Anglicus *s.* Engle

Angli Orientales *s.* Eastengle

Anglia *s.* Englaland

Angolwitena, *pl gn, Englands Staatsräte, Reichsrats* V Atr Insor G 2. [*Dies wohl lag vor für* sapientum Angliae IV As Insc]

angyld *Wertersatz, einfacher Erstattungsbetrag; no:* þæt ∼de Af 9, 1 [*vgl. ac*] | *gn:* ∼*des* Af 22. Ine 22 (-gel- Bu). Duns 4; angeldes III Eg 7, 1; angyldas Ine 22 B | *dt:* ∼de Ine Rb 56. Af 6. VI As 6, 4 | *ac:* þæt ∼de Ine 22 (-*gelde* Bu). Hu 6 [*vgl. no*] | *instr:* ∼de Af 19, 3 || Q *hat meist* angild(um, -e; angelde Ine 22); unum gildum VI As 8, 4. Hu 6. — *Adverbial: 'einfach'* ∼**des** III Eg 7, 1. Duns 4; ∼**de** VI As 8, 4. III Atr 4, 1

ani[e]ge, anigge, *fm ac praed, einäugig* Af El 20; anege Ld [*vgl.* aneage]

anig *s.* ænig

L**anima** *Seele; pl dt abl:* ∼abus VI Atr 20 L. I Cn 26, 2 (II 3) Cons | regimen ∼arum *kanonisches Recht* Wl ep 2

L**animal** *Rind* Q: I Ew 1, 4. VI As 3 [*vgl.* F almaille]

[anlætan] *op* 3: læte an *gebe auf, überlasse* Hl 7. 16 [*vgl. Klaeber* Anglia 27, 270]

Anlaf *Olaf Tryggvason von Norwegen* II Atr Pro; Analavus Q. [*vgl.* Olavus]

F**anme,** *ac, Seele* Leis Wl 41, 1

anmodlice, *adv, einmütig* Wi Pro 2

anmodre heortan, *gn, einmütigen* II Cn 84, 3

ann *s.* unnan

in **annise**, *dt, Einheit* Iud Dei IV 4, 6, in unitate *glossirend*

L**annominare** *behördlich ernennen, zum Auftrage auswählen* II Cn 25 Cons

L**annus** et I *dies Jahr und Tag* II Cn 31, 1 In. Lib Lond 7; *dies wird eingeführt zu* annus ECf 15, 4 *von retr.* [*vgl. fz.* an; *lat. dies*]

anræde (*adj pl*) beon *einmütig* Ordal 3

anrædlice, *adv, einmütig* VI Atr 1. 42, 2. I Cn 1

L**Anselmus,** *Erzbischof von Canterbury* Quadr II 4—17

ans[ie]n *Angesicht; ac:* ansyne I Em 3

answerian *s.* andswar∼

Lin **antea** *künftighin* VI As 6, 4 Q

L**antefactum** *vorherige Tat* II Cn 84, 1a Q

L**anteiuramentum** *Klägers Voreid* II Cn 22, 2 Q, for(e)að *übsnd.* Hn 64, 1; 1b; e; 9b. 92, 14

L**anticipare** *fassen, in Haft nehmen* Ine 62 Q, forfon *übsnd*

L**anticipatio** *setzt* Cons Cn *für* forfang *Rettung (Festhaltung abhanden gekommenen Viehs) und Gebühr dafür* Forf 1. 2. 3, 2

L**Antiochenus,** Boamundus [I.] Quadr II 16

Antiochia Af El 49, 1 f.; ∼ohhia E

L**antiphona** [*Liturgieteil*] Iud Dei I 4. 17. XIII 2. Duel 1, 7

L**antiquus** 1) hostis *Erbfeind, Teufel* Iud Dei XIII 6 2) antiqua *ecclesia (hauptsächliche) Pfarrkirche* In Cn: II Eg 1, 1. I Cn 10 3) *vor* 1066 *giltig, herrschend* In Cn III 51. 53 [*wie* olim 57], hwilom *übersetzend* 60

Antithese 1) *zwischen alliterirenden und* 2) *reimenden Wörtern s. Alliteration, Endreim* 3) *in einem Paar von Wörtern,* **a**) *deren eines dem anderen durch präfigirtes* un- *entgegentritt:* geborene ge ungeborene AGu Pro | cuð oððe uncuð ECf 23 | seip undrifen 7 gedrifen II Atr 2, 1 | gif unfacne, gif facne Abt 77 f. | frið .. unfrið II Atr 2. 3, 1 | hæle 7 unhæle *s. d.* | laga arære 7 unlaga afylle *s. d.* | landagende .., unl∼ Ine 51 | maga þam unmagan *s. d.* | riccre oððe unriccre IV Eg 13, 1 | riht lufian (aræran) 7 unriht ascunian (alecgan) *s. d.* | gesadelod, un(ge)sadelod II Cn 71a—71, 4 | gesawene, oðerne unsawene *Rect* 10 | unstrang 7 strang II Cn 68, 1 | betynedne untyne Af El 22 H Ld | þances oððe unþances *s. d.* | ungewealdes oððe gewealdes *s. d.* | unwilles oððe willes VI Atr 52, 1 **b**) sacleasan ne saone III

Atr 3, 1 c) *anderer:* æfter *s.* on | sy he betera, sy he wyrsa Cn 1020, 10 | burge oððe on wapengetace IV Eg 6 (in urbe aut rure L); on byrig oððe on hundrode 10; burg(riht) ge land(riht) *s. d.* | Crist . . landrica Northu 49. 54 | cwucu swa *dead s. d.* | dæges 7 (oððe) nihtes *s. d.* | deman 7 scrifan II Cn 68, 1 | don 7 forgan 8, 4 | ealde 7 gynge *Rect* 6, 1 | yldrum ge gingrum II Em Pro [*vgl. u.* ylde] | eawunga oððe dearnunga III Eg 8, 3 [*es lag vor* in manifesto, in occulto III Em 1] | freo ge þeow *s. d.*; freot 7 þeowet II Cn 68, 1b; friman . . þeowman Northu 56 | from *s.* to; from fotes tredele oð heafdes hnolle Excom VII 21 | gangend 7 weaxend Af El 38 | God 7 men (woruld, folclagu); godcund - woruldcund *s. d.*; Godes helde 7 hlafordes II Cn 23, 1 | ge gehadode ge læwede V Atr Pro. Cn 1020, 1. 9. 13 | si he heorðfæst (husfæst), si he folgere *s. d.* | hlafordes landriht (creaft) ge folces gerihtu Ger 1 (7); hlaford mannum Episc 10 | on huse ge æcere Excom VII 12 | ge læsse ge mare Ger 3 | ge on lande ge on wætere *s. d.* [*vgl. u.* sæ]; landfyrd *s.* scipfyrd | on life, æfter his dæge III Atr 14 | ne for lufe ne for ege IV Eg 6, 1; for lufan oððe feonge Iudex 7 | of lytlan aræran to miclan Grið 21, 1. 23 | mæg oððe fræmde II Cn 25, 2 | on dæge 7 æfter dæge II Cn 79 [*vgl. o.* lif] | rad oððe gang VI As 4; ridan oððe gangan 5 | ne rycum ne heanum Iudex 3 | on sæ 7 on lande II Ew 1, 1 | sceiðman 7 landesman II Atr 7 | on scipfyrde — landfyrde II Cn 77 | sunnan oððe monan II Cn 5, 1 | syllan 7 gyfan 79 | to gemote 7 fram gemote II Cn 82 | þeow *s.* freo | þysum life oððe þam toweardan I Cn 22, 3 | on wæno ge horse Northu 55 | wif 7 cild *s. d.*; ne wif ne mæden niedan II Cn 74 | wintres 7 sumeres Ine 40 | gewita ne gestala Ine 25, 1 | wordes 7 dæde *s. d.* | wudu 7 feld *s. d.* | ylde 7 geogoðe VI Atr 52. II Cn 68, 1 b [*vgl. o.* eald]

antithetarius *Widerkläger* Quadr Rb II Cn 27, *S.* 537

anweald (*nt:* II As 14. Iud Dei VII 23, 1 A) 1) cyninges *Gebiet, Reich; gn:* ~des IV Eg 2, 2 | *dt:* ~de II Em Pro. IV Eg 1, 6 | *ac:* ~ II As 14 Ot (onw- H). VI 11. III Eg 8. IV Pro; anwald II Em Pro 1; ~de Ld 2) for hira ~de *wegen ihrer Amtsmacht* Iudex 9, 1 3) *pl ac:* ~, ~du (*himmlische*) *Gewalten* Iud Dei VII 23, 1 A

anweard *s.* andweard

L**anxiare** *bedrücken* II Cn 35 Cons

F**apel,** *ac, gerichtliche Klage* Leis Wl 21 [*vgl.* clamium]

F**apeler;** 3: ~ed Leis Wl 14 | *pl* 3: ~*ent* Wl art Fz 4. 6. 8, 3 | *ipf sbj* 3: ~last 6. 6, 3 | *fut* 3: ~rad Leis Wl 23 | *pf pc:* ~ed I: 3. 5; ~lé Hk: 3. 5. 11, 1; *flect nom:* ~lez 15 I (*Var.* ~les); ~ed Hk 1) *nennen, bezeichnen* Wl art Fz 4. 6. 8, 3; que est ~led *was genannt ist, heisst* Leis Wl 5. 11, 1 Hk 2) ~ a testimonie *anrufen zu* (*als*) *Zeugen* 23 3) *verklagen* (de *wegen*) Wl art Fz 6. 6, 3. Leis Wl 3. 14 f. [*Vgl.* appellare]

F**apeleur** *Kläger* Leis Wl 14, 3; ~lur Hk; appellator *übs* L

F**apend,** 3; ~ a *terre dem Lande anhaftet* (*Dienst*) Leis Wl 30; a li *ihm zukommt* (*Dienst zu leisten*) 30, 1

L**aperta** rapina, ran *übsnd, notorisch, handhaft* Wl art 6; roberia Vi; *wird übersetzt:*

F**aperte** roberie, *fm ac, offenkundige, handhafte* Wl art Fz 6

L**aperte** *deutlicher, zweifellos erkennbarer Weise* Hn 92, 19; *handhaft oder unleugbar notorisch* II Cn 56 Q; ~ et patenter *handhaft* Lib Lond 4

[-apinedlic] *Der.:* una~

L**Apollo** Excom VI 15

F**aportee,** *pf pc fm, hereingebracht* Wl art Fz 5

L**apostare,** *m ac, etwas nicht befolgen* (*Gesetze*), *widerstehend brechen* II Cn 83 Q[9] = Lond ECf 32 B 7 = **apostatare** II Cn 83 Q. Hn 12, 4

apostol *Apostel; gn:* ~les V Atr 14, 1 = VI 22, 3; -mæsse *Apostels Feiertag* I Cn 16 a | *pl:* ~las Af El 49, 1 ff. | *gn:* þære ~lan alder Excom VII 2 | *ac:* ~las Iud Dei VII 12, 2 A. VIII 2

L**apostolicus** *Papst* Wl Edmr *S.* 520; *Paschalis II.* Quadr II 4 ff. | instituta evangelica et ~ca *kirchliches Recht* Iud Dei XIV 8, 1

L**apparatio** *Instandhaltung* I Em 5 Rb Q, *S.* 185*

L**apparatus** *Geschirr* (*des Pferdes*) Hn 14, 3

L**apparitor** *Königsbeamter, der ein Niedergericht gepachtet hat* Hn 10, 4

L**appellare** 1) *verklagen* (de *wegen*) Wl lad 3, 1 Q. Wl art 6. Leis Wl 3. 14 L. [*vgl.* apeler] 2) *zur Gewähr anrufen* II As 24 Q, tieman *übsnd;* II Atr 8, 2 Q, cennan *übsnd*

L**appellatio** 1) *Anklage* I Cn 5. 5, 2 In 2) *Gewährzug* II Atr 9, 1 Q, team *übsnd*

L**appellator** *Kläger* Leis Wl 14, 3 L, apeleur *übsnd*

L**appendens** *vollwichtig* (*Geld*) IV Atr 6 Q

L**appendentia** *Zugehörigkeit* Hn 19, 1; *Var.* appendiciis 19, 1

L**appendicium** *Anhängsel, Zubehör* Lond ECf 11, 1 A; A 3. 32 E

L**appensio** *Zuwiegung* (*des Brotbissens*) Iud Dei XIV 1, 1b

L**appetere** *verklagend angreifen* Hn 5, 16

Apposition, *qualificative, s. Demonstrativ* I 2

L**appreciare;** adpreti~, *gerichtlich schätzen* AGu 3 Q, gewyrðan *übsnd*

L**apprehensio colli,** *silbenhaft* healsfang [*s. d.*] *übsnd,* Hn 76, 6 b

F**apref** *s.* aprof

F**aprés I**) *prp* 1) *nach, hinter* ~ luy Wl art Fz 3; le poucer Leis Wl 11, 1 2) *zeitlich* ~ le cunquest Pro; ~ iço que fu *nachdem* (*cj*) 46 **II**) *adv sodann, darauf, hernach* Wl art Fz 1. Leis Wl 4; *ausserdem, ferner* 5

L**Aprilis,** *gn* [*Monat*] V Atr 16 = VI 23, 1 = I Cn 17, 1

F**aprof** vienge *herbei kommt* Leis Wl 5, 2; apref I: 5, 2. 6, 1; avant Hk

L**apud** *gegenüber* (*dem Gegner*), *setzt für* wið Q: II Ew 7. VI As 1, 5. I Atr 1, 13; aput II Cn 48. 71, 2 Cons

L**Apulia;** *gn:* ~leie dux Rogerius Quadr II 14

L**aqua benedicta** *Weihwasser* Iud Dei XIII 9; ~ctionis XIV 8, 4

ar V Atr 7 = VI 4; *gn:* are I As 4. V Atr 7 = VI 4 | *dt:* are Af 42, 2. III Atr 14. V 28 = VI 35. 51. VIII 42 — II Cn 66, 1. 49 — 1) *Ehrenvorrecht, Privileg* Af 42, 2 2) *kirchliche Pfründe* I As 4. V Atr 7 = VI 4 3) *Grundbesitz* III Atr 14. VI 51 4) *Vermögensstand* V Atr 7 = VI 4 5) *Besitzerstellung, Habe samt Vorrecht* V Atr 28 = VI 35. VIII 42 = II Cn 49. 66, 1

aræran Ine 67. VI As 6, 3. II Em Pro. VI Atr 40. X Atr Pro. Cn 1020, 3. II Cn 11. Grið 23. Episc 8 | *pl:* ~rað VI As 6, 4 | *op* 3: ~re Af 38, 1. V Atr 1, 1. VI 8. X 2. II Cn 1 (arare A). *Rect* 6, 1 | *pl:* ~ VI Atr 1 | *ptt* 3: ~rde Grið 21, 1 | *op pl* 1: ~don VI As 6, 3.

Bed.: 1) *erhöhen, erheben* Grið 21,1; of lytlan to miclan 23 2) *steigern* (*Pacht auf Fron*) Ine 67 3) up a∼ *Geld aufbringen* VI As 6,3 4) *aufrichten* riht Episc 8; Cristendom X Atr Pro; laga upp ∼ V Atr 1,1 = X Atr 2 = II Cn 1 5) *einrichten, aufstellen* VI Atr 1 6) *aufzüchten* (*Schweine*) Rect 6,1 7) *aufregen, in Aufruhr bringen* Af 38,1. — *Für* ræran II Cn 15,1 D Ld

arasian *ertappen; op* 3: ∼ie Wi 11 | *ptt pc:* ∼sod II Cn 76; ∼sed Q; arefned (*bessere:* arefsed) B

F **arat** *s.* aver

L **aratralis** *zum Pflug gehörig* VI Atr 16 L

L **aratura** *das Pflügen als Frondienst Rect* 4,2. 5,2 Q

arcebisceop *s.* ærce-

F **arcevesqe,** *no, Erzbischof* Leis Wl 16 I; erc∼ Hk

L **archidiaconus** *gerichtlicher Vertreter der Diöcese* Wl ep 2. Hn 64,8c

L **archiepiscopatus** 1) *Erzbistum* Hn 6,1a 2) *Erzbischofs Kathedrale* I Cn 3,2 In

L **archipontifex** *Erzbischof* VI Atr L: 3.6 = **archipr[a]esul** Pro

L **arcubalista** *Armbrust* Ps Cn for 8

are I) *fm dt, einer s.* an II) *s.* ar

aredian 1) ræd *Plan ausfindig machen* IV Eg 2. VI Atr 40 = II Cn 11 2) *ausführen; op* 3: ceap (*Kauf*) ∼ige IV Eg 8 | *pl:* ∼ (*Willen*) VI As 8,9

arefned, *ptt pc, gefasst?* II Cn 76 B' [*bessere:* **arefsed** *ertappt*]; arasod G A Q

F **arere** *früher, bisher* Leis Wl I: 15. 15,3. 30,1. 32; er∼ 14 I; ariere Hk: 15. 15,3; *arer Var.* 30,1; venir ∼ *zurückkehren* 30,1 | en ∼ *bisher* 15. 15,3 I. 32; ça'n ∼ 14 I. 15,3

arfæst 1) *gnädig* God Sacr cor 1,3 2) ∼tra andyttra, *pl gn, frommer* Iud Dei VII 12,2 A

arfæstnis *Gnade, Güte;* arfæst' Iud Dei IV 2,1, pietas (Dei) *glossirend* | *gn:* ∼se 5 | *dt:* ∼se 4,6 | *ac:* ∼se V 2,3

F **argent,** *obl, Silber, Metall der Pfennige* Wl art Fz 3,1. Leis Wl 17,1 I

arian, *m dt* 1) *begnadigen* Ine 36,1. VI As 1,5 (*ungenau* miserere Q; *für* misereri IV Atr 5,4 *lag also* ∼ *vor*); *schonen* III Atr 16 | *ipa* 2: ara þu, þæt *schonend unterlasse, zu* Iudex 15,1 2) *ipa* 2: ara *ehre* Af El 4. — *Der.:* gea∼

F **ariero** *s. arere*

ariht, *adv, rechtmässig, ordentlich* II Atr 4. 9. I Cn 22 [*synonym:* on riht; *s.* riht, *sbst.* 15]

arisan 1) of *entspringen aus* Northu 25 | 3: ∼seð feohbot *kommt ein* VI Atr 51; landriht arist of *Grundlast erwächst von Rect* 1,1 | *op* 3: feoh ∼se æt *erwächst von* VI As 3; feoh up ∼se *einkommt* VIIa Atr 4 2) ∼se be *steige über* Af 39,2; ofer *über* VI As 6,4; to *auf* Af 9,1. — *Der.:* ofa∼

L **Aristotiles** *Aristoteles* Quadr Ded 36

þam **arleasum** scieldan, *pl dt, Unredlichen* Iudex 16

L **arma** (*Tod durch*) *Waffen* (*im Kriege*) CHn cor 7,1

F **armes,** *ac, Waffen* Leis Wl 20,2a

L **armiger** *Knappe* ECf 21

L **Armorica** (*Var.* ∼cum) *Bretagne* Lond ECf 32 C

ar(ost) *s.* ær **arð** *s.* eom

Artikel A) *Bestimmter* 1) *Form s.* se 2) *steht hinter Possessiv:* þinum þam halgan naman Iud Dei VIII 2,4; his þone nehstan Af El 13. 16; *hinter* healf, eall *s. d.* 3) *Bed. demonstrativ vor dem Relativ 'derjenige'* Hl Pro 5; se toð, se Abt 51; sio hond, sio Ine 53; þæt frið, þæt A Gu Pro | *folgender:* þone að sellan II As 9. II Cn 21 | *solche:* þa nytte, þe Ger 8; þane gerefan, þe I Atr 1,2; þære freonda, þe II Atr 9,3 | *jener vorbezeichnete:* se man þam oðrum Hl 8. 10; se man þane oðerne 15; þara geþingea Ine 52; þære handa (ipse Q) 75 | *so gross, dass:* þæs mægnes, þæt Af 42,3 | *so vieles wie:* þæt yrfe, þæt VI As 2; þæs weorces, þe II Ew 6 | *je einer, jede* þære hyndenne Ine 54; þære sylh II As 16 | *vor* ilo(a), self *s. d.* 4) *Artikel, selten in ältesten Texten* (*s. jedoch* Abt 9. 23. 54. Hl 4), *steht in Aufzählungen und vor Ordinalien:* Abt 11. 16. 26. 56. 70 ff. 75 (*fehlt ursprüngl. vor* þridda Af 47,1) 5) *durch spätere Abschreiber eingefügt:* Af 8,3 H. 37,1 HB. 46 HB. 47, 1 H. 53 H. 54 HB. Ine 23 B. 36,1 H. 40 HB. 51 B. II Eg 1,1. 5 AD. II Cn B: 39,1. 40. 41. 42. 43. 48,1. 49. 53. 53,1. 54,1. 73a. 76,2. Norðleod 1 H. 11 Ld. Had 9,1 H; *auch vor stark flectirtem adj:* be þam (*fehlt* So) anfealdum ordale II As 7 (H!); to þam (*fehlt* Ot) hatum isene 14,1 (H!); æt þam (*fehlt* K) openum græfe VI Atr 20 D 6) *fehlt* (*auch spät*) *vor häufigen Terminis:* biscep Af 1,2; cyning Af 8,3. 37,1. II As 21,1; frynd Wif 1. 7; magas 6 B) *Unbestimmter spät eingefügt s.* an | *ersetzt durch* sum *s. d.*

F ***Artikel.*** 1) *Form* a) *masc obl* li: sursise li rei Leis Wl 50^{4}. Wl art Fz 7; envers li rei Leis Wl 47, 2^{4}. 52, 2^{7} b) *fm ac:* le [*vgl. Schwan-Behrens, Gram.* des Altfranz. 1899 § 333 Anm.] le meité 47, 1^{25} | *no:* le ocise Wl art Fz 3,2 | *pl ac:* le leis Wl art Fz 7 2) *steht in* I (*nicht* Hk) Leis Wl 2. 3,4. 12. 20,2a; *steht in* Hk (*nicht in* I) 27. 28. 28,1

L in **artum** campum [*fz.* champ estroit, clos] in*trare in gerichtlichen Zweikampf treten* Iud Dei X 21,1

L **Arturus** rex Britonum (*Var.* Arthu∼) Lond ECf 32 A 7. E-E 3

[-arung] *s.* hada∼

F **arveire;** arvirie *Ränke* [*bessere statt* avurie?] Leis Wl 30 *S.* 513*

arwyrðe *Ehrenranges* (*Vorrechts*) *teilhaft* Af 2; ∼rde H; ∼rð Ld

F **as** *s.* a, li

F **asailir** *angreifen;* 3: asalt Leis Wl 26; asaut Hk

ascadene of, *ptt pc pl, ausgeschieden von* Wi 3

[-ascended] *Der.:* una

L **Ascensio** Domini 1) *Himmelfahrt Christi* Iud Dei XV 3,2. XVI 30,11 2) [*jährlicher Feiertag*] ECf 2,2

a[sc]ian 1) *ptt* 3: agsode *fragte* II Ew 1,1; acsode Ld 2) *ptt op pl* 1: axodan *Nachforschung übernähmen* VI As 6,3. — *Der.:* gea∼

F **ascient** *s.* acient

[-ascieran] *Der.:* ofa

ascunian (*ver*)*meiden, verabscheuen* II Ew 1,1. Cn 1020,15. II 7,1 | 3: ∼nað Swer 1 (-noð B). Episc 8 | *op* 3: ∼nige V Atr 24 = VI 28,2 | *pl* 3: ∼ VI Atr 6. Episc 9 | *ptt* 3: ∼node II Ew 1,1 ‖ ∼ þæt he ascunað *lag vor für* nolendo quod nolet III Em 1 Q

aseoe (*op* 3) hu *erforsche wie* Ger 8

F **asente,** *sbj* 3, *bewillige* [*bessere viell. statt* asete (*s. d.*) Leis Wl 44,1]

aseoðan; *ptt pc nt gn:* asodenes goldes *geläuterten* AGu 2 [*vgl. Urk. um* 945: nomismata auri cocti; *Birch Cart. Sax.* 812]

L **asertio** *für* ass∼

F **aseto,** *sbj* 3, *setze* (*Termin*) Leis Wl 44,1, *Cnut's sette übsnd* [*vgl.* asente]

asetnysse *Gesetz(e?) stets nur* H: Ine Inso. I Em Insc. Wl lad Insc

asettan 1) *weg(fort-)setzen;* 3: aset Hl 12 | *op* 3: ∼tte Hl 12; ∼of *entferne aus* Northu 2, 2 2) *festsetzen (Gesetze)*; *ptt* 3: ∼tte Abt Insc | *pl* 3: ∼tton Hl Inso

asittan us hearmes *uns Schadens gewärtigen, vor S. fürchten* Cn 1020, 6

aslaciað *(pl* 1) *m gn, wir schlaff nachlassen in* VI As 8, 9

aslean *schlagen, hauen; op* 3: ∼a eage ut Af El 20; ofslea H; slea So; ∼a eare of Af 46; ofaslea HB | *ptt pc:* eare (eage) of weorð aslagen Abt 40 (87). — *Der.:* ofa∼, uta∼

asmean; *ptt* 3: ∼*ade*: *erwog* IV Eg 1a | *pl* 3: ∼adon *ersannen* I Cn Insc D

asmorod, *ptt pc nt, Ersticktes* Af El 49, 5

asnæsan; 3: on ∼seð *daran spiesst* Af 36; asnaseð E | *op* 3: ∼se 36, 1; asnase E; asnasare [*unverstanden?*] Q

asoden *s.* aseoðan

aspelian mid foraðe *vertreten durch Voreid* Geþyncðo 3

up **aspringe** unriht, *op* 3, *entspringe* Episc 9

asp[y]rige, *op* 3; aspirige hit ut *verfolge (Vieh)spur hinaus* V As 2

F**assailir** *s.* asa∼

L**assa(l)lire** *feindlich, tätlich angreifen* Q: Af 42, 1; 3; 5 (II Em 21), feohtan *übsnd;* assa(i)lliare Hn 87, 6 (80, 11) [*vgl. fz.* asailir]

L**assaltus** *s.* assul∼

L**assatura** renum *Lendenbraten* In Cn III 61 *für* lendenbræde *Lende* Af 67 [*verwechselt mit* bræde *Braten*]

L**assidere** terram *Land wirtschaftlich besiedeln* Rect 4, 3 Q

Assimilation: brigguma *s.* brydguma; halffang *s.* healsfang; osside *aus* of side

L**assimulare** *nebeneinander gehen* Hn 80, 3 [*vgl.* insimulari]

L**assultus** *feindlicher, tätlicher Angriff* II Em 2 Rb Q; assaltus ECf 12, 7; *Var.* ∼

aste, *no* [*st.* ast], *Trockenofen* Ger 11

Astaroth Excom VI 15

astiged[!] 3, *steigt* [*bildlich*]; seofon endebyrdnyssum preost up∼ Að 2 Ld; geþeah *übr.*

asyndred of, *ptt pc, ausgeschlossen, abgetrennt von* Northu 45 | *pl:* ∼den [!] from Excom VII 4

at *s.* æt

F**ateindre** 1) atendre *erreichen* Wl art Fz 3, 1 2) *pf pc:* ateint de *überführt einer Sache* Leis Wl 2, 1; atint I

atellan 1) *her-(auf)zählen Rect* 5, 4. Ger 16 2) *ptt pc:* ateled unscyldig *erachtet, erwiesen als* Iud Dei IV 2, 1

að [*geschr.* aaþ Ine 35 Q[10]] *Eid* Wi 21. Ine 15, 1. 46, 1. I Ew 3. I Atr 1, 2 f. II Cn 22. 30, 1 f. Swer 3—9 Rb B. Að 1 f. | *gn:* aðes II Cn 36, 1 | *dt:* aðe Hl 5. 10. Wi 16. 23. Ine 21, 1. 53. 71. VI As 8, 8. VI Atr 37. VIII 27. II Cn 15, 1. 29. Að 1 f. | *dt od. instr:* aðe Ine 16. 17. 54. 57. I Ew 1, 5. III Eg 3. Duns 7, 1. Episc 5. Wl lad 1, 1. 3, 2 | *ac:* að Wi 19. Af 1. Ine 35. 35, 1. I Ew 1, 2 f. II 5. II As 9. 11. 23. IV Eg 6, 1. I Atr 1, 3 f. V 22, 2. VI 28. I Cn 19, 1. II 21 22, 1. 30, 2 f. 36. Duns 1, 2. 8, 1 f. Blas 1. 3. Að 1 | *instr:* aðe Wi 20. 23. 24. Ine 35. 53 ‖ *pl:* aðas EGu 9 (aðes Q). I As Pro 3. V 1, 5. V Atr 18. VI 25 | *dt:* aðum Af 1 Rb. AGu Pro. EGu 9 Ld | *ac:* aðas Ine 28. AGu 5. Cn 1020, 14. I Cn 17. Að 1 Ld. — *Verbindungen:* mæne að *Meineid* Ine 35, 1. VIII Atr 27. II Cn 36 | unforedan aðe *ungestabtem* Wl lad 3, 2 | unfæhða, unceases að *Urfehde* Ine 28. 35, *missverstanden* sine electione vel nominatione Q | að 7 *ordal* II Cn 22. 30, 1 f. Episc 5. ‖ mid aðe gecyðan Ine 16. 17. 35. I Ew 1, 5; ladian Wl lad 1, 1; gewierðan Duns 7, 1. | að sellan *ablegen, leisten* IV Eg 6, 1. I Atr 1, 4. II Cn 21. 30, 3. Duns 1, 2. 8, 1 f. | forðbringan *zu stande bringen* Blas 3 | forðcuman *zu stande kommen* I Atr 1, 3; *Ggs.* berstan *fehlschlagen* 1, 2 f. | að 7 *wedd* healdan Af 1. II Ew 5. V Atr 22, 2. VI 28. I Cn 19, 1; *Ggs.* aðas abrecan Cn 1020, 14. | að diepan *erschweren* Blas 1. — *Statt* æw *s.* æwbreca; *statt* æwda *s.* cyningæde. *Der.:* cyreað, for(e)að, hyldað, manað, rimað

aðær *s.* awðer **Aðel-** *s.* Æðel-

athemen *s.* æhteman, eahta

aþenedum limum, *ptt pc nt pl dt, ausgestreckten, niedergeworfenen* VIIa Atr 6, 3

aðfultum, *ac, Eideshilfe* VIII Atr 22. I Cn 5, 2a

aðwyrðe, *praed, eideswürdig* Ine 46 (andwyrde B). II As 26 | *pl:* I Ew 3

F**atint** *s.* ateindre

L**atrium** 1) *kirchlicher Friedhof, geweihte Grabesstätte* Q: II As 26. I Em 4. II Eg 2, 1. I Cn 3, 2. Hn 74, 1b. 79, 6 2) *Vorhof der Kirche* Iud Dei XII 2, 1 3) *Kirchen-Freiung* ECf 5

[atroddan] ahtrodað to Duns 1, 2 [*lies* ah trod oð]

L**attachiare,** *geschrieben* atthach∼, *haftbar machen, gerichtlich angreifen* Leis Wl 3, 1 L, *reter übsnd*

L**attestacio** *Gewähr-Anrufung* Hu 4, 1 Cons.

F**avant** 1) *hervor;* vienged ∼ Leis Wl 6, 1; apref *herbei* I 2) *vorher* 10a

L**avariare** *s.* aferian

L**auctorisare** *bekräftigen, mit Autorität bekleiden* ECf 34, 1a

F**aucuns** *s.* alcun

L**audiri** *(Pass.) heissen, gelten als* Excom I 20

F**avec** *s.* ovoo

F**aveir,** *vb;* Leis Wl 3. 14, 2. 15, 2. 21, 2. 42 *regelmässig in* I; aver *in* Hk: 3. 14. 14, 1 f. 15, 2, *was selten in* I: 14, 1. 44, 1. 45, 1 | 3: ad 2, 3. 9, 1. 10, 2. 17. 17, 1. 45. 45, 2. 47, 1; a 24 I | *pl* 3: unt 14, 1. 39. 42, 1 | *sbj* 3: aiet Wl art Fz 8; ait Leis Wl 5. 5, 2. 6. 6, 1. 14. 14, 1 I. 15. 21, 1. 45, 1. 47, 1; 3. 52; eat Wl art Fz 3, 1; eit *nur in* I: Leis Wl 6. 15. 15, 1. 44. 45, 1. 47, 3. 52 | *ipf* 3: aveit Wl art Fz Inso. Leis Wl 2, 3 I (ad Hk). 20, 2 I; out Hk | *pf* 3: out 20, 2 | *ptt sbj* 3: oust *in* Hk: 1. 5. 10, 2. 20, 2 a; *wo* out I [*vgl. Stimming* Boeve *S.* 226] | *pf pc:* out 3, 4 I; oud Hk. 14 I | *fut* 3: averat 6, 1 I; auverad 21 I; avrat 2, 4 I; *Var. arat*; averad 2, 4. 3. 3, 4. 5, 1. 16. 17, 1 I. 21, 1 I. 27, 1. 28, 1; avrad *in* I: 3, 4. 4. 5, 1. 28, 1; avera 3 I. 4. 6, 1 | *pl* 3: averunt 27 | *condit* 3: avreit 1, 1; avereit I. — *Bed.:* 1) [*auxiliar*] *haben* Leis Wl 3, 4. 5, 2. 10, 2. 14. 14, 1. 15. 15, 1. 24. 44. 45, 1 2) *besitzen, innehaben* 2, 3. 3. 6. 9, 1. 17. 17, 1. 20, 2. 42, 1. 45. 45, 2. 47; *geniessen* 1; ∼en plege *unter Bürgschaft halten* 52 3) *erhalten, erlangen, bekommen* Wl art Fz 3, 1. Leis Wl 3. 3, 4. 14. 14, 1 f. 15, 2. 44, 1. 47, 3; *(Geld) empfangen* 2, 4. 3, 4. 27. 42. 45, 1. 47, 1 4) *vorführen, liefern, stellen* 5, 2. 6, 1; a terme 21, 1 f.; a dreit 52. Wl art Fz 8 5) ∼ a: unt a faire *(Urteile) machen sollen* Leis Wl 39 6) (en) i a *es gibt (davon)*: ja tant n'i ait, mes qu'il i oust *es sei dabei noch so viel* [*an Vieh*] 5; n'i averad 5, 1

F**aveir,** *sbst; obl:* ∼ Leis Wl 5. 5, 2. 6. 6, 1. 17. 17, 1. 21. 21, 2; 4. 27. 28, 2.

39, 1; aver I: 6. 17 | *no:* ~ 46. Wl art Fz 5 1) *Habe, Vermögen* 27. 21, 2 Hk (*besser were Wergeld* I L); *Geld* Leis Wl 5 I. 39, 1; vif aver *Lebgut* Wl art Fz 5. Leis Wl 21 2) *Vieh* 5. 5, 2. 6, 1. 21, 4. 28, 2. 46; le meillur ~ *Besthaupt* 20, 3; ~ champestre *Feldvieh* 17. 17, 1; endirez *verirrt* 6. — *Pluralisch:* ~ (avers Io) trespassent 28, 2 I; *sg:* -sse Hk. [*Vgl.* averium]

^F^**avenir;** 3: ceo avient que, *es kommt vor, ereignet sich, dass* Leis Wl 11; avent I

^F^**aventure,** *obl, Zufall* Leis Wl 19

averian (*lat.* ~**iare**) *s.* afe~

^L^**averium,** aveir *übsnd* Leis Wl L 1) vivum ~ *Lebgut* 21 2) *Vieh* [*Pferd, Ochs, Schwein, Schaf*; *begreifend*] 5. 5, 1 f. 6. 28, 2 3) *Grossvieh, Pferd oder Rind* 20, 3

A[u]gust [*Monat*]; in Agusto Ger 10 | Q *setzt* Augustus *für* hærfest *Ernte* Rect 3. 4 a. 9, 1. 17

Augustinus 1) sanctus ~ *von Hippo wird citirt* Hn 33, 6. 72, 1c 2) Anglorum apostolus Cantuarie ECf 8, 3*. Lond ECf 32 C 2 | *gn:* ~ nes Excom VII 2; Agustines Abt Insc. — *Sein Kloster s.* Cantuaria

auht *s.* awuht

^L^**aula** *Diele, Flur des Hauses* Af 39 In Cn, flett *übsnd*

^F^-**aun-** *für* -an-: *s.* Grantebrigge, granter

^L^**aurifaber** *Goldschmied* ECf 38, 1

^F^**aut** *s.* aler

^L^**autem** [*geschrieben* h', *verlesen* hoc II Eg 4, 3 In Cn] '*nämlich*' Hn 11, 17

^F^**autre** *s.* altre

^F^**autrement** *anders* Wl art Fz 5

^F^**avultere,** *obl,* Leis Wl 35* *Ehebrecherin* [*oder Ehebrecherpaar?*]

^F^en **avulterie,** *in Ehebruch* Leis Wl 35

^F^**a[vu]rie** quere *Schutzherrschaft aufsuchen* Leis Wl 30 [advocariam (*neben häufigerem* -atiam) *bietet Gallo- und Anglo-Latein. Oder lies* arveire *Ränke?*]

^L^**auxilium** *Hilfsgeld, Steuer von Lehnsmannen an den Herrn* ECf 11, 2

^F^**await;** *obl:* agwait purpensé *vorbedachter Überfall aus Hinterhalt* Leis Wl 2; aweit I

aw[ecc]an *auferwecken; ptt* 2: awoehtest of byrgenne Iud Dei IV 3, 3, suscitasti *glossirend*

aweg *s.* onweg

awegan *abwiegen* I As Pro

awel *s.* awul

awendan *verdrehen, verkehren, geistig umwerfen; pl* 3: dom ~ að Iudex 11; word Af El 46 H; onw ~ EG I *op* 3: ~ de *Gerichtsacte* III Atr 2. 3 | *pc:* wære ~ *dende* domas Ine Pro. — *Der.:* unawend

aweodige, *op* 3, *ausreute* II Cn 1; awod ~ Ld

aweorpan *ab-(ver)werfen* (*Heidentum*) V Atr 34 = IX Expl; *beseitigen* X Pro 2; awurpan Northu 47. 67; ~ pen, *geänd. aus* aworpen, EGu Pro 1 H; aworpan Ld | *op* 3: ~ pe unriht *entferne* V Atr 23 = VI 28, 1 (awurpe D) — I Cn 19, 2 | *pl:* ~ V Atr 1 (awur ~ D). X 1 | *ptt:* awearp Af El 49, 9 | *pc:* aworpen of *verstossen aus* VIII Atr 27 = I Cn 5, 3; *pl:* aworpene I Em 6

aweorðan; *ptt pl* 3: awurdon *wurden* Iud Dei IV 3, facta sunt *glossirend*

awergode beon, *ptt pc pl, verflucht seien* Excom VII 6—13. 16 f.; ~ den (*me.*) 14. 18 f. 21; ~ regoden 15

awerian *gerichtlich mit Erfolg vertheidigen, vertreten* II Cn 20, 1 [*Ggs.* werian: *mit noch fraglichem Erfolge vertheidigen*]

aw[ie]rdan *zerstören, schädigen;* 3: awyrdeð Abt 64 | *op* 3: awyrde Af El 26 H (gew ~ *übr.*), læserit *übsnd.* VI Atr 34 | *ptt pc:* awyrd Abt 52. — *Der.:* unawierded

awiht *s.* awuht **awod-** *s.* aweod-

awoeht- *s.* aweccan

awoh *adv, rechtswidrig, fälschlich* II Atr 9, 1. Duns 1, 2. Wif 9 [*vgl. älter:* on woh]

awor- *s.* aweor ~

awrecan *rächen* II As 20, 7 Ld; wrecan *übr.*

awriotto, *pl ac, Schriften, Bücher* Iud Dei V 2, 1, scripturas *glossirend*

awritan (*nieder*)*schreiben* Af El 49, 9 (*geänd. in* ~ *ten* H). 49, 8 Ld; writon [*ptt pl* 3] *übr.* | *ptt pc:* hit ~ ten is II Ew 1, 3. II Cn 14 (gewriten BA). Northu 1. Iudex 15, 1

awðer Af El 49, 9; aðær H; aðor I Ew 2. III Eg 4 (aðer A). 7, 2. Cn 1020, 18. I Cn 2, 2. Episc 5; aðer IV Eg 1, 5 a. 6. 10. 13, 1; oðer [*me.*] II As 1, 2 B (*oder* So). ECf 12, 6 *und retr* 23 (*Var. oder,* ohter, oð; *älter:* oðe). — *Bed.:* 1) *eines von beiden* (*Friedensprivilegien*), *nt ac:* I Cn 2, 2 2) [*partikel*] a) ~ + oððe .. oððe *entweder .. oder* I Ew 2. III Eg 4. 7, 2. IV 1, 5 a. 6. 10. 13, 1. Cn 1020, 18. Episc 5 b) *vor dreifachem* oððe [*so dass Bed.* '*eines von beiden*' *geschwunden*] Af El 49, 9 3) [*me.*] '*oder*' ær þam *oder* æfter II As 1, 2 BSo; bugge spere of side oðer bere ECf 12, 6; cuð oðer uncuð ECf retr 23

awuht, *meist m gn, etwas, irgend etwas; dt:* godian to ahte *besser werden um Bedeutendes* V Atr 33, 1 = VI 40, 1 = II Cn 11, 1 (opulentia *übs, mit* æht *verwechselnd,* Cons) | *ac:* landes ~ Af El 26; awiht G; awyht H; *neg.* + ~ fela *nicht etwa viel* Af El 49, 9; ne ierfes ~ *nichts* Af 8, 1 H; owiht E; nawiht B; auht Af El 26 So. 49, 9 So; aht I As 5 D; oht G; *ersetzt durch* hwæt Ld; aht þæs *etwas von dem* VI As 8, 5; ne stande for aht *gelte für nichts* II Cn 37; naht BA; weorces owiht don Swer 1

aw[u]l *Ahle; dt:* mid æle Af El 11; ale G; eale Ld | *ac:* awel Ger 17

awurp- *s.* aweorp-

awyr- *s.* awier-

awyrcan *leisten, erfüllen; op* 3: ~ ce Hl 8 | *ptt pl:* aworhton *Godes* willan I Cn 18 a BA; a worhton G

awyrtwalige, *op* 3, *entwurzele* II Cn 1

axian *s.* ascian

B.

-b 1) *geschwunden hinter* m: *s.* ymbcyme 2) *als Zeichen für stimmhaften Labial* (*späteres* f) *s.* æfesne 3) b- *verschrieben als* h: hie Hl 10; he II Cn 51 B [*vgl.* Bada]

^L^**b** 1) *für* p: *s.* (ex)optare, opprimere, optimates 2) *für* v: *s.* octabas 3) *ersetzt durch* p: *s. d.*

b' *abgekürzt für* biscop *aller Casus* VI Atr 3, 1 [*lies:* biscope]. Cn 1020, 11

Babilon; *gn:* ~ nis Iud Dei XII 16, 4. Quadr II 4, 1 ‖ ~ **nia** Iud Dei II 3. IV 4, 2.

^L^**baco** *Schinken* Rect 7 Q

^L^**baculus** *Hirtenstab* [*des Praelaten*] Quadr II 4. 8, 3

bad *Pfand* Duns 3 | *ac:* bade *ebd.; dafür* [*späteres*] nam Q

^L^**Bada** *Bath* VII Atr Pro Q; *Var.* [*irrig*] Haba

badian *Pfand fortnehmen behufs Rechtserzwingung* Duns 2, 2; namiare Q [*vgl.* bad]

bæc; *ac:* clæne∾ habban *reinen Rücken* [*Fahrhabe in gesetzlichem Besitz*] *haben* AGu 5; bec Q; [*falsch*] flæsc Ld; vlex, carnem Q *Var.*

bændan *s.* ben∾

[-bære] *Der.:* æb∾

bærefot *barfuss* VII a Atr 2

' **bærnan;** *flect inf:* to ∾nanne *verbrennen* Af El 27 | 3: ∾neð *abbrennt* Af 12. — *Der.:* forb∾, geb∾

bærnet 1) *Brandstiftung* II Cn 64; bernet Q (*Var.* bar∾) = Hn 12, 1a. 47 2) *dt:* wuda ∾tte *Waldabbrennung* Af Rb 12 H (wudubernette *übr.*). Ine Rb 43 (wudubærnette H); ∾*ete* Ine 43 B. — *Der.:* wudub∾

bærning *Brandmal* Af El 19; ber∾ So Ld | *dt:* ∾ge *ebd.*; berning So Ld

bærstan *s.* ber∾

bærwan *s.* bearwe

bætan *s.* bet∾

bæðfæt, *ac, Badewanne* Ger 17

^F baillie *Amtsbezirk* [*des Sheriffs*] Leis Wl 2, 1 I; ballia L

^L Bainardus; Radulfus ∾ Wl ep Pro

^L Baiocae *Bayeux* Quadr Arg 20

^L baiulare *tragen* 1) *eig.* [*als Verbrechenshelfer*] Iud Dei XII 4, 2 2) *Sündenlast* V 2, 3. XIII 13, 3

^L balatro *Einbläser* Blas Insc 1 Cons Cn (*auch S.* 619), blæsere *'Brandstifter' übsnd* [*irrig verwechselt mit me.* blasen]

[-bald] *Der.:* Eadb∾

^L ballia *Amtsbezirk* Leis Wl 2, 1 L, baillie *übsnd.* ECf 32 A I

^L ballivus *Beamter* Wl art Lond retr 6. Lond ECf 32 A 13

ban *Knochen* Af 44, 1 | *gn:* banes Abt 34. 35 | *ac:* ∾ Af 70, 1. 74 | *pl:* ∾ Af 44. — *Der.:* cinnban, wiðoban

bana *Totschläger, Mörder* Abt 23. Hl 4; bane Hl 2 | *ac:* ∾an Hl 1. 2. 3. 4. II Cn 56 B | *pl ac:* ∾an II Atr 6. — *Der.:* dædb∾, rædb∾

[-bann] *s.* geb∾

^L bannum *Befehl, Aufgebot setzt* Q *für* 1) gebann *Rect* 1 2) gebodu VI As 4

banweorc, *ac, Totschlag* V Atr 32, 4 D

^L barganniare (*ein*)*kaufen* Q: I Ew 1. 1, 1. III Em 5; ∾aniare II As 12. IV Atr 5; *in* Ew As ceapian *übsnd*

Barnabas [*aus Acta apost.*] Excom VI 1, 4 | *ac:* ∾ban Af El 49, 3; Bernaban So; ∾ba Ld

barnet *s.* bærnet

^L baro *Baron* 1) þegn *übsnd* VI As 11 Q; ∾ vel thainus *synonym* Hn 41, 1b [*vgl.* þegn] | ∾ *angeblich unter Cnut* Ps Cn for 26; *als Magnat* (*Staatsrat*) *der* witan *der Angelsachsen schon* *vor* 1066 *gedacht* Quadr Arg 9. ECf 8, 3. 16; barun *setzt für Cnut's* cynges þegnas, þe him nyhste sindon Leis Wl 20, 1 2) *Baron Wilhelms I.* ECf Pro; *synonym mit* procer Hn 30; barones regni *entscheidender Nationalrat* CHn cor 1 = mei 10 = sui 13; baronibus et fidelibus, *jene also vornehme Untertanen* CHn cor Pro; *hinter Prälaten und Grafen, jedoch vor Beamten und unbetitelten Untertanen* Hn Lond Prot. Quadr *zu* CHn cor Test. Leis Wl 16. 20, 1 3) *Kronlehnträger, im Ggs. zu mittelbaren Lehnsherren* [*s.* vavasor], *werden verdeutlicht durch* meus, dominicus, mei honoris (*wo der König als* ego *spricht* [= barones sui Wl Edmr 2, 3]) — *so dass* baro *allein auch Aftervasall muss bedeuten können* — CHn cor 4, 2. 7. 8. Hn com Pro. 3. 3, 1. Hn 7, 7. 10, 1 *und erklärt als* comites sive alii qui de (*rege*) *tenent* CHn cor 2 [*die den* alii homines mei cum *terra* (CHn cor 3. 3, 2) *vorangestellten* barones *meinen auch wohl nur Gross-Kronvasallen*]; *dagegen auch ohne Zusatz nur unmittelbare Kronvasallen bedeuten* barones Leis Wl 20, 1. Hn mon *Prot.* Hn Lond 6. Hn 7, 2. 20, 3. ECf Pro. — *Der.:* sagib∾ [*Vgl.* barun]

^L Barrabas *Barabbas* [*der Evangelien*] Excom III 2

^L Bartholomeus [*Apostel*] Excom VI 1, 4

^F barun *Baron; obl:* ∾, *Cnut's 'dem König nächsten* þegn' *übsnd*, Leis Wl 20, 1 | *no:* li ∾ [*genannt hinter Graf, vor* sokeman] 16; le baroun I; *Var.* ∾on; baro L

^L basilides *königlicher Prinz* II Cn 58, 1 Cons, æðeling *übsnd*

^L basiliscus *Basilisk* = *Teufel* Iud Dei XIV 4

^L Bassus [*Ankläger Sixtus' III.*] Hn 5, 27a

^L bastardus *Bastard* [? Hn 78, 5 *Hss. verderbt*]; *Beiname des* Willelmus [I.] Wl art [*auch* Lond *retr*] Insc[1]. ECf *retr* 35, 2; bastard Insc[6]. *S.* 670 *Anh.*[6]

[bat] Boot *lag vor für lat. abl* bato IV Atr 2, 4

^F bataille *gerichtl. Zweikampf* Wl art Fz 6, duellum *übsnd* [*vgl.* bellum]

be- 1) *als* bi-: *s.* behætian, biswic 2) *geschwunden: s.* beodan, scieran, weddod, biswic 3) *praefigirt: s.* becuman, behatan, behealdan 4) *für* ge-: *s.* bebod, betynan 5) *für* on-: *s.* betogenes 6) *für* oð-: *s.* befæstan 7) *ersetzt durch* a) ge-: *s.* gebycgan, gefon, gelimpan b) to-: *s.* toforan 8) *privativ: s.* behætian, beheafdunges, bewæpnan [*vgl.* befiod, benæmed *Aldhelmglosse* Anglia 24, 526; behorsud *Stevenson Asser* 290]

be, *prp. Form:* bæ Af 39, 2 B; bi Abt 51. Af El 16 (by So). II Cn 45, 3 B. Iud Dei IV 2, 1. V 2, 2. — I) *m dt* 1) [*Ort, ruhend*] *bei, an, neben* Abt 51; beo be anre *zufrieden bleibe bei* VI Atr 12, 2; be norðan (suðan) VI As 5. 8, 4 1a) [*übertr.*] *im Falle von, bei* Ine 15, 1 (*missverstanden* per Q). 34, 1. 54. AGu 4. VIII Atr 4 2) [*Zeit*] *bei, zu, an* be Martines mæssan Ine 4; be emnihte, pentecosten II Eg 3. VI Atr 17. VIII 9, 1; *während* [*Ersatz des abl absol*] Abt 85; be libbendum (lifiendre) wife Hl 6 (VI Atr 5, 2) 3) [*Inhalt*] *von, über, bei, betreffend* Af 4, 2. Ine Pro. I Ew Insc 1, 3 | be þam þe *von dem, der* Ine Rb 64 H, *geänd. aus instr.* þon, *der in* EG 3a) *cj:* be þam þe (þæt) *'darüber (über folg. Fall) dass', in Hss. 12. Jhs. für* (*in* H *geänd. aus*) *ält.* be þon (*s. u.* II) þe (þæt); *so in* H: Af Rb El 49, 6. Af Rb 38. Ine Rb 22. 27. 29. 31. 47. 62 *und in* B: Af 7. 9. 15. Ine 22. 30. 31. 38. 42. 51 4) [*Mittel*] *durch, kraft, mit, vermöge, gegen den Preis von* Af 7, 1. Ine 12. EGu 3. VI As 1, 4. 8, 3. Cn 1020, 3. II 49. Geþyncðo 6 H. Að 2 Ld 5) [*Grund, Veranlassung*] *wegen, auf* Ine 3. EGu 5, 1. II Cn 30, 7. 31, 1a 6) [*Verhältniss*] *gemäss,* (*je*) *nach, in Höhe von, um den Preis von, für* Af 4, 1; 2. 9. 11, 4; 5. 42, 2. Ine 25, 1. 26. 30. 34. VI As 12, 2. Iudex 5 | be twelffealdum *zwölffach* Ine 4; be dæle *teilweise* VI Atr 53 | be þam *demgemäss* Ine 45 Ld. II As 2, 2. Duns 7 6a) *cj:* be þam . . þe *gemäss dem . . wie* Ger 2; be þam *m op: je nachdem* EGu 3; *geänd.* be þam þe H; be þam þe *je nachdem* 2. 4. II Ew 5, 2. II As 5. 26, 1. VIII Atr 4. II Cn

45, 3. *Rect* 2. 3. Ger 6 7) [*Aneinanderreihung*] *für, nach:* stæf be stæfe Sacr cor Pro 8) [*Drohung*] *bei* [*Verlust, Strafe von*] I As Pro 5. II 20, 3. IV Eg 1, 5. VIII Atr 9 9) be + *sbst. ersetzt den instrumental* Ine 29 B. 30 B. 36 HB. — **II**) *m instr.* 1) [*Inhalt* = I 3] *von, über:* be þon (þan G), þe *von dem, der* Ine Rb 64; bi þon *worüber* Iud Dei IV 2, 1. V 2, 2, *unde glossirend* **1a**) *cj:* be þon (þan *stets* G) þe *davon dass* Af Rb 7. 38. Ine Rb 22. 29. 30. 31. 38. 47. 51. 62. 74. II As 12 Ld; be þon (þan G) gif *über den* [*Fall*], *wenn* Ine 76 Rb; be þon þæt *davon dass* Af Rb El 49, 6. Af Rb 7 G. *In sämtlichen Fällen ändert* H *instr in* be þam þe (þæt, gif), *welcher dt auch bei* B; *s. o. n.* I 3a 2) [*Verhältnis* = I 6a] *gemäss* bi þon Ine 45; þam B; per id *ungenau* Q. — *Für ält.* mid [*örtlich*] *bei* Af El 25 So; *für* on (gewitnesse) *unter* (*Zeugniss von*) II Cn 79 A; *für* to [*zeitlich*] II Eg 3 AD

bead *s.* beodan

[-beag] *Der.:* dryhtenb∼

beam, *ac, Baum* Ine 43

beana, *pl. Bohnen* | *gn:* ∼ *Rect* 9 | *ac:* ∼ Ger 12

beard, *Bart; gn:* ∼*des* Northu 34 | *ac:* ∼ Af 35, 5

bearme, *dt, Schoosse* Iud Dei IV 3, 1

bearmteage, *ac, Hefenkiste* Ger 17

bearn Abt 80. Hl 6. Af El 11. Af 9 | *gn:* ∼nes Iud Dei IV 2. 4, 1 | *dt:* ∼ne Hl 6. Af El 11. Iud Dei IV 4, 6 | *ac:* ∼ Abt 78. 81. Af 8, 3. 9. 65. Ine 7. 27 | *pl:* ∼ Af El 34 | *dt:* ∼num Abt 79. Wer 5 1) *Ein Kind* Abt 78. 80. Af 8, 3. Ine 27. 38 2) *Sohn* Hl 6. Iud Dei IV 2. 4, 1; 6 3) *Nachkommenschaft, d. h. ein oder mehrere Kinder* Af El 11. Ine 7. 38 4) mid bearne *schwanger* Af 9

bearneacnum wife, *dt, schwangerem* Af Rb 9 ‖ ∼**cnend** (*ac*) Ld

b[ea]rwe *Tragbahre; ac:* bærwan Ger 15

beate, *op* 3, *schlage* VIII Atr 33 = II Cn 42

ᴸbeatissimus 1) *selig verstorben* [? *oder* = *n.* 2] Anselmus archiepiscopus [Cantuar.] Quadr II 8c 2) *erlaucht, edel* rex (*Heinrich I.*) Quadr II Præf 12. Hn 8, 6

bebeodan; 1: ∼de I As Pro Ld. II Cn 69, 1. Sacr cor 1, 3 | *pl* 1: ∼dað Ine 1. 1, 1 (beodað HB). I Em 2. Ordal 1 | *op* 3: ∼de Af 42, 1 H; gebodie *übr.* | *ptt* 1: ∼*ead* Af El 49, 9 | 3: ∼*ead* 49 49, 7; be*ad* So Ld; bebeod I As 5 Ld! | *ptt pc:* beboden II Ew 1. VI As 11. II Eg 5. I Cn 14, 2 | *adjectivisch:* II Eg 5, 1. Cn 1020, 19. I Cn 16 | *gn:* -nes In Cn III 47. — *Bed.:* 1) *gebieten* Af El 49. II Ew 1. VI As 8, 9. 11. II Eg 5; ∼lufan *g. zu lieben* [*ohne* to] Af El 49, 7 2) *anbieten* Af 42, 1 H; offerre Q; gebodian *'melden' übr.* 3) ∼ utlage *als geächtet proclamiren* In Cn III 47. — *Ersetzt durch* beodan *s. d.*

beb[e]ran *jem. versehen mit etwas;* 3: bebyreð wæpnum Abt 18

bebod *Gebot; dat:* ∼de II As 23, 2 | *ac:* ∼ Wi 5 | *pl gn:* ∼da IV Eg 1 | *ac:* ∼du Af El 49 (legem *übsnd, glossirt durch* word H). IX Atr 1 | *dt instr:* ∼dum Af El 49, 3 So (gebodum *übr.*). Ordal 1

bebycgan *verkaufen; flect. inf:* ∼nne (∼ogg- E) Af El 12 GSo | *pl* 3: ∼cggað Ine Rb 11; bebicgað GH | *op* 3: ∼cge Af El 15 GH. Ine 11 Bu; ∼cgge Af El 15 E. 24. Ine 11; ∼ygge Af El 12 So (geb- *übr.*) | *pl* 3: ∼cggen Af El 23; bebicgan G | *ptt pc:* beboht Af El 24. — *Ersetzt durch* gebycgan *s. d.; durch* sellan Af El 12 H. *Missverstanden: emere* Ine 11 Q

bebyreð *s.* beberan

[-beceas] *Der.:* unb∼

beclipian; beclypian Wl lad 3, 2 | 3: beclypað Wl lad 1. 2. 3, 1 | *ptt* 3: ∼iopode V Atr 32, 3 D | *ptt pc:* beclypod II Cn 28, 1 (-pad B; -ped A). 31a (∼lepad A). 72, 1 (-pad AB). — *Bed.:* 1) ∼ mid *an-, verklagen wegen* II Cn 31a. Wl lad 1, 1. 3, 1 2) ∼ on *etwas einklagen gegen* V Atr 32, 3 D 3) to orneste *fordern zum Zweikampf* Wl lad 1. 2. 3, 2. — *Der.:* onbeclyped

[-becrafod] *Der.:* unb∼ [*lag vielleicht vor für* ingravatus *s. d.*]

becuman Cn 1020, 20 | *op* 3: becume Af El 42. Af 42, 4; becyme Af El 42 G. Af 42, 4 H | *ptt* 3: becom Af El 49 H; owom E. — *Bed.* 1) ∼ on *auf jem. treffen* Af 42, 4 2) ∼ to *gelangen zu*[*r Seligkeit*] Cn 1020, 20; on hond *zu Handen, in die Gewalt* Af El 42 3) ∼ on *kommen zu* 49 H

hit **becwæð 7 becwæl,** *ptt* 3, *es letztwillig vermachte und verstarb* Becwæð 1

[-bed-] *s.* I) gebedræden II) unabeden

Bedanford *Bedford; dt:* ∼da AGu 1; *Bedaf*- B 2; Bedefordium Q

ᴸbedellus *s.* bydel

bedridan, *pl dt, Bettlägerigen* VIIa Atr 4, 1

bedrifan Ine 54, 2 | 3: ∼fð Ine 62. Duns 1; ∼feð Ine 62; ∼ryfeð So | *op* 3: ∼fe Ine 48. Hu 5 1) ∼ to *zwingen zu* Ine 48. 54, 2. 62 2) (*Spur, Fährte gestohlenen Viehs*) *leiten* (on *m ac: 'in, an'*) Hu 5; of stæðe on oðer Duns 1

bedripe, *dt, Ernten, Getreideschnitt-Fron, auf Aufforderung* (*des Herrn, im Ggs. zu wöchentlicher Fron*) Rect 5, 2; beuripe Q

befæstan; *pl* 3: ∼tað Af Rb 20 (befestað G). Af 20 B | *op* 3: ∼te Af 20 HB (oðfæste *übr.*). IV Eg 2, 2. Duns 1. II Cn 28; befeaste A | *ptt pl* 3: ∼*ton* II Ew 3. — *Bed.* 1) (*Vieh*) *anvertrauen* Af Rb 20. Af 20 2) (*Gestohlenes zum Verhehlen*) *unterbringen* IV Eg 2, 2 3) *jem.* (*einem Herrn*) *überweisen, empfehlen* II Ew 3. II Cn 28 4) (*Spurfaden*) *übergeben* Duns 1

befangen, befehð *s.* befon

befare, *op* 3, *betreffe, antreffe* (*den Verbrecher*) III Atr 13, 1. [*vgl. mnd.* bevaren, *fries.* bifara]

befealle, *op* 3, (*in die Grube*) *falle* Af El 22; (*in Sünden*) *verfalle* I Cn 23

befleon, *m ac, flüchtend entrinnen* Iudex 9, 1

befon; 3: befehð Ine Rb 47. Ine 47. 57. 75. II Cn 23; befoð! II Atr 9, 1 | *op* 3: befo Ine 25, 1. II As 9. II Atr 9, 1. II Cn 24, 1; gefo B | *pl* 3: befon III Atr 5 | *ptt* 3: befeng Ine 53 | *pc:* befangen II Em 4. II Atr 8, 2; 4. 9. Swer 2. — *Bed.* 1) *in Beschlag nehmen, sequestriren* landrican hit befon III Atr 5 [= I 3, 1 fo landhlaford to] 2) *im Anefang* (*Fahrhabe als sein abhanden gekommenes Eigentum*) *fassen, anschlagen* Ine 47. 53. 57. 75. II As 9. II Atr 8. 8, 2; 4. 9. 9, 1. II Cn 23. 24, 1. Duns 8. Swer 2 3) on bote ∼ *Busse auf sich nehmen* II Em 4. — *Der.:* ætb∼

beforan (bifora Iud Dei IV 3, 4). **A**) *adv, zuvor* II Ew 1, 3; ær ∼ *zuvor schon, eben zuvor* H As 14, 1. *Rect* 21. 21, 1; her ∼ II As 14, 1 Ot Ld; ær ∼ H **B**) *prp m dt* 1) [*Ort wo?*] *vor* Af 36, 1. Ine 8. 62. Iud Dei VII 23,

2 A; *in Gegenwart von* Af Rb 15. 38. Af 15 (tof∼ B). I Ew 2 | [*wohin?*] Af 34 2) [*Zeit*] *vor* Ine 71 3) [*Vertretung*] *anstatt, für* Ine 62

began 1) *Sorge tragen für, pflegen* I As 4; *verschrieben* bycgan Ger 12 | *flect:* ∼nne Ger 3, 1 2) him to begæð, 3: *es (die Reihe) auf ihn trifft, an ihn kommt Rect* 4, 1a

begange forligru, *op* 3, *Hurereien begehe* I Cn 7, 2

begeate *s.* begietan

begen *beide* Af 19,3. 55. VI As 8,4. I Atr 4, 2. II Cn 33, 1a | *gn:* begra Cn 1020, 10 [*vgl.* bu, butu]

begeondan, *prp m dat, jenseits* Duns 8, 3

beg[ie]tan; begeten Hl 2. 4; begytan Af 65 B. II As 2. 2, 1 (y *auf Rasur* H). Duns 2, 2 I 3: begytað Norðleod 10 Ld | *pl* 2: begytað I As 5 Ld | *op* 3: begite Af El 16. II As 9. Northu 12; begyte II Atr 6. I Cn 2, 5. Duns 3. Wl lad 2, 1; begete Abt 31 | *ptt* 1: begeat Swer 3, 1 | *pl* 3: begeatan Becwæð 1 | *op* 3: begeate II Cn 23, 1 | *pc:* begytan Forf 3, 2 — 1) *fassen, dingfest machen:* banan Hl 2. 4. II Atr 6; hine (*Herrnlosen*) II As 2, 1 2) *erwerben: Geldwert* I As 5 Ld; gestrinan GD; *Land* Becwæð 1; *Fahrhabe* II Cn 23, 1. Forf 3, 2. Swer 3, 1; bade ham *Abgepfändetes heimschaffen* Duns 3; *beschaffen:* wif Abt 31; læce Af El 16; him spalan *sich Vertreter* Wl lad 2, 1 3) *erlangen:* þe riht æt *von welchem Rechtserfüllung* II As 2. Duns 2, 2; clænsunge *besorgen* VIII Atr 3 = I Cn 2, 5; had *Weihe nehmen* Northu 12 | *m ptt pc:* gesungen *lasse singen* VI As 8, 6 4) bearn *Kind zeugen* Af 65 B; gestrienan H Ld 5) ∼, þæt *erlangen, durchsetzen, dass* Norðleod 10 Ld; geþeo D H) 6) *sich zu Eidhelfern gewinnen* I Ew 1, 4. II As 9. II Cn 65

beginð, 3; mid anbyrdnesse ∼ *Widerstand wagt* IV Eg 14

begymeð heorde, 3, *Herde besorgt, verwaltet Rect* 15

behætian *skalpiren* II Cn 30, 5 In (*Var.* behætt-, be[bi-]hedian); hættian Onut

behatan *verheissen, geloben, versprechen;* 1: ∼te Sacr cor 1. 1, 3 | *op* 3: ∼te Wif 1. 5 | *ptt* 2: behete, *verbessert aus* hete Swer 7 | 3: behet Swer 10

beheafdunges [!], *gn, Enthauptung* I As 1 Ld

behealdan 1) *beobachten, festhalten* V Atr 6 D; healdan *übr.* 2) *im Auge behalten, sehen auf* Iudex 14 | *pl* 3: ∼dað *berücksichtigen* 16

behedian *s.* behætian

[behlidan] *s.* belidens

behofað (3) helpes (*gn*) *bedarf Hilfe* II Cn 68; ∼foð B; be ofað A

behweorfan Ger 10 | *op* 3: ∼fe *Rect* 6, 2 | *ptt pc:* behworfen *Rect* 7; *pl:* behworfene I Em 5. — 1) *her-, zurichten: Ställe* Ger 10; *Speck, Geschlachtetes Rect* 6, 2. 7 2) (*Kirchen*) *in stand halten* I Em 5

behwyrfð, 3, (*Kirchengerechtsame*) *behandelt, betreibt* IV Eg 1, 5a

belamp *s.* belimpan

belecgan 1) *beschuldigen, verklagen; op* 3: ∼cge Duns 6, 2 2) *bezichtigen, anklagen wegen:* mid tihtlan ∼cge VIII *Atr* 21 f. = I Cn 5, 2 f.; mid tihtlan 7 mid uncræftum 5; mid fæhðe *Totschlages* VIII Atr 23 = I Cn 5, 2 b | *ptt pc:* þæt he mid (*das, weswegen*) beléd wæs Duns 4; beleð Ld

ᴸBelesmum *Bellême, Robert von,* [1112 *gefangen*] Quadr Arg 20

ᴸBelet; Johannes ∼ Hn Lond Test; *Var.* Bellet, Beliet

belewedan, *gn, Verräters* [*Christi: Judas*] Excom VII 5

belflys, *ac, Glockenflies, Wollfell eines Glockenträgers* [*Leitschafs*] Rect 14; ∼lis Q

ᴸbelidens *schliessend* (*nicht blutige Wunde* [*aus* behlidend])? Hn 94, 2

belimpan Af 6; belympan So Ld | 3: ∼pð Ger 3; ∼pað 3, 1; belympað Norðleod 1 Ld | *pl* 3: ∼að Ger 3, 1 | *op* 3: ∼pe Af 2. 6, 1 (belympe So Ld). 31, 1; ∼mbe B | *ptt* 3: belampe[! *unorg.* e] Af El 49, 2 Ld. — 1) ∼ to *gehören zu* Ger 3. 3, 1; ham, þe feorm to belimpð *auf welchem Gastung lastet* Af 2; *zustehen, gebühren* (to *jem.*) se wære belympað to þam mægðe Norðleod 1 Ld; gebirað magum *älter* 2) [*unpersönlich*] *sich gehören, passen* (to *zu*) Af 6. 6, 1. 31, 1 (*auch ohne* hit) | *mit dt: es glückt mir* Af El 49, 2 Ld; spowan *älter.* — *Ersetzt durch* gelimpan, tobelimpan *s. d.* — *Der.:* tob∼

belle *Glocke* Hu 8 | *ac:* bellan 7 burhgeat [*bezeichnen* Thegn-*Besitz*] Geþyncðo 2; bellhus H | *pl dt:* bellan VI Atr 51 [*kirchlich*]. — *Der.:* motbele

bellhus, *ac, Glockenhaus* Geþyncðo 2 H; belle D

ᴸbellum 1) *gerichtlicher Zweikampf* Wl lad 1. Lib Lond 10 (*im Ggs. zu anderem Beweisrecht* Hn Lond 2. 2. Hn 48, 12). Hn 9, 6. 45, 1a. 49, 6. 59, 15 ff. 62, 1 2) *tödlicher Leibesangriff, kriegerische Bedrohung* Hn 80, 11c 3) *Kriegszug:* dimissio belli H Cn 12 In. 15 In, fierdwite *übsnd.* [*Vgl.* campale, duellum, bataille]

belympan s. belim∼

ben; *dt:* bene 1) *Erbittung* (*der Rechtserfüllung*) Ine 8 Rb 2) *Geheissarbeit, eine besonders befohlene Fron, im Ggs. zu* wicweorc (*festem wöchentl. Dienst*) *Rect* 4, 1c; preces Q

ᶠben, *adv, wohl* Leis Wl 35

[-bena] *Der.:* færbena, friðbena

bencian *Bänke machen* Ger 13

bend [*Band*] *dt:* cyninges bende *öffentlich-rechtlicher Haft* Ine 15, 2 (*pl:* ∼dum B); *Fesselung* Af 2, 1

bendan *binden, fesseln; op* 3: bænde VIII Atr 33 = bende II Cn 42; binde A

bendform *s.* benfeorm

ᴸbenedictionis aqua *Weihwasser* Iud Dei XIV 8, 4

ᴸs. Benedictus Iud Dei XVI 30, 8. Excom X 1

ᴸbenedictus panis *für* corsnæd (*Ordal des*) *Entscheidungsbissen(s)* I Cn 5, 2a; c In | ∼ta aqua *Weihwasser* Iud Dei XIII 9

ᴸbenefecerit aliquid eis *schenkt* Af 43 Q, æghwæt him geselle *übsnd*

ᴸbeneficientia *für* benefice ∼ Hn 72, 2b

beneoðan, *prp m dt, unterhalb* Af 63. 63, 1 (beneðan Q). 66, 1

[benfeorm] *Kost bei Geheissfron* [*vgl.* ben *n.* 2] *lag vor für* firma precum Rect 21, 4 Q; bendform *ags. Hs*

ben[ie]rð *Pflügen auf Geheiss* [*im Ggs. zu Wochenfron; vgl.* ben *n.* 2] *dt:* benyrðe *Rect* 5, 2; benyrde, benhyrðe, *aratura* precum Q

ᴸbenigna sedulitate celebrari '*in volksfreundlicher Häufigkeit Gerichte abhalten*' *fügt* Q *zu* Ine Pro ‖ **benignitas** *Freigebigkeit* [*Lieblingswort des Quadr.*] *zu* I Cn 9

beniman, *m gn der Sache, fortnehmen* | 3: ∼með dæla I As 3 G; ∼að D; ætbregdan Ld

^L **benivolentia** *für* benev~ Quadr Ded 3

benripe (*dt*), id est ad preces metere *Ernten auf Geheiss* [*im Ggs. zum Getreideschnitt in Wochenfron; vgl.* ben *n.* 2] Rect 5, 2 Q; bedripe *ags. Hs*

benyrð *s.* benierð

beoceorle, *dt, Bienenmann Rect* 5; bocherus Q = **beocere** Rect 6, 4 | *dt:* ~cere 6, 3

beod; *dt:* hlafordes beode *Herrschaftstafel Rect* 16 | *pl ac:* beodas *Tische* [*oder 'Schüsseln'?*] Ger 17

beodan Cn 1020, 19. Episc 5; *flect:* ~nne Episc 2 | 1: beode IV Eg 1, 4 f. Cn 1020, 8. 11. II 84 | 3: byt I Ew Pro; beot VI As 11. Wl lad Pro; beodeð VIII Atr 32 | *pl* 1: beodað Af 42. Ine 1, 1 B H (~dæð Ld; beb- *älter*). VI As 8, 7. Cn 1020, 16. I 16a. II 3—4, 1; beode we VI As 8, 8. V Atr 14, 1 = VI 22, 3 | *op* 3: beode II As 2. 20, 3. VI Atr 49 = I Cn 18, 2. Northu 1. *Rect* 3, 4. Wl Lond 4 | *pl* 3: beodan I As 1. VI Atr 49 | *ptt* 3: bead Af El 49 So Ld; -beb. *älter* | *pl* 1: budon Af El 49, 3 | 3: budon *ebd.* H So (budan G). I Em 1 | *op* 3: bude II As B So | *pc:* geboden II As 20. VII a Atr 4, 1. — 1) *gebieten, befehlen* **a)** *mit ac der Sache:* hit I As 1; gemot sy geboden *angekündigt* II As 20; fæsten VII a Atr 4, 1. V 14, 1 = VI 22, 3 = I Cn 16 a **b)** ~ to + *inf: 'zu'* Af El 49. 49, 3. Wl lad Pro **c)** ~, þæt: *dass* Af 42. Ine 1, 1. I Ew Pro. II As 2. 20, 3. VI 8, 7 f. 11. I Em 1. IV Eg 1, 4 f. VIII Atr 32. Cn 1020, 8. 11. 16. H 3—4, 1. 84. *Rect* 3, 4 2) *verkünden* Episc 2; halgan Cn 1020, 19 3) *antun, erzeigen, bieten, erweisen:* riht VI Atr 49 = I Cn 18, 2 = Grið 29; woh Northu 1. Episc 5; wrang Wl Lond 4. — *Ersetzt durch* forb~ *s. d. Der.:* beb~, forb~, geb~, misb~

beodað *s.* biddan 3

beoddian *tischlern* Ger 13

beodern, *ac, Speisesaal* VI Atr 4 (refectorium L) = beoddern V 7

beofað *s.* behofian

beon, *pl ac, Bienen* Rect 5

beon Ine 7, 2 H B Bu. 15, 1 H B. EGu 12. II Ew 1, 1. V As 1, 2; beo Ld! bion Ine 7, 2. 15, 1; byon Bu | *flect:* beonne Wif Inso B. Wl lad 1 | 2: bist Af El 2; byst G | 3: bið Wi 28. Af 40. 41. Ine 13, 1. 19. 32. 45. 59. AGu 3. I As 3 Ld. IV Eg 14; bid II Cn 50, 1 A; byð Af El 17 H. Af 44, 1 H. II Cn 50, 1; beoð Ld: Ine 15, 2. 19; So: 55. 58. 59. 73; *statt ält.* is Ine 33 H. Norðleod 2. 6 Ld | *pl* 3: beoð Af El 34. Af 44. 55. AGu Pro; bið Ld: Af 44. 55 I As 3 | *op* 3: beo Af El 11. 12 H. Af 1, 2. EGu 6, 5. Hu 3, 1. III Eg 5, 2. Grið 17; be II Cn 69, 2 A. *Rect* 6, 4; hie [*für* bie] Hl 10; beo *für* sie, si(g) [*meist älterer Hss*] Af El 12 H. II As 20 H *auf Rasur.* 20, 7 H. 23, 2 H *auf Rasur.* II Eg 5 G A. V Atr 30 D. VI 32 D; B: II Cn 31, 2. 53, 1. 82 | *pl* 3: beon Af 50 H B. V As 1, 5. II As 23, 1. I Em 6. II Eg 2, 3. Northu 1. Excom VII 6. 8. 9; beo II Cn 33, 1a B A; *für* sien (syn) II As 20, 4 H. I Em 6 D | *ipa:* beo Becwæð 3, 2. — *Der.:* forðbeon. *Andere Formen* (*Bedgn. für alle hier*) *des verb. subst. s.* eom (*wo* arð), is (*wo* sie, sint), nære, nis, wesan

Bed.: **I)** *concret 'sein'* **1)** *leben:* Wif 3; æfter us (syððan) wæron Af El 49, 9. EGu Pro **2)** *örtl. belegen sein:* þær his rice bið Ine 45; legerstow on sy II Eg 2. 2, 1; sceal beon grið *reichen* Pax; beon nyhst Rect 20, 1 **3)** *vorhanden sein:* þær bið gewrit Af 41 | *andauern:* lif byð Cn 1020, 5 **4)** *stattfinden, eintreten, geschehen:* sie bearo Af 42, 2; sy þreora an Grið 16; gebyrige ornest to beonne Wl lad 1 **5)** þær ~ (on) *anwesend sein* Wi Pro 1 (III Eg 5, 2 = II Cn 18, 1); þæron VI As 10 **6)** ~ be *bleiben bei Besitz* Becwæð 3, 2; to lafe *übrig bleiben* I As 3 Ld **7)** *stehen:* be þam ilcan *im selben Verhältnis* II As 3, 2; on gefærræddenne II Ew 1, 1; a in (on Eg) gewitnesse II Cn 23, 1. IV Eg 14 **8)** *abhängen von:* ~ on cyninges dome Af 7. Ine 6. Grið 9 **9)** þridde is æt *betrifft* V Atr 32, 3 D **10)** *'es gibt':* ænig yfelra manna wære I Ew 1, 5; si þær bot II Cn 30, 4. 32, 1; 7 stapas sindon Had 1; sume men syndan Grið 21 **11)** mannum beo (*Leuten sei = Leute bekommen*) ege VI As 8, 3 **12)** ~ ymbe *bemüht sein um* IV Eg 14. 16. V Atr 26, 1. I Cn 26, 2. Northu 1. Episc 3 **13)** *bestehen:* si hit swa! II Cn 84, 6; on lande is (*gilt als Recht*), þæt Rect 4 a; hwilum wæs, þæt lagu for Geþyncðo 1 **14)** *entweder..oder, was auch immer:* sy hit.. sy hit II Eg 3, 1. II Cn 24. 70; si he.. oððe 83; si þæs mannes man (cynnes Forf 3), þe he sig 13, 1; be þam þe (*je nachdem*).. sy, sy hit.. si hit þurh þæt þæt (þe I Cn 3) hit sy VIII Atr 4 [*Ersatz des Relativum generale s. d.*]

II) *copulativ* **15)** *mit adj:* bist unscyldig Af El 2; sy scyldig V Atr 30; bið þyrel Af 44, 1; synlic bið Episc 7 | *werden:* sio frioh Ine 3; yppe 35; betere II Ew 1 | *sich zeigen, erscheinen:* laðleas V As 1, 1 | *verbleiben:* ic bliðe eom IV Eg 16 **16)** *mit ptt pc* [*and. Bed. u. n.* 27]: hit is (*es steht*) awriten II Ew 1, 3; gecweden I As 3 **17)** *mit subst:* hit sy þegen IV Eg 16 | *werden:* wif beoð wydewan Af El 34 | *verbleiben:* ic beo hlaford IV Eg 16 **18)** *betragen:* sie wite 120 sc. Af 19, 1; wer bið.. scil. Ine 19. 32 **19)** *zeitlich verlaufen sein:* beon 3 niht, ær II As 23, 1; ane neaht ofer þæt bie Hl 10 **20)** *m adv, sich verhalten:* swa borgbryce sie Ine 31; sy læng *lebt länger* Wif 3 **21)** *mit gn* **a)** *des Zustands:* lives *am Leben* II Atr 9, 2; cynnes Forf 3, 1; hades II Cn 38, 1 **b)** *Gehörens:* sie hlafordes Af El 11 **c)** *Preises:* horn bið 2 pæninga [wurð B], cu bið scillinges [weorð E] Ine 59 H **22)** *mit dt* **a)** *der Beschaffenheit:* gehwelc sie twibote Af 5, 5; sie hund scil. gelde Hl 3 **b)** *des Zustandes:* maran werude beo II As 23, 2 **23)** *mit prp + subst in adverbialem Sinne:* þæt sie butan pleo Af 36, 2 **24)** *mit prp:* **a)** ~ for mæg *vertretend dienen als* EGu 12 **b)** ~ to gewitnesse *dienen als* V As 1, 5. IV Eg 6, 1; bið to ordale *gehört zum* Hu 9 **25)** *mit* to + *inf 'müssen, sollen'* [*vgl.* to *prp*] **26)** þæt is **a)** *das heisst* Af El 12. Iudex 3; on Englisc II Cn 2 a **b)** *nämlich* Forf 2. Pax; þæt is þonne Af El 49, 5. AGu 2. II Ew 1, 2; þæt syndon (syn) II Eg 1 (IV 1, 3)

III) *auxiliar* **27)** *vor ptt pc, ersetzt Passiv praes., 'werden'* [*and. Bed. o. n.* 16] gebrocen Abt 37; ofworpod Af El 21; beboht 24; funden 25; ontended 27; agifen 36. Ine 6, 4. II Eg 4 (*detur*); afliemed Af 1, 7; gehealdene (*teneantur*) Ine 1, 1; gefulwad (*baptizetur*) 2; gelæst I Ew Pro. I As 1; beclypod beo (*accusetur*) II Cn 31a [*synonym* weorðe 31, 1]; awergod VII Excom 7 **28)** ~ + *praes pc umschreibt den ind. od. opt.; s. Particip* **29)** *vgl. Ellipse, Infinitiv*

[-beor-] *Der.:* gebeorscipe

beorbydene, *ac, Bierbütte* Ger 17

[-beorg] *Der.:* fyrgeb∼

beorgan EGu 10. V Atr 12, 2. I Cn 7, 3. II 30, 5 (geb∼ A). 38 (gebyr∼ B) | *op* 3: ∼ge II Atr 9, 1. V 2. VI 9. II Cn 3; byrge Episc 13 | *pl* 1: ∼ Episc 15 | 2: ∼ VIII Atr 32 | 3: ∼ V Atr 8 = VI 5 (beorhgan) = I Cn 6, 1 | *ipa pl* 2: ∼gað I As 5 | *ptt pc:* geborgen IV Eg 2, 2. *Rect* 20, 1. Episc 8. — **1)** *m dt der Person oder Sache: Schutz gewähren* VIII Atr 32; *schonen* VI 53. II Cn 30, 5. Episc 13. 15; *Rettung bringen* EGu 10 **2)** *bewahren vor:* wið VI Atr 12, 2 = I Cn 7, 3; beon geborgen wið *geschützt, geborgen sein, gegenüber* Episc 8 | *unpersönlich:* bið his agnum (*für sein Eigen*) geborgen Rect 20, 1; him (*'vor den Dieben' oder 'für die Besitzer?'*) geborgen sy IV Eg 2, 2 **3)** ∼, þæt ne *sich hüten, sich vorsehen, dass nicht, zu* II Atr 9, 1. V 2 = VI 9 = II Cn 3 | *absolut* 38 | ∼að eow wið *hütet euch vor* I As 5; ∼ him sylfum *sich h.* V Atr 8 = VI 5 = I Cn 6, 1. — *Ersetzt durch* geb∼, warnian *s. d. Der.:* geb∼

[-beorglic] *Der.:* geb∼

[-beorht] *Der.:* Æðelberht, Eorcanberht [*vgl.* Brihtnoð; Birhtwald]

beorhtnesse (*ac*) rihtes *Klarheit des Rechtes* Iudex 14

beorm- *s.* bearm-

beot *s.* beodan

beoðeofe, *dt*, *Bienendiebe* Af 9, 2

beræccean *s.* borec∼

beran III Eg 6, 1 D G 2 (aboran *übr.*). VIII Atr 23. I Cn 5, 2b | 3: bireð Ine 57; bereð B; byrð, y *auf Ras.*, H. Iudex 1 | *op* 3: bere II Atr 3, 3 | *ipa:* bere ECf 12, 6. — **1)** *tragen, transportiren: Fahrhabe* Ine 57. II Atr 3, 3 | [*übertr.*] *halten Barmherzigkeit in der Wagschale* Iudex 1 **2)** *dulden, leiden Strafgeld* III Eg 6, 1 D G 2; *Fehdegefahr* VIII Atr 23 = I Cn 5, 2b. ECf 12, 6 **3)** *ptt pc:* **geboren** *geboren* II Em 1. Af 14. II As 9. Wer 2; boren B | *adject. instr:* mid his geborene (*angestammten*) mæge Af 42, 6; *dt:* geborenum H | *fm dt:* borenre (*für* æwumborenre) *ehelich geborener* Af 42, 7 | *pl ac:* for geborene ge for ungeborene (*zukünftige*) AGu Pro || *cpa fm dt:* borenran *höher als gemeinfrei geborenen* Af 11, 5; æðelb- So Ld || *sbstirt dt:* blindum giborenum, caeco nato *glossirend*, Iud Dei IV 3, 3. — *Der.:* aberan (aberendlic), beb∼, forb∼, geb∼, inb∼, midb∼ | æðelboren, æwum(ceorl-, deor-, ful-, þegn-, unge)boren

ᶠberbiz, *obl*, *Schaf* Leis Wl 5, 1 | *pl:* ∼ 5

bere *Gerste; gn:* ∼es *Rect* 4, 1

bereafod æt æhtan, *ptt pc*, *beraubt an Gütern* II Atr 4 | *pl:* ∼de fram (*geplündert durch*) deman Iudex 9

berebrytta *Getreideverwalter; dt:* ∼tan *Rect* 17; ∼te [*me.*] Rb; berebrettus Q. [*Vgl.* Pipe Roll of Winchester 1208 *p.* 80]

bereccean hine *sich reinigen, rechtfertigen* Af El 15; ∼ccan GH; ∼ræccan So | *op* 3: ∼cce V As 1, 1

beregafole, *dt*, *Gerstenzins* Ine 59, 1; ∼fule (*Var.* berg-) Q

Berghamstyde *Berstead* Wi Pro

[-berht] *s.* beorht

[-beri], *dt von* burg; *Der.:* Saresberiensis, Sceaftesbyrig

beride, *op* 3, *überziehe* (*Feind mit Fehde*) Af 42, 1

ber(i)ga *s.* byrga

bern *Scheune; gn:* bernes Rect 17 | *dt:* berne Rect 4, 1b f. Ger 3, 1

Bernaba *s.* Bar∼

bernet, berning *s.* bær∼

berstan; 3: berst II Atr 9, 3; bærst Ld. II Cn 22 In | *op* 3: ∼te II Cn 8, 2. 19, 2. 31, 2. Northu 51 ff.; byrste I Atr 1, 13. II Cn 8, 2 B. 19, 2 B | *ptt op* 3: burste I Ew 3. VI As 4. I Atr 1, 2 (*verbess. aus* byrste B). II Cn 22. 30, 1; byrste I Atr 1, 2 Ld — *misslingen, fehlschlagen* (*Eid-, Ordal-Reinigung*) I Ew 3. I Atr 1, 2; 13. II Cn 8, 2. 22. 30, 1. 31, 2. Northu 51 ff.; *Termin missglückt* II Cn 19, 2; *Gewährzug bricht* II Atr 9, 3; *Spurfaden zerreisst* VI As 4. — *Der.:* ab∼, ætb∼ (ut) oðb∼

berype, *op* 3, *plündere* Grið 26

[-besacen] *Der.:* unb∼

ᶠbesche, *obl*, *Spaten* Leis Wl 3, 1

bescieran *scheren, des Haarschmucks berauben; op* 3: ∼ire to homolan *zum Verstümmelten* Af 35, 3; to preoste 35, 4 (scire So); 6; ∼cyre *stets* H *und* B: 35, 4; 6 | *ptt pc adj:* bescoren man *als Geistlicher Tonsurirter* Wi 7

beseon *s.* bisii [42, 1; 3

besitte, *op* 3, *belagern kann* Af hie in **beslea**, *op* 3, *in sie hineinhaue* Af 74

besman, *ac*, *Besen* Ger 15

besmiten mid, *ptt pc*, *befleckt mit* II Atr 9, 2 | *pl:* ∼ne Iudex 10

ᶠbesoin(g) *s.* busun

besprecen, *ptt pc*, *eingeklagt* II Atr 8

bespyrian yrfe (*verlorenes*) *Vieh durch Spur verfolgen* | *op* 3: ∼ige V As 2 Insc Ld; ∼pirige innan (in on Ld) land *in L. hinein* 2 | ∼ *lag wohl vor für* pervestigare III Em 6

best(-) *s.* betera

[-bestælan] *Der.:* onb∼

bestele hine, *op* 3, *sich fortstehle* Ine 39

[-bestingan] *Der.:* inb∼, onb∼

beswic *s.* biswic

beswican *verführen; op* 3: ∼ce Af El 29 (beswyce H G), seduxerit *übsnd* | *ptt pc:* bisvicen Iud Dei V 2, 2, seductus *glossirend*

beswinge, *op* 3, *prügelt* Af 35, 1

bet, *adv*, *s.* betera

betæcean; *op pl* 3: ∼can Af El 18 So; get- G Ld; gereccen *übr.* | *ptt* 3: betæhte V Atr 5 = VI Atr 3a | *pc:* betæht II Eg 4, 1. Cn 1020, 8. — **1)** *Bezirk überweisen* Cn 1020, 8; (*Geld*) *abliefern* II Eg 4, 1; (*Versprechen*) *geben* V Atr 5 = VI 3a **2)** *gerichtlich zuerkennen* Af El 18 So; getæcan G Ld; [*besser*] gereccan E H

betan Ine 45. II Em 7. VIII Atr 25. 40. Cn 1020, 14. I 18, 1. Ger 13; *flect:* ∼nne Iudex 2 | *op* 3: bete Af El 18. Af 1, 8. Ine 5. 14. EGu 3. II Ew 2. II As 5. 22, 1. I Em 5. I Atr 1, 5. II 5, 2. VI 27. VIII 5, 1. I Cn 3. II 15a. Northu 11. 19. Ordal 4, 2. Wif 7. Had 9; bæte II Cn 61, 1 Ld | *pl* 1: ∼ V Atr 1 G 2. VI 1. X 1 | 3: beten EGu 4, 1; ∼ man VIII Atr 4 (bete man G). Northu 10, 1. Hn 90, 11a | *ptt* 3 (*op?*): bettan Geþyncðo 8 H; ∼ D. — **1)** *ausbessern, in stand halten* Godes hus I Em 5 | *repariren* dicsceard Ger 13 | *schüren* fyr Ordal 4, 2 **2)** *zur Ordnung bringen, strafen, büssen lassen* Geþyncðo 8; gyltas fram (*durch Macht der*) deman Iudex 2 **3)** *kirchlich büssen* EGu 3. II As 26, 1. V Atr 1 (= VI 1 = X 1). 5 (= VI 3a). VIII 40. Cn 1020, 14. II Cn 4, 1 A (geb∼ G B). Northu 61, 2; for *Gode* 10, 1; wið God 11 **4)** *gutmachen, ausgleichen, entgelten:* æwerdlan Af El 18; bryce Af 1, 8. Ine 45; be munde mid *gemäss Schutzrecht durch* VIII Atr 5, 1; into (*an*) circan 4. 4, 1 = I Cn 3. 3a = Northu 19; grið mid (*durch Zahlung von*) III Atr 1, 2; misdæda Af 14; ofer-hyrnesse II Ew 2. II As 22, 1; bete þæt wið (*an*) cyning mid 120 sc. II Cn 44, 1 A; *gebete* G B; þone stæpe mid *punde* Had 2 **5**) *entrichten* fæhðbote VIII Atr 25 = I Cn 5, 2 d **6**) *zahlen* **a**) *Busse dem Verletzten* Ine 5; *were durch des Erschlagenen Wer* II Atr 5, 2; *dem Verletzten* (be *gemäss, in Höhe von*) Had 9; wið (*an*) mægðe II Em 7 **b**) *Strafgeld dem Gerichtsherrn* Ine 14. II Cn 15 a. 61, 1; be *wite durch Strafbetrag* EGu 4, 1; be lahslite Northu 20; 30 sc. II Ew 1, 3; be [*dome*] *gemäss Gesetz* II As 5 **c**) *Busse und Strafe* Hn 90, 11a; of hwam *woraus, von welcher Habe* Wif 7; teonde (*Verletzten*) twygylde 7 hlaforde (*Richter*) *were* I Atr 1, 5. — *Für* gebetan II Cn A: 4, 1. 44, 1. *Ersetzt durch* gebetan *s. d. Der.*: dædb∼, forb∼, geb∼

[-bete] *s.* twib∼

beteon, *meist m gn der Sache* (*jedoch dt* [*instr*]: Ine 52), *bezichtigen, beschuldigen, anklagen;* 3: betyhð Ine 46. 48 (betyh B). AGu 3 | *op* 3: beteo AGu 3 | *ptt pc: a*) betigen Ine 15 Bu. Iud Dei VII 12, 4 A; betygen Ine 14. 15. 18. 37. 52. 62; betwygen Ine 18 Bu *b*) *angegl.* betogen Ine 54. 71. II Ew 3. H B, *älteres* betigen (-y-) *ersetzend:* Ine 14. 15. 18. 37. 52 | *pl:* betogene AGu 3 Ld. Iud Dei VIII 1, 1 | *pl dt sbstirt:* betogenum II Ew 3

betera, ***cpa,*** *besser* **1**) *adj praed: geldreicher* VI As 7; *vornehmer* (*Ggs.* wyrsa) Cn 1020, 10 | *nt:* ∼re II Ew 1; (VI As 8, 9 *polizeilich sicherer*). II Atr 9. VII a 6, 2 | betre (*Var.* batre), *irrig für* metre VI As 6, 1 Q **2**) *sbstirt nt ac:* ∼re *Besseres* Ger 3. — **bet,** *adv, besser* II Em 5. V Atr 6, 1. II Cn 15, 1a. Duns 3, 3. Ger 19. Grið 16. 21, 1; *bett* (*über der Zeile*) borenran Af 11, 5 H | þe bet *um so besser* VI Atr 3, 2; þe bet.., þe *um so eher*.., *je mehr* II Cn 68, 2. — ***spla*** **1**) *adj* **betsta** *beste; gn:* ∼tan (*vornehmsten*) widuwan Abt 75 | *praed. pl:* ∼te IV Eg 2. 2, 1. 12 **2**) *adv* **betst** *bestens* II Eg 5, 3 A D. V Atr 6 (best G 2). 15. 35. VI 3, 1. 22, 3. VIII 43, 1. I Cn 1 D. II 68. Episc 13; *best* II Cn 67

beþearf *s.* beþurfan

beþencan Ger 18 | *op* 3: ∼ce VI Atr 42 | *pl* 3: ∼ VI 41 | *ptt* 3: beþohte IV Eg 1a **1**) *bedenken, aufmerksam beobachten* IV Eg 1a. Ger 18 **2**) hy sylfe (hine sylfne) *sich in Acht nehmen* VI Atr 41 (42)

ᴸ**Bethsaida** [*aus Matthaeus*] ECf 32, 1

beþurfan, *m gn, nötig haben, bedürfen;* 3: beþearf I Cn 22, 3 | *pl* 1: ∼ VI Atr 53. VII a Pro | 3: beþyrfan Duns 9, 1 | *op* 3: beþyrfe Rect 4, 1c | *ptt pl* 3: beþorft[on] Grið 3

betigen *s.* beteon

betihtlod, *ptt pc, einer Sache* (*gn*) *bezichtigt, beschuldigt, angeklagt* III Atr 4. II Cn 31, 1; ∼lad III Atr 8, 2; ∼led II Cn 30, 2; betyhtlad I Atr 1. 1, 3 B; 11 B; betytlad Ld; betyhtled I 1, 11; betyhtlet I 1, 3 | *pl:* ∼lede II As 7

betinan *s.* betynan

betogen *s.* beteon

betogenesse, *dt, Bezichtigung, Bescholtenheit* Ine 37 B; ∼nisse Ine Rb 37 H; ∼ennysse Ld; ontygnesse *älter*

bett *s.* betera [*übr.*

[-betung] *Der.*: geb∼

betwæmed, *ptt pc,* (*Rechtsstreit*) *eingestellt* I Cn 17, 2

betweonan I) *prp m dt* **1**) [*räumlich*] *zwischen:* ∼ Eferwic 7 six mila *gemete* Northu 56 **2**) [*übertr.*] *zwischen, unter:* us∼ [*nachgestellt*] II Em Pro 1. VI Atr 1 **II**) *adv:* betwynan *dazwischen* AGu 5 B 2

betweox, *prp m dat,* II Atr 1. 9, 4. I Cn Insc D. Duns Pro. 2. Northu 42. Ger 13. Wl lad 1; betwux II Em Pro, 2. II Cn 34 A; betwox Duns Pro Ld; betux II Cn 34; betwyx B. — **1**) [*räumlich*] *zwischen:* ∼ husan Ger 13 **2**) *unter, inmitten von* II Em Pro, 2. Duns Pro. Northu 42 **3**) *'bei', 'wenn man vergleicht zwischen':* ∼ burgum án lagu II Cn 34 **4**) *zwischen zweien:* ∼cynge 7 here II Atr 1; Denum 7 Englum I Cn Insc D; *ornest*, dom ∼ twam mannum Wl lad 1; ∼ þam (*den beiden*) stæðum Duns 2; [*nachgestellt*] him ∼ *ihnen beiden ebd.* **5**) *bei, während:* ∼ teame *im noch fortlaufenden Gewährzug* II Atr 9, 4

betwygen, betygen, betyhð *s.* beteon

betwynan *s.* betweonan

betynan **1**) *einsperren* Af El 21 (betinan So), *recludere übsnd* **2**) *bedecken, schliessen* (*Brunnen,* operire *übsnd*) | *op* 3: ∼ne *und ptt pc ac:* ∼nedne Af El 22 **3**) *umzäunen; ptt pc:* ∼ned Ine 40. 42 H; getynedne *übr.* **4**) *pl dt:* ∼nedum durum *bei verschlossenen Türen* [*sing. Sinnes*] Af 42, 7; *geänd.* ∼de [*sg*] H

beufan, *adv, oben, im vorhergehenden Text* IV As 6, 2c

bewæpn(i)an *entwaffnen;* 3: bewepnað II Cn 60 B | *op* 3: ∼ige II Cn 60; bewepnie B

beweardian *beschützen; pl* 3: ∼iað I Cn 4, 2; bewerdiað A; ∼deað Ld!

beweddod, *ptt pc* **1**) *rechtsförmlich, pfandlich verpflichtet zu* (*gn*): weres Wer 3; þæs II Em 7, 2 **2**) *verlobt zur Ehe:* seo ∼ 7 forgifen Northu 61; oðrum in *sceat* bewyddod Abt 83 | *fm attr:* beweddodu fæmne Af 18, 1; ∼ H B; weddedu So | *nt:* his ∼de wif I Cn 7, 3; ∼*dade* Ld. — *Der.*: unb∼

beweddunge, *dt, Verlobung* Wif Inse

bewepn(i)an *s.* bewæp∼

bewerdian *s.* bewear∼

bewerian **1**) *heorde Herde schützen* I Cn 26, 1; 3 **2**) *op* 3: ∼ie hine mid *verteidige sich durch* Wl lad 3, 1

bewinde, *op* 3, (*Eid mit Trug*) *umgibt* Northu 40

bewitan **1**) *flect:* to ∼nne (*Dinge*) *zu beaufsichtigen* Ger 3, 1 | *op pl* 3: ∼ (*Zehntschaft*) VI As 8, 1 **2**) *ptt* 3: bewiste to *anleite zu* VI As 3

beon **bewitað**, 3, *Bienen beobachtet, besorgt* Rect 5 [*ob zu* bewitan *n.* 1?]

bewyddod *s.* bewed∼

bi(-) *s.* be(-) **bicgan** *s.* byc∼

biddan VI As 8, 8. V Atr 35. VI 6. I Cn 5, 2 d | 1: *bidde* I As Pro. Cn 1020. 8 f. II 84. Swer 10 | 3: beodað II As 11 So! | *pl* 1: ∼að V Atr 8. VI 5. I Cn 6, 1. 7. 18. Iud Dei IV 3, 2. VII 24 A. VIII 2, 3 | *op* 3: *bidde* Af 42. Ine 9. 53, 1. II As 3. II Atr 6, 1. 8, 1 | *pl* 3: ∼ Ordal 4, 3 | *ptt op* 3: *bæde* II As 11 | *pc:* gebeden II Cn 19; -dan A; *gebet* [*vielleicht statt* gebeden] II Em 4. — **1**) *bitten* **a**) quesumus *glossirend* Iud Dei IV 3, 2 **b**) ∼, þæt *dass* (VIII Atr 31. I Cn 7. 18) *und mit ac der Person* I As Pro. V Atr 8. VI 5. 6 (= I Cn 6, 1). Cn 1020, 8 f. II 84. Ordal 4, 3. Iud Dei VII 24 A = VIII 2, 3, *deprecamur te übsnd;* God fultumes (*um: gn*) V Atr 35 **2**) *gerichtlich auffordern, dass:* þæt II Atr 8, 1; hond [*ac*] Ine 53, 1 **3**) *gerichtlich um etwas* (*gn*) *nachsuchen;* him rihtes *sich Recht fordern* Af 42. Ine 8 f. (*ac: rith nur* 9 Q!). II As 3; rihtes gebeden II Cn 19; weres Ine 21; scyldunga II As 11; ceapgyldes VI 8, 8; *bote* II Atr 6, 1. VIII 25 = I Cn 5, 2 d; *feos* Swer 10; fultumes Af 42, 3. — *Der.*: ab∼, geb∼

bide mid, *op* 3, *warte mit (einer Sache)* Ine 71; ab∼ HB. — *Der.:* gebidan [*vgl.* anbidiað]

[-bierhtan] *Der.:* geb∼

[-biernan] *Der.:* gebær∼; *vgl.* biorn-

bi[e]sting *Biestmilch (einer Kuh); ac:* bystinge Rect 13; bistinguium Q

bifiað of, *pl* 3, *zittern vor* Iud Dei VII 23, 1 A, in quo tremebunt *übsnd*

bige *s.* byge

Bigot 1) Hugo Hn Lond Test 2) Roger CHn cor *Test*

bigswic *s.* biswic

bil, *ac, Hippe* Ger 15; *lat.* billum *Sichel* Hn 78, 2c

Billingsgate *in London* IV Atr 2; Bilingesgate Rb *S.* 232*

binde, *op* 3, *bindet* II Cn 42 A; bende *übr.* — *Der.:* geb∼, unbunden

bindelle *s.* byn∼

[-binn] *Der.:* hunigb∼, irseb∼

binnan [binnam Wer 5 B; binnon *oft*] I) *adv* þær∼ *dort innerhalb* Ger 13; þær binnon *darinnen* II As 12 **II)** *prp* **A)** *m dt* 1) [*Ort*] a) [*wo?*] *innerhalb* Abt 60. Af El 3 Ld. Ine 10. EGu 1. II As 6. 13, 1 Ot Ld (*urspr. ac* H). III Atr 7. VI 12. 14. VIII 1, 1. Ordal 5, 2. Wer 5; ∼ gehalre hyde *unter heilgebliebener Haut* Af 70; *im Ggs. zu* butan II Atr 3. 5, 2. IV Eg 3; ∼byrig .. upp on lande II Cn 24 **b)** [*wohin?*] *in .. hinein:* ∼muðan cuman II Atr 2 **2)** [*Zeit*] *innerhalb* Ine 2. 8. 56. II As 26, 1. VI 2. III Eg 6, 2. II Cn 39, 1. Northu 10. 10, 1 **3)** [*Maass*] *unter, weniger als:* ∼ eahta mannum II Atr 5, 2 **B)** *m ac, innerhalb* 1) [*Ort*] binnon port II As 13, 1 (*geänd. in dt* porte) H; porte Ot Ld 2) [*Zeit*] binnon seofen niht Ine 8 B; *dt* nihtum *übr.*

bion *s.* beon

biornendes, *pc gn, brennenden* Iud Dei IV 3, 3, ardentis *glossirend*

birele, *ac, Schenkin* Abt 14; ∼lan 16

Birhtwald, *Erzbischof von Canterbury* Wi Pro 1

bir(i)g(-) *s.* burg, byrg(-)

birne *s.* byrne

bisæces, *gn, Streites* Episc 12

bisceop *Bischof* [*abgekürzt* b' Cn 1020, 11]; ∼ Wi Pro 1. Af 1, 2 So Ld. EGu 4. Sacr cor Pro. I Cn 5, 2. II 18, 1. 54, 1; se bisceope! Ld: II As 25, 1. II Em 4; biscep Af 1, 2; ∼cop Af 1, 2 H. II Eg 3, 1. VIII Atr 8. 27. Northu 61, 2. Episc 12 | *gn:* ∼pes Af 8 B So. Ine Pro B. EGu 4, 2. 10. As Alm 1. 2. I Cn 8, 2. 22, 6. II 43; biscepes Af 3. 8. Ine Pro. 45; biscopes Abt 1. Wi 5. 6. 22. Ine Pro H. II As 14, 2. II Eg 3, 1. III Atr 12. V 10, 2. VIII 8. Northu 1. 45. 65. Norðleod 3; biscpæs Grið 11 | *dt:* ∼pe Ine Rb 13 G. I Cn 9, 1. 10, 1. II 36. 42. Episc 1; biscepe Af 8. Ine Rb 13. Ine 13; biscope Ine Rb 13 H. Cn 1020, 11. Northu 2, 2. 30. Had 9, 1. Grið 22; bissceope Had 9, 1 O; biscpe Geþyncðo 8. Grið 12. 21, 2; be Þeodrede biscop! VI As 12. 1 H | *ac:* ∼ Wl Lond 1 ‖ *pl:* ∼pas I Cn 6a. 26. 26, 3. Episc 9; biscopas I As Pro. 1 (∼ceopes Ld). I Em Pro. IV Eg 1, 8. V Atr 4, 1. Cn 1020, 14; biscpas I Em Pro B. VI Atr 2, 2. Grið 19, 1 | *gn:* ∼pa Af El 49, 7 So Ld. EGu Pro 2. As Alm Pro; biscepa Af El 49, 7; biscopa I As Pro. Cn 1020, 9. 11. Ordal 1; biscpa VI Atr 1. 51 | *dt:* biscopum Af Rb 15. Cn 1020, 8; biscpan Grið 24. — *'meine, seine' Bischöfe mit Bezug auf den König* I As 1. Alm Pro. VI 11. IV Eg 1, 8. Cn 1020, 8 f. — *Der.:* ærceb∼, heahb∼, leodb∼, scir(e)b∼

bisceopstole, *dt, Bischofsstuhle, Kathedrale* Northu 57, 1

biscepsunu *Confirmations-Patenkind* Ine 76, 3

biscopland id est terra episcopalis *Grund und Boden unter Obereigentum einer Bischofskirche (Diöcese)* VI As 1, 1 Q; bisceopa land H

bisen *s.* bysen

eft þu **bisii**, *op* 2, *du berücksichtigst* Iud Dei IV 3, 4, respicias *glossirend*

bismærwordum, *pl dt, Schimpfworten* Hl 11

bismer; *ac:* on bismor *zum Schimpf* Af 35, 3; bysmer H; bismre So Ld

bismerian *beschimpfen; op* 3: bismrige VIII Atr 33; bismærige II Cn 42 B; geb∼ *übr.*

bist *s.* beon

bistandeð, 3, *danebensteht* Abt 51

biswic *Tücke; dt:* butan bræde 7 ∼ce Swer 2 B; swice H; bigswice I Ew 1, 5; bigspice Q *Var.;* ∼ *lag vor für* seductio III Em 1

[-bitan] *Der.:* ab∼, onb∼

banes **bite** *Versehrung eines Knochens* Abt 35

bið *s.* beon

biwiste, *gn, Verköstigung* Rect 21, 5

blacern, *ac, Laterne* Ger 17

blæsere *Brandstifter; pl:* blasigeras II As 6. 2 Q | *dt:* ∼rum II As 6, 2; blaserum Blas Insc. 1; *geänd.* blasierum Blas 1* B ‖ *missverstanden* balatro *Einbläser* Cons Cn [*Vgl.* blysieras]

blæshorn *Blashorn* Hu 8; blauhornum Q

[blasere] *'Bläser' vermutet irrig hinter* blæsere Blas Cons Cn, *da sie* balatro *übersetzt*

F **blasmed**, *ptt pc, bescholten, bezichtigt* Leis Wl 14, 1 I; blamed 15 I. 15, 1 I; blamet 51; blasmé Hk: 14, 1. 15. 15, 1

blauhornum *s.* blowhorn, blæsh

blawe, *op* 3, (*Horn*) *blase* Wi 28 = Ine 20

bledu *Schale, Schüssel; ac:* blede Rect 14 | *pl ac:* bleda Ger 17

[-blendan] *Der.:* ab∼

[-bletsian] *Der.:* geb∼

bletsung *Segen; gn:* ∼ge Grið 26 | *dt:* Godes ∼ge *Gottes Segen* = *kirchliche Einsegnung* Wif 8

banes **blice** *Blosslegung eines Knochens* Abt 34

blindum giborenum, *adj dt, Blindgeborenem* Iud Dei IV 3, 3, caeco nato *glossirend*

blisse, *dt, Freudigkeit* IV Eg 1, 4. 1, 5a

bliðe **I)** *adj: gnädig gewogen* IV Eg 16 **II)** *adv: freudig* II Cn 84, 2

blod *Blut; dt:* blode *Christi* Iud Dei V 2, 1; mid his agenum blode I Cn 18, 3 B; life *übr.* | *ac:* ∼ Af El 49, 5; mannes∼ *Menschenblut* I Em 3. II Em 4 Ld

blodgeote, *dt, Blutvergiessen* II Em 4 Ld

[-blodgian] *Der.:* geb∼

blodwit[e]; *lat.* blodwita id est forisfactura sanguinis, *Strafgeld für blutiges Raufen* Hn 23, 1. 37, 1 (V manc.). 39. 70, 4. 81, 3. 94, 1b; 2d

blot *Opferdienst; dt:* blote II Cn 5, 1; *missverstanden* blotæ *Loosbefragen* A; sanguis [*also verwechselnd mit* blod] Cons | *ac:* ∼ Northu 48

blowhorn *Blasehorn* Hu 8 Q Lond (blauhornum *übr.*) *für* blæshorn

blysieras, *pl, Brandstifter* II As 6, 2; blisgeras So Ld; *verderbt* beligeras Ld. [*Vgl.* blæsere]

Boamundus [I.] Antiochenus princeps Quadr II 16

boc Exeom VII 1 | *ac:* ∼ Ordal 4, 1 | *pl gn:* boca Wi 5. VIII Atr 28 | *dt:* bocum I As 3. VI Atr 41; bocan VI Atr 51 | *ac:* boec Iud Dei V 2, 1. — *Buch* VI

Atr 51; *Urkundenblatt* Exeom VII 1; *Evangelienbuch* Ordal 4,1; *Bücher der Bibel* I As 3. Iud Dei V 2,1; *kanonische Rechtsbücher* Wi 5. VI Atr 41. VIII 28. — *Der.:* domboc, sinoðboc

bocere *Schreiber* Grið 21,2

bocland *urkundlich verliehenes Grundeigentum, Landgut* VI As 1,1 | *dt:* ~de Af 41 B. I Ew 2. 2,1. II Eg 2. I Cn 11 | *ac:* ~ Af 41. I Atr 1,14. II Cn 13,1. 77,1. Hn 13,12. 70,21a; boclond 13,1 | *pl dt:* boclondum Af Rb 41. — *Erklärt als* allodium II Cn 15,1b In; *übersetzt* terra testamentalis Q: Af 41. VI As 1,1. II Cn 13,1; libera terra I Atr Insc. 1,14. I Cn 11; Cons Cn: I 11. II 13,1; *terra* hereditatis Q: Af Rb 41 (*Var.:* -*taria*). II Cn 77,1; in hereditate I Cn 11 Q; feudum II Eg 2 Q [*vgl.* haereditas]

Bocland; Hugo de ~de CHn cor Pro

bocrihtes, *gn, durch Urkunde verbrieften Rechtes an dem durch sie verliehenen Lande* Rect 1

boctæcinge, *dt, kanonistischer Bücher Anweisung* II Cn 38,2; *dafür* **boctale** B. A

[**bod** *Gebot; pl dt:* bodan]. *Dieses Wort sieht* Q [*irrig*] *in* I Cn 26,4, *da er* præceptis *einsetzt* [*vgl. 2 Z. weiter*]. *Der.:* bebod, forbod, gebod

bodan, *dt* [*wohl pl*] *Boten* I Cn 26,4; præceptis [*s. 3 Z. vorher*] Q; nuncio Cons

bodian *geistlich künden, predigen* I Cn 26 (= Grið 19,1). II 84,4. — *Der.:* geb~

F **bof** *s.* buf

[**-boga**] *Der.:* elnb~

bohte *s.* bycgan

boldgetæl *polit. Höfe-Gemeinde; dt:* ~tale Af Rb 37. Af 37; ~le 37 B So | *ac:* ~ Af 37; ~le! So Ld — aedificii ratio *missversteht* Rb Q [*vgl.* botl; cyninges bold *setzt der Beda-Übers. für* villa regis (*Plummer* Alfred 177); *da* getalu, hundredu: centurias *glossirt, meint* Af *viell. den später* hundred *genannten Bezirk*]

[**-bolla**] *Der.:* þrotb~

bonda II Cn 72. 72,1 (= Hn 14,5); bunda VII a Atr 3. II Cn 72 B. 72,1 B | *dt:* bondan VI Atr 32. II Cn 8. 76,1b; bundan II Cn 8 A. 76,1b B. — **1)** *freier Hausvater, Hofbesitzer, Bauer* VI Atr 32. VII a Atr 3. II Cn 8 **2)** *Ehemann* II Cn 72. 72,1. 76,1b. Hn 14,5. — *Der.:* husb~

[**-bor**] *Der.:* nafubor

[**-bora**] *s.* mundb~, rædb~

borchbrege *s.* borgbryce

[**-bord**] *aus* -*brord*, *s.* Wihtb~

F **bordiers**, *pl, Köthner* Leis Wl 17a; **bordarius** L

[**-bore**] *s.* loccb~

boren *s.* beran

borg *Borg, Bürge(nschaft)* Af 1,8; borh III Eg 6. 6,1. I Atr 1. 1,7 (= II Cn 30,6). III 6,2. II Cn 20a; borch Cons Cn II 19,2d, *S.* 618 | *gn:* ~ges Af 3. Ine 41 | *dt:* ~ge Af El 35. I Atr 1,10. 4 (= II Cn 31 [borhge B]. 33). II Cn 20a (~ghe Ld; borh! B). Wif 6 | *ac:* ~ Af 3; borh EGu 3. II Ew 3,2. II As 1,3. 20,1. VI 1,4. III Eg 6. 7 (= II Cn 20a. 25). I Atr 1. 3. V 20 = VI 25 (= I Cn 17,3). VIII 27 = I Cn 5,3. II 35 ‖ *pl:* ~gas V As Pro 3 | *dt:* ~gum III Eg 6 Ld. I Atr 1 Ld | *ac:* ~gas Ine 22 B. I Atr 1,5 = II Cn 30,3b. — **1)** *Bürge* Ine 22 B (byrgea *älter*). III Eg 6. 6,1 = II Cn 20a. I Atr 1. 1,5; 7 (= II Cn 30,3b; 6). II 8. 9,1. III 6,2; *Gewährbürgen bei Kauf* I Atr 3 **2)** *Bürgschaft:* mennisc~ *civilrechtliche neben halbreligiösem* að 7 *wedd* Af 1,8 | ~settan II Atr 8 (= borgas I Atr 1,5 = II Cn 30,3b) | ~finde EGu 3 (him III Eg 6 = II Cn 25). VIII Atr 27 = I Cn 5,3. II 36,1. Grið 17 | ~næbbe II Ew 3,2. I Atr 4,1 = II Cn 33,1. 35 | hine on ~ nime II Ew 3. 3,1; gehabban VI As 1,4; habban on ~ge I Atr 1,10 = II Cn 31; gan him on ~ II As 1,3. 6,1; settan hine on ~ II As 20,1; 4 | beon under ~ge IV Eg 3; gebringan hine under ~ge I Atr 4 = II Cn 33. II 20a **3)** *Bürgschaftsverpflichtung* V As Pro 3; borges oðsacan [*oder Darlehnschuld?*] Ine 41 **4)** *Bürgenverband der Zehntschaft, synonym mit* teoðung *und* ward Cons Cn II 19, 2d, *S.* 618; *Bürgenverband* II Cn 20a **5)** *Schutzgewährung* (*dem Beschützten zugesicherter Friede*) *und die bei Verletzung dem Schützer zufallende Geldbusse, synonym mit* mundbyrd Af 3 = II Cn 58—58,2 (*wo* pacem Q); *dafür* mundbrice Grið 11 **6)** *Bürgschaftspfand:* fo to þam borge weddes waldend Wif 6; oðres yrfe to borge (*unter Sequester*) settan I Ew 1,5 **7)** *Geborgtes:* fioh to borge (*zur Leihe*) selle Af El 35, pecuniam mutuam dederis *übsnd* [*vgl. o. n.* 3: Ine 41]; oðrum scyle borh V Atr 20 = VI 25,2 = I Cn 17,3. — *Irrig statt* burg *in* borgi fractura Af 40 Q. Ine 45 Q *Var.* [*vgl.* mægburg]; *irrig ersetzt durch* burg *in* burgbryce, burgbot *s. d.* ‖ *Der.:* freob~, godb~, heimelb~, inb~, werb~ [*vgl.* fideiussio, plegium, teoðung, ward, decimatio; mund(byrd, -bryce), pax]

borgbryce *Bürgschaftsbruch* **1)** swa his ~ sie, *je wieviel der Bruch einer von ihm geleisteten Sicherheit kostet* Ine 31; borhb~ H B; borghbreche Q | *ac:* ~ *Busse für Bruch des von anderen verbürgten Versprechens an diese* Af 1,8; borhbrice H **2)** *Verletzung des zugesicherten Schutzes* borchbrege Hn 10,1; *Var.:* borbre; borgh-; burchbreche 12,2; *Var.:* burgh- | *dt:* be ~ Af Rb 3; borhb~ II Cn 58 B | *ac:* borhb~ Af 3 Ld; borhbrece Q; *Var.* -ryce, -rice, -riche; borges bryce *übr.*, *wofür* mundbrice Grið 11. — *Irrig durch* burgbryce *ersetzt vermutlich* IV Atr 4,1. Hn 12,2. 35,2; *irrig für* burgbryce *s.* 23 *Z. vorher*

[**-borgian**] *Der.:* ab~

borh(-) *s.* borg-

borhleas orf, *nt ac, bürgschaftsloses Vieh* (*erhandelt ohne Sicherung durch Gewährsmann*) III Atr 5

F **bos** *s.* buf

L **boscus** *Gehölz, Waldholz* Ps Cn for 28. ECf 8,2

bot *Besserung, Busse, Strafe* Af 11,3. 26. 52. Ine 76. I Atr 1,6. 2,1 = II Cn 32,1. VIII Atr 39. II Cn 30,4; bote! II Cn 8 B | *gn:* bote Af El 13. Af 11,4. II Atr 7,1 | *dt:* bote Abt 33. 72. Af 2,1. 39,2 H. EGu Pro 2. II Ew 1,1. II As 26,1. III Eg 1,2. IV Eg 14,1. I Atr Pro. III Pro. VIII 1, 1—3 = I Cn 2,3; 4; 5. 38. Northu 59. Wif 7. Mirce 3,1. Had 2. 6. Grið 10; *instr:* bote Had 1,2 | *ac:* bote Af El 49,8. II Em 4. II Eg 4,2 (bete Ld). III 3. II Atr 6,1. V Atr 20 = VI 25,2 (= I Cn 17,3). VIII 36. V 26,1 = VI 31 f. = II Cn 8. 38,2. 41,2. Northu 1. 54,1. Iudex 1. — **1)** *Besserung Reform* II Ew 1,1; *besserer Zustand* IV Eg Pro. VIII Atr 38 f.; friðes ~ (7 feos ~) *Sicherheitsherstellung* (*und Münzreform*) IV Eg 14,1. I Atr Pro. III Pro (V Atr 26,1 = VI 31 f. = II Cn 8) **2)** *Bussgeld an den Verletzten* Abt 33. 72. Af 2,1. 11,3 ff. Ine 76. II Eg 4,2 (*Summe*). Had 6. Grið 10 | *m gn obj des Gutzumachenden* misdæda Af El 49,8; *des Verletzten* eagan Af 52; monnes 26; *oder adj:* cierlisce ~ *Busse* *für Ceorl* 39, 2 | bote biddan II Atr 6, 1; sculan V 20 = VI 25, 2 = I Cn 17, 3 3) *Befugnis, Missetat in Geld abzubüssen:* bote wyrðe Af El 13. II Atr 7, 1; inlagige to bote VIII 2 = I Cn 2, 4 4) *das Bussezahlen* VIII Atr 3 = I Cn 2, 5. Af 23, 1 5) *Bussempfang* (*-Erlangen*) Northu 1 6) *Busspflicht* Wif 7 7) *Strafe* [*vgl.* witu] a) *Leibesstrafe:* nan oðer bot buton heafod (handa) I Atr 1, 6. 2, 1 = II Cn 32, 1 (30, 4) b) *Geldstrafe* (*an den Gerichtsherrn*) III Eg 1, 2. 3. Northu 59. Mirce 3, 1 8) *geistliche Busse* EGu Pro 2. II As 26, 1. II Em 4 = V Atr 29. VI 50. Had 2; *neben* woruldcunde, ∼ wið men (for worulde VI Atr 36) VIII Atr 1, 1 = I Cn 2, 3. II 38, 2. 39, 1. 41, 2 | *synonym mit* wite Iudex 1; *mit* steore VIII Atr 36 [*vgl.* 15. 38] Northu 54, 1. — *Der.:* brycgbot, burg-, cyne-, *dæd*-, dolg-, fæhð-, feoh-, god-, had-, hloð-, mægð-, man(n)-, sar-, twi-, weofod-, woruldbot

boteatan *ausbessern* Ger 9 [*vgl. Klaeber* Anglia 27, 431]

botl, *ac, Hof(stelle)* Ine 67 | *instr:* botle 68 [*vgl.* bold]

botleas *durch Geld unabbüssbar, friedlos machend* III Atr 1. VIII 1, 1 = I Cn 2, 3. II 64. Nor grið *Z.* 5 [*nord.* botlaus; *Ggs.:* botwierðe]

botw[ie]rðe *bussfähig,* [*durch Geld*] *büssbar; dt:* ∼wyrðum gylte III Eg 2, 2 | *pl dt:* ∼wurðan VIII Atr 5, 1 = ∼wyrðum I Cn 3, 2 [*Ggs.:* botleas]

F**bovers,** *pl, Rinderhirten* Leis Wl 17a; *Var.* ∼rz

[-box] *Der.:* sapbox **bræc-** *s.* brec-

bræde I) æcera∼ *Ackerbreite* [1/16 *Ackerlänge, etwa* 66 *Fuss*] Pax. — *Der.:* lendenb∼, *was* In Cn *verwechselt mit* **II)** *Braten*, assatura renum *setzend*

br[æ]gd *List, Betrügerei;* bregde II Cn 24, 3; brede Q; brygde B; *geänd. in* bregden A | *dt:* butan bræde (7 bigswice) I Ew 1, 5 B; brede H (Swer 2)

brandiren, *ac, Brandeisen, Feuerbock* Ger 17

L**Brandona** *s.* Bromdun

L**brasil'** *Rotfärbeholz* Lib Lond 8, 2; *Var.* ∼lis, ∼lium

F**brebis** *s.* berbiz

[-brec] *Der.:* friðbrec

brecan; *flect:* ∼nne Af El 49; bræc- So | 3: brecð III Atr 1, 2; brecht Hn 90, 11a | *op* 3: brece Af El 25. Af 3 So Ld (ab- *übr.*). Ine 42, 1. II Ew 5. Hu 7. II Cn 58, 1 B (ab- *übr.*). Northu 57; brech(?) Hn 90, 11a | *ptt pc:* gebrocen Abt 36. 65. — 1) *gewaltsam brechen: Gehege* Ine 42, 1; *Haus erbr-* Af El 25; *Körperglied* Abt 36. 65 2) *übtr. brechen, verletzen: Gesetze* Af El 49; *Fasten* Northu 57; *Versprechen* II Ew 5; *Termin* Hu 7; *Friedensschutz* III Atr 1, 2 3) *Rechtsbruch üben, verbrechen;* [*Sprichwort*] qui brecht (*Var.* brech) ungewaldes, betan gewaldes: qui inscienter peccat, scienter emendet Hn 90, 11a. — *Der.:* ab∼, forb∼, ful(l)b∼, tob∼

[-brec(h)e] *s.* bryce

[-brecð] *Der.:* edorb∼

bredguma *s.* bryd∼

bre(g)d *s.* brægd

[-bregdan] *Der.:* ab∼, ætb∼, geb∼ [*vgl.* brygdan]

brengan to ryhte *vor Gericht stellen* Af 34; geb∼ So; bringan B; gebringan Ld | *op* 3: ∼ge to dura *bringe* Af El 11; breng So Ld; bringe H; brynge G. — *Der.:* ætgeb∼, geb∼

breost *Brust* Exeom VII 18 | *ac:* ∼ Af 11. 18

Bretone, *gn, Britanniens* Wi Pro 1

Br[e]ttas *Brythonen unter Eadgar's Herrschaft; pl dt:* Bryttum IV Eg 2, 2

L**breve** *urkundlicher Befehl* Hn 10, 1. 13, 1. ECf 12 b; brevis regis pax *urkundlicher Schutz des Königs* ECf 26. 27 = pax regia per ∼ data Hn 10, 1

L**breviculum** *Zettelchen* Iud Dei XIV 1, 3. 7, 1. 8, 2

bric-, bricgian, brig- *s.* brycg(-)

[-bric(h)e] *s.* bryce

brigguma *s.* brydguma

Brihtnoð Oddan sunu, *Königsbote* VI As 10; ∼odus Q

bringan Af 34 B; brengan *übr.* | 3: ∼geð Swer 2 B | *pl* 3: him mid (*mit sich*) ∼gað II Atr 2, 1 | *op* 3: ∼ge Af El 11. 28 H (brenge E). II Eg 4, 1. II Atr 8 (∼ge .. in). VIIa 2, 3. II Cn 3 (geb- G). 76; brynge Af El 11 G | *ptt* 3: brohte IV Eg 8, 1. Cn 1020, 3 | *pc:* gebroht *s.* gebr∼ — 1) *bringen:* þanon II Eg 4, 1; þider IV 8, 1; to VIIa Atr 2, 3; ham to cotan ∼ II Cn 76; ∼ on gange (*Fahrhabe*) *in* [*Gewähr-*] *zug bringen* Swer 2 B 2) *m dt der Person: überbringen* Cn 1020, 3. — *Für* brengan *s. d. Irrig* brohte *für* bohte *von* bycgan Af 21 HB. *Der.:* geb∼

L**Britanni** 1) *Briten* 12. *Jhs., wohl Brythonen* Lond ECf 32 D 6 2) Brittannus *Bretone aus Bretagne* Quadr Arg 18

L**Britannia** [Bryt∼ Lond ECf 11, 1 B] 1) *altes* [*Kelt.-Röm.*] *Britannien* Lond ECf 11, 1 A 5; B; B 1 f.; 4; 8. 12, 10 A. 32 A; C 2 f.; 5. 6a; D; E; E 3. 2) *identificirt mit* Anglia Wl art Lond retr Insc. Hn 6[a]. 6, 1[s]. Lond ECf 11, 1 A; A 4; *gleich England* 12. *Jhs.* 32 A 5 ff. 3) ∼ie regnum *Grossbritannien* Wl art Lond retr 1

L**Britones** 1) *alte* (*Kelt.-Röm.*) *Briten* Lond ECf 11, 1 A 5. 12, 10 A. 32 A; A 7; C; E; E 2. 35, 1 A 2 2) *Briten unter Ine* 32 C 2; 4 3) *Brythonen* (*od. alle Kelten?*) *in Britannien* 11. *Jhs.* ECf 34; Wallie et Cornubie Wl art Lond retr 1 4) ∼ Armoricae *der Bretagne* Lond ECf 32 C

brocen *s.* brecan

[-brocian] *Der.:* geb

Bromdun; *dt:* ∼ne I Atr 1, 2 (Brundon[i]a Q). III 4; Bromdona Q; *Var.* Brond-, Brand-

[-brord] *s.* Wihtbord

[-brot] *s.* corngebrot

broðor *Bruder* 1) *in eigentl. Bed. pl dt:* broðrum Wer 5 2) *pl no: christl. Brüder* Af El 49, 3; broðra H, ra *auf Rasur*; gebroðru So Ld

brucan, *m gn, geniessen; Speise* VIIa Atr 4, 1; *Steuereingänge* I As 4

brudgume *s.* brydguma

brugbota *s.* brycgbot

L**Brundona** *s.* Bromdun

L**brunus** pannus *braunes Tuch* IV Atr 2, 10

L**Brutus** rex Troianus Lond ECf 35, 1 A 2

bryce *Bruch;* se[!] brice Had 9 O, *statt* sambryce *halbe* [*nicht-tödtliche*] *Verletzung* | *ac:* borges ∼ *Verletzung von Bürgschaftsschutz* Af 3; brice H. — *Eingesetzt für* -byrd *s.* mundbyrd. *Der.:* æwbryce, borgb∼, burgb∼, ciricb∼, edorb∼, fæstenb∼, freolsb∼, ful(l)b∼, hadb∼, husb∼, lahb∼, lengtenb∼, mundb∼, pundbreche, samb∼, stretbreche, weddb∼

[-brycg] *Der.:* Grantebrigge(scyre)

brycgbot *Brücken-Ausbesserung, -herstellung; ac:* ∼te II Cn 65; bricgb- A; bryceb- (*geänd.* brygce-) B; bricb- V Atr 26, 1 D; bricbota! G 2 | *pl ac:* ∼ta II Cn 10 B; bricbota G (*aus* VI Atr 32, 3); brigbote [*sg?*] A ‖ *Lat.* brigbota II Cn 65 Q. Rect 1 Q[4]. Hn 10, 1. 13, 9. 66, 6; ∼ *lag vor für* emendatio fracti pontis in via regia In Cn III 50, 1; Q *setzt* brugbota *statt:*

brycgeweorc, *ac, Brückenarbeit, Strassenbau* Rect 1

br[y]cgian; bricgian *pflastern* [*mit Bohlen oder Steinen?*] Ger 13

brydguma *Bräutigam* Wif 1. 2. 3; bridg∼ 3 B Q; bredg∼ Q[10]; bredgume Q: 1[2]. 2[8]; brudgume Q: 1. 2[8]. 3[10]; brigguma 1 Q[2]

bry[g]dan (*Wertstück, Fahrhabe*) *im Anefang greifen;* 3: bryideð Swer 4 B | *ptt pc:* gebryid 2 B. — *Der.:* unbryde [*vgl.* bregdan]

I) **bry[g]de;** *dt:* wæpnes bryde *Waffenzücken* Af 38, 1 II) *s.* brægd

[-bryht] *für* beorht *s.* Æðelbeorht

bryne, *ac:* 1) *Brand, Feuer* (*der Hölle*) I Cn 6, 1. II 84, 3 2) byrne *Verbrennung* Iud Dei V 2, 3, combustionem *glossirend.* — *Der.:* helleb∼

bryngan *s.* bring∼

ᴸ**Brytannia** *s.* Brit∼

[-brytta] *Der.:* bereb∼

-bs *für* -ps *s.* geclips

bu, ord 7 sceaft *beide* Af 36, 2; buta B; butu Ld [*vgl.* begen]

ᴸ**bubali** *Büffel, wilde Rinder* Ps Cn for 27, 1

ᴸ**bucellus** *Fass* VI As 8, 1 Q, bytt *Bütte übsnd* [*afz.* boucel]

budon *s.* beodan

ᶠ**buf**, *obl, Ochse* Leis Wl 20, 3 I; bof Hk | *pl obl:* buefs 5 I; bos Hk. Wl art Fz 8, 2

bufan I) *adv,* ær∼ *zuvor, oben* Af 42, 2 II) *prp m dt, oberhalb* Af 54

bugan 1) *ausscheiden* (*Frau aus Ehe-Haushalt*) Abt 79 2) *op* 3: ∼ge *sich unterwerfe* II Cn 84 Ld; gebuge *übr.* | *pl* 3: ∼ to *sich wenden zu* VIIa Atr 7. — *Der.:* forb∼, geb∼

bugge *s.* bycgan **bunda** *s.* bonda

bur *Bauer* Ine 6, 3 Bu; gebur *übr. Der.:* (neah)gebur

ᶠ**burc** *s.* burg

burch- *s.* burg- **[-burd]** *s.* -byrd

ᴸ**buremannus** *irrig für* hyremannus VI As 11 Q[11] [bur *meinend?*]

burg *Stadt;* burh II As 13; burgh Ld | [*gn:* burges II Cn 18 Q, *Var. von* 1310] | *dt:* byrig II As 20, 1; 4 (byrg Ot). IV Eg 4. 10. II Atr 6. III 6, 1. II Cn 22, 1. 24. Blas 3. Ger 13. Grið 15; birig I As Pro; *instr:* burge [*od. fehlt* on?] IV Eg 6 | *ac:* ∼ II Cn 58, 2 A; burh II Em 2. Rect 2 | *pl gn:* burga III Atr 1, 1 | *dt:* burgum II As 14, 2. IV Eg 3. 5. II Cn 34. ‖ *Lat.* burgus Q *stets* (*ausser* omne burgum II As 13), *auch* II Cn 24 In. Leis Wl 45 L; *originallat. s. u.* '*Bed.*' ‖ *Fz.* burc Leis Wl 45. — *Bed.* 1) *Burg, befestigter Herrensitz:* cynges (mine) Grið 15 (II Em 2); ealdormannes II Cn 58, 2 A (*irrig statt* borh); *befestigtes Domänengehöft* Rect 2. Ger 13 [*vgl.* burhgeat] 2) *Stadt* a) *unter Königs* gerefa I As Pro. ECf 32 b) *als Gerichtsmittelpunkt:* þe to þære byrig hyron *Gerichtsbezirks-Eingesessene* II As 20, 1; 4. II Cn 22, 1. Blas 3; curia Q; *über- oder gleichgeordnet neben* hundred (wæpngetac) IV Eg 4 ff.; an lagu betux burgum *einheitliches Recht in allen Gerichten* II Cn 34; kyninges ∼ *reichsunmittelbare Gerichtsstadt* III Atr 6, 1; curia Q; *Reinigung* per burgi legem *nach des Gerichtssprengels Recht* Hn 46, 1a; *wohl Hendiadyoin* burgum et curiam 38 c) *Wirtschaftscentrum mit je einem* mynetere II As 14, 2; burgenses et qui in burgis morantur *beschwören Geldreinheit* Hn mon 1; burhgemot Episc 6, burgi mensura Q; *Markt nur in* civitatibus et burgis clausis Wl art retr 11 d) *Festung:* ∼ sy gebet (*umwallt*) II As 13; *vgl. vorvor. Z.; jedoch getrennt neben* [*blossem*] castellum regis Wl art retr 6. 11. Hn 80, 1 e) *grössere* ∼ *neben* smalum IV Eg 5; *angeordnet hinter* civitatibus Wl art *retr* 6. 11. ECf 12. 12, 9. 18, 1, *doch vor* villa (*Dorf*) 18, 1. 32. Leis Wl 45. Hn Lond 12 f) *bewohnt von* seo buruhwaru [*also einheitlich organisirt? vgl.* burgenses] II Atr 6 g) *im Gegensatz zum offenen Lande* binnan byrig (burgum) ge buton (IV Eg 3) II Atr 5, 2 [*für* on lande II Cn 24 *steht* vile, *Dorf* Leis Wl 45] 3) on Fif burga geþincða *s.* Fif. — *Irrig für* borg- *s.* burgbot, -bryce; *irrig ersetzt durch* borg *s. d.* ‖ *Der.:* Cantwarab∼, friðb∼, Lundenb∼, mægb∼, Sceaftesb∼, Searesbiry, Witlanb∼

burgbot *Festungsherstellung* Quadr Rb II Cn 65; *Var.* burbot | *ac:* burhbote V Atr 26, 1 D (-ta, *pl?* G G 2). II Cn 65 (buruh- B). Rect 1 | *pl ac:* burhbota VI Atr 32, 3 = II Cn 10 ‖ *Lat.* burgbota Hn 10, 1 (*Var.* -ghb-). 13, 9 (*Var.* burechb-). 66, 6; burhbota II Cn 65 Q. Rect 1 Q. — *Irrig für* borgbryce Af 3 Q[4]

burgbryce *Verletzung des Sonderfriedens, den gewährt* a) *ein Schloss od. befestigt. Haus, wie es König und Adel, herab bis zum Gefolgs-Grundbesitzer bezw. 600 Schilling-Mann, besitzt* [*dagegen beim* ceorl *entspricht* edorbryce] Af 40; burhb∼ B; burhbrice H; burhbrece Q [*über* burhbreche Hn 35, 2; burchbreche 12, 2; *Var.* burgh- *s. u. n.* 2] | *dt:* be ∼ Ine 45 Rb; burhb- HB; burhbrece G; be burhbryce Af 40 B = Rb 39 Ld. Af Rb 3 GH, *irrig statt* borgb∼ | *ac:* ∼ Ine 45 [*nur für Adel;* ceorl *fehlt*]; burhb∼ HB; burch (burgh-) breche Q b) *oder* [?] *königliche Stadt; regis* burhbrece (*Var.* -eche) emendet V li. IV Atr 4, 1 [*bessere vielleicht, wie* Hn 12, 2. 35, 2, borgbryce]. — *Irrig dafür* borgbryce *s. d.*

ᶠ**burgeis** *Bürger* Leis Wl 17b [*vgl.* burgensis]

burgemot *s.* burggemot

ᴸ**burgensis** *Bürger* Leis Wl 17b L, burgeis *übsnd;* ∼ses II *Atr* 6 Q, burhwaru *übsnd; Bürgerrecht Geniessende neben* illi qui in burgis morantur Hn mon 1

ᴸ**burgesmotus** *s.* burggemot

bur[g]geat, *ac, Burg* [*Herrschaftsschloss*]*tor* | *dt:* burhgeate Pax | *ac:* belle 7 burhgeat *zu besitzen, bezeichnet den* þegn Geþyncðo 2

bur[g]gemet *Stadtmaass;* burhg∼ Episc 6; burgi mensura Q

bur[g]gemot *Stadtgericht;* burhg∼ III Eg 5, 1; buruhg∼ D; burgemot Hn 7, 4 | *ac:* burhg∼ II Cn 18; *auch* Q Rb *S.* 536. ‖ *Lat.:* burgimotus Q (*Var.* burgemot, burgmot, burhmoth, burghm-, burom- II Eg *S.* 195*, *auch* *S.* 536[79]): III Eg 5, 1. II Cn 18 (*Var.* burgesmotus). Hn 57, 8

burggeþ[y]ncð *Stadtgericht; dt:* burhgaþinðe III Atr 1, 2; burgiþincða Q

bur[g]mann; burhmannus (*Londoner*) *Bürger* IV Atr 2, 10; *Var.* buruhm∼

bur[g]mot *s.* burggemot

bur[g]riht *Stadtrecht;* burhr∼ *macht mit* landriht *zusammen das* lahriht (*weltl. Satzung*) *aus* Episc 6

[-burgscipe] *s.* geb∼

bur[g]waru; burhwaru *Bürgerschaft* II Atr 6 Ld; buruhwaru B | *ac:* burhwaru Wl Lond 1; ∼re L

-buri-, *aus ags. dt von* burg, *s.* Saresberiensis, Sceaftesbyrig

buro-, bur(u)h- *s.* burg-

burste *s.* berstan

F**busun,** *obl, Not, Bedürfnis* Leis Wl 37, 3

butas, *pl, Bütten* Ger 17

bute(n) *s.* buton

butere *Butter; gn:* ~ran Ine 70, 1 | *ac:* ~ran Rect 16

buton *Form: zumeist* ~; butan Ine Rb 20. Af 8. Ine 3, 1; 2. 57. AGu 5. EGu 4. I Ew 1, 5. II 7. V As Pro 3. IV Eg 3. I Atr 1, 2. II 3. 5, 2. I Cn 26, 1. Duns 6. Swer 2. Griđ 10; buten I Em 6 H; bute 4 BH. 6 B. Duns 2, 1. Wer 5. Swer 4. Wif 4. Rect 5, 5.

I) *prp m dt* **1)** *ausserhalb* [*örtlich*] Abt 59. I Ew 1. 1, 1. II As 12. Griđ 10; binnan .. ~ IV Eg 3 [II Atr 3. 5, 2, *oder adv?*]; ~ wege *abseits von* Wi 28 = Ine 20 **2)** *ausser, ausgenommen* AGu 2 [Wer 5, *oder adv*] **3)** *ausgestossen von, aus* VI As 11 **4)** *ohne* Hl 10. 12. Wi 1, 1. 12. 16. 25. Af Rb 20. Ine Rb 44. Af El 49, 7. Af 8. 36, 2 (~ pleo). Ine 2, 1. 3, 1. 57. AGu 5. I Ew 1, 5. II 7. II As 9. 22. Duns 6. Swer 2

II) *adv.* **1)** *draussen* [*örtlich*] II Atr 3. 5, 2 [*oder prp?*] **2)** *ausser* **a)** *'jedoch nicht': feohtan,* ~wiđ hlaforde Af 42, 6 **b)** *m. vorheriger Negation* ne .. ~ *'nur':* ne soyle, ~ swa he wille *nicht anders als wie* = *nur wie* Af Rb El 49, 6; næbbe ~ anfeald *nur ein einziges* Af El 36; ne myntige ~ on port II As 14; nan buton cyng *nur der König* III Atr 8, 1. 11; ne ~ be healfan *nur halb* Duns 5; ne geþeo ~ to healfre Norđleod 7, 1; nan ođer ~ Ine 75. I Atr 1, 6. 2, 1. Duns 2, 1 (~ bute) **c)** *hinter verneintem Comparativ 'als':* na mare ~ *nicht mehr als* II Cn 70; na ma .. ~ Northu 61; nan sođre nat bute swa Swer 4

III) *cj m op: 'es sei denn dass, ausser wenn, wenn nicht'* **a)** *ohne vorherige Negation* Af 19, 3. Ine 36, 1. EGu 11. I Ew 2, 1. I Em 6. IV Eg 8. I Atr 1, 2. I Cn 26, 1. Wif 4. Rect 5, 5 **b)** *nach Negation* Hl 10. Wi 7. Af 2. 5. Ine 74, 2. AGu 5 B 2. II As 18. V Pro 3. I Em 4. Hu 4. 4, 1. Duns 2, 1. — *Irrig vermutet in* butu *s. 2 Z. weiter. Der.:* onb~

butu *beide* **1)** *nt:* Abt 47. Af 44; sine, *also als* buton *missverstehend, übs* In Cn **1a)** *Mann und Frau:* butwu Wi 12; buta Northu 65 **2)** *fm:* ~ Abt 37 **3)** *masc:* buta Af 36, 2 B; ~ Ld; bu EH. [*Vgl.* begen, bu]

by *s.* be

bycgan; *pl* 3: ~ađ II As 24 Ld | *op* 3: bycge Ine 31 HB (geb-E). II As 24. I Atr 3. II Cn 8, 1 B (geb-*übr.*). 24 AB; bycgge II As 24 Ot; byccge Ine Rb 31; bicge III Eg 8, 3 ADG 2. III Atr 3, 3. 8, 2; bigce II Cn 24; geb-Ld; bigcge IV Eg 6; bicgcge C | *ipa:* bigge ECf 12, 6; *Var.* bige, begge, bugge, buge | *ptt* 3: bohte Af El 12. Af 21. IV Eg 9 ff. | *pc:* geboht *s.* gebycgan. — **1)** *kaufen; ohne Obj.* I Atr 3 | nan þing II Cn 24; wulle III Eg 8, 3; *Vieh* II As 24. IV Eg 9 ff.; *Sklavin* Af El 12; *Frau* [*zur Ehe*] Ine 31 HB; *sich* (= him) *Rechtsschutz* III Atr 3, 3. 8, 2 | *m gn:* hames *Heimstelle* Af 21 **2)** *freikaufen, auslösen* (*verwirktes Körperglied*) II Cn 8, 1 B; gebycgan *übr.* — *Irrig für* began *besorgen* Ger 12; *irrig* brohte *statt* bohte *s.* bringan. *Der.:* ab~, ætb~, beb~, geb~, unaboht, ungeboht

by[c]gen; *dt:* Be leodan bygene *Vom Verkaufen eines Landsmannes* Ine 11 Insc B (leodb-11 Rb Ld) *über* landb- *übergeschr.* — *Der.:* gebedbigen

bydel; *dt:* ~le Rect 18 | *pl:* ~las I Cn 26 · II 84, 4. Griđ 19, 1 | *ac:* ~las IV Eg 1, 2 **1)** *Büttel* (*eines Gutes*) IV Eg 1, 2. Rect 18 **2)** *Gottes Herolde* (*Bischöfe*) I Cn 26 = (Griđ 19, 1). II 84, 4. — *Lat.* bedellus Rect 18 Q

[-byden] *Der.:* beorb~

b[y]lge; *ac:* bige wiđ heora mid æhtum *Handel mit ihnen in Waren* AGu 5

[-byl(i)g] *s.* æbylgđ

byndelle *das Binden, Fesseln; dt* ~lan Af Rb 35; ~elan So; bindelan Ld *aus* Af 35 B

byon *s.* beon

[-byrd] *Der.:* mundb~

[-byrd-] *s.* geandbyrdan, endebyrdnes

byrden *s.* byrđen **byrele** *s.* bir~

byr[es] *Bohrer* [*Werkzeug*]; *ac:* byrse Ger 15

byrga *Bürge; gn:* byrigan Hl 9 | *dt:* byrgean Af 18, 1; 2; 3. Ine 31; birgean Af 18, 1 So | *ac:* byrgean Ine 22; -gan H; bergan Bu; byrigean Hl 8; byrigan 10; berigean 6. — **1)** *Bürge für Hintersassen* Ine 22; *für Urteilserfüllung* Hl 8 ff.; *Verlobungsbürge* Af 18, 1; 2; 3; Ine 31 **2)** *Vormund, Vermögensverwalter* Hl 6. — *Ersetzt durch* borg [*Bürge*] Ine 22 B Ld. 31 B. *Nicht* [*mehr?*] *verstanden und ersetzt durch* þe hit (to) gebyrie (~ige, ~ian) *in* HB: Af 18, 1; 2; 3

byrgelse, *dt, Grab* Ine 53; byrgenne HB

byrgenne, *dt, Grab* Ine 53 HB (byrgelse E). Iud Dei IV 3, 3, *monumento glossirend*

-byrht *s.* -beorht

þærto **byrie,** *op* 3, *dazu gehöre* II Cn 71a B; gebyrie *übr.*

byrig *s.* beri, burg

[-byrigan] *Der.:* onb

I) byrne *Panzer; ac:* byrnan Ine 54, 1. II Cn 71, 1 [*anakol. st. no*]. Norđleod 10; birnan II Cn 71, 1 A; ~ Ld | *pl:* byrnan 71a

II) byrne *s.* bryne **byrse** *s.* byres

byrst *s.* berstan **byrđ** *s.* beran

byrđenn *Bürde, Last; dt:* lade on byrdene *Ladung als Tragelast* Northu 55 [*vgl. in Erzbischof Thomas'* I. (1070—1100) *Rechten zu York:* coupfare to Everwyc mid horsum ođđe wegnon, *im franz. Texte* a cheval u a pee; *ed.* Archiv neu. Sprach. 1904 *S.* 6] | *ac:* ~nne Af El 49, 5; ~ đđ Ld; ~ene G H So. VI Atr 52. II Cn 68, 1a

bysen *Beispiel, Vorlage, Muster; dt:* ~ne IV Eg 1, 8; *instr. Sinnes* bisne I Em 1 | *pl dt:* bisnum I Cn Insc D; niman us to bisnan [*für collect. sg.?*] VIII Atr 43

[-bysig] *Der.:* tihtb~

bysmer *s.* bismer

bysnian *durch Beispiel zur Nacheiferung darlegen, empfehlen* I Cn 26

byst *s.* beon **bysting** *s.* biesting

bytel, *ac, Stössel* [*Gerät*] Ger 15

bytlian *bauen, Baudienst leisten* Rect 2. Ger 9

byttfyllinge, *dt, Büttenfüllen* VI As 8, 1

C.

c, *geschrieben* k: *s. d.*

c 1) *geschwunden: s.* burggeþyncđ, ciricsceatt, eac **2)** *abweichend für* cc: *s.* liccetere **3)** *für* cg: *s.* brycgbot **4)** *für* g: *s.* scincræftiga; *vgl.* no **5)** *für* h: *s.* ct **6)** *für* s: *s.* onsecgan **7)** *für* sc: *s.* Englisc **8)** *verschrieben für* t: *s.* stelan, strudung, tieman, wæpengetæc, witan **9)** *dafür abweichend* cc, cg, ch, e, g, gc, s, sc, sch, t: *s. unter diesen*

L c 1) *für* cc: *s.* aoubare, praeoccupatio 2) *für* ch: *s.* macinatio, monacus 3) *für* s: *s.* cella, conciliatio, concilium 4) *ersetzt durch* cc: *s. d.*

F c *ersetzt durch* s, ss, z: *s. d.*

F **ça** 'n *erere bisher, (schon) früher* Leis Wl 14 I; ~ en ariere 15,3; en ar- *ohne* ça I

L **caballinus** *tragbar für Pferde* IV Atr 2, 10 Q

L **cacepollus** *Steuerbüttel* IV Atr 3, 3 Q

L **cadere** 1) in jus et possessionem *in rechtlichen Besitz fallen* Hu 2, 1 Cons 2) (*Reinigung*) *misslingt* In: II Cn 8, 2. 32, 1, berstan *übsnd* 3) (*Wergeld*) *fällt aus* Duns 5 Q, ætfeallan *übsnd*

L **Cadumum** *Caen* Quadr Arg 20

L **Cadvalladrius** rex Britanniae Lond ECf 32 C 3; *Var.* Cadwaladrus

cæge *Schlüssel;* heddernes ~ II Cn 76, 1a B; cystec~ *ebd.* | *pl* [*gn oder sg?*]: cægean *ebd.* G; cægan B; cægen A

cægloca *Verschluss; dt:* ~can II Cn 76, 1a | *pl dt:* ~cum A

cænnan *s.* cennan

Cænred *s.* Cen~ **Cænt** *s. Cent*

cærcern *s.* car~

L **C[a]esar** 1) *röm. Kaiser* Lond ECf 11, 1 B 1; 3 2) ~ *heisst Heinrich I.* Quadr Arg 16. II Praef 14 = Hn Pro 1

L **caetus** *für cetus Haifisch* Iud Dei XIV 3 [*vgl. Matth.* 12, 14]

Cain Excom IV 2

L **calcabilis** *betretbar* Iud Dei I 21

L **caldaria** [*Ordal-*]*Kessel* Iud Dei XII 5. 21. 22

Cald- *s.* Chald-

L **calefacere** *erhitzt werden*, hætan *übsnd,* Ordal 1, 1 b Q, *Var. zu* calefieri

calice, *dt, Kelch* Northu 15

L **calidatus** *durch Feuer erhitzt* Iud Dei IX 3 b

L **calumnia** 1) *Klageanspruch, gerichtliche Klage* I Cn 5, 1a In; ~mpnia IV Eg 8, 1 L. Hu 6 Cons. I Cn 5 Cons. Hn 14, 5. 23, 1. 59, 9a. 87, 2c; callumpnia Wl art Lond *retr* 16 2) *Urteilschelte* Hn 33, 2a

L **calumniare** 1) *verklagen* Ine 14 In Cn, betihtlian *übsnd;* ~umpn~ Hu 6, 1 Cons (teon *übsnd*). In: II Cn 20a. 31, 1. ECf 38, 2 2) *einklagen* Wl art 8a; quod ~atum est dicitur ceapgeld 8, 3 3) ~ans *Geschädigter* In Cn III 3 f.; ~mpn- *Kläger* Leis Wl L 3, 3; 4 4) ~atus *übel beleumundet, bescholten*, *setzt für* tihtbysig In Cn: Af 31, 1. II Cn 22

L **calu[mn]iator** *Kläger;* ~mpn- Leis Wl L 21, 3. 27. ECf 22, 3; callumpniator II Cn 25, 1 Cons

L **calu[mn]iosus** *übel beleumundet, bescholten;* ~mpn- Cons: II Cn 22. 30, tihtbysig *übsnd*

camb, *ac, Kamm* Ger 17. — *Der.:* horsc~, wullc~

L **cambiare** *tauschen* (*beim Handel*) I Atr Insc Q. 3 Q [*vgl.* cambire]

L **cambiator** *Geldwechsler* Hn mon Pro[1]

L **cambire** 1) *tauschen* (*Vieh*) II As 10 Q 2) *umwechseln, schadhafte Denare zu vollwertigen umschmelzen* Hn mon 4

L **cambitio** 1) *Umtausch* Hn 20, 2 2) *Umgetauschtes* II As 10 Q

L **Cambria** *Wales* Lond ECf 32 C 3

L **camera** 1) *Haus, Hof* Leis Wl 15 L, chambre *übsnd;* violatio ~ae [*für* husbryce] *ebd.* 2) *Kammerschatz, Krongut* Lond ECf 32 E 3

L **camerarius** *Kämmerer* ECf 21; Hubertus ~ regis Hn Lond Test

L **campale** bellum *Feldschlacht* Hn 10, 1. 13, 12. 43, 7

L **campestris** *ländlich;* capella ~, feldcirice *übsnd* Hn 79, 6; villa ~ *Dorf* Leis Wl 45 L, vile *übsnd*

L **campus**; in ~um artum intrare [*fz.* champ estroit (clos)] *in die Schranken zum Zweikampf eintreten* Iud Dei X 21, 1

L **camus** *s.* cha~

can *s.* cunnan

L **cancellarius** *Kanzler* [*Heinrich's I.*] 1) Willelmus Hn mon Test 2) Ranulfus Hn com Test

þeos **candela** [*spät neben ält.* candel] *diese Kerze* Excom VII 23

L **Candelarum** festum [Mariæ] *Kandel-, Lichtmess, Mariae Reinigung* Q: I Cn 12. Rect 4a

Candelmæsse *Lichtmess; dt:* ~san VIII Atr 12, 1; ~se! Rect 4a

candelstafas, *pl ac, Leuchter* Ger 17

L **caninus** dens '*Eck* (*Augen-, Stoss-*) *zahn' setzen* Q [= Hn 93, 7] *und* In *irrig für* wangtoð *Backenzahn* Af 49, 1

L **canis** de *Grecia*, *falsch* greihund (greahund) *erklärend, Interpol. zu* II Cn 80, 1b Q, *S.* 367*

cann *Reinigung, Reinigungseid; gn:* canne Wi 21, 1 | *dt:* canne Hl 16, 3. Wi 17

canon *Kanon, Kirchenrecht* EGu 3 | *dt:* ~ne I Em 1

L **canonum** sanctorum precepta *Kirchenrecht, im Ggs. zu dem vor* 1066 *in England geltenden staatlichen Recht,* Wl ep 1

canonicas, *pl, Stiftsgeistliche, Kanoniker* V Atr 7 (*verbessert aus* canonas G 2) = VI 4. 2, 2 = I Cn 6a

L **canonicatus** ecclesia *Stiftskirche, Chorherrnkirche* I Cn 3, 2 In Cb

L **canonicus** *Kanoniker* VI Atr L 3, 1. 4; *Domherr* Quadr II Rb 18. II 8, 1

Cantescyr *s.* Centescir

L **Cantia** *Kent; adj* -ius, *s.* Cent

L **Cantuaria** *Canterbury* [*Stadt*] Ine 76, 3 Q[**]. II As 14, 2 Q ‖ Christes cyrican (*d. i. die Kathedrale* Ecclesia Christi) Grið 8; *daraus* lex Cantia In Cn III 56 ‖ Sanctus Augustinus extra ~riam *Benedictiner-Abtei Saint Austin's bei Canterbury* III Eg 8, 3 Q[r]. Hn com Prot*; *dort Grab Augustin's* ECf 8, 3*. [*Vgl.* Cantwarabyrig]

L **Cantuariensis** archiepiscopus *Erzbischof der Provinz Canterbury* Wl Edmr 2, 2, *S.* 520. Hn Lond Prot

L **Cantuarius** *Kenter* Erc. Quadr II 4

Cantwara, *pl gn, Kenter* Hl Insc. Pro. 8. 16. Wi Insc. Pro. Pro 3. Grið 6;

Cantwarabyrig, *dt, Canterbury* II As 14, 2

L **Canutus** *s.* Cnut

L **capella** *Kapelle ohne Pfarrsprengel* Leis Wl 1, 1 L, chapele *übsnd;* campestris *Landkirche ohne Friedhof* Hn 79, 6, feldcirice *übsnd*

L **capellanus** regis *Königs-Kleriker* Af 38, 2 In Cn, cyninges preost *übsnd*

L **capitale**, *zumeist* capt~, *wofür* ~ *spätere, classicist. Var.* **A**) *Übs. in* Q *für* **a**) [*Gleichklang zu Liebe?*] ceap *α*) *Vieh* Ine 40. 46. 75; *Kaufgegenstand* 53, 1. EGu 7 *β*) *eingeklagter Sachwert* 49, 1 *γ*) *Preis* 74, 1; *Fahrhabe* [*Futter mitumfassend*] 60; *daher* vivum ~ *für* ceap *Vieh* 56, *im Ggs. zu toter Fahrhabe* **b**) ceapgild *eingeklagter Sachwert* II As 3. 19. 21. VI 1, 1. 6, 1. I Atr 1, 7. II Cn 25, 1. 30, 6; ceapgild *lag vor für* III Em 6, 2 **c**) vivente captali *Lebgut, Viehwert für* cwicæhtum Af 18, 1 **d**) primum captale *Hauptgut, Stammsitz für* frumstol Ine 38 **e**) invenietur reus in captali *für* sie gefongen (*handhaft*) 18 **B**) *in* Hn: **a**) [*s. o.* A a *α. γ*] *Fahrhabestück* 29, 2a; dominica captalia regis 13, 5 [*Edelmetall mitumfassend*] **b**) *eingeklagter Sachwert* [*s. o.* A a *β*] Hn 59, 25a. 64, 7. [*Vgl.* catallum]

[L]**capitalis 1**) census ~ *Ersatzgeld*, ceapgield *übsnd*, Cons Cn: II 25, 1. 30, 6 **2**) *hauptsächlich, führend, höchst* Lond ECf 32 B | *substirt: Führer, Leiter* 20, 3

[capitol], *geschr.* k', *Einzelcapitel* (*Artikel*) *eines Gesetzes* VI Atr 1 ff.

[L]**capitulum 1**) *Gesetzartikel* Af El 49, 8 Q; *Rechtsbuchabschnitt* Hn 8, 6 **2**) *kirchl. Convents-Capitel* ECf 2, 8

[L]**cappa** *Nackenmantel* Iud Dei X 17

[L]**caprinus** caseus *Ziegenkäse* Iud Dei XIV 1, 1

[L]**capritum** *Zicklein* Rect 15 Q, ticcen *übsnd* [*vgl. Lex Sal.* 5, 1]

[L]**captale** *s.* capitale

[L]**captio 1**) violenta *gewaltsame Wegnahme* Ine 10 Q, niednæme *übsnd* **2**) *Zwangspfand* II Cn 19 Cons, nam *übsnd* **3**) *Kerkerhaft* II Cn 35 In, hengen *übsnd*

[L]**caput** [*geschr.* capud I Atr 1, 6 Q] **1**) *de capite* placiti *den Prozess von Anfang an* Hn 59, 7 [*vgl.* recapitulare] **2**) dominus, cuius in capite *terra* est *setzt für* landrica (*Immunitätsherr*) *und meint 'obersten Grundherrn unter dem König'* I Cn 8, 2 In; dominus in capite *höchster Vasallitätsherr unter dem König* Hn 75, 3a.

[F]**kar** *denn, nämlich* Leis Wl 21, 5. 23. 37 f.

[L]**carcannum** *Stock* (*Halseisen?*), *Verbrecher zu fesseln* II Cn 35 Q, hengen (*Gefängnis*) *übsnd*

carcern *Kerker, Gefängnis; dt:* ~ne Af 1, 2; 6 (cærc- Ld). EGu 3 Ld. II As 1, 3. 6, 1 (~carne Ld). 7; cwearterne 1, 3 B (*verderbt* cwearcerne Ld) | *ac:* ~ VI As 12, 1; 2; ~ *geänd. aus* carcen EGu 3 H; carcer B. [*Aus* carcer + ærn *volksetymologisch*]

[L]**carisma** *s.* chrisma

[L]**Karolus** *der Grosse* Iud Dei XII 1, 1. 1, 3. ECf *retr* 17. ECf 17, 1; *daraus* Lond ECf 11, 1 A 1

[L]**carruca 1**) *Pflug* In Cn: II Eg 1, 1 I Cn 8, 2; caruca II As 16 Q; elemosina ~arum I Cn 8, 1 Q. In (aratri Cons), sulhælmesse (*Pflugalmosen*) *übersnd* **2**) *bepflügbares Ackerstück, Pflug Landes, Flurmaass* CHn cor 11; sulhæcer, id est carruce acra Rect 9, 1 Q; *übergeschr. über* hida I Cn 12 Q; hid *übsnd* VII Atr 1, 2 Q, *auch* Rb

[L]**carta** *s.* charta

[F]**cartre**, *obl*, *Urkunde* Leis Wl 30 [*wahrscheinlich verderbt*]

[F]**cascun** *jeder; obl:* Leis Wl 11, 2 I; cha~ 5, 1 I; *mit unorgan.* -e chascune Hk | *no:* checuns Wl art Fz 8; chascun Leis Wl 52; chesoun Wl art Fz 4 | *pl obl:* (*distributiv vor Zahlen: 'je'*); chascuns Leis Wl 28; chescon I

[L]**cassatum** *vergeblich, über* forspecen *übergeschr.*, II Cn 27 Q

[L]**castellatio** *Burgenbau* Hn 10, 1. 13, 1

[L]**castellum** *Burg* ECf *retr* 18, 1. Wl art *retr* 6. 11. Hn 80, 1.

[L]**castigare** *dem Übeltäter wehren, ihn strafen*, gesteoran *übsnd*, Q: EGu Pro 2. V As 1; gesteoran *also lag vor für* ~ III As 6

[L]**casula 1**) *Kasel, Priestergewand* Iud Dei XII 2, 1. XVI 1 **2**) *Häuschen kleiner Leute* ECf *retr* 28, 1[2]; causula *Bagatellsache übr.*

[L]**catallum 1**) aveir (*Vieh*) *übsnd* Leis Wl L 17, 1 **2**) chatel *übsnd* **a**) *Wertstück* 37, 2 **b**) *eingeklagter Sachwert* 3, 1 **c**) *Fahrhabe* 17 b; catella 30, 1 **3**) *bewegliches Vermögen* Quadr Rb Hu 2, 1, *S.* 540 | *pl:* catalla Lond ECf 32 A 9 *im Ggs. zu Grundeigen* [*vgl.* capitale]

[L]s. **Katerina** *Catharina* Iud Dei XVI 30, 9. Excom XI, 1

[L]**katerva** *für* ca~ VI Atr 1, 2 L

[L]**cathedralis** ecclesia *Bischofsdom* Leis Wl 1, 1 L, evesqué *übsnd*

[L]**Cathenenses** insulae *Caithness* [*irrig als Inseln*] Lond ECf 33

[L]**causae** regiae [griðbreche, stretbreche, forestel, hamsocne, burhbreche] Hn 35, 2; *im Ggs. zu* ~ communes 35, 1

[L]**causare 1**) ~ vicio *verklagen* I Cn 5 Cons, mid uncræftum belecgan *übersnd* **2**) ~abar *beschwerte mich* Cn 1027, 7; *Var.* dixi

[L]**causator** *Prozesskläger* Hn 49, 1

[L]**causidicus** *rechtsgelehrter Ankläger* Quadr Ded 27

[L]**Cayphas** Excom III 2

-cc 1) *abweichend für* c: *s.* andsæc, (for)micel, (un)ric, socn **2**) *für* cg: *s.* forsecgan **3**) *dafür* c, cch, gc: *s. d.*

L-cc- *für* c: *s.* accriter, paccare, pecculium, pecunia

-ccg *für* cg: *s.* bycgan, secgan

-cch *für* cc: *s.* wiccecræft

[F]**ce** *s.* ceo

ceacan, *pl ac*, *Backen* Af 50

ceace, *dt*, *Kessel* [*zum Heisswasserordal*] Ine Rb 62 G H B Q. Ine 37 H B. 62 H B So; *dafür irrig* ceape E; ceast 62 So. *Irrig übs von* Q *durch* captale [*aus* ceap], *ferner durch* certamen [*verwechselt mit* ceas] *und* fauces [*verwechselt mit* ceace *Backe*] 62

ceafes *s.* ciefes

cealdes, *gn*, *kalten* Iud Dei VII 23 A

cealf, *ac*, *Kalb* Af 16. *Der.:* cuc~

cealfod, *ptt pc*, *gekalbt* Rect 13

[F]**ceals** *s.* cel

ceap Ine 40 [*masc, geändert in nt i. Bed: Vieh* H] | *gn:* ceapes Ine Rb 56. 75. Ine 49, 1. 62. I Ew 1, 4. EGu 7. II As 24, 1. IV Eg 6 | *dt:* ceape Ine 40. 48. 60. 62 E. I As Pro. IV Eg 6, 2. 7 | *ac:* ~ Ine Rb 47. Ine 46. 53, 1. 56 f. 62. 74, 1. 75. II As 12. IV Eg 8. V Atr 3, 1 = VI 10, 1 = II Cn 2, 1 | *instr:* ceapi Abt 77; ceape Hl 16, 2. I Cn 18, 3 (*dafür pl:* ~pum A) | *pl gn:* ~pa IV Eg 6 — **1**) *Handelsgeschäft* (*einschl. Verkauf*) Hl 16, 2. II As 12. IV Eg 6. 6, 2 **2**) *Einkauf* 7. 8 **3**) *Kaufgegenstand, Gekauftes* EGu 7 = II As 24, 1; ceapgild Ld Q **4**) *Preis* Ine 74, 1. I Cn 18, 3; *Brautkaufgeld* Abt 77 **5**) *Geld, Wert* Ine 62; *Gut* V Atr 3, 1 = VI 10, 1 = II Cn 2, 1; *Fahrhabe, einschl. Futter* Ine 60; *eingeklagter Sachwert* 48. 49, 1. I Ew 1, 4; cwic~ *Lebgut, Vieh* I As Pro **6**) *Vieh* Ine 47. 53, 1. 56 f. 75; *collectiv* 40. 42. 46. — *Irrig für* ceac Ine 37. 62 E; captale Q. *Ersetzt durch* ceapgild, ierfe *s. d. Der.:* forc~, lahc~, landc~

ceapgield 1) *Ersatzgeld, eingeklagter Sachwert;* ~gild VI As 6, 4; ~geld Wl art 8, 3; *Var.* chap-, schap-, chep-, -gelt, -geldt; *fz:* chapgield | *gn:* ~ildes VI As 8, 8; *verderbt* þæs ~gyld Ld Q *statt* ceapes II 24, 1 | *dt:* ~ilde II As 21. VI 1, 4 | *ac:* ~ild II As 3 (~gyld B So). 19. VI 6, 4; ~gyld VI 1, 1. Hu 2, 1. III Eg 7, 1 (cep- A) = II Cn 25, 1 B A (~gild G; ~geld In). IV Eg 11. I Atr 1, 7 = II Cn 30, 6 (~gild A) ‖ *lat: zumeist* ~gildum Q [*neben* captale *s. d.; doch erklärt* (per)solutio Q (VI As 8, 8) II Cn 25, 1]; capitalis census Cons; pretium Hu 2, 1 Cons; quod exegit *erklärt* II Cn 30, 6 In; quod calumniatum est Wl art 8, 3 **2**) forstolene orf 7 orfes ceapgyld *'nochmaliger Sachwert neben dem Eingeklagten'* IV Eg 11 [*wenn hier nicht* 7 = *'beziehungsweise, d. i. falls Gestohlenes selbst unterging'*]

ceapian *kaufen* VI As 10 | *op* 3 ~ie Ine 25; ~ige HB. I Ew 1 (~pge B). 1, 1. II As 12 (gec- H). I Atr 3 Ld | *ptt pc:* geceapod Ine 25, 1 **1)** *Handel treiben* (*ohne Obj.*) 25. I Ew 1. 1, 1. II As 12. VI 10. I Atr 3 **2)** *ceap* ~ *Kauf behandeln* II As 12; gec~ H **3)** hit ~ *es einkaufen* Ine 25, 1. — ~ *lag vor für* barganiare III Em 5. IV Atr 5. *Der.:* gec~, ofac~.

ceaping *s.* ceapung

ceapmon *Kaufmann* Ine 25 H; ciep~ E | *dt:* ~men *ebd;* ciepan E; cypmen B | *pl dt:* ~nnum Af 34 So; -man- Ld; ciepem- *übr.* [*Vgl.* ciep(e)-mon]

ceapscip *Handelsschiff, Kauffahrer* II Atr 2 | *pl dt:* ~cypum Ld

ceapstowe, *dt, Marktplatz* Becwæð 3, 1

ceapung *Kauf, Handeltreiben;* ~ping II As 13, 1; ~punge Ld; cieping Ot | *dt:* on ~ge I Ew 1 Ld; *verderbt für* orceapunga Af El 11 H.

cearwund *schwer verwundet* Abt 63 [*bettwund* (?); *Grimm* Kleine Schr. V 319, *nord.* kör *Siechbett vergleichend*]

I) ceas, *ac, Rauferei* Abt 18 | *dt:* cease Af El 18 E; *ceaste* GH; ceast So Ld. — ~ *vermutet irrig in* ceace Ine 62 Q. *Der.:* unceas, unbeceasne

II) ceas *s.* ceosan

[-ceaster] *Der.:* Cissec~, Eaxanc~, Hæstingac~, Hrofec~, Wintanc~

ceastrewarena, *pl. gn, Bürger* [*Bewohner von Städten, im Ggs. zu Dörflern*] Iudex 9, 1

cefes *s.* ciefes

F cel, *pron demonst* **1)** ***subst*** *obl:* celui Wl art Fz 3, 1. Leis Wl 1, 1. 21 I; celi 42; *genet. Sinnes:* 5, 2. 6, 1 | *no:* cil Wl art Fz 8, 1. Leis Wl 4. 5. 12. 17. 18. 47; sil 52, 2[a] || *pl obl:* ceals Wl art Fz 3, 1 | *no:* cil Leis Wl 17, 1. 20, 4 (*S.* 515). 29; ceals 17, 1 I — *jener, derjenige* Wl art Fz 3. 1; Leis Wl 52, 2; *meist mit folg. relat.* ki: *derjenige, welcher* Wl art Fz 8, 1. Leis Wl 2, 4. 3, 4. 5, 2. 17, 1. 21. 29. 44, 2; ki *für* cil ki (*in* Hk) 12 I **2)** ***adj***, **a)** *der, derjenige; obl:* de cel home ki 2, 3 | *no:* cil francs hom ki *ebd.* **b)** *dieser; obl:* en cel tens 1 I | *fm:* cele defense Wl art Fz 10

L celebrare *feierlich abhalten, rechtsförmlich vornehmen* **1)** iudicium Ine Pro Q. Hn 5, 2. 32, 1; placitum 59, 2 **2)** ~ advertendum *häufig betonen, einschärfen* 6, 2 **3)** sibi subditos dilectione ~ans *verknüpfend* Quadr Arg 2

L celebratio [iudicii]? *Urteilsfindung* Hn 33, 2 a

L cella *für* sella *Sattel* II Cn 71, 2 Cons

F cel(u)i *s.* cel **cenegild** *s.* cynegield

cennan *erklären behufs gerichtlicher Verteidigung;* 3: cenð IV Eg 10. II Atr 9, 4 | *op* 3: *cenne* 8. 8, 2; 3 (*cennare* Q). 9, 2; cænne Wi 17. 22. IV Eg 11 C; cynne F | *ptt* 3: *cende* II Atr 9 — **1)** hine ~ *sich reinigen:* in preostes canne Wi 17; an gerefan hand 22 **2)** *zur Verteidigung erklären* **a)** *team Gewährzug* II Atr 9, 4; riht *Richtiges* 9, 2 **b)** ~, þæt *dass* IV Eg 10f.; ~, hwanon *woher, aus welcher Gewähr* II Atr 8. 8, 2 **3)** ~ to *Gewähr schieben zu* 9; ofer *über . . hin* 8, 3. — *Der.:* geo~, geedo~

[-cenned] *Der.:* anc~

cenninga *Gewährzug* Hn 64, 6 a; team *übsnd* Hu 4, 1 Q. — *Der.:* misc~

L Cenomannenses *Bewohner von Maine* Quadr Arg 18

Cenred *Vater Ines, Königs d. Westsachsen; gn:* ~des Ine Pro; Cæn- H; Kerendes Q *Var.* [*Vgl.* Cuonradus]

L censaria *terra zinspflichtiges Landgut* A Gu 2 Q, gafolland *übsnd*

F cense *Grundzins, Bodenabgabe* Leis Wl 20, 4 (*census* annuus L). 29

L censura *Strafanweisung* Af 1, 8 Q; dom *lag wohl vor für* ~ IV Atr 7, 3, *denn regie censure für* cynedomes Norðleod 1 Q

L census **1)** *Geld:* ~ anticipationis Forf 3, 2 Cons, forfang (*Rettungsgebühr*) *übsnd;* ~ capitalis *für* ceapgield (*Ersatzgeld*) Cons: II Cn 25, 1. 30, 6; ~ecclesiae, *ecclesiasticus für* ciricsceat I Cn 10 Q. Cons; ~emenda *für* feos bot (*Münzreform*) II Cn 8 Cons; feoh (*Gut, Habe*) *übsnd* 16 Cons **2)** *Zins,* gafol-*übsnd* Rect 5 Q; *für fz* cense *s. d.*

Cent *Kent* II Cn 62; *Kent* III As Insc Q[1]; Cænt Hl 16, 1 | *lat:* Cantia III As Pro; *Var.* Kanoia; Cancia Hn 76, 7 g || *adj:* lex Cantia In Cn III 56 *aus* Grið 6. [*Vgl.* Centescir, Centland]

F cent *hundert* Leis Wl 1, 1. 2. 5

L centenarium *oder* ~ius *Hundertschaft,* hundred *übsnd* Cons Cn: Hu 2. 3. 5. II Cn 15, 2. 17. 17, 1. 19. 22. 31 a | *no:* ~us Hu Inso Hk; ~rii conventus Hr

L centenarius **1)** *Hundertschaftsvorsteher* Hn 7, 2 **2)** *Richter* super centum friborgos ECf 29; ~ vel centurio *retr*

L centenus Hn 76, 6, hynde *übsnd*

Centescyre, *gn, Grafschaft Kent* III As Pro Q; *Var.* Cant~

Centlanda, *dt, Kent* I Cn 3, 2

L centuria vel hundretum *Hundertschaft* Hn 6, 1 b

L centuriatus *Hundertschaft* Hu 7, 1 Cons

L centurio (*syn.* centenarius) *Richter* super centum friborgos ECf *retr* 29

F ceo, *demonst nt; obl:* ~ Wl art Fz 7. Leis Wl 1, 1. 2, 1. 10, 2. 11. 21, 1 a; ço Wl art Fz 8 a. Leis Wl *stets* I: 2, 1. 10, 2. 37. 38. 46; co 37, 1. 46[17]; coo 21, 1 a I[18]; ce I: 1, 1[20]. 2, 1; 10, 2 | *no:* ~ Leis Wl 1. 2, 4. 11. 14, 1. 15, 1. 21, 5; ço *stets* I: 1. 2, 4. 11, 1. 21, 2. 42, 1; cho 10, 1 I; ce Wl art Fz 8, 3. — *dies, folgendes* Leis Wl 1, 1. 2, 1. 11. 21, 1a. 37. 38 | *meist mit folg. rel.* ke: *das was, was* Wl art Fz 7. 8a. 8, 3. Leis Wl 1, 1. 2, 1. 10, 2. 46 | ~ est *das heisst, nämlich* 1. 10, 1. 14, 1. 15, 1. 42, 1 | après iço que *nachdem* 46; *Var.* après co qui | pur ço *deshalb* 38; per ço I. [*Vgl.* iceo]

ceodan, *ac* [*pl?*], *Beutel* [*oder Körbe?*] Ger 17

ceol *Kiel, höheres Schiff* IV Atr 2, 1

F ceol, *demonst nt, jenes* Wl art Fz 3, 2

ceorfe, *op* 3, *abhaue* II Cn 30, 4; ceorfe . . of BA. — *Der.:* ac~, ofc~, ofac~

ceorl Abt 78. 80. Hl 6. Wi 12. Ine 38. 57. Cn 1027, 12. Northu 60. Geþyncðo 1. 2. Norðleod 10. Grið 21, 2. Hn 76, 7 g; ciorl Ine 38 H | *gn:* ~læs Abt 5; ~les Abt 15. 16. Af Rb 25. Ine Rb 40. 42. Af 25. Ine 40. Norðleod 6. Mirce 1; ciorles Af Rb 31 H. Ine Rb 40 H; cheorlis *Mirce* Insc Q[1] | *dt:* ~le Abt 85. Af 4, 2. 25. 39. A Gu 2. II Cn 53. 73, 2; ciorle Af 39 H || *pl:* ~las Ine 42 | *gn:* ~la Ine Rb 42 Ld Að 1 | *dt:* ~lan Að 1; ~lon O | *ac:* ~las Hl 16 | *lat.* ceorlus Q: Ine Rb 38[30]. 57[76]. Af 25. 40. Ine 57[19]; cirlus Af 25 Q[1] **1)** *Gemeinfreier* Abt 15. Hl 16; *er hält unter sich:* birelan Abt 16, mennen Af 25; *er besitzt:* flet 39, weorðig (*Gehöft*) Ine 40 (*zwar in einem edor, aber keine* burg Af 40), gafolland A Gu 2, *aber nicht unabhängiges* land Northu 60 **2)** *durch* V hida *-Besitz steigt er zum* þegn Geþyncðo 2. Norðleoð 9f. [*vgl.* 5]; *er rangirt unter dem* eorl Abt 15f. Grið 21, 2 ‖ *eorl und* ∼, *vornehm und gemein, bilden das Volk* Af 4, 2. Geþyncðo 1; comes [*falsch*] et villanus Q In [*und sonst oft*]; *dies lag vor für* nobilis et ignobilis Cn 1027, 12 *und* baro et villanus Hu 76, 7g 3) *er steht tiefer als der Stand von* 600 *Schilling Wergeld* Af 10. 40, *gilt das Sechstel eines* twelfhynde *an Eid und Wer* Að 1, *hat also* 200 *Sch. Wer* A Gu 2. Mirce 1. Norðleoð 6 4) *Er steht über dem* læt *s. d.* 5) *Bauer in Dorfgemeinschaft* Ine 40. 42 6) *Ehemann* Abt 78. 80. 85. Hl 6. Wi 12. Ine 38. 57. II Cn 53. 73, 2. — *Für* ceorlisc man (*der Hss.* DH; ceorlman Q) Norðleod 9 Ld. *Ersetzt durch* ceorlman *s. d.; irrig durch* siðcund *s. d. Vgl.* cierliso, eorl, twibynde, vilain, villanus. *Der.:* beoc∼

ceorlæs *s.* ceorlleas

ceorlboren, *adj, gemein geboren* (*Ggs.* þegnboren) Duns 5 | *substirt, synon. mit* ceorlman *Gemeinfreier* Af 39 In Cn; *Var.* cher∼

ceorlisc *s.* cierlisc

ceorl[lea]s; ceorlæs *gattenlos* II Cn 73 Insc B [*im Text älteres* werleas]

ceorlman *Gemeinfreier* In Cn: Af 39, 2; ∼ vel ceorlboren Af 39; *Var.* cher-; ∼ Mirce 1 (*Var.* cherleman; ceorl *übr.*). II Cn 15, 1b *S.* 612 (*Var.* cher-, *synonym* villanus). Norðleod 9 Q (*Var.* cheorleman), *wo* ceorlisc man DH; ceorl Ld

ceose, *op* 3, *wähle* 1) wær *Gatten* Wif 4 2) swa ordal swa að *entweder* O. *oder Eid* I Atr 1, 3 = II Cn 30, 2 3) þæt (*was*) heo wille V Atr 21, 1 = VI 26, 1 = II Cn 73 4) ∼ man að *bezeichne das Gericht den Eid[helferkreis]* II Cn 22, 1 | *pl:* ceose [!] Dene, hwylce steore hy willað *mögen bestimmen, festsetzen.* [*Vgl. ptt pc* gecoren *mit Der.:* ungec∼]

cep(-) *s.* ceap(-)

cepan domboca(*gn*) *beobachten, achten auf* Af El 49, 6 H, ∼ *übergeschr.; fehlt übr.*

F ceper, *obl, Kerkermeister* Leis Wl 3, 1

cer(-) *s.* cierr(-)

Kerendes *s.* Cenred

L certificare *erweisen, sicher stellen* Hn 90, 7

F ces, cez *s.* cest **cese** *s.* ciese

L cessare [*absolut*] *ablassen* [*von Bösem*], *der Rechtsordnung nachgeben* Q: I Ew 2, 1. V As Pro 1, geswican *übsnd; dies also lag vor für* ∼ III 6

F cest, *demonst, dieser* 1) *subst, nt:* cest Wl art Fz 4 | *pl:* [*auf folg. subst. hinweisend*] cez Leis Wl Pro; ces I 2) *adj obl fm:* ceste 2, 3. 47, 2; cest 2, 3 I[11] | *pl obl:* cez 2, 4; ces 2, 4 I. 26

-cg(-) *abweichend* 1) *für* o: *s.* lencten 2) *für* g: *s.* onfong, cyning, hengenwitnung, sengan, tæcing, þing 3) *dafür abweichend* c, cc, ccg, cgc, cgcg, cgg, g, gc: *s. d.*

-cgc- *abweichend für* cg: *s.* lecgan

-cgcg- *für* cg: *s.* bycgan

-cgg- *abweichend für* cg: *s.* be-, gebycgan, secgan, þicgan

-ch- *unorg. zugefügt s.* lahslit

(-)ch- *abweichend* 1) [*meist in lat. Hss.*] *für* c: *s.* -bryce (*in* æw-, borg-, burg-, grið-, hus-, mundbryce, pund-, stretbreche), ceap-, ceorl-, cirio-, Cnut, Crist(en), (un)cuð, cyning, Eorcanweald, folc(isc), folcriht, geascian, hlafordswice, holdlice, micel, Orcades, rice, sacu, soceman, socu, wæpntac, wicce(cræft), wracu [*vgl.* sch] 2) *für* g: *s.* agen, borg-, burgbryce 3) *für* h: *s.* ælmesfeoh, Romfeoh, lahslit, neahgebur, niht, sulhælmesse, nawiht

L ch *ersetzt durch* c, hh, s: *s. d.*

L chacea *regalis umhegter Königswald, Forst im legalen Sinne* Ps Cn for 21, 2. 27, 2. 28 ff.

F chaceur *Jagdpferd; obl:* ∼ Leis Wl 20, 1; chaçur I | *pl obl:* ∼rs 20 ‖ cha(s)cur(us) L

F chalange, *obl, Anklagezustand* Leis Wl 52, 1; rectacio L

L Chaldaicus Iud Dei II 2; Cal∼ V 1, 2

L Chald[a]eus Iud Dei II 2; Cal∼ V 1

F chalenger; 3: chalange Leis Wl 45, 1. 52, 2 | *ptt pc:* ∼gé Wl art Fz 8a. 8, 3 — 1) *beanspruchen, einklagen* Wl art Fz 8a. 8, 3. Leis Wl 45, 1 2) *anklagen* 52, 2. [*Vgl.* calumniare]

F chalengeur *Kläger; obl:* chalan∼ Leis Wl 47, 1 | *pl no:* ∼njurs Leis Wl 27. [*Vgl.* calumniator]

F chambre, *obl, Zimmer, Wohnung, Kammer* Leis Wl 15; camera L

F champestre; *adj obl:* aveir∼ *Feldvieh* Leis Wl 17. 17, 1; ∼ter I

L chamus *Halfter,* chevestre *übsnd* Leis Wl 20, 1 L; ca∼ 20 L

L Chana *Kanaan* Iud Dei IV 3, 3

L Chanutus *s.* Cnut

chap(-) *s.* ceap(-)

F chapele, *obl, Kapelle, Kirche ohne Pfarrei* Leis Wl 1, 1; chappele I[22]; capella L

F charn, *obl, Fleisch* [*des Menschen*] Leis Wl 11, 2

L c[h]arta *Freibrief:* Hn 89, 2; 2a; cartæ transcriptum, *wo also* ∼ = *Freibrief-Original oder nur dessen authentischer Text,* Hn com Prot* | ∼tæ instrumentum *Briefurkunde über Land* Hn 70, 22; ∼ alodii ad eternam hereditatem *Befugnis,* boc, *wodurch Land* bocland *wird, zu erteilen* In Cn III 46 | *Königsurkunde in Abschrift* Wl lad Inso Q[1]. Wl ep *Add; in Original* Wl Lond L 1[b]

F chascun *s.* ca∼

F cha(s)cur *s.* chaceur

F chatel; *obl:* ∼ Wl art Fz 8, 3. Leis Wl 3, 1. 17b I. 21, 1a. 27. 45, 1. 47, 1 | *no:* ∼ Wl art Fz 3, 1 | *pl obl:* ∼ls Leis Wl 30, 1. 37, 2; 3 — 1) *Vermögen, Besitz* Wl art Fz 3, 1 (8, 3), substantia (res *pl*) *übsnd; Fahrhabe* Leis Wl 17b 30, 1 2) *Wertstück* 21, 1a. 27. 37, 2; 3 3) *Sachwert des Eingeklagten* 3, 1. 45, 1, agen *übsnd;* 47, 1, ceapgield *übsnd. Zumeist* catallum *übs* Leis Wl L, *doch* res 21, 1a. 27. 45, 1. 47, 1

F chaut *heiss* Wl art Fz 6

checun *s.* cascun

F chemins, *pl obl, Strassen* Leis Wl 26

L cheminus *Strasse* [= via regalis] ECf 12[18]. 12, 1[14]. 12, 7[10]. 12, 8[18]. 12, 9[22]. *retr* 12. 13; chim∼ ECf 12, 1; 7; 8; 9; 10; 11; 13. *retr* 12[7]

cheorl(-) *s.* ceorl(-)

chep(-) *s.* ceap(-)

F cher *teuer* [*Rechnung*] Leis Wl 10a; chier I

cherc- *s.* cirio-

L Cherrela *Karelien* Lond ECf 32 E

Cherubim [*aus Daniel*] Iud Dei V 2. XIII 12, 2; ∼in I 21, 6. VII 23, 1 A. XIII 13, 2. Excom VI 1, 2. VIII 1

F chesc(-) *s.* cascun

F cheval *Pferd, Ross; obl.:* ∼ Leis Wl 9, 1. 20, 2; 2a; 3; chival *stets* I | *pl obl:* ∼ls 5. 20. 20, 1; chivals 20, I; chivalz I: 5. 20[3]. 20, 1; *Var.* chivales

F chevestres, *pl obl, Halfter* Leis Wl 20. 20, 1. [*Vgl.* chamus]

F chier *s.* cher

L Childericus [*letzter Merovinger*] ECf *retr* 17, 1[9]

L **Chiltre** *Chiltern-Hills* Hu Lond 15; *Var.* Chyltre, Siltre

L **chiminus** *s.* chem~

chirchschot *s.* ciricscot

L **c[h]irotheca** *Handschuh Rect* 10 Q, glofung *übsnd; -teca* IV Atr 2, 10

F **chival** *s.* cheval

L **c[h]lamys**; sub clamide *verhüllt, nur zum Schein* Quadr II 17

L **Chnutus** *s.* Cnut F **cho** *s.* ceo

F **chose** *Sache; obl:* ~ Leis Wl 6, 1 (jose I). 14, 3. 24 | *no:* ~ Wl art Fz 5; jose Leis Wl 38 | *pl no:* ~es 37, 2 | *obl:* ~es 37; *Var.* ~ez. — **1)** *Ursache:* ne pur altre ~, si pur . . nun *nur aus dém Grunde, um* 14, 3 **2)** *Streitsache, Prozess* 38 **3)** ~que *etwas das* 24; aliquid L **4)** *Gegenstand, Wertstück* 6, 1. 37. 37, 2. Wl art 5

c[h]risma *Salböl;* crisma EGu 3, 2 Q; *Var.* car~, *auch* Rb *S.* 540

L **c[h]rismarium** *Chrisma-Büchse;* cris~ Iud Dei XII 2, 1

Christ *s.* Crist

L **Christeleison** *Christus, erbarme dich* Iud Dei XVI 30, 1. 17. Duel 1, 8

L **Christianitas 1)** *Christenheit (-ngemeinde)* VII Atr 5 Q **2)** *Christentum, -nglaube, -npflicht,* cristendom *übsnd* Q: EGu 2. I Em 2. II Pro; *auch* Cons: I Cn 1. 19. 21 **3)** *Kirchengericht* Hn 11, 1 | *weltliche Gerechtsame kirchlichen (bischöflichen) Gerichts* Hn 7, 3. 21

L **Christicola** *Christ* VI Atr Pro 1 L

F **Christien,** *obl, Christ* Leis Wl 41

F **Christienté** *Christentum* Wl art Fz 1, fides Christi *übsnd*

L **Christus 1)** = Agnus Dei Iud Dei XVI 30, 17 **2)** *Kirchenkasse, Bistumsvermögen* Hn 11, 1a

-chs *für* -sc: *s.* geascian

L **Churingi** *s.* Th~

chyric(-) *s.* cir~

L **-ci** *für* -ti, *vor Vocal, in England nach* 1066 *überall häufig, s.* iusticia; *ersetzt durch* -ti: *s. d.*

L **Cicero** Quadr Ded 36

L **Cicestria** *s.* Cisseceaster

[-cidan] *Der.:* gec~

ci[e]fes *Kebsweib; ac:* cifese II Cn 54, 1; cefese B; ceafese A

ci[e]gan *(Gottes Namen) anrufen,* assumere *übsnd;* 2: cigst Af El 2; cygest So; gecygst H | *ipa:* cig *ebd.* — *Der.:* gec~

ciepan, *dt, Kaufmanne* Ine 25, 1; ceapmen H; cypmen B

cieping *Handelsgeschäft* II As 13, 1 Ot; ceap~ *übr.* [*Alles folg. verbietet Sonntagsgeschäft*] cyp~ 24, 1. VI 10 | *ac:* cypinge EGu 7 (cypunge Ld). Cn 1020, 18; ~ngce I Cn 15 [*aus* VI Atr 22, 1] = ~gc Northu 55 | *pl gn:* cypinga V Atr 13, 1 (cip- D) = VI 22, 1 = 44 | *ac:* ~ga VIII 17

ciepemon *Kaufmann* Ine 25; ceapmon H; cepeman B | *dt:* cypmen 25, 1 B; ceapmen H | *ac:* cepeman Hl 15 ‖ *pl gn:* ~nna Ine Rb 25; cyp- H; cypmanna G Ld | *dt:* ~nnum Af Rb 34. Af 34; cyp- B; cypemannum Af Rb 34 G; ciepm- So; cypmannum H Ld; Af 34 B. — *Für* ciepa Ine 25, 1 B. *Ersetzt durch* ceapman *s. d.*

cierlisc *gemeinfrei, vom Ceorlstand* Ine Rb 30 (cyr~ G; cyrlis B). Ine 18 (cir~ Bu; cior~ H; cyr~ B); cyr~ Northu 53; ceor~ Wi 5, 1. 21. Norðleod 9; *ceorl* Ld | *schwach:* se cirlisca mon Ine 37; cior- H; ceorlisce B | *gn:* ~ces Af Rb 35 (cyr- Ot G). 39 (cyr- G). Ine Rb 37 H (cir- E; cyr- G; ceor- B). 57 (cyr- G B; cir- H). Af 39 (cior- H) | *dt:* ~cum 10 (cyr- H; *coor-* B). Ine 54 (ceor- B). Ine Rb 18 H (cir- E; cyr- G; *pl* ceorliscum B); cyrliscum Wer 7 | *ac:* ~cne Af 35 (ceor- B). Ine 30 (cyr- B) ‖ *pl:* ge eorlisce ge ceorlisce *vornehme wie gemeine* VI As Pro | *gn:* ceorliscra Að 1 Ld; ceorla *übr.* | *dt:* ceorliscum Ine 18 B | *fm sg gn:* ~cre Af Rb 11 H (cir- E; *ciril-* Ot; cyr- G); cirliscre Af 11; cyr- H; ceorliscne! B | *praed fm no:* hio sie ~ 18, 1 H; cir~ E; cyr~ So; ceor~ B | *pl ac:* gilde man cirlisce Norðleod 12; cyr- H. | Q *hat* cyrliscus, cirliscus (= Hn 76, 6. 82, 9), *mit späteren Var.* scir-, scyr-, schir-, *und übs:* villanus Af Rb 35. Hn 76, 6 | ~man *steht tiefer als* gesið Wi 5, 1. Ine 18, *als* eorlisc VI As Pro, *als* sixhynde Af 10. 39 (~ að *gilt* $^1/_6$ *vom* twelfhynde-að Að 1), *als* landagend *(echter Grundeigner)* Northu 53; *er steigt durch* 5 hida-*Besitz zum* þegn Norðleod 9. — *Irrig für* Wi[e]lisc Ine Rb 32 Ld; cyrliscus *für* siðcundus 51 Q[11] | ~man Ine Rb *ersetzt durch* ceorl, ceorlman *s. d.*

ci[e]rr *Zeitpunkt, Gelegenheit, Mal; stets dt:* cyrre Ine 37 H. I Ew 2, 1. II 1, 3. Hu 3. 3, 1. II Eg 4, 3. I Atr 1, 5; 6. 2, 1. II Cn 19, 1. 24, 2. 32; *cirre* II As 25, 2; *cerre* 23. II Cn 24, 2 A. 30, 4 A; oyre 19, 1 A; *cere* 30, 3 b A; cyrran I Atr 2 B. II Cn 32, 1 B. — æt [þam] forman ~re *beim ersten Male* II Ew 1, 3. I Atr 1, 5. 2. II Cn 30, 3 b. 32; æt [þam] oðrum ~re *beim zweiten Male* I Ew 2, 1. II As 25, 2. I Atr 1, 6. 2, 1. II 30, 4. 32, 1; æt þam æftran ~re *beim zweiten Male* Hu 3; æt [þam] þriddan ~re *beim dritten Male* I Ew 2, 1. II As 25, 2. II Eg 4, 3. II Cn 19, 1; æt þam feorðan ~re *beim vierten Male* Hu 3, 1. II Cn 24, 2; *zu* æt siðestan *beim letzten Male* Ine 37 *fügt* ~re *hinzu* H. — *Ersetzt durch* sið *s. d. Der.:* frumc~

ci[e]rran; *cirran* to *umkehren, sich bekehren zu* II As 26, 1; cyrran II Ew 1, 1. — *Der.:* ac~, forc~, gec~

cies- *s.* cys-

c[i]ese *Käse; ac:* cyse Ger 41 | *pl gn:* cyse! *Rect* 16 | *ac:* cysas Ine 70, 1 H So Ld; *cesas* E

ciet-, cif-, cig-, *s.* cyt-, cief-, cieg-

F **cil** *s.* cel

cild Ine 2. II Cn 76, 2. Northu 10. 10, 1; cyld Ine 2 H. Wl Lond 3 | *gn:* ~*des* Ine Rb 26. Ine 26; cyldes H B | *dt:* ~de Af 9 B | *ac:* ~ Wif 4 | *pl:* ~ II Cn 72 | *dt:* ~*dum* Ine Rb 2. II Cn 70, 1. — **1)** *Kind* Ine 2. 26. II Cn 70, 1. 72. 76, 2. Northu 10. 10, 1; wif .7 þa cild II Cn 72 **2)** *Nachkommenschaft, ein oder mehrere Kinder,* Wif 4. Wl Lond 3; *dagegen* **3)** mid cilde *schwanger* Af 9 B Insc, *wo Text* mid bearne *hat.* — *Der.:* steopc~

cildfestran, *ac, Kinderamme* Ine 63; ~fostran So Ld

Cilicia *Cilicien* Af El 49, 2; ~itia Q

cimbiren, *ac, Kimmeisen* Ger 15

L **ciminum** *für* cum~ *Kümmel* Lib Lond 8, 2

L **cimiterium** *für* coem~ *Kirchhof* ECf 14

cinban *Kinn(bein)* Af 50, 1, *auch* In Cn | *ac:* ~ Abt 50

F **cinc** *fünf* Wl art Fz 3, 1

cine(-), cin(in)g *s.* cyn(-)

Cingestune, *dt, Kingston upon Thames* Sacr cor Pro

ciorl(-) *s.* ceorl(-)

cip, *ac, Webebaum* Ger 15, 1

ciping *s.* ciep~

kirch- *s.* cirio-

L **circinnium** *Rundgang der Aufsichtsbeamten* Quadr Arg 22

L **circuitus** *Nachbarkreis, Umgebung* Cn 1027, 14

[L]**circularium** *Halsband* Hu 8 Cons Cn, hoppe *übsnd*

[L]**circumire** *sich herumtreiben mit, verkehren mit* I Cn 7, 2 Q, begangan *übsnd*

[L]**circumvagari** *umherschweben* [*Engel*] I Cn 4, 2 Cons, abutan hwearfian *übsnd*

[L]**circumvenire** 1) [*mit Fehde*] *überziehen* Af 42, 1 Q, beridan *übsnd* 2) regem ~ *des Königs Leben nachstellen* VI Atr 37 L, sierwan *übsnd*

Cirecestre *Cirencester; irrige Var. zu* Cicestria II As 14, 2 Q

ciricanmannes, *gn, Kirchenmannes, Klerikers* Wi 24

ciricbote, *dt, Kirchenausbesserung, Kirchen*[*bau*]*herstellung* VIII Atr 6; cyr~ VI 51. II Cn 65, 1 (*verbessert aus* cric~ A); chyricbota Quadr Rb *S.* 538

ciricbryce, *dt, Einbruch in Kirchen* II As 5

c[i]ricd[u]ru *Kirchentür; pl dt:* binnan cyricderum *in der Vorhalle* Grið 13, 2

cirice *Kirche* Wi 1. Af 5, 1; cyr~ Sacr cor 1, 1. V Atr 10, 1. VI 13. I Cn 2, 1. Grið 30. 31; *circe* Af 5, 1 H | *gn:* ~ean Abt 1. Wi Pro 2. 2. 3; ~oan Wi 21, 1. Af Rb 6. Af 5. 5, 1; 2; cyricean I Cn 3a. Ordal 4; cyrican Grið 8; circan VIII Atr 4, 1. Northu 19 | *dt:* ~ean Ordal 1; ~can Af 5. VIIa Atr 2, 3; cyricean I Cn 2, 5. Iud Dei VII 13 A; cyrican I Cn 3a. 11. Grið 9. 26; circan VIIa Atr 2. VIII 3. 4, 1. Northu 2, 2. 22. Had 1; cyrcean Grið 10; cyrcan Iud Dei VIII 1. Grið 26 f. | *ac:* ~can Af 5, 4. Ine 5. 5, 1. Northu 2. 21. Geþyncðo 2 H. Had 1, 1; ~ca! Iud Dei V 2, 2; cyrican IV As 6, 1. II Em 2. II Eg 2. V Atr 10, 2. VI 15. I Cn 11. 11, 1. Grið 26; circan II Eg 2 D. Northu 25 ‖ *pl:* cyricean I Cn 3, 1; cyrican II Eg 1; circan I Em 5. VIII Atr 1; cyrcan 5 | *gn:* cyricena Af Rb 2. 5. 6 G (*sg.* E Ot). I Em 5 Rb Ld; circena Af Rb 2. 5; ~cene Af 5 B | *dt:* ~cum 1, 7. 33; cyrcan Grið 25 | *ac:* ~cean I As 4. Iud Dei VI 1; ~can I As 4; cyrican VI Atr 42, 3. I Cn 2; cyrcan Cn 1020, 19. — 1) *Christenheit, katholische Gesamtkirche* Wi 3. Af 1, 7. Iud Dei V 2, 2. Had 1, 1 = Grið 30 2) *Eines (oder 'des Engl.') Staats Nationalkirche* Abt 1. Wi Pro 2. 1 f. 21, 1. Sacr cor 1, 1 3) *Institut Einer Kirche, juristische Person Eines Sprengels oder Stifts* Af 5. 5, 2. I As 4. II Eg 1. V Atr 10, 1 = VI 13 (= I Cn 2, 1). 10, 2 = VI 15. VI 42, 3 (= I Cn 2). VIIa 2, 3. VIII 1. (3. 4, 1. 5 = I Cn 2, 5. 3a. 3, 1). Northu 2. 2, 2. 19. 22. 25. Grið 25. 31 4) *Kirchengebäude, Gotteshaus* Af Rb 2. Af 5, 1. 6. 33. Ine 5. 5, 1. IV As 6, 1. I Em 5. II 2. VIIa Atr 2. Cn 1020, 19. Ordal 4. Iud Dei VI 1. VII 13 A = VIII 1. Had 1. Grið 9 f. 26 f. | *Landgutkirche* Geþyncðo 2 | *mit (ohne) Friedhof* II Eg 2 (2, 1) = I Cn 11 (11, 1); Cristes ~ *Dom zu Canterbury* Grið 8. — *Für* mynster *s.* heafodcyricum. *Der.:* feldc~

ciricfrið; [cyric]frið Nor grið *Z.* 2[1] | *gn:* ~ðes Af 2, 1; cyr- H; ~fryðes Ld | *ac:* ~ Abt 1 1) *'Kirchenfrieden': die Kirche umgebender Sonderschutz* Af 2) *Busse für dessen Verletzung übrige*

c[i]ricgang; *pl:* cyricgangas *Kirchgänge* Nor grið *Z.* 7

ciricgrið I Cn 2, 2; cyr~ E Gu 1. II Eg 5, 3 A. VI Atr 14. Grið 2. 31, 1. Nor grið *Z.* 8 | *dt:* cyricgriðe VIII Atr Insc G | *ac:* ~ 3. 4. I Cn 3. Northu 19; cyr~ I Cn 2, 5; 5. — 1) *Sonderfrieden, Sonderschutz, welcher die Kirche allgemein umfriedet und von ihr ausgeht* II Eg 5, 3. VIII Atr Insc. 4 = I Cn 3 = Northu 19. VIII Atr 1, 1 = I Cn 2, 3. Grið 31, 1 | *der 'Königshand-Sicherheit' gleichgestellt* E Gu 1 = VI Atr 14 = I Cn 2, 2 = Grið 2 2) *Bussenbetrag für Bruch dieses Sonderfriedens* VIII Atr 3 = I Cn 2, 5. Nor grið *Z.* 8 [*vgl.* ~cfrið]

[ciric- (*oder* mynstres) **griðbryce]** *lag vor für* fracta pax *ecclesiae* In Cn III 51

cirichadan, *pl dt,* [*sieben*] *kirchlichen Weihen* Að 2 [*vgl.* ordo]

ciriclic *kirchlich; gn:* ~cæs Wi 4, 1 | *pl gn:* ~cra Had 1 | *dt:* cyriclicum Að 2 Ld ‖ *fm ac:* ~ce Northu 38

ciricmangunge, *ac, Handel mit Kirchen(pfründen)* V Atr 10, 2 D (cyricmag~ G. G 2) = cyr~ VI 15

c[i]ricrenan [*nord.*], *pl dt, Kirchenberaubungen;* cyr~ VI Atr 28, 3

ciricsceatt *Kirchensteuer* Cn 1027, 16; cyr~ II Eg 2, 2. 3. I Cn 11, 2. *Rect* 1, 1 | *dt:* ~te Ine Rb 61 | *ac:* ~at Ine 4. 61. I Em 2. VIII Atr 11. I Cn 10 In; cyr~ VI Atr 18, 1. I Cn 10. *Rect* 2. 3, 4; cyricseat I Cn 10 A; chirchscheat Ine 61 Q[18]; chirchschet Hn 11, 4[8] ‖ *pl:* ~tas Ine 4 (kirks- Q[7]); cyricsceattas IV Eg 1, 3 | *dt:* ~tum Ine Rb 4. 61 H; cyricsceatum G. I Em 2 Rb Ld | *ac:* ~tas I As 4 | *lat.* ~ttum Q *zumeist, Var.* cyr~, ~atum, cyrisc~, scyr~, cherisc~; *auch* Hn 11, 4. — *Ersetzt* 1) *durch* ciricscot *s. d.* 2) [*irrig*] *durch* chercþanc I Cn 10 In[23]

cir[ic]scot *Kirchenschoss* [*für älteres* ciricsceatt]; kirchescot I Cn 10 In[23]; chirchschot Hn 11, 4[8]

ciricsocn 1) *dt:* ~ene *Kirchenbesuch* VIIa Atr 5, 1 2) *pl dt:* ~cnum *Zuflucht zur Kirche* Ine Rb 5; ~socna Q

ciricþen, *ac, Priester, Altardiener* V Atr 10, 2 = cyr~ VI 15, 1

ciricþingc, *pl ac, Kirchensachen, -gegenstände* Northu 27

c[i]ricwæd *Kirchengewand; pl dt:* cyricwædan VI Atr 51

ciricwagum, *pl dt, Kirchenmauern* VIII Atr 1, 1 = I Cn 2, 3; cyr~ Grið 13. Nor grið *Z.* 3

c[i]ricware; *dt:* cyric~, *Kirchen gemeinde* Becwæð 3, 1

kirk- *s. cirio-*

cirl(-) *s.* ceorl, cierl-

cirr- *s.* cierr-

Cisseceastre, *dt, Chichester* II As 14, 2; Cysseceaster Ot Ld | *lat.* Cioestria Q; *irrig* Cirecestre *Var.*

Foist *s. cest*

[F]**citez**, *pl obl, Städte* Wl art Fz 5

[L]**cives** *Bürger* [*als einzelne oder als Gemeinde?*] *im Ggs. zu* ecclesiæ et barones *in* London, *begabt mit exemten Jurisdictionsbezirken* Hn Lond 6; *Gemeinschaft der* Bürgerrecht *Besitzenden* 1; civis *Vollbürger* 2. [*Vgl.* burgenses]

[L]**civilia** placita II Cn 18 In, burggemot (*Stadtgericht*) *übsnd*

[L]**civitas** *Stadt* II As Q 12. 13, 1, port *übsnd* [*vgl.* burg]

clæne *rein; gn:* clænes Northu 62. 63, 1 | *ac:* clænne I Cn 5 ‖ *nt dt:* clænan IV Eg 1, 7 | *nt ac:* ~ A Gu 5; olene Q | ***praed:*** ~ VI As 1, 1. III Atr 7, 1. II Cn 28, 1. 75, 1 (clene Ld) 76, 1. Ordal 5, 2. — 1) *unbefleckt* [*bildlich*]: ~bæc A Gu 5; *Var.* flæsc [*etwa durch Ggs.* forstolen flæsc Ine 17?]; hand *vom Feuerordal erprobt* Ordal 5, 2; leger *ehrlich Grab* Northu 62. 63, 1; (*Erwerb*) *gegen Anfechtung sicher* Swer 7. 9 2) *ehrlich, wahr:* að 6 3) *keusch:* lif IV Eg 1, 7 4) *unschuldig* VI As 1, 1; æt ordale *im (beim)* O. As 7, 1; þæs (*näml.* spræce) *davon*

(*von Klage*) *rein* I Cn 5. II 75, 1. 76, 1 (II 28, 1; *für gn setzt* æt *m dt* B)

clænnesse *Keuschheit; dt:* ~ VI Atr 4; ~nisse I Em 1 Rb Ld | *ac:* ~ healdan I Em 1. V Atr 9, 1 = VI 5, 3 = I Cn 6, 2 a. V Atr 6 = VI 3, 1. Northu 65; ~ lufian VI Atr 5 = I Cn 6, 1. VI *Atr* 41; ~nysse IV Eg 1, 7

clænsian *reinigen* III Atr 7. VIII 40. II Cn 4. 7, 1; ~snian II Atr 9, 2 | 3: clænsnoð 8, 2 | *op* 3: ~sie Wi 18. 19. 20. EGu 11. II Atr 8, 1. 9, 2; ~snige 9, 2; clensie Wi 22; clæsige VI Atr 7[a]. — 1) [*von Missetätern*] *säubern:* þeode EGu 11 = VI Atr 7; *eard* VIII Atr 40 = II Cn 4. 7, 1 2) *gerichtlich als unschuldig erweisen:* hine *sich* Wi 18 ff.; soðe, aðe *durch Eid* 18. 20; hine *ihn* 22; hine mid þam *dadurch* II Atr 9, 2; þæne 8, 2; þeof III 7; *angefochtenen Besitz als rechtlich nachweisen* II 8, 1. 9, 2

clænsung 1) *dt:* Marian ~ge *Reinigung* [*Fest*] I Cn 12 2) *ac:* mynstres clansunge *Reconciliation* (*durch den Bischof*) *einer durch Verbrechen entweihten Kirche* 2, 5 A; my[n]sterclænsunge *übr.*

L**clamare** 1) *klagen, sich beschweren; abs.* ECf 11, 3, *dafür* proc~ *retr*; *mit* quod *'dass'* 39, 1; *als Eigentümer Abhandengekommenes beanspruchen* Leis Wl L: 5. 6, 1. 21, clamer *übsnd;* ~ ad *den Richter klagend anrufen* Hn Lond 11 2) *proclamiren:* illum nescisset expulsum clamatum, gecydne utlage, *als geächtet ausgerufen* II Cn 14 In

F**clamer** Leis Wl 6, 1. 21 | 3: claimed 5; claimid 6, 1 I; *Var.* ~mud; clamed 5 I; claime 44, 2 | *sbj* 3: cleimt 6, 1 — 1) *als Eigentümer Abhandengekommenes beanspruchen* 5. 6, 1. 21 2) se ~ de *sich beklagen vor Gericht über* 44, 2

F**clamif**, *ac, Kläger* Leis Wl 3, 2; clamur I

L**clamis** *s.* chlamys

L**clamium** *gerichtliche Klage* Leis Wl L 3, 2. 21

L**clamor** 1) *Landgeschrei, Gerüfte,* bream *übsnd,* II Cn 29. 48, 2 Q. In. Hn 11, 11b; cri *übsnd,* Leis Wl L 4. 28, 2. 49 2) *gerichtliche Klage* Hn 59, 14. ECf 6 a. 36

F**clamur**, *ac, gerichtl. Kläger* Leis Wl 3, 2 I; clamif Hk

L**clancula** occisio *heimliche Tötung* II Cn 64 Cons, morð *übsnd*

clansung *s.* clæns-

L**claudere** *contra einhegen, umzäunen gegen* (*den Nachbar*) *hin* In Cn III 52

L**Claudia** Civitas Wl art 4; [*richtig*] Gloucestre Wl art Fz 4; *verderbt* Laudia Wl art Lond *retr* 9, *in Var. gefälscht* Londra, *London*

L**claustura** [*vielleicht für* tun] *umhegter Bezirk, im Ggs. zu offenem Land* Hn 91, 2

L**clausura** *Gebirgsklause* Cn 1027, 6

clen- *s.* clæn-

cleofan *spalten* (*Holz*) Ger 11. *Der.:* toclofen

cleop- *s.* clip-

cleroc *Kleriker;* cliroc Wi 19 | *gn:* ~ces Abt 1 [*vgl. Sievers Gram.* § 128 Anm.]

L**clericatus** *Klerusstand* I Cn 6 Q

L**clericus** *geistlicher Schüler* Geþyncðo 7 In Cn, leornere *übsnd*

L**cleta** *Hürde* Iud Dei X 18, 1; *Bahre aus Flechtwerk* Hn 92, 8 [*aus Fränk. Gesetzen; fz.* claie]

L**cliens** *Miteinwohner vom Haushaltsgefolge* II Cn 20 a Cons, folgære *übsnd*

clipian *rufen;* clyp~ to *zu* (*anrufen*) I Cn 6 a. Grið 19, 1 | 3: cleopað he to me Af El 36 (*pl* 3: clypiað hy H), clamare ad *übsnd* | *pl* 3: hie cleopiað to me (clip- H), vociferabuntur *übsnd* 34; clypiað to I Cn 4, 3; clip- A | *op pl* 2: ne cleopien ge to Af El 48; clipien H; clypigen G; cleopige So Ld | 3: ~ to VII a Atr 2, 1; clyp~ to VI 41 | *pc pl:* clypigende I Cn 26, 3; -piende B; clepiende A. — *Der.:* beo~. *Vom Quadr. irrig vermutet in* æhliepe

[-clips] *s.* gec~ **cliroc** *s.* cleroc

L**clocarium** *Glockenhaus* Geþyncðo 2 In Cn, bellhus *übsnd*

clyp- *s.* clipian

cnæht-, cnaiht-, cneht- *s.* cniht

[-cnawan] *Der.:* gec~, onc~

cneord *s.* gec~

cneow; *dt:* ~we Af 63. 63, 1. 66, 1. VI Atr 12. Northu 61, 1. Wer 5; cnewo Af 63, 1 Q; cweowe [*verschr. für* cn-] 63 B. Wer 5 B[b] | *ac:* ~ Af 72 HB; cneou E. — 1) *Knie* 63. 63, 1. 66, 1. 72 2) [*übertr.*] *Verwandtschaftsgrad* VI Atr 12. Northu 61, 1. Wer 5

cniht 1) *Knabe* Ine 7, 2 2) *pl: Jünglinge im feurigen Ofen,* pueri [*aus Daniel*] *glossirend, dt:* cnehtum Iud Dei IV 1 | *ac:* ~tas VII 23, 2 A. VIII 2; cnæhtas IV 3, 3; cnaihtas 4, 2 3) leorninge cnihtum [*Christi*] *Jüngern* I Cn 22, 2 Ld; leorningcnihtum *übr.* — *Der.:* leorningc~, radc~

[-cnosl] *Der.:* fædrenc~

Cnut *Knut der Grosse* Cn 1020, 1. I Cn Insc. Pro | *ac:* ~ 1 | *lat.:* Cnud (*auch ac:* Inso Di) Pro In (*Var.* ~, ~tus, Chnutus); Cnudus Pro Q (*Var.* ~tus, Canutus, Kanutus, Knuto). Quadr Arg 1. 2. 6. 9 (*Var.* Cnuthus, Cnutho, Knuthus); ~tus In Cn Ip Hunt Insc (*Var.* Can-, Chn-). Cb Rb *S.* 616. II 69 *S.* 617. Cons Cn Insc. Prooe 2 (*Var.* Chn-). Hn 20, 3 (*Var.* Kn-). ECf 16 (*Var.* Gnuthus, Kan-, Chan-, Chn-); Knutus Lond ECf 13, 1 (*Var.* Chn-); Cnuto (*Var.* Canutus) Cn 1027 Insc. ECf *retr* Expl; Canutus Ps Cn For Insc. Pro; Canudus Expl | Cnuti leges *identificirt mit* Laga Eadwardi Quadr Arg 1. 9. Hn 20, 3. — *Der.:* Hardec~

F**ço** *s.* ceo

L**coactio** *Zwang* Hn 5, 28 a

L**coadiuvabit** *helfen mag* II As 1, 5 Q, þær mid stande *übsnd*

L**co[a]equalis** Deitate, gloria co[a]eternus *gleich an Göttlichkeit, gleich ewig* VI Atr 6 L

L**coagens** *Prozesspartei* Hn 28, 4. 59, 3. 60, 2 a; 2 c. 94, 2 a; *zu* to agens *verderbt, weil unverstanden* Ine 56 Q

L**coctus** *geläutert* (*es Gold*) A Gu 2 Q, asoden *übsnd*

L**coequitare** *mitreiten* VI As 4 Q

L**cogitare** de morte *verräterisch trachten nach, sinnen auf* Af 4, 2 Q, sierwan ymb feorh *übsnd;* ~ ~ domini III Eg 7, 3 Q, hlafordsearu *übsnd*

L**cognatio** II As 1, 3 Q, mægð (*Sippe*) *übsnd* | ~one carens Af 27 Q, mægleas (*sippelos*) *übsnd* | ~onis emendatio [= mægbot] Hn 11, 1a; ~onem solvere *Sippezahlung leisten* Ine 74, 2 Q, mæggieldan *übsnd*

L**cognitio** *Heimat* II Cn 6 Q, cyððo *übsnd*

L**cognoscere** 1) [*Verbrechen*] *eingestehen* ECf 36, 3; recog~ *retr* 2) [*weil es offenbar*] *zu leugnen ausser Stande sein* 22, 4

L**cohabitare** *fleischlich beiwohnen* I Cn 6, 2 Q

F**coille**, *obl, Hoden* (*des Pferdes*) Leis Wl 9, 1; cuille I

F**coinistre** *s.* conustre

L**collaboratio** *eheliche Errungenschaft* Hn 70, 22

[L] **collarium** canis *Hundehalsband* Hu 8 Cons Cn, hundes hoppe *übsnd*

[L] **collecta** *Collecte* [*Liturgieteil*] VII Atr 3,1 Q. Ordal 4,2 Q; coll' 4, 2; col' VII a Atr 6, 3

[L] in **collegio** esse *in einer Bande Geführte sein* Ine 34 Q

[L] **collicipium** Cons: II Cn 37. 45,1, healsfang *übsnd*

[L] ad **collificum**, *bessere* colobicum [*aus* Firm. Mat.?] *zum Verstümmelten* Af 35, 3 Q (*Var.* ~cium), to hamolan *übsnd*

[L] **colligare** *binden, fesseln; irrig glossirt durch* gisomnian [*also mit* colligere *verwechselt*] Iud Dei IV 3, 1

[L] **[colobicus]** *s.* collificum

[L] **colonus** vel villanus *bäuerlicher Hintersasse* Ine 22 Q, geneat *übsnd;* ~ fiscalinus 19 Q, [*zu niedrig*] cyninges geneat (*Gefolgsmann, Vasall*) *übsnd;* ~ni *für* cultivurs de la *terre Bauern unter herrschaftlichem Grundeigner* Leis Wl 29, 1 L

[F] **colpe**, 3, *abhaut* Leis Wl I: 11. 11, 2; couped 11, 2 Hk; coupe 11 Hk

[L] **colpus** [*fz.* coup] *Hieb, Schlag, Stoss* IV As 6, 5 Q. Hn 80, 11. 94, 4

[L] **com-, con-** = *ags.* ge- *od. Gemeinschaft, Genossenschaft ausdrückend: s.* competentia, compatra, concredere, condicere, congildo, coniectare, conlaudare, conpugnare, conquiescere, consentaneus, -*tire*, consociari, contradere, contubernalis

[F] **comander** 1) *empfehlen; sbj* 3: comand Leis Wl 48 (comm - I), befæste *übsnd* 2) *befehlen; pf* 3: ~dat Wl art Fz 1. 3. 7. 8. 10

[L] **combustio** *Abbrennen* Ine Rb 43 Q [*aus* Firm. Mat.?], bærnet *übsnd*

[L] **combustura** *Brandstiftung* II Cn 64 Cons, bærnet *übsnd*

[F] **com(e)** *s.* cum

[F] tut al **comencement** *ganz zu Anfang* Wl art Fz 1

[F] **comencrat** a *rendre*, *fut* 3, *soll beginnen zu zahlen* Wl art Fz 3, 1

[L] **comenta** *s.* commenta

[L] **comes** 1) *Graf*: **a**) ealdorman *übsnd* Af 40 Q; In Cn: Af 15. 38. II Cn 18, 1 [*auch Asser ed. Stevenson p.* 358] **b**) eorl (*Nordisch Jarl*) *übsnd* EGu 12 Q. II Cn 15, 2 L. 71a Q (*auch* Rb *S.* 538). In. Cons. Geþyncðo 5 In Cn; *eorl lag wohl vor für* ~ IV Atr 8. Quadr Arg 9 **c**) *falsch* æðeling *übsnd* II Cn 58, 1 Q; eorl (comes) *setzt für* æðeling Norðleod 2 Ld (Q) **d**) *im Frankenreiche* α) 9. *Jhs.* Iud Dei XII 1, 3 β) *in Flandern* ECf 32, 2; *dafür* consul *retr* γ) Rodbertus comes Normannorum, *Vater des Eroberers*, ECf 34, 2 e; *dafür* dux *retr* **e**) *unter Anglonormannen:* Wl ep Pro. Leis Wl 42, 1 L. CHn cor Test. Hn mon Test. Hn com Test. Hn Lond Po. Hn 31, 3. In Cn III 55. 57 (*auch zu* Af 39. I Cn 8, 2?); ~ comitatus *Inhaber des Grafentums am betreffenden Orte* ECf 12, 5. 27, 2; *dafür* consul *retr* 2) ~ et (vel) villanus *irrige Übs. für* eorl (*Vornehmer, Adliger*) 7 ceorl Q: Af 4, 2. VI As Pro. Geþyncðo 1 (*auch* In Cn); *dies also lag vor für* ~ et villanus III As Pro 6. III Em 7, 2. [*Vgl.* consul; *fz.* cunte]

[L] **comesatio** *für* comess~ *Fresserei* VI Atr 28, 2 f. L

[L] **comestio** *Essen* Lond ECf 11, 1 B 6

[L] **comitalis** villa *Dorf, zum Amtsland des Grafen gehörig* In Cn III 55

[L] **comitatus** 1) scir *übsnd* Q: Af 37, 1. Ine 36, 1. 39 (*irrig statt 'Amt'*). II As 8 (*geschr.* comm-). II Cn 79; Cons Cn: II 18 f. 2) *unter Anglonormannen synonym mit* soira Hn 6, 1a. 41, 2a; *Grafschafts(gericht)versammlung:* 7, 6. 51, 2; 2a. Hn com 1. 4. (Prot[a]. 3, 2: *Verhandlung darin*). Leis Wl L: 2, 3. 44, 1; *Grafschaft als Corporation* CHn cor Prot[1]; *geographische Provinz* Hn com 4. ECf Pro. Pro 1; comes ~ *der Graf, in dessen Grafschaft der Tatort liegt* 12, 5. 27, 2. [*Vgl.* consulatus]

[L] **comitium** 1) *Reichsversammlung* Quadr Arg 4 2) *Gerichtsversammlung* II As 20 Q, gemot *übsnd*

[F] **commander** *s.* coma~

[L] **commarcio** *Landesgrenze* Q: Ine 10 (AGu 1, *auch* Rb), (land)gemære *übsnd*

[L] **commater** *Gevatterin* I Cn 7, 1 Q. Cons, gefædera *übsnd*

[F] **comme** *s.* cum

[L] **commenta** *Erfindungen, Träume* [*aus* Firm. Mat.?] Quadr Ded 17 (*geschr.* come.). Arg 11. II Præf 7

[L] **commitatus** *s.* comi~

[L] **committere** *vorweisen, vorzeigen* Ine 64 Q, tæc(n)an *übsnd*

[L] **commonitio** *Ermahnung, Warnung* Hn 5, 22

[L] **communa** *politische Gemeinde* Lond ECf 32 A 3

[L] **communicare** 1) *mit dem Abendmahl versehen* **a**) illos, cum *Laien* Iud Dei 3, 1. X 14, 1. XI, 1[b]. XIII 4, 1. XVI 25 **b**) se *der Priester sich* XIII 4 = 2) sacerdos communicet *nehme sich das A.* I 3. VII 15 = [*deponens*] -cari XIII 4[14] 3) *A. empfangen* (*Laien*) I 3, 2. 16. VII 12. XIII 3. 4[16]. 4, 1 | [*deponens*] -cari XVI 24; corporis et sanguinis Domini I Cn 19 In 4) sacerdos hominem ~ faciat XVI 8, 2

[L] **communicatio** *Abendmahl* II As 23 Q *Var.*, husl *übsnd*

[L] **communicator** *der am Verbrechen Beteiligte* Excom I 11, 1

[L] **communio** 1) *m gn, Gemeinschaft mit jem.* I Cn In: 5, 3. 6, 2, gemana *übsnd* 2) *Abendmahl* Iud Dei I 2. VII 12. XIII 14; husl *übsnd* Q: II As 23. I Cn 22, 5 3) *als Teil der Messe* I 17 f. X 15 f. XII 14. [*Vgl.* postcommunio]

[L] **communis** 1) pascua *Gemeinweide* IV Eg 8 L 2) *zweien je halb zugeteilt* II Cn 36 Q = Hn 11, 6 3) hoc cum Deo ~ne habeat *habe dies* [*Verschulden*] *bei Gott zu verantworten* I Cn 26, 4 Q. Cons, hæbbe him gemæne þæt wið God *übsnd* 4) *gewöhnlich; emendatio* ~ *einfacher Bussbetrag* Hn 37, 1; causæ ~nes *gemeine bürgerliche Prozesse im Ggs. zu* regiae 35, 1; *zu* capitales, criminales 25, 1 f. 61, 14. 64, 2

[L] **communitas** mulieris *geschlechtl. Gemeinschaft mit einer Frau* I Cn 6, 2 In. Cons

[L] **commutatio** *Tausch, Auswechslung* VI Atr 9 L

[L] **companagium** *Zukost* Q: VI As 8, 6. Rect 9, sufl *übsnd* [*vgl. fz.* cumpanage *bei* Alexander Neckam *ed. Paul Meyer*, Notices et Extr. Mss. Bibl. nat. XXXV, II (1897) *p.* 671]

[L] **compar** *Standesgenosse* Hn 43, 9 [*vgl.* par]

[L] **comparare** *zu stande bringen, herbeischaffen* Cn 1027, 17

Comparativ 1) *Form s. Adjectiv* 2) *Contrast verschärfend* [*vgl. ähnlich* þy *n.* 2] ne dem oðerne dom þam liofran, oðerne þam laðran Af El 43; leofan . . . laðan H 3) *verneint, um das hinter* þonne *Folgende als Gegenteil des Comparirten zu bezeichnen:* nanum leohtran þinge þonne him aceorfe þa tungon Af 32; na undeorran weorðe lesan þonne be were *ebd.* 4) nys nanwiht unrihtlycre þonne — *spl des Comparirten: am unsittlichsten ist* Iudex 4

[L]**compascualis** acer, *terra zum Weiden gemeinschaftlich* Ine 42 Q ‖ *dazu* Rb: **compascuis,** *pl abl, Gemeinweide*, gærstune *übsnd*; *Rect* 20, 1 Q, etenlæse *übsnd*

[L]**compati** *mitleiden* Excom I 6, 2

[L]**compatra** *Gevatterin* I Cn 7, 1 In, gefædera *übsnd*

[L]**compatriota** *Eingeborner, Landsmann* Q: Ine 11, geleod *übsnd;* II Atr 7, landesmann *übsnd;* ECf 34, 1

[L]**compellans** *Klagevertreter, Einbringer der Klage* Hn 44, 2

[L]**compellare** *gerichtlich anklagen* Q: Af 17. 33, *teon übsnd;* Ine 46, 1, onstal *übsnd*; I Atr 4, him onsprecan *übsnd* | ~ (per bellum *zum Zweikampf*) *fordern*, Wl lad 1, beclipian *übsnd* | ~atus *Verklagter* 1, 1. Hn 9, 2. 45, 1a; ~ans *Kläger ebd.* [*anders 8 Z. vorher*]

[L]**compellatio** *gerichtliche Anklage* (*im Ggs. zu Handhaftigkeit*) Hn 9, 1. 45, 1a; tihtle *übsnd* Q: Ine Rb 46. II Ew 6. II As 23, 2. I Cn 5. II 53, 1. 56, 1 (= Hn 71, 1b). Duns 2. Episc 5 | distorta ~ *Widerklage* II Cn 27 Q, wiðertihtle *übsnd*

[L]**compellator** *Kläger* I Atr 1, 5 Q

[L]**compendiosa** brevitas *gedrängte Kürze* Quadr: Arg 1. I Cn Pro

[L]**compendium** *Gewinn* [*'Profitwut'; Höhlbaum*, Hans. Geschichtsbl. 30 (1903) *p.* 145]; [*Sprichw.*] ad ~ præceps in dispendia dilabitur Hn 57, 7b

[L]**competens** *gebührend, passend* VI As 8, 3 Q; ex ~nti *angemessen* (*lang*) Hn 29, 4

[L]**competentia** seculi *bürgerliche Rechtsgewohnheit* Swer 1 Q, woroldgerisnu *übsnd; also* gerisnu *lag wohl vor für ~ geziemende Machtbefugnis* Ap A Gu 8

[L]**complacitius,** *cpa, lieber* Blas 2 Q, leofre *übsnd*

[L]**completivus** *erfüllt* Quadr Ded 2

[L]**componere** 1) (ge)þingian *übsnd* Q: pro virgata *terre* ad gablum *Vertrag machen über* $^1/_4$ hid *auf Pachtzinspflicht* Ine 67 | pro ordalio *statt O. mit dem Kläger sich vergleichen* II As 21 | erga Deum *geistlich büssen* I Cn 2, 5 2) betan (*Genugtuung leisten*) *übsnd* II As 26, 1. I Atr 1, 14

[L]**compositio** 1) *Wergeld* Af Q 27 ff. 31, 1, wer *übsnd;* Hn 88, 13; 13a [*aus* Lex Salica] 2) *Abmachung über Strafgeld* Ine Rb 50 Q, geþing *übsnd*

[L]**compotus** 1) *Fiscus-Abrechnung* Lond ECf 32 B 13 2) librae ad ~um *Pfunde von 240 Denaren nach Zählung* [*ohne Prüfung von Gewicht oder Feinheit*] Hn Lond 1

[L]**comprobare** 1) (*eidlich*) *erweisen* VI As 6, 1 Q 2) *als schuldig überführen* Hn mon 2

[L]**comprobatio** 1) *Ordalprobe* Iud Dei I 1 2) *Prüfung* (*des Schuldverdachts*) XIII 9. XIV 9

[L]**comprovincialis** *Genosse derselben kirchlichen Metropolitanprovinz* Hn 5, 24

[F]en **comune** *departir gemeinsam* (*ratirlich*) *verteilen* Leis Wl 37, 2

[L]**con-** *s.* com- [Fz 6, 1

[F]**conbate,** *sbj* 3, *kämpfe* Wl art

[L]**concausare** *Prozess führen* Hn 3, 1; ~antes *Prozessparteien* 9, 4a. 64, 7

[L]**concentus** *Gesang mehrerer* VI Atr 22, 3 L

[L]**concessivus** *zugestehend* Quadr Ded 30, *S.* 532 *Z.* 1

[L]**conciliatio** *s.* consi~

[L]**concilium** 1) communi ~io *Reichstag der Prälaten und des weltl. Adels* Wl ep. 1 = per commune consilium regni Wl art Lond retr 5. 6 2) *für* consi~ Duns Pro Q *Var.*

[L]**concionator** centenarii *Hundertschaftsvorsteher* Hu 2 Cons

[L]**conclamatio** *Aufruhr?* II As 6, 3 Q, æhliep [*s. d.*] *missverstehend*

[L]**conclaudere** *versperren* Hn 80, 3a; claudere *Var.*

[L]**concludi** *moralisch in Schranken gehalten* (*geregelt*) *werden* Hn 28, 6

[L]**concordatio** *Versöhnung, Streitbeilegung* ECf 28, 1

[L]**concredere** *trauen* III As 7, 1 Q [*aus* getriewan?]

[L]**concrepare** *zusammenrufen* VI Atr Pro L

[L]**condescendere** *schützend helfen* E Gu 10 Q, beorgan *übsnd*

[L]**condicere** *bestimmen* EGu Pro Q, gecweðan *übsnd;* II As 11 Q

[L]**condonare,** forgiefan *übsnd*, *erlassen, vergeben* Q: II As 26, 1. II Cn 22, 3 (*auch* Cons 78). Iudex 2

[L]**condonatio** *Verbrechen-Erlass, Verzeihung* Q: III As 3 Rb. II Atr 6, 1 Rb

[L]**conducere** *führen* II Ew 4 Q, *auch* Rb, lædan *übsnd*

[L]**conducticius** *Mietling, Söldner* Hn 8, 2a

[L]**conectere** *für* conn~ Quadr Ded 7

[L]**Coneis** *s.* Toteneis

[L]**confessio** *Beichte* Q: E Gu 5. VII Atr 1, 1. II Cn 44 (*auch* In. Cons)

[L]**confessor** 1) *Bekenner* (*Heiliger, der nicht Märtyrer*) Iud Dei I 22. Excom VIII 1. 15. X 1. XI 12 2) *Beichtvater* I Cn 23 Cons

[L]**confirmare** *firmeln* I Cn 22, 5 In

[L]**confirmatio** 1) *Bestätigung, wiederholte Publication von Gesetzen* CHn cor 9^{36} 2) in ~one suscipere *für jem. als Firmelpate eintreten* I Cn 22, 6 Q

[L]**confortator** *Stärker, kräftig Machender* [= *Gott*] Duel 6

[F]**congé** *s.* cunge(d)

[L]**congildo** *Gildengenosse*, gegilda *übsnd* Q: Af 27. 27, 1 (= Hn 75, 10 — 10b). Ine 21. VI As 8, 6, *auch* Rb *S.* 540; ~ones *Genossenverband* [?] Ine 23, 1 [*aus Fränk. Recht?*]

[L]**congressio** *Harmonie, freundliche Verbindung* Hn 6, 5a

[L]**coniectare** (*Geld*) *zusammenschiessend bezahlen* Q: Af 19, gesomnian *übsnd;* 31, 1. Hn 59, 25a. 70, 15. 92, 17 [*aus Fränk. Recht?*]

Conjugation [*Syntax s. Verbum*] *Formen in Ælfreds Jh. im Westsächs. fremd oder selten* **A)** ***Indicativ Praesens*** **I)** *starke Verba und schwache I. Klasse.* ***Sing.*** 1. *Pers. altes* -o *north:* gihalsigo Iud Dei V 2, 1 | 3. *Pers.* 1) *umlautlos:* ofsleahð Abt 6; slæhð 57 [*vgl. Umlaut*] 2) -æð: *drin*cæð Abt 3 3) -að a) *starke:* onfeohtað Af 42, 6 Ld; geldað Wi 13; begytað Norðleod 11 Ld; healdað VIII Atr 42; belimpað Ger 3, 1; benimað I As 3; wealdað VIII Atr 42; weallað I Cn 6, 1 G. II 84, 3 B A; b) *schwache* α) *kurzsilb.:* gebyrað VIII Atr 30. 35. I Cn 4. II 40, 2; derað 35, 1 B A; geerað Ine 67 B; ofspyrað 17 B; sylað 62 B; ætwenað II Cn 84, 2a B | β) *langsilb:* gebetað Af 49 B; gecwemað I Cn 4, 1 A; gestreonað Ine 27 B. ***Plural*** 3. *Pers.:* -eð *für* -að: demeð Iudex 17, 1; wyrceð III Atr 16 **II)** *schwache II. Klasse* ***Sing.*** 3. *Pers.* 1) oð *für* -að: geacsoð IV Eg 10; geearnoð Rect 17; behofoð II Cn 68 B; ascunoð Swer 1 B 2) -æð: feormæð Hl 15 3) -eð: afyrseð I Cn 4, 2 A; geþingeð Ine 67 H 4) -as *north:* Iud Dei: liofas 7 riscas IV 2, 3. 4, 6. ***Plural*** 3: egleð II Em Pro 2 | beweardeað I Cn 4, 2 Ld **III)** *schwache III. Klasse s.* habban, libban, seogan — *Praeteritum: Bindevocal abweichend* **I**) *schw. I. Kl.:* gederode Geþyncðo 8 H | tymæde I Ew 1,5 B **II**) *schw. II. Klasse* 1) -ad(-) *north:* Iud Dei IV. V, *z. B.* gimetgadest IV 1; giþolades V 2,4; þerhendade V 2,3 2) -ed(-) *für* -od(-) *im pl* [*vgl. Sievers* §413 *Anm.* 4]: griðedon Had 11; lycedon Af El 49,9 H; lufedan V Atr 32,1 D; weorðedon Had 11 O. Grið 28 **B**) ***Optativ Praesens Sing.*** 3. *Pers.* **I**) *starke und schwache I. Kl.* 1) -a *für* -e: forbersta II Cn 53,1 B; forbuga 25 B; gebuga 35 A; cenna II Atr 8,3; cuma Hl 5; oðerna Ine 28,1 B; alysa II Cn 48,1 A; gerecca Af 34 B; rihta II Cn 9 A; tyma 24,2 B; forwyrna E Gu 6,4 B 2) -æ: gebicgæ Northu 2; geswicæ I Cn 15,1; geþicgæ Northu 2 3) -i(g)e (*nach Analogie der II. Kl.*): lysige VI As 12,1; syrwie II Cn 57 B **II**) *schwache II. Klasse* 1) -ia *für* -ie: *north* Iud Dei, *z. B.* gicostia IV 3,2; gefyrhtia 2,2; *ferner* gewundia E Gu 6,5 B 2) -iage: geladiage I Cn 5,4 A; *vgl. north.* giidlage Iud Dei IV 4,5 3) -iege: geladiege Af 11,4 4) -ege: gelicege Wif 1 B **III**) *schwache III. Kl.* -a: smeaga II Cn 11 A | ***Plural*** 3. *Pers. aller Kl.* 1) *altes*(?) -æn: gesecæn Hl 10 2) -an: gesecan III Eg 7,3 DG 2. IV 9 C; gegaderian Northu 57,2; agifan Af 19,3 (~en HB). I As Pro. VI 1,4; gerædan V Atr 30 D; gesyllan II As 6,1; *und oft* 3) -on: gildon Ine 74,1 H; forgildon II As 6,1; ridon II As 20,4 H *u. oft* 4) -e *für* en: [*vgl.* n-*Schwund*] gebodie Af 5,3 H; gebringe Af 34 H; ceose IV Eg 13,1; andwyrde II Cn 72, 1 B [*vgl.* do 84,4 B; beo 31,1a BA]; *north:* ongette (cognoscant) Iud Dei V 2,5 **C**) ***Imperativ Sing.***: acwel Af El 45 H; rec 40. *Plural:* -ieð *für* -iað: wandieð I Ew Pro B **D**) ***Infinitiv*** **a**) *unflect.* 1) -on *für* -an: findon II Atr 1,1; fryðion Had 1,1 O; læron I Em 1; nerion Had 1,1 O; scrifon II Cn 68,1 G; tymon II As 24; wurðion Had 1,1 O 2) -en: gebrengen Hl 16,1; fæsten I Cn 16,1 BA; afyllen II 11 B; begeten Hl 2,4; healden I Cn 1 A. 6,2a A; ræden II 30,5 A; ofsacen Wal; swerigen Ine 19 B; awriten Af El 49,9 H 3) -ian *nach schw. II. Kl.:* smeagian II Cn 8 B 4) -igan (-egian) *für* -ian: ladigan V Atr 30 G 2 (eregian Ger 12) 5) n *geschwunden:* swerie Swer 1 (? healde IX Atr Expl); *north:* Iud Dei IV. V: *z. B.* onfoa IV 3,1; givunna 3,5; giwalla 3,2; giwœria 5 | **b**) *flectirt* 1) -*enne für* -anne: geecenne H: Af El 49; hæmenne 12; healdenne Hl 6. Af El 49,5 G. 49,9 H. I Cn 2,1. Wl lad Pro; aleogenne Af 1,1 H; alysenne Wi 28 H; secenne II Cn 17,1; syllenne 79; tæcenne VI As 8,8 H 2) -ene: healdene Af El 49,5 H. 10 H; gemunene VI Atr 42,2 K; restene I Cn 22,5; syllene II 79 A 3) -*ende*: to healdende Af El 49 H 4) *nach* to *ersetzt durch unflect. Form:* is to seacan II Cn 17,1 A; næbbe .. to werian Af El 36 Ld **E**) ***Particip Praet.*** **I**) *starke* 1) -an *für* -en: ofacorfan Af 66 Ld; (ofer)cuman, gewrytan II Cn 14 A; *und oft* 2) -on: acwolon Ine 53 B; bobodon II Eg 5,1 D; forstolone IV Eg 11 F **II**) *schwache I. Kl.* -od *für* -ed: gedemod Að 2 Ld **III**) *II. Kl.* 1) -ad *für* -od: geblodgad Hl 14; beclypad (~lepad) II Cn 28,1 B. 31a A. 72,1 AB; gesamnad Wi Pro; geþeofad Ine 48 HB; geþeowad 48; gewundad Af 68 B | *north:* Iud Dei IV. V *oft: z. B.* gibloedsado V 2,5; þerhendadon *gn* 2,2 2) -ed: beclyped II Cn 28,1 A; *s.* (ge)hadod; arased 76 Q; gewunded Af B 53. 61. 68 | *flect.:* gehalgedan (~don) I Cn 22,5. Northu 14. Grið 24 f.; amansumede Excom VII 3; betihlede II As 7 H | *synkop.* hadno II Cn 42 A (gehadodne GB)

Einzelnes 1) *Plural für Sing. hinter* hwa, man *s. d.* 2) *gramm. Wechsel nicht eingetreten s.* weorðan 3) *Vgl.* agan, beon, cunnan, *dearr*, don, gan, magan, motan, (ge)munan, sculan, þurfan, (ge)unnan, willan, witan

L**coniunctus** *mehrere Gerichtsherren angehend*[*er Prozess*] Hn 9

L**coniurare** *beschwören im Gottesgericht* 1) aquam* (*der Schuldprobe zu dienen*) Iud Dei XIII 10; ~atus panis I Cn 5,2a Q, corsnæd (*Entscheidungsbissen*) *übsnd* 2) ~ homines *Verdächtige vor dem Ordal beschwören, die Schuld zu gestehen* Iud Dei XIII 13 3) ~ati fratres *Schwurbrüder, Eidgenossen* [*angebl. eine von allen Untertanen der Monarchie geforderte Verbindung*] Wl art Lond *retr* 9. Lond ECf 32 A 5 f; C 1; 1a; E 6

L**coniuratio** aquæ *Beschwörung des Wassers durch Weiheformeln* (*damit es der Schuldprobe im Gottesgericht diene*) Iud Dei I 23

L**conlaudare** *preisen* Iud Dei I 21,5 [*vgl.* com-]

F**conoissant** *s.* cunui~

L**conpugnare** *jem'm zur Seite fechten* VI As 1,3 Q, midfeohtan *übsnd*

L**conpunctus** (*im Gemüte*) *bewegt* VI Atr 40,2 L

F**conquest** *s.* cun~

L**Conquestor** (Angliae) *heisst Wilhelm I.* Hn Insc[2]. ECf retr Expl = **Conquisitor** Wl art Lond *retr* Insc

L**conquiescere,** *absolut, aufhören* (*mit Missetat, davon*) *ablassen* Q: V As Pro 1. II Cn 4,2, geswican *übsnd* [*vgl.* quiescere]

L**conquirere** 1) *prozessualisch erzwingen* II Cn 22,1a. 30,3a In, ofgan *übsnd*; 2) (*Verbrecher*) *ergreifen, fassen* II Atr 6 Q, begietan *übsnd*

F*terre* **conquise,** *ptt pc fm*, *Land erobert* Wl art Fz Inso

L**conquisitio** *Eroberung, Annexion* Wl art Insc; ~**itor** *s.* conquestor

L**conquisitum** *Erworbenes* (*i. Ggs. zu angestammtem, ererbtem* feodum) Hn 88,15 [*vgl.* acquisitio]

L**consacramentalis** *Eidhelfer* Hn 64,2a. 66,6b. 87,6

L**consecutio** *Verfolgung von Verbrechern* 23,5 Hn

F**conseil** *s.* cun

L**consentaneus** (*m dt des Verbrechers*) *Mitwisser* Q: II As 3,1. II Cn 21, gewita *übsnd*

L**consentire** 1) *m ac: durchlassen, gestatten* Hn mon 1 2) (*Verbrechers, dt*) *Mitwisser sein* II Cn 21 In

L**conservare** ad *befehlend anhalten zu* VI As 3 Q, bewitan to *übsnd*

L**consigillatio** *Verschlusszeichen* Ordal 5,2 Q *Var.* (sig~ *übr.*), insegl *übsnd*

L**consiliarius** *leitender Staatsmann* Duns Pro Q, rædbora *übsnd*

L**consiliatio** *Beschluss, Verordnung*, gerædnes *übsnd*, Cons Cn: Hn Insc. I Cn Insc (*irrige Var.:* conci-, consola-). Pro. II Pro. III 3

L**consilium** 1) *Satzung, Verordnung*, gerædnes *übsnd*, Q: E Gu Pro. Duns Pro 2) *Beraterkreis, Freundesrat* (*der Prozesspartei über die im Prozess zu erteilende Antwort* [*auszusprechende Rede*], *nicht im Zimmer* [*Kreise*] *des Gerichts*) Hn 48,1a; 1b 3) *dessen Beschluss* [*s. fz.* cunseil] 46,5 4) *für* concilium *s. d.*

L**consistere** 1) *stehen bleiben, Halt*

machen I Ew 1, 1 Q, oðstandan *übsnd* 2) *sich beschränken, begrenzt bleiben* Hn 81, 4 3) ~ in *einbehalten werden, nicht vor sich gehen* 93, 5a 4) ~tit *es bleibt dabei beruhen* 70, 9a

L**consociari** *sich zusammentun* [*Verbrecher zu verhaften*] III Em 2

L**consocietas** amicorum *freundschaftlicher Verkehr* Wer 6, 1 Q, freondræden *übsnd*

Consonanten*-Verdoppelung s.* cc, dd, gg, ll, mm, nn, pp, rr, ss, tt, þþ; *Vereinfachung s.* c, d, g, l, m, n, r, s, t

L**constabularius** *Französ. Heerführer* Lond E Cf 32 B [*vgl.* marescallus]

L**constitutus** *feststehend, ständig* Hn 31, 8a

L**constrictare** *fesseln, zwingen* Hn 82, 6

L**consuetudo** 1) promotionum *Regelung, Rechtszustand* Geþyncðo Insc Q 2) *ungeschriebenes Gewohnheitsrecht, Verfassungszustand* **a)** *eines Landguts Rect* 4, 3 Q, *ræden übsnd*; ~ (leges et ~dines) terrarum 4, 4 (21, 1), landlagu *übsnd* **b)** *der Bürger, Stadtrecht:* ~dines ECf 39, 1 f. **c)** *des Staats, Landrecht:* ~dines Pro (= leges et c- Pro 1. 34, 1); leges et ~dines Willelmus I concessit Leis Wl Pro L, custumes *übsnd* **d)** *Personalrecht und Pflicht:* geburi ~dines *Bauerpflicht Rect* 4 Q, geburgerihta *übsnd* | ~dines Anglorum *für* on blote 7 scote Wl art 4; costumes *übs* Fz 3) *Herrschaftsprivileg, Vorrecht, Gerechtsame:* ~dines Hn Lond 6. CHn cor 14[54]; *Kronprärogative* II Cn 12 In, þa gerihtu *übsnd*; In Cn III 45, 4. 53 | malae ~dines *despotischer Verwaltungsdruck* CHn cor 1, 2 4) *aus Herrschaftsrecht fliessendes Einkommen:* ~dines Hn Lond 6. In Cn III 51, 1. 55 | ~ *Kirchenschoss* VII Atr 4, 1 | ~ hundreti *Abgabe an die Krone* Hn 92, 17 5) *königl. Marktzoll* Wl art Lond *retr* 11; teloneum vel (et) ~ (~dines) *Zoll am Ortschafts-Tor* Hn Lond 5. 12 (Hn 80, 3b) 6) *Gerichtsherrlichkeit* In Cn III 3; socn *übsnd* II Cn 71, 3 In; *erklärt als* sacu 7 socn, *synonym mit* curia ECf 22, 5. 24, 3 f

L**consul** 1) *Romanus*, Petrus Leonis Quadr II 15 2) *Markgraf von Flandern* ECf 32, 2 *retr* (comes ECf) 3) *englischer Graf* [*schon* Domesday II 20b. 119] Lond ECf 12, 10 A 1 *und* (*statt* comes ECf) 12, 5. 27, 2 *eingeführt vom* ECf *retr*

L**consulatus** 1) *Grafenamt* Geþyncðo 5 Q 2) *Grafschaft, Shire* ECf 12, 10 A. *retr* Pro[15] [*schon* Domesday II 14. 91]

L**consultatio** *Beschluss* VI As 3 Q, gerædnes *übsnd*

L**contamen** Ine 62 Rb Q, *ceao übsnd* [*bessere* certamen, *das er im Text für* ceao *setzt, wohl an* ceas *denkend*]

L**contaminatio** *Schuldbefleckung* II As 11 Q

F**conte,** ~té *s.* cunte, ~té

L**contingentia** *Beziehungen, Verhältnisse* I Cn 17, 3 Q. Hn 9, 7. 87, 5 | *Nebenumstände* Quadr Ded 4

L**contingere** *gehören, zukommen* CHn cor 6

L**contornare** se *sich umdrehen* Iud Dei XII 22, 2

L**contra** *freundlich gegenüber* ECf 26, *ersetzt durch* erga *retr*

L**contracalumnia** *Widerklage*, wiðertihtle *übsnd*, II Cn 27 Cons, *synonym* contraria calumnia In [*vgl.* 3 *Z. weiter*]

L**contracausator** *Prozessgegenpartei* Hn 61, 12

L**con[tra]criminatio** *Widerklage* [*für* wiðertihtle] Hn 34, 5 [*vgl.* 5 *Z. vorher*, 10 *Z. weiter*]

L**contradere** *für tradere* ECf *retr* 34, 3 [*vgl.* com-]

L**contradicere** *gerichtlich schelten* Hn 49, 4; *Urteil schelten* 5, 3. 31, 6. 33, 2. 34, 4

L**contramandare** *abbestellen* Hn 59, 1; 2a. 60, 1 ff.; ~**atio** *Abbestellung* 59. 59, 1; 2. 60. 61, 7

L**contrapositio** *Gegenaufstellung zur Prozesshinhaltung* Hn 34, 5

L**contrastatio** *Wegsperrung, Angriff* II Cn 12 In, foresteal *übsnd* [*afz.* contrestace]

L**contratenere** *widerstehend vorenthalten, zu entrichten gewaltsam weigern* EGu 6 Q, forhealdan *übsnd;* Hn 13, 11

L**contravalere,** *m ac, aufwiegen, gleich viel gelten wie* Að 1 Q. Hn 64, 2b

L**contremescere** nomen, *st.* ~misc-, *fürchten, beben vor* Iud Dei IV 2, 3

L**contremulare** se *sich kräuseln* Iud Dei XII 22, 2

L**contribulis** *Geschlechtsmitglied, Verwandter* II Em 1, 2 Q (*Var.* -bunalis). Hn 88, 20

L**contubernalis** *Hausgenosse, Mitbewohner* Hn 80, 12; *recte* ~les Ine 38 Rb Q, rihtgesamhiwan (*Ehegatten*) [*irrig*] *übsnd*

L**contubernium** *Genossenschaar* Af 31, 1 Q, hloð *übsnd;* Hn 87, 11 [*aus* Lex Salica]

L**contueri** *schützend verdecken* Iud Dei IX 2, 2. XII 17, 2; = *tegere* 19, 1

L**contumeliare** *tätlich beschimpfen, am Ehrenrechte kränken* Hn 39; quicquid ad iniuriam ~*atur schmähend hinwirkt auf* 13, 1

L**convellere** *zusammenraffen, gewaltsam sammeln;* de lamentis pecunia convulsa Quadr II Praef 7

L**convenire** fine *mit Schluss versehen* Quadr II Praef 13

L**conventiculum** 1) *Gilde* Hn 87, 9 2) *Versammlung* I Cn 15 Q, gemot *übsnd*

L**conventus,** gemot *übsnd, Versammlung;* populi *öffentliches Gericht* Af 22 Q = publicus II As 2 Q. V 1, 1 Q | sinodalis *Witenagemot* VI Atr 40, 2 L | urbis *Stadtgericht* II Cn 18 Cons | centenarii ~ *Hundredgericht* Cons: Hu Inso. II Cn 17, 1 | ~ comitatus *Shiregericht* 18 Cons. 19, 1 Q

L**conversatio** 1) regularis *Ordensregel, Mönchslebensart* I Cn 5, 2d Q 2) carnalis *geschlechtlicher Verkehr* 6, 2 Cons

L**converti** *sich bekehren, in sich gehen* I Em 1 Q

L**convictualis** vacca *Nährkuh Rect* 8 Q, metecu *übsnd*

L**convictus** 1) *Mahlzeit, Kost* VI As 8, 1 Q, metscipe *übsnd* 2) *Zukost Rect* 9 Q, sufl *übsnd*

L**conus** *Münzstempel* IV Atr 5 [*fz.* coin]

F**conustre** 1) *anerkennen* Leis Wl 24 I; conuistre Hk; coinistre I[13] 2) *kennen; pl* 3: ~ssent 46 3) *vgl.* cunuissant

F**cco** *s.* ceo

L**coopertura** *Bettdecke* Hn 82, 8

[-cop] *s.* lahcop, landcop

[-copp] *Der.:* hreacc~

L**coram,** *m ac:* ~ primarios Ps Cn for 14

L**Cordubiensis** [*vgl.* Cornubia?] Ine 32 Rb Q, Wielisc *übsnd*

L**corio** componere *mit Hautverlust, Prügelstrafe büssen* [*vgl.* hyd] VII Atr 2, 4 Q; corii pretium [*für* hydgield] Hn 78, 3 | ~rium capitis cum capillis auferre II Cn 30, 5 In, behætian *übsnd*

corn *Korn; gn:* ∼nes *Rect* 8. 9 | *ac:* ∼ Ger 4. *Der.:* berec∼

corngebrot *Kornabfall Rect* 17

cornlade, *dt, Kornladen Rect* 21,4; *ter*ra uberi [*also als* cornlande *missverstehend*] Q

L**Cornubia** *Cornwall* Wl art Lon*d* *retr* 1. Lon*d* ECf 32 C 3 [*vgl.* Cordubiensis]

L**corona** 1) *Krone als Staatsherrlichkeit, Reichswürde* Wl art Lon*d* *retr* 1. 9. Lon*d* ECf 11,1 A; A 2 f.; 5. 13,1 A. 32 A 3 ff. 2) placita ∼nae *Prozesse, die allein der König* (*oder sein Beamter für ihn*) *richtet, weil er geschädigt ist oder amtlich eingreift oder, im engern Sinne, weil die Sache qualitativ zur Prärogative gehört* HnLond 1. 3 [*vgl.* curune]

L**coronare** *zum König krönen* CHn cor *Prot.* 1. Dat. Lon*d* ECf 11, 1 A 9 = primum ∼ [*Ggs.: späteres* coronari *Krone tragen beim Feste*] ECf 12.27

L**coronatio** *Königskrönung* CHn cor *Prot*[1]. ECf 12,1 = **coronatus** primus *erste* (*staatsrechtliche*) *Krönung zum König* [*Ggs.: späteres Krone tragen an Festen*] 27, 2

F**coroune** *s.* cur-

Corozaim [*aus Matthaeus*] ECf 32,1

L**corpus** Domini *Hostie* I Cn 4, 2 In; ∼poris et sanguinis Domini communicari *Abendmahl nehmen* 19 In

L**correctio** *Gerichtsbarkeit* [*für* steor?] In Cn III 58. 58, 1

L**corrediare** *herrichten, zubereiten Rect* Q 6,2. 7, behweorfan *übsnd.; Var. corrad*-, -rod-

L**corredium** *Unterhalt* Ine 70,1 Q, fostor *übsnd; Mahlzeit* VII Atr 2,2b Q

L**corroborator** *Bestärker, Kraftverleiher* [*Gott*] Duel 6

F**corros** *s.* curruz

F**cors** [L*eib*] *Person;* ∼ le rei *der König persönlich* Leis Wl 24

corsnæd (*Ordal des*) *Entscheidungsbissens; dt:* ∼de VIII Atr 22. 24. I Cn 5,2a (*geänd. aus* ∼neede *oder* ∼nade); 2c | *lat.* ∼nade, panis bene*d*ic*t*us 5,2a In; Q: ∼ned, panis conjuratus *ebd.* 5, 2c; offa ju*d*icialis 5,2c Cons

F**cosin** *s.* cusin

cost 1) *Art und Weise; dt:* coste Iud Dei V 2,2 2) *Möglichkeit; pl ac:* cos*t*as III A*tr* 13, 3

F**cost** *dieser, folgender* Leis Wl 3 I

[-costian] *s.* gec∼

F**costume** *s.* cus∼

cotan, *dt, Hütte* II Cn 76. 76,1 b B; *coton* 76 B. 76, 1 b G

cotsetla *Kotsasse, Kötter; gn:* ∼lan Rect 3; *lat.* ∼le *und* [*aus* ∼sæta] ∼*ete*, ∼*ede* Q; cotsetus Hn 29, 1a. 81, 3

F**cov-** *s.* cuv- **coun-** *s.* cun-

F**coupe-** *s.* colpe

cradele, *dt, Wiege* II Cn 76, 2; ∼*dole, verbessert aus* ∼len B

cræft *Macht, Kraft; dt:* ∼te Cn 1020, 10; his agenum ∼te *Geschäftskraft* (*selbständigen Mitteln eines Kaufmanns*) Geþyncðo 6; hlafordes creafte *Zwangsgewalt* Ger 7. — *Der.:* scinc∼, swicc∼, unc∼, wiccec∼

[-cræftig] *Der.:* gealdorc∼, scinc∼

crafian 1) crauian (*Strafgeld*) *einfordern* II Cn 69,2 B; ∼fige (*op* 3) *übr.* 2) *ptt* 3: ∼fode hine *ihn belangte* (*vor Gericht*) Becwæð 3,1; *latinisirt:* cra-, gravare. — *Der.:* un(be)crafod

crancstæf, *ac, Haspelstock* Ger 15,1

L**crapinum** *s.* orodinum

L**craspiscis** *Wal* [*d. i. Fettfisch: Walfisch und* Delphin] IV Atr 2, 5 Q

L**cravare** 1) *in Anklagezustand versetzen, gerichtlich belangen* Hn 41, 12. 56,6. 57,6. 70,3. 80,6. 81,2. 94,1a; *Var. öfters* gravare | in forisfaciendo (*bei handhafter Tat*) gravare Hn 20, 2. 27 [*vgl.* ingravatus] 2) (*Strafgeld*) *einfordern* II Cn 69, 2 Q, crafian *übsnd*

L**cravatio** *sofortige Belangung, Klageerhebung schon bei frischer Tat* [*Ggs.: nachherige Verklagung ausserhalb Tatorts*] Hn 88, 18a. 94, 2a; 2d; sine ∼one III Atr 14 Q, uncrafod *übsnd* — *Der.:* misc∼

creaft *s.* oræft

L**crebesco** *für* crebresco Quadr Ded 4

L**credibilis** *vertrauenswürdig, ehrlich,* getriewe *übsnd,* Q: III As 7, 1. III Em 7. Hu 4. II Cn 22. 22, 2. 30, 1. Hn 64,9. 82,2a; ungelygen *übsnd* Q: II As 12. V 1, 5; fidelis˘et ∼ *domino* I Cn 20 Q

Credo *Glaubensbekenntnis; dt:* ∼dan I Cn 22,1 B | *ac:* Credan 22; *Credo* A; *dafür* [*volleren Formelanfang*] *Credo* in Deum 22,1 Q. In Cn: 22, 1; 5; *dafür* catholicam fi*d*em Cons

L**credulitas** *richtiger Glaube* I Cn 22,4 In; (*m gn obj = an*) Iud Dei XI 4,7

L**crementum** feudi *Zuwachs, im Ggs. zu* primo feudo? Hn 48, 10

L**cresso** aquaticus *Wasserkresse* Iud Dei X 1, 1

F**cri**, *obl, Landgeschrei, Gerüfte* Leis Wl 4. 28, 2. 49 f. [*Vgl.* clamor, uthesium]

F**crieve**, 3, (*Auge*) *ausstösst* Leis Wl 19

L in suo **crimine** habere *unter eigener Verantwortung halten* IV Atr 9, 1

L**criminosus** *Verbrecher* ECf *retr* 18, 2

Cripelesgate *Cripplegate in London* IV Atr 1

crisman, *ac, Chrisma, Salböl* EGu 3, 2. Northu 9

L**crismarium** *s.* chr∼

Crispinus; *G*ilbertus ∼, *Abt von Westminster* CHn cor Tes*t*[6]

Crist *Christus* Af El 3. 49. 49,7. Af 43. Northu 54, 1. 59. V Atr 2 = VI 9 = II Cn 3. I Cn 22, 2. Iud Dei IV 3. VI 1. VIII 2, 3; 4 | *gn:* ∼tes Af El 49, 1; 7. Af 1, 7. Sa*cr* cor Pro. VIII Atr 37. 42. I Cn 2, 1 (- rodetacn *Ord*al 4,1) Iud Dei IV 4, 1. V 2, 1. VII 23 A. 23, 2 A; Chris*t*es Excom VII 2. Grið 8 | *dt:* ∼te Af El 49, 2. EGu Pro 2. VIIa Atr 2, 1. I Cn 4, 2; 3. Northu 48. 49. Iud Dei IV 4, 6. Geþyncðo 7; Chris*t*e EGu 12. VI Atr 41. VIII 2. Grið 19,1. 22; Crys*t*e Af El 49, 2 H. I Cn 2, 4 A | *ac:* ∼ Iud Dei VII 24 A. — *Besondere Bedd.:* 1) *Weltschöpfer* Af El 3, Deus *übsnd* 2) *Kirche* a) *als moralische Ordnung auf Erden:* ∼tes gespelia *der König* VIII Atr 2, 1. 42 b) *als katholische oder nationale Institution:* ∼tes lahriht *gesetzliches Kirchenrecht* V 31 = VI 38; -lage *kirchliche Gerechtsame* (*Einkünfte*) VIII 37 c) *Bischofs-*, (*Kirchen*)*kasse* EGu Pro 2 = VIII Atr 15 = 36. 2 = I Cn 2, 4. EGu 12. VIII Atr 38. Northu 48 f. 54. 54, 1. 58 f. 3) ∼tes *cirice Dom zu Canterbury* Grið 8. — *Im Ggs. zu* cyning, *Staat, steht* ∼ EGu Pro 2. V Atr 31. VIII 2. 38. Northu 48 f. 54. 58 f. *und in deren Parallelen s.* o. — [*Vgl.* hælend.]

Cristen *christlich; sg:* V Atr 10. VI 12,1. VIII 2,1. I Cn 2,1. 22,6. Grið 31,1. Episc 10; Chr∼ VI Atr 11 f. 27; Crysten I Cn 2,1 A | *gn:* ∼nes I Em 3. I Cn 2,2 | *dt:* ∼num VIII Atr 35. II Cn 54, 1; ∼nan II Eg 5,2. VI Atr 5,2. II Cn 40, 2 (∼num BA); ælcum ∼num men I Em 2 HB; [*me.*]∼ne D; mid ∼ne gemanan I Cn 22,5 A | *ac:* ∼nne Af El 11; ∼ne H So ‖ *fm dt:* ∼nre VIII Atr 2, 1; Chr- Grið 19,1 ‖ *nt:* ∼ Sa*cr* cor 1, 1 | *gn:* ∼nes V Atr 10, 1. VI 13; ealles ∼nes folces Grið 31 | *dt:* ∼num Sa*cr* cor 1 | *ac:* ∾folc V Atr 4, 1 (= Chr∾ VI 2, 2). VI 41. I Cn 6a. Had 1; Chr∾ Griδ 19, 1 | *pl:* ∾ne IV Eg 1 | *gn:* ∾nra VIII Atr 7. I Cn 22, 5 | *dt:* ∾num V Atr 19. VI 25, 1. I Cn 4. Episc 7. 9 | *ac:* ∾ne IV Eg 1. V Atr 2 f. VI 9. 10 || *ac fm:* Christene lage VI Atr 11. — 1) ∾ cyning *Englands König als Moralhüter und Kirchenschützer* VIII Atr 35 = II Cn 40, 2. I 2, 2 2) ∾ folc *Englische Nation, Staatsgemeinde* Sacr cor 1. 1, 1. V Atr 4, 1 = VI 2, 2 = 5 = 41. V 10, 1 = VI 13 = Griδ 31. Had 1 = ∾ne þeod VIII Atr 2, 1. Griδ 19, 1 3) ∾ man *Christenmensch, Engländer als Mitglied kirchl. Gemeinde* I Em 2 f. II Eg 5, 2. IV 1. V Atr 2 f. 19. 22 (= VI 9 f. 25, 1. 27). VI 12. 12, 1. VIII 7. I Cn 2, 1 (= Griδ 31, 1). 4. 22, 5 f. II 54, 1. Episc 7. 9 f. 4) *einheimischer:* ∾ þeow Af El 11 (*statt* servus Hebræus [!] *einsetzend*) 5) ∾ne lage *kanon. Eherecht* V Atr 10 = VI 11. — *Früherem Gesetzestext nur zur Stilweihe eingeschoben seit* I Em 2 f. II Eg 5, 2. IV 1; *besonders* V Atr 2—4, 1. *Der.:* efenc∾

Cristendom *Christentum* Northu 67, 1 | *gn:* ∾mes II Em Pro. V Atr 22. I Cn 19; Chr- VI Atr 27 | *dt:* ∾me I Em 2. Cn 1020, 17 | *ac:* ∾ EGu 2. V Atr 1. 34 G 2. VIII 42. X Pro. I Cn 1. 21. II 11. Northu 47. 67. Iud Dei VII 12, 3 A. VIII 1; Chr∾ VI Atr 1. 40. 42, 2. X 1. — 1) *Kircheninstitution, Glaubenseinheit* EGu Pro 1 = V Atr 34. V Atr 1 (= VI 1 = X 1 = I Cn 1). VIII 42. Northu 67, 1 2) *Teilhaberschaft* (*Anteilgenuss*) *der Kirche* I Em 2 = Cn 1020, 17. Iud Dei VII 12, 3 A = VIII 1 3) *Kirchlichkeit und Moral* II Em Pro = X Atr Pro. V Atr 22 = VI 27 = I Cn 19. VI Atr 1 (= 42, 2 = I Cn 21). 40 = II Cn 11; *im Ggs. z. Heidentum* EGu 2. Northu 47. 67

cristennes *Christentaufe; dt:* ∾nysse Iud Dei VI 1 Vt; cristnesse Du | *ac:* ∾nysse Iud Dei VII 13 A

Cristina, *Schwester des Eadgar Ætheling* ECf 35, 1; 1a

crocca *Wirtschaftstopf* Ger 17. Hn 88, 18; ∾ towallet id est olla non simul bulliat Hn 94, 3a

L crodinum [*für* crapinum?] *Rect* 17 Q, corngebrot *übsnd*

[-cropp] *s.* hreacc∾

L crux sancta *Kreuz Christi* Excom VIII 8; + *im Texte, Zeichen, dass sich der Priester hier bekreuzigte* Iud Dei IV 3[12]

-cs 1) *für* sc: *s.* (ge)ascian, flæsc 2) *für* -hs: *s.* neah, *spla* 3) *dafür* -gs: *s. d.*

-ct *für* -ht: *s.* Eorcanberht, niht, scieldwyrhta, sehtan (?)

cu *Kuh; gn:* cuus Ine Rb 59; cus Ine 59; cu H; ealdre ∾ *ausgewachsener Kuh Rect* 13 | *dt:* ∾ 13, 1 | *ac:* ∾ Af Rb 15 Ld. Af 16. Ine 38. VI As 6, 2. Duns 7. *Rect* 4, 3. — *Der.:* metocu

cucealf, *nt ac, Kuhkalb* Af 16 B

cucu *s.* cwucu

L cucullus *Mönchskutte* [*oder allgemein: Kleiderkappe?*] Quadr Ded 16[10]

F cuer *s.* quor

cuhorn *Kuhhorn* Ine 59 HB; cuuh∾ E | *dt:* ∾ne Ine Rb 59 GH; cuus horne E

cuhyrde, *dt, Kuhhirten Rect* 13

F cuille *s.* coille

L Culintona *Collington in Middlesex* [?] III Em Inso

L culmen *Halm* Ine 61 Q [*für* culmus, *schon antike Poeten*]

L culpa *subjektiver Schuldfaktor: böse Absicht, neben* (*ausser*) *dem schädlichen Erfolge* Hn 34, 1c. 35, 2

L culpabilis *schuldbefleckt, schuldig* II As 6, 1 Q, ful *übsnd;* 4 Q, scyldig *übsnd*

L culpare *beschuldigen, anklagen* Ine Rb 46 Q[10]. Iud Dei II 5, 1; culpatus *früher schon bescholten* Leis Wl L: 14, 1. 51b, blasmed *übsnd*

culter, *ac, Kolter, Messer an der Pflugschar* Ger 15

F cu[l]ti[v]ent, *pl* 3, *bebauen* (*Land*) Leis Wl 29; custinent I

F cultivurs, *pl obl, Bauern* Leis Wl 29, 1

L cultores sanctae ecclesiae *Geistliche* IV Eg 1, 7 L, Godes þeowas *übsnd*

L cultura *bebaute Flur* II Cn 69, 1 In

L oum eo falsum *an ihm haftende Schuld* II Cn 29 Q = Hn 65, 1

F cum, *cj, wie* [*Form abweichend:* com Leis Wl 15, 2 I; *come* Wl art Fz 9; *comme* Leis Wl 2, 1 I]. — 1) *come* li Engleis feseint Wl art Fz 9 2) *nach demonstr* a) si ∾ *so wie* 8, 1. Leis Wl 15, 2. 39. 45, 2 b) tel ∾ 20, 2 (tel que I). 30, 1 c) *tant* ∾ *so viel wie* 10, 1. 20, 4; pur *tant* ∾ il pussent *so lange wie, sofern* 29, 1 d) a duble de ce comme (*de* ce que [*älter*] *übr.*) 2, 1 Io: *doppelt so viel wie, das doppelte dessen, was*

cuma *fremder Gast* Af El 3 Ld | *ac:* ∾an Hl 15

cuman *kommen* II As 11. VI 5. VIII Atr 39 | 3: cymδ Af 37, 1 B (*verbess.* onc∾ *wie* EH). Wl lad Pro | *op* 3: cume II As 23. VI 12, 2. I Em 3. IV Eg 7. 8. II Atr 3, 1. V 6. VIII 38. Northu 37. Ordal 1. Ger 10; cuma Hl 5 | *pl* 1: ∾ VI As 7 | 3: ∾ V Pro 1 (∾men Ld). II Atr 2. Excom VII 5. 22 | *ptt* 3: owom Af El 49 (com G; becom H). VIIa Atr Inso. Cn 1020, 5. Swer 3, 4 | *pl* 3: comon Af El 49, 3; coman VI As 10 | *op* 3: *come* Af El 49. II Atr 8. 8, 2. II Cn 23 | *pl* 3: comen Ine 49, 1; comon B | *pc:* ∾ Hl 15 | *dt masc:* cumenum Ine 20 Rb; cumenan H | *pl ac:* cumene Af El 33. VI Atr 48 | *schwache Form* (*sbstirt*) *dt:* cumenan Af El 47. II Cn 35, 1; cymenan Af El 47 *G.* — 1) *kommen* Af El 49. Ine 49, 1. II As 11 a) eft∾ Hl 5; ham∾ *heimkommen* VI As 5. II Eg 4, 1; 2. 7. 8 b) in carcern VI As 12, 2; innan circan Northu 37. Ordal 1; binnan muδan II Atr 2 c) of*er* mearce Hl 15 d) on *eard* V As Pro 1; on neawiste I Em 3; on unfriδland II Atr 3, 1; on worold Af El 49 e) to Af El 49, 3. II As 23. V Atr 6 G 2 D. VI 3, 1. VIIa Insc; winter to tune Ger 10 | togeanes *entgegenkommen* VI As 10 | þe þys gewrit to cymδ Wl lad Pro f) *m dt:* hwanon hit him come *an ihn gekommen sei* II 8. 8, 2. II Cn 23 2) *übtr.* bot mæg ∾ *erscheinen* VIII Atr 39 a) ∾ of *erwachsen aus:* swa hit of .. þingum com Swer 3, 4; þe eow mæst hearm of com Cn 1020, 5 b) ∾ to *gelangen zu:* to gilde VI As 7; to rihte 5; ∾ to *bote zur Poenitenz sich bekehren* Excom VII 5. 22 | *geschehen:* eow nan unfriδ to ne cymδ Cn 1020, 5; cume to bote! *wende es sich zum Besseren* VIII Atr 38. — *Der.:* ac∾, bec∾, forδc∾, oferc∾, onc∾, toc∾; feor(ran)cumen, utancumen

L cunctipotens *allmächtig* VI Atr L 5, 3. 13

[-cund] *Der.:* eorlc∾, feorc∾, gesiδc∾, godc∾, woruldc∾

F cunged, *obl, Erlaubnis* Leis Wl 4, 1; congé 44, 2

cunnan *kennen, können;* 1: can Ger 17 | 3: can Iudex 8; cann II Cn 24, 3 | *pl* 2: ∾non I Ew Pro | *op* 3: ∾ne VI Atr 27, 1 D. I Cn 4, 1. 22. Ger 19 |

ptt 1: cuðe *ebd.* | 3: cuðe III Eg 3. II Cn 15, 1. 15, 1a | *pl* 3: cuðon Duns 3, 3. — 1) *wissen, verstehen* **a**) *m ac:* rihtoste I Ew Pro; hit na rihtor III Eg 3 = II Cn 15, 1. Iudex 8 **b**) *ohne obj:* bet∼ *einsichtiger sein* II Cn 15, 1a. Duns 3, 3. Ger 19 2) *können, m inf:* VI Atr 27, 1 D. I Cn 22. II 24, 3. Ger 17; *mit zu ergänzendem Inf.* I Cn 4, 1 (Ger 19?). — *Der.:* onc∼

[F] **cunquest,** *obl, Eroberung, Erwerbung, Annexion* Leis Wl Pro; con∼ I

[F] **cunseil,** *obl, Rat, Ratschlag* (*des Freundeskreises über Verhalten der Prozesspartei*) Leis Wl 10, 2; con∼ I [*vgl.* consilium 3]

[F] **cunte,** *obl, Graf; relief* a∼ Leis Wl 20, eorles heregeata *übsnd*; *envers* ∼ 42, 1, wið *eorl übsnd* | *no:* li queons 16; lui quenz I; u quens [*falsch, vielleicht aus* vesquens] 2, 1 I

[F] **cunté** *Grafschaftsgericht; obl* Wl art Fz 8, 1. Leis Wl 2, 3; cou∼ I; scir(gemot) *übsnd:* conté 43. 44. 44, 1 | *no:* conté 44, 1

[F] **cunuissant** *geständig* Leis Wl 7; conusaunt I; counsaunt I[14] [*vgl.* conustre]

[L] **Cuonradus** *Kaiser Konrad II.* Cn 1027, 5 [*vgl.* Cenred]

[L] **cupere** *gönnen* I As 5 Q, (ge)unnan *übsnd* [*vgl.* exopto]

[L] **cupidinitas** *für* ∼*ditas* Quadr Ded 10

[L] **cuppa** *Schale, Trinkgefäss Rect* 14 Q, blede *übsnd*

cuppan, *pl ac, Becher* Ger 17

[L] **cur** *dass* [*final, consecutiv, Objectsatz einleitend; in späterer Rec. oft verbess. in* quod] Q: Af 19, 3. Ap AGu 6. III As 6. VI 11. II Em 7, 1. II *Atr* 1. III 3, 1. IV 5, 3. 9, 2. Wif 3. Geþyncðo 7. Iudex 3. Hn 31, 8. 77, 2

[L] **curia** 1) *Hofstelle um das Wohnhaus herum;* domus [*s. d.*] et ∼ *Gutsgehöft* Hn 91, 2 2) *domanialer Teil des Manors Rect* 4, 2c. 7 Q 3) *Hofhaltung, Gefolge: regis* vel baronum Lib Lond 2; ∼*regis* [= *domus, unpolitisch*] Hn 80, 7a (*auch* 80, 1?). II Cn 59 Cons, hired *übsnd* 4) *Gericht*(*shof*) Leis Wl L: 24. 42, 1; (*herrschaftlich*) ECf 9, 1f.; *domini senioral* Hn com 3, 1. Hn 9, 4; *ecclesiastica Baronialgericht der Kirche* ECf 4 | *Gerichtsherrlichkeit, synonym mit* sacu 7 soon 21, 1 5) *Centrum eines Gerichtsbezirks, Stadt mit staatlichem Gericht* Hn 64, 9a 6) *in Quadr* burg *übsnd:* II As 20, 1; 4. VI Pro. II Atr 5, 2. III 6, 1. II Cn 22, 1 (*daraus* Hn 67, 1a; *auch* In Cn). Blas 3; ∼ pacis II Atr 2, 1 Q, friðburg *übsnd* 7) *regis* ∼ *staatl. Provinzgericht vor Sheriff* Hn 51, 6 8) ∼ *regis Regierungscentrum* Lond ECf 32 B 12; *oberstes Gericht des Staates* Hn 9, 10a. 31, 4 = ∼ *regalis* Ps Cn for 10 = ∼ mea Hn com 3 [*vgl. fz.* curt]

[L] **curiola** *kleines Bauerngehöft* Ine Rb 40 Q, worðig *übsnd.* [*Vgl.* curtillum]

[L] **Curlandia** *Kurland* Lond ECf 32 E

[L] **curriculum** temporis *Zeitlauf* ECf *retr* 35, 1b

[F] **curruz,** *obl, Zorn* Leis Wl 39, 1

[F] **curt,** *obl, Gericht, Gerichtshof* **a**) *vor dem König persönlich* Leis Wl 24 **b**) *baronial oder senioral:* 5, 2. 6, 1. 24. 42, 1 [*vgl.* curia]

[L] **curtare** *verkürzen, verstümmeln* II Cn 30, 5 Cons

[F] **Curtehose** *'Kurzhose'* [*Beiname Herzog Robert's II. von der Normandie*] ECf 11, 2 *retr*

[L] **curtillum** *kleine Hofstelle* Ine 40 Q, worðig *übsnd* [*vgl.* curiola]

[F] **curune** le rei, *obl, Krone* [*bildl.*], *Vorrecht des Monarchen* Leis Wl 2a (coroune I) *statt Cnut's* cyning [*vgl.* corona 2]

[F] **cusin** *Vetter, Verwandter* (*heisst Wilhelm I. im Verh. zu Eadward III., dem Sohne Emma's, der Schwester von Wilhelm's Grossvater*) | *obl:* cosin Wl art Fz 4, propinquus *übsnd* | *no:* ∼ Leis Wl Pro; cosin I

[L] **custodia** 1) *Posten des Gutsverwalters* (*Herrschaftsvertreters*) *bei Behinderung des Herrn* Hn 56, 7 2) *Vormundschaft* 70, 19 [*vgl.* custos]

[L] **custodire** 1) *verwalten;* ad ∼diendum (*dem Fiscus wirtschaftlich zu verwerten*) placita coronae meae et placitandum (*vorsitzend abzuhalten*) Hn Lond 1 2) hine heolde *lag wohl vor für irriges* eum ∼ierit III As 4, 1 *und meinte 'sich betrug'*

[L] **custos** 1) *Wächter, Hüter* (*von Stadttoren*) IV Atr 1 2) *Gerichtsvogt* (*Amtmann eines Privatgerichts*) Lib Lond 4 3) *Vermögenspfleger, Vormund* CHn cor 4, 1 [*vgl.* custodia]

[F] **custume** *Gewohnheitsrecht; no:* Leis Wl 3 | *pl obl:* costumes 4, consuetudines (*Personal-Rechtspflicht*) *übsnd* | *pl no:* leis et ∼es *Rechtsverfassung* Leis Wl Pro. Wl art Fz Insc; ∼es de eglise *Gerechtsame* 1

cutægl *Kuhschwanz* Ine 59 B

cuð *bekannt, kund;* þes ræd ∼ sy earmum IV Eg 15, 1; us ∼ is *Rect* 21, 1; ∼ utlage, *Var. für* gecydne (*proclamirt*) II Cn 13, 2 In; ∼ (*Var.* kuth, chud) oðer uncuð, privatus vel alienus, cognitus vel incognitus ECf 23 | *dt instr:* his cuðan ceape *offenen* (*unverholenen*) *Kauf* Hl 16, 2. — *Der.:* namcuð, uncuð(lic)

cuðe *s.* cunnan

[F] **cuvenant,** *obl, Rechtsabmachung* Leis Wl 23; cov∼ I

[F] **cuverte,** *ptt pc fm, bedeckt* (*durch Kleid oder Haar*) Leis Wl 10, 1

cw- *ersetzt durch* qu-: *s. d.*

cwaciað of, *pl* 3, *zittern vor* Iud Dei VII 23, 1 A, timebunt in *übsnd*

cwæle *s.* cwellan

cwæð(an) *s.* cweðan

[cw]alstow; *pl:* qualstowa id est occidendorum loca *Hinrichtungsstätten* Hn 10, 2; *Var.* gwal-

[-cwealm] *Der.:* færc∼

on **cwearterne,** *dt, in Gefängnis* II As 1, 3 B; ∼rcerne Ld [*irrig*]; carcerne [*s. d.*] HO [*me.* quartern]

[-cwed(ræden)] *s.* gecwydræddene

[-cwelan] *Der.:* ac∼, bec∼, oðc∼

cwellan *töten, hinrichten; op* 3: ∼le Wi 26. 26, 1 | *ipa:* cwæle Af El 45 So Ld; acwel(le) *übr.* | *ptt* 3: cwealde VI As 12, 1. — *Der.:* ac∼

cweman *wohlgefallen* II Cn 84, 3. *Der.:* gec∼

[-cweme], ∼elice, ∼mnes *s.* gec∼

[-cwencan] *s.* ac∼

owone *Ehefrau; dt:* cwynan Abt 85 | *ac:* -nan Northu 35

cweðan *sagen;* 3: cwyð Wi Pro 3. II As 14, 1 So Ld; cweð Ot; cwæð H | *pl* 1: ∼að Af 42, 5; cwæðað Ot | *op* 3: ∼ðe Af El 11. VI Atr 10, 3. II Cn 2a. Excom VII 24; cwæðe Af El 11 So Ld | *pc:* cweðende Wi 18 | *ptt* 1: cwæð *Rect* 4, 4. 6, 3. Ger 4 | 3: cwæð Wi Pro 2. Af El Pro. 49. I As 2. 5. VI 12, 1. Iudex 5. 10, 1 | *pl* 1: cwædon Af 42, 2. I Ew 1, 2. 3. II 8. II As 2. 4f. Hu 4f. IV Eg 9. II Cn 24, 2. Ordal 3. Blas 1; cwedon B; cwæde we II Em Pro 2 | 3: cwædon Af El 49, 10 (cwæðon Ld). A Gu 2 B 2. 5. E Gu Pro Ld (gec- *übr.*). I Ew 1, 5 | *op pl* 3: cwæden Excom VII 5 | *pc:* cwiden Abt 71; gecweden A Gu Pro. I As 3. II 7 (*geänd. aus* cweden H). VIII Atr 6. I Cn 8,2; gecwedan II Eg 3,1; gecwæden Ld — 1) *feierlich sprechen* Wi Pro 2. Af El Pro. I As 2.5. VI Atr 10,3 = 2 Cn 2a. Excom VII 24; Drihtene *zum Herrn* 5. Iudex 5. 10,1 2) *bestimmen, verordnen* Af El 49. Af 42,5. A Gu Pro. 2 B 2. 5. I Ew 1,2; 5 | be '*über*' 3. II As 2. 4. 5. II Em Pro; 2. Hu 4 f. II Eg 3,1 = I Cn 8,2. VIII Atr 6. Blas 1 3) *erklären* Wi 18. Af El 11. 49, 10; to his witan VI As 12,1; *verkünden* I 3 4) *unpers.* hit cwyð *es lautet, heisst* Wi Pro 3; cweð II As 14,1 5) *sagen*; *wie wir gesagt haben* (*oben g. ist*) Abt 71. Af 42,2. II Ew 8. II As 7. IV Eg 9. II Cn 24,2. Ordal 3. *Rect* 4,4. 6,3. Ger 4. — *Ersetzt durch* gec∼, *s. d. Der.:* bec∼, gec∼, toc∼

cwicæhtum, *pl dt, Lebgütern, Stücken Vieh* Af 18,1; cwyc∼ B

cwicu *s.* cwucu

cw[i]ddian; *ptt* 3: cwydde hine *ihn in Anspruch nahm, gerichtlich verklagte* Becwæð 3,1. — *Der.:* uncwydd

cwide 1) *Beschluss, Verordnung* Hu 2. I Atr 4,3. II Cn 33,2 B; cwiðe A; cwyde G 2) cwyde *Spruch: der Propheten* Iudex 12; *des Richters* 16. — *Der.:* wiðerc∼, wordgec∼

cwideleas; cwyd∼ gewite *ohne letztwillige Verfügung stirbt* II Cn 70; quideles Q; [*irrig*] obmutescit (*verstummt, sprachlos wird* [*aus Röm. Recht?*]) *übs* In Cn

cwiden *s.* cweðan

cw[ie]lman; *ptt pc pl:* cwylmede wæron *getötet wurden* Iud Dei VIII 2, passi sunt *übsnd*

cwiðe *s.* cwide. **o(w)om** *s.* cuman.

c[w]ucu, *adj, lebend, lebendig; dt:* cwicum ceorle Abt 85. II Cn 53; men Nor grið Z. 4; him cwicum Af El 25; ceape I As Pro; cwycum Af El 25 H; cwicon III Atr 1,2; æt cwicon ... æt deadon 2 | *ac:* cwicne swa deadne III Eg 7,1; cucune D; cucenne A; swa cucne swa deadne G 2. II Cn 25 a; *diese Wendung lag vor für* vivum vel mortuum IH Em 2; cwicne Grið 14 ‖ *nt:* cucu feoh Af El 28; cwicu G; cuce orf IV Eg 8; cwic bearn Abt 78 | *dt:* cucum orfe IV Eg 13 ‖ *pl dt:* cwicum mannum VIII Atr 4. I Cn 3 ‖ *praed masc:* cwic Af 68 | *pl ac:* cuce oððe deade II Atr 6; [cute B

cwyd- *s.* cwid-

cwylmede *s.* cwielman

cwyne *s.* cwene. **cwyð** *s.* cweðan

kycenan, *ac;* cirican 7 ∼ *Kirche und Küche* [*Characteristica des Thegn-Besitzes*] Geþyncðo 2 H

cyfa, cyflas, *pl ac, Eimer, Kübel* Ger 17

cyg *s.* ciegan

cyllan, (*pl?*) *ac, Flasche* [*oder Schlauch*] Ger 17

cylne, *ac, Darre, Trockenofen* Ger 11

[-cyme] *s.* toc∼, ymbc∼

[-cynd(elic)] *s.* gec∼

cynebot *Königsbusse, die Busse für Erschlagung eines Königs, die dessen Volke* (*Lande*) [*nicht dessen Sippe*] *zufällt* Norðleod 1. Mirce 4 | *dt:* for ðæs rices cynebot [!] Mirce 3, 1 Ld; *regni emendatio* Q; for cynedome *übr.*

cynecynnes, *gn, Königsgeschlechtes* Norðleod 1 Ld

cynedom *Königtum* Northu 67,1 | *gn:* ∼mes Norðleod 1; sin-, cyngd- Q *Var.* | *dt:* ∼me V Atr 1. Mirce 3,1 | *ac:* ∼ VIII Atr 42. X Pro. Pro 1 | *pl ac:* ∼mas Ine Pro — 1) *Königtum* V Atr 1. VIII 42. X Pro. Pro 1; *Staatswesen, Monarchie* Northu 67,1 2) *Kronwürde, Amtsrang* Norðleod 1. Mirce 3,1 3) ∼mas *Königsverordnungen* Ine Pro [*oder subjectiv: Kronrechte, Monarchen-Prärogative; vgl. Grein, Glossar unter* dom: honor, dignitas, *poetisch auch pl*]

cynegilde, *dt, Entgelt-Zahlung für den erschlagenen König* [*bestehend in* a) *Sippenwergeld und* b) *Kronwürden-Busse*] Mirce 3,1; ∼dum Q; *Var.* kin-, cen-

cynehlaford *königlicher Herr*; *dt:* ∼de VI As 8,9. VI Atr 1,1 | *ac:* ∼ V 35. VIII 44,1. IX Expl

c[y]nelic, *adj, passend;* cin∼ VI As 8,3

cynescipe *Königswürde, königliche Ehre; gn:* ∼es IV Eg 2a | *dt:* ∼ II Pro. IV 2. I Cn Insc A. Pro; ∼cype Cn 1020, 9; kynescype 8; ∼cippe I Cn Pro Ld

cyning *König* Abt Inso. 2. Ine 23. A Gu Pro. I Ew Pro. As Alm Pro. I Atr Pro. III 16. V 28. VIII 2,1. Cn 1020,1. I Cn Inso A. Duns 9,1. Grið 6; ky∼ Ine Pro; ∼gc I As Pro. III Eg 7,3 D. IV Pro. VIII Atr 1,1. 7. I Cn 2, 3; 5. Northu 54,1. 59; ∼nc A Gu Pro; cynn∼ I Cn Pro Ld; cin-, ciningc Pro. 2,2; kin∼ Ine 23 Bu; cyng Af El 49, 10 H. Ine B: 23. 27. A Gu Pro B 2. E Gu Pro. 12. I As Pro G. II Eg Pro. II Atr 1. III 11. VIII 6. II Cn 31,2 B (*zugefügt*). Hu 3,1. Grið 4. 15. Wl lad Pro. 3; kyng Wl Lond 1; cyngc I As 5. I Em Pro. VIII Atr 3. 32 f. 42. I Cn Insc D; cynog Af Rb El 49,6. E Gu Insc; cing A Gu Pro B 2; cingc II Cn 12 f. 40. 59 | *gn:* ∼ges Abt 5. Af Rb 7 Ot G. Ine Rb 19. 33. Af 4 (∼ So!). Ine 6. 45. A Gu Pro B 2. 3. I Ew 1,1. I Atr Insc. V 30 f. VI 36 f. VIII 3. 8. 37. Northu 51 f. 58. Wer 4. Iud Dei IV 4,2. *Rect* 1,1. Geþyncðo 3. Norðleod 4. 7. Wl lad Insc; kyninges Af Rb 7 H. Al 7 B H. III Atr 6,1; ∼ncges Af B 4. 22. II Eg Insc D. III Insc D; cininges A Gu 3. I Cn 2,1; kininges Ine 6 Bu; ciningces I Cn 2,2; 5. 8,2. II 58 f.; cinyncges I As Inso; ∼iges I Em 3 B. II 6 B. *Rect* 3,4; cyngæs Hl 16,1. Wi 5; cynges Hl 7. Af Rb 7. Ine 50 B. II Eg 3,1. III 3. 8. III Atr 12. V 29 f. VI 13. 26. Northu 48. Geþyncðo 2. 3. Norðleod 1. 9. Mirce 2. Grið 1. 9. 15.; kynges Wl Lond 2; cinges Wi 2. Ine 19 B. III Atr 7. Pax; kinges III Atr 1,1. II Cn 71,1 In Cn. ECf 12; cingces I Cn 3,2. 8,2. II 33. 71,1; 3; chingis ECf 12[7] | *dt:* ∼ge Abt 4. Af 37,1. II As 1,5. VI Atr 34. VIII 10 f. 36. Ordal 6; kyninge Ine 23,1; ∼gce VIII Atr 38. I Cn 2,4. II 13; 1 A (*oder* cynnigce). 42; kyningce 40,2; cynge Hl 12. E Gu Pro. II Eg 4,1; 2. III 3. 7,2. II Atr 1. VIII 34. Hu 5,1. II Cn 13,1 B. Northu 48. 58. Geþyncðo 3. 8. Grið 22. Wl lad 2,2; cinge Ine 76,1 B. Sacr cor Pro; cingce I Cn 3,2. 9,1. II 13,1. 25,2. 37. 65 f. 71,4; ∼! II As 3 So. II Cn 13,1 Ld; cyng! III Eg 3 So Ld. II Cn 15,1 B | *ac:* ∼ II Em 1,3. Cn 1020,17. Grið 4; ∼ngc I Em 5. II Cn 15,2; ∼nc V Atr 30 D. II Cn 83 A; ciningc 57; cyng III Eg 2. Ine 50 B; cing II As 3. II Cn 44,1; cinge I 1. II 17. 63. 83. ‖ *pl:* ∼gas Hl Inso Pro. — *Besond. Bedd.* 1) *Staatskasse* a) *provinzielle, einer Shire* Af 37,1 b) *im Ggs. zu* Crist, biscop (*d. i. Kirchenkasse*) VIII Atr 2 = I Cn 2,4. VIII Atr 36. 38. Northu 48. 54,1. 58 f. 2) *hinter dem gn* cyninges *oder* (*wenn der König spricht bezw. eben erwähnt ist*) *dem pron* '*mein*' *bezw.* '*sein*' *stehen* [*Citate s. betr. Wörter*]: anweald *Königreich, England* | bend *öffentliche* (*staatliche*) *Haft* | bisceopas, *auch* ærcebisceop [*bezeichnet die Prälaten als Kronräte* *und Staatsbeamte*] | borg = mund (-byrd, -bryce) = grið *höchste Umfriedung, sicherster Schutz, daher das bei Verletzung dem Staat verwirkte Strafgeld bestimmter Höhe;* handgrið *vom König persönlich erteilter Sonderschutz* | burg (-bryce) a) *königliche Residenz, Schloss, Königshof* = healle = hired = hus = neawist [= sele, *welches bei* Hl *nur Obergericht*] b) *reichsunmittelbare Gerichtsstadt* | ealdorman (-monna) *Graf, Herzog, Provinzregent* under cynge II Atr 1 | feorm *königliche Gastung, Naturalabgabe bestimmter Höhe* | freond *loyaler Getreuer;* freondscipe *Hofgnade, Regierungsgunst* | gafol *Staatssteuer* | geferræden *Vasallitätsverband* | geneat *Gefolgsmann* | (heah-, wic-) gerefa *staatlicher Beamter, Richter, Krondomänenvogt* | godsunu *Patenkind* | grið, handgrið *s. o.* borg | ham *Krondomäne* | heahgerefa *s. o.* gerefa | healle, hired *s. o.* burg | hordera *Kämmerer, Steuerverwalter* | horswealh *Marschall* | huntnoð *Forstjagd* | hus *s. o.* burg | laga = lahriht = riht *staatl.* (*bürgerl., nicht kirchl.*) *Gerechtsame, bes. Einkünfte* | man *Königsvasall* | mund *s. o.* borg | mynetere *Münzer* | neawist *s. o.* burg | oferhiernes *Strafgeld von* 120 *Schilling für Ungehorsam gegen Königsbefehl* = wite | riht *s. o.* laga | sele *s. o.* burg | þegn *Königsministerial, reichsunmittelbarer Adliger* | tun *Königsortschaft* | utware *staatlicher Ferndienst im Heere* | wergield *Königswergeld-Betrag* | wicgerefa *s. o. gerefa* | witan *Staatsräte, Reichstag, Magnaten* | wite *s. o.* oferhiernes **3)** *hinter dem gn des Namens des regierten Volks steht* ∼ Hl Insc. Pro. Wi Insc. Af El 49, 9 f. V Atr Pro. VIII Pro; Ine mid *Godes* gife West-seaxna ∼ Ine Pro; Cnut Englalandes 7 Dena ∼ I Cn Pro; ∼ Cantwara Wihtræd Wi Pro; *sonst stets, ohne Nennung des Regierten,* ∼ *hinter dem Namen des Königs:* Abt Insc. Af 49, 9. AGu Pro. EGu Pro. I Ew Pro. II 1. I As Pro. II Epi. V Pro. VI 10. I Em Insc. Pro. II Pro. II Eg Insc. Pro. III Eg Insc. IV Pro. I Atr Insc. Pro. II Pro. 1. 3, 1. III Pro. VIII 7. IX Pro. X Pro. Cn 1020, 1. I Cn Pro. 1. Wl lad. Wl Lond **4)** *gn des Namens und* ∼ges *getrennt:* Wihtrædes domas Cantwara ∼ges Wi Insc; Ælfredes laga ∼ges AGu Insc B 2

cyningæde *Königs-Eideshelfer;* ky∼ Ine 54; ∼æðe BH; ∼aðe Ld

cyn[in]gdom *Königswürde; gn:* cyngdomes Norðleod 1 Q *Var.;* cyned- *übrige*

cynn I) ***sb:*** *Geschlecht, Art; gn:* ∼nes V Atr 25 = VI 28, 3. II Cn 5, 1. Forf 3, 1. Ger 13 | *dt:* ∼ne VI Atr 12. I Cn 7. Norðleod 1 Ld | *ac:* ∼ Iud Dei IV 4, 1 — **1)** genus humanum *glossirt durch* ∼ mennisc *ebd.* **2)** *Volksstamm:* Engla ∼ *Engländer* (Engle H) Norðleod 1 Ld **3)** *Sippe* VI Atr 12 = I Cn 7 **4)** *Stand, Rangklasse:* gesiðcundes ∼nes Norðleod 11 **5)** *Art, Beschaffenheit:* sy þæs ∼nes orf, þe hit sy *welcherlei Vieh es auch sei* Forf 3, 1; mæniges (æniges) ∼nes *mancherlei* (*irgend welcher*) *Art* V Atr 25 = VI 28, 3 (II Cn 5, 1); þes ∼nes [? synnes *Hs.*] *derart* Ger 13. — *Der.:* Angelc∼, cynec∼, engelc∼, mannc∼, sædc∼ **II)** ***adj:*** hit ∼ sie *es gehörig sei, zukomme* Ine 42 H; kyn E; cyn B

cynn(-) *s.* cen∼

cyp(-) *s.* ciep(-). I) **cyre** *s.* cierr

II) **cyre** 1) *Auswahl; dt:* að butan ∼ [*Ggs. zu* cyreað] *Eid ohne Ernennung der Eidhelfer durch Richter oder Gegner des Schwörers* V As 1, 5; *unübs* Q *mit Var.:* scyre, syre **2)** *ac:* ∼ *Wahl* (*zwischen zwei Ordalarten*) Blas 2

cyreað *Eid unter Helferernennung durch Richter oder Gegner* Duns 6, 2 (Q *Var.* scyrað). II As 9; iusiurandum electivum Q, *Var.* scir∼; ∼eoð (o *geändert in* a) H; cyrað IV Atr 7, 3, *Var.* cir-, syr- [*Ggs.:* ungecoren að = að butan cyre *Eid unter Hinzunehmung der Helfer durch Hauptschwörer*]

cyr[e]n; *ac:* cyrne *Butterkerne* = *-rfass* Ger 17

cyric(-) *s.* ciric(-)

kyrieleison *'Herr, erbarme Dich'* Iud Dei XVI 30. Duel 1, 8. Excom IV 15

[-cyrige] *s.* wælc∼

cyrlisc(-), **cyrr** *s. cier-*

cysfæt, *ac, Käsebehälter* Ger 17

cyslyb, *ac,* [*Käse-*]*Lab* Ger 4

cyssan *küssen* Ordal 4, 1 | *op* 3: cysse Grið 27

cyst *Kiste, Koffer; gn:* ∼te II Cn 76, 1a B | *ac:* ∼te 76, 1a. Ger 17

cyswyrhtan, *dt, Käsemacherin Rect* 16; ∼te *ebd.* Insc

cytel, *ac, Kessel* Ger 17. — *Der.:* Þurc∼

cyð *s.* cyððo

cyðan VI As 12, 1. III Eg 3 A (gec∼ *übr.*) II Atr 3, 4. II Cn 15, 1 | 1: cyðe I As Pro G. Cn 1020, 2. Wl Lond 2; cyð V As Pro Ld! | 3: cyð I As Pro D. V Pro. II Em Pro. Wl lad Pro. | *pl* 1: cyðað Af El 49, 3. *Rect* 21, 1 | *op* 3: cyðe Ine 53. I Eg 2. IV 6, 1. 8, 1. Hu 2. 5. II Atr 3, 3. III 2. 15. Wif 3 | *pl* 3: cyðan IV Eg 8, 1 ‖ *ptt* 3: cydde 8 (*op?*). Cn 1020, 5 | *pl* 2: cyddon IV Eg 12 | *pc:* wurde gecyðed V Atr 32, 4 D; *ac:* expulsum clamatum dicunt 'gecydne utlage' II Cn 13, 2 In; *Var.* gekidne, cuð — **1)** *melden, anzeigen, mitteilen* IV Eg 8. 8, 1. V Atr 32, 4 D; þam men Hu 2. 5; to 3 tunan III Atr 15 | *schriftstellerisch berichten, lehrend erklären Rect* 21, 1 | *versprechend erklären:* hwæs he geunne Wif 3 | hine ∼ *sich zu erkennen geben* II Atr 3, 3 f. | *m. dt des Adressaten, vor* þæt, *dass* Af El 49, 3; be *durch* (*Boten*) VI As 12, 1. Cn 1020, 5 **2)** *erzeigen, bekunden:* hyld(o) ge me cyddon IV Eg 12 **3)** *gerichtlich aussagen, beweisen:* on aðe Ine 53; mid aðe III Eg 3 A = II Cn 15, 1; on (mid) gewitnesse IV Eg 6, 1 (III Atr 2). **4)** *befehlend proclamiren, verkünden:* gecy[d] utla[h] *friedlos erklärt* II Cn 13, 2 In | ∼ *zu Beginn königl. Erlasses:* cyð to healdenne *gebietet zu beobachten* Wl lad Pro; *sonst vor dt des Adressaten und* þæt, *dass* I As Pro. V Pro. II Em Pro. Cn 1020, 2. Wl Lond 2. — *Der:* gec∼, oferc∼; ungecyd

cyðra, *pl gn, Blutzeugen, Märtyrer* Iud Dei VII 12, 2 A, martyrum *übsnd* [*vgl.* martyra]

cyððo 1) *Heimat; dt:* cyððe II Cn 6; cyðe A; cyððan B **2)** *ac:* cyððe habban to *Beziehung haben zu* II Cn 71, 4

D.

d 1) *unorganisch* **a)** *hinter* n: *s.* anfeald, benfeorm, healdan (*flect inf*); infangendþef [*unter* -neþeof], openlice, Þunres felda **b)** *hinter* l: *s.* gehalre, hemold [*unter* heimel-] **2)** *geschwunden* **a)** *hinter* n: *s.* and, andswarie, andweard, geandbyrdan, handgrið, landfyrde, onlan[*d? s.* onlænan], freondscipe, geond, hund, hun*dred*, hundteontig, mundbyrd, (myndgian), syn [*unter* is] **b**) *vor* n: *s.* (ge)rædnes **c**) *hinter* l: *s.* gildscipa, scieldan (?), woruldcund **d**) *vor* l: *s.* æfwierdlan **e**) *hinter* r: *s.* weardscot **3**) *assimilirt an* g: *s.* brydguma **4**) *abweichend:* **a**) *für* dd: *s.* gebiddan, handdæda, middanwinter, un*der*þeodde, utgelædde, weddian **b**) *für* t: *s.* heahsetl, strætbreche **c**) *für* ð α) *anlaut.: s.* þearf, þ*r*ie, þrinnes, þ*r*iwa, geþristlæcan β) *inlaut.: s.* byrðen, (un)cuð, cwædað [*unter* cweðan], feorða, frið, (hand)grið, hæðenscip*e*, gehwæðer, (ben)ierð, lað(leas), mæðl, amyrdrede, geneðan, weorð, weorðan, weðer, wiðoban 5) *dafür abweichend* t, þ: *s. d.*

L **d** *für* t: *s.* *c*apu*t*, detrimendum

F **d** *für* s: *s.* deraisner **d'** *s. d*ener

L **Dacia** *Dänemark* ECf retr 16 *Var.* (Dania *übr.*). Lon*d* ECf 11,1 A 3. 32 E | *König:* Cnut Quadr Arg 2; *auf dessen Engl. Reichstage* primates *aus* ∼ Arg 4

L **Dacus** **1**) *Däne Dänemarks* In Cn Insc 2) *Nordmann in Englands Denalagu, Anglo-Skandinave* Q: AGu 2. II Atr 5. 5,1. II Cn 45,3; Hn 14,4. 34,8. 66,5. 70,6 f. Lon*d* ECf 13,1 A. 32 B 7; Dacorum provincia *Denalagu* Hn 9,10

I) **dæd** *Tat* EGu 2 B. 12 B. V Atr 31. VI 38. VIII 4. 4,1. 27,1. 29. 34 (= II Cn 40,2; *dæda* Ld; *dada* A). I Cn 3. 3 a. 5,4 (*dade* A). II 30,4. 43. 45,2. 46 (*deed* B). 46,2. 50. 61,1. Had 1,2. 9; dæde EGu H: 2. 4,1. 12; Cn A: I 3. II 46,2. 50. 61,1. Wal | *gn: dæde* VIII Atr 27,1 = I Cn 5,4 (*dade* A). 19,3 (*deda* A); *dæda* VI Atr 30 D | *dt:* dæde Af 36,1. VI Atr 10,2. 53. VIII 5,2. Had 10; dæda VI As 7 | *ac:* dæde EGu 12. VI Atr 10,2. 53. VIII 34 = II Cn 40,1; dæda Ld; *dada* A | *pl gn:* dæda 4 | *dt:* dædum Af Rb 14; *instr:* Af 52 | *ac:* dæda VI As 7. V Atr 24 f. = VI 28,2 f. I Cn 4,2. 23 ‖ *Verbind.:* ge dæde ge dihtes Sw*er* 5; æt *ræde* ne dæde 3; *wordes* 7 dæde V Atr 26 (= *dæda* VI 30 D) = I Cn 19,3. II 84, 4 b; weorces B. — **1**) *Weihehandlung* I 4,2 **2**) *gute Tat* V Atr 26 = VI 30 D = I Cn 19,3. II 84, 4 b **3**) *sonst stets Missetat.* — *Der.:* misd∼, morðd∼

II) **dæd,** *adj, s. dead*

[-dæda] *s.* (riht)handd∼; niedd∼

dædbana *wirklicher Verüber des Totschlags* [*im Ggs. zu* rædb∼: *dessen Anrater*] VIII Atr 23 = I Cn 5,2 b; dedba(n)na Hn 85,3

dædbete, *op* 3, *tue Kirchenbusse* VIII Atr 26. II Cn 41; dætb∼ A

dædbote, *dt, Kirchenbusse, Pönitenz* I Em 6. VII a Atr 1. Excom 5. 22 | *ac:* ∼ I Em 3

dæg Af 43 | *gn:* ∼gos Wi 10. Ine Rb 3. EGu 7. II Eg 5. 5,1. VI Atr 22,3. I Cn 6 a (dæiges A). 25 | *dt:* ∼ge AGu 5. Hu 7,1. V Atr 13,1. VI 22,1. Cn 1020,18. I Cn 15,1. 17,1. Rect 14. Iu*dex* 16; ∼! I As 1 Ld | *ac:* ∼ Af El 3 (dæge So Ld). Af 43. Sa*cr* cor Pro. I Cn 9,1. 10,1. 17. Or*d*al 5,2. Iud Dei VII 23,1 A. VIII 2; deig II Cn 72 B | *instr:* ∼ge Wi Pro. Ine 3,2. 72. II As 23. III Atr 15. VII a 6,2 | *pl:* *d*agas Af 43; dægas Ld! | *gn:* *d*aga II As 23; *dage* Ld | *dt:* dagum Af El 3. 21. 23 So. III Atr 1. Grið 4 | *ac:* *d*agas Af El 3. Af 43. VII a Atr 1. 5,1. 6. *Rect* 3. 4 a — **1**) *Tag:* leohtan dæge III Atr 15 | an*e*s dæges *an Einem Tage* Northu 18 | dæges 7 nihtes VI Atr 41. I Cn 6 a. 25. Northu 38 | *Monatsdatum* Wi Pro | *Termin:* dæge (*dt*) II Em 7,3. Duns 1,1. Wer 4,1. 6 ‖ *synonym mit* niht *s. d. und* Sunnanniht 2) *Lebzeiten:* his deig (*ac*) II Cn 72 B; on dæge Abt Inso. Af El 49,9 (*pl:* on dagum So). II Cn 79. Wl Lon*d* 2; æfter dæge III Atr 14. II Cn 79. Wl Lon*d* 3. — *Der.:* dom(es)d∼, ealdd∼, ended∼, (riht)fæstend∼, freolsd∼, Friged∼, gangd∼, geard∼, gemyndd∼, haligd∼, lifd∼, mæssed∼, Monand∼, *rest*(*e*)*d*∼, Sæternesd∼, Sunnand∼, Tiwesd∼, Twelftad∼, Þunresd∼, Wodnesd∼, (riht)ymbrend∼; idæges. [*Vgl. d*aga, an*d*aga]

dæghwamlice, *adv, täglich* Iud Dei VII 23,1 A. 2 A. VIII 2. Had 1

dæ[gti]d *Zeit; dt:* dæityde Sw*er* 9

dæl Af 47,1. VIII Atr 6. *Rect* 15 | *dt:* ∼le I Em 6. II Eg 3,1. VIII Atr 8. I Cn 8,2. Rect 16; *instr:* Ine 29 | *ac:* ∼ Af 8,3. 19,1 (dæll B). 27. 47. 71. Ine 23. 42. 57. VI As 1,1. II Eg 2. 3,1. VIII A*tr* 8. I Cn 8,2. 11 | *pl:* ∼las I As 3 Ld | *gn:* ∼la 3 | *dt:* ∼lum II Eg 2,1. I Cn 11,1 | *ac:* ∼las Ine 23 H (*geänd. aus d*æl). B. II Eg 3,1. VIII Atr 8. I Cn 8,2 — **1**) *Teil:* be *d*æle *teilweise* VI Atr 53 | his *d*æl (*ac*) *seinerseits* Ine 57 | *Portion Rect* 15. 16 | *Bruchteil:* þridda ∼ *Drittel* Af 47. 47,1. Ine 29. II Eg 2. I Cn 11; teoða ∼ *Zehntel* VIII Atr 8. I Cn 8,2; *ohne nähere Bezeichnung des Nenners, der aus Zusammenhang folgt: ein Halb* VI As 1,1; *Drittel* Had 9,1; *Zehntel* II Eg 2,1. VIII Atr 8. I Cn 8,2 **2**) *Anteil:* Godes *d*æl *Anteil an Gott, Kirchencommunion* I Em 6; *d*æl habban *teilhaben* Excom VII 3. 5

dælan (*ver*)*teilen; op:* ∼le Af 37,1. VI As 1,1. Hu 2,1. VII a Atr 2,3. 4. 4,1 | *pl* 3: ∼len Ine 23,2 (∼lon Ld). VI As 8,1 | *ptt pc:* gedæled As Alm 2 — **1**) *teilen:* on twa VI As 1,1. Hu 2,1; healf *halbiren* Af 37,1; on þ*reo* VII a Atr 2,3 | ∼ wið [*Geld*] *teilen* (*Anteil empfangen*) *mit, neben* Ine 23,2 2) *verschenken an Arme* VI As 8,1; *m dt:* '*an*' As Alm 2. VII a Atr 4,1. — *Der.:* ged∼, tod∼; untodæledlic

dæman *s. d*eman

Dæne *s.* Dene. **dæt-** *s. dæd-*

[-dafenian] *Der.:* ged∼, ungedafenlic

dag- *s. d*æg; (riht)andaga

[-dal(land)] *s.* ged∼

F **damage;** faire ∼ a *Schaden zufügen, antun* Leis Wl 4. 37; damge Io

L oum **dampnatis** mi*tt*ere (inhumare) *neben Hingerichteten* (*auf Schindanger, unehrlich*) *begraben* II Cn 33,1 (I Atr 4,1) Q, on fulan leogan *übsnd*

Dan- *s.* Den-

L **Dania** *Dänemark* ECf retr 16; *Var.* Dacia

L **Daniel** Iud Dei XIV 3

L **dapifer** *Truchsess* **1**) regis *des Königs* CHn cor Test. ECf 12,5 **2**) *Seneschall, Grossguts-Verwalter, Herrschaftsvertreter in Finanz und Gericht* [*unter Notification bestellt,* ut locum (baronis) habea*t* Hn 42,2] Hn 7, 7 f. 33,2. 41,2. 59,2 a. 61,10. 92,18. ECf 21

L **dare** **1**) *von Todes wegen vergaben* CHn cor 7. 7,1 **2**) *eine Bevormundete zur Ehe geben, verheiraten* 3

L **Dathan et Abiron** Excom III 2. V 6. VI 4. VIII 3. X 7. XI 8

Dativ [*Form s. Declination*] **1**) *Sinn des* ***Nominativs:*** him sylf *s.* he, self **2**) ***ethicus:*** gange him Wi 7; wyrc þe Af El 10; wyrceað eow 3; gestande him [his *Ld*; *fehlt* Grið 27] mæssan II As 23; him (*für sich*) borh findan VIII Atr 27. I Cn 5,3. II 36,1; him ryhtes bi*dd*an Af 42. Ine 8. 9; abi*dd*an him Ine 42; him to teo Duns 8,1; geweorðe to woruldsceame hy*re* sylfre II Cn 53; selre him is Ger 7; ondræde he him God Iu*dex* 6. 17,1 | hæbbe him:

behalte sich Af El 22. 23; *empfange* Rect 16; *nehme:* Wi 23; to wife Af El 29; to gewitnesse Hl 16; hæfdon us VI As 2 | hæbbe him gemæne (*Streitsache, Verantwortung*) wiđ I Cn 26, 4 **3)** ***commodi:*** biđ hire (hlaforde) *ræd* Wif 7 (Ger 7); biđ his agnum geborgen Rect 20, 1; horsan stiellan *s. d.*; laforde wyrcan Rect 3; gange landrican to ordale III Atr 4, 2; cyninge (freum) stelan *stehlen von* Abt 4. (9). [*Vgl.* þearf(lic) *m dt der Person*] **4)** *bei* beon *vor flect inf* (= *lat Gerundium*) *für 'müssen' s.* to *prp n.* 15 a β **5)** *der* ***Art und Weise*** (*inneres Object?*): clænan (þam) life libban IV Eg 1, 7 (VIII Atr 31) [*vgl. Instr. n.* 5: deađe sweltan]; ængum coste Iud Dei V 2, 2, ullo modo *glossirend* **6)** ***adverbial*** *s.* unwillum; *mit, durch, aus:* agenum scætte Abt 30 **7)** *der* ***Zeit:*** leohtan dæge III Atr 15; þam halgan dæge Cn 1020, 18 (*Quelle* on ~ ~); þære nyhte Ordal 4; 7 (3) nihtum Af 5. II As 20 (23); ælcre wucan Rect 3 **8)** *der* ***Entfernung,*** *von .. fort* [*vgl. Instrumental*]: fordrife þære sætene Ine 68 **9)** ***absolutus*** [*vgl.* be I 2]: cyninge rixigendum Wi Pro; betynedum durum Af 42, 7; aþenedum limum VII a Atr 6, 3; diovle lærende Iud Dei V 2, 4, diabolo instigante *glossirend; auch* gibernedum ofne IV 4, 2, gihefgindum heorte 4, 4 *glossiren den abl abs* **10)** *regiert von* ***Adjectiv*** *s.* scyldig **11)** *von* ***Verb*** *s.* (ge)arian, beorgan, deman, onfon, hlistan, sceđđan [*neben ac*], scieldan, (ge)stieran, tæcan, beteon, wandian, wisian, miswissian **12)** *ersetzt älteren Instrumental, s. d.* **13)** *Viele dem Instr.* (*s. d.*) *zugewiesene Stellen können auch Dative sein*

F ***Dativ*** **1)** a *prp* [*s. d. n.* 1b] *im Sinne des gn:* relief a cunte Leis Wl 20; comitis L **2)** *ethicus:* per sa folie si (*für sich*) pert 38; amiserit L

David Iud Dei XIV 3. Duel 6; *gemeint* Griđ 22

-dd *abweichend für* d: *s.* andetla, gebed, edor, fođor, god, God, modor, medrenmæg (gefer-, freond-, wite-) ræden, gerædnis

L **de** **1)** *Gallicismus statt gn:* barones de Normannia ECf 34; *zu* 24*. 24, 1* *setzen Besserer gn* | *partitiv:* nichil de pecunia Af 8, 1 Q, his ierfes (n)owiht *übsnd;* quantum de (*an*) dampno Hn Lond 12; de termino IV As 6, 1. II Atr 8, 3 Q, fyrstes *übsnd* **2)** mid *übsnd:* manus de qua furatus Af 6 Q **3)** *aus Befugnis, kraft Machtvollkommenheit von* Hn Lond 1 **4)** *seelischer Grund, aus, mit:* de iniquitate II Cn 16 Cons **5)** de foris Af 69 In Cn, utan *übsnd*

F **de** **1)** *Genetiv-Ersatz:* de la terre Wl art Fz 2; des Engleis 4. 7; de s. eglise 1; de Engleterre Leis Wl Pro; 3 parz del visned 6; cense de (*für*) 1 an 20, 4 **1 a)** *statt gn obj:* pais de (*für*) vie 1. 47, 3; justise del (*am*) larrun 3, 4 **2)** *vor regirtem Infinitiv, 'zu':* plevi de (a Hk) venir 3; apeled de fruissir 15 **3)** *räumlich, aus:* (fors) de la nef (*terre*) 37—37, 3 (41); hors de Engleterre (del pais) Wl art Fz 2. (9); departir de Leis Wl 29, 1 | *ziehen* de la plaie 10, 1 | *Richtung:* de treis parz 6; par de 21, 5 **4)** *Zeit:* d'ici que *bis dass, m sbj* 21, 4. 43 f. [*vgl.* des] **5)** *herrührend aus:* de lur chatel Wl art Fz 8, 3 **6)** *hinter Passiv, von* (*seiten*), *durch* (*belangt*): de la justise Leis Wl 2, 1. 17, 3. **7)** *Klasse, an, in:* il ad d'aveir 17, 1; de hengwite doner 4 **8)** *Wert, von:* de XL solz 39, 1; de IIII den. 45; de sa vie *durch Einsatz des, um* 41, 1; forfait de *in Höhe von* 39, 2; la merci de sa laxlite 42, 2 **9)** *Ursache, Grund, über, wegen* (*klagt*): 37. 44, 2. 47; appeler de larrecin 3; de cense *belästigt um* 29 **10)** *Inhalt, von, über,* testimonie de 6; covenant (*Vertrag*) de 23 | *betreffend, als Überschrift des Folgenden construirbar:* 10, 1. 20—21. 24 **11)** *Rücksicht, Beziehung, Voraussetzung:* de (*für*) forfeit oust pais 1; de (*bezüglich, bei*) cel hume 2. 3; de tanz os *bei so vielen Knochen* (*zahle man*) 10, 1; de (*im Falle von*) chapele 1, 1; de hemfare 2

deacon *s.* diacon

dead *tot* Af El 17. 18 (*dæd* H So). 23. II Cn 72, 1 | *dt:* ~dum (men) III Atr 1, 2 (Nor griđ Z. 4); æt cwicon .. æt deadon [*oder schw. substirt?*] III Atr 2 | *ac:* swa cucne swa ~dne III Eg 7 = II Cn 25 a ‖ *fm:* (*schw.*) sio ~de hand Ine 53 ‖ *nt:* ~ Ine 2, 1 | *pl:* ~ Af El 21 (*praed*) | *ac:* cuce ođđe ~ de II Atr 6 ‖ *substirt:* se deada Ine 53, 1. II Atr 9, 2 | *gn:* þæs ~dan Ine 35. 53. 53, 1. II As 11 | *dt:* to ~dan II Atr 9, 2; dædan Ld; þam ~dan Ine 21, 1 ‖ *nt ac:* þæt deade Af El 22 — **1)** ~ beon *sterben* Af El 17 f. 21. II Cn 72, 1 **2)** *tot* **a)** *Vieh* Af El 22 f. **b)** *verstorben* (*Mensch*) Ine 2, 1. 21, 1. 53. 53, 1. II Atr 9, 2. III 2 **3)** *erschlagen* **a)** *unrechtmässig* II As 11. III Atr 1, 2. Nor griđ Z. 4 **b)** *rechtmässig* α) *bei handhaftem Verbrechen* Ine 35 β) *bei Widerstand gegen Verhaftung* III Eg 7 = II Cn 25 a. II Atr 6

deaf *taub* Af 14. **deap** *s.* deop

dearf Iud Dei IV 2, 2 *Schreibfehler für* dearr [*streiche Anm.* I, *S.* 409[35]]

dearnenga, *adv, verhohlen, heimlich* Af El 6 (~ninga So). Ine Rb 27. Ine 27; ~nunga Af El 6 G. Ine Rb 27 GH. Ine 27 HB (~ge B Insc). VI As 1, 2. III Eg 8, 3; deornunga Af El 6 H. Ine 27 Ld ‖ *ausserehelich* (*zeugen*) Af El 6. Ine 27. — *Der.:* undeornunga [*vgl.* dierne]

dearr *wagen, sich getrauen, erdreisten* [*zu: blosser inf*], *können;* 3: ~ Ine 46, 2 H (rr *auf Rasur*). Northu 57, 2. III Atr 2, 1; dear Ine 17. 46, 2. 57; dearf [*so*] biđ Iud Dei IV 2, 2, ausus fuerit *glossirend* | *pl* 3: durron I Atr 1, 4. II 9, 3; durran Northu 57, 2 | *op* 3: dyrre A Gu 3; dyre Ld; durre A Gu 3 B 2. III Eg 3. III Atr 2, 1. VIII 19. 19, 1. I Cn 5. 5 a. II 15, 1. 75, 1. Wl lad 3, 2; dure II As 20, 8 | *pl* 3: durren II Cn 30, 3 ‖ *ptt:* dorste Af El 49, 9; durst Ld! | *pl* 3: dorston 49, 7 | *op* 3: dorste I Ew 1, 5

deađ *Tod* Af 7 | *gn:* ~đes Ine 27; scyldig 5; wierđe Iudex 10, 1 | *dt:* to ~đe sellan Af El 49, 7; gefiellan EGu 6, 6; fordeman V Atr 3; forrædan VI 10. II Cn 2, 1; *instr:* ~đe sweltan Ine 12; morte mori *übsnd* Af El 13 ff. 31 f. | *ac:* ~ IV Eg 1, 4. II Cn 70; đeađ A — **1)** *natürliches Sterben* færlic IV Eg 1, 4. II Cn 70 **2)** *unberechtigtes Erschlagenwerden* Ine 27. EGu 6, 6 **3)** *sonst: Hinrichtung*

deađscylde, *dt, tod*[*würdige*] *Schuld* EGu 4, 2 (deađe sc~ Ld) = II Cn 43

deađscyldig *Todes schuldig* EGu 5 (deađe sc~ Ld) = II Cn 44; deođ~ A

L **debere** *dürfen* Lib Lond 2

L **debilitas** *Schädigung am Tierkörper* Hn 90, 4

L **[decalvatio]** *Skalpirung, viell. zu verbessern für* decomatio, *s. d.*

L **decanatus** *kirchlicher Dechanei-Sprengel* ECf *retr* 27, 2

L **decania** vel decima [*wo vgl.*] *Zehntschaft, Freibürgschaftsverband, neben den unter Dynasten stehenden Bürgen-*

verbänden eine Unterabteilung der Hundertschaft Hn 6, 1b. 8, 1

L **decanus** 1) *kirchlicher* Dechant, *Vertreter bischöflichen Gerichts* ECf 27, 2. *retr* 27 2) *Zehntschaftshaupt* ECf 28. 29 [*s.* decimalis *n.* 2]

L **decapillare** *skalpiren* II Cn 30,5 Q, hættian *übsnd* [*vgl.* extopare]

L **decapitare** *enthaupten* Hn 92, 19

L **decarii** numeri *Dekaden* Cons Cn II 19, 2a

L **decennalis** *zehnfältig* ECf 20, 1

L **decertatio** *Streitsache* ECf 28, 1

L **decidere** in iudicio *sachfällig (schuldig befunden) werden* II Cn 30, 3b Cons

L **decima** 1) *kirchlich:* **a**) *Zehnte* I As Pro Q, teoðung *übsnd;* animalium, frugum Cn 1027,16 **b**) *adj decima* acra 8, 2 Q 2) *Zehntschaft,* teoðung *übsnd,* I Cn Q: III As 1, 1. VI 14. Hu 2. 4; Quadr II Cn 20 Rb *S.* 536 *Sp.* 2; Hn 6, 1b (= *decania, s. d.*). 8, 2 (= plegium liberale, *s. d.*). 66, 8. [*Vgl.* decimatio, (freo)borg, ward]

L **decimalis** 1) *kirchenzehntlich;* agniculus VI Atr 17 L 2) homo *Zehntschaftsvorsteher* VII Atr 2, 5 Q [*vgl.* deeanus *n.* 2, decimationarius, -mus]

L **decimare** *kirchlich* (Land) *verzehnten* VII Atr Rb Q

L **decimatio** 1) *kirchlicher Zehnt* II Eg Insc Q. IV Eg 1 L. VI Atr 16 L. I Cn 8, 1 Cons 2) *Zehntschaft* Hu 2 Cons Cn. II Cn 20 Cons = teoðung, ward, borh Cons Cn II 19,2a-d, *S.* 618. [*Vgl. decima, decania*]

L **decimationarius** *Zehntschaftsvorsteher* Hu 2 Cons Cn, teoðingman *übsnd.* [*Vgl.* deeanus, decimalis, -mus]

L **decimus** *Zehntschaftshaupt* Hn 8, 1a [*vgl. vorvor. Z.*]

L **decisio** *détail, Kleinverkauf von Tuch* [*vgl.* incisio]

L **declinare** rectum *der Rechtserfüllung im Gerichte sich entziehen* Hu 6 Q, riht forbugan *übsnd*

Declination. *Formen, die in Ælfred's Jahrhundert im Westsächsischen fremd oder selten waren.*

A) ***Substantiv*** (*Syntax s. Substantiv*) **I**) *Starke* Decl. **a**) *Masculina* ***Singular*** *Nominativ* 1) -e *unorganisch:* aste Ger 11 | drihtne Wi 9 (H!) | gafolswane *Rect* 6 | were *Mann* II Cn 54 B; rihtwere 53 | were *Wergeld* Ld: Ine 32. Norðleod 7, 1; wære 1 Ld; Mirce 2 O 2) [i-*Decl.*] -a *für* -e: feorhlira Had 3 D **|** *Genetiv* 1) *altes* -æs: cyngæs Hl 16, 1. Wi 5 | þeowæs Abt 89 [*vgl. Neutra*] 2) -as *für* -es: deoflas I Cn 23 Ld | *Godas s.* God | heahenglas Excom VII 2 | manslihtas AGu 3 B 2 | þegnas Ine 45 B 3) -is *für* -es: cheorlis *Mirce* Insc Q 4) *endungslos:* cyning Af 4 So! 5) [u-*Decl.*] -u *für* -a: sunu Excom VII 2. Norðleod 11 **|** *Dativ* 1) -æ *für* -e: eardæ II Cn 4,1 G 2) -a *für* -e: eorda V As. Pro 2 (?fridborga ECf 20,3[9]. 21[5]) 3) *endungslos:* biscop VI As 12,1 (H!) | þam cyng II Cn 15,1 B; III Eg 3 So Ld; cyning II As 3 So. II Cn 13, 1 Ld | æt ham *s.* ham | þam hlaford II Cn 30, 3b B; Af El 11 So | be mæssedæg II Eg 4 | geneat Ine Rb 19 Ld | æt eallum slyht II Atr 6, 1 B | be manslihṫ Af Rb 29 Ld | þeowdom Af El Pro Ld | ær undern Romscot 1 | to wic Hl 16, 1 [*vgl.* -e *geschwunden*] 4) [u-*Decl.*] -ea, -e, -u *für* -a: *s.* sunu 5) *Übertritt zur schwachen* Decl. *in Hs* B: æt þam forman (oðran) cyrran I Atr 2 (2, 1). II Cn 32, 1; of eardan 3; on wintran Ine 38 **|** *Accusativ* -e *unorganisch:* emb cyning oððe hlaforde II Cn 57 A | mylne Ger 9 | were *Mann* Af 30 B. II Cn 31, 1; 2. 73a B; '*Wergeld*' Af 21 So Ld. 30 B. 36 So. II As 25, 2 (*geänd. aus* wer). I Atr 1, 5; 7. II Cn 31, 1 f. **|** *Instrumental* 1) *altes* -i: ceapi Abt 77 2) -a *für* -e: flema II Cn 13, 2 B? 3) *endungslos:* ælce Frigedæg V Atr 17. VI 24 D **‖** ***Plural*** *Nominativ* 1) -es *für* -as: æceres Rect 3, 3 | aðes EGu 9 Q | bisceopes I As 1 Ld | *domes* II Cn 1, 1 A | folgæres 20a In | mæges Ine Bu 21, 1. 23 | þægnes, þeines II Cn 71, 1 B | wigleres EGu 11 Q 2) *Übertritt zur schwachen Decl.:* sculdran Excom VII 8 | þeofan II Cn 4, 2 D **|** *Genetiv* 1) -e *für* -a: mæssedæge Af Rb 43 Ld | Deone lage EGu 7, 2 | Engle lage II Cn 65 B | þreo fingre Af 36, 2 H | hordere II As 3, 2 B | gelaste VI As 3 | peninge Ine 59 Ld | scillinge II Cn 25, 2 A | hereteame Ine 15 Bu H 2) *endungslos:* medemra þegen II Cn 71, 2 B 3) *Übertritt zur schwachen Decl.:* godana Iud Dei IV 3; *vielleicht* twelf winterne [*od. adj?*] II As 1 B **|** *Dativ* 1) -on *für* -um: lysyngon AGu 2 B 2 | magon Af 13 B | nedmagon I Cn 7 (-gan A) | sacerdon 4, 2 *u. oft* 2) -an *für* -um: lareowan 21 | magan Ine 74 So | manslihtan VI Atr 28, 3 | munecan Af 20 B | scryftan I Cn 18, 1 A | tunan III Atr 15 | þeofan VI 32 *u. oft* 3) -en *für* -um: on eallen steden Excom VII 13 4) -e [*über* -en?] *für* -um: þrim hundrede (*oder Ein Begriff: Dreihundertschaft?*) II Cn 22, 1 A. 30, 2 B **|** *Accusativ* -es *für* -as: medrenmages Af 27, 1 H | scillinges Ine 2 ff. 45 Ld. **|** *Plural endend in blosses* s: *s.* greihounds (*vielleicht erst* 16. *Jh., jedenfalls nicht vor* 13. *Jh.*)

b) *Feminina* ***Singular*** *Nomin.* 1) -e *unorg.:* æhte Swer 3, 4 B | bote II Cn 8 B | dæde *s. dæd* | eaxle Abt 33 | miltse I Cn 19, 3 B H | spræce I Ew Pro H | teoðinge II Eg 3 D | gewitnesse Af 41 H; *oft* 2) -a *unorg:* miltsa (*oder pl?*) II Cn 84, 4b A; dæda 3) -a *für* -u: laga 34 B; rihtlaga 31a A 4) -e *für* -u: fare VI As 7 H | sace Hl 10 H 5) -y *für* -u: sacy Hl 9 H **|** *Genetiv* 1) *altes* æ: þegnungæ Wi 6 | (? nihtæ Ine Rb 73) 2) -a *für* -e: folcleasunga Af Rb 32 G 3) *analogisches* -es *der masc. Decl.* α) *northumb.:* nives gicyðnisses Iud Dei V 2, 1 | sibbes IV 4 | totales 3, 5 β) *in späten Compositionsbildungen wie* burgesmot, sciresmot, *s. d.* γ) *bei* Ld: agenes æhtes I As Pro | beheafdunges 1 **|** *Dativ* 1) -a *für* -e: æhta II Cn 76 B | misdæda Af 23 So | gyfa Að 2 Ld | saula IV Eg 5a 2) *Übertritt zur schwachen Decl.:* ealra his æhtan Wi 12 | to bisnan [*oder dt pl?*] VIII Atr 43 | of cyððan II Cn 6 B | for lufan 68,1 B. Had 11. Grið 24. Iudex 7 | of scyran II Cn 19 A **|** *Accus.* 1) -ea *für* -e: gewitnessea Af El 8 G 2) -a: *s.* burgbot | ofer I scira II Atr 8, 3 3) *endungslos:* cypinge Northu 55 | hengcen II Cn 35 A 4) i-*Decl.* α) *analog.* -e: *s.* æht, *dæd,* fierd β) *analog.* -a: dada II Cn 40, 1 A 5) *Übertritt zur schwachen Decl.:* þa sinewan Af 76 B | þa steoran VI As 11 H **|** *Instrumental* -a *für* -e: freoma II Cn 17 B **‖** ***Plural*** *Genetiv* 1) -e *für* -a: þeode Af El 49, 1 Ld 2) *Übertritt zur schwachen Decl.:* ealre æhtan II Cn 73a B **|** *Dativ* 1) -am *für* -um: þyfðam II Em 5 2) -an *für* -um: *s.* æht | lagan I Cn 1 D | sinnan 1c D | getriwðan VIII Atr 44, 1. I Cn 1 **|** *Accus.* 1) -e *für* -a *in* B: lage II Cn 83 | synne I 23 2) *Übertritt zur schwachen Decl.:* ealle þa æhtan Abt 9

c) *Neutra.* ***Singular*** *Nom.* -e *unorgan.:* widobane Abt 52, 1; *vgl.* angyld | *Gen.* 1) *altes* -æs: lyswæs (les-) Abt 3. (73) 2) -as *für* -es: angyldas Ine 22 B 3) -ys [*über* -is] *für* -es: folkysmot Lib Lond 5 *Var.* 4) *endungslos:* þæs ceapgyld II As 24, 1 Ld | ælces yfel I Atr 1, 5 B | *Dativ* 1) -a *für* -e: on geara I Cn 12 A. II 18 A | landa *Rect* 4, 5 B | on gerihta AGu 1 B 2 2) *endungslos:* hundred II Cn 27 A | *oft* Ld: nydhæmed Af Rb 25 | weofod Af El 13 | land Mirce 1 | þam tid I Cn Pro A | *Accus.* -e *unorgan.:* faone Af 19, 2 B; *vgl.* angyld | *Instrum.* 1) *altes* -y: folcy Wi Pro 2 2) -a *für* -e: forboda Northu 2 || ***Plural*** *Nom., Übertritt zur schw. Decl.:* gerædan II Cn 71, 2 BA | *Genetiv* -e *für* -a: þara gelaste VI As 3 | gemote II Ew 8 Ld | þære rihte II Cn 54, 1 B | *Dativ* -an *für* -um: formalan II Atr 1 | þingan VI 25, 2 | morðweorcan V 25 | *Accus.* 1) -e *für* -a: treowe Ine 43, 1 B | wæpne Af 42, 4 Ld 2) searwa *für* searo Af El 13 [*Sievers* Gr. 249, 3] 3) *endungslos:* þa geriht *Gerechtsame* II Cn 12 A

II) *Schwache Declination* [*Übertritt aus der starken Decl. vgl. o.* A I a *dt* 5. *pl nom* 2. *gen* 3. b *dt* 2. *ac* 5. *pl gn* 2. *ac* 2. c *pl no*] **a**) *Masculina.* ***Singular*** *Nomin.* -e *für* -a: bane Hl 2 H | nyddæde Af El 25 H | þeowe 11 Ld | *Dativ* 1) -e *für* -en [*aus* -an]: on þam sweore Af 77 B | *north.:* in lichome 4, 4 2) -a *north.:* intinga Iud Dei IV 3, 4 | *Dativ oder Accus. north.:* in (on) nome (Drihtnes) IV 2. V 2, 3 || ***Plural*** *Nomin.* 1) -on *für* -an: rihtgesamhiwon Ine Rb 38 G 2) -en *für* -an: þa gegilden Af 27, 1 BH 3) -e *für* -en [*aus* -an]: wyce *Zauberer* EGu 11 Q | *Genetiv* 1) -ene *für* -ena: heafodgemacene Wi 19. 21 2) -enan: witenan ræde II Cn Pro 3) -e: ore EGu 7 B | *Dativ* -an *für* -um: geferan I Cn 5, 2 c | oxan Ine Rb 58 Ld | esnewyrhtan Af 43 | *Accus.* 1) -o *für* -on [*aus* -an] *north:* wuðwuto Iud Dei V 2 2) -e: uferan lippe II Cn 30, 5 A; ~pan GB

b) *Feminina Gen.* 1) -on *für* -an: Sunnondagum II As 24, 1. VIII Atr 17 2) -a: nunna I Em 4 Rb Ld 3) feldcyrice I Cn 3, 2 A (~ean G) | *Dativ* (*Instr.*) 1) -on *für* -an: slyfon Af 66, 1 H | lufon Had 11 O 2) -e *für* -en [*aus* -an]: of Candelmæsse *Rect* 4 a; cyswyrhte 16 | *Accus.* 1) -a *für* -an *north.:* cirica Iud Dei V 2, 2 2) -e *für* -en [*aus* -an]: stodmære Af 16 B

III) *Consonantische Stämme, Masculina*, *Dativ* 1) men *nicht mehr als sg gewöhnlich, daher* be witeþeowum (læwedum) men *ersetzt durch* be w. (l.) monnum Ine Rb 48 H (Af 18 H) [*vgl.* Ine 75 So] | wifmen *durch* wifman Af 11, 5 So Ld 2) [*aus gleichem Grunde?*] *dt* teð *ersetzt durch* toð Af El 19 GH So Ld [*vgl. Fremdwörter* - Decl.]

B) ***Adjectiv u. Pronomen*** [*Syntax s. o. S.* 4, *Sp.* 1; *vgl. die einzelnen Pronomina*] **I**) *Starke* Decl. — **a**) *Masc.* ***Sing.*** *Nom.* -e *unorg.:* swilc man, swilce VI As 8, 5 | swilce hordera II 3, 2 | *Genetiv* 1) *altes* -æs: ciriclicæs Wi 4, 1 | sylfæs 18 2) ure hlafordes V Atr 1, 1 D | ælce Frigdæges I Cn 16 a B | *Dativ* 1) -an *für* -um: *s.* agen | anan *Rect* 8 | anfealdan (þryf~) II Cn 22, 1a | cumenan men Ine Rb 20 H | frigean heorðe I Cn 11, 2 A | godcundan scrifte Had 3 O (~dran D). 4 ff. | on middan felda Ine 6, 4 Bu HB | ungetrywan men II Cn 22, 1 | þeowan men Ine 47 HB | 2) -on ælcon I 11, 2 | *s.* agen 3) -e [*für* -en *st.* -an *aus* -um]: mid anfealde (þryfealde) foraðe II Cn 22, 1a B (A) | Cristene men (gemanan) I Em 2 D (I Cn 22, 5 A) | be forstolene ceap Ine Rb 47 Ld | be healve were II Cn 60 In | mid oðre Swer 8 B | swylcum hlaforde, swylce V As 1, 1 | ungetrewe menn II Cn 22, 1 A | þridde siðe [*instr*] 83, 2 BA 4) *endungslos:* for nan facne I Ew 1, 5 Ld! [5) *dt für urspr. instr* (*s. d.*): mid his geborenum (-ne E) mæge Af 42, 6 H] | *Accus.* 1) -ene *für* -ne *s. Gleitlaut* 2) -e *für* -ne [*durch* n - *Schwund, s. d.*]: Engliscne 7 Denisce AGu 2 B 2 | earme 7 eadigene II Cn 1, 1 Ld | þeowne oððe frige Ine 11 B | healfe Af 28 B | getreowe man II Cn 22, 2 B [*vgl. auch Fälle unt.* 7] 3) -ene *für* -enne: agene Cristene Af El 11 H So. Ine 11 B | forstolene 46 B 4) rihtten *für* rihtne I Cn 4 Ld! 5) -re *für* -ne [n *verlesen als r*): anfealdre að II 22, 1 A 6) *flectionslos:* agen Af El 17 So | halig' dom Iud Dei IV 3, 4 | gast þin halig 3, 2 | nome halig 2, 3 | riht dom II Cn 15, 2 B 7) *praedic.; flect. Form ersetzt durch unflect.: s. o. S.* 4 *Sp.* 3 || ***Plural*** *Genetiv* 1) -rea *für* -ra: fræmdrea Iudex 9 | 2) -re: ure ealre VI As 3 | minre Af El 49, 9 H | nanre 49, 6 H | oðre Af Rb 47 H. Af 44 B | ure VI As 8, 9 H | wisre Af El 46 Ld 3) -a *für* -ra [*durch* r - *Schwund, s. d.*]: gehadeda I Em 1 Ld | halga vara Iud Dei V 2, 2 | ealra mina As Alm Pro Ld | *Dativ* 1) -om *für* -um: ælcom II Eg 2, 2 A 2) -an: *s.* godcund | silfan I Cn 2 D 3) -on: eallon IV Eg 12, 1 4) -en: eallen steden Excom VII 13 | *Accusativ* 1) -a *für* -e: oðra fremda godas Af El 1 So | frige 7 þeowa II Cn 68, 1b B | selfa Excom VII 22 2) *flectionslos:* eall men II Cn 14 G —— b) *Fem.* ***Singular*** *Nom. praed., flect. Form ersetzt durch unflect: s. S.* 4, *Sp.* 3 | *Genetiv* 1) -ra *für* -re: anra nihtæ Ine Rb 73 G 2) -ere *für* -re: folcrihtere Af El 13 H [*vgl. Gleitlaut*] 3) -ne *für* -re [*r verlesen als* n]: ceorliscne fæmnan Af 11 B 4) -e *für* -re [*durch* r - *Schwund*]: agene teoðunge I Cn 11 A | anfealde lade II 22 B | inweardlice heortan I 21 A. 84 A | *Dativ* 1) -ra *für* -re: ealra II 51 BA 2) -ne *für* -re [*r verlesen als* n]: healfne Af 11, 4 So! 3) -e *für* -re [*durch* r - *Schwund*]: anfealde spæce I Cn 5 In | to gemæne þearfe VI As 3 | seofonfalde bote Had 1, 2 O | be forstolene æhta II Cn 76 B | mid þrifealde (fulle) lade [*oder ac?*] I 5, 4 (II 42) A 4) *flectionslos:* on an scire [*oder ac?*] Forf 1 B | *Accus.* -ne [*unorg.* n]: *s. u.* III 1*a* || ***Plural*** *Gen.:* ealre æhtan II Cn 73a B | ure sawla Ine Pro HB | *Dativ* 1) -an *für* -um: *s.* godcund | wislican I Cn 26, 3 2) -e [*über* -en?]: betynede durum Af 42, 7 H —— c) *Neut.* ***Singular*** *Dativ* 1) -an *für* -um: *s.* eall | minan Af El 13 G | þryfealdan II Cn 41, 1 | þysan Sacr cor Pro 2) -on: *s.* eall 3) -en: on sumen lande *Rect* 4, 5 4) -e: ælce rihte II Cn 20a A | ealle þam rioe Nor grið *Z.* 9 | þerh aucende bearne Iud Dei IV 4, 6 5) on oðer gemote Hu 7 | *Accus.:* ealle folc II Cn 30, 9 A (eal GB) | ofergyldene sweord Norðleod 10 Ld || ***Plural*** *Nom.:* false gewihta, woge gemeta, fule forligra VI Atr 28, 2 | *Gen.* -re *für* -ra: eallre II Cn 33, 2 A

II) *Schwache Declin.* ***Singular*** *Masc.* (*Neut.*) *Nominativ* -e *für* -a: se abere þeof II Cn 26 A | se ceorlisce man Ine 37 B | se lytle (midleste) finger Af 60 B (58 B) | *Genetiv* 1) -on *für* -an: þæs ofslagenon Ine 21 H 2) -a [*durch* -n - *Schwund?*]: þæs siðcunda cynnes (*nt*) Norðleod 11 Ld 3) -e [*für* -ē?]: þæs halige Nicholaes Excom VII 2 | *Dativ* (*Instr.*) -am *für* -an: þam feorðam II Cn 24, 2 B. 25 A | halgam Af El 49,5 G | seofoðam Had 3 H | þriddam II Cn 19,1 A | *Accusativ* -a [*für* -an *durch* n-*Schwund?*]: þone twelfhynda man Að 1 O ‖ ***Plural Genetiv*** 1) þara yldestana manna Blas 3 B 2) þæra halgene VI Atr 17 D | *Accusativ* -o [*für* -on *aus* -an] *north.*: unascendado Iud Dei IV 3, 3. V 2, 4 | unscyldigo V 2,4 | gisendedo 4,2 | alle soðfæsto 3, 1

III) *Einzelnes* 1) *Verwirrung viell. zwischen Masc.- und Fem.-Flexion:* α) *nicht northumb.:* anfealdne (-de G) lade II Cn 22, 1a A | unbeweddodne (-ode Af) fæmnan Af El 29 So! [*vgl.* n *verschr. für r*; *r verschr. für* n] β) *north.:* aldes 7 nives gecyðnisses Iud Dei V 2,1 | frymðelicum synne IV 3, 1, originali *peccato glossirend* | leasum synne IV 3, 3. 4, 2, falso *crimine glossirend* | þrounge þinum IV 3, 1 2) *starke Flexion* [*statt schw.*] *hinter bestimmtem Artikel:* þæs gewintredes mannes Af 26 B | þam unstrangum men II Cn 68,1 A; *in anderen Fällen ist Artikel* [*s. S.* 16, *Sp.* 2, *n.* 5] *später zugefügt* 3) *schw. Flexion* α) *von Schreibern* 12. *Jhs. eingeführt für starke älterer Hss.:* oðres witan geþungenan (~nes witan EB) Ine 6, 2 H | *praedicativ:* sy he utlaga (utlah GA) II Cn 39 B β) [*me.*] awergoden [*statt* ~de] beon Excom VII 14 f. 18 f. | for his yfelan mon II As 3 HB (men [*also dt, vielleicht originaler oder grammatisirt*] So Ld)

L **decollatio** *Enthauptung* (*Johannes des Täufers* [*Festtag*]) I As 1 Q

L **decomatio** *Skalpirung* Hn 75, 1 [*vgl.* extopare], *vielleicht verderbt für* decalvatio *oder* **decoriatio** *Schindung, Hautabziehen*

L **decreta,** *pl*, *Sammlung kanonistischer Verordnungen* Hn 5, 27

L **decurio** *königlicher Finanzbeamter* Quadr Arg 22

ded- *s. dæd*

F **dedenz,** *prp, innerhalb* 1) *örtlich:* hundred *Gerichts* Leis Wl 51; *Var.* de dinz; *Bezirks* 27, 1; dedanz I; *Städte* Wl art Fz 5 2) *zeitlich* a) *binnen terme* Leis Wl 3; 8 jurs 22; 5 jors Wl art Fz 3, 1; l'an e 1 (le) jur 6, 1 (5, 2); un an 3, 4 b) *während:* plege Leis Wl 3; chalange 52, 1 c) *zwischen:* ~ la feste .. e 28

L **deducat** 1) hominem *recte* ~ I Cn 20, 2 Q, men rihtlice healde *übsnd* 2) *lede* (*niederstrecke, töte*) *übsnd* VI As 12, 1 Q

deed *s. dæd*

F **defac[iun]** des membres *Gliederverstümmelung* Leis Wl 33; -cum I

F **defailir;** 3: cil i defalt *fortbleibt, sich entzieht* (*der Rechtspflicht*) Leis Wl 44, 2; defait I | *pf pc:* l'un li seit defaili *ihm* (*Recht zu gewähren*) *ermangelt hat* 43

L **defaltas,** *pl ac*, (*Termin-*) *Versäumnisse* Leis Wl 47 L, *übs:*

F **defautes,** *pl ac*, (*Termin-*) *Versäumnisse* Leis Wl 47

L **defectus** iusticie *Nichtgewährung, Ermangelnlassen der Justiz* Hn 10, 1. 33, 1a. 59, 19

L **defendere** 1) *gewaltsam wehrend verweigern* In Cn Rb Cb *zu* II 48. Hn 46, 4 2) ~, ne (quin CHn cor 3, 1) *verbieten, dass* 5. Hn mon 3 3) *vertreten, verantworten* (*Land*) II Cn 79 In, gewerian *übsnd*

F **defendre** Wl art Fz 2 | *pl* 1: ~dun Leis Wl 41 | *sbj* 3: ~de 14, 2 | *pf* 3: ~di Wl art Fz 9 f. | *fut* 3: ~drat 6 — 1) *verteidigen* Wl art Fz 2; sei ~drat par 6; si s'en ~de par Leis Wl 14, 2 2) ~, que..ne *mit sbj, verbieten, dass:* 41. Wl art Fz 9 f.

F **defense,** *ac* 1) de plait *gerichtliche Verteidigung* Leis Wl 47, 3 2) *Verbot* Wl art Fz 10

L **defensio** *Gewähr(leistung) gegen künftige Einklagung* Swer 7 Q

L **defensor** 1) *Verklagter* Iud Dei X 21 2) *gerichtl. Verteidiger, Vorsprech* Hn 59, 9a; *gerichtl. Vertreter, hier Kämpe* Wl lad 2, 1 Q, spala *übsnd* 3) *Fiscalvogt* Hn 26, 1. 47 [*Fränkisch*]

L **deficere** 1) de *mangeln, fehlen an* ECf 4 2) *brechen, ausgehen, aufhören;* advocatio *deficit* II Atr 9, 3 Q, team *berst übsnd* 3) *sachfällig werden* ECf 22, 3

L **deforc-** *s.* difforc-

F **deforcent,** *pl* 3, *gewaltsam* (*Rechtsvollzug*) *hindern* Leis Wl 47, 2

L **deforis,** *m ac, ausserhalb* Hn 90, 4a [*aus* Lex Ribuar.]

F **defors;** en *conté* ne ~, *ausserhalb* (*des Gerichts*) Leis Wl 44

degle *s.* diegle

L **deglutire** *herunterschlucken* Iud Dei III 2, 4

L **degradare** *geistlich degradiren* I Cn 6 In

dehor- *s. deor-* **dehter** *s.* dohtor

F del **dei,** *obl, für den Finger* Leis Wl 11, 1 f; petit ~ *kleinen;* lung ~ *Mittelfinger ebd.*

L **deintus,** *m ac, innerhalb* Hn 90, 4b [*aus* Lex Ribuar.; *vgl. fz.* dans]

L **Deira** *Land in Nordbritannien* Lond ECf 33; *Var.* Deyra

F **deivent** *s.* deveir **del** = de + li

L **delatura** *Anzeigelohn* Ine 17 Q, meldfeoh *übsnd;* Hn 64, 1b

F de **deleauté** *wegen Unredlichkeit* (*bescholten sein*) Leis Wl 47

L **delegiatus** *rechtsunfähig* [*aus afz.* desleié] Hn 45, 5

Delet *statt* Belet Hn Lond Test

delfe, *op* 3, *grabe* Af El 22 G; adelfe *übr.*

L **delicatiores** nervi, id est minores *fein, zart* Af 76 In Cn, þa smalan sinwe *übsnd*

L **delinquens** *Verbrecher* Leis Wl 2 L

L **deliquium** *Verbrechen, Sünde* VI Atr 3 L

F **delivere;** ele seit ~ [*Schwangere*] *sei entbunden* Leis Wl 33

dema *Richter* III Eg 3. Iudex 9. 14; *voc:* dœme soðfæst Iud Dei IV 3 f., '*Gott' meinend* | *dt:* ~an Iudex 2. 7. 9; beforan hwelcum scírmen oððe oðrum ~an Ine 8 | *ac:* ~an Iudex 6 ‖ *pl:* ~an 9, 1—12. 16; Cantwara ~an Hl 8 | *ac:* ~an Iudex 8. 9, 1 [*Amtsname häufiger:* gerefa]. — *Der.:* woruldd~

F **demaine** *der vom Grundherrn selbst bewirtschaftete* (*nicht an Bauern ausgetane*) *Teil des Landguts;* en sun ~ maner Leis Wl 17, 1 I; *Var.* ~inne; demeine Hk [*vgl.* dominicus, -nium; inland]

deman *urteilen* Af Rb El 49, 6 | 2: doemest Iud Dei IV 4 | 3: demð II Cn 84, 1a; demeð 35, 1. Iudex 1 | *pl* 1: ~að Episc 14 | 2: ~að Iudex 5 | 3: ~að I As 1 Ld. Iudex 11; demeð 17, 1 | *op* 2: *deme* 15, 1 | *op* 3: *deme* Af El 49,6. III Eg 1, 1 (= II Cn 1, 1). 1, 3 DA (ged- *übr.*). VI Atr 10, 3. II Cn 15, 1 D (ged- *übr.*). 53, 1. 56, 1 | *pl* 2: ~ I Ew Pro | *ipa:* dem Af El 43; *dæm* H | *ptt op* 3: demde 49, 6 | *pc:* gedemed Iudex 5; gedemod Að 2 Ld.
1) *Richteramt üben* [*ohne Object*] Af El 43. II Cn 53, 1. 56, 1. Iudex 11 2) *erachten, schätzen als:* að bið gelio gedemod Að 2 Ld; geteald efen *dyre übr.* 3) *richterlich zuerkennen, Urteil sprechen, m dt der Partei* Af Rb El 49, 6. VI Atr 10, 3. Episc 14. II Cn 84, 1a;

im Ggs. zum geistlichen Richten: ~ 7 scrifon II 68.1 **4)** *erteilen, abgeben, m ac des Spruches:* rehtnise Iud Dei IV 4 [*oder, da* aequitate *glossirend, instr?*]; riht Iudex 1. 15, 1. 17, 1; woh III Eg 3; undom II Cn 15, 1 D | dom *Urteil* I Ew Pro; *m dt der Partei* Af El 43. III Eg 1, 1 = II Cn 1, 1. 35, 1. Cn 1020, 11. Iudex 5 **5)** *zuteilen, auftragen, gebieten* I As 1 Ld; beodan *übr.* — *Der.:* ford~, ged~

L **demandare** *fordern* VI As 6, 4 Q, æscan *übsnd* [*fz.* demander]

F **demander** *verlangen, fordern* Leis Wl 5,2 | *pf pc:* il eit ~dé 44; seit demandez *gefordert vor Gericht* Wl art Fz 8, 1

L **demediabit;** finis eum ~ *Lebensende bringt ihn aus der Welt* Rect 5, 5 Q

F **demeine** *s.* demaine

demeras, *pl, Richter* Af El 18 H; domeras *übr.*

F **demi** maro vaillant *eine Halbmark wert* Leis Wl 17. 17, 1; demi were, *obl, halbes Wergeld* 11

L **demissio** [*statt* dim~] *Entlassung* Hn 57, 8

L **demonstratio** forestæ *Forstschau, Inspection* = ostensio Ps Cn for 11 [*vgl.* monstra]

Demonstrativum, *ausgedrückt* **I)** *durch* se [*Formen s.* se], *selbständig, substantivisch* [*adj s. Artikel*] **1)** *auf vorher Bezeichnetes bezüglich: 'jener, derselbe'* Wi 8; se bið Af 60; se þe .. se *wer .. der* Af El 14; þæs *dessen* Ine 33; þæs tima *dafür Zeit* Ger 8; þæs *von besagtem (Zeitmoment) ab* Wer 6; þolige þære *verliere jene (Sklavin)* II Cn 54; orf þe þæs (*so viel wie Vorbezeichnetes*) weorð I Ew 1,4; þam (*ihm*) awyrce Hl 8; sie be healfum þam $^1/_2$ *so viel wie jenes* Ine 76, 3; þam *vorbeschriebenem Ereignis* Af 56; þæt [*nt ac*], *Inhalt vor. Satzes aufnehmend* Hl 5. 10. Ine Rb 35 GH; þa *Vorgenannte* AGu 2; begite þara II As 9; þara oðer Hu 4, 1. — *Ersetzt in spät. Hss.* **a)** *durch Personale:* ne læt þu þa (hi H) libban Af El 30; se (he B) bið Af 60; se (he Bu) Ine 14. 16; þæs (his H) leafe þe II As 22 Ot Ld; þam (hio Ld) þe I 5 **b)** *durch* se man: II Cn 67 B. 68, 2 B; þane (*übergeschr.* mannan) Hl 8; man *hinzugefügt behufs Substantivirung* Wif 1 B — þæt is *das heisst* Af El 49. I Ew 2,1 | þæt is þonne *nämlich* AGu 2. EGu 3, 2. II Ew 1, 2. VI As 1, 1. III Eg 1, 1. Forfang 2. Pax *u. oft;* þæt syndon II Eg 1 **2)** *auf Folgendes bezüglich:* þæt (*Folgendes*) don, þæt he [*vorausweisend auf Objectsatz*] Grið 26; *erst von* H *eingeführt:* gif þonne se oðer þæt (*fehlt übr.*) geunsoðian mæge, þæt (*was*) III Eg 4 | *in der Apposition 'nämlich solchen':* mannan ofslæhð, þane þe sie Hl 1. 3; sparige nanan man, þone þe we geaxian VI As 1, 1 | *gn nt mit folg. Partikel* þe: *so weit als, so viel wie* þæs þe man don mæge (we magan) V Atr 23 — VI 28, 1 = I Cn 19, 2. (VI Atr 1). — *Zu Einem Begriff verbunden mit folg. Relativ:* se þe *wer* Ine 33 *u. oft. Dies steht oft statt hypothet. Satzbeginns 'wenn einer (jemand)':* se þe hæme, swelte he (se GH) Af El 31 **II)** *ausgedrückt durch Personalpron.:* hig XI healdan *vorbenannte elf* VI As 3 [*vgl.* o. I 1 a]; *auf Folgendes bezüglich:* buton his (*dessen;* þæs Ot Ld) leafe, þe he folgode II As 22 **III)** *vgl.* þes **IV)** *Ellipse:* sien heora aðas (*diejenigen von*) ungelygenra V As 1, 5 **V)** *Attraction s. Relativ*

F ***Demonstrativum*** cil ki *wer, wenn jemand (einer)* Leis Wl 5 = ki 22. 49

Denagild, ~alagu *s. hinter* Dene

L **denariata** *Habe, die jährlich* 1 *Denar Rente bringt* ECf 10

denarius **1)** *Silberpfennig* [$^1/_{240}$ *Pfund; weil einzige Münzsorte, allgemein für*] *Metallgeld* Hn mon 2; solidus ex V denariis Wer 1, 1 Q. II Cn 45, 2 Q (30 den. = 6 sol.); *als Gewicht des Ordalbissens* Iud Dei XIV 10 [*vgl.* solidus; *als Wachsgewicht* Asser 104, 3] **2)** ~ S. Petri *Peterspfennig* II Eg Insc Q; ~ *Romae* ad S. Petrum Cn 1027, 16 [*vgl.* Petrus; *fz.* dener; Piere]

Dene EGu Pro. IV Eg 13, 1 | *gn:* Dena *s.* 21 *Z. weiter;* I Cn Insc Pro. II 15 B A (Dæna G). 15, 1a. 62. 65. Norðleod 6 Ld; Dana II Cn 65 A; Dane 15, 3 A; Dene D; Deone EGu 7,2; Dæna Ld; Dæge! B; | *dt:* Denum EGu 3, 1 f. 6 – 7. 9. IV Eg 2, 1 f. 12. I Cn Inso D. II 45, 3. 46. 48. 71, 3. — **1)** *Dänen und andere Nordleute in England, Anglo-Skandinaven* [*stets, ausser:*] **2)** *Dänen in Dänemark nur* I Cn Insc Pro. — *Lateinisch:* **Dani** (*Var.* Danai ECf *S.* 671[49]) **1)** *Anglo-Skandinaven* EGu Pro. 3—9 Q. Hn 6, 1 f. ECf 27, 1. 33 (*wo* Lond, *um den allgemeineren Begriff 'Nordisch' zu geben,* et Norwygenses *zusetzt*). Lond ECf 13, 1 A 3. 32 A 14. Ps Cn for 1. 2. 3, 1. 14. 21 **2)** *Dänen in Dänemark* I Cn Inse. Pro Q. In. Cons. Quadr Arg 18; *Britanniens Feinde* ECf 13, 1 A. 34, 2b. Lond ECf 32 C 7 [*vgl.* Dacus] — **Dena lag[u]** *Recht(sgebiet) der Nordleute in England* [*Form s.* Dene, lagu] EGu 7, 2. VI Atr 37. II Cn 15. 15, 1 a; 3. 62. 65. Norðleod 6 Ld | *Lat:* Denelaga Hn 6, 2. 34, 1 a. 66, 6; 10. ECf 12, 3 f. 27, 1; *Var.:* -lagha, -lah, -lahge, -laga; ~laga: II Cn 15, 1 a Q. 65 Q. ECf 27, 1 *retr;* Danelage ECf 12, 3[20]. 27, 1[10]. *retr* 12, 3[26]; *erklärt als* lex Dacorum *und irrig als Namen von Cnuts Gesetzbuch* I Cn Inso Ip Hunt; Danorum provincia Hn 6, 1; Danorum lex ECf 10, 33; *irrig dafür:* lex Anglorum 30; leges Danorum ECf *retr* 33 | *Fz:* Denelahge Leis Wl 21, 2; 4 (*oder* -ahe?); -ahe 2, 2; 3; 4. 3, 3. 17, 1. 21, 4; Danelahe 2, 3 f. L. 21, 2 L; Denelae 2, 3 f. I. 21, 2 I. 39, 2. 42, 2; Danelae 2, 2 I. [*Vgl.* Norðengle.] — *In* EGu *ist nur Ostanglien (Guthrums Reich) gemeint, wenn und insofern Teile von* EGu *zurückgehen auf Guthrums Lebenszeit; in heutiger, späterer Form aber kann* EGu 7, 2 *jene weitere Bedeutung haben. Die geographischen Grenzen der administrativen Autonomie der Dänen wechselten zwar* [*Chadwick* Anglo-Saxon instit. 199], *aber damit nicht notwendig die der Dänischen Rechtsbesonderheit.*

L **Denagildum** *Staatssteuer* 12. *Jhs., entstanden aus Steuer für Abwehr oder Abkaufung der Dänen unter Aethelred II.,* Hn 10, 1. 15 (*Var.:* Deneg~, Danag~); Daneg~ Hn Lond 2, 1; Denegeldum ECf 11—11, 1; *Var.:* Dan~; -gal~

Denmarcon, *dt, Dänemark* Cn 1020, 5; *lat.* **Denemarcia** Cn 1027 Insc; **Dania** ECf *retr* 16 [*vgl.* Dacia]

F **dener** **1)** *Silberpfennig; obl:* ~ Leis Wl 5, I. 17—17, 2 | *no:* denier 11, 1 | *pl ac:* ~rs 11, 1 I. 17; denir 16 I[35]; *abgekürzt* d(en) 3, 1. 5; quaer ~ 11, 1 **2)** ~ Seint Piere *Peterspfennig* 17—17, 2 [*vgl.* denarius]

Deniso *Dänisch in Britannien, Anglo-Skandinavisch;* ~ oððe Englisc

Cn 1020, 9. II Cn 83 | *ac:* ~sone AGu 2 (~sce B 2). II Atr 5. 5, 1 || *sbstirt:* se Denisca 5. 5, 1

ᴸ**denominatus** *vorher, oben bezeichnet, hier in Frage stehend* Iud Dei XII 4, 2

ᴸ**denotatio** *Verleumdung, Brandmarkung* Quadr Ded 22

Densete *s.* Wents~

deoflic *s.* deofollic

deofol 1) *Teufel* I Cn 26, 2. Episc 7 | *gn:* ~fles I Cn 23 (~flas Ld). Iud Dei VII 12, 1 A; divoles IV 2 | *dt:* divole V 2, 4 | *ac:* ~ Af 43; diobul Iud Dei IV 3, 1; diovl V 2, 2 | *pl dt:* ~flum II Cn 84, 2a | *ac:* ~fla I Cn 4, 2 [*also nt*] 2) *pl dt:* ~flum *Götzen* Wi 12

deofolg[i]eld *Götze; ac:* ~geld Af El 49, 5; diofolgyld H | *pl ac:* ~gyld II Cn 5, 1; *dafür* idola A; idol B

deofollice, *fm pl ac, teuflische* V Atr 25 D (~flice *übr.*) = VI 28, 3. I Cn 23 (~folice A); diovblica Iud Dei IV 4, 5, diabolicas *glossirend;* diab' 4, 4 *wiederholt nur das Latein.*

Deona *s.* Dene, *gn*

deop *tief, schwer* [*bildlich*]; *dt:* ~pum ceape *mit hohem Preise* I Cn 18, 3 (*pl* deapum ceapum A) | *fm ac:* ~pe friðsocne *gewichtiges Asyl* VIII Atr 1, 1 = I Cn 2, 3 || *adv:* ~pe *schwer, streng* (*strafen, büssen*) EGu 12. VI Atr 39. VIII 34 = II Cn 40, 1 f. 54, 1; forwyrcan 2; deop [*oder adj?*] betan Cn 1020, 14; deope gebycgan *teuer erkaufen* II Cn 2, 1 A; profunde Q; *deore übr. originaler* || *cpa nt:* ~pre (*härteres*) swanriht *Rect* 6, 1 | *adv:* ~ppor gebetan EGu 11 (~per Ld) = VI Atr 7. 52. II Cn 38, 1. 39. Northu 45; ~ppar II Cn 4a. 7. 36, 1; ~por A || *spla dt:* be þam ~pestan (*schwersten*) aðe V Atr 30 D = VI 37

deoplice, *adv, tief, hoch* [*bildlich*] gebete Ine 11 B | *gewichtig* (*umfrieden*) Had 11 (~pplice O) = Grið 24 || *cpa:* ~cor gebetan *schwerer büssen* VIII Atr 27 = I Cn 5, 3; ~pplicor Cn 1020, 17

[-deor] *Der:* wildd~, heahdeorhund

deorborenran, *cpa dt, dem adliger Geborenen* Ine 34, 1; dior~ H

deore, *adv, teuer:* gebycgan V Atr 3, 1 = VI 10, 1 = II Cn 2, 1; deope A | *cpa:* ~ror sellan III Eg 8, 2; -agyldan VI Atr 52. — *Der.:* und~

deorhege *Wildgehege Rect* 1, 1 (dehor~ Q[a]). 3, 4 | *ac:* ~ heawan 2. Ger 12

deorne *s.* dierne

deornunga *s.* dear~. **deoð-** *s.* deað

ᶠ**departir** 1) de *entfernen von* Leis Wl 29, 1 2) *fortwandern aus;* 3: ~tet de 30, 1; *Var.* deper- | *pl* 3: ~te[n]t de 30 3) *teilen; pl* 3: ~tent entre (*Geld*) 9; partent Hk; l'erité 34; *Var.* deper- | *pf pc pl:* departis en commune 37, 2; *Var.* depertiz

ᴸ**deponere** *niederschlagen, töten* VI As 1, 3 Q, leogan *übsnd*

ᴸ**deportare** *ertragen, erleiden* (*Fehde*) I Cn 5, 2b In, beran *übsnd*

ᴸ**deprecatio** *Gebet* Iud Dei XII 16, 1. XIV 2

ᴸ**deprehensor** *Ertapper im Anefang, der Anschlagende* II Cn 24, 1 Cons

ᴸ**deputare** *zuschreiben, anrechnen* Hn 49, 3b

ᶠ**derainer** *nachweisen, erweisen;* ~ par .., que *gerichtlich als sein Eigen erstreiten, mittels* Leis Wl 23 f. I; derei~ 23 I; derehdner 23 f. Hk | *sbj* 3: le dereinet 45, 2 | *pf pc:* averat deredné le plait vers 2, 4; dere(in)ied I; derehdné 21, 5; ~ignet (-ed) I; seit derehdned 21, 4; ~ed I [*vgl.* disrationare]

[*Derby*] *eine der* Fif burga *s. d.*

derian 1) *schaden, m dt;* 3: dereð him sylfum II Cn 35, 1; derað B A | *op* 3: oðrum ~ige Episc 10 2) *schädigen, beeinträchtigen, m ac; op* 3: inlendiscan ~ie Duns 6, 2 | *ipa pl:* hie deriað Af El 34. — *Der.:* ged~

ᶠ**desaparaillé** *ungerüstet* Leis Wl 20, 2a; ~pereilé I

ᶠen **descuvert** (*Wunde*) *in* (*auf*) *Unbedecktes* (*treffend*) Leis Wl 10, 1

ᴸ**desertiva** *geschiedene Frau* I Cn 7, 1 Cons, ælæte *übsnd*

ᴸ**deservire** 1) *als Lohn verdienen; ohne obj* Swer 1 Q, earnian *übsnd;* haec erga nos I As 4 Q, to me geearnian *übsnd*; quod deservit *was er an Land als Lohn empfängt Rect* 3, 3 Q; plus deservit 10, 1, mare geearnian *übsnd* 2) terram per *verdienen durch, die Land belastende Pflicht erfüllen durch* CHn cor 11. [*Wie me.* deserve = *lat.* mereor]

ᶠ**desimes** *s. dire*

ᶠ**desirent,** *pl* 3, *wünschen* Leis Wl 39

ᴸ**despectus** 1) *Busse für Kränkung privater Ehre und Friedensgewähr* In Cn: II 28. III 3; mundbryce *übsnd* II 42. III 56. 56, 2 2) *Busse für Ungehorsam gegen vorgesetzte Behörde* II 15a. 66; oferhiernes *übsnd* II Cn 29, 1 Cons 3) *verächtliche Äusserung, Kundgebung der Verachtung* Hn 10, 1. 13, 1

ᴸ**desponsare** *ehelich antrauen* Hn 82, 8; ~ata *steht für* a) to æwum wife forgifen Af 42, 7 Q b) beweddode wif I Cn 7, 3 Q. In. Cons

ᶠ**desqu'** ele *seit bis nachdem sie sei* Leis Wl 33

ᴸ**destitutio** *Nichterfüllung, Unterlassen der Gewährung* Hn 9, 4

ᴸ**desubitare** 1) *plötzlich anfallen;* canis hominem ~tet Af 23 Q 2) *von oben herabfallen* Hn 90, 2 [*aus* Firm. Mat.; *vgl.* disubitatio]

ᴸ**desuper** *hinterher* Hn 70, 11a

ᴸ**detegere,** *als tegere gemeint und durch* giwoeria *glossirt* Iud Dei IV 4, 5

ᴸ**detentio** 1) *Festhalten* (*des Schuldigen, behufs Vorbereitung der Anklage*) Hn 82, 2a 2) *Vorenthaltung* 7, 6; *recti der Rechtsgewährung* 59, 19

ᴸ**detererit** *für* deterit *oder* detriverit II Cn 15, 3 Cons, wyrde *übsnd* | deterreatur *für* deteratur *oder* deperdatur 2, 1 Cons, man forspille *übsnd*

ᴸsine **detestatione** *ohne letztwillige Verfügung* II Cn 70 Cons, cwideleas *übsnd*

deð *s.* don *sg* 3

ᴸ**detrimendum** *statt* ~ntum IV Eg 9 L

ᶠ**Deu** *Gott* Leis Wl 41, 1 (Du Io), Crist *übsnd;* Christus L [*vgl.* Deus *n.* 2]

ᶠ**devant** *vor* 1) *örtlich:* justise Leis Wl 2, 1. 3; *vor Zeugen* Wl art Fz 5 2) *zeitlich:* lui Leis Wl Pro; (*Frist*) 46 | ~ iceo qu'il *seit, cj: bis, bevor* 21, 3

ᶠ**[deveir]** *sollen;* 3: deit Leis Wl 17. 17b. 20, 2 (*deite* I). 29. 45, 1; dit 38 | *pl* 3: deivent Wl art Fz 8, 2. Leis Wl 28, 2. 30 | *sbj* 3: deive 7. 10 | *ipf sbj* 3: deust 15, 2; doust I | *fut* 3: devrad duner 17, 1; *dafür* duinst Hk

ᴸ**devenire** (*Vasall*) *werden* Swer 1 Q [*aus fz.* devenir; *noch mit Nebensinn des Herabkommens?*]

ᶠ**devise,** *ac* 1) *Testament* Leis Wl 34 2) *Gerichtstag* 4. 4, 1 [*vgl.* divisa]

ᴸ**devitare** (*eine Pflicht*) *umgehn, nicht erfüllen* IV Eg 13, 1 L. Hu 6 Cons Cn

Deunsetan *s.* Duns~

ᴸ**dev[oc]et** *klagend anspricht, zur Gerichtsverhandlung lädt* Hn 81, 1; devitet *Hss.*

^L **Deus** 1) dei *der Exodus erklärt richtig als* iudices Q *zu* Af El 28 2) ∼ *setzt für* Crist *ders.* 49, 7 [*vgl.* Deu] 3) *Kirchengericht, bischöfliche Gerichtskasse* [*vgl.* God *n.* 13] In Cn III 54 4) Dei rectitudines *Wertgebühren und andere materielle Gerechtsame der Kirche* Q: EGu 5, 1. 6, 4. II Cn 48. Hn 11, 11. 66, 5 = Dei *rectum* 87, 6 (-ta 13, 11) 5) *Kirchenrecht* [*vgl.* God *n.* 10] Dei *rectum* (et seculi) Episc 1 Q 6) Dei rectum *beste Satzung, richtigste Ordnung* II Cn 75, 1 Q, *Godes* riht *übsnd;* Hn 80, 7b. 87, 2a 7) Dei pax a) *aller Welt Friede, öffentlicher, allgemeiner Schutz* 81, 1. ECf 1, 1 [*vgl.* God *n.* 6] b) *Gottesfriede, Treuga Dei, eine bestimmten Zeiten, Orten, Personen gewährte Ausnahme vom Kriegszustand* ECf 2 8) Dei gratiā *des Königstitels Begründung* [*nicht in allen Hss. der Protokolle Heinrichs I.*] CHn cor. Hn com. Hn Lond; mid *Godes* gife *übsnd* Ine Pro Q 9) iudicium Dei *Ordal* Hn 64, 1e. Cons Cn: Hu 9. *S.* 619 *Z.* 5 [*vgl.* God *n.* 5a; iudicium; purgatio]

^F **deust** *s.* deveir

-dh- *für* ö: Adhelbertus Excom X 1

diacon *Diakon* Wi 18. VIII Atr 21 = I Cn 5, 2. Northu 12 | *gn:* ∼nes Abt 1 | *dt:* ∼nē Northu 23 f. | *ac:* ∼ VIII Atr 20 = I Cn 5, 1 A; *deacon übr.* — *Der.:* ærced∼

^L **dia[p]salma** *Pause, Abschnitt* Quadr Arg 31 [*oder lies* diastalma *Trennung?*]

dician *graben* Ger 12

dicsceard, *ac, Grabenbruch* (*ausbessern*) Ger 13

^L **dictare (dictio)** *braucht* Q [*wegen Buchstabengleichheit*] *für* dihtan (diht) *bestimmen* (*Anordnung, Verfügung, Planen*) Episc 9 (EGu Pro 2. II Cn 70, 1. Swer 5. Episc 6)

d[ie]dan *töten; op* 3: dyde forwyrhtne *hinrichte* EGu 9, 1 = II Cn 45

d[i]egle, *nt, dunkel, verborgen;* degle Iud Dei V 2, 4

^F **dient** *s. dire*

d[ie]pan; *ptt op* 3: dypte að *erschwerte* (*höher machte*) *den Eid* Blas 1

d[ie]ran; *op* 3: *dyre hochbewerte* Nor grið *Z.* 8

d[ie]re 1) *an Liebe teuer:* dyre Grið 22 2) *teuer an Geldwert; ac:* dyrne Grið 6. AGu 2 | *pl: dyre ebd.* [*Vgl.* deore]

diernan 1) *verheimlichen;* 3: ∼neð (*Totschlag*) Ine 21, 1; dir- Bu H; dyr- B | *op* 3: ∼ne 35; dyrne HB 2) *ptt pc nt ac:* flæsc gedyrneð [*lies* -ned] *verstecktes Fleisch* 17; gedir- H; geder- Bu. — *Der:* ged∼

dierne *heimlich, verborgen, verstohlen; pl dt:* ∼num geligerum *unehelichen Beilagern* Af El 49, 5; dyr- GH; ∼num geþingum Ine 52; dyr- GH; dyr- [*sg*] geþincðe B [*vgl. fris.* dern son *Sühne; His* Strafr. *d.* Friesen 99. 211] ‖ *schwach nt ac:* þæt dyrne (*verheimlichte*) orf IV Eg 14 | *pl ac:* þa dyrnan geþingo VI As 11 ‖ *sbstirt nt ac:* deorne id est *secretum, geänd. aus* ærne, Ine 57 Q. — *Der.:* und∼; *vgl.* dearnunga

^L **dies** 1) *Gerichtstermin:* VI ebdomadas et unam *diem* Hn 41, 2b; annus et ∼ *s.* annus; mensis et 1 *dies* ECf 15, 1 = 31 *dies* 6, 1. 20, 1a 2) *Lebzeiten* ECf *retr* 34, 1a; dæg *übsnd* Wl Lond 3 L. [*Vgl.* Iudicium; quindecim]

^F **[Dieu]** *s.* Deu

^L **diffacere** 1) *zerstören, vernichten:* disf∼ Hn 89, 2b 2) *zur Strafe an Gliedern verstümmeln* EGu 10 Rb Q. Hn 92, 3; 19; disf∼ V As 1, 1 Q, fordon *übsnd*

^L **diffactio** *Gliederverstümmelung* [*als Strafe*] Hn 59, 16a (*gesondert neben Todesstrafe*). 59, 18 (*ihr synonym*). 64, 2. 80, 9a; corporalis ∼ 82, 9. 88, 8; *irrig für* diffractio 93, 1 *Var.*

^L **differre** 1) *differt* de *es liegt ein Unterschied vor betreffend* Hn 61, 18 2) malis actibus differatur *in Missetaten sich verstrickt? durch M. ins Gerede kommt, verschrien wird?* II Cn 41 Q, mánweorc gewyrce *übsnd*

^L **diffidere,** *m ac, verzweifeln an, nicht erhoffen* Quadr Ded 34

^L **diffinire (-itio)** *statt* def∼ *bestimmen, festsetzen* Hn 59, 2c (*Verfügung* 3. 70, 16) [Hn 92, 12

^L **diffodere** *aus dem Grabe scharren*

^L **diffortiare,** disf∼, -rci∼ *weigern;* 1) *steht im* Q *für* a) (for)wiernan (*Rechtspflicht, Urteilsvollziehung*) I Ew 2. II 1, 2. II As 3. VI 8, 2 (EGu 6, 4); *dieses* rectum ∼ *auch* Hn 61, 19. 74, 3 b) forstandan *verteidigen* (*den Verbrecher*) *gegen Auslieferung, dem Strafvollzug ihn weigern* I Atr 4, 2 c) *für deforcer gewaltsam hindern* Leis Wl 47, 2 L 2) *widerrechtlich durchsetzen* Hn 34, 5 3) defor∼ *zu entrichten weigern* 66, 5 4) *Gerichtshaltung, Prozessgewähr* (*als Gerichtsherr*) *weigern* Hn 57, 5. 83, 2; *vgl.:*

^L **diffortiatio recti** *Weigerung Prozess abzuhalten* Hn 22, 1 [*vgl.* diffortiare *n.* 4]

^L **diffractio** *Zerbrechung* Hn 93, 1

^L **diffrodiet** *s.* exfrediare

^L **dignus,** *m dt! würdig, teilhaft* VI Atr 5, 3. 27, 1 L

diht 1) *dt:* be ∼te *nach Vorschrift, Anordnung, Bestimmung von* (*gn*) EGu Pro 2. VI Atr 51. II Cn 70, 1. Episc 6. 11 f. 2) *gn:* ge dæde ge ∼tes *Planen, Absicht* Swer 5 [*vgl. lat.* dictio]

dihtan *bestimmen* Episc 9 | *ptt* 3: dihte *gebot* Sacr cor Pro. — *Der.* ged∼ [*vgl. lat.* dictare]

[dilegian] *Der.:* ged∼

^L **dimissio** belli, quod Angli dicunt ferdwite *Strafgeld für Unterlassung* (*Versäumnis*) *des Heerdienstes* II Cn 15 In

^L **dimittere** equum *veräussern* II As 18 Q, syllan *übsnd*

dimnesse yrres, *ac, Umdüsterung durch Zorn* Iudex 14

ding- *s.* dyng-

diobul, dioful, diovl *s.* deofol

^L **dirationare** *s.* disr-

^F **dire** *sagen, sprechen; pl* 3: *dient* Leis Wl 39 | *pf pl* 1: desimes 45, 2 | *pc:* dit 24

^L **dirigere,** *absol, gesetzmässig machen, legalisiren* II Cn 55 Q, rihtan *übsnd*

^F **dis** *zehn* Leis Wl 28; des I

di[sc]; *pl ac:* dixas *Schüsseln* Ger 17

^L **discarcare** *ausladen* (*Wolle*) IV Atr 2, 9. [*Die Weine, die in London ankamen, durfte* (*ausser dem königlichen Schenk*) *niemand auf dem Schiffe kaufen,* 'but only after they have been unladen and stowed in a cellar of the City' 1311; *Riley,* Mem. of London *p.* 81. *Im Londoner Französisch* 13. *Jhs.* carker et descarker: *laden und abladen;* Munim. Gildhallae *ed. Riley* II 64]

^L **disclaudere** *öffnen, vom Verschlussdeckel befreien* Hn 90, 3

^L **discolus** *s.* dys∼. **disf-** *s. diff-*

^L **dispensa** *Vorratskammer* II Cn 76, 1a Q. In. Cons, hordern *übsnd*

^L **dispensatio** *Arbeitsauftrag* Quadr Ded 28

^L **disperdere** *versäumen, unterlassen* IV As 7. III Em 7, 2

L **disrationare**, dir~, der~, ~tiocinare (Hn 61, 13. ECf 36. 36, 2—5 *mit Var.:* ~ri, derationari, dir-) — 1) *gerichtlich erweisen* ECf 36. 36, 2 2) *gerichtlich erstreiten* Hn 61, 13. Leis Wl L: 21, 4 f. 23. 45, derainer *übsnd* 3) *gerichtl. verteidigen, von Anklage reinigen* VAs 1, 1 Q, berecce *übsnd.* Hn 29, 2a; se ~ Hn Lond 2, 2. 13 f. ECf 36, 5

L **di[s]ratiocinatio** *prozessuale Erstreitung* Hn 48, 12

L **dissaisiatio** *Ausser-Besitz-Setzung, Entwerung* Hn 53, 5

L **dissaisiatus** *Besitzes entwert, entsetzt* Hn 5, 3. 53, 3—6 (dissaisitus *Var.* 53, 6). 61, 21; *synonym mit* eiectus vel exspoliatus 5, 26

L **dissimulare** *zaudern, vernachlässigen, zu* I Ew Pro Q, wandian *übsnd; dies also lag vor für* ~ Ap AGu 7

L **dissutum** unctum [*lies* dissolutum?] *zerlassenes Fett?* IV Atr 2, 9

L **distortus** *widerrechtlich verdreht* (*Klage*) II Cn 27 Q, wiðertihtle *übsnd*

L **distrahere** *schädigen* Geþyncðo 8 Q

Distributivum *ersetzt durch* a, æfre, æt *s. d. — Fx: s.* a *n.* 9

L **districtio** *Zwang* Hn 11, 16

L **disubitatio** *Überfall, Anspringen, Niederwerfung* Af Rb 23 Q [*vgl.* desubitare]

F **dit** I) *für* deit *s.* deveir 3 II) *s.* dire

Dittographie: sacene ne Becwæð 3, 2 B | hegegian? *Rect* 2 | for neode mete neade Northu 56.

L **divadiare** *pfänden bei handhafter Tat, um künftige Rechtserfüllung zu erzwingen* Hn 41, 1c. 57, 2. *Vgl.:*

L **divadiatio** *Zwangs-Fortnahme eines Pfandes bei handhafter Tat, damit Gepfändeter sich künftig gerichtlich verantworte* Hn 23, 1. 94, 2d

L **Divenses** *Bewohner von Dives (in Calvados)* Quadr Arg 20

L **dives** 1) *Dynast, Magnat* ECf 25 2) ~ et pauper [*wohl aus* earm 7 eadig] III As Pro. Cn 1027, 12. ECf 14, 1. Lib Lond 1

L **dividere** *Nachlass verteilen* CHn cor 7, 1

L **divinus** *kirchlich, geistlich, kanonisch* (*Gesetz*) Hn Pro 1. 49, 4a

L **divisa** 1) *Stück Land* Ine 42 Q 2) ~ae terrarum *Grundstücksgrenzen* Hn 91, 4 (Hn com, Prot[a], *oder 'Verfügung über Land?'*) 3) *Grenzgericht:* terrarum suarum Hn 57, 1; ~ vel [m]erchimot 57, 8; *Nachbargericht* 34, 1a; ~ parium *Genossen-* 9, 4 4) *Gerichtstag* Leis Wl 4. 4, 1 L, devise *übsnd.* [*Vgl.* divisio]

L **divisim**, *adv, getrennt* Hn 59, 22

L **divisio** 1) *Stück Land* In Cn III 52; ~onis *terra* Ine 42 Q, gedalland *übsnd* 2) *Verfügung über (oder Abgrenzung der?) Landgüter* Hn com 3 3) *Gericht:* scirarum, hundredorum ECf 13. 13, 1. [*Vgl.* divisa]

divol- *s.* deofol-

L **diurnale** opus *Tagwerk Rect* 3, 1 Q

dixas *s.* diso **doeme** *s.* dema

doest *s.* don

dohtor *Tochter;* dohter Af El 3 † Ld | *dt:* dehter Af 42, 7; dohtor! Ld | *ac:* ~ Af El 12. 21; dohter H | *pl dt:* dohtrum Af El 12 ** So

dolgbote, *ac, Wundenbusse* Af 23, 2; dolhb~ HB

F **dolor** *s.* dulur

L **dolositas** *Böswilligkeit* Af 17 In Cn

dom *Gesetz, Entscheidung, Urteil, Gericht* Af El 49, 6 H. IV Eg 12, 1 (on: *über*). III Atr 13, 2 f. VIII 5, 2. I Cn 18, 2. Ordal Insc (be: *von*). Had 10. Wl lad 1 | *gn:* domes Af El 21. VI Atr 52, 1. II Cn 2a. Iudex 14 | *dt:* dome Af El 49, 6. Af 7. Ine 6. EGu 4, 2. I Ew Pro. II 3, 2. II Em 6. III Eg 3 Inso Ld II Cn 43. 84, 1a. Blas 3. Iud Dei VIII 2, 2. Grið 9. Iudex 5. 15. 15, 1. Episc 15 | *ac:* ~ Wi 5 f. Af El 43. 49, 6 (ofer: *über*). Hu 3. VI Atr 53. Cn 1020, 11. I Cn 18, 2. II 8, 2. 15, 2. Iud Dei IV 3, 2; 4. 4. VII 23 A. VIII 2. Forf 2. Episc 14 ‖ ***pl:*** domas Abt Insc. Hl Insc. Wi Insc. Af Rb Einl. Af El 11. 49. Ine Pro. 1, 1. EGu Inso. Iudex 3 | *dt:* domum Hl Pro. Ine Rb Pro. VI As Pro. IV Eg 2, 1a. Sacr cor 1, 3. Iudex 4. 17; doman II Cn 68, 1c | *ac:* domas Wi Pro 3. Af El 40. Ine Pro. I Ew Pro. VI As 10. III Eg 1, 1. Cn 1020, 11. II Cn 1, 1 (domes A). Episc 9. — 1) *Gesetz, Satzung* [*in eben Citirtem, wo im Folg. nicht anders gesagt*]; *Gebot* Af El 49; *Buchdecret* Wi 5; *Merkspruch, Grundsatz* Af El 49, 6. I Cn 18, 2 2) *Entscheidung, Bestimmung, Willkür* Af 7. Ine 6. II Em 6. Blas 3. Grið 9; domes geweald agan ofer *Rechtsprechung, Verfügung* Episc 14. II Cn 2a 3) *Gerichtsurteil* Wi 6. Af El 21. 40. 49, 6. EGu 4, 2. III Eg 3 Ld. Sacr cor I, 3. III Atr 13, 2 f. VI 52, 1. 53. VIII 5, 2. II Cn 15, 2. 43. Iud Dei IV 3, 2; 4. 4. VII 23 A. Iudex 3 f. 14—15, 1 (*Urteilsprechen*). 17; dom(as) deman Af El 43. II Cn 35, 1. Iudex 5 (I Ew Pro. III Eg 1, 1 = II Cn 1, 1. Cn 1020, 11 [*vgl.* undom gedeme II Cn 15, 1]); ~dihtan Episc 9; ~sceal æfter dæde Had 10; healdan to dome II Ew 3, 2; ~ geuferian Iudex 11; ~ medemian VI Atr 10, 2; ~ sceotan to Northu 5; hundredes ~ (*Beschluss*) forsacan Hu 3 4) *Jüngstes Gericht* II Cn 84, 1a; domes dæg Iud Dei VII 23, 1a. VIII 2. Iudex 6 [*vgl.* Domdæg] 5) *Gottesgericht, Ordal* Episc 15; Godes (*bezw.* wæteres) ~ Iud Dei VIII (2). 2, 2; ornest oððe dom Wl lad 1. — *Der.:* Cristen~, cyne~, ealdor~, freols~, hæðen~, lar~, martyr~, riht~, swic~, þeow~, un~, wisdom

domboc *Gesetzbuch* II Ew 5. 5, 2. II As 5. II Eg 3. 5 | *dt:* ~beo I Ew Pro | *pl gn:* ~boca Af El 49, 6

Domdæg ondrædan *jüngsten Gerichtstag fürchten* I Cn 25 [*vgl.* dom *n.* 4]

domeras, *pl, Richter* Af El 18; dem~ H

L **domicellus,** filius baronis *Junker* [*altfz* doncel], *hier für* æðeling (*Königssohn, Prinz*) ECf 35, 1c

L **dominatio** 1) *himmlische Schar* [*aus* Paulus] Iud Dei I 22. V 2. VIII 1. XIII 13, 2 2) dominationis emendatio [*für* manbot] *Busse an die Herrschaft wegen Kränkung ihres Vasallen* Hn 11, 1a

L **dominicatus** *sonntäglich* In Cn Rb Cb I 15, *S.* 616

L **dominicus** 1) Dominica oratio I Cn 22 Cons, Paternoster *übsnd* | -incarnatio *Fleischwerdung Christi S.* 9 CHn cor Prot[2] 2) *unmittelbar der Krone gehörig:* ~ca curia regis Hn 49, 4 | baro meus ~ [*Ggs.:* vavasor] Hn com 3 | mea ~ca necessaria *nicht vom König an den Sheriff verpachtete Kronbezüge* 2, 1; ~ca placita Hn 10, 4; ~ca captalia regis 13, 5 3) *vom Grundherrn selbst (nicht von und für Gutsbauern) bewirtschaftete domaniale Manorhälfte Rect* 7 Q. Leis Wl 17, 1 L, demaine *übsnd;* CHn cor 11. Hn 19, 1. ECf 11, 1 [*vgl.* dominium, inland]

L **dominium** 1) *Recht des Herrn über den Lehnsmann* Hn 43, 8 2) *Herrschaft über Einen Vasallenkreis* 48, 5. 60, 2b. 94, 2a; *örtlicher Herrschaftsbereich* 48, 10; II Cn 80 Q, agen *übsnd* 3) *Domäne der Kirche* (*Unausgeliehe-*

nes; Ggs.: homines eius *ihre, vielleicht baronialen, Vasallen*) CHn cor 1, 1 | ~ regis *Krondomäne* Hn 91, 3 | terra in ~nio *Land nicht lehnmässig Freien ausgeliehen* 7, 7 4) *dér Teil des Manors, der vom Grundherrn selbst (nicht von und für Gutsbauern) bewirtschaftet wird. Domäne* 19, 1. 56, 3; inland *übersnd* II Eg 1, 1 In Cn [*vgl.* dominicus *n.* 3; *fz.* demaine]

L**dominus** *adliger Dynast* Quadr II Praef 5; *Anglonormann. Seigneur, im Ggs. zu* Angligenae Arg 11; ~norum curiae *seniorale Gerichte* Hn 9, 4 | *Vasallitätsherr, absichtlich confundirt mit* Dominus (= *Christus, Gott*) Hn 75, 1a; 2 | *irrig* hundredes ealdor (*Vorsteher*) *übsnd* IV Eg 8, 1 L [*vgl.* L. natalis Domini]

L**domus**; domi invasio II Cn 12 Cons, hamsocn *übsnd;* invasio in (propria) domo vel in curia, quod Angli dicunt hamsocne 15 (12) In | domum et terram habens 20a In, heorðfæst *übsnd* | domus et curia *Haus und Hof* ECf 5, 1. II Cn 12. 15 In. Hn 80, 1. 91, 2

don IV Eg 1, 5a. I Atr 1, 2. II 9, 3. VI 1. 28, 1. VIII 43. I Cn 19, 2. II 30, 1. 54, 1. Wer 7. Swer 1. *Rect* 5, 4. Ger 8. Grið 26 | *flect:* to donne VI Atr 5, 2. 42. I Cn 4, 1. II 84. Episc 2. Wl lad 1 ‖ 2: *dest* Af El 36; *doest* Iud Dei IV 4, 1 | 3: deð Hl 13. Wi 10. Af El 25. Ine 41. 76. 76, 2. IV Eg 1, 5a. II Cn 68, 3 B; dæð Swer 4 B | *pl* 1: doð I Cn 20, 1 | 2: doð Af El 34 | 3: doð II Em 1, 1. Iudex 10, 1 ‖ *op* 3: do Hl 1. Af El 12. 20. Af 4, 1. 5. 33. 37, 1. Ine 9 f. 25. 28, 2. 34, 1. AGu 3. II Ew 1, 3. 7. Hu 2. II Eg 2, 1. IV 1, 3. I Atr 3. 3, 1. II 5. V 5. 22. 30. VI 3. 27. 37. VIII 12, 1. I Cn 11, 1. 19. II 54, 1. Northu 56. Wal. *Rect* 1. Ger 4 | *pl* 3: don Af El 49, 5. II Ew 3. I As Pro. Cn 1020, 11. II Cn 84, 4; do B ‖ *ipa:* do Becwæð 3, 2. Iud Dei VII 24, 1 A. VIII 2, 4 | *pl:* doð ge Af El 49, 5; do H ‖ *pc pl dt:* dondum (*Übel-*) *Tuenden* Iudex 10 | *ptt* 2: dydest Iud Dei VII 13 A | 3: dyde Af 6 H So. Ine 43. II Cn 68, 2. Northu 2, 2. Iud Dei VII 13 A | *pl* 3: dydon IV Eg 1, 3 ‖ *op* 3: dyde I Ew 1, 5. VI As 12, 2; *dide* Iud Dei VIII 1, 1 | *pl* 2: dydon 1, 1 ‖ *pc:* don Af 13 H; *tunge* bið of heafde don Af 52; *gedon* HB; *gedon* Abt 19. Af 37, 2. Ine 42. As Alm 1. II Atr 6. 6, 1. Cn 1020, 7; 17. Wer 4; gidoen Iud Dei V 2, 2. — 1) *verfahren* Wer 7; þy ilcan ryhte Ine 34, 1; *sich benehmen, handeln* Becwæð 3, 2. Ger 4 2) (*ver-*) *üben:* riht Ine 41; mildheortnesse Cn 1020, 11; wrace Ine 9; *Unrecht* Af 37, 2. Ine 10. II Atr 6. 6, 1. Cn 1020, 17. Northu 2, 2. Iudex 10, 1; *Raub* Abt 19 | *Schaden anrichten* Ine 42 | *vollziehen* IV Eg 1, 3; *Strafrecht* Hu 2 | *vollbringen* Wer 4 | *verrichten* I Cn 4, 1 | nytte *ausführen* Ger 8 | friðmal *machen* II Atr Pro | *besorgen* Af El 12 | *unternehmen* I Atr 3 ‖ *mit dt der Person: antun, zufügen* Af El 49, 5 | his Dryhtne do to góde II Cn 84, 4b 3) *leisten, geben, entrichten, liefern, gewähren* Af El 12. II Eg 2, 1. Cn 1020, 7 (*Gnade*). I Cn 11, 1; gerihta II 54, 1; of: *aus, wegen* Rect 1. 5, 4; mete ne munde II Em 1, 1 4) *lassen, machen* doest fyrhta Iud Dei IV 4, 1 5) [*Verb. vicar.*] *den Inhalt vorigen Verbs* (*Satzes*) *tun:* hit don Af 5. 33. 37, 1. Ine 43. II Ew 1, 3. Wl lad 1; þeofas willað rixian swyðor þonne hig dydon VI As 8, 9; slea man hine, swa man þa yldran dyde VI 12, 2; gylde hine, 7 do se Denisca þone Engliscan ealswa II Atr 5; *auch wenn Subject keine Person und der zu ergänzende Infinitiv ein Leiden:* ætfealle bot, swa wite deð Ine 76, 2 6) do . . to *füge hinzu* Hl 1 | ~ . . of *fortnehmen, ausreissen* Af 13 H. 52 | him from do *von sich entferne* V As 1. — *Für* gedon V Atr 23 D. *Ersetzt durch* gedon *s. d. Der.:* adon, fordon, gedon, misdon, ofadon, ondon, oðdon, todon, undon, utdon

F**donc, don(er), dont** *s.* dun-

Dorcaceastre, *dt, Dorchester in Dorset* II As 14, 2 So; Dorchecestre Q; -recestria *Var.*

L**Dorobernensem** archiepiscopum *setzt neben* Cantuariensem *synonym* Wl Edmr *S.* 520

dorst- *s.* dearr *ptt*

L**dos** *Wittum, Gabe des Ehemanns an die Frau* ECf 19, 1; *im Ggs. zu* maritatio CHn cor 3, 3 = Hn 70, 22, *wo* [*aus* Lex Ribuar.] ~ *neben Morgengabe* | morgengiefu *übsnd* II Cn 73a In. Cons

L**dosserum** *Rückenkorb, Kiepe* IV Atr 2, 11

F**dourad** *s.* duner

F**dous** sunt *zwei sind* Leis Wl 38

F**doust** *s.* deveir

F**dozime** *s.* dudz-

L**draco** *Drache, Schlange, Teufel* Iud Dei XIV 4

[-drædan] *s.* ondr~

[-dræfan] *Der.:* ad~, ford~

dræfe, *dt, Vertreibung* Ine Rb 68; drafe B

ut **dragan** myxendincgan *Mistdung* [*aus Ställen*] *hinausschleppen* Ger 9

dreccan *belästigen, quälen, bedrücken; ipa:* drece Af El 47; drecce G Ld | *ptt* (*op?*) 3: *drehte* IV Eg Pro | *ptt pc pl:* gedrehte II Cn 69. — *Der.:* ged~

F**dreit** 1) *Recht,* par ~ *rechtmässig* Wl art Fz 8, 2 2) *Rechtsgebühr:* ~ *demander* Leis Wl 44; aver *erhalten* 44, 1; purchacer *erlangen* 14, 3 3) *Gericht;* a ~ aveir *vor G. stellen* Wl art Fz 8. Leis Wl 5, 2 (*droit* I). 6, 1 (*droit* Io). 52; a ~ venir *zum G. kommen* 47 4) ki ~ (*no*) est *dessen Berechtigung es ist* 42 | *pl no:* dreiz *Gerechtsame* Wl art Fz 1

F**dreit,** *adj, richtig, gesetzmässig:* relief Leis Wl 20, 4; *droit* Io; service 29, 1. 30. 32; jugement 42 (dreite *Var*). 42, 2; plus dreit (*nämlich Urteil*) faire 39, 1 | *fm:* a lour *droite cense* 29; dreite lei 42; *droite Var.*

þæm **drencende** Petre *dem ertrinkenden P.* Iud Dei IV 3, 3, mergenti *glossirend*

dreoge, *op* 3, *vollziehe, vornehme;* (*Magie*) II Cn 5, 1; hæðenscipe Northu 48. — *Der.:* ged~

drifan *treiben;* 1: ~fe Swer 2 | *op* 3: ~fe Duns 1. 1, 2. *Rect* 4, 2c; *drive* II Cn 55 B | *pl* 3: ~ VI As 8, 4 | *ptt pc:* gedriven II Atr 2, 1; -ifen Ld. — 1) *Vieh* to mæstene *Rect* 4, 2c 2) *verfolgen;* (*Spurfaden:*) spor VI As 8, 4; *trod* Duns 1, 2 | riht *Recht* 1; spæce *Klage betreiben* Swer 2 3) *vertreiben* of lande II Cn 55 B 4) *Schiff* gedriven *angestrandet* II Atr 2, 1. — *Der.:* ad~, bed~, ford~, ofad~, oferd~; undrifen, utad- [*dri*fan

dri(g)hten *s.* dryh~. **drim** *s.* þrie

drincan *trinken;* 3: ~cæð *beherbergt wird, Gast ist* Abt 3 | *op pl* 3: ~cen Hl 12 f. | *pc: etende* 7 ~cende Excom VII 6

drincelean *s.* dryn~ **drivan** *s.*

F**droit** *s.* dreit

druncen *trunken* Wi 6. *Der.:* oferd~

dryhten *Herr* Wi 23 f. Af El Pro. 3 f. Iudex 5; drih~ Af El Pro G Ld So. I As 2. IV Eg 1, 3. VI Atr 53; *drighten* Af El

3 Ld; dryhtne! Wi 9; drihtene! Af El 4*So. I As 5 Ld | *voc:* II Cn 2 a; ~ (hæ*lende* Crist) Iud Dei IV 3 ff. (IV 3. VI 1. VIII 2, 3 f.), *meist* drih~. | *gn:* ~tnes Wi 9. Af El 49. 49, 3; drihtnes IV Eg 1, 3. Iud Dei IV 2. 2, 3. 4, 1. V 2, 1; 3; drihtenes I As 5 Ld. I Cn 6, 3. Excom VII 2. 5; drihtænes I As Pro Ld; *dr*ihnes Iud Dei VII 23 A. 23, 2 A; drihtenesse! As Alm 1 Ld | *dt:* ~tne Wi 5; drihtne V Atr 6. VI 3, 1. I Cn 4, 1. II 84—84, 4 b. Iud Dei IV 4, 6; drihtene VIII Atr 7. Excom VII 5; þam drihten! I As 2 Ld | *ac:* ~ Wi 10. Af El 37; drihten G. VI Atr 42, 1 D. Swer 1—6. — **1)** *menschlicher Herr über Freie und Knechte* Wi 5. 9 f. 23 f. **2)** *Herrgott* [*überall sonst*]. — *Für* God I As Pro Ld. *Ersetzt durch* God Af El 49 H.

dr[yhte]nbeag; to drihtinbeage, *dt, als Geld* (*Bussenanteil*) *für den Herrscher* Abt 6

dryncelean II Cn 81 B (*Var.* drin~, dryncl~; id est retributio potus Q; *aus* Q: drincelen Lon*d* ECf 32 B 5 a. 10 *unverstanden*). Northu 67, 1 — *Entweder nordisch* drekkulaun: *Landgabe als* Lohn *für Bewirtung des Grundherrn* [*Steenstrup* Danelag 186] *oder 'Vertragsschluss' in Analogie mit 'Weinkauf, d. i. Handgeld, das zum Zeichen des Vertragsschlusses die Contrahenten mit den Geschäftszeugen vertranken'* [*Brunner* Encycl. Rechtswiss. (1902) 248]; *der Vertrag betrafi hier wol besonders* Landbesitz: *'Weinkaufi heisst bei den Frisen auch* laudemium *Geldzahlung an den Grundeigner beim Übergang eines Meierhofes in andere Hand* [*Allmers* Unfreiheit der Frisen 21]

[dryslic] *s.* ond~

drywa *s.* þriwa

F **duble;** a ~ de ceo *zum doppelten dessen* Leis Wl 2, 1 | a *treis* ~, *adj, dreifach:* serment 15, 2 (~ein *originaler* I); juise *Ordal* 15, 2; ~ez I; *Var.* ~es | *adv* a *treis* ~ 15, 1; ~es I

L **ducatu** Dei *unter Gottes Führung* Hu 2 Cons Cn, þær (*wohin*) God wisige *übsnd*

F sei **dudzime** main *selbzwölfter Hand, mit eilf Helfern* (*schwören*) Leis Wl I: 3. 14, 1. 15; duz~ Hk

L **duellum** *gerichtlicher Zweikampfi* Iud Dei X 21. Hn com 3, 3. Duel Inso 2, 2[e]. 4, 1 | iu*d*icium (fe*rr*i) aut ~ (ba*taille fz.*) Wl art (6) 6, 3 | *Var. für* bellum *s. d.*

dufe, *op* 3, *tauche* [*intr*] Ordal 2. — *Der.:* ged~

F **duins-** *s.* duner

F de la **dulur** *für den Schmerz* Leis Wl 10, 1; dulor I

dumb *stumm* Af 14. Iu*d*ex 6 | *pl gn:* dumbera Af Rb 14; dumbra Ot G H (*geänd. aus* ~ba). Af 14 B.

F **dunc** *dann* Leis Wl 3, 1. 21. 21, 1; *dunt* 21 Io. 21, 1 Io. 44, 2

dune, *dt* **1)** *Hügel;* ge on *t*une ge on ~ Ger 3 **2)** of ðune stige *herabstiegest* Iud Dei IV 3, 1, descendisti *zweimal glossirend.* — *Der.:* Bromdun, winterdun

F **duner** *geben; zahlen* Leis Wl 4. 7. 17. 17, 1 I. 21; *doner* 17 I. 17 b I | *sbj* 3: duinst 6, 1. 17, 1; duinse 4; *d*unge I | *ipf sbj* 3: dunast 10, 2; don- I | *fut* 3: durrad 5. 5, 1 f. 7. 17, 1. 20, 3; *durad* 5 I; *durra* 5, 2 I; dourad 17 a I; donrad 20, 3 I; *donat* Wl art Fz 6, 2 [*r geschwunden; vgl. Stimming* Anglonorm. Boeve *p.* 214]

dung- *s.* dyngo

Dunsæte, *pl, Völkerschaft, teils Walliser, teils Englischer Abkunft, wahrscheinlich im heutigen Herefordshire, an beiden* [*Wye?*]-*Ufern* Duns 9, 1; ~setae Q. Pro Q | *dt:* ~*t*um 9 Rb Ld; ~*t*an 9; ~setan Pro; Deunsetan Ld

Dunstan, *Erzbischofi von Canterbury* Sa*cr* cor Fro | *gn:* ~es mæssedæg I Cn 17, 1; *d. i.* 14. Kal. Jun. Qua*dr* Rb *S.* 536[40]

F **I) dunt 1)** *woher:* ~ il est nez Leis Wl 30, 1 **2)** *worüber, um welchen:* ~ il est retez 3, 1. **II)** *vgl.* dunc

L **duodecimhyndus** (*Var.* ~hindus, ~hindenus) VI As 8 Rb, *S.* 540 twelfhyn*d*e [*s. d.*] *übsnd*

L **duodecuplum** *zwölffach* Ine 4 Q

L **duodena** *Dutzend* Lib Lon*d* 8, 1

L **duodigitalis** *zwei Finger dick* Ine 49, 3 Q, twyfingre *übsnd*

F **dur(r)a(d)** *s.* duner

durre, *durst s. dearr*

duru *Tür; dt: d*u*r*a Af El 11. II Cn 75; *d*ure Rect 17 | *pl gn:* dura Af 5, 1 | *pl dt:* binnan ~rum Af El 3 Ld, in*tr*a por*t*as *übsnd;* betynedum ~um Af 42, 7 *auch deutsch pl: bei verschlossenen Türen, aber sg. Sinnes* [*vgl. Kluge* E*t*ymol. Wb.: 'Tür *eig. plur. tantum*']; betynede [*also zum sg geänd.?*] H. — *Der.:* ciricd~

L **dux** *Herzog* **1)** Normannorum *S.* 486 *Z.* 8 *v. u.* Wl art Lon*d retr* Inso. Qua*dr* Arg 16. ECf 35, 2. App *S.* 672 *Z.* 1 c. 45; *für* comes 34, 2 e *vom retr eingeführt;* Lon*d* ECf 13, 1 A **2)** Apuliæ *s. d.*

F **duzime** *s.* dudz-

[-dwæscan] *Der.:* ad~

dweliað on, *pl* 3, *fehlgehen am* (*Verkünden der Wahrheit*) Iu*d*ex 16

[-dwellan] *Der.:* ged~

[-dwimor] *s.* ged~

dyde *s.* I) diedan II) don

d[y]nge *Dung; ac:* ðingan *Rect* 14; dingiam, dungiam Q. *Der.:* mixend~

dynt 1) *Streich, Schlag, Hieb* Abt 58 | *gn:* ~tes 58, 1 **2)** [*dessen Wirkung*] *Strieme, Beule; no:* ~ 59

dypan *s.* diopan **dyr-** *s. dier-*

dyrre *s. dearr*

dyrstig *frech* II Cn 83, 2. Cn 1020, 9. 16. 18. [*Auch fris.* dorstich *'missetuend'; His* Strafr. *d.* Friesen 32]. — *Der.:* fored~, gedyrstignes

L **d[y]scolus;** dis~ *Abtrünniger* II Cn 4, 1 Cons, wiðersaca *übsnd*

se **dysega** *törichte* Iu*d*ex 8 | *pl ac:* ~ge *ebd.*

ð *s.* þ, *hinter* tyr-

E.

-e 1) *aus germ. erhalten, s.* and, gif **2)** *unorgan. angehängt* **a)** *vor* 1200 *s.* angield, ast, widoban, gecyndelic, bot, dæ*d*, dryhten, eaxl, faon, hleor (?), manbot, mid, myln, gafolswan (?), (riht)-wer **b)** *in* Ld So [*viell. stets, sicher oft, nur Fehler späten Mittelalters oder* 16. *Jhs.*] *s.* ær, Æðelstan, anweald, beweddad, bisceop, ceapung, dæg, dryhten, eall, eow, f*e*ll, fliema (: flymene), forberan (: ~rene), forod, *ge*r*ad*, geworht, (frum)gield, hlaford, hrægl, lar, lif, mægð, ofaceapian (: ~ne), *ord*al, pund, riht, þær, þærmid, weorc, Wulfhelm; *vgl. Declination* **3)** -e- *s. Gleitlaut zwischen* dl, gl, gn, gt, ls, nl, ns, rg, rh (rl, rt?), rw, tl, tn, tr, wr **4)** -e(-) *geschwunden* **a)** *vor* 1200, *s.* biscep, cyning, gehadod, hlaford, hun*dred* (*dt*), mo*t*an (: mote), oððe, þonne; *vgl.* Declination **b)** *in* Ld So [*vgl.* 14 *Z. vorher*] *s.* bot, brengan, cyning, foreað, forgieldan, gangan, gereste, hlaford, ierfe, lan*d*, lyste, mansliht, motan, gene*at*, niedhæmed, onfeng, rad, se (: þær, *gn, dt fem*), sendan, þeowdom, weofod, weorod 5) e- *für* a: *s.* and 6) -e- *für* a: *s.* hran-, ran 7) *abweichend von ws. Lauten* a) *von* æ: *s.* æfter, ælmesse, ærcebiscop, æt, fæsten, gærs-, hærfest, hættian, oferhebban (: oferhefen), hræding, hwæt, hwæðre, gehwæðer, lenctenfæsten, mædere, mægden, mæðl, nægl, þæs, þæt [*s.* se], þæt (*cj*), wræcnian, wræcsið b) *von* ǣ α) *aus germ.* æ: *s.* ægilde, æmtig, ærist, *dæd*, hærgripa (~rsife), hwæg, lænan, (for)lætan, Læwe, læwed, linsæd, mæggieldan, mæle, ræd, gesælig, midslæpe, spræc, þær (~on, ~to), wæg, wæpn β) *aus germ.* ai+i: *s.* æht, ænig, ær, geclænsian, gelæstan, læssa, læðes, gemæne, gemæðrian, ræran c) *von* ea: *s.* eahta, geeahtigan, ealdorman, eart [*unter* eom], feax, hwearf, scel [*unter* sculan], weax(an), Westseaxe d) *von* ēa: *s.* deafnes, Ead-, eage, eaðmodlic, heah-, leapful, neah-, sceap(-), soeapige, sceawian, teage, team, þeah e) *von* eo: *s.* Eoforwic, feormian, heonan, heora [*s.* he] f) *von* ēo: *s.* Leofwine, steopcild, stermelda g) *von* i: *s.* cniht, riht(wis) h) *von* ie α) *aus westg.* ea+i: *s.* diernan, (land)fierd, giest, ierfe, (ge)wierdan, wiergan β) *aus westg.* ē: -gield(an), wergield, -gietan, scield, sciendan, unascended, ofasciere i) *von* īe: *s.* ciepeman, fliema, gehienan, gehieran, (ofer)hiernes, hiersumian, (ge)iecan, unaliefed, lieg, liesan, nied-, niehsta [*s.* neah], riepere, sliefan, getieman, tien k) *von* o: *s.* God (*Schreibfehler?*) l) *von* u: *s.* þurh: *north.* þerh m) *von* y: *s.* -bryce, byrga, hrycg, twelfhynde, twih-, lyso, ofspyreð, wyrcan, ymb n) *von* ȳ: *s.* ryman 8) e *in nebentoniger Silbe:* ordel *s.* ordal 9) e *in Flexionsend. abweichend für (älteres)* a: *s. Conjugation, Declination* 10) *dafür abweichend:* a [*vgl.* Dene, Engle, þes; *unbetont inund ausl. s.* agan, fæsten, forene], æ [*vgl.* þæ *von* se; gewendan; *in Ableit.-silbe:* ægðer], ea, eo, i, u, y *s. d.*

ᴸ-e- *für* ae *in Hss. nach* 1200 *fast stets; im* 11/12. *Jh. teilweise*; *s.* aeditui, aeger, Ægyptus, aequalis, Ebreus; ę *s.* æ

ᶠe 1) *prosthetisch s.* scot, soinus, estuveir 2) *unorganisch an-, eingefügt, s.* cascune, deite [*unter* deveir], dreite, fuste [*unter* estre], mainteneues, purgiste, quietes [*unter* quite], releife, travaile, venkeus [*unter* veintre] 3) *auslautend geschwunden* a) *vor vocal. Anlaut:* mere, metre b) *sonst: s.* arer(e), cest(e), ew(e), fair(e), juis(e), persivr(e) [*unter* pars-], plener(e), quanqu(e), quer(e), test(e) 4) *für* a: *s.* cascun, departir, par 5) *für* i: *s.* dis

ᶠe *s.* et

ea-, -ea- *abweichend von ws. Lauten* 1) *von* a: *s.* awul 2) *von* ā: *s.* lafe 3) *von* æ: *s.* Aelf-, æx, wiccecræft, færlic, befæstan, wærlice 4) *von* ǣ: *s.* æfæst, færlic, gelæstan, (ge)mæne, tæcan 5) *von* e: *s.* botettan, feld, sceððan, self, settan, getellan, wed, Westseaxe 6) *von* ē: *s.* gefera, gerefa, secan 7) *von* ēo: *s.* eom, Eorcanberht, eorðe, ælmesfeoh, feorm-, feorr, heord, mildheort, leof 8) *von* i(e): *s.* niht 9) *von* īe: *s.* iecan, nied-, getiema, tieman [*vgl. Umlaut*] 10) *in Flexion für* -a, -e, *s. Decl.* 11) *dafür abweichend:* a, æ, æa, e, eo, *s. d.*

ᶠ**ea-** *für* e [*aus* ai] *s.* aveir

eac (*Form:* 7 æc *Glosse über* atque Iud Dei IV 2. V 2 *und* [*irrig statt* adque: '*und zu*'] 2,3; ne æc *über* nec *ebd.*; ea Rect 4,4) — I) *prp:* ~ þan *nächstdem, ferner auch* Wi Pro 1 II) *adv: auch, ferner, ebenfalls, ausserdem, daneben* Af 4, 2. 5, 4. 36. 62, 1. Ine Pro. 30. AGu 2. EGu Pro. I Ew 1, 2; 5. I As Pro. V 1, 3. II Atr 9, 4. II Cn 54, 1 | ~ swa *ebenso, so auch* Af El 23. 49, 7. I Ew 2, 1 | ~ swelce Af 42, 4 | ~ . . to eacan *noch dazu* I As 3 | ge~ *wie (und) auch* Ger 11. 17

eaca 1) *Zufügung; Ergänzung* IV Eg 14, 2 | *ac:* ænigne ~an to *Zusatz* VI As 8, 9 2) *instr:* ~an *Zins von Geborgtem* Af El 35 3) to ~an [*dt; adverbial*] *noch dazu* I As 3; *ausserdem* VI Atr 5, 3; þær to ~an II Eg 4, 1. V Atr 9, 1. VIIa 6, 2. VIII 10, 1. Northu 3. Excom VII 5. — *Der.:* ofere~; toeacan *prp; vgl.* bearneacnum

cacan *s.* iecan

eacniende, *pc fm ac, schwangere* Af El 18. — *Der.:* bearne~

Eadbald rex Cantuariorum *S.* 9

Eadgar I) *König* II Eg Pro. IV Pro. VIII Atr 7. 43 | *gn:* ~res II. III Eg Insc D. VIII Atr 37. Cn 1020, 13. I Cn 1 D | *lat.* ~rus II Eg Pro Q (*Var.* Ad~). ECf 34, 1b; 3; *Var.* Æd~, Ed~ | avus Edwardi [*Confess.*] ECf *retr* Expl. Lond ECf 32 A 8 II) Eadgarus æðeling [*Enkel Eadmund's II.*] ECf 35, 1; 1b; 2. *retr* 35 Insc. Lond ECf 35, 1 A I; *Var.* Æd~, Ed~, Ad~

eadig III Eg 1, 1. IV 1, 4. 2, 2 | *gn schw.:* þæs ~gan Excom VII 2 | *ac:* ~gne VI Atr 8, 1 = II Cn 1, 1; ~gene A | *pl:* ~ge Cn 1020, 19 | *substirt schw.:* þa ~gan Wi Pro 3 | *gn:* ~gra Pro | *dt:* ~gum IV Eg 15, 1; eadegum 2. — 1) *selig* [*kirchl. Sinnes*] Excom VII 2 2) *pl: Vornehme, Magnaten* Wi Pro. Pro 3 3) *sonst stets 'reich' neben dem Ggs.* earm; earm 7 ~ *lag vor für* dives [*s. d.*] et pauper

eadm- *s.* eaðm-

Eadmund I) *I., König* I Em Pro. II Pro. VIII Atr 43 | *gn:* ~des I Em Insc. Hu 2 | *lat.* ~dus III Em Rb. Insc. 1; *Var.* Æd-; leges ~di *citirt* Hn 20, 3 (*Var.* Ed-). 88, 12; Ed-Wif Q Br Insc II) ~dus Irenside ECf 34, 2 b**; *Var.* Ed-

Eadric *Kenterkönig* Hl Insc. Pro

Eadweard I) *I., König* EGu Pro Ld (~ward HB). I Ew Pro Ld (-*werd* HB). II 1; ~wardus Q | *gn:* ~wardes EGu Insc B; ~erdes I Ew Insc II) *II., der Heilige* ~wardus ECf 34, 2 | *gn:* ~des I Cn 17, 1 *aus* ~wardes VI Atr 23, 1 D = ~werdes V Atr 16; *heisst* martyr *Rubrik in* Q *und* In Cn Cb *zu* I Cn 17, 1, *S.* 536. 616 III) *Prinz, Sohn Eadmund's II.* ECf 35. 35, 1; *Var.* Æd- IV) *III., König, d. Bekenner; gn:* ~werdes Wl Lond 2 | *fz.* Edward Leis Wl Pro; Wl art Fz 4. 7 | *lat.* ~wardus *vor* 1175 *meist* (*seit* 1225 *meist* Edwardus Wl Lond; Æd- Wl art 7[4]) Wl art 4. ECf 34—37. Expl. ECf *retr* Rubr *S.* 672 c. 45 (*Var.* Ed-, Æd-, Æad-). Lond ECf 32 E 6 | Æðelredi *regis* filius Quadr Arg 9; ultimus Lond ECf 13, 1 A; A 2; sanctus ECf Rubr (*S.* 671 *f*) Pro. 35. 35, 2. 45 | ~di *tempus Verfassungsideal* CHn cor 5. Hn com 1. 4. Hn 8, 6 — ~di laga CHn cor 9. 13 (*Var.* leges). Quadr Arg 27 = leges 1. Hn 20, 3 = lex Wl art 7 Rb. CHn cor 13 | *Rechtsbuchtitel* leges -di Cons Cn Insc Hr. ECf *retr* Insc

[eafor] *Arbeitsgaul s.* aferian

eage *Auge* Abt 43 f. 87. Ine 59 | *gn:* eagan bot Af 52 | *ac:* ~ Af El 19. Af 47. 71 | *pl:* eagan 7 earan Excom VII 15 | *gn:* eagena wunde Af Rb 47 H, *geänd. aus* eagwunde | *dt:* eagum Af El 12 So. Af 36, 1; beforan

Godes-Iudex 6; *instr:* eagum (egum) oferseon 7 earum oferhieran II Cn 23,1 (Swer 8) | *ac:* eagan utdon II Cn 30,5; ego untynan Iud Dei IV 3,3 [*vgl.* aneage]

eagwunde, *dt, Verwundung des Auges* Af Rb 47; *geänd.* eagena w~ H

eahte, *dt;* be ceapes ~ *Schätzung* I Ew 1,4 B; æhte H [*vgl. Klaeber* Anglia 21, 299]

eahta *acht* 1) *sb m gn* **a)** *allein:* ure~ II Atr 7,1; æhta Ld, *daher* [*durch Verwechslung mit* æht] pecuniam Q **b)** mid ~ 7 feowertig þegena Wal 2) *adj:* ~ men II Atr 5,2; æhta QR; *daraus irrig* athemen [*verwechselt mit* æhtemen] Hn 70,7a; ~hors II Cn 71a BA; ehta A | *dt:* mid ~ scill. Af 49 B | *ac:* þa ~ dælas II Eg 3,1 = VIII Atr 8 = I Cn 8,2

eahtatig, *adj, achtzig;* mid ~ scillinges (scill.) Ine 45 Ld (70 B); hundeahtatig *übr.*

[-eahtian] *Der.:* gee~

se **eahtoða** *dæg der achte Tag* I Cn 17 | **eahtoðe** *achtens* VI As 8,1

eal- *s.* æl- **eala-** *s.* ealu

ealahuse, *dt, Bierhause* III Atr 1,2

ealascop *Bierdichter* Northu 41

ealað, *gn oder ac,* Bier Ine 70,1; ealoð HB [*Unterschied von* beor *erörtert Dickenmann* Anglia 27, 495]

eald- *s.* healdan

eald *alt; fm no:* ~ Ine 73 | *gn:* ealdre cu Rect 13; *masc. Endg.:* aldes gecyðnisses Iud Dei V 2,1 ‖ *nt dt schw:* þam ~*d*an mynstre II Eg 1,1. 2,2. I Cn 11,2 | *ac:* ~ (ald Wi 5) riht *echtes Recht* Hl 12 [*dies lag vor für* Forf 3,1] | *pl ac:* tu ~ (~da B) hriðeru Ine 70,1; ~de 7 gynge (*Schweine*) *Rect* 6,1 | ***cpa pl*** **ieldran:** þa ~ broðor Af El 49,3 G; el~ E; yl~ H. Af 41 H. Becwæð 1. Grið 21 | *gn:* yldrena IV Eg 2,1a. III Atr 1 | *dt:* ge yldrum (*oberen*) ge gingrum II Em Pro | *ac:* þa yl~ VI As 12,2 | ***spla:*** se **yldesta** 3 | *pl:* þa ieldestan men II As 20,4 Ot; yl- *übr.* 20,1 (ylds-Ot). III Atr 3,1 | *gn:* þæra yldesta [!] manna Blas 3; -s*t*ana B | *dt:* þæm ieldstan witum Ine Pro; yldestan HB. — **1)** *lange schon lebend, ausgewachsen* (*Tier*) Ine 70,1. *Rect* 6,1. 13 **2)** *zeitlich vergangen:* niht ~ *einen Tag alt* Ine 73 **3)** ~ gecyðnis *Glosse über* Vetus Tes*t*amen*t*um Iud Dei V 2,1 **4)** ~ mynster *ursprüngliche Pfarrkirche* II Eg 1,1. 2,2 = I Cn 11,2; Vetus monasterium *missversteht* Cons **5)** *echt und recht* Wi 5. Hl 12; *Vorlage für* rectum an*t*iquum Forf 3,1 Q, ius vetus (necessarium *Hs*) Cons **6)** *cpa, spla: ehrwürdig* Af El 49,3; *vornehm, angesehen* Ine Pro. II Em Pro. II As 20,1; 4. VI 12,2. III Atr 3,1. Blas 3; se yldes*t*a *Vorsteher* VI As 3 **7)** *cpa: Vorfahren* Af 41 H; mægas *übr.*; *Voreltern* Grið 21 | *Rechtsvorgänger* Becwæð 1. IV Eg 2,1a. III Atr 1

of **ealddagum,** *pl dt, seit alten Tagen* Ger 1

ealdlandræden *echte alte Landgutsordnung* Rect 4,6

ealdor Af 5,2. IV Eg 10; al*dor* Wi 17; al*der* Excom VII 2 | *gn:* aldres Af 20 B* | *dt:* ~re Ine 57; ~*dre* B. IV Eg 8,1. 10 | *pl:* ald*o*ras Hl Pro | *dt:* ~dran Grið 21 **1)** *pl: Vorfahren* Hl Pro **2)** *Oberer, Vorsteher:* þære apos*t*olan [*Petrus*] Excom; godcund ~ Grið; mynstres Wi; cirican Af 5,2; ~ (*statt original.* hlaford) munuces Af 20 B*; hundredes Eg | *Eheherr* Ine; *dafür* hlaford II

ealdordom **1)** *Herzogtum* II Atr 6 | *dt:* ~me IV Eg 15 **2)** *pl ac:* ~mas *himmlische Herrschaftsmächte* Iud Dei VII 23,1 A, potestates *übsnd*

mid **ealdorlicnesse,** *dt, kraft Ermächtigung* Excom VII 2, ex auctoritate *übsnd*

ealdorman *Vorgesetzter, Herzog, Graf* II Atr 6. III Eg 5,2. II Cn 18,1. *Rect* 17. Iudex 8; ~nn II Atr 1. III 1,1; ~mon Ine 36,1 | *gn:* ~nnes II Cn 58,2. Rect 12. Norðleod 3. Grið 11; ~monnes Af 3 (eol- Ld). 37 (al*dor*mannes So). 38,2 (-der- H; ~nnes B). Ine 6,2. 45 | *dt:* ~men Af Rb 38. Af 15 (~nn H; ~man [!] So Ld). 38,1 (-der- H). 42,3. IV Eg 15,1. Grið 12 | *ac:* ~ Grið 5; ealder~ IV As 6,2a; ~dermon Ine 50 H ‖ *pl:* ~men I As Pro; ~manna[n] Ld | *gn:* ~monna Ine Pro; aldormonna Iud Dei V 2 | *dt:* ~nnum VI As 11. Cn 1020,8; ~monnum Ine Pro | *ac:* ealdermen Ps Cn for 3,1 | *Lat. meist beibehalten, doch stets* al- (*ausser* eal-, el- Ps Cn for 3,1. 21; el- ECf 32,3 *Var.*) *und* -der- (*oder* -dre- *in Quadr-Var. zu* Af 42,3. Ine Rb 6. 50. III Eg 5,2. Rb II Cn 58. Hn 8,1a; eldereman, eldeman ECf 32,3 *Var.*) *und* -mannus. — **1)** *Vorgesetzter, Amtmann eines Grossguts* *Rect* 12. 17 [*vgl.* senior, praefectus] **2)** qui præest hundreto Hn 8,1a. 91,1b (7,2?) **3)** *örtlicher Magistrat, städtischer Alderman* ECf 32,3. Lond ECf 32 A 1. 13 (*S.* 655 f.). Wl art Lon*d* *retr* 6 **4)** *Fürst, Dynast* Iudex 8 | principatus *glossirend* Iud Dei V 2 **5)** *sonst stets Herzog, Grafschaftsregent; davor* cyninges (*oder* min, *wo König spricht*) Af 38. 38,2. Ine 36,1 [-monna 50]. I As Pro. VI 11. Cn 1020,8 **6)** *in lat. Originaltexten nach* 1100 *nie mehr 'Graf'* | *nur zu früheren Texten glossiren* Q: comes (vel senior) IV As 6,2. (Af 40) *und* In: comes Af 15 | ~ *wird erklärt für die Zeit vor* 1066: praefec*t*us, non prop*t*er senectutem sed sapientiam ECf 32,3; La*t*ine senior 32 *retr*; *gleichgesetzt alt-Römischem* sena*t*or Lond ECf 32 A *S.* 655*; *für Dänisch und synonym mit 'vollfrei' gehalten* Ps Cn for 3,1. 21 [*vgl.* comes, comitalis, praeses]. — *Eingesetzt für:*

ealdormonnan, *ac, Ealdorman:* cyninges Ine 50; ~mon H | *für* ~manna I As Pro Ld (*pl no;* -men DG) *lies* ~mannan [*vgl.* ealdorman]

[E]aldred; Aldredus Eboracensis archiepiscopus ECf Pro, 1*

Ealdredesgate *Aldersgate in London* IV A*tr* 1

eale *s.* awul. **Ealf-** *s.* Ælf-

ealf- *s.* healf-

eall *ganz, all;* ***masc*** *dt:* eallum unnan IV Eg 1,4; - (*jedem*) slyht II Atr 6,1; - his leodscipe II Eg Pro ‖ *ac:* ealne hine (*ihn ganz*) (for)gelde Abt 86 f. Ine 29; - anweald III Eg 8; - l*e*od Abt 22; - middangeard Af El 49,7. Iud Dei VI 1; - sumor *Rect* 14; - his þeodscipe Cn 1020,1 | ***fm:*** eal þeod II Ew 5 (heal B); - geferræden VII a Atr 6; ~ seo mægð II Em 1,1; eal seo þeod A Gu Pro ‖ *dt:* ealre (ealra B A; eolra Ld) æhte II Cn 51; - are 49; - blisse IV Eg 1,4 ‖ *ac:* ealle eorðan Af El 49,1; þa syringe eallo [*adv?*] Rect 16 | ***nt:*** eal folc VII a Atr 1. Sac*r* cor 1,1; h*ere* IV Eg 15; þæs ealle (*dies alles*) As Alm 1 Ld ‖ *gn:* ealles þæs, þe *alles was* Af 4. 4,2. II Ew 5,1. Hu 3,1. II Eg 4,3. IV 11. Duns 3,8 | *vor Subst:* ~les Angelcynnes A Gu Pro; - Englalandes I Cn Insc A; - folces Ine 1,1. Grið 31; - hiredes Ine 7,1; - ierfes 6. Wif 4 ‖ *dt:* eallum godum (*allem Guten*) Af El 49; - þam þe Ine 2,1. IV Eg 1,5. II Cn 39,1; allum A | *vor Subst:*

eallum folce 33; allum A; *e*alum Ld; eallon fol*ce* I Atr Pro; eallan magen*e* Cn 1020, 15; of*er* ealle þam ri*ce* Nor grið Z. 9 ‖ *ac:* ~ (eal) þæt *alles was* Ger 18. Grið 10. (Sw*er* 11. Rect 20, 2. Ger 12. Grið 9) | *vor Subst:* ~ (eal) Englaland VI Atr 23, 1 D. Forf 2. Wl lad Pro. (V Atr 16); ~ manncynn Iud Dei VII 12, 1 A; ~ onweald II As 14; ealle Ld; eal folo II Cn 30, 9 (ealle A). Had 1; ~ þæ*t* flæsc Af El 23. 39 H; eal EG; ealle So Ld — *instr:* mid ealle *gänzlich* Af 66. EGu 11 = VI Atr 7 = II Cn 4a. IV Eg 14 (*gar*). V Atr 1. 34. VIII 40 f. 44. X 1 (*durchaus*). Northu 47. 67 | ***pl:*** ~le *alle* Af 31, 1. *Ord*al 4; - we AGu 5. Northu 47; we - samo*d* Cn 1020, 20; hie - Af El 49, 1. Ine 7, 1. II Ew 1. Wer 4; apos*t*olas - Af El 49, 2; - geferan Northu 1; alle Iud Dei IV 3 | ***nt no:*** (witu) eal Af 9, 2; eall, *geänd.* ealle H; ealle B | *gn:* ealra gemedum Wi Pro 3; - að 21; ure - II Ew 5, 1. II As 25, 2; *e*alr*e* VI 3; eallre II Cn 33, 2 A | *vor Subst:* ealra his haligra I As Pro G; - (his) æhtan Wi 12; - haligra mæss*e* Af 43 (eallra E). V Atr 11, 1. VI 17. VIII 9, 1. I Cn 8, 1. 12; al[lra] worulda Iud Dei IV 4, 6; alre gecorenre Excom VII 4; ealla! I As 5 Ld ‖ *dt:* us (eow, h*e*om) eallum Af El 49, 3. IV Eg 14, 2. (16. *Ord*al 4, 1); - þam I As 1; allum Iud Dei IV 3, 4; ~lon IV Eg 12, 1 | *vor Subst:* ~lum circum Af 1, 7; - hadum 4, 2; - monnum 43. Wl lad Pro; - geferan Northu 2, 2; þam gerefum - I Ew Pro; - minum witum Af El 49, 1; - - ealdormonnum Ine Pro; eallen *s*te*de*n Iud Dei VII 13 ‖ *ac:* hie ealle Af 31, 1. *Ord*al 4, 1; - þa, þe Wl lad Pro | *vor Subst:* - his eorlas Cn 1020, 1; all*e* soðfæsto Iud Dei IV 3, 1; of*er* eall [*unfl.!*] men II Cn 14 | ***fm*** *vor Subst:* ealle gesceafta Af El 3; - þa æhtan Abt 3; - - halgan reliquias Iud Dei VI 1 | ***nt*** *vor Subst:* ealle gerihto EGu 5, 1. R*eet* 4, 3a; - þa þing Ger 2, 1; þa *t*oll -, þe Ger 16; all*e* h*e*rgia Iud Dei V 2. — ***Adverbial:*** eal *ganz* AGu 2 B 2 | eal . ., swa *ganz* (*ebenso*), *wie, cj,* Wer 7. Grið 23 [*vgl.* eallswa] ‖ of*er* ~ *überall* Forf 1 ‖ ealle wæga! *immer* As Alm Pro Ld. — ~ þe *jeder der* II Cn 84, 4a Ld; ælc þe *übr.* ‖ ***Artikel hinter*** ~ Abt 3. 9. Af El 23. 39. AGu Pro. II Em 1, 1

ealle, *adv, ganz* Ine 60. AGu 2. Rect 16?

ealles, *adv* **1)** *gänzlich* Af El 12 (al~ H). 17 | þæ*t* bið ~ *im Ganzen* Mi*rce* 2 **2)** ~ to *gar zu, allzu:* swyðe VI Atr 49. II Cn 3. 69. Episc 6. 10; for ~ to lytlum V Atr 3 = VI 10 = II Cn 2, 1

eallswa II Atr 8, 3. I Cn 16, 1. II 71a; *nur* swa B; ealleswa II Atr 5 Ld; healswa Forf 2; *sonst meist* ealswa **I)** *adv, ebenso* II Ew 1, 3. II Atr 5. 5, 1. I Cn 12. II 71, 1 B (swa *übr.*). 76, 2 B (efen *übr.*). Northu 52. *Ersetzt durch* and I Cn 16, 1 B A; *durch* swa II Cn 71a **II)** *cj,* (so)*wie* IV Eg 13. Excom VII 23. R*eet* 3, 4 | healf ~ *halb so viel, wie* Abt 71 [*vgl. 22 Zeilen vorher*]

eallunga, *adv, gänzlich* II Cn 68, 3; ~umga B, *ersetzt durch* eallum na A

ealugafol, *ac, Abgabe in* B*ie*r R*eet* 4, 5; ealagablum Q [*vgl.* eala-]

eam *s.* eom

æt **Eanham** *vielleicht King's Enham bei Andover in Hampshire* X Atr Pro 3; ad E~ VI Pro L

-ear- *für* -rea *s.* hream

Earconberht *s.* Eorcanb~

eardwrec[ca]; *vor den gn pl* wrecena (*Verbannter*) Af 4 *setzt* B: *e*ar*d Landflüchtiger, Geächteter*

eard L*and; gn:* ~*d*es þolian VIII Atr 26 | *dt:* ~de V 1, 2. 23. 26, 1. 33, 1. VI 7. 8, 2. 9. 28, 1. 40, 1. VIII 40. I Cn 19, 2. II 1 (hearde A). II 3 (eardan B). 4a. 4, 1 (eardæ G). 11, 1. Episc 8 | of ~de sellan V Atr 2. II Cn 3; fysan EGu 11; adræfan Cn 1020, 10 | on ~de V As Pro 2 (eorda Ld). Episc 8 | *ac:* ~ II Cn 4. 7, 1; *e*lænsian VIII Atr 40; aliefan Hu 3, 1; on ~ V As Pro 1; eorda (*dt?*) Ld **1)** L*and* [*mit Artikel*] Episc 8. [*sonst ohne Artikel:*] **2)** *Vaterland, England* EGu 11 = VI Atr 7 = II Cn 4a [*hier und* II Cn 1 *synonym mit* þissum ear*d*e]. V Atr 1, 2 = VI 8, 2. V 2 = VI 9 (= II Cn 3). V 23 = VI 28, 1 (= I Cn 19, 2). V 26, 1. 33, 1 = 40, 1 (= II Cn 11, 1). VIII 40 = II Cn 4 = 7, 1. 4, 1. Cn 1020, 10 **3)** *Heimatsrecht samt Besitz* VIII Atr 26 | *bürgerlicher Friedensschutz* (*Ggs.:* utlah) Hu 3, 1 **4)** *Heimatgegend* V As Pro 2

eardian *wohnen* Af El 35

eare *Ohr* Abt 39-42 | *ac:* ~ Af El 11. Af 46 ‖ *pl no:* earan Excom VII 15 | *gn:* earena þolian II Cn 53; *dafür* (*ac?*) earan B | *dt instr:* eagum oferseon 7 e*a*rum oferhieran 23, 1. Sw*er* 8 | *ac:* earan II Cn 30, 5

hit is **earfoðe** to gesecganne *es ist schwierig zu sagen* Ger 18

I) **earm** *Arm* Abt 53, 1. Af 54. 66 | *ac:* ~ Abt 53

II) **earm** *arm; moralisch erbärmlich* IV Eg 1, 5a | *ac:* ~! As Alm Pro Ld ‖ ***fm*** *dt:* ~mre VI As 2 ‖ ***pl*** *dt masc:* ~man VIII Atr 6 | *schw. dt* (*substirt*): þæm ~man Af El 43 ‖ *pl:* þa e*a*rman men *die Armen* Iudex 9 | ge ~ ge eadig III Eg 1, 1. IV 1, 4; ~ 7 eadig 2, 2 | *ac:* ~mne ge eadigne VI Atr 8, 1 = II Cn 1, 1; ~me Ld! ‖ *pl:* ~me 7 eadige Cn 1020, 19 | *dt* (*oder sing?*): ~mum 7 (ge) eadigum IV E 2 (15, 1). *Lag vor für* dives [*s. d.*] et paup*er*

earmscancan, *pl, Armknochen* Af 55; -*eone*- H

earnian *verdienen; abs.* Swer 1. Ger 6; soos 7 glofa (*ac?*) him sylfum R*eet* 12 | *op* 3: ~ige þæs (*gn: dies*) [*durch Fron, vom Gutsherrn*] 4, 1c | *pl* 1: ~, þæ*t dass* [*Objectsatz*] VIIa Atr Pro | *ptt pc:* *s.* geearnian

Earningastræt *s.* Eormens-

earslege, *dt, Ohrabhauen* Af Rb 46; ~læge H

earðe *s.* eorðe. **easc** *s.* æx

east inne *im* Ost[*angeln*-]L*ande* (*Ggs.* her i~, norð i~) II Ew 5, 2

Easteng[le], *pl, Ostanglier, das einstige Königreich Ostanglien; dt:* ~lum AGu Pro B 2; ~ænglum B 1; ~lan II Cn 71, 2; [*dafür entweder ac, oder vielleicht, weil Stammname zum Landnamen geworden, sing:*] ~la A; ~le B. In (*Var.* -ængle); Eastanglia Q [*auch zu* AGu Pro]; Orien*t*ale*s* Angli Cons [*vgl.* Engl*e*]

on **Easteræfen** *am Ostervorabend* I Cn 12

eastertid, *ac,* O*stern* VIII A*t*r 12

ᴸ**eastintro** [*hybrid*] II Ew 5, 2 Q, *eas*t inne *missverstehend*

eastorfeorm *Verköstigung, Schmaus zu* O*stern* R*eet* 9, 1; ~*ter*- 21, 4

eastorlic *österlich; schw. dt:* þam ~*c*an freolse V A*t*r 14, 1; *easter*- G 2 = VI 22, 3 (eastran *d*æges fr- D) = I Cn 16a; ~*e*on B | *fm ac:* þa *easter*lican tid I Em Pro; ~con H B

on **Eastron** *zu* O*stern* Af 5, 5; to ~ 43; æf*t*er ~ *nach O.* VI Atr 33; of*er* ~ 16. I Cn 17 | *sonst* ~ran: of*er* - Ine 55. V Atr 18 = VI 25. I Cn 8, 1; on - R*eet* 4, 1; on ufan - II Eg 2, 3

AD = V Atr 11, 1. I Cn 16, 1; oð-*bis* O. Reet 4a. 4, 1a | *gn oder Ein Wort:* eastran dæges freols VI Atr 22, 3 D; easterlican *fr*- K

Eastseaxe *Essex* Wl ep Pro; *mitbegriffen unter* Saxones ECf 33

F**eat** *s.* aver

eaðe, *adv, leicht, bequem* Grið 23 | *cpa:* eað II Cn 20, 1; yð B. — *Der.:* une∼

eaðmedo *Demut; pl dt:* mid ∼*dum* Af 1, 2; eadm- H So; eadmod- Ld; ∼ettum VI Atr 3a = eadmettum V 5

eaðmodlic; eð∼ce, *pl oder adv,* Iud Dei IV 3, 3, supplices *glossirend* | *adv:* eadmodlice *demütig* VI As 8, 9. Cn 1020, 7

eaðmodnesse, *ac, Demut* Af El 49; *geänd.* eadm∼ H

eavdnise, *ac, Klarlegung, Offenbarung (einer Missetat)* Iud Dei V 2, 3, ostensionem *glossirend*

eavislice, *adv, offenbar* Iud Dei V 2, 4

eawfæst *s.* æf∼

eawunga, *adv, öffentlich* III Eg 8, 3 ADG 2

Eaxanceaster *Exeter; dt:* ∼tre V As Pro 1 (Eaxc- Ld). II 14, 2 Ld; Exec- H; Æxec- Ot; Exanceastre II Ew 1 (Exc- B). VI As Pro. 1, 4. 10 | *Lat.* Execestre ECf 35, 1e[32] | Exonia Q *zu obigen Stellen, auch* IV As 1 | **Execestrensis** *Bewohner von Exeter* ECf 35, 1e; *Var.* Excec-, Excestr-, *irrig* Cestr-

eaxl *Achsel; no:* ∼le Abt 38 | *dt:* ∼le Af 36. 53. 68

ebæra *s.* æbære

L**ebdomada** *für* he∼ *Woche* Q: Af 43. II Atr 8, 3

L**Eboracensis** 1) *zum Dome York gehörig;* canonicus Quadr II 17, 1; archiepiscopus Aldredus ECf Pro 1*; ∼sium Wulfstanus VI Atr 40, 2 L 2) ∼ses *Bewohner der Stadt (oder Kirchenprovinz?) York* ECf 20 [*vgl.* Eoforwic]

L**Ebreus** *für* Hebraeus Quadr Rb Af El 11, *S.* 539

ecan *s.* iecan

L**ecclesia** 1) = *Gott:* ∼ae cultor IV Eg 1, 7 L, *Godes* þeow *übsnd* 2) mater (-trix) ∼ a) *Christengemeinschaft* Excom II 2. IX 2 b) - - *setzt für* ealde cirice Q: II Eg 1, 1. 2, 2. VII Atr 4, 1. I Cn 11, 2; *für* heafodmynster 3, 2 Cons; matrix ∼ parochialis *Pfarrkirche* Leis Wl L 1, 1, mere iglise de parosse *übsnd* [*der* matrix ∼ *ist* *das in der Kapelle Geopferte abzuliefern laut Registr.* Saresber. S. Osmundi I 278 (a. 1220); *vgl.* Jones II *p.* CXXXV] 3) ∼ae tenens *Kirchenlands-Lehnsträger* ECf 4

L**ecclesiasticus** census *Abgabe an die Kirche* I Cn 10 Cons, ciricsceat *übsnd;* ∼ et secularis *gemischt kirchlich-staatlich* (?) In Cn III 53

ece *ewig;* ∼ God X Atr Pro; *voc:* Iud Dei IV 5 ‖ *fm gn:* ecere helle IV Eg 1, 4 ‖ *nt ac:* ∼ sar Excom VII 5; endlean Iudex 17, 1; þeowet (*lebenslänglich*) Grið 16 | *schwach masc gn:* þæs ecean *Godes* Cn 1020, 20; deaðes Iudex 10, 1 | *dt:* þam ecean *Gode* Iud Dei VII 12, 2 A; eean deman Iudex 7 | *ac:* þone ecan God Cn 1020, 15 ‖ *fm:* his ecean miltse Sacr cor 1, 3 ‖ *nt:* þæt ece lif IV Eg 1, 8

ecelic *ewig; nt pl ac:* þa ∼ þinga I As 4, 1 Ld | *adv:* ∼ce I Cn Epil. II 84, 5

on **ecnysse** (*dt*) *in Ewigkeit* IV Eg 1, 5a; ecnesse II Cn 84, 6

ecton *s.* iecan, *ptt pl* 3

Ed- *s.* Ead-

edcennan *Der.* gec∼

eder- *s. edor* **edlean** *s.* end∼

L**edocere** *anweisen, vorschreiben* Q: Af 1, 8. VII Atr 5; tæcean *übsnd* VI As 12, 2. II Cn 45, 1

edor, *ac, Gehege* Abt 29 | *lat gn:* hedderii Af 40 Q[24] [*vgl. Bruckner,* Sprache der Langob., *Glossar:* iderzûn *'geflochtener Zaun'*]

edorbrecðe, *ac,* Abt 27 = **edorbryce,** *no, Zaunbruch, Eindringen ins Gehege* Af 40; eod∼ Ld; eoder∼ B; ∼rice H; ederbrece Q *mit Var.* he-

L**educantur** oculi *man reisse aus* II Cn 30, 5 Q, do man ut *übsnd; spät. Rez.:* eruantur

ee 1) *für* ǣ *s.* dæd 2) *für* e *s.* gees *unter* gos

efen *ebenso, gleich:* ∼ dyr AGu 2; efne unwemme EGu 1 (semper Q) = ∼ VI Atr 14 = ∼ I Cn II 2, 2 DA; æfre G; semper L; ∼ scyldig II Cn 76, 2; emne deman *gleichmässig richten* Af El 43; *dafür* rihtne dom H. — *Ersetzt durch* ealswa *s. d.*

e[fe]ncristen; *ac:* emcristene, *Nebenchristen* ECf 36, 5; *Var.* -en, even-, evene-, evin- [*Max Förster belegt* emc∼ *aus Hs.* Vespas. D XIV *f.* 160 *um* 1120]

e[fe]nfela *m gn;* emfela manna *gleich viele Männer* Ordal 4

e[fe]nniht *Aequinoctium, Nachtgleiche; dt:* be emnihte *um den* 23. *Sept.* II Eg 3 = VIII Atr 9, 1

eft *wieder(um)* II As 1, 4. I Cn 12; ef[t] þær gebrenge *wieder dorthin zurück* Abt 77, 1. Duns 6 | *zum zweiten Male* VI As 10. II Eg 4, 2; *von neuem* Wif 4 | ∼ swa micle *nochmal so viel* Mirce 3, 1 Ld | *fortan* I Atr 1, 5. II Cn 30, 3b; *später* Hl 7. II Cn 36, 1 (æft A). Iudex 5 ff. 10. 12; æft *dann* Abt 82; *darnach* Wif 2; ∼ . . ær *nachher . . vorher* 9; *ferner* [*aufzählend*] Wl lad 2; *hingegen* VI As 3

efter *s.* æfter

-eg 1) *für* -ing *s.* pening 2) *für* **-eg-** *spät* ei *s. d.*

F**[egal]** *s.* uwel

ege *Furcht;* mannum beo ∼ for (*vor*) VI As 8, 3 | *dt:* ne for lufe ne for ∼ IV Eg 6, 1; for *Godes* ∼ *aus Gottesfurcht* VI Atr 53. VIII 18 = I Cn 4, 3 (Drihtnes 6, 3). II 67. (lufe 7 ∼ 68). Grið 28. Had 1, 3 | *ac: Godes* ∼ I Cn 25; - ∼ habban Grið 23, 1

ege *s.* eage. **Egel-** *s.* Æðel-

egelde, *egilde s.* ægilde

egeslic *furchtbar, schrecklich* I As 3 Ld; ondryslic *übr.* | *fm pl ac:* ∼ce V Atr 25 = VI 28, 2

egeðgetigu, *nt pl ac, Eggengeräte* Ger 17

egleð (*pl* 3!) eallum þa gefeoht *allen sind verdriesslich* (displicent omnibus Q) *die blutigen Fehden* II Em Pro 2; eleð H

F**eglise** *s.* iglise [*s.* þegn

-egn; *dafür:* -ein, -en, -ain, -an

Egypta, *pl gn, Ägypter* Af El Pro G; Eg- H; Ægipta Ld; Egipta 33; Eg- H; ∼ G; Ægipta Ld [*s. auch* Ægyptus]

eht(-) *s.* æht(-)

ehte his (*gn*), *op* 3, *verfolge ihn* VIII Atr 1, 1 = I Cn 2, 3

-ei- 1) *für* -eg-: *s.* legerwita, þegn 2) *für* -æg-: *s.* dæg, hægward, mægbot, sceiðmann 3) *in* Q [*unter franz. Einfluss? vgl. fz.* -ein] *für ags.* æ: *s.* sulhælmesse, leidgrevei, wælreaf 4) *in* Q *für ags.* ea: *s.* wælreaf

F**-ei-;** *dafür* e, i: *s. d.*

Eideswörter *s. Formeln*

Ei(e)l- *s.* Æðel-

F**-ein** *für ags.* -am *s.* hamfare [*vgl.* -ei *n.* 3]

F**einz** *s.* ainz

-eis *in* ECf *für ags.* -æs(c) *s.* flesmangeres

[F]**eissilled,** *pf pc, verbannt* Leis Wl 36; ~lle Io

[F]**eit** *s.* aveir **eiward** *s.* hægweard

[F]**el** **I**) per ~ *durch anderes* Leis Wl 37. **II**) = en + le

elboga *s.* elnb~

[e]lcor, *adv;* ælcor *anderweitig* Abt 48

elderman, eldra *s. ealdorman*, eald

[F]**ele(s)** *s.* il

[L]**electio** *Auswahl der wirklichen Mitschwörer aus dem Eidhelferkreise durch den Richter* [*derer* quos iusticia selegerit 66, 9 a; *vgl.* cyreað; *eligere n.* 2] Hn 64, 1 g. 66, 10; sacramentum sine ~one *setzt für* unceases að [*irrig, als wäre* unceas = *Nicht-Auswahl, also Ggs. von* cyre] Ine 35 Q

[L]**elemosina** *Geschenk an Kirche oder Arme* Hn 70, 22 a. 72, 2 b; 3; 3 a; pro aratris Cn 1027, 16 *für* sulhælmesse; *dies übsnd* I Cn 8, 1 Cons

eleð *s.* egleð

[L]**Eleutherius** papa [*statt* -rus; † 189] Lond ECf 11, 1 A 5; B

Elias Excom VI 14

[L]**eligere** 1) *auswählen* **a**) *durch die Prozess-Parteien zur Urteilsfindung* Quadr Ded 25. Hn 5, 5 [*aus* Ivo]. 31, 8 **b**) *durch Hauptschwörer zur Eideshilfe* 31, 8; 8 a. 66, 10 **2**) *ernennen zu Eideshelfern durch den Richter* II Cn 22, 1 L, ceose man *übsnd; aus* Q: Hn 64, 9 a = 67, 1 a [*vgl.* electio]

Eliseus; He~ Iud Dei I 21, 3

elles [helles EGu 12 B. II Cn 41 A] '*sonst*' Ine 37. EGu 12. VI As 8, 1. V Atr 15 = VI 22, 3 (gif ~ VIII 4). VIII 26. Duns 2, 2. Rect 7; *anders* Af El 34. Af 1, 4. EGu Pro 2; *vom Übrigen* III Eg 7, 1 = II Cn 25, 1; *ausser diesem Falle* Northu 2, 1; *anderweitig* V Atr 3, 1 = VI 10, 1 = II Cn 2, 1. Forf 3, 2. Grið 11; *auf andre Art* I Cn 26, 1; ~hwær *anderswo* III Atr 16. V 12, 1 = VI 21 = I Cn 13, 1

Ellipse. *Denke hinzu* **1**) *das Subjekts-Pronomen 'jemand, man'* [*vgl. Klaeber,* Anglia 27, 428] Abt (7?). 12. 26. 34 ff.; *zu* Ine Rb 36 *fügt* H: mon; *zu* Af 24: he **2**) *ergänze* hit *vor unpers. vb* wyrð undierne Ine 43, 1; þæt *setzt davor* B **3**) *die Geldeinheit 'Schilling' hinter Summenzahl* Hl 10. Wi 10; pæninga Ine 59 E [*vgl.* hundred *und* 'min wærgeld 2000'; *Urk. a.* 835 *bei Birch,* Cart. Sax. 412] **4**) '*Psalmen*' *s.* fiftig **5**) do, *op* 3, *tue* Wi 11 **6**) *verb. subst.* **a**) '*seien*', *pl, obwol sg* beo *vorhergeht,* Episc 12 **b**) *ergänzbar aus dessen vorhergehender Negirung:* aðwyrðe næron, ac ordales wyrðe [*erg:* wæron] I Ew 3 **c**) *bei* wa, wel *wehe, wohl s. d.* **7**) *das Verb der Bewegung* **a**) gan: ælc si griðes wyrðe, [*gehend*] to gemote 7 fram gemote II Cn 82; nelle ic from minum hlaforde Af El 11 **b**) hwæðer he to bote (H *fügt ein:* cirran) wille II As 26, 1 Ld **8**) *ein aus dem Zushg. allein ergänzbares Handeln:* nalles þa gegildan [*gelangen zum Eide*] Ine 16 | þæt he [*Priester*] ne mæge [*taufen*] Wi 6 **9**) *die Bezeichnung* **a**) *des Empfängers einer Busse als des Richters* Abt 5. Wi 11. 14. Af 3 *oder* **b**) *des zu Entschädigenden* Abt 10. 13. 16. 20 f. 27. Af El 29. Af 1, 8 **10**) *den Ausdruck des Verbs für 'zahlen, geben' oder 'kosten, gelten', wo der Betrag genannt ist* Abt 1. 8. 11. 15. 33. 82. Forf 1. Rect 9. **11**) *den Ausdruck der Periodicität beim Lohnempfang* Rect 14 **12**) *ergänze aus der vorigen gleichen Tat anderen Subjects hinter* ceorlise man: clænsie Wi 21 **13**) *Object und Verb eines mit 'oder' beginnenden pluralischen Satzes aus singularischem Hauptsatz* A Gu 5 **14**) *Praefix des Verbs aus vorigem Verb mit diesem Praefix:* him midfeohtan and [*ergänze* mid-] standan VI As 8, 3 **15**) *Substantiv* **a**) *vor davon abhängig zu denkendem Genetiv aus letztem Gliede vorigen Compositums:* be eagwunde 7 oðerra lima [*Wunde*] Af Rb 47; mægbot swa mannes [bot] Abt 74 *oder* **b**) *aus vorherigem Substantiv, von dem verglichener Genetiv abhing:* circean mundbyrd swa cinges Wi 2; on minum timan, .. on mines fæder IV Eg 2 a; on Godes griðe 7 on þæs cynges V Atr 10, 1 = VI 13. 21 = VI 26. **16**) *erstes Glied eines Compositums:* Lundenwic *verstehe unter* wic Hl 16, 1 f. *laut* Lundenwic 16 **17**) *den gen. subj. denke auch zum zweiten der coordinirten Wörter hinzu:* cyninges ambihtsmið oððe laadrinc Abt 7 **18**) *vgl. Infinitiv, Particip, Zahlwort,* gif, nellan [F]la S. Michel *s.* feste

elmboga *s.* elnboga. **elmes(-)** *s.* æl~

eln *Elle; ac:* ~ne II As 23, 1

elnboga *Ellbogen; dt:* elmbogan Af 54. 66; elb~ 54 HB. 66 H | *ac:* elbogan Ordal 2

[L]**elocutio** *Verabredung* II Atr 1 Q, formæl *übsnd*

[L]**elogio,** *abl, unter dem Titel, kraft Verantwortung* Quadr Ded 37

[L]**elongare** *fortjagen* I Cn 4, 2 Cons, afeorsian *übsnd*

[F]**els** *s.* le, lui

elþeodig *fremd, nicht ortsbürgerlich* [*daher sippenlos*]; *gn:* ~dies Ine Rb 23; æl- GH. Ine 23 B | *dt:* ælþeodigum Geþyncðo 8 | *ac:* ~gne *Ausländer* Ine 23; æl- HB. EGu 12 = VIII Atr 33 = II Cn 40 ‖ *nt ac:* ~ Af El 12, æl- GH | *pl:* ~ge Af El 33 (*praed.*); æl- GH. Wi 4. II Cn 55 | *dt:* ælþeodigum EGu 12 Rb Ld | *ac sbstirt:* ~ge Af El 33; æl- GH. VI Atr 48 ‖ *schwach masc dt sbstirt:* þam ~degan Af El 47; æl- G; ælþeodigan H So Ld

Elv- *s.* Ælf- **emb(e, -an)** *s.* ymb~

[F]**emblet,** *pf pc, gestohlen* Leis Wl 21 I; ~ed Hk; ~lé 46

emcristen *s.* efenc~

[L]**emenda** *Geldbusse* Hn 94, 1 b; bot *übsnd* Cons Cn: I 2, 5. II 8; ~ altaris *für den Altar* 42, weofodbot *übsnd*

[L]**emendabilis** *durch Geldstrafe abbüssbar, bussfähig* Q: III Eg 2, 2. I Cn 3, 2, botwierðe *übsnd;* Hn 9. 11, 17. 59, 2. 61, 14

[L]**emendare** 1) *büssen* Q: EGu 11. As Alm 2. I Cn 2, 4, gebetan *übsnd;* ~ pro II As 8, forebetan *übsnd*; amender *übsnd* Leis Wl L 15, 3. 50 | *Strafgeld zahlen* CHn cor 8 **2**) *prozessualischen Parteiausspruch bessernd umändern, Wort bessern* Hn 46, 6 [*vgl.* emendatio *n.* 2] **3**) *gerichtlich in vorteilhaftere Lage bringen* 61, 13

[L]**emendatio** 1) *Bussgeld* Q: Af 11, 4. I Cn 2, 3; 5. In; *über Ersatz des Eingeklagten hinaus* CHn cor 14 | ~onem exigere II Atr 6, 1 Q | sine ~one *nicht durch Entgelt bezahlt* II Cn 62, 1 Q, ægilde *übsnd* | ~ altaris *Geldbusse für den Altar* (*wegen Vergehen gegen Klerus*) Hn 11, 8 | regni (regalis) ~ Mirce 3, 1. 4 Q, (rices) cynebot *übsnd* | *Geldbussen-Straffälligkeit* Hn 50, 1 | *Abbüssung durch Geld* 11, 1 a | *Gewinn durch Bussempfang* 39 | ~onis dignitas *Recht auf Bussgeld-Empfang* II Cn 3, 1 Q | certa ~ *begrenzte Geldstrafe, im Ggs. zu* regis libitum [= misericordia] Ps Cn for 26 **2**) *Wortbesserung, Formänderung in der Parteirede* Hn 46, 5. 59, 16 **3**) *Gesetzesneuerung, Rechts-*

reform Wl lad Inse Q[1]. Wl art Insc[1]. Wl art *Lond* Inse. CHn cor 13. *Quadr* Arg 27. II Præf 12

ᴸ**ementiri** *eidbrüchig weigern* Af 1, 1 Q, [*wie* mentiri] aleogan *übsnd*

ᴸ**Emma**, *soror* Rodberti [*statt Richards II.*], ECf 34, 2e (*Var.* Emme, Imma); *mater* Edwardi [III.] *Lond* ECf 13, 1 A

emnihte *s.* efenn∼

ᶠ**emplaider** *verklagen;* enp∼ de *wegen* Leis Wl 37 | *pf pc:* ∼dé 2, 3 I; *Var.* enp-, inp-; enplaidé 38 [*vgl. lat.* implacitare]

emtig *s.* æmtig

ᴸ**emundare** 1) *reinigen von Beschuldigung* II Cn 53, 1 Q. Hn 66, 7 2) aweodian (*ausreuten, säubernd fortschaffen*) *übsnd* II Cn 1 Cons

ᴸ**emundatio** *Reinigung von Beschuldigung* II Cn 56, 1 Q, lad *übsnd; synonym mit* lada Hn 71, 1 *d;* Hn 48, 2. 71, 1 b. 92, 19 a | *Reinigungsbeweis* 52, 1 b. 59, 4 a

ᴸ**emundator** *Reiniger der Waffen, Schwertfeger* Hn 87, 3

ᴸ**emunitas** *für* imm∼ Leis Wl L I

-en 1) *für* -egn *s.* þegn 2) *für* ne s. riht *adj, ac*

ᶠ**-en-** 1) *für* ain *s.* saint 2) *für* an *s.* granter

ᶠ**en** I) *prp* 1) *örtlich 'in':* el vis Leis Wl 10, 1; a I | *'auf':* en la *teste* 10, 1 | *übtr.:* faire plaie en *auter* (*bessere* a l') 10[d] | *metre* main en (*an*) 1, 1; *metre* en uele main *in neutrale Hand* 21, 4 2) *örtlich 'innerhalb, in':* ∼ la *curt* 5, 2. 6, 1. 24; *ersetzt durch* a I; el hund*red* 43. 52; el cunté 2, 3 | en sun domeine 17, 1; sa maisun 35; fiu 2, 4; *Land* 2. 2, 2; Wl art Fz Inse. 2 (*Ggs.:* hors de) 3) *zeitlich 'in':* en cel *temps* Leis Wl 1 I; on Isp 4) *an(haftend):* tricherie en lui Wl art Fz 8 a, in eo *übsnd* 5) [*Sprache*] en Engleis *auf E.* Leis Wl 5 6) [*Stoff*] mare en argent 17, 1 I 7) [*Summenteil*] en la were *als Wergeldteil* (*ein Pferd*) 9, 1 8) [*Verhältnis, Lage*] en (*beim*) avulterie 35 | *unter:* en plege 52; en sa peis *u- seinem Schutz* Wl art Fz 3 | en (*zu*) sa honur 2 | en sun liu *anstatt seiner* 6, 1 **II**) *adv. s.* ent **III**) *s.* ne

ᶠ**enceintee**, *pf pc fm, schwanger* Leis Wl 33

ᴸ**Enchegalenses** *Inch-gal, Hebriden* *Lond* ECf 33

ᶠ**encontre** I) *prp, gegen* (*feindlich*) Wl art Fz 2 **II**) *sg* 3, *trifft* (*einen Dieb*) Leis Wl 49

ᶠ**[e]ncore** *s.* unc∼

I) **ende** *und s.* and

II) **ende** *Ende; gn:* ∼es dæges I Cn 25 A; ∼dæ- *übr.* | *dt:* ∼ IV Eg 2, 2. V Atr 26, 1 (ænde G 2) = VI 32, 3. Cn 1020, 8. 20. II Cn 4. Iud Dei VIII 2, 4 | *ac:* ∼ II Ew 8. Duns 8 | *pl dt:* endum Reet 20. — 1) [*Zeitende*] butan ∼ *ewig* Cn 1020, 20. Iud Dei VIII 2, 4 | (*Lebens*)*ende* I Cn 25; (*Prozess*)-*abschluss* II Ew 8. Duns 8 2) [*örtlich*] *Grenze, entlegenster Teil* Reet 20 3) *Bezirk, Landesteil* IV Eg 2, 2. V Atr 26, 1 = VI 32, 3. Cn 1020, 8 4) æghwylcan ∼ *jeder Richtung* II Cn 4

[endebyrdan] *Der.:* misc∼

cyriclicum **endebyrdnyssum**, *pl dt, Ordines, Weihen* Að 2 Ld; ciricbadan *übr.*

endedæges, *gn, letzten Lebenstages* I Cn 25; *endes* d- A

endian *Der.:* gee∼, þurhe∼

ᶠde aver **endirez**, *obl sg!, von verirrtem Vieh,* Leis Wl 6 I; adiré Hk

ece **endlean**, *ac, ewigen Endlohn* (*schliesslich im Himmel*) Iudex 17, 1 [*bessere viell.* edlean]

endlifan *eilf* II Cn 48 A; ∼ syðan *eilffach* I 10, 1 A

endlyfangylde *eilffach* Grið 7; XIgylde Abt 1

endlyfte *eilftens* VI As 11

Endreim **A**) *bei gegensätzlichem Sinne:* lif age (agan) þe nage Ine 6. Grið 9. (Blas 3) | ge betere ge mætre Ger 3 | ge ceorl ge eorl, *s. d. und* cierlisc | ferse ne mersc Becwæð 3 | fyr swa nyr Reet 2 | heonon ge þanon II Cn 19, 2 | landes ne strandes Becwæð 3 | min 7 þin 3, 2 | ræde ne dæde *s. d.* | on tune ge dune Ger 3 **B**) *fernere:* clæne 7 unmæne Swer 6 | swa gecneordra swa weorðra Ger 5, 1 | friþian 7 griðian Had 1, 1 H; griðian 7 friðian VI Atr 42, 3 = I Cn 2. 4 | healdan 7 wealdan VIII Atr 42 | on hlote et an scote Wl art 4. Hn Lond 2, 1 | tida ringan oððe singan Northu 36 | to wife 7 to rihtlife Wif 6

ᶠses **enemis**, *pl ac, seine* (*Königs-, Landes-*)*feinde* Wl art Fz 2

ᴸ**[energumenus]** *s.* inerguminare

ᴸ**enervare** *unterdrücken, beseitigen, abschaffen* Q: II Cn 11, afiellan *übsnd;* Episc 8, alecgan *übsnd*

ᶠ**enfans**, *pl, Kinder* Leis Wl 34

ᶠ**enfraindre** *brechen;* 3: ∼nt pais *Friedensschutz bricht* Leis Wl 2 I (*Var.* ∼aiant; ∼reit Hk); ∼reint 2, 2 (*dafür* fruisse I). 26 (∼reit I).

ᶠ**enfrenez**, *pf pc pl ac, gezäumte* (*Pferde*) Leis Wl 20. 20, 3; *Var.* -es

ᶠ**enfuir** *aus* ent + fuir *s. d.*

engel, *Engel; ac:* ∼ Iud Dei IV 4, 2 | *pl:* englas I Cn 4, 2 | *gn:* engla V 2. VII 12, 1 A | *ac:* englas 23, 1 A. VIII 2. — *Der.:* heahe∼

engelcynn, *ac, Engelsgeschlecht* Iud Dei VII 23, 1 A

Engle, *pl, Engländer* EGu Pro | *gn:* ∼la [*s. u.* Engla lagu, -land] V Pro. VI Pro. VIII Pro. 5, 1; mid - cynne Norðleod 1 Ld; *dt:* mid ∼lum H | *dt:* mid ∼lum EGu 3, 1 f. 9. 6 — 8 (= II Cn 45, 3). 46. 48. IV Eg 2, 1a; 2 C (An∼ F). Grið 4; betweox ∼lum 7 Donum I Cn Insc D; Ænglan Duns 2, 1. 3, 2. — 1) *Englands ganzes Volk:* ∼la cyning V Atr Pro. VIII Pro; - rædgifan VI Pro 2) *sonst stets Engländer Angelsächsischen Stammes, im Ggs. zu Britanniens anderen Völkerschaften:* **a**) *zu Kelten* α) *Wallisern* Duns β) *allgemeiner Brythonen, vielleicht Kelten überhaupt, und Angloskandinaven* IV Eg 2, 2 **b**) *sonst stets zu Nordleuten in der Denalagu Britanniens* **bb**) *im Ggs. auch zu Kent: nur* Grið 4. *Synonym zu* Bedd. b *und* bb *auch* ∼la lagu | ***Lat.*** *übs. meist* **Angli** *z. B.* I Cn Pro Q. *Original* **Angli** 1) *Angelsachsen vor* 1066 Bæda *S.* 9. Wl art 4 (In Cn III 55 *oder zu n.* 2?); angelos *statt* Anglos [*vielleicht damit Engel als Verurteiler kirchlichen Vergehens erscheinen*] II Cn 45, 3 Cons 2) *Engländer Angelsächs. Abkunft im Ggs. zu Nordleuten Englands* ECf 16, 2. 31, 1; *im Ggs. zu* Franci, *den Engländern Gall. Abkunft* Wl art 1. 4. 6. CHn cor *Prot.* Hn mon *Prot* 1. Hn com Pro. Hn 1. 48, 2 a. ECf Pro. 20. 30, 1 | *Englisch Redende* 6, 2 a. 12, 6. 20. 23. 35, 1c; ab Anglis *durch* Anglice *ersetzt* 39 *retr* 3) *Englands Staatsbürger, Gesamtvolk;* rex ∼lorum Wl ep Pro. Wl lad Pro Q. Wl art Insc. 7 4) *irrig, wo* Dani *gemeint* ECf 30 — **Anglici** 1) *Angelsachsen* Lond ECf 32 C 1a; ∼cus *freier Engländer* Hn 70, 5-7 (*aus* Ine 74). II Atr 5 f. Q 2) *Engländer Angelsächs. Abkunft* CHn Pro[a]. Hn mon Pro[a]. Hn com Pro[a]. Hn Lond Pro. Hn 1. 59, 5; 20. 69. 69, 1. 75, 6 b. 92, 6; 9 a; Englisc *übsnd* Wl lad 1 Q |

Englisch Redende 12. *Jhs.* Lond ECf 32 A 3; ~cus sermo (~ca lingua) *Englische Sprache* 11. (12.) *Jhs.* Wl ep *Add.* ECf 30, 4 a; grith (verbo) Anglico 32, 1; Anglice *auf Englisch* 28. 12, 6 *retr.* 23, 1 *retr* [*vgl.* 'missale vetus littera Angliea (*Angelsächs. Schriftart*)'; Registr. Saresb. S. Osmundi I 280] **3)** *Engländer, auch Franz. Abkunft* Hn 82, 1 — **Angligenae 1)** Angelcynn *übsnd* AGu Pro Q **2)** *Engländer Angelsächs. Abkunft* CHn cor Pro. Quadr Arg 11. — **Angli-Britones** *Germano-Kelten Englands* Lond ECf 33, 1 A [*vgl. über Nominalcomposita wie* Anglo-Saxo *Stevenson* Asser *p.* 149]. — **Angli Germaniae** *Niederdeutsche Angelns* Lond ECf 32 C 5. | *Der.:* Easte~; Norðe~. *Vgl.* Angelcynn, Angolwitan, Engleis, Engleterre, Englisc

Engla lag[u] *Recht der Engländer, im Ggs. zu* Dena lagu *und deren Gebiete* [*vielleicht Ggs. auch zu Kent nur* Grið 11]; on ~ge V Atr 30 = VI 37 (Æn-). VIII 5, 1 = I Cn 3, 2. II 15, 1; 2. 62. 65 (~le B). Að 2 | in Anglorum lege *übs* Q *überall, z. B.* I Cn 3, 2 | ~gum Geþyncðo 1; in Anglorum laga Q; æfter ~ge I Atr Pro (Æn-Ld); *diesen Sinn* (*nicht, wie in* Wl art 4, Anglorum lex: '*Landrecht bestehend seit vor* 1066') *hat* Anglorum laga Hn 66, 6. 79, 6 (*aus* II Cn 65. I 3, 2). ECf 10. 12, 3; 5. *Synonym:* mid Englum *s.* Engle

Englaland *England; gn:* ~des I Cn Insc A. Pro | *dt:* ~de Cn 1020, 1; Ænglalande II Atr 7, 2 | *ac:* ~ 1, 1. V 16. VI 23 D. I Cn 17, 1. II Pro. Wl lad Pro; Æn~ II Atr 1, 2; Engleland Forf 2. ‖ *Lat. übs stets* **Anglia** *z. B.* I Cn Insc Cons. Wl lad Pro Q. — *Original:* Anglia Cn 1027 Insc. Wl ep 1. art 2. Edmr 1. CHn cor 1. mon 1. Lond Pro. Quadr Arg 2. Hn 6. Cons Cn Pro 1. Ps Cn for Pro. ECf 34, 2 b

F**Englecherie** *gerichtlicher Erweis, Ermordeter sei Englischer Abkunft, und Nachbarschaft des Fundortes schulde also nicht dem Fiscus Busse des* murdrum [*s. d.*] ECf 15, 1*

F**Engleis I)** *Engländer* Wl art Fz 6-6, 3 | *ac:* ~ 6 ‖ *pl obl:* ~ 1. 4. 7. 8, 3. 9 **a)** *Angelsachsen vor* 1066: 4. 9 **b)** *eingeborener Engländer im Ggs. zu* Normans 1, *was* = Franceis 4. 6-6, 2. 8, 3. **c)** *alle Untertanen Wilhelm's I.,* populus Anglorum *übsnd,* 7 **II)** *Englisch, -sche Sprache:* en (*auf*) ~ Leis Wl 5 | solz ~, *pl ac* [*kleine, Mercische Schillinge von* 4 *Pfennigen Wert* (*im Ggs. zu Normannischen von* 12 *Pfennigen*)] 11, 1 f. 19. 42, 1

F**Engleterre,** *obl, England* Leis Wl Pro. 21, 5. 42, 1. Wl art Fz 2; -ere Insc

Englisc *Englisch;* ~onstal Ine 46, 1; ~ mon *Engländer* 24 (Æn-H). II Atr 5, 1. Wl lad 1; Denise oððe ~ Cn 1020, 9. II 83; -lic B; Æn- II Atr 5. Duns 5. 6. 8, 4 | *schw sbstirt:* se ~ca Wl lad 1, 1—3, 2 | *dt schw.:* Ængliscan oððe Wiliscan Duns 4 | *ac:* ~ene Ine 54, 2. 74. AGu 2. II Atr 5, 1. Wl lad 2; Ænglisne Duns 5 | ~emon As Alm Pro Ld! | *schw. substirt:* þone ~can II Atr 5 | *pl:* ~ce 7 Wylisce Duns 3, 2 | *ac:* Frencisce 7 ~ce Wl Lond 1 ‖ *nt ac:* Æn~ Duns 6; *substirt:* on ~ II Cn 2 a. — **1)** *freier Bürger von Angelsächsischer Abkunft* As Alm Pro **2)** *Westsächsisch im Ggs. zu Brythonen des südwestlichen Britanniens* Ine **3)** *Angelsächsisch, wahrscheinl. Mercisch, im Ggs. zu Wallisern* Duns **4)** *Englisch* [*sprachlich*], *im Ggs. zu Latein* II Cn 2 a **5)** *eingeboren Angelsächsisch, im Ggs. zu Anglo-Skandinaven, Stämmen Englands von Nord. Abkunft oder Rechtsverfassung* AGu 2. II Atr 5. 5, 1. Cn 1020, 9. II Cn 83 **6)** *im Ggs. zu* Frencisc, *den seit* 1066 *eingewanderten Normannen* Wl lad

L**Engra** civitas *Niedersächs. Gau Angeln, Heimat der Engländer* Lond ECf 32 C 1a

enig *s.* ænig

L**[H]enoch** [*aus Gen.* 5] Excom VI 14

F**enplaider** *s.* emp~

F**enpuissuned,** 3, *vergiftet* Leis Wl 36

F**enselez,** *pf pc pl, gesattelte* (*Pferde*) Leis Wl 20—20, 3; *Var.* -les, -eelez

F**ensemble** *zusammen, gemeinsam* Wl art Fz 3, 2

F**ensement** *ebenso, gleicher Weise* Wl art Fz 3. 6. 10. Leis Wl 8, 1

F**ensurquetut** *ausserdem, ferner, obendrein* Wl art Fz 5; ~rke~ 8, 3; n'~rche~ *besonders nicht* Leis Wl 41

F**ent 1)** *davon:* en escondirad Leis Wl 14 I. 14, 1; en lever 21, 5 **2)** *dagegen:* en *defende* 14, 2 | *darüber:* en lest 4 | *deswegen:* en plaide 17, 3 **3)** *dafür:* si'n rendrunt 22 **4)** *daran vollstrecken:* en faire 3, 4. 4 **5)** *bisher:* en *arere* 32 | ça'n arere 14 **6)** *fort:* s'en(*t*) fuir Leis Wl (3). 52, 1; s'~ *seit* alé 52, 2 **7)** *statt gn part des pron demonstr.:* '*dessen*' ja *tant* n'i ait (averad) 5 (5, 1)

F**entendable,** *ac, glaubwürdig* Leis Wl 24; intelligibilis L

F**ententivement,** *adv, aufmerksam* Leis Wl 39

F**entercé,** *pf pc, im Anefang angeschlagen, beschlagnahmt* Leis Wl 46 [*vgl.* intertiare]

F**entercement** (*obl*) de vif aveir *Anefang an Lebgut* Leis Wl 21

F**enterceur** *der Anefänger, Beschlagnehmer* Leis Wl 21, 1

F**entre,** *prp* **1)** *unter:* departent l'erité ~ sei Leis Wl 34; surplus partent ~ eus 9; entr'els I | ~ mains aver (*Fahrhabe*) *in Händen haben* 21 **2)** *zwischen:* jose jugee ~ eus (*zwei Parteien*) 38; ~ les Engleis 7 les Normans Wl art Fz 1

F**envers** *gegenüber* = *dat. commodi; in Strafgeld verfallen* ~ *celi* Leis Wl 42; ~ le rei 42, 1. 47, 2. 52, 2

F**enz** *s.* ainz

-eo- *abweichend von ws. Lauten* **1)** *von* e (æ): *s.* Dene, (gefæstnian), pening, welig, wer **2)** *von* ē: *s.* horcwēnan **3)** *von* ea: *s.* undeornunga, *eard*, (for)healdan, hearm, sceol (*unter* sculan) **4)** *von* ēa: *s.* deaðscyldig, hleapan, leadgeotan, leafnesse, steap **5)** *von* o: *s.* feohtan, geweorhte (*unter* wyrcean) **6)** *von* y: *s.* weo **7)** *nicht umgelautet zu* ie: *s. Umlaut* **8)** *vielleicht für* oe: *s.* tofeoht '*zufasst*' *von* tofon **9)** *aus* e + u *s. edor* **10)** *dafür abweichend:* ea, *älteres* eu, io, o, y, *s. d.;* æo: wæorðe *werde* I Cn 2, 3 A

eode *s.* gan **eodor** *s. edor*

E[o]forwic *York; dt: endungslos* Ef~ Northu 56. — *Der.:* **Everwicheschire** *Yorkshire* ECf 30; *Var. s.* seir; *dafür irrig* Warewics~ 30[17]. *retr*[28]. [*Vgl.* Eboracensis]

eofot *Verschuldung, Missetat; gn:* eofetes Af Rb 22; ~tes Ld So | *ac:* ~ Af 22; *auf Rasur* [*verschr.?*] geeofot H; [*weil nicht mehr verstanden?*] *ersetzt durch* þeofes 22 Rb H *und* þeofðe 22 B.

eom *bin* Af El Pro. 36 (eam H). Swer 5; [*im Briefschluss*] *verbleibe* IV Eg 16 | arð *bist* Iud Dei IV 3. 3, 1; ert VII 24, 1 A

-eor- *für* -reo- *s.* fremu

eora *euer s.* eower

E[o]rcanberht; Earconberctus, *Kenterkönig* Bæda *S.* 9

Eorc[a]nweald, *Bischof von London; gn:* Eorcenwoldes Ine Pro; Erc-B; *Erke*-Q, *Var.* Erche-, Erchelwald

eorda *s. eard*

eorl EGu 12. IV Eg 15 | *gn:* ~les Abt 13. III Atr 12. II Cn 71a | *dt:* ~le Af 4,2 | *ac:* ~ Cn 1020,1; 9. II Cn 15,2 | *pl ac:* ~las Cn 1020,1. — 1) *Vornehmer, Adliger, nur in* Abt, Af *und* ge eorl ge ceorl Geþyncðo 1; *dies lag vor für* tam nobilis quam ignobilis Cn 1027,12 [nobilium et ignobilium suorum (*Alfreds*) *Asser* 106,1]; *Lateiner* 12. *Jhs. missverstanden es als* comes [*s. d. und* eorlisc] et villanus | *ceorl ward* to eorle Geþyncðo 5. Grið 21,2 [*vgl.* ceorl] 2) [*sonst stets*] *Graf, Herzog* [*durch Anlehnung an nord.* Jarl, *seit* 10. *Jh., unter Verschwinden des* ealdorman *nach* 11. *Jh.*]; eorles (comitis) *setzt für* æðelinges (*Prinzen*) Norðleod 2 Ld (Q) [*vgl.* comes, consul]

eorlcund *vornehm geboren, von Geburtsadel; ac:* ~dne Hl 1 | *fm gn:* ~*dre* Abt 75

ge **eorlisce** ge ceorlisce, *pl, Vornehme wie Gemeinfreie* VI As Pro; *missverstanden* comites et villani Q

eorlrihtes (*gn*) weorðe beon *Grafenprivilegs geniessen* Geþyncðo 5

E[o]rmenstræt *eine der vier mit höchstem Königschutz befriedeten Reichsstrassen;* Ermingstrete Leis Wl 26 I; *Var.* Erni., Eri., -ges-; Erminge-stret ECf 12c; *Var.* Her., Erni., Ernyng., -te, -*strate*

on **eornost** *im Ernste, eifrig* VIII Atr 39

eornostlice, *adv, ernstlich* I Cn 15. II 5 (eornn~ A). 76,3

eorre *s.* ierre **eorð** *s.* he-

eorðe *Erde; dt:* on ~ðan Af El 4. Iud Dei VII 12,3 A. Episc 14 | *ac:* ðan Af El 3. 49,1. Iud Dei VII 12,1 A; ofer earðe IV 4,1

eorðlicum, *pl dt, irdischen* I As 4,1 Ld

eorðwæstm *Feldfrucht; pl gn:* ma II Eg 3 = V Atr 11, 1 = VI 17 = VIII 9,1 (-wes-) = I Cn 8,1 | *dt:* ~mum I As Pro

I) **eow** *s.* ewe

II) **eow,** *pron, euch; dt:* Af El 3 (eowe Ld). 49,3 (eowe So Ld). I As Pro 5. Iud Dei VI 2. Iudex 5; eowe I As 5 Ld | *ac:* ~ Af El 3 (eowe Ld). 34 (eowe So Ld). Iud Dei VI 1. VII 12,1 | *hier häufig übergeschr. als alternativ neben sing.* þe *dir, dich* [*vgl.* ge, eower]

eowende, *dt, Zeugungsgliede* Af 25,1; ~*ede* H

eower, *poss, euer; ac:* heowerne Iud Dei VIII 1 | *fm pl ac:* eowra Af El 49,3; -ru So; -re Ld. Iud Dei VII 23,3 A | *nt pl:* eowru Af El 34; -re GH; -ra So; eora Ld | ***subst** nt gn:* eowres geunnan *das Eure gönnen* I As 5; - agenes H; eowra þinga Ld

[eowian] *Der.:* geeowde

[L]**Ephesios;** Pauli ad ~ Iud Dei I 7

[L]**Epicureus** *Epikursjünger, Sinnlichkeitsmensch* Quadr Ded 16[4]; Epyc~ *Z.* 9

Epiphania, 6. *Januar; gn:* oð (ad *Cnut*) octabas ~ [13. *Januar*] VI Atr 25 D; ~nige K. I Cn 16,1; ~nie B A ‖ *lat.* T(h)eoph~ Cons; ~ ECf 2

[L]**episcopalis** iustitia *geistlicher* (*kanonischer*) *Richter* Wl ep 3 (= iustitia episcopi 3,2, *was* 4,1 '*Delegirter des bischöflichen Gerichts*' *heisst*). ECf 2, 9. *retr* 8.2a. 36,4f. [= minister episcopi 3 (missus *retr*). 9] ‖ ~**les leges** 1) *kanonisches Recht, soweit um* 1072 *in England giltig* Wl ep 2. 2,1 2) *geistliche Gerichtsbarkeit* I. 2,2 = leges que ad episcopum pertinent 4 3) lex ~ *Strafsumme* (*Ungehorsamsbusse*) *für Bruch bischöflicher Berechtigung* 3,2

[L]**episcopatus** 1) *Bistum* Hn 6,1a 2) *Bischofskirche, Kathedrale* I Cn 3,2 In

[L]**episcopi filiolus** *Confirmationspathe, Firmelkind* Ine 76,3 Q

[L]**equae** silvestres *ungezähmte Stuten in Waldgestüten* Af 9,2 Q, stod *übsnd* [*vgl. Hall,* Pipe roll of Winchester of 1208, *p.* XXXI *über das* famous forest pony of Hampshire]

[L]**equitatio** *Zug, Fahrt Mehrerer zur gewaltsamen Rechtserzwingung* VI As 5 Q, rad *übsnd*

-er- *für* re *s.* oðer; stree **er-** *s.* ær-

Erc- *s.* Eorc- **erce-** *s.* ærce

[F]**ercevesque** *s.* arc~. **erere** *s.* ar~

erfe *s.* ie~

[L]**erga** *vor, bei, in Gegenwart von* Hn 34,7

erian *pflügen, beackern* Rect 4,1b. Ger 11; eregian 12 | 3: ereð Ine 67 H (hereð So; geereð E; -rað B). Rect 4, 1b | *op* 3: erige 4,2. — *Der.:* gee~

erist *s.* ær-

[F]**eritet,** *obl, Erbschaft;* ~thet Leis Wl 38; *departir* ~ 34

Ermin- *s.* Eorm-

-ern *Der.:* hord-ꝥ *s. auch* Rug~?

[F]**errant** par le pais, *pc, reisend*

[F]**ert, crunt** *s.* estre [Leis Wl 26

[L]**esarticare** *Wald roden* Rect 8 Q, wuduræden (*Holzfällungsrecht*) *übsnd* [*vgl. essartum*]

[F]**eschaper** *entrinnen, entkommen* (*Tode*) Leis Wl 37 | 3: ~et (*Strafe*) Wl art Fz 8a | *pc:* ki est ~et *ebd.*

[F]**esc(h)ot** *s.* scot

[F]**eschuit,** 3, *vermeidet* (*Gericht*), *nicht besucht, versäumt* Leis Wl 47

[F]**escondire** *s.* escun~

[F]sunt **escrites** les leys, *pf pc fm pl, stehen aufgeschrieben* Wl art Fz Insc

[F]**escud** *Schild; obl:* ~ Leis Wl 20, 2 I; escu Hk | *pl ac:* escuz 20. 20,1; eseus Io

[F]**escundire** *reinigen, entschuldigen, verteidigen;* (3: escondit Leis Wl 15[19]?) | *sbj* 3: s'en (*sich davon*) escondied, (~die) 15,1 I (15 I); ~disse [*nach* finir *conjug.*] Hk; s'~die 52,2 | *fut* 3: se (s'en I) ~rad 14; s'en ~ra 14,1; escon- I | *pl* 3: se ~runt 14,1

[F]**esc[urre]** [*aus Diebeshand entreissend*] (*Vieh*) *rettend ergreifen; pf* 3: escut Leis Wl 5 I | *pc:* eseus 5,2; *stets* res~ Hk [*vgl.* excutere *n.* 2]

[F]**escussiun,** *obl, das* [*aus Diebeshand*] *rettende Festhalten* (*von Vieh*) Leis Wl 5 I; res~ Hk

[F]**esgarderent,** *pf pl* 3, *beobachteten, hielten* (*als Gesetz*) Wl art Fz 8,1

[F]se **eslajent** par, *sbj pl* 3, *mögen sich reinigen durch* (*Eid*) Wl art Fz 8, purgent se *übsnd* [*vgl.* ala~]

[F]**eslevera** *tort, fut* 3, *Unrecht aufstellen mag* Leis Wl 41,1

esne *Knecht* Abt 86. Hl 1. 3. Wi 9f.; folcesmannes, ciricanmannes ~ 24 | *gn:* ~es Abt 85. 87 | *dt:* ~ Ine 29 (*ausgelassen* Q). Rect 8 | *ac:* ~ Abt 88; cyninges ~, biscopes ~ Wi 22; *Godes* þeuwne ~ 23; folcesmannes ~, ciricanmannes ~ 24; his agenne þeowne ~ Af El 17, servum *übsnd* ‖ Q *erklärt* æsno (*Var. sinnlos* et sno), id est inopi Rect 8 [= pauper 9 *Z. weiter; vgl. über diese Bed. Klaeber,* Anglia 27, 263]; *aber* þoow *steht synonym mit* ~ Ine 29 Rb. Rect 9 *und bei* Wi 13. 15. Ine 3. 3,1. EGu 7 = II Cn 45,3 *in denselben Beziehungen wie* ~ *bei* Wi 9f.

esnewyrhtan, *pl dt, unfreien Arbeitern* Af 43; [*unverstanden*] esne rihtum Ld; pauper operarius Q [*vgl. 9 Z. vorher*]; *sie tuen schwere Körperarbeit für andere, rangiren, im Ggs. zu* frioum monnum, *neben* þeowum monnum *und werden unter diesen, dort 10 Z. darauf, mitverstanden*

F**espee** *Schwert; ac:* ~ Leis Wl 20. 2; espé I | *pl ac:* ~ees 20. 20,1; espés I

F**espouse**, *ac, angetraute Frau* Leis Wl 12; *dafür* femme Hk

F**espurger** *gerichtlich reinigen;* 3: ~et Leis Wl 51 | *sbj* 3: s'en (*sich davon*) ~et 50; ~ge 49 | *fut* 1: m'esp[u]rj[e]rai de ço 37,1; espriorai *Text*

L**essartum** *Rodung, Forstfällung behufs Anbaus* Hn 17, 2 [*mehr als blosse* caesio; *vgl. Turner,* Pleas of the forest *p.* LXXVIII]. *Vgl.* esarticare

L**esse** *Zustand, Lage* Hn 49, 2

L**Essex** *s.* Eastseaxe

L**essoinus** *s.* soinus

est; *ac:* on Godes ~ *um Gottes willen, in religiösem Sinne, unentgeltlich* VII a Atr 4. 4, 1 [*vgl.* nama]

F**establir** *festsetzen, bestimmen; pf* 3: ~it Wl art Fz Insc 5 | *pc:* ~bli 6

F**este(d)** *s.* estre

L**Ester** *Esther* Hn 5, 19

L**Estlandia** *Esthland* Lond ECf 32 E; *verderbt* Esfl-, Offl-, Flandria

Fper **estranges**, *pl ac, durch Fremde* Leis Wl 23 I; ~ge Hk

F**estre** *sein;* quite Leis Wl 20, 2 (*Var.* estres); perdant *Verlierer* 38 || 3: est Leis Wl 1; - (*Recht*) 3. 42; cense - *beträgt* 20, 4; si - alcons *da ist* 51 | ceo - *das gilt* 2, 4. 21, 2; *das heisst* 10, 1. 11, 1 (que est apelé Hk); *nämlich* 42, 1; ceo - a saveir '*d. h. nämlich*' 14, 1. 15, 1. 26 | *vor pfpc Hilfsverb statt Passiv* **a**) *Praes* '*wird*': - enplaidé 2, 3; apelé 3 **b**) *Perf* '*ist*': nez 11 | ***pl* 3**: sunt a present 38; perceners *ebd;* les leis Pro (sount, sont I); remises 37, 2; ici - escrites Wl art Fz Insc || ***sbj* 3**: seit hom Leis Wl 14 (soit I); relief (soit I) 20, 4; - de sa nureture 21, 5 (soit I); - en merei *stehe in Strafschuld* 42, 2 (sait Io); febles Wl art Fz 6, 1; utlage Leis Wl 52, 2; cunuissant 7 | *statt Pass. Praes.* '*werde*': - ateint 2, 1; mis 2, 3; plevi 3; mustred 6; ouverte 10, 1; defaili 43; tenu Wl art Fz 8 | ***pl* 3**: seient en *mögen stehen unter* Leis Wl 20, 3 a | *st. Passiv:* depertis 37, 2; forfeit 47, 2; sumuns Wl art Fz 8, 2 | ***pf* 3**: fu parcener 4; present fud Leis Wl 38 | *st. Passiv:* fut chalengé Wl art Fz 8, 3; fu fete 3, 2; emblé Leis Wl 46 || ***sbj* 3**: fuist, fust *sich aufhielt* 48 [*oder Indicativ? vgl. Stimming,* Boeve, *Anm. zu* 2727]; ceo fust evesqué 1, 1; fuste (*so*) quite 20, 2 a; desaparaillé 20, 2 a | *st. Passiv:* fuist (seit Hk) atint 2, 1 I; forfeit fust (est Hk) 2, 1; fust feite 28, 2; fust oois (vendu) Wl art Fz 3. 1. 10. (5); fust gardé 1. 10 | ***pl* 3**: fuissent 3; fussent mainteneues 1 || ***pc:*** blasmed ait ested Leis Wl 14, 1 I; unt esté Hk; n'eit ested 15 I (esté Hk); eit esté blasmé 15, 1 | ***fut* 3**: ert chalengé Wl art Fz 8 a; ert feite Leis Wl 3, 4; quite serrad 28, 1 | ***pl* 3**: erent (erunt) quite 17, 1 (17 a); seront (seient Hk) tuz 20, 3 a | ***condit. pl* 3**: fedeil sereint Wl art Fz 2

F**estreitement** (*adv*) gardé *streng, fest beobachtet* Wl art Fz 10

F**[estuper]** *s.* extopare

F**estuv[eir]**, *m dt, nötig sein; fut* 3: lui estuverad (*muss er*) derehdner Leis Wl 23; l'est - Hk; li stuverad 21 I; estuvera celui Hk

L**et** 1) *beziehungsweise* ECf 12, 10. 13, 1[13]; *ersetzt durch* vel 12, 10[22] 2) infirmus et sano æque *Kranker gleich dem Gesunden* II Cn 68, 1 a Cons, se unhala þam halan gelice *übersnd* 3) *vgl.* Hendiadyoin

F**et** *und* Leis Wl 2—2, 2. 4. 10, 1 I; *zumeist* e Wl art Fz Insc. 1. 2. Leis Wl Pro 1. 2 | e si *wenn jedoch (aber)* 17, 3. 19, 1. 20, 2 a; 28, 1 | e issi *und so (weiter)* 5, 1 | e . . e . . e *sowohl . . als auch* 2, 3 | e *condit. Sinn fortsetzend, mit folg. sbj* 28, 2 (Hk: *ind.*); e il poust *falls er jedoch konnte* 1

et *s.* æt

etan *essen; op* 3: ete Wi 15. II Cn 46, 1 | *ipa pl:* ne eten ge, ac sellað Af El 39; æten So | *pc pl: etende* 7 drincende Excom VII 6 | *ptt pc: eten* Af El 21; æten So Ld; geeten H | comedere *übsnd* Af

etenlæse, *dt, Vieh - Weidegrund* Reet 20. 20, 1

eðel *s.* æðel, eðles **Ethel-** *s.* Æðel-

etheman *s.* æhte~.

eðgelde *s.* ægilde

eðles, *gn, Heimstätte samt bürgerlichem Grundbesitzerrang* II Cn 41; eðeles A; dignitas Q. Cons; liberalitas [*mit* æðelu *verwechselnd?*] In; *Var.* libertas [eardes *hatte Cnuts Quelle* VIII Atr 26]

eðmodlice *s.* eað~

etten, *op pl* 3, *weidend abfressen* Ine 42; ætten Ld

-eu- *alt, wo später* eo, *noch erhalten s.* freo, leod(geld), þeow

L**evangelizare** regnum Dei *christlich verkünden* Af El 49, 1 Q, Cristes æ læran *übsnd*

L**eucharistia** *Abendmahl;* sacerdos det eis ~am Iud Dei VII 15; eukaristiam sumpserit XVI 8, 2; eucaristie percepcio I Cn 19 Cons, huselgang *übsnd* | **eucaristialis** probatio *Abendmahlsprobe als Reinigungsbeweis* I Cn 5, 2 a Cons, on husle geladian *übsnd*

L**Eudo**, dapifer *Heinrichs I.* CHn cor Test

L**eventilare** *verjagen, vertreiben* II Cn 4 a Cons, fysan *übsnd*

L**eversor** *Umwerfer, Durchbrecher, Verletzer (übtr.)* Hn 34, 8

Everwiche *s.* Eoforwic

Fal **evesque**, *obl, Bischof* Leis Wl 17, 3 I | *no:* ~qes 16 I; ~ske Hk

F**evesqué**, *no, Bistum* Leis Wl 1, 1

L**Eugenius** *II. Papst* Iud Dei XII 1, 3

L**e[viscer]atio** *Ausweidung, Todesstrafe durch Herausreissen der Eingeweide* Hn 75, 1; eius cācio *Hss.*

L**evocatio** 1) *Herauslockung von Vieh* Hn 40, 2 2) *falsche Übs für* æhliep *s. d.*

F**eus** *s.* il

L**Eusebius** *Kirchenvater* Quadr Ded 28

Ls. **Eustachius** Iud Dei XVI 30, 7

ew(e)bryce, ~breca *s.* æw~

Faler a l'**ewe** *zum [Kalt-] Wasser-[ordal] schreiten* Leis Wl 15, 3; ew I[29]

ewo *Mutterschaf* Ine 55; eowu, u *auf Rasur,* H; *geänd.* eowe, B I *gn:* ewes Ine Rb 55; eowes G H; eowe Ine 55 B Insc

L**exactio** 1) *königliche Landessteuer* CHn cor 1, 1 2) *Prozessklage* Hn 5. 6, 6; *Anschuldigung* 49, 7

L**exactionalis** *Leistung (Busszahlung, nicht leibliche Strafe) beanspruchend* Hn 61, 19

L**exaggeratio** rerum *übertreibender Ausdruck des Tatbestandes* Hn 22, 1; Quadr Ded 4

L**exalare** *für* exhal~ Hn 75, 1

L**examen** (legis) *Gottesgerichtsprobe* Q: (I Cn 17) II 30, 3, ordal *übsnd*

L**examinatio** *eine der* leges (*Beweisrechte*), *im Ggs. zu Eid und Zweikampf, also Ordalprobe* Hn 62, 1

Ex(**an**)**cester** *s.* Eax~

L**exarmatio** *Entwaffnung* In Cn Rb *zu* II 60 *S.* 617

L**exauditor** *Erhörer* [*'Gott' meinend*] Iud Dei IX 3, 5

L**excessus** *grenzenlose Tiefe:* malignitatis Q Ded 1; pravitatis Hn 75, 1a

L**excipere** *unterlassen, nicht ausführen, versäumen* II Ew 8 Q, oferhebban *übsnd*

L**exclamatio** *Landgeschrei, Gerüfte* II Cn 29. 29, 1 Cons, hream *übsnd*

L**excoriare** 1) *falsch von mir gebessert aus* extopare [*s. d.*], *des* corium capitis *berauben, skalpiren* III Em 4 2) *schinden, enthäuten* Hn 92, 19

L**excresco** *an Rang steigen, emporkommen* Geþyncðo 2 Q

L**excusativus** *entschuldigend* Quadr Ded 30, *S.* 532 *Z.* 1

L**excussio** *gewaltsames Fortnehmen sequestrirter Fahrhabe* Hn 40, 2

L**excutere** 1) *s.* namium 2) *aus Diebeshand retten* Forf 3, 1 Q, ahreddan *übsnd* [*vgl.* escurre]

L**exercitores** terrarum *Ackerbauer der Landgüter* Leis Wl 29 L, qui cultivent la *terre übsnd*

L**exercitualia** *Heergewäte* II Cn 70—73, 4 Cons, heregeatu *übsnd*

L**exfrediare** *beunruhigen* Hn 81, 4 [*afr.* esfre(d)er, *fr.* effrayer]

L**exhibitio** *testium Vorführung, Aufstellung, Berufung von Zeugen* Hn 70, 22 [*viell. aus* testibus adhibitis *der* Lex Ribuar.]

L**exigere** 1) *amtlich eintreiben zugunsten privaten Klägers* Hn 22, 1 2) exientibus peccatis, *statt* exige-, *wegen der Sünden* IV Eg 1, 4 L

L**exilium** vagum *Verbannung, Ächtung,* wræcsið *übsnd,* II Cn 39. 41 Cons

L**exlegalitas** *Gesetzwidrigkeit* ECf 38, 2f.

L**exlex** *friedlos, geächtet* ECf 19, 2. 37; ~ vel utlaga EGu 6, 6 Q; utlag *übsnd* II Atr 1, 2 Q; *für* utlah *stets in* Cons Cn: II 4, 1. 13. 30, 9. 31, 2. 39. Hu 3, 1 | fliema *übsnd ebd.* II Cn 13, 2; friðleas *übsnd* 15a

L**exoletus** *entkleidet, entwöhnt* Quadr Arg 13 [exsolesco *und* exolētus *confundirend?*]

L**Exonia** *s.* Eaxanceaster

L**exo**[**p**]**tare**; exobt~ 1) *gönnen* Q: I As 5 2) *herbeisehnen* I Cn 2, 1, *obwohl* geearnian Cn [*vgl.* præcupio]

L**exorcismus** *Befreiung* (*der Ordalmaterie*) *von bösen Geistern* Iud Dei III Insc. IV 2. VII Insc. XIV 1. 4. 7

L**exorcista** (*eig. 'Teufelbeschwörer'*) *Kleriker im zweiten Grad kirchlicher Weihen* Had 2 In Cn

L**exorcizare** 1) *vom Teufel durch Beschwörung befreien* Iud Dei I 22, 2. IV 2. XIV 7 2) *durch Beschwörung austreiben* XIV 4

L**exordinare** *aus dem Klerus stossen, kirchlicher Weihe entkleiden* Af 21 Q, onhadian *übsnd*; Quadr II 8, 2. Hn 73, 3

L**exortatio** *für* exhor~ Quadr Rubr *zu* I Cn 6, *S.* 536. Ine Pro Q

L**exortus** (*Flusses*) *Quelle* AGu 1 Q

L**expeditatio** *Ballen-Verschneidung an Füssen* [*des Hundes, um dessen Jagdfähigkeit zu hindern*] Hn 17, 1

L**expeditio** 1) *Heereszug setzt für:* fierd Ine Rb 51 Q; fierdung II Cn 12 Q; fierdfæreld *Reet* 1 Q; utwaru Geþyncðo 3 In Cn 2) *Nutzen* I Cn Insc Cons

L**expellere** *ächten, verbannen* In Cn: II Cn 15a; expulsus 13. 13, 2, utlah, friðleas *und* fliema *übsnd;* [*irrig*] hentan *übsnd* 48, 2

L**expetere** *etwas wagen, verbrechen* [*Irrtum für* explere?] II Cn 30, 5 Cons

L**explacitare** *von Prozessklage reinigen* Hn 50, 3

L**expulsio** *Verbannung* II Cn 13, 2 In

L**expurgare** *gerichtlich reinigen* ECf 19. Af 19, 2 Q, hine triewan *übsnd;* se pu~ *Var.*

L**exquirere** *gerichtlich ausfindig machen* Ps Cn for 33, 1

L**exquisitio** *gerichtliche Nachspürung* IV Eg 13 L

L**ex**(**s**)**uperare** *überwältigen, gewaltsam fesseln,* gewieldan *übsnd* Q: EGu 4, 2. III Eg 7, 1. II Cn 25a; gewieldan *also lag vor für* ~ III Em 2

L**extolneare** *verzollen* IV Atr 2, 6; extoln[eet] Hn 78, 2

L**extopare** III Em 4 (*Var.* -opp-, -orp-) *der Kopfhaut samt Haaren berauben* [*wie* o. decapillare; *hybrid aus* ex *und frz.* tup *Schopf, Kopfhaarbüschel* (*vgl. ags.* topp), *gemäss* estuper *Gaimar* 6091 *'der Haarlocken berauben'; nicht* excoriare *zu ändern*]

L**extra** 1) *ausser Landes* VII Atr 5 Q 2) extra legem II Cn 31, 2 Q, utlah *übsnd* 3) latro~ proclamatus [*wohl für* utfangen þeof] In Cn III 48f.

L**extrahere** 1) *ausreissen:* linguam Af 52 Q 2) *aus dem Wasser ans Land ziehen* II Atr 3, 2 Q

L**exul** *Geächteter* Hu 3, 1 Q. II Cn 30, 9 In, utlag *übsnd* | *für* fliema *setzt:* ~, quem Angli vocant utlaga 13, 2 In

[***Ezechiel***] 34, 4 *wird citirt als* propheticum VI Atr 3 L

F.

-f- 1) *geschwunden s.* hundtwelftig, Wulfstan 2) *für* w: *s.* þeowwealh, wangtoð, wer 3) *für* s: *s.* gesellan 4) *für* h: *s.* fihtwite 5) *dafür* h, u(v), w: *s. d.*

L**f** *für* ph *s.* fantasia, -sma, flebo-

[**-fa**] *s.* gefa

F**face**(**nt**) *s.* faire

L ad **faciendum** *s.* faire *n.* 13

facn *Böses* I Cn 17, 2 Ld *irrig;* saeu *übr.* | *gn:* ~nes Af 17. VI As 1, 1; 2. Duns 6, 1 | *dt:* for nanum ~ne I Ew 1, 5; butan - Duns 6. Swer 2. 9 | *ac:* ~ Af El 28 (fane H). Af 19, 2 (~ne B). Ine 56 (facen H). II As 14, 1 Ld So (facen Ot H). IV 6, 3. II Cn 29. Swer 9 | *lat.* **a**) facnum Hn 74, 2[80]. Q: IV As 6, 3 (*Var.:* factum). Duns 6. Swer 2. 9 **b**) facinus [*durch Gleichklang der Buchstaben*] Q: Ine 56. I Ew 1, 5. VI As 1, 1[16]. Duns 6. 6, 1. Swer 3. — 1) *schlechte Absicht, Bosheit* Af 17. 19, 2; *Betrügerei* I Ew 1, 5. Swer 2 2) *Missetat, Verbrechen* Af El 28, fraus *übsnd;* II As 14, 1 (*Münzfälschung*). VI 1, 1 f. Duns 6. 6, 1; *Bescholtenheit* IV As 6, 3 = II Cn 29. Hn 74, 2 3) *Fehl an Vieh* (*Waare*) Ine 56. Swer 9; ful ne ~ VI As 1, 2. Swer 9

hit **faone** is *es trügerisch ist* Abt 77, 1. — *Der.:* unf~

L**factio** *setzt für* fæhð (*Fehde*) Q: Af Rb 42. Ine 74, 2. II Em 1. 1, 2 (*daraus* Hn 88, 12c). 7. I Cn 5, 2b | *original selben Sinnes* Iudex 7 Q [*vgl.* faidia]

L**factiosus** *befehdet* Af 5 Q, fah-*übsnd*

fadian 1) *ordnen, regeln* (*Lebensweise*); *op* 3: ~ige V Atr 22, 2 = VI 28 = I Cn 19, 1 (*verbess. aus* fandige B). VIII Atr 28 | *pl* 3: ~ VI 2 2) *abmessen* [*oder vielmehr* = gefadige, *ermässige?*] *op* 3: fadige dom VI 53. — *Der.:* gef~, misf~´

fæce, *dt* 1) *Zeitraum* II Cn 73a 2) *Abstand, Zwischenraum;* sibba ~ I Cn 7 A; sibfæce (*Verwandtschaftsabstand*) *übr.* — *Der.:* liffæc, sibbfæc

fæccean *s.* fecc~

f[æ]cne *s.* fac~

fæder *Vater* Af El 29. Af 14. IV Eg 2a | *gn:* ~ Ine Pro. IV Eg 2a. Iud Dei VI 1. Exeom VII 2. Wl Lond 3; fadores Iud Dei IV 2. 3,1 | *dt:* ~ Af El 4. Af 42,7. Iud Dei VIII 2,4 | *ac:* ~ Af El 14 f. Iud Dei VII 13 A. 23. 1 A. VIII 1. Grið 30. — 1) *Erzeuger* Af. Ine. Eg. Wl 2) *Gott* Iud Dei IV 2. 3,1. VI 1. VII 23, 1 A. VIII 2,4; *Vater, Sohn u. h. Geist* VII 13 A. VIII 1. Excom VII 2. — *Der.:* godf~, heahf~

fæderan, *pl dt, Vatersbruder* Wer 5; fed~ Q [*vgl.* gef~]

fæderenmægðe, *gn, Vatersippe* Wer 3

fæderingmagas, *pl, Vatermagen, Vatersippe* Abt 81 | *dt:* ~gum Hl 6

fædrencnosles, *gn, Vatergeschlechts* Af 9

fædrenmægas, *pl, Magen (Verwandte) von Vatersseite:* twegen fæderan~ II As 11 Ot; fæderamagas Ld; fædera m~ So; *twegen* on (*auf Rasur*) fæderanmaga H | *gn:* ~ga Af 27; ~maga B; ~emæga So | *dt:* ~gum 8,3; ~magum B; fædranmagum Ld

Fæfresham *Faversham in Kent* VI As 10; Fef~ III 2. IV 1

fæhðbot; *gn:* ~te *Geldbusse für Totschlag an die Sippe des Erschlagenen* [*vielleicht ausser Wergeld auch Beschenkung der Beleidigten?*] VIII Atr 25 = I Cn 5,2d | *ac:* ~te *ebd. Lat:* de homine occiso persolutio Q; *emendatio* homicidii In; satisfaccio causæ mortis humanæ Cons. [*Toller u. Sweet verstehen* feud-amends (-compensation) '*Ersatz statt drohender Fehde*', *zwar sachlich gleichbedeutend, allein in den Compositis mit* -bot *bedeutet dies nie 'Stellvertretung', sondern Besserung von Vorhandenem oder Entgelt für Geschehenes und Geschädigtes*]

fæhðe, *obl* 1) *Fehde, Blutrache; dt:* ~ Af Rb 42 (fæðe Ld; *pl:* ~hðum GH). II Em 7 Ld | *ac:* him ~ ofaceapian Ine 74,2; wege ~ wið mægðe II Em 1. 1,2; ~ sehtan 7; ~ beran VIII Atr 23 = I Cn 5,2b; fehðe A || *lat.* factio [*s. d. und vgl.* werefactio] Q; *Var.:* faidia I Em 1, 2; *s. d.* 2) ? [*vgl.* fæhðbot] *dt:* mid ~ belecge *beschuldigt wegen Totschlags* VIII Atr 23 = I Cn 5, 2b; homicidium Q. In; mortis causa Cons. — *Der.:* unf~, werf~

fælæcan *s.* fal~

fæmne *Mädchen, Jungfrau* [*'Weib, Frau' nur* Af El 30; *vgl. Athenaeum* 22 VIII 03 *p.* 250] Af 18,1 | *gn:* ~nan Af Rb 11. Af El 29. Af 11. Iud Dei VI 1 | *ac:* ~nan Af El 29 (foemnan Ld). Iud Dei VII 12,1 A || *pl:* ~nan Af El 30 | *ac:* ~nan Iud Dei VII 12,2 A. 23,1 A. VIII 2 | *Maria* VI 1. VII 12,1 A | *für* sanctas feminas 12,2 A; *für* virgines 23,1 A; femina *übers auch* Q: Af 11. 18,1

fængtoth (*Var.* ~oht, fengtoð) *Fangzahn, Stosszahn setzt statt* wangtoð Af 49,1 In Cn

færbena [*eigentlich Fahrterbitter, Matrose?*] *Bezeichnung eines Standes, entsprech. gemeinfreiem Hintersassen* Northu 50. [*Ähnlich hat* niedling *neben dem Sinne 'Sklave' die Bedeutg.* nauta; *Klaeber* Anglia 27, 278]

færcwealme, *dt, Sterben, Seuche* IV Eg Pro

fære fram *m dt, Fortzug, Fortziehen von* Ine Rb 39. 63; fare Ine B Insc: 39. 63. [*Vgl.* faru, fōr; *s. auch* wer]

-færold *Der.:* fiordf~, inf~

færlic, *adj, plötzlich; ac:* ~ene deað II Cn 70; fearl- A | *schwach:* þone ~ean deað IV Eg 1,4

fæst I) *adj, fest* stande III Atr 13,3 II) *adv* fæste VIII 32. X Pro 3. II Cn 84, 4a. Northu 67,1. — *Der.:* æf~, arf~, gemetf~, hamf~, heorðf~, husf~, soðf~, wiff~

I) **fæstan** *fasten* V Atr 17. VIIa 4,1. I Cn 16,1; ~*ten* BA | *op* 3: ~te V Atr 14,1 = VI 22,3. 24 (= I Cn 16a). VIII 24 | *pc pl:* ~tende II As 23,2. Ordal 4

II) **[-fæstan]** *Der.:* ætf~, bef~, gef~, oðf~

fæsten *Fasten* VIIa Atr 4,1; ~tæn I Cn 16 | *dt:* ~ne EGu 3,1. V Atr 14 = VI 22,2 = I Cn 16. VIIa Atr 4,1. Northu 11; festene II Cn 46 B | *ac:* ~ Wi 14. II Eg 5,1 = V Atr 14,1 = VI 22,3 = I Cn 16 (fes- A). VIIa Atr 5,1. I Cn 5,2c. 16 a(~ton! B). II 46. Northu 57; fæstan! Cn 1020,19. Northu 57 | *pl dt:* ~num EGu 8 Ld. II Eg 5 Ld | *ac:* freolsa 7 ~ena V Atr 12,3 = VI 22 = VIII 16 = I Cn 14,1 (fest-A). V Atr 15 = VI 22,3. — *Der.:* lenctenf~, rihtf~, rihtf~dæg

fæstenbrycan, *pl dt, Fastenbrüchen* V Atr 25 G 2 = ~ricon VI 28,3

fæstentid *Fastenzeit; dt instr:* ~de *zur F.* II Cn 46,1 BA; rihtf- G | *pl dt instr:* ~dan *zu F-ten* 38 G. — *Der.:* rihtf~

fæstinge, *dt, Pflegehut* Af 17

fæstlice, *adv, fest* Cn 1020,13 | *spl:* ~cost *festestens* II Em Pro 1

[-fæstnian] *Der.:* gef~

f[æ]t *Fass; pl ac:* fata Ine 70,1. — *Der.:* alfæt, bæðfæt, ciesfæt, leohtfæt, sealtfæt

fæted, *ptt pc nt ac;* golde ~ sweord *mit Golde belegtes Schwert* Norðleod 10; goldfæted H

fagman *s.* fahmon

fah wið þone cyng *friedlos, geächtet gegenüber* (*in Bezug auf*) *den ganzen Staat* II As 20,7 [*vgl. fris.* fach: inimicus regis; *His* Strafr. *d.* Friesen 175 f.] — *Der.:* gefah, unfah

fahmon *in rechtmässiger Blutrache Verfolgter* Af 5; fagman H; gef~ B

[L] **faidia** *Fehdelast, Blutrache,* fæhðe *übsnd, Var. neben* factio, II Em 1. 1,2 Q; *daraus* Hn 88,12a; 13

[F] **f[ailir]**; *fut* 3: ù faudrat *fehlt, nicht ausreicht* Wl art Fz 3,2, ubi defecerit *übsnd*

[F] **faire** Leis Wl 7. 10a. 29,1. 30,1. 37. 39; *Var.* fair; *feire* 10a Hk; *fere* 18,1 | 3: fait 10 I. 13. 14,3; fet Wl art Fz 5 | *sbj* 3: Leis Wl faced 33; facet 30,1. 31; face 4. 43. 46 | *pl* 3: facent 30f. | *ipf pl* 3: feseint Wl art Fz 9 | *pf* 3: fist Leis Wl 10a. 14,3 I | *pf sbj* 1: feisse 37,1 | *fut* 3: fra 39,1 | *pf pc:* fait 1. 4. 10,2. 22. 32; fet Hk; *fm:* faite 3,4. 28, 2; *feite* Hk; *fete* Wl art Fz 3,2. — *Bed.:* 1) *handeln, verfahren:* autrement Wl art Fz 5; come (*wie, nämlich als Sklaven verkaufen*) feseint 9 2) *verüben:* ocise 3,2; forfeit Leis Wl 1 3) *vollziehen:* justice en *Strafgericht an* 3,4. 4. 33 4) *entrichten:* amendes 7. 10 5) *leisten:* service 29,1. 30,1; li *ihm* 32; ne ~ *unterlassen* 30 6) *fällen, sprechen:* jugement 13. 39. 39,1 7) *ablegen, führen:* pruvance 46. 8) *erheben, bringen vor:* plainte a 43 9) *zufügen, antun:* damage a 4. 37; plaie a 10; lui *ihm* 10,2; force lui (lur) 18,1. (28,2) 10) *abrechnend abmachen:* pur meins (le) faire; cher (le) fist *bewertete es teuer* 10a 11) *lassen* (*bewirken, dass*) *m inf:* venir 30,1. 31 12) *mit pronom. Object: es machen,* *tun, indem 'es' vertritt* **a)** *ein Nomen* 10, 2. 22. 39, 1 f. **b)** *einen Satz* 14, 3. 31. 37,1 [*vgl. n.* 1. 10] **13)** *aus* [a faire] *'Geschäft' bildet* ad faciendum II Cn 75 Q. — *Der.:* forfaire, mesfaire

falæce, *op* 3, *befehdet* II As 20, 7 Ot Ld; fælæce H

Lfalcare *mähen* Rect Q: 2. 5, 2, mawan *übsnd* [*fz.* faucher]

fald(a) *s.* fal(o)d

faldian *Hürden bauen* Ger 9

LFalesium *Falaise in Calvados* Quadr Arg 20

Lfallere *fehlschlagen* (*sc. Termin*) II Cn 19, 2 Q, berstan *übsnd*

fal[o]d (*Vieh-*)*Hürde; dt:* falde Rect 4, 1 a; falda Q; ge on felde ge on falde Ger 3 | *ac:* fald weoxian *Hürde flechten* Ger 10

I) fals *Falsch, Trug; gn:* ~ses Episc 7 f. | *dt:* butan ælcon ~se VI Atr 32, 1 = II Cn 8 | *ac:* ~ II Cn 8, 1; 2 (*Fälschung*). Episc 8 ‖ ~ *lag vor für* falsum IV Atr 7, 3

II) fals, *adj, falsch; nt ac:* feoh *Geld* III Atr 8; gewihte Episc 6 | *pl nt ac:* ~se gewihta V Atr 24 = VI 28, 2

Ffa[l]s *s.* faus

Lfalsare 1) *fälschen* II Cn 8, 1 Q, fals wyrcean *übsnd* **2)** (*Anklage*) *als unwahr erweisen* [= falsificare] III Eg 4 Q, geunsoðian *übsnd*

Lfalsaria *Fälschung:* monetae Hn 10, 1; *Fälschungsverbrechen* 47

Lfalsarius *Münzfälscher* IV Atr 5, *auch* Rb XXIV *S.* 232. Hn 13, 3

Lfalsificare (*Anklage*) *als unwahr erweisen* II Cn 16 Cons, geunsoðian *übsnd* [= falsare]

Lfalsitas monetae *Münzfälschung* Hn mon 1

Lfalsonarius *Münzfälscher* Hn mon 2, 1. 3, 1

Lfalsum facere (fabricare) *falsches Geld schlagen* II Cn 8, 1 In (Cons)

Lfalsus monetarius *Münzfälscher* II Cn 8, 2 In

Ffamme *s.* femme

Lfamulari *commendirt* (*Untergebener*) *sein* II As 8 Q, folgian *übsnd*

Lfanatica superstitio *heidnischer Glaube* VI Atr 1, 1 L, hæðendom *übsnd*

fanc *s.* facn

fandung, *ac;* furst et ~ *Frist und* (= *zum Erbringen, für den*) *Beweis* Hn 46, 2; *Var.* fondung

[-fang] *s.* feaxf~, feohf~, foref~, healsf~

[fangen] *s.* fon. — *Der.:* infangenne þeof, utfangen

fanna, *ac, Futterschwinge* Ger 17

Lfantasia *magischer Trug, Zauberei* II Cn 5, 1 Q, gedwimor *übsnd*

Lfantasma *magischer Trug* Iud Dei IV 2

fare *s.* faere, for

[-fara] *s.* nigef~

faran Af El 12 G. Ine 64. AGu 5; *flect:* farenne V As Pro 1. Duns 6 | *op* 3: fare Ine 39. 63. VI As 8, 7. II Eg 3, 1. II Atr 6. 8. I Cn 8, 2. II 19, 1. 33. Episc 6 f.; fære Ine 63 So | *pl op* 3: ~ Hu 2 | *ptt* 1: for Cn 1020, 5 | 3: for Geþyncðo 1 | *pl* 3: foron Cn 1020, 5 — **1)** *gehen, wandern, ziehen:* læte freo ~ Af El 12 | (*Vieh*) fare *schweifend läuft* VI As 8, 7 **2)** *auswandern: von Leiheland* Ine 63 f.; from hlaforde 39; *ausser Heimat* V As Pro 1; *unter Fremde* AGu 5. Duns 6 **3)** *kriegerisch ziehen* Cn 1020, 5 **4)** *zum Rechtsvollzug gehen:* to gemote II Cn 19, 1; æfter (*entwendetem Vieh*) Hu 2; ~ to *executiv eingreifen* II Eg 3, 1. I Atr 4. II 6. VIII 8 = I Cn 8, 2. II 33 **5)** *leben, sich verhalten* Episc 7 **6)** ~ be *sich richten, gehen nach, gemäss* Geþyncðo 1. Episc 6. — *Der.:* bef~, forf~, forðf~, fulf~, gef~, midf~, misf~, tof~

far[u]; 1) fare *Fahrt zum Rechtsvollzug* VI As 7 **2)** *dt:* fare *Kauffahrt, Reise* IV Eg 8. Ine 25 B (fore *übr.*). **3)** *Auswanderung, Fortzug* 39 B. 63 B; fære *übr.* — *Der.:* fierdf~, huntoðf~

fasterman *s.* fest~

Lfatigatio 1) *Belästigung, Chicane* Hn 7, 1 **2)** *Kräfteverfall* Hn 70, 11 a

Ffaudrat *s.* failir

Ffaus, *obl, falsch* (*Urteil*) Leis Wl 13. 39, 1

feala *s.* fela **feald** *s.* feld

[-feald] *s.* anf~, manigf~, siexf~, twelff~, twif~, þrif~

fealgian *Acker felgen* Ger 9

feallan *fallen, im Kriege sterben;* 3: ~leð II Cn 78 Insc B | *op* 3: ~le 78. — *Der.:* ætf~, bef~, off~

[-fearh] *Der.:* stigf~

fearlic *s.* færlic

fearm(-) *s.* feorm(-). **fearr** *s.* feorr

feax *Haupthaar; gn:* ~xes Northu 34 | *dt:* ~xe Af 45. 45, 1 (fexh Q). 66, 1

feaxfang *Haarzerren* Abt 33 [*vgl.* hærgripa; *auch fris. gibt es* faxfang *neben* harpluck]

feaxwunde, *dt, Verwundung unter Kopfhaar* Af Rb 45

Ffebles, *masc no, krank, schwach* Wl art Fz 6, I, infirmus *übsnd*

feccan *herbeiholen* Reet 2 | *op* 3: ~ce EGu 3, 2 (fæcce B) = Northu 9

fech *s.* feoh

fedan *nähren, beköstigen, verpflegen; pl* 2: ~að As Alm Pro | *op* 3: fede Hl 15. Af 1, 3. 17. III Atr 13; hine *sich* II As 23; mid *mit* II Cn 13, 2; *erziehen* Ine 38 | *pl* 3: feden Af 1, 2; ~ VI As 8, 1. VI Atr 46; (*Hund*) *füttern* Reet 4, 2 b

fedesl *Kostgänger* Abt 12

federe *s.* fædere

Fefresham *s.* Fæfresham

Fde fei menti, *obl, gebrochenen Treuworts, Meineids* Wl art Fz 6, *de* periurio *übsnd*

Ffe[i]ble *s.* febles

Ffeire, feisse, feit(e) *s.* faire

Ffeiz, *obl, Zeitpunkt, Mal:* a la quarte ~ Leis Wl 45, 2; feis Wl art Fz 8, 3; une fes *einmal* 8, 2 | *pl obl:* treis foiz *dreimal* Leis Wl 44. 45, 2. 47; *Var.:* fois, faiz [*vgl.* fieðe]

fela I) *m. abhäng. gn* **1)** *viele* EGu Pro 2. Rect 21, 4. Ger 11; heora to ~ IV Eg 2, 2; feola C; eallswa ~ scylda II Cn 71 a; *geänd.* feala G; swa feala scylda 71, 1; feola B | sie swa ~, swa hiora sie Af 12; feola B; feala So Ld; *dafür* swa monig, swa þær sy H; wære hiora swa ~, swa hiora wære Ine 43, 1; *geänd.* feola H ‖ *ac:* ~ Rect 5, 4. Ger 10. 14. 17; to ~ I Cn 26, 3; swa ~ manna, swa V As 1, 5; feala Ld; ofer eallswa ~ scira, swa II Atr 8, 3 **2)** *viel; nt ac:* minra awuht ~ Af El 49, 9; feala So Ld; *geänd.* feola H; falses to ~ Episc 7; to feola Forf 2 **II)** *praed. no:* feola syndon folcgerihtu *viele* Rect 21, 4 — *Der.:* efnf~

Lfelagus (*Genosse*) scilicet fide cum eo ligatus (socius *fügt richtig zu retr Var.*) ECf 15, 7 = Lond ECf 32 A 11 [*jene Etymologie irrt: nord.* félagi]

feld *Feld, Ackerflur; gn:* wudes ne ~des Becwæð 3 | *dt:* on middum ~da *im offenen Land* Ine 6, 4; ge on felda ge on falde Ger 3; on wuda 7 on ~da II Cn 80; fealda A. — *Der.:* Þunresf~

feldcirice *kleine Kirche auf dem Lande, ohne Friedhof;* ~: minima ecclesia I Cn 3, 2 In; *Var.* ~cherche | *gn:* ~cyricean, *geänd. aus* feald- G; ~

cyrice A | *aus* æt ~circan (*dt*) VIII Atr 5, 1

fell, *ac, Fell* II As 15 Ot; *felle* Ld; fel Ine 42, 1. II As 15 H, *geänd.* ~

[L]**felonia** *Felonie, Bruch der Vasallentreue* Hn 43, 7. 46, 3. 53, 4. 88, 14

[F]**femme** 1) *Frau; obl:* Leis Wl 18. 18, 1 | *no:* ~ 33; *Var.:* famme 2) *Ehefrau; obl:* ~ 12 | *no:* ~ 27. 27, 1; *Var.:* feme, famme

[L]**femoralia** *Hosen, Schenkelkleider* Iud Dei X, 17

[L]**fenandorum** pratorum firma *Lohn für Wiesenmaht* Reet 21, 4 Q, mæðmed *übsnd*

[-feng] *s.* ætf~, andf~, foref~, onf~

fengtoð *s.* fæng~

[L]**Fenielandia** *Finnland* Lond ECf 32 E

[L]**feodum** *s.* feudum

feoh Af El 28. As Alm 2. VIIa Atr 4. Grið 7; fioh Af El 17. Ine 53 | *gn:* feos Ine 35, 1. V As 1, 5. V Atr 26, 1. VI 31 f. II Cn 8. Northu 2, 2 | *dt:* feo Hl 10. Af El 24. Ine 28, 2. EGu 12. VI As 7. IV Eg 6, 1. VIII Atr 33. II Cn 40. Becwæð 1; fio Af El 24 | *ac:* ~ Abt 1. 28. Hl 6 f. 16. Af Rb 20. Af El 29. 35 H (e *auf Ras.*). Ine 31. 35, 1. VI As 2 f. II Atr 1. III 8. Grið 17; fioh Abt 81. Af El 28. 35 | *instr:* feo Abt 30. III Eg 4. II Cn 16. — **1)** *Vieh* Af El 24; eucu ~ 28, 1 **2)** *'Vieh' oder 'Fahrhabe'* Hl 7. 16. Ine 28, 2. 35, 1. Grið 17 **3)** *'Vieh' oder 'Geld' oder 'Fahrhabe'* Af El 35; unfacne ~ Abt 30 **4)** *Fahrhabe* (*Vieh mitumfassend*) Abt 1. 28. (81?). Hl 10. Af El 28 (*nicht bloss* cucu). Af 20. IV Eg 6, 1. Swer 10. Becwæð 1. Grið 7 | *Sklaven umfassend:* Af El 17, *wofür aber* þeow H. Ine 53 | *formelhaft neben* feorh EGu 12 (*Var.* feorm, *s. d.*) = VIII Atr 33 = II Cn 40; *neben* fremu III Eg 4 = II Cn 16 **5)** *Ein Wertstück* V As 1, 5 **6)** *fester Betrag: Busse* Af El 29 | *Brautkauf*(Abt 81?) Ine 31 | healsfang-*Geld* Wer 5 **7)** *Metallgeld, Münze* V Atr 26, 1 = VI 31 f. (= II Cn 8); fals ~ sloan III 8 **8)** *Geldsumme* As Alm 2. VI 2 f. Northu 2, 2. II Atr 1; ~ arise VIIa 4 **9)** *Casse, mobiles Vermögen* VI As 3. 7 **10)** *Gesamthabe, einschl. Land,* Hl 6. — *Der.:* ælmesf~, forefangf~, læcef~, meldf~, Romf~, þiefef~

feohbot *Wert-,* (*Geld*)*strafe;* ~ariseð *Strafgeld kommt ein* VI Atr 51 | *gn:* ~te Af El 49, 7 So; fiohbote E; - *geänd.* ~ta H; ~! Ld

feohfang *Bestechung, Geldempfang* II Cn 15, 1

feo[h]god; *pl dt:* cwicæhtum feogodum *Lebgütern, Vieh* [*ohne Sklaven*] Af 18, 1 (*in* Ld *hinter* 10); feohg- So

feohgyrnesse, *dt, Habgier* Swer 4

[-feoht] *s.* flettgef~, gef~, infiht

feohtan *blutig fechten* Af 42, 4; 5; feahtan Ld | 3: ~teð 7 B. 15. II Cn 59 B. Grið 15; ~að (*oder pl?*) Af 38 B, *geänd. aus* ~tan *oder* ~tæh | *pl* 3: ~að Af Rb 15 | *op* 3: ~te 7. Af 39, 1. 42. 42, 1. II Atr 3, 4. II Cn 45; fiohte Af Rb 38 H. Af 42, 5; feahte Ld | *ptt pc:* gefohten Ine 6, 4; *geänd.* gefeohten H; gefeohtan Bu; gefohtan B — **1)** ~ on (*m dt u. ac*) *fechten gegen* Af 42, 4; 5 [*vgl.* onf~] **2)** fleo oððe feohte (*Gefangener*) *vielleicht nur 'sich gewalttätig wehrt'* (repugnet Q) II Atr 3, 4. II Cn 45: *zu* 59 *versteht* seditionem movere Cons. — *Für* gef~ Af 38 B. Ine 6, 2 B. II Cn 59 A; *ersetzt durch* gef~ *s. d.* — *Der.:* gef~, midf~, onf~, utf~

feohtlac, *ac, Fechten mit Blutvergiessen* VIII Atr 4 = I Cn 3. II 47

feohwite: violatio monetae *Strafgeld-*[*Empfang*] *für Münzfälschung* II Cn 15 In *irrig für* fihtwite; *s. d.*

feola *s.* fela. **feond** *s.* fiond

feondscype, *dt, Feindschaft, Fehde-*[*last*], *Zustand des in Blutrache Verfolgten;* on anum freondscype swa ~ VI As 7

for æniges (*gn*) **feonge,** *dt, aus Hass gegen jemand* Iudex 7

feorcuman, *ptt pc, fernher gekommen* Ine 20 B; feorcund *übrige* [*vgl.* feorranc-]

feorcund, *adj, fernher stammend* Ine 20; for~ Bu; feorcuman B

feorh *Leben; gn:* feores Af El 13. Af 4. 4, 2. II As 4. IV 6, 2c. VI 1, 4. III Atr 16. V 30. VI 37. I Cn 2, 3. II 57. 77; feorhes! EGu 6, 5 Ld | *dt:* feore Ine 74. EGu 12. II As 20, 3. VIII Atr 33. II Cn 40 (*fore* A). Grið 4. 16; feorhe! EGu 12 Ld | *ac:* ~ Af 4. Ine 5. 74 Ld. VI As 1, 4. III Eg 7, 3. II Atr 3, 3. V 30. VI 37. II Cn 26. 26, 1. Grið 16. 18; fiorh Af 4, 2 | æt feo oððe æt feore (forrædan EGu 12 = VIII Atr 33 = II Cn 40) III Eg 4 A; freme D G 2; ~ *auch* II Cn 16 Ld; freme *übr.* | ~ gesecan (gefaran) *Leben gesichert erlangen* 26, 1 (*Grið* 18) | ~res geunnan *Leben begnadigend schenken* VIII Atr 1, 1 | ymbe ~ sierwan *nach jem's L. trachten* V 30 = VI 37 | feores scyldig beon L. *verwirkt haben* Af 4 = II As 4 = V Atr 30 = VI 37 = II Cn 57. II As 6. [*vgl.* feorhscyldig]. — *Für* wer (*Wergeld*) EGu 6, 5 Ld

feorhgeneres, *gn, Lebensrettung* III Eg 7, 3

feorhlyre wurðe *Verlust des Lebens* (*ein Todesfall*) *eintritt* Had 3 O H; ~lira D

feorhscyldig *das Leben* [*zu verlieren*] *schuldig, verwirkt habend* Grið 4. 15; *aus Cnuts* feores scyldig [*s. o.* feorh] 13

feorm Rect 9, 1 | *dt:* feor[m]e Becwæð 1; *instr:* ~me II Cn 16 A; fyrme Ger 8 | *ac:* ~ Af 2 ‖ *Lat.* firma Q: Af 2. II Cn 69, 1. Reet 9, 1 [*vgl.* firmatio] — **1)** *Beköstigung, Naturalienabgabe* (cyninges Af 2. As Alm 1). II Cn 69, 1 Q; ~ *lag vor für* pastus In Cn III 46 **2)** *Bodenzins in Naturalien:* mid feo 7 feor[m]e Becwæð 1 | feo oððe feorme (*Renteneinnahme?* freoma B; freme G; feorh Ld, *verderbt für* feore) II Cn 16 A **3)** *Schmaus:* midwintres ~ Reet 9, 1; natalis firma Q **4)** *Bearbeitung des Bodens* Ger 8 [*vgl.* fyrmð]. — *Der.:* benf~, Easterf~, fliemanf~, gyt(e)f~, nihtf~, winterf~

feormfultume, *dt, Beköstigungsbeihilfe, Abgabe Bezirkseingesessener an königlichen Beamten* II Cn 69, 1; fear~ Ld; adiutorium firm[a]e Q, *auch* Rb *S.* 538[34]

feormian Reet 2. Ger 13 | 3: ~mæð Hl 15 | *op* 3: ~ige Wi 7. Ine Rb 30. Ine 30 (~mie H). II Ew 5, 2. II As 8. IV 6, 3. V Pro 3. VI 1, 2. II Em 1, 2; ~ie Af 37, 1. II Cn 13, 2 (fermie In). 15a | *pl* 3: ~ II Ew 4. II Cn 69, 1 ‖ *Lat.:* firmare Q: Ine Rb 30. II Ew 1. II As 8. IV 3, 1. Rect 2. — **1)** *beköstigen* II Cn 69, 1; *beherbergen* Hl 15. Wi 7. Ine 30. II Ew 5, 2. II As 20, 8. V Pro 3 = IV 3, 1. VI 1, 2. II Em 1, 2. II Cn 13, 2. 15a; (*dem Gutsherrn*) *Gastung leisten* Reet 2 | *zu Schutz annehmen* II As 8; to men *als Vasallen* Af 37, 1 **2)** ful ~ *Verbrechen unterstützen* II Ew 4 **3)** (*Hausflur*) *reinigen* Ger 13

feormung **1)** *dt:* ~ge *Reinigung* (*eines Schwertes*) Af 19, 3 **2)** *ac:* wreccena ~ge *Beherbergung* (*Schutz*) *Verbannter* Af 4 — *Der.:* fliemanf~

feorr, *adv, entfernt, fern, weit* II Cn 51, 1 (feor A B). Forf 2; feor II Atr 9. Pax | *übtr.* fearr sie! Iud Dei IV 2, 2, absit! *glossirend* | **cpa:** fyr swa nyr *ferner wie näher* Rect 2

feorrancumen *fernher gekommen* Wi 28; ∼man II Cn 35; feorcuman Ine 20 B; feorcund *übr.* | *dt:* ∼num men Ine Rb 20; ∼nan H; *substirt:* ∼nan II Cn 35, 1 [*sg übs. alle Lateiner; pl auch möglich*] ‖ *pl:* ælþeodige men ⁊ ∼ne VI Atr 48

feorða *vierter; dt:* æt .. ∼an cyrre Hu 3, 1. II Cn 24, 2; ∼am! B; æt ∼an stæpe Had 5 | *ac:* ∼an andagan II Cn 19, 1 | *instr:* ∼an siðe VI As 10. II Cn 19, 1 | *fm:* ∼ðe ta Af 64, 3; feowerðe Ld | *gn:* ∼ðan (*an Rang*) Abt 75, 1 | *nt:* ∼ðe Hl 2 | *dt:* ∼an cneowe II Atr 12; ∼an gemote II Cn 25; ∼am! A | *ac:* ∼ðe [swin] Ine 49,3

feorðe, *adv, viertens* II As 15

f[eo]rðing; *Lat.* ferdingus *Viertel-Bauer, Hintersass, der* $^1/_4$ *Virgata Landes besitzt* Hn 29, 1 a

feortig *s.* feowertig

feower *vier* 1) *subst m gn:* feowra sum a) *mit vieren* II Atr 4 b) *einer von* 4 Wi 19. 21 2) *adj:* ∼ ciricum Af 33; godspelleras Iud Dei VII 23, 1 A (feoro V 2, 1); healfe Pax; gewitnesse ∼ manna II Cn 24; pund Had 5; scoap Af El 24 (fewer Ld); spera II Cn 71, 1 A; toðum Abt 51; Wodnesdagas Af 43 [fewer Ld]; wucan [*Gerichtsfrist*] II Ew 8 3) *in Verbindung mit Zahlen:* ∼ ⁊ twentig Northu 24. Iud Dei VII 23, 1 A. VIII 2; hundteontig ⁊ ∼ ⁊ feowertig VII 23, 2 A. VIII 2

feowergilde gilde *vierfach zahle* III Atr 3, 4

þam **feowerteoðan**, *dt, dem vierzehnten* I Cn 17, 1

feowerðe *s.* feorða

feowertig, *subst m gn, vierzig; ac:* ∼ nihta 40 *Nächte* [*Zahlungsfrist*] Abt 22; [*Kerkerfrist*] Af 1, 2; 6. II As 1, 3; ∼ scill' Af 10 | *instr:* ∼gum B; feowr- Ld ‖ *mit anderen Zahlen verbd.:* mid eahta ⁊ ∼ [*unflect.*] þegna *Eideshelfer* Wal 48; þurh hundteontig ⁊ feower ⁊ ∼ þusendu martira Iud Dei VII 23, 2 A. (þusenda þrowera VIII 2). — *Irrig* feortig (XL) *für* LX B: Ine 4. 53 (Af 48)

feowertyne *vierzehn* 1) *sb m gn:* ∼ peninga Ine 58 B; X *übr.* 2) *adj:* ∼ niht ofer eastron 55 (XII E; XIIII H Q). XIIII V Atr 18 D (XV *übr.* = VI 25 = I Cn 17, *aber 'vierzehn' meinend* [*vgl.* fiftyne, quindecim dies])

[F]chaut **fer**, *obl, glühendes Eisen* [*im Ordal*] Wl art Fz 6

[-fera] *s.* gef∼; geferræden

feran, *intr* 1) *op* 3: fere .. forð *sterbe; s.* forðf∼ 2) *ptt op* 3: ferde (*über Meer*) *fuhr* Geþyncðo 6. — *Der.:* forðf∼, gef∼; wegferende

ferd (-) *s.* fiord (-)

[L]**ferdingus** *s.* feorðing

[F]**fere** *s.* faire

ferian (*Lebensmittel mit sich*) *führen* Northu 56. — *Der.:* af∼, ætf∼, forf∼

[L]**feriantur** Dominici dies *Sonntage sollen gefeiert* (*heilig gehalten*) *werden* I Cn 14, 2 In

[L]**feriatio** *Heiligung des Feiertags* Q: I Cn 14, 2, freolsung *übsnd; auch* Rb *S.* 536 *und, zu* VII Atr 2, *S.* 260 *Z.* 2

ferm (-) *s.* feormian

[L]**ferramentum** *Eisenstück* Iud Dei IX 3, 5

ne **fersc** ne mersc (*nt ac*) *weder frisch* [*Wasser*] *noch Sumpf* Becwæð 3

ferscipe *Genossenschaft;* ∼cype VI As 1, 1 | *dt:* ∼ Excom VII 4 [*vgl.* gef∼]

[F]**fes** *s.* feiz

festan, ∼*ten s.* fæst-

[F]**feste**, *obl, Fest;* dedenz la ∼ Seint Michel et la Seint Martin Leis Wl 28

festerman *Bürge; pl* [*mengl*]: fastermannes, Anglice fideiussores Lond ECf 38 | *ac:* ∼men Northu 2, 3

[-festre] *s.* cildf- **fet** *s.* fot

[F]**fet** *s.* faire

[L]**feudatus** *Belehnter* Hn 48, 12

[L]**feudum** II Eg 2 Q. Leis Wl L 2, 4. Hn 43, 8. 48, 10 f. ECf 4. 5, 1 (*u. oft*); feodum Wl art Lond *retr* 8. ECf 4[3]; feodus Hn 41, 1 a. 43, 5. 55, 1 b. 59, 12 a | *Lehn* Hn *oft* | *Afterlehn mitumfassend* 43, 5; 8. 59, 12 a | *neben* tenementum Wl art Lond *retr* 8 | *Lehn als geograph. Bezirk,* fiu *übsnd,* Leis Wl L 2, 4; bocland *übsnd* II Eg 2 Q | ∼ ecclesie *freistes Eigen unterhalb dem des Königs* ECf 4 | *Kirchenamtsland, Pfarrgut* (*im Ggs. zu Priesters sonstigem Erwerb*) 5, 1 | primum ∼ *Stammgut* Hn 48, 11. 70, 21 ‖ *ersetxt durch* fundus ECf *retr* 4. 5, 1

fewer *s.* feower

fexh *s.* feax

ff *für* f: næffre II Cn 75, 1 A

[F]**fi** *s.* fiu

ficunga, *pl ac, Betrügereien* V Atr 24 = VI 28, 2

[F]**fideil**, *pl, vasallistisch treu* Wl art Fz 2

[L]**fideiussio** *Bürgschaft, Schutzgewähr,* borg *übsnd,* Cons Cn: II Cn 20 a. 30, 6; ∼ regis 58

[L]**fidelis** 1) *vertrauenswürdig, zuverlässig* IV Eg 3, 1 L. Wl art 5, getriewe *übsnd* (credibilis Q). Hu 4 Cons. II Cn 22 In. Cons 2) *dem Herrn vasallitisch getreu* III Em 1. Wl art 2. *retr* 2 | ∼ et credibilis, hold ⁊ getriewe *übsnd,* I Cn 20 Q (fidus et ∼ Cons) = Swer 1 Q | ∼les *Getreue, Untertanen* Wl ep Pro. CHn cor Pro; ∼les mei in Anglia (*im Ggs. zu Normandie*) 1

[L]**fidelitas** 1) *Untertanenpflicht* Quadr II Praef 2 2) *Hulde, Treueid, Vasallitätschwur:* ∼atem regi iurare, (facere) III Em 1 (Lond ECf 32 A 6); iuramenta ∼atis, hyldaðas *übsnd,* Swer Insc Q; iusiurandum pro ∼ate domini Hn 62, 1

[F]**fidelment**, *adv, treu* Wl art Fz 2

[F]**fiee** *s.* fieðe

f[ie]llan *niederstrecken, töten; op* 3: fylle VI As 7. II Cn 20 A; af∼ B. — *Der.:* af∼, gef∼, off∼; windfylled

fierd *Heerfahrt, Heerdienst, Landwehr;* fyrd Af 40, 1 | *dt:* fyrde V Atr 28. 28, 1 = VI 35. II Cn 61 | *ac:* ∼ Ine Rb 51. Ine 51; fird, id est expeditio Q; fyrd, *geänd.* fyrde, H; fyrde B ‖ ∼ *statt* frið *in* firdmannus [*Var. für* frið-] II Atr 3 Insc Q [*vgl.* frið, ∼dscip, ∼dweard]. — *Der.:* scipf∼.

f[ie]rdfæreld *Landwehrheerfahrt; ac:* fyr- Rect 1 =

fi[er]dfaru *Landwehrheerfahrt; ac:* fyrdfare II Cn 65; -, id est in exercitum ire Q; ferdfare Rb *S.* 538; firdfare Hn 10, 1. 13, 9 (*Var.:* firðf-, firdef-). 66, 6

fi[er]dscip *Schiff der Seewehr; dt:* to ∼pe *vielleicht zu lesen* [*gemäss* hosticum Q] *statt* to friðscipe Rect 1 | *ac:* fyrds∼ VI Atr 34 ‖ *pl ac:* fyrdscipa 33

f[ie]rdung 1) *Landwehrstellung, Landwehrrüstung, Kriegszug; dt:* on þam (!) fyrdunge II Cn 78 | *ac* (*pl?*): fyrdunga V Atr 26, 1 = VI 32, 3 = II Cn 10; fyrðu- Ld; fyrdunga, id est expeditio Q; proficere [*verwechselt mit* fyrðrung?] Cons 2) *Strafgeld* [*-Bezug*] *für Versäumnis der Landwehrpflicht;*

ac: fyrdigce II Cn 12 A; fyrdwite G B; fyrdunga: expeditionem Q, *Var.:* fyrðu-, firðu-; fyrdinga Hn 10,1, *Var.:* fyrði-. — *Der.:* seipf∾

f[ie]rdweard *Landwehrwache;* fyrd-Rect 1,1; pacis custodia Q, *mit* [frið-weard] *verwechselnd* [*s. o.* fierd]

fierdwite *Strafe für Heer-, Landwehrversäumnis; dt:* ∾ Ine 51; ferd∾ B, 16. *Jh.* | *ac:* fyr∾ II Cn 12; fer∾ (*Var.:* ferderw-): dimissio belli In; *dies also lag vor für* forisfactura belli In Cn III 46 | (*pl?*) *ac:* fyrdwita II Cn 15; -te A; *sg* Q ‖ *Lat.* fyrdwita Ine 51 Q. — *Ersetzt durch* fyrdung II Cn 12 A Q; *durch* wite Ine 51 B

f[ie]rmð *s.* fyrmð

[-fierran, -fiersian] *s.* af∾, fyrsie

fierst *Frist; gn:* fyrstes geunnan *F. gewähren* Grið 4 | *dt:* ∾te Af 1, 6. (fyrst! So Ld) 2,1. 5,2; fyrste IV As 6,2b. Wer 6 | *ac:* ∾ Af 2 (first So); fyrst IV As 6,1; 2a. II Atr 8,1; 3; geares - Rect 3. 4a. 11 | furst et fandung *Frist zum Beweis-Erbringen* Hn 46,2

[F]**fieðe** *Zeitpunkt, Mal; obl:* a la terce fiee *beim dritten Male* Leis Wl 44,1 | auter ∾ *vormals* 15,1; altre fiee I [*vgl.* feiz]

[F]**fieu** *s.* fiu

fif *fünf* 1) *sbst; gn flect:* ∾fa Ine 59 E; V H; ∾ B; *gn* peninga *fügen zu* H B Q | *ac:* nime fife (*Eidhelfer*) II Cn 30,3a ‖ *gn regierend:* ∾ hida Geþyncðo 2 H; ∾ scll. Af 25. 40 2) *adj:* ∾ þegnas I Atr 1,8; mid ∾ þegnum 1,12 3) *mit Zahlen verbunden:* ∾ and þrittig Ine 13,1 B. — *Vgl.:*

on **Fif** burga geþincða *im Gericht der Fünfburgen* [*Leicester, Stamford, Derby, Nottingham, Lincoln, einer von Dänen colonisirten und regirten Conföderation*] IH Atr 1,1

fifta *fünft* 1) *sbst:* beo himsylf II Atr 4 2) *adj dt:* ∾an stæpe Had 6 O H | *nt ac:* þæt fifte Ine 49,3 | *instr:* ∾an wintra Wi Pro

fifte, *adv, fünftens* II As 16

fiftig *fünfzig* 1) *unflect:* ∾ mancus II Cn 71,1 B; *sbst m gn:* L seillinga Abt 2; mid ∾ scill. Ine 34,1 B 2) *flectirt dt* (*instr*): mid ∾gum scill. and hundteontigum Af 15 B | *instr:* ∾tegum (*ergänze* scill.) Ine 23,3 E; mid fiftig HB

fiftyne 1) *fünfzehn;* XV scill. (fiftene B) Af 40. 44,1 (fihtyne B; ∾ Ld). 50 (∾ B). 64,1 (fiftene B). 67,1 (fihtene B; ∾ Ld). 70,1 Ld; fiftene B; ∾ peningas Forf 1; ∾tene p- 2; XV þusend Norðleod 1; XV m. Ld 2) *vierzehn;* ∾ niht ofer (onufan) eastron *14 Tage nach Ostern* (II Eg 2,3 AD = V Atr 11,1 =) VI 16 = VIII 12 (= I Cn 8,1; fiftene A). V 18 (*aber* XIIII D) = VI 25 = I Cn 17 [*vgl.* feowertyne, quindecim dies]

[L]sine **figmento** et seductione I Ew 1,5 Q, butan brede 7 bigswice *übsnd*

[-fiht] *s.* feoht

fihtwite *Strafe für Fechten mit Blutvergiessen;* fyhtew∾ II Em 3 | *ac:* ∾ II Cn 15 B, *spät verbessert aus* fift∾; fyht∾ A; fihtewita G; violatio monetae [*mit* feohwite *verwechselnd*] In; fyhtewite Wer 6; fyhto wite B ‖ *lat.* ∾ta Hn 23,1 (*Var.* fightw-, ∾wyta). 70, 4. 80, 6; 6a. 94, 1a. b; 2d; id est forisfactura pugne Wer 6 Q; fyhtw- II Cn 15 Q (*Var.* fightw-); fihtewita II Em 3 Q

[F]**file,** *obl, Tochter* Leis Wl 35

filigan *s.* fylgean

[L]**filiola** *Patentochter* I Cn 7, 1 Q

[L]**filiolus** *Patensohn, Taufkind* Ine 76 f. Q. Hn 79, 1b | episcopi ∾ *Firm-Patenkind* Ine 76, 3 Q, bisceopsunu *übsnd*

[F]**fi[ll]e** *s.* file

filst(an) *s.* fyl∾

findan VI As 8,7. Ger 8. 13; ∾don II Atr 1,1 | 1: ∾de II As 25 | 3: ∾deð Ine 17 | *op* 3: ∾de EGu 3. II As 2 Ot. II Em 7,2 = Wer 3. III Eg 6 f. VIII Atr 27 (= I Cn 5, 3 = II 36, 1). 40. II Cn 25 (fynde Ld). Northu 2, 3. Grið 17 | *pl* 3: ∾*den* Af El 21. II As 2 H ‖ *ptt pl* 1: fundon Af 18 | 3: fundon Wi Pro 3 | *op* 3: funde I Ew 1, 2; 3. VI As 4 | *pl* 3: fundon II 2 B | *pc:* funden Af El 25. Af 36. V As Pro 1 (*Var.* gef-). I Cn 26, 1. Forf 3, 2. Rect 20, 1; *gn:* fundenes cildes Ine Rb 26. Ine 26; fundes! E; *pl:* heregeata beon fundene II Cn 71; gef- B. — 1) *Herrenloses zufällig finden:* cild Ine 36 2) *Verlorenes suchend finden: Fahrhabe* Af El 25. VI As 8,7. Forf 3,2; flæsc Ine 17 3) *entdecken: Verbrecher* VIII Atr 40 | *herausfinden, ersinnen:* hwæt *was* Ger 13; on þam *woran* 8 4) *liefern, besorgen, verschaffen:* him mete II Atr 1,1 | *erbringen* að I Ew 1,2; *bestellen: einen Gerefa* II As 25; *einen Geleitsmann* VI 4; him hlaford *ihm einen Herrn* II 2; him festermen *sich Bürgen* Northu 2, 3; borh *Bürgschaft:* II Cn 25. Grið 17 (þæs *dafür* EGu 3); him *für sich* III Eg 7. VIII Atr 27 — I Cn 5, 3 = II 36, 1; þærto werborh II Em 7, 2 = Wer 3 5) *für sich sorgen, bewirken, dass:* ∾ him, þæt he borh hæbbe III Eg 6 6) *be(er)finden, erachten:* wace bið hyrde funden I Cn 26,1 | *festsetzen, bestimmen:* hit bið þus funden Rect 20,1; heregeata II Cn 71; *beschliessen:* witan (*Gerichtsobere*) to ryhte finden Af El 21; *gesetzgeberisch:* Af 18; domas Wi Pro 3; mid witum, þæt *dass* V As Pro 1; be *über* Af 18. — *Der.:* af∾, gef∾, onf∾

finger *Finger* Af 58 (fingere Ld). 60 | *ac:* ∾ Abt 54,5 | *pl gn:* ∾gra Af 36, 2 So; ∾*ere* Ld; ∾*gre* H | *dt:* ∾grum Abt 71. — *Der.:* goldf∾, middelf∾, scytef∾ [*vgl. adj* twifingre, þrif∾]

[L]**finire** 1) *Vertrag machen zwischen Streitenden* Hn 70, 11 2) inde ∾ *damit zu Ende kommen, abschliessen* 61, 11 [*vgl. fz.* en finir]

[L]**finis** *als fm.* Quadr Ded 8[6]. ECf retr 3[29] [*vgl. fz.* la fin]

fio(h) *s.* feoh

fiond 1) *privater Feind* Af El 42 H (feond EG), inimicus *übsnd* 2) *Landesfeind* [*hier Dänen*]; *pl dt:* feondum VII a Atr Pro | *ac:* fynd 8 3) *Teufel,* inimicus *glossirend; gn:* ∾des Iud Dei IV 2 | *ac:* ∾ V 2,2 [*vgl.* feondscype]

fiorh *s.* feorh **fir** *s.* fyr

firht *s.* freht

[L]**firma** 1) *Mahlzeit, Beköstigung,* Rect 21,4 Q, feorm, mete, med (*Lohn*) *übsnd* | ∾ [a]e adiutorium, feormfultum *übsnd,* II Cn 69,1 Q = Hn 12,3 2) *Pachtverhältnis:* ad ∾m ponere *verpachten* CHn cor 1,1; *tenere* ad ∾m pro *in Pacht besitzen gegen Zahlung von* Hn Lond 1 3) *Pachtgeldanspruch* CHn cor 6 4) *Verpachtetes* a) *Landgut* Hn 56,1. 57,9; ∾m in feodo *tenet* et inde homagium fecit 56, 2; ∾*regis königliches* (*für die Krone bewirtschaftetes*) *Landgut* 91, 3 b) *dem Fiscus abgepachtetes Amt* (*über einen Bezirk*) *samt Einkünften aus Gericht, Verwaltung und Amtsland* 9, 11. 10, 4. 19, 1 [*vgl.* feorm]

[L]**firmare** *beherbergen, unterhalten* II As 8 Q, feormian *übsnd,* = Hn 8, 4

[L]**firmarius** *Pächter von Landgut* Hn 56

[L]**firmatio** *setzt* Q *für* 1) fyrmð 2) ∾onem exhibere *für* feormian II Cn 13, 2

firðrung *s.* fyr∾

fisan *s.* fys~

L**fiscalinus** colonus *Krondomänenbauer* Ine 19 Q [*aus Fränkischer Rechtssprache*], cyninges geneat (*Königs Gefolgsmann, z. T. hohen Standes*) *irrig übsnd*

L**fiscalis** iudex *Kronrichter* Hn 24. 24, 1. 63, 1

fiscere *Fischer* [*Petrus*] Griδ 22

fiscpol *Fischteich, Interpolator von* II Cn 80, 1 Q, *S.* 367*

fiscwer, *ac, Fischwehr* Ger 9

F**fist** *s.* faire

F**fiu,** *obl, Lehn* [*als topographischer Bezirk*] Leis Wl 2, 4; fi I[19] [*vgl.* feudum]

flæm *s.* fleam

flæsc 1) *Fleisch eines Tieres* Af El 21; flæsce! So | *dt:* ~ce Ine Rb 17 | *ac:* ~ Wi 14. Af El 23. 39. Ine 17. 42, 1; flæos H *Var.* 2) carnem [assumere, *von Christus*] *glossirend* Iud Dei IV 3, 1 3) *zu* clæne bæc hæbbe *Var.* Ld's: alias flæso AGu 5; vex Q *statt* vlex? [*Vgl.* flesmangeres, geflæscnes]

flæscmete, *ac, Fleischgenuss* II Cn 46, 1

L**flagrantia,** *für* frag-, *Duft* Quadr Arg 8

flais- *s.* flesmangeres

L**Flandrenses,** *pl, Flandrer* IV Atr 2, 6. Quadr Arg 18. ECf 32, 2

Flandria *irrig für* Estlandia *s. d.*

fleam 1) *Flucht; dt:* ~me I Cn 4, 2; flæme Ld 2) *instr:* ~me *in Verbannung* II 13, 2; Ilema *dass.? oder* [*statt* flieman] '*als Geächteten*' (*laut* infugatum Q; expulsum In; exlegem Cons) B

flean *s.* fleon

fleard, *ac, Torheit* Northu 54

fl[ea]x *s.* flex-

L**flebotomando** *beim Aderlassen* Excom VIII 20

flem(-) *s.* fliem-

fleoge, *op* 3 1) healf onweg ~ *halb abfliege* (*abgeschlagene Hand*) Af 69, 1 2) *entfliehe* VI As 12, 1

fleon VI As 12, 3; *flect:* to fleanne Iud Dei IV 2 | 3: flihδ II Cn 77 B | *op* 3: fleo Af 27. 27, 1. II Atr 3, 4. II Cn 45. 77 B | *pc ac:* ~ndne Ine 35; ~de! H. — 1) *fliehen* a) *vor (aus) der Haft* Ine 35. VI As 12, 3. II Atr 3, 4. II Cn 45 b) *feig im Heere* fram his geferan 77 B; ætfleon *übr.* 2) *heimatlos, verbannt sein* Af 27. 27, 1 3) to fleanne, *irrig* ad effugandam (*verjagen*) *glossirend* Iud Dei IV 2. — *Der.:* ætf~, bef~, forf~, (ut)oδf~

fleos, Iles *s.* Ilies

flesmangeres, *pl ac, Fleischhändler, Schlächter* ECf 39; *Var.* flais-, fleis-, fleshen-, ~mong-, ~mangares

flett *Haus(flur)*; flet Hl 14 | *dt:* ~tte 11. Af 39; id est area domus Q | *ac:* Ilet Hl 11 ff. [*vgl. R. Mielke* Ztschr. für Ethnol. 1903, 509]

flettgefeoht *blutiges Fechten im Hause; dt:* fletgefeohte Af Rb 39 (~fiohte, i *geänd. in* e, H; flettegefeohte B) = Iletg~ Hn 81, 3

flexlinan, *ac (pl?), Flachsleine* Ger 15, 1

fliema *friedloser Flüchtling, Geächteter;* flyma II As 2, 1 (flyme So). III Atr 10; flima Q | *gn:* Ilyman II As 20, 8 [*vgl.* ~anfeorm] | *ac:* ~an Ine Rb 30; flyman GH. II Ew 5, 2 (id est forisbannitus Q). II As 20, 8 (flymene Ld; flemne Ot *adj?; vgl. adj* geflema). II Cn 13, 2. 15 a. 66; flymon Ine 30 H; Ilema [*oder instr. zu* fleam?] II Cn 13, 2 B; *erklärt* exul, utlaga In; forsbannitus Q; exlex Cons ‖ *pl gn:* flymena II Cn 12 | *ac:* fleman: latrones latitantes in silvis In Cn III 48; *Var.* flemen, flæman

[-flieman] *Der.:* af~

fliemanfeorm *Beherbergung, Schutz eines Geächteten; gn:* ~me Ine 30, *dafür* flymon feormie (*op* 3) H; flymanfeormienne (*inf. flect.; geändert* **flymanfeorminge** B) ‖ *lat.* flymonfirma Hn 12, 2 (*Var.* flymenf-, flim-); flemenfyrme 10, 1 (*Var.* flemenfirma, -firme); flemeneferme II Cn 13, 2 In ‖ ~ *lag vor für* fugitivi receptio Hn 23, 6 *und für* pastio latronum In Cn III 48

flies *Vliess, ungeschorenes Wollfell; dt:* ~se Ine 69; flyse BH. Ine Rb 69 H; flese G; fleose So Ld. Ine 69 So; fleos! Ld | *ac:* ~ Ine 69; Ilys H; fleos Ld; fleose! So. — *Der.:* bellf~

fligel, *ac, Dreschflegel* Ger 17

flihδ *s.* fleon

flod, *ac, Flut, fliessendes Wasser* II Cn 5, 1; fluctus Q; aquam In; flumen Cons

flor feormian, *ac, Hausflur fegen* Ger 13

flotsmere, *ac, flüssiges Fett, Schmalz (oder Rahmbutter?)* Ger 4

[-flowan] *Der.:* utf~

flym(-) *s.* fliem(-) **flys** *s.* flies

-fn- *s. Gleitlaut*

[-fodder] *Der.:* sticf~

fodderhec, *ac, Futterraufe* Ger 17

L**fodrum** *s.* foδor

F**fois,** ~**z** *s.* Ieiz

folan, *ac, Fohlen* Af 16

folc *Volk* VIIa Atr 1. Sacr cor 1, 1. II Cn 65, 1. Excom VII 24 | *gn:* ~*oes* Wi 24. Af El 37. 41. Ine 1, 1. IV Eg 1, 3. V Atr 10, 1. VI 13. 34. Cn 1020, 8. I Cn 4, 3. Ger 1. Mirce 3. Griδ 31. Episc 8 | *dt:* ~ce Af 40, 2. Ine 25. III Eg 7. IV 15. Sacr cor 1. I Atr 4. V 3, 1. VIII 36. I Cn 4, 1. II 2, 1. 69. Northu 11. Had 11 | *ac:* ~ Af El 12. Ine Pro. EGu 3, 1. VI As 4. I Atr 1, 9 a. VI 6. 41. Cn 1020, 11. I Cn 6 a. II 30, 9. Had 1. Griδ 19, 1 | *instr:* ~cy Wi Pro 2. — 1) *Nation* Af El 12. Ine Pro. IV Eg 15. I Atr Pro; min ~ *meine Untertanen* Cn 1020, 11 2) *Allgemeinheit, ganzer Staat* III Eg 7 = II Cn 25. I 4, 3 | in ~ce *in Öffentlichkeit* Af 40, 2; uppe on - *landeinwärts* Ine 25; eallum - *jedem Bürger* I Atr 4 = II Cn 33 | ~ces folcriht *allgemeines Landrecht* Mirce 3; -fyrdscip *staatliches Wehrschiff* VI Atr 34; -gemot *Staatsbürger-Versammlung, ordentliches (staatliches) Gericht* Af 22 (*geändert aus* Iolcgemot H [*womit synonym; s. d.*]). 38, 1 H; Iolcgemot *übr.* ‖ *Lat.:* folkesimot II As 12 Q; folchesmot Af 38, 1 Q | *in London:* folchesimot Lib Lond 5 (*Var.* folkysmot, folkesmot, Iolkmot); folkesmot Hn Lond 8 (*Var.* -th, -te). Lond ECf 32 A 3; 6. B 1 (-tum 8). 10 (*Var.* folkmot[e], folkemoth) 3) *Bevölkerungsmenge, Einwohnerzahl* VI As 4 [*vgl.* 5000 folces, familiarum 5000 *übsnd,* Beda III 24 *ed. Miller p.* 239] 4) *Pöbel im Ggs. zu Weisen* Af El 41, turba, plurimi *übsnd* 5) *Regirte im Ggs. zu Staatslenkern* VIII Atr 36 = Had 11 6) *Laien im Ggs. zum Klerus* Wi Pro 2. Ine 1, 1 | folces mann *Laie* Wi 24. IV Eg 1, 2 | *kirchliche Gemeinde* EGu 3, 1 = Northu 11. I Cn 26, 3; Godes ~ I Em 1 [*vgl.* Cristen ~]. — ~ *pluralisch construirt:* hiora (*des* folces) spræce Af El 41. — *Der.:* Norδf~, Suδf~

folcfry, *adj, volksfrei, Staatsbürgerrecht geniessend* Wi 8; ~rig II Cn 45, 3; ~ryg Ld [*vgl. langobard.* fulofree *bei Bruckner,* Spr. *d.* Langobd., *Glossar*]

folcgemot *Staatsbürger-Versammlung, ordentliches Gericht; dt:* ~te Af 34. II As 2. 12 (folcmote Ld So; folcimote Q, *Var.* folkesim-, folcm-). V 1,1 | *ac:* ~ Af 38,1 (folcmot Q *Var.;* id est populi placitum Q. In Cn); *synonym mit* gemot 38; I Cn 15. Northu 55 | *pl gn:* ~ta V Atr 13,1 = VI 22,1 [*dafür* folciscra gemota 44]. — *Ersetzt durch* folces (ge)mot [*s.* folc]. *Nur ein Londoner, im* 13. *Jh., gibt fälschend* folkesmoth *die Bed.: 'Reichsversammlung'* Lond ECf 32 A 3—6, *getrennt vom* [*historisch echten*] aliud folkmot in quolibet comitatu B 8

folcgerihtu, *pl, Gerechtsame der Gemeinen* (*Leistungen der adligen Gutsherrschaft an die fronenden Hintersassen*) Rect 21,4

folcisc 1) *ac:* ~one mæssepreost *laienhaft lebenden Priester* VIII Atr 21 = I Cn 5,2; ~chisne A 2) *pl gn:* ~ora gemota *öffentl. Versammlungen zum Gericht* VI Atr 44 [*aus* folcgemota 22,1]

folclage, *ac, bürgerliche Satzung* [*im Ggs. zu* Godes lage *Kirchenrecht*] Northu 46

folcland *volksrechtliches Grundeigen, gemeines, landrechtl., nicht eximirtes, im Ggs. zum Besitzrecht des* bocland, *des vom König privilegirten Grundeigens* [*vgl. die Bedeutung von* folc *n.* 2, *in* folcgerihtu, folcriht *n.* 1b *und in* Old Engl. Bede *ed. Miller* I 326: ondred ondettan, þæt he cyninges þegn wære; ac sæde, þæt he folclic mon wære *für* Bæda IV 22: timuit se militem fuisse confiteri; rusticum se fuisse respondit]; *dt:* ~de I Ew 2. 2,1; *unübs* Q, *auch* Rb *S.* 139*

folcleasung *öffentl. Verleumdung; gn:* ~ge Af Rb 32; ~ga G; *irrig* folclease So | *ac:* ~ge Af 32; folclæs-Ld

folcmot *s.* folcgemot

folcriht *Volksrecht; gn:* ~tes II Ew 7 f. VI Atr 8,1. II Cn 1,1; ~ryhtes III Eg 1,1 | *dt:* ~te II Em 7 B. Duns 1,2. Swer 2. Becwæð 1. Rect 20,1. Ger 7; ~ryhte II As 2 (rihte B; ryht Ot). 8 (folchrihte Ot). 23 | *ac:* ~ I Ew Pro. VI As 1,1. Hu 7. Swer 3,4. Norðleod 1 H Ld. Mirce 3. Iudex 3; ~ryht II As 9. — 1) *Gemeinrecht im Ggs.* a) *zum Königsrecht* Norðleod 1. Mirce 3 b) *zum Baronialrecht* Ger 7 c) *zu Willkür* I Ew Pro. Hu 7; *zu Personenrücksicht* Iudex 3 2) *Rechtmässigkeit* II As 9. 23. VI 1,1. Duns 1,2. Swer 2. 3,4. Becwæð 1 3) mid ~te *landesüblich* Rect 20,1 4) ~tes weorð *staatsbürgerlich rechtsfähig* II Ew 8. III Eg 1,1. VI Atr 8,1. II Cn 1,1 5) *ordentliche öffentliche Rechtspflege, Gericht* II As 2. 8

folcrihtre bote, *fm gn, volksrechtlicher Busse, der Fähigkeit, durch Geld nach Landesbrauch* [*Totschlag*] *zu sühnen* Af El 13; ~ryh-E; ~tere H

folgere *Miteinwohner im Haushaltdienst, Gefolgsmann* [*Ggs.:* heorð-, husfæst *Hauseigner*] II Cn 20a; cliens Cons; qui serviunt aliis In; folgarius Q = Hn 8,1 | *dt:* ~ *Rect* 10 | *pl ac:* ~gæres II Cn 20a In

folgian *folgen* I Cn 1 D | *op* 3: ~gige Hl 6; ~gie V As 1,1 | *ptt* 3: ~gode Af 37. 37,1. II As 8 [*op*]. 22. V 1; ~gade II Cn 28 ‖ *lat.* Q: folgare Af 37. III As 4; *sonst* servire. — 1) *untergeben* (*commendirt*) *sein, als Vasall dienen* Af 37. 37,1. II As 22 [*aus* fyligde II Ew 7]. 8. V I. 1,1. II Cn 28 | *als Hausgenosse zugehören* (*Kind der Mutter*) Hl 6 2) lagan ~ *Satzungen Folge leisten* I Cn 1 D [*vgl.* fylgean]

folgoðe, *dt* 1) *Amt eines* Gerefa a) *staatlichen* VI As 11 b) *gutsherrschaftlichen* Ger 7 2) *Amtsbezirk* II As 25,1

F**folie,** *obl, Torheit* Leis Wl 38

L**fomenta** *Rechtsmittel* Hn 9,4

fon; 3: fehð Ine 36 H; gef- *übr.* | *op* 3: fo Hl 7. Af 13. 22 H So. II As 10. VI 8,4. Hu 2,1. II Eg 3,1. III 7,1. IV 8,1. I Atr 1,9a. 3,1. VIII 8. I Cn 5,2c. II 30,9. 77. Northu 59. Wif 6 | *op pl* 1: ~ VI As 8,9 | 3: ~ 8,4. II Cn 73a. 78. Wif 6; Iane! II Cn 73a Ld | *ptt pl* 3: fengon EGu Pro | *ptt pc:* gefongen *s.* gefon. — 1) ~on *beginnen, anfangen:* on fæsten fo I Cn 5,2c [*vgl.* ónfon] 2) *sonst stets mit* to a) *als praepos.* α) to freondscipe *anfangen* EGu Pro; þærto *dazu* (*zu Beschlossenem*) *sich wenden* VI As 8,9 β) [*sonst 'greifen zu' d. i.*] *empfangen, erhalten* to æhtan II Cn 77; borge Wif 6; bote Northu 59; gafole IV Eg 1,1; healfum VI As 1,1. II Eg 3,1. III 7,1 (= II Cn 25,1). IV 8,1. VIII Atr 8 = I Cn 8,2; hwearfe II As 10; lande II Cn 73a. 78; mannum Hu 2,1; were I Atr 1,9a = II Cn 30,9; wite Af 22 | to *nach regiertem pron:* him (*zum Baume greife*) fo se to, þe Af 13 b) *als Adverb oder trennbares Praefix von* tofon (*s. d.*) *zugreifen, zufassen:* fo se agend (hlaford) to Hl 7 (I Atr 3,1); fon þa (fo se) to, þe VI As 8,4 (Duns 1,1); fon magas to Wif 6. — *Für* gefon *handhaft bei der Tat fangen* Ine 36 H. — *Der.:* ætfon, befon, ætbefon, forfon, gofon, ofgefon, onfon, tofon, underfon; infangen, utfangen

fong *s.* Iang

L ad **fontem** baptismatis suscipere *aus der Taufe heben, jemandem Gevatter stehen* I Cn 22,6 Cons

foot *s.* fot

for- 1) *'sehr' s.* formicel, ~neah, ~oft [*vgl. lat.* per-] 2) *vergeblich s.* forsprecan [*vgl. lat.* per-] 3) *geschwunden s.* gieldan, stelan 4) *für* a-: *s.* forletan 5) *für* fore *s.* foreað, forebetan, forceap, forefang(feoh), foregenga, foresece, foresellan, forspreca, forsteall, foreþingian 6) *ersetzt durch* fore-: *s. d.* 7) *latinisirt* [*gemäss roman.* Iors] for(i)s *s.* forisbannitus, forisfacere, forisfangium, forisiurare, foristallum

A) **for** *prp.* [*Form:* fer Iud Dei VI 1 (*viermal*); *geändert aus* for *ebd.*[15]] — I) *m dt* 1) [*vom Ort übertr.*] *vor, angesichts, gegenüber:* ~ *Gode*, worulde *kirchlich, weltlich* EGu 3 f. III Eg 1,2. VIII Atr 40. II Cn 36,1; *ac:* God A 2) forhtige ~ synnum *vor Sünden sich fürchte* I Cn 25 3) [*Vertretung*] *statt, an Stelle von:* þingan ~ ordale II As 21 Ld, *aber ac übr.*; ~ foore Grið 16; swerian ~ 60 hida Ine 19 4) [*Ersatz*] *gegen, für:* bærning ~ bærninge (*oder ac?*) Af El 19 5) [*Zweck, Ziel*] *für, zu Gunsten von* Af El 49,3; ~ his men liege *sich einsetzt* II As 3 So Ld, *aber ac:* mon, man H, B 6) [*Grund*] *aus, vor* Af 5. AGu 5; ege ~ *Furcht infolge* VI As 8,3; *wegen* Af 2. I Ew 1,5. II As 11. VI 7; ~ freolse V Atr 14,1 = VI 22,3 = I Cn 16a. II 84,2. Northu 3. Að 2 | ~ rihthlafordhelde *aus Treue* I Cn 20,1 | ~ (*kraft*) wiðertihtlan I Ew 1,5 | *um willen* Af El 49,7; ~ Godes noman *unentgeltlich* Af 43. IV Eg 1,8. Iudex 1. 15,1; ~ oðres mannes þingum *um* [*der Schuld*] *eines anderen willen* Duns 3 | ~ þam þingum, þe *weil* EGu Pro 2 | ~ nanum þingum *unt. keiner Bedingung* I Ew Pro 7) [*Beschwörung*] *bei:* ~ þære cristnesse Iud Dei VI 1; *s. u.* III 7 8) **forþam** a) *denn* Af El 3. 49,9. II Ew 1. II Cn 84,1a; *ersetzt durch blosses* for A; *dafür* forþon *s. 9 Z. weiter* **b**) *weil* Af El H: 2. 17; *älter* forþonþe *übr.* **9**) **forþamþe** *weil* 33 H (forþonþe *übr.*). 49, 7 E (forþonþe H So). Ine 43; forþæmþe V As Pro 3 Ld; forþonþe H

II) *m instr. wegen:* for þon (*geänd.* þam) gilte II As 11; þam Ot; þæm Ld | **forþon** **a**) *adv. darum, deshalb* Af El 3; '*dafür*' 20; ~þan G **b**) *cj denn, weil* 3 Ld (~þam E H, ~þan G So). 46. 49, 9 H (*geänd.* ~þam). Ine 43, 1. 50. 57. V As 1, 1 Ld; quia *glossirend* Iud Dei V 2, 3; 5; *für* forþyþe *denn* V As 1, 1 Ld; *ersetzt durch* forþonþe *s. d.* **c**) ne forþan *nicht einmal* Episc 10; ne forða Ger 18, 1 | **forþonþe,** *cj weil* Af El 2. 17. 33. Ine 43 H (*geänd.* forþamþe, *was* EB *haben*). Af El 46 H (forþon *denn* EG). Ine 50 H; *ersetzt durch* forþam, forþamþe *s. 20 Z. vorher* | **forþyþe** **a**) *denn* V As 1, 1; forþon Ld **b**) *weil* IV Eg 8, 1

III) *m ac* **1**) [*Vertretung*] *anstatt, an Stelle von* Af 27. EGu 12. II As 21 (*dt* Ld?). V 2. VII a Atr 5. II Cn 22, 2 **2**) ~ þeof *als, gleichwie, einen* Dieb *erschlagen* II As 2, 1. Ine 21. 35; profian 20. Wi 28 **3**) [*Ersatz*] *gegen, für:* toð ~ toð, fet ~ fet Af El 19 G H; Iore teð, Iore fet E **4**) [*Zweck*] *für, zu Gunsten von* Wi 1, 1. Ine 50. AGu Pro. V As 3. I Cn 6a. Grið 19, 1; for his yfelan mon (men, *dt* So Ld) liege II As 3 HB **5**) [*Grund*] *aus, wegen:* for mine lufu I As Pro Ld **6**) [*Beziehung*] for silfne *in eigener Person* (ipse, per semetipsum *Lat*) Geþyncðo 4 **7**) [*Beschwörung*] *bei:* ~ þa Þrinesse [*hinter dem dt o. n.* I 7] Iud Dei VI 1 **8**) *vor, angesichts:* ~ God II Cn 36, 1 A; *Gode übr.*

IV) *Hss. variiren hinter* ~ *zwischen ac und dat* [*s. o.*]

V) [*Ersatz*] '*gegen, für*' *statt ält.* Iore Af El 19 GH; *statt ält.* wið G

B) **for** *denn* (*älter* forþam GB) II Cn 84, 1a A | for *in* forneah (*fast*) *missversteht* enim Iudex 9 Q

fōr *Fahrt; dt:* fore Ine Rb 25 (*geänd.* fare H). Af 19, 2 H. 34. Ine 34 | *ac:* fore gebetan *ebd.*; foregebetan *falsch* B. — **1**) *Handelsreise, Kauffahrt* Ine Rb 25. Af 34 **2**) *Fehdezug, gewaltsame Überziehung* Af 19, 2 H. Ine 34

fora *s.* foran **forad** *s.* forod

foran (*adv*) forstandan *im voraus als Schutz vertreten, eintreten für:* hine II As 1, 5 So; ~ *fehlt übr.*; þone þeof VI 8, 2, *geänd. aus* Ioren; hine Iora II Cn 33, 1a A; forene G; *fehlt* B [*vgl.* forene]. — *Der.:* ætf~, bef~, onf~, tof~

L**foranus** *auswärtig, nicht in London heimisch* Lib Lond 8. 8, 6. 9; *Var.* ~neus || *dafür* extraneus 8^{50}. 9^{12}

forað *s.* foreað

forbærne, *op* 3, *verbrenne* (*tr.*) *Holz* Ine 43

L**forbator** *Schwertfeger* Af 19, 3 Q, sweordhwita *übsnd* [*afz.* furbeur]

forbeodan *verbieten* II Cn 76, 1b; *flect:* ~nne Af El 49 | 1: ~de Sacr cor 1, 2. II Cn 76, 3 | *pl* 1: ~að I 15. 17. II 2, 1 B. 3 A. 5. Northu 2. 55. 61 | *op* 3: ~de VIII Atr 17 | *ptt* 3: forbead Sacr cor Pro | *ptt pc:* forboden III Atr 8; *pl:* forbodene Nor grið Z. 7; *schwach ac:* an þane forbodenan timan Wi 11. — **1**) *verbieten* **a**) *m ac:* timan *Frist ausschliessen aus erlaubter Zeit* Wi 11; cyþinge *Sonntagsgeschäft* VIII Atr 17. I Cn 15 = Northu 55; hæðenscipe II Cn 5; hit 76, 3. III Atr 8; ordal I Cn 17; preoste cyricgangas Nor grið Z. 7; reaflac eallum Sacr cor 1, 2 **b**) *vor* to *mit flect. inf:* him to syllanne Pro 1 **c**) ~, þæt ne *v., dass:* bondan, þæt he ne mote II Cn 76, 1b; þæt preost ne gebicgæ Northu 2; þæt man na Northu 61 (*Quelle* Cnut: beodað) **2**) *aufheben, abschaffen:* bebodu Af El 49. — *Später* ~ *eingeführt für* beodan *vor Verbotssatze:* we ~að, þæt man ne forræde (sylle) II Cn 2, 1 B. (3 A), *wo übr. samt Quelle:* beodað; *vgl. 6 Z. vorher.* — *Der.:* unforboden

forberan **1**) *geduldig ertragen; op* 3: ~re *ohne Gegenwehr* Ine 6, 5 | *ptt pc:* ~boren *obrigkeitlich geduldet* V As Pro **2**) *praes op pl* 2: þæt ge ~ren (~ GH), þæt ge ne weorðien 7 Irom geligerum *dass ihr abstehet zu verehren und von* Af El 49, 5, abstineatis a *übsnd*

forberste, *op* 3 **1**) *breche* [*intr*]: him sweora III Atr 4, 1 **2**) *misslingt, nicht zu stande kommt:* lad II Cn 53, 1; ~ta B

forbod *Verbot* Af 41 | *dt:* Godes ~de Northu 61 | *instr:* Godes ~da *kraft Gottes Verbot* 2

forbrocen, *ptt pc,* (*Knochen*) *zerbrochen* Abt 53, 1. 66

forbugan I Cn 1c D | *op* 3: ~ge Hu 6. III Eg 7 = II Cn 25. I Atr 1, 7 = II Cn 30, 6 (~! A). V Atr 10 = VI 11 — I Cn 6, 3. Northu 4. 6. 44; ~ga II Cn 25 B | *pl* 1: ~ VI Atr 1. — **1**) *vermeiden, unterlassen:* unrihthæmed V Atr 10 = VI 11 = I Cn 6, 3; hæðendom VI Atr 1 = I Cn 1c D **2**) *zu befolgen widerrechtlich unterlassen* **a**) geban Northu 4. 6 **b**) *zu besuchen versäumen:* sinoð 44; gemot III Eg 7 = II Cn 25; *der Rechtspflicht entfliehend, vermeiden:* riht *Rechtserfüllung* Hu 6; ordal I Atr 1, 7 = II Cn 30, 6. III Atr 4, 1

F**force,** *obl, Gewalt* Leis Wl 28, 2; faire lui ~ *ihr G. antun* 18, 1; a force *gewaltsam, mit Vergewaltigung* 18; per forze I || *lat.* **forcia** Hn 86, 3

[forceap] *lat.* ~pum, *Vorkauf* IV Atr 2, 10

forcyrran *verdrehen, verkehren;* 3: ~reð riht Iudex 8, corrumpit veritatem *übsnd* | *pl* 3: ~rað word 4, subvertunt verba *übsnd*

[-ford] *Der.:* Bedanf~, Oxenaf~

fordeme to deaðe, *op* 3, *verurteile zum Tode* V Atr 3

fordon **1**) *verderben* (*Untergebenen*) mid woh V As 1, 1 **2**) *strafrechtlich vernichten;* 3: scyldigean ~deð IV Eg 14

fordræfe to ceace, *op* 3, *treibe* (*gerichtlich zwinge*) *zum Kessel*[*fang-Ordal*] Ine Rb 62 [bedrifeð Ine 62]

fordrife þy (*instr*) botle, *op* 3, *vertreibe vom Hause* Ine 68

fore- **1**) *statt* for-: *s.* forfon, forþingian **2**) *ersetzt durch* for-: *s. d.* **3**) *latinisirt* foris-: *s.* forefang

A) **fore,** *prp* **I**) *deutlich m dt* **1**) *zum Ersatz für:* toð fore teð Af El 19 (for toð GH), dentem pro dente *übsnd* **2**) *anstatt, an Stelle von, hinter regiertem pron:* him ~ ride VI As 5; him ~ bete II Ew 6 [*oder s.* forebetan]; him ceap ~ sealde Ine 62 [*oder s.* Ioresellan]; him ~ gyldan II Em 1, 1; þe we ~ gildað VI As 7 [*oder s.* foregieldan] **II**) *deutlich m ac* [*im selben Satze mit dt; s. 9 Z. vorher*]: fet ~ fōt *zum Ersatz für Füsse* Af El 19; for G H **III**) *m dt, ac? hinter regiertem prōn* **1**) *wegen:* þe [bad] ~ genumen sy *um wessen Schuld* Duns 3; (*Klagen*), þe gebyrige ornest ~ to beonne *um deren willen* Wl lad 1 **2**) *angesichts, vor:* Drihten, þe (*in dessen Namen*) þes haligdom is ~ halig Swer 2; *missverst.* B; *dies lag vor für* pro quo III Em 1. [*Vgl. Urk. um* 1060: '*Heilige,* þe seo stow is fore gehalgod'; *Thorpe* Dipl. Sax. 391 = *Kemble* Cod. dipl. 1343]. —*Ersetzt durch* for *s. d. und 23, bezw. 13 Z. vorher*

B) fore, *adv* 1) *dafür zur Vergeltung* Af El 19. 23 2) *stellvertretend:* seleð *ceap fore* Ine 62; *ceap fore* gesellan 74, 1 [*oder* foregesellan *componirt*]. *Vielleicht adv. ist* Iore *auch in* forebetan, ~(ge)sellan, ~(ge)þingian, forewyrce, *s. d.*

C) fore *s.* feorh, *dt*

Lfore *sein, ohne futur. Sinn* ECf 20, 5. 35, 2

foreað *Anklageeid, Klägers Voreid;* forað II Cn 22, 3 | *dt:* ~ðe II As 23, 2; foraðe II Cn 22, 1a | *ac:* ~ Af 33; *geändert* forað H; forað V As 2. Hn 94, 5, *synonym mit* præiuramentum [*das* Q *für* ~ *setzt* II As. II Cn 22, 3 *neben* anteiuramentum 22, 1a, preiuret Af, superiuramentum V As, *s. d.; vgl.* iuret accusans Iud Dei X 21]. — forathe *missversteht als* iuramentum *des Beklagten* Ps Cn for 12

forebetan *stellvertretend Busse zahlen* 1) *ohne regierten Casus, so dass* Iore *adv sein kann,* VIII Atr 23 = I Cn 5, 2b | *op* 3: ~ te II As 8; forb- Ld 2) him ~te *statt seiner* II Ew 6; Iore *viell. prp hinter regiertem pron.*

forēceap *s.* forc~ **fored** *s.* forod

foredyrstig', *adj, kühn, frech* Iud Dei IV 2, 2

Lforefac- *s.* forisf~

forefang, id est preventio vel anticipatio, Forf 2 Q; ~feng Forf Q: 3, 1[18]. 3, 2[17]; forf~ 1. 3. 3, 2 Q; forfeng Q 3[10]. 3, 1[18]. Leis Wl 5 | *dt:* ~fonge Ine Rb 53. 72. 75; ~fenge 53 G. 72 GH; forfonge 75 So; forfenge 53 H Ld. 75 H; forfencge Forf 2 B Rb; forfange 3, 1; forfeng! Ine Rb Ld 72. 75 | *ac:* forfang Forf 2 ‖ *Lat.* forfangium Q: Ine Rb 53. 72. 75. Forf 3, 1[17]. 3, 2[17]; *Var.:* for(i)sf- 1) *Anefang, prozessuale Beschlagnahme gestohlener Fahrhabe durch Eigentümer* Ine Rb 75; *eines Sklaven* 53 2) *Festnahme des Verbrechers* (*bei der Tat?*) 72 3) *Ergreifung abhanden gekommener Fahrhabe* (*auch Sklaven* Forf 2) *zugunsten des Eigentümers* Leis Wl 5 4) *des letzteren Lohnzahlung an den Ergreifer* Forf 1. 3. 3, 1 [*vgl. obdtsch.* fürfang; *Brunner in Holtzendorff's* Encyclop. f. Rechtswiss. (1902) 247]. [*Vgl. fz.* (r)escurre, (r)escussiun]

for[e]fangfeoh *Rettungsgebühr, die der Eigentümer verlorener Fahrhabe ihrem Ergreifer zahlt* Forf 3, 2

forefehð *s.* forfon

forefeng *s.* forefang

forefenge, *ptt op* 3, Iud Dei IV 4, 4, *silbenhaft* præsumpserit (*sich erfrechte*) *glossirend, wahrschl. 'vorhernähme' missverstehend* [*vgl.* forfon]

foregebete, *op* 3, *zahle Bussgeld dafür* Ine 34 B (emendet Q), *falsch statt* Iore g~ (*büsse die Fehdefahrt*) *der übr.*

foregengan 1) *pl, Vorfahren* Af El 49, 9; forg~ So 2) *ac:* forgængan *Rechtsvorgänger* V Atr 32, 3 D

þone cing **foregesece,** *op* 3, *angehe* [*um Rechtsschutz*] II As 3 H, *geänd. aus* foresece [*s. d.*]; forsece B So

foregesellan *stellvertretend hergeben* Ine 74, 1; ~syllan H; foresyllan B [*fore kann adv. sein*]

foregeþingie, *op* 3, *geänd. aus* Ioreþ~, *dinge stellvertretend* (*statt der Hergabe des schuldigen Viehs*) *eine Busszahlung aus* Af 24 H

foreg[ie]ldan; him ~gyldan *zahlen statt seiner* II Em 1, 1 | *pl* 1: þe we ~gildað *statt dessen wir zahlen* VI As 7 [*vielleicht* Iore *prp. hinter regiertem pron*]

Lforeiurare *s.* forisi~

forene 1) *vorweg, im voraus:* hæbbe ~ forfangen, þæt Cn 1020, 5 2) *vertretend, schützend:* þeof (*ac*) ~na forlicge 12; hine hwa ~ forstande VI As 1, 4 = I Atr 4, 2 (forenne H; Iorne B) = II Cn 33, 1a; Iora A; *fehlt* B [*vgl.* foran]

Lforensis actio *Marktgeschäft* II As 24, 1 Q, cyping *übsnd*

foresæde geradnes, *ptt pc fm, vorgenannte Verordnung* IV Eg 1, 5

foresece (*op* 3) þone cyning *den König angeht, ersucht* [*um Rechtsschutz als den Stellvertreter* (?), *weil daheim kein Recht erhältlich*] II As 3, *geänd.* foregesece H; forsece B So

foresellan; *ptt* 3: him ceap foresealde *hatte statt seiner Geld* [*in Vorschuss*] *gegeben* Ine 62; forseald(e) So Ld [*fore viell. prp hinter regiertem pron.*]; seleð *ceap* Iore (*praes* 3) *ebd* [*ohne Casus, gehört hierher; oder* Iore *ist adv*]; foresyllan, *ohne Casus,* Ine 74, 1 B, *stellvertretend hergeben;* foregesellan *übr.* [*fore viell. adv*]

forespæce, *dt, Vereinbarung* VI As 3

for[e]spreca *s.* forspreca

Lforesta *Königsforst* CHn cor 10. Quadr Rb II Cn 80, *S.* 538. Hn 10, 1. 17 — 17, 2. Ps Cn for Pro 1 ff.; *neben* parcus Hn 37, 1; 2; ~ae fera (*Eber*) Ps Cn for 21, 1[27]. 27

Lforestarius *Waldwart* Rect 19 Q, wuduweard *übsnd*

foresteall *s.* forsteall

foreþingian *stellvertretend begleichen:* þone wer *die Wergeldschuld* Af 21 B; forþ~ EH | *op* 3: ~ie *mache Busszahlung ab anstatt* (*Hergabe des schuldigen Viehs*) Af 24; *geändert* foregeþ~ H; Iorþ- So [*fore kann adv sein*]

forewarde, *pl, Vertrag* (*bei Verlobung*) Wif Inso B [*vgl.* Iorword]

forewyrce (*op* 3) riht *stellvertretend Rechtspflicht erfülle* (*statt des Beherbergten*) Hl 15 [*fore kann adv sein*]

Fforfaire 1) *verwirken;* 3: ~it were vers sun seinur Leis Wl 12; ~feit Hk | *pf pc:* ~it ad les membres 18; ~feit Hk 2) *in Strafe verfallen; pf pc:* seit ~it (seient Iorfeit) envers (le rei) 42 (47, 2), beo scyldig wið (gylde cynge) *übsnd* | Iorfait de *schuldig, verlustig zu gehn* 4, 1 (~feit Hk); membres 18, 2; laxlit 39, 2, lahslites scyldig *übsnd* | ~it (-feit Hk, *sbst missverstehend*) fust a duble de ceo que altre fust Iorfait (~Ieit Hk) 2, 1

Fforfait, *no, Verwirkung* Leis Wl 17, 3 | *pl no:* forfez 2, 2a Hk; forvaiz I | *sonst sg obl* ~; ~feit Hk; ~fet Wl art Fz 10 — 1) *Missetat* Wl art, culpa *übsnd;* Leis Wl 1 2) *Prozess:* les forfez le rei *die der Krone vorbehaltenen Strafsachen* 2, 2a 3) *Strafgeld* 45, 1, wite *übsnd* 4) *Bussgeld* 3, 3. 17, 2; 3; mis en ~ *verurteilt zu B.* 2, 3 5) *Schutzrechtsbruch* 1, 1, mund(bryce) *übsnd*

Fforfaiture Leis Wl 16 (*Var.* ~fat~, ~feit~ Hk). 39, 1; ~fet~ Wl art Fz 5. 8, 3. 10 — 1) *Strafgeld* Wl art Fz 5 2) *Ungehorsamsbusse* [= mundbryce] Leis Wl 16 3) ~ le rei 39, 1 [= cyninges oferhiernes]. Wl art Fz 10 (*und, obwohl* rei *ungenannt,* 8, 3 *laut* Ioris-Iactura regis *der Quelle*). — ~ *steht in* Wl art Fz *für* forisfactura; *wird von* Leis Wl L forisfactura *übs*

forfang *s.* foref~

forfaran 1) *vernichten, vertilgen; op* 3: ~re EGu 11 = VI Atr 7 = II Cn 4a B; ~fære A | *verderben, ewigen Heils berauben:* sawla V Atr 2 (~fære G 2) = VI 9 = II Cn 3 2) *untergehn;*

op pl 3: ~ 4 a G; pereant *Lat* | *ptt pc:* ~*ren gestorben* Northu 10, 1

forfeng *s.* forefang

forferie hine, *op* 3, *stirbt* Af 17

Fforfez *s.* forfait

forfleo þæt ordal, *op* 3, *Ordal fliehend vermeidet* III Atr 6, 2

forfon *ergreifen, fassen;* 3: ~fehð *(den Schuldner) verhaftet, packt* Ine 62; forefehðe Ld | *ptt pc:* ~fongen *erlangt, sich* [sibi] *gesichert* Af 2, 1; ~fan- H | forene ~fangen, þæt *vorweg sichergestellt, dass* Cn 1020,5 [*vgl.* forefenge]

forgan *unterlassen, vermeiden; inf flect:* hwæt him sy to ~nne II Cn 84 | *op* 3: ~á þyfðe [*ac*] *enthalte sich von Diebstahl* II As 20, 3; huntnoð *von Jagd (im Königsforst)* II Cn 80, 1

forgem- *s.* forgiem-

forgenga *s.* foreg~

forg[ie]fan *(ver)geben;* ~gifan Af 7 (~gyfan H B). II As 26,1 (~gyfan Ld). VI 1, 4; *flect:* to forgyfanne Index 2 | *pl* 1: we forgyfað þam II Cn 2 a | *op* 3: ~gife Sacr cor 1, 3; *Var.:* ~gyfe | *ipa:* forgyf us II Cn 2 a | *ptt pc:* ~gifen Af 5, 4 (~gyfen B). 42, 7 (~gyfen Ot). Ine 5, 1 (~gyfen B). II Em 3. II Cn 22, 3. 83 A (~gyfen G B). Northu 61; *flect pl præd:* forgifene Af 43; *nt:* forgyfene II Cn 78 — **1)** *geben:* laga cing hæfð eallon forgifen 83 | *schenken:* eallum miltse Sacr cor 1, 3 **2)** *ehelich antrauen, fortgeben:* to wife forgifen his læder [*dt*] Af 42, 7; wif beo beweddod (*verlobt*) 7 forgifen Northu 61 **3)** [? *neutral, Günstiges oder Hartes*] *zuerkennen, über jem. verfügen:* be þam þe biscop him ~ wille II As 26,1 (hine Ld, *sonst stets dt*); swa deað swa lif, swa (*je nachdem wie*) he him ~ wille Af 7 [*oder zu n.* 4] **4)** *vergeben:* gyltas II Cn 2 a, dimittere *übsnd.* Index 2. **5)** *erlassen, schenken* **a)** *Geschuldetes:* [*Arbeits-*] dagas *freigeben* Af 43; forað II Cn 22, 3; heregeata 78 **b)** *Schuld(consequenz):* hit healf Af 5, 4; swingelle *Prügelstrafe* Ine 5, 1 **c)** *Verwirktes:* manbot II Em 3; feorh VI As 1, 4

forg[ie]fnes *Vergebung, begnadigendes Erlassen von Strafe;* ~gif~ III Eg 1, 2 (y A). IV 1, 5 (y C); þæs [*gn*] *'dafür'* 9; y C; ~gefnise Iud Dei IV 5, indulgentia *glossirend* | *dt:* ~gyfnysse *Verzeihung* IV Eg 1, 1; -fenesse C; sinna [*gn*] ~gyfenesse As Alm Pro

forgieldan *(be)zahlen; op* 3: ~de Af El 25. 29 (-gyl- G H). Af 7, 1 (-gyl- H B). Ine 9 (y Bu B; i H). 11. 35 (y B; i H); ~gilde II As 1, 5 (y B So). VIII Atr 11, 1. II Cn 60. 66. Northu 24. Norðleod 8 f.; ~gylde Abt 4. II As 1, 1 (forgeld! So). Hu 6. III Eg 4. VI Atr 34. I Cn 10, 1. II 16. 63; ~gelde Abt 7. 22. 26. 32. Hl 11. Af 16 | *pl* 3: ~gelden Abt 23; ~gildon II As 1, 4; ~gyldon So; ~gyldan B | *ptt pc:* ~golden Af El 21 — **1)** *Zahlung entrichten* [*ohne einen das Entgoltene nennenden Casus zu regieren*] **a)** *als Busse oder Strafe* Abt 4. 7. 32. II Cn 66 **b)** *etwas zahlend entrichten:* leod Abt 22 f.; wer 7 wite Af 31, 1; mundbyrd Hl 14; þæt angylde Hu 6; sceat VIII Atr 11, 1 **2)** *entgelten, erstatten, ersetzen* **a)** *Sache:* treowu Ine 43, 1; hit Af El 25; scip VI Atr 34 **b)** *Menschen* *α) erschlagenen* Abt 23. 26. Northu 24. Norðleod 8 f. *β) geschädigten* Af El 29. II Cn 60 *γ) der Justiz entgangenen Verbrecher* Ine 35 f. II As 1, 1; 4 f. *δ) von Strafe zu lösenden (freikaufen)* Af El 21 *ε)* hine ~ *sich loskaufen* Af 7, 1. Ine 11. III Eg 4. II Cn 16. — *Das Gezahlte, wodurch entgolten wird, steht: im Instrum.* Abt 4. 7. 32. Ine 11. 36. 43, 1. I Cn 10, 1 | *oder hinter* be: Af El 25; be were Af 7, 1. II As 1, 1; 4 f. II Cn 60. Northu 24 | *oder hinter* mid: Norðleod 8 f.; mid were III Eg 4. II Cn 16 — **3)** (*Eingeklagtes*) *noch einmal* (*also doppelt*) *zahlen* [*vgl.* æftergield, *lat.* persolvere, *fz.* parrendre] Ine 9. II Cn 63 | *daher* XI siðan ~ I 10, 1 *aus* mid twelffealdan VIII Atr 11, 1. — *Synonym mit* gieldan Ine 43, 1; *ersetzt durch* gieldan *s. d.*

forg[ie]man *vernachlässigen;* forgyman Ger 18, 1 | 3: forgymð *Rect* 20. 20, 1 | *op* 3: ~gime Northu 17. 59; ~gyme to beganne Ger 3, 1; his hlafordes [*gn*] *nicht achtet* Rect 20, 1; *sonst m ac des Objects* [*vgl.* forgumie]

forg[ie]meleasian *vernachlässigen;* 3: ~gymeleasað [*abs.*] *nachlässig ist* VI As 11; *sonst m ac:* gafol IV Eg 1, 1 | *op* 3: þis (*dies*) ~gemeleasie V As 1, 2; ~gym- Ld

forgif-, forgil- *s.* forgief-, forgiel-

forgumie hit, *op* 3, *versäume* (*Peterspfennig zu zahlen*) Romscot 2 [*vgl.* forgieman]

forhæbbe hit, *op* 3, (*Peterspfennig*) *vorenthalte* Northu 58 f.

forhealde, *op* 3, *vorenthalte:* teoðunge, Romfeoh EGu 6. 6, 1; ~eolde 6 B

forhelan *verhehlen:* saone *Schuldigen* III Atr 3, 1 | *op* 3: ~le, hwæt rixige *was vorwaltet* Northu 42; pænig 59

forhogiað, þæt, *pl* 3, *verschmähen zu* Grið 21

forhtian **1)** *sich fürchten, hüten; op* 3: ~ige for synnum I Cn 25 **2)** *pc ac:* þæne forhttundan Domesdæg *das zu fürchtende Gericht* Iud Dei VII 23, 1a, tremendum *übsnd* [*vgl.* þone bifgendan Domesdæg *Blickling Hom.* 61]

forhwyrfdon, *ptt pl* 3, (*Seelen*) *verdrehten* Af El 49, 3 G (*geänd. aus* forwyrdon H; ~werfdon E), evertentes *übsnd*

Lforinsecus, *adj*, *aussenstehend vom eigenen Bereiche* Ps Cn for 9

Lforisbannitus *Verbannter, Geächteter* Hn 59, 20 *und* (*meist ursprgl.* forsb~, *mit Var.* ~; forsbannatus Ine 30; forbannitus II As 2, 1) Q, fliema *übsnd:* Ine 30. II Ew 5, 2. II As 2, 1. II Cn 13, 2; afliemed *übsnd* Af 1, 7; utlah *übsnd* I Atr 1, 13

Lforisfacere **1)** *Missetat begehen* Q: Af 5. II As 8; gylt gewyrce *übsnd* Wif 7. Hn 41, 1 c; ad hoc *bis zu dém Grade* [*folgender Strafe*] ECf 20, 2; in aliquo *irgendworin straffällig werden* 4 | ei *ihm* [*schadend*] 2, 9; 9 a. 18, 1; foref~ Lib Lond 4; *Var.* ~ **2)** *durch Geldstrafe sühnbar sich vergehen* CHn cor 8; *Ggs.:* perfidia vel scelus **3)** *verwirken:* Ieudum heredibus *zum Verlust auch für die Erben* Hn 88, 14; libera *terra* forisfacta in manu *regis* II Cn 13, 1 Cons, bocland forworht cinge *übsnd* | de vita forisfactus, [*Todes*] scyldig *übsnd* Ine 16 Q | forisfactus [*alleinsteh.*] *wer durch Verbrechen Leibesstrafe* [*Tod*] *verdient hat, auch vor der Verhaftung* [*zu eng missversteht* Rubr *retr:* reus lege dampnatus] ECf 18 | ~ se ipsum *sein Leben v.* II Cn 2 Q. Cons, hine sylfne forwyrce *übsnd; erga* Deum *sich versündigen* Episc 8 Q, forwyrcean hi sylfe wið God *übsnd;* se ipsos -ciunt *machen sich schuldig* (*eigenes Wergeld zu zahlen*) In Cn III 46

Lforisfactio viridis et veneris *Geldstrafsache des Frevels an Holz und Wild des Königsforsts* Ps Cn for 11

Lforisfactor *Missetäter* ECf 2, 9. 20, 4; *dafür setzt* retr: malefactor

Lforisfactum [*Form abweichend:*

foresf∼ Hn 23; forif∼ Af 5,4 Q *Var.*; foref∼ ECf 18] **1)** *Missetat* CHn cor 8. Af 5, 4 Q. ECf 18; misd*æd übsnd* Q: Af El 49, 8. Af 14. 23, 1; Q *übs* wite-þeow *durch* ∼to servus As Alm 1 *und* prop*ter* ∼ servus (inservi[ens]) Ine Rb 24 (Ine 48) **2)** *Vergehen niederen Grades* Hn 23 [*s. 30 Z. vorher. 6 weiter*] **3)** *Strafgeld*, wit*e übsnd*, Q: Af 6. 42, 7 (orwite *statt* -ige *lesend*). II Cn 15

[L]**forisfactura** [foref∼ *öfter* Cons Cn. ECf] **1)** *Missetat niederen Grades* CHn cor 8 *Var.* (-ctum *orig.*); foref∼, *durch* pecunia *sühnbar* Lib Lond 3 *für* placitum *der Quelle* **2)** *Strafgeld* **a)** wit*e übsnd* Q: Af 37, 1. II As 3. II Eg 5. II Cn 15. 73, 4 = Hn 14, 6; In Cn: Af 19, 1. 31, 1. 38. I Cn 3, 2; ferdwite: ∼ belli III 46; foref∼ II Cn 17, 1 Cons **b)** wit*e meinend* Hn 51, 7c; ∼ probationis vel negationis ECf 22, 1; soon *erklärt als* privilegium in forefacturis suorum *'Empfang der von Untergebenen verwirkten Strafgelder'* II Cn 73, 1 Cons **c)** ∼ *regis an den K.* Wl art 8, 3 ff. [*für* cyninges oferhiernes]. ECf 12, 8; ∼ *e*piscopi et *r*egis 10, 2 **d)** [*synonym mit* despectus, overseunessa] In Cn III 55. 56, 2 **e)** *mehrere Arten Bussen umfassend:* ∼as *tres reddat* ECf 36,5; *u. a.* mundbry*ce* I Cn 2,5 In; ∼ras [*pl*] Af 29 In Cn, wit*e übsnd* **f)** *Satz, Höhe des Strafgelds* ECf 12, 1 **3)** *Heimfall durch Verwirkung:* ∼alodii In Cn III 46 [*wohl aus* bocland sit *r*egis II Cn 13, 1 In]

[L]**forisfangium** *s.* forefang

[L]**forisiurare** *abschwören:* eam [parentelam, *fernere Beziehung zur Sippe, aus* Lex Sal.] Hn 88, 13; foriiu∼ *Var.* | provinciam [*Rückkehr in die*] *Heimat-Grafschaft* ECf 5, 3; foreiu∼ *Var.*

[L]**forismittere** hereditatem de parentela *Erbland aus der Sippe hinaus veräussern* Hn 88, 14a

[L]**foristeallum** *s.* forsteall

[F]**forjuger** *s.* Iorsj∼

forlætan *lassen; op* 3: ∼te Wi 5, 1. Ine Rb 36. VI As 5. 7. II Em 1, 1 (∼lete H). (VI Atr 5, 2?) Northu 28. 35. 64; Iorlete II Cn 48, 1 B; alæte G A | *op pl* 3: ∼ II Ew 6 | *ipa:* ∼let Iud Dei IV 5 | *ptt* 1: ∼let Af El 49, 9; ∼lett H; ∼læt So | *op* 3: ∼læte VI Atr 5, 2? | *pc:* ∼ten EGu 10 — **1)** *fahren lassen:* handa *verlieren, abgehauen bekommen* II Cn 48, 1 B | circan *Pfarramt aufgeben, im Stich lassen* Northu 28 | hine *Gefangenen entwischen lassen* Ine Rb 36 **2)** *fallen lassen, nicht weiterführen:* þa (*Gesetze*) Af El 49, 9; æscan VI As 5. 7 **3)** *verlassen* **a)** *hilflos* EGu 10 **b)** *verstossen: aus der Sippe* II Ew 6. II Em 1, 1 | *aus der Ehe:* hæm*ed* Wi 5, 1; þa (*Frau*) VI Atr 5, 2; cwenan Northu 35; æ*we* 64 **4)** *erlassen;* synno f*o*rl*et* Iud Dei IV 5, pecc*a*ta r*e*laxa! *glossirend*

forlætnes **1)** ∼ soðfæstnesse *das Verlassen* (*Abgehen von*) *der Wahrheit* Index 17 **2)** *dt:* to ∼letnise *Vergebung* Iud Dei IV 5, ad veniam *glossirend*

forleger *s.* forliger

forleosan *verlieren; ptt pc:* spæce forloren *Prozess verloren* III A*tr* 4, 2

forlet- *s.* forlæt-

forlicgan; *op* 3: ∼oge EGu 3. Cn 1020, 12. II 50, 1. 53. Northu 63; ∼igce II Cn 53 A. 54; ∼icgge Af 18, 1 | *op pl* 3: ∼ EGu 4, 1 | *ptt op* 3: ∼læge VI As 7 | *pc nt dt:* be wife ∼legenum Af Rb 10; -*er*um Ld; ∼igerum So [*s.* forliger] — **1)** *huren* EGu 3; wið *mit* 4, 1. Northu 63; mid *mit* II Cn 50, 1 | wif ∼legen *Weib beschlafen* [*tr.? od. ehelich versündigt*] Af Rb 10 | hie forligge *sich fleischlich vergeht* Af 18, 1; be *mit* II Cn 53 f. **2)** *versäumt werden, verfallen* (*Geldforderung*) VI As 7 [*vgl.* forlinge] **3)** þeof Iorena ∼ *den Dieb schützen, sich einlegen für ihn* Cn 1020, 12

forliger *Ehebruch, Hurerei; dt:* ∼lygre I Em 4 Ld Rb | *pl dt:* wife [*uxorum?*] ∼rum Af Rb 10 So; ∼legerum Ld; *richtig* ∼legenum *übr.* [*s. 9 Z. vorher*] | *ac:* ∼gru I Cn 7, 2 *aus* ∼gra VI Atr 28, 2

forlinge III Eg 7 So *entweder Schreibfehler für* forbuge *der übr.; oder bessere* forlige *versäume; vgl.* forlicgan *n.* 2

forma *erster; dt:* æt þam ∼an cyrre II Ew 1, 3. I Atr 1, 5 (2) = II Cn 30, 3b (32); æt ∼an gylto (misdæde) Af El 49, 7 (Af 23) | *ac:* ∼an stæpe *ersten Ordo* Had 2 | *instr:* þy ∼an geare Ine 26

formæl *Verabredung* Swer 1 | *pl dt:* ∼malan II Atr 1; pr[a]elocutio *übs* Q

***Formelhafte Verbindung** von Wörtern* [*vgl. 'Formeln'*] *durch* **A)** *Allitteration s.d.* **B)** *Endreim s.d.* C) *durch Identität* **1)** *der ganzen Wörter:* hand on hand sellan II Ew 6 | heafod wið heafde *Mann für Mann* II Atr 6; [man 7 man] *lag wohl vor für* inter virum et virum *zwischen Prozessirenden* Hu 7 Cons | stæf be stæfe Sac*r* cor Pro | st*a*nde grið swa hit betst (fyrm*e*st) s*t*od II Eg 5, 3 (III A*tr* 1) **2)** *der Wurzeln:* agnian to agenre æhte Becwæð 3 | bot*e gebete* Had 1, 2. Grið 10 | ceapi geceapod Abt 77 | dæda don VI As 7 | dom *de*man *s. d.;* un*d*om gedeme II Cn 15, 1 | fæstan gefæstan VIIa Atr 5, 1 | life libban VIII 31; regollife libban 21. I Cn 5, 2 | mæssan mæssian VIIa Atr 6, 2 | niman næm*e* II Cn 19 | hadnote notian Geþyncðo 7 H | *r*a*de* (radstefne) *r*idan VI As 5 (Geþyncðo 3) | to ræde gerædan VIII Atr 43; ræd aredian VI 40. II Cn 11 | sæ*d* sawan *Rect* 11 | gescadlice toscadan VI Atr 52 | min secga me sæde Swer 4 | specað spræce VI As 8, 8 | spor gespirige 8, 4 | un*d*om *s. o.* dom | weorc wyrcan Af El 16. II Cn 30, 5. *Rect* 4a **3)** *eines Gliedes zweier Composita* **a)** *des letzten:* dædbana oððe rædbana [*vgl. 9 Z. vorher*] VIII Atr 23. I Cn 5, 2b | þegenboren ..*ceor*lbor*en* Duns 5 | friðes bo*te* swa feos bo*te* II Cn 8 | hadbrecan 7 æwbrecan 6 | on lahbrican, æwbrican, hadbrican, freolsbrican, fæstenbrican V Atr 25 = VI 28, 3 | landceap 7 lahceap, witword 7 gewitnes, an Cristendom 7 an cynedom Northu 67, 1 | Cristendom healdan, hæðendom awurpan 47. 67 | scipfyrd 7 landfyrd II Cn 77 | swa werhades swa wifhades I Em 1 | þurh feohtlac, þurh reaflac VIII Atr 4 = I Cn 3 | geferscipes ge (wurðscipes) freondscypes (Northu 45) VIII A*tr* 27 = I Cn 5, 3; freondscipe swa feondscip*e* VI As 7 | heafodwearde 7 horswearde *Rect* 2 | fihtewita 7 fyrdwita II Cn 15 **b)** *des ersten Gliedes:* freolstidan 7 freolsstowan 38 | ofermettan 7 oferfyllan V Atr 25 = VI 28, 3 | oferseah 7 oferhyrde II Cn 23, 1. Sw*er* 8 **4)** *des ersten Wortes mit erstem Gliede des zweiten:* cyse ne cyslyb Ger 4 | penig ne peniges weorð Sw*er* 11 **D)** *durch Gegensatz des Sinnes s. 'Antithese'* **E)** *kirchliche* **1)** *benedeiend:* lof 7 wuldor (7 wurðmynt) *s. d.* | *Godes* nama gebletsod I Cn Epil **2)** *ewig s.* woruld, ecnes, (butan) ende; libban 7 ricsian **3)** fiat! *übsnd:* si hit swa II Cn 84, 6; soð hit si Excom VII 26; gewyrðe þ*æt ebd.* Iud Dei VII 24, 1 A **4)** *so Gott will:* gif hit God wille VIII Atr 38 **5)** absi*t*! *glossirend:* fearr sie Iud Dei IV 22,2 **6)** *anredend:* men þa leofestan Excom VII 1; *grüssend zu Anfang:* gret freondlice Cn 1020,1. Wl lad Pro. Lond Pro; *zu Ende:* God eow gehealde! Wl Lond 5 **7)** *beteuernd s.* on *prp* D 2 **8)** *citirend s.* (a)writan, cweðan, secgan **9)** *ermahnend:* gieme (understande) seþe wille (cunne) I Cn 26.(4,1) **10)** (*ver*)*ehrend:* lnfian 7 weorðian *s. d.* **F)** *stilistische Phrasen:* Iela þinga ic getellan ne mæig *Rect* 21,4 (*ähnlich* 5,4. Ger 12. 16; gesecgan 18) **G)** *s. Sprichwörter* **H)** *sonstige:* að 7 wedd (7 borgas V As Pro 3) *s. d.* | clæne bæc habban AGu 5 | to gebeorge 7 friðe IV Eg 12,1 | borgbryce 7 wedbryce Af 1,8 | cyning 7 ealle his Irind II Em 1,3 | cinges hand seald grið ECf 12 | corn ne sceaf Ger 4 | crocca towalle Hn 94, 3a | feorh gefare ne geyrne Grið 18 | friðian 7 nerian Had 1,1 | began oððe bewitan Ger 3,1 | golde ne seolfre II Cn 8,1 | ge hades ge eardes (eðles) þolian VIII Atr 26 (II Cn 41) | hal 7 clæne Swer 7. 9 | hand *s. d.* | healde oððe feormige II Cn 15a | hold 7 getrywe *s. d.* | for læððe oððe feohfange II Cn 15,1 | gemet 7 gewiht *s. d.* | oft 7 gelome *s. d.* | geseah oððe gehyrde IV Eg 6,1 | beweddod 7 forgifen Northu 61 **I)** *Lat.: vgl.* annus (mensis) et dies; dies 31; domus et curia; viridis et veneris || *kirchliche s.* Iudicia Dei; Excommunicatio **K)** *Franz.:* burc u vile Leis Wl 45 | ne cri ne force 28,2; senz siwte e senz cri 4 | pur curruz [u] pur hange u pur aveir 39,1 | duner gwage e truver plege 5,2. 6,1. 21 | a jur e a terme 21,1 | lu[in] e pref 44,2 | ne mort ne vif 45; vif ne mort 21, 1a. 47,1

Formeln **A)** *vollständige* **1)** *Ordal-Liturgie s.* Iudicia Dei **2)** *Kirchenbann s.* Excommunicationes **3)** *gerichtliche Antworten auf Klage um Land s.* Becwæð **4)** *Krönungseid s.* Sacr cor **5)** *Mannschaftseid:* lufian þæt (*was*) he (*der Herr*) lufode 7 ascunian þæt he ascunode II Ew 1,1 = Swer 1 = amando quod amabit, nolendo quod nolet III Em 1, *mit vollerer Form* **6)** *Eidhelfereid* Swer 6 **7)** *Zeugeneid* 8 (= II Cn 23,1) **8)** *Klägers Eid* 2. 4. 7. 10 **9)** *Beklagten* 3. 5. 9. 11. Wi 18 **B)** *citirte Eidesworte* **1)** *Klägers:* he hit for nanum Iaone ne dyde, ac mid fullan folcrihte butan bræde 7 biswice I Ew 1,5; *vgl.* Swer 2 | þæt he mid folcrihte on þæt land sprece, swa his orf þær up eode Duns 1,2 **2)** *des Beklagten:* þæt he him nan facn (ne nane þyfðe) on nysto Ine 56 (IV As 6,3). II Cn 29; *vgl.* Swer 9 | þæt he þær nan facn ne gefremede Af El 28 | he to þære læne faon ne wiste Af 19,2 | þæt he sy mid folcryhte unscyldig þære tihtlan II As 23 | þæt he þæt feoh undeornunga his cuðan ceape in wic gebohte Hl 16,2 **3)** *seines Herrn:* þæt him næfre að ne burste, ne he þeofgyld ne gulde I Atr 1,2 = II Cn 30,1 **4)** *polizeilich:* þæt he ælces yfeles geswycan wille VI As 12,2 | þæt he æfre ne stele ne feoh ne ætbere ne witnunge ne wrece Grið 17 **5)** *der Urteilfinder:* þæt hig nellan nænne sacleasan man forsecgean ne nænne saone forhelan III Atr 3; *vgl.* þæne unscyldigan ahret 7 þæne scyldigan forded IV Eg 14 | þæt hi rihtor (bet) ne cuðen III Eg 3 = II Cn 15,1. 15,1a. Duns 3,3 **C)** *Lat.:* [*des Beklagten*] per eum non Iuit vitae remotior, morti propinquior Hn 90,11b | quod venditorem nesciebat reum de hac venditione nec exlegalitate ECf 38,3 **D)** *Franz.:* **1)** *Klägers:* que pur haur nel fait ne pur auter chose se pur sun dreit nun purchacer Leis Wl 14,3 **2)** *Urteilsfinders:* que plus dreit faire nel sout 39,1 [*aus 12 Z. vorher*]

[L]**formidolositas** *Feigheit* II Cn 77 Cons, iergð(o) *übsnd*

formycle þearfe, *ac, gar* (*sehr*) *starke, grosse Pflicht* I Cn 20,2; ~oole B; ~micele A

forne *s.* forene

forneah wyrs, *adv, fast* (*noch*) *schlimmer* Iudex 9; enim, *also als* for [*s. d. n.* B], *missversteht* Q

forod; *ptt pc:* Af 54 H. 63,1 H. II As 23,2; ~ode Ld; forad Af 54. 62,1. 63,1. Ordal 6 | *pl:* ~de Af 50 (forede HB). 55 H; forade EB. — **1)** *gebrochen* (*Knochen*) 50. 55. 62,1. 63,1 **2)** *misslungen, gescheitert* (*Ordal*) II As 23,2. Ordal 6 [**3)** *gestabter Eid; s.* unfored; *vgl.* frangere]

foroft *gar oft* Index 9,1

forræde, *op* 3 **1)** æt feo oððe feore *zu vernichten trachte, schädige an* EGu 12 = VIII Atr 33 = II Cn 40 **2)** to deaðe *verdamme zum Tode* VI Atr 10 = II Cn 2,1

[F]**fors** **1)** ~ la u *ausser wo* Leis Wl 24 **2)** *prp:* ~ de *aus, heraus* 37,3. 41

[L]**fors** (-) *s.* foris (-)

forsacan *ablehnen;* 3: ~sæcð ornest Wl lad 1,1 | *op* 3: ~ce dom *Gerichtsbeschluss zu befolgen weigert* Hu 3. II Cn 15,2; *rade* (*Rechtsvollzugsfahrt*) III Eg 7,2 = II Cn 25,2; mynet (*Königsgeld*) *zurückweist* III Eg 8 = II Cn 8 | *ptt pl* 3: ~socan (*Magen*) *verliessen* (*den Blutsfreund*), *sagten sich los* II Em 1,2 [*vgl.* forlætan *n.* 3b]

forsecgan *verklagen, hier stets: 'ungerecht'* III Eg 4 A *G* 2 (~eggan G; ~eccan D) = II Cn 16. III Atr 3,1 (*rügend*) | 3 (*pl?*): mon ~að III Eg 4 Ld

forseo, *op* 3, *verachte* Northu 29

[L]**forsitan** *eventuell* Hn 8,3 [*vgl.* fortasse]

forsittan *versäumen; op* 3: ~te Wi 6. Ine 51. II As 20. VI 8,5. Hu 3. 5,1. II Cn 29,1. 33,2. 65; ~sytte I Atr 4,3; ~sette, *geänd.* ~sitte B — *versitzen:* fierd Ine 51. II Cn 65; hream 29,1; gemot II As 20 | *nicht befolgen: staatliche Pflicht* VI 8,5. Hu 3. 5,1. I Atr 4,3 = II Cn 33,2; *seelsorgerische* Wi 6

[F]**forsjuge** les altres, 3, *präjudicirt den anderen* Leis Wl 38

forslean **1)** *zerschlagen* (*Knochen*); 3: ~lihð Af 50; ~lyhð Ine Rb 74 So; ~læhð Abt 50 | *op* 3: ~a Af 50 B. 69. 70. 75 | *ptt pc:* ~legen 67; ~lægen HB; ~lagen Ld **2)** *erschlagen* Ine Rb 74 So; ofslean *übr.*

forspeca, -kan *s.* forspre~

forspillan *verderben, vernichten; rectum* (*den Rechtsanspruch*) forspekan nec ~ Hn 61,13b | *op* 3: ~le *Godes* handgeweorc V Atr 3,1 = VI 10,1 — II Cn 2,1

forspreca *Fürsprech* II Em 7 Ld; ~peca HB; prolocutor *übs.* Q | *dt:* ~pecan II Em 7. 7,1; ~præcan Ld | *pl:* ~an *Vorsprecher* (*der Braut*) Wif 1; ~pecan B

forsp[r]ecan **1)** forspekan nec forspillan (*durch Prozessrede Rechtsanspruch*) *vernichten* Hn 61,13b **2)** *ptt pc:* ~pecen *vergeblich gesprochen* VI As 8,9. II Cn 27

forstalian hine *sich aus Sklavenpflicht wegstehlen; op* 3: ~ie Ine 24 | *ptt* (*op?*) 3: ~lede VI As 6,3 [*vgl. langobd.* âstalîn: *das heimliche Sichdavonstehlen;* Bruckner, Sprache der Langob., *Glossar*]

forstandan Ine 62 | 3: ~tent Aδ 1 | *op* 3: ~de II As 1, 5 B So. 10,1 Ld So. VI As 1, 4. 8, 2. I Atr 4, 2 = II Cn 33, 1a; ~*tonde* (*geänd.* ~*tande*) II As H: 1, 5. 10, 1 — *m ac* 1) *für jem. schützend eintreten* Ine 62. II As 1, 5. VI 1, 4. 8, 2 [*vgl. ahd.* ferstan, *fris.* urstonda]; Ioran, forene ~ *verteidigen* I Atr 4,2 = II Cn 33, 1a; *ohne* forene B 2) *an Wert aufwiegen* Aδ 1; *ersetzt durch* weorδ beon Ld | noht ~ *nichts gelten* II As 10,1

forsteall 1) *gewaltsame Versperrung der Vollziehung des Rechts;* foristeallum: prohibitio itineris vel questionis *Hinderung der Spursuche* III Em 6 | *ac:* ~al V Atr 31 = 38; qui manifeste [*rechtmässiger Amtshandlung*] resistit L | *ein Criminalfall, der Krone vorbehalten* II Cn 12; -tal B; Iorestal A; foresteal (*Var.* Iors-, -tæal), prohibitio itineris Q [contrastatio In (*Var.* -tal); obstitus Cons]; *daraus* Hn 10, 1. 12, 2. 35, 2. 59, 28 *mit Var.* fores-, -tal, -tel 2) *Angriff oder Entgegenwarten* (*nicht blosse Verteidigung*) *auf 'Königsweg'* [*privilegirter öffentlicher Strasse*] Hn 80, 2; 4; 4a [*vgl. langobd.* wegwor (*msc*), -rin (*fm*): viæ antistitura; *Bruckner*, Sprache der Langob., *Glossar*]

forstelan *stehlen, diebisch wegfangen;* 3: ~tilδ Ine 57; ~tylδ B; ~tælδ So; ~leδ H. Af El 15 H | *op* 3: ~Ie Hl 5. 7. Af El 15. 24. Af 16. Ine 46; ~tæle H B [*ptt op meinend?*] *und mehrfach* So Ld | *ptt op* 3: ~tæle VI As 6, 3 | *ptt pc:* **forstolen** 8, 8. II Cn 24, 3 (stolen A). Swer 2 | *gn:* ~tolenes Ine Rb 53. 75. Duns 1 | *dt:* ~tolenum Ine Rb 17; be ~tolene! ceap[e] 47 Ld | *ac:* ~tolenne *ebd. übr.* Ine 46. 47. 53. 75; -ene B ‖ *fm dt:* be ~tolene æhta II Cn 76 B Insc ‖ *nt ac:* ~tolen flæsc Ine 17; - feoh *Diebstahlsgut* 25, 1 H; *älter* þiefe feoh *übr.;* - þing II Cn 76 | *schw. nt ac:* þæt ~tolone orf IV Eg 11; ~lene C | *gn sbstirt:* þæs -stolenan *des Gestohlenen* Ine 57 | *Das Gestohlene ist:* frio Af El 15; man *Sklav* Hl 5. Ine 53. VI As 6, 3 | þing II Cn 76; æht B; *Fahrhabe* 24, 3; feoh Hl 7. Ine 25, 1; ceap 46. 47. 57. 75; yrfe VI As 8, 8. Duns 1; orf IV Eg 11. Swer 2; *Viehgattung* Af El 24. Af 16; flæso Ine 17. — *Ersetzt durch* stelan II Cn 24, 3 A

forswerige, *op* 3, *falsch schwöre* EGu 3

forswigod, *ptt pc:* forspecen ne ~ *schweigend unterdrückt* VI As 8, 9

L**fortasse** *eventuell, vorkommenden Falls* Hn 24, I. 36, 1a [*vgl.* forsitan]

forδ, *adv* 1) *örtlich: hervor, hinaus* faran .. ~, þær *wo* Hu 2 2) *zeitlich: fürderhin* Ine 62. III Atr 1; heonan ~ *hinfort* II Em 1. V Atr 10, 2. 26 (= VI 30 = I Cn 19. 3). 32. VI 8, 1 = II Cn 1, 1; forh B; þanon ~ 36, 1 (forh B). Northu 2. 65 3) *übertr.:* and swa ~ *'und so weiter'* Wer 6 | swa ~ swa *insoweit wie, gemäss dem wie* Swer 11 4) *adv oder trennbares Praefix der Verba:* forδfaran, ~feran (*sterben*) *und, mit Bed.: 'zustande, zum Erfolg, in Wirksamkeit':* forδbeon, ~bringan, ~cuman, ~gan, ~gangan

forþam *denn, weil s.* for

[forδbeon]; *op* 3: beo se æsce forδ *Nachforschung erfolge, trete ein* VI As 8, 8

forδbringan (*Eid*) *zustande bringen* Blas 3 | (*Steuer*) *aufbringen* (*an jem.: gn*) Norδleod 7; gieldan Ld

forδcume, *op* 3, *zustande komme, wirklich erfolge:* gelast *Leistung* VI As 3; aδ I Atr 1, 3 = II Cn 30, 2; lad 1, 9. 9a = II Cn 30, 8f.; ~cyme A. Ld | gift forδ ne cume *Trauung unterbleibt* Ine 31 | hwænne ~ *Termin, wo Prozess zum Schlusse komme* II Ew 8

forδfare, -fere, *op* 3, *stirbt;* Iere (fære B) .. forδ Ine 38 E; forδfære H; ~fare II As 26, *geänd. aus* -Iore; gefære Ld; abeat viam suam *missversteht* Q

[forδgan] *eintreten, erfolgen; op* 3: ga .. forδ bot Af 23, 1; onstal Ine 46, 1

[forδgangan] *weiter von statten gehn; op* 3: gange *team* forδ I Ew 1, 1

forδian *fördern, ausführen:* yrδe Ger 10 | *op* 3: ~ige *Godes* gerihtu *Kirchenabgaben* EGu 5, 1 H (fyrδrie B); gerihtu *Pflichten* Rect 4, 3a; *Landarbeit* Ger 2. — *Der.:* gef~

forþon *denn, weil s.* for

forδor *s.* furδor

forþrycnesse, *dt, Erpressung, Bedrückung* (*der Bürger*) Iudex 9, 1

forδsiδ *Tod;* him ~ gebyrige *es trifft ihn der T.* VI As 8, 6. *Rect* 5, 5; ~it 4, 3c | *dt:* æfter ~δe I Cn 22, 5. Rect 6, 4

forδsyllan, *op pl* 3. *ausgeben, fortzahlen* VI As 3

[-forδung] *Der.:* scipf~

forþyþe *s.* for

L**fortis** *geltend, wirksam;* que ~iora erunt, si *namentlich, wenn* Hn 78, 5b. 92, 17 [*aus* Firm. Mat.?]

F**forvaiz** *s.* Iorfait

L**forum** regium *öffentlicher Markt* ECf *retr* 39, 2

forwærnan *s.* forwiernan

[-forwand-] *s.* unforwandodlice

forweorδan *untergehen, umkommen; pl* 3: ~ aδ Index 10 | *op pl* 3: ~ II Cn 4, 2; -wur- B; -wyr- A

forwercan *s.* forwyrcan

forw[ie]rnan *m gn der Sache,* (*ver*)*weigern; op* 3: ~wyrne godcundra gerihta EGu 6, 4 (-na B = II Cn 48); him (*Beichte*) 5 Ld (wyrne *übr.*); scriftes Northu 8; oδrum fultumes 32; byrigan ~wærne Hl 9 | *ptt op* 3: him rihtes ~wyrnd! II As 3 So; wyrnde *übr.*

forword, *pl*, *Vertrag;* þa ~, þe witan wiδ þone here gedon habbaδ II Atr Pro | *ac:* þa ~ habban, þæt *die Zusicherung erhalten, dass* Wif 7 [*vgl.* gef~; forewarde]

forworht *s.* forwyrcan. *Der.:* unf~

forwundie, *op* 3, *verwunde* Af 77

forwyrcan *verwirken; op* 3: ~ce Ine 5, 1 (~werce B). EGu 4, 2. II Ew 6. III Eg 2, 2. II Cn 2. 43. Northu 2 | *pl* 3: ~cean Episc 8 | *ptt* 3: ~worhte Geþyncδo 7 H | *ptt pc:* **forworht** Af 42, 4. EGu 10. VI As 1, 4. II Cn 13, 1. Griδ 9 ‖ *adjvisch:* Griδ 16 | *ac sbstirt:* ~worhtne II Cn 45 B; ~wyrhtne *übr.* = EGu 9, 1; *dies sieht irrig* Q *in* forwyrhtan, *s.* 18 *Z. weiter* | *pl dt:* ~worhtum VI As 8, 3. — 1) *durch Missetat verwirken:* hyde Ine 5, 1; þurh tihtlan freot II Ew 6; æt gylte wer III Eg 2, 2; his mæg Af 42, 4; land II Cn 13, 1; eal þæt he age Griδ 9 2) hine ~ *sich schuldig machen* Northu 2; hi sylfe wiδ God *gegenüber, vor G.* Episc 8 | -- mid *sein Leben verwirken durch* EGu 4, 2 = II Cn 43. 2 3) *intr. schuldig werden* a) forworhte, þæt *beging Verbrechen, so dass* Geþyncδo 7 H b) *ptt pc: überführt, straffällig* VI As 8, 3 | *m instralem gn* (*dt?*): þyfδe 1, 4 | *zur Hinrichtung verurteilt* EGu 9, 1 (10) = II Cn 45; *Todes schuldig* Griδ 16

forwyrde, *dt, Verderben* IV Eg 1, 5a

forwyrhtan, *ac, tätig eintretenden Vertreter* Geþyncδo 4 | nænne ~ ne land VI As 2 [forisfactum (*also* forworht; *s.* 20 *Z. vorher*) *missversteht* Q] *meint wohl abhängigen Landarbeiter der Witwe, also Colone; s.* wyrhta *n.* 2a

[*nach Schweizer Dorfbrauch schneiden Freiwillige* den gereiften Acker der Wittwe. Die keines Knechtes Hülfe weiss; *Gottfr. Keller*, Sommernacht]

forwyrnan *s.* forwiernan

F**forze** *s. force*

Fosse *eine der Reichsstrassen Englands* Leis Wl 26 (Fos I). ECf 12c

L**fossorium** *Grabscheit, Spaten* Leis Wl 3, 1, besche *übsnd*

fost[er]; *dt:* to ~tre 1) *Naturalienunterhalt, Abgabe, geschuldet von:* æt hidum Ine 70, 1 2) *Erziehungsgeld* Ine 26. 38. — *Der.:* inf~

fosterlean *Lohn für* [*bisherige*] *Erziehung* (*der Heiratenden*) Wif 2

[-fostre] *Der.:* cildf~

fot *Fuss* Abt 69; *foot* 87 | *gn:* fotes Excom VII 21 | *ac:* ~ Af 71. Ine 18. 37; Io*tt* Af 71 B | *pl:* fet Ordal 1a. Excom VII 19 | *gn:* fota Pax | *dt:* Io*tan* Ordal 1a | *ac:* fet Af El 19. II Cn 30, 4; fæt *verbessert aus* fætt B — 1) *stets eig. Körperglied, ausser* 2) *Längenmaass* Ordal 1a. Pax. — *Der.:* bærefot, harefot

foð[or] *Viehfutter; gn:* foðres Ine 70, 1; fodres HB So; fodri Q | *dt:* Ioðro 60; fodre Ld; foddre So [*neben* fodre *ebd.; vgl.* fodder]

fotmæl, *ac, Fussbreite;* ne furh ne ~ Becwæð 3

F**fra** *s.* faire

fracodlice, *fm pl ac, schändliche* V Atr 24 = VI 28, 2

L**fractio** *Bruch, Rechtsverletzung* Ps Cn for 21, 2. 27, 2. 28f. ECf 6

L**fractura** *Bruch, Verletzung;* burgi ~ Ine Rb 45. 45 Q, burgbryce *übsnd;* domi ~ II Cn 64 Cons, husbryce *übsnd;* legis ~ 15, 1a Cons, lahslit *übsnd;* monte ~ 12 Cons *und* munitionis ~ VI Atr 34 L, mundbryce *übsnd;* ~ plena Had 4 Q, fulbryce *übsnd*

fræmde *s.* fremde

Frænscisc *s.* Frenc~

fram *s.* from

F**franc** *unabhängig, frei; obl:* ~ hume Wl art Fz 8. Leis Wl 7 I; franch Hk; ~ plege *Freibürgschaft* 20, 3a | *no:* ~cs hom 2, 3; Irans I; ~ohs 14; ~cz I. 17, 1 I; ~ 17 I; ~ch 17, 1 | *pl no:* tut li ~ hume Wl art Fz 2

F**Franceis** *Franco-Engländer, Anglonormanne; obl:* ~ Leis Wl 22; Francus homo L [*er setzt* liber *für* '*frei*']; ~eys Wl art Fz 6, 3 | *no:* ~ 4. 6. 6, 3, Francigena [*s. d.*] *übsnd*

F**franchise** *Privileg, Gerichtsbarkeit; obl:* ~ Leis Wl 2, 3. 39, 1, þegnscipe *übsnd; pl no:* ~es *Privilegien* (*der Kirche*) Wl art Fz 1

L**Francia** *Francien, das innere* (*mittlere*) *Frankreich* IV Atr 2, 6

L**Francigena** *Engländer Französ. Herkunft, Anglonormanne, im Ggs. zu den Untertanen von Angelsächs. Herkunft* Wl ep Pro. Wl art 4. 6. 6, 3. CHn cor *Prot.* (Frencisc *übsnd* Wl lad 1 ff. Q). Hn 18. 59, 5; 20. 64, 3a. 75, 6; 7a. 92, 10f.; *mit Ggs:* Anglicus 92, 6 | *synonym mit* Normannus vel transmarinus, *also* '*Französisch Redende vom Königsgefolge, einschliessl. Lothringer*' 91, 1 [*vgl.* Franc(isc)us, -ceis, Frencisc]

L**Franciscus** *Französischer Rasse* Wl Lond 1 L, Frencisc *übsnd*

L**francplegium** *Freibürgschaft* Leis Wl 25. 52 L, franc plege 20, 3a *übsnd* [*vgl.* plegium 2; friborg]

L**Francus** 1) *Franke* 8. *Jhs.* ECf 17, 1. Lond ECf 11, 1 A 1 2) *Franzose;* ~corum rex *Anfang* 11. *Jhs.* [*Heinrich I.?*] ECf 37, 1; *Var.:* -chor- 3) *Anglonormanne, Franco-Engländer;* ~homo Leis Wl 22 L, Franceis *übsnd* | ~ci et Angli *Engländer von Französ. und von Angelsächs. Herkunft* CHn cor *Prot* (= Hn 1). Hn mon *Prot.* Hn com Prot. Hn Lond Prot. Hn 48, 2a. 82, 1 [*vgl.* Francigena]

L**frangere** 1) *scheitern, fehlschlagen, misslingen; Reinigungsbeweis* Q: I Atr 1, 2; 13. II Cn 8, 2. 22. 31, 2; 22 In Cn. Lond ECf 32 A 5 (*missverst. statt Bed.* 2) | *Klage, Prozess* Hn 33, 3. 59, 1a. 61, 3; 7; 10 2) *gestabt* [*vgl.* forod] *schwören* Hn 64, 1e = in verborum observantiis 64, 3a | iuramentum (sacramentum) fractum Wl art 6, 3 (*woraus* Lond ECf 32 A 5 *abschreibt, als Bed.* 1 *missverstehend*). Hn 64, 2; 4; 6; *dafür* frangens 9, 6. 18. 64, 1f.: *die in Absätze geteilt vorgesagte und nachgesprochene Eidesformel*

L**fratres** *Genossen s.* coniurare *n.* 3

[-frec] *Der.:* wodf~

frefrian *trösten* VI Atr 46

f[re]ht *Zukunftsschauen, Wahrsagung; dt:* fyrhte II Cn 5, 1; fyrte Ld; firhte Q[13]; transmigratio *missversteht* Cons, *vielleicht* fyrde *lesend;* oððe on blot oððe on firhte Northu 48

F**freins,** *pl obl, Pferdezäume* Leis Wl 20. 20, 1

fremde *fremd; pl gn:* fræmdrea Iudex 9 | *ac:* ~ Af El 1; ~da So | *sbstirt Fremder no:* ~ III Eg 7, 2 = II Cn 25, 2 BA; fræmde G; mæg oððe ~ Ine 20 = fræmde Wi 28

Fremdwort*-*Declination, *s.* August, Augustinus, Barnabas, Credo, Epiphania, Iohannes, Iulius, Maria, Martinus, Michaelis, Moyse, Nicholaus, Octobri, Paulus, Petrus, Philippus, sancta, -te, -tus, Septembri, Silam, Syria

frem[man]; *ptt* 3: nan facn on ne fremede *keinen Betrug daran verübte* Af El 28 H (gefremede G; gef- *ohne* on E), perpetrandam fraudem in *übsnd.* — *Der.:* fullf~, gef~; ungefremed

fremu *Nutzen, Vorteil, Gedeihen* Rect 10, 1 | *instr:* feo oððe freme III Eg 4 DG 2 (*übergeschr.* A); feo - feore GA *urspr.* = II Cn 16; freoma B; feorme (*ob nur Metathese?*) A

Frencisc *von Abstammung Französisch;* ~ man *Franco-Engländer* Wl lad 2; *sbstirt* se Fræncisca 2, 2. 3, 1; 2 | *ac:* Frænciscne man 1; Frencisne 3, 1; Francigena Q | *pl ac:* ~ce 7 Englisce Wl Lond 1; Franciscus L

frendlesmanne *s.* freondleasman

freo A) *adj* a) *attr; gn:* friges mannes Abt 74; fries 31 | *dt:* frigan II Eg 2, 2 = I Cn 11, 2; frigean A; -men Rect 3, 4 | *ac:* frigno Abt 6. 24. Hl 3. Wi 26. Ine Rb 74 GHB; freone So; frione E. Af 2; frionne So | *pl dt:* frioum monnum 43; freoum Ld; freomonnum H b) *praedic.:* frioh Af El 11 (~ H; freoh G So Ld). Ine 3; ~ B; freoh H Bu. II As 24. Norðleod 8 || *fm no:* frioh Af El 12; freoh H | *ac:* læte hie ~ *ebd.*; frige H; mægburg hæbbe ~ Ine 74, 1 B) *sbstirt Freier* a) *ohne Art. dt:* freum Abt 9 | *ac:* frigne II Atr 5; frigno oððe þeowne Wi 14. II Cn 20, 1. Ine 11 (frige B); frione Af El 15; freonne HG | *pl no:* ne þeowe [*vielleicht jedoch für* þeowa, *wie* servus Q] ne ~! AGu 5 | *gn:* freora Hl 5 | *ac:* for þeowe oððe for frige Ine 50; frige 7 þeowa II Cn 68, 1b B; freot 7 þeowet *übr.* || *nt gn:* hwet friges *Rect* 5, 5 b) *mit Artikel:* se frigea Ine 3, 2. 74, 2 HB; frige E | *instr:* mid þy frigean Ine 74, 2; frygean So. — 1) *von freiem Geburtsstand* [*stets ausser u. n.* 2—5], *obwohl: landlos* Norðleod 8; *Kostgänger fremden Hauses* Wi 14; *niederer Ar-*

beiter Af 43; *fronender Gutsbauer Rect* 3, 4 | liber *übsnd* Af El 11 f. | *ohne Betonung des Standes: 'jemand, ein Staatsbürger', synonym mit* man [*vgl.* frigman *n.* 3] Abt 27. 29 | *im Ggs. zu* þeow Wi 14. Af El 11 f. Ine 3. 11. 50. 74, 1. AGu 5. II As 24. II Cn 20, 1. 68, 1 b B; *zu esne* Hl 3; *zu beiden* Af 43; *zu* þeowwealh Ine 74 **2)** *überfrei* [*twelfhynde*] II Atr 5 **3)** *freigelassen* Af El 11 f. Ine 3 **4)** ∾ hierod *privilegirter Convent* Af 2 **5)** *echt zu eigen* (*nicht von der Herrschaft nur verliehenes Inventar*) *Rect* 5, 5; ∾ heorð *freies* (*nicht bloss von der Herrschaft Unfreiem verliehenes*) *Haus* II Eg 2, 2 = I Cn 11, 2 **6)** *cpa:* weorces frigra *von Fronarbeit lediger Rect* 18. — *Der.:* folcf∾; friborg, frigman

[-freogean] *Der.:* gef∾

I) freols, *m und nt* **1)** *Freiheit; ac:* ∾ Wi 8 **2)** *Fest, Feier, Feiertag; no:* ∾ II Eg 5, 1 A = V Atr 17 = VI 24 = I Cn 16 a | *dt:* ∾se VI Atr 22, 2; æt ∾se oððe æt fæstene EGu 3, 1. Northu 11; mid fæstene 7 mid - V Atr 14; mæssedaga - Af Rb 43; Sunnandæges - EGu 9, 1 = II Cn 45; eastorlican - V Atr 14, 1 = VI 22, 3 = I Cn 16 a; Iacobus - V Atr 14, 1 = VI 22, 3 | *ac:* ∾ oððe fæsten Northu 57; Sunnandæges∾ II Eg 5 = V Atr 13 = VI 22, 1. Cn 1020, 18 | *pl ac:* ∾sa (*nt*) 7 fæstena V Atr 12, 3 = VI 22 = VIII 16 = I Cn 14, 1. — *Ersetzt durch* freolsung, *s. d. Der.:* heahf∾

II) freols *frei; praed pl:* ∾se Episc 13

freolsæfenan, *pl dt instr, an Feiertags-Vorabenden* Northu 56

freolsbryce *Feiertags-Verletzung; pl dt:* ∾can V Atr 25 G = ∾ricon VI 28, 3

freolsdæg *Feiertag* EGu 9, 1 = II Cn 45; *geändert aus* freoldæg B | *gn:* ∾gos weorcum EGu 7 Ld | *instr:* ∾ge 7, 1; 2 = II Cn 45, 1 (∾dage A). 45, 3 | *pl dt:* ∾gum! II Eg 5 Ld; *instr:* ∾dagum EGu 9 = V Atr 18 = VI 25 D = I Cn 17. — *Der.:* heahf∾

cirice an **freolsdome** (*dt*) gafola *Kirche* [*sei*] *in Freiheit von Abgaben* Wi 1 [*oder* ciricean *'der Kirche', wo* ∾ *no oder ac mit unorgan.* - e *wäre*]

freolsgefa *Freiheitsschenker, wer einen Sklaven freilässt* Wi 8

freolsian (*Feste*) *feiern* V Atr 16 = VI 23, 1 D = I Cn 17, 1 | *op* 3: ∾ige V Atr 14, 1

freolsstowan, *pl dt, Orten* [*kirchlicher*] *Feier* II Cn 38; sanctificatis (sacratis) locis Q Cons [*ungenau, da* freolsnie *'Weihe-'*]

freolstid *Festzeit; pl ac:* ∾da sancte Marian V Atr 14 = VI 22, 2 D; heahfreolstida K | *dt instr:* ∾dan 7 fæstentidan II Cn 38. *Der.:* heahf∾

freolsunge Sunnandæges, *ac, Sonntagsfeier* I Cn 14, 2 (∾ga A) *aus* ∾ga II Eg 5 AD; freols *G*

freoman *s.* freo, frigman

freond VIII Atr 1, 1 = I Cn 2, 3 | *dt:* friend Af El 28; frynd G; freond H; freonde So | *pl:* ∾ Abt 65, 1. Episc 8; frynd II Ew 3. II Cn 73 a (*frind* A). Wif 2. 5; frind 1 | *gn:* ∾da II Em 1. II Atr 9, 3. VI 6. VIII 44, 1. VI 28 = I Cn 19, 1 | *dt:* friondum Af 42, 1; ∾*dum* 1, 2. 42. 1 H; 4. Had 1, 1; ∾dan V Atr 31, 1. Wif 1 | *ac:* friend II As 20, 7 Ot; ∾ H, eo *auf Ras.;* frind II Em 1, 3. II Atr 9, 2 **1)** *Freund* Af El 28 **2)** *Unterstützer, Helfer vor Gericht, Sippe mitumfassend* Abt 65, 1. II Ew 3. II Em 1. II Atr 9, 3. Af 1, 2. 42, 4; *neben* mægum 42, 1 **3)** *Blutsfreunde, Sippe* [*vgl.* amici] V Atr 31, 1. II Cn 73 a. Wif 1. 2. 7 **4)** *Getreue des Königs:* cyning 7 ealle his friend II As 20, 7. II Em 1, 3 **5)** *lieber Mitbürger, Landsmann* VI Atr 6. VIII 44, 1. VI 28 = I Cn 19, 1 **6)** *Godes* ∾ *guter Christ* VIII Atr 1, 1 = I Cn 2, 3. Had 1, 1. Episc 8

freondleas *freundlos, der Sippe und Rechtshelfer entbehrend* II Cn 35 | *ac:* ∾sne VIII Atr 22 = I Cn 5, 2 a ‖ *substirt dt:* ∾san II Cn 35 B (*pl?*). 35, 1. *Vgl.:*

fre[o]ndle[a]sman; frendlesmanne: expulsus, exlex II Cn 15 a In (*Var. für urspr.* frðleasne, fredleseman); *daraus* frendlæsman: utlagatus Ps Cn for 24

freondleaste, *ac, Sippenlosigkeit* II Cn 35; ∾læste B

freondlice, *adv, freundlich* (*im Briefgruss*) Cn 1020, 1. Wl lad Pro. Wl Lond 1

freondrædene, *ac, Freundschaft;* ∾dne Wer 6, 1 H; ∾ræddene B

freondscipe *Freundschaft; gn:* ure ealra ∾es II As 25, 2; geferena - Northu 2, 1; geferscipes 7 - VIII Atr 27 = I Cn 5, 3; freons- II Ew 5, 1; freods- B | *dt:* be (buton) minum [*des Königs*] ∾ I As Pro. (VI 11.) IV Eg 1, 5; to friðe 7 to ∾ EGu Pro; ∾cype Cn 1020, 11; on anum ∾cype swa on anum feondscype VI As 7 | *ac:* minne [*des Königs*] ∾ VIII Atr 32; frið 7 ∾ VI 8, 2. I Cn Inso D; ∾cype V Atr 1, 2. X 2, 1. — **1)** frið 7 ∾ [*Ein Begriff*] *Rechtssicherheit mit bürgerlicher Verträglichkeit* EGu Pro. V Atr 1, 2 = VI 8, 2 = X 2, 1 **2)** *Genossenschaftzugehörigkeit samt Rechtsunterstützung* VI As 7. VIII Atr 27 = I Cn 5, 3. Northu 2, 1 **3)** *Königsgnade, Regierungsgunst* I As Pro (*dafür* lufu Ld = As Alm 1). VI 11. IV Eg 1, 5. VIII Atr 32. Cn 1020, 11 **4)** ure ealra ∾ [*der Nation*] *bürgerliche Rechtsgewähr, Friedensschutz; also* þolige u. e. f. = *sei friedlos, geächtet* II Ew 5, 1. II As 25, 2

freorihtes, *gn, Freienrechtes, Berechtigung des Staatsbürgers* II Cn 20

freot *Freiheit, Stand des freien Bürgers; gn:* ∾tes þolian Ine 3, 2. EGu 7, 1 | *ac:* ∾ forwyrcean II Ew 6; ∾ 7 þeowet II Cn 68, 1 b; *dafür* frige 7 þeowa B

fr[eo]wif *s.* friwif

F **freres,** *pl obl, männliche Hoden* Wl art Fz 10, testiculi *übsnd*

freum *s.* freo

friborg *nur* ECf 20-21. 28 f. *Form für alle drei Bedeutungen: Erstes Glied* fri- (*wofür* freo- *nur* Ld; frih- *nur S.* 671[19]) *oder* frið- (*wofür* frith, friþ, frid *nur graphische,* frithe- *und* frithes- *mittelengl. Varianten sind*). *Im zweiten Gliede ist* -gh, hg, ch *S.* 671[19] *statt* -g *nur graphische Variante,* w *S.* 645[10] *mittelengl. Schreibung, und* e *zwischen* r *und* g *S.* 671 Rb 21 *Gleitvocal. Verderbnis ist dafür* -burg 20, 3[2]. 20, 4 *retr*[11] *und französirendes* -burgages. *Zwar im selben Menschenalter. aus dem* friborg *zuerst belegt ist, kommt auch* friðborg *vor; allein die etwas früher belegbaren Worte* francum (liberale) plegium *sprechen für die andere Form. Dass um* 1150 friðborg *daneben erscheinen konnte, ermöglichte der Gleichklang für Franzosen, die auslautende Dentale eben verstummen liessen* [*vgl.* friðgild], *und beförderte vielleicht der Umstand, dass viele Genossen des Friborg aufgehört hatten,* Freie *zu sein, so dass man zur etymologischen Erklärung den* Friedenszweck *des Instituts heranzog.* **I)** *Freibürgschaftsverband; gn:* ∾ges heved 20, 3 (*Var.* -geh-, *Ein Compositum, mittelengl.*); *lat.* ∾gi *retr. retr*

20,4 | *ac lat.:* ~gum *ebd., Var.* ~gam, *also fm* | *instr:* ~ge *ebd.* | *abl lat.:* ~go *ebd.* (*Var.* ~ga, *also fm oder ags. für* -e *s. o. S.* 48 *Sp.* 2 *Z.* 12). *retr* 20,4. 21 | *pl ac lat.:* ~gos *retr* 20,5; *Var.* ~gas, *also fm oder angelsächsisch* | *abl lat.:* ~gis 20 Rb. 20,3. ‖ *Den Begriff drückt aus auch pl von II:* friborgas 20 **II)** *Mitglied (Genoss) einer Freibürgschaft; pl gn lat.:* ~gorum *retr* 20,3[5] | *pl ac:* ~gas (*Var.* ~ges, ~burgages) 20. 29; ~ghas 28; *Var.* ~ges; *lat.:* ~gos; ~gos *retr* 29 **III)** *bürgschaftliche Verantwortung, herrschaftliche Vertretung nach aussen; abl:* ~go 21, *Var.* ~ga [*s. 12 Z. vorher*] **IV)** *Pfand-Versprechen, für den Vertretenen einstehen zu wollen; pl ac:* ~gas *retr* 21 Rb; *Var.* ~ges

fri(e)nd *s.* freond

fries, frig- *s.* freo

frig[e]a [*Herr*]; se agena frigia *Eigentümer* III Atr 4, 2; agenfria Q | *dt:* agenan frian 4, 1 [*vgl.* agendfrio]

Frigedæg *Freitag; gn:* ~ges fæsten II Eg 5, 1 A = I Cn 16a; Frigd-AB | *instr:* ælce ~ge VI Atr 24; Frigd-V As 3; ~! V Atr 17 = VI 24 D

L**frigild-** *s.* friðg-

frigman *freier Mann, Freier* Abt 4. 9. Hl 5. EGu 7, 1. 8. II Atr 5. II Cn 45, 1 B. 46. Grið 14; friman Abt 27. 29. 31. Wi 11. II Cn 46 B. Northu 56; freoman EGu 7, 1 Ld. I Atr 1. II Cn 20. 45, 1 | *pl dt:* freomonnum, *Rasur hinter* freo, Af 43 H; frioum monnum E. — **1)** *von nicht sklavischem Stande, im Ggs. zu* þeowman EGu 7, 1 (8) = II Cn 45, 1 (46) = Northu 56; *zu* esne Wi 11; *zu beiden* Af 43; *zu* þræl II Atr 5 | *mitumfassend Hausgefolge* II Cn 20; *niedere Arbeiter* Af 43 **2)** *voll(über)frei* [twelfhynde; *Ggs.:* þræl] II Atr 5 **3)** *Staatsbürger, Volksgenoss; jemand* [*vgl.* freo *n.* 1] Abt 9. 27. 29. Hl 5. Grið 14 | ælc man III Eg 6 *ersetzt durch* ~ I Atr 1 = II Cn 20

frio(-) *s.* freo(-)

L**Frisones** *Friesen; Var.* Frisiones ECf 32, 2

frið *Friede* Af 5, 4. AGu Pro. II Ew 1. V As Pro. VI 12, 3. II Atr 6, 1; fryðe! II Ew 1 Ld | *gn:* friðes Af 5. VI As 8, 9. II Em 5. IV Eg 14, 1. I Atr Pro. III Pro. V 26, 1. VI 31 f. II Cn 8. 13; fryðes III Atr 15; frydes! II Cn 8 A | *dt:* friðe Af Rb 5. AGu 5. EGu Pro. VI As 8, 4; 7. IV Eg 2. 12, 1. 15. II Atr 7, 2; fryðe II Ew 1 | *ac:* ~ Af 5. VI As 10 f. IV Eg 16. II Atr 1. 2—3, 2. V 1, 2. Cn 1020, 3. I Cn Insc D. Episc 4 **1)** *Friedenszustand, Versöhnlichkeit* Episc 4 **2)** ~ 7 freondscipe **a)** *mitbürgerliche Verträglichkeit* V Atr 1, 2 = VI 8, 2 = X 2, 1 **b)** *staatl. Einung zwischen Dänen und Engländern* EGu Pro. I Cn Insc D **3)** *staatliche Ordnung, polizeiliche Sicherheit* II Ew 1. VI As 8, 4; 7. 12, 3. II Em 5. IV Eg 2. 12, 1. 14, 1. 15. 16. III Atr Pro. V 26, 1 = VI 31 f. = II Cn 8. Cn 1020, 3 **4)** *Genuss privater Sicherheit* II Atr 2—3, 3 **5)** *Polizeianordnung, Sicherheitsgesetz* V As Pro. VI 8, 7; 9. 10 f. **6)** *internationaler Friedensvertrag* AGu Pro. II Atr 1. 6, 1. 7, 2 **7)** *internationaler Privatschutz* AGu 5 **8)** *bevorrechteter Schutzgenuss* (cirican Af 5. 5, 4) *und die für dessen Verletzung fällige Busse* Af 5 **9)** *Strafrecht über Friedlose samt Ertrag* II Cn 13. — *Verwechselt mit* fierd, *s.* fierdscip, fierdweard; *mit* fri *s.* friborg. — *Der.:* ciricf~, mæðlf~, unf~ (-land, -man, -scip), woroldf~

friðbena *Asyl-Erbitter* V Atr 29; *daraus pl:* ~an VI 36

friðborg *s.* friborg

friðbrec *Landfriedensbruch* II Atr 5, 2; ~ræc 6 | *dt:* ~! 6 Rb Ld

friðbyrig, *dt, Stadt innerhalb Englischen Staatsfriedens* II Atr 2, 1

friðgeard *Friedensstätte; Zufluchtsort magischer Weihe* Northu 54

friðgegyldum, *pl dt, Friedensgilde* [*Plural für Ein Collectiv*] VI As Pro; *dafür abl sg:* friðgildo Q

friðgewritu, *pl, die Friedensartikel, der Friedensvertrag* II Ew 5, 2 B; ~gehwritu H

friðgildum, *pl dt, Friedensgilde-Artikeln* [*oder (wie* friðgegyldum *Plural für Ein Collectiv) 'Friedensgilde'*] VI As 8, 9; ad friðgildum, *also sg ac,* Q, *Var.* fridg-, frig-

friðgislas, *pl ac, Geiseln (für Erhaltung) des Friedens* [*zwischen Gwent und England*] Duns 9, 1; ~gysilas Q *Var.*

friðian *befrieden, in Sicherheit schützen;* II Ew 4. II As 20, 3. I Cn 2. Had 1, 1; fryðion O | *pl* 3: friðiað II Ew 4 Ld | *op* 3: ~ige II As 20, 3. II Atr 1, 2. (D: V 12, 2 = VI 21, 1; fyrðrige *übr.*). Cn 1020, 12. I Cn 14 A (fyrðrige G). Ger 2 | *pl* 3: ~ II Ew 4. VI Atr 42, 3. I Cn 4 | *ptt pc:* gefriðod II 80, 1. — *Bed.:* man eal ~ige, þæt se cyng ~ wille II As 20, 3 | *Godes* gerihta ~ V Atr 12, 2 D = VI 21, 1 D = I Cn 14 A | griðian 7 ~ [*Ein Begriff*] *mit Schutzgewalt und Friedensrecht umgeben, vorsorglich privilegieren* (*Klerus und Kirchen*) VI Atr 42, 3 = I Cn 2. 4. Had 1, 1 H; ~ 7 nerian DO | ~ 7 forðian [*Ein Begriff*] (*Landarbeit*) *vorsorglich fördern* Ger 2 | (*verbrecherisch*) *unterstützen:* þeof Cn 1020, 12; *Landesfeinde* II Atr 1, 2; ful ~ ne feormian II Ew 4. — *Für* fyrðrian (*Kirchengerechtsame*) *fördern s. o.*

friðleas *friedlos, geächtet; ac:* þæne ~san man II Cn 15 a | *stark:* ~sne man In; *Var.* ~lesne, frendlesmanne, *s.* freond- | *wird übs.* exlex, expulsus

friðlice, *adj pl fm ac,* [*Leben*] *schonende (Strafen)* V Atr 3, 1 = VI 10, 1 = II Cn 2, 1

þa **friðmal,** *nt pl, die Friedensartikel, der Friedensschluss* II Atr Pro

friðman II Atr 3, 1; 4 | *pl gn:* ~nna 3 | *dt:* fryðmannum Ld — *Angehöriger beider Vertragsmächte, Englands und der Nordleute* 3 | *durch* cynges *specificirt als Angehöriger Engl. Staatsfriedens* 3, 1; 4. — *Ersetzt irrig durch* firdman(nus), *s.* fierd [*vgl.* unf~]

friðscipe, *dt, Schiff der Landesflotte* Rect 1, 1; *vielleicht (gemäss* Q: hosticum) *besser* fierdscipe [*vgl.* unf~]

friðsocne, *ac, Friedensasyl* VIII Atr 1, 1 = I Cn 2, 3

friðstol, *ac,* [*kirchlichen*] *Friedensasylstuhl* Grið 16

friðstowe, *ac, Asylstätte* Af El 13 (fryðs-G), locum quo fugere *übsnd*

[friðweard] *st.* fierdweard *las Rect* 1, 1 Q, *da er* pacis custodia *setzt*

friwif *freies Weib, Freie* Abt 73

F**froissier** *s.* fruisser

from, *prp m dt:* Ine Rb 39. Af El 11. 13. 49, 5. Ine 13, 1. II As 22, 2; fram Ine Rb 39 G. Af El 11 G. 49, 5. Ine 39. II As 22, 2 Ot. II Eg 5. I Cn 14, 2. 16, 1. II 82. Pax. Iudex 2. 7 **1)** [*Zeit*] ~ . . oð *von . . bis* II Eg 5 = I Cn 14, 2. 16, 1 **2)** [*Ort*] fare ~ *fortzieht von* Ine 39; nelle ~ *nicht fort will von* Af El 11; aluc ~ *reisse fort von* 13; to gemote, ~ gemote *zum, vom Gericht* [*kommend*] II Cn 82; ~ geate *vom Tore ab* Pax | *regiertem pron. nachstehend:* him ~ gan *von ihm sich abwenden, weichen* II As 23, 2. VI 8, 3 **3)** *übertr.* him ~ do *von sich jagt* V 1; tæce

~ him *von sich weist* II 22,2 | forberen ~ *abstehet von* Af El 49,5 4) [*Reihebeginn*] ~ 7 oð 35 Ine 13,1 5) *beim Passiv: von, durch* Iudex 2. 7

fromdo, fromgan *s.* 7 *Z. vorher*

[F]**fruisser** 1) (*Haus*) *erbrechen* Leis Wl 15 I; ~sir Hk 2) (*Frieden*) *brechen*; *sbj* 3: ~se 2,2 I; *enfreint* Hk

on **fruman** *zu Anfang* Af 41

frumci[e]rr; *dt:* æt ~cirre *beim ersten Male* II As 25,2; ~cyrre 3,1

frumgyld, *ac, Anzahlung* (*auf die Wergeldschuld*) II Em 7,3 (~de! Ld) = Wer 6; ~gildum Q (*Var.* frung-) = Hn 76,7c

frumræd *vornehmste, hauptsächliche Verordnung* VI Atr 1

frumripan gongendes 7 weaxendes, *pl ac, Erstlinge* Af El 38, primitias *übsnd*

frumstol, *ac, Hauptsitz, Stammgut* Ine 38

frumtalu *erste* [*beste?*] *gerichtliche Aussage?* [*oder Verabredung?*] Northu 67,1

frumtihtle; *dt:* æt ~hlan *im Falle erstmaliger Beschuldigung* II Cn 35 A; ~tyhtlan B; frymtyhtlan G

frymetlinge, *gn, junger Kuh* Rect 13

frymð *s.* fiermð

frymðelicum *erbursprünglich; dt:* on ~ synne (*fm!*), Iud Dei IV 3,1, originali peccato *glossirend*

frynd *s.* freond **fryð**(-) *s.* frið(-)

[L]**fugare** (*Wild*) *hetzen* Hn Lond 15; fugerit [*für* fugarit?] Ps Cn for 22

[L]**fugatio** 1) *Vertreibung* (*eines Lehnmanns vom Landgute*) Ine Rb 68 Q 2) *Hetzjagd* Hn Lond 15

[L]**fugitivi** receptio *Aufnahme* (*Herbergung*) *eines Geächteten* (*Friedlosen*) [*für* flieman feorm] Hn 23,6

[-fugol] *Der.:* benf~

[F]s'ent **fuir** *entfliehen; sbj* 3: s'en fuie Leis Wl 3 | *ipf sbj* 3: s'ent fuist 52,1 | *pf pc:* s'en est fuid 3; fui I

[F]**fuissent,** fuist *s.* estre

I) **ful,** *sb nt, Schlechtigkeit, Schuld, Verbrechen; gn:* facnes 7 fules VI As 1,2 | *ac:* ~ II Ew 4; *Münzfälschung* II As 14,1; ~ne facn Swer 9; fuul B

II) **ful,** *adj, unrein, mit Verbrechen befleckt, schuldig befunden; ac:* fulne I Cn 24 | *pl:* fule EGu 11 (*fm*). VI Atr 28,2 (*nt*) ‖ *praed:* ~ beon, weorðan II As 5. 14,1. VI 1,1. 9. I Atr 2. III 8. II Cn 30,3b. 32. Blas 3; full! II Cn 30,4 Ld ‖ *fm:* ~ Ordal 5,2 ‖ *pl msc:* fule II As 7. VI 9 | *ac:* fule *ebd.* ‖ *sbstirt nt ac:* on ~ leogan *in schimpfliches* [*Grab*] *legen* I Atr 4,1; *damit synonym:* on fulan II Cn 33,1 (*als sbst pl 'unter Verbrecher' gefasst:* cum dampnatis Q; in loco latronum In; *sicher als sing. gefasst:* immundo Cons) — 1) *als schuldig überführt* II As 4. 6,1. VI 1,4. 9. I Atr 1,5. 2 (= II Cn 30,3b. 32). III 4,1. 7,1. II Cn 30,4. Ordal 5,2. Blas 3 2) *fleischlich schmutzig* EGu 11. VI Atr 28,2. I Cn 24

fulhtere *s.* fulluhtere

full *voll* I) *adj gn:* ~les VIII Atr 1. 28 | *dt:* ~lum IV Eg 2. II Atr 5,2 (*instr.*); ~lan Af 9 (*instr.*). 23,2. VI As 1,4. 12,2. II Em 1. VIII Atr 3. 17. Cn 1020,6. I Cn 2,5. II 29. 42. Northu 24. Swer 2. Becwæð 1 ‖ *fm:* fulre VI As 10. IV Eg 1,5a. VIII Atr 1,1. Cn 1020,12. I Cn 2,3. II 42. Northu 59. Grið 10. Wl lad 2; ~lan! Að 1 Ld | *ac:* fulle Wer 6,1. Swer 7 ‖ *nt:* ~ Cn 1020,3 ‖ *schw. dt:* þam ~lan VIII Atr 7; ~lon II Eg 3 ‖ *ac fm:* ~lan Af 43. VI As 8,4 ‖ *praedic. ac:* fulne Ine 70,1. *Rect* 11 ‖ *fm:* fulle 14 ‖ *substirt nt dt:* be fullan II Cn 29,1 1) *eig.* [*Hohlmass*] *m gn:* amber fulne buteran Ine 70,1; blede fulle hweges *Rect* 14 2) *vollständig, ganz:* bliss IV Eg 15a; bot VIII Atr 1,1 = I Cn 2,3. Northu 59. Grið 10; ceapgild VI As 1,4; cynescipe IV Eg 2; folcriht Swer 2. Becwæð 1; freondræden Wer 6,1; frið Cn 1020,3; fultum 6; gield Af 9; grið VIII Atr 1; lad Cn 1020,12; leaf Wl lad 2; mundbryce VIII Atr 3 = II Cn 2,5; spæce VI As 8,4; waru Swer 7; wer Af 23,2. VI As 12,2. II Em 1. II Atr 5,2. VIII 28. Northu 24; wice Af 43; wite II Eg 3. VIII Atr 7. 17. II Cn 80,1; gewitnes VI As 10; wræce Að 1 Ld | be fullan *gänzlich* II Cn 29,1 II) *adv* [*zur Verstärkung*] *gar, recht, sehr*; ~ oft Af El 46; ~ wel *Rect* 6,2. 20,2 [*in 2 Wörtern lassen sich auch schreiben die Composita unten:* fullgeorne, ~getreowe, ~golden, ~wrecen]. — *Der.:* gelastf~, geleaff~, hærfesthandf~, manf~, neodf~

ful[l]borenra þegena, *ptt pc pl gn, vollgeborener Patricier* Wal [*vgl. langbd.* fulboran *in echter Ehe erzeugt*, legitimus; *Bruckner*, Sprache d. Langbd. *Glossar*]

ful[l]brece, *op* 3, [*durch Totschlag Frieden*] *ganz verletzt* I Cn 2,2

fullbryce *vollständige* [*mit Totschlag verbundene*] *Verletzung* [*eines Sonderschutzes*] Had 4 ff. H; ~rice 5 ff. O; fulb~ 5 D; fulbrice 4. 6 ff. D

ful[l]faran *reisen* (*als Händler*) Northu 56

ful[l]frem[m]an *vollbringen, vollziehen;* ~emian I As 5 Ld | *pl* 3: fulfremað 1 Ld; gelæstan DG

fullgeorne, *adv, recht wohl, recht genau* II Cn 68,1a; I 6,2 *aus* fulg~ V Atr 9 = VI 5,1 [*s.* 21 *Z. vorher*]

ful[l]getreowe, *adj pl praed, voll vertrauenswürdig* V Atr 32,2 D [*s. ebd.*]

ful[l]golden, *ptt pc, vollbezahlt* Wer 6 [*s. ebd.*]

fullian *s.* fulwian

fullice, *adv, völlig, vollständig* EGu Pro. VI Atr 34. VIII 3 G (= I Cn 2,5). 27. I Cn Insc D. Geþyncðo 2. Grið 21,1

fulloc *voll abschliessende Abmachung?* Northu 67,1

ful[l]ryhte, *dt, vollem Recht* I Ew 1,5 H; *besser* [fullan?] folcrihte B

fulluht, *fm, nt u. m, Taufe; gn:* ~te (*fm*) Af El 49,9; ~tes EGu 3,2. Northu 8 | *dt:* fulwihte Ine 2,1; ~te H, lu *auf Rasur.* B. I Cn 22,6 | *ac:* fulwihðe Wi 6; fulwiht Af El 49,9 So Ld; þæt ~ Iud Dei VIII 2; þæne ~ VII 12,3 A. 13 A

ful[lu]htere; *gn:* fulhteres *Täufers* [*Johannes*] I As 1 Ld

fullwite, *ac, volles Strafgeld* Af 30 H (*geänd. aus* fulw-). II Cn 48 (*aus* wite EGu 6,5); fulwite Af 30 [*synonym mit* wite 29. 31]. Ine 43. 72. II Cn 48,1; *daraus* plena wita Hn 11,11 f.; *dies laut* 40,1 *mehr als* V mance [= 150 *Pfennig*]. *Angegeben als* 60 scl. Ine 43, *als geringer denn das Wergeld des Verbrechers* 72; *seit* Af 9 *vermutlich* 120 scl., *also synonym mit* cyninges wite VIII Atr 5,1 = I Cn 3,2. — *Ersetzt durch* wite *s. d.*

ful[l]wrecen, *ptt pc, voll gerächt* Að 1 [*s.* full II, *a. E.*]

ful[l]wyrce, *op* 3, *voll* [*schwer, durch Totschlag, Bruch des Sonderfriedens*] *verübt* II Cn 61

fultum *Hilfe, Beistand; gn:* ~mes Af 42,3. V Atr 35 (~mmes G 2). Cn 1020,6. Northu 32 | *dt:* ~me Af 1,1. Cn 1020,4 ff. Northu 31 | *ac:* ~ VI As 8,3. II Atr 1,1. VI 41. VIIa Pro — rihtes ~ *Beihilfe zum Recht* Northu 32 | to ~me gedon *als Hilfe erweisen* Cn 1020,7. — *Der.:* aðf~, feormf~

fultuman *helfen* Af 42, 3; *geänd.* ~mian H

fulwian *taufen;* 3: fullað I Cn 4, 2 | *ptt pc:* gefulwad Ine 2; -ullod Bu H. Northu 10. Iud Dei VIII 2. — *Der.:* gef~

funden, -don *s.* findan

fundian *zueilen, mit* to *hinter regiertem pron; ptt* 3: us hearm(as) to fundode (-*dedon pl*) *Schaden drohte uns* Cn 1020, 5 (6)

L**funesta** vox *tote, kraftlose Klage vor Gericht* Hn 45, 5 [*vgl.* mortuus]

L**furari** se *sich fortstehlen* Ine 39 Q, hine bestelan *übsnd* || furatus **a)** *gestohlen* Duns 1 Q, forstolen *übsnd* **b)** *gestohlen habend, diebisch* IV As 6, 6 || *Sprichwort:* solus furatur qui cum servo furatur Hn 85, 4a

furh, *ac, Ackerfurche* Becwæð 3

L**furicidium** *Erschlagung eines Diebes* Ine Rb 35 Q, þeofsliht *übsnd*

L**furigildum** *Diebesbusse,* þeofgield *übsnd* Q: III Atr 4. I 1, 2 = II Cn 30, 1

furlang, *nt pl, Furchenlänge* [= 1/8 *Engl. Meile*] Pax; quarentena Q

ne **furðon,** *adv, noch sogar, oder vollends* Iud Dei VII 13 A, neque *übsnd*

furðor, *adv, ferner, fernerhin, weiter, darüber hinaus* VI As 6, 4. II Atr 9, 4. Cn 1020, 15. 18. I Cn 1a D. II 12. 15 (~ður G). 71, 4; for~ A. Iud Dei IV 5 — **1)** *höher* [*bildl.*]: ~ cyððe habban to II Cn 71, 4; gemæðrian 12. 15; arisan As **2)** [*stilistisch*] *sodann* Cn 1020 **3)** *künftig* Atr. I Cn **4)** plus *glossirend* Iud Dei

L**furtivus** **1)** *gestohlen,* forstolen *übsnd* Q: Ine Rb 17. 53. Ine 53. VI As 8, 8; aliquid ~um II Cn 76 Q. In | þeofstolen *übsnd* Q: Swer 2. Forf 3, 1 **2)** *heimlich im Ggs. zu offenem* (*Totschlag*): ~ umhomicidium II Cn 5, 1 Cons, morðweorc (*Mord*) *übsnd;* ~ mortificator Blas 1 Cons, morðslieht *übsnd*

L**fuscotincus** *Barchentlaken* Lib Lond 8, 1; *Var.:* ~otus, ~ctum, fulcotinctus, **fustaneum;** *fz.* **fusteyns**

F**fut** *s.* estre

Futurum **1)** *ausgedr. durch Praes.:* *s.* genyhtsumiað *für* abundabit; gif he hæt, we beoð gearawe VI As 8, 9 | *oder, gemäss Consec. temp., durch Præter.:* worhte *erfüllen werde* I Ew 2 | *durch* eft *vor Praes., im Ggs. zu anderem Praes., dessen praesent. Sinn* nu *betont* Iudex 5 **2)** *Bildung durch* willan: gif we hit gelæstan willað VI As 8, 9; þæt þas þeofas willað rixian *ebd;* ætstandan wolde II Atr 9; *s. auch* nellan **3)** *durch* sculan: mon sceal agyfan I As 2 L; we sceolon gebidan (habban) I Cn 18a (b) **4)** *durch* magan *s. d.*

F***Futur*** **1)** *imperativisch: s.* comencrat; defendrat Wl art Fz 6, defendat *übsnd* **2)** *potential: s.* eslevera; ço ke (*was immer*) ert chalengé Wl art Fz 8a **3)** *conditional: s.* failir

fuul *s.* Inl I **fyht**(-) *s.* feoht

[-fylan] *Der.:* af~

fylgean II Atr 9 | *pl* 3: ~gað Iud Dei V 2 | *op* 3: ~go Grið 19 | *pl* 1: ~ II Cn 84, 1; fylian B | 3: ~ VI Atr 41. 42, 2; filigan D | *ptt* 3: fyligde II Ew 7; filigde Geþyncðo 3 — **1)** *folgen* [*eig.*]: teame II Atr 9 **2)** *Gehorsam leisten: Christo* Iud Dei V 2; bocum VI Atr 41; lagum 42, 2. II Cn 84, 1. Grið 19 **3)** *untergeben* (*commendirt*) *sein* II Ew 7; *dienen* Geþyncðo 3 [*vgl.* folgian]

fyllan *s.* fiollan

[-fylling] *Der.:* byttf~

[-fyllo] *Der.:* oferf~

fylst *Hilfe, Beistand; dt:* ~te II Em 1; filste I Cn 1a D. Northu 1

fylstan II Em 5. II Cn 65, 1 (fyltan A). Ger 8, 16; fil~ Northu 54, 1 | *pl* 3: ~að II Em 5 Ld. I Cn 4, 2 | *op* 3: ~te VI As 8, 4 f. | *pl* 2: ~ton II Em 5; filstan VIII Atr 32 | 3: ~ Cn 1020, 8. Episc 10 — **1)** *helfen:* ælc oðrum VI As 8, 5; me II Em 5; sacerdan I Cn 4, 2; him Ger 8 **2)** ~ to *h. bei, verhelfen zu:* to cyricbote II Cn 65, 1; steore Northu 54, 1; þissum II Em 5; þam to tolan Ger 16; æthwam (wicneran) to rihte Episc 10 (VIII Atr 32); oðrum to friðe VI As 8, 4; biscopum to gerihtum Cn 1020, 8

fyndan, fynger *s.* fin-

I) fyr *Feuer* Af El 27 (fir H); ~ bið þeof Ine 43 | *gn:* fyres Iud Dei IV 3, 3. 4, 2 | *dt:* fyre 3, 2 | *ac:* ~ Af El 27 (ontendan *anzünden*). Iud Dei IV 4. 1. II Cn 5, 1. Ordal 1; ~ betan *schüren* 4, 2 | *instr:* ~! Iud Dei IV 3, 5, igne *glossirend* | *pl gn:* lego fyrā 1, flammas ignium *glossirend*

II) fyr *s.* feorr **fyrd-** *s.* fierd-

fyrestum toðum, *spla pl dt, vordersten* (*d. h. Vorder*)*zähnen* Abt 51

fyrgebeorh,*ac, Feuerschutz,-schirm* Ger 17

fyrht *s.* freht

fyrhta *zittern vor Furcht;* þu doest þa ~ Iud Dei IV 4, 1, facis eam [terram] *tremere glossirend*

fyrm *s.* feorm

fyrmest, *spla adv, zuvörderst* VI Atr 40. II Cn 11 | *von Anfang an* Swer 11 | *zumeist* X Atr Pro | *bestens* III 1

fyrmð [*Verbrechensbeihilfe durch*] *Unterhaltung* (*Beherbergung*) [*von Missetätern*]; *gn:* ~ðe Ine 46, 2 HB; frymðe E | *ac:* flymena ~ðe II Cn 12 G | firmatio Q; ~ *lag also vielleicht vor für* firmatio IV As 3 [*vgl.* feorm, pastio]

fyrsie, *op* 3, (*ausser Landes*) *verjage* EGu 11 Ld; fyse H B. — *Der.:* afiersian

fyrst *s.* fierst **[-fyrst]** *s.* gef~

fyrtange, *ac, Feuerzange* Ger 15

fyrðing *s.* fierdung

fyrðrian *fördern; pl* 3: Cristendom ~að X Atr Pro 1 | *op* 3: *Godes* gerihto ~rie E Gu 5, 1 B (forðige H) = ~ige V Atr 12, 2. VI 21, 1 (= I Cn 14) = fir- VIII 14; ~ige, þæt *bewirke, dass* IV Eg 15 || *ersetzt durch* friðian (*schützen*) *s. d.*

[-fyrðrung] *Der.:* seipf~

L**fyrtum** *statt* furtum Iud Dei IV 4, 3

fyse, *op* 3, (*ausser Landes*) *verjage* EGu 11 (fyrsie Ld) = VI Atr 7 = II Cn 4a; fise D

mid **fyste** slean, *dt, mit der Faust schlagen* Abt 57. Af El 16

G.

g **1)** *nach* i *zugefügt s.* Epiphania **2)** *geschwunden* **a)** *im Auslaut nach* i: *s.* gesælig, (heorð)pening, hundeahtatig, -dnigontig, -dtwelftig, hunigafol, siextig, twiscyldig, unscyldig, worðig, þritig **b)** *im Inlaut* α) *intervocal:* mænigo, (Westseaxna)lage, regollice; *vgl. 14 Z. weiter* β) *nach* l, r: *s.* æbylgð, fylgean, burgbot, -gemot, myrgð γ) *nach Nasalen* (*guttural.*) *s.* (?gangan), gemang; (*palatalen*) *s.* hengwite, inbestingan, þurhst- δ) *zw.* æ (e) *u. Cons.: s.* ægðer II Cn 68, 1c B, mægden, wægn (gebregde); *vgl.* -i *für* -g **3)** *abweichend für* c: *s.* æwbreca, borgbryce, Cnut, þyncean, wæpntac; *vgl.* gw *für* cw **4)** *für* cg (gg): *s.* brycgbot, leodbyggen, soogan; *vgl.* gc **5)** *für* ge-: *s.* gealdor **6)** *für* h: *s.* ælmihtig, onleon; *vgl.* gt 7) *dafür abweichend* c, cg, ch, gc, gg, gh, h, hg, hw, i, u: *s. d.*

L**g** 1) *geschwunden zw.* i *u. Vocal: s.* exigere [*vgl. o. ags.* g *n.* 2 b α] 2) *vor* i *aus class.* z: *s.* gingiber

F**g** 1) *für* s: *s.* derai[s]ner, veisined 2) g- *für* w-: *s.* wage, warant, warder; *vgl.* gu-

L**gablum** *s.* gafol I

s. **Gabriel,** *der Erzengel* Iud Dei XIV 4. XVI 30, 4. Excom VI 1, 2

gaderian 1) tilða ham gæd~ *Bodenerträge einsammeln* Ger 10 | *pl* 3: gestreon ~að *Gewinn sammeln* Iudex 9, 1 2) ged~, *inf,* (*Eheleute*) *zusammentun* Wif 8. — *Der.:* geg~

gadiren, *ac, Stachelstock* Ger 15 [*vgl. langobd.* ga(h)ida *Spitze, Pfeileisen; Bruckner,* Sprache *d.* Langobd. Glossar]

g[æ]d *Convent, Kirchenstift; gn:* gedes [*nicht* Godes *zu ändern!*] Wi 23

[-gædere] *s.* ætg~, tog~

[gænga] *s.* genga

gængang *Rückkehr* (?) Abt 84

gærs *Gras, Heu; gn:* ~ses Rect 4, 1c | *ac:* ~ Ine 42 **~ierð** *s.* -yrð

gærsswin '*Grasschwein*', *als Entgelt für Wiesennutzung;* ~wyn *Rect* 2; spin: porous herbagii Q; *Var.* ger~, gressvin

gærstun *Wiesengehege; dt:* ~ne Ine Rb 42 | *ac:* ~ Ine 42 | *pl ac:* ~nas *ebd.* B

gærsyrðe, *dt, Pflügen* [*des Hintersassen*] *als Entgelt für Heuempfang Rect* 4, 1c; herbagium Q [*vgl.* gafolyrð]

I) gafol *Abgabe, Zins; gn:* ~les IV Eg 1, 2 | *dt:* ~le Ine 67. IV Eg 1,1. *Rect* 5,1 | *ac:* ~ *ebd.* VIII Atr 43. Duns 9. Norðleod 7; gauel Ine 6,3 Q[4], *geändert aus* gablum | *pl gn:* ~la Wi 1 ‖ **gablum** Q, *Obiges übsnd und* Ine 23, 3. *Rect* 4, 1 f. — 1) cyninges ~ *Staatssteuer* Norðleod 7; freolsdom ~la Wi 1 2) *Tribut eines Stammes an den Herrscherstaat* Duns 9 3) Godes~ *Kirchensteuer* VIII Atr 43 4) *Zins des Hintersassen an den Grundherrn* Ine 67. IV Eg 1, 1 f.; *in Honig Rect* 5, 1; gablum Hn 56, 3. — *Der.:* bereg~, ealug~, hunigg~, landg~, meteg~, niedg~, rædeg~

II) [gafol] [*Heu-*]*Gabel, Forke: ac:* geafle Ger 15

gafolgilda *Abgabenzahler, -pflichtiger;* ~gelda Ine 23, 3; ~gylda HB; qui gablum reddit Q | *gn:* ~dan 6, 3 Bu; ~don H; ~geldan E; ~gylden B | gavel~, gablum reddens Q, *auch* Ine 6 Rb

gafolheorde, *ac, Schwarm* (Bienen) *auf Abgabenpflicht* Rect 5; gauelh~ Q[5]

gafolhwitel *Abgabengewand* Ine 44, 1; gavo~ K

gafol[ie]rð *s.* ~lyrð

gafolland *Zinsland;* gafulland: *terra* censaria AGu 2 Q; *Var.:* gauell~ | *dt:* ~de AGu 2

gafolp[ening] *Zinspfennig Rect* 4, 1

gafolræden *Abgabenpflicht Rect* 5, 1 [*vgl.* rædegafol]

gafolswane, *dt, bäuerlichem Pachthirten herrschaftlicher Schweineheerde Rect* 6 | *viell. spät no:* ~ *ebd.* Rb

ga[f]olyrð *Pflügen* [*des Hintersassen*] *statt Abgabe an den Grundherrn; ac:* gavolyrðe *Rect* 4, 2 [*vgl.* gærsyrð]

F**gaige** *s.* wage

F**gainurs,** *pl obl, Landarbeiter* Leis Wl 31

-gald *statt* -*geld s.* Denagildum

galdor- *s.* gealdor-

L**Galil[a]ea** Iud Dei IV 3, 3; *darüber Glosse:* Gali'

L**Galli,** *pl* 1) *Französisch Redende* Lond ECf 32 B 2) *Francier, Mittelfranzosen* Quadr Arg 18

L**Gallia** *Frankreich* Lond ECf 32 D | *synonym pl:* ~ae D 4

galscipe, *ac, Geilheit* I Cn 24

Gamorra *s.* Gom~

gan Af 42,1; 4. Ordal 1. *Rect* 12,1; *flect:* ganne Iud Dei VII 13 A | 3: gæð Af 71 (geð H). Ine 62 (gað Ld). VIII Atr 25. Ordal 1a. I Cn 5, 2d; gað A | *op* 2: ga Iud Dei VI 2 Vt | 3: ga Af El 28 G. Ine 42, 1. 46, 1. 62. II As 1, 3. 23. II Eg 2, 2 = I Cn 11. 2. III Eg 8. III Atr 4, 1. VIIa 2. VIII 22. Cn 1020, 9. I Cn 5, 2a; c. II 22,1. 35. 57. 77,1. Ordal 5. Rect 13, 1 | *pl* 2: ~ Iud Dei VIII 1, 1 | 3: ~ Ine 7, 1 H. 42. III Atr 3,1. Ordal 3. 4 | *ptt op* 3: **eode** II As 11. Duns 1,2. Blas 1. — **A)** *abs.* 1) *weidend gehen:* cu *Rect* 12, 1. 13, 1 2) *vor einem Verb* (*des gleichen Numerus, Tempus, Modus*), *um das Handeln darin einzuführen:* gá, ladige Af El 28 G (geladige EH), iurabit *übsnd* | '*Kommen*' *ist Nebensache, ja Bewegung viell. gar nicht mitgedacht,* '*Zahlen*' ('*Schwören*') *Hauptsache in:* gæð oðer mon, seleð Ine 62; gan 7 gebeten 42; gan 7 gescyldigen II As 11; eode (to *nur* H *später*) 7 að sealde *ebd.* [*vgl. n.* 12 a, gangan *n.* 9 *und Vulgata* Deuter. 13, 1 eamus et sequamur: uton gan 7 feligean] **B)** *sonst mit prp oder adv:* 3) onstal ga forð *eintritt, erfolgt, erscheint, vorkommt* Ine 46, 1 4) ga in gehwær (*Vieh*) *überall eindringt* 42, 1; gan inn *treten hinein* (*in die Kirche*) Ordal 3. 4; ineode Af El 11, intravit *übsnd* 5) ga sceatt into mynstre *falle Steuer an die Pfarre* II Eg 2, 2 = I Cn 11, 2 6) gæð of mægðlage *tritt heraus aus* VIII Atr 25 = I Cn 5, 2d 7) ga mynet ofer anweald *gelte übers Gebiet* III Eg 8 G 8) ga mægð on borg *trete unter Bürgschaft, verbürge* II As 1, 3; ~ on þeowet *verfallen in* Ine 7, 1 H; on hand ~ *sich unterwerfen* Af 42, 1; 3 9) ongean lage ga *sich auflehnt gegen* Cn 1020, 9 10) ~ to a) *schreiten, hintreten zu:* scrifte VIIa Atr 2; husle Iud Dei VI 2 Vt. VII 13 A; weofode VIII 1, 1; ordale III Atr 4,1. II Cn 22, 1. 35. 57; corsnæde VIII Atr 22 = I Cn 5, 2a; c b) him ~ to handa *ihm dienen, sich unterwerfen* Ine 62; bocland ga cyninge to handa *falle an den König* II Cn 77, 1 c) dæl ga to ciricbote 7 oðer [*ohne prp*] þeowum *komme zu gute, diene* VIII Atr 6 d) gæð gelic bot to eallum *tritt gl. B. ein, greift Platz bei allem* Af 71 ‖ to *adv. od. Praefix: herzutreten, hinzugehen:* to gan II As 23; eode se man to Blas 1; ga he tó Ordal 5; þær to 1. 1a 11) orf þær up eode Duns 1, 2 12) ga (gange G) he ut *ziehe fort, wandere hinweg* Af El 11, exeat *übsnd* 12a) gan ut þa yldestan *hervortreten* III Atr 3, 1, *Sinn wie in n.* 2. — *Für* gangan Ine 7, 1 H. *Ersetzt durch* gangan *s. d. Ausgelassen: s. Ellipse n.* 7. *Der.:* æftergan, agan, began, forgan, forðgan, gegan, midgan, ofgan, togan, utgan

gang; *dt:* ~ge 1) *Lauffrist* (*vor Schafschur*): sceapes Ine Rb 69; gonge E 2) to rade oððe to - *Gehen bei Spurfolge* VI As 4 3) on - bringan *in* [*Gewähr*]*zug bringen* Swer 2B. — *Der.:* gæng~, ciric-, hlaf-, setl-, upg~

gangan; gon~ Ine 69 | *op* 3: ~ge Wi 7. 28. Af El 11. I Ew 1, 1. VI As 5. III Eg 8 (= VI Atr 32, 1 = II Cn 8). I Atr 1, 1 (4) = II 3, 4 = II Cn 30 (30, 3). III Atr 2, 1. 4; gonge Ine 20; gang! Af El 11 Ld; gan! So | *pl* 2: ~gen Iud Dei VI

2 | 3: gongen Ine 7,1; gangen B; gan H; gongon II As 6, 1; gangen Ld; ~ So | *pc pl:* ~gende Excom VII 7; *substirt nt gn:* -des Af El 38 G; gon- *übr.* — A) *abs.* 1) *sich bewegen* a) *Vieh* (*Ggs. z. Pflanze*): gongendes 7 weaxendes Af El 38 b) *im Ggs. zum Stillsitzen* Excom VII 7 B) *sonst mit prp., adv oder Praefix:* 2) butan wege *wandern* Wi 28 = Ine 20 3) him fore (*statt seiner*) *ride* oððe gange *zur Spurfolge* VI As 5 4) gange team forð *gehe Gewährzug weiter fort* I Ew 1,1 5) mid his fliese ~ *ungeschoren bleiben* Ine 69 6) ~ge mynet ofer *gelte übers Gebiet* III Eg 8 (ga G; gemet *Gemäss* 8, 1 A D) = VI Atr 32, 1 = II Cn 8 7) gange him [*dt. eth.*] an gestliðnesse *schweife auf Gastfreundschaft* Wi 7 | ~ on þeowet *verfallen in K.* (gan H) Ine 7,1; ~ him on borh *treten für ihn unter Bürgschaft* II As 6, 1 8) ~ to husle *schreiten* Iud Dei VI 2; to ordale *sich unterziehen* I Atr 1, 1 (1, 4) = II 3, 4 = II Cn 30 (30, 3). III Atr 4; to gewitnesse *als Zeuge(nschaft) auftreten* 2. 1 9) gange to 7 oðsace II 4 *bekräftigt nur die Handlung im folgenden Verb* [*s.* gan *n.* 2]: *bloss* iuret *setzt* Q 10) ~ ut Af El 11, egredi, exire *übsnd.* — *Für* gan Af El 11. III Eg 8. Iud Dei VI 2; *ersetzt durch* gan *s. d.* *Der.:* forðg~, geg~, utg~

gangdagas, *pl ac, Betfahrts- (Bittgang-), Processionstage* Af 5,5; gongd~ II As 13 (rogationes Q). V 3, 1 Ld

F**gar-** *s.* war-

L**garba** *Garbe Rect* 3, 2 Q. ECf 7

Lmons **Garganus** *Monte Gargano, nordöstl. von Foggia* Cn 1027, 5

Gast *Geist Gottes*; *gn:* ~tes hal[i]ges Iud Dei IV 4, 6. VI 1. Excom VII 2. Had 1 | *dt:* ~te Af El 49, 5. Iud Dei VIII 2, 4 | *ac:* þin halig [!] ~ Iud Dei IV 3, 2; Fæder 7 Sunu 7 þone halegan ~ VII 13 A. 23, 1 A. VIII 1

ane **gastlice** modor, *fm ac, Eine geistliche Mutter* (*d. i. Kirche*) Grið 30

L**gastrimargia** id est ventris ingluvies Quadr Ded 13

gat, *ac, Ziege* Duns 7

gathyrde, *dt, Ziegenhirten Rect* 15

gavel- *s.* gafol I (-)

gc *abweichend* 1) *für* c: *s.* lencten(bryce), þyncean 2) *für* cc: *s.* gereccean 3) *für* cg: *s.* bycgan, forlicgan 4) *für* g: *s.* cieping, cyning, hengen, leng, lihting, þing, þriþing

ge- 1) *geschr. für* g-: *s.* gafol 2) *dafür* gi, i: *s. d.* 3) *inl.* (*aus german.* j) *geschwunden s.* frigea, gefreogean 4) -ge *für* -i(g)e: *s.* gebyrian

ge- *Praefix* 1) *hinzugefügt s.* geboorgan, gebroðra, geciegan, gefahmon, gehwilc *irgend ein*, geiecan, geleaf, gelicgan, unaliefed, gemetan, (land)geriht, foresecan, gestalian, geswencan, geswicne, foreþingian, gewendan, geweorðan, gewilnian, gewrecan, ungewylles, gewyrcan 2) *geschwunden s.* gebann, beran, bismerian, bugan, bur, (to)byrian, cyðan, feohtan, fon, gilda, hadian, gehwilc (*jeder*), lædan, gelæstan, leod, liger, mænelic, mæðrian, met, folcgemot, scirgemot, neatland, offrige, redan, refa, ridan, rihtan, rihte, ungesadelod, sælig, samnung, scadwis, secan, foresellan, seald (*s.* sellan), siðcund, gesiðmon, standan, understandan (*stehen unter*), strienan, swican, triewan, triewe, triewð, þafian, þenoan, þinge, wana, unwealdes, wita (*Mitwisser*), wundian 3) *neben dem zu n.* 1 *und* 2 *Citirten nicht in allen der variirenden Hss.: s.* (ge)betan, gebrengan, (ge)bringan, (ge)bycgan, cweðan, deman, don, halgian, sellan, settan, tæcan, wegan, wifian, (ge)witnes 4) *für* a-: *s.* gefylan, gewritan 5) *für* be-: *s.* gebycgan, gefon, gelimpan 6) *ersetzt durch* a-, be-, i- *s. d.; durch* gi-, gy- *oft northumbr.* Iud Dei IV f. — 7) *Factitiv bildend s.* geagnian, gefreogean 8) *Transitiv bildend s.* geærne, geascian, gehieran, geiernan 9) *'gemeinsam mit':* gebroðra, gefera, gegilda, gehadan, gesið; gewitan gestala (*Mitstehler*) Ine 25, 1 | gecwædon EGu Pro: condixerunt Q

I) **ge** (*cj*) *wie, auch* Wi 14; ~ eac *wie auch, und auch* Ger 11. 17 | ~ .. ~ *so* (*sowol*) .. *wie* (*als auch*) Af 4, 2. AGu Pro. III Eg 5, 2. II Atr 3. Northu 63. Geþyncðo 1 | ægðer ge .. ge II Ew 1, 1. I As Pro; ge .. ge eac swa, *wie ebenfalls Ger* 1 ‖ ge eorl ge ceorl, ge þegen ge þeoden *ersetzt durch* eorl 7 c., þ. 7 þ. Geþyncðo 1 H

II) **ge**, *pron pers, pl* 2, *ihr* Af El 33 f. I Ew Pro. I As Pro [*vgl.* þu, eow(er), git]

geachs- *s.* geascian

geæhtie *s.* geeahtian

geærendian 1) *Botendienste leisten* Ine 33; geærnd~ H; geer~ B 2) 3: geærndað to *Gode* ymbe neode *bittet zu Gott für* I Cn 22, 3; ~ren- Ld

geærne, *op* 3; geierne oððe ~ (*Kirchenasyl*) *rennend oder reitend erreiche* Af 5. — *Für* geierne Ine 5 Bu

geærnian *s.* geearnian

geæðedra manna, *pl gn, vereideter Männer* IV Eg 6, 2 C; -ðdera F

geafle *s.* gafol II

hit him **geagnian** (*verklagt,*) *es* (*im Anefang Angegriffenes*) *für sich als sein Ureigen erklären* II As 9; *flect:* geahnianne II Cn 24, 3 | *op* 3: geahnige IV Eg 11

geahsian *s.* geascian

geahtige *s.* geeahtian

geald *s.* gieldan

g[e]aldorcræft *Beschwörerei; ac:* gal~ Af El 30 G *statt:*

gealdorcræftigan, *pl ac, hexende Beschwörer* Af El 30; gald~ So Ld; galdor~ H; galdorcræft G

[-gean] *s.* ongean, tog~

geanbyrdan *s.* geandbyrdan

geandagode, *ptt* 3 (*op?*), *Termin setzte* I Ew 2

ge[a]ndbyrdan *Widerstand leisten; op* 3: geondbyrde II Cn 48, 3 (geanb- BA) *aus* geonbyrde EGu 6, 7 [*viell. ptt*]. V Atr 31, 1 = VI 38 | *ptt* 3: geonbyrde on þone, þe hine slog *selbst angreifend losschlug auf* Ine 76, 2; *missverst.* [*durch* gebyrode?] de parentela sit Q | *sonst* ~ ongean *ankämpfen gegen* (*Recht*)

geandettan (*Schuld*) *bekennen, eingestehen* Af 14 | *op* 3: ~te 5, 4. Ine 71 B; geond- E | *ipa:* ~et, *pl* ~etað, Iud Dei VII 23, 3 A, confitearis, -mini *übsnd*

geandwyrde, *op* 3, *antworte* (*vor Gericht*) II Cn 27 BA; ge7werde *G*

g[ea]ngang *s.* gængang

gear *Jahr; gn:* geares I As Pro; binnan - fæce II Cn 73 a; ofer - fyrst *Rect* 3. 4 a. 11; - geogeðe *Jungvieh* 14 f. | *dt:* on geare *jährlich* I As 4. III Eg 5, 1 = II Cn 18. V Atr 11, 1 = VI 19 (= I Cn 12). 27, 1. *Rect* 2; geara A: I Cn 12. II 18 | *ac:* ~ As Alm 1; *Antrittsjahr Rect* 4, 3 a | *instr:* þy forman geare Ine 26; æghwilce geare V Atr 11 = VI 16 (= I Cn 8). V 27. VIII 10; ælce - *Rect* 6, 1 | *pl ac:* VI ~ Af El 11, sex annis *übsnd*

[-geard] *Der.:* friðg~, middang~, ortg~, wing~

on **geardagum**, *pl dt, in einstigen Tagen* Grið 24

geargerihta, *pl ac, jährliche Geldgerechtsame* (*der Kirche*) Northu 43

gearian, *m dt, begnadigen* I Cn 2,2. II 59. Grið 16

gearlices westmes, *gn, jährlicher Frucht* I As Pro Ld [15, 1

gearnwindan, *ac, Garnwinde* Ger

gearþenunga, *pl ac, Jahr[estag-Gottes]dienste* Northu 38

gear[u] *bereit, bereitwillig; praed.* beon geara on *Rect* 5, 2 | *nt:* ~ra Ordal 3 | *pl masc:* ~we V As Pro 1; ~rawe VI 8, 9 | *ac:* ~rowe men habban *Leute bereit halten* II Ew 4; ~rwe Ld | *cpa praed fm: Godes* milts þe ~uwre weorð (bið) VI Atr 30 D = I Cn 19, 3; ~rwre B (~rwur[!] II Cn 84, 4 b *G*; ~rwera AB)

gearwige, *op* 3 1) *tr.* (*Schiffe*) *herrichte* VI Atr 33 2) ~ to *sich vorbereite zu* V 22, 1 = VI 27, 1 (hine *setzt später davor* D) = hine ~ I Cn 19

geascian; geaxian VI As 9 | 3: geacsoð IV Eg 10; geaxað VI As 9 | *op* 3: geacsige Ine 39 B (-ahs- E; -axie H). IV Eg 11 | *pl* 1: geaxian VI As 1, 1 | *ptt pl* 3: ~codon Af El 49, 3; -ahso- G; -axo- H; -achso- So | *pc:* geahsod V As Pro; -acs- Ld; geaxod VI 12, 1. — 1) (*verlorene Habe*) *erkundschaften, ertappen:* hine Ine 39; þæt *Vieh* IV Eg 11 | ~, þæt *erfahren, dass* V As Pro. VI 12, 1. Af El 49, 3, audivimus, quod *übsnd.* 2) *gerichtlich untersuchend erweisen:* þeofas fule (*als schuldig*) 9; þæt (*es*), þæt (*dass*) hit soð is IV Eg 10; þone (*welchen*) on folcriht ~, þæt VI As 1, 1; de quo vere fuerit inquisitum Q; *was wohl vorlag für* per verum reveletur in eo IV 6

geat, *ac, Öffnung einer Umzäunung* Ine 40. 42. — *Der.:* burgg~, Billingesgate, Cripelesg-, Ealdredesg-

geate *s.* geotan

[-geatwe] *Der.:* heregeat(u)

geaxian *s.* geascian

g[e]b[æ]rnan 1) *verbrennen, tr.; op* 3: usig giberne Iud Dei IV 1, nos exurat *glossirend* 2) *anzünden; ptt pc dt:* gibernedum ofne 4, 2, accensa fornace *glossirend*

gebann 1) (*Auf*)*gebot, Befehl; dt:* to cyninges ~ne *Rect* 1, 1 | *ac:* þurh hlafordes ~an Hu 7, 1; pro banno Q 2) *ac:* ~an forbugan *Vorladung* (*kirchlichen Richters*) *nicht befolgen* Northu 4. 6 3) *instr:* ~nne *Indiction, Periode von 15 Jahren* Wi Pro. [*Vgl.* bannum]

gebeah *s.* gebugan

gebed *Gebet; dt:* ~de I Cn 22, 3; gib- Iud Dei IV 3, 4 | *ac:* ~ (*Vaterunser*) I Cn 22, 2; ~*edd* A; ~*edde*! Ld | *pl:* VII ~du 7 *Bitten* 22, 3 | *dt:* ~dum VI Atr 41

gebedbigene, *dt, Ankauf*: *von Gebeten, Zahlung für Beten* VI Atr 51

gebeden *s.* biddan. — *Der.:* ung~

gebedrædene aræran, *ac, Gebetseinrichtung aufstellen, Fürbitte einrichten* VI Atr 1

gebeodan 1) *gebieten;* 3: ungerysena gebyt maunum IV Eg 13, 1 | *ptt pc:* geboden *s.* beodan | 2) *anbieten; op pl* 3: hi hine magum ~*den* Af 5, 3 B; offere Q [*vgl.* beb~]; gebodien (*anzeigen*) *übr.*

gebeorg *Schutz; gn:* ~ges II Cn 68, 2; ~ghes VI Atr 52, 1 | *dt:* ~ge IV Eg 12, 1. Grið 4 | *ac:* ~rh gebidan æt *erwarten bei, von* Episc 15. — *Der.:* fyrg~

gebeorgan 1) þare sawle [*dt*] ~ *schonen* II Cn 30, 5 A; beorgan GB; folce ~ *Schutz, Vorsorge gewähren* 69 2) man sceal gebyrgan *sich hüten, vorsichtig sein* 38 B; beorgan GA 3) *inf. flect.:* him to ~nne *sich zu bergen, schützen* Af 2 4) *ptt pc:* geborgen *s.* beorgan

gebeorglic *verantwortbar, rätlich;* swylce (hit) for *Gode* sy ~ *wie es sich vor Gott[es Gebot der Milde] verantworten lässt* IV Eg 1, 2 (~rhlic D A) = VI Atr 10, 2 = II Cn 2; clementius Q; parcibilis Cons

on **gebeorscipe**, *dt, bei Biergelage, Zechgenossenschaft* Ine 6, 5; potatio Q, *was* Hn 81, 1 *zur Gilde dient*

geberan *gebären;* 3: gebyreð Abt 78. 81 | *ptt pc:* geboren *s.* beran

gebetan VI Atr 52. Episc 10; ~*ten* V As 3, 1 Ld | 3: ~að! Af 49 B (*op:* gebete *übr.*) | *pl* 3: ~að X Atr Pro 1 | *op* 3: ~te Abt 3. 5. 9. Wi 5. 5, 1. Af 2, 1 Ld. 49. Ine 2. 6, 1. 8. EGu 3. 4. As Alm 2. I Em 4. Hu 7, 1. VI Atr 34. 39. VIII 27. I Cn 5, 3. II 29. Northu 3. 8. 64. Grið 11. 12; *geänd.* gebette Northu 45 | *pl* 3: ~*ten* Ine 42 (-te E). 73; ~ I Em 1. VI Atr 7. II Cn 4 a. 4, 1 | *ptt pc:* gebet II As 13. — 1) *bessern:* hit (*Böses*) *abstellen* Episc 10; þeawas X Atr 1; burh sy ~t *hergerichtet* II As 13 2) *Busse leisten* (*ohne Object*) a) *kirchlich* EGu 11 = II Cn 4 a. I Em 1. 4. VI Atr 7; wið God *gegenüber G.* VIII 27 = I Cn 5, 3 = Northu 45. Cn 1020. 17. II Cn 4, 1 b) *weltlich:* be were 29; twibote Abt 3. III *dreifach* 9 3) *als strafrechtl. Busse zahlen, m ac der Summe* Abt 5. Ine 2. 6, 1. 8. As Alm 2; dryhtne *dem Herrn* Wi 5. 5, 1 4) *büssen, entgelten dem Beleidigten und dem Strafrichter, m ac der Schuld* a) *kirchlich:* synna VI Atr 52; *auch weltl.:* hit 50. Northu 64; þæt for *Gode* 7 worulde VI Atr 39 b) *weltlich:* gylt Ine 73. Northu 3; wyndlan 23 | *m dt des Empfängers:* oðrum æwerdlan Ine 42; cyninge munde VI Atr 34; *Empfänger hinter* wið: ~*ten* gestale wið þone V As 3, 1; *hinter* into: grið into circan VIII Atr 3 | *Summe hinter* mid: VII a 3. II Cn 58 (= Grið 11 f.). Had 20; þæt mid . . sc. Af 3 (= II Cn 58). 49. Hu 7, 1; þæt mid XII or Northu 8; æghwelc mid were Af 2, 1 Ld; eall mid bote Grið 10 f.; *hinter* be: þæt be lahslite Northu 21; be were EGu 3 f. — *Für* betan VIII Atr 4, 1 G. Had 2 O *und* Ld: Af 2, 1. 25, 1. Ine 9. 14. II Ew 1, 3; *für* gesellan *zahlen* H: Af 18, 2. 49, 1; *über* ges- *hinzugefügt* 25 So. — *Ersetzt durch* betan *s. d.* — *Der.:* foreg~

gebetunge, *dt, Instandhaltung;* be cyricena ~ I Em 5 Ld Rb

I) **gebidan** 1) *warten; op* 3: ~de, oð þæt he gá II Cn 35; abide Ld 2) *tr.* a) *inf:* sceolon timan ~ *Zeit erleben* I 18 a; gebydan A b) *pl* 1: gebide we gebeorh æt dome *erwarten wir* Episc 15

II) *s.* gebiddan

gebiddan *beten* 1) *op* 3: for (*für den*) cyning ~de Wi 1, 1 2) *mit prn rfl ac; inf:* hine to (*zu*) *Gode* ~ I Cn 22, 1; 4; ~*idan* Ld | *op* 3: he hine ~dæ Grið 26 | *pl* 3: hy sylfe to *Criste* ~ VI Atr 42, 3

geb[ier]htan; gibrehtan *klar erweisen* Iud Dei IV 2, 2 *und op* 3: giberhta 4, 4, declarare (-ret) *glossirend*

gebig- *s.* gebyog-

gebige unrihtwisan to rihte, *op* 3, *beuge Ungerechten vor dem Rechte* Cn 1020, 9

gebihð *s.* gebugan

gebindan *binden, fesseln;* 3: ~deð Abt 24, 88 | *op* 3: ~de Af 1, 4. 35. 35, 6. II Cn 60

gebismrige mid, *op* 3, *beschimpfe durch* Northu 29; gebysm~ II Cn 42

gebletsod, *ptt pc* 1) *gesegnet, gebenedeit* I Cn 26, 4. II 84, 5. Iud Dei

VIII 2, 4; gibloedsado V 2, 5, *benedictus glossirend* 2) *geweiht;* ~water I 23c, aqua benedicta (*Weihwasser*) *glossirend*

flet **geblodgad** wyrðe, *ptt pc*, *Haus* [*im Streite*] *blutbefleckt wird* Hl 14

G[e]bmund *s.* Gybm~

gebod *Gebot; dt:* ~de Northu 3 | *ac:* ofer (*gegen*) ~ 3. 7 | *pl dt:* ~dum Af El 49, 3; beb-So | *ac:* ~du VI As 4

gebodian hine mægum *ihn* (*als Verhafteten*) *seiner Sippe melden, anzeigen; op* 3: ~*die* Af 42, 1; bebeode H | *pl* 3: ~ien 5, 3; ~ie H; gebeoden B

gebogen *s.* gebugan

geboht *s.* gebycgean. — *Der.:* ung~

geboren *s.* beran. — *Der.:* ung~

gebregde, *op* 3, (*Waffe*) *zückt;* wæpne (*instr*) Af 15; ~*ede* II B; ~ræde So; ~*ede* 39, 1; wæpn [*ac*] ~*ede* 7; ~ræde So; wæpne [*instr?*] B

gebrengan (*eine Person*) *bringen, führen;* to ryhte Af 34 So; ~rin~ Ld; bringan B; brengan EH; æt teame ~gen Hl 16, 1 | *op* 3: ~ge æt ham (*anderem als Weib*) *heimführe* Abt 31; (*nach Hause*) *zurück* 77, 1 ‖ *zu Gericht:* æt rihte Hl 15 | *pl* 3: ~gen on folcgemote Af 34; gebringe[n] H, gebringan B; -gen So. — *Der.:* ætg~

gebringan *bringen* Af 34 Ld (*s. 8 Z. vorher*). Duns 6 | 3: ~geð I Cn 4, 2 | *op* 3: ~ge Af 35, 2 HB (alecge G So). II As 1, 3. 7. IV Eg 8. I Atr 4. II Cn 3; ~rynge D | *pl* 3: ~gen Af 34 So (~ B; ~, *geänd.* ~ge H; gebrengen E). II As 1, 4 Ot (~ H; ingeb~ B); ~ II Cn 33; *sg:* ~ge B | *ptt pc:* gebroht 20. 20a. 76, 1. — 1) (*Personen*) *führen:* eft þær *dorthin zurück* Duns 6; eft þær inne II As 1, 4; on hengenne Af 35, 2; on carcerne II As 1, 3. 7; on hæðendome II Cn 3; on borge 20a (borh B); under borge I Atr 4 = II Cn 33; on hundrode 20; on folcgemote, . . to ryhte Af 34 Ld 2) deofla on fleame ~geð *in Flucht treibt* I Cn 4, 2 3) *Vieh* on gemænre læse IV Eg 8; *Gestohlenes* under cœglocan II Cn 76, 1. — *Ersetzt durch* bringan *s. d.*

gebrocen *s.* brecan

gebroced, *ptt pc* 1) *verletzt;* widobane ~ weorðeð Abt 52, 1 2) *pl dt:* ~dum mannum *erkrankten* VII a Atr 4, 1

gebroht *s.* gebringan

[gebrot] *Der.:* corng~

gebroðra, *pl* 1) *leibliche Brüder: twegen* ~ EGu 4, 1 2) *Christenbrüder* Grið 30 | þa eldran ~ Af El 49, 3 So (~oðera Ld), *seniores fratres der Act. apost. übsnd;* broðor *hatte* Af

gebryid *s.* brygdan

gebugan *sich beugen* EGu Pro 2. Northu 45 | 3: gebihð VIII Atr 25; gebyhð I Cn 5, 2d | *op* 3: ~ge EGu 3. V Atr 5. VIII 41. II Cn 35. 84. Grið 26; ~ga II Cn 35 A. 84 B; buge Ld | *pl* 1: ~ IX Atr 1 | 3: ~ V 4. VI 2, 1. VIII 40. I Cn 6. II 4, 1. 6 | *ptt* 1: gobeah Swer 1 | *pc:* gebogen II Em 4; he hæbbe bote gebogene V Atr 29. — 1) *eigentl.:* to weofedan *niederknien vor A.* Grið 26 2) *übtr. sich unterwerfen* a) *abs.*, '*der Ordnung' aus Zushg. ergänzbar, nachgeben* VIII Atr 40 = II Cn 4, 1. 6 b) *m ac, auf sich nehmen, geduldig ertragen:* godcunde bote EGu Pro 2. V Atr 29; carcern (hengenne) *in den Kerker wandern* EGu 3 (II Cn 35) c) ~ *sich unterwerfen* to: to bote EGu Pro 2; Drihtne II Cn 84; *Gode* IX Atr 1; him Swer 1; regollage VIII Atr 25 = I Cn 5, 2d; rihte II Em 4. V Atr 4. 4, 1 = VI 2, 1 = I Cn 6. 6a. Northu 45; þearfe VIII Atr 41 | ~ into mynstre V 5 = VI 3a. — *Ersetzt durch* bugan II Cn 84 Ld

gebur *Bauer, Landmann untersten Freienstandes* (*in Rect Hintersass eines Adelsguts*) Rect 4, 2c; 5 | *gn:* ~res Ine 6, 3. *Rect* 4 Insc | *dt:* ~re Ine 6, 3 (bure Bu). *Rect* 4, 3 | *stets* geburus Q. — *Der.:* neahg~

geburgerihta, *pl*, *Bauernrechtspflichten Rect* 4; ~res gerihte Rb *ebd.*

geburhscipe, *dt*, *Ortschaft, Gerichtsbezirk* I Ew 1, 4 H; ~pa Q; *Var.* ~scypa; *dafür* [*verderbt*]:

geburscipe *Bauerschaft* I Ew 1, 4 Ld; *verbess. aus* gebuns. B; *s. vorvor. Z.*

gebycgean; gebic~ II Atr 1 | 3: gebigeð Abt 77; ~ygð Ine 56 | *op* 3: ~ge Hl 16. Ine 11 H; ~gge Af El 11. 12; ~ccge Ine 31; gebicge II Cn 8, 1. 15, 1. 24 Ld; -igge III Eg 3; -icgae Northu 2 | *ptt* 3: gebohte Hl 16, 2. Af El 12 So. IV Eg 7. V Atr 3, 1. I Cn 18, 3. II 2, 1. 3. Episc 13; (*op?:*) V Atr 2. VI 9. 10, 1 | *pc:* geboht Swer 7 B — 1) *kaufen:* feoh Hl 16. 16, 2; ceap *Vieh* Ine 56. IV Eg 7; æhte Swer 7 B; þeow Af El 11; þing libbende ne licgende II Cn 24 Ld; cirican Northu 2; frið II Atr 1 2) *Frau zur Ehe erwerben:* mægð Abt 77; wif Ine 31 3) *auslösen, loskaufen* [*Verwirktes*]: hand mid (*durch*) golde II Cn 8, 1; þegnscipe æt (*vom*) cinge III Eg 3 = II Cn 15, 1 | [*vom Teufel los*]: sawla Crist mid life V Atr 2 = VI 9 = II Cn 3; his ceap *deore* (*teuer*) V Atr 3, 1 = VI 10, 1 = II Cn 2, 1; us deopum ceape (*für hohen Preis*) mid his life I 18, 3; us mid weorðe Episc 13 4) *verkaufen:* dohtor on þeowenne Af El 12 (beb-Ld), vendiderit *übsnd;* his leod Ine 11 H; bebycge *übr.* — *Für* bycgan II Cn 24 Ld. *Ersetzt durch* bycgan *s. d.* — *Der.:* ætg~

gebydan *s.* gebidan

gebyrdan, *pl dt*, *Geburt, Geburtsrang* Grið 21

gebyreð *s.* geberan

gebyrgan *s.* gebeorgan

gebyrian *gebühren;* 3: ~reð II Em 7, 1. Duns 2. 9. VI Atr 51. Wer 5. 7. *Rect* 5. 6. 8. 10. Ger 16. Mirce 3, 1. Episc 1. 6. 9 ff.; gebireð VIII Atr 12; ~rað 30. 35. I As 5 Ld. I Cn 4. II 40, 2. Rect 18. Norðleod 1. Mirce 4. Had 1, 1 | *pl* 3: ~iað Wer 3 *Rect* 3, 3. 7 | *op* 3: ~ige A Gu 5. EGu 12. II Ew 6. VI As 8, 2; 6. II Atr 8, 1. V 9, 2. VI 22, 1. I Cn 6. II 40, 1. 66. 70, 1 (*verb. aus* byrige A). Wer 3. Wif 2. *Rect* 4, 3c. 5, 5. Grið 10. 19. 26. Episc 2. Wl lad 1; ~rge VIII Atr 6; gebirige 3. 8. 34 | *pl* 3: ~igan *Rect* 4, 3a | *ptt* 3: ~rede Geþyncðo 8. Grið 3; gebirede Geþyncðo 7 — I) *intrans. persönlich* 1) *gebühren, gehören, zustehen, geziemen:* weorc þærto II Ew 6; þæt (*was*) þærto Grið 10; *feststehen:* deopre riht *schwerere Pflicht Rect* 6, 1; mare gafol 5, 1; to (*als*) bote Mirce 3, 1 | *m dt des Berechtigten oder Verpflichteten:* þæt (*was*) hade V Atr 9, 2; him nan þing VIII 30; þam hit II Cn 66; healsfang bearnum Wer 5; wer magum Norðleod 1 = Mirce 4; hwam fosterlean Wif 2; swane fearh *Rect* 7; esne pund 8; bryttan corngebrot 17; biscope rihting Episc 1 | him ~iað æceres to habbanne, *also inf. regierend, als wäre es unpersönlich, Rect* 3, 3 | *mit* to *und dt* [*Fälle, wo* to *als Regiertem nachstehend gefasst werden kann, s.* togebyrian]: þæt ~reð to *dieses dient* VI Atr 51; teoðung (þæt *was*) to cyrcan VIII 6 (Grið 26) | *mit* into *und dt:* hit (*Leistung*) into Westsexan Duns 9 2) *zustossen:* him forðsið (*Tod*) VI As 8, 6 = *Rect* 4, 3c. 5, 5 **II**) *sg* 3 *unpersönl.* 1) *es* *gebührt sich, geziemt, gehört sich* **a)** *mit* hit (*es*): swa hit ~rige EGu 12. VI Atr 50. VIII 34 = II Cn 40, 1; hit ~reð, þæt (*dass*) Episc 6 **b)** *sonst ohne* hit α) swa þærto - II Atr 8, 1. V 13. VI 22, 1. VIII 3. I Cn 2, 5. II 71 a. Grið 19; beþamþe þærto - Wer 3; swa hade - Geþyncðo 7 β) *inf. regierend* [*diese Constr. einmal bei persönlich* ~, *s. 19 Z. vorher*]: hwæt him ~rige to donne Episc 2; þe [*crimini*] - ornest fore to beonne Wllad 1; hwæt us fulfremian - I As 5 Ld γ) þæt (*dass*) *regierend:* ~reð, þæt II Em 7, 1. VIII Atr 12. Duns 2. Episc 11 | *mit dt des Berechtigten* (*Verpflichteten*): cyninge VIII Atr 35 = II Cn 40, 2; Geþyncðo 8; Christenum VIII Atr 18 = I Cn 4. Episc 9; sacerdum 10; freondum Had 1, 1; bydele *Rect* 18; beoceorle 5; swane 6; folgere 10 **2)** *es kommt vor, ereignet sich:* gif (þæt *Folgendes*) ~rige, þæt (*dass*) AGu 5 (VI As 8, 2). — *Für* sculan I As 1. 5 Ld; *irrig für* byrgea *Bürge* Af HB: 18, 1; 2; 3. — *Ersetzt durch* belimpan, byrian, habban *s. d.* — *Der.:* tog~

gebyt *s.* gebeodan

geceapian; *op* 3: ceap ~ige *Kauf verhandele* II As 12 | *ptt pc:* ceapi ~pod (*Frau*) *durch Brautkaufgeld erkauft*- Abt 77

gecennan *erklären* **1)** *tr., op* 3: **a)** team ~nne *Gewähr anruft* II Atr 8, 1 **b)** hine gecænne (mid æwdum, þæt) *reinige sich mit Eidhelfern, dass* Hl (2. 4). 5 **2)** *intr, ptt* 1: ic gecende *ich habe gesprochen, Auskunft erteilt* Ger 19

geceorr- *s.* gecier

geceosan *kiesen* IV Eg 2, 1 | 3: gecysð 6, 1 | *op* 3: ~se III Atr 13, 3. II Cn 73 a. Wif 3 | *pl* 3: ~sen IV Eg 12; ~ Northu 65 | *ptt* 1: geceas Swer 1 | 3: geceas Af Insc H | *pl* 3: gecuron EGu Insc; -ran Pro. V Atr Pro. VI Pro | *pc:* **gecoren** IV Eg 14. 14, 1. V Atr 16. VIII 6. Cn 1020, 13. I Cn 17, 1; -ran VI Atr 23, 1 D | *pl: -rene* Iud Dei VII 12, 2 A; *-rone* IV Eg 4; *substirt gn:* -renra Iud Dei VIII 2; *-renre* Excom VII 4 — **1)** *auserwählen:* to gewitnesse IV Eg 4, 1. 6 | *theolog.* electi *übsnd* Iud Dei VII 12, 2 A. VIII 2. Excom VII 4 **2)** *annehmen:* his (*des Herrn*) willan Swer 1; his (*des Ehemannes*) willan Wif 3; wer *Ehemann* II Cn 73 a **3)** *festsetzen, bestimmen:* domas Af Insc H. EGu Insc; gerædnesse Pro. V Atr Pro = VI Pro; lage IV Eg 2, 1. 12. Cn 1020, 13; þæt (*das, was*) IV Eg 14, 1 | *regiert* þæt, *dass* V Atr 16 = VI 23, 1 = I Cn 17, 1. VIII Atr 6; ~, þæt *sich entschliessen zu* Northu 65 | *regiert* hwæt (*quid?*) IV Eg 14

geceðan *s.* gecyðan

geciden (*op pl* 3) on gebeorscipe *zanken beim Biergelage* Ine 6, 5

gec[ie]gan; 2: gecygst (*Gott*) *anrufst* Af El 2 H, *geändert aus* cygst *der übr.*

geci[e]rran *kehren;* gecir~ II Cn 67; gecyr~ B A. I 18, 1; geceor~ A | *op* 3: gecirre I As 4 (-cyr- G). VI Atr 42, 1; -cyr- K | *pl* 1: gecyr~ V 1 G 2 = VI 1 = X 1 | 3: gecir~ I Em 6; gecyr~ H B. VI Atr 2, 2; gecer~ Excom VII 5 | *ptt pl* 3: gecirdon Af El 49, 1 H; gecyr- G. So; *gecer-* E | *pc pl:* gecirde 49, 2; gecyrrede H; *unflect:* gecyrred G. — **1)** *tr.: christlich bekehren zu:* þeoda (of hæðenum) to Af El 49, 1 (2) **2)** *intr.: sich bekehren* **a)** [*abs*] *sich bessern* Excom VII 5 **b)** fram synnum V Atr 1 = VI 1. 42, 1 = X 1 = I Cn 18, 1; to *dæd*bot*e* I Em 6; to rihte I As 4. VI Atr 2, 2; fram unrihte to rihte II Cn 67

geclænsian *gerichtlich reinigen;* hine ~ mid lad*e* wið me *sich r. durch Eid mir gegenüber* Cn 1020, 2 | *op* 3: ~ie hine aðe *ihn durch Eid* Wi 23; ~lensige 24; *statt Ines* geswicne *liest* B: ~ie hine be *'sich durch'* Ine 52 (15 hine *aus vor. Z. ergänzbar*); ~lensie 14

gecl[ips]; *ac:* ~lysp *Geschrei* Af El 41; ~læsp G; ~lebs H; ~leps So Ld

gecnawan **1)** mæðe *Rang berücksichtigen, anerkennen* I Cn 4, 3 | *op* 3: geswinces lean ~we *Lohn der Mühe zuerkenne Rect* 20 **2)** *inf:* ~, þæt *deutlich merken, dass* II Cn 24, 3

swa **gecneordra**, swa weorðra *je eifriger, um so würdiger* Ger 5, 1

gecoren *s.* geceosan. — *Der.:* ung~

g[e]costia, *op* 3; gic~ (*Urteil*) *erweise* Iud Dei IV 3, 2, comprobet *glossirend*

gecuron *s.* geceosan

gecwæden *s.* gecweðan

gecwed(-) *s.* gecwyd-

gecweden *bestimmt, verordnet, o. S.* 43 *letzte Z. und* VI As 8, 5

gecweman **1)** *pers.: wohlgefällig sein;* 3: sacerd Drihtne ~með I Cn 4, 1 | *op pl* 3: þa *Gode* ~mdon Grið 21, 1 **2)** *unpers.; op* 3: ~wime an feo oððe aðe *beliebe es nun in Geld oder Eid* Hl 10

gecweme *wohlgefällig;* se wæs Christ*e* ~ Grið 22; þæt is *Gode* ~ I Cn 18, 2 | *cpa nt:* gif ~mre byð *wenn ihm* (*das*) *lieber ist* Wl lad 2

gecwemlice, *adv, wohlgefällig* IV Eg 14, 1

gecwemnysse, *dt, Wohlgefallen* IV Eg 2

gecweðan *aussprechen;* mildheortnesse *zuerkennen, anordnen* Af El 49, 7 | *sonst 'bestimmen, verordnen'; ptt pl:* swa we gecwædon X Atr Pro | 3: gerædnessa gecwædan VI Pro; hig gecwædon, þæt EGu Pro 1. I Cn 1a; -dan AGu 5, *wofür* we cwædon B 1 | *ptt pc:* ~*eden s. d.* — *Der.:* tog~

[-gecwide] *Der.:* wordg~

gecwime *s.* gecweman, *op* 3

gecwydrædden*e*, *gn, Übereinkunft* VI As 8, 1

[-gecyd] *s.* cyðan. — *Der.:* ung~

gecygst *s.* geciegan

gekyndelice! lim, *nt ac, Zeugungsglied* Abt 64

gecyrran *s.* gecierran

gecyðan Hl 16, 3. Ine Rb 35. Ine 16 f. 21. 57. 75. III Eg 3; geceðan Ine 16 Bu | 1: ~ðe As Alm Pro | *op* 3: ~ðe Hl 16, 2. Af 42, 4. Ine 25, 1. 49, 1. I Ew 1, 5. As Alm Pro. II As 26, 1. VI 8, 4. V Atr 22 = VI 27. II Cn 23, 1. Duns 1. Ger 19 | *ipa:* ~ð Af El 42 H; ~yðe E | *ptt pc s.* cyðan, ungecyd. — **1)** *berichten; m ac: schriftstellerisch* Ger 19 | *melden, anzeigen:* hit him (*Vieh dem Verlierer*) Af El 42; hine freondum (*den Belagerten*) *an dessen Sippe* Af 42, 4; *dem Vorgesetzten, ob:* hweðer II As 26, 1 **2)** *beichtend bekennen:* synna V Atr 22 = VI 27 **3)** *verordnen, proclamiren, dass:* gerefum, þæt As Alm Pro **4)** *gerichtl. erhärten, erklären:* þæt mid canne *dies durch Eid* Hl 16, 3 | *sonst* þæt *'dass' regierend:* Ine 21. 49, 1. 75; ~ðe þæt on helde, þæt *schwöre bei der Gnade Folgendes, dass* II Cn 23, 1; mið aðe *durch Eid* I Ew 1, 5. III Eg 3; be wit*e durch Eid in Höhe des Strafgeldes* Ine 25, 1; in (*am*) wiofode mid *Eidhelfern,* þæt *dass* Hl 16, 2; be mearce, þæt *erweisen durch Merkmal* Duns 1. — *Ersetzt durch* cyðan *s. d.*

g[e]cyðn[es]; *gn:* boec aldes [*masc!*]

7 nives gicyðnisses Iud Dei V 2, 1, libros Veteris ac Novi Testamenti *glossirend*

gedæled *s.* dælan

gedafenað, *unpers.* 1) *es steht* (*als Recht*) *zu:* swa dohtrum ∼ Af El 12 So, iuxta morem filiarum *übsnd* 2) *es ziemt, ist erlaubt:* Cristenan mæn ∼ to *donne* VI Atr 5, 2; swa his ha*de* ∼ VIII 30

[-gedafenlic] *Der.:* ung∼

gedalland, *ac, Ackerland in Besitzeranteilen, den* Dorf*genossen aufgeteilte Flur* Ine 42; gedalel∼ Ld

gedeman *richten* 1) *Urteil sprechen, m. dt der Partei;* 3: he ∼mð us Episc 14 | *op* 3: oðrum ∼me III Eg 3 2) *zuerkennen, m ac des Ausspruchs:* undom ∼me II Cn 15, 1 | *ipa:* gidoem þætte soð is Iud Dei IV 4, iu*dica* quo*d* iustum est *glossirend* | *ptt* 3: Cris*t* mildheortnesse þam ∼mde Af El 49, 7 3) [?] *tr., richten, beurteilen;* 3: æghwelcne ∼međ 49, 6 (*op:* ∼me H); unicuique *versteht Q* [*so Toller und alle Übss.*], *falsch nach* H, *der* dom *ergänzt, also 'zuerkennen' versteht. Letzteres scheint mir jetzt besser. — Ersetzt durch* deman *s. d.*

gedemod *s.* deman

I) **gederian** *schaden; op* 3: heom ∼ige mid wor*de* Had 1, 2 | *ptt* 3: gehadedum ∼rede wor*des* Geþyncðo 8; ∼rode H II) **gederian** *s.* gad∼

gedes *s.* gæ*d* **gedeð** *s.* ge*don*

gediernan *verhehlen;* 3: flæso gedyrneð *versteckt* Ine 17; -der- Bu; -dir- H; *wahrscheinl. zu bessern ptt pc: s.* diernan | *op* 3: ∼ne þiefðe *Diebstahl vertuscht* (*und der Strafe entzieht*) Ine 36; -dir- H; -dyr- B

gedihtan *anordnen;* ladunge Episc 5 | *ptt* 3: swa hit ∼te *vorschrieb* VI Atr 23; cyning gerædnesse VIII Pro

ged[i]legie, *op* 3; gedyl∼ þin heorte *vergehe* Iud Dei VIII 2, 1, evanescat *übsnd*

gedon Ine 21, 1 H. V Atr 23 | 1: *gedo* Af El 34 | 3: gedeð Abt 27. 73; II Cn 68, 3 | *op* 3: *gedo* Abt 2. 3. Hl 10, 15. Af El 20. Af 31, 1. Ine 8. 53, 1. EGu 8. Northu 2, 1. 61, 2. Iud Dei VIII 2, 3 | *pl* 3: ∼ II Ew 8. I As 4; *gedo*! Pro Ld | *ptt* 3: gedyde Af 6 | *pl* 3: gedydan Wif 9 | *ipa pl:* ∼ oð I As 5. — 1) *vollführen, mit ac der Sache:* taon *tue Zeichen* Iud Dei VIII 2, 3; þæs þe man ∼ mæge V Atr 23; (*Unrecht*) *verüben* Abt 3. 27. 73. Af 31, 1. II Cn 68, 3 2) *zufügen, antun;* heom (ænigum) yfel ∼ Abt 2 (Hl 15); oðrum riht Hl 10 3) ∼, þæ*t machen, bewirken dass* Af El 34. II Ew 8. I As 4 4) *zu etw. machen, m. ac des obj. und ac des praed. adj.:* anigge Af El 20; ryhtes wierðne *teilhaftig* Ine 8; unscyldigne *als unsch. erweisen* 21, 1 H (unsyngian *übr.*); *ceap* unbeceasne 53, 1 5) [*Verb vicar.*] *Inhalt vorhergehenden Satzes aufnehmend: tun* Af 6. EGu 8. II Cn 46, 2. Northu 2, 1. 61, 2 6) gedoð, þæt ge geunnon *machet* (*verfahret so*), *dass ihr gönnet = gewähret nur ja!* [*den Inhalt des abhäng. Verbs stärkend*] I As 5 7) tosomne ∼ (*Ehe*) *zusammenfügen* Wif 9. — *Für* don Ine 10 H. I As Pro Ld; *ersetzt durch* don *s. d. Der.:* tog∼

gedreht *s.* dreccan; ∼**tan,** *ptt pl* 3, *bedrängten* V Atr 32, 1 D

gedreohlice, *adv, vorsichtig, behutsam* II Cn 75.

gedriven *s.* drifan

he **gedufe** (*op* 3) elne on þam rape *tauche unter, intr.* II As 23, 1

gedwealdon mid, *ptt pl* 3, *beirrten durch* Af El 49, 3; ∼eldon H

gedwimera, *pl gn, Trugbilder* II Cn 5, 1; ∼wymera A; fantasiae vel prestigiaturae Q; *errores* Cons

gedyde *s.* gedon

gedylegie *s.* gedil∼

gedyrnan *s.* gedier∼

gedyrstignysse, *ac, Frechheit* IV Eg 1, 3

gedyrstlæcan *wagen* Af El 49, 9 Ld; geþristlæcan *übr.* [*s. d.*]

geeahtige, *op* 3, (*Strafmaass*) *abschätze* Af El 26 (gee*ht* - B; geæhtie H). 32; gea∼ So Ld

geeald- *s.* geheald-

geearnian Af 43. I As 4. IV Eg 1, 8. *Rect* 10, 1. Had 1, 2; gear∼ Af 43 B; geær∼ Ld; *flect.:* ∼nne Grið 1; ∼igenne I Cn 2, 1 | 3: ∼noð *Rect* 17 | *pl* 1: ∼að I As 4, 1 Ld | *op* 3: ∼ige *Rect* 10 | *pl* 2: ∼ IV Eg 1, 4 | 3: ∼ V As 3. VII a Atr 7 | *ptt op* 3: ∼node I Cn 18 b; geær- B | *pc:* ∼nod IV Eg 1. — 1) *verdienen* a) *weltliches Gut:* æghwæt Af 43; æceras *Rect* 10; mare 10, 1; hit mid (*durch*) getrywðan 17 b) *Geistiges:* grið I Cn 2, 1 = Grið 1; mildse VII a Atr 7. Had 1, 2; ece lif IV Eg 1, 8; þa ecelice mid *durch* I As 4, 1; swa hy ∼ V 3 c) *Strafe:* hellewite I Cn 18 b; ungelimp (deað) mid *durch* IV Eg 1 (1, 4) 2) *sich verdient machen um:* to *Gode* 7 to me I As 4

geedcende, *ptt* 3; fulluht, þe se preost eow of ∼ *Wiedergeburt bewirkte* Iud Dei VII 13 A, regeneravit *übsnd*

geehtige *s.* geeaht∼

geendian 1) *intr: enden, sterben;* ∼igan Northu 63 | *op* 3: ∼ige 62 2) *beendigen; pl* 3: ∼að þa spæce Iudex 11, finiunt *causam übsnd*

geeofot *s.* eofot

geeowde, *ptt* 1, *zeigte;* ic witum þas [*domas*] ∼ Af El 49, 10; geowde H

lan*d* **geereð,** 3, *beackert* Ine 67; ∼rað B; ∼ræð Ld; ereð H; hereð So

gees *s.* gos

gefā *Feind, Gegner kraft rechtmässiger Rache-Verfolgung* 1) *Bluträcher; dt:* ∼an Af 5, 3 | *pl:* ∼an Ine 74, 1 2) *in Rache Verfolgter; ac:* ∼an Af 42. 42, 1; 4; oðres *vom Nachbar gesetzlich Verfolgten* II Atr 6, 2 [*vgl.* gefah(mon)]

[-gefa] *Der.:* freolsg∼, rædgifa

gefadige, *op* 3, (*Strafe*) *regele, abmesse* [consideret mensuram In], *ermässige* II Cn 2; medemige [*gemäss Cnuts Quelle* VI Atr 10, 2] D; *temperetur* Q; moderetur Cons

on his **gefæderan** *mit seiner Gevatterin* VI Atr 12, 1 = I Cn 7, 1

gefære *s.* gefaran

fæs*ten* **gefæstan,** *op pl* 3, *Fasten halten* VII a Atr 5, 1

gefæstnian *befestigen, bekräftigen* (*Beschluss, Frieden*); *ptt* 3: ∼node I Cn Inso D | *pl* 3: mid *wedde* ∼nodon IV Eg 1, 4 | *pc:* mid weddum ∼nod VI As Pro. 8, 5. V Atr 1; mid aðum gefeostnod AGu Pro; ∼nod Ld; *pl:* ∼node Ine Pro

gefah wið þo*ne* cyning *friedlos gegenüber dem König* [*d. h. überall im Staat*] II Em 1, 3

gefahmon *in rechtmässiger* Blut*rache Verfolgter* Af 5 B; fahmon *übr.*

gefan *s.* giefan

gefaran 1) *reisen, ziehen*; *ptt op* 3: mit ærendan gefore to cynge Geþyncðo 3 2) *sterben; op* 3: gefære II As 26 Ld; forðfore H 3) *erlebe, erfahre, leide; op* 3: ∼re, þæ*t* (*was*) God wil*le* (ræde) VIII Atr 22 (24) = I Cn 5, 2 a (swa God *ræde* 5, 2 c; gefære Ld); þæ*t* (*was*) he mæge II 35 4) *erlangen, erreichen durch eiligen Ortswechsel; op* 3: feorh ∼re *Lebensrettung* Grið 18

gefeara *s.* gefera

gefeoht *blutiges Fechten; dt:* ∼te Af Rb 21 (*mit Totschlag;* gefiohte H; rixa, *gebessert* homicida Q). 38 Ld; gefeoht So | *ac:* ∼ agynneð Grið 12 | *pl:* eallum eleð þa ∼ II Em Pro 2 | *pl dt:* ∼tum Ine Rb 6. — *Der.:* flettg∼

gefeohtan *blutig fechten*; 3: ∼teð wið *ficht gegen* Grið 9 f. | *op* 3: ∼te Af Rb 7 H Ld So (feohte *übr.*). 38 (fiohte H). Ine 6—6, 3 (feohte 6, 2 B); *mehr als bloss* wæpn gebrede Af 7 (= II Cn 59; feohte A). 15. 39 (gefehte Q *Var.*). 39, 1 Ld (feohte *übr.*); *daneben steht* 7 mon ofslea 27 (gefeahte Ld), ∼ *allein ist also ohne Totschlag möglich; dagegen tötlich* [*weil Wergeld erfordernd*] EGu 3 | *ptt pc: s.* feohtan

gefeormie forstolenne *ceap*, *op* 3, *beherberge* Ine 46

gefeost- *s.* gefæstnian

gefera *Genoss* 1) *gn:* ∼an *Eidhelfers* Swer 6 B 2) *Stammesgenoss; dt:* ∼an Af El 35. | *Landsmann* II Cn 35, 1 | *pl dt:* ∼rum II As 20, 2 Ot Ld; ∼ran H | *Kriegskameraden* II Cn 77; gefearam! A 3) *geistlich; pl dt:* ∼ran *Mitklerikern* VIII Atr 24 = I Cn 5, 2 c | *des Domstifts; no:* ∼ran; *gn:* ∼rena Northu 1. 2, 1 | *no:* ure ∼ran *Brüder der Christenältesten* Af El 49, 3 | *ac:* [∼an] *statt* gerefan Ine 63 *versteht* Q, socios *übsnd* [∼ *statt* gerefa Ann. Anglosaxon. *Hs.* A *a.* 897 *zweimal; umgekehrt 7 Z. weiter*]; *vgl.* gelio

geferræden 1) *Stiftsconvent* VII a Atr 6 2) *Vasallitätsverband* (*des Königs*); *dt:* ∼ne II Ew 1, 1 B; ∼*æddenne* H; ∼redne Ld

geferscipe *Genossenschaft* 1) *Friedensgilde; gn:* ∼pes VI As 6, 3 | *ac:* þone ∼ 1, 1; gerefs∼ *Hs.* [*vgl. 10 Z. vorher*] 2) *geistlicher Convent; dt:* ∼ Had 9, 1; gefær∼ H | *Anteil an Stiftsgenossenschaft; gn:* þolige ∼pes VIII Atr 27 = I Cn 5, 3 = Northu 45

gef[ie]llan; *op* 3: gefylle to deaðe *zu Tode schlage* EGu 6, 6

ge **gefindað**, *pl* 2, *ihr auffindet* As Alm Pro

geflæscnysse Cristes, *ac*, *Fleischwerdung Christi* Iud Dei VIII 2

gefolgað, 3, *folgt;* heorðe ∼ hyrde II Cn 84, 2 a

gefolgylda *s.* gafol-

gefon *fassen;* 3: gefehð Ine 28. 36. 72 | *pl* 3: ∼oð Ine 72 | *op* 3: gefo Wi 26. 26, 1. Af 1, 6. 7. 18. Ine 37. 72. II Cn 24, 1 B; befo *übr.* | *ptt pl* 3: gefengon Ine 73 | *pc:* ∼ngen Ine 12. 18; *dt:* ∼ngenum Ine Rb 12. 18; gefang- B; *ac:* ∼ngenne Ine 36. — 1) on breost *an die Brust fassen* Af 18 2) *einfangen* (*flüchtigen Verbrecher*) Af 7, 1. Ine 72 *Satz 2* 3) *handhaft beim Verbrechen ertappen* Wi 26. 26, 1. Af 7. Ine 12. 18. 28. 36 f. 72 *Satz 1.* 73. — *Ersetzt durch* fon *s. d. Der.:* ofg∼

gefore *s.* gefaran

geforðian *fördern, ausführen* I Atr 4, 3 (complere Q) = II Cn 33, 2 (facere, perficere L). Ger 8

geforword, *ptt pc*, *verabredet*, *abgemacht* II Atr 4. Wif 4

gefremman 1) *vollführen, verüben; op* 3: morðweorc ∼mme II Cn 5, 1 | *ptt* 3: facn ∼emede Af El 28, fraudem perpetra[vit] *übsnd* | *pl* 3: stale ∼emoden Excom VII 3, furtum fecerunt *übsnd* | *pc:* sie ∼mmed him on byrne Iud Dei V 2, 3, efficiaris ei in combustionem *glossirend* 2) *m. dt; praes pl* 3: lara folce ∼emiað *nützen* X Atr Pro 1. — *Der.:* ungefremed

gefreogean 1) *freilassen* Ine 74, 1; ∼gan B | *op* 3: ∼ge Af El 20, dimittet liberos *übsnd* 2) *befreien; op* 3: gifrie (*von Verbrechensverdacht*) Iud Dei IV 2, 1, liberet *glossirend* | *ptt pc pl:* þeowemen beon weorces gefreode *von Arbeit entbunden* VII a Atr 5, 1

gefriðað, 3, (*Flurgehege*) *schützt, sichert Rect* 20, 2

gefullod *s.* fulwian

gefyle hine, *op* 3, *sich besudele* II Cn 46, 1 B; afyle GA

g[e]fyrht[an]; *op* 3: gifyrhtia *fürchte* Iud Dei IV 2, 3, contremescat *glossirend*

gefyrstum, *pl dt*, *Frösten* Ger 11

gega, *op* 3 1) *pers.:* sulh hit [*Ackerland*] ∼ *überschreitet* II Eg 1, 1 (gegange AD) = VIII Atr 7 = I Cn 8, 2 2) *unpers.:* gif hit to bote ∼ *wenn es zur Busszahlung kommt* VIII Atr 3 — I Cn 2, 5

gegaderian *sammeln* 1) *op pl* 3: hi hit ∼ [*Geld*] *einsammeln* Northu 57, 2 | *ptt:* ic þas [*Gesetze*] ∼*rode* Af El 49, 9; ∼rod! Ld 2) *versammeln* ∼drian II As Epil | *op pl:* we us ∼ VI As 8, 1 | 3: hi heo (*sich*) ∼ Hu 1 | *ptt pc pl:* wurdon seonoðas ∼rode Af El 49, 7; *unfl:* ∼rod Ld

gegangan 1) *überschreiten;* 3: *edor* ∼geð *Gehege rechtswidrig betritt* Abt 29 | *op* 3: sulh hit ∼ge II Eg 1, 1 AD *für* gegá *s. 15 Z. vorher* 2) *op* 3: hine gefo 7 ∼ge (*den Verbrecher*) *fängt und überwindet* Wi 26, 1

gegemed *s.* gieman

gegilda *Gildegenoss* VI As 8, 6 | *pl:* ∼an Af 27 (-gyl- H). 27, 1 (∼*d*en H; gegylden B). Ine 16 (gyldan B; ∼anum! Bu). 21; gyl*d*an B | *dt:* þam ∼an Af 28; gegyl- B | Congildo [*aus Fränk. Recht*] *stets* Q, *ausser* Ine 16, *wo er* ∼an *als Verb missversteht.* — Der.: friðg∼

geg[i]ldscipe, *Gildeabmachung; pl dt:* gegyldscipum VI As 8, 6

gegoð *s.* geoguð

gegretan, *op pl* 3, cyrican mid lacum *verehrend besuchen* VI Atr 42, 3

gehabban; hine on borh ∼, þæt he *ihn unter Verbürgung halten* [*sichernd*], *dass er* VI As 1, 4

gehadan, *pl gn*, *geistlicher Standesgenossen*, *Mitkleriker* VIII Atr 19, 1 — 20, 1 = I Cn 5 a — 5, 1 a

gehadod *Geistlicher* 1) *adj*, *vor* man [*sonst s.* hadian, *ptt pc*]: *geistlich* EGu 3. 4, 2. II Cn 43; hadod A | *ac:* ∼dne man EGu 12 = VIII Atr 33. II Cn 42; hadne A | *pl:* ∼de men Episc 9 | *gn:* ∼dra manna Að 2; ∼dendra! O; ∼deda! I Em 1 Ld | *dt:* be ∼dedum mannum II Cn 41 B | *ac:* ∼de men Episc 2 2) *sbstirt:* ∼ Cn 1020, 9 | *ac:* ∼dne VIII Atr 23 = I Cn 5, 2 b. II 40; hadodne A ‖ *fm ac:* wið ∼de *mit Gottgeweihter* 50, 1; ∼ A ‖ *pl msc:* ∼de VII a Atr 7. Cn 1020, 13 | *gn:* ∼dra VIII Atr 27 = I Cn 5, 3. Northu 45 | *dt:* ∼dedum EGu 12 Ld. Geþyncðo 8. Northu 5 | *ac:* ∼de Cn 1020, 1

g[e]hælan *retten; ptt* 2: gihældest Iud Dei IV 4, 1; 2 *und pc:* sie gihæled 4, 4, salvasti (-vetur) *glossirend*

gehæme, *op* 3 1) *beischlafe* mid Af 11, 1; 2; wið swustor ∼ II Cn 51, 1 2) *tr. beschlafe;* swustor gehame A [*vgl.* forliegan *intr. u. tr.*]

gehal *heil; fm dt:* ∼lre hyde *unverletzt gebliebener Haut* Af 70 H B; gehaldre! E

gehald- *s.* geheald-

gehalgian 1) *heiligen; op* 2: þu ∼ige þone restedæg (*ptt* 3: ∼*gode*) Af El 3, sanctifices (-*cavit*) *übsnd* | *ipa:* gihalga Iud Dei IV 4, 1, sanctifica *glossirend* 2) *kirchlich weihen, einsegnen; op* 3: husl ∼gige Northu 15 | *ptt* 3: biscep ∼gode (*Kirche*) Af 5 | *pc dt:* ∼godum (∼gedan) lictune II As 26 (I Cn 22, 5; *sbstirt nt* on ∼godan

[~gadan] A[B]) | *pl dt:* ~*gedan* (heapan) hadan Grið 24 (25) ‖ *fm sg gn:* ~godre legerstowe I Em 1. 4 | *dt:* ~godre nunnan VI Atr 12, 1 = I Cn 7, 1 | *pl:* cirican, þe ~*gode* sien Iud Dei VI 1 ‖ *nt sg dt:* ~gedon weofode Northu 14 | *pl ac:* ~*gode Godes* hus I Cn 4 = Had 1, 3 = Grið 28

g[e]halsian *kirchl. beschwören;* 1: ic gihalsigo (-ge 2, 2) þec Iud Dei V 2, 1 f., adiuro te *glossirend* | *ptt pc:* gihalsad IV 2, exorcizata *glossirend*

gehamette to rihte, *op* 3, *sesshaft (sicher verhaftbar) mache fürs Gericht* II As 2

gehateð to him, 3, *zu sich befiehlt, entbietet* Abt 9

gehealdan *halten* Ine 42, 1; *flect:* ~nne Af 1, 2; ~denne H | 3: gehylt I Cn 18, 2; ~healt BA | *pl* 1: ~að VI As 12, 3 | *op* 3: ~de Af 42, 1. III Eg 6 (geealde G). I Atr 1. V 21 (healde D). II Cn 20a. 84, 6. Wl Lond 5; gehalde Duns 3 | *pl* 3: ~*den* Af 5, 3; ~don H; ~ B | *ptt* 3: ~eold Hu 6. — 1) *festhalten gegen Entlaufen* (*Vieh*) Ine 42, 1 2) to rihte *für gerichtliche Verantwortung sichern* III Eg 6 = I Atr 1 = II Cn 20a 3) *Gesetz beobachten* VI As 12, 3; dom I Cn 18, 2 4) *ver(aufbe)wahren* Af 1, 2 | to *Godes* handa *in G. Auftrage, für G. verwalten* Episc 7 5) *erhalten, schützen;* God ~de us (eow)! II Cn 84, 6 (Wl Lond 5) 6) *als Herr bei sich halten* Hu 6; ~ *lag vor für* manut*enere* III Em 3 7) *erhalten, nicht (in Rache) töten* Af 5, 3. 42, 1 8) *befriedigen;* on: *in, durch* I Ew 1, 3 | þone *jenen schadlos halten* Duns 3 9) hy sylfe mid rihte *sich ehrlich führen* V Atr 21

g[e]hef[igie]nd *trotzend; dt:* gihefgindum heorte Iud Dei IV 4, 4, ingrassante *corde glossirend*

gehelan *verhehlen;* 3: bearn gehileð *sein Kind nicht anerkennt* Ine 27; ~leð HB

gehelppe togeanes, *op* 3, *helfe gegen* Iud Dei VIII 2, 2, praevalere *contra übsnd*

gehende, *adv, nahe* I Cn 25

[L]**gehenna** (hell *übsnd*) *Hölle* I Cn 7, 3 Q | *gn:* ~ne IV Eg 1, 4 L

gehhol *s.* geohhol

geh[ie]nan *niederdrücken; ipa:* gehyn þu hine mid eacan Af El 35 H (gehyne G; gehine So Ld; gehene E), usuris opprimes *übsnd*

gehieran Af 46, 1; *flect:* ~nne Af El 40; -hyr- G; -hir- H | 1: ~re Af El 34. 36; gehyre G | 3: gehereð Abt 39 | *pl* 2: gehirað I As 5 | *op* 3: gehyre II Cn 29, 1 | *ptt* 3: gehyrde VI As 4. IV Eg 6, 1. Becwæð 3, 1 | *ipa pl:* geherað Excom VII I. — 1) *Gehörsinn haben* Abt 39. Af 46, 1 2) *etwas hören* VI As 4. IV Eg 6, 1. II Cn 29, 1 | *Satz regierend:* hwæt seege Excom VII I; hwæt ge sculon I As 5; ~, þæt *dass* Becwæð 3, 1 3) *erhören* Af El 34. 36, exaudiam *übsnd;* rec þæs to ~nne *Folge zu geben* 40

geh[ie]rsumian *gehorchen;* ~hyr~ I As 1 Ld; hieran DG

gehihtan *s.* geiecan **-hileð** *s.* gehel-

[-gehiwa] *s.* rihtg~

gehladige, gehleafa *s.* gel~

gehorsad, *ptt pc* 1) *mit einem Pferde versehen Rect* 5, 3. 6, 3 2) *beritten; pl ac:* ~de men II As 16 Ld; ~sede H

g[e]hreon[es] *Reue; ac:* þerh gihreonisse Iud Dei IV 4, 4, per *peni*ten*tiam glossirend*

gehuhtan *s.* geiecan

gehwa *jedermann* V Atr 22, 1 (= VI 27, 1 = I Cn 19). VII a 4, 1. II Cn 84, 4a (gewha B). Northu 65

gehwær 1) *überall* Ine 42, 1. VI As 12, 1 2) gehwar .. gehwar *hierorts .. anderswo Rect* 4. 4, 4

gehwæðer *jeder von beiden* 1) *sbst:* ~æder Wi 5, 1 2) *adj dt:* ~weðerum Af 61, 1; ægðrum HB

gehwelc *irgend ein, jeder* Af 5, 5; gehwylc Abt 17; gehwilc I Ew 1. VII a Atr 5. VIII 7; gehwylce! II As 25 Ld | *gn:* ~ces Ine Rb 56; gehwylces GH | *dt:* gehwylcum Grið 29. II Cn 84, 1a; gewilcum B | *ac:* gehwylcne VI Atr 8, 1. II Cn 84; gehwilcne VI Atr 42 | *instr:* gehwilce Abt 67 | *pl dt:* gehwylcum Abt 51. 55 ‖ *fm sg:* gehwilc I Ew Pro. Ger 1 | *dt:* ~cere Ine 54, 1; gehwylcre Af El 49, 7 H; gehwylcere I As Pro G | *pl dt:* gehwilcum Abt 71. 72, 1 ‖ *nt sg:* gehwilc Ine 42, 1 H | *dt:* gehwilcon *Rect* 6, 3 | *ac:* gehwylc Abt 48 | *instr:* gehwilce Abt 30. — 1) *irgend ein* a) *sbst m gn part:* Ine 42, 1 H. II As 25 Ld b) *adj:* Ine Rb 56 2) *jeder* a) *sbst m gn part:* Abt 17. 30. Af 5, 5. Ine 54, 1. VI Atr 8, 1. VII a 5. VIII 7. II Cn 84. Grið 29 | *pl:* *alle* Abt 51 b) *adj:* Abt 48. 67. Af El 49, 7 H. I Ew Pro. 1. I As Pro G. *Rect* 6, 3. Ger 1 | *pl:* *alle* Abt 55. 71. 72, 1 3) *'je'; macht die folgende Zahlenangabe distributiv* 17. 48. 51. 60. 67. 71. — *Für* hwelc (*irgend ein*) Ine 42, 1 H. I As Pro G; *ersetzt durch* æghwelc *s. d.*

gehwider *überallhin* IV Eg 15, 1

I) gehwyrfe (*op* 3) yrfes (*gn*) *Vieh tausche* II As 10 So

II) gehwyrfe, *dt* 1) *Tausch* II As 10 Ld 2) *Eingetauschtem* (*Vieh*) *ebd.; beidemal* hwearf *übr.*

gehwyrht *s.* gew~

[-gehygd] *Der.:* ing~

gehyhton *s.* geiecan

gehynan, gehyran *s.* gehie-

[-gehyðnes] *Der.:* ong~

g[e]idl[ian]; giidlage *vernichten, entkräften* Iud Dei IV 4, 5, evacuare *glossirend*

ge[ie]can 1) *inf flect:* to geecenne mid *vermehren durch* Af El 49 H; ecanne E; icanne G | *ptt pl* 3: þæt gehihtan mid E Gu Pro; gehyhton Ld; gehuhtan B 2) þæt witan to domum geyhtan *was Witan zu Gesetzen hinzufügten* IV Eg 2, 1a

geiernan 1) *eindringen in;* 3: in tun geirneð Abt 17 2) *op* 3; *eilend erreiche, errenne* a) (*Asyl*) ~rne Af 5 (geyrne H So B). 42, 2 (geyrne Ld; gyrne H). Ine 5 (geyrne HB; geærne Bu). 5, 1; geirne H Bu; geyrne B b) feorh geyrne (*verwirktes*) *Leben durch Asylflucht geschenkt erlange* Grið 16. 18 [*vgl.* geærne]

geinnian; he ceap him ~ mæge *Vorgeschossenes ihm einbringen, zurückerstatten kann* Ine 62

gelacnian *heilen, curiren:* hine *ihn* Af 69; sinwe 75

geladian 1) *gerichtlich reinigen; op* 3: ~dige hine selfne, þæt Af El 28 (ladige G); -hie [*se ipsam*] be (*durch Eid in Höhe von*) 60 hida Af 11, 4 (gehla- B; ~diege E); be were hine - *sich in Höhe von* Ine 30 (~die H); hine *sich* Hu 6, 1; - hine (mid aðe), þæt *sich* (*durch Eid*), *dass* II Cn 13, 2 (29); ~*die* hine be 120 hida þara geþinga [*gn*] *von Gedinge-Beschuldigung* Ine 52 H; geswicne E; ~*die* hine be þam *in dessen Höhe* II As 1, 1 (~dige B; ladige So); hine þære gewitnesse *von der M.* Duns 6, 1 | *pl* 3: ~ hi (*sich*), þæt 3, 3 2) *sich reinigen:* on husle ~ VIII Atr 22 = I Cn 5, 2a | *op* 3: ~digo be (*gemüss*) dæde mæðe mid (*durch*) *lade* VIII Atr 27, 1 = I Cn 5, 4 (~diage A); be fullan II Cn 29, 1; þæt *dass* 15, 1a (- hine *'sich'* BA); ~*die* þære midwiste be weorðe *von der M. gemäss Objekthöhe* Duns 6, 2

gelæcce wæpn, *op* 3, *Waffe ergreift* II Cn 75; gelecce A

gelædan 1) *führen* a) *leiten; ptt* 2: gilædest Iud Dei IV 4, 2, eduxisti *glossirend;* of ofone gilæddest 3, 3, de camino eduxisti *glnd* b) *praes op* 3: hond gilæde *herausziehe* 4, 3, manum educat *glnd* 2) *dem Gerichte vorführen, stellen; op* 3: to rihte ~de III Eg 6 = I Atr 4 = II Cn 20a; læ*de* A | *ptt* 3: gelædde gewitnesse *Zeugnis erbringe* I Ew 1, 3. — *Der.:* utg~

gelæge *s.* gelicgan

gelæmed *gelähmt;* eaxle ~ weorðeð Abt 38

gelænge *verwandtschaftlich nahe;* þurh mægsibbe ~ beon Wif 9

gelæstan 1) *leisten;* I As 3. 5. VI 8, 9. II Eg 3, 1. 4, 1. IV 1. VIII Atr 8. 10, 1. I Cn 8, 2; *flect:* ~nne Af 1, 1; 2 | 3: ~t IV Eg 1, 1 | *op* 3: ~te Ine 4. EGu 6, 2. Hu 7. II Eg 2, 3. 4. 5, 2 D (læs*te* A). IV 1. 4; 5. V Atr 11 f. VI 16. 21. VIIa 8. VIII 10. I Cn 8. 13 (ge*leste* A). 13, 1. II 73, 4; ~ta A | *pl* 3: ~ VI Atr 43 | *ptt* 1: ~te Swer 11 | 3: ~te Af 33 | *ptt pc:* ~t I Ew Pro. II 1. I As 1. VI 3. 8, 1. II Eg 1, 1 (gelea*st* Ld). 3. 4, 1 — a) *gerichtliche Pflicht erledigen* I Ew Pro. Hu 7. 7, 1 b) *Versprochenes erfüllen* Af 1, 1 f. 33; *Geborgtes* (*Gestundetes*) *erstatten* V Atr 20 = VI 25, 2 = I Cn 17, 3 c) *Verordnung ausführen* α) *königliche* II Ew 1. VI As 8, 9 β) *Gildegebot* 3. 8, 1 γ) *Mönchspflicht* V Atr 6, 1 = VI 3, 2 d) *entrichten, abliefern* α) heregeatu II Cn 73, 4 β) gafol hlaforde IV Eg 1, 1 γ) teoðunga *Gode* I As 3. IV Eg 1, 4; sawlsceat in*to* mynstre V Atr 12 f. = VI 20 f. = I Cn 13 f. (to andagan I As 1) *und sonst an die Kirche:* Ine 4. EGu 6, 2. I As 5. II Eg 1, 1. 2, 3. 3. 3, 1-4 (= VIII A*tr* 8—10, 1 = I Cn 8, 2). 5, 2 D. IV 1. 1, 5. V Atr 11 (= VI 16 = I Cn 8). VI 43. VIIa 3. 8. VIII 7 2) *bleiben, dauern;* 3: þæt (*was*) him ~t IV Eg 1, 5a; swa lange swa me lif ~t 12. 16. *Ersetzt durch* fulfremman, gesellan *s. d.*

gelagode, *ptt* 3, *gesetzlich anordnete* VIII A*tr* 7 | *ptt pc: s.* lagian

gelamp *s.* gelimpan

gelanda *s.* gelonda

gelandod, *ptt pc, als Grundherr mit Land begütert* VI As 11

gelangian hin*e* (D*ieb*) *fassen, ergreifen* III Eg 6, 2

þara **gelaste** (*plgn!*) *der Abgabenleistungen* VI As 3

oðrum **gelastfull** æt *anderem behilflich bei* VI As 4

gelaðian *hereinbringen?* II Cn 76, 1b Ld; ~aðyan A (gelogian G, gelegian B) *für* gelædan (*einführen*) *oder* gehladan (*abladen*)? *Durch Vermengung mit* laðian (*'vor-, ein*)*laden'*?

gelaðunge, *gn,* (*geistliche*) *Gemeinde* Excom VII 4, a socie*tate übsnd*

geld- *s.* gield-

geleafan, *ac* 1) *kirchlichen Glauben* Af El 49, 7. V Atr 42, 2. I Cn 22, 1; gehl~ B; ~ habban to (on AB) 22, 4 2) *Glaubensbekenntnis* 22, Credo *übsnd*

geleafe, *ac, Erlaubnis* II Cn 19, 2 A; leafe *übr.*

geleaffula, *adj fm ac,* þerh cirica ~ *bei der rechtgläubigen Kirche* Iud Dei V 2, 2, per ecclesiam catholicam *glossirend*

geleast *s.* gelæstan

gelecce *s.* gelæcce

gelegian [!] in*to cotan legen* II Cn 76, 1b B; gelogian G; gelaðyan A

gelend, *ptt pc, mit Bauerland ausgestattet* (*von der Gutsherrschaft*) *Rect* 5, 3 [*vgl.* gelandod]

geleod, *ac, Landsmann* Ine 11; le*od* H; leodan B [*vgl.* gelonda]

geleogað, *pl* 3, (*Zeugnis*) *falsch ablegen* Ine 13 B. Ine Rb 13 Ld

geleornian (*er*)*lernen* I Cn 22. 22, 6 | *pl* 1: ~að *kennen lernen Rect* 21, 2 | *op* 3: ~ige I Cn 22 | *ptt* 3: ~rnode Iu*dex* 8. — *Ersetzt durch* leornian *s. d.*

geleste *s.* gelæstan

gelic, *adj, gleich; ac:* ~one Grið 6 ‖ ***fm*** *no:* ~ bot Af 71 | *gn:* ~*cre* mæðe VIII Atr 5 = I Cn 3, 1 | *ac:* ~ce byrðene VI Atr 52 = II Cn 68, 1a ‖ ***nt*** *dt:* ~can weorðe Episc 13 ‖ *pl* ***msc:*** ~ce VI Atr 52. *Rect* 4, 4 | ***prd*** *sg no:* að bið ~ gedemod Að 2 Ld ‖ ***fm*** *no:* ~ Ine 76 | *ac:* habban ~ce VIII Atr 5 = I Cn 3, 1 ‖ ***nt*** *no:* ~ Af 52; ne byð na ~, þæ*t* (þe) *es ist nicht gleichgültig, ob* II Cn 51, 1 (68, 3; þam þe *dem der* B = VI Atr 52, 1) | *pl:* wi*tu* sin*t* ~ Af 9, 2; gif sien ~ ord 7 sceaft *gleich hoch stehen* 36, 2; gerihte standan ~ce IV Eg 1, 6 | *sbstirt masc pl gn:* his ~cena *seines Gleichen, seiner Standesgenossen* A Gu 3. Northu 53; ~can! 52 [*vgl.* gefera, heafodgemaca; pa*res*]

gelice, *adv, gleich;* ~ þam *obigem gleicherweise, ebenso* Duns 8, 4

geli[c]gan *geschlechtlich beiliegen;* 3: ~igeð wið Abt 10. 14. 16. 31; mid 85 | *ptt op* 3: gelæge mid Af 11, 3 H, *geänd. aus* læge; laege EB

gelician; *op* 3; hit hi*re* ~ige *es ihr genehm ist* Wif 1; *geänd. aus* ~cege B | *ptt* 3: eallum ~code, þæ*t* we sendon *schien richtig, dass* (*alle beschlossen zu*) Af El 49, 3, placuit mit*tere übsnd*

gel[ie]fan 1) *vertrauen, glauben;* gelyfan I Ew 1. 1, 2 | 1: gelyfe ic (*pl:* we) to (*auf*) *Gode,* þæ*t* VI As 12, 3 (8, 9); to eow II Em 5 2) *erlauben; ipa:* gilef, þætte Iud Dei IV 1, concede ut *glossirend* [*vgl.* unaliefed]

[-geliegen] *Der.:* ung~

[-geliehtan] *Der.:* tog~

gel[ie]san *lösen; ptt* 2: gilesdest eft *erlöstest* Iud Dei IV 4, 1 (gel- 3, 1), redemisti *glossirend*

geligerum, *pl dt, Buhlereien* Af El 49, 5 (ligerum So), fornica*tione übsnd*

[-gelimp] *Der.:* ung~

gelimpan 1) *geschehen, sich ereignen; op* 3: ~pe Af 15. 38, 2. Grið 12 | *m dt: angetan werden* wifmen Af 11, 5; syxhyndum 39, 2 | *ptt* 3: gelamp Af El 49, 7; *geändert aus* gelomp H 2) ~ to *gehören zu* Af 6 B; bel~ *übr.*

gelogian 1) *absetzen, niederlegen in:* in*to* II Cn 76, 1b; geleg~ B; gelaðyan A | *op* 3: ~ige on Northu 26 2) *ptt pc:* hearmas ~*god* hæbbe *beigelegt, beseitigt* Cn 1020, 6

gelome, *adv, häufig* V Atr 22, 1. 32. VI 42. 42, 3; oft 7 ~ *oft und häufig, eifrig, emsig* VI 41. 53. X Pro 1. II Cn 84. Grið 19, 1

gelomlic, *adj, häufig; fm dt:* þære ~can mynegunge IV Eg 1, 3. — **~ce,** *adv, oftmals* 1, 2. V Atr 22 = VI 27. I Cn 2

gelomp *s.* gelimpan

gelondan, *pl ac, Landsleute* Ine Rb 11; gelan~ G; gelan~, *geänd. aus* lan*d*an H [*vgl.* geleod]

gelyfan *s.* geliefan

[-gelygen] *Der.:* ung~

[-gemaca] *Der.:* heafodg~

gemæne, *adj, gemeinsam, gemeinschaftlich; pl ac schwach:* ~nan æceras Ine 42 ‖ ***fm*** *dt:* ~nre læse *Gemeinweide* IV Eg 8. 9. *Rect* 12; gemeanre dæde II Cn 68, 2 B (mænigre '*mancher*' GA); to ure ~ [!] þearfe VI As 2. 3 | *pl dt:* ~num hondum *gemeinsamer Weise* Af 31, 1. Wer 4 ‖ ***nt** dt:* ~num Ine Rb 42 Ld; weorce Af 12 B; æt-spræce VI As 3; ~nan weorce Af 13; ~nan feo *Gemeinkasse* VI As 7 | *praed m. dt der Person: (es sei)* ræd (dom; *eaca*) ~ eallum IV Eg 2, 2 (12, 1; 14, 2); eallum sib ~ VI Atr 25, 1 = I Cn 17, 2; gemene A | *zweien gemeinsam, also: halb geteilt* EGu Pro 2. VIII Atr 15 = 38. II Cn 36 ‖ *prd ac bei* habban, agan: ~nne Ine 42; ~ [*oder adv?*] B. VI As 1, 1 | ***fm:*** ~ 8, 4. Ger 5, 1; *m. dt:* VI As 2 | ***nt:*** bearn (cil*d*) ~ Ine 38 (Wif 4); age hlaford ~ wið geferscipe *je zur Hälfte* VI As 1, 1; habben him þ*æt* weorð ~ *für sich je zur Hälfte* Af El 23; hæbbe him ~ þ*æt* wið God sylfne *habe Schuldsache zu verantworten gegenüber Gott* I Cn 26, 4 = Grið 20 | ***adv:*** ~ *s.* 8 *Z. vorher*

gemænelicre, *fm dt, gemeinsamer, gemeinschaftlicher;* for ~ noode VI Atr 32, 3 = II Cn 10; mæn~ B; gemen~ A; to ~ dædbote VII a Atr 1

g[e]mænsumn[e]s *Gemeinschaft; ac:* gimænsumnisse Iud Dei V 2, 2, communionem *glossirend*

gemærum, *pl dt, Grenzen* Ine 10. — *Der.:* landgemære

gemæðrian *ehren, privilegiren* II Cn 12 (~ðian B; mæð~ A). 15; gemæ*d*rian Ld; gemeð~ A

gemahlice spræce, *ac, unbescheidene, bösartige Klage* VI As 8, 8

geman *s.* gieman

gemana 1) *Gemeinschaft* (*mit: gn*); *gn:* ciriclicæs ~an Wi 4, 1 | *dt:* ciricean genaman [*bessere* gemanan] Wi 3; gehadodra ~an VIII Atr 27 = I Cn 5, 3 = Northu 45; mid ~an I Cn 22, 5 A; ~! B | *ac:* Cristenra manna ~an *ebd.* G 2) wifes ~nan, *ac, fleischlichen Verkehr mit Weib* V Atr 9 = VI 5, 1 = I Cn 6, 2

gemane *s.* gemæne

geman[g], *prp m ac, mitten unter;* geman æh*t*a II Atr 3, 3. — *Der.:* ong~

gemange, *dt,* in heora ~ *Congregation, Stiftscapitel* Wi 23

gemeanre *s.* gemæne

gemearra manna, *pl gn, betrügerischer Leute* I Ew 1, 5; yfelra H

gemedum, *pl dt, Zustimmung;* mid ealra ~ Wi Pro 3

gemeleas *s.* giem~

gemene *s.* gemæne

g[e]meodomia[n] *geruhen, sich herablassen;* 2: þu gimeodum' Iud Dei IV 3, 2; 4; ~dō 3, 4 | *ptt pc:* gimeodū (arð 3, 1) sie 2, 2. 4, 5, *d*igner*i*s (dignatus es), -netur *glossirend*

gemet 1) *Mass(instrument), Gemäss* III Eg 8, 1. Episc 12 | *ac:* ~ ne gewihte 6 | *pl dt:* be ~ttum III Eg 8 Ld | *ac:* ~ta V Atr 24 = VI 32, 2 = II Cn 9 (-tta A) *neben* gewihta; woge ~ta VI Atr 28, 2 2) *Raumentfernung; dt:* six mila ~te Northu 56 3) *Ermessen; dt:* be his ~te Episc 11 f.

I) **gemetan** *abmessen* (*Waren*) I As Pro | *ptt pc:* 9 fet ~*ten* Orda*l* 1a

II) **gemetan** 1) *vorfinden; ptt* 1: domas ic geme*tt*e Af El 49, 9 2) *betreffen unerlaubt, in Schuld; prs* 3: ~teð oðerne æt wife Af 42, 7 | *op* 3: Ine 49; ~te on æcere 42, 1 HB (*m*ete E); *Verbannte* on earde V As Pro 2 (gemi*tt*e Ld); þeof II Cn 29 | *ptt pc:* on searwe ~t III Eg 7, 3 = II Cn 26; *dt:* be men bu*t*an *w*ege ~ttum Ine Rb 20 H; ~tton E; ~ttan G

gemetfæstan manna hyrde, *dt, ordentlichen, verständigen* Ger 18, 2

gemet[gian] *ermässigen;* 3: ~tegað wi*t*e Iu*d*ex 1 | *ptt* 2: gimetgadest lego *gelind machtest* Iud Dei IV 1, flammas mitigas*t*i *glossirend*

gemeðrian *s.* gemæðrian

God us **gemiltsige**, *op* 3, *Gott sei uns gnädig* VII a Atr 8. II Cn 84, 6

gemine *s.* gemunan

gemot II As 20. I Atr 1, 2. III 4. II Cn 30, 1 | *gn:* ~tes Af 34 | *dt:* ~te Af Rb 38. Af 22. 38. II As 20, 3. IV 6. VI 10. Hu 7. III Eg 7. II Cn 25. 27. 82. Becwæð 3, 1 | *ac:* ~ Wi 5. Af 38, 1 H. II Ew 8. II As 20. III Atr 3, 1. II Cn 17, 1 ‖ *pl gn:* ~ta VI Atr 44; ~te II Ew 8 Ld? | *dt:* ~tan VIII Atr 37; ~tum III Eg 5 Ld | *ac:* ~ 7. II Cn 25 | *lat. oft* ~tum Q (*aus* II Cn 82 Q *schöpft den abl.:* ~to Lond ECf 32 B 6); -imotum *in Compositis* Hn 57, 8 — 1) *jedes weltliche Gericht* III Eg 7 = II Cn 25. 82; folcisc, *im Gegensatz zur kirchl. Versammlung,* VI Atr 44, *was aus* 22, 1, *wo* folcgemot; *mitumfassend* hundred (Hu 7. Becwæð 3, 1), *bezw.* wæpentake III Atr 3, 1 2) *specificirt durch davor gesetztes* hundred(es), *im Ggs. zu* burg- *und* scirgemot III Eg 5 = II Cn 17, 1; *identisch mit* hundred 27; gere*f*a hæbbe ~ á ymbe 4 wucan II Ew 8 3) [*Grafschafts*]*gericht mit* burg *als Centrum, Woche vorher geboten* II As 20 — 20, 3 4) folces ~ *unter* cyninges ealdorman Af 38. 38, 1 [*vielleicht* = *n.* 3 *und dann zu trennen vom*] folc(es) gemot *unter* cyninges gerefan [*das dann* = *n.* 2] 22. 34 5) *Staatsversammlung, Reichstag* Wi 5. VI As 10 (~ *lag vor für* concilium IV 6). I Atr 1, 2 = III 4 (= II Cn 30, 1). VIII 37 [*vgl.* wi*t*an]. — *Der.:* burgg~, folcg~, halimotum, hundredg~, merchimot, muchimut, scirg~

be **gemoteandagum** [*bessere* gemotan~ *oder* ~ta (*gn*) an~], *pl dt, von Gerichtsterminen* II Ew 8 Ld!

gemunan 1) *ermahnen;* 3: l*a*re us gemynað, þæt I As 4, 1 2) *gedenken; ipa:* gemyne, þ*æt* Af El 3 (~*u*ne G; gemun H; gemine Ld), meme*n*to ut *übsnd* | *inf. fl.:* þæt (*was*) is þearf to ~nene VI Atr 42, 2; -unnenne D

gemynddæg *Gedächtnistag* Af 43

gemynde, *dt, Sinn, Herz, Gedächtnis;* on (his) ~ habban VI Atr 42, 2 (I Cn 25; geminde A); mearn to ~ *bedachte in Sorge* X Atr Pro 1; ic nam me to ~ þa *word* Cn 1020, 3

genæmnian fela þinga *nennen* Ger 17

genaman *s.* gemana

genamod *s.* namian

^F **gendre**, *obl, Schwiegersohn* Leis Wl 35; *Var.* gentdre

gen[ea]h *s.* genyhe

to **genealæcenne** to weofude *dem Altar zu nahen* Iud Dei VII 13 A, *accedere übsnd* | *dafür op* 2: ~læce þu Vt

geneat 1) *königl. Gefolgsmann vom Dienstadel* [*vgl.* mili*t*ans *16 Z. weiter*] Ine 19; *unübs. u.* [*falsch*] *erklärt als* villanus, colonus fiscalinus, husbonda [*also als n.* 3] Q | *dt:* ~te Ine Rb 19; ~! Ld 2) *Gefolgsmann, Gutsinsasse Privater* Ine 22; ~ id est colonus vel villanus Q = Ap AGu 3 *mit Var.* geneoth | *ac:* ~ Ine Rb 22 3) *Bauer, vom Grossgut abhängig, ihm fronend; gn:* ~tes Rect 2

of **geneatlande**, *dt,* Boden *der bäuerlichen Hintersassen* II Eg 1, 1 (neatlande D Ld), *im Ggs. zu* þegnes inlande, *d. i. der herrschaftl. Domäne*

geneatmanna, *pl gn, bäuerlicher Hintersassen* [*eines Grossguts; vgl.*

geneat *n.* 3] IV Eg 1, 1; in seculo militans L [*missverstanden; vgl.* geneat *n.* 1]

geneatriht *Pflicht des Gutsbauern* Rect 2

þæt **geneodige,** þæt, *op* 3, *es wird nötig, dass* AGu 5 B 2

geneoth *s.* geneat

[L]**generatio** *Geschlechtsrang, Abstammungswergeld* Hn 68, 3 b. 75, 7; ∼onis ordo *Abstammungsreihe* 77, 1 [*vgl.* genitura]

[-genere] *Der.:* feorhg∼

[L]**generositas** *Geschlecht, Sippe im weiteren Sinne* Hn 88, 11 c

gene[ð]an; ge genedon, þæt ge þicgon, *op pl* 2, *ihr waget zu geniessen* Iud Dei VIII 1, 1, presumatis communicare *übsnd*

Genetivus 1) *subjectivus:* ærcebiscepes borg Af 3; cynges (eorles) spæc III Atr 12; hlafordes geban Hu 7, 1 | *ersetzt durch Hendiadyoin, s. d.* 2) *objectivus:* fostor cildes Ine Rb 26; speres gymeleast Af 36 B Insc; cyninges oferhiernes I Ew 1, 1. II As 22, 1; Godes lufu I Cn 18. Had 11; andetta sleges Af 29; þæs þearf EGu 3, 2 3) *partitivus: das Regens ist* a) *Substantiv* α) dæl: hwæges Rect 15; þridda dæl þære bote Af 47, 1; pæninges 47. 71; teoðunge II Eg 2; weres 19, 1 β) *Rechnungsgeld u. Gewicht:* 8 healfmearcum goldes AGu 2; 200 mances goldes II Cn 71 a; þusend punda goldes ⁊ seolfres II Atr 7, 2; V pundum pæninga Af 3; XXX scill. seolfres Af El 21; *s.* (pund)wæg γ) *Maass:* ælces sædcynnes ænne leapfulne Rect 11; *s.* amber, fæt b) *Adjectiv s.* full | *Compar., Superl.:* ma dura Af 5, 1; - monna 34. II As 23, 2; - misdæda Af 23, 2; - wifa VI Atr 12, 2 = I Cn 7, 3. Northu 61; hiora ma Ine 43, 1; ierfes mare Af 8, 2; Cristendomes mæst II Em Pro c) *Pronomen:* heora ælc Episc 2; heora ænigne II As 20, 7; heora nan, heora hwylc AGu 5; lyswæs hwæt Abt 3. 73; þara oðer Hu 4, 1; feola *s. d.* d) *Zahlwort* [*s. d.*]: þreora anes Wi 26; þara V II As 9; XI his gelicena AGu 3 4) *regiert von Adjectiven: s.* mægleas, getriewe, weorð, wierðe; *z. B.* clænne wite I Cn 5; ynces lang Af 45. 45, 1; weorces frigra Rect 18 5) *bei Verben: s.* asittan, aslacian, behofian, beniman, biddan, bycgan, cepan, earnian, ehtan, gefreogean, geornian, (for-, mis)gieman, giernan, habban, hedan, helpan, hentan, gehwyrfan, (ge)ladian, myngian, onbitan, (ab-), onbyrigan, (ab-), oncunnan, onfon, onlænan, onleon, onsacan, (oðs-, æts-), oðswerian, ræran, reccan, (ge)stieran, (ge)swicean, geswicnan, tihtan, tihtlian, tilian, getreow(s)ian, -ruw-, -riewan, (ge)þancian, þolian, (be)þurfan, (ge)unnan, warnian, unwarnod, wealdan, weardian, (be)weddian, wenan, weorðian, (for)wiernan, wilnian, wyrcean | *dafür spät. ac bei* ætsacan, onfon, onlænan, swicean, þolian | *neben ac s.* (for)gieman, geunnan 6) *der Zeit: s. dæg,* niht, sumor, winter, wucu 7) *bei* beon [*s. d. n.* 21] *gn der Beschaffenheit, des Gehörens, Preises* 8) *der Quantität: s.* þæs þe *soweit wie* [*cj*]; ænes *einmal;* angieldes *einfach* 9) *des Motivs: s.* heorte, nedes, (un)þances, agenes þances II Cn 74, (un)gewealdes, un(ge-, self-)willes; heora unwilles *gegen ihren Willen* 10) *instrumentalisch 'vermittelst, durch':* wordes ⁊ weorces (dæde) *s.* word 11) *adjectivisch:* anre nihtes þiefðe Ine Rb 73 12) *praepositional 'für':* his deaðes wer Ine 27; þæs (*'dafür'*) tima *s. d.*

[F]***Genetivus*** *ausgedr. durch blossen Obliquus:* forfeture le rey Wl art Fz 10. Leis Wl 39, 1; la main sun guarant 21, 1; la maisoun soun gendre 35; partz soun vigned 21, 5 I; de sun Hk [*vgl.* cel, rei; *folg. Z.*]

[L]***Genetiv partitivus;*** per hamsocnam *et* similium Hn 80, 9 b; per homicidium et similium 87, 6 a

[-genga] *s.* æfterg∼, foreg∼, huslg∼

[L]**geniculum** *Knie als Verwandtschaftssymbol* I Cn 7 Q, cneow *übsnd.* Hn 70, 20 a *aus* Lex Ribuar. 56, 1 [*vgl.* genu]

geni[e]dan *zwingen; op* 3*:* genide to (*Weib zur Notzucht*) Af 25, 1 H; genede E | *ptt pc s.* niedan. — *Der.:* tog∼

gen[ie]dmæg; *pl:* genydmagas *nahe Verwandte* EGu 4, 1 B; genyhe magas H

geniman VI As 1, 4 | 3: ∼með Abt 28. 76. 82 | *op* 3: ∼me Wi 5. Ine 49; ∼mme! Af El 12 So 1) *nehmen als Frau:* oðere *ebd.,* ei alteram acceperit *übsnd* | *Concubinat eingehn:* unriht hæmed Wi 5 2) *Zwangspfand in Selbsthilfe:* wed Ine 49 3) *rauben* a) feoh Abt 28 b) *eine Frau behufs Raubehe entführen:* widuwan 76; mægðmon nede 82 c) hine (*einen Verbrecher*) *dem Strafgericht entziehn* VI As 1, 4. — *Verschrieben für* geunnan II Cn 73, 1 Ld

geniðerad, *ptt pc, verdammt* Iudex 7; genyðerad 6 | *pl:* ∼ðrode Excom VII 3, damnati *übsnd*

[L]**genitrix** Dei, Domini *Mutter Gottes, Maria* VI Atr 22, 2 L. Iud Dei XVI 30, 3. Excom VIII 1. 9. IX 1

[L]**genitura** *Geburtswert, Wergeldhöhe* Hn 70, 9 [*vgl.* generatio]

geniwodon, *ptt pl* 3, (*Satzungen*) *erneuerten* EGu Pro

g[e]noh *genug;* gelde, swa (*sofern*) he gono háge Hl 5 [*bessere* -oh age; *vgl.* usque habet substantiam, conponat; Lex Baiuwar. II 1, *ed. Merkel,* Mon. Germ. XV 282]

[F]**gent** *Volk;* tute ∼ *jedermann* Wl art Fz 7, omnes *übsnd*

[L]**gentilitas** 1) *Heidenvolk* II Cn 3 Q, hæðendom *übsnd* 2) *Heidentum* 5, 1 Q, hæðenscipe *übsnd*

[L]**genu** *Knie als Verwandtschaftssymbol* I Cn 7 In. Cons, cneow *übsnd;* intra cneowe id est ∼ Wer 5 Q = Hn 76, 4 c [*vgl.* geniculum]

Genus 1) *grammatisches* a) *Frau masc:* ungewintrædne wifmon Abt 83; ah se bisceop þone nyðeran (*sc.* wifmon) EGu 4; þone munuc (*Nonne*) Af 8; þæs monnes 26 b) hine [*sc.* ceap], *geänd. in* hit (*weil an* feoh *gedacht?*) Ine 40 H[11] 2) *natürliches statt des grammatischen:* hit, þæt bearn, folgige, oð þæt he [*der älteste Knabe*] Hl 6; wif, þonne þæt bearn in hire sie Af 9; þam wife, forþon hio Ine 57 [*vgl.* wif]; gif hio (*sc.* mægdenman) sio Abt 11; gif hio (*sc.* mægðmon) 83 3) *vielleicht Genuswechsel:* þa wite (*ac sg*) II Cn 24, 1 A (þæt G B); on þam fyrdunge 78; be þam laga Norðleod 6 Ld; mid godcundre scrifte Had 5 O (-dan *übr.*); æt þære (!) forman gylte Af El 49, 7 So; þa uferan lippan II Cn 30, 5 [*oder pl. mit sg. Sinn*]; urum gemænum spræce VI As 3 [*oder gegeschwu. vom nt* ges-?]; þone tihtlan Af 3 H [*oder liess Schreiber,* tihtlan *aus* tiht *ändernd, Artikel nur irrig stehn?*]; nives gicyðnisses *s. d.;* woerding oððe yfelgiornisse, þerh þæt Iud Dei IV 3, 5, læsio vel malitia, per quam *glossirend* [*auch erklärbar durch:*] 4) þæt *als Relativ* [*s. d.*] *für jedes Genus* 5) hit *auf nicht neutr. sbst. bezogen s. Personalpron.* 6) ∼ *com-*

mune vgl. Neutrum 7) tid, wuht [*s. d.*] *fm und nt*

L**genuscissio** *Fusslähmung* [*an Jagdhunden*] Ps Cn for 31, 1. 32 [*vgl.* expeditatio]

genyhe magas, *adj pl, nahe Verwandte* EGu 4, 1; genydmagas B

hi **genyhtsumiað**, *pl* 3, *sie werden Überfluss haben* I As 2 Ld, abundabit *übsnd*

geo *einst, früher;* giu Af El 33; iu G. VIII Atr 15; ~ Af 9, 2; hwilon B

geoc *Joch* (*Rinder*) Ine 60 Ld; geoht EH. — *Der.:* hyrg~

geoffrige, *op* 3, *opfere* II As 23 Ot Ld; offrige H

geogoð 1) *Jungvieh; gn:* ~oðe V Atr 11, 1 = VI 17; ~guðe VIII 9. I Cn 8, 1; gegoðe Ld | *dt:* oðe *Rect* 15; ~guðe II Eg 3; ~geðe *Rect* 14 2) *Jugend; ac:* ylde 7 ~oðe VI Atr 52 = II Cn 68, 1 b 3) *als 'junge Schaar, Kreis junger Leute'* [*Collectivum z. B.* Beowulf 1182. 1191] *versteht dies wahrschl.* B, *da, statt Cnuts 'Reichtum, Freiheit', in* B *'Reiche, Freie' folgt* [*vgl.* iuventa]

geohhol *Weihnachten; ac:* on ~ Af 5, 5; gehhol 43; gehol Ld; geol 5, 5 B; gehhel vel geol 43 H

geoht, *ac, Joch* (*Rinder*) Ine 60; geoc Ld; oxan B. — *Der.:* hyrg~

geond, *prp m ac;* [*örtlich*] *durch .. hin, über .. hin* Af El 49, 1; 7 (~de Ld; *dafür* on G). Ine 20; geon B; gynd II Em Pro 1. IV Eg Pro; gind Iud Dei VI 1 | geon of*er dort hinüber* Duns 5. — *Der.:* begeondan

geon(d)byrdan *s.* geandb-

geong *jung; ac:* ~gne man VI As 12, 1 ‖ *nt dt:* geongan sceape Ine 55 H; *instr:* giunge [*älter*] E; geonge B | *ac:* sceap *Rect* 4, 1 | *alleinstehend pl ac:* X ealde 7 V gynge (*sc.* swin) 6, 1 ‖ *cpa msc ac:* gingran mann VI As 12, 1; *sbstirt: Unterer, Beamte s.* gingra

georne, *adv, eifrig* EGu 1. 5, 1. 12. IV Eg 16. V Atr 1. 2. 4, 1. VI 28, 1 (geore D). VIII 3. Northu 1. *Rect* 21, 2. Ger 2, 1. 10. Had 1, 1; 2 | *willig* V Atr 5. 10. Grið 9 | *ernstlich, gewissenhaft, sorgsam* V Atr 22. VI 9. VII a 2, 1. IX 1. I Cn 19. 21. II 8; geore G | *wohl* VI As 8, 9 ‖ *cpa:* ~nor *eifriger* I Em 6. Episc 7; ~nar II Cn 4, 1 A ‖ *spla:* ~nost *eifrigst* V Atr 27. I Cn 2, 1 (~nnost A). II 1. Grið 1. Episc 3. — *Für* symle (*immer*) II Cn 11 B; *ersetzt durch* geornlice *s. d.; Der.:* fullg~

geornfulnesse, *dt, Bereitwilligkeit* II Eg 5, 1. I Cn 16; georfulnysse B

geornian, *mgn, begehren, erstreben; pl* 2: ge ~að I As 5 Ld; geunnan DG | *op* 3: he hire ~ige Wif 1 [*Neubildung zu ält.* giernan, *wo vgl.*]

geornlice, *adv, eifrig* V Atr 1. VII a Pro. II Cn 84, 1 (georl- B). Grið 19, 1. 26; *willig* V *Atr* 22; *innig* Iud Dei VIII 2, 3; *ernstlich* VI Atr Pro. 11. I Cn 1 D | *spla:* ~cost *ernstlichst* II 38. — *Für* georne (*eifrig*) V Atr 4, 1 D; *ersetzt durch* rihtlice (*richtig*) VI 42, 2 D

of **geornnesse,** *dt, Absicht* Af El 13 GH (giernesse E), per industriam *übsnd*

ge[o]tan; *op* 3: blod geate! *Blut vergiesse* II Em 4 Ld [*lies viell.* geat, *ptt ind* 3, *vergoss*]; fundet Q. — *Der.:* ag~; *vgl.* blodgeote

geowde *s.* geeo~

I) **gerad;** *ac:* on þæt ilce ~, þe *unter derselben Bedingung wie* VI As 9 | *pl ac:* on þa ~, þæt (þo) *unter der Bedingung, dass* I 5 (~de Ld). II 8; *in der Absicht, dass* I 4; *so, dergestalt dass* V Pro 1

II) **gerad** *beschaffen;* swa ~ *solch;* swa ~ man *Rect* 5, 4 | *gn:* swa ~des monnes Af Rb 28 | *ac:* swa ~dne mon Af 28 ‖ *nt no:* þus ~ ungelimp IV Eg 1

geræcan 1) onspæce *Klageanspruch erreichen, durchsetzen* Geþyncðo 3; accusationem admallare Q 2) *ptt* 2: hond girahtest *Hand reichtest* Iud Dei IV 3, 3, manum porrexisti *glossirend*

geræda, *pl, Geschirr* (*des Pferdes*) II Cn 71, 2; ~dan B; geredan A, *verbess. aus* redan

gerædan X Atr Pro | *op* 3: ~de V 3, 1. VI 10, 1. 32, 3. II Cn 30, 5 | *pl* 3: ~den Wer 6; ~ V Atr 30 D | *ptt* 3: ~dde II Eg Pro. VII a Atr Insc. I Cn Insc A. Pro; geredde A; gered! Ld | *pl* 3: ~ddon IV Eg 1, 4. VIII Atr 43. I Cn Insc D; ~ddan EGu 4. II Atr 9. V Pro. IX Pro. I Cn 1 D. Wer 6 B (~den, *pl op*, H). Ger 1 | *ptt pc:* ~dd VI As 10. III Atr Pro. Forf 2; ~æd VI As 10. *Rect* 5. 5, 1; *fm:* ~de Episc 8 — 1) *ordnen, regeln ebd.* 2) me sylfum *für mich sorgen* X Atr Pro 3) *anordnen, beschliessen, bestimmen, festsetzen in übr. Citaten*

gerædnes *Beschluss, Satzung, Verordnung* I As Inso. VI Pro. I Em Insc. III Eg Insc D. 1. V Atr 2 ff. VI 3. X 2. I Cn 6 D. II Pro. 1 f. D. Duns Pro; ~nis EGu Pro; ~nys Hu Insc. II Eg Pro. IV 1, 4. I Atr Pro. I Cn Pro; geredness Insc A; geradnes IV Eg 1, 5 | *dt:* ~nesse II As 25, 2; geredn- V Atr Insc G 2 | *ac:* ~nesse Northu 45 ‖ *pl:* ~nessa VI Atr Pro; ~nisse I Inso; gerænesse I Ew Insc. II As Insc; ~ddnysse I Atr Pro B | *dt:* ~ssum VI As 3; ~ssan VI Atr Insc. — *Ersetzt durch* lagu *s. d.*

geræf weorðe on hine *Schuldbelastung werde auf ihm* Af 32 B; *geänd. aus* geresp H; geresp E

geræfa *s.* gerefa

geræps *s.* geresp

Gerardus episc. Hereford. CHn cor Test; *identisch mit* Gir~ [*seit* 1100] Eborac. archiepiscopus Quadr II 6. 8 b. 8, 4—17, 4; Giraldus 15

gereafa *s.* gerefa

gereccean; *inf flect:* geregceanne I Ew Pro | 3: gereceð Iudex 1 | *op* 3: ~cce Af 34 (~cca B). 41. Hu 3 | *pl op* 2: ~ccan I Ew Pro | 3: ~ccen Af El 18; ~ccan Af 77 | *ptt pl* 3: gerehtan VIII Atr 36; gerihtan D | *pc:* gereht Af 34. — 1) *als Richter* (*Urteilfinder*) *aussprechen, erteilen:* folcriht I Ew Pro 2) *bestimmen als Urteil:* bote Iudex 1 3) *zuerkennen:* him witan ryhtre Af 77; him domeras ~ccen Af El 18 (getæcan G), arbitri iudicaverint *übsnd* 4) *gesetzgebend zusprechen:* cyninge þa bote VIII Atr 36 | *verwaltend bestimmen, vorschreiben* cypemannum Af 34 5) *gerichtlich beweisen:* þæt dies 41; him þæt (*Verklagtem*) *das überführend nachweist* Hu 3. — *Ersetzt durch* (ge)rihtan *s. d. Der.:* ong~, ung~

gered- *s.* geræd-

gerefa Wi 22. Af 1, 3. II Ew 2. 8. V As 1, 2. VI 10. 11. II Eg 3, 1. IV 13, 1. I Atr 4. III 13. VIII 8. I Cn 8, 2. II 33. Ger 1; gereafa As Alm 2 Ld; *greve* de soyra, wapentagiis, hundredis, burgis, villis ECf 32 (de leð *retr*); greive 32, 1; *Var.* grave, græve, greive, *grefe* | *gn:* ~an Wi 22. II As 10. I Atr 1, 14 | *dt:* ~an Af 22. 34. I Ew 2. II 2 Ld. II As 25, 1. VI 1, 4. 8, 2. III Atr 3, 2. 7. Ger Insc. 18, 2 | *ac:* ~an Ine 63. 73. I Atr 1, 2 (-ræf- Ld). II Cn 8, 2; gereafan 30, 1 A ‖ *pl:* ~an I As Pro. 1. VI Pro; gereafa! Ld: I Pro. 1; *greves*, grefes, gres, *reves* ECf 31a | *gn:* ∼fena II As 3, 2. 25. Iudex 13; ∼fana VI As 8, 9 | *dt:* ∼fum I Ew Pro. As Alm Pro. VI 8, 3. 11. Cn 1020, 11; ∼an I As Pro (gereafum Ld). IV Eg 1, 5. VIII Atr 32. II Cn 69, 1. — **1)** *Gutsvogt, Verwalter und Gerichtshalter einer Gutsherrschaft (eines Landeigentums, dessen Umfang den Normalbesitz des Gemeinfreien überstieg)* **a)** *von einem* gesið (*Gefolgsadligen*) *angestellt* Ine 63 **b)** *von einem* þegn *angestellt* Ger, *hier synonym mit* hamesgerefa, manna hyrde 18, 2, scirman 5; *von einem* hlaford *angestellt* I Atr 1, 2 = II Cn 30, 1; *von einem* landrica VIII Atr 8 **c)** *dieser Thegn kann auch sein ein geistlicher Stiftsoberer, z. B. Bischof* Wi 22. II Eg 3, 1 = VIII Atr 8 [**d**) *ist der Gutsherr die Krone oder der König* (Wi 22. As Alm Pro. 2. IV Eg 13, 1), *so wird solcher* ∼ *untrennbar von Klasse 2. Den Witan dient Ein Teil, dem König der andere der* ure gerefena II As 3, 2] **2)** *in allen sonstigen Stellen: königlicher oder staatlicher* Beamter, *Vertreter des Königs als Gerichtshalter, Handhaber der Polizei, weltliche Machthilfe der Kirche und verwaltender Ausführer der Gesetze; genannt* cyninges ∼ Ine 73. Af 1, 3. 22. 34. II Eg 3, 1 = VIII Atr 8 = I Cn 8, 2. I Atr 1, 14. 4 = II Cn 33 (binnan port III Atr 7) *oder, wo der König von sich spricht* (*bezw. erwähnt wird*) min (*bezw.* his) ∼ I As Pro. 4. As Alm Pro. 2. II 25. VI 11. IV Eg 1, 5. 13, 1. Cn 1020, 11. II Cn 69, 1 (*bezw.* VIII Atr 32), *doch meist nur durch best. Art. bezeichnet. Wenn* IV Atr 7, 3 *die Münzaufsicht dem* portgerefa *zuweist, so gehört sie nach* II Cn 8, 2 *dem* gerefa, *vermutlich ohne dass dieser einen anderen* Beamten *meint. Ein* scirgerefa, *Grafschaftsvogt, ist gemeint, allein oder doch vorwiegend,* II As 25. VI 8, 2 ff. 10; *vielleicht öfter. In* III Atr 1, 1 *sitzt* ealdorman 7 (‘*bezw., oder*’) kinges ∼ *dem Fünf-Burgen-Gericht vor. Der* 3, 2 *dem* wæpntak *vorsitzende* ∼ *braucht nicht ein* wæpntakgerefa *zu sein, den allerdings* ECf 32, 2 *kennt. Da Gerichtshaltung hauptsächliche Function des* ∼ *ist, so steht* ∼ *synonym mit* dema Iudex 13. *Weil er* grith ex vae (*d. h. öffentliche Sicherheit an Stelle der Schadenstifter*) *schaffe, fabelt* ECf 32, 1, *der Name* gri-ve *komme daher, und identificirt wegen der Gleichheit einiger Functionen irrig sein Amt erstens mit dem des Fränk.* graf [*den auch der Autor von* Q *und* Hn *mit* gravio (*s. d.*) *meint, was er für* gerefa *braucht*] *und zweitens mit dem des Angelsächs.* ealdorman 32, 2 f. *oder des* (hundredes) ealdor. [*Noch unzutreffender identificirt* ∼ *mit* dominus ECf *retr* 32. 32, 2.] *Später lautet das Wort* refa, *reve*; *s. d. Lateiner, auch* ECf 32, *setzen dafür* præpositus, præfectus; *vielleicht auch* Leis Wl 35 *meint synonym* grefe sive provost. — *Der.:* heahg∼, portg∼, tung∼, þriþingg∼, weardg∼, wicg∼

gerefscipe *königl. Vogteiamt; pl:* ∼cypas *Sheriffschaften, Shireverwaltungen* VI As 8, 4 | *verschr. für* geferscipe 1, 1

gereht *s.* gereccean

geresp weorðe on hine *Schuldbelastung werde auf ihm* Af 32; geræps So; geræf B *und, geänd. aus urspr.* ∼, H

gereste hine, *ptt* 3, *ruhte sich aus* Af El 3 (∼est! Ld), requievit *übsnd*

geridan mid his geferum *ziehen, reiten im Strafvollzug* II As 20, 2 Ot; *geänd.* ridan H; toridan Ld

[-geriht] *adj. Der.:* ung∼

gerihtan *zurechtweisen, aufrichten*; *ptt pl* 3: geryhton (*Seelen*) Af El 49, 3; gerih- H So Ld; *rihton* G | ∼ VIII Atr 36 D, *statt* gerehtan, *und pc:* geriht Af 34 Ld, *statt* gereht, *von* gereccean *s. d.*

gerihte; *dt*, on ∼ [*ac?*] AGu 1; ∼ta B 2; ∼te II Cn 20a B; rihte *übr.* ‖ *pl:* ∼ta IV Eg 1, 6. II Cn 12; ∼t A; ∼te *Rect* 4 | *gn:* ∼ta EGu 6, 4 B (∼to! H). IV Eg 1, 4. II Cn 48. 54, 1 | *dt:* ∼tum Cn 1020, 2; 8 | *ac:* ∼tu *Rect* 4, 3a. 7. 21, 1. Ger 1; ∼to EGu 5, 1; ∼ta IV Eg 2a. V Atr 11 = VI 16. VI 21, 1 = VIII 14. Cn 1020, 8. I Cn 8. 14; ∼ II 48 Insc B. — **1)** *gerade Richtung:* on ∼ to Bedanforda AGu 1 **2)** *pl: Gerechtsame Rect* 21, 1; Godes *der Kirche* EGu 5, 1. 6, 4 = II Cn 48. IV Eg 1, 4; 6. V Atr 12, 2 = VI 21, 1. 43. V 11 = VI 16 (= I Cn 8). VIIa 8. Cn 1020, 2; cynescipes IV Eg 2a | *was* (*Unfreien, Hintersassen*) *gebührt Rect* 7. *Ger* 1 | (*Seelenheil*)*dienste* II Cn 54, 1 | (*Jurisdictions-*) *Gerechtsame,* (*königliche*) *Prärogative* 12 **3)** *Rechtspflicht* 20a B. Rect 4. 4, 3a | *lat.* consuetudo, *rectitudo*; *fz.* custume; *s. d.* — *Ersetzt durch* rihta (*pl, Gerechtsame*) EGu 5, 1 Ld. V Atr 12, 2 D. II Cn 48 B. 54, 1 B. *Der.:* gearg∼, geburg∼, woruldg∼

[-gerimedlic] *s.* ung∼

gerise, *op* 3, hit eallum ∼ *es allen ziemt* VI As 8, 9

[gerisnu] *s.* competentia. — *Der.:* ung∼, woroldg

[L]**Germania** *Deutschland* Lond ECf 32 C 1a

[L]**germanus** cognatus *angeborener Verwandter* Af 42, 6 Q, geborene mæge *übsnd*

gers- *s.* gærs-

Gerundium, *Gerundivum s. Participium;* to *m. flect. inf.*

gerysen to *s.* risan

gesadelod, *ptt pc, gesattelt*(*es Pferd*) II Cn 71, 4 | *pl:* ∼de 71a. 71, 1. — *Der.:* ung∼

gesæce *s.* gesecan

gesælig bið se (*glück*)*selig wird der sein* I Cn 18, 2 (-li B; sælig A). II 84, 2; geselig B; gesalig A

[-gesamhiwan] *Der.:* rihtg∼

gesamnian; gesom∼ Af 19. 19, 1 H | *op pl* 3: ∼ien 19, 1; ∼ B | *ptt* 1: ∼node I Em Pro; gesom- BH | 2: gisomnadest Iud Dei IV 3, 1 | *pl* 1: gesomnodon Af El 49, 3; ∼nodon GH; *geänd. aus urspr.* gesom- H | *pc:* ∼nad Wi Pro. — **1)** *versammeln:* ymbcyme Wi Pro; sinoð I Em Pro; gesomnodon we us ymb þæt Af El 49, 3, nobis collectis *übsnd* **2)** hie ∼ to were *sich zusammentun zur Wergeldzahlung* Af 19. 19, 1 **3)** gisomnadest *Glosse zu* colligasti Iud Dei IV 3, 1, *als* collegisti *missverstehend*

gesamnung; *dt:* gesomnunge **1)** *Ansammlung, Vereinigung von Mannschaft* VI As 8, 3 **2)** *Ratsversammlung* Ine Pro; som- B **3)** *ac:* ∼ *Vereinigung zur Ehe* Wif 8

gesawe ongemang, *op* 3, (*Trug*) *säe dazwischen* Episc 7

gesawen *s.* sawan; *Der.:* ung∼

gescead 1) *dt:* mid ∼de *mit Unterscheidung, Rücksicht, verständig* I Cn 4, 3 | *ac:* ∼ witan *Vernunft besitzen* II 84, 4a **2)** *vermögensrechtliche Abscheidung?* Ine 57 H; sceatt (*Heller, d. i. Vermögen*) E

gesceade, *adj pl;* þa beoð ∼ *klug, gescheit* Grið 21, 1

gesceadlice, *adv, verständig* II Cn 68, 1b; ∼del∼ B A; gesca∼ VI Atr 52

gesceadwisan, *dt, klugen* Ger Insc

gesceaft *Geschöpf; dt:* ~*efte* Iud Dei V 2, 3 | *ac:* ~ VII 23 A; giscæft IV 2. 3, 2 | *pl:* ~ta VII 23, 1 A | *gn:* ~ta VI Atr 42, 2. X Pro | *ac:* ~ta Af El 3. Iud Dei VII 12, 1 A ‖ *in* Iud Dei *wird überall* creatura *glossirt bezw. übersetzt, auch* V 2, 3, *wo* creaturi *Fehler für* Creatori

sawlum **gesceaðian** *Seelen schaden* I Cn 26, 2 [*vgl.* gesceððe]

gesceawige, *op* 3, *beachte, sehe zu, dass* Ine 60

gescended, -cyn- *s.* sciendan

gesceop eorðan, *ptt* 3, *schuf die Erde* Iud Dei VII 12, 1 A, creavit terram *glossirend*

him **gesceððe,** *op* 3, *ihm schade* Iud Dei IV 5, ei noceat *glossirend*

gescift, gescyft *s.* sciftan

[-gescot] *Der.:* leohtg~, Romg~, sawolg~

gescrifen riht to hiom, *op pl* 3, *ihnen Recht zuerkennen, Urteil sprechen* Hl 8 | *pc s.* scrifan

gescyldigen hine, *pl op* 3, (*über-*) *schwören ihn als Schuldigen* [*gegen die Sippe, die ihren hingerichteten Verwandten reinschwur*] II As 11

gesecan; ~cean III Atr 4, 2 | *op* 3: ~ce Af El 13. Af 2. 5, 4. II As 8 (sece Ot Ld). II Em 2. III Eg 2. 7, 3. VIII Atr 1, 1. I Cn 2, 3. II 17. 26. Grið 16; gesæce Cn 1020, 18 | *pl* 3: ~cæn Hl 10; ~*oen* III Eg 7, 3 (~ceon A; ~ DG 2). IV 9 (~ C); ~ II Cn 26 B; ~cean G | *ptt* (*op*) 3: gesohte VI As 1, 4. Grið 4. 5. — 1) *fremdher besuchen:* mægas II As 8 2) *ausfindig machen:* hiom sæmend *sich einen Schiedsrichter* Hl 10 3) mot ~ *prozessirend Gericht besuchen* Cn 1020, 18; ordal (*als Kläger*) *zum Gottesgericht erscheinen* III Atr 4, 2 4) (*um Rechtserlangung*) *angehen:* cyning III Eg 2 = II Cn 17 5) (*vor Strafe handhaften Verbrechens oder Rache fliehend*) *aufsuchen* a) *Asyl* Af El 13. VIII Atr 1, 1 = I Cn 2, 3. Grið 16; þæt þæt he gesece *welches Asyl auch immer* IV Eg 9. III 7, 3 = II Cn 26 b) *Schutz gewährenden Ort oder Mann* Af 2. 5, 4. IV As 6, 1 f. (= Grið 4 f.). VI 1, 4. II Em 2 6) *durch Flucht ins Asyl gesichert erhalten:* feorh III Eg 7, 3 = II Cn 26. 26, 1. — *Ersetzt durch* secan *s. d.* — *Der.:* foreg~

to **gesecganne** eall *alles zu sagen* Ger 18

gesellan *geben* Ine 54, 1. 74 | *op* 2: gesylle Af El 35 G | 3: ~le Hl 6 (*verschr.* gefelle). Wi 26, 1. Af El 21. Af 37, 1. 43. 63, 1 (gesselle Q). Ine 3. 6, 2; 3; gesylle Af HB: 37, 1. 43. 63, 1. II As 1, 5. 3. 6, 3. III Eg 3. I Cn 2, 4. 11; gesille VIII Atr 2 | *pl* 3: gesyllan II As 6, 1 | *ptt* 3: gesealde Af El 4 So. Af 33. II Atr 7, 2 | *pc:* geseald *s.* sellan. — 1) *geben:* flæsc hundum Af El 39 So, proicietis *übsnd;* eorðan þe 4 So, terram dabit tibi *übsnd* 2) *stellen:* byrigean Hl 6. 8. 10 3) godborg *Versprechen bei Gott geben* Af 33 4) hine to deaðe gesealde *verratend hingab* Af El 49, 7 H; sealde E 5) *Wertgegenstand geben:* feoh 35 G (selle *übr.*), pecuniam dederis *übsnd* 6) ~ *durch* for Godes noman *als 'schenken' qualificirt* Af 43 7) *sonst: 'zahlen'.* — *Für* agiefan I As Pro Ld; *für* gelæstan 3 Ld; *für* sellan Af El 35 G Ld. 39 So. 49, 7 H; *zu* gebetan *zugefügt* Af 25 So. *Ersetzt durch* fulfremman, gebetan, gieldan *s. d.* — *Der.:* foreg~

gesem, *ac, Schiedsspruch* Hl 10

gesemed *s.* seman

g[e]sendan *senden, schicken;* gisende Iud Dei IV 3, 2, mittere *glossirend;* gisende *glossirt irrig* mittere, *auch wo dies = fz.* mettre *stecken* (*sc. die Hand in Wasser*) 2, 2. 4, 4 | *desgl.* 3: gisendes 4, 3 | *ptt pc pl ac:* gisendedo 4, missos *glossirend*

geseon 1) *Sehvermögen haben* Af 47, 1 2) *m. Obj.-ac: sehen* IV Eg 6, 1 | [*übtr*] *Recht ersehen* Iudex 14 3) *ptt pc fm:* bið gisene Iud Dei IV 3, 2, videtur (*scheint*) *falsch glossirend*

gesettan *festsetzen, bestimmen; ptt* 3: ~tte, þæt *dass* Wl lad 3 | *pl* 3: ~*ton,* þætte Af El 49, 7 | *m ac:* fiohbote *ebd.* H (~*tan* E); bote 49, 8; steora EGu Pro 2; gerædnes[se] Duns Pro; woroldlaga ~ Grið 24 | *ptt pc: s.* settan. — *Ersetzt durch* settan *s. d.*

gesibsumnesse, *ac, Friedlichkeit* II Em Pro 1

[-gesidu] *s.* sulhg~

gesingan *liturgisch hersagen;* 3: ~gð gebed I Cn 22, 3 | *op* 3: ~ge an fiftig (*Psalmen*) oððe begite gesungen [*ptt pc*] VI As 8, 6

gesið 1) *Gefolgsadliger* Ine 50, *synonym mit* gesið(cund) mon 2) *Genoss*[*enverband?*] 23, 1 | congildones, consocii Q [*vgl. langob.* gasindus, gasindium; *Bruckner* Sprache der Langobd., *Glossar; fris.* samnade siden *sammelte Genossen zu gewaltsamer Heimsuchung, His* Strafr. *d.* Friesen 84 f.]

gesiðcund, *adj, gefolgsadlig, dem* (*Kriegs-*)*Gefolgschaftstande angehörig* Ine Rb 51. Ine 50. 51. 63 | *gn:* ~*des* Ine Rb 50. 63. 68. Ine 45; ~*des* cynnes Norðleod 11 | *dt:* ~dum Ine 54 | *ac:* ~dne mannan Wi 5. Ine 68 | *Dafür* siðcund Ine Rb 68 G (*und oft* Ld; -dus Q; nobilis Ine Rb 50 Q) *s. d.* — *Sein Herr ist nicht immer der König* Wi 5. Ine 50; *er besitzt bisweilen* 20 *Hiden Lehnland* 63, *jedoch nicht immer* Land 45. 51; *er rangirt unter dem* cyninges þegn Ine 45 *und über dem* ceorl Wi 5. Ine 45, *dem ihn* Norðleod 11 *nur in verderbtem* lq-*Text gleich stellt; dem Thegn vielmehr setzt ihn gleich* Norðleod 5. 9. 11 [*vgl.* gesið(mon)]

gesiðmon *Mann vom* (*Krieger-*) *gefolge* Ine 30 | *unübersetzt* ~man Q; *Var.* siðman *und im* 14. *Jh. unverstanden erklärt als* sapiens

geslagen *s.* slean **gesohte** *s.* gesecan

gesom- *s.* gesam-

gesoðian *gerichtlich erweisen* II Cn 48, 3 B; hit on him *Schuld an Verklagtem* Wl lad 3, 1 | *op* 3: ~ige þæt *dies* EGu 6, 7 = II Cn 48, 3 [*vgl.* ongesoðod]

gespelia Cristes *Stellvertreter Christi* [*heisst der König*] VIII Atr 2, 1. 42 [*vgl.* vicarius]

gespirige spor, *op* 3, *Spur* (*verlorenen*) *Viehs verfolgt* VI As 8, 4

[ge]spræc *nt s.* spræc

gest- *s.* giest-

gestæle on ryhtran hand, *op* 3, *erhebe Klage gegen richtigeren* (*wahren*) *Verantwortlichen* Af 22

gestala *Mitstehler;* gewita ne ~ Ine 25, 1; [*frei, unter Einfluss von* gestealla *Genoss?*] *übs.* Iurti coadjutor Q [*synon.:* þeofa geweorhta VIII Atr 27]

ylce **gestale,** *ac, jeden Diebstahl* V As 3, 1 Ld

gestalie, *op* 3, *stiehlt* EGu 3; ~lige Ine Rb 22 G; stalige EH

gestandan 1) *op* 3: gestonde him mæssan *wohne der Messe bei* II As 23; ~de m- Grið 27 2) *vielleicht lies* Ine 44: treow, þæt mæge 30 swina under ~: *darunter weidend Platz finden, statt* underg~

gestieran *hindern jem.(dt) an (gn)*; him yfles Ine 50; - - gesteoran V As 1 Ld; manegum gesteoran *vielen wehren* EGu Pro 2 | *pl* 3: hym reaflaces gestyrað Iudex 10

g[e]stiðia; gis- *verhärte, werde hart* Iud Dei IV 4, 4, *den abl.* indurato *falsch* [*als ipa?*] *glossirend*

gestreon 1) *Erworbenes* II Atr 9 2) *Gewinn; ac:* ∼ Iudex 9, 1. — *Der.:* wohg∼

gestrienan Af 65; -rynan Ld; ∼inan I As 5, 1 | 3: ∼neð Ine 27; ∼rynð H; ∼reonað B; ∼ryneð II Cn 84, 2a | *pl* 3: ∼rynað IV Eg 2, 2 | *op* 3: ∼ne Ine Rb 27 (*geänd. in* ∼rine H; ∼ryne G; [*ind.*] stryneð B). Af 8, 2; ∼ine H; ∼ryne Ld | *pl* 2: ∼rynan I As 5 | *ptt pl* 3: ∼rindon Af 41. — 1) *rechtsgeschäftlich erwerben:* land *ebd.*; þæt (*Fahrhabe*) IV Eg 2, 2 2) me aht *mir hinzugewinnen* I As 5; [*bildlich*] *Gode* hig (*Deo eam*) II Cn 84, 2a 3) bearn ∼ a) *zeugen* Ine 27. Af 65; begytan B b) *gebären* 8, 2

[-gestroden] *Der.:* ung∼

gesufelne hlaf, *ac, geschmiertes (mit Zukost versehenes)* Brot VI As 8, 6

gesund, *ac* 1) gehealde hine ∼dne *den Mann unversehrt* Af 42, 1 2) *nt:* wæpn ∼ *Waffe unbefleckt* [*von Blutschuld*] 19, 3

gesundfulnesse, *dt, Heilsamkeit* Wif 8

gesungen *s.* gesingan

geswencan *bedrücken, belästigen; ipa:* ∼nc Af El 33 (∼wænc H), contristabis neque affliges *übsnd* ‖ *ptt pl* 3: geswænctan V Atr 32, 1 D | *op* 3: ∼cte II 9 Ld; swencte B | *pc:* ∼ced II Cn 35; ∼*cad* B

geswican *ablassen, abstehen, sich enthalten (von: gn)* II As 20, 4. V Pro 1. VIII Atr 40. Cn 1020, 9. I Cn 18, 1; his *von jenem* [*Verklagen*] Af 22; þæs *hiervon* V Atr 9, 1 = VI 5, 3 = I Cn 6, 2a; yfeles ∼wycan VI As 12, 2 | *op* 3: ∼ce I Ew 2, 1. Northu 61, 2; yfeles II As 1, 3 = VI 1, 4. I Atr 1, 5 = II Cn 30, 3b (∼wyce A); misdæda V Atr 5 = VI 3a; swylces II As 6, 1. VIII Atr 27 = I Cn 5, 3 = II 36, 1; weorca VI Atr 22, 1 = I Cn 15, 1 (∼cæ G; *pl:* ∼ B); dæda II 4. 54, 1; cypinga V Atr 13, 1 ‖ *pl* 1: ∼ IX 1 | 3: ∼ EGu 11. VI Atr 7. 44. II Cn 4a. 7. — *Häufig absolut: mit Schlimmem aufhören, Böses einstellen, sich zum Bessern ändern, z. B.* I Ew 2, 1. II As 20, 4. V Pro 1. VIII Atr 40. Cn 1020, 9. I Cn 18, 1 (swican A). II 4a. 7. 54, 1. Northu 61, 2

geswicennesse, *dt, Abstehen vom Bösen, Aufhören des Sündigens* Northu 63, 1

I) **geswicne** nagan, *ac, Reinigungsrecht verlieren, nicht zum Unschuldseide zugelassen werden* Ine 15, 2 B; *geänd. aus* swiene H; swiene E; swycne Bu

II) **geswicne** hine, *op* 3, *reinige sich;* be *durch Eid in Höhe von* Ine 14 (geclensie B). 15; geclænsie B | geþingea [*gn*] *von Abmachungen* 52; geladie H; geclænsie B

geswinc *Mühe, Bemühung; gn:* ∼ces VI As 7. *Rect* 20 | *dt:* ∼ce 18, 1

geswutelian 1) *darlegen:* geleafan I Cn 22, 1; geswyt∼ B 2) *op* 3: ∼wytelie *offenbare, enthülle* Ordal 4, 3 3) ∼ie mid gewitnysse *gerichtlich erweise durch* II Atr 9, 2 | *ptt pc:* ∼lod I Ew 3; ∼wytelod B 4) her is ∼lod on gewrite, hu *urkundlich publicirt, wie* IV Eg Pro

geswyc- *s.* geswic-

gesyllan *s.* gesellan **get** *s.* I) giet, II) git **[-getac]** *s.* wæpng∼

getæcan 1) *zuerkennen, als Urteil sprechen; op* 3: mon folcriht ∼ce æt spræce *im Prozess* Hu 7 | *pl* 3: swa him domeras ∼ Af El 18 G Ld (bet∼ So; gereccen EH), iudicaverint *übsnd* 2) *als geistl. Richter vorschreiben, anordnen; op* 3: swa bisceop ∼ce EGu 4. Northu 61, 2 3) ∼ce his mon from him *weise von sich, vertreibe* II As 22, 2 Ld; tæce H

get[æ]l 1) *Zahl; ac:* ungerimedlic getell Iud Dei VII 12, 2 A, innumerabilem numerum *übsnd* 2) ratio (*Schätzung, Anordnung?*) *setzt für* ∼ [*oder* getalu?] Q, boldg∼ *übsnd*

getan *s.* gietan **geteallan** *s.* getellan

geteama *s.* getiema

geteld geslagen, *ac, Zelt aufgeschlagen* II Atr 3, 2

getellan 1) *zählen (Fahrhabe-Stücke)* I As Pro 2) *berichtend aufzählen Rect* 21, 4; ∼eallan Ger 12 3) *ptt pc:* geteald *gerechnet, erachtet, betrachtet als:* efen dire Að 2; melda Hu 8; gespelia VIII Atr 2, 1 4) *pl:* men him to gewitnysse getealde *ihm als Zeugenschaft zugeteilt* II Ew 2

geteme *s.* getieman

geþæncean *s.* geþen∼

geþafian *gestatten, erlauben, zugeben* a) *m ac:* him þæt *dies* Af 6, 1; ∼fyan H; him *team* Hu 4, 1; unriht II Cn 20, 1. Episc 6; nylle hit ∼ *sich nicht gefallen lassen will* II As 20, 6 | 3: he ∼fað þa geþingo VI 11 | *pl* 3: hit dondum ∼iað Iudex 10, 1 | *op* 3: lade ∼fie III Atr 13, 4; þæt (*dies*) ∼fige VIII 3 = I Cn 2, 5 | *ipa: domas* ∼fa *dulde, lasse zu, billige* Af El 40; lara him 41, adquiesces *übsnd* b) *vor* þæt *'dass':* ∼ Episc 8 | *op pl* 3: ∼ 9. 10 c) swa he him ∼ wille III Eg 3 = II Cn 15, 1; þafian G 2 | *op* 3: swa man ∼fige EGu 4, 1 | *ptt* 1: swa ic ∼fode 7 ∼ wille IV Eg 12

g[e]þafung; gið∼ giuðe, *ac, Zustimmung gewährte* Iud Dei V 2, 2, consensum præbuit *glossirend*

geþance 1) *dt:* on ∼ healdan *im Gedächtnis halten* II Cn 84, 4a 2) *instr:* hwilcan ∼ *mit was für Gedanken, Überlegung,* Grið 26. 27

geþancedon, *ptt op pl;* we him his geswinces [*gn*] ∼ of feo *wir ihm für seine Mühe (danken) uns erkenntlich erweisen würden aus Casse* VI As 7

geþeah *s.* geþeon

geþeahte 1) *dt, Rat, Beistimmung;* witena Af El 49, 9. II Em Pro. II Eg Pro. VIII Atr Pro (geþehte G). I Cn Insc D = Pro; [*syn. mit Witan*] *'der Bischöfe'* Ine Pro. I As Pro (geþehte G) = As Alm Pro | be (buton) biscopes (scriftes) ∼ *Bewilligung* I Cn 23. V Atr 10, 2 D; geþehte G G 2. (Northu 65) 2) *ac! Denken* Af El 46 Ld; geþoht *übr.*

ge[þ]eahtendlic ymcyme *beratende Versammlung* Wi Pro; gehe∼ *Hs.*

geþencan *bedenken* 1) *sich in Erinnerung rufen; op* 3: ∼ce word 7 wedd V Atr 5 = VI 3a 2) *inf:* ∼ (∼cean E), þæt he gedemeð; . . ∼ce [*op* 3; -þæn- H], þæt he *deme sich vornehmen zu richten* Af El 49, 6 3) *vor indir. Frage: bedenken;* uton ∼, hu I As 2; us is to ∼nne [*inf. flect.;* þenc-Ld], hu 3 | *op* 3: ∼ce, hwæs he gyrne VI Atr 10, 3 = II Cn 2a 4) *inf:* ∼, þæt he *sich entschliessen zu* Grið 27 5) us eacan geþæncean mæge *uns Zusatz ansinnen, zumuten* VI As 8, 9

[-geþeoded] *s.* underg∼

geþeofian *stehlen; op* 3: ∼ige Af 6 | *ptt pc:* ∼fad Ine 48 H B; geþiefed E [*synonym* stelan *laut* Af 6 Rb. 6 B]

geþeon *gedeihen, emporkommen;* to þam *so hoch* Norðleod 12 | *pl* 3:

þæt [*ac: tantum*] geþeoð, þæt (*dass*) *das Glück erreichen, zu* 11; begyten Ld | *op* 3: geþeo, þæt he 7. 9 (beo to þam gewelegod Ld). 10; begytað Ld; geþeo to hide *gelangt zu* 7, 1; bið gerysen Ld | *ptt* 3: geþeah, þæt he Geþyncðo 2. 3. 5. 6 (geþeh 7 H; *op:* geþuge D). Að 2; upastiged Ld | *pc ac:* geþogenne *gestiegenen* Geþyncðo 4; -ene D [*vgl.* geþungen]

geþeowian *verknechten, zum Sklaven machen; ptt* 3: ∼wode Ine 48; *geänd.* ∼wade H; ∼wade B | *pc:* ∼wad *ebd.*

cirican **geþicgæ**, *op* 3, *Kirche* (*als Pfarrer über-*) *annehme* Northu 2

[-geþiedan] *Der.:* undergeþeoded

geþiefed, *ptt pc, gestohlen* Ine 48; geþeofad H B

geþincðo, -ngðo, -nð *s.* geþyncðo

geþinge (*Erledigung einer Strafsache durch*) *Abdingung* (*zwischen den Parteien, so dass dem Gerichtsherrn Strafgeld entgeht*); *dt:* ∼ Ine Rb 50. 52; geþincðe B | *pl gn:* ∼gea Ine 52; ∼ga H; þinga B | *dt* (*instr*): ∼gum *ebd.;* ∼gðum B | *ac:* geþingo VI As 11

geþingian *dingen* 1) *pachten;* 3: ∼gað land Ine 67; ∼geð H 2) *mit dem Strafrichter sühnend abmachen* 62. 73 | *ptt pc cpa nt:* him (þeofe) na þy ∼godre *für den Verbrecher darum nicht mehr gesühnt = keineswegs straflos* 22 B (∼grode H; þingodre E). II As 1, 1; ∼godere So

geþogen *s.* geþeon

geþoht wisra, *ac, Denken, Sinn Weiser* Af El 46; geþeahte Ld

geþolian 1) *ausharren* Af 42, 1 2) ∼, þæt *dulden* (*zugeben*), *dass* Wl Lond 4 3) *lassen; ipa:* giþole, þætte Iud Dei V 2, 3, patiaris *m inf glossirend* | *ptt* 2: vosa giþolaðes! 2, 4, esse patiaris *glossirend*

geþreatian *drängen, zwingen* (*Frau*) to niedhæmde; 3: ∼tað Af 25 | *op* 3: ∼ige 26

geþristian, þæt, *op pl* 3, *sich erfrechen zu* VI Atr 36

geþristlæcan *sich erdreisten, wagen zu; mit blossem inf:* settan Af El 49, 9; gedyrstl∼ Ld | *op* 2: ∼ce (*darüber pl* 2: ∼eon), þæt Iud Dei VII 12, 4 A, audeas (-atis) *m inf glossirend;* - to ganne 13 A

geþuge *s.* geþeon **geþuht** *s.* þyncan

geþungen wita *ausgezeichneter, erlauchter Staatsrat, Notabler, Königsthegn* [*vgl. Chadwick* Anglo-S. inst. 327] *samt höchstem Adel; gn:* oðres ∼nes witan (*ealdormen mitumfassend*) Ine 6, 2; ∼nan H; sagibaro Q | *pl gn:* ∼nra witena (*Bischöfe mitumfassend*) Af El 49, 7; sapientes laici Q, *also beidemal nicht genau verstanden* [*vgl.* geþeon]

geþwærian *beistimmen; ptt* 2: þarto ∼rudest Iud Dei VII 13 A (*pl* 2: þærto ∼rdon Excom VII 3), consensisti(s) *übsnd*

geþwærnesse, *ac, Eintracht* II Em Pro 1

geþylde, *dt, Geduld* Ine 6, 5

geþyldig *geduldig* Iud Dei IV 4

geþ[y]ncðo I) *Ehrenstellung, Rangwürde; pl dt:* geþincðum Geþyncðo 1 (-ngð-D); leode - Insc H; -inð-D; *als* consilium (*also u.* II) *missversteht* Q; in honore et per consilium In Cn | *ac:* þurh geþingða hearra VI Atr 52; þa geþincðo mannes Iudex 16 [*vgl. langbd.* gathungi *in* angargathungi (*Angergrösse*) *Bruckner,* Spr. *d.* Langob., *Glossar*] **II**) *Gericht, Ratsversammlung; sg dt:* on Fifburga geþincða III Atr 1, 1; *unübs.* Q; on I burhgaþinðe 1, 2; burgiþincða Q **III**) *Abmachung mit dem Strafrichter; dt:* be geþincðe Inc 52 B; geþingðe Ine Rb 52 Ld; [*besser*] -ge EH | *pl dt:* geþingðum Ine 52 B; -gum EH. — *Der.:* burgg∼

get[ie]ma *Gewährsmann; ac:* getyman A Gu 4; geteaman I Ew 1. II Atr 8 | *pl dt:* getymum A Gu 4 Ld

get[i]eme, *op* 3 1) *geteme* to sele *ziehe zur Halle Gewähr* Hl 7 2) to men feoh *an jem. Vieh zur Gewähr schiebt* Ine 35, 1

[-getigu] *s.* egeðg∼

getingnysse *s.* getyngnes

getreowan, ∼we *s.* getriew-

getreowian 1) hine *sich reinschwören; op* 3: ∼ie (be were *durch Eid in Höhe des Wergelds*) Af 4, 2 B (∼riowe E; ∼rewsie *auf Rasur* H). 36, 1 B; *geänd.* -wsie; ∼riowe E; ∼rywe H | *m gn 'von':* facnes ∼ige 17 B; ∼rywige Ld; ∼riowe E; ∼rywe H; sleges ∼rywie Ine 34 B; ∼riewe E; ∼riwe H 2) *vertrauen; inf flect:* to ∼iganne V As Pro 3; ∼ruwianne H | *op* 3: getrywige Af El 28 Ld, *für* getriewe, *s. d.* [*vgl.* getruwian]

getreowsie hine, *op* 3, *sich reinschwöre* Af 17 *übergeschr.* H; *geänd. aus* ∼wie 36, 1 B; ∼sige, *geänd. aus* ∼wige 17 B; ∼rewsie *auf Rasur* 4, 2 H [*s. zu all dem:* getreowian *und das urspr.* ∼riewe] | *m gn:* þæs (*davon*) ∼rywsige II Ew 3

I) **getriewe,** *op* 3 1) him *ihm traut* Af El 28; ∼rywe G; ∼reowe So; ∼rywige Ld; *adj:* ∼reowe sy H 2) hine *schwöre sich rein* (*von: gn*) sleges Ine 34; ∼riwe H; ∼riowe facnes Af 17 | be *durch Eid in Höhe von* 4, 2 (*ohne* hine So Ld). 36, 1; ∼trywe H. — *Ersetzt durch* getreow(s)ie, *s. d.*

II) **getr[ie]we,** *adj* 1) *treu;* beon (hlaforde) hold 7 getriwe Swer 1; ∼rywe B | *pl:* holde 7 ∼rywe I Cn 20; ∼reowe B 2) *glaubwürdig, vertrauenswert;* ∼rywa man II 22 (16. *Jh.*); ∼riwa A; ∼reowe B; him ∼reowe sy Af El 28 H [*älter:* him ∼ *jener ihm traut*]; ∼rywe Hu 4 | *ac:* ∼rywne (∼reowne) borh II Atr 9, 1 (I 1); man II Cn 22, 2; ∼reowe! B | *pl no:* ∼rywe Duns 1, 2 | *ac:* ∼reowe þegenas (borgas) I Atr 1, 2 (1, 5) = ∼rywe II Cn 30, 1 (30, 3 b). 30, 7; ∼reowe B; triwe A | *fm:* ∼rywe gewitnes II Atr 9, 4. Northu 67, 1 | *dt:* ∼reowre VI As 10 | *ac:* ∼rywe II Cn 23 (treowe B). 24; ∼reowe B A. — *Der.:* fulg∼, ung∼

getri[e]wð *Treue; pl dt* (*sing. Bed.*): mid rihtan ∼riwðan VIII Atr 44, 1; ∼rywðan VI 1, 1 = I Cn 1; ∼riwðan A; trywðan D; ∼rywdan (!) *Rect* 17

getriow-, getruw-, getryw- *s.* getreo-, getrie-

him **getruwian** ne his yfeles *ihm nicht trauen, wegen* [?] *Missetat* V As 1 H; *besser* gesteoran Ld; castigare Q; *viell. irrig wiederholt aus vorhergeh.* getruwianne

getrymed *s.* trymman

F [g]et[t]er *s. jeter*

getwæman 1) *trennen, scheiden; ptt* 3: ∼mde VIII Atr 38 2) *sich scheiden; op pl* 3: hi (*Eheleute*) ∼ Northu 65 3) *schlichten, beilegen; ptt* 3: saca (*Streitsachen*) ∼mde I Cn Insc D | *pc:* ∼med *s.* twæman

getyhtlian *s.* getihtlian

get[y]ngn[e]s *Redekraft; ac:* þurh getingnysse Iud Dei VII 23 A, per facundiam *übsnd*

geuferiað, *pl* 3, (*Urteil*) *aufschieben* Iudex 11

geunnan *gewähren, gönnen, schenken, m gn der Sache,* I As 5; fyrstes Grið 4. 5; þis [*ac!*] him givunna, *geänd.* giwunna Iud Dei IV 3, 5, *prestare glos-*

sirend | 3: þæs geann VIII Atr 42; landsticces Rect 20, 1 | *op* 3: ~nne VI Atr 53; þæt *dass* VIIa 8; feores - *Leben* (hades *Weihegrad*) *belässt* VIII 1,1 = I Cn 2,3. II 12 (Northu 12); hwæs - Wif 3 B; geunge H | *pl* 2: ~, ~non I As 5 | *ptt* 3: giþafung [*ac!*] giuðe Iud Dei V 2,2, consensum praebuit *glossirend* | *pc:* ~nen II Cn 73,1; ~nan A. *Ersetzt durch* unnan *s. d.*

geunsoðian (*falsche Klage*) *als unwahr erweisen* III Eg 4 = II Cn 16

[-gewædu] *Der.:* wægng~

g[e]wana *Mangel; ac:* gywanan habban þæs *dessen ermangeln* Swer 10; *geänd. in* wanan B

geweald 1) *Gewalt; dt:* hæbbe on ~de *unter Schutz und Verantwortung hält* VIII Atr 42; to ~de lætan *zur Verfügung überlassen* Beowæð 1 | *ac:* nage þære ~ *über die* (*Muskeln*) *keine Bewegungsfreiheit hat* Af 77; domes ~ age *Urteilsentscheidung, Richteramt* II Cn 2a [*vgl.* on Domdæge Dryhten . . ah domes geweald; *'Traum vom Kreuze' Vers* 107]; age ~, swa hwæðer *Entscheidung* (*Wahl*), *ob* III Atr 6 | *pl gn, sing. Bed.:* minra ~da *meines Gebiets* Sacr cor 1,1 2) *Absicht; no:* II Cn 75,1 | *gn:* ~des Af 36,1; his ~des Af El 13, volens *übsnd* [*vgl.* gewealdes *adv.*] 3) *ac:* þa ~ forslea on þam sweoran *Rückgrat? Halssehne, Nackenmuskel?* Af 77; ~wald B; nervi et venæ In Cn; *unverstånden* Q [*vgl.* wælt; *ahd.* waltowahso: nervus; *mndd.* waltsene *und fris.* walduwaxe, wald(and) sine, welde: *Rückgrat*]

gewealdes, *adv, absichtlich, mit Willen;* willes ne ~ II Ew 4. VI Atr 52,1. Swer 1; ungewealdes *entgggsetzt* Af El 13. VI Atr 52, 1. II Cn 68, 3 | [*Sprichwort*] qui brecht ungewealdes, betan ~: qui inscienter peccat, scienter emendet Hn 90, 11a. — *Der.:* ung~ [*vgl.* geweald *n.* 2]

g[e]w[e]alla[n], *intr, sieden;* givalla Iud Dei IV 3, 2. fervescere *glossirend*

gewege, *ptt op* 3: (3 *Pfund*) *wiege, schwer sei* Blas 1 H; wæge B

gewelegod sie, *ptt pc, reich geworden ist* Norðleoð 7. 9 Ld; geþeo D H nunnan **gewemme**, *op* 3, *Nonne schände* VI Atr 39

gewendan A) *tr, wenden, kehren; ipa:* gewend þu þe (*dich*) on unræd Af El 41 H (wend EG), sequeris ad malum *übsnd* B) *intr, sich wenden* a) *op* 3: of fyrde ~de *von der Landwehr sich entzieht, heimgeht* V Atr 28 (gewænde D) = VI 35 (discesserit L). V 28, 1; ham *fügt zu* G 2 b) *pl* 3: to rihte gewændan *umkehren, sich bessern* VIII 40

[geweorc *Werk*] *vermutet irrig in* gewyrce [*s. d.*] *Rect* 6, 2 Q, *da er* opera *setzt.* — *Der.:* brycgg~, handg~

geweorcan, **~rht**(-a) *s.* gewyr-

geweorðan I) *pers.* 1) *entstehn;* 3: gængang ~ðeð Abt 84; feaxfang ~rð 33 2) *anders werden; op* 2: giworðe Iud Dei IV 2. V 2, 2, fias (exorcizata) *glossirend* | *op* 3: ~ðe heo to sceame hyre sylfe *werde sich eine Schande* II Cn 53; ~wyr- B 3) *sich verwirklichen* (*im Vorigen Erwünschtes*): gewyrðe (gewurðe) þæt! Iud Dei VII 24, 1 A (Excom VII 24), fiat! *übsnd* 4) *zur Passivbildung:* oferstaled ~ðe II Cn 36 A; weorðe *übr.* II) *unpers.: geschehen, vorkommen, eintreten* 1) *Voriges; ind* 3: hit swa ~ðeð 15, 2 | *op* 3: gewurðe 68, 3 (gedeð A). Northu 10, 1 2) ~, þæt *dass, mit regiertem Satz, auf den sich prn nt vorweg bezieht:* a) *zu ergänzendes* ~ðe [*op*], þæt VI Atr 12 b) hit ~ðeð [*ind*], þæt 52, 1; hit ~ðe [*op*], þæt I Cn 5 | *ptt op:* hit gewurde, þæt Geþyncðo 8 c) þæt ~ðe [*op*], þæt Wi 7. (gewurðe VIII Atr 1, 1 =) I Cn 2, 3; gewurðe Northu 65 d) þæs (*dies*) ~ðe gesiðcundne mannan [*ac*], þæt he Wi 5 | *ptt pc:* geworden *s.* weorðan

geweorðod *s.* weorðian

g[e]w[e]ria[n] *verhüllen, bedecken;* giwoeria Iud Dei IV 4, 5, detegere [*irrig für* tegere] *glossirend*

gewha *s.* gehwa

gewiderian *günstiges Wetter werden* Ger 12

gew[ie]ldan 1) (*Verbrecher*) *ergreifen, fassen, verhaften; op* 3: gewylde EGu 4,2 B (-wil- H) = II Cn 43. III Eg 7, 1 (-wil- D) = II Cn 25a | *ptt pc ac:* gewyld! *gefesselt* VI As 1, 4 2) *zwingen; op* 3: gewilde hine (hi) to rihte VIII Atr 15 (40)

gew[ie]rdan; *op* 3: gewerde *mit körperlich verletzendem Schlage trifft* Af El 18 (-wyr- G), percusserit *übsnd* | [*Land*] *schädigt* 26 (-wyr- G; awyrde H), læserit *übsnd*

gew[ie]rðan *bewerten, abschätzen;* gewyrðan mid aðe *eidlich* Duns 7, 1 | *op* 3: gewyrðe AGu 3

gewifige on, *op* 3, *sich beweibe* (*sich verheirate*) *mit:* cynne (ælætan) VI Atr 12 (12, 1) = I Cn 7 (7, 1; wifige A); nunnan Cn 1020, 16; wife Northu '64

gewihte *Gewicht* III Eg 8, 1 AD. Episc 12 | *ac:* ~ Episc 6, *geänd.* gewiht | *pl ac:* ~ta V Atr 24 = VI 28, 2; gemeta 7 ~ta VI 32, 2 = II Cn 9; -wyh- A

gewill 1) *Wille, Absicht* II Cn 75, 1; gewyll A; gewylle! Ld 2) *Begehr; ac:* ~ on hiora spræce *Klage* Af El 41; wille So Ld; ~il on, *geänd.* gewillon H. — *Der.:* ungewilles

gewilnian 1) *streben zu; pl* 3: ~iað, (to *übergeschr.*) syllanne Af El 49, 3 H; wilniað E; willað G | - onfon 30 H; *besser* gewuniað EG 2) *m gn, begehren; ipa:* gewylna ierfes 9 H (wilna EG), concupisces *übsnd*

gewintred, *ptt pc adj, volljährig, erwachsen:* bearn Ine 38 | *gn:* þæs ~dan monnes Af 26; ~don H; ~des(!) B ‖ [*vgl. ahd.* jârig, gejâret]. — *Der.:* tieng~ ung~

gewircan, **~ce** *s.* gewyr-

gewissian *anleiten, unterweisen* Episc 2

gewita 1) *Mitwisser:* þieffe Ine 7, 2; gewyte Bu; þeofes II Cn 21; þeowan (þeofa) II As 3, 1 (2); facnes VI 1, 2. Duns 6, 1; ~ oððe gewyrhta VIII Atr 27 = I Cn 5, 3. Duns 6, 2. Swer 3; ~ (wita B) ne gestala Ine 25, 1; þu þisse *stale* wite oððe ~ wære Iud Dei VIII 2, 1; giwuta' V 2, 2, conscius *glossirend* 2) *Mitwisserin:* facnes VI As 1, 1 3) *pl gn:* ~tena *Zeugen* 16, 2 Hl

gewitan [*accentuirt* I Cn 6. II 4, 1. 70] 1) *weichen, sich entfernen;* 3: ~teð of lande Abt 23 | *op pl* 3: ~ten of lande Wi 4; ~ of lande II Cn 55; of earde 4, 1; of cyððe I 6 | *ipa:* gewit fram Excom VII 5, *recede übsnd* 2) *sterben; op* 3: ~te Ine Rb 38. II Cn 70

gewite, *op* 3, *beobachte* Af 5, 2; caveat Q

g[e]wiðirworded is *widersetzlich gewesen ist, widerstanden hat;* giw~ Iud Dei V 2, 3, adversatus est *glossirend*

gewitnes *Wissen, Zeugnis, Zeuge* IV Eg 3, 1 (~næs C). III Atr 3. II Cn 37 (~sse A; ~nysse B). 75, 1. Northu 67, 1 (~ssam Q); ~sse H Cn 24, 3 | *gn:* ~sse Duns 6, 1 | *dt:* ~sse Hl 16. Af 34 (~nysse B). 37 (~nysse B). Ine 3, 1 (y Bu). 7, 1 (y Bu). 25 H (y B). II Ew 2.

As Alm 1. 2. II As 10. VI 10. IV Eg 4 (-wyt-C). III Atr 2. VIIa 2, 3. VIII 27 = I Cn 5,3 (-wittn-A). II 79. Cn 1020, 11. Swer 8 (~nosse! B). Iud Dei VI 2. Rect 12. Episc 6. Wl lad 1, 1. 2, 3; ~nisse þara, þe to ~sse (~nysse C) IV Eg 10; ~nysse 6 (-wytnyssa C). 7. 9. 10. II Atr 9, 2; *instr:* ~sse I 1, 14; ~nysse B | *ac:* ~sse Af El 8 (~ssea G). 28. 40. Ine 13. I Ew 1. 1, 2; 3. II As 26. V 1, 1. VI 6, 1. I Atr 3 (~nysse B). II Cn 24 (~nysse B). 24,1 (~nysse B; ~ttnysse A); 2; ~ttnysse A; witnyssa B; ~tennesse Swer 7; ~nysse II Cn 23 B; witnesse GA | *pl:* ~ssa V Atr 32, 2 D | *dt:* ~ssum Ine 25 (*sg:* -sse H; -nysse B) | *ac:* ~ssa Ine Rb 13 (-sse, *sg,* GH). VAtr 24 (-ttn-G 2) = VI 28, 2; ~nyssa (*od. sg?*) Hu 4. — 1) on, in, be, under ~sse *unter, bei Vorwissen, Kenntnisnahme, Hinzuziehung* Af 34. 37. 41. As Alm 1. 2. V 1, 1. I Atr 1, 14. VIIa 2, 3. Cn 1020, 11. *Rect* 12. Episc 6 2) *Mitwissenschaft* (*an Missetat*) Ine 3, 1. 7, 1. II Cn 75, 1. Duns 6, 1. Iud Dei VI 2 3) *Zeuge* Ine 25 (*pl; sg: 'Zeugenschaft'* HB). V Atr 32, 2 D [*od. n.* 4?] 4) *Zeugenschaft, Vereinigung von Zeugen* Hl 16. Af El 28. I Ew 1, 2 f. II 2. II As 24. V 1, 5 (?). VI 6, 1. 8, 7. 10. IV Eg 6, 1. 10. I Atr 3. II 9, 2? III 2. II Cn 23—24, 2. Swer 7 | *amtl. Zeugencolleg* IV Eg 3, 1 (sy geset *werde bestellt*). 4. 6, 1. 10 5) *Zeugnisaussage* (*-abgabe*) Af El 8 (40), *testimonium übsnd;* Ine 13. I Ew 1. II As 10, 1 = II Cn 37. IV Eg 14. III Atr 2, 1. V 24 = VI 28, 2. VIII 27 = I Cn 5, 3. II 23, 1. 37. Swer 8. 6) *autorisirende Bezeugung* II As 10. 12. Hu 4. IV Eg 7. 9. II Cn 79 7) *Eidhelferschaft, Eideshilfe* [*vgl.* wente, testes] Wl lad 1, 1. 2, 3 (? V As 1, 5. II Atr 9, 2. III 3 = Northu 67, 1 [*oder n.* 4?]). — *Der.:* leasg~

gewittig *urteilsfähig, bei Verstand* II Cn 76, 2

gewor(o)ht(e) *s.* gewyrcan, wy-

gewrecan *rächen* Aþ 1 Ld; wrecan DOH

gewrit 1) *schriftliche Festlegung; ac:* awuht on ~ settan Af El 49, 9; *dt od. pl:* -ita Ld 2) *Urkunde: über Grundbesitz* [= boc] Af 41; -itt H; *Text königlichen Breves* Wl lad Pro; *Wortlaut* Sacr cor Pro | *dt:* ~te *Originalurkunde* ebd.; *Gesetzestext* IV Eg Pro | *pl ac:* manega ~ta *viele Copien* 15, 1; þa ~tu [*sg. Sinnes?*] *päpstl. Schreiben* Cn 1020, 3 | *dt, sing. Sinnes,* on urum ~tum *in unseren Satzungsartikeln, unserem Gildenstatut* VI As 8, 5. 11. — *Der.:* ærendg~, friðg~

gewriten *s.* writan

gewroht *s.* wyrcan

on **gewunan** (*dt*) hæfdon *in Gewohnheit hatten, pflegten* VIII Atr 31, 1. — *Der.:* woruldgewuna

gewundian *verwunden;* 3: ~dað Grið 13, 1 | *op* 3: ~ige Af El 23. Af 24. II As 6, 3. II Cn 48, 1. Northu 23; ~ie EGu 6, 5; ~ia B | *ptt pc* (*älter* [*adj*] wund E): ~dod Af 65 B *und* Ld: 53. 61. 65. 68; ~*dad* 68 B; ~*ded* 53 B *und* H (*geänd. aus* wund): 53. 61. 65. 68. — *Ersetzt durch* wundian *s. d.*

gewunelice, *adv* 1) *gewöhnlich, allgemein* V Atr 32 2) givunul~ *unaufhörlich* Iud Dei V 2, assidue *glossirend*

gewunian 1) *bleiben, sich aufhalten* VIII Atr 32 | *op* 3: ~ige V 29 = VI 39, *wo pl:* ~ 2) *gewohnt sein, pflegen* (*m inf* = *zu*); *pl* 3: ~iað (~nniað So Ld) onfon Af El 30; gewilniað H 3) *m* to: *einer Sache sich hingeben, unterziehen; op* 3: to scrifte ~ige V Atr 22 = VI 27

gewur- *s.* geweor-; **-urc-** *s.* -yrc-

gewyldan *s.* gewiel

gewyrcan *wirken* I Cn 20; ~cean B; geweorcan A | *op* 3: ~ce Af 23, 2. 32. 42, 4. EGu 6, 7 = II Cn 48, 3. II As 8. VI 1, 5. V Atr 31. 31, 1 (-wir-D) = VI 38. II Cn 13. 41 (-weor-A). 47. 50. 63. Grið 11; -wir-A: II Cn 49. 50. 51; -wur- VIII Atr 26 | *pl* 3: ~oen I 1, 14 ‖ *ptt* 3: geworhte Af El 3 (-ohrte H). I Cn 18, 3. II 75, 2 (-weor-! B). Northu 3 | *pl* 1: geworhton I Cn 18 b BA; ~tan G | 3: geworhton Hl Pro | *pc: s.* wyrcan — 1) *machen, schaffen:* æ *Gesetz* Hl Pro | *erschaffen* [*von Gott*] Af El 3, fecit *übsnd.* I Cn 18, 3 2) *tun, wirken* 18 b; *ausführen:* willan 20 3) *veranlassen, verschulden, dass:* þæt EGu 6, 7 = II Cn 48, 3. V Atr 31, 1 = VI 38 4) *verüben, verbrechen* a) *abs:* swa he ~ ce Af 42, 4. 23, 2 HB; wyrce E b) *m ac:* misdæde 23, 2; gylt II As 8. Northu 3; mánweorc VIII Atr 26. II Cn 41; (utlages) weorc (13). 75, 2; hearm 75; folcleasunge Af 32; æblip VI As 1, 5; forsteal V Atr 31 = VI 38; lengten- (bad-, æw)bryce II Cn 47. (49 f.); sibleger 51; hamsocne 62; reaflac 63; mundbryce Grið 11 5) *verwirken:* wite *Strafe* I Atr 1, 14 [*vgl.* 14 *Z. weiter*]

gewyrce *Eingeweide, Geschlinge;* gewirce *Rect* 7, *unübs* Q | *gn:* ~es 6, 2; opera Q [*falsch, als* geweorces *missverstehend*]

gewyrdan *s.* gewier~

gewyrht *Tat; ac:* ~ agan *Verschuldung tragen* Af 7, 1; ~hte *ändert* B | *pl dt:* on ~tum oððe on gewitnesse Iud Dei VI 1, fecisti aut consensisti *übsnd;* ~tan II Cn 84, 1a (gehwyrhtum! B); 2

gewyrhta 1) *Verüber, Bewirker; pl dt:* folcleasunge ~tum Af Rb 32; conficto Q [*irrig von* gewyrcan *ableitend*] 2) *Mitwirker; sg no:* gewita oððe ~ Duns 6, 2. Swer 3; þeofa geweor~ VIII Atr 27 [*vgl.* gestala]

gewyrðan I) *s.* geweor~ **II)** gewier-

gewyte, -tnyssa *s.* gewita, *-tnes*

geyflige, *op* 3, *körperlich schädige, verletze* Af 2, 1; ~felige Grið 14

geyppe (*op* 3) gerefan eofot *dem Gerichtsvogt einen Straffall anzeigt* Af 22; yppe H ~**ped** *s.* yppan

geyrnan *s.* geier~

gg 1) *für* cg: *s.* bycgan, seegan 2) *für* g: *s.* ænig, ahredding, aniege 3) *für* ng: *s.* þing, þriþing (-gerefa) 4) *dafür* ng: *s. d.*

gh 1) *für* g: *s.* agan *pl* 3, gebeorglic, (god)borg, borgbryce, Denelaga, lageman* 2) *für* h: *s.* ahwær, dryhten, fihtwite, riht, woh-

gi- *für* ge- 1) *Praefix northumbr. meist* Iud Dei IV. V; *s. z. B.* gehælan, gewerian 2) *geschr. für palat.* g *s.* geo, geong

giberne, gibrehtan, gidoen *s.* gebærnan, gebierhtan, gedon

-gie *für* -ige: *s.* ængie, *geändert* ænige, II Cn 47 B

[-giefa] *Der.:* freolsgefa, rædgifa

g[ie]fan 1) *geben, reichen, bieten; op* 3: flæsc [*zu essen*] gefe Wi 14 2) *freiwillig schenken:* gestliðnesse 7; freols *Freiheit* 8; hlafordes gifu (*Landgabe?*), þe he on riht age to gifanne [*inf. flect.*] III Atr 3 3) *im Ggs. zu* sellan (*verkaufen*): land to gyfenne II Cn 79; gyfane B; *inf:* hors ~ II As 18; gyfan Ld | *im Ggs. zu obligatem Brautkauf: Geld* agenes þances gyfan II Cn 74 4) ~ *erlassen* (*Strafgeld*) II As 21; gyfan Ld. 5) *gezwungen zahlen; op* 3: gyfe *Busse* II Cn 24, 1 B; agyfe GA;

Strafgeld Wl lad 2, 2. — *Der.:* ag~, forg~

g[ie]fu *Gabe* 1) hlafordes gifu *Landverleihung* III Atr 3 2) *Godes ~ G. Gnade; dt:* mid G. gife *von G. Gnaden* (*König*) Ine Pro; gyfe B | *ac:* þurh G. gife Að 2; be G. gyfa [*dt*] Ld; gyfe Grið 21, 2 | *pl: Godes* gyfa 23; gifa Haliges *Gastes* Had 1; gyfa H. — *Der.:* morgeng~; rihtg~

gield *Geld* 1) *Bezahlung; dt:* mid rihtan gylde (*Pfand lösen*) Duns 1, 1; primum gildum Hn 76, 5 *aus* frumgildum Wer 6 Q 2) *Busse, Gewinn des Klägers aus Prozesserfolg über Ersatz hinaus; gn:* oðres gyldes Duns 4 | *ac:* oðer gild *die dem Ersatz gleiche zweite Zahlung* II As 19; gylde! Ld; *Gewinn aus Diebesgut* gyld arærdon VI 6, 3; *unübs.* gild Q | *dt:* to gilde cuman VI 7 3) *Wergeld; no:* cynges gild: *Summe von* wergield [wer H Ld Q] + *cynebot* [*welche Summe* wergield *nennen* H Ld Q] Norðleod 1 | *instr:* gielde, gelde Af 9; gylde H B. Hl 1; gelde 3 4) *Staatssteuer; Ritterlehen setzt* quietas a geldis CHn cor 11. — *Der.:* æfterg~, ang~, ceapg~, cyneg~, deofolg~, friðg~, frumg~, godg~, hydg~, leodg~, þeofg~; *vgl.* -gielde; gegilda, -dscipe, gilda, -do, -dscipa

gieldan *gelten* Ine 74, 2; gyldon H; gyl~ B. Duns 5. 7. 7, 1. Wer Inso; gel~ Ine 43, 1; gildon H; gyl~ B; gil~ VI As 3 | 3: gilt Ine 54, 1; gylt H B So; geldað Wi 13 | *pl* 3: geldað 12 | *op* 3: ~de Ine 30; gilde H; gylde B. 39 B (geselle EH). 24. 24, 1. AGu 3. EGu 2. 3, 1; 2. 6, 3. II Eg 4, 1; 2 (gilde D). I Atr 1, 7; 11; 13. II 5. V 31 = VI 38. II Cn 13, 2. 15, 3 (gilde A). 29, 1. Duns 1, 1. 4. 6, 3. Wer 2. 4, 1. 6. Grið 17. Romscot 2; gilde Ine 69. II As 3 (gylde B). 10 Ot (gylde Ld; gesylle H). 15. III Atr 3, 4. 4. 4, 1 f. 5. 6, 2. VIII 10, 1. II Cn 30, 6. 25, 1 (gylde B). 31, 1 (gylde B A). Northu 2, 2-7. Ordal 6. Norðleod 12 (gylde H); gelde Abt 30. 71. Wi 12. EGu 6, 3 B; gyld! Norðleod Ld: 8. 9; forgilde D H | *pl* 3: ~den Ine 74, 1; gildon H; gyldan B | *ipa:* gyld Ine 22; geld Bu; gild H; gyld B || *ptt* 3: geald III Eg 6, 2 A D G 2; sealde G | *op* 3: gulde II As 19 (gylde Ld). I Atr 1, 2 = III 4 = II Cn 30, 1 | *pc:* gegolden Ine 71 | *Lat.:* gildare Hn 88, 12 b *und* Q: II As 1, 4. VI 3. 7 (pro qua gildabimus *für* þe we foregildað). II Em 1, 1 — 1) *zahlen* a) *ohne ac* VI As 3. Grið 17 (*eigenes Wergeld laut Zushg.*); feower (an-)gilde *vier(ein-)fach* (*das Eingeklagte*) III Atr 3, 4. 4, 1; agene scætte *aus eigenem Gelde* (*nämlich Wergeld*) Abt 30. 71 b) *m ac dessen wofür bezahlt wird: entgelten* Ine 24. 43, 1; flies mid 2 pen.; hit AGu 3; werā gildet eum II As 1, 4 Q; *den Verbürgten:* be were III Atr 6, 2. Duns 1, 1. 4. 7. 7, 1 bb) *Erschlagenen durch Wergeld* Ine 24, 1 (hine mægum). 74, 2. 54, 1. Duns 5. Wer Insc. 2. Norðleod 12. 9 Ld (forgilde hine mid DH); hine mid 25 pund. II Atr 5 bc) hine were ~ *sich freikaufen* (*auslösen von Strafe*) *durch W.* Ine 30 [*vgl.* Grið 17] c) *m ac des Namens der beglichenen Schuld:* angylde [*ac*] Ine 22; ceapgyld II As 19. I Atr 1, 7 = II Cn 31, 1. 25, 1; gafol Norðleod 7 Ld; lahslit EGu 6, 3. II Cn 15, 3; manbote Wer 6; oferhyrnysse II Cn 29, 1; þeofgyld I Atr 1, 2 = III 4 — II Cn 30, 1; wer Ine 71. 74, 1. EGu 2. I Atr 1, 11 (= II Cn 31, 1); 13. V 31 = VI 38; wite II As 3. EGu 3, 2 d) *m. ac der entrichteten Summe* II As 10 Ot (gesylle H). 15. III Atr 4, 2. 5. VIII 10, 1. II Cn 13, 2. Northu 2, 2—7. Ordal 6. Wer 4, 1. Norðleod 8. Romscot 2; 30 scil. EGu 3, 1 2) *opfern:* deoflum *Götzen* Wi 12 f. — *Der.:* ag~, for(e)g~, mægg~

[-gielde] *s.* æg~, endlyfang~, feowerg~, nigong~, org~, siexg~, twelfg~, twig~, þrig~, ung~ [*vgl.* twibete, twisceatte]

g[ie]man *achten* 1) [*ohne regierten Casus*] *aufmerken, gehorchen; op* 3: gyme (gime I Cn 1 b D) seþe wille I Cn 26; *Obacht geben, dass:* þæt Rect 6, 2 2) *m. gn der Sache* a) *beobachten, halten:* regoles gyme V Atr 5 = VI 3 [*m. ac nur* regol gyman (*inf*) Ine 1 B, *wo übr.:* healdan]; Cristendomes 27 = I Cn 19 B; gime G A | *inf:* Godes lage (laga) gyman VI Atr 12, 2 = I Cn 7, 3 A; giman G B. VIII Atr 43, 1 b) *Rücksicht nehmen auf; pl* 3: wisdomes gymað Grið 23, 1 c) *die Obhut ergreifen; op* 3: gyme þæs *Nachlasses* Rect 4, 3 c; selran Ger 4 3) *ärztlich kuriren* [*wegen Wunden*]; *ptt pc:* gegemed weorðeð Abt 62. — *Der.:* beg~, forg~, misg~

giemeleas 1) *aufsichtslos, unbehütet; nt:* ~ lioh *Vieh* Af El 42; gym~ G H | *ac:* gym~ yrfe VI As 8, 8 2) *nachlässig, unachtsam; pl:* gimeleasemenn 8, 7 — *Der.:* forgiemeleasian

g[ie]meleasnes; *dt:* speres [*gn obj*] gemeleasnesse *Unvorsichtigkeit mit* Af Rb 36; gym~ G H; gymeleaste B

g[ie]meleast 1) *Nachlässigkeit, Unbedacht; ac:* þurh gymeleaste II Cn 70; -lyste B; gimeliste Northu 10, 1 2) *Fristversäumnis; ac:* gymeleaste IV Eg 1, 1 3) be speres gymeleaste, *dt, Unvorsichtigkeit mit* Af 36 B Insc; ~snesse *übr.*

g[ie]rd *Gerte, Ruthe* [*Flächenmass*]; *dt:* be gyrde Ine Rb 67; girde H; on his gyrde *Rect* 4, 3 | *ac:* gyrde landes Ine 67; virgata *stets* Q [*also* 1/4 *Hid verstehend*]. — *Der.:* met(e)g~

g[ie]rnan, *m gn, begehren;* 1: gyrne ic þines Becwæð 3, 2 | *op* 3: scriftspræce gyrne *Beichte erbittet* EGu 5 — II Cn 44 (georne A); bletsunge Grið 27; hwæs he gyrne VI Atr 10, 3 = II Cn 2 a; gyrnne! B; georne A | *ptt op* 3: hire girnde *ihrer zur Ehe begehrte* Wif 6; gyrnde B [*vgl.* geornian]

of **giernesse,** *dt, aus Absicht* Af El 13, per industriam *übsnd*; gyrn~ So Ld; geornn~ G H. — *Der.:* feohgyrnes

g[ie]st gest *Fremder* Wi 20 | *Sprichwort:* twa niht gest, þridde niht ogen hywen *zwei Tage* [*nur ist* Beherbergter] *Gast, den dritten eigener Hausverband* [*in des Wirts Verantwortung*] ECf 23, 1; *Var.:* gist, geste

g[ie]stliðnes *Gastfreundschaft; dt od. ac:* gestliðnesse Wi 7

giet *noch* 1) *zeitlich:* þa (*damals*) ~, þa (*als*) hy wæron Af El 49, 1 E; gyt *übr.*; þonne gyt *auch dann noch* II Eg 4, 3 A (git G). III 7 (git D) = II Cn 25; get anbidiað *zukünftig erwarten* Excom VII 3; git þeah *doch noch* VIII Atr 39 2) [*Gedanken fortsetzend*] *nun ferner:* gyt I Cn 20; la gyt VI Atr 6 (igitur L); and git 42 D; eac gyt K; 7 gyt furðor Cn 1020, 18 3) *vor cpa.:* **gyta** swyðor *noch stärker* VI As 8, 9; yfel bið 7 gyt wyrse II Cn 46, 1; gyt mare wuro 30, 5; git læsse Ger 18, 1; þonne git læssan VI Atr 5, 1; gyt G = I Cn 3, 2

[-gietan] *Der.:* ag~, beg~, ong~

gif [gyf Af El 11 H. II Eg 2. 3, 1. IV 6, 1; 2. II Atr 3, 1; 2; 3. V 30. 31. I Cn 5. II 8, 2. 24, 1. 43. Ger 4; gyfe

Abt 67, 1; *sonst stets* ~] *wenn, vorausgesetzt dass, im Falle dass, soweit* (*wie*) A) *m opt:* Abt 4. 5. 11. 37. Hl 6. 7. 8. 9. 10. 12. Ine Rb 76. Af El 2. Af 36, 1. 38. 42, 1. 49. Ine 2. 3. 38. 71. 76. A Gu 2. 3. E Gu 2. 3, 1; 2. I Ew 1, 3; 4. II As 1, 3. 2, 1. III Eg 2, 1. 6, 2. 7, 2. I Atr 1, 5. 2. III 4. V 6, 1. I Cn 5, 3. II 13, 1. 22, 2. 83, 1. Ger 4 | *opt ersetzt durch ind:* Af 37, 2 H B; H: 16. 58. 59. 60 **B)** *m. ind:* Abt 2. 7. 44. Hl 11. Af 44, 1. 45. 68. Ine 24, 2. 48. 72. 73. I As 3. IV Eg 1, 2; 5 a. 8, 1. II Atr 6. 9, 4. VI 51. 52, 1. I Cn 4, 1. II 15, 2. 76, 1 a. Wif 7 | *ind ersetzt durch opt:* Af 50 B C) *folgen* gif *zwei coordin. Hypothesen, so zeigt bisweilen erste ind, zweite opt:* Abt 3. Wi 11 | *Dem Subjekt nachgestellt:* ciuban, gif bit Af 50, 1; *geneat*, gif his wer Ine 19; þeowman, gif wyrce II Cn 45, 2; gif he wyrce B A | *bei doppeltem* ~: cierlisc mon gif he betygen wære, gif [*und*] he sie gefongen Ine 18 | *Statt des hypothet.* se þegen, þe geþeah Geþyncðo 3 *setzt* H: ~ þegen g-; *statt* ~ he *setzt* seþe Af 23 So; [~ hwa] *ausgedrückt durch* seþe *s. Relativ* | *Ellipse von* ~: seþe bið betogen 7 [*wenn*] he wille, sceal an [*anderes Sbj.*] Ine 54; seþe hæbbe, 7 [*wenn es*] him leafden Af 41; seþe swerige 7 [*wenn*] hit wurðe, he sy II As 26

gifan *s.* giefan

Gifard 1) *Walter* CHn cor Test; *Var. Giffard; heisst Grafebd.*[8] 2) Willelmus Giffardus Wintoniensis *electus* episcopus [1103] Quadr II 8 c

gifernessan; *pl dt:* on gitsungan 7 on ~ *Habsucht und Gier* V Atr 25 = VI 28, 3

bið **gifre** on *gierig nach* Iudex 9

gifrie *s.* gefreogean

gift *Brautübergabe, Trauung, Hochzeit* Ine Rb 31 (gyft G). Ine 31 H B; gyft E; *missverstanden* donum, pretium *als sei Bräutigams Zahlung* (*Brautkauf*) *gemeint,* Q | *pl, derselben sing. Bed., dt:* ~tan Wif 8 | *ac:* ~ta Af El 12 G H (gyfta E), nuptias *übsnd*

gihalden *s.* gehealdan

giidlage *s.* geidlian

Gilbertus *Crispin, Abt von Westminster* [1100] CHn cor Test[6]

gild- *s.* gield-

I) **g[i]lda;** *pl:* gyldan *Gildegenossen* Ine 16 B, gegildan *übr.* **II)** *s.* gafolg~

ᴸ**gilda** *Gildenabhaltung, -versammlung* Hn 81, 1

ᴸ**gildo** *Gildengenosse* Af 28 Q *Var.;* congildo *übr.*

ᴸin **gildscipam** *in die Gilde* (*einzahlte*) VI As 8, 6 Q (*Var.* gils~), *den pl dt* gegildscipum *übsnd*

gilef *s.* geliefan **gilt-** *s.* gylt-

gime- *s.* gieme-

gimeodumad *s.* gemedemian

gind *s.* geond

ᴸ**gingiber** *Ingwer* Lib Lond 8, 2

gingra, *sbst. cpa von* geong (*s. d.*) 1) *Unterer, Niederer; pl dt:* yldrum ge ~rum II Em Pro | *ac:* for hy sylfe (*Witan*) 7 for heora ~an A Gu Pro; iuniores (*d. h. 'Unterbeamte'*) Q (*missverstanden* [*wegen des folg.* for geborene 7 ungeborene] *als* ofspryng B 2); *viell. beidemal im eng. Sinne* = 2) *Beamter; dt:* beforan cyninges ealdormonnes ~an Af 38, 2 | *pl dt:* ealdorman sceal settan deman to geongrum Iudex 8; se scirman his ~an Episc 10 | *pl ac:* deman habbað ~an Iudex 10 [principis iuniores (*d. i.* ealdormannes gingran) *geniessen* pastus (feorm) *laut Urk.* a. 845; *Birch Cart. Sax.* 450] — [*vgl.* yongermen]

[-ginnan] *Der.:* beg~, ong~

giraht- *s.* geræcan

ᴸ**Giraldus,** ~*ardus s.* Gerardus

gird *s.* gierd **girn-** *s.* giern-

gisene *s.* geseon

gislas sellan, *pl ac, Geiseln geben* A Gu 5. Duns 9; gys~ Ld. — *Der.:* frið g~

g[i]t; gyt *ihr beide* Wl Lond 2; get *ebd.*

gitseras, *pl, Habgierige* II Cn 76, 2; gyts~ A B; *unübs.* githserus Q, *mit Erkl.:* rachinburgius (*Schöffe*) [*Cnut meint aber Gerichtshalter, gierig nach Strafgeld*]

gitsung *Habgier; dt:* for ~ge Iudex 8; ~gæ 11 | *pl dt:* on ~gan 7 on gifernessan V Atr 25 = VI 28, 3

giu *s.* geo **giuðe** *s.* geunnan

givalla *s.* geweallan

givunulice *s.* gewunel~

giwiðirworded *s.* gewiðer-

giwoeria *s.* gewerian

giwuta *s.* gewita

gladian, *pl op* 3, *erfreuen* VI Atr 47

ᴸ**gladius** gladium iuvabit *Staat soll der Kirche helfen* ECf 2, 9

glædlice, *adv, freudig* II Cn 84, 4 b; gledl~ A

glæncg *s.* gleng

gledan, *pl dt, glühenden Kohlen* Ordal 4, 2

Gleitlaut **A)** *Vocal; gern* ***vor*** *oder* ***hinter*** *Liquida* **I) a:** *s.* Canutus; Analavus; gearawe VI As 8, 9 | **II) e 1)** *zwischen* dl *s.* gescadlic **2)** fn *s.* forgiefnes **3)** gl *s.* wiglere **4)** gn *s.* eadig: -gene **5)** gt *s.* wangtoð **6)** ll *s.* gedalland **7)** ls *s.* eallswa **8)** nl *s.* scinlac **9)** ns *s.* Irenside **10)** rg *s.* erian: eregian; awergod; burgbot: -rech-; friðborh: -regas; hyrgeoc; wergield **11)** rl *s.* werlad; werleas **12)** rt *s.* wertihtle **13)** rw *s.* sierwe; werwulf **14)** tg *s.* flettgefoht; gemetgian **15)** tl *s.* Watling **16)** tn: *s.* (ge)-witnes: -tten- **17)** tr *s.* folcriht: -tere [*doch vgl. Sievers Gram.* 293 A. 4] **18)** tw *s.* fihtwite **19)** ðs *s.* deaðscyld(ig) **20)** wr *s.* gearu: -rwera | **III) i:** *s.* burg: byrig; fylgean; inweardlice I Cn 22, 4 A; (? lithl(n)gescot II 12 In *Var.*) | **IV) o:** heofonolicre 84, 2 A: gearowe II Ew 4; geworoht II Cn 30, 5 A | **V) u:** buruhbote 65 B; ~gemot III Eg 5, 1 D; ~mannus IV Atr 2, 10 Q *Var.;* ~waru II 6 B); gearuwre VI 30 D. I Cn 19, 3; swurud II 71, 1 A **B)** *Consonant s. d n.* 1; g *n.* 1; n *n.* 1; p

glengum, *pl dt;* glænegum *Schmucksachen* VII a Atr 2; woroldlican ~gan VI 51. — *Der.:* woruldg~ [41

gliman *lustiger Spielmann* Northu

glofa, *pl ac oder gn?, Handschuhe* Rect 12

glofung; scoung 7 ~ *Empfang von Schuhen und Handschuhen* Rect 10

ᶠ**Gloucestre** *Gloucester* Wl art Fz 4, Civitas Claudia *übsnd*

ᶠ**gn** *für* sn: *s.* veisined, adregniare

I) God *Gott* Af El 13. 49. Hu 2 *usw.; abweichend:* Godd X Atr Pro. I Cn 5, 2 c A | ***gn:*** *Godes* [Wi 23 *nur Fehler der Edd. für* gedes *der Hs.*] Iud Dei IV 2, 1; 2. Excom VII 2 *usw.;* Goddes V As 3 Ld; Godas Ine 1 B. I Cn 6 a A. II 35 A; ~! Iud Dei IV 2 | ***dt:*** Gode Af El 38. I As 3. 5. IX Atr 1 *usw.* | ***ac:*** ~ Af El 32. IV Eg 1, 4. V Atr 1 *usw.;* Godd Ine 11 B. A: I Cn 2, 3. 5, 3. 22, 4. II 39, 1. 45, 1 (*auch* B). 54. 84, 1. Episc 8 | ***voc:*** ~ Iud Dei IV 1. 3, 2; 3. 4, 1; 6 ‖ ***pl gn:*** godana 3 | ***ac:*** godas Af El 1. 10. 48. II Cn 5, 1; goddas Af El 10 So. — **1)** *Gott oder Götze:* godas 1. 10, deos *übsnd;* hæðene

48. II Cn 5, 1; idola A 2) *Gott des Alten Testaments* Af El Pro. 13. 32. 38. 49 3) *Christengott;* Godes sunu 49 H (Dryhtnes EG). 49, 7. Iud Dei VII 13 A; - spell *ebd.*, euangelium *übsnd* [*vgl.* godspel]; - cyrice *Katholicismus* Grið 30; *Englands Nationalkirche* Sacr cor 1, 1; - irre I As 5. V Atr 8. VI 5; - milts A Gu Pro. EGu 5. 1. V Atr 9, 1. 26 = VI 30. 5, 3. VIII 7. Northu 62. 63, 1; - nama II Cn 84, 5 | *gn obj:* - æbilgð *Beleidigung gegen Gott* VIII Atr 35. II Cn 40, 2; - ege *Gottesfurcht* VIII Atr 18. I Cn 25. Had 1, 3. Grið 23, 1; - lof II Eg Pro = I Cn Pro. II 84, 1. Cn 1020, 3 | ~ gebiddan, hæbbe lufe 7 geleafan to *Gode* I Cn 22, 4; ~ biddan Ordal 4, 3; ~ lufian V Atr 1 (= X 1). 34 = Northu 47. VI Atr 1 = I Cn 1; ~ wurðian Northu 47. 67. Grið 25; ~ ondrædan Iudex 17, 1 | wið ~ geborgen Episc 8 | *Gode* hyran Grið 21, 1; *Gode* þancian Cn 1020, 6 f. | mildhoort ~ Sacr cor 1, 3; ~ ælmihtig H Cn 84, 6 4) *Weltschöpfer* I Cn 18, 3; *Godes* handgeweorc V Atr 3, 1. 10, 1 5) *Schicksalslenker, Weltregent* X Pro; *Godes* gifu Ine Pro. Að 2. Grið 21. 2. 23; - fultum VI Atr 41. Cn 1020, 4 f.; fylst I Cn 1 D; on - naman *beschwörend* I As Pro. Cn 1020, 16. I Cn 7. II 84. Swer 7—11; - grama [*als Fluch*] H Cn 7 | *Gruss:* ~ eow gehealde Wl Lond 5 | þær (*wohin immer*) ~ wisige Hu 2; þæt (*was immer*) ~ ræde VIII Atr 24 = I Cn 5, 2 c; swa ~ wolde Grið 22 | *Gode* efen leofe Episc 13; æt - endlean Iudex 17, 1; beforan *Godes* eagum 6 6) *Godes* dom *Gottesurteil* Iud Dei VIII 2, 2; - ordal II Cn 35 7) *Christenheit; Godes* folo I Em 1; *Godes* þearfum VIII Atr 6 8) *Religion; Godes* freond Had 1, 1. Episc 8 | for - lufe *frommer, moralischer Weise* I Cn 18. H 68, 1. Grið 24. Had 11. Iud Dei VII 12, 2 A, pro Eius amore *übsnd* | *interesselos, umsonst:* on *Godes* est VII a Atr 4. 4, 1; - þances VI As 8, 1; pro amore Dei Q; *synonym:* for - noman *uneigennützig* Af 43; on - n - *freiwillig, fromm, nicht legal gezwungen* 5, 4 9) *Vollkommenheit, Ideal; Godes* riht is *höchst gerecht* [*nicht 'kirchlich'*] *ist* II Cn 75, 1; iusticia In 10) *Kirche als Eine Gesamtinstitution; Gode* word (*Mönchsgelübde*) betæhte V Atr 5 = VI 3 a | *Bischof hält die Gemeinde* to *Godes* handa Episc 7 | from - dæle aworpen *excommunicirt* I Em 6 | - bletsung *Einsegnung* Wif 8 | *Märtyrer* for - naman Iud Dei VIII 2 11) *im Ggs. zum Staat* (*bürgerlichen Recht, Laientum*); for *Gode* 7 for worulde EGu 4. III Eg 1, 2 = VI Atr 10, 2 = H Cn 2. V Atr 1, 2 = VI 8, 2 = X 2, 1. V 4 (9, 2) = VI 2, 1 (5, 4). V 33, 1 = VI 40, 1 = II Cn 11, 1. VI Atr 8. 36. 39. 53. VIII 38. X Pro = I Cn 1 b D. II 38, 1. Had 10; ~ 7 menn V Atr 6. VI 3, 1. 50. VIII 1, 1. 27 = I Cn 5, 3. 2, 3. H 4, 1. 39. 39, 1. 41, 2. 54 12) *Kirchenrecht* EGu 6, 7. Episc 8; for *Gode* (*geistlich*) betan EGu 3. II Cn 36, 1. Northu 10, 1; wið ~ II Cn 45, 1. Northu 11; - - þingian 8 | *synonym:* Godes lagu VI Atr 12, 2. VIII 30. I Cn 26. Cn 1020, 9 Grið 19. 19, 1 (*mit Ggs.:* folclage). Northu 46 | *Godes* riht V Atr 26 = VI 30 = I Cn 19, 3; *im Ggs. zu* woroldgerysnum Swer 1. Wif 1; *im Ggs. zu* woruldriht III Eg 5, 2 = II Cn 18, 1 | *Godes* bebod IV Eg 1; - - 7 ærcebiscopes II As 23, 2 = Ordal 1; - forbod Northu 2. 61 | *kirchenrechtlich Gebannter: Godes* fliema I Em 6; - utlaga VIII Atr 42 = II Cn 4, 1; utlah wið ~ Cn 1020, 17 [*vgl. fris. Godes* fach *friedlos*] 13) *Godes* þeow *Geistlicher* Ine Pro 1 (minister Domini Q). As Alm Pro; - þeowan *Conventualen* V As 3. IV Eg 1, 7. V Atr 4, 1 (= I Cn 6 a). VI 2, 2. 41. VIII 6. Had 1. 1, 1. 11. Grið 24; sacerdas *und niedere Kleriker umfassend* VI Atr 5 = I Cn 6, 1 14) *Einzelkirche: Godes* hus I Em 5. I Cn 4 = Had 1, 3. 11. Grið 24; - *cirice* I Em 5. II Eg 1. VIII Atr 1. VI 42, 3 = I Cn 2. Iud Dei VI 1. Had 1, 1; - weofod VII a Atr 6, 3. Grið 26 15) *Kirchentemporalien, weltliche Güter und Gerechtsame des Klerus;* teoðunge *Gode* I As 3; ic *Gode* ann 5; *Godes* feoh 7 ciricean Abt 1; - gerihta EGu 5, 1. 6, 4. IV Eg 1, 4; 5 a; 6. V Atr 11 = VI 16 (= I Cn 8). VI 21, 1 = VIII 14 = I Cn 14. Cn 1020, 2. 8; - gafol VIII Atr 43 [- þeowne esne Wi 23 *Fehler der Edd. für* gedes] 16) *Godes* grið *höchster Sonderschutz, Unverletzlichkeitsprivileg* V Atr 10, 1. 21 = VI 26. 13 = I Cn 2, 1 = Grið 1. 31; - ciriogrið VIII Atr 1, 1 = I Cn 2, 3 = Grið 2. — *Ersetzt durch* Dryhten *s. d.;* ~ *für* Dryhten Af El 49 H [*vgl.* Deus]

II) god *gut* 1) *materiell vollwertig:* hors VI As 6, 1 | *gn:* godes leanes *Rect* 20, 2; cornes *Rect* 8 | *fm dt:* godre bote Had 2 H; godcundre *'geistlicher' übr. besser* 2) *moralisch tüchtig; no:* ~ scirman Ger 5. 12 | *dt* (*pl?*): þam godan deman Iudex 2 | *pl:* þa godan doman (*im Ggs. zu* yfel) 10 | *gn:* godra hada II Em Pro B, *bessere* godcundra; hadedra H 3) *glaubwürdig, ehrenwert; ac:* æwdan godne Wi 23 | *pl dt:* godum æwdum Hl 2. 4; weotum Ine 25, 1; þegnum III Atr 4, *statt* getreow *der Quelle* 4) *geistig trefflich von Dingen; fm:* gode laga stande IV Eg 12 ‖ *pl:* woruldgerihta standen gode 2 | *gn:* godra weorca 1, 8; goddra F | *dt:* godum lagum 2, 1; bisnum I Cn Insc D ‖ *substirt nt dt:* mid godum Af El 49 | *instr:* mid gode EGu Pro; Drihtne do to góde II Cn 84, 4 b

III) god *Gut, Habe, Vermögen; dt:* gode I As Pro; æht Ld. — *Der.:* feohgod

godborg *bei Gott* (*kirchlich-förmlich*) *verbürgtes Versprechen; gn:* ~ ges Af 33; ~ ghes Q; *Var.* ~ rhwes | *pl dt:* ~ gum Af Rb 33; ~ rhgum B

godbotan, *pl dt, Kirchenbussen* VI Atr 51; [godbot] *scheint übs in* Iorisfactura quae ad Deum pertinet In Cn III 54

godcund, *adj, geistlich, kirchlich; dt:* mid ~ dan scrifte Had O H: 3 f. D: 4 ff. D H: 7 f; ~ dran! - D 3 f; ~ dre - [*fm*] O: 5—8 | *pl:* ~ de H Cn 84, 4 | *dt:* ~ dan I Cn 21. II 68, 1 c. 84, 1. VI Atr 42, 2; - scriftan 52 (*Ggs.* woroldcundan steoran). VIII 36. Had 11 ‖ *fm dt:* ~ dre EGu Pro 2. VI Atr 50. I Cn 26, 3. Had 2. 5—8 O | *ac:* ~ de EGu Pro 2. II Em 4. V Atr 29. I Cn 6, 3. 26. II 38, 2. 84, 4. Grið 19, 1 | *pl:* ~ de X Atr Pro 1 | *dt:* ~ dan VI 51; - rihtlagan (*Ggs.* woruldlaga) Grið 24 | *ac:* ~ de V Atr 10 ‖ *nt pl gn:* ~ dra (gerihta EGu 6, 4). I Em Pro. II Cn 48 | *dt:* ~ dan Episc 1 ‖ **schw. fm** *sg:* se! ~ de lare! I As 4, 1 Ld ‖ *nt dt:* þam ~ dan gebede I Cn 22, 3; goddc- A; ~ dam B ‖ *sbstirt nt:* þæt ~ de IV Eg 1 a. — *Verderbt zu* god II Em Pro B. Had 2 H

godcundlice, *adv, kanonisch* VIII Atr 5. I Cn 3, 1

godfæder *Taufvater, Gevatter; gn:* ~ res Ine 76 B | *dt:* ~ 76, 2; ~ re B | *ac:* ~ 76. Ine Rb 76.

godg[ie]ld *Götze; pl dt:* godgeldum Af El 32, diis *übsnd;* ~ gyldum G; ~ gyltum H

godian 1) *ausbessern:* hegas Ger

13; hus *ebd.* 2) ~ to ahte *um etwas* [*Bedeutendes*] *besser werden* V Atr 33, 1 = VI 40, 1 = II Cn 11, 1

godlar *gute Lehre* I Cn 23 B

L**Godrinus**, Godrun *s.* Guđrum

godsibbe, *fm dt, Taufverwandte* Northu 61, 1

godspel *Evangelium; dt:* on þam | I As 2 Ld | *pl ac:* þa halgan ~ Iud Dei VIII, 1 [*vgl. Godes* spell VII 13 A]

godspelleras, *pl ac, Evangelisten* Iud Dei V 2, 1. VI 1. VII 23, 1 A

godsunu; cyninges ~ *Königs Patenkind, Taufsohn* Ine 76, 1 | *gn:* ~nes 76 B | *ac:* ~ 76. Ine Rb 76.

L**Godwinus** comes, *Vater Haralds II.*, Quadr Arg 9. ECf 35, 2. *retr* 35, 2

L**Gofridus** *s.* Gosfregđ

gold *Gold; gn:* asodenes ~des AGu 2; pund, mances ~des II Atr 7, 2. II Cn 71a. 71, 1; 4 | *dt instr:* ~de 7 glæncgum VII a Atr 2; - 7 seolfre II Cn 8, 1; ~de fæted sweord Norđleod 10; goldfæted H

[**-golden**] *s.* gieldan. — *Der.:* fullg~

goldfæted sweord, *adj, mit Goldblech belegtes Schwert* Norđleod 10 H; golde fæted D

goldfinger *Gold(Ring)finger, vierter Finger* Af 59 | *ac:* ~ Abt 54, 4

goldþeofe, *dt, Golddiebe, einem des Diebstahls an Edelmetall Schuldigen* Af 9, 2

Gomorra [*aus Genesis*] Iud Dei II 2; *Gamorra* V 13

gong *s.* gang

gonoh [*für* genoh] *genug* Hl 5

g[o]s; *pl ac:* gees *Gänse* Ine 70, 1

Gosfregđ, portirefa *von London unter Wilhelm I.*, Wl Lond 1; Goslridus L; *Var.* Gofridus; *dem* G. de Magnavilla *wird adressirt* Wl ep Pro

[**-gota**] *s.* leadg~

grada, *pl gn;* seofon stapas ciriclicra ~ 7 *Stufen kirchlicher Grade* Had 19

L**Graduale** *liturgischer Name eines Messeteiles* Iud Dei I 8. X 5. XII 9. XIII 2, 1d. XVI 16

L**Gr[a]ecia** *s.* canis de ~

græfe; *dt:* æt openum ~ *am offenen Grabe, vor Vollendung der kirchlichen Beisetzung* Abt 22. V Atr 12 = VI 20 = VIII 13 = I Cn 13

[**graf**] *s.* gravio; greve

grama *Unwille. Zorn;* hlafordes IV Eg 1, 2 | *dt:* modes ~an 1, 5a | *ac:* Godes ~an [*als Fluch*] II Cn 7

F**grantad** [*pf* 3] leis al puple *Gesetze zusicherte* Leis Wl Pro; grauntat I; *Var.:* grentat, grantut

L**Grantebriggescyre** *Cambridgeshire* ECf 33; *Var.* Graunteb-, Canteb-, Kanteb-; ~bruges- ~brigges-, ~briges-; ~scire, ~schire, ~shire, ~sire

Grateleia *s.* Greatanleage

Lrex Dei **gratia** *König von Gottes Gnaden* Wl lad Pro Q. Wl art Insc[1]. CHn cor Pro. Hn com Pro. Hn Lond Pro.

L**gratiare** te *dir danken* III As 3 Q; eum graciemus VI 7 Q (~mur K), him geþancedon *übsnd*

L**gratis** *freiwillig* Af 5, 4 Q. Lib Lond 5 | *m gn:* ~ hospitis *mit freiem Willen des Wirts* 2

L**gravamen** Dei *Zorn, Unwillen* II Cn 7 Q, grama *übsnd*

L**gravare** *in* Q [*neben der klass. Bed. 'bedrücken' für* gedreccan II Cn 69] *und* Hn, *Var. zu* cravare; *s. d.*

L**gravionum** improbitates (pravitas) *Habgier königlicher Vögte* (*Staatsbeamten*) Quadr Arg 24 (Hn 7, 2) [*Vermengung von ags.* gerefa (*laut* tungravio) *und fränk.* graf]. — *Der.:* maregrav; tungravio (-ius)

F**grauntat** *s.* grantad

greahund *s.* greih-

great *gross; fm ac:* þa ~tan sinwe Af 75 | *nt ac:* ælc ~ treow 12

æt **Greatanleage**, *dt, zu Greatley* [*sw. von Andover, Hampshire?*] II As Epil; ~lea V Pro (~læge Ld). VI Pro. 1, 4. 10. 12, 1 | *im* Q: ~teleia III 5. 7, 3; ~teleya II Epil. III 2; Greatteleia VI 1, 4; Grateleia IV 2. VI 10

F**gr[efe?]**; al gr s[ive?] al provost *dem Reeve*[?], *mit anderem Namen*[?] *dem Praepositus* Leis Wl 5 I [*vgl.* gerefa]

Gregorius I) sanctus [590—604] Af 43. VI Atr 23. Lond ECf 32 C 2 **II**) [*II.*, 715—31] in decretis *aus einer Kanones-Sammlung citirt* Hn 5, 27

greihund *Jagdhund* [*aus nord.* greyhundr] *Interpol. zu* II Cn 80, 1b Q; *dazu, ebd. S.* 367*: greahund id est canem de Grecia Londoner [*A. Horn?*] *in* Leges Angl. Lond. s. XIII. coll. *Hs. Co; später Singular:* greyhunde Ps Cn for 31 | *pl ac:* ~hounds *ebd.*

ge God **gremian**, *pl op* 2, *ihr G. erzürnet* IV Eg 1, 4 C; grymman F

L**Grenelandia** *Grönland* Lond ECf 32 E; *Var.* Grenl-

F**grentat** *s.* grantad

grep hegian, *ac, Graben ziehen* Ger 13 [*glossirt in Wülker Gloss.:* cuniculus; *bei Aldhelm u. sonst:* latrina, cloaca, *welche Sonderbedeutung hier schwerlich vorliegt*]

gressvin *s.* gærsswin

gretan 1) 3: gret *grüsst* [*den Adressaten einer Urkunde*] Cn 1020, 1. Wl lad Pro. Wl Lond 1 2) *op* 3: ~te (*mit Schimpfworten*) *anfährt* Hl 11. — *Der.:* geg~

greve *s.* gerefa, grefe, maregrave

[**-grimm**] *Der.:* wælg~

gr[i]mman, *pl op* 2, *erzürnet;* ge God grymman IV Eg 1, 4 F; gremian C

grin id est ilium *Leistengegend, Unterleib, Bauch* Af 61 In Cn [*vgl.* Athenaeum 1904, June 18, *p.* 791, *col.* 2, *l.* 32]

grindende þeowa [*Getreide*] *mahlende Sklavin* Abt 11

[**-grisan**] *s.* ag~

L**grisengus** pannus *graues Tuch* IV Atr 2, 10

griđ *Frieden* [est pax Latine ECf 32, 1; *Var.:* grid, grit, gridh, griht, griutha; *auch sonst lat.* pax *übersetzt*] **1**) *Sicherheit* [*des Geleits für Befehdeten*]: slaga mote mid griđe [*dt*] nyr II Em 7, 1 2) *Sonderschutz:* be griđe [*dt*] Griđ Insc; *no: Godes* ~ ealra griđa [*pl gn*] selost I Cn 2, 1 = Griđ 1 **a**) *kirchlicher* [*vgl.* cyricgriđ]: cyrice on Godes (Cristes), cynges, folces griđe [*dt*] V Atr 10, 1 = VI 13 = I Cn 2, 1 (*gryde* A) = Griđ 31; cyricgriđ is Cristes ~ [*no*] 31, 1; circan griđes [*gn*] wurđe VIII Atr 1; wydewe on *Godes* griđe [*dt*] 7 cynges V 21 = VI 26; *kirchlicher* stowa ~ [*no, syno. mit* cyricg~, cyricfriđ] Nor griđ *Z.* 5 **b**) *königlicher; no:* Pax; hlafordes ~ III Atr 13 | ~ mid his agenre hand 1; kinges handsealde griđ: pax *regis* data manu sua ECf 12; *Var. grid* [*vgl.* handgriđ] | *Versammlungsfrieden:* griđes [*gn*] wyrđe to gemote II Cn 82; gryđes Ld **c**) *Geldbewertung der Busse für Verletzung von* ~; *no:* on Fifburga (I burh-) geþincđe, wæpntake, ealahuse III Atr 1, 1 f. **3**) *Sicherheitsfrist für Asyl im Hause des Königs, Prinzen, Erzbischofs bezw. Bischofs, Ealdormans:* ahte IX (*bezw.* VII) nihta ~ [*ac*] Griđ 4 f. [*Auslautende Dentale wird nicht mehr gehört, da* griđ *als erstes Glied von* gre-ve *irrig betrachtet*, ECf 32, 1; *vgl.* 21 *Z. weiter und S.* 81 *Z.* 9 *v. u.*]. — *Der.:* ciricg~, hadg~, hælnesg~, handg~

griðbryce *Bruch des Sonderfriedens des Königs oder einer Kirche, verschieden bewertet nach weltlichem Rang der Kirche* VIII Atr 5, 1 (~rice G) = I Cn 3, 2; ~rice A; ~reche Q | *ac:* þone ~ VIII Atr 4, 1 = I Cn 3a; gryð~ A | *der König* ah ~ II 15 AB; gryð~ G; ~rece Q In | on fyrde ~ fulwyrce 61 B; gryð~ G; ~rice A; ~rece In; *daraus mit* [*falsch, für den Forst, erfundener*] *Busssumme* Ps Cn for 18 ‖ grithbrece (*Var.* gridbreche): fractio pacis ex parte *regis* in comitatu vel hundredo *datae* In Cn III 50 | ~ohe (*Var.* gridb~): pax *regis* a vicecomite vel minis*tro* [*regis data*] Hn 79, 4 (*bewertet zu* 100 sol. *ebd.*). 12, 2 (*Var.* ~ohe, gritheb-). 35, 2 (*Var.* ~ohe, gri*t*b-, grihb-); ~*che* 22. 22, 1. 59, 2 | pacis (in)fractio, infractura *erklären zu* Cn: Q. In. Cons

griðian *mit Sonderfrieden schützen, mit Sonderschutz befrieden: Kirchen* Grið 3; ~ 7 friðian I Cn 2 *aus* VI Atr 42, 3, *wo op pl* 3 | *op pl* 3: friðian 7 ~ I Cn 4 = Had 1, 1 H; f- 7 nerian *übr.* | *ptt pl* 3: godes hus 7 þeowas ~ðedon Had 11 (gryð-O) = ~ðedan Grið 24

griðlagu stent *Sonderfriedensrecht gilt* Grið 9

L **grossus** *gross, great übsnd,* Af 12 Q (*Baum*). 75 Q. In (*Sehne*)

gryd- *s.* grið **grym-** *s.* grim-

-gs- *für* hs, cs (*aus* sc): *s.* ascian

-gt- *für* ht: *s.* agte (*unter* agan)

FL **gu-** *für* w-: *s.* Norwigensis, wage, warder, wait*er*, wa*r*ans, -nt, -ntizare, weardgerefa, wer, we*rr*a, Wiht [*vgl.* gw]

Guith *s.* Wiht **guld-** *s.* gieldan

[-guma] *s.* brydg~

[-gumian] *s.* forg~

L **Gundulfus** episcopus *v. Rochester* CHn cor Tes*t*

L **gurgullio** *Gurgel* Hn 93, 10 *aus* ~ulio Af 51 Q; ~ulium (*Var.* ~lum, *auch* Rb *dazu S.* 617) In Cn

Gurth *s.* Wiht

L **Gurthus,** B*ruder Haralds II.*, ECf 35, 2; *Var.* ~tus. [*In Ags. Annalen* Gyrð, Gerð; *im Domesday* G*ur*t, G*ue*rt, Gu*erd*]

L **gutfirma** *s.* gytfeorm

Guðmund Stegitan sunu, *neben Olaf Tryggvason Führer des Nord. Heeres, das* 991 *mit Æthelred II. Frieden schliesst* II Atr Pro

Guðrum *König Guthorm von Ostanglien* EGu Insc. Pro; Gyð~ AGu Pro; Gyðrun Ld; Godrun Q; *Var.* Gorun, Godrinus | *gn:* ~mes EGu Insc B

L **Guti** *Jüten, als Vertreter der Dänen?* Lond ECf 32 C 1 [*dagegen nach Stevenson* Asser 170[6]: *Bewohner der Insel Gotland*]

Gutlandia Lon*d* ECf 32 E: *ob für des Galfrid von Monmouth* Godlandia: '*Insel Gotland*'? *Oder* '*Schwedisch Gotland*' *oder* '*Jütland*'?

FL **gw-** 1) *für älteres* w: *s.* wage, weardgerefa, werra [*vgl.* gu] 2) *in* Q *für ags.* cw: *s.* cwalstow

Gybmund *Bischof von Rochester* Wi Pro 1

gyf(t) *s.* gif(t)

gyld(-) *s.* I) gield- II) gylt

gyldne godas, *pl ac, goldene Götzen* Af El 10 (~*dene* GH), *de*os aureos *übsnd.* [*vgl.* oferg~]

gylt *Verbrechen, Verschuldung, Schuld; gn:* ~tes bot Iudex 1 | *dt:* forman ~te Af El 49, 7. II As 11 (gyl*t*! Ld); botwyrðum - III Eg 2, 2; gilte D | *ac:* ~ gebe*t*an Af 7, 1. Ine 73; gyld So; gil*t* Northu 3; ~gewyrce II As 8. Wif 7 | *instr:* for þon gilte II As 11 H, *später geändert in dt* þam, *den* Ot Ld *haben* | *pl:* ~tas Iudex 2 | *gn:* ~ta Af 5, 4 | *ac:* ure ~as II Cn 2a, *de*bi*t*a nos*t*ra *übsnd.* — *Der.:* heafodg~

[-gyltan] *Der.:* ag~

gyltinge *Verschuldung, Verbrechen* Iud Dei V 2, 4, commissum *glossirend*

gyme- *s.* gieme- **gynd** *s.* geond

gyng *s.* geong

gyrd, gyrn- *s.* gierd, giern-

gys(i)las *s.* gislas **gyt(a)** *s.* gie*t*(a)

[-gyte] *s.* blodgeote

gytfeorm *Gussmahl, Trinkfest, von der Gutsherrschaft den fronenden Hintersassen gegeben Rect* 21, 4; gutfirma Q

Gyðrum *s.* Guð~ **gytsere** *s.* git~

gywana *s.* gew~

H.

h 1) *unorganisch* **a**) *anlautend* α) *vor Vocal: s.* a '*stets*', abbod, ær *ehe,* agan, age*n* (*adj*), eal(swa), *eard*, *edor*-(bryce), *e*lles, Eormenstræt, eower, *e*rian, Icenild, geiecan, benierð, ilc, Ine, Irenside, is *ist*, ora, unlaga, utlah β) *vor* l: *s.* (ge)ladian, utlaga, (ge)leafa(n), leaf*e* (*fm*), leohtgescot, lif γ) *vor* r: *s.* ræd, reafere δ) *vor* w: *s.* wesan (*ptt:* hwæs), willan (*op* 3: hwile), friðgewritu, gewyrht **b**) *inlautend: s.* deorhege, ryt **c**) *hinter* t: *s.* th 2) *geschwunden* **a**) *anlautend* α) *vor Vocal: s.* habban (*op* 3: æbbe), hægweard, hæðen, he (*gn:* is; *nt:* it), heafod, (ge)healdan, healf, heals-fang, heorð, her, hid, oferhiernesse, behofað, hoppe, hundred, hunigafol, twihynde β) *vor* l: *s.* hlaford(swice), gelaðian (?), utæthleapan, belidens (?), hlot, hloð(bot), hlyst γ) *vor* r: *s.* hrædinge, -dra, hrægl, h*r*an, hraðe, hream, hreol, hrieman, hrif(wund), hriðer, Hrofeceastre, hrycg δ) *vor* w: *s.* hwa (*north.* va), nahwær, hwæðer, gehwelc **b**) *in- und auslautend: s.* (wer)fæhðe, feo, geohhol, leah, lah-, myrhð, riht, betihtlian, (wither)tihtla, þeah; *nach* r: *s.* fyrht, morðwyrhta 3) *abweichend* **a**) *für* g: *s.* (ge)agnian, borg, gebugan, burg, dolgbot, iergðo, morgangifu, genoh, heretoga **b**) *für* þ: *s.* þriþing 4) *verschrieben* **a**) *für* b: *s.* Bada, beon (*op* 3: bie), beregafol **b**) *für* f: *s.* fiftene **c**) *für* -l: *s.* lytel **d**) *für* r: *s.* ofer *Rect* 3 **e**) *für* þ: *s.* forð; ham *für* þam II Cn 37 A; geþeahtendlic 5) *von Anglonormannen vor* t *nicht gehört und als dessen Aspirata gefasst, s.* leohtgescot, riht, morðwyrhta 6) *dafür* c, ch, g, gh: *s. d.* 7) *dafür verschr.* þ, *s. d.*

L **h** 1) *unorganisch: s.* Abraham, habundantia, (super)habundare, harmus, Eliseus, perhendinare, heremita, hostium | *zwischen* ae: *s.* Israel 2) *geschwunden: s.* exalare, Halleluia, eb*domada*, Henoch, Hi*e*ronymus, ordea*ceus*, ornotinus, orror, ortari, *exor*tatio, ortus, yperbaton

F **h** 1) *unorganisch: s.* derainer 2) *geschwunden: s.* hure

ha *s.* a *immer* **Haba** *s.* Bada

habban Ine 63. AGu 5. As Alm Pro. VII a Atr Pro. Wer 6, 1. Ger 14. 16; hæb~ Ine 63 So. AGu 5 Ld; heb~ Ine 8 Ld; *flect:* to ~nne Af 34 (hæb-Ld So). Excom VII 3. Rect 3, 3 ‖ 1: hæbbe Becwæð 2 f. | 2: hæfst Iud Dei VII 12, 3 A | 3: hæfð Af 36 Ld. Ine Rb 64. Ine 24, 2 HB. 53. 60. II Ew 5. VI As 8, 6. 10. II Atr 9, 3 f. Rec*t* 7. Iu*d*ex 1; hafð Ine 64. Sw*er* 2; hafað Af 36. VI As 8, 9. Ine 24, 2. 53, 1; hafeð H. Swer 7 B; hafoð Ger 5, 1; hæfað Af

36 So | ***pl*** 1: habbað I As 3. II Eg 3, 1. III Atr 3, 2. IV 1 | 3: habbað Ine 42 B. AGu Pro. IV Eg 13. II Atr Pro. III Pro. Forf 2. Excom VII 3. Mir*ce* 4 Ld. Grið 23, 1 | ***op*** 2: hæbbe Ine 22 | 3: hæbbe Hl 5. 10. 16. Wi 23. Af El 11 f. 22 f. 28. Af 23, 2. 42, 1. Ine 5. 6 Bu. 32. 38. 53, 1. 60. AGu 5. EGu 12. I Ew 1. II 8. II As 16. VI 5. I Atr 1. 1, 2; 10. II 3. VII a 5. II Cn 66, 1. 79. Northu 2, 1. Blas 2. Wer 3. Re*et* 6, 1. 11. 13. 14. Grið 20. 42, 1; 3; æbb*e* II Atr 3,3; hebb*e* II Ew 3 B; ~be Wi 7. Af El 11 G. I Ew Pro. VI As 5. II Eg 2. 2, 1. III Atr 3, 1 | ***pl*** 1: ~ II Atr 1, 1 | 3: hæbben Af El 23. Af 5, 1. Ine Rb 38. Ine 38. 42; habb*en* Ine Rb 38 G; ~ H. Ine 38 B. IV Eg 13. I Atr 1, 14. II 2, 1. VII 5. Excom VII 5. Wif 4. 7 | ***pc:*** *s.* landhabbende, han*d*habbenda; *pl dt:* hæbbendum I As 2 Ld; *sg fm dt:* hæbbendre Wi 26. II As 1. V Pro 2; hebbendra Ld | ***ptt*** 3: hæfde Ine 35, 1. I Ew 1, 2. II 1. II Cn 73 a (heafde B). Geþyncðo 2. 3 | ***pl*** 3: hæfdon IV Eg 2 a. II Atr 1. Excom VII 3. — *Meist 'haben' übersetzbar* 1) *als Hilfsverb vor ptt pc* [*das oft flectirt, s. Particip*] Hl 10. Ine 42. II Ew 1. VI As Pro. 8, 6; 9. 10. II Eg 3, 1 = I Cn 8, 2. Rect 7 2) *besitzen* Ine 24,2. 32. 53,1. VI As 5. I Atr 1, 14. II 9, 3. Becwæð 2 f. Norð*leod* 7; hand (*Gewalt*) ofer II Atr 1 | æt hæbbendre han*da* *handhaft: s.* hand | þe hæfð *Inhaber* II Atr 9, 4 | frið ~ *geniessen* II Atr 3 | *m. gn s. 21 Zeilen weiter* 3) *erstellen, aufbringen* Hl 5. II As 16; him *für sich* Wi 23 4) *halten:* hiredmen I Atr 1, 10; *Werkzeuge* Ger 14. 16; hæbbe 7 healde II Cn 66, 1; *dá haben* As Alm Pro 5) *abhalten:* gemot II Ew 8. III Atr 3, 1 6) *pflegen:* bige AGu 5 7) þearfe ~ *bedürfen* Af 5, 1 8) (mid) him ~ (*mit*) *sich nehmen* Hl 16. Wi 23 (Ine 63); of lan*de* *vom Boden fortnehmen* Af 13 9) him ~ *sich behalten* Af El 22 f. Af 23,2. Ine 5. 6. 38. *Rect* 6,1 10) *empfangen* I Ew Pro. II Atr 2,1. Wer 6,1. Rect 11. 13. 14. Wif 4. 7; *Priesterweihe* Geþyncðo 7; dæl *Anteil* Excom VII 3. 5; *erlangen* Ine 8. VII a Atr Pro 11) ~ him gemæne þ*æt* wið *das zu verantworten h. bei* Grið 20; ~ sace mid *Streitsache hängen h. bei* III Atr 3, 2 12) hæbbe to *m inf: vermöge* Ine 60; *dürfe* II Cn 79. — *Regiert gn:* freonda II Atr 9, 3; mægnes Af 42, 1; 3; healfes Ine 32; þreora 66; þreo B ‖ ~ (*erhalten*) *für* gebyrian *als Anspruch gebühren* Mir*ce* 4 Ld; *für* agan Ine 6 Bu; *für* abiddan 8 Ld ‖ ne ~ *ersetzt durch* nabban Af 42, 3 H; ~ *ersetzt durch* agan Norðleod 9 Ld. — *Der.:* forhæbbe, geh~, landhæbbende, midh~, nabban, wiðh~

habbod *s.* ab~

^L^**habere** 1) ad iusticiam *vor Gericht stellen* Leis Wl L 3 2) ad habent*e*m manum *handhaft* II As 1 Q, æt hæbbendre han*da* *übsnd* 3) *m. inf:* a) *können, dürfen* III Atr 3 Q, age to *übsnd;* ECf 1. Lib Lond 4 b) *vermögen zu* Ine 60 Q, hæbbe to *übsnd* 4) *auxil.* [*nach Roman.-Germ. Gramm.*] *m. pc pf pass nt:* dispositum hab*et* [*statt* disposuit] Excom I 1; forisfactum habuerit ECf 4, *wofür* retr: forisfecerit

^L^**habitudo** *Wesen, Charakter* Hn 9,4

Habraham *s.* Abr~

^L^**habundantia** *für* ab~ II Cn 68, 1 b Q ‖ ~**are** *für* ab- I As 2 Q. VI Atr 40, 1 L. Hn 82, 2 b [*vgl.* superhab-]

had Wi Pro 2. Had 1, 2 | *gn:* had*es* V Atr 4. VI 2, 1. VIII 26. 31. I Cn 6. II 38, 1. 41. 42. 49. Northu 12 | *dt:* ha*de* I Em 1. V Atr 9, 2. VI 5, 4. 52. VIII 30. I Cn 4, 3. Northu 23. Geþyncðo 7 | *ac:* ~ Northu 12. Geþyncðo 7. Iud*ex* 15, 1 | *pl:* had*as* I Em 1. Grið 3 | *gn:* ha*da* I Em Pro. VI Atr 52. I Cn 4. Had 1 | *dt:* hadum Af 4, 2. Sac*r* cor 1, 2; ha*dan* Grið 25 | *ac:* had*as* I Cn 4. Had 1, 3. 11. Grið 24. 28. — 1) *Person* I Em 1. Iudex 15, 1 2) *Stand, Rang* Af 4, 2. I Em Pro 1. Sac*r* cor 1, 2. V Atr 4 = VI 2, 1 (= I Cn 6). 52. VIII 31. II Cn 38, 1. Grið 3 3) *geistliche Weihe, Ordo* II Cn 42. Northu 12. 23. Geþyncðo 7. Had 1 | *Weihegrad* Wi Pro 2. Had 1,2 | *geistlicher Rang* VIII Atr 26. II Cn 41. 49 4) *geweihter* (*geistlicher*) *Stand, Priesterstand* V Atr 9,2 = VI 5,4. VIII 30. Geþyncðo 7; *Klerus* I Cn 4,3 | *Ordinirter, Geistlicher, Kleriker* I Cn 4. Had 1, 3. 11. Grið 24 f. 28. — *Der.:* ciriohad, mæg(e)ðhad, werhad, wifhad

[-hada] *s.* gehada

butan **hadarunge**, *dt, ohne Rücksicht auf Personen* Iudex 3; hader~ Q

hadbot *Klerusbusse, Zahlung für Missetat gegen Kleriker* Had 9, 1 | *dt:* ~te Að 2. Had 2—7

hadbrecan, *pl, Klerusverletzer, Missetäter gegen Kleriker* II Cn 6; ~ræcan Ld; ~rican D

hadbryce *Klerusverletzung, Missetat gegen Kleriker; ac:* ~ II Cn 49 | *pl dt:* ~can V Atr 25 = ~rican VI 28, 3

hadgrið, *ac, Sonderbefriedung, Schutz für den Klerus* Grið 19

hadian *weihen; op* 3: ~ige II Cn 73, 3 ‖ *ptt pc:* circan, þe he to (*für die er*) gehadod wæs Northu 28 | ha*dod* man *Geistlicher* II Cn 43 A | *ac sbstirt:* hadodne 40 A; ha*dne* man 42 A (geha- *übr. diese 3 Male*) | *fm dt:* on gehadodre nunnan Cn 1020, 16 | *msc pl:* gehadode wi*tan* V Atr Pro | *gn:* hadedra *Geistlicher* II Em Pro [*vgl.* gehadod]. — *Der.:* onh~, unh~; gehadan [*vgl.* vela*re*]

hadnote, *ac, Priesteramt* Geþyncðo 7 H

hæbb-, hæf- *s.* habban

Hædde *s.* Heddes

hæfdon *s.* I) habban II) heafod

[-hæfen] *s.* landh~

hæftnyde, *dt, Haftbereich, Gewalt* Iud Dei VII 12, 1 A, captivitate *übsnd*

hæfton, *op pl* 3, *verhaften* II As 20, 5; ~*ten* Ot Ld

hægw[ea]rd *Gehegewart, Zaunhüter; dt:* hæigwerde Rect 20; (h)eiwardus Q

[-hælan] *Der.:* geh~

hælend *Heiland* Af El 49 (~de GH). Iud Dei VI 1; ~de Du; *voc:* ~ IV 2 f. VII 24 A. VIII 2, 3 f. | *gn:* ~d*es* IV 4, 1 f. V 2, 1. VII 23 A. 23,2 A. VIII 2 | *dt:* ~de IV 4, 6 | *ac:* ~dne VII 23, 1 A ‖ *oft* Iesus *glossirend* (*übsnd*): IV 3. 4, 1; 6. V 2, 1. VI 1 (VII 23. 24 A. VIII 2. 2, 3 f.)

hælm *s.* healm

hælnesgrið, *ac, Sonderfrieden des Heiligtums* Grið 19

hælnessan, *pl dt, Heiligtümern* Grið 25

hælo 1) *Heil; dt:* ~ Ine Pro; *geändert* hæle B; hæle I Cn 2 | *ac:* ~ Af El 49, 3 (~le Ld). Iud Dei IV 3, 1, salutem *glossirend* 2) *ac:* hæle 7 unhæle *Gesundheit und Krankheit* VI Atr 52. II Cn 68, 1b. — Der.: unh~

hæman *ausserehelich beiwohnen; flect:* mid [*adv.; 'Sklavin' aus Vorhergehendem ergänzbar*] to ~nne Af El 12; ~menne H | *op* 3: ~me Af 10. I Em 4; - mid Af El 31, coierit *übsnd.* — *Der.:* geh~, unrihthæmede

hæmed *Beischlaf, Geschlechtsver-*

kehr; dt: ~de Af Rb 8. I Em 4 Ld (*Unzucht*) | *ac:* ~ Wi 4-6 (unriht~: *unkanonische, aber vielleicht dauernde und nicht immer polygame, Ehe*). V Atr 10 = VI 11. VIII 4. II Cn 55; hemed B. — *Der.:* niedh~, (un)rihth~

hæmedþing *Unzüchtigkeit, Buhlerei; dt:* ~ge Af 18 | *ac:* ~ *Beischlaf* V Atr 9 = VI 5, 1 = ~gc I Cn 6, 2 | *pl dt:* ~gum *Hurereien* Af 10 B

hæntan *s.* hen~ [18, 1

to **hæpsan,** *dt, als Türriegel* Ger

hær *s.* I) ær II) her

hærfest *Herbst; dt:* ~te [*als Jahreszeit*] Af 43; her- B; *im Gegensatz zu drei anderen Jahreszeiten* Ger 10; *Erntezeit* Rect 17 | *ac:* ~ Af 43 H; *Erntezeit* Rect 3. 4 a; *dafür* Augustus Q

hærfesthand[f]ul [*täglich*] *in der Ernte eine Hand voll* [*Korn*] Rect 9, 1a; ~dsul *Hs.*; manipulus Q [*was Glossen auch sonst dafür haben; Klaeber* Anglia 27, 427]

h[æ]rgripa *Haargriff, Fassen ins Kopfhaar;* her~ Hn 94, 4 [*Nordisch; vgl.* feaxfang] [Ger 17

h[æ]rs[i]fe; *ac:* hersyfe *Haarsieb*

hæs *Geheiss, Befehl; dt:* ~se Wi 9. Ine 3, 2; 3 | *ac:* mið ~ Iud Dei V 2, 3, imperio *glossirend* | *unfl. instr.:* ~ IV 4, 2, iussu *glossirend.* — *Der.:* niedhæs, uthes

Hæstingaceastre, *dt, Hastings in Sussex* II As 14, 2; Hastingecestre Q

hæt *s.* hatan

hætan *erhitzen, heiss machen* Ordal 1 | *op* 3: ~te 1b

hæðen 1) *heidnisch; pl ac:* hæðne godas Af El 48 (~ne G), externi dii *übsnd.* II Cn 5, 1; haðene A ‖ *sg fm ac:* ~ne þeode V Atr 2 = VI 9 | *pl dt:* ~num þeodum Af El 49, 2; æð- G; ~ðnum H | *pl ac:* ~na þeoda 49, 1; hæðna, *geänd.* ~ena H 2) *ungetauft; nt:* ~ cild Northu 10, 1

hæðendom 1) *Heidentum als geographisches Gebiet; dt:* ~me II Cn 3 2) *unchristl. Glaube und Brauch; ac:* ~ EGu Pro 1. 2 = V Atr 1 (34) = VI 1 (6) = VIII 44 = IX Expl = X 1 = I Cn 1 c D = Northu 47 = 67

hæðenscipe *Heidentum, unchristl. Glaube und Brauch* II Cn 5, 1; hædenscype A | *dt:* ~ II 5 B; hæde~ Ld | *ac:* ~ II 5. Northu 48

hættian, *op pl* 3, *skalpiren, des Kopfhaars samt Haut zur Strafe berauben* II Cn 30, 5; het~ A; beh~ In Cn | ~ *lag vor für* extopare III Em 4 Q? [*vgl.* decapillare, decomatio, pilare]

haf- *s.* habban

hage(n) *s.* ag~ **[-hagian]** *s.* onh~

h[ago]st[ea]ld *Jungfrau;* hehstald Iud Dei IV 3, 1 | *pl gn:* hehstaldra V 2, virginum *glossirend*

[L]**Hagulfus** *s.* Hascu~

haimel- *s.* heim~

[F]**ha[in]e** *s.* hange

hal 1) *heil, geheilt* Af 75 2) *prd. fm unfl.:* ~ *unverletzt* Iud Dei IV 4, 3, salvam manum *glossirend* 3) *nt:* ~ *vollkommen tadellos* Swer 9 | *ac:* ~ 7 4) *sbstirt dt:* halum *dem Gesunden* VI Atr 52; halan II Cn 68, 1 a | *pl ac:* hale *Gesunde* 1 b B. — *Der.:* gehal, unhal; *vgl.* hælo

[F]**halberc** *Panzerhemd; ac:* ~ Leis Wl 20, 2; ~rt I; haub~ Hk | *pl:* ~rs 20 I; ~rz 20, 1 I; haubercs Hk: 20. 20, 1

hald- *s.* heald-

halemot *s.* halimot **half-** *s.* healf-

halgian 1) *weihen: ordal* II As 23 | 3: ~gað husel I Cn 4, 2 | *ptt* 3: ~gode to cinge Sacr cor Pro 2) *heiligen; op* 2: ~ie Af El 3 So, sanctifices *übsnd;* geh- *übr.* — *Der.:* geh~; unhalgod

halgung *Weihe* I Cn 4, 2 | *ac:* ~ge VIII Atr 5 = I Cn 3, 1 A (*dafür* halsunge *Note***). Ordal 4, 2

halid- *s.* haligd-

halig *heilig, Heiliger; praed.* Swer 12 ‖ ***gn:*** *Gastes* halges Iud Dei IV 4, 6, Spiritus sancti *glossirend;* ~iges Had 1 | *schw.:* þæs ~ige [*unfl.!*] Nicholaes Excom VII 2 | halgan þrinnesse (*fm*) Sacr cor 1; - husles (*nt*) I Cn 22, 5. Iud Dei VI 1. Excom VII 2; þæra ~igan gelaðunge (*fm*) 4 ‖ ***dt:*** his halgum hrægle (*nt*) Wi 18 | *schw.:* halgan Af El 49, 5 (-gam! G). Cn 1020, 18. V Atr 13, 1 = VI 22, 1 = I Cn 15, 1. Iud Dei VIII 2, 4; *tide* (*fm*) I Cn Pro ‖ ***ac:*** halig' [!] dom Iud Dei IV 3, 4; *unfl.:* *gast* þin halig 3, 2; ~*nome* 2, 3; halig ryht (*nt*) Af 40, 2 | *schw.:* halgan Þunresdæg Af 5, 5. *Rect* 3, 4; tid (*fm*) I Em Pro; þrynnysse (*fm*) Iud Dei VIII 2; *northu:* þa halga cirica (*fm*) V 2, 2; ~igan VI 1; *masc* halegan *Gast* VII 13 A *und fm:* - rode VII 12, 1 | *nt:* þæt halige werod (spell) 12, 2 (13 A) ‖ ***pl:*** ~ge I Cn 4, 2 | *schw.* þa halgan hadas *Geistlichen* I Em 1 ‖ ***gn:*** halga! vara Iud Dei V 2, 2; ~gra Af El 49, 7 (halegra E). I As Pro. Cn 1020, 16. Iud Dei V 2. VI 1. Had 1 (*Ordines*); Eallra haligra *Allerheiligen* Af 43 | *schw.:* halgena I As Pr Ld. Cn 1020, 20. Excom VII 2; Ealra - *Allerheiligen* V Atr 11, 1 = VI 17 (~*ene* D) = VIII 9, 1 = I Cn 8, 1. 12 ‖ ***dt*** *schw.:* ~gum I As 4; ~gan G | *instr. fm:* halgum V Atr 19 = I Cn 17, 2 = halgan VI Atr 25, 1 ‖ ***ac*** *fm:* ~ge Iud Dei VII 12, 2 A | *schw.:* halgan Cn 1020, 19. Iud Dei VI 1. VIII 2; *fm:* VI 1. VII 13 A. — *Der.:* foreh~

hali[g]dæg; *gn:* halidæiges freols *Festtagsfeier* II Cn 45, 1 B

haligdom *Heiligtum, Reliquie(nschatz)* Swer 1. 2 | *dt:* on ~me III Atr 2, 1 (in *sanctis* Q). 3, 1 (sup*er* sanctuarium Q). II Cn 36 (sup*er* sanc*ta* Q); hali*dome* VII a Atr 2, 1 | *ac:* ~ I Cn 4. Had 1, 3 H. Grið 24. 28; halidom Had 1, 3. 11 ‖ *mehreres als allein Reliquien verstehen unter* ~me II Cn 36 Cons: sacratum *und* In: sup*er* textum evangelii aut sup*er* *re*liquias sanc*torum*

halignyssa, *pl ac, heilige Kräfte, Himmelsmächte* Iud Dei VII 12, 3 A, sanctitates *übsnd*

haligrift *s. rift*

haligwæter *Weihwasser; gn:* ~res Ordal 4, 1 | *ac:* ~ *ebd.*

[L]**halimotum** *Gericht* (*in der Halle*) *eines mit Jurisdiction privilegirten Herrn über Hintersassen* Hn 9, 4. 20, 1a; 2 (*Var.:* hal[l]em~). 57, 8 (*Var.:* hall~). 78, 2

[h]alleluja! Iud Dei I 10

halm, hals- *s.* heal~

halsian *beschwören* 1) *Menschen;* 1: ~ie Iud Dei VIII 1. 2, adiuro *übsnd;* VII 12, 2, obsecro *übsnd;* ~ige VI 1. VII 12, 3, obtestor *übsnd;* adiuro *übsnd:* 12, 1 (þurh: *bei Gott*). 13. 23 A | *op* 3: ~ie VIII Insc 2) *Wasser; ind* 1: ic ~igo þec IV 2, *exorcizo glossirend.* — *Der.:* geh~

halslit *s.* lahslit

halsung *Beschwörung* 1) *der Ordal-Prüflinge* Iud Dei VII 12, 1 A. VIII 2; ~ncge! VI Insc 2) *Exorcismus* I Cn 4, 2 | *ac:* ~ge 3, 1 G; *besser* halgunge (*Weihe*) A *aus* VIII Atr 5

ham I) *Heimstätte, Grundstück; gn:* hames Af 21; *Grossgut* Ger 18, 2 | *dt:* æt mannes ~ [*endungslos; vgl. Sievers,* Gr. § 237] *Hofstelle, Haus und Hof* Abt 3; hame Hl 15; cyninges hame *Krondomäne Rect* 1, 1 **II**) *adverbial* 1) *ruhend:* æt ~ *daheim, zu Hause* Ine 50. II Eg 2 2) *zielend:* **a**) ef[t] æt

~ gebrenge *wieder nach (ihrem Heimat-) Hause* Abt 77, 1; oðrum æt ~ [*H*ɜ. þam] gebrenge *dem anderen eherechtlich heimführe* 31 [*vgl. Aldhelmglosse* nubentur: beoð ham brohte; Anglia 24, 528] **b)** ~ [*allein*] cuman *nach Hause* VI As 5. II Eg 4, 1 f. IV 7 f.; *heimwärts* V Atr 28, 1; bringan II Cn 76; eft ~ willan 73, 2; begietan Duns 3; gæderian *einheimsen* Ger 10. — *Der.:* Fæfresham, mynsterham, Wærham; Berghamstyde; gehamettan

[-hama] *s.* lich~ **hamed** *s.* hæmed

hamfæst *ansässig, Haus besitzend* I Ew 1, 4 | *ac:* ~tne Af 42, 4 [*vgl.* hamsittend, hus-, (heorð)fæst]

hamfare *gewaltsame Heimsuchung, Angriff gegen Befehdeten in dessen Hause* Hn 80, 11a. Leis Wl L 2; hemf~, heinf~ Fz [*neben* hamsocn (*s. d.*) *steht auch fris.* husfere *synonym; His,* Strafr. d. Friesen 352]

hamgrið *s.* handg~

h[a]mola; to homolan bescire *zum Verstümmelten (Hämling) schere durch Beraubung des Bartschmucks* Af 35, 3 [*vgl. fris.* berdes hemilinge *Bartabschneiden; His,* Strafr. *d.* Friesen 326]

[L]**Hamonis,** Robertus filius ~, *Staatsmann Heinrichs I.* CHn cor Test. Hn mon Test

[-hamscyld] *Der.:* rihth~

hamsittendne, *ac, auf eignem Hofe sitzend, als Hausbesitzer* Af 42; ~de Ot H [*vgl.* hamfæst]

hamsocn 1) *gewaltsame Heimsuchung, Überfall der Hofstätte, Angriff gegen jem. in dessen Haus; gn:* ~one In Cn III 58, 1 | *dt:* ~one II Em 6 Rb | *ac:* ~one II Cn 62 2) *Bestrafung jener Missetat samt Geldertrag der Strafe; dt:* ~one 62 G | *ac:* ~one 12 (= Hn 10, 1). 15. Hn 22. 22, 1 | *pl dt:* ~cnum II Em 6 ‖ *erklärt als* invasio in domo vel in curia In Cn II 15. 62. III 58; causa mali II 12; invasio mansionis Q: II Cn 12. 15; domus invasio Hn 80, 10. *Latinisirt* ~cna Q (*an obigen Stellen, auch* IV Atr 4. Rb II Cn 62 *S.* 538, *wo Var.* ~oca). Hn 12, 2. 59, 28. 61, 17. 80, 9b —11c (*wo ausführlich definirt und mit* hamfare [*s. d.*] *synonym gesetzt*). 87, 6a; ~ne 35, 2; ~okne 12, 2; ~cne In Cn *an obigen Stellen* (*Var.* homs~, hans~, ~oke II Cn 12) ‖ *Frz.:* hamsochne Leis Wl 9 Hk *irrig statt* healsfang. — *Der.:* rihth~

Hamtesira *Hampshire* Hn 64, 1c; *Var.:* Hamptesyra

Hamtune, *dt, Southampton in Hampshire* II As 14, 2 [*vgl.* North~]

hand *Hand* Ine 53. Ordal 2; hond Ine 75 | *gn:* ~da Abt 58, 1. II Atr 8, 1. II Cn 8, 1. 36 | *dt:* ~da Wi 26. Af El 42 So. Af 21. Ine 62. V As Pro 2. Hu 2. III Eg 3. II Atr 9. 9, 3. VII a 6. 2. Cn 1020, 4. I Cn 22, 6. II 13, 1. 77, 1. Duns 8, 2. Forf 3, 1. Iudex 1. Episc 7; honda Af 24. 66. Ine 56. 74. 75. II As 1; *endungslos:* ~ 1 B; III Atr 1; hond 23, 2 | *ac:* ~ Wi 19. 22. Af 6, 1. 22. 42, 1; 4. 71. II Ew 6. 7. VI As 12, 1. II Em 7. 7, 1. II Atr 1. 8. III 2, 1. 3, 1. Swer 3, 2. Ordal 5, 2. Grið 27; hond Af El 42. Af 6. 69. Ine 18. II As 14, 1. 23, 1. Iud Dei IV 2, 1 f. 3, 3; 5. 4, 3 f. | *instr.?* ~de ECf retr 12[14]; *Var.* ~, hond ‖ *pl ac:* ~da II Cn 30, 4. 48, 1; honda Af El 13. 19; *instr.:* ~dum Wer 4; hondum Af 31, 1. — **1)** *Hand als Körperglied* Af El 19. Af 6. 6, 1. 66. 69. Ine 18. II As 14, 1. II Cn 8, 1. 30, 4. 48, 1. Iud Dei IV 2, 1—3, 5. 4, 3 f. Grið 27 | *Schwurhand* Wi 19. II Ew 6. II As 23, 1. III Atr 2, 1. 3, 1. II Cn 36. Ordal 2. 5, 2; gemænum ~dum sellan on wæpne *gemeinsam* (*s. 35 Z. weiter*) *geloben auf W.* Wer 4 **2)** *Macht(bereich), Gegenwart, Seite, Absicht;* on ~da (*Besitz*) habban II Atr 9, 3; ~ oferhæfdon *regierten* 1 | æt hæbbendre handa *handhaft* Wi 26. II As 1. V Pro 2 [*vgl.* handhabbenda] | amanige to cinges handa *zu Königs gunsten, für* III Eg 3; to Godes - behealdan *für Gott bewahren* Episc 7 | on ~ gan *sich unterwerfen* Af 42, 1; 4. VI As 12, 1; gan to ~da *dienen, sich untergeben* Ine 62 [*vgl. n.* 3 *u. norweg.* gaaede kongen til haande *ward Königs Gefolgsmann*]; *heimfallen* II Cn 77, 1; forworht cinge to handa *dem König verfallen* 13, 1 | becume on hond *begegnen, vorkommen* Af El 42; weorpan to handa *ausliefern* Af 21. 24. Ine 56. 74; on his honda sendan *in seine Gewalt liefern* Af El 13; on ~ settan *ausliefern, zustellen* Swer 3, 2; æt handa ahreddan *entreissen* Forf 3, 1 | on handa standan *vorhanden sein* Hu 2. II Atr 9 (ahanda B). VII a 6, 2. Cn 1020, 4 | æt biscopes handa onfon *als Firmelpathe für jemanden eintreten* I Cn 22, 6 | cænne hine an gerefan ~ Wi 22 | sellan on ~ *geloben, versprechen* II Em 7. 7, 1. II Atr 8 (*dagegen wörtlich: in die Hand geben* III 2, 1. 3, 1) | on ægðera hond *beiderseits* II As 23, 2 [*vgl.* Salomo u. Saturn 500: þa wyrsan ~] | gemænum hondum *gemeinsam* (*s. 35 Z. vorher*) *zahlen* Af 31, 1 | heahre handa *zornmütig, feindselig* [?] Abt 58, 1 **3)** *Person;* his ~ on ~ sellan *sich selbst commendiren, unterwerfen* II Ew 6 | grið mid agenre ~ *vom König persönlich* III Atr 1 | wið ælce ~ *gegen jeden Kläger* II Ew 7; on ryhtran ~ *auf richtigeren Beklagten* Af 22; *Gewährsmann* Ine 53. 75. II Atr 8, 1. Duns 8, 2 [*vgl.* handseald; *lat.* manus]

handdæda *wirklicher (Selbst-) Täter; dt:* ~an II Em 1, 1; handæ- B | *ac:* ~an II Atr 5 [*auch fris.; His,* Strafr. *d.* Friesen 32. 82] — *Der.:* rihth~

[-handful] *Der.:* hærfesth~

Godes **handgeweorc,** *ac, Gottes Hände-Werk, von G. selbst Erschaffenes* V Atr 3, 1 = VI 10, 1 = II Cn 2, 1

handgrið *der von des Königs Hand (eigener Person) verliehene Sonderschutz* E Gu 1 (hang~, hamg~ Q) = VI Atr 14 = I Cn 2, 2 (~id A = Grið 2; *vgl.* III Atr 1); *lag vor für* pax per manum *data* Hn 10, 1 *und* pax manu regis ECf 26. 27 [*vgl.* handseald]

[L]**handhabbenda** fur *auf frischer Tat (handhaft) gefasster Verbrecher* IV As 6 Q. Hn 59, 20; 23a [*s.* hand *n.* 2]

handscyldig *Hand (wegen Verbrechens, durch Abhauen zu verlieren) schuldig* Grið 13, 1

kinges **handsealde** grið *des Königs handgegebener (persönl.* [*vgl.* hand *n.* 3] *verliehener) Sonderschutz* [*vgl.* windfylled; *oder* hand *ist instr.*] ECf 12 [*vgl.* handgrið]

[F]**hange,** *ac, Hass* Leis Wl 39, 1

Hangulfus *s.* Hascu~

[L]**haraido,** *abl* [*aus* hariraida *der Lex Ribuar.*], *Heeresschaar* Hn 80, 11

[L]**Hardecnutus** rex ECf 34, 2e (*Var.* -chn-). 13, 1 A Lond; ~udus Quadr Arg 8; *Var.* ~uthus

Harefot *Hasenfuss, Beiname König Harolds I.* Lond ECf 13, 1 A. 34, 2 *d*; *Var.* Her~, ~te, ~ewot, ~ewod

[L]**harmus** *für* ar~ Excom VIII 25

[L]**Haroldus** 1) [*I.*] rex Quadr Arg 8. ECf 34, 2d (*dazu* Harefot Lond). Lond ECf 13, 1 A; *Var.* Harald. **2)** [*II.*] filius Godwini ECf 35, 2; *Var.* Haral~, Heral~ [*heisst hier nicht* rex]

ᴸ**Hasculfus** de Tani, *Hofmann Heinrichs I.* Hn Lond Test; *Var.* Ha(n)gu~, Haugu~

Hasting- *s.* Hæs~

hat *heiss; prd nt:* Ordal 3 | *nt dt:* to hatum isene II As 14,1 Ot; þam h- H; haten! Ordal Inso | *schw. msc ac:* þone hatan bryne II Cn 84, 3

hatan *heissen* 1) *nennen;* 3: manswara hateð *schilt* Hl 11 | *pl:* we ~að Ine 13, 1 | *ptt pc:* wæs haten *genannt war, hiess* Wi Pro 1 | *pass* 3: hatte *heisst* Pro 2) *befehlen;* 3: hæt *befehlen wird* VI As 8, 9 | *m. inf: befehlen zu, lassen; ptt* 1: het Af El 49, 9 | 3: het VI As 12, 1. V Atr 32 D | *pl* 3: hetton awritan *liessen aufschreiben* Af El 49,8 Ld; *nur* writon HE. — *Der.:* beh~

se **hatheorta** *der zornige* Iudex 14

ᶠ**hauberc** *s.* halb~

ᶠ**haume,** *ac, Helm* Leis Wl 20, 2 | *pl:* ~es 20. 20,1

ᶠpur **haur** *aus Hass* Leis Wl 10a.

-hc- *für* h: *s.* niht [14,3

he, *pr pers, er* Abt 58,1. 64,1. Ine Rb 35. Ine 2, 1. A Gu 3. I Ew 1, 1; 3. I As 3; heo II Cn 75,1 B; hi I 5, 2 c A (he G); hit! If 30, 5 B; he *übr.* | *gn:* his *seiner* Wi 15. EGu 6, 6. II Cn 48, 2 | *prd:* (*Frau*) *ihm gehörig* II Cn 73, 2 | *pron poss: sein* Abt 2. 31. Wi 5. Af El 12 (hys H). 13 (hys G). Af Rb 15 Ld. Ine Rb 69. Ine 3, 1. II Cn 19, 2; is B | *dt: meist* him *ihm* Abt 77, 1. Hl 6. 10. Af El 11. Ine 5. 5, 1. EGu 5. II Ew 1; hym Af El 15 G; heom Wi 26, 1. III Eg 1, 1. Cn 1020, 8. I Cn 19 B; hine! II As 26, 1 Ld; him *übr.*; him sylf *er selbst* II Atr 4. II Cn 30, 7. 31, 1a. I 7 Ld; (he) sylf *übr.*; him *fügt zu* sylf B: 30, 3a. 44, 1. 48 | *refl.:* him *sich* Abt 2. Ine 8f.; him sylfum VI Atr 5; [*weiteres s. Dativus ethicus*] | *ac: meist* hine *ihn* Abt 64. 87. Af El 3. Ine Rb 36. Ine 8. EGu 6, 7. II Ew 3, 1; him! Ld; *dafür Sigle* ·N· II Cn 16; him B. 44, 1. 45, 3. 48. 61, 1. 65; hyne Af El 13 (him So). Af 36 G. 49, 7 H; hin! Ine 72 Ld; hi [*lies* hi̅] Wi 27 | *refl.:* hine *sich* Hl 2. 4. Af El 3. 49, 7 (selfne *fügt zu* H). Ine 14. 15. II As 1, 1. II Cn 16 (him B). 42 (sylfne *fügt zu* B); - sylfne *sich* II As 23; for - sylfne *für sich* II Cn 54 || *fm no:* hio *sie* Abt 11. 78. 81. Hl 9. Af El 11f. 18. Af 8, 1; heo I Ew Pro. Wif 3. II Cn 53; hyeo A; heo sylf 73; hio - A; hi II As 2; he Af El 12 G. Af 75 B (hio, heo *übr.*). II Cn 23, 1 Ld. 30, 9 A; heo G; hit (*nt*) Ld | *gn:* hire *ihrer* Af El 12 (hyre GH). Wif 1. 6 | *possessiv: ihr* Wi 9. Af El 11. Af 8, 3. Ine 55. A Gu 1; hiere Af El 12; hyre G; hire H | *dt:* hiere *ihr ebd.;* hire *ebd.* (hyre G). 29. Af 9 (hyre H). 11. Ine 38. Wif 1. 3; hyre sylfre *ihr selbst* II Cn 74 | *refl:* hyre sylfre *sich* 53 | *ac:* hie *sie* Af El 12. Af 8, 1; hi Ld. 20 G. 29; hig 11, 1 B; heo Af El 20 H. 29 H. Af 8, 1 HB. 9 H; hia Iud Dei IV 3, 2 | *refl.:* hi *sich* II Cn 53; hig BA; heo B || *nt no:* hit *es* Abt 46. 60. 77. Hl 6f. Af El 15. Ine 2. 2, 1. I Ew Pro. I As 1; it As Alm 1 Ld | *gn:* his *davon, dessen, darüber* Ine 35, 1. I As 4 (*auf Plurale bez.*). IV Eg 10. Ger 19. Pax. Episc 9 | *possessiv: sein* Hl 6 *zweimal* | *ac:* hit *es* Ine 2, 1. 17. AGu 3. EGu 4. I Ew 1, 2; 5. I As 1; hitt Af El 28 H. Ine 57 B; it As Alm 1 Ld. Iud Dei VII 13 A || *pl:* hie *sie* Ine 6, 5. 7, 1. 49, 1; hi A Gu 2. EGu Pro. I As Pro Ld. 2 Ld. VI 12, 2; hy Af El 36 H. 49, 8 H. I Ew 3. II 1; hig Af 34 B. Ine 73 B. A Gu 5 B 2. EGu Pro. VI As 3. 4. 8, 1; 3; 9; hio Wi 4. 12. Excom VII 5; hia Iud Dei V 2, 5; heo Af 19, 1 B. 43 HB. 50. Ine 7, 1 B. II Cn 30, 3. Excom VII 23; he EGu Pro 2 B. Af El 21 Ld. I Atr 1, 4 Ld. Norðleod 11 Ld (hi, hy *übr.*). Iudex 9, 1 | *gn:* hyra *ihrer* V As Pro 3; hiora Wi 4. Ine 6, 5; heora Hl Pro. Wi 1, 1. Ine Rb 11. 13 (eo *auf Rasur*) H. AGu 5. Episc 2 | *possessiv:* hiora *ihr* Ine Rb 11. Af El Pro. Ine 42; heora Wi 23. Af Rb 19; hira Ine Rb 11 G. Af El 49, 3 H; hyra G: Af Rb 19. Ine Rb 13. Af El Pro. 49, 3; heara Excom VII 16; heore Ine 13 B; hera II Ew 4 | *dt:* him Af El 3. 11. 41. 48 (hym G). 49, 3 (hi! So). I As 1. Iudex 9, 1; hiom Hl 8; heom Abt 2. Af El 3 H. 23 (48 eo *auf Ras.* H). 49, 10 H. VI As 8, 3. IV Eg 1, 8. 12. I Cn 21 B. Duns 9, 1. Northu 12. Grið 20. Had 1, 2 | *refl.:* hiom *sich* Hl 10; him Af 34; heom B (*auf Ras.* H). Ine 42 HB; mid him silfum *in ihren eigenen Personen* V As Pro 1 | *ac: meist* hie *sie* Af 74f.; *dafür* hine *ihn* HB; hi EGu 11; hy Af El 36 H. II Ew 1, 1; heo Af 19, 1 H. V As Pro 2 | *refl.:* heo *sich* Hu 1; hy sylfe A Gu Pro. V Atr 21. — *Im Sinne von 'man, jemand'* Ine 9 (man Bu). Af El 49. 49, 6; his *jemandes* Ine Rb 39 [*vgl.* self; *für Syntaktisches: Personalpronomen; Wortstellung*]

headorhund *s.* heahdeor~

heafde *s.* habban

ᴸ**heæ** *für* hæ Quadr II 8

heafod 1) *Haupt, Kopf* II Cn 32, 1 | *gn:* ~fdes IV Eg 11; from þæs fotes tredele oð þæs - hnolle Excom VII 21 | *dt:* ~fde Af 47, 1. 49 (hevedQ). 52 | *ac:* ~ I Atr 1, 6 (hlaford! H). 2, 1. III 9. Grið 27 | *pl dt:* hæfdon Excom VII 14 2) *übtr. 'Kopf, Mann';* ~ wið ~fde *Kopf für Kopf, jeder einzelne* II Atr 6 3) *Führer, Leiter;* heved, heavod ECf 20, 3; *Var.:* -ot, heved, -et, haved; heofod 28; *Var.:* eveth, heevit. — *Der.:* Hurstesheved, wulfesheved; beheafdung

heafodcyricum [*Fehler st. gn:* -can] *Hauptkirche* I Cn 3, 2 Ld; *besser* heafodmynstres *übr.: gemäss* VIII Atr 5, 1

heafodgemacene (heafodmacene), *pl gn* [*Hs. spät*], *Standesgenossen* Wi 19 (21) [*ahd.* gamahho; *vgl.* gelio]

heafodgilte, *dt, Capitalverbrechen* Northu 2

heafodmen, *pl, Adlige, Führende* VII a Atr 5 [*vgl.* heafod *n.* 3]

heafodmynstres, *gn, Hauptkirche, Kathedrale* VIII Atr 5, 1 = I Cn 3, 2; ~dciricum! Ld

heafodstede, *ac, Hauptstätte, Kirche hohen Ranges* Grið 5 | *pl:* ~das 3

heafodweard *Leibwacht, Wache für die Person des Herrn* Rect 1, 1 | *ac:* ~de 2; ~da Q; *Var.:* heavodwarda

heafodwunde, *dt, Verwundung des Kopfes* Af Rb 44. Af 44

heah *hoch* [*bildlich*]; *fm gn:* ~hre handa *in zorniger Weise, feindlicher Absicht* (?) Abt 58, 1 || *cpa: vornehmer* hearra on hade VI Atr 52; se hearra þam heanran Episc 10. — *Der.:* Ælfheah

heahbiscop *Erzbischof* Wi Pro 1 | *gn:* heh~pes I As Pro Ld; ærcebi. *übr.*

hea[h]d[e]orhund; *ac:* heador~ fedan *Hund* (*zur Jagd*) *auf Hochwild füttern* Rect 4, 2 b

heahengel *Erzengel; gn:* ~glas! Excom VII 2 | *pl gn:* ~gla Iud Dei VII 12, 1 A; hehangla V 2 | *ac:* ~glas VII 23, 1 A. VIII 2

heahfæder *Patriarch* I As 2; hiehf~ Ld; pater excelsus [*silbenhaft falsch*] Q | *pl ac:* ~ras *Erzväter* Iud Dei VII 12, 1 A, patriarchas Ci Vt *übsnd*

heahfreols *hoher Feiertag; dt:* ~se II Cn 47

heahfreolsdagum, *pl instr, an hohen Feiertagen* VI Atr 25 K, heah *übergeschr.;* freolsdagum D *gemäss* V 18

heahfreolstida, *pl ac, hohe Festzeiten* VI Atr 22, 2; freolstida D *gemäss* V 14

heahgerefan, *gn;* cyninges ∼ *königlichen Obervogtes, staatlichen Grossbeamten* Norðleod 4; hehg∼ H Ld | ∼ *lag wohl vor für* summi praepositi III Em 5 (*obwohl* II As 10, *sonst hierfür die Quelle, nur* gerefa *nennt*), *ohne dass* Em *mehr als gewöhnlichen Beamten meint*

he[a]hsetl *Thron; ac:* hehsetl Iud Dei VII 23,1 A | *pl ac:* hehsedlo V 2

heahtide, *dt, Festzeit* V Atr 14, 1 = VI 22, 3

heal(swa) *s.* ea∼

healdan *halten* Af El 23. Af 19, 3. VI As 8, 9. 10. 11. IV Eg 13,1. V Atr 1. 6. 9,1. 35. VI Pro. VIII 30. X Pro. Pro 2 f. I Cn 1. 26, 1. Northu 2, 3. 47. 65. Wif 1. *Rect* 20, 2. Ger 5; hal*d*an Hu Insc. *Rect* 2; ∼*don* 21, 2; healden I Cn 1 A. 6, 2a A; ∼de [!] IX Atr Expl.; *flect.:* to ∼nne Af El 49 (∼*dende* G). 49, 3; 5 (∼denne So; ∼*dene* H). 49, 9 (∼denne H; heol- Ld). 49, 10 (∼*dene* H). Grið 1; ∼*denne* Hl 6. I Cn 2,1. Wl lad Pro | ***ind*** 3: healdað! VIII Atr 42; heal*t* Rect 5. 7. Ger 18 | ***pl*** 2: healdað Cn 1020, 5 | ***op*** 3: ∼de Af 1. 5, 1. EGu 4, 2. 9, 1. II Ew 3, 2. II Eg 5. 5, 1. III 8. IV 11. Sa*cr* cor 1, 1. I Atr 3,1. V 1, 2. 6, 1. 10. VI 3, 2. 20. 22, 3. VIII 16. 44, 1. X 2, 1. Cn 1020, 13. I Cn 9, 1. 10, 1. II 15a. 43. 45. 66, 1. 84, 4a. Northu 65. Forf 2. Sw*e*r 1. Rect 4, 6. Ger 2. Grið 19. 31; heolde I Cn 20, 2 A; ealde III Eg 1 | *pl* 1: ∼ V Atr 1. VI 1,1. X 1 | 3: ∼*den* Ine 38. 1 Bu H; ∼*don* B; ∼ E. VI As 3. 11. I Em 1. V Atr 7. VI 2. 4. Cn 1020, 11 ‖ ***ptt pl*** 3: heoldon Af El 49, 9; -dan V Atr 15. VI 22, 3 (*op?*). VIII 43 (*op?*) | *op* 3: heolde Geþyncðo 7 | *pl* 1: heoldan II Em Pro 1 | *pc*: gehealden V As Pro. II Em 5. IV Eg 14, 1; gihalden Iud Dei IV 3, 1 | *pl:* gehealdene Ine 1, 1. Ordal 4. — 1) *besitzen, behalten:* sibbe *Ruhegenuss* Sa*c*r cor 1, 1 | *Ehefrau* Northu 65 2) *innehaben: Amt Rect* 4, 6. Ger 2. 18 3) *behütend in Verwaltung, Aufsicht haben: für Unmündigen* feoh (frumstol) Hl 6 (Ine 38) | *Land für Gutsherrn* Rect 20, 2 | gafolheorde *Bienenschwarm* (*Herde*) 5 (7) | (*Menschenherde*) *geistlich hüten* I Cn 26,1 | *regieren:* folo Cn 1020, 11 | *in Ordnung halten:* mynster V Atr 7; sæte Rect 2 4) *schützend unterhalten* II Cn 15a. 66, 1 [*vgl.* manu*t*ene*r*e] 5) *jemanden behandeln* VIII Atr 44, 1. Swer 1. Grið 31; *die Ehefrau* Wif 1 6) *treu jemanden hochhalten* V Atr 35 (= IX Expl.). VI 1, 1. Cn 1020, 5 7) *bewahren* Af 5, 1. 19, 3. EGu 4, 2. VI As 3. 10. 11. I Em 1. II Pro 1. IV Eg 11. V Atr 9, 1 | *jem. für etw.* II Cn 43 8) *festhalten; in Haft* EGu 9, 1 | on synne Iud Dei IV 3, 1, peccato detineri *glossirend* | *verhaften, festnehmen* II Ew 3, 2. II Cn 45 9) *vorenthalten* I 9, 1. 10, 1 10) *aufrechthalten* VI As 8, 9 11) *beobachten, befolgen* (*Gesetz,*˙ *Brauch*) Af El 49, 3; 9. Ine 1, 1. VI As 11. II Em 5. IV Eg 13, 1. 14, 1. V Atr 34 = IX Expl. VIII 30. 42. Rect 21, 2. Grið 1. 19. Wl lad Pro | *Feier, Fasten* II Eg 5. 5, 1. VI Atr 20. 22, 3 12) hundred *abhalten* Hu Insc 13) bet ∼ *für besser erachten* V Atr 6, 1 = VI 3, 2 14) gehealden beon from *enthaltsam sein von* Ordal 4 15) hine ∼ *sich benehmen, betragen* Geþyncðo 7 | *lag viell. vor für* eum [*besser* se] *custodire* III As 4. — *Ersetzt durch* behealdan V Atr 6 D. *Der.:* beh∼, forh∼, geh∼, oferh∼

I) healf 1) *Seite; dt:* of ægðre healfe *von jeder Partei* Ordal 3. 4; on naðre ∼ II As 23, 2 | *pl ac:* on 4 ∼fe his *überallhin* (*allseitig*) *von da* Pax; on 2 ∼fa *nach beiden Seiten, ringsumher* VI As 8, 3 2) *Hälfte; sg ac:* agife ∼fe Ine 60 E; ∼ *übr.*

II) healf *halb* Duns 5; að sceal bion ∼ *halb so stark* Ine 15, 1 | *nt:* half Af 12 B ‖ *gn:* ∼fes 32 [*nt substirt?*] (∼fe *fm* B). 66. II Cn 36. Wif 4 (*nt*) ‖ *dt:* ∼fum II As 19; ∼fan Duns 5. II Cn 60; be ∼lve *were* In | *fm:* ∼*fre* (þære bo*t*e Af 11, 4) hi*d*e Norðleod 7, 1; ∼lfhyda Ld | *nt:* ealfan III Eg 8, 2; *substirt: Hälfte;* fo to ∼fon IV Eg 8, 1; be ∼fum þæm (*um, mit*) *halb so viel* Af 11, 3. 39, 1. Ine 76, 3; to ∼fum .. to ∼fum *zur einen Hälfte .. zur andern* II Eg 3, 1 (*Var.* ea∼, ∼fan). III 7, 1 D (*Var.* ∼fan). VIII Atr 8. I Cn 8, 2. II 25, 1; halfan A ‖ *ac:* ∼fne Abt 23. 78. 79. Wi 26, 1. 27. Ine 29; ∼fne .. ∼fne *halben Teil .. anderen* Af 27, 1. 28 (∼fe B, ∼ Ld); *schw.:* ∼fan VI As 1, 1 | *nt:* ∼ Hu 3, 1; ∼ þæ*t* wi*t*e Wi 11 ‖ *instr nt:* ∼fan Af 9; halfan B ‖ *Adverb:* sie hit ∼ forgifen Af 5, 4; hio ∼ fleoge 69, 1; ∼ cyninge, ∼ se gesið Ine 23, 1 [*wol kein Nomen, da dies erst Subj., dann Obj. wäre*]; *vielleicht auch wo substirt nt no möglich:* XII oran, ∼ [*ergänze:* '*gehöre*'] landrican, ∼ III Atr 3, 3 *und wo ac möglich:* gil*d*e ∼ ealswa Abt 71; ∼ .. ∼ gil*d*e Af 8. Northu 48 f. 54. 58; agife ∼ on fodre, ∼fe (*Var.* ∼) Ine 60; *dæle* ∼ (cyninge), ∼ (Af 37, 1). Hu 2, 1; (ge)sylle ∼ .. ∼ III Atr 3, 2; half .. half Hu 3; lecge ∼ .. ∼ III Atr 7. — **Oðer healf** = 1½ Duns 1, 1 | *gn:* oðres ∼fes Ine 66 | *ac:* oðre ∼fe II As 23, 1; *dafür* þreo ∼fe Ld. — *Dem Artikel vorangestellt* Wi 11. Af 11, 3 f.

to **healfhyda**, *dt, zu halber Landhufe* Norðleod 7, 1 Ld; healfre hi*d*e DH

healfmearc *Halbmark, Rechnungsmünze* 1) *pl dt:* 8 ∼cum gol*d*es [*wohl 2 Pfund*] AGu 2 2) = *80 Denar Silbers* [*oder 75: Chadwick*, Anglo-Sax. ins*t*. 51]; mid VI ∼marce [*später pl gn oder unorgan.* -e *hinter unflect.* ∼] III Atr 1, 2; *sonst unflectirt* | *ac:* ∼ 13, 2; ∼marc EGu 3, 1 (∼mare *Hs.*). III Atr 3, 2. 12. 13, 4. Northu 48 f. 51 f. 58. *Hieraus wohl rechnet* lahsli*t in Denalagu nach* dimidia marca In Cn II 15, 1b, *S.* 612. *Eine* healfmeare*-Rente bringende Habe heisst* dimi*d*ia marcata ECf 10; *vgl.* demi mare Leis Wl 17b; 17, 1 | *Für* þreo ∼ EGu 3, 1 *setzt* Northu 11: 12 or [*also* 1 ∼ = *4 Or*]

healfpeningwurð wexes, *ac, Halbpfennigwert an Wachs, für ½ Pf. W.* I Cn 12 A; ∼ig∼ G

healic *hoch* [*bildlich*]; *ac:* ∼one (*Stätte*) Grið 5 | *pl:* ∼ce (*Stände*) 3 | *dt:* ∼oan hadan *erhabenen Klerikern* 25 | *fm ac:* ∼ce synna *tiefe* I Cn 23; misdæda *schwere* II 47

healle, *dt, Halle;* cyninges *Königshof* Af Rb 7. Af 7 (hall*e* B; *dafür* hired II Cn 59). Geþyncðo 2 [*vgl.* halimo*t*]

to **healme** 7 to heorðe, *dt, Halme* = [*Teil fürs Ganze*] *Ackerflur*, Land*besitz* Ine 61; ha∼ B; hælme Ld

healsfang *zehnter Teil der Wergeldsumme* II Cn 71, 2. Wer 5 | *dt:* ∼ge Wi 11 f. II Cn 37 (halffangce A). Wer 4, 1; ha- VI Atr 51. II Cn 45, 1 (hea-B). 60 | *ac:* ~ II Em 7,3. Wer 6 | *instr:* halsfange Wi 14 | *Zumeist* hal~ *übernehmen ins Latein* Q. In Cn. Hn; *häufigste Var.:* h(e)al(f)fang II Cn 60 In. II 45, 1 Q; ealfangus Wer 4, 1 Q; halsefang, half(e)hang Ps Cn for 14; heal(f)- [ha-, hel-]hang [-heng, -feng] Hn 11, 7; 10. 14, 3 || apprehensio colli *übs* Hn 76, 6b; collicipium Cons Cn II 37. 45, 1; *als taini* halsfang (*dessen Wergeld* 1200 *sol.*) *setzt* 120 sol. Hn 76, 4b—7b; *als Wergeldteil* 76, 1c; *als* X solidi [*durch Verwechslung mit* lahslit] *erklärt* In Cn II 45, 1; 3. 48. 60. 71, 2; X sol., quod Dani [*neuer Irrtum*] vocant halsfang 37 || *fx.* haltsanc *statt* halsfanc Leis Wl 9 I; hamsochne Hk

healt *lahm* Abt 65, 1. Af 75, 1

hean *niedrig* [*bildl.*]; *pl dt:* ~nan gebyrdan Grið 21 | *sbst pl dt:* ne rycum ne heanum Iudex 3 || *cpa dt: tiefer stehend* se hearra þam heanran Episc 10

gehalgedan **heapan**, *pl dt, geistlichen Stiftsconventen* Grið 24

heard- *s.* I) heord II) *eard* III) *Der.:* aheardað

I) **hearm** *Schaden, Nachteil* Cn 1020, 5 | *gn:* ~mes 6 | *dt:* ~me *Schadenstiftung* | *ac:* ~ (*davontragen*) IV Eg 10; gewyrcan ~ II Cn 75; heorm A | *pl dt:* ~mum *Schädigungen* II Atr 6, 1 | *ac:* ~mas Cn 1020, 6

II) mid **hearme** *unter Gerüfte, Landgeschrei* EGu 6, 6; *s.* hream

hearmian, *m dt, Schaden bringen* Northu 33

hearr- *s.* heah

heavod- *s.* heafod

heawan 1) *zurecht-, (ver)hauen:* deorhege Rect 2. Ger 12 2) 3: ~weð *abhaut* Af 12

hebban I) *Der.:* ah~, oferh~ II) *s.* habban

[L]**Hebr(a)eus** *der Exodus ersetzt durch* Cristen Af El 11; *dafür führt* Q ~ *wieder ein, auch* Rb *S.* 539

[**-hec**] *Der.:* fodorhec

hedan 1) *mit gn, sich bemächtigen; op* 3: hede Rect 5, 5 | *pl* 3: heden his *fahnden auf ihn* Ine 74, 1 2) ~, þæt *Acht haben, Obacht geben, dass; op* 3: hede *Rect* 4, 6. Ger 2

Hedde, *Bischofi von Winchester; gn:* ~des Ine Pro; Hæd- H

hed(d)er- *s. edor-*

heddernes cæge, *gn, Vorratskammerschlüssel* II Cn 76, 1a. — *Der.:* meluh~

hefig *schwer* [*bildlich*]; *streng* III Eg 2, 1 | *nt pl:* ~ge *Rect* 4 || *cpa:* hit is ~gre 4, 4 | *fm ac:* ~gran Af El 49, 3. — *Der.:* gehefigiend

hege *Gehege, Einzäunung; pl ac:* hegas Ine 42, 1. Ger 13. *Der.:* deorh~

hegian 1) grep *Graben ziehen, abstecken* Ger 13 2) burh hegegian *sicheren Wohnplatz umfestigen Rect* 2

heh- *s.* heah-

hehstald *s.* hagos~

heimelborh *Gewährschaftsbürge* Leis Wl 21, 1; 1a; *Var.* ~rch; hai~; heuuel~, heunel~, hennel~; *in* L: hemoldb~ [*aus nord.* hjemmelb~]

heinfare *s.* hamf~

heiward *s.* hægweard

[**-helan**] *Der.:* forh~, geh~

held- *s.* hyldo **hele** *s.* hole

helf- *s.* healsfang

[L]**Heliseus** *s.* Eliseus

helle *Hölle; gn:* ~ IV Eg 1, 4 | *dt:* ~ I Cn 6, 1. 25. II 84, 3; into ~ Excom VII 23

wið **hellebryne,** *ac, vor (gegen) Höllenfeuer* VI Atr 12, 2 = I Cn 7, 3

helles *s.* elles

hellewite, *ac, Höllenstrafe* I Cn 18b

hellvarum, *pl dt, Höllenbewohnern* Iud Dei IV 3, 1

helm *Helm* II Cn 71, 1 | *ac:* ~ Norðleod 10 | *pl:* ~mas II Cn 71a. — *Der.:* Wilh~, Wulfh~

helpan *helfen* II Cn 68; hyl~ EGu 10 | *op* 3: God ure (*gn*) ~pe VIIa Atr Epil. — *Der.:* geh~

helpes (*gn*) behofian *Hilfe bedürfen* II Cn 68

hels- *s.* heals- **hemed** *s.* hæmed

hemfare *s.* hamf~

hemold- *s.* heimel-

henan, henon *s.* heonon

[**-hende**] *s.* geh~

Hendiadyoin: *Godes* feoh 7 ciricean Abt 1; *Godes* bebode 7 þæs ærcebiscopes II As 23, 2 = Ordal 1 | wið cyning 7 his gerefan *gegenüber staatl. Strafrichter* Ine 73 | frið 7 freondscipe *mitbürgerl. Verträglichkeit* EGu Pro. V Atr 1, 2 = VI 8, 2 = X 2, 1 [*vgl.* Wi 3]; hold [*s.d.*] 7 getriewe | to wife 7 to rihtlife *zu ehelichem Weibe* Wif 6 | læfan 7 læfan Becwæð 1; *vgl.* forspekan 7 forspillan; friðian; gan *n.* 2 | fierst et fandung Hn 46, 2; jur et *terme* Leis Wl 21, 1; hlot 7 *scot s.d.* | burgus et curia *Gerichtsstadt* Hn 38 | pax vel inimicitia *Fehdesühne* 59, 4

hengen 1) *Gefängnis; ac:* on ~nne alecgan Af 35, 2; ~nne gebugan *Kerkerhaft* II Cn 35 (~goen A) = Hn 65, 5 2) *missverstanden 'Galgen', s.* suspendium

hengenwitnuncg *Gefängnisstrafe* Grið 16

hengwite, *ac, Strafe für versäumte Verhaftungspflicht* Leis Wl 4; henw~ L [*König Johann befreit* 1200 *von* hengwite *den Dom von Salisbury*; *Registr.* Saresber. s. Osmundi I 211]

henn *Huhn, Henne; pl gn:* ~na hrost *Hühnersteige* Ger 11 | *ac:* ~na Ine 70, 1

hen[n]fugelas; *pl ac:* henf~ *Hühner, Hennen Rect* 4, 1

[L]**Henricus** I) *Heinrich I. nennt sich in den Protokollen zu:* CHn cor. Hn mon. Hn com. Hn Lond | *über ihn* Quadr Arg 16. II Præf Inso. 14 | *seine Acten von* 1100—11 *ebd.* 3—19; *seine* leges Hn Insc. 7, 1 | *heisst* primus Insc[?] II) secundus rex ECf *retr* Ap., *S.* 672 c. 45 | leges ~ci regis II [*Rechtsbuch des Ranulfi Glanvilla*] Iud Dei XVI Insc[b] III) ~ comes *von Warwick* CHn cor Test IV) ~ de Portu *ebd.* V) [~ *I.*] *oder Wilhelm* Wintoniensis *episc.* Hn Lond Test VI) [~ *I.*] *oder Robert, König v. Frankreich* ECf 37, 1

hentan *verfolgen, fahnden;* æfter his agenan *nach seinem Eigen greifen* II Cn 19, 2; hæn~ B; hemtan A | *op* 3: ~te his [*gn*] *verfolge ihn strafrechtlich* EGu 6, 6 (him Ld) = II Cn 48, 2; hænte B; *irrig übs.* expellere In

heo *s.* he

heofon *Himmel(reich); gn:* ~fnes Iud Dei IV 3, 2, coeli *glossirend* | *pl gn:* ~fena Cn 1020, 20 | *pl dt:* ~onan Iud Dei VII 12, 3 A | *ac:* ~onas 12, 1 A. Af El 3, cęlum *übsnd*

heofonlic *himmlisch; ac:* ~one fæder Grið 30 | *fm dt:* ~ore myrigðe II Cn 84, 2; ~nol- A | *pl ac:* ~ca I As 4, 1 Ld; ~ce anweald Iud Dei VII 23, 1 A; *schw:* þa ~oan mægenþrymmas VIII 2

heold- *s.* heald

heom *s.* he

heonon 1) ge ~ ge þanan *von hier und da, überall* II Cn 19, 2 2) ~nan forð *hinfort, fürder* II Em 1. V Atr 10, 2. 26 (= VI 30). 32. VI 8, 1. 32, 2. VIII 1, 1; henon I Cn 19, 3 A; henan II 84, 3 A

heora *s.* he

heord *Herde* Episc 7 | *gn:* ~de Rect 14 f. | *dt:* ~de I Cn 26, 1; 3 (hearde A; custodiam [*s. n.* 3] Cons). II 84, 2a. Northu 10, 1. Rect 12 | *ac:* ~de 4, 2c. I Cn 26, 1. II 84, 2 | *pl ac:* ~da VI Atr 2. I Cn 26, 3 — 1) *von Tieren* Rect 2) [*bildlich*] *Christengemeinde* Cn 3) *Obhut*[*sverletzung*] Northu 10, 1. — *Der.:* gafolh~, inh~

heorm *s.* hearm

[-heort-] *s.* hath~, mildh~

heorte *Herz* [*bildlich*], *Sinn, Gemüt; Willensstärke* Iud Dei VIII 2, 1 | *gn* [*dt instr?*]: inweardre ~tan *aus innigem Sinn* V Atr 35 = VI 6. VII a 2, 1. VIII 43, 1 = I Cn 21. 4, 3. II 84. Griđ 28; anmodre - II Cn 84, 3 | *ac:* ~tan Iud Dei VII 23, 3a, cor *übsnd* | *pl ac:* ~tan Iudex 4 | *unflectirt:* ~ Iud Dei IV 4, 4, corde *glossirend*

heorđe, *dt, Herd* = [*Teil fürs ganze*] *Haus* Ine 61 [*vgl.* healm]. II Eg 2, 2 (eorđe G Ld) = I Cn 11, 2

heorđfæst *hausangesessen* II Cn 20a (*mit Ggs.* folgere); ~fast Q; *dafür* husf~ In; hurđefest Hn 8, 1 [*vgl.* hamfæst, hamsittend]

heorđpæning *Herdpfennig, Kirchensteuer von jeder Feuerstelle* II Eg 4; ~pen~ A; ~ig D; ~peni Q (*dafür* Rompeni Q*); ~ig *Rect* 3, 4. 4, 2a

heower *s.* eo~

heowum *s.* hiwan, *dt.*

her *hier* 1) *örtlich* Swer 8. Iud Dei VII 24 A [*lies* heron]; *irrig* hĭc *als* hīc *glossirend* IV 2, 1 2) ~ boforan *oben im Text* II As 7. 14, 1 Ot Ld (ær H). II Cn 24, 2; hær A; ær B 3) *im folgenden Text* II Eg Inso D; hyr *efter* [*in Wbb. oft Ein Wort:* heræfter] Hl Pro. Wi Pro 3 4) *hienieden* VI Atr 52. I Cn 22, 5. Iud Dei VI 1. Episc 14

her- *s.* hær- **heran** *s.* hieran

L**herbagium** 1) *Weiderecht;* in communi Ine 42 Q; *auf fremdem Boden* Hn 90, 2a 2) *Entgelt für Wiesengras* (*Heu*) Q: Rect 2. 4, 1c

L**Herbertus** I) episcopus Norwicensis Quadr II 6 II) ~ *vielleicht zu bessern statt* Hubertus camerarius Hn Lond Test

here *Heer* Af El 28. Ine 13, 1. IV Eg 15. II Atr 3, 1. VII a Inso; herigende ~ Iudex 9, 1 | *dt:* herige Ine Rb 15; herge HG (hérege Q). Ine 15 B; ~ II Atr 1. 7, 2. Iudex 9 | *ac:* ~ AGu 5. II Atr Pro. 1, 2 | *pl ac:* hergia Iud Dei V 2. — 1) *Landesfeind* Iudex; hostes *übsnd* Af El 28 2) ~ engla *Heerschaaren der Engel* Iud Dei V 2, agmina *glossirend* 3) *Privatfehde übende Schaar, Bande* Ine; *als 'mehr als 35 Mann' erklärt* 13, 1 = Ap AGu 2, 2 [*auch fris.: His Strafrecht der Friesen* 83] 4) *in Britannien gelandete Nordleute* a) *Dänenvolk Ostangliens* AGu 5 b) *alle Anglo-Skandinaven als Volksteil Britanniens im civil-polit. Sinne* [*den für Nordisch erklärt Chadwick* Anglo-Sax. inst. 203] IV Eg 15 c) *die Bedränger Æthelreds II.:* II Atr. VII a Inso. — *Der.:* Ælfh~, soiph~ [*vgl.* fyrd]

L**heredipeta** *Erbbeanspruchcr, nächster Erbberechtigter* Hn 70, 19. 88, 15

L**hereditare** 1) *zum Erben setzen* Hn 88, 15 2) *Erbe besitzen* Ine 53, 1 Q, ierfe habban *übsnd*

L**hereditari** *erben* Hn 70, 20b; ~tandus *erben sollend* 70, 18

L**hereditaria** *terra*, bocland *übsnd, s. d.*

L**hereditas** *Stammgut* ECf 19, 2

L**hereditatio** *Erbschaft, das Geerbte* CHn cor 6, 1[18]

L**Herefordensis** I) *von Hereford, Bischof Gerhard* CHn cor Test II) *s.* Hertford

heregafol *irrig für* bereg~; *s. d.*

heregeat *Heergewäte, jene Kriegsrüstungsstücke, die beim Tode des Mannes dem Herrn heimfallen; dt:* hergeate II Cn 70 B | *pl:* ~ta 71 (herig-B; ~te A). 71, 1 B; 3 (~gata A). 78 | *ac:* ~tu 73, 4; ~ta 70; ~te BA | *Lat. Var.:* ~, ~get, heriata, -te Q; ~, hergeate, ~gete In Cn

L**heremita** [*für* er~] *Einsiedler, Eremit* Iud Dei XVI 30, 8

herestr[æ]t *Heerstrasse; pl:* ~rate, Hn 10, 2; *Var.* ~rete

hereteam *Verheerungszug mit Heerschaar gegen Privatfeind; pl gn:* ~ma Ine 15; ~me HB; hert~! Ld; ~mes: de conductione exercitus Q; *verderbte Var.:* ~mus (*und* ~thaynes [*Confusion mit* þegn?] Br) = Ap AGu 2, 4; *daraus* [*irrig*] heretemius *Heerführer S.* 656[k]

heretoga 1) *Führer feindlichen Heeres* Iudex 9, *Isidors* prædo *übsnd* 2) *Herzog;* heretoch (*Var.* ~thoch), *Latine ductor* exercitus(*pl:* -ches, -chii [*angeblich*] apud Gallos capitales constabularii vel marescalli exercitus); [*angeblich*] apud Anglos (*vor* 1066) *von jeder Grafschaft einer erwählt, dem* vicecomes *parallel, also ein auch als Civilverwalter gedachter 'Herzog'* [*wie Bædas* dux (regius) *angelsächs. übers. wird:* heretoga; *Plummer Alfred* 175] Lond ECf 32 B — B 2; herthohei Hn 7, 2[6]

hergian *verheeren; op* 3: ~gie II Atr 1, 1 f. | *pc:* herigende here Iudex [9, 1

hergripa *s.* hær~

hergunge, *dt, Verheerung* II Atr 6, 1

I) **herian** *preisen, loben;* hyrwan, þæt (*was*) hy scoldan ~ Griđ 21; *sonst stets m obj 'Gott':* hergan Had 1; ~ OH | *pl* 3: ~iađ Iud Dei V 2. VII 23, 1 A. VIII 2, laudare *glossirend, bezw. übsnd* II) **herian** *s.* er-

heriate *s.* heregeat

horige (*dt*) *s.* here

herinne *hier im Innenlande* II Ew [5, 2

F**[herit-]** *s.* erit-

hernes, hersum *s.* hier-

L**Herodes** *König* [*aus Ev.*] Excom III 2

heron *hierin* Af El 49, 9 | sette ~ taon Iud Dei VII 24 A, in hoc signum ponas *übsnd*

hersyfe *s.* hær-

herteam *s.* heret-

Hertfordschire *Grafschaft Herts.* Wl ep Pro; *irrig* Herefordscire CHn cor Pro

herđan, *pl ac, Hoden* Af 65

hertoh *s.* heretoga

het- *s.* hatan, *ptt*

ne for **hete** ne hole, *dt, nicht aus Hass noch Verleumdung* Swer 4

heved *s.* heafod

heunel-, heuuel- *verschrieben für* heimel-

-hg *für* -g: *s.* beorgan, borg, godborg, inborg; (Dene)lagu

-hh 1) *für* -ch: *s.* Antiohhia 2) *für* -gh: *s.* neahgebur

hi *s.* he

L**Hibernia** *Irland* Quadr Arg 18. Lond ECf 32 D. E; *Var.* Hyb~

hid [*nicht immer fm:* Ine 32. 66; ánes hides lond *Urk. a.* 904, *Birch* Cartul. Sax. *n.* 609] *Hufe* (*ein* [*durch Maass oder Ertrag oder Besitz durch Eine Familie bestimmtes*] *Quantum*) *Landes; gn:* hides Ine 66 H | *dt:* hide VII a Atr 2, 2. I Cn 12; hyda In; healfre hide Norđleod 7, 1; healfhyda Ld | *ac:* gif hæbbe hide [*gn?*] landes . ., gif healfes (healfe B) hæbbe Ine 32 [*wo, falls* healfes *nicht sbstirt nt gn oder auf* land *beziehbar ist,* hid *nicht fm*] | *pl gn:* hida Af 11, 4. Ine 14 (hyda Ld). 19. 24. 46. 52—54, 2. Ine Rb 64 ff.; V hida Ine 24, 2 (hyda H). Norðleod 9. Geþyncðo 2 (ida In Cn). 3 | *dt:* hidum Af 11, 4 B. Ine Rb 65 f. Ine 54, 2. 70, 1; *verlesen*: hyndum So Q[12] *und* 54, 2 B | *pl ac fx:* hides Leis Wl 28. 28, 1 | *latinisirt:* hida Q, In Cn, Leis Wl L *obiger Stellen;* Hn 15. ECf 11a. 11, 2; *oft mit Var.* hyda | *erklärt* [*nicht immer zutreffend*]: id est suling I Cn 12 In | *je* 10 *Hiden vertreten einen* homo *an Eideswert laut* Q: Ine 19. 46. — *Dafür* hiwisc Norðleod 7

hider *hier herüber* Duns 5

hidgield *s.* hyd-

hie I) *s.* he **II)** *verschr. für* bie *v.* beon

h[ie]hðo *Vorteil; dt:* hyhðe VI Atr 51

[-hieldan] *Der.:* ah~

[-hienan] *Der.:* geh~ **hiera** *s.* he

hieran 1) *gehorchen* Ine 57; hyran HB. I As 1 G (hiran D; gehyrsumian Ld). VI 11. VIII Atr 30. Episc 15. Grið 21, 1 | *op pl* 1: hyran VI Atr 1, 1. II Cn 84, 1; -am! A | 3: hyran VI Atr 5 = I Cn 6, 1 (hiran A). VI Atr 42, 2 = I Cn 21. Grið 21 | *ptt pl* 3: hyrdan Grið 21, 1 2) ~ to *gehören zu;* 3: mynstre, þe seo herness to hyrð II Eg 1, 1 | *pl* 3: þe to Lundenbyrig hyrað VI As Pro | *op* 3: *tune*, þe he to hyre Hl 5; swa hit to þære byrig hyre *soweit es (dem Jurisdictionssprengel) dieser Gerichtsstadt untersteht* II Cn 22, 1 | *pl* 3: þe to þære byrig ~ren II As 20, 1 Ot; hiron H; hyren Ld. 20, 4; hyron H. Blas 3; hyran H | *ptt* 3: lic mynstre to hyrde V Atr 12, 1 = VI 21 = I Cn 13, 1 | *pl* 3: Wentsæte hyrdan into Dunsætan Duns 9. — *Der.:* geh~, mish~, oferh~

h[ie]rde *Hirt* 1) *vom Vieh; gn:* hyrdes Rect 16 2) *geistiger Menschen-Führer; no:* hyrde I Cn 26, 1. II 84, 2 | *dt:* hyrde 84, 2a; manna - Ger 18, 2 | *pl:* hyrdas IV Eg 1, 8 (saula). 8, 1. 13. I Cn 26, 3 | *gn:* hyrda IV Eg 9 | *dt:* hyrdon 13, 1. — *Der.:* cuh~, gath~, oxanh~, sceaph~

hiered; hired VIIa Atr 6, 3 | *gn:* hiredes Ine 7, 1; hyr- H | *dt:* hirede II Em 4. II Cn 59 (hirde B Insc; Af *hatte* healle). Geþyncðo 3 | *ac:* ~ Af 2; hyred So Ld. Norðleod 7 Ld; hiwisc landes *übr.* — 1) *Haushalt* Ine. Norðleod 2) *geistlicher Stiftsconvent* Af 2. Atr 3) *Königshof* [*nordisch*] *übr.* [*Vgl.* burg, curia, ham, heall, hus, tun]

h[ie]redmen, *pl, Haushaltsuntergebene, Hausleute; gn:* hiredmanna VIIa Atr 5 | *dt:* hiredmonnum II Cn 31 B | *ac:* hir~ I Atr 1, 10. II Cn 31; hird~ A; hyrd~ Ld

hieremen, *pl, Untergebene, Hintersassen; gn:* hyremanna *Bezirksinsassen* Iudex 9 | *dt:* hiremannum VI As 8, 7; hyr- 11. Q, *als* subditus *erkl.* | *ac:* hyrmen *Gutsuntertanen* Ger 6 f. | *lat.* hyremannus VII Atr 1, 3, *vielleicht confundirt mit vorigem Wort*

h[ie]rnes *Pfarrsprengel;* her~ II Eg 1, 1; hyr~ AD; parochia Q [*vgl.* oferh~]

Ls. **[H]ieronymus** *wird citirt* Hn 33, 7. 72, 1d; Ieronimus 5, 28

h[ie]rsum *gehorsam; nt instr schw.:* þy hersuman folcy Wi Pro 2

h[ie]rsumian *Gehorsam leisten; pl* 1: hyrsumiað IV Eg 1, 8 C; hyrsom- F. — *Der.:* geh~

h[ie]rsumnysse, *ac, Gehorsam;* hyr~ IV Eg 1, 8 C; hyrsom~ F

h[ie]rwan; hyr~ *schmähen, verachten* Grið 21

hig, him *s.* he

hina, *gn, s.* hiwan

[-hinde, -dus] *s.* -hynde

hinderling: ab omni honestate deiectus *entartet, niedrig* ECf 35, 1e [‘spurius’ *Koch* Engl. *Gramm.* III (1891) 65]; *irrig erklärt* retrocedens imago retr *ebd.* [*also aus* hinder ‘*hinter, zurück*’ *oder* onhinderling (retrorsum)]

hindeweard *hinterer* Af 36, 2; hindw~ So

I) **hine** *Haus-(Familien-)genoss* ECf 23, 1. 33; *Var.:* hyne(n) [*vgl.* hiwan, hiwen]

II) **hine, hio, hiom, hiora** *s.* he

hion[ne]; sio uterre hion [*bessere* hioñ] *die äussere Hirnhaut,* ‘*Dura mater*’ Abt 36 [*vgl.* Archiv *Stud.* neu. Spra., *Ende* 1905, *meinen Artikel* hionne]

hir- *s.* hier-, hyr-

hira, hire, his, hit *s.* he

hiwan, *pl* 1) *Hausgenossen, Familienverband; gn:* hina Wi 8; -man ECf *retr* 23, 1[43] | *dt:* heowum *Hausleuten* Wi 14 2) *geistl. Convent; no:* Af 5, 1 | *dt:* hiwum 2, 1. — *Der.:* inh~, rihtgesamh~. [*Vgl.* hine I *und:*]

hiwen *Hausverband, Familie* ECf 23, 1; *Var.:* hywen, hewe(n) [*vgl.* hine I, hiwan]

hiwisc 1) *Haushalt; dt:* ~ce Ine 44, 1 2) *Hufe; ac:* ~ landes Norðleod 7 [*gleichbed. mit* hid *in* 7, 1 *und der Quelle:* Ine]

hl- *für* l-: *s.* h 1a β

-hl *für* -lh: *s.* sulh

hlædel, *ac, Schöpfkelle* Ger 17

hlædre, *ac, die Leiter* Ger 15

hlaf 1) Brot; *dt:* mid (be) ~fe 7 wætre II As 23 (VIIa Atr 1) 2) *1 Laib Brot; ac:* ~ VI As 8, 6 | *pl gn:* ~fa Ine 70, 1 | *ac:* ~fas Rect 4, 2c. [*Der Laib war an Grösse oder Gewicht ungefähr bestimmt; Kleinheit folgt aus Rect und Schlusszeile zum pros.* Salomon (*ed. Thorpe* Anal. Anglo-Sax. 115): on XII monðum þu scealt syllan þinon þeowan men 720 hláfa buton morgemettum 7 nonmettum, *also täglich 2, gewiss je unter 2 Pfund*]

hlafætan, *ac,* Brotesser, *Kostgänger* Abt 25 [‘*Brot*’ *für* ‘*Haushaltsgenuss*’ *auch im Fränk. Stadtrecht des späteren Mittelalters:* ‘*der Vater scheidet vor Gericht den Sohn aus seinem* Brote, *d. h. macht wirtschaftlich selbständig*’: exseparat, emancipat, forisfamiliat; *Brunner in* Encycl. Rechtswiss. (1902) *S.* 256. ‘*Brotessend*’ *fris. für* ‘*freies Gesinde*’: *His* Strafr. d. Friesen 50]

æt **hlafgange,** *dt, bei Abendmahlsempfange* (*eig.:* ‘*Gang zur Hostie*’) Grið 27

hlaford *Herr* Af El 11. 21. 49, 7. Ine 3. 21. EGu 7, 2. V As 1, 1. VI 1, 4. 8, 9. Hu 2, 1. IV Eg 1, 1. 16. I *Atr* 1. 2. III 4. V 32 D. 32, 5 D. VIIa 5. 6, 1. Cn 1020, 2. II Cn 25, 1. 30, 1. 31 (la~ B). 31, 1. 45, 3. 70 (la~ B). 77. Rect 4, 3c. 5, 5. Episc 10 | *gn:* ~*des* Af El 11. Ine 3. 3, 2. Hu 7, 1. IV Eg 1, 1 f. III Atr 3. 13. V 1, 1—5. 32. II Cn 23, 1. 81. Northu 67, 1. *Rect* 3, 4—5, 3. 6, 3. 12—13, 1. 16. 20, 1. Ger 1. 5 ff. Episc 13; la- II Cn 57 B Insc | *dt:* ~de Af El 11 (~! So). Ine Rb 39 (la- B). Ine 24. II Ew 3. VI As 5. Hu 2, 1. 3. Sacr cor Pro. I Atr 1, 5. I Cn 20. 20, 1. II 30, 3b (~ *unfl.* B). 42. 77 f. Duns 6, 3. Ger 2, 1. 7. Geþyncðo 3; la- Rect 3 | *ac:* ~ Af 37. II As 2. V 1, 1 (~de! Ld). VIIa Atr 6, 1. II Cn 30, 7. 31, 1a. Rect 2. Geþyncðo 3 | *pl gn:* ~da I Cn 20, 2; la- B | *dt:* ~*dum* Episc 11. — 1) *Eigentümer von Vieh* Af El 21 2) *Herr von Sklaven* 11. Ine 3 f. 24. 74, 1. II Cn 45, 3. EGu 7, 2. Episc 10 3) *Herr von freien Arbeitern* Ine 3, 2.

VI As 5. Episc 10 4) *Hausherr* II Cn 31; *Eheherr* Ine 57 H; ealdor *übr.* 5) *Stiftskirchenoberer, Herr über Geistliche* Af S. 21. 20; aldor B 6) *Vasallitäts (Gefolgs) herr* 4, 2. 37. 42, 5f. Ine 21. 27. 39. 50. 76. II Ew 3. V As 1, 1. VI 1, 4. Hu 7, 1. I Cn 20, 2. II 57. 70. 77f. Northu 67, 1. Geþyncðo 3; *Lehnsherr* III Atr 3. II Cn 77. 81 7) *Gutsherrschaft* Ine 67. IV Eg 1, 1. VIIa Atr 5. Rect. Ger 8) *Immunitäts-(Gerichts)herr* Hu 2, 1. 3. III Eg 7, 1 (landh~ *Var.*). IV I, 2. I Atr I, 2; 5. III 4. II Cn 25, 1. 30, 3b. 42. Duns 6, 3 [*vgl.* landagend] 9) *König* Af El 37. 49, 7 (*scheinbar* Dominus *der Vulgata übsnd, die aber 'Gott' meint*). VI As 8, 9 (*synonym mit* cyneh~). III Atr 13. V 1, 1—5. 32. 32, 5 D. VIIa 6, 1 (*rege* Q). Cn 1020, 2. I Cn 20. II 23, 1. — *Der.:* cyneh~, landh~ [*vgl.* landrica], woruldh~; rihthlafordhyldo

hlafordleasan, *pl dt, herrenlosen* II As 2

hlafordsearo *Verrat* [*des Mannes*] *an* [*seinem*] *Herrn; dt:* ~rwe Af Rb 4 (~syrwe Ld). Af El 49, 7. Af 1, 1 (~desyrwe Ld). II As 4 (~rwæ So). III Eg 7, 3. II Cn 26 | *pl dt:* ~rwum II As 4; ~syr- Ld Insc; ~wan B. — *Ersetzt* (*wie zu* searo) *durch* **~syrwungum** Af Rb 4 So; *durch* hlafordswice H [*s. d. und* -ca]

hlafordsocna *Aufsuchen eines Herrn in freier Wahl durch den Mann, der sich commendiren will* III As 4, 1 Q. IV 5 Q

hlafordswic[a]; ~ce (*Var.* [h]laverdswic[h]e): *traditor proprii domini Verräter am Mannschaftsherrn* II Cn 26 In, *statt Cnuts* hlafordsearo; *vgl. das folg.*

hlafordswice, *dt, Verrat am Mannschaftsherrn* Af Rb 4 H (~searwe *übr.*). II Cn 64 (~wyce G; la~, hlaverd~, ~sviche, la- [*auch* Rb *S.* 538]: infidelitas *erga* dominum Q; insidiator, traditor proprii domini, *also mit* hlafordswica *confundirend* In). Hn 12, 1a; *Var.:* la~, ~ike, ~wyke, ~iche

hlafordsyrwungum, *pl dt, s.* ~searo

hleaf *s.* leaf

hle[a]pan *springen; op* 3: hleope! to wielme *aufsteige* (*heiss werde*) *zum Sieden* Ordal 1b [*oder lies* hleowe]. — *Der.:* ut æth~, oðh~, uth~ utleipa

hl[e]da *s.* hlidan

hlehhen *s.* hliehhan

an **hleore**, *dt, in der Wange* Abt 46 [*oder* än ~, *no, mit unorgan.* -e, '*Eine W.*']

hleo[w]e, *op* 3, *heiss werde, siede;* hleopo Ordal 1b [*oder von* hleapan]

hl[i]dan, *pl ac;* hlydan [*für* hledan *Stühle; oder*] *Deckel* Ger 17. — *Der.:* belidens (?)

hl[i]ehhan; *pc pl:* hlehhende 7 wepende *lachend und weinend* Excom VII 11

[-hliep] *Der.:* æh- **hlif** *s.* lif

hlistan *s.* hlystan

hlosan, *ac* (*pl?*), *Schweinestall* Ger 10 [*vgl.* looze (*Halliwell* Dict. archaic), *dialekt.* lewze *in* Devon *u. Somerset* (*Napier* Modern Philol. I 394)]

hlot *Loos* 1) *dt:* on ~te et an soote [*gemeinsam*] *auf Rechtsboden und Steuerpflicht, in Stadtbürgerrecht* Wl art 4 (*Var.* holte, lote). Wl art Fz 4 | *unfl. abl:* scot et lot *Bürgerabgabe und -pflicht* Hn Lond 2, 1*; *Var.* loth | *pl abl* lottis *ebd.* 2) on ~tæ, *dt, Loosbefragen* II Cn 5, 1 A; -te Ld 3) *falsch für* hloð, *s. d.*

hloð *Bande, Schaar, die eine Privatfehde verübt* Af 31, 1 | *gn:* ~ðe *Teilnahme daran* Ine 14 | *dt:* ~ðe Af 29 (hlot, lot In Cn, *auch* Rb Cb III 3. 8, *S.* 617). Ine Rb 14. Ine 13, 1 B; in ~ðe (*Var.* loðe) Hn 87, 4; ~ðes Af Rb 29 So *falsch für* hloðslieht | *ac:* ~ Ine 13, 1, *erkl.* from 7—35 men = Ap AGu 2, 2 | *erklärt als* cohors (*auch* Ine Rb 14. Af 29. Ine 13, 1) vel collectum contubernium Af 31, 1 Q; vel satellites Ine 13, 1 Q; societas Af 31, 1 In Cn

hloðbot *Bandenbusse, Busszahlung für Teilnahme an* hloð; *dt:* ~te Af 29; lo- B; hloðebot! Ld | *lat.:* ~ta Q (*Var.* lo-). Hn 87, 4; *Var.* hlotb-

Hloðhære Hl Pro; Hlothære Inso., *König der Kenter* [673—85, *Bæda* H. eccl. IV 5. 26]

hloðsl[ie]ht *Erschlagung durch* hloð, *eine Privatfehde übende Bande; dt:* ~lyhte Af Rb 29; ~lihte HB; [*falsch*] hloðes So

hlutres, *gn, hellen* (*Bieres*) Ine 70, 1; *unverstanden* ~ttres Q

hlydan *s.* hlidan

hlyst *Gehörfunction* Af 46, 1; lyst B

hlyste, *op* 3, *höre, lausche, gehorche; m. dt:* I Cn 26, 4. II 84, 4a (hliste A; hlist! Ld) = Grið 19f.

[-hnescian] *Der.:* ah~

[-hnitan] *Der.:* ofh~

hnitol *stössig* (*Ochs*) Af El 21. 23, cornupeta *übsnd*

oð heafdes **hnolle**, *dt, bis Hauptes Scheitel* Excom VII 21, ad verticem capitis *übsnd* **ho** *s.* hon

[-hoc] *Der.:* tygehoc, weodhoc

ᶠ**hoem** *s.* hume

[-hofian] *s.* beh~

Hogge *Huy im Bistum Lüttich* IV Atr 2, 7

[-hogian] *Der.:* forh~, oferh~

I) hold, *Anglo-Skandinav. Höldr, Standesklasse unter Jarl und Ealdorman und über Freibauern; gn:* ~*des* Norðleod 4

II) hold 1) *hold, gnädig* a) *vom Herrn* IV Eg 16. Cn 1020, 2 b) *von Gott* I Cn 20, 1 2) *von Vasallen: 'treu' ebd.;* ~ 7 getriwe Swer 1 | *dt:* ~dan Ger 18, 2 | *pl:* holde 7 getrywe I Cn 20

holdlice (*adv*) healdan *getreulich festhalten* V Atr 35 = VI 1, 1 = VIII 44, 1 = ~iche IX Expl

for **hole**, *dt, Verleumdung* Swer 4; *Var.* hele

ᴸ**homagium** *Mannschaftseid, Hulde* Hn 43, 6. 56, 2

ᶠ**hom(me)** *s.* hume

ᶠ**homicide**, *obl;* sires al ~ *Herr des Mörders* Wl art Fz 3, 1

ᴸ**hominic[a]edium** *Tötung eines Menschen* Hn 80, 8 [*vielleicht Reminiscenz an Isidori* Etymolog. V 26, 16: homicidii vocabulum compositum est ex homine et caede. *Ähnl. Bildg. s.* latronicinium *und:*]

ᴸ**hominiplagium** *Verwundung eines Menschen* Hn 80, 7a. [*Ähnl. Bldg. s. vor. Wort. Die Bed. 'Menschendiebstahl', für* plagium *in Röm. Kaiserzeit und Deutschen Volksrechten, kommt bei diesem Verf. nicht vor*]

ᴸ**homo** 1) *man, jemand* (*wie fz.* on) Ine 41 Q. Hn 49, 4. 87, 6a 2) *übs 'Mann'* a) *Oberer, Vorsteher, s.* hundred, teoðung b) *Vasall* Af 37, 2 Q. Hn 55, 3. 59, 12. ECf 9, 1. 12, 5 3) *gleich* civis, *mit Bürgerrecht begabt* Hn Lond 1. 3. 5

homola, homsocn *s.* ham-

hon *erhängen, henken; op* 3: ho Ine 24. VI As 12, 2. — *Der.:* onhon

hond *s.* hand

ᴸ**honestare** *versehen, versorgen, abmachen* Hn 3

ᴸ**honestum** et utile *Quadr* II Praef 12. Hn 3, 2. 55, 3. 82, 5

[L]**honor** *Machtcomplex einer politischen Würde* 1) meus ~ *Kronbesitzrecht* Hn com 3 | *Staatsgebiet:* ~ *regni* Wl art Lond *retr*; *regis* Lond ECf 32 A 5 2) *Grossbaronie, mehrere Manerien (Adelsgüter) dauernd zu Einer Herrschaft einend* Hn com 3, 1. Hn 55, 1a; b; 2

[F]**honur** 1) en sa ~ *zu des Königs Ehre* Wl art Fz 2 2) *pl:* li metre ~rs *ihm Ehren [förmlich] erweisen*; Leis Wl 10, 2; honours I

hundes **hoppe** *Hundehalsband* Hu 8; (h)oppa Q; hop Cons Cn

hora *s.* ora

horcwenan, *pl, Hurenweiber* EGu 11 (*unverstanden* Q; *Var.* horecnewan). VI Atr 7. II Cn 4; ~ weonan 4 a B

hordero *königlicher Schatzbeamter, Kämmerer; gn:* ~res II As 10; ~dres Ld | *pl gn:* ~ra 3, 2; ~dra So; ~ B | *unübs.* hordarius Q: II As 3, 2. 10. III Em 5

hordern *Vorratskammer* II Cn 76, 1a; dispensa *erklärt* Q

horn *Horn* 1) *des Rindes* Ine 58 | *dt:* ~ne Ine Rb 9 2) *zum Blasen; ac:* Wi 28 = Ine 20. — *Der.:* blæsh~, blowh~, piporh~

[F]**hors** *ausserhalb;* de Engleterre Wl art Fz 2; del pais 9

hors *Pferd* II Cn 71, 2. Rect 4 a; *Hengst* Duns 7 | *gn:* -ses Ine 29 | *dt:* ~se Forf 2; on - *zu Pf.* Northu 55 | *ac:* ~ Ine 29 B. II As 18. VI 5. 6, 1 | *pl:* ~ II Cn 71a; 1; 4 | *dt:* ~sum AGu 4. II As 18 Ld; ~san Ger 13. — *Der.:* gehorsian

horscamb, *ac, Pferdestriegel, -kamm* Ger 15

horswealh *(königlicher) Marschalk, Stallmeister* Ine 33 | *dt:* ~le Ine Rb 33; ~wale B; ~lh! Ld | *zu silbenhaft übs.:* equi Walisous Q; stabulario Walisco Rb [*vgl.* hundwealh: canum servitor]

horswearde, *ac, Bewachung der Pferde [des Herrn]* Rect 2; ~warda Q

[L]**hospitari** 1) *wohnen, Wohnsitz haben* Hn Lond 6 2) *Herberge gewaltsam nehmen, sich einquartiren* 4. Lib Lond 2 3) *beherbergen (statt* suscipere) ECf 5, 3 a. 23. 23. 3

[L]**hospitium** *Beherbergung sammt Unterhalt* Hn Lond 4

[L]**hosticum** *Heer des Königs* Hn 10, 1. 12, 3. 13, 8. 68, 2 | *getrennt von* exercitus 80, 1, *also wohl königliches persönliches Kriegsgefolge, wie auch* Q Rb II Cn 59, *S.* 538 *statt* familia 2) *Landwehr, samt Dienstpflicht in ihr* Q: Ine Rb 51. *Rect* 1, 1 3) *Feindesheer* Iudex 9, 1 Q

[L]**hostis** 1) *Landwehr-Kriegszug* Ine Rb 51 Q[18] 2) antiquus ~ *der Ur-(Erz)feind, Teufel* Iud Dei XIII 6

[L]**hostium** *für* os~ *Tür* Af El 11 Q. Iud Dei XII 2, 1. Hn 87, 2

[F]**ho(u)re** *s.* hure **hræd** *s.* ræd

on **hrædinge** *auf der Stelle, sofort* VI As 9; *unübs.* hred~ Q; *Var.* ~dige, redinge

to **hrædlice,** *adv, zu eilig, vorschnell* II Cn 73, 3. Griđ 27

hrædra, *cpa, frühzeitiger* Ger 1 | *fm:* redre *ebd.* | *pl:* rædran *ebd.*

hrægl *Gewand, Kleid(ung); dt:* ~le Wi 18 (*Amtstracht*). Af El 11; reaf H | *ac:* ~ 12. 36 (rægl H; ~gle! Ld). Af 18

[h]r[a]nhund *Hund zur Jagd aufs Rentier* (?); ren~ *Interpol. zu* II Cn 80, 1b Q, *irrig erklärt* qui in pluvia [ren] vigilat; rainehound Ps Cn for 32 [*vgl. im Angelsä.* Beda I 1, *ed. Miller p.* 30: *Irland ist* mære on huntunge heorta 7 rana. *Vielleicht nordisch*]

[h]rađe *bald, schnell;* rađe æfter þam *bald nachher* Ger 12 ‖ *cpa:* þe rađor *um so schneller* Cn 1020, 17 ‖ *spl:* rađost *zunächst* II Cn 68; rađost þinga *frühestens* 24, 3; swa hi rađost mihton *so schnell sie konnten* Geþyncđo 8

hreaccopp *Feimkuppe, Heuschober-Spitze Reet* 21, 4; ~croppum, i. e. maeholi summitas Q, *auch statt* hreacmete [*s. d.*], *wohl weil der Verschreiber statt an* copp (*Gipfel*) *dachte an* cropp *Ähre, Dolde*

hreacmete *Mahlzeit [den Schnittern von der Herrschaft gewährt] beim Heuschober Rect* 21, 4; hreaccroppum Q [*s. vor. Wort*]

hreafere *s.* reaf~

hream 1) *Gerüfte, Landgeschrei; dt:* ~me II Cn 29; re- B; hearme EGu 6, 6 (clamore Q). II Cn 48, 2 | *ac:* ~ 29, 1; re- B 2) *warnender Zuruf; dt:* mid ~me heorde beweriаn I 26, 1

[-hreddan, ~**ding]** *Der.:* ahr~

hredinge *s.* hræd~

[h]reol, *ac, Haspel* Ger 15, 1

hreowe, *dt, Bereuung* Wi 3. 5, 1

to **hreowlic** (*prd nt*) þuhte *zu grausam, traurig, beklagenswert dünkte* VI As 12, 1; miserabile videtur Q

hriddel, *ac, Sieb* Ger 17

hrieman *rufen; op* 3: ~me Ine 20, hrime Bu, ryme B; hryme H Ld. Wi 28

biđ on **hrif** [*ac*] wund *am Bauche verwundet* Af 61, *geänd.* hrife [*dt*] H; rifwund B, *im* 16. *Jh. geändert:* on rife gewunded [*vgl.:*]

gif **hrifwund** weorđeđ *am Bauche verwundet* Abt 61 [*oder* hrif wund *der Bauch verwundet, wie* 68: wælt wund | *oder sbst.* ~ *Bauchwunde; vgl. ahd.* hrewawunta *Leibwunde*]; mon ri~ biđ Af 61 B; *s.* 7 *Z. vorher*

hriđer *Rind; gn:* hryđeres Hu 8 | *dt:* hryđere I Ew 1, 4. VI As 3 | *ac:* hryđer III Atr 9 | *pl gn:* ~ra Ine 42, 1 H; hryđ- *übr.* | *dt:* hryđeran Ger 11 | *ac:* ~ru Ine 70, 1; ryđeru B

hrofe; *dt:* of heofnes ~ *vom Himmelsdache* Iud Dei IV 3, 2, ex coeli arce *glossirend*

Hrofeceaster *Rochester in Kent; gn:* ~tre Wi Pro 1 | *dt:* ~tre II As 14, 2; Ro- Ot; Rovecestria Q ‖ [*Bischof von R.*] III As Pro

henna **hrost** *Hühnersteige* Ger 11

[h]r[y]cg *Rücken; pl dt:* recgan Excom VII 14

hryman *s.* hrieman **hryđer** *s.* hriđer

-hs- 1) *für* sc: *s.* geascian, *dise,* flæsc, þerscan 2) *für* x: *s.* siextig 3) *dafür* gs, sh, x: *s. d.*

ht 1) *für* đ: *s.* brecan (3: brecht), fængtođ, griđ, Loth 2) *dafür* gt, th: *s. d.*

hu *wie?* [*fragend*] II Ew 1. I As 2. 3. Hu Insc. VI Atr 40. VIII 43. X Pro. Wer Insc. Swer 1; hu manige Af 34; hu oft Griđ 21, 1

[L]**Hubertus** regis [*Heinrichs I.*] camerarius Hn Lond Test [*bessere* Herbertus?]

[L]**Hugo** I) Bigot Hn Lond Test II) de Boclande, *Sheriff von Herts.* CHn cor Pro III) [*I.*] Londoniensis episcopus ECf Pro 1*

[F]**huit** *s.* uit

[L]in **huiusmodi,** *indecl. nt, bei derlei, derartigem* Hn 56, 5

hulc 1) *ac: Hütte, Wohnungsverschlag* II Atr 3, 2 2) *lat.* hulcus *Holk, Lastschiff* IV 2, 1

hulsgonga *s.* huslgenga

Humbre, *gn, Fluss Humber* Lond ECf 32 D 4; *Var.* ~ri. — *Der.:* Norđhymbre

[F]**hume** 1) un ~ *ein Mann* Leis Wl 28; francs hom *Freier* 2, 3 (hoem I). 14; ~ 17, 1; home 17 I; li ~ *der Be-*

treffende, man Wl art Fz 6 | *obl:* ~ 9. Leis Wl 28; sun hum *seinen Untergebenen* 48, 1; franc ~ *Freien* 7; home I; a franc ~ *tenu* Wl art Fz 8; de ~ ocis apeler 6; de cel ~ Leis Wl 2, 3; de al*tre* home I | *pl:* IIII ~es 51; les ~es 22; homes I; tuz ses ~es *Untergebenen* Wl art Fz 3; tut li franc ~ 2 | *obl:* as ~es *Leuten* Leis Wl 2,1; homes I; IIII hommes 45; par VII (XIIII; XLII) ~es 14,3 (14. 15; 15,1); homes I 2) *jemand:* hom 1; home I; si hom 7 (home I). 10 (home I). 23; si home 34; se hum 45, 1; si ume 52; si home . . al*tre einer den anderen* 14; hom . . au*ter* Hk; nuls ~ Wl art Fz 10 | *obl:* de ~ ki Leis Wl 24; hom 48; occit home 26 I; aucun Hk; ne . . hum *niemand* 44; hun Im. 43 3) *man:* home 24; hom Hk. 10, 1; om Hk; l'um 9 (l'om Hk). 29. 33. 41, 1; *rende* l'um a l'hum *man jenem* 45, 1 (*Var.* lun a lun); l'un 41. 41, 1. 43. 52, 2. Wl art Fz 8, 1; s'un *wenn man* Leis Wl 10, 2; s'on I; l'om 21, 4 f. — *Für* aucun 26 I

I) **hund** *Hund* Af 23 — 23, 2 | *gn:* ~*des* Af Rb 23. Hu 8 | *pl dt:* ~*dum* Af El 39. — *Der.:* greyhound, heahdeorh~, hranh~

II) **hund** A) '100' [*sbst., gn regierend, doch meist vor abgekürzt.* scll']; ~ scillinga *gelde* Hl 3. Ine 23, 3 Ld; hun*dred* B | *ac:* ~ Af 77 B | *pl:* twa ~ Ine 33 HB. 34,1 B; - ~ mancus [*indecl.*] II Cn 71 a. Wer 1, 1; - ~ scyllinga Norðleod 6; twelf ~ scyllinga Wer 1. Mir*ce* 1, 1; hun Q; hun*dred* H | *ac:* twa ~ scyllinga II Eg 4, 2 A; scill' *übr.*; þreo ~ hlafa Ine 70, 1 B | *instr.:* sie þreom hundum scll' gylde Hl 1 [*vgl.* hundred] B) ~ *Dekade s. folg. Wörter; geschwunden s.* hundteontig *und:*

hundeahtatig '80' Af 65 B. 66 B. Ine 70 B; ~ti Af 68 B. 72 B. Ine 32 B; eahtatig Ld

hundfeor . . . '140' Iud Dei V 2

hundnigontig '90' Af 40; ~ti B; *unübs.* Q

hundred A) *hundert* Ine 23, 3 B, *geänd. aus* hunder; ~ cyse *Reet* 16; mid an ~ 7 twentigum scyllingum I Cn 3, 2 A [*also beidemal adjectivisch*] | *pl:* XII ~ Mirce 1, 1 H; hund *übr.*; twa ~ 7 XX I Cn 9, 1 A. 10, 1 A

B) *8 Pfund Silbers; ac:* an C III Atr 7 | *abgekürzt:* mid XII hund' . ., VI hund . ., mid hundr 1, 1 f; þreo ~ Nor grið *Z.* 4 | *lat.* ~dum (*Var.* -*et*um) ECf 12, 3. 33; *erkl.:* octo libras 27. 1. [*Nordisch:* 120 (*Grosshundert*) *Ör* (*zu* $^{1}/_{16}$ *Pfund*) *Silber; Chadwick,* Anglo-Saxon instit. 395. 414]

C) *Hundertschaft; no:* ~ Hu 5. III Eg 7, 1. IV 8, 1. II Cn 25, 1; unræd 15, 2 D | *gn:* ~*des* Hu 2 — 5. III Eg 5. IV 10. II Cn 17, 1; ~rodes IV Eg 8, 1. 10; -st! C | *dt:* ~de Hu 2, 1. 3. 7. I Atr 1, 2. II Cn 17. 19. 20. 20 a. 22. 27. 30. 30, 1. 31 a. Becwæð 3, 1; hunræde B; ~rode IV Eg 3, 1. 5. 6 L. 10; ~ *ohne Endung* II Cn 27 A; hundre! 31 a A | *ac:* ~ Hu Insc. 5. II Cn 15,2 | *pl dt:* ~*dum* 22, 1; ~*dan* I Atr 1, 3. II Cn 30, 2; ~de B | *Lat.:* ~*d*um Hn com 1. 4. Leis Wl L 5. 28. 42, 1; ~*od*us Wl art 3, 2. retr Lon*d* 6. Hn com 1. Hn 7, 5; ~etum Hn com 1. 4. Hn 6, 1 b. 7, 4 f. 48, 2; 3. ECf *retr* 24, 2; ~et *nicht decl.* Wl ep 2; ~*eta, fm,* Hn com 4[28] | *fz.:* ~ Leis Wl 22. 28. 42, 1. 44. 47, 1. 51 f. Wl art Fz 3, 2. 8, 1 — 1) *politischer Bezirk* [*vgl.* boldgetæl] Hu 5. I Atr 1, 2. II Cn 22. 30, 1. Leis Wl 22 | *umfassend viele Dekaden von* hides (*Landhufen*) 28; *mehrere* villae (*Dörfer*) ECf 15, 3 f. 24, 2; *mehrere Wohnstätten von* barones 9, 3 | *ein der Grafschaft untergeordneter Teil* Hn 6, 1 b | *nachts* vigiletur Wl art Lond retr 6 | *er steht unter einem* ~*des* man Hu 2. 4. 5 (homo ~di Q) *oder* ~*des* ealdor IV Eg 8, 1. 10 (princeps L), praefectus ~di ECf 24, 2 (= ~di praeposi*t*us Leis Wl L 5) *oder greve* de ~*dis* 32) | ~ *dem* wæpntak *gleichgestellt* ECf 30, 1. 31, 1 | divisiones ~dorum ECf 13, 1 = *no.* 3; *vgl.* hundredgemot | *aus* þrim ~*dum* (*seinem und zweinachbarlichen*) *muss Hauptschwörer Eideshelfer finden* I Atr 1, 3. II Cn 22, 1. 30, 2 2) *Einwohnerverband dieses Bezirks;* ælc freoman beo on ~de 7 on teoðunge (borge 20 a) 20 | ~ *zerfällt in* α) *Zehntschaften* (*Freibürgschaften*) *neben* β) *Verbürgungen durch Dynasten* Hn 6, 1 b | *wird als Körperschaft verklagt* 48, 2 f.; totus ~dus communiter persolvat Wl art 3, 2; *empfängt Bussgeld* III Em 2. Hu 2, 1 f. III Eg 7, 1. 8, 1. II Cn 15, 2. 25, 1. Leis Wl 47, 1. ECf 15, 3 f. 3) *Gericht dieses Bezirks, identisch mit* ~redgemot (*s. 16 Zeilen vorher*), Hu Insc. 3. II Cn 17. 19. 25 (gemot *übs* In). 27. 30. 31 a. Leis Wl 42, 1. 51 f. Hn com 1. 4. Hn 7, 4 f.; *eines der staatlichen Gemote* Hu 7. Becwæð 3, 1 | *neben* (*unter*) *der Grafschaft* Wl art Fz 8, 1. Leis Wl 44. ECf 22, 5. 23, 4. 32; *im Ggs. zum Gericht der* burg, *des Grafschaftszentrums* IV Eg 6 L. 10 | *Competenzfläche* (*geograph.* Be*zirk*) *dieses Gerichts* 3, 1. 5 | *zu Einem Gericht vereint* duo vel III vel amplius hundre*d*i Hn 7, 5 4) *jedes* (*nicht kirchliche oder baroniale*) *staatliche, öffentliche Gericht* (*nicht bloss des* Hun*dred*) II Cn 22. Wl ep 2 | *dessen Landrecht und Rechtsgang* 2, 2. — *Lat. übersetzt* centenarium, *cen*t*uria*, centuriatus; *s. d.*

hundredgemot *Hundertschaftsgericht* III Eg 5 G A; ~*des* gemo*t* DG 2 — II Cn 17, 1, *im Ggs. zu* burh-, scir- [*und* witena] gemo*t* [*s.* hun*dred*, *n.* 3]

[hundredgerefa] *lag viell. vor für greve* de hundredis ECf 32 [*vgl. 42 Z. vorher*]

hundredlaghe, *pl ac, Hundertschaftsgerichte* Ps Cn for 9

hundr[e]dsétene; *ac:* ~ræd~: constitutio hundredi In Cn III 58, 1

hundseofontig bo*ee* Iud Dei V 2, 1, 70 libros *glossirend*

hundteontig '100'; ~æla, *also gn regierendes sbst* Ine 70, 1; teontig So. *Sonst nicht erkennbar, ob sbst:* ~ Af 18, 2. Iud Dei VII 23, 2 A (*ac*); hunt~ VIII 2 | *dt:* ~tigum Af 15 B (-teg-E); ~gon 10 B; ~ [*ac?*] E; ~nti Q; *irrig* hundtweontig So [*vgl.* hundtwentig]

hundtwelftig '120' Af 2, 1. 8. 9, 1 f. B. 10 (~tvelfti Q). 18, 3 B. 37, 1 Ld. 38. 38, 1. 40 B (~ti Q). Ine 6, 1; 3 f. B. 23, 3 B (~ti Q). 32 B. II As 1, 5 B; ~ scyllinga [*also sbst*] II Eg 4, 1 A. III 3 (~ti). 7, 2. I Atr 4, 3. II Cn 15, 1 f. B; ~ti 25, 2 B | *dt:* ~ Af 31; ~gum So Ld. Ine 13 Bu; CXX scillingum [*also adj*] H; be ~gum hida [*also sbst*]: 14 B So. 45 Ld; ~ti II As 1, 3 B; ~gum Ld; ~gan VIII Atr 5, 1; ~gum II Cn 65 Ld; ~ltigum A [~tvelti *Abschrift 12. Jhs. von Aelfgars Testament* c. 950 — 58; *Birch,* Cart. Sax. 1012]. — *Dafür* ~twentig Af 8 B. II Cn 25, 2 A. 65 B; ~tweontig Af 2, 1 So [*s. 16 Z. vorher*]

hundtwentig '120' [*vgl. vor. Z.*]; *dt:* ~ scyllinga [*also sbst*] II Cn 44, 1 B; ~gum A. 65 B; ~weltigum A; hundtweontig Af 2, 1 So *und, irrig für* hundteontig, 10 So | *ac:* gil*de* ~ seillinge [*wohl für gn* -ga, *also sbst*] II Cn 25, 2 A; hundtwelfti B

hundwega *verderbt aus* pundwæga Ine 59,1 Q *Var.*

hungre, *dt, Hunger* Af 5; ∼*ger* So

hunig *Honig; gn:* ∼ges Rect 5, 1. Ine 70, 1 H So Ld; ∼ies EB

hunigbinna, *pl ac, Honigkörbe* Ger 17

huniggafol, *ac, Abgabe* (*an die Gutsherrschaft*) *in Honig Rect* 4, 5; hunigablum Q; *Var.:* un-

hunræd, hunteontig *s.* hund∼

huntað, *ac, Jagd* II Cn 80, 1 A; huntnoð *übr.*

huntaðfara, *pl gn, Jagdzüge* VI Atr 22, 1 = I Cn 15, 1

huntnoð *Jagd, Forstrevier; gn:* ∼ðes II Cn 80 | *dt:* ∼naðe B | *ac:* ∼ 80, 1; huntað A

a l'**hure,** que il le plevi *zur Zeit da, als* Leis Wl 3; ure I

Hurstesheved *East Horstead in Sussex* Quadr Arg 9; *Var.* Hurteshevet

hurðefest *s.* heorðfæst

huru *zumal* EGu 3; *vor allem* VIII Atr 3 = I Cn 2, 5. Northu 8; *vollends, obendrein* IV Eg 1, 4; *besonders* Episc 9; *namentlich* II Cn 45, 1. Northu 67, 1. Ger 8 | *wenigstens* V Atr 6 = VI 3, 1. 41. VII a 8. I Cn 22. II 2, 1. Duns 9, 1; ∼ þriwa VI Atr 27, 1 = I Cn 19; ne ∼ *nach verneintem Satze* V Atr 2 = VI 9 | *spätestens* (*beim Termin*) 11, 1 G 2 = VI 16. VIII 9, 1 | on hwam ∼ *worin denn?* Grið 25 | hure *eben, freilich, halt* ECf 12, 6[b]

huruþinga [*eig. 'vor allen Dingen'; vgl.* þing I 5] *namentlich* V Atr 4, 1 = VI 2, 2. 5 = I Cn 6 a. 6, 1. Grið 26

hus *Haus; gn:* huses dura *Haustür* II Cn 75 | *dt:* huse Af 5, 1 B. Ine 6 — 6, 3. 57 H. II Atr 3, 3. Northu 13. *Rect* 4, 3b; on - 7 on *æ*kere Excom VII 12; cyninges - *Königshofe* Ine 6 = Grið 9 | *ac:* ∼ Af El 25 | *pl dt:* husan Ger 13 f. | *ac:* ∼ 13. I Em 5; Godes∼ *Gotteshäuser, Kirchen* I Cn 4 = Grið 28. Had 1, 3. 11 = Grið 24. — *Für* ærn Af 5, 1 B. Ine 57 H. *Der.:* bellhus, ealahus. [*Vgl.* ham, heall, hiered]

husbonda, -bun*d*e *Bauer, Hofstellenbesitzer, irrig synonym gesetzt mit* twelfhynde *und* huslgenga; *s. d.*

husbryce *Erbrechen eines Hauses, Hauseinbruch* II Cn 64; ∼rec A; ∼rece (*Var.* ∼ruce): infractio *d*omus Q, *auch* Rb, *S.* 538 (*wofür* burghbreche Lon*d*); ∼reche Hn 12, 1a. 47; *d*omus infractio 64, 2

husfæst: ii qui domum et terram habent *mit Ggs.:* ∼ 7 folgæres II Cn 20 a In; heorðf∼ *übr.* [*vgl.* hamfæst, hamsittend]

husl 1) *Hostie; ac:* ∼ forgieman Northu 17 2) *Abendmahl; gn:* ∼les onfon I Cn 22,5; onbyrian Iud Dei VII 12, 4 A | *dt:* ∼le II As 23; ladige on þam - *Abendmahlsgenuss* VIII Atr 19 f. (22) = I Cn 5 (5, 2a); to - gan Iud Dei VI 1. VII 13 A | *ac:* ∼ halgian I Cn 4, 2 (hus*e*l G). Northu 15; ∼ þiegan Iud Dei VIII 1, 1

to **huslgange** (*dt*) gearwian *Abendmahle* V Atr 22,1 (husel∼ D) = VI 27, 1; husel∼ D = I Cn 19

huslgenga *Abendmahlsgänger, der Communion würdig* Wi 23. Ine 19; ∼gea E | *pl dt:* ∼gum Ine 15. 1; *unverstanden* hulsg∼ (*Var.* ∼gonges) Q, *der falsch erklärt:* duodecimhindus *ebd.* 19; husbonda 19

husting *Stadtgericht* Lon*d*ons [*später 'Hustings'*] Hn Lon*d* 9. Lib Lon*d* 5 (*Var.:* ∼teng, ∼tengum). Lon*d* ECf 32 B 12; *Var.:* ∼tingis, ∼tengum | *abl:* hustenge Hn Lon*d* 8

hw 1) *für g:* godborhwes Af 33 Q[20] 2) *für* w-: *s.* h-, *n.* 1 a δ 3) *dafür* w: *s.* h, *n.* 2 a δ; wh: *s. d.*

hwa 1) *wer?* Af El 28. Ine 53, 1. II Ew 1, 1. 3, 1. II As 7. I Atr 3, 1. VI 22, 3. Iud Dei VII 13 A, *darüber:* va | *gn:* hwæs *wessen?* IV Eg 9. 7; þæs F, *viell. Relativ, abh. von zu ergänzendem* þone | *dt:* hwam *wem?* Wif 2 ‖ *nt:* hwæt *was?* Af El 49, 9. Episc 2; *mit gen partit* VI As 8, 1 | *gn:* hwæs I 5. I Ew 2. VI Atr 10, 3. Wif 3 | *dt:* of hwam *wovon* 7; on hwam *worin?* Grið 25 | *ac:* hwæt Af El 24 (hw*e*t G). I As 2 Ld. 5. Excom VII 1 | *instr:* *s.* hwy 2) *jemand, einer, irgendwer* Af El 11 ff. Af 1, 1. Ine 4 f. 9. EGu 2. I Ew 1, 1. I Atr 3, 1. II Cn 44, 1. Wal; *mit gn part:* ∼ manna I Ew 1, 5; ∼ þegna I Cn 11; ∼ þegen A, *also* ∼ *adj* | *gn:* hwæs Northu 54 | *ac:* hwæne V As 2 (hwone Ld). II Cn 12. 15 ‖ *nt:* hwæt *etwas* I As 5 Ld. IV Eg 2, 2. II Cn 74; *mit gn part:* þæs Af El 49, 9; þisses Af 38, 2. 40, 1; hwat Ld; hw*e*t friges *Rect* 5, 5. Episc 12 | *ac:* hwæt; *m gn part:* lyswæs Abt 3. 73; yfla Af 37, 2; ly*t*les Iu*d*ex 13 | swa hwætt swa *was auch immer* Iud Dei VII 23, 3 A. — *Constr. mit pl.* gyt hwa cravian II Cn 69, 2 B; crafige G A [*vgl.* man]. *Für* aht I As 5 *setzt* hwæt Ld; ∼ *ersetzt durch* ænig I Ew 1, 5 H; *durch* man II Cn 44, 1 B. *Der.:* ægh∼, æ*t*h∼, geh∼, loch∼

hwæder s. hwæðer

hwæg *Molken;* hwæig Rect 9; hweig Q | *gn:* ∼ges 15; hweges 14. — *Der.:* wringh∼

[-hwænan] *Der.:* ah∼.

hwæne *s.* hwa **hwænne** *s.* hwon∼

hwær 1) *wo?* I Ew 1, 1. IV Eg 2, 2. II A*t*r 9; hwar VIII 40 2) swa ∼ swa *wo* (*an welchem Ort*) *auch immer* II 9; swa hwar swa EGu Pro 2. VII a Atr 40. VIII 40. Geþyncðo 3 | *elles* ∼ *anders* (*sonst*) *wo* III A*t*r 16. I Cn 13, 1; *e*lles hwa*r* V Atr 12, 1 = VI 21 | hwær .. hwær *hier .. dort* Af El 49, 8. — *Der.:* ægh∼, ah∼, geh∼, nah∼

hwæt *s.* hwa

hwæðer 1) hiora ∼ *ihrer jeder, beide* Af 19, 3 2) *nt:* þissa ∼ *beider voriger* D*inge eines* Af 39, 2 | *dt:* ∼ðrum þissa *einem folgender* 2 D*inge: entweder zu .. oder zu + inf.* Af 1, 1; ∼ðerum þissum So Ld 3) swa ∼ swa man mæge, swa .. swa *wie man kann, entweder .. oder* II Cn 25 a; swa ∼ swa him þingð 20, 1; swa ∼ swa *was von beiden* I Insc A; swa ∼ (weðer A) *eins von beiden* II 30, 2 B A; swæðer G; swa wæter swa isen, swa ∼ (swa B) liofre sy *was von beiden* Blas 2; swa ∼, *vor* swa .. swa .. swa VI Atr 50, *vor* swa .. swa I 1, 3 (hweðer). III 6 | *ob .. oder* Ordal 5, 2; swa hwæder (hweder Wi) swa *wie immer, je wie* Hl 10 (Wi 27); be h*e*ora ha*d*e, swa werhades swa wifhades, swa hwaðer (hweðer H; ∼ Ld; swæðer *ohne* swa B) hit sy I Em 1; swa .. swa (∼ *eingeführt* H B) hit sie Ine 53; hwaðer *wie* III Eg 7, 1 4) hweðer *ob* II As 26, 1; ∼ .. þe *ob .. oder* Ine 6. Blas 3 (hweðer H). Grið 9. — *Der.:* ah∼, geh∼

hwæðre *dennoch,* (*je*)*doch* Af 23, 1 (hweðre, *geänd.* -ðere H). 37, 1 (∼ðere B; hweðre, *geänd.* -ðere H). 77; *geänd.* ∼ðere H; *dafür* þeah ∼ðere B: 23, 1. 77 | hvoeðre *vielmehr* Iud Dei V 2, 4, vero *glossirend*

[-hwamlice] *s.* dægh∼

hwanon *woher?* II Atr 8; ∼nan 8, 2. II Cn 23

hwar *s.* hwær **hwat** *s.* hwa

hwaðer *s.* hwæðer

hwearfe, *dt* 1) *Tausch* II As 10; gehwyrfe Ld 2) *eingetauschtes Wertstück* (*Vieh*) *ebd.*; hwerfe Ot; gehwyrfe Ld

hwearfiað, *pl* 3, *schweben* I Cn 4, 2

hweig *s.* hwæg

hwelc 1) *adj. fragend, welch? instr:* hwilcan geþance Grið 26 f. ‖ *fm ac:* hwylce IV Eg 13.1 ‖ *pl fm:* hwylce Wif Insc B 2) ***relativ*** swylc hordere, hwylc *welcher* II As 3, 2; ~ So; swilc H 3) *irgend einer, sbst.*, hvoelc Iud Dei IV 4, 4 f. V 2, 2, *den gn part regierend:* heora hwylc AGu 5 | *ac:* mynsterhama ~cne Af 2; hwyl- H; hwilne! So ‖ *fm dt:* misdæda ~cere 23, 1 ‖ *nt no:* hryðera ~ Ine 42, 1; gehwilc H | swa hwylc (swylc B) þyssa swa *was dessen immer* II Cn 30, 5 4) *irgend welch- (ein-), adj;* ~ man *jemand, irgend wer* Af 5, 4 (hwylc HB). Ine 48. I Atr 4 (hwylc). II Cn 75 (hwillc A); ~ þeof IV As 6 | *dt:* ~cum scirmen Ine 8 | *ac:* ~one *ceap* 56; hwylcne II Cn 75 ‖ *fm dt:* æt mæstra ~*ere* misdæde Af El 49, 7; ~cra Ld [hwyl- So], *wohl als pl missverstehend;* ~cere scylde Af 2; hwyl- H; hwilcere birig *jeder Stadt* I As Pro; geh- *G* | *ac:* ~ unhælo Ine 56 ‖ *nt gn:* ~ces facnes Af 17; hwilces landsticces *Rect* 20, 1 | *ac:* hvoelc yfelvoerc Iud Dei IV 4, 5 5) hwilce (swelce *übr.*) hrægle, .. swilce (*dt*) *welchem* .., *eben solchem* Af El 11 So | *ac:* hwylcne (swylcne H) hlaford, .. swelcne *beliebig einen* .., *wie* V As 1, 1 Ld. — *Der.:* ægh~, geh~, somh~

[-hweorfan] *Der.:* beh~; *vgl.* hwierfan

hwer *Kessel* Ger 17

hwerfe *s.* hwearfe **hweðer** *s.* hwæðer

hw[i]der; swa hwyder swa *wohin immer* Rect 2. — *Der.:* geh~

hw[ie]rfan *tauschen, umtauschen; op* 3: hwyrfe *mit gn* II As 10; hwirfe I Atr 3. — *Der.:* beh~, forh~, geh~; *vgl.* hweorfan

hwilc, hwillc *s.* hwelc

hwile, *ac, Zeitdauer;* þa ~, þe *die Zeit über da, dieweil, solange als* [*dient als cj*] Af El 16 (hwyle H). IV Eg 16. II Atr 1, 1. VI 12, 2. VIII 42 f. Cn 1020, 4 f. Northu 65. Becwæð 3, 1. *Rect* 4 a

hwilsticcum, *pl dt, Zeitstückchen, Augenblicken* Af 43; ~tyc~ Ld

hwiltidum, *adv, bisweilen Rect* 5, 2

hwilum 1) *einst*(*mals*), *ehedem* Geþyncðo 1. Grið 3. 22; ~lon Af 9, 2 B (geo *übr.*). II Atr 9. Forf 3; ~lan Duns 9 2) ~ .. ~ .. ~ [*achtmal*] *bald* .. *bald* .. VI Atr 51

hwilwendlicum, *pl dt, zeitlichen, vergänglichen* I As 4, 1 Ld

hwirfe *s.* hwier~

[-hwita] *Der.:* sweordh

[-hwitel] *Der.:* gafolh~

hwonne *wann?* I Ew 2; hwænne I Pro. II 8. VI As 8, 7. Hu 7

[-hwy] *Der.:* natestohwy

hwyder *s.* hwider **hwyl-** *s.* hwil-

hwylc *s.* hwelc

hwyrfe *s.* hwear~, hwier~ **hy** *s.* he

hybride *Wort - Composition s.* eastintro, extoppare, forisfactoservus, furigildum, landhomo, landirectum, misdocere, -evenire, -*facere*, -locutio, norðintus, scyrehomo, werefactio, *were*plegius (-um), witaservus

hyd *Haut* Af 70, 1 (hyd*e* Ld). Ine 23, 3 | *gn:* hyde 3, 1. EGu 7, 1. 8. IV Eg 9. II Cn 45, 2. 46, 2. | *dt:* hyd*e* Af 25, 1 H. 70; hid*e* VII a Atr 3 | *ac:* hyde Ine 5, 1. III Atr 9. 9, 1. Northu 56; ~ Wi 10. 13. 15 [*no?*] 1) [*eig.*] *Haut des Menschen* Af 70. 70, 1; *des Tiers* III Atr 9. 9, 1 2) *Stäupung, Prügelstrafe überall sonst;* hyde þolian *Haut verlieren, d. i. Prügel leiden, erhalten* Ine 3, 1. EGu 7, 1. 8. IV Eg 9. II Cn 45, 2. 46, 2

hyd(**a**) *Hufe s.* hid

[-hyde] *s.* ælh~

on **hydelse,** *dt, im Versteck* Forf 3, 2

hydgield *Hautgeld, Busssumme anstatt der Prügelstrafe; gn:* ~gyldes Ine 3, 1 HB. EGu 7, 1 (~deg- Ld). 8 (hidgil- Q) = II Cn 45, 2. 46, 2

[-hydig] *s.* oferh~ **hyeo** *s.* he, *fm*

hyfa, *pl ac, Bienenkörbe* Ger 17

[-hygd] *s.* ingeh~ **hyhð-** *s.* hiehðo

Hykenild *s.* Ice-

hyldaðas, *pl ac, Mannschaftseide* Swer 1 B

hyldo *Gnade, Gunst; dt:* on Godes held*e* 7 hlafordes II Cn 23, 1 | *pl dt:* ~dum *Treue* IV Eg 12. — *Der.:* (riht)-hlafordh~

hylpan *s.* helpan **hym** *s.* he, *dt*

[-hymbre] *s.* Norðh- [*vgl.* Humbre]

[-hynde] *s.* siexh~, twih~, twelfh~

hynden *Hundertzahl; gn:* ~ne *Genossenschaft, Verband* VI As 3 | *dt:* ~nne (*der zur Eidesvollwichtigkeit nötigen Hufen*) Ine 54 | *pl gn:* ~nna (*der das Wergeld betragenden Schillinge*) 54, 1; ~ena (*geänd.:* ~enna) H. So Ld | *ac:* ~na *Hundertverbünde* VI As 3

hyndenman, *ac, Hundertverbands-Vorsteher, Hundert-Oberer* VI As 3; hyndenus homo Q | *pl:* ~menn 8, 1; hindemen Q

hyndum *für* hid- *s. d.*

Hyne *s.* Ine **hyne** *s.* he, *ac*

hypothetischer Satz *beginnt oft* seþe (Ine 54), *und ihm folgt, hinter* 7, *ein coordinirter, beide im Optativ, als stände* gif *davor* Af El 15; se mon seþe bocland hæbbe, and him his mægas læfden Af 41. ***Hypothese*** *ausgedrückt durch* be *'im Falle von', s.* be *n.* II 1a

hyr *s.* her **hyra, hyre** *ihr s.* he

hyran, hyr(e)**d-, hyr**(e)**man** *s.* hier-

[-hyrdel] *Der.:* loch~

hyrgeohte, *dt, Mietgespann* Ine Rb 60; hyreg~ H; **hyregeôc** Ld

[-hyrian] *Der.:* ah~

hyroxan, *pl dt, Mietochsen* Ine 60 B

hyrwan *s.* hier~ **hys** *s.* he, *gn*

[-hyðnes] *s.* ongeh~

I *und* J.

i 1) *zwischen* dl, lg, rg *eingeschoben: s. Gleitlaut, n.* A III 2) **i-** *statt Praefix* ge-: *s.* landgemære, burggemot, fole*gemot*, portgerefa, landgerihtu 3) *anl. statt palat.* ge-: *s.* geo, geong- 4) *für* -ge-: *s.* heregeate, legerwite 5) -i- *für* -g-: *s.* Leircestre, tiergan 6) **-i** *ausl.* **a**) *für* -g: mearg **b**) *s.* -æi *für* æg; *auch* hægweard **c**) *für* -ig: *s.* g, *n.* 2a; *vgl.* ei **d**) *für* -ing: *s.* cyning, pening **e**) *für* -e: *s.* be, he 7) *abweichend von ws. Lauten* **a**) *von* ǣ: *s.* ægilde, læcefeoh **b**) *von* e: hadbrecan, cwiden (*unter* cweðan), gecweman, medsceat, gemettan, ofsligen (*unter* ofslean); *in Ableitungssilben: s.* drihtenbeag, frigea, oðer **c**) von ea: *s.* sceapætere **d**) *von* eo: *s.* geond **e**) *vgl.* io 8) *für* y: *s.* gebycgan, dryhten(beag), dynge, fyrðrian (siex-, twi-, *t*welf)hynd*e*, lybb, liflyre, myndgian, mynecen, mynster (wæter)pytt, (twi-, un)scyldig, spyrian, (hwil-, land)stycce, synderlice, synn, tygehoc, getyngennes, þyllic, þyncean, geþyncðo, wyrcean, morðwyrhta, wyrt, ynce, ypping 9) *für* ȳ: *s.* fyr, fysan, Syrie, syring, þymele, þyrel(ian), wyscan 10) *für* ie: *s.* ierfe, ierre 11) *in Mittelsilbe geschwunden: s.* scincræftiga 12) *für* i *abweichend* g: *s.* herian; ig, y: *s. d.* 13) i-*Umlaut: s. Umlaut* 14) *dafür* æ: *s. d.* 15) *in Mittelsilbe* a, e: *s.* manig

[L]**-i-** 1) *für* -ig- [*durch ags.* i = ig?]: exientibus *statt* exigentibus IV Eg 1,4 L 2) *für* y: *s.* Hieronymus, Stigius, tympan-

[F]**-i-** 1) *unorganisch: s.* conustre (: coinistre) 2) *für* ei: *s.* treis 3) *für* ie (e): *s.* dener 4) i (= j) *für* ch: *s.* chose 5) *dafür* e: *s. d.*

[F]**i** *dort, darin* Leis Wl 19,1. 44,2 | *daxu* Wl art Fz 7 | *dorthin* 8,2 | il i a *es gibt, ist vorhanden* Leis Wl 1,1 I. 5. 5,1

[F]**ja** *tant* n'i ait *gebe es* (= *sei dabei*) *noch soviel davon* Leis Wl 5. 5,1

[L]**iacere** 1) *erschlagen daliegen* VI Atr 38 L, liegan *übsnd* 2) res iacens *nicht lebende Fahrhabe* II Cn 24 In, licgende *übsnd*

Iacob I) *Patriarch* I As 2 | *gn:* ~Iud Dei XI 4. Excom VI 1,3 **II)** *Apostel; gn:* ~bus [*lat. no. indecl.*] freols V Atr 14,1 (*Var.* ~bes) = VI 22, 3 = ~bi mæssan I Cn 16a ‖ *beide Apostel; lat. gn:* Iacobi Excom VI 1,4

[L]**iactura** *Schadenstiftung* Hn 6 Cons Cn

[F]**jadis** *früher, vormals* Wl art Fz 9

[**Jaroslaw** *I. von Kiew*] *s.* Malesclod

ic *ich* Af El Pro. 34. 49,9f. Ine Pro. I Ew 1. I As Pro G. 4. 5. II Ew 8 [*vgl.* me, min, unc(er), ure, us, we]

ican *s.* iecan

[F]**icel** *dieser;* ~ plait Leis Wl 2a | *pl:* icez plaiz I; touz içous *alle diejenigen* 42,1 | *fm:* ~les meimes *ebendieselben* Pro

Icenild *eine der vier mit des Königs Sonderschutz privilegirten Reichsstrassen;* Hykenild Leis Wl 26 | Ik~d**stret** ECf 12c; *Var.:* Hik-, Hyk-, Hichen-; ~strete, ~strate

iceo *dieses, dasjenige;* devant ~que [*dient als cj*] *bevor, ehe, mit sbjf,* Leis Wl 21,3 | aprés iço que [*dient als cj*] *nachdem* 46; ço Io

[F]**ici** 1) ~ sunt escrites *hier* (*folgend im Texte*) *stehen* Wl art Fz Insc 2) de ~ que [*dient als cj*], *m. sbjf, bis dass* Leis Wl 21,4 (d'issi la que I). 43. 44

id(a) *s.* hid

idæges, *gn advbial, selbigen Tages* Af El 17; yd~ V Atr 32, 4

idolan, *pl dt, eitelen* VI Atr 51

on **idelnesse**, *dt* [*ac?*], *zur Nichtigkeit, unnützer Weise* Af El 2 (yd~ H), in vanum *übsnd*

[L]**idiot[ae]** *Nachlässige* VI As 8,7 Q, giemelease menn *übsnd*

[-idlian] *Der.:* gei~

idol *Götze(nbild); ac:* ~ II Cn 5,1 B; deofolgyld G | *pl ac:* ~la A | *pl gn:* ~la wurðing Northu 48

[L]**idoneare** *von Schuld reinigen, als unschuldig erweisen* II As 20, 8 Q. III Eg 4 Q. Hn 75,11

-ie- 1) *frühme. Schreibung für* ę, *das entspricht* a) *ags.* ǣ: *s.* midslæpan b) *ags.* -ēa-: *s.* reaflac 2) *dafür* eo: *s. Umlaut;* æ [*vgl.* ierfe], e, y: *s. d.*

[F]**ie** (e); *dafür* i: *s.* dener

[ie]can 1) *vermehren; flect.:* to ecanne Af El 49; ic- G; eac- So Ld; geecenne H | *ptt pl* 3: ecton Hlo Pro 2) æcton *hinzufügten* Wi Pro 3 | *op sg* 3: yhte *hinzulegte* VI As 6,3

[-iege] *s.* ani~, ori~

i[e]gland *Insel; pl dt:* iglandum IV Eg 14,2

[L]**ieiunia** legitima *gesetzliche Fasten* 1) Af 43 Q, ymbrenwicum *übsnd;* ~ium legitimum *Quatemberfasten* I Cn 16 Cons, ymbrenfæsten *übsnd* 2) *letztere und andere* (*z. B. Quadragesima-*) *Fasten* In Cn I 16

ieldesta, -dra *s.* eald

[ie]ldo; *ac:* ylde 7 geogoðe *Alter und Jugend* VI Atr 52. II Cn 68, 1b

[L]**Ieremias**-*Commentar des Hieronymus wird citirt* Hn 5,28

ierfe; *gn:* ~es Af El 9. Af 1,4. 8,1f. Ine 6; yrfes I As Pro. II 9f. Duns 1. Wif 4; irfes Af 8,2 H; yr-B | *dt:* ~ Af El 11 (ierf So; yrf! Ld). Ine 53,1; yrfe AGu 5. VI As 1,1. 12,3. Hu 4. Iudex 9 (*oder ac*); ærfe V As Pro 1; yrfe Ld | *ac:* ~ Ine 53,1; erfe Wi 8; yrfe I Ew 1,5. II As 9. 24. V 2. VI 2. 7. 8,4. Hu 2,1. Duns 1,1f. — 1) *Erbnachlass, vielleicht Land und Fahrhabe, vielleicht nur diese* Wi 8. Af 8,1f. Ine 53,1. VI As 1,1. Wif 4 2) *Vermögen, Habe, ohne Beziehung auf Todesfall* a) *wahrscheinlich Land mitumfassend* Af El 9. Af 1,4. Ine 6; *nur Nutzung* (*Besitz*) *von Land mitumfassend* Af El 11 b) *Fahrhabe, ein Wertstück* Ine 53,1. Iudex 9; *Geldbetrag* VI As 12,3. V Pro 1 [*oder zu* c?] c) *Vieh* AGu 5. I Ew 1,5. II As 9f. 24. V 2. VI 2. 7. 8,4. Hu 2, 1. 4. Duns 1—1,2 | *als* libbend *specialisirt* I As Pro Ld; cwic ceap [*früher*] *übr.* | *ersetzt durch* orf Wif 4 B

[ie]rfenuma *Erbnehmer, Erbe;* yrfnume Wl Lond 3 | *ac:* yrfenuman III Atr 14 (*pl?*); yrvenoman II 9,2 | *pl:* erfenuman II Cn 78; yrfenuman 72; erfenumen 72,1 A; yrfnumen B

[iergðo]; for yrhðe *aus Feigheit* II Cn 77

i[e]rnan *gewaltsam eindringen;* 3: irneð in tun Abt 17. — *Der.:* gei~, oni~, oði~

[L]**Ieronymus** *s.* Hi~

[ie]rro *Zorn; gn:* eorres I As 5 Ld; yrres Iudex 14 | *ac:* irre I As 5; yrre G. V Atr 8 = VI 5 = I Cn 6,1; irre A

[ie]rð *Pflügearbeit; gn:* yrðe tima Ger 1 | *ac:* yrðe 10; yrde! 8. — *Der.:* beni~, gærsi~

[L]**Ierusalem** 1) *Wallfahrtziel* Hn 61,15; [*zum ersten Kreuzzuge*] ECf 11,2 2) [*symbolisch*] *Himmelsruhe* Quadr II 4,1

Iesaias *s.* Isa~

Iesus Iud Dei I 11; *gloss. und übs. durch* hælend IV 2. 3. 4,1; 6. V 2,1. VII A 23a; 2. 24. VIII 2. 2,3f.

[F]**jeter** *werfen* (*aus dem Schiffe*); 3: jethed Leis Wl 37,3 | *pf:* jo jettai 37

[ie]ð *s.* eaðe

[-iewan] *Der.:* æti~

-ig 1) *für* -i: *s.* biswic, natestohwi, sig (*op* 3 *unter* is), twibote, þy; *für* -ie: *s.* hig *unter* he 2) -ig- *für* -i-: *s.* Epiphanige, herian 3) *vgl.* -æig *für* -æg; *s. auch* haligdæg 4) *für* -ing: *s.* cyning, fierdung, leorningcniht, heorðpening, pening(wurð) 5) -ig *ersetzt durch* -ing *s. d.*

-ige 1) *für* -e: *s.* here, *dt* 2) *ersetzt durch* -age: *s.* geidlian; *durch* -iage: *s.* geladian

igilde *s.* ægelde

[F]**iglise**, *obl, Kirche* 1) *einzelnes Stift;* mere ~ de parosse *Pfarrei* Leis Wl 1,1; yg~ I 2) *katholische Gesamtinstitution; ac:* seinte ~1; yg~ I; eg~ 17,2 I. Wl art Fz 1

-ii- *northu. für langes* i: *s.* beseon, onseon, þri(e)

[F]**il** *er* Leis Wl 1. 1,1. 2,3. 14. Wl art Fz Insc. 1 | *fm:* ele Leis Wl 10,1 | *dt, satzunbetont:* li mettrad 10,2 I; lui Hk; li *rende, rendra* 10f. 1; lui Hk; li stuverad 21 I; li est juged 21,5; lui Hk; li mettid 24; lui Hk; li ait *fait* 32; li lais*t* 35; li *comand* 48; l'en asete

44, 1 | lui *rendra* 3, 4; lui *vient* 10, 1; lui estuverad 23; lui sereint, servireint Wl art Fz 2 | ***ac***, *satzbetont:* vers lui 2, 4; par - 3; de, a - 10, 2; sur - 14, 3; pur - Wl art Fz 6, 1; od (apres, en) luy 2 (3. 8a) | de li *von sich* Leis Wl 48, 1; ne li ne chatels 30, 1; a li apend 30, 1; per li *seit* alé (le Io) 52, 2 || *satzunbetont:* de querre le, le pot *trover*, le plevi 3; li! 49 I; le *aiet* a dreit Wl art Fz 8; l'en *lever* Leis Wl 21, 5; l'avera truved 6, 1 | nel [= ne le] 30, 1; nel prengent 22; nel pot, sout *ihn nicht* 3 | sil [= si le *so ihn*] 47, 1; sil *merra* 3 | ***fm:*** la purgist 18, 2 | ***nt***, *satzunbetont:* le cleimt 6, 1; il le (*Vieh*) achatad 21, 1a; l'ac- I; l'aveit 5, 2 | qil [= qui le] 5 I; kil [= ki le] 21 | nel [= ne le] pot, fis*t*, fai*t* 10a. 14, 3 | sil [= si le *so es*] perdra 27, 1 I. 37, 3 || ***pl:*** il 21, 1a. 28, 2. 29, 1. 30. 39. Wl art Fz 2. 4 | ***dt***, *satzunbetont:* lur fus*t* *feite* Leis Wl 28, 2; lour I | ***ac***, *satzbetont:* entr'els (*sich*) 9 I; eus Hk. 38; d'eus Wl art Fz 6, 2 || *satzunbetont:* ait les a jur Leis Wl 21, 1; les pot aver 14, 1 | nes [= ne les] pot aver 14, 2. 15, 2 | kis [= ki les] 3, 4. 5

ilc *selbig*, *gleich* **I**) *adj*, *gn:* þæs ilca *Godes* Iud Dei IV 2, 2; ∼oan Af El 21 | *dt:* þam ylcan geburhscipe, þe *demselben*, *wo* I Ew 1, 4 | *ac:* þone ylcan dom, þe *denselben*, *wie* II Cn 8, 2 || *fm dt:* þære ilcan wisan Af 42, 6; yl- Ld | *ac:* on þa ilcan wisan; Ine 23, 2; þa ilca hon*d* Iud Dei IV 3, 5 || ***nt:*** þæt ilce wi*te* þe II As 3 | *instr:* þy ilcan ryhte Ine 34, 1 **II**) *subst:* se ilca Wi Pro 1 | *gn:* ilcan IV As 6, 3 || ***nt gn:*** þæs ylcon scyldige, þe II Em 2 | *dt:* be þam ilcan *unter demselben Verhältnis* II As 3, 2 | *ac:* þæt ilce Af El 20 (*Var.* ylce; sylfe G). 49, 4 (ylce Ld). Ine 75. I Ew 1, 3. I As Pro; ylce I Em 4 (hylce H); illce Hu 3, 1. — Ld *setzt* ylc *für* ælc *jeder:* V As 1, 1; 5. II Eg 2, 2

swa **ilce** swa *ebenso wie* **1**) *adv*, Ine 76, 1 **2**) *Conjunction* 76. 76, 2. — *Dafür* swa same swa 76, 1 f. HB; same ylce! Ld

^L^**illegiare** *bürgerlichen Friedenschutzes verlustig*, *für rechtlos erklären* Hn 5, 3; inle∼ 53, 3 [*anderes* inlegiare (*s. u.*) *bedeutet Gegenteil*]

^L^**illiberalis** *Stand* ***unter*** liberalis (*Adligem*), *aber* ***über*** servus Ps Cn for 21. 22. 25

^L^**illusio** *teuflische Vorspiegelung* Iud Dei XII 5

^F^**iloc**; *trespasser* par ∼, u *dort hindurch*, *wo* Leis Wl 28, 2; ilo*t* I

^L^**immassare** *zur Masse kauen* Hn 93, 6

^L^**immissio** manus *Hineinstecken der Hand* Iud Dei XII 22

^L^**immobile** *tote Fahrhabe* II Cn 24 Q, liegende *übsnd;* Hn 59, 21; 23 [*vgl.* iacere]

^L^**immobilitas** *Unveränderlichkeit* Hn 9, 10a

^L^**immunditia** *Befleckung durch Schuld* II As 11 Q, scyld *übsnd* [*vgl.* intermundiciis]

^L^**immundus** *schuldbefleckt*, fūl *übsnd*, Q: II Ew 1. VI As 9 | ∼**dum** *Verbrechen* 4 Q; *Makel*, *Falsch* (*am Geld*) IV Atr 7, 1 | ∼**do** sepelire *unehrlich verscharren* II Cn 33, 1 Cons

^L^**immunis** *nicht busspflichtig*, *straffrei* IV Eg 8, 1 L, buton wite *übsnd*

^L^**immunitas** *ecclesiae privilegirte Freiheitsstellung* Leis Wl L 15; *Exemtion vom Eingriffe fremder* (*auch staatlicher*) *Beamten* 1. 1, 1

[**-imot**] *s. gemot*

impalare *sich aufspiessen;* inp∼ Hn 90, 4 [*aus Lex Ribuar.*]

Imperativ [*Form s. Conjugation*] 1) *mit ausgedrücktem Pronomen* þu Af El 1. 2. 5—9. 13. 30. 33; *mit* ge 34. 48; uton geþencan we I As 2 Ld | *ohne Pronomen* Af El 3 (þu *fügt zu* So). 4. 10; þu *fügt zu* H **2**) *erste Person ausgedrückt durch* wuton *s. d.* **3**) *ersetzt durch opt s. d.*

^L^**imperator** *Römisch*[*-Deutsch*]*er Kaiser* **1**) ∼ris homines *Deutschen Königs reichsunmittelbare Untertanen* IV Atr 2, 8 **2**) [*Konrad II.*] Cn 1027, 5. 8

^L^**impersolutus** (*wenn getötet*, *durch Wergeld*) *nicht entgolten* II Cn 48, 3. 62, 1 In, ægielde *übsnd* [*vgl.* inso∼]

^L^**impetitio** *Beschuldigung*, *Anklage* Hn 5, 11c. 33, 6

impian (*Bäume*) *propfen* Ger 12

^L^**implacitare** *in Anklagezustand versetzen*, *verklagen* Hn 29, 3. 41, 3; 14. 43, 1; enplaider *übsnd* Leis Wl L 2, 3

^L^**implacitatio** *Versetzung in Anklage*, *Verklagung* Hn 6, 4. 61, 6; 7

^L^**implegiare** *behufs künftiger Rechtserfüllung* **1**) *zur Bürgschaftsstellung zwingen* Hn 53, 3 **2**) *zu* inborg [*das aber bisweilen* (*s. d.*) *vom* plegium *verschieden*] *zwingen*, *pfänden* 5, 3

^L^**impositio** manus episcopi *Firmelung* I Cn 22, 6 Cons

^L^ex **impossibili** *unabsichtlich* II Ew 4 Q = ∼**iter**, *adv*, II Cn 68, 3 Q, ungewealdes *übsnd*

^L^**imposterum** *für* in po∼, *künftighin* Ps Cn for 14

^L^**impotens** *unvermögend* (*in Wertbesitz*) II Atr 9 Q, unmihtig *übsnd;* ∼ncior II Cn 71, 5 Cons, læsse mage *übsnd*

^L^**impugnatio** **1**) *gerichtlicher Angriff* Hn 61, 7 **2**) ∼ hostis *Anfechtung des Teufels* Iud Dei XIII 6

^L^**impunire** *mit Strafdrohung belegen* (*ein Verbrechen*); inp∼ Hn 10, 1

^L^**impurus** *unrein* (*Geld*); inp∼ IV Atr 5

in I) *prp* **A**) *mit dt* **a**) [*Ort*] *in*(*nerhalb*) *α*) [*ruhend*] in *tune* Abt 5; *stowe an* Wi Pro; healle Af 7; on HB; ciricum 33 (on H, innan B) [*aber 1 Z. vorher* on . . ciricum]; *scire* 37; on H, *übergeschr.* E | heafde (*Auge*) *im*, *am Kopfe* 47, 1; on H; eaxle wun*d* 68 (on HB; feaxe *unter Haar* 45 | hrægle Wi 18 | wiofode *am Altar* Hl 16, 2 | bearn in hire Af 9; on So *β*) [*Richtung*] in vætre gisende Iud Dei IV 3, 5 **b**) [*übtr.*] in nome 2 | sibfæce *innerhalb* VI Atr 12 | *unter*, *zwischen* (*einer Menge*): folce *öffentlich* Af 40, 2; on H; leodum Wi 4, 1; gemange 23 | *bei*, *unter* gemotes gewitnesse Af 34; on HSo Ld | *in der Art von*, *gemäss:* canne Wi 17 | *bei*, *in einer Institution:* mid in aðe Hl 5. Wi 23; ceape *beim Vieh*[*raub handhaft*] Ine 37 E; in captali Q; *dafür* ceace *beim Kessel*[*fang*] HB **c**) [*Zeit*] in lenctenne Af 40, 2; on HB **B**) *m ac* **a**) [*Ort*] *α*) [*ruhend*] in Lundenwic, Cænt, wic Hl 16, 1; 2 | in þa hon*d* '*Verletzung an der H.*', *aber* eandem *glossirend* Iud Dei IV 3, 5 *β*) [*Richtung*] '*hinein*'; in tun irneð Abt 17; carcern cume VI As 12, 2; þone here faran AGu 5 (on B 2); boldgetæl Af 37; þa scire 37, 1; on H; on *m dt* So Ld | naso *auf die N.* Abt 57 **b**) [*übtr.*] in sceat bewyddod 83 [*Klaeber* Anglia 27, 258 *vergleicht* in gold bebycgan *für* auro vendere *im Ags. Beda*] **c**) [*Zeit*] in XL [*od. dt?*] nihta Abt 22; fæsten Wi 14. Af 40, 1; on *m dt* B **II**) *adv* [*oder dem Verb abgetrenntes Praefix*, *vgl. auch die mit* in *beginnenden Verba*]: hryðer ga in gehwær Ine 42, 1; recð in on ge*at* 40; bespirige in on lan*d* V As 2 Ld; innan H; in eode Af El 11 (inn H); gan inn Or*d*al 3 f. — *Statt* inne *s.* ingebringan. *Der.:* þiderin.

L**in,** *m abl* 1) (*geschehen*) *an, gegen, im Falle von* Hn 34, 7a 2) (*fleischliches Verbrechen*) *an* virgine, uxore, vacua, sponsa, cogna*t*a, ancilla Quad*r* Rb II Cn 50, 1. 51. 54, *S.* 537

L**inantea** *künftighin* VI As 6, 4 Q. Hn 50*

inberan; 3: inbyrð *hineinträgt* Or*d*al 1

hie **inbeslea,** *op* 3, *in sie hineinhaue* Af 74

inbespyrian *s.* besp∼

inbestingan; 3: ∼tinð *hineinsticht* Abt 64, 2 [*vgl.* onb∼]

inborh (*ac*) niman on *Zwangspfand nehmen an* (*Fahrhabe*) II Ew 3, 1; ∼rhgum Q | inborgum *wird dem handhaft Ertappten fortgenommen als Pfand für künftiges Erscheinen vor Gericht* Hn 57, 7; 7c; *verschieden von* plegium 82, 2a | ∼ settan *Sicherheit stellen* Duns 8

L**incantatio** *Zauberei* II Cn 5, 1 Q [*aus* Firmicus Mat.?]

L**incantatrix** *Zauberin, Hexe* II Cn 4a Q In, wiccea *übsnd* [7**

L**incarcerare** *einkerkern* Lib Lond

L**incarnari** *Fleisch werden* Duel 2; **-atio** Dominica *Fleischwerdung des Logos* CHn cor *Prot**

L**incausare** *jem. anklagen* Af 31, 1 Q, *t*ion *übsnd*

ince *s.* ynce

L**incendium** *Brandstiftung* Hn 10, 1

L**inceptum** *Beginnen, kühnes Unternehmen* VI As 7 Q, anginn *übsnd*

L**incidere** 1) *eingraviren* IV Atr 5 2) *detailliren, ganze Stücke Tuch zerteilen und die Teile verkaufen* Lib Lond 8, 4 | ad **incisionem** *en détail* 8, 1; *Var.:* dec-

L**incontinenti** [*Ein Wort*] *sofort* Lond ECf 32 A 3

L**inconvulsus** *unverrückt, fest* Quad*r* Arg 9. Rb II Cn 81, *S.* 538 Q. EGu 1 Q, unwemme *übsnd*

L**incorrigibilis** *unverbesserlich* Hn 5, 23

L**incrassare** *sittlich verhärten gegen Besserung* Iud Dei XII 17. XIII 7, 2. 13, 4 [*aus Matth.* 13, 15]

L**incredibilis** *Vertrauens unwert, unglaubwürdig, gerichtlichen Eides unfähig, unehrlich,* ungetriewe *übsnd,* Q: II Eg Insc. III 7. I Atr Insc. II Cn 22, 1. 30. Hn 64, 9a [*vgl.* infidelis]

L**incrementum** felicitatis *Glückes Steigerung* III Atr Pro [*aus* Firm. Mat.]

L**inculpabilis** *ohne Strafe* (*Bussschuld*) IV Eg 8, 1 L. II Cn 75, 1 In

L**inculpatio** *Verklagung, Anschuldigung* (*eines Verbrechens*), tihtle *übsnd,* Q: Af 3. II As 14, 1. Rb II Cn 30, 3b, *S.* 537; Hn 9, 2. 48, 1a | *für* tihla, *im Ggs. zum Prozessiren gegen handhafte Tat* 62, 3a

L**incurrere** *rennend erreichen, gelangen zu,* geirnan *übsnd,* Q: Af 42, 2. Ine 5, 1

L**incurvatio** *körperliche Verkrümmung* Hn 93, 37

L**incustodia** *Nachlässigkeit, Sorglosigkeit,* Q: Af Rb 36. II Cn 70

L**inde** [*wie fz.* en] *darüber, dies betreffend,* CHn cor 3. 5, 1. Hn 26, 4 | ∼ probatus *dessen überführt* ECf 37 | *mittelst dessen* Q: Af 39, 1. 47, 1. I Cn 2, 4 Cons | *infolge dessen* Af 46, 1 Q | *dafür entgeltend* 24 | *anteilhaft davon* Ine 40 Q | ∼ finire *damit zu Ende kommen, es abschliessen* Hn 46, 3. 61, 11; ∼ finis est 92, 16 | ∼ venire *davonkommen, frei ausgehen* 23, 1

L**indecentia,** *nt pl, Unehre* IV As 7

Indefinitum 1) *ausgedr. durch* 3 *pl ohne pron s.* secan III Eg 2, 1 D (sece [man] GA); betan Hn 90, 11a | *coordinirt einem Satze mit* man *u. sg.*: man gebidde 7 weorðigen Wi 1, 1 2) *s.* æghwæt, æghwelc, ægðer, ælc, ænig, æthwa, awðer, awuht, gehwa, gehwæðer, gehwelc, he, hwa, hwæðer, hwelc, lochwa, man, nan, nænig, nawuht, somhwelc, sum, swæðer, swilc. *Vgl. Relativ,* a, æfre

L***Indefinitum*** *s.* homo

L**indemnitates** *Sicherheitsmassregeln gegen Schaden* Lond ECf 32 A 4

L**indicationis** pecunia *Geld*(*lohn*) *für Anzeige* (*entwendeter Fahrhabe*) Ine 17 Q, meldfeoh *übsnd*

Indicativ 1) *für den Opt. anderer Hss.* **a**) *gesetzlich bestimmend* [*absolut*] synd Af 43 B; sien, *sollen sein, übr.* | gebetað 49 B; ∼te *übr.* | is botleas I Cn 2, 3; sig G **b**) *abhg. von* þæt *α*) *so dass:* synd Af El 21 So Ld; sien *übr.,* fuerint *übsnd* | mæg 15 H; mæge *übr.* | beoð Af 50 E; beon HB *β*) *damit:* eow secgað Af El 49, 4 G, *referent übsnd;* -gen *übr.* **c**) *von Verb abh.:* geþencean, þæt he gedemeð 49, 6 E [*diesen ind. bei* Af *s. Wülfing* Syntax II 156]; ∼me H | bebeodað, þæt domas synd Ine 1, 1 Ld; sien *übr.* **d**) *im Nebensatz optativ. Hauptsatzes α*) *im relativ.:* men, þe hie lædað, gebrengen Af 34 B, *geänd. aus* læden *der übr.* *β*) *hinter* swa: sy forgolden, swa witan fyndað Af El 21 H; finden *übr.* | gyf nelle, ealswa sulh gegað I Cn 8, 2 A; gega G *aus* Atr **e**) *abhg. von* gif (*wenn*) Af El 17 H. Af 16 H. 36, 2 So. I Cn 5, 2c A | *von* butan (*ausser wenn*): he mæg III Eg 2 D; mæge GA 2) *jünger ersetzt durch Optativ: s.d.*

F***Indicatif*** *variirt mit Subjonctif:* en ki (*wessen*) eurt que ceo se*i*t, fors la u le rei se*i*t (est I) Leis Wl 24

L**indiscrete** *unverständig, ohne Vorsicht* Hn 88, 1a

L**inducere** *zwingend veranlassen, erzwingen,* ofgan *übsnd,* Q: II Cn 22, 1a. 30, 3a

L**induciae** *Aufschub im Prozess* Hn 7, 1 Cons Cn; **-ciare** *Frist geben, Termin aufschieben* Hn 7 Cons Cn. Hn 61, 9. 62, 2

L**inductio** *Verursachung, das in die Wege Leiten* Hn 79, 5

Ine, *König von Wessex* Ine Pro; Yne H; Inæ Q; *Var.* Hyne | *gn:* Ines Ine Rb Pro. Af El 49, 9 | *Lat.:* Ine (*Var.* Yne, Ina) rex Anglorum [*zu weit*] Lond ECf 32 C 2 ff.

L**inemendabilis** *durch Geldstrafe nicht büssbar* I Cn 2, 3 L, botleas *übsnd*

ineode *s.* ingan

L**inerguminare** *faseln, reden wie ein* energumenus (*Besessener*) Quad*r* II 17, 1

fram **infærelde,** *dt* (*getrennt*) *vom Eintritte* (*in die heilige Gemeinde*) Excom VII 4

L**infaidiare** *mit Fehde belegen, rächend verfolgen* III Em 2 [*wohl aus* falæce II As 20, 7]

L**infamatio** *Anklage, Inzicht* Quad*r* Ded 16. Hn 5, 8

L**infamatus** accusationibus *bescholten, übel beleumundet* Q: III Em 7, 1 *und,* tihtbysig *übsnd,* III Eg 7. I Atr 1, 1. II Cn 22. 25. Hn 67, 1

infangenetheof, *eig. ac:* [intro captum furem] *den innerhalb des mit privater Jurisdiction privilegirten Bezirks handhaft gefassten Verbrecher* [*bei frischer Tat gefangenen* Dieb] (*abzuurteilen, samt richterlichem Gewinn aus dem Strafprozess*), *doch auch als no behandelt*, Leis Wl 2,3 I. L; ~ent~ Hk; infongenþeof Hn 20,2; -þef *Var.*; ~ ECf 21. 21,1. 22,4, *auch retr und Rubr., wo Var.*: infong-; -þef, þief, þyef, thefe, def, þeaf; -ngenþ-, -ngend, -nge, -ngþ- | ~ *lag vor für latro* infra terminos proclamatus In Cn III 58,1

L **infantes** [*nicht bloss kleine*] *Kinder, Nachkommen* ECf 19,2; *dafür* pueri *retr*

L **infernalis** *höllisch;* gehenna ~ IV Eg 1,4, hell *übsnd*

L **infernum** *Hölle* I Cn 7,3 Cons, hell *übsnd;* Excom IV 8

L **infidelis** *unglaubwürdig, Vertrauens unwert* II Cn 22,1 In. Cons, ungetriewe *übsnd* [*vgl.* incredibilis]

L **infidelitas** 1) erga dominum *Verrat am Herrn* II Cn 64 Q 2) *Verletzung der Untertanenpflicht durch Untreue* Hn 10,1. 13,1 3) *Unredlichkeit* Leis Wl 47 L, deleauté *übsnd*

infiht vel insocna *blutige Rauferei zwischen Zugehörigen Eines Hofes* (*Gutsbezirks*) Hn 80,12

Infinitiv [*Form s.* Conjugation] 1) *blosser Inf.* a) *nach Verb:* gewuniað onfon Af El 30 | wilniað sellan 49,3; gewi- to syllanne H | bebead þone hlaford lufian 49,7 | he nah restan I Cn 22,5 BA; *aber* to restene G | *vgl.* geþolian; geþristlæcan b) *bed. 'um zu':* sylle heom cyssan bóc Ordal 4,1; *vgl. 9 Z. weiter* 2) *flectirt in passiver Bed. und* 3) *mit der Bed. 'müssen' s.* to; *vgl.* Dativ 4) *Ellipse:* se oðer sceolde [*zahlen*] II As 3; a sceal dom [*erfolgen*] VIII Atr 5,2; wær his wif sceal [*behandeln*] Wif 1 | gif he elles nylle [*sich fügen*] Af 1,4; hwæðer he to bote wille [cirran] II As 26,1 Ld; heo fram ceorle ham [*gehen*] wylle II Cn 73,2; gif mon wille of boldgetale in oðer boldgetæl [*gehen, um zu*] hlaford secan Af 37 | ne læte he hyrmen oferwealdan, ac wille he ælone [*oferwealdan*]; selre him is of folgoðe þonne on [*zu sein*] Ger 7 | læte gehwylcne folcrihtes weorðne (beon *fügt zu* D) II Cn 1,1 | he ne mæge [*fungiren*] Wi 6; hwæt to bote [*dienen*] mihte IV Eg Pro; to andsæce [*gelangen*] mæg VI As 1,1; hwæt mæg to ræde I Cn 1 D; hlaforde magan to ræde (nyte) [*gereichen*] Ger 2,1. 4. 13. *Fernere Beisp. s.* lætan *n.* 11; mot 5) *vgl.* Particip

L ***Infinitiv*** 1) *indecl. Subst. hinter Präpos.:* De intertiare Ine Rb 47 Q; *vgl.* esse, posse, velle 2) *blosser ~ hinter* habere: *s. d. n.* 3a *und 'brauchen zu, müssen'* Lib Lond 5

F ***Infinitif*** 1) *blosser, ohne Präpos. hinter* leisir, saveir *s. d.* 2) *hinter* a *ersetzt einen 'dass' beginnenden Final- oder Consecutivsatz:* le facet venir a faire Leis Wl 30,1; *truver* plege a parsivre 21; plevi a venir 3 3) *hinter* aveir a (*sollen*) *s.* aveir 4) ~ *praesentis im Sinne des perf.:* apeled de muster fruissir Leis Wl 15 [cor 7

L **infirmari** *tötlich erkranken* CHn

L **inflexibilitas** *krankhafte Biegungsunfähigkeit* Hn 93,37

infongen- *s.* infan~

L **informare** 1) *aufstellen, anordnen* (*Urteilfinder*) Hn 32,3 [*vgl.* infortiare] 2) *festigen* Quadr Ded 1 | **-atio** *Anordnung, Stellung* II Praef 6

L **infortiare** 1) *fest anordnen, sicher hinstellen* (*Prozessurteil*) Hn 29,1c. 33,1 [*synonym mit* (*vielleicht zu emendiren durch*) informare; *s. d.*] 2) *verstärkend hineinbringen* [?] 34,1c; infatuat *Hss.*

L **infortunium** seculorum *Plackerei im weltlichen Rechtsgang* Hn 6,6 | ~ia *Unglückszustände* 63,4. Quadr Ded 16

infoster *heimische Aufzucht, vom eigenen Viehstand geboren* Swer 3,4 [*vgl.* nureture]

L **infractio** *Verletzung* [*bildlich*], bryce *übsnd*, Q: Af 2,1; ~plegii Ine 31; pacis II Cn 12. 42; *tödtliche:* plena ~ Had 5; ~domus *s.* husbryce [*vgl.* fractio, (in)fractura]

L **infractura** *Verletzung* [*bildlich*], bryce *übsnd:* pacis I Cn 2,5 Cons; *ferner* Q: II As 5; plegii, vadii Af 1,8; ordinis II Cn 49 (*auch* Rb *S.* 537). Had 9 = Hn 11,12. 68,5a; c. *Für* summa ~ IV Atr 4 *lag viell. vor* fulbryce [*vgl.* infractio]

L **infringere** *brechen, verletzen* [*bildlich*], brecan *übsnd*, Q: testimonium Ine Rb 13; ieiunium EGu 8 = II Cn 46; infrang~ Hk

L **infugare** 1) *als Flüchtigen hineinjagen* Hn 80,11c 2) ~atus *in Verbannung getrieben, geächtet* II Cn 13, 2 Q, fliema *übsnd*

-ing 1) *für* -ig: *s.* nænig, synnig 2) *für* -ung: *s.* ahredding, bootæcing, ceapung, cenning, fliemanfeorming, fierdung, sulung, swutulung *u. oft* 3) *ersetzt durch* -ig, -eg, -i: *s. d.*

in[gan] *hineinkommen; ptt* 3: ineode Af El 11, intraverit *übsnd; getrennt* inn eode H | *prs op pl* 3: gan inn Ordal 3 f.

ingebringan *hineinbringen* II As 1,4 B; inne gebr~ *übr.*

ingehy[g]d *Denken; gn:* ~yde Excom VII 5

L **ingenitus** 1) *nie erzeugt* (*Gott*) VI Atr 6 L 2) *noch nicht geboren, künftig lebend* AGu Pro Q. Hn 70,11

L **ingenium** 1) *Machination, Ränke, List* In Cn II 20,1. Iud Dei XIII 12,1. Leis Wl 30 L 2) nullo ~nio *keinerlei Art, keineswegs, unter keiner Bedingung* Hn 82,3

L **ingenuitas** 1) *Adelstand, Überfreiheit* Af 11,5 Q 2) *hochherzige Freigebigkeit* Quadr II 17,4

L **ingenuus** *adlig, überfrei* Af Rb 11 Q Hk

L **ingratis** *wider des Betroffenen Willen* Hn 11,2

L **ingravatus** *belastet, beschuldigt* III Em 7,1 [*viell. übs. aus* becrafod; *vgl.* crafian, gravare]

inheord *Herde der Gutsdomäne; ac:* inherode! *Rect* 7

inhiwan, *pl dt, Gutsinsassen* Ine 50; innhiwum H

L **inhorruit** *schoss üppig ins Kraut, wucherte empor: Geiz* Quadr Ded 11; *Übermut* Arg 25; miskenning in Londonia Hn 22,1

L **inhumare** *begraben, einscharren* I Atr 4,1 Q

L **inimicitia** *Fehde, Blutrache* Hn 59,4

L **inimicus** *ein mit Fehde in Blutrache Verfolgter* Q: III Em 2 *und*, fah, gefā, gefah *übsnd*, II As 20,7. II Atr 6,2. Hn 59,4

L **iniuriare** *schädigen* Hn 10,1. VIII Atr 33 f. Cons Cn, forrædan *übsnd*

inlagie to bote, *op* 3, *in den Genuss des Friedensschutzes einkaufe zur Bussfähigkeit* VIII Atr 2 (~ige D) = I Cn 2,4; inlegiet Q (= Hn 11,1a); inleget Cons

inland *der nicht an Hintersassen ausgeliehene, der Domäne vorbehaltene Teil des Gross-(Adels-)guts; dt:* ~de II Eg 1,1 | *ac:* ~ *Rect* 3,4 [*vgl.* dominicus 3; dominium 4; demaine]

L**inleg(i)are** *s.* inlagian [*Gegenteil, auch* ~ *geschr., s.* ill~]

inlendiscan, *dt od. ac schw, inländischem*(*-en?*) Duns 6,2; inland~ Ld Q

inlice, *adv, inniglich* Cn 1020, 15

inn *s.* in

innan A) *adv, drinnen* Af El 21 H **B)** *prp* **a)** *innerhalb* **1)** *mit gn:* innon landes VI As 8, 2 **2)** *mit dt:* ~lande II Cn 78; ciricum Af 33 B (in *übr.*); I Atr 1, 2 f. (hundredan = II Cn 30, 1 f.). V 1, 2 = VI 8, 2. II Cn 17. 19 (~scire; inne B). Iud Dei VII 13 A; innon II Cn 30, 1 G **b)** *in .. hinein* **1)** *mit dt:* cume innon þære ciricean Ordal 1; ~ circan [*oder ac*] cuman Northu 37 **2)** *mit ac:* bespirige ~ (in on Ld) land V As 2. — *Der.:* þæri~

inne A) *adv* **1)** *drinnen* Abt 28. Af El 21. 42, 1 (*im Hofe*). 42, 3. Ordal 4, 3 | ge inne (oððe) ge ute Ger 3. Grið 26 | *im Lande* II Cn 71, 3 | ~ mid Englum Grið 4; ~ on Deone lage EGu 7, 2; east~, norð~ *in Ostanglien, Northumbrien* II Ew 5,2 **2)** þær inne gebringan *dort hinein* II As 1, 4; ingeb-B **3)** stande .. inne *bleibe eingestellt, zurückbehalten* Af 47, 1 **B)** *prp m dt, in(nerhalb)* ~ wuda III Atr 16; ~ scire II Cn 19 B; innan *übr..* — *Der.:* heri~, þæri~

inneweard I) *verb. aus* inweard, *Eingeweide* Excom VII 20 **II)** *adj, s.* inweard **[-innian]** *s.* gei~

L**Innocentes** 144 000 pro Christi nomine passi Iud Dei XIII 13, 2. XVI 30, 7. Excom VI 1, 5. VIII 1

L**Innocentius** (*III., Papst,* † 1216) Iud Dei XVI Insc[b]

L**innominatus** *nicht speziell bezeichnet* Hn 46, 1

L**innovatio** *Neuerung, modische Erfindung* Quadr Ded 4

L**innoxiare** *als unschuldig erweisen* Q: III Atr 7, clænsian *übsnd.* IV 7, 1. Hn 64, 5. 92, 3 a

L**inoperatio** legis *Rechtsruhe? Gerichtsferien?* Hn 61, 6 f.

L**inoperatum** nemus *nicht* (*als zum Park oder Forst gehörig*) *umhegtes Gehölz?* Hn 23, 2. 45, 4 [*vielleicht* inopertum *zu bessern*]

L**inp-** *s.* imp-

inrecan *eindringen;* 3: recð ceap in on geat Ine 40; receð H; introeat Q

L**insanies** *Wundkrankheit* (*aus* insanitas *und* sanies *verschmolzen?*) Iud Dei II 5, 3

L**inscienter** *unwissentlich, unabsichtlich* Hn 34, 1b

insegle, *dt, Verschlusszeichen* Ordal 5, 2

inseglige, *op* 3, *versiegele ebd.*

L**insellatus** *ungesattelt* II Cn 71, 1 Q = Hn 14, 1 f.; *Var.:* sine sella

L**inservire 1)** *Sklav sein* Hn 89, 2 a **2)** *Sklav werden* Ine 24 Q **3)** *verknechten, zum Sklaven machen* Q: 48. VI As 12. 2. Hn 89, 2 b [*aus Fränk. Capitulare* a. 803]

L**insigillare** *einsiegeln* Ordal 5, 2 Q

L**insimulari** *sich vereinigen* Af 19, 1 Q (*Var.:* sim~), gesamnian *übsnd* [*aus* simul; *vgl.* assimulare]

insocna *Rauferei innerhalb Gutsbewohnerschaft, zwischen Leuten Eines Hofes* Hn 80, 12 [*vgl.* infiht]

L**insolubilis** (*durch Wergeld*) *nicht* (*der Sippe des Erschlagenen*) *entgolten* II Cn 48, 3 Cons, ægilde *übsnd* = **insolutus** *ebd.* Q, *auch* 62; II Atr 3, 4 Q, ungilde *übsnd* [*vgl.* imperso~]

L**insortiare** *verzaubern, behexen* Hn 71, 2; *Var.:* insorticare

L**instantia** *Beispiel* Quadr Arg 8

L**institutio** *Satzung, Gesetz* III Em Insc. Wl lad Insc Q. Hn 7, 1; ~ones *gesetzliche Artikel, Verfassungserlass* CHn cor Prot[2]

L**institutum** *Satzung, Beschluss, Verordnung* I Atr 4, 3 Q. Wl lad Insc

Instrumentalis **1)** *Zeit:* þy siofoðan geare Af El 11; ælce Mondæge Reet 3 | *instr oder dt* [*s. d. n.* 7]; freolsæfenan, freolsdæge, -dagum, rihtfæsten-(Sunnon-)dagum, tide, -dan, freolstidan **2)** [*Ort*] *'von .. weg':* fordrife þy botle Ine 68 **3)** *Mass, Preis:* sio þreom hundum sell'. gylde Hl 1 **4)** *Mittel:* undeorran weorðe [*oder dt*] aliesan Af 32 **5)** *Beschaffenheit:* hine fleame nyste *ihn unter Acht* (*in Bann*) *nicht wusste* II Cn 13, 2 **6)** *inneres Object des Verbs:* deaðe sweltan *s. d.; oder dt* [*vgl. Dativ n.* 5: þam life libban] **7)** *regiert von* gebregdan, *s. d.* **8)** *unverstanden;* þy ilcan ryhte Ine 34, 1; þa [*pl ac*] H B **9)** *ersetzt durch dt* **a)** *im adj:* mid giunge sceape Ine 55; geongan H **b)** *im demonstr* *α*) *im art:* for þon gilte II As 11; þam Ot Ld *β*) *im pron hinter* be, for, mid, *s. d.* **10)** *prp später vorgesetzt* **a)** æt *zeitl. 'bei':* (æt A) feorðan siðe II Cn 19, 1 **b)** be *'mit, durch':* (be B) þriddan dæle Ine 29; (be H B) his agne were 30. 36 | *'laut, kraft':* (be Ld; on H) Godes forbode II As 23, 2 **c)** mid *'durch, vermittelst':* (mid H B) aðe Ine Rb 35; (mid Ld) dædum Af 52; (mid H B) scillingum Ine 23, 3. 45 **d)** on *zeitlich 'in':* þy (on þam H) siofoðan (*Jahre*) Af El 11 | *'laut' s.* 6 *Z. vorher* **11)** *viele dem Dativ* (*s. d.*) *zugewiesene Stellen können auch Instr. sein*

L**instrumentum** publicum *öffentliche Urkunde* Excom XIII 1, 2; ~ carte *Freibrief-Urkunde* Hn 70, 22

L**insulicolae** *die Bewohner der Britannien umgebenden Inseln, ohne Irland, besonders das Volk auf Wight, Man, Hebriden, Orkney* Wl art Lond retr 1. Lond ECf 32 B 7

L**insurgere** *sich erheben, entstehen:* causae *Streitsachen* ECf 29; *dafür* erumpere *retr*

inswa[ne], *dt, Hirten der Schweine der Gutsdomäne* Reet 4, 2 c; ~wa *Hs.*

L**intelligibilis** *verständig, erfahren* [*daher:*] *glaubwürdig* Leis Wl 24 L, entendable *übsnd;* Hn 31, 4. 48, 6

L**intempestus** *vorzeitig, undauerhaft* Hn 70, 11a

L**intemptare** [*für* intent~] *klägerisch zur Last legen, aufbürden* Af 33 Q, oncunnan *übsnd* [*vgl.* intentator]

L**intendere** *Gehorsam leisten, willfahren* Hn 43, 5 [*vgl. fz. entendre*]

L**intentator** *gerichtlicher Kläger, verleumderischer Angeber* II Cn 16 Q

interciebatur aliquis aliquid super aliquem *einer schob etwas auf einen Gewährsmann* [*von* cieo?] ECf 22, 3; *Var.* ~ciab~; *s.* intertiare

L**interesse** *dabei vorhanden sein, schützend eintreten* Af 1, 8 Q, þær beon *übsnd*

L**intermundiciis** servilibus Quadr Ded 21, *Reminiscenz aus* Epicuri intermundiis *'Zwischenreich der Götter'* [*bei Cicero*] *im iron. Sinne von 'geschäftlichem Frondienst'* | *oder bessere* immunditia *s. d.*

L**interpellare** *anklagen* [*im geistlichen Recht*] Wl ep 2, 1

L**interrare** *beerdigen* ECf 36, 5

Interrogativum *s.* hwa, hwelc; hu, hwær, hwanon, hwonne

L**intertiare,** ~rci~ **1)** *unfreiwillig verlorene Fahrhabe* (*Vieh*) *im Anefangprozess anschlagen* (*beanspruchen*), befon, ætfon *übsnd,* Q: Ine Rb 47. Ine 25, 1. 75. II As 9. II Atr 8, 4. II Cn 24, 3. Hn 57, 7c; super aqm. *'bei'* [*daher* *klagend: 'gegen'*] Ine 53. II Cn 24, 1 **2) interciari** aqd. super aqm. *das durch Kläger im Anefang als entwendet Angeschlagene auf einen Gewährsmann schieben seitens des verklagten Besitzers* ECf 22,3 *retr*; ~ciet Sp; ~oiebatur ECf 3) **~atus** *angerufener Gewährsmann ebd. retr*

L**int[h]ronizatio** *Inthronisirung eines Bischofs* Quadr II 6; **~tus** *zum Bischof eingesetzt, aber noch nicht geweiht* II 8b

L**intimare** 1) (*Vorgeschossenes wieder*) *einbringen* Ine 62 Q, geinnian *übsnd* 2) *antun, erzeigen* Quadr II 8d

fore **intinge**, *dt, wegen Prozesses* Iud Dei IV 3,5, pro causa *glossirend*

into, *mit dt* 1) [*örtlich*] *zu, in.. hinein:* beran ~ Ine 57. II Atr 3, 3; lædan ~ II Cn 84, 2 2) [*zahlen*] *an:* sellan ~ II Eg 2, gelæstan ~ V Atr 12, 1, betan ~ VIII 3. 4, 1. I Cn 2, 5. 3a 3) *in, nach:* gan ~ II Eg 2,2; faran ~ Cn 1020, 5; ætberstan ~ II Atr 2, 1 4) gebugan ~ mynstre *sich dem Kloster unterwerfen* V 5 = VI 3a; hyrdan ~ Dunsætan *gehörten politisch unter* (*gehorchten den*) *D.* Duns 9

L**intrinsecus**, *adj; abl:* ~cis, extrinsecis accidenciis *durch innere, äussere Nebenumstände* Hn 9,4 a. 80,10

L**se intromittere de** 1) *sich einlassen in, kümmern um* Episc 7 Q 2) *sich eindrängend zugreifen zu* II Cn 70 In, *teon* on *übsnd*

L**invenire** *festsetzen, bestimmen* II Cn 71 Q, findan *übsnd*

L**inventicius** puer *Findling* Ine 26 Q, funden cild *übsnd*

L**inventio** *Finden von Fahrhabe* [*oder 'Fundstück'*] ECf 24[19]

L**inventor** *Finder* ECf 24, 2

L**inveritare** *gerichtlich erweisen* Q: Ine 16. 17. 21. 49, 1. II Cn 15, 1. 23, 1, (ge)cyðan *übsnd* | ~ super Wl lad 3, 1, gesoðian on *übsnd;* Hn 11,11c. 87,1b. 88,9a [*vgl.* in verum mittere]

L**inversare** *missbräuchlich verdrehen* Hn 9, 1

L**investigare** *abhanden gekommenes Vieh aufspüren, Spurfolge ausüben* Q, of-(be)spyrian *übsnd:* Ine 17 (V As 2). III Em Rb. Hu 5 Rb

L**investigatio** *Spurverfolgung* III Em 6; *Var.:* vest~ [*wol* spor *übsnd*]

L**investitura** 1) ecclesiarum *Verleihung der Regierungssymbole an antretende Prälaten durch die Staatsmacht* Quadr II 4 2) *Handhaftigkeit des Diebstahls* Hn 63, 1

L**inviam**, *adv, entgegen, Weg hemmend* Hn 80, 4 [Duel 2, 1

L**invincibilis** *unbesiegbar* (*Waffe*)

L**inviolabilitas** [*bildl.*] *Unverletzlichkeit, Festigkeit* Lond ECf 32 B 13

L**inviolabiliter** [*bildl.*] *ohne Verletzung, fest* ECf *retr* 26

L**invitare** gloriam musis *auffordernd überlassen, einladend abtreten* Quadr II Praef 13 | **~atio** placitandi *Vorladung zum Process* Lib Lond 5

L**inultus** *unvergolten durch Wergeld* Af 1, 5 Q, orgielde *übsnd*

L**involutio** *Einhüllung, Umwicklung, Verdunkelung* [*bildl.*] Quadr II 4, 1

L**invultuatio** *Verhexung einer Person durch Schädigung ihres Abbilds* Hn 71, 1

I) inweard *s.* innew~

II) inweard, *adj; fm gn* [*dt instr?*]: ~*dre* heortan *aus innerstem Herzen* VII a Atr 2, 1. I Cn 4, 3. 21. II 84; inweardlice A; ~erdre V Atr 35 = VI 6. Grið 28; innewerdre VIII Atr 43, 1

I) inweardlice! heortan, *fm gn* [*dt instr?*], *aus innerem Herzen* A: I Cn 21. II 84; inweardre *übr.*

II) inweardlice, *adv, innig, andächtig* I Cn 22, 3 f.; ~dil~ A

inweorc, *pl ac, Arbeiten innerhalb* (*des Gutsgehöfts*) Ger 11

-io- 1) *abweichend von dem seit c.* 900 *normalen* eo: *s.* beon, ceorl, deofol, deorboren, feoh, (ge)feoht(an), (flettge)feoht, fiond, feorh, freo, hio(m, hiora) *von* he, treow, þeof; *geändert zu* eo: *s.* beon, ceorl, deor-, feoh(bot), feohtan, fiond 2) *ersetzt durch* eo: *s. d.* 3) *im Wechsel mit* ie: *s. Umlaut*

F**jo** *ich* Leis Wl 37 [*vgl.* me, nous]

Iohannes I) *Täufer* I As 1 Ld (*gn unfl.*). Excom V 1. VIII 13. X 1. XIV 4. XVI 30,5. ECf 2,5 [*vgl.* middansumor] **II)** *Apostel und Evangelist* Iud Dei VI 1. 1, 4. VII 23. XIII 13, 2. XV 3. Excom I 9. VI 1,3 *als Apostel*; 1,4 *als Evangelist* **III)** s. ~ [*Bi. von York,* † 721] *dessen Dom zu Beverley* Nor grið Z. 3 **IV)** papa, *irrig statt* Zacharias ECf *retr* 17,1 = Lond ECf 11,1 A 1 V) papa [*XIX.*, † 1033] Cn 1027, 5 **VI)** *Belet, Staatsmann Heinrichs I.* Hn Lond Test

L**Iona** *Prophet* Iud Dei XIV 3. Excom VI 14, 4

L**Iordanis**, *gn, Fluss* Iud Dei XIII 7

F**jose** *s.* chose **j(o)ur** *s.* jurn

L**Iosue** Excom VI 14, 3

ippingiren *s.* yp~

-ir- *für* -ri-: *s.* yr; *für* -re-: *s.* freht

Lcum **ira** *absichtlich* Ps Cn for 19

iren *s.* isen **irefa** *s.* ger~

Irenside, id est Latus ferreum, *Beiname Eadmunds III.*, ECf 34,2b; *Var.* (H)irenes~, Hyrns~, Hirens~

irneð *s.* iernan

L**irradiat**; pacis tripudia, qu[a]e regno ~ *ausstrahlt* [*tr.*], *erglänzen lässt* Quadr II Praef 14 | *daraus* pacis gaudia, quibus regno ~ [*intr.*] *erstrahlt* Hn Pro 1

L**irrecuperabiliter** *unwiderbringlich* Hn 61, 12

L**irrogatum** *Inanspruchnahme, Verklagung* Hn 78, 6

[i]rsebinn; *ac:* yrsebinne *Eisenkasten* Ger 17 [*falls für* irenb~ *oder* ise(r)nb~] | *oder lies* ryscbinn; *s. d.*

I) is *ist* Abt 77. 77,1. Hl 6. AGu Pro. 2. EGu Pro. I As 3; ys Abt 71. Af El 49 G. Iudex 15, 1. 17; his Af El 12 H. II Cn 12 Ld. 75 B. 76 B. 84,1 A. Ger 7 | ***pl*** 1: we syn [*op?*] Grið 30 | 3: sint Af El 3 (sind So; synd Ld; sindon G). 11; synd 21 So Ld. Wi Insc. Had 1; syndan H; syndon Abt Insc. Hl Insc. Af Rb Pro. EGu Insc; sindan Af El 49; syndan AGu 2. EGu 9. Grið 21. II Em Pro 2; syndun B; syn I Cn 22, 3 GBA. Rect 4. 4,4. 21 | ***op*** 2: þæt þu sie Af El 4; sy H | 3: sie Abt 58. Hl 6. Ine 2. 6. I As 1 Ld. II 13, 1 Ot; sy H. Ld. Abt 19. 74. 76. AGu 3. EGu 2 f. I Ew 1,1. V As 1,1 Ld; si I Cn 8,2 (*neben* se; sy A). II 30, 4. 32,1. 84,6; sig VI As 4. I Cn 2, 3; sio Abt 11. 46. Hl 1. 9 f.; syo II Cn 76, 1 A; seo 24. 31a B. 83 B; se Abt 89. II As 23 Ld | ***pl*** 3: sien Abt 37. 47. Wi 3. Af El 21. Af 36,2. Ine 1, 1. II As 20, 4 Ot; syn Ld; sin Ine 4; sion Wi 12; syn Af 43. IV Eg 1, 3. I Em 6 B. — *Ersetzt durch op: s. Indicativ; durch* beon: *s. S.* 22, *Sp.* 2, o. [*Vgl.* eom, wesan]. *Der.:* nis

II) is *für* his, *gn poss msc u. nt; s.* he

L**Isaac**, *gn*, Excom VI 1, 3; Ysáác Iud Dei XI 4

L**[I]saias**; Lectio Ysaię prophetæ *Vorlesung aus Jesajas* Iud Dei XII 8. XIII 2, 1[d]

isen 1) *Eisen* Hu 9. Ordal 4, 2. II As 23,1 Ld; ysenordal *übr.* 2) *Eisenordal; dt:* ~ne 14, 1. Ordal Insc; mid irene *durch Eisenord.* Wl lad 2. 2,3. 3 |

ac: ~ III Atr 6. — *Der.:* brandi~, gadi~, ordali~, cimbiren. [*Vgl.* Iren*side*, irsebinn?]

isen *eisern* Ordal 1b

[i]senordal *Gottesgericht des glühenden Eisens;* ys~ II As 23, 1 (isen Ld). Blas 2

[L]**Islandia** *Insel Island* ECf 32 E

[L]filios **Israel,** *gn,* Iud Dei X 19, 3. Excom VI 14, 2

[L]**Israheliticus** *Israelitisch* Iud Dei I 20

[F]e **issi** (isi I) tresque a 8 *und so* [*weiter*] *bis* 8 Leis Wl 5, 1 [= ainsi]

it *für* hit: *s.* he, *nt*

[L]**ita** sit (remaneat) *beruhe es auf sich, bleibe es dabei ohne Weiteres* Hn 88, 1 (3 a)

[L]**itineratio** *exercitus* II Cn 65 Cons, fierdfare *übsnd*

iu *s.* geo

[L]**Iudaei** *Juden im* 11. *Jhh., mit Engländern handelnd* VI Atr 9 L | *im* 12. *Jh. in England* ECf 25

Iudas I) *Apostel* Excom VI 1, 4 **II**) *Barsabas; ac:* ~dam Af El 49, 4 **III**) ~ *proditor* (*traditor*) Domini 49, 7 Q. Excom III 2. V 6. VI 4. X 7. XI 8 | *dt:* mid Iudan, Drihtenes belewedan VII 5

[L]**iudex;** iudices *Urteilfinder* ECf 36, 3. Quadr Ded 25. Hn 5, 1a; 3a; 6 f. 7, 5; 8; *ihr Kreis* 31, 2; - *regis U. in Kronprozessen* 29. 29, 1

[L]**iudicare** *durch Urteilfinder die Beweisart bestimmen* Hn Lond 3. Hn 26, 4; ~ eis Episc 14 Q, deman þam *übsnd* | ~ de legibus *Urteil finden aus* (*gemäss*) *materiellem Recht* ECf 34, 1

[L]**iudicatio** *Urteilfindung* Hn 32, 1a

[L]**iudicialis 1**) liber Q, domboc (*Gesetzbuch*) *übsnd:* Af El 49, 6. I Ew Pro. II 5. II As 5. II Eg 3 [*vgl.* iudicium *n.* 6] 2) *gottesgerichtlich, ordalisch;* lex ~ *Ordalbeweis* Hn 9, 6; offa (probatio) ~ I Cn 5, 2a; c (17) Cons; ~le ferrum Hn 67, 1c [*vgl.* iudicium *n.* 9]

[L]**iudicium** [*geschr.* ~itium Iud Dei XII Insc. 4, 1] **1**) *Spruch der Urteilfinder* Hn 59, 15; *Beweisurteil, das sie vor dem* (*für den*) Iusticia (*Ausüber der Gerichtsherrlichkeit*) *fällen* 29, 1a, *im Ggs. zum Endurteil dieses Richters* 52, 1a; c | *celebrare* ~ *Urteilfindung vornehmen* 32, 1. Ine Pro Q, cynedomas *irrig übsnd* | ~ hundreti, scire (comitatus) ECf 23, 4 (38, 3) | ~ meum *Urteilfindung unter meiner sie anordnenden Gerichtsbarkeit* Hn com 4 2) *Collegium, Amt dieser* iudices Hn 30. 31, 8 [= iudices 31, 8a] **3**) *Prozess mit Urteilfindung* ECf retr 18, 3 **4**) *gerichtliche Zuständigkeit samt Ungehorsamsbusse* ECf 12, 7. 13. 13, 1; *Bussbetrag* 27 [*vgl.* lex *n.* 10] **5**) ~ Angliae *Engl. Beweisrecht* Leis Wl 21, 5 Ld, jugement *übsnd* **6**) *Gesetz, Gebot* (*Gottes* Af El 49) Q, dom *übsnd:* Ine Rb Pro. 1, 1. VI As Pro. 10 | liber ~iorum [*vgl.* ~ialis] Q, domboc *übsnd:* II Ew 5, 2. II Eg 5 **7**) *einseit. Ordal* [*vgl.* lex *n.* 14, examen, probatio]; ~ Dei Hu 9 Cons Cn. Wl lad 2, 3 Q. ECf 16, 2. 19 | ~ legis I Cn 17 Q | *bloss* ~ Wl lad 1. 3 Q. Hn 18. 45, 1a. 49, 6. 64, 1g; h. 92, 13. In Cn III 59. ECf 9 | ~ *ferri* et aquae I Cn 17 In, *blosses ordal übsnd;* ~ aque vel ignis Leis Wl 14, 2 L, juise [*was nur Eisenordal meint*] *übsnd;* ~ ferri aut duellum Wl art 6 [*also ohne Wasserordal*] **8**) *Eisenordal* Wl ep 4, 1; 2. Wl lad Q: 2. 3. Wl art 6, 3. Hn 92, 9c **9**) *Ordaleisen* [*identisch mit* iudiciale ferrum 67, 1c] 67, 1b; *samt der durch diese Probe zu stützenden 'Behauptung des Beklagten, dass', daher acc m inf regierend* Hn mon 2, 2 **10**) *Ordalapparat und Privileg der Ordalabhaltung im eigenen Gericht* ECf 9, 3 **11**) *dies* Iudicii *jüngstes Gericht* Iud Dei XVI 30, 12

[F]**jugement 1**) *Urteil; ac:* faire faus ~ Leis Wl 13. 39, 1; dreit ~ 42. 42, 2 | *pl ac:* les ~ntz 39 **2**) *Beweisrecht;* ~ [*obl*] de Engleterre 21, 5

[F]**juger** *als Urteilfinder* (*be*)*urteilen* Leis Wl 13 | *pl* 3: ~ent 39 | *pf pc:* serment lui est juged *Eidesbeweis ihm durch Urteilfindung zugesprochen ist* 21, 5; jugied I | *fm:* jugee a mort *verurteilt* 33; jose jugee *entschiedene Prozesssache* 38

[F]**juise** *Gottesurteil* [*des glühenden Eisens*]; *obl:* par ~ se defendre Leis Wl 14, 2; iuis I; aler a la ~ 15, 2

[L]**Iulianus** *Apostata, Kaiser* Excom IV 2

in **Iunio** 7 **Iulio,** *dt, lat. decl., im Juni und Juli* Ger 9; kl' Iunii, *gn, lat. decl.,* I Cn 17, 1

[L]**iunior** Q, gingra ['*Unterbeamter*'; *s. d.*] *übsnd:* Af 38, 2. AGu Pro. II Em Pro; ~ *emendire st.* minor Episc 10 Q

[L]**Iuppiter 1**) Iovi placuisse Quadr Arg 29 **2**) Iovis sanctus dies in Ascensione Domini *Himmelfahrt* Q: Af 5, 5. Rect 3, 4

[L]**iurare** regnum vobis *fecit liess euch das Reich als eigen eidlich versprechen* Lond ECf 35, 1 A 1

[L]**iuratio** *Treueid* III Em Rb I

[L]**iuratus** *zur Inquisitions-Jury Eingeschworener* ECf Pro 1*

[F]**jurer** sur seinz *auf die Reliquien schwören* Leis Wl 13; prover I ‖ *fut* 3: jurrad 21, 1a; jurad I; jurra 3 (jurad I). 10, 2; sur seinz *auf Reliquien* 10a (jurraz I); - sur lui *gegen ihn* 14, 3 | *pf sbj pl* 3: jurassent Wl art Fr 2

[F]**jurn** *Tag; ac:* le quart ~ *Termin* Leis Wl 44, 1; dedenz un an e un jur *binnen Jahr und Tag* 3, 4. 6, 1. 5, 2 (le jur Hk); terme . . un jur 3; aveir a jur e a *terme* [*Ein Begriff*] 21, 1; le jur (a jour I) de sa mort *zur Zeit* 20, 2 | *pl obl:* dedenz les VIII (einc) jurs (jours I) 22 (Wl art Fz 3, 1)

[L]**ius** *Saft* Af 53 In Cn, liðseaw (*Gliedwasser*) *übsnd*

[L]**iusiurando,** *abl,* Q: Duns 6, 2. Episc 5

[F]**justice** (~ise *meist* Hk) 1) *Gerichtshalter in Vertretung des Gerichtsherrn;* la ~ le facet *der Regierungsbeamte soll* Leis Wl 31 | *obl:* devant ~ le rei *vor den Königsrichter* 2, 1; de la ~ le rei 17, 3; cunged a la ~ 4, 1; per la ~ *durch den Gerichtshalter* (*der Kirche*) 17, 2 **2**) *Gericht;* (a)mener a (la) ~ *vor G. führen* 3, 4 (3. 22); devant ~ 3; a ~ I **3**) *Rechtsvollzug;* ceste ~ (*ac*) 47, 2 | *Strafvollstreckung;* (la) ~ faire (4) 33; la ~ de *die Leibesstrafe an* 3, 4

[L]**iusticia** *s.* iustitia

[L]**iustificare** *richtig machen* (*Gewichte*) II Cn 9 Q, rihtan *übsnd*

[L]**iustificationes** *Anordnungen zum Rechthandeln, Zurechtweisungen* IV Eg 1, 8 L

Justin *Josteinn, einer der Führer der* 991 *mit Æthelred II. Frieden schliessenden Nordleute* II Atr Pro

[L]**iustitia** [*fast stets* ~icia] **1**) *Strafgericht, -vollzug* Leis Wl 47, 2 L. CHn cor 5, 1. Hn 59, 18. 75, 6a; *Leibesstrafe* 49, 7 | ~ mea (*des Königs*) de waraut *am* (*Verantwortlichen*) Hn mon 2; de pugno *am* (*Körpergliede*) 2, 1 | *Hinrichtung* ECf 9a. 18, 3 (de: *an*). 20, 2. 36. 36, 3 **2**) *Gerichtshalter, Beamter, der den Gerichtsherrn vertritt* Hn 5, 4; ~ cuiuscunque (*neben regis* *und* episcopi), *also* baronis, comitatus, hundredi, burgi ECf 3 | ~ episcopi *kirchlicher Richter* 2, 9. *retr* 8, 2a. 36, 4 f. = ~ s. *ecclesie* 8, 2a. *retr* 3 = ~ episcopalis (episcopi) Wl ep 3 (3, 2. 4, 1) | ~ regis *königlicher Richter, Beamter* 5, 3a. Leis Wl 17, 3 L, justice *übsnd* = *blossem* ~ Hn Lond Prot (*Var.:* iusticiarius *S.* 525[1]). Hn 29, 1b. 31, 2. 34, 7. 59, 4a = maior ~ 59, 3. 61, 3

L**iustitiabilis** [*meist* ~iei~] **1)** *stellbar vor Gericht, verantwortungsfähig, bestrafbar* Hn 8, 3. 41, 7. 92, 3b. VI As 1, 4 Q, gewyld (*gefesselt*) *übsnd* **2)** *rechtschaffen* Leis Wl 25 L

L**iustitiarius** [*meist* ~ici~] **1)** *Oberbeamter über 10 Bauern* ECf 28; *über 10 Zehnschaftshäupter* 29 **2)** *Gerichtshalter in Vertretung des Gerichtsherrn; zumeist des Königs* 36. 36, 3; *Regierungsbeamter* Leis Wl 31 L | regis *vom Staatscentrum abgeordneter Richter* 2, 1 L, justice *übsnd.* | ~rii *Colleg königl. Reiserichter* 22 L **3)** ~ Angliae *Oberrichter, Höchstbeamter des Staates* CHn cor, *Prot*[4]

L**iuventus** *Jungvieh,* geoguð *übsnd,* II Eg 3 Q. I Cn 8, 1 Cons

K.

k *s.* c. *Der Buchstabe steht:* k' VI Atr 1 ff. (*auch* L) *für* capitul (*caput*); kyn Ine 42; gekyndelice Abt 64; kyning Ine 36, 1 B; kyng Wl Lond 1; kynescype Cn 1020, 8; gekyðe Hl 16, 2; kyðe III Atr 15; unbesaken II Cn 79 B; wæpenkace! III Atr 3, 1

F**k** *s.* qu

L.

-l- 1) *geschwunden s.* Æðelstan, cotsetl **2)** -l *einfach für* -ll: *s.* eall, motbell, ceorlleas **3)** *dafür* ll *s. d.*

l, *Sigle für lat.* uel, *im ags. Text* oððe *zu lesen* Duns 7. Northu 48

FL**l** **1)** *für* r: *s.* Gerardus **2)** *dafür* n: *s.* Lincoln

la *wohl, traun, nun* VI Atr 6. 29; *ach* Grið 26

F**la** **I)** la, u *da, wo* Leis Wl 24; d'issi la (de ici Hk) que *bis dass* 21, 4 **II)** *s.* li, *fm*

laad- *s.* lad-

I) lac *Gabe, Geschenk; pldt:* laeum VI Atr 42, 3. — *Der.:* feohtlac, lybblac, Oslac, reaflac, scinnlac, sibblac, wiflac

II) [lac] falsum et lac(c)um, *nt, falsches und mangelhaftes, nicht vollwichtiges (Geld)* IV Atr 7 [8, 2

L**lacem**, *ac, Lack, Harz* Lib Lond

Lachman rex Svevorum, *Begleiter Cnuts d. Gr.*, Lond ECf 13, 1 A [*vgl.* lahmen]

[-laonian] *Der.:* gel~

I) lad *Reinigungsbeweis;* forðcume I Atr 1, 9 (= II Cn 30, 8); *berste* 1, 13 = II Cn 31, 2. 8, 2 (forberste 53, 1). Duns 2, 1; *teorie* 4. 6, 3 | *gn:* lade II Cn 20 (*auch* In). 22 | *dt:* lade VIII Atr 27, 1 = I Cn 5, 4. Duns 2. Cn 1020, 12. II Cn 8, 2. 29 Ld. 42. 47, 1; æt lade mistidan 56, 1; læde A | *ac:* namige þa lade *ernenne die [Personen der] Eideshilfe* III Atr 13; lade sellan 13, 4; ofgan II Cn 22, 1a | *lat.:* lada Q (*erklärt:* id est purgatio Duns 2, 1). Hn 11, 8. 18. 64, 9; 9a; b. 66, 3. 92, 9c; *Reinigungspflicht* 64, 1h. — *Der.:* werlad [*fris.* lade; *gegen Vermengung mit* lad (*Leite; s.* ladrinc), *fris.* lede, *spricht His* Strafr. *d.* Friesen 66]

II) lad *s.* lað **III)** *s.* ladrinc; lædan

lade, *ac, (Transport einer) Ladung* Northu 55; ~lædan Reet 2. — *Der.:* cornl~, wudul~; *für beide setzt* in *terra.* [*als* lande] *missverstanden* Q 21, 4*

ladian **1)** [*tr.*] *gerichtlich als unschuldig erweisen, reinigen* **a)** *m obj* hine [*refl.*]: *sich* AGu 3. II As 14, 1. 20, 8. IV 6, 3. III Atr 4. VI 37 | *op* 3: ~ige hine selfne Af El 28 G (gel- E). - AGu 3. II As 1, 1 So (gel- HB). 2, 2 (gel- B). 14, 1. IV 6, 2b. III Atr 13. VIII 19 (on husle). 20 (mid *Helfern*). 21 = I Cn 5. 5, 1—2. II 8, 2 (mid *durch;* ~ie B). 41, 1; mid (*durch*) aðe ongean hine [*den Kläger*] mid *Eideshilfe* Wl lad 1, 1; mid *irene durch Eisenordal* 2, 3. 3; ~ie þæs [*gn*] *davon* I Atr 1, 8 (= ~ige II Cn 30, 7). 1, 12 (mid *mit Eideshilfe von* = ~ige II Cn 31, 1a; hladide! Ld) **b)** *m. and. obj:* ladie þa hand II As 14, 1 (-ige H); hine *ihn, jenen* III Atr 4 **2)** ~ [*intr.*] *Unschuld beweisen, sich reinigen* II As 14, 1. V Atr 30 (mid: *durch;* be: *in Höhe von;* ~igan G 2; *daraus,* hine *zufügend,* VI 37). VIII 22. 27, 1 = II Cn 41, 1. I 4 (hine *fügt zu* A); be þam *demgemäss* Duns 7 | *op* 3: ~dige V Atr 30 D (æt spræce on husle mid *von Anklage durchs Abendmahl mit Eideshilfe von* VIII 19, 1). 20, 1. 23. 24 = I Cn 5a. 5, 2b; c (hine *fügt zu* A); mid *durch* 39 B (gel- hine GA). 41, 1 (hine *fügt zu* BA; ~ie B). 47, 1; hine *fügt zu* B | *Lat.* se ladiare Q: I Atr 1, 8 (laidat *Var.*). 1, 12. II Cn 29, 1 = Hn 65, 2. — *Der.:* gel~

[ladrinc] *geleitender Herold;* laadrincmannan, *ac, Geleitsführermann, Untergebenen jenes amtlichen (königlichen) Führers* (= *ductor Asser* 79, 6; praeco *Birch* Cartul. Sax. *n.* 454), *der Stammesfrieden (Königschutz) Durchreisenden sichert* Abt 7. [*Oder bessere* laadrinc (*ac*) man: *man einen Herold*]

ladung *Reinigungsbeweis; dt:* ~ge II Cn 34 | *ac:* ~ge Episc 5

[-læca] *s.* scinnl~

[-læcan] *s.* fal~, geneal~, geþristl~

[-læccan] *Der.:* gel~

læce, *ac, Arzt* Af El 16, medic[um] *übsnd*

l[æ]cefeo[h], *ac, Arztkosten,* lechefe Leis Wl 10 I; lecheof Hk; lichfe L

lædan *leiten, führen;* ~ forð æt *vorführen bei* II Cn 84, 1a; into *einführen in* 84, 2; oð to (*Spur*) *bis* Duns 1, 2; *in andere Landschaft* Wif 7; lade ~ *Transport* Reet 2; *ein Pferd* 5, 3 | *pl* 3: ~að Af 34 B | *op* 3: ~de II As 8 (*geänd.* gel-). II Cn 20a A (gel- *übr.*); to rihte *stelle zur Rechtserfüllung* 33 (lade A); *trage, bringe* II Eg 4, 1 f. | *pl* 3: ~den mid him *mit sich* Af 34 (~dan HB; *geänd.* ~dað B). II Ew 4 | *ptt op* 3: ~dde Af 8, 1. VI As 6, 3. *Für* gelædan II Cn 20a A. *Der.:* al~, gel~, tol~, utl~, utal~, utgel~

læde *s.* lad **læf** *s.* leaf

læfan *lassen* **1)** *übrig lassen; pl* 3: ~að nawiht oð morgen Iudex 12; þearfiendum *Armen belassen* 13 | *op pl* 3: ~fen Af El 39 **2)** *hinterlassen; op* 3: gyme þæs (*dessen was*) he læfe Rect 4, 3c. 5, 5 | *ptt pl* 3: læfdan Becwæð 1 | *op pl* 3: læfden Af 41

læfe *s.* liefan

læflas, *pl ac, Schüsseln* Ger 17

læg(e) *s.* licgan

læge *s.* leah **[-lægen]** *s.* unl~

læl *Strieme, Beule* Af El 19, livor *übsnd* | *ac:* læle *ebd.*

læmen, *nt, tönern* Ordal 1b; lemen: de argilla Q

[-læmed] *s.* gel~

læn *Darleihung; dt:* ∼ne Af 19,2 | *pl dt:* ∼num Af Rb 19 | on lan, *geänd. aus* onlah *'entlieh'*, Af 19, 1 H *entw. ac 'auf Entleihung' oder aus* onlænan

lænan *darleihen; pl* 3: ∼að Af Rb 19; len- B | *op* 3: ∼ne Af 19 HB (onl- E); *mit gn der Sache* Ine 29 H; onl- *übr.* — *Der.:* al∼, onl∼

lændebræde *s.* len∼

læne; *dt:* on lænan liffæce, *in vergänglicher Lebensspanne* Grið 21

læng, *cpa*, *s.* lang

længten *s.* lencten

læppan, *pl dt*, *Bezirken*, *Landesteilen* II Atr 1

lær *s.* lar

læran *lehren, anweisen, ermahnen* VI Atr 6. 41 (*m ac*); *vorschreiben* I Cn 20; læron *belehren* I Em 1; *flect:* to ∼nne Af El 49, 1 | 1: ∼re Becwæð 3, 2; *rate* Ger 4 | *pl* 1: ∼að Af 1. V Atr 8 (læreið! G 2) = VI 5 (= I Cn 6, 1). 11. VIII 31. I Cn 7. 21 (*unterweisen*). 25. II 2; *verordnen* Northu 9 | *pl* 3: ∼að Cn 1020, 15 | *pc instr:* diovle lærende Iud Dei V 2, 4, diabolo instigante *glossirend* | *ptt* 3: ∼rde Af El 49. 49, 7 | *pl* 3: ∼rdan VI Atr Pro

læresta, læs(se) *s.* lytel

læs *Weideland; dt:* gemænre læse *Gemeinweide* IV Eg 8. 9. Rect 12 | *ac:* ne land (*Acker*) ne læse Becwæð 3; læsse B. — *Der.:* etenlæs

læs- *s.* liesan

ᴸ**læsio** II Cn 15, 1 Q, læððe *Hass* [*weil Buchstaben ähnlich*] *übsnd*

læsseþegen *geringerer Thegn;* mediocris homo, quem Angli dicunt ∼ II Cn 71, 2 In (*Var.:* les∼, lees∼) *statt Cnuts* medemra þegna | *daraus* læssþegenes, *pl ac, als* mediocres, yongermen *erklärt* Ps Cn for 2

læst I) *s.* lytel **II**) *s.* -leas

læste, *op* 3 1) *leiste, entrichte:* saulsceat II Eg 5, 2 A; gel∼ D; *erfülle* (*Versprochenes*) Swer 1 2) *bleibe, dauere* Becwæð 3, 1. — *Der.:* gel∼

læswian (*Herde*) *weiden* Rect 12

læt, *ac*, *Halbfreien dreier Klassen zu* 80, 60, 40 scil. *Wergeld* Abt 26

lætan *lassen;* 1: læte II Cn 75 | *pl* 1: lætað AGu 2; let- B 2 | *op* 3: læte Hl 7. 16, 3. Af El 12. IV Eg 1, 1. II Atr 6, 1. V 1, 1. VI 8, 1. X 2. II Cn 1, 1. 29. Northu 33. 43. Duns 9, 1. Ger 7 | *pl* 3: leton II As 20, 6; letan Ot; lætan Ld | *ipa:* læt Af El 30. 47. Becwæð 3, 2 | *ptt pl* 3: letan II Cn 76, 2. Becwæð 1. — 1) *überlassen:* gislas to heom Duns 9, 1 | letan ⁊ læfdan *hinterliessen* Becwæð 1 2) *in Ruhe sein lassen:* me be minum Becwæð 3, 2 3) ∼ to forgyfnysse *zur Verzeihung zulassen* IV Eg 1, 1 4) onweig ∼ *beiseite* (*unbeachtet*) *lassen* II Atr 6, 1 | aweg *hinweg*(*laufen*) *lassen* II Cn 29 *für Ines* alæte 5) læte an *lasse los, gebe auf* Hl 7. 16, 3 6) *schätzen:* dyrne *teuer, wert* AGu 2 [*vgl. Klaeber* Anglia 27, 107] 7) *sich benehmen, verfahren;* læt uncuðlice Af El 47, molestus eris *übsnd* 8) *erachten als:* riht II Cn 75; iustum censeo Cons; wille A: volo Q | ∼ scyldig(ne) 76, 2; reum decernebant Cons; putare Q; iudicare In 9) *m inf: zugeben, dass:* ∼ hine licgan *ihn tot liegen, erschlagen werden lassen* II As 20, 6; læt libban Af El 30, vivere patieris *übsnd;* ∼ hyrmen hyne oferwealdan Ger 7 10) ∼ beon rihtes wyrðe *machen, dass er Rechts teilhaft werde* V Atr 1, 1 = X 2 11) [*Ellipse dieses* beon] ∼ gehwylcne rihtes wyrðe VI 8, 1 = weorðne II Cn 1, 1 12) ∼ hie freo (faran *fügt zu* G) on folc *Sklavin freilassen zum Volke* Af El 12, dimittet eam *übsnd* 13) *m neg. pc pf: unterlassen zu + inf.;* ∼ unwarnod *jmn. ungewarnt l.* Northu 33; gerihta unmynegode *Gerechtsame einzumahnen unterlassen* 43. — *Der.:* al∼, anl∼, forl∼; -tnes; ælæte

ᴸ**lætania** *Litanei* Iud Dei III 1. XI 1^b, let∼ X 17, 1. XVI 31 *für* litania. [*vgl.* let∼]

ne **læðes** (ne landes), *gn*, *Gaubezirks* Becwæð 3, 2 | *lat.* leð *Lathe, Teilbezirk der Grafsch. Kent* ECf retr 31, 2. 32; *pl abl:* lestis 22, 5, *wo* [*irrig*] *mit* wæpentake (*und* þrihing 31, 2) *gleichgesetzt.* [*Vgl.* leidgrevei]

for **læððe,** *dt*, *aus Hass* II Cn 15, 1; lædðe A; læsio [*durch Buchstabenähnlichkeit*] Q

[-læwan] *Der.:* belewedan

Læwe, *dt*, *Lewes in Sussex* II As 14, 2; ∼wes Ld; Lewis Q [*Urk. von* 961, *bei Birch* Cartul. Saxon. 1064: Læwe, *in latein. Übers.* (12. *Jahrhs.?*) Laewes, *von Kemble* Cod. dipl. VI *erklärt:* Lewes?]

læwed, *adj*, *laienhaft*, *nicht geistlich;* gehadod oððe ∼de *Laie* Cn 1020, 9 | *dt:* ∼wdum men *Laien* Af 18; lewed- So | *pl:* ∼de *Laien* V Atr Pro. VII a 7. Cn 1020, 13 | *gn:* ∼dra II Em Pro | *dt:* ∼dum Northu 5 | *ac:* ∼de Cn 1020, 1

[-læweo] *Der.:* liml∼

laf 1) *Witwe; dt:* lafe VI Atr 12 = I Cn 7; leafe D 2) beon to laf' *übrig bleiben* I As 3 Ld 3) *pl ac:* lava *Reliquien* Iud Dei VII 13 A, reliquias *übsnd.* — *Der.:* Anlaf, metelaf

laford *s.* hl∼

lag- *s.* lah-; *Der.:* unlag∼, utlag∼

laga *s.* lagu

ᴸ**[laganum]** *von Wellen angetriebenes Gut* Hn 10, 1; algar *Hss.*

lagbryce *Rechtsverletzung; pl dt:* ∼oan V Atr 25 D (lahb- GG 2) = lahbrican VI 28, 3

lagian *gesetzlich bestimmen* X Atr Pro | *ptt pc:* gelagod VII a 3. — *Der.:* gel∼, inl∼

lagu *Recht* [*fehlt bis* EGu; *zu früheren Denkmälern setzt es nur spätere Hs.* B: Ine Pro. AGu Insc]; ***no:*** ∼ I Atr Insc B. VI 37. 49. II Cn 15 a. 31 a B. 34 (laga B). 75, 2 B (lage A; *pl* G). Northu Insc. Rect 1. Geþyncðo 1; laga IV Eg 12; *viell. pl:* AGu Insc. Norðleod Insc; lage [*pl?*] Ine Pro B. I Atr Insc B | ***gn:*** lage VI Atr 12, 2 = I Cn 7, 3. 26. Grið 19, 1. Rect 6, 4 | ***dt:*** lage I Atr Pro. II Cn 84, 1 (laga A). Geþyncðo Insc H. Norðleod 6 DH. Mirce Insc O (laga D). 2 OH (laga D). 3 O (laga D). Að 1 O. Grið 13, 2. Wl lad 1, 1; *abh. von* on, *also viell. z. T. ac:* EGu 7, 2. I As 2 (*fehlt* Ld). V Atr 30. VI 37. VIII 5, 1 = I Cn 3, 2. II 15 (laga Ld). 15, 1a; 2 (laga BA); 3 (laga A). 62. 65. Norðleod 5 (= Að 2). Mirce 1. Grið 6. 9. 11. 13. Nor grið Z. 1; on þam! laga [*aus pl* lagā *verderbt?*] Norðleod 6 Ld; laga II Em 7 [*Fehler für* slaga] | ***ac:*** lage III Atr 3, 3. 13, 3. VI 50 (= Northu 46; *pl?*). VIII 43. Cn 1020, 9. 13. II Cn 15, 2 f. [*pl?*]; laga [*öfters pl?*] V Atr 1, 1. 10 (= I Cn 10, 3). VIII 43, 1 = I Cn 21. 6, 3. Rect 21, 3; lah! III Atr 8, 2 | ***pl:*** laga IV Eg 12. III Atr Pro. II Cn 75, 2; *geänd. aus* lagan!; *neben* lage VIII Atr 37 | ***gn:*** laga 43, 1. Wl Lond 2 | ***dt:*** ∼um IV Eg 2, 1. 13, 1. VI Atr 42, 2. Geþyncðo 1. Grið 7. 19; lagan I Cn 1 D | ***ac*** [*s.* 8 *Z. vorher*]: laga III Atr Pro. V 1 (= II Cn 1; lage B). 1, 1 = VI 8 = X 2. VI 11. 50. X Pro 2. VIII 30. 43, 1 = I Cn 21. II 83 (lage B) = Northu 66. Had 11; lage VIII Atr 43. Ordal 6 ‖ *Plural variirt mit sg* II Cn

75, 2. Geþyncðo 1 (Norðleod 6?) *u. kann sing. Collectiv bed.:* IV Eg 2, 1. 13, 1. V Atr 10. VI 42, 2. VIII 30. 37. I Cn 1 D. 6, 3. Geþyncðo 1. Grið 7. 19. Wl Lond 2 ‖ ***Lat.*** laga CHn cor 9. 13. *Quadr* Arg 27 *und* Q *oft, oben Citirtes übsnd;* Hn 54, 3; *Var.:* lagha. — 1) *Reichsrecht;* Engla ∼ Geþyncðo 1 | *Staatsordnung, Rechtsverfassung* II Em 7. IV Eg 13, 1 | *Rechtszustand der* [*günstig gedachten*] *Vergangenheit, benannt nach deren Regenten:* Eadgares ∼ Cn 1020, 13. I Cn 1 D; Eadwardi CHn cor 13 = *Quadr* Arg 27 2) *Rechtsgewohnheit, Brauch in einzelner Rechtsmaterie, ungeschriebene Satzung* VI Atr 37. II Cn 31 a B. 75, 2 B; *das Beweisrecht allein meinend* 34 | *Rechtsbestimmung* IV Eg 2, 1. 12. Northu 66. Rect 21, 3 | *Rechtsregel* 6, 4. VI Atr 49 | *m Ggs.* unlaga (*missbräuchl. Rechtspraxis*) V 1 (= II Cn 1). 1, 1 = VI 8 = X 2; lar 7 ∼ Pro 2 | *weltl. Recht* Had 11 [*eintretend statt* woroldl∼]; manna ∼, *m Ggs.* Godes ∼ VI Atr 50 3) *Rechtsgang, gerichtl. Austrag mit Ggs.* lufu (*freundschaftl. Sühne*) III 13, 3 = Hn 54, 3 4) *staatl. geschriebenes Gesetz* Ine Pro B. AGu Insc. I Atr Insc B. III Pro. II Cn 15 a [*eintretend für* domboc]. 15, 2; 3. 83. Ordal 6. Had 11; cyninges ∼ VIII Atr 37 5) *Particularrecht* Reet 21, 3 | Cantwara ∼ Grið 6 | Dena [*vgl. S.* 51 *Sp.* 3] ∼ EGu 7, 2. VI Atr 37. II Cn 15. 15 a; 1a; 3. 62. 65. Norðleod 6 Ld [*falsch*] | Engla ∼ [*vgl. S.* 63 *Sp.* 1; *andere Bed. s.* 30 *Z. vorher*] I Atr Pro. V 30 = VI 37. VIII 5, 1 = I Cn 3, 2 = Hn 79, 6. II Cn 15, 2. 62. 65 = Hn 66, 6. Norðleod 5 = Að 2. Grið 11 | Myrcna ∼ Norðleod 1 (6) = *Mirce* 3 (1). Insc 2. Að 1 O | Norðengla ∼ Grið 13. 13, 2 | Norðhymbra ∼ Nor grið *Z.* 1 | Norðhymbra preosta ∼ Northu Insc | Norðleoda ∼ Northleod Insc | Norðmandiscere lage [*dt*] Wl lad 1, 1 | Suðengla ∼ Grið 9 6) *Godes* ∼ a) *Altes Testament* I As 2 [*vgl.* lex *n.* 3] b) *Kirchenrecht* VI Atr 12, 2. VIII 30. Cn 1020, 9; *synon.:* Cristes ∼ VIII Atr 37; godcunde ∼ V 10 = 1 Cn 6, 3 = Cristene ∼ VI 11 c) *Kirchenrecht und Sittlichkeit* [*oder diese allein*] VI Atr 12, 2 (= I Cn 7, 3). VIII 43. 43, 1. 50 = Northu 46. II Cn 84, 1. I 26 = Grið 19, 1. 19; lar 7 ∼ [*s.* 34 *Z. vorher*] VI Atr 42, 2. I Cn 21 7) [*subjectiv*] *Recht und Pflicht, Berechtigung* Reet 1. Geþyncðo Insc H. 1. Wl Lond 2 8) *Rechtsschutz, Genuss staatsbürgerl. Friedens* III Atr 3, 3. 8, 2 ‖ *In* B *für:* dom Ine Pro; *für* geraednes I Atr Insc; *für* rihtlagu II Cn 31 a. *Ersetzt durch* land Mirce 1. — *Der.:* folcl∼, griðl∼, hundredl∼, landl∼, mæg(ð)l∼, preostl∼, regoll∼, þegnl∼, unl∼, utl∼, woruldl∼

[-lah] *Der.:* utlah

lahcop *Erkaufung des Rechtsschutzes, staatsbürgerlichen Friedens* III Atr 3, *unübs.* ∼pum Q, *auch* Rb *S.* 541 [*nordisch; daraus anglisirt:*] **lahceap** Northu 67, 1

lahlicne spalan, *ac, gesetzmässigen Vertreter* Wl lad 2, 1

lahmen, *pl, Urteil findende* (*und Recht weisende?*) *Ratsmannen* Duns 3, 2; id est legis homines [*zu silbenhaft*] Q ‖ lagemanni *städtische Patricier, regierende Ratsherren* ECf 38, 2; *Var.:* lagam-, lagahem-, laghem-, lakem- [*vgl.* Lachman]

lahriht *Satzungsrecht* 1) *allgemein; ac:* ∼ Cristes oððe cyninges V Atr 31 = VI 38 2) *nur weltliches, zerfallend in:* ge burgriht ge landriht; *no:* ∼ Episc 6

lahslit (*auch* ∼itt, ∼*ite*, ∼itte *und* [*durch Vermischung mit* sliht?] ∼iht) *Rechtsbruchbusse, erklärt:* þæt is 12 oran EGu 3, 2 = 3 healfmarc 3, 1 [1 *Pfund? laut* In Cn *S.* 612 *für den* ceorl, *laut* Northu 50 *für den* færbena]; legis fractura *übs.* Cons Cn: II 15, 1 a; 3 | *gn:* ∼tes II Cn 15, 1a; ∼ihtes, ∼ichtes Q *Var.* | *dt:* ∼te VI Atr 51. II Cn 49. Northu 20 ff.; ∼itte EGu 3. 4, 1 | *ac:* ∼ 3, 2. 6. 6, 1—4 (= II Cn 48). 9. II Cn 15, 3 (∼te BA). 45, 3. 46; ∼iht Northu 51 ff.; ∼itt EGu 6, 4 B; ∼*ite* 2 B. 7, 1. 8. V Atr 31; ∼itte EGu 2. 7, 2; ∼iht 6, 1 B. ‖ ***Lat.*** *unübers.* ∼it Q (lashli*te* *Var.* EGu 2). In Cn (*wo zu* II Cn 46 *irrig:* i. e. X sol. *und Var.* halslit, *daher oft verwechselt mit* healsfang [*s. d.*], id est X sol. II 45, 3. 48; *anders aber* II 15, 1b *S.* 612). Hn 11, 11 f. (*Var.* las∼, lastl∼, ∼*ith*, ∼lut). 66, 5; lahslite 34, 1a; 1c | ***fm:*** lahslita 11, 12; *Var.* las-; lashlita EGu Q: 2. 5 *und* ***Franz.*** de sa laxlite (lasl- L) Leis Wl 39, 2. 42, 2

Flais[ser] 1) 3: en leis*t* *unterlässt* Leis Wl 4; les*t* Hk 2) *sbj* 3, *lasse, erlaube zu;* lai*t* par*tir* 48, 1; lei*t* all*er* 49

lama *verstümmelter Krüppel* EGu 10, *unübs* Q [*weiter als bloss 'lahm'; auch fris. umfasst* lemithe '*Verstümmelung allgemein'; His* Strafrecht *d.* Friesen 269; *vgl.* gelæmed]

lamb 1) *ac:* ∼ of geogoðe *Lamm vom Jungvieh* Reet 14 2) *übtr.: Christus; no:* lomb Iud Dei V 2, Agnus Dei *glossirend*

lan *s.* læn

Flance, *ac, Lanze* Leis Wl 20, 2; launce I | *pl ac:* ∼es 20. 20, 1; launces I

land *Land; gn:* ∼*des* Af El 26. Ine 51. 64. 65. 67 (londes Ot H. Ine Rb 64). VI As 8, 2. I Cn 2, 2. Becwæð 2. 3. 3, 2. Reet 4, 3. Geþyncðo 2. Norðleod 7. 9. 11 | *dt:* ∼de Abt 23. Wi 4. Af 13. EGu 11. 12. II Ew 1, 1. 4. Hu 6, 1. I Atr Pro. II 3. III 10. VII a Insc. II Cn 4 a. 24. 55. 73 a BA. 77. 78. Northu 54. Excom VII 13. Wif 7. Reet 1. 2. 3, 3. 4 a. 4, 3 ff. 5. 6. 21, 3; lon*de* Af El Pro (∼de G). 33. Ine Rb 25. 68; ∼de H; ∼! Mirce 1 *nur* Ld *für* lage; ∼da I Atr Pro Q[8] | *ac:* ∼ Ine Rb 25 G (lond H). Ine 42. 67 f. (lon*d* 67 H). VI As 1, 1. V Atr 35. II Cn 79. Duns 1, 1 f. 6. Becwæð 3. Wif 7. Norðleod 8. 10; lon*d* V As 2 | *pl gn:* ∼da II Atr 1, 2 | *dt:* ∼*d*um Reet 1, 1. 5, 1. 6, 1. Ger 1; ∼dan II Cn 73 a G. — 1) *Festland* [*Ggs.: Wasser*] ge on sæ (wætere) ge on ∼de II Ew 1, 1 (II Atr 3. Excom VII 13) | ∼*de*s ne s*tr*an*de*s Becwæð 3 | innan . . of ∼de [*oder zu n.* 3 *od.* 4] II Cn 78 2) *offenes Land* [*Ggs.: Stadt; vgl.* up]; binnan byrig . . upp on ∼de 24; uppe on lon*de* Ine Rb 25 3) *Staatsbezirk* a) *Vaterland* Abt 23. Wi 4 b) *England* V Atr 35. II Cn 55; h*e*r*e* com to ∼de VII a Atr Insc; *synon. mit eard* EGu 11. II Cn 4 a; Ænglisc ∼ Duns 6 [*vgl.* Engla lan*d*] c) *ausserenglischer Staat;* ælc þæra ∼da II Atr 1, 2; Egipta ∼ Af El Pro. 33 4) *Herzogtum,* L*andschaft*, *Gau in England* EGu 12. Hu 6, 1; Myrcna ∼ I Atr Pro. *Mirce* 1 | flyma on ánum ∼de beo on ælcum III Atr 10 | *diese Heimatprovinz* VI As 8, 2. Wif 7. Reet 21, 3 5) L*andgut*, *Grossbesitz, Territorium* Af 13. Ine Rb 68. II Ew 4. V As 2. VI 1, 1. II Cn 73 a? 79. Duns 1, 2. Northu 54. Re*e*t 1—2. 3, 3. 4 a. 4, 3—6, 1. Geþyncðo 2 6) *Immunitätsbezirk* Duns 1, 1. Wif 7 [*vgl.* landagend, -hæbbend, -hlaford, -rica] 7) *bewirt-*

schaftete Boden*fläche; Quantum, gemessen nach* hid (Ine 32. 64 f. Norðleod 9. 10), hiwisc (7) *oder* gyrd (Ine 67. *Rect* 4, 3); swa micel landes Norðleod 11 | *enth. neben* æcras *u. a. Weinberg* Af El 26 8) *Grundbesitz;* ~ habban Norðleod 8; ne læðes ne ~*des* Becwæð 3, 2; ~*des* 7 lifes þolian I Cn 2, 2 | *bäuerlich* Ine 42 B; *vasallitisch* 51 | *neben den* æhtan II Cn 73 a. 77 f. 9) *Ackerflur;* gesettes ~*des* Ine 64 f.; ne ~ ne læse Becwæð 3. — *Für* lagu Mirce 1 Ld. *Quadr. liest* lāde *irrig statt* lade: *s.* cornlade, wudulade. *Der.:* biscopl~, bocl~, Centl~, Englal~, folcl~, gafoll~, gedall~, geneatl~, iegl~, inl~, teoðungl~, unfriðl~; in(ut)lendisc; gelonda; gelændod, gelend

landagende *Grundbesitzer* Ine 51 (*vom Gefolgsadel*); *geänd. aus* lon~ H; ~ man *ein Stand mit Landeigen unter königlichem Hofdienstadel und über Gemeinfreiem* Northu 49. 52. 60. — *Der.:* unl~ [*vgl.* land *n.* 6]

be **landbygene**, *dt, vom Verhandeln des Grund und* Bodens Ine 11 B Inso; *Fehler statt* be [ge]landbycgene *oder* -ganne (*Sklaven*)*handel in* Lands*leuten; verbess.* leodan bygene

landcop *Kauf von Grund und Boden* | *oder* [*nord.*] *Wiedereinkauf* (*des bisher Friedlosen*) *ins staatsbürgerl. Recht des Grundbesitzes* III Atr 3; *unübs.* Q, *auch* Rb, *S.* 541 | *daraus anglisirt:* **landceap** Northu 67, 1

landesman *s.* landmann

landfyrde, *dt,* Land*wehr, im Ggs. zu* scipfyrde, II Cn 77; ~ferde A; *verb. aus* lanf~ 79 B

landgafol *Bodenzins an die Grundherrschaft* Rect 2. 3,2; **landgablum** Q

landgemæra, *pl ac,* Land*esgrenzen* AGu 1 | *abl:* landimeris Q

land[ge]r[iht] *lag wohl vor für* landirectum *Rect* 1, 1 Q; landriht B

landhæbbende [*in adliger Weise*] *grundbesitzend, Landeigner* [*über bäuerlichen Hintersassen*]; *gn:* ~des Ine 45 | *pl dt:* ~habbendum Ine Rb 64 Ld; lond- So [*vgl.* land *n.* 6]

landhæfene, *dt, Grundbesitze* Ine Rb 32 G; lon~ E; *geänd.* londhæwene H

landhlaford *Grundobereigner und Immunitätsbesitzer, Gerichtsherr* VI As 1, 1. II Eg 3, 1 (= VIII Atr 8 = I Cn 8, 2). III 7, 1. IV 11 = I Atr 3, 1; lon~ II As 10 | *gn:* londhlafordes *ebd.* [*vgl.* land *n.* 6; hlaford *n.* 8]

[L]**landhomo** *s.* landmann

landi- *s.* landge-

landlagu *Landgutssatzung, Hofrecht Rect* 4, 4 | *pl:* ~ga 21

landleas, *adj, landlos, ohne Grundbesitz;* lon~ II As 8 | *pl dt:* ~sum *ebd.*

landleod *Landesvolk;* se (!) ~ Mirce 4 Ld; terræ populus Q | *dt:* þam (!) ~! Norðleod 1 Ld; *terrae* nationi Q; leod *übr. beide Male*

landmann *Eingeborener, Inländer, heimischer Untertan;* ~an Duns 6, 1; homo patriae Q = landesman II Atr 7; *unübs. no und ac:* ~ Q | *gn:* landesmannes *ebd.* Ld | *dt:* ~dmen Duns 6 | *pl dt:* landesmannum 1; landhomo Q

[-landod] *s.* gel~

[-landræden] *Der.:* ealdl~

landrica *Grundobereigner und Immunitätsbesitzer, Gerichtsherr* IV Eg 8, 1. Northu 54, 1. 58 f | *gn:* ~oan VIII Atr 8 = I Cn 8, 2 | *dt:* ~oan III Atr 3, 2 f. 4, 1; 2 (landesricus Q). 7. II Cn 37 (*terrae dominus* Q. In; *aber* dominus regionis Cons). Northu 49. 54 | *pl:* ~oan III Atr 5 [*vgl.* land *n.* 6]

landriht 1) *Recht des offenen Landes* (*Ggs.* burhriht) Episc 6 2) *Landgutsrecht* a) *Grundlast Rect* 1, 1; landirectum [*aus* landgeriht?] Q b) *ac:* hlafordes ~ (*Ggs.* folces gerihtu), *herrschaftliche Gerechtsame kraft Grundobereigentums* Ger 1

landsetene, *dt, Bodenbesiedlung* (*des Grossguts*) *mit Inventarlieferung* (*an den Bauern*) Rect 4, 3

landsidu *Rechtsgewohnheit des Landguts; dt:* ~de *Rect* 8 | *pl:* ~da 4, 4; situs *terrae* Q [*falsch, durch Gleichklang verführt*]

l[a]ndstr[eo]n; *dt:* on londstryne Ine Rb 25 H, *Irrtum durch Vorwegnahme des* stryne *aus Zeilenende von* 27 [*wobei aber der Abschreiber sich vielleicht dachte: 'in Erwerbsgeschäft auf dem* Lande'; *vgl.* Streneshale: sinus fari, *was ich* fori *emendire;* Beda, Hist. eccl. III 25]

landst[y]cce *Stückchen* Land; ~-ticce *Rect* 18, 1 | *gn:* ~ticces 20, 1

lang, *adj, lang* 1) [*räumlich*] *prd:* wund inces ~ Af 45. 45, 1 2) [*zeitlich*] *ac:* ~gne fyrst II Atr 8, 1; lagne B | *nt sbstirt ac:* ymb long *über lang, späterhin* Ine 21, 1 ‖ *cpa fm:* lengre *längere* (*Messrute*) Episc 12. — *Der.:* andl~; furlong

lange, *adv, lange* [*zeitlich*] Northu 10, 1; swa ~, swa IV Eg 12; swa longe, þæt *so oft, bis* II Atr 9; to ~ *allzulange ebd.* V As Pro ‖ *cpa:* *s.* leng

langeran, *pl ac, Art Jagdhunde* Ps Cn for 32 [*d. i.* 'Langohren?' *oder verderbt aus:*] **lanlegeran** *Annotator zu* II Cn 80, 1a Q, *S.* 367*, vealter (*Windhund*) *übsnd* [*nordisch: 'Langbeine'?; vergl.* langleggr *Schafs-Vorderbein; Fritzner,* Ordbog]

[-langian] *Der.:* gel~

[L]**Lappa** *Lapland* Lond ECf 32 E

lar *Lehre, Ermahnung;* lare! I As 4, 1 Ld | *dt:* lare Ine Pro (lære Ld). IV Eg 1, 8 | *ac:* lare II Cn 84, 4a; Af El 41. Geþyncðo 7 | *pl:* lara X Atr Pro 1 | *dt: Godes* larum 7 lagum VI 42, 2; laran I Cn 26, 3 | *ac:* (*Godes*) lara 7 laga X Atr Pro 2 (I Cn 21) 1) *Godes* ~ *kirchl. Gebot* VI Atr 42, 2. I Cn 21. 26, 3; *geistl. Predigt* Eg = godcunde ~ As. X Atr Pro 1 f. II Cn 84, 4a 2) *Rat, Willensmeinung* Af. Ine 3) *kirchliche* Bildung Geþyncðo. — *Der.:* godlar

lardome, *dt, Unterrichte* VI Atr 51

[F]**larecin** *Diebstahl* 1) *Gestohlenes; no:* ~ Leis Wl 27 I; larr~ Hk 2) *Diebstahlverbrechen; ac:* ~ 3 I; larcim Io; larr~ Hk; larcin I: 14. 15, 3 (larrecin Hk). Wl art Frz 6. [*Doppelbed. eignet auch* þiefð, *lat.* furtum, latrocinium]

lareow *Lehrer:* middangeardes [*Paulus*] Iudex 10, 1 | *pl:* ~was IV Eg 1, 3. I Cn 26 (~ewæs Ld; **larþeowas** B). II 84, 4. Grið 19, 1, *geänd. aus* larewas | *dt:* ~wum VI Atr 42, 2 D; ~wan *übr.* I Cn 21. II 84, 1; ~wum, *geänd. aus* larewum Grið 19 | *ac:* larvas Iud Dei V 2, 1, doctores *glossirend*

[F]**larun** *Dieb; obl:* ~ Leis Wl 47, 3. 49; larrun (laroun, laron I) 3. 27; ~ 3, 4 I (larrun Hk). 4 I; ~um Io; larrun Hk; laroun 49; laron Io | *no:* larrun 27; laroun, laron I

laslit *s.* lahs~ **[-last]** *s.* gel~

[L]**lastagium** *Waarenzoll* Hn Lond 5; *Var.:* lest~

Latein 1) *im Ags. Texte s.* Wi 18. I As 2. VI Inso. V Atr Insc. 16. 18 D. VI 10, 3. 23, 1. VII a 6, 3. VIII Insc. I Cn 17, 1. 22. 22, 2. II 2 a. Northu 1. Epil. Ger 9 f. Grið 23. 30 2) *Quelle für* Wi 4 ff. Af El. I As 2 f. Sacr cor. VI Atr 49. I Cn 18, 2 f. Swer 1. Iud Dei IV—VIII. Excom VII. Had 1. Grið 22 f. Iudex. Episc 8. 14. Leis Wl 33-38 3) *Vorbild für den Königstitel* Wi Pro.

Ine Pro 4) *vgl. Fremdwörter; Dativ absol. n.* 9

lað *leidig, verhasst; pl dt:* ne leofum ne laðum Iudex 3; laðan Af El 43 H | *pl nt:* laðe II Cn 76,3 || *cpa dt:* þam laðran *dem Verhassteren* Af El 43; laðan H | *nt prd:* laðre Swer 1; ladre B || *spl adv:* laðost *am leidigsten* VI Atr 32 = II Cn 8; laðast G [*vgl.* leof]

laðleas *frei von Verschuldung, schuldlos* II Ew 7. V As 1, 1 Ld; ladl~ *übr.*; ~ *lag vor für* quietus III Em 3

laðlice, *pl fm ac, hässliche* V Atr 24 = VI 28, 2

[-laðung] *Der.:* gel~

L**Latinorum** lingua (*abl*) *auf Lateinisch* ECf *retr* 32

L**latro** 1) ~ infra (*extra*) terminos proclamatus In Cn III 58, 1 *aus* infangene þeof (utfangene þeof), *s. d.* 2) ~ homicida II Cn 4a Cons, morðwyrhta *übsnd* [*um in* morð *die Versteckheit, im Ggs. zu offenem Totschlag, zu bezeichnen*] 3) in latronum loco sepelire *im Verbrecher-Schindanger begraben* 33, 1 In, on fulan lecgan *übsnd* [in loco 'le Thiefdounes' *begräbt die Stadt Sandwich im* 15. *Jh. Mörder lebendig;* Bateson, Borough customs I 74]

L**latrocinium** 1) *Diebstahlsverbrechen* III As 3 Q (*wohl aus* gostale V 3,1). ECf 36. 36,3; latronic~ VI Atr 32 L [*vgl.* hominicædium] 2) *Gestohlenes* In Cn II 23 [*Doppelbed.* (*wie* furtum); *s. auch* þiefð *und fz.* larrecin]

lava *s.* laf

L**lavacrum** regenerationis *Bad der Wiedergeburt, Taufe* Iud Dei XIII 8

L**Laudia,** *Fehler für* Claudia *Gloucester* Wl art Lond *retr* 9

F**launce** *s.* lance

L**s. Laurentius** Iud Dei XVI 30, 7

laxlite *s.* lahsl~

L**Lazarus** Iud Dei IV 3, 3. XIV 3

F**le** I) *s.* il II) *Artikel s.* li

[-lea] *s.* -leah

lead, *ac, Bleikessel* Ger 17

leaden, *nt, bleiern* Ordal 1b

le[a]dgeota *Bleigiesser, Klempner; dt:* leodgeotan Ger 16

I) **leaf** *Erlaubnis, Genehmigung; dt:* ~fe Af Rb 20 (hl- B). Ine Rb 44. Af 8 HB (leafnesse ESo). 20 H (hl- B; lefnesse ESo). 18 (*geänd. aus* leofe H; læfe Ld). 40,2. AGu 5. EGu 10. II Ew 7. II As 22. V Atr 28 = VI 35. II Cn 8, 2 (hl- B); *Entscheidung, Wahlfreiheit* Wl lad 2 | *ac:* ~fe II Cn 19, 2 (geleafe A). Wl lad 1 [*vgl.* leafan]

II) *s.* laf

[-leafa, ~**ful]** *s.* gel~

mid heora **leafan,** *dt, mit ihrer* [*pl*] *Erlaubnis* Af El 49, 7; n *übergeschr.* H; leofan So [*vgl.* be ~; *Toller*]

leafast *s.* leof

leafnes *Erlaubnis; dt:* lefnesse Af 8 (lyf~ So; leafe HB). 20; leof~ So; leafe H; hleafe B | *ac:* ~sse *Urlaub* Wi 7

[-leah] *Der.:* Greatanl~

leaht *s.* leohtre

F**leals,** *pl ac, glaubwürdige, rechtschaffene* Leis Wl 14, 1. 15. 15, 1; leaus Wl art Fz 5, fidelis *übsnd*

F**lealted,** *ac, Glaubwürdigkeit, Rechtschaffenheit* Leis Wl 14; ~té I

I) **lean** *Lohn; gn:* ~nes *Rect* 20, 2 | *ac:* ~ I Cn 18b (*m gn: 'für'* II 68). *Rect* 20. — *Der.:* drincel~, edl~, endel~, fostorl~

II) **lean** 1) *verschmähen; flect:* to ~nne VI Atr 29 2) *schelten. Der.:* unlægen

leanian, *m dt, jemm. lohnen* Ger 6

sonne **leap fulne** [*ac*] sædcynnes 1 *Korb voll Saatgattung* [*jetzt* $^1/_2$ *bushel* = *c.* $17^1/_2$ *Liter*] *Rect* 11; lep~ Q. — *Der.:* sædleap

leapan *s.* hl~

leas, *adj, falsch* IV Eg 11 | *gn:* ~ses Af El 40 | *dt* (*zwar vor fm* synne, *aber* falso crimine *glossirend*): leasum *böse* Iud Dei IV 3, 3. 4, 2 | *fm dt:* ~sre VIII Atr 27 = I Cn 5,3. II 37 | *fm ac:* ~se Af El 8 | *pl fm ac:* ~se V Atr 24 — VI 28, 2. — *Der.:* borgl~, botl~, ceorll~, cwidel~, freondl~, friðl~, giemel~, hlafordl~, landl~, laðl~, mægl~, sacl~, steorl~, þingl~, werl~, witel~; forgiemeleasian, giemeleasnes, -least, freondleast

leasgewitnesse, *ac, falsch Zeugnis* Af El 8 Ld; lease gewitnesse *übr.*

leasunga, *pl ac, Lügen* Af El 44. — *Der.:* folcl~

F**leaus,** leauté *s.* leal~

leaxas, *pl ac, Lachse* Ine 70, 1

leogan *legen* VI As 1, 4; á legan II Cn 7, 1 A; al~ *übr.* | *op* 3: ~ge II As 2, 1. 15. IV 6, 2b. VI 1, 3. I Atr 4, 1. III 7. 12. V 12, 1 = VI 21 = I Cn 13, 1 II 33, 1 (lecgce 75). Duns 1, 1. 8. Ordal 4, 2 | *pl:* lecgean VI As 8, 3 | *ptt* 3: lede Sacr cor Pro | *op* 3: lede VI As 12, 1 — 1) *hinlegen;* wæpna II Cn 75; uppan *hinauflegen* Ordal 4, 2; (*Fell auf Schild*) *befestigen* II As 15 2) wed ~ *pfandlich geloben* Sacr cor Pro. III Atr 7. 12. Duns 1, 1. 8 3) *beerdigen* I Atr 4, 1. V 12, 1 = VI 21 = I Cn 13, 1. II 33, 1 4) *erschlagen, niederstrecken* II As 2, 1. IV 6, 2b. VI 1, 3 (1, 4 *hinrichten*). 8, 3. 12, 1 5) *abschaffen* II Cn 7, 1 A. — *Der.:* al~, bel~, tol~

lecge, *op* 3, *liege* Af 1, 5 H; *s.* liogan

leche- *s.* læce- **lede,** *ptt, s.* leogan

-lef *für* -elf *s.* twelfhynde

[-lefed] *s.* -liefed **lefnes** *s.* leaf~

leg- *s.* lieg-

L**legalis** *rechtsfähig, unbescholten* ECf 19, 1. Cons Cn II 82*. Leis Wl L, leal *übsnd:* 14, 3. 15. 25 | *nt pl substirt:* ~lia *Gesetze* Cons Cn Pro 1

L**legalitas** 1) *Rechtschaffenheit* I Cn 5, 3 Q. Hn 11, 16; *Ehrlichkeit* 71, 1c. ECf 18a. 38, 3; *Glaubwürdigkeit* II Cn 37. Ps Cn for 14 2) *Rechtsfähigkeit* Hn 9, 8 3) *vornehme Standeswürde samt Richteramt* II Cn 15, 1 Q, þegnscipe *übsnd*

legan *s.* leogan

[-legen] *Der.:* unlægen

leger *Grab; gn:* clænes ~res *ehrlichen Grabes* Northu 62. 63, 1 | *dt:* on life ge on ~re *in Leben und Tod* V Atr 9, 1 = VI 5, 3 = VIII 28. Beowæð 3, 1. — *Der.:* sibbl~

legergildum [*etwa 'Grabgeld?'*] *Totschlagbusse* Hn 11, 14 *aus* weregild II Cn 66

legerstow *Friedhof* II Eg 2. 2, 1 = I Cn 11. 11, 1. VIII Atr 5, 1 G = I Cn 3, 2 | *gn:* ~we *Grabesstätte* I Em 1 (positionis loca Q). 4; atrium Q

legerwita *Strafe für unehelichen Beischlaf* Hn 23, 1. 81, 3; *Var.* leier~, leir~

[-legian] *s.* gel~

L**legitimus** *für* legius CHn cor 7, 1

L**legius** *s.* lig~

F**lei,** *obl* 1) *Gesetz, Recht;* dreite ~ Leis Wl 42; solum la ley Wl art Fz 4 | *pl no:* leis e custumes Leis Wl Pro. Wl art Fz Inso | *ac:* le leis li reis Edward *Verfassung des (unter) K. E.* 7 2) *Reinigungseid; sg ac:* ~ 5; plenere ~ Leis Wl 49, fullan aðe *übsnd*

leidgrevei! *Amtsvögte über je* 1 *Lathe* Hn 7, 28 [*vgl.* læðes]

leierwita *s.* leger~

Leircestrescire *Leicestershire* ECf 30; *Var.:* Leier~, Legec~, Leic~,

Leyc∾. [*Leicester*], *eine der* Fif burga *s. d.*

[F]**leist** I) *sg* 3 *von* leisir, *ist erlaubt zu;* ∾a seignurage *departir* Leis Wl 29,1; ∾a faire 37; li laist ocire 35 II) ∾, *leit*, *s.* laisser

[lemian] *lähmen; s.* gelæmed

lenan *s.* læpan

lencten 1) *Frühling; dt:* in ∾nne Af 40, 2; ne *auf Rasur* E; on ∾, [*ac*] *geändert* lengten H; lencgtene Ld; on længtene Ger 12 2) *Frühlingsfasten; dt:* on ∾ne Af 40, 1 B; in lenctenfæsten *übr.*

lenctenbryce *Verletzung des Frühlingsfastengebots* II Cn 47 A; lengc∾ *übr.*

lenctendæg; *pl instr:* lengctendagum *an Frühlingsfastentagen, in den Fasten* I Cn 17; *lect-* A

lenctenfæsten *Frühlingsfasten;* lengc∾ I Cn 16; lectenfesten A | *ac:* on ∾ Af 5, 5; in ∾ 40, 1; on lenctene B

l[e]n[c]tensufl; *dt:* to længtensufle *zu* (*als*) *Zukost für Fastenzeit* Rect 9

lendenbræde *Lendenseite* Af 67; ∾reda B; lendeb∾ (lændeb∾, ∾brede *Var.*): assatura renum In Cn, *missverstehend* [*durch Verwechselung mit* ∾**bræde** *Braten*]

leng, *adv,* [*zeitlich*] *länger* Af El 4. Af 8, 1. II Cn 28 BA (længc G). Griđ 5; læng Wi 7. Ordal 4, 2 | *länger am Leben* Wif 3 [*vgl.* lang(*e*)]

leng(c)ten *s.* lencten

[-lenge] *Der.:* gelænge

[L]**Leo** I) *III. Papst* Iud Dei XII 1. 1, 3 II) *s.* Leonis

leod I) *masc* 1) *Mensch, Mann; ac:* gif man leud ofslea Wi 25 2) *Wergeld;* ealne (healfne) ∾ Abt 22 (f.) [leudis '*Wergeld*' *auch fränkisch, frisisch*] 3) *Landsmann;* agenne ∾ Ine 11 H; gel∾ EBu; ∾dan B 4) *pl: Leute, Volk; dt:* in ∾dum *innerhalb dieses Landes* Wi 4, 1; cynebot þam ∾dum *dem Staate, Lande* Norđleod 1. Mirce 4; landleode! Ld Q | *ac:* his ∾de *seine Untertanen* Abt 2; hæđene ∾de (þeode D) *Heidenvolk* V Atr 2 [*oder* ∾ *fem, sg?*]. — *Der.:* s. gel∾, Norđl∾ II) *fm: Volk;* ∾ 7 lagu Geþyncđo 1 | *gn:* ∾de Insc H | *dt:* on ∾de *im Volke* = *Lande* Rect 21, 3 | *ac? vgl. 4 Z. vorher.* — *Der.:* landl∾

leoda *Landsmann; gn:* ∾an bygene Ine 11 Insc B; leodb- Ld | *ac:* ∾an Ine 11 B; geleod EBu; *leod* H

leodbisceop *Diöcesan*(*Suffragan*)-*bischof; gn:* ∾pes II Cn 58, 2 | *ac:* ∾oop Griđ 5 | *pl ac:* ∾copas Cn 1020, 1. 8

leodbygene, *dt, Leute-Verkauf, Menschenhandel* Ine Rb 11 Ld [*wol aus* leodan b∾ *Verkaufen eines Landsmanns* Ine 11 Insc B]

leodgeld *Wergeld; ac:* ∾ Abt 21 | *instr:* ∾de 7 | *pl instr:* leudgeldum 64 [*vgl. leod* I 2]

leodgeota *s.* lead∾

[L]**Leodium** *Lüttich* IV Atr 2, 7

leodscipe 1) *Volk, Untertanenschaft; dt:* ∾ II Eg Pro. IV 2, 1a. 2, 2 (∾scype C). 12, 1 (∾scype C). II Atr 1; ∾scype X Pro | *ac:* ∾ IV Eg Pro 2) *Völkerschaft, Stammesprovinz, Landesteil; dt:* on ælcum ∾ IV Eg 2; ∾scype C; in unaquaque regione L

leodwitan, *pl, Ratsherren der Nation, Volksfürsten* Geþyncđo 1 H; þeodw∾ *übr.*

I) **leof** *lieb; dt sbstirt:* þam ∾fan Af El 43 H; *cpa übr.* | *pl:* efen ∾fe and *ebenso lieb wie* Episc 13 | *dt sbstirt:* ne ∾fum ne lađum Iudex 3 [- ge lađum *häufig in Poesie:* Beowulf 511. 1061. 2910; Crist 847; *Seefahrer* 112] || *cpa dt sbstirt:* þam **liofran** (leo- G So Ld; ∾fan H) . . lađran Af El 43 | *prd nt:* ∾fre (*an*)*genehmer, wertvoller* (*ist*) Hl 10. I Cn 18a; ∾fra Blas 2 || *spl:* **leofost** Af 43 | *pl:* [*anredend*] men þa ∾festan Excom VII 1 | *adv:* ∾**fost** *am wertvollsten* II Cn 68. 79; *verb. aus* leaf- B

II) **leof**, -fe, -fnes *s.* leaf-

leofast (-fod) *s.* libban

[L]**Leofwinus,** *Bruder Harolds II.* ECf 35, 2; *Var.:* Lef∾

[-leogan] *Der.:* al∾, gel∾

leogeras, *pl, Lügner* II Cn 7

leoht *Licht; dt:* mid ∾ te gegretan *durch Wachskerzen-Spende* VI Atr 42, 3 | *pl dt:* ∾tum *Kerzen* Excom VII 23

leohtan dæge, *dt, am lichten Tage* III Atr 15 [*vgl. fris.* liachtes deis]

leohtre, *cpa nt, leichter* Forf 3, 2. Rect 4, 4 | *dt:* ∾tran þinge (*an Strafhöhe*) *Milderem* Af 32; leah- Ld

leohtfæt, *ac, Lampe* Ger 17

leohtgesceot, *ac, Lichtschoss, Abgabe an die Kirche zu Mariae Lichtmess* EGu 6, 2 (hl∾ B; ∾teg∾ Ld) = ∾cot V Atr 11, 1 = VI 19 = VIII 12, 1 = I Cn 12; liht∾ (*Var.:* lithig∾, lichting∾, lihts∾): scotum ad luminaria In

[L]**Leonis;** Petrus ∾ consul Romanus [*a.* 1105] Quadr II 15

leope *s.* hleapan

leornere *geistlicher Schüler* Geþyncđo 7; *vielleicht* '*lector*, *zweiter Grad kirchlicher Weihe*' [*wofür* ∾ *auch sonst; Klaeber*, Anglia 27, 268]

leornian *lernen Rect* 21, 3 | *op* 3: ∾nige I Cn 22, 6 Ld; gel∾ *übr.* — *Der.:* gel∾

leorningcnihtum, *pl dt, Jüngern* [*Christi, für* disciputi *der Vulg.*] I Cn 22, 2; ∾nigc∾ B; ∾ningec∾ Ld

lof **leosan** *Ehre verlieren Rect* 21, 3. — *Der.:* forl∾ **lep** *s.* leap

[L]**lepida** moralitas *oberflächlicher Charakter* Hn 3, 1

[F]**les** I) *pron*, *s.* il, *pl ac* II) *Artikel s.* li, *pl*

lesan I) *einlesen; pl* 1: lese we lean *werden wir ernten* II Cn 68 A; metemus Q; nime G; accipiemus In II) *s.* liesan **less-** *s.* læs-

[F]**lest** *s.* laisser

[L]**lestagium** *s.* last∾

lestis *s.* læđ **les(u,** lesw-) *s.* lyso

letan *s.* læt∾

[L]**letania** *für* lit∾ Iud Dei XII 15 [*vgl.* læt∾]

leđ *s.* læđ **leud** *s. leod*

[F]**lever** *heben;* l'en pot l'om lever *man kann ihn vom* [*knieenden Eidesleisten*] *emporziehn* [*und damit jenen Eid schelten*] Leis Wl 21, 5

[L]**Leviticus** liber *wird citirt* Iud Dei I 6. XVI 15

lewed *s.* læwed **Lewis** *s.* Læwes

[L]**lex** 1) *bei Lateinern* lagu, lah-*übersnd; auch, dem Gleichklang zu Liebe, im unclassischen Sinne Gebrauchsrecht, Rechtsgebiet, Rechtsverfassung, staatsbürgerlicher Frieden, z. B.* Q: I Cn 3,2. *Rect* 6,4. 21,1 | utlah: *extra* legem II Cn 31, 2. 41, 2 | lagman: legis homo Duns 3, 2 | þegnes lagu *Berechtigung* (*und Pflicht*): lex taini I Cn 6, 2a (*Rect* 1); *daher* [?] *auch für* riht (*Berechtigung*): taini lex Geþyncđo 2 | mægđlagu *Sippenverhältnis:* cognationis lex I Cn 5, 2d; *auch* Cons 2) *übersetzt* æw, *irrig auch, wo dies 'Ehe' heisst; s.* æwbreca, æwbryce 3) *Altes Testament* Hn 72, 1e [*vgl.* lagu *n.* 6] 4) *Angelsächsische Ge-*

setzbücher, wie sie Quadr benutzte: EGu 9 Q. Ine 43, 1 Q [*im Ggs. zu Normannischer Forststrenge?*]; secundum legem Hn 64, 6b. 69, 2. 75, 10b (- - pristinam). 76, 7g. 78, 2b. 82, 9. 87, 4a [*was* Hn *überall zwischen* Quadr.-*Stücke, also in Agsä. Gesetzinhalt, einschiebt*] **5)** leges Henrici regis **a)** *Krönungscharte von* 1100 Quadr II 3 **b)** *Titel des vom* Quadr.-*Autor verfassten Rechtsbuches* Hn Insc, *S.* 547 **c)** - - - II., *s.* Henricus **6)** leges *Verfassung, Rechtszustand* CHn cor 9[88]; - Eadwardi *Englische Rechtsverfassung vor* 1066 Quadr Arg 1. Wl art 7 [*vgl.* lagu *n.* 1] **7)** *Rechtsgebrauch, Landrecht, 'jetzt' in England,* Hn 59, 2c | ~ vetus (*dafür später* in *terra*) est *als echtes Landrecht gilt* Hu 6, 1 Q, on lande stande *übsnd*; ~ *terrae* (patriae) Hn 8, 1b. 11, 17 | ~ civitatis *Stadtrecht* [*materielles Privatrecht od. besonderer Rechtsgang?*] Hn Lond 11 **8)** *particulares Rechtsgebiet* [*vgl.* lagu *n.* 5] Hn 6. ECf 10. 12, 3. 33 **9)** *Einkommen, Recht und Ehre aus Stand und Amt* [*vgl.* lagu, (ge)riht(o), consuetudo, rectitudo] In Cn III 57 **10)** *Gerichtszuständigkeit samt Ungehorsamsbusse, Strafgeld;* ~ comitatus ECf 12, 9 ff.; episcopalis Wl ep 3, 2 | maior ~ Anglorum vel Danorum ECf 18, 3 [*vgl.* iudicium *n.* 4] **11)** *Rechtsgang, Prozess;* leges facere id est iusiurandum, concordiam, bellum vel examinationes *Eidesbeweis, Sühne, Zweikampf, Ordal* Hn 62, 1. 86 f.; *Ggs.:* vindicta *Selbsthilfe* 86, 1 **12)** *Beweismittel,* bellum *mitumfassend,* 48, 12. 87, 6; *Reinigungsart, Beweismodus* 26, 4. 53, 6 **13)** *Reinigungseid* Duns 6, 3, lad *übsnd* Q. Hn 46, 1a; fracta 66, 7; sacramentalis 9, 6. 45, 1a; *im Ggs. zu* iudicium *und* bellum (*Ordal und Zweikampf*) 49, 6 **14)** *Ordal;* ~ abnegandi 44, 2; ~ iudicialis 9, 6; iudicium (examen) legis I Cn 17 Q

F **leys** *s.* lei **lez** *s.* li I, *pl*

F **I) li,** *Art., der;* li reis Leis Wl Pro (le Im). Wl art Fr Insc. 5. 7; li vescunte, plait Leis Wl 2, 4 I; plaez *Verwundete* 10a; apelur 14, 3; enterceur 21, 1; guardireve 28, 1; naifs 30, 1; seinur 27. 17, 1 I (le - 27, 1); sires Wl art Fz 3, 1; sire Leis Wl 52, 1; le cors 24. 16 I; le larrun 27; le Franceis Wl art Fz 6, 3; l'un Leis Wl 38; lei! serment 21, 5 I; lui! evesques, lui quenz 16 I | ***obl:*** le plait (li I) 2, 4; le quel que *welchen* 21, 1; le Franceys Wl art Fz 6, 3; l'altre *anderen* Leis Wl 38; de l'ungle 11, 2; aprés le cunquest 2, 3; en le (el Hk) cunté 2, 3; envers li [!] rei 42, 1. 47, 2. 52, 2. *Blosser obl. ohne prp im gen. Sinne:* pais (curune, forfez) le (*des*) rei 2 — 2, 2a; justise (marchied) lu! rei 2, 1 (21, 1a) I; sursise li! rei 50; leis li reis! Wl art Fz 7. [*Für* de le:] del larrun *am Dieb* 3, 4; - visned 6. [*Für* a le:] al *gen. Sinnes:* larrun 27; - homioide Wl art Fz 3, 1; - thein 8 | *dt. Sinnes:* al pople, al vescunte Leis Wl 2, 2a; al rei 3, 1 f.; al clamif 3, 2; al (*beim*) comencement Wl art Fz 1; '*für jeden*': al os, al pouz Leis Wl 10, 1. [*Für* en le:] el cunté 2, 3; - vis 10, 1; - hundred 43. 52 ‖ ***fm no:*** la custume 3; Christienté, pes Wl art Fz 1; le! ocise *Mord* 3, 2 | ***obl:*** la terre Inso; mere 1, 1; de la *terre* 2. Leis Wl Pro; a la curune 2a; a la justise *des Richters* 4, 1; en la maisoun 35; le! meité 47, 1 | ***pl masc:*** li hume Wl art Fz 2; li sumenour Leis Wl 47; les forfez 2, 2a | ***obl:*** les Engleis Wl art Fz 1; lez IIII Leis Wl 20 I; [*für* de les:] des Engleis Wl art Fz 4. 7; [*für* a les:] as Engleis [*gen. Sinnes*] 4; as humes Leis Wl 2, 1; as orfenins 9 ‖ ***fm:*** les leis, custumes Pro. Wl art Fz Insc. 1 | ***obl:*** les ores 2, 4

II) li, *pron, ihm, s.* il

F **li.,** L **lib.** *Abkürzung für* livre, libra

libban *leben* Af El 30. Af 5. VIII Atr 32 | 2 (vivis *glossirend*): leofast Iud Dei VII 24, 1 H. VIII 2, 4; liofas IV 3, 2 | 3 (vivit *glossirend:* liofas 2, 3. 4, 6): lifað Sacr cor 1, 3; leofað Cn 1020, 20 | ***op*** 3: ~be Af El 17 (lybbe G). Af 8, 1 (lybbe So); lifie 77; ~be H. Northu 65. Becwæð 3, 1. VI Atr 12, 2 (= I Cn 7, 3). VIII 19 f. (= I Cn 5. 5, 1); regollife [*dt*] 21 (*dafür* lif næbbe I Cn 5, 2) | *pl* 3: life [*dt*] ~ *Leben führen* IV Eg 1, 7; þam life *in der Weise* VIII Atr 31; regollice V 4, 1 — VI 2, 2 = VIII 31, 1 = I Cn 6a | ***pc:*** sio ~bende Af El 4, vivas *übsnd* | *gn:* lifiendes Godes *lebendigen G.* Swer 10 f. ‖ *fm gn:* liviendre handa II Atr 8, 1 | *dt:* be lifiendre þære *bei deren Lebzeiten* VI 5, 2 | *ac:* lifigende Northu 64 ‖ *nt gn:* ~bendes yrfes I As Pro Ld | *dt:* be ~bendum wife *bei Lebzeiten* Hl 6 | *ac sbstirt:* ne ~bende ne licgende (*Fahrhabe*) II Cn 24 | ***ptt*** 3: lifde Beowæð 3, 1; lifede B | (*op?*) *pl* 3: leofodon VIII Atr 43. *Neben* ricsian *von Gott:* Sacr cor 1, 3. Cn 1020, 20. Iud Dei IV 3, 2. 4, 6. VII 24, 1 A. VIII 2, 4. — *Der.:* al~

L **I) liber** *Buch s.* iudicialis, poenitentialis

L **II) liber 1)** *vollfrei* Wl art 2 [*laut* Ann. Anglosax. 1086: *die über* servus *und* villanus *stehende Classe der* landsittende men, *nicht allein* Thegnas] | ~ra arma soil. lancea et gladius Wl art Lond *retr* 15, 1 *aus* ~rorum arma Hn 78, 1 [*anders:* liberalitatis scutum] **2)** *adlig:* ~ra *terra* **a)** *übs.* booland, *s. d.* **b)** *Lehn mit Jurisdiction privilegirt* Hn 27. 29, 1

L **liberalis** *setzen* In Cn *regelmässig für* þegn: Af 31. 39, 2. II Eg 1, 1. I Cn 8, 2. 11. II 15, 1b. 22, 2. 31, 1a. 71, 1. Geþyncðo 1. 3. In Cn III 45. 55. — *Dorther* Ps Cn for 1. 3, 1 (*getrennt von* liber 5). 12: *überfrei, adlig, vornehm;* liberalior 1 [*vgl.* plegium liberale *und:*]

L **liberalitas** *Stand der Vornehmen, Überfreien setzen* In Cn *regelmässig für* þegnscipe: I Cn 5, 3. 6, 2a. II 15, 1. Geþyncðo 2. 7; *für* þegenriht 6; *für* eðel II Cn 41 (*Var.:* libertas I 5, 3. II 15, 1. 41. Geþyncðo 2. 6. 7); ~atis scutum *Ritterschild, Adelsrang* Ps Cn for 25

L **liberare 1)** *liefern, stellen, hergeben* Hn Lond 4 | *übergeben* ECf 24, 3; *dafür tradere retr* **2)** *mit Gewähr schützen, garantirend vertreten* Hn 85. 85, 1

L **liberatio 1)** *Lieferung* Lib Lond 2 **2)** *für* deliberatio *oder* libratio *Abwägung* Hn 4 Rb

L **libertas 1)** *Urkunde über Freiheitstand* Hn 89, 2b [*aus* Lex Salica] **2)** *Var. für* liberalitas *Thegnstand, s. d.* | [*dorther*] *Adelsrang* Ps Cn for 15 **3)** *Privileg politischer Herrschaftsrechte* (*samt Geldertrag aus Jurisdiction*) ECf 22, 2. *retr* 21[30]; franchise *übsnd* Leis Wl L 2, 3; ~ates *Gerechtsame* CHn cor Prot[1]. 14, 1[65].

liblac *s.* lybblac

L **libra 1)** *Gewichtspfund* Lib Lond 8, 2 **2)** *Rechnungsmünze gleich* 240 *Silberpfennigen; z. B.:* Hn Lond 1. Leis Wl 3, 2 f. L | 1200 solidi [*Westsächs.* = 6000 *Denare*] faciunt ~as 25 Wer 1 Q; pund [*s. d.*] *übsnd,* Q *oft* *z. B.:* II As 25, 2. I Atr 1, 3 [*vgl. fz.* livre]

I) lic [*ac*] lecgan *Leiche bestatten* V Atr 12, 1 = VI 21 = I Cn 13, 1

II) lic *gleich; ac:* lic[n]e dom healdan Forf 2. — *Suffix* -lic: *s.* aberendlic, ciriclic, cynelic, deofollic, eastorlic, ecelic, egeslic, eorðlic, færlic, fracodlic, friðlic, frymðelic, gebeorglic, gecyndelic, gelic, gelomlic, gemænelic, gemahlic, geþeahtendlic, healic, heofonlic, hreowlic, hwilwendelic, inweardlic, lahlic, laðlic, mænelic, mæðlic, mistlic, ondryslic, *rihtlic*, synlic, þearflic, unapinedlic, ungerimedlic, unrihtlic, untodælendlic, wislic, woroldlic [*vgl.* -*lice*]

licceras *Lecker* II Cn 7 A; ligurritores Q; parasiti Cons [*statt ursprgl.*:]

licceteras, *pl, Betrüger, Verführer* II Cn 7; lice~ B; licceras A

[-lice], *adv, s. ausser zu* -lic *Citirtem,* anfealdl~, anmodl~, anrædl~, dæghwaml~, deopl~, freondl~, full~, gecweml~, gedreohl~, gel~, georn l~, gesceadl~, gewunel~, glædl~, godcundl~, holdl~, hrædl~, inl~, liðel~, lufl~, lustl~, munucl~, openl~, rædl~, regoll~, snotorl~, soðl~, stiðl~, swicoll~, þrifealdl~, uncuðl~, unforwandodl~, ungedafenl~, wærl~, witodl~

L licentiare *fortgehn lassen, von sich weisen, verabschieden* II Cn 28, 1 Cons, tæcean fram *übsnd*

L Licetfeldensis, *Var.* Licef~, *von Lichfield* Quadr II 6

licgan *liegen* II As 20, 6. *Rect* 4, 1 a | *op* 3: licgge Af 1, 5 (leege H); liege Wi 25. EGu 6, 7 = II Cn 48, 3. II As 3. 26. II Atr 3, 4. 6. III 7, 1. V 31, 1 = VI 38. II Cn 62, 1. Ordal 4, 2 | *pl* 3: ~ Rect 20 | *ipa:* lige Af El 6; ligge So; liege Ld | *pc nt sbstirt ac:* liegende II Cn 24 | *ptt* 3: læg III Atr 7, 1. II Cn 76, 2 | *op* 3: læge Af 11, 3; gelæge HB. — 1) [*eig.*] eild læg on *cradele* II Cn 76, 2; liege isen uppan gledan Ordal 4, 2 2) *belegen sein* [*topographisch*] Rect 20 3) *sich befinden, verfallen sein:* on unfriðe II Atr 6 4) *Wache halten* 4, 1 a 5) ~ for *sich einsetzen für* II As 3 6) *beischlafen, buhlen* Af El 6; ~ mid Af 11, 3 7) *begraben sein* III Atr 7, 1; *erschlagen daliegen* [*mit Zusatz: 'ohne durch Wergeld entgolten zu werden'*] Wi 25. Af 1, 5. II Atr 3, 4. V 31, 1 = IV 38. EGu 6, 7 = II Cn 48, 3. 62, 1; *getötet werden* II As 20, 6 8) ne libbende ne liegende *Vieh noch tote Fahrhabe* II Cn 24. — *Der.:* al~, forl~, gel~

lichama; *dt:* in lichome his *an seinem Leibe* Iud Dei IV 4, 4, in corpore suo *glossirend*

lichfe *s.* læcef- **licht-** *s.* leoht

lician *gefallen* **a)** *persönl.* Af El 49, 9 | *op* 3: ~ie 12 So | *pl* 3: licodon 49, 9; lycedan H **b)** *unpersönl. gutdünken; præs op* 3: hit ~ige VI As 8, 9 | *ptt* 3: him þæt licode to healdanne *gut schien zu h.* Af El 49, 10 | us wel - *behagte* Cn 1020, 5. — *Der.:* gel~, misl~

[licning] *s.* ling

lictune, *dt, Friedhofe* II As 26. I Cn 22, 5

liefan *erlauben; pl* 1: ~að Af 42, 6; lyf- Ld | *op* 3: læfe! unriht hæmed *Concubinat zugibt, gutheisst* Wi 6. — *Der.:* al~, gel~; unaliefed

l[i]eg *Flamme;* leg synna Iud Dei IV 1 | *pl ac:* lego *ebd.*, flamma, -mas *glossirend* **[-liegne]** *s.* ungeliegen

li[e]hting *Erleichterung* [*bildlich*]; lihtinge II Cn 69 | *ac:* lihtinge III Eg 2, 1; lyht- A

oð **li[e]htinge,** *ac, bis Morgengrauen;* lih~ II Eg 5 = -ngee I Cn 14, 2; lyh~ Cn 1020, 18

l[ie]san (*aus*)*lösen;* lesan Af 6, 1 (lysan Ld). 32; alysan H; *flect:* lesanne Ine 20 H; lysanne, *geänd.* al- H; aliesanne *übr.* | *op* 3: lyse II As 1, 3; lysige [*weshalb* lisian *Toller ansetzt*] VI 12, 1. — *Der.:* al~, gel~

l[ie]singum, *pl dt, Freigelassenen;* ~seng~ AGu 2; lys~ Ld; lysyngon B 2; lisingun, *missverstanden* redemptiones, Q [*Nordisch*]

F lieu *s.* liu

lif *Leben* Af 7. IV Eg 12. 16; ~byð *währt* Cn 1020, 5 | *gn:* lifes I Em 1. IV Eg 1, 2; 4; - þolian I Cn 2, 2. II 59. 61; lives B; andweardan -, towerdan Iudex 12; lives wære *am Leben wäre* II Atr 9, 2 f | *dt:* life Wi 3. V Atr 2 — VI 9 = II Cn 3. Cn 1020, 11. I Cn 18 b. 18, 3 (blode B). 22, 3. II 70; on - *am Leben* Becwæð 3, 1; her on - *hienieden im* L. I Cn 22, 5; *bei Lebzeiten* III Atr 14; on - ge legere V 9, 1 = VI 5, 3 = VIII 28; clænan (þam) - libban IV Eg 1, 7 (VIII Atr 31) | *ac:* ~ Ine 6. 12. II Em 6 (life! Ld). IV Eg 1, 8. V Atr 35. VI 2. VIII 28 f. II Cn 72, 1; ~ agan þe nagan *L.* [*begnadigt*] *behalten oder* [*zur Strafe*] *verlieren* Blas 3 (hlif B). Grið 9. — *Der.:* regollif, rihtlif

lifað, ~fde, ~fie(nd) *s.* libban

æfter **lifdagum,** *pl dt, nach Lebzeiten* VIII Atr 37

liffæce, *dt, Lebensspanne* Grið 21

liflyre *Verlust des Lebens, Sterben eines Menschen* Had 2 OH; ~lire D

Ligan, *dt, Fluss Lea* AGu 1; Liga Q

F a sun **lige** [*adj obl*] seinur *seinem unbedingten Herrn* Leis Wl 20, 2 [*vgl.* ligius]

liger *das Liegen, Beischlafen; pl dt:* ~rum Af El 49, 5 So; gel- *übr.* — *Der.:* forl~, gel~

L ligius *vasallitisch gebunden und zwar unbeschränkt durch* (= *fester, weiter hinaus, über*) *andere Vasallitätsverhältnisse* = *diesem Herrn mehr als allen übrigen Herren vasallitisch verpflichtet* **a)** legius *vom Manne gesagt* Hn 43, 6; 6 a; lig~ *Var.* 32, 2. 55, 2; 3 b. 61, 6 b. 82, 5 **b)** ~ dominus *unbedingter Herr* Leis Wl 20, 2 L, lige *übsnd* | **ligie,** *adv, unbedingt untertan* ECf 25; *Var.* legie

L lignagium *Holzrecht am fremden Walde* Hn 90, 2 a

L ligur[r]itores *Lecker* [licceras *der Hs.* A *übsnd?*] II Cn 7 Q, *wo* GB licceteras (*Betrüger*) *bieten; demgemäss bessert* Q: seductores, adulatores

liht- *s.* I) leoht- II) togeliht

lim *Körperglied; ac:* gecyndelic ~ Abt 64 | *pl gn:* lima Af Rb 47; be heafodwunde 7 oðre liman Af 44 B [*od. dt?*] | *instr:* limum VII a Atr 6, 3

L Limisei *Limésy bei Rouen;* Radulfus de ~, [*um* 1090] *Besitznachfolger der Christine, einer Enkelin des K. Eadmund Eisenseite,* ECf 35, 1a; *Var.* ~eia, Limes-, Lindeseye, Lyndesey

limlæweo *an Gliedern verstümmelt* EGu 10; *unverstanden* lim læpeo B; limeweo Q

[-limpan] *Der.:* (to)bel~, gel~; *vgl.* ungelimp

[Lincoln] *eine der* Fif burga, *s. d.*

Lincolnescire *Lincolnshire* ECf 30; *Var.* Nic(h)ol(e)s~

[-line] *Der.:* fleaxl~

-ling: Saxonice [*d. h. Südenglisch, angeblich, durch Verwechselung mit* likning *Abbild?*] imago, *als Suffix von* hinderling *und* [*irrig*] *von* æþeling *erklärt* ECf 35, 1d; *retr* 35, 1e

lins[æ]d *Leinsaat; ac:* linsed sawan Ger 12

liofas *s.* libban **liofra,** *cpa, s.* leof

lippan, *pl, Lippen* Excom VII 16 | *sg. Sinnes* [*od. fm sg? dies Genus vermerkt nur Stratmann zweifelnd; andere Lexikographie nur masc.*] *ac:* þa uferan ∾ *Oberlippe* II Cn 30, 5; lippe! A

[-lið] *s.* giestliðnes

liðelicor deman, *cpa adv, milder, gelinder* II Cn 68, 1

liðige, *op* 3, *m dt, Milde erweise, mild sei gegen* VI Atr 53

lithigescot *s.* leoht∾

liðseaw *Gliedwasser, die infolge von Verletzung im Gelenk sich sammelnde Flüssigkeit,* Af 53 [*fris.* liduwagi, lithsiama; *His* Strafr. *d.* Friesen 313 f.]

litlian *s.* lytl∾

L**littera;** *pl abl:* ∾ris infigere *schriftlich festlegen* VI Atr 40, 2 L

L**litteratura** *Urkunde* IV Eg Pro L, gewrit *übsnd*

F**liu,** *obl, Stelle* 1) en auter liu, u Leis Wl 10, 1 2) en sun liu *anstatt seiner* Wl art Fz 6, 1

liv- *s.* lif-, libban

F**livres,** *pl obl, Pfunde, Rechnungsmünzen, je* 240 *Silberdenare* Leis Wl 2, 2 (liverez I). 3, 2 f. I (*Var.* liveres). 42, 1; *abgekürzt* li. 8 I; lib' 3, 2 f. Hk

-ll- 1) *für* l: *s.* dæl, fül (*adj*), forstolen, gehelpan, hwele, ilc, sceal, wel 2) *im Compos. getrennt durch Gleitvocal: s.* gedalland

L**-ll-** *für* l: *s.* calumniator, pillare, tollerare

[-loca] *Der.:* cægl-

friwif **locbore** *eine Freie, Locken tragende* Abt 73

lochwa *wer immer* II Cn 13, 2

lochwær *wo immer* II Cn 80, 1 A; loceh∾ G; ∾war B

lochyrdla [*pl gn*] tilian *Hürden herstellen* Ger 9

locige, þæt, *op* 3, *sehe zu, beobachte, dass* Af El 12; ∾ie GH

L**locutio** *gerichtliche Klage* VI As 3 Q, spræc *übsnd;* Hn 64

lof 1) (*Gottes*) *Lob, Preis* I Cn Epil = II 84, 5 | *dt:* to lofe II Eg Pro = IV 15 = I Cn Pro = Insc A; Iud Dei VII 24, 1 A (love VIII 2, 4), ad laudem *übsnd* | *ac:* ∾ Cn 1020, 3 2) *ac:* ∾ *gesellschaftliche Ehre* Rect 21, 3

[-logian] *Der.:* gel∾

Loht *s.* Loth F**[loins]** *s.* luin

[-loma] *Der.:* andl∾ **lomb** *s.* lamb

[-lome] *Der.:* gel∾ **lond** *s.* land

London-, Londra *s.* Lunden-

L**loquela** *Wort, Parteirede vor Gericht* Leis Wl 24 L, parole *übsnd*

L**loqui** 1) *gerichtlich klagen* III Atr 14, onsprecan *übsnd;* ∾ super *gegen* Duns 1 Q, specan on *übsnd;* super hoc *deshalb* Hn 74, 2 b; super, *m ac, gegen* 56, 5 2) ∾ cum *rege verhandeln, Erlaubnis erwirken bei* CHn cor 3

F**lor** *s.* lur

lorgas, *pl ac, Zeugbaum am Webstuhl* Ger 15, 1

L**lorica** [*Panzer, bildl. für*] *Kriegsdienst* CHn cor 11

losian 1) *verloren gehen, abhanden kommen, entlaufen* (*vom Vieh*); *pl* 3: ∾að Duns 7 Insc | *op* 3: ∾ige feoh *Fahrhabe* Af 20 (∾ie H); hund 23, 1 | *ptt pc:* losod *verloren* II Atr 8 2) *entwischen* (*der Strafe: Verbrecher*); *op* 3: ∾ige Af 1, 7. 7, 1. Ine 22 H; -ie E | *pl* 3: ∾igen IV Eg 2, 2 3) *entfliehen; op* 3: he ∾ie (*der Sklaverei*) Ine 29 (∾ige H; hit - [*missverstanden als n.* 1 *oder 'es verliert'*] B); (*der Haft*) 72

lot, loth, lottum *s.* hlot

Loth Iud Dei II 2; Loht V 1, 3

loðbot *s.* hlo∾ **love** *s.* lof

F**lour** *s.* lur

-ls *für* sl *vgl.* huslgenga F**lu** *s.* li

[-lucan] *Der.:* al∾

Lucas Iud Dei VI 1. VII 23. XIII 13, 2. Excom VI 1, 4

lucidum *Morgengrauen* II Eg 5 Q, liehting *übsnd*

L**Lucifer** Excom VI 15

L**Lucius** rex Britonum (*angebl. c.*169) Lond ECf 11, 1 A 5. B

lufa *s.* lufu

lufian *lieben* Af El 49, 7. EGu Pro 1. II Ew 1, 1. V Atr 34 = VIII 43, 1 = IX Expl. Cn 1020, 15. I Cn 1. II 7, 1. Northu 47. 67. Swer 1. *Reet* 21, 2. Had 1, 1. Grið 28; *flect.:* ∾anne VI Atr 29 | 3: lufað Swer 1. Episc 8 | *op* 3: ∾ie V Atr 33, 1; ∾ige 26 = VI 30 (= I Cn 19, 3). 40, 1 (= II Cn 11, 1). 42, 1 D. VIII 44, 1. II Cn 5, 1. Northu 48 | *pl* 1: ∾ V Atr 1. VI 1. X 1. II Cn 84, 1 | 3: ∾ VI Atr 5 f. (= I Cn 6, 1). 41. I Cn 21. Episc 4. 9 | *ipa:* lufa Af El 1 | *pc:* lufend! Iud Dei IV 4 | *ptt* 3: lufode II Ew 1, 1 | *pl* 3: lufedan V Atr 32, 1 D. — 1) *herzlich hochschätzen, m. obj.:* a) [*zumeist*] *Gott; neben* weorðian VI Atr 1 = IX Expl = X 1 = I Cn 1 = II 54, 1. Cn 1020, 15. Northu 47. 67. Had 1, 1; *Kirche ebd.; Klerus* I, 3. 11. I Cn 4 b) *obj: König* 1; *Mitbürger* VIII Atr 44, 1 2) *pflegen* a) *Tugenden achten* V 26. VI 29; riht VI 30 = I Cn 19, 3. Episc 4. 9; rihtwisnesse V Atr 33, 1 = VI 40, 1 = II Cn 11, 1. 7, 1; *Satzungen Reet* 21, 2; *Frieden* VI Atr 1. Iud Dei IV 4; clænnesse VI Atr 5 (= I Cn 6, 1). 41 b) *Bosheit üben:* wiccecræft II Cn 5, 1. Northu 48; oferdruncen *Trunksucht frönen* 41; (*Gewinn*) *erstreben* Episc 8; (*Unrecht*) *gerne tun* V Atr 32, 1 D 3) *Formel des Vasallitätseides:* ∾ þæt he (*der Herr*) lufað, ascunian þæt he ascunað Swer 1, *übs. durch* in amando quod amabit, nolendo quod nolet III Em 1 Q

luflice, *adv* 1) *freundschaftlich, herzlich* VIII Atr 31 2) *bereitwillig, hingebend Reet* 21, 3

lufu *Liebe; dt:* lufe IV Eg 6, 1. Wer 6, 1. II Cn 68, 1; *schw.:* lufan B. I 18. Grið 24. Iudex 7. Had 11; lufon O. Iud Dei VII 12, 2 A | *ac:* lufe III Atr 13, 3. I Cn 22, 4 G; lufu! Ld: As Alm 1. I As Pro. — 1) *Gunst, Parteilichkeit;* for lufe ne ege IV Eg 6, 1; - - oððe feonge Iudex 7 2) a) *m gn obj:* for Godes lufe *aus* L. *zu Gott, religiöser Weise* I Cn 18. II 68, 1. Iud Dei VII 12, 2 A, pro Eius amore *übsnd;* Had 11. Grið 24 b) ∾ to (*Gott*) I Cn 22, 4 G c) for mine ∾ L. *zu mir, um meinetwillen* I As Pro. Ld (be minum freondscipe *übr.*). As Alm 1 Ld 3) *Versöhnung, Sühnevertrag* Wer 6, 1; *im Ggs. zu* lage *Rechtsgang* III Atr 13, 3 [*neuengl.* love, dies amoris; Bateson Borough customs 190]

F**lui** I) *prn, s.* il *dt ac* II) *art, s.* li *no*

F**luin** e pref *fern und nah* Leis Wl 44, 2

l'um, l'un *s.* hume

Lunae *dies Montag Reet* 3 Q

F**lunc** *s.* lung

in **Lundenwic,** *ac, in London* Hl 16 = in wic 16, 2 | **Lundenb[u]rg;** *dt:* ∾byrig II As 14, 2. VI Pro. III Eg 8, 1 A G 2; ∾birig I Em Pro; ∾ebyrig II B | binnan **Londone** [*dt*] Wl Lond 1 | *Lat.* **Lundonia** Q: VI As Insc. I Em Pro. IV Atr Insc. Quadr II 8, 1, *S.* 545 (*Var.* Lon.). Rb, *S.* 544. Hn Lond 1[7] (*Var. pl:* -niae). Lib Lond 10; Londonia *ebd. Var.* CHn cor Test Dat[16]. Hn 22, 1; London. 2 | *fälschend eingesetzt* *für* [C]laudia Wl art Lond retr 9; *Var.* **Londra | Londoniae,** *pl,* Lib Lond 1 ff. 6 f. (*Var.* Lund'). Wl Lond Lat 1. Lond ECf 32 B; *als sg. construirt* B 12. [*Vgl.* pons: London *Bridge;* wic (*s. o.*) *und* port: *London*]

L **Lundoniensis** *von London* Hn Lond 1[7]. Lib Lond 2 (*Var.* Lond.) | episcopus: **a)** Hugo ECf Pro 1* **b)** Mauricius CHn cor Test. Lond ECf 34, 1 a*

F del **lung** dei *für den langen* [*Mittel*]-*finger* Leis Wl 11, 1; lunc I

F **lur** **I)** *poss.* 3. *ps. pl, ihr; obl.:* de ~ (a lour, *Var.* lor; 31: lour) *terre* Leis Wl 29, 1 (30); *de* lour *cense* 29 | *ac:* ~ *terre* 20, 4; ~ (lor I) chatel 27. Wl art Fz 8, 3; ~ seignur 2 | *pl obl:* de ~ bos *ihrer Ochsen* 8, 2 **II)** *prn pers. s.* il *pl dt*

lustlice, *adv, willig* VI As 8, 9 | cor, *cpa, lieber* VIIa Atr 5, 1

L **luxuria** *Unzucht* Iud Dei XII 2

F **luy** **I)** *der, s.* li **II)** *prn, s.* il *dt, ac*

[-lybb] *s.* ciesl~ **lybban** *s.* lib~

l[yb]blac *Zauberei; ac:* liblac I Em 6; lyblat HBQ | *pl dt:* liblacum I Em 6 Rb Ld; *Verhexungen* II As 6; *unübs* Q

lycian *s.* lic~

Lyfing arcebiscop *von Canterbury* Cn 1020, 3

lyfnes *s.* leaf~ **[-lygen]** *s.* ungel~

lyger *s.* liger **lyhting** *s.* lieht~

[-lyre] *Der.:* lifl~

lysan, -sige, -sing *s.* lies-

lyso *Schlechtigkeit; gn:* lyswæs *Missetat* Abt 3; leswæs *Unzucht* 73

lyst *s.* hl~

me **lyste,** *op* 3, [*unpersönlich*] *mir gefalle* V As Pro; lyst Ld

lytel *klein;* ~ þeowdom *geringer Gottesdienst* I Cn 3, 2; *schw.:* se lytla Af 60; lit- H; ~le B | *ac:* þone lytlan Abt 54, 5 ‖ *fm:* sio lytle Af 64, 4 ‖ *nt sbstirt: wenig* ~ Rect 3, 3 | *gn:* lytles hwæt Iudex 13 | *dt:* for lytlum *um Geringes* V Atr 3. 3, 1 = VI 10 (-lan). 10, 1. 12, 1 (-lan) = II Cn 2, 1 (lit- D; lythum! A); of lytlan (*aus Kleinem*) to mielan Grið 21, 1. 23 | ***cpa*** *dt:* on **læsse** plihte Forf 3, 2 ‖ *fm gn instr* [?]: - mærðe Nor grið Z. 5 ‖ *nt:* - folc VI As 4; hit - wære 12, 3; beo hit a - *wär' es weniger Rect* 3, 3; git - Ger 18, 1 | *gn:* læssan mynstres VIII Atr 5, 1 = I Cn 3, 2 | *dt:* æt (be) maran swa læssan VI As 12, 1 (VI Atr 51) | *ac:* ge læsse ge mare Ger 3. — ***Adv:*** *weniger;* swunce **læsse** II Atr 9; bið læssa! maga A Gu 3; læsse mage II Cn 71, 5; lesse A | no þon læsse *u.* no þon **læs** *'auch'* Iud Dei V 2, 1; 3, necnon *glossirend* | læs ymbe beo II As 25 | **þy læs,** *m. op, damit nicht* II Atr 9 (les 9, 1). Iud Dei IV 3, 4; þe læs Wif 9. Episc 6; þe læs þe Forf 2 [*vgl.* þy] | na læs Ine 21 B; nalles *keineswegs übr.* | ***splt*** *dt:* þam **lærestan** *geringsten* Abt 56 — ***adv:*** **læst** *am wenigsten* I As 3

l[y]tlian; *ptt pl* 3: laga litledon *Gesetze sanken, verloren Kraft* VIII Atr 37

M.

-m 1) *geschr. als Horizontale über Vocal:* forlegenū Af Rb 10; monnū 19 Ot; oðrū Af El 49, 6 *usw.* 2) *geschwu. s. Declination, dt; sonst* hi, *pl dt von* he, *Schreibfehler; viell. Druckfehler* Ld: silfu II Cn 84, 4 a; hio (*pl dt*) I As 1 **3)** *Endung* -am *für* -an: *s.* binnan; morhamgifa *unter* morgengiefu; *dt von:* gefera, godcund, feorða, halig, þridda, seofoða; hieran *op pl* **4)** *für* -and: *s.* handgrið **5)** -em- *für* -en-: *s.* hentan **6)** -mb- *für* -nb-: *s.* elnboga **7)** *für* mm: *s.* trymman, wemming **8)** *verschr. s.* gemana

m *s.* man, mann *S.* 139. 141

L **m** *ersetzt durch* n: *s. d.; für* -mm-: *s.* comenta

F **m** *ersetzt durch* n: *s.* nb

ma **I)** *cpa s.* micel **II)** *für* man, *s. d.*

[-maca] *s.* gemæcca

L **macerarii,** *pl, Schlächter, Fleischer* ECf 39; *Var.* macher~, ~cecr~, macecrini

L **macholum** *Schober* (*von Heu od. Getreide*) *Rect* 21, 4 Q, hreac *übsnd; Var.:* maco~, manco~, mancho~ [*vgl.* machalum *Lex Salica* (*altfz.* machau) *und Jellinghaus* Jahrb. niederdt. Spra. 1902 *S.* 41]

macian *machen* **1)** *bauen, herstellen* Ger 9. 11 **2)** *op* 3: buteran ~ige *Butter bereite* Rect 16 **3)** ciricmangunge ~ie *Handel in kirchl. Ämtern treibe* V Atr 10, 2 = ~ige VI 15

L **macinatio** *für* machi- IV Eg 15, 1 L

mæctor, *cpa, s.* mæte

mæda, *pl, Wiesen*[*mähungen*] Ger 1, *geänd. aus* ~de

mæden *s.* mægden

m[æ]dere; *ac:* mederan settan *Krapp pflanzen* Ger 12

mædmæwecte, *dt, Wiesenmaht* Rect 5, 2

mædrenmæg *s.* med~

I) mæg *Verwandter* III Eg 7, 2; ~ oððe fræmde II Cn 25, 2 | *gn:* ~ges Af El 49, 9. I Cn 7 | *dt:* ~ge II As 11. Wer 5 | *ac:* ~ III Atr 7, 1; ~ gieldan Ine 74, 2 (*dafür* men g- B; *vgl.* mæggieldan); for (*'statt'*) ~ beon E Gu 12 = VIII Atr 33 = II Cn 40 | *instr:* ~ge Af 42, 6 | *pl: Sippe;* ~gas 1, 2 (magas H So). 41 (magas Ld). Ine 21, 1 (~ges Bu). 23 (~ges Bu). 28. 35. 38. II As 11. Mirce 4 Ld; magas Abt 23. EGu 4, 1. II Ew 6. II As 6, 1. VI I, 4. 9. Wif 6; nyhstan - II Atr 6 | *gn:* maga II Em 1, 2. Northu 51 | *dt:* ~gum Af 5, 3 (mag- HB). 13 (mag- H; magon B). 41 (mag- Ld; *dafür* yldran H). 42, 1. Ine 24, 1. 74; magan So; magum II Ew 6 (mog- B). II As 6, 1. II Em 7. I Cn 5, 2 b. II 56. Norðleod 1 (*dafür* mægðe Ld). Mirce 4; magan VIII Atr 23 | *ac:* ~gas Af 1, 3. 28. II As 8, *geänd.* mag-. — *Der.:* fæderenm~, geniedm~, medrenm~, neahm~

II) mæg *s.* magan

mægbot *Busse* (*an die Sippe*) *für* (*Erschlagung ihres*) *Verwandten* Ine 76 | *ac:* ge ~te ge manbote VIII Atr 3 = I Cn 2, 5; ~ta Q; mæib~ In; *Var.:* meib~

mægburg *Verwandtschaft, Sippe; dt:* ~ge Af 41; mægeborh! Ld | *ac:* ~ Ine 74, 1; ~rh H; ~borh! B; magborg So

mæ[g]den *Jungfrau;* mæden II Cn 52, 1 B Insc | *ac:* mæden 52, 1 (meden A). 74. Wif Insc B; mædan oððe wif Wif 1

mægdenman, *ac, Mädchen* Abt 10

mæge *s.* maga

on **Mæge** *im Mai* I Cn 17, 1; *vgl.* Maius

mægen *Macht* **1)** *materiell; gn:* þæs ~nes, þæt *von so grosser M., dass* Af 42, 1; 3 **2)** *seelisch; dt:* mid eallum ~ne *aus ganzer Kraft* Cn 1020, 18 (mag- 15) **3)** *himmlisch;* ~ Iud Dei IV 2, 2 | *gn:* ~nes V 2, 3, virtutis *glossirend* | *pl gn:* ~gna 2, virtutum *glossirend* | *ac:* strengo vel mæhto vel mægna 2, 5 *Glosse über* virtutes; ~genu VII 23, 1 A, virtutes *übsnd*

heofonlican **mægenþrymmas,** *pl ac, himmlischen Mächte* Iud Dei VIII 2

mæg[e]ð *Jungfrau; ac:* mægð Abt 77

mæg[e]ðbot *Busse für Verletzung einer Jungfrau;* mægð~ Abt 74

mæg[e]ðhad *Jungfernschaft; gn:* mægðhades Af El 12, pudicitiæ *übsnd*

mæg[e]ðman[n] *Jungfrau; ac:* mægðmon, *geänd.* -man Abt 82

mæggieldan [*als Ein Wort geschr.*] *den* (*wegen Todtschlags der Blutrache verfallenen*) *Verwandten bezahlen* (*aus ihr lösen*) Ine 74, 2 (~gyldan So; ~gyldon H; cognationem solv*ere* Q; mid þam þeowan men gyldan B, *also stutzend*) = meggildare Hn 70, 5 b

of **mæglage** gan, *dt, aus dem Sippenrechtsverhältnis austreten* VIII Atr 25; *dafür* mægðlage I Cn 5, 2 d

mægleas *sippenlos* Af 27 (mæig~ B). Ine 23, 1 (~les H). VIII Atr 24 = I Cn 5, 2 c | *pl dt:* ~sum Af Rb 26 Ld

mægsibbe, *ac, Verwandtschaft* Wif 9

mægslagan, *pl, Verwandtenmörder* Cn 1020, 15

I) **mægð** II As 1, 3 (~ðe Ld). VI 8, 2. 12, 2. II Em 1, 1. 4 | *gn:* ~ðe Wi Pro 2 | *dt:* ~ðe Ine 76, 1. II As 2 (*pluralisch constr.*). II Em 1, 3 (~! Ld). Norðleod 1 Ld; magum DH; of ægðere - *von der Sippe jeder* (*beider*) *Parteien* Wer 4 | *ac:* ~ðe II Em 1, 2. 4 Ld. 7. II Cn 39. — 1) *Sippe, Verwandtschaft* [*stets, ausser:*] 2) *Volksstamm, Nation* Wi Pro 2. — *Der.:* fæderenm~

II) **mægð-** *s.* mægeð-

of **mægðlage** [*dt*] gan *aus Sippenrecht austreten* I Cn 5, 2 d *aus* VIII Atr 25, *wo* mæglage [*s. d.*]

mæht *s.* miht

mæhte, *ptt, s.* magan

mæi(g)- *s.* mæg-

I) **mæl** 1) Cristes ~ *Kreuzeszeichen* IV Eg Pro 2) *Mahlzeit; dt:* ær mæle *vor Essenszeit* II Cn 46, 1. — *Der.:* fotm~

II) **-mæl** [*nordisch*] *Der.:* form~; sammæle [*vgl.* -mal]

mælda *s.* melda

m[æ]le *Eimer, Gefässschale; pl ac:* melas Ger 17. — *Der.:* stelm~

mæn *für* men *s.* mann

I) **mæne** *falsch, mein; dt:* on mænan aðe (*Meineid*) standan VIII Atr 27 = I Cn 5, 3 | *ac:* mænne II As 6 Ld; *dafür* manað H; ~ [*Ein* n!] að II Cn 36 | *schw.:* þone ~nan að Ine 35, 1; meanan að: periurium Q. — *Der.:* unm~ II) **[-mæne]** *s.* gem~

mænelicre, *fm dt, gemeinschaftlicher* II Cn 10 B; gem~ *übr.*

mænig- *s.* man-

mænio *s.* menigu **mærc-** *s.* Mierce

I) **mære** *rein: pl gn:* mærra pæninga *lauteren Silbers* Af 3; mærsa! So; *verderbt* mærona Ld [*vgl. Urk.* (*a.* 923, *falsch*): mille denariis puri argenti; *Birch* Cartul. Sax. 637]

II) **mære** *berühmt, hehr* I Cn 4, 1; 2; maior [*also mit cpa von* micel *verwechselnd*] In; *ruhmreich* Grið 22 | *pl gn:* mærra cyðra Iud Dei VII 12, 2 A, magnorum *übsnd* | *ac:* þa mæran witigan 12, 1 A, magnificos *übsnd* | mare *irrig als* bonus *und erstes Glied von* maregrave (*d. i.* Markgraf) *gedeutet* ECf 32, 2

III) *s.* micel, *cpa; vgl. 7 Z. vorher*

IV) *s.* miere V) *Der.:* landgemæra

mæri *s.* mearg

mærðe, *gn?, Ehrenhöhe, Rangwürde* Nor grið 6

mæspreost [?] *s.* mæssep~

mæsse 1) *gottesdienstl. Messe; dt?:* gestande (him) [*beiwohne*] ~san (II As 23). Grið 27 | *ac:* mæssige ane ~san VII a Atr 6, 2 2) *kirchl. Festtag, Kalendertag; dt:* ~san *m gn der gefeierten Heiligen:* apostoles I Cn 16 a | Ealra halgena V Atr 11, 1 = VI 17 = VIII 9, 1 = I Cn 8, 1. 12 | Marian Af 43. I Cn 16 a | Martinus Ine 4. II Eg 3 = VI Atr 18, 1 = VIII 11 = I Cn 10. Rect 3, 4. 4, 1a; b | Michaelis VII a Atr 1 | Petres V 11, 1 = VI 18 = VIII 10 = I Cn 9. Northu 57, 1 | Philippi and Iacobi I Cn 16 a. — *Der.:* candelm~, Mariam~

mæssedæg *Kirchenfest, Kalendertag; dt:* be Petres ~ [*endungslos*] II Eg 4; ofer Twelftan ~ge I Cn 16, 1. 17 | *ac:* ~ II Eg AB. 5 = VI Atr 23, 1 D = I Cn 14, 2. V Atr 16 = I Cn 17, 1. Romscot 1. Rect 4, 1; ~dæig 4, 1. 15 | *pl gn:* ~daga Af Rb 43; ~ge! Ld

mæssepreost *Priester, Pfarrer* EGu 3, 1. 3, 2 Ld (preost *übr.*). II Eg 3, 1 = VIII Atr 8 = I Cn 8, 2. VII a Atr 6, 1. VIII 19. 26. 41. 27 = I Cn 5, 3 (mæsp~! Ld). Ordal 1. 4, 1 (*abgekürzt* ~pr't). Iud Dei VII 13 A. Wif 8 | *gn:* ~tes II As 10. Að 2 H; preostes DO | *dt:* ~te II As 23 | *ac:* ~ VIII Atr 21 = I Cn 5, 2 (mas~ A). Northu 57, 2 | *pl:* ~tas V Atr 8. Cn 1020, 19. I Cn 26, 3

mæsseþegnes, *gn, Priesters* Norðleod 5; mes~ Ld Q; ~þeynes, ~þeines Q *Var.*

mæssian *Messe lesen; op* 3: ~ige VIII Atr 19 = I Cn 5. Northu 2, 1. 3. 7. 13. 14. 16. 18 | *für, zugunsten von:* for *m ac* VII a Atr 6, 1; mæssan - for *m dt* 6, 2

mæst, *spla, s.* micel

mæsten *Mastplatz, Weide der Schweine; gn:* ~nnes Ine Rb 49 | *dt:* ~nne Ine 49; ~*ene* HB. Rect 4, 2 c

mætre, *cpa nt prd, geringer, minderwertig* VI As 6, 1; metre *unübs., dazu spät. Rec.:* betre i. e. melior *missverstanden* Q | *ac sbstirt:* ge betere ge ~ Ger 3 ‖ *adv:* mæctor *minder* II Ew 1; mediocrius Q

mæð *Verhältnis, Rang* VI Atr 49. VIII 4, 1 = I Cn 3 a. Rect 3, 4. Grið 29 | *gn:* ~ðe VIII Atr 5 = I Cn 3, 1. Geþyncðo 7. Grið 3 | *dt:* be ~ðe Af 31, 1 In Cn (*Var.* maðe, meðe). VI Atr 10, 2. 53. VIII 5, 2. 27, 1. I Cn 4 (modus Cons). 5, 4 (maðe A). II 42. 49. 51. 70, 1. Northu 19. Wer 7. Geþyncðo 1. Had 10. Grið 3. 10. Nor grið *Z.* 6. 9. In Cn III 8 | *ac:* ~ðe VIII Atr 18 = I Cn 4, 3. 2, 1 = Grið 31, 1; ~! Iudex 15. — 1) *Maass* II Cn 70, 1; *Verhältnis* Af 31, 1 In Cn; VI Atr 10, 2. 53. VIII 27, 1 = I Cn 5, 4. II 49. Wer 7; *richtiges Verhältnis* VI Atr 49 2) *Würde* Geþyncðo 7. Grið 3 | *Standesgebühr* Rect 3, 4. Grið 29; *Grad* II Cn 42. 51 | mæðe witan on *Achtung empfinden vor* I 2, 1 = Grið 31, 1 | *gesellschaftlicher Rang: in übr. Citaten*

[-mæðian] *Der.:* gem~

m[æð]l *Versammlung, Gericht, dt:* medle Hl 8 [*vgl.* mallum]

mæðlfrið *Volksversammlungsfrieden* Abt 1

mæðlic, *nt, standesgemäss* II Cn 71

mæðmed *Mahtlohn, Entgelt für Heumachen* Rect 21, 4

mæðrian *mit Vorrechten ehren, privilegiren* II Cn 12 A; gem~ *übr.*

[-mæwect] *s.* mædw~

I) **maga,** -gas, -gum *s.* mæg-

II) **maga** *vermögend an Besitz, hochgestellt;* þe bið læssa ~ A Gu 3; seþe læsse ~ si II Cn 71, 5 B; -ge G; mæge A; *schw.:* se ~ *der Mächtige* VI Atr 52; se ~ þam unmagan Episc 10 | *dt:* þam ~an *dem Kräftigen* II Cn 68, 1a. — *Der.:* unm~

magan *können;* 1: mæig *ich kann*

Reet 5,4 | 3: mæg Af El 15 H (*op übr.*). 49, 6. Af 46,1 B. Ine 7, 2. II Cn 20, 1. Blas 3. Forf 3, 2. Episc 3; mæig Rect 10,1. 20. Ger 3 | *pl* 1: ~ Cn 1020, 20 | *op* 3: mæge Hl 5. 7. 16, 1. Wi 6. Af El 15. 16. Af 5. 14. 22 (mage H Ld). 42, 3 H. 46. 65 (mage H). 75. Ine 8. 30. 33. 42, 1. 62. EGu 9, 1. I Ew 1. 1, 2 B. V As 1, 1 Ld. VI 8, 4. III Eg 2. 4. 7. 7, 1. IV 14. I Atr 1, 2. II 8, 1. II Cn 45. Blas 3 B. Norðleod 7; mage EGu 9,1. I As Pro. V 1,1 (a *auf Rasur*). VI 8, 4. Wl lad 2,1 | *pl* 1: magon VIIa Atr Pro; ~ V 35. VI 1. X Pro 2 | 2: magon I As 5; mæg! Ld | 3: mægen Af 34 (magen So; magon H B). 43 (magen H, magon Ld, ~ B). Ine 73; magen So; magon Ld | *ptt* 1: mæhte II Em Pro; mihte X Atr Pro | 3: mæhte I Ew 1, 3. II 1; mehte B. 1, 4 (mæhte B, mihte Ld). II Atr 9, 2. Ger 18, 1; mihte Hl 2. 4. I Ew 1, 2. IV Eg Pro. II Cn 79 | *pl* 3: mihton EGu Pro 2. Geþyncðo 8. — 1) *mit Objectsaccus.: zu leisten vermögen;* gif he þæt mæge Hl 7 2) *mit Inf: im stande sein zu, vermögen zu* Hl 2. 4. 5. 16,1. Af El 15 f. 49,6. Af 5. 14. 34. 43. 46,1. 65. Ine 33. 42,1. 62. 73. EGu Pro 2. I As Pro 5. II Em Pro. III Eg 2. 4. V Atr 1. VIIa Pro. X Pro. Pro 2. Cn 1020, 20. Blas 3. Rect 5, 4. 10, 1. Norðleod 7 | mon mæg *mit Inf.: 'es ist möglich zu'* Af 75. EGu 9, 1. II Cn 45 3) *Ellipse des Infinitivs, der hinzuzudenken* α) *aus vorhergehendem Verb:* gecœnne (gestaele, geladie), gif he mæge Hl 5 (Af 22. Ine 30); *hinter* gif *auch* I Ew 1, 3. V As 1, 1. VI 8, 4. III Eg 7. 7,1. II Atr 8,1. 9, 2 | werian, swa we ~ V Atr 35; betan swa hi mihton Geþyncðo 8; beon ymbe, swa he mæg Episc 3 β) *oder aus vorigem Satz:* gif fulwihte forsitte oððe ne mæge [*taufen*] Wi 6; gif nelle ornest oððe ne mage [*kämpfen*] Wl lad 2, 1 ‖ *Das 'Können' neben 'Willen' auch:* nolde oððe mihte II Cn 79. Wl lad 2,1 | *neben* motan (*der Befugnis*) Cn 1020, 20. II Cn 20, 1 4) *gereichen;* to bote (*als Reform dienen*) mihte IV Eg Pro; to ræde I Cn 1b D; to note mehte Ger 4. 13. 18,1. 5) *moralisch dürfen;* ne mæig he sleac beon Ger 3; *berechtigt sein* I Atr 1, 2 6) [*Ersatz eines Futurs oder Potentials*] *mögen, sollen, werden, dürfen;* Xwintre cniht mæg bion gewita Af 7, 2; gewitnesse man gelyfan mæge I Ew 1; smeadon, hu frið betere beon mæhte II 1; gecoren, hwæt stor beon mæge IV Eg 14; mæg feoh leohtre beon Forf 3,2; mæig wenan *hat Grund zu* Reet 20; *hinzugefügt, um Opt. zu verstärken* Af 42, 3 H

magborg *s.* mægburg

[L]**Magdalena;** s. Maria ~, Iud Dei XVI 30, 9. Exeom X 1. XI 1

mage I) *fm, die Verwandte; ac:* ~gan Wif 6. — *Der.:* niedm~ **II)** *s.* maga II

magene, *dt, s.* mægen

[L]**magisteria,** *pl, Lehren, Ratschläge* Quadr Ded 12. II 17, 4

[FL]**magistra,** *adj fm, hauptsächliche, Haupt-:* via, porta Hn 80, 3 b [*fz.* maître; *altfz.* maistre; *mengl.* maisterstrete *Mätzner* Wb. II 317; *ital.* maestro *adj.*]

[L]**magnati** (!) *Grosse, Vornehme* IV Eg 1, 5 L

[L]**Magnavilla;** *an* G. de ~ *wird addressirt* Wl ep Pro; *den* Gosfregð portirefan *von London grüsst* Wl Lond 1

[L]**magnificentia** *Lob, Preis* (*Gottes*) IV Eg 15 L

[L]**magnus;** ~um mare *offene See* Geþyncðo 6 Q | Magna carta *heisst* CHn cor Prot[a].

[-mah] *Der.:* gemahlic

[F]**maille,** *ac, Heller,* $^1/_4$ *Denar* Leis Wl 3, 1

[F]**main** *Hand; obl* 1) *eig.* meité de la ~ Leis Wl 11, 1; mein I 2) *persönliche Gewalt;* mettre ~ en *Hand legen an* (*Asylschützling*) 1,1; en uele (*neutrale*) ~ metre 21, 4; en la ~ sun guarant 21, 1 | *pl obl: entre* ~ns aver 21; meins I 3) *Schwurhand;* sei siste ~ *selbsechst* (*schwören*) 14, 3. 21, 1. 52, 2; sei XII ~ 3. 14, 1. 15. 51; sei trente siste ~ 15, 1; mein I

[F]**mainbot** *s.* manb~

[F]**maindra** *s.* maneir

[F]fussent **mainteneues,** *pf pc pl fm,* (*Freiheiten*) *aufrechterhalten würden* Wl art Fz 1 [*vgl.* manutenere]

[L]**maiorare** *grösser* (*schwerer*) *wählen* (*machen: das Ordaleisen*) Blas 1 Q, myclian *übsnd*

[L]**maiores natu** *vornehmsten, angesehensten* II As 20, 4 Q, ieldestan *übsnd*

[F]**m[a]is** *s.* meis

[F]**maisoun,** *obl, Haus;* en sa ~ Leis Wl 35; ~onn I

Mai[us]; in Maio *im Mai* Ger 9 [*vgl.* Mæge]

[-mal] *s.* friðm ~ [*vgl.* -mæl; mallum]

[L]**malemittere** *schädigen, verletzen* EGu 2 Q, wierdan *übsnd* [*altfz.* malmettre]

[L]**Malesclodus** *Jaroslaw I. von Kiew* ECf 35; *Var.:* ~chl~, ~scoldus, ~otus

[L]**Malet,** Robertus, *Staatsmann Heinrichs I.* CHn cor Test

[L]**malignare** [*in Vulg.: 'boshaft verfahren'*] *m. ac, schädigen* (in: *mit, durch*) Q: Af 2, 1, geyflige *übsnd;* II Cn 40 Rb, *S.* 537. Hn 11, 8; *vgl.* **malignus** *schlecht, übel* (*nicht: 'boshaft'*) Hn 6, 3

[L]**maliloquium** *Aussprengen schlechter Berichte, übele Nachrede* Hn 10, 1

[L]**malivolus** *für* malev~ Quadr. Ded 14

[L]**mallum** *Gerichtsstätte* II As 20 Q, gemot *übsnd;* Hn 89, 3 [*vgl.* admallare; mæðl]

man, *pron. indefi, man* [*hier, nur gemäss Lexikographen-Brauch, von* mann (*Mann, Mensch, jemand*) *getrennt*]. *Form: zumeist* ~ Abt 3. 5. Wi 22 f. 25 f. EGu 4. I Ew 1. 1,1. II As 9. II Atr 3, 4. VIIa Insc. Cn 1020, 5; 14. I Cn Insc A. 2, 5. Duns 1, 2. Forf 2 *usw.*; mon Abt 2. 77 (*geänd.* ~). Wi 14. Ine 31. 59, 1. 61; mon [*nur in* Af - Ine *überwiegend*| *z.B.* Af 25. 38. 42, 6. Ine 18. AGu 5 (mō Ld). As Alm 1. I Atr 1, 8; *nur vereinzelt:* mann I Cn 8. II 18 (*nur vom* 16. *Jh.:* 24, 3 B); ma AGu 3 (mon B 2); me Ger 9; m̄ Ine Rb 31 G; mæn Wif 9 B (man H), *da mit pl construirt, viell. pl von* mann

I) *jemand, einer, ein Mensch, der eine* (*im Ggs. zum 'anderen'*), *eine begrenzte Gemeinschaft, ein noch als handelnd hervortretendes Subject* [*gen, dt, acc hierzu s.* mann, *n.* 3, *das, auch m. art. versehen, sich hiermit oft deckt:* se ~ II Cn 77. 78]. *Dies zeigt* **A)** *der sprachliche Ausdruck:* 1) *zum Object wird* manna *gewählt:* gif ~ mannan ofslea Abt 5 f. 13. 18. 21 f. 30; *vgl.* Hl 11 2) *das Object zeigt Rückbeziehung auf den mit* ~ *gemeinten Einzelnen:* gif ~ (*der eine*) oðerne slæhð Abt 57; *vgl.* Hl 12. Ine 29; gif ~ his men (*dem eigenen Sklaven*) gefe Wi 8. 14 | *oder Obj. muss 'den anderen' übersetzt werden:* gif ~ man bewæpnige II Cn 60; gif ~ mannes (*des anderen*) esne gebindeð Abt 88 **3)** *im folgenden Satz wird* ~ *verstärkt wiederholt:* gif ~ bebyreð and ~ (*er jedoch selbst*) gedeð 18 **4)** *oder m art* *versehen:* gif ~ genimeð, se ~ gebete 28; *vgl.* Hl 16 **5)** *oder durch* he *ersetzt:* gif ~ awyrdeð, gif he þurhstinð, .. gif ~ inbestinð Abt 64; mon mæg geþencan, þæt he gedemeð *zu richten* Af El 49, 6 **6)** *oder auf* ~ *bezieht sich ein Pronomen in anderem Casus:* gif ~ ofslægen weorðe, gylde hine Wer 2 **7)** *oder* ~ *besitzt (so wie häufiger* he) *Kraft, dass der Nachsatz sein Subject aus* ~ *hinzudenkt:* gif ~ gedo (geligeð), gebete [er] Abt 3 (10) | *Spätere führen* ~ *ein:* gif mon hæme mid monnes wife, gebete [*jener,* ~ *fügt zu* B; *übergeschr.* H] þam were Af 10 **8)** ~ *ersetzt* hwa: II Cn 44, 1 B | *hinzugedacht aus vorigem* hwa *und später eingefügt:* gif hwa gefeohte; .. gif þonne (mon Bu) gefeohte Ine 6, 2 f. **B)** *laut Zusammenhangs bedeutet* ~ *eine bestimmte Person oder Instanz, z. B.* **1)** *Kläger* Ine 53. 56 f. II Cn 16. 22, 1 **2)** *Verklagter* Af 49. VIII Atr 3. I Cn 2, 5. II 48, 3. 68, 2; ~ (*Verklagter*) sæge, þæt ~ (*Kläger*) drife Duns 1, 2 **3)** *Leistungspflichtiger* Ine 59, 1. 61. 67 **4)** *Sippe* 12. 54, 1. 70. III Eg 4. I Atr 1, 8 | *Vormund* II Cn 74 **5)** *Grundherr* 68 | *Gutsvogt* As Alm 1. I As Pro **6)** *Gericht* Ine 18. III Eg 1, 1. II Cn 25a. 65. Had 10 H (*fehlt* DO) **7)** *Obrigkeit* Af 21. III Eg 5, 1. 7. 7, 1. IV 2. 6, 1. II Cn 18. 22, 1. 67. 73, 3 | *das Witan-Colleg* VII a Atr Insc | *oft fällt n.* 6 *und n.* 7 *zusammen:* Ine 24. II As 14, 1. VI 12, 2. Blas 1. Forf 2

II) *ohne den Handelnden zu definiren oder definirt zu denken, hebt Redner nur das Getane hervor, durch* ~ *das dem Angelsächs. fremde Passiv ersetzend:* nolde, þæt ~ (he E) him demde [*als Übs. für:* sibi iudicari nollet Q] Af El 49, 6 H | seþe on þære fore wære, þæt mon monnan ofsloge *wo ein Mensch fiel* [*Mörder bleibt gleichgiltig*] Ine 34 | *vgl.* Wi 1. 7. 22 f. 25 f. 26 f. Ine 21. 23. 24. 24, 1. 25, 1. 30. 47. AGu 3. II Atr 3, 4. Cn 1020, 5. Wer 2. Ger 9 | *in* Abt *und* Hl *nur vereinzelt:* ~ agefe (geselle) *für* 'reddatur' Abt 77 (Hl 6)

III) *negirt:* ~ .. ne *niemand* Af Rb El 49, 6

IV) ~ *verschiedene im gleichen Falle;* tyme hit ~ þriwa: *es werde zu drei Malen, d. h. von drei verschiedenen, zugeschoben* II Cn 62, 1 | *verschiedene Obrigkeiten* Forf 2 | ~ aðas brece: *stets so oft Einzelne je ihren Eid brechen* Cn 1020, 14

V) ~ *das Volk, die Leute, die Menschen;* ga ~ to scrifte VII a Atr 2; sece ~ gemot III Eg 5. II Cn 17, 1; *vgl.* EGu Pro 2. V Atr 12. I Cn Insc A. 15, 1. — *Demgemäss tritt das zu* ~ *gehörige Verb in den Plural* [*vgl. Einenkel,* Anglia 27, 149]; *jedoch erst in Hss. nach* 1050: ~ don II As 7 H; do *übr.;* ~ sceoldan VI 10 H; *vgl.* 9? Af 38 B? 42, 6 Ld? 49 B? III Eg 4 Ld? V Atr 14 D. I Cn 15, 1 B. 24 B. II 3 B Wif 9; mæn B; *auch wenn nur Ein Verklagter gemeint:* VIII Atr 3 f. D; *aber sg.* G. | ~ + *Sing. ersetzt durch Plur. ohne Personale:* bete man II Cn 40, 1; beton B — *Ellipse von* ~: be þeofes onfenge 7 hine (mon *nur* H) þonne forlæte Ine Rb 36 [*vgl. Pogatscher,* Anglia 23, 300]; *s. o.* Ellipse *n.* 1 *auch* III Eg 2, 1; Indefinitum *n.* 1

[-mana, -māna] *s.* gem~

manað, *ac, Meineid* II As 26 [*vgl.* mæne]

manbot *s.* mannbot

mancus, *oft unflectirt,* $^1/_8$ *Pfund* **1)** *Goldgewicht; pl:* ~ces! goldes II Cn 71 a (~cus B, ~cos A). 71, 1 (~cus, *geändert* ~usa [*gn*] B). 71, 4; ~cus B; ~cos A **2)** *Rechnungsmünze zu* 30 *Silberdenar; dt:* ~se VI As 6, 2 | *pl:* ~ssas AGu 3 | *Lat.:* manea (*pl:* ~c[a]e), i. e. 30 den. VI As 6, 2 Q | *ebenso:* hodie 6 sol. [*altwestsächs. zu* 5 *Denar*] Hn 34, 3. 69, 2 *und* V mance: $12^1/_2$ sol. | 20 mance: 50 sol. [*zu* 12 *Denar*] 76, 6 a. 35, 1; *ferner* 14, 1 f.; 4 a. 53, 1 a | *irrig* mare. 29, 3. AGu 3 Q *Var.*

[F]le **mande** l'um, *sbj* 3, *ihn fordere man auf* Leis Wl 47

[F]**[maneir]** *wohnen; pl* 3: meinent Leis Wl 17, 1 I | *fut* 3: maindra en fiu 2, 4; mein- Hk | *pl* 3: meindrunt en demeine 17, 1 Hk

[L]**manere** *Wohnsitz haben, heimisch sein* Hn Lond 14

[L]**manerium** *Lehengut* Hn 19, 2 f. — 20, 2 | ~ *als Wirtschaftseinheit zerfällt in* dominium *und Boden der* homines (*Hintersassen*) 56, 1; 3 f. | dapifer vel minister ~rii 92, 18

manful *lasterhaft; pl sbstirt:* .þa ~llan VIII Atr 40 | *fm gn:* ~ulra dæda II Cn 4

[-mang] *s.* (on)gem~

[-mangere] *Der.:* flesm~

[-mangestre] *Der.:* smeorum~

mangie mid cirican, *op* 3, *Handel treibe mit (in) Pfarrstellen* Northu 19

[L]**mango** *Händler* IV Atr 2, 4

[L]**mangonare** in *Handel treiben mit (in) etwas* IV Atr 2, 12. 5

[-mangung] *Der.:* ciricm~

manian *mahnen* **1)** *pl* 1: ~að *sittlich ermahnen* Cn 1020, 18 **2)** *ipa* 2: mana þone þæs (*um das*) angyldes Ine 22; manna! Bu. — *Der.:* am~, ofm~

[L]se **manifestare** *sich zu erkennen geben* II Atr 3, 3 Q, hine cyðan *übsnd*

[L]**manifestatio** **1)** *Kundmachung* Hu 8 Q, melda (*Anzeiger*) *übsnd* **2)** *Handhaftigkeit der Schuld* Hn 9, 1a

[L]**manifesto,** *adv, handhaft* Ine 37 Q

manig, *adj sg, manch, aber verstehe: 'viele';* ~ strecman II Cn 20, 1; *sbstirt.* monig Af 12 H; fela *übr.* | *ac:* mænigne man geswænctan V Atr 32, 1 D | *fm dt:* on mænigre dæde II Cn 68, 2; *dafür* [*weil unverstanden?*] gemeanre *gemeinsamer* B | *nt:* mæniges cynnes *vielerlei Art* V Atr 25 = VI 28, 3 | *pl:* mænige menn VI As 8, 7 f.; bisceopas I Em Pro; manega D; *sbstirt.* ~ge Af 34 || *fm:* monega þeoda Af El 49, 7 || *nt:* ~ witu Af 9, 2; monegu, *geänd.* man- H; mænige þinge Rect 1, 1 || *com. gn:* monegra misdæda Af El 49, 8 | *com. dt:* monegum senoðum *ebd.;* manegum mannum VI As 8, 3; - bisnum I Cn Insc D; - landum Ger 1. Rect 1, 1. 6, 1; - weorcum 5, 2; *sbstirt* EGu Pro 2 || *ac msc:* monege, manege domas Af El 49, 9 || *fm:* monega þeoda 49, 1 (mænige G); - bec 49, 8 || *nt:* monega treowa Ine 43, 1; manega gewrita IV Eg 15, 1; mænige inweorc Ger 11; *sbstirt.:* swylce manege *solcherlei viele* [*Dinge*] II Cn 76, 3; manage A; manega þincg B

manigfeald *vielfach, mannichfaltig; nt ac:* monigfald miltheart, *zwar adv. Sinnes, aber* multum *glossirend,* Iud Dei IV 3 | *pl nt schw.:* þa mænigfealdan gefeoht II Em Pro 2 | *dt:* mannigfealdum gebodum Af El 49, 3 E; mænig- Ld; manig- So; monig- GH; *geänd.* ma- H

[L]**manipulus** *Armbinde der liturg. Priestertracht* ECf 36, 5

mann *Mann, Mensch, jemand; meist mit einem* n: man [*vgl. ac, ferner* men (*dt u. pl no ac*) *und vor. Seite* man *indefi*] Hl 7 f. 10 ff. *usw.*; *doch* ~ I Cn 2, 3. 7, 1 (mā Ld). 8, 2; *vocativ:*

Iud Dei VII 23. 24 A; mon Ine 61, *überwiegt bei* Af Ine; *abgekürzt durch* m̃ [*ac*] Ine Rb 74 G; *durch Rune* ᛞ, homo *glossirend*, Iud Dei IV 2, 1; 3. 3, 5 | *gn:* ~nes Abt 3, 31. 74. 88. Hl 1. Wi 24. Af 39 Q. Ine 21. 22 B. AGu 2 Ld. I Cn 7,1 In. Duns 3. Ordal 1a. Iudex 7. 16; monnes Af Rb 10. Af El 26. Af 10. Ine 21. 68. Iud Dei V 2,2 | *dt:* men Af Rb 29 f. Af 10. 37, 1. Ine Rb 20. 48. Ine 20. 35, 1. 75 (*pl:* monnum So). I Em 2. II 1,3. Northu 59. Rect 3, 4; menn Ine 35, 1 Ld. III Atr 1, 2; mæn Abt 83. Hl 7. 14 f. Wi 8 | *ac:* mau AGu 3. III Atr 13. V 1, 1. X 2. Duns 5. Griδ 13; ~ Ine 74, 2 B (mæg *übr.*). VI As 1, 5 f. (*geändert* mán). 12,1; mon Af 18, 1. 19 | *instr.:* þy men Af 42, 5 ‖ ***pl:*** men Af El 49, 3. I Atr 1,14. II 5,2. III 3,2. VI 2, 1. Cn 1020, 13. 19. II Cn 55. Exeom VII 1. 3. Wer 3. Episc 8; menn Ine 47, *geänd. aus* men; II Atr 2, 1. V 4. Ordal 3. Iud Dei VII 24 A; mæn Hl 12 f. Wi 3 f. | *gn:* ~na Af 34. EGu Pro 2. I Ew 1. 1, 5. II 2. VIII Atr 7. I Cn 26,2. II 24. Blas 3. Ordal 4. Aδ 2. Iudex 4. ECf 20 [*Var.:* man(n)e, men(ne)]; monna Af Rb 14. Af El 46 | *dt:* ~num I Ew 3. II Atr 5, 2. V 19. VI 25, 1. 42, 1 f. VIIa 4, 1. VIII 4. Cn 1020, 5. I Cn 3. Northu 42. Iudex 5; monnum Af Rb 15. 19. Ine 72 | *ac:* men 13, 1. I Ew 1, 4. II 4. II As 22, 2 Ot Ld. VI Atr 48; menn VI As 3. 8, 1; 4. V Atr 2. I Cn 2, 3. 5, 3. II 39, 1. Iud Dei IV 3. V 2, 2. — **1)** *Mensch* Af 19. AGu 2 | *im Ggs. zum Tier* Af 23 f. *und zu toter Habe* II As 6. VI 1, 5. Hu 2, 1. II Atr 2,1. Forf 2 | ~na saulum I Cn 26, 2; usig menn Iud Dei IV 3; VI manna sibfæc 7 **2)** *im Ggs. zu Gott* (*Kirche*): God 7 men *Kirche und Staat* (= *Moral* [*Canones*] *und bürgerliches* [*Volks-*] *Recht*) V Atr 6. VI 3, 1. 50. VIII 1,1. 27 = I Cn 5, 3. 2, 3. II 4,1. 39. 39,1. 41,2. 54 **3)** *jemand, einer, ein anderer; no: s. Seite* 139: man *indefin., n.* I | *gn:* Af 19,3. 49,2 — 52; gif man mannes (*des andern*) esne gebindeδ Abt 88; *vgl.* 3. 17. Hl 1.3; bad genumen on (*des einen*) mannes orfe for oδres mannes þingum Duns 3 | *dt:* Af 66 | *ac:* 23; gif he man (*jemanden*) gewundie (gefylle EGu 6, 5 (f.). II Cn 48, 1 (~ 48, 2); ~ reafe III Atr 15 | *im pl: mehrere* Leute Hl 12 f.; *hinter Zahlen: 8 Personen* II Atr 5, 2 **4)** *Glied der Christenheit* Iud Dei VII 23 f. A. VIII 2 | *pl: kirchliche Gemeinde* VI Atr 42,2. I Cn 6. Northu 42. Episc 8; men þa leofestan Exeom VII 1 | *Dorfgemeinde:* ~na hyrde (*Gutsvogt*) Ger 18, 2 **5)** *politisch und rechtlich vollgiltige Person, Staatsbürger, stets als 'Mann' gedacht* VI As 3. 6. 8, 1; 4. IV Eg 6, 2. II Cn 24. Ordal 3 | *Parteien* [*vgl.* vir et vir] Wl lad 1 | men *für* þegnas *bei* I Atr 1,2 *setzt* II Cn 30, 1 **6)** *Vorsteher;* hundredes man Hu 2, 4 f. [*vgl. die Composita* hyndenm~, scirem~, teoδungman] **7)** *Untergebener* **a)** *freier Vasall* [*vgl.* manbot] Af 4. 37, 1 f. 42, 5. II Cn 13,1. 22, 2. Swer 1. Episc 10; oδres ~nes man II Ew 7. II As 22; to men feormian *als Commendirten unterhalten* Af 37,1; cynges ~ I Em 3 B. II Eg 3,1 = VIII Atr 8 = I Cn 8, 2; þegnes ~ II Eg 3, 1; *politisch und gerichtlich von anderem Vertretener* II As 3. II Cn 27 **b)** *Freier oder Unfreier:* werian his man swa for frigne swa for þeowne 20, 1; *Hintersass im Haus oder Gut* I 20, 2. I Atr 1, 11; 13 = II Cn 31, 1 f.; *Gutsbauer neben* Domänen-*Leibeigenem* Rect 8. 18. 21, 5. [*Auch* Domesday *sagt* homo *für Gutseingesessenen allgemein und bezeichnet den noch halbfreien* Bauern *mit fester Hofstelle nur ausnahmsweise als* uillanus (*so* II f. 17 b: semper IX *carueae* uillanis); *Round,* Victoria Hist. of Essex I 448[4]; *vgl. u.* meliores] **c)** *Sklav, Unfreier* Wi 8. 24. Ine 53. Af 10. AGu 4. VI As 6, 3. Hu 2, 1. Duns 7. Forf 2 [*vgl.* mannweorδ] **8)** *Mensch ohne Unterschied des Geschlechts, hier weiblich* ungewintræd wifmon sie swa þæs gewintredan monnes bot Af 26 [*vgl. die Composita* mægdenm~, mægeδm~, (þeow)wifm~ *und, ausser Tollers Belegen, Earle* Landcharters 201: þone mann: mulierem] **9)** *ohne sachlichen Inhalt schafft ~ nur grammatisch das Substantiv für den* Begriff *des von ~ regierten Wortes* **a)** *dieses steht im Genetiv:* folces man *Laie* Wi 24. IV Eg 1,3; landesman *Inländer;* tunesman *Dörfler* 8, 1. 13. 13, 1 **b)** *Pronomen durch ~ substantivirt:* æghwilc ~ Hl 5. Af 1 | ælc~ Ine 46, 2. AGu 4. II Cn 22 Ld. Iudex 1 | ænig~ Hl 15. Af 43. I Cn 2, 3. Northu 48. Becwæδ 3, 1. Ger 16. Griδ 25. Iudex 15 | ealle men VI As 8, 2. Cn 1020, 19. Iud Dei VIII 2, 4. Wl lad Pro | gehwilc~ I Ew 1. VI Atr 49. VIIa 2 | hwelc~ Af 5, 4. Ine 48 | manig~ VI As 8, 3; 8 | nan~ I Ew 1. II 1, 2. 7. II As 6, 3. Cn 1020, 18. Northu 61, 1. Ordal 1. 4, 2 | oδer ~ Af El 26. 49, 5. II Ew 7. II As 22. VI 7. VI Atr 42, 1; *für* alterius: oδres ~nes I Cn 7, 1 In | se mon *jener* Af 68. 75, 1; *selbiger* Ine 35, 1; *solcher* AGu 3. VI As 9; *betreffender* Hl 14. Ine 61. I Atr 1, 13. II Cn 31, 1. Ordal 1a. Iud Dei VIII Insc. Iudex 16; se mon seþe: *wer* Af 42. II Cn 77. 78; þara ~na *deren* Af 41 | sume men Griδ 21 | swile ~ swilce *jeder wer* VI As 8, 5 | þes ~ *dieser* Iud Dei VIII 2, 3 **c)** ~ *sbstvirt die Adjectiva:* ælþeodig Wi 4. II Cn 55; amansod, bescoren; cierlisc Wi 5,1. Ine 18. Norδleod 9; Cristen II Eg 5, 2. V Atr 10. I Cn 2, 1. 4. 7, 1. Griδ 31, 1. Episc 7. 9 f.; cucu Nor griδ Z. 4; dead III Atr 1,2; deaδscyldig, earm, Englisc, fah; feorcund Ine 20; feorran cumen, feorhscyldig; forworht VI As 8, 3. Griδ 16; fremd; Frænciso Wl lad 1; freo Abt 24. 31; freondleas, friδleas, gebroced; gehadod EGu 3. 4, 2. Aδ 2. Episc 2. 9; geong II As 12,1; swa gerad Rect 5, 4; gesiδcund Wi 5; (ge)triewe, giemeleas; hlafordleas II As 2; ieldsta Blas 3; læwed, landagende, leas, mægleas, neahsib, sacleas, siexhynde, soδfæst, strec, swæs; tihtbysig III Atr 3, 2; twelfhynde Wer Insc; twelfwintre VI As 1, 1; þearfiend VIIa Atr 4,1; þeow Rect 7; ungeligen, ungetriewe, unrihthæmed, utlah, utlendisc, Wielisc, wis, witeþeow; yfel I Ew 1, 5. *Mehrfach* man *nur zugesetzt in* H B Ld; *s. Adjectiv* **d)** se man þe *mit ind od. op ersetzt sbstirte Participia:* þa men þe læden *Führende* II Ew 4 | þa men þe booland habban *Besitzende* I Atr 1,14 | se man þe betyhtled is (man tuge) *Verklagter* 1, 3 (Blas 1). — *Spätere setzen ~ für* mannan; *s. d.* — *Der.:* æht(e)m~, æwdam~, burgm~, ceapm~, ceorlm~, ciepem~, ealdorm~, Engliscm~, fahm~, festerm~, folcesm~, freom~, (un)friδm~, geneatm~, gesiδm~, gliwm~, heafodm~, hierem~, hieredm~, hundredesm~, hyndenm~, lagm~, land(es)m~, mægdenm~, mægeδm~, sceiδm~, scir(e)m~, siexhyndem~, steoresm~, strecm~, teoδungm~, tun(es)m~, twelfhyndem~, þeowm~, (þeow)wifm~, Wieliscm~, woruldm∼, yongerm∼. — *Ellipse von* men *hinter Zahlwort; s. d.*

mannan, *ac, Menschen, jemanden* [*nom scheint nur Schreibfehler:* monna liese (*man löse*) Ine 12 Bu; monn al- *übr.*]. *Form* monnan *überwiegt bei* Af-Ine: Af El 13. Ine 30. 34. 46. 53. 54, 1 f. 74. — *Ersetzt durch* mon Af El 13 GH *und* HB: Ine 34. 46. 53. 74; *es kommt nach* Aelfred *in den Gesetzen nicht vor, ausser Glosse* ofer þiosne monno *zu* super hunc hominem Iud Dei IV 3,2 | *es steht meist in Sätzen, deren Subject* man *ist oder* man *enthält:* Abt 18. Hl 1. 3. 5. 8. 11. Ine 46; gif man mannan ofslea Abt 5 f. 13. 21 f. 30. Af El 13. Ine 34. — **1**) *einen Menschen, jemanden* Abt 5. 13. 18. 21 f. 30. Hl 5. Af El 13. Ine 34. 46 **2**) *Sklaven* 53. 54, 1 **3**) *durch* ∼ *werden sbstirt* **a**) se: þane mannan *jenen* Hl 3 **b**) *Adjectiva:* cierlisc Ine 30; Englisc 74; eorlcund Hl 1; freo Abt 6. Hl 3; gesiðcund Wi 5; witeþeow Ine 54, 2. — *Der.:* ealdorm∼, *laad*rincm∼ [?]

man[n]bot *die Busse, welche für Erschlagung eines Mannes* (*Vasallen*) *dessen Herrn gebührt;* manbot Ine 76. II Em 3; ∼to! B | *dt:* monbote Ine 70 | *ac:* manbote II Em 7, 3. VIII Atr 3 G. Wer 6; mægbote ge manbote I Cn 2, 5; emendatio parentibus et domino occisi In | *Lat.* manbote [*no*]: emendatio hominis occisi In Cn III 56, 2; manbot 55; manbote ECf 12, 3 ff. | Quadr *stets* manbota: Ine 76, 2. II Em 2. 7, 3. I Cn 2, 5. Hn 43, 6a. 69, 1a; 2. 70, 2; 4; 14b. 76, 5. 87, 7 | *Fz.:* de sa manbote Leis Wl 7; main-I

manncynn [*ac*] aliesan of *Menschheit erlösen von* Iud Dei VII 12, 1 A (manc∼ Vt), humanum genus *übsnd*

L**Mannenses** insulae, *Isle of Man* Lond ECf 33**

L**mannire** *vor Gericht laden* Hn 50, 2 — *Der.:* adm∼ [*vgl.* submonere].

L**mannitio** *Amtsbezirk* II As 25, 1 Q, folgoð *übsnd;* VI 8, 2 Q, monung *übsnd* [*vgl.* monitio]

mannslaga *Totschläger* I Cn 2, 3 (mans∼ A); *aus* mansleaga VIII Atr 1, 1; mans∼ I Em 4. VIII Atr 26 = II Cn 41 | *pl:* manslagan VI Atr 36. II Cn 6 GA; ∼gan B; homicidae Q Cons; *davor* [*irrig, als meine Cnut 'Mörder' allein*] occulti In

man[n]slege *Totschlag; gn:* mansleges Af El 25, homicidium *übsnd* | *dt:* mons∼ II Atr 5 Ld

mannsli[e]ht *Totschlag; gn:* manslihtes AGu 3; ∼tas! B 2 | *dt:* monslyhte Af Rb 19; monslihte G. Ine Rb 34 (-lyhte, *geänd.* ∼lyhte H; mans-G; manslyhte Ld). I Em 3 Ld; manslihte Af 19. II Em 1 Ld. Wl lad 1; mansliht! Af Rb 29 Ld | *pl dt:* manslihtan V Atr 25 = VI 28, 3

man[n]swica *Betrüger; pl:* manswican V Atr 32, 1 D. [*Das Wort lautet auch in Homilien von und nach* Wulfstan (*ed. Napier p.* 26. 203) *mit Einem* n; *Sweet Dict. setzt* manns∼ *ausser* māns∼ *an; Toller bezweifelt* māns∼. *Zu jenen Homilien setzt ein Interpolator p.* 114: manswican 7 þa heora hlaford beswicað 7 hine forlætað; *er versteht also 'Verräter'. Ebenso Toller, Sweet:* traitor. *Hier aber ist die Rede von Prozess-Chicane*]

man[n]þeof *Menschendieb; dt:* manþeofe Af 9, 2; -: qui hominem furatur Q

man[n]w[eo]rð *Wert* (*Preis*) *eines Sklaven; ac:* manwyrð Hl 2. 3 | *pl dt:* manwyrðum 4 | *ac:* manwyrð 1

L**mansio** *'Grossgut, Adelshof' setzt* Q **a**) *für* ham Af 2. 21. II Cn 12. 15 **b**) *für* boldgetal Af 37 **c**) ∼ regia *für* cyninges tun 1, 2 **d**) *synonym mit* feodum Hn 41, 3; 4; 5

I) **mānswara,** *masc, Meineidiger* Hl 11 | *pl:* ∼ran II Cn 6; ∼woran A. I Ew 3. EGu 11 = VI Atr 7. 36. Cn 1020, 15 | *dt:* ∼worum EGu 11 Ld. II As 26 Ld. I Em 6 Ld

II) **mānswara,** *fm pl ac, Meineide* V Atr 25 = VI 28, 2

mānswerian *falsch schwören; pl* 3: ∼að I Em 6 | *ptt pc pl dt:* ∼worenum *Meineidigen* I Ew 3 Ld

mānswican, *pl, Betrüger* V Atr 32, 1 D [*vgl.* ma(a)nsceaða *bei Toller* | *Oder s.* manns∼]

L**manufictile** *Gebilde aus Menschenhand* [*vielleicht ein besonderes Werkzeug*] Hn 90, 6a [*aus* Lex Ribuar.: manufactile (*'Handgeräte'; Gengler*)]

L**manufirmatio** *Versprechen, Vertrag* I Cn 19, 1 Cons, wedd *übsnd* [*aus frz.* main ferme, *dessen Sondersinn* (*gegen Zins verliehenes* Land) Cons *schwerlich meint*]

manunge, *dt* **1**) *Amts* (*Gerichts*)-*bezirk* V As 1, 5; *unübs.* -ga Q; mon∼ VI 8, 2 (mannitio Q); *Amtseinwohnerschaft, Bezirksvolk* 8, 4; monitio, *gemäss Bedeutung n.* 2, Q **2**) *Ermahnung* Ger 6

L**manupastus** *Gesinde, Hausgefolgschaft* Ap AGu 5. Hn 66, 7 [*afz.* mainpast]

L**manus** **1**) ad ∼um esse *vorhanden* (*noch da*) *sein* ECf 5, 2 **2**) ∼um mittere ad *'zugreifen' setzt* Q *für* him tó teon II As 9; *für* to fon 10 [*aus fz.* mettre main *oder Fränkischen Rechtsquellen*] **3**) hand *in jeder, auch in bloss ags. gebräuchlicher Redensart, übsnd.* Q: **a**) in manibus esse *vorliegen, actuell sein,* neod on handa stande *übsnd,* Hu 2. VII Atr 3, 1 **b**) *für* sellan on hand (*versprechen*): dare in manu II Em 7, 1; mittere in ∼um II Atr 8 **c**) *für* on hand gan *sich unterwerfen:* in manus ire Af 42, 1; 4. VI As 12, 1 | *für* to handa: in ∼um transire Ine 62 | *für* his hand on hand sellan *sich zum Vasallen commendiren:* ∼um suam in ∼um mittere II Ew 6 | *pl:* ∼ in ∼ domini mittere Hn 78, 2c **d**) *für* æt hæbbendre handa *handhaft:* habens in manibus V As Pro 2; inter ∼ IV 3; *auch* Hn 62, 3 **e**) *für* to handa *zugunsten:* ad ∼um III Eg 3 **f**) *für* hand *Person selbst, Mensch:* ∼ Af 22. Ine 53. II Ew 7; mittere in ∼um *an die Person schieben* II Atr 8, 1; manu Swer 3, 2; *auch* Hn 41, 13. 82, 2c; omnis ∼: *jedermann* III Em 3. Ap AGu 6

L**manutenere** *schützend unterhalten, bei sich haltend versorgen, ernähren* Q: III Em 3. Rb 3. Rb VI As 1, *S.* 540. II Ew 4, werian (*abwehren*) *missverstehend;* II As 3, for .. hogan *übsnd;* II Atr 1, 2, friðian *übsnd;* II Cn 66, 1, healdan *übsnd;* Episc 15, geboorh gebidan *übsnd;* Hn 13, 10. 57, 8. Lond ECf 11, 1 A 7; B 4; Ps Cn for 5, 1 [*vgl.* maintenir *und:*]

L**manutentor** *Beschützer* Quadr Rb II Cn 8, 1. Hu 6 *S.* 536. 540

mānweorc [*ac*] gewyrcan *Meinwerk, Missetat, Verbrechen verüben* VIII Atr 26 = II Cn 41

mara *s.* micel

L**maranatha** [*Aramäisch: 'der Herr kommt'; I. Cor.* 16, 22], *missverstanden als Fluchformel* Excom V 7

L**I**) **marca** *Rechnungsmünze von* 160 *Silberdenaren* [*in Angelsächs. Texten nur* healfmearc *s. d.*]; ∼ argenti Hn 13, 2. 91 | *Irrtum für* manca AGu

3 Q *Var.* Hn 29, 3 | *ersetzt durch* 13½ *solidi* ECf 12, 4[1. 32]. 15, 2—7. Wl art 3, 1 [*vgl.* marcata] | ***Fz.*** *ac:* demi **marc** vailant Leis Wl 17b; 1 | *pl ac:* XLVI mars 22 ; - de argent Wl art Fz 3, 1

[L]**II) marca** *s.* mearc II

[L]**marcare** pondus *Gewicht eichen, abgleichen, bezeichnen* IV Atr 9, 2

[L]dimidia **marcata** *Habe, die 1 Halbmark* (80 Denare) *Rente abwirft* ECf 10 [= *fx.* demi marc vailant Leis Wl 17b; 1]

[F]al **marchied** le [*gn*] rei *auf Königs (öffentlichem) Markt* Leis Wl 21, 1a; marché Hk [*vgl.* mercatum]

[L]**Marcus** *Evangelist* Iud Dei I 11. VI 1. VII 23. XII 12. XIII 13, 2. Excom VI 1, 4

mare *s.* micel

[F]comites vocant: **maregrave** [*pl?*] *Markgrafi* ECf 32, 2 (*Var.:* mer∼, meir∼, marg∼, maragreves), [*irrig*] *erklärt als* maiores (vel boni) pacifici [*also als compos. von* mare, *dem cpa. zu* micel, (*oder von* mære *'berühmt'*) *und* gerefa, *s. d.*]

[L]**marescallus** *Marschall,* [*irrig*] *identificirt mit* constabularius *und* heretoga Lond ECf 32 B

[L][s.] **Margareta** regina Scotiae ECf 35, 1. *retr* 35 Insc. Lond ECf 35, 1 A

s. **Maria;** *gn:* ∼an mæssan [*dt;* 8. *Sept.*] Af 43 (Mariam- [*Ein Wort*] B); - freolstida V Atr 14 = VI 22, 2 = I Cn 16a; ∼an clænsung [2. *Febr.*] I Cn 12; fæmnan sancta ∼an Iud Dei VI 1. Excom VII 2 | *dt:* Mar' Iud Dei IV 3, 1 | *ac:* ∼an VII 12, 1 A. 23, 2 A | ***Lat.:*** ∼ 12, 1. XIII 13, 2. XIV 4. XVI 14. 30, 3. Excom V 1; genitrix Dei VIII 1. IX 1; virgo VIII 9. X 1 | *ihr Fest* [8. *Sept.*] ECf 2, 5

[F]**maritagium** *Aussteuer der Braut durch deren Familie* CHn cor 3, 3[36]. 4[3]. ECf 19, 1 = **maritatio,** *im Ggs. zur* dos, CHn cor 3, 3. Hn 70, 22

[F]**mars,** *pl, s.* marca

Martige, *dt;* on þam 14. on ∼ *am* 14. *März* I Cn 17, 1

Martin, *der am* 11. *Nov. gefeierte Bischofi von Tours; gn:* ∼nes Ine 4; ∼tynes B; *unfl.* ∼nus II Eg 3 (∼nes Ld) = VI Atr 18, 1 = VIII 11 (= ∼nes I Cn 10). Rect 3, 4. 4, 1; 1a; b. 15 | ***Lat.:*** ∼nus Iud Dei XVI 30, 8. Excom XI 1 | ***Fz.:*** feste s. Michel et la (le I) seint ∼ [*gn*] Leis Wl 28

martirdom þrowian, *ac, Märtyrertod leiden* Iud Dei VII 12, 2 A

martyra, *pl gn, der gemarterten Glaubenszeugen* Iud Dei VI 1; ∼tira VII 23, 2 A | *ac:* ∼tiras 23, 1 A [*vgl.* cyðra]

masse- *s.* mæsse-

massere *Kaufmann* Geþyncðo 6; *unübs.* Q

masten *s.* mæs∼

[L]**mater,** matrix ecclesia *s.* ecclesia

mað *s.* mæð

[L]**Mathilde I)** secunda, *abl, Gemahlin Heinrichs I.* Quadr Arg 25. II Præf 14, 1 = Hn Pro 2 **II)** *beider Tochter* [*spätere Kaiserin*] Quadr Arg 28. II Præf 14, 1 = Hn Pro 2

[L]**Mat[t]h[a]eus** *Evangelist,* Matheus Iud Dei VI 1. VII 23. XIII 13, 2. Excom VI 1, 4

[L]**Matthias** *Apostel* Excom VI 1, 4

mattuc, *ac, Hacke* Ger 15

[L]**Mauricius** episcopus *von London* CHn cor Test. Lond ECf 34, 1a*

mawan (*Heu*) *mähen* Rect 2. Ger 10

[L]**maxilla** *Kinnlade* Af 48 In Cn, [*ungenau*] neb (*Nase, Gesicht*) *übsnd*

-mb- *für* -nb-: *s.* elnboga

[FL]**-mb-** *ersetzt durch* -nb-: *s. d.*

me I) *prn pers* **a)** *dt: mir* Af El 2. 34. I As 4. 5 **b)** *ac: mich* Af El 1. Becwæð 3, 2 **II)** *s.* man, *indefi*

[F]**me** [*ac*] poez enplaider *könnt mich verklagen* Leis Wl 37

mean- *s.* mæn-

I) mearc *s.* marca; *Der.:* healfm∼

II) mearc 1) *Landschaftsgrenze, Mark; dt:* ∼ce VI As 5. 8, 4 | *ac:* ofer (þa) ∼ce Hl 15. Wi 8 (VI As 8, 5, *wo vielleicht Grenze nur eines Bezirks, Territoriums*) **2)** *Ziel; dt:* ∼ce Ordal 1a **3)** *Merkmal* (*am Tierkörper*); *dt:* ∼ce Duns 1 [*vgl.* a. 1220: cognovit equam per mercum, sc. per fissuram auris *bei Maitland* Select pleas of the crown I *p.* 125]. | ***Lat.:*** Q *übs* marc[h]a Duns 1; *sonst* merca (*Var.* marca VI As 5. Ordal 1a), *und bietet* [*also aus* ∼] *auch* III As 4. IV 4 merca: *Provinzgrenze.* — *Der.:* Denmarcon [*vgl.* maregrave]

[mearcgemot] *bäuerliches Grenzgericht; pl abl:* in divisis vel [m]erchimotis Hn 57, 8; in erchimo-, in herimo-, hermo- *Hss.* [*Eine lat., im* 12. *Jh. überlieferte,* 971 *datirte Urk.* (Birch Cartul. Sax. n. 1270, *von Kemble* Cod. dipl. *n.* 568 *angezweifelt*) *nennt unter Ortsnamen der Angelsächs. Grenzbeschreibung eines Gutes am Humber:* mercemot. (*Eine 'Markgenossenversammlung' hierin zu sehen, lehnt richtig ab Middendorff* Altengl. Flurnamen 94; *vgl.* Beiblatt zur Anglia 1904, 48. *Er erklärt 'Treffpunkt zweier oder mehrerer Grenzen'. Allein zwei Stücke scheidet jede Grenze und drei treffen einander nur in einem Winkel, der dann Treffpunkt von Flächenstücken, nicht Grenzen, heissen würde*). *Wol identisch mit* ∼]

mearcian *brandmarken; op* 3: ∼cie I Atr 2 = II Cn 32; ∼cyge A

[mearg] *Knochenmark;* mæri Af 53 In Cn, *Glosse* 12. *Jhs. zu* ius (*Saft*), *womit* liðseaw (*Gliedwasser*) *übs. war* [*die also von* Af *noch weiter abführt*]

mearn *s.* murnan

[-mearr] *s.* gem∼

[L]**mechanicum** *Kunstbau* 1) *Systemeinteilung* Quadr Ded 34 2) *menschliche Vorrichtung* Hn 90, 7

[-med] *Der.:* mæðmed

me(d)der *s* modor; meddr- *s.* medr-

medeme 1) *mittele; nt ac:* medume leodgeld [*des Ceorl*] Abt 21 | *nt dt, instr. Sinnes:* meduman (!) leodgelde 7 | *pl gn masc:* ∼mra þegna II Cn 71, 2; medmera A ‖ *cpa nt gn:* ∼mran mynstres *mittleren Kirchenstifts* (*zwischen höchstem und niederem*) VIII Atr 5, 1 = I Cn 3, 2 [medumra manna *der Dichtung* Salomo *übs Vincenti* Altengl. Dial. Salomo *S.* 70 *'Durchschnittsmenschen'*] 2) *pl nt:* ∼ gerihta, *mässige, leicht erträgliche Pflichten* Rect 4

medemian 1) *ermässigen* (*Strafe*) II Cn 68, 1b B; medmian GA. VI Atr 52 | *op* 3: ∼ige 10, 2 (= II Cn 2 D; *fadie übr.*) 53 **2)** *würdige, achte* VIII Atr 18. — *Der.:* gem∼

medemung *Abmessung* (*der Strafe*) Had 10 (*dafür* myltsung *Milderung* O [*gemäss* medeme *n.* 2; medemian *n.* 1]) *aus* medmung VIII Atr 5, 2

meden *s.* mægden

mederan *s.* mædere

[L]**mediare** *setzt* Q *für* medemian *ermässigen* II Cn 68, 1b

[L]**medicatura** *Arznei, Heilmittel* Hn 93, 37

[L]**medicina** *Rechtsmittel* Hn 6, 4

[L]**mediocres** *mittelfreie* [*die nicht privilegirt, überfrei, adlig*] Ps Cn for 2 | ∼ forestae *mittlere Forstbeamte* 3, 1. 7. 9. 18. 27, 1

medle *s.* mæðel

medm- *s.* medem-

on **medren** *auf Mutterseite* II As 11

medrenmæg *Muttermage, Verwandter von Mutterseite; pl gn:* ~ga Af 8, 3; *geänd.* meddrem-H; medramaga B | *ac:* ~gas 27 (mæd-Ld; meddrenmagas B). 27, 1; ~mages! H

medrenmægðe, *gn, von Muttersippe* Wer 3

medsceat *Lohngeld, Bestechung; ac:* ~ II As 17 (mets~ Ot). V 1, 3 | *pl:* midsceattas Ld; ~ttas Iudex 4, munera *übsnd* | *gn:* ~ata 17 | *dt:* ~attum Af El 46 (mets-H; *ac:* ~atas Ld), munera *übsnd*; II Ew 4; mets-Iudex 7 | *ac:* ~attas 4; ~atas 11

L**meggildare** *s.* mæggieldan

meibot *s.* mægb~

Fle **meillur** avoir, *ac, beste Vieh, Besthaupt (Abgabe an den Grundherrn bei des* Bauern *Tode)* Leis Wl 20, 3

F**meimes** *s.* mesme **mein** *s.* main

F**meindra** (-runt, -nent) *s.* manoir

F**meinent** *s.* mener

Fpur **meins** *für geringeres, weniger* Leis Wl 10a; mes I

FI) **meis** *Monat; obl:* terme de un ~ Leis Wl 3 | *pl:* - - VI ~ 46

FII) **meis** 1) *sondern, vielmehr;* mes Wl art Fz 10 2) n'ait mes *nicht erhalte jemals* Leis Wl 47, 3 3) mes qu'il i oust *selbst wenn es dabei gäbe* 5; meis qu'il out I

F**meist** *s.* metre

F**meited,** *ac, Hälfte* Leis Wl 27; ~té Hk; l'altre ~ *die eine H.* 27, 1; ~té 11, 1. 19, 1; la ~té .. la ~té *die eine .. die andere H.* 47, 1; le! Im

melda *Melder, Anzeiger* Ine 43, 1. Hu 8; mælda: manifestatio Q. — *Der.:* sterm~ [*vgl.* secga]

meldfeoh *Lohn fürs Anzeigen [entwendeter Habe, so dass Eigner sie wieder erlangen, bezw. einklagen könne]* Ine 17; ~def~: pecunia indicationis vel delatura Q

[-meldian] *Der.:* am~

[-mele] *Der.:* stelm~

L**meliorari** *setzt* Q *für* beon þe betere 1) *an Geld bereichert werden* VI As 7 2) *besser, polizeilich sicherer, werden* 8, 9

L**meliores** *an* Rang *höchste* ECf 24. Hn 31, 2 | ~ villae 7, 7b = ~ homines 7, 8: *oberste Villani, Gutsbauern*

L**Mellent** *Meulan (dép. Seine-et-Oise); Graf* Robert *von, Staatsmann Heinrichs I.*, Hn mon Test. Hn com Test

mel[u] *Mehl; gn:* meles As Alm 1

meluhudern, *ac, Mehlkammer* Ger 17

F**melz,** *cpa adv, besser;* ~ juger Leis Wl 13; mieulz Hk; ~ faire 39, 2 | meuz vodrat *lieber will, vorzieht* Wl art Fz 6, melius voluerit *übsnd*

F**membre,** *pl obl* 1) *Körperglieder;* pais de vie et de ~ Leis Wl 1; menbre Hk; defaciun des ~es 33 2) ~es *Zeugungsglieder* 18. 18, 2; menbres Hk

L**membrum** *geschr.* menb~ Hn 93, 1 1) *Teil, Abteilung, Klasse* 76, 3 2) ~ra *Körperglieder und deren strafweise Verstümmelung* 79, 3

men *s.* mann

F**mener** a la justise *vor Gericht führen, bringen; subj pl* 3: meinent Leis Wl 22; amenent I | *fut* 3: merra 3

m[e]nigo *Menge, Mitgliederanzahl; dt:* mænio VI As 6, 3; *missverstanden* admonitio [*vgl.* manung] Q

mennen *Sklavin; gn:* ~ nes Af Rb 25; *geänd. in* ~ H | *ac:* ~ Af El 17 (wifman H), ancillam *übsnd;* Af 25 | *pl:* ~nu Af El 12 (þeowwifman, *sg*, H), ancillæ *übsnd.* — *Der.:* þeowm~

mennisc *menschlich;* ~ borg *nur bürgerlich-rechtlich verfolgbare* Bürg*schaft (neben dem auch kirchlich bindenden* að) Af 1, 8 | *fm pl gn:* ~cra misdæda Af El 49, 8 | *nt sg ac:* cynn menisc *Menschengeschlecht* Iud Dei IV 4, 1, genus humanum *glossirend*

L**mensis** et unus dies [*Gerichtsfrist*] ECf 23, 2 [*vgl.* dies; annus]

L**mensurae,** *pl, zukommendes Mass, Standesgebühr* Rect 3, 4 Q, mæð *übsnd*

Fde fei **menti!,** *pf pc, wegen gebrochenen Ehrenworts, Meineids* Wl art Fz 6, de periurio *übsnd*

L**mentiri** [*wie* ementiri] *falsch (Zeugnis) abgeben, (Versprechen) brechen* Ine 13 Q, aleogan *übsnd*

L**mentonalis** *kinnhoch* Hn 90, 4 [*aus* Lex Ribuar.]

meolc, *ac, Milch (von Kuh, Schaf, Ziege)* Rect 13 ff.

me[o]xscofl *Mistschaufel; ac:* mexscofle Ger 17 [*vgl.* mixen-]

Merc-, ~chene, ~cia *s.* Mierce

L**merca** *s.* mearc

L**mercandisare** *Handel treiben* EGu 7 Q Rb *S.* 541

L**mercatum** *Markt* II As 13, 1 Q, ceaping *übsnd [was aber hier 'Kaufgeschäft' meint; vgl.* mercimonia]. Excom VI 7. In Cn III 55. ECf 12, 9. 39, 2; in ~to regis *auf öffentlichem M.* Leis Wl 21, 1a L, marchied *übsnd*

L**merces** *Bestechung* Q: II As 17. V 1, 3, medsceat *übsnd*

merchimot *s.* mearcgemot

Fen la **merci** de *in der Gnade [des Gerichtsherrn, Strafgeldschuld an ihn] für, mit, in Höhe von* Leis Wl 42, 2; forisfactura L [*vgl.* misericordia 4]

L**mercimonia,** *pl, Kaufgeschäft, Handeltreiben* I Cn 15 Q, cieping *übsnd* [*vgl.* mercatum]

F**mere** iglise, *obl* 1) *Kirche als Gesamtinstitution* Leis Wl 1, 1 2) ~ - de parosse *Pfarrei-Mutterkirche ebd.;* mer yg- I *Var.* [*vgl.* ecclesia *n.* 2b]

F**merra** *s.* mener

mersc, *ac, Marsch, Sumpf (Ggs.:* fersc *frisch Wasser)* Becwæð 3; *geänd.* merst

F**mes** *s.* meis II; meins

Fme **mesc[re]ez** de, *pl* 2, *mich verdächtigt wegen* Leis Wl 37, 1a; mescez, viescez *Drucke*

F**mesfait,** 3, *missetut, verbricht;* a: *jemandem* Leis Wl 2, 1 (~feist I); ren *etwas* Wl art Fz 8, quid offenderit *übsnd* [*vgl.* misfacere]

L**mesguium** *Molken* Rect 14 f. Q, hwæg *übsnd* [*fz.* mêgue]

meskenning *s.* misce~

F**mesme** *selbst; masc pl ac:* ses pers de la tenure meimes *seine eigenen Genossen* Leis Wl 23 | *fm pl no:* iceles ~mes (leis) *eben dieselben (Gesetze)* Pro; meimes Hk

messe-, mest *s.* mæs~

met *Mass; pl ac:* mete Ger 17 [*viell. fürs Der.:* gemet; *Abfall des Praefix* ge- *in dieser Hs. auch sonst*]

metan *treffen; op* 3: mo[e]te Hl 8; mote *Hs.* [*vgl. mehrfach* gemot-, *statt* -mœt-, *im Vespasian-Psalter bei Sweet* Oldest texts 650 | motian *'sprechen, streiten'* (concionari *übsnd Aelfric* Homil. II 382) *ist nicht vor* 12. *Jh.* (*bei Morris* Old engl. homil. p. 42) *tr. als 'anklagen, vorladen' belegt; op* 3 *davon, den Skeat* Etymol. diot. *s. v.* moot *für* Hl 8 *annimmt, müsste* motie *lauten; so emendirt Earle* Anglo-Saxon. liter. 82]; mete Ine 42, 1; gemete HB. — *Der.:* gem~

Metathese *s.* -hs- (x) *für* sc [*vgl.* sh *für* hs]; -hl *für* lh; -lof *für* elf; -nc, -ng *für* cn, gn; -en *für* ne; -ear- *für* rea, -eor- *für* reo, -ir- (-yr-) *für* ry, -er *für* re, -ræ *für* ær, -re *für* er, -ri *für* ier, yr, -ro *für* or; -fer *für* r(e)f *s.* orf, gefer-, geref-; -sp *für* ps; -rode *für* odre; -gie *für* ige. | ***Lat.*** *vgl.* revelatio *für* relevatio | ***Fz.*** *vgl.* Lincoln?

mete *Speise, Beköstigung* VIIa Atr 4, 1. Rect 10 | *gn:* ~tes II Cn 76, 2 | *dt:* to (*als*) ~ Rect 9 | *ac:* þone ~ Af 1, 2 f. 5, 2. 23. II Em 1, 1. II Atr 1, 1 | *instr:* ~ Hl 15 1) ~es abitan *Essbares geniessen* Cn; cibus Q In; comedisset In 2) *Mahlzeitportion* VIIa Atr = cibus et potus VII 2, 2b 3) *Nahrungsmittel* Hl. Af. Rect; ne ~ ne munde don *Kost noch Schutz gewähren* Em; ~ findan *Proviant liefern* II Atr 4) (*Hunde*)*futter* Af 23. — *Der.:* flæscm~, hreacm~, oferm~

metecu *Nährkuh* Rect 8. 12, 1. 13, 1; convictualis vacca Q

metegafol sellan, *ac, bäuerliche Abgabe an die Gutsherrschaft in Nahrungsmitteln liefern* Rect 4, 5; metegablum Q; *Var.:* methe-

metegyrd *s.* metgierd

metelafe, *pl ac, Speisereste* VI As 8, 1

for neode **meteneade** [*ac*] ferian *Lebensmittel-Bedarf* [?] *transportiren* Northu 56 [*Composita, deren erstes Glied* mete *'an, von Nahrung' bedeutet, sind* meteliest, meteþearfende; *und* nead *kann 'Bedarf' heissen; denn* Beda V 9: navi imposuissent quae tanti itineris necessitas poscebat *wird übs.* (*ed.* Miller *p.* 412): mid þæm þingum, þe swa miceles siðfetes need (*Reisebedarf*) abædde]. | *Oder streiche mit Toller* 1184[51] neade *als Dittographie von* neode; *das Compositum fehlt ihm und Sweet*

met[e]scipe *Mahlzeit; ac:* metscype VI As 8, 1

[-metfæst, -metgian] *s.* gem~

metg[ie]rd *Massstab, Messruthe;* metegyrd Episc 12

með- *s.* mæð-

metre, *cpa; s.* mætre

F**metre** *legen;* 3: lui met sure *ihm zur Last legt, gegen ihn geltend macht* Leis Wl 24; li metted (-tid Io) sur I [*sbj*]; met autre en sun liu *setzt anderen an seine Stelle* Wl art Fz 6, 1 | *pf sbj* 3: meist main en *Hand legte an* Leis Wl 1, 1 | *pc:* seit mis en forfeit (guage) *werde verfällt in* Bussgeld (*versetzt in* [*gezwungen zur*] *Pfandleistung*) 2, 3 (21, 3) | *fut* 3: mettrad *soll liefern* 21, 4 *soll zuschieben* 21, 1; *soll erweisen* 10, 2; metera Hk

L**metropolitanus** *Erzbischof* Cn 1027 Inso

metsceat *s.* meds~

metscipe *s.* metes~

to **metsunge,** *dt, als* [*jährliche*] *Beköstigung* Rect 8 f.

[-metto] *s.* oferm~ **mex-** *s.* meox-

F**meuz** *s.* melz

micel *gross; no schw.:* se ~le VIIa Atr Insc | *dt:* ~olum IV Eg 14, 1 | *schw.;* ~clan II As Epil | *ac:* ~lne I Em Pro | *pl ac schw.:* þa myclan Cn 1020, 6 || *fm no:* ~ VI As 8, 9. I Em 5 (mucel H). II Cn 84, 1; michel A; mycel *G.* Grið 29; ~cilo mæht Iud Dei IV 3, 1 | *praed.:* ~ I Cn 4, 2; mycel *G.* VI As 8, 2 | *schw.:* seo ~ole Abt 70. Af 64; ~ele Ld; mycle B | *gn:* ~lre Geþyncðo 7 | *schw.:* þare mycclan Abt 72 | *dt:* ~lre Ine Pro (myc- B). VI As 8, 3 (*geänd.* ~lere). I Cn 15. Grið 3; mycelre I Cn 20, 1 | *ac:* ~cle Grið 31, 1; mycle *ebd.*; mycele I Cn 2, 1. II 68, 1a B || *nt praed.:* ~ Mirce 1, 1 | *sbst.:* ~ 3; ~cle! 3, 1 Ld; mycel I Cn 4, 1 | *dt:* ~clum Ger 11 | *sbst.:* ~clan Grið 21, 1. 23 | *ac sbst.:* ~ Northu 52 f. Norðleod 11; ~cle! Ld; mycel I Cn 12. — 1) *gross von Ausdehnung:* tá *Grosse* (*erste*) *Zehe* Abt 70. 72. Af 64 2) *zahlreich:* here VIIa Atr Insc; synoð I Em Pro. II As Epil; gesomnung Ine Pro 3) *stark, bedeutend:* mægð VI As 8, 2; mund *Schutzgewalt* Geþyncðo 7. Grið 3; mæht Iud Dei IV 3, 1, magna potentia *glossirend;* wergild Mirce 1, 1; byrðen II Cn 68, 1a B; hearm Cn 1020, 6; spræc *wichtige Rechtssache* VI As 8, 3 4) ~ þearf *volle Pflicht, gar sehr nötig* 8, 9. I Em 5. I Cn 2, 1 (= Grið 31, 1). II 84, 1 = nydþearf I 15. Grið 29; nydþearf *dringende Not* I Cn 20, 1 5) *hoch, hehr:* wisdom IV Eg 14, 1; *Priesters Messopfer* (halsung) I Cn 4, 1 (2); mæð *Achtung, Ehrerbietung* 2, 1 = Grið 31, 1; of lytlan to miclan *heben* 21, 1. 23 6) *sbst. nt: viel, multum* Mirce 3, 1. Ger 11; eallswa ~ *ebensoviel* I Cn 12; -~wente *tot testes* Northu 52 f. | *gn regierend:* wergildes Mirce 3; landes Norðleod 11 — ***adv:*** ~le IV Eg 1, 5a. II Cn 50, 1 A; myc- *G*B: miccle II Em 5; micle B; *vor cpa bei weitem, multo* agenre Eg; wyrse Cn; swa micle bet *tanto melius* Em || ***cpa:*** **mara** *grösser* [*'Das adj. bed. 'mehr', wenn mit Stoffnamen, Kollektiven u. Abstracten verbunden'; Einenkel* Anglia 27, 99] us -hearm to fundode Cn 1020, 5; -bið se að Ine 46, 1; mare B; mare: maior *gilt* [*irrig*] *als erstes Glied von* maregrave ECf 32, 2 | *gn:* -an hades II Cn 38, 1 | *dt:* þam -an wamme Abt 56 | *ac:* -an hearm IV Eg 10 || *fm:* mare þearf II Em 5; gafolræden Rect 5, 1; bot bið (spræce sy) mare Af 66, 1 (AGu 3) | *ac:* maran þearfe (synewan) Af 5, 1 (76 B) || *nt:* mare (*mehr*) folc VI As 4; - landriht Rect 1, 1 | *gn:* maran gærses *mehr Heu* 4, 1c; -werude [*dt instr.?*] beo II As 23, 2 | *dt subst.:* æt (be) maran, æt læssan VI 12, 1 (VI Atr 51) | *ac:* mare wuro (gebeorh) II Cn 30, 5 (Episc 15); *sbst., in diesem absol. acc. stets mit der Bed. 'mehr';* [*er schulde*] mare, gif he mare ófgefo Af 5; *sich beziehend auf masc pl* æceras Rect 3, 3; ryhtre 7 mare gereccan Af 77; geþingað gyrde *l*andes oððe mare Ine 67 (mære Ld); nah mare þonne wite 72; mare hæt (*befiehlt*) VI As 8, 9; mare forwyrce (teo) III Eg 2, 2 (II Cn 70). Rect 10, 1; witan ge læsse ge mare Ger 3; *gn regierend:* næbbe ierfes mare Af 8, 2; his mare *davon mehr* Ger 19 | *pl nt:* maran (*höhere*) witu Af 9, 2. — ***Adverb*** mare *vielmehr, potius* II Atr 9; magis Q. —

ma *mehr* 1) *plures;* gif þær ma [*Eideshelfer*] to scyle I Ew 1, 4 | *ac:* habbað 2 wifa (oxan) oððe ma VI Atr 5, 2 (Rect 12) | 12, buton ge má willan IV Eg 5 2) *plus* (*nt sbst ac*) *oder amplius:* þæt he ma mote! V Atr 32, 5 D 3) *plus, gn regierend; no:* ne beo na ma monna II As 23, 2 | *ac:* ma manna 34; gewyrce ma misdæda Af 23, 2; geldan hiora ma Ine 43, 1 | *nach 'haben':* ma dura Af 5, 1; manna 34; wifa VI Atr 12, 2. I Cn 7, 3. Northu 61 4) *hinter prp* on (ofer) ma *in* (*über*) *mehr als Einer* [*Grafschaft*] Forf 1, 2 5) *im negirten Satze* ne þe ma (þe) *ebensowenig* (*wie*) AGu 5 (I Em 4 [*wofür* swa Ld]. III Atr 2). VI Atr 52. I Cn 22, 6. Duns 4—6. — ***Adverb*** ma *übersetzt* potius *der Vulg.* Af El 49, 3. || ***spla:*** **mæst** *grösster;* ~ hearm com Cn 1020, 5 || *fm pl gn:* æt mæstra hwelcre misdæde *bei den meisten* Af El 49, 7 || *nt sbst ac, gn regierend:* - Cristendomes aræran II Em Pro; - falses lufað Episc 8. —

Adverb: mæst *zumeist, am meisten, höchst* Af 1. VI As 4. VI Atr 42, 2. I Cn 26, 2. Ger 8. — *Der.:* formicel; æftemest, utmest

m[icelgemo]t *Grossgericht (im Königsforst durch Oberförster gehalten)*; muchiūt (*Var.:* -unt, -hehunt, *wohl* -īut = -*imut zu bessern*) Ps Cn for 11

Michael *Erzengel; gn:* ~les mæsse: 29. *Sept.* VIIa Atr 1. Rect 4, 1; sancte ~lis Excom VII 2. | *Lat.:* Iud Dei XVI 30.4. Excom V 1. VI 1, 2. VIII 10. X 1. XI 1. ECf 2, 5. | *Fz., obl gn:* feste seint Michel Leis Wl 28; ~hiel Im; -hell Io

miclian 1) *pl* 3: ~að *stärken* X Atr Pro 1 2) *ptt* 3 (*op?*): myclade *grösser nähme [das Ordaleisen]* Blas 1

. **mid** *mit; Form* mide II Cn 8, 1 A. 29 A; mið Iud Dei IV 4, 6. V 2, 3; mit Ine 16 Bu

I) *prp* **A)** *mit dt [oft = instr.]* **1)** *zusammen mit;* ~ bearnum bugan Abt 79; ~ æhtum 7 ~ synnum gewitan Wi 4; earm~handa Af 66; ealle ~ himsilfum, ~ wife, ~ ærfe V As Pro 1; eowu ~ geongan sceape Ine 55 H; giunge [*instr*] *übr.* 2) *versehen mit:* fliese Ine Rb 69 **3)** *begleitend, unterstützend mit, neben;* gange ~ him Af El 11; ~ hloðe Af Rb 29 Ld; ~ him habban Af 34; witan ~ me wæron V As Pro 1 **4)** *durch Eideshilfe von;* gecanne ~ æwdum Hl 2. 4; gecyðe ~ anum 16, 2; ladige ~ þegne A Gu 3; ~ necheburan VI As 8, 8; ofsacan ~ 48 Wal 5) *persönlich nahe bei;* ~ (*Gott*) wunian Cn 1020, 20; ~ (be So) him funden Af El 25; ~ N. befangen Swer 2 6) *beischlafend mit;* ~ cwynan geligeð Abt 85; ~ hire læge Af 11, 3; gemeteð ~ his wife 42, 7 H *viermal;* æt E Ot 7) *unter, bei, im Rechtsgebiet von;* ~ us Rect 5, 1; ~ Englum, ~ Denum EGu 3, 1 f.; 6—6, 9. II Cn 45, 3. 71, 3 8) *feindlich gegenüber, bei, vor;* sace ~ gerefan habban III Atr 3, 2 9) *unter geistiger Mitwirkung von;* ~ witum V As Pro 1; ~ geþeahte (7 ~ lare) *jemandes* (Ine Pro). I As Pro 10) [*adverbial*] *unter (einem Umstand), mit (einer Eigenschaft);* ~ aðe *eidlich* Ine 16. 17. I Ew 1, 5; ~ aðum A Gu Pro; VI As 8, 8; ~ weddum *pfandlich* 8, 5; ~ wige (*gewaltsam*) forwyrne II Cn 48; ~ griðe *befriedet* II Em 7, 1; ~ rihte *gesetzlich* I As 4; ~ folcrihte I Ew 1, 5. II As 23. Swer 2; ~ unryhte (~tum) Af El 9 (47); ~ hreowe Wi 3; ~ geþylde Ine 6, 5 **11)** *unter, mit (Abstractum in Beziehung setzend);* ~ fæhðe belecge VIII Atr 23; ~ ealdorlicnesse Excom VII 2, ex auctoritate *übsnd;* ~ tunscipes gewitnesse IV Eg 8 **12)** *durch, vermittelst, mit;* ~ Godes gife Ine Pro; ~ stanum ofworpod Af El 21; ~ æle 11; ~ fyste 16. Abt 57; ~ worddum Hl 11; ~ (*Formelworten*) gebiddan, geswutelian I Cn 22, 2; fede ~ hlafe 7 ~ wætre II As 23; ~ his soðe ahret IV Eg 14 **13)** *bestehend in;* bige ~ æhtum *Kaufhandel mit Waren* A Gu 5; mangie ~ ciricean *schachere mit Kirchen* Northu 19 **14)** *durch, infolge von, wegen;* forwyrce ~ scylde E Gu 4, 2; beclipian ~ þingan Wl lad 3, 1 **15)** *durch Zahlung von;* ~ þam (*Wergeld*) VIII Atr 2; ~ weorðe (scillingum) forgelde Abt 32. (50); ~ eallum gebete Ine 2, 1; ~ 120 scl. lyse II As 1, 3; ~ golde ne ~ seolfre gebicge II Cn 8, 1. — *Für blossen Instrumentalis setzen* H B Ld mid *mit dt* Ine 23, 3. 35. 45 | *statt* æt (*beischlafend mit*) *s. o. n.* 6 | *ersetzt durch* be *s. n.* 5 | **B)** *mit instr. [vielleicht oft unter dt verborgen] Bed. wie dt n.* 1 [*s. d.*] Ine 55 | *Bed. wie dt n.* 2: ~ swelce hrægle Af El 11 | *Bed. wie dt n.* 3: feohtan ~ þy men (geborene mæge) *beistehend neben, auf der Seite von* [wið: *gegen*] Af 42, 5 (f.), *wo* H þam (geborenum) [*dt*] *einführt;* se þeowa ~ þy (þam H Ld) frigean mæg gieldan Ine 74, 2 | *wie dt n.* 9: cwæð ælc had ~ þy folcy Wi Pro 2 | *wie dt n.* 10: ~ ealle *gänzlich, durchaus s.* eall | *wie dt n.* 12: ~ gode gehihtan E Gu Pro; ~ þy aðe afylled Ine 53; ~ þy eacan Af El 35; ~ þy *dadurch* Af 36, 1 | **C)** *mit ac: Bed. wie dt n.* 1: þec mið Iud Dei IV 4, 6, tecum *glossirend* | *wie dt n.* 4: ladian ~ þegnas A Gu 3 B 2; ~num B | *wie dt n.* 6: ~ æmtige forlicge II Cn 50, 1; wið B A | *wie dt n.* 10: ~ unriht V Atr 10, 2 G (~hte G 2 D). III Eg 4 A | *wie dt n.* 11: mið hæs Iud Dei V 2, 3, *imperio glossirend* | *wie dt n.* 15: ~ 80 scillinges Ine 45 Ld. — *Ersetzt durch* wið *s.* 5 *Z. vorher.* | **D)** *hinter regiertem Casus* 1) *und unbetont:* þa hond, þe he mid (*durch welche*) gedyde Af 6; handa, þe (*durch welche*) he fals mid worhte II Cn 8, 1; mide A | he him [*an seinem Wesen, begleitend*] nan facn mid nyste 29; mide A | *vgl. n.* C 1 **2)** *betont; Begleitung (Hilfe, Gemeinschaft) unten behandelt als trennb. Praefix der Verba:* midfaran, ~feohtan, ~secgan, ~slæpan, ~standan, ~swerian, ~wesan

II) *Adverb* 1) *dadurch, damit:* hrægl, mid to wreonne Af El 36 | wæpn, þæt (*auf dass*) he mon mid ofslea Af 19 | geseon mid *darauf* (*Auge*) *sehn* 47, 1 **2)** *betonte Begleitung (Hilfe), unten behandelt als trennbares Praefix der Verba:* midberan, ~gan, ~habban, ~standan, ~wesan. — *Der.:* þærmid

midberan *mittragen;* fæhðe moton ~ VIII Atr 23 = I Cn 5, 2 b

midd, *adj, mitten liegend* **1)** *örtlich; dt:* on ~dum felda *mitten auf dem Felde, im offenen Land* Ine 6, 4; ~dan *übr.* **2)** *zeitlich;* to ~dum wintra *Weihnachten* 61 (~dan B; *geänd.* middew- H). V As Pro 1 Ld; ~dan H. I Cn 16, 1. Rect 14 [*vgl. Birch* Cartul. Saxon. 1250: middeswintres mæssedæg] | *ac:* midne sumor 24. *Juni* Ine 69 [*vgl.* middanwinter, middesumor]

middaneard *s.:*

middangeard *Erde, Diesseits, Menschenwelt; gn:* ~des lareow *Paulus* Iudex 10, 1 | *dt:* on middanearde I Cn 18a | *ac:* ~ Af El 49. 49, 7; *dafür* woruld, *bezw. Änderung in* ~neard H. [*spätere Schreiber setzen* middaneard *für früheres* ~ngeard *auch in* Ælfric's *Homilies ed. Thorpe p.* XI]; ~ (geliesan) Iud Dei IV (3, 1) 4, 1, mundum *glossirend;* VI 1, mundum *übsnd*

middanwinter *Mittwinter, Weihnachten,* 25. *Dec.*; *gn:* middewintres tid V Atr 18 D (mide- I Cn Pro; midw- Ld); midwintres feorm Rect 9, 1 [*synonym:* winterfeorm 21, 4] | *dt:* to ~tra Ine 61 B (middew-, *geänd. aus adj.* midd [*s. d.*] H). I Cn 16, 1 (~tre B). Rect 14; ~tre V As Pro 1 (*adj.* Ld). *Sollte hier* middan *noch als dt adj empfunden sein, so wäre als compos. nur* middew~ *anzusetzen.* [*Vgl.* Natalis]

mid[del]; *spla:* se midlesta finger *mittelste (dritte) Finger* Af 58; -ste B; -læsta H | *fm:* seo -te ta *Mittelzehe* 64, 2; -læste II B; -ta Ld

middelfinger, *ac, Mittelfinger* Abt 54, 3

ᴸ**Middelsexe** *Grafschaft Middlesex* Wl ep Pro. Hn Lond 1. 15; *Var.:* ~ddles~, ~idles~, ~sexia, ~sex

æfter **middesumera,** *dt, nach Mitt-*

sommer, 24. *Juni* [*vgl.* Iohannes Baptista], Romscot 1 [*vgl. ac:* midne sumor Ine 69]

middewinter *s.* middanw~

mide *'mit', hinter regiertem Casus, für* mid; *s. d. n.* D

mide- *s.* middan

midfaran *mitfahren; op* 3: he þær ~re *begleite den Zug* (*zur Spurfolge*) Hu 5 | *ptt pl* 3: me ~foron *mit mir zu Felde zogen* Cn 1020, 5

midfeohtan *beistehend mitkämpfen; op* 3: mid þeofe stande 7 ~te VI As 1, 3 | *pl* 3: þa þe him ~ 7 standan 8, 3

[midgan] *mitgehn; op pl* 3: gan þa yldestan 7 gerefa [*Ellipse: 'gehe' oder adv*] mid III Atr 3, 1

[midhabban] *mithaben;* hæbbe ænne mid in aðe Hl 5

Midlesex, midlest *s.* middelæt **midrade,** *dt, beim Mitritt* (*zur gerichtlichen Vollstreckung*) VI As 4

mids[ec]gan; 1: ic him midsæge *ich mit aussage für ihn* Swer 8

hire **midslæpe,** *op* 3, *ihr bei-*(*sie be*)*schläft* Af El 29; ~lepe G; ~liepe So

midstandan 1) *dabeistehen als Eideshelfer;* 3: him ~deð Swer 6 B 2) *op* 3: *miteinstehend helfen;* þe þær ~de II As 1, 5 | *vielleicht ist* mid *vor* standan *zu ergänzen in* þa þe him midfeohtan and standan [*op pl* 3] VI 8, 3

him **midswerige,** *op* 3, *ihm* (*als Eideshelfer*) *mitschwöre* II As 9

mid[wesan] *anwesend sein bei; op* 3: se þær midsy *dabeisteht* II As 23, 2 [*oder* mid *adv*] | *ptt* 3: unc midwæs Swer 7 [*oder* mid *prp hinter reg. dt*]

midwinter *s.* middanw~

midwiste, *gn, Mitwissenschaft* Duns 6, 2

Fmie *keineswegs;* ne vocherad mie Leis Wl 21, 3

M[ier]c[e], *pl, Mercier* | *gn:* Mercna Af El 49, 9; Myr- H So Ld; Myrcena I Atr Pro; Myrona *lage* Norðleod 6 (*dafür* Dena Ld). Mirce 1 ff. D; Mercna 1 Ld; Mercena Inso. 1 O. Að 1 O (Mirciscan D); Mircna Mirce Insc D; Mircena laga Hn 6, 2 | *dt:* on Myrcean II Cn 14; Myrcan 71, 2; -cen B | *Lat.:* **Mercii** Mirce 1 In Cn; **Mercia** *Mercien* II Cn 71, 2 In; in lege Merce 14 Cons; aput Mircen. 71, 2; Mercini Ps Cn for 33, 1; *stets* **Mirceni** [*aus ags. gn.* Mircena?] Q (*Var.:* Merc- Af El 49, 9 R) *und* Hn 6, 1. 9, 10. 14, 3. 66, 10, *wo Var.* Myr- | *Fz.:* en **Merchenelahe** *im* *Mercier-Rechtsgebiet* Leis Wl 2 (-na l- L). 2, 2a. (~lae I). 3. 8. 8, 1. 16 (~nlae I). 21, 2; M'ch'l-Hk | be **Mirciscan** aðe, *dt, vom Mercischen Eide* Að 1

m[ie]re *Stute; dt:* of myran Af 16 B | *ac:* myran Duns 7; myre Af 16 Ld; stodmære B. In; stodmyran EH

[mierran] *Der.:* am~

Fmieuz *s.* melz

m[i]ht *Macht, Kraft;* mæht Iud Dei IV 3, 1. 4, 4, potentia *glossirend* | *dt:* ~te Cn 1020, 3 | *ac:* maeht Iud Dei IV 2, potestatem *glossirend* | *pl gn:* mæhta V 2, potestatum *glossirend* | *ac:* mæhto 2, 5, virtutes *glossirend;* halige ~ta VII 23, 1 A, virtutes *übsnd; Godes* - I Cn 4, 2 | *instr:* eallum ~tum (eallon myhton Cn 1020, 15) *mit ganzer Kraft* I Cn 20 — 1) *menschliches Vermögen ebd.* Cn 1020, 15 2) *Königsmacht* 3 3) *sonst: himmlische Mächte*

mihte, *ptt, s.* magan

mihtigra, *cpa, mächtiger* VI Atr 52. II Cn 38, 1; **mihtra** A. — *Der.:* ælmihtig; unm-

mila, *pl gn, Meilen* [*Röm.-Engl. Maasses, nicht ganz* $^1/_4$ *der Deutschen*] Northu 56. Pax

milde *gnädig* [*von Gott*]; *præd* V Atr 26 = VI 30 | *schw.:* his ~da willa II Cn 84, 6 G | *ac:* þone ~dan Cn 1020, 15 ‖ *spla dt:* þam ~estan cyninge Wi Pro

mildheort *barmherzig* Af El 36, misericors *übsnd;* Sacr cor 1, 3. IV Eg 1, 1; miltheart Iud Dei IV 3, misericors *glossirend*

mildheortnes *Barmherzigkeit; gn:* ~sse *Gnade* Cn 1020, 6 f. | *dt:* ~sse Af El 49, 7 (-rnesse H). As Alm 1. Iudex 1 | *ac:* ~sse Af El 49. 49, 7 (*Erbarmen*). VII a Atr Pro. Iudex 1 f.; - don *Milde üben* Cn 1020, 11. 20; ~nisse Sacr cor 1, 3

milds *s.* milts

Lmiles *Ritter* ECf retr 21; *mit Kriegsdienstpflicht gegenüber dem Lehnsherrn* C Hn cor 11 | **militans** in seculo [*sonst 'Laie'*] *setzt* IV Eg 1, 1 L *für* geneatman [*dies als 'Dienstritter, Gefolgsmann' missverstehend?*]

miltheart *s.* mildheort

Godes **milts** *Gnade Gottes* I Cn 19, 3 (~se B A). II 84, 4 b (~sa A; God B); ~se VI Atr 30 D | *gn:* ~se recce A Gu Pro; mildse þolian Northu 62. 63, 1 | *dt:* ~se VIII Atr 7. E Gu 5, 1 Ld; mildse *übr.* | *ac:* ~se Sacr cor 1, 3. V Atr 9, 1 = VI 5, 3 (= I Cn 6, 2 a). 53. VII a Pro. Had 1, 2 (myl- O); mildse VII a Atr 7; mildse (myldse) nabban Northu 61, 2 (64)

miltsige, *op* 3, *m dt, Erbarmen erweise, barmherzig sei gegen* VI Atr 53. II Cn 67; milds~ B

m[i]ltsung; myl~ (*Straf*)*milderung* Had 10 O; medemung (*Abmessung*) *übr.*

min, *poss., mein; gn:* ~nes Af El 49, 9. Ine Pro. I As Pro Ld. 5 | *dt:* minum Af El 11. I As Pro | *ac:* minne Af El 2 ‖ *fm gn:* minre Ine Pro | *dt:* minre I As 5; mynre D | *ac:* mine II Ew 2. 7. I As Pro Ld ‖ *nt gn sbst:* mines *des Meinigen* 5. Becwæð 3, 2 | *dt:* minum Af El 13 (minan G); *sbstirt: Meinigem* Becwæð 3, 2 | *ac:* mine! I As Pro Ld; *sbst:* ~ *meines* Swer 10 | *pl:* mine I As Pro. 4 | *gn:* ~nra Af El 49, 9 (-re H). I As Pro; ealra mina! As Alm Pro | *dt:* minum Ine Pro

Lminare *'führen' setzt* Q *für* lædan, drifan 1) *Schweine treiben* Rect 4, 2 c; *Pferd führen* 5, 3; *Vieh* Hn 90, 5 2) *Spur verlorenen Viehs leiten* VI As 8, 4. Hu 5. Duns Rb 1, *S.* 375

Lminari *gewalttätig bedrohen, m ac,* IV Eg 14 L

minecen *s.* myn~

mingian *s.* myndg~

Lminister 1) *vertretender Beamter* a) regius Hn 9, 11; *gleich* iustitia curiæ regis 82, 2 c. 83, 2 b) episcopi *Repräsentant des kirchlichen Gerichts* ECf 3 (*dafür* missus retr). 9 [*vgl.* episcopalis iustitia] c) *des weltlichen Gerichtsherrn* Iudex 10 Q, gingra *übsnd* d) *Verwalter, Amtmann eines Dynasten, herrschaftlicher Vogt* Hn Lond 6. Hn 61, 2; 10; praepositus vel ~ domini [*wohl für* gerefa] Rect 3, 1 Q 2) ~tri Domini Ine 1 (Dei Had 1, 1) Q, *Godes* þeowas (*Geistliche*) *übsnd*

Lministerium *geistliches Amt* Excom XIII 2; *ordo* ~ii X 1; ~ baptismatis Iud Dei XII 4, 1 [*statt* misterium, *s.* myst-]

Lministrare *dienen* 1) *weltlich abhängig* Geþyncðo 3 Q, fyligan *übsnd* 2) Christo 7 Q, þenian *übsnd*

Lministrator *Beamter* Hn 61, 4

minster *s.* mynster

Lminutus *von geringem Stand, nicht vollfrei* Ps Cn for 4 f. 8 f.

Mirc- *s.* Mier-

mis- *synonym mit* for-(ofer-) *s.* misfare, misgime (mishyran)

F**mis** *s.* metre

Misac *Misach* [*des Buches Daniel*] Iud Dei II 3. IV 3, 3. VII 23, 2 A. XII 16, 4. XIII 13, 2. Excom VI 14, 1

misbeode, *op* 3, *Unrecht antue* Episc 6

mis[c]enning; misk~ *Missesprechen, Formfehler in der Prozessrede samt dem deshalb dem Gerichtsherrn zufallenden Bussgelde;* ~ga Hn Lond 8; *erklärt:* vel mislocutio Hn 22, 1; *Var.:* mesk- [*vgl. Stephans Krönungsfreibrief* 1136: exactiones et iniustitias et meschenningas sive per vicecomites vel per alios quoslibet male inductas funditus extirpo]

L**miscravatio** *Formfehler in der Klage* Hn 22, 1

misdæd *Missetat, Verbrechen; dt:* ~de Af El 49, 7. Af 23; ~da So; *geänd.* mys- H | *ac:* ælce ~da VI Atr 52 | *pl gn:* ~da Af El 49, 8. Af 23, 1 f. V Atr 5 = VI 3a | *dt:* ~dum Af Rb 24. Af 24 B; ~dan V Atr 25 = VI 28, 3 | *ac:* ~da Af 14. V Atr 1 G 2 = VI 1 = X 1 = I Cn 1 D = 18, 1 (~dada A). II 47; ~de BA: *sg?*

L**misdocere** *falsch belehren* E Gu 3, 1 Q, miswissian *übsnd*

misdeð ænig þing, 3, *etwas verbricht, übel verübt* VI Atr 52. 52, 1

misendebirde gearþegnunga, *op* 3, *falsch Jahrzeiten abhalte* Northu 38

L**miser** quam felix II Cn 1, 1 Cons, earm ge eadig (*arm wie reich*) *übsnd*

L**misericordia** *gerichtsherrliche Gewalt über Verurteilte* II Cn 13 Q 1) *über Leben und Tod* Hn 13. 79, 2 | de vita et omnibus in ~ regis sit I Cn 2, 2 Q, þolige landes 7 lifes, butan se cyning gearian wille *übsnd* | corpus (*Leib des zu Strafenden*) in ~ regis ECf 12, 3 2) *über gesamte Habe;* omni ~ seu per omnia que possidet II Cn 49 Q, be ealre are *übsnd,* = Hn 11, 12 3) *königliche Verfügungsgewalt über Fahrhabe des zu Bestrafenden, Verwirkung alles beweglichen Vermögens an den König* Hn 34, 1; pro libito [regis], sine certa emendatione *unter Ausschluss begrenzter Busse* Ps Cn for 26; ~ pecuniae CHn cor 8. Hn Lond 7 [*hier passt auch:* 4) *Strafgeldschuld; vgl.* merci]

L**misevenire** *misslingen, ungünstig ausfallen* Hn 71, 1 b. 92, 19 a; ~ *setzt* Q *für* forberstan (*und* mistidan) *des Reinigungsbeweises* II Cn 53, 1 (56, 1)

L**misfacere** *missetun, Verbrechen verüben* Hn 86, 1. 87, 2 b. 94, 3 a [*vgl.* mesfait]

misfadige, *op* 3, *schlecht ordne;* lif ~ *unordentlich führe* VIII Atr 29 | ordal ~ *falsch leite* Northu 39

misfare, *op* 3, *missrate* (*Korn*) Ger 4 [*vgl.* forfaran *n.* 2]

misgime, *op* 3, *vernachlässige, m gn,* Northu 34 [*vgl.* forgieman]

mishyran *ungehorsam sein* IV Eg 1, 8 [*vgl.* oferhiernes]

mislic *s.* missenlic

þe **mislicie,** *op* 3, *welcher missfalle* II Cn 74

L**mislocutio;** miskenning vel ~ Hn 22, 1, *Erklärung für* miscenning; *s. d.*

L**missa** *Messamt* I Cn 5 Q. In. Cons. ECf 36, 5; ~ iudicii *Ordalmesse* Iud Dei I 4; ~ matutinalis *Frühmette* VII Atr 3 Q; ~ae presbiter, mæssepreost *übsnd,* Að 2 Q = Hn 64, 3

L**missaticum** *Botschaft* Hn 90, 11 c; in missiatico (radstæfne *übsnd*) regis equitare *als Königsordonnanz reiten* Geþyncðo 3 In Cn [*vgl. fz.* message]

missenlic *verschieden(tlich)*; *nt:* mistlic *verschiedenartig* Rect 2 | *pl:* mistlice 1, 1. 21; mislice 4 | *gn:* ~ora Af Rb 47; mislicra GH, *geänd.* mistlicra H | *dt:* mistlican V Atr 25 = VI 28, 3; mistlicon Geþyncðo 3

L**missus** *abgesandter Vertreter;* ~ senioris *herrschaftlicher Amtmann* Iud Dei XII 2; ~ episcopi *Repräsentant geistlichen Gerichts* ECf retr 3; minister ECf

L**misterium** *s.* mys~

mistide æt lade, *op* 3, *es misslinge beim Reinigungsbeweise* II Cn 56, 1

mistlic *s.* missenlic

miswissige æt freolse, *op* 3, *falsch anweist, missleitet, betreffend Feier;* folo [*ac*] *Gemeinde* EGu 3 (~wyss~ H; ~isige Ld) = folce [*dt*] Northu 11

miswurðige, *op* 3, *missachte* Northu

mið *s.* mid [25

L**mittere** 1) in verum *als wahr erweisen* Hn 86, 2. Ine 75 Q, gecyðan *übsnd* [*vgl.* inveritare; *afz.* mettre en vray] 2) *hinlegen* (*Eisen*) Ordal 4, 2 Q, leogan *übsnd* 3) *hineinstecken* (*Hand*) Iud Dei IV 2, 1 f. 4) *einbringen, anstellen* (*Klage*) Hn 59, 9 a 5) *verausgaben* VI As 3 Q, forðsyllan *übsnd* 6) *einschiessen* (*Geld*) 6, 3 Q, sceotan *übsnd* 7) *deponiren:* (underwed) Duns 8 Q, man lecge *übsnd; vgl.* plegium, vadimonium 8) *vgl.* manus, *n.* 2. 3

m[i]xend[y]nge; *ac:* myxendincgan ut dragan *Mistdung herausziehen* Ger 9 [*vgl.* meox-]

-mm- *für* -m-: *s.* fultum, geniman

F**-mm-** *variirt mit* -m-: *s.* comander, hume, somme

L**-mm-** *für* -m-: *s.* comitatus

L**mobile** *lebende Fahrhabe, Vieh* II Cn 24 Q, libbende *übsnd, im Ggs.* [*nicht zu* 'Land', *sondern*] *zu* licgende, *toter Fahrhabe*

mod *Sinn, Herz; gn:* ~des IV Eg 1, 5 a | *dt:* ~de Grið 27. — *Der.:* anmod, -dlice, eaðmodlic, -dnesse

Modernisirung 1) *s. einzelne Laute:* **a**) a, æ *u. a. Vocale* **b**) c, f, g, h, þ, w 2) *der Flexion: s.* **a**) *Declination* **b**) *Conjugation; Flexion verloren: s. Infinitiv, Particip* 3) *s. Wortschatz modernisirt:* ge-; *Praefix; Wortbildung; Ellipse; Negation vereinfacht: s.* na 4) *Substantivirung des adj, pc, pron aufgehoben: s.* man [*auch unter* manige], þing *zugefügt;* eower *S.* 51, *Sp.* 1, *Z.* 4 *v. u.* 5) *s. Numerus, Genus* 6) *s. Genetiv, Dativ, Accusativ, Instrumentalis ersetzt durch andere Casus, praep* 7) *Artikel eingeführt* 8) *s. Personale, Possessiv, Demonstrativ, Reflexiv* (self, he); *Zahlwort* 9) *s. Praeteritum* 10) *Hilfsverb eingeführt: s.* magan, nellan, soulan 11) *s. Parenthese*

L**modernus** *jetzig, heutig, neuer* Quadr Ded 32. Arg 31

modor *Mutter* Af 8, 2. Ine 38 | *gn:* ~der (*Maria*) Excom VII 2 | *dt:* medder Hl 6. Af El 4 (meder GHSo Ld). Af 42, 7; meder Ld | *ac:* ~ Af El 14; ~der H. Af 16; ~ (*Christi*) Iud Dei VII 23, 2 A | *übtr.:* ane gastlice ~ (*Kirche*) Grið 30

L**modulus** *Sittenart, Lebensweise* Episc 8 Q, (folces) wise *übsnd*

mo[e]te *s.* metan

mogum *s.* mæg, *pl dt*

L**molaris** *Backenzahn, irrig für* tux *Eckzahn* Af 49, 2 Q. In Cn

L**molendinum** ECf 12, 8 *und* **molinum** Hn 80, 11 b (*Wasser*)*mühle*

L**molle** *Bündel, Packet von bestimmter Zahl* (*eingeschnürter Gürtel*) Lib Lond 8, 3 [*fz.* molle]; *dafür* [*weil schon* 1300 *unverstanden*] mille *Var.*

^L^**molossus** *Hund zur Jagd auf Hochwild* Rect 4, 2 Q, headorhund *übsnd*

mon(n)- *s.* man(n)-

mona 1) *Mond; ac:* ~an (*anbeten*) II Cn 5, 1 2) **Monan dæg** *Montag; gn:* ~ges II Eg 5. Cn 1020, 18. I Cn 14, 2 | *ac:* ~ VIIa Atr 1 | *instr (dt?)* Mondæge Rect 3 3) **Monan** æfenes, *gn, Montags-Vorabends* Wi 9 [*Wbb. erklären: 'Abend nach Sonntag', aber gemeint wol (was hier den Sinn nicht ändert): der ganze Sonntag, wie ebd.* Sunnan æfen *und deutsch* Sonnabend *den ganzen Tag bedeutet; gemäss lat.* vigilia = *dies* primus ante festum; *Du Cange*]

^L^**monacus** *für* -achus VII Atr 3, 2 Q

^L^**monasteriolum** *kleines Kloster* VI Atr 3, 1 L.

monað *Monat; ac:* ~ VI As 8, 1; elce ~ As Alm 1 *ist ac* [*vgl. folg. Zeile* ælc gear] *statt* ælcne *oder instr.* | *pl gn:* monða As Alm 1 | *dt:* monðum Ine 24, 1. VI As 2. II Em 1. III Eg 6, 2. II Cn 73, 4. Rect 10 | *ac: unfl.* ~ V Atr 21, 1 = VI 26, 1 = II Cn 73; monðas B Inso. — *Der Plural begegnet (ausser dt* VI monðum II Cn 24, 3) *stets hinter* XII, *bedeutet also '1 Jahr';* annus II Cn 73 In. Cons [*vgl.* twelf]

mondæg *s.* Monan dæg

^L^**monere** *einmahnen, eintreiben* II Ew 2 Q, amanian *übsnd* [*vgl.* manian; admonere]

^L^mea **moneta** *des Königs Währung, Münzrichtigkeit, Geldreinheit* Hn mon 1; violatio ~tæ *Strafe für deren Verletzung* II Cn 15 In, feohwite *meinend, während* Cnut feohtwite *hat*

^L^**monetagium** *Abgabe an den Münzherrn (König) seitens Stadt und Grafschaft, damit dieser nicht, das Gepräge ändernd und Vollwichtiges in neue, schlechtere Münze zu wechseln zwingend, sich auf Landeskosten bereichere* CHn cor 5; *daraus* Quadr Rb, *S.* 544

^L^**monetare** *münzen* II As 14 Q, mynetian *übsnd*

^L^**monetarius** 1) *Münzpräger (nicht bloss des Königs)* II As 14—14, 2 Q. III Atr 8 Q, mynetere *übsnd;* IV 5, 3. In Cn III 59; falsus II 8, 2 2) *königlicher Münzer* CHn cor 5. Hn mon 3f. ECf 38, 1

Monfort *s.* Muntfort

^L^**monialis** *Nonne* VI Atr 3 L

^L^**monitio** *Amtsbezirksvolk* VI As 8, 4 Q, monung *übsnd* [*vgl.* mannitio]

monn(a) *s.* man-

^L^**monstra,** *pl, Besichtigungen (durch rügende und Geldbusse erpressende Forstbeamte)* Quadr Arg 22 [*vgl.* demonstratio; *(alt)fz.* mon(s)tre]

^L^**monstrabilis** infirmitas *offensichtliche, als Entschuldigung vom Termin darlegbare Krankheit* Hu 7, 1 Q [*vgl.* mustrer; ostensibilis]

^L^**monstrare** (*Waren*) *zur Schau legen* IV Atr 2, 6 [*vgl.* mustrer; ostensio]

^L^**monta** *s.* mund [*fz. Schreibung*]

Montfichet, ~**fort** *s.* Mun-

monung *s.* man~

mord- *s.* morð, murdrum

oð **morgen,** *ac, bis zum Morgen,* Iudex 12, in mane *übsnd*

morgeng[ie]fu *Morgengabe, vom Ehemann der Frau nach der Brautnacht gegeben; gn:* ~gyfe II Cn 73a; morgangifa Q, *Var.:* morgag-, morhamg-, -gyfa, -gyva; dos In. Cons | *ac:* ~gyfe Abt 81 | *Lat.:* ~gangifa Hn 11, 13a. 70, 22; *Var.:* morhan-, -giva

^L^**Moritolium** *Mortain (Manche); Wilhelm von* ~ [*c.* 1104] Quadr Arg 20

^F^**I) mort,** *obl* 1) *Tod* Leis Wl 20, 2. 37. 37, 1 2) *Todesstrafe* 33

^F^**II) mort,** *ac* 1) *tot;* vif u ~ Leis Wl 21, 1a. 47, 1 2) *lebloses (Wertstück)* 45 [*vgl.* mortuus *n.* 1]. *Vgl.* murir

morð *heimlicher Mord, Tötung nicht in offenem Kampfe (Rache oder Streit);* open ~ *unleugbar* II Cn 56 (apertum murdrum Q. In; mortificatura manifesta Cons) = æbære 64; æbere morð (*Var.:* -murðe, probatum murðrum, apertum murdrum) Q; eberemorde *auch Rb, S.* 538; *erklärt:* patens mortificatura, scilicet clancula occisio quae non possit negari Cons; mordrum In. Wl art 6 (*Var.* mur-; murdre Wl art Fz 6); æbære ~ Hn 12, 1a, *Var.* mord; murdrum Hn 47. 59, 3. 61, 17. 64, 2. 82, 3. 92, 19 [*zwei andere Bedeutungen von* murdrum *s. d.*]

morðdædum, *pl dt, heimlichen Mordtaten* II As 6; mortem *dans [falsch]* Q

^L^**morthrum** *heimliche Mordstiftung* II Cn 5, 1 In, morðweorc *übsnd*

morðslagan, *pl, Verüber heimlichen Mords* Cn 1020, 15

morðslihtum, *pl dt, heimlichen Tötungen* Ine Rb 6 H. Blas Insc; ~slyh~ 1; [*irrig*] murdritor Q *und* mortificator furtivus Cons Cn

morðweorc *heimliche Mordstiftung; ac:* ~ II Cn 5, 1; morthrum In | *pl dt:* ~oan V Atr 25 = VI 28, 3

morðw[i]ta *heimlicher Tötung Mitwisser, Beihelfer; pl:* ~wytan II Cn 4a A, *statt:*

morðwyrhtan, *pl, heimliche Mordstifter* VI Atr 36. EGu 11 (~wirthan Q) = VI Atr 7 = II Cn 4a; ~wir~ D; latrones-homicidae Cons; *dafür* ~wytan A

^L^**mortificans** *mit Tode bedrohtes (Tod würdiges) Verbrechen* Hn 59, 23a

^L^**mortificator** furtivus *meuchlerischer Totschläger* [*vgl.* latro-homicida] Blas 1 Cons, [*irrig*] morðslieht *übsnd*

^L^**mortificatura** *heimlicher Mord* II Cn 56 Cons, morð *übsnd*

^L^**mortificium** *heimlicher Mord* II Cn 5, 1 Q, morðweorc *übsnd*

^L^**mortuus** 1) *unbelebtes Wertstück, im Ggs. zum Vieh,* II Cn 24 Cons, licgende *übsnd* [*vgl. fz.* mort] 2) *gescheitert (vom Prozess)* Hn 26, 2 [*s. o.* aeger, funestus; sanare *dies: Termin-(versäumnis) rechtfertigen (und so Prozessverlust abwenden);* *Bateson* Borough customs I 90]

most- *s.* mot

I) mot gesece, *ac, Gerichtsversammlung aufsuche* Cn 1020, 18. — *Der.:* burg(ge)mot, folc(es)mot, gemot, hundredgemot, mearcgemot, micelgemot, scir(ge)mot

II) mot *darf, kann, muss* — 3: ~ Af 19, 2. 42, 4; 6. Ine 16 f. 19. 21. 35. 41. 46, 2. 54, 1. 63. 74, 1. EGu 10. V As 3, 1 Ld. VIII Atr 40. II Cn 7, 1. 20, 1. 84, 2. Duns 1, 2. 2, 2. 7, 1. Wer 6, 1. Rect 12. 12, 1. Ger 2. 12 | *pl* 1; we moton I As 3 Ld. Cn 1020, 20 | 3: moton Af 19. Ine 21, 1. VIII Atr 23. I Cn 5. 2b. 26, 3. Northu 56. Wif 7 | ***op*** 3: mote Af 41. 42, 5 (~ Ld). Ine Rb 35. II Em 7, 1. III Eg 2. IV 2, 2. V Atr 32, 5 D. VIII 22. I Cn 5, 2a. II 17. 19, 2. 76, 1b. Becwæð 3, 1. Grið 15 | *pl* 1: moton VIIa Atr Pro; motan 8 | 3: moton AGu 5. Hu 2. Wif 7; motan Abt 65, 1 | ***ptt*** 3: moste Af 41 (~, *prs,* H). V Atr 32, 4 D. Geþyncðo 3. 7 H *op?* | ***op*** 3: moste Af 32. VI As 1, 4 | *pl* 3: moston Af El 49, 7. V Atr 32, 2 D. II Cn 75; mostan II Atr 1. — 1) *berechtigt (befugt) sein zu, Erlaubnis (vom Recht oder Gericht) haben zu, dürfen* **a)** *m.*

inf. α) *sbj sind Personen in obigen Citaten ausser folgenden* β) *sbj ist Abstract:* gewitnessa ne moston standan V Atr 32, 2 D **b)** *ohne inf., der zu ergänzen* α) *aus vorhergeh. Wörtern:* swa ne mote (*sc.* sellan) Af 41 | mæg 7 ~ *imstande ist und gerichtlich Erlaubnis erhält zu* (*sc.* werian) II Cn 20, 1 | swa he mote (*sc.* unsac beon) *befugt ist* Becwæð 3, 1 β) *aus dem Sinne:* slaga ~ mid griðe nyr [*kommen*] II Em 7, 1 **2)** *imstande sein zu, vermögen zu, können* **a)** *m. inf.* α) *persönlich:* Godes miltse habban VIIa Atr Pro; fynd ofercuman 8; to cuman *zum Ziele* Hu 2; agan *ruhig besitzen* IV Eg 2, 2; rihtes wyrðe beon III 2; *verneinend, durch äusseres Hindernis:* lesan Af 32; beon rihtes wyrðe II Cn 17; gelogian 76, 1b β) *unpersönlich:* hit ~ (*es mag, will*) gewiderian Ger 12 **b)** *inf. aus vorigem ergänzbar:* þæt he ma mote! (*sc.* alecgan) V Atr 32, 5 D | *Waffen konnten stille* beon, gif hi moston *gekonnt hätten* (*sc. ungestört bleiben*) II Cn 75 **3)** *verpflichtet sein zu, sollen, subjectiv müssen* **a)** *m. inf.:* fæhðe midberan VIII Atr 23 = I Cn 5, 2b; smeagean VIII Atr 40; beon wacore I Cn 26, 3; styran II 7, 1 | we moton þencan I As 3 Ld *statt* us is to geþencanne *übr.* | [*wahrscheinl. eher zu n.* 1 *gehört das bisher 'müssen' übs.* motan freond seman Abt 65, 1: *die Sippen dürfen privat entscheiden* (*wie ich, der König, erlaube*)] **b)** *inf. aus vorigem ergänzbar:* he ~ (*sc.* forðian) Ger 2

motbele *Versammlungsglocke, die z. Volksversammlung berufende Glocke der Kathedrale St. Pauls in London* Lond ECf 32 A 3; *Var.:* ~bel, mothb~

mote, *op* 3, *s.* metan

Mountfichet *s.* Muntf~

Moyses I As 2 | *dt:* Moyse Af El Pro. 49; Moses So | *Lat.:* ~ Iud Dei II 2. XIV 3. XVI 3, 2. Excom VI 14, 2; Quadr Rb Af El 49 *S.* 539 | *als* lex Moysi *wird Exodus citirt* Hn 75, 4a

L-mp *für* -m: *s.* p

L-mpt *für* -nt: *s.* intemptare

mucel, muchimut *s.* micel(gemot)

Lmuffla *Winterhandschuh* Hn 70, 4 [*afz.* moufle]

Fmulte *Geldstrafe* Leis Wl 18, 1 [*irrige Var.*] I; munte [*d. i.* mund] Hk

munan *erachten; op pl* 3: munon VI As 8, 1. — *Der.:* gem~

mund *Schutz* Abt 76. Northu 19. Wer 4 | *gn:* ~de Geþyncðo 7. Grið 3 | *dt:* ~de VIII Atr 5. 1. Grið Insc | *ac:* ~ Abt 75; ~de Wi 8. II Em 1, 1. 7, 3 = Wer 4. VI Atr 34 | *Lat.:* munde id est pax Wer 4 Q; munda In Cn I 3, 2. III 55; monta [*fz. Schreibung*] Cons Cn I 2, 5. 3, 2. II 12. 42 | *Fz.:* la munte al (*des*) seinur Leis Wl 18, 1. — **1)** *Schutz, Zuflucht* II Em 1, 1 **2)** cyninges ~ **a)** *höchster Friedenszustand, öffentliche Sicherheit;* rære man - ~de 7, 3 = Wer 4; - ~ stande *ebd.* **b)** *Strafgeld bestimmter Höhe, dem Staate verfallen; synonym mit* mundbryce VI Atr 34; *gleich* V pundum, *im Ggs. zu* cyninges wite *von* 120 scil., VIII Atr 5, 1 = I Cn 3, 2, *wo synonym* mundbryce *folgt* **3)** *Genuss einer Sonderbefriedung und einer Geldbusse für deren Verletzung* In Cn III 55. Grið Insc. 3; mæðe 7 ~de wierðe Geþyncðo 7 | *mit gn des Beschützten* Abt 75 f. Wi 8 *oder des Besitzers* Northu 19. Leis Wl 18, 1 | ~ *statt* mundbryce *setzen* Cons: I Cn 2, 5. 3, 2. II 12. 42 *und* In Cn I 3, 2 [*vgl.* borg, despectus, frið, grið, mundbyrd, pax]. — *Der.:* s. Eadm~, Guðm~, Gybm~, sceaftm~

Lmundanus *saecular-weltlich, im Ggs. zu 'kirchlich'* Hn 21

Lmundare *durch gerichtlichen Beweis reinigen* II Cn 4 Cons, clænsian *übsnd* [*vgl.* ~dificare]

mundboran, *ac, Beschützer, Vormund, bes. vor Gericht; dem Kleriker und Fremden* sceal cyng beon for mæg 7 ~ EGu 12 = VIII Atr 33 = II Cn 40

mundbryce *Schutzbruch; dt:* ~ II Em 6 Ld Rb; ~rice *übr.; unübers.* Q (*Var.:* ~rece, ~ruce). VIII Atr 3 = I Cn 2, 5 (~rice Q). 3, 2. II 42 (= Hn 66, 3); despectus In | *ac:* -*rice* VI Atr 34 (munitionis fractura L). II Cn 12 (~rece In; ~reche, infractio pacis Q). Grið 6; ~rice 11 | *Lat.:* ~reche Hn 37, 1. — **1)** *Verletzung des Königsfriedens, der öffentlichen Sicherheit* II Em 6 **2)** cyninges ~ *festes Strafgeld* VI Atr 34 (*syn. mit* mund *n.* 1b). VIII 3 = I Cn 2, 5. II 12. 42 = Hn 66, 3. Grið 6; *synonym mit* borhbryce 11 | *zu* V pundum I Cn 3, 2 [*wie* mundbyrd] | *dagegen nur* V mano. [5/8 *Pfund; Strafe niederer Vergehen*] Hn 37, 1 **3)** *Verletzung der von Erzbischof, Prinz, Bischof, Graf, Thegn, Herrn ausgehenden Schutzgewalt* I Cn 3, 2. Grið 6. 11. — *Für* mundbyrd Af 3 Ld. 5 So. *Ersetzt durch* mund, *s. d.* [*vgl.*:]

mundbyrd *Schutz* Abt 8. 15. Wi 2. Grið 8 | *gn:* ~de Af 5; *dafür* mundbryces So | *dt:* ~de Grið 14 | *ac:* ~ Hl 14. Af 3; ~bird Q, *Var.* mundburd; ~bryce Ld; ~de IV As 6, 2b. — **1)** *Bereich der Schutzgewalt* Grið 14 **2)** *Bussgeld, bestimmt je nach Stand des* [*im gn erscheinenden*] *Besitzers der Schutzgewalt* (*Sicherheitsgewährleistung*), *das er erhält von ihrem Verletzer;* cyninges ~ L sc. Abt 8. Wi 2 (*gleich* ciricean ~ = Grið 8). Af 5, *wo* ~, *wie* borges bryce, 5 pund *beträgt* [*denn bei Erzbischof, Bischof, Graf steht* ~ *synonym mit* borges bryce Af 3] | þæs, þe he (*Schutzsuchender*) sohte IV As 6, 2b | ceorles Abt 15; *Hauseigners* Hl 14. — *Synonym mit* frið Af 5. *Ersetzt durch* mundbryce; *s. o.* [*vgl.* mund]

Lmundificare *gerichtlich reinigen, als schuldlos erweisen* II Atr 8, 1. 9, 2 Q, clænsian *übsnd* [*vgl.* ~dare]

Lmundus *rein von Schuld* VI As 1, 1 Q, clæne *übsnd*

Fmuute *s.* mund

M[u]ntfichet *Montfiquet* (*Calvados*); Will. de Mon~ Hn Lond Test; *Var.* Moun~, ~er

LMuntfort *Montfort sur Rille* (*Eure*); Rodbertus de ~ CHn cor Test; *Var.* Munforde, Mumf-, Monteforti

munuc 1) *Mönch* V Atr 6 = VI 3, 1. VIII 41 | *gn:* ~oes Af 20; ~nekes B | *dt:* ~ce Af 20; ~neke B | *pl:* ~necas V Atr 4, 1 = VI 2, 2 = VIII 31, 1 = I Cn 6a | *gn:* ~neca V Atr 5 = VI 3 | *dt:* ~necum Af Rb 20; ~necan B 2) *mönchische Person, Nonne; sg ac:* þone ~ Af 8 [munuchad, *Nonnenschaft, citirt Toller aus Ags. Beda*]; *dafür* mynecenne So; nunnan HB. *Der.:* mynsterm~

munuclice, *fm ac, mönchische* V Atr 6 = VI 3, 1

Lmurdra (*fm*), ~rare, ~ator *s.* murdre, ~rire, ~ritor

L.Fmurdre *Murdrumbusse, Abgabe an den König vom Bezirk, wo ein Erschlagener von nicht Engl.* (*Französ.*) *Rasse gefunden, und Täter unentdeckt oder unverhaftet blieb* Hn Lond 2, 1; *Var.* ~rum | *fm:* ~dra Quadr II

Rb, *zu* CHn cor 9, *S.* 544 [*selten; vgl. fm* murthra *Urk. K. Johanns a.* 1200: Regist. Saresber. s. Osmundi I 211]; *zumeist* ~drum [*das auch 'das Verbrechen heimlichen Mordes' bezeichnet, s. o.* morð] CHn cor 9. Hn 91—92, 17. ECf 15. 16 [*Begriff ohne diesen Namen* Wl art 3, 1 *f.*] | *Fz. ac:* le ~ rendre Leis Wl 22, *unlatinisirt* L; le murde! Wl art Fz 4 [*dagegen* ~ 6 *steht für* morð]

ᴸ**murdrire** *heimlich umbringen* ECf 19; ~drare 15, 1; 6 | ~dritus *hiess dér* antiquitus, cuius interfector nesciebatur; nuno: si non habeatur intra 7 dies Hn 92, 3 b; 5

ᴸ**murdritor** *Verüber heimlicher Tötung* Blas Insc. 1 Q. ECf 15, 5. 18, 2; *Var.:* ~drator

ᴸ**murdrum** 1) *s.* morð 2) *s.* murdre 3) *Totschlag an Person von nicht Englischer* (*Französ.*) *Rasse ohne folgende Verhaftung* (*Entdeckung*) *des Täters* Hn 10, 1. 13, 2. 75, 6 4) *Klagefall daraufhin* 91-92 5) ? *Leichnam des so Getöteten* 92, 2

ᴸ**Murefenses** insulae! *Küstenland Moray in Nord-Schottland* Lond ECf 33**

ᶠ**murir** *sterben;* 3: si home mort Leis Wl 34 [*vgl.* mort]

murnan 1) *op* 3: ~ne, *m. inf., scheue sich zu* Iudex 3 2) *ptt* 1: mearn to gemynde *ich bedachte in Sorge* X Atr Pro 1

ᴸ**murð(rum)** *s.* morð

ᶠ**mustier** fruissir, *ac, Kirche erbrechen* Leis Wl 15; muster I

ᶠ**mustrer** *erweisen* Leis Wl 22. 28, 2 | *pl* 3: ~ent de! defautes *darlegen* 47 | *pf pc:* seit mustred 6 [*vgl.* monstra, -abilis, -are]

ᴸ**mutare** *umwechseln, umprägen* (*schadhaftes Geld in vollwertiges*) Hn mon 3. 3, 1

muð 1) *Mund* Abt 44 2) *dt:* ~ðe *Öffnung* (*einer Wunde*) Af 61, 1

muðan, *dt, Flussmündung;* binnan II Atr 2 f.; portus Q, *womit er sonst* port (*Stadt*) *übersetzt*

ᴸ**mutilare** *castriren* Hn 70, 4

mycel- *s.* micel-

mydercan, *ac, Koffer* Ger 17

myht *s.* miht

mylewerde, *dt, dem Müller* Ger 16

mylne macian, *ac,* [*Wasser-*] *Mühle bauen* Ger 9

myndgian 1) *ermahnen;* myngian wið yrre *warnen vor Zorne* I As 5 G; min- D; ~ þæt *dass* VI Atr 42 2) *mahnen; sg* 3: gafoles [*gn: um Steuer*] myngað IV Eg 1, 2 | *op* 3: mynige to þearfe *anhalte* VI As 3 3) *auffordern, dass;* ~ige, þæt I Em 5 B; minegige D; myngige H | *ptt* 3: myngode, þæt II Ew 1. — *Der.:* unmynegod

[-myndlunga] *s.* unm~

mynecenu *Mönchin* (*stets neben* [*untersch. von*] nunnan); *dt:* ~nan Cn 1020, 16 | *ac:* ~nne Af 8 So; munuc, nunne *übr.* | *pl:* ~na V Atr 4, I (min-D) = VI 2, 2 = I Cn 6 a; min-D

mynegung *Mahnung;* mynug~ VI As 7; ~ga Q; myng~ Rect 21, 5 | *dt:* myngunge IV Eg 1, 3 | *ac:* ~ge VI As 7. — 1) *geistliche Ermahnung* Eg 2) *Memorandum-Aufzeichnung* Rect 3) *Geldforderung* As

mynet *Münze, Geld* II As 14. III Eg 8 = VI Atr 32, 1 = II Cn 8 | *pl dt:* ~tum III Eg 8 Ld

mynetere *Münzer* II As 14, 1. III Atr 8. 8, 2 | *ac:* ~ 8, 1 | *pl:* ~ras 16. II As 14, 2 | *dt:* ~rum 14

mynetige, *op* 3, *münze* II As 14

mynetsmiððan, *ac, Münzschmiede, Prägestätte* II As 14, 1

mynster *Kirchengebäude, kirchliches Einzelstift; gn:* ~stres Wi 17. II Eg 3, 1 = VIII Atr 8 = I Cn 8, 2. 2, 5 A (~rclænsung *übr.*). VIII Atr 5, 1 = I Cn 3, 2. Grið 10 | *dt:* ~re Af 8; minster! Ld; ~tre 21. Ine 6, 1 H. V As 3. II Eg 1, 1. 2, 2 (= I Cn 11, 2). 3, 1 (= VIII Atr 8 = I Cn 8, 2). 5, 2 DA. V Atr 5 = VI 3. 3a. V 12, 1 = VI 21 (= I Cn 13, 1). VII a 6 (minstre 6, 2). Grið 10 | *ac:* ~ Ine 6, 1. V Atr 6 f. = VI 3, 1 f. | *pl dt:* ~trum VIII 32. — 1) *Kloster* V Atr 5 f. = VI 3 ff. VIII 32. Grið 10 | *für Nonnen* Af 8 | *Klosterbereich, -bezirk, nicht bloss seine* cirice Grið 10 2) *eine der Kirchen verschiedenen Ranges, geringer als Kathedrale* (heafodmynster) *und höher als* feldcirice *ohne Gottesacker* VIII Atr 5, 1 = I Cn 3, 2 3) *Pfarrkirche, Parochie* Af 21. II Eg 1, 1. 2, 2 = I Cn 11, 2. 5, 2. V Atr 12, 1 = VI 21 = I Cn 13, 1. II Eg 3, 1 = VIII Atr 8 = I Cn 8, 2 4) *Stiftskirche, vielleicht identisch mit n.* 1, *vielleicht weltgeistliche Canonicate mitumfassend* Wi 17. V As 3. V Atr 7 = VI 4. VII a 6 (6, 2: *od. Pfarre?*) [*vgl.* ciricgriðbrece]. — *Der.:* heafodm~

mynsterclænsunge begietan, *ac, Reinigung* (*bischöfliche* Reconciliation) *einer* (*durch Verbrechen entweihten*) *Kirche beschaffen* VIII Atr 3 = myst~ I Cn 2, 5; mynstres clansunge A

mynsterhama, *pl gn, Stiftshäuser, Conventstätten* Af 2

mynstermunuc *Klostermönch* VIII Atr 25 = I Cn 5, 2 d

myntan *jem. etw. zudenken, über lassen* Beowæð 3 | 1: mynte 3, 2

Myrc- *s.* Mierc-

myre *s.* miere

myrhðe, *dt, Wonne, Seligkeit* Cn 1020, 20. II Cn 84, 2; myrðe BA

[-myrðran] *Der.:* am~

mysdæd *s.* mis~

ᴸ**mysterium** 1) *Geheimnis des Dogma* I Cn 26 Q; incarnationis Iud Dei XVI 30, 11 2) *Sacrament der Kirche;* eucharistiæ ~ia celebrare I Cn 4, 2 Q, Criste þenian *übsnd;* ~ baptismatis *ebd.* Iud Dei XII 4, 1 (*Var.* minist~). 21, 2

myxendincg *s.* mix~

N.

n 1) *unorganisch eingefügt* a) *vor d:* gehadendra (*s.* gehadod), undergeþeodendra, untodælendlic [*vgl. Sievers Gram* 406 A 7. 414 A 4] b) *zwischen* i *und* g: *s.* -ing c) *in der Endg.* -ne *für* -e (*fm ac*), -enne *für* ene (*pl ac*): *s. Declination, Adj.* d) *im no des sg schw. Decl.:* se þriddan Af 47, 1; *vgl. Sievers* 304 A 1 e) *s.* na 2) *geschwunden* a) *s.* georne, ~nfulnes, ~nlice, cyricmangung, giernesse b) Bedaforda c) *in der Endg.* -ne (*ac masc*) *s. o. S.* 49, *Sp.* 2; *auch* fleonde Ine 35 H; -dne *übr.* d) *in der Endg.* -ing (-ung) *s.* -ig e) *vielleicht durch irrige Fortlassung der Horizontale über Vocal:* a[n]re (*fm dt*), andwyrde[n], beo[n] II Cn 31, 1a BA; ceose[n], clæ[n]sian, do[n] II Cn 84, 4 B; fora[n], gebodie[n], gebringe[n], le(n)ctendæg, -fæsten, morga[n]giva, my[n]sterclæ[n]sung, twelfhynda[n], þano[n] I Cn 2, 3 A f) *auslautend in der Flexion; Beisp. s. Conjugation, Declination* α) *northumbr.* Iud Dei IV. V β) [*vgl. S.* 49, *Sp.* 1] *sbst: s.* on þrim hundrede, *pl dt;* þa uferan lippe; stodmære, *ac;* Candelmæsse, *dt;* sweore; wyce; þæs halige Nicholaes | *dagegen unvollendete Correctur ist* betynede [*statt* -dum] durum *γ) bei* Ld *und* So [*also me. oder modern*] *fehlt* -n: gedo[n] I As Pro; nama *ebd;* nunna I Em 4 Ld Rb; gereafa I As Pro; siðcunda; seofoða; wille II 23, 2 *und öfter δ) s.* man *indef;* nan **3)** *ausgedr. durch Horizontale über vor. Vocal s.* mann [*vgl. Schlutter* Anglia 26, 309] *u. o. n.* 2e **4)** n *abweichend* **a)** *für* m: *s.* Eormenstræt, hamsocn, gemana (*verschr.*) **b)** *für* nd: *s. d n. 2a* **c)** *für* ng: *s.* g-*Schwund* **d)** *für* nn: *s.* cristene (*masc ac*), mæne (*ac*), mæstene (*ac*), geferrædene, þone, *adv* **e)** *für* r: *s.* orceapung, orwige, spor; *in der Endg.* -ne *für* -re: *s.* ceorliscne (*fm gn*) Af 11 B; healfne (*fm dt*) 11, 4 So; *vgl. Declination, Adjectiv* **5)** *dafür* m, nn, r, w: *s. d.*

[L]**n** 1) *für* m: *s.* quanvis; *vgl.* nb 2) *für* -nn: *s.* conectere

[F]**n** **1)** *fehlt: s.* meins, sulunc, veintre **2)** *für* m: *s.* nb **3)** n['] *s.* ne **4)** [']n *s.* ent

·N· = hine *s. Abkürzung*

-ñ *Sigle für* nne: *s.* -ne

I) na *nicht, keineswegs* **1)** *das Verb verneinend* **a)** *ohne sonstige negative Partikel;* gif no feohte Af 39,1; ne B; *geänd.* ne H | na sceaðige Episc 7; 7 na geþafian 8 **b)** *neben fernerer Negation;* ne geswence no Af El 33; na So Ld; *fortgelassen* H | ne rec no þæs 40; na G So Ld; *fortgelassen* H | ne wend no on unræd 41; na G So Ld; *geänd.* na H | ne come no to brecanne 49; na G, ne Ld | na gesece nan man III Eg 2 A; ne GD | næfre feorh na gesecen 7,3 A; ne GD **2)** *Adjectiv oder Adverb verneinend* **a)** *ohne sonstige Negation;* na undeorran weorðe (*geänd. aus* no H) Af 32 | no þon læsse [*doppelte Negation sich aufhebend*] *'ebenfalls'*, necnon *glossirend* Iud Dei V 2, 1; 3 **b)** *neben verneintem Verb;* ne sie na scyldig Af El 25; *fehlt* G | ne læt no uncuðlice 47; na G So Ld; *geänd.* na H | næbbe na mare *erhalte ebensowenig* Af 8, 2 B; *fehlt* EH | ne sie no (na Ld, *geänd.* na H) þy þingodre Ine 22 = II As 1,1; na B Ot | na rihtor ne cuðe III Eg 3 = II Cn 15, 1; nan A | ne syn na gelic VIII Atr 5 | ne na ma hæbbe, þonne *habe nur* VI 12, 2; ne teo na mare, buton *ziehe nur* II Cn 70; nan B ‖ *Ersetzt durch* ne; *durch* nan; *fortgelassen: s. o.* **II)** *s.* nan

naam *s.* nam

nabban *nicht haben;* 3: næfð Wif 7; nafað Norðleod 10 | *op* 3: næbbe Af El 24. 28. 36. Af 1, 2; 3. 27, 1 B (nage *übr.*). 42, 3 H (ne hæbbe E). Ine 22 (ne hæbbe H). 10 Ld. 25. 1. II Ew 3, 2. VI As 8, 7. 12, 2. II Eg 4, 1. IV 10. I Atr 4, 1. Norðleod 8 A. II Cn 19, 1; nabbe A. VI As 5 | *pl* 3: næbben Ine 42 | *ptt* 3: næfde I Ew 2,1. VI As 2. Hu 4. Geþyncðo 4. — **A)** *Hilfsverb z. Bild. des pf;* næbbe geceapod Ine 25, 1; getyned 42; gelæst II Eg 4, 1 **B)** *Begriffsverb* **1)** *nicht zu eigen besitzen:* hors VI As 5; yrfe Hu 4; mete Af 1, 2 f.; *land* Norðleod 8. 10 **2)** [*Beziehungen*] *entbehren:* gewitnesse Af El 28; byrgean Ine 22; borh II Ew 3, 2. I Atr 4, 1; mægas Af 1, 3. 27, 1 B (nage E H); forwyrhtan Geþyncðo 4 **3)** *ausser (nicht in) Gewahrsam haben* VI As 8, 7 **4)** *nicht kriegen* **a)** riht I Ew 2,1 II Cn 19,1 **b)** *nicht erleiden:* hearm IV Eg 10 **5)** man nan carcern næbbe *es gibt kein Gefängnis* VI As 12, 2 **6)** næbbe buton *hat nur* Af El 36 **7)** *vor indir. Frage;* næbbe, hwæt he selle *nichts geben kann* 24; nite H | næfð, of hwam heo bete *nichts zur Busse zahlen kann* Wif 7 **8)** *m gn:* þæs mægenes næbbe *dazu nicht Macht besitzt* Af 42, 3 H; ne hæbbe E. — *Für* nagan, ne habban *s. d. Ersetzt durch* nagan, ne habban, nitan *s. o.*

Nabugodonosor *Nebukadnezar* [*aus Daniel*] Iud Dei IV 4, 2

nædle, *ac, Nadel* Ger 15, 1

næfde *s.* nabban

næfre *niemals, nimmer, meist mit Partikel* ne *beim Verbum;* Af El 45. 46. 48. Ine 75. EGu 5. 9, 1. II As 10, 1. 26. III Eg 7, 3. IV 1, 8. I Atr 1, 2 | *ohne* ne: Ine 53, 1. Becwæð 3; ~ owiht don Swer 1 | ~ næs naðer ne .. ne .. ne *weder jemals war .. noch* II Cn 75, 1; næffre A | ne .. ~ *für* ne .. æfre 44 B

nægl *Nagel* (*des Fingers*) Abt 54, 1. 72; (*der Zehe*) Af 56, 1; nægel H | *gn:* ~les 57. 58. 59. 60 | *pl dt:* neglum Abt 55

[-næm] *Der.:* niedn~

se ær **næmda** cyning, *ptt pc, der vorbenannte König* Wi Pro 1

nænig *kein* **A)** *adj ac:* ~gne Af 18, 1 (-ingne B). Iudex 15, 1 | *fm:* nængo Iud Dei IV 3, 5 | *nt ac:* ~ Abt 18. Ine 32; nan B | *pl dt:* on nænegum þingum *unter keiner Bedingung, keineswegs* Af El 48 G; nanum EH **B)** *subst m gn, keiner* Ine Pro. ‖ *Meist neben* ne *beim Verbum; ohne* ne: Ine Pro. 32 (*mit* ne H). Iud Dei IV 3, 5. — *Variirt mit* nan *adj. s. o.*

nænne *s.* nan **nær-** *s.:*

I) næs, *ptt 1, ich war nicht* Swer 3 | 3: ~ II Cn 75, 1, *dreifach negirt* | *op* 3: nære Af 5, 4. Ine 25, 1. II As 11 | *pl* 3: næren Ine 49, 1; næran I Ew 3 [*ausser* Cn *nicht doppelt negirt; Bed. u. Syntakt. s.* beon; *vgl.* wesan]

II) næs þære *aber nicht, keineswegs von der* Ine 68

n[a]f[u]bor *Naber, Bohrer; ac.* næfebor Ger 15

nagan *nicht haben* (*bekommen*); 3: nah Ine 15, 2. 27. 40. 50. 62. 72. I Cn 22, 5. II 24, 3. Duns 6 | *pl* 3: nagon V Atr 9 = VI 5, 1 | *op* 3: nage Af El 12. Af 8, 1. 8, 2 H (næbbe EB). 27, 1 (næbbe B). 28. 77. Ine 6. III Atr 11. Blas 3. Grið 9. — **1)** (*Beziehungen*) *entbehren:* mægas Af 27, 1. 28; geweald 77; soone III Atr 11; gemanan V Atr 9 = VI 5, 1. I Cn 22, 5 **2)** *nicht erhalten:* owiht Af 8, 1 H; nan wiht Ine 40; wite 2. 72; wer 27 **3)** *verlieren:* swicne 15, 2 | lif age, þe nage *Leben behalte od. Tod leide* Ine 6 = Blas 3 = Grið 9 **4)** *vor* to *m inf* **a)** *nicht können;* nah nane wiht to gesellanne Ine 62 **b)** *nicht dürfen, kein* Recht *haben zu;* nage to bebycganne Af El 12, non habebit potestatem vendendi *übsnd* | ~ to onfonne I Cn 22, 5; *dafür* beon wyrðe, *blosser unfl. inf ohne* to BA | nah to geahnianne II 24, 3; to farenne Duns 6. — *Variirt mit* nabban *s. o.*

naht *s.* nawiht

nahw[æ]r *nirgends* [*hinter* ne, *also doppelte Neg.*] Af El 34 G; nawer E H; nahwar Northu 2, 1. Grið 18; nawar II Ew 4

[F]**naifs** *Höriger, eines Guts Leibeigener* Leis Wl 30, 1 | *pl:* ~ 30 [*vgl.* nativus]

nales, nallæs, nalles *s.* nealles

I) nam (*Zwangs*)*pfand, fortgenommen dem Rechtserfüllung Weigernden; dt:* be náåme II Cn 19 B | *ac:* nam *ebd.* Cb, Rb. *S.* 616; name B A. In (*auch* 19, 2); næme G; captionem Cons ‖ *Lat.* namum Q, *auch für* bad Duns 3; *dazu Rb.* de namo *S.* 375; *abl:* de ~ Cb Rb *zu* III 1 *S.* 617 | *sonst* namium:

HnLond 14 [vgl. 12]. Hn 29,2f. 51,5ff.; (dem Pfänder) namium excutere (Pfand kehren) est: si quis viam tollat et avertat retro namium suum 51,8 | Fz.: ~ Leis Wl 44. 44,2; namium L

II) **nam** s. niman

nama Name [überall Gottes] I Cn Epil. II 84,5 | gn: ~an X Atr Pro; nome! Iud Dei V 2,4 | dt: ~an Af El 49,3, pro nomine Domini übsnd; Af 5,4 (geänd. aus noman H). 43 B (noman E; geänd. aus nomon H). I As Pro (~! Ld). Sacr cor 1. Cn 1020, 16. I Cn 7. II 84. Swer 7ff. Iud Dei VI, 1. VII 24, 1 A. VIII 2. 2, 4; nome! IV 2. V 2,3 | ac: noman Af El 2; ~an GH. | Redensartlich: for Godes ~an uneigennützig Af 43; on G-~an fromm, ohne legalen Zwang 5,4

namcuðan stowan, pl dt, berühmten Kirchenstätten VIII Atr 37

namian 1) nennen; ptt pc: is ecclesia genamod 'heisst e' Grið 30 2) ernennen, auswählen; op 3: ~ige lade III Atr 13; -þegnas, þæt hie Northu 57, 2; him 14 zur Eidhilfe II Cn 65 BA; ~ie G | ptt 3: witan cyng namode VI As 10; namede Eidhelfer I Ew 1,4 | pc pl: to gewitnesse genamode synt zu (als) Zeugenschaft erwählt IV Eg 10. — Der.: gen~ [vgl. nemne]

L**namiare** pfänden, um Rechtserfüllung zu erzwingen Duns 2,2 Q, badian übsnd; Hn 51,3f.

nan stets mit der Partikel ne beim Verbum A) adj; kein: ~ man niemand Af 5. I Ew 1. II 1,2. 7. II As 10. Hu 4. I Atr 1,14. III 8,1. II Cn 69, 1. Northu 61, 1 | gn: nenes! Cn 1020, 6 | dt: nanum Af El 49, 6. III Eg 2,2 (nannum A). Wer 5 | ac: nænne II As 12. Hu 4,1. III Atr 8,1; nanne (?) Af El 12 H; nenne II Cn 28 A; schwach: nanan þeof VI As 1,1 | fm: ~ I Atr 1,6. 2,1 | dt: nanre 1,14 | ac: nane Af El 40. 49,5. II As 11. Ine 50 (nan H); -wuht nichts [vgl. nawiht] 62; nan B | pl gn: nanra Af El 49,6; nanre H | nt: ~þinge nichts II Cn 69, 1 BA; na G; nys nan wiht unrihtlycre, þonne Iudex 4 | gn: nanes II As 10 | dt: nanum I Ew 1,5 | ac: ~ Hl 13. Af El 28. Ine 75. I Ew 2, 1. VI As 8, 8. IV Eg 6, 1. Swer 4. Becwæð 3, 2. Wif 7; nan wuht Ine 40. 62 B | pl dt: nanum Af El 47; for nanum þingum unter keiner Bedingung, nie, keineswegs Af El 48. I Ew Pro B) subst m gn: heora nan A Gu 5 | dt: nanum Iudex 15,1 | nt gn: nanes þara þinga IV Eg 6,1 | ac: þara ~ Af El 12. — Für na: Af El 25 So; nan rihtor II Cn 15,1 A; nan mare 70 B | für nænig Ine 32 B; nis on nanre timan II Cn 38 Ld für n. o. ænigne t. | indefinitem man zugefügt II As 2 B. Ersetzt durch na, nænig s. d.

nanwiht s. 21, 18, 13 Zeilen vorher

L**narratio** iudicii Prozessrede der Partei Hn 33,2

L**Naso** [Ovidius] gerühmt Quadr Ded 36

nasu Nase Abt 45. 48 | gn: þolie nasa 7 earena II Cn 53; nase A | ac: nosu B. 30,5; nose B; nase A; naso Abt 57

nat s. nytan

L**natale** 1) Geburtswert, Wergeldhöhe Hn 64,4. Af 4,2 Q. 11,5 Q; weregildo, id est ~lis sui pretio Ine 15 Q | masc: **natalis** Wer 2 Q [vgl. -licium, natio, nativitas, natus] 2) Weihnachten; in ~li Domini V As Pro 1 Q, to middumwintre übsnd; ~lis firma Rect 9,1 Q, midwintres feorm übsnd

L**natales** rerum Weltentstehung Quadr Ded 9

L**natalicium** Wergeldsrang, Geburtstand Hn 53,1 f. [vgl. natale]

natestohwi, adv, unter keinen Umständen Iud Dei VII 13 A Ci (natetohwig Vt), nullo modo übsnd; hinter na also dopp. Neg.

naðer s. nawðer

L**natio** 1) Rassenangehörigkeit Hn 64,1e 2) Geburtsklasse, -wert Af 4,2 Q

L**nativitatis** pretium Wergeld Af 7,1 Q. Hn 11,1a

L**nativus** höriger Leibeigener eines Guts Leis Wl 30 L, naif übsnd

L**naturae** Geschlechtsglieder von Mann und Frau Hn 82,9a

L**natus**; secundum quod ~ est gemäss seinem Wergeld Hn 59,14; sicut ~ erit 76,1; natalis Quelle: Wer 2 Q

L**naufragium** Strandrecht, Recht des Küstenherrn auf angetriebenes Wrack Hn 10,1

nauht s. nawiht **nauðre** s. nawðer

nawar, ~wer s. nahwær

nawiht 1) nichts; ac: noht geseon ne mæge Af 47,1; nocht Ld; now~ gehereð Abt 39, geänd. ~; his gewitness noht ne forstonde II As 10,1 (geänd. naht H; nawht Ld; nauht So) = ne stande for naht II Cn 37 A B; aht G; ne læfað ~ Iudex 12 [vgl. nanwiht] 2) nicht [?]; þingie on ceapgelde 7 noht on wite II As 21; geänd. naht H; ~ Ld; non etiam Q [doch passt auch 'nichts']

nawðer A) keiner von beiden; fm dt: on ~ðre healfe, m ne vor Verb, II As 23,2 Ld; nauðre Ot; naðre H | nt sbst ac: ne dó naðor: ne ne bycge ne ne hwirfe I Atr 3 B) in ~ ne .. ne 'weder .. noch' zweifelhaft, ob Pron. oder Partikel; no: naðor (fehlt B) ne we faran ne heora nan A Gu 5; naðer ne burste ne að ne ordal I Atr 1,2 (naðor B); naðor ne hy ne we ne underfon II Atr 6,2; nah naðer ne Wilisc ne Ænglisc Duns 6; naðor ne misfare ne corn ne sceaf, mehrere Paare je zweier ne folgen Ger 4 | nt ac: naðer ne geearnian ne deað ne helle IV Eg 1,4; naðor næbbe ne æhta ne borh II Ew 3,2 C) Partikel. 'weder .. noch'; ne unne naðer ne æhta ne lifes IV Eg 1,2; ne murne naðer ne rycum ne heanum to recceanne Iudex 3; naðer ne be norðan ne be suðan VI As 5; ~ (fehlt dems. Texte Ine 20) ne hryme ne horn ne blawe Wi 28; cirican naðer ne gebicgæ ne geþicgæ Northu 2

FL-**nb** für mb: s. membre; -rum

-**nc** 1) für ng: s. ætfon, cyning, healsfang, swinge, þing 2) für cn: s. facn 3) ersetzt durch ng s. d.

-**nd** für -n(n): s. d n. 1a

ne nicht A) einfach, allein für sich negirend, Hl 2.4. Ine 2.4. AGu 3. I Ew 1,4 usw.; bearn ne gebyreð Abt 81 [vgl., sofern nicht nochmalige Negation folgt, nabban, næfre, nænig, næs, nagan, nawiht, nealles, nellan. nis, nytan] B) nochmals tautologisch bei schon vorhandener Negation a) in na, nabban, næfre, nænig, nagan, nahwær, nan, natestohwi, nawiht, nawðer, nis, nytan; s. d. b) bei ne α) ne minne noman ne cig Af El 2 β) bei ne .. ne weder .. noch [s. u. n. CD]; ne ne bycgge ne ne hwyrfe I Atr 3 c) im abhängigen, positiven Satze: forberen (abstineatis übsnd), þæt ge ne weorðien Af El 49,5; na geþafian, þæt derige ne se maga Episc 10 C) als Beginn eines zweiten Satz(glied)es nach verneintem ersten Satz(glied)e: 'noch, oder'; no to brecanne ne to forbeodanne Af El 49; stiopcild ne (nicht) sceððað, ne (*noch*) hie nawer deriað 34; *ähnlich* 40. 47 | nænig ealdormonna ne us undergeþeodra Ine Pro; nalles gegildan ne hlaford 21; nelle from hlaforde ne wife Af El 11; gyldes nan þing, ne wites Duns 4; ne (*auch*) he ne byð Cristen, ne (*noch*) I Cn 22, 6 **D**) *Beginn eines Satz(glied)es, dem verneintes anderes Satz(glied) folgen soll: 'weder', also* ne .. ne *weder .. noch, mit öfter davorstehendem* nawðer[*s.d.*], *das in Textvarianten fehlt;* ne wita ne gostala nære Ine 25, 1; *vor nom. auch* A Gu 5 | næfre þe (*dir*) myntan ne plot ne ploh Beowæð 3; *vor Object auch* II Ew 3, 2. Episc 6 | ne nime ne innan ne ut of scire II Cn 19; *vor Praepos. auch* IV Eg 6, 1 | ne mæge onsecgan ne geandettan [*hier nicht nochmalige Negation des ersten Gliedes*] Af 14; *vor Verb auch* Ine 20. Grið 17 **E**) ne þe ma *ebensowenig; s. S.* 145, *Sp.* 3, *n.* 5 | ne .. buton [*s.d.*] *nur.* — *Ersetzt durch* na: *s. d.*

-ne 1) *statt* -en: *s.* dryhtne Wi 9; unlægne 16. 21 2) *abgekürzt durch* ~ *über vorhergeh. Buchstaben; z. B.* hī *für* hine 3) [*daher*] *vom Abschreiber übersehen; s.* hi[ne] Wi 27; bion[ne] inswa[ne]; þon[ne]

ᴸ**ne**; *dafür* ut ne Excom I 18

ᶠ**I) ne** *nicht* Wl art Fz 3, 1. Leis Wl 21, 1. 28, 2. 30. 39, 2; n' 3, 4; nel [*aus* ne le] *ihn nicht* 3. 22. 30, 1; *es nicht* 10a. 14, 3. 23; nes [*aus* ne les] *sie nicht* 14, 2. 15, 2 | ne [h]un *niemand* 43 | ne *verstärkt durch* mie 21, 3; *durch* pas 38. 21, 5 (*fehlt* Hk) | ne .. que *nur* 5. 5, 1. 19, 1 I | si (se) .. ne *wenn nicht, ausser wenn* 24 I. 39, 2. 48 | e si .. e [*ergänze* si] ne *und wenn* .., *ohne dass* 28, 2 [*vgl.* non] **II**) *s.* ni

nead- *s.* nied-

neadgafol, *ac, Pflichtabgabe* IV Eg 1, 3

neah, *adj, nahe;* ~ on sibbe VI Atr 12 | ***cpa:*** ner *näher, eher rechtlich zustehend* II 9, 4 ‖ ***adv:*** nyr *örtlich näher heran* II Em 7, 1 | fyr swa nyr *ferner wie näher* Rect 2 | ***spl:*** *nächst; praed. m dt:* nihst *eben erst, zuletzt* VIII Atr 43 | nyhst beon *zunächst liegen, stehen* Wif 7. Rect 20, 1; nycst VI As 8, 4 | þær nehst *demnächst* I Cn 2, 1. Grið 1 | *pl:* nyhste beon *zunächst stehen* II Cn 71, 1; nyxste B | *attr. pl:* nyh[s]tan magas II Atr 6; nehstan frynd II Cn 73a ‖ *sbstirt:* niehsta *Nächster,* [*biblisch*]; *gn:* niehstan Af El 9 G; neh- E; nyh- H | *dt:* nehstan 8 Ld | *ac:* nyehstan 13 G; neh- E. 16. — *Der.:* forn~; genyhe

neahgebur (nehebur) *Nachbar, freier Genoss der Dorfgemeinschaft, Bauer desselben Orts; gn:* ~res Ine 40; neh-Ld; nehheb-B | *pl gn:* ~ra II As 9; neh- Ot; nehb- Ld; neheb- VI 8, 7 | *dt:* ~rum IV Eg 7 C (neh-F). 8, 1. 10; neeheburan VI As 8, 8

neahmagon, *pl dt, nahen Verwandten* II Cn 70, 1 B; neh~ A; nehmagum G [*vgl.* niedm-, genyhe]

neahsib *nahe verwandt; fm prd:* ~ I Cn 7; nehs~ Ld | *dt:* on ~bban m̄ Northu 61, 1

neaht *s.* niht

[-nealæcan] *Der.:* gen~

n[e]alles *nicht, keineswegs* [*verneint sbst, ohne dopp. Neg.*]; nalles Ine 16 (nallæs H; nales Ld). 21 (nalæs B). 43, 1; nalæs HB

I) neat 1) *Rind* Af 24 | *ac:* ~ *ebd.* | *pl dt:* be ~tum Ine Rb 58 So; oxan *übr.* 2) *ac:* gielde swelc ~, swelc befealle Af El 22, bos vel asinus, .. pretium iumentorum *übsnd, also wohl weiter: 'Nutzvieh'* [*in* Gregorii Pastor. *übs. Ælfred:* oxa oððe esol; *ed. Sweet p.* 458]. *Synonym: s.* nieten **II**) *s.* geneat. -tland, -tman, -triht

neaten *s.* nieten

neatlande, *dt, Boden der Hintersassen* (*im Ggs. zu* inlande *Domänenflur*) II Eg 1, 1 D Ld; gen~ G A

neawist cyninges *Königs Nähe, Umgebung, Hofstaat; dt:* ~weste V Atr 29 = VI 36. Grið 15 | *ac:* ~te I Em 3; ~wæste B

nebb, *ac, Gesichtsvorsprung, Nase* Af 48 B; *geänd. aus* neb H; neb E; facies sive maxilla Q; maxilla In Cn

ᴸ**necessarius** 1) *nt sbst.:* ~um *Bedürfnis, Bedarfsmittel* Hn com 2; *pl:* 2, 1 2) ~rio-servus *Sklav* Episc 11 Q, niedþeow *übsnd* 3) ~um ius est quod misericordia et mitigacione caret, firmiter institutum, *Glossator zu* Forf 3, 1 Cons Cn; *vielleicht verlesen für* vetustum

ᴸpro **necesse** populi *Notbedarf, Vorteil* I Cn 6a (*auch* Rb *S.* 536) Q, *gebessert* necessitate

nech- *s.* neah- **ned-** *s.* nied-

ᶠ**nef,** *obl, Schiff* Leis Wl 37. 37, 2 (le ~ Io). 37, 3

ᴸ**negare** *sich frei schwören* Ine Rb 41 Q (*im Text* Ine 41 Q: pernegare, oðsacan *übsnd*). Ine 14 In Cn; abneget Q, geswicne hine *übsnd*

ᴸ**negatio** *'Reinigungsbeweis' setzt* Q *für* andsæc VI As 1, 1. II Atr 9, 3; *für* lad I Cn 5, 4

Negation 1) *doppelte* **a)** *im Sinne einfacher s.* ne *n.* B; *daher variirt* nawiht *mit* aht, nan *mit* ænig, næfre *mit* æfre [*s. d.*] **b)** *sich aufhebend:* no þon læsse *'auch'* Iud Dei V 2, 1; 3, nocnon *glossirend* 2) *negirende Praefixe variiren: s.* ægilde, or-, un- ‖ *vor Verben: s.* æt-, mis-, of-, ofer-, on-, oð, un- 3) *verschmolzen mit Verb: s.* nabban, næs, nagan, nis, nellan, nytan

ᴸ**neggligere** *für* negl~ II Cn 55 Cons

negl- *s.* nægl **neh-** *s.* neah-

ᶠ**nel** [*aus* ne le] *s.* il, *prn;* ne

nellan *nicht wollen;* 1: ~le II Em 3 (nylle Ld). Wl Lond 4 | 3: nele Ine 62 (*op?* nelle So; nylle B). I Cn 22, 6. (nyle B). 26, 1. Rect 21, 3; ~le I As 5 | *pl* 1: ~að 3; nelle we Excom VII 5 | 3: nyllað Wi 4; ~að Grið 21, 1; nillað II Cn 55 Ld | ***op*** 3: nille Hl 10; nylle Af El 29 Ld. Af 1, 4. Ine 35, 1. II As 20, 1; 2; 6. II Eg 4, 2. I Atr 4, 3; ~le Af El 11. 29. Ine 8. 74, 1. II Ew 5, 1. I As 4. VI 11. 12, 2. I Em 2. II Eg 3, 1. 4, 3. II Atr 3, 4. V 9, 2. VIII 8. Northu 45. 54, 1. Wl lad 2, 1; nele Hu 4, 1. Wl lad 2, 3; nælle I Cn 8, 2 Ld | *pl* 1: ~ VI As 8, 8 | 3: nillan II Cn 55 A; nyllan II As 11 Ld; ~len Af 19, 1 H. II Em 1, 1; ~ VI As 8, 8. II Atr 6. II Cn 55 | ***ptt*** 3: nolde Af El 21. 23. 49, 6 [op]. Ine 42, 1. 50. EGu Pro 2. VI As 12, 1. IV Eg 8, 1. 10. Duns 3, 1 | *pl* 3: noldon Af El 49, 5. II As 11 — **1**) *m ac, ablehnen, verweigern:* þæt *dies* Hl 10; *das was* V Atr 9, 2 | weg Excom VII 5; ornest Wl lad 2, 1 **2**) [*vor abhängigem Satze*] *nicht wünschen, dass;* nolde (nelle), þæt Af El 49, 6 (I As 5) **3**) *mit Ellipse eines Inf. der Bewegung;* nelle ic [*fortgehn*] from hlaforde Af El 11, non egrediar *übsnd* **4**) *absolut, mit Ellipse des im Vorigen Angeordneten* **a**) *sich weigern* Af 1, 4. II Ew 5, 1. I As 4. II Eg 4, 3. Duns 3, 1 **b**) *es unterlassen* II Atr 6 **5**) *m inf* **a**) *nicht wollen, sich weigern zu* Af El 29. Ine 8. 35, 1. 62. EGu Pro 2. I Em 2. II 1, 1. I Cn 22, 6. Northu 45. Grið 21, 1. Wl lad 2, 3 **b**) *unterlassen zu* Ine 50. I As 3. II

Eg 3, 1 = VIII Atr 8 = I Cn 8, 2. IV Eg 8, 1. 10. II Atr 3, 4. I Cn 26, 1. Northu 54, 1 c) *wünschen, nicht zu; vermeiden wollen zu* Rect 21, 3 **d)** *Hilfszeitwort α) Optativ (Conjunctiv) ersetzend;* hæmed rihtan nyllað Wi 4 = II Cn 55; *nisi* coniugium custodierint In | betynan nolde Af El 21, nec reclusit *übsnd;* healdan nolde 23, non custodivit *übsnd* | gesomnian nellen Af 19, 1 H *für* gesamnien *der übr., um Potential zu verdeutlichen* | seþe þis forsitte 7 geforðian nylle I Atr 4, 3 = non fecerit nec curam adhibeat IV As 7 *β) Futur ersetzend;* cuman noldon (*werden*) II As 11 | hyran nelle 7 embe beon VI 11; non pareat et procurabit Q | gelæstan nelle VIII Atr 10, 1 *aus* II Eg 4, 1 gelæst næbbe | ic nelle geþolian Wl Lond 4 *γ) Imperativ 3. Person ersetzend;* nele mon geþafian Hu 4, 1, non indulgeatur Cons. — *Für* ne willan H: Af 42, 3; 4. Ine 75 (*auch* B). [*Nirgends mit dopp. Neg.*]

nemne him mon V men, *op* 3, *ernenne das Gericht ihm* 5 *Männer (als Eideshelfer-Candidaten, unter denen Schwörender eine bestimmte Zahl zum Miteide sich gewinne)* II As 9. [*dreimal*] Northu 51 ff. [*Vgl.* ceose, cyre(að), eligere *n.* 2, electio, namian, nominare, nūm, numer; *Ggs.:* eligere *n.* 1, niman *n.* 11]

^L^**nemo** presbiter [*statt* nullus] II Cn 54, 1 Cons ^F^**nen** *s.* nun

nenes, nenne *s.* nan

^F^**nent;** ne pot ~ nier *keineswegs, durchaus nicht* Wl art Fz 6, negari non potest *übsnd*

neod *s.* nied

hy **neodfulle** beon ymbe gerihta *sie seien aufmerksam, eifrig, bedacht auf* Cn 1020, 8

[-neodian] *Der.:* gen~

[-neoðan] *Der.:* ben~ **ner** *s.* neah

nerian; Godes þeowas friðian 7 ~ *Geistliche in Frieden schirmen und (unt)erhalten* Had 1, 1; ~ion O; *dafür* griðian H

^L^**Nero** imperator Excom III 2. V 6. XI 8

^F^**nes** [*aus* ne les] *s.* il, *prn;* ne

^L^**nescire**, *m inf, nicht (= keinen Ausweg) ersinnen können;* ~imus credere alii rei V As Pro 3 Q, nytan to getruwianne *übsnd* | ~iat, quis *niemanden kennt, der* II 7 Q, nyte, hwa *übsnd*

neten *s.* nieten

[-neðan] *Der.:* gen~

^L^**Neustria**, modo Normannia *Normandie* Lond ECf *S.* 671[48]

Neutrum 1) *auf Substantiva verschiedenen (natürlichen oder grammatischen) Geschlechts bezogen stehen Pronomina, Zahlwörter etc. im ~:* butwu (*Mann und Frau*) .. scyldigo Wi 12. Northu 65 | swa wið cyningc, eorl, hundred, swa wið ælc þæra II Cn 15, 1 2) *auf zwei Masculina bezogen steht* [*nicht* begen, *sondern*] bu: ord 7 sceaft, gif hie sien bu Af 36, 2 | mare (plus Q), *wo 'mehrere' masc. gemeint* 5 **3)** *neutrales sg. pron. hinweisend auf Praedikat von anderem Numerus oder Genus:* þis sind þa domas Af El 11 | *auf fem.:* hit bið þiefð Ine 73 | *vor fem. Apposition:* gyf hit binnan byrig gedon bið, seo friðbræc II Atr 6 **4)** *vgl.* Personalprn. *n.* 6; Genus

^F^**nez**, *ptt pc, geboren* Leis Wl 11. 30, 1

-ng- 1) *für* gg: *s.* bycgan, forliegan **2)** *für* gn: *s.* þegen(scipe) **3)** *für* nc: *s.* lencten-, þyncean, geþyncðo **4)** *für* nn: *s.* geunnan [*vgl.* cyngban (*Kinnbein*) *Thorpe* Anal. p. 113, *l.* 4 *v. u.*] **5)** *dafür* gg: *s. d.*

-ngc 1) *für* nc: *s.* lencten-, þyncean **2)** *für* ng: *s.* cyning

^F^**[ni];** ne *noch (nach vorhergehender Verneinung) neben* ne *beim Verbum* Leis Wl 10a. 21, 1a. 47, 3 | ne .. ne *weder .. noch* 28, 2 | [*am Satzbeginn*] *und nicht* 47, 3; ne nuls *und keiner* 48, 1

^L^**nichil** *für* nihil Af 8, 1 Q *und oft*

Nicholaes, *gn, Nikolaus, Bischofs von Myra* Excom VII 2 | *Lat. voc.:* ~lae Iud Dei XVI 30, 8

^FL^**Nicole-** *s.* Lincoln-

n[ie]d *Not* 1) *Notwendigkeit;* neod on handa stande Hu 2 | (us) is neod *es ist nötig* V Atr 26, 1 = VI 32, 3; þearf D (Cn 1020, 6); *vor* to donne VI Atr 42; *vor* þæt (*dass*) Ger 8 | *dt:* for neode *unvermeidlich* A Gu 5 (*dafür* gyf þæt geneodige B 2). Northu 56 **2)** for neode *unter Zwang* II Cn 68, 2 **3)** for þare neode *unter dieser Unglückslage, Schwierigkeit* VII a Atr 6, 2 **4)** *Bedarf, Erfordernis, Nutzen;* for folces (gemænelicre) neode I Cn 4, 3 (VI Atr 32, 3 = II Cn 10); to hlafordes neode Rect 6, 3 = Ger 6 | *ac:* ymbe ælce neode, þe man beþearf I Cn 22, 3 | *pl dt:* to godcundan (æt mistlicon) neodan VI Atr 51 (Geþyncðo 3) — *Ersetzt durch* þearf *s. o. Geschwunden in Compos. s.* niedþeowige. *Der.:* hæftnyd, metenead, woroldn~ [*vgl.* niede, niedes].

niedan *nötigen; op* 3: nyde to weorce *zwinge zu Fronarbeit* E Gu 7, 2 = II Cn 45, 3; wif to þam (*Ehemanne*) 74; nime *nehme für* A | *ptt pc:* genied Af 1, 1; genyd H | *ipa:* ~de *bedränge* Af El 35, urgeas *übsnd;* nyd H. — *Der.:* gen~, togen~

buton he **nieddæda** wære *ausser wenn er unter Zwang (Misse)täter war* [*vielleicht ein weiterer Begriff als 'in Notwehr', einschliessend den Fall, dass der Hauswirt Totschläger am Einbrecher wurde, indem er, selbst nicht am Leben bedroht, ihn pflichtgemäss zu fesseln versuchte*] Af El 25; nyddæde H [*vgl.* niedes, niedwyrhta]

n[i]ede, *adv. (instr.); nede gewaltsam* Abt 82 | nede *gezwungen* Duns 3, 1 | nide *im Notfall, wenn die Not drängt* Northu 56

n[i]edes, *adv. (gn);* nedes *aus Not(wehr?)* Af El 13; nydes G; neades H [*vgl.* nieddæda]

n[ie]dgafol *Pflichtabgabe* [*wozu Zehnt gehört*]; *gn:* neadgafoles IV Eg 1

niedhæmed *Notzucht; dt:* ~de Af Rb 25; nyd- H; ~mde G. 26 G; ned- E Ot; nydhæmede H; nedhæmde Af 25 (-meðe So; nydhæmede HB; nydhemede B Insc). 25, 1; nydhæmede HB

n[ie]dhæs *Zwangsgeheiss; dt:* neadhæse Wi 1, 1

niedling, *ac, Sklaven* Af El 35; nyd~ H

n[ie]dmage; *fm dt:* nydmagan *einer Blutsverwandten* VI Atr 12 = nedmagon I Cn 7; -gan A [*vgl.* gen~, neahm-]

I) niednæme don, *ac, gewaltsame Wegnahme verüben* Ine 10; nyd~ HB

II) n[ie]dnæme, *op* 3, *gewaltsam (durch Raubehe zur Frau) nehme;* nydn~ VI Atr 39 (vi obprimat L). II Cn 52. 52, 1; violenter opprimat 52, 1 Q; vi *rapere* In; cum invita concumbit Cons; nyden~ Ld | **nydnumen** [*ptt pc von* n(ie)dniman] II Cn 73, 2; neadn-B; vi rapta Cons. *Jene Lateiner verstehen 'Notzucht'; allein in* per vim capiat (52 Q) *und* per vim capiatur (73, 2 Q; coacta illum accipere In) *erscheint die Absicht der Ehe*

n[ie]driht *notwendige Gebühr, was*

(*von Seiten der Gutsherrschaft dem Leibeigenen*) *mindestens zusteht; dt:* nydrihte Rect 9, 1

I) **n[ie]dþearf** 1) mycel nyd~ is gehwilcum, þæt he *Pflichtschuld liegt jedem ob, zu* Grið 29 2) *dt:* for nydþearfe *aus Notwendigkeitszwang* I Cn 15 B; neod-G

II) þe eow **niedþearf** wæs to healdanne *was euch nötig wäre zu halten* Af El 49, 5 G (ned~ E; nyd~ H), necessarium *übsnd*

n[ie]dþeow(a) I) *Sklav; pl:* þa nydþeowan Episc 11. 14 | *dt:* nydþeowum (-wan) 13 (10); necessario-(testamentalis) servus Q II) *unfrei; ac:* nedþeowne *hörigen* (*Walliser*) Ine 23, 3 Ld; þeowne *übr.*

n[ie]dþeowige, *op* 3; cirican nyd~ *verknechte eine Kirche, erniedrige in weltliche Dienstpflicht* Northu 21, *aus* þeowige VI Atr 15

n[ie]dwyrhta *Verüber* (*einer Missetat nur*) *unter Zwang;* nydw~ VI Atr 52, 1 = II Cn 68, 2 [*vgl.* nieddæda]

niehsta *s.* neah

F**nier** *etw.* (*ab*)*leugnen* Wl art Fz 6, negare *übsnd*

nieten *Vieh; gn:* nytenes, *neben Rind auch Pferd, Schaf, Geiss* Duns 7 Ld Rb | *dt:* ~ne Af El 31 G (net-E; nyt-H), iumento *übsnd* | *pl gn:* ~na Af Rb 24 (nyt-BH [y *auf Rasur*]; neat-So), *für* neat *in Alfreds Text, 'Rind' meinend. — Der.:* weorcn~

nige *s.* niwe

nigefaran, *pl ac, neue Ankömmlinge* Rect 2; *unverstanden:* novam faram Q

nigon *neun* I) *sbst ac:* þa nigene VI As 3 | *m gn:* ~ fota Pax; ~ nihta grið Grið 4 II) *adj:* ~ scill. Af B: 60. 64, 2; nygon fet Ordal 1a | *gn:* þara ~ dæla $^{9}/_{10}$ I As 3; nygon Ld | *dt:* of þam ~ dælum I Cn 11, 1; nigan II Eg 2, 1; nygan Ld; binnon ~ nihton Northu 10 | *ac:* ofer nigan niht 10, 1

nigongylde, *adv, neunfach* Grið 7; IXgylde Abt 1. 4

[nigontig] *Der.:* hundn~

nigoða *neunte, adj;* þam ~an dæle II Eg 2, 1 D (nigon, $^{9}/_{10}$, *richtig übr.*). 3, 1 D (nyg-A; nigeðan G) = VIII Atr 8 = I Cn 8, 2 | *instr:* þy niguðan gebanne Wi Pro

nigoðe *neuntens* VI As 9

niht *Nacht;* neaht Hl 10 | ***gn:*** anre ~te Ine 73 B Insc; anra ~tæ Ine Rb 73 G; ~tes EH [*vgl.* -*adv.*] | ***dt*** [*der Zeit*]: þære nyhte Ordal 4 | ***ac:*** ~ Ine 72. 73. ECf 23, 1; *Var.:* nicht, nihct, nyght, nych, nicte, nihcte | ***pl:*** ~ II As 23, 1. II Eg 2, 3 = VIII Atr 12 | ***gn:*** ~ta Abt 22. Af 1, 2. Ine 2. 56. II As 1, 3. 6, 1; binnon XXX ~ta II Cn 39, 1 = 41, 2 B (~ton GA). Rect 14. Grið 4. 5 | ***dt:*** ~tum Hl 10. Af 5. Ine 8 H (~ton E; nyh-Bu; [*ac*] ~ B). II As 20. 23. VI 8, 8. IV Eg 8, 1; ~ton VI As 8, 7. II Em 7, 3 (= ~tan Wer 4, 1. 6). I Cn 17 (*ac:* ~ BA). II 39, 1. 41, 2 (*gn:* ~ta B). Duns 1, 1. Northu 10. 10, 1; ~tan VI As 8, 6. Wer 4, 1. 6; nih' II Em 7, 3 B | ***ac:*** ~ Hl 10. 15. Af El 17 (nyht H). Ine 8 B. 55. EGu 10. II As 13. II Em 7, 3. IV Eg 9. III Atr 9. V 11, 1 (= VI 16). 18 (= VI 25). I Cn 8, 1. 16, 1. II 28. Duns 2. Northu 10, 1. ECf 23, 1; *Var.:* nicht, nith, nyght, nych, nihte, nicte, nihcte, nicthe, nihicte. — 1) *Nacht im Ggs. zum Tage* [*vgl.* nihtes]; þære nyhte *in der diesem Tage vorhergehenden Nacht* Ordal 4 [*vgl.* Sunnann~] | ymb ~ *noch zur Nacht, vor Abend* Ine 72 2) *Zeitraum von 24 Stunden, ein Tag;* ~ eald þyfð Ine 73 | libbe 2 ~ Af El 17, *Ggs. zu* idæges, *den ersten 24 Stunden* 3) *Datumbezeichnung* a) 7 ~ ofer Twelftan I Cn 16, 1; --æfter emnihtes dæge Rect 14; b) *s.* Twelf c) 14 ~ ofer gangdagas II As 13; --- eastran Ine 55; *gleichbedeutend:* 15 ~ II Eg 2, 3 = V Atr 11, 1 = VI 16 = VIII 12. VI 17 = I Cn 8, 1. 17. V Atr 18 = VI 25 4) *Fristbezeichnung* a) 3 ~: *vor Ordal* II As 23; *nachher* 23, 1; *nach Verstümmelung* EGu 10; *bei Verlust von Fahrhabe* VI 8, 7 f.; *bei Viehschlachten* III Atr 9; *Asylfrist* IV As 6, 2a; *Gastrecht* Hl 15. I Cn 28 [= Leis Wl 48]. ECf 18, 3. 23, 1 [*vgl.* trinoctium]; semend gesecen Hl 10 b) ær 5 ~tum *Anmeldung von Vieherwerb* IV Eg 8, 1; ofer 5 ~ 9 c) an 7 nihtum: *Rechtserfüllung* Hl 10. Ine 8; *Ladung zu Gericht* II As 20; *Asylfrist* Af 5. Grið 5; *Milch nach Kalben* Rect 13; *auch* XIIII niht d) ymb 9 ~ *Rechtserfüllung* Duns 2; *Gerichtsfrist* 1, 1; *Asylfrist* IV As 6, 1. Grið 4; *Tauffrist* Northu 10 f. e) on 21 ~ton *Zahlungsraten beim Wergeld* II Em 7, 3 = Wer 4, 1. 6 f) binnon 30 ~ton *nach Todesfall* VI As 8, 6; *Tauffrist* Ine 2; *Protest wegen Fehls beim Viehkauf* 56; *Beginn der Busse nach Missetat* II Cn 39, 1. 41, 2 g) in 40 ~ta ealne *leod zahlen* Abt 22; on carcerne Af 1, 2. II As 1, 3 h) 120 ~ta on carcerne 6, 1. — *Der.:* efenn~, Sunnann~

nihtes, *adv gn* [*vgl.* niht], *nachts* Af El 25 | dæges 7 ~ *stets bei Tag u. Nacht* VI Atr 41. I Cn 6a. 25. Northu 38

[niht]feorma, *pl gn, Anrechte auf je 1 Tag Beköstigung* As Alm 1; feorma Ld; de ~firmis Q

nille *s.* nellan

niman *nehmen* VI As 11. VIII Atr 43 | 3: nimð VI 5, 2 | *pl* 1: nime we II Cn 68 | 3: nymað Iudex 13 | ***op*** 3: nime Ine 42, 1. 49, 3. 57. II Ew 3, 1. II As 7. 17. V 1, 3. III Eg 7, 1. I Atr 1, 8. III 7, 1. VIII 20. I Cn 5, 1. II 19. 30, 7. 48. Northu 35. 51. 59 | *pl* 3: nimen Af 34. II As Ot Ld 20, 1; 4; nimon H; ~ II Ew 3. 3, 1. VI As 1, 1. 3. 12, 2. II Eg 3, 1. III Atr 3, 2. VIII 8. I Cn 8, 2. II 25a | ***ptt*** 1: nam Cn 1020, 3 | *pl* 3: namon VI As 1, 4 | *op* 3: name Af El 28. II Atr 4 | ***pc:*** genumen VI As 2. Duns 3. Mirce 3, 1 Ld — 1) [*eigentl.*] *nehmen;* nime upp his mæg *hebe herauf* [*Leiche aus dem Grabe*] III Atr 7, 1 2) *erhalten;* nime (*die Frau vom Ehegut*) hire $^{1}/_{3}$ sceatt Ine 57 | *einnehmen* VI As 3 | lean *empfangen* II Cn 68; *lese* we A 3) *annehmen:* medsceat æt (*vom*) þeofe II As 17. V 1, 3 4) (*er*)*greifen, festnehmen: Vieh* Ine 42, 1 | þa tihtbysian III Atr 3, 2 5) *mitführen:* men mid him Af 34 | hine ut æt ordale (*den Verbrecher*) *vom Ordal fort* VI As 1, 4 6) *entwenden* 2 | *rauben:* hit here name Af El 28, captum ab hostibus *übsnd* 7) *Abgabe nehmen:* æfesne Ine 49, 3; gerefan nymað ælcwiht Iudex 13; *Zehnten* to (*fürs*) mynstre II Eg 3, 1 = VIII Atr 8 = I Cn 8, 2 8) *Pfand nehmen:* inborh on (*an, von*) his æhtan II Ew 3; bad on orfe Duns 3; nime næme II Cn 19; wedd æt *Versprechen von* VI As 11 9) *im Rechtsvollzug nehmen:* ceapgyld of (*vom*) yrfe 1, 1; eall þæt he (*Verbrecher*) age II 20, 1; 4 = III Eg 7, 1 = II Cn 25a; oxan æt (*von*) þam men Northu 59; hit ariht name II Atr 4 | to þissum *hinzugenommen* Mirce 3, 1 Ld 10) *zur Ehe nehmen* a) *für sich:* oðere VI Atr 5, 2; cwenan Northu 35

b) *als verlobender Vormund:* nime wif to þam *Ehemanne* II Cn 74 A; nyde *zwinge* GB **11)** *zu Eidhelfern wählen:* him 2 (5) þegnas I Atr 1, 2 (- - - to = *hinzu, ausser dem Hauptschwörer* II Cn 30, 1. I Atr 1, 8 = II Cn 30, 7) | *ohne* him: VIII Atr 20. 20, 1 = I Cn 5, 1; 1a. II 30, 3a. 44, 1. 48 | *im Ggs. zu* nemne [*s. d.*] man him (*Gericht ernenne dem Schwörer Eidhelfer*) Northu 51 **12)** ~ on borh *unter Verbürgung nehmen, in Bürgschaft treten für* II Ew 3. 3, 1. II As 7. VI 12, 2 **13)** ~ us to bisnan *uns zum Beispiel nehmen* VIII Atr 43 | leafe, þæt *Erlaubnis nehmen, dass* II Cn 19, 2 | ic nam me to gemynde *nahm zu Herzen, rief in Erinnerung* Cn 1020, 3. — *Der.:* ben~, gen~, niedn~, onn~, utn~

^L^**nimium** *sehr* VI Atr 3a L, swiðe *übsnd*

nimðe, *m op, wenn nicht* Grið 15

^L^**Ninivitae** *Bewohner Ninives* Hn 5, 20 [*aus Augustin*]

nis on life [*aus* ne is] *ist nicht, niemand existirt* Becwæð 3, 1; nys nanwiht [*also dopp. Neg.*] *es gibt nichts* Iudex 4

nitan *s.* nytan

n[i]ðeran, *cpa ac;* þone nyð~ *den unteren, im Beischlaf unten liegenden* [*die Frau* (*vgl.* mann *n.* 8), *im Ggs. zu* uferan, *dem Beischläfer*] EGu 4

niðinges dæd [*Nordisch*], *gn, eines Ehrlosen Tat* Wal; *unübs.* Q

[-niðrian] *Der.:* gen~

^L^**Nivella** *Nivelles, im südl. Brabant* IV Atr 2, 7 Q

niwan, *adv, neuerdings* Ine 48

ni[w]e **I)** *adj, neu;* aldes 7 nives gecyðnisses *Alten und Neuen Testaments* Iud Dei V 2, 1 **II)** *adv:* **nige** cealfod *vor kurzem, neulich gekalbt* Rect 13. — *Der.:* nigefara

[-niwian] *Der.:* gen~

nn 1) *für* n: *s.* cyning, dædbana, eornostlice, Iorene, freonne (*von* freo), georne, inhiwan, mæsten, manian, manigfeald, gemunan, nan, tofarene, þonne (*ac von* se), ætwenian, gewunian **2)** *dafür* n, ng: *s. d.*

^L^**nn** *für* mn: *s.* scamnum

^L^**Noa** *Noah* [*aus Genesis*] Iud Dei I 20. Excom VI 14

^L^plene **nobilis** est twelfhyndus Af Rb 31 Q = Wer 1 Q = Hn 76, 4a | II Cn 31, 1a Q, þegn *übsnd*

^L^**nocere,** *m ac, jem. schädigen* Q Rb *zu* Af El 34, *S.* 539. Duns 6, 2 Q

^L^**noffo,** *abl, Sarg* Hn 83, 5 [*aus Lex Salica*]

noht *s.* nawiht **nolde** *s.* nellan

noma *s.* nama

Nomen *s. Accusativ, Adjectiv, Dativ, Declination, Genetiv, Genus, Instrumental, Neutrum, Nominativ, Numerus, Obliquus, Plural, Wortbildung*

^F^**nom(er)** *s.* num(er)

^L^**nominabilis** *nennbar, mit Namen anzugeben* Hn 5, 18a [*aus Augustin's* nominatio]

^L^**nominare 1)** *Eideshelfer ernennen für den Schwörensollenden* (*im Ggs. zu eligere wählen durch ihn*) II As 9 Q, nemnan *übsnd;* Leis Wl 15 L, numer *übsnd;* Hn 31, 8; 8a. 66, 6b. *Glossator zu* Cons II Cn 8, 2 [*aus* Leis Wl 15?] **2)** *dem Gegenstande nach speciell bezeichnen* (*eine Verklagung dem Verklagten*) Hn 29, 3; 3a. 46, 1. 50, 1; 2; 3. 53, 1a

^L^**nominatim** *mit Bezeichnung des Klagegegenstands* Hn 50, 1

^L^**nominatio** *Ernennung von Eideshelfern für den Schwörensollenden durchs Gericht* Hn 31, 8 | sacramentum sine electione vel ~one id est unceases að, *das Gegenteil von* cyreað *missverstehend statt 'Urfehde-Eid'* Ine 35 Q

Nominativ *statt Obliquus* **1)** sio hond tiemð, sio [*bei welcher, statt dt des Relativs*] hine mon ætbefehð Ine 75 | butan se gifan wille, se (*übr.* þe) hit togebyrige II As 21 Ot | hæbbe rim manna, ænne mid in aðe, æghwilc(!) man [*od. ergänze 'sei'?*] Hl 5 **2)** ~ *hinter* þæt is (*nämlich*) *im Sinne des ac:* þæt weorð sie, þæt is **se** weotuma, agife he þone Af El 12 **3)** *als Vocativ?* man mannan manswara hateð Hl 11 **4)** ~ *als Satzbeginn, Stichwort voraussendend, obwohl Construction Accusativ erfordert;* se mon seþe oft betygen wære, *wenn man ihn* synnigne gefó Ine 37 | ***Fz.:*** li naifs, . . nuls nel retenget Leis Wl 30, 1 **5)** *ausgedrückt durch Accusativ* [*s. d., wo aber* þriddan *viell. nur später nom.*], *Dativ s. d.*

^F^**non** *s.* num, nun

fram **none** [*dt*] oð lyhtinge *von Mittagszeit bis Morgenrot* Cn 1020, 8. I Cn 14, 2

nontide, *dt, Mittagszeit* II Eg 5

Nordische *Lehnwörter:* bonda, botleas, -cop, corsnæd, cost, cirirenan, crafian, drinceleau, eorl *Graf*, felagus, formæle, forword, friðmal, greyhound, grið, heimelborh, here *Staat*, hergripa, hired, hold, hranhund, husbonda, husting, lagu (*u. Ableit.*), landcop, land(es)mann (?), lanlegeran (?), liesing, mal, marc, nam, niðing, Norðrigena, ora, ornest, radstæfn, sac(leas), sæte, sammæle, sceið, sciftan, sehtan, -slit, socn, tac, tacan, þræl, þrinne, þriðing, unrad, utlag(-), wælreaf, wæpentac, (waller)wente, wicing, witword, wrang

^L^**Nori** *Norweger;* Nororum rex I Cn Insc Cons (*Var.:* Norr-), Norðrigena *übsnd; s. d.*

^F^**Normans,** *pl ac, Engländer vom Normannenstamm* (*im Ggs. zu* Engleis: *von Angelsachsenstamm*) Wl art Fz 1, Normannos *übsnd*

^L^**Normanni** 1) *Normannen der Normandie;* genealogia ducum ~norum E Cf retr, Ap *S.* 672 c. 45 | ~norum comes (dux *retr*) Rodbertus *Vater Wilhelms d. Erob.* E Cf 34, 2e. 35, 2; *daraus* Lond E Cf 13, 1A | Willelmus [*d. Eroberer*] dux ~norum E Cf 35, 2. Wl art Lond retr Insc | *Heinrich I.* dux ~norum Quadr Arg 16 | ~norum pugnae [*bes. Schl. bei Tinchebray* 1106] 18 **2)** *Engländer Normannischer Abkunft* Wl art 1. Lond E Cf 32 D 6 [*die Quelle, Galfrid Monmut., hatte* Romani]; *synonym mit* Francigena *auf Englischem Boden, nur Abkunft, nicht Staatsangehörigkeit bezeichnend* Hn 91, 1

^L^**Normannia** *Normandie* IV Atr 2, 6 Q. E Cf 11, 2; barones de ~ 34; b-~iæ retr | Willelmus dux ~iæ E Cf retr Pro[9] | lex ~iae [*Franco-*]*normannisches Recht* Wl lad 1, 1 Q, Norðmandisce lagu *übsnd* [*vgl.* Neustria]

^L^**Norreganorum** (*Norweger*) rex *heisst Knut* Cn 1027 Insc, *Var.* ~giae [*vgl.* Norðrigena, Norwegia]

Norri *s.* Nori

norð *inne im Nord*[*humbrischen Lande*], *im Ggs. zu* east inne (*Ostanglien*) *und* herinne (*d. i. Ælfreds südl. und west-mittel-England*), II Ew 5, 2; ~ intus Q

Northamtunescire *Grafschaft Northampton* E Cf 30; *Var.:* Northant~, Norha~, Norhamtons~, Norhamtuns~, Norhamptones~

be **norðan** I) *adv; im Norden, nördlich* V Atr 32, 4 D **II**) *prp m dt; nördlich;* ne - ~ mearce ne be suðan VI As 5. 8, 4

Norðengla [*pl gn*] lage [*dt*] *Recht der Nordengländer* [*synonym mit* Denalagu], *im Ggs. zu* Suðengla *und* Cantwara lagu, Grið 13. 13, 2

Norðfolc *Grafschaft Norfolk* ECf 33; *Var.:* Nortfolca, Norffolkia, Norfulo, Norfolc

Norðhymbra, *pl gn, der Northumbrer;* ~þreosta lagu Northu Inso; ~lage *Northumbrer-Recht* Nor grið Z. 1

L**norðintus** [*hybrid*] II Ew 5, 2 Q, norð inne *übsnd*

Norðleoda, *pl gn, Nordleute* = *Anglo-Skandinaven in Nordengland* Norðleod Insc. 1. [*Vgl. Chadwick* Anglo-S. instit. 77: not Northumbrians, more likely Scandinavians, equivalent to 'Norðmenn']

æfter **Norðmandiscere** lage, *fm dt, nach Franco-normannischem Recht* Wl lad 1, 1; lex Normanniae Q

Norðrigena [*pl gn*] cyning *Norweger-König Knut* I Cn Insc A. Pro Ld | *Lat:* **Norwegarum** Q (-gor-, -wiganor- *Var.*); Norwagenorum In (*auch S.* 612 *Sp.* 2); Nor(r)orum Cons; Norreganorum Cn 1027 Insc; *Var.:* -giae; -rwegiae Lond ECf 13, 1 A | **Norwegienses** Norwigenses ECf *retr* 27, 1[20]. Lond ECf 32 C 7. E 2-6 (*Var.:* -weye-); -wenses ECf 27, 1. 33, 1; *retr* 34 (*Var.:* -wage-, -wege-, Norvegie-, Norvege-, Nordwagie-, Norgue-, -wicc-); Norwici *Lond* ECf 13, 1 A; Norwyci, Norici *S.* 671[6. 8. 48]. — **1**) *Norweger Norwegens* I Cn Insc. Lond ECf 32 C 7. E 2 ff **2**) [*weiter*] *Nordleute Skandinaviens* E Cf *retr* 34 **3**) *Norweger in England neben* Dani ECf 27, 1. Lond ECf 13, 1 A | Lex **Noricorum** et Danorum *für* Denalagu *Londoner Interpol. des Rubr. II zu* ECf 33, *S.* 671[48] **4**) [*weiter*] *Nordleute* (*Dänen und Norweger*) *in England* E Cf 33, 1. Lond ECf 32 E 3-6 [*vgl.:*]

L**Norwegia** *Norwegen* Lond ECf 11, 1 A 3; *früher* Scancia (*Var.:* Norweya, Norweia) 32 E—E 3 | *Heimat aller Normannen, also 'Nordland, Skandinavien'* ECf 34 | Olavus [*der Heilige*] rex ~ae Lond ECf 13, 1 A; Cnudus [*der Gr.*] ~iae *princeps* Quadr Arg 2 [*vgl.* Norðrigena]

L**Norwicensis** episcopus, Herbertus *von Norwich* Quadr II 6

F**nos** ancestres, *pl, unsere* (*Rechts-*) *Vorgänger* Wl art Fz 8, 1, antecessores nostri *übsnd*

nosu *s.* nasu

[-note] *Der.:* æn~

[-noð] *Der.:* Æðeln~, Brihtn~

hadnote **notian** *Priesteramt ausüben* Geþyncðo 7 H

Notingehamscire *Grafschaft Nottingham* ECf 30; *Var.:* ~ngh~ | [***Nottingham***] *eine der* Fif burga; *s. d.*

L extra sui **notitiam** *ausserhalb seines Vorauswissens* (*vorheriger Absicht*) IV Eg 8 L, unmyndlunge *übsnd*

not[u]; *dt:* to note *zu Nutzen* (*sein*) Ger 4. 18, 1. *Der.:* hadn~, sundorn~

L**novellus** grex *Jungvieh* I Cn 8, 1 Q, geoguð *übsnd*

L**novitare** *neuern, neu einrichten, erfinden* Quadr Arg 11

F**noun** *s.* I) num **II**) nun

F**[nourrit-]** *s.* nureture

F**nous** *wir* Leis Wl 41. 45, 2 | *obl dt:* nus *uns* 46

nowiht *s.* nawiht

L**nox** *Tagesspanne* ECf 18, 3 [*vgl.* trinoctium]. IV As 6, 1 f., niht *übsnd*

nu *jetzt, nun* **1**) *gegenwärtig* Af El 49, 2. Af 9, 2. VIIa Atr 6, 2 | her nu *hienieden* VI 52 | *betont praesent. Sinn des Praesens, im Ggs. zum folg. Praesens, das durch* eft *futur. Sinn erhält* Iudex 5 **2**) *nunmehr*, nunc (modo) *übsnd*, Iud Dei VII 23 (IV 3, 5) | *eben* (*gerade*) *jetzt* Rect 5, 4 = Ger 17 **3**) *soeben* IV Eg 1, 4; nu þa (*fehlt* A) II Cn 83 **4**) *also, demgemäss* [*zur stilist. Fortsetzung*] I As 5. Cn 1020, 4

F ultre 3 **nuis**, *pl obl, über* 3 *Nächte* Leis Wl 48 [*aus* II Cn 28; *vgl.* niht]

F**nul** **A**) *subst* **1**) *no:* nuls de ceals *irgend einer derer* Wl art Fz 3, 1 **2**) *mit* ne: *keiner, niemand; no:* nuls Leis Wl 30, 1. 48. 48, 1; nul Wl art Fz 9. Leis Wl 45. 46 B) *adj* **1**) *irgend ein; no:* ~ parent n' (*oder*) ami 47, 2 | *nach vorher. Negation; obl:* pur ~ relais 32; pur ~ forfet Wl art Fz 10 **2**) *mit* ne: *kein; no:* nuls hume *ebd.;* nul 5 | *ac:* ~ warant Leis Wl 45, 1 ‖ *fm no:* nule chose Wl art Fz 5 | *ac:* nule tricherie 8 a

F**nullui**, *no, niemand* Leis Wl 32; nului Im

F**num**, *obl;* humes leals per ~ *Eideshelfer bei Namen, ernannte* Leis Wl 14, 1; noun Im; non Io [*synonym mit* numez 15]

[-numa] *Der.:* ierfen~

F**numer** **1**) *nennen, angeben, nachweisen:* guarant Leis Wl 21; nomer I | *fut* 3: ~rad borh e testimonies 21, 1; nom- I **2**) *ernennen* (*durchs Gericht*); *ptt pc ac:* serment nomed 14, 1 I; numé Hk | *pl ac:* humes (*Eidhelfer*) ~ez 14, 3. 15. 15, 1; nomez 15 I; només I: 14, 3. 15, 1 [*vgl.* num, nemnan, nominare, -atio]

Numerus **1**) *Singular* **a**) *des Verbs für zu erwartenden Plural:* mæge XXX swina [*'Herde', Ein Collectiv*] gestandan Ine 44 | sitte wif 7 þa cild II Cn 72 | ælc þæra þinga, þe bið Episc 7; ælc þara, þe beo (wille) *jeder derer die sind* (*wollen*) V As 1, 1 (E Gu 6, 6); ænig þara þe hergie II Atr 1, 2 | *bei* sceal ~ *s.* soulan III; *Formen confundirt s. Conjugation* **b**) *des Pron.* *α*) *als Subject vor plur. Verb:* þæt syndon II Eg 1 *β*) *vor Zahlsbst.:* oðer LX scil. Ine 6, 2 **c**) *des subst. plur. Sinnes s.* cild, orf | *lat:* sapientia Witan **2**) *Plural* **a**) *nach Collectiv: vgl.* folo; mon beode þære mægðe, þæt hi finden II As 2; gif mægð wyrnen 7 forstande V I8, 2; ælc ceapscip hæbbe, þe cuman II Atr 2; þeod, þe beoð AGu Pro **b**) *nach indef.: s.* hwa, man **c**) *s. Pluralis maiestatis; Pluralia singul. Sinnes* **3**) *Sing. im distribut. Sinne bezogen auf Plural:* ealle beon gearwe mid (*jeder mit seinem*) wife 7 ærfe V As Pro 1 **4**) *pluraler Stammnamen im* 12. *Jh. vielleicht declinirt als sing. Landnamen s.* Eastengle, Westseaxe

F***Numerus:*** *plurales Verb nach sing. Collectiv: s.* aveir *Vieh*

L**nummus** *Denar* Forf 1 Cons Cn, pening *übsnd*

F**nun** *nicht;* non Leis Wl 2, 3 I; nen [*vgl.* ne] Hk | si (se) nun *mit vor. Negation* [*sie einschränkend*], *ausser, nur* Wl art Fz 5. Leis Wl 14, 3; noun I; non Io; noun 29; non Io [*vgl.* si 3 a]

L in **nuncium** regis ire *auf Königsbotschaft, als Ordonnanz* Hn 79, 2

nunne *Nonne; gn:* ~nan Af Rb 8; ~na (!) hæmed *Nonnenunzucht* I Em 4 Ld Rb | *dt:* gehalgodre (gehadodre) ~nan VI Atr 12, 1 = I Cn 7, 1 (Cn 1020, 16) | *ac:* ~nan Af 8. 18. I Em 4. VI Atr 39. Northu 63 ‖ *pl:* ~nan V Atr 4, 1 = VI 2, 2 = I Cn 6 a | *gn:* ~ena Af Rb 18 |

Lat: ~na Hn 73, 6a. Q: Af Rb S. 18. I Em 4, *S.* 185*. I Cn 6a; *auch* In. — *Hs.-Classe* H B *setzt* ~ *für Aelfreds weibl.* munuc Af 8 E

[F]**nureture**, *obl, eigene (Auf)zucht (des Viehs, im Ggs. zu Erwerb anderswoher)* Leis Wl 21, 5; nurt~ I; nutritura L. [*Vgl.* infoster]

[F]**nus** *s.* nous

[L]**nutricatura** *Nahrungspflege (des Kindes)* Ine Rb 26 Q, fostor *übsnd* [*aus Fränk. Recht*]

[L]**nutritura** *Aufzucht (des Viehs)* Leis Wl 21, 5 L, nureture *übsnd*

nycst, ny(e)hsta *s.* neah

nyd- *s.* nied-

nygon *s.* nigon

nyht *s.* niht

[-nyhtsumian] *Der.:* gen~

nyllan *s.* nellan

nyman *s.* niman

nyr *s.* neah

nyt I) *fm, Nützliches; dt:* þing to nyte mæge *zu Nutzen [gereichen]* Ger 13 | *pl ac:* nytte don *nützliche Verrichtungen ausführen* 8

II) nyt, *adj, nützlich;* mæig ~ beon on *an, bei* Ger 8. — *Der.:* unnyt

nytan *nicht wissen;* 1: nat Swer 4 | *pl* 1: ~ V As Pro 3; nyten Ld | ***op*** 3: nyte Af El 28 (nite H). Ine 7. II Ew 3, 1. 6. VI As 8, 8; nite Af El 24 H (*statt ursprgl.* næbbe). II As 20, 5; nyt! Ld | *pl* 3: niten 7; nyten So Ld | ***ptt*** 1: nyste Swer 9 | 3 (*op*): nyste Af El 21 G (nyst Ld). Af 19, 2 H B (ne wiste E). Swer 9 B | *op pl* 3: nysten II As 11 **1**) [*abs.*] *nicht Mitwisser sein* Ine 7 **2**) [*m. Obj.*] *nicht wissen:* hit Af El 21; nan soðre Swer 4 **3**) *vor indir. Frage:* hwa hit stæle Af El 28, latet *übsnd* **4**) *kennen, sich heimlich bewusst sein:* facn to (*an, bei*) þære læne Af 19, 2; him facn on Ine 56; on þam (*daran*) facn Swer 9; on heora mæge nane þiefðe II As 11 | *m. dopp. ac:* hine flyman *als Geächteten* 20, 8 **5**) *ratlos, in Verlegenheit sein, verzweifeln, vergeblich suchen:* spor to tæcenne VI As 8, 8; nanum to getruwianne V Pro 3 | *vor indir. Frage:* hwæt he sylle Af El 24; hwa him forebete II Ew 6; hwa hine (hy) on borh nime 3, 1 (II As 7; aborgie 20, 5). — *Für* ne witan, nabban *s. o.*

nyten *s.* nieten

nyðera *s.* nið~

O.

o 1) *eingeschoben zw.* nl, rh, rw; *s. Gleitlaut* **2**) *abweichend von Westsächs.* **a**) a: *s.* ān, blowhorn, hamsocn, lichama, gelomp (*ptt. v.* gelimpan), mogum (*pl dt v.* mæg), na **b**) eo: *s.* benfeorm, feorh, þeowian; *vgl.* -wo- **c**) ŭ: *s.* mægburg; *vor Nasalen: s.* agnung, Bromdun, mund, ierfenuma **3**) *oft vor Nasalen geänd. in* a *in Hs.* H: *s.* -a- **4**) *dafür* eo, u: *s. d.; s. auch* geowde *für* geeowde **5**) **a**) *in nebentonigen Silben für* a: *s.* ordal **b**) *in Ableitungssilben für* e: fæston I Cn 16a B; ofen; gewitnosse, hundrod **c**) *im Praefix: s.* genoh **d**) *in Flexionssilben für* a: *s.* hafoð *'hat' von* habban; *oft* -on *für* -an: *s. Conjugation; Declination* **6**) *als Bindevocal ersetzt durch* -e-: *s. o. S.* 39; *auch* oðcwolen | *geschwu. s.* oferhogdon **7**) ō *geschr.* oo: *s. d.* **8**) *ersetzt durch* -a- *in* cpa-*Endung: s.* deoppor [*vgl.* -or]

[F]**o 1**) *verschr. für* e: *s.* en **2**) *dafür* e: *s.* non

[F]**oant** *s.* oir

[L]**obatrescit** livoribus *wird verdunkelt durch Neid* Quadr Ded 1 [*aus* Firm. Mat.]

[L]**obaudire** *gehorchen* (**~itio** *Gehorsam*) IV Eg 1, 8 L, *neben* obedire

[L]**obducere** sanitatem doloribus *Genesung trügerisch als Hülle überbreiten* Hn 70, 11a

[L]**obedientiarius** *Mönch mit Klosteramte* Hn 23, 4

[L]**obfirmatus** *s.* off~

[L]**obhorreant** *für* abh~ *zurückschreckend ablehnen* Quadr Ded 22, *Z.* 2

[L]**obligare** (*Kehle*) *zuschnüren, würgen* Iud Dei XIV 5, 1. 11, 1

[L]***Obliquus*** *dient dem Verf. von* Q *und* Hn *zur Wortbildung; s.* cupidinitas, hominic[a]edium, hominiplagium, latronicinium

[F]***Obliquus*** *statt Genetivs; s. d.*

[L]**obnoxius** *zur Treue verpflichtet, Gehorsam schuldig* Hn 43, 6

[L]**obolata** *Wert von* ½ *Denar* I Cn 12 Q. Cons, healfpeningweorð *übsnd*

[L]**obolus** ½ *Denar,* ½ *Silberpfennig* IV Atr 2. 2, 4. ECf 7, 2

[L]**observantia** 1) *Eifer, Obacht* II Cn 1 Q, georne *übsnd* | *Sorgfalt* Af 1 Q, wærlice *übsnd* 2) ~ae verborum *Wortförmlichkeit-Gefahren, Stabung des Eides* Quadr *zu* Wl lad 3, 2. Hn 64, 1c; 3a | **~atus** *gestabt (Eid)* 64, 1; 2a [*Ggs. s.* planum *schlichter (Eid)*]

[L]**observare** 1) (*Stadttore*) *bewachen, hüten* IV Atr 1 (*vgl.* **~atio** *Hut, Patronat* Wl art Lond retr 1) **2**) *in Fehde belauern* Ine 74, 1 Q, hedan *übsnd* = Hn 70, 5a **3**) ~, ne *sich hüten zu* 87, 2c | se ~ ab *sich hüten vor* II Cn 36, 1 Cons **4**) *s.* 8 *Z. vorher*

[L]**obstitus** (*den Rechtsgang*) *sperrender Angriff* II Cn 12 Cons, forsteall *übsnd*

[L]**obstricamen** *Verschluss, Hülle?* Iud Dei III 3, 1

[L]**obtare** *für* opt~ Quadr Ded 33

[L]**obtimates** *s.* opt~

[L]**obtrepidante** mente *erzitternden Sinnes* Iud Dei III 3, 2

[L]**obviatio 1**) *Begegnung, Antreffen, Vorfinden* Hn 17, 2 **2**) *Angriff, Entgegentreten* 43, 7

[L]**occasio** *Chikane, drückender Amtskniff* [*afz.* acheson] Hn 49, 3b. *Interpol. des* Q *zu* CHn cor 1 = Hn 1

[F]**occi-** *s.* ocire

[L]**Occidentales** Saxonici *Leute von Wessex, darunter Exeters Bewohner* ECf 35, 1e [*vgl.* Westseaxe]

[L]in **Occiduis** partibus *in Westsächsischen Gauen* III As 6 [*Schreiber sind Kenter, im östlichsten England*]

[L]**occisio 1**) *Abstechung, Schlachtung* Rect 6, 1 Q (= **occisa** 6, 2), sticung *übsnd* **2**) *Schlachtwaare, Geschlachtetes* 6 Q, slyht *übsnd; pl:* ECf 39, 1

[L]**occupatus** latrocinio *mit Diebstahl befasst* II Cn 22 Q, tihtbysig *übsnd* [*zu eng, besser:* accusationibus infamatus *s. d.*]

[F]**ocire** *töten* Leis Wl 35 | 3: occit I: 7. 26; oceit Io; occist 22 I; *stets* ocist Hk | *pf pc:* occis 36; occidere *übsnd*, ocis Wl art Fz 3, 1. 10; hume ocis 6, homicidium *übsnd*

[F]**ocise** *Mord* Wl art Fz 3, 2

oð **octabas** Epiphaniae *bis zur Octave des Epiphaniafestes, bis 13. Januar* V Atr 18 = -~-nige (-nia D) VI 25

[L]in **Octobri** [*im ags. Texte*] *im Oktober* Ger 10

[L]**[octoginta]** *ausgedrückt durch* 60 + 20 *s.* sexaginta

[L]**oculus** *s. Sprichwort*

[F]**od** I) *prp.* 1) *zusammen mit, neben, in Begleitung von [Personen];* ceo jurra od ses testimonies Leis Wl

21, 1a | cum *übsnd,* defendre od luy Wl art Fz 2; amena od sei 3 2) *ausser, neben* [*zugefügten Gesetzen*] 7 **3)** *vermittelst, durch;* od plein serment Leis Wl 21, 1a; *dafür* per I

II) od *s.* aveir

Oda 1) *Erzbischof von Canterbury* I Em Pro 2) Oddan [*gn*] sunu Brihtnoð *Abgesandter König Aethelstans* VI As 10; Odonis Q

odene, *dt,* *Dreschplatz, Tenne* Ger 3, 1. 11. 17

oder *s.* awðer

Lodibilius latroni *dem Diebe zu verhasst, höchst unangenehm* II Cn 8 Q, laðost *übsnd*

-oe-: *s.* metan | *in Northumbr.* Iud Dei IV. V: *s.* gebletsian, boc, (ge)dema(n), (ge)don, hwæðre *und* -woe

Foes *Nutzen; obl:* a ~ *(für die Casse des)* le vescunte (roi) Leis Wl 2, 3 (2, 4) I; a l'os Hk [*vgl.* opus]

of I) *prp* **A)** *m. Instrumental:* of þon *von jenem (Orte) fort* Iud Dei IV 3, 1, exinde *glossirend* **B)** *sonst m. dt.* 1) *Bewegung* **a)** [*eig.*] *von (aus) .. hinaus (heraus)*; of lande gewitan (*læde*) Abt 23. Wi 4 (Wif 7) | ut of earde adræfe (fyse) Cn 1020, 10 (II Cn 4 a) | *Vertreibung* of lande Ine Rb 68; of l. utgelædde Af El Pro, eduxi de terra *übsnd* | of mynstere utalæde Af 8 | hæbben treow of þam lande 13; don *fügt zu* H | tungan of heafde 52 **b)** [*übtr.*] *von .. fort (ab)*; of ciricean ascadene (amænsumad) Wi 3 (Af 1, 7) | selre of folgoðe (*aus dem Amt treten*), þonne on Ger 7 | of þissa gerædnesse ga *abweicht, übertritt* II As 25, 2 | bugge spere of side ECf 12, 6; osside, *Var. um* 1200 **2)** [*örtl. ruhend*] *ausserhalb;* innan lande (scire) *oder* of lande II Cn 78; ut of l. B; ut of scire 19. Northu 12 **3)** *Richtung* **a)** [*eig.*] *aus .. her;* of Rome Cn 1020, 3 | *von .. ab;* of þam stacan to (*bis zu*) mearce Ordal 1a **b)** [*übtr.*] of hæðenum to Criste gecirde Af El 49, 2 **4)** *Ursprung 'von, aus'; Geld* man gesealde of Ænglalande II Atr 7, 2; gelæst of þegnes inlande II Eg 1, 1 [*vgl. n.* 9] **5)** [*Ableitung*] *nach, aus, gemäss, laut;* of (on H) þissum anum dome mon mæg geþencean Af El 49, 6 **6)** [*Ursache, Grund*] *auf, kraft, wegen;* of dryhtnes hæse Wi 9; ofer [*s. d. n.* I B 12] H [*dieselbe Verschreibung:* Ann. Anglosaxon. a. 910 D: ofer (*lies* of) Westseaxum ge of Myrcum; *umgekehrte s.* Af El 32 G *u. Plummer* Saxon chron. II 121] **7)** [*Motiv*] *aus, durch;* of giernesse Af El 13, per industriam *übsnd* **8)** *betreffend, hinsichtlich, über;* geandagode of (*lat.* in Q) þam folclande I Ew 2; of þam ordale we bebeodað Ordal 1 **9)** [*partitiv*] *von, aus;* of minum gode agifan teoðunge I As Pro; mines agenes æhtes Ld [*vielleicht zu n.* 4 *gehörig*] **10)** [*zeitlich*] *von .. ab;* of þam dæge on 21 nihton II Em 7, 3 = Wer 4, 1. 6; of Martinus mæssan (þam timan) oð (*bis*) Rect 4, 1a (b). — *Ersetzt durch* on *s. n.* B 5 **II)** *adverb.* **1)** *ab;* gif eage (nægl, fot, ta) of weorð Abt 43. 54, 1. 69. 70. 72 **2)** *vielleicht adv ist, was ich unten als betontes Praefix* of *nehme, als trennbares in* of(a)ceorfan, of(a)slean

of- 1) *zugefügt: s.* ofslean **2)** *geschwu.: s.* ofslean, ofstingan **3)** *für* a-: *s.* amanian, aslean **4)** *für* on-: *s.* ofsacan **5)** *für* oð-: *s.* ofdon, offeallе, oðswerian **6)** *ersetzt durch* for-: *s.* forslean **7)** *durch* on-: *s. d.*

ofaceapian; him fæhðe ~ *die (jenem drohende) Rache von ihm entfernen durch Zahlung (des Wergeldes)* Ine 74, 2; ~iane! So

ófaceorfan; *op* 3: aceorfe tungan of *schneide* [*zur Strafe*] *ab* Af 32 | *ptt pc:* ~corfen (*Arm u. Hand*) *abgehauen* 66; ~corfan Ld; ~corven B [*vgl.* ofc~]

ófadon 1) *op* 3: ~do (*Knochen*) *heraushaue, -reisse* Af 70, 1. 74 [*vgl.* ofdo] 2) *ptt pc pl:* domas, þe þær ofadone wæron *abgeschafft* VI As 10; quod fuit exceptum Q, *vielleicht 'ausnehmen' missverstehend, was hier aber auch richtigen Sinn gibt*

ófadrifan (*diebisch*) *forttreiben;* 3: gif mon folan oððe cealf ~feð Af 16 H | *op* 3: ~fe EB; adrifð B Insc

ófasci[e]re, *op* 3, *abschiert;* þone beard ~cire Af 35, 5; ~cyre H So Ld; ~cere B

ófaslean *ab-(aus)schlagen;* 3: ~lehð Abt 54. 54, 2; 4; 5 | *op* 3: ~lea Af El 20. Af 47 ff. 71; ofslea B; aslea eare of 46; ~ea HB | *pttpc:* of weorð aslagen Abt 40. 87; ~legen Af 56—60. 64. 72; *stets* ~læg- H; *stets* [*ausser* ~læg- 59] ~lag- B; perexcutere Q | — *Finger, Fuss, Ohr abhauen* Abt 40. 54. 54, 2 ff. 87. Af 46. 48. 56. 56, 1. 57 ff. | *Auge, Zahn ausschlagen* Af El 20. Af 47. 49. 71. | *Ersetzt durch* ofslean *s. d. u.* 9 *Z. vorher*

[ófceorfan] *abschneiden; op* 3: ceorfe him þa handa of *haue Hände ab* II Cn 30, 4 BA; of *fehlt* G | *pl* 3: ceorfan of his (= *ihm die*) nosu 7 his earan 30, 5 [*vgl.* ofac~]

eage **ófdo,** *op* 3, *Auge ausstösst* Af El 19 H; oðdo EG [*vgl.* ofadon, don *n.* 6]

ofdune stige, *adv, herabstiegst* Iud Dei IV 3, 1 (of ðune *ebd.*), descendisti *glossirend*

of[e]n *Ofen;* ofn 7 aste Ger 11 | *dt:* of (in) ofone Iud Dei IV 3, 3 (4, 2), de (in) camino *glossirend;* gibernedum ofne *ebd*, accensa fornace *glossirend*

of[e]nrace *Ofengabel, -zange; ac:* ofnr~ Ger 17

ofer *Form abweichend:* ofor II Atr 8, 3; ofeh Rect 3; *verschrieben* of Af El 32 *G.* — **I)** *prp.* **A)** *mit dt* 1) [*räumlich ruhend*] *über, auf;* spere ~ eaxle Af 36 **2)** *über .. hin;* grið ~ ealle þam rice Nor grið *Z.* 9 **3)** *schreitend über, von jenseits;* ~ mearce [*od. ac?*] cumen Hl 15 **4)** [*zeitlich*] *nach;* eahtaða dæg ~ Twelftan mæssedæge I Cn 16, 1. 17; *ac:* -dæg BA **B)** *m. ac* **1)** [*räumliche Richtung*] *über (.. hinüber), nach jenseits;* selle (bebycge) ~ sæ Wi 26. II As 18 (Ine 11); ferde ~ widsæ Geþyncðo 6; ~ stream Duns 8 [*vgl.* A 3] **2)** *jenseits;* sie ~mearce Wi 8; ~ þa mearce forsitte VI As 8, 5 **3)** [*Ausdehnung*] *über* (*Raum*) *hin;* ~ (ealne) cynges anweald II 14. III Eg 8 (2, 3); ~ soira II Atr 8, 3; ~ eall Englaland V 16 = VI 23, 1 D = I Cn 17, 1. Forf 2; ~ ealle þas þeode VI Atr 32, 1 | ~ eall *überall hin* Forf 1 **4)** (*Gewalt, Hoheit*) *über* [*oder 'betreffend, bezüglich'*]; dom ~ hine (*sich*) sohte Af El 49, 6 | *regiertem prn. rel. nachgestellt; Bezirke,* þe hy hand ~ hæfdon II Atr 1 **5)** *über* (*Maass, Grad*) *hinaus, mehr denn;* ~ ynce Abt 67, 1 | ~ þæt (*das, was*) nedþearf wæs Af El 49, 5 | arære ~ þæt *über jenes* (*Quantum*) *hinauf* Rect 6, 1 **6)** *von* (*Zahlgrenze*) *ab und darüber;* ~ þry Abt 67, 1 | stande þes cyreað ~ 20 (30) pen. II As 9 (I Atr 1, 3) | ~ 8 (12) pen. and ~ 12 wintre man [*vgl. unten n.* 9] II As 1 = VI 1, 1 (II Cn 20 BA) **7)** *ausser, neben;* godas ~ me Af El 1; ~ God anne 32, preter soli Deo *übsnd* **8)** *trotz, wider, gegen;* ~ þin riht *Gewissen* Af El 41; ~ gebod Wi 5.

Northu 3.7 | ~ þæt (feohte) *trotzdem* (Af 42, 4; super hoc Q) III Atr 13, 4 [*od. 'nachher'?*] **9)** [*zeitlich*] *nach;* ~ þis gemot Wi 5; 1 neaht ~ þæt gesem Hl 10; 8 dæg ~ Twelftadæg I Cn 17 AB (*dt:* -ge G); 14 niht ~ eastran (gangdagas) Ine 55. V Atr 18. 11, 1 = VI 16 (II As 13); sona ~ eastran V Atr 27; ~ 9 niht Northu 10, 1; ~ þæne 3. *dæg* Ordal 5, 2 (*aber* die tertia Q); ~ M. mæssedæg Rect 15; ~ þæt gear 4, 3a | ~ þis *fernerhin, künftig* V As Pro 1 (post hoc Q). II Cn 8, 1 (posthac Q. Cons; dehino In). 26, 1 (deinceps Q); ~ þæt II As 1, 4 (postmodum Q). 2, 2 (postea Q) | ~ þæt (*cj: nachdem, sobald, wenn*) he bið 12 wintre II Cn 20 G (postquam In; *s. o. n.* 5) **10)** *über* [*Termin*] *hinaus;* ~ þæne dæg I 9, 1 (ultra diem Cons). 10, 1; ulterius Q **11)** *über* [*Zeitraum*] *hin;* ~ geares fyrst ælce Monandæge (ælcre wucan) Rect 3 (4a) ?**12)** ~ dryhtnes hæse *auf des Herrn Geheiss* Wi 9: *entweder Schreibfehler für* of [*n.* I B 6] *oder vgl. Östreichisch 'über (Geheiss, Verwendung, Einladung)' im Sinne von 'auf'* | *hinter regiertem* þe *s. n.* B 4

II) ***adverb.*** 1) [*räumlich*] hider (geon) ~ *hier* (*dort*) *hinüber* Duns 5 2) [*zeitlich*] *darüber hinaus, später;* 7 dagas to eastron 7 7 ~ Af 43

ofer- 1) *begannen Wörter, auch in Angelsächs. verlorenen Quellen, die Q gern übersetzt durch* super- *beginnende; s. d.* 2) *synon. mit* for- [*weshalb* Q for- *ebenso übs.; s.* superdicere, -iurare (-amentum), -sedere, -tenere]; *s.* forhealde, forhebbe, forhogiað, forseo 3) *synon. mit* mis-; *s. d.*

ofercuman *überwinden, besiegen:* ure fynd VII a Atr 8 | *ptt pc:* byð ~! (*im gerichtl. Zweikampf*) Wl lad 2, 2

ofercyðed, *ptt pc;* gif him að ~ wære *wenn ihnen der Eid überschworen worden ist* I Ew 3; overc~ fuerint *sie überschworen sind* Q [*vgl.* superiurare]

oferdrifene beoð, *ptt pc pl, überstimmt werden* (*durch mehr als 7 unter den 12 Urteilfindern*) III Atr 13, 2

oferdruncen lufige, *ac, Trunkenheit liebt, Trunksucht fröhnt* Northu 41

ofereacan, *ac, Überschuss* VI As 1, 1. 6, 1; 3

on **oferfyllan,** *pl dt, in Völlereien* V Atr 25 = VI 28, 3; ebrietates L

ofergyldene! sweord, *ac, vergoldetes Schwert* Norðleod 10 Ld; deauratum Q; golde fæted D; goldfæted H

[oferhabban?] *regieren; ptt pl* 3: þe (*welche Landschaften*) hy under cynges hand ~hæfdon II Atr 1 Ld; quam sub manu regis superhabebant Q [*s. 11 Z. weiter*]; *irrige Lesung für* cyngc hand ofer [*s. d. n.* I B 4] hæfdon

oferheald! þis, *op* 3, *dies versäumt, vernachlässigt* As Alm 2 Ld [*vgl.* forh~]

oferhebban *vernachlässigen, versäumen; op* 3: ~be þis II Ew 5; - hit 8 (~hæbbe Ld); aht ~hæbbe VI As 8, 5 | *ptt pc pl:* aðas synt ~hafene (~hef- Ld) *nicht erfüllt, übertreten* V Pro 3; superhabere Q, *wohl verwechselnd mit* ~habban [*vgl.* forh~]

I) **oferh[ie]rde,** *ptt* 1 (3); ic (heo) hit earum ~hyrde *ich* (*sie*) *es mit Ohren hörte* Swer 8 (II Cn 23, 1) **II)** *vgl.:*

oferhiernes *Ungehorsam. Wurzel* -hier- *nur* II As 20. 20, 2 Ot; -her- 22, 1 Ot; -hir- I 5 D; *alle Angelsächs. Stellen sonst* -hyr-; *ohne* h I 5 G: -ryr- | *Endung: no. fehlt* | *obl:* -nysse *ebd.* VI 8, 4 H. IV Eg 1 *und stets* Ld; *sonst:* -nesse. | *In* Q *bleibt* ofer- *nur* II Ew 2. II As 20, 1, *sonst stets* over-; *meist* -hyr- *mit vielen Var.* -hir-, -her- (-hur- V 1, 2) | *Endung bleibt* -nesse *nur* I Ew 1, 1. 2, 1, *sonst latinisirt* -nessa; *doch* -nissam II As 22, 1. VI 7 — 1) *ungehorsame Vernachlässigung; dt:* mid ~hyrnysse [*'gegen': gen. obj.*] Godes beboda IV Eg 1; transgressio L 2) [*Rechtsausdruck*] *Geldstrafe für Übertretung obrigkeitlichen Befehls* (*der, dem nicht gehorcht ward, steht im gen obj oder pron poss*) **a)** *dt:* be ure ~hyrnesse *bei Strafe, die auf Verachtung unseres* (*Londoner Gilde-*)*Bannes steht* **b)** *sonst stets* cyninges (mine) ~ | *gn:* ~hyrnesse scyldig I Ew 1, 1. 2, 1 | *dt:* be minre (cynges) ~hyrnesse I As 5 (VI 8, 4) = super overhyrnessam meam IV Atr 6 | *sonst stets ac:* wið mine ~sse I As 5 (transgressio Q); bete ~hyrnesse II Ew 2. 7. II As 22, 1 = emendet - AGu Ap 6, 1. II As 24, 1 Q; gilde - 20 — 20, 2. 25. V 1, 3. II Cn 29, 1; (ge)sylle - II As 20, 1 (V 1, 2); amonige þa - æt (*vom*) gerefan II 25, 1. — *Erklärt:* þæt is 120 [*Westsächs.*] scil. I Ew 2, 1. II 2. — *Dafür setzt* Q *den techn. Ausdruck* 12. *Jhs.* overseunessa (*s. d.*): II As 20, 1 (= Hn 53, 1). II Cn 29, 1 (despectus In Cn); *sonst silbenhaft übertragend* superauditio | *Synonym* ***lat.*** supersessio; ***fz.*** sursise; *s. d.* [*vgl.* mishyran; cyninges wite; *fris.* ovirhere, *His* Strafr. *d.* Friesen 32]

oferhogian *verschmähen, verachten:* hæðendom VIII Atr 44 | *op* 3: þa þing ~ie Ger 3, 1; ~ie, þæt he hlyste *verschmäht zu hören* I Cn 26, 4 = Grið 20 | *ptt pl* 3: hine ~gdon Af El 49, 7; ~godon H [*vgl.* forh~]

oferhydig *stolz, unachtsam* Ger 3

on **ofermettan,** *pl dt,* [*wenn von* ~mete] *in Fressereien* V Atr 25 = VI 28, 3; comesationes L. [*Oder von* ~mettu: *Stolz; vgl.* for his ofermettum *wegen seines Übermutes* Dialog zw. Teufel *bei Vincenti* Altengl. Dial. I 104]

I) **oferseah,** *ptt* 1 (3); ic (heo) hit eagum ~ *ich* (*sie*) *es mit Augen sah* Swer 8 (II Cn 23, 1)

II) *vgl.* overseunessa

oferstæled [*ptt pc*] weorðe *überführt wird;* (*Meineids*) II Cn 36; ~taled A; (*falschen Zeugnisses*) 37; ~teled A; convictus, probatus, victus L

oferswiðde, *ptt* 3, *überwand;* Crist þone deofol ~ Af 43

for þam **ofertruan** [*dt*] on þam friðe *wegen übermässigen Vertrauens in die Polizeiordnung* VI As 8, 7

oferwealdan hyne *ihn beherrschen, über ihn regieren* Ger 7

oferweorpe, *op* 3, (*Jungfrau unzüchtig*) *niederwirft zu Boden* Af 11, 1

L **offa** iudicialis *gottesgerichtl. Bissen, Ordal des Entscheidungsbissens* I Cn 5, 2a; c Cons, corsnæd *übsnd*

Offan Mercna cyninges [† 796], *gn,* Af El 49, 9

óffealle [? *op* 3] se wer þam magum *entgehe das Wergeld den Verwandten* II Ew 6 Ld; oðfealle HB

L **offerre** ad missam *opfern bei der Messe* Iud Dei I 1, 1. XI 1[b]. XIII 1, 1

L **Offertorium** *Teil der Messe* Iud Dei I 12. XII 13

L **officium** procreandi *Körperfähigkeit des Zeugens* Hn 93, 24

off[i]elle, *op* 3, *erschlägt, tötet;* offelle Af 13 (offealle HB; *geänd.* offælle B; *ind.* offylleð So Ld); offylle Af Rb 13 Ld

L **offirmatus** adversus diabolum (*Wasser, Eisen des Ordals*) *gefestigt, gesichert gegen Teufel* Iud Dei V 2, 2; obf~ I 22, 2

offrige, *op* 3, *opfere* II As 23 H; geo~ Ot Ld [*vgl.* offerre]

F **offrir** *anbieten;* 3: ceo que il offre a lui Leis Wl 10, 2 I | *indéfini* 3: offert ad a Hk

ofgan 1) *abs.* mid lufe ~ *durch Versöhnung erlangen* (*Ziel: Freundschaft von beleidigter Sippe*) Wer 6, 1; procedere Q [*silbenhaft missverst.*] 2) *op* 3: ofga *eine Klage giltig anhebe und so die Reinigung des Beklagten erzwinge* [*wobei* mid foreaðe *'durch Klageid' das Mittel angibt*]; *Objekt ist:* a) *die Klage:* tihtlan II As 23, 2; spæce II Cn 22, 2. Duns 6, 2 b) *der Gegenbeweis:* lade (ordal) II Cn 22, 1a. (30, 3a) | *inducere*, *prosequi übs.* Q; attingere Cons; con-(ad)quirere In Cn; præiuret II 22, 2 Q; iuret In | *zu* 30, 3a In *setzt* H *als synonym:* ofræce þæt ordel | *ebendorther schöpft missverständlich* eant ad iudicium, quod Angli 'ofgan þæt ordel' dicunt Ps Cn for 11

þær mare **ófgefo,** *op* 3, *von dort* (*aus der Kirche*) *mehr ergreift, fortschleppt* Af 5 [*oder* of *adv.*]

ofhnite, *op* 3, *zu Tode stösst;* gif oxa ~ wer Af El 21, cornu percusserit *übsnd*

ofað *s.* beho~

ofmanige, *op* 3, (*Geldstrafe*) *einfordert* III Eg 3 D G2; am~ G A

ofræce þæt ordel, *op* 3, *erreiche, erzwinge das Ordal; Hs.* H *zu* adquirat II Cn 30, 3a In

ófsacan *sich freischwören, ableugnen;* bi þ[on] ~ *demgemäss, mit só hohem Eid* Ine 45 B, *geänd. aus* ons~; ans~ E; ons~ H | *abs.* ~cen Wal

of side *ersetzt durch* osside *s. d.*

I) **ófslea,** *op* 3, *abhaut, ausschlägt;* slea .. of Af 6. Ine 18 HB. 37 (*ohne* of H). II As 14, 1; ~ his hand Af 71 B; ofaslea [*s. d.*] *übr.*; þeowe [*dt*] ~ eage utt Af El 20 H; aslea ut *übr.*

II) **ofslean** *erschlagen, töten;* 3: ~læhð Abt 13. 20 ff.; ~ahð 6; ~lihð Ine 16. 74; ~lyhð IV Eg 14; ~lehð Abt 7. Ine 16 Bu. Grið 13. 13, 2 | *op* 3: ~lea Abt 5. 30. 86. Wi 25. Ine Rb 74. Af El 13. 24. Af 1, 5. 8, 3. Ine 23. 24, 1. 42, 1. VI As 1, 5. II Em 1. II Atr 3, 4. 5. 5, 1. II Cn 39 B. Duns 5. Northu 24. Norðleod 9; ~leo II Atr 5 | *pl* 1: ~ VI As 1, 1 | *ptt op* 3: ~loge Af El 13. 21. Ine 16. 21. 34; offloge! Ld | *pc:* ~legen Af El 21. 25; ~lægen 25 So Ld. AGu 2. Wer 2; ~lagen G. Af El 21. 25. AGu 2 Ld | *pl:* ~lagene II Atr 5, 2 | *adjectivisch gn:* ~legenes mannes Ine Rb 21; ~lagenes GH; Ine 21 B | ~lægenan mannes AGu 2 Ld | *nt dt:* ~legenum wife Af Rb 9 Ot; ~lægenum E; ~lagenum GH; þeofe II As 11; ~ligenum So | *substirt Erschlagener; gn:* þæs ~legenan Ine 34 (-læg- B; -lægn- H); ~lægenan 21; -gn- H — 1) *rechtswidrig töten in allen Citaten ausser:* 2) *im Rechtsvollzug töten: den ge rechter Haft Widerstehenden* Af 1, 5 | *polizeiliche Anmeldung Versäumenden* II Atr 3, 4 | þeof Wi 25. Af El 25, mori *übsnd;* Ine 16. 21. 24, 1. II As 11. VI 1, 1 3) (*Tier*) *schlachten* Af El 24, occidere *übsnd;* Ine 42, 1 4) *totstossen* (*Subject: Ochse*) Af El 21, percutere *übsnd.* — *Für* slean Ine Rb 76 H So. Ine 76 So; *ersetzt durch* forslean Ine Rb 74 So!

ofspring *Nachkommenschaft;* ~nc Norðleod 11; æftergengas! *Nachkommen* Ld | *ac:* ~ryng AGu Pro B 2 [*statt* gingran (B); *gemäss der zu* ungeboren *citirten Formel*]

ofspyreð, 3, (*Gestohlenes behufs Einklagung*) *aufspürt* Ine 17; ~pereð Bu; ~rað B

ofstinge, *op* 3, *totstösst;* oxa, sunu gif he ~ Af El 21 (~tynge So Ld; stynge B), cornu si petierit *übsnd*

ófswerian *eidlich ableugnen, sich freischwören* Af 31, 1 So Ld; oðsw~ EH; ætsw~ B

oft *oft, mehrmals* Af El 46. Ine 18. 37. EGu Pro. V Atr 22, 1. Grið 21, 1 | 7 gelome *oft und häufig* (*emsig*) VI Atr 41. 42, 2. 53. X Pro 1. I Cn 6a. II 84. Grið 19, 1 | swa ~ swa *so oft wie* [*cj.*] Af 34. I Cn 4, 2; 3. Rect 4, 1a | *cpa:* oftor *öfter* Ine 49, 1. II As 3, 1. VIII Atr 12, 1. 32. II Cn 18 (*häufiger*). Northu 18 | *spla:* oftost *am öftesten* VI Atr 42, 2. — *Der.:* foroft

oftige, *dt, Entziehung, m gn obj:* neadgafoles IV Eg 1; gerihta 1, 4

oftorfod, *ptt pc, totgeworfen;* sie oxa mid stanum ~ Af El 21 Ld *zweimal;* ofworpod EG (-pen H), lapidibus obruetur *übsnd* [*von* stana torfungum *spricht Ælfred im* Orosius; *Toller*]

oftræde 1) beon *oft bereit sein*[*zu Arbeit*], *abs*, Rect 18; to weorce *zu Arbeit* 6, 3 2) weorc sceal beon ~ *Arbeitsleistung muss häufig sein* 3, 3

ofworpen, *ptt pc, totgeworfen;* sie oxa mid stanum ~, lapidibus obruetur *übsnd* [*vgl. Ulfilas:* stainam afvairpan] Af El 21 H *zweimal;* ~**pod** *dreimal* E; *zweimal* ~pad G; ofweorpod So; *zweimal* oftorfod Ld **oht** *s.* owiht

F **oil,** *obl, Auge* Leis Wl 19 | *pl obl:* les oilz Wl art Fz 10

F **o[ir]** *hören; fut* 3: orat le cri Leis Wl 50 | *prs. pc:* per un hume del plait oant e veant *als Ohren- und Augenzeugen* 24; II hume I L

F **oit** *s.* uit

L **Olavus** rex Norwegie 1) *Olaf der Heilige* Lond ECf 13, 1 A 2) *s.* Anlaf

F **om** *s.* hume

L **omnis** 1) ~ni via *immer* As Alm Pro Q, ealle wæga *übsnd* 2) ~nes sancti *Allerheiligen(fest, 1. Nov.)* ECf 2, 5

on- 1) *Schwund s.* lænan, ongean 2) *für* and-: *s.* andsæc, andswarie, geandbyrdan 3) *für* or: *s.* orceapunga, orwige 4) *ersetzt durch* a-, æt-, and-, of-, un-, under- *s. d.* 5) on- *für* an-, un-: *s.* o 6) *Endung* -on *für* -an: *s. Conjugation* | *Declination; auch* gafolgildon *gn;* þam fullon wite II Eg 3; niedmagon *dt;* rihtgesamhiwon *pl*

on; *Form:* an Abt 46. Hl 6. 8. 10. 11. 12. 15. Wi 1. 5. 8. 25. Ine 54, 1 H. II As 1 Ot. Sacr cor 1, 1. Wif 8. Wl art Fz 4; *vgl.* onhó; *sonst stets* on

I) ***Praepos.*** A) *m dt* A a) *räumlich* 1) *ruhend 'in, auf';* on worolde *auf der ganzen Welt* Iud Dei IV 1. Grið 25; on heofonan 7 eorðan Iud Dei VII 12, 3 A; on eorðan Af El 4, super terram *übsnd.* Episc 14; on him (*Himmel und Erde*) Af El 3 | on sæ 7 *lande zu See und Land* II Ew 1, 1; on *lande* 7 on wætere *zu* L. *und zu* W. II Atr 3. Excom VII 6 | on gafollande (are) sittan AGu 2 (III Atr 14) | up on *lande landeinwärts* II Cn 24 | on stræte VI As 1, 5 | on felda Ine 6, 4. II Cn 80. Ger 3; on æcere Ine 42, 1. Excom VII 12; on mæstenne Ine 49; on dune Ger 3 | on ægðere sceale byrð Iudex 1 2) *in(nerhalb);* on þissum iglandum IV Eg 14, 2; on earde EGu 11 = VI Atr 7 = II Cn 40. V As Pro 2. V Atr 26, 1. 33, 1 = II Cn 11, 1. VI Atr 7. Cn 1020, 10. Episc 8; on (*Königs*) anwealde II Em Pro. IV Eg 1, 6; on *lande* (*Reich*) II Cn 4a; on Englalande Cn 1020, 1; on Angelcynne Af El 49, 9 | on Egipta londe 33 | on Westsexan II Cn 12. 71, 2; Eastenglum AGu Pro; Eastenglan II Cn 71, 2 (*ac:* -le B); Myrcan 14. 71, 2; Centlande I 3, 2 | on folce = *im Lande* Ine 25; cyning (an cynedom) on þeode EGu 12. (Northu 67, 1) | eorl on lande *ebd.*; on ealdordome IV Eg 15; on leodscype 2; leode Rect 21, 3; þeode 21, 4; lande *Landschaft* Hu 6, 1. III Atr 10; *Landgut, Adelsterritorium* II Ew 4. Rect 2-6, 1. Northu 54; rice As Alm 1; ende *Bezirk* IV Eg 2, 2. V Atr 26, 1 = VI 32, 3 = II Cn 4. Cn 1020, 8; manungo V As 1, 5. VI 8, 2; on scire Af 37 H (in E B). II As 8. VI 10. II Em 4. II Atr 8, 1. Forf 1; on his scriftscire II As 26. Northu 42. Episc 12; on heora scriftscirum 10; on his folgoðe II As 25, 1 | on byrig III Atr 6, 1; on Cantwarabyrig II As 14, 2; Oxenaforda Cn 1020, 13; Wintanceastre III Eg 8, 1. I Cn Pro. II 30, 1; on tune As Alm 2. Ger 3; on cyninges tune Af 1, 2 (æt H); eorles tune Abt 13 | on 3 hundredum II Cn 22, 1; þam geburscipe I Ew 1, 4; on urum friðgegyldum (gegyldscipum) VI As Pro. (8, 6); gebeorscipe Ine 6, 5 | on cyricware Becwæð 3, 1; æghwilcere stowe VIII Atr 32; mynstre Ine 6, 1 HB (*ac:* -ter E Bu). VII a Atr 6. 6, 2. Grið 10; mynstrum VIII Atr 32; ciricum Af 33 H So (in E); (þisse) c̄ircan Af 6. Had 1. Grið 27 (Iud Dei VIII 1); on hwam (*worin?, nämlich* cirican) Grið 25 | on his æhte II As 9; agenum (*Lande*) I Em 5. II Cn 69, 1. 80 = þam ilcan 72; hame Hl 15; boclande II Eg 2 = I Cn 11; gyrde landes Rect 4, 3 | on wuda *im Wald* Ine 43, 1. II Cn 80 Ger 3; on falde, on wætere *ebd.* | on odene 11; berne Rect 4, 1 b; flette Hl 11. Af 39; ærne 5, 1; huse Ine 6. 6, 2. Grið 9. Excom VII 12; healle Af 7 HB (in E). Geþyncðo 2; sele 3 | hirede 3. II Cn 59; neaweste V Atr 29 = VI 36 = Grið 15 | carcerne Af 1, 2; 6. II As 1, 3; bende Ine 15, 2 | hydelse Forf 3, 2 | cradele II Cn 76, 2 | lictune I 22, 5; legere VI Atr 5, 3. VIII 28. Becwæð 3, 1 | helle I Cn 6, 1. II 84, 3. V Atr 9, 1 | hæfð on handa Iudex 1 **3)** *am, beim* (*Gericht*): on medle oððe þinge Hl 8; gemote Af 22. 38. II As 20, 3. VI 10. Hu 7. II Cn 27. Becwæð 3, 1; folcgemote II As 2. 12. V 1, 1; on geþincða III Atr 1, 1; on hundrede Hu 7. IV Eg 10. II Cn 19. Becwæð 3, 1; on wæpngetace IV Eg 6. Northu 57, 2; on scire (*Gericht*) III Eg 5. 2. IV 2 a. II Cn 18, 1; on þam sinoð[e] II As Epil; on senoðum Af El 49, 8 **4)** *an* (*Körperteilen*): an hleore Abt 46; heafde Af 47, 1 H (in *übr.*); recgan Excom VII 14 **5)** *'los auf, feindlich gegen'*; on him feohte Af 42, 4; *ac:* hine H **6)** *zu* (*auf*) *Pferde*; on wæne ge on horse Northu 55 **7)** *bei, an;* on (*nahe*) þam endum Rect 20; an wiofode Wi 8; gedufe on þam rape II As 23, 1 **8)** *unter, zwischen, bei* (*Personenkreis* [*s. vor. Sp.:* folc, cyn, þeod, leod *und Stammnamen*]); on (scip-, land-)fyrde II Cn 61. 77; fyrdunge 78 [*in vorigen drei Fällen vielleicht Übertragung von zeitlichem* on] | an magum Hl 6. II As 11; on saulum I Cn 26, 2; on þære hyndenne Ine 54. 54, 1; geferrædenne II Ew 1, 1 | on fore Af 34 (to H). Ine 34; rade II As 20, 4; siðe Af 29 **9)** [*Frage wohin?*] *in .. hinein;* wyrð on berne *gerät zur Scheune* Ger 3, 1 | on (*unter, neben*) fulan lecge II Cn 33, 1 | gebringan on (*bringen vors*) folcgemote Af 34 (on [*ins*] hengenne alecge 35, 2); on carcerne II As 1, 3. 7; on (*unter*) teoðunge, borge II Cn 20. 20 a; hæðendome 3; gemænre lease *auf Gemeinweide* IV Eg 8 **10)** *'unter Berührung von, auf', symbol. Sache schwören;* on wæpne Wer 4; husle VIII Atr 19, 1. I Cn 5; 5 a. 5, 2 a; haligdome II 36. III Atr 2, 1. 3, 1; weofode Wi 19 ff.

Ab) *zeitlich* **1)** *Zeitpunkt 'an';* on þam dæge, þa AGu 5. V Atr 13, 1. VI 22, 1. I Cn 15, 1; on 14. dæge 17, 1; on midwintres tide Pro; on 15 Apr. V Atr 16; on þam 7. dæge Af El 3; þone dæg G *und 3 Z. weiter* | *zu Anfang von;* on þam 7. geare Af El 11 H; þy, *blosser instr., übr.* **2)** *Zeitperiode 'in';* on hwilsticcum Af 43 | geardagum Grið 24; þam dagum *alten Zeiten* 4; yldrena dagum III Atr 1; minum timan IV Eg 2 a; 6 dagum Af El 3; Agustinus (Ines) dæge *zu Lebzeiten* Abt Rb (Af El 49, 9); on dæge (*während des Lebens*) 7 æfter II Cn 79; on life I 18 b. III Atr 14. V 9, 1. VI 5, 3. VIII 28; liffæce Grið 21 | ælcere wucan Rect 3; þriwa on geare III Eg 5, 1; V Atr 11, 1. VI 19. II Cn 18; on geare I As 4 | on wintra Ine 38. Ger 11; længtene 12; sumera Ine 38. Rect 9. Ger 9; hærfeste 10. Af 43 | þære fæstinge 17; þam fierste 2, 1. 5, 2 | on æmtan *bei Musse* I Cn 1 a D | *bei Gelegenheit von* hwylcere fare IV Eg 8 **3)** *nach* (*einem Zeitraum*); on 12 monðum Ine 24, 1. Rect 10; an 7 (9) nihtum Hl 10 (Duns 1, 1); on 21 - II Em 7, 3 (*ebd. ac:* niht) = Wer 4, 1. 6

Ac) *übertragen* **1)** *lastend 'auf';* sitte scyld on him Af El 17; *haftend 'an';* on mæge þyfðe nysten II As 11; scyld on eow witen Iud Dei VI 2 | on him gesoðian *erweisen gegen, an* Wl lad 3, 1 | ordal on him forað Ordal 6 **2)** *übtr. 'in(nerhalb)';* hæbbe on his borge II Cn 31. I Atr 1, 10 | neah on sibbe VI 12; gewifige on cynne *ebd.* | gihaldan on synne, detinere peccato *glossirend* Iud Dei IV 3, 1 | on steore (*teilhaft*) *an einer Summe* VIII Atr 38; on cynegilde Mirce 3, 1 | oncnawan on þe Iud Dei VII 24, 1 A **3)** *fortnehmen 'an, von, aus';* niman on his æhtan inborh II Ew 3, 1; æfesne on swynum Ine 49, 3 [*vgl.* onniman] **4)** on handa *α*) *im Besitz* II Atr 9. 9, 3 *β*) *vorhanden* Hu 2. Cn 1020, 4 **5)** *als Autorität citirend 'in, laut';* on Godes lage I As 2; bocum 3; canone I Em 1; gewritum VI As 8, 5. 11; gewrite IV Eg Pro; gerædnessum 7 forespæce VI As 3; dombec I Ew Pro; lagum Grið 7 | on Dena lage *und die S.* 130, *Sp.* 1 *n.* 5 *citirten Stellen können auch ac sein* **6)** on folce *öffentlich* Af 40, 2 H (in E) **7)** *'an, bei, in'* (*einer That, Verrichtung*); on dæde Af 36, 1. II Cn 68, 2 | on cease Af El 18; weorce Af 12 B | *begriffen 'in':* on soðre (leasre; wore) gewitnesse IV Eg 14. Swer 8 (I Cn 5, 3. II 37; II As 10, 1) | unryht gewill on spræce Af El 41 | on hlafordsearwe gemet III Eg 7, 3 | on godcundan þingan Episc 1; on scriftan VI Atr 52. II Cn 68, 1 c; domum Sacr cor 1, 3; medsceatt on dome Iudex 15, 1. 17; woh on aðe oððe ordale Episc 5 | on ordale ful II As 4. 5. 6, 1. 14, 1 | ofslea an þeofðe Wi 25 | on bote (steore) forgifnes III Eg 1, 2 (IV 1, 5) | dwelian on cwyde Iudex 16 | on þam nyt *worin nützlich* Ger 8 | on þassum vel in þissum Iud Dei IV 3, 4 in hoc *glossnd* **8)** (*Lage, Zustand, Verhältnis*) *'bei, in';* on worulde *im Weltlichen* Grið 21 | on þam unrihte *bei solcher Unmoralität* (*sterben*) Northu 62. 63, 1 | nis æni man on life *niemand existirt, der* Becwæð 3, 1 | on ealre gesundfulnesse Wif 8; on freondscipe VI As 7 | *geschützt 'unter';* on mundbyrde Grið 14; griðe V Atr 10, 1. 21. VI 13. I Cn

2, 1. Grið 31 | on unfriðe II Atr 6 | on læsse plihte *mit weniger Gefahr* Forf 3, 2 | *'in':* on þeowete VI As 12, 2; an freolsdome Wi 1 **9)** (ge)wifian on *sich geschlechtlich verbinden mit:* nydmagan, gehadodre nunnan (*auch* Cn 1020, 16) VI Atr 12 = I Cn 7 f.; neahsibban m̄ [*viell. ac*] Northu 61, 1 **10)** *rächen an;* wrace do on men II Em 1, 3; wrecen on ceorlan Að 1 **11)** *'in'* (*der Entscheidung, Verfügung, liegen*); on dome Af 7. Ine 6. II Em 6. Blas 3. Grið 9 | *im Sinne* (*tragen*) on mode 27; gemynde VI Atr 42, 2. I Cn 25; geþance II 84, 4 a | *in Gewohnheit halten:* on gewunan hæfdon VIII Atr 31, 1 **12)** (*bestehend*) *'in';* 60 sc. on feogodum Af 18, 1; foðre, oðrum ceape Ine 60; gafol on sceattum IV Eg 1; scyld on gewyrhtum oððe gewitnesse Iud Dei VI 2; deoflice dæda on stalan V Atr 25 = VI 28, 3; morðweorc on blote II Cn 5, 1 (*ac:* blot Northu 48); on byrdene Northu 55 **13)** on wedde sellan *pfandlich versprechen* Wif 1 **14)** *durch, mittels;* an feo oððe an aðe Hl 10; on aðe cyðan Ine 53; on rode gelesdest Iud Dei IV 3, 1, in cruce redemisti *glossnd* **15)** *laut, gemäss, kraft;* on Godes forbode Northu 61; bebode II As 23, 2; be Ld; *bloss instr* Ot | on þissum geþencean Af El 49, 6; of E **16)** on nanum þingum *unter keiner Bedingung, keineswegs* 48 **17)** *betreffend, bezüglich, über;* smeagung on orfe IV Eg 13; þingie on ceapgilde II As 21; dom on *Gesetz über* IV Eg 12, 1 **18)** (*zielend*) *'auf, an, zu, vor';* on gerihte to *geradeaus nach* AGu 1 | riht on (*an*) boclande I Ew 2. 2, 1 | teoðung on (*auf*) wæstmum I As Pro | ofertruan on (*zu*) friðe VI 8, 7 | deofla on fleame gebringeð I Cn 4, 2 | on (*vor*) griðe mæðe wite 2, 1. 4, 3. Grið 31, 1 **19)** (*beschwörend*) *'bei';* on Godes helde II Cn 23, 1

AA) on *hinter regiertem dt eines pron.* **1)** *an;* onfinde him unbælo on; . . him facn on nyste Ine 56; him on open wurðe II As 3, 1. 26 **2)** *gegen;* [*falls nicht* on *Praefix des Verbs*] him on ne feohto (onfeohteð) Af 42, 1 (6) H; *ac:* hine EOt | *was* him man on secgan wolde III Eg 4 = II Cn 16; *die* him on sprecan I Atr 4 = II Cn 33. *Vgl. mit* on- *beginnende Verba*

B) *in ac* **Ba)** *räuml.* **1)** [*bewegend*] *'auf . . hinauf';* on middangeard cwom Af El 49; on weofod *lede* Sacr cor Pro; lecge on scyld II As 15; sette up on þa smiððan 14, 1 **2)** *in . . hinein;* haligdom on hand sylð III Atr 2, 1. 3, 1 | do on carcern VI As 12, 1 | on ful lecge I Atr 4, 1 | (*zahlen*) *in die Casse;* on þa scire Af 37, 1 H; in EB | reoð in on geat Ine 40 | lædan (cume) on land Wif 7 (II Atr 3, 1); on here faran AGu 5 B 2; in B | on wæter afangen Iud Dei VII 24 A; on þec sendend, missurus in te *glossirend* IV 2, 1 f. | on senoðbec writan Af El 49, 8 **3)** [*auf Frage wo?*] *'in';* on port II As 14 | on mynster gefeohte Ine 6, 1; *dt:* -tre HB | mægnas on þec, virtutes in te *glossirend* Iud Dei V 2, 5 | on ægðera hond *auf jeder Hand, beiderseits* II As 23, 2 **4)** [*fortbewegend*] *'an, in, zu';* on folc bebycgan Af El 12, populo vendere *übsnd;* sylle on hæðene leode V Atr 2. VI 9 | of scire on oðre VI As 8, 4; of stæðe on oðer Duns 1. 2, 2; bedrife on oðer hundred Hu 5 | sendan on twa healfa *nach beiden Richtungen* VI As 8, 3; on feower healfe Pax **5)** *'an, in'* (*Körperteil*) on hrif (þa herðan) wund Af 61 (65); on (þa H) eaxle 53 (*dt übr.*). 68 (in E); on (*auf die*) breost (hrægl) gefó 11 (18) **6)** *teilen 'in';* dæle on twa VI As 1, 1. Hu 2, 1. II Eg 3, 1. VIII Atr 8

Bb) *zeitlich* **1)** *Zeitpunkt 'an';* on þone dæg Af 43. Af El 3 (þam -ge *einmal* EH); þa on dæg, þa *damals als* Sacr cor Pro | on mæssedæg Romscot 1; Gangdagas, Gehholl, Sunnan niht Af 5, 5; Sunnan æfen Wi 9; Sunnan-(Monan-; Þunres-)dæg Ine 3 (VII a Atr 1; Af 5, 5. Rect 3, 4. 4, 1) | *'zu':* þane (ænigne; gesetne) tíman Wi 11 (II Cn 38; Northu 36); þa tid I Em Pro **2)** *Zeitdauer 'in, während';* on lencten Af 40, 2 H (in E; *dt:* -ne B); fæsten 5, 5; hærfest Rect 3; 6 dagas Af El 3 Ld; *dt übr.* | *ewig:* on worulda woruld Iud Dei V 2, 5, in secula seculorum *übsnd* VII 24, 1 A. VIII 2, 4; on ecnysse IV Eg 1, 5 a. II Cn 84, 6 **3)** þæs on 21 niht *von da ab in* II Em 7, 3; *Zeile vorher dt:* nihton

Bc) *übertr.* **1)** [*Bewegung*] *'in, zu';* gan on þeowot Ine 7, 1; on dædbote I Em 3 | on synna (-ne B) befealle I Cn 23 GA | gebycgge on þeowenne Af El 12 (to þeowte H), in famulam *übsnd* | on gewrit settan 49, 9 | wend on unræd 41 | on fæsten fo *greife zu* I Cn 5, 2 c | sie gifremmed him on byrne Iud Dei V 2, 3, in combustionem *glossnd* **2)** on borh *in, unter Bürgschaft* α) ga mægð - - *übernehme B. für* II As 1, 3. 6, 1. VI 12, 2 | - - gebringan II Cn 20 a B (on borge *übr.*) | - - niman II Ew 3. 3, 1. II As 7. VI 12, 2; settan II 20, 1; 4 β) [*ruhend:*] - - gehabban VI 1, 4 **3)** on hand α) sende on his honda Af El 13, tradidit in manus *übsnd;* becume feoh - - 42 β) sette on þa hand *schiebe dem zur Gewähr zu* II Atr 8, 1. Swer 3, 2 γ) - - gan *sich unterwerfen* Af 42, 1; 4. VI As 12, 1 hand - - sylle II Ew 6 δ) - - syllan *versprechen* II Em 7. 7, 1. II Atr 8 ε) cænne an gerefan hand Wi 22 **4)** *gegen* α) (*belastend*) *auf,* (*klagend*) *über;* gestæle on ryhtran hand Af 22 | on hine geresp weorðe 32; yppe on þone Ine 43 | secge an anweardne Hl 5; landesmann II Atr 7; on yrfenuman (æftergengan; þæt land) sprece III 14 (V 32, 3 D; Duns 1, 2) β) (*kämpfend*) on þone geonbyrde Ine 76, 2; on hine (hlaford) feohte Af 42, 4 (5; *nachher dt:* him EOt; hine H) γ) *Schuld verbrechen gegen;* on þec gyltinge Iud Dei V 2, 4, in te commissum *glossirend* **5)** [*zielend*] *auf;* geleafan on (*an*) þone God VI Atr 42, 2 | gifre on (*nach*) yrfe Iudex 9 **6)** *an, zu Lasten von, aus;* teo on his æhta (- te BA) heregeata II Cn 70 **7)** *innerhalb* [*als Teil einer Zahlung*]; (ge)sellan mon (sweord) on þæt (wergeld) Af 18, 1 (Ine 54, 1) **8)** *bestehend in;* hæðenscipe on blot Northu 48 (*aus dt:* blote II Cn 5, 1) **9)** *adverbial 'auf, in';* on þa (ænige, æghwylce) wisan A Gu 5. Wif 1 (II Cn 5, 1. 11); þa ilcan (oðre) wisan Ine 23, 2 (Af El 49, 9) | on þa gerad (*dergestalt*), þæt I As 4. 5. II 8. V Pro 1. VI 9; þa rædenne, þe Ine 62 | on folcriht *rechtmässig* II As 9 H Ot (*dt:* -hte Ld). VI 1, 1. Swer 3, 4. Mirce 3; on (eald) riht *richtig, rechtlich* Af El 49, 6. Ine 1. I Ew 1, 2. III Atr 3 (Hl 12. Wi 5) [*vgl.* ariht]; on unriht V Atr 32, 1 D. II Cn 66. Northu 2, 2. 31. 64; on woh [*vgl.* awoh] Af 1, 1. 42, 6. III Eg 3 | on idelnesse Af El 2, in vanum *übsnd* | on bismor *schimpflich* Af 35, 3 | on eornost VIII Atr 39 | on fruman *ursprünglich* Af 41 **10)** [*schwörend*] *'bei';* on þone Drihten Swer 1—5 **11)** on þa gewitnesse *unter Zeugnis* V As 1, 1. Swer 7 **12)** on Godes est *um G. willen* VII a Atr 4, 1; on Godes naman *frei-*

willig Af 5, 4 [*oder dt?*] **13**) *betreffend, bezüglich;* mishyran on nan IV Eg 1, 8 **14**) *bei, gelegentlich;* slea on þa þeofwrace VI As 1, 4; 5 **15**) *über hinaus;* yhte ufon on þæt 6, 3 **16**) [*in der Reihe aufzählend*] an ærest *erstens* II 1 Ot (an *fehlt* HB). Sacr cor 1, 1 Cv. IX Atr 1

BB) on *hinter regiertem ac eines prn: 'gegen';* hine on ne feohte Af 42, 1 EOt; him H

C) on *hinter regiertem indeclinablem Relativ* þe; heorðe, (*an*) þe se mon on bið Ine 61; geburscipe, þe he on hamfæst wære I Ew 1, 4; rod (*an*) þe Crist on þrowode Iud Dei VIII 1; fyrd, (*bei*) þe se cyning on sy V Atr 28; cirice, (*an*) þe legerstow on sy II Eg 2. 2, 1 = I Cn 11. 11, 1; að, (*durch*) þe se onspeca on gehealden I Ew 1, 3; scire, (*über*) þe he on scrife Episc 11

D) *oft bleibt, wie in n.* C, *dunkel, ob dt oder ac gemeint* **1**) *räumlich bewegend* α) *'auf';* byrðenne on eow settan Af El 49, 5 β) *'in';* cume on neawiste I Em 3 γ) *'an';* becume on his gefan Af 42, 4 **2**) *beschwörend 'bei';* on Godes naman I As Pro. Sacr cor 1. Cn 1020, 16. I Cn 7. II 84. Swer 7—11. Iud Dei V 2, 3. VI 1 [*vgl. n.* Ac 19. Bc 10]: *andere Bed. s. n.* Bc 12 **3**) *'unter, auf' Zeugnis Mitwissenschaft;* on gewitnesse Af 34 H (in E). 41. Ine 7, 1. II As 12. 24. VI 8, 7. IV Eg 6, 1. 7. 9. II Cn 79 [*vgl. n.* Ac 5. 15. Bc 2] | gange an gestliðnesse Wi 7 | on weorðunge *aus Verehrung* X Atr Pro | on hrædinge *auf der Stelle, sofort* VI As 9 **4**) upon Temese (andlang B 2), Usan *flussaufwärts* A Gu 1 **5**) *zeitlich;* on mæssan *am Feiertag* I Cn 12; to A [*vgl. n.* Ab 1. Bb 1; ecnysse Bb 2]

E) *durch* on *regierter dt ersetzt durch ac:* Af El 3 G. Af 42, 4 H. 53 H. II Cn 20a B. Northu 48 | *durch* on *regierter ac ersetzt durch dt:* Af 40, 2 B. 42, 1; 6 H. Ine 6, 1 HB. II As 9 Ld. II Em 7, 3. II Cn 71, 2 B

F) on *für älteres* in *setzen* HB So Ld: *z. B. räumlich* Af 7. 9. 33. 37. 37, 1. 47, 1. 68. A Gu 5; *zeitlich* Af 40, 2; *übtr.* 34. 40, 2 | on *für* of Af El 49, 6 | on *für blossen instrum.* Af El 11 H. II As 23, 2 | on *ersetzt durch* æt, be, to *s. d.*

II) ***Adverb*** **1**) selre of folgoðe þonne on (*darin*) Ger 7 | on (*daran*) asnaseð Af 36; onsnæseð B [*hier und oft kann* on *Praefix des Verbs sein, wie ich deren unten mehr als Toller annehme*] **2**) *verbunden mit* þær **a**) þæron wæron *dort* (*im Gemot*) *anwesend waren* VI As 10; þær beo on biscop III Eg 5, 2 = II Cn 18, 1; intersit Q, *dagegen, falsch* on þære scire *verbindend,* in comitatu, conventu In. Cons **b**) þær he on beclypod beo *innerhalb welches* [*Hundred*] II Cn 31a **c**) þær facn on (*dabei;* on *fehlt* E) gefremede Af El 28 **d**) þær on befealle *dorthinein* 22, in eam *übsnd.* — *Der.:* þæron, upon

[F]**on** *s.* hume

onbeclypod *angeklagt;* þær he ~ beo II Cn 31a; -lepad A. [*Oder getrenntes* þær-on? *s.* 9 *Z. vorher*]

onbestæled, *ptt pc;* hit (hym *ergänzt* G) ~ sie *es* (*Diebstahl*) *überführend nachgewiesen wird* Af El 15, convictus noxae *übsnd* [*vgl.* onstal]

hio bið **onbestungen,** *ptt pc,* (*Lende*) *eingestochen ist* Af 67, 1 [*vgl.* inbestingan]

onbite, *op* 3, *m gn;* þæs forstolenan ~ *geniesse von gestohlener* (*Fahrhabe*) Ine 57; onbyte So [*vgl.* ab~]

[on]butan I) *prp m ac; herum um;* ab~ stan, treow, wille Northu 54 **II**) *adv; umher, ringsum;* englas þær ab~ hwearfiað I Cn 4, 2

onbyrigan, *m gn, kosten, geniessen von; op* 2: husles ~ige Iud Dei VII 12, 4 A, percipere *übsnd; übergeschr.* [*pl* 2]: ge ~gon | *op* 3: abyrige haligwæteres Ordal 4, 1

oncecgan *s.* onse-

onceignise, *ac, Anrufung* (*Gottes*) Iud Dei V 2, 4, invocationem *glossirend*

oncnawon (on) þe, þæt [*op pl* 3] *erkennen dich* (*an dir*), *dass* Iud Dei (VII 24, 1 A). VIII 2, 4. te cognoscant, quia *übsnd*

oncunne, *op* 3, oðerne godborges [*gn*]: *anklagt wegen* Af 33

oncymð, 3; þa scire, þe he ~ *die Grafschaft, in welche er hinkommt* Af 37, 1 [*oder s.* on *prp, regiertem* þe *folgend*

ond- *s.* and- **ondettan** *s.* andetlan

þa hond **ondo,** *op* 3, *binde die* [*wegen Wunden verbundene*] *Hand auf* II As 23, 1 Ot Ld; undo H

ondræde, *op* 3, *fürchte:* Domdæg I Cn 25; ~rede *Gott* Iud Dei IV 2, 3 | ~ he him [*prn refl., dt eth.*] God Iudex 6

ondryslic *furchtbar, schrecklich; ac:* þone ~can domes dæg Iud Dei VIII 2 | *praed nt:* hu ~ hit gecweden is I As 3 G; ~rislic H; egeslic Ld

onfeng *Ergreifung; dt:* ~ge Af Rb 11 (~fænge H; ~! So). 18. Ine Rb 28. 36. 44. 49; andfenge Ine B: 36. 44. 49 | *pl dt:* andfencgum Af 18 B **1**) *Antastung* (*einer Frau*) Af Rb 11. 18 **2**) *Einfangen, Abfassung eines Diebes* Ine Rb 28. 36 **3**) *widerrechtliche Anmassung, Occupation:* mæstennes 49; wuda 44. [*Vgl.* anfengnes]

onfeohtan *blutig bekämpfen, fechten gegen;* 3: gif hine (*dt:* him H) mon ~teð Af 42, 6; ~tað Ld | *op* 3: hine (him H) on ne feohte 42, 1 [*oder* on *prp, Regiertem folgend*]

onfindan **1**) (*Fehl*) *finden an; op* 3: gif he ~de him únhælo on Ine 56; afinde B **2**) *entdecken, dass;* gif mon ~de, þæt II As 10, 1 Ot Ld; afinde H **3**) *finden als; ind.* 3: gif man afindeð æhte unhal Swer 7

I) **onfón** *erhalten, annehmen* Af El 30 (anfon G). 49, 7. Ine 67. 75; ~oa Iud Dei IV 3, 1; *flect.:* ~nne I Cn 22, 5; 6 | 3: onfehð Abt 58, 1 | *pl* 3: ~oð Iudex 17, 1 | *op* 3: ~fo Af 19, 3 (underfo B). 37, 2 (underfo B). II As 24. Iud Dei VIII 2, 3. Iudex 4 | *ipa:* ~oh Af El 46. Iudex 15, 1 | *ptt* 3: onfeng Af El 49, 9 | *pl* 3: onfengon 49, 7; underfengon H | *op* 3: onfenge Af 19, 3 | *pc:* afangen Iud Dei VII 24 A — **1**) [*ungern*] *erhalten;* dyntes [*gn*] Abt 58, 1 **2**) [*Wohltat*] *geniessen:* husles [*gn*] I Cn 22, 5 | *Taufe empfangen* fulluhte [*dt; oder* -tes, *gn*] Af El 49, 9; *ac:* ~ht H Ld So | endlean Iudex 17, 1 **3**) flæsc *Fleisch* (*Körper*) *annehmen* Iud Dei IV 3, 1, carnem suscipere *glossirend* **4**) [*Gebotenes*] *annehmen:* geleafan, þære fiohbote [*gn? dt?*] *Geldbusse* Af El 49, 7 | *dt:* medsceattum 46 (*ac:* -tas Ld. Iudex 4); him (*Land*) Ine 67 **5**) *übernehmen:* wæpn to feormunge Af 19, 3 | *Zugeschobenes als Gewährsmann:* hine (*Wert*) Ine 75 | *gn:* his (*Vieh*) II As 24 | mannes æt fulluhte *jem. aus Taufe heben, Pate stehn* I Cn 22, 6 **6**) [*schützend*] *aufnehmen:* wiccan Af El 30; hine to men *als Vasallen* Af 37, 2 | wæter hine onfó (si on þis wæter afangen) Iud Dei VIII 2, 3 (VII 24 A) **7**) *berücksichtigen, begünstigen:* had Iudex 15, 1. — *Ersetzt durch* underfon; *s. d.*

II) **[ónfon?]**; *op* 3: on fæsten fo

greife (*wende sich*) *zum Fasten* I Cn 5, 2c [*vgl.* fon]; *aber 'anfangen' verstehen Lateiner:* ieiunium ineat Q Cons; incipiat In

onforan heafde, *prp m dt, vorn am Kopf* Af 49; ∾ren B Q

ongean, *prp m ac* **1**) *gegen* (*feindlich*); ∾ riht geondbyrdan EGu 6, 7 B [*dafür:* gean H] = V Atr 31, 1 = II Cn 48, 3; ∾ lahriht V Atr 31 = VI 38; ∾ lage Cn 1020, 9; ∾ gerædnesse Northu 45 **2**) *gegenüber;* ladige hine ∾ hine *sich g. dem Kläger* Wl lad 1, 1

ongeaton *s.* ongietan

be **ongehyðnesse** [*dt*] lifes *über Vorteilhaftes, Annehmlichkeit des Lebens* Iudex 12

ongemang, *adv, dazwischen;* falses fela ∾ gesawe *säe* Episc 7

ongerecce, *op 3*, hit man him ∾ *man es ihm als Schuld aufbürdet* V As 1, 2 [*oder* on *prp, regiertem* him *folgend: gegen ihn erweist*]

ongesoðod, *ptt pc, erwiesen, nachgewiesen;* gif hit (*Verbrechen*) him ∾ weorðe VI Atr 37 [*oder* on *prp, regirtem* him *folgend: an ihm; vgl.* gesoðian]

ong[ie]tan *erfahren, erkennen; op pl* 3: ongyton on þe, þæt Iud Dei VII 24, 1 A, te sentiant, quia *übsnd;* hia ongette strengo V 2, 5, cognoscant virtutes *glossirend* | *ptt pl* 3: ongeaton, þæt Af El 49. 2 (a *übergeschrieben* H; ∾ioton So; ongyaton Ld), cognovissent *übsnd*

onginnan *beginnen;* ag∾ VIII Atr 39. Ger 3 | 3: ∾neð I Em Insc. I Cn 26, 1; agynneð Grið 12 | *pl* 3: agynnað 21 | *op* 3: ∾nne II Cn 4 D (ag- G; agynne A). 41, 2 A (ag- G; agynne B). Ordal 4, 2; aginne VI Atr 32, 3. II Cn 10. 39, 1; agynne EGu 7 | *ptt pc:* agunnen VI Atr 36. — **I**) *intr* **1**) her ∾neð (*hebt an*) gerædnes I Em Insc **2**) *m inf, sich bemühen zu:* clænsian II Cn 4; mundare studeamus Q; mundemus Cons **3**) *m inf, sich erfrechen zu:* sceaðian I 26, 1; hyrwan Grið 21 **II**) *tr* **1**) *beginnen:* halgunge Ordal 4, 2 **2**) *in Angriff nehmen, fördern:* burgbota (*aus* beon ymbe V Atr 26, 1) VI Atr 32, 3 = II Cn 10; procuremus Q; incipiamus et proficiamus Cons; (*Kirchen-*)bote (*aus* gebogene V Atr 29) VI Atr 36. II Cn 39, 1. 41, 2; hit on eornost VIII Atr 39 | wel ∾ *erfolgreich schaffen* [*ohne Obj., ob intr.?*] Ger 3 **3**) *frech wagen, sich herausnehmen; m ac:* cypinge EGu 7; præsumat Q | gefeoht Grið 12

onhadige, *op* 3, *der Weihen entkleide, degradire* Af 21; *geänd.* unhadie B

onhagie *s.* toonhagie

[o]nho, *op* 3; hine man anho *man hänge ihn auf, erhenke* VI As 6, 3

oniorne sceoma, *op* 3, *sich Schande zuziehe* Iud Dei IV 3, 5, incurrat calumniam *glossirend*

onlænan *darleihen, m gn der Sache; op* 3: ∾ne sweordes Ine Rb 29 (*ac:* sweord alæne HB); sweordes, horses Ine 29 (læne H; *ac:* hors B); wæpnes Af 19; læne HB; *geänd. ac:* wæpn H; wæpne B | *ptt* 3: ∾nde wæpnes 19, 1 B, *wo* EH *lesen:*

onlah, *ptt* 3; seþe wæpnes [*gn*] ∾ *wer die Waffe darlieh* Af 19, 1 (onlag So; onlænde B); *geänd.* wæs on lan *zur Leihe*[*? vgl.* læn] H

onnime, *praes op* 3; þæt he him ∾ *was er ihm fortgenommen hat* Ine 9 [*oder* on *prp, regiertem* him *folgend; vgl.* niman *n.* 8]

onsacan *gerichtlich leugnen, sich freischwören* **a**) *ohne Obj.* Ine 28, 2; æts∾ B; bi (*durch Eid in Höhe von*) þon ∾ 45 HB; *geänd.* ofs∾ B; ans∾ E | *op* 3: ∾ce *geleugnet hatte* 71; be twyfealdum *mit doppelt hohem Eide* 46, 1; ætsace B **b**) *m gn; inf:* ∾ sleges mid aðe 54; æts∾ B | fyrmðe 46, 2; æts∾ B | be 60 hida þære þiefðe 46; æts∾ B. — *Ersetzt durch* æts∾, ofs∾; *s. o.*

onsagu *gerichtliche Klage* II Atr 9, 3

onscunian *vermeiden* **1**) *nicht ausführen;* 3: hit ∾nað (*Verordnetes*) *verweigert* IV Eg 3, 1; resistens devitat L **2**) *verabscheuen; ipa:* ∾na þu leasunga Af El 44, mendacium fugies *übsnd*

onsecgan **I**) *gerichtlich leugnen;* synna ∾cggan *sich der Schuldanklagen entreden* Af 14; ∾sæcgan H So; ætsacan B **II**) *op* 3: godgeldum ∾cge *Götzen opfert* Af El 32 (onsæcge H Ld; oncecge So), immolat diis *übsnd* **III**) **ónsecgan;** þæt him man ∾ wolde *was man ihm zur Last legen* (*gegen ihn klagen*) *wollte* III Eg 4 = II Cn 16 [*oder* on *prp, regirtem* him *folgend*]

onsiist ofer earðe, 2, *siehest, blickest auf* Iud Dei IV 4, 1, respicis super terram *glossirend*

onsnæseð, 3; hine mon ∾ *man sich aufspiesst* (*am Speer*) Af 36 B; on (*daran*) asnaseð EH

onspæce [*ac*] geræcan *Klage rechtsgiltig einbringen* Geþyncðo 3; accusationem admallare Q; preiurare forað In Cn

onspeca *gerichtlicher Kläger* I Ew 1, 3

onspreean **1**) *klägerisch ansprechen, einklagen;* 1: orf, þæt (*welches*) ic onspece Swer 2 **2**) *verklagen, m dt; op pl* 3: þam þe him onspræcon I Atr 4 (∾pæcon B) = II Cn 33 A (∾pecan B; ∾præcan G [*das sonst dem Praeter. eigene* -æ- *steht hier im Praesens; vgl.* ic spræce *Toller* 905a, *Z.* 14. 18]). *Oder* on *prp, regiertem* him *folgend* **3**) *gerichtlich klagen* [*ohne Obj.*]; *ptt op* 3: onspræce I Ew 1, 2 B (∾rece H). II Atr 9

onstal (Englisc, Wilisc) *gerichtliche Klage* (*eines Engländers, Wälschen*) Ine 46, 1; *unverstanden* mon stalað B [*vgl.* onbestæled]

ontendan *anzünden;* 3: fyr ∾ent Af El 27, ignem succenderit *übsnd;* ∾endeð H | *op* 3: ∾ende G | *ptt pc:* ∾ded *ebd.*

be **ontygnesse** [*dt*] monnes *von jemandes Bescholtenheit* Ine Rb 37; betogenisse H; -nesse B

ontyne, *op* 3, *aufdeckt:* betynedne (wæterpyt) Af El 22, aperuerit *übsnd;* untyne H Ld [*vgl.* untynan]

onufan, *prp m dt*, [*zeitlich*] *'nach';* XV niht ∾ eastran II Eg 2, 3 = V Atr 11, 1

onweg, *adv* **1**) *hinweg, fort;* (hand) healf ∾ fleoge *halb abfliegt* Af 69, 1; on wege Ld | aweg sylle *weggibt* III Atr 9, 1 | anweg læte *fort* (*entwischen*) *lässt* H Cn 29 A; aweg GB **2**) *beiseite, unbeachtet;* ∾eig læte II Atr 6, 1; on wege Ld

onwendað word, *pl* 3, *verdrehen* Af El 46 (awendað H), subvertunt verba *übsnd*

onwuniað, *pl* 1; þeod, þe we ∾ *Landschaft, die wir bewohnen werden* Rect 21, 2 [*oder* on *prp, regiertem* þe *folgend*]

-oo- *für* o: *s.* fot, socn

open *offen; ac:* ∾nne V Atr 31 | *fm:* ∾ II Cn 64 (*auch* Q Rb. *S.* 538) = Hn 12, 1a; *praed.* Hl 9 | *dt:* ∾nre Ine 37. II Cn 26, 1 | *nt:* ∾ 56; *praed.* II As 3, 1 = 26 = II Cn 53 | *dt:* ∾num Abt 22. V Atr 12 = VI 20 = VIII 13 = I Cn 13. — **1**) *noch ungeschlossen;* æt ∾num græfe *vor Vollendung des*

Begräbnisses Abt 22. V Atr 12 = VI 20 = VIII 13 = I Cn 13 2) *unerledigt, unpräjudicirt:* sacy *Rechtsstreit* Hl 9 3) *offenbar, tätig, wirklich:* wiðercwyde V Atr 31 4) *offenkundig erwiesen, unleugbar:* scyld Ine 37; manifesto reus Q | morð II Cn 56; apertum Q In; manifesta Cons | þiefð 26, 1 ([*synonym mit* æbæra] probatus, apertus Q). 64; apertum Q [*auch* Rb. *S.* 538] = Hn 12, 1 a; manifestum Cons; *ungenau* publicus latro In | hit him on ~ wurðe II As 3, 1. 26; *m. dem Ggs.:* tihtle (*leugbare Inzicht*) II Cn 53; manifestetur Q; manifestum Cons; apertum In

openlice, *adv, offenbar, deutlich überführt* VI As 1, 4. II Cn 37; *unleugbar, notorisch* 47; ~ndl~ B

L operari operam *Arbeit, Handwerk verrichten* Lib Lond 8, 6

oppa *s.* hoppe

L opprimere *notzüchtigen,* niednæman *übsnd* II Cn 52, 1 Q, *auch Rb. S.* 537 [18]; obp~ VI Atr 39 L

Optativ 1) *hinter* þæt: *'um im Stande zu sein';* gif he mægnes hæbbe, þæt he gefan beride *mit Fehde überziehen kann* Af 42, 1 | gif he þæs mægenes ne hæbbe, þæt he besitte *belagern kann* 42, 3; besitte mæge H 2) *'sollen, Verpflichtung haben zu';* of lande gewiten *sollen weichen* 4 | hi hit (*Baum*) hæbben of lande 13 | beten swyðe georne EGu 4, 1 | cyðan hit þam ealdre IV Eg 8, 1 3) *ersetzt* [*nicht immer: älteren*] *Indicativ;* gebete, se (*wer*) fyr ontende (~deð E) Af El 27 G | gif man forslea (~lihð EH), þæt heo beon (beoð E) forede Af 50 B | gif (hi) habban (D, habbað H Ld), gif hi nabbað Norðleod 11 | seþe hæbbe (hæfð EB, *Sinn hypothetisch*) Ine 60 | age, gif hit gewurðe (geweorðeð *übr.*) II Cn 15, 2 D | behate 7 sylle þe hire forspecan syn (synd H) Wif 1 B | mon mæg geþencean, þæt he gedeme (~með E) Af El 49, 6 H 4) [*früher?*] *für* soulan *m. inf;* swelte 14 H; sceal sweltan EG 5) *ersetzt durch* magan, nellan *m. inf: s. d. und o. n.* 1 6) *durch Indicativ: s. d.* 7) *Potentialis gebildet durch* willan; eardian wille *vielleicht wohnen mag* Af El 35 8) ~ *pl* 1: *'lasst uns' s.* witon 9) *ersetzt den Imperativ im negativen Satze* 39. 48. 34 G; *ipa übr.* 10) *im Relativsatz, der abhängt von indicativem Bedingungssatz,* Hl 1. 15

L optentus. *für* obt~, *Vorwand, Grund* Hn 36, 1 *d*

L optimates 1) *Adlige, Fürsten, Staatsratsmitglieder* II As Epil Q, æðele men *übsnd, neben* witan 2) *Reichsräte;* obt~ regni (mei) IV Eg 1 L (II Cn Pro In), his (*mine, Königs*) witan *übsnd;* ~regni *vom* Quadr *erfunden zu* CHn cor Test = Hn 1 [18] 3) *Provinz-Notable, schöffenbar Freie* 9, 9

L opus 1) *Dienst* a) *Fron* (*vom Pachtbauer dem Grundherrn nicht ohne Sonderbedingung geschuldet*) Ine 67, weorc *übsnd* b) *Leistung* (*dem Könige auch vom Ritterlehn geschuldet*) CHn cor 11 2) ad ~, *mit gn, zum Vorteil von, für* Leis Wl 2, 3 L (ad ~ regium 2, 4), à l'os *übsnd* [*vgl.* oes]

or- 1) *negirendes Praefix* [*weil unverstanden?*] *verlesen als* on-: *s.* orceapunga, orwige | *verderbt: s.* orige, orwite | *ersetzt durch* æ-, un-: *s.* orgilde 2) -or *für* er: *s.* nawðer, ofer

or(a) *Rechnungswert* [*in Denalagu; sg fehlt*]; *pl:* gylde lahslit, þæt is 12 oran EGu 3, 2 (oras Q; *Var.:* horas, oram) = 12 ór Northu 53 | *gn:* 12 orena 7; ore B; *ac od. gn:* oran Q; *Var.:* horas, oras | *dt:* mid 12 oran III Atr 1, 2. 3, 3; oris Q | *ac:* 20 oran 4, 1 f. 5 ‖ *stets unflect.* ór Northu 2, 2 ff. 50. 53; gilde 12 ór 6 f.; gebete mid 12 ór 8 ‖ *Lat.* ora, hora (*fm*) Q. — *Ausser obigen* 12 *und* 20 *Ör kommt vor:* 6 ór Northu 10. 12. 23. — *Wert:* 1) *für* þreo healfmarc EGu 3, 1 *setzt* Northu 11: XII or, *also* 1 *Ör* = $^1/_8$ *Mark* [*wie im Norden; Chadwick* Anglo-Saxon inst. 24]. — 15 oræ libram faciant [*also* 1 *Ör* = 16 *Pfennig*] IV Atr 9, 2 [*diese Rechnung s. auch* hundred *n.* B] 2) *dagegen zu* 12 oras (*Var.* ho-) ECf 12, 4 *setzt Londoner* 13./14. *Jhs.:* 20 sol. [*also* 1 *Ör* = 20 *Pfennig; so auch* Leis Wl 2, 3 f.; *vgl.* ores]

L orare Deum *zu Gott beten* I Cn 22, 4 Cons, to Gode gebiddan *übsnd*

F orat *s.* oir

L Oratianum *Wort* (*Spruch*) *des Horaz* Quadr II Praef 7

L Orcades insulae *Orkneys;* Orchades Lond ECf 33; *Var.:* Ordasenses

orceapunga, *adv, ohne Lösegeld* Af El 11, gratis *übsnd;* orceop~ So; *missverst.* on ceapunge H

orceard [*ac*] ræran *Garten bauen* Ger 11

ord *Spitze* (*eines Speeres*) Af 36, 2

ordal *Ordal, Gottesgericht* II As 23, 2 (~le! Ld). V Atr 18 (ordol D). Duns 2, 1. *Ordal* 3. 6; að ne ~ I Atr 1, 2 (*ordel* Q) = II Cn 30, 1; *ordel* EGu 9 (*auch* Q). II Cn 8, 2 In | *gn:* ~les I Ew 3. II As 23. *Ordal* 4 | *dt:* ~le II As 7. 14, 1. 19. VI 9. Hu 9. I Atr 1, 1; 4. III 4. 7. V 30. II Cn 30. (*Godes* ~le 35). 57. Duns 8, 3. *Ordal* 1. Iud Dei VI 2; aðe oððe on ~le Episc 5; ordele EGu 9 Ld | *ac:* ~ II As 21 (~le! Ld). I Atr 1, 3; 7. III 4, 1; 2. 6, 2. VI 25 (ordol D) = I Cn 17. II 30, 2; 3 a (*ordel* In Cn = Ps Cn for 11). 30, 6; ordol Northu 39 ‖ *Lat. zumeist* ~lium Q: Hu 9. I Atr 1, 1. IV 5, 2. 7, 3. II Cn 22. 30, 2 ff. = Hn 64, 9. 65, 3 a—c, *neben* iudicium (*das zumeist in* In Cn); iudicium Dei *zumeist* Cons; - ferri et aquae I Cn 17 L; vel huiusmodi (alterius cuiuslibet) *fügt zu* Q (Cons); - igniti ferri II 8, 2; examen I 17 Q | ~lium fuit tempore Willelmi Conquestoris *zu* Wl art Lond retr 12 Co *um* 1310. — *Der.:* iseno~, wætero~

L Ordasenses *s.* Orcades

ordalisen, *ac, Eisen, getragen beim Feuer-Ordal,* Blas 1 B; ~lysen H

L [h]ordeaceus panis *Gerstenbrot* Iud Dei XIV 1, 1; ~cius III Insc

ordel, ~dol *s.* ordal

L ordinabiliter *ordnungsmässig* Hn 34, 3

L ordinare *weihen* 1) *zum Könige* Sacr cor 1 L** 2) ~atus *Geistlicher,* gehadod *übsnd,* Q: Had 2. Geþyncðo 8. Episc 2. Hn 10, 3

L ordo *geistlicher Weihegrad* Had 1, 2 Q, had *übsnd* | septem ordines ecclesiae Að 2 Q, cirichad *übsnd*

F ores, *pl obl, Ör, Rechnungswert* en Denelahe Leis Wl 2, 3; 4; ~ *auch* L [*von* 20 *Pfennigen, da* 12 ~ *in* 2, 4 *den* 20 solz (= 240 *Pfennigen*) *in* 3, 3 f. *entsprechen; vgl.* ora *n.* 2. *Da die Anglonormann. Mark* = 160 *Pfennige, ist* 1 *Ör* = $^1/_8$ *Mark*]. *Es kommen* 10, 12, 32, 40 ~ *vor*

orf *lebend Vieh* (*auch wo* cuce, *das* IV Eg 8. 13 *hinzusetzt, fehlt*) IV Eg 8. Duns 1, 2 (ofer B). Forf 3, 1. Swer 2 | *gn:* orfes IV Eg 8, 1. 9 ff. Duns 1, 1. Swer 4. Wif 4 B | *dt:* orfe I Ew 1, 4. IV Eg 13. Duns 3. Forf 1. 3, 1 | *ac:* ~ IV Eg 9. 11. 14. I Atr 3, 1. II 7. III 5. Duns 8. Swer 3, 1; 3 f. ‖ pecus, pecunia Q. Cons. Eg L; animal, bos aut vitulus vel huiuscemodi IV Eg 8.

8, 1 L; armentum 10 L. — **1)** *zumeist wohl ein Rind; ausgenommen:* **2)** hryðere oððe þam orfe (*soviel Kleinvieh*), þe þæs (*ein Rind*) weorð sy I Ew 1, 4; *hier also collectiv; ebenso* IV Eg 13 f. (meis pecoribus L). Duns 3 **3)** smalon orfe *einem Stück Kleinvieh* Forf 1 **4)** *Vieh, einzeln od. collectiv, synonym mit* yrfe Duns 1, 1 f. **5)** orfes *im Sinne von* (*oder Irrtum für*) yrfes (*'Fahrhabe' in* H) Wif 4 B

F **orfenins**, *pl, Waisen* Leis Wl 9; orphanins I

orgilde *unbezahlt, ohne der Sippe durch Wergeld entgolten zu werden;* licge he (*der Getötete*) ~ Af 1,5 (orgylde H; orgyld Ld; inultus Q). EGu 6, 7 B (orgylde Ld; ægylde *übr.*); orgylde II Atr 3, 4 Ld; ung~ *übr.* [*vgl.* æg~, ung~]

L **Orientales** Angli *Ostangeln* II Cn 71, 2 Cons, Eastengle *übsnd*

orige weorðe *unsichtbar wird, aus den Augen kommt* (*der Dieb*) Ine 28, 1; *geändert* orrige H; *verderbt* werige Ld = repugnet Q

ornest *gerichtlicher Zweikampf;* ~ oððe dom (*Gottesurteil*) Wl lad 1 | *dt:* mid ~te oððe mid gewitnesse 2, 3; - - oððe mid irene 2; to ~te beclipian *fordern* 1. 2. 3,2 | *ac:* ~ forsacan 1,1; bellum Q; duellum Wl art 6. 6, 3

L **ornotinus**, *für* ho~, I As Pro Q, gearlic (*jährlich*) *übsnd*

F **orphanin** *s.* orfenin

L **orror** (**ortari**), *für* ho~ I Cn 25 (23) Cons | **ortus** *für* ho~ Quadr II Praef 13

orwige *ohne Fehde(last auf sich zu laden)* Af 42, 5; 7; *missverst.* on wige 42, 5 H[14]; *dafür:*

orwite *ohne Strafe* Ld: Af 42,5; 7 = sine wita (forisfacto 42,7) Q; *s.* orwige

F **I) os** *Knochen(splitter), obl sg und pl,* Leis Wl 10, 1 **II)** *s.* oes

Oslac eorl *Herzog von Ostanglien* IV Eg 15

osside *von der Seite* (*Person*): de latere ECf retr 12, 6[1], of side *übr.*

L **ostensibilis** *aufweisbar, erkennbar* Hn 80, 11 [*vgl.* monstrabilis]

L **ostensio** *Warenschau samt Zollgebühr* (*für den Verkauf von Waren ausserhalb des fremdher gekommenen Handelsschiffes*) IV Atr 2, 7 [*wohl aus* sceawung *übs.; vgl.* monstrare]

L **ostiarius** *Pförtner, erster Grad kirchlicher Weihen* Had 2 In Cn

I) oð; *Form:* oðð VI As 5; oððe I Cn 17 B [*auch* Rule of St. Benet *ed.* Logeman 116[10]] **I)** *prp, bis zu* **A)** *m ac* **1)** [*örtlich:*] oð æwylm, stræt AGu 1; hand oð wriste, elbogan Ordal 2 **2)** [*zeitlich:*] '*bis zu*'; ~ biscopes dom Wi 6; oð dagas V As 3, 1; fram (of; *von, seit*) .. oð Pentecosten (octabas) I Cn 16, 1; oð sumor Ine 69; oð setlgang Wi 9; oð lihtinge [*dt?*] II Eg 5 = I Cn 14, 2; oð XV niht V Atr 18 = VI 25 = I Cn 17 BA (*dt:* nihton G); oð Eastran (mæssan; *dt?*) Rect 4a. 4, 1a(b) **3)** *Zahl, Gewicht begrenzend;* from VII oð 35 Ine 13, 1; arise oð healf pund VI As 6, 4 [*vgl.* oððæt] **B)** *m dt* [*zeitlich*] '*bis*'; *s.* 7, 5, 4 *Z. vorher* **C)** oð þæt *bis dass* [*zeitlich*], *cj m op,* Hl 6. Ine 38. 62. 71. I Ew 1, 1. IV Eg 11 [*synonym s.* þæt *n.* 6, *ohne* oð] **II)** *cj m op: bis dass* [*zeitlich*] VI As 8, 4. I Cn 17; oðð he ham cume VI As 5 **III)** *adv;* oð to *bis zu* [*örtlich*]; trod - - to stæde lædan Duns 1, 2

II) oð *s.* oððe

oð- 1) *fortgelassen s.* oðfleo, oðhleapan, oðswerian **2)** *ersetzt durch* a-, æt-, be-, of- (ond-) *s. d.* (oðsacan)

oðberstan *entwischen, entfliehen; op* 3: bana oðbyrste Hl 2. 4; (*Missetäter*) ut ~te III Eg 6, 1; ut ætberste A; ut aberste B

oðcwolen, *ptt pc, verstorben* Ine 53; acwolon B; -len Ld

oðdo, *op* 3; oðrum his eage ~ *andrem Auge ausstösst* Af El 19; ofdo H

oðe *s.* oððe

I) oðer *anderer* [*Citate probeweise*] **A)** *adj masc:* ~ Af 1, 8. VIII Atr 6. Rect 18 | *gn:* oðres Af 39. I Cn 22, 6. Duns 3 | *dt:* oðrum Abt 83. Af 15; þam - I Atr 2, 1; oðran II Ew 1, 3. Grið 12; þam oðran I Atr 1, 6 | *ac:* ~rne Af 2. II Eg 5; oðrene Ld; oðirne Wi 23 | *instr:* oðre siðe Ine 62 | *pl:* oðre Af El 49, 5; ~re II Ew 3 | *gn:* ~rra Af El 49, 7. I As Pro G; ~ra D. I Ew I | *dt:* oðrum Abt 71; oðran Ger 16 | *ac:* oðre Af El 1; oðra So ‖ *fm:* ~ II Cn 30, 4. 32, 1. Duns 2, 1 | *gn:* þare oðre Abt 75, 1 | *dt:* þære ~re 16 | *ac:* oðre Ine 39. II Eg 4, 2. Northu 2 | *pl gn:* ~rra Af El 49, 6; oðera H. Nor grið Z. 5 ‖ *nt:* ~ Abt 39. Ger 1 | *gn:* oðres Duns 4 | *dt:* on ~! gemote Hu 7 | *ac:* ~ Abt 31. Af 46. Duns 1 | *pl:* oðru Af El 12 (oðra So; oðre G). Af 9, 2; oðere (þinge) Rect 1, 1 | *gn:* ~rra Af Rb 47; oðra G; oðre H. Af 44 B | *dt:* oðrum Ger 1 | *ac:* ~ II Cn 75 **B)** *sbst masc:* *m gn;* ~ hiora .., se ~ Ine 6, 5 | *gn:* oðres Hl 11. Af 12. Ine 29 (*adj:* oðrum B). II As 17; ~rs! II Cn 50, 1 Ld | *dt:* oðrum Hl 12. Af 77. Grið 29; þæm - Abt 31; mid oðre (!) Swer 8 B | *ac:* ~rne Abt 57; þane - 26 | *pl:* oðre Wi 19 | *dt:* þam oðrum Abt 72, 1 | *ac:* þa oðre Af El 49, 9 ‖ *fm ac, m gn:* þara ~ hæbbe Hu 4, 1 ‖ *nt:* ~ II As 13, 1; oðær Ot. Mirce 3, 1; nan ~ butan II Cn 30 | *gn:* þæs oðres Ine 42, 1 | *ac:* þæt ~ Hu 2, 1

I) *unter zweien* **1)** [*alternativ*] *von beiden der eine oder andere;* ~ eare *das eine Ohr* Abt 39. Af 46; *davor* þæt H B | þara (*zweier*) gewitnyssa ~ Hu 4, 1 | ~ hiora (*zweier*) Ine 6, 5 **2)** *der zweite von zweien* **a)** *Gegenpartei* α) *Kläger* Abt 57; friman þæm oðrum 31 | gif mon (*Beklagter*) sweordes onlæne oðres (*Klägers*) esne Ine 29 β) *Beklagter* Hl 8. 10 (*aber* 2 (4) *Z. weiter:* '*Kläger*') | þæs oðres að Swer 3 B | gif hwa oðrum oðfæste Af 17 **b)** *bei sonstigem Zweiseitigen* α) *wo der Deutsche dem ersten Subst. 'der eine, ein' voransetzt;* of (*vom einen*) stæðe on ~ Duns 1 | gif esne ~rne ofslea Abt 86 | of boldgetæle (scyre) in ~ boldgetæl (oðre) Af 37 (VI As 8, 4) | gif preost ~rne Northu 29 f. 33 [*'der eine' heisst oft* man, *s.* mann, *n.* 3] β) *der vorbenannte von zweien, jener;* gif man cuman feormæð 7 he (*Fremder*) yfel gedo, þane ~rne (*Fremden*) gebrenge Hl 15 | oðres (*besagten*) preostes Northu 2, 2 γ) *irgend einer, jemand anders, als Aussenwelt dem Subject gegenüber gedacht* Hl 11; Cristen onf[ó] oðres mannes I Cn 22, 6 | gerefa oðres ryht alecge V As 1, 3 | ænig man oðrum misbeode Episc 6 **3)** ~ .. ~ *erster und zweiter von zweien* **a)** [*coordinirt*] *der eine .. der andere, jener .. dieser;* Cristen cunne Pater 7 Credan: mid þam oðrum sceal gebiddan, mid þam oðrum geswutelian I Cn 22, 1 | 2 æceras, ~rne gesawene, ~rne ungesawene Rect 10 **b)** [*distinguirt*] *anderer als;* ~rne dom welegan, ~rne earman *verschiedenen Spruch Reichem als Armem* Af El 43 **4)** [*reciprok*] ælc .. ~ *einander;* ælc gerefa oðrum *alle Vögte einander* VI As 8, 4 | ure ælce ~erne Grið 31 **5)** [*partitiv*] an .. ~ *teils ..*

teils; hwær ænne dom, hwær ∼rne *hier einen, dort einen Satz, je einen an verschiedenen Orten* Af El 49,8 [*in n.* 3b *und* 5 *heisst* ∼ *collectiv 'alles'* (*nicht bloss 'eines'*) *andere*]

II) *Beziehung zwischen zwei oder mehr als zweien* **1**) *der zweite einer Reihe* **a**) *im Ggs. zum ersten; 'noch ein':* æwda Wi 23; manwyrð Hl 3 | *'nochmals'* LX scil. Ine 6, 2 | oðre siðe *'wiederholt'* 62 | æt þam oðran cyrre *im* Rückfalle (*des Verbrechens*) I Atr (1, 6) 2, 1 = II Cn (30, 4) 32, 1 | þæt ∼ gield *die dem* ceapgield (angield), *Wertersatze, gleich hohe* Busse II As 19. Duns 4 | oðre swylce bote II Eg 4, 2 | ∼ swilc *nochmal so viel* Mirce 3, 1; eft swa micle Ld **b**) *vor einem dritten: 'zweit';* oðran (æfteran EH), þriddan cyrre Af 23 B. I Ew 2, 1. II 1, 3 | *vor* dæl VIII Atr 6. Had 9, 1; stæp Had 3 | *zweitens* II As 13, 1. VI 2 | *an Rang* (*Wert*) *hinter* selestan, betstan, *doch vor dritten* Abt 16. 26. 75, 1 **c**) ∼ healf *anderthalb:* orfes weorð Duns 1, 1; oðres healfes hides Ine 66; oðre healfe elne II As 23, 1; þreo healf Ld **2**) *verschieden, sonstig, ferner;* ∼ wif *anderes als erwähntes, geschändetes W.* Abt 31 | cuman, [*nämlich*] cepeman oððe ∼ne Hl 15 | oðrum [*als dem Entführer*] bewyddod Abt 83 | ne æhta ne ∼ne borh II Ew 3, 2 | ærcebiscop 7 oðere biscopas I As Pro | *ferner* Af El 1. 49, 5; 9. Af 1, 8. 2. 9, 2. 11, 3. 15. 39. Ine 6, 2. 8. 39. 42. EGu 12. I Ew 1. II Eg 5. Wif 7. Rect 1, 1. 18. Ger 1. 16. Grið 11 f. Nor grið Z. 5 **3**) *verneintes* ∼ *vor* butan *kein anderer als, nur;* beo nan ∼ butan þæt he ga *müsse er gehn* II Cn 30 | nan ∼ bot butan *nur* [*Tod*] I Atr 1, 6. 2, 1 = II Cn 30, 4. 32, 1. Ordal 4, 3 **4**) *übrig;* Wi 19. Af El 49, 9; þolie þæs oðres *Restes* Ine 42, 1. Hu 2, 1; æt þam oðrum taum Abt 71. 72, 1

II) **oðer** *s.* awðer

oðfæstan *anvertrauen;* 3: ∼teð Af Rb 15 Ld | *op* 3: oðrum his unmagan ∼te Af 17 (ætfæsteð [*ind.*] B Insc); friend [*dt*] fioh Af El 28, commendaverit *übsnd;* munuce feoh Af 20 E; befæste HB

oðfealle [*op* 3] se wer þam magum (*falle nicht zu*) *entgehe der Sippe das Wergeld* II Ew 6; offealle Ld

oðfleo, *op* 3, *entflieht* II As 1, 2; fleo B So | ut ∼ *hinaus entkommt* Af 1, 6

ut **oðhleape**, *op* 3, *hinaus entflieht, entspringt* I Atr 1, 11 (utt H; utleape Ld) = II Cn 31, 1; ut ætleape B; ut hleape A

oðierne, *op* 3, *entrinnt, entkommt* Ine 28, 1; oðyrne H Ld; oðerna! B

oðirne *s.* oðer, *ac*

oðsacan 1) *sich entreden* (*freischwören*) *von:* [*gn*] borges Ine 41; æts∼ HB [*als sbst. davon setzt* Rb: be ondsæce]; his *davon* II As 4 So (æts∼ HB). 6, 1 So H (*geänd.* æts∼ H; hit [*ac*] æts∼ Ld) 2) *op* 3: ∼ce, þæt *erweise durch Reinigungseid, dass* II Atr 4

[oðsc(e)acan]; *ptt op* 3: oðseoce *entrinnt* VI As 3 *für* oðsc(e)oce [*Toller* 770] | *oder lies* **oðsceote** [*prs op* 3; *wofür Toller dieselbe Bed. belegt*]

oðstande; *op* 3 1) hlyst *Gehör* (*schwindet*) *fortbleibt* Af 46, 1; æts∼ B 2) hwær team ∼ *wo Gewährszug stehen bleibt, Halt macht* [*durch Erweis des Ureigens oder des diebischen Erwerbes*] I Ew 1, 1

oðswerian, *m gn, sich freischwören von* Af 31, 1 (æts∼ B). Ine 35, 1; æts∼ B | *op* 3: ∼rige *ebd.;* ∼ie H; swerige B | *ptt pc:* ∼waren *ebd.;* ∼woren H; ætsworen B

oðð *s.* oð, oððe

oððæt, *prp m ac, bis zu;* ∼ XII niht ofer eastran Ine 55; ∼ þa æftemestan coll' *bis zur letzten Collecte-Verlesung* Ordal 4, 2 [*vgl.* oð]

I) **oððe** *oder; Form abweichend:* oðð Af 5, 5 B. II Em 3 H. II Atr 9, 2. II Cn 30, 5 A (oððon G; ∼ B). Iudex 7; othe ECf 12, 6; oðe *retr* 12, 6 [*Var.:* oðer, *oder*]; oð 23[24]. Af Rb 15 Ld[23] [*für* oþ' *d. i.* oðer?]; *abgekürzt* ł Northu 48 — 1) *zwei Nomina verbindend* Abt 7. 44. Hl 8. 10. 11. Wi 22. Ine Rb 76. Af El 10. Af 5, 5 B. Ine 3, 1 B. 6, 2; 3. AGu Pro. 5. II Em 3 H. II Atr 9, 2. II Cn 30, 5 A. ECf *retr* 23[24] | *zwei Sätze:* Hl 11. Ine 74. EGu 3. I Ew 1, 2. 3. I As 4. VI 8, 7. ECf 12, 6, *lat. übs.* aut **2**) *beziehungsweise* I As Pro. Duns 1 **3**) [*hinter Befehlssätzen*] *widrigenfalls* Af 13 **4**) [*Tautologie einführend*] *mit anderem Worte* (*sive*) Af El 36 GH; and E [*aus Interlinear-Glosse?*] **5**) ∼ .. ∼ *entweder .. oder* Wi 28. Ine 20. III Eg 8, 3. Iud Dei VI 1. Ger 13; *dreimal* ∼ Wi 26. I As Pro; *viermal* Northu 48 **6**) a(w)ðer ∼ .. ∼ *eins von beiden: entweder .. oder* I Ew 2. III Eg 7, 2. Episc 5; *dreimal* ∼ Af El 49, 9 | to hwæðrum þissa ∼ .. ∼ Af 1, 1. — *Für* oððon *in and. Hss.* V Atr D: 7. 31. II Cn 30, 5 BA. *Ersetzt durch* oððon *s. d.*

II) **oððe** *s.* oð

oððon 1) *oder* (*meist zwei Sätze verbindend*) EGu B: 2. 4, 1. 11. II Atr 3, 2; 4. V G G 2: 7. 31. II Cn 30, 5 G; oððe B; oðð A 2) *beziehungsweise* EGu 12 B; oððan H. — *Für* oððe (*der Hs.* H) EGu B: 2. 4, 1. 11. *Ersetzt durch* oððe: *s. d.*

oðwinde, *op* 3, *entflieht* II As 20, 6 (*geänd.* ætw∼ H). 20, 8 Ld; ætw∼ H

[F]**otrei** *s.* altrui

ou *für* u: *s.* (un)cuð

[F]**ou** *s.* u

[F]**oud**, ou(s)t *s.* aveir

ouer(-) *s.* ofer(-)

[L]**overseunessa** *Bussgeld für Ungehorsam gegen Vorgesetzte; nur bei* Q *und* [*desselben Autors*] Hn [*ausser* ofersaunesse = despectus *beim Interpolator um* 1220 *von* II Cn 80, 1a Q, *wo der Grundherr eines widerrechtlich befischten Sees der Verletzte ist*] 1) *im* Q *nur* cinges oferhierness *übsnd* II As 20. II Cn 29, 1 = Hn 53, 1. 65, 2. *Diese beträgt* 120 scl. *Wests.* = 600 *Denar, wofür* 20 manc. *oder* 50 sol. [*Normannisch*] *einführt* Hn 34, 3. 35, 1. 48, 1a. 53, 1. 87, 5 2) *dagegen in* Hn *Bruch jedes persönlichen Sonderfriedens* (*der einst* borg, frið, mund, grið *geheissen hatte*); ∼ *reginae* 20 manc., episcopi, comitis 10, thaini (= baronis) 5 Hn 35, 1. 87, 5 | *jeder* dominus domus, *wo eine Gilde trinkt, hat* ∼ 81, 2 | ∼ *sogar synonym mit der Fechtbusse im Hause des Villans* 81, 3 | *neben dem König, bezw. dessen* iusticia (*auch* 51, 7) *beziehen* ∼ *andere Dynasten auch nach* Hn 42, 1. 80, 9a; b, *und zwar besonders als Gerichtsherren* 34, 3. 50, 3. 60, 1a. 61, 1; 8a, *so dass allgemein gilt:* unusquisque dominus ∼am habeat 41, 1 | *je nach Ortsrecht variirt* ∼ que ad feodum attinet 41, 1a. — *Synonym: s.* despectus, *ebenfalls* oferhierness *übsnd* [∼sse *ist mengl. Fortbildung von* *oferseoness; *für* oferseon *belegt Toller die Bedeutung 'verachten' aus* XI. *Jh.*]

[F]**ovoc**, *adv, dabei* Leis Wl 27; ovesque I

owiht *s.* awuht

P.

p 1) *durch Ähnlichkeit mit* þ, *irrig für* w: *s.* biswice, hleowe(?), limlæweo, sceawian, wæpn, wer 2) *verschrieben als* w: *s. d.* 3) *irrig für r: s.* scire Forf 1

L-p- 1) *für* b: *s.* optentus, puplicus 2) *ersetzt durch* -b-: *s. d.* 3) *durch* ph: *s.* phitonicus 4) *zwischen* m *und* n (t, s) *eingefügt: s.* calumniare, -ator, -iosus, Hamtescyra, Northamtune, ympnus, Samson

p. *abgekürzt:* pening; *s. d.*

L**paccare** *für* pacare Hn 71, 1c

L**pacificare** *umfrieden, mit Sicherheitsschutz umgeben* Q: II As 20, 3. I Cn 4. Had 1, 1, friðian *übsnd;* 4, 2, griðian *übsnd* | immundum *Schuldigen* II Ew Rb V | ~**cans** *Leben schonend* II Cn 2, 1, [*silbenhaft*] friðlic *übsnd*

L**pacificus** *Ordnungstifter, angebl. Übers. des Titels der Flandr. Markgrafen* [*ob aus Fränk. Amtstitel, etwa Karls des Gr. als Kaisers?*] ECf 32, 2

L**pactum** *legem vincit* et amor *iudicium* [*Sprichwort*] Hn 49, 5a

pæn., pæng., pæni(n)g *s.* pening

L**pagani** *heidnische Nordleute, Wikinger* VI Atr 1, 3. 6 L. VII 3. 3, 1 Q

L**paganismus** [*stets geschr.* paganissimus Cons Cn], hæðendom *übsnd,* 1) *Heidentum* EGu Q: Pro 1. 2. VIII Atr 44 Cons Cn. II Cn 5. 5, 1 Cons 2) *Heidenvolk* 3 In. Cons

F**paienisme** *s.* paisnime

FI) **pais** *Land, Staatsgebiet England; obl:* hors del ~ Wl art Fz 9; par le ~ *errer über Land reisen* Leis Wl 26

FII) **pais** *Friede; no:* ~ *Schutz* Leis Wl 1; pes *Friedenszustand* Wl art Fz 1 | *ac:* ~ de vie *Sicherheit für Leben* Leis Wl 1; ~ le rei *vom König gewährten Sonderschutz* 2. 2, 2. 26; en sa ~ *unter Königsschutz* Wl art Fz 3

Fen **pais[nim]e** *unters Heidenvolk* (*einen Christen verkaufen*) Leis Wl 41, hæðendom *übsnd;* ~smune, ~sumne *Drucke*

L**palatium** *Königspalast, irrig für placitum Gerichtsversammlung* Af 38 Q, *Hs.* R

F**palefrei** [*obl*] *Zelter, Reisepferd;* un ~ Leis Wl 20, 1; palafrei Im | *pl:* II ~is 20; palf- Io; ~iz Im | **palefridus** L

L**pallium** *liturgischer Schulterumhang, dem Erzbischofe vom Papst verliehen* Cn 1027, 7

L**panis** benedictus *der zum Ordal geweihte Bissen* I Cn 5, 2a; c, corsnæd *übsnd*

pannan, *ac, Pfanne(n?)* Ger 17

papa *Papst* VIII Atr 26 = II Cn 41; papa suus, *also wol 'Beichtvater', missversteht oder ändert* Q = Hn 66, 2 | *dt:* ~an Cn 1020, 3

L**papa** Sixtus (*III.*) Hn 5, 27a

L**par;** *pl:* pares *Standesgenossen* Hn 9. 4; 6a. 31, 7. 33 | þegnas [*richtig, da Verklagter* hlaford] *übsnd* II Cn 31, 1a Cons | gehadan (*Priester*) *übsnd* I 5a; 1 | gelican *übsnd* AGu 3 Q | pers (*Landbesitzrechts-Genossen*) *übsnd* Leis Wl 23 L

F**par** [*auch* per] *prp, durch* 1) [*örtl.*] ~ le pais Leis Wl 26; trespasser ~ iloc ù 28, 2 2) *vermittelst;* (*gezwungen*) per la justise 17, 2 | (*entrinnen*) ~ el *durch anderes* 37; per Im | ~ lui *mit seiner Hilfe* 3; per I | (*gerichtlich verteidigen*) ~ fer, bataille Wl art Fz 6; juise *Ordal* Leis Wl 14, 2; serment 14. 14, 1 (per I). 21, 1a I (od *'mit'* Hk); per lei (*Eid*) 49; humes (*Eidhelfer*) 14, 1. 15; ~ de (per I) treis parz de sun visned 21, 5 3) *auf Grund von;* per le denier, le cheval 17, 1. 20, 2 I | ~ le jugement *laut Beweisrechts* 21, 5 | per (*aus, wegen*) sa folie 38 4) *adverbial;* per aventure *zufällig* 19 | ~ dreit *rechtmässig* Wl art Fz 8, 2 | partut *s. d.* | per (a Hk) forze *gewaltsam* Leis Wl 18 I | ~ num *bei Namen, synonym mit* nomé 14, 1; per I | per uwel *gleichmässig* 34

L**Paraclitus** spiritus *Heilige* (*Tröster-*)*Geist* Iud Dei XV 3, 3. XVI 1. 30, 11 [*aus* Ev. Joh. 14 ff.]

L**paranimphus**, *statt* -nym-, *Vorsprech der Braut im Verlöbnisvertrage* Wif 1 Q, forspreca *übsnd*

F**parcener** 1) de costumes *teilhaftig des Rechts* Wl art Fz 4, particeps consuetudinum *übsnd* 2) *pl:* dous sunt perceners de un érithet *Teilhaber* Leis Wl 38

L**parcere** *als Schutz, Fürsorge gewähren;* quod genti ~ volo II Cn 69 Cons, þe (*wodurch*) ic wylle folce gebeorgan *übsnd*

L**parcibilis** *setzt* II Cn 2 Cons *für* gebeorglic *verantwortbar* (*angesichts göttlicher Milde, also:*) *schonend*

L**parcus** *Wildpark:* regis Hn 37, 1f., *neben* foresta; ECf 8, 2 [*vgl.* parricus]

Lnon **parens** *nicht verwandt* Af 17 In Cn, unmaga [*durch irrige Verbindung mit* mæg] *übsnd*

F**parent**, *no, Verwandter* Leis Wl 47, 2; per~ Im | *pl:* ~nz 9; ~ns Im

L**parentela** *Sippe* Q: Ine 76, 2, geonbyrde *missverstehend als 'zugehörte'* [*an* gebyrede *denkend?*]; III As 6 [*aus* mægð]; I Cn 7, cynn *übsnd*

Parenthese; gehwelc, we willað, sie Af 5, 5 | mæg, we witon, ahebban II Cn 68, 1a; *aufgehoben:* we w-, þæt B

F**[parler]** *s.* parolet

L**parochia** 1) *Pfarrkirche* ECf 11, 1; *Var.* parrochya; **parochiana** ecclesia *pfarrliche* 2) *Pfarrbezirk, Beichtsprengel* I Cn 3, 2 Q. 13, 1 L (parro~ In), scriftscir *übsnd*

L**parochialis** ecclesia *Pfarrkirche, im Gegs. zu* capella Leis Wl 1, 1 L, paroisse *übsnd*

L**parochianus**, parrochyanus *Sprengelzugehöriger, Pfarrkind* Excom I 11 | ~na *vgl. 9 Z. vorher*

F**paroisse;** mere iglise de ~, *Pfarrei-Mutterkirche* Leis Wl 1, 1; parosse Hk

F**parole**, *ac;* recovrer sa ~ *sein Wort* [*Parteienaussage vor Gericht*] *bessern, herstellen* Leis Wl 24; loquela L

F**parolet**, 3, *klagt;* cil vers ki l'un ~ *Verklagter* Wl art Fz 8, 1

F**parrendre;** rendre e ~ *Ersatz zahlen und den Wert nochmals zahlen* Wl art Fz 5, solvere et persolvere *übsnd* [*vgl.* parsoudrad]

L**parricus** (*öffentliches*) *Gehege für* (*geschüttetes*) *Vieh* Hn 40. 40, 1 [*vgl.* parous]

L**parroch-** *s.* paro-

Pars *pro toto s.* crocca, flet, hand, healm, heorð, hlafæta, side, lorica

F**pars[iv]re** sun apel *seine Klage verfolgen, durchfechten* Leis Wl 21; parsuire Hk, persiur I

F**parsoudrad**, *fut* 3, *soll* [*Eingeklagtes zur* Busse] *noch einmal zahlen* Leis Wl 21, 1; pursoldrad I [*vgl.* prosoluta; parrendre; æftergield]

F**part** *Seite, Richtung; pl ac:* treis ~tz del visned Leis Wl 21, 5; parz Hk. 6; pars I

Particip 1) *ptt. Form* a) *Endung s. o. S.* 39 *Sp.* 2 *u. S.* 49 *Sp.* 2 f. b) *Praefix* ge-: *s. o. S.* 86 *Sp.* 2 2) ~ *ptt. flect.*

bei Hilfszeitwort **a)** *'sein':* sint gecirde (*conversi sunt*) Af El 49, 2, *aber* gecyrred G | ascadene sien *separentur* Wi 3; gehealdene - *teneantur* Ine 1,1 | heregeata beon fundene II Cn 71; asyndreden, awergoden beon *separati, maledicti sint* Excom VII 4. 14 f. | tofarene wæron *discesserunt* Af El 49,1 | *s.* ofadon, oferdrifen, - rhabban, sciftan **b)** habban: byrigean gesealdne hæbbe (*dederit*) Hl 10; dæl getynedne hæbben (*sepserint*) Ine 42, *aber* - ned H Ld; hæbbe bote gebogene V Atr 29 **3)** *substantivirtes* ~ *wird ersetzt: s.* mann *n.* 9 c. *d* **4)** *s. Dativ. abs. und* be **5)** *part. praes.* + *'sein' umschreibt den ind. oder opt. des Verbs:* ic wæs smeagende, nænig wære awendende Ine Pro; *fernere Beispiele:* Af El Pro. 4. 49. II As 23,2. I Em Pro. IV Eg Pro. Pax. Iud Dei IV 2, 1 **6)** ~ *praes. act. im Sinne des pass. fut.:* þæne forhttundan (*trementem*) Domes dæg Iud Dei VII 23, 1 A, tremendum *übsnd* [*vgl. Klaeber* Anglia 27, 252. 410] **7)** ~ *ptt.:* begite gesungen [*canendum, gerundivisch*] VI As 8, 6 **8)** *in activer Bed.: s.* mansworen *falsch geschworen habend* **9)** *Ellipse:* sume hæbben getyned, sume næbben Ine 42 | hi hit hæbben of þam *londe* Af 13 *fasst* H *als Ellipse,* don *zufügend* **10)** *lætan* + *neg.* ~ *ptt.* = *unterlassen zu* + *inf. s. lætan n.* 13 **11)** *neg.* ~ *ptt. verneint die Möglichkeit* [*vgl.* invictus *unbesiegbar*]; *s.* unlegen, ungerimed, ungesawen, untodæled, unwemmed, unawend

F ***Particip*** **1)** ***praes.*** *mit* estre *umschreibt den inf. des Verbs:* estre perdant *verlieren* Leis Wl 38 **II)** ***pf.*** **1)** *im Passiv unflectirt:* fust gardé la pes Wl art Fz 1; *vgl.* menti **2)** *flectirt im Activ:* il aveit la terre conquise Insc

L **participans** *auf verschiedene Anteile gehend* Hn 20, 1

L **participatio** **1)** *Teilnahme* **a)** *an Verbrechen* Hn 59, 20 a **b)** *an Gewinn* 9, 11; *an Zahlungspflicht* 85, 1 **2)** *Zuteilung, ratirliche Auferlegung* (*von Kirchenbusse*) 72, 2 b

L **particulariter** **1)** *teilweise* (*Ggs.* totaliter) Hn 21 **2)** ? *insbesondere, speciell ebd.*

L **partiliter** **1)** *von jeder beider Parteien* (*Ggs.* communiter) Quadr Ded 25 **2)** *teilweise* II 17, 2 [*aus* Firm. Mat.]

F **partir** **1)** lait ~ de li *lässt von sich fortziehen* (*abwandern*) Leis Wl 48, 1; per~ Im **2)** *pl* 3: ~tent entre eus *teilen unter sich* 9; departent I

L **partiuncula** *Landesteil, Bezirk* II Atr 1 Q, læppa *übsnd*

F **partut** **1)** *überall* [*örtlich*] Wl art Fz 2 **2)** *allseitig, durchaus* 7, in omnibus rebus *übsnd*

F **pas** *keineswegs, 'nicht' verstärkend;* ne forsjuge ~ Leis Wl 38; nel purrad ~ derehdner 23; ne pot ~ (*fehlt* Hk) l'om lever 21, 5 I

L **Paschalis** (*II.*) *Papst* Quadr II 4—9

L **pasnagium** **1)** *Grund und Boden für Schweineweide,* mæsten *übsnd,* Ine 49 Q, *auch Rb* [*vgl.* pastinagium] **2)** *Abgabe des Schweinebesitzers an den Grundherrn für Auftrieb behufs Mast auf dessen Boden* 49, 3 Q, æfesn *übsnd*

L **passagium** *Zollabgabe von Menschen und Waren* Hn Lond 5

F **passe** la devise (3) *lässt vorüber*[*gehen*] *den Gerichtstag* Leis Wl 4, 1

L **passionis** dies *Todestag, Martyriumsfeier* I Cn 17, 1 Q

Passiv **1)** *meist ersetzt durch Activ mit* man (*pron. indefi*) *s. d. n.* II **2)** *gebildet mit* **a)** beon *s. d. n.* III **b)** weorðan *s. d.* **3)** *vgl. Unpersönliches Verb* **4)** *s.* hatan **5)** *Particip n.* 6 ff.

L in **pastinagium** minare *zur Mast treiben* (*Schweine*) Rect 4, 2 c, mæsten *übsnd* [*vgl.* pasnagium]

L **pastio** *Beköstigung, Schutzgewähr, Unterhalt von m. gn obj:* bebodenes utlage In Cn III 47; ~ latronum in silvis 48 [*wol aus* fyrmð *od.* feorm?]

L **pastus** (regis) *Bodenabgabe für den König* In Cn III 46 [*wol aus* cyninges feorm]

L **patena** *Schüssel zum Abendmahlskelch* Iud Dei XII 2, 1

Pater noster, *ac, 'Vater unser'-Gebet* I Cn 22. 22, 2 [*dessen magische Kraft preist Angelsä. Literatur auch sonst; vgl. Vincenti* Altengl. Salomon I 55 ff.] | *lat.* Iud Dei XIV 1, 2. Excom IV 15 | *ac:* ~ I Cn 22 Q

L **pati de** *Verlust leiden an, etwas verlieren* Ine 42, 1 Q, þolian *übsnd*

L **patria** *Land allgemein* **1)** *England* IV Atr 8. V As Pro 1 Q, eard *übsnd* | Hu 6, 1 Cons Cn, *land übsnd* | ~ae lex *Landrecht* Hn 11, 17 **2)** ~ aliena Leis Wl 41 L, paienisme *übsnd* **3)** *land* (*hier 'Landgut'*) *übsnd* Rect 6 Q [*als wäre n.* 1 *gemeint*]

L **patriarchae** *Erzväter* Iud Dei VII 12, 1, heahfæder *übsnd;* Excom VIII 1. X 1

L **patriare** *landeinwärts* [*von Hafen- oder Markt-Stadt*], *aufs offene Land reisen* Ine Rb 25, fór (*Reise*) uppe on londe *übsnd* [*vgl.* patria *n.* 3]

L **patrinus** *Taufvater, Gevatter* Q: Ine Rb 76. Ine 76. 76, 2. Hn 75, 5 a. 79. 79, 1; lc. 88, 20

s. **Paulus** Iud Dei I 1. XIV 3. Excom V 1. VI 1, 4. VIII 14. XI 1. Hn 5, 16 | *Ags. gn:* ~les Af 43 | *Ags. ac:* ~ Af El 49, 3 | *ohne Namen citirt als* middangeardes lareow Iudex 10, 1

L **pax** **1)** *s.* Dei pax **2)** *Schutz allgemein* (*gegen Schaden aus Gerichtsversäumnis*) Hn 52, 3 **3)** *Sonderschutz* Wer 4 Q, mund *übsnd* **4)** borg *übsnd* II Cn 58 Q. [*Also* mund *oder* borg *lag vor für* ~ III Em 7] **5)** ~ ecclesiae *der von der Kirche genossene Schutz* Hn 11, 1 a | *von Staatslast befreiende Privilegirung* Hn com 4 **6)** *der vom König gewährleistete Friedensschutz;* ~ mea (nostra) Wl art 3 (Lond retr), *identificirt mit dem Landfrieden* (*der Sicherheit im* Reiche) CHn cor 12. Hn com 1 | [*Spruch:*] non est dignus habere pacem qui non diligit observare pacem [*aus* frið healdan lufie?] ECf 26, 1

L **pecculium** [*so*] VI As 8, 7 Q, yrfe (*Vieh*) *übsnd*

L **pecunia** (*geschr.* pecc~ Hn 78, 5 a) **1)** pro ~iæ commutatione *für Gegenleistung in Geld, Eintausch von Wert* eiciat VI Atr 9 L, sylle (*verkaufe*) *übsnd* **2)** *Vieh* Hn 17, 2. Forf 3, 1 Cons, orf *übsnd* | II Atr 7, 1 Q, æhta *übsnd* | viva ~ Wl art 5. ECf 10 **3)** *Fahrhabe* II Atr 3, 1 Q, æhta *übsnd* | Af 1, 4 Q, ierfe *übsnd* | 20 Q, feoh (*Stück Wert*) *übsnd*

L **pecus** *Rind* I Ew 1, 4 Q, hriðer *übsnd*

L **pedico** [*so*], *abl, Fussangel, Schlinge* (*zum Selbstfangen des Wildes*) Hn 90, 2 [*aus* Lex Ribuar.]

F **pe[d]re** *Vater; obl, gen. Sinnes:* le cheval sun pere Leis Wl 20, 2; pethe, peipe I | *no:* le pere 35

F **peis** *s.* pais

F fust **pendu,** *pf pc, gehenkt würde* Wl art Fz 10, suspendatur *übsnd*

pening *Pfennig, Silberdenar,* $^1/_{240}$ *Pfund; abgekürzt:* pæñ VI As 3; pænḡ 2; pæniḡ [*für* -gas] 2; *p.* Ine 59; *p.*' VIII Atr 10, 1. Duns 7 (~ *unfl.* Ld). Rect 9 | *no:* ~ig Forf 1; peni B | *gn:* pæninges Af 47. 71; ~ges Ld; ~iges HB; pæniges VII a Atr 2, 2; ~iges Swer 11 | *ac:* pænig VI As 6, 3. VII a Atr 2, 2. 4. 5. Northu 59; ~ig I Cn 9, 1. Forf 3, 1. Swer 11 | *pl:* ~gas Forf 1 | *gn:* pæninga Af 3 (~ga H So Ld). Ine 44, 1 (penega B). 58. 59 (~iga, penega, peonega B; ~ge Ld). ~ga II As 12 Ld (penega *übr.*). Hu 3. I Atr 1, 3. II Cn 24 B (*s. 11 Z. weiter*). 30, 2 (pænega A). Duns 7; penega II As 9. Hu 3. I Cn 9, 1 A; pænega II Eg 4, 1 | *dt:* pæningum Af 12 (~gum H So Ld; penegum B). Ine 69; peneg- HB | *ac:* pæningas Af 47. 71; (~gas H Ld; penegas B). VI As 1, 1; ~gas As Alm 1. II As 1 (penegas B). Forf 2. *Der.:* gafolp~, heorðp~, Romp~

peningweorð; *pl ac:* feower ~ig- ~ 4 *Pfennigwerte* II Cn 24 A; peniwurð G; peninga weorð B. — *Der.:* healfp~

L denarios 9 ad **pensam** 9 *Pfennige nach Gewicht* [$^9/_{240}$ *Pfund, c.* 18 *Gramm*] Iud Dei XIV 10 [*vgl.* solidus]

be **pentecosten,** *dt, zu Pfingsten* II Eg 3. V Atr 11, 1 = VI 17 = VIII 9 = I Cn 8, 1 | *ac:* oð ~ *bis P.* 16, 1

peoneg *s.* pening

L **I) per,** *prp* 1) *unter, verpflichtet durch, verhaftet mit* Hn 53, 2 2) per verum IV As 7 Q *aus* mid soðe [*vgl. fz.* par *n.* 4]

L **II) per-** *Praefix* 1) *zum Ausdruck der Dauer s.* perdurare, perhabere, pertenere 2) *des Völligen s.* perexcutere, perfrangere, pernegare 3) *des Nochmaligen s.* persolvere 4) *des Vergeblichen für Ags.* for-: *s.* perloqui

F **I) per(-)** *s.* par(-), pur-

F **II) per** *Gleicher; pl obl:* par ses pers de la tenure meimes, *durch seine eigenen Besitzrechtsgenossen, abhängig vom selben Lehngut* Leis Wl 23 [*vgl. lat.* par]

L **peragrare** *durch(über-)pflügen,* aratrum ~abit decimam acram Q: VII Atr 4. I Cn 8, 2, teoða æcer, swa sulh gega *übsnd*

L **perdere** *entkommen lassen* (*einen Verbrecher*); ~dunt eum Ine 72 Q, he losige þam *übsnd* | ~datur, losige *übsnd,* Af 7, 1 Q (*verb. in* aufugiat); *ein bissiger Hund* 23, 1 Q [*vgl.* amitto]

L **perdonare** *schenken, erlassen* 1) *strafrechtlich Verwirktes:* forisfactum III As 3 [*wohl für* wite sie forgifen] | *sonst* forgifan *übsnd:* vitam VI 1, 4 Q *und* I Cn 2, 3; *Var.* cond~, concedere 2) *prozessuale Leistung* II 22, 3 In (cond~ Cb) = Ps Cn for 12; *vasallitische* II Cn 78 In

F **perdre** 1) *verlieren;* 3: pert Leis Wl 13. 21, 2. 38 (*absolut, im Prozess*) | *sbj* 3: ~de 39, 1 | *pc:* estre ~dant 38 | *impf sbj pl* 3: ~dissent Wl art Fz 10 | *fut* 3: ~drad Leis Wl 21, 2 I; ~derad Hk; ~dra 21, 1a I (~*dera* Hk). 27, 1 I; ~derad Hk 2) *in* (*ewiges*) *Verderben bringen; sbj* 3: l'un *l'*aume ne ~de 41, 1

L **perdurare** *ausreichen, genügen* (*zur Zahlung*) Wl art 3, 1

F **pere** *s. pedre, Piere*

L **peregrinari** *als Busse pilgern* Hn 5, 17

L **perendinare** *zögern, verweilen;* perhe~ Lib Lond 9, 1

F **perent** *s.* parent

L **perexcutere** *ganz abhauen* Af 72 Q, ofaslean *übsnd*

Perfect 1) *gebildet mit* habban: *s. d.* 2) *ersetzt durch Praesens: s. d.*

L ***Perfect*** *gebildet mit* habere: *s. d.*

L **perfidia** *Verletzung der dem königlichen* Lehnsherrn *schuldigen Treue, höchstes Verbrechen* [*später* treason], *schwerer als* scelus [*später* felony] *und* forisfactura [*später* misdemeanour] CHn cor 8, 1

L **perfrangere** *gänzlich brechen* (*Recht*) I Cn 2, 2 Q, fulbrecan *übsnd*

L **perfunctorius** *oberflächl., scheinbar obenan stehend* Quadr II *Praef* 6

L **perhabere** *dauernd* [?] *besitzen* Rect 3, 3 Q, habban *übsnd*

L **perhendinare** *s.* perend~

Periphrastisch *s. Particip n.* 5

L **perloqui** *vergeblich sprechen* II Cn 27 Cons, forsprecan *übsnd*

F **permanablement,** *adv, dauernd* Leis Wl 36

L **permixtura** *Vermengung* (*von Umständen*) Quadr Ded 4

L **pernegare** *gegen gerichtl. Klage sich rein erweisen* Q, *übsnd:* oðswerian Ine 35, 1; oðsacan 41; geladian II As 1, 1

L **perorator** *prozessualer Vorsprech der Partei* Hn 46, 5

L **perquirere** 1) *erlangen* **a**) *zum Eidhelfer* II As 9. II Cn 65 (= Hn 13, 9), begitan *übsnd* **b**) (*Leben geschenkt*) III Eg 7, 3, gesecan *übsnd* 2) (*sühnende Kirchenbusse*) *nachsuchen* Had 2 Q 3) (*Landeigen*) *erwerben* Hn 20, 2

F **persiur** *s.* parsivre

L **persolutio** *Ersatzzahlung für Entwendetes* VI As 8, 8 Q, ceapgild *übsnd*

L **persolvere** 1) se wera *sich durch Wergeld auslösen* II As 1, 5 Q, *irrig* hine (*ihn*) forgilde *übsnd* 2) *nochmals das Eingeklagte* (*also doppelt*) *zahlen* Ine 10 Q. IV Atr 3, 2; parrendre *übsnd* Wl art 5 | forgieldan *übsnd:* Ine 9 Q. II Cn 63 Q. In. Cons | *nicht mehr als 'doppelt' verstanden* Ps Cn for 23 [*vgl.* æftergield; prosoluta]

L **persona** *Prozesspartei* Hn 33, 7 [*aus Hieronymus*]. Quadr Ded 25. Arg 3. [*ebendorther oder aus Vulgata oder kanonischem Recht*]

Personalpronomen [*Formen s.* ic, me, þu, he, we, us, unc, uncer, ge, git eow] 1) 3. *Pers. für Demonstr.: s. d.* 2) *zu objectlosem Verb setzt* H *das auf vorigen Satz bezügliche* hit *'jene Tat':* gif he gehæme, (hit *fügt zu* H) gebete Af 11, 2 3) *gn wird ersetzt durch Possessiv: s. d.* 4) 3. *Person für indefinites* mau, *den Ersatz unpersönlichen Passivs:* gebete he *es werde gəbüsst* Ine 2; emendetur Q | he (man H) him demde Af El 49, 6, sibi iudicari *übsnd* 5) *das in älterer Sprache oft* (*z. B.* Abt 4. 7. Hu 3, 1. III Eg 2, 1) *zu ergänzende* he *später eingefügt:* Af El 25 G. Ine 6, 3 Ld (mon Bu). 28 HB. 56 H. EGu 6, 7 Ld. II Cn 45, 1 B; 2 BA. 48, 3 B. 77 B; *ebenso* hie (*pl*) Af El 49, 4 GH 6) hit [*wie Demonstr.* þæt] *umfasst den hinter der cj* þæt *folgenden Satz, als wäre er Ein Nomen:* yfel bið (hit A B), þæt II Cn 46, 1 7) *ebenso die vorhergehende Rede, ohne dass deren Subject Neutrum wäre:* gif dynt (*masc*) sweart sie ..; gif hit sie Abt 59 f. | spræc hæbbe ende, hwænne hit forðcume II Ew 8 | lad forðcume, gif hit II Cn 30, 9 Ld; he(o) *übr.* | *und ohne dass das im Folgenden erwähnte Subject Neutrum wäre:* gif hit man sie Wi 5, 1; gif hit sie sio ta Af 64, 1; [*vgl.* Af El 42. Af 49. Ine 23, 2. 76 *und* Neutrum *n.* 3] 8) *'es' vor unpers. Verb fehlt: s. Ellipse n.* 1b 9) *verstärkt durch* self *tritt* he *in Dativ: s.* he *dt* 10) 3. *Pers. reflexiv mit und ohne* self: *s.* he; self

F ***Personal****pronomen als obj. dem Verb nachgestellt;* querre le Leis Wl 3; ait les 21, 1

L **persuasorius** *überredend* Hn 4, 3

L **pertenere** *dauernd behandeln* Wif 1 Q *Var.*, healdan *übsnd* [*vgl.* pertin~]

L **pertinentia**, *fm* **1**) *Zubehör; pl abl:* -iis Hn 59, 12 **2**) *Verwandtschaft* 88, 11c

L **pertinere**, *m. dt, jemandem verwandt sein* Q: I Cn 7. Wif 9. Hn 75, 5b. 92, 13; ~nens *die Verwandte* II Cn 51f. Q, sibb *übsnd* [*vgl.* perten~]

F **pertir** *s.* par~

L **pertractatio** *gerichtliche Verhandlung* Hn 9, 3

L **pertransire** 1) *hindurchreisen* IV Atr 2, 7; *Var.:* per terras ibant **2**) *sich emporschwingen:* ad sacros ordines Geþyncðo 7 Q **3**) utrimque pertranseat (*Verantwortungspflicht*) *gehe über, falle auf beide Seiten* Hn 91, 4 **4**) *heimfallen, geschoben werden an höhere Gerichtsinstanz* (*Subject: Prozesse*) 9, 4. 57, 8a

L **pervestigare** ad villam *Spurfaden verfolgen, Spurfolge* (*nach entwendeter Fahrhabe*) *ausüben zum Gutsdorf hin* [*wohl aus* bespyrian to tune] III Em 6

F **pes** *s.* pais

L nulla **pestis** efficacior quam familiaris inimicus Q *zu* Iudex 9 [*Sprichwort; vgl.* Peior quavis est peste domesticus hostis; *Will. Brito* Philipp. VIII *ed. Pithou p.* 327]

F del **petit** dei, *obl, des kleinen Fingers* Leis Wl 11, 1f.

Petrus **I**) *Apostel* **1**) *gn:* sanctus ~ Excom VII 2 | *dt:* ~re Iud Dei IV 3, 3, *Petro glossirend* **2**) *York's Kathedrale meinend; gn:* sanctus ~ Norgrið *Z.* 1 **3**) *Festtag 1 August; gn:* sancte ~res tide Af 43; - mæsse(dæg) II Eg 4 = V Atr 11, 1 = VI 18 = VIII 10 = I Cn 9 (Peteres A). Northu 57, 1 *und unfl.* sanctus ~ Romscot 1 ‖ *Lat.* **1**) s. ~ *Apostel* Excom V 1. VI 1, 4. VIII 14. X 1. XI 1. XIII 2. Iud Dei XIII 7. XIV 3. XVI 30, 6; *mit* fiscere *gemeint* Grið 22 **2**) S. ~ *Roms Kathedrale* XII 1 **2a**) *Peterspfennig:* pecunia S. Petri I Cn 9 In; denarius S. - II Eg Inso Q. ECf 10; Anglice Romescot *ebd.* retr. [*vgl.* Romfeoh, -pening, -scot; *Lat.* denarius; *Fz:* dener, Piere] **3**) *Festtag:* Petri et Pauli festivitas [29. *Juni*] VI Atr 18 L. ECf 10, 1; 3 | Petri ad vincula [1. *August*] 10, 1

L **II**) ~ de Valoines Wl ep Pro

L **III**) ~ Leonis consul Romanus *unter Paschal II.* Quadr II 15

F **peuple** *s.* puple

s. **Philippus** 1) *Apostel* Excom VI 1, 4 **2**) *gn:* ~ppi mæssan *Feiertag, 1. Mai* I Cn 16a *aus unfl.:* ~ freols V Atr 14, 1 = VI 22, 3

L **phitonicus** *für* python~, *Zauberer, Weissager* VI Atr 7 L

L **Pictavus** *einer von Poitou* Quadr Arg 18

L **Picti** *Pikten als in Britannien noch lebender Volksstamm* Wl art Lond retr 1. ECf 34; Lond ECf 32 D 6; ~ Albaniae (*Schottlands*) *neben* Scotti Albaniae 35, 1 A 2 | *heissen nach* [*erfundenem*] **Pictus** dux *ebd.*

F **pied** *Fuss; ac:* le ~ Leis Wl 11 I; pié Hk

F *dener* S. **Piere** *Peterspfennig, Romschoss* Leis Wl 17—17, 2; Pere I

pihten *Weberkamm* Ger 15, 1

L **Pilatus** Excom III 2. V 6. VI 4

L **pillare** *für* pilare (*enthaaren*) II Cn 30, 5 Cons, hættian (*scalpiren*) *übsnd*

[-pin] *Der.:* unapinedlic

L **pincerna** *Mundschenk* ECf 21 | *des Königs* Hn Lond Test[17]

pinn to hæpsan, *ac, Pflock zum Türriegel* Ger 18, 1

to **pinunge**, *dt, zur Strafe* Iud Dei IV 5, ad poenam *glossirend*

piperhorn, *ac, Pfefferhornbüchse* Ger 17

L **Pipinus**, [752] *Frankenkönig*, ECf retr 17. ECf 17, 1. Lond ECf 11, 1 A 1

pitt *s.* pytt

L **placitare** 1) *als Partei prozessiren* Hn Lond 2; *sich auf Prozess einlassen, auf Klage antworten* Lib Lond 3; ~**ari** Hn 5, 4 2) ~re *vorsitzend als Beauftragter des Gerichtsherrn Prozess abhalten* Hn Lond 1 [*vgl.* placitum (*n.* 1) tenere]

L **placitationum** conventicula *Prozess-Versammlungen* I Cn 15 Q (vulgi placitatio Cons), folcgemot (*ordentliche Gerichte*) *übsnd*

L **placite** *richtiger, angemessener, Weise* Quadr II Praef 11

L **placitum** 1) *Gericht* II Cn 20, I In. Hn 7. 7, 1; *Sitzung* 7, 7b | *steht für Fz:* plait Leis Wl 24 L | *für* gemot Af 38 L. II As 20 Q. Hu 7 L. II Cn 18 In. 27 L. 82 L | *für* folcgemot *steht* populi ~ Af 38, 1 L; populare ~ I Cn 15 In, *was auch für* hundred II 17 In | ~ regis *ordentliches* (*staatl., öffentl.*) *G., Shire mitumfassend* (*Ggs.: nachbarliches u. seniorales* [*aber auch kirchl.*]) Hn 34, 1a | ~ meum *Verhandlung unter meiner* (*des Königs*) *Gerichtsherrlichkeit* | ~ ponere *als Richter Termin anberaumen* 61, 11; ~ tenere *Gericht* (*auch geistl.*) *abhalten* Wl ep 2; [*synonym:* ~ placitare *n.* 2, *zu trennen von* ~ custodire; *s. d.*] **2**) *Prozess* ECf 9, 2f.; quorum est ~ *welche beide Parteien der Prozess betrifft* Hn 59, 4a | *gerichtlicher Anspruch* Hn cor 6; *dem Kläger vom Richter auf Anzeige erteilt* Hn 59, 27 | ~ regis *Kronklage* 52; ~ta coronae (*gleich* curiae regis Lond ECf 32 B 13) *Klage durch Staatsvertreter, bes. Strafgerichtsbarkeit* Hn Lond 1. 3 | *Prozessverhandlung* Hn com Pro. 3. 3, 1 | ~ *setzt* Q *für* spræc I Ew Pro. III Atr 4, 2 [spræce *oder* gemote *lag also wohl vor für* placito IV 4]

F **plaez** *s.* plaiez

L **plaga** [*classisch*] *Wunde* Hn 87, 8; wund *übsnd* Af Rb 44f. Q; plaie *übsnd* Leis Wl 10, 1 L

L **plagiare** *verwunden* Hn 68, 1. 93, 20; 24 | ~ *setzt* Q *für* gewundian II As 6, 3 | *für* forslean Af 69 | *für* wund beon 65. 68 [*vgl.* plagare *Augustin*]

L **[-plagium]** *Der.:* hominip~

F **plaider** **1**) 3: ~*ded* en curt *prozessirt im Gericht* Leis Wl 24; ~de I **2**) *pf pc:* en est ~dé de justise *wird darüber belangt vom Richter* 17, 3

F **plaie** *Wunde; no und obl:* ~ Leis Wl 10, 1 | *ac:* fait ~ 10 ‖ plaga L

F li **plaiez**, *pf pc, der Verwundete* Leis Wl 10a I; plaez Hk

F **pl[a]in** *s.* plein

F **plainte** [*ac*] faire a rei *Klage erheben beim König* Leis Wl 43; plei~ Im

F a soun **plaisir** *nach seinem* (*des Königs*) *Belieben* Leis Wl 39, 1; plei~ Im

F **plait** **1**) *Gericht; ac:* ~ Leis Wl 47, gemot *übsnd;* defense de ~ *gerichtliche Verteidigung* 47, 3 **2**) *Prozess; ac:* le ~ deredner vers *Klagesache erweisen gegen* 2, 4; entendable hume del ~ *glaubwürdige Zeugen des Prozesses* [*oder 'Gerichts'?*] 24 **3**) *Prozessabhaltung samt Sporteln; no:* ~ Leis Wl 2a | *pl:* icez plaiz I; placitum L

plantian wyrttun *Garten pflanzen* Ger 12

L **planum** iuramentum *schlicht, ungestabt* Wl lad 3, 2 Q, unfored *übsnd; Var. falsch* plenum [*vgl. Fz.* plein] ‖

adv: **plane** Hn 9, 6. 18. 64, 6 [*Ggs. s.* frangere, observatus, in observantiis verborum]

L**plebeius** 1) *volkstümlich, volksmässig* Cons Cn Pro 1 2) [*wohl für* cierlisc] *gemeinfrei* Cn 1027 Inso 3) *nicht kanonisch regulirt, laienhaft lebend* (*Priester*) I Cn 5, 2 Q, folcisc *übsnd,* = Hn 64, 8b [*vgl.* popularis]

F sanz **plegage,** *ac, ohne Gewährbürgschaft* Wl art Fz 5, fideiussor *übsnd* [*s.* plege *n.* 1a; -gius *n.* 2; *vgl. Kluge* Etymol. Wb.: *'pflegen' und fries.* plog *'Interessengemeinschaft' bei His* Strafr. *d.* Friesen 68]

F**plege** 1) *Bürge* **a**) *ac:* sun ~ *Gewährschaftsbürgen, synonym mit* heimelborh [*s. d.*] Leis Wl 21, 1a **b**) *no:* sun ~es Wl art Fz 8 | *pl no:* ses ~es *ebd.* 8a | *ac:* ~es Leis Wl 6, 1 2) *Bürgschaft; ac:* ~ truver *B. stellen* 5, 2. 6, 1. 21. 47 | en (dedenz) ~ *innerhalb, unter seiner Verbürgung* 52 (3) 3) seront vilains en franc ~ *in Freibürgschaft* 20, 3a [*vgl.* francplegium]

L**plegiare** 1) *Bürgschaft leisten* Hn 8, 5 2) ~ erga *verbürgend schützen gegen* 43, 6a 3) ~atus latro *verbürgt, durch* Bürgen *gesichert* III Eg 6, 2 Q. Hn 12, 3 4) *unter* Bürgschaft *nehmen* Leis Wl 3 L, plevir *übsnd*

L**plegiatio** *Bürgschaftsleistung* I Cn 17, 3 Q [*synonym* fideiussio Cons], borg *übsnd, das aber hier 'Geborgtes' heisst* [*vgl.* plegium *n.* 3b]

L**plegium** 1) *Verbürgung,* Bürg*schaft;* mittere ~ *B. stellen* I Atr 1, 5 Q, borg settan *übsnd* | mittere sub ~io *unter B. stellen, zur V. zwingen* 4 Q, under borge gebringan *übsnd,* = per ~ ponere Hn 53, 1b = per ~ mittere II As 20, 1 Q (*Var.* in ~), settan on borh *übsnd.* ECf 6a | *aber* mittere in ~ *als* Bürgen *für sich einsetzen, in Bürgschaftslast bringen* Hn 44, 1 | sumere (*Var.* capere) in ~ *sich für jem. verbürgen* II As 7. VI 12, 2 Q, niman on borg *übsnd* = alicui (trans)ire in ~ Q: II 1, 3. 6, 1 (VI 12, 2), gan on borg *übsnd* | per ~ dimittere *unter Voraussetzung der V. freilassen* Hn 29, 2a | ~ suum *seine Verantwortung für Verbürgte* 41, 7 2) *Bürgenkreis und dessen Verantwortung* **a**) *allg.* 59, 6 **b**) teoðung, *Zehntschaft, Freibürgschaft übsnd,* II Cn 20 In [= Wl art 8; *mit* teoðung *setzt* borch *auch* Cons *synonym; s. d.*]; *in Hundertschaft* et in ~io 20a Q, on borge *übsnd;* ~ liberale, *synon. mit* decima, Hn 8, 2 [*vgl.* friborg, plegius *n.* 3, francplegium, plege *n.* 3] 3) ~ *setzt* Q *für* borg, *auch wo dies heisst:* **a**) *Sicherheitsschutz, Sonderfriede;* ~ regis Af 3. II Cn 58; *auch* In **b**) *Geborgtes* Af 33. Ine 41? [*vgl.* plegiatio]

L**plegius** 1) *Bürge* Leis Wl 3 L. Ine 22 Q, byrgea *übsnd;* Af 1, 8 Q, borg *übsnd* | ~ios invenire *Bürgen für sich stellen* Hn 52, 1a; *wohl für* borgas findan III As 7, 2 | ~ios ponere (mittere) Q: I Atr 1, 5 = II Cn 30, 3b, borgas settan *übsnd* (Hn 61, 17) | *Kläger* det vadimonium et ~ios *für Prozessdurchführung* ECf 36. 36, 2 | *irrig für* gislas Duns 9 Q 2) *Gewährbürge* ECf 38. 39, 1 = festerman *Rubr.* [*vgl.* plegage] 3) *polizeil. Genossenschaft* **a**) *Freibürgschaftsverband* Wl art 8, *aus* In Cn II 20, *wo es für* teoðung *steht* **b**) dominorum ~ii *verbürgende Verbände je unter einem Dynasten* Hn 6, 1b [*vgl.* plegium *n.* 2b] 4) *Genosse dieses Verbandes* Wl art 8

F**plein** serement *planer, schlichter, ungestabter Eid* Leis Wl 14. 21, 1a. [*Vgl.* planum. — ~ - *ist Anglonorm. Schreibung für* plain, *also nicht notwendig Verwechselung mit* plein - *Volleid; s.* plenere]

F**pleinte, pleisir** *s.* plai~

F per **plenere** lei, *ac, durch vollen Eid* Leis Wl 49 (~ner Io), full *übsnd*

butan **pleo,** *dt, ohne Gefahr* (*bringende Absicht*) Af 36, 2; pleoh Ld

Pleonasmus 1) gif he mæge *setzt* Hl 5. 7 *überflüssig, da folgt:* gif he ne mæge *widrigenfalls* 2) *vgl.* gan

F**plevine;** *ac:* seit en ~ *stehe in* Bürgschaft Wl art Fz 8, plegio *übsnd*

F**plevir** 1) *jem. unter* Bürgschaft *nehmen; pf* 3: il le ~i Leis Wl 3 2) *unter* Bürgschaft *stellen; pc:* seit ~i *ebd.;* plegiare L

pliht *Gefahr; dt:* ~te Forf 3, 2

plihtan *Gefahr* (*der Verwirkung zur Strafe*) *bringen, meist mit blossem dt des* Bedrohten (*nur* V Atr 29 D. VIII 42 *mit* to *und dt*) | *op* 3: ~te V 28. 29 = VI 35. VIII 42 = II Cn 66, 1 | *pl* 3: ~ton VI Atr 36

ne **plot** ne **ploh,** *ac, weder Fleck noch Pflug Landes* Becwæð 3

Pluralis 1) *s. Numerus* 2) ~ *majestatis:* Ps Cn for Pro. 10f. 21, 2 | amicitia mea (confido), *geänd.* nostra (confidimus) VI As 11 (12, 3) Q | optimates nostri IV Eg 1, 4 L, mine witan *übsnd* | nostra regalis excellentia 2, 1a, ic *übsnd* 3) *singularer Bed. s.* æht, æwum, bend, bysen, *duru,* eaðmedo, forewarde, formæl, *forword,* frið(ge)gildum, friðmal, gebyrdan, gemedum, *gerad,* *geræda,* (ge)rihte, getriewðan, geþyncðo, geweald, (frið)gewritu, gewyrht, gifernessan, gift, gitsungan, hearm, heofon, heregeatu, hyldo, lippan, mæht, medsceat, oferfyllan, rihte, scearra, unfæhð, unriht, (ge)þing, wordgecwydu | ***Lat.:*** adiacentiae, Londoniae, observantiae, octavae, relevationes | ***Fz.:*** amendes, Lundres

F**plus** dreit, *cpa, richtiger* Leis Wl 39, 1, rihtor *übsnd*

L**plusculum** *Vermehrung der Schätze* Quadr Ded 13

Plusquamperfect *ausgedrückt durch* 1) *Hilfszeitwort:* hit gelæst wære, þæt (*was*) he beboden hæfde II Ew 1 2) *Praeteritum:* ymbsyrede Af El 13; stæl 25; onfengon, lærde, oferhogdon, sealde 49, 7; sealde Ine 53; geonbyrde 76, 2; befæston II Ew 3; wolde II As 26, 1; namon VI 1, 4; namode 10; forsocan II Em 1, 2; sceolde Hu 7, 1; abere þæt he aberan scolde *was jener hätte sollen* III Eg 6, 1; sealde 6, 2; moston II Cn 75 3) *umgekehrt Praeteritum gemeint mit Form des Plusqpf:* wæs (wearð) geworden, *geschah* (*wurde*), I Cn Inso D (Grið 22) 4) *durch Praesens ausgedrückt s. d. n.* 2

F**pochier** *s.* polcier

F**[po(d)eir]** *können;* 3: pot Leis Wl 3. 3, 4. 13. 14, 1f. 15, 2. 21, 1f. I; 5. Wl art Fz 3, 1. 6; poet 6, 3; put 3, 1f. | *pl* 2: poez Leis Wl 37 | *sbjf* 3: puissed 14; pusse 44, 2 | *pl* 3: puissent 28, 2; pussent I. 29, 1 | *pf* 3: pot 10a | *sbjf* 3: poust 1; pout I | *fut* 3: purrad 23; purra 9, 1. — *Stets mit inf., ausser* Wl art Fz 3, 1, *wo inf. aus vor. sbjf. ergänzbar*

L**poenitentia** publica *allgemeines* (*von der Regierung befohlenes*) *Bussetun* I Cn 16, 1 In

L**Poenitentialis** liber *kirchliches Bussbuch* II Cn 50, 1 In | ~ **les psalmi,** *die 7 Busspsalmen* Iud Dei XII 15

L**p[o]enitere** in pane et aqua *Busse tun bei W. u. B.* Hn 68, 10f.

F**poesté,** *obl,* en ki ~ il seit *in wessen Gewalt er auch sei* Leis Wl 47, 3

[F]**poet,** poez *s.* podeir

[F]**poin, pois** *s.* puing, puis

[-pol] *Der.:* fiscpol

[F]**polcier,** *obl, Daumen;* aprés le ∼ Leis Wl 11,1 I; poucer Hk; del poucer *ebd.;* pochier I

[L]**politor** *Polirer* Hn 87, 3 [*auch bei* Firmicus Mat.]

[L]**pollicitatio** inconsulta *unbedachte Zusage* Quadr Ded 4 [*aus* Firmicus]

[F]al **polz** *für jeden Zoll* Leis Wl 10, 1; pouz Hk

[L]**pompa** diabolica *prunkende Anmassung des Teufels* Iud Dei XI 4, 3

[L]**pondium** (*ganz ungefähr? Centner-*)*Gewicht* Ine 70, 1 Q, pundwæga [*s. d.*] *übsnd;* Rect 8f. Q, pund *übsnd.* [*Wo* Q *'1 Pfund' meint, setzt er* libra]

[L]**ponere** ei terram ad (*geliehenes Bauer*)*land dem Hintersassen höhersetzen auf, steigern zu* (*Fronpflicht*) Ine 67 Q, him land aræran to *übsnd*

[L]**pons** London *Bridge* IV Atr 2,4 Q

[L]**Ponteiensis** *Bewohner von* Ponteium, *Ponthieu in Basse Picardie* IV Atr 2, 6. Quadr Arg 18

[F]**pople** *s.* puple

[L]**popularis** 1) presbyter *laienhaft lebend, nicht kanonisch regulirt* I Cn 5, 2 In, folcisc *übsnd* [*vgl.* plebeius] 2) ∼re placitum *s. d. n.* 1

[F]**porc,** *ac, Schwein* Leis Wl 5, 1 I | *pl ac:* porcs 5 I; pors Hk. 5, 1 Hk

[L]**porcarius** *Schweinehirt* Rect 6-7 Q [*auch* Firmicus Mat.]

port *Stadt; dt:* butan ∼te I Ew 1. 1, 1. II As 12. VI 10; binnan ∼te II 13, 1 Ot Ld | *ac:* binnan ∼ H. III Atr 7; buton ∼ II As 14 | Q *übs. überall:* portus (*das er zwar* II Atr 2 f. *für* muða, *Hafen, braucht, im Sinne 'Stadt' aber von 'Hafen' vielleicht trennen will, indem er nach 2. Declination* IV Atr 4, 2 ipsius porti, 9, 2 portos *flectirt*); *also lag wohl* port *vor für* portus 4 (*auch* Rb *S.* 232*). 4, 2. 7, *wo London gemeint ist* | *wahrscheinlich 'reichsunmittelbare Stadt', nicht bloss 'Hafen', meint auch* portus regius Hn 80, 3a

[L]modus **portationis** armorum *Art und Weise der Tragung* Hn 88, 2

[F]dei **ported** l'anel, 3, *Finger trägt den Ring* Leis Wl 11, 1 I; porte Hk

portgerefa *Stadtvogt; gn:* ∼an I Ew 1 (∼geferan Ld). II As 12; *lat.* portireve Q; -ve, -va III Em 5. IV Atr 3. 7, 3 | *ac:* portirefan Wl Lond 1; portgrevius L | ∼ *lag vielleicht vor für* greve de burgis ECf 32 [*vgl.* wicg∼]

[L]de **Portu,** Henricus, CHn cor Test

[L]**portus,** *gn* -i, *neben* -üs, *s.* port

[L]**posita** *klägerische Behauptungen* Hn 9, 1

[L]**positionis** locus *Beisetzungsplatz, Friedhof,* legerstow *übsnd,* I Cn 11, 1 Q | *pl:* ∼ loca I Em 1

[L]**posse** 1) *Verb, absolut* a) amplius non ∼ *weiter nichts dafür können, nichts weiter beabsichtigen* Hn 90, 7 b) *stark* (*kräftig*) *sein,* magan *übsnd,* II Cn 68, 1a Q 2) *substirter inf.* a) pro ∼ *nach Vermögen, Kräften* Wl art Lond retr 9 b) *Absicht* II Cn 75,1 Q = Hn 87, 2a. 41, 12. 86, 2; nec velle nec ∼ Q: II Cn 75,1. Swer 1, ne gewill ne geweald *übsnd* [*vgl.* possibili(tas)]

Possessivprn. [*Form: s.* min, þin, sin, he *gn,* ure, eower, uncer] 1) *bed. 'Last, Obliegenheit'* (*nicht 'Besitz'*): his (*ihm aufgetragene*) heorde Rect 4,2c. 15 | his (*von ihm zu liefernde*) pænig 4,2a; slyht 6. 6,2 2) *vertritt gen. obj. des Personale;* mine lufu *Liebe zu mir* I As Pro Ld; mine oferhyrnesse *gegen mich* II Ew 2. 7. I As 5. II 25; urne teonan *Schädigung getan an uns* VI 8, 3 3) *vertritt dat. eth.;* gestande his (him H) mæssan II 23 Ld 4) *tritt* [*wie neuengl.*] *vors Object, das ein Teil der Person, deren Dativ im Deutschen steht:* ceorfan of his nosu *ihm die N.* II Cn 30, 5 [*wie Deutsch* ceorfe him þa handa 30, 4] | *pleonastisch, behufs Verdeutlichung, eingefügt:* gif hwa oðrum his eage oðdo Af El 19 | gif mon men (his H) eage ofaslea Af 47 || (his H) wæpnu syllan 42, 1 | gecyðan mid (his H) aðe Ine 16 | þegn þe his socne hæbbe II Cn 71, 3 5) þe + his *cuius s.* Relativ *n.* D

[F]***Possessivprn.,*** *gn obj des pers. vertretend:* sa manbote *Mannenbusse für ihn* Leis Wl 7; sien lecheof *Arztkosten für ihn* 10

[L]ex **possibili** vel impossibili *absichtlich od. unabsichtlich* II Ew 4 Q, willes ne gewealdes *übsnd* [*vgl.:*]

[L]**possibilitas** *Absicht* Af 36, 1 Q (= Hn 88, 3a), geweald *übsnd;* Hn 87, 3a [*vgl.* posse *n.* 2b]

[L]**post** *zu .. hin;* conversus ∼ Satanam Excom I 2

[L]**Postcommunio** *Teil der Messliturgie* Iud Dei XVI 28 f.

[L]**postlocutio;** defensio contra ∼onem *Gewähr gegen spätere Einklagung* Swer 7 Q, æfterspræc *übsnd*

[L]**postremo** [*statt des* spla] severa *äusserst strenge* Hn 75, 1

[F]**pot** *s.* podeir

[L]**potatio** *Zecherei, Trinkgelage bei freiwilliger Gerichtsbarkeit oder Gilde* Hn 81, 1. Ine 6, 5 (*auch* Rb *zu* 6[11]) Q, gebeorscipe *übsnd*

[L]**potentatus** 1) *Amtsgewalt* Hn 20, 2 2) *Machtübung* Quadr II Præf 6

Potentialis *s. Optativ n.* 7

[F]**poucer,** pouz *s.* polcier, polz

[F]pur **pour** de mort, *obl, aus Todesfurcht* Leis Wl 37. 37, 1

-pp- *für* p: *s.* cynescipe, deop (*cpa*), gehelpe, up, upgang

[L]**-pp-** *für* b: *s.* publicus

[F]**-pp-** *für* p: *s.* chapele

[L]**pr[a]ebendarius** *Kostempfänger, Pensionar* Hn 78, 5a

[L]**pr[a]ecisor** *Schneidezahn* Hn 93, 6; 7

[L]**pr[a]eclamatio** *Warnruf* I Cn 26, 1 Cons, hream *übsnd*

[L]**praecupere** *gönnen* I As 5 Q, geunnan *übsnd* [*vgl.* exopto]

praedicatives *adj. flectirt* 1) *s.* freols, gesund, neodful, ranc, scyldig; amber fulne buteran Ine 70, 1 2) *Adjectiv n.* 1; *Particip n.* 2

[L]**pr[a]edicere** *ankündigend sagen, im Voraus aussprechen;* consilium cum emendatione dicendum predicatur *die Rede des Rechtsbeistandes im Gericht werde von vornherein als mit Besserungs-Möglichkeit abzugeben bezeichnet* Hn 46, 5

[L]**praefatio** *Teil der Messliturgie* Iud Dei I 14

[L]**pr[a]efectura** 1) *staatliche Vorsteherschaft, Verwaltungsamt* [*wohl für* gerefscipe] ECf 30, 2; *dafür* prepositura [*s. d.*] retr *Var.* 2) *Richteramt, bes. als Rechtsvollzieher* Hn 22, 1

[L]**pr[a]efectus** *Amtmann, Vogt* [*ob für* gerefa? *ob synonym mit* prepositus, *das folgt?*] Hn 7, 2 | gerefa (*Gerichtshalter, zunächst staatl.*) *übsnd* I Ew Pro [*vgl.* praepositus]

Praefix 1) *s.* a-, æt-, and-, be-, for-, fore-, ge-, in- *n.* II, mid- *n.* II 2, mis-, of-, ofer-, on-, oð-, to-, un- 2) *s. Ellipse n.* 14 3) *Verbalp∼ wiederholt die prp:* to rihtum life tofon Wi 3; he onfinde him unhælo on Ine 56 4) *trennbares ∼ ersetzt durch untrenn-*

bares: s. forðfare, ofaslean 5) ~ *ersetzt durch* **prp**: *aus* noht forstonde II As 10, 1 *macht* stande for naht II Cn 37 **6)** *Lat.* ~ *glossirt durch Sonderwort:* redemisti: eft gelesdest Iud Dei 3,1; respicias: eft bisii 3,4 | *oder durch besonderes Praefix:* praesumptuosus: foredyrstig 2, 2; praesumpserit: forefenge 4, 4; perpetravit (-ati): þerhendade (-don) *ebd.;* invocatio: onceignise 2, 4

L**pr[a]ehabere** *zeitlich vorher haben* (*hegen*) Ps Cn for 22

L**praeiudicare** *vernichtend verurteilen* II Cn 2, 1 Q, forrædan *übsnd*

L**praeiuramentum** *Klägers Voreid* Hn 64, 9b. 94, 5 | foreað *übsnd*, II As 23, 2 Q. II Cn 22, 1a Q. Cons | *erklärt S.* 619, *Z.* 4 [*synonym: s.* antoi~]

L**praeiurare** 1) *abs. als Kläger Voreid schwören* Hn 66, 7 | tribus ~antibus *indem Kläger mit 2 Helfern schwört* (*bevor Verklagter Ordal beginnt*) Cons Cn *S.* 619 *Z.* 6 2) *m. obj:* hoc Af 33 Q, agiefan þone foreað *übsnd;* ~ causam II Cn 22, 2 Q, ofgan spæce *übsnd* | ~ iuramentum forað Geþyncðo 3 In Cn

L**pr[a]eiuratio** *Klägers Voreid* Hn 64, 9b. Duns 6, 2 Q, forað *übsnd*

L**pr[a]elatio** *Hochgestelltheit, Vorgesetztsein als Herr oder Behörde, Herrschaftsstand* Hn 40, 3. 64, 1e. 88, 18a

L**praelatus** 1) *geistlicher Vorgesetzter* Hn 57, 9a. Af 20 In Cn 2) *vorgesetzter Herr* **a)** *von Mönchen und Unfreien* Hn 45, 2 **b)** *Amtsvogt* Episc 10 Q, scirman *übsnd;* [*für* ealdor *oder* gerefa] Hn 20, 1a; *vorgesetzte Behörde* 41, 6; *'Gerichtsleiter' oder '-herr'* 9, 1; 4a **c)** *Dynast, Herr* 85, 2a. Quadr II Praef 8[13] | *niederen Kreises* Hn 8, 5

L**praelibare** *darlegen, erwähnen* Rect 21, 1 Q, soogan *übsnd*

L**praelocutio** *Verabredung, Vorbedingung, Vereinbarung* Hn 10, 4. 19, 1. 59, 2c. 61, 11 ‖ *bei* Q *für* þingian Af 19, 3 = Hn 87, 3 | *für* forespræc VI As 3 | *für* formæl Swer 1 [*vgl.* prolocutio]

L**praelocutus** *verabredet* II Atr 4 Q, geforword *übsnd*

L**praenominatus** *vorher* (*soeben*) *benannt* (*erwähnt*) Iud Dei XI 5, 1. XIII 8

L**pr[a]eoc[c]upatio** 1) *widerrechtliche Besitznahme* (*von Land*) Hn com 3 2) *prozessualer Vorbehalt, Einspruch im Voraus* Hn 48, 1c

Praeposition 1) *ersetzt später den Instrumentalis: s. d.* 2) *mit regiertem Casus hinter dem Verb wiederholt, obwohl gleichbedeutender, von diesem regierter dt schon vorausging:* þam elþeodigan ne læt uncuðlice wið hine Af El 47 3) *vgl.* Praefix

L***Praeposition*** *vor Praeposition:* De sine testamento morientibus Leis Wl 34 L | De in falso testimonio stante *Rubricator* Cb *zu* II Cn 37, *S.* 616

L**pr[a]epositura** 1) *Gutsvogtei, Verwalteramt über ein Manor* Hn 56, 5; 7 2) *Vogteizeit, Verwaltungsdauer* 56, 6 3) *s.* praefectura

L**praepositus** 1) *steht für* gerefa, *aller Bedd. vom Sheriff bis Gutsvogt und Dorfschulz, in* Q: Af 1, 3. 22. 34. Ine 63. 73. I Ew 2. II 2. 8. I As Pro. 1. As Alm Pro. 2. II 3, 2. 10. 25. 25, 1. V 1, 2. VI Pro. 1, 4. 8, 2 ff. 8, 9. 10. 11. II Eg 3, 1. I Atr 1, 2; 4 (= II Cn 30, 1. 33 *auch* In. Con). 1, 14. III 3, 2. 7. 13. I Cn 8, 2. II 30, 1. 69, 1 (*stets auch* In. Cons). Iudex 13 *und* IV Eg 1, 5 L | summus ~ *für* heahgerefa Norðleod 4 Q; *also wohl dafür auch* III Em 5 2) provost *übsnd* Leis Wl L: **a)** *königl. oder privater Gerichtshalter* 2, 1 **b)** hundredi ~ 5 3) *Lat. ohne Agsä. Vorlage* **a)** vicecomes aut ~ seu minister regis *staatlicher Verwaltungsbeamter* Wl ep 4; vicecomes vel ~ aliquis Hn 60, 3 **b)** *Barons Beamter* Hn 61, 10; *Gutsvogt über ein Manor, Vertreter der Grundherrschaft* III As 7, 1 ff. Rect 3, 1. Quadr II 8, 1. Hn 20, 1a (manerii). 43, 1a. 56, 4. 59, 2a; *Gerichtshalter* 22, 1 **c)** *Dorfreeve* Hn 7, 7b; 8 **d)** *viell. nicht bloss staatl. Verwaltungs- und Gerichtsvorsteher neben* (*synonym mit?*) prefectus 7, 2 **e)** *alle Magistrate, staatliche und private, über Graf*r, *Hundertschaft, Stadt, Dorf*i ECf retr 32

L**pr[a]erogativa** meritorum (maliti[a]e) *Vorrang, hoher Grad, an Verdiensten* (*Bösartigkeit*) Quadr Arg 26 (Ded 16. Hn 61, 18) [*aus* Firmicus]

Praesens 1) *futurischen Sinnes:* cleopiað 7 ic gehiere Af El 34. 36, vociferabuntur et (ex)audiam *der Vulgata übsnd* | gelyfe (*hoffe*[*n*]), þæt bið VI As 8, 9. 12, 3 | gif [he] nylle, ic finde *werde finden* II 25 | *für fut. exactum:* ungefremed wunie *unvollzogen geblieben sein werde* As Alm 2 | *vgl. Futur n.* I. 2) *praeteritalen Sinnes:* gif hio ne gebyreð (*in nun aufgelöster Ehe*) *nicht geboren hat* Abt 81 | agelde þam, þe man aset *wegsetzte* Hl 12 | þæt he him onnime (*nahm*), agife Ine 9 | gif hwa að swerige (on gewitnesse stande) [*geschworen, gestanden hatte in früherem Prozess, und nunmehr*] 7 he oferstæled weorðe II Cn 36. 37 | *für plusqpf. auch* Ine 71; ontent Af El 27; swerige II As 26 3) *später eingesetzt* [*gemäss Briefstil?*] *statt Praeteritum:* sendað (is) Af El 49, 4 f. G; sendon, misimus *übsnd*, (wæs) *übr.* 4) *vgl. Praeteritum n.* 1 *f.*

L**praesentialiter** *persönlich anwesend* Cn 1027, 3

L**præsentire** *vormals, früher* [*nicht 'voraus'*] *fühlen* Quadr Arg 2

L**pr[a]eses** *für* ealdorman II Cn 18, 1 Cons [*bessere viell., wie* 58, 2, *princeps*]

L**praestare** *herleihen* Q: Af 19. 19, 1. Ine 29 [*fz.* prêter]

L**praestigiatura** *Trugbild* II Cn 5, 1 Q, gedwimor *übsnd*

L**praesumptio** 1) *anmassende, widerrechtliche Aneignung* Hn 10, 1 2) ~psio *Dreistigkeit* IV Eg 1, 3 L

L**praetendo** bonam voluntatem *zeige* (*beweise*) *entschuldigend g. W.* Hn 8, 7

L**pr[a]eter,** *m ac, ohne* ECf 39; *ersetzt durch* absque 39 retr

Praeteritum 1) *futur. Sinn, abhängend vom* ~, *ausgedr. durch* ~; wæs uncuð, . . þe wæron *die kommen werden* Af El 49, 9 | setton, þæt moste *dürfe* Af 41 | cwædon, þæt he hæfde *haben soll* I Ew 1, 2; - - - wære *sein soll* II As 4; - - man bude 7 him fundon 2; *praes:* beo, beode, finden H | *nach* cwædon *vorigen Satzes neuer Satz* gif he mehte, namede (*wenn er kann, soll man ernennen*) man, . . he wære, *wo er ist* I Ew 1, 4 | *ferner z. B.* gelædde, funde, mæhte 1, 3; wolde 1, 5; wære, wyrnde 2; gulde II As 19; arærdon VI 6, 3; 7. 10. 12, 1 ‖ *wechselnd mit praes:* cwædon, þæt man dyde oððe anhó 6, 3; *ebenso* 7 ‖ *ausgedr. durch praes:* gecweden habbað, þæt man sparige VI Pro 1 2) *zur Verallgemeinerung, praesent. od. futur. Sinnes;* swilce hordera swylc gewita wære, beo II As 3, 2; dydo (*möge er tun*) dæda þe dyde, þæt wræce VI 7 3) *vgl. Plusquampf. n.* 3; *Praesens n.* 2 *f.*

L**prætium** *s.* pret~

L**pr[a]evaricatio** *legis regiæ Übertretung königl. Gebots* Hn 10, 1

L**pr[a]evenire** ad mercatum *civi dem Londoner zuvorkommen am Markt durch Vorkauf* Lib Lond 9, 1

L**praeventio** *Zuvorkommen, Vorher-Fassen (abhanden gekommener Fahrhabe, bevor Eigentümer zugreift)* Forf 2 Q, forefang *übsnd*

L**pr[a]evidere** Christianis contra *Schutz vorsorgend verleihen gegen* Episc 7 Q, scyldan *übsnd* [*vgl.* providentia]

L**pre-** *s.* prae-

L**preces,** *Geheiss, besonderer Befehl (des Gutsherrn betr. Fron des Hintersassen, im Ggs. zur festen, wöchentlichen Dienstleistung)* Rect Q: 4, 1 c. 5, 2, ben *übsnd*

F*luin* e **pref** *fern und nah* Leis Wl 44, 2, ge heonon ge þanan *übsnd*

F**prendre** *nehmen* Leis Wl 44, 2 | *sbjf* 3: prenge 44. 44, 2. 47, 1 | *pl* 3: prengent 22 | *pf* 3: prist 21, 1 a | *pc*: pris Wl art Fz 8, 2. Leis Wl 1, 1 | *fut* 3: prendra 4 | *cond.* 3: prendreit ceo 10, 2. — 1) *fortnehmen: Zwangspfand* 1, 1. 44, 2. 47, 1. Wl art 2) *willig annehmen* Leis Wl 10, 2 3) *verhaften, festnehmen* 4. 22 4) *(ein Recht) erlangen:* congé, que *Erlaubnis, dass* 44, 2; heimelborh 21, 1 a

preost *Priester* Wi 18. Af 21. Ine 3, 2 HB. EGu 3, 2. II Cn 54, 1. Northu 2—9. Aδ 2; priost Wi 6 | *gn:* ~tes Abt 1. Wi 17. Northu 2, 2 *(Pfarrers)* | *dt:* ~te Af 35, 4; 6 *(aus prio-? H)*; II Eg 2, 1. I Cn 11, 1. Northu 1. 2, 2. Norgrið *Z.* 7; cyninges - *Königskleriker* Af 38, 2 | *ac:* ~ II Cn 39 B | *pl:* ~tas V Atr 4, 1 | *gn:* ~ta Af Rb 21. Northu Insc | *ac:* ~tas IV Eg 1, 8. — *Ersetzt durch* mæssepreost EGu 3, 2 Ld. Aδ 2 H

preostlage, *ac, Priestersatzung* Northu 2, 3

F**prepensed** *s.* purpenser

F**present** fud *war anwesend* Leis Wl 38; sunt a ~ *gegenwärtig sind ebd.*

presse, *ac, (Tücher-)Presse* Ger 15, 1

L**pretium** *Wergeld* In Cn III 46. 48 (præt~). Ps Cn for 17. 23. ECf 12, 3; redemptionis *fügt zu* retr | wergild *übsnd* Mirce 1. 3 In Cn; wer *übsnd* Af 38. II Cn 36. 61 In; rihtwer *übsnd* Had 3 In Cn | *erklärt:* id est were In Cn III 55; id est weregild Aδ 1 In Cn | ~ natalis Q: Ine 15 *neben* weregildum; I Cn 2, 4 *neben* wera [*vgl.* redemptio]

L**primarii** forestae *Oberförster* Ps Cn for 1. 6. 9; ~ de foresta [*Gallicismus*] Pro Cii

F**primere** devise, *fm ac, ersten (frühest folgenden) Gerichtstag* Leis Wl 4; **primereine** I

F**primerement** *zuerst* Leis Wl 10 I; ~mare~ Im; ~ram~ 9 I; **primereinement** 9. 10 Hk

L**primitus** *früher,* ær *übsnd,* II Em 1, 2 Q; prius *verbess. Br*

L**primum** captale *Stammsitz* Ine 38 Q, frumstol *übsnd;* ~ feodum *Stammlehngut* Hn 70, 21

L**princeps** 1) hundredi (~cipes *pl irrig Hs.*) IV Eg 10 L, hundredes ealdor *übsnd* 2) ~cipes *weltliche Fürsten (Vornehme) im Ggs. zu Prälaten* Wl ep 1 | *diesen Plural führt ein, gegen den sing. 'König' bei Af u. Vulg.,* Af El 37 Q [*vgl.* praeses] 3) *König* Hn 82, 2 c. 83, 2

L**principalitas** *behördliche Verwaltung* Hn 20, 1 a

priost *s.* preost

F**pris(t)** *s. prendre*

L**privilegium** *Gerichtsherrlichkeit, Immunität* II Cn 71, 3. 73, 1 Cons, socn *übsnd*

L**probabilis** *beweisbar, deutlich* Hn 71, 2 [*aus* Lex Ribuar.]

L**probare** 1) *überführen, als schuldig erweisen* Hn mon 2 | *inde dessen* ECf 37, *dafür* convincere *retr* | eum per bellum Wl lad 3, 2 Q, to orneste beclypian *übsnd* 2) fur ~atus *offenkundig* II Cn 26 Q, æbæra *übsnd* 3) ~ pro *erachten als* Ine 20 Q, profian *übsnd*

L**probatio** *gerichtliche Beweisführung, Ordalprobe;* simpla *einfaches Ordal* Iud Dei XII 22, 2[b] | eucaristialis *Abendmahl(sprobe)* I Cn 5, 2 a Cons, husl *übsnd* [*vgl.* comp~]

L**procacitatis** eventus *Frechheitsanlass* Hn 83, 7

L**procer** *Vornehmer, Adliger* 1) þegn *übsnd* II Cn 22, 2 Cons 2) ~res *synonym mit* barones Hn 30

L**procinctus** *Heer, Landwehr;* de expeditione id est de ~tu VI Atr 35 L, fyrd *übsnd*

L**proclamare** *gerichtlich anklagen* II Cn 30 In, teon *übsnd*

L**proclamatio** vel ostensio *gerichtliche Anzeige, Klageeinreichung* Hn 59, 27, *viell. aus* Af 22 Q, eofot *Schuld übsnd*

L**procurare** 1) *unterhalten, ernähren* Af 1, 3 Q, fedan *übsnd;* II Cn 13, 2 Cons, feormian *übsnd* 2) monita subiectis impendere ~arent *sich sorgsam mühen zu erteilen* VI Atr 2 L

L**procuratio** *Verpflegung, Beköstigung* II Cn 69, 1 Cons, feorm *übsnd*

L**proeliari** *fechten, gewalttätig sich wehren* Af 5 Q, feohtan *übsnd*

L**professio** *Beruf der Juristen* Hn 8, 7

L**professores** *fachgelehrte Berufsjuristen* Quadr Ded 24. *Dieser Sinn nicht sicher in* grandia professorum 38 *(vielleicht 'der Grosssprecher') und* maligna professorum Hn 6, 3 a *(vielleicht 'der Intriganten')*

to **profianne** for, *flect. inf, zu erachten (anzunehmen) als* Wi 28 = Ine 20

L**proficuum** spirituale *geistlicher Nutzen* I Cn 26 Cons, godcunde þearfe *übsnd*

L**profiteri** *beichten* EGu 5 Q, scriftspræc *übsnd* [*vgl.* confessio, -sor]

L**profugio** *Vertreibung* Ine 68 Q, fordrife [*als wär es sbst?*] *übsnd*

L**prolocutio** *Vertrag* II Atr Pro Q, forword *übsnd* [*vgl.* praelocutio]

L**promotior** iustitia *höher ausgedehntes Gerichtsherrlichkeitsprivileg* Hn 14, 4 a

Pronomen *s. Artikel, Declination, Demonstrativ, Ellipse n.* 1 f., *Genus, Indefinitum, Interrogativum, Neutrum, Numerus, Personale, Possessiv, Reflexiv, Relativ, Relativum generale*

L**propensus** *nachgiebig, wohlgeneigt* Quadr *zu* CHn cor 11[13] | *eifrig, genau* I Cn 2, 1 Q, georne *übsnd;* Hn 37, 2. 82, 9 a

L**propheticum** *Wort des Propheten [Ezechiel* 34, 4] VI Atr 3 L

L**propinquarius** *Verwandter* CHn cor 4, 1[6]

L**propitiatius** *geneigter bereitwillig, gnädiger gesinnt* I Cn 19, 3 Q, gearuwre *übsnd*

F en soun **propre,** *obl, in seinem Eigentum* Leis Wl 17 b

L**propriare** *(gegen den Anefang-Kläger) als sein Ureigen behaupten, erweisen* Hn 64, 6 | (ge)agnian *übsnd* Q: I Ew 1, 5. II As 9. II Atr 9, 4. II Cn 24, 2 f. = Hn 64, 6 b. Duns 8, 3 [*Ggs. s.* advocare *n.* 1. 2]

L**propriatio** *Erweis des Ureigentums (an einer Fahrhabe, die Kläger im Anefang angeschlagen hat)* Q: I Ew 1, 3. II Atr 9, 4, agnung *übsnd*

L**prosecutio** *Prozessverfolgung, Verhandlung* Hn 29, 1

L**prosoluta** *nochmalige Wertzahlung des Eingeklagten* II Cn 24, 1 Cons, æftergield *übsnd* [*vgl.* persolvere *n.* 2, F parsoldrad, parrendre]

L**provenire** *zugute kommen, zustehn, zufallen* Hn 81, 2. 88, 18a

F**prover** 1) par . ., que *gerichtlich beweisen durch . ., dass* Leis Wl 21, 5; *für* jurer 13 I 2) *ipf sbjf* 3: nul nel prust *niemand dürfe es* (*sich zu eigen*) *schwören* 46, nah to geahnianne *übsnd* [*vgl.* pruvance]

L**providentia** *fürsorgliche Beschaffung* Hn 6, 4 [*vgl.* praevidere]

L**provincia** 1) *Shire, Grafschaft* IV Eg 2a L, soir *übsnd;* ECf 5, 3. 9. 31. Hn 6, 3a. 7, 1. Ps Cn for 1 2) *eines der drei Rechtsgebiete Englands* Hn 6, 1. 9, 9 f. 3) *kirchlicher Metropolitansprengel* 5, 24

L**provincialis** *grafschaftlich* Ps Cn for 9

F**provost** *Vogt, Amtmann* Leis Wl 2, 1. 5 [*vgl.* praepositus]

F**prunele** *s.* purn~

prust *s.* prover

F**pruvance** faire, *ac, Beweiseid* (*des Ureigens*) *leisten* Leis Wl 46, agnian *übsnd* [*vgl.* prover *n.* 2]

for **prytan,** *dt, aus Stolz* Grið 21

L**psalmigraphus** (*für* psalmog~) *David* ECf 17, 1. Lond ECf 11, 1 A 1

L**publicus** [*geschr.* pupl~ Iud Dei XII 4, 2. Hu 7 Cons. Q: Duns 1, 2. Ded 23 *Z.* 6; puppl~ Hu 7 Q]; præceptum pro ~ca pœnitentia *vom ordentlichen Beichtvater auferlegt als Busse* I Cn 16, 1 In, gescrifen *übsnd*

L**puer** *Nachkommenschaft, Kinder* (*nicht bloss Ein Knabe*), cild *übsnd* Q (Ine 2. 7. 26. Wif 4) *und* Wl Lond 3 L | pueri *setzt für* les enfans Leis Wl 34 L

L**pugnare** 1) ~cum *blutig kämpfen gemeinsam mit, auf Seite von* Af 42, 5 f. Q, feohtan mid *übsnd* 2) *widerrechtlich ankämpfen, widerstehn* II As 1, 2 Q, hine werian *übsnd*

F le **puing** colper, *ac, Faust* (*Hand*) *abhauen* Leis Wl 11; poin I

F**puis** 1) *nachher, ferner, dann* Leis Wl 10, 2 (pois I). 20, 3a. 21, 5; pois 4 I 2) ~que, *cj m ind, sobald als, nachdem* 21, 5; que *fehlt* Io; pus que 48, 1; pus ke Wl art Fz Insc

F**pu(i)ssed, ~ent** *s.* podeir

L**pullus** mutilatus *Kapaun* Hn 70, 4

L**pulsator** *gerichtlicher Kläger* Hn 26, 1

pund; *gn:* ~*des* wurðne að I Atr 1, 3 = II Cn 30, 2 | *dt:* ~de II Atr 5, 1. Duns 7. Had 2; healfan ~de VI As 6, 1; 3. III Eg 8, 2 | *ac:* healf ~ VI As 6, 4. Hu 3, 1 | *pl:* ~ Rect 8 f. | *gn:* ~da II Atr 7, 2. Mirce 2 | *dt:* ~dum Af 3 = Grið 11. II Atr 5. VIII 5, 1. I Cn 3, 2. II 58—58, 2. 62; ~dan *stets* G | *ac:* ~ II As 25, 2 (~de Ld). Hu 9 = Blas 1. I Cn 3, 2. II 13, 2. 71, 2—5. Had 3—8. Wl lad 2, 2. — 1) *Schwergewicht, Last, vielleicht ganz ungefähr* 1 *Zentner; pl:* XII (VIII) ~ cornes *Rect* 8 f.; pondia *übs.* Q [*auch für* pundwæga] 2) *Pfund Edelmetalls, Lat.* libra *übs.* **a**) 22000 ~da goldes 7 seolfres: 22000 *Pfund Silber, teilweise zahlbar in Gold* II Atr 7, 2 [*also galt* 1 *Pfund Gold gleich einer festen Zahl, vielleicht zehn, Pfunde Silbers*] **b**) *sonst nur gedacht als Gewicht Silbers, ausgemünzt je in* 240 *Pfennigen;* V ~dum mærra pæninga Af 3 | *zu* 2 librae *fügt* denariorum II Cn 71, 2 In | *statt* healfan ~de *setzt* CXX pen. III Eg 8, 2 HD | *zu* 30 scill. *fügt* id est half ~ Af 12 B (12. *Jh.*), *Mercisch den Schilling zu* 4 *Pfennig nehmend.* | *Da der Normannische Schilling* 12 *Pfennige umfasst, so setzen* 1 ~ (libra) *gleich* 20 solidi Q (VI As 6, 1; 3. Hu 3, 1. 9. II Atr 5, 1. Duns 7. Blas 1. Wl lad 2, 2) *und* In Cn (II Cn 13, 2. 30, 2. Had 2), *die Gedanken* 10. 11. *Jhs. in die Geldsprache* 12. *Jhs. übertragend*

pundbreche *Bruch* (*Verletzung*) *des Geheges* (*für geschüttetes* [*unter Pfandhaft eingesperrtes*] *Vieh*); ~, id est infractio par[r]ici, fit emissione, evocatione, receptione, excussione (*des eingeschlossen gewesenen Viehs*) Hn 40, 1 f.

pundere *Wäger; pl ac:* ~es (~dæres *Var.*) vel ponderatores In Cn III 59

[-pundern] *Der.:* wægep~

pundwæga, *pl gn,* (*Getreide*)*lasten, Wispel* (*Gerste*) Ine 59, 1 H So Ld Q; wega, hundwega *Var.*; wæga E | ~ foðres *Viehfutter* 70, 1; ~wega B; ~waga So Ld; *geänd. aus* wæga H; pondia Q [*auch für* pund *n.* 1]

F**puple,** *obl, Volk* Leis Wl Pro I; pople Hk

L**pup(p)licus** *s.* publ~

F**pur** *für* 1) *behufs, zwecks;* ~ amendement *zur Besserstellung* Wl art Fz 7; ~ le son *um* [*zu erlangen*] *das Seine* Leis Wl 44, 2 2) *wegen;* ~ ço *deshalb* 38; per Io; ~ qui il a *weshalb er hat* 22 I | ~ pour de mort *aus Todesfurcht* 37. 37, 1; per Io | ~ haur 10a. 14, 3 | ~ curruz u ~ hange u ~ aveir *gegen Bestechung* 39, 1; per Io | ~ auter chose *anderer Ursache halber* 14, 3 | ~ (*auf Grund von*) relais 32 | pendu ~ (*zur Strafe für*) forfet Wl art Fz 10 3) *statt; rendre* tor ~ (*an Stelle von, in Zahlung für*) X sol Leis Wl 9, 1 | conbate ~ lui *an seiner Stelle* Wl art Fz 6, 1 4) *als Entgelt für;* rendrad *Geld* ~ la *teste,* besche Leis Wl 3, 1; ~ sun *travail* 28, 1; per I; ~ la rescussiun 5 5) *als;* clamer ~ embled 21 6) *je bei;* ~ un porc (berbiz) *bei jedem* 5, 1 | *bezüglich, betreffend;* manbote ~ franc, ~ serf 7 7) [*zeitlich*] ~ *tant* cum, *cj m. sbjf, sofern, solange wie* 29, 1 8) *m. inf: um . . zu;* ~ *demander* 5, 2; clamer 6, 1; *fere* 18, 1; mustrer 22 (per Io); sun dreit purchacer 14, 3

F**pur-** 1) *ersetzt durch* pre- *s.* purpensed 2) *durch* par- *s.* parsoldrad, parsivre

L**purgamen** *gerichtlicher Reinigungsbeweis* II Cn 8, 2 In. Cons, lad *übsnd;* ~ virile 39 Cons, werelad *übsnd*

L**purgatio** *gerichtlicher Reinigungsbeweis,* lad *übsnd,* I Cn 5, 4. II 22. 22, 1a (34 *für* ladung) L. Duns 2, 1 Q; *eidlicher* II Cn 19, 2c; *durch Ordal* 22, 1b Cons. Iud Dei II 4, 1. Ps Cn for 11, 2

F**purgist** (3), *m ac, fleischlich beschläft* Leis Wl 12. 18. 18, 2 I; ~ste Io

L**purificatio** 1) *Reinigungsbeweis durch Ordal* Iud Dei XII 21, 1 2) ~ s. Mariæ *Lichtmess, 2. Februar,* I Cn 12 Cons, clænsung *übsnd* [*vgl.* Candelarum]

F**purnele** *Augenstern* Leis Wl 19, 1; purvele *Drucke;* pupilla L [*nach Analogie der Quelle meint* Wl *vielleicht 'Augapfel'*]

F**purpenser** *bedenken* 1) *sbjf* 3: se ~*ent sich überlegen* Leis Wl 39 2) *pf pc:* de agwait ~sed *von vorbedachtem Hinterhalt* 2 I; prep- Io; ~sé Hk

F**purportast,** *ipf sbjf* 3, se sun quor lui ~ *wenn sein Herz ihm eingäbe* Leis Wl 10, 2

F**purra,** put *s.* podeir

F**p[u]rsivre; pursoldrad** *s.* pars~
F**pus** *s.* puis
L**putare,** *m inf, beabsichtigen, vorhaben zu* ECf 35, 1c; *cogitare retr*
L**puteus** *Grab;* puteo aperto VI Atr 20 L, æt openum græfe *übsnd*
[-pytt] *Der.:* wæterp~

Q.

F**qe, qi, qil** *s.* que, qui
qu *für* cw: *s.* cwalstow, cwideleas [*Französ. Einfluss; s. Hein,* Eadwine's Sprache *S.* 23]
L**Quadragesima** *vierzigtägige Fastenperiode* Hn 68, 11; lencten *übsnd,* Af 40, 2 Q | ~**alis** convictus Rect 9 Q, lenctensufl *übsnd* | ~alia ieiunia VI Atr 22 L, fæstena *übsnd;* lenctenfæsten *übsnd* Af 5, 5 Q. I Cn 16 Q. Cons
L**Quadripartitus** *vierteilig* [*Buchtitel; ergänze:* liber] *S.* 529b
F**quaer** *denier, no, vierfacher Pfennig* Leis Wl 11, 1; quer deners I
L**qu[a]estio** 1) ~ publica *gerichtliche Verhandlung* VI Atr 22, 1 L, folcgemot *übsnd* 2) ~ quaerens vel quaesita *private Gerichtsherrlichkeit* [*wohl für* soen] Hn 80, 12
L**qualstow** *s.* cwal~
F**quanque** il ad *soviel* (*alles was*) *er hat* Leis Wl 47, 1, eall þæt he ah *übsnd*
F**quant** *m ind* 1) *wenn, falls* Leis Wl 37 2) *indem* 39
L**quanvis** *für* quamvis II Cn 76, 2 In
F**quarante** *vierzig, ac,* Wl art Fz 3, 1. 6, 2.
L**quarentena** 40 *Ruten Länge, Furchenlänge,* 1/8 *Engl. Meile* Pax Q, furlong *übsnd,* = Hn 16, 1
F**quart** *vierter; obl:* le ~ jurn Leis Wl 44, 1; al ~ plait 47 ‖ *fm:* a la ~te feiz 45, 2 (~ I). Wl art Fz 8, 3
L**quarterium** 1/4 *Hundert* = 25 *Pfund Gewicht* Lib Lond 8, 5 [*synonym:* 25 libr. 8, 2]; *Var.:* ~tar~
F**quatorze** homes *vierzehn* Leis Wl 14, 1
F**quatre** *vier;* 140 livres et ~: 144 Leis Wl 22, 2; de ~ chemins 26. 28
L**Quatuor tempora** *Quatember* ECf 2, 3 | ~**ale** ieiunium I Cn 16 Q, ymbrenfæsten *übsnd*
F**I) que,** *prn relat., s.* qui

F**II) que,** *cj, dass* [*Schreibart in* Leis Wl *stets* ~; qe 19 Im | *für* ~ il *nur einmal* k'il 24; qil 10, 2 Im. 11 Io | *in* Wl art Fz: ke Insc. 1. 2. 5. 6, 1. 8. 9. 10 [qui *nur in* Leis Wl I (*also Fehler* 14. *Jhs., oder erst der Drucker*): 6, 1. 10a; 2. 11. 14, 3. 21, 1a; 3 f. 43. 46. 49; qi 52[37]] 1) *damit, m. sbjf,* Leis Wl 6. 30. 52. Wl art Fz 6, 1. 8 2) *so dass;* desaparaillé, qu'il oust Leis Wl 20, 2a 3) *zur Substantivirung eines Satzes;* ceo ~ aucuns coupe 11 4) *befehlenden sbjf einleitend, Deutsch blosser conj.;* ~ nul prust 46 5) *nach ge(ver-)bieten, erlauben, m. sbjf:* comander Wl art Fz 1 f. 7 f. 10; mander Leis Wl 47; defendre 41. Wl art Fz 9 f.; establir 5. 6; congé, ~ pusse Leis Wl 44, 2 6) *nach bedenken, dünken, m. sbjf:* purpensent, ~ jugent 39; wart, ~ perde 41, 1; semble raisoun, ~ face 46; est raisun, qu'il duinse 4 | *ausgelassen, ersetzt durch folg. sbjf* Wl art Fz 3 7) *nach verklagen, m. sbjf:* chalange, ~ seit 52, 2; mescreez, ~ feisse 37, 1; mettid sur, qu'il ait 24 I; *aber ind.* ad Hk 8) *nach bezeugen, erweisen, assertorischem Schwur* a) *m. ind;* testimonie(r), qu'il achatad, prist 21, 1a | derehdner, qu'il averad 24 | aleier (espurge), ~ sout 39, 1 f. (49) | jurer, qu'il fait 14, 3; sout 3. 13; pot 3. 10a b) *m. sbjf;* prover, ~ seit 21, 5 9) *nach versprechen* a) *m. sbjf:* plege, qu'il ait Leis Wl 5, 2. 6, 1 b) *promissorischer Schwur, m. condit:* ~ prendreit 10, 2; ke sereint Wl art Fz 2 10) ~ *hinter* apres içо, des, devant iceo, a l'hure, de ici, meis, puis *s. d.*
F**III)** que *ausser, als;* ne durrad ~ *gebe nur* Leis Wl 5. 5, 1. 19, 1
F**quel** *welch; no:* li queus d'eus ke fust *wer immer von ihnen* Wl art Fz 6, 2 | aventure quel que seit *Zufall welcher es sei* Leis Wl 19 | *ac:* warant u borch, le ~ qu'il averad 21, 1; de ~ forfait que home fait oust 1
F**queons,** quens, *no, Graf, s.* cunte
F**quer** *s.* quaer
L**querela** *Beanspruchung, Druck durch Staatsbeamte* Ps Cn for 9
F**querre;** quere avurie *Schutzherrschaft aufsuchen* Leis Wl 30; ~ le *ihn zu suchen* 3; quer I | *sbj pl* 3: quergent 47, 3, gesecan *übsnd* [*vgl.* req~]
F**queur** *s.* quor **queus** *s.* quel
F**qui** *Schreibart zumeist* ki Leis Wl 1, 1—5. 9, 1. 11, 1—13. 17, 1. 18. 21 f. 24. 26 f. 33. 38. 42. 44, 2. 47, 3. 49; Wl art Fz 8a; ky Leis Wl 4 I. 5 I[12]. 11, 1 I. 13 Io; quy Im | *seltener* ~ 17—17, 1 I. 20, 4. 24. 28, 2 f. 37, 2. 47; qi 17 I[3] | *vor* e *setzt* k (*nie* Leis Wl) Wl art Fz 3 ff. 6. 6, 2. 7 f. 8, 3; qe Leis Wl 5[18] | *m. ac des person.:* qil (kil) [*aus* ~ le] 5 I. 21; kis [*aus* ki les] 3, 4. 5 — 1) *relativ; no:* cheval, ki 9, 1; hume ki 2, 3. 17; burgeis, ~ 17b I; service, que 30; femme, ki 33; force, ~ 28, 2 (que *dass?* Hk. Im); cil ki 2, 4. 4. 5. 18. 12 Hk. 18 Hk (*nur* ki I); celui ki 1, 1. 21; autre ki 11, 1; li queus ke fust Wl art Fz 6, 2; luy, ki 8a; checuns, ke 8 | ki *wer, derjenige welcher* Leis Wl 2. 2, 2. 12 I. 13. 17, 1 I. 26. 45, 1 | *in Bed. 'wenn einer'* 21 f. 47. 49 | que 2, 2 I[1]; ke Wl art Fz 5 | *ac:* cri, que Leis Wl 4; forfet, que 1; chose, que il 24; qu'il Hk; ~ il Io; dener, que 17, 1; l'anme, que Deu 41, 1; relais, que 32; ~ Io; cheval tel qu'il out 20, 2 I; cum il Hk; seinur, en ki (*dessen*) fiu 2, 4; celi ki (*dessen*) dreit 42 | cil . . a qui *welchem* 4; od qui *bei welchem* 48; cil, de ki *über den* 44, 2; cil vers ki Wl art Fz 8, 1 | *pl no:* les forfez ki Leis Wl 2, 2a; cil, ki 17, 1. 20, 4. 29; ceals ~ 17, 1 I; choses, ~ 37, 2; que Im; altres ~ 38; ki *diejenigen welche* Wl art Fz 8, 2; humes ke vindrent 3 | *ac:* custumes, que (ke) Leis Wl Pro (Wl art Fz Insc); pers, que il 23; qu'il Hk; ~ il Io; deners, que il 17a; humes, ke il Wl art Fz 3 | *sg nt no:* que est apelé *'was', auf ganzen Satz bez.,* Leis Wl 5. 11, 1; ço que entercé est 46; ço ke ert Wl art Fz 8a; ce ke fut 8, 3 | *ac:* ceo, que il (qu'il Hk) avereit Leis Wl 1, 1 I. 2, 1. 10, 2; ço ke il Wl art Fz 7; ke il (*auf Satz bez.*) 4; de k'il *dessen was sie* 6; ço, que (comme I) altre fust forfeit Leis Wl 2, 1 2) *verallgemeinernd; obl:* en ki (*wessen immer auch*) poesté 47, 3; en ki (*wessen auch*) curt (terre) que ceo seit 24 (27); par que ke il vodrat Wl art Fz 6 3) *interrogativ:* mustrer, ki ait *wer habe* Leis Wl 22 | *obl:* pur qui *weshalb* I
L**quia** *dass, Objectssatz einleitend,* Iud Dei VII 24, 1. Wl art 8; *ersetzt durch* quod [*s. d.*] In Cn III 54 *Var.*
L**quicumque** *irgend einer* Hn 20, 3
L**quideles** *s.* cwideleas
L**quiescere** a malo *ablassen, sich*

enthalten III As 3 [*wohl aus* yfeles geswican; *vgl.* conq~]

F**quiete** *s.* quite

L**quietudo** *von Staatslast befreiendes Privileg* Hn com 4; *Var.:* ~titudo

L**quietus** 1) *ledig, befreit von Pflicht* (*Leistung*) CHn cor 11; de *von* (*Abgabe an König*) Hn Lond 2, 1; ab exercitu (wardscot) *von Staatslast des Heerdienstes* (*Wachtgelds*) Lib Lond 10, 1 (Ps Cn for 9) | illum ~um clamare a iugo servitutis *der Sklavereilast quitt erklären, frei lassen* Wl art Lond retr 15, 1 2) *frei von Anklage* (*Rechtsanspruch*) Hn 8, 5. 61, 2; 5. ECf 9a; 36, 3; *von Schuldverantwortung* Lib Lond 2, 1; [*übs. wohl aus* laðleas] III Em 3 | *unangefochten, nicht in Missetat verwickelt* (*ein Wertstück*) Ine 53, 1 Q, unbeceas *übsnd;* (*Waffe*) Af 19, 3 Q, gesund *übsnd.* [*Vgl.* 8 *Z. weiter*]

L**quindecim** *dies Doppeltes von* VII *dies = zwei Wochen* Hn 41, 2a. 59, 2b [*vgl.* feowertyne; fiftyne; *fz.* quinze jours]

L**quinquagenarius** *ein Fünfziger* V As 3 Q, fiftig sealmas *übsnd;* psalmorum *ergänzt spät. Rec.*

F**quite** *frei* (*ledig*) *von Leistung: der Wache* Leis Wl 28, 1 (~tes I); *der Zahlung:* 20, 2a; 2 | *pl:* ~tes 17a. 17, 1 Im; quie*t*es Io; ~ Hk [*vgl.* quie*t*us]

L**quocumque** *wo nur immer* ECf 25; *dafür retr:* ubicunque

L**quod** I) *Sprichwort;* ~ tibi non vis fi*e*ri, alii ne fec*e*ris Hn 28, 5 II) *dass;* proba*r*e, ~ occidit Ine 35 Q [*vgl.* quia]

F**quor** *Herz, Sinn, Geist* Leis Wl 10, 2; queur I

R.

r 1) *für* s: *s.* isen, læresta [*grammat. Wechsel*] 2) *für* rr: *s. cierre*; *in Flexion:* mære, oðer, ure 3) *für* hr-, wr-: *s.* h- [*auch* ringe], w- *geschwunden* 4) *verschr. für* n: hondum Af 31, 1 So; wene I Cn 25 Ld; anfealdre II 22, 1 A; gecnawan 24, 3 B | *für* s: yrfes Af 8, 3 B 5) *geschwunden: s.* gemæðrian, spræc, scriftspræc, forspreca, onspæce, -peca, spreean; *fm gn:* inweardlice; *pl gn:* mina, gehadeda; *vgl. Declination S.* 49, *Sp.* 2 6) *ausgelassen: s.* behwo[r]fene I Em 5 B; þea[r]f VIII Atr 43; sc[r]yfan II Cn 68, 1 A 7) *r + Vocal s. Metathese* 8) *ersetzt durch rr: s. d.* 9) *durch* hr-: *s.* h *unorganisch* 10) *für r verschr.* h, n, p: *s. d.*

F**-r-** 1) *statt* -rr-: *s.* duner, jurer, larecin, larun, quere, *tere*, *traire* 2) *geschwu.:* dou[r]at Wl art Fz 6, 2 [*vgl. Stimming* Anglonorm. Boeve *S.* 214 f.]; murd[r]e 4

race, *ac, Rechen* Ger 15. — *Der.:* ofenr~

F**rachater** *s.* reach~

L**rachinburgius** [*aus Fränk. Recht, wo es 'einen vom Urteilfindercolleg' bedeutet*] II Cn 76, 2 Q *für Cnuts* gitseras (*habgierige* Bedrücker, *bes. im Rechtsleben und nam. von der Obrigkeit gesagt*), *also vielleicht vom* Q *irrig übertragen auf 'Strafgerichtsherren'*

rad I) *Ritt; dt:* on *rade Zug zur Rechtsvollstreckung* II As 20, 4; ~! Ld; to *rade* oððe to gange *Ritt oder Gang* (*zur Spursuche*) VI 4 | *ac:* rade (*behufs Rechtsvollzugs*) III Eg 7, 2 = II Cn 25, 2; ane *rade* geriden VI As 5. — *Der.:* midrad [*vgl.* faru, rid]

II) **rad** *s. ræd* III) *s.* ridan, *ptt*

IV) *s. adj.* gerad, unrad

V) *s.* gerad, *nt*

radan *s.* rædan

radcniht *setzt* In Cn *für Ælfred's* siexhynde Af 30 (*Var.:* ~ih). 39, 2; radchnihit *Cb's Rubrik* III 6, *S.* 617 [*vermutlich um einen Stand zwischen* ceorl *und* thegn *auszudrücken; vgl. Pollock-Maitland* Hist. Engl. law I 286. 289]

radstæfne rád, *ac, reitende Ordonnanz* (*des Königs*) *ritt* Geþyncðo 3; ~tefne H; equitatus vice fungeretur Q; vice equitaret in missiatico In [*also als masc* stefn *missverstanden*]. *Nordisch*

L**Radulfus** I) Rod~ rex (*III. von Burgund*) Cn 1027, 6. 8 II) *R.* Bainardo *ist adressirt* Wl ep Pro III) ~ de Limisei *Rechtsnachfolger der Christine, Enkelin Eadmunds II.,* ECf 35, 1a

-ræ- *ersetzt durch* er: *s.* gærsswin

ræcan *erlangen, erholen* (*Saatkorn*) *Rect* 4, 1b; *geänd. in* ræfan *oder* ræpan; parabit Q. — *Der.:* ger~, ofr~, utr~

ræd *Rat* IV Eg 2, 2. 15, 1. II Cn 75, 1. Wif 7. Ger 7 | *dt:* ræde I Atr 1, 8 (hr- B). 1, 12. VIII 43. I Cn 1b D. II Pro. 30, 7. 31, 1a (*rede* A). Swer 3. Ger 2, 1 | *ac:* ~ I Em Pro. VI Atr 40 = II Cn 11 | *instr:* ræde Wi 15; *rade* 10. — 1) *Rat;* be his ræde I Atr 1, 8; 12. II Cn 30, 7. 31, 1a 2) *Zustimmung;* mid witenan ræde Pro 3) *Ratschlag, geistige Teilnahme* 75, 1; æt ræde ne *dæde* Swer 3; *dies lag wohl vor für* consilio et facto ECf 23a; *vgl.* consiliatrix vel adiutrix 19 *und* rædbana 4) *Verordnung* IV Eg 2, 2. 15, 1; *Beschluss* Episc 6 5) his (sylfes) *ræde aus eigenem Entschlusse* Wi 10 (15) 6) *vorteilhafter Plan, Nutzen* VI Atr 40 = II Cn 11 | *m. dt: für jm* Wif 7. Ger 7 | to *ræde zum Vorteil, weise* VIII Atr 43. I Cn 1b D. Ger 2, 1 | saula ~ *Seelenheil* I Em Pro. — *Der.:* Ælfred, Æðelred, frumræd, Þeodred, unræd, Wihtræd

[ræda] *s.* ger~ = *redan*

rædan 1) *bestimmen, beschliessen,* þærto *darüber* II Cn 30, 5; *ræden* A | *op* 3: þ*æt* God *ræde was G. bestimme* VIII Atr 24 = swaswa - - *wie G. b.* I Cn 5, 2c | *ptt pl* 3: ræddon (*ein Gesetz*) I Atr Pro 2) *etw. beraten; ptt* 3: þe (*quibuscum*) he hit wið rædde VI As 12, 1 3) *intr, op* 3: *rade bedenke sich* I Cn Inso A. — *Der.:* forr~, ger~, wiðr~

rædbana; dædbana oððe ~ *Mörder durch die Tat oder Mordstifter durch Rat* VIII Atr 23 = I Cn 5, 2b = red~ Hn 85, 3; redbanna *Var.* [*vgl.* ræd *n.* 3]

rædboran, *pl, Staatsmänner-Ratscolleg* Duns Pro [*vgl.* rædgifan]

[-ræde] *s.* anr~, oftr~

to **rædegafole** geþingað, *dt, auf bereite* (*zahlbare*) *Abgabe vereinbart* Ine 67 *im Ggs. zur Arbeitsfrohn* [*synonym* gafol *2 Z. weiter*]

ræden 1) þeos ~ stænt *obige Regelung* (*Rechtsgewohnheit*) *gilt Rect* 4, 3 2) *ac:* on þa ~nne, þe *auf die Bedingung, dass* Ine 62; ræddene B. — *Der.:* ealdlandr~, freondr~, gafolr~, gebedr~, geferr~, gecwedr~, landr~, þingr~, witer~, wudur~

rædgifan, *pl, Staatsmänner-Ratscolleg* VI Atr Pro [*vgl.* rædboran]

rædlice, *adv, planvoll* VIII Atr 37 | *cpa:* ~oor *bewusster* 41. *Der.:* anr~

rædnes *Gesetz; dt:* rænesse! II As Insc. — *Der.:* ger~

ræfan *einpacken, einwickeln Rect* 4, 1b, *Corr. für* ræcan; *s. d.*

rægl *s.* hrægl

ræpan *binden Rect* 4, 1 b, *falsche Corr. für* ræcan; *s. d. Ebensowenig passt* ri(*e*)pan *'ernten'*

ræran *aufrichten* 1) ortgeard ~ *Garten bauen* Ger 11 2) *übtr.:* wurðscipe *erhöhen* I Cn 20; riht *reran* Episc 9 | *op* 3: ~re munde *setze Frieden fest* II Em 7, 3 = Wer 4; unlage *falsche Satzung aufstelle* II Cn 15, 1; arære D Ld. — *Der.:* ar~

ræst- *s. rest-*

raine- *s.* hran-, *regn-*

[F]**raisun** *Recht, Gerechtigkeit;* est ~, que Leis Wl 4 I; *resun* Hk; nus semble ~soun 46 (~son Io), us þingð riht, þæt *übsnd*

ram, *ac, Widder* As Alm 1

ran *Raub;* ~, quod Angli dicunt apertam rapinam Wl art 6 = Wl art Lond *retr* 12 | *ac:* ~ wyrcean II Cn 61, 1 Ld, *verderbt aus Cnuts* samw-; *s. d.* — *Der.:* ciricren

rance ne rice, *praed. pl, vornehm noch reich* Grið 21

ra[nhund] *s.* hr~

rape, *dt, Seil* II As 23, 1

[L]**Raphael** *Erzengel* Iud Dei XVI 30, 4. Excom VI 1, 2

[L]**raptus** *Frauenraub behufs Ehe* Hn 10, 1 [*nicht 'Notzucht', wofür* violentus concubitus *daneben; vgl.* niednæme *n.* II]

[-rasian] *Der.:* ar~

rað- *s.* hraðe

[F]**ravine,** *ac;* aperte roberie u~ *offenkundigen Raub* Wl art Fz 6, rapina *übsnd*

-re- *für* -or-: *s.* ealdorman, gebierhtan, nawðer, oðer | *dafür* er: *s. d.*

[F]**reachater** 1) al rei nel ~ *es nicht wieder auslösen vom König* Leis Wl 39, 1, hine æt cinge eft gebicge *übsnd;* rach~ Io 2) *pf* 3: que rechatat de sa vie *die er erkaufte mit seinem Leben* 41, 1, þe mid life gebohte *übsnd*

reaf 1) *Kleidung, Gewand; dt:* ~fe Af El 11 H; hrægle *übr.* 2) [*Raub*] *Der.:* wælr~, wegr~

reafere *Räuber* IV As 6, 1 | *pl:* ryperas 7 ~ras II Cn 7; hr- B

reafian 1) *berauben;* 3: ~fað man [*ac*] III Atr 15 2) *pc pl ac:* ~fgende *räuberische* Iudex 10; refans Q | *Lat.:* mortuum refare Wal Q (wælreaf *übsnd; refere Var.*) = Hn 83, 4 a. — *Der.:* ber~

reaflac *Raub, Räuberei; gn:* ~ces gestieran Iudex 10 | *dt:* ~ce Ine Rb 10 | *ac:* ~ don Ine 10. Sacr cor 1, 2. VIII Atr 4 = I Cn 3. II 47; ~gewyrcan 63; *auch* Q Rb *S.* 538, *wofür* robaria *später* | *Lat.:* rieflacum *unberechtigte Fortnahme von Fahrhabe* Hn 57, 7 a; c

ream *s.* hr~

[L]**reatus** *Strafgeld* II Cn 15 Cons, wite *übsnd*

recan; 3: recð ceap in on geat *Vieh eindringt in Öffnung* Ine 40; receð H

[L]**recapitulare,** *tr., zum Anfang zurückwenden, von vorn beginnen* Hn 61, 16 [*vgl.* caput *n.* 1; reformare]

reccan I) *m. gn, achten; op* 3: ne *recce* hire Af El 12, displicuerit *übsnd; Godes* miltse AGu Pro | *pl* 3: reccean, hu *sich kümmern, wie* VI As 8, 7 | *ipa:* rec þu þæs Af El 40; *rece* So; *recce* H **II)** **recceanne,** *inf. fl.;* laðum folcriht to ~ *leidigen Volksrecht zuzuerkennen* Iudex 3; *recitare* Q. — *Der.:* ber~, ger~, ymber~

rece *s.* wrecan

[F]**receivre** 1) *sbj* 3: ~it *nehme beherbergend auf* Leis Wl 48, underfo *übsnd* 2) *pf pc fm:* receue *angenommen* (*Fahrhabe*) Wl art Fz 5

[L]**recessio** *Entkommen, Entweichung* Hn 88, 18 a

recgan *s.* hryeg

[F]**rechater** *s.* reach~

[L]**recitare** *verkünden, sprechen; setzt* Q [*wol durch Buchstabengleichheit verleitet*] *für* reccean *n.* II Iudex 3; *für* gereccan I Ew Pro. Hu 3; *wohl für* ongereccean IV As 7; *für* gerædan VI 11

[L]**recognoscere** 1) *als wahr anerkennen, zugestehen* Hn 48, 8 2) (*Verbrechen*) *gestehen* ECf *retr* 36, 3; cogn~ ECf [*vgl. d.,* cunuissant]

[L]**reconciliare** (*Verworfenen in die Kirchengemeinde*) *wieder aufnehmen* Hn 70, 17

[L]**reconciliatio** ecclesiae *Sühnung* (*entweihten*) *Kirchengebäudes* I Cn 2, 5 In, mynsterclænsung *übsnd*

[L]**recordatio** 1) *Einschärfung, neue Publication eines Gesetzes* Hn 7, 1 2) *Gerichtszeugnis* 31, 4. 49, 4

[F]**recoverer** *wieder zurückerlangen; sbstirt. inf:* n'ait mes ~ *erhalte nie Wiedererholung* (*Aufhebung der gerichtlichen Verurteilung*) Leis Wl 47, 3; ~vrer Io | *pf pc:* ~ed ad sa parole *hat hergestellt* (*prozessualisch: gebessert*) *seine gerichtliche Aussage* 24 I; ~vré Hk [*vgl. Stadtrecht von Pontefract a.* 1194: *Verklagter, nach Formfehler in der Antwort auf Klage,* iudicabitur in misericordia pretoris (*Strafgeldschuld an den Richter*) et per forisfactum (*Geldbusse*) *responsum* suum recuperabit; Bateson Borough customs I 162]

[L]**rectatio** *Anklagezustand, Dauer des Verklagtseins* Leis Wl 52, 1 L, chalange *übsnd*

[L]**rectatus** de *verklagt wegen* Leis Wl 47 L. 52 L, redté *übsnd*

[L]**rectitudo** 1) ~ *testamenti Privileg aus Landurkunde Rect* 1 Q, bocriht *übsnd* 2) *Obliegenheit* **a)** *Rechtserfüllung, gerichtl. Pflicht* ECf *retr* 21, 1; *rectum* ECf **b)** riht *in* Ine 9 *übsnd: Rechtsgang, gerichtl. Sühne* In Cn III 1 **c)** gerihtu *übsnd:* α) *Seelsorgedienst* II Cn 54, 1 Cons β) *Frondienst Rect* 4, 3 a Q 3) *Rechtsbrauch;* ~ patriae Af 2, 1 Q, riht þeodscipe *übsnd* | *Recht und Pflicht* (*der Edelguts-Hintersassen*) *Rect* Insc Q 4) *Berechtigung, Rechtsanspruch;* ~ Dei *Kirchengerechtsame,* gerihto *übsnd,* EGu 5, 1. 6, 4. VII Atr 7, 1. II Cn 48 Q | ~ comitis, taini Geþyncðo 5 f. Q, eorlriht, þegenriht *übsnd* | *Empfang der Rechtsbusse,* riht *übsnd,* Ine 8 Q Br (*rectum übr.*). Af 77 In Cn | *zu empfangende Gebühren Rect* 7 Q, gerihtu *übsnd* | *Geldeinkommen aus Herrschaftsrecht* In Cn III 46; *aus Gerichtsbarkeit* ECf 9, 3

[L]**rectum** 1) *Rechtsgang, gerichtliche Pflicht,* riht *übsnd* Q: Af 34. II As 2. 8. I Atr 4 2) *Gericht;* ~ publicum *ordentliches G.* Hn 8, 4; ad ~ submonere 42, 1; ad ~ habere *vor G. stellen* ECf 20, 1 (rectitudinem *retr*). 20, 1 a 3) *Gerechtigkeitserteilung seitens des Gerichtsherrn* 4; ~ tenere *Prozessabhaltung gewähren, Recht zuteil werden lassen* (*dem Kläger*) Hn Lond 11. Lib Lond 4; *vom Verklagten gesagt* ECf 24, 4; recti penuria *Weigerung des Gerichtsherrn, eine Klage zur Urteilsfällung zu bringen* Hn 33, 3 a 4) *Pflicht* (*des Hintersassen gegen Gutsherrschaft*) *Rect* 2. 3 Q, riht *übsnd* 5) *gerichtl. Strafe* II Cn 33, 1 a Q, riht *übsnd* 6) *Rechtsordnung* Ine 5 Q, riht *übsnd* 7) *Berechtigung, Rechtsanspruch;* thaini ~ *Privileg* Að 2 Q, þegnriht *übsnd; zu empfangende Gebühr* (*Busse*), riht *übsnd,* Q: *Rect* 9, 1. 14 (Ine 8; rectitudo Br) | *Prozessertrag, Gewinn aus Rechtsgang* Hn 70, 10 8) *Rechtschaffenheit, Un-*

schuld am zur Last gelegten Verbrechen ECf 19, 1; *dafür* innocentia *retr*

ᴸ**reculpare** *verwerfen, zurückweisen* Hn 66, 9a

ᴸ**recuperare** *herstellen, bessern* Leis Wl 24. 47, 3 L, *recoverer übsnd*

red- *s. ræd-*

[-reda] *s.* beddr~

redan, *pl, (Pferde-) Geschirr* II Cn 71, 2 A, *verbess.* ger~; geræda G

ᴸ**redditio** 1) *Moment der Urteilsabgabe* Hn 34, 4 2) *Entgelt, Bezahltwerden durch Wergeld;* iacere absque ~one VI Atr 38 L, liogan ægilde *übsnd* [*vgl.* wera, pretium *und:*]

ᴸ**redemptio** *Wergeld,* wer *übsnd,* Cons Cn: I 2, 4. II 20. 29. 61. 66 [*vgl.* 2 *Z. vorher*]

[-redian] *s.* ar~ **redre** *s.* hræd

ᶠ**redter** *s. reter*

ᴸ**reductio** furum, *das zur Ordnungbringen, Bestrafung der Diebe* Hn 23, 5

-ref- 1) *irrig für* -fer-: *s.* geferscipe 2) *dafür irrig* -fer- *s.* gefera; *vgl.* -rf

refa *Vogt; ac:* ~an II Cn 8, 2 B; ger- *übr.* | *pl:* reves ECf 32, 3[1]; greves *übr.* [*vgl.* gerefa]

ᴸ**refare,** *refere s.* reafian

ᴸ**refectorium** *Speisesaal (kirchl. Stifts)* VI Atr 4 L, beodern *übsnd*

Reflexiv *ausgedrückt durch Personale: s.* he, *dt, ac* | self (*s. d. n.* 6)

Reflexives Verb 1) *auch activ fungirt* ladian, *da in der Bed. 'sich reinigen' spätere Hss.* hine *zufügen* | *s.* scieldan 2) him (*sich*) *neben obj. ac bei* ondrædan *fürchten; s. d.*

ᴸ**reformare** ad placiti principium *zurückgehen auf, die Lage zurückwenden zum Anfang des Prozesses* Hn 61, 13a [*vgl.* recapitulare]

ᴸ**refragare** [*statt* ~ri] *sich widersetzen* Hn 41, 14. 82, 2a; *zu befolgen weigern* II Cn 15, 2 Q, forsacan *übsnd* [*dies lag wohl vor für* ~ III Em 6, 2]

[-refscipe] *s.* ger~

ᶠ**refuserad,** *fut* 3, *zurückweist, zu befolgen weigert (Urteil)* Leis Wl 42. 42, 2, forsace *übsnd*

ᴸ**regalis fera** *Königswild, d. i. Hirsch (und Damwild?)* [*wie* veneris *eng. Sinnes*] Ps Cn for 19. 21, 1. 26 f. 34 [*Ggs.:* fera forestae]

ᴸ**regalitas** *Königswürde* I Cn Pro Q, cynescipe *übsnd*

ᴸ**regenerare** *neu geboren werden lassen (durch Taufe)* Iud Dei I 2, 1. XIII 13, 2 | ~**ationis** lavacrum *Taufe* XIII 8

ᴸ**regiae** causae *Königsprozesse, dem Staate vorbehaltene Rechtssachen* Hn 35, 2 [*vgl.* placita coronae; *Ggs.:* causae communes 35, 1]

ᴸ**regio** *setzt* Cons Cn *für* land 1) *Territorium, Immunitätsherrschaft* II Cn 37 2) *in der Bed. 'England'* Forf 2

re[g]nhund; renh~, canis qui in pluvia vigilat *S.* 367*, *um* 1220, *irrige Etymologie des Namens für den 'Rentier-Jagdhund'; s.* hranhund

regol *kanonische Regel* **a)** *der Stiftskanoniker* V Atr 7 = VI 4 **b)** *der Mönche; gn:* ~les V 5 = VI 3 **c)** *der Geistlichen; dt:* ~le Ine Rb 1. — *Der.:* rihtr~

to **regollage** gebugan, *dt, dem Recht der Ordensregel sich unterwerfen* VIII Atr 25 = I Cn 5, 2d

regollice libban, *adv, nach kanonischer Regel leben* V Atr 4, 1 = VI 2, 2 = I Cn 6a. VIII 19 f. (= I Cn 5 f.). 32; reoll~ A: I Cn 5, 1. 6a | *cpa:* ~cor *besser kanonisch* VIII Atr 31, 1

regollif *kanonische Lebensweise, strenge Regulirtheit; ac:* ~ nabban VIII Atr 21 = I Cn 5, 2 | *dt instr:* ~fe libban *ebd.*

ᴸ**regratiari** illis *danken* II Em 5 Rb Q, þancian *übsnd*

ᴸ**regularis** *den Kanones gemäss regulirt;* ~ vita, diaconus I Cn 5, 1 f. Q. Cons, regollif, diacon þe regollice libbe *übsnd* | *adv:* ~iter In Cn: *ebd.* Að 2

ᴸ**rehabere** 1) (*Entlaufenen*) *wieder fassen* III Eg 6, 2 Q, gelangian *übsnd* **2)** *wieder zurückerhalten ebd. Rect* 4, 3c Q. ECf 15, 5

reht(-) *s.* riht-

ᶠ**rei,** *obl, König* | *no:* li reis Edward Leis Wl Pro; - - Will. *ebd.* Wl art Fz 7. 9; *reys* Insc. 5 | *obl:* le ~ *bedeutet den gn obj: hinter* sursise *Versäumnis des Königs[befehls]* Leis Wl 50 | *sonst gn sbj: hinter* a l'os 2, 4 (roi I); *cors* 24; curune 2a; marché 21, 1a; justise *königlicher Richter* 17, 3 (roi 2, 1 I); pais 2. 2, 2. 26 (roi I); forfez *für die Krone abzuurteilende und einträgliche Verbrechen* 2, 2a; forfaiture *Königs-Bussgeld* 39, 1; forfeture le rey Wl art Fz 10; *tens* le rey Edward 4; leis li *reis*! Edward 7 | *für dt:* a ~ Leis Wl 43; roi Im; al ~ 3, 1 ff. 17, 3. 20. 39, 1. Wl art Fz 2; rey 3, 1; *reis*! 6, 2 | *ac:* envers le ~ Leis Wl 42, 1. 47, 2. 52, 2

ᴸˢᶜ **reicere** *sich wehren, entschuldigen* (*gegen Klage*) V As 1, 2 Q, hine ungereccan *übsnd* | si *statt* se, *also* ~ *Widerlegung finden, Var.*

Reim *s. Alliteration, Endreim*

ᶠpur nul **relais,** *ac, auf Grund nachgiebiger Erlassung* (*des Grundherrn betr. Leistung des Hintersassen*) Leis Wl 32

Relativum *ausgedr.* **A)** *durch blosses Demonstr.* **I)** se [*Form s. d.*] **a)** *bezogen auf Subst.;* se toð, se bistandeð Abt 51 | *gn:* þæs bisceopes, þæs *rice* As Alm 1 | *fm:* sio bond, sio (þe HB) Ine 53 | *nt ac:* þæt flæsc, þæt læfen Af El 39 | *pl ac:* fæder 7 meder, þa 4, quos *übsnd; ferner* AGu Pro **b)** *bezogen auf Pron.;* ælc se (þe Ot Ld) sy II As 23, 2; se nolde, se (þe *fügt zu* H) hit age Ine 42, 1 | *nt ac: s. Relativum generale n.* Cb **bb)** *auf* eal [*s. d.*]; *nt ac:* eal þæt he age III Eg 7, 1. Grið 9 f.; trymme eal þæt, þæt he behate Wif 5 **c)** *das Demonstr., worauf sich das* ~ *bezieht, fehlt, also* se *der welcher, wer;* nime, se (þe *fügt zu* HB) *mete* Ine 42, 1; aspirige se (þe *fügt zu* Ld) age V As 2 | *nt:* hæbbe þæt (*was*) weorð sie Af El 12; *ferner* þæt *'id quod'* 25. 49, 5. Ine 9. VI As 8, 9 | *nt dt:* findan, on þam (*woran*) he nyt beo Ger 8 **II)** þæt, *für alle Genera, Numeri, Casus indecl.:* ænig man, þæt (*welcher*) mæge Ger 16 | gylde þæt (*womit*) he mid *beled* wæs Duns 4 | on þære *fore,* þæt (*auf welcher;* þær B) mon ofsloge Ine 34 | eall, þæt (*wodurch*) he mid boht*e* Af 21; und*e* Q | scire þæt (*in welcher;* þe *übr.*) he folgade Ine 37, 1 So | yfelgiornisse, þerh þæt Iud Dei IV 3, 5, malitia, per quam *glossirend*

B) *durch Demonstr.* + *indecl.* þe [*s. d. fernere Citate für Vertretung aller Casus*] **a)** *bezogen auf Subst.:* se mon, seþe hæbbe (*wite*) Af 41 (f.); horswealh, seþe mæge Ine 33; se dema, seþe gedeme III Eg 3; þa æ, þaþe (*quas*) geworhtan Hl Pro **b)** *bezogen auf Pron.:* he *recce,* seþe bohte Af El 12; seþe slea, bið he 17; seþe scolde, he hæfde I Ew 1, 2; seþe betygen sie, geswicne se (he Bu. Ine 15) Ine 14; seþe slea, se sceal Af El 14 [*und so häufig, hypothetischen Satz beginnend* = gif hwa]; þæs ilcan wyrðe, þæs þe se þeof IV As 6, 3 **c**) *das Demonstr., worauf sich das ~ bezieht, fehlt* [*oder ist* se *als Wort für sich, während* þe *zu n.* C *gehört*]: seþe (*wer*) forslæhð, forgelde Abt 50; seþe þurhstinð, gebete 53; seþe bið betogen 7 he wille Ine 54; gidoem þætte soð is Iud Dei IV 4, iudica quod iustum est *glossirend*

C) *durch blosses indecl.* þe **a**) *bezogen auf Subst.*: þam dæge, þe (*qui*) byð I Cn 17, 1; þone mete, þe (*cuius*) brucan VII a Atr 4, 1; tun, þe (*cui*) he to hyre Hl 5; stow, þy (*quæ*) hatte Wi Pro; þa hwile, þe (*quam*) we mihton I Cn 18 a; riht, þe (*quod*) gescrifen Hl 8; manna, þe (*qui*) gestrindon Af 41; domas, þe (*quos*) asette Abt Insc **b**) *bezogen auf Pron.*: þu þe arð Iud Dei IV 3, qui es *glossirend;* þam, þe (*qui*) age Hl 11; þane þe (*illum qui*) sie 1. 3; þam, þe (*cui*) he to gecwæde 11; ealles þæs [eallum þam], þe (*quod* [*quae*]) he age II Ew 5, 1 [Ine 2, 1]; þæt ylce, þe (*quod*) man dyde VI As 6, 3; þæs, þe (*quod*) we geworhtan I Cn 18 b; þa, þe (*qui*) agan Ine 42; þara, þe (*qui*) sealdon Af 41; þam, þe (*qui*) aleogað Ine Rb 13 **c**) *das Demonstr., worauf sich das ~ bezieht, fehlt:* wrece, þe (*wer*) cyning sy EGu 12; gearwige, þe (*wer;* þe þe B) wille I Cn 19; eal, þe (*quod*) he age Grið 9

D) *gn des ~ durch indecl.* þe + his [*also* þe on (in) his *'in dessen'*]; ealdormonnes, þe he in his scire folgode Af 37; þam gerefan, þe hit [*das Vorkommnis*] on his folgoðe (monunge) sy II As 25, 1 (VI 8, 2); þæs biscopes, þe on his scriftscire sy 26; se, þe þæt gestreon on his handa stode II Atr 9. [*Vgl. Cynewulfs* Elene 161: se god, þe þis his beacon wære; *Einenkel* Anglia 28, *S.* 500 *letzte Z.; vulgar norddt.:* der Mann, wo ich seinen Vater kenne = *dessen V. ich k.*]

E) *Ellipse des ~* [*vgl.* all I know *alles was ich weiss*]; eal gefriðað, [*was*] he sceal *Rect* 20, 2; scyldig þæs, [*was;* þe *fügt zu* B] he age II As 3, 1 (-hy agon Duns 3, 3); be allum þam, [*was;* þe *fügen zu* GB] he age II Cn 39, 1

F) *s.* hwelc, swelc, hwæt, swa

Relativum generale *'wer auch immer' ausgedrückt* **A**) *wie einfaches Relativ s. d. n.* A I b. B b. C c **B**) *durch* eal + *Relativ s. d. n.* A I bb **C**) *durch Demonstr.* + *Rel.* + *opt* **a**) *s.* beon *n.* I 14 **b**) gesece þæt þæt he gesece III Eg 7, 3 = II Cn 26; do þæt þæt he wille II Eg 2, 1 **D**) *durch* willan, *s. d. u. vor. Z.* **E**) *durch* hwa, lochwa, swelc, hwelc, swa, lochwær, þær *'wo auch immer': s. d.* **F**) *durch ptt op: s. Praeteritum n.* 2

F ***Relativum generale*** *s.* quel, qui *n.* 2

L **relevare** terram de domino *ein Landgut* (*das man als Erbe antreten will*) *vom Lehnsherrn durch Zahlung der Mannwechsels-Gefälle sich erholen* CHn cor 2

L **relevatio**, ~iones **1**) heregeatu [*wie auch schon im* Domesday book] *übsnd, beim Tode des Vasallen dem Herrn heimfallende kriegerische Rüstung und weitere Fahrhabe* Q: II Cn 70—73, 4. 78; *auch* Rb *S.* 538; *mehrmals mit fehlerhafter Var.* revelat~ [*Dagegen vermeiden* relevium In Cn *und* Cons] **2**) *Gefälle an den Lehnsherrn beim Erbantritt des Vasallen* Hn 10, 1. 14—14, 6; Lond ECf 32 B 3 ‖ *synonym mit:* **relevium** Leis Wl 20—20, 4 L, relief *übsnd*

F **relief** *Erbantritts-Gefälle* (*an den Lehnsherrn oder Grundeigner*); *no:* ~ Leis Wl 20, 4; releif Io | *obl:* ~ 20, 1; relcif Io | a (*fällig vom:*) cunte, barun, vavassur 20—20, 2, *z. T. Cnuts* heregeatu *übsnd* | ~ al vilain *Besthaupt des Bauern* 20, 3 [= *mengl.* heriot]; releif Io: 20, 1; 3; -fe 20 | relevium L

L **religiosus** *Mönch* Leis Wl 1, 1 L

F **religiun**, *obl,* iglise de ~ *Ordenskirche* Leis Wl 1, 1; ~ion I

L **reliquiae** *Heiligengebeine* Iud Dei VI 1. VIII 1

reman *s.* ryman

F **rem[aneir]** **1**) *übrig bleiben; pc obl:* meité del remenant *Hälfte des Übrigen* Leis Wl 47, 1 **2**) *erhalten bleiben; pf pc:* i est remis Leis Wl 19, 1 | *pl fm:* choses qui sunt remises 37, 2; ~se Io

L **remanere** **1**) *fortbleiben* **a**) *fern vom Orte* Hn 60, 2 c **b**) *vom Gerichtstermin* 61, 6 **2**) *unterbleiben, nicht erfolgen, entfallen* Q: Ine 53. Af 47, 1. VI As 7 | *entgehen, nicht zufallen* Hn 87, 6 a | ~ in eis *ihretwegen, durch sie selbst unterlassen werden* Hn com 3, 3 | ~, quin *dass* 4 | ~ de *unerledigt bleiben betreffend, gewartet werden mit,* Hn 53, 2; *unbeachtet, bei Seite bleiben mit* 94, 2

L **Remigius** episcopus (*der Diöcese Dorchester, die dann zu Lincoln sass*) Wl ep Pro

F **remis** *s.* remaneir

L **remissio** peccaminum *Sündenvergebung* IV Eg 15 L | [ali]quid ~onis impendere *etwas an Nachsicht* (*beim Geld-Einfordern*) *anwenden* II Cn 15 Cons, gemæðrian *übsnd*

L **remotior**, *m dt, weniger nah* (*teilhaft*); vitae ~, morti propinquior Hn 90, 11 b

ren *s.* ran

F **ren** mesfait, *ac, etwas verbrecherisch verübt* Wl art Fz 8, quid offenderit *übsnd*

F **rendre** *geben, zahlen* Leis Wl 5. 9, 1. Wl art Fz 3, 1 | *sbjf* 3: ~det Leis Wl 37, 3; ~de 10. 45, 1 f. 47, 1. 52, 1. Wl art Fz 3, 2. 4. 8 a | *ipf sbjf* 3: ~dist Leis Wl 11, 1 | *pl:* ~dissent 28, 2; ~disent I | *pc: seit* ~du Wl art Fz 8, 3 | *fut* 3: ~drat Leis Wl 9 I; ~drad Hk. 11. 3, 1; ~dra 3, 4. 11 I. 11, 1. 17, 2. 19, 1 | *pl* 3: ~drunt 22 I; ~derunt Hk. — **1**) *zurückgeben* 45, 1 **2**) *ausliefern* 45, 2; *herausgeben* 11, 1 **3**) *ersetzen* 37, 3; *erstatten* 3, 1; 4. 28, 2. 47, 1 | ~ e parrendre *erstatten und Wert nochmals zahlen* 5 **4**) *zahlen* 10. 52, 1. Wl art Fz 3, 1 f. 4. 8 a. 8, 3

renhund *s.* regn~, hran~

reol **I**) *s.* hr~ **II**) *s.* regol

reon, *dt,* under anre ~ *unter Einer Bettdecke* Af 42, 7

L **rependere** *bezahlen, entrichten* VI Atr 16 L, gelæstan *übsnd*

repere *s.* riep~

L **repetens** *Kläger* Q: I Ew 1, 2 f. VI As 1, 1. III Eg 7, 1. I Atr 1, 7. II 9, 4. II Cn 24, 1. 25, 1

L **repostaculum** *Versteck* Forf 3, 2 Cons Cn, hydels *übsnd*

L **repraesentare** ad *bringen vor* (*führen zu Gericht*) II As 8 Q, lædan to *übsnd; dies lag also vor für* ~ III Em 3

L **reprehensus** *Verklagter* Iud Dei X 21

L **reputare** *zurechnen, Schuld geben* Hn 88, 4

F **requer[re]** *aufsuchen; ipf* 3: ~ereit iglise Leis Wl 1, 1; requireit I

L **requisitio** *Aufsuchung eines Schutzasyls* I Cn 2, 3 In, socn *übsnd*

reran *s.* ræran

F **rescu[rre]** (*Vieh*) *rettend fest-*

nehmen, zugunsten des Eigentümers (der es verlor) ergreifen; pf 3: ~ut Leis Wl 5; escut I | *pc:* l'aveit ~us 5, 2; escus I ‖ *restare* L

Fpur la **rescussiun**, *obl, für die rettende Festnahme* Leis Wl 5; esc~ I

L**residere** 1) *ansässig, festen Wohnsitzes sein* Q: Af 42 (42,4), hamsittend (hamfæst) *übsnd* 2) *Hintersasse (durch Wohnsitz auf fremdem* Boden), *Untertan sein* Hn 43, 6 3) (*als Urteilfinder*) *sitzen* 59, 9 [*vgl.* setl]

L**residuare** *übrig lassen* Iudex 12 Q, læfan *übsnd*

[**-resp**] *s.* ger~

L**respectare** 1) *aufschieben*: iudicium Iudex 11, dom geuferian *übsnd; den Gerichtstermin* Hn 7, 5. 26, 1. 33, 3. 41, 2b. 59, 2b. 60, 2c 2) *Terminaufschub bewirken* 50, 1

L**respectus** *Verzugsfrist* ECf 15, 1. Leis Wl 3 L, *terme übsnd*

L**respicere** 1) *jem. hochachtend berücksichtigen, gnädig bevorrechten* Hn 20, 3 2) *etw. rücksichtsvoll schaffen, vorsorglich verleihen* Quadr Arg 17

L**responsorium** *Kirchengesang, Teil der Messliturgie* Duel 9

L**responsum** accipere *Prozess-Einlassung (vom Verklagten) erlangen* Leis Wl 44, 1 L, dreit aveir *übsnd*

restan *ruhen* 1) *als Toter; flect.*: to ~tene on lictune I Cn 22, 5; ~ *blosser inf* BA 2) *ipa pl:* ~að eow *ruhet (sabbathlich)* Af El 3. — *Der.*: ger~

L**restare** 1) reus regi *dem König in Strafschuld stehn* Ps Cn for 26 2) *festhalten (verloren gegangenes Vieh)* Leis Wl 5 L, (r)escurre *übsnd*

restedæg, *ac, Ruhetag* Af El 3 G Ld; ~tendæg H; restdæg So; ræs~ E, diem sabbati *übsnd*

F**resun** *s.* raisun

F**retenir** 1) 3: *retient vorenthält (Peterspfennig)* Leis Wl 17, 2 I 2) *sbjf* 3: nel ~nget *behalte ihn nicht bei sich* 30, 1

F**reter** 1) *anklagen;* 3 (*sbjf?*): le ~e Leis Wl 52 | *pl* 3: ~ent 51 | *pf pc*: dunt (*worum*) il est ~ez 3, 1; *reté* 48, 1 2) redté *bescholten* 47, tihtbysig *übsnd*

L**rethor** *für* rhetor Quadr Ded 32

L**retinere** (*bei der Missetat*) *festhalten, verhaften* Hn 20, 2

L**retractio** *Verminderung, Entziehung* Hn 87, 8

L**retro** *adv* 1) ~ a *zeitlich vor* CHn cor 8 2) *rückständig, unbezahlt*; pecunia si ~ sit VII Atr 7

L**Retvers**, Ricardus de ~ Hn mon Test; *Var.* Revers

L**revelatio** *statt* relevatio *s. d.*

reves *s.* gerefa

L**revocare** warant *anrufen (sich berufen auf) Gewährsmann* Hn mon 2

L**revocatio** *Wiederaufnahme (eines Friedlosen ins Staatsbürgerrecht)* II Cn 13 Q

L**reus** 1) werae *in Schuldverwirkung für Wergeld* II As 3, 1 Q, scyldig *übsnd* 2) ~ apparere *Verbrechens überführt sein* 7 Q, ful weorðan *übsnd*

L**rex**; regis curia *staatliches Gericht (auch das in der Provinz, vor dem Sheriff)* Hn 51, 6 | -placitum *ordentliche öffentliche Gerichtsverhandlung, z. B.* in comitatu 34, 1 a

F**rey(s)** *s.* rei

-rf-; *dafür* -fer-: *s.* orf; *vgl.* ref

-ri- *für* ir, yr: *s.* frið (*verwechselt mit* fierd), friðian, fyrmð, fyrðrian

rib *Rippe* Abt 66 | *ac:* ~ Af 70; ribb B; *geänd. in* ribb H

L**Ribuariorum** (*Uferfranken*) lex *wird citirt* Hn 90, 4a

[**-ric**] *s.* Ælfric, Eadric, Henricus, Sigeric [*vgl.* rice II]

[**-rica**] *Der.*: landr~

L**Ricardus** I) *II., Herzog der Normannen, Bruder der Angelsächsischen Königin Emma* ECf 34, 2e* II) de Retvers Hn mon Test 3) [*I.*] episcopus Lundonie Hn com Test IV) Robertus filius ~di? Hn Lond Test; *Richer. Hss.*

I) **rice** *Reich, Amtsbereich* Ine 45; riche Q | *gn:* ~es Wi Pro. Ine Pro. 10. Cn 1020, 20. Mirce 3, 1 | *dt:* ~ As Alm Pro. 1. Nor grið Z. 9 | *ac:* ~ I As Pro Ld. II Cn 84, 2. — 1) *Königreich, Staat, Land* Ine Pro. 10. As Alm Pro. I As Pro Ld. Nor grið; þæs ~es cynebot *staatliche (nationale) Königsbusse* Mirce 2) *Bischofs Sprengel, Diöcese* Ine 45 (sedes Q). As Alm 1 3) *Regierungsdauer* Wi Pro 4) heofena ~ *Himmelreich* Cn 1020; Godes ~ II Cn; divitiae [*also verwechselt mit* rice *Reichtümer*] Q

II) **rice** *reich; prd pl:* rance ne ~ *vornehm noch mächtig* Grið 21 | *dt:* rycum ne heanum *Grossen noch Niederen* Iudex 3 ‖ *cpa:* riccre (oððe unriccre) *mächtiger* IV Eg 13, 1. — *Der.*: unr~ *und vgl.* -ric

L**Richer.**; Robertus filius ~ Hn Lond Test; *bessere viell. Ricardi*

ricsares, *pl ac, Herrscher* Iud Dei V 2, dominationes *glossirend*

ricsian *herrschen;* rixian VI As 8, 9 | 2: rixast Iud Dei VII 24, 1 A. VIII 2, 4; ~sas IV 3, 2 | 3: ~sas 4, 6; ~rixað Sacr cor 1, 3; rihxað Cn 1020, 20 | *op* 3: rixige Northu 42 | *pc:* ~sand Iud Dei IV 4 | *dt:* rixigendum Wi Pro | *pl gn:* ~sandra Iud Dei IV 3. — 1) *weltlich König sein* Wi; dominantium *glossirend* Iud Dei IV 3 2) *emporschiessen, Oberhand haben (sbj: Verbrecher)* VI As 8, 9; *vorherrschen (Unrecht)* Northu 42 3) *bewirken, schaffen;* ricsand sibbes *Glosse zu* auctor pacis Iud Dei IV 4 4) *sonst, von Gott gesagt, für* regnare

r[i]d *Ritt; ac:* faran on ryd æfter *beritten herjagen hinter* Hu 2 B [*vgl. mengl.* ride], *synonym mit* rad, faru

ridan *reiten* II As 20, 2 H (*geänd. aus* ger~; ger~ Ot; tor~ Ld). *Rect* 2 | *op* 3: *ride* Af 42, 3. VI As 5. IV Eg 7 | *pl* 1: ~ VI As 8, 2 | 3: ~ II 20, 1. 4; IV Eg 7 | *pc pl:* ridende Excom VII 10 | *ptt* 3: rad Geþyncðo 3 | *pc:* geriden VI As 5. — 1) *reiten Rect* 2. Geþyncðo 3 | *zur Rechtsvollstreckung* [*vgl.* faran] II As 20, 1—4. VI 5 (*wo* hors *erwähnt*). 8, 2 2) *vielleicht 'sich begeben, ziehen' ohne auch andere Bewegungsmittel als gerade das Reiten auszuschliessen* Af 42, 3 (vadet Q). IV Eg 7. Excom VII 10. — *Der.*: ber~, forer~, ger~, tor~, utr~

rieflac *s.* reaf~

[**riepan**] *Der.*: ber~

r[ie]pere; *pl:* ryperas 7 reaferas *Plünderer und Räuber* II Cn 7; rep- A

r[ie]t *s.* ryt **rif** *s.* hrif

rift *Vorhang, Schleier;* halig~ Af 40, 2 Ld; sanctum velum Q; *richtiger* halig riht *übr.*

I) **riht** *Recht* Hl 6. Wi 21, 1. III Eg 2, 1. II Cn 75. 75, 1. *Rect* 2. 3. 14; ryht Af 3. Ine 5 | *gn:* ~tes I Ew 2, 1. II Eg 1. III 2. I Atr 4, 2. III 13, 1. V 1, 1. X 2. II Cn 17. 19. 33, 1a. Duns 2 Ld. Northu 9. 32. Að 2 Ld. Iudex 14; ryhtes Ine 8 f. (*auch* Rb). I Ew 2. II 1, 2. II As 3 | *dt:* ~te Hl 15. AGu 5 B 2. EGu Pro 2. II Ew 2. I As 4. 5. III Eg 6. 6, 2. IV 2, 2. I Atr 1. 3, 1. 4. II 9, 2. V 4. 4, 1. 7. 9. 21. VI 2, 1 f. 5, 1. 26. VIII 5, 2. 15. 32. Cn 1020, 9. I Cn 2, 1. 6. 6, a. II 20a. 33. 66. 67

84, 3. Northu 1. 2, 1; 3. 45. 61. Swer 1. 3, 1. Wif 1. 8. Geþyncðo 3. 4. 7. Had 9, 1. Grið 19. 21, 1. Episc 2. 10f.; ryhte Af El 21. Af 34. II As 1, 5; righte I Cn 4, 1 Ld | ***ac:*** ∼ Hl 8. 10. 12. 15. EGu 6, 6. I Ew 1, 2. Hu 1. 2. 6. III Eg 2. 5, 2. Sacr cor 1, 3. III Atr 3. V 26. 31, 1. VI 30. I Cn 19, 3. II 1. 18, 1. 19, 1. 48, 2 f. Duns 1. 2. 2, 2. 3, 1 f. 8, 4. Grið 21. 29. Iudex 1 f. 8. 14. 15, 1. 17, 1. Episc 4. 8. 9; ryht Af El 49, 6. Af 40, 2. Ine 1. 41. EGu 6, 7. II As 2; reht Wi 5; rith Ine 9 Q; rihte! II As 20, 1 Ld | ***instr:*** þy ryhte Ine 34, 1; *falsch geänd. in* þa -, *also in pl ac* HB | ***pl dt:*** ∼tan 7 trywðan I Cn 1 D; *besser adj.* ∼tan getrywðan GA | ***ac:*** ∼ta *Gerechtsame* V Atr 12, 2 D [*s.* rihte *n.* I]; gerihta *übrige besser;* ∼te *s. 5 Z. vorher.* — **1)** *rechte Ordnung, richtiges Verfahren* Hl 6. Af 38. II Cn 27. 42. 75. 84, 4. Wer 3. Episc 12 | ealswa hit ∼ is V Atr 19 = VI 25, 1 = VIII 6 = I Cn 17, 2 | ∼ is, þæt V Atr 7. VI 4 | ic læte ∼ II Cn 75. [*Letzte drei Fälle können auch als prd ntr des adj* ∼ *gelten, da* ryhtre is, is ∼tast (*s. u.:* ∼ *n.* II *cpa, spla*) *vorkommt* (*ebenso* us ne þingð na ∼ II Cn 24, 3; *aber* nan A); *für Subst. spricht Analogie mit* wen is, þæt IV Eg 1, 1 ff. *und* Godes ∼ *vollkommenes R.* II Cn 75, 1. Wif 1] **2)** *Richtigkeit:* domes Iudex 14; *Gerechtigkeit ebd.* 8; *Richtiges, Rechtliches* [*vielleicht sbstivirtes ntr. adj.*] II Atr 9, 2. Duns 1 **3)** *Rechtsgefühl, Gewissen, Vernunft* Af El 41 | *Redlichkeit, Ehrlichkeit* Ine 41. II Cn 67 **4)** *Rechtsordnung, gesetzlicher Zustand* EGu 6, 6 = II Cn 48, 2. Grið 21 | unriht alecgan 7 ∼ aræran Episc 8 f.; ∼ lufian 4; ∼ - 7 unriht ascunian 9 | to ∼te gebugan V Atr 4. 4, 1 = VI 2, 1 f. = I Cn 6. Northu 45; gebigan Cn 1020, 9 **5)** *Rechtsgewohnheit samt Gesetzesbestimmungen* Northu 9. Iudex 8 | halig ∼ *Kirchenrecht* Af 40, 2; *Godes* ∼ *Gottes Gebot, religiöse Pflicht, Kirchenrecht* V Atr 26 = VI 30 = I Cn 19, 3; *im Ggs. zu* woruldr∼ III Eg 5, 2. II Cn 18, 1; *zu* woroldgerysnum Swer 1. Wif 1 | an eald ∼ *nach echtem Herkommen* Hl 12. Wi 5; eald ∼ *lag wohl vor für* antiquum rectum Forf 3, 1 Q | *Rechtsvorschrift, Bussnorm* Ine 34, 1 **6)** *strenges Recht m. Ggs.* lihting III Eg 2, 1; *m. Ggs.* mildheortnes Sacr cor 1, 3. Iudex 2 **7)** *Gericht;* æt ∼te gebrenge Hl 15; to - (*dem Strafgericht*) agiefan III Eg 6, 2. II Cn 66 **8)** *Rechtsgang, Prozess;* to folcgemote to ∼te brengan Af 34 | ∼tes biddan *Prozesseinlassung, Klagebeantwortung* 42. Ine 8 f. II As 3; ∼ abiddan III Eg 2; næbban I Ew 2, 1. II Cn 19, 1; wyrcan *Antwort erteilen* I Ew 2. Hu 1. Duns 2; ∼tes wiernan I Ew 2. 2, 1. II 1, 2. II As 3 **9)** *Rechtsanspruch, Klageinhalt* 2. 17. V 1, 3. VI 8, 2. Geþyncðo 4 | ∼ begytan Duns 2, 2; ∼tes gebeden II Cn 19; ∼tes wyrðe beon III Eg 2 = V Atr 1, 1. X 2 | to ∼te fylstan VIII 32. Episc 10; ∼tes fultum Northu 32 **10)** *Rechtspflicht* Duns 3, 1. 8, 4. II As 22, 2 | *Genugtuung;* to ∼te lædan III Eg 6. I Atr 4. II Cn 20a (gerihte B). 33; healdan I Atr 1; gewieldan VIII 36. 40 | *Urteilserfüllung* 15; ∼ wyrcan Hl 8. 15; *gedon* 10; forbugan Hu 6 **11)** *Gerichts-Urteil;* him ∼ wisie Af 1, 8. 3. Ine 5; ∼ tæcean Duns 3, 2; gescrifan Hl 8 | to (*als*) ryhte findan Af El 21 | *gerechter Spruch* Iudex 1. 15, 1. 17, 1 **12)** *Rechtsvollzug* V Atr 31, 1 | *Strafe* Ine 34, 1 HB (*pl*); do þeofe ∼ Hu 2; anes ∼tes wyrðe I Atr 4, 2 = III 13, 1 = II Cn 33, 1a **13)** *rechtliche Stellung, Recht und Pflicht* Rect 2 f. | *Behandlung im Rechtsleben; jemm.* ∼ beodan Grið 29 **14)** *Rechtsbefugnis, Gebühr, Anspruch auf Vorteile* VI Atr 49 = Grið 27. Northu 1. 32. *Rect* 14. Episc 10 | *Geldeinnahmen* VIII Atr 32 | *Gerechtsame, Rechtsforderung: Godes* 7 cynges EGu 6, 7 = lahriht V Atr 31 = VI 38. II Cn 48, 3 | *Privileg* Wi 21, 1. II Eg 1. Að 2 Ld | *im pl. nur* V Atr 12, 2 D, *wo* ger∼ *besser übr.* [*vgl.* gerihta] **15)** on ∼ *richtiger Weise* Ine 1; *gerecht* Af El 49, 6; *gesetzmässig* I Ew 1, 2. III Atr 3. [*Vgl.* ariht] **16)** mid ∼te [*adverbial*] *richtiger* (*gerechter*) *Weise* Episc 11. V Atr 22, 2 | *recht, gehörig, ordnungsgemäss* VI 12, 2. VIII 30. I Cn 4, 1 f. | *ehrlich, anständig* V Atr 21 = VI 26 | *gesetzmässig, rechtmässig* Af 2, 1. AGu 5 B 2. EGu Pro 2. II Ew 2. IV Eg 2, 2. I Atr 3, 1. II 9, 2. V 7. VI 12, 2 (= I Cn 7, 3). 28 (= I Cn 19, 1). I Cn 2, 1. 7, 3 (= Northu 65). Northu 2, 1; 3. 61. Swer 3, 1. Geþyncðo 3. 7. Grið 19. 31 | *von Rechts wegen* I As 4 f. II 1, 5. V Atr 9 — VI 5, 1 = I Cn 6, 2. VIII Atr 5, 2. 25. Wif 8. Had 9, 1. 10. Grið 21, 1. Episc 2. — ∼ *statt* gerihta *s. pl ac; statt* folcriht II As 2 B So. *Ersetzt durch* geriht II Cn 20a B. *Verlesen als* rift (*Schleier*) *s. d. Der.:* ar∼, bocr∼, eorlr∼, folcr∼, freor∼, fulr∼, geneatr∼, lahr∼, land(ge)r∼, niedr∼, swanr∼, þegnr∼, unr∼, woruldr∼

II) riht, *adj, recht, richtig, gesetzmässig* Af 1, 2. Northu 67, 1 | *dt schw.:* þam ∼tan I As 1 | *ac:* ryhtne Af El 43; ∼tne VIII Atr 44. X Pro. I Cn 22. 22, 1; 4 (rihtten! Ld). II 15, 2 (∼! B; *oder s.* rihtdom); *roht'* (reht) dom Iud Dei IV 4 (3, 2), *rectum* iudicium *glossirend* | *instr.:* ryhte Af 2, 1 ‖ ***fm:*** ryht Ine Pro; ∼ lagu VI Atr 49 [*vgl.* rihtlagu] | *praed:* ∼ Cn 1020, 11 | *dt:* ∼tre Hl 16, 3. I Em 6. Cn 1020, 2 | *ac:* ∼te lage V Atr 1, 1 [? *eher pl. s. u.*] ‖ ***nt*** *no praed:* ∼ is (sie) *richtig* (*oder 'Recht' s.* riht *n.* I 1 f.) *ist* V 7 = VI 4. V 19. VIII 6. II Cn 17, 1 (rih A). Wif 4. Wer 3. Episc 12 (Af 38); hundrede ∼ þynce II Cn 27 | *dt:* ∼tum Wi 3; ∼tan Duns 1, 1 | *ac:* II Cn 46. Northu 57; *prd* (*sbstirt*) *oder Sbst. 'Recht'* II Cn 75 (II Atr 9, 2. Duns 1) ‖ ***pl*** *aller Genera:* ryhte Ine Pro | *dt:* ∼tum Wi Pro 3; ∼tan VI Atr 1, 1 | *ac:* rihte I Ew Pro. III Eg 1, 1. V Atr 1, 1. VI 8. 50. X 2. Cn 1020, 11. II Cn 1. Northu 66; *schw.:* his rihtan heregeata II Cn 70 — **1)** *moralisch gut* (*in Sprechers subject. Urteil*) Hl 6. Af 1, 2. 38. V Atr 7. 19. VI 4. VIII 6. II Cn 17, 1. Wif 4. Wer 3. Episc 12 | ∼ þynce Cn 1020, 11. II Cn 27 **2)** *echt, wahrhaft, innerlich vollgiltig:* þeaw Wi Pro 3; æw Ine Pro; cynedomas *ebd.* | lagu V Atr 1. 1, 1. VI 8. 50. X 2. Cn 1020, 2. II Cn 1. Northu 66 | cynedom X Atr Pro 1; Cristendom V 42, 2. VIII 44; geleafa V 42, 2. I Cn 22, 1; 4; getriewð VI Atr 1, 1. VIII 44, 1 **3)** *gerecht:* dom (*Urteilspruch*) Af El 43 H. I Ew Pro. III Eg 1, 1. VI Atr 8, 1. Cn 1020, 11. II Cn 1, 1. Northu 67, 1 **4)** *rechtmässig, gesetzlich* (*nach objectiver Norm*): þeodscipe Af 2, 1; andaga I As 1; cann Hl 16, 3; bot I Em 6; gield Duns 1, 1; heregeatu II Cn 70; fæsten EGu 8. II Cn 46. Northu 57 ‖ ***cpa. fm*** *ac:* on ryhtran hand *auf richtigere verantwortliche Person* Af 22 | ***ntr*** *prd:* þæt is ryhtre *ist moralischer, besser* | *sbstirt ac:* ryhtre 7 mare gereccan *Richtigeres und mehr* Af 77 ‖ ***spla.*** *pl:* domas ryhtoste þuhton Af El 49, 9 | *ac:* ∼toste I Ew Pro | *nt* *praed* [*oder adv.*]: is ∼tast V *Atr* 12 (∼tas G 2) = VI 20 = VIII 13 = I Cn 13. ‖ **rihte**, *adv* 1) *gehöriger, ordentlicher Weise, mit Recht* VIII Atr 35. I Cn 4. II 40, 2. Had 1, 1 2) *genau, richtig* Episc 6. 12 3) *gesetzmässig, rechtsgiltig* (*erworben*) Becwæð 1 4) *gerecht:* scyftan II Cn 70, 1. 78; *deman* Af El 43 G | ***cpa:*** ∼tor cuðe *richtiger, besser* (*zu urteilen*) *wusste* III Eg 3 = II Cn 15, 1; gebyreð ∼tor into Westsexan *gehört eher* (*in Wahrheit*) *zu W.* Duns 9 [*vgl.* Asser 4, 7: ad Eastseaxum cum veritate pertinet] | ***spla:*** ∼tost *genauestens* I As Pro. — *Der.:* un(ge)riht, folcriht | *Als erstes Glied in Compositis* [*s. u. bis* rihtymbrenum] *'ordentlich, gesetzlich; wirklich, völlig, eigentlich; echt'*

rihta, *pl, s.* rihte *n.* I

rihtæwe forlætan, *ac, Ehefrau verlassen* Northu 64

rihtan 1) *rechtmässig machen, moralisch ordnen:* hæmed Wi 4 = II Cn 55 2) *herstellen:* hus Ger 13 3) *op* 3: gemeta ∼te *Maasse genau aiche* VI Atr 32, 2 = II Cn 9; ∼ta A 4) *ptt pl* 3: ∼ton sawla *ins Rechte wiesen, richtig leiteten* Af El 49, 3 G; ger∼ *übr.*

to **rihtandagan**, *dt, zum richtigen Termin* EGu 3, 2 (rihte ond∼ Ld). IV Eg 1, 1

rihtast *s.* riht *n.* II, *spla*

rihtdom *gerechter Urteilspruch* Northu 67, 1 [*oder lies* riht dom?] | *ac:* ∼ II Cn 15, 2 B; rihtne dom *übr.*

I) **rihte**, *pl,* (*kirchl.*) *Gerechtsame, Vorteils-Ansprüche* 1) *pl gn:* ∼ *das von der Kirche der Einzelseele Geleistete* II Cn 54, 1 B 2) *Vorteile für die Kirche; pl gn:* ∼ta 48 B | *ac:* ∼ EGu 5, 1 Ld; ∼ta V Atr 12, 2 [*vgl.* riht *n.* I 12. 14]. — *Überall haben dafür bessere Hss.: Der.* ger∼

II) *s.* riht *n.* II, *adv, o. Z.* 3

rihtfæsten, *ac, gesetzlich gebotenes Fasten* EGu 8; rihte! fæstan Ld [*oder trenne:* riht fæsten]

rihtfæstendagum, *pl instr., an Tagen gesetzlich gebotenen Fastens* EGu 9 = I Cn 17

rihtfæstentide, *dt instr. Sinnes, zur Zeit gesetzlich gebotenen Fastens* II Cn 46, 1; fæstentide BA

rihtgehiwan, *pl, Ehegatten* Ine Rb 38 *nur* Ld; **rihtgesamhiwan** *übr.*; ryht- E; -won G

rihtgifu *gesetzliche Schenkung* (*gelte beständig*) II Cn 81. Northu 67, 1

rihthamscyld, *ac,* Abt 32 *rechten Heimschutz? echte Hofstättendeckung?* [*jedenfalls*] *Torwehr oder Türteil* [*vgl. meinen Aufsatz* '∼' Archiv neu. Spra. *Anfg.* 1906

rihthamsocne, *no!, völlig wirkliche* invasio domus vel curiae In Cn III 49, *im Ggs. zur* infecta invasio, unworhtre hamsocne 58, 1

þam **rihthanddædan**, *dt, dem richtigen, wirklichen Selbsttäter* II Em 1, 3

for **rihthlafordhylde**, *dt, aus echter Treue gegen den Herrn* I Cn 20, 1 B; ∼helde *übr.*

rihting *geistige Leitung, Führung zum Rechten* Episc 1

rihtlagu *ordentliche Rechtssatzung* II Cn 31a; ∼ga A; *nur* lagu B | *pl dt:* ∼gan VIII Atr 36. Had 11; godcundan Grið 24, *im Ggs. zu* woroldlagan

rihtlic dom *gerechter Grundsatz* I Cn 18, 2 | *nt praed:* ∼ is *moralisch richtig ist* 2, 2 = Grið 2. 31

rihtlice, *adv, gesetz* (*recht*) *mässig* I As 5. V Atr 10. 15 | *pflichtschuldig* 12, 3 = VI 22. 2. VIII 7 f. | *verdientermassen, von Rechts wegen* IV Eg 14 | *sittlich ordentlich* V Atr 1, 2 = VI 8, 2 = X 2, 1 | *echt innerlich* VI 1; *eifrig* VI 42, 2 D; geornlice *übr.* | *gehörig, gebührend* II Cn 69, 1; ∼ healdan *gesetzlich, rechtlich behandeln* Cn 1020, 5. 11. I Cn 20, 2 | ***spla:*** ∼cast lagian *am gerechtesten gesetzlich vorschreiben* X Atr Pro. — *Der.:* unr∼

to **rihtlife** weddian, *dt,* (*die Braut*) *zu gesetzmässigem* [*Zusammen*]*leben anverloben* Wif 6; ∼ive Q; *Var.* rihl- [*Ggs.: Concubinat; vgl.* riht *n.* II 4]

rihtnisse 1) *Rechtsuntersuchung* Iud Dei V 2, 2, ratio *glossirend* 2) *ac oder instr dt:* rehtnise *Gerechtigkeit* IV 4, æquitate *glossirend*

rihtor, ∼ost, rihtr- *s.* riht *n.* II

rihtregol, *ac, Disciplin gemäss geistlicher Kanones* Ine 1; ryh∼ E

rihtscire, *dt, gesetzlicher Pfarreisprengel, Kirchspiel* (*dem jem. rechtmässig zugehört, und dem* Beerdigungsporteln *für ihn zustehn*) VI Atr 21 *aus* **rihtscriftscire**, *dt,* V 12, 1 = I Cn 13, 1

rihtwer 1) *Ehemann* II Cn 53; ∼re B; ∼te wer Ld 2) *dt:* ∼re *gesetzlichem* (*bürgerlich-rechtlichem*) *Wergeld* Had 2—7

rihtwif, *ac, Ehefrau* II Cn 54, 1 [*zwar fehlt das Compos. den Wbb.; aber laut* rihtwer *und* rihtæw *der Quelle meint Cnut Einen Begriff*]

rihtwis *gerecht; ac:* ∼wysne II Cn 7, 1 A; *sbst* ∼snesse GB | *schw.* ∼san Episc 8 ‖ *pl gn:* ∼sra Iudex 4 | *dt:* ∼sum 16. — *Der.:* unr∼

rihtwisnesse, *dt, Gerechtigkeit* Iudex 1 | *ac:* ∼ V Atr 33, 1 = VI 40, 1 = II Cn 11, 1. 7, 1. Iudex 1

rihtymbrenum, *pl dt, an gesetzlichen Quatembertagen* VI Atr 25 K; **rihtymbrendagum** D *aus* V 18, *wo* ymbrend- D

rim æwdamanna, *ac, Anzahl von Eideshelfern* Hl 5. *Der.:* ungerimedlic

rimaðe, *dt, Eid durch gesamte Anzahl* (*der vom Hauptschwörer mitgebrachten Helfer, im Ggs. zur Auswahl der wirklich schwören Sollenden durch den Gegner oder den Richter*) II As 9; *unübers.* Q

[-rinc] *Der.:* ladr∼

ringe tida, *op* 3, *läute Horen* Northu 36 [*vgl.* Ann. Anglosax. *a.* 1131: ringdon þa belle; *für ält.* hringan]

rip *Ernte; dt:* for ripe Rect 21, 4 | *ac:* ryp Af El 27 Ld [*falsch*]; ryt *übr. Der.:* bedrip **[-ripa]** *Der.:* frumr∼

ripan *Ernte schneiden* Rect 2. Ger 10

I) **r[i]san** *emporsteigen* [*übtr.*]; *ptt pc:* he bið gerysen to *emporgekommen zu* Norðleod 7, 1 Ld; geþeo to DH. — *Der.:* ar∼ **II**) *s.* ger∼

[risc]binn? *Binsenkorb? daraus verderbt ac:* yrsebinne Ger 17 [*oder s.* irsebinn]

[-risnu] *s.* (worold)ger∼, unger∼

[-rist] *s.* ær∼

rixian *s.* ricsian

-ro- *für* -or-: *s.* borgbryce, inheord, gewroht *von* wyrcan; *-rode*

ᴸ**robare** *berauben* III Atr 15 Q, reafian *übsnd;* ∼atus II 4 Q, bereafod *übsnd*

ᴸ**robaria** 1) *Verbrechen des Raubes, Räuberei* Hn 10, 1 (*Var.* roberia). 12, 3. 47. 66, 9 | Q, reaflac *übsnd:* Ine 10 (*Var.* roboraria). II Cn 63; hergung (*Verheerung*) *übsnd:* II Atr 6, 1. VII 6 | roberia Wl art 6 *Var.,* ran *erklärend* | roberie *übsnd* Leis Wl 3 L 2) *das Geraubte* VII Atr 6, 2 [*vgl. die* Doppelbedeutung þiefð, *fz.* larecin, *lat.* latrocinium] 3) *Prozess, Klage wegen Raub* Hn 24, 2

F**roberie**, *obl, Raub;* de ~ apeler *auf R. verklagen* Leis Wl 3; roberia L | *ac:* aperte ~ u ravine Wl art Fz 6, rán *übsnd*

rod *Kreux; gn:* Cristes *rode* tacn Ordal 4, 1 | *dt:* on *rode* gelesdest Iud Dei IV 3, 1, in cruce redemisti *glossirend* | *ac: rode* VII 12, 1 A. VIII 1 | ~ Cristes I 23[e], crucem Christi (osculentur) *glossirend* 1) *Christi Marterholz* Iud Dei IV. VII. VIII. 2) *kreuxförmiges Symbol* I. Ordal

L**Rodbertus** [?I) *König von Frankreich, oder* Henricus I., ECf 37, 1] II) Normannorum comes, *'Bruder' [vielmehr Brudersohn] der Angels. Königin Emma* ECf 34, 2e. 35, 2 (*Var.* Rob~; Ricardus *Corrector*); dux *retr*; Rob~ dux Lond ECf 13, 1 A 3) ~ frater Henrici [*I.*] Quadr Arg 20. ECf 11, 2; Curtehose *retr*; Rob~ *Var.* IV) ~ [*I.*] episcopus Licetfeldensis Quadr II 6 V) ~ de Muntforte CHn cor Test VI) Rob~ Malet *ebd.* VII) Rob~ filius Haimonis *ebd.* Hn mon Test VIII) Rob~ filius *Richer.* (Richardi?) Hn Lond Test IX) Rob~ filius Siwardi *ebd.* X) Rob~ de Belesmo, *Bellême,* 1112 *gefangen*, Quadr Arg 20

-rode *für* -*odre*: *s.* geþingod

L**Roe** *Runoe? Rogöe?* Lond ECf 32 E

Rofeceaster *s.* Hr~

L**rogationes** *Bittgang(Prozessions)-tage* II As 13, gangdagas *übsnd*

L**Rogerius** I) Bigod CHn cor Test II) [*I.*] episcopus Saresberiensis Hn com Test. Quadr II 8d III) Apuleie dux [*später König von Sicilien*] 14

F**roi** *s.* rei

La **Ról** Normannorum primo *duce* ECf *retr* Ap (*S.* 672) c. 45

Rom; *dt:* to *Rome nach Rom* II Eg 4, 1 f. Cn 1020, 3 | *Lat.:* Roma Cn 1027, 1. 16. Iud Dei XII 1, 2. Quadr II 8c | *Wallfahrtziel* Hn 61, 15; *Papststadt* 73, 6

L**Romani** 1) *antike Römer* ECf 32 A. Lond ECf 12, 10 A | leges ~nae *Römisches Recht* 11, 1 B 1 2) *Stadtrömer* a. 799 Iud Dei XII 1 3) ~nus (*Römischer*) consul Petrus Leonis Quadr II 15

Romfeoh, *ac, Peterspfennig* EGu 6, 1 (~fech Q *Var.*). I Em 2. V Atr 11, 1. VI 18. VIII 10 = I Cn 9 (~fech Q *Var.*, *auch Rb S.* 536; *Rome* census Q. Cons; pecunia S. Petri '*Romescot*' In). Hn 11, 3; *Var.:* ~feah, ~feath, ~feac, *Rome*fech. — *Identisch mit:* **Romgescot** Romscot 1; **Romescot** Hn 11, 3[5]. ECf *retr* 10 (*auch Rb S.* 670; *Var.:* Romscot). I Cn 9 In [*s.* 5 *Z. vorher*], *auch Rb Cb S.* 616, *wo* Romscot. — *Identisch mit:* **Rompening**; *ac:* ~ncg Romscot 2; ~pæni Northu 57, 1; ~peni II Eg 4 Q *für Eadgars* heorðpening

L**Rotomagus** *Rouen* IV Atr 2, 5; Rotho~ *Var.* Quadr Arg 20

L**Rovecestria** *s.* Hrofeceaster

rowende, *pc pl praed, rudernd* Excom VII 10

-rr *statt r*: *s.* læran, orige, sibleger

L**rr** *statt r*: *s.* parrochia, turribulum, werra *unter* wer(lad)

-rs- *für* ser? *s.* irsebinn

L**rubrica** *Capitelüberschrift* Hn 50[a]

L**Rubrum** mare *Rotes Meer* Iud Dei I 20, 1. X 19, 3. Excom VI 14, 2

L**Ruffus** *rot, Beiname Wilhelms II.* ECf *retr* 11, 2; *Rufus* Lond ECf *S.* 671[48]

Rugernes, *gn, Monats August* [*oder September?*] Wi Pro [*'Roggenernte' für 'August' belegt Hoops* Waldbäume 599]

L**Rugi** *Russen* ECf 35 (*Var.:* Rogi). Lond ECf 35, 1 A [*vgl. Russia*]

ruh, *nt sbstirt ac, rauhes* (*uneben, buschiges*) *Land* Becwæð 3; *Ggs.:*

rum 1) *nt sbstirt ac, offenes* (*Land*), *Ggs. zu* ruh, Becwæð 3 2) *cpa gn:* rumran fyrstes *weiterer Frist* Grið 4

Runen [*ausser in meinen Text übernommenen* ð, þ] *s.* w, mann

L**Russia** ECf 35; *Var.* Russeia [*vgl.* Rugi]

L**rusticus** *bäuerlich,* cierlisc *übsnd, Standesbezeichnung niederster freier Classe* Af 39 (~**canus** 39, 2) Q | vilain *übsnd* Leis Wl 8, 1 L

-ry- *für* yr: *s.* fyrmð

ryce, ryd, ryft, ryht *s.* ri

ryman I) ~ to *den Weg räumen* (*Bahn öffnen, Möglichkeit bereiten*) *zu;* 3: rymeð Ine 21, 1, remeð Bu; rymð II Atr 9, 4 II) *s.* hrieman

ryp *s.* rip

rypere *s.* riep~

-rysen *s.* risan

fyr, **ryt** to bærnanne, *ac, Feuer, um* [*behufs Rodung und Düngung durch die Asche*] *ausgerissenes Gestrüpp zu verbrennen* [*oder 'Rodland abzubrennen'*] Af El 27; *geänd. aus* rit G; *falsch:* ryht H; ryp Ld [*vgl. ahd.* riuti *und Lex Burgund.* 41: si quis in exarto (*s.* essartum) suo focum fecerit]

ryðer *s.* hriðer

S.

s 1) *geschwunden: s.* healsfang, fylstan, geræf, Hurstesheved | *nach* h: *s.* siextig, nyhstan *von* neah 2) *unorganisch: s.* scyr(es)mot, soc(es)man 3) s- *für* sc-: *s.* tosceadan, ciricsceatt, oðsceoce?, scipesocn, scir(mot), scriftspræe, soulan 4) -s *für* -sc: *s.* cierlisc, Englisc, folcisc, Frencisc, Wielisc(mon), tuso 5) s- *für* c(h)-: *s.* Ciltre 6) *für* -ss-: *s.* rihtnis, miswissian(?) | *in north. Endung* nise *für ws.* -nesse: *s.* annes, arfæstnes, forgiefnes, forlætnes, onceignis, scyldignes, soðfæstnes 7) *verschr. für* c-: *s.* cynedom, oynn, cyreað 8) *für* f: *s.* scrift 9) *für* g: *s.* sellan, *ptt* 10) *dafür* c, f (*s. auch* sacu), sc: *s. d.*

L**s** 1) *für* ss: *s.* asertio, comesatio 2) *für* t: *s.* -sio 3) *dafür* c, ss: *s. d.*

LF**s-**; *dafür* es(s): *s. scot,* soinus | *fx. escritos,* eschuit, escud, espee, espouse, establir, *estre,* estreit, *estu*verad

F**s'** *s.* sa, si **sa** *s.* sun

L**Sabrina** *Severn* Lond ECf 32 D 4

I) **sac**; *adj. ac:* sacne *schuldigen* III Atr 3, 1. — *Der.:* unsac

II) **sac**, saca, saoe, sacca *s.* sacu

[**-saca**] *s.* ands~, wiðers~

sacan, *op pl* 3, *einander widerstreiten* III Atr 13, 2. — *Der.:* æts~, fors~, ofs~, ons~, oðs~; unbesacen

sacerd *Priester;* sæc~ I Cn 4, 1 | *dt:* ~de Grið 21, 2 | *ac:* ~ I Cn 5; sec~Ld | *pl dt:* ~dum Episc 10; ~don I Cn 4, 2; ~dan Grið 27 | *ac:* ~das VI Atr 5 = I Cn 6, 1

L**sacerdotium** *Kirche* (*im Ggs. zum Staat*) Lond ECf 11, 1 A 9

sacha, ~he *s.* sacu

sacleasan, *ac, schuldlosen* III Atr 3, 1

L**sacramentalis** lex *Eidesbeweis, Reinigungseid* Hn 9, 6. 45, 1a [*s.* lex *n.* 12 ff.]

L**sacramentum** fractum *s.* frangere *n.* 2

L**sacratum** *Heiligtum* II Cn 36 Cons, halidom *übsnd, viell. weiter als 'Reliquien', was Cnut allein meint*

L**sacrificium** *Messopfer, Abendmahl* Iud Dei X 14

sacu 1) *Rechtsstreit, Klagesache;* getwæmed *eingestellt* V Atr 19 = VI 25, 1 = I Cn 17, 2; facn [*falsch*] Ld; sacy! Hl 9; saco 10 | *gn:* sace *Schuld* 8 |

ac: [sace] *lag vor für* causam habent cum (*beim*) praeposito III Atr 3, 2 ‖ *pl ac:* saca sehtan Episc 4; saoe twæmað *Streitigkeiten schlichten* X Atr Pro 1 | saoa (*nationale*) *Zwistigkeiten* I Cn Insc D 2) sao[u] 7 socn [*s. d. Var.*] *als Ein Begriff: Gerichtsbarkeit samt Jurisdictionsertrag; ags. nur gn:* ne saoe ne socne Becwæð 3, 2 ‖ *fz.:* sache e soche aver Leis Wl 2, 3; sac e soc I | *Jurisdictionsbezirk:* dedenz sache e soche 27, 1; *terra* eius qui habet soch et sac L ‖ *lat.:* saca et socna *und* soca et saca Hn 20, 2 | *statt 'Verbrechens* wites wurðe sig' II Cn 30, 6 *setzt* habet sace et soone In; *Var.:* sache et sochen | saoa et socna In Cn III 1 | saca and socne ECf 21, 1. 22, 1. *retr* 21; sacha(m), sacca, sake, sache *Var.;* sache et sochne 24, 3; *Var.:* sacha(m), saoa, sake; *umgestellt Var.* 21, 1. 24, 3. *retr* 21 ‖ *für synonymes* socne [*ac*] II Cn 71, 3 *setzt* Q *Var.:* sacham

[-sadelian] *Der.:* (un)gesadelod

sæ *See, Meer* 1) *dt:* on ~ ge on lande *zu Wasser wie zu L.* II Ew 1, 1 | *ac* [*pl?*] ~ Af El 3 GH, mare *übsnd;* sæs [*pl*] E 2) *ac:* ofer ~ *ausserhalb Britanniens* Wi 26. Ine 11. II As 18

[-sæc] *s.* ands~, bis~

sæcerd *s.* sac~ **sæcg-** *s.* secg~

L**saecularis** *weltlich* (*Ggs.: klerikal*) Wl ep 2 | ~**riter** *vor weltlichem Gericht* Hn 57, 9 | in **saeculo** militans *Laienritter?* IV Eg 1, 1 L, geneatman (*Gutshintersass, Zinsbauer*) *übsnd* [*als wäre* geneat *n.* 1 *gemeint*]. *Oder* [*wie mlat. gewöhnlich*] *Laie allgemein*

I) **sæd,** *ac, Saat Rect* 4, 1b; ~ sawan 11. — *Der.:* lins~, wads~

II) **[-sæd]** *Der.:* foresæd

sædcynnes, *gn,* (*jeder*) *Saatgattung Rect* 11

sædere, *dt, Sämann* Rect 11; sed~ Q *Var.*

sædige, *op* 3, *säe* (*Acker*) Rect 10

sædleap, *ac, Saatkorb* Ger 17

sæg- *s.* secgan

sælig *selig, glücklich* I Cn 18, 2 A; ges~ *übr.*

sæmend *s.* sem~

þæs **sæmran,** *cpa nt sbstirt gn, des Geringeren;* þæs selran ge - ~ Ger 4

sæncgan, sændan *s.* sen~

[-sæt] *Der.:* Dunsæte, Wents-; cotsetla

sæte healdan, *ac, Fangvorrichtung halten* Rect 2; stabilitas Q [*nicht mit Middendorff* Altengl. Flurnamen *S.* 110: *Sesshaftigkeit beibehalten*]

Sæternesdæges [*gn*] non *Sonnabends Mittag* II Eg 5 = I Cn 14, 1. Cn 1020, 18 [*aus* Saturni *dies, nicht aus einer Übersetzung des Namens einer German. Gottheit; Vincenti* Altengl. Dialoge I 118]

sæweard *See*(*küsten*)*wacht* Rect 1, 1 | *dt:* æt ~de 3, 4; sew~, custodia maris Q

sage, *ac, Säge* Ger 15

L**sagemannus** *Melder, Anzeiger, Klagevorbringer* Hn 63, 1. Swer 4 Q, secga *übsnd.* [*Sachlich verbinden dies mit* saceber (*Ankläger*) *Pollock and Maitland* Hist. Engl. law II 159; *sprachlich kein Zusammenhang*]

L**sagibaro** *hoher Ratsbaron?* [*aus unverstandener* Lex Salica, *die 'königlichen Gerichtsbeamten, unter dem Grafen' meint, oder* (*nach* Brunner Dt. Rechtsg. II 154) *aus einer Glosse* sacebarones quasi senatores] Ine 6, 2 Q, geþungenes witan *übsnd*

F**saint,** *obl, heilig; gn:* seint Piere Leis Wl 17—17, 2; ~ Io; sein Hk; seint Michel, Martin 28 | *fm obl:* ~te iglise 1; saint I; seinte Hk. 17, 2; seint Io. Wl art Fz 1 | *pl masc obl:* sur ~tz *auf die Heiligen* (*Reliquien, schwören*) Leis Wl 13; seinz Hk; seintz 10a; seinz Hk; sentez Io; seinte Im

L**saisiare** *mit Var.* sel~, ~sire 1) *handhaft fassen* (de: *bei Verbrechen* Hn 26, 3) Hn 61, 18c 2) *zwangsweise in Besitz nehmen* (*verliehen gewesenes Lehn*) 43, 4 3) *in Besitzgewere setzen* 53, 6; ~atus *in B. stehend* 70, 18; seisiatus *Besitzes nicht entsetzt* 29, 2a [*vgl.* diss~]

F**sait** *s. estre*

L**Salebiriensis** *s.* Saresber~

L**Saliga** lex *Lex Salica* [*emendata*] *wird citirt* Hn 87, 10. 89, 1

saltere, *ac, Psalterium, Psalmenbuch* VII a Atr 6

[-sam-] *s.* ges~

L**Sama** *Höllengeist* Excom VI 15 [*aus bibl. Götzen* Ava *verderbt?*]

sambryce *halbe Verletzung der Friedensruhe, ohne Totschlag* Had 9; bryce O; infractura de pace [*also missverstanden als* sōm *Friede*] Q

swa **same** swa *ebenso wie* 1) *adv* Ine 76, 1 2) *cj* 76, 2, *beide Male nur* B (*auf Rasur* H) *statt* swa ilce swa

s[a]mhwelc; *ac:* somhwelcne *manchen* Ine 23, 3; *unübs.* [*also unverstanden*] ~wylcne Q

sammæle, *prd pl, einverstanden, übereinstimmend* III Atr 13, 2. Wif 6

[-samne] *s.* æts~

[-samnian] *Der.:* ges~

s[a]mnung *Versammlung; dt:* somnunge Ine Pro B; gesom~ *übr.*

ealle **samod** *allesamt* V Atr 35. Cn 1020, 20

L**Samson** episcopus *von Worcester* CHn cor Prot. Hn com Prot. Hn mon Prot; Sampson *Var.*

samwyrce, *op* 3, *verübe* (*Friedensbruch*) *halb*[*-schwer, d. i. ohne Totschlag*] II Cn 61, 1; semifacere Cons; non perficere Q

L**sancire 1**) ut *versprechen, beteuern zu* ECf Pro 1; confirmare *retr* 2) ~cita consuetudinum *das Feststehende* (*Unverbrüchliche*) *des Rechts ebd.*

sancte *heilig; undecl. gn:* ~ (*abgekürzt* sc̄e) Af 43. Ine 4. V Atr 16 = VI 23, 1 D = I Cn 17, 1. Excom VII 2; seint! Ld: Af 43. Ine 4. I As 1; ~tus (*abgekürzt* sc̄s) Af 43. VI Atr 23. Excom VII 2. Nor grið Z. 1 f. ‖ *fm gn* a) *undecl.:* ~ta (*abgekürzt* sc̄a) Af 43. V Atr 14 D (~te GG 2) = VI 22, 2 = I Cn 16a. Excom VII 2. Iud Dei VI 1. VII 12, 1 A. 23, 2 A b) *decl.:* ~tan Marian I Cn 12 Ld

L**sanctificatio** *Weihe* (*der Grade des Klerus*) Quadr 17, 4

L**sanctio** *Gesetz* Ps Cn for Pro

L**sanctuarium** *Reliquiar* Cn 1027, 3 | haligdom *übsnd* Q: III Atr 3, 1. I Cn 4. Had 1, 3 | in **sanctis** (super sancta; sacra K) iurare III Atr 2, 1 (II Cn 36) Q, on haligdome swerian *übsnd*

I) **sang,** *ptt* 3, *sang* (*Psalmendichter*) Grið 23 II) **[-sang]** *Der.:* tids~

sangere *Sänger, Cantor* (*kirchliche Rangstufe hinter den zum* sacerde *führenden 7 Weihen*) Grið 21, 2

F**sanz** *s.* senz

sapbox, *ac, Seifenbüchse* [*'Harzbüchse' Toller*] Ger 17

L**Saphira** [*aus Acta apost.*] Excom V 6. VI 4

L**sapientes** 1) *Reichsräte, Magnaten, Staatsmänner, Nationaltag vor* 1066 ECf 28 f. Quadr Arg 3, *und,* witan *übsnd* Q: Ine Pro. AGu Pro. EGu Pro. II Ew 1. 4. 5, 1. Af El 49, 1; 9; 10. II As Epil. V Pro. VI 10. 11. 12, 1. II Em Pro. II Eg Pro. III Insc. I Atr Pro. II 9. III Pro. I Cn Pro. Duns Pro 2) *Urteilfinder* *des Gerichts*, witan *übsnd* Q: Af 77. Wer 6 (= Hn 93, 37. 76, 5a). II Em 7. Hn 75, 5b. 88, 15

[L]**sapientia** *Reichstag*, *Staatsrat*, witan *übsnd*, Quadr Arg 3. Cons Cn Pro 3

sar 1) *Wunde; dt:* sare EGu 10; doloribus Q [*ungenau, n.* 2 *verstehend; vgl.* sarbot] 2) *Höllenpein; ac:* ~ Excom VII 5

[L]**Saraceni** *Heiden Britanniens im* 6. *Jh.* Lond ECf 32 A 7

de **sarbote,** ceo est de la dulur, *obl, Bussgeld für Verwundung* Leis Wl 10, 1 [*vgl. doppelte Bed. von* sar]

[L]**sarculare** *ausreuten* [*übtr.*] II Cn 1 Q, aweodian *übsnd*

[L]**Saresberiensis** episcopus *Roger von Salisbury* Quadr II 8d; *Var.:* Saleb~; [*irrig*] Searesbiry *statt* Sceftes- II As 14, 2 Q *Var.*

[L]**Satanas** Excom I 2. VI 15

[F]**saveir** *wissen* 1) ceo est a ~ *'d.h.', 'nämlich'* Leis Wl 1 (~er Hk). 15, 1 (savoir I). 26; ~er 14, 1; savoir I 2) 3: set guarant *Gewährsmann erkunden kann* 21, 1a | *pf pl* 3: seurent tricherie en *kannten Trug an* Wl art Fz 8a 3) *pf sg* 3: sout larrun *kannte als Dieb* Leis Wl 3; sot I. 49 4) sout (*verstand zu*) juger 13 (sot I); faire 39, 1 f.; sont, solt *Drucke*

savel, saul, sawl *s.* sawol

[L]**Saul,** *gn,* Iud Dei XIV 3

sawan *säen* Ger 12 | *op* 3: sawe *besäe Rect* 4, 2 | *ptt pc:* gesawen *Rect* 10; *ac:* gesawene *ebd.; pl ac* - 4, 3. — *Der.:* ges~; unsawen

saw[o]l *Seele;* savel Iud Dei IV 4, 4 | *dt:* sawle EGu 10 Ld (saule HB). I Cn 7, 3. II 30, 5; saule VI As 8, 6; saula IV Eg 1, 5a | *ac:* sawle Af El 18. VI Atr 12, 2; saule II Cn 3 G [*ob pl?*]; -la BA ‖ *pl gn:* sawla Ine Pro. I Em Pro; saula GHB. IV Eg 1, 8. 15 | *dt:* saulum I Cn 2. 26, 2 | *ac:* sawla Af El 49, 3 (saula G), animas *übsnd*; V Atr 2 = VI 9. Excom VII 23. II Cn 3 BA; saule [*sg?*] G

sa[wo]lgescot; saul~, saulescot *Seelenschoss* In Cn, *Var. zu* I Cn 13. 13, 1, *statt:* **saw[o]lsceatt** *Seelschatz, Drittel beweglichen Nachlasses, bei Beerdigung zum Seelenheil des Toten der Kirche fällig* [*Brunner in Holtzendorff*, Encyclop. Rechtswiss. (1902) 258], *no od. ac?:* sawlsceat VIII Atr 13 = I Cn 13 (pecunia sepulturae Q) *aus* saulsceat V Atr 12 = VI 20; sawl- D | *ac:* sawlsceat II Eg 5, 2 D; saul- A. V Atr 12, 1 = VI 21 (sawl- D) = sawlsceat I Cn 13, 1 | *pl ac:* sawlsceattas I As 4

[L]**Saxones** 1) Germaniae *Niederdeutsche* Lond ECf 32 C 1 2) *Angelsachsen* 5.-11. *Jahrhunderts* A. C 4. D 6 3) *Südengländer?* ECf 33 [*vgl.* Saxonia] 4) *Engländer nach* 1066 *von Angelsächs. Abkunft* Lond ECf 32 D 6 [*vgl.* Occidentales]

[L]**Saxonia** *der zumeist von Sachsen bewohnte Teil Britanniens, Südwest-England* [*haupts. im Ggs. zur* Denalagu] ECf 35, 1d [*vgl.* Saxones *n.* 3]

sc 1) *für* c- *s.* cierlisc, ciricsceatt, cyreað [*vgl. Wildhagen* Psalter Eadwines 199] 2) *dafür:* c, hs, s, sch, ss, ssc, ssh, *s. d.*

[-scacan] *Der.:* oðs~

[-scad-] *Der.:* gescead-

[-scadan] *Der.:* as~, tos~

se **scadwis** gerefa *der kluge, gescheidte Vogt* Ger 1; *bessere* ges~ [*wie* siðcund *n.* 1] *gemäss* Insc, *und weil Artikel schwache* Decl. *fordern würde*

scæft- *s.* sceaft-

[scægð] *Der.:* sceiðman

scæp-, scæt *s.* sceap-, sceatt

scafan, *ac, Hobel* Ger 15

sc[a]lu; *dt:* on ægðere sceale *auf je einer beider Wageschalen* Iudex 1

[L]**sca[m]num** *Erdwall; pl:* scanna Hn 10, 1 [*auch agsä.* bænc *bed.* (*neben* 'Bank') *Erdbank*, *'hillside'; Middendorf* Altengl. Flurnamen 10]

sc[a]mol *Schemel; pl:* sceamelas Ger 17

sc[a]mu *Schande, Schmach; ac:* sceoma Iud Dei IV 3, 5, calumniam *glossirend.* — *Der.:* worolds~

scanca 1) *Unterschenkel;* sconca Af 63 (~ B; ~nke 63, 1 Q). 72; scea~ B | *pl:* ~can Excom VII 19, crura *übsnd* 2) *sg ac:* án sconc! spices *Schinken* As Alm 1. — *Der.:* earms~

[L]**Scancia** modo Norweya Lond ECf 32 E

scandlice, *adv, schimpflich* Hl 11

[L]**scannum** *s.* scamn~

sc[a]ru *Haarabscheren; gn:* sceare beardes oððe feaxes (*Tonsur*) Northu 34

scat, scað- *s.* sceatt, sceað~

sc[a]ðel *Weberschiffchen; ac:* sceaðele Ger 15, 1 **scawian** *s.* scea~

-scead- *s.* -scad-

sceaf *Garbe* (*Korn*) Ger 4 [ges~

sceaft I) *Schaft* Af 36, 2 II) *Der.:*

Sceaftesbyrig, *dt, Shaftesbury* II As 14, 2; ~beri Q; *Var.* Sceftesburi, [*irrig*] Seares-

sc[ea]ftmund *Schafthand* [*Längenmass, Faust und erhobenen* Daumen *breit, also etwa* $^1/_2$ *Fuss*]; *pl* (*gn?*): IX scæftamunda Pax

sceal *s.* soulan

sceale, sceamol, sceanca *s.* sca~

sceap *Schaf* Ine 69 | *gn:* ~pes Ine Rb 69 (*geänd. aus* scepes H). III Atr 9. II As 15 Ld; scepes H | *dt:* ~pe Ine 55 | *ac:* ~ VI As 6, 2. Duns 7. Rect 9; geong ~ *Jungschaf* 4 | *pl gn:* ~pa Af El 24 Ld | *ac:* ~ *übr. Rect* 4, 3; ~ scyran Ger 9

sc[ea]pætere? *pl:* scipæteras *Schafleiber* Rect 8; scæpeteras: ovium corpora Q, *Var.* scepet'ras

sceaphyrde *Schafhirt* Grið 22 | *gn:* ~des *Rect* 14 | *pl dt:* ~dan *ebd.*

sceapige, scepige *setzt* A *für* sceawie (*womit* III Eg 7 = II Cn 25 *'aussuche, bestimme' meint*), *wahrscheinlich 'verschaffe, erstelle' meinend, Neubildung zu* scieppan

scear, *ac, Pflugschar* Ger 15

sceara, *pl ac, grosse Wirtschaftschere* Ger 15

sceard I) *prd schartig, zerschlitzt, verstümmelt* Abt 42. 48 II) *sbst. Der.:* dics~ [*fris.* skerd *teilweise Verstümmelung; vgl. ahd.* lidiscarti; *His* Strafr. d. Friesen 279] **sccare** *s.* scaru

scearre, *ac, kleine Schere* Ger 15, 1

sceaða *Verderber* I Cn 26, 2. — *Der.:* þeods~ **sceaðele** *s.* sca~

sceaðian *Schaden stiften* I Cn 26, 1 | *pl* 3: scaðað, *m. dt, schaden* Iudex 16 | *op* 3: ~ðige on (*Teufel*) *stifte Schaden in* Episc 7. — *Der.:* ges~

sceaððan *s.* sceð~

sceatt 1) *kleinste Münze* [*bei* Abt $^1/_{20}$ scilling (*s. d. n.* 4) *in* Mirce *wohl* 1 Denar] | *ac:* ~ ne scylling Swer 11 | *pl gn:* ~ta Abt 33. Mirce 2; scætta Abt 16. 59. 60. 72 | *ac:* scættas 72, 1 2) *Geld, Fahrhabe; sg dt:* wið ~te sellan II Cn 74 | *ac:* sceat Abt 83; scæt *Brautkaufgeld* 77, 1; healfne scæt (hire þriddan sceat) $^1/_2$ ($^1/_3$) *der Haushaltsfahrhabe* 78 f. (Ine 57) | *instr.:* agene scætte *aus eigenem Vermögen* 30 f. ‖ *pl dt:* ~tum *Schätzen* Cn 1020, 4; scattum *ebd.* | *ac:* ~tas *Gelder* IV Eg 1, 7; teoðan ~tas *Zehnten* Af El 38, decimas *übsnd* | $^1/_3$ sceat *ändert in* gescead *Abschichtung* Ine 57 H; *in* þriddan *dæl* þære æhta B. — *Ersetzt durch* scot *s.* ciricscot, sawol(ge)scot. — *Der.:* cirics~, meds~, sawols~, tooðungs~; twisceatte

sceawian 1) *achten auf, in Betracht ziehn* Iudex 15 | *pl* 3: scewiað 11 2) ~ of *ausersehen unter, aussuchen aus, bestimmen von*; *op* 3: ~ie III Eg 7 (sca- G 2; *videatur* Q; scifte D; sceapige *verschaffe* A) = II Cn 25; scepigo A; *videatur* Q; inveniantur In; annominentur Cons. — *Der.:* ges~

[sceawung] *s.* ostensio

Sceftesburi *s.* Sceaf~

[Skeggi?] *s.* Stegitan

sceiðman *Nordischer Schiffsmann* II Atr 7; sceidmannus Q

scel *s.* soulan **sceld** *s.* scield

L **scelus** [*spätere Engl.*] *felony, leichter als* perfidia CHn cor 8, 1

scendan *verletzen; op* 3: scynde *bedränge* Grið 27 | *ptt pc:* gescended *verschändet* Af 77; gescend B; gescynded H. — *Der.:* ges~, unascendedo, unscendede

sceol- *s.* soulan **sceoma** *s.* scamu

sceorp to scipe *Ausrüstung zum Schiffe;* scorp Rect 1, 1; ~pum Q

sceotan 1) *als Schoss zahlen, einschiessen; op* 3: ~te VII a Atr 2, 2 | *ptt op* 3: scute VI As 2. 6, 3 | *pl* 1: scuton 2 2) *prs op* 3: sceote dom to *schiebe (übertrage) Urteilspruch an* Northu 5. — *Der.:* oðs~, uts~

scep- *s.* sceap-

sceððan 1) *m. ac, schädigen; impa pl:* ~að Af El 34, nocebitis *glossirend*; scyððað H; sceaðað So Ld | *dafür* [*gemäss Negation des Satzes*] *op:* sceaððan G | *pc pl dt:* ~ðendum his Iud Dei V 2, 3, adversaris [*bessere* adverseris] ei *glossirend* [*falsch, als stände da* adversariis eius] 2) *m. dt, schaden; sg* 3: ~ðeð Iudex 7

scewiað *s.* sceaw~

sch 1) *für* c-: *s.* ceapgield, cierlisc 2) *für* sc-: *s.* ciricsceat, scilling, scir (-man, -gemot), scot, scyld(wite)

schapgelt *s.* ceapgield

scheld-, schild- *s.* scyld

schir- *s.* scir- **schirlisc** *s.* cierlisc

L **scholaris** *Kirchenschüler* ECf 1, 1; scol~ Geþyncðo 7 Q, leornere *übsnd*

schot *s.* scot

schwache Declination 1) *Form s. o. S.* 49 2) *statt starker s. o. S.* 48 *ff.; ac:* nanan þeof VI As 1, 1 | *instr.:* meduman leodgelde Abt 7

schwaches *Verb; Flexion I. Cl. geänd. zur II. Cl. s. o. S.* 39 *und* sierwe

sc[ie]ld *Schild; ac:* scyld II As 15; sceld Ot | *pl:* scyldas II Cn 71, 4 | *gn:* scylda 71 a. 71, 1 [*vgl.* scyld]

sc[ie]ldan 1) *Schirm, Schutz gewähren, m dt,* (*gegen:* wið); scyldan us *uns schützen* II Cn 84, 3; folce I 26, 3. Episc 7 | 3: scyldeð Iudex 7 | *pl* 3: scyldað 16 2) *sich bewahren, sich hüten; op* 3: scylde wið *vor* I Cn 23; *verb. aus* soyle B

sc[ie]ldwyrhta *Schildmacher;* scyl~ II As 15 | *pl dt:* scyldwyrhtum *ebd.* Ld; *unübs.* Q, *Var.* scildwircta

L **scienter** *wahrlich, gewisslich* I Cn 20, 1. II 35, 1 Q, witodlice *übsnd*

scieppan *s.* sceapige; *Der. ptt:* gesceop

sc[ie]ran; sceap soyran *Schafe scheren* Ger 9 | *op* 3: to prioste seyre *zum Schimpftonsurire* Af 35, 4 So; besciere *übr.* — *Der.:* as~, bes~, ofas~

sc[ie]rdan *verwunden, verletzen; op* 3: scyrde Grið 27

sc[ie]rpan to *m. dt ermuntern, anstacheln zu;* scyrpan Ger 6

sciftan 1) *op* 3: ~te *abordne, bestimme* III Eg 7 D (*für Eadgars* soeawie) | *ptt pc:* gescift *geregelt* Episc 6; gescyft 12; *prd pl:* ~te *ebd.* 2) *erbrechtlich verteilen* (*an: dt*); *prs op pl* 3: scyftan II Cn 78 | *ptt pc prd fm:* gescyft 70, 1. — *Der.:* ges~

scild I) *s.* scield II) *s.* scyld-

scilling *Schilling, Rechnungswert, mehrere Denare zusammenfassend* [*abgekürzt in allen Casus* scill' (*z. B.* Af 70 ff.), scll' (*ebd.* H) scyl' II Ew 1, 3 B; *für pl dt:* ~gum *abbreviirt* scilling̅ Abt 26. — *'Schilling' unausgedrückt: s. Ellipse n.* 3 (*zur Summe* 30 000 *der* Ann. Anglosax. *a.* 694 *ergänzt ihr Übersetzer Ethelwerd:* solidi) *und Zahlwort*]; *dt:* ~ge Forf 1 B; scyll' H; scyllinge Af 16 H | *ac:* ~ Abt 17. 51. Ine 49, 1 HB; scylling Swer 11 | *pl gn:* ~ga Abt 2. 8. 10 ff. 82. Ine 32. Grið 12; ~ge II Cn 25, 2 A; scyllinga Wer 1 | *dt:* ~gum Af 65 H. Ine 13 H; scyll- I Cn 3, 2 A; *instr. Sinnes* Abt 16 | *ac:* ~gas Abt 11. Hl 9; ~ges Ld: Ine 2. 3. 3, 2. 45; schillinges Mirce 1, 1 Q. — 1) *Westsächsisch zu* 5 *Pfennig,* Q: Af Rb 31. I Cn 9. 9, 1. Wer 1. 1, 1 2) *Mercisch zu* 4 *Pfennig in London* VI As 2; *im* 12. *Jh. zu* Af 12 B | *und oft in* In Cn: Af 38. 38, 1. II Eg 4, 1. I Cn 10, 1. II 15, 1 f. 25, 2. 33, 2. 65 [*vgl. Urk. a.* 857: 60 sol. argenti, 1 libra; *Birch* Cart. Sax. 492] 3) *Normannisch zu* 12 *Pfennig* Q: Af 45. Hu 3, 1. II Atr 5, 1. Duns 7; LX sol. *für* III pund Wl lad 2, 2 | *ferner* In Cn: Af 16. 45. 60. 66. I Cn 3, 2 (60 sol, hoc est 3 libras). II 30, 2. 59 b. 71, 5; viginti sol Had 2 In, pund *übsnd* 4) *Kentisch* Abt 2. 5 f.; *mehr als* 8 sceatt [*laut* 16]; *weniger als* 30 [*laut* 59, *vgl. mit* 58, 1]; *vielleicht* 20 sceatt [*laut* 72. 72, 1 *vgl. mit* 54, 1. 55 *und dem Prinzip* 71, *dass Fussglied* = $^1/_2$ *Handglied*] 5) siclus *der Vulg. übsnd* Af El 23. — *Lat. steht für* ~ *aller Bedd.:* solidus *s. d.*

scincræft *Zauberkunst* Iud Dei VIII 2, 2, maleficium *übsnd*

scincræft[ig]a *Magier; pl:* ~tcan VI Atr 7

scinlac *Zauberkunst; ac:* scinelac divoles Iud Dei IV 2, fantasma *glossirend*

scinlæcan, *pl ac, Magier* Af El 30 (~lacan H), maleficos *übsnd*

scip *Schiff* II Atr 3, 1 | *dt:* ~pe 4; on ~pe *an Bord* Rb | *ac:* ~ 3, 2. — *Der.:* ceaps~, fierds~, (un)friðs~

scipætere *s.* sceap~

scipe, *ac, Würdenrecht, Machtbefugnis* IV Eg 2 a [*'Abkürzung von* þegnscipe' *Klaeber* Anglia 27, 262; *vgl. Ellipse n.* 16]. — *Der.:* (ge)fers~, freonds~, gals~, gebeors~, geburs~, (ge)gields~, leods~, metes~, gerefs~, tuns~, þegns~, þeods~, wacs~, (worold)weorðs~

scipen *Stall; dt:* ~ne Ger 3, 1 | *pl ac:* ~na 10

s[c]ipessocn *Schiffs*[*gestellungs*]*bezirk* (*mehrere in einer Grafschaft*); *pl:* sipessocna Hn 6, 1 b

scipf[ie]rd *Schiffswehr, Engl. Flotte; dt:* on ~fyrde II Cn 77; scyp- B

scipf[ie]rdung *Schiffswehr; ac* (*pl?*): ~fyrdunga, *Engl. Flottenrüstung(en)* VI Atr 32, 3; *dafür in sonst ident. Texte:* I) **scipforðunga,** *ac* (*pl?*), *Schiffsrüstung(en)* II Cn 10; *geänd.* ~fyr~ B; navigii apparatum Q; navium profectus Cons II) **scipfyrðrunga,** *ac* (*pl?*), *Schiffsrüstung(en?)* V Atr 27; ~fir~ D; *verb. aus* ~ðunga G; ~fyrdrunga, *verb. aus* -rðunga G 2

sciphere *feindliches Schiffsheer* (*der Nordleute*) II Atr 1, 1

scir *Amt(sbezirk)* II Cn 19, 1 | *gn:*

~re Ine 36,1. III Eg 3 (seyre A; scyr! G; scyrbiscop D). 5,2. Cn 1020, 11. II Cn 18,1. 79 | *dt:* ~re Af 37. II As 26. VI 10. IV Eg 2a. II Atr 8, 1. II Cn 19 (soyran *schwach* A). Northu 12; seyre VI As 8,4. II Em 4; scipe! Forf 1 | *ac:* ~re Af 37, 1. Ine 39. II As 8. Forf 2. *Rect* 4, 6. Ger 1. 18. Episc 11; ~ra II Atr 8, 3 | *pl gn:* ~ra Cn 1020, 11 | *gn od. ac*: II Atr 8, 3; *- lag wohl vor für* comitatuum Forf 3 Q. — ***Lat:*** *no meist* soira [*nie* soir], *oft* -re; *gn dt:* -ræ; *ac:* -ram; *pl dt:* -ris ECf 22, 5; *doch in* ECf *oft indecl.* -re; *Anlaut variirt später zu* s, sh, sch; *Wurzelvocal auch früh zu* y | Q *bewahrt für alle Bed.* ~ *unübs., auch für 'Amt'* Ine 36, 1, *'Amtsbezirk'* 39, *'Gutsvogtei'* Rect 4, 6 *und 'Diöcese'* III Eg 3 | *er erklärt:* comitatus II Cn 79 (= Lond ECf 32 B 4); *mit* comitatus *synonym* Hn 41, 2a. ECf 33; *nur für 'Grafschaft' in* ECf 13. 22, 5. 23, 4. 27. 30. 31, 2. 32. Lond ECf, Hn *und in den Namen 17 Z. weiter.* — **1)** *Amt* **a)** *königliches eines richtenden Ealdorman* Ine 36, 1 **b)** *eines Gutsvogts, des den Grundherrn vertretenden Amtmanns Rect* 4, 6. Ger 1. 18 **2)** *Amtsbezirk* Ine 39 | *Wohl zu n.* 3 *im bes.:* IV Eg 2a. II As 8 | ~ *steht unter* ealdorman Af 37. 37, 1; *unter* gerefa VI As 8, 4. 10 **3)** *Grafschaft* (*s. n.* 2) II Atr 8, 1; 3. II Cn 19. Forf 1—3. Hn 41, 2a. ECf 13. 27. Lond ECf 32 B 4 **4)** *Grafschaftsgericht* II Cn 19, 1. 79. ECf 22, 5. 23, 4 **5)** *kirchl. Sprengel* [*vgl.* scrifts~] **a)** *Pfarrei* Episc 11 **b)** *Diöcese* II As 26. II Em 4; scire biscop *Diöcesan* III Eg 3. 5, 2. V Atr 6. VI 3, 1. Cn 1020, 11. II Cn 18, 1. Northu 12. — *Der.:* (riht)scrifts~, Centes~, Everwiches~, Hertfords~, Nicoles~, Leircestres~, Northamtunes~, Notingehams~, Wirecestres~

soiran *s.* scieran

sc[i]rbiscop *Diöcesanbischof;* scyr~ III Eg 3 D; þære scyr(e) b~ (A) G [*vgl.* scir *n.* 5 b]; ~ *lag wohl vor für* episcopus *comitatus* ECf 12, 5

scirgemot *Grafschaftsgerichtsversammlung* III Eg 5, 1 | *dt:* ~te II Cn 19, 1 | *ac:* 18 | *Lat.:* scireg~ Hn 7, 3a; 4 (*Var.:* scyresmot, siresmot) = Lond ECf 32 B 11 (*Var.:* syremote, schiremot); sciremotus (*Var.:* si-, scyr-, syr-, schir-) Q: III Eg 5, 1. II Cn 18. 19, 1, *auch Rb. S.* 195* *und S.* 536

[scirgerefa] *ist ags. für greve de* soyra ECf 32

scirman *Amtmann* **1)** *Richter, befehlend über* gingran (*Unterbeamte*) Episc 10 | *dt:* ~men, *eine Art von* deman, *Richter* [*'kein Sheriff'; Chadwick* Anglo-Saxon inst. 231] Ine 8; ~mannus Q; *Var.:* sirm-, schirem-, scyre homo **2)** *Vogt eines Grossguts, gerefa synonym* Ger 12; scyrman 5. — *Irrig für* hyrem~ VI As 8, 7. 11 Q *Var.*

scirmot *s.* scirgemot

scll' *Abkürzung für* scilling *aller Casus s. d.*

scofl *Schaufel; ac:* ~le Ger 15. — ~ *lag vielleicht vor für lat.* strublum [*aus* scublum?], *Var. statt* stumblum; *s. d.* — *Der.:* meoxs~

[L]**scogilatus** *von der Scheide bedeckt* Hn 83, 7 [*aus* Lex Ribuar.]

sco[h] *Schuh; pl ac:* soos *Rect* 12

[L]**scolaris** *s.* scho~

sconca *s.* scanca

[-scop] *Der.:* ealos~, sealms~

scorp *s.* sceorp

scot *Abgabe, Steuer an den Staat; abl:* Hn Lond 2, 1; *Var.:* (e)schot | *dt:* particeps consuetudinum Anglorum, quod ipsi dicunt on hlóte et an scóte *in Verfassungsstellung und Abgabenpflicht der Engländer vor* 1066 [*ihnen staatsbürgerlich gleich*] Wl art 4 [= Fz 4 *und* Lond retr 4; *Var.:* schote]. — *Für* sceatt *s.* ciricsceat, sawols~. — *Der.:* cirics~, leohtges~, Rom(ge)s~, sawols~, weards~

[L]**Scotia** *Schottland* ECf 35, 1. *retr* 35 Insc | rex *s.* David; *regina s.* Margareta

[L]**Scotus;** ~ti *Schotten nach* 1066 ECf 34*; Pioti et ~ti Albaniae *Bewohner Schottlands, bald nach* 1066, Wl art Lond *retr* 1. Lond ECf 35, 1 A 2; *für die Zeit um* 700 *und um* 1200, 32 C 5; D 6; *Var.* Scotti

[L]**Scottus** dux *gab den Schotten den Namen* Lond ECf 35, 1 A 2. [*Gelehrte Erfindung; vgl. echtere Legende über Ahnfrau* Scota: *Rhys and Jones* Welsh people 59]

scoung *Beschuhung, Empfang von Schuhen Rect* 10

scrifan (*als Geistlicher*) *Poenitenz vorschreiben, zur Absolution auferlegen;* ~fon II Cn 68, 1; seyfan A | *op* 3: ~fe Af 1, 2; 8. II As 26. VIII Atr 26. II Cn 41 | scire, þe he on ~fe *Pfarre, über die er Beichtrecht übe* Episc 11 | *ptt pc:* gescrifen *mit Kirchenbusse belegt* I Cn 16, 1; -ryfen A. — *Der.:* ges~

scrift **1)** *Beichte* **a)** *Absolutions-Erteilung; gn:* ~tes forwiernan Northu 8 **b)** *Absolutions-Empfang; dt:* ~te V Atr 22 (*Criste verliest* D) = VI 27 (his -, *wol n.* 2 *missverstehend,* D). VII a 2. I Cn 18, 1 B **c)** *Poenitenz* Had 3—8; godcundre [*fm.*] ~te 5 f. O | *pl dt:* ~tan VI Atr 52 = II Cn 68, 1c **2)** *Beichtvater* Af 1, 8. II As 26. 26, 1. I Em 3 | *gn:* ~tes VII a Atr 2, 3. I Cn 23 (confessoris Cons; penitentiae Q, *verwechselnd mit n.* 1). Episc 11 f.; scryftes *unübs.* Q | *pl dt:* ~tum I Cn 18, 1; scryftan A

scriftscir *geistlicher Sprengel* **a)** *dt:* ~re *Bischofsdiöcese* II As 26 **b)** *Pfarrei, Beichtsprengel* Northu 42. Episc 12 | *pl dt:* ~rum Episc 10. — *Der.:* rihts~

scriftspræc *Beichte; gn:* ~ce giernan EGu 5 = II Cn 44, *geändert aus* ~rece B; ~spæce G; sriftsprace! A

scrud, *ac, Kleidung* As Alm 1

scrudware, *ac, Gewand* V Atr 6 = VI 3, 1

scs, scts, *Abkürzung für* sanctus: *s. d.*

[sculan] [*fehlt in Kentischen Gesetzen*] *sollen;* 2: scealt Af El 11 | 3: sceal 14. Af 56 (sceall B). 60. 67, 2. 72 (sceall B; *geänd. aus* scel H). Ine 15, 1. 40 (*geänd. aus* sceol H). 44, 1. 54, 2 (sceall So). 76 (sceall So). I As 2 Ld. EGu 12 (sceol B). Hu Insc. V Atr 16. I Cn 17, 1 (*geänd. aus* seal A). 22, 1. II 38, 1 (scæl G). 54, 1 (sceall A). 68, 1c (sceall A). 76, 1a. Duns 3, 1. 8, 3. Pax 3. Wer Insc. 7. Swer 1. 2 B. 8 B. *Rect* 2. 3. Ger 11. 18, 2. Wif Insc B. Had 10. Episc 3. 7; sceall 2. 4. 6 | ***pl*** **1:** sculon II Atr 1, 1. II Cn 68, 1b B (sceolon G). Northu 67; sceolon IV Eg 1, 8 (scylon F). Cn 1020, 15. I Cn 18a; sceolan b; scylan V Atr 34. X Pro; ssculan I Cn 22, 1 B | 2: sculon I As 5 (*op?* sceolan, scylan G) | 3: soulon Af 54. 56, 1. 59. 63. 64, 2 (scylan B). I As 1 (*op?* scylan G). Northu 47. Had 1; sceolon I Cn 26 (scolan Ld; soylan B). Iudex 3; sceolan Cn 1020, 19; scylon Duns 3, 2. Episc 9; scylan Duns 9. Ger 8 (*op?*). Griδ 19, 1. Episc 15 | ***op*** 3: scyle Af Rb Einl. 49, 6 (*geänd.* scule H). Af 1, 4. I Ew 1, 4. II 5, 2. V Atr 20 (sceale G 2). VI 25, 2. I Cn 17, 3; sceole G; scule

II 24, 3; sceole G. I 17. VI As 3 | *pl: s. o. ind.* | **ptt** [*wovon manches viell. opt.*] 1: scolde Cn 1020, 3. Sw*er* 11 | 3: sceolde Af 1, 6. I Ew 1, 2 Ld (sco- *übr.*). Hu 7, 1. II Atr 9 (*op*); scolde II Ew 1 (soul*de* Ld). III Eg 6, 1 (soul*de* Ld). II Atr 9, 2. Northu 5 (*op*). Ger 7. Geþyncðo 7. Að 1 (*op*) | **pl** 2: scyldon! ge I Cn 7, 3 G | 3: sceoldan VI As 10. Grið 21; sceolde[n?] EGu Pro 2; scoldon IV Eg 1

A) *schulden, schuldig sein:* oðrum borh V Atr 20 = VI 25, 2 = I Cn 17, 3; scilling him Sw*er* 11; mon sceal dom Had 10 H (*besser ohne* man *s. u. n.* C)

B) *m. inf* [*bisweilen aus Vorigem zu ergänzen*] **1**) *moralisch verpflichtet sein zu:* God lufian V Atr 34. Northu 47. 67; gelæstan IV Eg 1; medmian II Cn 68, 1b; tosceadan c; clypian to Chris*te* Grið 19, 1; riht areran Episc 9; us hyran 15 | *andere inf:* Cn 1020, 3. 15. 19. I Cn 26. II 38, 1. Episc 2 f. 4. 7 | *ergänze inf:* [gebugan] EGu Pro 2; [hyrian] Grið 21; [beon gelæs*t*] II Ew 1; [*monogamisch leben*] I Cn 7, 3; [hine heoldan] Geþyncðo 7 **1a**) *hinter Negation: 'dürfen'* IV Eg 1, 8; ne *d*eman Af Rb El 49, 6; ne geþafian Episc 6 **2**) *durch Äusseres verpflichtet sein zu* **a**) *durch Vertrag:* mete findon II Atr 1, 1 **b**) *durch* Be*fehl;* domas settan scealt Af El 11 **c**) *zumeist durch Rechtsbrauch* (*Gesetz*) *schuldig sein zu, müssen:* ealdore hieran Ine 57; hiran I As 1; gelæstan 5; gil*d*an VI 3; *d*omas healdan 10; hun*dred* healdan Hu Inso; ab*e*ran III Eg 6, 1; freolsian V Atr 16 = I Cn 17, 1; gerihta don II 54, 1; weardian 76, 1a; riht tæcean Duns 3, 2; syllan 9; weddian Wif Inso; swerian Sw*er* 1. 2. 8 B; wyrcan Rect 2. 3; God herian Had 1 | *ferner:* X Atr Pro. Duns 3, 1. Northu 5. Wer Insc. 7. Ger 7 ‖ *ergänze inf:* [beon on carcerne] Af 1, 6; [be*t*an] II Ew 5, 2; [læstan] Hu 7, 1; [clænsian] II Atr 9, 2 **d**) þ*r*ywa *tyman* ~ *'nur brauchen'* II Atr 9 **3**) *als einzige äussere Möglichkeit müssen* togenedan Af 1, 4; [*ergänze:* onspæce geræcan] sceolde Geþyncðo 3; þorfte D; opus *esset* Q **4**) *können, dürfen, das Recht haben zu:* bedrifan Ine 54, 2; agnian II Cn 24, 3 **5**) [*auxiliar statt fut und opt*] *werden;* mon sceal agyfan I As 2 Ld, dabitur *übsnd;* gebidan I Cn 18a; b; fylstan Ger 8 | tieman scolde *wollte* I Ew 1, 2; wrecan *rächen würde* Að 1 | sceal sweltan *sterbe!* Af El 14 (swelte H), moriatur *übsnd* **5a**) sceal beon *sei* [*optativisch*] Ine 15, 1. 40; *werde* 44, 1. EGu 12; *geschehe* Duns 8, 3. Pax. Iu*d*ex 3

C) *gehören, zukommen, gebühren* [*vgl. o. n.* A *a. E.*] bot sceal hlaforde Ine 76; þær ma to scyle I Ew 1, 4 | fela (þinga) sceal (*ist nötig für*) to ger*e*fan (*t*une) Ger 18, 2 (11) | to þam sculon to bo*te Anzahl Schillinge* Af 54. 56, 1. 59. 63. 64, 2 | *diese Schilling-Mehrzahl mit sg* sceal, *das dann unpersönl.: es gehört sich, es steht zu* Af 56. 60. 67, 2. 72. — ~ *für Optativ s.* 14 *Z. vorher;* ~ *n.* Bc *ersetzt durch* gebyrian I As 1. 5 Ld

sculdor *Schulter; pl ac:* sculdru Af 73 | *schw. pl no:* sculdran Excom VII 18

[-sounian] *Der.:* as~, ons~

scute *s.* sceotan

ᴸscutum liberalitatis *Adelsschild* Ps Cn for 25

þurh **scyfe,** *ac, auf Antrieb von* I Cn 23

scyl- *s.* soulan

I) **scyld-** *s.* scield **II**) *Deckung; Der.:* rihthams~

III) **scyld** *Schuld;* si*tte* sio ~ (*Verantwortlichkeit*) on Af El 17 | *gn:* ~de wi*te* Iudex 1 | *dt:* ~de *des anderen vorheriges Verschulden* Hl 12; *Verbrechen* Af 2; openre *unleugbarem V.* Ine 37; mid ~de besmiten Iu*d*ex 10 | *ac:* ~ on eow witan þæs þe eow man tihð Iud Dei VI 2. — *Der.:* deaðs~

[-scyldgian] *s.* ges~

scyldgung *Schuldsumme* (*als Wergeld*); *ac:* ~ga II As 11 So Ld, *geänd.* ~*d*unga H; ~ge Ld Insc; ~ So *ebd.*

scyldig, *zumeist unfl. als prd. sg.* | *pl:* sion hio ~go [*Sievers Gram.* 293 A 5] Wi 12; ~ge sien V As Pro 2. Iud Dei VII 23, 3 A; scildige 24 A | *sbstirt sg dt:* þam ~degan scyldeð Iu*d*ex 7 | *ac:* ~gean IV Eg 14. — **1**) [*abs.*] *schuldbefleckt, schuldig dastehend* Af El 17. Ine 11 (16 B. 57 H So Ld; synnig *übr.*). II Cn 76, 1a; 2. Northu 7 | *reus übsnd* Iud Dei VII 23, 3 A. 24 A. VIII 2, 3 **2**) *m gn des Verbrechens:* mansleges Af El 25 **3**) *mit gn der angedrohten Strafe:* deaðes Ine 5 **4**) *mit Angabe des vom Verbrecher zu Verlierenden* [*und des Empfängers, welchem 'gegenüber':* (wið) *die Strafe verfällt*] I Ew 2, 1. Cn 1020, 17. II Cn 15, 2. 63. 69, 2. 73, 1. 83 **a**) *mit instr. dt des Verwirkten:* healsfange Wi 11; *neben gn:* ealra æhtan 7 healsfange 12 **b**) *mit gn des Verwirkten ebd.;* feores Af 4. 4, 2. II As 4. III Atr 16. V Atr 30. VI 37. II Cn 57; tungan III Eg 4 (scil~ D). II Cn 16; mundbyrde 5 (scil~ Ld), ierfes Ine 6; wi*t*es 28, 1. Duns 6, 1; lahslites II Cn 15, 10; weres EGu 6, 5. II As 3, 1. II Cn 15, 1 A. 63. 69, 2. 73, 1. 83. Northu 63; oferhyrnesse I Ew 1, 1; ealles Cn 1020, 17; *Schillinge* Ine 4 (scil~ B). I Ew 2, 1. V Atr 28, 1. II Cn 15, 1. — *Für* synnig *s. o. n.* 1 | *Der.:* deaðs~, efens~, feorhs~, twis~, þeofs~, uns~

scyldignise *Schuld* Iud Dei IV 5, rea*tus glossirend*

scyldung *s.* scyldgung

scyldwite *Strafgeld für Verbrechen* (*blutiger Gewalt*) Hn 38; *Var.:* ~ta, ~wy~, scil~, schil~, schel~

-scype *s.* -scipe **scyr-** *s.* scir-

scyran, -rdan, -rpan *s.* scier~

scytefinger *Zeigefinger* Af 57; ~fyn~ Ld | *ac:* ~ Abt 54, 2

scyððan *s.* sceððan

I) **se,** *prn demonstr, adj u. sbst* [*hier nur Form, probeweise belegt; Bed. und Syntax s. Demonstr., Artikel, Relativ*]; ***msc no*** **a**) se Abt 28. Hl 1 f. Wi 5. 9. Af El 11. Ine 3. 3, 1. 14. 27. AGu 3. I Ew 1, 1 f. I As 2. 5 | sie! wituma Af El 12 G; beo se þeof II Cn 30, 9; seo BA, *einmal verschr. durch* eo *vor- u. nachher?* **b**) þe Af El 49, 1 HB. II As 3 B. VI As 4 H. I Cn 19 B. II 30, 2 Ld. 77 B | ***gn*** **a**) þæs Wi 10. Af El 11. Ine 21. 33 (þes H). EGu 3. 3, 2. 6, 7. I Ew 1. 1, 2 f. II 7. I As Pro. Sw*er* 4 B **b**) þas Af El 11 G. I Cn 8, 2 A. Excom VII 2. Iu*d*ex 10, 1. 14 | ***dt*** **a**) þæm Abt 31. Af El 49, 5; 9 H. Af 56 HB. I As 1 Ld; þem Hl 14. Ine Pro B. 34, 1 Ld. 1. 53 B. **b**) þam Abt 56. 82. Hl 5. 8. Af El 3. 21. 49, 7. Ine Pro. 2, 1. 6, 3. 9. AGu 2. I Ew 1, 4 | þa (! *statt* þam *verschr. oder* -m *Schwund*) Af El 3 So Ld. As Alm 2 Ld. II Cn 25, 1 Ld **c**) þan [*vgl. Sievers Gram* 187. 337] II Cn 8 A. Hl 13. Af 1, 6 H. 47, 1 B. II Cn 30, 3 A | þæ*t verschr.* 24, 1 A | ***ac*** **a**) þone Abt 20. 26. 54, 5. Hl 1. 3. Af El 3. 12. Ine 4. 10. 22. AGu 3. 5. EGu 4. I Ew 1, 2 ff. **b**) þoñ = þonne Ine 23, 2 B. II Cn 75 B A. Blas 3 B. Iud Dei VIII Insc. 1. Af El 12 So Ld. II As 3 So *und häufigst in* A: I Cn 8, 2. 10, 1. 11. 26, 3.

II 15, 1 f. 63. 69, 2 **c**) þane Abt 26. Hl 1 ff. 7 f. 15 f. Wi 9. II Eg 2; þam were (*verschr. aus* þane? *oder, falls Genuswechsel, aus* þa) Mirce 4 Ld **d**) þæne Af El 45 G. Ine 57 B. EGu 4 B. II As 3 B | þene Af El 12 H. II Atr 8, 2. Romscot. Had 2 H | ***instr*** **a**) þy Af El 11. 35. Af 42, 5. Ine 3, 2. 53. 72 | þu (*geänd.* þi) 53. 72 B | þi Af El 11 G | þy (*geänd.* þā, *also zum dt*) Af 42, 5 H; *ersetzt durch* þam (þæm), *also dt* Ine 74, 2 H (B). Af 36, 1 B (Ld) | þe Wi Pro **b**) þon Af Rb 15 Ld. II Ew 6 Ld. II As 11 (*geänd.* þam, *also zum dt*). 20 Ld; þon *ersetzt durch* þe Af 8, 2 H | þone I Ew 2 Ld | ***fm*** **a**) sio Abt 11. 36. Hl 10. Af El 17. Af 5, 1. 55. Ine 5, 1. 31 Rb. 53; syo EGu 2. I Cn 3 a A. II 43 A; seo GB **b**) sio *geänd. zu* seo *oft in* H: Af 55. 57. Ine 31 Rb. 51. II As 1, 3. 5; seo Abt 70. 76. Af 8, 2. Ine 31 *G*. AGu Pro. EGu Pro. 3. 12. II Ew 5, 2. II Cn 23, 1 (se A). 69; se B **c**) sy II As 6, 4 **d**) se Hl 9. VI As 8, 8 H *und oft* (*Fehler* 16. *Jhs.?*) *in* Ld: Af 58. Ine 38. I As 4, 1. I Cn 8, 2. 30, 8 **e**) þio, quae *glossirend*, Iud Dei IV 3, 2 **f**) þ' cynebot Norðleod 1 Ld (seo *übr.*), *viell. aus* þe *später Hs., als* þe *Art. aller Genera war* | ***gn*** **a**) þære Wi Pro 2. II Cn 76, 1a; þere EGu 12; þæra II Cn 8, 1. 36; þær Af El 11 So. 29 Ld. I As 1 Ld **b**) þare Abt 72. 75. 75, 1. I As 4. III Eg 5, 2 D; þar III Eg 5, 2 So | ***dt*** **a**) þære Abt 16. Wi Pro. Af El 11. Ine Pro. 34. 54 (68 *instrum.*). I Ew Pro. 1, 3. II 1, 1; þere Af 17 Ld. I Ew 1, 3 B; þer II Ew 1, 1 Ld **b**) þare Abt 16. III Eg 1, 2 D; þara Ine 75 B | ***ac:*** þa Hl Pro. 10. Ine 15, 2. 34. 62. EGu Pro 2. I As 3. Af El 16. 37, 1; þā (*verschrieben*) B; þam! So Ld; [*vgl. 38 Z. vorher*] þone tihtlan Af 3 H, *aber Vorlage hatte masc.* tiht | ***nt:*** þæt Abt 9. Hl 6. 10. 16, 2. Af 39. AGu Pro; þætte [*für* þæt þe] Iud Dei IV 4, quod *glossirend* | ***gn:*** þæs Af 74. I Cn 19, 2. Ger 8; þes Ine 35 B | ***dt:*** þem Ine Pro B. 76 B; þam 1, 1. 76, 3. Af El 24 (þan H). VI Atr 36. II Eg 3; þan A; *vgl.* æfter (ær, be, for, to) þam; æfter (ær, be, for, wið) þam þe | ***ac:*** þæt Abt 9. Hl 5. 10. Af El 20. Ine 4. 17. 22. AGu 3. EGu 3. I As Pro. VI 8, 9; *vgl.* ofer (on, þurh, ymb) þæt; *verschr.* þa II Cn 24, 1 A *oder s. Genus*(*wechsel*) *n.* 3 | ***instr.*** **a**) þy Wi Pro. Af El 4. 11. 35. Af 42, 5. Ine 22. 26 (þu *geänd.* þy B). 34 (*unverstanden* HB). 46, 1. 68. VI Atr 52. II Cn 68, 1b (þi B). Grið 30. Episc 7; *ersetzt durch* þe Ine 46, 1 B | þi Af El 11 G. I Cn 4, 3 (þig A) | þe EGu 11. III Eg 4. V Atr 6, 1. VI 3, 2. 7. 30 D. VIIa 5, 1. VIII 27. I Cn 22, 6. II 16; þa! AGu 5 B 2 **b**) þon Wi 6. Af El 33. 49, 1 H. Af Rb 38. Ine Rb 13. 22. Ine 50; *geänd.* þan Af 65 H | þan Wi Pro 1. Af El 3 So. Af 65 B. Ine Rb 74 G. 76 G. IV Eg 1, 8 | *geänd.* þam, *also in dt*, H *oft:* Af Rb 38. Ine Rb 13. 22. 74. Af El 49, 9. Ine 43; *ersetzt durch* þam Ine Rb 76 H | *geänd.* þonne Af 5, 1 H; þonne So. Ine Rb 74 So | *ersetzt durch* þe Af 8, 2 H [*vgl.* þy, þon] || ***pl*** *aller Genera:* þa Abt Insc. 23. Hl Insc. Wi Pro. Af El 11. Ine 16. EGu Insc. I As Pro. II Ew 3. I Cn 26, 3 | ***gn*** **a**) þara Af El 12. 49, 9. Af 41. 77 (*geänd. in* þæra) H. Ine 52. 67. I Ew 1, 4. II 2. I As 3. Hu 4, 1. IV Eg 6 | þeora C; þare Hl 5. Wi 8 **b**) þæra Af El 12 So. Ld. 49, 9 So; þera Ger 4; þære Af 77 E. Excom VII 2; þær (*viell. 'dort'*) Af 77 B | ***dt*** **a**) þæm Ine Pro. Af El 49, 3 Ld; *geänd.* þam Ine Rb 9 H **b**) þam Abt 51. 55. 71. Af Rb 15. 19 f. Af El 49, 7. Ine Rb 11. Ine 2. 10. I Ew Pro. 3. I As Pro 1. Grið 4; þā Af Rb 19 Ot **c**) *verschr.* þara II Cn 56 A **d**) þan Af Rb 15 G. Ine Rb 11 *G*. 13 G; þon Af Rb 19 Ld. II Ew 4 Ld; *geänd.* þam Af Rb 19 H; Ine Rb 13 H | ***ac:*** þa Abt 9. Af El 49. 49, 9. Ine 16. AGu 5. I As Pro 3. VI 12, 2 — se *verlesen statt* ge-: *s.* scadwis, siðcund **II**) **se** *s.* is, *op* 3

^L^**se** *duodecimo, abl abs, selbzwölfter Eideshelfer-Hand* ECf 20, 3 (*Var.:* XII^a^ persona); *existente ergänzt retr* [*vgl.* sum *n.* A 2, ^F^sei *n.* 1]

^F^**se** *s.* sei, si, sun

seacean *s.* sec~ **seald-** *s.* sellan *ptt*

sealf- *s.* self

sealm, *ac*, *Psalm* VIIa Atr 6, 3; *hinzuzudenken hinter* fiftig VI As 8, 6

sealmscop *Psalmist* [*David*] Grið 23

scalte, *dt*, *Salz* II As 23

sealtfæt, *ac*, *Salzfass* Ger 17

to **seame**, *dt*, *als Lastbeförderungsmittel, Saumtier* Rect 5, 3; summagium Q

seamsticcan, *ac* [*pl?*], *Saumstock* (*-stöcke*) *am Webstuhl* Ger 15, 1

Searesbiry, *Salisbury* [*irrige Var. für* Sceftesb~] II As 14, 2 Q

sear[o] **1**) *Trug, listige Verdrehung; dt instr. Sinnes:* searw[a?] þ[æt] bewinde *oder* searw[e] að b- Northu 40 **2**) *pl ac:* þurh searwa *durch Nachstellungen*, per insidias *übsnd*, Af El 13; syrwa Ld; *ersetzt* [*wie zu* hlafords~] *durch* syrwunge H. — *Der.:* hlafords~, *wofür* hlafordswice Af Rb 4 H

[-seat] *s.* -sceatt **seatan** *s.* settan

[-seaw] *Der.:* liðs~

[Seaxe] *Der.:* Easts~, Middels~, Wests~ [*vgl.* Saxones, -nia]

secan *suchen* Af 37. II Ew 4. Cn 1020, 15; secean I Cn 2; seacean A; *fl.:* to ~nne II 17, 1 B; secenne G; seacan A | *op* 3: *sece* II As 3. 8 Ot Ld (ges- H). IV 6, 2a; c; V 1, 1 (sæte! Ld). II Em 2. III Eg 2, 1. 5. II Cn 17, 1 (26. 26, 1 B; ges- GA). 38, 2 (sec! A). Ordal 5, 2 Q; *sete* H; *s. u. n.* 6 | *pl* 3: secean Cn 1020, 19 | *ptt* 3: sohte Af El 49, 6. IV As 6, 2 b | *pl* 3: sohtan Grið 3 — **1**) *aufspüren:* heora ágen II Ew 4 **2**) *geistig zu finden versuchen:* God Cn 1020, 15 **3**) *feindlich belangen, angreifen:* hine [*Verfolgten*] þær II Em 2 **4**) *sich zum Vasallitätsschutz nehmen:* hlaford Af 37. V As 1, 1 **5**) *heischen, erstreben, erlangen;* dom *Urteil nachsuchen* Af El 49, 6; bote *erspüren* II Cn 38, 2; for b- A; þa lihtinge to þam cynge *Rechtsmilderung beim* (*vom*) *K.* III Eg 2, 1; feorh *verwirktes Leben geschenkt* II Cn 26, 1 **6**) *'untersuche man' versteht laut* inquiratur Ordal 5, 2 Q, *wo* séte H, *was vielleicht* sehte *zu bessern* **7**) *pflichtmässig, gehorsam besuchen:* hundredgemot III Eg 5. II Cn 17, 1; cirican Cn 1020, 19. I Cn 2 **8**) *freiwillig besuchen:* mægas II As 8 **9**) *jem. angehn* **a**) *um Rechtserlangung:* cyng II As 3 [*synonym mit* for(e)sece] **b**) *um Asyl:* ealdorman IV As 6, 2a; soone b; c. II Cn 26 **10**) [*intr.*] þærto sohtan *dorthin Zuflucht nahmen* Grið 3. — *Für* ges~ *s. o. Der.:* fores~, ges~

secerd *s.* sac~

secga *Melder, Anzeiger* [*entwendeter Fahrhabe*] Swer 4; sagemannus Q [*vgl.* melda]

secgan *sagen* V Atr 32, 4 D. III Eg 4 = II Cn 16 | 1: ~ge Swer 8 B (sæcge H). Ger 3, 1 | 3: segeð Wi Pro 3; sægð Ine 75; segð Excom VII 1 | *pl* 3: ~að Af El 49, 4 G. V As Pro. III Atr 13, 2. Cn 1020, 14; sægeð! Hl Pro | ***op*** 3: ~ge Hl 5. Af El 28 G Ld (~gge E; sæcge H So). II Ew 5, 2 B (sæcge H). II As 5 (sæcge So). VI 6, 1. II Atr 7. VIII 23. I Cn 5, 2b. II 30, 1. Duns 1, 2;

sæcge I Atr 1, 2 | *pl* 3: seccgen Af El 49, 4; ~ HLd; sæcgen So (*ind.*: ~að G); ~ II Ew 5, 2; sæcgan H | ***ipa:*** saga Af El 40; sæge 8 | ***ptt*** 1: sæde *Rect* 21 | 3: sæde Swer 4. Grið 23 | *pl* 3: sædan V Atr 32, 2 D. — **1)** *abs. sprechen, reden;* to soðe Ger 3, 1 **2)** *m Objectsac: aussagen* Af El 8. 40. 49, 4 **3)** *schriftlich künden* **a)** *m ac:* hwæt boc segð Excom VII 1 **b)** *hinter* swa *'wie':* ic sæde Rect 21; sealmscop sæde Grið 23 | *vorschreiben:* gewritu ~ II Ew 5, 2; *domboc* ~ge 5, 2. II As 5 **4)** ~, þæt *meinen, Ansicht äussern, dass* V Pro. Cn 1020, 14 **5)** *gerichtlich* **a)** *melden* Swer 4 **b)** ~, þæt *klagen, dass* VIII Atr 23 = I Cn 5, 2 b; on landesmann *gegen Einheimischen* II Atr 7 **c)** *als Kläger auftreten gegen:* an andweardne Hl 5 **d)** *als Klageinhalt angeben* VI As 6, 1; banweorc on (*gegen*) unsacne V Atr 32, 4 D **e)** þæt him man on ~ wolde *was man ihm zur Last legen wollte* III Eg 4 = II Cn 16 [*oder siehe* ons~] **f)** ~, þæt *erwidern, dass* Af El 28. Ine 75. I Atr 1, 2 = II Cn 30, 1. Duns 1, 2 **g)** *als Zeuge aussagen* (*hinter* swa) V Atr 32, 2 D. Swer 8 **h)** *als Urteil finden;* þæt (*was*) hig secgað III Atr 13, 2 **6)** *lauten;* domum, þe (*welche*) sægeð Hl Pro | *unpers.:* swa hit segeð *wie es heisst* Wi Pro 3. — *Der.:* fors~, fores~, mids~, ons~

L **Secreta** [*Teil der Messe-Liturgie*] Iud Dei I 13. XIII 2, 1. XVI 22 f.

L **[-secus]**, *adj!, s.* intrins~

sedere *s.* sæd~

L **sedes** episcopalis *Kathedrale* Wl ep 4, 2

L **seditio** *blutiger Streit* Cons Cn: II Cn 47, feohtlac *übsnd;* ~onem movere 59, gefeohtan *übsnd*

L **seducere** **1)** *schädigen* [*im kanon. Prozess*] Hn 5, 28 c | *betrügen* Episc 6 Q, misbeode *übsnd* **2)** *zu Grunde richten* Q: EGu 12 (*auch* Rb *S.* 541) = II Cn 40; ad mortem ~ (*verbessert* condempnare aut praeiudicare) 2, 1, forrædan *übsnd*

L **seductio** *Trug* I Ew 1, 5 Q, biswic *übsnd; dies also wohl lag vor für* ~ III Em 1

[-segel, -seglian] *s.* ins~

s[e]glas [*pl ac, Segel*] *lag wohl vor für* navicula si haberet siglas IV Atr 2

sehtan saoa *Streitsachen beilegen* Episc 4; fæhðe sectan II Em 7; *verlesen* settan Ld; *sedare* Q | *pl* 3: ~að *versöhnen* X Atr Pro 1. ‖ *Vielleicht las* sehte (*op* 3, *entscheide*) man Ordal 5, 2, *wo* H séte, Q inquiratur [*aus* sece?] *liest*

F **sei**, *prn refl.* **1)** *satzbetont;* sei (*trente-*) siste main [*vgl.* L se] *selbsechster* (36*ter*) *Hand der Eideshelfer* Leis Wl 14, 3. 21, 1 (si Im). 52, 2 (15, 1); sei duzime main 3. 14, 1. 15. 51; si Im | si (*sibi; dt eth.*) pert 38 | entre ~ *unter sich* (*teilen*) Leis Wl 34; od ~ *mit* (*bei*) *sich* Wl art Fz 3 **2)** *satzunbetont 'sich';* se purpensent 39; alaier se pot 39, 2; se oscundirad (*-runt*) 14 (14, 1); s'en *defende* 14, 2; *aber* sei defendrat Wl art Fz 6

L **seia** *s.* seta

F **seignur** *Herr; ac:* ~ Wl art Fz 2 | *no:* li sire Leis Wl 17, 1 (~ I). 47, 1. 52, 1; li sires Wl art Fz 3, 1; ~ Leis Wl 2, 4 I. 17a; seinur 27. 27, 1; ~no(u)r I; ~nour 52, 2 | *obl: hinter* a: seinur 7 (seignor I). 20, 2 f. (-eur; ~nor Io; ~our; signur Im); seinour 32; senior Io; seniour 52 | *hinter* vers: seinur 12 [~no(u)r I]. 21, 2. 23; ~nor I; ~nour 21, 3; ~nor Io. — **1)** *König, Landesherr* Wl art Fz 2 **2)** *Immunitäts-* (*gerichts*)*herr* Leis Wl 2, 4. 12. 21, 2. 27, 1 (47, 1. 52, 1, hlaford *übsnd*). Wl art Fz 3, 1, dominus *übsnd* **3)** *Grossgutsherr* 17a. 17, 1. 20, 3. 23. 27. 32 **4)** *Vasallitätsherr* 52, 2; lige ~ 20, 2 *unbedingter*

F **seignurage** *Gutsherrschaft; obl:* leist a ~ Leis Wl 29, 1 | *pl no:* les ~ges 31; sein- Im F **sein-** *s.* saint

seint *s.* sanct

F **seirvise** *s.* ser

L **seisi-** *s.* saisi-

F **seit** *s. estre*

[-seldan] *Der.:* uns~

sele, *dt* **1)** on cyninges ~ *im Königssaal, beim königlichen Hofe* Geþyncðo 3 **2)** to cynges ~ *zum Kenter Hauptgericht in London* Hl 7. 16, 1

selesta, *spla*, *s.* selra

F chevals **selez**, *pl obl, gesattelte Pferde* Leis Wl 20 I; ens~ Hk

self *selbst* Af El 11 (silf H). 16. 24. 25 (*sbst.*, sylfa Ld; sylfe So). 49 (*geänd.* sylf H). Af 1, 2. 5 (sylf L; seolf So). 7, 1. Ine 62; silf VII a Atr 5; sylf II 3, 3. I Cn 22, 2 (seolf A; sealf Ld). Blas 1. Swer 4. *Rect* 5, 3. 10; seolfe! I As 2 Ld | *gn:* sylfes Wi 15. 20. V As Pro 3. Episc 11; sylfæs Wi 18 | *dt:* sylfum II Eg Pro. I Cn Inso A. Pro. II 84, 4 a. *Rect* 10, 1 | *ac:* ~fne Af El 28. Af 4, 1; sylfne II As 23. II Atr 9, 2. II Cn 54. Grið 20; silfne VIII Atr 2. Geþyncðo 4 ‖ ***fm*** *dt:* sylfre II Cn 53 | *ac:* sylfe V Atr 21 ‖ ***nt:*** ~ Af El 28 | *dt:* þam sylfum[!] Rect 4, 3 | *ac:* þæt silfe I As Pro; sylfe Af El 20 GH (ilce E). II Ew 3; seolfe EGu Pro; sealf! Ld ‖ ***pl*** *aller Genera:* sylfe IV Eg 8, 1 | *dt:* sylfum V Atr 8. I Cn 2; silfan D | *ac:* sylfe AGu Pro. Episc 8; ~fa Excom VII 22. — **1)** *'persönlich'* **a)** *mit sbst.:* God ~ Af El 49. Grið 20; Drihten ~ I As 2; Crist ~ I Cn 22, 2; se man ~ Blas 1 **b)** *neben Personalpron., dieses verstärkend;* II Cn 30, 3 a; ic ~ Swer 4; ~ lædan *Rect* 5, 3; us sylfum *üns* I Cn 2; he ~ Af El 16 (*jéner*). 24. 25 (*seinerseits*); ge hy sylfe ge heora hyrdas IV Eg 8, 1 **c)** *er allein, er persönlich, statt verstärkten pron pers* 3. *pers, sogar eines Reflexivs;* sylfes aðe (soðe) Wi 20 (18); Ine 62. II Atr 3, 3 | for silfne *in eigner Person* Geþyncðo 4 | beo (he *fügt* G *zu;* him B) sylf sixta II Cn 30, 3 a; beo (him *fügt* B *zu*) sylf twelfta 48 **2)** *allein, unabhängig;* hit self acwæle, *von selbst, nicht durch äussere Ursache* Af El 28; he ~ (*unangegriffen*) utfeohte Af 5 | he wif ~ (*nicht vom Herrn her*) hæbbe Af El 11; he ~ næbbe (hæbbe) Af 1, 2 (VII a Atr 5) | sædige sylf *aus eigenem Vermögen* Rect 10; his sylfes ræde *aus eigenem Entschlusse* Wi 15; his sylfes gemete Episc 11 | him sylfum fremu *für ihn Rect* 10, 1 | beo he sylf syxta (*s. 12 Z. vorher*) = him sylf I Atr 1, 8; 12. II 4. II Cn 30, 7. 31, 1 a **3)** þæt sylfe *dasselbe, das Gleiche* Af El 20 GH (ilce Af). EGu Pro. II Ew 3. I As Pro; þam sylfum (*selbigem*) lande *Rect* 4, 3 **4)** *reflexiv* [*vgl.* he] **a)** *'sich' verstärkend:* ge for hy sylfe ge gingran AGu Pro; hyre sylfre II Cn 53; scyldig his sylfes *eigenen Lebens* II As Pro 3; for hine sylfne *sich persönlich* II Cn 54 **b)** *'sich' unverstärkt, neuengl.* himself [*streiche 'selbst' aus Übersetzung*] Af El 28. Af 4, 1. II As 23. II Eg Pro = I Cn Pro. II Atr 9, 2. V 8. 21. VIII 2. II Cn 84, 4 a. Excom VII 22. Episc 8 | forgielde he hine ~ *löse er sich* Af 7, 1 E, self *aufs Subj. construirend; aber* sylfne HB So Ld. — *Für* iloa *s. n.* 3

s[e]lfwilles, *adv, bewusst, willkürlich;* syl~ VI *Atr* 52, 1; sil~ Northu 28

L**seligere** *auswählen* (*Eideshelfer, Subj.: Richter*) Hn 66, 9a; *vgl.* nemne

L**sella** *geschr.* ssella II Cn 71, 4 Q *Var.; c*ella 71, 2 Cons

sellan *geben* Af El 29. 49, 3. Af 41. 42, 1; 4. Ine 8; syllan II Em 7. II Eg 4, 2 (sillan D). I Atr 1, 4. Cn 1020, 3. II Cn 30, 3. 69, 1. Duns 1, 2. 9. Rect 2. 3, 2. 4, 5. 5, 3; *fl:* to ∼nne Af 43; syll- HB. Af El 12 H (bebycganne *übr.*). Sa*cr* cor Pro. Sw*er* 3, 3. Becwæð 2; to syllenne II Cn 79 | 3: seleð Ine 62; sylað! B; selð H. 67; sylð B; slihð *aufschlägt* H; sylð III Atr 1; sylleð 1, 2 | *op* 2: selle Af El 35; geselle Ld; gesylle G; sylle H | 3: selle Wi 22 f. 26. Af El 18 f. 24. 36 (sylle G, *geänd.* sylle H). Af 1, 2. 18, 1; sylle 37, 2 So. AGu 5. EGu 6, 3. II As 9. 18. 24, 1 Ld (gesylle H). Hu 3, 1. III Eg 8, 2 (sille D). IV 6. 6, 1. I Atr 4, 3. III 1, 1 f. 13, 4. V 2 = VI 9. II Cn 3. 21. 74. Duns 8, 1 f. Ordal 4, 1. Forf 2. 3, 1. Wif 1. *Rect* 3, 4. 4, 2a. 4, 3. 4, 3b. 5. 5, 1. 6. 6, 1. Grið 13, 2. 14; sille VIIa Atr 5. VIII 10, 1. Northu 23 | *pl* 3: syllen II As 11; syllan Wer 4 | ***ipa** pl:* sellað Af El 39; syllað GH | ***pc** dt:* þam syllende! Ine 56 Ld | ***ptt*** 1: ic sealde Sw*er* 9 f. | 2: þu sealdest 7 | 3 [*mehrfach- op?*]: sealde Hl 7. 16, 1 (*op?*). Af El 4. 11 (*op?*). 49, 7 (gesealde H). Ine 53. 75. II As 11. 19. III Eg 6, 2 *G* (geald *übr.*). Sa*cr* cor Pro. II Atr 1. 8, 1. I Cn 18, 3. II 77. Duns 8, 2. Northu 2, 2. Sw*er* 3, 2 f. Becwæð 2 | *op pl* 3: sealdon Af 41 | ***pc:*** geseald II Ew 5. VI As 8, 6; seald 8, 9; sealde ECf *retr* 12, *Var.* sal*de*, sel*de*; *ac:* gesealdne Hl 10; *pl:* gesealde V As Pro 3. — **1)** *übergeben, hinreichen:* (*Belagertem*) me*te* Af 5, 2; hlaforde gewrit (*behufs Ablesung*) Sa*cr* cor Pro | *m. blossem inf:* heom boc, [*um es zu*] cyssan Ordal 4, 1 **2)** ∼ to we*dde auf* (*als*) *Pfand g., verpfänden* Af El 36; to borge *zur Leihe g., verborgen* 35; *leihweise* [*nur laut Zushg*] *g.* Ine 29; hors to seame *als Lastbeförderungsmittel stellen Rect* 5, 3 **3)** *zahlen, entrichten; als Staatstribut* feoh II Atr 1; to feormfultume II Cn 69, 1 | ælmessan EGu 6, 3. VIIa Atr 5; heorðpæning II Eg 4, 2. Rect 2. 3, 4. 4, 2a | *Viehabgabe* 6. 6, 1; gafol 2. 3, 2. 4, 5. 5. 5, 1 | gafol 7 gislas Duns 9; gislas *stelle* AGu 5 | forfang Forf 2. 3. 3, 1 | *als Ersatz* oxan *fore* Af El 23 | his *ceap fore sein Wertstück vorschiessend* Ine 62 | næbbe hwæt he sel*le* Af El 24 | ∼ wið *dagegen; t*wegen wið (*als Ersatz für*) anum *ebd.* | gild *Ersatzgeld* II As 19; B*ussgeld:* III Eg 6, 2. Grið 13, 2. 14; 12 or to bo*te* Northu 23; *Strafgeld:* Af 37, 2 So. II As 24, 1. Hu 3, 1. I Atr 4, 3. VIII 10, 1 **4)** *in Zahlung geben:* mon on þæ*t Sklaven in das* (*Bussgeld hinein*) Af 18, 1 | feoh for (*als Preis für*) circan Northu 2, 2 **5)** *freiwillig* (*begünstigend*) *gewähren, schenken, vergaben;* Dryhten þe fæ*der* seal*de* Af El 4; miht me God ∼ wol*de* Cn 1020, 3 | flæsc hundum Af El 39 | grið III Atr 1, 1 f.; mid his han*d* 1. 1, 2. ECf *retr* 12 | *opfern* Af 43 | wif *zur Ehe geben* Af El 11. 29 | *dem Hintersassen* botl Ine 67; *Inventar,* tol to weorce Rect 4, 3; 3b | L*and dem Lehnsmanne verleihen* II Cn 77; *dem Nachkommen* Af 41 **6)** *verkaufen, veräussern; ceap* bioge oððe sylle IV Eg 6; *statt* bebycgan *setxt* syllan Af El 12 H; *Land* II Cn 79 (*im Ggs. zu* giefan). Becwæð 2; of (*aus*) mægburge Af 41 | wif wið sceatte *für Geld,* [*im Ggs. zu des Freiers freiwilliger Gabe*] II Cn 74; *Sklaven* of*er* sæ Ine 53. Wi 26 = of earde V Atr 2 = VI 9 = II Cn 3 | *Wolle teuer v.* III Eg 8, 2 | *meist Vieh:* Hl 7. 16, 1. Ine 56 Ld. 75. Sw*er* 3, 2f. 7. 9 f.; han*d* hit him sealde II Atr 8, 1. Duns 8, 2; ∼ hors of*er* sæ, *m. Ggs.* gifan, II As 18 **7)** *leisten, ablegen, erbringen:* að 9. 11. IV Eg 6, 1. I Atr 1, 4. II Cn 21. 30, 3. Duns 1, 2. 8, 1 f.; la*de* III Atr 13, 4 | w*edd* Ine 8. II Ew 5. VI As 8, 6; 9. Sa*cr* cor Pro; w*edd* 7 borgas V As Pro 3; byrigan Hl 10 **8)** *geloben, versprechen* (þæ*t*: *dass*); on we*dde* þam Wif 1; [*dies lag vor für* mettrad en gua*ge* Leis Wl 21, 1]; on han*d mit Handschlag* II Em 7 f. II Atr 8; þam seme*nde* on anum wæpne Wer 4 [*vgl.* han*d n.* 2. 3] **9)** *hingeben, ausliefern feindlicher Gewalt:* lif *sterben* I Cn 18, 3 (blod ageote B); eage *fore verliere dafür* Af El 19; sawle 18. 49, 3; to deaðe 49, 7; *es*ne to swingenne Wi 22 f.; his wæpn *sich dem Gegner ergebend* Af 1, 2. 42, 1; 4; han*d* on hand sylle *sich verknechte* II Ew 6. — *Für* bebycgan *s. n.* 6; *für* gieldan III Eg 6, 2; *variirt mit* ges∼ *s. o. Der.:* fore(ge)s∼, ges∼, forðs∼; handseald

F**selonc** *s.* sulunc

selre, *cpa nt, besser; praed.:* ∼ is him *für ihn* Ger 7 | *gn sbstirt:* ge þæs selran ge þæs sæmran 4 | *ac:* ∼ *Rect* 21, 2 | *spla ac:* þone **selestan** *an Range ersten* Abt 26 | *adv:* **selost** *am liebsten* VI Atr 32. II Cn 8; *am vorzüglichsten* I 2, 1; ealra griða **selast** (*vorzüglichst*) to geearnianne is Grið 1; hit selest sy *am besten* Ger 2

[**-sem**] *s.* gesem

seman *schlichten, entscheiden* **1)** *abs.* Abt 65, 1 | *op* 3: se*me* Episc 12 **2)** [*tr*] *ptt pc:* sa*oe* gesemed Hl 10. — *Der.:* ges∼

F nus **semble** [3, *unpers.*] raisoun, que [*m sbjf*] *uns dünkt richtig, dass* Leis Wl 46, us þincð riht *übsnd*

L**Semelandia** *Samland* Lond ECf 32 E

semend *Schiedsrichter; dt:* þam∼de Wer 4; me*diator* Q | *ac:* sæmend Hl 10

L**semifacere** *halb*[*schwer, d. h. ohne Totschlag, den Bruch öffentlicher Ordnung*] *verüben* II Cn 61, 1 Cons, samwyrcan *übsnd*

L**semiulcus** *für* semihiulcus *halb offen* Q*uadr* Ded 11

L**senatores** *Witan, Hochstehende* Hn (20, 3?) 29, 4

L**senatus** *Reichstag samt Höchstgericht* [*Fortsetzung des Witenagemot*] Q*uadr* Arg 23

sendan **1)** *senden; pl* 1: ∼að Af El 49, 4 G | *op* 3: ∼de Ine 11 Ld. IV Eg 15, 1; sæn*de* V As Pro 3 | *pl* 1: ∼ *hinsenden* VI 8, 3 | *ptt pl* 1: ∼don Af El 49, 3 f. | 3: ∼ 49, 1 E; ∼don *übr.* 49, 2 **2)** *ptt* (*op?*) 3: ∼de *lieferte* Af El 13; sen*d*! So **3)** *prs pc:* bið sen*dend* Iud Dei IV 2, 1, missurus *'im Begriff hineinzustecken' glossirend. — Der.:* ges∼, tos∼

s[e]ngan *absengen* (*Schweineborsten*); *op* 3: sæncge Rect 6, 2; suspendat [*als* henge *verlesend?*] Q

L**senior** **1)** *setzt* Q *für* ealdor(man) *Graf* Af 5, 2 (40) *und für* ieldesta *Angesehenster* Ine Pro. II As 20, 1. Blas 3 **2)** [*Fränkisch*] *Vasallitätsherr, Seigneur* Iud Dei XII 2. Excom I 21 **3)** [*aus Apoc. Joh.* 4 ff.] 24 ∼res Iud Dei XIII 11, 1. XIV 11

F**senio(u)r** *s.* seignur

senoð *s.* sinoð

F**senz** **I)** *ohne, prp* Leis Wl 4 (sanz I). 4, 1. 34 (sans Io). 37, 3. 38; sanz Io. 49. Wl art Fz 5 **II)** *ohne dass, ausser wenn, cj* [*vgl. lat.* sine]; **sans** *tes*timonie ad 4 hommes Leis Wl 45, butan hæbbe gewitnesse *übsnd;* sine 4 testibus L, *viell.* a *oder* de 4 *lesend*

I) **[seo]** *Pupille oder* seon (*Sehkraft, Auge*) *lag viell. vor für* vultus Iudex 11 Q, *wo Ags.* seod *steht*

II) **seo** *s.* se, *fm* III) *s.* is, *op* 3

[-seoce] *s.* oðsceacan

seod *Geldbeutel* Iudex 11 [*s.* 3 *Z. vorher*]

seofeðe *siebentens* II As 18

seofon, *adj, sieben* Af 5 HB (~fan E). 43 H (*geänd. aus* sio~). Ine 8 Ld. 13, 1 HB Ld. Að 2. Had 10 (sifon D); seofan Hl 10. Af 42, 1 H; seofen I Cn 16, 1. B: Af 43. Ine 8. 13, 1. I Cn 22, 3; seofan A. *Viell. sbst.* Ine 13, 1

seofonfeald *siebenfach; fm dt:* ~dre Had 1, 2; -de! O | *prd pl:* ~de 1

seofontyne *siebenzehn* Af 59 Ld; fen~ B

seofoða *siebenter* VIII Atr 20, 1; feða I Cn 5, 1a | *dt:* þam siofoðan Af El 3; seo- GHSo; æt ~ðan stæpe Had 8; ~ðam! H | *ac:* þone siofoðan Af El 3; seo- GH | *instr:* þy siofoðan 11; seo- GH; ~! So

seohhan, *ac, Seihe, Durchflussgefäss* Ger 17 **seolf** *s.* self

seolfor *Silber; gn:* ~fres Af El 21. II Atr 7, 2 | *dt:* ~fre II Cn 8, 1

seolfrene *s.* syl~ **[seon]** *s.* seo I

[-seon] *Der.: s.* bes~, ges~, ofers~ (overseunessa), ons~; ungesawen

seonoð- *s.* sinoð-

seoðan *Der.:* as~

in **Septembri** [*Monat, im Ags. Text*] Ger 10

L**septimanalis** operatio *allwöchentliche Fron* Rect 4a Q, wicweorc *übsnd*

Septuagesima *neunte Sonntag vor Ostern* ECf 2, 1; ~gessima VI Atr 25 *ags. u. lat.*

L**[septuaginta]** *ausgedr. durch* 60 + 10; *s.* sexaginta

L**septupla** emendatione *mit siebenfältiger Busse* Had 1, 2 In Cn

L**sequi** *Gerichtsfolge leisten* Hn com 4

L**Seraphin** Iud Dei I 21. V 2. VII 23, 1 A. XIII 12, 2. 13, 2. Excom VI 1, 2. VIII 1

F**serement** *Eid; obl:* par ~ Wl art Fz 6, 3. 8a; par (od) plein *serment* Leis Wl 14 (21, 1a); par *serment* numé 14, 1; a *treis duble serment* 15, 2 | *no:* le *serment* lui est juged 21, 5

F pur le **serf,** *obl, für jeden Unfreien* Leis Wl 7

F**serjant** *Dienstmann; ac:* ~ Leis Wl 52, hiredmen (*Hofzugehörige*) *übsnd* | *pl:* ~nz *Domänenleute* 17a

L**servare** placita = *custodire, s. d.*

L**serviens** *höherer Beamter;* regis Hn 61, 4. 68, 2; *Hofbeamter eines Grossen* ECf 21

L**servire** legationem *Botschaft verrichten* I Cn 22, 3 Cons, ærendian *übsnd*

F lui **servireint,** *cond pl* 3, *ihm (König) lehnspflichtig dienen würden* Wl art Fz 2

F**servise,** *ac, Dienst des Bauern fürs Herrschaftsgut* Leis Wl 30 (~ice Io). 30, 1. 32; seir~ 29, 1

L**servitium** *lehnsrechtlicher Kriegsdienst* CHn cor 11. Wl art Lond *retr* 8

L**servitutis** arma *Gerätausrüstung für die unfreien Ackerbauer* Hn 78, 2c

L**servus;** forisfacto ~, necessario ~, testamentalis ~ *s.* wite - (nied)þeow

F**ses** *s.* sun

s[e]ster *Sextar* [*Hohlmaass*]; syster beana *Rect* 9 | *pl gn:* systra beres 4, 1 | *ac:* systras Ger 17; sustras huniges Rect 5, 1. [*Nach Tollers Citaten wiegt 1 Sextar Honig 2 Pfund; dagegen* frumenti sextarius *bildet 1 Pferdelast.*]

F I) **set** homes 7 *Mann* Leis Wl 14, 3 | set vint e quatre (7 × 20 + 4) — 144 2, 2 F II) **set** *s.* saveir

L**seta** *Seide* Lib Lond 8, 4; *Var.:* sericum, seia

setene, *dt instr;* fordrife þære ~ *vertreibe von der bestellten Flur* Ine 68; sedis *missversteht* Q; *vielleicht synonym mit* tilð *der Urkunden; s. Toller s. v.* [*Middendorff* Altengl. Flurnamen 110 *meint: Niederlassung; aber vgl.* settan *n.* 2]. — *Der.:* hundred-(land-) seten

setl, *ac, Sitz, d. i. amtliche Mitgliedschaft* [*am Königshofe*] Geþyncðo 2 [*vgl.* residere *n.* 3]. — *Der.:* heahs~

[-setla] *s.* cots~

setlgang 1) *Untergang; dt:* sunnan ~ge *Sonnenuntergang* Wi 9; ær-~gonge Af El 36; ~ge HG; ~legong So 2) *ac:* æfenes ~ *Vorabends Tagesende* Wi 9

settan *setzen* Af El 11. 49, 5; 9. I Ew 1, 5 (seatan B). II Em 7 Ld. Ger 12. Iudex 8 | *pl* 1: ~að Af 4, 2; 5. I As 1 Ld; *sette* we Rect 21, 1 | *op* 1: *sette* Swer 3, 2 | 2: *sette* Iud Dei VII 24 A | 3: *sette* II As 14, 1. I Atr 1, 5. II 8. 8, 1. II Cn 19, 1. 30, 3b. 75. Duns 8 | *pl* 3: *setten* II As 20, 1; 4; *setton* H | *ptt pl* 1: *setton* Af 41 | 3: *setton* (ges- H). EGu Pro 2. Had 11 | *op* 3: *sette* VIII Atr 42 | *pl* 3: ~ 36 | *pc no:* geset III Eg 5. IV 3, 1. II Atr 6, 1. V 27; frið gesette! II Em 5 Ld; gesetted! II As Epil Ld; *gn nt:* gesettes Ine 64 f.; *msc dt:* to gesetton dæge Hu 7, 1; butan gesettan landmen Duns 6; *ac:* gesetne Northu 36; *pl:* gosette VI As Pro. 10. — 1) *setzen, stellen:* spere to dura II Cn 75 | *auferlegen:* byrðenne on eow Af El 49, 5 | *anheften, befestigen:* hand up on smiððan II As 14, 1 | *übtr.:* ~ on gewrit *schriftlich niederlegen* Af El 49, 9 | heron tacn *hierin Zeichen dartun* Iud Dei VII 24 A, ponas in hōc signum *übsnd* 2) *besäen, anpflanzen;* gesettes landes Ine 64 f.; ~ wingeard, mæderan Ger 12 | *herrichten:* scip V Atr 27 3) ~ on hand *zur Gewähr schieben* Swer 3, 2. II Atr 8, 1 | ~ on borh *unter Bürgschaft stellen* II As 20, 1; 4 | ~ borg *B. bestellen* I Atr 1, 5. II 8; borgas II Cn 30, 3b; inborg Duns 8 4) (*ins Amt*) *einsetzen:* gewitnesse IV Eg 3, 1; landman Duns 6; geongran Iudex 8 5) *festsetzen, bestimmen:* andagan VIII Atr 42. II Cn 19, 1; dæg Hu 7, 1; *timan* Northu 36; tid I As 1 | frið Af 5. II Em 5 Ld. II Atr 6, 1 | domas Af El 11. VI As Pro. 10; laga VIII Atr 36. Had 11; gerihtu Rect 21, 1; bote EGu Pro 2 | hit (þis) wæs geset I H Eg 5 (II As Epil) | ~ be *bestimmen über* Af 4, 2 | *mit Objectsatz:* ~, þæt *b., dass* Af 41 6) *beilegen* (*Streit*) I Em 7 Ld; sectan HB, *s.* sehtan. — *Der.:* as~, ges~, ups~

F**seurent** *s.* saveir

seweard *s.* sæw~

sex- *s.* siex

L**sexaginta** et 10 (20): *für* 70 (80) Q: Norðleod 8 (IV As 6, 5; 8)

-sh *für* **hs:** *s.* lahslit

si *s.* is, *op* 3

F**si** I) *s.* sei II) *Partikel 'so'* 1) *vor adj:* si cher Leis Wl 10a 2) si cum, *cj, so wie* 15, 2. 45, 2 (si jugent cum desirent 39). Wl art Fz 8, 1; si *tant* (*soweit*) pot 3, 1 3) *Nachsatz einleitend* 3, 1. Leis Wl 2, 4. 3. 4. 4, 1. 10, 2. 11; se 14; se il 21, 5 I; *vor jedem der drei Verben des Nachsatzes, also* 3*mal* 47, 1 | sil *so ihn* 3. 47, 1; *so es* 37, 3. 27, 1 I | si'n [*aus* si en] Leis Wl 3, 4. 4 I L

III) *wenn* 1) *hypothet. m. ind.* 17, 3.

19, 1. 28, 1; si il 3 (s'il Hk). 14, 2. 21 (s'il I). 1, 1 (se I); s'il 3, 4. 4, 1. 11, 2; si hom 23; se il ne pot 24 I (nisi L). 48; si il put Wl art Fz 3, 1. 8. 8a | *m. sbjf*; Leis Wl 5, 2. 6, 1 (se Io); s'il 10, 2. 20, 2a; s'un 10, 2; si il 10, 2 I. 11, 2 I. Wl art Fz 3, 1. 6. 6, 1. 6, 3 | *hängen zwei coordinirte Verben von* si *ab, so steht erstes im ind, zweites im sbjf*: si fait e il deive 10; se il est enplaidé (apelé) e seit Leis Wl 2, 3 (3); s'il n'ad e il ait 21, 1a; si apeled et seit 14; si hom occist e seit et deive 7; si mesfait et seit 2, 1; se hum le chalenge e il ait, si n'ad 45, 1 | *versehr. für* et 39, 1 2) si .. non *ausser, sondern nur* [*beschränkt Negation*]; nel fait pur altre chose, si (se Hk) pur nun purchacer 14, 3; ne deit travailler se de cense noun 29; nul aver ne fust achaté si dedenz les citez nun Wl art Fz 5

^L^**si** autem ECf 15, 1. 20, 3, *dafür* 'si vero, sed si' *retr* | si non 36, 2, *dafür* 'nisi' *retr* | et si 24, 4. 36, 2, *dafür* 'sed si, quodsi' *retr* | si aliquis 18, 3a, *dafür* 'si quis' *retr*

I) **sibb** 1) *Verwandtschaft; gn:* sibbe II Cn 51 | *dt:* on woruldcundre sibbe VI Atr 12 | *pl gn:* sibba fæc *Generationenabstand* I Cn 7 A; sibfæc *übr.* 2) *Frieden;* ~ 7 som VI Atr 25, 1 = sib V 19 = I Cn 17, 2 | *gn:* sibbes! Iud Dei IV 4, pacis *glossnd* | *ac:* sibbe Sacr cor 1, 1; sibbe 7 some VI Atr 1; ymbe ~be Episc 3. — *Der.:* gods~, mægs~, neahs~; gesibsum

II) **sibb,** *adj sbstirt fm,* feorr ~ *entfernt Verwandte* II Cn 51, 1; sib A; sibbe B

sibbiað, *pl* 3, *Frieden stiften* X Atr Pro 1

sibfæce, *dt, Verwandtschaftsabstand, -grad;* in VI manna (*Abstammungsglieder*) ~ VI Atr 12 = I Cn 7; sibba f~ A

^L^**sibilare,** *m. inf, böse zuzischeln, dass* Quadr Ded 12

siblac, *pl ac, Friedensopfer* I As 2 Ld, hostias pacificas *übsnd*

sibleger *Blutschande; dt:* ~re II Cn 51 B | *ac:* ~ gewyrcan 51; syb~ Ld | *pl:* syblegeru Cn 1020, 15 | *dt:* ~rum EGu 4 B; syb~ H; ~errum Q

^L^**siclus** argenti *Hebrä. Schekel-Münze* [*aus* Exodus 21, 30] Q *zu* Af El 21; scill. Af

sicol, *ac, Sichel* Ger 15

of **side,** *dt, von der Seite fort, von der Person ab* ECf 12, 6; *Var.* -syde, osside. — *Der.:* Irens~

Sidrao [*aus Daniel*] Iud Dei II 3. IV 3, 3. VII 23, 2 A. XII 16, 4. XIII 13, 2 (Syd~). Excom VI 14, 1

[-sidu] *Der.* I) lands~ II) sulhges~

sie I) *s.* is *op* II) *s.* se *msc no*

sien *s.* is, *op pl* **[-sien]** *Der.:* ans~

^F^**sien** *s.* sun

sierwe, *op* 3, *nachstelle, trachte nach;* ymb feorh ~ Af 4 (syrwie H). 4, 2 (syrwe, *geänd.* ~wie H); syrwe V Atr 30 (sirewe D) = VI 37. II Cn 57; *geänd.* syrwie B. — *Der.:* ymb(e)s~

s[ie]rwung *Nachstellung, Verrat; no:* lafordes syrwunge! II Cn 57 B | *ac:* syrwunge Af El 13 H; searwa *übr.* — *Der.:* hlafords~

s[ie]x *sechs* 1) *adj; gn:* syx Að 1. Mirce 2 H Ld; six DO. Northu 56 | *dt:* syx Af 39. II Cn 24, 3; six H | *ac:* syx Af El 3 (11) H Ld. Ine 6, 3 B. I Ew 4 Ld 2) *sbst; gn:* syxa sum Duns 1, 2; sixa 8, 1; syxa Ld | *ac:* six VIII Atr 20, 1 = I Cn 5, 1a A 3) syx swa micel *sechsmal so viel* Mirce 1, 1; six O; syxfeald þam Ld

s[ie]xfeald *s. vor. Z.*

[siex]gylde; VIgylde *sechsfach* Abt 1

s[ie]xhynde [*oft* VIh- *geschr.*] *sechshundert Schilling wert* (*als Wergeld habend*); syx~ Af 30. Ine 24, 2 | *gn:* syxhyndes monnes Af 40; *sbstirt:* þæs syxhyndan 39, 2; -dum! Ld | *dt:* syxhyndum Af Rb 30 (six- B). Af 10. 39, 2; were Ine 70 ‖ *fm:* syxhyndu Af 18, 2; -de HB | Q *erklärt* sexcentenus Af Rb 30, *declinirt nach Endung* -hindus *und variirt* VIh~, syxh~, sixh~, sexh~ [Af 30 *Var.* -hun-] | sixhinde Hn 87, 4; syxhindus 76, 3. 82, 9 | *dafür* **sexhændeman** In Cn: Af 30. 39, 2; *Var.* ~hen~

s[ie]xta *sechster;* sixta I Atr 1, 8; 12; syxta II Cn 30, 3a; 7. 31, 1a. 44, 1 | *dt:* æt þam sixtan stæpe Had 7 | *instr:* sextan dæge Wi Pro ‖ sixte healfmarc Northu 49 *hiesse* '5½ *Mark'; aber streiche* te

s[ie]xte *sechstens;* syxte II As 17

s[ie]xt[ien] 16; syxtyne Af 49, 2 B

s[ie]xtig 60 1) *sbst.; dt:* sixtegum hida Af 11, 4; hidum B, *also Zahl adj* | *ac:* LX scll. gebete 7 oðer syxtig (six~ Ld) to wite Ine 6, 2; syxtig penega Hu 3 2) *sonst* [*nicht immer sicher erkennbar*] *adj* a) *flect dt:* sixtigan scill' VIII Atr 5, 1 b) *unfl.:* syx~ Af 9, 1 Ld (six~ So; -ti B). Ine 6, 3 Ld. 10 Ld (-ti B). 19 (sixti B). II Cn 15, 2 B; six~ Af 16 B. Ine 3, 2 B; syhtig Af 25 B; syxti 11, 2 B. 46, 1 B; sex~ Ine 23, 3 B

s[i]fe *Sieb; pl ac:* syfa Ger 17. *Der.:* hærs~ **sig** *s.* is, *op* 3

Sigeric arcebisceop *von Canterbury* II Atr 1

^L^**sigillare** *siegeln* ECf 15, 4

^L^**sigillatio** *Verschlusszeichen* Ordal 5, 2 Q, insegel *übsnd*

^L^**siglas** *s.* segl

^L^**signare** 1) *brandmarken* Hn 59, 3; 26; mearcian *übsnd* Q: I Atr 2. II Cn 32 (*auch* Cons). 2) *aichen;* mensuras et pondera Wl art Lond retr 7

^F^**sign(e)ur** *s.* seign~

^F^**sil** I) = si le; *s.* il, *ac* II) = cil

Silam, *ac, Silas* Af El 49, 4 [*aus Act. apost.*]

sill~ *s.* sellan **Siltre** *s.* Chiltre

simle 1) *jedesmal* Af 34 H; symle E; symble B | ~ an *je ein* [*distributiv*] Ine 59, 1; *unübs.* simble Q; symble B So. Hl 8 2) *stets, immer;* symle II Ew 4 (symble B, simúl *durch Gleichklang* Q). V Atr 12. VI 45. VIII 13. VI 40 = II Cn 11 (georne B). 84, 3 (symble B). Ger 6. Episc 3; symble IV Eg 12. 14, 1. VI Atr 20. I Cn Epil

^L^**Simon** I) *Apostel* Excom VI 1, 4 II) magus Excom V 6; Symo III 2. XI 8 [*vgl.* simonia] III) comes *von Northampton* CHn cor Test

^L^**s[i]monia** *Kauf kirchlichen Amtes;* sym~ Quadr II 8, 1 [*vgl.* Simon *n.* II]

^L^**simul** *setzt* [*irrig, durch Gleichklang*] Q *für* simle *immer* II Ew 4. II Cn 11. 84, 3

^L^**simulari** *sich zusammentun, vereinigen* Af 19, 1 Q, hie gesamnian *übsnd; Var. für* ins~ [*vgl.* assi~]

I) **sin,** *poss, sein; ac:* sinne willan Abt 82 | *fm ac:* sine hyd Wi 10

II) **sin, sind(-)** *s.* is, *op, ind pl*

^F^**sin** *s.* si *n.* II 3 + en

^L^**sine** *ausgenommen* Ps Cn for 30; *unter Ausschluss von* 26; ~ præiurante *vorausgesetzt, dass nicht ein Klageschwörer* (*Voreid-Leister*) *vorhanden* Hn 66, 7 [*vgl.* ^F^senz]

sinewan *s.* sinu

singan (*kirchlich*) *singen; op* 3: ~ge V As 3. VIIa Atr 6. 6, 3; - *tida* Northu 36 | *ptt* 3: Crist sang (*sagte betend*) Pater noster I Cn 22, 2; protulit Q [*Paternoster* singan *auch in Dichtung:* Salomo, *Vers* 85]. — *Der.:* ges~

Singular s. Numerus, Plural

Lsingularitas *Ausnahme-Qualität* Hn 21

sinn *s.* synn

s[i]nnes; synnes Ger 13 *scheint mir verderbt; 'immer?' Kluge* Agsä. Lesebuch 202

sinoð 1) *geistliche Synode; ac:* ~ forbugan Northu 44 2) *Witenagemot, Reichsversammlung; dt:* synoð! II As Epil Ld | *ac:* micelne ~ I Em Pro | *pl:* seonoðas Af El 49, 7; syn- H | *dt:* senoðum 49, 8; syn-H; seon- So Ld | *Lat:* plures **synodus** [*also* 4. *Decl.*] 49, 7 Q | **sinodalis** conventus *Witenagemot* VI Atr 40, 2 L; ~lia *decreta* Insc L, witena gerædnes *übsnd*

s[i]noðbec, *pl ac, Synodenbücher, Kanonessammlungen;* sen~ Af El 49, 8; syn~ H **sint** *s.* is, *pl*

sinu *Sehne; gn:* sinwe wunde Af 75, 1; synewe B | *ac:* sinwe 75. 76; synewe B; sinewan! Ld

L-**sio** *für* -tio: præsumpsio IV Eg 1, 3 L

I) **sio** *die s.* se II) **sio(n),** *op* 3, *s.* is

siofo- *s.* seo~

L**Sion** *Zion* Quadr II 4, 1; Syon Iud Dei XVI 5, 2. Duel 1, 14

F**sire** *s.* seignur

sir- *s.* soir- **Sirie** *s.* Syrie

siring *s.* syr~

Fsei **siste** main *selbsechster Hand* [*der Eidhelfer*] Leis Wl 14, 3. 21, 1

sið 1) *Zug zu privater Fehde; dt:* siðe Af 29; syðe BH 2) *Mal; dt:* æt þam þriddan siðe II Eg 4, 3 D; syðe A; cyrre G | *instr:* oðre siðe *beim zweiten M.* Ine 62; þriddan Hu 3, 1; syðe II Cn 83, 2; feorðan 19, 1; syððe VI As 10 3) *pl dt: .. fach;* XI siðan *eilffach* I Cn 10, 1 [*aus* mid twelffealdan VIII Atr 11, 1]; sifon- Had 1. — *Der.:* forðsið, gesið, wræcsið

siðcund *setzen* Ld Q [*also eine Ags. Hs. von spätestens* 1100]: 1) *statt* gesiðcund *dem Kriegsgefolge, Adel zugehörig* [*s. d.*]: Ine Rb 50 (syðcundus, *erklärt:* nobilis Q). 51. 63 (syð~ Q). 68. Ine 45. 50 (se ~de man B, *wo* se *statt* ge- *auch zu* scadwis). 51 2) *statt* ceorl Norðleod 10 [*dagegen* cyrliscus Ine Rb 51 Q Hk *will vielleicht nicht dasselbe wie* ~ *der übr. besagen, sondern* Ine 51 cierlisc *aufnehmen*] | *gn:* þæs ~da! cynnes Norðleod 11 Ld; ~di Q; gesiðcundes DH

siðe, *ac, Sense* Ger 15

æt **siðestan,** *nt sbstirt spl dt, zuletzt* Ine 18 (syð~ Ld; *geänd.* siðmestan H). 37; cyrre *fügt zu* H, *Substirung aufhebend*

siðman *s.* ges~

siððan I) *adv* 1) *späterhin, hinfort* Abt 17. Af El 11. 29. Ine 26. EGu Pro. I Ew 3; syððan II Ew 5, 2. V As 3, 1 | *alsdann* Af El 25 (syððan So Ld). Ine 74, 1. VIIa Atr 2, 3; syððan *nunmehr* Duns 3, 1 | *'so'* [*Nachsatz einleitend; vgl.* þonne] EGu 10 | ~ [*s. u.* II 2] hit arise, ~ sie *wenn .., so* (*sobald als .., dann*) Af 9, 1; syððan Ld 2) [*aufzählend*] *örtlich dahinter* Abt 51 3) [*graduirend*] *darüber hinaus, fernerhin* Af 12. Ine 13, 1; syððan I Ew 1, 4 II) *cj* 1) [*zeitlich*] (*sobald*) *als* Ordal 1. Wer 3. Af El 49 (syððan Ld); ~ þa gelamp, þæt .., þa wurdon 49, 7; *geänd.* syððan H | *nachdem* Hl 10; syððan Swer 7 B | *seit* I Atr 1, 2 = III 4 2) [*bedingend*] *wenn* [*s. o. n.* I 1] Ine 15, 2 [*oder* II 1? postquam Q]

sittan *sitzen;* 3: sit AGu 2 | *op* 3: ~te Af El 17 (*sette!* So). III Atr 14 = II Cn 72. V Atr 21, 1 = VI 26, 1 = II Cn 73 | *pc prd:* sittende Pax; *pl:* Excom VII 7 | *ptt* 3: sæt II Cn 72 — 1) *körperlich, im Ggs. zu* gangende, Excom 2) *residiren* Pax 3) *als Grundbesitzer wohnen:* on gafollande AGu 2; unbesacen IH Atr 14 = II Cn 72 4) *verbleiben:* werleas V Atr 21, 1 = VI 26, 1 = II Cn 73 5) *lasten;* sitte sio scyld on him Af El 17. — *Der.:* as~, bes~, fors~; hamsittend

L**situs** *setzt* Q [*irrig, durch Gleichklang*] *für* side *Rect* 8

L**Siwardi;** Robertus filius ~ Hn Lond Test; *Var.:* Syw~, Saw~

Fsenz **siwte** e senz cri *ohne Verfolgung* (*des Verbrechers*) *und Gerüfte* Leis Wl 4; suite I

six- *s.* siex-

-sl *s.* fædrencnosl, fedesl; byrgels, hydels; æfwerdelsa

[-slacian] *Der.:* as~ **slæge, slæht, slæhð** *s.* slege, slieht, slean

slæpende, *pc pl praed, schlafend* Excom VII 9. — *Der.:* midslæpan

slæpern, *ac, Schlafsaal* V Atr 7 = VI 4; dormitorium L [20, 1

for **slæwðe,** *dt, aus Trägheit Rect*

slaga *Totschläger* Af 30. 31. II Em 7. 7, 1. Wer 3 | *gn:* ~gan II Em 7, 1. *Der.:* mægs~, manns~, morðs~

sleac *schlaff, nachlässig* Ger 3

slean *schlagen; fl.:* to sleanne Wi 28 = Ine 28 | 3: slæhð Abt 57; slihð Ine 35 (slyhð Ld). 67 H | *op* 3: slea Ine Rb 76. Af El 14. 16. 17. 34. Af 6. Ine 18. 37. 76. VI As 1, 4. 12, 2. I Atr 4, 1 = II Cn 33, 1. III Atr 4, 1. 8. 9 | *pl* 3: ~ II 7, 1 | *ipa:* sleah Af El 5; slea! Ld | *ptt* 3: slog Ine 76, 2; sloh HB | *op* 3: sloge 35. VI As 12, 1; 3. II Atr 7. III 8 | *pc:* geslagen II 3, 2. — 1) *verletzend treffen:* his fæder Af El 14, percusserit *übsnd;* mid fyste 16; in naso Abt 57 | *gefährlich verwunden* Af El 17 | *zu Tode* mid sweorde 34, percutiam *übsnd* 2) (*Körperglied*) *abhauen:* Ine 18 (of *fügt zu* HB). 37 H; of *fügt zu* EB [*verdeutlichender Nachtrag; vgl.* ófslea *n.* I] 3) *friedbrecherisch töten* Ine Rb 76 (ofslea H So). Ine 76 (ofslea So). 76, 2. II Atr 7 4) (*Verbrecher*) *erschlagen* Af El 5. Wi 28 = Ine 20. 35 | *hinrichten* I Atr 4, 1 = II Cn 33, 1. VI As 1, 4. 12, 1 ff. III Atr 8; slea (*'blutig'*) oððe ho VI As 12, 2; slea, þæt him forberste se sweora III Atr 4, 1 5) (*Vieh*) *schlachten* II 7, 1. III 9 6) (*Münze*) *prägen:* feoh 8 7) *aufschlagen:* geteld *Zelt* II 3, 2 | botl *Wohnstatt* Ine 67 H; selð *'gibt' übr.* — *Der.:* as~, fors~, inbes~, of(a)s~, utas~

slege *Totschlag, Tötung; gn:* ~es Af El 25 So (mannsleges *übr.*). Af 29 (slæges B). Ine 34 (slæges B). 54; slæges B | *dt:* ~ Af Rb 28 (slæge H). Ine Rb 23 (slæge HB). 24. Af 2, 1; slæge H. 26 B. — *Der.:* ears~, manns~, þeofs~

slic, *ac, Schlägel, Weberhammer* Ger 15, 1

sliefan, *dt, Ärmel* Af 66, 1; slyfon H; slefan B

slicht 1) *Totschlag, Erschlagung; dt:* slæhte Ine 76 B; slyht [*endungslos*] II Atr 6, 1 2) *geschlachtetes Vieh; ac:* slyht *Rect* 6. — *Der.:* hloðs~, manns~, morðs~, þeofs~

sl[ie]htswyn *Schlachtschweine; pl ac:* slyh~ *Rect* 6, 2

slihð *s.* slean, 3 **[-slit(e)]** *s.* lahs~

I) hundes **slite,** *dt, Hundsbiss* Af Rb 23

II) **slite,** *op* 3, *zerfleische, tötlich beisse* I Cn 26, 3; slyte A. — *Der.:* tos~

slog, slyhð *s.* slean

slyfe, slyht, slyte *s.* slie-

smal *klein; fm ac schw:* þa ~lan sinwe Af 76 | *pl dt:* ~lum burgum IV

Eg 5 | *nt sg dt:* ∼lon orfe *Kleinvieh* Forf 1

smeagan 1) [*intr.*] ∼, hwar *erwägen, wo* VIII Atr 40; ∼ ymbe *Bedacht nehmen auf* VI 31 (∼gean K) = II Cn 8; ∼gian B | *op* 3: ∼ge, hu *sinne, wie* VI Atr 40 = II Cn 11 (∼ga A); -, hwæt si to *was müsse* 84 | *pc:* wæs ∼gende [*periphr.*] *war ratschlagend, beriet* Ine Pro. I Em Pro. IV Eg Pro | *ptt:* ic smeade, hu *pflog Rat, wie* II Em Pro. X Atr Pro | *pl* 3: hy smeadon, hu II Ew 1 2) [*tr.*] *ersinnen:* laga I Cn 21; þearfe 1 D; ∼gean þa þing Ger 2, 1. — *Der.:* as∼

smeagunge, *dt, Untersuchung* IV Eg 12, 1 | *ac:* ∼ 13 f.

smeawyrhtan, *pl, Feinarbeiter, Handwerker* Ger 16

[-smeoro] *Der.:* flots∼

smeremangestre, que mangonant in caseo et butiro *Butter- u. Käse- (? Fett)händlerinnen* IV Atr 2, 12

[-smitan] *Der.:* bes∼

smið *Schmied* Af 19, 3 | *ac:* ∼ Ine 63. — *Der.:* ambihts∼

[-smiððe] *Der.:* mynets∼

[-smorian] *Der.:* as∼

[-smugan] *Der.:* þurhs∼

[-snæd] *Der.:* cors∼

[-snæsan] *Der.:* as∼, on(a)s∼

snotorlice, *adv, klüglich* Ger 2,1

soc, soc(h)a, socca, soche(n) *s.* socn

soceman *Freibauer; no:* li soche∼ Leis Wl 16 Hk; vilain I; villanus L [v., *für* ceorl, *scheint ursprünglicher; weil dieser im* 12. *Jh. in Unfreiheit sank und keine* mundbryce *mehr selbst bezog, setzt* Hk *wohl einen freier gebliebenen Stand ein*]; soke∼ ECf 12, 4; *Var.:* socman, sochaman, socheman, sochesman, scotman

[L]**societas** 1) *Gilde, Genossenschaft* VI As 1, 1 Q, ferscipe *übsnd* 2) *Stiftsconvent* Hn 68, 5 *d*. Had 9, 1 Q, geferscipe *übsnd*

socn 1) *Zuflucht, Asyl; ac:* ∼ne IV As 6, 2 b; c. II Em 4; *unübs.* socnam Q | *pl dt:* circena ∼num Af Rb 2; confugium Q 2) *Gerichtsherrlichkeit; gn:* ∼ne Becwæð 3, 2; his ∼ne (*Jurisdiction über ihn;* privilegium in forefactis suorum Cons) geunnan II Cn 73, 1 G | *ac:* ∼ne agan ofer (*über, m ac*) III Atr 11; his (*eigene*) ∼ne hæbbe II Cn 71, 3 (∼nam Q; consuetudines suas In; suum privilegium Cons); his (*über ihn*) ∼ne age 37 G. 63 a | ***Lat:*** socna *stets* Q (*nur Var.* sacham II Cn 71, 3); *meist* Hn: 19, 2 f.—20, 3. 22, 1. 24, 3. 57, 5; 8. 59, 17. 61, 9 a. 63. 80, 2; 6. 82, 2. 83, 6 a (*aber* [*durch Verderbnis der Hss.?*] soca 9, 4; 4 a. 10, 2. 11. 14, 4. 20, 2. 57, 1 a). Hn Lond 6 (*Var.* soca, socca). Lib Lond 4 (*Var.* sooha, soccha, socca) | ∼ne In Cn II 30, 6; *Var.* sochen | sochne, *no,* ECf 22; *Var. auch retr* 21. 22, 4: socha, soca, socca, scotha, soke, sooc; *ac:* 21, 1. 24, 3; socam *retr* 21; *Var.* socham | ***Fz*** [n *geschwunden*]: soche Leis Wl 2, 3 (soc I). 27. 27, 1; soch L 2a) *alleinstehend* socna *Genuss (Sonderfreiheit) der Gerichtsbarkeit* Hn 14, 4. 19, 2 f.-20, 3. 24, 3. 57, 1 a; 5; *und zwar, da* dominorum curia (*seniorales Gericht*) *daneben steht, vielleicht territoriale Jurisdiction* 9, 4; soca placitorum *Gerichtsertrag* 9, 11; quaestio *erklärt* 20, 1 | *wortsklavisch reisst* sochne *von dem Einen Begriff* sacu 7 socn *ab* ECf 22 I de socna sua *kraft seines (des Fiscalrichters) Privilegs (nämlich ohne dass die Klage eines Klagezeugen bedarf)* Hn 63 3) *Gerichtsbarkeitsbezirk* Hn 10, 2. 19, 2. 20, 3. 80, 2. 82, 2 | *Gebiet exemter Jurisdiction eines nichtstaatlichen (adlichen oder kirchlichen) Grundeigners innerhalb Londons* Hn Lond 6. Lib Lond 4 (*mit Ggs.* socna regis: *nicht privater Jurisdictionsbezirk*) 4) ∼ + **sacu** *Ein Begriff* a) ∼ *hinter* sacu: *s.d.* b) *lat.* socna et saca α) *Gerichtsherrlichkeit* Hn 9, 11. 20, 2. 22, 1. 57, 8. 59, 17. 61, 9 a. 80, 6. Leis Wl 2, 3 L (sa. et so. *fz.*). ECf 21, 1 *Var., retr Var., retr* 21 *Var.,* 24, 3 *Var.* β) *Gerichtsbezirk* Leis Wl 27, 1 L (sa. et so. *fz.*). — *Der.:* cirics∼, friðs∼, hams∼, hlafords∼, scipess∼; insocna

[L]**Sodoma** Iud Dei II 2. V 1, 3

[L]**Sodomita** 1) *Bewohner Sodoms* Hn 5, 20 2) *Päderast* Quadr II 8, 1

sohte *s.* secan

[L]**soinus** *Sunne, Entschuldigungsgrund für Terminversäumnis* Hn 29, 3 (*Var.* essonius, essoinus). 41, 2 a; sonius 50, 3. 51, 1. 61, 8 a [*vgl.* sonet, absoniare] [F]**soit** *s. estre*

[L]**solidarius** *Söldner* Hn 8, 2 a

[L]**solidus** *Schilling* **A**) *für* scilling *s. d.* **B**) *orig. lat.* 1) *Westsächs.* ex 5 den. in Westsexa Hn 34, 3 | 120 sol. faciunt hodie sol. 50, *also je* $^{1}/_{48}$ *Pfund,* 76, 4 a f. | *ungenau* $^{1}/_{50}$ *Pfund* 76, 4 2) *Mercisch s.* scilling, solz *n.* 2 3) *Normannisch;* ex 12 den. Hn 34, 3 | XX sol. *für ein Gewichtspfund* 67, 1 b; 1 c; LX sol. I Eg 9 Q, III pund *übsnd* | pondus XX sol. Iud Dei XVI 40. — *Vgl.:*

[F]**solz,** *pl, Schillinge* 1) *Normannische zu* 12 *Denar* Leis Wl I: 1, 1 (*ac*). 2 (*ac*). 2, 2 a. 3, 1—4 (*ac*). 7 (*ac*). 19 (*ac*) (sol. 3, 2. 3, 4 Hk); souz Hk: 1, 1. 2. 2, 2 a. 3, 1; sols (*ac*) Wl art Fz 6, 2 2) *Mercische zu* 4 *Denar heissen* ∼ **Engleis** (*obl*) Leis Wl 19. 42, 1; souz 11, 2; sol*t* 11, 1. — *Vgl.* scilling, solidus

(sib 7) **som** *Friede und Versöhnung (Eintracht)* V Atr 19 = VI 25, 1 = I Cn 17, 2 | *ac:* some VI Atr 1. Episc 3

[sōmbryce] *las* Q [*irrig*] *statt* sambryce Had 9, *da er* infractura de pace *übersetzte*

somhwelc, somne, -nian, -nung *s.* [sam-

somor *s.* sumor

[F]**son** *s.* sun

sona *(als)bald* V Atr 26 (32, 4 D) = VI 30. Ger 3, 1 | ∼ ofer, *prp m. ac, b. nach* V Atr 27; ∼ æfter *m. dt* 33 | *b. danach, adv,* Grið 27 | ∼ swa *sobald als, cj,* I Cn Inso D

[L]**sonet** pecuniam *Münze verwerfe, zurückweise* III Eg 8 Q, mynet forsace *übsnd; dies also lag vor für* ∼ IV Atr 6 [*vgl.* soinus, absoniare. *Ducange erklärt irrig* examinare per sonum, *citirt aber selbst aus Normann. und Französ. Rechte* 13/14. *Jhs.* sonare: '*schelten (Zeugen)*']

[L]**sonius** *s.* soinus [F]**sor** *s.* sur

[L]**sordidare** *im Gericht als schuldbefleckt erkennen* Hn 57, 4. 62, 3

[F]**sot** *s.* saveir

I) **soð** *Wahrheit* 1) *dt:* mid (to) soðe *wahrheitsgemäss* V As 1, 2 (Ger 3, 1); to - talie *als Wahrheit erachte, wirklich meine* Swer 4 | þinum - Iud Dei IV 4, 5, tua veritas! *als abl glossnd* 2) *wahre Aussage vor Gericht; dt:* mid his soðe IV Eg 14 | *instr:* sylfæs soðe *durch eigene Beteuerung* Wi 18

II) **soð** *wahr(haft)*: God Iud Dei VII 24, 1 A, verus *übsnd;* dom IV 3, 4, verus *glossirend* | *ac:* þone soðan God VI Atr 42, 2 ‖ *fm dt:* soðre IV Eg 14. II Cn 23, 1. Swer 8 | *ac:* soðe Sacr cor 1, 1. I Cn 22, 4 ‖ *nt:* ∼ IV Eg 10; ∼ hit si! Excom VII 24 | *cpa nt sbst ac:* nan **soðre** *nichts Wahreres* Swer 4 | *spla nt sbst ac:* þæt soðeste *das Wahrste* Ordal 4, 3. — *Der.:* geunsoðian

soðfæst *gerecht* Iud Dei IV 3. 4, iustus *glossirend* | *ac:* ∼tne (suð - Ld) Af El 45, iustum *übsnd* | *pl ac:* alle ∼to Iud Dei IV 3, 1, iustos *glossirend* | *spla fm:* ∼tisto 4, 4 f., iustissima (veritas) *glossirend* | *abgekürzt* soð' 4

soðfæstnes *Wahrheit; no:* ∼nise Iud Dei IV 4, 4, veritas *glossirend* | *gn:* ∼sse Iudex 16 f.

[-soðian] *Der.:* ges∼, onges∼

soðlice, *adv* 1) secgan *warheitsgemäss* Grið 23 2) *wahrlich* Iud Dei IV 4, 6, Amen *glossnd* | *traun, wirklich* VII 24, 1 A, vere *übsnd*

Fsout *s.* saveir **Fsouz** *s.* solz

-sp *für* ps: *s.* geresp, geclips

spade, *ac, Spaten* Ger 15

spæc- *s.* spræ-

lahlicne **spalan**, *ac, gesetzmässigen Vertreter (beim Zweikampf): Kämpen)* Wl lad 2, 1; *defensor* Q [*vgl.* gespelia]

sparige, *op* 3, *schone* II As 1. 1, 2. VI 1, 1

spec- *s.* spre-

Lspectare, *m. ac, hinauskommen auf, enden in* Quadr Ded 3

[-spelia] *s.* ges∼; aspelian

spell, *ac, Kunde, Botschaft;* Godes∼ Iud Dei VII 13 A, Euangelium *übsnd. Der.:* gods∼; godspellere

speow *s.* spowan

spere *Speer, Lanze; gn:* ∼es Af Rb 36. Af 36, 1 B | *ac:* ∼ 36. Ine 29. II Cn 75 | *pl:* ∼ra 71a; 1; 4 ‖ *Sprichwort:* bugge ∼ (*ac*) of side oððe bere! quod est dioere: eme lanceam de (*Var.* a, e) latere aut fer! *kaufe [durch Wergeldzahlung] den Speer [die Gefahr der Blutrache] von [deiner] Seite ab oder erdulde [sie]* ECf 12, 6 [*Lanze ist alten Germanen hauptsächlichste und die Angriffswaffe; vgl.* ær þær wære ænig spere gescoten Ann. Anglosax. 1055, *wofür später stünde: 'vor allem Schwertschlage'*]

spic *Speck; gn:* ∼ces As Alm 1 | *dt:* ∼! Ine 49, 3 B, 16. *Jh.* | *ac:* ∼ Rect 7; sþio B

[-spillan] *Der.:* fors∼

spinle, *ac, Spindel* Ger 15, 1

spirian *s.* spyr

[-spitel] *Der.:* wads∼

spittan wad *Waid abstechen, mit dem Rundspaten graben* Ger 10

Lsponsa *ehelich angetrautes Weib,* wif *übsnd* Q: Af Rb 10 *Var.;* legitima ∼ Wif 1. Af 42, 7, æwe wif *übsnd*

Lsponsare *ehelich antrauen* Hn 82, 8

spor *Spur (abhanden gekommenen Viehs)* VI As 4 | *dt:* ∼re *ebd.* | *ac:* ∼ V 2. VI 4. 8, 4; 7 f.; ∼ befæstan *Verfolgungsspur übergeben* Duns 1; spon *Hs.*

spowan *gedeihen, glücken; ptt* 3: speow Af El 49, 2; belampe Ld

I) spræc, *fm, Sprache* 1) *Sprechfähigkeit* Abt 52 2) spæc *Sprechen, Reden* [*Ggs.: Schweigen*] Ordal 4, 3 3) *ac:* ∼ce *Geschwätz, Gerede* [*oder zu n.* 4?] Af El 41; spæce G 4) *Anklage, Klagesache, Rechtsanspruch, Gerichtsfall; no:* ∼ II Ew 8. I Pro (∼ce! H; sþræt B); sprec Duns 8; spræce! Ld; spæce! III Atr 4, 2 | *gn:* ∼ce AGu 3. II Cn 28, 1 (sprece A). VIII Atr 19. 20. 20, 1; spæce I Cn 5, 1; 1a | *dt:* ∼ce I Ew Pro Ld. V As 1, 5. VI 3. 8, 3. III Eg 2 (spæce A). VIII Atr 19, 1. Duns 2; spæce Hu 7. III Atr 12. I Cn 5 (spreche, speche In Cn). 5a | *ac:* ∼ce VI As 8, 8; - ofgan Duns 6, 2 | spæce VI As 8, 4; - ofgan II Cn 22, 2; - drifan Swer 2; - geendian Iudex 11; - sceawian 15. — *Der.:* æfters∼, fors∼, ons∼, scrifts∼. [*Vgl.:*]

II) spræc, *nt, Klageanspruch; dt:* æt urum gemænum [!] ∼ce VI As 3; de nostra communi locutione Q [*Hs.* 12. *Jhs.; also Genuswechsel? Kaum vom (s.* ge- *geschwunden) nt* gespræce *s. d., wofür diese Bed. nicht bekannt*]

spræce(nd) *s.* sprec-

sprængan *s.* spren∼

[-spreca] *Der.:* ons∼, fors∼

sprecan *sprechen; pl* 3: specað VI As 8, 8 | *op* 3: ∼ce Duns 1, 2; spece III Atr 14 | *pc:* wæs ∼cende *sprach* Af El Pro (spræc- So). 49; spræcend Ld [*über dieses* -æ- *vgl.* onsprecan *n.* 2]; *pl:* ∼cende Excom VII 8 | *ptt pl:* we spræcon *Rect* 21, 1 | *op* 3: spræce II As 11 Ld; ∼ce! H. — 1) *das Sprechen ausüben* [*Ggs.* swigian] Exeom VII 8, loqui *übsnd* 2) ∼ word to *Worte reden zu, künden dem* Af El Pro. 49, loqui *übsnd* 3) ∼ ymbe *schriftstellerisch handeln über* Rect 21, 1 4) *gerichtlich einklagen:* hit II As 11; spræce *Anspruch* VI 8, 8; on: *gegen* III Atr 14. V 32, 3 D. Duns 1, 2. — *Der.:* æfters∼, bes∼, fors∼, ons∼, ymbes∼

spre[n]gan *sprengen; op* 3: sprænge wæter Ordal 4, 1

Sprichwörter: *s.* æx; andsæc; brecan; fyr; gewealdes; giest; spere; unlaga; *Alliteration:* laga. — *Lat.: s.* compendium; furari; gladius; pactum; pax; pestis; quod tibi; unus; vitulus

[-spring] *s.* ofs∼

[-springan] *Der.:* as∼

spyrian *geistig nachspüren, nachsinnen;* æfter þam X Atr Pro 2; smeagean 7 ∼ I Cn 21; spir∼ VIII Atr 40. — *Der.:* (ut)as∼, bes∼, ges∼, ofs∼

-ss- 1) *für* s: gesselle Af 63, 1 Q; septuagessima VI Atr 25 (*auch* L). I Cn 17 (*auch* Q); *s.* (mis)wisian 2) *assimilirt für* -fs *s.* of side 3) *für* sc: *s.* teingessipe *unter* þegnscipe 4) *ersetzt durch* s, st: *s. d.*

Lss 1) *für* s: ssella II Cn 71, 4 Q *Var.;* huiussemodi, proficissci IV Eg 8. 7 L; quadragessimalia, septuagessima VI Atr 22. 25 L 2) *für* st *und* x: Wessessia II Cn 12 Cons. 3) *ersetzt durch* s: *s. d.*

F-ss- 1) *für* c: *s.* ici 2) *für* s: *s.* enpuissuned

ssc- *für* sc: *s.* bisceop, sculan

ssh- *für* sc: *s.* thengesshipa *unter* þegnscipe

-st- *für* -ssend- *s.* missendlic

Lstabilita(s) *Netzvorrichtung zum Fangen des Rotwildes;* -tatem (*Var.* ∼litam) observare *Rect* 2 Q, sæte haldan *übsnd;* si quis ad - (*königlicher Jagd, Var.* ∼tam) non venit Hn 17, 1 [*Heinrich I. beschenkt um* 1115 *Salisbury mit Jagdzehnt, behält sich aber davon vor:* decimam illius venationis quae capta erit cum stabilia; *Registr.* Saresber. S. Osmundi I 201]

staca *Pfahl* Ordal 5, 1 Q | *dt:* -an 1a; *unübs.* Q

stæf *Stab* 1) *Stock, Stütze des Schwachen; dt:* be stafe Af El 16 (∼fe G), super baculum *übsnd* [*vgl. fris.* stefgenga, steflom *zum Gehen Stabes bedürftig; His* Strafr. *d.* Friesen 289] 2) *ac:* ∼ be ∼fe [*dt*] *Buchstabe für Buchstaben* Sacr cor Pro. — *Der.:* candels∼, crancs∼

[-stæfn] *s.* rads∼

[-stælan] *Der.:* ges∼, ofers∼, onbes∼

stæl(e) *s.* stelan **stæle** *s.* stalu

stæltihtle *Diebstahlsbeschuldigung; dt:* ∼lan II Ew 6; ∼tyhtlan Ine Rb 46 (stal- Ld; staltihlan G. Ine 46 B). Duns 4 **stænt** *s.* standan

stæpe *Stufe, Grad kirchl. Weihe, Ordo; dt:* oðrum (þriddan) ∼ Had 3 — 8 | *ac:* þone forman ∼ 2 | *pl:* seofon stapas 1; stæpas OH

stæð *Ufer; dt:* ~ðe Duns 1. 1, 2 (locus *falsch* Q). 2, 2 (steðe Q). 6; statum *falsch* Q | *pl dt:* ~ðum 2; stationes *falsch* Q

staf- *s.* stæf-

a **staggon**: *regal*em feram, *ac, einen Hirsch* Ps Cn for 24

stal- *s.* st*æ*l- **[-stal]** *s.* ons~

[-stala] *s.* ges~ **stale** *s.* stelan

stalian *stehlen;* 3: ~lað Af 5, 5 (stælað So). Ine 46, 1 B, *missverstanden für* onstal | *op* 3: ~ie 7. 7, 1. 22. VI As 1, 4. 12, 2; ~ige Ine Rb 22 (*gest*-G). II As 1, 4. II Cn 26, 1 | *ipa:* ~la Af El 7, fur*t*um facies *übsnd* | *ptt pl* 3: ~ledon II As 3, 2. — *Der.:* fors~, ges~ [*vgl.* stelan]

stalu *Diebstahlsverbrechen; gn:* ~le Iud Dei VIII 2, 1 | *dt:* ~le (circan [*gn*] *Bestehlung an K.*) Af Rb 6 (stæle So; þe steleð *stiehlt* B). Ine Rb 7 | *ac:* ~le Iud Dei V 2, 2, fur*t*um *glossirend;* Excom VII 3 | *pl dt:* ~lan V Atr 25 = VI 28, 3. — *Der.:* ges~

[*Stamford*] *eine der* Fif bur*g*a, *s.d.*

stan *Stein; dt:* ~ne Af El 16, lapid*e* *übsnd.* Ordal 2 | *ac:* ~ Northu 54 | *pl dt:* ~num Af El 21, lapidibus *übsnd* | *ac:* ~nas II Cn 5, 1. — *Der.:* Æþels~, Duns~, Wihbrordess~, Wulfs~

standan *stehen* VI As 8, 3. V Atr 32, 2; 4 D | 3: ~deð Abt 51. Swer 8 B; s*t*en*t* VI As 8, 5. 11. II Atr 9, 3. VII a 6, 2. Duns 2, 1. *Rect* 3. 6. 6, 1. Grið 9. 13; stænt VI As 3. Rect 2. 4, 3 f. | *pl* 3: ~dað Iud Dei VII 23, 2 A | *op* 3: ~de Af 47, 1. EGu 1. I Ew Pro. V As 2. VI 1, 3. 12, 2. Hu 2. 6, 1. II Eg 5, 3 DA. IV 2, 1a. 12. 15. II Atr 1. III 1. 3. 13, 2 f. VIII 27. I Cn 2, 2. 5, 3. II 34. 37. 81. Blas 3. Wer 4. Or*d*al 4. Grið 2; stonde II As 9 | *pl* 3: ~ IV Eg 1, 6. 2, 1; ~*den* 2 | ***ptt*** 3: s*t*o*d* II Eg 5, 3 AD. II Atr 9. III 1. V 32, 4 D. Cn 1020, 4. II Cn 62. 65. Forf 3. Grið 4 | *op* 3: s*t*o*de* II Atr 9. — **1)** *körperlich stehen* **a)** *Menschen:* andlang cyricean Or*d*al 4; cnihtas beforan *Gode* Iud Dei VII 23, 2 A **b)** toð bi þam Abt 51 **c)** treow, þ*æt* mæge 30 swina un*der* ~ (*weidend darunter Platz finden*) Ine 44 B; gest~ *übr.* [*oder* under-*Praefix?*] **2)** ~ on *sich befinden* **a)** [*körperlich*] gestreon on his handa II Atr 9 **b)** *geschrieben stehen:* on bec I Ew Pro; - forespæce VI As 3; - gewritum 8, 5. 11 **c)** on handa ~ *vorhanden sein, vorliegen:* neod Hu 2. VII a Atr 6, 2; unfrið Cn 1020, 4 **d)** on manna dom, hweðer *liegen in Entscheidung der M., ob* Blas 3 **e)** on þeowete *in Knechtschaft sein* VI As 12, 2 **f)** *ertappt werden auf, überführt sein betreffend:* on leasre gewitnesse VIII Atr 27. II Cn 37; on mænan aðe I 5, 3 **3)** ~de bot inne *bleibe Busse einbehalten, unbezahlt* Af 47, 1; s*t*et in [*unverst.*] In Cn **4)** ~ mid *beistehen;* mid þeofe ~de 7 mid feoh*t*e VI As 1, 3; him mid feohtan 7 ~ 8, 3; mid oðre on gewitnesse Swer 8 B [*vgl.* mid-standan] **5)** *gelten, dastehen als:* þeofscyldig II Atr 9, 3 **6)** ~ for [n]ah*t* *für nichts gelten, wertlos sein* II Cn 37 | spor ~de for að *Spur trete ein für* (*vertrete*) *den Eid* V As 2; s*t*a*t* pro Q | ~de að ofer 20 pen. *habe Kraft* (*genüge*) *über Sachen von* 20 *Pfenn.* **7)** *fest bestehen, andauern:* landcop III Atr 3; gifu II Cn 81; cyninges mun*d* Wer 4; frið II Atr 1; grið II Eg 5, 3. III Atr 1; - unwemme EGu 1. I Cn 2, 2. Grið 2 | *prozessual. obsiegen, gelten:* gewitnessa V Atr 32, 2 D; *Inzicht* 32, 4; dom (*Urteil*) ~de, þar þegenas sammæle beon, *oder* þ*æt* hig 8 secgað III 13, 2; s*t*an*de* lufu swa fæs*t* swa dom 13, 3 **8)** *rechtlich gelten, herrschen; sbj:* gerihta IV Eg 1, 6. 2. 2, 1; laga 12. II Cn 34; griðlagu Grið 9; unlagu V Atr 32, 4 D; *ræden* Reet 4, 3 **9)** *unpersönlich;* (hit *fehlt oft*) s*t*en*t* *es gilt gesetzlich, ist Rechtens* Hu 6, 1. IV Eg 2, 1a. 15. II *Atr* 9. II Cn 62. 65. Forf 3. Re*c*t 2. 3. 4, 4. 6. 6, 1. Grið 4. 13. — *Der.:* æts~, bis~, fors~, ges~, mids~, oðs~, tos~, under(ge)-s~, wiðs~ **stapas** *s.* stæpe

stapelan, *dt,* uppan þam ~ *auf den Pfahl* Or*d*al 4, 2; sup*e*r staplos Q

starke *Conjugation s.d. und 'Verb'*

starke Declination *s. S.* 50, *Sp.* 1, *n.* IH 2 | *variirend mit schwacher:* *s.* stodmiere, teag, tilð, þeow | *hinter Art.:* scadwis, self *n.* 3, *dt* | *hinter prn:* urum gemænum spræce VI As 3

staðol *Festigung, Sicherheit; dt:* be þam ~le ures *r*ices Ine Pro

^L^**Statius** *citirt* Quadr Ded 36

^L^**status** **1)** legalis *Rechtsverfassung, Gerichtsordnung* Hn 6, 3a; ~ et agenda regni (causarum) *Staats- und Gerichtsverfassung* Quadr Arg 3 (*Gerichtsstand u. Klagen* 32); ~ causarum *Gerichtsinstanz* Hn 57, 8 b **2)** stæð (*Ufer*) *übsnd* Duns 6 Q [*falsch; s. d.*]

^L^**statutum** *Reichsgesetz* Wl art 4[31] Wl art Lond *ret*r Insc. 17[64]

[-steald] *s.* hagos~

[-steall] *Der.:* winters~

steap, *ac, Trinkbecher* Hl 12; steop *ebd.* [*nordengl.* stoup; *süddtsch.* stauf]

stede *Stätte; dt:* þer on styde Iud Dei IV 3, 1, ibi*dem* *glossirend* | *pl dt:* on eallen ~*den* Excom VII 13, in omnibus locis *übsnd.* — *Der.:* Bergham-s~; heafods~

[-stefn] *Der.*: radstæfn, *worin wohl vermuten:* **stefn,** *masc, Mal, Wechsel, Ablösung* Q. In Cn, vice *übsnd*

Guðmund **Stegitan** [*gn*] sunu, *Nordischer Heerführer neben Olaf Tryggvason,* II Atr Pro; ~ge*t*an Ld; ~am Q; *Var.* ~taini, ~giani [*vielleicht verderbter gn von nord.* Skeggi]

stelan *stehlen;* 3: stelð Abt 9; ~leð 90. Af 6 B. Grið 15 | *op* 3: ~le Abt 4. Wi 27. IV Eg 2, 2. Grið 17 | *ptt* 3: stæl Af El 25; s*t*ale! Ld | *op* 3: stæle 28 (s*t*ale! So; *geänd.* s*t*ele [*zum Praes.?*] G). II Atr 7; scæle B | *pc:* s*t*olen II Cn 24, 3 A; fors~ *übr.* — 1) D*iebstahl begehen* Abt 90. Wi 27. Af 6. Grið 15. 17 **2)** *m dt des* Bes*t*o*hlenen:* cyninge, freum Abt 4. 9 **3)** *m. ac des Geraubten übr;* fur*a*ri, fur*t*o auferre *übsnd,* Af El 25. 28. — *Der.:* bes~, fors~ [*vgl.* stalian]

stelmelas, *pl ac, Henkelbecher?* Ger 17

stent *s.* standan **steop** *s.* steap

steopcild, *pl, Waisen* Af El 34, pupilli *übsnd;* ~cyld H; ~de! So Ld | *ac:* ~ VI *Atr* 47. Af El 34 G; stiop~ E; ~cyld H; ~lde! Ld; stepcilde! So

steor *Steuer(ung)* [*übtr.*] IV Eg 14 | *dt:* ~re 1, 5. VI Atr 50. 51. VIII 15. 38. Northu 54, 1. VIII A*t*r 36 = Had 11 | *ac:* ~re VI As 11 (*e*mban þa ~ran *ebd., schwach*). IV Eg 13, 1. II Cn 2 | *pl dt:* ~ran VI Atr 52 | *ac:* ~ra EGu Pro 2. V Atr 3, 1 = VI 10, 1 = II Cn 2, 1. **1)** *Zucht, Ordnung;* folce to ~re VIII Atr 36 = Had 11 **2)** *Strafrecht* EGu Pro 2. VIII Atr 15. V 3, 1 = VI 10, 1 = II Cn 2, 1. 2. IV Eg 13, 1. 14 **3)** *weltlicher Zwang, bürgerl. Strafleistung* [*Ggs.: geistliche* Bu*sse*] VI *Atr* 50 ff. **4)** *Strafgeld, -Ertrag* VIII 38. VI As 11 [*oder n.* 5]; þeofa ~ *lag wohl vor für* castigatio (correctio) latronum In Cn I H 55. 58 **5)** *Strafvollzug, Bestrafung* IV Eg 1, 5. Northu 54, 1. — *Der.:* worolds~ [*vgl.* stermelda]

steoran *s.* stieran

steoresman *Steuermann* II Atr 4

steorleas, *prd, regellos, disciplinwidrig, unkanonisch* Wi 7

stepcild *s.* steop⁓

Ls. **Stephanus** Iud Dei XVI 30, 7. Excom V 1. XI 1

stermelda *Criminalkläger, Bestrafungsanzeiger* Hl 5 [*wenn von* steor, *s. d.;* stelm⁓ *'Diebstahlsmelder' empfiehlt Toller;* stærm⁓ *Grimm* Kl. Schr. V 320, *allein* stær *ist nur belegt als Übs. von* historia] **sterc-** *s.* strec

[-sticca] *Der.:* seams⁓

stice, *instr., Verwundungsstich* Abt 67

sticfodder, *ac, Behälter, Kasten . . (aus Reisern? für Stöcke = Pflöcke? für Löffel?)* Ger 17

sticunge, *dt, Abstechung (von Schweinen)* Rect 6, 1 f.

st[ie]llan *Stall bauen;* hryðeran (horsan) [*dt*] styllan *für Rinder (Pferde)* Ger 11. 13

st[ie]ran; styran II Cn 7, 1 (steoran B). 30, 5; steoran B | *op* 3: styre VI Atr 42, 1 | *pl* 3: ⁓ IV Eg 1, 5. — 1) *Strafe vollziehen, Zucht üben* II Cn 30, 5 2) *bestrafen; m. dt:* ælcum IV Eg 1, 5 3) *hindern, wehren an:* þyllices [*gn*] II Cn 7, 1; mannum [*dt*] unrihtes [*gn*] *Menschen Unrecht verwehren* VI Atr 42, 1. — *Der.:* ges⁓

stige of dune, *ptt* 2, *herabstiegst* Iud Dei IV 3, 1, descendisti *glossirend. Der.:* as⁓

sti[g]fearh *Stallferkel;* stif⁓ Rect 7; stiferh: porcellum de sude Q; *Var.:* stiwarh, -ward [11

stigian *einpferchen (Schweine)* Ger

L **Stigius,** *für* Styg-, *höllisch, teuflisch* Hn 6, 5

stille beon 1) hisþegnungæ *Dienstes, priesterlicher Function enthoben, suspendirt sein* Wi 6 2) *nt pl prd: ruhig (ungestört) bleiben* II Cn 75; stylle A

st[i]ngan, *op* 3: stynge *durchbohrend totstosse* Af El 21 H; ofstinge *übr.* — *Der.:* bes⁓, inbes⁓, ofs⁓, onbes⁓, þurhs⁓

stiop- *s.* steop-

to **stið** *winter zu harter Winter* Ger 10 **[stiðian]** *s.* ges⁓

stiðlice, *adv, streng* II Cn 53, 1

[-stoc] *Der.:* Wudus⁓

stod *s.* standan

stodlan, *ac, Rietkamm des Webestuhls* Ger 15, 1

stodm[ie]re *Mutterstute; ac:* ⁓myran Af 16; ⁓mære! B; ⁓mere In Cn; *bloss* myre Ld [*vielleicht aus dt* myran B Insc]

stodþeofe, *dt, Gestütsdieb, wer Pferde gestohlen hat* Af 9, 2; ⁓owe B

stol *Stuhl; pl ac:* ⁓las Ger 17. — *Der.:* biscops⁓, frið⁓, frumstol

L **stola** *um den Hals vornhin hängende Schärpe priesterlicher Amtstracht* ECf 36, 5

stolen *s.* stelan. — *Der.:* þeofs⁓

stondan *s.* stan⁓

stow *Ort* 1) *bewohnter Platz (Landgut, Dorf, Stadt); dt:* ⁓we Wi Pro. VIII Atr 32 | *pl dt:* ⁓wan 37 2) *Kirchenstätte; sg gn:* ⁓we Nor grið Z. 5 | *pl gn:* ⁓wa Z. 6 | *dt:* ⁓wum I As 4. — *Der.:* ceaps⁓, freolss⁓, friðs⁓, legerstow

stræc *s.* stree

stræt *Strasse, öffentlicher Weg; dt:* on ⁓te VI As 1, 5; in via Q. — *Der.:* Eormens⁓, heres⁓, Icenildes⁓, Wætlingas⁓ [*vgl.* strata regia]

str[æ]tbryce; stretbreche *Verletzung (bauliche Zerstörung) königlicher Heerstrasse* Hn 10, 1. 12, 2 (*Var.* streb-). 35, 2. 80, 5; *Var.* stredb-

str[æ]tw[e]ard *Strassenwacht, Wegebewachung;* de stretwarde Leis Wl 28; strew- I; ad - L; de viarum custodibus L Insc, *viell. 'Strassenwart' missverstehend*

stram *s.* stream

strandes, *gn, an (Land noch) Strand* Becwæð 3

strang *stark, kraftvoll: Gott* Iud Dei IV 3. 4, fortis *glossirend* | *fm prd:* mægð VI As 8, 2 I *masc sbstirt dt:* þam ⁓gan II Cn 68, 1. — *Der.:* uns⁓

L **strata** *regia Heerstrasse, mit königlichem Sonderfrieden geschützt* Leis Wl 26 L, chemin, -str[a]et *übsnd*

-stre *Suffix s.* smeremangestre

stream *Strom; dt:* ⁓me Duns 8, 3 Ld; strame! B | *ac:* ⁓ 8

strec *gewaltig, mächtig* II Cn 20, 1; stræc B; ⁓cman, potens, fortis, *als Ein Wort,* Q, *Var.:* stercman; austerus *streng [ungenau]* Cons

[-strengan] *s.* æts⁓

strengo, *ac [pl?], Stärke, Kräfte* Iud Dei V 2, 5, virtutes *glossirend, mit* mæhto vel mægna *synonym*

[-streon] *Der.:* lands⁓, (woh)ges⁓, [*vgl.* (ge)strienan]

stret- *s.* stræt-

str[ie]nan bearn *Kind zeugen;* 3: stryneð Ine 27 B Insc (gestriene [*op*] *übr.*), *obwohl im Text* gestreonað B; gestrieneð *übr.* — *Der.:* ges⁓

[-stroden] *s.* unges⁓

strudungan, *pl dt, Räubereien* V Atr 25 (scrutungan D) = VI 28, 3

[-stryn-] *s.* streon, strienan

L **stumblus** *Viehtreiberstachel [für* stimulus] Hn 78, 2 c; strub⁓ *Var.* [*aus* scubl⁓, *Lat. für* scofl?] | stumulatus *Var. für* stim- 90, 11 c. 80, 3

F **stuverad** *s.* estuveir

Stybb; Ælfeah ⁓ VI As 10. [*Das Wort heisst 'Baumstumpf, -stamm'*]

[-stycce] *Der.:* hwils⁓, lands⁓

styde *s.* stede **styllan** *s.* stiel⁓

stylle *s.* stille

stynge *s.* stin⁓

L **suavius** *Kuss, statt* ⁓um, Quadr Ded 11

L **subauditio** *Ungehorsam* II As 20, 1 Q, *Var. für* supera⁓ *s. d.*

L **subboscus** in foresta *Unterholz im Forst* Ps Cn for 28

L equus **subcaudatus** *Pferd unter dem Schwanze gereizt* Hn 90, 11 c

Subject *s. Accusativ, Dativ, Ellipse*

L **subiectio** *Stand des Untergebenen, Untergebenheit* Hn 40, 3

L **subintroductio** *heimliche Einführung (eines Verräters)* Hn 75, 2

L **subliberalis** *nur mittel- (nicht voll-)frei;* liberalis et ⁓ Geþyncðo 1 In Cn, þegen 7 þeoden *(Fürst) irrig übsnd*

L **submon-** *s.* summ⁓

L **submovere** *fernhalten, für unzulässig erklären im Prozess* Hn 31, 7 [*aus Ps.-Isidor*]

L **suboperarius** *Unterarbeiter (eines Münzers)* IV Atr 9, 1 Q [*viell. aus* (for-?) wyrhta]

L **substantia** 1) *Wesen;* unitas *(der 3 Trinitätspersonen)* in ⁓ VI Atr 6 L 2) *Vermögen, Habe;* periculo ⁓iae suae 39; *Fahrhabe* Wl art 3, 1 f.

Substantiv 1) *s. Declination, Fremdwort, Nordisch* 2) *s. Umlaut* 3) *s. Nominativ, Genetiv, Dativ, Accusativ, Instrumental, Obliquus; Numerus, Pluralis; Genus, Neutrum*

Substantivirung *des prn und adj aufgehoben durch eingeführtes* cierr, mann, þing *s. d., Adjectiv n.* 2 *und Infinitiv*

L **subversio** *Verführung, Abkehrung vom Recht* Hn 7, 2

[L] **succensere** *zornig tadeln* Quadr Ded 14

[L] porcellum de **sude** *Stallferkel Rect* 7 Q, stigfearh *übsnd* [*aus Lex Salica; vgl. fz.* soue *Schweinestall*]

[L] **Suetheida** *Land Schweden* Lond ECf 32 E [L] **Suevi** *s.* Sweon

***Suffix** und zum ~ geschwächtes Nomen;* Beispiele *u.* Bemerkungen *s.* -bære, -bete, -burg, -cund, -dom, -fæst, -feald, -full [*ergänze* geornf-, gesundf-, wohf-], -gielde, -had, -ig, -ing [æðeling, cyning, feorðing, liesing, niðing, pening, scilling], -lac, -leas [*auch* arl-], -lic [*auch* ealdorlic, gastlic, gearlic, munuclic, ungedafenlic], -lice [*auch* fæstl-, scandl-, synderl-], -ling [*auch* niedl-, þeowetl-], ræde, -ræden, -sceatte, -scipe [*auch* cynes-, geburhs-, hæðens-, þeows-], sl, -sp, -stre, -sum, -ung, -wis, ware, -weard

[-sufl] *Der.:* winters~; gesufelne

[F] **suite** *s.* siwte

sulh 1) *Pflug* II Eg 1, 1 = VIII Atr 7 = I Cn 8, 2 2) *dt:* æt þære syhl *je von einem Pflug Landes* [*Ackerflächenmass*] II As 16; sylh Ot Ld =

sulhæcer *Pflug-Acker* [*Landflächenmass*] Rect 9, 1; ~haker Q *Var.* [*vgl.* sulh *n.* 2]

sulhælmesse *Pflugalmosen, Kirchensteuer von jedem Pfluge* I Cn 8, 1; sulæ~, sulhelmæsse, sulcheim~, elemosina carrucarum In | *ac:* ~myssan EGu 6, 3. I As 4. I Em 2. II Eg 2, 3 = V Atr 11, 1 = VI 16 = VIII 12

sulhgesidu, *pl ac, Pflugzubehör* Ger 17

[L] **sullimatus** *für* subl~ Quadr Arg 10

[F] **sulunc** *gemäss, nach;* solum la ley Wl art Fz 4; sulun les chatels *je nach, im Verhältnis zu den Mobilien* Leis Wl 37, 2 | ~ceo qu'il, *cj, je nachdem jener* 11; suluc! I

sul[u]ng *Landflächenmass in Kent; zu* hyda *setzt* i. e. suling In Cn II 12 H; sulinghida, -hyda *Var.* [*Vgl.* X mansas Cantigene dicunt X sulunga; *Urk. a.* 973 *bei* Birch Cart. Sax. 1295; *andere Rechnung s. Chadwick* Anglo-Saxon instit. 244]

sum, *prn indf* **A**) *sbst.* 1) *mancher* VI Atr 5, 2 | *pl:* sume *einige ebd.* ‖ - . . - *einige (die einen) . . die anderen* Ine 42 2) *Einer im Verhältnis zu einer (im gn partit. stehenden) Zahl* **a**) ?*'einer unter (von)' ihr;* feowra ~ *selbviert* Wi 19. 21; syxa sum *selbsechst* Duns 1, 2. 8, 1; twelfa ~ *selbzwölft* II As 23, 2. VI 6, 2 b [*s.* siexta; twelfta. *Gehört etwas zu n.* 2 b? *vgl. Wülfing* Engl. Stud. 17, 286. *Auch mlat.* sexta manu *kann heissen: 'mit 6 Helfern, selbsiebent'; Bateson* Records of Leicester III 143] **b**) *neben, ausser jener Zahl;* þreora ~, *neben twegen* 7 þridda, *also* ***mit** dreien* II As 11; feowra ~, 7 beo himsylf fifta II Atr 4. [*Diese Bed. 'einer hinzu' erklärt* (?) *aus Vermengung mit Partikel* sam-, *die die Combination ausdrückt, Einenkel* Anglia 26, 537. *Vgl.* self, *fz.* sei] **B**) *adj* 1) *manch; fm dt:* on sumre þeode Reet 21, 4 | *nt dt:* on sumon (suman) lande 4a (4, 4) | *pl: einige; masc:* sume men syndan *es gibt Leute* Grið 21; ure geferan sume Af El 49, 3, quidam ex nobis *übsnd* [*vgl. Wülfing* Syntax I 434] | *nt dt:* on sumon (suman) landum *Landgütern* Rect 2. 3 (5, 1) ‖ r *der eine . . der andere; sg nt dt:* on sumen! landa . ., on suman . ., on suman 4, 5 [! quibusdam Q; *wenn pl, hängt* landa (*gn*) *davon ab*] | *pl:* sume gyltas . ., sume *einige Verbrechen . ., andere* Iudex 2 2) *statt unbest. Artikels; nt ac:* ~ landsticce *ein Stück Land* Reet 18, 1; ~ þing *etwas* Ger 13

[-sum] *s.* (ge)hiersum, gemænsum, genyhtsum, gesibsum, willsum

[F] li **sumenour**, *pl, die Vorlader vor Gericht* Leis Wl 47

[L] **summagium** *'Last von Pferden getragen' setzt* Q *für* **a**) seam Reet 5, 3 **b**) lad *Ladungstransport* 2

[L] **summonere** (*Var.* subm~, sumo~, ~nire *oft;* submanire ECf Pro [3]) *vorladen* 1) *Parteien zum Gericht* Hu 3 Cons. Wl art 8, 2. Hn 29, 1 c 2) *Hundert- und Grafschaft aufbieten* Hn com 2, 1. Hn 7, 4 | sapientes (*Witan*) *zum Weistum des Reichsrechts* ECf Pro [*vgl.* [F] sumuns]

[L] **summonitio** 1) *Vorladung* Leis Wl 47 L. Hn 17, 2. 42, 1 (sumo~ 49, 1). 92, 18. Ps Cn for 9. ECf 24 2) *Ermahnung* VI As 8, 9 b Rb Q

[L] **summonitor** *Vorlader vor Gericht* Leis Wl 47 L, sumenour *übsnd*

sumor *Sommer; gn:* sumeres *im S.* Ine 40 | *dt:* on sumera 38. Reet 9. Ger 9 | *ac:* ealne ~ *ganzen S. lang* Reet 14; midne ~ Ine 69 (somor Ld) *Mittsommer, 24. Juni* [*vgl.* middes~]

[F] **sumuns**; *pf pc pl:* seient ~ *sollen vorgeladen werden* Wl art Fz 8, 2, summoneantur *übsnd*

[F] **sumunse**, *obl, Vorladung, Aufforderung;* a l'autre ~, a la terce ~ Wl art Fz 8, 2

[F] **sun**, *poss.* 1) *adj no:* ~ cusin Leis Wl Pro (son I): ~ quor 10, 2; son I | *ac:* ~ lechefe (sien Hk) 10; ~ were 12 | *obl nach prp:* a ~ seinur 20, 2 (son, soun I); dedenz ~ plege 3 (son I); en ~ demaine (soun I 17); ~ propre 17 b (son Isp); en ~ liu Wl art Fz 6, 1; par ~ haume, ~ escu Leis Wl 20, 2 (soun Im, son Io); pur ~ dreit 14, 3 (soun, son I); vers ~ seinur 12 | *obl. gn. Sinnes:* cheval ~ pere 20, 2; tens ~ cosin Wl art Fz 4, propinqui *übsnd* ‖ *fm ac:* sa were Hn Lond 7. Leis Wl 13; sa file 35; de sa manbote 7; en sa honur Wl art Fz 2; en sa peis 3; par sa lance e par s'espee Leis Wl 20, 2 ‖ *pl no:* ses Wl art Fz 1. 3. 8 a; ses bordiers Leis Wl 17 a | *ac:* ses enemis Wl art Fz 2; -testimonies Leis Wl 21, 1; retenget se! chatels 30, 1; de se! treis defautes 47; par ses pers 23 2) *sbst nt ac:* pur le son *für das Seinige* 44, 2

[-sund] *Der.:* gesund(fulnes)

sundornote, *ac, besonderes Amt* Geþyncðo 2; *unübs.* ~ta Q

sunna *Sonne; gn:* ~nan upgong Af El 25 (- setlgong 36), orto sole (solis occasum) *übsnd* | *ac:* weorðige (*anbete*) ~an II Cn 5, 1

an **Sunnanæfen** [*ac*] *am Sonnabend* efter hire setlgange Wi 9; *obwohl ~ Ein Compositum scheint, bezieht sich* hire *auf sein erstes Glied*

Sunnandæg *Sonntag; gn:* ~ges weore Ine Rb 3; cieping EGu 7. VI As 10. I Cn 15 B. Northu 55; freols EGu 9, 1 = II Cn 45 (~dages A). V Atr 13 = VI 22, 1. Cn 1020, 18; freolsung II Eg 5. = I Cn 14, 2 | *ac:* on ~ Ine 3 | *pl gn:* ~daga cieping VI Atr 44 (Sunnon-VIII 17). I Cn 15 | *dt instr:* Sunnondagum II As 24, 1

on **Sunnanniht**, *ac, am Sonntage* Af 5, 5 [*vgl.* niht *n.* 2]

[F] **sunt** *s. estre*

sunu *Sohn* Af El 3 Ld (*Christus meinend* 49. 49, 7). Ine 23. 23, 3; *hinter dem gn des Vatersnamens und mit diesem Cognomen bildend* Oddan ~ VI As 10; Stegitan ~ II Atr Pro | *gn:* on suna (*Christi*) naman Iud Dei VI 1;

~! Exeom VII 2; suna~ *Sohnessohn* (*Var.:* sunu~, sunsunu) Norðleod 11 | *dt:* suna Af El 12; sune H; sunea! G; ~ So Ld | *ac:* ~ 21; *Christum* Iud Dei VII 13 A. 23, 1 A. VIII 1. — *Der.:* bisceps~, gods~

L**super,** *m ac* 1) ~ aliquem interciare (invenire) *gerichtl. klagend gegen* (*ertappen bei*) *jem.* II Cn 24, 1 Q (CHn cor 14) 2) ~ forisfacturam (witam) *unter Drohung von* Wl art 10. Q: II Eg 5. II Cn 17, 1. 80, 1 = Lond ECf 32 B 5 3) *an, auf, teilhaft belastend: tertius* denarius ~ forisfacturam $^1/_3$ *des Strafertrags* Lond ECf 12, 10 A 1

L**super-** *übs.* ofer- [*s. d.*], for-, ufera

L**superabundare** *überschüssig, wertvoller sein* [*'reichlich sein' Vulgata*]

L**superaccrescere** *vermehrend hinzutreten* Hn 8, 1

L**superaudire** *hören* Q: II Cn 23, 1. Swer 8, oferhieran *übsnd* [*vgl.* supervidere]

L**superauditio** *Ungehorsam* II As 20 Q, oferhiernes *übsnd; Var.* suba~

L**superaugmentum** *Zuwachs, Vermehrung* (*im Viehstand*) Rect 6, 1 Q, þæt he ofer þæt arære (*was er über den Bestand aufzüchtet*) *übsnd*

L**superconfidere** *allzu sehr vertrauen* VI As 8, 7 Q, ofertruan *übsnd; Var.:* superfi~

L**superdicere** *verklagen* III Eg 4 Q (*auch* Rb *S.* 195), forsecgan *übsnd*

L**superexcipere** V As Pro 3 Q, oferhebban (*vernachlässigen*) *übsnd*

L**superhabere** *setzt* Q *für* 1) oferhebban *vernachlässigen* II Ew 5. VI As 8, 5 [*wol verwechselnd mit* -habban] 2) ofer habban *beherrschen* II Atr 1 3) þe we dom ofer agan *über die wir Urteilsentscheidung besitzen* Episc 14

L**superhabundare** *s.* superab~

L**superinfracta** et minus observata iuramenta et vadia *gebrochen und vernachlässigt* IV As 3, 2, *wohl übs. aus* wedd 7 borgas oferhafene 7 abrocene V Pro 3

L**superintemptare** animis sedulitatem fallendi *Trugsucht den Geistern aufbürden, beibringen* Quadr Arg 12

L**superiuramentum** *klägerischer Voreid* V As 2 Q, forað *übsnd; dies also lag vor für* ~ III Em 6, 2

L**superiurare** 1) causam suam *seinen Prozessanspruch als Kläger im Voreid beschwören* Geþyncðo 4 Q, swerian *übsnd* | ~ ad verbera *jem. zur Prügelstrafe treiben durch Klageeid* Ine 54, 1 Q, bedrifan to swingan *übsnd* 2) *überschwören, prozessualisch besiegen durch stärkere Eideshilfe* [*vgl.* ofercyðed]; ~ eum in immunditiam II As 11 Q, gescyldigan *übsnd; daraus, aber* ei immunditiam *ihm Schuld aufschwören* Hn 74, 2 a

L**superlabrum** *Oberlippe* II Cn 30, 5 Q, uferan lippan *übsnd*

Superlativ 1) *ausgedr. durch Verneinung der Steigerungsmöglichkeit:* rihtor (bet) ne cuðeu III Eg 3 = II Cn 15, 1 f. Duns 3, 3; *vgl. Comparativ n.* 4 2) swa ~ *so .., wie nur irgend, s.* swa *n.* IV E

L***Superlativ*** *gebildet durch* postremo *s. d.*

L**superloqui** *einklagen* II As 11 Q, sprecan *übsnd*

L**superpellicium** *weissleinen Chorhemd des Klerus* ECf 36, 5

L**superplus** *Überschuss* Hn 70, 9. 88, 11 c; ofereaca *übsnd* Q: VI As 1, 1. 6, 1

L**superreddere** *höher bezahlen* Duns 5 Q, ofer .. gyldan *übsnd* [*und irrig verbindend*]

L**supersedere** *setzt* Q *für* 1) forsittan *versäumen, zu folgen unterlassen* Q: Ine Rb 51. II As 20. VI 8, 5. Hu 3. 5, 1. I Atr 4, 3. II Cn 29, 1. 65. Hn 17, 2 2) forgiemeleasian *nachlässig sein, nicht Obacht geben* VI As 11 3) oferhealdan *versäumen zu bezahlen, vorenthalten* As Alm 2, *Var. für* supertenere [*vgl.* sursera, sursise *und:*]

L**supersessio** *Terminversäumnis* Hn 50. 53 [*vgl.* ~sedere]

L**supertenere** *'vorenthalten, zu entrichten versäumen' setzt* Q *für* a) forhealdan EGu 6, 1 b) oferhealdan As Alm 2 (*Var.:* supersedere) c) forwiernan II Cn 48 Rb *S.* 537; *deren eines lag also vor für* ~ IV Atr 3 d) *als synonym mit* dare nolit I Cn 8, 2 Q *setzt* ~neat Hn 11, 2

L**supervacue** *schwach* I Cn 26, 1 Q, wace *übsnd; schwächlich, feig* Hn 43, 8. 88, 15

L**supervidere** *sehen* Q: II Cn 23, 1. Swer 8, oferseon *übsnd* [*vgl.* superaudire]

L**supervincere** *überstimmen* (*im Urteilfindercolleg*) III Atr 13, 2 Q, oferdrifan *übsnd*

L**supervindicare** in, *m abl, Rache üben an* (*gegen, durch Tötung von*) Hn 88, 9 a

L**supervivere** *überleben, m ac,* ECf retr 34, 2 b

L ***Supinum*** *liebt für ags.* to + *inf.* Cons Cn: aditu II Cn 17, 1; promeritu et observatu I 2, 1; *später glossirt:* ut promereatur, observetur

L**suppletio** *Ersatz, Ergänzungsnachwuchs* Hn 56, 1; 3

F**sur** 1) *auf;* jurer ~ seinz Leis Wl 10 a. 13; sor I 2) *belastend, klagend gegen;* ~ lui jurer 14, 3 3) *trotz, siegend über;* ~ testimonie 46 4) *bei Androhung von;* ~ la forfeture Wl art Fz 10, super forisfacturam *übsnd*

F**sure,** *adv;* hom lui mettid ~ *man legt ihm zur Last, macht gegen ihn geltend* Leis Wl 24; sur I

F le **surplus,** *ac, den Rest, das Übrige* Leis Wl 9. Wl art Fz 3, 2, quod remanet *übsnd*

L**Surr[eia]** *Surrey;* in Sureie Hn Lond 15; *Var.* Surr'

F**sursera** le cri, *fut* 3, *versitzt, versäumt das Gerüfte* (*zu verfolgen*) Leis Wl 50, forsitte *übsnd* [*vgl.* supersedere *und:*]

F la **sursise** [*ac*] le [*obl gn*] rei *Versäumnis* (*Ungehorsam-*) *strafe gegenüber dem König* Leis Wl 50, cyninges oferhyrnysse *übsnd* [*vgl.* supersessio]

L**Susanna** [*aus Daniel*] Iud Dei II 3, 4 (IV 3, 3. 4, 2; þæt wif *erklärt Glossator den Namen*). X 19, 3. XII 16, 4. XIV 3

F**[suschier]**? *verdächtigen; pl* 2: ~ez Leis Wl 37, 1 [*vgl. Londoner Stadtrecht* 12. *Jhs.:* si le visné suche d'aukun; *Bateson* Borough customs I 13]; *besser* mescreez

L**suspendium** 1) *Erhenken;* subeat ~ II Cn 35 Cons, gebuge hengenne *übsnd, irrig von* hengen *die Bed.* 2 *wählend* (*um den Unsinn zu vermeiden, führt ein Verbesserer Negation ein*); captionem (*Gefängnis*) *richtig* In; carcannum (*Stock zur Fesselung*) Q, *der aber laut* Hn 65, 5 *anfangs* hengen *unverstanden ins Latein übernommen hatte* 2) *Galgen;* in ~ mittere Af 35, 2 Q, on hengenne (*Gefängnis*) alecgan *falsch übsnd;* suspenso, suspendere *Var.*

L**sustentamentum** *geistige Stütze* Duel 6

L**sustentatio** *das Halten, Tragung* (*eines Speeres*) Hn 88, 3 b

L**sustentibilis** *erträglich* II Cn 2 Cons, aberendlic *übsnd*

suster *s.* ses∼

sutere, *dt, Schuster* Ger 16

be **suðan,** *südlich;* be norðan mearce nc - ∼ VI As 5. 8, 4

on **Suðengla** [*pl gn*] lage *im Südengländer-Recht*[*sgebiet; Ggs.* Dena-, Cantwara] Grið 9 **suðfæst** *s.* soð∼

Suðfolc *Grafschaft Suffolk* ECf 33; *Var.:* Sudfolca, ∼lkia, Sufulc

Sve- *s.* Sue-

swa I) *prn rel. indecl.:* swele neat ∼ fealle Af El 22 H; swelc *übr.* [*s. u. n.* III A *Z.* 7]

II) *adv.* **A**) *so* 1) *auf Voriges bez.;* and ∼ forð *'u. s. w.'* Wer 6 | eac ∼ *ebenfalls, ebenso* Af El 49, 7. Ine 30; ∼ *ohne* eac E | *ebensoviel* I Ew 2, 1 | *'ebenso'* AGu 3. I Ew 1, 3. IV Eg 1, 3; ∼ mot hlaford mid men Af 42, 5 | þæt ∼ si *mag es so gut sein, geschehe also* II Cn 22, 2; si hit ∼! *liturg. Schluss* 84, 6 | *synon. mit prn demonstr. ntr 'es'* [*neuengl.* so] *im nom:* gif man weddian wille 7 ∼ (*es*) hire gelicige Wif 1; *oder im ac:* ∼ don *wie vorgesagt handeln* Af El 36. I Em 1. Wl lad 1 | *demgemäss;* geswice be CXX oððe ∼ be*t*e Ine 14 **|** *vor adj;* ∼ ge*r*ad (ofslegen) man Af Rb 28 (Ine Rb 21) | ∼ fela scylda *ebenso viel* II Cn 71, 1 GA (71a B); ealswa *übr.* | *vor Quanten multiplicativ;* syx ∼ micel *sechsmal so viel* Mirce 1, 1 (syxfeald þam Ld); eft ∼ micle *nochmal so viel* 3, 1 Ld; oðer swilc DOH **2**) *so sehr;* bið ealles ∼ scyldig Af El 17 | gif si ∼ ungetrywe 7 ∼ tihtbysig II Cn 30 **3**) *ein vorerwähntes adj oder pc ersetzend;* hæbben weorð gemæne 7 flæso [*nämlich* gemæne] þæs *dead*an Af El 23 | sie gefulwad; gif hit ∼ ne sie Ine 2 **4**) *auf Folgendes bez.* **a**) ∼ . ., þæ*t so* . ., *dass;* ∼ abrece, þæ*t* he manslaga wurðe VIII Atr 1, 1 | ∼ longe, þæ*t* (*bis*) man wis*t*e II 9 **b**) ∼∼ *s. n.* III AB **5**) *eben zufällig;* God ∼ sen*d*e Af El 13 B) *ebenso wie* [*vergleich.*] **1**) *doppelt* **a**) *neben einander:* ∼∼ [*bei Sweet Ein Wort*]; ni*d*e ∼∼ nie*d*ling Af El 35; *einfach* ∼ GHLd **b**) *getrennt:* sie ealles ∼ þeowu ∼ oðru 12 | be*t*e cyninge ∼ ilce (sam*e* HB) ∼ mægðe Ine 76, 1 **2**) *einfach;* witeþeowne ∼ þeowne 54, 2 | mægðbot ∼ mannes Abt 74 | *c*ircean mundbyrd ∼ *c*inges Wi 2 | hlaford lufian ∼ hine Af El 49, 7 **C**) *verbunden* ∼ *n.* A *u.* ∼ *n.* B **1**) *sowohl . . als auch;* gebe*t*e ∼ wer ∼ wite Af 7, 1 | ∼ be gesiðcundum ∼ be *cierliscum* Ine 54 **2**) *entweder . . oder;* ∼ deað ∼ lif Af 7 | ∼ wer ∼ wun*d*e 42, 4 | ∼ pænig ∼ healfne VI As 6, 3 | ∼ cyninge ∼ þam þe gebyrige II 1, 5 | ∼ mid þryfealdre ∼ mid anfealdre I Cn 5, 4 | ∼ be wi*t*e ∼ be lahslite EGu 2, 3 (= V Atr 31). 4, 1 | ∼ be *were* ∼ be lahslite ∼ be are II Cn 49 | ∼ wið cyning ∼ wið *eorl* ∼ wið hun*dred* ∼ wið ælc 15, 2. **|** *Hinter* ∼ . . ∼ *folgt oft Nachsatz mit* ∼ (hwæðer), *s. u. n.* IV G. H **D**) *'oder';* *were* ∼ dolgbote Af 23, 2 [*vgl. Toller* 941a *Z.* 41] E) ∼ þeah [*Ein Wort Sweet*] *dennoch* V Atr 12, 1 = VI 21 — I Cn 13, 1. Norðleod 10

III) *cj* A) *wie;* ∼ hit cwyð (awriten is) Wi Pro 3 (II Ew 1, 3; eal ∼ scop sæde Grið 23) | eal ∼ we tealdon Wer 7 | sie on carcerne, ∼ he ær scolde Af 1, 6 | gebugan, ∼ hy sceolden EGu Pro 2 | *de*man, ∼ he wil*l*e Af Rb El 49, 6 | þæ*t* wi*t*e, ∼ [*'prn. rel.' Toller*] to angylde belimp[e] Af 6 ‖ *doppelt:* ∼∼ we gecweden habbað V As 1, 3 | ∼∼ dohtrum gedafenað Af El 12 So | ∼∼ sulh gega II Eg 1, 1; *einfach* ∼ AD **B**) *je nachdem;* gil*d*e, ∼ geboren sy Wer 2 | sing*e*, ∼ hy geearnian V As 3 | ∼ he gewyrht age (gewyrce) Af 7, 1 (23, 2. 42, 4) | ∼ domeras gereccen Af El 18 (wi*t*an fin*d*en 21) | ∼ bisceop scrif*e* Af 1, 2 | ∼ ryht wisige Ine 5 | ∼ borgbryce sie 31 | ∼ geþingian mægen 73 | ∼ man gewyrðe AGu 3; ∼ *c*anon (bisceop; boc) *tæce* EGu 3 (4; II Ew 5) | ∼ (be þam þe *übr.*) biscop wil*l*e II As 26, 1 Ld ‖ *doppelt:* ∼∼ man geþafige Eg 4, 1 | ∼ ∼ geþafian wil*l*e III 3 A; *einfach* ∼ GD C) *da, weil;* spræce (*klage*), ∼ orf eode Duns 1, 2 **D**) *wenn, sofern;* gil*d*e, ∼ he gonoh age Hl 5 | gif hwa stalie, ∼ his wif nyste Ine 7 [*'so dass' Toller*] | lif, ∼ he him forgifan wil*l*e Af 7 [*'je nachdem' Wülfing* Syn*t*ax II 162; *Toller* 941a *Z.* 25] E) *als, nachdem;* sona ∼ Cnu*t* gefæstnode I Cn Insc D **F**) *so dass;* ∼ man weorð uparæran mihte VI As 6, 3 **G**) ∼ . . ∼ *sei es, dass . . oder sei es, dass;* dyde, ∼ (*wie*) he *dorste*: ∼ he agnode ∼ he tymde I Ew 1, 5 [*vgl.* IV F ff.]

IV) *adv* ∼ *mit cj* ∼ *verbunden* **A**) *so . . wie;* ∼ oft, ∼ þear*f* sie (gebyri*e*; him begæð) Af 34 (II As 3; Rect 4, 1a) | ∼ lang*e*, ∼ man spo*r* wis*t*e VI As 4 | ∼ open, ∼ ær wæs Hl 9 **B**) *adv verstärkt durch* ilce (same); ætfealle bot, ∼ ilce (sam*e* H Ld So) ∼ wi*t*e deð Ine 76, 2 | ∼ ilce, ∼ sio manbo*t* deð 76 **C**) *so . ., als ob;* ∼ wel, ∼ he liv*e*s wære II Atr 9, 3 **D**) *vor cpa* **1**) *um so . ., je;* ∼ miccle bet, ∼ is ma*r*e þearf II Em 5 **2**) *je . ., um so;* ∼ he gecneordra, ∼ bið he weorðra Ger 5, 1 | á ∼ man bið mihtigra, ∼ sceal he deoppor gebetan VI Atr 52 **E**) *cj vor spla: so . ., als nur;* ∼ rihte, ∼ ge rihtoste cunnon I Ew Pro | [∼ man rihtost mag*e* I As Pro; *erg. davor* ∼ *rihte*; *od. 'wie man bestens'*] | ∼ *gode*, ∼ hy be*tste* geceosen (aredian) IV Eg 12. 2, 1 (2) **F**) feo oððe aðe, ∼ hweðer ∼ (*welches von beiden*) him liofre sie Hl 10 | ∼ hweðer ∼ cyning wil*l*e: *töten oder lösen* Wi 27 **G**) *mit verallgemeinerndem Sinne* [*vgl. Relativum generale*]: *so . ., wie immer;* sy ∼ boren, ∼ he sy II Em 1 | sie (wære) ∼ fela, ∼ hiora sie (wære) Af 12 (Ine 43, 1) | geandet, ∼ hwætt ∼ þu onwite Iud Dei VII 23, 3 A, confitearis quicqui*d* scias *übsnd* | ∼ hwelc (swylc *ohne* ∼ B) þyssa, ∼ man ge*ræde* II Cn 30, 5 | ∼ hwa*r* (*wo immer*), ∼ man nol*d*e (he þorfte) EGu Pro 2 (Geþyncðo 3) | ∼ hwær, ∼ hit sy, ∼ be norðan ∼ be suðan *entweder n. oder s.* VI As 8, 4 | *t*ieme mon ∼ fioh, ∼ hit sie Ine 53; ∼ hweðer ∼ hit sie HB H) *hinter cj* ∼ *tritt* hweðer **1**) *was von beiden, entweder . . oder;* ∼ hweðer he wylle ∼ *ordal* ∼ að (wæ*ter* ∼ isen) I Atr 1, 3 (III 6) | cyre ∼ *wæter* ∼ ysen, ∼ hwæðer (swa B) him leofra sy Blas 2 | ∼ hwæðer ∼ heo beo: ful ∼ clæne O*rd*al 5, 2 | gewylde, ∼ hwaðer ∼ man mæge: ∼ ouone ∼ deadne III Eg 7, 1 D (= II Cn 25a); swæðer *statt* ∼ hw- ∼ *übr.* | gebe*t*e, ∼ hwæðer gebyrige: ∼ mid godcundre bo*t*e ∼ steore VI Atr 50 **2**) *häufig steht* ∼ hwæðer ∼ hit sie *hinter den beiden durch* swa *disjungirten Gliedern; z. B.* Ine 54. VI As 7. I Em 1; swæðer *statt* hw- ∼ B; *zweites* ∼ *fehlt* H | beo he ∼ freoh ∼ þeow, ∼ hweðer he sy II As 24. — *Für* ealswa II Cn 71, 1 f.; *für* beþamþe II As 26, 1 Ld [Wi 4, 1

swæse, *pl, heimische, eingeborene*

swæðer **I**) *welches von beiden;* syllan oððe lædan, ∼ man tæce *Rect* 5, 3 **II**) *mit* swa . . swa *entweder . . oder;*

swa werhades swa wifhades, ∼ hit sy I Em 1 B; swa hweðer *übr.* | gewylde hine ∼ man mæge: swa cwicne swa deadne III Eg 7,1 G 2; swaðor G; swaðer A; swa hwaðer swa D | ceose ∼ he wylle: swa ordal swa að II Cn 30, 2; *statt* ∼ *setzt* swa hwæðer swa B; swa weðer A

swan *Schweinehirt Rect* 6, 2; 4. — *Der.:* æhtes∼, gafols∼, ins∼

L **Swani** *s.* Sweon

swanriht *des Schweinehirten Recht und Pflicht* Rect 6, 1

[-swara] *s.* mäns∼

[-swarian] *s.* ands∼

swaðor *s.* swæðer

sweart, *prd, schwarz, dunkel* (*Strieme*) Abt 59 [*fris.* swart *vom Schlagfleck; His* Strafr. d. Friesen 323]

swelc I) *solch* A) *adj fm ac:* læde oðre swylce bote *nochmalige gleich hohe* II Eg 4, 2 | *nt ac: gedo* swilc tacn, þæt *dass* Iud Dei VIII 2, 3 **B)** *subst. nt:* gebireð oðer swilc to bote *nochmal so viel* Mirce 3, 1

II) *was immer; sbst nt:* beo þæra þreora [*Fälle*], swylc hit beo Grið 17 | *im selben Sinne* ∼ *correl. mit folg.* swa; *ac:* ceorfan oððe hættian, swylc (swa hwylc GA) þisra, swa man wyle *davon eines, je wie m. w.* II Cn 30, 5 B

III) ∼ *correl. mit folg.* ∼, *das* **A)** *adj.* **1)** *welch .. solch; nt instr:* mid ∼ce hrægle he ineode, mid ∼ce gange he ut Af El 11 **2)** *solch .. welch; nt ac:* wyrcan swile weorc, swilc man tæcð *Rect* 4 a | *pl dt:* æt swilcan þingan, swilc [*nt? cj statt* swilce? *auf* mæð *bez.?*] his mæð sy *Rect* 3, 4 **B)** *zweites* swylce *ist cj:* '*solch .. wie*'; sy swylc forgifnes [*fm*], swylce hit gebeorhlic sy III Eg 1, 2; swilc [swilce A] f-, swilce DA | swylce mildheortnesse [*fm ac*] don, swylce riht þince Cn 1020, 11 | abidden swylc ryht [*nt ac*], swylce hit kyn sie Ine 42

IV) ∼ *correl. mit folg. prn* ∼: '*jeder der, welch immer*' **A)** *adj:* swylc gerefa, swylc þis forgymeleasie V As 1, 2; swelce g-, swylce Ld | swilc mann, swilce [*unorg.* -e] hit forsitte VI 8, 5 | folgie swylcum hlaforde [*dt*], swylcum (swylce Ld) he wille V 1, 1 | *sece* swylcne hlaford [*ac*], swylcne he wille *ebd.* | *sece* swylce socne [*fm ac*], swylce he *sece* IV 6, 2 c | ∼ neat [*nt*], ∼ fealle Af El 22; swylc n-, swa f- H

B) *sbst.:* swylc (swilce, *unorg.* -e H; swylce So) gerefena, swile (hwylc B; hwelc So) wære II As 3, 2; *vgl. n.* II. — *Für* swa hwelc *s. o. n.* II; *dafür* swa *s. o. n.* IV A; hwelo IV B

swelce I) *ebenso, gleicher Weise;* swylce Wi 18. 20. II Cn 76, 3 (*oder nt pl ac;* swyðe manega þinog B); eac ∼ *ebenso auch* Af 42, 4; eac swylce Excom VII 2 **II)** *wie, cj;* ∼ God swa sende *so wie da zufällig* Af El 13 | *wie zum Beispiel;* landriht arist, swilce is deorhege *Rect* 1, 1; *ferner* 29 *Z. vorher*

sweltan *sterben;* sceal deaðe ∼ Af El 14, *morte* moriatur *übsnd;* swyl∼ G; swelte, *op* 3, H | 3: swylteð Abt 78 | *op* 3: ∼te deaðe Af El 13. 15. 25 (swylte H Ld). 31. 32. Ine 12

swencan *belästigen; op* 3: ∼ce II Atr 9, 1 | *ptt op* 3: ∼cte 9; ges- Ld

L **Swennus** *Vater Cnuts d. Gr.* Lond ECf 13, 1 A

sweogian *s.* swig∼

[Sweon] *Schweden(volk), lag vor für* Swani Cn 1027 Insc (*Var.* Swavi). II Cn 5, 1 Q; Sweni I Pro Q *Var.;* Suevi Insc In *Var.* | Lachman [*s. d.*] rex Svevorum Lond ECf 13, 1 A

sweora *Nacken;* forberste se ∼ *breche ihm das Genick* III Atr 4, 1 | *dt:* ∼ran Af 77; ∼re! B

sweord *Schwert;* swurd II Cn 71, 4; swyrd B | *gn:* ∼des Ine Rb 29. Ine 29 | *dt:* ∼de Af El 34 | *ac:* ∼ Ine 29 B. 54, 1. Norðleod 10 | *pl:* swurd II Cn 71 a. 71, 1; swyrd B; swurud A

sweordhwita *Schwertfeger* Af 19, 3

sweostor *Schwester; dt:* ∼ter Af 42, 7 Ot Ld; swister H; swistær E | *ac:* swustor II Cn 51, 1

sweotolung *s.* swut∼

swerian *schwören* Ine 19 (∼igen! Bu). III Atr 2, 1. V 32, 2. Northu 57, 2; ∼igan Swer 1 B; ∼igean 2 B. 8 B; ∼ie! 1 H | *op* 3: ∼ige Af El 28 (∼rge G; ∼ie H). Ine 35, 1 B (oðs- *übr.*). II As 23 (swyrige Ld). 26. VI 12, 2. II Cn 36; ∼ie Ine 56. Grið 17 | *pl* 2 *st. ipa:* ne ∼gen ge Af El 48; ∼ren G | *pl* 3: ∼ Ine 28. 35. I Atr 1, 2 (= II Cn 30, 1). III 3, 1 | *ptt* 3: swor AGu 5. Swer 6 | *op* 3: swore Geþyncðo 4 | *pc:* gesworen AGu Pro B 2 — **1)** [*abs.*] *Eid leisten* Swer 1 H. 8 | *sich rein schwören* Af El 28 **2)** *m. ac:* að Ine 35 (aðas 28). AGu 5. II As 23. Swer 6; hyldaðas 1 B; manað II As 26 **3)** ∼, þæt, *dass m Objectsatz* **a)** *Vergangenes behauptend* Ine 56. I Atr 1, 2 — II Cn 30, 1 **b)** *versprechend* VI As 12, 2. III Atr 3. 1. Grið 17 **4)** *m prp:* ∼ æfter *zur Erlangung von* Geþyncðo 4 | be *unter Eideshöhe von* Ine 35, 1 | for *für den Eideswert von* 19 | on haligdome *auf Reliquien* III Atr 2, 1. 3, 1. II Cn 36 | ∼ under godas *bei Götzen* Af El 48 **5)** ∼ to [*adv*] *darauf, auf jenes Wort* V Atr 32, 2. Northu 57, 2 **6)** (*Versprechensinhalt*) *beschwören:* frið AGu Pro B 2. — *Der.:* fors∼, ges∼, mans∼, mids∼, ofs∼, oðs∼

[-swica] *Der.:* hlafords∼, manns∼

swican [*abs.*] *ablassen, abstehn* [*von Sünden*], *aufhören* I Cn 18, 1 A; ges∼ *übr.* — *Der.:* bes∼, ges∼; unswicende; geswicennesse; *vgl.* swicigende

swiccræftan, *pl dt, Truglisten* V Atr 25 = VI 28, 3 ['*Verrätereien*'; *Sweet*]

be cynincges **swicdome,** *dt, vom Verrat am König* Af 4 Insc B; hlafordsearwe *übr. in* Af Rb 4, *darüber* swice H

swice, *dt, Betrug, Tücke;* butan bræde 7 butan ∼ Swer 2; biswice B Q. — *Der.:* hlafords∼

swicigende, *pl, arglistige* V Atr 32, 1

[-swicnan] *s.* geswicne

swicne, *ac, gerichtliches Reinigungsrecht* Ine 15, 2; swycne Bu; ges∼ HB

swicollice, *fm pl ac, betrügerische* V Atr 24 = VI 28, 2

æt **swigean,** *dt, betreffend Stillschweigen, Nicht-Erheben gerichtlichen Anspruches* V Atr 32, 3 D

swigian *stillschweigen, gerichtlichen Anspruch nicht erheben;* sweog∼ V Atr 32, 3 D | *pc pl praed:* ∼nde (*m. Ggs.* sprecende) *beim Schweigen* Excom VII 8. — *Der.:* fors∼

swilc *s.* swelc

swin *Schwein; ac:* swyn VI As 6, 2. Duns 7 | *pl gn:* ∼na Ine 44 | *dt:* swynum 49, 3 | *ac:* ∼ 49; swyn *Rect* 6, 1. Ger 11. — *Der.:* gærss∼, sliehts∼

[swinc] *Der.:* ges∼; *vgl.* swinge

swinc[an] *sich abmühen, Ungelegenheiten tragen; op* 3: ∼ce for his agenon Forf 2 | *ptt op* 3: swunce II Atr 9

swingan *geisseln, prügeln; fl.:* to ∼nne Wi 22 f. | *op* 3: ∼ge II As 19; swynge Ld. — *Der.:* bes∼

swing[e]; *pl dt:* to ∼gum bedrifan *zu* [*Erleidung von*] *Prügeln zwingen* [*durch gerichtlichen Klage-Eid*] Ine 48 (~glum B). 54,2; swincum B, *mit* swine (*Pein*) *vermengend?*

swingelle *Geisselung, Prügelstrafe* Ine 5,1; ~gle HB | *ac:* ~lan 48; ~elan HB | *pl dt:* ~glum 48 B; ~gum *übr.*

swister *s.* sweostor

switelung *s.* swutul~ [swiðan

[swið] *s.* ~ðe, ~ðere; *Der.:* ofer-

swiðe, *adv, sehr, höchst, recht* 1) *vor adj:* mildheort Af El 36; swyðe H; ~ gesælig I Cn 18,2; mære Grið 22; swyðe hold, bliðe IV Eg 16 | to þam (*só*) ~ wund, þæt (*dass*) mæge Af 65 2) *vor adv:* emne Af El 43; georne VIII Atr 2,1 (swyðe EGu 4,1. V Atr 5); deope EGu 12; geowemlice IV Eg 14,1 | rihte *ordentlichst* Had 1,1; *genau richtig* Episc 6.12 3) *vor vb:* swyðe me eleð (*drehte*) II Em Pro 2 (IV Eg Pro) | to þam (*bis zu dem Grade, só*) ~ forwundie (weoxe), þæt nage (unne) Af 77 (IV Eg 1,2) | to ~ (*allzu sehr*) gedwealdon Af El 49,3 (swyðe *ohne* to H); gewurce VIII Atr 26 = swyðe II Cn 41; -swyðe slite I 26,3 | ealles to swyðe *gedrehte allzu sehr* II 69; --selle *allzu unbesonnen, heftig* 3 ‖ *cpa:* gyta swyðor rixian *noch stärker* (*ärger*) VI As 8,9 | hine þe swyðor (*um so eindringlicher*) teon, þæt he þe geornor wite Episc 7 ‖ *spla:* swiðost aræran *höchlichst* VI Atr 40 D; swyðost unlaga aweorpan *völligst* X Pro 2 | - *hauptsächlich, besonders* IV Eg 1

swiðere, *cpa, stärker, näher zum Beweise;* a bið andsæc (*Verteidigung*) ~ þonne onsagu (*Klage*) II Atr 9,3

swor(e) *s.* swerian **[-sworen]** *s.* mans~ **swur(u)d** *s.* sweord

swustor *s.* sweos~

swutelian *aufzeigen, offenbaren* I Cn 1b D. — *Der.:* ges~

swutulung; *dt:* to ~ge, þæt *zum Beweise, dass* AGu 5 | *ac:* ~telunge *Beweiszeichen, Urkunde* II Eg 4,1 A; swytolinga G; switelunge D; switelunga Ld; sweotolunga [*ob* -eo- *alt?*] So

swycn *s.* swicn

swylc, swyltan *s.* swel~

swyn, swyngan *s.* swin-

swyrd *s.* sweord **swyrian** *s.* swer~

swyðe *s.* swiðe

swytoling *s.* swutulung

sy I) *s.* se, *fm* **II)** *s.* is, *op*

sybb *s.* sibb

^{L}Sydonianus saltator Iovi placuit Quadr Arg 29

syfa *s.* sife **syhl, sylh** *s.* sulh

syhtig *s.* siextig **sylf** *s.* self

sylfrene (godas), *pl ac, silberne* Af El 10, argenteos *übsnd;* seol~ Ld

syll- *s.* sellan **sym(b)le** *s.* simle

^{L}symbolum *Beitrag, Geldsteuer;* sim~ luminis Q, leohtgesceot *übsnd:* EGu 6,2 (*Var.* lucis). I Cn 12, sim~ animae 13. 13,1 Cons, sawolsceat *übsnd*

^{L}Symon- *s.* Sim~

synd, -den, -don, -dun *s.* is, *pl*

s[y]nderlice *besonders;* sin~ VII a Atr 6,2

[-syndred] *Der.:* as~

synewe *s.* sinu

syngige, *op* 3, *sündige* Episc 6

synlic, *nt pl, sündlich* Episc 7

synn 1) *kirchliche Sünde; dt:* ~ne Af El 49,7; on frymðelicum (!) synne Iud Dei IV 3,1, originali peccato *glossirend* | *ac:* ~ne I As 3 | *pl gn:* ~na Wi 3. Iud Dei IV 1, vitiorum *glossirend;* sinna As Alm Pro | *dt;* ~num Wi 4 (= ~nan II Cn 55). IV Eg 1. VI Atr 1 = 42,1 = I Cn 18,1 = sinnan 1c D. Cn 1020,19. I Cn 25; ~nan V Atr 1 G 2 = X 1. II Cn 6 | *ac:* ~na V Atr 22 = VI 27. 52. I Cn 23 (synne B). Iudex 10; synno Iud Dei IV 3,4. 5, peccata *glossirend* 2) *weltl. Verbrechen; sg ac:* ~ Iud Dei IV 4,5, *aber* peccatum *glossirend* 3) *verbrecherische Schuld, Verschuldung;* butan ~! 3,5, sine culpa *glossirend* 4) *gerichtliche Beschuldigung; dt:* of (leasum!) ~ne V 2,4, de (IV 3,3. 4,2 falso) crimine *glossirend* | *pl ac:* ~na Af 14

synnig *schuldbelastet* Ine 57 (scyldig H So Ld); culpabilis *glossirend* Iud Dei IV 2,2. 3,5. 4,4 f. | *ac praed:* ~gne *als Schuldigen* ofsloge Ine 16 (scyldig B); -gefo 37; ~ingne B. — *Der.:* uns~; unsyngian

^{L}synodalis liber Af El 49,8 Q, sinoðboc (*Kanonessammlung*) *übsnd;* ~ sermocinatio *Witenagemot-*(*Reichsversammlung-*)*Beratung* VI Atr 1 L

synoð, *lat.* synodus, *s.* sinoð

syo I) *s.* se, *fm* **II)** *s.* is, *op*

^{L}Syon *s.* Sion **syr-** *s.* soir-

Syria *Syrien; dt:* ~ Af El 49,2; Siria G; ~ie 49,1; ~ HLd; Siria G ‖ *lat.* ~am Quadr Rb *S.* 539

syring *Buttermilch; gn:* blede fulle ~ge *Schale voll B.* Rect 14 | *ac:* ~ge 16; ~gia Q, *Var.:* sir-

syrw- *s.* sier- **syrwe** *s.* searo

syster *s.* sester **syð-** *s.* sið-

syttan *s.* sittan **Syward-** *s.* Siw~

syx- *s.* siex-

T.

t 1) *für* þ-: *s.* þegn(scipe), husting, þriþing, þryms | *für* -ð: *s.* hloð, (forð)-sið, þiefð, werfæhð 2) *für* -d(-): *s.* anfeald, dæd(bete), godgield, wiðhæfton, hundred, med(sceat), mid, mild-(heort), monta *aus* mund, strudung, betihtlod, wælt, (under)wed 3) *für* tt: *s.* (wudu)bærnet, (med)sceat [*pl*], seatan (*s.* settan); wyrttun 4) *für* c: *s.* andsæc, cwueu, liblac, mersc, secan, sehtan, spræc, teag 5) *für* r: *s.* getæcan 6) *geschwu.* **a)** *hinter* s: *s. spla zu* ær, betera, riht; Cristen, Westseaxe **b)** *hinter* h: *s.* radcniht, dryhten, niht, rih(t) II Cn 17,1 A, rih(t)lif, þegnriht, (frum-, stæl-, wer-)tihtle, (be)tihtlian **c)** *hinter* n: *s.* Went-, syn (*wir sind*) Grið 30 **d)** *zw. Consonanten s.* mildheortnes **e)** *hinter* f: *s.* eft **f)** *von Franzosen nicht gehört vor Labialen: s.* Retvers, Rodbert, strætbryce, strætweard 7) -t *unorganisch: s.* hundrodest [*gn*] IV Eg 10 C; last(lith) *für* lahsl- 8) *dafür* c [*s. auch* mætre, twædne], d, th, þ, tt *s. d.*

^{L}t 1) *für* -d: *s.* aput 2) *für* th: *s.* Theophania, turribulum, inthronizatio 3) *für* -tt-: dimit[t]ere 4) *für* c-: *s.* coagens 5) *geschwu. s.* Toteneis 6) *dafür* c (*s.* Tani, Toteneis), *d*, th *s. d.* 7) *vgl.* -ti

ta *Zehe* Abt 70. Af 64. 64,2 ff | *gn:* taan Abt 72 | *pl dt:* taum 71

tac *Griff, Fassen, Nehmen* [*Nordisch*] ECf retr 30,4 a, *als tactus erklärt* [*ungenau, durch Buchstabengleichheit*]. — *Der.:* wæpengetac

tacan *s.* tæcan

taccare: confirmare ECf 30,4 [*irrig, s.* tac; *viell.* tæcan *n.* 3 *meinend, oder* tæcnian *als 'anweisen, vorschreiben'*]; *Var.:* tactare, tractare

tacn *Zeichen* 1) *dt:* to ~ne, þæt *zum Beweisz., dass* Af El 11 2) *ac:* Cristes *rode* ~ *Kreuzesz.* Ordal 4,1 3) ~ gedon (*Wunder-*) *Z.* Iud Dei VIII 2,3; ~ settan VII 24 A, signum *übsnd*

tæcan Ine 64 f.; tæcean Duns 3,2; *fl.:* to tæcenne VI As 8,8 | 3: tæcð

II As 22, 2 = II Cn 28, 1 (*tace* A). VI As 8, 7. 12, 2. I Em 3 = II 4. II Eg 5. IV 1, 4 f. V Atr 7 (22) = VI 4 (27). VIII 27 = I Cn 5, 3. II 45, 1. 54, 1. 75, 2 BA | *pl* 3: tæcen Duns 3, 3; ~ II Eg 3, 1 = VIII Atr 8 = I Cn 8, 2 (teacan A). III Eg 5, 2 = II Cn 18, 1; teacan A; tæcean 75, 2 G | *ptt* 3: tæhte I Cn 22, 2; teahte B. — **1)** *vorweisen, vorzeigen* **a)** hida *als bestellte Flur* Ine 64 ff. B; *geändert aus* tæcnan H; tæcnan E **b)** ~ spor *verlorenen Viehs* VI As 8, 7 f. **2)** *Richtung des zu Tuenden angeben, vorschreiben* **a)** *Subject kirchlich:* man V Atr 22 = VI 27. II Cn 45, 1; canon EGu 3; regol V Atr 7 = VI 4; bisceop VI As 12, 2. I Em 3 = II 4. VIII Atr 27 = I Cn 5, 3. II 54, 1; bisceopas IV Eg 1, 8 **b)** *Subject weltlich* (*befehlen*): man Rect 4 a; cyning VI As 8, 9; domboc II Eg 3. 5; gerædnes IV 1, 4 f.; lagu II Cn 75, 2 BA; lagan G **3)** *anordnen;* lahmen woh tæcen Duns 3, 3; riht 3, 2; bisceop 7 ealdorman Godes riht ge woruldriht ~ III Eg 5, 2 = II Cn 18, 1 **4)** *m. dt, lehren:* gebed [*ac*] cnihtum I Cn 22, 2 **5)** ~ [*m. dt*] to *beschränkend anweisen auf;* ~ him to þam dæle II Eg 3, 1 = VIII Atr 8 = I Cn 8, 2 **6)** ~ [*m. dt*] from *wegweisen;* his men fram him *von sich* II As 22, 2 (get- Ld) = II Cn 28, 1. — *Variirt mit* tæcnan, *s. d.* — *Der.:* bet~, get~, tot~

tæcing *Anweisung, Vorschrift; dt:* ~nege VIII Atr 28; ~ge Cn 1020, 9. — *Der.:* boct~

tæcnan *vorweisen, zeigen* Ine 64 ff.; tæcan HB; *unübs.* tecnet Q | *op* 3: ~ne 66; tæce HB. *Variirt mit* tæcan, *s. d. Vgl.* taccare

[-tægl] *Der.:* cut~, oxant~

I) [tæl] *Zahl; dt:* [be tæle] *lag viell. vor für* secundum numerum Forf 3 Q. — *Der.* (bold)get~; *tien-manna-tale?*

II) tǽl, *ipa, lästere* Af El 37, detrahes *übsnd;* tale Ld

tæm- *s. tieman* **tæmes-** *s.* tem~

L**tainus** *s.* þegn

L**talea** *Kerbholzbrett als Quittung über eine Leistung* Hn 56, 1

talian *erachten;* 1: ic to soðe ~ige *halte für wahr* Swer 4 | *pl* 3: ~að þe wyrsan *schätzen* Grið 21

L**taliare** (*Waldholz*) *schneiden* Af 12 Q, heawan *übsnd*

L**tallagium** *Steuer für den König* Wl art Lond *retr* 5

[-talu] *Der.:* boct~, frumt~, tot~, *tien-manna-tale?*

L**Tamesis** *Themse* A Gu 1 Q (*Var.* Thamisia), Temes *übsnd;* Tamensis Lond ECf 32 D 4; *Var.* Tham-

[-tang] *Der.:* fyrt~

L**Tani;** Hasculfus de ~ Hn Lond Test; *Var.:* Tanei, Taney, Cani

F**tant** **1)** *sbst no:* ja ~ n'i ait (averad) *sei davon noch so viel* Leis Wl 5 (5, 1) | *obl:* a ~ cum (*sei*) *ebenso viel wie* 20, 4 | pur ~ cum, *cj m sbjf, sofern als* 29, 1 | si ~ [*ac*] pot atendre chatel Wl art Fz 3, 1, quamdiu substantia perduraverit *übsnd* **2)** *adj pl obl:* de tanz os cum *für so viele Knochen, wie* Leis Wl 10, 1; ~ I

L**Tantalus** Quadr II Præf 13

L**tanus** *s.* þegn

L**tascha** *Geldbeutel* Hn 78, 5

Tautologie: gif se hlyst oðstande, þæt he ne mæge gehieran Af 46, 1; *vgl. Hendiadyoin* **te** *s. teon* II

teacan, teahte *s.* tæcan

téag *Schrein; ac:* ~ge i. e. sorinium II Cn 76, 1a Q; *tege* G; tyge A; alias *teah* Ld; cæge, *spät am Rande* tægan *schwach* B. — *Der.:* beormt~

team **1)** *Gewährzug;* se ~ gange forð I Ew 1, 1; ~berst II Atr 9, 3 (deficit advocatio Q); ~ beo on kyninges byrig III 6, 1; nan ~ II Cn 24, 1 | *gn:* ~mes wierðe 23 (warantum nominare In; advocatio tutationis Cons) | *dt:* æt ~me gebrengan (*den Veräusserer*) Hl 16, 1; ~me fylgean II Atr 9 (eundum cum advocante Q); to ~me hæbbe borh 9, 1 (ad appellationes Q); betweox ~me 9, 4 (inter advocandum Q) | *ac:* liviendre handa ~ gecenne 8, 1 (viventem warantum vocet Q); na furðor ~ cenð 9, 4 (nec ultra advocet Q); him ~ geþafian Hu 4, 1 (cenninga Q; attestatio, trahere ad tutelam Cons Cn) **2)** '*Vorrecht, über Gewährzugsprozess zu richten, samt Ertrag daraus', hier stets hinter* toll *genannt;* tem Leis Wl 2, 3; *them* L; *theam* Hn 20, 2; ~ In Cn III 58, 1. ECf 21, 1. 22, 3; *retr* 21; *Var.:* theam, them **3)** *Der.:* heret~

teaman *s. tieman*

F**tel,** *ac, solch;* cheval ~ cum (qu' I) il out Leis Wl 20, 2; servise ~ cum a li append 30, 1

L**tela** *setzt* Q *für* tol *Werkzeuge* Rect 4, 3b [*falsch, durch Buchstabenähnlichkeit*]

[-teld] *s.* get~

tel[l]an **1)** *zählen, rechnen;* 3: him to agenum teleð IV Eg 1, 5 **2)** *ptt pl:* we tealdan *wir sagten* Wer 7. *Der.:* at~, get

L**telonarius;** thelonearius *Erheber von Durchgangszoll* Cn 1027, 6

L**telonium** *Zoll;* thelon *von Durchreisenden* Cn 1027, 6; [*ags.* toll *lag wohl vor für*] *telon̄*, teloneum, tolneum, toloneum *der* (*für den König in London Kaufleuten abgenommene*) *Zoll* IV Atr 2. 2, 1. 3—3, 3; the~ Hn Lond 5. 12, *Var.* theol~, theoloneum | thel~ *Zoll am Stadttor* Hn 80, 3b; theloneum ECf 22, 2, *Var.* thol-, theol-, *als Erkl. für* toll | *Var. im* Quadr *für* toll, *s. d.*

tem, teman *s. team, tieman*

Temes *Themse;* up on ~se [*ac? dt?*] A Gu 1; andlang Témese [*gn*] B 2; Tamesis Q

t[e]mespil[e] *Siebstange?; ac:* tæmespilan Ger 17

temples, *gn, Tempels* Af El 11, templi *der Exodus übsnd*

L**templi** purificatio *setzt für* mynsterclænsung *Entsühnung des Kirchengebäudes* I Cn 2, 5 Cons

L**tempora,** *tempus Zeitlichkeit, im Ggs. zur Ewigkeit* VI Atr 6 L

L**temptamenta** *böse Versuche, Ränke* Iud Dei II 4, 2. IX 2, 2. X 20, 2

L**temptator** *einer der Gott versucht, Gottes Allwissenheit auf die Probe stellt, ebd.*

[-tendan] *s.* ont~

L**tenementum** *Land lehnrechtlich besessen;* pares de eodem ~to Leis Wl 23 L, *tenure übsnd* | *Lehn* (*mit Kriegsdienst belastet*) Wl art Lond *retr* 8. Lond ECf 32 A 9 f. [*Vgl. tenere n.* 4]

L**tenere** **1)** *bei sich in Schutz halten* Hn 10, 1 [*vgl.* manut~] **2)** ~ *rectum s. d. n.* 3 **3)** ~ pro libero *betrachten, ansehn als* Wl art 8 **4)** *Land besitzen* Geþyncðo 3 In Cn; ~ de *zu Lehn tragen von* ECf 4. Wl art Lond *retr* 5 [*vgl.* Ftenir *n.* 1] **5)** facere ~entur *zu tun verpflichtet sind ebd.*

F**ten[ir]** **1)** *besitzen, haben; pl* 3: *tenent terre* a *cense* Leis Wl 20, 4 [*vgl. tenure*] **2)** *beobachten, halten; pf* 3: *tint* leis Pro **3)** *erachten, ansehen; pf pc:* seit *tenu* a franc hume Wl art Fz 8, *tenere* pro libero *übsnd*

F**tens,** *obl, Zeit;* en cel ~ Leis Wl 1 I | al ~ le rey *unter Regierung des Königs* Wl art Fz 4, *tempore* regis *übsnd*

[L]**tentio** *Herbergung, Behaltung* In Cn Rb II 28, *S.* 616 [*vgl. tenere n.* 1]

[F]**tenure**, *obl;* ses pers de la ~ meimes *seine eigenen Besitzrechtsgenossen, vom selben Lehngut abhängend* Leis Wl 23 [*vgl. tenir n.* 1; *tenere n.* 4]

teolung *s.* til~

I) **teon** 1) *ziehen; ptt pc:* seip upp getogen hæbbe *Schiff ans Land gezogen habe* II Atr 3, 2 2) *nehmen; op* 3: teo on (*an, aus, von*) his æhta his heregeata II Cn 70 3) hine ~ on æghwæt *sich einlassen in jegliches* Episc 7. — *Der.:* tot~, utt~

II) **teon** *gerichtlich zeihen, anklagen, beschuldigen; tion* Af 33; ~ BSo. II Cn 20 | 1: ne teo ic Swer 4; te! B | 3: tihð III Atr 8; þe [*wessen*] me (eow man) - Swer 5. (Iud Dei VI 1); tyhð II As 14, 1; se þe - = *Kläger* Blas 2 B; *älter* teond H | *op* 3: tio Af 17 H (teo *übr.*). 31, 1. 36, 1; teo H B So. 11, 4. Ine 30. V As 2. Hu 6, 1. I Atr 1, 8; 12. III 13. II Cn 8, 2. 30, 7. 31a. 31, 1a | *pl* 3: ~ II Cn 30 | *pc dt schw.:* þam teondan III Eg 7, 1 D; ~de [*s. d.*] *übr.* | *ptt op* 3: se man, þe man *tuge* = *Verklagter* Blas 1. — 1) ~, *þæt ank., dass* Af 33. III Atr 8. II As 14, 1. Hu 6, 1. I Atr 1, 8; 12. III 13. II Cn 8, 2. 30, 7. 31, 1a 2) *m. gn der Schuld:* gewealdes Af 36, 1; facnes 17; fliemanfeorme Ine 30; þinges II Cn 31a. — *Der.:* beteon

urne **teonan**, *ac, uns angetane Schädigung* VI As 7. 8, 3

teond *Kläger* Ine 48; tiond H. III Atr 6; se ~ Blas 2 H; se þe tyhð B | *dt:* ~de III Eg 7, 1 (~*dan, pc v. teon,* D). I Atr 1, 5; 7. II Cn 25, 1. 30, 3 b; 6 | *ac:* ~de! V As 3, 1 Ld

teontig 100 Ine 70, 1 So; hundt~ *übr., s. d.*

[L]**Teophania** *s.* Theo~

lad **teorie**, *op* 3, *Reinigungsbeweis fehlschlägt, misslingt* Duns 4. 6, 3

teoða 1) *zehnt;* se ~ (*dæl*) án I As 3 Ld, *decima* (*pars*) sola *übsnd;* se ~ æcer I Cn 8, 2 | *ac:* þone ~an dæl II Eg 3, 1 (~ðen Ld) = VIII Atr 8 = I Cn 8, 2; ~an æcer VIII Atr 7 2) *kirchl. Zehnt; pl ac:* ~ðan sceattas Af El 38, *decimas übsnd* | *sbstirt statt* teoðunga Ld: ~ðan I As 2. 3; teoðe Pro. — *Der.:* feowert~, þreott~

teoðe *zehntens* VI As 10

teoðian, *op pl* 3, *zehnten, kirchl. Zehnt geben* VII a Atr 5, *decimare übsnd*

teoðingmann *Zehntschaftsoberer; gn:* ~nes Hu 4 | *pl dt:* ~num 2 | *lat:* teðingeman ECf 28[m] (*Var.* the-, tynigman); tienðe *heved übr.*

teoðingsceattum, *pl dt, kirchl. Zehntgeldern* IV Eg 1

teoðung I) *Zehnter, kirchliche Abgabe* II Eg 3 (~ðinge D). VIII Atr 9 | *gn:* ~ge II Eg 2 = I Cn 11. VII Atr 6 | *dt:* ~ge VIII 6 | *ac:* ~ge EGu 6. I Em 2. II Eg 1, 1. 3, 1 = I Cn 8, 2. VIII Atr 8; geogoðe ~ge V 11, 1 = VI 17 = VIII 7 = I Cn 8. 1; ~ðinge Northu 60 | *pl:* ~ga IV Eg 1, 3 | *dt:* ~gum I Em 2 Ld. II Eg 3 Ld | *ac:* ~ga I As Pro (teoðe Ld). 3 (teoðan Ld). IV Eg 1, 4 II) *Zehntschaft* (*poliz. Verband*); *dt:* of anre ~ge VI As 4; on ~ge gebroht II Cn 20 | *pl ac:* ~ge VI As 8, 1 | *decima*(s) *übs.* Q; in plegio (*s. d.*) II Cn 20 In; decimatio Cons, *deren Interpolator S.* 618 teoðunga *mit* warda, borch (*s. d.*) *synonym erklärt* [*vgl.* tienðe]

[F]**terce**, *fm obl, dritte;* a la ~ sumunse Wl art Fz 8, 2; a la ~ fiee Leis Wl 44, 1; *Var.: tiers*

[F]**tere** *s. terre*

[F]**terme**, *obl, Frist;* ~ aver Leis Wl 3; dedenz le ~ *ebd.;* a jur e a ~ 21, 1; *devant* le ~ 46

[L]**terminus** Q *für:* 1) *Zeitdauerschluss* Ine Rb 69 2) fierst *Frist* Af 1, 6. 2. 2, 1 3) *für* andaga *Termin* II As 11

[L]**terra** 1) ~ aperta *während der Beerdigung* I Cn 13 Q, æt openum græfe *übsnd* 2) *Landschaft, Gau, Provinz* VI As 8, 2 Q, land *übsnd* 3) *Grundbesitz, Hofstelle, Bauerngut* domum et ~am habens, *Haus und Hof* II Cn 20a In, heorðfæst *übsnd* [*vgl.* censaria, compascualis] 4) *Grossgut, Adelsterritorium* V As 2, land *übsnd;* ~ae dominus III Atr 4, 2 Q. I Cn 8, 2 Q. Cons, landrica *übsnd;* dominus, cuius in capite [*vgl.* caput] ~ est In; *vgl.* libera ~ *für* booland

[L]**terrarius**, *landbesitzend, setzt* Q *für:* 1) landagende Ine 51 2) gelandod VI As 11

[F]**terre**, *obl, Boden, Land* 1) a ~ abattre *niederwerfen* Leis Wl 18, 1 2) ~ cultiver *Ackerland bauen* 29 3) *Bauergut; departir* les cultivurs de lur ~ 29, 1; *venir* a lour ~ 31; li naifs qui departet *de* sa ~ 30, 1; *service* apend a lour ~ 30; *tenent* lur ~ a cense 20, 4; cuvenant *de* ~ 23 4) *Grossgut, Adelsterritorium;* li seinur de la ~, en ki ~ que ceo *seit* 27; a autri [*alterius*] ~ 30, 1; *de* la ~ 30 5) *dieses Staatsgebiet, England* Pro; fors de la ~ 41; hors *de* la ~ Wl art Fz 9; *ac:* ~ Inso; de la *tere*, defendre la *tere* 2

[L]**tertius** denarius *der Justizgefälle, gehörend dem* comes comitatus In Cn III 55. ECf 27, 2. Lond ECf 12, 10 A I

[L]**testamentalis** 1) *terra* ~ *setzt* Q *für* bocland [*s. d.*] VI As 1, 1. II Cn 13, 1 2) ~ servus, *als Verbesserung für* necessario-servus. niedþeow *übsnd*, Episc 11 Q [*vielleicht weil wie eine Sache vererblich?*]

[L]**testamentum** 1) *Besitz-Urkunde über ein Grossgut* Af 41 Q, gewrit *übsnd;* rectitudo ~ti *Rect* 1 Q, bocriht (*urkundliche Gerechtsame*) *übsnd* 2) Novum T~ Iud Dei I 22; N. ac Vetus V 2, 1

[F]**teste**, *obl* 1) *Kopf;* plaie en la ~ Leis Wl 10, 1 2) pur la ~ (*Lösegeld*) *statt des Lebens* 3, 1 ff.; *test* I

[L]**testificare** quicquam *bezeugen* IV Eg 6, 1 L, þing on gewitnesse cyðe *übsnd*

[L]**testificatio** *Zeugenschaft* IV Eg 7 L

[F]**testimonie**, *sg obl, Zeugenschaft, Zeugnis;* ~ (en) aveir Leis Wl 21, 2. 45, 2 (45, 1); ~ aver de *über* 6 (~oine Im, testem~ Io); *de lealted* 14 (testm~ Io, ~oine Im); ~ ad 4 hommes *hat als Z. 4 M.* 45; a ~ apeler 23 (*pl.* I); sur ~ *über, gegen Z. siegend* 46 | *pl: Zeugen; obl:* ses ~nies 21, 1. 21, 1a; *aver* les ~nies [*dafür*], qu'il 21, 1a (*überall* ~oines, testemoines Im, Io); apelerad a ~oines 23 I (*sg.* Hk); leaus ~oines Wl art Fz 5, fideles *testes übsnd*

[F]**testimonier** 1) *bezeugen; pl* 3: il ~*ent*, qu'il Leis Wl 21, 1a; ~oinent Im 2) *durch Zeugnis belasten, beschuldigen; pf pc:* est ~et de delcauté 47; *testem*- Im

[L]**testimonium** *setzt* Q *für* gewitnes: 1) *Mitwissenschaft, Vorwissen;* per ~ *Rect* 12; in ~io Ine 3, 1. 7, 1 2) *Eideshilfe* [*vgl. testis n.* 1] Wl lad 2, 3

[L]**testis**; *pl:* ~tes 1) *Eidhelfer* [*vgl.* gewitnes *n.* 7; *wente; testimonium n.* 2] Hn 31, 8; 8a. 45, 1a 2) ? *Gerichtsumstand* ECf 36, 3

teð *s.* toð **teðing-** *s.* teoðung-

[L]**Teutonici** Deutsche (*unter Hein-*

rich V.) Quadr Arg 18 | *Deutschredende neben* Frisones et Flandrenses ECf *retr* 32, 2; *Var.* Theut-

L**textus** euangelii *Evangeliar* II Cn 36 In; boc *übsnd* Ordal 4, 1 Q | *gleichbedeutend* ~ *allein S.* 430*

-tg; *dafür* teg *s.* gemetgian

th 1) *geschr. für* þ: *s. d. n.* 2 b 2) *im Lat.* 12. *Jhs.* **a**) *statt* -ht: *s.* æhteman, leohtgescot, riht *n.* I *ac*, fulwiht, Wiht, (morð-)wyrhta **b**) *für* t: *s.* folkesmot, gitseras, hlot, metegafol, team, tien, tol, utlah, -agare, wangtoð, weardmot **c**) *für* ch: *s.* Romfeoh 3) *ersetzt durch* ht: *s. d.*

L**th-** *für* t-: *s.* Tamesis, telonium, nearius, Teutonici, Tosti; attachiatus

F**th** *für* tt: *s.* jetter

L**thain** *s.* þegn **Thamisia** *s.* Tamesis

th(e)am *s.* team

-the(o)f *s.* I) þiefð II) infangeneþeof

thein, thenus *s.* þegn

L**Theodosiana** lex, *Codex Theodos., wird citirt* Hn 33, 4 [*benutzt aber ist sog.* Epitome Aegidii *der* Lex Romana Visigotorum]

L**T[h]eophania** I Cn 16, 1 Cons, Epiphania *übsnd*

L**thesaurus** 1) inventus *Schatzfund* Hn 10, 1 2) ~ regis *Staatsschatz Englands* ECf 15, 4 (*Var.* thesaurarius, *Schatzmeister*); ~ri *Königschätze* [*zu Winchester und London*] 38, 1

L**Thomas** I) *Apostel* Excom VI 1, 4 II) archiepiscopus, *I. von York* Lond ECf 34, 1a*

L**-ti** + *Vocal* 1) *ersetzt durch* -ci: *s. d., auch* torcias; *durch* -si *s.* -sio 2) -ti *für* -ci: *s.* Cilicia, iuditium

ticcen *Zicklein* Rect 15

tid [*meist fm, doch nt:* I As 1 Ld. I Cn Pro A; *vgl. Imelmann* Menolog 27] 1) *Zeit; dt:* to þam tide I As 1 Ld; andagan DG | *ac:* on þa easterlican ~ I Em Pro 2) *Hore; pl ac:* tida ringan Northu 36 3) *Festtag; dt:* æt s. Petres tide Af 43; on þære midewintres tide I Cn Pro; þam tid! A | *ac:* ofer middawintres ~ V Atr 18 D | *pl dt:* tidum I Cn 17, 2 *aus* tidan V Atr 19 = VI 25, 1. — *Der.:* dægtid, easter~, (heah)-freols~, heah~, non~, rihtfæstentid

[-tidan] *Der.:* mis~

tidsange, *dt, Horengebet* VII a Atr [6, 3

[-tidum] *s.* hwilt~ **[-tiema]** *s.* get~

tieman 1) *intr., im Anefangprozess verklagt, sich durch Gewährzug reinigen;* tyman I Ew 1, 2; þrywa II Atr 9 | *ptt op* 3: tymde *ebd.* ‖ ~ to *die Gewähr schieben auf; prs* 3: sio hond ~mð to oðrum Ine 75; tymð HB; tymeð So; se, þe he to tymð = *Bezogener, zur Gewähr Angerufener* II Atr 8, 1 | *op* 3: to deadan tyme 9, 2; ~me to þam ierfe Ine 53, 1; tæme! he to cyngæs sele [*Gerichtsort*] to þam (*dem Veräusserer*) Hl 16, 1 2) ~ to *das angeschlagene Stück Fahrhabe* [*ac*] *zur Gewähr schieben an;* ~ hine to þeowum Ine 47; hit ~ II As 24 Ot (tymon H; teaman! Ld); hit tyman Duns 8 | 1: ic hit tyme Swer 3, 2 | *op* 3: ~me þone mon to byrgelse Ine 53; tyme hit II Atr 8, 4 (cume B). 9, 2; þriwa II Cn 24, 2 (tyma B); seþe hit tyme, hit to þære handa tyme Duns 8, 2 | *ptt op* 3: hit (on riht) tymde I Ew (1, 2). 1, 5; tymæde B. — *Der.:* get~

tien *zehn;* tyn Af 11, 1 B. 35 Ld. 70 B. Ine 28 B. 65 Ld. 70, 1 B; teon 58 H; tyn Ld; feowertyne B | ~ manna tale [*ac*]: numerum X hominum *'Zehntschaft', Name des Freibürgschaftsverbandes bei* Eboracenses [*d. i. Northumbrern?*] ECf 20; *Var.:* tyen, then, ten, tene, tynne [*vgl.* teontig]

t[ie]nan *quälen; op pl* 3: tynan VI Atr 48

t[ie]ngewintredes; tyn~ monnes *zehnjährigen Weibes* Af Rb 26 H; *geänd. aus* ung~ *minderjährigen;* ung~ *übr.*

tienðe heved: caput de decem *Zehntschaftshaupt* ECf 28; *Var.:* tye-, ten-, -nde, -nte, tenc, tien; te[oði]ngman, *s. d.*

t[ie]nwintre; tyn~ cniht *zehnjähriger Knabe* Ine 7, 2 B; Xw~ *übr.; geänd. in* X wintra [*sbst pl gn*] H

t[ierg]an *plagen; op pl* 3: tyrian VI Atr 48

F**tiers** *s.* terce

(-)tige- *s.* tyge-

[-tigu] *s.* egeðget~ **tihl-** *s.* tihtl-

t[i]ht *leugbare Inzicht; dt:* be landesmannes tyhte *von Klage gegen Eingeborenen* II Atr 7 Ld | *ac:* gebete þone tyht *Klagesache der Partei* Af 3; tihtlan H

tihtan *klagen, bezichtigen* [*nach (nicht handhaft bei) der Tat*]; *op* 3: ~te oðerne sace [*gn: wegen*] Hl 10 (8); esne Wi 22 ff.

tihtbysig *durch öfteres Verklagtsein bescholten, inzichtbelastet, übel beleumundet* III Eg 7 A (~bisig D; tyh~ G). III Atr 3, 4. II Cn 22. 30; tyh~ 25 (calumniosus Cons). I Atr 1, 1; -bisi id est accusationibus infamatus Q | *pl dt:* tyhtbysigum III Eg 7 Ld | *ac:* þa ~sian III Atr 3, 2. — ~ *lag vor für* infamatus III Em 7, 1

tihtle *gerichtliche Klage mit Reinigungsmöglichkeit für den Verklagten* [*Ggs: Verfahren gegen handhaft Ertappte*] II Cn 53, 1 (~la B). 56, 1; tyh~ II As 14, 1; anfeald tyhle Ordal 2 | *gn:* ~lan unscyldig II As 23; tyhtlan betygen Ine 62 | *dt:* bete for ~lan I Atr 1, 14 B (tyh-H); mid ~lan beleege VIII 21 f. I Cn 5 (tyh-G; tihlan A). 5, 2 (tihlan A). 5, 2a; æt ~lan Duns 2, 1. Swer 5. Episc 5; be werfæhðe tyhtlan Ine Rb 54; tyhlan B | *ac:* se þa ~lan age = *Kläger* Hl 10; gebete þone! ~lan Af 3 H [*masc. Art. ist Rudiment aus ursprüngl.* þone tiht]; ofga ælc his ~lan *erzwinge jeder seinen Prozess* (*d. h. des Gegners Reinigungspflicht*) II As 23, 2 ‖ *Lat.* prima tihla id est accusatio *setzt* Q *für* frumtyhtlan II Cn 35 | tihla (id est compellatio) Q: Ordal 2 (Duns 2, 1); tyhla I Atr 1, 14 Q, *auch* Rb *S.* 217** | tihla Hn 9, 6. 45, 4. 57, 6; *synonym mit:* compellatio 59, 17, inculpatio 62, 3a, locutio 64, 1. — *Der.:* frumt~, stælt~, wert~, wiðert~

tihtlian *gerichtlich anklagen, bezichtigen; op* 3: ~ige anfealdre (þryf-) spræce [*gn*] *wegen Klage, bei der einfache Reinigung genügt (dreifache erfordert ist)* VIII Atr 19. 20 (20, 1) = I Cn 5, 1; 1a; tihl- A | *ptt pc:* se getihtloda mon II As 23, 2; ~leda Ld | *ac:* his getihtledan man 22, 2; getyh- Ot Ld | *pl:* oft (þeofðe Ld) getyhtlod wæron 7 Ld; getyhl- So; betihtlede H. — *Der.:* bet~, get~

tilian 1) tola to tune ~ *herbeischaffen fürs (aufs) Gut* Ger 14 | lochyrdla [*gn*] *Hürden herstellen* 9 2) *op pl* 3: on minan agenan ~ *sollen wirtschaften auf meinen Landgütern* II Cn 69, 1

tilð *Landarbeit* Ger 1 | *pl ac:* fela ~ða *Bodenerträge* 10 | *gleichbed.: schwach* **tilðe;** *gn:* ælcre ~ðan timan 1

t[i]lung *Ackernutzung; ac:* ænige tylunge IV Eg 1, 4; teolunga C

tima *Zeit* Ger 1. 8 | *dt:* ~an IV Eg 2a; to ~an II Cn 4, 2. Northu 9 [*nach Toller* 992 b *Z.* 3 *gn*] | *ac:* ~an I Cn 18a. Ger 1; an ~an Wi 11. I Cn 23. II 38. Northu 36 — 1) *Zeitpunkt* I Cn 23. II 38; geset *festgesetzter Z.*

Northu 36; rihtes ~ *gesetzlicher Z.* 9 | of þam ~an, þe *von dér Zeit ab, da* Rect 4, 1b; - gebidan, þonne *Zukunft, wann* I Cn 18a | *m. gn wofür?* ~ ælcre tilðan; yrðe Ger 1; þæs *dafür* 8 **2)** to ~an *alsbald* II Cn 4, 2 **3)** *Periode;* an þane forbodenan ~an Wi 11 **4)** on minum ~an *zu meinen Lebzeiten* IV Eg 2a

timber cleofan, *ac, Bauholz spalten* Ger 11

t[i]mbrian *bauen;* tym~ Ger 9

L**timpan-** *s.* tym~

timplean, *ac, ein Weberwerkzeug* [*vgl.* tum *Wolle karden*] *Ger* 15, 1

[-ting] *s.* husting **[-tinga]** *s.* int~

F**tint** *s. tenir*

L**tintinnum,** *no, Glocke, Schelle, Klingel* Hu 8 Q, belle *übsnd; Var.:* tit~ (*auch* Rb *S.* 540), **tinnitum**

tio(nd) *s.* teo(nd)

L**titulare** **1)** *in Titel* (*Abschnitte*) *teilen* Quadr Arg 31 **2)** *auszeichnen, hervorheben* Hn 6, 2a

on **Tiwesdæg,** *ac, am Dienstag* VIIa Atr 1 **tlef** *s.* twelf

-tn- *s. Gleitlaut n.* A II 16

to **A)** *prp* **I)** *m dt* **1)** [*Bewegungsziel*] *zu* **a)** *eigtl.:* cuman to bisceope V Atr 6 = VI 3, 1; *regiertem dt nachgest.:*-þe (*denen*) þys gewrit to cymð Wl lad Pro | gan to husle II As 23. Iud Dei VI 2. VII 13 A; - - wiofode VIII 1, 1; - - *ordale* II Cn 57 | si griðes wyrðe to gemo*te* 7 fram gemo*te* [*'gehend' zu ergänzen*] 82 | faran to us AGu 5 | soone habban to hirede II Em 4 | brenge to *d*ura Af El 11 (æt G); bringe to circan VIIa Atr 2, 3 | agife to stowum I As 4; niman to mynstre II Eg 3, 1 = VIII Atr 8 | gebugan to (*vor*) weofedan Grið 26; to sacerdan heafod ahylde 27 | to him gehateð *zu sich* Abt 2 | lædan to stæðe Duns 1, 2 | [*vor geogr. Namen*] *'nach';* læ*d*e to *R*ome II Eg 4, 1f.; gesamnode to Lun*d*en I Em Pro; sen*d*an to Syrie Af El 49, 1 f. | spere se*tt*e to (*an die*) *d*ura II Cn 75 | geteme to (*in, an*) cynges sele Hl 7. 16, 1 **b)** *übertr.;* gebige (læ*d*an) to rihte Cn 1020, 9 (II 20a. 33); gebugan to bo*t*e EGu Pro 2; to him Swer 1 | gebicge to þeowte Af El 12 HLd; on þeowenne EG, in famulam *übsnd* | to myrhðe becuman (lædan) Cn 1020, 20 (II 84, 2) | to gil*d*e cuman *zu Ersatz-Empfang* VI As 8; to *dæd*bote Excom VII 5. 22 | gecieran to bo*t*e II Ew 1, 1; - - *C*riste Af El 49, 2; - - rihte II Cn 67 | to orneste beclypian Wl lad 1. 2. 3, 2 | bedrife to swingum Ine 48; to ceace fordræfe Ine Rb 62 | nyde to weorce II Cn 45, 3 | to nedhæmde geþreatað Af 25 | fon to (*greifen zu, empfangen*) borge Wif 6; - - bo*t*e Northu 59; - - *w*ere I Atr 1, 9a = II Cn 30, 9; to rihtum lif*e* tofon *beginnen* Wi 3; to friðe fengon EGu Pro | *reg. dt nachgest.:* us hearm to fundode; eow unfrið to cymð Cn 1020, 5f. | to agnunge rymð II Atr 9, 4 | gan (weorpan, amanian) to hon*d*a, *s.* han*d* | dom to læwedum sceote Northu 5 | gislas to heom læ*te* Duns 9, 1 | to rihte gewendan VIII Atr 40; gewieldan 36 (*vgl.* IV Eg 1, 8) | to andsæ*c*e [*erg. 'gelangen'*] mæg VI As 1, 1 | (ge)tieman to *auf* (*Gewähren*) *hin* Hl 16, 1. Duns 8, 2. Ine 35, 1. 47. 75 | geþingað lan*d* to gafol*e* 67 | gewunige to s*c*rif*te* V Atr 22 **2)** [*Ausdehnungsziel*] (*bis*) *zu;* on gerihte to Bedanforda AGu 1; of stacan to mearce O*rd*al 1a; lan*d* aræran to weorce Ine 67; of lytlan to miclan Grið 23; angyld to þam ar*i*se Af 9, 1 | to þam swiðe (mycel, 'gewelegod, ''geþristian), þæ*t* *bis zu dem Grade* (*só*) 65 (þan B). 77 (VI As 8, 2 [to þan s*t*rang *daneben*]. 'Norðleod 7. 9 Ld. ''VI Atr 36) | to ahte *beträchlich* VI 40, 1 = II Cn 11, 1 **3)** [*Handlungsziel*] **a)** *Sprechens, Weisens: 'zu, an';* cleopiað to me Af El 34; kyðe to *t*unan III Atr 15; þe wor*d* to gecwæde *zu welchem* [to *nachgest.*] Hl 11; cwæð to wi*t*an VI As 12, 1; to *Gode* gebiddan II Cn 22, 1; 4; bewiste to gelas*t*e VI As 3; tæce to *d*æle II Eg 3, 1 = VIII Atr 8; riht to hiom gescrifen Hl 8 **b)** *Bestimmens: zu, für;* heal*d*e man hin*e* to (biscopes) *d*ome II Ew 3, 2 (EGu 4, 2); to deaðe forræde V Atr 3 = VI 10; to teame hæbbe bor*h* II 9, 1; læfdan to gewealde Becwæð 1 **c)** *Vorbereitens: für;* gearwige to huslgonge I Cn 19 **d)** *Glaubens: an;* geleafan to *G*o*d*e II Cn 22, 4 | gelyfe ic to *Gode vertraue zu* VI As 12, 3; - - to eow *traue auf euch* II Em 5 **e)** *Bezweckens: zu;* to monslyhte lænað Af Rb 19; to feormfultume II Cn 69, 1; to gerihtum Cn 1020, 8; to þearf*e* *zum Nutzen* II Cn 84, 4a; to nyte (no*t*e) Ger 13 (4); to gebeorge 7 friðe IV Eg 12, 1; to friðes bo*t*e 14, 1. I Atr Pro; to hæle I Cn 2; to lof*e* 7 wurðunge (wuldre) Iud Dei VII 24, 1 A (VIII 2, 4) | to þam þæ*t*, *cj, m opt, auf dass* Af El 13 **4)** [*objectives Handlungsergebnis*] *zu;* saula to forwyrde IV Eg 1, 5a **5)** [*Angabe des von der Handlung Begünstigten oder Berücksichtigten*] *für;* to hlaforðes seame (be*o*d*e*) Re*c*t 5, 3 (16); to cyninges ham*e* 1; to tun*e* *fürs Landgut* Ger 14; to hæpsan pinn 18, 1 | *verdient machen um:* to *Gode* 7 to me geearnian I As 4 **6)** [*örtlich ruhend*] *in;* to hwilcere (ælcere) byrig I As Pro (IV Eg 2a); to burgum II As 14, 2. IV Eg 5 **7)** [*übtr.*] *an, bei;* to læne facn wis*t*e Af 19, 2; to *f*o*r*e Af 34 H; on EB **8)** [*Angabe der Stellung oder Eigenschaft, die das Objekt erhält*] **a)** *prädicativisch 'als';* forgifan (weddian) to wif*e* Af 42, 7 (Wif 6); settan to geongrum Iu*d*ex 8; hin*e* to men feormie (onfo) Af 37, 1 (2); to homolan (preoste) beso*i*r*e* Af 35, 3 f.; (beon) ceorlas to gewitnesse Hl 16. V As 1, 5. IV Eg 6, 1; þæ*t* (*was*) he him to agenum teleð 1, 5a **b)** *final, zum Zwecke: zu, als;* (friðe) to we*dde* sell*e* Af El 36 (AGu 5); to bo*t*e Abt 33. 72. Af 2, 1; 44 ff.; to wite 12. 25. Ine 3; to fostre Ine 38; (metsunge) me*t*e, sufle Re*c*t (8) 9 | niman to bisnan VIII Atr 43 | to eacan *adv. 'ausserdem' s.* eaca; *prp. 'ausser' s.* toeacan **c)** [*hinter Verb des Werdens kann* to *deutsch unübs. bleiben*] ceo*r*l wearð to eo*r*le Grið 21, 2; geweorðe to woruldsceame *werde eine Schande* II Cn 53 **9)** [*betr. entfernteres Object der Handlung; deutsch bloss dt*] hir*e* woh to do Wif 7; to *nachgestellt* **10)** [*betr. Absicht, der das Object dient*] *behufs;* fun*d*e man [*ac*] to ra*d*e VI As 4; hin*e* to hearme geheold Hu 6 **11)** *hinter 'gehören* (*zukommen*)*': 'zu'* (*bezw. bloss dt*); wi*t*e (gel*d*), swa to angylde (w*e*re) belimpe Af 6 (6, 1. 31, 1); to *t*une (scipene) belimpð Ger 1. 3 (3, 1) | to byrig hyran Blas 3; swa wi*d*e, swa hit to byrig hy*r*e II Cn 22, 1 | ise*n* bið to o*rd*ale Hu 9 | sceal to tun*e* (gerefan) Ger 11 (18, 2) | gæð bot to eallum Af 71 | gebyreð to bocan (circan) VI Atr 51 (VIII 6) | *regiertem dt nachgestellt*: ham, þe feorm to belimpð Af 2; mynstre, þe (hit) to hyrð (hyrde) II Eg 1, 1 (VI Atr 21); tun, þe he to hy*r*e Hl 5; swa him to begæð Re*c*t 4, 1a **12)** [*hinter 'bitten, nach-*

suchen'] *von .. her, bei;* wilnian to heom fultum VI As 8, 3; *sece* lihtinge to cynge III Eg 2, 1 [*vgl.* Salomo und Sa*t*urn 440: to freondum fultum secan] **13**) *betreffend, bezüglich, gegenüber;* unswicende to *G*odes gerihtum Cn 1020, 2; to woruldwurðscipe si þegenlage wyrðe V Atr 9, 1 = VI 5, 3 = I Cn 6, 2a **14**) *nach, gemäss, auf;* to cyninges gebanne *Rect* 1, 1; to bisceopa dihte EGu Pro 2 | to þam healme *nach Verhältnis von* Ine 61 **15**) [*adverbial.; vgl. Einenkel,* Beibl. zur Anglia, *Nov.* 1901, 330] to soðe *wahrer Weise* Swer 4; to ræde *weislich, vorteilhaft* VIII Atr 43; to unrihte Northu 42 **16**) [*Angabe des Wertes*] *zu;* we lætað to 8 mearcum AGu 2; ga wæg wulle (hors) to pun*d*e III Eg 8, 2 (VI As 6, 1 f.) **17**) to + *flect. Inf.* **a**) *hinter* beon: *sollen, müssen* *α*) *mit persönl. Subject* [= *Lat. pass. fut. pc*]: he bið to profianne, sleanne, alysanne Wi 28 = Ine 20; gyltas beoð to betanne Iu*d*ex 2; hit (*gemot*) is to secenne II Cn 17, 1 G; riht is AB *β*) *hinter unpers.* is [*Lat. Gerundium*]; us is to þencanne, hu *nobis est cogitandum* I As 3; hwæt him sig to *d*onne II Cn 84; þæ*t* is to þafianne AGu 5; - - ryhtre to aleoganne Af 1, 1 **b**) [*hinter* agan, habban] *dürfen;* nage to bebycganne Af El 12; hæbbe to gyfenne II Cn 79, habeat ad *d*an*d*am [*also Gerundiv richtig verstanden*] Q **c**) *hinter anderen Verben* *α*) *inf. activisch:* wandiað to gerecceanne I Ew Pro; murne to recceanne Iu*d*ex 3 *β*) *inf. passivisch:* sell*e* to swinganne *zum Geprügeltwerden* Wi 22 f. **d**) *hinter Substantiv* *α*) *dessen Eigenschaft ausdr.;* fierst to gebeorganne *Sicherungsfrist* Af 2; hrægl to wreonne *Schutzkleid* Af El 36 *β*) *zwecks;* berigean feoh to heal*d*enne Hl 6 **18**) *zeitlich* **a**) [*Zeitpunkt bezeichnend*] *an;* to þam dæge Duns 1, 1; andagan I As 1. II 2, 1. 11 | *zu;* to middum wintra Ine 61; to eas*t*ron Af 43; to Petres *t*ide 43 H (æt EB); to Mar*t*inus mæssan II Eg 3 AD (bo G); to Ealra halgena mæssan I Cn 12 A (*vielleicht 'vor' meinend*); on G; to rihtes *t*iman [*'gn' Toller* 992] Northu 9 **b**) (*Vorabend*) *vor;* to apostoles heahtide, to Ma*r*ian mæssan V Atr 14, 1 = VI 22, 3 = I Cn 16a **c**) *nach;* twelf nihta to Middanwintra *nach Weihnachten* Rect 14 **d**) *Zeitdauer:* æfre to worulde [*semper in saeculum*] II Cn 84, 5

II) *m. ac* [? *oder endungsloser dt*]: *t*æme to wic *ziehe Gewähr zur Stadt hinein* Hl 16, 1

III) *m. gn* [*kein sicheres* Beispiel; *aber s. n.* I 18a]

IV) *m. instr* **1**) to þon druncen, þæ*t* he mæge (*bis zu dem Grade*) *só betrunken* Wi 6; *vgl. n.* I 2 *zuletzt* **2**) to þy þæ*t* (*damit*) earm mo*t*e IV Eg 2, 2 [*vgl.* natestohwy]; Dryhtne do to góde II Cn 84, 4 b [*vgl. n.* I 3 e]

AA) to *dem regierten Casus folgend s. o. n.* I 1a. b. 3a. 9. 11 *und vielleicht mehrfuch, wo ich* to *als Praefix von Verben annehme; s.* tobelimpan, *t*ofon, to(ge)byrian, toonhagie, toridan, tosen*d*an, toswerian, totæcð, toteo, towemað; tocuman, *wo* to *vom Verb getrennt vorkommt*

AB) to *für* on: *s. o. n.* A I 1b. 7. 18a; *für* be *und* æt: *s. ebd.* 18a. *Ersetzt durch* æt: *s.* brenge æt *d*ura Af El 11 G; to *übr.*

B) *adv. 'hinzu, dazu'* **I**) [*abs.*] *auch, ausserdem;* offrige to II As 23 **II**) *bei Verben* **1**) *der* Be*wegung;* fa*r*e ealdorman (gere*f*a) to II Atr 6 (II Cn 33) **2**) *des Hinzufügens* (*-nehmens*); do þær manwyrð tó Hl 1. 3; nime him 2 men to I Atr 1, 8. II Cn 30, 1; 3a; 7; ungeboht to Sw*er* 8

III) [*vor adj. oder adv.*] *allzu;* to hefig III Eg 2, 1; hreowlic VI As 12, 1; (ealles) to swiðe (*gar*) *zu sehr* Af El 49, 3. I Cn 26, 3. II 41 (60. Episc 6. 10); to oft VI Atr 47; hrædlice II Cn 73, 3; lang*e* V As Pro; wi*d*e V Atr 32; lytel *Rect* 3, 3; for ealles to lytlan VI Atr 10; to fela IV Eg 2, 2. I Cn 26, 3. Forf 2

BB) *Vielleicht adv. ist* to *in mehreren Verben, die ich mit Praefix* to- *ansetze; s.* tocuman, togedo, togeliht, togenedan, *t*oledan, tosendan, toswerian | to *trennbares Praefix: s.* tofon, togan, toridan. — C) *Der.:* in*t*o, oð (*n.* III) to, þærto, natestohwy

to- *für* æt-, be-: *s.* toforan, togædere | *ersetzt durch* wið-: *s.* tostande

[L]**toagens** *lies* coagens; *s. d.*

toanhagian *s.* toon~

tobelimpan [*nur* Ld!] *zugehören; pl* 3: þe eow ~að *eure Untergebenen* I As 5 Ld | *op* 3: ~pe Af 2 Ld (*besser* þe to [*ad quam*] EH). 31, 1 Ld; belimpe EH; belimbe, *geänd.* tobelimbe B

tobrecan *brechen, tr.* **1**) *geistig; op* 3: ~ce að Cn 1020, 14 | *ptt pc:* tobrocen grið III Atr 13 **2**) hyd ~rocen *Haut zerbrochen, zerrissen* Af 70, 1

tobyrge, *op* 3; mynstre, þe hit ~ *der Kirche, welcher es* (*Geld*) *zukommt* II Eg 3, 1 A; togeb~ [*s. d.*] GD [*viell.* to *prp hinter regiertem dt*]

toclofen, *ptt pc, zerspalten;* cinban bið ~ Af 50, 1

tocuman **1**) *zum* (*Ziel*) *kommen* Hu 2 [*oder* to *adv? vielleicht besser* invenire Q: (*Gestohlenes*) *greifen*] **2**) *m dt* [*den* to *viell. als prp regiert*]; we him ~ moston *an ihn kommen, ihn fassen, ertappen* VI As 6, 3; assequi Q | 3: þe (*denen*) þys gewrit tocymð *zugeht* Wl lad Pro; eow unfrið to ne cymð *euch geschehen wird* Cn 1020, 5 | *op* 3: se þe him tocume *wer auf ihn trifft, ihn fasst* II As 2, 1; consequetur Q

tocwedene, *ptt pc pl, untersagt;* aðas syndan ~ EGu 9 = V Atr 18 G 2 (~eðen G) = VI 25

tocyme, *ac, Ankunft* Iud Dei IV 4, 1, adventum *glossirend*

todælan **1**) *unterscheiden;* ylde 7 geogode ~ II Cn 68, 1 b **2**) *op* 3: ~le dælas on twa *verteile* II Eg 3, 1 = VIII Atr 8 = I Cn 8, 2. — *Der.:* untodæledlic

toeacan **I**) *adv. s.* eaca **II**) *prp m. dt, neben, ausser;* ~ þam *ausserdem, nebenher Rect* 4, 1c; ~ benyrðe 5, 2; ~ nydrihte 9, 1; ~ þam *w*ere Had 2—7; toecan þam domum VI As Pro

tofarene, *ptt pc pl, auseinander gegangen, getrennt, zerstreut;* apos*t*olas ~ wæron Af El 49, 1; ~nne So Ld

tofon **1**) *abs.* [to *kann adv sein*] *zugreifen;* 3: tofehð II Atr 9, 4; tofeoht! (*im Gewährzug Zugeschobenes*) *auf sich nimmt* 8, 2; recipiat Q | *op* 3: fo se agend tó Hl 7; se agend tofó 16, 3 **2**) *m. dt* [*den viell.* to *als prp regiert*]; *empfangen, erhalten, nehmen;* him (*den Baum*) fó se to Af 13 **3**) *op pl* 3: to rihtum life ~ *beginnen* Wi 3

toforan, *prp m. dt, vor, angesichts, in Gegenwart von:* bisceope Af 15 B; bef~ *übr.;* ~ laforde II Cn 78 B Ld; ætf~ *übr.*

toft, *ac, Grundstück, Hausstelle, Hof* Becwæð 3

togædere, *adv, zusammen;* (domas) ~ gegaderode Af El 49, 9; apostolas ~ wæron 49, 1 So (ætg~ *übr.*); tellan X ~ VI As 3

togan [*abs., also* to *vielleicht adv*] *herantreten, hinzuschreiten* [*zum Ordale*] II As 23 | *ptt op* 3: eode..to [*zum Eide*] 11. Blas 1 [*zum Ordal*]

togeanes, *prp m. dt* 1) *entgegen;* coman ~ gemot*e* VI As 10 2) *gegen;* helppe ~ þisum Iud Dei VIII 2, 2, contra hoc *übsnd*

togebyrian [to *kann auch prp hinter regiertem dt sein*] I) *intr.* 1) *gebühren, m. dt;* 3: hwæt him ~reð *was dafür taugt* Ger 16; mæð, þe him ~reð (*op* 3: ~rige II Cn 70, 1) *Maass, das ihm zusteht* Wer 7 | *als Pflicht obliegen; op* 3: lif, þe heom ~birige VIII Atr 31; riht, þe him ~ige V 4 = VI 2, 1 = I Cn 6 | *pl* 3: gerihtu, þe him ~igean Rec*t* 4, 3a 2) *angestellt, zuständig sein; op* 3: gerefa, þe þær (*der dort*) ~ige VI As 1, 4 II) [*unpers.*] *als Recht, Vorteil gebührt, steht zu;* 3: niman þa, þe (*denen*) hit ~reð, inborh II Ew 3, 1 | *op* 3: swa him ~ie *als Pflicht obliegt* II As 3 ‖ *In folg. Fällen, alle op* 3, *kann* hit *Subjcet des persönl. Verbs sein:* se þe hit (*nämlich* witu) ~ige 21 | *aber* hit *wäre communes pronomen, auch auf pl, masc, fm bezüglich, in:* stowum, þe hit ~birige I As 4; gild*e* þam, þe hit ~ige II 1, 5; mynstre, þe hit ~ige II Eg 5, 2 (-bir- D). 3, 1 (-bir- D; tobyrge [*s. d.*] A) = VIII Atr 8 (-bir-) = I Cn 8, 2

togedo, *op* 3, *füge hinzu;* manwyrð he ~ Hl 2 [to *kann adv sein*]

on *stræte* **togeliht,** 3, *gewalttätig beispringt, herzueilt* VI As 1, 5; ad furem liberandum *fügt* Q *erklärend bei* [to *kann auch adv sein: 'herbei'*]

[-togen] I) *s.* teon II) *s.* betogen

togenedan *zwingen;* gif hine man soyle Af 1, 4; ~neodan So; ~nydan H Ld [*vielleicht* to *adv: 'dazu'*]

[F]**toille** *s.* toldre

I) **tol** *Werkzeug; ac:* sylle him ~ to his weorce *Rect* 4, 3b [*viell. pl*] | *pl gn:* fela *t*ola *t*ilian Ger 14 | *dt:* to *t*olan fylstan 16 | *ac:* þa ~ ealle *ebd.* — *Der.:* towtol II) *s. t*oll

[F]**toldre** *entziehen; sbjf*, 3: nullui toille a soun seinour servise Leis Wl 32

toledan, *ptt pl* 3; be þam witan, þe witan ~ *bei den Strafen, welche Witan darauf*, (*auf Übertretung*) *setzten* [*oder 'hinzufügten' zum geistlichen Gnadenverlust*] EGu 5, 1 [*vielleicht besser Toller:* to (*adv*) ledan]

[L]**Toletanum** concilium *Concil zu Toledo* [*a.* 400] Excom I 20

toll 1) *Zollabgabe als Last:* dare IV Atr 2, 10; tol 2, 2; tolneum 3 ff.; *Var.* teloneum 2) *Zollempfangsprivileg verbunden mit t*eam, Leis Wl 2, 3 (tol I). In Cn III 58, 1, *Var.* tol; tol Hn 20, 2; *Var.* thol; *t*hol 20; ~ ECf 21, 1. 22, 2. *retr* 21 (*Var.* tol, thol, theol); quo*d* nos vocamus theloneum 22, 2

[L]**tollerare** *für* tole~] Hn 83, 1

[L]**Toneis** *s.* Toteneis

[L]**tonellus** *Fässchen* IV A*tr* 2, 10

toonhagie, *op* 3, *es ist möglich, tunlich* [to *viell. prp hinter regiertem dt*]; swa us toanh~ VI As 8, 1; siou*t* poterimus Q; hy*re* ~ige *es passt ihr* II Cn 73, 4

[-topp] *s.* extopare

[F]**tor,** *ac, Stier* Leis Wl 9, 1

[L]**torcias** *für* tortiones *Quälereien* Quad*r* Arg 22

[-torfian] *Der.:* oft~

torfunge, *dt, Steinigung* VI As 6, 3

toridan *hinreiten* (*in zwangsweisem Rechtsvollzug*) 1) *abs.* [*viell. besser* to *adv*] *op pl:* we ridan ealle to VI As 8, 3 | 3: *rid*en þa yldestan to II 20, 2; 4; ridon H 2) *m. dt* [*der viell. abhängt von folg.* to, *das prp*]; þa þe him ~ III Eg 7 = II Cn 25

[F]**tort** [*ac*] eslevera *Unrecht aufstellen wird* Leis Wl 39, 1, unlage *rære übsnd*

tosceadan *unterscheiden;* ~ þas þing II Cn 68, 1c (toseaden! A) *aus:* ylde 7 geogoðe toscadan VI Atr 52 | *op* 3: toscade ælce dæde 10, 2 = 53

tosende, *op* 3, *hinsende* V As Pro 3; ~sænde H [*viell.* to *adv*]; him (*ihnen*) *fügt zu* Ld (ad eos mitt*et* Q), *wo viell.* to *prp hinter regiertem dt*

toslite, *op* 3, *zerreisse, zerfleische;* gif hund mon (*e. Menschen*) ~ Af 23

tosomne *zusammen;* awoh ~ gedon *unrecht verbinden zur Ehe* Wif 9

tostande, *op* 3, *unterbleibe;* sio gift~ *nicht zustande komme* Ine Rb 31; wiðstande B; *missverst.* retinere Q.

Tosti, *gn, Bruder Harolds II.* ECf 35, 2; *Var.* Tho~

toswerian *beschwören* 1) *abs.* [*vielleicht besser* to *adv*] swa hi *d*urran ~ Northu 57 2) *m. obl* [*der vielleicht abhängt von folg.* to, *das prp*]; *ptt pc:* lage, þe ealle habbað togesworen Cn 1020, 13

totæcð, 3; swa him man ~ *wie man ihm zuweist, vorschreibt Rect* 2 [*viell.* to *prp hinter regiertem dt*]

totales vel intinge, *gn, Beschuldigung, Verdacht* Iud Dei IV 3, 5, *repu*tationis *glossirend*

[F]**tote-** *s.* tut

[L]**Toteneis;** Alvredus de ~, *Totness in Devons.* Hn Lond Tes*t*; *Var.:* Toneis, Coneis. [*Vgl. Round* Feudal England 327]

toteo, *op* 3; he hit him ~ *er es* [*Vieh, das er im Anefang anschlägt*] *sich zuziehe, für sich beanspruche* II As 9 = Duns 8, 1 [*viell.* to *prp hinter regiertem dt*]

toð *Zahn;* se ~ Abt 51 | *dt:* fore teð Af El 19 E (for toð [*ac*] *übr.*), pro dente *übsnd* | *ac:* ~ 19. 20, *dentem übsnd.* 49 | *pl:* heora teð Excom VII 17 | *dt:* toðum Abt 51 | *ac:* teð. *dentes* Af 49 Q. — *Der.:* wangtoð (fengtoð?)

totwæman *beilegen; ptt* 1: ~mde Cn 1020, 4 | *pc:* ~med sacu *Rechtsstreit eingestellt* VI Atr 25, 1 [*aus* get- V 19]

crocca **towallet** [*vgl.* weallan] *Kochtopf*, *siedet getrennt, Haushalt besteht nicht vereinigt* Hn 88, 18a; towel~ *Var.*

toweard *zukünftig; schw gn:* þæs towerdan lifes Iudex 12 | *dt:* for þam ~*d*an life I Cn 22, 3 | *ac:* þone ~*d*an deað IV Eg 1, 4

towemað, *pl* 3, *hinlocken, zuleiten;* ece lif, þe hy us ~ IV Eg 1, 8 [*viell.* to *prp hinter regiertem dt*]

fela **towtola,** *pl gn, viele Spinngeräte* Ger 15, 1

-tr- *s. Gleitlaut* II 17; Petrus

[L]**tractare** *verräterisch nachstellen,* sierwan *übersnd* [*unter Einfluss von* tra*d*ere *und fx.* traitre?] Q: Af 4. II Cn 57

[F]**trai[re]** *ziehen;* 3: l'om *t*rai*t* de *man zieht aus* (*der Wunde*) Leis Wl 10, 1 | *fut* 3: trarad I

[L]**tranquillitas** *Sicherheitsgewähr* Hn 68, 2

[L]**transcurrere,** *m. acc. c. inf, kurz erzählen, dass* Quad*r* Arg 1

[L]**transferre** *Prozess übertragen vom Untergericht an grösseres* Hn 7, 5 [*vgl.* transire *n.* 1]

[L]**transgressio** *Überschreitung, Rechtsverletzung;* mea ~ *gegen mich* I As 5 Q, mine oferhirnesse *übsnd* | legis ~ Cons Cn: II 45, 3. 46. 48, lahslit *übsnd;* I 24, æwbryce *'Gesetzesbruch' statt 'Ehebruch' missverstehend*

L**transire** 1) *übergehen an höhere Gerichtsinstanz* Hn 9, 4a. 22, 1 [*vgl.* transferre] 2) *transeat* inde *gehe* [*die Verantwortung*] *auf andere über* 92, 17 3) ei ~ in plegium *für ihn Bürgschaft eingehen* VI As 12, 2 Q, him on borh gan *übsnd*

L**transmarinus** *Festländer, Nicht-Brite* [*od. enger: 'Gallier' im weitesten Sinne*], *nach Abkunft* (*Rasse*), *nicht nach Staatsangehörigkeit* Hn 91, 1

F**trarad** *s. traire*

F**travail**, *obl*, *Arbeitsmühe* (*des Wachtamts*); pur sun ~ Leis Wl 28,1; ~le Io

F**travailer** *belästigen; mit Fron drücken; deit* l'um ~ Leis Wl 29

F[**trebust**] *werfe zu Boden* Leis Wl 47, 1^{b} [? *vermutet Suchier*]

[-**treddan**] *s.* at~

tredele, *dt;* fram þæs fotes ~ *von des Fusses Sohle* Excom VII 21, a planta pedis *übsnd*

tre(h)ing- *s.* þriðing-

F**treis**, *obl, drei; devant* ~ testimoines Wl art Fz 5; de ~ parz Leis Wl 6. 21, 5; ~ defautes 47; ~ feiz *dreimal* 45, 2. 47; *tres* foiz 44 | *serment* (juise) a ~ *duble dreifach* 15, 1 f.; tris Im

F**trente** 1) 30; ~ deners, *ac*, 30 *Pfennige* Leis Wl 17 2) sei *trente*-siste main *selb 36ster Hand, mit 35* [*od.* 36] *Eideshelfern* 15, 1

treow *Baum; ac:* triow Af 12 f. H; ~ EB (~we! So Ld). Ine 44. Northu 54. Rect 19 | *pl gn* (*oder ac*): ~wa Ine 43, 1; ~we B; ~wu Ld | *ac:* ~wu *ebd.*; ~wa HB; *aus urspr.* triowu? H — *Der.:* wægnt~, wudut~

treowan *s.* triewan

treowenan, *dt, hölzernen* Northu 15

treowian *reinschwören; sich:* hine sylfne Af 4, 1 Ld; hine 33 Ld; hine triwian 19, 2 B, *im 16. Jahrh. geänd.* trywsian, *für* Af's triewan [*s. d.*]; trywian Ld

treowsian 1) hine sylfne ~ *sich reinschwören* Af 4, 1 B *für* Af's *triowan* [*vgl. 4 Z. vorher*] 2) *op* 3: trywsie hine wið *verpflichte sich gegenüber* V Atr 6 = -sige VI 3, 1. — *Der.:* get~

F**tres** *s. treis*

F**trespasser** per iloc *widerrechtlich dort durchpassiren;* 3: ~ se Leis Wl 28, 2 | *pl* 3: ~ sent I

F**tresque** a VIII *bis 8* (*hinaufzählend*) Leis Wl 5, 1

L**tribus** *Sippe, Verwandtschaft* magas *übsnd*, Q: II As 11. VI 1, 4, *wo* cognatio *andere Recension*

F**tricherie**, *ac*, *Trug* Wl art Fz 8a, fraudem *übsnd*

L**tridigitalis** *dreifingerdick* Ine 49, 3 Q, þrifingre *übsnd*

L**triens** *Drittelmünze* Af 47 Q, tertia pars unius denarii [*was er für* Af's þriddan dæl pæninges *setzt*] *erklärend*, — Hn 93, 5; 31

triewan hine *sich reinschwören* Af 19, 2 (triowan So; trywan H; triwian, *geänd.* trywsian B; trywian Ld); *triowan* 4, 1 (treowan H; treowian Ld; treowsian B); treowan 33; trio~ So; treowian Ld | *op* 3: triowe 36, 1; trywe H; getreowie Ld B; *geändert* -wsie B. — *Der.:* get~

tr[ie]we *vertrauenswert, glaubwürdig; fm ac:* treowe gewitnysse II Cn 23 B; getrywe GA | *masc pl gn:* trywra manna gewitnesse III Atr 9 | *ac:* fife triwe (*Eidhelfer*) II Cn 30, 7 A; getrywe GB; triwe þegnas Northu 57, 2. — *Der.:* (un)get~

tr[ie]wð *Treue; pl dt:* mid trywðan I Cn 1 D; get- *übr. aus* VI Atr 1, 1

L**triginta** et unus dies *für: Monat und Tag* ECf 6, 1. 20, 1a [*Zugabezahl zur Frist*]

trimes *s.* þryms **triow** *s.* treow

triowan *s.* triewan

L**tripartitio** *Teilung in drei Teile* Hn 6

L**tripondium** *drei Pfund-Eisengewicht* Hn 64, 1h, III pund Hu 9 *übsnd*

triwe *s.* triewe

triwian *s.* treow~

trod, *ac*, *Spur* (*verlorenen Viehs*); þæt [*nt*] ~ *drife* Duns 1, 2; ~ to stæðe lædan *ebd.*; *bedrife* ~ on oðer hundred Hu 5 = **trode** [*ac fm oder unorg.* -e] bedrifð yrfes Duns 1

trogas, *pl ac*, *Tröge* Ger 17

L**Troia** vetus magna Lond ECf 32 B 12. 35, 1 A 2; **Troiani** *ebd.*

F**tro(i)sse**, *tro*(u)*ver*, truse *s.* truver

F**troveure** *s.* truv~

[-**trum**] *Der.:* unt~

F**truver** 1) *finden;* pot ~ le larrun Leis Wl 3. 3, 4; *trover* I | *pl* 3: *Gestohlenes* trovent 27 | *pf pc:* ~ed 27; troved I; *trové* 27, 1; larun - *gefasst* 47, 3; ~ed (*verloren Vieh*) 6, 1 2) (*bei Missetat*) *ertappen; prs* 3: ~et 35 3) ~ plege *Bürgschaft beschaffen, stellen; inf:* ~ 21; *trover* Im, *trouver* Io | *pf sbjf* 3: truist 6, 1; troisse Im; *trosse* Io; truse 47 | *fut* 3: ~rad 5, 2

Fde **truveure**, *obl* 1) *Fundstück* 2) *Fundqualität* Leis Wl 6; trov~, trev~ I

tr[u]wa *Treugelübde, Ehrenwort; ac:* trywan AGu 5 B 2. — *Der.:* ofert~

[-**truwian**] *s.* get~

trymman *sichern, bekräftigen; op* 3: ~me mid *wedde* Wif 5 | *ptt pc pl:* domas getrymede wæron Ine Pro, *geändert* -ymm- B; getrymmed Ld; gitrymmed wið Iud Dei V 2, 2, offirmatus adversus *glossirend.* — *Der.:* get~

tryw- *s.* treow-, triew-, truw-

-**tt**(-) *für* t: *s.* bett, gebetan, forhttundan (*unter* forhtian), fot, ongietan, Greatanleage, hit, hlutor, hwæt, forlætan, gemet, gemetan, ofermettan (?), (wæter)pytt, þreotteoða, ut(-), uterra, (ge)witnes, (ærend)gewrit

tu *s. twegen, nt;* butu

tuelf *s.* twelf

tun 1) *Wohnbezirk; gn: s.* tunesgerefa, -sman | *dt:* cyninges (eorles) tune *Ortsbezirk* Abt 5 (13); *Dorf vieler Einwohner* Hl 5; cyninges- *mit Kerker versehen* Af 1, 2 [= villa regia *Asser* 79, 7; *vgl. ed. Stevenson p.* 154]; *Bezirk unter einem Vogt, mit vielen Armen* As Alm 2 Ld; *Adelsgut mit Dorf* Rect 2. Ger 1. 3. 14; *Gutsgehöft* 11; *Dorfbezirk samt Flur, im Ggs. zur Weide* 3 | *ac:* mannes ~ *eines Gemeinfreien Bauernhof* Abt 17 | *pl dt:* þrim tunan *drei* [*Nachbar*]*dörfern* III Atr 15 2) [*übtr.*] *Menschenwohnung, Örtlichkeit allg.;* winter to tune [*dt*] cume *Winter* (*ins Land*) *herankommt* Ger 10 [*vgl.* ham]. — *Der.:* Cingestun, gærstun, Hamtun, lictun, wyrttun

tunesgerefa *Dorfvogt, Gutsamtmann; gn:* ~an VII a Atr 2, 3; *wird übers.* tungravius VII 2, 5 Q | *lat.* tungravio IV 3 | *pl:* tungrevii *Ortsvögte, den* terrarum domini *zugerechnet* Hn 7, 2 | ~ *liegt vor für* greve de villis ECf 32, praefectus (praepositus) de villa 24. 24, 1 [tungerefa *setzt für Bedas* villicus *der ags. Übers.; vgl. Plummer Alfred* 176]

tunesman *Dorfbauer unter Immunitätsherrn* Northu 59 | *pl:* ~men IV Eg 8, 1. 13 | *dt:* ~annum 13, 1 | *sg no:* **tunman:** minutus homo *Villan* Ps Cn for 4 | *gn:* ~ *terra* villan[i], id est ~nnes II Eg 1, 1 In Cn, geneatland *übsnd, ausgeliehen Bauerland im*

Grossgut, im Ggs. zur Domäne unter Selbstwirtschaft des Thegn

tunge *Zunge* Af 52 | *gn:* ~gan III Eg 4. II Cn 16 | *ac:* ~gon Af 32 | *pl:* ~gan Excom VII 16

tungrav-, tunman *s.* tunes-

tunscipes, *gn, Dorfschaft* IV Eg 8 [tunscipe *setzt für Bedas* vicani *der ags. Übers.; vgl. Plummer* Alfred 176]

F **[tup]** *s.* extopare

FL **turba** [*fz.* turbe] *gemeinschaftliche Aussage vieler auf richterl. Inquisition;* a turbis accusatur Quadr. Rb II Cn 30, *S.* 537[20] [*vgl.* Af El 41 Q], *Corruptel für* tribus [Becwæð 3

turf, *ac, Rasenstück, Erdscholle*

L **turribulum** *für* thuri~ *Weihrauchfass* Iud Dei XII 15

tu[sc] *Augenzahn;* tux Af 49, 2; tus Ld; molares dentes *missverstehn* Q. In Cn, *wo* tuxl [*für* **tuscel**]

F **tut** 1) *ganz; no:* ~ le hundred Wl art Fz 3, 2 | *obl:* a ~ le puple Leis Wl Pro I 2) *alle; pl no:* tuz ses humes Wl art Fz 3; ~ li hume 2; tuz les vilains Leis Wl 20, 3a | *obl:* envers touz içous 42, 1 3) *fm no:* tute gent *jedermann* Wl art Fz 7[e] [*vgl.* tuteveie] 4) *nt:* ~ *cest all dies* 4 | *obl:* par~ *s. d.* 5) ***adv:*** ~ al comencement *ganz zu Anfang* 1

L **tutari** terram *Landgut vertreten (in dessen Staatspflicht)* II Cn 79 Cons, gewerian *übsnd*

L **tutationis** advocatio *Anrufung der Gewährleistung* Cons: II Cn 23. 24, 1 *und* trahere ad **tutelam** *zur Gewähr ziehn* Hu 4, 1, *team übsnd*

F al polz **tuteveies** 4 den. *für den Zoll (allerwegen) immer je 4 Pf.* Leis Wl 10, 1; toteveie I [*vgl.* weg, via]

tuwa *zweimal* Ine 49, 2 (twiga H; twa Ld). III Eg 5, 1 (twa Ld). II Cn 18 (twa BA Ld). 83, 1 *doppelt;* twuga A; twa, *darüber* yw, *also* twywa B

tux(l) *s.* tusc

twa I) *s. tuwa* II) 1) *s. twegen* 2) *Zahlwortglied:* twahund 200 Ine 33 B. 34, 1 B. AGu 2 B 2[7]. Wer 1, 1 | *dt:* be (mid) twam þusendum (þrimsa) Norðleod 11 (9) | *ac:* ~ II Eg 4, 2. II Cn 71a; ~ hundred and twentig, 220, I Cn 9, 1 A. 10, 1 A; ~ and twentig þusend punda, 22 000, II Atr 7, 2

twædne, *ac;* cyning ah ~ dæl weres *doppeltes Dritteil* = $^2/_3$ *Wergelds* Ine 23; *twegen* dælas HB; *unverstanden* an cw~ Bu

twæman 1) *schlichten; pl* 3: sace ~að X Atr Pro 1 | *ptt pc:* getwæmed *Rechtsstreit eingestellt* V 19 2) *trennen (Ehe); prs op* 3: ~me Wif 9. — *Der.:* get~, tot~

twegen *zwei* I) *sbst; abs:* ~ 7 ~ *je zwei* Rect 4, 1b | *m. gn* IV Eg 6, 2 | *dt:* mid twam (*ac:* ~) his gehadan VIII Atr 19, 1 (20) = I Cn 5a (5, 1) | *nt ac:* (to)dælan on twa *halbiren* Hu 2, 1. II Eg 3, 1 = I Cn 8, 2 II) *adj* EGu 4, 1. II Cn 71, 4 B; *je zwei* Ordal 3 | *gn:* ~gra manna III Atr 9 | ~gea peninga Ine 59 EB; ~ga Ld; ~gra So | *dt aller Genera:* æt twam yncum Abt 67, 1; mid - pundum (pæningum; þegenum Af 3 = II Cn 58, 2 (Ine 69; III Atr 4); betweox - mannum Wl lad 1 | *instr. Sinnes:* - manwyrðum Hl 4; - dagum Af El 21. 23 So; [*Nächten*] ECf 23, 1 *retr*[37]; *Var.:* tvain | *ac masc:* ~ ceorlas Hl 16; [oxan] Af El 24; scll. Abt 67, 1. Ine 49, 2; scillingas Af 45, 1 B; dælas $^2/_3$ Ine 23 HB (twædne dæl E); men I Atr 1, 2 (= II Cn 30, 1); costas III 13, 3 | *fm u. nt; (no ac?):* twa hors (swurud; spera) II 71, 1 B (A; 71, 4 A) | *ac:* twa niht Af El 17. ECf 23, 1 (*Var.* two, tvo, tva); pund Had 3; [*Weiber*] VI Atr 5, 2; on - healfa *nach beiden Richtungen* VI As 8, 3; *beiderseits* Ordal 4; tu hriðeru Ine 70, 1; twa B So; *northumbr.* tvoegi boec Iud Dei V 2, 1, duos libros *glossirend* [*vgl.* twa *n.* II 2]. — *Der.:* butu; betweon

twelf *zwölf* 1) *unfl.:* Af 33 B. EGu 3, 2. 7. Wer 3. Iud Dei VII 12, 2 A. 23, 1 A. VIII 2 | ~ monað [*s. d.*], *ac, ein Jahr* VI Atr 26, 1. II Cn 73 BA; on (binnan) ~ monðum Ine 24, 1 HB. *Rect* 10 (II Em 1. III Eg 6, 2. II Cn 73, 4 BA) | ~ [*sbst*] nihta to Middanwintra *Zwölfnächte nach Weihnachten Rect* 14 [*s.* Twelfta] | ~ hund *s.* twelfhund 2) *fl.; gn:* ~fa sum [*s. d.*] *selbzwölft* II As 23, 2. VI 6, 2b | *dt instr. Sinnes:* ~fum scl. Ine 23, 3; *davor* mid HB

be **twelffealdum** *zwölffach* [*adv. Sinnes*] Ine 4; ~dan Romscot 2; mid ~dan VIII Atr 11, 1

[twelf]gylde; XII g~ *zwölffach* [*adv*] Abt 1

twelfhund scll. 1200 *Schill.* Ine 19 (CXX *irrig* H; i. e. duodecies C sol Q). Mirce 1, 1; XII hundred H | scillinga [*gn; also* ~ *sbst*] Wer 1; tuel~ Q *Var.*

twelfhynde *zwölfhunderthaft, den Stand von* 1200 *Schilling Wergeld habend* Af 31; man *fügt zu* Ld; ~dus III Em 2 Q; mægð, ~ 7 twyh~ VI As 8, 2 *adlig und gemeinfrei (viell. als pl gefasst in* Q: ~*des, Var.* ~di) | *gn:* ~*des* mannes Af Rb 10. Af 10. 40 (-hin- Q). Wer 1 (tuelfhin- Q). Að 1 O; -hen- *übr.;* tuelfhin- Q | *dt:* ~dum men Af Rb 31 (men *fehlt* So; twylfhen- B). Af 39, 2; were Ine 70 (*verlesen für* XII hidum 54, 2 B). Wer 3. 4, 1. 7; -hun- B | *ac:* ~desman [*s. Note*] Wer Insc B | *schw.:* þone ~dan man Að 1 H; ~da O (*ob statt* ā? *oder Ein Wort?*); ~hendan D; ~hindne! Ld | *fm no:* ~du Af 18, 3; ~de HB | *pl ac:* ~ 7 twih~ Cn 1020, 1 [*dies lag wohl vor für* nobilibus quam plebeiis (ignobilibus) Cn 1027 Insc (12)] | ***Lat.:*** *meist unübersetzt mit Endung* -dus Q: [*hybrid*] duodecimhyndus (*und* -dis *s.* 17 *Z. vorher?*) Af 29. 31. Ine 15, 1. 19; ~da, *fm,* Af 18, 3; *und häufig* -i- *für* y; *in Var. mehrfach* tlefhyndus Af Rb 10. Af 10. 39, 2. 40. VI As 8, 2; tþuelfhindus Wer 3; **twelfhindman** [*vgl.* 14, 15, 18, 21, 25 *Z. vorher*] Af 31 Q[11] *Var.* -hund- | ~hendeman, *ac,* In Cn: Af 39, 2. Að 1; *Var.:* ~hænde- | *erklärt als* plene nobilis, cuius wera sunt duodecies C sol. Af Rb 31 Q; *aus* Q *schöpft* Hn: ~dus 82, 9; id est thainus 69, 2. 70, 1; *ersetzt durch* thainus 76, 1a; cuius wera 1200 sol. 76, 4a; *irrig synonym gesetzt mit* huslgenga (*und* husbonda) Ine 15, 1 (19) | *als synonym in* In Cn: a) liberalis (*s. d.*) *und* b) þegen *statt* ~ Af 31, *mit irriger Var.* twihynde | *irrig* twilfh- *für* twih- Af 29 Q[3]

twelfta *zwölfter* 1) beo sylf ~ *neben den* 11 *Eideshelfern* II Cn 48 2) *Zwölfnächte, Zwölfte; dt:* (seofen niht) se eahtaða *dæg* ofer Twelftan mæssedæge I (16, 1 G) 17; octava Epiphaniæ Cons; *dafür:* ofer **Twelftadæg,** *ac,* BA [*s.* twelf, *Z.* 7]

[-twelftig] *s.* hundt~

twelfwintre *zwölfjährig;* ofer (þæt he byð) ~ *'älter als'* II Cn 20 (-ra A). 21 | *ac:* ofer ~terne II As 1 B; ofer 12 winter [*pl ac*] H Ot = -tre [*pl gn od. ac*] VI 1, 1 [*vgl.* seofonwintre *bei Toller*]

twentig '20' Af 35, 1 B (tweon- Ld). 61, 1 B (tweon- Ld). 64 B. Ine 64 B (twenti 70, 1 B). I Cn 9, 1. 10, 1 A; twa and ~ '22' II Atr 7, 2; feower 7 ~ '24' Iud Dei VII 23, 1 A. VIII 2. — *Der.:* hund~

[-tweon] *s.* bet~

twiænde *s.* twihynde

twibete *doppelt busspflichtig;* twyb~ II Cn 47; ~bote B | sie hit twyb~ swa *noch mal so teuer wie* Af 18; ~bote B; twybote H ‖ *Synonym mit:*

twibote, *adv, doppelt teuer;* ~gebete Abt 2. 3; mænan að twyb~ Ine 35,1; *t*wygb~ B; gehwelc (hit) sie twyb~ [*'adj' Toller*] Af 5, 5. 40, 1 (~ B) [*vgl.* twibete, -gil*de*, twisceatte]

tw[i]feald; *sbstirt nt dt:* be twyfealdum *zwiefach, adv. Sinnes* Af El 25. 28. Ine 46, 1

twifealdlice, *adv, zwiefach* Af 39, 2 B; twyf~ H

tw[i]fingr[e] *zwei Finger dick; dt:* æt twyfingrum (*Speck*) Ine 49, 3

twiga *s.* tuwa

tw[i]gilde, *adv, doppelt;* II gylde Abt 1; twygylde I Atr 1, 5. II Cn 30, 3 b. Duns 6, 3 (~ Q); - m*a*re *doppelt so viel* Af 66, 1 B; twisceatte E; twyg~ III Atr 4, 2

twihynde *zweihunderthaft, den Stand von* 200 *Schill. Wergeld habend;* twelfh~ [*s. d. Z.* 4] 7 twyh~ VI As 8, 2; [*pl?*] ~des (*Var.* ~di) Q; ~dus III Em 2 Q; *Var.* twifh- I *gn:* twyhyn*des* mannes Wer 1,1 | *dt:* twyhyndum men Af Rb 29; -hin-Ot So; ducentenus Q | twyhyndum w*ere* Ine Rb 70. Ine 70 | *ac:* twyhyndne Af 29; twihindum Q, *Var.: t*wilfh-; ~hende (*Var.* twi(h)ænde, twinde) alias *ceorl*man In Cn | *pl ac:* twyh~ Cn 1020, 1 [*vgl. t*welfhyn*de Z.* 18] ‖ twihende *zu* Af 31 *von* In Cn *Var. irrig synonym mit* þegen *gesetzt* | *aus* Q *schöpft* twyhin*d*us Hn 69, 2. 70, 1, *der dem* twihin*d*us: wer*a*m 200 sol. 76, 3 f. *beilegt; synonym:* **twihindeman** 87, 4

tw[i]sceatte; twys~ m*a*re *doppelt so viel* Af 66, 1; *dafür* twygylde B [*vgl.* twigilde; twibete]

tw[i]scyldig *doppelten Strafgeldes schuldig; prd:* twyscildig Ine 3, 2 H Ld; twyscyldi B

twuga, twywa *s.* tuwa **twy-** *s.* twi-

[-tyge] *s.* oftige

t[y]gehoc *Ziehhaken? ac:* tig~ Ger 15

[-tygnes] *s.* ont~ **tyht-** *s.* tih~

tyhð *s.* teon. **tylung** *s.* til~

tyman *s. t*ieman

tymbrian *s.* tim~

^L t[y]mpanarium *Glockenhaus;* tim~ Geþyncðo 2 Q, bellhus *übsnd*

^L t[y]mpani vellus; tim~ *des Glockenträgers Wollflies* Rect 14 Q, bellflies *übsnd*

tyn *s. t*ien **I) tynan** *s. t*ienan

II) tynan *zäunen* Ger 9; *fl.:* to ~nne Ine 42 | *ptt pc ac:* getynedne *ebd.;* -ned Ld; betyned H. — *Der.:* bet~, get~, ont~, unt~; untyned

[-tyngnes] *s.* get~

tyrian *s.* tiergan

Þ.

þ 1) *wechselt in Hss. mit* ð *ohne erkennbaren Grund, steht in* Band *I ihnen gemäss gedruckt, hier aber nur für den Anlaut,* ð *für In- und Auslaut* 2) *geschr.* **a**) d [*älteste Orthographie?*]: *s.* hwæðer, mæðl **b**) th [*Hs.* 12. *Jhs.*]: *s.* mæðlfrið, Hloðære, elþeodig Wi 4; *bei* Lateinern *oft, z. B.* In Cn: hloð Af 31, 1. Ine 13, 1 f.; þegn Af 31. 39, 2; thef, *statt* þiefð, Hn 12, 1a[8] **c**) þh: þifþhe *ebd.* **d**) dh: *s. d.;* dþ: *s.* æðel 3) *verschr. d: s. d. n.* 4 c; tienðe, getriewð; weorðan [*streiche falsche Erkl.* o. *S.* 39 *Sp.* 2 *Z.* 36] 4) *variirt mit d: s.* fo*dd*er, foðer; fierdung, scipfyrðrung [*vgl.* 6 *Z. weiter*] 5) *für d* **a**) *anlaut.: s.* d*u*ne, dynge, deað [*ac, verschr.*] **b**) *inlaut.: s.* cwide; *von* cweðan *ptt pl;* tocweden; geþolian *ptt* Ld **c**) *auslautend: s.* diernan, *ptt pc;* hæmedþing (-eðþ- Af 18 E); niedhæmed (-eðe 25 So, *auch* Rb); fierdfaru [*vgl.* 7 *Z. vorher*]; belecgan, *ptt pc;* mid [*bessere* I *S.* 106 *c.* 40 *Z.* 3 untyneð *in* -ed] 6) *geschwu.: s.* Norðfolc, Norðman*d*iso, Norðrigena, Suðfolc; *Schreibfehler:* betyh[ð] *von* beteon, *t*hef [17 *Z. vorher*], weor[ð]ne II Cn 30, 2 A | *auslautend hinter Vocal von Franzosen nicht gehört: s.* friborg, friðgild 7) *unorganisch: s.* ægilde (eðg-), wræcsið (-cðsið) 8) th (*s. d.*) *für* ht 9) *und für* t; *auch* fulwiht 10) *Schreibfehler für* h [*vgl. Wildhagen,* Psal*ter* des Eadwine 33]: *s.* þam Abt 31; feoh Wer 5; onfoð [*ipa*] Af El 46 Ld; -oh *übr.* 11) *für* ƿ, *d. i.* w: *s.* æwbreca, þeaw; ægðer *st.* æghwær IV Eg 1, 6 C 12) *dafür verschr.* h, t, þþ, w, y: *s. d. u. o. n.* 3

^F -ð- *intervocal: s.* fieðe

ꝥ 1) *für* þæt [*s. d.*] *häufig in Hss.* 11. *Jhs., auch wo* 10. *Jh.* þæt *ausgeschrieben hatte, z. B.* Af El 49. Af Rb El 49, 6; *für* þætte? Ine Pro Ld 2) *für* þerh: *s.* þurh 3) *für* þonne? Ine 74, 1 B; *vgl.* þæt *n.* III 4) *verlesen als* þ I *S.* 128***. 212 *Sp.* 2[2]. 237[4]. 382* 5) *verschrieben statt* b[isceope] Northu 23

I) þa *da* **A**) *adv* 1) *damals* Af El 49, 7. Swer 7. Geþyncðo 1; nu þa *eben nun, jetzt eben* II Cn 83 2) *dann, darauf, später* Af El 49, 1 3) [*stilist. Anknüpfung des Fortfahrens*] *nun* 49, 3. Cn 1020, 5. II Ew 1, 1 4) [*zum Nachsatzbeginn*] *da, so* Af El 49, 2 | *n.* 3 *u.* 4 *verbunden:* siððan þ*æt* þa gelamp, þa *als es nun geschah, so* 49, 7 **B**) *cj,* [*zeitlich*] *als* AGu 5 B 2 (*dafür* on þam dæge þe B 1). Swer 1; þa hie wæron Af El 49, 1. II Ew 1; þa he (ic) seal*de* Ine 56 (Swer 10) **C**) A + B *verbunden:* þa þa (þa . ., þa) *damals, als* EGu Pro (Sa*cr* cor Pro); þa gi*et* þa hie wæron Af El 49, 1; þa hie þa *da sie nun* 49, 2

II) *s.* se, *prn pl* **III)** *ebd. nt instr n.* a

þacian *Dach machen* Ger 10

þæ *s.* þe *n.* V *Z.* 3 **þægn** *s.* þegn

þæm *s.* se, *dt sg, pl*

þæncung *s.* þan~

þæne *s.* se, *ac*

þænne *s.* þonne *n.* I *Z.* 3

þær; *Form abweichend:* þer I Ew 1, 5. Iud Dei IV 3, 1 | þar Af 64, 3 B. Ine 50 B. VI As 1, 4. 6, 1. 7. II Eg 4, 1 D. III 5, 2 D. III Atr 13, 2 f. VII a 6, 2. VIII 10, 1. 36. Northu 3 | þære! Af 72 Ld. Ine 42 Ld. Af 1, 2 So — **I**) *örtlich* 1) *demonstr.* **a**) *dort, da, in* (*an*) *dem Orte* Abt 2 f. Af 1, 2 (77 B, þæra *'ihrer' übr.*). Ine 42. 49, 1. II Eg 4, 1. I Cn 3, 2 Ld *irrig für* þeah | ~ on lan*de in jenem anderen Lande* EGu 12 | þer on styde Iud Dei IV 3, 1, ibidem *glossirend* | *pleonastisch hinter Ortsnennung* Wi Pro **b**) *dorthin;* eft ~ gebringan Abt 77, 1. Duns 6; ~ comen Ine 49, 1 2) [*relativ*] *wo;* on þære fore, ~ 34 B (þ*æt übr.*); cirice, ~ legerstow sy VIII Atr 5, 1 G = I Cn 3, 2; bu*r*h, ~ he is sittende Pax 3) [*correlativ*] *dort wo;* þeaw, ~ ~ us cuð is *Rect* 21, 1 4) *mit davor zu denkendem Demonstr.* **a**) *da wo* Abt 18. Hl 12 f. Af 37, 2. Ine 45 **b**) *wo auch immer;* ~ he will*e* Wi 8; wunige, þ*ær* he wunige V Atr 6, 1 = VI 3, 2 **c**) *dorthin, wo* Ine 39; faran, þær (*wohin*) God wisige Hu 2 **II**) *übtr.* 1) *in solchem* (*diesem*) *Falle, dabei,* *daran, da* Abt 65, 1. 77, 1. Af El 25. 28. I Ew 1, 5. VI As 1, 4. 6, 1. Hu 5; *vgl.* þæræt 2) *hinter hypothetischem Vordersatz, Nachsatz einleitend: 'so, dann'* Af 54. 63. 64, 2f. 67. 67, 2. 71f. Ine 50 [*synon.:* siððan *n.* I 1; þonne *n.* I A 6 (- ~ Af 67, 2); þa *n.* I A 4] 3) *da, wo; wofern* VIII Atr 36 | *falls, wenn;* dom *stande*, þar þegenas sammæle beon III 13, 2; þar þegen age 2 *costas* 13, 3 **III**) *vor 'sein'* [*vgl.* beon *n.* I 3. 5] **a**) *vorhanden;* gif ~ borg sie Af 1, 8 **b**) *anwesend* [*vgl.* ~on] Wi Pro **IV**) ~ + *adv wird Ein Begriff:* ~ bin[n]on *dort drinnen* II As 12 | ~ mid *ebenfalls, daneben, ausserdem* VI 7 | ~ nehst *demnächst* I Cn 2, 1 = Grið 1 | ~ to *dazu* Hl 3. VI As 1, 4; *durch Zwischenwort getrennt* Hl 1. I Ew 1, 4 | ~ to eacan *ausserdem, s.* eaca *n.* 3 | *vgl.* ~æt, ~inne, ~mid, ~on, ~to

þæra *s.* se I *fm gn; pl gn; variirend mit* þær; *s. d. n.* I 1a

þæræt *dabei;* gefare þaræt (*beim Ordal*) VIII Atr 24 = ~ I Cn 5, 2c; þære æt Ld; *getrennt:* þær þonne æt gefare VIII Atr 22 = I Cn 5, 2a

I) þære *s.* se I *fm gn; dt; pl gn*

II) þære *s.* þær

þærf *s.* þearf **þærf(t)** *s.* þurfan

þærinne *drinnen, dort innen* Ine 57. II As 1, 3 B (on carcerne *übr.*); *in jenem Gutsbezirk* V 2

þærmid *damit, dadurch* (*mittels der Waffe*) II Cn 75; ~de [*vgl.* mid] A. *Vgl.* þær *n.* IV **þærnehst** *s. ebd.*

þæron 1) *darin;* þu þaron wite Iud Dei VII 23, 3 A, in hoc scias *übsnd;* deofol ~ (*an, unter Christenheit*) sceaðige Episc 7 2) *dabei;* mildheortnesse ~ don Cn 1020, 11; *vgl.* on *n.* II 2c 3) *dort anwesend; ebd. n.* 2a 4) *dort hinein* Af El 22; þeron Ld; *vgl.* on *n.* II 2d 5) *worin, innerhalb welches; ebd. n.* 2b

þærto *dazu* 1) *örtlich;* ~ cume *ebendahin* II Atr 3, 1; þarto gan *dort hinzuschreiten* (*zum Ordal*) Ordal 1 2) *übtr.:* ~ rædan *darüber, diesbezüglich beschliessen* II Cn 30, 5 | *dafür;* finde ~ wærborh Wer 3 | *dazu;* ~ geþwæran Iud Dei VII 13 A (þarto Excom VII 3), consentire *übsnd* | ~ gebyrian II Ew 6 (þearto Ld). II Atr 8, 1. V 13 = VI 22, 1; þarto D. VIII 3 (þerto D). Geþyncðo 7 | þærtoeacan *ausserdem s.* eaca *n.* 3 | *vgl.* þær *n.* IV

þæs I) *s.* þes *no; nt no, ac; pl no, ac*

II) þæs [*gn des sbstirten nt von* se] **þe** [*cj*] man don mæge (we magan) *soweit als* V Atr 23 = VI 28, 1 = I Cn 19, 2 (VI Atr 1)

þæt I) *Demonstrativ* [*s. d.*], *nt von* se I [*s. d.*] | *s. u.* þæt is | *verschmolzen mit vorhergeh. prp* (*gemäss welcher bezw. Flexion zu* þam, þon, þy *eintritt*) **a**) *zu einem adv: s.* æfter, ær, be, for, mid, ofer, to, þurh, wið **aa**) *und, falls diesen 2 Wörtern* þe *folgt, zu einer cj; s.* þe *n.* VII 7 **b**) *zu einer prp: s.* oððæt. — *Syntaktisch vgl.* þis, *nt sbstirt von* þes, *n.* I B

II) *indecl. Relativ; s. d. n.* A II; *Rel. gener. n.* C b; *vgl.* þe *n.* V *letzte Z.*

III) ꝥ [*s. d.*] *sodann* AGu 1 B 2 [*so Toller, nach Urkk.-Sprache; ausgeschr.* þæt *Birch Cart. n.* 741]; þonne B 1

IV) *cj, dass* [*geschr.:* þet Af El 49, 5 G. II As 1 B; *vgl.* þætte *n.* II] **A**) *abs. ohne vorher. Verb* 1) *in Capitelübersehr. 'davon, dass'* [*wie sonst* Be þon ~, Be þam þe] Ine 35 Rb 2) *Befehlsoptativ verstärkend: '[Verordnung ist] dass'* AGu 4. I Ew Pro 2. II As 1 **B**) *abhäng. Satz einleitend* 1) *Subjectsatz:* riht is, ~ Hl 6; gebyrað, ~ II Cn 40, 2; bið ræd, ~ Wif 7 | *durch* hit *vorweg angezeigt:* hit [beo] to betanne, ~ Cn 1020, 14 | *hinter* is gereht *setzen* B So ~ *als Einl. zum Folg.* Af 34. 36. 42 2) *Objectsatz einleitend* Hl 2. 4. 16, 2. Af Rb El 49, 6. Ine 16f. 35. EGu Pro 1. I Ew 1. I As Pro 3. III Atr 8 | seege, ~ hit here name oððe (~ *fügt zu* H) hit acwæle Af El 28 | *hinter* ic læte riht *Ellipse* ~ II Cn 75 | ~ *verbindet Object des Hauptsatzes mit nebensätzl. Verb als mit dessen Praedicat:* fela man wite, ~ ungelygene syn V As 1, 5; þone we geaxian, ~ ful sy *quem reum esse* VI 1, 1 3) *damit, auf dass* Af El 4. 49, 4. 49, 7 H (þætte *übr.*). Wer 6. Ger 4 4) *so dass* Af 14. 32. Ine 21, 1. II As 11. II Cn 56. Norðleod 11 5) *bis dass* **a**) *zeitlich* EGu 9, 1 = II Cn 45 **b**) *an Gradhöhe 'so dass'* Norðleod 9 [*vgl.* oð (*n.* I C) þæt] 6) *prp* + þam (*bzw.* ~, þon, þy) ~ *verschmolzen zu Einer cj: s.* be, for, to, þurh; *z. B.* þurh ~ . ., ~ *dadurch dass* VI Atr 40, 1 = II Cn 11, 1 7) *prp* + ~ (*bezw.* þam, þon) *verschmolzen zu Einer cj: s.* ærþam (þon) *ehe;* forþam *weil;* ofer ~ *sobald als;* oð~ *bis dass;* þurh ~ (þe) *weil*

þæt is 1) [*stilistisch einen vorher angekündigten längeren Abschnitt einleitend*] *also, nämlich* AGu 2. II Ew 1, 2. VI As 1, 1. III Eg 1, 1. Pax | þæt syndon ærest, þæt *das sind* [*die Capitel folg. Gesetzes*]: *dass* II Eg 1 2) [*vorigen Begriff durch folg. Synon. erklärend*] *'d. h., d. i.'* Af El 49 **a**) *als Zwischensatz empfunden:* weorð [*ac*], þæt is se weotuma [*no*], agife 12 **b**) *partikelhaft vor pluralem Synonym* EGu 3, 2. I Ew 2, 1; ~ ~ 15 peningas Forf 2 [*vgl.* þæs sie I As 1 Ld]

þætte I) *was* Iud Dei IV 4, quod *glossirend* **II**) *dass* 1) *Objectsatz einleitend* Ine 1. 1, 1. Iud Dei IV 1, ut *glossirend* 2) *damit* Af El 49, 7 (*geänd.* þæt H). Ine Pro. Iud Dei IV 2. 2, 1, ut *glossirend*

þafian *gestatten* III Eg 3 G 2 (geþ~ *übr.*). II Cn 15, 1 A (geþ~ *übr.*). Duns 2, 1; *flect.:* to ~nne AGu 5 | *op* 3: ~ige him *ihm erlaube Rect* 4, 1c; þæt *das zulasse* Ger 7. — *Der.:* geþ~

þam *s.* se I, *sg dt masc; nt dt; pl dt*

þan I) *s. ebd.* **II**) *s.* þon *n.* II

III) þan 1) ~, þonne hy demað (*dann*) *wann, wenn* Iudex 11, quando *übsnd* 2) *'dann, so'* [*Nachsatz hinter hypothet. Vordersatz einleitend*] II Cn 24, 2 Ld; þon A; þonne *übr.* [*s. d. n.* I, *Z.* 5; *also nur verschr. für* þoñ?]

[-þanc] *s.* geþ~; ciricsceatt

þances, *advbl. gn;* his ~ *absichtlich* II Cn 29; agenes ~ *aus eigenem Antriebe* 74 | ~ oððe unþances *mit oder gegen ihren Willen* VIII Atr 40 | Godes ~ *um Gottes willen* (*verschenkend*) VI As 8, 1. — *Der.:* unþ~

þancian *danken;* 1: ic ~ie *Gode* friðes (fultumes) [*gn*] *für Frieden* (*Hilfe*) II Em 5; ~ige H (Cn 1020, 6) | *op pl:* we *Gode* ~ þære mildheortnesse [*gn*] *für Erbarmen* 7. — *Der.:* geþ~

þ[a]ncung *Danksagung; ac* [*oder no mit unorgan.* -e]: þæncunge þæm *denen* (*für die*) II Em 5 Rb

þane *s.* se I. *ac* **þan(n)e** *s.* þonne

þanon- *s.* þon~ **þar-** *s.* þær-

þara *s.* se *n.* I *fm dt; pl gn*

þare *s.* se *n.* I *fm gn; fm dt; pl gn*

þas I) *ebd., gn* **II**) *s.* þes *no; fm ac; pl no; ac* **þassum** *ebd., pl dt*

þe I) *dir, dich; s.* þu

II) *obwohl; s.* þeah

III) *Artikel; s.* se, *n.* I *no*

IV) *instr.; s. ebd.* 1) *masc* 2) *nt; hierzu vgl.* þy *n.* II B 2: *dadurch, desto*

V) **þe** *indecl. Relativum; s. fernere Citate o. S.* 182 *f., n.* BCD [*geschrieben* þæ I Cn 5,2b A; þeo EGu 12. II Cn 73a A; þy Wi Pro]. *Für no und dt:* man, þe (*der*) nære and (*ergänze: 'dem'*) burste II Cn 22 — ***sg msc** no:* Abt 17. Hl 7. 10. AGu 3. I Cn 7; se Ld | *gn:* II 13, 1; *vgl. Relativ n.* D | *dt:* Af 37. Ine 61. EGu 3,2. I Ew 1,4f. VI Atr 53. II Cn 28. Swer 1. 2 | *ac:* III Atr 8 | *instr.* [*oder s.* þe *n.* V A]: earde, þe *wo;* dæg (*t*ima), þe *da* Af 43. AGu 5. II As 23. Wer 6 (*Rect* 4, 1b) | ***fm** no:* Ine 53,1. AGu Pro. I Cn 4,2 | *dt:* þe . . of *von welcher* Northu 25 | *ac:* EGu Pro. II As 14,1. IV Eg 1,3. X Atr Pro 3. I Cn Insc A 7 | *instr.:* II As 14,1. IV Eg 1,3. V Atr 28. Iud Dei VIII 1. *Rect* 21,2. Episc 11 | ***nt** no:* Ine 42,1 (þæt H). II Ew 6. Grið 9 | *gn:* Forf 3,1 | *dt:* II Eg 1,1 | *ac:* Af El 39 Ld (þæ*t übr.*). 49,2. Ine 2,1. II As 3 (þæ*t übr.*). V Atr 5 (þæ*t* G 2). VIII 7. I Cn Insc A | *instr:* II Cn 69 || ***pl** no:* Hl Pro. Af Rb 15. 19. Ine Rb 11. Af El 3. 30. Ine 16. EGu Pro. Excom VII 3 | *dt:* I Ew 1. II 3,1. I As 4 | *ac:* Abt Insc. Hl Pro. Af El 4. Ine 2. 2,1. EGu Insc. X Atr Pro. Cn 1020, 3. — *Variirt mit* þæ*t*; *s. sg nt no; ac*

VA) *wo, wann* [*rel.*] *20 Z. vorher*

VI) **þe** *hinter cpa: als, wie;* næbbe þon (*s.* þon *n.* II *Z.* 7; *fehlt* B; þe [*s.* þy *n.* II 2c] H) ma*r*e þe (þonne BSo) *ebenso wenig wie* Af 8,2 | = ne þe ma þe I Em 4. III Atr 2

VII) *cj* 1) *vor Subjectsatz: dass;* cyninge gebyrað, þe (þæt he GB) wrece II Cn 40,2 A; hit is þe (*um so*) wyrse, þe (*dass*) sume habbað ma [*oder 'je mehr', correl.*] VI Atr 5,2 2) *so* (*dergestalt*) *dass* Ine 21,1 Ld; þæ*t übr.* 3) for þam þingum, þe (*weil*) hi wis*t*on EGu Pro 2 | on þa rædene (*gerad*), þe Ine 62 (I As 5) 4) *spät eingeführt statt* þæ*t* Af El 4 Ld. Wif 1. 3 B 5) Beþonþe [*Überschr.*] *wenn* Ine Rb 76 So; be þon gif *übr.* 6) hwæðer he age, þe nage *ob er habe oder verliere* Ine 6 = Grið 9. Blas 3 7) *hinter sbstirtem nt des demonstr. im dt od. instr. od. ac, das regieren die prp* æfter, ær, be, for, þurh, wið [*s. d.*], *bildet* þe *mit diesen 2 Wörtern Eine cj; z. B.* forþyþe *weil* IV Eg 10. 16; þurh þæ*t* þe *dadurch dass, weil* II Cn 48, 3

þea *s.* þeow *n.* I, *pl ac*

þeah [*geschr.* þeh II Atr 2. 2,1. V 12,1. VI 5,2. 21. VIII 5,1 G. Norðleod 8 H; þe VIII Atr 5 G. II Cn 75 G, *verb.* þeah] **I)** *jedoch, dennoch, nichtsdestoweniger* Af El 16. I Ew 1,1. VI As 8,8. VIII Atr 5,1 G = I Cn 3,2; þer! Ld; *'aber'* Re*e*t 21,5 | swa ∼ V Atr 12,1 = VI 21 = I Cn 13,1. Norðleod 10 | 7 ∼ *und doch* 8; ac Ld **II)** *cj* 1) *obschon, wiewohl* [*nicht hypothetisch*] Ine 11. V Atr 32,2 D. VI 5,2. VIII 5 | ∼ þe lan*d* næbbe Norðleod 10 L; gif l. nafað *übr., vielleicht also 'wenn'?* 2) *auch wenn, selbst falls, obgleich* [*concessiv*] Af El 12, si *übsnd.* 42. Ine 6,4. 72. IV Eg 2,2. II Atr 2. 2,1. II Cn 76,2. Duns 4 3) *wenn* Af El 17, si *übsnd.* II As 26. II Cn 75; ∼ lif hæfde *gehabt hätte* 72,1. — *Der.:* swa [*s. d. n.* II E] ∼ *s. 12 Z. vorher*

þeahhwæðere *dennoch* Af 23,1 B. 77 B (*nur* hwæðre *übr.*) IV Eg 2,2. 9

[-þeaht(endlic)] *s.* geþ∼

I) **þearf** 1) *Notwendigkeit, Bedürfnis;* ∼ sy *nötig sei* VI As 4. VI Atr 32,3 D; ne*od* K | him ∼ sie to habbanne *er haben muss* Af 34 | þe þæs ∼ sy *welchem danach Bedürfnis ist* [= *der dessen* (*'Taufe', bezw. 'geschont zu werden'*) *bedarf*] EGu 3,2. VI Atr 53 | *ac:* cirican [*gn*] maran ∼fe hæbben *die Kirche nötiger brauchen* Af 5,1 2) *Pflicht, was sittlich nottut;* ∼ is 1; us (him) is ∼ VI As 8,9. I Em 5. VIII Atr 43. II Cn 68. 84,1 (V Atr 5 = VI 3. V 22. VI 27 f. = I Cn 19) | us ∼ is, þæt II Em 5 B; þærf H | þuh*te* ∼, þæ*t* Pro 1 | hit ∼ is V Atr 12,2. VI 21,1 (= I Cn 14). VIII 14 | mannum ∼ is to gemunenne VI 42,2 | *dt:* gebuge to his ∼fe VIII 41 | *ac:* bodian godcunde ∼fe *kirchliche Pflicht* II Cn 84,4. I 26 = Grið 19,1 | agan miel*e* ∼fe, þæt *starke Verpflichtung, zu* I Cn 2,1 = Grið 31,1. Episc 15 | þæs ∼fe agan, þæt I Cn 20,2 3) *Nutzen, Vorteil;* ealra ∼ is II 84,4; hit bið hlafordes ∼, þæ*t* Episc 13 | *dt:* to gemæn[r]e ∼fe VI As 2 f. | to ealra (saula, folces) ∼fe 3. IV Eg 15. Cn 1020,8 | him (us) to ∼fe I Cn Insc A. Pro. 2. 21. II 84,4a | to mycelre ∼fe I 20,1 (*d*ear*f*e A) | leodscipe (folce; þe*ode*) to ∼fe II Eg Pro [= X Atr Pro]. IV 2,1a (V Atr 3,1. VI 10,1 = II Cn 2,1 [þærfe A]. I 4,1; VI Atr 40) | earmum 7 eadegum to ∼fe IV Eg 2 | *ac:* smeagan þe*ode* ∼fe I Cn 1a D | understandan his age*ne* ∼fe VI Atr 27,1. I Cn 18 f. — *Der.:* niedþ∼

II) *s.* þurfan, 3

þearfa *Armer; pl gn:* to ∼fena hyððe VI Atr 51 | *dt:* þæm ∼fum As Alm 2; *Godes* ∼fum *Kirchenarmen, von der Christengemeinde zu Unterstützenden* VIII Atr 6 | *ac: Godes* ∼fan frefrian VI 46

þearfiendum, *pl dt, armen, dürftigen; sbstirt:* Iudex 13 | ∼igendum mannum VII a Atr 4,1

þearflic; swa us ∼ sy *wie uns nützlich sei* VI As 8,9 [*wohl besser als 'nötig'*] | *spl adv:* ∼**cast** *am nützlichsten* X Atr Pro

þearto *s.* þærto

þeaw *Gewohnheit, Brauch;* ∼ is Rect 21,1; on lan*de* 3,3 (þeað *Hs.*); þe*ode* ∼ *Landesgewohnheit* 4,6; gerefena ∼ ys, þæ*t Unsitte* Iudex 13 | *dt:* be ∼we *nach Gewohnheitsrecht* Re*e*t 21,2 | *pl dt:* rihtum ∼wum *echten* [*ungeschriebenen*] *Rechten* Wi Pro 3 | *ac:* þe*ode* ∼was *Volkssitten* X Atr Pro 1

þec *s.* þu, *ac*

þecgan *decken* [*als Bauarbeit*] Ger 10

þed *s.* þeod

þeder *s.* þ*ider*

þef *s.* þiefð

þegn [*das* g *fehlt in den Compositis* ciricþen, weofodþen] AGu 3. VII a Atr 3. Northu 48. 51. 58. 60; þeng [*vgl. Sievers Gram.* 185]. Wi 20; þegen V As 1,4. III Atr 13,3. II Cn 22,2. Geþyncðo 1. 3. 5 H; *stets* In Cn: Af 31. 39,2. I Cn 8,2. II 22,2 (*Var. t*hein). 71,1. Mirce 2 | ***gn:*** ∼nes Ine 45. II Eg 1,1. 3,1. VIII Atr 8. I Cn 8,2. Wif 7. Mirce 1,1 (þeignes In Cn *Var.*). Að 2; þegenes II Cn 71,1 Ld (þægnes, þeines B; *auch* 71,2). Re*e*t 1; þegnas! Ine 45 B | ***dt:*** ∼ne Northu 52; þægne AGu 3; þege*ne* B 2. III Atr 12. Grið 21,2 | ***ac:*** ∼ AGu 3. Geþyncðo 3; þegen AGu 3 B 2. IV As 6,2a. III Atr 11 | ***pl:*** ∼nas IV Eg 1,8. 2a. II Cn 71,1; þegenas III Atr 13,2 | ***gn:*** ∼na VI As 11. II Eg 2. I Cn 11. II 71,2 (þegen! B). Mirce 2; þegena IV Eg 13. Wal | ***dt:*** ∼num AGu 3. I Atr 1,12. II Cn 31,1a; þegenum III Atr 4 | ***ac:*** ∼nas AGu 3 B 2. I Atr 1,8. III 3,1. Northu 57,2; þegenas I Atr 1,2; þegenes Ps Cn for 1 | ∼ *fehlt* Abt, Hl, Ew, *selten bei* Wi, Ine, Af, *lebt im 12. Jh., bedarf aber schon Erklärung* | ***Lat.*** thainus Q: Ine 45 *und meist* (*doch t*ainus III Em 7,2. II Eg 1,1. I Atr 1,2. III 11. I Cn 6,2a. 8,2. II 31,1a. Wal; *t*anus Norðleod 5[7]) |

thainus Hn 35, 1. 37, 1. 38. 41, 1b. 64, 2—3. 68, 3a. 70, 1. 76, 1. 88, 11b | thein In Cn I 8, 2 *Var.* | ***Fz.:*** del thein Leis Wl 8; thenus L | *Erklärt:* [*pl*] per regni provincias militantes *dem Könige* IV Eg 2a; principes 13 | liberalis [*s. d.*] In Cn; *daraus* Ps Cn for | virro, procer, pares [*s. d.*] Cons Cn | nobilis, baro [*s. d.*] Q; baro Hn 35, 1. 37, 1. 38 | *identificirt mit* twelfhynde [*s. d.*] Q. In Cn. [*Genaues Synonymon fehlt also den Lateinern. Diese meiden* (*ausser für* ciricþegn, weofodþegn) *mit Recht die etymolog. und den Angelsa.* (*z. T. nur für specielle Bedd.*) *geläufigen Übss.:* servus, minister, cliens, pedisequus, discipulus]. | **1**) *Vollfreier, in Beziehung zum König* (*Staat*), *mitumfassend* twihynde = ceorlas, *die Land besitzen;* thaini [*Kents Landesvertreter, nämlich*] comites et villani [*für* eorl ge ceorl] III As Pro [*vgl. Cnuts Urkunde an* mine þegnas, *twelfhynde* 7 twihynde *Toller* 1044a] | 12 þegnas *sind Urteilfinder in jedem*[!] *Wapentake; einem* landrica (*mit Immunität privilegirten Dynasten*) *untergeordnet* III Atr 3, 1. 13, 2 [*vgl.* þegnland *Freigut, zwar ohne Pacht und nicht auf dem* inland (*Domäne*) *der Abtei, aber unter ihr, keine 5 Hiden gross, nicht von Adligen besessen; Urkunde Wilhelms II. bei Palgrave* Commonwealth II 179] | ∼ *jeder freie, vor Gericht selbständig auftreten könnende Kläger* 13, 3; *vielleicht auch ebd.* 12 [*sonst würde Angabe der Pfandhöhe für des Vollfreien Klage fehlen*] | 2 þegnas *sind mit dem Pfarrer in jedem* [!] *Wapentake Peterspfennig-Sammler* Northu 57, 2 | *vielleicht nicht höher als vollfreie Grundeigner sind die* þegnas, *die zu Eideshelfern benötigt* **a**) *der Herr, wenn der Mitschuld mit dem Vasallen verklagt* I Atr 1, 2 (= III 4); 12 = II Cn 31, 1a **b**) *in* Wal *der wegen Walraub Verklagte, wo das qualificirende* fulboren *dann nur 'freigeboren' hiesse* | *vielleicht auch, wenn* þræl to þegene *emporstieg, meint dies nur vollfreien Grundeigner* Grið 21, 2 **2**) *ein höherer Stand über dem* ceorl; eorl 7 ceorl, ∼ 7 þeoden *adlig- u. gemeingeborener, Vasall und Fürst* Geþyncðo 1 [*Toller* 1044a *versteht auch hier jenen weiteren Sinn von n.* 1, *aber dann würden die Gruppen nur dem Worte nach differiren*]. | ∼ *steht unter dem* eorl 5, *unter* cyninges ∼ [*u. n.* 3], *über dem landbesitzenden* gesið Ine 45 | *solcher* ∼ *ist oberster Grundeigner, Empfänger von Bodenzins, Edelherr auch freier Vasallen* II Eg 1, 1. 3, 1 (= VIII Atr 8 = I Cn 8, 2). IV 2a. 13. Wif 7. Reet 1. Geþyncðo 2. 6; *Besitzer von 5 Hiden* 3 | *hochgestellt in Wergeld* Norðleod 5. Mirce 1, 1. Að 1. Leis Wl 8; *Eideswert* Að 2; *Ehre* IV Eg 2a; *Schutzgewährungsrecht* IV As 6, 2a; *Jurisdictionsrecht* V 1, 4 = IV 7. III Em 7, 2. II Eg 3, 1 (= VIII Atr 8 = I Cn 8, 2); *Kirchenpatronat* II Eg 2 (= I Cn 11). IV 1, 8; *Strafschwere im Falle der Missetat* VIIa Atr 3 | *Der nur mittelbare* ∼ (Geþyncðo 3) *untersteht einem:* **3**) **cyninges** ∼ = min ∼, þe ('*wenn er', oder 'der regelmässig'*) gelandod sy VI As 11 | *Dieser ist stets Territorialdynast nach* Northu 51 f. 56. 60 | *Er ist ausgezeichnet durch Wergeld* Mirce 1, 1; *prozessuales Vorrecht* Geþyncðo 3; *Eideswert* Wi 20. AGu 3; *Eideslast ebd.* Northu 51 f. 56; *Schutzprivileg* Ine 45; *Jurisdictionsrecht* II Cn 71, 3. VI As 11; *Unterstellung nur unter Königsgericht* III Atr 11. Northu 48. 58; *Strafschwere im Falle der Missetat* Northu 60; *sein Heergewäte steht gleich unter dem des* eorl II Cn 71, 1 **4**) *Innerhalb dieser* cyninges þegnas *ragen die* þe him nyhste syndan *hervor, über die Classe* medemra þegna (*ebd.*); *bei Dänen steht, wer* to þam cinge furðor cyððe hæbbe (= þenode on his hirede Geþyncðo 3) *über dem normalen* cyninges ∼ (71, 4); *und unterhalb des letzteren steht, wer* læsse maga si 71, 5. AGu 3 — *Der.:* ciricþ∼, læssþ∼, mæsseþ∼, weofodþ∼, woroldþ∼. *Vgl.* ∼nlagu, ∼nscipe, ∼nwer *und:*

þegnboren *adlig geboren; prd.:* sy he þegenb∼, sy he ceorlboren Duns 5. [*So, ganz wie altes* eorl, *vornehm durch Geburt, im Ggs. zu* ceorl, *steht* þegn *in Urk. von* 1016—20: þyssa þinga is gecnǽwe ælc dohtig man on Kænt on þegenan 7 on ceorlan; *ed. Earle* Landcharters 229]

þe[g]nian *dienen; pl* 3: þeniað Criste I Cn 4, 2 | *ptt* 3: þenode Criste Geþyncðo 7; cynge, hlaforde 3

þegnlagu **1**) þegen∼ *Recht und Pflicht* (= *politisch-sociale Stellung*) *des Thegn als Grundherrn* (= *Eigentümers eines Adelsguts*) Reet 1 **2**) *privilegirte Stellung des* þegn, *Adelsrecht, trotz unadliger Geburt; gn:* þegenlage I Cn 6, 2a (-nscipe In) *aus* **þegenrihtes** [*gn.*] V Atr 9, 1 = VI 5, 3; þegnr- Að 2 H; þegnes rihtes Ld. *Laut dieser Citate hat* þegnriht *der Priester* [*s. u.* þegnwer]; *ferner der ökonomisch und politisch gestiegene* ceorl (*und Kaufmann*) *laut* Geþyncðo 2 (6, *wo* þegenriches Q *Var.*); þegenscipes In Cn

þegnscipes, *gn* **1**) þolige ∼ *verliere* (*zur Strafe für ungerechtes Üben der Gerichtshoheit*) *die Würde des Thegn, hauptsächlich* (*oder nur?*) *als des Richters* III Eg 3 (∼cypes A) = II Cn 15, 1 (= þegenscypes Hn 34, 1); dignitas *übers.* Cons, dignitas legalitatis Q, liberalitas In [∼, *vielleicht mit dem Sinne 'Richteramt', lag wohl vor für* Asser *ed. Stevenson* 106: terrenarum potestatum (= sapientium, *der* witan) ministeria] **2**) þegenscipe, *politisch-sociales Vorrecht der Thegn-Classe, ohne Geburts-Zugehörigkeit, setzen* In Cn *für* **a**) þegnlage [*s. d.*] I Cn 6, 2a; *Var.* thengesshipe **b**) þegnriht [*s. d.*] Geþyncðo 2 **c**) weorðscipe *des Priesters* I Cn 5, 3; *Var.* teingessipe

þegnung *Priesterdienst, Altaramt; gn:* ∼gæ Wi 6. — *Der.:* gearþ∼, weofodþ∼

þegnweres [*gn*] wierðe *des Wergelds der Thegn-Classe teilhaftig* (*sei der Priester, der kanonisch lebt* [*vgl. 29 Z. weiter oben*]) V Atr 9, 1 = VI 5, 3 (*beide* þegen∼) = VIII 28

þeign, þein, þen- *s.* þegn-

þencan **1**) we moton þæs ∼ ['*dessen eingedenk sein' für älteres* us is to ∼nne (*flect.;* geþencanne G)], hu *wir müssen bedenken, beachten, wie* I As 3 Ld **2**) 3: ∼cð to ætstrengenne *vermeint* (*plant, beabsichtigt*) *zu* IV Eg 1, 2 | *ptt* 3: þohte II Atr 9, 1 **3**) *praes pl* 3: ∼ceað be ongehyðnesse *denken an, achten auf* Iudex 12. — *Der.:* beþ∼, geþ∼, underþ∼

þenden, *cj, während* Af 40, 1; þonne HB [*vgl. Klaeber* Anglia 27, 273]

þene *s.* se, *ac* **þeng** *s.* þegn

[-þennan] *Der.:* aþenedum

þeo *s.* þe *n.* V, *Z.* 3

þeod *Volk* AGu Pro. II Ew 5 | *gn:* ∼de Ine Pro. EGu 12. X Atr Pro 1. Reet 4, 6. 21, 2 | *dt:* ∼de EGu 12. V Atr 2 D = VI 9. V 26 = VI 30. VI 40 = II Cn 11. VIII Atr 2, 1. I Cn 1 D.

Northu 67,1. *Rect* 21,4. Grið 19,1 | *ac:* ~de EGu 11 = VI Atr 7. VI 32, 1 = II Cn 8. VIIa Atr 6, 1 | *pl:* ~da Af El 49, 7; ~de! Ld | *dt:* ~dum 49, 2 | *ac:* ~da 49, 1 (~de! Ld). *Rect* 21, 1. — 1) *Volk, fremdes* Af El 49, 7; *heidnisches* 49, 1 f. V Atr 2 D (leod *übr.*) = VI 9 2) *Englische Nation, das zum Staat organisirte Volk Englands;* witum minre ~de Ine Pro; mæssige for his (*des Königs*) ~de VIIa Atr 6, 1; þa (= þas) ~de EGu 11 (= VI Atr 7. 32, 1 = II Cn 8); þysse ~de V Atr 26 = VI 30, *wofür* us D; Cristenre ~de VIII 2, 1. Grið 19, 1; án cynedom (cyning) on ~de Northu 67, 1 (EGu 12); eal ~ II Ew 5; ~de to þearfe VI Atr 40 = II Cn 11. I Cn 1 D 3) *Stamm, Volksteil;* seo ~, þe beoð (*plur.!*) on Eastenglum AGu Pro 4) *unorganisirte Menge der Menschen* (*Leute*); ~de þeawas *Volkssitten* X Atr Pro 1 5) *Landesteil, Provinz;* ~de þeaw *locales Landesgewohnheitsrecht Rect* 4, 6. 21, 2; on sumre ~de *Gegend* 21, 4; ofer ealle ~da 21, 1; bisceop þære ~de *Bischof jenes Sprengels* EGu 12. — *Für* leod V Atr 2 D [*vgl.* þeodwitan]. *Der.:* elþeodig; Wealhþ~

[-þeoded] *Der.:* under(ge)þ~

þeoden *Fürst;* Geþyncðo 1 [*poetisch;* (*daher?*) *falsch übs.* alii singuli Q; subliberalis In Cn]

be **þeodrede,** *dt, Bischof von London, Beamter Aethelstans* VI As 12,1

þeodsceaða 1) *öffentlicher Räuber, Volksschädiger; pl:* ~an II Cn 4, 2; ~seeaðan A 2) *Erzfeind, Teufel* I 26, 1 | *ac:* ~an 26, 3

þeodscipe 1) *Volk;* ~cype Cn 1020, 13 | *ac:* ~cype 1 2) *Rechtsbrauch, Gewohnheitsrecht; dt:* ~pe Af 2, 1; þeows~ H

þeodwitan, *pl, Volksfürsten, Nationalratsherren* Geþyncðo 1; leodw~ H [*vgl.* þeod *vorl. Z.*]

þeof *Dieb* Af El 25. Ine 12. 15, 2. 43 f. III Eg 6, 2 (*dafür* þyfð G). 7, 3 (= II Cn 26). IV 2, 2. 11. Cn 1020, 12. I Atr 1, 9a = II Cn 30, 9. 21. 82. Swer 4 | *gn:* ~fes Af Rb 22 (*verb. aus* eofetes, *das übr. bieten*) H. Ine Rb 28. 36. II Cn 21. 29. Forf 3, 1 | *dt:* ~fe Ine Rb 18. II As 1,1. Hu 2 | *ac:* ~ Wi 28. Ine 16. 20. 21. 28. 35. 36. II As 1. 1, 1. II Atr 6, 2. 7. Cn 1020, 12. II Cn 29 ‖ *pl:* ~fas 4, 2; ~fan! D | *gn:* ~fa VIII Atr 27 = I Cn 5, 3; - steor *lag wohl vor für* castigatio (correctio) latronum In Cn III 55 (58) | *dt:* ~fum Ine Rb 12. Ine 18 B. II As 1 B; ~fan Hu 2. VI Atr 32 = II Cn 8. 26 B | *ac:* ~fas Ine 13, 1. — *Der Bestohlene* (*oder das Gestohlene*) *im gn davor:* oðres (mines orfes) ~ II Atr 6, 2 (Swer 4) | *Heimlichkeit gehört zum Wesen des Diebes: nicht als Dieb gilt der Aneigner fremden Holzes durch klingenden Axtschlag* Ine 43 f., *oder der fremde Wanderer abseits des Weges, der ruft oder Horn bläst* Wi 28. Ine 20 | *nur Complicen bis 7 Mann stark heissen* 'Diebe', *mehr:* 'Bande', 'Heer' Ine 13, 1 | *neben dem* 'Diebe' *stehen* reafere *Räuber* IV As 6, 1 *und* þeodscaða *offener Verbrecher* II Cn 4, 2. *Demgemäss bedeutet* æbære *vor* ~ III Eg 7, 3 = II Cn 26. II 82 (*wie* open þiefð, *s. d.*) *nie: offen handelnd, sondern: handhaft gefasst, deutlich erwiesen, unleugbar.* | Doch *bisweilen steht* ~ *für 'Verbrecher' allgemein* [*wie* regnþeof *in der poetischen* Exodus 538]; *so ersetzt* eofot H *durch* þeof, B *durch* þeofð Af 22; *und dies wohl meint jedes Zwölfjährigen Eid:* þæt he nelle ~ beon ne ~fes gewita II Cn 21; *erwiesener, todeswürdiger Verbrecher* IV Eg 11; *weiterer Sinn auch in* wergieldþeof, latronum locus [*s. d.*] *und viell.* I Atr 1, 9a (= II Cn 30, 9). II 6, 2. VI 32 (= II Cn 8). VIII 27 = I Cn 5, 3. Cn 1020, 12. | *Irrig* ~ *statt* þeow *s.* þeowman, þeowwealh; *irrig ersetzt durch* þeow man Ine Rb 28 HB. — *Der.:* beoþ~, goldþ~, infangeneþ~, mannþ~, stodþ~, utfangenþ~, wergieldþ~

þeofan *s.* þeof, *pl no*

[þeof(e?)] *s.* ~fgield, ~fscyldig, ~fstolen, ~fwrace; *vgl.* þiefe

þeofg[ie]ld *Strafgeld für Diebstahl; ac:* ~gyld I Atr 1, 2 (= II Cn 30, 1); ~gild III 4; furigildum *stets* Q [*also als erstes Glied masc* þeof *annehmend; doch vgl.* þeofe]

[-þeofian] *Der.:* geþ~

þeofman, *irrig* II Cn 32 BA (þeowman, *Unfreier,* G *richtig*), *vielleicht 'Dieb' meinend*

þeofscyldig *Diebstahls schuldig* II Atr 9, 3 [*vgl.* morðorscyldig *bei Toller*]

þeofslege, *dt, Tötung eines Diebes* Ine Rb 16; ~læge HB. *Synon.:* **þeofsli[c]ht;** *dt:* ~lihte 35; manslyhte Ld

þeofstolen, *ptt pc, diebisch gestohlen* Duns 8, 1. Swer 2 B; forstolen H | *dt:* ~nan orfe Forf 3, 1

þeofte, þeofð *s.* þiefð

þeofwealh *irrig für* þeoww~; *s. d.*

þeofwrace, *dt, Diebstahlstrafe* VI As 1, 4

þeoh *Oberschenkel, Dickbein* Af 62 | *ac:* ~ Abt 65. 67 | *pl:* ~ Excom VII 20

[-þeon] *Der.:* geþ~ **þeonon** *s.* þo~

[L]**T[h]eophania** *6. Januar* Cons Cn I 16, 1, Epiphania *übsnd*

þeora *s.* se, *pl gn* **þeos** *s.* þes, *fm*

I) þeow *Knecht* Wi 15. Af El 17 H; þeuw Wi 13. 27; þeo(w *andere Hand*) Abt 90; ~we! Af El 3 Ld | *gn:* ~wæs Abt 89 | *dt:* ~we Af El 20 (~wan H). Ine Rb 29; þeowan HB; þea Iud Dei IV 5 | *ac:* ~ Af El 11. 21; ~we! So; ~wne Ld; ~wan H ‖ *pl:* ~was Ine 1. V As 3 Ld. IV Eg 1, 7. V Atr 4, 1 (= I Cn 6a). VI 2, 2. Had 1 | *gn:* ~wa Ine Rb 1 (þeowena Ld). Ine Pro (þeowena B). As Alm Pro | *dt:* ~wum VIII Atr 6 | *ac:* ~was VI 5 (= I Cn 6, 1). 41. 45. Had 1, 1. 11 = Grið 24; þea Iud Dei IV 1, famulos *glossirend.* — 1) *Sklave, wahrscheinlich tiefer als* esne, Abt 89 | *der* Ine-*Rubrikator* 29 *setzt* ~, *wo* Ine 29 *über* esne *handelte; vgl.* þeowne esne Af El 17 | *nicht ohne eigenen Geldbesitz* Abt 90. Wi 13. 15 | *sein Herr heisst* agend *Eigentümer* Wi 27; ~ *übs.* servus *der Exodus* Af El 3 Ld. 11. 20 f.; *gilt, wie deren* pecunia, *als* fioh *des Herrn* 17, *wo aber* þoow H [*weil diesem der Sklave nicht mehr als Sache galt?*] 2) *Diener, jeder Mensch, gegenüber Gott,* famulus *glossirend,* Iud Dei IV 1. 5 3) *Godes* ~ *Gottesdiener, Geistlicher* Ine Pro. 1. As Alm Pro. IV Eg 1, 7. V Atr 4, 1 = I Cn 6a. VI Atr 2, 2. 41. 45. Had 1. 1, 1. 11. *Grið* 24 | *Conventualen* V As 3 Ld. VIII Atr 6 | *die noch nicht* sacerdas *gewordenen mitumfassend* VI 5 = I Cn 6, 1. — *Der.:* larþ~, niedþ~, witeþ~

II) þoow, *adj, unfrei von Geburt;* beo he freoh swa ~ II As 24; ~ swan, beocere *Rect* 6, 4; ~ man [*Ein Wort?*] Af 25, 1. Ine 3. EGu 7, 1. 8 = II Cn 45, 2. 46, 2. I Atr 2 = II Cn 32. Northu 56 | *je Ein Wort?* ~ wealh Ine 74 *und* ~ wifman Af El 12 H | *gn:* ~wes mannes Ine Rb 28 HB *falsch;* þeofes *übr.* | *dt:* ~wum men Ine 47 (~wan BH); ~wan mon (wifmen) II As 19. *Rect* 7 (9) | *ac:* frigne ge ~wne Wi 14. Ine

11. II Cn 20, 1; *Godes* þeuwne *esne Kirchenlands unfreien Knecht* Wi 23; agenne ~wne *esne* Af El 17; ~wne 21 Ld (~, *sbst, übr.*, servum *übsnd*). Ine 23, 3 (nedþeowne Ld). 54, 2 ‖ *no fm prd* [*od. sbst*]: sie hio ~wu Af El 12; ~ H ‖ ***pl:*** ne ~we ne freo AGu 5; ~we men VIIa Atr 5, 1 | *dt:* ~wum mannum (VI As 6, 3) 7 esnewyrhtan Af 43 | *ac:* ~we oððe frige Ine 50; frige oððe þeowa II Cn 68, 1b B; þeowet *'servitutem' übr.* — *Nur Schreibfehler* ~ *für* þe eow Af El 49, 5 G | *falsch für* þeof *s. o. gn.* — *Der.:* niedþ~, witeþ~

I) **þeowa** 1) *Knecht, Unfreier, Sklave;* se ~ Af El 11 (~we! Ld), servus *übsnd.* Ine 3, 1. 74, 2 | *gn:* þæs ~an II As 3, 1. II Cn 45, 3; þeowman *irrig* Ld | *dt:* ~an Ine Rb 29 HB (~we *übr.*). Af El 20 H (~we *übr.*). Ine 74, 2. II As 3, 1 (*oder gn*) | *ac:* ~an Af El 21 H (þeow *übr.*). EGu 7, 2 = II Cn 45, 3 2) *Godes* ~ *Geistlicher; pl:* ~an V As 3 H; ~was Ld | *gn: Godes* ~wena Ine Rb 1 Ld (~wa *übr.*). Ine Pro B; ~wa *übr.* — *Für* þeow *n.* I; *s. d.* — *Der.:* niedþ~

II) **þeowa** *Sklavin, Unfreie;* grindende ~ Abt 11 [*vgl.* þeowu *22 Z. vorher*] | *dt:* þære oðere ~an *zweitclassigen Unfreien* 16

þeowdom 1) *Knechtschaft; dt:* ~me Af El Pro (~! Ld), servitus *übsnd* 2) *no:* ~ *Gottesdienst* I Cn 3, 2

þeowen *Sklavin, Unfreie; dt:* ~enne Af El 20, ancillae *übsnd* | *ac:* ~enne 12, famulam *übsnd* (*dafür* to þeowte H); ~wne Af 25, 1. Af El 21 G (~wene H; þeowmennen E), ancillam *übsnd*

þeowet- *s.* þeowot-

þeowian 1) *m. dt, dienen;* Drihtne *Gotte* V Atr 6 = VI 3, 1, *geänd. aus* þowian [*vgl. Wildhagen* Psalter des Eadwine 75] | *op pl* 3: *Gode* ~ VI Atr 51 2) [*abs.*] *Knecht sein, als Sklave dienen; op* 3: ~ige Af El 11, servire *übsnd* | *verfalle* [*zur Strafe*] *in Knechtschaft* Grið 17 3) *tr. verknechten; op* 3: cyrican ~ige V Atr 10, 2 = þowige VI 15 *Kirche einer Dienstpflicht unterwerfe.* — *Der.:* geþ~, niedþ

þeowman *Sklave, Unfreier* [*zwar* þeow man *in Wbb.; aber überall ist Ein Begriff gemeint, dem* friman *entgegentritt* (EGu 7, 1. 8. Northu 56); þeowcnapena *ist belegt;* Q. *übs.:* servus (*nicht* servilis homo); *der Archetyp von* II Cn 32 BA *konnte* þeofman *verschreiben, nur wenn er in* ~ *Ein Wort sah* (*vgl.* þeowwealh); Ld *benutzte für dt* þeowmen II As 19 *eine mittelalt. Hs.*]; *no:* ~mon Af 25, 1. Ine 3; ~ EGu 7, 1 (þeowe! man Ld). 8 (= II Cn 45, 2. 46, 2). I Atr 2 = II Cn 32 (þeofman! BA). Northu 56 | *gn:* ~! II Cn 45, 3 Ld; þeowan *übr.* | *dt:* ~men Ld: II As 19 (þeowan men *übr.*). I Atr 2 Insc; ~! II As 19 Inso. Ld ‖ *pl lies* þeowe men VIIa Atr 5, 1 [*oder* e *Gleitlaut vor* m; *vgl.* Ld (*der freilich oft* -e *unorganisch anfügt*) *zu:*]

þeowmennen, *ac, Sklavin* Af El 21, ancillam *übsnd;* ~wem~ Ld; þeowne G; þeowene H

þeowot *Sklaverei;* ece ~wet *ewige Knechtschaft* [*als Strafe*] Grið 16 | *dt:* to ~wte Af El 12 H; on þeowenne *übr.; stande* on ~wete be his *were* VI As 12, 2 | *ac:* gongen on ~ Ine 7, 1; ~wet HB; freot 7 ~wet II Cn 68, 1b; ~wæt A; frige 7 þeowa B

þeow[o]tling *Knecht; pl dt:* ~wetlingan VIII Atr 6

þeowscipe? *Dienstbarkeit? Fehler für* þeodscipe *Rechtsbrauch* Af 2, 1 H

þeowu *Sklavin; s.* þeowa *n.* II; *od. adj, fm no*

þeowwealh *unfreier Knecht* (*Wälscher?*) Ine Rb 74. Ine 74; ~wew~! Ld. [*Der Fehler* þeofw~ *in* GSo *beweist, dass das* 11. *Jh. darin Ein Wort sah; vgl.* þeowman. *Jedoch Toller* 1173 *schreibt* þeow Wealh: *'unfreier Kelte Britanniens'; und Sweet lässt* þoowwealh, *das er Reader* (1885) *p.* 53. 290 *ansetzte, im* Diot. (1897) *fort*]

þeowweorc *Sklavenarbeit; gn:* ~oes II Ew 6 | *ac:* ~ Wi 9

þeowwifman *Sklavin, Unfreie;* oðer ~ Af El 12 H; oðru mennenu *übr.* [*vielleicht trenne besser:* þeow w-]

þer- *s.* þær- **þerh**(-) *s.* þurh

þerhsan *dreschen* Ger 11

I) **þes** *dieser* [*die Bed. gilt für alle folg. Beisp., wo nicht anderes gesagt*] **A**) *adj vor subst:* ~ án dom *obiger* IV Eg 12, 1; ~ eaca 14, 2 (þas! C); ~ ræd 15, 1; ~ haligdom *gegenwärtig* Swer 1. 2 (þæs B); ~ monn Iud Dei IV 3, 5, hic homo *glossirend* | *dt:* of þissum *dome obigem* Af El 49, 6; þysum, *geänd.* þyssum H; þisum *dome gegenwärtigem* Iud Dei VIII 2, 2; of þysan earde *aus hiesigem Lande, England* VI Atr 28, 1; *fore* þassum intinge *gegenwärtig* Iud Dei IV 3, 5, pro hac causa *glossirend* | *ac:* þiosne monno 3, 2 ‖ ***fm:*** þeos bot *obgenannte* Af 23, 1; - lad Duns 6, 3 (þæs! Ld); - ræden *Rect* 4, 3; - boc (*candela*) *gegenwärtig* Excom VII 1 (23) | *gn:* þisse *stale* Iud Dei VIII 2, 1 | *dt:* innan þisre cyricean VII 13 A; þyssere Vt | of þissa gerædnesse *obiger* II As 25, 2; þis! Ld | *ac:* þas giscæft *gegenwärtig* Iud Dei IV 3, 2, hanc creaturam *glossirend* ‖ ***nt:*** þis gewrit Sacr cor Pro | *gn:* þises andweardan lifes IV Eg 1, 4; - husles Iud Dei VII 12, 4 A; - wæteres VIII 2 | *dt:* þysan *wedde* Sacr cor Pro; on þisum gewrite IV Eg Pro; þysum *life* I Cn 22, 3; on þassum gebede Iud Dei IV 3, 4; þissum vætre 3, 5; to þys (: *verbess. aus* þus) husle VI 1 | *ac:* þis gemot Wi 5; þis frið *folgenden* Af 5 ‖ ***pl*** *aller Genera:* þas dagas *folgende* 43 | *gn:* þissa misdæda *obiger* 23, 1; þisra BSo | *dt* (*instr.*): þyssum domum *folgenden* Hl Pro; þissum bocum *obgenannten* I As 3 Ld; - iglandum *Britischen Inseln* IV Eg 14, 2 | *ac:* þas bebodu *obige* Af El 49 (þæs Ld; *vgl. Pogatscher* Beiblatt z. Anglia 1905, 337); - gemot III Eg 7 = II Cn 25 (þæs Ld); ealle - þeode *gegenwärtige* II Cn 8 (þæs Ld); - word *folgende* Af El Pro (þæs Ld); - domas *folgende* Wi Pro 3. Ine Pro; þæs Ld **Aa**) *adj, bezogen auf zu ergänzendes sbst.; pl ac:* þas, *nämlich* domas, Af El 49, 10; þæs So Ld **Ab**) *adj vor prn und Zahl; nt:* þæs ealle (!) sie gedon *obiges Alles* As Alm 1 Ld | *pl gn:* þissa ealra *jener vorigen aller* [*nämlich 'Männer'*] Wi 21 | *nt:* þissa þreora ælc *obiger* 3 (*Dinge*) Hu 8 — **B**) *sbst. nt:* **þis** (*oben Befohlenes*) *stande* IV Eg 15; 7 þæs sie *nämlich* [*vgl.* þæt is] I As 1 Ld | *gn:* þisses hwæt (þysses H) *etwas derart, des Obigen* Af 40, 1; þises hwæt 38, 2; þyses H; þisses B | *dt:* on þassum vel in þissum *hierin* Iud Dei IV 3, 4, in hoc *glossirend* [*vgl.* þæt *n.* Ia]; ær þyson *vordem, bisher* II Cn 69. 76, 2 | *ac:* þis deð (oferhebbe) *Obiges* Af El 25 (II Ew 5); þæs demað I As 1 Ld; hit *übr.; ofer* þis *späterhin, künftig* V As Pro 1 ‖ *pl gn:* þissa (*obiger Dinge, vom Inhalt voriger Sätze*) hwæðer Af 39, 2; swa hwylc þyssa *jener Alternativen* II Cn 30, 5 (þisra B; þissa A); þyssa ænig Grið 18; hwæðrum þissa: oððe . . oððe *der folgenden, nämlich* Af 1, 1; þisra H

Ba) þis *nt, bez. auf folgendes von jedem Numerus u. Genus*; þis syndon þa domas Abt Insc. Hl Insc. Wi Insc. Af Insc H. Af El 11. EGu Insc [*aber 'Obiges'* Af El 49]; þis is seo gerædnis EGu Pro; þis is þæt frið AGu Pro **Bb**) þis, (= þæt, hit: '*es*') *weisend auf den folgenden, mit* þæt (þe) *beginnenden abhängigen Satz;* gif þæs geweorðe, þæt Wi 5; þis ærest, þæt *nämlich* EGu Pro 1; þes ne byð na gelic, þe hit bið II Cn 51, 1 B | *ac:* þæs wilnige, þæt IV Eg 12, 1 [*vgl. Demonstrativ n.* I 2]

II) **þes** *s.* se *n.* I, *gn*

þet *s.* þæt *n.* IV **þeuw** *s.* þeow

þi, *instr, s.* þy *n.* II

þicgan *geniessen; op pl* 2: ge blod ne þicggen Af El 49, 5; ~ GH; þiegen So Ld; ge þis husl þicgon Iud Dei VIII 1, 1, communic[are] *übsnd.* — *Der.:* geþ~

þider 1) *dorthin* II As 11 (þeder Ld). IV Eg 8, 1; þyder Duns 9 2) *wohin* VI As 4 (ubi Q). V Pro 1; quo Q [*aber vielleicht meint* As *quocumque (wohin immer)*] 3) *correl.* ~, ~ *dorthin, wohin ebd.* Ld

þiderinn *dort hinein* II Cn 75; ~in B; ~nne Ld

[-þiedan] *s.* under(ge)þeoded

[-þiefed] *s.* geþ~

[þiefe?] *fm, Diebstahl; vgl.* þeofe, þiof *und s.:*

þiefefioh, *ac, Diebstahlsgut* Ine 25, 1; þyf~ Ld; forstolen feoh HB

þiefð 1) *Diebstahl* [*als Handlung*] Ine 73; þyfð HB. III Eg 6, 2; þyfðe! Ld; þeof *übr.*; open ~ II Cn 64; id est apertum furtum Q, *Var.* (*auch* Rb *S.* 53) þiefðe, þifð, þef; *ebenso* [*daraus?*] Hn 12, 1a (*Var.:* þifþhe, þifihe) | ***gn:*** ~ðe Ine 7, 2 (þeofðe Bu Ld; þyfðe HB). 37 (þyfðe B; þifðe H). 46 (þeofðe B); þifðe II Ew 3 H; þyfðe B; þeofðe II As 7 Ld | ***dt:*** ~ðe Ine Rb 28 (þyfðe B). 37. 73 (þyfte! B); þyfðe Af 22 B [*falsch*]. II As 3, 1 (openre - II Cn 26, 1); - *instr. Sinnes* [*oder gn; dafür prp* þurh II Ew 6] VI As 1, 4; þeofðe Wi 25. Ine 21 Bu (for þeof '*als Dieb*' *übr.*); þiofte! Iud Dei IV 4, 3, furto *glossnd*; þeofte! Wl lad 1 | ***ac:*** ~ðe Ine 36; þyfðe HB. II As 11. 20, 3 (þyfða Ld; þifða Ot *für pl?*). IV 6, 3. II Em 5 Ld; þeofðe Af 22 B; eofot *übr.* ‖ ***pl*** *dt:* þyfðum II As 3, 1 So. VI 8, 9; þyfðam! II Em 5 | *ac* [*ob pl?*]: þyfða II As 20, 3 Ld; þifða Ot; þyfðe, *also sg, übr.* 2) *Diebstahlsgut, Gestohlenes; ac:* þyfðe IV Eg 2, 2; þeofte! C [*Doppelbed., wie* furtum, *auch fz.* larecin, *lat.* latrocinium, robaria]

þi[e]stru *Düster, Dunkelheit; dt pl:* in þiostrum Iud Dei IV 3, 1, in tenebras *glossnd*

þifð *s.* þiefð **þig** *s.* þy *n.* II B

þiggum *s.* þing- **þillic** *s.* þyl~

þimele *s.* þym~

þin *dein;* ~ God Af El Pro; ~ sunu 3 Ld; ~ geneat Ine 22 | *gn:* þines nehstan Af El 9 | *dt:* þinum fæder 4; nehstan 8 Ld; geferan 35 | *ac:* þinne Dryhten 37; dom þin' (*d. h.* þinne) Iud Dei IV 4, iudicium tuum *glossnd; vielleicht fehlt solcher Haken hinter* gast (engel) þin 3, 2 (4, 2), spiritum (angelum) tuum *glossirend* ‖ ***fm:*** þine dohter Af El 3 Ld | *dt:* þinre medder 4 ‖ ***nt*** *dt:* þerh þrounge [*sonst fm*] þinum Iud Dei IV 3, 1, per passionem tuam *glossirend* | *instr. Sinnes:* þinum soðe 4, 5, veritas tua [*als wäre es abl.*] *glossirend* | *sbstirt:* be þinum *bei Deinigem* Becwæð 3, 2 ‖ ***pl*** *dt fm:* þinan durum Af El 3 Ld | *ac masc:* þine sceattas 38; þino þea Iud Dei IV 1, famulos tuos *glossirend*

þino *s.* þing **þincan** *s.* þyn~

[-þincþa] *s.* geþyncðo

þing A) *Ding, Sache; no:* ~; ~gc | *gn:* ~ges; ~gces | *dt:* ~ge | *ac:* ~; ~gc; þino ‖ *pl:* ~gc | *gn:* ~ga | *dt:* ~gum; ~gon; ~go; ~gan; þiggum | *ac:* ~ga; ~; ~gc; þino. — 1) *Wertgegenstand; pl dt:* þingum Swer 9; mid eallum - V As Pro 1 2) *Zustand; no:* folces ~ byð þe betere VI 8, 9 3) *Verhältnis, Beziehung;* nan þingo to wife VIII Atr 30 4) *ersetzt Sbstirung* a) *des adj nt:* forstolen ~gc *Gestohlenes* II Cn 76 | *dt:* mid nanum leohtran ~ge þonne *durch nichts Leichteres als* Af 32 | *pl dt:* æt woroldlican (botwurðan; on godcundan) ~gan *aus Weltlichem* (*bei Bussfähigem; in Geistlichem*) V Atr 20 = VI 25, 2 = I Cn 17, 3 (VIII Atr 5, 1 = I Cn 3, 2; Episc 1); æt (mid) utlagan ~gan *bei* (*wegen*) *Friedlosigkeitssachen* Wl lad 3 (3, 1) | *ac:* þa heofonlica ~ga *das Himmlische* I As 4, 1 Ld; ealle unrihte ~ *alles Unrechte* Sacr cor 1, 2; ungesawene ~ *Abstractes* Duns 7, 1; ungedafenlice ~gc *Unziemliches* Northu 26 b) *der Zahl; pl ac:* þreo ~ (þino) *dreierlei* Sacr cor Pro. V Atr 6 = VI 3, 1 (Rect 1: '*trinoda necessitas' dreierlei Staatspflicht auch der Immunen*) c) *des Pronomens* α) *poss. pl gn:* ealla eowra ~ga *all des Eurigen* I As 5 Ld; eowres *übr.* | *dt:* of minum agnum ~gum *aus meinem Eigen* Swer 3, 4; þiggum B β) *demonstrat. gn:* þæs ~gos, þe *dessen was* Iud Dei VII 12, 4 A | *pl:* þa ~, þe *was* Ger 2, 1 | *gn:* þara ~ga, þe *dessen was* IV Eg 1, 8. 6, 1. Ger 4. Episc 7 | *dt:* for þam ylcan ~gan *wegen ebendesselben* Wl lad 2; æt swilcan ~gan *bei solcherlei* Rect 3, 4 | *ac:* þa ~, þe *das was* X Atr Pro. Ger 3, 1; þas ~gc *jenes vorige* II Cn 68, 1c γ) *indef. ac:* ænig ~ (~gc) *etwas* VI Atr 52, 1 (II Cn 5, 1). Iud Dei VIII 2, 1, aliquid *übsnd;* þurh ænig ~ (þine, ~gc) EGu 12 (VIII Atr 33, II Cn 40) | *gn:* æniges ~gees II Cn 31a | *pl dt:* for ænigan ~gan *wegen etwas* Wl lad 1 | sum ~ [*no?*] *etwas* Ger 13 δ) nan ~ (~gc), *ac, nichts* Duns 4. Becwæð 3, 2. Ger 18, 1 (II Cn 24); na ~gc II Cn 69, 1 ε) nan oðer þingc, *ac, nichts anderes* IV Eg 6, 1 | *pl:* oðere ~gc *Rect* 1, 1 | *dt:* nanum oðrum ~gum butan V As Pro 3 | *ac:* ofer ealle oðre ~gc VI Atr 42, 1 = I Cn 1 ζ) manega ~gc, *pl ac* (*Sbstirg.* manege *der übr. aufhebend*), *vielerlei* II 76, 3 B | *pl gn:* fela ~ga *vielerlei Rect* 5, 4. 21, 4. Ger 11. 12. 17 η) *gn:* ælces ~ges *über Jedes* Wif 6 5) *neutrales Indefinitum* [*vgl. Einenkel* Anglia 27, 177]; *pl gn:* raðost ~ga ær 6 monðum *vor frühestens 6 Monaten* II Cn 24, 3 [*vgl.* huruþinga] 6) *Grund, Ursache; pl dt:* for þam ~gum, þe *deshalb, weil* EGu Pro 2; for oðres ~gum *um* (*wegen*) *eines andren willen* Duns 3; on (for) nanum ~gum *unter keiner Bedingung, durchaus nicht* Af El 48 (I Ew Pro) = mid nanon - II Cn 8, 1; ~gon G; ~go A B) *Gerichtsstätte; dt:* ~ge Hl 8. — *Der.:* ciricþ~, hæmedþ~; huruþinga; husting; intinga

þing- *s.* dynge

þinga, *gn pl, Erledigung einer Strafsache durch Abdingen der Busse zwischen Parteien, ohne Richter* Ine 52 B; geþ~ *übr.*

L Denagildum **þingemannis** dabatur Hn 15 (*Var.* wing-, ying-). þing(e)menn (*pl*) *oder* þing(a)manna lið *ist der nordische, durch Engländer entlehnte Name für stehendes Dänisches Heer in England seit Swen*

þingian *dingen* Af 2. IV Eg 1, 7. Grið 19,1 | 3: ~gað Ine 50 | *pl* 3: ~iað II As 21 Ld. I Cn 4, 3 | *op* 3: ~ie II As 21. VIII Atr 3 G = I Cn 2, 5; ~ige Northu 8. Had 2 | *pl* 3: ~ V Atr 4, 1 (= I Cn 6 a) = VI 2,2. 41. VIII 3 D. Cn 1020, 19 | *ptt op* 3: ~gode Af 19, 3 | *pc cpa:* ~godre Ine 22 [*vgl.* geþ- II As 1, 1]. — 1) ~, þæt *ausbedingen, abmachen, dass* Af 19, 3 2) *sich vergleichen, Sühne leisten* 2; wið cyning for þeowe *gegenüber dem Strafe heischenden Richter für schuldigen Sklaven* Ine 50 | wið God *sühnen gegenüber Gott* VIII Atr 3 = I Cn 2, 5. Northu 8 | for ordal(*e*) *statt Ordals* II As 21 (Ld) | þurh clænnysse us to *Gode uns mit Gott versöhnen, für uns bei G. eintreten* IV Eg 1,7 | sie him þingodre *sei für ihn der Schulderledigung näher* Ine 22 | mid bote ~ *durch Busse sühnen* Had 2 | for synnum *wegen Sünden* [*oder n.* 4?] Cn 1020, 19 3) *abdingen, Ermässigung erhandeln:* on ceapgilde *am (vom) Ersatz* II As 21 4) ~ for *Fürbitte leisten, betend eintreten für:* folc V Atr 4,1 (= I Cn 6 a) = VI 2,2. 41. Had 1. Grið 19,1 | for folces neode *wegen öffentlicher Notlage* I Cn 4, 3. — *Der.:* forþ~, fore(ge)þ~, geþ~

þingleaso, *prd pl, unschuldig, von gerichtlicher Verantwortlichkeit frei* Iud Dei V 2, 4, inmunes *glossnd*

þingrædene, *ac, fürbittende Vermittlung* Cn 1020, 20

þiof, *ac, Diebstahl* Iud Dei IV 4,5, furtum *übsnd* [? *ob für* þiofe (*s.* þiefe) *oder* **þiofte;** *s.* þiefð]

þiosne *s.* þes *n.* I, *ac*

þiostru *s.* þiestru **þirel-** *s.* þyrel-

þis(um) *s.* þes *n.* I **[-þoht]** *s.* geþ~

þolian *dulden; op* 3: ~ie Af 22. Ine 3, 1 f. 36, 1. 40. 42, 1. 51. 67. EGu 7 ff. II As 24,1. Hu 3,1. II Eg 4,3. II Atr 3,3. II Cn 53; ~ige Af 1,4. 11,4. 20. Ine 62. II Ew 5 f. I As 4. II 3, 1. 24, 1. 25, 2. II Em 1, 3. 6. III Eg 3 (= II Cn 15, 1). IV 8,1. 9. 10. 11. V Atr 7 = VI 4. VIII 26 f. (= II Cn 41. I 5, 3). I Cn 2, 2. II 8, 1. 36. 45, 2. 46, 2. 73 a. Northu 2, 1 f. 45. 62. Grið 17 | *pl* 3: ~ien Duns 3, 3; ~igen Wi 4, I; ~ I Em 1. Northu 12. 63,1 | *ptt op* 3: þolode Geþyncðo 4. — A) *verlieren, m. gn* (*wofür im* 12. *Jh. ac:* II Cn 53 B?) 1) *bisher Besessenes* a) *Greifbares:* heafdes IV Eg 11; hyde Ine 3,1. EGu 7, 1 f. = II Cn 45, 2. 46, 2; handa 8, 1; earena 53 (earan [*ac?*] B); ealles þæs he age II Ew 5, 1. II Em 1, 3. 6. II As 25, 2. Hu 3, 1. II Eg 4, 3. Duns 3, 3; æhta II Atr 3, 3. II Cn 73 a; weres 36; landes Ine 51. I Cn 2, 2; æcra *aufgeben, entbehren* Ine 67; are I As 4. V Atr 7 = VI 4; þeowan II As 3, 1. II Cn 45, 3; orfes IV Eg 8, 1. 9. 10; ceapes EGu 7 = II As 24, 1; wæpna Af 1, 4 b) *Abstractes:* freotes Ine 3, 2. EGu 7, 1; þegnscipes III Eg 3 = II Cn 15, 1; scire Ine 36, 1; freondscipes II Ew 5. 5, 1. VIII Atr 27 = I Cn 5, 3. Northu 2, 1; geferscipes 45; hades VIII Atr 26 = II Cn 41. Northu 12; gomanan Wi 4, 1 2) *Schaden tragen durch Nichtempfang einer sonst zustehenden Sache:* angyldes 22; ceapes Ine 62; feos Northu 2, 2; his Af 20; oðres Ine 42, 1; rihtes Geþyncðo 4; legerstowe I Em 1; legeres 7 mildse Northu 62. 63, 1 | be [*in Höhe von*] healfre þære bote Af 11, 4 B) *dulden, tragen* 1) *tr.:* æfwerdlan Ine 40; þone [*also ac*] *setzen davor* HB 2) *abs., Strafhaft leiden* Grið 17. — *Der.:* geþ~

I) **þon** *für* þam Ld; *s.* se *n.* I, *pl dt*

II) **þon,** *dem. sg. instr.* [*andere Form:* þy *n.* II] A) *masc. und* B 1) *nt. vor sbst s.* se *n.* I B 2) *nt sbstirt* a) *reg. von prp: s.* ær, be, eac, for, of, to ~ b) *im neg. Satze vor cpa* [*analoges s. Toller* 1034 b: 'þan *adv.*'] '*im Vergleich damit*' α) *ebensowenig wie;* næbbe ~ ma dura, þonne (*als*) Af 5, 1; *statt* ~: *unverstanden* þonne H So Ld | næbbe ierfes ~ mare, þe 8,2; *statt* ~: þonne So; þe H; *fehlt* B β) no ~ læsse *nicht weniger = und sicherlich auch* Iud Dei V 2, 1 (læs 2, 3), necnon *glossirend.* — *Vgl.* forþon o. *S.* 74

III) **þon** *s.* þonne *n.* I *Z.* 5

þoñ, þonne *statt* þone *s.* se, *ac*

þone I) *s.* se, *ac* II) *ebd. instr. für* þon *nur* Ld III) *s.* þonne, 7 *Z. weiter*

I) **þonne;** *Form abweichend* [*wo ich Hss. citire, haben* ~ *übr.*]: þanne Abt 51. Hl 16, 2. Wi 21, 1; þænne Ine Rb 36 G. II As 1,2 B. II Cn 10. *Rect* 21, 2; þonn I Cn 18 a A; þon II Ew 1 B. II Cn 24, 2 A (þan Ld). AGu 1 Ld. Norðleod 7 Ld; þone AGu 3. I Ew 1, 1 B. II 1 B. 3, 2 B. II Em 7, 2 B. I Cn 1 Ld. II 8, 2 A. 25 BA. 30, 2 Ld; þane III Eg 2,2; þonnon Af 37,2 B; þonon 5 B. 34 B. Ine 72 B. EGu 1; þanon AGu 1 B 2; ꝥ *ebd. s.* þæt *n.* III. — A) *adv* 1) *alsdann, späterhin, nachher;* ~ ymb 3 niht Hl 10; hlaford hit wiste, 7 [oxa] ~ ofsloge Af El 21 | *künftig* V As Pro 1. Rect 21, 2 | þæt ge ~ gereccen *vorkommenden Falles* I Ew Pro | ~ git *auch dann noch, trotzdem* II Eg 4, 3 | *dann doch;* bete, se ~ onfó Af 37, 2; be onfenge 7 ~ forlæte Ine Rb 36; gif wif bycge, 7 ~ gift tostande 31 2) *in der Reihe folgend, weiterhin;* toð, se ~ bistandeð Abt 51; ~ up on Ligan AGu 1 | ic bidde, 7 bisceopas ~ þæt ilce don *auch* I As Pro 3) [*stilistisch fortfahrend*] *ferner nun* II Cn 30, 2; ~ is cirican riht Wi 21, 1 | þæt is ~: gif *zweitens: wenn* AGu 2; þis is ~ þæt gewrit Af El 49, 2; þis is ~ (ærest), þæt *nämlich* (*erstens*) Af El 49, 5. VI As 1, 1. EGu 1 4) *also, daher;* gif aslea eage, 7 ~ gedó anigge Af El 20; gif að forðbringan ne mæg 7 ~ ful sy Blas 3 | ~ gelyfe we, *dies vorausgesetzt, infolge solchen Falles* VI As 8, 9 5) [*Satz beginnend mit anderem Fall als vorbesprochenem*] gif ~ *wenn jedoch* Wi 11. Ine 2, 1. 3, 2. AGu 5. Af El 11 f., sin autem, quodsi *übsnd* | [*Voriges einschränkend*] *wenn freilich* II Cn 30, 1 | [*im Gegenteil des Vorigen*] *wenn dagegen* Abt 77, 1. Hl 9 f. Af 5. Ine 3, 1. II As 1, 2. VI 8, 9 | *trotzdem* I 4 | 7 (gif) ~ *und wenn dennoch* Wi 28. Af 27. II Cn 8, 2 6) [*Nachsatz einleitend hinter hypothet. Vordersatz, der meist mit* gif *anfängt* (*doch* seþe gemot forbuge, ~ II Cn 25)] *so, (als)dann* [*vgl.* siððan, *n.* I 1; þa *n.* I A 4; þær *n.* II 2] Hl 10. 16, 2. Af El 11. Af 69, 1. Ine 21, 1. 53. 63. EGu 6, 6. I Ew 1, 1. II 3, 2. II Cn 24, 2. Norðleod 7; gif bið, ~ sceal þær Af 67. 2. II Eg 3, 1 D; ~ *fehlt übr.* B) *cj: wann* 1) *künftig, da (wo)* Ine 64. I As 3. IV Eg 6, 1 | timan, ~ (þæt B) us wære leofre I Cn 18 a | ~ tima sy Ger 8 | (aa) ~ þearf (neod) sie (*immer*) *wenn* Af 34 (V Atr 26, 1 = VI 32, 3). II Cn 10 2) *indem, während dass* Af 9. 21. VI Atr 10, 3 | þan ~ *dann wenn* Iudex 11, quando *übsnd* | ~ fyrd ute sie Af 40, 1 HB; þenden *übr.* 3) *sobald als, wenn* IV Eg 8. VIII Atr 25. Ordal 4, 2. Rect 7 3 a) [*correl.*] ~ .. ~ *nachdem .., dann;* ~ he beweddod hæbbe, ~ finde he II Em 7, 2 4) *wenn* [*nicht temporal, mit* gif *synonym*] Ine 43. 46. 62. Iudex 9, 1 C) *hinter Comparativ: 'als, denn'* læssa ~ þegn AGu 3; mare ~ fulwite (twelf; wer) Ine 72 (II As 23, 2; III Eg 2, 2); oftor ~ænne 49, 1; betere ~ ær wæs II Ew 1; hefigran ~ we budon, ma forhwerfdon ~geyhton Af El 49,3; nanum leohtran þinge ~ man aceorfe Af 32

II) þonne *s.* se *n.* I, *ac, n.* b

þon(n)on *s.* þonne *n.* I *Z.* 10

þonon 1) *dorther* [*aus Rom*] II Eg 4,1 A; þanon G; þeonon So 2) þanon *von dannen, dortheraus* VIII Atr 1, 1 = I Cn 2, 3; þano A 3) ge heonon ge þanan *allerseits* II Cn 19, 2

þ[o]nonforð *hinfort, künftig;* þan~ VI Atr 3, 1. Northu 2. 65. Geþyncðo 2; þananf~ V Atr 6. VIII 27

þow- *s.* þeow-

þræl *Sklave, Unfreier* [*nordisch*] VIIa Atr 3. Grið 21,2 | *ac:* ~ II Atr 5,1

[-þreatian] *Der.:* geþ~

þreo- *s.* þri(*e*)- [17,1

þreotteoðan, *dt, dreizehnten* I Cn

þria *s.* þrie

þridda *dritter;* mæg II As 11; ~de dæl *ein Drittel* VIII Atr 6. Had 9, 1; þrydde O; ~dan! dæl Af 47,1 [*vgl. Sievers* Gr. 304 A. 1] | *dt:* æt þam ~an stæpe Had 4 (þryd- H); - cyrre Af 23. I Ew 2,1. II 1,3. II Eg 4,3. II Cn 19,1; ~dam! A | *instr. Sinnes:* ~an dæle *zu* $^1/_3$ Ine 29 (be *setzt davor* B); - siðe *dreimal* Hu 3, 1. II Cn 83, 2; ~dde! BA | *ac:* ~an læt Abt 26; ~an dæg Ordal 5, 2; ~an dæl *Drittel* Af 19, 1 (-da! B). 27 (þryd- So). 47. 71. Ine 23. 57 B (sceat [*das ursprüngl.*] E; gescead *auf Rasur* H). II Eg 2 = I Cn 11. VIII Atr 6 ‖ ***fm:*** sio ~de þeowa *an Rang dritte* Abt 11 | *gn:* þare ~an wuduwan *an Rang dr.* 75, 1 | *dt:* æt þare ~dan *an Rang dr.* 16 | *ac:* ~dde ECf 23, 1; *Var.* ~dde, thredde, ~ddem ‖ ***nt:*** ~dde is *drittes ist* V Atr 32,3 D | *ac:* þæt ~dde swyn Ine 49,3 | *instr:* þy ~an geare 26

þridde, *adv, drittens* Sacr cor 1, 3

þriding *s.* þriðing

þri[e] *drei* I) *adj:* þreo men II Cn 30 | *ac:* þreo ceorlas Hl 16; þry ynce Abt 67,1; - (þrig) dagas VIIa Atr 6. (1. 5, 1); - (þrio, þria) cnihtas Iud Dei VII 23, 2 A. VIII 2 (IV 3, 3. 4, 2) ‖ *fm no:* þreo niht II As 23,1 | *ac:* þreo niht Af El 17. EGu 10. II Cn 28; - healf elne II As 23,1 Ld *d. i.* $1^1/_2$; oðer healfe *übr.* ‖ *nt ac:* þrio manwyrð Hl 1 | þreo treowa Ine 43,1 HB; - hundred Nor grið *Z.* 3; - healfmarc EGu 3,1; - pund I Cn 3,2 G. II 62 G. Blas 1 B (þry H). Had 4 | - þing *dreierlei* Sacr cor 1. V Atr 6 = VI 3, 1; *trinoda necessitas Rect* 1 ‖ *aller Genera gn:* þreora daga II As 23; nihta Af 2. IV As 6, 2a; hida Ine 66 (*ac:* þreo B; þry So) | *aller Genera dt:* þrim pundum Af 3 = II Cn 58, 1 = Grið 11; - tunan III Atr 15; - hundredum I 1, 3 (drim B) = II Cn 30, 2 (þrym A). 22, 1 (þreom B, 16. *Jh.*); þroom hidum Ine 66 B; þriim cnihtum Iud Dei IV 1 | *instr. Sinnes:* þrim dagum Af El 21 (þrym B So. 23 So); nihtum II As 23; þrym leudgeldum Abt 64 II) *sbst* 1) *gn regierend:* þry manna IV Eg 6, 2 | *ac:* þry fingra Af 36, 2 So Ld; þreo -gre H | *abs. nt ac:* on þreo [*Teile*] dæle VIIa Atr 2, 3 2) *im gn part:* þreora a) - sum *selbdritt* II As 11 b) - an [*nt*] *von drei* [*Möglichkeiten*] *Eines* Wi 26. Grið 16 f. c) - æle [*nt*] *jedes dreier* [*Dinge*] Hu 8 III) *mit and. Zahl;* þreo hund hlafa, *ac,* 300 *Brote* Ine 70, 1 B | *dt instr. Sinnes:* sie þroom hundum scll. gylde Hl 1

þrifeald *dreifach; dt:* mid ~dan foraðe II Cn 22, 1a B; þryf- G; þryfealde! A | *ac:* þryfealdne að 22, 1; þreof- B ‖ *fm gn:* ~dre spæce I 5,1a A; þryf- G *aus* þryf- VIII Atr 20, 1 | *dt:* æt ~dre spræce 19, 1 = þryf- I Cn 5a; þryf- lade VIII Atr 27, 1 = I Cn 5, 4 (-lde! A). II 8, 2. 47, 1 | *ac:* ~de lade 22, 1a B; þryf- G ‖ ***nt; prd:*** hit þryf~ sy Ordal 2 | *dt:* þam þryfealdan ordale II As 4 B (þrimf-! H; þreof- So). 5 (þreof- So). I Atr 1, 1 (þreof- B; þryfeldan III 3, 4). 1, 4 (= II Cn 30, 3). III 7 f. V 30 (þrufealdan G 2) = VI 37 = II Cn 57; þrimfealdum II As 6, 1 (þryf- Ld; þreof- So). Hu 9 | *sbstirt:* be þryfealdum (*ums Dreifache*) diepan Blas 1; ladige mid þryfealdan II Cn 41, 1 | *ac:* þæt þryfealde ordal 30, 3a

þrifealdlice, *adv, dreifach* Af 39, 2 H; þrief~ E; þryf~ B

æt **þr[i]fingrum,** *dt; bei drei Finger dickem* [*ergänze 'Fett'*] Ine 49, 3; spio *fügt zu* B

þrige *s.* þriwa

þr[i]gilde, *adverbialer instr., mit dreifachem Ersatz, dreifach;* þrygylde AGu 3; IIIgylde Abt 1; IIIgelde 28; IIIg~ III Atr 4

þrihing *s.* þriðing

þri(i)m *s.* þrie, *dt instr.*

þrimfealdum *s.* þrifeald *nt dt*

þrimsa, *pl gn, Tremissen, Rechnungsmünzen zu drei Pfennig* Norðleod 4 ff. 9. 11 H; þrymsa 1 (~ Ld). 2 f.

mid **þrinna** XII *mit dreimal* 12 = 36 [*nord.*] III Atr 13

þrinness *Dreieinigkeit; gn:* ~se Sacr cor Pro | *ac:* þrinesse Iud Dei VI 1; þrynnysse VII 23, 1 A. VIII 2; þrynysse VII 13 A

þrio *s.* þrie

[-þristian, -þristlæcan] *s.* geþ~

þriðing [*nord.* þriðjungr *Drittel*] *Riding, Grafschaftdrittel in Denalagu, worin mehrere Wapentakes,* tertia pars provinciae, 3 vel 4 vel plura hundreda *umfassend,* ECf 31—31,2; [*irrig*] *parallelisirt mit* leð (*Lathe*) retr 31, 2. — *Folgende etwa* 30 *Varianten gelten auch für* ~ggerefa; *Anlaut:* þr, tr-, *dr-*, tþr, þ *ohne* r, *d ohne* r, t *ohne r*; *erster Vocal:* i, e, y, ie, *fehlt; zweite Dentale:* th, *d*, h, *fehlt; zweiter Vocal:* i, e; *Auslaut:* ng, gg, g; *Endung: fehlt,* -e [*sg ac*], *oder latinisirend:* -gum, -ga [*fm*] | *pl:* ~ges [*me.*]

[þriðinggerefa]; *pl ac:* þrihinggrefe *Riding-Vögte, Beamte über je* 1 *Riding* ECf 31a; *Var.* (*ersten Gliedes s.* þriðing): ~fes, ~eves, ~gres, ~eve, ~grefe, ~greve, ~gerefas. *Daraus:* treingrevei Hn 7, 2, *Interpol.*[s]

þritig, *viell. stets sbst, oft gn regirend, dreissig;* oð fif an! ~ttig [*ac?*] *nämlich 'Männer'* Ine 13, 1 B; be (feowær 7) ~ttig [*unfl. dt*] hida 54 (54,2) B | *ac:* ~ttig scl. Hu 5, 1 (þryttig Af El 21 H; ~tti Af 63, 1 B); penega [*gn*] II Eg 4, 1 D. I Atr 1, 3; nihta [*gn*] Af 5, 3 B So ‖ *flect. dt:* binnan ~tegum nihta [*gn*] Ine 2; þrytt- Ld; - ~ttigum II As 26, 1 | arise to - scl. Af 9, 1 So Ld; ~ttig, *unfl.* B | mid ~ttigan scl. VIII Atr 5, 1 G

þriwa *dreimal* II As 19. 20. III Eg 5, 1. 7 A (þrywa DG 2). V Atr 11, 1. VI 19. 27, 1. I Cn 12. 19. II 18. 19. 24, 2 (drywa A). 25 (þrywa A). Northu 18. Geþyncðo 3; þrywa II Atr 9; þrige Geþyncðo 5 H

þrotbolla *Kehle* Af 51; ~le id est gurgulium In Cn; þroteb~ vel gurgulio Q = Hn 93, 10 | *pl:* ~lan Excom VII 17, guttur *übsnd*

þrowere *Märtyrer; pl gn:* ~ra Iud Dei VIII 2; þrovara V 2, martyrum *glossirend* | *ac:* ∼ras VII 23, 1 A, martires *übsnd.* VIII 2 [*im selben Satze synonym:* martiras]

þrowian 1) *Strafhaft leiden; op* 3: ∼ige Af 1, 2; ∼ie H 2) *Passion am Kreuze, Martyrium leiden; ptt* 3: ∼wode Iud Dei VIII 1; ∼wude VII 12, 1 A, passus est *übsnd* | *pl* 3: ∼wudon 12, 2 A. 23, 2 A

þrowung *Leiden, Passion* [*Christi*]; *dt:* ∼ge Af El 49, 1; þrounge þinum [*! sonst fm*] Iud Dei IV 3, 1, passio *glossirend* | *ac:* þrounge 4, 1

þrufeald *s.* þrif∼

þry- *s.* þri-, þrie

[-þryccan] *Der.:* forþrycnes

[-þrymm] *Der.:* mægenþ∼

-þþ 1) *geschrieben* ðþ: siðþan Ine 15, 2 Bu; oðþe II Cn 44, 1; oðþæt Ordal 4, 2 2) *für* þ: *s.* feorðan, sið, unfæðða Ine 28 B (-æhða E)

I) þu *du* Af El I ff. Ine 22 | *gn s.* þin | *dt:* þe Af El 4. 10. 35. 42. Ine 22 | *ac:* þe Af El Pro; þec Iud Dei IV 2. 2, 1; þec mið, tecum *glossirend,* 4, 6 ‖ *pl s.* ge, eow ‖ *dual s.* git

II) þu *s.* þy *n.* II B

þuhte *s.* þyncan

þuma *Daumen* Af 56 | *gn:* ∼an Abt 54, 1 | *ac:* ∼an 54. — *Vgl.* þymele

[-þungen] *s.* geþ∼

þunresdæg *Donnerstag; ac:* on þone halgan ∼ *am Himmelfahrtstag* Af 5, 5. *Rect* 3, 4

Þunresfelda, *dt, Thundersfield in Surrey?* IV As 6. VI Pro. 1, 4. 10; Þundresfeldam [*ac*] Q; *auch* Rb 8. 540; ∼de IV As 1; *Var.:* Þundresfeldium

Þurcyl *eorl, ac, Herzog von Ostanglien* Cn 1020, 1. 9

[þurfan]; 1: ic þearf Swer 11 | 2: þu þearft Becwæð 3, 2 B; þærft H | 3: þearf Af El 28. 49, 6. Ine 43, 1. 67. 74, 2. VIII Atr 25 = I Cn 5, 2 *d* (þærf A). I Cn 16, 1. II 69, 1. Duns 5. *Rect* 3, 2. 4 a. Ger 13 | *pl:* we þurfon Cn 1020, 6 | *op* 3: þyrfe Ine 54, 1; þurfe HB. VI As 4. I Cn 5, 2 c | *ptt* 3: þorfte Af 19, 3. Geþyncðo 3. — 1) *müssen* a) [*absolut*] (*durch Armut gezwungen*) Ine 54, 1 | *verpflichtet sein* Geþyncðo 3; sceolde H b) *m. ac:* þæt þurfe *er das* (*Reinschwören*) *muss* I Cn 5, 2 c 2) *bedürfen; m gn:* domboca Af El 49, 6; mines *des Meinigen* Becwæð 3, 2 | man funde ænne, buton má þurfe (*man*) *mehr nötig habe* VI As 4 [*unpersönl.* þearf (*oportet*) *ist unbelegt*] 3) ne ∼ + *inf.* a) *nicht brauchen zu* Af El 28, (reddere) non cogetur *übsnd.* Af 19, 3. Ine 43, 1. 67. 74, 2. Cn 1020, 6. I Cn 16, 1. II 69, 1. Duns 5. *Rect* 3, 2. 4 a | ne þearf unnyt beon Ger 13 [= mæig nyt beon 8] b) ne þearf munuc fæhðbote biddan ne betan *ein Mönch darf nicht* .. *fordern, noch braucht er zu zahlen* VIII Atr 25 = I Cn 5, 2 d 4) *m ac: schulden:* sceatt Swer 11. — *Der.:* beþ∼. *Vgl.* þearfiend

þurh *durch, prp* [*Form:* þerh Iud Dei IV 3-3, 2. 4, 1; 6. 5. V 2, 1; *geschr.* ð' IV 4, 6] A) *m ac* 1) [*örtlich*] *über* .. *hin;* ∼ ure folc Ine Pro; min rice I As Pro Ld 2) [*zeitlich*] *durchdauernd;* ∼ worulda woruld Iud Dei IV 4, 6, per secula seculorum *glossirend* 3) *durch Wirken von;* ∼ hine (*selbst, persönlich*) oððe ∼ feormunge [*s. n.* 4] Af 4; ∼ þone Iud Dei IV 3, per quem (facta sunt omnia) *glossirend;* ∼ bydelas IV Eg 1, 2 4) *vermittelst;* ∼ wunde geyflige Af 2, 1; feormunge 4; searwa Af El 13, per insidias *übsnd* | tocyme (þrounge) Iud Dei IV 4, 1 (3, 1), per adventum (passionem) *glossirend;* ∼ hia 3, 2, per eam [*d. i.* aquam *des Ordals*] *glossirend* 5) *infolge,* (*auf Grund*) *von, wegen;* ∼ geban Hu 7, 1; ∼ (be Ld) Godes gyfa Að 2; ∼ stæltihtlan II Ew 6; ∼ gedyrstignysse IV Eg 1, 3 | ∼ þæt *daraufhin, deshalb* Sacr cor 1, 3. VIII Atr 1, 1 = I Cn 2, 3 | ∼ þæt (þe), *cj, dadurch dass, weil* EGu 6, 7 (= II Cn 48, 3) 6) *auf die Art von, in* .. *Weise* + *gn sbst* [*statt Eigenschaftsadv.*]; ∼ æhlyp *gewalttätig* V Atr 31, 1; ∼ riht Iudex 2, per aequitatem *übsnd;* ∼ mildheortnesse *barmherziger Weise ebd.* | ∼ ænig þing *in etwas, irgendwie* EGu 12 7) [*beschwörend*] *bei;* þerh hergia Iud Dei V 2, per agmina *glossirend;* ∼ God VII 12, 1 (per Deum *übsnd*) *bis* 13 A B) *m dt;* [*beschwörend*] *bei:* ∼ bearne þinum IV 4, 6, per filium tuum *glossirend;* ∼ blode V 2, 1; *doch folgt im selben Satz mehrfach* ∼ *m ac*

þ[u]rhendian *vollbringen, ausführen; ptt* 3: þerhendade oððe þerhendadon [*pc nt sbst. gn, schw.*] Iud Dei V 2, 2, perpetravit aut perpetrati *glossirend*

þurhsmugan *geistig durchgehen, einzeln überlegen* Ger 2, 1

þurhstingð, 3, *durchsticht* Abt 67; ∼nð 32. 53. 64, 1

þurhþyrel *durchbohrt* Af 67, 2; ∼-þurl B; ∼þirel Abt 61, 1

þurhþyrlige, *op* 3, *durchbohre* Af El 11 (∼þir∼ G), perforabit *übsnd*

þurhwund, *prd, durchbohrt* Af 61, 1 [*ndd.* dorchwunde, *fris.* thruchdede *zweimündig, doppelt offen; His* Strafrecht *d.* Friesen 308]

þurhwunian, *op pl* 3, *sollen dauernd bleiben* Excom VII 21

þurl *s.* þyrel

þus *so* 1) *folgendermassen* Wi 18. Af El Pro. Ine 1, 1. VI Atr 10, 3. II Cn 2 a. 30, 3 a. Swer 1 B. Grið 4. 23 | þus feor *só weit* [*auf Folgendes bez.*] Pax 2) *wie besagt, vorbesagter Weise* VI As 8, 9. *Rect* 20, 1

þusend, *pl, tausend, m gn;* 30 ∼ þrymsa: 15 ∼ þrymsa wergildes, 15 ∼ cynedomes Norðleod 1; 15 (8, 4. 2) ∼ þrymsa 2—5; 30 ∼ sceatta Mirce 2 | *dt:* mid twam ∼ [*unfl.*] þrimsa Norðleod 9; II mil. Ld; *fl.:* be twam ∼dum [þrimsa] 11 | *ac:* 22 þuse[n]d [*unfl.*] punda goldes II Atr 7, 2; *fl.:* þerh hundfeo::: þusendo Iud Dei V 2, 144 milia *glossirend;* 144 (alle) ∼da þrowera VIII 2 (V 2); 144 ∼du martira VII 23, 2 A

[-þwære] *s.* geþwærian, -rnes

þw[eo]rh; þa þwyran deman *die verderbten Richter* Iudex 11

I) þy, *indecl. relat., s.* þe *n.* V *Z.* 4

II) þy, *instr. von* se [*vgl.* þon *n.* II] A) *vom masc s. S.* 193, *Sp.* 1, *Z.* 7 B) *vom nt s. ebd. vorletzte Z., mit Formen* þi, þig, þu, þe, þa 1) *vor sbst: s. ebd.* 2) [*sbstirt*] a) *dadurch, darum, deshalb* VI Atr 52. I Cn 4, 3. 22, 6. II 16. 68, 1 b. Grið 30. Episc 7 b) *regiert von prp* for, mid, to [*s. d.*], *bildet* þy *mit ihr den* Begriff *Eines adv* bb) *und, wenn* þe (þæt) *folgt, mit beiden den Einer cj* c) *vor cpa: desto, um so;* þy leng libbende Af El 4 (þe H), *den Positiv* longævus *übsnd* | þy þingodre Ine 22; þe HB | *sonst stets* þe: þe bet V Atr 6, 1 = VI 3, 2; betere VI As 8, 9; wyrsa III Eg 4; deoppor EGu 11 = VI Atr 7; deoplicor VIII 27; gearuwre VI 80 D; lustlicor VII a 5, 1 | **ne þe ma,** *im negat. Satze, ebensowenig* AGu 5. VI Atr 52. I Cn 22, 6. Duns 4 ff. | - - - þe [*s.* þe *n.* VI] *ebensowenig wie* I Em 4 (ne swa þe Ld). III Atr 2 | nage þe (þon E, *fehlt* B) mare þe Af 8, 2 | **þy læs,** *cj m op, damit nicht* Iud Dei IV 3, 4, ne *glossirend;* þe læs Episc 6 =

þy (þe) lies þe II *Atr* 9. 9, 1 (Forf 2. Wif 9) | **þe . . þe** *um so . . desto;* þe swyðor *teon*, þæt (*damit*) he þe geornor wite Episc 7; *vgl. auch* þe *n.* VII 1 *und zur Contrastverschärfung: 'Comparativ'*

þyf- *s.* þief- **[-þyld]** *s.* geþ~

þyldig *geduldig* Iud Dei IV 3, patiens *glossirend*

þyllic *solcher, vorbesagter; fm ac:* ~ce gewitnesse II Cn 24, 1; þil- A ‖ *nt sbstirt: derlei; gn:* ~ces 7, 1; þil- AD | *ac:* ~ *ebd.;* þillic AD

þymelum, *dt, daumendickem* Ine 49, 3; þum~ B; *unübs.* Q

þyncan *dünken, scheinen, mit dt der Person;* 3: þincð II Cn 20, 1 BA. 24, 3 BA; þingð G; þyngcð Ld | *op* 3: þince VI As 8, 3. Cn 1020, 11. II Cn 27 | *ptt* 3: þuh*te* II Ew 1. II Em Pro 1. VI As 12, 1. IV Eg 1 | *pl* 3: þuhton Af El 49, 9 | *pc:* wæs geþuht 49, 5 — **1)** *mit ausgedrücktem Subject:* swylce (*'welche'; falls adv. 'wie', ist* ~ *unpersönlich*) riht þinoe Cn 1020, 11 | þe (*welche Gesetze*) me rihtoste þuhton Af El 49, 9 **2)** *unpers., mit folg. Satze, der mit* þæt *beginnt* **a)** him þincð *er glaubt* II Ew 1. IV Eg 1. II Cn 20, 1 | *es dünkt* cinelic VI As 8, 3; hreowlic VI 12, 1; þearf *Notwendigkeit* II Em Pro 1; riht II Cn 27; na (nan A) riht 24, 3 **b)** *dünkt gut, scheint richtig* Af El 49, 5. VI As 12, 1. — *Der.:* geþ~

[-þyncðo] *s.* geþ~

þyrel, *prd, durchbohrt; unfl. sg* Abt 45. Af 44, 1 (þyrl HB). 51 (þyrl B). 62 f.; þurl B, *geänd.* þyrl; þirel Abt 41. 49 | *pl:* ~le 47; *unfl.* ~ Af 44; þyrle HB. — *Der.:* þurhþyrel(ian)

þyrfe *s.* þurfan **þys(um)** *s.* þes I

U.

u **1)** *in Hss., und daher in Bd. I, nicht unterschieden von conson.* v | *Vocal geschr.* v: Iud Dei IV 2, 1 ff. *und sehr oft* | *überflüssig geschr. hinter* þ: *s.* twelfhynde | ū, *geschr.* uu, *s. d.* **2)** *Gleitlaut s. d. n.* A V **3)** *archaisch: s.* geo, geong, -eu- **4)** *für* hu-: *s.* h *geschwu.;* ulcus **5)** *für* -f-: *s.* v *n.* 2 **6)** *für* w, wu, wi, i: *s.* awuht, (na)wiht, nawðer, betweox, Cantuaria, cwucu, fulwiht, sawol(sceatt), Sweon, wuton; *northu.:* uæs *s.* wesan; v *n.* 3 **7)** *geschwu.: s.* awuht, *t*uwa, wulf; woruld **8)** *für* -e- *betont: s.* sester | *unbetont: s.* mynegung **9)** *für* eo: *s.* -wu-, heorðfæst, getreowian; *vgl. n.* 12 **10)** *für* i, ie: *vgl. n.* 12 **11)** *für* ō *betont: s.* muchimut, soðfæst | *vgl.* un- | *unbetont: s.* abbod(isse), geogoð, mattuc, nigoða, Norfolk, swutulung, þrowude, werod **12)** *für* y [*s. o. n.* 9 f.; *Wildhagen* Psalter Eadwines 60. 93-7]: -bryce, brycg(bot), Grantebrigge, brydguma, bycgan, mundbyrd, dynge, fiers*t*, *G*urth, gytfeorm, (siex-, *t*welf)hynde, oferhierness, gehuhtan *von* geiecan, unalyfed, gemynan, scule *solle,* gewyrcan, þes (*nt* þus *statt* þys), þrifeald, þy, *n.* II B, þymel, (þurh)þyrel, þyrfe, (bot)wierðe **13)** *ersetzt durch* ou [*fz.*]: *s.* uncuð, greihound **14)** *durch* wu: *s. d.* **15)** *durch* o: *s. d. n.* 2 c, *auch* Guðrum, furðor, hiersumian, sumor | *vgl.* -um; woruld **16)** *durch* e: *s. d.; auch* meduma **17)** *durch* i: *s. d.; auch* -ung

F I) **u** *oder; es disjungirt* **a)** *adj, pc:* vif u mort Leis Wl 47, 1; seit occis u eissilled 36 **b)** *substiva:* 2, 1. 3. 21, 1. 33. 39, 1; puing u pie*d* 11; el hun*dred* u el con*té* 43. 44; murdre u larcin Wl art Fz 6 **c)** *Verba* Leis Wl 26. 45, 2; am*end* u espurget 49 f. | u . . u *entweder . . oder; zwischen sbst* 1, 1; *fünfmal* u 2, 1 I. 10, 1. 45; u cheval u bof 5. 20, 3; u par fer u par ba*taille* Wl art Fz 6

F II) **u** *wo;* liu u ele (*teste*) seit ouv*erte* Leis Wl 10, 1 | la u le *cors* le rei 24; ou I | iloc u il deivent 28, 2

ufan, *adv, oben* II As 14, 1 Ld; up *übr. Der.:* beu~, bu~, onu~; *vgl.* ufor

ufera *obere; ac:* cyng ah þone ~an 7 bisceop þone nyðeran *König erhält* [*von einem Blutschänderpaar zu bestrafen*] *den im Beischlaf oben liegenden* [*Mann*] *und Bischof den unteren* [*Menschen, das Weib*] EGu 4; yf- B | *ac* (*pl?*): ceorfan of his earan 7 þa ~an lippan [*s. d.*] *sg. Sinnes* II Cn 30, 5; labrum *Lat.*

[-uferian] *Der.:* geu~

ufor **1)** *höher* (*gehalten, getragen*); ord ~ þonne sceaft Af 36; *geänd.* ufon H; al*t*ius quam Q **2)** þam ~ leofre sio *es jenem späterhin verschoben angenehmer sei* Hl 10

[uht] *s.* wih*t*

F uit *acht* (*Stück Kleinvieh*) Leis Wl 5, 1 I; VIII Hk

L ulcus *s.* hulc

-um *ersetzt durch* -on, -an, -am, -en, -e: *s.* Declination, *sbst pl dt masc* (*fm, nt*); *auch schwach; adj sg dt masc* (*nt*); *pl*

F ume *s.* hume

Umlaut. *Wörter und Formen, die* (*vielleicht*) *durch* ~ *abweichen von den hier zum Stichwort gewählten, oder welche einen in Wessex in Aelfreds Jahrhundert seltenen* ~ *zeigen oder den damals dort regelmässigen* ~ *entbehren. Vgl. die Artikel über die Vocale* a, æ, e, ea, eo, i, ie, io, o, oe, u, y **A)** *i~: s.* ælmihtig, ænig, an, aneage, beodan, beorgan, b*e*ran, b*e*rstan, betweonan, betweox, brægd, br*e*can, brengan, Æðelbeorht, Centescyre, ciefes, ciepemon, cierlisc, (ge)cierran, cniht, (-)cuman, cweðan, *dearr*, Denalagu, deofol, dierne, dohtor, domeras, dræfe, *duru*, eft, elþeodig, Engl*e*, *e*sne, befæstan, forefang, f*a*ran, onfong, (ge)feohtan, feorm, offiellan, fliema, flies, (-)fon, freond, gaderian, gan, geond, geong, georne*s*se, gieldan, giernan, giest(liðnes), Guðrum, ha*t*an, heahfæder, gehealdan, gehelan, h*e*rian, -hynde, hwierfan, gehwyrfe, iecan, ierfe, (ge)iernan, ierre, lad, scinlæca, unlæg*e*n, leafnes, -lea*st*, inlendisc, liegan, liefan, unaliefed, magan, manig, m*e*tan, midslæpe, Mierce, miht, gemunan, nam, nan, ni*ed*(-), ni*et*en, pening, reaflac, restedæg, sacerd, sceððan, scipforðunga, sculan, (hlaford)searo, secgan, s*e*lf, s*e*llan, s*e*nd*a*n, se*s*t*e*r, (-)slean, slege, slieht, -stæð, stalian, stalu, standan, *stede*, s*t*efn, (for)steled, (ge)*st*ieran, stodmiere, gestrienan, sylf*rene*, wæpengetæc, *t*æoan, tæl, teag, getiema, tieman, *t*ien, (ge)treowian, (ge)treowsian, (ge)triewan, (-)triewe, *tr*uwa, undergeþeoded, (ge)þeof(ian), þider, þiestru, þ*rie*, þrifeald, þymelum, þyrel, (ge)weorðian, weorð I *und* II, wielisc, (for)wiernan, gewyrcan, gewyrhta, wierding, wierðe, ymb?

B) *u, o, a~: s.* cearwund?, clipian, horcwenan, cwucu, *edor*, fela, fremu, he, heonon, hiwan, libban, gemedemian, pening, ge*r*efa, sinoð, seofon, sweostor, swigian, swutulung, *t*ilung, *t*uwa, þes, weorod, weotuma, widuwe, wi*t*a, woruld, wuton

un- **1)** *für* on-: *s.* ond*o*n, onhadian, ontynan **2)** *für* æ-, or-: *s.* ungil*de* **3)** *für* ut-: *s.* unlandiscus **4)** *fz. und* *gallolat. ersetzt durch* -ou-: *s.* hundred, pund (*-dere*, -dwæg, tripondium); *vgl.* o *n.* 2c

[F]I) **un** 1) [*Zahl*] *ein; ac:* un meis e un jur Leis Wl 3; dedenz un an e un jur 3, 4; un chaceur 20, 1; un hume 28 | *fm ac:* une maille 3, 1; une fes . . e autre Wl art Fz 8, 1 | *sbstirt msc no:* un de lur bos 8, 2 2) *Art. obl:* un porc Leis Wl 5, 1; cense de un an 20, 4 | *fm:* de un' erithet 38 | *masc no:* un autre bof Wl art Fz 8, 2 3) *sbstirt prn no:* l'un . . senz l'altre Leis Wl 38. — *Verschr.:* IIII 3. 3, 4 I. II) **un** *Var. für* hum *s. d.*

unabeden 7 **unaboht** [*ptt pc*], id est non rogatus vel ad hoc conductus *unaufgefordert und unerkauft* (*dazu, unbestochen*) Swer 8 Q; ungeboht HB

unagelyfed Ine Rb 39 H; *s.* unaliefed

unagne, *fm ac*, (*ihm, dem Subject*) *nicht zu eigen gehörige* Abt 76 [*vgl.* agen *n.* I 1b]

unaliefed 1) *unerlaubt, ohne Urlaub; prd:* fare ∼ Ine 39; ∼lyf- H; ∼leaf- Ld; ∼lyfede B | *attr dt:* ∼lefedum fare Ine Rb 39: ∼lyf- BG; unagelyf- H 2) *zu benutzen verboten; gn:* ∼*des* mæstennes 49; ∼lyf- GH; ∼lefedum mæstenum [*pl dt*] Ine 49 B | *ac:* ∼dne wudu Af 12; ∼lyf- HB 3) *nicht zum Eintritt zugelassen; pl nt ac:* ∼ swin Ine 49; ∼lyfed H; ∼lufed B

unapinedlic, *prd nt, ungestraft* Iud Dei V 2, 3, impune *glossirend*

unascendedo, *pl ac, unverletzt* Iud Dei V 2, 4 (∼dado IV 3, 3), inlaesos *glossirend*

unawend, *prd nt, unverrückt, unverrückbar* II Cn 81; ∼*ded* B; inconvulsum Q

unawoerdedo, *pl ac, unverletzt* Iud Dei IV 4, 2, inlæsos *glossirend*

unbeceasne, *prd ac, unbestritten, prozessualisch unanfechtbar;* gedo ceap ∼ Ine 53, 1; unbesacene HB [*vgl.* Q's *Missverständnis von* unceases]

uncwydd 7 **unbecrafod** *unangesprochen und unverklagt* II Cn 72 *aus* u- 7 unc∼ III Atr 14

unbesacen *unbestritten, unverklagbar; sitte* ∼ II Cn 72 | *ac:* ∼ne! Ine 53, 1 HB; unbeceasne E [*vgl.* unsac]

unbeweddode fæmnan, *fm ac, unverlobte* Af El 29; ∼dne! So

unbryde; ic hit hæbbe ∼ 7 unforboden *ich besitze es unangefochten und unverboten* Becwæð 2; *als ptt pc zu vermuten erstens aus Parallelismus* [*s. o. S.* 11 f.] *mit* unforboden, *zweitens aus beiden urkundl. Kaufformeln:* gebohte þæt land únbecwedene 7 únforbodene [*c.* 961; *Birch* Cartul. 1063] *und* gebohte 5 hide landes unforboden 7 unbesacen [*c.* 1012—40; *Thorpe* Diplom. 375]; *vgl.* brygdan *und zum schwachen* [*oder unorgan.*] -e 5 *Z. vorher*

unbundenne, *prd ac, ungebunden, ohne Fesselung* Af 35, 4

unc mid wæs, *dual dt, mit uns beiden war* Swer 7

unceases [*gn*] að *Urfehde-Eid, Schwur der Streitbeendigung, der Versöhnung* Ine 35; ∼stes H; *missverstanden* [*vgl.* unbeceas]: sacramentum sine electione vel nominatione [*als wär' es* = ungecoren að] Q [*vgl.* unfæhð]

uncer, *dual, unser beider;* ∼begra cræft Cn 1020, 10; ∼ formæl Swer 1 | *adj nt pl:* unore wordgecwydu 11

[F]**uncore** *nochmals* Leis Wl 47

mid **uncræftum** [*pl dt*] belecgan *wegen böser Künste verklagen* I Cn 5

uncrafod *unverklagt* III Atr 14 [*vgl.* unbec∼]

[L]**unctum** *Fett* IV Atr 2, 9 Q [*anglofz.* oynt; *England verbot bisweilen dessen Ausfuhr:* Liber Albus *ed. Riley* Munim. Gildhallae I 237. 279]

uncuð 1) alienus, incognitus (*mit Ggs.* cuð) *unbekannt* ECf 23; *Var.:* -k-, -ch- *für* c; ou *für zweites* u; -th, -d *für* ð 2) *nt:* me wæs ∼ *mir war ungewiss* Af El 49, 9 3) *dt:* be ∼ðum yrfe *Vieh unbekannter Herkunft* Hu 4

uncuðlice, *adv, unfreundlich;* ne læt ∼ wið hine Af El 47, molestus *übsnd*

uncwydd 7 un(be)crafod *unbestritten* [*nicht prozessualisch angefochten*] *und unverklagt* III Atr 14. (II Cn 72)

[L]**unde**, *statt rel. abl.;* manum, ∼ fecerit *die Hand, womit er machte* II Cn 8, 1 Q

undeor *billig; cpa dt, instr. Sinnes:* na ∼rran weorðe lesan þonne be were Af 32 | **undeoror**, *adv, billiger* III Eg 8, 2 (deoror G)

undeornunga [*adv*], cuðan ceape *unverhohlen, durch offenkundigen Kauf* Hl 16, 2 [*vgl.* Beowulf 150. 410: undyrne cuð]; *s.* dearnenga

under I) *prp* A) *m dt: unter* 1) [*ruhend*] anre reon Af 42, 7 2) *übtr.;* sy ∼ borge IV Eg 3 | hy ∼ cynge hæfdon *unter dem König* (*als Oberherrn*) *regierten sie* (*Grafschaften*) II Atr 1 [*vgl.* Metra Boeth. 26, 5: ∼ hæfde þam casere cynericu] 3) [*zielend:*] gebrenge ∼ borge I Atr 4 B) *m ac* 1) ∼ godas *bei Götzen* (*schwören*) Af El 48, per *übsnd* 2) *räumlich stehend 'unter' s.* undergestandan II) *adv? s. ebd.*

under- *für* ou-: *s.*

underfon *empfangen* Duns 6 | 3: ∼fehð II As 22 Ld. V 1 Ld | *pl* 3: ∼foð IV Eg 1, 7 | *op* 3: ∼fo Af 19, 3 B (onfo EH). 37, 2 HB (onfo E). II As 22. V 1. II Cn 28. Iud Dei VIII 2, 1 | *pl* 1: we ∼fon II Atr 6, 2 | *ptt* 3: ∼feng Af El 49, 9 So Ld; onfeng EH | *pl* 3: ∼fengon 49, 7 H; onfengon E | *op* 2: ∼fenge Iud Dei VI 1. VII 13 A | 3: ∼fenge Af 19, 3 B; onfenge EH | *pl* 2: ∼fengen Iud Dei VI 1 | *pc:* ∼fangen VII 12, 3 A. II Em 4 — 1) *geschenkt erhalten:* sceattas IV Eg 1, 7 2) *annehmen, samt Pflicht daher:* geleafan Af El 49, 7; fulluht 49, 9; Cristnesse Iud Dei VI 1. VII 12, 3 A. 13 A | *übernehmen, sich unterziehen:* bote II Em 4 3) *in Verwahrung zu einem Zweck nehmen:* wæpn to feormunge Af 19, 3 4) *in sich aufnehmen, umfahn* [*Ordalwasser den Prüfling*] Iud Dei VIII 2, 1 5) *in Empfang* [*und Schutz*] *nehmen* [*Fremdenpolizei den Ankömmling*] Duns 6 6) *aufnehmen ins Haus oder Gefolge: den Gast* 3 niht II Cn 28; to men *als Vasallen* Af 37, 2. II Ew 7. II As 22. V 1. II Atr 6. 2

undergestandan; treow, þæt mæge 30 swina ∼ *Baum, unter welchem 30 Schweine* [*weidend*] *stehen können* Ine 44. [*Toller* 1096b III *nimmt* under *als adv 'darunter'*, þæt *als* 'so big that']: ∼tondon H; understandan B

us **undergeþeodedra**, *pl gn, uns Untergebener, unserer Untertanen* Ine Pro; -*dendra* HB [*vgl.* underþeodd-]

ær **undern** *vor Mittag* Romscot 1

understandan 1) *unterstehen* Ine 44 B; undergest∼ (*s. d.*) *übr.* 2) *begreifen, verstehen* a) *abs; op* 3: ∼de, seþe cunne I Cn 4, 1 b) *m ac;* ∼ his þearfe VI Atr 27, 1 = I Cn 19 | *op* 3: ∼de 18; - geleafan 22 | *pl* 3: swylc [*ac*] ∼dað Grið 23, 1 c) *vor indir. Frage; inf.:* ∼, hu oft 21, 1 | *vor cj; op* 3: ∼de, þæt *dass* VI Atr 29

underþæncan, *op pl* 3, *mögen sich bedenken* Excom VII 22

underþeodd *untergeben; pl:* him ~dde wæron I Em Pro; ~*ode* B | *dt:* ic behate me ~ddum *den mir Untergebenen* Sacr cor 1 [*vgl.* undergeþ~]

underwed [*ac*] leogan *Unterpfand hinterlegen* Duns 1, 1. 8; -et Q *Var.*

undierne [*nt prd*] wyrð *es wird bekannt* Ine 43, 1

undo, *op* 3 **1**) *aufmache* (*aus Verband*), *enthülle:* þa hand II As 23, 1 **2**) wed ~ (*hingegebenes*) *Unterpfand wieder einlöse* Duns 1, 1

undom [*ac*] gedeme *falschen Urteilspruch erteilt* II Cn 15, 1

undrifen, *nt*, *nicht* [*durch Schiffbruch ans Land*] *angetrieben* II Atr 2

uncaðe *kaum, schwerlich* Iudex 13

unfacne *untrügerisch; nt prd:* hit ~ is *das Rechtsgeschäft richtig ist* Abt 77 [*vgl.* hyldo unfæcne Beowulf 2068] | *attr nt instr:* ~ feo *Vieh ohne Fehl* 30 | *pl masc ac:* ~ ceorlas *untadelige Männer* Hl 16

unfæhða [*pl gn*] aðas *Urfehde-Eide, Schwüre der Versöhnung* Ine 28; unfehða H; unfæððа, *geänd.* -ægða B [*vgl.* unceases]

mægð sy **unfah**, *prd fm, Sippe bleibe durch Blutrache unverfolgt* II Em 1, 1; *unübs* Q = Hn 88, 12 b

unforboden, *prd nt, unverboten* Becwæð 2; *vgl.* unbryde

mid **unforedan** aðe, *dt*, *durch ungestabten* (*nicht vom Vorstabenden in Wörter zerlegten und so, mit Gefahr sich zu versprechen, nachzusprechenden*) *Reinigungseid* Wl lad 3, 2; plano iuramento, i. e. non in verborum observantiis Q

unforwandodlice, *adv, ungescheut, ohne Zaudern* V Atr 22 = VI 27

unforworhte, *prd pl ac, die das Leben nicht durch Missetat verwirkt haben, nicht todschuldige* VI Atr 9 *aus* ~ht V 2

unfrið 1) *politische Unruhe* Cn 1020, 4; *Feindseligkeit* 5 | *dt:* for ~ðe *kriegeshalber* Northu 56 2) on ~ðe liogan *in Friedlosigkeit* (*ausserhalb des Staatsschutzes*) *liegen* II Atr 6

unfriðland, *ac, ein ausserhalb des Friedens* [*vorliegenden Vertrages*] *stehendes Land* II Atr 3, 1; terram hostilem Q

unfriðmanna, *pl gn, der ausserhalb des Friedens* [*vorliegenden Vertrages*] *stehenden Leute* II Atr 3, 3; ~ id est pacem non habentes Q

unfriðscyp *Schiff nicht aus dem Friedensgebiet* [*vorliegenden Vertrages*] II Atr 2 [*im Ggs. zu* landesmen *auch* Ann. Anglosax. E a. 1046]

-ung *s.* agnung, beweddung, bletsung, ciricmangung, (mynster)clænsung, fandung, feormung, fioung, (folc)leasung, (scip)fierdung, (-)forðung, (-)fyrðrung, freolsung, gebetung, gelaðung, geþafung, gitsung, glofung, gyltung, hadarung, halgung, halsung, ladung, manung, medemung, metsung, miltsung, mynegung, (ge)samnung, sceawung, scoung, scyldgung, (hlaford)sierwung, smeagung, sticung, strudung, tilung, torfung, (gear-, weofod-)þegnung, þrowung, weorðung, wiernung, wifung, (hengen)witnung, wunung | *nt:* fierdung, þrowung; *ein gn:* -es: beheafdung | *mit unorg.* -e *im no* (?): þancung ‖ *wechselnd mit* -ing *s. o. S.* 124, *Sp.* 3 *und* teoðung; *ausserdem Abstracta auf* -ing: bærning, byttfylling, fæsting, gylting, leorning, liehting, likning, miscenning, rihting, tæcing, ypping ‖ **-unga** *s.* (un)deornunga, eallunga, eawunga, orceapunga, unmyndlunge!

[ungebeden] *s.:*

ungebendeo (*Var.* -dro); qui hamsocnam faciet et infracturam aget de placito ~ IV Atr 4, *unverstanden, vielleicht aus: 'wer Selbsthilfe vollzieht gegen einen* rihtes ungebedenne *Gegner, d. h. den er bisher nicht angegangen hat um Rechtserfüllung* [*vgl.* unabeden; rihtes gebeden II Cn 19]

ungeboht to *unerkauft dazu, unbestochen* Swer 8; unaboht Q [*vgl.* unabeden]

ungeborene, *pl ac, noch ungeborene, künftig lebende, erst zu erwartende* AGu Pro [ofspring, boren 7 unboren *Urkundenformel, z. B. Earle,* Landcharters 275]

ungecoren *unerkoren; ac:* ~nne að *Eid mit nicht* [*vom Richter oder Gegner dem Schwörer*] *bestimmten Helfern* I Ew 1, 3 | *pl gn:* syxa sum ~nra *mit 6 nicht vom Gegner ernannten Eideshelfern, selbsiebent* [*da beim Hauptschwörer kein Küren in Frage kommt, auf die Zahl 6 aber, laut des gn, sich* ~ *bezieht*] Duns 1, 2. [*Vgl.* cyreað. *Dies Wort sieht irrig hinter* unceases (*s. d.*) Ine 35 Q]

ungecyd, *prd nt, unangemeldet* IV Eg 9

ungedafenlice þingo, *nt pl ac, unziemliche Dinge* Northu 26

ungefremed, *prd nt, unausgeführt* As Alm 2

ungeld *s.* ungilde

ungel[ie]gen (*unverlogen*) *wahrhaft(ig), glaubhaft* | *gn:* ~lygnes II As 10; ~ligenes 12 Ot Ld ‖ *fm ac:* ~ligene I Ew 1, 2 f. ‖ *pl:* ~lygne V As 1, 5 | *gn.* ~lygenra V As 1, 5; ~ligenra I Ew 1 [*vgl.* unliegen]

ungelimp *Unglück* IV Eg 1

[ungerad] *s.* unrad

ungereccan *als schuldlos erweisen* V As 1, 2 Ld; reicere Q

ungeriht wille, *nt ac, ungerechten Begehr* Af El 41 So Ld; unrihtgewill *übr.*

ungerimedlic getell, *nt ac, unzählige Menge* Iud Dei VII 12, 2 A, innumerabilem numerum *übsnd*

ungerisene 1) *ac:* ~rysena gebyt *Ungebührliches gebietet* IV Eg 13, 1 [*ob adj nt pl?*] 2) *sbst ac:* wege þa ~snu *trage die Unehre* V As 1, 3; -senu Ld; contumeliam habeat Q

ungesadelod, *nt, ungesattelt* II Cn 71, 4 A; ~dolod B; unsad~ G | *pl:* ~de 71a A (unsad- G; unsadolode B). 71, 1 B; ~dolode A; unsadel- G

ungesawene, *pl nt ac, nicht körperlich sichtbare, abstracte* Duns 7, 1; res ~ (*Var.* ~sew~), id est non visae Q

ungestrodyne, *pl, ungepfändet, ohne Fahrhabe zur Strafe einzubüssen* Wi 4, 1 [*vgl.* gestrod: proscriptio *rerum, Aldhelm-Glosse bei Toller* 1113 b; *fränk.* strud *gerichtliche Wegnahme von Fahrhabe; Brunner* Dt. Rechtsg. II 453]

ungetr[ie]we *Vertrauens unwürdig, unglaubhaft;* ~iwe III Eg 7; ~rywe I Atr 4. II Cn 25. 30 (~riwe Ld). 33 | *dt:* ~rywan 22, 1; ~reowan B; ~rewe! A | *pl:* ~reowe 30 B | *dt:* ~reowum 33 ‖ incredibilis, infidelis *L*

ungewealdes, *gn als adv, unabsichtlich, ohne dafür zu können* Af El 13. Af 13. VI Atr 52, 1. II Cn 68, 3; ~waldes Hn 90, 11a; *Var.* unwaldes [*'ungewaltige Tat': Ungefähr-Werk auch fris.; His* Strafrecht der Friesen 43]

ungew[i]lles, *gn als adv;* ~wylles *unfreiwillig* Af El 13 H; unwillum *übr.*

ungewintred *unerwachsen, minderjährig; gn:* ~des Af Rb 26 | *ac:*

∼rædne Af 26; ∼redne HBSo [*vgl. mhd.* unjæric]

ung[i]lde *unbezahlt;* liege ungylde *sei er erschlagen, ohne* [*durch Wergeld*] *entgolten zu werden* II Atr 3,4; ∼en (-gyl-, ungeld *Var.*), id est insolu*t*us Q; orgylde Ld | *dt:* iaceat in ∼dan ækere *dem* [*unehrlichen Toten-*] *Acker der Nicht-Entgoltenen* IV Atr 4 [*vgl.* ægilde]

F**ungle,** *obl, Fingernagel* Leis Wl 11, 2. *Vgl.:*

L**ungula** *Fingernagel* Af 56, 1 ff. In Cn, nægl *übsnd. Vgl.* ungle

unhadie, *op* 3, *der Weihe entkleide, degradire* Af 21 B; onhadige *übr.*

unhælo, *ac* 1) *Krankheitsfehler* [*am Tier*]; hwelc ∼ Ine 56; hwylce H; hwylcne [*ac!*] ∼le B 2) ∼le *menschlichen Krankheitszustand* VI Atr 52. II Cn 68, 1b; unhale B

unhal *krank; schw. sbstirt:* se ∼la VI Atr 52. II Cn 68, 1a | *ac prd:* afindeð æhte unhal *Tier mit Krankheitsfehl* Swer 7 B | *pl ac:* ∼le *Kranke* II Cn 68, 1b B; unhæle [*s. 5 Z. vorher*] GA

unhalgodon huse, *nt dt, ungeweihtem Hause* Northu 13

unigablum *s.* huniggafol

Lse **universare** *sich allgemein hingeben, überlassen* Quadr Ded 16, *Z.* 8

unlæg[en], *prd, ungetadelt, prozessualisch unscheltbar;* word sie ∼gne bu*t*on aðe Wi 16; að sie unlegnæ 21 [*von* lean *tadeln, weder mit* lignian (*leugnen*) *zu verbinden noch* = un(ge)-liegen]

unlagu *Rechtsmissbrauch, Gesetzwidrigkeit;* seo ∼ s*t*ent V Atr 32, 4 D; omnis ∼ga fra*t*er est al*t*erius Hn 84c; *Var.* hun∼ | *ac:* ∼ga afylle V Atr 1, 1 (= VI 8 = X 2 = II Cn 1 [-ge B]). VI 40 = X Pro 2 = II Cn 11 (∼ge, *geänd.* ∼ga G); ∼ga alecgan V Atr 33; ∼gerære *falsche Satzung* II Cn 15, 1; ∼ga D; ∼gam id est non legem Q (= Hn 34, 1); iniusticiam Cons; iniustas leges, *also pl,* In | *pl:* þa ∼ga V *Atr* 32 | *ac:* ∼ga 24 = VI 28, 2 | *dt:* æt ∼gum *zu Unrecht* II Cn 60; iniuste Q Cons; con*t*ra iustitiam In

unlandagende *nicht* Land (*Grundeigen*) *besitzend* Ine 51

unlandiscus Duns 6, 2 Q, *nicht einheimisch;* utlendisc *ags. Hs.*

unl[ie]gen *glaubhaft, wahrhaftig; gn:* unlygnes, *geänd.* -genes II As 12; ungeligenes [*s. d.*] Ot Ld; credibilis Q

unm[æ]g[e] *nicht verwandt; dt:* unmagum Af 17 B Insc; non paren*t*i In Cn; *beide missverstehen* Af's unmagan (*s. d.*)

unmæne, *prd, ohne Falsch, nicht mein*[*eidig*] Swer 6; unmene Q

unmaga *unkräftig, unvermögend* (*auch im Güterbesitz*); se maga 7 se ∼ *der Schwache* VI Atr 52. II Cn 68, 1a | *dt:* maga þam ∼gan Episc 10; inpotenti Q | *ac:* his ∼gan *seinen gerichtlich nicht Mündigen* Af 17 [*zunächst ein Kind, vielleicht daneben Frauen, Sieche*]; ∼ga! So; *missverstanden* **a)** [*als dt von* unmæge] ∼gum B Insc = *S.* 16[23] Ld; non paren*t*i In Cn **b)** *nur 'schwach':* quid imbecille Q. [*Vgl.:*]

unmihtig *unvermögend an* Besitz [*vgl.* unmaga] Forf 2; impotens Q, imbecillis Cons | *ac:* ∼gne II Atr 9 [*vgl.* unmaga]

unmyndlunge! *adv, unverhofft, ohne vorherige Absicht* IV Eg 8

unmynegode [*nt pl ac*] lætan *uneingefordert lassen* Northu 43

I) **unnan,** *dt, Bereitwilligkeit* IV Eg 1, 4. 5a

II) **unnan** (*ver*)*gönnen, m gn des Objects;* 1: ann I As 5; an V 1,1 | 3: ann Rect 17; an Duns 9,1 | *op* 3: unne III Eg 7, 3 D. IV 1, 2 | *pl* 2: ∼ I As 5 G; geu∼ D | *ptt pl* 3: uðan Becwæð 1. — **1)** *schenken;* hwæs ic *Gode* ann [*Almosen*] I As 5 | *abs., ohne Obj.* þe [*dem*] hy wel uðan [*Land*] Becwæð 1 | heom [*Geiseln*] *zugestehen* Duns 9, 1 | him [*Korn*] *Rect* 17 **2)** *Gebührendes zukommen lassen, gewähren;* me ∼ mines I As 5 **3)** *gnädig belassen* IV Eg 1, 2 | *begnadigend schenken* III 7, 3 **4)** *erlauben, dass;* ic an, þæt ælc folgie V As 1, 1; wille Ld. — *Der.:* geu∼

unnyt beon *müssig sein* Ger 13

Unpersönliche Verba: **1)** *s.* began, gega, beorgan, gebyrian, geeweme, gedafenað, be(ge)limpan, cweðan, (ge)lician, lyst, mistidan, geneodian, toonhagie, sculan, secgan *n.* 6, spowan, standan *n.* 3, (ge)þyncan, (ge)-weorðan, gewiderian **2)** hit *davor fehlt, s. Ellipse n.* 2

unrad *Beiname Æthelreds II.* Lond ECf 34, 2a** [*nicht zu erklären als* unræde (*unfertig, unbereit; aber allerdings laut Mayhew and Skeat* Concise *dict. auch* improvident, *unbedacht*), *wie der heutige, mit* unræde *etymologisch identische, Beiname* the Unready *vermuten lässt, sondern*] *aus ags.* ungerad *unweise, töricht*

I) **unræd,** *ac, Unverstand, falsche Sinnesart* Af El 41

II) **unræd** *s.* hundred *n.* C

[unræde] *s. 10 Z. vorher*

unriccre, *cpa, weniger mächtig;* ænig man riccre oððe ∼ IV Eg 13, 1

I) **unriht** *unrecht; dt:* ∼*tum dome ungerecht* III Eg 3 Ld; unryhtum fultume *widerrechtlich* Af 1,1 (-rih- HLd) | *fm dt:* ∼tre feohgyrnesse *ungerechter* Swer 4 | *nt:* ∼ gestreon *unrechtmässig* II Atr 9 | *ac:* ∼ gewill Af El 41 (ungeriht So Ld); ∼ hæmed *ausserehelichen, antikanonischen Concubinat* Wi 5 f. V Atr 10 (= VI 11 = I Cn 6, 3; ∼hamed A). VIII 4. I Cn 24. [*Oder Ein Wort:* unrihthæmed, *belegt bei Toller* 1124] | *pl ac:* ∼te þing *Gesetzwidrigkeiten* Sacr cor 1, 2

II) **unriht** *Unrecht;* ∼ sy alyfed II Cn 38; up aspringe Episc 9 | *gn:* ∼tes stieran VI Atr 42, 1; geswice 32, 2 (= II Cn 9). IX 1 | *dt:* on þam ∼te Northu 62 | *ac:* ∼ worhte *Missetat* I *Atr* 1, 8. II Cn 30, 7 (∼htes, *gn,* A); gebe*t*an 38, 1; ascunian Cn 1020, 15. Episc 8 f.; geþafian 6. II Cn 20, 1; alecgan 7, 1. V Atr 32, 5 D. 33, 1. VI 40, 1. Cn 1020, 3. Episc 8 f.; aweorpe V Atr 23 = VI 28, 1 = I Cn 19, 2; aweodian II 1 | *pl dt:* mid nanum unryhtum *Ungerechtigkeiten* Af El 47 | *dem adv 'unrechtmässig, gesetzwidrig' ist gleichbedeutend* **a)** mid ∼te 9 G (-ryh- EH). I As 5. VI Atr 15. Swer 3. V Atr 10, 2 DG 2; mid ∼ [*ac*] G. III Eg 4 A (*woh übr.*) **b)** on ∼ V Atr 32, 1 D. II Cn 66. Northu 2, 2. 12. 22. 31 **c)** to ∼te 42

unrihthæmed, *ac, unehelichen Beischlaf, Concubinat, s. o.* unriht *n.* I, *ac*

unrihthæmede mæn, *pl, ungesetzlich beweibte, im Concubinat lebende Männer* Wi 3

unrihtlic *unrechtmässig; nt pl:* þa ∼oan gefeoht II Em Pro 2 | *cpa nt:* nys nanwiht ∼lycre *nichts ist unmoralischer* Iudex 4

unrihtwis *ungerecht; schw.:* se ∼sa Iudex 8 f. | *dt:* þam ∼san 9 | *ac:* þæne ∼san Cn 1020, 9 | *pl:* þa ∼san Iudex 9, 1. 12. 16 | *stark ac:* ∼se 8

unsac *unverklagt* Becwæð 3, 1 | *ac:* ∼cne *unschuldigen* V Atr 32, 4 D [*vgl.* unbesacen]

unsadelod, *nt, ungesattelt* II Cn 71, 4; unges∾ A; ungesadolod B | *pl:* ∾de 71a (∾dolede B; unges- A). 71, 1; ungos∾ B; ungesadolode A

unsawene, *prd ac, unbesät Rect* 10

unscendede, *fm ac, unverletzt, unbeschädigt* Iud Dei IV 4, 3, inl[a]esam *glossirend*

unscyldig *unschuldig* Af El 2 (∾cil. Ld). 21. Iud Dei IV 2, 1; of þiofte: de furto 4, 3; *m gn:* II As 23. Iud Dei VII 12, 4 A; ∾di dihtes Swer 5 | *sbstirt dt:* þam ∾gan Iudex 7 | *ac:* ∾'gne Af El 45. Af 35 B (unsynnigne *übr.*); ∾gno gedon *rein schwören* Ine 21, 1 H; unsyngian *übr.; substirt:* þæne ∾gean IV Eg 14 | *pl:* ∾go Iud Dei V 2, 4, innocentes *glossirend*

unseldan *nicht selten, oft* EGu Pro

unsingian *s.* unsyn∾

[-unsoðian] *s.* geu∾

þam **unstrangan** men, *dt, dem schwachen* II Cn 68, 1; ∾gum! A

unswicende to gerihtum, *prd, unwandelbar treu den Gerechtsamen* Cn 1020, 2

hine **unsyngian** *ihn rein schwören, durch Eid als unschuldig erweisen* Ine 21, 1; unsin∾ Bu; unscyldigne gedon H

unsynnigne, *prd ac, unschuldigen* Abt 86. Af 29. 35; unscyldigne B

F**unt** *s.* aver

unþances, *gn als adv, gegen [Subjects] Willen, unfreiwillig* II Eg 3, 1 = VIII Atr 8 = I Cn 8, 2; *neben Ggs.* þances VIII Atr 40

þa **untodæledlican** þrynnysse, *fm ac,* individuam *übsnd, die unteilbare Dreifaltigkeit* Iud Dei VII 23, 1 A; -lend- VIII 2

untrum *krank; unkräftig (zum Zweikampf)* Wl lad 2, 1; ∾ id est invalidus Q | *gn:* ∾mes Wi 6

untynan *öffnen; op* 3: pyt ∾ne Af El 22 H Ld, aperuerit *übsnd;* ontyne *übr.* | *ptt* 2: blindum ego ∾ndest Iud Dei IV 3, 3, aperuisti *glossirend*

untyned, *prd, nicht umzäunt* Ine 40

Lubi **unus** non vult, duo non certant Hn 84b [*Sprichwort*]

unwæmme *s.* unwemme

unwaldes *für* ungewealdes; *s. d.*

oðerne **unwarnode** [*ac*] lætan þæs [*gn*] *andern ungewarnt lassen vor dem* Northu 33

unwemme, *nt, unverletzlich (bestehe Frieden)* EGu 1 (-mne B). VI Atr 14. Grið 2. I Cn 2, 2; -wæm- D. *Synonym:* **unwemmed** *unverletzt* A

unwilles, *gn als adv,* heora ∾ *gegen ihren Willen, unfreiwillig* IV Eg 2, 2. VI Atr 52, 1

unwillum, *pl dt als adv, unfreiwillig* Af El 13; ungewylles H [*Form* ∾um *überwiegt; nur spät* ∾lan; *also nicht (mit Toller* 1137b) *von* unwilla]

for **unwisdome**, *dt, wegen Unwissenheit* Iudex 8

þæs **unwisestan**, *spla gn, des Törichtsten* Af El 41

unworhtre, *fm gn, unvollendeter* In Cn III 58, 1

up, *adv* 1) [*local*] *herauf;* nime upp *aus dem Grabe* III Atr 7, 1 2) up on sweoran *oben am Halse* Af 77 H; uppe EB | up *verschmilzt mit prp* on: *oben auf;* up on weofod *lede* Sacr cor Pro [*vgl.* uppan weofod *Toller* 1141b Z. 22]; *sette* up (upp Ot; ufan Ld) on þa smiððan II As 14, 1 [*vgl.* uppan *prp*] 3) *landeinwärts;* up . . læden Af 34; up on land Ine Rb 25 *G*; uppe *übr.*; upp on lande, *m. Ggs.* binnan byrig II Cn 24 [*vgl.* uppan lande *Toller* 1141b Z. 5]; opelandenses *Landleute im Ggs. zu Bürgern; Scoto-Latein* 13. *Jhs. bei Bateson* Borough customs I 58] | upp geteon *ans Land ziehen* II Atr 3, 2 4) up on Temese, Ligan, Usan *stromaufwärts* AGu 1; andlang, upon on B 2 5) *übtr.* [*im folg.* up *viell. Praefix des Verbs*]: up astigan *emporsteigen* [*bildlich*] Að 2 Ld (geþeon *übr.*) | feoh up arise *Geld kommt ein* VII a Atr 4 | up aræran (*Geld*) *aufbringen* VI As 6, 3; up arære (*Gesetze*) *aufrichte* V Atr 1, 1 = (upp X 2) = II Cn 1

uparæran, uparisan, upastigan *s. vorige 6 Z.*

upgonge, *dt;* æfter sunnan ∾ *Sonnenaufgang* Af El 25, orto sole *übsnd;* upgange G; uppgange H

I) upon [*adv*] on Usan *aufwärts an der Ouse* AGu 1 B 2; up on B 1: *s.* up *n.* 4

II) uppan [*prp m dt*] þam gledan liege *auf den glühenden Kohlen liege* Ordal 4, 2; up(p)on lande *s.* up *n.* 3

uppe, *adv* 1) *oben;* ∾ on þam sweoran Af 77; up H 2) *landeinwärts;* ∾ ceapian Ine 25; ∾ on londe Ine Rb 25; upp H; up G; uppe land B: *entweder fehlt* on, *oder* ∾ *ist* [*wie* upon] *prp m ac, oder* uppeland [*belegt als sbst*] *ist adv*

F-**ur**- *für* -ru: *s.* purnele

I) ure, *pl gn, unser;* ∾ ealra II Ew 5, 1. II As 25, 2 (ura Ld). VI 7. 8, 4. I Atr 4, 3; ∾ ænig AGu 5 B 2; ∾ ælce Grið 31. I Cn 18, 1 f.; ∾ eahta II Atr 7, 1; wið ∾ AGu 5; God ∾ helpe VII a Atr Epil; *vgl. 4, 10 Z. weiter*

II) ure [*northu., in* Iud Dei IV. V *stets* us-], *poss., unser;* God Af El 49; Dryhten Iud Dei VI 1 | *gn:* ures hlafordes V Atr 1, 1 (ure D); uses Drihtnes Iud Dei IV 2 (us 2, 3). 4, 1. V 2, 1 | *dt:* urum hlaforde Sacr cor Pro; usum Drihtne Iud Dei IV 4, 6 | *ac:* urne teonan VI As 8, 3 ‖ *fm ac:* usra hælo Iud Dei IV 3, 1, nostram *glossirend; Godes* miltse oððe ∾ [*oder gn pl?*] AGu Pro ‖ *nt gn:* ures rices Ine Pro. 10 | *dt:* urum gemænum spræce VI As 3 | *ac:* ∾ folo Ine Pro; urne [!] ceapgield VI As 6, 1 [*vielleicht hatte Orig.* ceap] ‖ *pl:* ∾ geferan Af El 49, 3; foregengan 49, 9 | *ac masc:* ∾ domas Ine Pro; teoðan I As 3 Ld | *ac nt:* ∾ gemæra AGu 1 ‖ *für alle Genera gn:* urra sawla Ine Pro; ∾ [!] HB; ∾ [!] gerefana VI As 8. 9; usra synna Iud Dei IV 3, 4 | *dt:* urum gerædnessum VI As 3; wordum Af El 49, 3; friðgildum VI As 8, 9

F**ure** *s.* hure

Urkundenstil *gemäss fügt* we eow cyðað Af El 49, 3 *in den Briefe der* Acta apost. 15, 24

L**Urso** de Abetot, *Beamter Heinrichs I.,* CHn cor *Prot.* Hn mon *Prot.* Hn com *Prot*

us *uns; dt:* Af El 49, 3; 9. Ine Pro. I As 3; to us AGu 5 | *ac:* usig Iud Dei IV 1. 3, 1, nos *glossirend;* gesomnodon we us, *refl.,* Af El 49, 3 | *vgl.* ure *n.* I

us- *s.* ure *n.* II

Usan, *dt,* AGu 1; Usa Q; *Fluss Great Ouse, an dem Bedford liegt*

L**usatus** *gebraucht* ECf 38

uses, usra, usum *s.* ure, *n.* II

usig *s.* us, *ac*

L**usurpare**, *m inf., sich erdreisten zu* Quadr Ded 10

ut, *adv* 1) **a**) *heraus aus (dem Hause);* hine mon ut ne teo Af 5; **b**) *nach auswärts hin, in die Fremde hinein;* ut to bebycganne Af El 12; utt H 2) *draussen, nicht daheim, auf Reisen;* ut on fare IV Eg 8; foras L 3) **ut of** **a**) *heraus aus;* fyse ut of earde VI Atr 7 = II Cn 4a; ∾ ∾ earde adræfe Cn 1020, 10; ∾ ∾ lande lædan

Wif 7; adrife spor ~ ~ *scire* VI As 8, 4 **b**) *ausserhalb;* si hit innan lande si hit ~ ~ lande II Cn 78; ne innan ne ~ ~ scire 19; ~ ~ scire Northu 12 **4**) *vor Verben trennbare Partikel s. folg. Composita:* utadrifan, utaslean, utaspyrian, utdon. utgan(gan), utniman, utteon

ᴸ**ut** ne *statt* ne Excom 18

utaberste, *op* 3, *entfliehe* III Eg 6, 1 D; utoðb~ G; **utætberste** G 2. A

[utadrifan] *hinaustreiben; op* 3: adrife hine (*ceap Vieh*) ut Ine 40

utæt[h]leapan *entfliehen; op* 3: ~tleape II Cn 31, 1 B; utoðhl- G; uthl- A

utalædan *hinausentführen;* 3: of mynstere ~deð Af 8 B | *op* 3: ~de *übr.* | *ptt* 3: ~dde 8, 1 So; utlædde *übr.*

utan I) *prp m gn, ausserhalb;* innon landes oððe uton landes VI As 8, 2 **II**) *adv* **1**) *aussen, an der Aussenseite;* mon hond ~ forslea Af 69; uton HB; *extra* Q; de foris In Cn

utancumen *von auswärts gekommen; dt:* þam ~nan læt no uncuðlice Af El 47 (~cym-G), peregrino *übsnd* | *pl ac:* ~ne 33, advenam *übsnd*

[utaslean] *ausschlagen; op* 3: aslea eage ut Af El 20 (ofslea .. utt H), percusserit oculum *übsnd*

[utaspyrian] *Spurfaden (verlorenen Viehes) hinausleiten; op* 3: aspirige .. ut V As 2

[utdon]; *op* 3: do ut **1**) *heraus lassen (aus Kerker)* II As 7; don, *pl,* H; *sbj. ist* man; *s. d. n.* V **2**) *ausreissen (aus dem Kopfe);* do man ut eagan II Cn 30, 5

utdragan *herausziehn (Mistdung aus Stall)* Ger 9

ute, *adv, draussen, nicht daheim;* fyrd (hors) ~ sie Af 40, 1 (Rect 4 a) | ge inne ge ~ Ger 3. Grið 26 | *ausserhalb;* ~ sy of mynstre V Atr 5 = VI 3

ᴸ**uterque;** *dt:* utroque! In Cn III 56, 2

uterre, *adj cpa, äussere; fm:* sio ~ hion[ne] Abt 36 | *nt:* þæt ~ ban Af 44, 1; utre H; uttre B ‖ *spla pl fm:* þa **ytmesto** *die äussersten* Iud Dei IV 3, 1, (*tenebras*) *exteriores glossirend*

[utfangen þeof] *draussen handhaftgefangener Dieb* [*d. h. die Jurisdiction über solchen durch den Gerichtsherrn seines Heimatorts*] *lag wohl vor für* latro *extra* terminos proclamatus In Cn III 48

utfeohte, *op* 3, *hinausfechte* [*aus dem Asylorte*] Af 5

utflowe, *op* 3, *herausfliesse* [*Saft aus Wunde*] Af 53

[utgan] 1) *hinausziehn, in Prozession gehen; op pl* 3: gan ealle ut mid halidome VIIa Atr 2, 1, eat omnis ad processionem *übsnd* **2**) *op* 3: ga he ut Af El 11 G *ziehe fort vom Haushalt (Gutshofe);* gange *übr.*

utgangan 1) *auszugehen aus dem Hause fähig sein* Af El 16 G (uttg~ H; utgon~ E), ambulaverit foris *übsnd* **2**) *aus dem Haushalte (Gutshofe) fortziehn; op* 3: gange he (hio) ut 11 (*einmal* utt H; *einmal* ga he ut G), exeat (egredietur) *übsnd*

ic þe **útgelædde** of, *ptt, ich führte dich hinaus aus* Af El Pro, ego eduxi te de *übsnd; geänd. in* uttgelæde H

uðan *s.* unnan

uthes *Gerüfte, Landgeschrei* Leis Wl L 4 Insc, *für* clamor *des Capiteltextes, was für fz.* cri *steht* [*s. Pollock and Maitland* Hist. Engl. law II 577; owthas *in Dover, 15. Jh.; Bateson* Borough customs *p.* 18]; *vgl.* hream

uthlah, -agian *s.* utl-

ut[h]l[ea]p *Entweichung (sbusse);* utleipa emendetur *vom Villan; der* a domino sine licentia discedat Hn 43, 2

uthleapan *entspringen. entfliehn, entweichen; op* 3: ~pe Hu 6. I Atr 1, 7 (utleape 1, 11 Ld; utoðhl- *übr.*) = II Cn 30, 6 (utl- BA). 31, 1 A; utoðhl-G; utætl- B | *ptt op* 3: ~eope I Atr 1, 8 (= II Cn 30, 7, *wo* utl- B); 12 = II Cn 31, 1a; utl- B; ~oape [*praes*] A

uðwitan, *pl ac, Weise, Älteste* Iud Dei VII 23, 1 A; wuðwuto V 2, seniores (*der Apoc.* 4, 4) *übsnd*

utige, *op* 3 **1**) *vertreibe (aus Kirchenamt)* V Atr 10, 2 = VI 15, 1 = Northu 22 **2**) *veräussere:* ciricþinge 27

utlædde, *ptt* 3, *entführte (aus dem Kloster)* Af 8, 1; ~æde B; utal~ So

utlaga *Geächteter* II Cn 13 B | *ac:* Godes ~an *kirchlich Geächteten* VIII Atr 42 | *pl:* ~an Godes 7 manna II Cn 4, I (~ge Q) ‖ *Lat:* ~ *friedlos* Hn 10, 1. 11, 11 b. 13, 10. 41, 10. 53, 1 d. 66, 1; 2 b | *gn:* ~ge, exulis In Cn III 47 | *pl dt:* ~gis ECf 6, 2 b; *Var.* uthl-, hutl-. — *Form* ~, *auch* ~age, *in* BAQ *öfters statt* utlah, *s. d.*

æt **utlaga** þingan *Friedlosigkeitssachen* Wl lad 3, utlagarie (-gii) rebus Q, *also als gn eines Abstracts gefasst* [*bessere* ~an *adj pl dt?*]

ᴸ**utlagare** *ächten, friedlos erklären* ECf 6, 1. 38, 3 a | uthlagetur Leis Wl 52, 2 L, soit utlage *übsnd* | ~**atus** I Atr 1, 9 a Q, utlah *übsnd* | *identificirt mit* fre[o]ndleasman Ps Cn for 24

ᴸ**utlagaria** *friedlos machendes (Ächtungs-) Verbrechen* Wl lad 3. 3, 1 Q (*Var.* utleg~, utlagii), utlaga(n) þingan *übsnd;* Hn 10, 1. 13, 1. 47

ᴸ**utlagatio** *Ächtung* ECf 6, 2 a

ᶠsoit **utlage** *sei friedlos* Leis Wl 52, 2, sy utlah *übsnd* [*adj oder pf pc:* ~gé: '*werde geächtet' (so übs.* utlagetur L), *vgl.* Londoner *Stadtrecht* 12. *Jhs.:* doit *estre* utlaghé; *Bateson* Borough customs I 72]

ᴸ**utlagium** *s.* 9 *Z. vorher,* 9 *Z. weiter*

utlah *friedlos, geächtet* EGu 6, 6 (uthlah B). Hu 3, 1 (~aga, exul vel exlex Q). I Atr 1, 9 a; 13 (forsbannitus Q). II Cn 31, 2 (~age A). 41, 2. 48, 2 (~age B); ~ wið, *m ac: bei, gegenüber* II Atr 1, 2. II Cn 30, 9. 39 (~aga B); wið God Cn 1020, 17 | *gn:* ~ages weorc II Cn 13; expulsi In; exlegis Cons; opus utlagii, [*irrig*] *gn eines Abstracts,* Q | *ac:* ~hne 66, 1 ‖ *pl:* ~age II Atr 7, 1 | *dt:* ~agan þingan *friedlos machenden Sachen* Wl lad 3. 1 (*wonach in* 3 *vielleicht* utlagā *für* -ga (*s. d.*) þingan *zu bessern*]

utleapan, utleipa *s.* uthl-

utlendisc *ausländisch* Duns 6, 2, *im Ggs. zu* inlendisc; unlandiscus Q

[u]tmest *s.* uterre

utniman *herausnehmen (aus Haft und von verhängter Leibesstrafe lösen, indem man statt des Verbrechers Sühne leistet)* VI As 1, 4. 12, 2 | 3: ~mð 9 | *op pl* 3: ~ 9; nimen hine ut 6, 1

uton *s.* **I**) utan *n.* II **II**) wuton

utoðberste, *op* 3, *hinausentfliehe (Missetäter)* III Eg 6, 1; ~bær~ So; utætb~ G 2. A; utab~ D

utoðfleo, *op* 3, *hinausentfliehe* Af 1, 6

utoðhleape, *op* 3, *hinausentfliehe* I Atr 1, 11 (utt~ H; utleape Ld) = II Cn 31, 1; utætl~ B; uthl~ A

utræcan *hinausreichen (seine Waffen aus Asyl an den Verfolger)* Af 5, 3

utridan *aus Heimatort fortreisen; ptt* 3: utrad IV Eg 8

utsceote, *ptt op* 3, *fortliess, zu entkommen half (schuldigen Hintersassen)* Hu 6, 1

utt(-) *s.* ut

[utteon] *herausziehen* (*Verfolgten aus Asyl*); *op* 3: hine nan ut ne teo Af 5

uttre *s.* uterre

to cynges **utware,** *dt, zu der dem Staate verantwortlichen Vertretung der Grundlast* (*besonders Steuerpflicht, nicht bloss Heerdienstes*), *entrichtbar ausserhalb* (*des* Landguts) Norðleod 9 (*unübs* Q; *Var.* utwere, -ram, *unverstanden* aut weram). Geþyncðo 3 H; ~ra Q; expeditio In Cn [waru, defensio *entspricht allen* Bedd. *von* werian. *Frühere, und auch meine Übersetzung 'Fernheer', bezogen ~ auf kriegerische Wehr allein. Es hängt aber zusammen mit* werian *n.*5, *nach Vinogradoff* Growth of the manor 239. 284. *Hierfür spricht auch* cyninges gafol Norðleod 7 *und viell. fris.* koninges (hof-) wara *'Königscasse'; His* Strafrecht d. Friesen 177]

uu *für* u: *s.* cu(horn); fuul Swer 9 B

F**uwel** *gleich* [*lat.* 'æqualis'] **1)** *nt obl: departir* per ~ *entre* sei *gleichmässiger Weise* Leis Wl 34; -ell Isp **2)** *fm obl:* metre en üele main *in neutrale, unparteiische Hand* (*Sequester*) *liefern* 21, 4 [*vgl. Du Cange:* manus æqua *und* Alex. Nequam *ed. P. Meyer,* Notices extr. mss. Bibl. nat. 35, part 2 (1897) *p.* 675: Res dicitur posita in sequestro, id est en üele mein]

L**uxorari** *sich beweiben* I Cn 7 Q, gewifian *übsnd;* ~atus *ehelich beweibt* Hn 11, 5

V.

v **1)** *in Hss., und daher in Bd. I, nicht unterschieden von vocal.* u **2)** *für* f: *s.* æfre, Ælfred, aferian, Anlaf, (ofa)ceorfan, crafian, drifan, Eoforwic, flæsc, gafol(gilda, -heorde, -hwitel, -ierð, -land), agiefan, morgengiefu, heafod(weard), wulfesheafod, healf, hlafordswice, Hrofeceaster, ierfe(numa), laf, (riht)lif, liviend *unter* libban, lof, ofercyðed, -rhiernes, -rseunessa, wif **3)** *für* w: va *über* hwa Iud Dei VII 13 A, sawol, Sweon, hlafordswice, gærsswin, twelfhund, -fhynde | *northumbr. Schreibung:* vætre, vælle *u.* valde (*s.* willan), hellvarum, ve, wer, voere *u.* vosa (*s.* wesan), vif, við, givunvlice; eavislice, larvas, nive, þrovare; hvoelc, svæ, bisvicen, tvoegi Iud Dei IV. V

L**v** *ersetzt durch* b; *s. d.*

va *wer s. 9 Z. vorher*

F**vache** *Kuh; ac:* ~ Leis Wl 20,3 | *pl ac:* ~es 5; ~ez Im

L**vadiare** *pfandlich versprechen, sich rechtsförmlich verpflichten zu;* legem domino ~ *Reinigungseid dem* [*klagenden*] *Herrn versprechen* Hn 46, 1a | Q *setzt* ~ *für* **a)** weddian Af 1, 2. II As 23. II Em 7, 1 **b)** beweddian 7, 2 **c)** on wedde sellan Wif 1

L**vadiatione** nostra *durch unser rechtsförmliches Gelöbnis, pfandliches Versprechen* VI As 8, 5 Q, mid urum weddum *übsnd*

L**vadimonium** **1)** *durch Pfand gesicherter Gläubigeranspruch* Hn Lond 10 **2)** iusticia mittet per ~ et plegios *Richter stelle* (*Angeklagten*) *unter Pfandsicherheit u. Verbürgung* ECf 6a

L**vadium** *Pfand* **1)** *synon. mit* pignus Hn 89, 3; 3a **2)** pro ~io capere *als Zwangspfand* (*dem Schuldner in Selbsthilfe*) *fortnehmen* Ine 9 Q, wrace don *übsnd* **3)** ~ recti *pfandliches Versprechen prozessualer Verantwortung* Hn 52, 1; 1a; 1c | ~ affirmandi vel contradicendi iudicium *V. der Annahme bezw. Schelte des Urteils* 34, 4 | non dabit ~ in misericordia pecuniae *braucht Pfand nicht bis zur Höhe gesamter Fahrhabe zu geben* CHn cor 8 | *in allem folg.* wed *übsnd* Q: *prozessual* Af Rb 1; ~ *recti* Ine 8 | ~ ponere (*dass man sich der Klage stellen werde*) III Atr 12, wedd leogan *übsnd* | ponere in vadio (*dass man als Kläger den Hingerichteten reinigen werde*) 7, lecgan to wedde *übsnd* **4)** *Vertragsgelöbnis* VI As 8, 5; *Beitrittspfand* 8, 6 **5)** *Verlobung* Wif 6 **6)** *staatsbürgerl. Polizeiversprechen* V As Pro 3 = IV 3, 2. VI 10f. **7)** *Pfand künftigen Wohlverhaltens* III Atr 3, 2

vælle *s.* willan

L**vagipalans** *schweifend, nicht Hausbesitzer* Hn 83, 1a [*Missbildung aus Sallust* (Iug. 21) vagi, pallantes]

L**vagum** exilium *Verbannung* Cons Cn II 41. 39, wræcsið *übsnd*

F**vailance,** *obl, Wergeldswert;* a la ~ de larun Leis Wl 49 (~aunce Im), be þeofes were *übsnd*

F**vailant,** *prd, wert;* marc ~ Leis Wl 17b; 17,1 (vaill~ Hk), deners vaillant 17; vailaunt I

F le **vailiant** de 4 den., *ac, Wert-* (*gegenstand*) Leis Wl 45, weorð *übsnd*

valde *s.* willan

L**valens,** *sbst, Wert;* hoc ~ VI As 6, 3 Q, þæt weorð *übsnd* | *denarii* ~ VII Atr 1, 2 Q, pæniges weorð *übsnd*

L**valentia** *Wert* Hn 56, 3; ad ~nciam *im Werte von* Leis Wl L: 17. 17b; 1. 45. 49, vailance, vail(i)ant *übsnd*

[valinvitni, *nord.*] *s.* wallerwente

L**Valoines** *Valognes* (*dép. Manche*); P[etrus] de ~ Wl ep Pro

L**valor** denariorum *Wert* II Cn 24 Cons, weorð *übsnd*

L**vana** gloria *Aufgeblasenheit* [*als Cardinallaster*] Quadr Ded 13

vara [*north.*] *s.* wer

L**variatio** cutis *hässliche Veränderung, Buntheit der Hautfarbe* Hn 71, 2

L**vavasor** [-assor Hn com 3,2 *Var.*] **1)** *Lehnsträger mit Gerichtsherrlichkeit* Hn 26,3. 27 **2)** *Aftervasall* 7,2 | *im Ggs. zum Kronvasall* Hn com 3, 1; 2 **3)** *Kronvasall;* de vavasoriis! Q *S.* 544, Rb *zu* CHn cor 11 *von* militibus qui per loricas *terras* deserviunt *unmittelbar unter der Krone*

F**vavassur,** *obl, Aftervasall;* relief a [*genetiven Sinnes*] ~ Leis Wl 20, 2; ~asour I; ~ssor L

L**vealter** *Windhund zur Jagd, nam. auf Hasen* [*fz.* viautre; *s.* veltrarius; *vgl. Ducange:* canis veltris; *Bormann* Jagd im Altfrzös. *Roman* (Diss. Marb. 1887) *S.* 41; *Geffcken* Lex Salica 112], canis qui vocatur ~ et [quem] Angli dicunt lanlegeran *Interpol. zu* II Cn 80, 1 Q *S.* 367; velteres quos langeran appellant Ps Cn for 32

F**veant,** *ac, sehend;* oant e *Ohren- und Augenzeuge* Leis Wl 24

F**vedve,** *obl, Witwe* Leis Wl 9; vidve Io F**[-voie]** *s.* tutev~

F**veinged** *s.* venir

F**veintre;** *ipf sbjf* 3: sil [v]e[ncu]ist l'um *so überwinde man ihn* Leis Wl 47, 1, gewielde *übsnd;* ne uist (*Fehler st.* uĕcuist) I | *pf pc:* ke fust ve[n]keus *besiegt* Wl art Fz 6, 2, victus fuerit *übsnd*

F**veisined,** *obl, Nachbarschaft, Umgegend* Leis Wl 6; visned Hk. 21, 5; vigned I

L**vel** [*abgekürzt* l', *was in ags. Text* oððe *zu lesen,* Duns 7] **1)** *oder aber* Hn 9, 4f **2)** *und* Ine 35, 1 Q, and *übsnd.* Hn 29, 4 [*vgl.* Magna carta 1215 c. 39] | *statt gen des dann folgenden Worts* [*s. Hendiadyoin*] pax vel inimicitia *Fehdesühne* 59, 4; a

^L^**velare** (viduam) *kirchlich zur Keuschheit verschleiern* II Cn 73, 3 Q, hadian (*weihen*) *übsnd*

^L^**velle,** *indecl. nt, Willen* II Cn 75, 1 Q, gewill *übsnd.* Hn 41, 12. 86, 2. 87, 2a; ∼ suum CHn cor 3, 3. 4 | ad ∼ *nach Wunsch* Cn 1027, 9 | ∼ Domini I Cn 4, 1 Q | *rectum* ∼ Episc 4 Q, riht *übsnd* | ex ∼ Swer 1 Q, willes *übsnd*

^L^**velter** *s.* vealter

^L^**veltrarius** *Jagdhundwärter* Quadr Arg 22 [*vgl.* vealter]

^L^**velum sanctum** *Fasten-Vorhang zur Verhüllung der Kirchenbilder* Af 40, 2 Q, *irrig* rift (*was* Ld *liest*), *statt* riht *der übr., übsnd*

^L^**venariis,** *abl, Jagd* II Cn 80, 1 Q, huntnoð *übsnd; auch* Rb *S.* 538

^F^**vendre** *verkaufen; sbjf* 3: ∼de Leis Wl 41, sylle *übsnd* | *pf sbjf* 3: ∼dist Wl art Fz 9 | *pc fm:* ∼due 5

^L^**veneria,** *sbst. nt pl, Buhlerei* Quadr Ded 16

^L^**veneris** *crimen Jagdfrevel* Ps Cn for 21, 2; ∼ et viridis [*s. d.*] *Wild und Wald, Jagdtier und Holz* 2. 4. 21, 1 | *ac:* ∼rem sive viridem 30; animal ∼ *Jagdtier* 27, 2 f.

^L^**venia** *setzt* Q *für* 1) liehting *Erleichterung* III Eg 2, 1 2) ar *Vorrecht, Ehrenrang* Af 42, 2; *Vermögensstellung* II Cn 66, 1 = Hn 11, 14a [*die andere Bed. von* ar: *'Nachsieht'* (*hier irrig*) *annehmend; vgl.* venialis *n.* 2]

^L^**venialis** *setzt* Q *für* 1) gebeorglic *verantwortbar* III Eg 1, 2 2) arwierðe *bevorrechtet* Af 2 [*falsch, s.* 3 *Z. vorher*]

^F^**venir** *kommen;* ∼ a *entkommen zu* Leis Wl 1; ∼ a *zurückgehen auf* 31; ∼ arere a *zurückkehren, um zu* 30, 1; devant justise ∼ *vor Gericht* 3; i ∼ Wl art Fz 8, 2 | 3: (*Wunde*) lui vient el vis Leis Wl 10, 1; vent a (*Landgut*) 30, 1 | *pl* 3: venent (*vor Gericht*) Wl art Fz 8, 2 f. | *sbjf* 3: vienged avant *hervortritt* Leis Wl 6, 1; vienge a dreit 47; -après 4; aprof 5, 2; veinged I | *pf pl* 3: après luy vindrent *nach ihm* (*dem Eroberer, nach England*) Wl art Fz 3, post me venerunt *übsnd*

^L^inde **venire** *davonkommen, frei ausgehen* Hn 23, 1

^F^**venkeus** *s.* veintre

^L^**venus** 1) *geschlechtlicher Verkehr,* hæmed *übsnd,* II Cn 55 Cons 2) Veneris dies *Freitag* V As 3 Q, Frigedæg *übsnd*

^F^**ver,** *ac, Eber, männliches Schwein* Leis Wl 9, 1

Verallgemeinernd *s. Relativum generale*

^L^**verbum** 1) *Beschluss, Ausspruch* II Cn 33, 2 Q, cwide *übsnd* 2) verba *Verabredungen* Swer 11 Q, wordgecwydu *übsnd* 3) in **verborum observantiis** [*Eid*] *mit Wortstabung* Wl lad 3, 2 Q (*daraus* Hn 64, 3a *als Synonym mit* frangere '[*Eid*] *staben*'); in v∼ o∼ Hn 64, 1c (= observatum 64, 1) *bildet Ggs. zu* planum, *was für* unfored (*'unzerlegt'; s. d.*) *steht, ist also synonym mit* fractum iuramentum

Verbum 1) *s. Umlaut* 2) *s. Conjugation* 3) *Syntaktisches: vgl.* beon, habban; *Futur, Plusqpf, Praesens, Praeteritum; Imperativ, Indicativ, Infinitiv, Optativ, Particip; Numerus; Passiv, Unpers.* ∼; *Accusativ, Dativ, Genetiv, Instrum.* 4) *auf* -ian, *jüngere Bildung zum* ∼ *auf* an: *s.* geornian, lysige *unter* liesan, swicigende, syrwie *unter* sierwe, (ge)treow(s)ian *für* (ge)triewan, þearfiend

^L^**vernaculum,** *nt sbstirt, heimische Art, Landesbrauch* Quadr II Praef 10

^F^**vers** *gegenüber, in Beziehung auf;* ∼ sun seinur Leis Wl 12. 21, 2. 23; ver I 2) *gegen;* ∼ lui *feindlich* 2, 4; ∼ ki (*geklagt wird*) Wl art Fz 8, 1

^F^**[vert]** *s.* viridis

^L^in **verum** mittere *erweisen* Ine 75 Q, gecyðan *übsnd* [*vgl.* inveritare]

^F^**vescunte** *Sheriff; obl:* ∼ Leis Wl 2, 2a; 3; 4 | *no:* [ves]quens (u q - I; ∼ Hk) 2, 1; vicecomes L

^L^**vestigatio** *Aufspürung abhanden gekommener Fahrhabe* VI As 5, æsce *übsnd;* ∼ pecoris III Em 6 [*aus* spor?], inv∼ *Var.*

^L^**vestitus** 1) ∼ta *terra* (hida) *besäte Ackerflur* Ine 64 (65) Q, gesett *übsnd* 2) ∼ de furto [*altfz.* vestu de larrecin] *behaftet mit Gestohlenem, handhaft*

^L^**vetus** 1) ∼ lex est *echtes Landrecht ist* Hn 6, 1 Q, hit on lande stande *übsnd;* vetus (= antiquum Q) *rectum* [*aus verlorenem* eald riht *s.* riht *n.* I 5] Forf 3, 1 Cons Cn, *mit Glossators Erklärung, was* necessarium [*s. d.; lies* **vetustum**?] ius *sei* 2) Vetus lex *Altes Testament* Quadr Rb *zu* Af El, *S.* 539[3].

^L^**via** 1) regia *Heerstrasse* IV Atr 4. Hn 80, 2. 91, 4. In Cn III 50, 1 2) a) *weg;* viam tollere [*altfz.* voie; *vgl.* onweg] *fortnehmen* Hn 51, 8 b) omni via *immer* As Alm Pro Q, ealle wæga *übsnd* [*vgl.* tuteveies, *engl.* always]

^L^**viaticum** *Anleitung, Memorandum* Rect 21, 5, myndgung *übsnd*

^L^**vicarius** 1) *Beamter* [*fränkisch*], *genannt* [*rangirend?*] *hinter Grafen und* vicedomini *und vor Hundertschaftsvorstehern* Hn 7, 2 | ∼ios *et* ministros *setzt* Q *für* gingran (*Unterbeamte*) *der* deman Iudex 10 2) rex ∼ summi *Regis Stellvertreter Gottes* ECf 17 = Lond ECf 11, 1 A [*vgl.* gespelia]

^L^**vicecomes** 1) *Grafen-Vertreter* [*etymolog., gemäss Fränk. Verfassung*] Af 38, 2 In Cn, ealdormonnes gingra *übsnd* 2) *Sheriff, königlicher Grafschaftsvogt* Cn 1027, 12. Wl ep Pro. 3, 1. 4. Leis Wl L: 2, 1; 2a; 3; 4, vescunte *übsnd;* CHn cor Pro. Hn com 2. Hn 9, 11. 10, 4. 20, 1a. 51, 5; 6. 60, 3. 79, 4. ECf 13, 1. Lond ECf 12, 10 A 2. 32 A 1. B 1; 8 3) ∼ id est praepositus civitatis aut villae In Cn II 8, 2, gerefa *übsnd;* ∼ civitatis [London] Lib Lond 4. — *Identisch mit:* **viceconsul** *Sheriff* Lond ECf 12, 10 A 2 f.

^L^**vicedominus** *Beamter* [*fränkisch*], *genannt* [*rangirend?*] *hinter Grafen und vor Hundertschaftsvorstehern* Hn 7, 2 [*vgl.* vicarius]

^L^**vicinium** *Bauerngericht, Dorfversammlung* Hn 78, 2 [*vgl.* visnetum *n.* 2]

^L^**vicinus** *Bauer, Dorfgenoss* Q: *synonym mit* gebur Ine 6, 3 *S.* 21[11]. 93[6]; *mit* ceorl Ine Rb 42, 1 *S.* 25[4]

^L^**vicis;** in prima vice *beim ersten Male* I Atr 1, 5 Q, æt þam forman cyrre *übsnd* [*vgl.* ^F^feiz, fieðe]

^L^**videre** *setzt für* witan *'beobachten'* [*falsch, durch Gleichklang*] II Cn 75, 2 Q

^F^**vidve** *s.* vedve

^F^**vie,** *obl, Leben* Leis Wl 1. 41, 1, lif *übsnd.* 47, 3, feorh *übsnd*

^F^**vienge(d),** vient *s.* venir

^F^**vif** *lebend; obl:* ∼ aveir Leis Wl 21 | *prd:* ∼ u mort *lebendig oder tot* 21, 1a. 45, libbende *übsnd.* 47, 1, cucne *übsnd* I *no:* ∼ aver *Lebgut* Wl art Fz 5, viva pecunia *übsnd* [*vgl.* vivum]

ᴸ**vigiliae** *Vorabend eines Kirchenfeiertags* I Cn 16 Cons

ᴸ**viginti** *zwanzig* [*vgl. fz.* vint] *als Multiplicand zur Herstellung grösserer Zahlen;* quater ~ = 80 Af 66 Q. ECf 33; septies ~ = 140 27, 1

ᶠ**vigned** *s.* veisined

ᶠ**vilain** *Bauer* [*für ags. ceorl*]; *obl:* del~ Leis Wl 8, 1; al ~ 20, 3 | *no:* li ~ 16; socheman [*vgl.* villanus *n.* 3] Hk | *pl:* les vilains 20, 3a | L: rusticus 8, 1, *sonst* villanus

ᶠ**vile**, *obl;* de burc u de ~ *von Stadt oder Dorf* Leis Wl 45, on byrig, upp on lande II Cn 24 *übsnd;* villa campestri L

ᴸ**villa** 1) *Ortschaft;* in via et ~ ExcomVI 7 | *erst durch* campestris *verengt zu 'Dorf'; s. 3 Z. vorher* | *Marktstadt* In Cn III 55. II 8, 2 [*London sogar heisst* ~; *MacKechnie* Magna carta 352] 2) *ländl. Grossgrundbesitz, Bauerndorf mitumfassend,* III Em 6 (*wohl aus* tun *oder* land) | tun *Gutsbezirk übsnd,* As Alm 2 Q | *Landgut, Gutswirtschaft* II Cn 69, 1 In. ECf 15—15, 4 | comitalis ~ *amtliches Grundeigen des Grafentums* In Cn III 55 3) *Dorf, geschlossener Bezirk, worin Zoll erhebbar, neben* burgus Hn Lond 12; *im Ggs. zu* burgus *und* comitatus 14 | in civitatem, burgum, ~am, viam ECf 18, 1 | meliores ~ae [*oder zu n.* 4] *oberste der Bauern* Hn 7, 7[b] 4) *Dorfbewohnerschaft, Bauerngemeinde* Leis Wl L 6. Hn 83, 6a. ECf 20, 1

ᴸ**villanus** 1) *setzt* Q *für* a) ceorl, cierlisc [*auch* Hn 76, 6] Af Rb 35. 39. Ine Rb 40. 42. III As Pro. Að 1 (*auch* In Cn) = Hn 64, 2b | *im Ggs. zu* eorl, *also gemeinfrei* Af 4, 2. Geþyncðo 1 (*auch* In Cn) | *im Ggs. zu* tainus (Hn 68, 3a) *und identificirt mit* twyhynde Hn 70, 1 | (*wohl aus* ceorl) III Em 7, 2 | ~na femina Af Rb 25 Q, ceorles mennen (*Sklavin eines Bauern*) *falsch übsnd* **aa**) *identificirt mit* ceorlman In Cn II 15, 1, *S.* 612 **b**) ~ *setzt* Q *für* tunman: terra ~norum, *im Ggs. zu* þegnland (*zur Domäne des adligen Grundeigners*), II Eg 1, 1 Q. In Cn **c**) ~ *setzt* Q *für* geneat *persönl. freier, fronpflichtiger Hintersass eines Grossguts* Ine 22 (= Ap AGu 3). *Rect* 2 Q (*daher irrig auch* Ine 19 Q, *wo aber Ine höhere Classe meinte*) **d**) ~ *setzt für* vilain Leis Wl L: 16. 20, 3 2) *abhängiger Bauer; nicht* liber Ps Cn for 15 | [*nicht vollfrei, daher*] *nicht zu* legum iudices (*Urteilfindern*) *erwählbar* Hn 29, 1a 3) *in Denalagu dem* sokeman [*vgl.* vilain] *betr.* manbot *gleichgestellt* ECf 12, 4

ᴸad **Vincula**, *Kirchenfest Petri Kettenfeier, 1. August* ECf 10, 1 *retr, davor* S. Petri *aus* ECf *fortlassend*

ᴸ**vindicare** 1) *setzt* Q *für* wrecan **a**) *rächen:* in 6 ceorlis *an* (= *durch Tötung von*) *6 Gemeinfreien* Að 1 = Hn 64, 2b | furem (*hingerichteten Verbrecher*) II As 6, 2 (= VI 1, 5 = furi vindex esse II 6, 3). 20, 7 = Ap AGu 2, 1 **b**) *amtlich strafen* EGu 12 **c**) *sich durch Selbsthilfe Rechtserfüllung erzwingen* Ine Rb 9 2) [*mit* 1c *synonym:*] se ~ de suo homine sine lege *sich an seinem Vasallen gewaltsam Genugtuung erholen ohne Rechtsgang* Hn 86

ᴸ**vindicta** 1) *setzt* Q *für* wracu *Blutrache* VI As 1, 5 | ~am exigere II Atr 6, 1, wrecan *übsnd* 2) *Rache-Entgelt, Höhe* (*Ausdehnung*) *der Rache* Hn 88, 11b; c 3) ~am percipere sine lege *sich Genugtuung durch Selbsthilfe ohne Rechtsgang nehmen* 86, 1

ᶠ**vint** *zwanzig; ac:* les ~ solz Leis Wl 3, 4 I; set ~ liverez (vinz I) 7×20 = 140 2, 2 [*vgl.* viginti, *deutsch* stiege]

ᴸ**violatio** *Verletzung am Recht* 1) ~ ecclesiae vel camerae *Einbruch, Erbrechung* Leis Wl 15 L 2) monetae *Münzfälschung* II Cn 15 In [*irrig* feohwite *statt* feohtwite *übsnd*]

ᴸ**violentiam** facere *Gewalt* (*Notzucht*) *antun* Hn 13, 6

ᴸ**vir**; inter virum et virum *zwischen den Prozessparteien* Hu 7 Cons

ᴸ**virga** 1) mensuralis *Messrute, Maassstab* Episc 12 Q, metegyrd *übsnd* 2) sub ~ *unter Autorität, Vormundschaft* Hn 45, 3 [*afz.* sous la verge]

ᴸ**virgata** *terrae. Gerte* (*Flächenmaass*) *Landes* Ine 67, *auch* Rb, gierd landes *übsnd*

ᴸ**Virgilianus** *des Dichters Vergilius Maro* Quadr Ded 36

ᴸs. **Virgo** I) *Jungfrau Maria* Iud Dei XVI 30, 8 **II**) sanctae virgines VIII 1. 16. X 1. XI 1 [*aus Apoc.* 14]

ᴸ**viridis** crimen *Waldfrevel* Ps Cn for 21, 2; ~ et veneris *mhd. 'Wald und Weide'* (*fz.* vert e venison) 2. 4. 11. 21, 1

ᴸpurgamen **virile** *Reinigung von der Klage auf Menschentötung* II Cn 39 Cons, werlad *übsnd*

ᴸ**virlupus** *Werwolf* I Cn 26, 3 Cons, werewulf *übsnd*

ᴸ**virro** *setzt für* þegn Cons Cn: I Cn 6, 2a. 8, 2. 11. II 22, 2. 71, 2f.; viro 71, 1

ᴸ**virtutes** *himmlische Mächte, göttliche Kräfte* Iud Dei XIII 13, 2. Excom VIII 27. X 1 [*Pauli* Rom. 8, 38]

ᶠ**vis**, *obl, Gesicht, Antlitz* Leis Wl 10, 1

ᴸ**visitare** litteris *brieflich heimsuchen, ansprechen* Quadr II 8, 4

ᶠ**visned** *s.* veisined

ᴸ**visnetum** *Nachbarbezirk* 1) *setzt für* veisined Leis Wl L: 6. 21, 5 2) *statt* hundred 22 [*vgl.* vicinium]

ᴸ**vitiare** (*einen Prozess*) *falsch führen, verfahren* Hn 5, 24a

[**-vitni**, *nord.*] *s.* wente [17, 3

ᴸ**vitulamina** *Opferfeier* Quadr II

ᴸ**vitulus** matris est, cuiuscunque taurus alluserit Hn 77, 2a [*vgl.* Qui que saille nostre jument, le poulain en est nostre; *Fehse*, Sprichwort bei Deschamps *S.* 9]

ᴸ**vivum** captale *Lebgut, Vieh* Ine 56 Q, ceap *übsnd* [*vgl.* vif aveir]

vlex *s.* flæsc

Vocalverdoppelung *s.* aa, ee, ii, oo, uu

ᴸ**vocare** 1) ~ pecuniam ad illum *Vieh zur Gewähr schieben auf jenen* Ine 35, 1 Q, to þam feoh getiem[an] *übsnd* 2) ~ warantem (*s. d.*) *Gewährsmann anrufen* II Cn 24, 1 f. In, tieman *übsnd* [*vgl.* vocher]

ᶠ**vocher** 1) *abs., Gewähr anrufen; sbjf* 3: voest Leis Wl 45, 2 (*missverst.* videant L, *als käme es von* veeir), tyme *übsnd* 2) *zur Gewähr rufen; fut* 3: ~rad sun guarant 21, 3, cogetur warantum vocare L

ᴸ**vociferatio** *Gerüfte, Landgeschrei* Hn 12, 3. II Cn 29 Q, hream *übsnd* [*vgl.* uthes]

voere, vosa *s.* wesan

ᶠ**voleir** *wollen;* 3: volt derehdner Leis Wl 23; il ne volt (*abs.*) *weigert sich* 47, 1 | *pl* 3: ne ~ent Wl art Fz 8, 2, noluerint *übsnd* | *sbjf* 3: voille conustre Leis Wl 24; volge doner 21 I | *fut* 3: voldrad duner 21; voldra clamer 21; meuz vodrat *vorzieht* Wl art Fz 6, melius voluerit *übsnd*; vodrat, ke (*wünscht, dass*) 8, voluerit (se tenere) *übsnd*

ᶠ**voz** choses, *ac, eure Sachen, Güter, Fahrhabestücke* Leis Wl 37

vu- *für* wu: *s.* wulf-

[L]**vulgaris** 1) presbyter (sacerdos) *laienhaft [nicht kanonisch-regular] lebend* I Cn 5, 2 In. Cons (Q Rb *S.* 536 *Z.* 1), folcisc *übsnd* 2) ~re iuramentum *volksgerichtlicher Eid* VI Atr 25 L, að *übsnd*

W.

w 1) *geschr.* **a**) *in angelsä. Hss. stets* ƿ; *ausser* **b**) *in northu.* Iud Dei IV. V, *wo Bd. I* u, v *der Hs. gemäss druckt;* **c**) *in angelsä. Wörtern des lat. Textes meist* w, *doch nicht selten, was Bd. I beibehält,* ƿ; *selten* v (*s.* twegen, twelfhynde) *und* þu, *s.* twegen, twelf 2) *für* hw-: *s.* h *geschwunden* 3) *geschwunden: s.* cuman *ptt,* feowertig, fulwian, -luht, (n)awðer, ofertru[w]an | *vor r: s.* wrecan | *vgl.* -wi, -wu 4) *für* f: *s.* landhæfen, stigfearh, (stod)þeof 5) *verschr. für* **a**) *d: s.* þeodscipe **b**) n: *s.* cneow **c**) p: *s.* spic, spræo *n.* I **d**) þ: *s.* þingeman, geweorðan 6) *den folg. Vocal beeinflussend: s.* weo, wiern-, wo, wu, wy 7) aw *umgelautet zu* ew: *s.* ewo, ungesawen 8) -ew *im Silbenschluss wird* eo, eou, euw, *erst später* eow: *s.* cneow, treow, þeow *n.* I 9) *dafür: d* [*s.* Wentsæte], f [*auch* fære Ine Rb 70 So; þeowman, -wwealh], g [*s. auch* (nige)fara, tuwa, þriwa], h [gehitnæs *st.* gewi- IV Eg 3], hw, p [*auch* warige], u, v, þ [*auch* wíte *pl dt*], y *s. d.*

[FL]**w** *ersetzt durch* gu-, gw-, *s. d.*

wa þam *wehe dem* I Cn 18 b

wac, *ac, Schwäche, Minderwert an Fahrhabe* Swer 9; *unübers.* þác Q [*viell. nt sbstirt des adj.* wac; *s.*:]

waccor, *adv cpa, lässiger, weniger energisch* IV Eg 1, 5 a | **wace** bið se hyrde fundon, *adv, schwach, lässig, untüchtig* I Cn 26, 1; supervacue Q | **wac,** *adj prd,* A; debilis Cons

waciende 7 slæpende *wachend und schlafend, prd pl,* Excom VII 9

wacor *wachsam;* þa hyrdas beon re, *prd pl,* I Cn 26, 3

wacscipes, *gn, Lässigkeit* IV Eg 1, 5

wad, *ac, Waid* Ger 10

wadsæd, *ac, Waidsaat* Ger 12

wadspitel, *ac, Waidhacke* Ger 15

I) **wæd;** *dt:* ~de *Bekleidung(skosten)* VI Atr 51 | *pl dt:* ~dum *Kleidern* Abt 59 f. — *Der.:* ciricw~

II) *s.* wedd

wædle, *ac, Armut* VI Atr 52. II Cn 68, 1 b

[**-wædu**] *s.* wægngew~.

I) **wæg** 1) seo ~ wulle '*Gewicht' Wolle* [175 *Pfund Englisch* (= *c.* 159 *Deutsch*) *nach Cunningham; jetzt* wey, *variirend nach Skeat von* 2—3 *Centnern; nach Flügel* 182 *oder* 256 *Pfund Englisch* = *c.* 164—232 *Deutsch*] III Eg 8, 2 G; **wæge** A D G 2; pondus Q 2) *pl* (*gn od. ac*): wæga *Wispel* [*Gerste*] Ine 59, 1; wéga B; pundwæga H So Ld Q; *verderbt* hundwega K

II) **wæg** (-) *s.* weg~

wæ[g]n *Lastwagen für Waren; dt:* wæne Northu 55 [*vgl.* byrðen]

wæ[g]ngewædu, *pl ac;* wæn~ *Wagenverdecke* Ger 17

wæ[g]ntreow *vom Wagen* [*mit Holzladung abzugeben je*] *ein Baum;* wæn~ Rect 21, 4 [*Toller vergleicht* wægnscilling: *je 1 Schilling Zoll von einem befrachteten Wagen*]

wægpundern *Wage samt Gewicht* Episc 6; pondus Q | *ac:* wæip~ Ger 15

wælcyrian, *pl, Zauberinnen* Cn 1020, 15

wælgrimmestan, *spl dt, grausamsten* Iudex 9

w[æ]lreaf *Leichenraub, Totenberaubung* [*nord.*]; wal~ Wal; wal~, id est mortuum refare Q (*Var.* wealreaf, -ref *auch* Rb *S.* 542) = weilref (*Var.* weyl-, -reif) Hn 83, 4; 4 a: refare armis, vestibus, aliquibus tumulatum aut tumulandum [*vgl. Brunner* Sitz.-Ber. Preuss. Akad. 1906, 121]

wælt *Sehne* [*laut Zusammenhang: am Oberschenkel*] Abt 68; *wohl aus* weald [*vgl.* æ *und* -lt *in dieser Hs. für* ea, -ld *auch bei* sceat, godgield]; *s.* geweald **wæn**(-) *s.* wægn-

wæorðan *s.* weo~

wæpen *Waffe; gn:* ~pnes Af 19. 19, 1. 38, 1 | *dt:* ~pne Wer 4 | *ac:* ~ Af 7 H (~pn *übr.*). II Cn 75 A (~pn G; wepn B). 75, 1 A (~pn G; wepn B); wæpn Hl 13. Af 19 H (~pne, *vielleicht pl,* B). 19, 3; wepen B | *instr:* ~pne Af 15. 39, 1. 7 B; *ac übr.* ‖ *pl no oder ac:* ~ II Cn 71, 2 A; ~pn G; wepna B | *gn:* ~pna Af Rb 19 So. Af 1, 4; pæpna E | *dt:* ~pnum Northu 37. Nor grið *Z.* 8; *instrum. Sinnes* Abt 18 | *ac:* ~ Af Rb 19 E (~pn G; ~pna H). Af 42, 4; ~pne Ld; ~pn 1, 2; ~pnu Ine Rb 29 Ld; sweordes *übr.*; ~pno Af 5, 3; ~pna H; ~pnu So Ld; wepna, wæpne 19 B; ~penu 42, 1 (~pnu H Ld). 42, 4; ~pnu Ld; ~ H; wæpne II Cn 75; wepn B; wæpna ECf 30, 4; *retr* 30, 4 a (*Var. Wurzelvocal:* e, a; *statt* pn: pen; *statt Endung:* ne, nen, nu, *nichts; statt* n: p, *nichts*) | wæp(e)n(u) sellan (utræcan) *Waffen ausliefern = sich dem Gegner ergeben* Af 42, 1; 4 (5, 3). — *Der.:* bewæpnian

wæpen(ge)t[æ]c [*nord.*] *politischer Bezirk (samt unterstem Gericht und Casse, also dem Hundred des südwestlichen England entsprechend) innerhalb von Grafschaften der Denalagu, im nördlichen und östlichen England; ihrer mehrere bilden bisweilen ein Riding; es untersteht dem* ~cgerefa; *dt:* ~getace IV Eg 6. Northu 57, 2; ~ntake III Atr 1, 2. 3, 1 (~nkace *Var.*; *abl pl:* ~kis Q Rb *S.* 541). 3, 2 f.; *unübs.* wapentakum Q; wapentagium Hn 7, 4 (~achium *Var.*); wapentachium Wl art Lond *retr* 6 (*Var.* -chum); wapentagium ECf 13, 1. 22, 5. 30, 1 f. 31; a; 1. 32; *retr.* 30. 30, 4 a; b. Lond ECf 32 A 1; 12; *Var. in* ECf: *für erstes* a: e; *für zweites* a: o; *für* e: i; *für* g: c, ch, cc; *Endung* ium *fehlt od. fem.* ~ia | *sachlich (irrig) verglichen mit* lathe ECf 22, 5^*. 32 *retr** | *etymologisch erklärt aus* wapna *und (irrig)* taccare 30, 4 *oder* tac *retr* 30, 4 a; b

[**wæpentacgerefa**] *lag vielleicht vor für* greve de wapentagiis ECf 32 *und* prepositi hundredorum et wapentagiorum sub vicecomitibus regis Lond ECf 32 A 1; *vgl.* on ælcum wæpentace gán út þa yldestan XII þegnas 7 se gerefa mid III Atr 3, 1

wær (-) *s.* wer (-)

wære, wæron *s.* wesan, *ptt*

Wærham *Wareham in Dorsets., dt:* ~ [*endungslos; vgl. Sievers* 237 *A.* 2] II As 14, 2; Warham Q

wærlic bið, þæt, *nt praed, vorsichtig, weise ist es, dass* VI Atr 33

wærlice, *adv, sorgfältig* Af 1. V Atr 22, 2 = VI 28 = I Cn 19, 1 (wear~ A). VI Atr 41. 53; *vorsichtig* 10, 2

wærnan, -nung *s.* wiern

wærnian *s.* war~

wæs *s.* wesan, *ptt*

w[æ]stm *Frucht; gn:* westmes I As Pro Ld. — *Der.:* corðw~

wæter *Wasser* II As 23, 1 = Ordal 1 b. Iud Dei VIII 2, 1; 3; water I 23^c; vætre IV 2 | *gn:* ~res Becwæð 3. Iud Dei VII 23 A. VIII 2; vætres IV 3, 2 |

dt: ~re II Atr 3. VIIa 1. Excom VII 13. Ger 3. II As 23 Ot Ld; ~tre H. Ordal Insc; vætre Iud Dei IV 3, 3; 5 | *ac:* ~ III Atr 6. Iud Dei IV 4, 1. VII 24 A; vætre! IV 4, 3. — **1)** *Aufenthaltsort, im Ggs. zu* on lande; on ~re *zu W.* II Atr 3. Excom VII 13 **2)** *Gewässer, wirtschaftlich, neben Wald* Becwæð 3. Ger 3 **3)** *Getränk;* fede mid (fæste be) ~re II As 23 (VIIa Atr 1); of vætre Iud Dei IV 3, 3, ex aqua (vinum) *glossirend* **4)** *Weihwasser:* water gebletsod I 23c, aqua benedicta *glossnd* **5)** *zum Gottesgericht* **a)** *siedendes W.* IV 2—4, 3 **b)** *Kaltwasser* II As 23, 1 = Ordal 1b. Insc. III Atr 6. Iud Dei VII 23 f. A. VIII 2—2, 3. — *Der.:* haligw~

wæterordal, *ac, Gottesgericht des Kaltwassers* Blas 2

wæterpyt, *ac, Wassergrube* Af El 22, cisternam *übsnd;* ~tt So; ~pitt H

wæterwyllas, *pl ac, Wasserquellen* II Cn 5, 1

Wætlingastræt, *ac, Watlingstreet [von Dover nach Chester]* AGu 1; Wetelingastret Q; *Var.* Went-, *-rete;* Wetlingstreete Leis Wl 26 Io; Wetleingstrete Im; Watlingestrete Hk; Watelingestrete L; Watlingestret ECf 12c. 30; *Var. für erstes* t: th, *fehlt; für* i: e; *erstes* e *fehlt; für zweites* e: a; *Endung* -te

F**wage,** *obl;* ~ *doner Pfand geben* Leis Wl 5, 2 (-gium L). 6, 1. 21 I; *stets* gw~ Hk | seit mis en guage *unter Pfandleistung gesetzt (zu Pfandleistung gezwungen)* 21, 3; gaige L | le mettrad en guage 21, 1 *setze es unter Pfandversprechen, verpflichte sich rechtsförmlich dazu,* hit sylle on wed *übsnd*

wagum, *pl dt, Wandmauern* EGu 1 = VI Atr 14 = I Cn 2, 2 = Grið 2. — *Der.:* ciricwag

F**waiter** *Wache halten (als Strassenpolizei)* Leis Wl 28, 2 I; gua~ Hk

L**Wala** *[angebl.] Gemahlin Ines von Wessex* Lond ECf 32 C 3 *[aus Galfrid von Monmouth]*

wald- *s.* weald-

walh, Wali *s.* wealh; Walia *s.* Wallia; Waliscus *s.* Wielisc

[-walian] *s.* awyrtw~

wallerwente [? *aus nord.* valinvitni] *[nicht verwandte] auserwählte Eideshelfer* Northu 51 *[Britisches Stadtrecht spät. Mittelalters schliesst von Eideshilfe alle aus, die des Hauptschwörers Vater, Sohn, Bruder,* consanguinei, de lignage *sind; Bateson* Borough customs I 38. 50 f. *aus London, Kent, Schottland]*

L**Wallia** *Wales* Wl art Lond *retr* 1; *das frühere* Cambria Lond ECf 32 C 3 | plebis Walie Duns Pro Q, Wealhþeode *übsnd;* in Walias Duns 6 Q, on Wylisc land *übsnd, wozu* in Waliam Rb *S.* 375*

L**Walter** *Giffard, einer der Staatsräte Heinrichs I.,* CHn cor Test

w[a]m[m] *Fehl, Schaden, Mangel; ac:* wom Swer 9, *unübs* Q. — *Der.:* wlitew~, -wemm-

wanan *[ac]* hæbbe þæs *habe Mangel (ermangle) dessen* Swer 10 B, *geänd. aus* gyw~ *[vgl.* gew~*]*

wandian **1)** *Bedenken tragen, zaudern, anstehen; [op* 3: ~ie *lag wohl vor für* dissimulabit Ap AGu 7] | *ipa pl:* ne ~að to gereccanne I Ew Pro; ~ieð B; ~igeð Ld; nec dissimulent recitare Q | *ptt* 3: man ne ~dode *[erg.: zu töten]* VI As 12, 3; dubitet Q **2)** *m. dt, sparen; ptt* 1: ne ~dode ic sceattum Cn 1020, 4. — *Der.:* unforwandodlice

Wanetinge, *dt, Wantage in Berks.* III Atr Pro

wangtoð *Backenzahn;* won~ Af 49, 1; *geändert* wan~ H; wengthoð In Cn; *Var.* wanget-; *verderbt:* fængt~, fengt~ | *[falsch] erklärt* caninus In Cn. Q = Hn 93, 7: caninos vel wongtoð; *Var.:* ~[t]eð *[pl ac]*

wanian **1)** *(ver)mindern;* 3: ~nað IV Eg 1, 5a | *op* 3: ~ige Grið 26 | *ptt* 3: ~node IV Eg Pro **2)** *schwinden, abnehmen; op* 3: ~ige V Atr 9, 2 = VI 5, 4 = VIII 29 | *ptt pl* 3: ~nodan 37

wapen(-) *s.* wæp~

wara, *gn pl, northu. s.* wer *n.* II A 1

L**warans** *s.* warantus *n.* 1

F**warant,** *obl* **1)** *Gewährsmann im Anefangprozess; gn:* Leis Wl 21, 1 I; gua~ Hk | *ac:* 21, 1a—3 I (gua~ Hk). 45, 1; gua~ 21. 21, 1a; 2; sanz ga~ Wl art Fz 5 **2)** *Sicherheit:* n'eit ~ de sa vie Leis Wl 47, 3, feorh ne gesec[e] *übsnd*

L**warantizare** **1)** *sichern:* vitam ei Leis Wl 47, 3 L, eit warant de sa vie *übsnd* **2)** *durch Gewährleistung gerichtlich verteidigen* ECf 36, 3; *Var.* warent~, guarent~ **3)** *gegen Verdacht verbürgen* 38, 1a

L**warantus** **1)** *Gewährsmann gegen Anefang; ac:* ~ntem *[von* ~ns] II Cn 23. 24, 1 In (gua- *Var.*), team *übsnd;* ~tum vocare II Atr 8, 1 Q (*dazu* guarandus Rb *S.* 220), team gecennan *übsnd;* ~ Leis Wl L: 21—21, 3. 45, 1, warant *übsnd* **2)** *Garant gegen Schaden* Wl art 5. ECf 22, 3 (warent- *Var.*) Hn 43, 1; *schützender Übernehmer (Träger) der Verantwortung* 82, 6. 85, 2a. 94, 3 | warant *(ac, abl) Gewährsmann (Vorbesitzer, bezw. Münzer), den als Verantwortlichen der mit falschem Gelde Ertappte anruft* Hn mon 2-2, 2

ward(-) *s.* weard-

F**warder** *hüten* **1)** ga~ *schützen, verteidigen* Wl art Fz 2, servare *übsnd* **2)** *pf pc:* gardé *gewahrt, beobachtet (Frieden)* 1, inviolatam custodiri *übsnd; Gesetz* 10, non violatum *übsnd* **3)** *sbjf pl* 3: gardent, ke *mögen sorgen, achten, dass* 8a, videant ut *übsnd* | *sg* 3: wart l'um, que *man hüte sich, dass* Leis Wl 41, 1, beorge man, þæt *übsnd*

I) [-ware] *Bewohner.* — *Der.:* Cantw~, ceastrew~, hellw~ **II. III)** *s.* waru **IV)** *s.* wer **V)** *s.* wesan, *ptt*

Warewicscire *Warwickshire, verderbt für* Everwics~ *(Yorks.)* ECf 30[17]. *retr*[23], *Var.:* -wyc-, -wyk-, -wich-, -wike-, Warrew-

L**wargus** *Geächteter [aus* Lex Salica] Hn 83, 5

Warham *s.* Wær~

warige hine, *op* 3, *sehe sich vor* II Atr 9, 1; parige Ld. — *Der.:* bewarian

warnian *sich hüten, Acht geben; fl.:* to ~nne, þæt *dass* Wif 9; werianne *vorbeugen* B | *op* 3: ~ige wið *sich hüte vor* I Cn 24; wær- A | *pl* 3: ~ B | *ipa pl:* ~að eow 7 hio eorres *[gn] hütet euch und sie vor dem Zorne* I As 5 Ld; beorgað wið yrre *übr.* — *Der.:* unwarnod

I) [waru], *fm, Gemeinde.* — *Der.:* burgw~, ciricw~ *[vgl.* -ware *n.* I]

II) war[u] wið *Sicherstellung, Garantie gegen; ac:* ware Swer 7; defensio Q. — *Der.:* utw~. — *Zu* waru *wearing? [Kleider tragen] zieht Toller* 1170: scrudwaru

water *s.* wæter

Watling~ *s.* Wæt~

we *wir* Af El 49, 3; 5. Af 41. 42. Ine Pro. 1. 1, 1. 13, 1. AGu 2. 5. I Ew 1, 2f. II 8. I As 1 Ld. 3; ve Iud Dei IV 1 *[vgl.* ure, us, unc(er)]

we- **1)** *abweichend für* wea- *s.*

weax(-) 2) *für* weo- *s.* weofod, weorc, woruldþegn, -dsceamo 3) *für* wy- *s.* wyrcan 4) *dafür* weo- *s. d.* 5) *northumb.* voe- *s.* woe-

-we(a)-, *dafür* wy-, *s. d.*

wead *s.* wedd **weal-** *s.* wæl-

I) **weal[d]**; *gn:* wealtes ne wæteres *an Wald noch Gewässer* Becwæð 3 [-lt *für* -ld *s.* -t *n.* 2]

II) **w[ea]ld** *s.* wælt; gew~, onw~, unwaldes III) **[-weald]** *s.* Brihtw~

wealdan *walten* EGu 9, 1 = II Cn 45. Ger 4. 7. Episc 9 | 3: wealdað! VIII Atr 42 | *pl* 3: ~að X Pro 1 | *op* 3: ~de Wi 26. II Cn 13. 53, 1. — 1) [*abs.*] *es so einrichten, so handeln* EGu 9, 1 = II Cn 45. Ger 4 2) [*abs.*] *entscheiden* II Cn 53, 1 3) *regieren* Ger 7; *verwalten:* Cristendom 7 cynedom VIII Atr 42 4) *m gn* a) his [*nt gn*] *es einrichten* Episc 9 b) *verfügen über:* friðes II Cn 13; þreora anes [*nt gn*] *unter dreien eines bestimmen* Wi 26 c) weorðscypes *Ehre verursachen* X Atr Pro 1. — *Der.:* oferw~

wealdend 1) *Herrscher* VI Atr 42, 2. X Pro 2) wal~ *Leiter* (*des Verlobungsvertrages*) Wif 6

[wealdgenga] *'geächteter Verbrecher' lag vielleicht vor für* latro in silvis In Cn III 48

‚Wealh 1) *Walliser* (gafolgelda) Ine (23, 3) 24, 2; *unübs.* Q; *unverst.* þeach id est divitias [*als* weolthe *Reichtum*] *S.* 101[12]; (*vgl.* þeoww~ 74, *auch* Rb; servus Waliscus Q). Duns 5; Waliscus Q | *gn:* Weales hyd *unfreien Wälschen Prügelstrafe* [*oder zu n.* 2: *Sklaven*] Ine 23, 3; servi Q | *pl dt:* ~lum Duns 2 Ld; ~lan 2, 1. 3, 2; Wali, *pl,* Q 2) *Unfreier; ac:* ~ II Atr 6, 2; servum Q; *vgl. 4 Zeilen vorher. — Der.:* horsw~ (þeoww~?). *Vgl.* Walia, Wielisc

Wealhþeode, *gn, Walliser Volks* Duns Pro; plebis Walie Q

Wealisc *s.* Wiel~

weallan 1) *wallen* (*Feuer*); 3: ~leð I Cn 6, 1 A (~lað! G). II 84, 3; ~lað! BA | *pc ac:* þone ~lendan bryne I 6, 1 2) *sieden* (*Wasser*): *nt dt* (*ac*): ~lende Iud Dei IV 3, 5 (4, 1), fervente (-em) *glossirend. — Der.:* gew~, tow~

wealref *s.* wælreaf

I) **[-weard]** *masc. Der.:* Æþelw~, Eadw~, hægw~, mylenw~, Siw~, wuduw~. *Vgl. 19 Z. weiter* II) *in adj und adv: s.* andw~, hindew~, innew~, tow~, ufanw~, inweardlic

III) **[weard,** *fm*]; *lat.* warda 1) *Verwaltungsamt, Bewirtschaftungscentrum* Ps Cn for 6 2) *örtlicher, politischer Verband* a) *identificirt mit Zehntschaft, Freibürgen-Verband, erklärt als* observatio: sub una societate urbem vel centenarium *debet* servare Cons Cn II 19, 2 d, *S.* 618 b) (*zunächst Londons*) *Stadtviertel:* warde iuste observentur et pro incendiis sibi provideant Lond ECf 32 B 9 [*vgl.* weardmot] — *Der.:* fierdw~, forew~, heafodw~, horsw~, sæw~, strætw~

w[e]ard[ge]re[fa]; wardireve *Wachtinspector* Leis Wl 28, 1; gwarder-, id est prepositus custodum L, *also* wearda *als masc pl gn 'Wächter' annehmend*

weardian, *m gn, Acht geben auf* II Cn 76, 1a. — *Der.:* bew~

w[e]ardmot [*polizeiliches*] *Stadtviertelsgericht in London; pl ac:* wardemota [*irrige*] *Lesart für* vadimonia Hn Lond 10; *Var.* -tū; -th

w[e]ar[d]scot, warscot *Wachtabgabe, Steuer zur Ablösung militärischer Wachelast* Ps Cn for 9

wearlic *s.* wær~

Weassexe *s.* Westseaxe

we[a]x *Wachs; gn:* wexes I Cn 12

weaxan *wachsen* 1) *pc gn:* ~xendes *von Vegetabilischem* Af El 38 2) [*übtr.*] *zunehmen, steigen; op* 3: ~xe sio bót be þam were Af 11, 5 (wexe B) = Ine 76; [*Eidesschwere*] I Ew 1, 4 Ld; wexe *übr.*; grama IV Eg 1, 2

[-weccan] *s.* aw~

wedd *Wette; gn:* weddes VI As 8, 9. Wif 6 | *dt:* wedde Af El 36. AGu 5. IV Eg 1, 4. Sacr cor Pro. III Atr 7. V 1. Wif 1. 5 | *ac:* ~ Af 1 H (wed *übr.*). Ine 8 (wed Bu B). 13 H (wed *übr.*). II Ew 5 (wed B; *wedde*! Ld). VI As 8, 6; 9. 10. 11. Sacr cor Pro. III Atr 3, 2. 12. V 5 (wed D). 22, 2 (wed D). VI 3 a. 28 (wed D) = I Cn 19, 1 (wed B; wead A); wed Ine 49. IV Eg 1, 5. Duns 1, 1 | *pl:* þa ~ V As Pro 3 | *dt:* weddum Af Rb 1. VI As Pro. 8, 5 | *ac:* ~ Cn 1020, 14. 1) *Vertrag;* weddes waldend *Leiter der Verlobung eines Mädchens* Wif 6 [*vgl.* pactum *zu unt.* 3]; vadium Q 2) *rechtsförmliches Versprechen* a) *prozessuale Pfandleistung für künftige Urteilserfüllung; dem Kläger* ~ sellan Ine 8; vadium recti Q [*vgl. u. n.* 4] b) *in den folgend. Fällen ist das gegebene Pfand vielleicht nur noch ein Symbol* [*ohne materiellen Wert*] *oder durch Wort* [*und Handschlag?*] *ersetzt* [*letzteres ist Hauptsache, da* ~ *verbunden mit* healdan, brecan *und namentl.* aleogan, *die nur zu 'Rede, Versprechen', nicht zu 'Gabe' passen, ferner laut des Einzelbegriffs, der sich ausdrückt in* að (word, frið) 7 ~, *sodann laut der* (*neben* vadium, *das im* Q *überwiegt*) *vorkommenden lat. Übers.* fides, manufirmatio, votum, iusiurandum]: ~ beforan biscope aleoge [*also das Wort ist durch Kirche, nicht* (*bloss?*) *durch Pfand gekräftigt*] Ine 13 | að 7 ~ sellan, brecan II Ew 5 | að 7 ~ healdan Af 1 (fides Q). V Atr 22, 2 = VI 28 (vota L) = I Cn 19, 1 (fidem Q; manufirmationem Cons) | tobrecan Cn 1020, 14; abrecan V As Pro 3 | mid worde ge ~de gefæstnod, þæt V Atr 1; mid ~de gefæstnodon IV Eg 1, 4, instituentes L | gerefa æt his hyremannum (on his scire) ~ nime *nehme Versprechen* [*polizeilicher Ordnung*] *ab* VI As 10. 11 | ~ 7 frið healdan 8, 9 (fidem Q); sellan *ebd.* | witan sealdan ~ ealle togædere [*also nicht etwa Einzelpfänder, sondern Eine Acclamation*] arcebiscope 10 | *König* on weofod lede ~ [*in Gestalt einer Urkunde? jedenfalls nicht einen etwa einlösbaren Wert*] Sacr cor Pro | gecweden 7 ~dum gefæstnod VI As Pro *versteht nur* iureiurando Q, *dagegen* vadio, vadiatione 8, 5 3) *Gelöbnis ohne Pfand; Erzbischof verbot dem König,* ~ to sellanne *ausser Krönungseid* Sacr cor Pro | witena ~ abrecan IV Eg 1, 5; pactum stabilitum L | *der Mönch* word 7 ~ Gode betæhte V Atr 5 = VI 3 a; vota vel promissa L. [*Diese Versprechungen in n.* 2. 3 *gibt also* a) *der König dem Staate* Sacr cor Pro b) *das Volk dem Staate* II Ew 5 c) *das Witenagemot dem Staate* V As Pro 3. VI 10. IV Eg 1, 4 f. V Atr 1 d) *ein Bezirksvolk dem Beamten* VI As 8, 9. 10 f. e) *das Mitglied an die Gilde* Pro. 8, 5 f. f) *der Geistliche Gott* V Atr 5 = VI 3 a [*Asser verlässt König Alfred,* dato revertendi pignore (79, 31 *ed. Stevenson*), *wobei* pignus *höchstens Symbol*] 4) *greifbares Pfand;* to ~de selle, pignus *übsnd* Af El 36 | gislas, friðe to wedde AGu 5 | ~ geseald on urum gegyldscipum *Eintrittsgeld samt Gelöbnis* VI As 8, 6 | sylle healfmarc ~ *für künftiges Wolverhalten* III Atr 3, 2 | æt spræce lecge ~ (to wedde) *wenn ver-*

klagt, hinterlege Geld als Pfund künftiger Rechtserfüllung 12,7 [*vgl.* o. 2 a] | ∼ undon mid gylde, *Unterpfand* (*vorher* underwed) *durch Geld auslösen* Duns 1,1 | behate 7 sylle on ∼de, þæt Wif 1; *das Verheissene* mid ∼de *tryman* 5 5) nime ∼ *Zwangspfand, fortgenommen um den Gegner zur Rechtserfüllung zu zwingen* Ine 49. — *Der.:* underwedd [*vgl.* L vadi(moni)um, F wage]

weddbryce *Vertragsbruch; ac:* wedb∼ Af 1, 8; -ddeb- Ld

weddian 1) *m gn, etwas rechtsförmlich versprechen:* weres II Em 7,1 | 3: be þon þe ordales ∼igað! II As 23 Ld | *op* 3: ∼ige 23; þæs *dazu sich verpflichtet* Af 1, 2 (∼*die* H). Wif 2 2) *verloben:* mæden Wif Inso B. 1; ducere [*spätere Bed.*] Q | *op pl* 3: ∼ heora magan to wife þam *Bräutigam* Wif 6; wedian B | *ptt pc fm:* weddedu fæmne Af 18, 1 So; bew- *übr.;* desponsata Q. — *Der.:* bew∼; beweddung; unbeweddodu

I) **weder** wisað *Wetter weist an, deutet als rätlich* Ger 2 [*vgl.* gewiderian]

II) *s.* weðer

wefle, *ac, Kette des zu Webenden* Ger 15,1 [*'Schiffchen?' Toller* 1182 b *n.* 3 a. *Hierfür spricht allerdings, dass es unter* towtola *vorkommt; doch nur jene Bedeutung ist sonst, und oft, belegt*]

weg 1) *Strasse, Weg; dt:* ∼ge Wi 28 = Ine 20, *auch* Rb 2) *Weise, Art; ac:* þane ∼ þinre ingehyde Excom VII 5, scientiam viarum tuarum *übsnd* 3) ealle wæga [*pl!*] *allerwegen, immer* As Alm Pro Ld [*vgl. engl.* always; *fz.* tuteveies]. — *Der.:* Icenhildew∼, onw∼

wega *s.* wæg *n.* I

wegan I) *tr., op* 3: wege fæhðe [*als seines Handelns Folge*] *ertrage Fehde* II Em 1. 1, 2 [*vgl.* spere, *Sprichwort*]; ungerisenu V As 1, 2 II) *intr., op* 3: wege *wiege, schwer sei* Hu 9 | *ptt op* 3: wæge Blas 1 B; gewege H. — *Der.:* gew∼, onw∼

wegferende, *sbstirt adj pl, Reisende* Northu 56

wegreaf *Strassenraub* Abt 19. 89 [*vgl.* hi þone man on wege horses bereafedon; *Wærferth* Dial. *Gregor. ed. Hecht* 15]

weilref *s.* wælreaf

wel *wohl* 1) *vor Verben:* licode ∼ to healdenne *treulich zu halten* [*vgl.* ∼ gehealdan *Toller s. v. Z.* 2; *oder* = ∼ licode *wohlgefiel* Cn 1020, 5] Af El 49,10 H; *fehlt* E | ∼ unnan *völlig frei schenken* Becwæð 1 | ∼ is to warnianne *ernstlich, höchlich* Wif 9 | aginnan *erfolgreich* Ger 3; gefriðað Rect 20,2 2) [*Ausruf mit hinzuzudenkendem* is] *m dt:* ∼ þære heorde *wohl!* II Cn 84, 2 a; exultatio Q 3) *vor adj:* ∼gehorsad *gut beritten* II As 16 Ld; *fehlt übr.* | ∼getrywe Hu 4; fidelissimus Cons | ∼ Cristen I Cn 22,6; well A; *vere* Christianus Q | ∼gelend *Rect* 5,3 | (ful)∼wyrðe 6,2 (20,2) | ∼(well)geborgen *sicher bewahrt* 20, 1 (Episc 8) 4) ∼monega *gar viele* Ine 43,1; well B; *Ein Wort* E 5) swa ∼ swa he lives wære *ganz ebenso wie wenn* II Atr 9, 3 | swa ∼ swa we (he) betst magon (mæge) *so gut wie wir nur irgend können* V 35. VIII 43, 1 (V 6)

welan, *ac, Reichtum* VI Atr 52. II Cn 68, 1b; welige B [*vgl.* weolðe]

-welf- *ersetzt durch* -lef *s.* twelfhynde

welig *reich; sbstirt dt:* þam welegan Af El 43; weol- So Ld | *pl praed:* ∼ge *wohlhabend* Grið 21 | *ac:* ∼ge II Cn 68, 1b B, 16. *Jh.;* welan *übr.* — *Vgl.* gewelegod

[wemman] *Der.:* gew∼, tow∼, unwemmed **[-wemme]** *s.* unw∼

wemminge, *lat. abl., Urteilschelte, Scheltung des Rechtspruchs als fehlerhaft* Hn 33,2; *Var.* ∼ga; weminga 67, 2; *Var.* wemunga

wen is, þæt *Wahrscheinlichkeit ist, dass* [= *'vermutlich künftig'*] IV Eg 1, 1 ff.

wenan *erwarten* 1) *abs.; pl* 1: we læst ∼að *wir sind am wenigsten gewärtig, vorbereitet* 2) *m gn des Vorgestellten; op* 3: him gehende endedæges wene *glaube Tod sich nahe* II Cn 25; were Ld 3) *inf:* ∼, þæt *befürchten, dass* VI As 8, 9 (*timere* Q). *Rect* 20 | *pl* 1: ∼að, þæt *argwöhnen, dass* VI As 8, 7; credimus Q

wendan *wenden, kehren; ipa:* wend þe on unræd *richte dich nach Unverstand* Af El 41, sequeris ad malum *übsnd;* gewend H. — *Der.:* gew∼, onw∼; unawend

wengtoð *s.* wan∼

[wenian] *Der.:* ætw∼

ealswa micel **wente** *ebenso viel Eideshilfe-Quantum* [*aus nord.* vitni; *vgl.* gewitnes *n.* 7, *testimonium n.* 2] Northu 52 f. — *Der.:* wallerw∼

Wentsæte, *pl, Wälsches Volk in Gwent* (*südöstlichem Wales*) Duns 9; ∼sete Q; *Var.* Wends-, Wens-, Dens- *S.* 375' | *dt:* ∼setum Rb Ld

weo- *abw.* 1) *von* we-: *s.* horowenan, welig, wer(od) 2) *von* wi-: wita 3) *von* wo-: ofworpod, woruld 4) *von* wu-: wudutreow 5) *von* wy: wyrcan, gewyrht, wiernan, wierðe 6) *dafür* wi-, wie-, we-, wu-, wy-, *s. d.* [*vgl. auch Umlaut*]

weod, *ac, Unkraut* Ger 13

weodhoc, *ac, Unkrauthacke* Ger 15

weodian *Unkraut jäten* Ger 9. — *Der.:* aw∼

weodutreow *s.* wud∼

weofod *Altar; dt:* ∼de Wi 21. Af El 13 (∼! Ld). VII a *Atr* 6,3. Northu 14. Iud Dei VIII 1, 1; ∼*fude* VII 13 A; wiofode Hl 16,2. Wi 8. 18 ff.; wigbede Had 9, 1 H; wib- *übr.* | *ac:* ∼ Sacr cor Pro | *pl dt:* ∼fedan Grið 26 — *Stätte der Eidleistung* Hl 16, 2. Wi 18—21. Sacr cor Pro | *der Freilassung* Wi 8 | *des Asyls* Af El 13 | *des Abendmahls* Iud Dei VII 13 A. VIII 1.1; *der Messe* Northu 14 | *Symbol der Religion* Grið 26 | *Einzelstift samt Casse* Had 9,1

weofodbot *Altarbusse, Strafgeld an den kirchlichen Richter* (*Bischof*) *für Verletzung eines Geistlichen; dt:* ∼te Northu 23 f. | *ac:* ∼te II Cn 42; wifedbote In *Var.*

weofodþegn *Altardiener, Priester;* ∼þen VIII Atr 28. II Cn 41 | *ac:* ∼þen VIII Atr 22 = I Cn 5, 2 a (∼ Ld). II 39; wef∼ A; ∼gen B | *pl gn:* ∼þena VIII Atr 18

weofodþenunge [*gn*] wierðe *Altardienstes* (*Priesteramts*) *würdig* Northu 2

weoleg *s.* welig

[weolðe] *s.* Wealh *Z.* 3

weor *s.* wer **weor-** *s.* weo- *n.* 3. 5 f.

weorc *Werk* Rect 3,3. Ger 16 | *gn:* ∼*oes* VII a Atr 5, 1. *Rect* 18; *wordes* oððe ∼ces E Gu 2. VI Atr 30 (*dæda* D). II Cn 84, 4 b B (dæde *übr.*). Swer 1. Geþyncðo 8 | *dt:* ∼ce Ine 67. Af 13 (12 B). EGu 7, 2. II Cn 45, 3. Duns 2 Ld. Rect 4, 3 b. 6, 3; mid *worde* oððe ∼ce Northu 29. Had 1, 2 (worce O). Grið 27 | *ac:* ∼ Wi 11. Af El 16. II Cn 13 (worce! Ld; were In *Var.*). 30, 5 B (wuro *übr.*). 75,2. Northu 55. *Rect* 4 a; *word* 7 ∼ V Atr 22,2. VI 28. I Cn 19,1; worc Ld ‖ ***pl*** *gn:* ∼ca IV Eg 1, 8. VI Atr 22, 1. I Cn 15, 1 | *dt:* ∼cum Ine Rb 3 (wyr- G). EGu 7 Ld. Rect 5,2. —

1) *Arbeitsleistung* Af El 16, opera *übsnd* | [*Holzfällen*] Af 13 | ælc ∼ *jeder Arbeitszweig* Ger 16 | [*Feiertags*]*arbeit* EGu 7. Northu 55 | woruldlic ∼ VI Atr 22, 1 = I Cn 15, 1 2) *Fron Unfreier und Abhängiger* Ine Rb 3. Ine 67. EGu 7, 2 = II Cn 45, 3. VII a Atr 5, 1. *Rect* 3, 3. 4 a; 3 b. 5, 2. 6, 3. 18 3) *Arbeitsertrag* Wi 11 4) *Einzeltat*; godra ∼ca *sittlicher Handlungen* IV Eg 1, 8 | *Missetat* II Cn 30, 5. 75, 2; utlages 13 5) rihtes ∼ *Urteilserfüllung* Duns 2 Ld 6) *wirkliche Tat, im Ggs. zu* word, *der Rede* [*Citate s. o.: gn, dt, ac*], *daher wechselnd mit* dæd. — *Der.:* andw∼, banw∼, brycgew∼, gew∼, handgew∼, inw∼, manw∼, morðw∼, þeoww∼, wicew∼, yfelw∼

weorcan *s.* wyr∼

weorcnyten *Arbeitsvieh* Af El 3 Ld, iumentum *übsnd*

weorf, *ac*, wilde ∼ *ungezähmte Stute?* Duns 7; wildw∼ Ld; *unübs.* Q [*'junger Esel' versteht Toller* 1192 *laut einer Glosse* weorf: asellus, *führt aber selbst aus anderem Glossar an:* weorf, nyten vel hors: subiugales *und* weorftord *Viehmist*, stercus *übsnd. In diesen beiden Fällen ist an Esel am wenigsten zu denken. Über die Etymologie s. Holthausen* Beiblatt zur Anglia, *August* 1903, *p.* 233]

weorne *s.* wiernan *n.* 2 a

weorold *s.* woruld

weorpan hine to honda hlaforde *ihn dem Herrn ausliefern* Ine 74 | *op* 3: ∼pe Af 21. 24. Ine 56. — *Der.:* aw∼, ofw∼, oferw∼

I) **weorð**, *adj m gn, wert; attr ac:* pundes wurðne að I Atr 1, 3 = ∼ðne II Cn 30, 2; ∼rne! A; wurðne B | *prd:* an! ram ∼ðe! 4 pen. As Alm 1 Ld | *nt:* genime scill. ∼ wed Ine 49; wurð B; wyrð Ld ‖ *sonst prd., hinter verb. sbst.* Ine 44, 1 (wyrð H; wurð B). 55. 58 (wurð B; wyrðe Ld). 59; wurð B; wyrðe, wirðe Ld ‖ tux bið 15 sc. ∼ Af 49, 2; ∼rðe Ld; sy þæs orfes healf ∼ Duns 1, 1; þegnes að bið ∼ 6 aðas Að 1 Ld (forstent *übr.*); wurð VI As 2 | *m gn:* orf þæs ∼ sy I Ew 1, 4; bið anes sc. ∼ Hu 8 | seo fare wurðe wære *kostspielig, teuer* VI As 7; dignum *missversteht* Q [*durch Verwechslung mit* wierðe] | ***cpa:*** swa gecneordra swa . . ∼ðra *achtungswerter* Ger 5, 1 — [*Formen dieses adj nimmt in späteren Hss. an* wierðe (*vgl. 3 Z. vorher*) *s. d. Daher fraglich, ob dorthin oder hierher gehörig* (*als adv., oder* ∼ *zu bessern*): swa hig wyrðe munon *wie sie würdig halten* VI As 8, 1; deceat Q]

II) **weorð**, *sbst, Wert* [*ursprüngl. nt des vor. adj und davon nicht immer unterscheidbar:* læssan yrfe þonne 12 p. ∼ (*ac*) VI As 12, 3], *Sachwert, Entgelt;* ∼ mægðhades Af El 12, pretium pudicitiae *übsnd;* wurð H | *dt:* ∼ðe Abt 32. Af 16 (wyrðe B). Ine 35, 1 (wyrðe HB). 49, 1 (wyrðe B). 55 (wyrðe B). VI As 6, 3. Duns 6, 2. 7 Ld. Episc 13 (*Preise*) [*- lag vor für* precium Forf 3, 1]; wyrðe Ine 56 B. II As 19 Ot Ld (wurðe H). V 1, 5. VI 6, 1 | *ac:* ∼ Hl 16, 2. Af El 23 (pretium *übsnd*). VI As 6, 3; pæniges ∼ VII a Atr 2, 2. Swer 11; pæninga ∼ II Cn 24 B; peningweorð GA | *instr:* ∼ðe Abt 86 f.; na undeorran ∼ðe *nicht um billigeren Preis* Af 32; wurde B. — *Der.:* mannw∼, (healf)peningw∼

weorðan *werden;* 3: ∼ðeð Abt 34. 36. 38. 41 f. 52, 1. 54, 1. 61 ff. 65. 68. 87. Ine 21, 1 (wurð H; wierðe! Bu; weordeð Ld); weorð Abt 18. 35. 40. 43. 45. 48 f. 52 f. 65, 1 f.; wyrð Ine 43, 1. 44 (wurð B). V Atr 26 = VI 30 (wurð D = I Cn 19, 3; weorð A). II Cn 57 B. Ger 3, 1. Episc 8 | ***op*** 3: ∼ðe Af El 25 (wyrðe Ld; wurðe H). Af 32. Ine 28, 1. 43 (wyrðe B; wurðe H). AGu 2 (wurðe B 2). EGu 10. II As 6, 1. VI Atr 34. 37. VIII 1, 1 G (wurðe D). I Cn 2, 3 (wæorðe A). II 30, 3 b (wurðe B). 31, 1. 32 (wurðe B). 41 (wyrðe BA). 56. Wer 2. Iudex 6; wyrðe Hl 14. II As 19 Ot Ld (wurðe H). Had 4—6. 9; wurðe O. II As 3, 1. 14, 1. I Atr 1. 1, 5; 11. VII a 6, 2. VIII 26. 41. II Cn 30, 4. Northu 41. 48. Had 2 f. 7 f. | *pl* 3: wurðan EGu 11 = VI Atr 7 = II Cn 4 a; wurðon B; wyrðen II As 7 So (*ptt:* wurdon H; wyrden Ld) | ***ptt*** 3: wearð VIII Atr 38. Geþyncðo 5. Grið 21, 2. 22 | ***pl*** 3: wurdon Af El 49, 7. II As 7 H (*geschlimmbessert aus praes op*); wurdan Grið 21; wurðan! VIII Atr 27 | *op* 3: wurde V 32, 4 D | *ptt* + ***pc*** (*also Form des Plusquamperfects*) *im Sinne des ptt:* wæs (wearð) geworden *geschah* (*wurde*) I Cn Insc D (Grið 22) — 1) *stattfinden:* gemot VIII Atr 37 | *entstehen:* ceas Abt 18; banes blice (bite) 34 (f.) | *eintreten:* liflire, fulbrice Had 2—9 | *geschehen:* morð II Cn 56; þæt wæs geworden *dies geschah* I Insc D 2) *werden, mit praed* **a)** *sbst:* mannslaga VIII Atr 1, 1. 26 (= I Cn 2, 3. II 41); wiðersaca 41; ealascop Northu 41 **b)** *adj:* hit wurðe betere (wirse) VII a Atr 6, 2 (VIII 38) | yppe Ine 21, 1. 43; open II As 3, 1; undierne 43, 1. 44 | God milde V Atr 26 = VI 30; milts gearuwre VI 30 D = I Cn 19, 3 | *Person:* mære Grið 22; dumb Iudex 6; healt Abt 65, 1 | *Verklagter:* orige Ine 28, 1; clæne II Cn 57 B; ful II As 6, 1. 7. 14, 1. 19. I Atr 1, 5 = II Cn 30, 3 b; 4. 32 | *Körperglied:* þirel (sceard) Abt 41. 45. 49. 61, 1 (42. 48) | *Schiff:* ænote VI Atr 34 3) ∼ to *sich entwickeln, emporsteigen zu:* þræl to þegene Grið 21, 2 (biscope, cynge 22); þegen to eorle Geþyncðo 5 4) *kommen, gelangen:* on berne *zur Scheune* Ger 3, 1 | of ∼ *verloren gehen, abgehauen werden;* eage (nægl) of weorð Abt 43 (54, 1) 5) [*auxiliar*] ∼ + *ptt pc bildet Passiv;* (*Körperglied ist*) gebrocen 36. 53, 1. 65. 66; gelæmed 38; aslagen 40. 87 | *Mensch wird:* ofslegen Af El 25. AGu 2. Wer 2 | *Flur:* geblodgad Hl 14 | hit gecyðed V Atr 32, 4 D; gesoðod VI 37 | *Verklagter:* oferstæled II Cn 36; betyhtled I Atr 1. 1, 11 = II Cn 31, 1; forlæten EGu 10 | *es werden* wigleras agytene 11 = VI Atr 7 = II Cn 4 a. Northu 48 | *es wurden* seonoðas gegaderode Af El 49, 7 6) *wie in n.* 5, *so öfter steht* ∼ *syncnym mit* wesan, *z. B.* wurdan (wyrð) = *'erant (erit)'* [*näher als Bed. 'facti sunt (fiet)'*] Grið 21 (Episc 8). — *Der.:* forw∼, geweorðan (*das* II Cn 36 A, *wo* ∼ *übr.*)

weorðe *s.* wierðe

weorðian *ehren* V Atr 34 (wur- D) = IX Expl. (= wur∼ Northu 47. 67). Cn 1020, 15. Grið 28. Had 1, 3 O; wur∼ DH. I Cn 1. 1c D. Grið 25 | ***op*** 3: ∼ige EGu 2. VI As 6, 1. V Atr 14 *G* 2 (∼ie G; *pl:* ∼ D) = VI 22, 2. Cn 1020, 18. II Cn 5, 1 | *pl* 1: ∼ V Atr 1 (wur- D) = VI 1 = (wur-) VIII 44 = X 1 | 2: ∼ien Af El 49, 5; ∼ G; wurðian H | 3: ∼igen Wi 1, 1; ∼ VI Atr 4, 5. Cn 1020, 19. I Cn 4; wur∼ Had 1, 1 | ***ptt pl*** 3: ∼ðodon VIII Atr 43. Had 11 D (∼ðedon O) = ∼ðedan Grið 24; wurðodon I Cn 1 D | ***pc:*** geweorðod Að 2 Ld; wyrðe H — 1) *bewerten, einschätzen* VI As 6, 1; appreciare Q 2) *verehren:* God V Atr 1 (= VI 1 = VIII 44 = X 1). 34 (= IX Expl. = Northu 47. 67). VIII 43. Cn

1020,15. I Cn 1. 1c D. Grið 25 | halgan Cn 1020, 19 | freols 18. V Atr 14 = VI 22, 2 | cirican Had 1, 1 | hadas 1, 3. 11 (= Grið 24). I Cn 4 = Grið 28 | *den König* Wi 1, 1 | diofolgyld Af El 49,5. II Cn 5,1 | hæðendom EGu 2 **3)** *würdigen, ehren mit: gn;* þegnes rihtes geweorðod Að 2 Ld; wyrðe *teilhaftig* H. — *Der.:* misw~

weorðig *Wurt, Bauerngehöft* Ine 40 Ld Q; wor~ E; worði B; wur~ H; curtillum Q | *dt:* ~ge Ine Rb 40; wor- BH; curiola Q; mansione *Var.*

w[eo]rðmynt *Ehre* (= *Erhöhung, Lobpreisen Gottes*); wur~ I Cn Epil; wyr~ II 84, 5

weorðscipe *Ehrenrang;* ~ wanige V Atr 9, 2 (~cype; wur~ D) = VI 5,4. VIII 29; wur~ Northu 25 | *gn:* ~pes wurðe VIII *Atr* 28; wurðscipes I Cn 3,1. Geþyncðo 1; ~pes geunnan *Jurisdiction verleihen* II Cn 12; ~pes þolian I 5, 3 (*aus* wur- VIII Atr 27) = Northu 45. 2, 1 (wur-); ~cypes wealdan *Ehre verursachen, verschaffen* X Atr Pro 1 | *ac:* wurðscipe ræran *Würde erhöhen* I Cn 20; -pes! A. — *Der.:* woruldw~

weorðung *Verehrung; dt:* æt Eallra haligra ~ge *zu Aller Heiligen Feiertag* Af 43; on [*Godes*] naman ~ge *in V. vor Gottes Namen* X *Atr* Pro; to ~ge *zu . . Ehre* II Cn 84, 4b; wyr- A; wurðunge Iud Dei VII 24, 1 A | *ac:* idola wurðinge *Götzenverehrung* Northu 48

weoruld- *s.* wo~

weotum *s.* wita, *pl dt*

weotuma *Wittum, Preis bei der Heirat, gezahlt vom Bräutigam ursprüngl. an den Brautvormund, später durch diesen der Braut zur Mitgift geschenkt, alsdann Witwenversorgung* [*vgl.* Brunner *in Holtzendorff*, Encyclop. Rechtswiss. (1902) 254]; se ~ Af El 12 (wit~ GH; ~toma So Ld), *identificirt mit* pretium pudicitiae | *dt:* æfter ~an 29, iuxta modum dotis *übsnd;* ~toman So Ld; *geänd. aus* witoman G

weoxian (*Hürde*) *flechten* Ger 10. 13 [*dies, wie* I *S.* 454, *Sp.* 2[r] *Pogatscher vermutet, ist richtig* (*nicht 'reinigen'*) *laut* Pipe roll of Winchester (1903) *ed. Hall p.* 12: falda wiscanda]

wep(e)n *s.* wæpen

wepende, *pc pl prd, weinend* Excom VII 11

I) [wer] *Der.:* fiscwer

II) wer [*oft mit unorgan.* -e *seit* 11. *Jh.*] **A)** *Mann* [*vgl. Übs.* 12. *Jhs. zu* werlad, werwulf] **1)** *männlicher Mensch;* wiffæst ~ *verheirateter* II Cn 54 (*were* B); se rihte *were Ehemann* 53 Ld; rihtwere B; -wer GA | *dt:* oðrum *were* (*Ggs.* rihtwer) 53; æt twyhyndum (twelfh-, cyrliscum) *were* Ine 70 (Wer 3. 4, 1. 7) [*oder 'Wergeld'*] | *ac:* ~ oððe wif Af El 21, virum aut mulierem *übsnd; were* So Ld ‖ *pl gn:* halga vara Iud Dei V 2, 2, sanc*t*orum *glossirend* **2)** *Ehegatte* Ine Rb 38; wær Wif 1 | *dt: were* Af 10 | *ac:* ~ II Cn 73a; *were* B Ld; wær Wif 4 [*vgl.* werleas]. — *Der.:* rihtwer

B) *Wergeld* [*Citate vollständiger zu Bed. n.* 1—3] Ine 19. 32 (*were* Ld). 71 (*wær* So). Duns 5. Wer 1 f. Norðleod 1 H (wære Ld; wergyld D). 7, 1 (*were* Ld; wergyld H). *Mirce* 2; *were* O; wergyld H | *gn:* weres Af 19, 1 (wæres Ld). 27. Ine 21 (wæ*res* Ld). EGu 6, 5 (feorbes [!] Ld). Norðleod 1 H; wergil*d*es D; wæres Ld. II Em 7, 1. II Cn 30, 6 B; wi*t*es *übr.*; weores 15, 1 A | *dt:* were Ine Rb 70 (fære! So). Af 2, 1. 9. 11, 5 = Ine 76. 12. 34 H (wergi*e*ld*e* EB). II Cn 49 (wære In *Var.*). 52 f. (wære A). 60 (wære A). Wer 4, 1 (wære B); *instr.* [!] *Sinnes:* fullum *were* II Atr 5, 2 | *ac:* ~ Af 7, 1. 21 (*were* So Ld). 30 (*were* B. In Cn *Var.*). 31, 1 (wær H). 36 (*were* So). II As 25, 2 (*geänd.:* were). I Cn 2, 4 (wær A); *were* I Atr 1, 5; 7. II Cn 31, 1 f.; þam [!] *were* habbað *Mirce* 4 Ld | *instr.:* were Ine 11. 30. 36; be *setzen stets davor* HB | *pl dt:* werum Ine Rb 70 Ld! ‖ *Die Lat.* 12. *Jhs. behalten meist das Wort bei:* ~ 7 wi*t*e Af 30. 31. 38 In Cn; *öfter* were II Cn 66 In (*Var.* guere), *mit ac* suum 31, 2 In. Leis Wl 7 L. Lib Lond 3 (werre *Var.*) ECf 12, 3. 36, 2[3] (*mit Var.:* wera, werre, *fm:* werram, guer(r)am, waram); a sa *were* Hn Lond 7; *meist fm:* wera Q. Leis Wl 11—13. Wl art Lond *retr* 17. ECf 36, 2. Hn 8, 2. 34, 1c; 2. 35, 2. 68, 3a; 5; 5a; b *und mit Var.* werra 11, 6. 12, 1, *wo Schreiber urspr.* weta *unverstanden las.* ‖ *Übersetzt:* pre*t*ium (redemptionis *fügt zu* ECf 12, 3 *retr*), redemptio, na*t*ale, -lis, -litium, *s. d. Zu* dimidium redemptionis II Cn 60 Cons *setzt Glossator:* id est IIII l., *nimmt also* [*irrig: jedermanns*] *Wergeld für* 8 *Pfund* ‖ *Fx. s.* were. — ***Bed.*** *deckt sich mit* wergield (*ausser* cyninges wergield Norðleod 1, *welches* cynebot *mitumfasst, während* wer *dort enger die* Busse *allein für die Person bezeichnet; letztere engere* Busse *nennt* anfeald wergild Mirce 2). **1)** *die in Geld ausgedrückte Höhe des Geburtsstandes oder Personalwerts* Af Rb 31 Q. Ine Rb 70. Af 9 (fædrencnosles ~). 31, 1 In Cn. Ine 19. 32. II Cn 60. Wer 1. 1, 1. 3. 4, 1. 7 [*letzte* 3 *Citate dulden auch Übersetzung: 'Mann'*]. Norðleod 1. 7, 1. Mirce 2. Leis Wl 8—9, 1 L **1a)** *als Wertmesser für die nach Standesverschiedenheit variablen Bussen und nach Schwere der Anklage variablen Reinigungen* Af 4, 2. 6, 1 (weaxe bot be *were* 11, 5 = Ine 76). 31, 1. 32. Ine 15. 21. 30. 34. 70 (*od. übs. 'Mann'*). II Cn 36 = Hn 11, 6 **2)** *die für unrechtmässige Erschlagung einer Person vom Totschläger* (*oder seiner Sippe*) *an ihre Sippe schuldige* Busse, *bei deren Annahme letztere dem Rechte auf* Blutrache *entsagt* Ine Rb 21. Af 19. 21. 23, 2. 27. 36, 1. Ine 21. 23. 27 (his deaðes ~ *für dessen Erschlagung*). 71. 74, 1. AGu 2 Ld. II Ew 6. II Em 7, 1 ff. = Wer 6 (*getrennt von* healsfang, manbo*t*, fyhtwite). II As 6, 1. Duns 5. Northu 24. Wer 3. Norðleod 1 = Mirce 4, *getrennt von* cynebot | amendes (*Totschlagsbusse*) *übsnd* Leis Wl 7 L | *neben* ha*d*bot Had 3 = Hn 68, 3 ff. | ~ 7 wite *Busse an beleidigte Sippe und Strafgeld an den Richter* Af 2, 1. 7, 1. 19, 1. 29—31, 1. 38. 42, 4. Hn 88, 18a | *missverstanden als* pretium *allein* Ps Cn for 17 | wer butan wi*t*e Af 36 **3)** *Strafgeld in Höhe des Wergelds* **a)** *des Strafe Zahlenden* Ine 11. 30. EGu 6, 5. II As 3, 1. 17. 25, 2. III Eg 2, 2 (*Maximum aller Geldstrafen, Vermögensconfiscation ausschliessend* = Hn Lond 7 = Lib Lond 3). 4 = II Cn 16 = Hn 34, 7. I Atr 1, 5; 13 = II Cn 30, 3b. 31, 2. VIII Atr 2 = I Cn 2, 4. II 15, 1 A (*nur* 120 sc. GB). 52. 52, 1. 66. 73, 1. Hn 34, 2. ECf 12, 3; forisfacturam i. e. [*nur in diesem Falle, nicht als ob etwa immer synonym*] weram 36, 2 [*vielleicht daher* Wl art Lond *retr* 17] | weres scildig he 7 heo (*Nonne*) Northu 63 | ~ *fällt unter die Classe des* wi*t*e I Atr 1, 7 = II Cn 30, 6, *gehört also mit ihm dem Herrn der* soon 73, 1 | swa ~ swa wi*t*e *entweder* (*nach dem Stande variables*) *Wergeld oder nur* (*geringere*) *feste*

Strafsumme EGu 2 f. = V Atr 31 = VI 38. II Cn 49. 51. Hn 12, 1. 34, 1c. 35, 2 **b)** *Strafgeld in Höhe des Wergelds des vom Zahlenden vertretenen Verbrechers* Ine 12. 36 = II As 1, 1 = II Cn 29. II As 1, 4 f. 20, 8. VI 1, 4. I Atr 1, 7 (= III 6, 2)—11 = II Cn 30, 6—31, 1 **4)** *Recht, wenn erschlagen, seiner Sippe entgolten zu werden mit Wergeld* 20 = Hn 8, 2. — *Der.:* rihtwer, þegnwer

wer- 1) *für* w(*e*)*or- s.* woruldsceamu, -dþegn 2) *für* wier- *s.* wierdan, wiergan, wiernung 3) *dafür* wyr [*s. d.*

[L]**wera**(-) *s.* wer(-)

werborg *Personalbürgschaft für künftige Bezahlung des im Sühnevertrag versprochenen Wergelds; dt:* to ~ge Wer 3; ad wereplegium Q | *ac:* wærborh II Em 7, 2 (wereb-B) = Wer 3; wereplegios (*die Einzelbürgen*) Q = Hn 76, 1

werc *s.* weorc **werdan** *s.* wier~

were(-) *s.* wer(-)

[F]**were** *Wergeld; obl:* de (en) la ~ Leis Wl 9 (9, 1) | *ac:* demi ~ 11; sa ~ 13; *werre* 21, 2 I; were L; sun aveir Hk | *masc:* sun ~ forfaire (*rendre*) 12 (52, 1) | *no:* la ~ 8. 8, 1; la wer! I — **1)** *Höhe des Standeswerts (Personalrangs)* 8. 8, 1; *Wertmesser für Bussen* 11 **2)** *Busse an die Sippe für Erschlagung ihres Mitglieds* 9. 9, 1 **3)** *Strafgeld in Höhe des Wergelds* **a)** *des Zahlenden* 12 f. 21, 2 **b)** *des vom Zahlenden beschützten Verbrechers* 52, 1; *Wergeld des Zahlenden missversteht viell.* L

[L]**wereplegium, ~ius** *s.* werborg

werfæhðe, *gn, Menschen-Tötung, Totschlags* Ine Rb 54 (~hte G; wær~ Ld). Ine 46, 2 (~æðe Q *Var.*); *synonym mit* þæs sleges 54 (~fehðe Q); werefactio id est homicidium Q, *auch zu* Ine 25 Rb *S.* 25[11] *für 'Menschen-Erschlagung'*

werge *s.* wiergan

wergield *Wergeld* Ine 33 (~gyld B; wer, *geänd.* weregild H). 34, 1; ~gild H; ~gyld B; ~gild Norðleod 1 H (~gyld Ld; gild D). 2 (wær- Ld; ~gyld H; *were* In Cn III 56, 2). 6 (~gyld H; *weregild* Ld). 7 (~gyld H; *wera* Q). Mirce 1 (~gyld H; weregyld Ld). 1, 1 (~gyld H). 2 (~gyld Ld). Að 1 (~gyld HLd; weregeld In Cn); ~gyld Norðleod 7, 1 H (wer D Ld Q). 2 H (wer DO). Grið 16; weregeld Had 3 In Cn; rihtwer Had | *gn:* ~gildes Norðleod 1 D (weres H Ld Q). Mirce 3 (~gyl-H); weregildes II Cn 61; wær- A | *dt:* ~de Ine 34; ~gylde B; were H; ~gelde Af 4, 1; ~gylde HB = V Atr 30; wyrgylde G 2; ~gilde Ine 15 (~gylde B; wereg- Bu H). Af 7, 1 H; wereg- E; ~gylde B; wyrgelde Wi 25; ~gylde V Atr 28 G 2 (~gilde D). VI 51. Norðleod 1 Insc H; weregylde II Cn 66; ~gilde B; weregilde A; *dafür* legergildum Hn 11, 14 | *ac:* ~gild Ine 54, 1; ~gyld B; wærgyld So; ~geld Wi 8 | *instr:* ~gelde Abt 31. Wi 26; ~gylde Grið 15 ‖ *pl:* ~gylda Mirce 2 Ld. Að 1 Ld | *dt:* ~gildum Geþyncðo Insc D | *Lat:* weregildum II Em 1 Q (wer Em). Duns 5 Q (wer Duns); *so Q zumeist;* Hn 13, 8. 70, 13 (*Var.:* -dus). 88, 17; weregyldum 64, 2b (*Var.:* wergildus); *übersetzt od. erklärt:* (*wie* wer) *durch* pretium (natalis, nativitatis Af 7, 1 Q), redemptio *s. d.* | wer *variirt in Hss. mit ~ s. o.; als synonym stehen beide* Ine 15. Norðleod 1; *die Summe von* cynebot *und* ~ (wer H Ld Q) *heisst* gild Norðleod 1 D, *aber* ~ H Ld Q. — **1)** *der in Geld ausgedrückte Geburtsstand oder Personalrang* Ine 33. Geþyncðo Insc. Norðleod 1 f. 6-7, 1. Mirce 1-3. Að 1 — In Cn III 44 = Hn 64, 2b | mulieris ~ ex parte patris 70, 13 **1a)** *Maassstab für Bussen oder Eideshöhe der Reinigung* Ine 34, 1 | *höchster: Königs-Wergeld* Af 4, 1 = V Atr 30, *wo* be þam deopestan D **2)** *Busse an die Sippe für Erschlagung ihres Mitglieds* Wi 8. Ine 34. 54, 1. II Em 1 Q. Duns 5 **3)** *Strafgeld in Höhe des Wergelds* **a)** *des Zahlenden* Abt 31. Af 7, 1. Ine 15. V Atr 28. VI 51 *neben* wite, healsfang; II Cn 61 (= Hn 13, 8). 66 = Hn 11, 14. Grið 16 **b)** *des vom Zahlenden Vertretenen* Wi 26. Grið 15 **4)** *Recht, wenn erschlagen, seiner Sippe durch Wergeld entgolten zu werden* Wi 25

werg[ie]ldþeof *Verbrecher einer in die Strafe der Zahlung eigenen Wergelds verfallenden Tat; gn:* ~geldþeofes Ine Rb 72 (~gild-GBH; ~gyld-So Ld; *dt?:* ~gyldþeof So); weregyldi-fur Q; -gildi-*Var.* | *ac:* wergil~ Ine 72; ~gyl~ B; weregildo-fur Q

werhades, *gn, männlichen Geschlechts* I Em 1; *unübs.* Q

I) werian *verteidigen* II As 1, 2. VI 12, 1; 3. II Cn 20, 1. Wl lad 2, 3; *fl.* to ~nne Wif 9 B | *op 3:* ~ige Ine 28, 1 Ld. II Cn 27 (~ie B). Rect 3, 4. Wl lad 2. 3, 2 | *pl 3:* ~ II Ew 4. VI Atr 45 | *ptt pc:* gewerod II Cn 79. — **1)** *abwehren (von Spursuche), hindern* II Ew 4; manuteneant Q, *Bed. n.* 3 *missverstehend* | is to ~nne, þæt *es ist vorzubeugen, dass* Wif 9 B; warnianne H **2)** hine ~ *sich wehren, widerstehen (ertappter Verbrecher: gegen Fesselung)* II As 1, 2. VI 12, 1; *ohne* hine 12, 3 | werige Ine 28, 1 Ld *missverstanden statt* orige **3)** *schützen:* Godes þeowas VI Atr 45 **4)** ~ mid *gerichtlich verteidigen durch* II Cn 27; hine: *sich* Wl lad 2. 2, 3. 3, 2 | ~ his man for frigne *Untergebenen vertreten wollen (ausgeben) als Freien (neben* awerian: *siegreich der Verfolgung entziehen)* II Cn 20, 1; defendere Q. In; tueri Cons **5)** land ~ *ein Landgut durch Übernahme staatlicher Grundlast vertreten, als Eigentum verantworten* II Cn 79. Rect 3, 4; defendere In [*für* ~ *setzt Domesday:* defendere pro '*erklären (ein Grossgut) als pflichtig zu (Staatslast)*']; tutari Cons; adquietare (de *für* æt) Q. — *Der.:* aw~, bew~. *Vgl.* werod, utware

II) werian *bedecken, bekleiden; fl.:* hrægl, hine mid to ~nne (*unfl.* ~ Ld) Af El 36, quo operitur indumentum *übsnd.* — *Der.:* gew~: *tegere* [*vgl.* scrudwaru]

werig *s.* wiergan

[L]lex **Werinorum** id est Churingorum [*lies* Thur-] *falsch für* Mercini *Mercier* Ps Cn for 33, 1[12]

werlade, *dt, Eid in Höhe des Wergelds des Erschlagenen, von dessen Tötung Schwörer sich reinigen will* II Cn 39; werel~ In; purgamen virile Cons [*also* wer *als* vir *verstanden*]; werelada (*Var.* weral-) Q = Hn 66, 1 — 74, 1. 12, 3 (*Var.* werralada). 85, 4b. 88, 9. 92, 14 (*Var.* weral-); *deutlich 'des Wergelds des Ermordeten'* 75, 2a; *dagegen 'des Angeklagten'* 64, 4 [*Toller* 1208b *versteht stets letzteres*]

werleas *gattenlos, als Witwe* V Atr 21, 1 = VI 26, 1 (werel-D). II Cn 73; *dafür* ceorlæs B

werod *Schaar; ac:* wered engla (andyttra) Iud Dei VII 12, 1 A (2 A), agmen (chorum) *übsnd* | *instr:* maran werude beo *von grösserer Männerschar* [*behufs gerichtlichen Beistands zum Ordalort begleitet*] *sei* II As 23, 2; weorod Ld; defensio Q [*wol in irriger Etymologie von* werian *abgeleitet*]

L I) **werra**(-), *werre*(-) *s.* wer

L II) **werra** 1) *Krieg* Lib Lond 7; *Var.* gue-, gwe- 2) *Privatfehde zwischen Dynasten* Hn 43, 9. 59, 12a 3) *Blutrache für Totschlag;* ~am patiatur ECf 12, 6; weram, gueria *Var.;* guerra portetur [*vgl.* beran] *retr*

wertihtle *Klage auf Wergeldzahlung; gn:* ~tyhtlan Ine 71; ~yhlan B; de homicidio Q | *dt:* ~lan Ine Rb 71 H; ~tyhtlan E; ~ihlan G; ~tyhlan B; weretihla Q

weruld *s.* wor~

we[rw]ulf *Werwolf* [*hier Teufel*]; werew~ I Cn 26, 3; virlupus Cons

wesan *sein* [*Bed. und Syntaktisches s.* beon; *vgl.* eom, is]; *inf.* [*north.*] vosa Iud Dei V 2, 4 | *ptt* 3: wæs Wi Pro. Pro 1. Af El Pro. 17. Af 37, 2. Ine Pro. 39. II Ew 1. I Em Pro (hwæs! H); wes Hl 9 | *pl* 2: ge wæron Af El 33, fuistis *übsnd* | 3: wæron 49, 1. Ine Pro. EGu Pro. II Ew 1; wæran Had 11 | *op* 3: wære Af El 21 (were Ld), fuerit *übsnd.* 23 (esset *übsnd*). 25 (wær! So). 28. Af 29. Ine Pro. 18. 34. 37 (were B). EGu 10. I Ew 1, 3 ff. II As 3, 2. I Cn 18a (ware A). Swer 4; voore [*north.*] Iud Dei V 2, 4 | *pl* 3: wæren Af El 49, 9 (*geänd.* -ron H). Ine 49, 2. — *Der.:* midw~, næs

Wessex-, -*essia s.* Westseaxe

be **westan** *im Westen* V Atr 32, 1 D

L **Westmonasterium** *Westminster bei London; dort datirt* CHn cor Test. Hn mon Test. Hn Lond Test | *Abt von W.: s.* Gilbertus

Westseax[e], *pl, Westsachsen in Südbritannien, Wessex; gn:* cyning ~xna Af El 49, 10 (~xena H; ~saxonum Q). Ine Pro H Ld; *geänd.* ~xena H; Wesseaxna E; Wessexena B; ~saxonum Q; *vgl.* Westsexenelage | *dt:* on ~xan II Cn 12 A; Wessexan GB; in ~sexe In Cn *mit Var.* ~saxe; ~sexia Cons *mit Var.* Wessessia; ~sexa Q; on ~sexan 71, 2 A; ~sæxan B; Wessexan G; ~sexe In *mit Var.* Weassexe, Wessexa; ~sexa Q. Cons; into ~sexan Duns 9; ad ~sexam Q | ***Lat:*** ~saxones Hn 9, 10; ~sexa 14, 3 (*Var.* Wesse-). 29, 3. 31, 8a. 34, 3. 35, 1. 53, 1. 64, 2. 66, 8. 70. 70, 1. 87, 5; ~sexia 6, 1 f.; *Var.* Wessexa | Occidentales Saxonici, *Exeter umfassend,* ECf 35, 1e | Occiduae partes *Südengland westlich von Kent* III As 6

F en **Westsexenelage** *im Rechtsgebiet der Westsachsen* (*im Ggs. zu* Mierena- *und* Dena-lagu), ~lahe Leis Wl 2, 2a (~xelae I). 3, 2 (-ae I). 8 (~lae I; ~saxonelae *Var.*); ~lae 8, 1 I; ~sexene, *mit hinzuzudenkendem* lage Hk; ~lahge 21, 3; ~lae I | in ~saxenelahe *stets* L

Wet(e)lingastræt *s.* Wætl~

weðer *s.* hwæðer

weðeras, *pl ac, Widder* Ine 70, 1; wede~ So

wex *s.* weax **wexan** *s.* weax-

wh- *für* hw- *s.* gehwa

-wi- 1) *geschwu.: s.* (n)awiht 2) *für* wu-: *s.* wuton 3) *dafür* weo-: *s.* weotuma 4) *ersetzt durch* wu-, wy-, *s. d.*

wic, *ac, Hauptstadt, hier für ebenerwähntes* Lundenwic Hl 16, 1 f. [*ähnl.* on ceastre *abkürzend für* York, Winchester, Legacestre (*Klaeber* Anglia 27, 261), *und* burh *für* Canterbury *laut Chadwick* Anglo-Sax. inst. 250]. — *Der.:* Eoforwic, Lundenwic

wiccan, *pl, Zauberer* EGu 11 (wican! Ld wycan B; wyce: sortileg[a]e Q) = VI Atr 7 (incantatores L) = II Cn 4a (-eean G; venefici Cons; sag[a]e Q; incantatrices In [*vielleicht ist fm richtig verstanden*]; ~cean (7 wælcyrian) Cn 1020, 5 *Hexen*[*meister? wegen folg. fm, aber 'fm' Toller* 1213b] | *dt:* be wicum! EGu 11 Ld | *ac:* ~ Af El 30, maleficos *übsnd*

wiccecræft *Zauberkunst; ac:* ~ II Cn 5, 1; ~ccanc- A; ~cce(a)n [~ochenen]-creft, -creaft: incantationis artem Q; maleficia In; veneficium Cons | *pl dt:* ~tum II As 6; sortilegis [*Personen missverstehend*] Q

wice *Amtspflicht; dt:* for his wycan Rect 18 | warda, quam [w]ichin Angli appellant *Dienstamt, Wirtschaftsabteilung* Ps Cn for 6; michni, michin, michm *Drucke, Hs.*

cyninges [*gn*] **wicgerefan** *königlichen* (*Kentischen*) *Stadtvogts über London; gn:* ~ Hl 16 | *dt:* ~ 16, 2 [= portg~]

[wicingmannus] *Nordischer Krieger in England; irrige Lesung für* þingemannus Hn 15

wicneran, *pl dt, Gutsverwaltern, Amtleuten* (*der Äbte*) VIII Atr 32

wic[u] *Woche; dt:* ælore wucan *in jeder W.* Rect 3. 4a; 4, 1b | *ac:* þa fullan wican Af 43; wucan BH | *pl gn:* 2 wucena (fela wycena) fyrst II Atr 8, 3 (*ebd.*) | *ac:* ymbe 4 wucan *je nach 1 Mondmonat* [*Germanische Gerichtsfrist*] II Ew 8 = Hu 1. — *Der.:* ymbrenw~

to **wicweorce**, *dt, als allwöchentliche Fronarbeit* Rect 4a

wid, *adj, weitverbreitet, vorherrsehend; pl prd:* unlaga wæran to gewunelice ~de V Atr 32

wide, *adv, weithin* IV Eg Pro; longe lateque L | swa ~ swa *so weit wie* VIII Atr 26 = II Cn 41. 22, 1

[-widerian] *s.* gew~

wido- *s.* wiðoban

ofer **widsæ**, *ac, übers offene Meer* Geþyncðo 5

widuwe *Witwe; no:* wud~ V Atr 21 D (wydewe GG 2) = VI 26 D (wydewe K) = II Cn 73. 73, 4; wuduwa A | *gn:* ~wan Abt 75 | *dt:* wudewan VI As 2; wyd- II Cn 52 B. 73 B | *ac:* ~wan Abt 76; wud- II Cn 52 B (wudewan GA). 73, 3 B; wudewan GA; wydewan VI Atr 39 | *pl:* ~wan Af El 34 Ld, viduae *übsnd;* wydewan E; wud- H So | *ac:* wuduwan *ebd.* (wydewan H; wydwan G). VI Atr 47 D; wydewan K

wie- 1) *für* weo-: *s.* weorðan 2) *dafür* weo-: *s. d.*; wi-, wy-, wu-: *s.* wierðe

w[ie]ldan 1) wyl~ *beherrschen, regieren* Ger 7 2) *op* 3: wylde *verhafte, bewältige* EGu 9, 1 = II Cn 45 3) *op pl* 3: wyldan to *drängen, zwingen zu* IV Eg 1, 8. — *Der.:* gew~

w[ie]l[e]n *Sklavin;* wylne Af El 3 Ld, ancilla *übsnd* | *dt:* be agenre wylne II Cn 54

Wi[e]lisc *Wälsch, Keltisch* **a**) *südwestbritisch bei* Ine **b**) *Wallisisch* Duns. Lond ECf **c**) *vereinend n.* a *u.* b As **d**) *vereinend n.* a *u.* b *viell. mit Cumbrischen Brythonen und selbst Gaelen* Norðleod **I**) *adj:* Wilisc onstal Ine 46, 1; Wyl~ B; -mon Ine 32 (Wyl~ B) = Norðleod 7 H (Wilisman D). Duns 6; Wyl~ Ld) | *gn:* Wilisces Ine Rb 32; Wyl-B; Wylys- G; *dafür* cirlisces Ld; Cordubiensi *wohl* [*in der Hauptsache richtig*] '*Cornwalliser*' Q; Walisci Br; *nt gn:* -ealoð Ine 70, 1 H; Wyl- Ot B So Ld; Wiliscea- E | *msc dt:* Wyliscean þeofe VI As 6, 3 | *ac:* Wyliscne monnan Ine 54, 2; Wil- H; Wylisne man Duns 5; *ac nt:* on Wylisc land 6; in Walias Q | *pl masc:* Wylisce 3, 2 **II**) *sbst: Walliser; dt:* Wiliscan 4; Wyl- Ld; Wyliscan 8, 4 | Waliscus *setzt stets* Q (Walisco *ändernd zu* servo

VI As 6,3; *nur* Wyli-, *Var.* Wal-, Ine 70, 1) *hierfür und für* wealh Duns 5, *auch* Rb *S.* 375; þeow(hors)-wealh: servus (stabularius) Waliscus Ine 74 Q (Rb 33); *daraus* Hn 70, 5 | Waliscus *Walliser* ECf 32 B 7

Wi[e]liscealoð *Welschbier; gn:* ambra Wil~ Ine 70,1 EH; *geänd.* -ces e~ H; Wylisces e~ *übr.*

Wi[e]liscmonn *Walliser von Wales und wahrscheinlich auch Cumbrien; gn:* Wealiscmonnes Norðleod 7 Ld

[wiell] *Der.:* wæterwyllas

wi[e]lle; *ac:* wille *Quell* Northu 54

wi[e]lm *Siedehitze; dt:* to wylme Ordal 1b. — *Der.:* æw~

wier- *ersetzt durch* weor-, wer-: *s.d.*

w[ie]rdan *verletzen [bildlich]; op* 3: wyrde Christendom EGu 2; laga VI Atr 50 = Northu 66 = 46 (wirde). II Cn 15, 3. 83. 83, 1; 2 (abrece B); *Kirchengebühr* Grið 26. — *Der.:* aw~, gew~; unawoerdedo

w[ie]rding *körperliche Verletzung;* woerding Iud Dei IV 3,5, l[a]esio *glossirend*

[-wierdla] *s.* æfw~

w[ie]rg[an] *verfluchen; op* 3: seþe werge fæder Af El 15, maledixerit patri *übsnd;* wyrge G Ld; wyrie H; wyrige So; hlaford ne werge þu 37, principibus non maledices *übsnd;* wyrge Ld; wyrige So | *ipa:* wyrg G; werig H. — *Der.:* aw~

w[ie]rnan 1) *hindern an (gn);* wyr~ þæs *daran* II Atr 9, 4 2) *verweigern* a) *ohne obj: Bitte abschlagen; op* 3: him ne wyrne EGu 5 (forw- Ld) = II Cn 44 (wirne A). 44,1; weorne A b) *m gn des obj;* oðrum rihtes wyrne *dem Kläger Recht weigert* I Ew 2 (*ind.* wyrnð Ld). II 1, 2. II As 3; iustitiam (rectum) difforciabit alicui Q | *pl* 3: wyrnen VI 8,2 | *ptt op* 3: wyrnde II 3 (forwyrnd! So). I Ew 2. 2,1; wyrd! B. — *Der.:* forw~

w[ie]rnung *Verweigerung; dt:* be rihtes wærnunge II As 3

w[ie]rs, *cpa adv, schlimmer, ärger;* earman wyrs bereafode þonne *(als)* Iudex 9 | wyrs gehealden *weniger sorgfältig beobachtet* V As Pro, wyrse *ändert* H

w[ie]rsa, *cpa adj* 1) *ungünstiger, (minder gut) gestellt;* feo *[instr]* oððe feore (freme; feorme Cn A) þe wyrsa sy *an Geld oder Leben (Vorteil) geschädigt werde* III Eg 4 = II Cn 16 | *ac:* wyrsan dom *härteren Spruch* 35,1 | *nt:* hit wearð þe wirse *Staatszustand ward um so unglücklicher* VIII Atr 38 2) *moralisch schlimmer, ärger; pl:* deman beoð wyrsan þonne here Iudex 9, 1 | *nt sg:* þe wyrse is (bið), þe (þæt) *dass* VI Atr 5, 2 (II Cn 46, 1); wyrse byð (æwbryce, *fm*) II Cn 50, 1 3) *geringer an Rang, weniger wert;* sy he betera *(vornehmer)*, sy he wyrsa Cn 1020, 10 | *pl ac:* taliað þe wyrsan þa *(eos)* Grið 21 [*diesen Sinn belegt u. a.* Saturn 359: se wyrsa ne wat in woruldrice on his mægwinum maran are]

[wierðan] *s.* gew~

wierðe, *adj, stets praed* **A)** *würdig, abs.:* bið wyrðe, þæt hine man bet healde V Atr 6, 1 = weorðe VI 3, 2 | swa hig wyrðe [*adv?*] múnon VI As 8, 1; deceat Q [*vgl. aber* weorð I, *letzte Z.*] **B)** *m. gn* 1) *teilhaftig, geniessend, berechtigt zu* a) *hinter Verb 'sein'; fast stets* wyrðe: yrfes *Nachlass* Wif 4; leanes *Rect* 20,2; gewyrces 6,2; huntnoðes II Cn 80; lade 20; teames 23; aðes 36,1; andsæces II Atr 7; beteran domes VI 52, 1 | bote *zur Sühnung durch blosses Geld zugelassen* II 7,1 | feores *Leben geschenkt zu erhalten begnadigt* Af El 13. II As 11. IV 6. 2 c | legerstowe I Em 4 | laga weorðe Wl Lond 2 | rihtes (weorðe III Atr 13, 1) wyrðe II Eg 1. III 2 = II Cn 17 (wirðe A; wurðe B). V Atr 1, 1 = X 2; folcrihtes II Ew 8. III Eg 1, 1; wurðe D, *auch* II Cn 1, 1 D | griðes VIII Atr 1 G (wurðe D; fryðes weorðe III 15); munde Geþyncðo 7. Grið 3; mæðe VIII Atr 5 G (wirðe D) = I Cn 3, 1; weorðe A | weres *Wergeld-Empfangs* I Atr 1, 9 B (wurðe H) = II Cn 30, 8; wites *Strafgeld-Empfangs* I Atr 1, 7 (wurðe B) = II Cn 30, 3 b; 6 (wurðe G) | þæs wyrðe, þæt he mæge *zu Folgendem berechtigt, dass* I Atr 1, 2 = II Cn 30, 1; wurðe B | wurðscipes Geþyncðo 1 H (wurðe D; VIII Atr 28); þegnrihtes V Atr 9, 1 = VI 5, 3 (= I Cn 6, 2 a: þegnlage). Geþyncðo 2 (weorðe H; wurðe In Cn). 6 In Cn (*Var.* wurðe; weorðe H). Að 2 H (geweorðod Ld); bocrihtes *Rect* 1; eorlrihtes weorðe Geþyncðo 5 | weofodþenunge Northu 2 b) *ac:* gedo hine ryhtes wierðne *lasse ihn Urteilserfüllung geniessen* Ine 8; *unfl.* wyrðe HB; weorðe Bu; læte gehwylcne folcrihtes weorðne II Cn 1, 1 (*aus* wyrðe VI Atr 8, 1); wyrðe A; weorðe B 2) *schuldig, verurteilt zu; stets* wyrðe: hwæs se *(welches Strafmaasses dér)* - wære, þe I Ew 2; þæs ilcan, þæs *(wessen)* se þeof IV As 6, 3; þæs, þe on canone cweð I Em 1 | anre lage *derselben Pflicht unterworfen* Rect 6, 4 | þæs ilcan (anes) rihtes *derselben Strafe* II As 6, 2 (I Atr 4, 2 = II Cn 33, 1 a) | ilcan *domes* Af El 21, simili sententiae subiacebit *übsnd* | ordales I Ew 3 | þeowweorces II 6 | deaðes Iudex 10, 1. — *Der.:* arw~, aðw~, botw~

wif [*Artikel u. adj davor nt; darauf bezügl. pron stets fm*] 1) *Frau; gn:* ~fes gemanan *Weibes (Geschlechts)-verkehr* V Atr 9 = VI 5, 1 = I Cn 6, 2 | *dt:* nan þing to wife *kein Verhältnis zum Weibe* VIII Atr 30; fram ~fe gehealden Ordal 4 | *ac:* ~ Af El 21, mulierem *übsnd;* eacniende ~ 18, mulierem praegnantem *übsnd;* twegen wið an ~ forlicgan EGu 4, 1 | *pl gn:* ma wifa *mehrere Concubinen* VI Atr 12, 2 = I Cn 7, 3. Northu 61 | *dt:* ~fum Norgrið Z. 8 2) *Gattin, Eheweib; no:* ~ Ine 7. 38; his beweddode ~ I Cn 7, 3; ~ hi forlicge II 53; ~ hyre bondan 76, 1b | *gn:* ~fes Wi 12. VI Atr 12 = I Cn 7. II 76, 1 | *dt:* ~fe Af 10. Ine 57. V As Pro 1. VI 1, 1. Northu 64. Wif 6; wive Q | libbendum Hl 6; bearneacnendum Af Rb 9; uxor *übsnd* Af El 11. 29 | *ac:* ~ Abt 31. Ine Rb 31. Af El 11, uxor *übsnd;* Af 9. Ine 31. Wif 1; vif Iud Dei IV 3, 3. 4, 2, Susannam *glossnd* | *pl:* eowru ~ Af El 34, uxores vestrae *übsnd* 3) *Witwe (neben* cild*); no:* ~ II Cn 72 | *dt:* ~fe 70, 1 | *ac:* ~ 7 mædan 74 (viduam Cons). Wif 1 (viduam Q). — *Der.:* freowif, rihtwif

wifed(-) *s.* weofod(-)

wiffæst wer *verheirateter Mann* II Cn 54

wifhades, *gn, weiblichen Geschlechts* I Em 1; *unübs.* Q

wifige on, *m dt, op* 3, *sich beweibe mit* I Cn 7 D. 7, 1 DA (gew~ G *aus* VI Atr 12. 12, 1) = Northu 61, 1. — *Der.:* gew~

wiflac, *ac, Beischlaf* II Cn 47

wifman *Frau; gn:* ~nnes Wif Insc, *umfassend* mædan oððe wif *(Witwe); Mädchens* Af Rb 26 GHB; ~monnes EOt | *dt:* ~men Af 11, 5 (-man! So Ld), *synonym mit* fæmne *Jungfrau; Dienstweib Rect* 9; ancillae Q | *ac:* þone

~ Af 9, *synonym mit* wif (*schwangere Ehefrau*); ungewintredno ~ *Mädchen* 26 HB (~mon E; *urspr.* mon, *ohne* wif H); virginem Q; seþe slea esne oððe ~ (*Sklavin*, mennen EG, ancillam *übsnd*), 7 he sy *dead* Af El 17 H, *wol auf* esne *allein construirt* | *pl gn:* wifmonna *höriger Weiber* Rect 9

wifte, *ac*, *Einschlag beim Weben* Ger 15, 1 [weft *Sweet; 'Webewerkzeug' Toller* 1219 *ohne ferneren Beleg; wol nur nach Zusammenhang; vgl.* wefle]

wifunga, *pl*, *Hochzeiten* VI Atr 25

wige, *dt*, *Kampf*; mid~ *gewaltsam* II Cn 48; on ~ *beim Fechten* Af 42, 5 H, *geänd. aus richtigem* orwige *der übr.* — *Der.:* woroldw~; orwige

wigie, *op* 3, *kämpfe* EGu 6, 5

wigleras, *pl*, *Wahrsager* EGu 11 (~res Q) = VI Atr 7 (wigel~) = II Cn 4a | *dt:* ~rum EGu 11 Ld

[Wiht] *Insel Wight; Gurth verschr. für Guith* ECf 33** *Interpol. Lond.*

wiht [*etwas*]; *im verneinten Satze: nichts* **1)** *nt:* nys nan ~ unrihtlycre, þonne Iudex 4 | *ac:* nan ~ Ine 40 B (wuht EH). 62 B **2)** *fm:* nane ~ EH. — *Der.:* aw~, naw~

æt **Wihtbordesstane**, *dt*, IV Eg 1, 4 [stan *öfters im Namen des Versammlungsortes einer Hundertschaft; Stevenson* Asser 268]

[-wihte] *s.* gew-

Wihtræd *König der Kenter; gn:* ~des Wi Insc | *dt:* ~de Wi Pro

wilddeor, *pl*, *wilde Tiere* Af El 39, bestiae *übsnd*; wildeor EG; wyldd~ H

wilde weorf, *adj ac*, *ungezähmt, wildgehend* Duns 7; *unübs.* Q. [*Vgl. mndd.:* wilde *Zuchtstute; Jellinghaus* Jahrb. nieddt. Spra. 1902, 51]

s. **Wilfridus**, *Bischof von York*, † 709, *Patron des Domes von Ripon* Nor grið Z. 3

Wilhelm I) cyng *der Eroberer* Wl lad Pro; *sonst stets* Wille-; Willelm kyng Wl Lond 1 | *gn:* Willelmes Wl lad Insc. | ***Fz. no:*** li reis Will' [William *nur* 17. *Jh.!*] Leis Wl Pro; Willame Wl art Fz Insc. 7. 9; *obl* 2. | *Hierzu in* Q, L *und im orig. Lat.:* **Willelmus** Wl ep Pro; ~ nothus Wl Lond L *Var.;* Wl art Insc (*Var.:* Conquestor Anglie; bastardus; *vgl. S.* 670, *Anhang*[5]). 2. Wl art Lond retr Pro (bastardus, Conquisitor *Insc.*). CHn cor Insc. Quadr Arg 10 (magnus). 27. II Praef 12. Cons Cn Insc. ECf Insc; bastard retr *S.* 627[6]; nothus *Var. zu retr* 17, 1[7]. Lond ECf 32 A 8. 34. 34, 1a*. 35, 2; nothum id est bastardum *retr;* Conquestor Anglie *Explicit S.* 670*; 671 *Sp.* 2, Rb 35, 2. *S.* 672, *letzte Zeile* **II) Willelmus** [*II.*, 1087—1100] CHn cor Prot[8]. 2. 14; *dazu Rubr. S.* 544, *Sp.* 2, *Z.* 2. Quadr II 4; iunior ECf 11, 2; Ruffus *retr.* Lond ECf *S.* 671[48] **III)** [*Wilhelm Ætheling*], *Thronerbe Heinrichs I.* Quadr Arg 28. II Praef 14, 1 = Hn Pro 2 **IV) Willelm** bisceop *von London* [† 1075] Wl Lond 1 **V)** Willelmus episcopus Wintoniensis [† 1129] CHn cor Test. Quadr II 8c. (Hn Lond Test?) **VI)** Willelmus cancellarius *Heinrichs I.* Hn mon Test. **VII)** Willelmus de Albini *und* **VIII)** de Montfichet, *Hofmänner Heinrichs I.*, Hn Lond Test

wilian, *ac pl*, *Weidenkörbe* Ger 17

Wilisc *s.* Wiel~

will *Begehren; ac:* ungeriht wille! Af El 41 So Ld; unriht gewill *übr.* | *gn s.* willes. — *Der.:* gew~, un(ge)w~

willa *Wille;* Godes II Cn 84, 6; wille A | *dt:* to hlafordes ~an *Wunsch* Rect 5, 2 | *ac:* ~an Abt 82 (*Einwilligung*); *Godes* I Cn 18a; *des Vasallitätsherrn Wunsch* 20; his - ceosan *seine Herrschaft erkiesen* (*sich ihm unterwerfen*) *als sein Vasall* Swer 1; *als seine Gattin* Wif 3 ‖ *pl instr:* heora willum *aus ihrem Willen, freiwillig* Wi 1, 1. — *Der.:* unw~?

Willame, William *s.* Wilhelm

willan [*hierfür Citate nur beispielsweise*]; ic wille I Ew 1. II 4 B (wylle H). 8. I As 1. 5. III Eg 1, 1. IV 1, 6. Swer 1; wylle Becwæð 3. Wl Lond 2 f. | 3 [*ob ind.? überall syntaktisch opt. möglich, ja gewöhnlicher*]: wile Abt 80. Ine 67 (wyle B; wille So Ld). V As 3. VIII Atr 1. Grið 23; hwile! Wer 6, 1 H; wille B | ***pl*** 1: we ~að Af 5, 5. VI Atr 42; wille we 41. VII a 1 | 3: hie ~að Af 19 (wyl-B). I As 4. VI 8, 9 | ***op*** 3: wille Abt 79. Af El 35 (wylle H). Af 4, 1 (wylle HB) *und* (*mit Var.* wylle B): Ine 28, 2. 35, 1. 36, 1; II Cn 73, 2 (wylle G). 48, 2 A (wylle GB); wylle EGu 10. Duns 8. 8, 3; *north.:* vælle Iud Dei IV 4, 5 | ***pl*** 2: ge willen Af El 49, 5 (~an H), vultis *übsnd;* ge ~ IV Eg 5 | 3: willen II Ew 4. V As 3 Ld (~að, *ind.* H). II 23, 2 Ot; willon, *geändert* ~ H; wille! Ld | ***ptt*** 3: wolde Af El 49, 9. I Ew 1, 5. II Ew 1, 1. III Eg 4. IV 1, 5a. II Atr 9. V 32, 3 D. VII a 4, 1; valde Iud Dei V 2, 4 | *pl* 3: woldon EGu Pro 1; woldan Grið 21. — **1)** *wollen, beabsichtigen* (*bereit sein*), *zu* **a)** *m inf:* Abt 79 f. Af 4, 1. 6, 1. Ine 28, 2. 35, 1. 67. EGu 10. I Ew 1, 5. II 1, 1. 4. I As 4. II 23, 2. III Eg 4. VI Atr 41 f. Duns 8. 8, 3. Wal. Swer 1 (*verspreche zu*). Becwæð 3. Iud Dei IV 4, 5 **b)** *mit aus vorigem zu ergänzendem inf;* aræran eall þæt he wile Grið 23 **c)** *mit zu ergänzendem inf der Bewegung;* heo wylle eft ham fram ceorle [*gehen*] II Cn 73, 2 **d)** ne ~ *sich weigern, ablehnen zu* Af 42, 3 f. (nelle H). Ine 75; nylle HB **2)** *gewillt sein, streben zu;* ~að sawla sellan Af El 49, 3; (ge)wilniað E(H); cupiunt Q **3)** *wünschen zu* **a)** *m inf.* Wer 6, 1; bige habban AGu 5; þe se cing friðian wille II As 20, 3 **b)** *m ac; erstreben:* ma IV Eg 5; riht EGu 6, 6 = II Cn 48, 2. Grið 21; ~að þæt(*was*) he wile V As 3 **c)** wille, þæt *möchte, dass;* wille, þæt mon deme Af Rb El 49, 6; willen, þæt oðre don Af El 49, 5 | degle us þætte wære, valde Iud Dei V 2, 4, occultum nobis esse voluit *glossirend* **4)** ~, þæt *befehlen, verfügen, verordnen, dass* I Ew 1. II 4. I As 1. 4. V 1, 1 Ld (an, *concedo* H). Hu 7. III Eg 1. 1, 1. IV 1, 6. VII a Atr 1. VIII 1. Northu 57, 1. Wl Lond 2 f. II Cn 75 A; læte riht G **4a)** *eingeschoben, ohne Construirung mit Übrigem;* gehwelc, we willað, sie Af 5, 5 **5)** *belieben zu;* gif him cyning arian (geþafian) wille Ine 36, 1 (III Eg 3 = II Cn 15, 1) **6)** *entscheiden, wählen;* swa cyning wille Wi 27; swa hwæðer man wille I Cn Insc A; swa he wylle swa ordal swa að I Atr 1, 3; do þæt þæt he wille II Eg 2. 1 **7)** [*neuengl.*] *gewohnt sein, pflegen zu;* wolde sweogian V Atr 32, 3 D **8)** [*auxiliar, futurisch*] *werden;* IV Eg 1, 5. II Atr 9. VII a 4, 1, deberet *übsnd* | hwæt lician wolde *was künftig gefallen würde* Af El 49, 9 | God lufian woldon EGu Pro 1 | gif we gelæstan ~að, . . þeofas ~að rixian VI As 8, 9 | ic wille earnian Swer 1 | *verbürgen,* þæt he wille healdan Northu 2, 3 **9)** [*auxiliar*] *sollen, mögen, können;* ne læte he hyne oferwealdan, ac wille he ælcne *möge* (*soll*) *jeden* [*regiren*] Ger 7 | gif he don wolde *täte, tun würde* IV Eg 1, 5a | *Relativ* *verallgemeinernd:* þe eardian wille *wer immer wohnt* Af El 35, qui habitat *übsnd* | swa belimpan wille Af 6 | sie þær he wille *wo immer er [sein] mag* Wi 8. — *Der.:* nellan, *womit* ne ~ [*s. n.* 1d] *variirt*

wille *s.* wielle

Willelm(us) *s.* Wilhelm

willes 7 gewealdes, *adv, mit Willen und Absicht* II Ew 4. VI Atr 52, 1. Swer 1. — *Der.:* self~, unw~

wilnian *wünschen* **1)** *m gn; ipa:* ~na ierfes *begehre* Af El 9, concupisces *übsnd;* gewylna H | *präs* 1: þæs [*geänd. aus* þæt] ~ige, þæt *dies befehle ich, dass* IV Eg 12, 1 **2)** *heischen; op pl* 1: ~ to heom fultum *von ihnen Hilfe* VI As 8, 3 **3)** *m inf. streben zu; pl* 3: ~að Af El 49, 3; gew- H; willað G. — *Der.:* gew~

wilsumne, *ac, bereitwilligen* Hl 6

win *Wein; dt:* ~ne Northu 16 | *ac:* Iud Dei IV 3, 3, vinum *glossirend*

Winceaster *s.* Wintanc~

[-windan] *Der.:* ætw~, bew~, oðw~

[-winde] *s.* gearnw~

wind[e]l *Korb; pl ac:* windlas Ger 17

windfylled treow, *ac, vom Winde gefüllten, umgewehten Baum*

[-wine] *s.* Aelfw~, Æðelw~, Godw~

wingeard, *ac, Weingarten* Af El 26, vineam *übsnd,* Ger 12; wineg~ Ld; wyng~ H

Wintanceaster *Winchester; dt:* ~stre II As 14, 2 So (~tac- H; ~*tec*- Ot Ld; **Wintonia** Q). III Eg 8, 1 AG 2 (~cestre G; ~taceastre D; Wincestra Q). I Cn Pro Ld (Winceastre GA; Wintonia Q. Cons); Winceastre II 30, 1; Wincestra Q; Wincestria Cons | *Lat.:* **Wintonia** Quadr Arg 4 | Wintoniensis episcopus: *s.* **I)** Ælfwine 9 **II)** Willelmus [† 1129] CHn cor Test. Quadr II 8c. (Hn Lond Test *oder:* **III)** *seit* 1129: Henricus)

winter *Winter* **1)** *Jahreszeit;* stið ~ Ger 10 | *gn der Zeit:* ~tres *im Winter* Ine 40; *geänd.* wyn- H | *dt:* on ~tra 38 (-an! B). Ger 11; to middum (-dan B) wintra *zu Weihnachten* Ine 61; middewintra H **2)** *Jahr; instr:* þe fiftan ~tra Wi Pro | *pl gn, 'Jahre alt':* 10 ~tra Hl 6; 15 (ofer 12) ~tre man VI As 12, 1 (1, 1) | *ac:* ofer 12 ~ II As 1 Ot; *geändert aus* -rne H; twelfwinterne B. — *Der.:* middanw~; *vgl.* -wintre(d)

winterdun *Winterhügel (mit Hürden ['und Weide' Toller] zum Überwintern der Schafe)* Ger 1

winterfeorm *Weihnachtsschmauss* Rect 21, 4; firma natalis Domini Q, *also synonym mit* midwintres feorm

wintersteal *einjähriger Hengst* Duns 7; *unübs.* Q; ~stel *Var.* [stal(i)o: *'Hengst'; vgl.* Pipe roll of Winchester of 1208 *ed. Hall p.* xxxi]

to **wintersufle,** *als Winterzukost* Rect 9; ad hiemale companagium Q

[L]**Winton-** *s.* Wintanceaster

[-wintre] *s.* tienw~, twelfw~

[-wintred] *s.* (un)gew~

wiofod *s.* weo~

wiotum *s.* wita *n.* 6b **wir-** *s.* wier-

wircan, -cta (wirtha) *s.* wyr~, wyrhta

[L]**Wirecestrescira** *Worcestershire* CHn cor Prot. Hn com Prot

[L]**Wirlandia** *Wierland, nordöstl. Teil von Esthland,* Lond ECf 32 E; *Var.* Wirel~

wirt *s.* wyrt

wis *weise, verständig; pl:* wise VI Atr 51. VIII 36. Had 11. Grið 21, 1. 24 | *gn:* wisra Af El 46 (wisre Ld), prudentes *übsnd.* Iudex 4. — *Der.:* (ge)scadwis, (un)rihtwis, rihtwisnes, unwisesta

wiscan *s.* wys~

wisdom **1)** *Weisheit; gn:* ~mes Grið 23, 1 | *dt:* ~me IV Eg 14, 1 **2)** *Mitwissenschaft; dt:* ~me Wi 12. — *Der.:* unw~

wise *Weise* **1)** *Lebensführung, Sittenart; ac:* ~ healdan (habban) Af El 49, 3 (Ger 5, 1) **2)** *Art und Weise;* [*adverbial*] *dt:* æfter þære ilcan wisan *ebenso* Af 42, 6 | *sonst* on *m ac:* on þa ilcan wisan *ebenso* Inę 23, 2; on þa wisan, þæt *só, dass (eomodo ut)* AGu 5. Wif 1; on oðre (ænige; æghwylce) wisan *anders (irgendwie; allerwegen)* Af El 49, 9 (VIII Atr 33. II Cn 5, 1; VI Atr 40 — II Cn 11) **3)** *no:* folces ~ *öffentl. Lage, allgemeiner Zustand* Episc 8

wisian *weisen* **1)** *Weg zeigen, leiten, m dt; op* 3: þær him God ~ige *wohin sie G. führt* Hu 2 **2)** [*übertr.*] *anweisen; ind* 3: ælc weorc wisað, hwæt *zeigt, was* Ger 16; hine weder wisað *belehrt* 2 | *m dt; op* 3: swa him ryht [scrift] ~ie *zuerkenne, zuweise* Af 1, 8 (~ige So Ld). 3 (~ige So Ld). Ine 5 (~ige E) [~ige I Em 3; **wissige** H]

wislic *weise, verständig; pl fm:* ~ce laga X Atr Pro 1 | *dt:* ~oan laran I Cn 26, 3

wislice, *adv, kluger Weise* VI Atr 2

wissige *s.* wisian. — *Der.:* gew~, misw~

to **wiste,** *dt, zum Lebensunterhalte* VI Atr 51. — *Der.:* biw~, midw~ [*Teilnahme, Teilhaberschaft*], neaw~

wita **1)** *Mitwisser* Ine 25, 1 B; gew~ *übr.* **2)** *gn:* geþungenes ~an *eines erlauchten Notablen, Grossen zu deren Classe auch* ealdormen *zählen* 6, 2; sagibaro [*s. d.; hoher Gerichts-Urteilfinder? vgl. n.* 5] Q | *Sonst stets im Plural* **3)** *pl dt:* weotum *Zeugen* 25, 1 [*synonym mit* gewitnessum 25]; witum HB; wittum Ld; testes Q **4)** *Verständige, Erfahrene, Achtungswerte; ac (dt?):* wið ~an Ger 5, 1 **5)** *Ratmannen, Gerichtsobere, als Ein Colleg gedacht, ohne Artikel; no:* ~an *Urteilfinder* Af El 21. Af 77 (sapientes In Cn. Q). V Atr 30 D. ‖ *Anglolatein um* 900 *braucht* sapientes *im Sinne von 'Urteilfinder, Richter, Jurisdictionsverwalter' laut* Asser (*ed. Stevenson* 106, 28): Si iudices [*die falsch Urteil gegeben*] profiterentur, ..se..ita iudicasse, eo quod nihil rectius .... poterant, tune [*K. Alfred — 9 Wörter*] aiebat: '.... admiror, [*4 W.*] quod sapientium ministerium et gradus usurpastis, sapientiae autem studium .... neglexistis... Terrenarum potestatum ministeria ...... dimittatis!' ‖ *Schiedsmänner* II Em 7 (sapientes Q) = Wer 6 | *Rechtsanordner* Ger 1 **5a)** *vielleicht provinzialer Landschafts-Rat (oder zu n.* 6a); *no:* Angelcynne s~an Duns Pro; Angliae sapientes Q **6)** *Englands Reichsrat, Versammlung der Fürsten u. Staatsmänner (lat., ausser wo unten anders vermerkt,* sapientes) **a)** Angelcynnes ~an AGu Pro [*s. 5 Z. vorher*] **b)** *diese* witan *nennt der König* mine; *no:* V As Pro. VI 11. IV Eg 1, 4 (optimates nostri et principes L). 2, 1a (generale consilium L). 14 | *gn:* minra witena geþeahte Af El 49, 9 (ge hadedra ge læwedra II Em Pro); minan witenan[!] ræde II Cn Pro [*also, da* minan *dt, schon w. r. Ein Begriff*]; optimatum In; minra witena wed abrecan IV Eg 1, 5 | *dt:* minum witum Af El 49, 10 (wiotum So); ieldstan witum minre þeode Ine Pro; witum, þe mid me wæron V As Pro 1 **c)** *sie heissen* his (*des Königs*) ~an

VI 10. I Atr Pro = IX Pro. II Pro. III Pro. VIII 6. I Cn Insc A | *gn:* mid his witona geþeahte II Eg Pro. VIII Atr Pro. I Cn Pro = Insc D (principum sapientium In Cn); hlafordes 7 his wi*t*ena gerædnes V Atr 1, 1. 2. 3. 4. 5 | *dt:* him 7 his witum IV Eg 1 (obtimatibus regni L); his witum (-tan) VI As 10 (12, 1) | *ac:* his wytan II Ew 1 **d**) *ohne Artikel; no:* EGu 5, 1. II Atr 9. V 16 = VI 23, 1 D = I Cn 17, 1. 1 D. Forf 2 | *gn:* witena gerædnes VI Atr Insc (*synonym mit* Engla rædgifan Pro; sinodalia *decreta* L). 2. 3. 8. 9. 10. X 2. II Cn 1. 2. 2, 1 D **e**) *mit Artikel:* þa wi*t*an EGu 4 (*in* Pro *ist demonstr. durch folgendes* þe syððan wæron *bedingt*) **f**) *im Reichsrat erscheinen* α) *weltliche* ~an *neben Prälaten* [*s. 26 Z. vorher*]; *gn:* biscopa 7 oðerra witena Af El 49, 7; sapien*tes* laici Q | *dt:* bisceopan 7 his witum VI As 10 β) þa wi*t*an ealle, *synonym mit* gemot, *gegenüber dem Erzbischof und den Königsboten ebd.* | *neben jenem und* æðelum: wiotan [*dt*] II Epil Ld. — *Der.:* Angolw~, gew~, leodw~, morðw~, þeodw~, uðw~, woruldw~

ᴸwita *s.* wi*t*e

I) witan *wissen* [*Formen hier nur probeweise*]; 3: wat Ine 41 | ***pl*** 1: we witon II Cn 68, 1a; ~ Grið 21, 2 | 3: hy ~ V Atr 9 (wican! D) = VI 5, 1 = I Cn 6, 2; we [*1 P.*] ~ D | ***op*** 2: þu wi*t*e Iud Dei 23, 3 A. VIII 2, 1 | 3: he wi*t*e Hl 16, 1. Af 42. 42, 4 | *pl* 2: ge wi*t*en Iud Dei VI 1; witon VII 23, 3 A, sciatis *übsnd* | ***ptt*** 2: wistest 13 A; -tes Vt | 3, *auch op:* wisse Af El 21 (wis*t*e GH; wis*t*! So Ld). 23 (wis*t*e GH; wis*t*! So Ld), sciebat *übsnd;* ne wis*t*e Af 19, 2 (nyste HB). II Atr 9 (*op*) | *pl* (*auch op*) 2: ge wiston Iud Dei VII 13 A. VIII 1, 1, scitis *übsnd* | 3: hig wistan EGu Pro 2. — **A**) *kennen, wissen* **1**) *m ac:* þane Hl 16, 1; hit Af El 21 | hine [*als*] hamfæstne Af 42, 4; gefan hamsittendne 42; hine sylfne þæs clænne I Cn 5 | getyman AGu 4; ænig þing þisse s*t*ale Iud Dei VIII 2, 1; scyl*d* VI 1; facn Af 19, 2; landriht Ger 1 [*wohl nicht* wītan '*beobachten*' *laut Rect* 2ᵇ. 4, 6] **2**) *unconstruirt* **a**) *eingeschoben 'wissen wir':* we witon II Cn 68, 1a; *dafür* we magon ~, þæt B **b**) *vorangestellt* wi*t*e, gif he wille: ne gebirað VIII Atr 30 [*oder* wīte: '*beachte!*'] **3**) ~, þæt *wissen, dass* Af El 23. EGu Pro 2. V Atr 9 = VI 5, 1 = I Cn 6, 2 (norunt In). Northu 33. Grið 21, 2; man wi*t*e *es sei bekannt* AGu 5 **5**) *vor indir. Frage;* ~, hwa Ine 53, 1. I Atr 3, 1. Iud Dei VII 13 A. VIII 1, 1; hwæt VII 23, 3 A. Episc 2. *Rect* 4, 6; of hwilcum II Atr 4; hu Episc 7; man wi*t*e hwær *sichs aufkläre, wo* I Ew 1, 1. II Atr 9 **B**) *sich bewusst sein;* wat, þæ*t* he ryht deð Ine 41 | *empfinden, fühlen;* ælc þe gescead wi*t*e II Cn 84, 4a; mæðe wi*t*e on þam griðe I 2, 1 = Grið 31, 1. — *Der.:* bew~, nytan. [*Hierher gehören vielleicht einige unten zu* wītan *gezogene Fälle; s. d. und 16 Z. vorher*]

II) [witan] *weichen. Der.:* gew~

III) witan *beachten, in Obacht nehmen:* læsse ge ma*r*e Ger 3 [*nicht* wītan: '*kennen*', *da ebd. c.* 4 *synonym* gyme *steht*]; *fl.:* is to ~nne, hwam Wif 2; sciendum, *wohl falsch,* Q | *op* 3: wi*t*e, þæ*t* he gelæs*t*e (be*t*e) VIII Atr 7 (II Cn 75, 2, videat Q); man wi*t*e, þæt *man sehe sich vor, es werde verhütet* Wif 9; previdere Q | *viell. zu* wītan *gehörig: pl* 1: wi*t*en, hwæt VI As 8, 1 (*pl* 3: witon, þæt; ~, hwæt 3) *vermerken, beachten;* scire Q — *Der.:* gew~

ᴸwitaservus *s.* witeþeow

wite *Strafe* [*häufig accentuirt* (be wítan, þe wi*t*an *toledan von Strafen, welche Staatsmänner darauf setzten* EGu 5, 1); *stets nt ausser fm:* þa wi*t*e (*ac sg*) II Cn 24, 1 A (þæ*t* GB) | *lat.* ~, *und meist* wi*t*a (wy*t*a II As 1, 5. 3 Q *oft*), *stets fm*]; *no:* þæ*t* ~ Af 9, 1. Ine 76, 2 | *gn:* ~es Af 19, 1. I Atr 1, 7. Duns 4 *usw.* | *dt:* ~ Af 2, 1. Ine 6, 2 ff. EGu 3. VI Atr 51. II Cn 49 *usw.* | *ac:* ~ Abt 9. Wi 11. Af 6. Ine 53. II As 3. EGu 7, 2 = II Cn 45, 3. Northu 56 *usw.* | ***pl:*** wi*t*u eal gelic Af 9, 2 | *gn:* ælces þæra wi*t*a I Atr 1, 14 | *dt:* be wi*t*an EGu 5, 1; be witum II As 20, 4 H; þisum Ot Ld Q. — **1**) *Strafe allgemein;* sine wi*t*a Af 42, 5 Q *aus* orwi*t*e Ld, *was Verderbnis für* orwige (*ohne Kampf*); bu*t*on ~ IV Eg 8, 1; inculpabiles L | gemetegað þære scylde ~ [*ac*] Iudex 1 | be witum *bei Drohung der Strafen* EGu 5, 1. II As 20, 4; be þam fullan ~ [*dt*], þe *d*omboc tæcð (wi*t*an, þe Eadgar gelagode) II Eg 3 = 5; forisfactura Q. (VIII Atr 7) | cyng ælces þæra wi*t*a wyrðe, þe þa men gewyrcen, þe booland habban *Landeinziehung mitumfassend* I Atr 1, 14 **2**) *Geldstrafe, Brüche* [*so auch fris.*]; *von Lateinern, wo nicht* wi*t*a *beibehalten,* forisfactura *übersetzt* (*z. B.* Af 38 f. Q. In. II Cn 24, 1 Q. In. Cons. 30, 3b; 6 Cons. 49. 51 In. Cons; forisfactura vel *emendatio* Ine 25, 1 Q; forisfactum Af 12 Q. Ine 6, 5 Q) | *stets getrennt gehalten von der Busse an den Geschädigten, d. h. dem Ersatz an den Kläger* (*ausser* Hn 8, 2, *wo* ~ *privates Bussgeld, vgl.* wundwite), *obwohl Obj. auch für* be*t*an (*emendare*) *bildend, z. B.* EGu 4, 1. V As 3, 1 (Ine 6, 2. 10 Q. Af 38, 2 In Cn) — *wie denn* bot (*in* hloðbot) *auch 'Strafe' heissen kann* | *neben den Friedlosigkeitsstrafen an Leibesgliedern* Af 6. Hn 27 *oder* ealle þa æhtan Abt 9 **a**) *allgemein: Gesamtheit aller dem Gerichtsherrn aus Jurisdiction zugehenden Beträge* (*so setzt* sace 7 soone *für* ~ In Cn II 30, 6): hlaforde his ~ *das ihm gehörige Strafgeld* Duns 6, 3; þæ*t* ~ þam þe hit age II Cn 24, 1 | *mitumfassend* wer *des Verbrechers:* be*t*e teonde twygylde 7 hlaforde his wer, þe his ~es wyrðe sig 30, 3b (*aus* I Atr 1, 7); cinge wer oððe þam þe his ~es wurðe sig 30, 6; *dafür* weres B | *für Diebstahl* wi*t*u eal gelic Af 9, 2 | ~ afylled mid þy aðe *Strafzahlung aufgehoben durch den Reinigungseid* Ine 53. Af 36, 1 | wer (*Busse an die Sippe*) [*s. d. n.* 2. 3a] 7 ~ 2, 1. 7, 1. 19, 1. 29 | wer bu*t*an ~ 36. V As 3, 1; ~es nan þing *nur Ersatz, nicht Strafe* Duns 4 | *Allgemeinbegriff, worunter* healsfang *fällt* Wi 11, *wie* VI or *und* XII or Northu 10. 56 f., *von denen aber mindestens* XII or *zur Kategorie der festen Strafbeträge* (*s. u. n.* b) *gehört; Angeber* age healf þæ*t* ~ Wi 11 | *Reinigungsschwere steigt* iuxta *pretium* capitalis (*des Eingeklagten*) et ~ Hn 64, 7; oðswerige be þam ~ Ine 35, 1 **b**) *Name für* 3—4 *feste Beträge von* 30, 60, 120 [*Westsächs.* 5 *Pfennig* -] *Schillingen* (36 sc. *nur* Ine 25, 1), *getrennt von* bot *für Ortsschutzherrn,* Af 2, 1 | *lebendig als* wi*t*a *noch* 1115: Hn 15 (wy*t*a 11, 11 *Var.*) | *im Ggs. zur Strafe der Zahlung des eigenen Wergelds* EGu 2 (= V Atr 31 = VI 38). 3. VI Atr 51. II Cn 49. 51. Hn 12, 1. 27. 34, 1c. 35, 2, *oder des Halsfangs* VI Atr 51 *oder des Vermögens ebd.* II Cn 49. 51 | *Während* Ine 43 'fulwite 60 sc.' *ansetzt* (im Ggs. zu '30 sc.' 3. 6,3f. 51 B [fierdwite übr.]), was auch wite heisst (6,2. 7.10), bestimmt Af 9,1: 'á sie þæt wite 60 sc. [= 300 Pfennig] und, wenn Eingeklagtes über 30 Schilling steigt, 120 sc.', und bestätigt: wite steige swa to were (zur Busse an geschädigte Sippe) belimpe 31,1; demgemäss steht 60 sc. wite Af 25 neben 120 sc. 37,1—38,1; aber auch 30 sc. to wite 12. 38,2. Der Betrag von 120 sc. (der sich auch erwähnt findet Af 37,2. II Ew 1,3. II As 1,5. 6,1; 3. V 1. II Eg 4,1 [= VIII Atr 10,1 = I Cn 9,1]. III 3. 7,2. I Atr 4,3. VIII 11,1. I Cn 15,2. Ordal 6) heisst cyninges wite VIII Atr 5,1 = I Cn 3,2, im Ggs. zu (60, 30 sc., aber auch) 5 Pfund-Strafe, ist also wohl seit Af = fulwite, das Af 30 fordert (dafür wite So Ld); diese Summe heisst wite II As 1,5. 3; plena wita (auch VII Atr 7) ist mit oferhyrnesse, overseunessa, forisfactura in Hn 51,1; 7c. 53,1 wahrscheinl. identisch und zu 120 Sol. = 600 Denar anzunehmen. Dieselbe Summe, ohne den Namen, fordert Ordal 6 | Für Denalagu tritt lahslit (s.d.) an Stelle des wite mid Englum EGu 2—9, und zwar laut 3,2 im Betrage von 12 Ör (= 192 Pfennig oder 240 Pfennig), also wie Northu 56 f. (s: o. a); aus EGu 7,2 schöpft II Cn 45,3 | Wer gewöhnlichen wites scyldig war, zahlte unter Ine 28,1 vermutlich 30 sc., dagegen seit Alfred mehr, so in Duns 6,1. Seitdem kommt ∼ noch vor: Af 7,1. 19,1. 22. 29. II Eg 3 = VIII Atr 9. 12. II Cn 17,1. 48 f. = Hn 11,11 3) das für den erschlagenen Vasallen an dessen Herrn (nicht als Richter, sondern als Schützer) fällige Geld Ine 76,2 (= Hn 79,1); also manbota richtig Q. Vgl. o. n. 2 über bot = Strafe **3a)** gleich fihtwite Hn 94,2c 4) Unterhaltsbeitrag, dem Beamten von Bezirkseingesessenen zwangsweise beigesteuert, synonym mit feormfultum, II Cn 69,2 [auch hier forisfactura ungenau Q In Cons; vgl. witerædeu: taxatio Toller 1247a] = Hn 12,3. — Der.: blodw∼, feohw∼, fihtw∼, fierdw∼, fulw∼, hellew∼, hengw∼, legerw∼, orw∼, woroldw∼, wundw∼. [Vgl. zu ∼ in allen Germanischen Rechten: Roethe Sitz.-Ber. Preuss. Akad. 1906, 122 ff.]

witega Prophet; gn: ∼an Iudex 12, Zephanja meinend | pl ac: ∼an Iud Dei VII 12,1 A (witigan Ci. 23,1 A), prophetas übsnd

witeleas, prd, straflos, ohne bestraft zu werden II Cn 73,4

witerædeu Strafzahlung an den Richter; dt: ∼enne Strafeintreibung Ine 71; geändert in ∼ene H | ac: ∼enne Strafgeld-Empfang 50; ∼ene H; ∼æddene B

witeþeow **I)** adj, strafhörig, zur Strafe verknechtet; ∼ Engliscmon Ine 24 [vielleicht sbst, Strafknecht: mon bið ∼ niwan geþeowod 48; -we Ld] | gn: ∼wes monnes slege Ine Rb 24; be ∼wum [sbst dt pl] Ld | dt: ∼wum men 48; mannum [pl] H Ld | ac: ∼wne monnan Ine 54,2; an[ne] ∼wne sbstirt As Alm 1; ∼þiowne Q | Lat. hier und sonst übs. Q: forisfacto (-ctura Var.) -servus; wita (wyta Var.) -servus Ine 48; propter forisfactum (per -cturam Var.) servus (in servitutem redactus, inservi[ens] Var.) | **II)** sbst: 11 u. 8 Z. vorher

wið [Form abweichend: wyð Af El 24 H. II Cn 50,1 A; við Iud Dei V 2,3] **I)** prp **A)** m gn: mit; ∼ ure (heora) bige habban zu uns hin, mit uns Handelsverkehr AGu 5 **B)** m dt 1) gemeinschaftlich mit; heafod ∼ heafde Kopf[i] für Kopf, jeder II Atr 6 [vgl. mæg ∼ (neben) mæge Beowulf[i] 1978] | nachgesetzt Regiertem: þe (quibuscum) he ∼ rædde VI As 12,1 [vgl. C 3] 2) neben, ausser, bei: fulre bote VIII Atr 1,1 = I Cn 2,3 **3)** als Ersatz für; selle 4 sceap ∼ anum (4 pro una ove übsnd); ..sie beboht ∼ þam fio Af El 24 | Geld gesellan ∼ feore (friðe) Ine 74 [ac: feorh Ld] (II Atr 7,2) | sellan ∼ sceatte für Geld verkaufen II Cn 74. Vgl. u. C 5 **4)** feindlich gegen; ∼ þinum nehstan Af El 8 Ld, contra proximum übsnd | ∼ his hlaforde fechten Af 42,6 **5)** behufs, zwecks, unter Bedingung von; ∼ ciricsocne VIIa Atr 5,1 **6)** cj; ∼ þam þe (damit) hi gefæstan (God gemiltsige) ebd. (8) | ∼ þam þe he healde (þæt heo geceose) unter der Bedingung, (dafür) dass Swer 1 (Wif 3) **C)** m ac 1) bis an, nahe bei; ∼ þæt cneou Af 72, usque ad In Cn; sub Q [vgl. Einenkel Beiblatt z. Anglia, Nov. 1901, 331] 2) bei, mit einer Frau schlafen: geligan ∼ man Abt 10; birele 14; wif 31; forlicgan ∼ EGu 4,1. II Cn 50,1 (mid G); ∼ nunnan hæme I Em 4 **3)** gemeinsam mit; dælan ∼ cyning Ine 23,2; dæl ∼ þone geferscipe gemæne VI As 1,1; ∼ witan [dt?] wisan gemæne Ger 5,1 **4)** verwickelt in Streit mit, verantwortlich bei; gemæne ∼ God sylfne Grið 20 **5)** zum Ersatz für, gegen; sawle ∼ sawle [dt?] Af El 18; honda ∼ honda [wund ∼ wunde, læl ∼ læle; dt?]. 19 **6)** contrahirend mit; forword ∼ þone here II Atr Pro; þingian ∼ (Schuldsühne abmachen gegenüber) cyning (dt: -ge B) Ine 50. 73; ∼ God VIII Atr 3 7) vor, bei, gegenüber, im Verhältnis zu: God 7 men V 6 = VI 3,1. VIII 1,1 | geclænsie ∼ me Cn 1020,12 | gebetan ∼ dryhten Wi 10; God Ine 11 B. Cn 1020,14. 17; þone teonde V As 3,1 Ld | scyldig ∼ þone (cyning; me I Ew 2,1. Cn 1020,12; 17) Af 4,2; unscyldig ∼ me Af El 2; laðleas ∼ ælce hand II Ew 7; utlah ∼ God Cn 1020,17; folc I Atr 1,9a (= II Cn 30,9); ealne here II 1,2; ∼ hy 7 us 7,1; fah ∼ cyng II As 20,7 | wege fæhðe ∼ þa mægðe II Em 1,2 8) feindlich gegen; þam elþeodegan ne læt þu no uncuðlice ∼ hine (þone G) [vom Verb hängt also vorauf[i] dt, nachher ∼ ab] Af El 47 | við arfæstnise Iud Dei V 2,3, contra pietatem glossnd **9)** schützend vor; beorgað ∼ irre II As 5; scyldan ∼ ælc þing Episc 7 **II)** adv, dagegen, zum Ersatz; selle twegen ∼ Af El 24

wið- Praefix für to-: s. wiðstandan

openne **wiðercwide**, ac, offenen Widerstand V Atr 31 D; ∼wyde G. G 2

wiðerige [op 3] ongean gerædnesse widerstehe gegen Beschluss Northu 45

wiðersaca kirchlich Abtrünniger VIII Atr 41 | pl: ∼oan II Cn 4,1; apostata Q; dyscolus Cons

wiðertihtlan, dt 1) for ∼ kraft widerrechtlicher Klage I Ew 1,5; wyðertyht∼ Ld; wiðertihlan, pro iniusta accusacione Q [wiðer- in Compositis bedeutet 'schlecht beschaffen, niedrig', eine Verkehrung des Hauptgliedes, auch sonst: s. bei Toller wiðercora (-ren, -renness), -mede (-dness, -du), -ræde (-dness), -stæger, -time, -weard (-dlic, -dness), mengl. -lagen harte Gesetze, -craftes schlimme Künste (Koch Engl. Gram. I § 225. III § 195); anglolat: contrabraseum 'niederes Malz' Pipe roll of Winchester of 1208 ed. Hall p. xxviii. 86. Dagegen Price, Schmid, Toller 1252 ziehen auch dies zu n. 2]; nemo cogitur respondere per withertihlam Hn 23, 2 (*in der Wiederholung* 45, 4 *nur* tihla); *Var.:* -til- 2) on gemote mid ~ werige II Cn 27 *durch Gegenklage;* [*Lateiner übs.* -an *als pl gemäss späterem ags.*:] per contrarias calumnias In; contracalumpniis Cons | *dagegen wohl im Sinne von n.* 1: distortis compellationibus Q; *daraus, doch nur z. T. und viell. zwischen n.* 1 *und* 2 *schwankend:* iniustis concriminationibus [*lies* contracr-?] vel contrapositionibus Hn 34, 5

[wiðerwordian] *Der.:* gew-

wiðhæfton, *ptt pl* 3, *widerstanden* IV Eg 1, 3; ~fdon *emendirt Toller* 1254

wi[ð]oban *Schlüsselbein; no:* widobane! Abt 52, 1

wiðstandan 1) *widerstehn:* feondum VII a Atr Pro 2) *op* 3: ~de *aus-(unter-)bleibt, nicht zustande kommt* Ine 31 Rb B; tostande *übr.*

wiðutan, *prp m dt, ausserhalb* Northu 61, 1 **[-witian]** *s.* bew~

[witig] *s.* gewittig

Witlanbyrig, *dt, Whittlebury in Northamptons.?* VI As 12, 1; apud ~ Q; *Var.* Wyt~, ~birig, Windanbirg

witness *Zeugenschaft, Vereinigung mehrerer Zeugen; dt:* to ~se IV Eg 6, 1 C; gewitnysse F | *ac:* ~nysse I Ew 1, 3 Ld; gewitnesse HB; ~se II Cn 23 (witten- A, gewitnysse B). 24, 2 Ld; witnysse B; gewitnesse GA. *Vgl.* gew~; wente

witnung *Bestrafung; dt:* ~ge IV Eg 1, 1 | *ac:* ~ge Grið 17. — *Der.:* hengenw~

witodlice, *adv, wahrlich, gewiss* I Cn 20, 1. II 35, 1

w[i]ton *lasst uns! s.* wuton

[wittig] *s.* gew~ **wituma** *s.* weot~

witword *Vertrag, Abmachung* III Atr 3 (*auch* Q Rb *S.* 541) = Northu 67, 1 [*nordisch*]

wlance, *prd pl, hervorragend, hochgestellt* [*bildlich*] Grið 21

wlite *Körperbeschaffenheit, Aussehn, Gestalt; gn:* ~es VI As 6, 1; 3; vultus Q [*zu eng*] | *dt:* ~ Ine 26; pretium Q [*d. h. Wergeld; falsch, doch vgl.* wliteweorð '*Wergeld, Lösegeld' in Ælfred's* Gregorii dial. *bei Plummer* Alfred 177]

æt **wlitewamme,** *dt, bei Verunstaltung des persönlichen Aussehns, des von Haar oder Kleid unbedeckten Körpers, bes. des Gesichts* [*nur des Antlitzes bei meisten Frisen, doch auch der Finger bei Fivelgoern; His* Strafrecht der Friesen 319] Abt 56

wo- *für* weo-: *s.* worse **wodfreca** *wütend gierige* I Cn 26, 3

Wodnesdæg *Mittwoch; ac:* on ~ *am M.* VII a Atr 1 | *pl:* ~dagas Af 43

woe- *für* we- *in northumbr.* Iud Dei IV. V: *s.* hwelc, aweccan, yfelweorc, gewerian, wesan, wierdung, unawoerdedu | *für* wē: *s.* twegen

I) **woh** 1) *verletzt, verkrümmt* Abt 44 2) *falsch, unrichtig; fm dt:* wore, *geänd.* wohre (*Zeugnis*) II As 10, 1 | *nt ac:* ~ gemet Episc 6 | *pl nt ac:* woge gemeta V Atr 24 = VI 28

II) **woh** *Unrecht; ac:* ~ wyrcan *Missetat* III Eg 6, 1 | ~ beodan, *m dt, antun, zufügen* Northu 1. Episc 5; don Northu 2, 2. Wif 7 | tæcean *Ungerechtes anordnen* Duns 3, 3; deman *zuerkennen* III Eg 3 AD ‖ *prp* + ~ *adverbial* **a**) mid ~ [*dt*] *unrechtmässig* I As 5 Ld (wo V 1, 1); mid ~ forseccgan *aus Bosheit* II Cn 16 A (wó GB; iniuste In; de iniquitate Cons) *aus* III Eg 4; wó G 2 A, wóge GD; *dazu im* 14. *Jh.:* unriht *erklärend* A; iniuste Q **b**) *ac:* on ~ *böser Weise* Af 1, 1; *unrechtmässig* 42, 6; *ungerecht* III Eg 3 G; *blosser ac* woh AD. *Vgl.* awoh

wohfulness *Schlechtigkeit; gn:* woghfulnisse Iud Dei V 2, 3, nequiti[a]e *glossirend*

wohgestreon, *ac, unrechten Gewinn* Episc 8

wom *s.* wamm **wongtoð** *s.* wang~

wor- *für* weor- *s.* weorc, weorðian, weorðig

word *Wort; gn:* ~des; *dt:* ~de; *ac:* ~; *instr:* ~de | *pl dt:* ~dum; *ac:* ~ — 1) *Einzelwort* (*hier Schimpfnamen*), *ac,* Hl 11 2) *zusammenhängende Rede; pl dt:* ~dum Af El 49, 3, verbis *übsnd* | *ac:* þas ~ Pro; þa ~ Cn 1020, 3 ‖ *im sg in Phrasen, im Ggs. zu 'Handlung'; gn:* ~des 7 dæde V Atr 26 = VI 30 (weorces K) = I Cn 19, 3. II 84, 4 b (weorces B); ~des oððe weorces EGu 2. Swer 1. Geþyncðo 8 | *dt:* mid ~de oððe weorce Northu 29. Grið 27. Had 1, 2 | *ac:* ~ 7 weorc V Atr 22, 2 = VI 28 = I Cn 19, 1 3) *Zusage, Versprechen; dt:* mid ~de ge wedde V Atr 1 | *ac:* ~ 7 wedd V 15 = VI 3 a 4) *Aussage, Angabe vor Gericht; no:* ~ Wi 16 | *ac:* ~ Af El 40, vocem *übsnd* 5) *Richterspruch, Urteil; pl ac:* ~ 46 *und* Iudex 4, verba iustorum *übsnd* 6) *Auftrag, Gebot; instr:* cinges ~de VI As 10 | *pl ac:* ~ *Glosse über* bebodu Af El 49 H, *was* legem *übs.* — *Der.:* bismerw~, forw~, witw~; gewiðerwordian

wordgecwydu, *pl m sg. Bed., Verabredung* Swer 11 **wore** *s.* woh I

worht(e) *s.* wyrcan, unforworht, unworht **world-** *s.* woruld-

[worpian] *Der.:* ofw~

Wortbildung 1) *s. hybride* ~ 2) *ob Compositum oder adj* + *sbst, fraglich: s.* rihtdom (-fæsten, -hamscyld, -wer, -wif), þeowman (-wealh, -wifman), unrihthæmed, yfelvoerc 3) *Compositum variirt mit* **a**) *adj* + *sbst s.* manað, middanwinter, middesumor, rifwund, twelfwinterne, Wiliscealoð **b**) *sbst gn* + *sbst s.* eagwund, hundredgemot, Mondæg, peningweorð, wudubærnet; *vgl.* wita *n.* 6 b **c**) *sbst instr* + *pc ptt s.* goldfæted **d**) ne + *verb: s.* nabban, nellan, nytan 4) ~ *durch bewirkendes sbst* + *pc ptt s.* handseald, windfylled 5) *aus* 3 *sbstis: s.* wergieldþeof, ? laadrincmanna 6) *aus sbst* + *verb: s.* dædbetan, ? mæggieldan 7) *halb fertig: s.* Sunnanæfen 8) *vgl. Gleitlaut, Nordisch, Praefix, Suffix*

worðig *s.* weor~

Wortschatz variirt [*vgl. Modernisirung; das hier zuerst stehende Wort, stets aus der älteren Hs., ist meist auch das veraltende, das zweite das neuere*]: *s.* a- *Praefix* | æ: lagu [*vgl. Wildhagen* Psalter des Eadwine 195] | æghwelc: ælc | ægilde: org- | ælc: eal | (ne) ænig: hwa (nan) | ær, *cj:* ærþe | ærn: dierne, hus | ærþam, ærþon, *cj:* ær | æt: mid, to | ætfleon: fleon | ætforan: tof- | ætgædere: tog- | afiellan: f-, alecgan | agan: habban | agiefan: gesellan | alætan: forl- | amierred: amyrdred | and þeah: ac | *s.* and- | andaga: tid | arcebisceop: heahb- | awiht: hwæt ‖ bad(ian): nam(iare) | bearn: *cild* | bebeodan: beodan | bebycgan: sellan | beforan: tof- | belimpan: tob-, gel- | beniman: ætbregdan | beodan, þæt ne: forbeodan | beorgan: warnian | -bete *s.* twib- | beþamþe: swa *n.* III B | blæshorn: blowhorn | borg-: burg- | burg-: borg- | byrga: borg, *missverst.* se þe hit gebyrie | byrgen: byrgels ‖ carcern: *carcer*, cweartern | ceac: *ceap* | *ceap*: ceapgield, ierfe | *ceas s.* unbec- |

ceorl: ceorlman | ceorlisc man: ceorl | ciepa: ceapman | cierr: sið ‖ *dæd*: weorc | deofolgield: *idol* | Dryhten: God ‖ ealdor: hlaford | ealdormanna *s.* manna | ealswa: and, swa | efen: eallswa, *s. u.* geteald | eofot: þeofð | *esne*: þeow ‖ fære, fōr: *fare* | *fare* forð: forðfare | -feald: sið | fela: manig | feoh *Fahrhabestück, hier Sklav:* þeow | *s.* for-, *fore*- | forstandan: weorð beon, *standan* for | forstelan: stelan | forþam *denn:* for | forðbringan: gieldan | forþon, *for*þy: forþam | *friborg*: friðborg | frið: grið ‖ ge- *n.* I: and | *s.* ge- | gebod: bebod | gebodian: bebeodan | gebycgan: beb- | gebyrian: belimpan, habban | gehwæðer: ægðer | gehwelc: ægh- | gelæstan: fulfremman, *gesellan* | gemearra: yfelra | geo: hwilon | geoc: oxan | geond: on | geræda: *redan* | gereccan: getæcan | geresp: geræf | gesellan: fulfremman, gebetan, gieldan | gestrienan: begietan | geswicnan: geclænsian, geladian, getreow(s)ian | geteald efen *dyre*: gelic gedemod | geþeofian: stelan | geþeon: begietan, (ge)risan, gewelegod *beon*, upastigan | gieldan: *sellan* | gingran: ofspring ‖ god *Habe:* æh*t* | God: Dryhten ‖ he sylf: him sylf | hin*e sich:* hin*e* selfne | hlaford *s. u.* sea*r*u | hrægl: reaf | hun*d*: hun*dred* | hundeahtatig, -dteontig: e-, t- *ohne* hun*d* | hun*d*twelftig: hundtwentig | hwa: ænig, man | hwæðere: þeahh- | hwearf: gehwyrf | hwelc: geh- ‖ ierfe: orf | ilc: self | ilce: sam*e* | in: on | in on: innan | innan: inn*e* | inn*e*: in | (us) is to geþencanne: we mo*t*on þencan ‖ lareow: la*r*þ*e*ow | leafnes: l*e*af | leod(witan): þeod(w-) ‖ mæg: men | magas: mægð, ieldran | manna, ealdorm-: man, e- | menn*e*n: (þeow)wifman | siex swa micel: sixfeald þam | mid: be Af El 25, wið II Cn 50, 1 | middangeard: -neard, woruld | *s.* mis- | mundbyrd: -b*ryce* | munuc *fm:* mynece, nunne ‖ na: ne | nabban, nagan, nellan, nytan *s. Wortbildung* | nænig: nan *u. umgekehrt* | nan: na ‖ *s.* of-, of*er*- | ofworpod: oftorfod | on: be | on-: a-, æt-, of-, un-, un*der*- | ondryslic: egeslic | onfeng: an*d*f- | onsacan: æ*t*s-, ofs- | onsecgan: ætsacan | ontygnes: betogenes | onweg: aweg | *s.* or- | *orīge*: werige | oð-: æt-, be- | oðer healf $1^1/_2$: þ*reo* h*e*alf | oðer swilc: eft swa micle | oððe: oððon, oðer ‖ pundwæga: hu- ‖ sce*att*: dæl, sc*ot*, gescead, *s. u.* twis- | sceawian: sciftan | se *Art.*, sio [*quae fm*]: þe | se *wer:* seþ*e* | searo: si*er*wung | (hlaford)searu: -swice, -swicdom | s*e*lf: himsylf | si*e*(n): be*o*(n) | siml*e*: georne ‖ sið: cyrre | siðest: siðm*est* | spowan: belimpan | swa hwæðer (hwelc): swæðer(swelc) | swelc: hwelc, swa | (un)synnig: (un)scyldig ‖ tæcnan: tæcan | se teond: seþ*e* tyhð | to: be | tostandan: wiðs- | twædne *dæ*l: *t*weg*e*n dælas | *t*wel*f*hyn*de*: þegn | twibete: -bo*t*e | twisceatte: twigielde ‖ þegnriht: -nlagu, -nscipe | þ*e*nd*e*n: þonn*e* | þeow: þeowa, niedþeow | on þeowenne: to þeowte | þeowmennen: þeow*e*n | þiefefeoh: forstolen f- | -þon *instr:* -þam | þonn*e*: þonnon | þurfan: sculan ‖ *s.* un- *Praefix* | unbeceas: unbesa*e*en | unnan: willan | unsyngian: unscyldigne *ge*don, *s. o.* synnig ‖ wæga: pundw- | warnian: werian | weorc: *dæd* | wer *Ehemann: ceor*l | wer *Wergeld:* wergield | werleas: ceor[l]læs | wierdan: ab*re*can | wiernan: forw- | wilnian: willan | woh: unriht | woruldcund bot: -ldbot | wrecan: aw-, gew- | wrecca: eardw- | writan: awritan | wun*d*: gewundod ‖ ymb: ymban | ymbsierwan: si*er*wan ymb*e*

Wortstellung 1) *in den Hss. Eines Textes variirt Stellung der Pronomina* **a**) ure ælc I Cn 18, 2: æ. u. A **b**) se *c*ing him gearian II 59: him se c. BA; swa man him *tæce* 45. 1; h. m. A; wyrne him man 44: m. h. A **c**) gewylde hin*e* man 43: m. h. A; hin*e* geladige 45, 3: g. h. BA 2) *das hauptsächl. sbst des hypothet. Satzes steht vor* gif: cinban gif hit bið toclofen Af 50, 1; se *ceor*l, *seþe* hæfð . . ahyrod, gif he hæbbe Ine 60 | *auch obwohl Object:* sunu (*filium*) gif he ofstinge Af El 21 | *hauptsächl. sbst des Nebensatzes steht vor Hauptsatz:* woruldgerihta ic will*e* þæt *standen* IV Eg 2 | *vgl. 'Praeposition' n.* 2 3) *im Relativsatz tritt das Hilfsverb hinters Particip:* gerædnis, þe biscopas gecweden habbað; . . *d*omas, þe gesette wæron VI As Pro 4) *adj hinter sbst:* æwdan godne Wi 23 | *indem es ein dem sbst vorangehendes synon. Wort(glied) verdeutlicht:* (friwif locbore Abt 73); betstan widuwan eorlcundre 75 5) *s. Parenthese* 6) *s. alle Praepositionen, Regiertem* (*bes. Relativis, nam.* þe) *nachgestellt* 7) *s. Artikel n.* A; *auch* men þa leofestan Excom VII 1 8) ∼ *gemäss zu glossirendem Latein: G*ast þin halig Iud Dei IV 3, 2 *und oft*

F ***Wortstellung*** *s. Personalprn; auch* av*er* les pot Leis Wl 14, 1 I; les pot av*er* Hk

woruld *Welt; dt:* ∼lde E Gu 4 (wur- Ld). III Eg 1, 2 (weo∼! Ld; worlde D) = II Cn 2 (wer- A; worlde D); worolde V Atr 1, 2. 4 (worlde D) = VI (2, 1) 8, 2 = X 2, 1. VI 10, 2. V 9, 2 = VI 5, 4 *usw.;* worlde *stets* D. VIII Atr 38. Had 10; weoruld*e* II Cn 38, 1 A; wuruld! 11, 1 Ld. 38, 1 Ld: weo*rolde* Iud Dei VI 1 | *ac:* ∼ Af El 49 H. Iud Dei V 2, 5 | *pl gn:* ∼da *ebd.* — 1) *Erde, diese Welt* Af El 49 H; *ält.* middangeard EG 2) *Ewigkeit;* to ∼de I Cn Epil. II 84, 5 | on (þ*e*rh) ∼da ∼ Iud Dei (V 2, 5). VII 24, 1 A. VIII 2, 4, in (per) saecula saeculorum *übsnd* 3) for *Gode* ⁊ for ∼de *vor Gott und Welt, in Kirche und Staat, geistlich und bürgerlich* E Gu 4. III Eg 1, 2 = VI Atr 10, 2 = II Cn 2. V Atr 1, 2 = VI 8, 2 = X 2, 1. V 4 (9, 2) = VI 2, 1 (5, 4). V 33, 1 = VI 40, 1 = II Cn 11, 1. VI Atr 8. 36. 39. 53. VIII 38. X Pro = I Cn 1 b D. II Cn 38, 1. Had 10. [*Synonym* God ⁊ menn] 4) *Zeitliches, irdische Stellung, weltliches Gut; dt:* for (on) ∼de VI Atr 52 (Grið 21) 5) *zur rhetor. Verstärkung einer Verallgemeinerung* [*vgl. den Sinn 'allgemein' in* woruldsceame]; æfre on worolde [*dt*] Grið 25 (her on weo- Iud Dei VI 1, in toto mundo *übsnd*) *irgend jemals* (*irgendwohier*)

wor[u]ldæhta, *gn, weltlicher Güter;* wor*ld*- I Em 1

woruldbote, *ac, weltliche, bürgerlich-rechtliche Busse* EGu Pro 2. II Cn 38, 2 B; woruldcunde bot*e übr.* [*Ggs.: kirchlich*]

woruldcund *weltlich, bürgerlich-rechtlich; fm:* ∼de gerædnes III Eg 1 (worol- A; worl- D) = II Cn Pro; worl- A | *dt:* on ∼*dre* sibbe *natürlicher* [*nicht spiritualer*] *Verwandtschaft* VI Atr 12; woroldcundre steore 50 | *ac:* ∼de bo*t*e II Cn 38, 2; woruldbote B ‖ *pl gn:* ∼dra had*a* I Em Pro B; worol- HG; worl- D | *dt:* ∼*d*an *d*oman II Cn 68, 1 c; worulc- Ld; ∼de *d*om*e*, *sg,* B; ∼*d*an þingan Episc 1; woroldcun*d*an steoran VI Atr 52

worulddeman, *pl dt, weltlichen Richtern, in nicht-kirchlichen Gerichten* Episc 4. 9

wor[u]ldfrið; woroldfrið *staatsrechtlicher Friede* II Atr 1

woruldgerihta, *pl, bürgerl. Rechte, Landrecht, öffentliche [nicht kirchliche] Rechtsverfassung* IV Eg 2. 2,1

wor[u]ldger[i]snum, *pl dt;* æfter woroldgerysnum *nach bürgerlichen Rechtsgewohnheiten,* Landrecht Swer 1. Wif 1 [*Ggs.: Kirchenrecht*]

woruldgewunan, *dt, weltlichem Gewohnheitsrecht* IV Eg 1a [*dagegen Toller* 1195: *'weltlicher Standpunkt'*]

wor[u]ldglenge, *dt, weltlichem Pomp, irdischem Glanz;* worol~ Grið 21

woruldhlafordas, *pl, weltliche Herren, Dynasten mit Jurisdictionsrecht* Af El 49, 7 H; weor~ E

woruldlag[u] *bürgerliche, landrechtliche Satzung* [*Ggs.: Kirchenrecht*]; *dt:* ~ge II Cn 38,2 (weorld- A). 64; worol- B. Cn 1020, 2 | *pl:* woroldlaga X Atr Pro 1 | *ac:* woroldlaga settan *staatliche Gesetze aufstellen* VIII 36. Grið 24

woruldlic 1) *weltlich, geschäftlich; pl gn:* ~cra weorca I Cn 15, 1 *aus* worol- VI Atr 22, 1 2) *bürgerlichrechtlich, landrechtlich; fm dt:* worldlicre steore VIII 15. 38 | *pl dt:* ~cum þingum I Cn 17,3 (weorlðl- A) *aus* woroldlican V Atr 20 = VI 25,2; woroldlican steoran VI 51 | *ac:* ~ce steora EGu Pro 2 [*Ggs.: kirchlich*]

woruldlice, *adv, landrechtlich* I Cn 3, 1 (wur~ A; worldl~ D); woroldl~ G *aus* VIII Atr 5 [*Ggs.: kanonisch*]

woruldmannum, *pl dt,* Laien Episc 2

wor[u]ldneodum, *pl dt, weltlichen Nöten;* worl~ VIII Atr 32

woruldriht, *ac, bürgerliches Recht* [*Ggs.: kirchliches*] III Eg 5, 2. II Cn 18, 1; worol~ Cn 1020, 9

woruldsceame, *dt, Schande vor den Menschen, allgemeiner Verachtung* II Cn 53; wer~ A

wor[u]ldsteoran, *pl dt, bürgerlichen Strafen;* worol~ VI Atr 51 [*Ggs.: kirchliche*]

woruldþegn *bürgerlich-rechtlicher [nicht geistlicher] Adliger, Vollfreier; gn:* ~genes Norðleod HQ (~eigenes, ~eines *Var.;* worldþegnes D; weroldþegnes Ld). Að 2 OH; worldþegnes D; weoroldþegnes Ld

woruldweorðscipe, *dt, weltl. Ehrenrange;* woroldweorðscype V Atr 9, 1 (worldwurðscipe D) = VI 5, 3 = ~dwur~ I Cn 6, 2a; wuruldwur~ A; worldwur~ D

wor[u]ldwige, *dt, weltlichem Kampfe;* worl~ VIII Atr 30

wor[u]ldwitan, *pl, Staatsleiter, Volksfürsten;* worol ~ VI Atr 51 = VIII 36 (worl~) = Had 11 (worl~) = Grið 24; worl~ VIII Atr 43 [*Ggs.: Prälaten*]

wor[u]ldwite; *dt:* worl~ 1) *bürgerlich-rechtliche Strafe* VIII Atr 17 2) *materielles Strafgeld* Northu 10, 1 [*zu beidem Ggs.: geistl.* Busse]

wrac[u] *Rache; ac:* ~ce 1) *gewaltsame Rechtsverfolgung in Selbsthilfe, durch Wegnahme eines Zwangspfandes* Ine 9; ~che Q; wræce Bu Ld 2) *Rächung des hingerichteten* (*oder Befreiung des zur Strafe geführten*) *Verbrechers* VI As 1, 5; *unübs.* Q 3) *Blutrache am Totschläger oder dessen Sippe* II Em 1, 3 | mon mot twelfhindne man gewrecan fullan [*dt instr?*] wræce be 6 ceorlum Að 1 Ld *aus* he bið fullwrecen on 6 c- *der übr.* — *Der.:* þeofw~

wr[æ]cca *s.* wreccena

wræcnige, *op* 3, *pilgere elend verbannt* VIII Atr 26 = II Cn 41; wrec~ B

wræcsið, *ac, Pilgerfahrt in elender Verbannung* II Cn 39; ~cðsið G; wrec~ B; wrecsyð A

wrang, *ac,* ænig ~ beodan *Unrecht zufügen* Wl Lond 4 [*nord.*]

I) [-wreca] *s.* ærendw~

II) *s.* wreccena

wrecan *rächen* II As 6, 3 (wræcan Ld). 20, 7 (aw~ Ld). VI 1, 5. VIII Atr 2, 1. Að 1; gew~ Ld | *op* 3: ~ce EGu 12 = VIII Atr 34 f. = II Cn 40, 1 f. Grið 17; *rece* II Atr 6, 1 B; wræce Ld | *pl:* we ~ VI As 8, 3 | 3: ~cen II As 6, 2; ~ So; wræcan Ld | *pc dt:* þam ~cendan Ine Rb 9; wræc- Ld | *ptt op* 3: wræce VI As 7 — 1) *abs. rechtliche Selbsthilfe üben, durch Fortnehmen eines Zwangspfandes* Ine Rb 9 2) *Hingerichteten rächen an dessen Bestrafern* [*oder auch Hinzurichtenden befreien?*] II As 6, 2 f. 20, 7. VI 1, 5 3) *durch* Blutrache *am Totschläger den Erschlagenen rächen* Að 1 4) *vergelten* a) *als Obrigkeit strafend:* dæde EGu 12 = VIII Atr 34 f. = II Cn 40, 1 f.; Cristes (*Godes*) abilgðe VIII Atr 2, 1 (35) b) *in Selbsthilfe:* teonan VI As 7. 8, 3; slyht, hergunge II Atr 6, 1 c) *unberechtigt Rechtsstrafe rächen:* witnunge Grið 17. — *Der.:* aw~, gew~

wreccena, *pl gn, Geächteter, friedlos Erklärter* Af 4; wrecena B H So; *geändert in* eardw- B. [*Vgl.* wræcnige, -csið]

wreon *verhüllen, decken; fl.:* hine (*sich*) to wreonne Af El 36, operitur *übsnd; unfl.:* ~ Ld

wringhwæge, *dt, Molke [die] der Käsepresse [enttropft ist] Rect* 16

wriste, *ac, Handwurzel* Ordal 2; wyrste Q *Var.*

[-writ] *Der.:* (ærend-, frið-)gewrit, awrit

writan *schreiben; op* 3: ~te IV Eg 15, 1 | *ptt pl* 3: writon Af El 49, 8 H So; ~ E; aw~ hetton Ld | *pc:* gewriten I As 3 Ld. Sacr cor Pro. II Cn 14 B; gewrytan A; awriten G. — *Der.:* aw~, gew~

(-)wu- 1) *für* u-: *s.* geunnan, uðwita 2) *für* weo-: *s.* betweox, sweord, sweostor, (ge)swutelian, swutulung, weorc, weorð *sbst, adj,* (for-, ge-) weorðan, weorðian, weorðig, weorðmynt, woruld weorðscipe, weorðung 3) *für* wi-: *s.* cwucu, wice, widuwe, gewita, uðwitan, (a)wiht, wuton 4) *geschwunden: s.* aht, noht 5) *für* wy- *aus* wie-: *s.* wierðe 6) *dafür* u-, vu-, weo-: *s. d.*

wuce *s.* wice

Wudestoc *s.* Wudus~

wudian *Holz fällen* Ger 9

wud[u] 1) *Wald; gn:* wuda bærnett *Gehölz-Abbrennung* Af Rb 12 H Ot (wudub- *übr.*). Ine Rb 43 (wude B; wudub- H); wuda onfeng *Holzaneignung* 44; wude B; wudes ne feldes Becwæð 3 | *dt:* on wuda 7 felda (wætere) II Cn 80 (Ger 3); on wuda forbærne (afylle) Ine 43 (43, 1); inne wuda III Atr 16, *mit Nebensinn: 'heimlich, verdächtig', wie in* geond ~ [*ac*] Ine 20 | *ac:* ~ Af 12 f. 2) *Holz;* ~ cleofan Ger 11

wudubærnette, *dt, Wald-Abbrennung* Af Rb 12 (~bernete B; wuda b- HOt). Ine Rb 43 H; ~*ete* Ld; wuda b- EG [*vgl. Ortsnamen* Brentwood]

wud[u]hewet; wudeh~ id est nemoris cæsio *Holzfällen in fremdem Privatwalde* Hn 37, 1, *leichtere Missetat als* in parco regis vel foresta 37,2 [*vgl.* wuduheawere: lignorum caesor *Toller* 1278] æt **wudulade**, *dt, beim Holzladen Rect* 21, 4, *von* Q *verlesen als* **[wudulande]**: in *terra* nemorosa

wuduræden *Holz[fällungs]-Recht Rect* 8; esarticare *roden* Q

Wudustoce, *dt*, (*New*) *Woodstock bei Oxford* IX Atr Pro; ∾des∾ I Pro

wudutreowa, *pl ac, Waldbäume* II Cn 5, 1; weodat∾ A

wuduwe *s.* wid∾

wuduwearde, *dt, Waldwart Rect* 19; wudew∾ Q; wudewarde Rb; *fore*starius Q

wuht *s.* wiht

wulcamb *s.* wullc∾

wuldor *Ruhm, Preis* I Cn Epil. II 84, 5 | *gn:* ∾dres Iud Dei IV 2, 3, gloriae *glossirend* | *dt:* ∾*dre* VIII 2, 4, honorem *übsnd*

wulfas, *pl, Wölfe* Iudex 12, lupi *übsnd.* — *Der.:* werwulf

wulfesheved, lupinum caput, *Wolfskopf* (*tragen, d. h. friedlos, geächtet, vogelfrei sein*) ECf 6, 2a; *Var.:* vul-, wol-; -ves-, -vis-; ∾hed [wulfheafodtreow, '*Verbrecherbaum*' *heisst schon im agsä. Rätsel* 56 *der Galgen; vgl.* Archiv neu. Spra. 114 (1905) 163]

Wulfhelm *Erzbischof von Canterbury; no:* ∾me! II As Epil Ld; Wlf-Q *Var.* | *gn:* ∾mes I Pro (∾lm! D). As Alm Pro. [III Pro]

Wulfstan *Erzbischof von York* I) *I.*, † 956, I Em Pro **II)** *II.*, † 1023, ∾nus VI Atr Pro L. 40, 2 L

wul[l]camb; *ac:* wulc∾ *Wollkamm* [*Webewerkzeug*] Ger 15, 1

wulle, *gn, Wolle* III Eg 8, 2

[-wuna] *s.* (woruld)gew-

I) wund 1) *Wunde* Af 45. 45, 1 | *dt od. gn:* ∾de 66, 1 2) *Verwundung;* ∾[*no*] wið ∾de [*ac*] Af El 19, vulnus pro vulnere *übsnd* | *dt:* eagena ∾de Af Rb 47 H (eagw- *übr.*). Af 75, 1 | *ac:* ∾de 42, 4 (wundwite H). 2, 1; *pl übs.* Q, *wohl, da sg vorher, mit Unrecht.* — *Der.:* eagw∾, feaxw∾, heafodw∾

II) wund *verwundet* Abt 68. Af 53 (gewunded B). 61 (gewundod Ld; rifw∾ B). 65 (gewundod [-ded] B [H]). 68; gewundod H Ld; -dad B. — *Der.:* cearw∾, hrifw∾, þurhw∾

wundige, *op* 3, *verwunde* II Cn 48, 1 B; gew∾ *übr.* — *Der.:* forwundian, gewundian

wundwite, *ac, Bussgeld für Verwundung* [*an den Verletzten? oder Strafe für blutiges Fechten an den Gerichtsherrn, gemäss Zeit um* 1100, *meinend?*] Af 42, 4 H *nicht original;* wunde E Ot

wunian 1) *bleiben;* 3: ∾nað IV Eg 9 | *op* 3: ∾ie As Alm 2 2) *wohnen; inf:* ∾ Cn 1020, 20 | 3: wunað IV Eg 15 | *pl* 3: ∾iað 14, 2 | *op* 3: ∾ige, þær (*wo immer*) he ∾ige V Atr 6, 1 = VI 3, 2. — *Der.:* gew∾, onw∾, þurhw∾

wununge, *ac, Wohnung* VIII Atr 40

wurc *s.* weorc

wurd-, wurð- *s.* weorðan

wurð(e), ∾**ðian**, ∾**ðig** *s.* weorð(-); wierðe

wuðwuto *s.* uðwito

wuton + *inf.* (= *op.* [*ipa.*] *pl.* 1) *lasst uns! zumeist* uton I As 2. VI 8, 9. V Atr 35 D (u*tan* GG 2). VIII 43 - 44, 1. IX Expl. I Cn 1c D. 2 D. 18, 1. 20. II 8 (u*tan* Ld). 68 (u*tan* G). 84, 3 (u*tan* G); wu*tan* VI Atr 31 (wytan D); wi*tan* I Cn 2 A

-wy- 1) *für* -we-: *s.* gecwedræden, acwelan, cwene, hwelc, swelc, sweltan, swerian, *twelfhynde*, beweddod, wer(gield), werian 2) *für* weo- [*s.* wu-*n.* 2]: *s.* sweord, geswutelian, swutulung, betweox, weorc, weorð *sbst, adj*, (for)weorðan, weorðmynt, -ðung 3) *für* wēo-: *s.* betweonan, þweorh 4) *für* wi-: *s.* widuwe 5) *für* wu-: *s.* wu*ton* 6) *dafür* we-: *s. d.*

wyca *s.* wicca **wycan** *s.* wice

wyddian *s.* wed∾

wydewe *s.* widuwe **wyld-** *s.* wild-

wylen, -lisc *s.* wiel

wyllan, ∾**lnian** *s.* wil

wyngeard *s.* win∾

wyndlan, *ac* [*pl?*], *Wunde(n?)* Northu 23

Wynelandia Lond ECf 32 E, *Baltisches Küstenland, aufgezählt zwischen* Samland *und* Kurland; *viell. Semgallen an der Viena* (*d. i. Düna*); *oder bessere* Witland, *östl. der Weichselmündung*

wynter *s.* win∾ **wyr-** *s.* wer-

wyrc- *s.* weorc-

wyrcan *wirken* II As 20, 1. *Rect* 2—4a. Episc 4; ∾cean Cn 1020, 3. Duns 3, 1. 8, 4. Ger 11 | *pl* 3: ∾að Af El 49, 3 G (*irrig für* wyscað). I Em 6; ∾ceð! III Atr 16 | ***op*** 3; ∾ce Af 23, 2 (gewyrce HB). Ine 3 (w*eroe* B). III Eg 6, 1 (wirce D). II Cn 8, 1 (wirce A). 45, 2; weorce A *usw.* | *pl* 3: ∾ Episc 11 | ***ipa:*** wyre Af El 10; -ce G So | *pl:* ∾ceað 3; ∾cað GH | ***ptt*** 2: worhtest Iud Dei IV 3, 3 | 3 (*meist op*): -hte I Ew 2. I Atr 1, 8. II 9, 3 *usw.* | *pl* 1: we worhtan I Cn 18a. | 3: worhton II Atr 1 | ***pc:*** geworht II As 22, 2. II Cn 30, 5; geweorht B; geworoht A; gewroht Ld; *ac:* geworhtne II Atr 3, 2 — 1) *körperliche Arbeit tun, weltliches Geschäft verrichten* Ine 3 - 3, 2. EGu 7, 1 = II Cn 45, 1 f. III Atr 16. *Rect* 2. 4a | *m dt eth.:* eow *für euch* Af El 3; hlaforde (-dum) VI As 5. Rect 3 (Episc 11) 2) *herstellen, machen* **a)** *Körperliches:* fals *Falschgeld* II As 14, 1 = II Cn 8, 1 f. | worhtest win Iud Dei IV 3, 3, vinum fecisti *glossirend* | godas Af El 10; friðgeard Northu 54; hulc II Atr 3, 2 **b)** *Vertrag* 1; frið Cn 1020, 3. Episc 4 **3)** *verrichten, tun:* weorc Af El 16. II Cn 30, 5. *Rect* 4a; inweorc Ger 11; þeowweorc Wi 9 | cypinge *treiben* Cn 1020, 18 **4)** *verüben:* faon II As 14, 1; woh III Eg 6, 1; liblac I Em 6; yfel VI Atr 52, 1; unriht I 1, 8 = II Cn 30, 7; *mit gn:* unrihtes A | *abs: verbricht* Af 23, 2 5) *vollziehen, erfüllen: Godes* willan I Cn 18a; riht *Prozesspflicht, Urteil* I Ew 2. II As 20, 1. 22, 2. Hu 1. Duns 2. 3, 1. 8, 4; andsæc II Atr 9, 3. — *Der.:* aw∾, forw∾, forew∾, fulw∾, gew∾, samw∾; unworht, yfelwyrcend

[-wyrce] *s.* gew∾

[-wyrdan] I) *s.* andw∾

II) *s.* wierdan **wyrg**(e) *s.* wier-

wyrgeld *s.* wergield

[-wyrht] *s.* gew∾

wyrhta 1) *Schöpfer* (*Gott*) VI Atr 42, 2 = X Pro 2) *Arbeiter* **a)** *Landbebauer, unterster Colone, als Einheitsmass für die Höhe der Abgabenpflicht seines Hofherrn an dessen Oberherrn; dt:* ∾an Ine 59, 1; wyrðan Ld; wirðan So; wirt(h)an, wyrtan *unübs.* Q **b)** *Handwerker* [*vgl.* suboperarius]; *pl dt:* oðran ∾an *hinter 'Müller, Schuster, Klempner'* Ger 16. — *Der.:* esnew∾, forw∾, gew∾, morðw∾, niedw∾, scieldw∾, smeaw∾

[-wyrhte] *s.* ciesw∾

wyri[g]e, wyrnan, wyrs- *s.* wier-

wyrst *s.* wri*st*

wyrt *Kraut, Pflanze; pl dt:* ∾tum II As 23; wirtum VIIa Atr 1, herbis crudis *übsnd* | *ac:* ∾to Iud Dei IV 4, 5, herbas *glossirend*

wyrð I) *s.* weorð II) *s.* weorðan, 3

wyrtha, wyrða *s.* wyrhta

wyrðe I) *s.* wierðe II) weorðan, *op* 3

wyrðmynt, ∾**ðung** *s.* weorð∾

wyr[t]tun; *ac:* wyrtun *Krautgarten* Ger 12 [*daneben* 11: orceard]

wyrtwalian *jäten, aushacken* Ger 13. — *Der.:* aw∾

wys, wyssian *s.* wis, wis∾

wyscaþ eow hælo, *pl* 3, *wünschen* Af El 49, 3; wis∾ So Ld; wyrcað! G

wyta, -tan, -te *s.* wit∾

wytan *s.* wuton **wyð** *s.* wið

X.

-x 1) *geschr.* xh: *s.* feax xs: *s.* neah, *spla* 2) *für* -hs: *s.* labslit, neah *spl* 3) *für* -cs: *s.* ricsian | *aus* -sc: *s.* geascian, *disc*, tusc 4) *dafür* -h: *s.* siextig | -hs: *s. d.* | -ss: *s.* Westseaxe

xp̄ *für* Christ-: *s. Abkürzung*

Y.

-y 1) *abweich. von* -æ *s.* brægd 2) *von* -e: *s.* oðberstan, *cennan op* 3, helpan, her, sceððan, self, sellan, *sester*, *stede*, þe *n.* V *Z.* 4 3) *von* -ēa: *s.* giemeleast, -searu, teag 4) *von* -ēo: *s.* gebeorgan, feorm, geond, sculan *pl* 3, (ge)treow-(s)ian 5) *für* -ie *älterer Hss. schreiben jüngere häufigst* -y; *z. B.* sie Af 1, 1 E; sy H; *oft durch Rasur geändert* -ie *in* y, *z. B.* 5 H | *für ws.* -ie 9. *Jhs.*, *wie* gierd, ierfe, *später* -y *häufigst* 6) -y *für* -i: *s.* beberan 3, *cirice*, ciric-, dryncelean, findan, finger, frið, friðian, onginnan, ilc, is (nis), libban, belimpan, miht, *milts*, *misdæd*, mixen, nigon, niht, niman, geniðerad, *ride*, *rift*, riht, rip, woruldgerisnu, sciftan, scilling, (þegn-, weorð-)*scipe*, scrift, sibb, sibleger, (hær)sife, simle, sinoð, sinu, siððan, *sittan*, Siw*ard*, *slite*, *stille*, stinge, swice, swicn, swingan, (wer)-tihtla (-lian), tilung [ty-, teo- *Hss*], timbrian, þes *nt*, þ*ider*, þridda, þrifeald, þ*rines*, þrittig, þriwa, wil*d*-(*deor*), (ge)will(an), winter, gewita, witan, wið, wiðertihtlan, *wrist* 7) *für* -ī: s. (ge)bidan, gislas, gitsere, hriðer, idæges, idelnes, Ine, (ordal)isen, lician, min, *rice*, scir(mot), (wræc)sið, sið-*cund*, geswican, (slieht)swin, swiðe, twibote (-hynde, -sceatte, -scyldig), geþristlæcan, wi*te* 8) *für* -u: *s.* berstan *ptt op*, utancumen, frumtihtle, Guðrum, soulan, sulh, ufera, uterra, beþyrfan 9) *vgl.* -ya, ye, yo- 10) *minderbetont* a) *für* -e-: *s.* æryst II Cn 1 B, gewana, (unge)stroden; *aus* -u: *s.* sacu *no.* b) *für* -i: *s.* asetnysse, betogenesse, clænnesse, gerædnes, gewitnes *und im Suffix* -nis (-nes) *oft*; cyning *gn*, mearcian, geþafian, Wielisc, yfelian 11) *geschr. für* j- (*aus* ge-): *s.* yongermen [*me.*] 12) *verschr. für* a) -þ: *s.* twelfhinde b) þ-: *s.* þingeman 13) *dafür* -æ: *s.* siexhynde | -e [*auch* hyldo, scyldwite]; *vgl.* terranico *für tyrannin Urk. aus Sussex von* 780 *bei Birch* Cartul. 1334 | -i [*auch* æbylgð, cynegild, -elic, cyning, fylgean, wyscað] -u [*auch* cume *statt* tyme]: *s. d.* 14) *vgl.* wy-, *Umlaut*

-y, *alter Instr. erhalten, s.* ceapi, folcy, þy

ᴸy- 1) *für* i-: ydoneus Hn 5, 1; ymago Leis Wl 40 L; *s.* Isaac, Isaias 2) *für* -u-: fyrtum Iud Dei IV 4, 3

ᶠy- *für* i-: *s.* iglise

-ya- *für* ea-: *s.* ongietan

ydæges, ydelnes *s.* id-

-ye- *für* ie: *s.* neah, *spl*

I) yfel *übel;* ∾ sceaða *böse, arg* (*Teufel*) I Cn 26, 2 | *fm:* ∾ æwbryce *schlimm* II 50, 1 | *ac:* for his ∾ lan [!] man *zu gunsten seines schuldigen Vasallen* II As 3; men [*dt*] So Ld | *nt no:* ∾ bið, þæt *arg ist es, dass* II Cn 46, 1 | *pl msc gn:* ∾lra manna *schlechter* I Ew 1, 5 (*dafür* gemearra B); - gerefena Iudex 13 | *ac:* ∾le gingran 10

II) yfel 1) *Übles, Böses, Schlechtigkeit; ac:* ∾ don Iudex 10, 1 2) *Missetat, Vergehen; gn:* him yfles gestieran Ine 50 (∾les B). VAs 1 Ld; ∾les H; he ∾les geswice VI 1, 4 = 12, 2. I Atr 1, 5 (∾ [*ac*] B) = II Cn 30, 3 b | *dt:* for his yfle V As 1 Ld; ∾le H; to yfle Af 37, 2 Ld; ∾le HB [*vgl.* do to gode II Cn 84, 4 b] | *ac:* ∾ Abt 2; *blutige Verletzung* 18. Hl 13. 15 | *pl gn:* hwæt yfla gedon Af 37, 2 E; to yfle *übr.*

yfelgiornisse *Bösartigkeit* (*schlimmer Wunde*) Iud Dei IV 3, 5, mali*t*ia *glossirend*

yf[e]lian *schädigen, blutig verletzen; op* 3: yflige II Em 2; yflyge H. — *Der.:* geyflige

yfelvoerc, *ac, böse Kunst, Zauberei* Iud Dei IV 4, 5, maleficium *glossirend*

yfelwyrcendo wyrto, *pl ac, Magie wirkende, zauberische Kräuter* Iud Dei IV 4, 5, herbas maleficas *glossirend*

yfera *s.* uferra **yfl-** *s.* yfel(-)

ᶠyglise *s.* egl∾

yhte *s.* iecan **ylc-** *s.* ilc-

yldesta, -dra *s.* eald

ymb A) *prp.* **I)** *m ac* 1) *temporal* a) *zu, bei:* niht *noch zur* [*vor der*] *Nacht* Ine 72; **ymbe** B b) *nach:* 3 niht Hl 10; 7 niht Af 42, 1; ymbe *ändert* H | *je nach:* 9 niht Duns 2; 4 wucan II Ew 8 Ld (ymbe HB) = Hu 1; **emban** ænne monað VI As 8, 1 | ∾ long *über lang, späterhin* Ine 21, 1; ymbe *ändert* H; **emb** B 2) *causal: um;* ∾ þæt *deshalb* Af El 49, 3 | *hinter Regiertem:* þe þu ymbe specst *worum du klagst* Swer 9; *oder s.* ymbsprecan 3) *über, betreffend, bezüglich:* landgemæra A Gu 1 (ymbe B 2); ymbe *neadgafol* IV Eg 1, 3; smeagean ymbe sawla *ræd* I Em Pro; **ymbon** D; ymbe *bote* smeagean VI Atr 31 (= II Cn 8 [**embe** A; *zweimal dort auch* GB]). 32. 32, 1; do ymbe his agen Ger 5; embe forfang Forf 2; emban *urne* ceapgild VI As 6, 1 4) *final: nach, zwecks, um;* ymbe hwæt he *ride* IV Eg 7 5) (*auflauernd, nachstellend, trachtend*) *nach, verräterisch gegen:* feorh sierwan Af 4 (= V Atr 30; ymbe G 2. D. VI 37). 4, 2; ymbe HB; ∾ cining syrwe II Cn 57; emb A; ymbe, embe B; *reg. prn nachgestellt:* hine (him, *dt*, H) ymbe (ymb Ld) ne sierede Af El 13 G; ne ymbsyrede E 6) ∾.. beon *sein bemüht um, beschäftigt über;* ymbe þás smeagunge IV Eg 14; bo*te* V Atr 26, 1; ymban D; ∾ some Episc 3 | *hinter regiertem Relativ:* þæt we embe synt Iud Dei VII 13 A **II)** *m dt, hinter regiertem Casus: s. 8 Z. vorher* **B)** *adv,* læss ymbe beo *weniger eifrig, darum bemüht, sei* [*vgl. n.* A I 6] II As 25 = V 1, 2

ymban, ymbe, ymbon *s.* ymb

ym[b]cyme *Zusammenkunft, Versammlung;* ymcyme Wi Pro

ymbre[ccan]; *ptt* 1: þæt ic ymberehte *was ich erklärte Rect* 21, 5 [*oder* ymbe *prp. hinter regiertem ac*]

ymbren 7 fæstena VI *Atr* 23 K; *besser* [*so auch Toller* 1297 b, *Z.* 14] ymbrenf- D. — *Der.:* rihty∾

ymbrendagum, *dt, instr. Sinnes, an Quatembertagen* I Cn 17 *aus* V Atr 18 D; rihty∾ *übr.* — *Der.:* rihty∾

ymbrenfæsten *Quatemberfasten* I Cn 16; quatuortemporale ieiunium Q |

pl ac: ~na VI Atr 23 D; ymbren 7 f-K; ieiunia Quatuor temporum L

ymbrenwicum, *pl dt, Quatemberwochen* Af 43; ~wuc~ B; ~wucan H

ymbsierwan *umlauern, nachstellend zu töten trachten; ptt* 3: hine ne ~syrede Af El 13, est insidiatus *übsnd;* ymbe ne sierede G; syr- So Ld; him [*dt*] syrwde ymbe H [*oder* ymb *prp hinter regiertem ac*]

ymbsp[r]ecan; 2: þe þu ymbespecst *die du einklagst* Swer 9 [*vgl.* ymbsprécon: murmurabant *bei Toller*] *oder* ymbe *prp hinter regiertem* þe: *worum, wegen der*

ymcyme *s.* ymbc~

ᴸympnus *für* hymnus Iud Dei XVI 1, 1

ynce *Zoll; gn:* ~ces lang Af 45. 45, 1; inces E | *ac:* ~ Abt 67, 1 | *pl dt:* ~cum *ebd.*

Yne *s.* Ine

-yo *für* -io: *s.* se *n.* I, *fm*

yongermen *angeblich* 'Dänisch' *für agsä.* læssþegnes, mediocres [*tatsächlich vielleicht mengl.* yongren = *agsä.* gingran *Unterbeamte*] Ps Cn for 2

ᴸyperbaton *für* hy~ *Wortversetzung* Hn 4, 7a

yppan 1) *aufdecken, anzeigen; op* 3: gerefan [*dt*] eofot yppe Af 22 H; geyppe EB | *ptt pc:* gylt geypped nære 5, 4 2) *offenbaren, kundtun;* mæht sie giypped Iud Dei IV 4, 4, virtus sit manifestata *glossnd.* — *Der.:* gey~

yppe, *prd nt; entdeckt, offenbar, kund* Ine 21, 1. 35 | ~ on þone *gegen den, zu Lasten dessen* 43

[y]ppingiren; *ac:* ip~ *Brecheisen* Ger 15

-yr- *für* -ry: *s.* bryne | *für* -ri: *s.* [riscbinn?], geþristlæcan, wrist | *für* -re: *s.* frehte(?)

yrde *s.* ierð **yrf-, yrv-:** *s.* ierf-

yrhðe *s.* iergðo

yrsebinne, *ac,* [..?*korb*] Ger 17 [*viell. für* riscb~ *oder* irseb~]

ys *s.* is **Ysaac, Ysaia** *s.* Isa~

ysen *s.* isen

ytmesto *s.* uterra

Z.

ᴸᶠ**z-**; *dafür* g: *s.* gingiber

ᶠ**-z** 1) *für* c: *s.* force 2) *als plur. Endung: s.* amende, chival, chose, li *art.,* vache, voz

ᴸ**Zacharias** papa [741—752] ECf *retr* 17, 1^4. Lond ECf 11, 1 A 1^b

Zahlwort 1) *mehrgliedriges* ~, *nur teilweise in Worten geschr.: s.* fif 7 XXX; *unter* twelf-: *s.* XII gylde, XII hund 2) hund *geschwunden vor* eahtatig, teontig; *s. d.* 3) *Ellipse der Eins vor Geldeinheit:* [1] scilling Abt 17. 51. 55. Hl 12 f.; *davor später* an Ine 49, 1 B | mid (ane *fügt zu* H) punde Had 2 4) *multiplicativ* a) *ausgedr. durch blosses Ordinale:* II (III) gebete *büsse zwei (drei) fach* Abt 9 (85) | twiscyldig *doppeltschuldig* | syx swa micel Mirce 1, 1; syxfeald þam Ld b) *vgl.* -bete, cierr (*ersetzt durch* sið), -feald, -gilde, -scætte, sið, swa *n.* II A, swele, tuwa, þriwa c) oðer swilc *nochmal so viel* Mirce 3, 1; eft swa micle Ld 5) *das um eins höhere Ordinale halbirt bedeutet Cardinale weniger ein halb: s.* siexta; oðer [*s. d. n.* II 1c] healf: $1^1/_2$ 6) þreora (feowra, sixa, twelfa) sum [*s. d. n.* A 2] *selbdritt* (*-viert, -sechst, -zwölft*) *setzt die Hauptperson bald in, bald neben die Zahl; vgl.* ᶠsiste 7) *dividirend* a) *Bruchnenner, Flur- od. Geldteil; s.* æcer, dæl, healf, nigon, pening, sceat, teoða b) dælan on twa (þreo, *s. d.*) *halbiren* (*dritteln*) c) dælan [*s. d. n.* 2] wið *je die Hälfte empfangen* 8) *distributiv; s.* á, æfre, ān *n.* 5, *Artikel n.* A 3, gehwylc, simle, twegen 7 twegen, wægntreow, ymb *n.* A I 1b | æt [*s. d. n.* 5] (ælcon) scill. penig *von je 1 Sch.: 1 Pf.* Forf 1 (3,1) 9) *sbst. m. abhängigem gn* Abt 2. 6. 8. 11 f. *usw.; vgl.* þritig ‖ *später geändert in adj* (*das schon orig. in* X scættas Abt 72, 1; 12 scillingas 11. 15; 6 scillingum 16 *usw.; vgl.* hundred, seofon): *s.* siextig | XX penega II As 9 H; -gas Ot | XII ambra Ine 70, 1; *geänd.* -res H | binnan XXX nihta Ine 2 (-tum Bu H). II Cn 39, 1 = 41, 2 B (-ton GA) 10) a) *flectirt: s.* ān, þa nigene; twelf b) *fl. nicht in allen Hss.: s. ebd.,* feowertig, fiftig, siextig, þritig c) *fl. nur im Endglied:* mid an hundred and twentigum I Cn 3, 2 A; *unfl.* -tig *übr.* 11) *Mehrzahl mit sg: s. Numerus n.* 1 12) *Zugabezahl: s.* niht *n.* 3; triginta et unus 13) *hohe Zahl nach oben abgerundet:* 6 þegna wer [*genau:* 6 × 1200 × 4 pen.] is XXX þusend sceatta [*statt* 28 800], þæt bið 120 punda [*genau:* 28 800 pen.] Mirce 2 14) *hinter Zahl denke hinzu:* a) scilling, pening, *s. Ellipse* b) '*Männer*'; nime V (XI) II Cn 44, 1 (48); men *fügt zu* B c) '*Psalmen*'; singe ān fiftig V As 3; sealmas *fügt zu* Ld 15) *sofern* ~ *in jeder Hs. nur durch römische Zahlzeichen ausgedrückt,* [*leider!*] *oft nicht im Wb. notirt*

ᴸ***Zahlwort*** 1) sexaginta [*s. d.*] et decem (XX) = 70 (80) 2) viginti [*s. d.*] × 4 (7) = 80 (140) 3) *Ellipse: s.* quinquagenarius, *woxu* psalmorum *später*

ᶠ***Zahlwort*** 1) *gebildet durch Multiplicirung von* vint: *s. d.* 2) *distributiv: s.* a, *prp n.* 9; cascun; tuteveies

---

Buchdruckerei des Waisenhauses in Halle a. S.

DIE

GESETZE DER ANGELSACHSEN.

HERAUSGEGEBEN

IM AUFTRAGE DER SAVIGNY STIFTUNG

VON

F. LIEBERMANN.

ZWEITER BAND

ZWEITE HÄLFTE: RECHTS- UND SACHGLOSSAR.

HALLE A. S.
MAX NIEMEYER.
1912.

Vorwort.

Wer vieles bringt, wird manchem etwas bringen.

Dem Erforscher der Englischen Geschichte des 7.—12. Jahrhunderts besonders aber dem Historiker Germanischen Rechts wünscht dieses Glossar den Stoff, den ihm die Gesetze der Angelsachsen bieten, nach Stichwörtern geordnet vorzulegen. Nur soweit es zu deren Verständnis nötig schien, wird auch aus anderer Literatur des mittelalterlichen England zitiert oder auf festländische Parallelen verwiesen. Aber kein Artikel versucht etwa seinen Gegenstand zu erschöpfen.

Die erste Korrektur hat Herr cand. iur. Paul Abraham mitgelesen und zu einigen Stellen zum Teil ausführliche Vergleiche festländischen Rechts geliefert. Von diesen findet man eine grössere Anzahl aufs äusserste gekürzt mit seinem Namen aufgenommen.

Der dritte Band wird die Einleitungen zu den einzelnen Denkmälern und einen Kommentar zu jeder Stelle der Gesetze bringen. Dieser wird sich nunmehr häufig auf das Glossar nur kurz beziehen dürfen.

Berlin, Juli 1912.
10 Bendlerstr.

F. Liebermann.

Inhaltsverzeichnis.

Stichwörtern, die nur auf andere Artikel verweisen, ist † vorgezeichnet.

Abkürzungen, Siglen.

Vgl. auch oben S. IV, V.

Bateson: *Borough customs* (Selden soc.) 1904/06.
Birch: *Cartularium Saxonicum: a coll. of charters rel. to Anglo-Saxon hist.* 1885/93.
Brunner: *Deutsche Rechtsgeschichte* I² (1906), II (1892).
DRA: *Deutsche Rechtsalterthümer* von J. Grimm⁴ 1899.
DRG: *Deutsche Rechtsgeschichte.*
Earle: *A handbook to the landcharters and other Saxonic doc.* 1888.
Eccles[*iastical*] *inst*[*itutes*] ed. Thorpe *Anc. laws* (*s. u.*) 466 ff.
EHR: *The English historical review ed. Poole.*
HEL: *History of English law.*
His: *Das Strafrecht der Friesen im Mittelalter* 1901.
Kemble: *Codex diplomaticus aevi Saxonici* 1839/48.
N: Normannenzeit; wenn hinter der Nummer, nur auf diesen einen Satz, sonst auf mehrere folgende Nummern bezüglich.
Polity: *Institutes of ~, civil and ecclesiastical* ed. Thorpe *Anc. laws* (*s. u.*) 423.
Pol Mai: Pollock and Maitland *The history of English law before . . . Edward I.* 1895.
Schmid: *Die Gesetze der Angelsachsen*² 1858.
Schröder: *Lehrbuch der Deutschen Rechtsgeschichte*⁵ 1907
Thorpe: *Ancient laws and institutes of England* 1840 folio.
Thorpe: *Dipl*[*omatarium Anglicum ævi Saxonici*] 1865.
Toller: *An Anglo-Saxon dictionary based on . . Bosworth* 1882 — *Suppl*[*ement*] 1908.
Wilda: *Das Strafrecht der Germanen* 1842.
Wulfstan: *Sammlung der ihm zugeschriebenen Homilien*, hrsg. Napier I, 1883.
~: Stichwort.

A.

Eigennamen, die im obigen 'Wörterbuch' bereits vorkommen, sind nur dann auch hier aufgenommen, wenn ihre heutige Deutsche Form von der dortigen textlichen stark abweicht, oder eine inhaltlich weitere Ausführung sich hier an sie knüpfen soll.

Aal *s.* Wb *æl, ælhyde.* **1)** Unter[jährlichen] Naturalabgaben vom Grundbesitze an den Grundherrn, von 10 Hufen: 100; Ine 70, 1. [Das sind gerade 4 *stica* zu 25 Stück, eine Rechnung des Domesdaybuchs I 173 b[2]; *vgl.* Round *Victoria County Hist. Berks.* I 20. Ein Landgut wird belastet mit jährlich *þreo gebind æles* a. 1032 Kemble 745] **2)** Ein Aalbehälter gehört zum Inventar der Herrschaftgutsdomäne; Ger 17

Abbestellung *s.* Terminaufschub

abbrennen *s.* Baum, Brandstiftung, Feuer, Roden

Abend *s.* Vorabend

Abendmahl *s.* Wb *husl* [Dagegen *hostia* des Alt. Test., Sühnopfer, übs. *siblac* I As 2]. *Vgl.* Messe, Kelch, Geistliche **1)** Das ~ werde oft genommen (V Atr 22, 1), wenigstens jährlich dreimal [Weihnachten, Ostern, Pfingsten; *Excerpt.* Ps. Egb. Ebor. 38 aus festländischen Quellen; Böhmer *Kirche Sta.* 51; Hauck *DKG* II 243]; VI Atr 27, 1 = I Cn 19 **2)** ~s ist würdig nur wer Glaubensbekenntnis und Vaterunser kann (I Cn 22, 5), wer sich vorbereitet durch gute Werke und Enthaltsamkeit [vom Weibe; Ps. Theod. *Poen.* 44, 3; es schädigt Böse; Aelfric *Homil.* II 278] **3)** Der Ordalprüfling nimmt es; II As 23. Iud Dei I 2. 3, 2. 16. III 2, 3. VI 2. VII 12, 13. VIII 1, 1. X 13 f. XII. XIII 3. 4, 1. 14. XVI 8, 2. 25 **4)** Der Laie, der beim ~ des Priesters Hand küsst, trage Bedenken, den Klerus gleich nachher zu schädigen; Grið 27 [Ehrfurcht vor dem Sakramente vertrug sich also mit Rücksichtslosigkeit gegen ihn] **5)** Die Weihe des ~s preist als erhaben, von Engeln beschützt I Cn 4, 1 f. [Das *husl halgian* schreibt Christo selbst zu *ær his þrowunge* Aelfric an Sigferð 82; ed. Assmann S. 17] **6)** Der Priester lasse den Stoff nicht verderben; Northu 17 [*vgl.* Aelfric *Pastor.* 36; Ps. Theod. *Capit.* ed. Thorpe p. 313; Ps. Egberti *Poenit.* IV 44]

abendmahlsfähige *s.* Wb *huslgenga* *Vgl.* Eideshufen **1)** Nur ihr Eid besitzt vollen Wert; Ine 19 **2)** Ihre Reinigung braucht nur halb so hoch wie die des Nicht-Kommunikanten zu sein; Ine 15, 1. Wi 23 [Die Kirche sucht das viele Schwören einzuschränken]. Im 12. Jh. missversteht dies also längst erstorbene Vorrecht Q Ine 15, 1. 19 **3)** Der nicht ~ ist nicht notwendig ein kirchenrechtlich Gebannter oder gar ein Heide. Ein solcher kam überhaupt nicht zum Eide. [In Dänemark wird Abendmahl verboten dem viermal vergeblich Geladenen, ohne dass er exkommuniziert wurde; Lehmann *Königsfriede* 116. Vielleicht hatte auch bei den Westsachsen Ungehorsam gegen staatliche Ordnung den Verlust des Abendmahls zur Folge, wie in späterem Mittelalter den Kirchenbann] Jene Verdoppelung des Eideswertes für ~ musste, und sollte vermutlich, zum Abendmahl treiben, vielleicht auch die Wahl kirchlicher Eidesform (*s. d.*) befördern. Vielleicht ist der Ausdruck *huslgenga* nicht nach der wörtlichen Bed. seiner Komponenten zu verstehn, sondern heisst, wie *huslbearn, huslwer,* nur noch 'vollkommen religiös, ausgezeichnet fromm'

Abendmahlsprobe. **1)** ~ reinigt den kanonisch lebenden Priester von einfacher Anklage wegen böser Künste; VIII Atr 19 (22) = I Cn 5 (5, 2 a) = Hn 64, 8; war die Klage dreifach schwer, so bedarf es der Eideshilfe zweier Standesgenossen; VIII Atr 19, 1 = I Cn 5 a **2)** ~ gilt als leichter denn Geweihter (*s. d.*) Bissen; VIII Atr 22 = I Cn 5, 2 a **3)** fortgelassen anf. 12. Jhs. durch In Cn I 5, 2 a und Hn 64, 8—8 c **4)** Nur im Messgewande vor dem Altar, aber ohne ~, durch blosses Beteuern reinigen sich Geistliche; Wi 18 **5)** Die ~, im Ggs. zum Ordal, fordert nicht, dass ein Element durch göttliches Wunder die natürliche Wirkung verliere, oder dass Gottes Urteil sofort im Beweismittel selbst erscheine. Sie ist also nur ein durch eine heilige Zeremonie verstärkter Eid und nicht etwa ein nur vereinfachter Geweihter (*s. d.*) Bissen [gegen Lea *Superstition* 237, wo andere Beispiele] **6)** Nicht im blossen Verschlucken der Hostie samt Wein besteht die ~, sondern in liturgischem Abendmahl, laut der Übs. *communio, eucharistia* [und Concil von Worms a. 868; Dümmler *Ostfränk.* II 207. 239] **7)** Ähnlich ist eine andere Probe: *Presbiter, diaconus sive monachus, si in nefandis accusantur facinoribus* ohne Augenzeugen oder [bei Unzucht] Existenz von Kindern, falls er unfähig ist, *testes producere ad purificandum se 2. vel 3., solus ponat super caput crucem Domini et testetur sese immunem; et sic omnia dimittenda sunt iudicio Dei* [letzteres nicht etwa 'Ordal', sondern 'göttliche Entscheidung']; *Dial.* Egberti Ebor. [† 766] 3, ed. Haddan and Stubbs *Councils* I 404 f. **8)** Gratian zählt die ~ zum Ordal; dagegen mit Recht Patetta *Ordalie* 209. 306

Abendmahlswein. 1) ~ ist nicht in Holzkelch zu weihen; Northu 15 2) ~ wird auch Laien gereicht; I Cn 19. 22, 5 In. Iud Dei I 3, 2. 16. X 14,2. XIII 2, 1^d. XVI 25 [wie Aelfric *Hom.* II 278; Toller s. v. *husl*]; später bleibt *sanguis* fort Iud Dei XIII 4, 1

Aberglaube *s.* Heidentum

Abfindung *s.* Wb *dierne geþinge. Vgl.* Schiedsgericht 1) ~ des Schuldigen mit dem Verletzten, die den Richter um dessen Strafgeld-Einnahme bringt, ist verboten; der Verletzte, der unter Gedinge mit dem Missetäter den Straffall verheimlicht, zahlt höchstes Strafgeld (Ine 52) oder Wergeld des Verbrechers, dem er zum Entkommen verholfen hatte; Ine 36. Auch andere Germanen verbieten dem Bestohlenen 'heimliche Sühne', mit dem Diebe ohne Wissen des Gerichts einen Vergleich zu schliessen; Wilda 905; Brunner II 579; Burchard *Hegung Dt. Gerichte* 199 **1a)** **N** Wer jemn. auf Diebstahl oder Raub beim Königsrichter verklagt hat, darf keine Sühne heimlich mit ihm eingehn; Hn 59, 2 2) Staatsbeamte, welche ~ gestatten (heimlich Bestechung nehmen, das typische Vergehen gegen die königliche Polizeireform), verlieren Amt, Gnade der Regierung und zahlen höchstes Strafgeld; VI As 11 [Hiervon zu trennen ist der Fall, dass ein Richter vom Dieb Bestechung nimmt zu des Klägers Schaden; II As 17] 3) Geschieht auch Ersatzzahlung an den Bestohlenen durch Bürgen oder Herrn des Diebes, so ist des Diebes Strafschuld dadurch nicht verringert; Ine 22 4) Wenn jemand wegen Schonung eines handhaften Diebes dessen Wergeld zur Strafe hat zahlen müssen, so ist die eigene Strafschuld des Diebes dadurch nicht verringert; II As 1, 1 5) Zeitlich befristet wird die ausnahmsweise Erlaubnis, Diebstahl nur dem Kläger gegenüber, ohne gerichtliche Strafe, zu büssen; V As 3, 1 6) Statt der gerichtlich zuerkannten Reinigung (hier Ordal) kann Verklagter zwar mit dem Kläger über dessen Ersatzanspruch sich vergleichen, aber nicht über das dem Gerichtsherrn zustehende Strafgeld; II As 21; *vgl.* Wilda 208 aus Nordischem Strafrecht 7) ~ übernahm für den zahlungsunfähigen Verklagten ein Beschützer, dem sich jener bis zur Erstattung des Vorschusses unterwarf (Ine 62), oder der Adlige oder Hausherr für seine Hinter-, bzw. Insassen; Ine 50 8) Aus dem Asyl kann sich der Verfolgte mit dem Feinde vergleichen; Af 2 9) Ein Abhandeln [am Strafgeld] lässt König, Graf (Gerichtsvogt) und Herr [offenbar als Richter] zu; Ine 50 (73)

Abgabe *s.* Wb (*land*)*gafol, fostor, feorm, consuetudo, cense. Vgl.* Tribut, Gastung, Steuer, Leistung, Zollabgabe, Kirchensteuer, Pacht, Fron, Bauer, Heergewäte, Besthaupt 1) Grossgüter, regelmässig vom Adel besessen, entrichten ~ an den König; so 10 Hufen; Ine 70, 1. Norðleod 7 2) **N** Das Hundred als Ganzes schuldet ~ dem Fiskus; privilegierte Barone sind immun; Hn 92, 17 3) Die Kirche ist frei von ~ [an den Staat, wohl von allem Grossgrundbesitze]; Wi 1. *Vgl.* Gastung 4) Der Veräusserer eines Grundstücks kann sich jährliche ~ davon vorbehalten, ohne dadurch den Grundbesitzer im Stande herabzudrücken; Urk. um 1020. 1044 Kemble 1315. 773. Gegen *feo and feorme* (Barzahlung und ~ in Natura) erwarben Land die Voreltern eines Erblassers, dessen Vermächtnisnehmer nun antwortet gegen den Kläger; Becwæð 1 5) Häufig belastet ein Grundeigentümer letztwillig sein Land mit ~, zahlbar durch künftigen Besitzer an eine Kirche (Urk. a. 871—9, Birch 558; a. 1012 Kemble 721) oder an Arme; Kemble 694 6) Die regelmässige Leistung, welche dem Ausleiher von Land verbleibt, ist die ~, die der Besitzer ihm schuldet; Urk. a. 855 Birch 486; a. 879—901 Birch 617 (neben Fron); a. 1039 Earle p. 298 7) Der Bauer schuldet ~ dem Gutsherrn (Ine 6, 3. 23, 3. 42 H^{14}. 44, 1. 59, 1. 67. IV Eg 1, 1 f. II Cn 69, 1. Rect 2. 4, 1; 5. 5, 1. Leis Wl 20, 4. 29. Hn 56, 3) oder leistet sie an dessen Domänenhirten; Rect 4, 2c. Königin Eadgyth schreibt einem Hundredgericht: *deme me rihtne dom of W., þe mi gavil havið ofhealden 2 gear;* Kemble 918 8) Beim Walliser (*s. d.*) 'Abgabenzahler' kann die ~ herstammen vom Tribut des besiegten Kelten an den siegenden Angelsachsen. [Der Langobard. *hospes* machte seinen Röm. Wirt tributpflichtig; Brunner I^2 79] 9) Der bäuerliche Bodenzins ist bereits seit 7. Jh. die Regel. Dafür spricht der Name *tributarius* für 'Hufe' (*s. d.*), gewiss nur Latinisirung von *gafolgilda*, ferner die Standesgleichheit oder gar Synonymität von *gafolgilda* und *gebur* (Ine 6, 3), die Gleichstellung im Wergeld des Walliser Einhufners (Vollbauern) mit dem Walliser *gafolgilda* (Ine 23, 3. 31), und die aller Ackerbauer (Leis Wl 29. 29, 1); die ~ ist eine Pflicht des vollen Dorfgenossen *geneatman* (IV Eg 1, 1. Rect 2) und des Bauern mit einem Hofe späterer Normalgrösse von ¼ Hufe (Rect 4, 1), im Ggs. zum Kötter (*s. d.*), dessen Stückchen Land unfähig ist zu *landgafol* [so erwächst *langable* von jeder Virgata dem Londoner Dome; Hale *Domesday of St. Pauls*]; *gafolland* heisst alles dasjenige Land der Gutsherrschaft, das nicht Domäne (herrschaftliche Eigenwirtschaft), sondern im Besitz von Bauern ist, synonym mit *geset land* (Birch 928); der auf *gafolland* sitzende *gebur* steht im Ggs. zum Unfreien (Urk. a. 995 Thorpe *Dipl.* 536); dieser auf *gafolland* sitzende *ceorl* ist der Kleinfreie (A Gu 2); die Leistung der ~ konstituiert die weitaus zahlreichste Volksklasse und die verbreitetste Grundbesitzart; Ine 6, 3. 23, 3. 42 H^{14}. A Gu 2 (Becwæð 1?) [Eine Kleinfreien-Klasse heisst in Deutschland seit 8. Jh. *bergelden;* viell. 'Abgabenzahler'; Schröder DRG^5 227]. Das *Manerium* um 1110 bringt ein gewohnheitsrechtlich festes *gablum* ein; Hn 56, 3 10) Im Domesdaybuch steht *gablator* für *gafolgielda*, und im anderen Exemplar desselben Textes *censor*. Auch Oxforder Bürgerhäuser zahlen *landgafol* der Krone, als der Stadtherrin; Maitland *Township* 70. Wohl dieselbe Bedeutung hat *landfeoh*, anders erklärt von Kemble *Saxons* II 329 11) Dass die ~ nur auf dem Dorfflur-Anteile, nicht auch auf der Hofstelle hafte, ist nicht (mit Rhamm *Grosshufen* 720) aus Ine zu folgern 12) Die ~ wird bemessen nach *hid, hiwisc, wyrhta*, der [geschätzten] Bodenfläche oder nach der Zahl der Normal-Hofstellen [*vgl.* Hufe]; sie haftet, laut des Namens *landgafol*, auf dem Boden; Ine 44, 1. 59, 1. 67. 70, 1. Norðleod 7. Rect 2; so zahlen zum 21. Sept. *þa ceorlas æt hiwisce 40 penega;* Birch 594 13) Der Grundzins ist fällig an bestimmtem Termin (29. Sept. Rect 4, 1; 21. Sept. Birch 594), wird, wenn versäumt, durch Büttel eingetrieben, und die Vorenthaltung bestraft mit Geld, Vermögensverlust und Tod; IV Eg 1, 1 f. Diese Todesdrohung ist redensartliche Übertreibung, die Zehntweigerern göttlichen Zorn drohend parallelisieren will **14)** Nur zum Grundzins-Entrichten darf der Grundherr den Bauern zwingen; Leis Wl 29 **15)** Die ~ besteht in: **A.** Geld Rect 2. 3, 2. 4, 1. Leis Wl 29; *vgl.* Wb *gafolpenig* **B.** Nahrungsmitteln [Belege s. die einzelnen Artt.] **a.** Tieren: Rindern, Widdern, Jungschaf, Schweinen, Gänsen, Hühnern, Lachsen, Aalen **b.** animalischen Produkten: ('Speise' Rect 4, 5), Käse, Butter, Honig, Schinken; As Alm 1 **c.** Gerste (*gafolbære* Abgabengerste; Urk. a. 900 Birch 594) steht im Mittelpunkt der ~; Ine 59, 1. Rect 4, 1; Saatkorn 4, 2; Mehl **d.** Brot **e.** Bier **f.** Futter fürs Vieh **C.** Kleidung; Ine 44, 1. As Alm 1 [vgl. *vestes;* Tacitus *Germ.* 25] **D.** in Beherbergung samt Beköstigung des Herrn allgemein; *s.* Gastung **16)** Die ~ heisst im Ggs. zur Fron 'bereit entrichtbar' und gilt als leichter; Ine 67. Doch heissen gewisse Fronden '~-Pflügen, ~-Mähen, ~-Zäunen, ~-Holzhauen' **17)** Auch für besondere Benutzung fremden, bes. herrschaftlichen Bodens wird ~ gezahlt; vgl. Weide

abhängige *s.* unfrei, halbfrei, Læt, Freilassung; Bauern, Gesinde, Gefolge, Haushalt; Vassallität, Gefolgsadel; Amt; Familie, Frauen, mündig; Fremde, Walliser, Juden

Abmachung *s.* Abfindung

Abrundung von Zahlen **A.** Vermeidung von Brüchen **1)** Die Schillingsummen für Bruch des von verschiedenen Ständen gewährten Schutzes stufen sich ab von 50, 25 zu 12,6 (nicht 12½, 6¼) Schilling Abt 8—15 **2)** Mit 200 Schilling, dem Wergeld des Ceorl, steht gleich 266 (oder 267) Tremissen Norðleod 6, genauer 266⅔. Jene 200 Sch., genau 4⅛ Pfund, gelten als 4 Pfund; Hn 70, 1. 76, 4 **B. 3)** Bruch des dem Erzbischof und Prinzen bezw. Bischof gebührenden Schutzes kostet 3 bezw. 2 Pfund [d. i. 144 bezw. 96 Schilling]; Af 3. Aber ein Sonderfall, Fechten vor ihnen, kostet 150 bezw. 100 Sch. [davon abgerundet]; Af 15. Das Pfund ist also auf 50 Sch. Wests. abgerundet von 48 **4)** Wergeld des Königs = dem von 6 Thegnas = 6 × 1200 Sch. Mercisch = 6 × 1200 × 4 Pfennig = 28800; dafür steht, nach oben abgerundet, 30000; Mirce 2. Ebenso zahlt Kent das Wergeld des Westsächs. Prinzen Mul a. 675 mit 30000 [Pfennigen]; Ann. Agsax.

abschwören *s.* Wb *abiurare, forisiurare* [auch *eiurare* Maitland *Plac. Gloucestr.* n. 150 f.]; ~ der Fehde *s.* Urfehde; ~ der Schuldbelastung: *s.* Eid, Reinigung **1)** Der Einzelne kann die Sippe (*s. d.*) ~ **2)** **N** Der ins Asyl (*s. d.*) entronnene rückfällige Dieb oder Räuber muss die Grafschaft ~; kehrt er heim, so darf man ihn aufnehmen nur mit Erlaubnis des königlichen Gerichtshalters; ECf 5, 3a; *vgl.* Pol Mai I 616; mein *Über Edw. Conf.* 116; eine *libertas* (Immunitätsbezirk) ~: Bateson II 36 **3)** Das Reich müssen ~ der geständige Verbrecher, dem der König das Leben geschenkt hat, der aber keine Bürgen seines künftigen Wohlverhaltens findet, und Mörder und Verräter, die der König begnadigend aus Haft befreit. Sie schwören, zu dem vom staatlichen Richter bestimmten Termin in einen Seehafen zu gehn und mit erstem Schiff und günstigem Winde abzusegeln. Brechen sie den Schwur, so richte sie hin wer sie im Lande findet; wer sie aufhält oder herbergt (*s.* Begünstigung) büsst hohe Geldstrafe; ECf 18 b; 2 f; *vgl.* I 624[h. n.] 643[k]. Als [kleinere] Friedlosigkeit fasst das ~ Bracton bei Brunner I[2] 243[84]

Absetzung *s.* Amtsentsetzung

Absicht, böse *s.* Wb *gewealdes, willes* [*yflum willum* setzt Ælfred zu Psalm 13, 6; *Wille* und *Gewalt* brauchen auch andere Germanen für ~; Wilda 546; Brunner I[2] 214. II 545], *voluntas* Hn 90, 11 d. Ps Cn for 22; *sponte* Hn 70, 12 a. 75, 5; *industria* 70, 12 b; *intentio* 90, 11 d; *ræd* II Cn 75, 1, *consilium* Hn 72, 2. 88, 6 b = 90, 11; *giernesse; pleo; culpa* Hn 34, 1 b; c. 35, 2; *heahre handa; per iram* Ps Cn for 19; *vgl.* I 623[b]; *gewitnes, conscientia* Hn 87, 3, *scienter* 34, 1 b. 90, 11 a; *facn; þances and unþances* Amira 141. *Vgl.* Anstiftung, Beihilfe, Mitwissen, Begünstigung; Fluch; Gutgläubigkeit; Haftung; Zwang, Notwehr, Fahrlässigkeit, Gefährdeeid **1)** **N** *Reum non facit nisi mens rea;* aus Kanonistik Hn 5, 28 b, im schreienden Ggsatz zu Germanischem Strafrecht, das er unten 2c übersetzt **1a)** Wer zur Unkeuschheit Lust fühlt, dem legt Poenitenz auf Theodor *Poen.* I 2, 21 f. **2)** Ältestes Strafrecht berücksichtigt den Erfolg, nicht die ~ der Tat; Brunner *Strafr. ält. Kulturv.* 55 **2a)** Absichtlosem Totschlag folgt Blutrache [die nur, weil Täter verwandt ist, unterbleibt]; Beowulf 2436; Hödur, obwohl blind, fällt ihr als *handbana* zum Opfer; ihr entgeht der absichtlose Totschläger nur durch Asylgewinnung; aus Exodus Af El 13 **2b)** **N** Die Forsttierhetze *casu sive voluntate* wird gleich hoch gebüsst; Ps Cn for 22 **2c)** 'Wer unabsichtlich verbricht, büsse bewusst'; Sprichwort Hn 70, 12 b. 88, 6 a. 90, 11 a; *vgl.* I 603[c]. **3)** Dass aber die Unterscheidung der Absicht uralt-menschlich sei, scheint mir wahrscheinlich dadurch, dass sie den höheren Haustieren nach längerer Bekanntschaft mit dem Menschen zu eignen pflegt **4)** Unter kirchlichem Einfluss steht die Mahnung, unabsichtliche Missetat milder als absichtliche zu beurteilen; aus *Can.* Eadgari VI Atr 52, 1 = II Cn 68, 3. Hn 34, 1 b. 72, 2; 2 b; Missetat ohne ~ empfiehlt sich besonders der Begnadigung; *s. d.* **4a)** Der Beichtvater erkunde, ob die Sünde aus ~, bedacht oder in Notwehr geschah; *Eccles. instit.* ed. Thorpe 482 **4b)** Tötung durch abirrendes Geschoss gilt Augustin [nur kanonistisch: u. 7 d] als sündlos; Hn 72, 1 c **4c)** Der Mörder mit ~ geniesst nicht Asyl, nur der Totschläger aus Notwehr oder ohne Vorbedacht; aus Exodus Af El 13 **4d)** Die Kirchenbusse dauert kürzer, wenn Geistliche oder Eltern unabsichtlich getötet, als wenn sie ermordet waren; aus Ps. Theod. Hn 68, 7; 9; *vgl.* 75, 5 **5)** Weltliches Recht befreit den absichtlosen Missetäter vom Strafgeld an den Richter (aus Ribuaria Hn 90, 6), so den schuldlosen Eigentümer des schädigenden Tieres [*s.* Haftung; dass dem Tierhalter Fahrlässigkeit in der Hut ans Leben gehen könne, entnimmt nur aus Exodus Af El 23] **5a)** ferner den Träger einer Waffe, an der sich jemand aufspiesst, vorausgesetzt, dass er entweder den Speer geschultert oder wagerecht [nicht Gefahr bringend] trug [sodass Zufall vorlag], oder, wenn er die Spitze vorn erhoben trug, durch Gefährdeeid sich von ~ rein schwört; Af 36, 1 f. = Hn 88, 3 b **5 b)** ferner den unbewusst falsches (*s. d.*) Urteil Abgebenden **5 c)** ferner den Eigentümer einer Waffe, mit der ein anderer Blut vergiesst, unter Bedingung des Gefährdeeides; *s. d.* **5 d)** ferner den Begünstiger (*s. d.*) von Verbrechern, die er nicht als solche kannte; II Ew 4 **5 e)** ferner den Asylbruch an einem nicht als Asyl erkannten Orte; IV As 6, 2 b **6)** **N** Nicht einmal Wergeld wird entrichtet für den, der in die Waffe durch eigene Schuld hineinstürzt, die ein anderer ungefährlich trug oder gegen den Feind ausgestreckt hielt; Hn 88, 3 b **7)** Allein nach älterem Rechte muss der geschädigten Sippe der Missetäter, der, wiewohl ohne ~, den Tod verursachte, das Wergeld zahlen; Af El 13. Af 36, 1 = Hn 70, 12 a. 88, 3 a; da ihn *fortuna saeviens* (Zufall) ins Unglück stürzte, wird er wohl der Gnade und Barmherzigkeit der geschädigten Sippe empfohlen, doch so, dass Blutrache mindestens theoretisch erlaubt bleibt; Hn 70, 12 c. 88, 6 b. 90, 11. Die Urteilfinder bestimmen Busse und Ehrerweisung für den Geschädigten; 90, 11 d. [Nur gemilderte Busse, nicht mehr Rache, droht dem Ungefährwerk bei den Friesen; His 42] **7 a)** **N** Stürzt jem. von Baum oder Bauwerk auf einen andern und tötet ihn, so kann nach altem Recht Blutrache oder Wergeld für diesen zwar gefordert werden; diese Forderung wird aber verspottet durch die dem Rächer erteilte Befugnis, von jener Höhe sich selbst auf den Verklagten hinabfallen zu lassen; Hn 90, 7 a **7 b)** Der für den Tod eines Pfleglings zur Verantwortung gezogene Pfleger befreit sich von Schuldbezichtigung durch Reinigungseid (Af 17), zahlt aber, falls er ihn ohne ~ getötet hatte, Wergeld; Hn 88, 7 **7 c)** Einen Totschläger *proprii sobolis casu accidente* traf um 1000 Vermögenseinziehung und die Busse, nach Rom zu pilgern; s. Verwandtenmord **7 d)** **N** Typische Fälle der zur Wergeldzahlung verpflichtenden, obwohl absichtslosen, Verursachung des Todes sammelt Hn 90, 1—11 c: wenn den Getöteten traf abirrendes Geschoss (88, 6; 90, 8; *s.* dagegen o. 4 b); ein gegen wilde Tiere aufgestellter Selbstschuss (hierbei fällt der Veranlasser sogar in Strafe, wenn er den zum Zutritt Berechtigten nicht gewarnt hatte; aus Ribuaria 90, 2; 2 a); ein Hieb, durch den der Totschläger ihn von dessen raufendem Gegner hatte trennen wollen; tödliches Unglück zu Pferde oder mit sonst etwas, das der Veranlasser geliehen hatte, oder durch eine Waffe, die dieser schlecht verwahrte, oder durch Feinde bei einem Werke, zu dem dieser aufgefordert hatte [für den unaufgefordert Helfenden und dabei Untergehenden haftet der Arbeitgeber nicht; 88, 9. 90, 6 b; *vgl.* I 603[k]], oder bei Schaustellung eines Wahnsinnigen oder wilden Tieres, zu der dieser ihn einlud, oder bei Botschaft, zu der dieser ihn aussandte, oder beim Reiten, da dieser das Pferd neckte, oder beim Sturze, zu dem dieser getrieben, besonders nach Streit verfolgend, gehetzt hatte; 88, 5. 90, 11 c **8)** Der Verklagte entgeht der Zahlungspflicht durch den Schwur: nicht durch ihn war jener Tote *morti propinquior* (Worte der Eidesformel; Bateson I 13); Hn 90, 11 b **9)** **N** Nur der mit ~ geschehene Hieb gegen Mittelförster wird durch schwerste Strafe gebüsst; Ps Cn for 19 **10)** Der Eid des Gefolgsmannes verspricht, gegen des Herrn Wunsch nichts mit ~ zu tun; Swer 1; unabsichtliches Zuwiderhandeln bricht also die Treue nicht **11)** Bewusste Verleumdung, die, wenn siegreich, dem Verklagten ans Leben geht, kostet die Zunge des Verleumders (III Eg 4); den gutgläubigen Kläger, der unterliegt, trifft nur Geldstrafe für falsche Klage; *s. d.* **12)** **N** Allgemein soll neben dem schädlichen Erfolg die Schuld die Strafhöhe der Missetat bestimmen; Hn 35, 2; *culpa malum aggravat* 34, 1 **13)** Die Entwicklung des Engl. Strafrechts zur modernen Unterscheidung nach Wille und Absicht schildert Holdsworth *Hist. Engl. law* II 203

N Absolutie der Krone abgelehnt durch die Forderung eines Regierungsanteils für den Adel und der Erhebung des Gesetzes über Willkür; Lend ECf um 1200; I 635[h—k]

Absorption *s.* Busse

Abt *s.* Wb *abbod. Vgl.* Kirchenherr, Mönch, Geistliche. **1)** Äbte sollen kanonisch leben und fürs Volk fürbitten; V Atr 4, 1 = VI 2, 2. VIII 31, 1. I Cn 6 a; hierzu fügen VI Atr 2 und In Cn 'Äbtissinnen' ein und ermahnen zur Fürsorge für ihre geistliche Herde **2)** Der ~ ist auf Benedicts Regel verpflichtet; VI Atr 2 L **3)** **N** *Vota monachi, nesciente abbate, irrita* [kanonist.] Hn 5, 35 **4)** **N** Der ~ haftet für die Geschäfte jedes klösterlichen Obedientiars; Hn 23, 4 **5)** Vom Wergeld für einen sippenlosen Fremden erhält ~ oder Äbtissin [als Schutzherr] die Hälfte, die andere der König; Ine 23, 2 **6)** An Höhe des Asylschutzrechtes steht die Abtei neben Kathedrale und Ordenskirche: dessen Bruch kostet 100 Sch. [= 5 £] Leis Wl 1, 1, z. T. aus I Cn 3, 2, wo aber *abatiae* Cnut wie seiner Quelle VIII Atr 5, 1 fehlen und nur von In Cn eingesetzt sind, und zwar von Einer Hss.-Klasse neben Kathedralen, von der anderen neben Mittelstiftskirchen, zu 4 £ **6 a)** Der ~ gewährt dem Asyl suchenden notorischen Verbrecher Lebensfrist für drei Tage, so lange wie Graf und Thegn, $^1/_3$ der Frist, die König, Kirche und Bischof gewähren; IV As 6, 2 a; der ~ bleibt fort in Griđ 5, wo dies benutzt und *heafodstedas* eingeführt wird **7)** ~ neben Bischof und Graf soll [als Gerichtshalter] die von Leo III, Eugen II und Karl d. Gr. erfundene Kesselprobe anwenden; [Fränkisch] Iud Dei XII 1, 3 **8)** er soll in weltlichen Geschäften, besonders den wirtschaftlichen seiner Verwalter, Unterstützung finden bei den königl Vögten, um daheim bleiben und kanonisch leben zu können; VIII Atr 32 **9)** Der ~ von St. Austins, Canterbury, besitzt Münzstätte; II As 14, 2 **10)** Vom Heergewäte für den König befreit ~ und Äbtissin Eadgars Privileg Birch 1168 **11)** **N** Der ~ verfällt der *misericordia regis*, wenn er einen Hirsch im Königsforst tötet, wird aber nicht wegen Forstwildfrevels verklagt, wenn er nicht-regale Tiere dort tötet; Ps Cn for 26; *vgl.* I 624[o—r] **12)** Für ein vom ~ begangenes *crimen* soll er abgesetzt werden, aber des Stiftes *maneat libertas, quia Deus, qui donationem possidet, nunquam reatum committet;* Eadgar a. 966 für Newminster; Birch 1190 **13)** Äbte werden 1102 auf Londoner Synode wegen Simonie abgesetzt; Quadr II 8, 2[1]

14) Wilhelm I. setzt in England nur willfährige Äbte, die ganz sein Werkzeug; WlEdm 1 **15)** Äbte sind im Beirat, mit dem Wilhelm I die geistliche Gerichtsbarkeit kanonisch reformiert; Wl ep l **15a)** auch an sie richtet sich Heinrichs I. Freibrief für London; Hn Lond Prot. **15b)** jede Abtei erhält ein Exemplar von CHn cor; Wendover **15c)** ~ Gilbert von Westminster bezeugt sie; CHn cor Test [6]

Abtreibung der Frucht durch die geschwängerte Hure oder ihre Helferin ward früher durch lebenslängliche Exkommunikation, wird jetzt durch zehn Jahre Poenitenz gebüsst. Die Frau, die den noch nicht 40 Tage alten Embryo abtreibt, büsse 3 Jahr; war er beseelt, wie eine Mörderin, 7; aus etwas abweichendem Ps-Theodor Hn 70, 16—16b. Sonstige Stellen hierüber Theod. *Poen.* 16, 17. 18, 8 21, 3—8. 36; Ps. Egb. *Confess.* 30f.; *Poenit.* II 2. IV 21; *Addit.* 4; *Mod. impon. poen.* 8. 10. 41; vgl. I 589 n. o. **2)** Wer einer Stute oder Kuh im Rauben das Junge abtreibt (*pregnantes affligat*), ersetze letzeres mit 1 Schilling; Q missverstehend Af 17, der 'Fortführen' meinte

abtrünnige; *vgl.* Ketzer. **1)** Der Kirche Widerspenstige sind aus dem Lande zu vertreiben; II Cn 4, 1, dessen Quelle 'kirchlich Geächtete' nannte **2)** ~ Mönche und Priester werden für immer exkommuniziert; VIII Atr 41

abwandern *s.* Freizügigkeit, Herrensuche; Unfreie, Gefolge, Gefolgsadel, Vassallität

Achsel *s* Wb *eaxl* **1)** Gliederbusse, wenn ~ so verwundet, dass Gliedwasser ausfliesst, beträgt 30 Schilling [= 150 Pf.]; Af 53 = Hn 93, 12 **2)** wird ~ gelähmt: 30 Sch. [Kentisch] Abt 38 **3)** wird ~ verwundet: 80 Sch. [= 400 Pf] Af 68 = Hn 93, 28 [dass hier Lähmung gemeint, machen wahrscheinlich: voriger Satz, Busshöhe gegen 53 und der Zusatz 'falls Verwundeter lebt' **4)** Mit der Schulter (*s. d.*) ist ~ wenigstens in Af 36 synonym. Die Lateiner setzen für beides *humerus*. Dennoch ergibt der Vergleich des Obigen mit Af 73f. begriffliche Verschiedenheit

Achtstrafe *s.* Friedlosigkeit, Verbannung

Achtzahl *s.* Wb *eahta.* **1)** Wenn 8 Mann [oder mehr] erschlagen werden, ist das Landfriedensbruch [im Ggs. zu der durch Wergeld sühnbaren Erschlagung von sieben (*s. d.*) oder weniger]; II Atr 5, 2. 7, 1. [Über die ~ in Schwedens Recht vgl. Rhamm *Grosshufen* 539]. **1a)** Von 7 ab heisst eine Bande (*s. d.*) von Friedbrechern Heer **2)** Mit 8 Pfennig beginnt grosser Diebstahl; II As 1 **3)** 8 Hauptlaster *s.* Kardinaltugenden

achtzig Sklaven (bezw. Sklavinnen) des Herrschaftsgutes steinigen (bezw. verbrennen) diebische Genossen; IV As 6, 5; 7

Acker *s.* Wb *æcer, acra* [in Urkk. auch *iugerum* (Toller s. v. *æcer* und Birch 373. 1036), selten *seges* Birch 380] **1)** Der ~ ist die Einheit des Flächenmasses der Saatflur. **2)** Er ist durch Ein von 8 Ochsen gezogenes Pfluggespann in einem Tage bepflügbar; Aelfric bei Toller aaO; *vgl.* Deutsch *Morgen, Tagewerk* **3)** Die Form dieses Flächenmasses ist ein Rechteck, zehnmal so lang wie breit, längsgeteilt in 4 *roods*, die auch *virg[at]æ, yards of land* heissen, z. B. in Godmanchester a. 1324; Bateson II 97 [4 *perticas in transverso*, 40 *in longo* fasst auch die *andecingia* der Baiern; Meitzen *Siedelung* II 561] **3a)** Jedes dieser 4 Rechtecke ist breit 1 *gierd, pertica* (synonym in Urk. a. 987 Kemble 658), jetzt *rod, pole* = jetzt $5^1/_2$ *yards* = $16^1/_2$ Fuss [doch kommen daneben früher andere Breiten, 12—24 Fuss, vor]. Es enthält 16 Furchen nebeneinander, der ~ also 64. Die Längsseite des ~s, *furlong, pertica, quarentina* [*vgl.* Furchenlänge] misst jetzt 40 *poles* = 220 yards = 660 Fuss. Der ~ umfasst also gegenwärtig 4840 □ yards = 43560 □ Fuss = $40^1/_2$ Ar (oder 160 □ rood zu je $25^1/_3$ □ Meter; Meitzen *Siedelung* II 113). Aus Agsächs. Zeit bezeugt eine Rechentafel, dass *anes æceres brǣde* = 4 *gierda* = $^1/_{10}$ *furlang;* bei Toller s. v. *weallstellung.* Der ~ des Domesdaybuchs ist nur $^3/_4$ bis $^4/_5$ des heutigen; Round *Victoria County hist. Essex* I 418; der ~ bei Hitchin ist z. T. $1^1/_5$ des normalen (Meitzen II 114); der Schottische ~ ist grösser als der Englische; Lawrie *Early Scot. char.* 257. Ein Südengl. ~ kam vor, der 60 *poles* mass, also $1^1/_2$ normalen ~ **4)** Obige Zahlen, seit 12. Jh. belegbar, sind nicht erst damals eingeführt; Kemble *Saxons* I 96; Maitland *Domesday* 374; Cunningham *Growth of industry* § 49; Kitchin *Manor of Manydown* 13; Davenport *Norfolk manor* 5; Pollock *EHR* 1896, 218 **5)** Auch innerhalb der Stadt messen Grundstücke $1^1/_2$—2 ~; Birch 196. 255 **6)** Das Verhältnis der Breite zur Länge, 1 : 10, zweitens die Namen *Acker, Gerte, Rute, Furche, Gere* [spitz zulaufender, schräger ~, Engl. *gore,* Agsä. *gara*], drittens die Teilung der Breite in 4, viertens die Furchenlänge, 40 mal 16 Fuss, fünftens die Ackergrösse zu 160 □ Ruten kommen auch in Deutschland vor; [fürs Frankenreich s. Brunner, *Sitzber. Berl. Ak.*, Okt. 1901, 940]; und die Furchenlänge steht im deutlichsten Gegensatz zur Römischen. Folglich ist der ~ durch die Germanen im 5. Jh. eingeführt; vgl. Rhamm *Grosshufen* 183. 559. 575. 825. **7)** Die 'Ackerbreite' [normal 22 *yards* = 66 Fuss] bildet ein Längenmass, einen Teil der 'Furchenlänge' und ein Vielfaches des 'Fusses'; sie u. a. bemisst die örtliche Ausdehnung des Sonderfriedens vom Burgtore königlicher Residenz aus; Pax = Hn 16, 1 **8)** Mehrere, normal 30, ~ machen 1 *gierd* (*virgata*) = $^1/_4$ Hufe (*s. d.*) Landes **9)** Diese 'Gerte' ist das Normalareal einer bäuerlichen Hofstelle (Ine 67), womit das Herrschaftsgut den Gebur ansetzt, und zwar gibt es 7 ~ davon, also etwa $^1/_4$, besät; Rect 4, 3 **9a)** Dem Kötter gibt es normal 5 ~, dem freien Gesinde nach einem Jahre Dienst 2 ~, einen besät, und dem unfreien Gutsknecht 1 ~; Rect 3, 1. 10. 9, 1 **9b)** Der Bauer muss, als Fron verschiedener Ursache, der Herrschaft bestimmte Zahlen von Äckern pflügen und z. T. mit seinem Saatkorn besäen; Rect 4, 1b—2; der Kötter schneidet ihr in der Ernte täglich 1 ~ Hafer und $^1/_2$ andern Getreides; 3, 1 **10)** Von je 10 Äckern liefert einer den Ertrag an die Kirche als Zehnt; II Eg 1, 1 = VII Atr 4 = VIII 7 = I Cn 8, 2

Ackerbau *vgl.* Landwirtschaft, Dreifelderwirtschaft, Roden, Säen; Bauer, Dorf, Herrschaftsgut, Fron; Gemeinheit **1)** Der ~, zwar weit seltener als Vieh in den *Gesetzen* erwähnt, bildet den Kern der Landwirtschaft;

'Äcker' sagt statt 'Bauerhof, kleines Pachtgut' Ine 42 2) Wer Weingarten, Äcker, Land schädigt, büsse es nach Schätzung; aus Exodus Af El 26 **2a)** Ackerflur wird unterschieden von Weinberg, Garten, Hügel und Hürde, Wald und Wasser (Ger 3. 11 f.), von Wiese Ine 42, von Weide Becwæð 3 **3)** Ausgereutetes Unkraut (*ryt*) wird verbrannt vor dem Pflügen; Af El 27. Um dem Pfluge den Weg zu bahnen, *volens rudem radicum materiem exstirpando delere, myricas siccatas succend*[*it*]; Mitte 12. Jhs. *Lib. s. Godrici* auct. Regin. Dunelm. 265 **4)** Saatflur und Wiese umzäunen die Bauern gemeinschaftlich gegen das weidende Vieh (Ine 42. 42, 1), und zwar in jedem Frühjahr aufs neue; beide sind für Saat und Heuernte im Sonderbesitz; im Spätsommer bricht man die Gehege ab, und die Wiese bleibt der gemeinsamen Weide offen vom 6./15. Juli bis Anf./Mitte Februar, die Flur, das *lammasland* (*hlafmæsse* [Brotsegnung] fällt 1. August) vom 1./13. August an; Nasse *Feldgemeinschaft* 3 **5)** Die Gutsbauern erhalten vom Grundherrn, indem er sie ansetzt, einen bestimmten Teil Landes besät [also den Rest in Brache]; *s.* Acker 9; der abziehende Gefolgsadel muss ihm bei Lösung der Landleihe $^1/_2$—$^3/_8$ bestellt zurückgeben (Ine 64 ff.), **N** der gewesene Pächter des Grossguts nach Lösung der Pacht (s. *d.*) nachweisen, *quid seminatum sit;* Hu 56, 3 **5a)** Die Wichtigkeit, wieviel der Flur besät war, erhellt aus folgenden Stellen: Nicht unbesätes, sondern *acrae seminatae* geht an einen neuen Gutsbesitzer über; Urk. a. 901—8 Birch 618; *mid ealre tilðe* um 1000 Kemble 694; *þæt land mid þære tilðe, þe þar þænne on sy* a. 1032 Kemble 745; ähnlich a. 1017—23 Earle 247; *mid* 20 *æcerum gesawenes cornes* 236; *quando* [1067—86] *recepit hoc manerium, non invenit præter 1 acram seminatam;* Domesday II 78 b **6)** *gærstun* heisst vielleicht schon bei Ine Gewanne, worin die einzelnen Äcker verschiedenen Gemeindegenossen gehören. Um 1250 erhält ein Kloster eine Rente vom Grundeigner von 7 Acres, deren $2^1/_2$ liegen '*in le Suthfelde,* 1 in one *garstone,* $2^1/_2$ in another *garstone*'; *Calendar of Selborne* ed. Macray I 38. Als Name eines Feldes in Oxfordshire zeigt *Garston* Williams, *Archæologia* 33 (1849) 270. Doch lebt das Wort *garston* auch als Einhegung zur Viehzucht; Wright **7)** Für Flur- oder Wiesenschaden durch weidendes Vieh leistet Entschädigung, wer bei gemeinschaftlicher Umzäunung das ihm zukommende Stück Gehege offen ließ; Ine 42 **8)** Da Ine 60 vom Mieten eines Joches [Rinder] — der Viertelhufner besass nur 2 Ochsen, der Agsächs. Pflug erfordert aber 8 — spricht, so pflügte jeder gesondert, nicht das Dorf gemeinsam; Kowalewsky *Ökon. Entwi.* I 511 **9)** Der Erntesegen, abhängig von Gottes Gnade und daher mittelbar von der Sittlichkeit der Menschen, bildet den Hauptertrag des ∼s; VI Atr 40, 1 L **10)** Aufschichten von Korn und Heu (*tassare*) ist auch in der Normandie eine Fron des Bauern für den Gutsherrn, Kowalewsky II 443; *tas* glossirt *coacervatio* im Alex. Neckam ed. Meyer *Not. Extr.* 35 II (1876) 676; ein *tassator* Hersteller des Heuschobers und *tassum frumenti et avene* in *Pipe Roll of Winchester* ed. Hall p. 47. 73

Ackerbauer *s.* Bauer

Actus apostolorum *s.* Apostel

Adel *s.* Wb *eorl; æðel* [Ætheling (*s. d.*), in Poesie und auf Festland 'Adliger, edel', heisst in den *Gesetzen:* Prinz], *æðelboren, deorboren, fulboren* [*betstboren* Ann. Anglosax. 1087], *betst; geþungen, geþyncðo; eald, eadig; freo, franc, franchise, liber*(*alis*), *ingenuus, -uitas, nobilis; geneat, gesið,* (*woruld*)*þegn, baro, comes; siexhynde, twelfhynde; hlaford, landrica, dominus, seinur, senior;* (*woruld-, þeod*)*witan,* (*woruld*)*weorðscipe, optimates, principes* samt Ableitungen; *heafodmen* VII a Atr 5, ist Nord. Lehnwort nach Björkman. *Vgl.* Stand, Gefolgsadel, Thegn, Vassallität, Lehnwesen, Aftervassall, Amt, Ætheling, Ealdorman, Eorl, Graf, Herzog, Bocland, Herrschaftsgut, Witan. 1. Uradel *eorl.* 2. König. 3. Ur- und Dienstadel. 4. Geburt. 5. Aufsteigen vom Gemeinen. 6. Königsdienst. 6a. Baron. 7. Ehre, Krieg. 8. Magnatengefolge. 9. Persönl. Charakter amtsfähig. 10. Klerus. 11. Grundbesitz. 12. Reichtum, Übermacht. 13. Bocland, Haus. 14. Waffen, Schild. 15. Siegel. 16. Wergeld. 17. Eid. 18. Bussempfang. 19 Asylgewähr. 20. Prozessvorrecht. 21. Verklagt. 22. Machtmissbrauch. 23. Im Forst. 24. Gastung. 25. Untergebene regierend, 26. verbürgend. 27. Private Gerichtsbarkeit. 28. Königsvassall. 29. Staatsrat. 30. Justiz übend. 31. In Grafschaft und Hundred. 33. Klassenunterschiede. 34. Pflichten u. Strafen höher. 35. Bürgern verbündet. 36. Blüte der Nation. 37. Adelsverlust. **1)** Von dem alten, festländischen, nicht erst mit dem Königtum entstandenen ∼ bewahren nur die Kenter: *eorl*(*cund*); Abt. Hl. [Doch kann recht wohl mit diesem Element das andere, später herrschende, des Königsdienstes bereits zusammengeflossen sein] **1a)** Es gibt bei ihnen keinen höheren ∼, denn zu *betst* (vornehmst) steht als Erklärung *eorlcund*; Abt 75. **1b)** Der Freienstand ist erschöpft durch *eorl* und *freo:* ∼ und Gemeinfreie; Hl 3 **1c)** Geburtsadel in Northumbrien, neben königlicher Familie, *nobiles ac regii viri* (letztere wohl Königshofleute) um 627 kommen bei Beda II 14 vor; von *nobili stirpe gentis Anglorum* neben Sinnesadel spricht ders. *Hist. abb.* 1 ed. Plummer I 364 **1d)** In der Poesie bewahrt *eorl* den Sinn 'Adelsrecke, Held'; Ann. Anglosax. 937. 975 **1e)** Dagegen in den *Gesetzen* kommt *eorl* bei Ine nicht und seit Ælfred für ∼ nur in der Einen Verbindung neben *ceorl* vor, die alle Freien erschöpfen will: adlig und gemeinfrei; Af 4, 2. III As Pro. 6. IV 3. VI Pro. III Em 7, 2. Cn 1027 Insc. 12. Geþyncðo 1. 5. Grið 21, 2. Hier ist unter *eorl* ∼ jeder Entstehungsart gemeint, nicht allein der von n. 1. *Vgl.* Nord. *karl ok jarl;* v. Schwerin *Gött. gel. Anz.* 1909, 818. **1f)** Unter Nordischem Einfluss gewinnt *eorl* (*s. d.*) Ende 10. Jhs. den Sinn 'Graf, Herzog'; die Lateiner seit 1100 missverstehen daher jenes *eorl* zumeist als *comes;* nur einzeln begegnet sachgemäss *villanus* (für *ceorl*) *et liberalis* (= adlig, Ps Cn for); *v. et baro* Hn 76, 7 g; *v. et thain* 88, 11 a **1g)** Statt jener Verbindung *eorl ⁊ ceorl* kommt seit 10. Jh. in *Gesetzen þegn*(*boren*) im Ggs. zu *ceorl* vor; (Duns 5) Hn 68, 3 a. 76, 7 g; ferner *twelfhynde ⁊ twihynde* (VI As 8, 2. III Em 2. Wer 1); bei Toller (*æðelboren*) *æðele ⁊ unæðelboren* (*unæðele*) **1h)** Zu Ines Zeit steht *gesiðcund* im Ggs. zu *cierlisc,* so dass mit diesen zwei Begriffen der Freienstand erschöpft ist; Ine 54 **2)** dem ∼ entsprossen ist das Königsgeschlecht. Es geniesst höchstes Wergeld, auch abgesehen von der Würde des Staatsoberhaupts; s. König; Æðeling 2a) Auch mancher Ealdorman, Graf, Herzog, und Bestandteil der Witan gehörte altfürstlichem, mediatisiertem Geschlechte an; in den *Gesetzen* aber wird keiner unterschieden vom königlichen Dienst- und Amtsadel 3) Für einen festländisch vor dem Königtum begründeten ∼ spricht das seit ältester Agsächs. Zeit zahlreich bestehende Herrschaftsgut (*s. d.*): es ist zu häufig, um in nur 3—5 Menschenaltern etwa durch die Monarchie aus einem demokratischen Bauernvolke entwickelt zu sein 3a) Trotz verschiedener Entstehung, nämlich aus Beziehung zu Königtum und Staat, übt der Dienst- und Amtsadel grundsätzlich durchaus dieselben Wirkungen wie der vielleicht bloss auf Geburt begründete Uradel der ältesten Kenter 3b) 'Gefolgsadel' (*s. d.*) kommt in den *Gesetzen* zuerst bei Wi und Ine vor, also noch vor 700. Die Wörter *gesið, geneat, þegn, comes, miles, minister* mit Angabe des Herrn im Genetiv bezeichnen die Abhängigkeit; ebenso die Ausstattung mit Land (*s.* Bocland, Laen) samt den Folgen daraus (Erbgang, Gerichtsbarkeit, Heimfall) und das Heergewäte 4) Erblich ist wie der *eorlcund man*, wie der *nobilis* bei Beda II 7. III. 19. IV 9, auch der erstmalig durch Amt und Dienst begründete ∼; *s.* Af 11, 5; Wb *gesiðcund, þegnboren, deorboren, fulboren*, im Ggs. zu *ceorlboren* 4a) Bewusstsein hoher Geburt führte zum Hochmut und zu Ungehorsam gegen geistliche Lehre, wenn sie vom niedrig geborenen Bischof ausging (weil dessen Vorfahren *ne welige ne rice* waren); davor warnt Grið 21—23 4b) Kein *forðboren* Priester verachte den *læsborenan*; *Can.* Eadgari 13 4c) Es gibt manchen landlosen *gesiðcund man*, bei welchem also nur Geburt den ∼ begründet; Ine 51 4d) Wo ∼ auf Grossgrundbesitz beruht, begründet er erst, sobald dieser Sohn und Sohnessohn gehört hat, ein *gesiðcund* Geschlecht; Norðleod 11 4e) Eine ganze Sippe ist *twi-* oder *twelfhynde* (VI As 8, 2); mit 600 oder 1200 Schilling Wergeld wird man geboren; Wer 2 4f) N Auch der Baronenstand ist erblich; der Sohn des Barons heisst *domicel*, weiteren Sinnes als *æðeling;* ECf 35, 1c 4g) Auch innerhalb des Adels erscheinen sogar die verschiedenen Stufen, selbst den Grafen und Königsthegn nicht ausgeschlossen, um 1110 angeboren; II Cn 71 Cons 5) Aber auch der niedrigst Geborene kann zum ∼ aufsteigen: Der Sklav ward zum Thegn, der Gemeinfreie zum Vornehmen, der niedere Kleriker zum Bischof; Grið 21, 2 5a) N Durch Aufsicht über königliches Forstwild steigt Mittelstand zum *liberalis;* Ps Cn for 3, 1 5b) Ein *bundan sunu* (Bauernsohn) erhielt 1023 vom König 7 Hufen als Bocland, war also oder wurde adlig; Kemble 739 5c) Eine Vermehrung der Leute von 1200 Schilling Wergeld erfolgte bei der Besetzung Ostangliens durch Guthrum: oberhalb des bäuerlichen Abgabenzahlers und des ihm gleichgestellten Dänischen Freigelassenen soll Engländer und Däne 8 Halbmark Gold gelten; AGu 2. Der Engländer oberhalb des Ceorl war ein Thegn, der also blieb was er war. Der Däne oberhalb des Freigelassenen aber war bis dahin nur ein vollfreier Erbbauer gewesen. [Denn die wenigen Jarle und Holde kann dieser Text nicht meinen.] Nunmehr, meint Rhamm *Grosshufen* 710, erhielt er einen kleinen Adelshof, wie ihn Domesday 1086 in Ostanglien vielfach aufweist. Jedenfalls rückte er zum ∼ auf. Vielleicht wegen dieser Entstehung heisst dieser Anglodäne mit 25 £ Wergeld nur 'frei'; II Atr 5. Er gehört zu jenen Thegnas, deren es in jedem Wapentake so viele gab, dass man '12 vornehmste' darunter auswählen konnte; III 3, 1 6) Wie Königsdienst den Unfreien (*s. d.*) zum Wergeld des Mittelfreien erhob, so bewirkte er die Entstehung neuen ∼s; *s.* 3a. 5a. Es gehören zum Amts∼ Erzbischof, Bischof, Abt, Königspriester, Herzog, Graf, Ealdorman, Höldr, Heahgerefa, Truchsess, *gesið, geneat* (*s.* Gefolgsadel), Thegn, Witan; *s.* alle diese Artikel. Sehr oft werden diese Adligen, auch die Prälaten, als die des Königs bezeichnet 6a) Die Barone der Normannenzeit sind alle Gefolgs∼. Denn A. oft steht *baro* als Übersetzung zu *þegn* [VI As 11 Q; sehr häufig sonst z B. Earle 342] oder als ihn fortsetzender Nachfolger (Leis Wl 20, 1 aus *þegn* in II Cn 71, 1) oder mit ihm synonym (Hn 35, 1a = 87, 5. 41, 1b) oder vordatiert für Englands Grosse 1042 (Quadr Arg 9; sehr häufig sonst z. B. Birch 1264). Von *thainis et baronibus* spricht Hn 80, 9b vereinzelt B. Oder sie heissen Königs (meine, seine) Barone, also Tenentes in capite, Kronvassallen. Doch bezeichnet *baro* im 11. und anf. 12. Jhs. auch den Aftervassallen, jeden bedeutenderen Lehnsträger gegen Kriegsdienst, in Frankreich wie in England; *EHR* 1907, 35 7) Solch ∼ entspringt *geþyncðum* (Geþyncðo 1), und ein Mitglied der Witan heisst *geþungen* (*honoratus*); *vgl.* Brunner II 150. 154 7a) Der kriegerische Beruf ist für den Weltlichen die hauptsächliche Art des Königsdienstes, so sehr, dass wohl beide identisch erscheinen 8) Allein der Gesið vor 700 kann auch andere als den König, nämlich einen Magnaten, zum Herrn haben; Wi 5. Ine 50. Ebenso halten im 10.—12. Jh. Prälaten und Ealdormen bezw. grosse Kronvassallen ritterliches Gefolge: Thegnas bezw. Aftervassallen 9) Indem Alter, Klugheit, Sittlichkeit zum adlig machenden Amte befähigten, gewannen die Ausdrücke 'alt, weise, gut' den Nebensinn 'adlig'; *s.* Wb *eald, wis, witan, sapientes, god* 9a) Aus aristokratischer Pöbelverachtung warnt, des Volkes Unverstand nachzugeben (schärfer als Exodus, der er folgt), Af El 41 10) Adelsvorrecht geniessen Priester, die kanonisch leben (V Atr 9, 1 = VI 5, 3 = I Cn 6, 2a); auch ohne solche Bedingung gibt dem Priester das Thegn-Wergeld Norðleod 5 10a) Der Name *mæsseþegn* ist dem *woroldþegn* wohl in diesem Sinne der Adelsverleihung angeglichen. [Auch in Norwegen trat, wahrscheinlich nach Agsä. Muster, dem weltlichen Dienstadel ein geistlicher verschiedener Rangstufen vom Presbyter hinauf bis zum Erzbischof zur Seite; Amira *Nordgerm. Oblig.* II 30] 10b) Die Nonne erhält doppelt so viel Busse für Notzucht an ihr wie die Laienjungfrau; Af 18 10c) Doch spielte auch unter Priestern die Geburt Rolle; *s. o.* 4b 11) Grösse des Grundbesitzes oder genauer dessen Verantwortung gegenüber der Staatslast, also halb wirtschaftliche, halb politische Bedeutung, erhebt über die Gemeinfreiheit; *vgl.* Amira 83. Wer für fünf Hufen Staatssteuer aus seinem

Gute dem König zahlt, wird mit 25 Pfund entgolten, also als Thegn; auch alle seine Nachkommen, wenn solcher Grundbesitz auch dem Sohn und Sohnessohn zu eigen war, sind [auch wenn Spätere kein Land haben] gefolgsadlig; und zwar ist solcher Grundbesitz als Anfang für den ~ Bedingung, unumgänglich, auch nicht ersetzbar durch kostbarste Kriegsrüstung; Northleod 9—12 **11a)** Der Besitz von fünf direkt unter Staatslast stehenden Hufen bezeichnet den Thegn auch Geþyncðo 3 **11b)** Ein Walliser mit 5 Hufen hat 600 Sch. Wergeld; Ine 24, 2. Da nun oft der Walliser $^1/_2$ des Engländers galt, so bestand vielleicht schon unter Ine die Regel, dass 5 Hufen-Besitz zum 6fachen Wergeld des Gemeinfreien erhebe, also den Ceorl zum Twelfhynde **11c)** Zwar auch die Grundeigentümer von weniger als 5 Hufen spalten sich schon vor 1066 in ökonomisch vom Gute abhängige, persönlich freie *villani* und *liberi, landsittende* (Wl art 2), ohne dass aber diese Thegnas wären **11d)** Auch erfolgreicher Handel (*s. d.*; Amira 83) erhebt zum ~ **12)** Der ~ gilt zumeist als reich. Denn während *eadig* zunächst im Ggs. zu *earm* erscheint, sind *þa eadigan* 'Vornehme, Magnaten'; Wi Pro. Pro 3; *divites* bedeutet Magnaten (ECf 25), *ricere oðer unricere* mächtiger oder geringer; IV Eg 13, 1. *Vgl.* arm **12a)** Der dem Staat gefährliche Dynast ist übermächtig, weil *adeo dives vel tantae parentelae;* III As 6 **12b)** **N** ~s Macht und Reichtum bestechen den Juristenstand, ihm Anklageprivilegien zuzusprechen; Hn 63, 4 **13)** Nur der ~, besonders der geistliche, erlangt über seinen Grundbesitz urkundliche Bestätigung durch den Verleiher, den König oder einen Magnaten. So wird *Bocland* (*s. d.*) im 12. Jh. mit *libera terra* d. i. Adelsland übertragen; Hn 27. 29, 1. Als Grossgrundbesitzer empfängt der ~ Zins und Fron von Hintersassen, Gefolge und Unfreien im Herrschaftsgut; s. alle diese Artikel **13a)** Nur höhere Stände, nicht *Ceorlas*, bewohnen ein Haus, das [wegen seiner Umfestigung] *burg* heisst; Af 40. Ine 45; *eorlum in burgum* Rätsel 9, **13b)** (neben Küche, Glocke; *s. d.*) bezeichnet *burggeat* den Thegn; Geþyncðo 2. Der Schnee, der Pflanze und Tier schädigt, *gebryceð* (bricht) *burga geatu*; Salomo 306 **14)** Der Waffen Kostbarkeit (d. h. Reichtum an Fahrhabe) soll ohne Grossgrundeigen den ~ zwar nicht verleihen (*s.* 11); diese Warnung aber und eine Fülle von Urkk. beweisen, dass sie tatsächlich zumeist beim ~ vorkam **14a)** **N** Ein notwendiges Abzeichen ist [Ende 12. Jhs.] *liberalitatis scutum;* Ps Cn for 26 **15)** **N** Der Baron hat Anfang 12. Jhs. in der Regel ein Siegel; ECf 15, 4 [Siegel des Robert Doilly I., † 1092, erwähnt H. E. Salter, *Athenæum* 6. Febr. 1904 p. 177] **16)** Der Mensch von ~ ist mehr wert als der Gemeinfreie, ist 'teurer' geboren; Ine 34, 1. Der Thegn, wenn erschlagen, wird gerächt durch Erschlagung von 6 Gemeinfreien, und sein Wergeld (*s. d.*) ist Wergeld dieser 6; Að 1. Wergeld des Gemeinfreien ist 200, des Thegn 1200 Schilling; Mirce 1 f. Wergeldbürgschaft bedarf es für letzteren sechsmal soviel wie für den Gemeinfreien; Wer 3. 7. Daher wird seit 10. Jh. *twelfhynde* synonym mit adlig (*s.* 1g). Die Lateiner um 1100 identifizieren *twelfhynde* mit *liberalis, nobilis,* Thegn; Af 31 Q. In. Wer 1 Q. IIn 68, 3a. 69, 2. 70, 1. 76, 1a; 4a. 82, 9 **16a)** Nur bei Ine und Ælfred findet sich die Klasse von sechshundert (*s. d.*) Schilling Wergeld **17)** Der Eideswert des Adligen, höher als der des Gemeinfreien (Af 19), steigt im selben Verhältnis wie das Wergeld; der Eid des 1200 Schillingmannes gilt soviel wie die Eide von 6 Gemeinfreien; Að 1. Vgl. Eidesbufen **18)** Der ~ empfängt höhere Bussen als der Gemeinfreie, wenn er gekränkt wird in seinem Hausfrieden (*s. d.*), durch gemeinschaftliche Missetat Mehrerer (*s.* Bandenbusse), in dem von ihm verliehenen Schutz (*s. d.*, bes. durch Tötung eines Vassallen; *s.* Mannenbusse) oder von ihm gegebenen Befehl (*s* Ungehorsam) oder in der Ehre der Frauen (*s.* Unzucht) seiner Munt **18a)** Die Bussen für die Kränkung verhalten sich zwischen den Ständen (*s. d.*) nicht ebenso wie die für Erschlagung. Allgemein gilt nur: die Busse wachse mit dem [steigenden] Wergelde des Verletzten; Af 11, 5 **19)** Der ~ gewährt Asyl (*s. d.*), und je höher um so länger **20)** Der ~ geniesst als Kläger Prozessvorrechte. Der Thegn, welcher Aftervassallen (und zwar einen Thegn als solchen) hat, kann seinen Klageeid durch diesen schwören lassen; II Cn 22, 2 = Ps Cn for 12 (Geþyncðo 4) **20a)** **N** Wird ein mit Jurisdiktion privilegierter Baron persönlich gekränkt, so ist sein Gerichtsstand [nicht ein lokales oder privates Gericht, sondern das höchste:] *iudex fiscalis* (Delegat der Königsjustiz); *vgl.* 12b; Hn 24, 1 **21)** Der ~ geniesst als Verklagter Vorrecht: Der Verbrecher von ~ (*comes* [aus *eorl*] oder *domina*) soll fortan *non per pecuniam, non per socnam* (Asylgewinnung) straffrei bleiben; IV As 6: das Gegenteil war also vorgekommen, freilich als Missbrauch **N 21a)** Auch höchst Privilegierte sollen büssen wie andere, nicht ungestraft sündigen: ein Wunsch! Hn 24, 3. Weitergehend u. 34 **21b)** Barone [hier Kronvassallen] dürfen nicht exkommuniziert werden ohne königliche Genehmigung; Wl Edmr 2, 3 **21c)** Mancher Baron ist ausgenommen von der Pflicht aller Eingesessenen des Hundred, für dortiges *murdrum* Bussbeitrag zu zahlen; Hn 92, 17 **21d)** Der mit Jurisdiktion privilegierte ~ wird vom Sheriff in der Grafschaft [nicht im Hundred] verklagt; Leis Wl 2, 3. Der Baron [hier wohl Tenens in capite] wird vor oder von dem königl. Sheriff oder Beamten wegen Verbrechens und Fiskalsachen verklagt; Hn 20, 3. 60, 3 **22)** Mächtiger ~ missbraucht seinen Einfluss zum Widerstande gegen die Staatsordnung (VI As 8, 2) und zur Rechtsbeugung, sodass Cnut 1027, 11 Ungerechtigkeit aus Rücksicht auf den König oder einen Magnaten zu dulden, seinen Staatsräten verbietet **22a)** Der Pfarrer verhüte, dass in seinem Sprengel ein Mächtiger, Hoher dem machtlosen Niederen schade; Episc 10 **22b)** Dass ungerechte Richter die Ehrenstellung der Partei berücksichtigen, schilt Iudex 16. Solchen Eingriff in die Rechtsordnung betreffend Vieherwerb zugunsten königlicher oder adliger Gutsdomäne verbietet IV Eg 13 f. **N 22c)** Dass Normannenadel das Engländervolk zu verknechten drohe, auch durch Rechtsneuerung, klagt Quadr Praef 6. 8; *vgl.* I 533[1]. Wilhelm I.

mahnte ihn zur Milde gegen das Englische Volk; Will. Lexov. **23)** Nur der Adlige darf Jagdhunde (nach Fussverstümmelung) im Königsforst halten; Ps Cn for 31, 1. Das blutige Forst-Strafrecht geht dem ~ nicht ans Leben, 21; doch verfällt *baro meus, episcopus, abbas* wegen Tötung eines Hirsches in *misericordia regis;* 26 [*s.* aber I 624p—r]; wegen Tötung der *non regales ferae* wird ein solcher nicht *pro venatione* verklagt; ebd. *Pena et forisfactio non eadem erit liberalis* (Adligen) *et illiberalis, domini et servi* im Forstgericht; 21 **24)** Adelsgefolge erzwang in London Gastung. Londons Stadtrecht verbietet das und erlaubt dem Bürger Totschlag gegen den sie Erzwingenden; Lib Lond 2 **25)** Der Adlige übt Schutz (*s. d.*) über Gemeinfreie **25a)** **N** Der Herr bestimmt oft widerrechtlich, dass das Kind seiner Magd von einem Freien Sklav sei; Hn 77, 2a **25b)** Er gibt seine Leute, wie ihm bequemer, bald als Freie bald als Knechte aus, was II Cn 20, 1 = Hn 78, 2b verbietet **25c)** **N** Nur die Juden darf kein *dives sine licentia regis* in sein Patronat nehmen, da sie dem König *ligie* (*s. d.*) gehören; ECf 25 **25d)** Der *Gesið* hat nicht nur einen eigenen Handwerker und eine Erzieherin seiner Kinder, sondern auch einen eigenen *Gerefa,* also Land und Leute zu verwalten; Ine 63; *vgl.* Adelsbeamte 3 **25e)** **N** Der *Baro* wird im Grafschaftstage vertreten durch *dapifer* oder *praepositus et sacerdos et 4 de melioribus villae;* Hn 7, 7b **25f)** Der Adlige tritt für den Hintersassen, auch den freien, ein gegenüber der gerichtsherrlichen Obrigkeit, so der *Gesið* gegenüber dem König, Grafen oder einem andern Herrn; Ine 50 **25g)** **N** Durch sein Erscheinen im Grafschaftstage *baro vel alius totam terram quam illic in dominio suo habet acquietare poterit;* Hn 7, 7 **26)** Der ~ steht persönlich ausserhalb der Freibürgschaft (*s.* Zehnerschaft) und hält sein persönliches Gesinde und ritterliches Gefolge unter eigener Verbürgung, so dass ér diese Leute, wenn sie verklagt werden, vor Gericht stellt; *s.* Bürge **27)** Schon unter Ine erhält der Gesið, der hier nur Aftervassall ist, Strafgeld, das seine Hintersassen, auch freie, verwirken, sofern er sie, ohne Eingriff höherer Gerichtsinstanz, auf seinem Herrschaftsgute [gegen klägerische Ansprüche] zur Rechtserfüllung zwingt; Ine 50 **27a)** Der [über]freie [Grundbesitzer] besitzt bisweilen [nicht kraft seines Adelsrangs] *sacu 7 socn, toll, team, infangene þeof;* Leis Wl 2, 3 **27b)** Das Privileg kann er durch Missbrauch verwirken; IH Eg 3 = II Cn 15, 1 = Leis Wl 39, 1. ECf 9, 1 = Lond ECf 32 A 15 **27c)** Fast allgemein und regelmässig hing Gerichtsbarkeit (*s. d.*) um 1110 am Adelsgute; nur ein so privilegiertes hiess *libera terra;* Hn 27. 29, 1 **28)** Seit 7. Jh. schon steht der kriegerische Gefolgsadel und das staatliche Beamtentum in Vassallität (*s. d.*) zum König. Im 10. Jh. dehnt dieser den Mannschaftseid (*s. d.*) aus **29)** Aus dem ~ setzt sich der mit dem König gemeinsam regierende Staatsrat zusammen; die Witan (*s. d.*) werden als Gesetzgeber bisweilen neben den Bischöfen, Ealdormen und Klerus erwähnt, begreifen aber im weiteren Sinne diese mit. Diese Stellung ist für den ~ eine so wichtige Eigenschaft, dass 'erlauchter Wita' neben dem Ealdorman den höheren Adligen bezeichnet; Ine 6, 2. **N** Als Fortsetzung der Agsä. Witan erscheinen *barones* (*regis*) oder deren *commune consilium; s.* Absolutie **N 30)** An der Justiz nimmt der ~ Anteil (auch nach dem Programm eines Londoner Reformers um 1200; Lond ECf 11, 1 AS) erstens insofern er mit Immunität für seine Herrschaftsgüter begabt ist, zweitens insofern ihm vorzugsweise die höchsten Staatsbeamten entnommen werden, z. T. auch die Prälaten; die Forstrichter sollen den Gutsbesitzern der Grafschaft entstammen; Ps Cn for 1; *vgl.* I 620' **30a)** Endlich bestehen aus Adligen die Urteilfinder **A.** des königlichen (höchsten) Gerichts **B.** vorwiegend des Grafschaftstages, wo schon nach Hn 31, 3 nur *episcopi, comites et ceteræ potestates,* also nicht mehr alle Gemeinfreien, anwesend sind. Hinter den Staatsbeamten zählen zu dessen Konstituenten *barones, vavasores, tungrevii et ceteri terrarum domini;* Hn 7, 2 **30b)** Die Urteilfinder im Grafschaftsgericht sind die Eigentümer dortiger *liberae terrae,* an ihrer Spitze *barones comitatus;* Hn 29, 1. Jene dürfen das Urteil aufschieben, *donec senatores absentes interesse possint;* Hn 29, 4. Hier ist *senator,* und in 30 *procer,* identisch mit *baro comitatus* 30, 1 **31)** Wird eine ganze Graf- oder Hundertschaft durch den Königsrichter verklagt, und die Klage an éinen [Hauptinsassen] besonders gerichtet, so braucht dieser nur mit ihrer Gesamtheit sich zu verantworten, nicht éin Baron allein; Hn 48, 2; 3 **32)** Wie die *barones regni* die Nation, so vertreten *barones comitatus* die Grafschaft. Ausser dem Bischof u. Sheriff adressiert der König Brevia *omnibus baronibus suis de Wirecestrescira* Hn com Prot. Hn mon Prot. Dagegen ist CHn cor auch *fidelibus* (nach éiner Var. nur an diese) adressiert **33)** Innerhalb des ~s gibt es verschiedene Klassen. Zwischen der *eorlcund* Witwe und der gemeinfreien gibt es zwei fernere Grade bei Abt 75 **33a)** Die Abstufung richtet sich **A.** nach dem Grundbesitz: der Gefolgs~ ohne Landbesitz zahlt weit geringere Busse (60 Schilling) für Heerversäumnis als der Landbesitzer (120 Schill. neben Landverlust) Ine 51; nur letzterer besitzt einen gesetzlichen Bussanspruch für Hauseinbruch; Ine 45 **B.** nach der Beziehung zum König, je nachdem der ~ Kronvassall oder Aftervassall (schon Ine 50. 70) ist [*vgl.* Gefolgsadel, Thegn, Vassallität], und nach dem Amtsrang: über grundbesitzendem *Gesið* steht der Königsthegn, über diesem der Ealdorman; Ine 45 **33b)** Erzbischof = Prinz (= Eorl), Bischof = Ealdorman, Höldr = königlicher Oberlandvogt, Priester = Thegn lautet die Abstufung in Norðleod 2—5; König = (Erz)bischof, Ealdorman = (Bischof =) Abt = Thegn bei der Asylfrist in IV As 6, 2a (= I 172), Erzbischof, Bischof, Graf, Baron bei Schutzbruch in Leis Wl 16, Königin, Bischof = Graf, Baron bei Ungehorsam; Hn 35, 1a = 87, 5 **33c)** Nicht jeder~, nur der Königs-*Geneat,* wenn er 1200 Sch. Wergeld hat, besitzt Eideswert von 60 Hufen; Ine **19** **N 33d)** Barone im allgemeinsten Sinne zerfallen in *α*) Grafen, *β*) andere Lehensleute der Krone (CHn cor 2 = *barones sui* Hn 10, 1); *vgl. comes, dapifer regis, barones ceteri* ECf 12, 5. Auch Prälatenadel ist neben den Grafen verstanden unter *baronibus* Hn 9, 11. 80, 9b, dagegen ausgeschlossen, da *ecclesiastici* daneben steht, Hn 21. Der Baron im engeren Sinne rangiert in Aufzählungen des Adels immer hinter Prälaten und Grafen und vor den Staatsbeamten; Hn Lend Prot. CHn cor Test[1]; hinter den Grafen und vór *milites* auch Wl art retr 8, hinter den Grafen Leis Wl 16. ECf 12, 5. In der Grafschaft geht der Sheriff vor; *s. o.* 30a. Barone stehen stets vor sonstigen Untertanen, den *fideles* (*liberi*) *homines*. Die Kronvassallen heissen auch *barones dominici, regis, mei* Hn com 3; CHn cor 2. 7. 8; *EHR* 1906, 506, allgemeiner auch niedere Leute umfassend: *mei dominici homines* (*qui de me tenent*) CHn cor 7. 8. (3). Streit um Land zwischen *dominici barones mei* zieht Heinrich I. vor *curia mea;* Hn com 3. Relevium der Kronvassallen und Prozess darüber gehört der Krone; Hn 10, 1 *γ*) Aftervassallen **33e**) C. Höheren Rang gewährt auch das Privileg der Gerichtsbarkeit; s. *d.*; Leis Wl 2, 3 **34**) Wie die Rechte, so sind die Pflichten des ∾s höher **34a**) 'Die Höheren soll man strenger strafen' verordnet, mit Ausdehnung eines *Canon* Eadg. auf Weltliches, VI Atr 52 = II Cn 38, 1. 68, 1a; b. Anders *o.* 21. Für unkanonische Ehe büsst der Ceorl 50, der *gesið* 100 Schill.; Wi 5. 5, 1 **34b**) Wo der *Ceorl* für Heerversäumnis 30 Schill. büsst, verliert der *gesið* 60—120 Schilling; *o* 33a **34c**) Von Klage auf Begünstigung (Friedlosenbeherbergung) reinigt sich *Ceorl* und *Gesið* je durch Wergeld, dieser also schwerer; Ine 30 **34d**) Der Königsthegn bedarf zur Reinigung von Totschlagsklage 11 Standesgenossen, der sonstige Freie zwar auch 11 Standesgenossen, aber nur éinen Königsthegn als Eideshelfer; AGu 3 **34e**) Die Verlobte büsst dem Verlobungsbürgen für Unzucht 120, 100, 60 Schilling, je nachdem sie 1200, 600, 200 Schilling Wergeld hat; Af 18, 1 ff. **34f**) Für den Adligen entfällt dem König um so höheres Heergewäte, je reicher jener war; II Cn 71, 5 **35**) Der ∾ bildet keinen Staat im Staate. Auch wo sich Keime zu einem Landfriedensbunde ohne (doch keineswegs gegen) staatlichen Befehl regen, treten die Dynasten, und zwar samt königlichen Vögten u. Bischöfen, in Bund mit städtischer Gilde zu London; VI As Pro **36**) **N** Nur einem Politiker um 1200 gilt die Adelsgesellschaft so sehr als Blüte der Nationalität, dass er fabelt, die Rasseneinung Britanniens sei entstanden durch Heirat des Engländeradels mit Briten, Deutschen, Angeln, Scoten; Lond ECf 32 C 5; *vgl.* I 658° **37**) Das Adelsvorrecht geht verloren durch Verlust des Rechts überhaupt, nämlich die Friedlosigkeit, ferner, falls es persönlich durch Amt oder kanonisches Leben des Geistlichen erworben war, durch dessen Aufgeben; III Eg 3 — II Cn 15, 1. V Atr 9, 2 = VI 5, 4. VIII 27 = I Cn 5, 3 = Northu 45. 2, 1 **37a**) Allein angeborener ∾ samt Wergeld schwindet nicht dadurch, dass der Nachkomme jenen Dienst, der seinem Ahnen die Würde einbrachte, unterlässt **37b**) Erst 12. Jh. bietet ein [nur erträumtes?] Beispiel für Verlust der *liber[ali]tas*, des *scutum liberalitatis:* wegen Gewalttat gegen Oberförster oder wegen Hirschtötung; Ps Cn for 15. 25

Adelsbeamter; Wörter dafür *s.* 'Vogt'. Nur für den Wirtschaftsvogt der Abtei kommt in den *Gesetzen* vor *wicnere*, nur für den Herrschaftsvertreter des Barons *dapifer* (neben königlichem 'Truchsess'), *custos, -odia; missus senioris* und *episcopi* entstammt festländischem Sprachgebrauch. *Vgl.* Gerichtsbarkeit (für die Funktion des Vogts im Gericht Privater); Amt; Amtsentsetzung; Herrschaftsgut; Truchsess. Alles, was auch den staatlichen Beamten mitbetrifft, *s.* unter Vogt **1**) Den *wicneran* der Abteigüter sollen die königlichen Gerefan zum Rechte verhelfen; VIII Atr 32 **1a**) Bischof Ælfric vermacht Geld um 1038 *Ægelrice mire* [?] *fatfylre* und an *cnihtas, þa mina stiwardas witan;* Earle 241 **1b**) Der Bischofsvogt hilft dem Pfarrer dessen Zehnt eintreiben; die weltliche Gewalt vertritt daneben der staatliche Vogt (Eg) oder der des Immunitätsherrn (Atr); II Eg 3, 1 — VIII Atr 8. **N** Durch seinen *minister* (Var. *missus*) klagt der Bischof vor weltl. Gericht; ECf 3. Vielleicht schon hier ist der kirchengerichtl. Beamte (Archidiakon?) zu verstehen; jedenfalls diesen meint *minister episcopi cum clericis suis*, der die kirchliche Seite des Ordals überwacht; ECf 9 **2**) **N** Die Barone halten neben den *milites* [auch civile] *servientes, scilicet dapiferos, pincernas, camerarios, cocos, pistores* unter eigener Verbürgung; *et ipsi servientes suos sub suo friborgo* (ECf 21): beide also stehen ausserhalb der öffentl. Zehnerschaft **3**) Ein bloß wirtschaftlicher persönlicher Beamter, ohne festes Territorium, kann der *gerefa* sein, den der Gefolgsadlige, ebenso wie Schmied und Amme, beim Abzug aus seinem Leihegute mitnehmen darf; Ine 63. Wenn die drei freizügige Leute wären, so bedürfte es keines Gesetzes, um den Fortgang mit dem Herrn zu erlauben. Vielmehr muss eine an den Boden gebundene nicht vollfreie Klasse gemeint und ihre Mitnahme ein Ausnahmevorrecht des Gefolgsadligen sein. Im 12./13. Jh. erscheinen *praepositus et faber* als *appendicia manerii;* Urk. [Fälschung] von angeblich 1051 Kemble 795. — Abrahams *procurator domus* Elieser heisst *gerefa* im Epos *Genesis* 2181 **3a**) Der Bistumsfinanz, geographisch nur durch die Diözese begrenzt, ebenfalls ohne örtlichen Regierungsbezirk, dient der *gerefa* des Bischofs; II Eg 3, 1 = VIII Atr 8 = I Cn 8, 2 = Hn 11, 2. Er ist zu trennen vom *Missus; s. d.* **4**) Der *gerefa*, welcher den verklagten Unfreien eines Herrschaftsgutes des Bischofs oder des Königs gerichtlich reinigt oder zum Geiseln ausliefert, ist Partei, nicht Richter, ein vielleicht bloss wirtschaftlicher Vertreter des Eigentümers (denn wo er fehlt, tut dasselbe der Klosterherr für die Konventsklaven); Wi 22 f. [ebenso schwört bei Ribuariern der *Actor* für die Knechte seines Herrn; Brunner II 390]. Eine Regierung über die Freien im Gute, oder gar ein Richteramt, folgt nicht aus solcher Polizei über Unfreie. Doch konnte die Abhängigkeit der Knechte von dem guten Rufe, den ihnen der Amtmann beilegte, sich leicht auf andere Gutshintersassen ausdehnen. **5**) Über jedes Dorf (*s. d.*) soll der Dynast mehrerer Herrschaftsgüter einen vertrauenswerten *praepositus* bestellen, um die Hintersassen in Zucht zu halten; III As 7, 1 **5a**) Ein ∾ so gut wie der Vogt eines Königsdorfes kann der *tungravius* sein, der das Almosen zur Landesbusse einziehen hilft (VII Atr 2, 5) und beim Grafschaftstage anwesend ist; Hn 7, 2 **5b)** Ebenso der *præfectus de villa* (auch ECf 32), der gefunden Vieh beaufsichtigt und dem Hundredvogt meldet; ECf 24, 1 f. **5c)** **N** In Grafschaft und Hundred vertritt der Dorfvogt mit Pfarrer und vier Bauern den Grundherrn oder dessen Truchsess; Hn 7, 7 b; 8 **6)** Am Grossgut haftend, territorialisiert, wie in 4. 5, erscheint das Amt des Adelsvogts um 1000 im 'Gerefa': *hames gerefa* Ger 18, 2. Er ist nicht mehr bloss persönlicher Untertan des Adligen (doch heisst er *praepositus vel minister domini* Rect 3, 1), sondern das Herrschaftsgut bedingt seine Stellung. Doch ruht dieses Verhältnis auf Abmachung zwischen Grundherrn und ~ und ist durch sie befristet; der ~ ist ein freizügiger Freier. Er verwaltet das Herrschaftsgut für des Herrn, nicht eigene, Rechnung; Ger 2, 1. 5. 6. Seine Pflicht gegenüber Herrschaft, aber auch Gutshintersassen und Domänen-Unfreien, beschreibt Rect und Ger I 453, deren Verf. selbst Gerefa war. Er ist gemeint, auch wo vom Herrn die Rede ist, als dessen Vertreter. **6a)** Dass der Amtmann des Adelsguts nicht regelmässig aus diesem stammte und nicht ewig im Amte blieb, folgt aus der Forderung, dass er Landessitte kenne (Rect 4, 6), und aus der Betonung des Verfassers von Rect und Ger, dass er nur für seinen jetzigen Verwaltungsort spreche, aber einen Ortswechsel möglich halte; Rect 21, 1 f. **N** Mancher ~ *præposituram dimisit*, wanderte unter anderes *dominium* und Hundred; Hn 56, 5 **6b)** Der *potestatis ministrator* kann *alium dominum habere*, man kann Vogt des einen und Vassall des anderen Adligen sein; Hn 61, 4 **6c)** Der Vassall darf über seines Herrn Lehngut wohl die ihm angebotene Vogtei, aber nicht *custodiam* (Verwaltungsobhut für des zeitweise behinderten Herrn Rechnung) ausschlagen; 56, 7 **6d)** Wer die Gutsvogtei inne hat (*scire healde*), muss echte alte Gutsordnung und Landesgewohnheit kennen (Rect 4, 6. 21, 3) und Landwirtschaft genau verstehn, dem Wetterstand und der geographischen Lage sie anpassend; Ger 1—4 **6e)** Wie der staatliche Vogt alle staatlichen Pflichten der Amtseingesessenen erzwingt, so muss der herrschaftliche die Gutsbauern allgemein zum Vorteil der Herrschaft anspornen, stark, doch gerecht regieren; Ger 6 **6f)** Zwar wird im Verhältnis zu den Arbeiten der Gutsuntertanen nur einmal in Rect *præpositus vel minister domini* [vielleicht nur zwei Übers. des éinen *gerefa* des uns hier verlorenen Originaltextes] erwähnt, der dem frönenden Kötter eine Garbe vom Herrschaftsgetreide abgibt; Rect 3, 1 **6g)** Dass regelmässig aber er die herrschaftlichen Wirtschaftsanordnungen trifft, folgt deutlich aus Ger. Also ist, wo Rect indefinites *man* braucht, ausser dem Herrn als dessen Vertreter auch der ~ zu verstehn **6h)** Der Ochsenhirt des Gutes darf zwei eigene Ochsen mit der Herrschaftsherde weiden unter Vorwissen seines *ealdorman*, und durch desselben Verleihung erhält der Getreideverwalter des Gutes von der Herrschaftsscheune gewissen Kornabfall; vermutlich ist *ealdorman* hier der Vogt; Rect 12, 17 **6i)** Jede bestimmte landwirtschaftliche Funktion fällt je éiner, z. T. unfreien, Person im Herrschaftsgute zu: es gibt einen Büttel, Getreideverwalter, Waldwart, Gehegewart, Säemann, eine Milchmagd und für jede Tierart einen Hirten. Sie werden alle beaufsichtigt vom Gutsvogt; Rect 5—7. 11—20, 1 **6k)** Der ~ regiert alle Gutsuntertanen, sowohl die Sklaven wie die Freien, nach Volksrecht; Ger 7. Er ist der einzige Herrschaftsbeamte im Gut. Diese Regenteneigenschaft tritt doch selbst in dem ökonomischen Traktat *Gerefa* so stark auf, dass er dort *manna hyrde* heisst; 18, 2 **6l)** Sonst tritt die richterliche Befugnis des Vogts hinter der wirtschaftlichen in diesen Traktaten stark zurück, aber auch die Tätigkeit des Gerefa nach aussen, in der Vertretung der Gutslast gegenüber dem Staate, ist in Rect 1 nur angedeutet **N 7)** Ansprüche des Herrn gegen seinen *præpositus* gehen allen, sogar denen des Königs gegen letzteren, vor; Hn 43, 1 a **7a)** Herr oder Untertan (oder Fremder) klagt gegen den Gutsvogt während der Vogteizeit im Gutsgericht oder vor dem Oberlehnsherrn, nachher (oder wenn der Herr keine Gerichtsbarkeit besitzt) im ordentlichen öffentlichen Hundredgericht (oder in der Grafschaft vor dem Königsrichter); Hn 56, 4—6. 60, 3. 61, 1. ECf 22, 5 **8)** Der ~ ersetzt die Herrschaft auch darin, dass er die Gutseingesessenen in deren Beziehungen nach aussen vertritt; *s. o.* 4. Er muss den Charakter der Gutsleute genau kennen **8a)** Um einem Vassallen Unbescholtenheit zu bezeugen und ihm die Reinigung so zu erleichtern, kann sich der adlige Herr durch den ~ vertreten lassen; I Atr 1, 2 = II Cn 30, 1 **8b)** Der ~, der einen der Gutsinsassen für verdächtig hält, zwinge ihn, Bürgschaft unter dessen Verwandten zu finden; III As 7, 2: eine Funktion, die das Gesetz sonst dem Gutsherrn aufträgt **8c)** Der Gutsherr wählt *talem prepositum qui credibilis ei sit et qui concredat hominibus;* 7, 1: d. h. der Vogt bürgt dem Herrn für dessen Gutsleute **N 9)** Der Vogt vertritt den Herrn auch darin, dass er dessen Land von der Zahlungspflicht des übrigen Hundred für Murdrumbusse immun zu erklären versucht; Hn 92, 17 **10)** Innerhalb Londons unterstehen die immunen Enklaven samt Gerichtsbarkeit und Abgabenertrag privaten Herren, die dort ihren *minister socnae* einsetzen; Hn Lend 6. Er heisst *custos socnae* Lib Lend 4; *socreeve* im *Liber albus Lond.* 64. 610 **11)** Der *dapifer vel minister vel praepositus* vertritt den Herrn auch in andern Beziehungen, die nichts mit dessen Landgut zu tun haben: er empfängt gerichtliche Vorladung für ihn (Hn 41, 2. 42, 2. 92, 18) oder Terminabbestellung, wenn jener bei deren Eintreffen von Hause abwesend ist; Hn 59, 2 a **11a)** Und er kann dessen Prozesstermin abbestellen, ohne dass der Herr bei der Rückkehr den deshalb ausgebliebenen Verklagten als sachfällig erklären darf; Hn 61, 10 **11b)** Der Herr kann ihm *precipere, ut causam suam agat* (Hn 33, 2. 61, 1), und hält sich an ihn, falls der durch Ausbleiben vom Termin verschuldet, dass Verklagter frei ausgeht; Hn 61, 2 **12)** Höher als der Gerefa bloss éines Grossguts steht der *dapifer*, Truchsess (Seneschall). Ihn bestellt der Adlige für alle seine Güter éiner Grafschaft (Hn 7, 7) unter öffentl. Bekanntmachung, *ut locum eius habeat*; Hn 42, 2 **13)** Beamte höher ~ als dahinter erwähnte *praefecti, praepositi,* *tungrevii* sind gemeint unter *vicedomini, vicarii,* die wie jene zur Grafschaft erscheinen: schwerlich ∼; Hn 7, 2 **14)** Statt des Barons erscheint dort und zum Hundred der éine Truchsess oder aus jedem seiner Dörfer Vogt, Pfarrer und vier Bauern; Hn 7, 7 **15)** Totschlag am *præpositus aut minister* des eigenen Herrn ist besonders schweres Verbrechen; Hn 68, 2. 80, 9 a

Adelsgut *s.* Herrschaftsgut

Adelskirche *s.* Kirchenherr

Aderlass war eine so häufige Prozedur, dass Kirchenbann die zu Exkommuninizierenden erklärt *maledicti flebotomando;* Exeem VIII 20 [vgl. *blodlæs* bei Toller und Earle 111]

Ado von Vienne, † 875, wird [mittelbar?] benutzt von ECf 17, 1

Adoption 1) N Ein Erblasser, dem *in necessitate mortali* nicht der nächste Erbe, sondern *propinquus vel extraneus succurret,* kann diesen *in fine cum testibus hereditare et filium sibi constituere de feodo vel conquisito.* Doch wird Einspruch der nächst verwandten *heredipetae* dagegen vorausgesehen und durch Gerichtsobere entschieden; Hn 88, 15; *vgl.* Bateson II LXXXVIJ **1a)** Auch andere Germanen heben das Warterecht des Erben auf, der dem notleidenden Erblasser Unterstützung versagte; Schröder *DRG*[5] 347[318] **2)** Eadward d. Bk. *Eadgarum,* den Sohnessohn Eadmunds II, *nutrivit pro filio et, quia heredem putabat eum facere, nominavit 'aðeling'; so nennen Angli nullum preter filios regum;* ECf 35, 1b; c. Diese Ernennung zum Aetheling oder Absicht, ihm den Thron zu vererben, ist historisch nicht belegt **3)** *Þu þe for sunu wolde hererinc habban* 'wollest dir als Sohn den Helden haben', sagt die Königin zu ihrem Manne Hrothgar; Beowulf 1175 **4)** Die Annahme zum Sohne wird mit der Vassallität gleichgesetzt; Chadwick *Origins of Engl.* 158. Sie begründet nicht verwandtschaftsrechtl. Beziehung; *vgl.* Amira 117

Advent. Vom ersten Sonntag (27. Nov. — 3. Dez.) bis 13. Januar herrschen Ferien für Gericht, Ordal und Eid (V Atr 18 = VI 25 = I Cn 17 = Hn 62, 1) und Treuga Dei; ECf 2

Advokat *s.* Vorsprech

æcer s. Acker

Ælfred d. Gr. *s.* Wb **1)** Er übersetzt Exodus in Af El, ohne Widersprüche gegen folgendes Eigene zu tilgen; z. B. Af El 18 gegen Af 9 **1a)** Er lässt biblische Reminiszenzen (Auszug aus Ägypten) und Institutionen (Tempeltür, Freilassung des Sklaven im 7. Jahre) stehn, behält biblische Strafen bei, wie Hinrichtung für Totschlag oder Sünde gegen Gott, Talion bei Verwundung. Doch scheidet er die als bloss moralische Ermahnung gedachte Einleitung vom England bindenden Gesetze, das er mit 'Erstens' beginnt **2)** Er erörtert die Methode seiner Gesetzgebung Af El 49, 9 f. **3)** Er benutzt Af 44 ff. Æthelberht von Kent, den er Af El 49, 9 zitiert, aber mit Änderungen der eigenen Zeit entsprechend **3a)** Er zitiert als von ihm benutzt die Gesetze Offas des Mercierkönigs [† 796], ohne dass wir Spuren desselben in Af nachweisen können. Er ediert aber nicht seine Gesetze für Mercien; I S. XVII **3b)** Er nimmt Ine auf, und zwar wörtlich, laut Ine Pro, ferner laut ungetilgter Widersprüche (wie Ine 6, 2 gegen Af 15. 38 und Ine 13, 1 ff. 34, 1 gegen Af 29 ff.), sodann laut Wiederholung gleichen Inhalts unter verschiedener Umgebung, wie Ine 6, 1 = Af 2, 1 **3c)** Nur zögernd wagt er altem Rechte eigenes in kleinem Umfange beizufügen und fürchtet, es werde der Nachwelt missfallend abgeschafft werden; Af El 49, 9. [Den Zukünftigen sein Andenken in guten Taten zu hinterlassen, war ihm Lebensgrundsatz; vgl. aus Boetius Plummer *Alfred* 181. 202] **4)** Er erklärt [unhistorisch], die Geldstrafe, statt Leibesstrafe, datiere nach 600, sei christlich begründet, durch geistlich-weltlichen Reichstag genehmigt [heidnische Grausamkeit des Volksrechts christlich zu mildern mit Beirat geistlicher Rechtskenntnis erklärt Hincmar für den Beruf Fränk. Königtums; Amira 17]; Af El 49, 7 **5)** Af wird benutzt in II Ew 5 (als 'Gesetzbuch' zu befolgen eingeschärft I Ew Pro), in Leis Wl 10, 1 — 11, 2, übersetzt vom Quadr I 539 ff. und daraus benutzt in Hn 11, 17. 23, 3 usw., übersetzt von Inst. Cnuti I 612 f. und daraus benutzt in Ps Cn for 17 **6)** ∼ wird angeführt in EGu Pro als noch mitwirkend; aber dies ist jedenfalls für die vorliegende Form von EGu unwahr; ob wahr für Urform von EGu? Vielleicht führte man ihn nur an als höchste reformatorische Autorität, weil EGu sich als Fortsetzung erkannte zu ∼s Tendenz der Heidenbekehrung und Anglisierung der Dänen auf Britannien **6a)** Um 1000 und um 1100 gilt nicht (ausser in *Ann. S. Neoti; s.* 'Cnut') mehr ∼s, sondern Eadgars bezw. Eadwards III. (*s. d.*) Verfassung als Ideal; VIII Atr 43 **6b)** ∼ heisst *Anglicarum legum conditor* im Chron. Ramesei. um 1170 ed. Macray 13, vielleicht aus Will. Malmesbur. *Reg.* II 122 ed. Stubbs 129. Ein angebliches Domesday von ihm I S. XVII[2] **6c)** 'Die Erscheinung des sieghaften und satzungsgewaltigen Herrschers ist German. Volksideal': Karl, ∼, Rollo, Gottfried von Bouillon, Friedrich I.; Brunner *Rechtseinheit* 19 **7)** Als Todesdatum hält, gegen Stevenson und Plummer, fest den 25. Okt. 900 Anscombe *Anglo-Saxon. time* in *Numism. Journ.* IV 246

Æthelberht. 1) Seine Gesetze zitiert Ælfred; *s. d.* 3 **2)** Er wird [zum Unterschiede von Æthelberht II?] durch seine bedeutendste Tat, die Bekehrung zum Christentum, charakterisiert Af El 49, 9

Aetheling, Prinz, *s.* Wb und I 665 **1)** Gleichbedeutend steht *cild* (= *puer*) Birch 721. 957. 1064; *cliton* 931. 1319 **1a)** Mehrfach heisst ein ∼, auch ein *subregulus,* nur *dux* Earle 30; Birch 64. 459 **2)** Auch im Walliser Recht ist *edling* entweder jeder nahe Verwandte des Königs oder designierter Kronerbe; Rhys and Jones *Welsh people* 203; Seebohm *Tribal system in Wales* 106 **2a)** Ebenso bed. Nordisch das entsprechende Wort: Königsgeschlechts Mitglied; Brunner I[2] 137 **2b)** Beispiele für dieselbe Bedeutung sind in der Agsä. Übersetzung des Beda II 12. 14. IV 15. 21 und in den *Ann. Anglosax.* (ed. Plummer I 303) häufig **3)** Für ∼ setzt *regulus* Inst, *basilides* Cons, was beides vielleicht nicht speziell *Königssohn,* sondern richtig allgemeiner 'Spross des Königsgeschlechts' meint. Zu eng setzt 'Königssohn' Q. Eadgar, Eadmunds II. Enkel, heisst ∼, obwohl nicht Königssohn. Eine

Urk. um 970 erklärt *þam æðelingæ, þæs cinges suna;* die Apposition wäre unnütz, wenn die engere Bedeutung die einzige wäre; Birch 1174 **3a)** Diese engste Bed. 'Königssohn (ECf 35, 1c; *s.* Adoption 2), und zwar ehelicher' (In Cn III 56, 2, *vgl.* I 470†) kennt Ælfric: *acenð seo cwen, and geþicð se æðeling be his gebyrdum to cynesetle* (gebiert die Königin, und steigt der Prinz durch seine Geburt zum Thron); *Homil.* ed. Thorpe I 110. *Se ælmihtiga Cyning* treibt zum Tode *his ancennedan æðeling* (Christum); ebd. II 6 **3b)** Ebenso *filii regum Anglorum .. athelingi dicuntur;* Will. Malmesbur. *Reg.* I 68, ed. Stubbs 70 **4)** Beowulf, der auch die Bed. 'Prinz' kennt, setzt 1239. 1245 *æðelingas,* Adel [*s. d.* Z. 1], mit *eorlas* synonym; so wird ~, aber im Sinne 'Prinz' durch *eorl,* hier 'Herzog', ersetzt Norðleod 2 Hs. Lq. Auch zu II Cn 58, 1 setzte für *æðeling* ursprünglich *comes* Q, bessert aber: *filius regis* **5)** Das Wergeld des ~ ist, wie das des Erzbischofs, 15000 Tremissen (Norðleod 2), hoch über dem des Ealdorman mit 8000. Das Wergeld ist für jedes Glied des Königsgeschlechts gleich, nur kommt für den Regierenden eine ebenso hohe Summe des Amtes wegen hinzu. **6)** Nach anderer Hs. steht hier statt ~ *eorl.* Als Normalbesitz des Eorl [*s. d.*] gilt 40 Hufen, und 40 *Sulung* wird für einen ~ als Wergeld bezahlt in der Kentischen Königslegende; Liebermann *Heilige* I 12 **7)** Busse für Bruch der Schutzgewalt, des ~ wie des Erzbischofs, ist 3 Pfund (II Cn 58, 1 = Grið 11) und für blutiges Fechten vor ihm oder dem Erzbischof 150 Schilling [*s.* Abrundung 3]; Grið 12 **8)** Längsten Asylschutz, 9 Tage, gewährt König, ~ und Erzbischof gleicherweise; Grið 4 **8a)** Die Worte über den ~ sind Zusätze seit Ende 10. Jhs. zu Stellen Ælfreds, die den ~ nicht erwähnt hatten. Also belegen sie vielleicht das steigende Ansehen des Königsgeschlechts **9)** Wahrscheinlich aus n. 5. 7. 8 sagt In Cn III 56, 2, dass ~ und Erzbischof gleich stehen in Wergeld, Busse für Bruch des Sonderschutzes und für Blutverguss vor ihnen. Er fügt hinzu: auch Mannenbusse, Ungehorsamsbusse und mehrere andere Rechte erhalten sie gleicherweise **10)** *Terras ad regios pertinentes filios,* welche stets *regis liberi sibi attrahere cogitant,* gesondert von *regales terrae,* konnte der König zwar für seine Lebzeiten einem Kloster verleihen, schob aber der Reichstag nach dessen Tode ins Prinzengut zurück; Urk. c. 993 Kemble 1312 = *Chron. Abingdon.* I 367, von Thorpe *Dipl.* 282 angezweifelt

Æthelred II. *s.* Wb **1)** von Dunstan zur Krönung 978 geleitet; Sacr cor Pro **2)** Reichstage zu Woodstock I Atr Pro. IX Pro; zu Wantage III Pro; zu Bath VII Pro; zu King's Enham VI Pro. X Pro 3 **3)** Vertrag mit den Nordleuten unter Olaf Tryggvason II Atr Pro **4)** Innere Unruhe Englands 990—1017: Cn 1020, 4; schlimmer Zustand von Staat u. Kirche VIII Atr 37. 43 = *Homilet nach* Wulfstan 158 **4a)** Sein Name fehlt in VIII Atr Pro [ausgelassen von Schreibern als der des Unheilbringers?] **5)** ~ lässt die Dänen 1002 ermorden; Lond ECf 32 A 14 **6)** Sein Sohn *s.* Eadward d. Bk. **7)** Seine Gesetze werden übers. von Quadr. I 541 f., der III Atr rubriziert, und von Consil. Cnuti I 619, benutzt von Hn I 558. 574 **7a)** In Verderbnis wird an ~ statt *Aethelstan* III As adressiert; I 170**

Æthelstan *s.* Wb **1)** Auch III As ist ein ihm (ohne Namen) adressierter Bericht über Kent's Witenagemot **2)** Sein Gesetz Ideal für Kirchlichkeit; VIII Atr 43 **3)** wird übersetzt und rubriziert von Quadr I 540, dorther benutzt durch Hn I 554 f. 568 f. **4)** Vielleicht in VI As, oder vielleicht im Städtebau durch ihn, seinen Vater und Grossvater wurzelt die irrige Sage, die ihn als ersten Verleiher städtischer Freibriefe rühmt; Lappenberg *Gesch. von England* I 587

Afterleihe *s.* Lehnwesen

Aftervassallen [Gefolge eines Gefolgsmannes] **1)** Beowulf, Hygelacs Thegn, hat Thegnas unter sich. Beda kennt Gefolge auch der Magnaten I 7 **1a)** Der Gesið hat freie jurisdiktionell Untergebene; Ine 50 **1b)** Bereits im 8. Jahrhundert muss es ~ in vierfacher Abstufung gegeben haben: Des Mercierkönigs Mann war der Unterkönig, dem Magnaten unterstanden, die *gesiðas* hielten, welchen letzteren teilweise Land und Hintersassen gehörten **2)** Alcuin tadelt, dass der Erzbischof von York so viele *milites in comitatu* und deren jeder wieder zu viele *gregarios id est ignobiles milites* halte, während der frühere um 770 jedem *satelles* nur einen *miles* zu halten erlaubte; Epist. ed. Dümmler, *Mon. Germ., Epist. Karol.* II p. 378 **2a)** Bischofs-Thegnas kommen z. B. vor: a. 1001 Ann. Anglosax.; Urkk. a. 1020. 1042 Earle 233. 242 **3)** Eadgar teilt alles Volk in 'Königsmann' und 'Thegnmann'; II Eg 3, 1 = VIII Atr 8 = I Cn 8, 2 **4)** Ein Thegn, der dem König diente an dessen Hofhalt, wenn der einen Thegn hatte, der ihm folgte [= Vassall war], zur Staatssteuer fünf Hufen eingeschätzt besass und im Königssaal seinem Herrn diente und [indem er?] dreimal mit dessen Auftrag zum König gezogen war, durfte fortan seinen Herrn bei verschiedentlichen Erfordernissen durch seinen Vereid vertreten, so dessen Klage durchsetzen; Geþyncðo 3; *vgl.* II Cn 22, 2, wo dieser Vertreter des Thegn *man* heisst, was hier auch ~ bedeutet **5)** Auch mancher Bocland-Eigentümer hat einen anderen als den König zum Herrn; II Cn 77, 1 **6)** Das Domesday nennt ~ vor 1066 öfters: *manerium tenuit teignus regis, et alter teignus, homo eius, tenuit 1 hidam;* I 152b; 5 *taini, unus eorum erat senior aliorum;* I 291; 5 *taini* des Grafen *habebant sub se 4 milites ita liberos ut ipsi;* 180b, 1. — Nach 1066 *s.* Vassallität

[Agathe] Gemahlin Eadwards Aetheling, Mutter der h. Margarete von Schottland; ECf 35, 1

al- *s.* eal-

N Alaun dürfen fremde Einführer in London nicht in kleineren Mengen als 25 Pfund verkaufen; Lib Lond 8, 2; *vgl.* I 675[d] und 'Korduan'

Aldersgate *s.* London

Aller Heiligentag **1)** Der 1. Nov. ist arbeitsfrei für die freien Fronbauern; Af 43 **2)** Wachszinsempfang für die Kirche; V Atr 11 = VI 17 = VIII 9 = I Cn 12 **3)** Feldfruchtzehntempfang für die Kirche; V Atr 11, 1 = VI 17 = VIII 9 = I Cn 8, 1 = *Canon Edgari* 54 = *Hom. n.* Wulfstan 116 **4)** Treuga Dei; ECf 2, 5

N Allod **1)** Bei Anglonormannen übersetzt *alodium* [*s.* Wb], das in Agsächs.

Zeit nicht vorkommt, sowohl *bocland* (*s. d.*) wie *land.* Über *alodium*, das *land* übersetzt, schreibt *bocland* Hs H In Cn II 15, 1 b **2**) Es bildet bei ihnen keinen Gegensatz zu *feodum*, das z. B. II Eg 2 Q für *bocland* setzt, während er im wörtlich gleichen Text I Cn 11 dafür *alodium* bietet [auch nicht im Domesdaybuch; z. B. *Cilletone tenuit de Heraldo comite in alodium* I 59 a 2; in Kent *quando moritur alodiarius, rex inde habet relevationem terrae;* I 1 b] Der Normanne kennt kein unabhängig Eigen an Land; Maitland *Dom.* 154 **2a**) Wilhelm II. a. 1093 *praecepit, ut civitas Cantuaria et abbatia S. Albani in alodium ecclesiae Christi Cantuariensis transirent;* Eadmer ed. Rule 37 **3**) Wie Domesday will der Übersetzer mit ~ wohl das Grossgrundeigen eines freien Mannes, bisweilen eines Thegn (Maitland 153 [1]), bezeichnen, das erblich war; doch braucht Domesday den Ausdruck ohne Rücksicht, ob es auf *boc* beruhte **4**) Eadward III verleiht, laut einer nach 1066 übersetzten Urk., St. Austins zu Canterbury Gerichtsbarkeit über *allodiarios, quos ei habeo datos*, d. i. wohl freie Grundbesitzer auf Boden der Abtei oder in irgendeiner Abhängigkeit von ihr; Kemble 902 **5**) Auch in der Normandie heisst ~ Lehn: *trado alodium, sicut meus vasallus de me tenuit;* Urk. Wilhelms I. bei Haskins *Amer. hist. rev.* Apr. 1909, 455. Dagegen in seiner Urk. für Caen kommt vor *terra, quam de me tenet G. tam in alodio quam in feodo;* Migne *Patrol.* 149, 1366. *Vgl.* Vinogradoff in *Mélanges Fitting* II 505

Almende *s.* Gemeinheit

Almosen *s.* Armenpflege

Almosengeld *s.* Wb *ælmesfeoh.* Der Thegn (das Herrschaftsgut) entrichtet der Kirche als eine der jährlichen Grundsteuern ~, hinter Kirchenpfennig genannt; und der Vollbauer an die Herrschaft; Rect 1, 1. 2. Wahrscheinlich hiermit identisch ist *pecunia elemosinę*, die im Jahre der Landesbusse, falls irgendwo rückständig, bis Michaelis entrichtet werden soll bei vollem Strafgeld (VII Atr 7), und beides mit Pflugalmosen (*s. d.*), mit dem es die Hss. variieren; I Em 2. Dass das Wort [wie später] Peterspfennig bedeuten könne, scheint nicht erwiesen

Alpenpässe. Cnut verhandelt zu Rom 1027 *cum imperatore, papa, rege Rodulfo* von Burgund *ceterisque principibus, per quorum terras nobis transitus est ad Romam, ut concederetur lex aequior in via Romam adeundi, ne tot clausuris artentur, et propter thelon;* Cn 1027, 6—8

Altar *s.* Asyl, Eid, Freilassung; Geistliche, Kirche; Messe

Altarbusse *s.* Wb *weofodbot* **1**) Geldbusse für (Bruch des den Altar und dessen Diener umfriedenden Sonderschutzes durch) Verletzung von Klerikern, zahlbar an den Bischof; II Cn 42 [= Hn 11, 8. 66, 3], teilweise = Northu 23 f. **2**) Daneben schuldet der Missetäter Injurien- oder Wundenbusse an den Beschimpften, Gebundenen oder Geschlagenen (bezw. Wergeld für den Erschlagenen) und zweitens weltliches Strafgeld für den Bruch des Schutzes, den der König oder Immunitätsherr dem Kleriker erteilt hat; II Cn 42. [Das weltliche Strafgeld fur Klerusverletzung kann vom Strafgeldfixum steigen bis zum Verluste des Wergelds, ja des Vermögens, des Täters; II Cn 49] **3**) Bei EGu 12 = VIII Atr 33, dem Cnut folgt, ist nur von letzterer Schutzbusse, noch nicht von ~, die Rede **4**) Die ~ steigt mit dem Weihegrad des Verletzten; II Cn 42; beim Priester beträgt sie doppelt so viel wie beim Diakon; Northu 23 f. **5**) Für Tötung fordert doppelt so viel ~ als wie für Verwundung Northu 23 f., nämlich für den Priester 24 Ör [= 2 £] **6**) Die ~ ist wahrscheinlich identisch mit Klerusbusse in Had 2—9, 1 = Hn 68, 5—5 d **6a**) Von letzterer behält der Bischof zwar nur $^1/_3$, während $^1/_3$ dem Stiftskonvent und $^1/_3$ dem Altar [d. h. wohl der Kasse der Baulichkeit, Geräte und Almosen] zufällt; Had 9, 1. Auch hier aber ist der Bischof der erste Empfänger des Ganzen. Vielleicht also vollzog er auch bei Cn und Northu die Dritteilung nachher **6b**) Auch bei 'Klerusbusse' wird wie in 5 tödliche und 'halbe Verletzung' [wohl Verwundung] unterschieden; Had 9 **6c**) Nur ungefähr aber [gegen o. 4] kostet 'Klerusbusse' bei Tötung des Priesters doppelt so viel wie bei der des Diakons; und die Beträge sind weit höher, nämlich bei Tötung 1 £ für jeden Weihegrad, also beim Priester 7 £; Had 2—8 **6d**) Nebenher schuldet der Missetäter Wergeld des Erschlagenen (*s. o.* 2) und — was dort hinzuzudenken ist — geistliche Poenitenz; Had 1, 2—8

Alter *s.* Wb *eald, ieldo. Vgl.* Jugend, Kind, mündig **1**) Das ~ ist in Betracht zu ziehen bei Abmessung der Strafe (VI Atr 52 = II Cn 68, 1 b); bei der Poenitenz für Totschlag; Hn 72, 2 b **2**) 'ältere wie jüngere' soviel wie 'obere wie untere' II Em Pro; 'älter' für ehrwürdiger [aus Bibel] Af El 49, 3; 'ältester' — Vorsteher VI As 3; 'älteste' für angesehenste, vornehmste, ohne Rücksicht auf Fülle der Jahre; Ine Pro. II As 20, 1; 4. VI 12, 2. II Em Pro. III Atr 3, 1. Blas 3 [*Vgl.* Ann. Agsax. a. 915. 978. 1015; Kemble 1302] **2a**) *Ealdor(man)* [*s.* Wb] heisst nur 'Oberer, Vorsteher', (bezw. 'Herzog, Graf'), zwar *senior, senator* übs., aber *non propter senectutem, sed sapientiam;* Af 40 Q. ECf retr 32. Lend ECf 32 A, I 655*. ECf 32, 3. *Vgl.* Wb *senior:* Herr

altes Recht *vgl.* Gesetz, Gewohnheitsrecht **1**) Das vollkommene, gute, ehrwürdige, echte; Hl 12. Wi 5. Rect 4, 6; *antiqua consuetudo* In Cn III 51. 53; = *Godes riht* II Cn 75, 1. Wif 1 [*aldgeryhto* 'hergebrachtes Land-(Grenzen)recht' Earle 286]. Nicht etwa im Ggs zu 'neuem Gesetz', denn kanon. Eherecht war unter Wihtred nicht 3 Menschenalter alt **2**) Schon früher [ungeschrieben] bestehendes ~ ~ wollen nun durch Beschlüsse vermehren Hl Pro. Wi Pro 3 **3**) Ælfred [*s. d.* 3] entnimmt ~ ~ den Vorgängern und erklärt das Strafrecht historisch. Er und die anderen Gesetzgeber wollen ~ ~ nur fixieren oder höchstens ergänzen; Af El 49, 9. VI As Pro. 8, 9 **3a**) Witan [10. Jhs.] erneuern die von Ælfred und Eadward für Guthrums Gebiet gegebenen Gesetze; EGu Pro **3b**) Auf Eadmund beziehen sich Hu 2. IV Eg 2 a **3c**) II. III Eg heissen nur Ergänzung in IV Eg 2, 1a, und IV Eg 14, 2 ergänzt Partikulargewohnheit. *Vgl.* Gesetz **3d**) Die Zeit der Vorfahren gilt als massgebend fürs Strafrecht gegen Verletzung königl. Handfriedens; III Atr 1 **3e**) Aethelstans, Eadmunds und Eadgars Zustände stellt als Ideal hin VIII Atr 43, die Eadgars 36; diesen zitiert 8 **4**) Das

Rechtsideal wird ausgedrückt durch 'die Art, wie es am besten bestand, wie es Vorgänger am besten hielten'; II Eg 5, 3. V Atr 15 = VI 22,5. VII 1. 4 **4a**) Angebliche, erträumte *constitutiones patrum* werden als Gewähr für Zukunftswünsche vom Londoner Reformer um 1200 angerufen I 635[1]. *Vgl.* Eadwardi laga **4b**) Auch bei anderen Germanen wahren sich Gesetzgeber [Brunner I[2] 530[1]] und Juristen, eigener Rechtsschöpfung misstrauend, vor dem Verdacht, ihr Recht neu erdacht zu haben; Einhard *V. Karoli* 24; Roger II 1140, *s.* Niese *Gesetzg. Norm. Sicil.* 17; Sachsenspiegel, Præf. rhythm. 151 **5**) Veraltetes *ealdriht* wird abgeschafft durch neues Gesetz; *s. d.*

Altes Testament *s.* Bibel

Amber *s.* Eimer

Amme *s.* Wb *cildfestre.* Die Kindespflegerin darf der vom Lehngute abziehende Gefolgsadlige mit sich nehmen; Ine 63. Ohne diese Stellung also würde sie als Person an dem Lande haften; sie ist also geboren als Untertanin des Guts, wahrscheinlich gänzlich unfrei oder darbt mindestens eines Freienrechts, der Freizügigkeit. [Liobas Mutter hat bei sich eine unfreië *nutricem;* Mon. Germ. SS. XV 124]

Amnestie 1) Sie deckt Handlungen, die das gegenwärtige Gesetz unter Strafe stellt, nur wenn sie nicht fortgesetzt werden: Unkanonische Ehe ist abzubrechen bei Strafe der Exkommunikation; die Eingehung einer solchen aber kostet erst fortan weltliche Geldstrafe; Wi 3—5 **2**) Diebstahl (verbrochen vor dem Reichstage zu Faversham) bleibt ohne Strafgeld [nur] dem Kläger zu büssen [von heute] bis zu den Bittgangtagen (bezw. bis August); späterhin herrsche das frühere [Strafrecht]; V As 3, 1 (III 3). Es wird also das Bussgeld für den Kläger nicht geschenkt **3**) Mit der ~ für die Zeit vor jenem Reichstage zu F. verbindet sich eine Strafschärfung für die seitdem geschehene Missetat: notorischer Diebstahl verdient, gleich handhaftem, Tod; IV As 6 **N 4**) Das während des Interregnums, von Wilhelms II. Tode bis zu Heinrichs I. Krönung, 2.—5. August 1100, Entwendete *cito reddatur absque emendatione;* wer es ferner behält *graviter michi emendabit;* CHn cor **14**. Vermutlich fehlt mit dem Fehlen des Königs auch sein Friede, also das für dessen Bruch eintretende Friedensgeld. Hier erscheint keine Busse für den Kläger **5**) Heinrichs I. Krönungscharte 1100 erlässt *placita et debita, quae fratri meo* (Wilhelm II.) *debebantur* samt früher fälliger Gebühr *pro hereditate* und Lehnsmutung, doch nicht Gelder für Domänen- oder Ämterpacht oder was Private dem Fiskus versprochen hatten für das von Rechts wegen anderen Zukommende; CHn cor 6 **5a**) Ähnliches hatte Wilhelm II., ebenfalls von der Partei seines Bruders Robert von der Normandie bedrängt, 1093 versprochen; Eadmer *Nov.* ed. Rule 33 **6**) Missetaten, die bestraft worden sind vor dem Reichstage zu Bromdun, gelten nicht mehr als Begründung der Bescholtenheit; I Atr 1, 2 = III 4 — II Cn 30, 1 **7**) Keine innerstaatliche ~, sondern internationaler Frieden liegt vor, wenn Engländer und Nordleute 991 bestimmen: bisherige Totschläge und Schädigungen [offenbar nur die von jenen diesen oder von diesen jenen zugefügten] bleiben ungerächt und ungebüsst [gelten als durch Krieg entschuldigte Handlungen der nun beendeten Völkerfeindschaft]; II Atr 6, 1. Hier scheint ausser Strafe und Busse sogar der einfache Ersatz ausgeschlossen

Amt. 1) Die Namen für Eingesessene *s.* Wb *folc* 3, *hieremen, mann* 7, *manung;* Amtswürde, Obrigkeitsehre *s.* Wb *þegnscipe. Vgl.* Bischof, Königskleriker, Königsrichter, Ealdorman, Eorl, Graf, Sheriff, Richter, Vogt, Adelsbeamte; Bezirk; Bestechung; Bürgschaft **2**) Ämter verleiht **A.** König **B.** Ealdorman; *s. d.* **C.** Herr einer Gerichtsbarkeit; *s. d.* **D.** Gutsherr, adliger Grundbesitzer; *s.* Adelsbeamte **E.** Bischof als Herr des Geistlichen (*s. d.*) Gerichts *s.* Archidiakon ECf 3. 9 **F.** die Stiftskirche *s.* Obedientiar **G.** Wahl (*s. d.*) des Volkes dem Magistrat **3**) Für unsere Begriffe wohl trennbar sind die verschiedenen Arten der Vögte: **A.** die allgemeinen Vermögensverwalter eines Grossen (Seneschal, Dapifer *s.* Truchsess) von den Amtleuten eines geographisch begrenzten Distrikts **B.** die königlichen Domänenverwalter von den Staatsbeamten **C.** die Beamten des Adels und der geistlichen Prälaten (*s.* Adelsbeamte) von denen des Staates **D.** die an Grösse stark abweichenden Bezirke, die der Vogt regiert [für *portgerefa* IV Atr 7, 3 liest im sonst gleichen Text *gerefa* II Cn 8, 2] **E.** die wirtschaftliche Seite des Amtes von der regierenden, polizeilichen und richterlichen **F.** der Unterbeamte (*s.* Wb *gingran*) vom unmittelbar zuhöchst Angestellten. Aber in den Agsächs. Quellen liegt all dies ungeschieden, für alles dient éin Wort *gerefa*, das keineswegs immer durch vorgesetztes *cyninges* qualifiziert wird, wo dennoch nur ein Staatsbeamter gemeint ist. Ein Name, der nur den Wirtschaftsvogt, oder einer, der nur den Richter bezeichnet, fehlt; *scirmen* sind ein Teil der *deman*, Ine 8; *præfectura* ist ein Richteramt, Hn 22, 1; Cnuts *cyððe*, Beziehung zum König, gibt Hn durch *iusticia* **4**) Nur königlich sind folgende Beamte: Oberrichter, Bischof, Abt, welche Prälaten als Staatsbeamte 'des Königs' heissen, Herzog, Ealdorman, Eorl, Graf, Sheriff, Heahgerefa, Vogt über Riding, Lathe, Hundred, Wapentake, Stadt und, sofern als königlich bezeichnet oder verstanden, sonstiger Vogt und Richter, *s.* diese Artt., Königsrichter, Königskleriker, Missus **5**) Von Hofämtern des Königs kommen vor: Kanzler, Marschall, Connétable, Kämmerer, Truchsess, Mundschenk, Geleitsmann, Bote. Alle diese Ämter kann auch der grössere Baron verleihen; in den *Gesetzen* kommen baronial die fünf letzten vor. Der König hält auch Beamte für Forst u. Jagd; *s. d.* **6**) Beamte mit ständigem Lokalbezirk sind Bischof, Herzog, Ealdorman, Eorl, Graf, Sheriff, Vogt (*s.* 4, auch Dorfvogt), Förster **7**) Mit Einzelaufträgen der Regierung betraut der König **A.** Bischöfe, **B.** Königskleriker, **C.** Thegnas; zwei benannte überbringen dem Landtage Königsbotschaft, VI As 10; *s. u.* n. 13 **D. N** Gemeinfreie: ein königlicher Münzer und *minister* kann *civis Lundoniensis* sein, I 673*; ein *serviens regis* kann neben dem König auch *alium dominum habere*; Hn 61, 4 **E.** Minderfreie *s.* Geleitsmann, Marschall **8**) Harthacnut verwendet als Regierungskommissare, neben Erzbischof und Eorl, *maiorem domus,* *dispensatorem, carnificem,* die sonst nicht vorkommen; Flor. Wigorn. a. 1040 [= 1042]; *vgl.* Kemble *Saxons* II 110 **9)** Die Regierung nennt als Adressaten ihrer Befehle die Beamten. Æthelstan gebietet *his bisceopum, ealdormonnum, gerefum* die Beobachtung seiner Polizeiordnung; VI As 11 **9a)** *Episcopis suis, comitibus* [aus *eorlum*], *aldremannis, præpositis* befiehlt Hinderung des Umlaufs falscher Münze IV Atr 8 **N 9b)** An *iusticiarii et vicecomites* neben dem Adel richtet sich Hn Lend Prot **9c)** Die Nachtwache ordnen an *vicecomites, aldermanni* [hier städtische *Aldermen*], *prepositi et ceteri ballivi et ministri* des Königs; Wl art retr 6. Für die jährliche Waffenschau haften, bei schwerer Busse an den König, *vicecomites, aldermanni, prepositi hundredorum et wapentachiorum et ceteri ballivi regis;* Lond ECf 32 A 13: letztere beide Sätze aus éinem Londoner Reformprogramm um 1200 **10)** Die Auswahl der Beamten, namentlich der Regierungskleriker, unter Heinrich I. tadelt Quadr. Ded 17—20: persönlich tüchtige Arme werden verdrängt durch lasterhafte Reiche, durch verleumderische Streber **11)** Das ~ des Londoner Sheriffs und Kronrichters wird durch Wahl (*s. d.*) der Bürger besetzt (aus Heinrichs I. Freibrief); ein Londoner Reformschwärmer um 1200 wünscht die Wahl von unten her allgemein **12)** Das Wergeld des minderfrei geborenen königlichen Schmieds, Geleitsmannes und Marschalls steigt durch dieses ~ zur Höhe des Gemeinfreien; Abt 7. Ine 33 **13)** Nur wer ein Sonderamt am Königshofe hat, neben bestimmter Staatssteuer-Einschätzung, geniesst Thegnrecht **13a)** Ein Thegn, der für den Königshof Ordonnanz reitet und in seiner Beziehung zu ihm durch einen Thegn repräsentiert wird, geniesst prozessuales Vorrecht, sich als Kläger durch diesen im Vereid vertreten zu lassen; Geþyncðo 2. 3 **N 14)** Totschlag oder Schädigung an *famuli regis* ist Kronprozess (*s. d.*) und verfällt den Täter in *misericordia regis* (Hn 10, 1. 13, 1); so der Totschlag an des Königs Boten (Hn 79, 2; *vgl.* I 595[1]); Totschlag am *serviens regis* wird hart gestraft; Hn 68, 2 **15)** Wilhelm I. verbot jedem seiner Bischöfe, *ut aliquem de baronibus seu ministris nisi eius præcepto implacitaret aut excommunicaret;* Wl Edmr 2, 3 **16)** Je höher der Beamte um so teurer kostet der Friedensbruch auf einem von ihm abgehaltenen Gericht; Waffenzücken beim Gericht des Ealdorman kostet viermal soviel wie bei dem des gräflichen Unterbeamten oder des Königsklerikers; Af 38, 2 **N 17)** Der Königsbeamte als solcher, *vicecomes* oder *minister regis,* kann jemandem besondern Friedensschutz verleihen; dessen Bruch kostet *griðbryce:* 100 Schilling; Hn 79, 4 **17a)** *Justitiæ regis detentio* kann die Terminversäumnis einer Prozesspartei entschuldigen; 59, 1a **18)** Die Nähe zum König (Beziehung zur Regierung) verpflichtet zu höherem Heergewäte; II Cn 71, 1; 4 = Hn 14, 4a

amtliches Einschreiten *s.* Königspflicht, Gerechtigkeit, Richter, Gericht; Gerichtsversäumnis, Frieden, Königsfrieden, König (als Schützer Herren- und Sippenloser); Klage, Anklageprivileg; Rüge, Bescholtene, Anzeiger; Kronprozess; Münzfälschung; Forst

Amtsantritt *s.* Krönung, Wahl, Wapentake

Amtsbeisitzer *s.* (Gericht)szeugen, Geschworene, Lagamen, Urteilfinder

Amtseid *s.* Krönungseid, Kaufzeugen, Geleitsmann, Geschworene, Rüge

Amtsentsetzung **1)** Der *Ealdorman,* der einen eingefangenen Verbrecher absichtlich entwischen lässt, oder das Verbrechen vertuscht, verliert sein Amt, ausser wenn ihn der König schont; Ine 36, 1. **1a)** *Dux Wulfhere, quando regem et patriam dereliquit, potestatem dereliquit;* Urk. a. 901 Birch 595. Im 11. Jh. kommt solche ~ oft vor [*vgl.* Absetzung des ungehorsamen Herzogs bei Deutschen; Brunner I[2] 458[19]] **2)** Bei Nichtausführung des Gesetzes zahle der *gerefa* Ungehorsamsbusse (= 120 Schill.), und 'werde ich einen andern finden, der [es auszuführen] bereit sei'; II As 25 = IV 7 **3)** Versäumt Bischof, Ealdorman oder Gerefa das Gesetz auszuführen, die Untertanen darauf zu verpflichten und lässt Verbrecher straflos, so zahle der Gerefa 120 Schill. Busse und sei ausser Amt und königlicher Gnade; VI As 11 **4)** Der ungerechte Richter verliert ausser 120 Schill. seine 'Thegnschaft', ausser wenn er sie vom König wieder erkauft; III Eg 3 = Cn 15, 1 = Hn 34, 1 — Leis Wl 39, 1; letzterer liest *franchise,* versteht also Gerichtsbarkeit eines Privaten, während der Agsä. Text auch die öffentliche Gerichtshaltung des königlichen Beamten meint, z. B. als Ealdorman, Sheriff, Vogt. Vielleicht liegt ~ in 'Unehre' für dasselbe Vergehen; *s. u.* 10 **4a)** Nach Asser 106 forderte Ælfred Niederlegung der Regierung von Richtern, die falsch, wenn auch nur aus Unkenntnis, geurteilt hatten **4b)** Dass Ælfred 44 Richter, die falsch geurteilt hatten, hinrichten liess, erfindet lügnerisch Ende 13. Jhs. *Mirror of justices* ed. Wittaker 166 **4c)** Ealdorman Wulfgeat verlor 1006 sein Amt wegen *iniusta iudicia;* Florent. Wigorn (der Grund fehlt Ann. Anglosax.) **5)** Der Gerefa, der Münzfälschung erlaubt, leidet Strafe wie der Fälscher [d. h. am Leibe, also mit Amtsverlust]; IV Atr 7, 3 = II Cn 8, 2 **6)** Die Gerefan sollen gerecht regieren und urteilen beim Verlust königlicher Gnade, ihres Vermögens, ja Lebens [also auch Amtes]; Cn 1020, 11. 1027, 12 **7)** Dem Gerefa, der Zehntweigerer zu strafen versäumt, droht Verlust des Vermögens und königlicher Gnade [also (wie im Fränk. Reiche nach Brunner II 79) auch des Amtes]; IV Eg 1, 5 **8)** Wer Spurfolge nach abhanden gekommenem Vieh durch sein Gebiet hin versäumt, den trifft Verlust des Vermögens und unserer [der Regierung] Gnade [also auch des Amtes]; II Ew 5 **9)** Wahrscheinlich diese Strafe wird zitiert als dem Gerefa drohend, der versäumt alle vier Wochen Gericht zu halten; II Ew 8 **10)** Wie 'Würde, Ehre' für obrigkeitliches Amt steht, so wahrscheinlich *ungerisnu* (*contumelia, indecentia* eigtl. Schande, Unehre) für ~. Sie droht neben Ungehorsamstrafgeld dem wegen Bestechung ungerechten Vogt (V As 1, 3f) und ihm oder dem *Thegn,* der das Gesetz nicht handhabt; IV As 7 = III Em 7, 2 **11)** Da Vermögenseinziehung (*s. d.*) eine Abspaltung der Friedlosigkeit ist, sich auch schwer bei währender Amtsdauer denken lässt, so ist mit jener wohl verbunden zu denken ~, da die Missetat dieselbe wie in vorigen Fällen. Diese

Vermögenseinziehung trifft den Königskämmerer oder Vogt des Königs oder der Witan, der Diebes Mitwisser ist [erstmalig nur Wergeld] (II As 3, 2), die *Lagmen* (Urteilsfinder), wenn sie falsch Recht erkennen (weisen? Duns 3, 3) und den, der wiederholt das vorstehende Gesetz verletzt [d. h. wohl als Beamter ausser Kraft setzt; denn den blossen Untertan, der es übertritt, treffen mildere Bussen]; II Cn 83, 2 = Hn 12, 4 = 34, 8 = Lend ECf 32 B 7 **12)** Der Adelsgutsvogt ist besser aus als in dem Amt, wenn ihn seine Untertanen beherrschen können; auch der Herrschaft ist es unvorteilhaft, dies zu erlauben; Ger 7 **13)** *Si episcopus homicidium faciat, deponatur* [aus Ps Egb.] Hn 73, 1; so auch der Priester I 591[e]

Amtskauf *s.* Amtsentsetzung 4; Geistliche

Amtsland *vgl.* Bischof **1)** Wie der König von seinen Landgütern in Vieh und Frucht der Kirche Zehnt gibt, sollen das von ihrem eigenen die Bischöfe [wohl vom Bistums-~], Ealdormen und Gerefan tun; I As Pro **2)** *Comitis rectitudines secundum Anglos: comitales villa[e], quæ pertinent ad comitatum eius;* In Cn III 55; über ~ des Grafentums I 614[x]. *Vgl.* Dritter Pfennig. **N** Das ~ des Grafen heisst *baronia comitis* Magna carta 2, wofür Edward I. *comitatus* einsetzt **3)** *Archiepiscopi, episcopi, comites et alie potestates* [Äbte und (alle?) grössere Kronvassallen] *in terris proprii potentatus sui* [d. i. ~] geniessen volle Gerichtsbarkeit (*s. d.*), dagegen *in ceteris per emptionem vel cambitionem vel quoquo modo perquisitis* nur beschränkte; Hn 20, 2 **4)** *Sacerdotis domus et curia* gewährt Asylschutz nur, wenn *in feudo ecclesiae* gelegen; ECf 5, 1 [wenn es Pfarreiland ist] **4a)** Der abzusetzende Geistliche geht verlustig *are* (I As 4. V Atr 7 = VI 4) = *eardes* (*eðles*) VIII Atr 26 (= II Cn 41) d. i. ~ **5)** Der Amtmann, der die Domäne verwaltet, hat auch Eigen[land, vielleicht auf dem Boden des Herrschaftsgutes als Lohn?]; Ger 5 **6)** Für ein Jahr Hofdienst empfängt vom Herrschaftsgut der Gefolgsmann (Gesinde) zwei Äcker, der Gutsbüttel und Gehegewart ein Stückchen Land für seine Mühe; Rect 10. 18, 1. 20. Die anderen Diener der Domäne, Hirten usw. erhalten nur Naturalien. [Manche Flurnamen verraten noch, welchen Dienst die Felder einst belohnten, z. B. *hayward's ham* bei Bampton; *beefurlong* zu Cote; Williams *Archaeologia* 33, 276; *honilond* Vinogradoff *Villainage* 289] **7)** Während zur Strassenwacht gegen Viehdiebe vom 29. Sept. bis 11. Nov. je 10 Hufen 1 Mann stellen, bleibt das Land des *ward-ireve* wegen seiner Amtsmühe frei; Leis Wl 28, 1

Amtsvergehen *vgl.* Vogt. **1)** Das ~ besteht in Nichtausführung der Gesetze (*s.* Amtsentsetzung 2. 3. 10. 11), Ungerechtigkeit des Richters (ebd. 4. 6. 10. 11), Begünstigung (ebd. 1. 5. 7. 11), Nachlässigkeit beim Gerichtshalten (ebd. 9), beim Eintreiben der Geldstrafe für Rechtsweigerung (II Ew 2), bei Bestrafung (ebd. 5. 7), bei Spurfolge (ebd. 8 [nur 30 Schill. Strafe zahlt dafür der Hundredvorsteher, 120 der Sheriff; Hu 5. VI As 8, 4]), bei der Armenpflege (*s. d.*), bei der Sorge für Bürgschaft (*s. d.*), in Justizweigerung (*s d.*), falscher Aussage des Kaufzeugen (*s. d.*), in Erpressung (*s.* Gastung), in Heeresversäumnis des Berufskriegers (*s.* Gefolgsadel, der doppelt soviel wie der Landwehrmann büsst) **2)** Der Vogt, der Freizügigkeit Unbescholtener zu hindern oder Auswanderung Bescholtener zu gestatten erlaubt (oder selbst beiträgt?), wird mit Ungehorsamsbusse bestraft; V As 1, 2 **3)** Missetat gegen Amtseingesessene büsst Sheriff oder Vogt doppelt so hoch wie ein anderer; VII Atr 6, 3. Leis Wl 2, 1 **3a)** **N** Ungerechte Pfändung büsst der Sheriff dem Gepfändeten mit Doppelersatz, verliert den Prozess, der dazu Anlass gab, und zahlt dem König je nach der Tat Strafe; Hn 51, 4 **3b)** Der Beamte zahlt doppelt Strafgeld für eine Missetat, die die besondere Idee seines Amtes verletzt, so der Geistliche für Entheiligung des Sonntags; in Chester büsst man für *hengewitam* 10 *sol., præpositus regis vel comitis* 20; Domesday I 262b 1 **4)** Die Strafe für ~ ist also Amtsentsetzung (*s. d.*), Geldstrafe (*s.* 1. 3a) und zwar Vermögenseinziehung (*s.* Amtsentsetzung 6. 7. 8. 9. 11; II Cn 83, 1), Wergeld (II Cn 69, 2. 83), doppelt (83, 1), Ungehorsam (II Ew 2. I As 5; *s.* Amtsentsetzung 3. 4. 10), 30 Schilling (As Alm 2. II 10, 1. Hu 5, 1), Verlust der Zeugnisfähigkeit (II As 10, 1), der königlichen Gnade (*s.* Amtsentsetzung 6. 7. 8. 9), Leibesstrafe (ebd. 5. 6), Gottes Zorn; I As 5

Amtszeugen *s.* Gerichtszeugnis, Geschworene, Kaufzeugen, Zeugen

Anathem nicht unterschieden von Exkommunikation (*s. d.*); Exeem I

Andover, Königsdomäne; dort ergeht II Eg 1, da dieses Gesetz als *æt Andeferan* erlassen zitiert wird in IV 1, 4. Dortigen Reichstag 980 erwähnt Lantfert *Mirac. Swithuni* ed. Earle 65; *V. s. Ethelwoldi* bei Soames *Anglos. church* 260

Anefang *s.* Wb *ætfon, befon* (*gefon* nur II Atr 8 Rb Ld), *ætfeng, forefang* [*vgl.* oberdt. *fürfang*, Brunner in Holtzendorff *Encycl. Rechts* (1902) 247], *intertiare* [trage im Wb aus Q nach: II Atr 9. 9, 1. Duns 8], *entercé* (*-eur, -ement*)

1. Intertiare. 1d. Andere Namen. 2. Fahrhabe. 3. Ort des Beginns. 4. Klägers Frage. 5. Klägers Prozessualpflicht. 6ff. Klageeid. 9. Amtlich gegen Falschmünzer. 10. Gewährzugspfand. 11. Sequester. 12. Recht zum Gewährzug. 13. Handelskautelen. 14. Gewährsmann nicht Sklav. 15. Gewährleistungspflicht. 16. Rechtlicher Erwerb. 17. Verteidigungsloser Beklagter. 18. Gewährzugseid. 19. Schubannahme. 20. Gewährzug in die Ferne. 21. Einwand des Bezogenen. 22. Bezogener verstorben. 23. Gewährbruch. 24. Überschwören des Gewähr Abschwörenden. 25. Drei Vormänner. 25a. Vierter beweise Ureigen. 26. Zwei Ureigen-Behaupter. 27. Stillestehn des Gewährzuges. 28. Gewährzugs-Zuständigkeit

1) Mit *intertiare* meint Q (und besonders deutlich Hn 57, 7c) nicht 'in die dritte Hand legen [bis Austrag des Prozesses]', sondern einfach 'anschlagen', da er damit synonym gebraucht: *deprehendere* II Atr 8. 9. II Cn 23; *invenire, capere* II Cn 24. I Ew 1, 5; *intercipere* Ine 57; *percipere* III Atr 5. [Er übersetzt zwar II Atr *sylle on hand* durch *mittere in manum*, versteht hierunter aber richtig 'in die Hand geloben, versprechen', wie aus II Em 7. 7, 1 eindeutig folgt] **1a)** Auch ECf 22, 3 meint nichts von dritter Hand **1b)** Wenn mit *intertiare* ursprünglich ein Geben an dritte Hand bezeichnet werden soll, so ist diese nicht ein [aufs Dänenrecht beschränkter] Neutraler, Sequester, sondern der erste Gewährsmann; Brunner II 503[69] **1c)** In Leis Wl 21, 4 wird der Sequester auf Dena lagu beschränkt, der

Ausdruck *entercer* dagegen auch auf das diese Einrichtung nicht kennende andere Englische Recht angewendet; 21. 21, 1 **1d)** Gewährzug (-ziehen, Gewährsmann) *s.* Wb *team*, *(ge)tieman* (sich durch Gewährzug reinigen; zur Gewähr hinschieben), *getiema, clæn bæo, cennan* 3, *cenning, heimel-, gang* 3, *waru, warant, -tus, -tizare, (ad)vocare, (-atio), vocher, ad tutorem vocare* (Besitz eines Grundstücks gerichtlich verteidigen durch Berufung auf Gewährleister; Domesday), *appellare (-atio, compellatio* Chron. Abingdon. II 282), *tutatio, tutela, attestatio* | Brechen, Misslingen des Gewährzuges: *s.* Wb *berstan; forberstan* Urk. nach 962 Birch 1063; *témbyrst* Gewährbruch; stille stehen *s.* Wb: *oð(= æt-) standan* **2)** ~ geschieht hier nur [*s.* aber 5a] an Fahrhabe, meist Vieh, *orf* I Ew 1, 4; Duns 8; Swer 2ff.; *vif aveir* Leis Wl 21; ein Sklav oder *oðer fioh* Ine 53. A Gu 4 [eine Sklavin; Urk. nach 962 Birch 1063]. Nur daneben: gebrauchtes Tuch, Edelmetallgegenstand ECf 38; falsches Geld IV Atr 7. Hn mon. **3)** Der ~ beginnt am Wohnorte des Besitzers, aussergerichtlich; Hl 16, 1 **3a)** Ein vor dem Fest Bestohlener kann, wenn er während des Festes zu Beverley den Inhaber trifft, zwar *super eum rem interciare, sed non eum ibi implacitare;* der Inhaber muss nur *plegios dare iudici et calumniatori, ut, quando calumniator ad mansionem suam subsecutus eum fuerit, rectum ei faciet aut ad locum ubi res interciata fuit redeat et catallum reducat;* Alvred Beverlac. (c. 1150) ed. Raine *Sanctuar. Dunelm.* 107 **4)** ~ schliesst immer in sich des Klägers Annahme, das Angeschlagene sei ihm gestohlen (Hl 7. Ine 47. Leis Wl 21. Swer 2f.), und Frage an den Besitzer, von wem dieser es erworben habe (II Atr 8, 2), und dessen sofortige (Brunner II 499. 501) Antwort: entweder **A.** die Nennung seines Vormannes (des Gewähren) Hl 16, 1. Leis Wl 21—21, 3. Hn 64, 6a. II As 9. II Atr 9, 4. Swer 3 oder **B.** den Nachweis rechtmässigen Erwerbes Hl 16, 2 oder **C.** des Ureigens **5)** Kläger wird zur Durchführung des Prozesses verpflichtet durch Pfand und Sicherheit (Bürgschaft); Duns 8 (Leis Wl 21—21, 3) **5a)** Auch im Prozess um Land gibt der Beklagte, der *ad tutorem vocat, vadimonium;* Inquis. Eli. ed. Hamilton 164 **5b)** Nach Westsachsen-Recht folgt die Gewähr-Nennung durch Verklagten erst auf des Klägers prozessuale Pfand- und Bürgschaftsstellung; Leis Wl 21, 3 **5c)** Betrügerischen ~ zum Schaden rechtmässiger Inhaber beklagt als Missbrauch in Westengland V Atr 32, 1 D, z. T. in Worten wie I Ew 1, 5 **6)** Dem Kläger werden fünf seiner Nachbarn ernannt, deren einen er sich zum Helfer des Klageeides gewinnt; II As 9. Er schwört selbsechst nach Duns 8, 1; er verpfändet es [sein Prozess-Durchführen] selbsechst; Leis Wl 21, 1. Diese Erschwerung des Klageeides in Duns erklärt sich also nicht aus internationaler Vorsicht: gegen Jobbé-Duval *Revendication* in *Nouv. rev. hist. droit* IV 560 **7)** Der Klageeid lautet: 'so klage ich landrechtlich ohne List und Tücke, wie mir dieses Vieh, mit Namenbezeichnung, gestohlen worden ist, welches ich einklage und bei genanntem Besitzer gefasst habe'; Swer 2; spurenhaft bei I Ew 1, 5. II As 9. Duns 8, 1 **7a)** Der Klageeid behauptet also nicht, dass Verklagter selbst der Dieb sei (für solche Behauptung bewahrt Swer 4 eine andere Klagformel) **8)** Der Klageeid wird ersetzt durch Nachweisung des Spurfadens bis zum Besitzer hin; V As 2 **9)** Von Amts wegen, ohne privaten Kläger, wird der mit falscher Münze ertappte Kaufmann gezwungen, deren Vorbesitzer zu nennen oder seine gutgläubige Unkenntnis eidlich zu beweisen; sonst verwirkt er Wergeld oder Leben; IV Atr 7. 7, 1; *vgl. u.* 16e **10)** Auch der Verklagte muss Zeugen oder Eid für rechtmässigen Gewährzug erbringen (I Ew 1, 2) und Prozessualpfand leisten (*s. o. n.* 5a), sein *yrfe to borge settan* (I Ew 1, 5), worunter jedoch nicht gerade das angeschlagene Stück Vieh zu verstehen ist; sondern er sichere nur allgemein den künftigen Zug: *sette borh, þæt he bringe his geteaman in;* II Atr 8; *sette inborh oððe underwed lecge, þæt seo sprec ende hæbbe;* Duns 8 **10a)** Der Anefangskläger lasse sich von jedem, der ihm Gewährzug verspricht, glaubwürdige Bürgschaft geben; II Atr 9, 1 **11)** Nur im Rechtsgebiet der Dänen geht 'das Vieh in neutrale Hand [Sequester], bis es erstritten ist'; Leis Wl 21, 4 **12)** Der verklagte Besitzer ist zum Gewährzuge nur berechtigt, wenn er das Vieh unter den gesetzlichen Kautelen (*s.* Handel) erworben hat; Hl 16. (Ine 25, 1?) I Ew 1, 2. II As 24. Hu 4, 1. II Atr 9, 2. II Cn 23 f. 24, 1 (= Leis Wl 45, 1); auch Rubrik zu 24, I 537. ECf 38, 2; 3a. 39, 2. 'Jeder kenne seinen Gewährsmann'; AGu 4. [Für die Bindung des Gewährzugs an Kaufzeugen zitiert nur Agsächs. Recht Brunner II 507]. Der Eid der Kaufzeugen steht II Cn 23, 1 **13)** Die Missachtung jener Erwerbs-Kautelen bringt den Besitzer auch dann in Strafe, wenn sein Gewährzug gelingt (I Ew 1, 1. ECf 38, 2f.); dieser geht weiter, um den Dieb ausfindig zu machen, auch wenn Verklagter Strafe gezahlt und den Kläger befriedigt hat; ECf 38, 3a **13a)** **N** Moralisch berechtigter, aber formal fehlerhafter Besitz bringt Gefahr, durch ~ verloren zu gehn und auf den Besitzer Diebstahlsverdacht zu laden: wer handhaften Missetätern etwas abpfändet, tu es unter Zeugen; sonst bringt es, als gestohlen, geraubt, ertrogen, oft Schaden; Hn 57, 7c **14)** Der Gewährsmann darf kein Sklav sein; Ine 47. Dagegen ist dies möglich nach II As 24 **15)** Der Vormann (Veräusserer) ist verpflichtet, dem angeklagten Besitzer für das von ihm veräusserte Wertstück Gewähr zu leisten (II As 24; *vgl.* Brunner II 505[69]), 'den Gegenstand unbestritten zu machen' (Ine 53, 1), 'zu reinigen'; II Atr 8, 1. Der Händler zwischen Ælfreds England und Guthrums Ostanglien gibt Geiseln, dass er 'reinen Rücken', d. i. die Ware von einem ehrlichen Verkäufer erworben, habe; AGu 4: eine Rolle wie hier Geiseln spielt später der Gewährbürge; *s. d.* **16)** Beklagter kann sich durch jene Kautelen des Handels als gutgläubigen Erwerber des Angeschlagenen ausweisen, auch wenn er keinen Gewährsmann beibringt, und entgeht damit der Diebstahlsstrafe, verliert aber das Angeschlagene; seinen Kaufpreis erhält er vom Kläger zurück nur nach Hl 16, 2, im Gegensatz zu den übrigen Quellen **16a)** Der Nachweis rechtmässigen Erwerbes geschieht durch Eid des Besitzers am Altar mit einem der Kaufzeugen oder dem königlichen Stadtvogt als Helfer; Hl 16, 2 **16b)** Besitzer, der weder Gewährsmann noch Gewährbürgen (*s. d.* n. 4) lebend oder tot erkunden kann, schwört mit Zeugen schlichten Eid, dass er das Wertstück auf offenem Markt unter Gewährbürgschaft gekauft habe. Er verliert es zwar an den Kläger [gilt aber nicht als Dieb]; Leis Wl 21, 1a **16c)** Den Markt als Kaufort, Kaufzeugen und Verkäufer muss er kennen; ECf 39, 2 **16d)** *Si incertum warrantum vocaverit, probatio de legittimo mercatu a felonia liberabit, sed rem amittat;* Glanvilla 10, 17, 1; *quod auctorem nesciat* lässt erklären Lex Ribuar. 33, 4; Verkäufer sei unbekannt, Englisches Stadtrecht bei Bateson II, p. LXXVII; dass Angeklagter den Verkäufer für schuldlos hielt; ECf 38, 3 **16e)** Der mit falscher Münze Ertappte ohne Gewährsmann *portet iudicium* (Eisenordal als Erweis des Schwures), *se nescire, a quo acceperit;* Hn mon 2, 2; *vgl. o.* n. 9 **16f)** Wahrscheinlich das Fehlen des Gewähren deckt der neben dem Gewährzugseide stehende Eid 'So besitz ich das [angeschlagene] Vieh, wie es mir der rechtmässige Veräusserer veräusserte'; Swer 3, 3; *vgl.* Becwæð 2 **16g)** Dagegen ein Kaufmann, bei dem Gestohlenes angeschlagen wird, der keine Kaufzeugen hat, schwört, nicht Mitwisser noch Mitstehler zu sein — oder zahlt 36 Schill. Diebstahlstrafe —, [und verliert ersatzlos das Angeschlagene]; Ine 25, 1 **16h)** Strafgeld wendet von sich ab durch ähnlichen Eid der verklagte Besitzer: 'nicht war ich bei Rat oder Tat Mitwisser oder Mitwirker, wo man dem [Kläger] Vieh stahl'; Swer 3, wo aber folgt, auf welche Gründe hin er das Angeschlagene als sein eigen hält **17)** Fehlt dem im ~ Verklagten sowohl Gewährsmann wie Nachweis rechtmässigen Erwerbs, so verliert er erstens ersatzlos das Angeschlagene an den Kläger, Hl 7. 16, 3 [Diebstahlstrafe ist hier nicht erwähnt], zweitens an denselben dessen Wert nochmals (II Cn 24, 1. Leis Wl 21, 2. Wl art 5), drittens Diebstahlstrafe an den Gerichtsherrn des Gewährprozesses (ebd. Ine 25, 1. 53. Leis Wl 45, 1. ECf 22, 3. 38, 2), nämlich Wergeld; Leis Wl 21, 2 **17a)** Todesstrafe leidet Besitzer gestohlenen Viehs, der Kaufzeugenschaft falsch vorgegeben hat; IV Eg 11 **17b)** Versäumt Verklagter den Termin zur Vorführung des Gewähren, so liegt 'Gewährbruch' vor; er verwirkt das Angeschlagene an den Kläger, Wergeld und 2 Pfund Diebstahlbusse; Urk. nach 962 Birch 1063 **18)** Der Gewährziehende schwört seinen Eid allein (Duns 8, 2), dagegen nach I Ew 1, 2 mit Helfern **18a)** Der Eid lautet: 'so schiebe ich es zur Gewähr, wie es mir der veräusserte, dem ich es jetzt in die Hand lege' Swer 3, 2; teilweise Duns 8, 2 **19)** Indem der Gewährsmann den Schub annimmt, reinigt er den bisherigen Verklagten von Diebstahlverdacht und haftet ihm für Ersatz des Angeschlagenen; Ine 53, 1. II Atr 8, 2. Nunmehr ist ér beklagt und hat seinerseits die Herkunft seines einstigen Besitzes zu erklären; Ine 35, 1 **20)** Der Gewährzug kann in weite Ferne gehn, über die Grenzen des Engländerstammes zu Dänen und Wallisern fort; AGu 4. Duns 8 **20a)** Für das verbürgte Herbeibringen des Gewähren erhält Beklagter Frist (bezw. wo der Gewähre fehlt, für Beibringung der Zeugen des Gewährbürgen, Leis Wl 21, 1), nämlich für je eine Grafschaft Entfernung zwischen seinem Wohnort und dem des Vormannes eine Woche; II Atr 8, 1; 3 **20b)** In Kent führt Beklagter den Gewähren dem Kläger vors Königsgericht nach London; Hl 7. 16, 1 **20c)** Jeder Gewährzug finde statt in königlicher Gerichtstadt [im Ggs. zu bloss privatem und kleinem ländlichen Schiedsgericht]; III Atr 6, 1 **20d)** **N** Der mit falschem Gelde Ertappte wird vor seinen Gewähren gebracht, um diesen zu überführen oder selbst Strafe zu leiden; Hn mon 2; *vgl.* 16e **20e)** Nach ältestem, nur hypothetisch angenommenem Rechte folgte der Anefangkläger dem Beklagten zum Gewähren und je mit dem Gewähren zum Vormanne; Jobbé-Duval aaO. 561; dieses Aufsuchen der Gewährsmänner gilt für das ältere Recht auch bei Langobarden und Sachsen; Brunner I[2] 537. II 502. In England fand es im 10. Jh. nur noch statt, nachdem die drei ersten Gewähren dem Kläger am Anefangsorte gestellt waren, und wurde nun bestimmt, um dem Bestohlenen auch die Reisemühe zu den ferneren Vormännern zu ersparen, dass alle Gewährzüge am Anefangsorte zu erfolgen haben; II Atr 8, 4. 9 **N 20f)** In Normannenzeit mit gestiegener Amtsgewalt des Richters nennt der verklagte Käufer gestohlener Ware seinen Verkäufer; der Richter sucht diesen zum Strafvollzuge und ächtet ihn, wenn er ihn nicht findet; ECf 38, 3a **21)** Antwortet der Bezogene, er habe dem Ziehenden etwas anderes als das Angeschlagene veräussert, so ist letzterer näher zum Eide der Identität; Ine 75 **22)** War angerufener Gewährsmann verstorben (ein II Atr 8, 1. Leis Wl 21, 1a in Betracht gezogener Fall), und sein Erbe unbekannt, so zieht Beklagter die Gewähr zum Grabe jenes [*vgl.* Tote] durch Eid von 60 Hufen, reinigt sich damit von Diebstahlstrafe, verliert aber das Angeschlagene; Ine 53. Dann gilt der Tote als Dieb schuldbefleckt; II Atr 9, 2 **22a)** Ist des Toten Erbe bekannt, so haftet er für ihn zivilrechtlich gegenüber dem Kläger — er muss es ihm durch Erklärung von Ureigen oder Nennung eines Gewähren unbestritten machen (*vgl.* Lewis *Succession der Erben* 125) — und wahrscheinlich auch dem Richter für die Geldstrafe; Ine 53, 1. II Atr 9, 2; *vgl.* Rauch *Hist. Aufs. f. Zeumer* 548 **22b)** Des toten Bezogenen Erbe oder Freundeskreis kann, weil 'Leugnung immer stärker [näher zum Eide] als Klage' ist, die Annahme des Schubes ablehnen durch den Eid, jener habe das Angeschlagene nie besessen; Ine 53, 1. II Atr 9, 3. [Vermutlich musste dieser Eid stärker sein als der des Ziehenden] **23)** Der Gewährziehende, der also 'Gewährbruch' (*s. o.* 17b) erleidet, steht hierdurch als Dieb da; er zahlt [wie bei anderen Germanen; Brunner II 508] Diebstahlstrafe: dem Kläger, ausser Auslieferung des Angeschlagenen den Wert nochmals (II Atr 9, 3) und dem Gerichtsherrn in Mercierrecht und Denalagu Wergeld; Leis Wl 21, 2 **24)** Der Gewährziehende [aber liess sich nicht ruhig überschwören. Er brachte stärkere Beweise oder Eidesschelte herbei und] zog auf jenen Abschwörer nochmals. Nun muss dieser Bezogene einen Reinigungseid in Höhe des Gegenstandes zuzüglich der Diebstahlstrafe erbringen. Kann er das nicht, 'so büsst er den Meineid doppelt' [Ine 35, 1]; d. h. wohl, er zahlt wegen des Meineides sowohl Busse dem Kläger wie

Strafe dem Richter zweimal **25)** Nur dreimal darf an Vormänner zur Gewähr geschoben werden; der beim vierten Male bezogene Vormann muss Ureigen erklären oder dem Anefangskläger das Angeschlagene überlassen [wohl unter Rückgabe des Kaufpreises an seinen Nachmann]; II Cn 24, 2 = Hn 64, 6a = Leis Wl 45, 2, eine weitere [*s. o.* 20e] Begünstigung des Klägers; *vgl.* I 584[ss]. *Vgl. ad quotum warrantum erit standum?* Glanvilla X 15, 3 **25a)** Cnuts Forderung der Ureigen-Erklärung wird von Q *quarta vice* übersetzt. Cons versteht mit *tertio vindicet* vielleicht dasselbe, wenn jener die Züge (also den des Besitzers als ersten), dieser nur die Gewährsmänner (also den ersten Verklagten nicht mit) zählt. — Beim vierten Vormanne jedoch erst steht der Gewährzug still, d. h. dieser muss Ureigen erklären, im Engl. Prozess 12./13. Jhs. (PolMai II 71. 162) und in Nachbarrechten; Brunner II 502f. Die Beschränkung auf drei gilt nicht allein im Norden **25b)** Der Ureigen-Eid lautet: 'So hab ich das [angeschlagene] Vieh, wie es aus meinen eigenen Vermögensbeständen erwachsen ist und wie es gemeinrechtlich mein Eigengut und meine heimische Aufzucht ist'; Swer 3, 4; spurenhaft II As 9. Becwæð. Leis Wl 21, 5; *vgl.* Jobbé-Duval 542 **25c)** Die Behauptung des Verklagten, das Angeschlagene sei von seiner eigenen Aufzucht, I Ew 1, 5 (sein 'Zufassen zum Angeschlagenen' II Atr 9, 4), kann er beweisen unter Zeugnis, das zum Eide den Weg ebnet (ebd.; dies Zeugnis fordert Leis Wl 21, 5 von drei Seiten der Nachbarschaft), durch Eid mit selbsterwählten Helfern (I Ew 1, 3) oder mit einem selbstgewonnenen Helfer unter sechs ihm ernannten (bei einem Rinde; I Ew 1, 4), oder mit zwei Eideshelfern, die er sich gewinnt aus zehn ihm Ernannten; II As 9. Im Grenzverkehr zwischen Engländern und Wallisern aber erfordert dieser Ureigen-Eid gegen Stammfremde Bestärkung durch Ordal; Duns 8, 3f. Diesem Eide ist er als Inhaber der Gewere [Brunner *Rechtsg. germ. Urk.* 207] näher als der Anefangkläger; II Atr 9, 4 = Hn 64, 6a **25d)** Ist dem Verklagten der Eigentumserweis durch Urteil zugesprochen, so kann ihn der Gegner nicht schelten; Leis Wl 21, 5 **25e)** Zum Ureigen-Eide aber gelangt der Besitzer oder Bezogene nicht, wenn Kläger Zeugen erbringt, das nun wiedererkannte Stück sei diesem vor noch nicht einem halben Jahre gestohlen worden; II Cn 24, 3 = Hn 64, 6b = Leis Wl 46. [Die Frist bedeutet wohl, dass die Erinnerung an ein bestimmtes Stück Vieh späterhin nicht länger als sicher galt. Auch die Lex Ribuar. 47, 1 schliesst bei vor nicht drei Nächten gestohlener Sache die Verteidigung aus, nach Schröder *DRG*[1] 349, um die Fahrlässigkeit beim Erwerbe zu strafen] **25f)** Die Übersetzer Cnuts geben *agnian sceole*, hier ein conj. fut. (dürfe, könne, möge), wieder durch *cogatur* (= *compellatur* Hn), bezw. *debeat;* sie halten, oder mindestens der eine Übersetzer hält, ebenso wie Schmid *Gesetze* 661, 2, also *agnian*, das immer sonst vom Beklagten gesagt wird, hier auf den Kläger zu beziehen und den Eigentumseid für eine Last des Klägers, während Cnut ihn als einen Vorteil des Beklagten ansieht, den er diesem verschliessen will, wenn offenbarer Diebstahl dem Prozesse zugrunde liegt **26)** **N** Mit altem ~, ja altem Beweisrecht überhaupt, scheint unvereinbar Hn 64, 6: 'Wollen von zweien jeder denselben gestohlenen Gegenstand als Ureigen erweisen, so sei dem Beweise näher, wer die bessere (= angesehenere) Eideshilfe hat, und schwöre selbst gestabt, die Helfer schwören schlicht'. Vermutlich gehört der Satz in die spätere Zeit gewachsener richterlicher Macht, die von sich aus entscheiden konnte, wer zum Eigentumserweise gelangen sollte. [Ähnlich bei anderen Germanen; Brunner II 388[79]] **26a)** Laut des Zusammenhangs spricht Vf. von ~. Sonst könnte man aus diesem Satze allein an den Fall von Leis Wl 5 denken: ein Stück Vieh ist aus Diebeshand gerettet und von jemandem als Eigentum beansprucht worden. Dieser verbürgt sich, es vor Gericht zu stellen, falls ein zweiter es binnen Jahr und Tag als eigen beanspruchen werde **27)** 'Stillestehen des Gewährzuges' (I Ew 1, 1. II Atr 9) liegt vor **A.** wenn der Dieb entdeckt wird, **B.** wenn Ureigen erwiesen wird durch einen Bezogenen **27a)** Letzteres (oder ein formeller Mangel, z. B. in seiner Eideshilfe) macht den Kläger sachfällig; er muss nun selbst Schaden tragen, wie er den Besitzer zu schädigen ungerecht getrachtet hatte (II Atr 9, 1), d. h. wohl Doppelbusse an den Verklagten und Strafgeld **N 27b)** Dieses erhält vom *calumpniatore, si deficiebat* (ebenso wie vom Anefang-Beklagten ohne Gewährsmann) der mit *team* privilegierte Gerichtsherr; ECf 22, 3 **28)** Unter den höchsten Privilegien der Adelsgüter, zwischen Zoll und Gerichtsbarkeit über handhaften Dieb, steht seit Mitte XI. Jhs. *team*, Zuständigkeit für Gewährprozess (Leis Wl 2, 3 für Denalagu); ECf 21, 1. Frühere Privilegien enthalten nur *sacu 7 socn* allein **28a)** Auf Amtsland (*s. d.* 3) hat Bischof, Graf und manch anderer Baron *team*-Jurisdiktion; Hn 20, 2. Dem Bischof gibt dort *team* In Cn III 58 **28b)** Kloster Evesham, das um 1020 Land ausleiht, behält sich Kirchenpfennig, Zehnt, Zoll und Gewährprozess (*team*) davon vor, ausser wenn dies der Beliehene verdiene vom künftigen Abt; Earle 236. Um 1050 ist die Immunitätsformel *sacu 7 socn, toll 7 team 7 infangenpeof* fest ausgebildet: Kemble 805. *829. 853 **28c)** Im 13. Jh. wird *team* der Privilegien missverstanden in der anderen Bed. 'Zucht, Brut, Nachkommenschaft', nämlich der Hörigen (*habendi servorum propaginem* zu Kemble 843, a. 1042—66); Maitland *Select pleas manorial* p. XII

Angeklagter *s.* Rechtsgang, Klage, Termin, Beweis, Verteidigung

Angeld *s.* Darlehn, Vertrag

Angeln, Niedersächs. Gau, Heimat der Sachsen und Angeln auf Britannien, um 1200 *Engra civitas* genannt, vielleicht aus Konfusion mit Engern an der Weser, das in London, durch Beziehung zu Welfen und Kölnern, Ende 12. Jhs. bekannt gewesen sein kann; Lend ECf 32 C 1a. Dorther (so erfindet der Londoner) nahmen Engländer [im 6. 7. Jh.?] Frauen; C 5

Angelsachsen *s.* Wb *Angelcynn, Engle, Engleis, Englisc, Engla lagu, Angolwitan, Seaxe, Saxones, -nia. Vgl.* England, Engländerrecht, Englishry, Franko-Engländer, Königstitel **1.** Heissen Sächsisch. **1a.** Englisch. **2.** Festlandsachsen verwandt. **3.** Eroberung Britanniens. 4. Herrscher. 5. Bekehrung. 6. Verschmelzung mit Briten. 7. Engl. Klage. 8. Engl. Arme. 9. Kleinstaaten. 10—17. Nordleute. 18. Kirche steuerfrei. 18a. Kanon. Gericht. 19. Sklavenhandel. 20—26. Nach 1066. 27. Engl. Schilling. 28. Englische Sprache. 29. Altes Recht. 30. Zeugnisfähig. 31. Wergeld. 32. Kronvassallen unter Königsgericht. 33. Recht überdauert 1066 **1)** Sie heissen *Saxones* (*u.* 20) in den *Gesetzen* nur beim Londoner Antiquar um 1200 Lond ECf 32 A. C 4. D 6. [England heisst *Saxonia* im Concil. Rom. Oct. 679 und bei Eddi *V. Wilfridi* c. 30, bei Coenwulf von Mercien *o.* I 665[g], *Saxonia transmarina* bei Bonifaz. Dagegen bei Beda heisst ganz England noch stets *Brittania(e)*; Plummer *Bede* II 149.] *Saxonica gens* nennt ihr [Westsächs.] Volk die Biographin *V. s. Willebaldi* ed. *Mon. Germ. SS.* XV 86. 88. Den Namen *Saxo* gibt sich Alcuin, der doch Northumbrer, also Angle war, und wird von Einhard *Saxonici generis* genannt; Schmitz *Alcuins Ars grammat.* 20. *Aquilonales Saxones* heissen die Northumbrer in Urk. a. 956 Birch 926. Felix, *Vita s. Guthlaci* 20, nennt die ~, und zwar vorwiegend Merciens, also Angeln, *Saxonicum genus*, synonym gleich darauf *Anglorum gentem*. Der Agsä. Übs. setzt für beides *Angolcynn;* Gonser *Agsä. Prosa Guthlac* 136. 'Englisch' heisst *nostra lingua Saxhonica* in Kent. Urk. a. 863 Birch 507; *Saxonice* a. 839 Birch 426 **1a)** *Englisc* bedeutet Inselgermanisch, Westsachsen einschliessend, ja hauptsächlich mitumfassend, im Ggs. zu Wälisch (Brythonisch) bei Ine 24. 46, 1. 54, 2, *Englisc(mon)* (46, 1. 74) 'echter Landsmann, Westsächsischer Staatsbürger', im Ggs. zu *þeowwealh*, sodass im 10. Jh. Rubrikator dafür *freo* richtig einsetzt. [Der Wiederholer versteht ~ im Ggs. zum Franzosen; Hn 70, 5.] *Angli* bei Beda hat denselben Sinn, indem es Kenter einschliesst, *o.* I 9 **1b)** Ælfred bezeichnet die Inselgermanen Britanniens, nicht etwa bloss Angeln, schon für 597 und 7.—9. Jh. durch *Angolcynn* (Af El 49, 9 und Einl. zu Gregorii *Pastorale*); *Englisc* ist ihm Angelsächsisch, vorzugsweise Westsächsisch, im Ggs. zu *Denisc* AGu 2; auch sein Reich, das gerade Angeln zumeist nicht umfasste, nennt er *Angolcynn;* AGu Pro **1c)** *mid Englum, Engla lagu* [*s.* Wb] im 10. Jh. heisst nie 'Angeln' im Ggs. zu Westsachsen oder Kentern, sondern Engländer im Ggs. zu Nordleuten oder deren Rechtsgebiet und zu Brythonen. Die *Engle*, die mit Ostangelns *Dene* Frieden machen (EGu Pro), im Ggs. zu ihnen [des Dänischen Jarls Untertanen] stehen (3, 1 ff.), sind des Westsachsenkönigs direkte Untertanen. [Nur scheinbar ist folgende Ausnahme: nach einem Testament von 997 (Earle 218) bestand das Witenagemot aus *Westsexan, Myrcean, Denon, Englon:* letzteres wohl Engländer in der Denalagu, besonders Ostangeln] **1d)** Auch das Land England heisst *Angelcynn, Englacynn* von Ælfred bis Wilhelm, dagegen *Englaland* erst seit Æthelred; auch sonst herrscht dieser Name allgemein erst seit Ende 10. Jhs.; Miller *Place names in Bede* 18. *Regnum* (!) *Britannie* empfing den Namen *regnum Anglorum* infolge von Ines [angeblicher] Reichseinung [falsch!]; Lond ECf 32 C 6a, um 1200 **1e)** Der Königstitel (*s. d.*) nennt 'Angelsachsen' in Urkk. von Eadward I. bis III. z. B. a. 901 Birch 588f., a. 1005 Kemble 714, a. 1022 n. 736, 1050 n. 793, 1061 n. 811, 901, oder, in nur anderem Worte gleichen Sinnes, 'Engländer' seit Eadward I. Von *Anglis Saxonibus* spricht um 1010 Wulfstan *Swithunus, Mir.* ed. Huber 93 **2)** Die ~ sind blutsverwandt mit *Saxones Germaniae* und *Guti* (Gotlands Insulaner? Jüten?); um 1200 Lend ECf 32 C 1f **3)** Die Ankunft der ~ in Britannien erwähnt um 1200 und wie sie die Briten zurückdrängten, nach [des Galfrid von Monmouth] *Historia Britonum* erzählt Lond ECf 32 C 2. D 7 **4)** Herrscher der ~ *s.* Könige **5)** Bekehrung: Lond ECf 32 C 2; (*vgl.* Æthelberht, Augustin, Gregor I.). Sie bedeutet für Ælfred den Anfang staatlicher Kultur und Gesetzgebung und der Synoden Englands; sie sei freiwilliger Akt des Volkes; Af El 49, 7 **6)** [Erfundene] Heiratsverbindungen der ~, auf Befehl Ines und des Reichstags, mit Briten, Scoten, Deutschen, Angeln; Lond ECf 32 C 4f: bezeichnend nur für Ansätze zu Grossbritann. Nationalitätsgefühl **6a)** Die ~ verschmelzen mit Inselkelten zu *Angli-Britones;* 33, 1 A **7)** Englische Klage gilt doppelt so stark wie Wälsche, Ine 46, 1, ein Englischer Strafhöriger doppelt so viel [wenn Emendation richtig] 54, 2, ein Freier hat doppelt [genau oder fast] so viel Wergeld wie ein Walliser, 23, 3; *s. d.* u. 'Dunsæte' **7a)** Verhältnis der ~ zu den Kelten im allgemeinen *s.* Walliser, besonders in der Landschaft Dunsæte *s. d.* **8)** Von je zwei Gastungsanrechten des Königs werde ein armer Engländer beköstigt durch königliches Almosen; As Alm Pro: wohl im Ggs. zu Nichtgermanen, nam. Brythonen. **9)** Vom Zusammenwachsen der Kleinstaaten zur einheitlichen Monarchie erzählt Cons Cn Pro 1 **9a)** Ine sei der erste Monarch [falsch]; Lond ECf 32 C 2. *Vgl.* Cnut 3 **9b)** Von jener Heptarchie zeigen die *Gesetze* Spuren im Rechte Kents (*s. d.*), in der Erwähnung Offas (*s. d.*), im Königstitel (*s. d.*). *Vgl.* Partikularrecht. **10)** ~ im Kampfe mit Nordleuten und Verträge mit ihnen [*vgl.* international]: AGu Pro. EGu Pro. II Atr Pro. VII 7, 1. VIIa Pro. Cn 1020, 5. Iudex 9f. ECf 34, 2a f. Lend ECf 32 E 4 **10a)** Die ~ rühmt als scharfe Vaterlandsverteidiger 1012—6 Quadr Arg 2 **10b)** Engländerrecht (*s. d.*) im Ggs. zu Denalagu (*s. d.*) *vgl.* Partikularrecht **11)** [vollfreie] ~ und Dänen werden zu acht Halbmark Goldes, freier Zinsbauer und Dänische Freigelassene zu 200 Schilling Wergeld bewertet; AGu 2; unter Æthelred der Vollfreie zu 25 £ und der Unfreie zu 1 £; II Atr 5. 5, 1 — Hn 70, 6f. **12)** Nur unter Geiselstellung wird Handelsverkehr zwischen ~ und Dänenvolk gestattet; AGu 5 **13)** Eadgar nennt unter seinen Untertanen die ~ vor Dänen [Nordleuten] und Brythonen; IV Eg 2, 2; ebenso Cnut 1027 Pro und I Cn Pro, aber die Dänen vor den ~ Cn 1020, 9. H Cn 83 **14)** Nur über die ~ beansprucht Eadgar volle Gesetzgebung auf allen Gebieten, über Brythonen und Dänen nur beschränkte; IV Eg 2, 1; 2. 13, 1 **15)** Moralische Besserung der ~, die Säuberung Englands (*eard clænsian* EGu 11 = VIII Atr 40 = II Cn 4. 7, 1) werde auch die materielle, äussere Lage bessern *on earde* (in England); V Atr 33, 1 = VI 40, 1 = *innan þysan earde* V 1, 2 = VI 8, 2 **16)** England zahlte [991] den Nordleuten £ 22 000 für den Frieden; II Atr 7, 2 **17)** ~ begehen Massenmord an Dänen [1002]; Lond ECf 32 A 15 **17a)** Gegen Einzelmord durch ~ an Dänen führte Cnut *mur-*

drum (s. d.) ein; ECf 16, 2 **17b)** Cnut festigt [1018] Frieden zwischen Angloskandinaven und *Engle*(~); I Cn Insc D. Dänisch oder Englisch sind die einzigen Teile der Bevölkerung in Cnuts England; Cn 1020, 9. II Cn 83. Die Brythonen zählen hierbei schon zu den ~ **18)** Die ~ liessen jede, auch pfarreiliche, Kirchendomäne von Dänengeld frei, *quia maiorem fiduciam habebant in orationibus ecclesiæ quam in defensionibus armorum* (ECf 11, 1), im Ggs. zur Kirchenbesteuerung anf. 12. Jhs. **18a)** Kanonische Gerichtsbarkeit war unentwickelt im Reiche der ~ (Wl ep 1), Synode [falsch] und kirchliches Recht ungewohnt; Cons Cn Pro 4 **19)** Die ~ verkauften Sklaven ausser Landes; Wl art Fz 9 **N 20)** Nach 1066, im Ggs. zu Normannen, heissen die ~ *Angli(ci), Angligenae, Engleis, Englisc s. o.* S. 62f., *Saxones* nur um 1200 Lond ECf 32 D 6. Nur für das wesentlich von Sachsen bewohnte Südengland im 12. Jh. braucht *Saxonia* (*Saxones*) ECf 35, 1d (33) **20a)** Die ~ werden in den Urkk. hinter den Franzosen als Untertanen genannt sowohl unter Baronen wie Bürgern; Wl ep Pro. Wl Lond Pro. Wl art retr Insc. C Hn cor Pro. Hn mon Pro. Hn com Pro. Hn Lond Pro **20b)** Weniger authentisch ist *Angli et Normanni* Wl art 1, der aus Cnuts Sinne und der Wortform In Cn schöpft. Diesen wiederholt um 1200 der Londoner, der aber *Franci* als regierend setzt, mit denen Britanniens Keltische Nebenstaaten Frieden machen; Wl art retr 1 **21)** Friede zwischen ~ und Normannen 1067: Wl art 1 **22)** ~ ersehnen, im Ggs. zur Neuerung durch *domini* (Franconormann. Seigneurs), die *Eadwardi (s. d.) laga;* Quadr Arg 11. 27. CHn cor 13. Sie sind also um 1110 unter dem Adel nicht vertreten. Die Normannenkönige haben den ~ nicht durch ein ausgesprochenes System oder gar ein Gesetz herabgedrückt, sondern durch fortgesetzte Nichtanstellung im Staats- und Hofdienst samt Prälatur, durch Nichtverleihung von Ritterlehen oder Ritterwürde, durch Nichtprivilegierung, zweitens durch vassallitische Mediatisierung der Kleinfreien unter Normannischen Herren, drittens, ohne bewusste Politik, infolge juristischer Theorie, im 12. Jh. durch Vermengung der wirtschaftlich abhängigen Bauern mit persönlich Unfreien **23)** ~ geben Wilhelm I. durch abgeordnete Geschworene Weistum über Eadwards III. Verfassung [?]; ECf Pro **24)** Der vor 1066 naturalisierte *Francigena persolvatur secundum legem Anglorum;* Wl art 4; d. h. durch Wergeld. [Die Variante *persolvat* befreit wohl Französische Neubürger von Zahlungspflicht Englischer Altbürger, wie das Domesday I 189. 252 für Cambridge und Shrewsbury belegt; hier hiess die Franzosenstadt *Francville;* Bateson *EHR* Apr. 1900] **25)** Der ~ Beweisrecht (*s. d.*) im Prozess mit Normannen: Wl lad = Wl art 6—6, 3 = Wl art Lend retr 12—12, 3. Diese Verschiedenheit der beiden Volksteile (Dänen rechnete Wilhelm I. zu den ~) hinterlässt, bereits in Hn, keine Spur **26)** Wird von einem Ermordeten Angelsächsische Abkunft erwiesen, so greift nicht das Murdrum (*s. d.*) Platz; *vgl.* Englishry **26a)** Ein Kind aus Mischehe zwischen ~ und Frankoengländer folgt um 1114 der Nationalität des Vaters; Hn 75, 7. 92, 9a **27)** 'Englisch' heisst der 4 Pfennig-Schilling [Merciens], im Ggs. zum Normannischen von 12 Pfennig; Leis Wl 11, 1 f. 19. 42, 1 **28)** *Angli(ci)* sind die 1110—40 Englisch Redenden im Ggs. zu Anglonormannen; Hn 18. ECf 6, 2a. 12, 6. 20. 23, 1. 28' 30, 1; 4a. 31, 1. 32, 1. 35, 1c (Verf. tritt als Französisch Sprechender ihnen gegenüber). 39; um 1200: Lend ECf 32 A 3 **28a)** Angelsächs. Sprache in Normannenzeit *s. o.* S. 62, Sp. 3, Z. 13 *v. u.*; 63, Sp. 1, Z. 1 ff.; letzte Z.; ergänze: ECf 30, 1. 31, 1; in Gesetz und Urkunden Wilhelms I.: Wl lad. Wl Lond. *Vgl.* 'zwiesprachig'. Angelsächs. Übersetzung von Wilhelms I. Dekret über geistliches Gericht: Wl ep Add [Drei fernere Agsä. Urkk. Wilhelms I. kennt Hardy *Rot. chart.* p. xv; dazu Hickes *Thes.* I, xvi; Hall *Formula book* n. 47; Facs. eines Originals bei Sharpe *London and kingdom* I] **28b)** Nach der Lateinischen Exkommunikation (*s. d.*) erklärt der Bischof dem Volke die Handlung *communibus verbis;* Excom I 15[a] [was auf Englisch um 1100 kaum einem der Bischöfe Englands möglich war] **29)** Aus der Zeit vor 1067 *plebeiæ consuetudines usque in hodiernum diem immutatæ perduraverunt;* Cons Cn Pro 1. Das Recht der ~ heisst *antiqua consuetudo* In Cn III 51. 53 (*olim* 57); dass ihr Volk u. Recht in Ehren gehalten wurden, ist [jetzt unter Normannen vorbei, aber] *antiqua lex Anglorum fuit;* 60 **29a)** Die in Normannenzeit aus Rechtsquellen der ~ geschöpften Rechtssätze geben sich als die der *Angli* 45, 4. 55 **30)** Unter Heinrich I. *Francorum et Anglorum plenum est testimonium,* die übereinander vom Gerichtshalter befragt werden, d. h. die ~ besitzen volle Zeugniskraft [offenbar gegen Anzweifler der Gleichwertigkeit des Worts der ~ gesagt]; Hn 48, 2a. **30a)** ~ gelten den Normannen gleich in der Meldung einer Terminabbestellung der Prozesse 59, 5, in der Strafe für handhaftes Verbrechen 59, 20, im Schutz gegen unerlaubte Heimsuchung, gewaltsame Pfändung, vorzeitige Selbsthilfe; 82, 1: alles Zeichen, dass gleiche Behandlung sich nicht von selbst verstand; vielmehr neigten der zumeist Normannische Gerichtshalter und die Urteilfinder zur Bevorzugung des Landsmanns **31)** Wenn erschlagen, werden ~ nach altem Recht (Ine 70. Wer 2) durch Wergeld samt Mannenbusse und Strafgeld entgolten; für besonders geschützte, d. h. Franzosen, gilt aber strengeres Recht, Leib u. Glieder bedrohend; Hn 69, 1. 68, 2. **31a)** Das Wergeld für den gemeinen ~ um 1100 —35 gilt 4 Pfund = 6 Mark Silber = 960 Denar (Hn 70, 1. 76, 4; 6a bezw. 91, 1), also fast 200 Westsächs. Schilling, wie für den Altengl. Ceorl **32)** Kronprärogative Heinrichs I., Kriminaljustiz über Kronvassallen zu üben, stammt von ~; Hn 20, 3 **33)** Die Rechtsbücher der Normannenzeit fingieren oder glauben das Recht der ~ durch ihre Gegenwart fortgesetzt; *s.* die Zitate am Rande I 486ff. 493—520. 535—662; *vgl. Eadwardi laga*

Angelsächsische Übersetzung **A.** zu dem inmitten der Agsä. Gesetze Lateinisch Zitierten I As 2. I Cn 17, 1. II Cn 2a G. Griδ 30 **B.** Zu Latein. Gesetzen: Sacr cor [die Ausgabe hat dies Verhältnis leider verkannt; *vgl.* I S. LV]. VII a Atr. Wl ep Add (*s.* Angelsachsen 28a)

Angilram [vielleicht nur mittelbar] benutzt von Hn 5, 9a—24. 28, 5. 31, 6

Anglonormannen *s.* Franko-Engländer. **Angloskandinaven** *s.* Dänen

Angriff *s.* Wb *æhliep, foresteal, assalire* und Ableitungen. *Vgl.* Asyl; Fehde; Heimsuchung, Rechtssperrung, Wegelagerung **N 1**) Wenn vom Erschlagenen ∾ verübt war, der den Totschläger zur Notwehr [*s. d.*] zwang, so wird jener nicht durch Wergeld entgolten; Hn 87, 6; 6a. 88, 4; auch das Strafgeld bleibt fort; 88, 19 **2**) Nur gegen den Herrn ist tödliche Abwehr eines ∾s verboten; Hn 83, 1 **3**) ∾ auf königlicher Heerstrasse, ohne Totschlag, kostet als *forstal* fünf Pfund Strafgeld an den König; Hn 80, 2; 4. 10, 1 Totschlag oder ∾ auf den Reichsstrassen ist Bruch des Königsfriedens [d. i. *griðbryce* = fünf Pfund] Leis Wl 26; *s. u.* 7 **4**) Wer einen Verbrecher zu rächen beabsichtigt, ohne jemanden zu verwunden, zahlt dem König 120 Schilling Strafe [Ungehorsambusse] für den Überfall; II As 6, 3 = VI 1, 5; hier fällt auch das Beispringen auf der Strasse (wo der Verbrecher noch lebend transportiert wird) unter dieselbe Strafe **5**) Wer erschlagen wird, indem er gewaltsame Heimsuchung innerhalb der Stadt begeht oder *infracturam aget vel innocentem affliget in via regia*, werde [als Verbrecher] nicht durch Wergeld entgolten; IV Atr 4. Wahrscheinlich stand *forsteal* im Original wie sonst hinter *hamsocn 7 griðbryce*; *s.* Rechtssperrung **6**) **N** Vorbedachter ∾ auf der Lauer kostet im Mercier-Rechtsgebiet 100 Schilling [= 5 £] Strafe und ist Kronprozess; Leis Wl 2; 2a. *Præmeditatus assultus* und, davon gesondert, *forestel* zählt zu den Kronprozessen auch Hn 10, 1. Auch in der Normandie gehört *aguet* (*assault*) *purpensé, excogitatus assultus* dem Herzog; *Très anc. cout. Norm.* II 70 **7**) Schwerste Verletzung des vom König (persönlich, urkundlich, für Verkehrswege oder staatliche Festtage) verliehenen Handfriedens (*s. d.*) durch Totschlag kostet (ausser Wergeld und Mannenbusse für den Erschlagenen) im Englischen Rechtsgebiete des Täters Wergeld; im Dänischen 144 £, und sein Leib verfällt hier in Misericordia (*s. d.*; ECf 12, 1—3; 7). Die Strassen (*s. d.*) und Wasser (*s. d.*) unterliegen bei Bluttat dem Strafgeld *assultus* (= *forsteal,* d. i. fünf Pfund); *s. o.* 3 **8**) Wer erschlagen wird beim ∾ auf Eintreiber der Kirchensteuer, liege unvergolten; EGu 6, 7 = II Cn 48, 3 = Hn 11, 11c

Anjou. Heinrich I. triumphiert [1113] über den Meineid des [Fulk von] ∾; Quadr Arg 17

Anklage *s.* Klage

N Anklageprivileg des Gerichtsherrn **1**) *Judex fiscalis* darf *inplacitare de socna sua sine alio accusatore,* ohne Missetatmelder oder Handhaftigkeit oder Klagezeugen, worauf Verklagter selbdritt sich reinigen muss. [Auch Normannisches Recht. *Vgl.* aus Englischen Städten seit 12. Jh. Bateson I 47] **2**) Ebenso gilt der *dominus sine testibus sive cogentibus circumstantiis* allein als genügend gewichtiger Ankläger; Hn 63, 1f. Der Verklagte muss selbdritt oder selbsechst gegen seinen Herrn sich reinigen; 67, 2; *vgl.* I 583[e]. 586[r] **2a**) Ein sonstiger Kläger muss Klagezeugen beibringen, um den Verklagten zur Antwort zu zwingen; 45, 1. *Vgl.* Gerichtsbarkeit **2b**) 'Aber wir [Kronjuristen?] begünstigen, bestochen von den Gerichtsherren, deren Privileg zu sehr zu Ungunsten der Angeklagten'; 63, 4. Dasselbe ∾ ist vielleicht 6, 4f. mitgemeint als Schaden fürs Volk **3**) Nur einmal kann der Herr seinen Mann *de contumelia* ohne Klagezeugen verklagen; späterhin *quaerat accusantem;* Hn 44, 2 **4**) Städtisches Privileg 12. Jhs. befreite Bürger von der Pflicht, dem Königsvogt auf Klage um Land ohne Klagezeugen zu antworten; Bateson II 30. 63; und Magna charta a. 1215 c. 38 hebt die Pflicht auf; Brunner II 344[18]

Anklagezustand **1**) Der Herr darf seinen Mann, nachdem dieser in ∾ versetzt worden ist, nicht von sich weisen [um der Haftung für ihn zu entgehn oder ihn dem Gericht zu entziehen], bevor derselbe Genugtuung geleistet; II As 22, 2 = Hn 41, 11 **2**) **N** Die Gerichtsbarkeit des Tatortes ist nur dann zuständig, wenn Missetäter dort handhaft gefasst und in ∾ versetzt war, *in forisfaciendo retentus vel gravatus;* Hn 20, 2. 27 **2a**) Fürs künftige Erscheinen vor Gericht muss der in ∾ Versetzte Pfand (*inborg* 57, 7) oder Bürgschaft geben; daher heisst er auch *divadiatus* (5, 12. 41, 1c. 62, 3 = 57, 4) bezw. *plegiatus* 57, 2; *vgl.* Pfändung **2b**) In der Stadt Guildford besitzt *Rannulfus 3 hagas, ubi manent 6 homines,* samt *sacam et socam* [Enklaven-Gerichtsbarkeit]. *Si homo eius in villa* [der königlichen Stadt, ausserhalb der Enklave] *delinquit et* [ergänze *non*] *divadiatus* [in Pfandsicherheit für künftiges Erscheinen vor Gericht versetzt] *evadat, nil inde habet prepositus regis; si vero calumniatus ibi fuerit et divadiatus, tunc habet rex emendam;* Domesday I 30a **2c**) **N** Wer am Orte blutiger Missetat *cravetur* [in ∾ versetzt wird] *et divadietur,* obwohl *alterius dominii,* schuldet dem Gerichts- oder Schutzherrn des Tatorts Fecht- und Blutverguss-Strafgeld; Hn 41, 1a. 80, 6. 81, 2. 94, 2d. Dagegen *si quis blodwitam, fihtwitam, legerwitam et huiusmodi* [kleine Kriminalia] *forisfaciat et inde veniat* [davonkommt] *sine divadiatione vel calumpnia* [∾], *placitum domini sui* [persönlichen Gerichtsherrn] *est;* 23, 1; *vgl.* 88, 18a **2d**) Dagegen büsst der vom Tatort ohne ∾ Entwichene dem Herrn des Verhaftungsortes; Round *Victoria County Hist. Berks.* 33 **3**) Gewaltsame Pfändung in Selbsthilfe gegen den Missetäter erfordert um so grössere Vorsicht, wenn letzterer *accusationibus* [∾] *vel detentionibus adquieverit;* Hn 82, 2a

ansässig *s.* Wb *hamfæst, hamsittend, heorðfæst, husfæst* (*gehamettan*), *residens* Hn 82; *vgl.* Heimat **1**) Den Ggs. (*vagans* Hn 82, 2) bildet der unstet Vagierende, der fremde Dienste suchen muss [auch im Norden; von Schwerin, *Gött. Gel. Anz* 1909, 815]. Das ganze Volk teilt in ∾ und Miteinwohner II Cn 20a. Hn 82, 1f. 59, 2b **2**) Ansässigkeit gewährleistet das Auffinden behufs Zwanges zur gerichtlichen Verantwortung. Herrenlose Leute, weil man von ihnen kein Recht erlangen kann, soll ihre Sippe fürs ordentliche Gericht sesshaft machen und [= indem sie sie] einem Herrn kommendieren; II As 2; verächtlich behandelt sie Hn 58 **3**) Bei der berechtigten Fehde behufs Blutrache darf der Verfolger den nicht ansässigen Feind zu sofortiger Ergebung zwingen, den ansässigen erst nach einer Woche Belagerung; Af 42, 1; 4. Hn 82, 1

4) Eidhelfer muss man aus dem Orte, wo man ∼, gewinnen; I Ew 1, 4; *s.* Nachbarn 5) Jeder, Haushalter (*heorðfæst*) oder Gefolgsmann, sei in Hundred und in Bürgschaft (Zehnerschaft) gebracht, die ihn zur Rechtspflicht stelle; II Cn 20a. Wer also nicht ∼ ist, muss in ein Gefolge treten 5a) **N** Zweimal jährlich kommen alle Freie, Haushalter (*heorðfæst*) wie Gefolgsleute, zum Hundred zusammen, zu untersuchen, ob die Zehnerschaften richtig besetzt sind; Hn 8, 1

Anselm, Erzb. von Canterbury; Streit mit Wilhelm II. u. Heinrich I., Synoden, Romreisen, Stellung Gerhards von York zu ihm, Korrespondenz I 544f.

Anstiftung *s.* Wb *ræd* n. 3, *diht;* auch altdt. *rat* heisst ∼; Brunner II 567; Pol Mai II 507. 527; Wilda 628. Der Ggs. ist *dæd;* der wirkliche Ausführer der Missetat heisst (*riht*)*handdæda* II Em 1, 1. II Atr 5. *Vgl.* Beihilfe, Mitwissen, gemeinschaftliche Missetat, Bande; Absicht; Haftung; Vassallität 1) Der Reinigungseid des Verklagten leugnet, ausser der Tat, auch *ræd* [Urk. a. 1039 Kemble 758, so gegen Anefang; *s. d.* 16 h] oder *diht;* Swer 5 2) Ein Kleriker, der verklagt wird, *dædbana oððe rædbana* (Totschläger durch Tat oder Rat) gewesen zu sein, reinige sich mit seiner Sippe; VIII Atr 23 = I Cn 5, 2b 2a) Vielleicht dorther *rædbana vel dædbana componat solus vel cum aliis;* Hn 85, 3 **N** 3) War die Missetat auf Befehl eines Oberen vollzogen, so mildert das des Täters Schuld sogar bei Totschlag; Hn 72, 1a. Aber nur für Prügeln, Verwunden, Pfandkehrung, nicht für Verbrechen kann ein Herr seinem Manne Schuldlosigkeit gewährleisten (*s. d.*); Hn 51, 7b; c. 82, 3; 6. 85, 1; 2a. 94, 3 4) Die Frau eines, der wegen Missetat das Reich abschwören muss, kann gezwungen werden sich zu reinigen, dass sie nicht seine *consiliatrix vel adiutrix* gewesen; ECf 19 5) Der Wirt eines Missetäters, der diesen, selbst weniger als 3 Tage, beherbergt hat, kann durch den, den dieser verletzte, *de consilio et facto* (geistige und tätliche Beihilfe) verklagt werden; ECf 23a 6) Begehen Unfreie oder Gesindeleute Feiertagsbruch durch Arbeit oder Fastenbruch durch Fleischessen auf des Herrn Anordnung, so büsst dieser, nicht sie; Wi 9. 14 7) Der Besteller falscher Münze wird dem Fälscher gleich bestraft; IV Atr 5 8) Nur Beihilfe (*s. d.* und Freilassen) zur Flucht nach dem Verbrechen, nicht ∼ zum Verbrechen, liegt vor I Atr 1, 8; 9a = Cn 30, 9 [*be his ræde* bezieht sich da nur auf *uthleope*, nicht auf die frühere Missetat, weil sonst Beihilfe vorläge, für die Strafe zu erwarten wäre] 9) Wer einen andern zum Trinken nötigt, muss beider Schuld tragen, wenn diesem Schaden aus der Trunkenheit erwächst; Ælfric an Sigeferð, in *Bibl. Agsä. Prosa* I 21

Antlitz-Verunstaltung (oder im weiteren Sinne Schimpfierung des von Haar oder Kleidern unbedeckten Körpers, der äusseren Schönheit) *s.* Wb *wlitewamm* [auch bei anderen Germanen; Brunner I² 472[14]] und *wlite:* Körpergestalt. Den Jünglingen im feurigen Ofen *næs hyra wlite gewemmed;* Dichtung Daniel 437 1) Bei kleinster ∼ 3 Schill., bei grösserer 6 Schill. Busse vom Verletzer an den Verletzten; Abt 56. [3 Schill. soviel wie für Durchbohrung einer Wange oder Faustschlag auf die Nase: Abt 46. 57] 2) Den Gesichtsvorsprung *nebb* setzt für *facies* in Lucas 22, 64 der eine Übersetzer; der andere hat *ondwlitto;* daher gehört Af's Gesetz über Verwundung in *nebb* [*s.* Nase] zum Teil vielleicht hierher

Antwort *s.* Rechtsgang

Anvertrautes *s.* Wb *oð*(*be-*)*fæstan* 1) Indem Ælfred die Exodus-Stellen über ∼ übersetzt, lässt er feinere Fälle des Depositum fort (als zu verwickelt für die bäurischen Richter?) 2) Kommt ∼ abhanden durch Diebstahl des Verwahrers, so zahlt es dieser dem Deponenten doppelt; Af El 28 [vielleicht nur durch Missverständnis der Exod. 22, 7, die an fremden Dieb denkt] 2a) Kennt er den Dieb nicht, so reinigt er sich vom Betrugsverdacht [und ersetzt es einfach; dies folgt aus der Quelle, Exodus 22, 12, und aus dem Folgenden]. Kann er dagegen durch Zeugnis oder Reinigungseid beweisen, ∼ Vieh sei durch Feindesheer fortgenommen oder krepiert, so braucht er es nicht zu ersetzen; aus Exod. 22, 10f. Af El 28 3) Stirbt ein Unmündiger in der Pflegehut, so schwöre sich der Pfleger, wenn einer Schuld daran bezichtigt, rein; Af 17 4) Ein Mönch haftet für ∼ nur, falls er es mit Erlaubnis seines Herrn annahm, sonst trägt Eigentümer den Verlust; Af 20 5) Der Schwertfeger oder Schmied haftet dem Eigentümer für die Blutbefleckung der ihm übergebenen Waffe oder Werkzeuge, wenn die Ersatzpflicht nicht durch Vertrag mit jenem ausgeschlossen war; Af 19, 3 = Hn 87, 3 6) **N** Den klagenden Verfrachtern, die ihr Gut durch Seewurf verloren, antwortet der verklagte Schiffsführer: 'Ich warf eure Sachen vom Schiffe aus Todesfurcht, die erlaubt, anderen Sachschaden zuzufügen'; [mittelbar] aus Digesten, also vielleicht nur fremde Gelehrsamkeit; Leis Wl 37. Hieraus fürs praktische Engl. Recht sicher zu folgern, dass Deponent den Depositar auf Res præstita verklagen könne, davor warnt Pol Mai II 158

Anwalt *s.* Vorsprech, Rechtsgang, Vertreter

Anzeige einer Missetat *s.* Wb *melda, stermelda,* (*ge*)*yppan* [das der jüngere Schreiber von Wærferths *Dialoge Gregors* ersetzt durch *ameldan*], *secga, sagemannus, meldfeoh, delatura* [über deren festländ. Bed. *s.* aber Brunner II 624]. *Vgl.* Einfang, Geschworene, Polizei 1) Sonntagsarbeit büsst der Freie mit Halsfang; wer es ertappt, erhält [als Anzeigelohn] Strafgeld zur Hälfte samt dem Arbeitsertrag; Wi 11 2) Wird ein [unfreier] Mensch durch einen Freien gestohlen [und fernhin verkauft], gelangt aber in die Heimat zurück, so kann er als Strafanzeiger gegen jenen Menschendieb auftreten; Hl 5 3) Wer einen Dieb [handhaft] fasst und überwindet, erhalte ihn [dessen Wergeld oder Verkaufspreis] zur Hälfte und, wird jener hingerichtet, 70 Schill. [aus zu frenendem Diebesgut, auch bei anderen Germanen]; Wi 26, 1. Dieselben 70 Schill. erhält der Einfänger, wenn der Dieb ein Sklav war und das Leben geschenkt bekommt, von dessen Herrn, dagegen den Sklavenwert nur zur Hälfte, wenn der Sklav hingerichtet wird [aus dessen oder des Herrn Vermögen]; Wi 27 4) Wer einen Dieb handhaft einfängt, erhält 10 Schill. [aus dem Diebesvermögen]; er muss, bei Strafgeld (Ine 73), den Dieb festhalten und dem Könige, dem dieser gehört, ausliefern. Die Verwandten des Diebes müssen ihm Urfehde (*s. d.*) schwören; Ine 28. 28, 1 **4a)** Es besteht also Pflicht zur ~ und Schutz dafür. Von dieser lästigen Anzeigepflicht befreit Engl. Stadtrecht 13. Jhs. den Einfänger, wenn er nicht selbst der Bestohlene war; Bateson I 28 **5)** Wer bestohlen ward, Verfolgung und Gerüfte aber unterliess, zahlt, wenn der Dieb von einem anderen gefasst wird, 10 Schill. *hengwite* [Strafe für versäumte Verhaftung] (vielleicht an den Einfänger?); Leis Wl 4 **6)** Anzeigelohn erhält vermutlich auch, wer verdächtige Fremde der Behörde einlieferte, die sie zur Lösung des Lebens zwang; Wi 28 = Ine 20 **7)** Selbstanzeige eines Verbrechers im Kirchenasyl wird mithalber Begnadigung belohnt; Af 5, 4 **8)** Den 'Anzeigelohn' erhält, wer dem Eigentümer gestohlenen Viehs die Spur bis zum Versteck des Fleisches nachweist (Ine 17), vermutlich aus dem für den Richter (Staat) einzuziehenden Vermögen des Diebes, nicht eine private Prämie [Über den Anzeigelohn bei anderen Germanen *vgl.* Wilda 282. 901; Grimm *DRA* 652]. Über diese *delatura* variieren die Lokalrechte unter Heinrich I.; Hn 64, 1b **8a)** Der Eid des Klägers, der den Gegner des Viehdiebstahls zeiht, lautet: 'Ich weiss nichts Wahreres, als wie mein Melder (*secga*) mir gesagt hat'; Swer 4. Dafür oft *sagemannus* Q. Solch *sagemannus* steht dem Kläger auch im 12. Jh. zur Seite; dieser kann ihn entbehren kraft Anklageprivilegs [*s. d.*]; Hn 63, 1. 64, 1b **9)** Wer diebisch versteckt gewesenes Vieh dem Eigentümer wiederbringt, erhält von diesem *forfang*-Geld [*s.* Einfang]; Forf 3, 2. Es scheint von *meldfeoh* dadurch unterschieden, dass beim Forfang eine Rettung gewaltsam aus Diebesgewahrsam vorliegt, beim Melden ein Schritt zu gerichtlichem Prozesse des Anefang. Auch in Leis Wl 5—5, 2 über *Forfang* bedeutet dies rettende Festnahme, nicht Nachweis zum Anefangszwecke **10)** Wer die unserer [der Londoner Friedensgilde] Gemeinsamkeit angetane Schädigung rächt, dem stehen wir bei in Freundschaft wie Fehdelast. Wer zuerst einen Dieb niederstreckt, erhalte 12 Pfennig aus unserer Kasse. Ein bestohlener Genosse, dem wir sein Vieh ersetzen, führe dennoch die Nachspürungsfahrt nach dem Diebe zu Ende und erhalte Kostenersatz von uns; VI As 7 **11)** Die Dorfbauern müssen ihrem Hundredvorsteher anzeigen das Vieh, das unangemeldet [also verdächtig] auf ihre Gemeinweide gebracht ward, auch wenn das von ihrem Herrschaftsvogt geschah, und sie gegen dessen Schikane wegen solcher ~ Schutz bedurften; IV Eg 8f. 13, 1. 14 **12)** Bestohlener muss den Diebstahl dem Hundredvorsteher anzeigen, der dann die Nacheile veranlasst; Hu 2 **13)** Hat jemand dem Richter eine Straftat angezeigt mit Angabe der Person des Verklagten, so darf er zwar in dieser sich korrigieren, entgeht aber nicht der Busse, wenn er sich geirrt hat [den Prozess nicht durchficht]; Af 22 **14)** Der Untertaneneid enthält die Pflicht der ~ wegen Bruches der Vassallentreue, selbst wenn der Missetäter des Anzeigers Bruder sei; III Em 1. Die Worte *nemo concelet hoc in proximo* klingen wie der Eid des Geschworenen (*s. d.*) am Fränk. Sendgericht **14a)** *Pro latrone quem celavit* büsst jemand in *Pipe roll a.* 1130 ed. Hunter 73 **15)** Der Ordalprüfling ist verpflichtet, vor dem Abendmahl zurückzutreten, nicht nur falls selbst schuldig, sondern falls er den Verüber der eingeklagten Missetat kennt; Iud Dei I 2, 1. VI 2. X 13. XIII 3, 1. Aus diesem Zurücktreten folgt die ~ notwendig **16)** Von den 32 Ör, die der im Grafschaftsgericht Bussfällige verwirkt, gehören 12 Ör (= 1 £) dem, der die Klagesache gegen ihn erwiesen hat, im Dänen-Rechtsgebiet; Leis Wl 2, 3f. **16a)** Wer einen wegen Diebstahl oder Raub Verklagten und dann Entflohenen verbürgt hat, zahlt ausser Strafgeld [dem Kläger, neben Ersatz] 20 Schill. (= 1 £); ebd. 3—3, 3 **N 17)** Wird für Totschlag eines Nichtverhafteten an einem Franzosen Murdrumbusse gezahlt, nämlich 46 Mark, so fallen 6 davon (das Wergeld; Hn 75, 6) an des Erschlagenen Sippe, oder wenn diese fehlt oder nicht klagend auftrat, an den *qui murdrum abarnaverit;* Hn 75, 6 = 91, 1a **18)** Das Hundred, wo ein Murdrum geschehen, verspricht, um der Busse für Murdrum an den Fiskus zu entgehen, Belohnung für Auffindung des Mörders; Hn 92, 8a **19)** Wer in Blutrache oder Notwehr Totschlag verübt, muss ihn selbst anzeigen; Hn 83, 6a. 92, 10 **19a)** Nur solch Selbstanzeiger geniesst Reinigungseid (ist dem Beweise näher); Ine 21, 1. 35 **20)** Vor dem Yorker Bischofsgerichte ist der Pfarrer verpflichtet zur ~ der Sünden in seiner Gemeinde; aus *Can.* Eadgari Northu 42 **21)** Wohl nicht aus öffentlicher Pflicht zur ~, sondern zufällig treffen drei (vier; Leis Wl) Kläger gegen einen Bescholtenen zusammen, dessen Reinigung dreifach Ordal (zwölf Helfer; Leis) erfordert; II Cn 30 = Leis Wl 51 **22)** Richterliches Einschreiten ohne ~ durch Private geschieht nach mehrfacher Gerichtsversäumnis (*s. d.*; II As 20 = III Eg 7) und gegen Bescholtene im Rückfalle; I Atr 4 = II Cn 33

Anzeiger (Gegenstand, dessen Vorhandensein die verstohlene, verbrecherische Absicht ausschliesst) *s.* Wb *melda.* [Im Sinne 'Missetat meldender Mensch' *s.* Anzeige] **1)** Während Verkohlen fremden Holzes volles Diebstahl-Strafgeld kostet, 'weil Feuer Dieb ist', wird für das Fällen von Bäumen nur Busse erwähnt, 'denn die Axt ist ~ [verursacht Geräusch, im Ggs. zu verstohlener Heimlichkeit], nicht Dieb'; Ine 43, 1. [Ähnlich in Deutschland: 'wer haut, ruft'; Heyne *Nahrungswesen* 152; Grimm *DRA* 47. 514; *Weistümer* I 414. III 542. 591. V 306 § 25] **2)** Hornblasen schützt den fremden Wanderer, der abseits vom Wege durch den Wald geht, vor der Gefahr, als Verbrecher erschlagen zu werden; Ine 20 = Wi 28 **3)** Blasehorn, Rindes Glocke (*s. d.*), Hundes Halsband gilt als ~ je 1 Schill.; Hu 8. [Ein Viehräuber würde Blasen unterlassen und Herdenglocke wie Marke vom Hunde abnehmen, um sich nicht zu verraten]

Apostel *s.* Wb *apostol. Vgl.* die Einzelnamen **1)** *Actus apostolorum* übersetzt von Af El 49, 1—5; benutzt von Q ebd. **2)** Bekehrung durch die ~; ihre Abordnung des Paulus; aus *Actus apost.* Af El 49, 1; 3 **3)** Der Fürst der ~ ist Petrus (*s. d.*), sein Nachfolger, der Papst (*s. d.*), heisst *apostolicus* **4)** Anrufung der ~ bei Beschwörung des Ordalwassers u. -eisens Iud Dei I 22. V 2, der Ordalprüflinge VII 12, 2. VIII 2. XIII 13. XIV 11; in der Litanei XVI 30, 6; und, mit den 13 Namen, als Machtgeber beim Kirchenbann Excom VI 1, 4, ohne Namen VI. VIII 1. X 1

Apostelfeier 1) jede am Vorabend durch Fasten zu beginnen, ausgenommen vor *Philippi et Jacobi* [1. Mai]; V Atr 14, 1 = VI 22, 3 = I Cn 16a 2) An der Vigilie der ~ herrschen Ferien für Gericht und Rechtsgeschäft, unterbleiben auch Mannschaftseid und Sühnevertrag; Hn 62, 1 3) Zur ~, 29. Juni, herrscht Treuga Dei; ECf 2, 5

N **Appellation** gegen ungerechtes Urteil, nur kanonistisch. *Vgl.* Instanzenzug, Königsgericht 1) Sofort bei Urteilsabgabe muss Verklagter durch *wemminga* [Urteilschelte; *s. d.*] *advocare;* Hn 33, 2a 1a) Gegen als befangen verdächtige *iudices advocet* [appellire] *aut contradicat* [schelte]; 31, 6 = 5, 3a 2) *Infra 3 menses reparet causam* [aus 'Theodosius', d. i. Epit. Aegidii]; Hn 33, 4 3) Der Bischof kann vom Spruche der Bischöfe seiner Provinz [an den Papst] appellieren und darf in der Zeit nicht verhaftet werden; [kanonistisch] Hn 5, 24; 24a

Appendix zu Ælfred und Guthrums Frieden (zitiert als Ap AGu), ohne sachlichen oder schriftstellerischen Zusammenhang damit, aus verlorenem Agsä. Original übs. im Quadr I 127. 540

Arbeit *s.* Wb *weorc, wyrcan. Vgl.* Fron, Bauer, gemeinsam 1) Wer jemanden bis zur Arbeitsunfähigkeit verletzt, muss für ihn arbeiten während derselben; aus Exodus Af El 16 [auch in Bussbüchern, z. B. Merseburg c. 40] 2) Wer zur Bürgerpflicht der Spurfolge sich, weil ohne Pferd, durch einen Berittenen vertreten lässt, tut für ihn inzwischen ~; VI As 5 3) ~ verboten an Sonntagen [*s. d.*] und Feiertagen [*s. d.*]; ihr Ertrag wird verwirkt; Wi 11 3a) Freie ~ in Haus oder Gutshof des Grundherrn geniesst in Gewährung von Feiertagen Vorzug vor sklavischer; Af 43 4) Sklaven~ werde bemessen nach Bestimmung des Pfarrers durch sein Kirchspiel hin; Episc 11 5) N Der Arbeitsherr einer gemeinschaftlichen Werkverrichtung ist entweder die Herrschaft der Leute oder die Gemeinde oder ein Privater (*domini vel commune operantium vel alicuius proprium*); Hn 90, 6b

Arbeitslohn 1) N *opus ad pretium* steht im Ggs. zu Arbeit *ad gratiam*; Hn 90, 6b 2) ~ verdienen auch Sklaven in Freistunden zu eigenem Ersparnis; Af 43; *s.* Armenpflege 8a 3) ~ wird entrichtet in Kost, Festschmäusen, Schuh, Handschuh; Rect. 10. 21, 4 3a) oder in Land; *vgl.* Amtsland 6

Archidiakon *s.* Wb *ærcediacon* 1) vor dem 11. Jh. ist bekannt nicht nur Wulfred (später, 805—832, Erzb. von Canterbury), sondern a. 831—67 sechs andere Kentische; Earle 103. 136. 139 2) Als Vertreter geistlichen Gerichts lädt er Priester vor, verbietet ihnen Messe zu lesen bei 12 Ör Strafe; Northu 6. 7 N 2a) *Presbyter ab episcopo vel archidiacono suo accusatus;* Hn 64, 8c 2b) *Nullus episcopus vel archidiaconus* richte fortan wie vor 1070 über kanonische Rechtsmaterie im weltlichen Gericht und Rechtsgang; Wl ep 2 3) Synoden von 1102 und 1108 über den Cölibat des ~; Quadr II 8, 1. 18 4) *Decanus episcopi, in cuius decanatu pax* gewisser Feste und königlicher Sonderverleihung *fracta fuerit*, erhält von je 8 £ Strafgeld einen Bussanteil von $^1/_2$; ECf 27, 2

Archiv; *vgl.* I S. xv, Bocland, Winchester. Über Altengl. ~ *s.* Hall *Studies in hist. docum.* 14$^{ff.}$ 175; über Erhaltung öffentlicher Urkk., Freibriefe, Verordnungen *s.* Gesetz 1) ~ am Königshofe besteht für dem König gehörende Bocland-Urkunden a. 838 Birch 421. 1a) Von drei Exemplaren eines Testaments wird eines niedergelegt *æt þæs cinges haligdome* a. 997; Earle 218; auch *mid* (also lokal neben) königlichem Reliquienschatz Thorpe *Dipl.* 326. 372. 541. 571; im *thesaurus regis* a. 1023—50 ebd. 565. *Una pars scripti* (eines dreiteiligen Chirographs), *iubente rege, in eius capella cum reliquiis quas habebat sanctorum remansit;* c. 1053 Hist. Ramesei. ed. Macray 172 2) Für Gesetze scheint ein ~ bis Ælfred zu fehlen; Einzelgesetze — abgesehen von den Codices Æthelberhts, Ines und Offas — wurden in Synodbücher, also unter geistlichen Dekreten, eingetragen; Af El 49, 7. *Vgl.* Kanzlei 2a) Bei keinem der Gesetze Agsä. Zeit ist ersichtlich, dass es abgeschrieben sei aus einem Stücke etwa eines Reichsarchivs oder einer Lokalbehörde, eines Gerichtshofes oder einer Fürstenbibliothek. Alle uns erhaltenen Hss. gehörten Kirchen 2b) N Winchester erhielt ein Exemplar der CHn cor, laut Chronik von Hexham, vielleicht deren Text; I 521 Sp 3 2c) In Kirchenbüchern sind uns erhalten neben den Urkk. des betr. Stifts auch die manches Dritten, der den Text *let settan on ane Cristes boc;* vor 1038 Kemble 755; *vgl.* Brunner *Rechtsg. Germ. Urk.* 152

Arm *s* Wb *earm(scancan)* 1) Busse für Zerbrechen oder Durchstechen: 6 Schill.; Abt 53. 53, 1 [soviel wie Durchbohren beider Wangen] 2) für Brechung des Oberarms 15 Schill., beider Armknochen 30 Schill. [wie des Unterschenkels]; Af 54 f. = Hn 93, 13 f. Oft steht 1 Sch Kent. = $2^1/_2$ Wests. 2a) für Abhauen des Unterarms [wie Unterschenkels] 80 Schill.; Af 66 = Hn 93, 25 3) Wunde vor dem Ärmel [Schönheit, weil auf Nacktem, Sichtbarem, verletzend] kostet doppelt so viel Busse wie unter Bedecktem; Af 66, 1 = Hn 93, 1 = 93, 26

arm *s.* Wb *earm, þearfa, þearfiend* 1) ~ und reich als Hauptgegensatz im Volke (*s. d.*), steht redensartlich für dessen Ganzheit, wie 'gering und vornehm' [*vgl.* Adel 12]; III As Pro. III Eg 1, 1. IV 1, 4. 2. 2, 2. 15, 1. VI Atr 8, 1 (wofür *nobilis et ignobilis* L, also die Scheidung ständisch verstehend) = II Cn 1, 1. Cn 1020, 19. 1027, 12. ECf 14, 1. Lib Lond 1 = *ricere oððe unricere* IV Eg 13, 1; *betera* oder *wyrsa* Cn 1020, 12. Wie im Dt heisst ~ auch 'abhängig, unterworfen, nicht herrschend'; *vgl.* Frensdorff *Reich* in *Hans. Geschbl.* 1910, 3 2) *Pauperes* erscheint geradezu als ein Stand (*s. d.*); Hn 21 3) Arme sind zu Strafe und geistlicher Busse milder zu verurteilen; *s.* Adel 34a 4) Die arme Witwe ohne Arbeiter und Grundbesitz ist ausgenommen von der zweimonatlichen Beitragspflicht von 4 Pfennig an die Londoner Gilde; VI As 2 5) Die Gewährzugsreisen im Anefang [*s. d.* 20e] und Gebühr für Einfangen verlorenen Viehs werden beschränkt zugunsten des *unmihtigan* Klägers; II Atr 9. Forf 2 6) ~ wie reich geniesse Volksrecht und empfange gerechtes Urteil; III Eg 1, 1 6a) Der Richter zandere nicht,

Reichen oder Niederen Gemeinrecht zuzuerkennen; Judex 3; *vgl.* Synode a. 786, c. 13 **6b)** Der ungerechte Richter erscheint für die Armen als schlimmerer Räuber denn der grausame Feind; aus Isidor Judex 9 **6c)** Wenn Exodus 23, 3 vor Parteilichkeit zugunsten des Armen warnte, so zieht Ælfred dies mit 23, 6 zusammen zur Mahnung, Reiche und Arme gleichmässig zu richten; Af El 43. Er wie die Predigt der Zeit sah die Gefahr Germanischen Rechtsgangs in der Bevorzugung nur des Reichen **6d)** Asser rühmt Ælfred als *examinandæ in iudiciis veritatis arbiter propter pauperum curam;* 105 ed. Stevenson 91; *vgl.* Plummer *Alfred* 124 **6e)** Die häufige Mahnung zur Gerechtigkeit [*s. d*] ist im allgemeinen als Zeichen zu deuten, wie sehr das arme Volk im Rechtsleben litt. *Vgl.* Adel 22

N Armbrust, *arcubalista,* Waffe untersten Standes; Ps Cn for 8. [Ende 12. Jhs.; *arbalète* seit *Chanson de Roland* nachweisbar]

Armenpflege *vgl.* Findling, Sippenlose; Abgabe 5; Kirchengeld-Verwendung **1)** Während Kerkerhaft wegen Bruch rechtsförmlichen Versprechens ernährt den Armen seine Sippe und, in deren Ermangelung, der königliche Vogt; Af 1, 2f. **2) N** *Pauperibus et abiectis* dient der König statt Schützers und Sippe; Hn 10, 3 **3)** *Episcopus dispensat causas pauperum usque ad 50 solidos, rex vero, si plus est;* Theodor *Poenit.* II 2, 4. Ich finde hiervon sonst keine Spur **4)** Æthelstan lässt von jedem [Krondomänen-] Vogt aus zwei königlichen Gastungsrechten einem armen Engländer monatlich 1 Eimer Mehl, 1 Schinken oder 1 Widder zu 4 Pfennig, 4 Käse und jährlich 30 Pfennig Kleidung reichen und die im Falle der Nichtausführung vom Vogte verwirkten 30 Schilling durch den Bischof den Armen jenes Grossguts verteilen; As Alm Pro — 2 **4a)** Sein Urgrossvater Æthelwulf testierte: *per omnem hereditariam terram suam semper in decem manentibus* [von je 10 Hufen] *unum pauperem successoribus cibo, potu et vestimento pascere præcepit;* Asser c. 16 ed. Stevenson 15. 210. Und K. Eadred vermacht a. 955 Geld für 12 *ælmesmen;* Birch 912 **4b)** Bereits am Hofe Oswalds von Northumbrien versieht ein *minister* die königliche ~; Beda III 6 **5)** Von monatlicher Mahlzeit jedes Hundertverband-Vorstehers mit seinen Zehnschafts-Vorstehern innerhalb der Londoner Gilde geht der Speiserest an Arme; VI As 8, 1. [Andere Gilden, auch die Agsä., opfern statutarisch der Kirche Almosen] **5a)** Für die Seele eines verstorbenen Gildegenossen zahlt der Gildebruder ein geschmiertes Brot, also zur ~; VI As 8, 6 **6)** 'Gottes [*s.* 7b] Arme trösten und ernähren' ist Pflicht aller Bürger [laut geistlicher Mahnung]; VI Atr 46 **7)** Hauptsächlich fällt ~ der Kirche zu. So setzt, statt Gotteshaus und Konventskasse in Had 9, 1, vielleicht ohne anderes zu meinen, *pauperes* In Cn I 467 **7a)** Der ~ dient ein Teil des Kircheneinkommens aus Bussgeldern für geistliche Poenitenz und aus weltlichen Strafgeldern; VI Atr 51 [*vgl. Can* Edgari 55]. In Cn III 54 **7b)** Ein Drittel des Kirchenzehnts gehört Gottes Armen und elenden Knechten; VIII Atr 6 **8)** Landesbusse zur Rettung aus Dänengefahr wird u. a. durch Almosen vollzogen; jeder Haushaltsuntergebene zahle einen Pfennig oder der Herr statt seiner; VII a Atr 5 **8a)** An drei Tagen vor 29. Sept. soll Sklav für sich arbeiten dürfen [um zum Almosengeben fähig zu sein? *vgl.* VII a Atr 3; *u.* 9]; VII Atr 1, 1. 2, 3a **8b)** Was dann wegen Fastens weniger als an anderen Tagen genossen wird, soll Arme speisen (2, 2b = VII a 4, 1 = *Homil. nach* Wulfstan 174), ebenso fällt der ~ zu, was einkommt aus Strafgeld für den Bruch dieser Fasten. Die durch Fasten ersparte Nahrung gehört Armen; *Eccles. instit.* ed. Thorpe 486 [auch auf Island die von drei jährlichen Fasttagen; Maurer *Island* 292] **9)** Auch der Sklav soll der Kirche Almosen geben dürfen von dem ihm Geschenkten oder dem an fronfreien Quatember-Mittwochen Verdienten; Af 43. *Vgl. o* 8a **N 10)** Das während der Ehe für Almosen Verausgabte darf der Witwe abgezogen werden, wenn sie Wittum, Aussteuer, Morgengabe und ein Drittel des Erworbenen ausbezahlt erhält; aus Ribuaria Hn 70, 22a **11)** Almosen, eine Art der Poenitenz, kann als Ersatz für Fasten Sünden heilen [*vgl.: mid ælmessan toscufeð synna wunde, sawla lacnað;* 'Almosen', letzter Vers]; nicht aber kann Fasten die Almosen ersetzen; Fasten ohne Almosen ist kein Gut; Hn 72, 2b — 3a

Arretieren *s.* Anklagezustand, Verhaftung, Freilassen

N Arthur, Britenkönig, eint Britannien, vertreibt Heiden und Feinde (Lond ECf 32 A 7), erobert Skandinavien und Baltische Länder (32 E), bekehrt Norwegen, lässt es sich vom Papst bestätigen, fördert Mischehen von Norwegern und Briten (32 E 1 — 3): teils aus Galfrid von Monmouth, teils in London um 1200 in Grossbritannischer Seeherrschaftstendenz erfunden

Arzt *s.* Wb *læce* **1) N** ~ zu sein ist des Geistlichen unwürdig; Quadr Ded 16. [Als nach Anselms Tode 1109 Heinrich I. seinen Leibarzt Faritius zum Erzbischof erheben will, wenden die ersten bischöflichen Ratgeber ein, *non debere archiepiscopum urinas mulierum inspicere; Chron. Abbendon.* II 287] **2)** Kosten für den ~ erhöhen die Busse für Körperverletzung auf 30 Schill.; Abt 62f **2a)** Der Verletzer muss dafür aufkommen neben der Wundenbusse; aus Exodus Af El 16; Leis Wl 10 (Der Verletzte bewertet sie unter Eid, dass er nicht aus Hass überteuere; 10a). Zu Af 77 fügt dies hinzu aus Lex Sal. Hn 93, 37 **2b)** In Poenitentialien Bedas und der Franken, die die Agsa. seit 10. Jh. übersetzten oder abschrieben, ferner in Stadtrechten, z. B. dem von Preston 12. Jhs und denen, die auf Breteuil zurückgehen, dann im Gildestatut der Schneider von Exeter 1481 muss Missetäter dem Verwundeten ~kosten zahlen; Bateson I 30; *EHR* 1900, 498. 756; Toulmin Smith *Guilds*]

Ascendenz *s.* Erbgang

Asien. Antiochia, Syrien, Cilicien stellt Ælfred sich als 'jetzt' christlich vor, ohne Islam zu berücksichtigen; Af El 49, 2 [oder folgt er nur der Adresse des Apostelbriefes?]

Askese *s.* Fasten, Bad; Mönch, Cölibat, Geistliche, Poenitenz **1)** Dass die Paulus-Partei der Apostel ein nicht durch Verbote zu beengtes Leben fordert, billigt Af El 49, 3

Assisa armorum von 1181 wird um 1200 benutzt von dem Londoner Kriegsrüstungsprogramm Lond ECf 32 A 9

Asyl *s.* Wb *frið* 8, *-bena*, *-geard* ['Friedenstätte des Himmels' im Agsä. Epos *Crist*], *-socn*, *-stol*, *-stow* (*-splot u.* 1, *-hus* bei Ælfric), *grið*, *socn* 1, *ciricsocn* 2, *-frið*, *-grið* (*-bryce*). In Urkk. steht *pax*, wo ~-recht des *griðstol* gemeint, Birch 646. 858f., späten Fälschungen; *vgl. u.* 21. Künftig zu benutzen: J. Ch. Cox *Sanctuaries of med. Engl.* 1911.

1. Heidnisch. 2. Beda. 3. Exodus. 4. Schützt den Leib, nicht vor Geldverlust. 5. Wer schützt. 5a. Zweck. 6. Königtum. 7. Befehdeter u. Verbrecher. 8f. Befehdeter im Hause, in der Kirche, 10. am Königshofe. 11. Des Befehdeten Sippe. 12. Flucht aus Asyl. 13. Entwicklung 7.—12. Jhs. 14. Befristung. 15. vom König erstreckbar. 16 Begnadigung. 17. Königshof. 18. Rückfälligen kein ~. 19. Andere Schutzgewähr. 20. Meist durch Kirche. 21. Nordenglisch. 22. Normannenzeit. 23. Adel und Kirche. 24. Nicht nach Verurteilung.

1) Friedenstätten heidnisch-religiöser Weihe sind die um Stein, Baum, Quell herum [Sonderfrieden spendeten die Germanischen Götterhaine; Brunner II 580]; sie zu beachten wird als Aberglaube belegt mit Strafgeld, halb an den Bischof, halb an den Gerichtsherrn; Northu 54. [Auch *Can.* Edgari 16 verbietet *þa gemearr on friðsplottum*; *vgl.* Grimm *Dt. Mythol.* 75; *DRA* 886] **1a)** Zur heidnischen Überlieferung trat biblische (*s. u* 3) und kirchlicher wie schutzherrlicher (*s. u.* 23) Anspruch, um das Recht vom ~ auszubilden **2)** Die früheste Agsä. Spur vom ~ bietet Beda, der vom sterbenden Cuthbert sagt, dieser wollte nicht im Kloster begraben werden *propter incursionem profugorum*, für die die Mönche würden bei den Mächtigen fürbitten müssen; ed. Stevenson 121 **3)** Nur aus Exodus, wahrscheinlich ohne Geltung fürs praktische Recht, übernimmt Ælfred, das ~ schütze den absichtlichen Mörder nicht vor Todesstrafe und gewähre nur dem Totschläger aus Notwehr oder ohne Vorbedacht Leben bei gesetzlicher Busse [Wergeld]; Af El 13. Diese Unterscheidung nach der Absicht findet sich im Asylrecht sonst nicht. Dass Ælfred am Hebräischen ~ Anteil nahm, folgt aus seiner Erklärung zu *Gregorii Cura pastor.*, wo er zu den drei Städten des Deut. 19, 5 hinzusetzt: *þe to friðstowe gesette sint*, ed. Sweet 166 **4)** Das ~ schützt erstens den Befehdeten vor Blutrache (*vgl.* Frauenstädt *Blutrache* 51) und zweitens den Verbrecher vor Leibesstrafe (einschliesslich Prügel für Minderfreie; Ine 5, 1), aber niemanden ganz (*s. u.* 5a) vor gerichtlich zuzuerkennender (Ine 5) oder gesetzlich feststehender (VIII Atr) Busse oder Strafe in Geld. Letzteres ist stets hinzuzudenken; gesagt ist es Ine 5. II Em 4 (I 3?). VI Atr 36. VIII 1, 1—3 = I Cn 2, 3ff. = Hn 11, 1a. 12, 1. 79, 5. ECf 5, 2. Die Strafe kann bis zu eigenem Wergeld, Gefängnis, ja sogar ewiger Verknechtung sich erheben; Grið 16 **5)** Ausser dem eigenen Hause des Schuldigen gewähren ~ König, Adel und Kirche. Für diese drei Potenzen bedeutet das ~ eine hohe Ausbildung des Schutzes (*s. d.*) aus Ortsnähe, also eine Machterweiterung. Die Kirche aber will ausserdem durchs ~ Blutvergiessen hindern, das sie vom Bluträcher und sogar Strafrichter nicht gern sieht. **5a)** Daneben verfolgt auch der Staat einen polizeilichen Zweck, indem er die freiwillige Selbstbezichtigung in einer Kirche in Gottes Namen betreffend eine bisher verborgene Schuld mit halber Begnadigung belohnt [also mindestens mit Sicherheit für Leib und Leben]; Af 5, 4 **5b)** N Ein Schuldbekenntnis erlangt er auch von den Abschwörern (*s. d.*) der Grafschaft oder des Reiches, die ins ~ der Kirche oder königlicher *Misericordia* (*s. d.*) geflüchtet waren; ECf 5, 3. 18b. Hn 92, 7 **6)** Dem strafrechtlich Verfolgten kann das Königtum kraft des Begnadigungsrechts dauernd Leib und Leben sichern, dem privat gerecht Befehdeten nur für eine je nach der Höhe des ~s steigende Frist; *s. u.* 14f. **7)** Jener wird anfangs nicht grundsätzlich verschieden von diesem im Rechte auf ~ behandelt, wohl aber seit 10. Jh. **8)** Der Bluträcher darf den Befehdeten 7 Tage in dessen Hause belagern, es aber erst dann stürmen und, falls sich jener ergibt, ihn nicht sofort, sondern erst dann töten, wenn er ihn 30 Tage lang an dessen Sippe zur Auslösung angeboten hat; Af 42, 1. *Vgl.* Pollock in *Law quart. rev.* I (1885) 39 **8a)** Das Haus des Bedrohten wirkt ihm ~ genau so wie (Af 5) die Kirche; nämlich eine Woche hält diese ihn ausserhalb der Gewalt des Verfolgers und einen weiteren Monat lang muss dieser die Sippe auffordern, den Befehdeten auszulösen; Af 5, 3 **8b)** Das Lösegeld besteht im Wergeld des Erschlagenen; hierüber zu verhandeln bietet das ~ und der Monat darauf Frist **8c)** In Chester macht Totschlag *in domo*, *regis pacem infringens* ['weil' er den Landfrieden oder 'wenn' er einen besonderen Schutz bricht?] friedlos; Domesday I 262b 1 **9)** Die Frist soll dazu dienen, dass Sühne des Totschlags oder des Verbrechens angebahnt wird ['wenn ein Verwirkter zum Konvent flüchtet, werde gesühnt (abgehandelt) nach dem Schuldmasse' Urk. vor 958 Birch 1010]; denn der Kirchenobere darf den Flüchtling nicht ernähren lassen; dieser soll durch Hunger sich zu ergeben veranlasst werden; Af 2f. 5ff. Durch Hunger erschweren das ~ auch andere Germanen; Brunner II 612. Keineswegs also in England [wie auf dem Festland; ebd. 611] beanspruchte die Kirche, den Flüchtling jedenfalls erst auszuliefern, wenn ihm Leib und Leben zugesichert war **10)** Sonst begegnen die in Blutrache Verfolgten als Flüchtlinge zum ~ auch beim Königshofe II Em 2; anderwärts stehen 'Blutvergiesser' neben den auch vom Staate verfolgten schweren Verbrechern, also wohl auch hier nicht bloss privatim Befehdete; *u.* 15 **11)** Nur der Totschläger selbst, nicht auch seine (ursprünglich doch auch befehdete) Sippe kommt im ~ vor. Im späteren Mittelalter aber flohen auch Verwandte der blutig Verfolgten in Kirchen, so vor Richard III. die Edwards IV. **12)** Tatsächlich, obwohl von der Kirche, und jedenfalls dem Staate, nicht gewollt, kam es oft vor, dass der Flüchtling aus dem ~ entwischte: wenn der Konvent den Flüchtling nicht im Kirchengebäude lassen will, bringe er ihn in einem Raume unter, der nicht mehr Türen [Fluchtmöglichkeiten] biete als jenes Af 5, 1 | nur 9 Tage bietet die Kirche dem Verbrecher ~; länger behalte er nicht das Leben, es sei denn er entfliehe; IV As 6, 1; 2c; doch hat hier vielleicht der Lateiner Q das Original verderbt und das Entwischen nicht aus dem ~, sondern im Ggs. zur Handhaftigkeit gemeint; der Agsä., sonst originalere, Text erwähnt es nicht **13)** Das ~ wirkt unter Ine mächtiger als im 10. Jh. Ine erlässt dem Flüchtling die Prügelstrafe (5, 1); dagegen erleiden sie Hirten, die verdächtiges Vieh auf Gemeinweide nicht anzeigen, 'welches [~] sie auch aufsuchen'; IV Eg 9. Ine 5 sichert dem Todesschuldigen, der ~ gewinnt, das Leben unbedingt zu; dagegen Ælfred und Spätere nur befristet, und gewissen Verbrechern hilft ~ gar nichts; *u.* 18. **13a)** **N** Rechtsbücher vom Anfang 12. Jhs. vindizieren dem ~ der Kirche wieder unbedingte Sicherung vor Leibesstrafe auch für schwerste Verbrechen (Leis Wl 1. ECf 5; so auch Schottisch *vitæ vel membri periculum evadendi*, Lawrie *Early Scot. char.* 136); aber schon taucht hier das Abschwören (*s. d.*) auf. **13b)** Etwa 700—900 hat sich das Recht des ~s abgeschwächt [wie auf Festland; Brunner II 612] **14)** Dem in Blutrache Verfolgten sichert ein Konvent, dem Königsgastung oder Immunität zukommt, ausserhalb der Kirche 3 Tage das Leben; Af 2. **14a)** König, Kirche, Erzbischof [statt Erzb.: 'Bischof', wohl zugunsten Rochesters Hs. H; 'und Aetheling'; Grið] gewähren dem Verbrecher 9 Tage ~ für sein Leben, Bischof [fehlt H], Ealdorman, Abt, Thegn nur 3 [7; Grið]; längerer Schutz gilt als Verbrechen der Begünstigung [*s. d.*]; IV As 6—6, 3 = Grið 4f., wo aber Af 5 [*o.* 8a] mitbenutzt scheint **14b)** Ebenso gefährdet Leben und Vermögen, wer einen kirchlich Geächteten über die vom König gesetzte Frist hinaus in Schutzgewalt hält; VIII Atr 42 [Cuthberhts Reliquien, seit 12. Jh. zu Durham, gewährten 37 Tage ~; *Recap. de Elfredo* hinter Symeo Dunelm. ed. Hinde 73; *vgl.* Handfriede] **15)** Dass der König jene Frist ausdehnen konnte, sagt Grið 5. Doch folgt dies aus dem Rechte der Begnadigung (*s. d.*) und hängt nicht allein vom ~ ab. Als Asylerbitter darf auch der schwerste Verbrecher, der sonst vom Königshofe vertrieben ist, ihm nahen; V Atr 29 = VI 36 **15a)** **N** Der Verüber eines Mords am Franzosen *regem requirat, ut vitam et membra recipiat;* Hn 92, 7 **16)** Ebenfalls nicht bloss ~, sondern ausserdem Begnadigung, wirkt, wo der König aus Rücksicht auf das vom Verbrecher erreichte, höchst wichtige ~, trotz unabbüssbarer Missetat ihm das Leben schenkt; VIII Atr 1, 1 = I Cn 2, 3 = Hn 11, 1. 12, 1a. 79, 5. In der *Misericordia regis* (*o.* 5b) fliessen ~ und Begnadigung bisweilen zusammen **17)** Dem Blutvergiesser verbietet Zuflucht (*socn*) zum Königshofe, bevor jener Wergeld und jede Rechtspflicht auf sich genommen hat, II Em 4 **17a)** In I Em 3, womit dies z. T. wörtlich stimmt, wird auch vorherige Kirchenbusse gefordert, ist aber vielleicht nicht ~, sondern allgemein Aufenthalt bei Hofe gemeint **17b)** Der König gewährt aber dem Befehdeten ~ nicht bloss durch seine persönliche Nähe, sondern schon durch seine 'Burg', d. i. Residenz, vermutlich mit der Freiung rings ums 'Burgtor' [*s. d.*; auch in Deutschland schützt die Freiung gegen Blutrache; Frauenstädt 71. 74]. Die Königsburg steht hierin einer Kirche gleich; II Em 2 **17c)** Ein Londoner Stadtrechtsprogramm 12. Jhs. will die Stadt zur Freistätte machen [um Fremdenzufluss zu unterstützen]: *omnes ibi refugium et egressum habent,* welcher Anspruch sich wohl auf die Königsresidenz stützt; Lib Lond 10, 2 **18)** Keinen Lebensschutz gewährt das ~ dem, trotz Versprechung künftiger Ehrlichkeit, rückfälligen Verbrecher, der schon einmal durchs ~ das Leben geschenkt erhielt (Grið 18), dem offenkundigen Diebe oder Herrenverräter (III Eg 7, 3 = II Cn 26f.), dem dreimal vergeblich vor Gericht geladenen Bürgschaftslosen und dann friedlos Gelegten; Leis Wl 47, 1 **19)** Dem ~ ähnlich musste der Schutz (*s. d.*) wirken, den privilegierte Personen und Orte boten gegen jedes dortige Blutvergiessen, auch gerechtes in Blutrache oder Diebsverfolgung **20)** In den weitaus meisten Fällen gewährt die Kirche ~. Wo ihr ein besonderer 'Schutz' (*ciricgrið*) privilegiert wird, ist ~ mitgemeint; II Eg 5, 3. Und zwar nicht bloss das Gotteshaus, sondern die ganze Stiftswohnung (Klosterumgrenzung), freilich diese mit geringerer Frist und Bussenhöhe für ~bruch als jenes; Af 2. 5. Die vom Stift dagegen nur besessenen (beherrschten) weiten Landgüter gewähren kein ~. Unter der Kirche ist der Kirchhof *atrium* mitverstanden; ECf 5 [wie schon im Konzil von Orléans 511; *vgl.* ~bruch 7]. In Durham aber genoss ~ wer den Kirchentürklopfer fasste. Auch der Pfarrhof, sofern auf Kirchenboden stehend, gewährt ~ wie die Kirche (ECf 5, 1; 3 retr): vielleicht ein England fremder hierarchischer Anspruch, nach Analogie Französischen Rechts [das Bischofshaus gewährt ~ nach jenem Konzil], oder eine Angleichung ans Privileg des Thegn *o.* 14; *vgl.* I 630[d]. Einzelne Kirchen fungierten als ~ bis ins späteste Mittelalter; neun nennt Stevenson *Chron. Abingdon.* II p. XLVIII. *Vgl.* Evelyn-White *The Galilee as sanctuary; Jl Brit. archl. assoc.* 9 (1904) 119 **21)** Im Recht der Nordengländer gewährt ~ und Lebensschutz dem Verbrecher der 'Friedenstuhl'; Grið 16. Nur *friðstol* hat neben *refugium* allgemein diese Sonderbedeutung des Stuhls in den fünf Nordengl. Kathedralen York, Hexham, Ripon (*griðstol*; Fowler *Mem. of Ripon* 35. 90), Beverley, Durham [*vgl.* I 473[f], ~bruch 7 und Jusserand *Engl. wayfaring* 153ff], während *friðgeard, -hus, -socn, -splot, -stow* nur '~' allgemein heissen **21a)** *griðmen* heissen Leute üblen Rufes, die ~ hatten aufsuchen müssen a. 1428; Leach *Report on mss. of Beverley* (*Hist. mss. comm.* 1900) p. 45; *Beverley town documents* p. 14. 37, wo auch über den *griðstol* zu Southwell **22)** **N** Normannenzeit erlaubte dem Bischof oder seinen Beamten [also nur dem geistlichen Gericht], den Verbrecher, der die Kirche erreicht hat, zu verhaften; ECf 5. Mindestens dem Strafgericht an Leib und Leben war er damit entzogen; aber dass er deshalb weltlicher Strafe und Busse entging, ist vielleicht nicht gemeint und jedenfalls nicht wahr **23)** Die Kategorien König, Kirchen, Adel (*o.* 14a), die Schutz gewähren, meint mit 'Hauptstätten und hohen Ständen' Grið 3; wo I Cn 2, 3 (aus VIII Atr. 1, 1) höchsten *locum* als ~ erwähnt, setzt *aut hominem* hinzu Inst Cn. Während aber die Personen ihr Schutzrecht nicht auszuüben brauchen, müssen das die Kirchengebäude, obwohl es die Geistlichen nicht immer gern tun; Af 5, 1 **24)** In keinem Falle der *Gesetze* gilt ~ deutlich da, wo eine Verurteilung des Verbrechers bereits erfolgt ist. Laut der meisten deutlichen Fälle sucht ~, wer noch nicht vor Gericht gekommen ist, so der vom Bluträcher Befehdete (Af

5. 42, 3), der Selbstangeber (*o.* 5a), der noch nicht zum Ersatz gezwungene Dieb (ECf 5, 2), wer seine gerichtliche Busspflicht erst erwartet (Ine 5), der nach bussloser Tat Entkommene; VIII Atr 1, 1 = I Cn 2, 3. [Ein Dieb, bei dem ein Pferdezaum gefunden, entkommt 995 ins ~, nachdem seine Herren für ihn in blutigem Gefecht gefallen, also nicht nach gerichtlicher Verurteilung; Kemble 1289 = *Chron. Abingd.* ed. Stevenson I 394.] Auch II Em 4 kann Wergeld und Rechtspflicht nicht als gerichtlich diktiert, sondern als aussergerichtlich angeboten meinen **24a**) Nur in Leis Wl 47, 3 erhofft ein amtlich Gefronter [also Verurteilter] Lebenssicherheit durch eine Schutzgewalt, worunter ~ mitgemeint ist. Allein die Stelle ist verderbt oder vermengt Cnuts Worte (*o.* 18) mit Eigenem. *Vgl.* ~bruch 7: *convictum.* [Auf dem Festlande ward ~ für Verurteilte fast abgeschafft durch Karl d. Gr.; Brunner II 612]

Asylbruch 1) Ausser dem Verfolger des Flüchtlings kann auch dieser selbst ~ begehn, wenn er nämlich aus dem Asyl heraus ficht, womit er den Schutz des Asyls [ausser Busse für blutig (*s. d.*) Fechten an umfriedeter Stätte] verwirkt; Af 5 **2**) Dagegen nicht ~, sondern Begünstigung liegt vor, wenn der Gewährer des Asyls widerrechtlich die Frist erstreckt oder die Lage des Flüchtlings erleichtert; *s.* Asyl 9. 14a **3**) Verwundet oder fesselt oder erschlägt der Bluträcher den Befehdeten im Asyl des mit Königsgastung oder sonst privilegierten Klosters, so büsst er dafür ihm die Verletzung (bezw. mit Wergeld an dessen Sippe), zweitens Strafgeld dem Richter, drittens als Kirch[fried]bruch 120 Sch. dem Asyl gewährenden Konvent; er verliert den Bussanspruch, den er an den Verfolgten gehabt hatte; Af 2, 1. [Er selbst aber, wie es scheint, läuft, wenn er zahlt, nicht die Gefahr der Rache] **3a**) Zerrte er ihn aus der Kirche, so büsst er das Strafgeldfixum 'Königsschutz', neben der Busssumme für Friedbruch an dieser Kirche, und zwar mehr, wenn er mehrere herausschleppte; Af 5 **4**) Erschlug er Verfolgten innerhalb der Frist des Asyls (*s. d.* 14), so büsse er 'Schutzgewalt' des Asylherrn oder reinige sich selbzwölft, dass er dies Asyl nicht gekannt habe; IV As 6, 2b **5**) Wer Hand anlegte an den in die Kirche geflüchteten Verbrecher, gebe heraus, was er dort [in Gier nach Bussgeld?] genommen hat und zahle Busse dem Asylgewährer je nach dem Range der Kirche: Kathedrale, Abtei, Stift 100 Schill., Pfarre 20, Kapelle 10; Leis Wl 1, 1. Die 100 Schill. sind 'Königsschutz'; Leis Wl 2. Deutlich ist hier ~ gemeint. Die Stelle geht aber zurück auf I Cn 3, 2 (aus VIII Atr 5, 1), wo nicht von ~, sondern allgemeiner von Verletzung des Schutzes der Kirche die Rede ist. Diesen Kirchenfrieden (*s. d.*) durch blutig (*s. d.*) Fechten zu brechen, gab allerdings wohl meistenteils den Anlass eine schon vor dem Kirchgang bestehende Fehde [während am Hofe des Königs oder Adels eher Streit frisch entstehen konnte]. In diesem Falle mochte der Verfolgte oft Asylsucher sein **6**) Wer einen in Kirche oder Königsburg vor der Blutrache Geflüchteten belangt [also ohne blutig Fechten] oder schädigt, verwirkt alle seine Habe und wird Feind gegenüber dem König und dessen Freunden [= friedlos]; II Em 1, 3 **7**) *Si quis convictum caperet* [also ohne blutig Fechten] im Asylstuhl der Kathedrale York, so ist die Tat busslos, im Chor kostet sie 18, in der Kirche 12, im Atrium 6 Hundred [zu je 8 Pfund] Silbers; Raine *Hist. of York* III 34; *vgl.* I 473f. [Ähnliche Abstufung *s.* Kirchenfrieden und bei anderen Germanen Brunner II 581] **8**) Unecht ist Urk. a. 1004 Kemble 709, wonach die 1002 von Æthelred II. dem Tode bestimmten Dänen zu Oxford in die Kirche S. Fritheswyth flüchteten und dort vom Volk verbrannt wurden

Að, Traktat über den Eid, I 464, übersetzt von Q 540, von In Cn 613

Attentat *s.* Herrenverrat, Hoch-

Aubigny *s.* Wb Albini

Aufbewahrung *s.* Anvertrautes; Haftung **Auffahrt** *s.* Heergewäte

Aufgebot *s.* Heer; Gericht, Versammlung, Vorladung

Aufhebung *s.* Gesetz

Auflauern *s.* Angriff

Aufschub *s.* Terminaufschub

Aufspüren *s.* Spurfolge, Anzeiger

Auge *s.* Wb *eage, seo, seon* **1**) Tierauge *s.* Ochs, Kuh | 'aus den Augen' *s.* Freilassen von Verbrechern **2**) Wer dem anderen ein ~ ausschlägt, büsst ihm 50 Schill.; Abt 43 [d. i. $\frac{1}{2}$ Wergeld; ebenso bei anderen Germanen; Brunner II 635; His *Strafr. d. Fries.* 124—128. 280]; $66\frac{2}{3}$ Schilling [zu 5 Pfennig] Af 47. 71 [emendiere 6 Pfg. in 3; d. i. die Hälfte des Wergelds, um Magsühne, $\frac{1}{3}$, vermindert; Brunner] = Hn 93, 5; 70 Schilling zu 4 Pfennig Leis Wl 19 [vielleicht um $13\frac{1}{3}$ Pfennig nach oben abgerundet von $\frac{1}{2}$ Mercischem Wergeld weniger $\frac{1}{3}$] **2a**) Das ~ wird gleich bewertet mit Hand und Fuss; Af 71 = Hn 93, 31 [auch bei anderen Germanen; Brunner, His aaO.]; mit der Zunge Af 52 = Hn 93, 11 **2b**) Im Widerspruch hierzu, also ohne praktische Geltung, steht aus Exodus nur übersetzt '~ um ~' Af El 19; *vgl.* Talionsprinzip **2c**) Wenn Mund oder ~ schlimm wird, büsse [Verletzer] 12 Schill.; Abt 44 **2d**) Bleibt das ~ im Kopfe, aber sehunfähig, so kostet die Busse $\frac{1}{3}$ weniger [als beim Ausschlagen, also 44 Schill.]; Af 47, 1 = Hn 93, 5a [Ähnliche Differenzierung bei anderen Germanen Wilda 771; His 297] **2e**) Bleibt der Augapfel, büsst [Verletzer] nur die Hälfte [des ausgeschlagenen ~s]; Leis Wl 19, 1 **3**) Wird dem Esne [Unfreien] ~ oder Fuss abgehauen, entgelte ihn [der Täter dem Herrn] mit vollem [Knechts-] Wert; Abt 87 [weil es den Knecht arbeitsunfähig macht] **3a**) Wer seinen Sklaven einäugig macht, lasse ihn frei [aus Exod., wohl ohne praktische Geltung]; Af El 19 **4**) ~n ausreissen, in Verbindung mit anderen Verstümmelungen, als ärger denn Hände abhauen, lässt Cnut dem zweimal in dreifachem Gottesgericht unterlegenen Verbrecher als Ersatz der Todesstrafe II Cn 30, 5 **4a**) **N** *Ne quis occidatur, sed eruantur oculi et testiculi abscidantur;* Wl art 10 **4b**) *Rex Eadgarus ob coercenda furta lege sanxit, ut in furto deprehensus* (handhaft) *oculis privaretur, auribus, manibus pedibusque præcisis, cute capitis nudaretur sicque feris et avibus laniandus obiceretur;* Mir. s. Swithuni ed. Acta ss., Juli 2, was Earle *Swiðhun* 74 für Normann. Erfindung hält. Schon Lantfred aber weiss 994 *de homine, quem legislatores* [nach 970] *cecaverunt;* Mir. s. Swithuni. Also eher eine übertreibende Häufung der im einzelnen wirklich angewandten Strafen. Derselbe Bericht wird ausgeschmückt: die ∼n waren aus den Höhlen herausgerissen, ein Augapfel war entfernt, der andere hing an der Backe herunter; Ælfric *Lives of saints* I 458 **4c)** Für Diebstahl werden in der Normandie die ∼n ausgerissen; *Brevis relatio de Will. I.* 20 **4d)** Wegen Teilnahme an Hauseinbruch mit Raub und Totschlag 1203 *Alecia meruit mortem, set per dispensacionem ei eruantur oculi;* Augenausreissen wird auch 1221 regelmässig durch königl. Reiserichter vollzogen; Maitland *Select pleas* I 77; *Pleas of Gloucester* 142

Augenzeuge *s.* Zeuge

August *s.* Ernte

Augustin von Hippo wird zitiert Hn 33, 6. 72, 1c; benutzt [mittelbar?] 5, 18—21a; vielleicht Quadr I 530[b]

Augustin von Canterbury **1)** Er bekehrt die Angelsachsen; ECf 8, 3*. Lond ECf 32 C 2 [seine Ankunft macht Epoche für die Rechtsgeschichte auch nach Wilh. v. Lisieux ed. Giles 129] **2)** predigt den Zehnt [falsch]; ECf 8, 3* **3)** zu seinen Lebzeiten ergeht Gesetz; Abt Insc — eine Nachricht, verfasst vor 747, als ihn Synode zu Clovesho c. 17 als heilig zu verehren befahl; an seinem Feste ward Eadmund I. 946 ermordet; Plummer *Bede* II 81 **4)** Er ruht zu Canterbury; ECf 8, 3* **5)** Angerufen als heilig Excom VII 2[h]

Ausfuhr *s.* Handel, London; Unfreie, Pferde, Waffen, Wolle, Tuch

Ausland *s.* international, Fremde; Heer, Terminaufschub, Verjährung

Auslieferung des Schuldigen zur Rache oder Leibesstrafe *s.* Haftung; Todesstrafe, Strafvollzug, Blutrache; Asyl 9; Tierstrafe, Unfreie, Baum

Auslösung *s. ebd.*, Asyl 8a, Wergeld

Ausschuss *s.* Urteilfinder, Lagamen, Kaufzeugen, Gericht, Reichsverweser

Aussehen entstellt *s.* Wunde, Antlitz

ausserehelich *s.* Bastard, Konkubinat

aussergerichtlich *s.* Vorladung, Pfändung, Selbsthilfe, Abfindung; Schiedsgericht [ling

Aussetzung von Kindern *s.* Find-

Aussteuer (Heiratsgut, Mitgift der Braut durch ihr Vaterhaus) *s.* Wb *feoh* [bei Toller *s. v. wed* heisst *fædrenfeoh*: *dos* ∼; dagegen *wifgifta* heisst *nuptiae,* nicht ∼]; Agnorm.: *maritatio, -agium* [letzteres erklärt als *datum ex parte mulieris viro suo* Très anc. cout. Norm. 80, 1]. *Vgl.* eheliches Güterrecht **1)** Die ∼ ist nicht erwähnt in dem Traktat *Wif,* der wesentlich des Bräutigams Leistungen berücksichtigt. Das Fehlen der ∼ bei den Dithmarschen auf die Altsachsen auszudehnen, lehnt ab Fipper *Beispruchsrecht* 23. In den *Gesetzen* hat nur Kent die ∼; die anderen Stellen entstammen Normannenzeit **2)** Bei Auflösung kinderloser Ehe erhält die Vatersippe der Frau ihr *fioh* [= ∼] und Morgengabe; Abt 81 **N 3)** Die kinderlose Witwe eines Kronvassallen erhält Wittum und ihre ∼ ['ohne Zahlung an den Fiscus' fügt hinzu Magna charta 7]; die Witwe mit Kindern behält ihre ∼, bis sie eine zweite Ehe eingeht. Ebenso sollen die Barone den Witwen ihrer Vassallen nicht deren Vermögen abpressen; CHn cor 3, 3. 4. 4, 2 **4)** Vielleicht daher, grösseren Teiles aus Lex Ribuar: 'Die Witwe behalte Wittum und ∼, die ihr urkundlich oder vor Zeugen geschenkt, samt Morgengabe und $^1/_3$ Errungenschaft neben Kleidern und Bett' Hn 70, 22; *vgl.* Bateson II p. CIII **5)** Die Frau des wegen Verbrechens das Reich Abschwörenden bleibt, wenn unschuldig, in Frieden mit ∼ und Wittum; ECf 19, 1 **6)** Über ∼ bei den Normannen *vgl.* Niese *Gesetzg. Norm. Sicil.* 156f.

Auswahleid *s.* Wb *cyre(að), ceose* [*ceosan* wird von Tätigkeit der Urteiler als Variante mit *deman* synonym gebraucht z. B. *Homil. n.* Wulfstan 172f.]; *eligere* 2, *electio* [für obrigkeitliches Bestimmen sagt Anglolatein *eligere* auch in anderen Beziehungen; Mac Kechnie *Magna charta* 328], *seligere; nemne, namie, nominare* (*-atio*), *num, numer* | Ggs.: *ungecoren; eligere* 1b, *nime, begyte, accipere* ECf 20, 3. II Cn 22, 1a In. Der Eid durch alle vom Hauptschwörer beigebrachten Eidhelfer (*rim* Hl 5) heisst *rimað* 2 **1)** Die Eideshelfer 'kürt, ernennt, selegiert' dem Hauptschwörer der Richter (*u.* 9. 18) oder die Gegenpartei (*u.* 28); doch darf jener gegen die *nominatio* zureichende Gründe geltend machen, wie z. B. persönlichen Hass der Erwählten gegen ihn; Hn 31, 8; nur ér 'nimmt, gewinnt' sie ['sich']. Nur *eligere* wird sowohl von ihm wie, gegenteilig, vom Richter oder Gegner gesagt **1a)** Im Gegensatz zum schwereren ∼ steht zwar ein leichterer Eid, 'plan, schlicht' genannt, aber wahrscheinlich 'ungestabt' im Ggs. zum Stabeid (*s. d.*) bedeutend und nicht 'mit Helfern, die der Hauptschwörer wählt'; Leis Wl 14 **1b)** Zur Wahl der Eideshelfer durch den Gegner *vgl.* seine Beibringung möglichst wichtiger Reliquien *s.* Eidesform **1c)** Zur Bekräftigung promissorischen Friedenseides gab das Dänenheer 876 Ælfred *electos obsides, quantos ipse nominavit;* Asser ed. Stevenson 37. 46 **1d)** In Oléron stellt Kläger 2 Kämpen zum Zweikampf, deren einen der Beklagte wählt; Twiss *Black book of Admiralty* II p. LXXVI **1e)** Der ∼, mit Bezeichnung *nominare, eligere* auch anderen Germanen bekannt (Brunner I² 449. II 383; Pappenheim *Altdän. Schutzgilden* 82. 104. 239f.), lebt in England bis ins späte Mittelalter; Pol Mai II 633 **2)** Dem Anefangskläger werden ernannt 5 Nachbarn, deren einen er zum Eideshelfer im Anefangs-Klageeid gewinnne. Dem verklagten Besitzer werden ernannt 10, deren zwei er zu Eideshelfern, ohne Eid durch die Gesamtheit, im Eide auf Ureigen gewinne. Dieser Küreid gelte bei 20 Pfennig Wert und mehr; II As 9 **3)** Wer im Anefang verklagt, Ureigen erweisen will und einen den Kläger befriedigenden ungekorenen Eid nicht finden kann, dem werden 6 Nachbarn ernannt, deren einen er zum Helfer gewinne; I Ew 1, 3f. [letzteres ist also 'Küreid'] **4)** Der Spurfolger gegen ein Landgut, wohin sein Vieh entwendet worden, beschwört als einer von 6 ungekorenen [*u.* 19] Schwörern seine Klage; Duns 1, 2 **4a)** *sacramentum sine electione vel nominatione,* also 'ungekorenen Eid' übs. Q irrig Ine 35 *unceases að,* was 'Urfehde' bedeutet **5)** In jedem Gericht sollen amtlich für jeden künftigen Prozess feststehende *gewitnesse* [viell. Eidhelfer, nicht (wie bisher, auch von mir, übersetzt) Zeugen] ernannt werden 'ohne Küren', d. h. wohl, ohne dass ein besonderes Auswählen in jedem neuen Prozess stattfinde; V As 1, 5: vielleicht identisch mit den Nachbarn *u.* 10 **6)** Wer der Mitwissenschaft oder Beihilfe bei Schädigung eines Stammesgenossen durch einen Stammesfremden verklagt ist, reinige sich mit Küreid; Duns 6, 2 **7)** Stadvögte, verklagt der Mitwissenschaft an Falschmünzerei, reinigen sich *eodem cyrað;* IV Atr 7, 3. [Es kommt in IV Atr sonst kein ~ vor; *eodem* ist wohl aus *þam* falsch als Demonstr. statt Artikel übs] **8)** Dem Unglaubwürdigen erwähle (*ceose; eligatur* L) das Gericht Eideshelfer II Cn 22, 1 [was als Erschwerung gilt gegenüber der als regulär nicht erwähnten Selbstwahl der Helfer in 22] = Hn 64, 9a = 67, 1a **9)** Von der Klage auf Begünstigung eines Verletzers des königlichen Sonderschutzes reinigt ein 36er Eid; und der Königsvogt (Richter) ernenne diese Helfer; III Atr 13 **10)** Von der Klage auf Versäumnis der *Trinoda necessitas* reinigt ein Eid, wozu 14 vom Gericht ernannt sind, deren man 11 zu Helfern gewinnen muss; II Cn 65 = Hn 13, 9. 66, 6a [ebenso 11 von 14 *u.* 12]; diese *nominati* müssen Nachbarn sein; 66, 6b; *o.* 5 **11)** Von der Klage auf Heidentum reinigt man sich mit Eideshelfern, die einem das Gericht ernennt neben solchen, die man nimmt (selbst bestimmt, sich wählt); Northu 51 ff. **N 12)** Der Bescholtene reinigt sich von Diebstahlsklage selbzwölft unter 14 zu Helfern vom Gericht Ernannten; Leis Wl 14, 1. Ebenso 11 von 14 *o.* 10, *u.* 14 **13)** Der Kläger auf Diebstahl schwört den Voreid mit 5 unter 7 vom Gericht Ernannten; Leis Wl 14, 3 **14)** Von Klage auf Einbruch in Kammer oder Kirchenschatz reinigt sich der Unbescholtene selbzwölft unter 14 (wie *o.* 12) ihm zu Helfern Ernannten, der Bescholtene selb 36 unter 42 Ernannten; Leis Wl 15. 15, 1. [Die Zahl 42 ist die untere Grenze fürs Heer (wie 36 für Ine 13, 1) nach Lex Baiuar. III 8, 1] **14a)** Im Londoner Husting um 1165 wählt der königliche Richter 14 Londoner zu *iuratores* (~); Palgrave *Rise* II 188 **15)** Von Klage auf Beihilfe zur Falschmünzerei reinigt sich der Vogt mit 36 Helfern aus 42 ihm Ernannten; Glosse zu II Cn 8, 2 Cons I 315* [aus *o.* 14?] **16)** An einigen Orten (*o.* 11) werden die Urteilfinder je zur Hälfte von jeder Partei gewählt, *et ibi testes* (Eidhelfer) *nominati et electi,* d. h. [?] halb dem Schwörenden ernannt, halb von ihm selbst erwählt. In Wessex gibt es neben dieser Art Eidhelfer eine zweite: nur von ihm selbst erwählte; Hn 31, 8; 8a [Schweden kennt 36 bezw. 24 Eideshelfer, zur Hälfte ernannt; Lehmann *Königsfriede* 53 | *Homicidii causa 48 nominatis, ex quibus 24 in ecclesia iurent eum esse veracem;* Canon. Walli. 2] **17)** Der Reinigung *cum una decima* [bessere *manu undecima?*] *per electionem et sortem,* mit 10 [oder 11] Helfern, die der Richter und [deren wirkl. Schwörer?] das Los bestimmt, entspricht das Eisenordal; Hn 64, 1g **18)** Von dreifacher Amtsklage auf Diebstahl, Brandstiftung, Raub reinigt ein Eid mit 15 Helfern unter 30 vom Angeklagten vorgeführten; der Richter bestimmt (*selegit*) die 15; Hn 66, 9a. [Unter 36 vom Verklagten benannten wählt das Gericht 12 ihm zu Eideshelfern (aus Lydd, 15. Jh.?) Bateson I XLI. 40 f.; Gross in *Harvard Law Rev.* XV 699]. Im Mercierrecht ist die grössere Zahl 35, in Denalagu 48, und *sorte potius quam electione iuraturi,* d. h. Los bestimmt die kleinere Zahl der wirklichen Mitschwörer; Hn 66, 10 [mein Irrtum I 586[1] ist II p. VIII berichtigt]. Unter 10 bereiten Helfern bestimmt das Los die 5 wirklichen Schwörer; Gross 697 ff.; Bateson II p. XXX; Brunner I[2] 260[41]. [Der Brauch ist auch Nordisch I 586[1]; in Baiern schwört unter angebotenen Zeugen ein durchs Los Bestimmter; Schröder *DRG*[5] 376] **19)** Fälle, wo das Hinzunehmen durch den Hauptschwörer erwähnt ist, das meist, als das Gewöhnliche, verschwiegen wird, sind A. oben die des 'ungekoronen' Eides n. 3 f., ferner **B.** n. 11. 16 und **C.** n. 20—25 **20)** Der Diakon reinigt sich mit 2 (dreifach mit 6) Standesgenossen, die er selbst wählt; VIII Atr 20 f. = I Cn 5, 1 f. = Hn 64, 8 f. **21)** Der Herr, der seines Mannes guten Leumund beeidigt, wähle sich 2 Thegnas zu Helfern; I Atr 1, 2 = II Cn 30, 1. Der Herr, der verklagt worden, seinem verbrecherischen Manne zur Flucht verholfen zu haben, wähle sich 5 Thegnas zu Helfern des Reinigungseides; I Atr 1, 8 = II Cn 30, 7 **22)** Von Klage auf Weigerung der Beichte gegenüber einem Hinzurichtenden reinigt der Eid mit 5 selbsterwählten Helfern; II Cn 44, 1 = Hn 11, 9. 66, 4a (wo 6 Eidhelfer) **23)** Von Klage auf Weigerung der Kirchengerechtsame reinigt Eid mit 11 Selbstgewählten; II Cn 48 = Hn 66, 5. 11, 11 **24)** Zum dreifachen Ordal zwinge den Bescholtenen der Kläger durch Voreid mit 5 selbsterwählten Helfern; II Cn 30, 3a = Hn 65, 3c = II Cn 22, 1a In = Leis Wl 14, 3. Zu einfachem Klageeid wählt Kläger 2 Helfer II Cn 22, 1a In **25)** Von Bandenteilnahme reinigt Eid *acceptis 11 hominibus;* In Cn III 3 **N 26)** Der latein. Übersetzer von Leis Wl 14 scheint den ~ nicht mehr zu verstehn **27)** Stadtrecht Londons 12.—15. Jhs. kennt eine *lex magna* mit 36 Helfern, die erwählt werden von *les prudes hommes de la cité,* und zwar je 18 aus jeder Stadthälfte, dem Hauptschwörer nicht verwandt; *Mun. Gildhal.* ed. Riley I 56. 110 [= Ms. Brit. Mus. *Addit.* 14252 f. 113] = *Records of Norwich* ed. Hudson 202 **28)** Im Stadtrecht von Leicester wird 1277 der ~ abgeschafft: bei Klage um Geldschuld und *trespas* musste bisher Beklagter Reinigungseid selbsechst schwören mit Helfern, die *son adversaire ou home* [Gericht?] *pur li elireient, gent que ne irreient od li pur favur de l'autre partie u pur haine de li;* dagegen *nul desormès seit destreint a sa ley fere par gent nomez;* Bateson I 158. 163

Auswanderung *vgl.* England; Freizügigkeit, Herrensuche; Unfreie, Gefolge, Gefolgsadel; Abschwören, Verbannung, Verpflanzung; Angelsachsen, Bretonen, Dänen, Norweger; Ostanglien

N Ausweidung, Herausreissung der Eingeweide, *evisceratio,* Strafe für den Untergebenen, der Totschläger an seinem Herrn geworden; Hn 75, 1 [später für Hochverrat] [bannung

Ausweisung *s.* Verpflanzung; Ver-

Axt *s.* Anzeiger 2; Mass

B.

Backen *s.* Wb *ceace* **1)** Wer sie zerschlägt, hat dem Verletzten 15 Schill. zu büssen; Af 50 = Hn 93, 8 **2)** Wer eine Wange (*hleor*) durchbohrt, büsse [dem Verwundeten] 3 Schill., wenn beide, 6; Abt 46 f.

Bäcker 1) N *Pistores* des baronialen Hofes stehen unter Verbürgung durch

den Herrn; ECf 21 2) Unter den Königssklavinnen mahlt die an Rang mittlere das Korn; Abt 11. In Wales hat die Bäckerin des Königshofes ausgezeichnetes Wergeld; Seebohm *Tribal system* 106. *Vgl.* Toller *Suppl. s. v. dæge* Bäckerin

Bad. Die Wanne, *bæðfæt*, zählt zum notwendigen Inventar des Herrschaftsguts Ger 17. [Agsächs. Kirche lobt die Askese, nicht zu baden; Toller *Suppl. s. v. bæð*. Um 1250 wirft den Dänen Joh. Wallingford, ed. Gale 547, vor: *habebant ex consuetudine patriae Sabbatis balneare et formam corporis talibus frivolis adiuvare*]

Bahrrecht findet sich in Agsä. Quellen nicht; wohl aber in Britischen Beispielen vom 12.—17. Jh. bei Lea *Superstition* 245. Anderswo *vgl.* Brunner H 405; Schröder *DRG*[5] 795[30]

N Baltische Länder von Arthur Britannien unterworfen; Lond ECf 32 E [Ein Traum um 1200, gerichtet auf östliche maritime Machtentwicklung Englands, besonders im Handel. Die Völkernamen kennt Vf. wohl aus dem Munde von Nordwestdeutschen]

Bande s. Wb *hloð(bot, -slieht), contubernium, here* 3, *hereteam, hariraida, fultum* 1) '[Einzel]verbrecher nennen wir unter 7 Mann, von 7 bis 35: ~, eine grössere Anzahl ist Heer' [d. h. eine Menge, über die hinaus man nicht mehr zählt; v. Schwerin *Gött. gel. Anz.* 1909, 785]; Ine 13, 1 = Ap AGu 2, 2 = In Cn III 2. Diese Zahlgrenzen und die Unterscheidung zwischen ~ und Heer finden sich ähnlich bei anderen Germanen (*u.* 10. 12; Brunner II 566[4]. 570; His 83 ff.); bei den Baiern fing das Heer mit 42 an; *Lex Bajuw.* III 8, 1. Das Scharenvergehen ist eine wichtige Kategorie im Nord. Strafrecht; Lehmann *Königsfriede* 198 ff. 245 2) Nicht unter den Begriff der ~ bringt Eindringen Mehrerer in den Wohnbezirk, aber unter gemeinschaftliche (*s. d.*) Missetat Abt 17; er sieht nicht darin eine Summe von unabhängigen Vergehen Einzelner 3) Teilnahme an ~ kostet 120 Schill. Strafe [Einzeldiebstahl dagegen, nicht handhaft, nur 60]; Ine 14 = Ap AGu 2, 2 3a) Dies ändert in: *despectum calumniantis* [Busse für verletzten Schutz des Klägers] *et 2 libras* Strafe dem Gerichtsherrn In Cn III 3 [letzteres wohl nicht Normann. Änderung, sondern Missverständnis von Ines Schilling als Mercisch zu 4 Pfennig 4) Wer der Teilnahme an Heerplündereien [in Privatfehde] überführt ist, löse sich aus durch sein Wergeld [200 Schill.]; Ine 15 = Ap AGu 2, 4 5) Teilnahme an einem Zuge, bei dem ein Gegner von andren erschlagen ward, kostet (ausser dem Eide, nicht selbst Totschläger gewesen zu sein) Strafgeld $^1/_4$ von dessen Wergeld, also wenn jener gemeinfrei war, 50 Schill.; Ine 34 f. = Hn 87, 8 6) Teilnahme an einer ~nfahrt mit Totschlag kostet ~nbusse je nach Wergeld des Erschlagenen: 30, 60, 120 Schill., wenn dieser bzw. 200, 600, 1200 Schill. Wergeld hatte; Af 29 ff. = Hn 87, 4. Der Totschläger zahlt Wergeld der Sippe (und Mannenbusse dem Herrn; Hn) des Erschlagenen neben Strafgeld 7) So variieren erstens die Strafgelder zwischen Af und Ine; Af ermässigt sie; zweitens ist bei Ine der Zweck von ~ und Heer bisweilen nur Raub, und die Totschlagsfahrt davon getrennt; bei Af ist immer Totschlag entweder Zweck oder doch Erfolg des ~nverbrechens; drittens fehlt ein 'Heerverbrechen' bei Af 8) Zeigt sich kein Totschläger, so werden alle ~nteilnehmer gemeinsam verklagt und zahlen jenes Wergeld und diesem gemäss éin Strafgeld [wohl das in 6 gemeinte; ferner nach Hn 87, 7 Mannbusse] gemeinsam; Af 31, 1, verdeutlicht Hn 87, 2; 7 [Gemeinsame Zahlung des Wergelds, wo der eigentliche Totschläger nicht zu ermitteln, findet sich auch bei anderen Germanen; Brunner II 565] 9) Totschlag zwischen Engländern und Nordleuten an 8 Mann oder weniger wird durch Wergeld der Erschlagenen gebüsst. Dagegen wenn 8 oder mehr erschlagen werden, so ist dies Landfriedensbruch; II Atr 5, 2 10) **N** Bei Totschlag *in convivio* bis 7 Personen *qui remanent unum convictum reddant aut omnes compositionem coniectent; si plus quam 7 fuerint, quibus fuerit imputatum illi componant; secundum legem Saligam* Hn 87, 10—10 b 11) ~ wie Heer sind untereinander organisiert, also wohl durch Eid verbunden, daher Erscheinungen jener Zwangsverpflichtungen zu Bösem, wie widerrechtlicher Beihilfe (*s. d.*), die nicht zu erfüllen mahnt Af 1, 1 **N** 12) [Gewaltsame] Heimsuchung [*s. d.*] heisst der Angriff auf das Haus des Gegners mit *hariraida* [Heeresschar (*o.* 1), aus Lex Ribuar.] durch Beschiessen oder Anwurf; Hn 80, 11 13) *Si quis foris casam a contubernio fuerit occisus, 3 convicti singillatim compositionem componant; 3 alii 30 sol., 3 adhuc alii singuli 15 sol. culpa; secundum legem Saligam;* Hn 87, 11, anders als das *o.* 5. 6. 8. aus anderer Quelle von ihm Aufgenommene

Bann *s.* Königsbann; Vorladung; Strafgeld, Ungehorsam; Verbannung, friedlos; Exkommunikation

Bär 1) N Als Volksbelustigung wurden ~en gezeigt. *Si quis ad spectaculum feræ ductus aliquid patiatur;* Hn 90, 11 c. *Vgl.* Pfändler, *Vergnüg. der Agsa.* in *Anglia* 29 (1906) 443 2) Die Stadt Norwich gab Eadward dem Bek. einen ~en und 6 Hunde; Domesday II 117 a 3) Über den ~ bei Agsa. *s.* Toller, auch *Suppl*, s. v. *bera(scinn)*

N Barchentlaken, vom Ausland eingeführt, darf der fremde Kaufmann zu London nicht vereinzelter als im Dutzend verkaufen; Lib Lond 8, 1; *vgl.* I 674[v]. 675[a]. [Wie *fustaneum* (*s.* Wb *fuscotincus*) von einem Ort bei Kairo, so erhielt auch das Leinengewebe *saban* den Namen von einer Oriental. Hauptstadt, woher es ursprünglich kam]

barfuss 1) Man besuche die Kirche ~, als Zeichen der Landesbusse; VII Atr 2, 1 = VII a 2 = *Homil. nach* Wulfstan 170. 173 2) Ebenso der Prüfling vor dem Ordal; Iud Dei X 1

Barmherzigkeit *s.* Wb *mildheort, miltsian. Vgl.* Begnadigung, Amnestie; Billigkeit; arm, Armenpflege 1) Christus lehrte ~ als Zutat zum Mosaischen Recht; sie ist der Typus seiner Neuerung; Af El 49 2) *misericordiam in iudiciis* den Richtern anzubefehlen, verspricht der König im Sacr cor 1, 3 2a) ~ ist des Richters Pflicht bei Strafabmessung; einige Vergehen vergebe er [aus Isidor]; Iudex 1. 2 2b) Zur ~ mahnt ihn aus Matth. 6, 12 VI Atr 10, 3 = II Cn 2 a = Leis Wl 39, trotz der Sündenmenge Hn 28, 6 2c) ~ besonders für den vom Unrecht zur Rechtsordnung Zurückkehrenden; II Cn 67 2d) Und dem (Schwachen), der dessen bedarf, zeige man Milde im

Urteil (VI Atr 53 = II Cn 68, 1) mehr als dem Starken; teilweise aus *Can.* Eadgari **2e)** Der Richter (Immunitätsherr eingeschlossen) schone seine Untertanen; Episc 14f **3)** ~ gelte nur, so weit mit Gerechtigkeit vereinbar, Verzeihung für Verbrechen nur wie sich vor Gott verantworten und im Staat ertragen lässt; III Eg 1, 2 = VI Atr 10, 2 = II Cn 2 **3a)** Milde im Strafen sollen die *gerefan* üben, wie dem Diöcesan recht dünkt; Cn 1020, 11 **3b)** Besonders walte ~, *si iustitia onerosa sit,* also im Ggs. zum strengen Strafrecht; II Cn 2 In **4)** **N** Trotz ~ bleibe grosser und handhafter Diebstahl nicht unbestraft; Hn 59, 20 **5)** Strafgeld (*s. d.*) tritt statt Leibesstrafe ein nur für erstmaliges Verbrechen, aber keine ~ bei Herrenverrat; Af 49, 7 **5a)** Als ~ erscheint Verstümmelung statt Todesstrafe; *s. d.* **6)** Innerhalb der Geldbussen herrschte weitgehend Nachlass gegenüber der gesetzlichen Höhe [*vgl.* Abfindung], weil die oft zahlungsunfähigen Schuldigen nicht zu verknechten, sondern abgaben- und fronfähig zu erhalten, im Interesse des Gerichtsherrn lag. Sogar der harte Fiskus der Normannenzeit erhält weniger als das Strafgeldfixum (*s. d.*), z. B. beim Murdrum; *s. d.* **6a)** Vermutlich im Gegensatz zu der unter den Tarif hinab zu ermässigenden Geldstrafe steht *full* hinzugefügt (z. B. II Cn 42) im Sinne 'vollständig' [aber nicht im anderen Sinne 'doppelt oder dreifach' *o.* S. 247 Sp. 1] **6b)** Ferner kann der Zusatz 'je nachdem die Missetat war' zu Strafgesetzen nicht immer die Umwandlung von Leibesstrafe in Geld oder die Alternative zwischen zwei Straffixa (wie EGu 2 = V Atr 31 = VI 38) bedeuten, sondern meint öfters den Nachlass, den der Gerichtsherr oder der Besitzer gekränkten Schutzes am gesetzlichen Maximum eintreten liess; EGu 12 = VIII Atr 34 = II Cn 40, 2. VIII Atr 4f. = I Cn 3f. II Cn 43. 45, 2f. 46. 46, 2. 47. 61, 1. **7)** Ein alliterierender Lehrspruch lautet: Immer gebührt sich Urteil nach Tat und Abmessung [der Strafe] nach Rang [des Verletzten]; VIII Atr 5, 2 = Had 10, wo eine Hs 'Milderung' statt 'Abmessung' liest **8)** Bei freiwilligem Geständnis in der Kirche einer bis dahin unbekannten Schuld sei diese halb vergeben; Af 5, 4 **9)** **N** [Angeblich] damit neben *iustitia* auch *misericordia* (*venia*) weitgehend walte, ziehe die Krone Justiz über schweres Verbrechen an sich; Hn 11, 16a

Baron *s.* Adel 30—33, Graf; Lehnwesen, Gerichtsbarkeit, Witan

Bart *s.* Wb *beard; homola* **1)** Der ~ gilt als Körperschmuck des Mannes [Bartwuchs der Frau gilt als Schande für sie und ihre Sippe; Wærferth *Dialoge Gregors* 279], ihn einem abzuscheren als Ehrenkränkung. **1a)** Ein Däne will sich 1022 reinschwören beim ~e; da er meineidig, behält er diesen abgerissen in der Hand; *Chron. Ramsei.* ed. Macray 134 **1b)** Wer jemn. zum Verstümmelten schert (bzw. ihm den Bart abschert), büsst 10 (20) Sch. [soviel wie für binden (bezw. prügeln), wie für Zerschlagen der Rippe (bezw. Abhauen der grossen Zehe)]; Af 35, 3; 5 **2)** Der Priester soll, ausser der Haupthaar-Tonsur [*s. d.*], auch den ~ scheren; Northu 34

Bastard *s.* Wb *dierne, bastardus* [über das Wort *s.* Flügel in *Anglia* 34 (1911) 385], bei Toller *s. hornungsunu.* *Vgl.* Konkubinat **1)** Für ein heimlich [unehelich] gezeugtes und vom Vater nicht anerkanntes Kind erhält [wenn es erschlagen ward] das Wergeld nicht der Vater [= die Sippe], sondern [des Unehelichen] Herr und [oder falls solcher fehlt] der König; Ine 27 = Hn 78, 4 ['Heimlich geboren' auch Nordisch = unecht; Maurer *Island* 349] **2)** Falls der Vater den ~ anerkennt, erhält er also Wergeld (*vgl.* Weinhold *Deutsche Frauen* II 18), er gibt ihm folglich damit Vatersippe. Die mit der Kebse gezeugten Kinder gehören zum Hause; nur die heimlich gezeugten kann er anerkennen oder nicht; Brunner I² 110. Erst die Kirche verschlechterte die Stellung des ~s; Brunner *Gesch. Engl. Rechtsqu.* 9. Wo Wærferth (in *Dialogen Gregors*, ed. Hecht 299) *filiam naturalem* übersetzt, lässt er letzteres Wort aus **3)** **N** Hatte die Mutter zur Zeit der Empfängnis einen Ehemann, so gilt das Kind als ihm gehörig; *vgl.* I 594ᵉ **4)** Vermutlich zumeist ein ~ ist verstanden unter dem Findelkind, für das Ine 26, in der Zeile vor *o.* 1, jährliche Nahrung [aus Krondomäne] bestimmt **4a)** Als Korrelat ist zu vermuten, dass die Öffentlichkeit auch die Aufziehung des ~s, wenn die Mutter arm oder tot war, übernahm **5)** Das Kind einer [zu unkanonischer Ehe, zu Konkubinat] entführten Nonne beerbt den Vater nicht; aber vom Wergeld für Totschlag an ihm erhält die Sippe des Vaters [der es ja anerkannt hat] ihren Anteil; der Muttersippe Anteil daran fällt dem König zu; Af 8—8, 3. Es darbt also nicht der Vatersippe, ist aber erbrechtlich im Nachteil **5a)** *Abdicitur filiis meretricum hereditas; filios sanctimonialium spurios iudicamus; Synod. legat.* a. 786 c. 16 (bei Alcuin ed. Dümmler *Mon. Germ., Epist.* IV 25); *vgl.* Brunner *Unehel. Vaterschaft* in *Zschr. Savigny RG., Germ.* 17 (1896) 15 **6)** **N** Für Findling und Verworfenen erhält die Sippe statt Wergeld nur Scheinbusse, ebenso vom ~ [meine Emendation], den reiche Verwandtschaft als Bettler aufwachsen liess; Hn 78, 5. [Der Bettler wird vom geborenen Erben nicht beerbt in Island; Maurer *Island* 302; steht neben ~ Flügel 386] **7)** Ausserеheliche, obwohl vom Vater anerkannte, Tochter (u. Schwester) stehen der Ehre und dem Schutzrecht des Vaters (u. Bruders) nicht so nahe wie die eheliche: er darf ihren ertappten Schänder nicht wie den der ehelichen (Af 42, 7 = Hn 82, 8) töten ohne die Gefahr, durch Blutrache befehdet zu werden **7a)** Der ~ darf nicht (wie der eheliche Sohn) den handhaften Schänder seiner Mutter töten ohne die Gefahr, durch Blutrache befehdet zu werden; ebd. **7b)** 'Gemeinsame' Nachkommenschaft von Mann und Ehefrau, im Ggs. zum Sohne bloss des Mannes, wird stark bevorzugt im Testament Herzog Ælfreds 871—89 Birch 558; nur *filium de desponsata muliere* setzt zum Erben Urk. c. a. 945 n. 812 **8)** Der *fullboren þegn*, der zur Eideshilfe erfordert wird, ist [nach Fries. und Langobard. Analogie] vielleicht der ehelich geborene; Wal **9)** **N** ~ ist ein nicht beschimpfen wollender Beiname Wilhelms I. [schon Ann. Agsax. 1066]; Wl art Inse¹. Wl Lond Latᵇ. ECf Insc Lond. ECf retr 35, 2. I 670 Anh.⁶ **9a)** Synode 786 c. 12 verbot, einen Unehelichen zum *christus Domini* (König) zu machen; doch galt noch 1135 die Thronfolge Roberts von Gloucester, des ältesten Bastards Heinrichs I., als denkbar; *Gesta Stephani* in Rolls ser. 10]

Bath. Dortiger Reichstag erlässt Gesetz über Landesbusse gegen Dänengefahr; VII Atr Pro

Battle, Handschrift aus ∼ Cs *s.* I S. XXII

Bau s. Haus, Burg; Gehege; Tor, Tür; Brücke; Kirchenbau, -gebäude; Landwirtschaft, Fron, Fischwehr; Holz

Bauch *s.* Wb *hrif(wund)* [so in 1 Wort Napier *Lexic.* 91] **1)** Verwundung des Bauches kostet 12 Sch., Durchbohrung 20 Sch.; Abt 61. 61, 1; in Wessex-Geld [zu 5 Pf.] 30, bzw. 40 Schilling; Af 61. 61, 1 = Hn 93, 20

Bauer 1. Abgrenzung des Themas. 1a—q. Namen. 2. Einzelhof. 2a. Ine angeblich Kolonisator. 3. Freie Dorfgenossenschaft. 4. Unter Gutsherrschaft. 4a. Geneat. 4b. Villan. 4c. Gebur. 4d. Gafolgelda. 4g. Tunman. 4i. Wyrhta. 4k. Forwyrhta. 5. Zins. 5a. Fron. 6. Ganze Hufe. 6a. ¼ Hufe. 7. Persönlich frei. 7a. Hält Abhängige. 8. Freienrecht. 9. Minderung der Freiheit. 10. Wilhelms I. Politik. 11. Landverkaufsurkunde. 12. Mit Unfreien vermengt. 13. Arm. 13c. Haus. 13e. Vieh. 13g. Geldbesitz. 14. Verhältnis zum Herrn. 15. Gericht. 16. Im Hundred. **1)** Wo der Typ des gemeinen Manns gemeint wird, *s.* gemeinfrei, frei. Einzelne Klassen *s.* Socmen, Kötter, Gefolge (landlos Gesinde), Unfreie. In Beziehung zu Staat, Adel und Minderfreien *s.* Stände, frei, gemeinfrei; Wergeld, Eideswert, Schutz. Als Landwirt *s.* Ackerbau, Landwirtschaft; Fron, Pacht. Kollektiv organisiert *s.* Dorf(gericht), Zehnerschaft, Herrschaftsgut; Gemeinheit **1a)** *s.* Wb *ceorl, ceorlman, ceorlboren, cierlisc* [*ceorl* heisst auch 'Ehemann', und so sagt um 710 *maritus* wo ∼ gemeint ist *V. Gregorii Whitbi.* ed. Gasquet 22f.]. Die häufigste Übs für *ceorl* ist *villanus* (auch InCn II 15, 1b), *vilain.* Sowohl für *cierlisc* wie für *vilain* steht *rusticus* als Übs. **1b)** *(ge)bur* steht synonym mit *ceorl* Ine 6, 3 = Af 39; Urk. Birch 594; a. 902 n. 599; für alle Klassen freier Bauern a. 995 Thorpe *Dipl.* 536; beide Wörter übersetzt *vicinus; s.* Wb. Engerer Sinn *u.* 4c. Als Glosse über *colibertus* setzt *gebur* Domesdaybuch **1c)** *neahgebur* kann ∼ heissen als einer von mehreren Nachbaren im Dorf **1d)** *tunesman* Dörfler steht synonym mit *ceorl* Northu 59. 60 [*Tuneman* Eigenname in Suffolk; Domesday II 377b]; *tunscipe* steht für *vicani; o.* S. 215 **1e)** *geneat(man)* wird, wie *ceorl* und *tunman,* durch *villanus* übersetzt und steht mit *tunman* identisch II Eg 1, 1 In. Auch *colonus* setzt Q für *geneat.* Der *geneat* zählt zu *ceorlas* Urk. Birch 594. Das von Dorfbauern (im Ggs. zur herrschaftlichen Domäne) bewirtschaftete Land heisst sowohl *geneatland* wie *gafolland.* [Über andere Bed. von *geneat s.* Gefolge, Gefolgsadel] **1f)** *hieremen* und *inhiwan* heissen ∼n als Untergebene und Gutsinsassen; so die der Londoner Gilde VI As 8, 7 **1g)** *cultivurs, gainurs* als Landbebauer **1h)** *wyrhta* (eig. Arbeiter) ist vielleicht, wie sicher *hiwisc* (Haushalt), wo dies mit *hid* synonym steht, die von éinem ∼ besessene Hofstelle **1i)** *gafolgilda,* Leister von Bodenzins an den Grundherrn, steht an Rang gleich mit dem *gebur* Ine 6, 3. Wahrscheinlich *gafolgilda* drücken die Lateiner seit 7. Jh. durch *tributarius* (auch festländisch) aus, das hier Synonym von *hid* (Hufe) ist, z. B. Urk. a. 725 Earle 22. Gleichheit mit *geneat o.* 1e. Nur anderer Ausdruck scheint *ceorl þe on gafollande sit;* AGu 2 **1k)** *nativus* heisst der ∼ als durch Geburt zum Grossgute zugehörig **1l)** *cotsetl, ferding* und *bordier* sind einzelne Klassen von ∼n, keine volle Hofstelle besitzend; *s.* Kötter **1m)** *socman* (*s. d.*) steht zwar in einer Variante für *vilain,* ist aber eine höhere Klasse als der gewöhnliche ∼ **1n)** Eine Klasse von ∼n heisst in Northumbrien *færbena,* mit *ceorl* synonym, wahrscheinlich 'Freizügigkeit (*s. d.*) beanspruchend'; Northu 50 **1o)** Ein Nord. Lehnwort ist *bonda* (gemeinfreier Staatsbürger; II Cn 8 *u.* 7c), um 1100 so in England eingebürgert, dass *husbonda* irrig statt *huslgenga* (und *twelfhynde*) in die Latein. Übersetzung eingeführt wird; Ine 15, 1 (19) Q **1p)** *freo, friman* [ursprünglich Volksgenoss überhaupt; Brunner I² 134] steht synonym mit *ceorl* im Unterschied vom Adligen (bzw. Grossgutsherrn) Hl 3 (Northu 53. 56. 60). Wie 'Freier' für 'jemand, man' steht (Abt 4), so auch *cierlisc man;* Ine 37 **1q)** *twihynde* identifiziert mit *ceorl* Af 29 In. Hn 70, 1 **2)** Nirgends bieten die *Gesetze* eine d e u t l i c h e Spur von einem auf einem Einzelhofe [wie bei Kelten und in Westfalen] angesiedelten Freibauern. Sondern überall erscheint der ∼ im Dorf; *s. d.* Nur möglicherweise den Einzelhof eines ∼n versteht unter *mannes tun,* in dem der König gastet, Abt 17 **2a)** Dass das Königtum unter Ine, Kolonisationspolitik treibend, den Gefolgsadel, indem es ihn mit Land ausstattete, zur Ansetzung von ∼n habe zwingen und hiermit sich Grundsteuerzahler (während die Adelsdomäne unversteuert blieb) sichern wollen, ist eine Meinung (zuletzt Vinogradoff *English soci.* 195), die sich auf die Übersetzung *geset:* 'besiedelt' stützt, während ich 'besät' verstehe; *vgl.* Ackerbau 5 **2b)** Nur in der Stadt Hereford bekämpfte im XI. Jh. Fiskus in solcher Politik das Leerstehen der Grundstücke: gab dort ein Bürger wegen Armut kostenlos sein Haus dem Königsvogte auf, dieser *providebat, ne domus vacua maneret, et ne rex careret servicio suo;* Domesday I 179a 1 **2c)** Sonstige Parallelen entstammen Normannenzeit; *u.* 10b **2d)** Jene andere Übersetzung kann sich auch berufen auf den Westsächs. Lucas 20, 9 (wo für *vineam locavit colonis: wingeard gesette mid tilium* steht) und auf den Ausdruck *geset land,* besiedelt Bodenstück mit Inventar, wozu im Ggs. steht: *quando recepit non erat ibi preter solam terram;* Domesday II 78b **2e)** Jene Ine-Stelle aber gehört zusammen mit dem (nach nur einem ebenfalls Landleihe betreffenden Artikel) unmittelbar folgenden Satze 68, dass jener Gefolgsadel wohl vom *botl* (Haus und Hof), aber nicht von *þære setene* vertrieben werden dürfe: letzteres unmöglich als bäuerliche Ansiedlung, sondern als bestellte Flur zu verstehen **2f)** Der unbefristete Pächter späteren MA. darf, wenn nach der Saat und vor der Ernte vertrieben, das Korn nachher abernten; Holdsworth *HEL* III 107 **3)** Unter Ine besteht ein genossenschaftliches Freidorf ohne Gutsherrn. Nicht aus grundherrlichem Obereigentum kann die Englische Agrarökonomik des Engl. MA. entstanden sein; Vinogradoff; *vgl. Dt. Lit. Ztg.* 1908, 1531 **3a)** Die ∼n gemeinschaftlich umzäunen gegen das Weidevieh Ackerflur und Wiese [weder ein Herrschaftsbefehl noch die Teilnahme einer Domäne ist erwähnt].

Wer den ihm obliegenden Zaunteil nicht herstellt, haftet den anderen ∼n für deren Flurschaden durch dorther eingedrungenes Vieh [er zahlt nicht etwa einem Gutsherrn Strafe]; dieses pfänden die Nachbarn [nicht etwa mit obrigkeitlicher Genehmigung]; Ine 42. 42, 1 **3b**) Auch in Deutschland haftet der Dorfgenoss den am gemeinen Felde Beteiligten für seinen Zaunteil; Heyne *Nahrung* 19f. 132 **3c**) Für das Fehlen einer Gutsdomäne spricht auch das Mieten eines Joches Ochsen durch den ∼ von einem anderen [∼, nicht von der Domäne]; Ine 60 **3d**) Jenes Zäunen kraft genossenschaftlicher Anordnung ist zu trennen vom *gafoltining* (Birch 594), das der Guts∼ statt des Grundzinses der Herrschaft leistet **3e**) Der Name des noch im XI. Jh. höchsten Dorfbauers *geneat* bedeutet ursprünglich 'Genoss' an der Dorfgemeinschaft samt Teilnahme an Wald, Wiese, Weide; *s.* Gemeinheit **4**) Alle übrigen Stellen, wo ein ∼ erscheint, ergeben entweder für seine wirtschaftliche Unabhängigkeit nichts oder zeigen ihn deutlich im Dorfe eines Herrschaftsgutes (*s.d.*), dem er Fron (*s. d.*) oder Abgabe (*s. d.*) oder beides (so im XI. Jh. zu Stoke [Birch 594] und im Traktate Rect) schuldet, oder Land abgepachtet hat; *s.* Pacht **4a**) Vielleicht ist der *Geneat* im Herrschaftsdorfe XI. Jhs. der Erbe einstiger Freibauern, die allmählich in Abhängigkeit sanken. Wenigstens aus Rect. Ger erhellt nicht, dass der Gutsherr Obereigentümer des Bodens des *Geneat* sei **4aa**) Als der Altbauer holt er Neukömmlinge ins Herrschaftsgut (Rect 2): vermutlich den Gebur, Kötter, Landarbeiter; *s.* Gefolge **4b**) Vielleicht ein solcher *geneat* ist dér *Villan* (die Wörter stehen anderwärts synonym), von dessen Nachlasse die Herrschaft [nicht etwa Land und Inventar, sondern] nur Besthaupt (*s. d.*) erhält, das ausdrücklich dem Heergewäte, also einer Abgabe für ein persönliches, nicht grundherrliches Schutzverhältnis, parallelisiert wird; Leis Wl 29. Nur diese Einzelklasse (ausser dem allgemeinen Stande *ceorl* und *tunesman*) übersetzt durch *villanus* Q, nicht den *gebur* **4c**) Weniger günstig steht der *gebur* [im engeren Sinne, nicht in dem von 1b] da, den die Gutsherrschaft auf $^1/_4$ Hufe, davon 7 Äcker besät, mit Inventar (2 Ochsen [d. h. ein Viertel des zum schweren Pfluge nötigen Vorspanns], 1 Kuh, 6 Schafen, Werkzeug und Gerät) ansetzt, das sie [samt dem Lande] bei seinem Tode zurücknimmt [ausser wenn der Grundherr diesen Besitz zu eigen schenkt; Urk. c. 1050 Kemble 1339], und der ihr härtere Fron schuldet; Rect 4, 3 **4d**) Ine spricht von *gafolgelda oððe gebur,* möglicherweise mit jenem den (bloss zinsenden, nicht fronenden) höheren Stand, vielleicht den *geneat* meinend **4e**) Allein *geneat* und *gebur* beide besitzen normal $^1/_4$ Hufe, und stehen so in Ggs. zum Kötter (*s. d.*), zahlen Grundzins und werden mit *gafolgylda* synonym genannt (*o.* 1e. i), fronen, unter *ceorl* zusammengefasst (z. B. in Stoke [Birch 594]; *vgl.* Vinogradoff *Growth* 286), werden durch *villanus* im Domesday wiedergegeben und bilden éine Klasse im Rechte seit 12. Jh. **4f**) Dass *geneat* auch die niedere Klasse des *gebur* mit umfassen könne, folgt nicht notwendig aus Urk., die c. a. 1072 *geneatas and socnemen* als einzige ∼n des Herrschaftsgutes Frakenham nennt; *Script. Will. Conq.* ed. Giles 178. Dagegen erhellt es deutlich daraus, dass alles nicht vom Thegn selbstbewirtschaftete Land des Herrschaftsgutes, m. a. W. was nicht *inland* ist, *geneatland* heisst II Eg 1, 1 **4g**) Wie also *geneat,* so hat *tunman* **A.** weiteren Sinn Dörfler, ∼ überhaupt, Villan; II Eg 1, 1 In **B.** engeren, die an Gemeinweide Beteiligten und polizeilich fürs Dorf verantwortlichen Hofstellenbesitzer; IV 8. 8, 1. 13. 13, 1 [wie *portmen, burgmen, cives* nicht 'alle Städter', sondern enger 'vollberechtigte Hauseigner' bezeichnen kann], worunter aber neben dem *geneat* wahrscheinlich auch der *gebur* mitgemeint wird. **4h**) **N** Vollbauern, im Ggs. zu Köttern oder landlosen Dörflern, sind gemeint unter *meliores de villa* ECf 24. Hn 7, 7bf. 31, 2 **4i**) Eigentlich 'Arbeiter', bes. auch auf dem Lande, aber bei Ine 59, 1 ∼, oder genauer Bauernhofstelle unter einem Grundherrn, heisst *wyrhta* **4k**) Für den Londoner Gildegenoss (= Vollbürger) arbeitet normal, nur nicht für die zu arme Witwe, ein *forwyrhta:* vermutlich ein ständiger Froner, möglicherweise ein ∼; VI As 2. Jene Witwe ohne solchen geniesst Erleichterung von Gemeindelast [wie Isländ. *einvirkjar,* eigenhändig ohne Gehilfen wirtschaftender ∼; Maurer *Island* 151f.] **5**) Von frühester Agsä. Zeit her muß die Zinspflicht des ∼n, also das Dorf auf grundherrlichem Boden, die Regel gewesen sein. Denn bereits im 7. Jh. ist eines der Wörter für 'Hufe' *tributarius,* vielleicht die Übersetzung von *gafolgilda,* und letzteres Wort steht geradezu für ∼; *o.* 1i. Der Fluranteil freier Dorfgenossen war im 11. Jh. so selten, dass eine Hs. *gedalland* zu *gafolland* ändert Ine 42 H[14] **5a**) Mancher Grundherr wünscht bereits im 7. Jh., laut Ine 67, die Zinspacht des ∼n zur Fron neben Pacht zu steigern. Die Regierung wagt keinen Einspruch, falls jener dem ∼ ein Haus [im Dorfe samt Inventar, also wie dem Gebur *o.* 4c] gibt. Sonst erklärt sie den Pachtvertrag für aufgelöst **5b**) Ein *botl* (Haus) gehört zu 24 *æcera* [fast Viertelhufe] eines gekauften Grundstücks c. a. 970 Birch 1130 **5c**) Meitzen *Siedelung* II 176 versteht, der ∼ wurde mit dem Hause hörig; nur mittelbar mochte das tatsächlich oft folgen, liegt aber in Ine nicht **5d**) **N** Zinsbauern behandelt einmal gesondert Leis Wl 20, 4, aber da er 29 von éiner Klasse ∼n sowohl Zins wie Fron leisten lässt, ist der Zinser hier ebensowenig immer von Fron frei zu denken wie nach Ine 67 und Rect. Auch die von *villani* als den hauptsächlichen Fronleistern geschiedenen *censuarii* unter Burton im 12. Jh. sind nicht immer fronfrei; Round *EHR* 1905, 285 **5e**) Nur bei Ine 23, 3 kommt der Walliser *gafolgilda* vor. Er hat genau oder ungefähr halb so viel Wergeld wie der Agsä. ∼ gleicher Besitzgrösse. Aber das liegt an seiner Nationalität, nicht am Zinszahlen **6**) Ursprünglich besass der Vollbauer eine ganze Hufe; *vgl.* Maitland *Domesday* 360. Dafür sprechen deren Namen *familia* und *tributarius o.* 1i. Ferner die Tatsache, dass dem Walliser bei Ine gerade dann die [ihm seiner minderwertigen Nationalität wegen nur zugebilligte] Hälfte des Wergelds des Gemeinfreien bzw. des Thegn zukommt, wenn er 1 Hufe bzw. 5 Hufen besitzt; Ine 32 **6a**) Allein schon unter Ine wie um 1000 wird der Zinspächter bzw. der fronende Gebur mit regelmässig nur $^1/_4$ Hufe angesiedelt; Ine 67. Rect 4, 3. Diese Besitzgrösse ist die regelmässige des Bauerhofes, der *in campis*, in den Gewannen, Flurstreifen in Gemenglage mit den Nachbarn besitzt. Diese Klasse heisst *yardling*, *virgatarius*, da 1 'Gerte' = $^1/_4$ Hufe; Vinogradoff *Growth* 278 **7)** Der ~ ist ursprünglich vollfrei und bleibt persönlich frei bis ins 12. Jh. **7a)** Er hat um 600 in Kent unter sich Brotesser [Kostgänger], *Esne*, und Sklavinnen dreier Rangabstufungen; Abt 25. 88. 16 **7b)** Unter Eadgar halten die Dorfbauern unfreie Hirten; IV Eg 8f. 13. Der Bauerhof heisst der freie Herd; II Eg 2, 2, wo offenbar nur die Sklavenhütte ausgeschlossen bleiben soll **7c)** Der *bunda* (*o.* 1 o), mit *liber pauper* übersetzt, steht geschieden vom *þræl* VII Atr 2, 4 = VII a 3. Der Sohn eines *bunda*, oder ein *Bondan sunu* Heissender, konnte dem König 7 Hufen abkaufen, die ihm Cnut 1023 zu Bocland verbriefte; Kemble 739. In Norwegen ist diese Klasse altfrei, und erst unter ihr steht die tiefste Stufe der Freiheit, Freigelassene samt Nachkommen; Amira *Nordgerm. Oblig.* II 29 **7d)** Den Gebur, auch den auf Zinsland, scheiden Urkk. 10. Jhs. klar vom Unfreien: 3 strafhörige Leute *burbœrde* (bäuerlich frei geborene) und 3 *þeowberde*; a. 902 Birch 599; *þara gebura þe on þam gafollande sittað and þæra þeowra manna*; a. 995 Kemble 1290 **7e)** Sogar Kötter, Landarbeiter im Gefolge (*s. d.*) und *gafolswan* (zinszahlender Hirt) bleibt geschieden vom Leibeigenen und *æhteswan* in Rect 6. 7 **7f)** Den ~ trennt deutlich vom *servus* Hn 81, 3 **8)** Das Wergeld des Gemeinfreien (*s. d.*) bleibt dem ~ im 12. Jh. **8a)** Der ~ empfängt Bussgeld für den, durch Unzucht oder Blutvergiessen in seinem Hause, von jemandem gebrochenen Schutz (*s. d.*); Ine 6, 3. Af 39. Hn 81, 3. Leis Wl 16 **8b)** Die Dorfbauern unmittelbar empfangen vom Staat den Polizeibefehl gegen Viehhehlerei, auch zu ungunsten der Gutsherrschaft; IV Eg 13, 1. **N** Die polizeiliche gegenseitige Verbürgung der kleinen Leute, weitaus zumeist ~n, heisst Freibürgschaft; *seient vilains en francplege;* Leis Wl 20, 3 a. *Vgl.* Zehnerschaft **8c)** Zur Domesday-Enquete befragt die Regierung 1086 den ~ **8d)** Ist Gutsherr (oder statt seiner sein Generalverwalter) verhindert zu Grafschaft und Hundred zu erscheinen, so kann er sich vertreten lassen durch Dorfpfarrer, Dorfvogt *et 4 de melioribus villae pro omnibus;* Hn 7, 7 a. Andererseits erscheint der ~ hier nicht wie die *liberi* heissenden Grundeigner (Hn 7, 2) kraft eigenen Rechts und auch nicht etwa als Vertreter einer freien Dorfgenossenschaft, sondern des Herrn. Unfreie wären politisch nicht handlungsfähig **8e)** Die, offenbar noch oder kurz vorher, mögliche demokratische Praxis, ~n zu Urteilfindern im Gericht zu nehmen, erklärt für unzulässig Hn 29, 1 a, aber nicht wegen Geburtsmangels, sondern wegen Armut und sozialen Tiefstandes des ~n. Den Unfreien auszuschliessen hält Hn nicht für nötig: das war selbstverständlich. **8f)** Der ~ führt noch im 12. Jh. die Waffen des Freien (*s. d.*); nicht ihn, sondern den Unfreien symbolisieren Sichel, Viehtreiber-Stachel *vel servitutis arma* Hn 78, 1; 2 c; erst später bilden Mistgabel und Dreschflegel das Attribut des ~n; Vinogradoff *Villainage* 170 **8g)** *Villani et barones* machen das ganze Volk aus nach Hn 76, 7 g, also ist der ~ noch mittelfrei **9)** Der ~ sinkt in der Zeit der *Gesetze* deutlich wirtschaftlich wie sozial und politisch **9a)** Bereits Bedas Ideal um 730 ist nicht etwa, dass den von Laienklöstern zu Unrecht okkupierten Boden der freie ~ als eine staatsunmittelbare politische Macht besitze, sondern *milites sive comites secularium potestatum, qui gentem nostram a barbaris defendant,* also Thegnas oder Gesiðas der Könige und Herzöge sollen Grundbesitzer und Krieger, folglich herrschende Klasse, sein; *Ad Egbert.* ed. Plummer 414. Doch verblieb der ~ in der Landwehr; *vgl.* 8 f.; Heer **9b)** Der Grundbesitz des ~n ist verkleinert (*o.* 6), von einem Grundherrn abhängig mit Abgabe und dann mit Fron belastet (*o.* 4. 5) **9c)** Freizügigkeit, Landveräusserungsrecht, Herrensuche, im Domesday (*recedere cum terra sua ad alium dominum*) nur spurenhaft vorhanden, werden seit 10. Jh. durch mächtige Herren so beschränkt, dass das Königtum für den ~ eintreten muss. Der *gebur* wird samt dem *gafollande*, auf dem er sitzt, letztwillig vermacht (a. 995 Kemble 1290); und es gibt im 11. Jh. *geburas inbyrde to Hæðfelda*, durch Geburt dem Gute hörig; Earle 276 **9d)** Für die Staatslasten (*s.* Steuer, Trinoda necessitas) haftet später das Herrschaftsgut und nicht mehr der ~ unmittelbar dem Staate; Rect 1—3 **9e)** Die private Gerichtsbarkeit (*s. d.*) dehnt sich von den persönlich Untertänigen auch auf die durch Bodenbesitz Abhängigen, von Polizeisachen zur Rechtspflege, vom Strafgeldempfang zur Gerichtshaltung aus, löst also den ~ vom öffentlichen Gericht **9f)** Der Englische ~ auf Zinsland gilt nur noch dem Dänischen Freigelassenen gleich AGu 2 **9g)** Schutzgewährverletzung und Gehegebruch gegen den Bauerhof wird bei Abt 15. 27 mit 6 Kentischen Schill., bei Af 39. 40 mit 6 oder 5 Westsächsischen, d. h. etwa nur $^1/_3$ gebüsst **9h)** Nicht wörtlich darf verstanden werden, (sondern als Übertreibung durch einen Kleriker, der für Gottes Zorn gegen Vorenthalter der Kirchensteuer ein recht grelles Bild des Alltags brauchte), der Satz, der Gutsherr könne dem mit dem Zinse trotzig säumigen *geneatman* nicht bloss die gesamte Habe, sondern sogar das Leben nehmen; IV Eg 1, 2. Doch muss um 970 der ~ von Vertreibung und Untergang durch den Grundherrn bei Versäumnis seiner Pflicht nicht bloss bedroht, sondern öfters betroffen worden sein, damit jene Ausmalung wirksam scheinen konnte **9i)** Der Vogt des Herrschaftsguts wird um 1000 gemahnt, Gutsuntertanen, die er beherrschen solle, nicht über sich regieren zu lassen; Ger 7: normal also ist die allgemeine Abhängigkeit des ~n, vielleicht auch vereinzelt sein Anstreben dagegen, zu folgern **9k)** Bereits unter Cnut ist der Status abhängiger Leute so unklar, dass dem Herrn verboten werden muss, sie [je wie es vor Gericht vorteilhaft scheint] bald für frei, bald für unfrei auszugeben; II Cn 20, 1 = Hn 78, 2 a; b = Quadr I 537 Z. 1 **N 9l)** Vor 1100 verliert der ~ die Urteilfindung; *o.* 8 e **9m)** Statt des ~n, der noch um 1125 als die unterste Klasse, die Busse für den von ihr ausgehenden Schutz empfange, genannt ist, setzt eine spätere Lesart im Jahrhundert darnach den Socman (*s. d.*) ein: der ~ gilt solches Freienrechtes nicht mehr für fähig **9n**) Diese Schutzbusse, tatsächlich ein Rest des Freienrechtes, gilt als eine von den Herrschaften gewährte Gnade in Hn **10**) Die Leis Wl 29 — 32 schreiben Wilhelm dem I., wahrscheinlich richtig, eine bewusste ~npolitik zu. Ob der Inhalt mit ihr stimmt, ist eine zweite Frage, und ob der sicher verderbte Text herstellbar ist, eine dritte **10a**) Der Herr darf den ~ zu nicht mehr als dem richtigen [vermutlich 1066 gewohnheitsrechtlichen] Zins pressen; 29: jener hatte also die Lasten zu vermehren versucht. [Nach Wilhelm von Poitiers verbot der Eroberer *primatibus, nimium opprimi victos;* p. 146] **10b**) Er darf ihn nicht austreiben, so lange der ~ die richtige Fron leistet; 29, 1. Mitte 13. Jhs. sagt Bracton I 2, der ~ *glebā amoveri non debet, quamdiu velit et possit facere rectum servitium:* vielleicht hieran anklingend. Nur erschliessbar steckt solcher Schutz in *u.* 15b. Wahrscheinlich betrachtete sich der Normannische Manorherr, wie das jedenfalls die Juristen seit Heinrich II. lehrten, als Obereigentümer alles ~landes, das den Hintersassen nur aus Gnade überlassen sei, gleichgiltig ob dieses einst von einer früheren Gutsherrschaft ausgetan worden war oder nur, ursprünglich frei, sich ihr untergeben hatte. Die gewalttätigen Eroberer hatten offenbar jene willkürliche Austreibung öfter geübt, bevor obiges Verbot nötig wurde. In ~freundlichem Sinne ändert ein Kleriker 11./12. Jhs. das Aufgeben des Landes durch den Fron weigernden Zinser, *o.* 5a, ins Gegenteil: der Grundherr dürfe den ~ nicht austreiben; Ine 67 Ld. — Jenes Verbot ist nur ein anderer Ausdruck für den Leihezwang: '~land muss ~land bleiben'; Brunner *Leihezwang in Dt. Agrargesch.* 6 **10c**) Der ~ darf, trotz eines [zeitweisen] Nachlasses durch den Herrn, diesem nicht die gewohnheitsmässige Leistung [dauernd] versagen; 32 **10d**) Der ~ darf nicht, um sich der Leistung zu entziehen, auswandernd eine Schutzherrschaft [oder eine Freiburg, falls die Emendation *castel frane* richtig; *vgl.* Stadt] aufsuchen; 30. Die Herrensuche (*s. d.*) ist also dem ~ verschlossen **10e**) Der aufgesuchte neue Herr darf den ausgewanderten ~ samt dessen Fahrhabe nicht behalten, sondern muss ihn in die bisherige Gutshörigkeit zurücksenden, widrigenfalls der Königsrichter (die Regierung) die Rückkehr erzwingt; 30, 1. 31. So befiehlt Wilhelm II. *vicecomitibus, homines abbatiae redire faciatis;* Chron. Ramesei. 212 und *vgl.* Fälschung Birch 872. David I. von Schottland befiehlt: der Kirche Dunfermline *servi* [schon im Sinne 'Gutshörige'] *reddantur cum tota pecunia sua ubicunque inveniantur; et prohibeo ne iniuste retineantur;* Lawrie *Early Scot. char.* 57. Entlaufene Sklaven bewahrt dem Eigentümer das Königsgericht in Süditalien; Niese *Gesetzg. Norm. Sic.* 176 **10f**) Diese Politik ist wesentlich konservativ [*vgl. colonos per quos agricultura posset exerceri indempnes servavit;* um 1178 Dial. de Scacc. I 10], besiegelt aber durch rechtliche Anerkennung den tatsächlichen Verlust der Freizügigkeit des ~n **10g**) Eine dem ~ freundliche Politik legt den Leis Wl nur eine irrige Übersetzung unter: *De terra colenda: Si domini terrarum non procurent idoneos cultores ad terras suas colendas, iusticiarii hoc faciant;* 31 L; sie hat *altri* übersehen und *venir* (zurückkehren) missverstanden als: sich neu ansiedeln; sie tritt in Gegensatz wahrscheinlich zur Tendenz des Adels, die selbst bewirtschaftete Domäne des Manors auf Kosten des ~landes [oder möglicherweise die Jagdgründe auf Kosten der Landwirtschaft] zu vergrössern **10h**) Eadward dem Bek. schreibt Gesetz und Strafen gegen Bedrückung der ~n über deren Gewohnheitsrecht hinaus zu *Mirror of justices*, ein oft in volksfreundlicher Tendenz fabelndes Rechtsbuch um 1290, vielleicht Leis Wl benutzend, die sich ja mit dem Recht Eadwards III. identifizieren **11**) Eine die Leis Wl 30 verderbende Lesart 14. Jhs. verbietet, dass der vom Lande abziehende ~ 'Urkunde mache', wie dieses nur für das Besitzrecht des *freehold* erlaubt war, während villanes Land nach Manorbrauch Hand wechselte; *vgl.* I 512*. [Doch behaupteten Canterburys ~n 1337, *quod potuerunt vendere tenementa sua per cartas; Literae Cantuar.* ed. Sheppard II p. xxxvi.] Nach späterem Englischen Rechte darf der Grundherr mit seinem Villan keinen Vertrag machen, ohne ihn zu befreien; Pol Mai I 401 **12**) Gemäss der geminderten Freiheit des *villanus* wird er im 12. Jh. unterschieden vom *liber* im Sinne von 'überfrei', zu dem auch der Socman nicht mehr zählt; Hn 29, 1a. ECf 12, 4. Ps Cn for 15 **12a**) Um 1180 identifiziert das Forstrecht unter Cnuts Maske *tunmen* mit den *minuti*, die nicht bloss *servilia opera* (Fron) verrichten, sondern unter denen neben Freien auch persönliche *servi* sind; erst durch Forstdienst werden sie alle frei [freie Erfindung]; Ps Cn for 4. 5; *vgl.* I 621 f. Und gleichzeitig erscheint bei anderen Juristen der ~ (*villanus*) nicht mehr getrennt von *servus, nativus, illiberalis.* Mittelengl. heisst *bondsman* (*o.* 7c) Höriger; *Munim. Gildhal.* I 353, doch im 14. Jh. noch nicht immer; Mätzner *Wb* I 315. Vielleicht ist *minuti* Übersetzung für *smalemanni* (Pipe roll a. 1130 p. 132 f.). **12b**) Vom 13. Jh. an beginnt die Rechtslehre für die Freiheit des ~n einzutreten. Bracton und spätere Jurisprudenz lehren: *tenura* (Landbesitzrecht) *in villenagio non facit liberum hominem villanum; Placit. abbrev.* a. 29. Edw. III., Ebor. rot. 30, p. 243; die bäuerlichen Dienste samt Abgaben und die Zeitbeschränkung des Besitzes nach Herrengunst machen den Hintersassen nicht unfrei. Für diese Unterscheidung zwischen Personenstand und Grundbesitzrecht bieten *Gesetze* keinen Beleg. **13**) Der ~ gilt um 1000 als arm. Die Armen bedrückt und plündert, wer die Kirche, d. h. deren Landgüter, zu verwüsten wagt; Excom I 2, Fränkischen Ursprungs **N 13a**) Das Wort *bonda* wird durch *pauper* übersetzt VII Atr 2, 4 Q. II Cn 8 In **13b**) *Villani* und Kötter zählt zu *inopes personae* Hn 29, 1a **13c**) Der Zinsbauer bei Ine erhält das Gebäude vom Herrn; *o.* 5a. Mit des Herrn Hilfe baut sich der Besitzer von Leiheland die Hütte; Agsä. *Augustini Soliloq.*, ed. Pauli *Ælfred* 319 **13d**) Die Behausung des ~n heisst nicht wie bei höheren Ständen *burg* (*s.* Burg), sie ist samt Wirtschaftsgebäuden, Feldgarten und Ställen zwar stets umzäunt (Ine 40), aber nicht umfestigt; nur Gehegebruch, nicht Burgbruch begeht, wer in den Hausfrieden des ∼n einbricht; Abt 17. 27. Af 40 **13e)** Der ∼ besitzt kein ganzes Pfluggespann, sondern nur, seiner Viertelhufe entsprechend, zwei Ochsen; *o.* 4c **13f)** Wie zur Landwirtschaft erfordert, besitzt der Vollbauer eigen Vieh, das, auch nachdem er einem Herrschaftsgut untertan geworden, von dem der Domäne gesondert gehalten wird, obwohl es auf derselben Gemeinheit weidet; IV Eg 8, 1. 13, 1. Der von einem Gute zum andern auswandernde ∼ bringt diesem nicht bloss seiner Hände Kraft, sondern auch *ses chatels* zu; Leis Wl 36, 1. Sogar der vom Herrschaftsgut mit Inventar angesetzte ∼, das nach seinem Tode jenem heimfällt (*o.* 4c), besitzt oft daneben 'etwas freies', d. h. eigene Fahrhabe; Rect 5, 5 **13g)** Auf Besitz an Silbergeld darf man aus den Straf- und Bussgeldern oder Grund-, Staats- und Kirchensteuern, die in der Mehrzahl der Fälle (auch wo nicht *ceorl, tunesman,* Northu 53. 60, genannt) den ∼ treffen, sicher schliessen, wenn sie auch oft ganz oder teilweise in Sklaven, Vieh, Produkten oder Waffen entrichtet wurden; *s.* Geld **14)** Grundherr des ∼n ist zumeist König, Prälat oder Adel, doch auch Londons Gilde (Gemeinde) oder Einzelbürger; VI As 8, 7f. **14a)** Das Herrschaftsgut (*s. d.*) verwaltet der Vogt; *s. d.* **14b)** Festes Gewohnheitsrecht, nicht Herrenwillkür, regelt die Pflicht des ∼n; aber auch seinen Anspruch auf Kost für gewisse Fron und auf Anteil an der Gemeinheit; Rect 21, 4. Ger 1 **15)** Der ∼ erledigt Bagatellen im niedersten Gericht (*s. d.*) des Dorfes und dem Hallengericht (*s. d.*) des Grundherrn **15a)** Diesen vertritt auch in der privaten Gerichtsbarkeit (*s. d.*) der Vogt, der also Rechtskenntnis benötigt; Rect 21, 2f. Er ist daher der eigentliche Regent über die ∼n, und zwar nicht bloss in gutswirtschaftlichen Dingen **N 15b)** Der Grundherr darf den Hintersassen auf seinem Boden nur kraft Urteilfindung (durchs Hofgericht) pfänden (wozu Versäumnis von Dienst oder Zins zunächst Anlass bot); Hn 51, 3; *vgl.* I 573[l]. Gewiss also darf er den ∼ nicht willkürlich austreiben; *o.* 10b **15c)** Gegen den noch amtierenden Vogt klagt der *subditus in ipso manerio vel in curia domini* (Hallengericht oder Lehnshof des Grundherrn), dagegen nach dessen Amtsniederlegung im Hundred; Hn 56, 4f. **16)** Der Vorsteher des Hundred (*s. d.*) ist der unterste öffentliche Beamte, dem der ∼ untersteht; IV Eg 10

Baum *s.* Wb *treow, wudutreow* *Vgl.* Holz, Wald, Forst, Roden; Brandstiftung **1)** ∼verehrung verbietet als heidnisch II Cn 5, 1 (aus *Can.* Edg. 16); *lignum aridum adorare* setzt dafür In Cn. *Vgl.* für Verehrung abgeschnittenen Geästes: *cervuli fanis colebantur;* Aldhelm *Ad Eahfridum* ed. Giles 91 **2)** Ein Asyl um verehrte Bäume bestraft mit Rechtsbruchbusse Northu 54. Gesundheit dort zu suchen, verpönt Ælfric *Homil.* I 474, Almosen dorthin zu bringen Ps Egb. *Poenit.* II 22; *vgl.* Friedberg *Dt. Bussbücher* 24. 61f. **3)** Beim Aneignen fremden ∼es (die Tat ist nicht handhaft, wie Ine ausdrücklich sagt) wird unterschieden erstens dessen Qualität. Den fruchttragenden, Eiche oder Buche, unter dem 30 Schweine zur Mast stehen können, zu fällen, kostet 60 Schill. [Strafgeld an den Richter laut 43]; Ine 44 **3a) N** *Ilicem aut arborem quae victum feris suppeditat* im Königsforst zu fällen kostet, neben der *fractio regalis chaceæ* für allen Holzfrevel, 20 Schill. an den König; Ps Cn for 29; *vgl.* I 625[k]. Die Eiche untersteht der Aufsicht der Oberförster **4)** Bei anderen Bäumen unterscheidet Ine zweitens, im Ggs. zu Af 12, der diese Unterscheidungen nicht hat, ob sie gefällt wurden; nur die ersten 3 werden je mit 30 Schill. entgolten, weiter keine. Dagegen das Abbrennen kostet volle Diebstahlstrafe, 60 Schill. an den Richter; 'denn Feuer ist Dieb, die Axt Anzeiger [*s. d.* 2]'; Ine 43. 43, 1 **4a) N** Heinrichs I. Forstuntersuchung inquiriert *de combustione,* neben *de caesione;* Hn 17 **4b)** Auch andere Germanen trennen strafrechtlich das Fällen vom Brennen; Wilda 863. 933. Letzteres dient entweder der Urbarmachung bisherigen Waldbodens [*s.* Rodung] oder der Köhlerei; *vgl.* Leo *Rectit.* 129; Toller *s. v. col.* Ortsnamen wie *Brentwood* (Stubbs *Lect. on early Engl. hist.* 3) und *Sænget hryc,* jetzt Sundridge (Urk. a. 987 Kemble 657), kommen daher **5)** Anders: Brennen oder Fällen eines fremden Waldes kostet, ausser 30 Schill. Strafgeld, [als Busse an Holzeigentümer] für jeden grossen Baum [vielleicht von einer im Texte ausgefallenen Zahl] 5 Schill., für jeden folgenden 5 Pfennig [falls keine Zahl fehlt, müssen unter letzteren kleine Bäume gemeint sein]; Af 12 **6)** ∼fällen, gemeinsame Arbeit mehrerer [wie bei primitiven Völkern meist; Schmoller *Jahrb. Gesetzgb.* 1890, 748], ist typisches Beispiel für die Ursache tödlichen Unfalles [die Häufigkeit belegt der Agsä Dichter *Wyrde* 21], dessen lebloser Anlass, hier der ∼, [ursprünglich der Seele des Geschädigten, dann hier] der Sippe des Erschlagenen gehört; sie kann ihn binnen 30 Tagen fortschaffen, sonst nimmt ihn der Waldbesitzer; Af 13 = Hn 90, 6. Strafe und Wergeld fallen hierbei fort. Rache gegen Unbelebtes [*s.* Brunner *Gesch. Engl Rechtsqu.* (1909) 2] oder Vernunftloses (*vgl.* Tierstrafe) kennt auch späteres Recht Englands; Holmes *Common law* 11; über Deodand *Deutsche Lit. Ztg.* 1907, 2487 **7)** Bäume pfropfen ist eine Frühjahrsarbeit in der Landwirtschaft des Herrschaftsguts; Ger 12

N Baumwolle darf fremder Kaufmann in London nicht detaillierter als zu 25 Pfund verkaufen; Variante 14. Jhs. zu Lib Lond 8, 2[f]. *Vgl.* Barchent

Bayeux durch Heinrich I. 1105 verbrannt; Quadr Arg 20

Baynard, Radulf, begütert in Essex und Herts.; an ihn ist adressiert Wl ep

Beamte *s.* Amt samt Kompositis; Vogt; Richter; Königsdienst, -hof, -kleriker, -richter, Missus; Adels∼

Becher [dem Trinker] wegnehmen *s.* Ehrenkränkung

Beerdigung *s.* Grab, -stätte

Befehdung *s.* Fehde, Blutrache, blutig fechten. **Befehl** *s.* Vorladung; König(sbann); Ungehorsam.

Befestigung *s.* Burg

Begnadigung *s.* Wb *(ge)arian, forgifan, forgiefnes, (ge)unnan, lihting, gratia regis* Bateson I 73. *Vgl.* Barmherzigkeit; Misericordia regis; Amnestie; Billigkeit **1)** Das Recht der ∼ übt **A.** zumeist und unbeschränkt der König; Ine 6 = Grið 9. Af 7. ECf 18.

18, 2 **B**. der Gerefa nach des Bischofs Gutdünken; Cn 1020, 11 **C**. jeder Richter; II As 21 **D**. der Gerichtsvorstand, *þa yldestan þe to þære byrig hyran;* Blas 3 **E**. Wer *occiderit episcopum, sit in arbitrio principis et episcoporum;* aus Poenitential Hn 68, 6 **2**) Eine der Instanzen 1 B—D meint mit *man* Grið 16 oder in passivischer Wendung: ~ werde gewährt; III Eg 1, 2 = VI Atr 10, 2 = II Cn 2 **3**) Ein Verzicht des Verletzten auf volle oder teilweise Bestrafung des Missetäters kommt dann einer ~ gleich, wenn jener die Strafe in Selbsthilfe vollziehen dürfte: am handhaft (*s. d.*) Ertappten, in Blutrache (*s. d.*), beim Verrat des Vassallen; *s.* Herrenverrat **3a**) **N** Der Mörder werde den Verwandten des Ermordeten ausgeliefert, *misericordiam eorum subiturus, quibus nullam exhibuit* (*ipse non pepercit*) Hn 92, 15 (71, 1a), eine bittere Ironie für den ihn erwartenden Tod **3b**) Auch von Ersatzgeld samt Busse kann Kläger dem Beklagten Nachlass gewähren; II As 21 **4**) Dagegen ist es strafbare Begünstigung (*s. d.*), den Missetäter öffentlicher Strafe zu entziehen oder heimliche Abfindung (*s. d.*) mit ihm abzumachen **5**) Wer Asyl (*s. d.*) zu gewähren berechtigt, aber nicht (wie die Kirche, *s. d.* 23) verpflichtet ist, übt eine Befugnis, die im Erfolge der ~ von Todesdrohung mindestens für eine Frist gleichkommt **5a**) Die ~ verbindet sich öfters mit dem Asyl; *s. d.* 16 **6**) Wie das Asyl, befreit die ~ den Missetäter nicht von Ersatzgeld und Busse, die er dem Verletzten schuldet. Nur bisweilen ist dies Selbstverständliche gesagt: Für Blutvergiessen oder Waffenzücken in Königshalle kann der König Tod verhängen. Begnadigt er, so büsse der Missetäter Wergeld [an die Sippe des Erschlagenen] und Strafgeld; Af 7 [= II Cn 59]. 7, 1 **N 6a**) Dem Todes Schuldigen *potest rex condonare; et ipse faciat rectum cui prius forisfecerat. Rex captivos ubicunque venerit* [auch auf Adelsterritorien] *potest solvere a captione; tamen liberatus faciat rectum cui forisfecit* [und vermutlich Strafgeld dem eventuellen privaten Gerichtsherrn]; ECf 18—18, 1a. *Vgl.* für späteres Mittelalter Günther *Engl. Leben 14. Jhs.* 56 **7**) Auch hebt die ~ nicht die Polizeistrafe auf gegen den zur Verbrecherverhaftung pflichtigen Bezirk. Wenn der Totschläger eines Franzosen durch des Königs ~ *vitam et membra recipiat, nichilominus murdrum solvatur* durch den Bezirk, der ihn zu verhaften versäumt hatte; Hn 92, 7 **8**) Die ~ schenkt **A**. zumeist das Leben (*o.* n. 3. 5—7); Wi 26. Ine 6 = Grið 9. Af 7, 1. III As 7, 3. VI 1, 4f. II Em 6. III Eg 7, 3. III Atr 16 = IV 5, 4. 7, 1; 3. VIII 1, 1 (= I Cn 2, 2f.). 42 = II Cn 66, 1. 13. Blas 3. Grið 15f. Hn 13, 2. 68, 6. 92, 7. [Statt Todesstrafe (*s. d.*) treten dann Abspaltungen der Friedlosigkeit (*s. d.*) ein] **B**. **N** oder dem Geächteten die Heimat; Hn 3, 1. ECf 5, 3a (*s.* Abschwören 2; friedlos) C. oder dem mit Amtsentsetzung (*s. d.* 1. 4) Bedrohten das Amt **D**. oder dem mit Vermögenseinziehung (*s. d.*) oder Geldbusse zu Bestrafenden diese Summe ganz oder teilweise; letztere ~ erscheint als 'Geschenk' von dem zum Empfange des Strafgeldes Berechtigten; II As 21; der Schuldner verhandelt deshalb unter Vermittlung eines Schutzherrn; Ine 50 **9**) Schwerste Missetat soll von ~ (wie von Asyl; *s. d.* 18) ausgeschlossen sein: zunächst Herrenverrat Af El 49, 7; ein Zusatz zu III Eg 7, 3 führt ~ auch dafür ein. In Dänenzeit gilt dann eine ganze Klasse von Verbrechen als busslos (*s. d*): allein der König kann auch da ~ üben **9a**) Nach einem Totschlag dürfen des Erschlagenen Herr und des Totschlägers Gerichtsherr niemals verzichten auf Mannbusse bzw. Fechtstrafe; II Em 3 **9b**) Die Gerichtsvögte sollen von der Bestrafung der Weigerer der Kirchensteuern nichts erlassen; IV Eg 1, 5 **10**) 'Wenn [Land-] recht zu streng ist, heische er [vorher war Kläger Subjekt] Erleichterung vom König'; III Eg 2, 1. In diesem Sinne belegt der Satz 'Billigkeit'; *s. d.* Liegt Subjektswechsel vor, und ist Beklagter gemeint (was aber der Benutzer II Cn 17 nicht annimmt), so handelt es sich um ~ **11**) Oft ist das Recht der ~ ausgedrückt in der Form: das nach strengem Rechte bedrohte 'steht in Gefahr der Verwirkung' oder 'in Verfügung (Entscheidung)' des Begnadigenden, oder 'der König walte des Friedens (bestimme diese Strafe)'; II Cn 13. 1. **N** Diese Form verstehen die Anglolateiner 12. Jhs. richtig als synonym mit *Misericordia* (*s. d.*) *regis* ihrer Zeit, die aber Frankonormann. Wurzel entsprang

Begräbnis *s.* Grab, -stätte

Begünstigung von Verbrechern *s.* Wb *fliemanfeorm. Vgl.* Anstiftung, Beihilfe, gemeinschaftliche Missetat, Mitwissenschaft; Freilassen von Verbrechern, Rechtssperrung, Hehlerei, Abfindung; Hochverrat; Strafvollzug, Gerichtsversäumnis, Gerüfte **1**) Das Wort bedeutet eigtl. enger 'Herbergung eines Geächteten'; auch in Friesland drücken Synonyma den weiteren Begriff aus; His 96. Der Dichter sagt, der Verbannte habe freundlos wenig der *feormendra;* Wyrde 30. Schon *feorm* heisst übertragen 'Nutzen', *feormian* 'helfen, unterstützen, nützen'; so meint auch hier *feorm* nicht bloss Nahrung und Wohnung; *ful feormian* Verbrechen begünstigen ist auch die Hinderung der Spurfolge zur Diebesentdeckung; II Ew 4. Der verteidigende Schutz der Person des Verbrechers oder die Blutrache, geübt für einen gerecht getöteten Verbrecher, wird gleich bestraft wie dessen Gastung **1a**) Das Kompositum wird schon 1253 missverstanden als Verbrecher-Fahrhabe; Hardy *Rot. chart.* xxxvjj, daher wohl Kembles Irrtum *Cod. dipl.* I p. XLV **1b**) Mit festländ. Ächtung *metiban* wird verboten, den Ächter zu nähren oder zu herbergen; Brunner II 465 **1c**) Von Verschwörung scheidet sich ~ dadurch, dass für diese nur éin Begünstiger bestraft wird, während jene mehrere Teilnehmer voraussetzt; *vgl.* Hazeltine *EHR* 1910, 146 **2**) Wergeld des Begünstigers fordert als Strafe Ine 30. Der Beherberger des der Regierungsgnade Verlustigen und Verletzers des Polizeieides leidet Strafe wie der Beherberger Geächteter; II Ew 5, 2, wohl Ine zitierend. Vielleicht hieraus II Cn 15a = Hn 10, 1. **N** *Hec emendantur wera: qui furem plegiatum amiserit; qui ei consentiet in aliquo;* Hn 12, 3 **3**) Dagegen das Wergeld des Begünstigten fordert II As 2, 2. 20, 8 = Hn 53, 1f. **4**) 5 Pfund für ~ fordert als Strafe II Cn 13, 2 = Hn 12, 2. So in Herefordshire; Domesday I 179 **5**) Das

Leben des Begünstigers bedrohen andere Stellen — in *Misericordia regis* fällt er nach Hn 13, 10 — häufig in der Form gleicher Strafe wie der den Begünstigten bedrohenden. *Vgl.* bei anderen Germanen Brunner I² 233. II 576. 579; Wilda 635; Lehmann *Königsfriede* 199; im späteren Engl. MA. Pol Mai II 508 **6**) In *wreccena feormung oðđe his manna*, der Aufnahme Verbannter oder (*s. u.* 12 d) ihrer Mannen, sieht todeswürdigen Hochverrat gegen den König Af 4; die Reinigung ist die schwerst denkbare: bei Königs Wergeld Af 4, 1. **6a**) **N** Wer gegen des Herrn Leben intrigiert durch Aufnahme eines Verdächtigen, verliert Leben und Vermögen; aus 6 + II Cn 57, Hn 75, 2 **6b**) Aus *maleficos non patieris vivere* macht 'Die Weiber, die Zauborer [hilfreich] aufzunehmen pflegen' Af El 30, setzt also der Strafe fürs Verbrechen die für dessen ∼ gleich. Aber vielleicht durch unabsichtlichen Übersetzungsfehler: die 5 ersten Wörter gehören nämlich in der Vulgata zum vorhergehenden Satze **7**) Wer den Dieb herbergt über die privilegiertem Asyl erlaubte Frist werde gestraft wie der Dieb, nämlich mit Vermögenseinziehung und Tod; IV As 6, 3 = VI 1, 2 **8**) Wer den Bescholtenen und gerichtlich unter Bürgschaft zu Stellenden oder zu Tötenden verteidigt, werde diesem gleich gestraft; I Atr 4, 2 = II Cn 33, 1a **8a**) Wer den Dieb schirmt oder schützend vertritt, sei dem König wie der Dieb selbst schuldig; Cn 1020, 12 **8b**) Wer den Verletzer königlichen Sonderschutzes [offenbar Handfriedens] beköstigt und mit ihm betroffen wird, verfällt in gleiche Strafe wie jener, d. h. wird friedlos. [Ähnliches bestimmt Karl d. Gr.; Brunner II 577.] Zur Reinigung von der Klage auf ∼ bedarf es 36 ernannter Eidhelfer; III Atr 13 **8c**) Der Königsvogt, der Falschmünzerei erlaubt, wird wie der Fälscher bestraft; IV Atr 7, 3 = II Cn 8, 2 **8d**) Graf Leofsige ermordete 1002 den königlichen Heahgerefa Æfic [Ann. Anglosax.] und wurde durch König und Witan geächtet. *Soror Æðelflæd omnia quae erant utilitatis* [Ags. *feorme*] *fratris exercitiis studuit explere, et hac de causa exheredem se fecit omnibus;* Kemble 719; *vgl. Saxons* I 174 **9**) Wer den beim Ordal schuldig befundenen Verbrecher verteidigt und der Todesstrafe entzieht, habe sein Leben verwirkt; VI As 1, 4 **10**) Wer für den Dieb eintretend blutig ficht, werde mit ihm erschlagen; VI As 1, 3 **10a**) Wer die Hinrichtung eines mehrfach überführten Diebes hindert oder im Versuche, den zur Hinrichtung Geführten zu befreien oder nachher zu rächen, einen Menschen erschlägt, verwirkt Habe und Leben oder bei [unblutigem] Angriffe gegen die strafende Gerichtsgewalt 120 Schill.; VI As 1, 4f., z. T. aus II 6, 3 **10b**) Wer den getöteten Verbrecher am Vollstrecker gerechter Strafe rächen will oder diesen befehdet, sei friedlos; II As 20, 7 = III Em 2 **10c**) Wem durch Asyl die Leibesstrafe in Wergeld, Verknechtung oder Gefängnis verwandelt ward, schwöre, als Ersatz der Bürgschaft für künftiges Wohlverhalten, Ehrlichkeitsversprechen: fürder nicht zu stehlen noch Bestrafung zu rächen; Grið 17 **11**) Wer eintritt für einen rückfälligen unmündigen Dieb, ihn dem staatlichen Gefängnis entzieht, zahle dessen Wergeld, wer dazu mithilft, 120 Schill. Strafe; II As 1, 5 **12**) *Si quis adeo dives sit vel tantæ cognationis, ut a furto vel defensione latronum vel firmatione revocari non possit, educatur de patria ista;* IV As 3, z. T. = III 6. V Pro 1 **12a**) Gegen eine den Dieb schützende übermächtige Sippe bietet die Londoner Friedensgilde die nachbarlichen Grafschaftsvögte zu Hilfe auf und schlägt den Dieb und seine Verteidiger nieder; VI As 8, 2f. **12b**) Wer einen ihm verwandten Totschläger beherbergt, obwohl sich seine Sippe von diesem losgesagt hat, verwirkt seine Habe an den König und trägt Fehdelast seitens der Verwandten des Erschlagenen; II Em 1, 2 = Hn 88, 12c **12c**) Fällt der Begünstiger bei der gewaltsamen Verteidigung, so entbehrt er ehrlicher Grabesstätte; *s. d.* **12d**) Wer den wegen Rechtswiderstand Verpflanzten, der unerlaubt heimkehrte, herbergt oder hilfreich dessen Untergebenen beschickt (*s. o.* 6), verwirkt Leben und Habe; V As Pro 3 = IV 3, 1 **N 13**) Den Abschwörer (*s. d.*) des Reichs zu beherbergen, kostet für die erste Nacht 'Grosses Strafgeld', je nach dem Rechtsgebiet das der Engländer oder Dänen [vielleicht dort 5, hier 8 Pfund; *s.* Strafgeldfixum], für die zweite doppelt, und längere ∼ wird der Missetat gleich gestraft; ECf 18, 3 **13a**) Den aus der Grafschaft Verbannten, *si redierit, quisquam recipere non presumat;* 5, 3a **14**) Strafbar wird ∼ erst mit Bekanntmachung der Acht *bebodenes utlagan, proclamati exulis;* In Cn III 47 f. [auch bei Friesen; His 94 f.]. Daher lautet der Reinigungseid des wegen ∼ Angeklagten: 'dass er ihn nicht als Geächteten kannte' (II As 20, 8 = II Cn 13, 2 = Hn 53, 1 f.), oder dessen, der den Verbrecher schonte (*s.* Freilassen): dass 'er keinen Trug oder Diebstahl an ihm kannte'; IV As 6, 3 = II Cn 29 = Leis Wl 49 **14a**) Nur das absichtliche *ful friðian* gilt als Missetat; II Ew 4 **14b**) Die Klage auf ∼ musste besonders oft drohen, seitdem der in éiner Landschaft Geächtete in jeder als solcher galt; III Atr 10 **14c**) **N** Da mancher Gast nicht als Verbrecher kenntlich war, brachte Gastfreundschaft die Gefahr der Strafe für Verbrecherbeherbergung. Daher rühmt als Zeichen der angeblich seit Heinrichs I. Sieg gebesserten Sicherheit: *nunc hospitem sine dampno suscipimus* Quadr Arg 22 **15**) Niemand weise seinen in Anklagezustand versetzten Untergebenen von sich, bevor derselbe Rechtspflicht erfüllt hat; II As 22, 2 = II Cn 28, 1 = Leis Wl 48, 1 = Hn 41, 11, wo in 41, 12 Reinigungseid des Herrn **15a**) Wird der Vassallitätsherr (oder Gerichts- oder Hausherr) beschuldigt, auf seinen Rat sei sein Untergebener dem Gericht entflohen, so reinige er sich selbsechst oder zahle dem König des Verbrechers (bzw. wenn die Flucht mit des Herrn Rat geschah, sein) Wergeld; I Atr 1—1, 13 = II Cn 30, 7—31, 2 — Hn 41, 8—10. 65, 4 **15b**) Wer den Rechtsgang gegen seinen verklagten Mann hindert, zahlt 120 Schill.; II As 3 **16**) **N** Der ∼ verdächtig ist, wer einen verbürgt hat, der dann der Justiz entfloh. Er muss schwören, dass er ihn damals nicht als Dieb gekannt habe, und jener nicht durch ihn entflohen noch ihm erlangbar sei; Leis Wl 3; ähnlich schwört die Freibürgschaft, aus der ein Genoss entfloh; Wl art 8a. ECf 20, 5 **17**) Über ∼

bestimmten Eadwards I. [verlorene] Friedensartikel mit der Donalagu besonderes, von Wessex abweichendes Recht; II Ew 5, 2. Eine Spur des Inhalts birgt vielleicht III Atr 10. 13, 1 f. **18)** Beim Vertrage zwischen Æthelred und dem Nordischen Heere 991 wird abgemacht, dass weder dieses noch England den vom anderen [Kontrahenten verfolgten] Sklav oder Dieb oder Feind (Friedlosen) aufnehme; II Atr 6, 2 **18a)** Ebenso im gleichzeitigen Vertrage mit der Normandie: *De hominibus regis vel inimicis suis nullum Ricardus recipiat, nec rex de suis, sine sigillo eorum;* Will. Malm. II 166, ed. Stubbs 192 **19)** Geleitsleute des Grossguts sollen nicht, bestochen [vom Diebe], Spurfolger des dorthin entwendeten Viehs [vom Dorfe] abwehren und [so] Verbrechen absichtlich schirmen und unterstützen (*feormian*); II Ew 4 **20)** *fliemanfeorm* ist ein Kronprozess, d. h. das Strafgeld der Krone allein vorbehalten; II Cn 12 = Hn 10, 1. Dasselbe meint *pastio bebodenes utlage* In Cn III 47 f. Doch wird seit Cnut auch dieser Strafprozess in Privilegien Privaten verliehen; so 1020 Earle 233; um 1045 für Westminster; Bond *Facs. Agsa. cha.* IV 34 **21)** Auch Kirchenrecht straft die ~. Kirchenbann trifft den Sünder *cum fautoribus* oder den, der mit Exkommunizierten verkehrt; Excom I 11, 1. 16. II 6. IV 1 **21a)** Wer einen dem Rechtsanspruche der Kirche Entflohenen bei sich hält, büsse dem berechtigten [Kirchengericht] und zahle dem König sein Wergeld; wer einen Exkommunizierten oder Friedlosen unterhält, verwirkt Leben und Vermögen in die Gnade des Königs; II Cn 66, 1 [= Hn 11, 14. 13, 10], z. T. aus VIII Atr 42; wahrscheinlich zwei Sätze über éinen Rechtstoff, der eine übernommen, der andere neu, die die Redaktion zu harmonisieren unterliess **22)** *Receptio fugitivi* bessere in *reductio* Hn 23, 6

Beherbergen *s.* Begünstigung; Fremde; Gastung; Haftung

Beichte *s.* Wb *scrift(spræc)*. *Vgl.* Pönitenz **1)** ~ abzulegen ermahnt V Atr 22 = VI 27 = I Cn 19. VI Atr 1 = I Cn 18, 1; **1a)** in Verbindung mit der Landesbusse in Dänennot VII Atr 1, 1. 2, 1 = VII a 2 **2)** Der Beichtvater rät Busse nach teuflischer Sünde; I Cn 23 **3)** Der Priester, der ~ zu hören weigert, büsst kirchlich und zahlt 12 Ör Strafe; Northu 8 **3a)** Ohne Strafdrohung befiehlt, sofort ~ abzunehmen Egb. *Poen.* I 2. 9 f. Ps Egb. *Exc.* 40. *Can.* Edg. 65. *Addit.* 15 **4)** Wer dem Hinzurichtenden ~ weigert, zahle Strafe 120 Schill. oder reinige sich von Anklage auf solche Missetat selbsechst; EGu 5 = II Cn 44 = Hn 11, 9. 66, 4 **5)** Vorsichtige Pönitenzauflage empfiehlt *Can.* Ælfrici 31 **6)** Beichtgeheimnis wird dem Priester eingeschärft bei Androhung der Absetzung und Verbannungspilgerfahrt. Der Bischof darf sich nicht auf das in der ~ Erfahrene berufen; [kanonistisch] Hn 5, 17; 17 a

Beihilfe zum Verbrechen *s.* Wb *fultum* [*fylstan* in diesem Sinne bei Brunner II 570]; *vgl.* Anstiftung, Begünstigung, Hehlerei; gemeinschaftliche Missetat, Bande **1)** Der *gewyrhta*, Mitwirker steht im Ggs. zu *gewita*, Mitwisser (*u.* 3. 4), aber beide müssen sich reinigen von *midwiste*, der Mitwissenschaft, welche also beide umfasst; Duns 6, 2. So ist der weitere Begriff Mitwissen *s. d.*; dort die anderen Stellen, die vielleicht auch auf ~ sich beziehen **2)** **N** *Consilium et auxilium* macht mit dem Verbrecher haftbar; Hn 86, 3 **2a)** Beim Ordal zielt die Beschwörung auf die Offenbarung des Schuldigen, auch wenn er nur *scivit, consensit, aut inde peccatum habet* (Iud Dei XIV 11, 1); wenn er *vidit, baiulavit, recepit, consentiens aut conscius fuit* (XIII 13, 3); wenn *fecistis aut consensistis* (I 2, 1); *perpetrati consentiens aut conscius* ([*giwuta, gewita* VIII 2, 1] V 2, 2); *geþwærudest* (VII 13, 4); *per consensum vel conscientiam aut ingenium* (I 21, 4 f. = XIII 12, 1); *in facto vel in conscientia* (III 2, 1); *furatus vel consentiens, -taneus* (XIV 8, 2. 5, 1); *on gewyrhtum oððe on gewitnesse;* VI 2; ähnlich III 2, 3. VIII 1, 1. X 13. XII 4, 2. XIII 13, 7. XIV 5, 1 **2b)** Exkommunikation trifft nicht bloss den Verbrecher, sondern auch die, die dazu beistimmten und daran Anteil hatten, haben oder erwarten; Excom VII 3; *vgl. eum cum complicibus, communicatoribus, fautoribus* (I 11, 1); *consentaneos, participes, adiutores* (IV 1 = IX 2); *qui consenserunt;* V 2 = XIII 2, 1 **3)** Der Priester, der Mitwisser oder Mitwirker von Dieben war, sei aus Klerus verstossen und Ehrenranges verlustig; VIII Atr 27 = I Cn 5, 3 **4)** Der im Anefang Angeklagte schwört, nicht Mitwisser noch Mitwirker (*o.* 1) bei dem vom Kläger behaupteten Diebstahl gewesen zu sein; Swer 3 **4a)** Der Kaufmann, bei dem ohne Erwerbszeugnis Diebesgut ertappt wird, schwört, dass er nicht Mitwisser noch Mitstehler gewesen, oder zahlt Strafgeld: 36 Sch.; Ine 25, 1 **5)** Zum Verbrechen soll man ~, obwohl versprochen, nicht leisten, lieber den Eid brechen; Af 1, 1 **5a)** **N** Der Vassall (*s. d.*) darf dem Herrn nicht zum Verbrechen *conscius aut consilio aut consentaneus* ~ leisten; dieser trägt die Verantwortung nicht allein; der Mann wird mitbestraft; Hn 85, 2a **6)** Man darf nicht jedem ungerecht Angegriffenen [etwa einem in Notwehr befindlichen Nicht-Angehörigen] ~ leisten, ohne sich der Fehdegefahr auszusetzen, sondern nur dem Herrn, dem Manne, dem Blutsverwandten; Af 42, 5 f. **7)** **N** Wird die Ehefrau eines wegen Mord Verbannten von einem Verwandten des Ermordeten beschuldigt, sie sei *consiliatrix vel adiutrix* gewesen, so reinige sie sich durch Ordal und behalte dann Aussteuer und Wittum; auch die vor der Missetat erzeugten Kinder bleiben in Frieden und [?] Erbe; ECf 19 — 19, 2 **8)** Die Ehefrau und Kinder über zehn Jahre alt werden mit dem Hausvater verknechtet, wenn sie Mitwisser seines Diebstahls waren; sonst zahlt jener allein Diebstahlstrafe; Ine 7. 7, 1 **8a)** Dagegen nicht Mitwissenschaft an dem geschehenen Diebstahl, dessen Verübung oder Unterbringung sie gehorsam nicht hindern darf, sondern erst der Genuss desselben macht die Ehefrau mitschuldig nach Ine 57 **8b)** Cnut setzt hinzu: sie wird mitschuldig, wenn sie das Gestohlene unter ihre eigene Schlüsselgewalt verschloss; II Cn 76, 1; 1 a **9)** **N** Wer falsch Geld vertrieb, wird dem Falschmünzer gleich gestraft; CHn cor 5, 1. Hn mon 2, 1. Richard von Hexham berichtet diese Justiz Heinrichs I. gegen *studiosos expensores* falscher Münze; ed. Hewlett 141 **10)** Wer eine Waffe darleiht, kann sich zur Leistung der aus Bluttat mit ihr folgenden Geldschuld mit dem Täter zusammentun oder zahlt 1/3 von Strafgeld und Wergeld oder reinigt sich von böser Absicht bei jenem Hinleihen; Af 19—19, 2 = In Cn III 40. *Vgl. Si nobilis nobilem per ingenium alio homini ad occidendum exposuerit, tertiam partem leudis componat;* Lex Frision. II 1 **10a)** Der Eigentümer der Waffe, mit welcher Blut vergossen ward, reinigt sich: dies sei geschehen ohne sein Raten oder Mitwissen; II Cn 75, 1 **10b)** Wer jemanden mit Waffen versieht, wo Streit entsteht, oder zum Strassenraub, büsse 6 Schilling dem Verletzten; wenn damit ein Mensch erschlagen, 20 Schilling [an dessen Sippe]; Abt 18—20. Auch andere Germanen lassen Anstifter und Täter gemeinsam büssen; Brunner II 575 **11)** Wer dem entfliehenden Esne eines anderen ein Schwert leiht, zahlt [dem Herrn des Sklaven dessen Wert] zu einem Drittel, wer Speer leiht: zur Hälfte, wer Pferd leiht: ganz; Ine 29. **N** Dies verbindet mit *o.* 10 Hn 87, 1a **12)** Der Herr, dem ein Dienstmann während des Anklagezustandes entfloh, zahlt dessen Wergeld, falls er nicht Mitwisser der Flucht war, sonst sein eigenes; II Cn 31, 1; 2 **12a) N** Schwört er sich rein von *velle et posse* beim Fortzuge des verbrecherischen Gefolgsmannes, so bleibt er straflos; Hn 41, 2 **13)** Wer den rückfälligen Dieb dem staatlichen Gefängnis entzieht, zahlt dessen Wergeld; wer dazu helfend beisteht, 120 Schill.; II As 1, 5

Beil *s.* Anzeiger 1; Mass

Beilegung *s.* Abfindung, Schiedsgericht [Knochen

Bein *s.* Schenkel, Knie, Fuss;

Beirat *s.* Anstiftung, Beihilfe, Mitwisser; Reichsrat, Witan; Klage, Rechtsgang, Vorsprech

Beischlaf *s.* Unzucht, Ehebruch, Notzucht, Entführung, Eheschliessung; eheliche Enthaltsamkeit [recht

Beisitz *s.* Witwe, eheliches Güter-

Beispruchsrecht *s.* Erbgang, Grundbesitz

Bekehrung zum Christentume **1)** ~ Britanniens durch Papst Eleuther *s.* Lucius **2)** [erfundene] ~ Norwegens durch Arthur: Lond ECf 32 E 1 **3)** ~ der Angelsachsen *s. d.* 5 **3a)** Dass die Frauen im Volke eher als die Männer bekehrt wurden, oder dass christliche Romane-Britinnen Germanische Kenter heirateten, zeigt vielleicht Wi 12, der von der christlichen Frau eines Götzendieners spricht, nicht von der götzendienerischen eines Christen

Bekenner *s.* Wb: *Confessor; vgl.* Eadward III.

Beklagter *s.* Vorladung, Rechtsgang, Klage, Anklagezustand, Beweis, Termin, Verteidigung, Reinigung

Beköstigung *s.* Gastung, Abgabe; Findling; Herrschaftsgut; Begünstigung

Bekräftigung *s.* Versprechen, Eid, Pfand

Beleidigung *s.* Ehrenkränkung

Bellême, Robert von, durch Heinrich I. besiegt und gefangen; Quadr Arg 18—20

benannte Klage *s. d.*, Vorladung

Benedictus A. 1) Mönchsregel des ~ ist die Norm Englischer Klöster um 1010; VI Atr 2 L. Sie ward von Dunstans Zeitgenossen ins Agsä. übersetzt 2) Dieser ~ wird unter den Heiligen angerufen Iud Dei XVI 30, 8. Exeem X 1 **B.** ~ levita wird [mittelbar?] benutzt von Hn: I 549[s] C. Papst ~ VIII. mahnt durch Erzbischof Lyfing von Canterbury Cnut zur Religiosität, Gerechtigkeit, Sicherheitsherstellung; Cn 1020, 3

Berufsjuristen *s.* Juristen [zug

Berufung *s.* Appellation, Instanzen-

Beschlagnahme *s.* Anefang, Pfändung, Sequester, Vermögenseinziehung

bescholtene *s.* Wb *tihtbysig* [*vgl. synbysig* Beowulf 2228], *oft betihtled* II As 7. III Atr 4 (übs. *infamatus et accusationibus ingravatus, calumniatus, -niosus*), *ungetriewe* (übs. *incredibilis, infidelis* ['Vertrauens unwert' auch Fränkisch; Brunner II 65[47]]), *delegiatus, culpatus, redté et testimoniet de deleauté* (im Ggs. zu dem der *puissed aver testimonie de lealted*), *blasmé.* Ggs.: *getriewe, god, legalis. Vgl.* Rückfall, Leumund **1)** Aus dem Worte *tihtbysig* lässt sich nur wiederholter Anklagezustand herauslesen **1a)** Sachlich aber gilt als bescholten, wer früher hat Diebesbusse zahlen müssen (VI As 1, 4. I Atr 1, 2 = II Cn 30, 1. III Atr 3, 4. Leis Wl 15, 3), also unehrlicher Missetat überführt war oder Fehlschlagen eines Eides oder Ordalbeweises erlitt; I Atr 1, 2ff. = II Cn 30, 1ff. = Hn 65, 3 **1b)** Letzterer Grund drückt sich auch in einer der Folgen der Bescholtenheit aus: der ~ ist nicht mehr eidesfähig; *s. d.* Wer Meineides oder falscher Zeugenschaft (oder Eideshilfe) überführt war, dessen Eid gilt nicht; II As 26. 10, 1 = II Cn 37, wo hinzusetzt *quia legalitatem perdidit* In Cn = Ps Cn for 14 **1c)** Der Meineidige oder Überschworene kann sich nicht mehr durch Eid reinigen, sondern nur durch Ordal; I Ew 3 **1d)** Vielleicht meint 'bezichtigt, *blasmed*', da wo dieser Ausdruck neben der Diebesbusse als Grund der Bescholtenheit auftritt (III Atr 3, 4. Leis Wl 15, 3): 'im Eide erfolgreich gescholten'; *vgl. blasphemare iudicium:* Urteil schelten Brunner II 356[5] 2) Seit Ende 10. Jhs. wird dem ~n gleich schlecht behandelt 'der der Allgemeinheit nicht vertrauenswert Geltende'. Dies setzt neben *tihtbysig* III Eg 7 = II Cn 25 und fügt demselben Worte in Æthelreds Texte hinzu II Cn 30 **2a)** Ohne *tihtbysig* steht es I Atr 4 = II Cn 33. 22, 1 = Hn 64, 9a, so dass (*u.* 9) also kein früherer Anklagezustand vorzuliegen braucht. 'Unbescholten' und 'vertrauenswert' stehen synonym II Cn 22 **2b)** Als ~r gilt der wiederholt vom Gericht Ausgebliebene *u.* 4 **3)** Der ~ erscheint dadurch höher verdächtig, dass ihn 3 Personen anklagen. Zwar erst II Cn 30 = Hn 65, 3 = Leis Wl 51 (wo 4 Kläger) setzt dies mit der Kopula 'und' zum blossen *tihtbysig* hinzu, den schon I Atr 1, 1 zu dreifachem Ordale schickte. Wahrscheinlich aber ist Cnuts 'und' als kausales 'indem' zu verstehen, also das Auftreten mehrerer Kläger als Beweis der Bescholtenheit. Auch mit *ungetriewe þam hundrede* [dem Gericht Vertrauens unwert] will Cnut nur die Bescholtenheit ausmalen, nicht einen alternativen Grund hinzusetzen **4)** Der ~, dem Volke (= allgemein) Vertrauens Unwürdige und vom Hundred dreimal Ausgebliebene, wird [von Amts wegen] durchs Gericht zur Bürgenstellung gezwungen und, falls er diese nicht findet, lebend oder [wenn er Widerstand leistete] tot überwältigt und sein Vermögen eingezogen; III Eg 7f. = II Cn 25f. = Leis Wl 47f. Auch hier kann und kausalen Sinn haben, m. a. W. der Angeklagte gerade wegen des Ausbleibens als ~r gelten. Dafür spricht, dass Eg's Ausdrücke entnommen sind aus II As 20ff., wo dieselbe Behandlung dem dreimal vom Gericht Ausgebliebenen droht, ohne dass er hier ~r heisst; letzterem Worte entspricht 'wer nicht [von Verbrechen] abstehn will'; II As 20, 4 **4a**) Der ~, der im Ordal unterliegt und keine Bürgschaft findet, wandert ins Gefängnis; II As 7. Die zwangsweise Stellung unter Bürgen wird auf ihn wie den Vermeider des Gerichts angewendet **4b**) Eine Brücke zwischen As und Eg bildet, auch zeitlich: *Infamati et accusationibus ingravati sub plegio redigantur;* III Em 7, 1 **5**) Der ~ erhält schwerere Reinigung zugeurteilt als der gut Beleumundete. Ebenso erschwert Deutsches Recht 13.—15. Jhs. dem *homo damnosus* (Gewohnheitsverbrecher) den Unschuldsbeweis; Brunner in Holtzendorff *Encycl. Rechtswiss.* (1902) 240; Schröder *DRG*[5] 797; ähnlich in Sizilien; Niese *Gesetzgeb. Norm. Sic.* 112f. **5a**) Der ~ ist nicht mehr eidesfähig (II As 10, 1. 26 II Cn 36, 1. 37), muss zum Ordal (Ine 37. I Ew 3. II As 7. VI 1, 4. Leis Wl 15, 3), und zwar zum dreifach schweren; I Atr 1, 1; 4 = II Cn 30. 30, 3 = Hn 65, 3. III Atr 3, 4 **5b**) Oder wenn der ~ neben dem Ordal alternativ eidliche Reinigung offen hat, sogar gegen die Klage auf Einbruch in Kirche oder (Schatz)kammer, so braucht er doch einen 36er Eid unter 42 ihm Ernannten, dreimal soviel wie der Unbescholtene [wohl unerschwinglich viel]; Leis Wl 15, 1f. **5c**) Da viele Angeklagte schon früher bescholten waren oder die nötige Eidhelferzahl nicht fanden, so sehen manche *Gesetze* die Alternative vor, dass jene sich dem Ordal oder der Eidesreinigung zu unterziehen haben werden; Blas 1 **5d**) Von Klage auf Diebstahl reinigt sich der Unbescholtene durch schlichten Eid, der ~ selbzwölft unter 14 ihm Ernannten; Leis Wl 14, 1 **5e**) Dem Unglaubwürdigen erwähle das Gericht einfachen Eid durch Helfer nur aus diesem und zwei nachbarlichen Hundreds (bzw. dreifachen aus dem ganzen [grösseren] Gebiet der Gerichtstadt); II Cn 22, 1 = Hn 67, 1a. Im Gegensatz dazu wählt sich der nicht ~ Helfer einfacher Reinigung in seinem Hundred; I Atr 1, 1f. = II Cn 22 = Hn 64, 9. 67 **6**) **N** Dem *infami* drohen überhaupt Prozessnachteile wie dem *saisiato* (handhaften) nach Hn 61, 18c. Ob nur obige? Der Zusammenhang ergibt hier, dass er besonders nicht zur Vorbereitung der Reinigung Terminaufschub erhält **7**) Der ~ zahlt als Busse dem Kläger das Vierfache, der von gereinigtem Leumund nur das Dreifache des eingeklagten Wertes; III Atr 3, 4f. **7a**) Der früher nicht bloss Verdächtigte sondern Verurteilte wird höher bestraft wegen Rückfall (*s. d.*); schon seit Ine 18. 37 **8**) **N** Ein *delegiatus* kann nicht *legalem* verklagen; Hn 45, 5 **9**) Der bloss Verdächtige (*o.* 2a) wird durch die Obrigkeit zur Bürgenstellung gezwungen oder, wenn er solche nicht findet, getötet und unehrlich verscharrt; I Atr 4f. = II Cn 33f. **10**) Die Rügejury der 12 ältesten Thegnas des Wapentake mit dem Gerichtsvogt zwingt ~, die bei letzterem verklagt sind, zur Sicherheitstellung in Geld; III Atr 3, 1f. **10a**) Der ~ *bicge lah* (erkaufe Rechtsgenuss) und entgehe damit dem ferneren Prozessnachteile; III Atr 3, 3. 8, 2 [*vgl.* Northu 2, 2]; vielleicht also diesen Vorteil [wahrscheinlicher aber Inlagation; *s.* friedlos] bezeichnet *lahcop*, der unverrückbar gelten soll; III Atr 3 = Northu 6. 7, 1 **11**) Auf blossen Verdacht hin kann also auf schwerste Strafe erkannt werden; *o.* 4. 9. Rügejury und Zehnerschaft förderten den Einfluss des Leumundszeugnisses über den gesamten Charakter, im Ggs. zur juristischen Prüfung des Einzelfalles durch formalen Beweis. *Vgl.* auf dem Festlande: *si 5 aut 7 homines criminosum esse dixerint, sine lege moriatur;* Childebert a. 596, c. 7; jener *homo damnosus* (*o.* 5) kann, wenn in Rüge bezichtigt und durch Geschworene übersagt, ohne Gehör verurteilt werden. Im Engl. Recht gilt der Verdächtige bis ins 13. Jh. als halb verurteilt; Pol Mai II 592 **12**) **N** Im Ggs. hierzu warnt vor dem Verurteilen *per relationem et æstimationem ad violentam usurpationem improbis prælatorum* (der Gerichtsherren) *coniecturis* Hn 9, 1b; [die *praesumptio ex semiplena probatione* weist kanonisches Recht ab] **12a**) Und das Ordal (*s. d.*), obwohl gerade durch dieses der ~ sich reinigte, erfleht vom Himmel, er möge die Täterschaft im zu untersuchenden Einzelfalle offenbaren, ohne Rücksicht auf des Prüflings sonstige Schuldbeladenheit

Beschützer *s.* Schutz, Vassallität, Vormund, Vertreter

Beschwörung *s.* Wb *halsian, -sung, halgian, -gung, coniurare, -atio.* **1**) **A.** ~ durch Zauber *s. d.* **B.** durch den Priester **a.** bei Taufe (*s. d*) und Abendmahl; *s. d.* **b.** bei Kirchweihe durch den Bischof: I Cn 3, 1G **c.** beim Ordal; und zwar *α*) ~ der Elemente des Kaltwassers Iud Dei I 20ff. VII. VIII. X. XIII; des Heisswassers II. IV. XII; Kessels XII 22; Feuers V; Eisens II. V 2. IX (durch den Bischof). XI. XVI; geweihten Bissons III. XIV; *coniuratus panis* I Cn 5, 2a Q *β*) ~ der Prüflinge: sie sollen nicht das Abendmahl nehmen (oder das Ordal bestehen), falls sie des Verbrechens in Tat oder Beistimmung oder Kenntnis des Täters schuldig seien; I 2, 1. VI. VII 12, 1. 13. 23. VIII. X 13. XII 4. XIII 11. XIV 11; unter Handauflegung XIV 10, 1 *γ*) ~ des in Vertretung für den Angeklagten ins Wasser Getauchten XIII 12

Besiedelung *s.* Bauer 2a. 10b. g

Besitz und Eigentum. *Vgl.* Grundbesitz; Jahr und Tag **1**) Der rechtmässige Eigentümer (bzw. rechtlichen Anspruch habende) an Fahrhabe, obwohl ohne faktischen Besitz, heisst *agend* (Hl 7. 16, 3), *agendfrio* (*s.* Wb), bzw. *agan* (adj. *agen:* eigen) II Ew 4. Hu 2, 1. I Atr 3, 1. II 9f. = Forf 2. II Cn 19, 2. 24, 1. Northu 2, 1. Öfters steht dies in Ggs. zum verdächtigten Inhaber. Die Gesamtheit der Güter, die jemm. gehören, heisst *æht; s.* Wb. [Andere Bed. hat *agnian, -nung; s.* Anefang 25f.]. Einmal steht jedoch *agan*, genau wie *habban* (mit dem es in Hss. variiert; *s.* Wb), für 'nur faktisch besitzen ohne rechtliches Eigentum': Ine 53, 1 **1a**) Über die Eigentumsmarke *s.* Merkmal **2**) Wenn betont wird, eine Zahlung geschehe mit 'eigenem Gelde', so ist als Ggs. gedacht wahrscheinlich das nur leihweise oder in Verwahr oder gar widerrechtlich Besessene, das auch in des Empfängers Hand für den Eigentümer angreifbar wäre; Abt 30f. **2a**) **N** Wer, obwohl in rechtmässiger Form, pfändet, sehe sich vor, dass das Gepfändete nicht etwas Gestohlenes sei; sonst könnte er es durch Anefang des Eigentümers verlieren; Hn 57, 7c **3)** *land agan* heisst 'Grundbesitz als Oberherr (im Ggs. zu bäuerlichen Benutzern, Hintersassen) zu eigen haben'; Duns 1, 1. Northu 49. 52. 60 **3a)** Aber éin Wort *gelandod, gelend* bedeutet entweder 'versehen mit Obereigen von Land' oder 'mit bäuerlichem Besitz unter Grundherrschaft'; VI As 11; bzw. Rect 5 **4) N** Die Gewere am Lande bleibt dem unmündigen Erben bis zum 15. Jahr wie am Todestage des Erblassers; Hn 70, 18. Nach jenes Mündigkeit mache Kläger binnen Jahr (*s. d.*) und Tag seinen Anspruch geltend; sonst gewinnt Erbe rechte Gewere [59, 9a; wohl aus der Normandie entlehnt, nach Brunner *Luft macht frei* in *Festg. Gierke* 41] und braucht ihm nicht zu antworten, ausser wenn Kläger bestimmte Aufschubsgründe über das Jahr hinaus hatte; Lib Lend 7; Parallelen Bateson I 270

N Besitzentsetzung, Entwerung *s.* Wb *dissaisire* **1)** *Accusatus ne disseisiatus vel inplegiatus* (ausser Gewere gesetzt oder unter Zwangspfand) *iudicetur;* teils kanonist. Hn 5, 3 **1a)** Der vor Gericht trotz Ladung zweimal Ausgebliebene werde gepfändet, aber gegen Bürgschaft bis zum Termin freigegeben, *et seisiatus placitet;* Hn 29, 2a **1b)** *Nullus a domino suo inplegiatus vel iniuste dissaisiatus implacitetur ante legittimam restitutionem;* 53, 3; *nemo dissaisiatus placitet;* 53, 5 = 61, 21 **1c)** Sobald der vom Herrn Besitzes Entwerte ihm Prozessualpfand (und, wenn nötig, Bürgschaft) für künftige Rechtserfüllung gegeben hat, *saisitus esse debet;* 53, 6 **1d)** Das Pfandobjekt muss zurückgegeben werden, sobald Gepfändeter vor Gericht der Klage antwortet; *nemo ligatus respondebit;* Bateson I 143 **2)** *Si episcopi vel clerici eiecti vel suis rebus exspoliati fuerint, prius omnia reddantur, et tantum temporis spacium habeant, quanto dissaisiati fu[erint], antequam ad iudicium canonice vocentur;* [kanonistisch, ausser von mir Gesperrtem, aus Ivo] Hn 5, 26

Besserung des Wortes der Parteirede *s.* Missesprechen

Bestechung *s.* Wb *medsceat, feohfang* **1)** Dem Richter verbietet ~ zu nehmen aus Exodus Af El 16; ebendaher und aus Isidor Iudex 4. 7—11. 13. 17. [*Vgl.* Synode a. 786 c. 13; Polity 11; die Hölle droht dem für Geld ungerechten Richter *Blickling Homil.* 61; bei anderen Germanen Brunner I[2] 445[18]] **2)** Bezahlung des Richters ohne Rechtsbeugung scheint straflos; denn nur Schädigung einer Partei, bzw. Ungerechtigkeit erwähnen als Merkmal sträflicher ~ V As 1, 3. II 17; bzw. II Cn 15, 1 = Leis Wl 39, 1. **3)** Die Strafe für ~ ist 120 Schill. (= Ungehorsam) samt 'Unehre' (wohl Amtsentsetzung u. Ungnade wie *u.* 3b); V As 1, 3 oder Wergeld; II 17 **3a)** Der ungerechte Richter zahlt dem König 120 Schill. Strafe, und verliert Thegnwürde [samt Gerichtshoheit], falls er sie nicht vom König auslöst, ausser wenn er schwört, er habe es nicht richtiger gewusst; III Eg 3. Dies wiederholt, als Motiv der Ungerechtigkeit Geld oder Hass hinzufügend, II Cn 15, 1. Eine Variante setzt statt 120 Schill.: 'Wergeld' *o.* 3. Aus Cnut übers. Leis Wl 39, 1, Zorn als drittes Motiv hinzufügend und die 120 Schill. zu 40 Normannischen umrechnend [weil er jeden Altengl. Schilling 4 Pfennig, statt hier 5 Pf., wert hält] **3b)** Der *Gerefa* (königl. Gerichtsvogt), der die neue Polizeiordnung vernachlässigt, heimliche Abfindungen (*s. d.* 2) erlaubt, zahle mir 120 Schill. und sei ausser Amt und meiner Gnade, und halb so viel ein Thegn mit Land (und Leuten); VI As 11 **3c)** Wahrscheinlich ~ ist mitgemeint unter den Nachlässigkeiten, durch die der Gerefa gegen das Gesetz II As verstösst und Ungehorsambusse (= 120 Schill.) samt Amt verwirkt II As 25 **3d)** Rintelen *Hist. Aufs. Zeumer* 561 meint, auf ~ stehe Wergeld, auf ungerechtes Urteil nur Ungehorsamsbusse; mir scheint die so basierte Unterscheidung nicht erweisbar, vielmehr widersprechen die Quellen einander in den Strafen **4)** Geleitsleute des Landguts für Spurfolger des dorthin verlorenen Viehs sollen diese nicht infolge ~ [durch den Dieb] abwehren; II Ew 4 **5)** Der Zeuge, laut Zushgs. zunächst eines Viehkaufes, schwört, *unabeden 7 unaboht* (unaufgefordert und unerkauft) auszusagen; Swer 8. Ähnlichen Schwur der Eidhelfer kennt Normann. und Sächs. Recht; Brunner *Schwurger.* 186 **6)** *fyhfæng* (Geldannehmen) ist eine Missetat, vorkommend in einer Liste von Vergehungen, für die die Strafgelder dem Privilegierten zufliessen in Agsä. Urk. von 1068 *EHR* 1896, 737[25]. 741[1] und einer gefälschten von 1066 Thorpe *Dipl.* 411 **7) N** *s.* Finanz

Besteuerung *s.* Steuer, Finanz

Besthaupt [Die letzte Abgabe des Toten an den Herrn, der Schutzhörigkeit entstammend, im besten Stück Vieh bestehend; Brunner *Fortleben des Toten* 14; ferner in Holtzendorff *Encycl. Rechtsw.* (1902) 242; von Freigelassenen *DRG* I[2] 364]. *Del reliefal vilain* [für den (verstorbenen) Bauern]: *le meillur aveir qu'il averad, u chival u bof u vache donrad a sun seinur;* Leis Wl 20, 3. Hier und oft ist *relevium* mit ~ vermengt, während jenes, im eig. Sinne 'Mutung', beim Eintritt ins Erbe in Geld, meist mit einem Jahreszinse, bezahlt wurde. *Vgl.* Vinogradoff *Villainage* 145. 160. 162. 430. 442. Für ~ hat sich das Wort *heriot* aus 'Heergewäte' (*s. d.*) erhalten; nicht ursprünglich, aber im 13. Jh., ist ~ Zeichen unfreien Besitzrechts; ders. *Growth of Manor* 347. Die Bürger des Domesday zahlen es dem König; seit 12. Jh. befreien sich die Städte davon. — Ein ~ bezog die Pfarre vom Toten, den sie begrub; Pol Mai II 320

Bestialität (Paarung des Menschen mit Tieren) straft mit dem Tode, aus Exod., Af El 31; *vgl.* bei anderen Germanen Grimm *DRA* 741; Wilda 859; Brunner II 601[20]

Beten *s.* Gebet

Beteuerung *s.* Eid(esformel), Versprechen

Betrug *s.* Wb *facn, licceteras, fals, wohgestreon, swicollic, swiccræft, ficung. Vgl.* Fälschung, Meineid, Lüge, Unterschlagung; Zauber **1)** Gottes Zorn über Betrüger (auch 'Heuchler, Verführer')! II Cn 7 **2)** Unrechter Gewinn und Trug (Fälschung) ist nicht bloss religiöse Sünde, sondern [wirtschaftspolitisch] Nationalschaden; Episc 8 **3)** In den Ordalformeln stammen die Sätze, die Angeklagten von Betrug abhalten sollen, aus Altem und Neuem Testament; Iud Dei I 6, 2. 11, 2 **4)** Warnung vor ~, nämlich falschem Gewicht (auch falscher Wage VI Atr 28, 2f. L), Mass, Zeugnis, Meineid;

V Atr 24f. = VI 28, 2f. 5) Der wegen Fehl an verkaufter Fahrhabe (namentlich Vieh) verklagte Verkäufer schwört, er war sich keines Trugs dabei bewusst; Ine 56 Swer 9. *Vgl.* ähnliche Formel in Lex Baioar. XVI 9 6) Kautel gegen betrügerischen Eid auf Ureigen *s.* Anefang 25e 7) Prägen falschen Münzernamens auf minderwertiges Geld gilt gleich strafbar wie Fälschung in Gewicht oder Gehalt; IV Atr 5. *Vgl.* Münzfälschung 8) Der Brautkauf (*s.* Eheschliessung) gilt nicht, wenn Trug dabei war; der Mann gibt das Mädchen wieder und empfängt sein Geld zurück; Abt 77. 77, 1

N Bett fällt, wenn der Mann stirbt, an die Witwe; Hn 70, 22

Beule *s.* Wb. *læl, dynt. Vgl.* (Blau-) wunde 1) Eine Strieme, die auf der nicht von den Kleidern bedeckten Haut dunkel erscheint, büsst der Schläger mit 30 Sceatt, da, wo sie bedeckt ist, mit nur 20 [= 1 Schill.]; Abt 58—60. *Vgl.* Antlitz. Die ~ wird unterschieden vom Schlag ohne Spur, wie der Langobarde *pûlslahi* aussondert; Bruckner *Sprache d. Lgbd., Gloss.* 2) Strieme gegen Strieme; aus Exod. AfEl 19 [unpraktisch: *s.* Talion]

Beutel *s.* Scheinbusse; Korb

Beverley. 1) Für das im Dom zu ~ vergossene Blut büsst der Missetäter 24 Pfund; wenn der Verletzte stirbt, ist die Missetat durch Geld unabbüssbar; Norgrið 1 2) Verletzung des *friðstol* (*vgl.* Asylbruch 7) in ~ ist unabbüssbar; I 473f. 3) Für das hohe Ansehen des Heiligtums spricht, dass Wilhelm I., als er 1070 Nordengland wüst legte, ~ verschonte 4) Johann, dem Bischofe von ~, † 721, ist der Dom geweiht; Nor grið Z. 3

Beweis *s.* Wb *lagu* II Cn 34. Ordal 6; *lex* 11—13; *lad, ladung* ['Zeichen, Nachweis, Erweisung' heisst *swutulung* AGu 5]; beweisen: (*on*)*gereccan* [*vgl.* Toller: *oferreccan*]; überführt, nachgewiesen: *oferstæled, onbestæled, ongesoðod, probatus, prover, convictus* ECf retr 37, *victus* II Cn 37 L, *open*(*lice*), *æbære, manifestus, apertus, publicus. Vgl.* bandhaft, Klage, Reinigung, Beweismittel, -nähe. 1. Drei Reinigungen. 2. Nur auf ~ basiere Urteil. 3. ~urteil. 4. Parteien und Gericht modifizieren ~. 5. Wahl zwischen Eid und Ordal. 6. ~ dem Gegner erbracht. 7. ~ erschwert je nach (8) Schwere der Sache oder (9) Klage, (10) dem Ansehen der Partei. 11. ~ zwischen verschiedenen Stämmen, 12. durch Mehrere. 13. Prozessualpfand. 14. Geistl. Einwirkung. 15. Geständnis. 16. Misslungener ~. 17. ~ für Unfreie, Toto. 1) Drei Reinigungsbeweise zählt auf Urk. bald nach 975 Birch 1296: *talu, team, agnung* (über letztere zwei *s.* Anefang 1d. 25); *talu* ist wohl Leugnung der klägerischen Behauptung, daher vielleicht *frumtalu* die zeitlich erste gerichtliche Erklärung des Beklagten; dass diese fest gelten solle, bestimmt Northu 67, 1 2) **N** Nur auf ~ hin darf der Richter urteilen, so glaubwürdig auch der Charakter der Ankläger scheint; [kanonistisch] Hn 5, 18 3) Die Art des ~es bestimmt das Gericht durch ~urteil (*s.d.*); V Atr 30D 4) Bisweilen wählt der Kläger zwischen ~mitteln, z. B. ob Beklagter, der sich durchs Feuerordal reinigen soll, Eisen trage oder ins Heisswasser greife; III Atr 6 = Blas 2. Diese Wahl kommt sonstwo aussergerichtlich vor, oder wenn Beklagter des Klägers Untergebener ist; Brunner II 404 4a) Kläger kann dem Beklagten den ~ erleichtern, trotz gesetzlicher Schwere; Duns 2, 1 4b) Dem Priester, der sich, weil er der Eideshilfe entbehrt, gesetzlich nur durch Geweihten Bissen reinigen könnte, mag die Abendmahlsreinigung erlaubt werden; VIII Atr 22 = I Cn 5, 2a 4c) Die Parteien können auf ein anderes ~mittel als das vom Gericht bestimmte paktieren [Brunner I[2] 256]; besonders laut mancher Urk. wird eine Erleichterung gewährt **N** 4d) Der Englische Kläger gegen Normannen kann auf Zweikampf, den gesetzlichen ~, verzichten; Wl lad 1, 1 4e) Der ~ im Prozess um Lehn (Land) zwischen Kronbaronen oder Afterlehnsträgern, im Gericht des Königs, eines Barons oder einer Grafschaft, *duello fiat, nisi in eis remanserit.* Beide Parteien können also übereinkommen, dass das gesetzliche ~mittel unterbleibe; Hn com 3, 3 4f) Dass Zweikampf nicht die einzige *lex in disratiocinatione feudi* ist, sagt auch Hn 48, 12 4g) Umgekehrt paktieren später Parteien in London (*s. d.*: Stadtrecht; *u.* 10h) auf Zweikampf, den Londoner städtisches ~recht ausschliesst 5) Der unbescholtene Beklagte wählt zwischen einfachem Eid und Ordal I Atr 1, 3 = II Cn 30, 2; der bescholtene zwischen je dreifachem; Leis Wl 15, 2. 5a) Der Stabeid ward erfunden, damit ihm Beklagter [zur Vermeidung der Formalismus-Gefahr; *vgl.* Missesprechen] das Ordal vorziehe; Hn 64, 1f. 5b) Diese Wahl des Beklagten zwischen Eid und Ordal kennt auch Dänisches Recht 6) Der ~ wird dem Gegner, nicht dem Gericht, erbracht [*vgl.* Brunner I[2] 256]: Beklagter schaffe solchen Reinigungseid, dass Kläger befriedigt sei; I Ew 1, 3 6a) Wenn Kläger zum Ordaltermin ausbleibt, schreite Beklagter dennoch zum Ordal, (nunmehr) für die Obrigkeit [sonst also für jenen]; III Atr 4, 2 6b) Den Eigentumseid Dunstans für das Bistum Rochester *nam se scirigman* (Sheriff), *þa he* (weil der Gegner aus Ehrfurcht) *nolde, to þæs cinges handa;* Earle 213. 7) Die Schwere des ~es hängt ab **A.** von der Wichtigkeit der eingeklagten Sache oder des schuld gegebenen Verbrechens, **B.** von der Höhe des Klageeides (*s. d.*), bzw. der Abwesenheit von Klagezeugen, C. von Charakter, Geburtswert, Rasse der Partei 8) **A.** Der Reinigungseid umfasse soviel Eideshufen (*s. d.*) wieviel Schilling Beklagter, wenn überwiesen, zahlen muss; Ine 14 Af 11, 4 8a) Ist im Prozess zwischen einem Untertanen Ælfreds und einem Guthrums auf Totschlag oder mehr als $^1/_2$ Pfund geklagt, so bedarf es Zwölfereid; AGu 3 8b) Der ~ steigt bei Klage auf Totschlag mit dem Wergeld des Erschlagenen; Ine 54. Hn 74, 1a. Von Klage auf Bedrohung des Lebens des Königs oder Herrn reinigt Eid in der Höhe von dessen Wergeld; Af 4, 1f.; von Klage auf Attentat gegen den König dreifach Ordal; V Atr 30, woneben alternativ 'schwersten Eid' setzt Hs. D und VI 37 8c) Die Schwere des zur Last gelegten Verbrechens verdreifacht entweder den ~ oder schliesst den [leichteren] Eid (*s. d.*) aus zugunsten des [als schwerer geltenden] Ordals; *s. d.* 8d) Je nach der Tat geschehe Reinigung des Priesters dreifach oder einfach; I Cn 5, 4 8e) Dreifach reinige sich der Totschlags oder sonst kriminell verklagte Priester; VIII Atr 27, 1 = II Cn 41, 1 = Hn 66, 2a 8f) Dreifach Ordal reinigt von Zauberei und Mord; II As 6, 1 8g) Eid oder Feuerordal, beides dreifach, reinigt von Brandstiftung und Mord; Blas 1 **8h)** N Dreifache *lada* (hier Eideshilfe) reinigt von amtlicher Anklage auf Kriminelles; Hn 66, 9, bes. Tötung durch Magie 71, 1d **8i)** Der Vogt, der verklagt ist, Falschmünzerei gestattet zu haben, reinige sich dreifach; II Cn 8, 2 [hierfür hatte IV Atr 8, 2 Ordal gefordert]. Die dreifache Reinigung bestehe in Eid oder Eisenordal, setzt Inst. hinzu, dagegen: 'mit 42 ihm ernannten Eideshelfern, deren er 35 zum Schwur gewinne (aus Leis Wl 15?)', Cons Hk **8k)** Von Begünstigung eines Verbrechers reinigt man sich *mid fulre lade* Cn 1020, 12, wahrscheinlich dreifachem ~ **8l)** Die Schwere der Tat kann teilweise in dem Zeitpunkt ihres Geschehens, dem Bruch eines Sonderfriedens bestehen: von Blutvergiessen, Raub oder schwerer Missetat an Fasten oder hohem Feiertag reinige man sich durch dreifachen ~ (*lad*); II Cn 47, 1 N **8m)** Seit 1067 ist Zweikampf (*s. d.*) der ~ für Klagen auf Kriminelles, worauf Leibesstrafe steht (Hn 59, 16a), während *causae communes* durch Eideshilfe oder einseitiges Ordal entschieden werden; Hn 49, 6 **8n)** Bestimmte ~arten werden an Mindestwerte des Gegenstandes gebunden, so Zweikampf an die Wertgrenze von 10 Schilling; Hn 59, 16a **8o)** Den Prozess um Lehn einschl. Kirchenpatronat entscheidet Zweikampf, ausser wenn Parteien anderes ausmachen (*o.* 4e) **B. 9)** Bei dreifacher Klage reinigt sich der Prüfling durch dreifach schweres Ordal; Ordal 2; Iud Dei II 6 = XII 23 **10)** C. Bevorzugt in der Reinigung ist der Geistliche (*s. d.*): ohne Eideshelfer (*s. d.*) schwört der Kleriker beim Fehlen von Klagezeugen; [kanonistisch] Hn 5, 27, in Kent Klostervorsteher, Priester und Diakon; Wi 17f. [ebenso im Frankenreiche; Loening *Kirchenr. Merow.* II 497. 501]; der regulierte Priester reinigt sich von einfacher Klage bei der Messe im Abendmahlsgenuss; VIII Atr 19 = I Cn 5 **10a)** Höheren Eideswert, folglich leichtere Reinigung u. schwerere Anklagewucht, geniesst Adel; *s. d.* 17. 20 **10b)** König und Bischof beweist durchs Wort, ohne Eid; Wi 16 **10c)** Der wegen Totschlags Beklagte *secundum natale suum perneget;* Hn 64, 4; wenn Wergeld des Täters (nach 12, 4) gemeint ist, widerspricht das *o.* 8b **10d)** Der ~ wird erschwert für Unglaubwürdige (*vgl.* eidesfähig): Bescholtene (*s. d.*) oder nicht Abendmahlsfähige; *s. d.* **10e)** Besonderen ~ führen Sippenlose (*s. d.*) und Fremde; *s. d.* N **10f)** Besonderes ~recht hat der Normanne in England; er schwört ungestabten Eid: *Francigenæ vel alienigenæ in verborum observantiis non frangunt;* Hn 64, 3a, gemäss Wl lad 3, 2 = Wl art 6, 3 = retr 12, 3. *Francigena si compellatur, iuret* [ungestabt; Wl lad 1, 1. 3, 2] *se sexto; Anglicus liber triplici lada plane* (schlicht) *vel simplici frangenti* (gestabt), *vel iudicio* (Ordal) *neget;* Hn 18 **10g)** Über die Erleichterung der Wortgefahr im Prozess, Erlassung der Stabung im Eide für den Fremden *s.* Brunner II 427[10] und *Forschg. DRG* 333[5]. 350; im Engl. städtischen Prozess um 1285: Bateson II 7. **10h)** Auch der Londoner hat besonderes *iudicium civitatis,* ohne Zweikampf, auch beim Prozess um Land; Hn Lond 2, 2. 3 (= Lib Lond 10; *vgl.* I 675[a]). 11; *o.* 4g **11)** Im Prozess zwischen Stammesgenossen genügt der ~ durch Eid; zwischen Engländern und Wallisern tritt Ordal ein; Duns 6, 2. 2, 1 N **11a)** Zwischen Engländern Agsä. und denen Normannischer Abkunft regelt den ~ Wl lad: **A.** In Klage auf Friedlosigkeitsachen reinigt sich der Angelsachse durch Eisenordal, der Normanne [= Franko-Engländer] durch Zweikampf, wenn der Agsa. dazu fordert, sonst durch ungestabten Eid; *o.* 10f **B.** In Klage auf Zweikampfs- oder Ordalsachen, wie [nicht handhaften] Diebstahl und [einfachen] Totschlag, reinigt sich der Engländer nach Wahl durch Zweikampf (zu dem er, nach Belieben, einen Kämpen nehmen kann) oder Eisenordal [die Wiederholung 2, 3 fügt Eideshilfe hinzu als dritte Alternative], und der Normanne durch Zweikampf, wenn der Agsa. dazu fordert, sonst durch Eideshilfe **11b)** Dieses Gesetz scheint den Zweikampf ausdehnen zu wollen — was tatsächlich dann auch eingetreten ist —, denn es stellt, wenn der Engländer als Kläger nicht fechten will, den Gegner günstiger, und wenn jener als Beklagter nicht fechten will, muss er Eisenordal erleiden **11c)** Der Normanne darf den Zweikampf nicht weigern; so zahlt *garcio qui refutavit bellum I m*[*arc.*] Strafgeld; *Great Roll of the Pipe* a. 1158, 65 **11d)** Jener Unterschied zwischen Zweikampfs- und Friedlosigkeitssachen wird fortgelassen in Wl art 6—6, 3 (= Wl art retr 12ff), wo Wl lad doch deutlich benutzt ist, wohl aus blosser Konfusion und Missverständnis **11e)** In Hn 18 ist nicht mehr erwähnt, dass Wilhelm dem Engländer den Zweikampf erlaubt hatte **12)** Bei Klagen gegen Mehrere kann die Reinigung durch Ordal oder Eideshilfe von allen gemeinsam geschehen, dagegen den Zweikampf muss jeder Beklagte gesondert fechten; Hn 49, 6 **13)** Für die zukünftige Führung des ~es gibt der ~pflichtige Prozessualpfand oder stellt Sicherheit; II Ew 3 **13a)** Abgesehen von der Strafe für die Tat fordert Strafgeld für nicht gehaltenes ~versprechen ECf 36, 5 [Die Stelle erweckt Zweifel an der Glaubwürdigkeit] **14)** Eid oder Ordal wird durch den Bischof angeordnet; Episc 5. Fürs gewöhnliche Gericht im Hundred ist das wohl so zu verstehen, dass der Priester als des Bischofs Vertreter erscheint **15)** Gesteht Beklagter einen bisher geleugneten Totschlag ein, noch bevor er den versprochenen Reinigungseid ablegt, so geht das Wergeld für die Sippe dem Strafgelde für den Richter vor; Ine 71 **16)** Wem Eid oder Ordal misslang, der ist bescholten, *s. d.* 1a **16a)** Doch trifft seit 11. Jh. eine prozessuale Verurteilung trotz schwerster Klage den Verbrecher nie so hart wie handhaftes Ertapptwerden, da die Strafe vom Bischof ermessen ward [also wohl nie ans Leben ging]; II Cn 53, 1. 56, 1 **17)** Für den Unfreien (*s. d.*) leistet den ~ der Herr, wenigstens mitwirkend; Wi 23f. **17a)** Den Toten (*s. d.*) reinigt dessen Sippe oder Erbnehmer; *s. d.*, Anefang 22

Beweisfälligkeit des Klägers *s.* Klage; des Beklagten *s.* Beweis 13a. 16

Beweismittel *s.* Wb *lex* 11—13 **1)** N Die Arten werden aufgezählt, doch an keiner Stelle vollständig, als Eid, Zeugnis, Ordal, Zweikampf nur durch Hn 9, 6. 45, 1a. 48, 12. 49, 6. 62, 1. 87, 6. Unlogisch steht dazwischen *concordia* Sühne 62, 1. Andere im Anefang (*s. d.* 19 und Beweis 1) **2)** Das

~ des Reinigungseides hat ein frühes Beispiel schon in dem von Ælfred aufgenommenen biblischen Schwure des Aufbewahrers, er sei unschuldig am Verluste des Anvertrauten; aus Exod. Af El 28; *vgl.* Af 17 **2a**) Er hielt sich, nachdem er im Königsgericht unmodern geworden, lange nach dem 12. Jh. im städtischen Prozess; Gross *Trial in boroughs* in *Harvard law rev.* XV 695 **3**) Für 'Eideshelfer' (*s. d.* 2) steht öfters das eigentlich 'Zeugnis' bedeutende Wort **4**) Hinzu treten Indizien. An Stelle des Klageeides tritt der Spurfaden, der dort überführend wirkt, wo der Grundbesitzer ihn nicht aus seinem Territorium hinausleitet; V As 2 **4a**) Statt des Spurfadens aber kann der Bestohlene *mid mearce* seinen Anspruch beweisen (Duns 1), d. i. vielleicht ein dem Viehfell eingebranntes oder geschnittenes Zeichen oder allgemeiner abstrakt: 'Beweiszeichen'; *vgl.* Brunner II 344, über die Viehmarke bei Langobarden II 500 **5**) Abgewiesen werden als ~ Schätzung und Schlüsse aus Erzählung; *s.* Bescholtene 12. Doch vertrat Verdacht (ebd. 11) oft das ~ **6**) Ordal ist (mit éiner Ausnahme; *s.* Beweis 5a) schwereres ~ als Eid (I Ew 3. Duns 2, 1. 6, 2. 8, 3; *s.* eidesfähig), Geweihter Bissen als Abendmahlsprobe (VIII Atr 22 = I Cn 5, 2a), Zweikampf als Eid (Wl lad 1, 1) oder einseitiges Ordal (Hn 49, 6), Eideshilfe als Zeugenbeweis; I Ew 1, 3 **6a**) Erschwerung des ~s liegt in der Vermehrung der Eideshelfer (*s. d.*), im Auswahleid (*s. d.*), im Stabeid; *s. d.* **7**) Der Bescholtene (*s. d.* 5) verliert das leichtere ~ und muss das schwerere anwenden.

Beweisnähe **1**) Die eine Partei *bið nyr*, steht näher zum Beweise [den zu führen noch als Vorteil, nicht als Last, gilt], *bið swiðere* (*propior probationi* Hn 64, 6); die andere *rymeð* (räumt den Weg, bereitet die Möglichkeit) ihr dazu. **1a**) Schiedsgericht kurz vor 901 entscheidet: Beklagter *wære aðe þæs þe near;* Birch 591 **2**) Eigentumserweis ist dem [im Anefang; *s. d.* 25c] verklagten Besitzer näher als dem Einklagenden; II Atr 9, 4 = Hn 64, 6a; *vgl.* I 584[γ]. Amira 130 versteht den Satz allgemein ohne Beschränkung auf Anefang so: der Besitzer kommt zum Beweise seines Besitztitels, wenn sein Angreifer keine Behauptung aufstellt, bei deren Wahrheit jener hinfällig wäre **2a**) Leugnung ist immer stärker (= dem Beweise näher) als Klage; II Atr 9, 3 **3**) Nach dem Ansehen der Eideshelfer entscheidet dagegen später bisweilen das Gericht über die ~; *s.* Anefang 26. Diese Entscheidung erfolgt im Beweisurteil; *s. d.* **4**) Hat jemand auch den Vorzug der ~ glücklich genützt, so kann Gegner ihn bisweilen dennoch besiegen durch Eidesschelte (*s. d.*) oder Überschwören; *s. d.* **5**) Gesetzlich festgestellt ist die ~ für den, der sich freischwören will von Darlehnschuld (Ine 41), von Totschlag (54), von Begünstigung; 46, 2 **6**) Wer jemanden als flüchtenden Verbrecher oder verdächtigen Fremden erschlug, darf auf diesen Grund hin sich reinigen; wird aber der Totschlag nicht gleich durch ihn, sondern später durch Verwandte des Erschlagenen angezeigt, so geniessen letztere ~, dürfen den Toten reinschwören und empfangen Wergeld; Ine 16. 21 f. 35 **7**) **N** Der wegen ungerechter Hinrichtung Verklagte geniesst ~; er beruft sich auf das Gericht, das zum Tode verurteilt hatte, und hindert damit die Verwandten des Hingerichteten, diesen rein zu schwören; ECf 36 ff. **8**) Dagegen der handhafte (*s. d.*) oder notorische oder durch Spurfolge (*s. d.*) erwiesene Verbrecher, auch der in Königsbanden [vom Verletzten der Strafjustiz Eingelieferte; Ine 15, 1], gelangt nicht zum Reinigungsbeweise **9**) Ebensowenig der nicht Eidesfähige (*s. d.*) wie der Strafknecht, gegen den des Klägers Eid in Höhe des als gestohlen behaupteten Wertes obsiegt; Ine 48 **10**) Der Bescholtene (*s. d.* 5) verliert zumeist nicht das Recht des Beweises; dieser wird ihm nur erschwert **10a**) Nach einer Stelle verliert aber Verteidigungsrecht, wer durch Asyl-Aufsuchen sich als Verbrecher bekannte [wenn die Ergänzung I 519[a] richtig], oder der Bescholtene, nachdem mehrfache Vorladung und Aufforderung zur Bürgschaft vergeblich gewesen; Leis Wl 47, 1; 3 **10b**) Ein Engländer, den ein Landsmann und ein Flottenmann [des Nordischen Heeres] Diebstahls oder Totschlags anklagen, sei keiner Leugnung teilhaft; II Atr 7 **N** **11**) Nur kanonistisch gilt allgemein der Beweis durch den Kläger: *Qui crimen obicit, scribat se probaturum;* aus Ivo Hn 5, 14 **12**) Dass Beklagter wähle, ob Kläger oder er beweise, um 1185, scheint eine Verbindung des neueren kanonischen Rechtes mit älterem germanischen. Wo eine Frau klagt wegen Totschlags an ihrem Manne oder Körperverletzung an ihr (Notzucht), steht *in electione accusati vel probationem mulieris sustinere vel se per Dei iudicium purgare;* Glanvilla 14, 3, 4; *vgl.* Mac Kechnie *Magna carta* 528 **12a**) Beklagter wählt 1202, ob er oder Kläger Eisenordal (*s. d.*) trage

Beweistermin **1**) Er liegt gesetzlich 7 Tage nach dem Beweisurteil (Hl 10), 9 Tage fürs Ordal (Duns 2), **N** 1 Monat für Erbringung des Eides von 18 Reinigern eines als Dieb Getöteten; ECf 36, 1 **2**) Jeder, auch der vom eigenen Herrn Verklagte, *furst et fandung habeat:* erhalte Frist zur Erbringung des Beweises; Hn 46, 2 **3**) Zwar wird auf Kriminalklage durch den Königsrichter sofortige Leugnung (wenn Beklagter nicht den Rechtsgang [*s. d.*] verloren gibt) erfordert; diese aber *defensor* (Fiskalvogt) *aut dominus prosequatur competenti termino comprobandam;* Hn 47. 52, 1b; *respondere, set non statim placitare necesse est;* 49, 1

Beweisurteil *s.* Wb *riht* Hl 10. Duns 2. 8, 4; *lex iudicata:* ~ erteilt Hn 26, 4; *iudicare* (= *juger* Leis Wl 21, 5) als ~ zuerkennen Hn Lond 3; *iudicium* ECf 23, 4. 38, 4 **1**) Alles auch aufs Endurteil Beziehbare *s.* unter Urteil. *Vgl.* Brunner I[2] 255 **1a**) Nicht erkennbar scheint, ob ~ oder Endurteil meinen I Ew 2. Hu 6. Duns 3, 1 **1b**) **N** Wegen gewaltsamer Weigerung der Erfüllung des von niederer Instanz gegebenen ~s (*violenta recti detentio*) wird Beklagter vor die Grafschaft geladen, verliert den Prozess und Bussgeld [für Rechtsweigerung]; Hn 7, 6. Hier kann *rectum* nicht Endurteils Erfüllung heissen, weil sonst der Prozess schon dort verloren wäre **2**) Das ~ erteilen die Gerichtsoberen, *witan* V Atr 30D; Hundred oder Grafschaft ECf 23, 4. 38, 4; das seniorale Gericht (im Ggs. zum Königsrichter, der das

Ende des Kriminalprozesses überwacht) Hn 26, 4; das Gericht in der Stadt London Hn Lond 3 **3)** Das ~ lautet auf Reinigungseid (Duns 2) oder Ureigen-Eid des Beklagten (Leis Wl 21, 5) oder Ordal (II As 23· Duns 8, 4) oder zweizüngig auf Zahlung oder Eid; Hl 10. Es gibt bisweilen auch den Vorteil der Beweisrolle dem, der Eideshilfe besserer Art vorführt; *s.* Anefang 26; Brunner II 388[78] **4)** Nicht auf die Wahl zwischen zwei Beweismitteln, sondern auf die Ausführung jedes von beiden bezieht sich: der Bischof bestimme (ordne) *ladunge on aðe oððe ordale;* Episc 5

Bezirk *s.* Wb *land, folgoð, manung* [übertragen von 'Befehlsgewalt', wie *bann* bei Festlands Germanen Brunner I[2] 200[24]]. Kein bestimmter Terminus ist *on ælcum (æghwilcum) ende* IV Eg 2, 2. V Atr 26, 1 = VI 32, 3. Cn 1020, 8. *Vgl.* Fünf Burgen, Grafschaft, Riding, Hundred, Wapentake, Scipessocn, Lathe, Stadt, Dorf, Zehnerschaft; Honor, Herrschaftsgut, Immunität, Lehn; Bistum, Pfarre; Freizügigkeit, Abschwören, Verpflanzung; Ealdorman, Vogt **1)** Ihren *læppan* (Landesteilen, grossen Territorien), die sie unter dem König regieren, dürfen der Erzbischof von Canterbury und zwei Herzöge Sonderfrieden von den Nordleuten erkaufen; II Atr 1 **2)** Der Landfriedensverband der Londoner Gilde betrachtet sein Gebiet als ein *land* (VI As 8, 2) mit Nord- und Südgrenze (5. 8, 4); darüber hinaus tritt ein fremder Sheriff ein; also fällt vielleicht dies Land mit der Shire Middlesex zusammen; 5. 8, 3. **2a)** Geächtet sei in jedem *land,* wer es in einem ist; III Atr 10: vielleicht ebenfalls = Shire **2b)** Auch das Territorium eines Thegn mit Gerichtsbarkeit heisst *land,* also Immunitätsbezirk; Wif 7 **3)** Der Sheriff, Hundredvorsteher und Gutsherr nimmt die Spurfolge auf, die von aussen her hineinführt in seine Grafschaft, bzw. Hundred und Immunität; VI As 8, 4. Hn 5. Duns 2, 1 **4)** In jedes Vogts [= Gerichtshalters] ~ ernenne man ständige wahrhafte *gewitnesse* (Zeugenschaft oder Eideshilfe-Kolleg?) zu jedem Rechtshandel; V As 1, 5 **5)** Mehrere nachbarliche Bezirke, Hundreds, Dörfer, Zehnerschaften (*s. d.*), werden vorübergehend zusammengefasst zum Zwecke der Urteilfindung (*s. d.*), Eideshilfe und Kundbarmachung; *s. d.; vgl.* Drei

Bibel *s. o.* S. 131: *Latein,* ferner Wb *boc, lagu* 6, *lex* 3. *Vgl.* Moses **1)** *on bocum* bed. 'in Kanonistik'; I As 3; eine jüngere Lesart, *þissum* zufügend, zitiert irrig ~ **2)** *Genesis* wird zitiert in I As 2. Iud Dei. Leis Wl 40. Quadr II Praef 5. Lond ECf 32 C 5 **2a)** *Exodus* in Af El 1 – 48. I As 2. Iud Dei. ECf retr 39, 1 **2b)** *Leviticus* in Iud Dei **2c)** *Numeri* in Iud Dei. Excom. ECf retr Pro 1 **2d)** *Deuteronomium* in Excom. Iudex. Episc **2e)** *Reg.* in Iud Dei. Grið 22. Quadr II Praef 5. Hn 72, 1e **2f)** *Esdras, Tobias, Judith* in Iud Dei **2g)** *Job* in Iud Dei. Excom **2h)** *Psalmen* (*s. d.*) in VII Atr 3, 1 = VIIa 6, 3. I Cn 18, 2 (sehr häufig Iud Dei und Excom, I 402 – 437). Grið 23. Quadr Ded 38. Lond ECf 11, 1 B 3; 5 **2i)** *Proverb.* in Hn 84d **2k)** *Sapient.* in Lond ECf 11, 1 B 6 **2l)** *Isai.* in Iud Dei **2m)** *Ierem.* in Lond ECf 32 E 1 **2n)** *Ezech.* in Excom **2o)** *Daniel* in Iud Dei **3)** *Matthaeus* in Af El 49. 49, 5. I As 2 [dieselbe Stelle 25, 29 auch in Urk. Birch 667]. VI Atr 10, 3 (= II Cn 2a). 49 = I Cn 18, 2. Iud Dei. Excom. Grið 22. Iudex. Episc. Hn 75, 1a. Lond ECf 11, 1 B 4 **3a)** *Marcus* in Iud Dei **3b)** *Lucas* in Iud Dei. Lond ECf 11, 1 A 9 **3c)** *Joan.* in Iud Dei. Lond ECf 32 E 1 **3d)** *Actus apost.* in Af El 49, 3 — 5. Northu 1. Iud Dei. Excom **3e)** *Apocal.* in I Cn 18, 3. Iud Dei. Leis Wl 40 **3f)** *Rom.* in Iud Dei. Excom. Iudex **3g)** *Corinth.* in Iud Dei. Excom **3h)** *Ephes., Coloss.* in Iud Dei **3i)** *Timoth.* in Iud Dei. Excom **3k)** *Petri* in Hn 3 **4)** Bei den Evangelien und den 72 Büchern A. und N. Testaments werden Wasser und Eisen, Elemente des Kaltwasser- und Feuerordals, beschworen; Iud Dei I 22, 1. V 2, 1

Bienen *s.* Wb *beo; hyfa, hunig* (*binn, -gafol*) **1)** Britanniens Reichtum an ~ Lond ECf 32 D 2. *Vgl.* Index zum Domesdaybuch *s. v. apes.* England exportierte Honig nach Norwegen **2)** Von 10 Hufen zahlt der Besitzer [dem Oberherrn (König?) jährlich] u. v. a. 10 Fass Honig; Ine 70, 1 **3)** Der Zeidler auf dem Herrschaftsgut (Rect 5 — 6, 4) besorgt **A.** den Schwarm der Domäne für herrschaftliche Rechnung **B.** hält ~ für eigene Rechnung. Für letztere zinst er dem Gutsherrn 6 Sextar Honig jährlich; 5, 1 **3a)** Ein Zeidler *tenet honilond* 6 *acras pro* 8 *lagenis mellis;* Cartul. Gloucestr. II 128. Ein Landgut wirft im 11. Jh. an Rente ab u. a. *unum sextarium mellis* 32 *unciarum;* Kemble 950 **3b)** Es gab auch unfreie Zeidler; Rect 6, 4. Doch hinterliess deren mancher auch freie (nicht vom Herrn als Inventar empfangene) Fahrhabe; 5, 5 **3c)** Ein *beocere* unter den Bauern auch auf anderen Gütern: Earle 276; *custos apium* Domesday I 180b. 260b 2. *Vgl.* Kemble *Saxons* 226 **4)** ~- und Honigkörbe gehören zum Inventar der Gutsdomäne; Gerefa 17 **5)** Den ~dieb bedrohte vor Af 9, 2 ein besonderes Strafgeld **5a)** Diesen Diebstahl strafen auch andere Volksrechte streng (Lex Sax. c. 29f. mit dem Tode); *vgl.* Roth *Forstwesen* 49; Wilda 875 **6)** **N** Den Ertrag von ~ in Honig und Wachs der Kirche zu verzehnten, gebietet ECf 8, 1 **7)** Sechs Sextar Honig zahlen dem König jährlich laut Domesday: Ipswich, Norwich, Colchester, Oxford, Warwick, 4 Sextar: Thetford. Der Sextar galt 15 Pfen. in Warwick **7a)** Die Agsä. Urkk. erwähnen Honig oft; *mittan fulne hunies* als Jahresrente vermacht Lufa a. 833 •dem Domkloster Canterbury (Birch 405), ein anderer Testator 805 — 10 (n. 330) entweder *mittan fulne huniges oððа twægen wines,* so dass Honig nochmal so hoch wie Wein geschätzt scheint **7b)** Honig diente für Speisen und Meth; Andrews *Manor* 206 **7c)** Meth wurde aus dem von den Waben Ausgeträufelten noch bis etwa 1800 bereitet; Round Victoria *Hist. of Essex* I 335 420

Bier *s.* Wb *beor, ealað, ealu* **1)** Den Unterschied zwischen ~ und Ale [*o.* S. 58; heute *s.* Wright *Dial. dict.* I 36] belegt aus Ælfric *Homil.* II 38 (*dranc ne beor ne ealu* für *sicera* Lucas I 15), hält aber dessen Wesen für unbekannt, Pfändler *Vergnügung. der Agsa.* in *Anglia* 29 (1906) 467; *vgl.* auch *gafol ge on hlutrum alað ge on beore* a. 883 Birch 551; *beores 7 geswettes Wilisc ealoð* a. 909 n. 622 **1a)** Schon Ine hat *gebeorscipe;* also ist *beor,* auch im Beowulf, nicht 'im 9. Jh. ein frisch eingeführtes Fremdwort' **1b)** Schäumen belegt fürs 11. Jh. (*spumantes* *pateras)* Will. Malmesbur. *Pont.* ed. Hamilton 281 **1c)** Für jene Lucasstelle I 15 sagt nur *ealu* Blickling Homilie 165, aber *nanes gemencgedes wætan* [liquoris] *ne gebrowenes* Ælfric I 352 **2)** *beorbydene*, ~bütten erklärt für nötig im Inventar der Domäne des Herrschaftsguts Ger 17. Noch mehrere Wörter dort dienen vielleicht dem Brauen, wie [Malz]darre, Ofen, Kessel; Ger 11 **3)** *ealugafol*, jährliche Abgabe in ~, leistet der *Gebur* manchem Herrschaftsgut; Rect 4, 5 **3a)** Der *ceorl* zinst von 1 *hiwisc* 6 *ciricmittan ealað* zu Stoke; Birch 594 **3b)** Die jährliche Abgabe an den Grundherrn von 10 Hufen beträgt u. a. 12 *ambra Wilisc ealað*, 30 *hluttres* (hellen); Ine 70, 1 **3c)** *Vgl.* Offas Urk. a. 791—7: *gafol twa tunnan fulle hlutres aloð 7 cumb fulne liðes aloð 7 cumb fulne Welisces aloð* Earle 311; a. 805—10: 30 *ombra Welesces aloð* ebd. 80; einige Beispiele mehr bei Toller *s. v. Wilisc*, auch Birch 273. 464f. Die ~sorten werden öfters unterschieden, aber nicht beschrieben **3d)** Vielleicht unter Ine kann 'Wälsches' ~ aus den von Kelten bebauten Landstrichen kommen; späterhin entstammt es germanisierten Gegenden, bezeichnet also nur eine Sorte, nicht die Nationalität des Brauers. *Vgl. wealа win* im Ggs. zu *hlaforda* für *crudum* im Ggs. zu *honorarium vinum;* Toller 1173b **4)** Das Brauen besorgt bei den Agsa. die Hausfrau; Domesday I 179a 1; Klump *Handwerk bei Agsa.* (Diss. Heidelb. 1908), 12

Biergelage *s.* Wb *ealahus, ealascop, gebeorscipe, drincan, (ofer)druncen, dryncelean, gilda, potatio; gytfeorm. Vgl.* Genossenschaft, Mundschenk **1)** Trinken ist heidnischen Germanen z. T. heilige Handlung; Brunner I² 436[41]. Die Agsa. trinken beim Namen von Engeln und Heiligen; *Bibl. Agsä. Prosa* ed. Assmann III 146f. **1a)** Als Englisches Nationallaster geisselt die Trunksucht Bonifaz a. 747 *Mon. Germ., Epist. Merow.* I 355 **1b)** Trinken bezeichnet den Menschen (wie Brotessen bei Homer σιτοφάγος und οἳ ἀρούρης καρπὸν ἔδουσιν Od. IX 191; Il. VI 142) so sehr, dass 'Biertrinker' für 'Mann' steht; Budde *Bedeut. der Trinksitten* (Diss. Jena 1907) 87 **1c)** 'Trinken' steht für 'zu Gast, in Herberge sein'; Kentisch Abt 3. Hl 12f. **1d)** Welche grosse Rolle das Bankett in der Poesie der Agsa. spielt, belegt u. a. Toller *s. v. ealu, beor, medu, win, drincan* samt Kompositis **1e)** Beim Worte *gebeorscipe* braucht nicht an Bier allein gedacht zu werden, denn *convivium* allgemein wird so übersetzt; z. B. Beda IV 24; Lucas 5, 29 **2)** In allgemeinen Ausdrücken wird Trunkenheit neben Fresserei verboten V Atr 25 = VI 28, 3 und bei vielen Predigern: *Homil. n.* Wulfstan 70. 73; *Bibl. Agsächs. Prosa* ed. Assmann 146 **2a)** Eadmer schildert als böses Gelüst: *domum interius ornatam conspicere, ebriosos in ea decantantes audire, vinum cornibus deauratis potare, flores per domum dispersos olfacere; Anselmi simil.* 18 **3)** Dem Priester verbietet Trunkenheit und das Auftreten als Spielmann und Bierdichter bei Geldstrafe aus *Can.* Eadgari Northu 41 **3a)** Der Priester, der vor Trunkenheit nicht fungieren kann, wird suspendiert (Wi 6); degradiert nach Theodor *Poenit.* I 1, 1 und Bonifaz *o.* 1a. **3b)** Fernere Stellen gegen Trunksucht der Geistlichen: Ps.-Theod. *Poenit.* 26, 2—15; Ps.-Theod. *Capit.* p. 315; *Excerpt.* Ps.-Egberti 14. 18; Ps.-Egberti *Confess.* 57f.; Ps.-Egberti *Poenit.* IV 33ff; *Add.* 32; Ælfrici *Can.* 29; *Pastor.* 49; sie sollen nicht mit *unclænum hadum gebeorscipas habban; Eccles. instit.* 13 ed. Thorpe 488. *Vgl.* Böhmer *Kirche u. Staat* 71 **4)** Nach Wilhelm von Malmesbury waren 1066 die Normannen nüchterner als die Agsa. Doch musste Wilhelm I. auch seinen in England fremden Truppen die Trunksucht verbieten; nach Will. Pictaviensis **5)** Das ~ kann neben dem geselligen Vergnügen auch rechtsgeschäftlichen Zwecken, wie Schenkung, Kauf oder Gilde (*s.* Genossenschaft), dienen; *u.* 7f. g **5a)** Zusammenkünfte beim Bier behufs Beilegung nachbarlichen Streites heissen Engl. *ales;* I 598* **5b)** Ob Deutsches 'Weinkauf' (*s.* Vertrag) in *drinclean* stecke, entscheidet Budde (*o.* 1b) 22 nicht **6)** Rauferei beim ~ war häufig. [*Vgl. Wyrde* 48; Cynewulf *Juliane* 483; Pfändler (*o.* 'Bier' 1) 464. Für spätere Zeit z. B. Blutvergiessen bei *cerevisia* im Hause einer Frau; *Pleas of Gloucester* a. 1221 ed. Maitland n. 306]; auf sie beziehen sich sämtliche fernere Stellen der *'Gesetze'* über ~ **6a)** Trunkenheit qualifiziert die Schuld des Totschlägers; Hn 72, 1a **7)** Missetat im Landgut, wo der König gastet, wird doppelt gebüsst; Abt 3. Hier kann der Sonderschutz auf der Anwesenheit des Königs beruhen **7a)** Dagegen gründet er sich aufs ~ in den folgenden Stellen, bei denen das ~ den Gildenschmaus mit einschliessen wird [In Norwegen steht der Frieden des Trinkfestes dem der Kirche und des Gerichts gleich] **7b)** Wer beim ~ jemanden kränkt durch Wegnehmen des Bechers, büsst ihm 6 Schill., dem Hausherrn 1 und dem König 12; letztere beiden Bussen auch für Waffenzücken; für Blutverguss dem Hausherrn die Busse für Verletzung von dessen Sonderschutz und dem König 50 Schill.; Hl 12ff. [Den Satz vorher über 6 Schill. Strafe für den, der jemn. im Hause eines Dritten schimpflich *grete* schon aufs ~ zu beziehen, könnte veranlassen die Busse von 6 Schill. in der Gilde zu Exeter für den der den Genossen *misgrete;* Thorpe *Dipl.* 606. 612. 614]. Jene Ehrenkränkung ist wohl der Ggs. zu *porrectis poculis maioribus cogere ut inebrientur,* einer Sitte, die Bonifaz (*o.* 1a) an Englands Bischöfen tadelt [*vgl.* das Heben des Bechers als Höflichkeit im Parzival; Grimm *Kleine Schr.* V 320] **7c)** Ähnliche Ehrenkränkung kennt Friesland im Verunreinigen des Bierkrugs beim Gelage (His 325), der Norden im Hinaustragen des Bieres; Pappenheim *Altnorweg. Schutzgilde* 150 **7d)** Zanken zwei bei *gebeorscipe,* und einer erträgt es mit Geduld, so zahlt der andere 30 Schill. Strafe; Ine 6, 5. Nicht ein privater Hausherr, sondern der König empfängt sie: die Zusammenkunft steht unter öffentlichem Schutze **7e)** Der Verletzer des Sonderfriedens, der gegeben wird im Bierhause (*grið on ealahuse*), büsst, wenn jemand in der Rauferei umkommt, 6 Halbmark, wenn jemand verwundet wird, 12 Ör [$1^1/_2$ Mark]; III Atr 1, 2; auch diese Busse ist zu hoch für einen privaten Gastwirt und wird in éinem Atem genannt mit der für Friedensbruch vor Gericht verwirkten **N 7f)** *In omni potatione,* behufs Schenkung, Kauf oder Gilde, *primo pax Dei et domini* (des Trinkhauses) *ponenda est,* sodann erhalte jeder Klagende vom Gegner Prozessualpfand künftiger Genugtuung [s. Vorladung], oder wer Streit erhob verlasse das Haus. Bei Missetat unter *combibentibus in domo, overseunessa est emendanda domino domus* Hn 81, 1 ff. **7g)** Totschlag *in conventiculo potationis* (Gildenfest?) wird von den Beschuldigten abgeschworen oder gebüsst; aus Lex Salica Hn 87, 9 f. **8)** Das Herrschaftsgut (*s. d.*) gab den fronenden Hintersassen gewohnheitsrechtlich Mahlzeit (*mete*) bei Schobervollendung, Beköstigung (*feorm*) zu Weihnachten, Ostern, Maht, Ernte; Rect 21, 4. Nicht alle diese Essen waren mit Trinken verbunden [die Zuwendungen heissen in manchen Engl. Gutsrechten 'trocken']; nur éine heisst *gytfeorm:* Gussmahl

Bigamie s. Ehebruch

Bilderverehrung. Den Satz gegen ~ Exodus 20, 3 unterdrückt Ælfred und nimmt auf aus Ex. 20, 23: 'mache nicht goldene oder silberne Götter', was nur Götzen traf. Engl. Synode verdammt 792 ~; *Ann. Nordhumbr.* ed. *Mon. Germ. SS.* XIII 155. Dagegen spätes Ma. verteidigt die ~ trotz Exodus; Maitland *Canon law* 12

Bildung s. Erziehung

Billigkeit. *Vgl.* Barmherzigkeit, Begnadigung **1)** *Aequitatem et misericordiam* in den Urteilen den Richtern anzubefehlen, verspricht der Agsächs. Krönungseid; der Übs. hat *riht 7 mildheortnisse* (Sacr cor 1, 3), meint also ~ nur als Ergänzung, nicht im Ggs. zum strengen Recht. Und an einen Gegensatz braucht auch der Eid nicht gedacht zu haben **N 2)** Dagegen erklärt ein Glossator 13./14. Jhs. *necessarium ius: quod misericordia et mitigatione caret* (zu Forf 3, 1 Cons I 391*), kennt also den Ggs. strengen Rechts zur ~ **2a)** Der *justitiae vel misericordiae principis* will schwerere Strafprozesse vorbehalten Hn 11, 16a; die Zusammenordnung beider Begriffe unter die Königspflicht ist formelhaft; Niese *Gesetzg. Norm. Sicil.* 47—51, wo auch über ihre kanonistische Wurzel; s. Barmherzigkeit **2b)** Königlicher Justiz lag auch bei anderen Germanen ob, ~ zu pflegen, vom Formalismus gaugerichtlichen Rechtsganges zu befreien; Brunner II 136; *Zs. Savigny St., Germ.* 17, 127; *Forsch. z. DRG* 134. 141; Amira 96 **3)** 'An den König wende sich jemand wegen eines Prozesses nur, wenn er daheim [in Hundred- oder Grafschaftsgericht] Recht nicht erlangen konnte. Wenn jenes [Land]recht zu schwer war, heische er vom König die Erleichterung (*lihting*)'; III Eg 2. 2, 1. Der erste Satz handelt vom Kläger allein. Der zweite bewahrt grammatisch dasselbe Subjekt. Dennoch ist vielleicht der Beklagte, also seine Begnadigung (*s. d.* 10), hier mitgemeint. [Der folgende Satz betrifft nur diesen, aber mit neuem Subjekt *man*]. **4)** Die Verbindung mit ordentlichem Gerichtsverfahren in den Sätzen vor- und nachher macht wahrscheinlich, dass auch hier keine persönliche Willkür des Königs, sondern ein oberes Gericht seines Hofes gemeint ist, wie seit 13. Jh. der königl. Staatsrat das Recht der ~ sprach, von dem seit Edward III. sich die Chancery abspaltete; Brunner *Gesch. Engl. Rechtsqu.* 47

Billigkeitseid des Klägers, der Busse für Verwundung fordert: 'dass er es (das Berechnen der Arztkosten) für Geringeres nicht tun konnte, noch aus Hass es so teuer machte'; Leis Wl 10a. Dass 'er nicht aus Hass' prozessiere, beteuert der Klageeid [*s. d.*] auch sonst; 14; Swer 4. *Vgl.* Gleichheitseid

Binden s. Wb (*ge*)*bindan, byndelle* **1)** ~ ist eine Ehrenkränkung [*s. d.; vgl.* Chlodovechs Wort: *Cur humiliasti genus nostrum, ut te vincire permitteris? Melius tibi fuerat mori;* Gregor. Turon. II 42] **1a)** und zweitens eine Stufe der Freiheitsberaubung, die jedem, nicht bloss dem Geschädigten, erlaubt ist gegen handhafte und erwiesene Missetäter, dagegen straffällig gegenüber anderen, obwohl gutgläubig für schuldig Gehaltenen [und ähnlich abgestuft wird auch bei anderen Germanen; Wilda 795; Brunner II 484 ff] **2)** Wenn jemand einen Freien bindet, büsse er 20 Schill. [$^1/_5$ Wergeld, ebensoviel wie für Waffenleihen zum Totschlag], wenn den Esne eines anderen 6 [= Bruch für Schutz durch Gemeinfreie]; Abt 24. 88, beide Male steht ~ neben Totschlag und Verwundung **3)** Wer einen nicht Schuldigen bindet, büsse 10 Schill. [$^1/_{20}$ Wergeld], wer ihn ausserdem zum Priester schert 60 [$^3/_{10}$ Wergeld]; Af 35. 35, 6 **4)** Jemanden zu Unrecht entwaffnen kostet dessen Halsfang, binden $^1/_2$ Wergeld [also mehr als o. 2. 3]; II Cn 60 = Hn 90, 9 **5)** Wer einen Kleriker bindet, schlägt, beschimpft, büsst ihm und dem König (bezw. Schutzherrn); VIII Atr 33 f. = II Cn 42 (der auch dem Bischofe Altarbusse zuspricht = Hn 66, 3)

Bischof s. Wb: *biscop;* als Diözesan heisst er *scirbiscop,* als Suffragan, im Ggs. zu *ærcebiscop: leodbiscop* Cn 1020, 1; 8; s. Wb. *Vgl.* Erzbischof, Geistliche, Kirche samt Kompositis; Adel 6

1. Traktat *Episc.* 2. Einsetzung. 3. Kanonisches Leben. 4. Kanonisch verklagt. 5. Kirchliche Funktion. 6. Bistumsvermögen. 7. Im Kirchenstaatsrecht; Anteil am Strafgeld. 8. Geistl. Hirt der Nation. 9. Im weltl. Recht. 10. Kronbeamter. 11. Gehört zu Witan. 12. Als Adliger, Grundherr, Landesfürst 13. Sozialer Rang. 14. Weltlich verklagt.

1) Recht und Pflicht des ~s behandelt ein besonderer Traktat *Episc* I 540 **2)** Dass die Wahl des ~s ganz von der allerdings stark kirchlich beeinflussten und in wichtigen Geschäften durch Kleriker verwalteten Regierung abhing, ist bekannt **2a)** *Vgl.* nur z. B. *se biscop Godwine com* [995] *to þam biscopstole þurh hæse his cynehlafordes Æðelredes cynges;* Kemble 929. Dem König Cnut und der Königin schreibt 1020 *Wulfstan arcebisceop: we habbað gedon, swa us sœutelung fram eow com, gebletsod Æðelnoð* für Canterbury; Kemble 1314 **2b)** Im Ganzen machten die Könige ihre Räte zu Bischöfen und benutzten die Bischöfe als Staatsräte und Beamte **2c)** In der Volksanschauung 13./14. Jhs. erschien der Agsächs. König als Einsetzer der Bischöfe, so setzt Æthelstan im Roman den Erzbischof von Canterbury ein; Kahle *Klerus im Mengl. Versroman* 24 **2d)** Nur als ausnahmsweises Glück erscheint es, dass ~ wird ein [blosser] Gelehrter (Schreiber); Grið 21, 2. *Vgl. sume boceras weorðað wisfæste;* Wyrde 71 **2e)** Diese Abhängigkeit der ~swahl von der Regierung drückt sich vielleicht darin aus, dass der König von 'seinem' ~ redet; Ine Pro. I As Pro 1. As Alm Pro. III As Pro VI 11. III Em Insc. IV Atr 8. Cn 1020, 1. [Der Cluniacensische Hierarch Æthelwold sagt: König Eadgar *breac* (genoss) *Dunstanes his ercebisceopes rædes;* ed. Cockayne *Leechdoms* III

440]. Allein das Possessiv kann auch das innige Verhältnis zwischen ~ und Krone meinen. Ein Unterkönig von Devon, der an keine Oberhoheit über Winchester denken kann, spricht vom *consensu pontificis nostri Haeddi;* Birch 61 **N 2f)** Wilhelm I. setzt in England als Bischöfe und Äbte willfährige Werkzeuge ein; Wl Edmr 1 **2g)** Mit Anselm dringen kirchliche Reformideen, auch über die ~swahl, 1093 nach England; aber sein Streit gegen Wilhelm II. betrifft diese gar nicht, und der gegen Heinrich I. nur die Form der Investitur, verficht nicht etwa kanonische Wahl durch Kapitel. Über diesen Streit handelt Quadr II 4—17. Damals etwa interpoliert ein Gregorianer zu Canterbury in die Ann. Anglosaxon. a. 694, angeblich aus der Synode zu Bapchild: 'der Erzbischof soll Bischöfe, Äbte usw. wählen und einsetzen' **2h)** Die Inthronisation des Erzbischofs [richtiger die Palliumserlangung] für York bildet den Gegenstand des Briefes Heinrichs I. an Paschalis II.; Quadr II 6[f]. Er nennt die vom König erwählten, noch nicht geweihten Bischöfe *inthronizatos* II 8b **3)** Der ~ lebe kanonisch; V Atr 4, 1 = VI 2, 2 = I Cn 6a **4)** Nur aus kanon. Rechte abgeschrieben sind die Stellen über den verklagten ~ bei Hn; *vgl.* Geistliches Gericht **4a)** Er ist von den Bischöfen seiner Provinz zu verhören und nur bei 72 Zeugen zu verurteilen, kann an den Papst appellieren, ist wegen Abirren vom Glauben in Rom zu verklagen; 5, 11; 23f.; *s.* jedoch *u.* 14a **4b)** War er vertrieben und spoliiert, so erhalte er vor dem Prozess alles zurück und eine Frist bis zum Urteil so lange wie die Spoliationsperiode; 5, 26 **4c)** Der ~, der Ehe bricht, Nonne beschläft, hurt, tue Kirchenbusse; 73, 6a, wenn richtig mit I 591[g] verbunden **4d)** Der ~, der Totschlag begeht, werde abgesetzt und tue Kirchenbusse; 73, 1; *vgl.* I 591[e] **5)** Der ~ weiht Priester und Diakon seiner Diözese; auswärtige Weihe erlischt, falls nicht er sie belässt [so schon Kanon. Karthag. a. 348]; Northu 12 **5a)** Er weiht jede Kirche; Af 5 **5b)** Er firmelt: das Firmelpatenkind heisst *biscepsunu;* Ine 76, 3 **5c)** Er weist die Kleriker an, was sie tun und was den Laien künden sollen; Episc 2. König und Adel zwingen den Pfarrer, dem ~ zu gehorchen (IV Eg 1, 8) bei Verlust seiner weltlichen Ehrenstellung; Northu 45 **5d)** Der ~ beaufsichtigt neben dem König die Klosterzucht; Af 8 **5e)** Er degradiert den dem Bluträcher auszuliefernden Priester, welcher Totschläger geworden; Af 21 **5f)** Er kann Mönchen, gegen Versprechen der Keuschheit, mönchischen Gewandes und Gottesdienstes, Aufenthalt ausserhalb des Klosters gestatten; V Atr 6. 6, 1 **5g)** In Fasten Kirchenrecht [wohl Fleischverbot] beiseite zu setzen, kann [durch den ~] erlaubt werden; Af 40, 2 **5h)** Der ~ hält Synode (*s. d.*) und Geistliches (*s. d.*) Gericht; vor dessen Abtrennung *on gemote godcunde lage dæle to þam folce* [Polity 8, um 1040], d. h im weltlichen Gerichte erteile er den Laien Urteil über geistliche Gegenstände **5i)** Er exkommuniziert; Excom I Insc [*quia noster parochianus est* I 11. Seit 12. Jh. wird ihm die Exkommunikation vorbehalten]; dagegen bannt der Pfarrer, noch im 12. Jh.; Excom XIII **5k)** Er teilt den Kirchenbann seinen Pfarrern, behufs Verkündung am Sonntag, den anderen Bischöfen und dem *Senior* (Herrn) des Gebannten mit; Excom I 17—21[cc] **5l)** Er löst die wegen Sklavenverkaufs ausser Landes ergangene Exkommunikation; VII Atr 5 **5m)** Er darf Kommunikation mit einem in der Beichte sich Beschuldigenden weigern, aber nicht fordern, dass man ihm allein glaube [aus Kanonistik]; Hn 5, 17a **5n)** Der ~ wende sich um Erlangung der ihm geweigerten Busse an den gesamten Episkopat; Polity ed. Thorpe 428 **6)** Der ~ verwaltet das Bistumsvermögen, das *Crist* (*s.* Wb 2c) heisst, vom Privatvermögen des ~s (*s.* 12f. h) und in York von der Habe des Domkapitels (*s. d.*) getrennt ist **6a)** Jeder ~ sorge in seinem Sprengel eifrig für die Gerechtsame (Einkünfte) der Kirche und verfolge die dagegen Widerspenstigen; Cn 1020, 8f. 1027, 16. Das königliche Gebot des Zehnten (*s. d.*) künde ~ wie Vogt allen Bezirksinsassen weiter; er verzehnte sein Eigengut gemäss staatlichem Befehl; I As 1; er treibt Zehnt, mit weltlicher Gewalt verbunden, ein; II Eg 3, 1 = VIII Atr 8 = I Cn 8, 2 **6b)** Einkünfte empfängt der ~ als Besitzer von Herrschaftsgut (*s. d.*), als Inhaber politischer Privilegien, besonders der Gerichtsbarkeit (*s. d*), als Vassallitätsherr (*s.* Mannbusse), als Schutz (*s. d.*) gewährende Macht bei Verletzung seines Hausfriedens (*s. d.*), Gefolges, Fremder, Geistlicher (*s. d.* und Altarbusse) und bei Asylbruch (*s. d.* 2ff.), als Richter über Geistliches (*s. d.*) Gericht, als Vertreter der Kirchenklage (*s. d.*) bei Verletzung von Kirchenfrieden, -gebäuden, bei Kirchenraub, -reinigung, -weihe (*s.* alle diese Artt.), aus zahlreichen Kircheneinkünften; *s. d.* **6c)** Wer den Kirchengeld-Eintreiber (*s. d.*) verwundet, löse vom ~ die Hände aus; II Cn 48, 1. Wer einen dem Rechtsanspruch der Kirche Entflohenen bei sich hält (also geistlich Geächteten begünstigt), büsse wem es gebührt [d. h. dem ~ wenigstens zumeist]; II Cn 66 **7)** Der ~ vertritt die Kirche im Kirchenstaatsrecht (*s. d.*) und erhält ihren Teil, wo sie mit dem Staate Strafgeld teilt **7a)** Es ist eine systematisch verallgemeinernde Übertreibung, wenn ein Rechtsbuch um 1110 sagt: nach altem Rechte [vor 1067?] gehörte jedes Bussgeld für verletzten Kirchenfrieden und jede *ecclesiastica et secularis emendatio* [d. h. wohl 'für zugleich kirchl. und staatl. Vergehen'] dem König und ~ gemeinschaftlich; In Cn III 51. 53 **7b) N** Vielleicht ist der letztere Satz zu verbinden mit dem für die Denalagu von éiner, unlauteren, Quelle berichteten Rechte: von je 8 Pfund Strafgeld erhält der König 5, der Graf $2^1/_2$, der Dekan [der doch wohl den ~ vertritt] $^1/_2$ Pfund; ECf 27, 2 **7c)** Nur dass der ~ mit dem König [um 1114] die Erträge vieler Prozesse teilt, wird richtig sein; Hn 11, 1ff. **7d)** Zwischen 975 und 1014 wurden die einst der Kirche und dem Staate gemeinsam zugekommenen Strafgelder [nach Obigem nicht alle!] getrennt: angeblich eine Ursache des Staatsverfalls; VIII Atr 37f. = *Homil. n.* Wulfstan 158 **7e)** Als Grund für jene Gemeinschaft am Strafempfange zwischen König und ~ nimmt [vielleicht nur teilweise richtig] den staatlichen Zwang zur Exekution der Kirchenstrafe (auch Cn 1020, 8) an EGu Pro 2 = VIII Atr 15. 36 **7f)** Im einzelnen kommen so gemeinschaftlich vor: die Wergeldstrafe für Blutvergiessen in der Kirche (VIII Atr 2 = I Cn 2, 4 = Hn 11, 1a), das halbe Wergeld für Meineid (II Cn 36), die Strafe für Verletzung Fremder oder Geistlicher (EGu 12), für Heidenwerk und Vorenthaltung des Peterspfennigs (Northu 48f. 54f. 58f.), die Fahrhabe-Verwirkung des Zehntweigerers; II Eg 3, 1 = VIII Atr 7f. = I Cn 8, 2 = Hn 11, 10. Von blutschänderischem Paare erhält der ~, der auch die Pönitenz vorschreibt, die Frau, der König den Mann [d. h. das Geld für die Auslösung]; EGu 4. Dies sagt von Ehebrechern Hn 11, 5, und dieselbe Teilung kennt Domesday I 1a 2. 26a 1

8) Der ~ bete für die Nation; V Atr 4, 1 = VI 2, 2 = I Cn 6a. 26 = Griđ 19f. II Cn 84, 4 **8a**) Der ~ berät die Nation moralisch und religiös (VI Atr 1), ist ihr Seelenhirt, Lehrer, Herold des Gottesgesetzes, Beispielgeber (IV Eg 1, 8. I Cn 26 = Griđ 19f. II Cn 84, 4), als Schützer geistlicher Herde gegen den Teufel verantwortlich; I Cn 26, 1—3. In Cn III 58. Excom III 1 [ähnlich *Homil. n.* Wulfstan 79f. 176ff.; Ælfric *Homil.* I 36. II 74. 536; *Pastoral* ed. Thorpe *Anc. laws* 452; *Polity* 6, ebd. 425] **8b**) Er mahnt den König, Gotteshäuser instand halten zu lassen; I Em 5 **8c**) Er überwacht, dass der königliche Beamte das königliche Almosen (Armenernährung und Befreiung von Strafknechten) ausführe, und verteilt an Arme das Strafgeld, das jener, wenn hierbei nachlässig, verwirkt; As Alm 2 **8d**) Der ~ [nach Af 1, 8 der Beichtvater] diktiert die Pein (vielleicht nicht bloss Pönitenz) des Vertragsbrüchigen im staatlichen Gefängnis; wer daraus flieht, wird friedlos und exkommuniziert; Af 1, 2 **8e**) Die Bischöfe sagen, Verletzung von Eid und Versprechen erfordere tiefe Pönitenz; Cn 1020, 14 **8f**) Der ~ schreibt dem Totschläger Pönitenz vor, die der Beichtvater anweist; I Em 3 **8g**) Erst wenn jener, wie der Diözesan des Tatorts bestimmt, sich der Wergeldzahlung und jeder Rechtspflicht unterworfen hat, hat er Zutritt zum Königshofe; II Em 4 **8h**) Der ~ bezeugt gegenüber der weltlichen Obrigkeit, dass ein verstorbener Meineidiger Pönitenz [auf dem Totenbett] geleistet habe, was ihm dessen Pfarrer in 30 Tagen, nachdem jener verstarb, melden muss. Hierauf erhält jener ehrliches Grab; II As 26f.

9) Im Bereiche weltlichen Rechts beaufsichtigt der ~ von einzelnen Gebieten namentlich Versprechen und Vertrag, von Rechtsformen Eid, Ordal und Urkunde, von Personen die als Gerichtspartei Schwachen, vom Kriminalrecht die Wahl zwischen Strafen und ihren Vollzug; *vgl.* Gefängnis **9a**) Vor dem ~ wird höchst gültiges Zeugnis und Pfandversprechen [laut weltlichen Strafgeldes nicht etwa im Geistlichen Gericht] abgelegt. Wer es falsch abgibt oder bricht, büsst [dem König] 120 Schill.; Ine 13. [Nicht bei jedem Zeugnis und Versprechen im weiten Westsachsen-Reich konnte der ~ von Winchester anwesend sein: es müssen besonders wichtige Fälle gemeint sein] **9b**) Der ~ segnet das Ordaleisen; *s.* 9c; Iud Dei IX[b]; **N** er bestimmt den Ort des Eisenordals; Wl ep 4, 2. Nur im Beisein des *iustitia episcopi* (Delegierten des Geistl. Gerichts) werde Ordal vollzogen 4, 1; *minister episcopi cum clericis suis* kommt zur Abhaltung des Ordals; ECf 9. [In den früheren Stellen fungiert der Priester im Ordal ohne besonderen bischöflichen Auftrag.] 'Nach des Erz~s und aller Bischöfe Gebot' ergeht das Gesetz übers Ordal; Ordal 1. 4. Die beim Ordal Umstehenden sollen alle fasten, wie Gott und Erz~ [ein für allemal] gebieten; II As 23, 2 **9c**) Weiteste Befugnis im weltlichen Rechtsleben, wie sie sogar zu Cnuts Zeit nicht praktisch galt, weisen dem ~ hierarchische Traktate zu, so *Polity* 6 und in *Gesetzen Episc.*: Dem ~ gebührt jede Leitung in Geistlichem und Weltlichem (1); als Schirmer gegen Sünden kümmere er sich um alles (7); er gestatte kein Unrecht (6); er weise neben weltlichen Richtern die Urteile [*domas dihtan* 9] und lege Streitsachen bei (4); er ordne das Beweisurteil an und dessen Vollzug in Eid oder Ordal (5; *o.* 9b); nach seinem Rate und geistigen Anteil richte sich Stadt- wie Landrecht (6); er bestimme und richte über Mass und Gewicht; 6. 12 **9d**) König und ~ sollen Streit schlichten und Friede wirken; *Polity* p. 422. 426 = *Homil. n.* Wulfstan 266 **9e**) **N** Die Synode von 1102 verbot zwar: *ne episcopi secularium placitorum officium suscipiant;* dies Verbot drang noch lange nach 12. Jh. nicht durch **9f**) Der Prozess um Veräusserung von Bocland (*s. d.* 11) geschieht unter Kenntnisnahme von König und ~ [letzterer vertrat hierbei die Witan und war als Kenner des Urkundenwesens besonders nötig]; Af 41 **9g**) Im Gerichte der Grafschaft und dem [ebenfalls staatlichen] der Stadt [als Gauzentrums] seien anwesend Diözesan und Graf; sie sollen dort Kirchen- wie weltliches Recht anordnen; III Eg 5, 2 = II Cn 18, 1 = Hn 7, 2 = 31, 3 **9h**) Cnut gebietet allen 'meinen' Vögten, gesetzmässig zu regieren und gerechte Urteile zu fällen unter Kenntnisnahme der Diözesane und nach deren Erachten Milde zu üben; Cn 1020, 11 **9i**) Der gegen Kirchenrecht, 'mein' Königtum oder staatliches Recht Widerspenstige büsse gemäss der Weisung der Bischöfe; Cn 1020, 9 **9k**) Der wegen Jugend von Todesstrafe Begnadigte schwört den Ehrlichkeitseid, wie der ~ vorschreibt; VI As 12, 2 **9l**) Wer von Mordklage (und die Frau, die von Ehebruch) sich zu reinigen vergeblich versucht hat [und weltlich also verurteilt ist], wird bestraft wie der ~ *deme* d. i. entscheide zwischen verschiedenen Arten des Strafvollzuges; II Cn 56, 1 (= Hn 71, 1b. 92, 19a). 53, 1. Aus der ungenauen Übs. *iudicet* darf nicht Geistliches Gericht erschlossen werden. Der Staat behält bei handhaften Verbrechen das rein volksmässige Verfahren bei; der ordentliche Strafprozess aber erschien bereits so zweifelhaft, dass wenigstens die Strafabmessung den rohen Laien entzogen und dem milden unparteiischen Gebildeten übertragen ward. Ebenso befindet *o.* 8d. g der ~ über einen Teil der Strafe **9m**) Der ~ erlaubt (befördert), dass einem die Verstümmelung zwei Tage überlebenden Verbrecher Hilfe angedeihe; EGu 10 **9n**) Verwirkt ein Geweihter sein Leben durch Todschuld, so überwältige und verhafte 'man' [zunächst Verletzter bei handhafter Tat, od. weltl. Gericht] ihn bis zur Entscheidung des ~s [welche Strafe statt Todes eintreten solle]; EGu 4, 2 = II Cn 43 **9o**) **N** Ward ein Hingerichteter erwiesen als ungerecht verurteilt und zwischen

Verbrechern verscharrt, so erhält *iusticia episcopi* von dem Hinrichter Pfand und Bürgen für Strafzahlung, lässt den Toten ausgraben und christlich bestatten und empfängt vom Hinrichter drei Strafgelder wegen ungerechter Hinrichtung, schimpflicher Verscharrung und Beweisfälligkeit; ECf 36, 4f. [?Der weltliche Richter, der Herr und die Sippe des Ermordeten sind von diesem klerikalen Rechtsbuch vergessen] **9p)** Die schwachen Volksklassen stehen in besonderem Schutze der Kirche; *s.d.*, Unfreie, Armenpflege 3 **9q)** Der ~ neben dem König, bezw. Earl, vertritt an Fremden (*s. d.*) und Geistlichen (*s. d.*) die Stelle von Sippe oder Vormund = Schutzherr (EGu 12) und straft deren Schädiger; Geþyncðo 8. Den ~ lässt hier fort, obwohl sonst mit EGu stimmend, VIII Atr 33 = II Cn 40, ebenso Hn 10, 3. 75, 7 **10)** Der ~ dient den weltlichen Staatsaufgaben nicht bloss als Beisitzer und massgebender Berater des öffentlichen Gerichts, sondern auch allgemein als Kronbeamter **10a)** Die Geldstrafe vom ungehorsamen Vogt und ungerechten Richter treibt er dem König ein; II As 25 = III Eg 3 **10b)** Neben Grafen und Kronvögten hat der ~ aufzupassen auf Verfertiger oder Vertreiber falscher Münze; IV Atr 8 **10c)** Die Bischöfe, vór Grafen und Vögten, erhalten den Befehl, die vom Reichstag beschlossene Friedensordnung zu halten; ein Land und Leute regierender Thegn (darunter wohl der ~) büsst für ihre Verletzung 60 Schill.; VI As 11 **11)** Der ~ ist der wichtigste Kronrat. Bischöfe fehlen nie beim Witenagemot (Reichs- und Landtag) und nehmen teil auch an dessen rein weltlichem Geschäft **11a)** Sie sind stets mitzuverstehen unter den gesetzgebenden *witan, rædgifan, rædboran, principes, barones.* Mehrfach wird des Erz~s allein gedacht **11b)** Erwähnt werden folgende Bischöfe: Canterbury [im verlorenen Prolog zu Abt und wohl daher der Name in] Abt Insc; Canterbury und Rochester [die beiden Kents, die einzigen nach Amt oder Namen Genannten] in Wi Pro; Winchester und London [wohl die einzigen Agsa., deren Diözesen Wessex unterstanden; neben ihnen wird nur des Königs Vater bei Namen genannt]; Ine Pro **11c)** Im 7.—9. Jh. beschlossen 'in England viele Synoden [= Landtage] heiliger Bischöfe und auch anderer erlauchter Witan' über weltliches Strafrecht; Af El 49, 7 **11d)** Ein Wort 'Synode' bezeichnet geistliches Konzil wie Reichstag auch I Em Pro; *vgl.* Brunner I² 543 **11e)** Unter Æthelstan und Eadgar wird unter den Bischöfen der Erz~ von Canterbury (*s. d.*) erwähnt, unter Eadmund und seit 1008 auch der von York **11f)** Canterbury und 'meine anderen Bischöfe', ohne weltliche Witan beraten Æthelstan's Gesetze betr. kirchliche Zehnten und Almosen I As Pro. As Alm Pro. Canterbury allein ist genannt neben Edlen und Witan II As Epil **11g)** *Episcopi tui de Kantia et omnes taini* schreiben Æthelstan von ihrem Landtage in Kent III As Pro **11h)** Erz~ und Bischöfe halten zu Thundersfield Witenagemot ohne den König, der Botschaft sendet, der Erz~ solle die Witan [und durch sie das Volk] auf die Staatsgesetze verpflichten; VI As 10 **11i)** Der König lässt dem [vom Witenagemot also zufällig abwesend gewesenen] Erz~ durch einen ~ eine Reform betr. das Strafmündigkeitsalter verkünden; VI As 12, 1 **11k)** Beide Erzbischöfe [allein genannt] und viele andere Bischöfe erscheinen zwar neben weltl. Witan, allein nur jene Prälaten beratschlagen über das Gesetz, das allerdings rein kirchlich ist; I Em Pro **11l)** Mehrfach wird der Reichstag bezeichnet als Witan, Geistliche und Laien; II Em Pro. V Atr Pro; oder *episcopi sui* (des Königs) *cum sapientibus suis;* III Em Insc **11m)** *Dunstan arcebisceop sealde urum hlaforde æt Cingestune, þa hine man halgode to cinge,* den Krönungseid; Sacr cor Pro **11n)** 'Ich [Eadgar] und Erz~ [Dunstan] gebieten' Kirchengerechtsame; IV Eg 1, 4 **11o)** Die bisherigen Stücke betrafen vielleicht Northumbrien nicht; erst seit 11p wird York erwähnt **11p)** *Archipresules* von Canterbury u. York stehen mit Namen, in Lat. Paraphr., und *biscpa ræd* als dér massgebender Witan VI Atr Pro. 1. Dem religiösen ersten Satze der Bischöfe, neben denen freilich *universi optimates* erwähnt sind, folgt zwar *witena gerædnes,* die aber auch Äbte ermahnt, also von Bischöfen ausgeht; VI Atr 2. Das dann Folgende entstammt V Atr, obwohl V Atr Pro *læwede witan* erwähnt **11q)** Der Erz~ von York gibt dem Gesetz (mündliche? und) schriftliche Form; VI Atr 40, 2 **11r)** '*Cnut cyning gret his arcebiscopas 7 his leodbiscopas* (*archiepiscopo omnibusque episcopis*), Adel und Volk', beginnen Briefe mit staatlichen Verordnungen; Cn 1020, 1 (1027 Insc) **N 11s)** *Episcopales leges communi concilio et consilio archiepiscoporum, episcoporum, principum emendandas iudicavi;* Wl ep 1 **11t)** Wenige benannte Bischöfe [corrupt: alle, auch Erzbischöfe, unbenannt] bezeugen neben Grafen und Baronen CHn cor **11u)** Nur durch Lücke der Überlieferung also fehlen die Bischöfe in der Adresse von CHn cor Pro, Sp. 3 **11v)** *Henricus archiepiscopo Cantuar. et episcopis* lautet die Adresse des Freibriefs für London; Hn Lond Pro **11w)** Ein Londoner Verfassungsprogramm um 1200 wünscht, auf dem Reichstage an jedem 1. Mai soll aller Adel *fidelitatem regi iurare coram episcopis regni;* Lond ECf 32 A 6 **12)** Der ~ zählt zu höchstem Amtsadel und Grossgrundherren. Auch deshalb, nicht bloss als einem Staatsbeamten und Prälaten, gebührt ihm der Sitz unter Witan (*o.* 11) und im Grafschaftsgericht; *o.* 9g **12a)** Als Gutsherr halte der ~ die Kirchen seines Bistumslandes instand (I Em 5) und verzehnte sein Eigengut [das des Bistums und sein privates]; I As Pro **12b)** Der ~ hat auf seinen Gütern wie anderer Adel einen Vogt zum Verwalter (auch II Eg 3, 1 = VIII Atr 8 = I Cn 8 = Hn 11, 2) und hält Sklaven. Wird sein oder des Königs Esne verklagt, so schwört diesen der Vogt rein [nicht der ~ selbst: *vgl.* das Privileg des Thegn, den Klageeid (*s. d.*) vom Vertreter schwören zu lassen]; Wi 22 **12c)** Mehrere Bischöfe 'gehören zu London', d. h. haben innerhalb des Gerichtssprengels London Land und Leute (VI As Pro); gemeint sind mindestens die von London, Canterbury, Worcester, die in London begütert waren; Birch 400. 492. 561. 578; Kemble 716. 759; Domesday I 127a 1. Sie treten durch rechtsförmliches Versprechen in die Londoner Friedensschutzgilde der Bürger und Landgutsvögte ein; VI As Pro. [Später wurden Bischöfe *burgenses forinseci* von Städten, um ihren *nativi* dort Verkehrsvorteile zu sichern; Gross *Gild merch.* I 124. II 376] **12d**) Wenn das von einem Verbrecher verwirkte Vermögen besteht in *bisceopa land* [Land ausgeliehen aus dem Obereigentum eines Bistums; *vgl. biscepes land* a. 858 Earle 126 — der einzelne Kirchenfürst handelt für die Korporation, die er regiert; Vinogradoff *Mélanges Fitting* 521 —], so fällt dieses zur Hälfte an den König, zu einem Viertel dem Grundoberherrn [dem Bistum] zurück, zu einem Viertel an die klagende Londoner Gilde; VI As 1, 1 **12e**) Diesem ~sland vergleicht die Landleihen durch Oswald von Worcester, die aber, bei Verbrechen des Inhabers, ganz dem Bistum heimfallen, Vinogradoff 510. Des Bistums *dominium* (Unausgeliehenes) wird getrennt von *homines* I 546[a] **N 12f**) *Sua propria terra* (= *terrae proprii potentatus*), das Bistums-Amtsland (im Ggs. zu des zeitweiligen ~s privatem, persönlichem Vermögen), ist privilegiert mit *sacu 7 socn, toll 7 team 7 infangenþeof*; In Cn III 58, 1 (Hn 20, 2 auch von Erzbischöfen). Die *archiepiscopi, episcopi, comites, barones* rechnet zu den so Privilegierten eine Retr.-Klasse von ECf 21 **12g**) Weitergehend schreibt dem ~ fernere Rechte *in multis locis* zu In Cn [also nicht allgemein allem Bistumsland]: das Hundredgericht, Prozess über nicht vollendete Heimsuchung, Münze, Mass und Gewicht, die Orte des Gottesgerichts u. a. vorteilhafte Gewohnheiten; *vgl.* I 615[x–z] **12h**) Auf dem bloss käuflich hinzu Errungenen ist das Privileg des Adels kleiner; Hn 20, 2 **12i**) Der ~ übt *correctionem latronum, quousque sint condemnati ad mortem;* In Cn III 58, 1 [jedoch auch Bischöfe liessen Hinrichtung und Verstümmelung vollziehen; *vgl.* I 615[x]] **12k**) ~, Abt und Graf wende die Kesselprobe, als von Leo III., Eugen II. und Karl d. Gr. erfunden, als Beweismittel an; [festländisch] Iud Dei XII 1, 3 **12l**) Als Landesherr erkauft der Erz~ von Canterbury, wie nachbarliche Herzöge, für sein Territorium 991 von den Nordleuten Frieden; II Atr 1 **12m**) Canterbury und Rochester haben eigene Münzer; II As 14, 2 **12n**) Wie andere Grafen und Thegnas der Krone hinterlässt ihr der ~ Heergewäte; *s. d.* **N 12o**) Wie der Baron überhaupt Ritter, Hofbeamte, Dienstmannen unter seiner Bürgschaft (*s. d.*) hält, so besonders *archiepiscopi, episcopi, comites;* indem ein Überarbeiter diese 3 vór *barones* setzt, ordnet er jene ausser und über Baronen an; ECf 21 **13**) Der ~ steht im höchsten sozialen Ansehen; er geniesst und verleiht höchsten Schutz; *s. d.* **13a**) Der Geistliche ist trotz niederer Geburt hochzuachten, da Gott die ihm Wohlgefälligen erhöht, wie den Fischer Petrus zum ~; Grið 21 f. **13b**) Es ist Laienpflicht, dem ~ zu gehorchen; IV Eg 1, 8. I Cn 26, 4 = Grið 20. II Cn 84, 4a; *vgl. Homil. n.* Wulfstan 178. Über Gehorsam der Geistlichen *s.* 5c **13c**) ~s und Königs Wort [im Prozess] sei untadelig [unscheltbar, auch] ohne Eid; Wi 16 **13d**) ~s und Ealdormans Wergeld setzt Nordengland auf 8000 Tremissen (100 Pfund, nur 25 für den Thegn); Norðleod 3. Eadward I. zahlte den Dänen 40 Pfund Lösegeld für einen ~ (Ann. Anglosax. a. 918): vielleicht weil es nur ein Walliser war. **13dd**) Kanonistisch: *Qui occiderit episcopum, sit in arbitrio principis et episcoporum;* Hn 68, 6 *Qui episcopum vel presbiterum occiderit, regis iudicium est*; Theodor *Poenit.* I 4, 5. Den ~ lässt siebenfältig bezahlen *Can. Hibern.* ed. Wasserschleben **13e**) Der ~ steht dem König gleich, besonders bei Wi und Ine, in der Unscheltbarkeit des Wortes (*o.* 13c), in dem Privileg der Sklaven-Reinigung (*o.* 12b), in der Asylfrist (*s. d.* 14a nach Rochester), in dem Schutz des Hausfriedens (*s. d.*); hierin jedoch nur der Tatorts-Diözesan, nicht jeder ~; Ine 45, wogegen abändernd den König höher stellt Af 40 **13f**) ~s Gut elffach, Priesters neunfach; Diebstahl am König neunfach; Abt. 1. 4. Hierist jedoch vielleicht nicht ein ~ unter mehreren, sondern der noch einzige, Augustin, gemeint, also der Amtsgewalt nach Erz~ und Primas. Der Wiederholer setzt 'Erz~' Grið 7 = In Cn III 56, 1 **13g**) Erst hinter Erz~ und ~ ist der König genannt auf dem Witenagemot Wi Pro 2 **13h**) Bei Aufzählung verschiedener Stände wird der ~ dem König vorgeordnet in Wi 16. 22, und stets den Grafen, Thegnas und Baronen **13i**) Der ~ steht dem Grafen gleich, angeblich einst [vor 1066] in allem, jetzt [um 1110] in vielen weltlichen Gerechtsamen; In Cn III 57; in der Asylfrist (*s. d.* 14a, IV As 6, 2. Grið 5); im Empfang der Busse für verletzten Schutz, nämlich 2 Pfund (Af 3 = II Cn 58, 1 = Grið 11) oder $1^1/_4$ für *overseuness* (Hn 87, 5 = 35, 1; 1a) oder 1 Pfund (Leis Wl 16), was auch für Mannbusse (*s. d.*) anwendet ECf 12, 5, für Waffenzücken vor ihnen $2^1/_{12}$ Pfund (Af 15 = Grið 12); für blutigen Hausfriedensbruch $1^1/_4$ Pfd. (Ine 6, 2; unter dem neben Ealdorman genannten erlauchten Wita ist wohl der ~ verstanden). **N** Dagegen kostet Totschlag im Hause des Erz~s, ~s oder Grafen Leibesstrafe oder Geld je nach Schuld und Ortsrecht; Hn 80, 8f. **13k**) Bei Anklage durch den König hinterlege Beklagter 6 Halbmark [24 Ör] Pfand, durch Graf oder ~ 12 Ör; III Atr 12 **14**) Von Verklagung und Verurteilung eines ~s kommt in den weltlichen Stellen der *Gesetze* nur der Fall unerlaubter Jagd vor. Wer einen Hirsch im Königsforst erlegt, verfällt *in misericordia regis;* nur wer *nonregales* Tiere tötet, wird nicht auf Forstfrevel verklagt; Ps Cn for 26, *vgl.* I 624[r] **14a**) Unter Wilhelm I. und II. wurden Bischöfe, gegen *o.* 4, vor Curia regis gerichtet; *s.* Geistliche

Bischofspersonen und Bistümer *Vgl.* Beverley, Canterbury, Durham, Hereford, Hexham, Lincoln, London, Ripon, Rochester, Salisbury, Winchester, Worcester, York **1**) England umfasst 15 Bistümer (einschl. 2 Erzbistümer); Hn 6 aus dem Traktat I 552[f]. **1a**) Einst hatte Britannien 28, deren einige im 12. Jh. in Ruinen liegen; aus Galfrid Lond ECf 32 D 5

Bissen *s.* geweihter ~

Bittfahrtstage *s.* Wb *Gangdagas, Rogationes* **1**) Volksmassen strömen zur Kirche; Herzog Leofric [1057] träumte, er *geseah mycele weorud, swylce on Gangdagum* [er sah grosse Schar wie an ~n]; *Visio Leofrici* ed. Napier, *Philolog. soci.* 1908, f. 182 **1a**) Die ~ sind fronfrei für die Gutsbauern zu Stoke; Birch 594 **2**) An ihnen wird Diebstahl doppelt dem Bestohlenen gebüsst; Af 5, 5 So Ld. [Ob auch dem Richter doppelte Strafe gezahlt?] Nach dem Original trifft diese

Doppelung nur den Himmelfahrts-Donnerstag **2a**) Die Abtei Ramsey wird privilegiert mit Ertrag der Kron-(Straf)prozesse *inne þa hali wuca æt Gangdagas;* c. 1050 Earle 344 **2b**) Londoner Stadtrecht 1133 – 54 weist *en Ruveisuns mellee* (Rauferei) *u malfait dedenz la cité a la coroune le rei,* was sonst vors Stadtgericht gehört; Bateson II 47 **3**) Die ~ bilden einen Kalenderabschnitt: 14 Tage nach ~n sei jede Burg hergerichtet; II As 13 **3a**) Jeder darf [im Jahre dieser Amnestie] jeden Diebstahl ohne Strafgeld [allein] dem Kläger büssen bis zu ~n; V As 3, 1

Blasehorn *s.* Horn

blaseras nenn ich Sätze über Brandstifter I 388; übs. von Quadr 540, von Cons Cn 619

blasphemia *Spiritus sancti, id est cor impœnitens, non remittetur;* [aus Matth. und Paul.] Hn 75, 1a als Argument dafür, dass Verrat am weltlichen Herrn ewig unverzeihlich sei; also nicht im Sinne von Gotteslästerung *s.* Gott

Blauwunde *vgl.* Beule, Wunde **1**) *blaa,* im Ggs. zu *blodi* (*s.* blutig fechten) kommt Schottisch vor um 1270; Bateson II 9; *vgl.* Ducange *ictus orbus;* Maitland *Plac. Gloucesters.* 1221 n. 110; bei anderen Germanen: His 322 **2**) *Qui vulnus alicui faciet ac sanguinem, emendet per . . .; et remaneat* [es bleibe ungebüsst der Anspruch] *de cęcis ictibus;* Hn 94, 2. Durch die Blutwunde wird also ~ absorbiert **3**) *Si verberet cęcis ictibus et non cruentis* [wo also keine Strafe für Blutvergiessen eintritt], *witam* (Fechtstrafe; *vgl.* blutig fechten 1g) *emendabit domino, cuius hominem verberabit;* 94, 2c **4**) Von noch so viel unblutigen Schlägen werden nur 3 gebüsst, mit je 1 Schill.; aus Lex Salica Hn 94, 1, den Schill. zum Westsächsischen umändernd; den *colpus* setzt er zu 5 Pfennig auch 94, 4

Bleikessel *s.* Wb *lead* **1**) Ordal des Kesselfangs (*s. d.*) kann geschehen im ~; Ordal 1b **2**) ~ dient zum Wirtschaftsgebrauch des Herrschaftsguts; Ger 17 [für Milch, Brauen, Baden, Salz, Sieden, so *plumbei* in Domesday I 172]. *Vgl.* Napier Lex. 83

Bleiklempner (*leodgeotan*), Handwerker auf Herrschaftsgut; Ger 16. Blei dient für Dächer, Zisternen, Röhren, Nägel; Davenport *Norfolk manor* 21. Auch *leadgewiht*, unser Lot, in Urk. *Crawford char.* p. 7

Blendung *s.* Auge 4

blinde Hiebe *s.* Blauwunde bes. 2. 3

blutig fechten *s.* Wb *feohtan, fihtwite, gefeoht, feohtlac.* 1. Begriff. 1g—i. Fecht- und Blutvergussstrafe. 2. Friedensbruch. 3. Fechtstrafe, 4. Immunen verliehen. 5. ~ im Königschutz. 6. In Kloster. 7. In Kirche. 8. Bei Adel oder Freien. 9. Beim Gelage. 10. Geistlichen verboten. 11. Blodwite. 12. Empfänger der Strafgelder. 13. Beträge, 13a. auch für Bauern und Unfreie. 14. Nicht Fecht- und Blutvergussstrafe zu kumulieren **1**) Zum Begriffe des 'Fechtens' gehört das Blutige, denn 'zanken, raufen' (*u.* 3a), befehdendes Belagern (Af 42, 1), und Waffenzücken (*u.* 3c. d. 5b. d) sind davon getrennt. Letzteres ist die Vorbereitung zum ~ ~, wie in Hl 14 zum 'beflecken mit Blut'. Aus ~ ~ ergibt sich also entweder Wunde oder Totschlag; *s. d.* Nicht unter diesen Begriff fällt Töten des Feindes im Krieg; *s. d.* **1a**) Der, obwohl der Verfolgte sich ergeben will, in Blutrache ~ ~de zahle entweder Wergeld [wenn er ihn tötet] oder Wunde, je wie er verbricht; Af 42, 4 **1b**) Oft steht ~ ~ für 'Blutrache (*s. d.*) üben'; Af 42. 42, 1; 3; 4; *gefeoht* steht für *fæhð* II Em Pro 2 = 1, überschrieben 'Totschlag'; ~ ~ steht für 'töten in gerechter Selbsthilfe' Af 42, 7; über ein vom Totschlage durch Priester handelndes Kapitel (Af 21) setzt Rubrikator: 'vom ~ ~' **1c**) Nur als éin Begriff ~ ~ zu fassen ist *gif mon gefeohte and mon ofslea* Af 27. Das ~ ~ führt zum Totschlage auch Af 7, 1. 38 **1d**) Bei Totschlag wird 'Fechtstrafe' gezahlt Wer 6 [II Em 3?] = Hn 76, 5. 70, 4. 80, 6; 6a. Sie heisst *wite* schlechthin Af 2, 1. 7, 1. 42, 4 **1e**) Ebenso wie *o.* 1 'zanken' von 'fechten', steht 'tätlich weigern' getrennt von 'kämpfen und verwunden' EGu 6, 4f., wofür der Benutzer 'kampflich weigern' in Ggs. stellt zu 'verwunden'; II Cn 48 **1f**) Verwunden mit Ausschluss von Totschlag heisst 'Fechten' VIII Atr 4 = I Cn 3. Während also ~ ~ zweideutig 'verwunden' und 'erschlagen' umfasst, bedeutet 'Blut vergiessen' eindeutig letzteres; I Em 3. II 4 **1g**) **N** Einmal kommt 'Fechtstrafe' in Frage bei *verberatio absque sanguinis effusione* (Hn 94), aber zu einer Zeit, als für den Agsächs Begriff ~ ~ ein neues Wort 'Blut[verguss]-strafe' [*s.* Wb *blodwite*] eingetreten ist; *u.* 11. Es kann also um 1114 Fechtstrafe ohne Wunde vorkommen. **1h**) *blodwite* setzt nur Verwundung, nicht immer Totschlag, voraus (Hn 39. 94, 2d), kommt aber auch bei diesem vor; Hn 70, 4 **1i**) Nachdem dieser Verf. von c. 1114 über 'Blutvergussstrafe' gehandelt hat, zitiert er diesen Satz, aber statt *blodwitam facere* vielmehr *verberare* einführend (39 = 84a), so dass also selbst *blodwite* trotz der Etymologie hier für unblutige Schläge gelten kann: eine vielleicht nur nachlässige Unregelmässigkeit **2**) ~ ~ ist verboten als Friedensbruch (*s.* Frieden; *feohtlac* übersetzt durch *seditio* Cons Cn II 47) und nur ausnahmsweise erlaubt gegenüber Missetätern, in Blutrache und in Notwehr **2a**) **N** *seditiones* verbot Wilhelm I. seinen Normann. Truppen in England [Will. Pictav.]: wahrscheinlich ~ ~ **3**) Der schuldige Fechter zahlt dem Richter Fechtstrafe, abgesehen von Busse an den Getroffenen (bzw. Wergeld an dessen Sippe) und von der Busse für verletzten Schutz des Ortes, der Zeit oder der Gegenwart eines Adligen **3a**) Mitten auf dem Felde [wo also kein Sonderschutz verletzt wird] kostet ~ ~ 30 [emendiert aus 120] Schill., im Bauerhause 30, im Hause des Ealdorman oder anderen Kronrats 60 [Strafe an den König], beim Hausgefecht neben 6 bzw. 60 Schill. für den Bauern bzw. Adligen [als Hausfriedensbusse]; Ine 6. Die ersten 30 bzw. 60 Schill. sind also Fechtstrafe. Ebenso zahlt 30 Schill. [Fechtstrafe] wer beim Biergelage (*u.* 3c) rauft; Ine 6, 5 **3b**) Wer einen Freien erschlägt, zahlt [Strafe] dem König 50 Schill. als Herrschergeld; Abt 6. Da diese Summe Kents 'Königsschutz'-Fixum ist, so liegt vielleicht hier Strafe für verletzten Untertanenschutz, nicht Fechtstrafe vor **3c**) Wer beim Trinkgelage (*u.* 9) Waffe zückt, zahlt dem Hausbesitzer 1 Schill. und [dem König] 12 Schill. Strafe; wenn das Haus blutbefleckt wird, dem Besitzer dessen Schutz[bruchbusse] und dem König 50 Schill. Strafe [wie 3b]; Hl 13f. **3d**) Wer im Gericht ficht oder Waffe zückt [diese Alternative auch 3c. 5b], büsse zunächst [als Strafe für gebrochenen Gerichtsfrieden; *s. d.*] dem vorsitzenden Ealdorman 120 Schill. (falls sein Vertreter oder Königskleriker vorsitzt, diesem nur 30), ferner ausser Wergeld [des Getroffenen für dessen Sippe, für den König Fecht]strafe; Af 38—38, 2; *palatio* in QHs. R ist nur verlesen aus *placito*. Diese Stelle benutzt, den Ealdorman in einen Oberförster, das Gericht ins Forstgericht und die [als Mercisch angesehenen] 120 Schill. in 40 Schill. umwandelnd, Ps Cn for 17; als Strafe setzt dieser Fälscher des Täters Wergeld; für Fechten vor den *mediocres forestae* fordert er 10 Schill. **3e)** Der Name Fechtstrafe begegnet in Gesetzen (*s.* jedoch Urk. *u.* 4) seit Eadmund: Der Empfangsberechtigte erlasse sie nie; II Em 3. [Solche Strenge will Fehden unterdrücken] **3f)** Bei Totschlagsühne entrichtet die schuldige Partei die Fechtstrafe 21 Tage nach Mannenbusse (*s. d.*), aber 21 Tage vor Wergeld engeren Sinnes [nämlich ohne schon vorherbezahlten Halsfang]; Wer 6 [in II Em 7, 3 fehlt dies korrupt] = Hn 76, 3; 7c **3g)** ~ ~ im Kloster *s.* Asylbruch 3 **3h)** Unleugbarer Fastenbruch durch ~ ~ kostet doppelt [Fechtstrafe und (?) Schutzbruchbusse]; II Cn 47 **4)** Wie andere staatliche Rechte hatte die Krone die Fechtstrafe an die mit privater Gerichtsbarkeit von ihr Privilegierten bereits vor Cnut verschleudert. Solche Verleihungen sind die Urkk. für Worcester c. a. 890 Birch 579, für Ramsey c. a. 1060 Kemble 853, für Bury St. Edmunds 1065 n. 874, für Westminster 1068 *EHR* 1896, 737. 741, daraus (?) Kemble 825, angeblich vor 1066 **4a)** **N** Für erschlagenen Engländer gehört *wita* [Fechtstrafe] *et manbota dominis* [Herren privater Gerichtsbarkeit]; Hn 69, 1a **4b)** Im Ggs. hierzu gehört in Denalagu dem König Fechtstrafe über jedermann, ausser wenn er jemanden mit dieser Einnahme privilegiert; II Cn 15 (verlesen als [*feohwite*] *violatio monetae* In Cn) **5)** Geschieht ~ ~ im Hause oder trotz sonstigen Sonderschutzes des Königs, so fliesst in Wessex Fechtstrafe zusammen mit der Busse für gebrochenen Königschutz. [In Kent dagegen kostet je 50 Schill. **A.** Tötung eines Freien (*o.* 3b), **B.** laut des Satzes Abt 5, unmittelbar vorher, die im Königsort; diese Zusammenstellung hat nur Sinn, wenn neben jenen 50 diese 50 den Königschutz büssen [der 50 Schill. beträgt, laut Abt 8] **5a)** Im Königshause [oder Kirche, setzt Grið 9 hinzu] kostet ~ ~ Vermögenseinziehung und stellt des Täters Leben in Königs Entscheidung; Ine 6 = Grið 9 **5b)** Schon für dortiges Waffenzücken verfällt das Leben der Königsgnade; Af 7, während II Cn 59. Hn 10, 1. 13, 7. 80, 1; 7 (*in domo vel familia, curia regis*) bei ~ ~ bleiben **5c)** Für *mundbryce and hamsocne* droht diese höchste Strafe II Em 6, wohl '~ ~ mit Bruch von Königschutz' meinend, da jedes allein nur ein Strafgeldfixum kostet **5d)** Nur bei handhafter Tat kann ~ ~ oder Waffenzücken (Verwundung Hn 80, 7f.) am Königshofe ans Leben (Verstümmelung; Hn) gehen nach Af 7, dagegen ~ ~ auch bei nachträglicher Überführung nach II Cn 59 (und in Denalagu; Grið 15), wo aber Waffenzücken fortbleibt, = z. T. Hn 10, 1. 12, 3. 13, 7. 80, 1 **5e)** Der nur nachträglich Überführte löst sein Leben durch sein Wergeld (auch Grið 15) [ausserdem büsst er Wergeld des Erschlagenen für dessen Sippe], zahlt aber daneben [Fecht]strafe; Af 7, 1 **5f)** **N** Klage auf ~ ~ am Königshofe ist Kronprozess; Hn 10, 1 **6)** Nur éine Summe, 120 Schill., wird genannt für ~ ~ im Kloster Ine 6, 1 = Grið 9: wohl nicht (wie Schmid *Gesetze* 573, 2 meint) weil es unter Königschutz stand, sondern jene Summe wird (wie für Asylbruch) vom Kloster empfangen, laut Grið 10 **7)** Die übrigen Stellen über ~ ~ lassen nicht die öffentliche (dem Staate zukommende) Fechtstrafe erkennen, sondern nur die Busse, die der empfängt, dessen Schutz verletzt ward **7a)** Der Schutz einer Kirche, ohne Totschlag gebrochen, wird gebüsst nach ihrem weltlichen Rang; VIII Atr 4f. = I Cn 3f. **7b)** ~ ~ im Kloster ausserhalb der Kirche wird gebüsst nach des Klosters weltlichem Rang; Grið 10 **7c)** Totschlag innerhalb der Kirchenwände ist busslos [durch Geld nicht gutzumachen]; VIII Atr 1, 1 = I Cn 2, 3. Grið 13. Nor grið 1 **7d)** ~ ~ in der Kirche oder der Vorhalle kostet in Nordengland 30, Tötung in der Vorhalle 120 Schill.; Grið 14. 13, 2; *vgl.* I 473[f]. **7e)** ~ ~ in den Kathedralen York, Ripon, Beverley 24 Pfund (Nor grið 1), in Durham 96 Pfund; *Recap.* Elfredi hinter Sim. Dunelm. ed. Hinde a. 883. **7f)** **N** Der bei Rauferei in der Kirche Erschlagene liege [seiner Sippe durch Wergeld] unentgolten; Hn 87, 6a **7g)** Die Kirche ist Asyl (*s. d.* 9. 20f.), ~ ~ in ihr also Asylbruch (*s. d.*), dessen Verletzung ihr gebüsst wird **8)** Der Adlige (*o.* 3a), in dessen Ortsbezirk jemand Totschlag beging, erhält von diesem 12 Schill. Kentisch; Abt 13 **8a)** ~ ~ oder Waffenzücken vor einem Erzbischof [oder Prinzen; Grið] kostet 150 Schill., vor Bischof oder Ealdorman [anders *o.* 2] 100 [an diese]; Af 15 = Grið 12 (= [?] In Cn III 56, 2; in Übs. zu Af 15 wählt andere Zahlen In Cn); ~ ~ im Hause des Gemeinfreien, bzw. 600-, 1200-Schill.-Mannes: 6 bzw. 18, 36 Schill. an diese; Af 39—39, 2. Jene 6 Schill. wie *o.* 3a **N 8b)** Unter *forisfacturae*, die der Graf in doppelter Höhe wie der Thegn empfange, ist wohl auch die für Schutzverletzung durch ~ ~ mitgedacht; In Cn III 55 **8c)** Totschlag oder Verwundung im Hause von Bischöfen oder Grafen kostet Leibes- oder Geldstrafe; Hn 80, 8 **9)** Den im Bierhause (*o.* 3c) gegebenen Friedenschutz büsse der Totschläger mit 6 Halbmark [24 Ör], der Verwunder mit 12 Ör; aus Denalagu III Atr 1, 2 **9a)** **N** *In omni potatione pax Dei et domini ponenda; si a combibentibus quid* [~ ~] *agatur, overseunessa* (Ungehorsam, hier verschmolzen mit Schutzbruch) *domino domus;* Hn 81, 1f. **10)** ~ ~ ist Geistlichen (*s. d.*) verboten; *vgl.* Blutrache 3 **11)** Das Strafgeld *blodwite*, seit Eadward III. durch die Krone in Urkk. (Thorpe 359. 369. 384. 394) dem Adel verliehen, nach Steenstrup [*Danelag* 324] Dänischer Herkunft, jetzt *bloodwite*, kommt in *Gesetzen* nur bei Hn um 1114 vor; *o.* 1g—i **N 11a)** Er zählt es zu kleineren Strafgeldern und weist es stets den Herren privater Gerichtsbarkeit zu **11b)** Nur eine unechte Urk. erwähnt *blodwite* neben Fechtstrafe (Thorpe 384), während die entsprechende echte (Earle 343) *fihtwite* allein bietet. Hn erwähnt beide als Verschiedenes 23, 1. 94, 1b; 2c, scheint dagegen (70, 4?). 81, 3 (*fletgefeoht* = *blodwite*) beide zu identifizieren **11c**) Im Falle von *blodwite* zahlt an einigen Orten nur der Angreifer, anderwärts auch der Angegriffene, damit dieser sich nicht an schmutzigen Gewinn aus Wundenbusse gewöhne; Hn 39; derselbe Rechtsinhalt für Prügelei: 84 **12**) Empfänger von *blodwite* und *fihtwite* [und zuständiges Forum für den Prozess] ist der Gerichtsherr des Missetäters im Falle nur nachträglicher Anklage, dagegen der Gerichtsherr des Tatorts im Falle sofortiger Versetzung in Anklagezustand (*u.* 13b; Hn 23, 1. 80, 6), oder wenn er gleichzeitig Herr des Getöteten war; 80, 6a. Nicht immer also empfing der Herr des Erschlagenen *blodwite vel fihtwite* 70, 4; nicht immer der Herr beider Fechtenden *fihtwite;* 94, 1a **13**) Der Empfangsbetrag von *mundbryce* und *blodwite* sei für König und Thegnas 5/8 Pfund; Hn 37, 1: wenigstens für *mundbryce* ist das falsch. Der Gemeinfreie (*s.* Bauer 8a) erhält als Ortsherr für *blodwite, fletgefeoht, overseunesse* [= *mundbryce*] 1/8 Pfund, der Kötter 5/16, der Unfreie 1/40; Hn 81, 3 **13a**) Dass hier sogar der Unfreie eine Busse für Friedensbruch in seiner Hütte empfangen soll, entspricht nicht ursprünglicher Agsä. Unfreiheit **13b**) Dass *socmanni* unter Abtei Ramsey *blodwitam* besassen, sagt Domesday I 204a 2, und dass Wallingforder Hausbesitzer *habent sanguinem, si ibi effunditur intus, antequam calumnietur a preposito regis* [also nur bei sofortiger Versetzung in Anklagezustand, wie in 12], I 56b 1. Hiermit ist identisch *infiht*, oder *insocn*, Rauferei der Hausgenossen im Hause, wofür *wita emendabitur patrifamilias, si questionem* [aus *socn*, Gerichtsbarkeitssporteln] *habeat;* Hn 80, 12 **14**) An Unklarheit oder Textverderbnis leiden die Stellen 94, 1b; 2a; c; d. Nicht éin Gerichtsherr soll für éine Missetat *blodwite* und *fihtwite* empfangen; der Missetäter, sofort in Anklagezustand versetzt, zahlt dem Gerichtsherrn des Tatorts *fihtwite* und dem Herrn des Verletzten *blodwite* oder *overseunesse*. Vielleicht weil tatsächlich zumeist der Herr des Verletzten und der des Tatortsgerichts éine Person war, spricht jenem statt diesem (*fiht*)*wite* zu Hn 94, 2c; d

Blutrache *s.* Wb *wracu, wrecan* [diese Wörter bezeichnen auch ungerechte Vergeltung, gerichtliche Strafe, aussergerichtliche, nicht blutige, Selbsthilfe (*ultor* heisst auch wer Wergeld für den erschlagenen Bruder erzwingt Beda IV 21); *fæhð* [Haupt-(Tod)feindschaft, auch im Dt. MA. (Frauenstädt *Blutrache* 10), *vgl. fah(mon), gefa(h), falæce, feond(scipe), fæhðbot, faidia, infaidiare, inimicus, -citia, factio, werra*]. Auch dieser Wortstamm (worüber Brunner I² 221 f.) dient für privaten Feind und öffentlich Friedlosen; ausserdem heisst *fæhð* (*vgl. fæhðbot, werfæhð*) Totschlag und Beschuldigung eines solchen. Der Verfolgte 'trägt Fehde(last)', d. h. läuft Gefahr, in ~ erschlagen zu werden: ein Ausdruck auch anderer Germanen; Brunner 229[44]. *Vgl.* Totschlag, Schiedsgericht, Wergeld, Sippe, Heimsuchung, Fehde. 1. Grundgedanke. 2. Wer übt ~. 3. Klerikern verboten. 4. ~ nur für Totschlag. 5. Wen trifft ~. 6. Trotz Täters Friedlosigkeit. 7. ~ bedroht ganze Sippe, 8. später den Täter allein. 9. Dessen Sippe frei. 10. Wenn Wergelder des Täters u Erschlagenen ungleich. 11. Pflicht der Sippe, 12. des Herrn. 13. Sühne. 14. Wo ~ ausgeschlossen. 15. Nicht der Totschläger wählt, ob Wergeld oder ~ 16. ~ dauert 991. 17. Noch 1114 erlaubt. 18. Auslieferung des Mörders. 19. ~ trotz Sühne. **1**) Der ~ liegt der Gedanke zugrunde, Erschlagener werde, wenn sein Tod unvergolten, den Blutsfreunden Unheil bringen; Brunner I² 39. Andere Germanen beerdigen den Erschlagenen erst, nachdem am Täter ~ oder Ächtung vollzogen ist; Frauenstädt *Blutrache* 11 **1a**) Die ~ ist ursprünglich Privatsache unter den Sippen, geht den Staat nichts an und bringt ihm kein Friedensgeld ein; Röthe *Ältestes Strafr. d. Kulturvö.* 63. [Nur wo die ~ nicht eintrat, erhält der König Fechtstrafe schon seit Beginn der *Gesetze; s.* blutig fechten 3] **2**) Des Erschlagenen Sippe (oder ein Blutsverwandter) übt die ~; ihr gegenüber ist der Totschläger friedlos, 'Feind'; ihr ist es erlaubt, ihn zu töten; Beda IV 21. Ine 28. Af 42, 4. Hn 70, 8f. 88, 11; 11a. 92, 3b. ECf 12, 6. Bei Totschlag in einer Stadt ist zwar die ganze Bürgerschaft zur Verfolgung polizeipflichtig, zunächst aber die Sippe des Erschlagenen; II Atr 6 **2a**) **N** Wilhelm I. erlaubt 1074 für die Normandie die ~ nur dem Vater oder Sohne des Erschlagenen; *Ann. Cadom.*, ed. Giles *Script. Will.* 167. Der Hagestolz klagt: 'Nicht hoffen darf ich, dass ein Sohn mich räche an des Totschlägers Leben, wenn mich Feinde im Kampfe fällen'; Agsächs. Rätsel 21, 17 **2b**) Aus Analogie des Wergelds mit der ~ dürfen wir schliessen, dass auch die Gilde ~ zu üben bzw. zu leiden hatte für einen sippenlosen Genossen, der erschlagen ward, bzw. erschlug; *vgl.* 5b **2c**) Auch dem Vassallitätsherrn des Erschlagenen liegt ~ ob [wenn dieser sippelos]; Ine 74. 74, 1. Hn 88, 9a **3**) Verboten ist ~ Klerikern wie blutig [*s. d.* 10] Fechten überhaupt; der Mönch darf nicht einmal Wergeld, statt drohender oder zu übender ~, leisten oder empfangen, weil aus der Sippe ausgeschieden; VIII Atr 25 = I Cn 5, 2d **4**) ~ trifft [in der Zeit der *Gesetze*] nur Totschlag, nicht sonstige Verletzung; II Em 1 = Hn 88, 12a. 82, 2b. VIII Atr. 23 ff. **5**) Der durch ~ gefährdete Kreis umfasst ursprünglich des Totschlägers ganzes Geschlecht [so bei anderen Germanen; Brunner I² 224] und Vassallen **5a**) Sogar kriegsgefangene *gesiðas* des gegnerischen Führers sind bedroht von der ~ dessen, der im offenen Kriege einen Verwandten verlor; Beda IV 21 **5b**) Die Londoner Gilde erklärt sich solidarisch mit dem Verfolger ihrer Schädiger, gegen Rächer dieser Diebe ihm beizustehen 'in éiner Freundschaft wie Feindschaft', d. h. in Gemeinsamkeit des Rechts auf (und der Gefahr durch) ~; VI As 7 **5c**) **N** Gefahr vor Rächern zu laufen ist noch 1114 so gewöhnlich, dass als Sunne (*s. d.*) gilt: *sui hostes;* Hn 59, 1a. Derselbe Verfasser erklärt den Hass, der einen Richter Unschuldigen zu schaden veranlasst, als *factio*, womit er sonst ~-Feindschaft übersetzt; Iudex 7 Q **5d**) Nicht bloss Verwandte, auch alle Landsleute des Friesischen Kaufmanns, der Ende 8. Jhs. zu York den Sohn eines Anglischen Grafen erschlagen hatte, fliehen vor der ~ durch die Northumbrer; *Vita s. Liudgeri* auct. Altfrido I 11; *Mon. Germ. SS.* II 407 **N 5e**) Als Bischof Walcher v. Durham einen des Mordes schuldigen Verwandten schützte, ward er 1080 mit diesem und Lothringischem Gefolge durch Northumbrische Freunde des Erschlagenen öffentlich umgebracht; Flor. Wigorn.; Will. Malmesbur. *Reg.* ed. Stubbs II 330 = *Pont.* III 132 **5f)** Nicht gegen *homines vel servientes* des Totschlägers, auch nicht gegen den Ehemann der Totschlägerin, nur gegen den *consanguineus* und *affinis* [hier nicht 'Verschwägerten', sondern (wie schon bisweilen klassisch) 'Verwandten'] erlaubt ~ Hn 70, 12. 86, 2. 88, 9a; b **6)** Die Verantwortung der Sippe, ihre einstige Gefahr, durch Bluttat eines Genossen unter ~ zu fallen, wirkt nach in ihrer Haftung für einen Teil des Wergeldes, selbst wenn dieser friedlos flieht; Abt 23. Af 27 = Hn 75, 10 **7)** Der Rächer übe $^2/_3$ der ~ an des Totschlägers Vaterseite, $^1/_3$ an der Mutterseite, töte z. B. zur ~ für einen Thegn 4 dem Vater des Totschlägers und 2 der Mutter verwandte Gemeinfreie. Dasselbe Verhältnis trifft nach Hn die Wergeld (*s. d.*) zahlende oder zum Reinigungseide helfende Sippe **7a)** Nach Analogie der ~ mit dem Wergeld entgeht die Sippe, wenn der Täter in Friedlosigkeit flieht, wie einem Teile der Wergeldpflicht (Abt 23), so einem Teile der ~last; sie ward also praktisch von Gefahr frei, wenn der Täter höheren Standes als der Erschlagene war **N 7b)** Den Überschuss zuviel Getöteter rächt des Totschlägers Sippe an des Rächers näherer Familie oder weiterem Geschlecht; Hn 88, 11 — 11c. 70, 9. 74, 1a; b. Der Verf. von Hn archaisiert und schematisiert wie sonst wohl auch hier. Doch zweifelt Schmid (*Gesetze* 628) die Geltung der ~, auch gegen die Sippe des Totschlägers, für 1114 zu stark an **7c)** Freilich galt die ~ von Sippe gegen Sippe schon 1086 als Barbarei des Walliser Rechts: in Archinfield *si Walensis Walensem occiderit, parentes occisi predantur eum qui occidit eiusque propinquos;* Domesday, Herefords. I 179a 2 **7d)** Ebendort bestand noch 1221 die Totschlagsühne zu Recht, als anderswo die Krone längst den Totschlag strafen durfte; *Bracton's Notebook* ed. Maitland n. 1474 **7e)** Ende 12. Jhs. fordert vom überführten Totschläger *were suum* Leis Wl 7 L: wahrscheinlich [gegen meine Anm. I 499 Sp. 1[c]] Wergeld des Täters, also abweichend vom Agsä. Recht **7f)** Und wenn der Agsä. Annalist zu 1087 von Wilhelms I. Regierungszeit berichtet: 'Gute Polizeiordnung, Rechtssicherheit schuf er hierzulande; niemand wagte jemanden zu erschlagen, der ihm noch so viel Übel getan hatte', so meint er darunter Unterdrückung der ~, allein oder hauptsächlich, aber vielleicht nur im Verwaltungswege, ohne an ein Gesetz zu denken. Er übertreibt wohl hier wie sonst **8)** Seit Ælfred schränkt das Königtum die ~ ein; *s. u.* 14 **8a)** Nur den Totschläger selbst darf der Verfolger belagern und, falls Asyl- (*s. d.* 8) und Lösefrist verstrichen, töten; Af 42, 1 **8b) N** Nur ihn bedrohe ~, falls seine Sippe nicht für ihn in einem Jahre Wergeld zahlt; Hn 88, 12a **8c)** *Vgl.* 2a **9)** Eadmund I. beklagt die Häufigkeit der ~ und befiehlt [dem wirklichen konservativen Rechtsbrauche weit voraufeilend]: der Totschläger allein trage Fehdelast, die er durch Wergeld abkaufen mag, nicht seine Sippe, wenn sie [entweder Wergeld zahlt oder] sich von ihm lossagt; wer dennoch ~ gegen einen der ihrigen übt, werde friedlos; II Em Pro 2 — 1, 3 = Hn 88, 12 — 12d. [Dieselbe Beschränkung der ~ vollzieht Friesland; His 208] **9a)** Jene Lossagung aber ist gebrochen, die ~ tritt im weiteren Sinne wieder in Kraft, wenn ein Verwandter des Totschlägers ihn nachher begünstigt; II Em 1, 2 **9b)** Die Lossagung auch eines einzelnen *propter faidiam*, also um der ~ zu entgehen, ist vielleicht nur fremde Lesefrucht; aus Lex Salica Hn 88, 13; *vgl.* I 604[b] **10)** Jene Einschränkung konnte wirksam werden nur da, wo Totschläger gleiches oder höheres Wergeld wie Erschlagener hatte. Denn ~ für einen Thegn, der 1200 Schill. Wergeld hat, ist erfüllt erst durch Tötung von 6 Gemeinfreien zu je 200 Schill. Wergeld; Að 1. Hn 64, 2b [*Vgl. Litus si occiderit nobilem, vindicetur in illo et 7 consanguineis;* Lex Saxon. 18. Ähnlich auf Island; Maurer *Krit. Überschau* I 58] **10a)** Wo ein Ceorl einen Thegn erschlagen hatte und von der Sippe zur ~ ausgeliefert ward, wäre dieser also doch nicht voll gerächt; allein nur bei Preisgabe eines unfreien Totschlägers zur ~ kommt daneben noch Zahlung vor; Hl 1. 3. Der Thegn, der einen Ceorl erschlug, besass genug, um Wergeld zu zahlen **11)** Die Verwandten müssen mit dem Totschläger Fehde tragen oder an deren Statt zahlen; VIII Atr 23 = I Cn 5, 2b. Unrichtig versteht Schmid *Gesetze* 573 *moton* so, als könnten sie wählen, jener Pflicht sich zu entziehn; *vgl.* Brunner *Zschr. Sav. Rechtsg., Germ.* 3, 16 **11a)** Nicht Englisch ist das Verbot ihrer Hilfe, damit der Totschläger Rachetod leide; Brunner II 529. 631 **11b)** Durch Wergeldzahlung oder Auslieferung (Preisgabe) des Täters entgeht die Sippe der Gefahr, ~ zu leiden; allerdings nur für den Totschlag zwischen Engländer und Dänen wird das gesagt; II Atr 5 = Hn 70, 6 **11c)** Preisgabe des Täters durchs Gericht an die beleidigte Sippe zur Privatstrafe *u.* 18; anderwärts *s.* Brunner *Forsch. zur DRG* 474 **12)** Der Herr muss einen des Totschlags verklagten Unfreien vom Tode in ~ auslösen oder (so Hl 1. 3) der Sippe des Erschlagenen ausliefern; er kann (ist jener noch nicht in Anklagezustand versetzt; Hn) ihn auslösen oder freigeben, und jener ist der ~ ausgesetzt; Ine 74. 74, 1 = Hn 70, 3 **13)** In förmlicher Sühne (*s.* Schiedsgericht) kauft die Sippe zugunsten des Totschlägers die ~ ab; Ine 74, 2. Hn 88, 17 **13a)** *Angli proverbium habebant: 'Bugge spere of side* [den rächenden Speer von der bedrohten Brust] *oððe bere: lanceam eme de latere aut fer!* ECf 12, 6 **13b)** Ursprünglich wählte die beleidigte Sippe, ob sie ihr Recht auf ~ üben oder unter Wergeldempfang aufgeben wollte. Der zur Sühne ihr nahende Totschläger muss sich von ihr erst sein Leben sicherstellen lassen (II Em 7, 1): seine Zahlungsbereitschaft sichert ihn nicht vor ~ **13c)** Niemand räche oder fordere Bussgeld für einen (vór Amnestiezeitpunkt geschehenen) Totschlag (II Atr 6, 1): auch dies bedeutet wohl, dass die beleidigte Sippe zwischen ~ und Wergeldempfang wählt; *vgl.* Brunner I[2] 229[46] **14)** Allein das Königtum beschränkt sie in der Wahl seit Ælfred. Er verbietet die ~ erstens gegen den sich ergebenden Totschläger, für den binnen 1 Monat dessen Sippe Wergeld zahlt; widrigenfalls der Rächer

[Fecht]strafe und Wergeld schuldet und den Anspruch aus dem Tode seines Verwandten verwirkt (*hæbbe his mæg forworht* = *næbbe his agen forfongen* Af 2, 1); Af 5, 3. 42, 1—4 = Hn 82, 1 f. 83, 1 b—3 **14a)** Wer formwidrig ~ übt, entgilt sie als Missetat, gleich als hätte er von dem durch ihn getöteten Missetäter nichts erduldet; Hn 70, 10 **14b)** Zweitens darf der Rächer einen Ansässigen nicht angreifen, bevor er ihn zum Rechtsgang [mit Wergeldzahlung] aufgefordert und sieben Tage belagert hat; Af 42. 42, 1 **14c)** Eadmund I. verlängert die Frist der Wergeldzahlung von 1 Monat auf 1 Jahr; II Em 1 **14d)** Æthelred setzt das 5 Pfund-Strafgeld auf ~, die vor Aufforderung zur Sühne geübt war; IV Atr 4, 1 **14e)** [Auch in Friesland trifft ~ nicht den Sühne anbietenden Totschläger und erst nach vergeblichem Anrufen der Gerichte; His 208] **14f)** Drittens darf der Rächer Ort oder Frist des Asyls (*s. d.* 8 ff.) nicht verletzen und in Chester und Oxford Heimsuchung (*s. d.*), auch gerechte, nicht begehen **14g)** Viertens fällt ~ fort, wenn Gleichwertige einander töten; stand der eine Erschlagene höher, so *quærant parentes eius vindictæ superplus;* Hn 70, 8 f. = 88, 11 c **14h)** Fünftens bringt Totschlag ohne Absicht (*s. d.* 2 a. 5 a—7 c) nur ursprünglich, nicht mehr später, die Gefahr der ~, sondern nur die Pflicht der Wergeldzahlung; Hn 70, 12 a **14i)** Sechstens ist nur noch von Rechtsgang [mit Wergeld], nicht mehr von ~, die Rede gegenüber dem, der gutgläubig einen ihm Verdächtigen als einen Verbrecher tötete, sogar obwohl er die Form der öffentlichen Anzeige nachher vernachlässigt, oder nachträglich der Erschlagene gereinigt wird; Ine 20 f. 35. II As 11. ECf 36 **14k)** Die ~ wird siebentens unmöglich bei Verwandtenmord; *s. d.* **14l)** Achtens ist verboten die ~ für gerechte Bluttaten, nämlich für Notwehr oder Verteidigung des angegriffenen Herrn, Vasallen oder Verwandten (Af 42, 5) oder für Niederstreckung von Verbrechern bei handhafter Missetat oder bei Widerstand gegen gerechte Pfändung (EGu 6, 7 = II Cn 48, 3 = Hn 11, 11 c) oder Verhaftung oder für Hinrichtung kraft gerichtlichen Urteils **14m)** Letzterer Fall, ungerechte ~ für getötete Verbrecher, wird, wie ärgste Missetat, als Königsfeindschaft durch Tod und Vermögenseinziehung gestraft; II As 6, 2 f. = VI 1, 5. II 20, 7 = III Em 2 = Ap AGu 2, 1. [Der Sippe, die den gerichtlichen Verfolger ihres hingerichteten Genossen tötet, droht Todesstrafe Assisa Will. Scot. a. 1180, 15] **14n)** Sogar der Versuch, einen hingerichteten Verbrecher zu rächen, kostet 120 Schill.; II As 6, 3 **14o)** Diese vielen Verbote bezeugen die tatsächliche Häufigkeit des Vorkommens; *vgl.* VI As 7. Daher muss die Sippe des gerecht erschlagenen oder eingefangenen [also mit Tod bedrohten] Verbrechers dem Töter oder Einfänger Urfehdeeid schwören; Ine 35. 28 **15)** Nach jenen Fristen, nach Vergeblichkeit der Rechtsgangforderung, bei Verschiedenheit des Wergeldes der durch einander Getöteten tritt das Recht der Beleidigten auf ~ in Kraft, wird ihr Verzicht darauf gegen Wergeldempfang wieder freiwillig **15a)** Innerhalb jener Fälle in 14—14l gewinnt also der Totschläger ein ausnahmsweises Bussrecht. Aber niemals hat er etwa innerhalb der Gesetzlichkeit ein Fehderecht, d. h. die Wahl zwischen der Gefahr der ~ und Wergeldzahlung. **15b)** In dem Satz, 'dass Totschläger der Sippe Busse zahlen wolle' (II Em 7), liegt der Ton nicht auf dem Willen (als stände ihm auch das Gegenteil rechtlich zu), sondern auf der Bereitschaft zur sofortigen Sühneform **15c)** Nur ausserhalb des Rechts, nur faktisch, blieb dem Totschläger jene drohende Alternative des Sprichworts in 13 a (auch II Em 1) frei, bis er sich ins Wergeldzahlen fügte. Dass aber tatsächlich übermütige Gewaltmenschen Wergeld zu zahlen sich weigerten, beweist deren Ausschluss vom Königshofe; I Em 3. II 4 **16)** Wie stark um 991 Fehde aus ~ noch wütete, bezeugt der Friede mit dem Nordheere: die Versöhnung zwischen Engländern und Nordleuten kann erst wirksam werden, wenn für einen vorher geschehenen Totschlag weder ~ noch Wergeld gefordert werden darf; II Atr 6, 1 **N 17)** Gerechte ~ macht, wie Notwehr, um 1114 nicht straffällig; Hn 88, 19; *vgl.* 92, 3 b **17a)** Der gerechte Bluträcher darf den *inimicus* auf dem Wege (nur nicht auf befriedeter Königstrasse) angreifen oder zum Zweikampfe herausfordern; Hn 80, 4; 4 a **17b)** Der Totschläger in ~ darf die Leiche nicht berauben, sondern muss sie bestatten und die Tat bekanntmachen; Hn 83, 4; 6 **18)** Nicht ~, sondern Strafe, vollzogen vom Verletzten, liegt vor, wenn der unzweifelhafte Mörder, besonders Vergifter, der Sippe des Erschlagenen mit Hilfe des Gerichts (oder, wo Täter ein Unfreier, durch den Leibherrn) ausgeliefert wird, offenbar zur Tötung; Hl 1. 3. II Cn 56 — Hn 92, 15; 19. 71, 1 a (bzw. Ine 74 = Hn 70, 3) **19)** ~ nach (trotz) Totschlagsühne zu üben ist schwere Missetat, deren Justizertrag der Staat behält, auch wo anderes Strafgeld privaten Gerichtsherren verliehen ist; *Gamel habebat consuetudines præter* 6 *has: ... pugnam post sacramentum factum remanentem. Hec emendabat* 40 *solidis;* Domesday I 270

Blutsbrüder *s.* Eidbrüder

Blutschande *s.* Wb *sibleger. Vgl.* Unzucht, Eheverbot **1)** Von einem Paar, das ~ begeht, erhält der König den Mann, der Bischof die Frau; EGu 4. Für Ehebruch (*s. d.*) gibt diese Regel Hn 11, 5 und Domesday I 1 a 2; in I 26 a 1 ist nur ein Strafgeld von 100 Denar zu verstehen. Also meint (vielleicht?) auch EGu nicht Strafknechtschaft, die aber für Unzucht vorkommt, etwa durch Wergeld lösbar, sondern nur ein kleineres Strafgeldfixum **2)** ~ wird verboten VI Atr 12 = I Cn 7 = Northu 61—5; Cn 1020, 15; *vgl.* Wulfstan *Hom.* 165 **3)** ~ wird gebüsst nach dem Grade der zu nahen Verwandtschaft durch Wergeld, Strafgeld oder Vermögenseinziehung (die zumeist eine Abspaltung der Friedlosigkeit darstellt); ~ mit der Schwester ist schwerer als mit entfernter Verwandten; II Cn 51. 51, 1. [Geschwisterehe, frühesten Germanen bekannt, ward später mit Tod bedroht; Brunner II 665] **4)** Ist eine rechtsförmliche Ehe zwischen kanonisch zu nahen Verwandten gutgläubig eingegangen, so muss Ehescheidung (*s. d.*) folgen **5)** Wenn zwei Brüder oder nahe Verwandte éin Weib beschlafen, büssen sie Rechtsbruchbusse oder Strafgeldfixum; EGu 4, 1 **5a)** Land fällt um 972 zur Strafe an den Erzbischof von York, wo 2 *gebroðra hæfdon an wif;* Birch 1279 **5b)** *Mulier si* *duobus fratribus nupserit, abiciatur* von der Kirche *usque in die mortis;* aus Ps. Theod. *Poenit.* (*vgl.* Egbert *Poenit.* II 11) Hn 70, 17 **5c)** Bei den Briten hatten 10—12, bes. Brüder, gemeinschaftliche Frauen; Caesar *Bell. Gall.* V 14. Agsä. Polyandrie noch nach 1000 *s.* Eheschliessung 4c **6) N** Wilhelm I. erlaubte *nulli episcoporum, ut aliquem de baronibus seu ministris incestu denotatum nisi eius præcepto implacitaret aut excommunicaret;* Wl Edm 2, 3

Blutschuld des Unvernünftigen und Unbelebten *s.* Haftung, Tierstrafe

Blutzauber verboten II Cn 5, 1 Cons, welche Cnuts *blot* (d. i. Opfer) missversteht als *blod:* Blut

boc **1)** Das Wort hat in den *Gesetzen* unter vielen anderen Bedeutungen (*s.* Wb) nur einmal den Sinn 'Urkundenblatt' [der Gemeingermanisch ist; Brunner I[2] 565]. Eine Unterart dieses Sinnes, nämlich der 'dispositive Urkunde' liegt zugrunde für *bocland.* [Mit dem Ital. *libellus* (Brunner I[2] 289 ff. 304) hat diese Art des Grundeigens nur den Namen gemein. Das Institut ist ein anderes] **1a)** Beda sagt für ~: *scripta, litterae privilegiorum, carta; Ad Egbert.* ed. Plummer 414 f. 421. Eine Urk. von 897 braucht *hereditarii libri* und *privilegia* synonym für ~; Birch 575 **1b)** Auch *testamentum* kommt dafür vor; Af 41. VI As 1, 1 Q, häufig in Urkk., ohne dass damit letztwillige Urk. gemeint wäre **1c)** Auch *bocriht* (*s.* Wb) heisst nicht Testament oder gar 'Testierfreiheit' [gegen Kemble *Saxons* I 180] **1d)** Das Wort ~ für Grundeigen-Urkunde begegnet seit a. 808 Birch 326; *landboc* a. 823 n. 373, *gebocian* a. 858 n. 496 **2)** Vom 8. Jh. bereits gibt es für England zahlreiche echte Landverleihungsurkk., schon aus dem 7. Jh. einige **2a)** Diese Form der Landübertragung kam wohl mit der Römischen Kirche, der Lateinischen Schrift und Beurkundung nach England. Sie begünstigte zunächst die Sicherung kirchlichen Grundbesitzes; das Recht des Bocland wird in den Urkk. als kirchlich erkannt. Die Formeln der Agsä. *boc* ähneln den festländischen, die auf Röm. Rechte beruhen; *vgl.* Vinogradoff in *Mélanges Fitting* II 501 f. 519 **3)** Auf den *liber antiquus* (die Stiftungsurkunde) stützt sich späterer Grundbesitzwechsel in Bocland; Brunner *Rechtsg. Germ. Urk.* 167 ff. **3a)** Brichtric Grim schenkt Land zu Rimpton *7 agyfð þa boc, þe Eadred cyning him gebocode* [nämlich a. 956 Birch 931], *into þam Ealdan mynstre* [Dom zu Winchester] *to* [als Zufügung zu] *þære ealdan bæc, þe Æþestan cyning ær gebocode* [über anderes Land zu Rimpton, nämlich Birch 730]; Birch 931 Teil 2 **3b)** Ælfred zeigte den Witan das Testament seines Vaters (König Æthelwulfs) vor, laut seines eigenen Testaments; Birch 553

Bocland 1. Vier Bedeutungen des Wortes. 1a. Latein. Übs. 2. Frühestes Vorkommen. 3. Höchste Eigentumsart. 4a. Eigentümer: Adel. 5. Nicht bloss Königsvassallen. 6. Freie Verfügung. 6a. Vererbbar. 6f. *sundorland.* 7. Beschränkung des Erbenkreises. 8. Af 41. 9. Zuständig: Zentralgericht. 10. Fideikommiss. 11. Regierungsaufsicht. 12. Af umgedeutet durch Hn. 13. Ælfreds Testament. 14. Unterschied von Folcland. 15. Beziehung zur Krone. 16. Heimfall. 17. Verwirkung, 18. früher nur teilweise. 19. Königs ~. 20. Reichstagsbestätigung. 21. Rückwandlung in Folcland. 22. Immunität 23. Unter Strafgeld und Gericht der Krone. 24. Ansätze zum Lehnwesen. 25. Boc zugehörig zum ~. **1)** Das Wort hat Agsä. viererlei Bedeutung (abgesehen davon, dass es sowohl ein Landgut, wie das Besitzrecht daran bezeichnen kann): **A.** allgemein, untechnisch: grosses Landgut, für Lat. *prædium, fundus, territorium, possessio, possessiuncula terrarum*, *s.* Toller *Suppl.* 10C; für die drei letzteren Wörter setzt ~ der Beda-Übersetzer; *vgl.* Klaeber *Anglia* 25, 273. Dieser Sinn, nachweisbar vor 900, kann nur aus B, C, D später verallgemeinert sein **B.** Landgut, auf längere Dauer als zu blosser Leihe dem Besitzer übertragen, also in Ggs. zu *læn.* Dieser Sinn, nachweisbar unter Ælfred, ist aus C wahrscheinlich nur verallgemeinert. Wer auf bisherigem *hlafordes læn,* dem vom Grundherrn geliehenen Boden, eine Hütte mit dessen Hilfe gebaut hat, hofft, er werde dort ruhig bleiben dürfen und *bocland 7 ece yrfe þurh his hlafordes miltse gearnigen;* Ælfred *Augustin* in Pauli *Ælfred* 319 = Toller *s. v. læn* II = Kemble *Saxons* I 312. Da an ein bäuerliches Kleingut gedacht ist, braucht man für das Erhoffte nicht eine urkundliche Eigentumsübertragung anzunehmen **C.** Grossgut urkundlich verbrieft, in Ggs. zu Agsä. *læn,* aber unserem Begriff 'Lehn' verwandt, weil event. heimfallend. Diese Einrichtung ist wahrscheinlich der in D nur nachgeahmt, die dortige Verbriefung durch den König angewendet auf einen Magnaten. Zahlreiche Urkunden Oswalds von Worcester übertragen als ~ Grundstücke des Bistums, die der Empfänger früher als Leiheland besass, also künftig in Ggs. zu *læn,* dennoch aber nur auf beschränkte Dauer, meist dreier Leiber, d. i. des Lebens des Empfängers und zweier Erben: 2½ *hid Oswold arcebisceop selð Cynelme his þegne to boclonde* für die Lebensdauer zweier Erben, *swa he hit him ær hæfde to forlæten to lænlonde, ægðer ge on earðlonde* (Ackerflur) *ge on homlonde* (Weide); a. 984 Earle 208. | Derselbe *bocað, swa* (Empfänger) *ær hæfde to lænlande* Kemble 617; genau so 651; ähnlich 679 (*u.* 3c). 669. Es fehlt diesem Institut zum ~ eigentlichen, engeren Sinnes D auch die Bestätigung durch die Krone [**CC.** auch *læn* konnte verbrieft werden, lebenslänglich oder für drei Leben. Gewiss hiess die Urkunde darüber (z. B. a. c. 875 Birch 543, ferner 617) *boc.* Dass deshalb solches *lænland* mit der Institution C sachlich ganz identisch sei und auch *bocland* geheissen habe, ist aber nicht nachweisbar.] — Die Befristung auf drei Lebzeiten (auch Kemble 506. 508 f. 580. 644) führte vielleicht Erzbischof Theodor ein, aus Justinian; *vgl.* Maitland *Domesday* 303[3] **D.** Durch Königsurkunde (*u.* 1c) verbrieftes Landgut. *Carta allodii* ist Königs Prärogative; In Cn III 46. Offa bestritt dem Unterkönig von Kent das Recht, ohne ihn Kents *agros hereditario iure scribere;* Urk. a. 811 Birch 332. Diese Bedeutung ist nachweisbar seit 7. Jh. Die Verbriefung liegt laut der Etymologie ursprünglich in dem Begriffe. Die obigen Bedd. A B C sind hieraus nur abgeleitet. Diesen Sinn allein hat ~ in den *Gesetzen.* Nur hierauf bezieht sich alles Folgende **1a)** Übersetzer 12. Jhs. erklären ~ der *Gesetze* (*s.* Wb), wo sie das Wort nicht (wie Domesday I 116) im Latein beibehalten (Hn 13, 12. 70, 21a), *u.* als urkundliches. Nur vielleicht dies liegt in *terra testamentalis,* da *testamentum* (*s.* boc 1b) Urkunde allgemein heissen kann; doch sieht darin Beziehung auf des Erblassers freie Verfügung Vinogradoff *Mélanges Fitting* II 504. Solche meint sicher Ælfred, wenn er Oros. V 4 *Romanis traditam per testamentum Asiam* wiedergibt durch *to boclande geseald;* ed. Sweet 224 β. freies, d. i. adlig privilegiertes [ββ. *libera terra* heisst zwar im Domesday auch 'frei veräusserlicher Boden', allein die Stellen, wo Q und Cons diese Übersetzung bringen, betonen nicht die Verfügbarkeit (I Atr 1, 14. I Cn 11. II 13, 1), sondern des Eigentümers Thegnstellung] γ. erbliches d. i. wohl sowohl ererbtes wie auch vererbbares δ. Allod (*s. d.*), für den Normannen kein absoluter Ggs. zu *feodum*, vielleicht frei verfügbares Eigen, die Rücknahme durch den Verleiher ausschliessend, jedenfalls im Ggs. zu bäuerlichem abhängigen Besitz ε. als *feodum*, womit der Adel des Besitzers, die Erblichkeit, vielleicht auch die Herkunft des Rechtsgrundes von der Krone bezeichnet werden sollen. Alle diese Übersetzungen treffen nur je eine einzelne Seite der Einrichtung. Zu einer erschöpfenden Definition kennen wir aus dem Altertum keinen Versuch. Neuestens untersuchte die Einrichtung Vinogradoff *Growth of manor* 244 ff. und in *Mélanges Fitting* (1908) II 501 ff. **1b)** Das Wort ~ für das mittels Urkunde erworbene Land kommt auch Friesisch vor; Brunner I² 565 **1c)** Nicht in den *Gesetzen* kommt vor *(ge)bocian* 'durch Urkunde tradieren', stets von Landbesitz gesagt, in vielen Urkk., auch Ann. Agsax. a. 855; ferner *(land)boc (ge)bocian, þæs landes bec, þæt* [welches jem.] *sealde* **1d)** Ein Hendiadyoin für das vollständige Eigen samt Gewere an ~, zu welchem sowohl der Besitz des Bodens wie der Urkunde gehört, statt ~ ist *boc and land* = *land and boc* a. 839 (bzw. nach 962) Birch 426 (1063); *terram et libellos* Birch 313 **2)** Über Entstehung des Instituts *s. Boc* 2 **2a)** Das ~ war um 700 in Northumbrien weit verbreitet; Beda *Ad Egb.* 414 f. 421. Dorther fehlen Urkunden; für Südengland bezeugen es solche vom 7. Jh. her; das Wort ~ kommt in Urkk. zuerst a. 825. 863. 871—89 Birch 384. 507. 558 vor **3)** Das ~ ist stets ein volles Eigentum, nicht neuer Bestätigung bei Herrn- oder Mannfall bedürftig, also weder jener vom Obergrundherrn abhängige Großbesitz, von dem der Gefolgsadel (*s. d.*) vertrieben werden kann, noch ein Bauerhof im Dorfe unter einem Herrschaftsgut; *o.* 1a δ. ε. Es ist die meist erstrebte Art des Grundbesitzes, die zu erlangen sogar der König sich bei seinem Reichstage bemüht **3a)** So steht ~ II Eg 2 synonym mit dem zu verzehntenden *agen* I As Pro **3b)** Wo Gottes Segen als noch wichtiger erscheinen will denn der Menschen unabhängigster Besitz, heisst dieser ~: Gott sagt zum Menschen, Sein Regen erst befruchte dessen Land, wenngleich *þu wene, þæt hit þin ~ sy, þæt þu on eardast and on agene æht geseald* (du wähnst, deine Wohnstätte sei dein ~ und zu eigenem Besitz gegeben); Wulfstan *Homil.* 260 **3c)** Es erscheint als Vorteil, wenn man Grundbesitz fortan *hæbbe swa rúm to boclonde, swa he ær hæfde to lænlonde;* Urk. a. 972—92 Kemble 679; *vgl. o.* 1B. C **4)** Das ~ ist stets ein Herrschaftsgut, das der Eigentümer durch abhängige Leute bebauen lässt, nie etwa nur eine Viertelhufe, die der Besitzer selbst bestellen kann; *o.* 1A. 1a β **4a)** Sein Eigentümer ist (freilich ohne gesetzliche Beschränkung, doch faktisch) stets nur ein Kirchenstift (der äusseren Form nach dessen Prälat) oder ein weltlicher Adliger aus der ritterlich lebenden Klasse vom Thegn hinauf zum König; ~ zu haben oder *bocriht* von seinem Landgute zu geniessen, nimmt nur vom Thegn an II Eg 2 = I Cn 11. Rect 1 **4b)** Vom Benutzer des abhängigen Bodens heisst es nie, dass er kraft ~ besitze, oder (ausser 18), dass er auf ~ sitze **5)** Die Thegnas, welche ~ vom König empfingen, waren wohl zumeist des Königs Vassallen. Aber die Landgabe ist nicht (wie im Lehnwesen; *s. d.*) mit der Vassallität verknüpft; der Prälat war nicht des Königs Vassall; der Nachbesitzer, der vom ersten Empfänger des ~ erbte, vermacht oder geschenkt erhielt oder kaufte, brauchte nicht etwa beim Antritt des ~ des Königs Vassall zu werden **5a)** Von einem Inhaber von ~, der Vassall, aber nicht des Königs, ist, spricht II Cn 13, 1 **5b)** Nur ausnahmsweise wird künftige Treue des empfangenden Thegn gegen den König und Adel ausbedungen (Urk. a. 801 Birch 303; *vgl.* Brunner *Forsch. DRG* 24), niemals ein durch die Besitzart des ~ verschärfter Kriegsdienst **5c)** Wohl aber erstrebt die Krone im 10. Jh. den Heimfall des ~ bei Friedlosigkeit (oder Aussterben der Nachkommen) des Eigentümers und das Strafgeld, das dieser verwirkt; *u.* 16 ff. 23 **5d)** N Unter Heinrich I. gibt ein Rechtsbuchschreiber als die drei Stände der Denalagu an: *liberales, alodium (bocland) habentes, villani* (In Cn II 15, 1b, I 612), wahrscheinlich eine Stelle benutzend, die *cyninges þegn, landagende, cyrlisc man* schied. Hiernach rangierte der (nur durch Grundbesitz samt Immunität vornehme) Eigentümer von ~ als Mittelklasse hinter dem Königsthegn, der (neben dem ~) noch das Staatsamt als Adelsgrund aufwies. Wahrscheinlich liegt nur eine Verwirrung des Verfs. vor, der wohl weder die Begriffe noch die Zeitalter zu scheiden verstand **6)** Über ~ kann der Eigentümer frei verfügen, es verschenken, vermachen [*vgl.* Urk. a. 798 Birch 289], veräussern wie er will, wenn nicht der *liber antiquus* (s. Boc 3) die Verfügung beschränkt. Es heisst 'Erbland' nicht nur, weil es ererbt ist, sondern auch weil die *boc* und sie ergänzend der Inhaber die Erben bestimmen kann; Vinogradoff *Mél.* 504. 'Die Dispositionsbefugnis ist das wesentliche Merkmal von ~'; 510. Gute Beispiele für das Testieren über ~ sind Urkk. a. 805. 847. c. 890. 955 Birch 318. 451. 533. 912 **6a)** Mit dieser ewigen Dauer (*o.* 1B) tritt ~ in Ggs. zu *lænland*, das der Verleiher bei oder nach Lebzeiten des Beliehenen (längstens nach dem Tode zweier Nachfolger) einziehen kann **6b)** Natürlich kann dasselbe Gut, welches zwischen Staat und Eigentümer *bocland* ist, zugleich zwischen diesem und einem von ihm Beliehenen *lænland* sein; so Worcesters Bistumsgut *o.* 1C **6c)** Ein Testament von 956/7 verfügt über eine Anzahl von Landgütern und schliesslich über *eall þæt yrfe, þe ic hæbbe on lænelendum*; Birch 819. Thorpe 499 übs.: 'property in *lænlands*', und Earle 360 folgert, Læn sei also testierbar und erblich. Man verstehe aber: 'all die (Fahrhabe) Viehherden, die ich auf den [mir nur] geliehenen Gütern besitze'. Dann wird der Gegensatz gegen die zuvor erwähnten testierbaren Güter klar **6d**) Schon Beda schreibt: *laici, data regibus pecunia, emunt territoria et in ius sibi haereditarium regalibus edictis faciunt asscribi; Ad Egbert.* ed. Plummer 415; *vgl. in hereditatem propriam describere* Urk. a. 847 Birch 451 **6e**) Daher der Name *hereditarii libri* Urk. a. 897 Birch 575; und 'Erbland': *min ærfelond, þe ic et* [vom] *cyninge gebohte* [also nicht 'ererbt', sondern 'vererbbar'] *mid fullum friodome on æce ærfe;* Urk. a. 837 Birch 417 **6f**) Privates, frei verfügbares (*u.* 14) Land, aber nicht notwendig beurkundetes ~, heisst auch *sundorland,* z. B. *hi woldon sellan heora sundorland, mynster on to getimbrianne;* Wærferth *Dial. Gregors* 200. [*Vgl.* Dt. *sunder* = *forestis,* Individualeigen, bei Thimme *Archiv Urk. forsch.* II (1909) 109; Brandi, Kritik von Rübels *Franken* in Gött. Gel. Anz. 1908; ABRAHAM] **6g**) Eine Gewalttat Offas oder vielleicht die Absicht, der Verschleuderung von Land an die Kirche entgegenzutreten, liegt vor in Urk. a. 799, die dem König ein Recht vorbehält, die Veräusserung von ~ durch den Empfänger zu beaufsichtigen: *terram Egcberhtus ministro tradidit* [und zwar laut n. 332 *hereditario iure conscribendo*]; *ille dederat ad Ecclesiam Salvatoris; sed Offa rex possessiones distribuit ministris, dicens iniustum fuisse, quod minister eius præsumsisset, terram sibi a domino distributam absque eius testimonio in alterius potestatem dare;* a. 799 Birch 293 **6h**) Jedoch kommen im 10. Jh. auch andere Fälle vor, in denen der Veräusserer nicht ohne königliche Genehmigung über ~ zu verfügen wagt. Testator beschenkte bisweilen den König mit Legaten, damit dieser das übrige Testament bestehen lasse; Maitland *Domesday* 298. 299[a] **6i**) Dass der König die Testamente öfters brach und — vielleicht aus allgemeinen Rechtsgründen oder besonderer Abhängigkeit des Testators oder des legierten Gutes von ihm — brechen konnte, beweist der Fluch Wulfrics gegen jeden Brecher seines Testaments, *butan hit min ane cynehlaford sy; and ic hopige to him, þæt he hit* [das Verletzen] *nylle don;* Earle 221 **7**) Das Urbuch kann Beschränkungen enthalten (ausser den zeitlichen *o.* 1C) in bezug auf die Wahl des Erben oder überhaupt des Rechtsnachfolgers in ~ allein in einem bestimmten Kreise; Vinogradoff *Mél.* 506 **7a**) Besonders oft wird die Nachfolge in dieses Landeigentum gebunden an die Sippe des ersten Erwerbers und den Mannstamm: *in sanguinitate paterne generationis sexuque virili;* Urk. a 869 Birch 244. 524; in England kommt dies seit 8. Jh. vor, in Deutschland erst später; Brunner in *Encyclop. Rechts* (1902) 261. Andere Beispiele: Kemble I, xxx n. 147. 153. 299; *Saxons* I 262; Earle xx; Pol Mai II 241; Pollock *Land laws* 194; Digby *Hist. real prop.* 6; Brunner *RG Germ. Urk.* 190f. **7b**) Jene Beschränkung spricht zwar der Verleiher der Urkunde, der König, aus; suggeriert aber ist sie ihm vom Empfänger, der nicht immer das Land hiermit erst neu erwarb, sondern oft nur die bisher volksmässige Besitzart umwandelte in die neue freiere **8**) Solch ein Fall liegt in Af 41 vor. Das Gesetz wendet sich an (und, ich meine, gegen) den Eigentümer von ~, der dieses überkommen hat von seiner Sippe (Vorfahrenschaft; Var.), so jedoch, dass, laut der ~-Urkunde oder der statt dieser [die vielleicht verloren war] beweisenden Zeugenschaft, kein künftiger Eigentümer es aus der Sippe hinaus sollte veräussern können. Dieses Verbot steht in den erhaltenen Urkunden stets im Urbuch, das der erste Empfänger vom Stifter erhielt (nie als Zusatz in der *Carta nova,* durch welche sein späterer Nachfolger es weiter veräussern konnte), bisweilen aber auch im Testamente eines Nachfolgers. Ælfred meint diese zwei bestimmenden Geister: Ersterwerber und [im negativen Satze = 'oder'] Übergeber an den gegenwärtigen Eigentümer. Ælfred selbst band testamentarisch seine ~ [also unabhängig von deren Urbuch] an sein Geschlecht *on þa sperehealfe;* Birch 553 **8a**) Unzulässig scheint mir ['*him*: ihnen', also] als zweiten Faktor des Verbots den Verleiher der Urkunde anzunehmen, weil der Plural *sealdon* nur auf die Sippe, nicht auf den König sich beziehen kann. Auch wäre bei jener Auslegung ein Zwiespalt zwischen dem Willen des Verleihers und dem des ersten Empfängers als möglich gedacht, was der Errichtung von ~ widerspricht. Endlich wird *terram adquirere et dare* [hinterlassen] technisch gebraucht in Urk. a. 789 Birch 256 **9**) Vor der [durch jene geplante Veräusserung benachteiligten] Sippe unter Vorwissen [= Aufsicht] des Königs und des Bischofs soll der Prozess geführt werden, so fährt Af fort **9a**) Der Gerichtsstand für ~ ist also das Königsgericht, die Zentralregierung **9b**) Streit um ~ tragen zwei Abteien 759 vor dem König aus; Birch 186 **9c**) Indem Ælfreds Sohn vom Prozess um beide Arten von Grundeigen, ~ und *folcland,* spricht, unterstellt er nur letzteres dem lokalen Gerichtsvogt; I Ew 2, was ebenfalls für die alleinige Kompetenz des Königs über ~ spricht **9d**) Folkland wird dagegen unanfechtbar schon durch Zeugnis der Grafschaft; II Cn 79 [Sonst beriefe sich Beklagter auf Urkunde] **10**) Ælfreds Gesetz ist zwar in den *Gesetzen* das früheste Beispiel eines Familien-Fideikommisses, gibt sich selbst aber keineswegs als Einführung der Einrichtung, die ja auch in älteren Urkunden mehrfach nachweisbar ist. Ebensowenig konnte Ælfred eine blosse gesetzliche Bestätigung der geltenden königlichen Urkundenpraxis bezwecken; vielleicht wollte er lokale Justiz oder gar private Sippenentscheidung zugunsten des Zentralgerichts der Regierung zurückdrängen **10a**) Unzweifelhaft scheint mir an einen Prozess gedacht, bei dem der Beklagte der sippenwidrig Veräussernde (oder der durch solche Veräusserung besitzende Fremde), der Kläger aber der Sippenvertreter war. In vielen Urkunden wird berichtet oder vorgesehen, dass ein Verwandter die Veräusserung von ~ anfocht **10b**) Ich verstehe also *gerecce* als vom Sippenvertreter gesagt. Er konnte jenes Verbot (gegen Veräusserung aus der Sippe heraus) 'erweisen' durch Wortlaut der Urkunde, die zu produzieren er den Landbesitzer zwang, wenn sie nicht etwa (wie in Urk. a. 789 Birch 256) noch in seinem Besitze war oder vom Lande getrennt in einem Kirchenarchiv lag oder (wie die mehreren Verwandten gleichlautend übergebene Urk. a. 804 Birch 313) in mehreren Exemplaren existierte; oder er bewies durch Zeugen. Obschon der Landbesitzer formell näher zum Beweise war, konnte *gereccean* vom Kläger als dem materiell den Streit Vorbringenden gesagt werden **10c)** Dagegen versteht Vinogradoff *Mél.* 507: 'es sei dies rechtlich festgestellt durch Zeugnis des Königs oder des Bischofs'. Hierbei ist 'oder' sicher nur Irrtum; aber auch *on gewitnesse* kann nicht 'vermittelst' heissen (aus sprachlichen Gründen und weil ja dann der das Urbuch ausstellende König noch hätte am Leben sein müssen), steht vielmehr = *cum testimonio regis u.* 11, wo ein ~-Eigentümer sein Testierrecht feststellen lässt. Dass *gerecce* heisse 'man stelle fest', ist sprachlich möglich; zu verstehen wäre dann als Subjekt das Gericht, die Urteilfinderschaft; nur hätte dann wohl Ælfred fortgefahren *beforan þam mægum*, während *his* eher doch auf die Partei als Subjekt deutet **10d)** Dass nicht etwa der Veräusserer Subjekt zu *gerecce* sein kann, steht fest, denn sonst hätte die Verfügungsfreiheit, nicht ihr Verbot, Objekt sein müssen **11)** Die 'Aufsicht' von König und Bischof [*s. d.* 9f] kann abkürzend die Entscheidung durch Regierung oder Reichstag (*u.* 20) bedeuten; *vgl.* Urk. über ~: *archiepiscopus mihi iudicaverat cum testimonio regis et optimatibus, quando scripturas meas perscrutarent* a. 804 Birch 313; *cum consensu archiepiscopi et principum* Urk. a. 679 Birch 40 **11a)** Tatsächlich hemmte die Beschränkung der Veräusserung besonders die Ausdehnung kirchlichen Grundbesitzes [auch auf dem Festland; Lewis *Succession der Erben* 18] und hielt das ~ in der Sippe fest **12)** Indem Hn Ælfreds Satz wiederholt, ~, *quam ei parentes dederint, non mittat extra cognationem* (70,21a; ähnlich 88,14a mit dem Zusatze: 'besonders, wenn Sippe widerspricht, oder sich als Käufer [*s.* Vorkaufsrecht] meldet', aber ohne Erwähnung der ~-Qualität), lässt er die Ursache der Beschränkung, die Urkunde der Vorfahren mit jenem Verbote, fort; damit macht er irrig jedes ~ zum Familiengut, beeinflußt vielleicht vom Stammlehen seiner Zeit. Er versteht das Institut des ~ nicht mehr; Brunner *RG Germ Urk.* 192 **13)** Gegen die von seinem Vorfahren bestimmte Mannstammerbfolge manches ~ glaubte Ælfred in seinem eigenen Testament zugunsten der Weiberseite verstossen zu haben. Er hob nun diesen Verstoss nicht auf, verordnete aber, dass seine Verwandten die Mannesseite entschädigten [um so etwaige Klage durch letztere zu vermeiden]; Birch 553. Also unter Einwilligung der Sippe war die Beschränkung aufhebbar **14)** Durch die Verfügungsfreiheit des Eigentümers unterscheidet sich ~ von ererbtem *folcland*. Diese beiden Arten sind die einzigen des ererbten Grundeigentums; I Ew 2. Über *folcland* kann nicht testiert werden; tut es jemand, so erbittet er erst die königliche Einwilligung [Urk. a. 871—89 Birch 558] und die der Sippe: Testator hatte ein Gut dem Kloster verpfändet, wagt aber, im Ggs. zu ~, nicht es ihm zu vermachen; Urk. a. 996—1006 Kemble 716; *vgl. Gesta abb. S. Albani* I 33. Ererbtes Folcland folgt dem alten Geschlechtsrecht; ~ ist Individualeigen. Über erworbenes Folcland *s.* Erbgang. *Vgl. o.* 6f. **15)** Obwohl manches Landgut, das der König dem Wortlaute der Urkunde nach zu ~ verlieh, tatsächlich vom Empfänger bereits als *folcland* vorher besessen war, also nur sein Besitzrecht, nicht den Eigentümer wechselte und nur fiktiv als königliche Gabe erschien (Vinogradoff *Mél.* 516 ['der König gab mir das Land, welches mein Vater besessen hatte, frei veräußerlich' a. 1060—6 Kemble 821]), so folgt doch aus jener Verleihung eine besondere zukünftige Beziehung jedes ~ zur Krone, nicht bloss in der Genehmigung der Weiterveräusserung; *o.* 1D. 6g. Für die Normannen erschien jeder Inhaber von ~ daher als *Tenens in capite;* Vinogradoff *Engl. soci.* 414 **16)** Das ~ fällt der Krone heim, wo Erben fehlen; Vinogradoff *Mél.* 515 **17)** Ferner im Falle der Verwirkung [auch bei Unfähigkeit zur Strafgeldzahlung; Urk. nach 963 Birch 1063]. *Forisfactura alodii* ist Kronprärogative; In Cn III 46 **17a)** Wer im Kriege feige flieht, verliert alles Vermögen und Leben, und zwar Fahrhabe (*pecuniam* Hn) samt dem Land, das ihm der Herr [als *lænland*] gegeben hatte, an diesen, dagegen etwaiges ~ an den König; II Cn 77. 77,1 = Lond ECf 32 B 2 = Hn 13, 12 **17b)** Wer Friedlosigkeit-Missetat verübt, verwirkt ~, wenn er solches hat, an den König, wessen Untertan (*man*) er auch sei; II Cn 13, 1 = Hn 13, 1; *vgl.* 23a; Maitland *Domesday* 295. Dieser Heimfall des ganzen ~ an die Krone widerspricht früherem Rechte der nur teilweisen Verwirkung (*u.* 18) und zeigt, wie die Abhängigkeit des ~ von der Krone wuchs **17c)** Wahrscheinlich ~ meint mit der *terra,* die der Krone heimfällt bei Heerversäumnis in Berks. und Worcesters., *Domesday* I 56b 1. 172. **17d)** Im Ggs. zu dieser Verwirkung an die Krone, fällt jenes *lænland*, auch das vom Prälaten verbuchte, an den Verleiher: *wyrce þæt he wyrce, þæt land si unforworht þære halgan stowe* (welche Missetat der Inhaber auch begehe, das Land bleibe unverwirkt der Kirche); a. 962 Birch 1086 = 1088 = 1105. **17e)** Ein vom Stifte Winchester urkundlich ausgeliehenes Land zog der König wegen Unzucht des Inhabers ein, aber, wie K. Eadgar bekennt, nur ungerechterweise; Birch 617. 623. 938. 1150 **17f)** Dagegen ist ~ und durchs Bistum ausgeliehenes Land bloss zur Hälfte gegen Verwirkung durch verbrecherische Inhaber geschützt in 18 **18)** Londoner Lokalrecht 10. Jhs. lässt des Verbrechers verwirkten Grundbesitz nicht ganz einziehen, sondern z. T. der unschuldigen Witwe, also Sippe, und gibt auch das Eingezogene nicht ganz der Krone. Von dem gerichtlich eingezogenen Vermögen erhält, nach Abzug des eingeklagt gewesenen Ersatzgeldes, $^1/_3$ die Witwe, $^1/_3$ der König, $^1/_3$ die den Prozess führende [aber hier auch gerichtsherrlich auftretende] Londoner Gilde. [Dagegen] wenn es [das Vermögen des Diebes] ~ oder Bistumsland ist [d. h. wohl durch den Dieb entliehen war von einem adligen ~-Eigner oder einem Prälaten], so erhält vom letzten Drittel je die Hälfte der Grundherr [Adlige oder Prälat] und die Genossenschaft [die natürlich ebenso wie die Witwe nur *lænland*, wie einst der Dieb, gegenüber dem Obereigentümer besitzen wird]; VI As

1, 1. [Ist der ~-Adlige selbst der Verbrecher, so fällt also 1/3 an die Witwe, 1/6 an die Genossenschaft, 1/2 an den König als seinen Grundoberherrn]. Sollte (was nicht deutlich ist) die Witwe nur an Fahrhabe und Folcland ein Recht haben, so bedeutet die Stelle: 1/4 des ~ nimmt die Gilde [als *lænland*] und 1/4 der Grundherr **18a)** **N** Vermutlich an die Stelle eines ~-Eigentümers tritt später der mit Gerichtsbarkeit privilegierte Grundherr, der die Habe des ertappten Diebes, seines Hintersassen, ganz einzieht. Der Grundherr teilt mit der Witwe [Diebessippe], wenn er jene Immunität nicht besitzt [d. h. vielleicht: Nachfolger eines Folcland-Eigentümers ist]; Leis Wl 27 **19)** Der König selbst besass neben *folcland* auch ~, das er (oder ein Vorgänger) mit dem Reichstage sich selbst verbucht hatte, so in Urkk. a. 838. 847. 968 Birch 421. 451. 1215; ferner 1118. 1127; z. B. *eallra Westseaxna witan me gebocodon on ece erfe;* 605. Über dies Eigengut konnte der König dann erst ohne Bewilligung des Reichstags oder Königsgeschlechts frei verfügen, sofern nicht das Urbuch selbst ihn beschränkte. **19a)** **N** Nach 1066 ist *cyninges* ~ und *cyninges folcland* zur *terra regis* verschmolzen; über beides verfügt der König nun frei ohne Reichstag **20)** Die Bestätigung durch den Reichstag (*o.* 11) ist bei jeder Stiftung von ~ erfordert und bereits von Beda *Ad Egbert.* 415. 421 [auch *a rege eiusque consiliariis* (Witan) *terram* 3 *familiarum comparavit;* Vit. Wiremut. 9] erwähnt, dann in den meisten Urkk.; *vgl.* Vinogradoff *Mél.* 518; Brunner II 68. Eine Anzahl Beispiele, die des Reichstags nicht gedenken (bei Earle xxi), beweist nichts gegen die theoretische Notwendigkeit seiner Beistimmung **21)** Wenn umgekehrt des Königs ~ in *folcland* verwandelt wird (z. B. Urk. a. 858 Birch 496), so geschieht des Reichstags keine Erwähnung: Das Reich litt ja keinen Schaden, wenn Verschleuderung von Krongut unmöglich, dieses an den volksrechtlichen Erbgang gebunden wurde **21a)** Der König gab die Rückwandlung wohl nur zu im Austausch für jene Zuschreibung anderer Güter zu seinem ~ **21b)** Die unechte Urk. a. 699 Birch 101 spricht nicht von einer Rückwandlung zu Folcland, sondern von Ines Rückgängigmachung eines königlichen Geschenkes; dem Beschenkten es *diripiens, rei publicae restituit:* er gab es dem *folcland* wieder **21c)** Der Staat im Unterschiede vom König persönlich hat ein Interesse daran, dass nicht alles Folcland in ~ verwandelt werde, ein Interesse, das unmöglich den Erbgang des Gutes zum Grunde haben kann, sondern an der Befreiung des letzteren von öffentlicher Last liegen muss. So wird a. 858 genau so viel Boden, 5 Pflugland, in Folcland zurückverwandelt, wie ~ geschaffen wird; Birch 496 **22)** Sehr häufig ward ~ privilegiert mit Freiheit von Staatslasten oder mit Hoheitsrechten. Auch deshalb wohl heisst es *terra libera;* *o.* 1a β. Oft gewähren Urkunden, deren Wortlaut Grundstücke zu verleihen scheint, nur Hoheitsrechte **22a)** Freilich *Trinoda necessitas* (*s. d.*) behielt sich der Staat vor. Und neben dieser kennt weitere Grundlast wie Herstellung von Wildgehege für königliche Domäne, Steuern und militärische Pflicht zugunsten des Königs auf manchem ~ Rect 1, 1 **22b)** Landwirtschaftliche Dienste, die Oswald (Birch 1106. 1110) ausbedingt, betreffen aber verbuchtes *lænland* (*o.* 1C), nicht das ~ in e. S. **22c)** Von Staatssteuer frei machte 764 Offa 20 Pflugland — offenbar ~ —, die *olim habuerunt comites* [= *gesiðas*, zur Leihe] *et principes regum Cantiæ* [*sub*] *tributo quod regibus iure competit;* Birch 195 [unechter Form] **22d)** Niedere Fron (mit Gastung, Gerichtseinkünften) schuldete Folcland dem Staate nämlich auch in der Hand eines Herzogs; sein Hintersass vollzog sie **22e)** Der Schatz an Grundstücken, aus dem König und Reichstag ~ schaffen, heisst *sui* (des Königs) *proprii puplici iuris terrula* a. 811 Birch 335, wofür nur anderer Ausdruck: *terra iuris mei* a. 814 Birch 348; a. 833 n. 411; a. 858 n. 496 und *cyninges folcland* a. 858 n. 496. Hier heisst *publicum ius, ius regis:* 'Anspruch des Staats auf öffentliche Leistung neben Trinoda necessitas'; *s.* 22a **23)** Wie die Krone aber das ~ besonders an sich zu fesseln strebt, so auch dessen Eigentümer: der König erhalte jedes Strafgeld, das ~-Eigentümer verwirken; und ihrer keiner zahle prozessuale Busse [wenn auch in einem Privatgericht] ohne Kenntnisnahme des königlichen Gerichtsvogtes; I Atr 1, 14 **23a)** Hiermit wird, inmitten der stetig steigenden Abhängigkeit der Person und des Landes von privater Gerichtshoheit, wenigstens das durch ~-Eigentümer verwirkte Strafgeld dem Staate gerettet. Nicht jedes Strafgeld, aber doch die höchsten, nämlich Wergeld und ~-Einziehung, spricht dem Könige zu In Cn III 46; *vgl.* *o.* 17b **23b)** **N** Wahrscheinlich hierin liegt, neben anderen und fremden Einflüssen, eine der Wurzeln für den Satz: *baronum, senatorum in capitalibus socna regis est;* Hn 20, 3 **23c)** Thegntreue ist Bedingung der Verbuchung *o.* 5b **24)** Liegen in solchen Beziehungen des Inhabers und des ~-Bodens zur Krone Ähnlichkeiten mit dem Lehnwesen (*s. d.*), so kommt diesem näher das von Oswald verbuchte Leiheland (*o.* 1C) als ~ i. e. S. **25)** Das Landbuch und das ~ gelangten bei der Errichtung in éine Hand und sollten stets bei ihr bleiben, auch wenn eine Kirche das Land jemandem lebenslänglich verlieh; Syn. Calchut. a. 816 c. 7 [der Bodenbenutzer ohne die *libri primordiales* besass nur Leiheland, nicht ~; Brunner *RG Germ. Urk.* 182] **25a)** Allein die Boc konnte gestohlen werden und darauf sich falscher Anspruch an das ~ gründen (Urk. a. 975 Birch 1276), oder sie ging verloren und ward erneuert unter Verrufung der alten; Urk. a. 966 Birch 1186; a. 985 Earle 362 **25b)** Oder von zwei Brüdern [vielleicht einst Gemeineigentümern] besass einer das ~ und wollte dem andern, der die Urkunde hatte, diese abkaufen; Urk. nach 962 Birch 1063 **25c)** Oft wurden mehrere Exemplare ausgestellt, deren eines der ~-Empfänger, das andere eine Kirche erhielt, gewöhnlich die, zu deren zukünftigem Gewinn das ~ errichtet war; Urk. a. 837. 838 Birch 417. 421

Bocland, Hugo von, Sheriff von Herts. und (laut *EHR* 1911, 490) 7 ander. Grafschaften, [fälschl.] *iusticiarius Angliæ* genannt [damit Saint Alban's keinem Sheriff zu unterstehen scheine?] I 521[4]

Boden *s.* Besitz, Grundbesitz, Bocland, Folcland; Bauer, Landwirtschaft, Acker(bau) **Bodenzins** *s.* Abgabe

Boemund *s.* Wb *Boamundus*

Bogen *s.* Waffe

Bohnen; gemeint sind Vieh~, *vicia*, nicht Garten~. Der Sklavin des Herrschaftsguts gebührt u. a. Nahrungsmitteln ein Sextar ~ als Fastenzukost; [Rect 9

boldgetæl *s.* Grafschaft

bona fides *s.* Gutgläubigkeit

Borg *s.* Darlehn, Bürgschaft 1d

Börse *s.* Scheinbusse, Korb, Zugabe

Bote *s.* Wb *ærend, -dgewrit, -dian, -dwreca; radstæfn, missaticum, horswealh.* *Vgl.* Geleitsmann, Marschall, Missus **1**) Königs Wälscher Marschalk, der ihm ~ndienste leisten kann, dessen Wergeld ist 200 Schill.; Ine 33. Also ~ndienst für den Konig stellt ihn dem Agsä. Gemeinfreien gleich; *vgl.* fürs Festland Schröder *DRG*[5] 229. 448; bei den Skythen ist der Botschaftsmelder (neben Schenk, Koch, Stallmeister) Königs Hauptdiener; Herodot IV 71 **1a**) *Ceolulf rex .. sende his erendwreocan to W.*, ihn wegen eines Landgutstausches vorzuladen; Urk. a. 822 Birch 308 **1b**) Wihtlaf von Mercien bestätigt *donum nuncii mei* für Crowland; a. 833 Birch 409 (Fälschung) **1c**) Ein anderes Mercisches Privileg von 848 befreit von *cumfeorm* (Gastung der Ankömmlinge), fügt aber hinzu: *præcones si trans mare venirent ad regem vel nuntii de gente Occidentalium Saxonum vel Norðanhymbrorum, dabatur illis prandium;* Birch 454, verfälscht **1d**) Unter Eadward dem Bek. ist es in Archinfield ein öffentliches Amt, für den König über die dortige Grenze Botschaft nach Wales hineinzutragen; Domesday I 179,2 **N 1e**) Die Bestellung königlicher Briefe ist seit Normannenzeit eine *serjeanty*; Pol Mai I 263. Unter den *servientes regis* (*s* Amt 14) sind also auch ~n zu denken **2**) Wer den Königsboten tötet, verfällt *in misericordia regis* (Hn 79,2), nach Glanvilla in Leibesstrafe nach Königs Belieben; I 595[1] **3**) Æthelstan sendet der Grafschaft Kent Witan (*sapientes*) mit Reichstagsbeschluss, mit deren Rat und Hilfe sie diesem willfahrt; III As I **3a**) Er schickt zwei namentlich Bezeichnete an die vom Erzbischofe von Canterbury geleitete Versammlung zu Thundersfield; VI 10 **4**) Ein Adliger, der einen Thegn als Vassallen hatte, welcher dreimal mit seinen Aufträgen zum Königshofe gezogen war, konnte sich als Kläger durch diesen, auch im Vereid, vertreten lassen; Geþyncðo 3. Die Norweg. *gestir*, die als Aussenwächter, Kriegsspione, Ordonnanzreiter dem König im 12. Jh. dienten, vergleicht Larson *Household* 174 **5**) Der *geneat* muss dem Herrschaftsgut ~ndienst leisten; Rect 2 **5a**) Diese Last haftete oft an bestimmten Bauerhöfen; Vinogradoff *Villainage* 319; Neilson *Ramsey* 39 **6**) *Si quis alii missione in missatico causa mortis sit*, so muss er für dessen Tod Busse zahlen, ausser wenn er *potest iurare, quod per eum non fuerit* der ~ *vitæ remotior, morti propinquior* Hn 90, 11b; c. *Vgl.* Absicht 7d. 8; Haftung

Bracton's Rechtsbuch schöpft aus ECf [*vgl.* Maitland *Pleas of Gloucester* p. xxxi]: III 2, 10, 1f. (f. 124, ed. Twiss II 304. 306) aus ECf retr 21. 23. 23, 1; III 2, 11, 6 (f. 125b, ed. Twiss II 314) und III 2, 13, 4 (f. 128b, ed. Twiss II 338) aus ECf retr 6, 2; III 2, 15, 3 (f. 134b, ed. Twiss II 384) aus ECf retr 16. 16, 1. 15, 2ff. — Es zitiert ed. Twiss II 306 *leges Edwardi regis* unrichtig, folgt aber In Cn II 21. 20. 28, 1. Es schöpft auch III 2, 13, 1 (f. 128b, ed. Twiss II 336) aus In Cn II 13, 2. 15. *Vgl.* Liebermann *Leges Edw. Conf.* 122

brandmarken, *mearcian, signare.* *Vgl.* mengl. *mearcisen, branding yren* Mätzner *Wb* 330; andere Bed. hat *brandiren; s.* Wb **1**) Wenn ein Unfreier beim Ordal schuldig befunden wird, so werde er beim erstmaligen [Verbrechen] gebrandmarkt; I Atr 2 = II Cn 32, wo eine Hss-Klasse *þeofman* (Dieb) liest statt 'Unfreier'. Den Freien trifft hierfür nur Geldstrafe; I Atr 1, 6 **N 2**) *Si servus intra* 8 *den. furetur, reddat dominus capitale; et verberetur et signetur* der Sklav vom Kläger *prima vice;* Hn 59, 23 [ob aus 1?]. Für kleinen Diebstahl ~ auch Langobarden; Brunner II 607. 647; *vgl.* His 199. 347; Wilda 515; Grimm *DRA* 515; Oldenberg *Ält. Strafr. der Kulturv.* [Indisch] 86 **3**) Für grösseren [handhaften] Diebstahl mehrerer leiden alle den Tod; *de fugitivis vero — conducticiis vel residentibus* [aus *folgere ge heorðfæst*], *servis vel liberis — institutum, prima vice furatos reducendos et signandos esse;* Hn 59, 26 **4**) *Presbyter furtum aggressus est; ab episcopo decretum est vapulari, decalvari; et ipsius fronte nomen odibile prenotatum est: 'fur';* aus *Worcester eccles. coll.* festländ. Ursprungs *EHR* 1895, 726 **5**) Æthelgifu, K. Eadwis Frau, wurde [959] gebrandmarkt **6**) ~ wurde noch 1371 angewendet gegen die das Lohngesetz brechenden Arbeiter; Powell *Rising in East Anglia* p. 2; auch im späteren Engl. Stadtrecht: Bateson I 78

Brandstiftung *s.* Wb *blæsere, bærnet* [das Wort *brand* find ich nicht in diesem Sinne belegt], *incendium; vgl.* Baum 4f. **1**) Wenn Feuer ausbricht, entstanden aus der Verbrennung ausgereuteten Gestrüpps (*ryt*), so büsse den Schaden durch um sich greifendes Feuer, wer das Feuer angezündet hat; [geändert aus Exod.] Af El 27 **1a**) Brand infolge Abbrennens behufs Rodung gilt auch bei Burgundern als typischer Fall der Feuerverwahrlosung; Brunner II 658 **1b**) Das Heideabbrennen im März nimmt Walliser Recht aus von der Haftbarkeit für Brand; Rhys and Jones *Welsh people* 238; *vgl.* auch das Recht von Gwent *Anc. laws of Wales* 781 und über Waldbrennen behufs Rodung Rhamm *Grosshufen* 8 **1c**) Bei Homer *Od.* V 489 hält ein Landmann sein Feuer fern von *γείτονες ἄλλοι, ἵνα μή ποθεν ἄλλοθεν αὔοι* **2**) Brandstifter seien desselben Strafrechts teilhaftig wie die, welche für Verbrecher Blutrache (*s. d.* 14m) üben; II As 6, 2 [d. i. friedlos, laut 20, 7] **3**) Hauseinbruch, ~, offenbar erwiesener Diebstahl, unleugbarer heimlicher Mord und Verrat am Herrn ist unabbüssbar durch Geld; II Cn 64 = Hn 12, 1 **4**) Diese Zusammenstellung mit Mord auch *u.* 5. Beide verbindet das Moment der Heimlichkeit [eine spätere Entwicklung; Brunner II 655]. Neben den Diebesrächer tritt der Brandstifter auch in Norwegen (Wilda 945), neben den todeswürdigen Dieb in *Lex Salica*, ed. Geffcken 127. Das Moment der Nächtlichkeit, bei anderen Germanen (Brunner II 655), fehlt Agsä. auch beim Diebstahl; *s. d.* 22a **4a**) Den Tod auf ~ setzen auch andere Germanen; His 350; Brunner I[2] 468. II 654; andere Strafarten bei anderen Germanen ebd. II 656. Spätere Gesch. des Engl. *arson* *s.* Pol Mai II 490; ein Beispiel für Verbrennung: *Plac. Gloucestr.* ed. Maitland n. 216 **5**) Die der

~ oder heimlichen Mords Angeklagten bedürfen zur Reinigung dreifachen Eid (auch Hn 66, 9) bzw. dreifaches Ordal (nach Wahl des Klägers in Wasser oder Eisen); erbringen sie sie nicht, so entscheidet das Gericht, ob sie leben bleiben dürfen; Blas 1—3 **N 6)** ~ zählt zu den Kapitalklagen, die ohne Ratserholung sofort verneint werden müssen; Hn 47. 61, 17. 64, 2 **6a)** Wie nach II Cn 13 jede Friedlosen-Missetat der Kronjustiz untersteht, so ist *incendium placitum coronæ* Hn 10, 1, auch in der Normandie dem Herzog [vorbehalten

brauen *s.* Bier

Braut(kauf) *s.* Eheschliessung

N Bretonen *Vgl.* Britannien, Briten **1)** Die ~, als wild, zornig charakterisiert, werden von Heinrich I. besiegt; Quadr Arg 18 **2)** sollen, als einst aus Britannien ausgewandert, [um 1200] in England wie dessen Bürger gelten; Lend ECf 32 C; *vgl.* I 658[b. d.]

Breve *s.* Wb *gewrit, breve.* *Vgl.* Urkunde **1)** Gesetze in Form eines ~: Cn 1020 Pro. Wl lad Pro. Wl ep Pro. Wl Lond Pro [aus Formel Eadwards III.]. CHn cor. Hn mon. Hn com. Hn Lond **1a)** Wilhelms I. ~ für Lanfranc über Frackenham geht ebenfalls, nach dem Grusse des Königs in dritter Person, zur ersten Person über, wie das Agsä. ~, z. B. Kemble 821 **1b)** Über das Aufkommen dieser Urkk.-Form unter Æthelred II. *s.* Maitland *Domesday* 264 **2)** Ansätze dazu bieten schon I Ew Pro. As Alm. II Em Pro **3)** Die Anrede an 1200- und 200- [Schill.] Leute braucht Cnut wie Cn 1020, 1 auch sonst; Thorpe *Dipl.* 308 **N 4)** Heinrichs I. Krönungsfreibrief ist nicht als Charta (wie 1215 Magna charta) gestaltet, sondern ging in Writs an die Grafschaftsgerichte; Eadmer *Nov.* III p. 119 **5)** Den Beginn eines Rechtstraktats formt im 13. Jh. um zum Anfang eines ~ Wl art Lond retr Insc[f]. 17[66] **6)** Durch ~ wird Königs Sonderschutz verliehen, der einer Verletzung gegen den Beschützten strengere Strafe droht (Hn 68, 2) und dem Handfrieden (*s. d.*) gleich steht; Hn 10, 1. ECf 12—12, 3. 26. 27 **6a)** Dem ~ gleich galt vor der Eroberung das königliche Insiegel; *vgl.* Handfrieden **N 6b)** Price vergleicht die Geleitsbriefe, durch die der König Fremde schützt, z. B. a. 1200 Rymer *Foedera* I 80 **7)** *Contemptus brevium* (*regis*) und Totschlag am Überbringer verfällt den Verächter in *misericordia* (*s. d.*) *regis;* Hn 13, 1. 79, 2; *vgl.* I 595[i] **7a)** Norwegen kennt *bréfabrot* (Briefbruch) als Strafe für Verletzung urkundlichen Königsbefehls; Lehmann *Königsfriede* 217 **N 7b)** Noch 1250 bringt *contemptus brevium* als Hochverrat in Lebensgefahr; Pol Mai II 506 **8)** Unter *prælocutio* bei Hn ist nicht etwa das Writ zur Prozesseinleitung (mit Holdsworth *HEL* I 22[5]) zu verstehen, sondern Abmachung zwischen Krone und Sheriff betreffend dessen aussergewöhnlich weitgehende Gerichtseinkünfte

Briefe in den *Gesetzen:* Apostelbrief: Af El 49, 3; Grafschaft Kent an Æthelstan: III As; Cnuts ~: Cn 1020. 1027; **N** Heinrich I. an Paschal II: I 544; ~ Gerhards von York 545. *Vgl.* Breve

Britannien 1) N Fruchtbarkeit des Bodens, Lage, Ausdehnung, Vorzüge, Reichtum, Flüsse, Städte, Völkerschaften: [aus Galfr. Monmuth.] Lond ECf 32 D—D 7. E 4 **2)** Der Erzbischof von Canterbury nennt sich Erzbischof von ~; Wi Pro 1 **3)** Oberhoheit über ~ und die Nachbarinseln beansprucht IV Eg 14, 2; *totius Albionis imperator* heisst er in *V. s. Oswaldi* ed. Raine 448; *vgl.* Königstitel **3a)** Eadgar drückte seine kaiserliche Herrschaft über Gross~ wahrscheinlich aus durch die Krönung von 973; Stubbs *Mem. of St. Dunstan* CI **3b)** *Brytencyning* heisst der Herrscher schon im Agsä. Gedicht *Wyrde* 75; *vgl.* Toller *Suppl. Breotenwealda* **N 4)** Gross~, d. h. ausser England auch nördl. und westl. Nebenländer (Schottland, Wales) samt Inseln, identifiziert mit England der City-Politiker um 1200; Wlart Lond retr Insc. 1[d]. 2. Interpol. zu Hn 6. 6, 1. Lond ECf 32 A. 33; *vgl.* I 635[d. e]—9. 653—60[e]. 664 **5)** Gross~ dehnte Arthur über Skandinavien hin bis nach Lapland und östlichen Baltischen Ländern aus; derselbe Lond ECf 32 E **5a)** Er steht da als Vorbote jener Tendenzen, aus denen Edward III. 1336 schreibt: *Reges Angliæ domini maris totis præteritis temporibus extiterunt* (Rymer *Foed.* II 953), und das Parlament 1372 in der Petition sagt, noch 1352 und immer vorher galt und hiess der König 'der König des Meeres'; *vgl.* Jusserand *Wayfaring* 238 **5b)** Künftig zu benutzen: T. W. Fulton *The sovereignty of the sea: histor. claims of Engl. to the dominion of the Brit. Seas;* 1911 **6)** *Vgl.* Bretonen 2

Briten 1) N stammen aus Troja, heissen nach Brutus (Lond ECf 35, 1 A 2), beherrschten Britannien einst allein, wurden durch Pikten und Sachsen verdrängt (32 D 6), seit König Lucius (*s. d.*) bekehrt (11, 1 A 5. B 2), nannten zur Römerzeit Graf(schaft), Sheriff: *consul(atus)*, *viceconsul* (12, 10 A), die Ealdormen *senatores* (32 A), verheirateten ihre Töchter unter Arthur an Norweger (32 E 2) und gingen auf obrigkeitlichen Wunsch Connubium mit Engländern ein [wertlose Erfindungen eines Grossbritann. Programms um 1200]; C 3—8; *vgl.* I 658[i] **2)** Mit *Bryttas* [*vgl.* Toller *s. v.*], die IV Eg 2, 2 zu den Völkerschaften seines Gebiets zählt, meint er Cornische Kelten Südbritanniens. [Er trennt von ihnen *Scottas* (Goidhelen) und *Cumbras*; Birch 1267] **2a)** Sie behalten ihr Partikularrecht, mit Ausnahme einer Polizeiverordnung; IV Eg 2, 2—11 **N 3)** Die ~ sind eines der Britannien bewohnenden Völker um 1200; Lond ECf 32 D 6, mit Engländern verschmolzen zu *Angli-Britones*; 35, 1 A **3a)** *Britones Walliæ et Cornubiæ*, zugehörig zur Engl. Krone, wollte Wilhelm I. in Rechtssicherheit und Eintracht mit seinen Frankonormannen versöhnen [Erfindung desselben Londoners]; Wl art retr 1 **4)** *Britonum historia* *s.* Galfrid

Bromdun. Dortiger Reichstag bildet die Epoche, vor welcher die Bescholtenheit eines Angeklagten nicht in Frage kommt, wenn er nach ihr keiner Missetat überführt war; I Atr 1, 2 = III 4

Bromton. Chronik des Johann von ~: I S. XIX

Bronze *s.* Erz

Brot *s.* Wb *hlaf.* *Vgl.* Bäcker, Getreide, Mehl **1)** gebacken in Laib bestimmter Grösse. Denn 300 *hlafa* neben anderen Naturalien werden von 10 Hufen jährlich dem Grundherrn entrichtet; Ine 70, 1 **1a)** 6 Laib steuert der Gebur dem Domänen-Schweinehirten des Herrschaftsguts; Rect 4, 2c **2)** Dass der Laib unter 2 Pfund wog und Hauptnahrung bildete, *o.* S. 115; sogar nur etwa ein Pfund ist anzunehmen nach der Berechnung Maitlands (*Domesday* 439), der Angelsachse habe täglich 2 Pfund ~ erhalten; *s.* jedoch 'Gewicht'. Gewaltige ~e empfingen frenende Gutsleute in Deutschland vom Grundherrn; Meitzen *Siedelung* II 596 **3)** ~ als Almosen, für jede Seele eines Gildegenossen, steuern die Londoner geschmiert (*vgl.* Zukost); VI As 8, 6 **4)** ~, Wasser und Vegetabilien bilden Fastenkost; II As 23, an drei Tagen der Landesbusse VII Atr 2. 2, 3a = VIIa 1 [Gersten~, Salz, Früchte, Gemüse, Kraut laut *Homil. n.* Wulfstan 173]; ungesäuertes Gersten~ ist Fastenkost des Ordalprüflings; Iud Dei X 1, 1.

Brotesser *s.* Gefolge, Biergelage 1b

Brücke *s.* Wb *brycg* **1)** ~ machen zwischen Häusern, vielleicht mit Bohlen (Planken) oder Steinen pflastern, ist eine der Obliegenheiten des Vogts auf dem Herrschaftsgut; Ger 13 **1a)** Den Weg über sumpfigen Boden mit Querhölzern belegen, heisst ihn 'brücken'; Riezler in *SitzBer. Bayer. Akad.* 1909, 57; *vgl. lapide et ligno vias constravit;* Simeo *Hist. Dunelm.* 3, 9 ed. Arnold I 92 **1b)** Die Bed. 'gepflasterter Weg' für *brycg* nimmt an Leo *Rectit.* 56. 223. Dafür spricht zwar, dass *stanbricge* (*s.* Toller): *lithostratos*, Steinpflaster(weg), glossiert wird, und '~' nord. und ndld. 'Hafendamm' bedeuten kann, auch *brycg* 'über schlechte Wege' hilft; Toller *Suppl.* 108b *s. v.* **1c)** Wo aber Urkk. Lateinisch lauten [reiche Sammlung der Ausdrücke gibt Toller ebd. *s. v. brycggeweorc*], steht für die Last des ~nbaues stets *pons* und nicht *via* oder *strata* **1d)** *viaticus pons* (Urk. a. 1008 Kemble 1305) heisst wohl nur ~ im Zuge der Heerstrasse; *s.* 2a **1e)** Stein~ in Agsä. Urkk. *s.* Earle 517 **2)** *brycgbot* oder *brycggeweorc* (jenes für dieses setzt Q; *brycggeweorc* in Urk. a. 1006 Kemble* 715; a. 1042 Earle 242; a. 1061 Kemble 1341) ist [auch in Schottland; Lawrie *Early Scot. char.* 232] Teil der *Trinoda necessitas; s. d.* u. Burg 6—6d **2a)** Zu *consuetudines regum inter Anglos* rechnet *emendatio fracti pontis in via regia* (*s.* 1d); In Cn III 50, 1 **2b)** Für die Cam~ in der Grafschafts-Hauptstadt Cambridge zahlen die Grundeigner der Shire je nach Hufenzahl *pontagium;* Maitland *Township* 37

Brüder *s.* Wb *broðor* **1)** Wenn dem Erblasser Kinder und Eltern fehlen, erben ~; aus Lex Ribuar. Hn 70, 20 **1a)** ~ stehen innerhalb des Knies der Verwandtschaft und erhalten Anteil am 'Halsfang' für den Erschlagenen; Wer 5 **2)** Beschlafung eines Weibes durch ~ *s.* Blutschande 5 **3)** Der Bruder darf töten, wen er ertappt bei verschlossenen Türen oder unter einer Decke mit seiner ehelichen Schwester; Af 42, 7 [Er hütet ihre Keuschheit schon bei Indogermanen; Schrader *Indogerm.* 103] **4)** Alle Christen sollen sich als ~ betrachten, da sie Kinder des himmlischen Vaters und der Mutter Kirche; [aus Wulfstan] Grið 3a

Brünne *s.* Panzer

Brunnen *s.* Wb *wæterpytt* **1)** Wer eine Wassergrube gräbt oder eine geschlossene öffnet, zahlt Entgelt für das hineinstürzende Vieh, behält aber den Kadaver; aus Exodus Af El 22 **1a)** Daraus und aus Ribuar.: *Si quis puteum fodiat vel disclaudat, et aliquid incidat, ut mortem vel debilitatem incurrat, eque bonum restituat, mortuum vero vel debile ad se recipiat;* Hn 90, 3 **1b)** Die Verantwortlichkeit des ~gräbers *si aliquid in puteo alterius ceciderit* lehnt Langobard. Recht ab, damit nicht die Allgemeinheit Wassermangel leide, indem *nullus permittit de poteo suo aqua levare;* Rothari 306; Liutpr. 136

Brythonen *s.* Briten

Buche *s.* Baum 3

Bücher *s.* Wb *boc. Vgl.* Bibel, Evangelium, Kanones, Rechtsbücher, *boc,* Urkunde **1)** Aus einem Teil der Kirscheneinkünfte durch Strafgeldempfang kaufe man ~; VI Atr 51

Buchland *s. Bocland*

Buckingham, Wilhelm Graf von ~ bezeugt CHn cor Test[a]

N Büffel kommen i. Königsforst vor; Ps Cn for 27, 1; *vgl.* I 625[c]. *Bubalis est bos indomitus, in Gallico bugle;* Alex. Neckam ed. P. Meyer in *Notices Extr. mss.* 35, 2 (1897) p. 677

Bündel *s.* Mass

Burchard von Worms. Sein Kirchenrecht benutzt die gleiche Quelle wie Hn I 548[e]. 550[m]

Burg *s.* Wb *burg, weorc* [= Festung, für *castellum* Northumbr. *Lucas* 8, 1]; *vgl.* Stadt, Burgtor, Haus. Das Wort bed. auch Gericht(stätte); *s. d.* **1)** ~ heisst das befestigte Hauptwohnhaus des Königs, Ealdorman, Gefolgsadels, Thegn, Vornehmen, Sechshundert-Schilling-Mannes (Ine 45. Af 40. II Em 2. II Cn 58, 2A. Rect 2. Ger 13. Grið 15), aber nicht des gemeinfreien Bauers; *s. d.* 13d **1a)** Doch steht noch 'Haus' für des Königs, Ealdorman und erlauchten Wita wie für des gemeinfreien Bauers Wohnung Ine 6—6, 2 **1b)** ~ ist Mittelpunkt des Herrschaftsguts; Urk. c. 822 Birch 308; *Paulusburh æt Lundænæ to bisceophamæ* (c. 990 n. 1288) umfasst das zur Kathedrale gehörige Grundstück samt Bischofshaus, während die Domkirche allein meint Urk. a. 1053 Kemble 956 **1c)** *Habitatio quæ in (Anglorum) lingua 'burgus' dicitur,* heute *Borgo,* bed. im *Liber pontif. Rom.* a 817—24 die *Ongelcynnes scolu* zu Rom; Ann. Agsax. a. 816 **1d)** Auch im Fries. Dorfe heisst das feste Haus *burg;* Rhamm *Grosshufen* 802 **2)** Über die Gestalt der Angelsächs. und der Anglonormann. ~ *s.* Mrs. Armitage *EHR* 19 (1904) 210 **2a)** Einhegung war frühere, Wall spätere Befestigungsart: *Bebbanburh wæs ærost mid hegge betined, æfter mid wealle;* Ann. Anglosax. 547 **N 2b)** ~befestigung durch Private, *castellatio trium scannorum* [mittels dreifacher Erdumwallung], zu erlauben, ist Prärogative der Krone [nach Karoling. Kapitularien, auch des Normann. Herzogs, im Deutschen MA des Stammesherzogs; Schröder *DRG*[5] 603]; Hn 10, 1; wenn unerlaubt, verfällt sie *in misericordia regis;* 13, 1. [*Vgl.* E. Schrader *Befestigungsrecht in Deutschl.* ABRAHAM] **2c)** Dreifacher Wall ist der normale ~entyp unter Wilhelm I. und seinen Söhnen. Ein Wall umgab den Gipfel des Erdhügels, einer den Burghof, einer stand auf der Gegenböschung des Grabens; Armitage 451[185]. 1905, 706. (Ein Beispiel zitiert auch Hale *Domesday of St. Paul's* p. CXXXVI). Der Erdkegel entstand in Frankreich um 1025, kommt vereinzelt in England seit 1050, häufiger erst nach 1066 vor; Armitage *Proc. Soc. antiq. Scotl.* (March 1900) 34, 260 **2d)** Um 1150 sagt *Sermo S. Mariae* 1. 17 ed. Vance (Diss. Jena 1894): *cæstel is geclypod sum héh stépel, þe byð mid wealle betrymed* **3)** Die ~ gewährt den Sonderschutz des Hausfriedens [*s. d.*], dessen Verletzung dem Eigentümer Bussgeld einbringt. **N** Wenn am Königshof [*s. d.*] *in burgo, castello regis* der Friede durch Totschlag gestört war, verfällt Leib oder Fahrhabe des Missetäters *in misericordia regis;* Hn 80, 1 **4**) Die Festung scheiden von der Stadt VI Atr 32 L (*u.* 6), **N** die Rechtsbücher unter Heinrich I. und das Londoner um 1200; diese stellen ~ neben Stadt als privilegiert hin, im Ggs. zum Dorf oder offenen Flecken **4a**) *Via regia dicitur quæ ducit in civitatem, burgum, castrum, portum regium* [wie in Normandie]; Hn 80, 3 a **4b**) *Ubicumque rex venerit in civitatem, burgum, castellum* [erst vom Retr. zugefügt], *villam,* kann er Gefangene befreien; ECf 18, 1 **4c**) *Civitates, burgi, castella, hundredi regni noctibus vigilentur pro maleficis* [aus Londoner Stadtrecht verallgemeinert]; Wl art retr 6 **4d**) *Nullum mercatum fieri permittatur nisi in civitatibus, burgis muro vallatis et castellis. Ideo castella, burgi, civitates sunt edificatæ ad tuitionem gentium;* 11 **5**) ~-herstellung heisst *burgbot* (*s.* Wb); synonym in Urkk.: *weallgeweorc* Birch 1233; Earle 242; *vallum aut fossam hostis obicere exercitui* a. 1009 Kemble 1306; *fæstengeweorc* Toller; *vallis constructio* Earle 112 [dagegen in *constructio regalis villae* fehlt militär. Zweck] **5a**) Dass einzelnem Grundstück nur ein Baupflichtanteil obliegt, bezeugt *arcis coædificatio* a. 964 Birch 1139 **5b**) Dass der Bau hölzern war: *festengeweorc hewe* [haue, von Zimmerarbeit] a. 902 n. 599 **5c**) Die ~herstellung ist ein Teil der Trinoda necessitas (*s. d.*), die Jahrhunderte vor Ælfred erwähnt wird, also nicht entstanden aus seinem und seiner Kinder ~enbau gegen die Dänen; sie gewinnt aber seit ihm an Wichtigkeit **5d**) Von Ælfred sagt Asser 91, 36: *assidue suos episcopos et comites ac . . suos ministros . . et praepositos — ad communem totius regni utilitatem . . usurpabat et annectebat. At si* 7 *imperata non implentur aut tarde incepta tempore necessitatis ad utilitatem exercentium minus finita non provenirent, ut de castellis ab eo imperatis adhuc non inceptis loquar aut nimium tarde inceptis ad perfectum finem non perductis, et hostiles copiae .. irrumperent,* 6 *tunc contradictores imperialium diffinitionum inani poenitentia pene exinaniti verecundabantur.* — [Z. 70] *Quod ante refutaverunt . . promittunt, id est de arcibus construendis et ceteris communibus communis regni utilitatibus. Vgl.* Petit-Dutaillis *Studies to Stubbs* 78 **6**) Man bemühe sich um ~- und Brückenherstellung in jedem Bezirk und um Landwehr, wenn so als notwendig beschlossen; V Atr 26, 1 = VI 31. 32, 1; 3 (gleichzeitig paraphrasiert: *arcium muri, urbes, oppida, castella, civitates vallis et fossis muniantur et circumvallentur* L) = II Cn 10. Also neben Erdwall und Graben kam doch auch Mauerung schon um 1000 vor. [Im 13. Jh. ist *muragium* ein Zoll behufs Erhaltung der Stadtmauern; Gross *Gild merch.* II 412] **6a**) Jede *burh sy gebet* (Staatsfestung werde hergestellt) 14 Tage nach Bittfahrttagen; II As 13 **6b**) Dreierlei leiste der Thegn [dem Staat] von seinem [*boc*]*land,* gemäss *boc*-Rechts: Landwehr, ~herstellung und Brückenarbeit; Rect 1 **6c**) **N** Der Pächter eines Dorfes übernimmt anf. 12. Jhs. dem Grundherrn gegenüber *villa guarantizanda contra castella* und Staatslasten; *Domesday of St. Paul's* ed. Hale 123 **6d**) Wer ~- oder Brückenherstellung oder Landwehr versäumt, büsse dem König 120 Schill.; II Cn 65 = Hn 66, 6. 6a; **N** er verfällt in Misericordia (*s. d.*) regis; Hn 13, 9 **6e**) Die Mauerherstellung einer Hauptstadt lastet bisweilen auf bestimmten Häusern, die Landgütern ihrer Grafschaft (bzw. Nachbarschaft) unterstehen; so in Oxford; *Domesday* I 154. Für jede Hufe in Cheshire bessert éin Mann Chesters Mauer. Die Geldablösung solcher Last hiess *walgavel* **6f**) Vielleicht teilweise hiermit hängt zusammen, dass der Thegn, der ländliche Adel, in der Stadt Grundstücke samt Hintersassen besass; so Tappenhall 2 *hagan binnan porte* (Worcester) Earle 239; Maitland *Domesday* 188 f.; Ballard *Domesday boroughs* 17. 31—36. 106; *EHR* 1907, 98 **6g**) Die Verteilung der Umwallungslast erscheint im Gutsrecht zu Tidenham: jeder *gebur dicie* 1 *gyrde burhheges;* Birch 928. Für je 4 Fuss Wall haftet 1 Hufe, vertreten durch 1 Mann, bei Toller *s. v. weallstillung* **6h**) In Deutschland waren die Dorfbewohner verpflichtet, die Mauern der nächsten Stadt mitzubauen, jedes Dorf sein Stück, wofür sie in der Stadt im Notfalle Schutz fanden; Keutgen *Unters. ü. Urspr. Dt. Stadt.* 45 **7**) *Arcis munitio distructiove* [der Feindes~], und daher statt Trinoda necessitas vierfache Staatslast, kommt vor in Urkk. a. 811. 822 Birch 335. 370

Bürger *s.* Stadt; Pflicht: *s.* Königstreue, Polizei, Trinoda necessitas; Christentum, Kirche, Moral

Bürgerkrieg 1) a. 1016 Quadr Arg 2. ECf 34, 2 b **2**) a. 1101—6 Quadr Arg 20. 25. II Præf 4

bürgerlich im Recht(sgang) *s. d.*, Gericht, Land(recht); Ggs.: Kronprozess, Kanones, Geistliches Gericht, Gerichtsbarkeit (private), Partikularrecht; Strafe

Burgric, Bischof von Rochester, oder Cyneferth mitgemeint unter den Schreibern Kents an Æthelstan III As Pro

Bürgschaft *s.* Wb *borg, aborgian, byrgea; festerman* [Nordisch; *vgl.* mengl. *fest*(*ni*)*en,* neuengl. *fastner* Bürge, *fasteningpenny* Angeld, *fastingman* Bürge für ruhiges Verhalten eines Dritten]; *fideiussio; plegium, -us,* [dringt erst mit Normannen ins Anglolatein], *implegiare, -atio, plege, plegage;* auch *friborg, francusplegius* kann ~ ohne Gegenseitigkeit bedeuten (neben 'Freibürgschaft'); *s.* 3 *o.* 1. Themabegrenzung. 1 a. *borg* mehrdeutig. 1 d. *godborg.* 2. Das Verbürgte in 4 Klassen. I. A. Gesamtcharakter verbürgter Menschen. 3. ~ des Herrn fürs Gefolge. 4. B. ~ durch Wirt, Kaufherr, für Priester. 5. Jeder unter ~. II. 6. ~ künftigen Wohlverhaltens Bescholtener. III. 7. ~ für Einzelversprechen: 7 a. Ehe, 8. Gewährbürgen, 9. ~ für den Fund, 10. Wergeld, 11. Schulden des Herrn. IV. 12. Prozessual~: A. 13. fürs gerichtliche Erscheinen des Beklagten, 14. ~ für Urteilserfüllung; B. 15. ~ des Klägers. 16. Wer leistet ~. 17. Ersatz der ~. 18. Was wird verbürgt. **1**) *Vgl.* die Artt.: **A**. Geiseln **B**. Versprechen; *s.* 1 c **C**. Darlehn, auch *borg* heissend **D**. Pfand, haftende Sache, *plegium, inborg,* auch *borg* (I Ew 1, 5; *vadimonium* bei Toller *Suppl.*). Fraglich könnte an sich sein, ob II Atr 8 'Pfand' oder ~ zu übersetzen sei, allein laut 9, 1 ist ~ gemeint. [Umgekehrt heisst bei anderen Germanen das bei Agsa. 'Pfand' bedeutende *wed* auch ~; Gierke *Schuld u. Haft.* 11[7]] **E**. Schutz, *borg* = *mund*

F. Vormund, *byrgea* G. Zehnerschaft; auch diese Freibürgschaft heisst *borg, plegius; s.* 27 Z. vorher **1a)** Der Agsa. sondert sprachlich nicht die ~ für die ganze Persönlichkeit von der für deren einzelne, bes. prozessuale, Geschäfte **1b)** Auch heisst sowohl Einzelbürge wie Bürgenverband (*u.* 5b) und auch abstrakte ~ *borg.* Vielleicht ist daher, entgegen meiner Meinung *o.* S. 26 Sp. 2, sowohl an eine Mehrheit von Bürgen wie an éinen Bürgen gedacht III Eg 6. IV 3. I Atr 1. 1, 7. III 6, 2. Auch *plegium, plegius* bedeutet an mehr als éiner Stelle die Vereinigung zur ~. Eindeutig werden *plegii* als Zahler des Ersatzgeldes erwähnt In Cn II 31, 1 **1c)** Während ferner ~ durch Bindung einer Person Gewähr bietet für etwas Zukünftiges, Pfand durch die einer Sache, deckt doch beide Begriffe nur éin Wort; *o.* 1 D. — Ursprünglich verstrickte ~ durch Treuwort und Handreichung die Person ohne reale Hingabe des Körpers; Gierke 57. In den *Gesetzen* besteht keine Spur dieses Formalvertrages. Vielmehr heisst einmal *aðas, wedd 7 borgas gesealde* zu Greatley nur 'feierliche (rechtsförmliche) Versprechungen (*s. d.*) gegeben' der Regierung durch den dortigen Reichstag. Der König klagt, sie seien 'vernachlässigt und gebrochen', was nur zur wörtlichen Verpflichtung passt; V As Pro 3. Auch hätte er auf greifbare Pfänder und haftbare Bürgen die Hand legen können; jene Magnaten aber hatten nur mit Worten, wie wir noch sagen, 'sich' verbürgt. Wie *wedd* vom konkreten Pfand, so hat sich also *borg* abgeschwächt zum blossen förmlichen Versprechen. Ebenso wurden [1017] die Angelsächsischen Magnaten *fideiussores* gegenüber Cnut, dass ein Gesetz die Dänen sichern werde, welches sie aber nur selbst gaben; sie verbürgten also nur sich; ECf 16, 1 [wohl unhistorisch]. **N** Wenn Heinrich II. *Deum et christianitatem suam obsidem dabat* (Joh. Saresber. ed. Giles II 224), bedeutet sogar 'Geisel' nur Eidesgewähr **1d)** Eine Art feierlichsten Versprechens einer Leistung [vielleicht der Rückgabe eines Darlehns; *s. d.* 5] heisst *godborg:* wohl weil Gott förmlich zum Bürgen anrufend; Af 33. Der promissorische Eid (*s. d.*) ist hiervon nur formell zu trennen, als eine Selbstverfluchung im Falle des Bruches; neben ihm steht *borg o.* 1c kaum anders als tautologisch. Der gemeinschaftliche Ggs. zu *godborh* wie (laut Af 1, 8) zu *að 7 wedd* ist *mennisc borh:* ~ durch Menschen. Der Beweis im Prozess um *godborh* wird in Kirchen geführt, der Bruch von *að 7 wedd* der Strafabmessung des Bischofs unterstellt, dagegen die ~ durch Menschen wird, wenn gebrochen, nach weltlichem Rechte als 'Bürgschaftsbruch' (*s. d.* 1) gebüsst; Af 1, 8. Auch Gierke 183 meint, *godborg* sei der mit Eid verbundenen Wette ähnlich und verhafte die Person **1e)** Aus dem Pfändungsrecht des Bürgen wegen seiner Ersatzforderung folgert er, dass dieser vom Verbürgten *wedd* empfing; nach v. Amira *Wadiation* 51 war Selbstverbürgung die Wadiation und ihr Symbol, *wedd,* die Hand **1f)** Keinen Bürgen, sondern einen Darleiher (Vorschiesser) zeigt Ine 62 **2)** Die ~ im eigentlichen S. verbürgt Tun, Lassen oder Leiden eines Dritten, und zwar **I.** Gesamtcharakter, **II.** bes. künftiges Wohlverhalten Verdächtiger, **III.** bestimmte Einzelversprechen, **IV.** bes. Prozessualpflichten. Der historischen Entstehung nach wäre die Anordnung ungefähr umgekehrt **I. Gesamtcharakter verbürgter Menschen 3) A.** ~ des Herrn fürs Gefolge. Der landlose Freie, der, daheim bei seiner Sippe kein Brot findend, unter einem Herrn persönlichen Dienst annehmen will, bedarf dazu unter Ine zumeist, seit Eadward I. stets, ~, die zunächst die Sippe für ihn dem Herrn leistet. Auf diese Rückversicherung gestützt trägt nun der Herr ~ für den Mann gegenüber Dritten. 'Wenn dein Gefolgsmann stiehlt, fordere das Ersatzgeld [für das du dem Kläger haftest] vom Bürgen, wenn du einen hast, sonst zahle es selbst'; Ine 22. 22, 1. [Dagegen entging der Herr *u.* 3c — e. i. 4. 4a. 5. 6f der Zahlungspflicht, indem er bloss den Mann vor Gericht stellte] **N 3a)** *Nemo ignotum vel alterius hominem sine commendante vel plegiante recipiat*; Hn 8, 5; diese Worte über den Verbürgenden sind hinzugesetzt zur Quelle II Cn 28 (aus II As 22) **3b)** Noch im 13. Jh. fordert der Gutsherr Bürgen für das ehrliche Verhalten eines neu ins Manor anziehenden Fremden; Maitland *Select pleas manorial* 96. 97 **3c)** Wer jemanden zum Vassallen einem Herrn überweist, leistet ~, dass jener, wenn verklagt, zu Gericht erscheine; II Ew 3. Hiermit wird die bei Ine nur hypothetische, nicht immer vorliegende, ~ für den landlosen zu Kommendierenden gesetzlich notwendig als ein Mittel staatlicher Polizei **3d)** Nicht ohne Erlaubnis des früheren Herrn darf man jemanden ins Gefolge aufnehmen; zu diesem Verbote (II Ew 7 = II As 22 = V 1 = III 4, auch Leis Wl 30, 1) fügt III Em 3 hinzu: 'um ihn zur Busszahlung vor Gericht zu stellen oder selbst Busse zu zahlen' **3e)** Die Sippe finde dem Herrenlosen, von dem sich keine Rechtserfüllung erlangen lässt, einen Herrn und mache ihn [dadurch] für gerichtliche Ansprüche sesshaft; II As 2: der Herr also bürgt für des Mannes Erscheinen vor Gericht **3f)** *Omnis homo* [Herr] *teneat homines suos* [Untergebene; im Orig. stand nicht der engere Begriff *hieredmen,* diesen gäbe Q durch *familiam* wieder] *in fideiussione sua contra omne furtum* [falls von Dritten gegen sie geklagt würde]; III As 7 **3g)** Jeder Herr habe seine *hieredmen,* Hausleute (Familie und Gesinde), unter seiner eigenen Verbürgung; I Atr 1, 10 = II Cn 31 = Leis Wl 52. ECf 21. Hn 8, 3. 41, 6f. = 59, 6 **3h)** Wird der Untergebene verklagt und entflieht, so zahlt der Herr dem Kläger den Ersatz (Ine 22 = Ap AGu 3. II Em 3. Hu 6) und [als Strafe] dessen Wergeld dem König; I Atr 1, 11 = II Cn 31, 1 = Leis Wl 52, 1 = Hn 41, 8. **N** Fasst der Herr jedoch binnen Jahr und Tag den Entflohenen, so erhält er das für ihn gezahlte Wergeld zurück; In Cn II 31, 1; *vgl. u.* 5 **3i)** Als Zweck der Verbürgung fügt Cnut (wie Leis Wl und Hn verstehen) hinzu, dass sich der Beklagte im Hundred verantworte; II Cn 31a = Leis Wl 52. Hn 41, 7. 59, 6 **3k)** Hier setzt In Cn zur Übersetzung hinzu: *plegii* [zahlen] *quod calumniatus est* (II 31, 1 = Wl art 8a), vermutlich meinend: der Herr zahlt Eingeklagtes und erholt sich bei den Bürgen des Untergebenen. Dass der Herr für den Mann [der weder Bürgen noch Geld hat] zahle, sagt Hn 8, 3. 59, 6 **3l)** Nicht alle Untergebenen, nicht die Gutsuntertanen mit Hofbesitz, sondern nur das bloss persönliche, landlose Gefolge und Gesinde will durch den Herrn verbürgt wissen I Atr 1, 10, so dass der weitere Kreis, den Æthelstan und Eadmund zu meinen scheinen, eingeschränkt wäre. Denn die *hieredmen* zwar unterstellt er der ~ durch den Herrn. Dagegen vom Freien allgemein sagt er aus, dass er sowohl irgendeine ~ (1. 1, 7) wie [daneben eine andere Person zum] *hlaford* habe; 1, 2; 7; 8 **N 3m**) Deutlich nur auf persönliches Gefolge und Gesinde ohne Land, nicht auf die Gutsbauern, erstreckt sich die herrschaftliche ~ in Rechtsbüchern unter Heinrich I.; die Bauern stehen schon unter Zehnerschaft **3n**) *Conducticii vel solidarii vel stipendiarii* (Mietlinge und Söldner) *dominorum plegio teneantur;* Hn 8, 2a **3o**) *Barones* (davor stehen *Archiepiscopi, episcopi, comites*, dahinter *et omnes qui habent saca 7 soca, tol 7 team 7 infangenþef* in Retr) *milites et proprios servientes suos, scilicet dapiferos, pincernas, camerarios, cocos, pistores sub suo friborgo habebant; et ipsi suos armigeros vel alios servientes sub suo friborgo;* ECf 21. *'Friborg'* heisst hier nicht Frei~, sondern ~ durch einen Herrn, ohne Gegenseitigkeit **3p**) Werden die Verbürgten verklagt, [*domini*] *haberent eos ad rectum in curia sua* oder, falls ohne private Gerichtsbarkeit, *faciant rectum* für jene Beklagten *in hundreto vel syris;* ECf 21, 1—22, 5 **3q**) Ein Abschreiber von ECf, im 13. Jh., beschränkt die herrschaftlich Verbürgenden auf die mit Gerichtsbarkeit Privilegierten (21 retr[*]): vermutlich weil damals Freibürgschaftschau mit letzterer zusammenzuhängen pflegte **3r**) Das Hundred teilt in **A.** [Freibürgen-] Zehnerschaften und **B.** *dominorum plegios* Hn 6, 1b, gleich als wären auch diese letzteren territorialisiert oder erblich feststehend **3s**) Die ~, die der Herr Dritten für seinen Untergebenen, und der Schutz, den er diesem nach aussen bietet, hängen so eng zusammen, dass *borg* und *mund, borgbryce* und *mundbryce* verschmelzen; *s.* Bürgschaftsbruch 1. *Leodgebyrga* heisst der Fürst als Volksschützer in Agsä. Poesie **4**) **B.** ~ durch andere. Die ~ des Wirtes für Fremde (*s. d.*), die er über zwei Tage beherbergt, geht nur bis zur Stellung vor Gericht; Hl 15. Leis Wl 52. ECf 23, 1 **4a**) Der Kaufherr bürgt, den Reisegehilfen vor Gericht zu stellen; Af 34 **4b**) Jeder Priester [in Yorks Sprengel] schaffe sich 12 *festermen*, dass er Priestersatzung gesetzmässig halten wolle; Northu 2, 3. Sechsmal soviele, 72 *festermen*, treten auf für Ælfric, Erzbischof von York; Stubbs *Constit. hist.* I 244 = Steenstrup *Danelag* 381. Nordische Parallelen hierzu gibt Vinogradoff *Transfer of land* in *Harvard Law rev.* 20, 541 **5**) In weitester Allgemeinheit wird ~ gefordert von allem Volke, nicht bloss von wirtschaftlich Abhängigen, seit Eadgar. Jedermann (jeder Freie; Atr) schaffe, dass er [für sich] ~ habe; und dieser Bürge[nverband?] stelle und halte ihn dann zu jeder Rechtspflicht (so weit — I Atr 1, der hinzusetzt: 'falls jener angeklagt werden sollte', und II Cn 20a, der 'jeden' als 'sowohl Hauseigentümer wie Haushaltsgefolge' erklärt = Leis Wl 25 = Wl art 8 = Hn 8, 2a). Verübt Verbürgter Missetat und entflieht, so trage der Bürge [Ersatz- und Strafgeld] was jener hätte tragen sollen. Er erhält Gezahltes zurück, falls er jenen in 1 Jahre fasst; III Eg 6—6, 2 [*vgl. o.* 3h; *u.* 13e; Murdrum] **5a**) Jedermann sei unter ~ in Stadt und Land (*in civitate, rure aut hundrode; Versio*); IV Eg 3 **5b**) Selbst wenn *borh* hier nicht mehr Einzelbürgen, sondern, näher zur Frei~, Bürgenverband (*o.* 1b) bedeuten sollte (was doch nicht wahrscheinlich ist und eine Stütze nur findet an den 12 Magen des verdächtigen Hintersassen [III As 7, 3] und der Gesamtheit der Unfreien, die für Diebstahl eines Genossen haftet; IV As 6, 6f. III Em 4), so fehlt im Ggs. zur Zehnerschaft (*s. d.*) noch jede Spur von Gegenseitigkeit zwischen Verbürgtem und Bürgen oder von Zehnzahl oder vom Auftreten dieses *borh* neben einer öffentlichen politischen territorialen Körperschaft oder von lokaler Gebundenheit. Gegen das Bestehen der Freibürgen - Zehnerschaft schon vor Cnut spricht erstens, dass der im Prozess Verurteilte vertrauenswürdige ~ für künftige Ehrlichkeit erst noch privatim suchen muss (wählen kann; I Atr 1, 5), nicht schon durch Geburt und Wohnort an seinem Verbande besitzt, zweitens, dass des Verbürgten guter Leumund beschworen wird nicht durch *borh*, sondern dass dazu der Herr nötig ist; 1, 2 **5c**) Unter Cnut erst ist dann die Pflicht aller Freien, ~ zu besitzen, verschmolzen mit der Zehnerschaft (*s d.*); Cnut braucht *borh* und Zehnerschaft synonym; II Cn 20. 20a. Diese 2 Sätze bieten nur éinen Gedanken, der doppelt (einmal Eg benutzend) ausgedrückt wird. [So richtig Schmid *Gesetze* gegen K. Maurer *Krit. Übsch.* I 90]. Doch bestehen neben diesem öffentlichen Institut die anderen älteren privaten ~en weiter laut ECf 18. 23. 36. 38f. Die Wiederholung älterer Gesetze über ~ durch Cnut (*s. d.* 9a) widerspricht nicht (wie Marquardsen *Haft* 54 meint) seiner Neuordnung, sondern ist eines der vielen Rudimente, das freilich bei einer systematischen Kodifikation hätte weichen sollen **II. 6**) **~ für künftiges Wohlverhalten Bescholtener** und die Sicherstellung gegen Rückfall des Verbrechers (in irgend ein, nicht bloss in das frühere, Verbrechen) kommt schon unter Æthelstan zeitlich früher vor als der staatliche Zwang zur Verbürgung aller auch bisher Unbescholtenen und ist wohl auch genetisch dessen Wurzel **6a**) Nach den Missetaten ordnet die Fälle Schierlinger *Friedens~* 61; es sind in *Gesetzen* erwähnt: Diebstahl, Meineid, Hexerei, Gerichtsversäumnis, aber auch Verdächtigkeit **6b**) Der im Ordal erstmalig schuldig Erfundene (I Atr 1, 5 = II Cn 30, 3b = Hn 61, 17), der durch Asyl (Grið 17) oder königliche Begnadigung (ECf 18a) von Todesstrafe Gerettete, der trotz Friedensgebots Verbrecher Gebliebene, dem daher sein Vermögen abgepfändet wurde (II As 20, 4 = Hn 53, 1c), finde ~ für künftige Ehrlichkeit **6c**) Ebenso wer für Zauberei Strafe und Busse gezahlt hat (Hn 71, 1c); der aus dem Gefängnis entlassene Dieb (bzw. Zauberer); II As 1, 3 = VI 1, 4 (II 6, 1); der als minderjährig begnadigte Dieb (bei kleinem Diebstahl); VI 12, 2 (Hn 59, 20a) **6d**) **N** In Hexham, so erzählt unter Mirakeln Æthelred von Rievaulx um 1150, *adolescens, cum furti argueretur a præsidibus, vinculis mancipatus, diuque reservatus, cum non esset qui* *fideiussoriam pro eo porrigeret cautionem, tandem adiudicatus morti ad supplicium ducebatur;* aber *duo iuvenes, more patrio cautione pro eo præstita, adolescentem neci eripiunt, absolvunt vinculis et liberum abire permittunt;* ed. Raine *Priory of Hexham* I 176 **6e)** Der Meineidige bleibt Eides unwürdig, der meineidige oder diebische Priester wird degradiert, ausser wenn sie ~ finden, dass sie künftig vom Verbrechen ablassen; II Cn 36, 1; bzw. VIII Atr 27 = I Cn 5, 3 **6f)** Wer [bescholten (Eg) oder (Hn) vom Königsrichter zur Grafschaft vorgeladen] dreimal vom Gericht fortbleibt, der [verliert durch gerichtliche Pfändung sein Vermögen (As) und] wird zur ~stellung [für künftiges Erscheinen Wl] gezwungen; II As 20 f. = Hn 53, 1b III Eg 7 = II Cn 25 = Leis Wl 47, wo die Vorlader sein dreimaliges Ausbleiben darlegen **6g)** Alle Bescholtenen [Vertrauens Unwürdigen; Atr] seien unter ~ gezwungen (III Em 7, 1), durch den Königsvogt; I Atr 4 = II Cn 33 **6h)** Misstraut der Vogt eines Herrschaftsgutes *alicui hominum, inveniat* 12 *plegios cognationis* [des Verdächtigen], *qui ei stent in fideiussione;* III As 7, 2 **6i)** *Omnis homo* [Herr] *credibiles faciat homines suos et omnes qui in pace et terra sua sunt;* III Em 7. Dem Regierungsvogt oder Herrn, der das vernachlässigt, droht Strafe des Amtsvergehens oder Ungehorsamsbusse; III As 7, 3. III Em 7, 2 **III. 7) Bestimmte Einzelversprechen** wurden wohl am frühesten durch ~ gesichert; *s. o.* 1 d, ferner Vormund. 'Die ~ ist für die Wette nicht wesentlich und erscheint als besonderer Rechtsakt'; Gierke 315 **7a)** Der Verlobungsbürge haftet dem Bräutigam für die Brautübergabe (= Trauung) und erhält, falls letztere unterbleibt, oder sich die Braut von einem Dritten beschlafen lässt, Busse vom Brautvormund bzw. von der Verlobten; Ine 31, bzw. Af 18, 1 ff. *Vgl.* Hazeltine *Gesch. Engl. Pfandr.* 73 **7b)** Der Bräutigam verspricht pfandlich mit 12 Bürgen gute Behandlung der Braut, Erziehungslohn und Wittum; alles drei verbürgen seine Blutsfreunde dem Verlobungsleiter; Wif 1 f. 5 f. *Vgl.* Eheschliessung **8)** Der Veräusserer von Fahrhabe, der Gewährsmann des Erwerbers, stellt diesem einen Gewährbürgen; *s. d.* Über *festermen* und *vades* bei Landveräusserung *s.* Vinogradoff im Zitat *o.* 4 b und 'Grundbesitz' **9)** Wer aus der Hand des Retters entlaufenen Viehs oder des Finders Vieh oder Fund als Eigentümer in Anspruch nimmt, gibt [als ein vielleicht künftig zu Verklagender; *u.* 13 i] Pfand und ~, dass er es einem binnen Jahr und Tag auftretenden anderen Reklamanten vor Gericht stellen werde; Leis Wl 5, 2. 6, 1; *vgl.* I 497[b] **10)** Nachdem in Totschlagsühne der Totschläger pfandlich Wergeld versprochen hat, finde er dafür Wergeld~; II Em 7, 2; nämlich (fährt Wer 3 = Hn 76, 1 a fort) für ein Wergeld von 1200 Schill. (des Thegn; Hn) 8 väterliche und 4 mütterliche Verwandte **11)** **N** Der Vassall muss für die Schulden seines Herrn bürgen, braucht aber, bis dieser ihn abbezahlt hat, ihm nicht zu antworten auf dessen Klage um Geld; Hn 44, 1. Belege aus Engl. Stadtrecht und Französ. Recht gibt Bateson II p. XXIV; aus Süditalien: Niese *Gesetzg. Norm. Sic.* 159 **12) IV Prozessualpflichten** werden am häufigsten verbürgt (Hn 53, 6), oft alternativ oder hinzutretend neben dem Prozessualpfand; *s. d.* **13) A.** ~ für den Beklagten **13a)** **N** Man bietet auch ~, um das behufs künftiger Rechtserfüllung Abgepfändete zurückzubekommen; Hn 51, 5. 82, 2a; so muss der vom Lehnsherrn des Lehns entsetzte Mann, wenn er *rectum vadiaverit et plegios addiderit,* wieder Gewere erhalten; 53, 6 **13b)** Der Beklagte muss bei 12 Schill. Strafe (dem Kläger [ebenso ursprünglich bei den Baiern]; Hl) ~ stellen für Erscheinen vor dem Richter; Hl 8 ff. Hn 29, 2a. 62, 3a. 82, 2; 2a; dem im Kronprozess ihn anklagenden Richter, neben Pfand; Hn 52, 1 **13c)** Der im Anefang zuerst Beklagte oder sein im Gewährzug angerufener Vorbesitzer stellt ~, dass er seinen Gewährsmann zum Klageort bringen werde; II Atr 8. 9, 1 **13d)** Wer Diebstahls verklagt wird, für dessen künftige Reinigung verbürgen sich die ihn dem Herrn empfohlen hatten oder andere Freunde; fehlt ~ und auch Fahrhabe fürs Prozessualpfand, so wird er bis zum Urteil verhaftet; II Ew 3 — 3, 2 **N 13e)** Wird jemand wegen Diebstahls oder Raubes verklagt und findet ~, dass er vor Gericht kommen werde, entflieht aber, so muss ihn der Bürge in Monat und Tag finden oder sich reinigen, ihn zur Zeit der Verbürgung nicht als Dieb gekannt zu haben, und zahlt Ersatz samt Busse von 1 Pfund und Strafe (2 Pfund in Mercien, 4 in Wessex, 7 in Denalagu); Leis Wl 3 — 3, 3. Nur die Busse erhält er zurück (*o.* 5), wenn er ihn binnen Jahr und Tag stellt; 3, 4 **13f)** Im Domesdaybuche II 208 geben *vades* die vom Hundred wegen Anmassung von Land oder Gerechtsamen angezeigten Grundbesitzer, dass sie sich gerichtlich verantworten, bzw. Ordal erbringen werden; Round *Victoria County hist. Essex* I 411 **13g)** Wer 40 Tage säumt, sich wegen Kirchenfrieden-Verletzung dem Geistlichen Gerichte zu stellen, wird vom Königsrichter zu ~ und Prozessualpfand gezwungen; ECf 6a **13h)** Um Aufschub für Prozessabhaltung, bis der Herr ratend zur Stelle komme, zu erlangen, bietet Beklagter ~ und Prozessualpfand; Hn 61, 17 **13i)** Ein künftig zu Verklagender stellt ~ *o.* 9 **14)** Ob, wie das Erscheinen vor Gericht, auch die Urteilserfüllung gleich zu Anfang mit verbürgt wurde, ist nicht immer (wie 13 d. e. f) klar zu erkennen. Doch ist es wahrscheinlich **14a)** Entflieht der Ordalpflichtige, so zahlt der Bürge dessen Wergeld dem Gerichtsherrn (III Atr 6, 2 = Cons Cn II 30, 8) und dem Kläger dessen Ersatzgeld; I Atr 1, 7 = II Cn 30, 6. Sippenloser oder Fremder ohne ~ unterziehe sich dem Kerker bis zum Gottesgericht; II Cn 35 = Ps Cn for 13 **14b)** Für Zahlung von Buss- und Strafgeld dem Richter ~ zu stellen wird gezwungen der verbrecherische Kleriker (EGu 3), **N** der Verletzer des Kirchenfriedens (ECf 6a), der ungerechter Tötung überführte Hinrichter eines angeblichen Verbrechers; neben Prozessualpfand; ECf 36, 4. Im letzten Falle empfängt die ~ der Geistliche Richter **15) B.** Auch Kläger stellt dem Richter ~ neben Prozessualpfand für Durchführung des Prozesses, so des Anefangs (Leis Wl 21), und der Reinigung eines (angeblich ungerecht) Hingerichteten, wofür auch die Eideshelfer ~ und Prozessualpfand stellen;

ECf 36 **16)** Die ∼ wird zunächst von der Sippe geleistet; III As 7, 2f. Das ist oft ausdrücklich gesagt [II Ew 3; II As 1, 3 (= VI 1, 4). 2. 6, 1. VI 12, 2 (nur vom Wirt eines auswärts kommendierten Verwandten II As 8 = Hn 8, 4). Wif 1f. 5f.], sonst wohl stillschweigend angenommen. Vom Wirt und Kaufherrn *o.* 4. 4a. Von Standesgenossen: IVAs 6. 6f. III Em 4. Von der Gilde (*s.* Genossenschaft) wird eine ∼ in den *Gesetzen* nicht erwähnt **16a)** Sodann leistet die ∼ der Herr, *o* 3—3s; unter Rückversicherung durch die Sippe; *o.* 3k. 13d **16b)** **N** Ein Vassall, *si multis homagium fecerit et ab aliquo eorum captus et implacitatus sit, legius erga alios [dominos] potest eum plegiare;* Hn 43, 6a **17)** Wo ∼ (und Prozessualpfand) fehlt, tritt Ehrlichkeitseid (*s. d.*; Griδ 17) ein oder Haft (*s. d.*; EGu 3. II As 7. II Cn 35 = Ps Cn for 13. Hn 52, 1) oder Zwangspfand mit Haft alternativ (II Ew 3, 1f. = II As 20, 5 = Hn 53, 1c), in einem Kronprozess Geldstrafe, beim dritten Mal das Strafgeldfixum 'Ungehorsam' [52, 1e; *implegiatus* 53, 3 meint 'am Vermögen geschädigt', denn zur ∼ würde *restitutio* nicht passen] oder Landentwerung (*o.* 13a) oder Vermögenseinziehung (II As 20, 4 = Hn 53, 1c. III Eg 7, 1 = II Cn 25a) oder Verknechtung (VI As 12, 2) oder Verbannung (ECf 18b) oder Todesstrafe; VI As 1, 4. I Atr 4, 1 = II Cn 33, 1 **18)** Der Bürge haftet für das Erscheinen des Verbürgten vor Gericht (*o.* 3c. d. f. h. p. 5. 6f. 13b. d—g) und, falls dieser entflieht, für das von diesem im Fall der Verurteilung verwirkte Ersatz-, Buss- und Strafgeld (*o.* 3. 3d. h—k. 5. 13e. 14b, wohl vorausgesetzt, dass hierzu des Entflohenen Vermögen nicht ausreicht), oder, wenn diesen Leibesstrafe getroffen hätte, fürs Wergeld des Verbrechers (*o.* 3h. 5. 14a) oder das eigene; Hn 12, 3

Bürgschaftsbruch *s.* Wb *borgbryce* **1)** Die Verletzung eines Versprechens, für dessen Einhaltung jemand als Bürge [haftbar gegenüber dem Gläubiger] eintrat, büsst ihm der wortbrüchige Verbürgte (Schuldner) wie Ehrenkränkung je nach des Bürgen Stande. Bricht jemand Bürgschaft, so büsse er erstens der klagenden Gegenpartei, zweitens, ebenfalls nach weltlichem Recht, ∼ (Af 1, 8): dem verbürgenden König 5 £, Erzbischof 3 £, Bischof oder Ealdorman 2 £; Af 3 = II Cn 58—58, 2. Schon hier steht *borges bryce oδδe mundbyrd;* und *mundbrice* allein setzt dafür Griδ 11. Nur die letztere Bedeutung 'Schutzgewähr' scheint, laut Zusammenhangs, von Cnut gemeint; ebenso Hn 12, 2. 35, 2. Der Begriff ∼ verschmilzt also später mit 'Bruch des Schutzes'; *s.* Bürgschaft 3s **2)** Der Brautvormund, welcher die Trauung der Braut unterlässt, büsst (ausser an den Bräutigam) dem Verlobungsbürgen je wieviel dessen ∼ kostet; Ine 31 **2a)** Dagegen nach dem Stande der Verbürgten bemisst sich der ∼, den die Verlobte, wenn sie Unkeuschheit begeht, dem Verlobungsbürgen schuldet: 60, 100, 120 Schill., wenn sie bzw. 200, 600, 1200 Schill. Wergeld hat; Af 18—18, 3. Vielleicht nahm Ælfred als normal an, dass die Braut sowohl den Bürgen wie den Bräutigam aus gleichem Stande hatte

Burgtor *s.* Wb *burggeat* **1)** Königs Friede (*griδ*) reicht vom ∼, wo er [als Richter? Rhamm *Grosshufen* 213. 698] sitzt, nach allen Richtungen 3 Meilen ($^3/_4$ Deutsch), 3 Furchenlängen, 3 Ackerbreiten, 9 Fuss, 9 Schafthände, 9 Gerstenkörner; Pax **1a)** **N** Dafür setzt *Curia regis* Q = Hn 16: die Residenz samt Zentralregierung, vielleicht auch Königsgericht, mitmeinend, jedoch letzteres nicht allein oder hauptsächlich, laut des Zusatzes *vicinia* in Hn **1b)** Die archaische Umkreisbemessung findet sich ähnlich für Canterburys Ortsfrieden auf den Heerstrassen im Domesday I 2a 1 und für Normannischen Hausfrieden (Pol Mai II 453), also ohne Beziehung aufs Gericht, für das Freiheitsrecht eines Schlosses und Spitals: Frauenstädt *Blutrache* 71. 74 **1c)** Nach Fleta (Ende 13. Jhs.) folgt der Jurisdiktionsumkreis von 12 Meilen (*virga*) des königl. Burggerichts der Person des Königs durch ganz England hin; Maitland *Domesday* 184. Das Parlament petitionierte 1376, die Autorität des königl. Truchsess solle nur 3 Leagues weit herum reichen; *Rot. parliam.* II 336 **2)** Kam ein Gemeinfreier empor, so dass er u. a. 5 Hufen, Glocke und ∼, Sitz und Sonderamt am Königshofe besass, so genoss er Thegn-Vorrecht; Geþyncδo 2 **2a)** Dass Glocke und ∼ sichtbare Zeichen privater Gerichtsherrlichkeit waren, ergibt ein Privileg [um 1150] *cum tol et them et soch et sache et belle et burgiet et infankenethef* bei Maitland *Township* 210 **2b)** In Agsä. Hss. erscheint der Vornehme abgebildet, wie er vom Hoftor aus Rechts- und Armenpflege übt; Wright *Hist. of culture* 26. 75. *Burhgate* heisst noch bei Layamon '∼', wenn auch früher schon daneben 'Stadttor' **2c)** Dass hier *pars pro toto* stehe, und nur der ganze Manorhof gemeint sei, glaub ich nicht, wegen des vorhergehenden *belle* und angesichts fremder Adelsgerichte *ante castrum in strata* (Grimm *DRA* 805), der *plaids de la porte* [2d) Ein *Türengericht* in Strafsachen, vor der Tür des Beklagten gehalten, kennt unter den Privatgerichten Nordgerman. Recht; allein dies gehört nicht hierher; Maurer *Eyrbyggja* in *SB Bayr. Ak.* 1896, 39. 42; Amira 160; Collingwood *Scandin. Britain* 218] **N 2e)** Auch in Britannien war *janua* (*porta*) *castelli* Gerichtsort für die Aussenstehenden im Prozess gegen die Burgleute der Stadt Tenby, des Constable von Dover, des Schottischen Königshofs [Bateson II p. xvi. 165 und *Jurid. rev.* 1901, 18] und zu Pevensey; Hudson *Eastbourne* 7 **2f)** Am Kirchentor erteilt der Prälat Recht zu Beverley; in Canterbury am Südportal des Doms; Eadmer **2g)** *Ægelwinus alderman ad aquilonalem portam monasterii* [von Ely] *tenuit placitum cum toto hundreto ibique causam finivit;* Hist. Eli. [12. Jhs.] ed. Stewart 131. Ebenso: *collectis* 2 *hundretis, versus aquilonem ad ostium monasterii placitum habent* ebd. I 27 **2h)** Unglücklich scheint mir die Annahme Toller *Suppl.* 111a, *burggeatsetl* könne bedeuten das Recht auf Sitz im Gerichte am Stadttor **2i)** Earle *Landchar.* 466 verbindet den Sitz der Gerichtsherrlichkeit mit *stapol* der Halle Heorot im Beowulf: unbewiesen **2k)** An Stelle des ∼s [das vielleicht den Übergang vom Gericht im Freien zur Amtstube bildet] trat seit XI. Jh. das Hallengericht; Maitland *Domesday* 190[3]

Burgund durchreisen Englische und Dänische Rompilger; Zollerleichterung an den Alpenpässen erwirkt für sie Cnut von König Rudolf III. von ∼, der mit ihm Konrads II. Kaiserkrönung beiwohnt; Cn 1027, 6. 8

büssbar *s.* busslos

Bussbuch *s.* Poenitentiale

Busse *s.* Wb *bot* (wofür andere German. Dialekte Entsprechungen bieten; Brunner I^2 230), *emenda, -abilis, -are, -atio, amender, -des, componere, -ositio* 1. Begriff. 1a. ~ von Strafe sprachlich ungeschieden. 2. Ellipse der ~. 3. Pönaler Charakter. 4. Absorption durch Leibesstrafe oder Friedlosigkeit. 5. Wergeld für Erschlagenen fällt fort, wo Totschläger getötet. 6. Kumulation, 7. nur bis zu Dreifachem. 8. ~ wächst mit Stand des Verletzten, 9. des Schutzgewährers (10. auch für Verletzten, den jener schützte), 11. des Missetäters, 12. mit Schuld und Absicht. 13. Zumessung in fester Summe, 13a. in Vielfachem des Ersatzes. 13b. Doppelbusse, 14. bei welchen Missetaten. 15f. Wo keine ~. 17. *Ceapgield* nicht ~. 18. Dreifache ~. 19. ~ Faktor für Schwere der Reinigung. 20. Betragszahlen. 21. Art der Zahlung, 22. ihre Zeit. 23. Bürgschaft. **1**) Hier wird nur behandelt der Begriff der Zahlung an den privaten Verletzten (Kläger) und zwar, wo er Ersatz (*s. d.*) erhält, das diesen Übersteigende, getrennt von den ebenfalls *bot* genannten Begriffen Strafe, auch für Teilnahme an Bande, (kirchl.) Pönitenz, Zahlung für Verletzung des gewährten Schutzes [diesen berührt *u.* 9. 10], Bürgschaftsbruch, Mannen~, Ehrenbezeigung; *s.* diese Artt. Auch 'Glieder~, Wergeld' haben Sonderartt. **1a**) Der Agsa. braucht *bot* für Strafe, sogar leibliche, *feohbot* für Geldstrafe, (*ge*)*betan* ganz gewöhnlich für Strafe zahlen, auch Leibesstrafe leiden, umgekehrt aber *wite* sehr selten für ~; *vgl.* Wb *bot* 7 u. *o.* 246 Sp. 3 **1b**) Die Wörter (*ge*)*sellan*, (*for*)*gieldan* heissen ebenso untechnisch zahlen sowohl von ~ wie Strafe. Das Wort *gield* (*s.* Wb 2. 3) steht für ~, *þeofgield* aber für Strafe. So heisst 'doppelt': *twibete, twibote* neben *twigilde, twisceatte* **1c**) Obwohl regelmässig der Schuldige ~ und Strafe zu zahlen hatte, kommt die Verbindung *bot 7 wite* in den *Gesetzen* nie vor. Einmal heisst es *gylde angyldes* [Einersatz], *þæs oðres gyldes* [Busse] *nan þing, ne þæs wites þe ma:* von Nochmalzahlung nichts, ebensowenig von Strafe; Duns 4. Wohl aber begegnet oft *wer 7 wite,* wo Wergeld dem verletzten [Geschlecht des Erschlagenen] zukommt. Der begriffliche Unterschied fehlt vielleicht nirgends **2**) Sehr oft ist entweder ~ oder Strafe, als für die dem Gesetze Gleichzeitigen selbstverständlich, fortgelassen; z. B. das Wergeld für des Getöteten Sippe, wo nur die ~ für blutig Fechten an den Schutzherrn des Tatorts erwähnt wird; Ine 6 ff. Af 15. Aus Af 7, 1. 38 folgt, dass auch Strafe zu zahlen war. So ist bei der Bandenmissetat und Totschlagsfahrt nur das Teilnehmer-Strafgeld, aber nicht Diebstahls~ oder Wergeld erwähnt; Ine 14 f. 34 f. **3**) Der Verletzte erhält zumeist mehr als blossen Schadenersatz. **N** Den ~empfang aber gewinnsüchtig als Geschäft zu betreiben gilt als schimpflich: er soll nur Schaden und Ehre des Verletzten herstellen, wie das die alte Germanische Selbsthilfe (Rache) getan hätte; Hn 36, 2. 39. 84a **3a**) Der pönale Charakter der ~ [*vgl.* Brunner *Ält. Strafr. d. Kulturv.* 54. 61] erhellt auch daraus, dass, abgesehen vom Erfolge der Missetat, durch Rückfälligkeit der Betrag der ~, wie sonst der der Strafe, wächst **3b**) Der Herr eines bissigen Hundes büsst bei dessen erster Menschenverletzung 6, bei der zweiten 12, bei der dritten 30 Schill., bei der vierten erst volle Wunden~ je nach des Verletzten Wergeld; Af 23 — 23, 2 **3c**) Bei Amnestie (*s. d.* 2. 4) wird einmal ausser Strafgeld auch ~ erlassen **4**) Die ~ fällt fort, sobald den Täter Todes- oder Leibesstrafe oder Friedlosigkeit trifft. *Vgl.* bei anderen Germanen Wilda 899; Schreuer *Verbrechenskonkurrenz* 43. 158. 165. 169. 186. [Über die nur scheinbaren Ausnahmen *u.* 17] **4a**) Für Diebstahl in der Kirche wird die Hand abgehauen, aber dem Bestohlenen nur Einersatz gezahlt; Af 6, zitiert von II As 5 **4b**) Entfloh der Verbrecher (und ward also friedlos), so erhält Kläger nur Ersatz von dessen Bürgen [so auch II Cn 31, 1 In = Wl art 8a] oder Herrn; Ine 22 = Ap AGu 3. Hu 6 **4c**) Der im Ordal schuldig Befundene zahlt beim ersten Male dem Kläger doppelt [d. h. Ersatz zweimal], beim zweiten mit dem Leben und, wenn er entkommt, sein Bürge Schadenersatz [so dass also dem Kläger die ~ entgeht, sobald der Verbrecher friedlos wird]; I Atr 1, 5 ff. = II Cn 30, 3b — 6 **4d**) Wird jener binnen Jahr und Tag dem Gericht zur Leibesstrafe vom Bürgen eingeliefert, so erhält letzterer vom Kläger das Pfund ~ zurück, das er statt des Kopfes des Entflohenen ihm hatte zahlen müssen; Leis Wl 3, 4 **4e**) Die ganze Habe des Bescholtenen und vom Gerichte Ausgebliebenen, bzw. des mit gestohlenem Gute Ertappten, wird zwar als die eines Friedlosen eingezogen, Kläger aber erhält nur Ersatz [ohne ~]; Leis Wl 27, bzw. VI As 1, 1. Hu 2, 1. III Eg 7, 1 = II Cn 25, 1 = Leis Wl 47, 1 = Wl art 8, 3 **4f**) Dies trifft auch zu, wo die Todesstrafe durch Wergeldzahlung des Verbrechers abgelöst oder durch Flucht ins Asyl vermieden wird; VI As 1, 4 bzw. ECf 5, 2 f. Neben dem Erleiden der Leibesstrafe zahlt dem Kläger nur Schadenersatz der verbrecherische Genoss einer Zehnerschaft, oder diese, neben Strafgeld für den Richter, falls er entflieht, statt seiner; ECf 20, 2; 4 **4g**) Erleidet der verbrecherische Sklave Prügelstrafe, so fällt die ~ für den Kläger fort; II As 19 = Hn 59, 23 **4h**) **N** Bei gemeinschaftlichem Verbrechen leiden alle Teilnehmer Leibesstrafe, aber nur éiner zahlt Ersatz [ohne ~ für Kläger]; Hn 49, 7 [**4i**) Im Widerspruch hierzu erhielt das bestohlene Bistum Rochester ausser dem Gestohlenen *bote æt þære þyfðe,* obwohl das Vermögen des Diebes eingezogen, er also als friedlos behandelt ward; Urk. vor 975 Birch 1296] **5**) Für blutig Fechten in der Königshalle verfällt das Leben des Täters; [~, nämlich] Wergeld des Erschlagenen aber zahlt er nur dann, wenn er davonkommt; Af 7. 7, 1 **5a**) Wer Wergeld für einen Verwandten vom Totschläger zu fordern hatte, verliert den Anspruch, sobald er Blutrache übt; Af 42, 4 = Hn 83, 3. 70, 10. **N** [**5b**) Hiermit widerstreitet, dass der Herr für die Leiche des erschlagenen Vassallen erst noch Genugtuung bieten soll, die dieser, wenn er lebendig wäre, schulden würde; Hn 74, 3]. **5c**) Ist der Mörder eines Franzosen in Blutrache durch dessen Sippe gefallen, so haftet sein Vermögen nicht für Murdrum~; Hn 92, 3a **5d**) Sobald Absichtlosigkeit des Totschlags oder Asylgewinnung oder Begnadigung dem Missetäter das Leben sichert, liegt ihm ~ ob; Af El 13. Ine 5. ECf 18a; b **6**) Die ~n für jede Wirkung éiner (also in mehrere Verbrechen gespaltenen) Handlung werden bisweilen addiert; *vgl.* Brunner II 541 **6a)** Wird éine Wange (durchbohrt, büsst Verwunder) 3 Schill., bei beiden 6; Abt 46f. **6b)** Bei Durchstechung des Schenkels für jeden Stich 6 Schill.; Abt 67 **6c)** So ist die ~ für die Hand (*s. d.*) gleich der Summe der ~n für Finger und Nägel **6d)** Binden kostet 10, Scheren 30 Schill., beides 40; Af 35—35, 6 Var., und nicht 60, wie der Text liest; *vgl.* Schreuer 128 **6e)** Bei Tötung einer Schwangeren wird für sie und ihr Kind Wergeld gezahlt; Af 9 in Ggs. zu Af El 18 **6f)** Wer fremdes Gehölz abhaut, vergelte jeden grossen Baum mit 5 Schill., jeden ferneren [kleinen] mit 5 Pfennig, so viele ihrer seien; Af 12 [im Ggs. zum folgenden:] **7)** Gerade beim Holzhieb kannte ein Maximum der ~ Ine: wer im [fremden] Walde Bäume fällt, entgelte nur die 3 ersten; 43, 1 **7a)** Bei vielen Schlägen werden nur 3 Hiebe gebüsst; aus Lex Salica Hn 94, 1; *vgl.* Grimm *DRA* 629; Wilda 934 **7b)** Die Wunden~ wächst mit der Länge des Stiches bei jedem Zoll um 1 Schill., aber nur bis 3 Zoll; Abt 67, 1 **7c)** Die Dreizahl ist Grenze der ~nhäufung auch Friesisch; His 125 **7d)** Für jedesmaligen Auftrieb einer [aber noch so grossen] Schweineherde auf fremde Mast zahlt Eigentümer je 1 Schill. an Vieh; Ine 49, 1f. [Also die Auftriebe werden summiert, die Schweine nicht; eine Begrenzung der ~kumulation beim Auftrieb auf fremde Weide auch Friesisch: His 112] **7e)** Die ~ für den Versuch geht auf in der für die vollendete Missetat, so die für unzüchtiges Betasten und Niederwerfen einer Jungfrau in der für ihre Schändung; Af 11, 2 **8)** Die ~ wächst mit dem Stande des Verletzten: Der Kirche 12fach, dem Bischof 11fach, dem Priester und dem König 9fach, dem Diakon 6fach, dem Kleriker und Gemeinfreien dreifach; Abt 1. 4. 9. 28 = Grið 7 **8a)** Unzucht, oder deren Versuch, gegen eine gemeinfreie Jungfrau verübt, wird mit angegebener ~ an sie belegt; geschieht dies einer überfrei geborenen, so wachse die ~ je nach [ihrem] Wergeld und steige [ausserdem] bei einer Nonne aufs Doppelte der Laiin; Af 11—11, 5. 18 **8b)** Die dem Adligen gebührenden ~n verhalten sich zu denen der Gemeinfreien wie die beiderseitigen Wergelder bei anderen Germanen; Brunner I² 346] **8c)** N Körperliche Missetat an einem Sklaven kostet halbsoviel wie am Freien; um 1140 Q jüng. Rec. zu Af 77, für Agsä. Zeit nicht giltig **9)** Auch diejenige ~ wächst mit dem Range, die der nur mittelbar Verletzte, nämlich in seinem Schutz (*s. d.*) Gekränkte, erhält **9a)** Bei Störung des Hausfriedens eines Mannes von 200, 600, 1200 Schill. Wergeld erhält dieser ~, die sich wie 1 : 3 : 6 verhält; Af 15. 39—40 **9b)** Nicht ganz dem Wergeld des Erschlagenen proportional ist die seinem Herrn zukommende Mannen~ (*s. d.*); Ine 70, 1 **9c)** Das Urteil erfolge nach der Tat, die ~ bemesse sich nach dom Range [des in seinem Frieden gestörten Kirchenstifts]; VIII Atr 5, 2 = Had 10 **9d)** Die der Kirche zufliessende Klerus~ für Erschlagung eines Geistlichen (*s. d.*) wächst mit dessen Weihegrade; Had 2—8 = Hn 68, 5—5c **10)** Bisweilen wächst vielleicht neben erhöhter Strafe auch mehrfache ~ dem unmittelbar Verletzten zu in Rücksicht auf besonderen Schutz, unter dem dieser stand. **10a)** Er erhält doppelte ~, wenn er dort geschädigt war, wo der König gastete oder seine Leute zu sich entbot oder unter Kirchen- oder Versammlungsfrieden; Abt 1ff. **10b)** Oder wenn er bestohlen ward an Feiertagen (Sonntag, Weihnacht, Fasten, Himmelfahrt; Af 5, 5) oder geschädigt ward durch Raub, Verwundung, Beischlaf, schwere Missetat am Feiertag (II Cn 47) oder durch Einbruch ins Haus zur Zeit der Fasten oder des Heeresauszuges; Af 40, 1. Die letztere Stelle meint sicher mit *twybete* doppelte ~ an den Verletzten selbst, weil vorhergehen die Summen für den Schutzherrn des Hauses. Dagegen in den anderen Stellen mag das Wort (= *twigylde*) doppeltes Strafgeld, nicht auch doppelte ~, bedeuten **10c)** Verdoppelt wird gebüsst Schändung der reinen Jungfrau gegenüber der der Deflorierten; Af 11, 2ff. **11)** Nach dem Stande des Täters richtet sich die ~ selten: Den niederen Stand des Missetäters als mildernd zu berücksichtigen, mahnt manche kirchliche Stelle der *Gesetze* bei der Strafe, aber nicht bei der ~ **11a)** Die Braut, die sich einem Fremden hingibt, büsst ihrem Verlobungsbürgen 60, 100, 120 Schill., je nachdem sie vom Stande des Ceorls, 600-, 1200-Schillingmannes ist; Af 18, 1—3. Entscheidet hier der dem ihrigen wohl gleiche Stand des Bräutigams, des direkt Verletzten? **11b)** *Vgl.* Ehebruch 5d? **11c)** Freie vergelten in Kent Gestohlenes dreifach. Unfreie nur doppelt; Abt 9. 28. 90 **11d)** Wenn in Wessex für Diebstahl des Unfreien nur einfacher Ersatz ohne ~ gezahlt wird, so leidet dieser statt der nochmaligen Zahlung Prügel durch den Bestohlenen; II As 19. Hn 59, 23 **12)** Zumeist wird bei der ~ nicht auf Schuld oder Absicht des Täters gesehen; sondern einem bestimmten erfolgten Schaden entspricht eine bestimmte ~. Jedoch ohne Rücksicht auf den Erfolg, lediglich nach des Täters Schuld, verdreifacht die ~ für den Faustschlag, verglichen mit dem Hiebe hoher Hand, Abt 57. 58, 1 und lässt auch den Versuch zur Notzucht an das Mädchen büssen Af *o.* 8a **13)** Die ~ wird angegeben **A.** in fester Taxe des dem Kläger insgesamt einschliesslich Ersatz zu Zahlenden, und zwar des Wergelds, der Glieder~n, der Ehrenkränkungen, des Entgelts für verletzten Schutz (*s. d.*), zahlbar dem Schutzherrn **13a) B.** in einem Vielfachen des Ersatzes (*o.* 4c. 8. 10a. b. 11b. c), wozu ein Tarif der Sachwerte dient für Tiere (*s. d.*) und deren Teile; *s.* jedoch *o.* 7 über das Maximum **13b)** Die Vervielfältigung des Ersatzes steigt besonders hoch bei der Hinterziehung der Kirchensteuer (*s. d.*) und des Peterspfennigs (*s. d.*): zum 12- und 30fachen. Bei den Westsachsen herrscht regelmässig die Doppel~ [*o.* 4c. 10b. 11d. 14, auch bei anderen Germanen; Wilda 885; Schreuer 42; Brunner II 643], d. h. eine Nochmalzahlung des Ersatzes, das *æftergield*, *þæt oðer gield*, synonym mit *twibote* (*-bete*), *twigilde*, *twisceatte*, *forgieldan* (hinter *gieldan*, *agiefan*), *persolvere* (hinter *reddere*, *solvere*), *prosoluta*, *secunda solutio*, *parrendre* (hinter *rendre*), *parsoudrad*, was alles nur doppelt (*duplo reddens* [II Cn 30, 2 L]; *iterum tantundem* II Cn 24, 1 In. ECf 26, 2) heisst [nicht etwa: ~ allein beträgt das Doppelte des Ersatzes, was als im ganzen dreifach gälte; so setzt *XI siðan forgieldan* I Cn 10, 1 als synonym für *mid twelffealdan* in VIII Atr 11, 1] **13c**) *Si furem proprium quis reum probaverit, de catallis ablata restituentur, postmodum tantundem accepturus est quantum amiserat. Hec duplex solutio 'solta et persolta' vel 'prosolta' dicta est;* Ric. fil. Nigelli *Dial. de Scacc.* II 10 M [um 1178]; *vgl.* Pol Mai II 492 [**13d**) Gegen Schmid 580 und Grimm *DRA* 649 heisst *forgieldan* hinter *agiefan* in Urkk. c. a. 961 Birch 1063 und c. a. 991 Kemble 693 nicht 'ersetzen'] **13e**) Diese Doppelzahlung in *persolvere* wird als einfache Erstattung missverstanden in *solvat dupliciter et persolvat* Ps Cn for 23, vielleicht weil Ende 12. Jhs schon ungebräuchlich **13f**) Nur irrtümlich ward bisher *ceapgield* IV Eg 11 als ~ missverstanden; *u.* 17 **14**) Die Doppelzahlung des eingeklagten Wertes tritt ein bei nicht handhaftem Diebstahl (Af El 25 [aus Exodus]. 24 [hier ändert Ælfred *quinque* der Vulgata in 2, behält allerdings *quatuor* bei]. III Atr 4, 2; Urk. c. a. 961 Birch 1063; um 1178 *o.* 13c); bei Raub (Ine 10, nur Q², vielleicht aus 32a, richtig laut 9, also von Ine nur als selbstverständlich fortgelassen; II Cn 63); an Land (Urk. a. 991 Kemble 693); bei Tötung eines Forsttieres (Ps Cn for 23); bei zwangsweiser Pfändung in gesetzwidriger Selbsthilfe vór Rechtsgang (Ine 9); wohl hiermit identisch oder verwandt: bei gewaltsamer Vermögenschädigung aus Übermut [nicht Gewinnsucht; ECf 26, 2]; bei Unterschlagung des Anvertrauten (aus Exod. Af El 28); bei nicht bezeichneter, Diebstahl mitumfassender, Vermögenschädigung (I Atr 1, 5 = II Cn 30, 3b); bei Zollhinterziehung (IV Atr 3, 2); bei einem der Handelskautelen entbehrenden Erwerb einer später im Anefang als gestohlen eingeklagten Fahrhabe (II Atr 9, 3. II Cn 24, 1. Wl art 5. Leis Wl 21, 2; die zweite Zahlung fehlt Leis Wl 45, 1); bei Beihilfe für einen Stammesfremden zur Vermögenschädigung eines Stammesgenossen (Duns 6, 3); bei Bruch der mit dem Empfang des Brautkaufgelds eingegangenen Versprechung der Brautübergabe wird dieses erstattet und nochmals gezahlt; Ine 31 **15**) Nur wo behufs schnellerer Erledigung der Prozesse zwischen Nachbarn verschiedenen Stammes ~ und Strafgeld erleichtert werden sollen, zahlt der Dieb nur einfachen Ersatz, nichts vom *oðer gield*, d. h. zweitem Ersatz, der also sonst als Regel gilt; Duns 4 **16**) Ferner erlauben zahlreiche Privilegien den Insassen gewisser Bocland-Güter, nach aussen hin nur Ersatz (*s. d.*), ohne ~ und Strafgeld, zu zahlen **17**) Wer gestohlenes Vieh ins Dorf bringt, verliert Leben und Habe; das Vieh 'und' dessen *ceapgield* wird durch die Obrigkeit für den sich etwa später meldenden Eigentümer aufbewahrt; IV Eg 10f. Schwerlich heisst hier *ceapgield* gegen sonstige Bedeutung 'nochmaliger Wert', also ~, was obiger (*o.* 4) Absorption der ~ durch Leibesstrafe widerspräche, sondern (wie ich oben S. VII besserte) 'und' steht für 'beziehungsweise, oder', nämlich falls das Vieh selbst nicht mehr in Natura vorhanden ist **17a**) Trotz dreifacher ~ für Diebstahl (*s. d.* 18a) bezieht der König Strafgeld 'und alle Habe' des Diebes; Abt 9. Dieser Zusatz scheint unecht; oder 'und' bed. wieder 'oder', und gemeint ist ein anderer Fall: Vermögenseinziehung, eine Abspaltung der Friedlosigkeit, für handhaften Diebstahl unter Fortfall der ~ **18**) Das Dreifache zahlt der Dieb dem Bestohlenen in Kent (Abt 9. 28), allgemein (für Eingeklagtes über ½ Pfund, wer den Reinigungseid nicht wagt, im Prozess zwischen Engländern und Dänen; AGu 3) III Atr 4, der Bescholtene vierfach; 3, 4. [Den Namen Voll~ braucht fürs Dreifache *Lex Frisionum; vgl.* Vollstrafe *o.* S. 246 letzte Z.] **19**) Die Höhe der im Falle der Verurteilung verwirkten ~ bildet, wie sonst Ersatz und Strafe, vielleicht ausnahmsweise einen der Faktoren, aus denen sich die Schwere des Reinigungsbeweises bestimmt; in Ine 49 wird aber vielleicht nicht ~, sondern Schadenersatz gemeint **19a**) Und wenn Æthelred dem früher bescholtenen Beklagten die Alternative zwischen dreifachem Ordal und vierfacher Wertzahlung, dem gut Beleumundeten die zwischen einfachem Ordal und dreifacher Zahlung stellt, so braucht die Verdreifachung der Reinigung nicht aus der drohenden ~, sondern können beide voneinander unabhängig aus Tat und Charakter des Angeklagten sich herleiten; III Atr 3, 4. 4 **20**) Die Zahlen (*s. d.*), in denen die ~ in diesem engeren Sinne, einschliesslich Glieder~n (*s. d.*), ausgedrückt wird, sind, ebenso wie die Zahlen der ~ für verletzten Schutz (*s. d.*) und das Strafgeldfixum (*s. d.*), beherrscht vom Duodezimalsystem, oft verbunden mit dem Dezimalsystem **21**) Die ~ wird in Silberdenaren, gewogenem Edelmetall, Waffen (Ine 54, 1), am häufigsten wohl in Vieh bezahlt [in Pferden bei Friesen; His 224], aber auch in Sklaven (Ine 54, 1), wie hervorgeht aus dem ausnahmsweisen Verbot dieser Zahlungsart: **21a**) Die verlobte Jungfrau, die sich von einem andern [als ihrem Bräutigam] beschlafen lässt, büsse ihrem Verlobungsbürgen 60 Schill. in lebendigem Viehwert, und man gebe in dies Bussgeld keinen Menschen hinein; Af 18, 1 **22**) Die Zahlung der ~ wird festgesetzt für bestimmte Fristen (*s. d.*) und Termine (*s. d.*) **22a**) Trafen diese auf einen Kirchenfeiertag, so soll die ~ vor- oder nachher entrichtet werden; V Atr 20 = VI 25, 2 = I Cn 17, 3 = Hn 62, 2 **23**) Für die Zahlung haftet ausser dem Pflichtigen dessen Bürgschaft (*s. d.* 14. b), geleistet durch Sippe, Herrn oder Zehnerschaft

busslos *s.* Wb *botleas* [*crimen veniæ non dignum* Urk. a. 971 Birch 1270]; *vgl.* Kapitalverbrechen, Todesstrafe, friedlos **1**) Das Wort, dem Nordischen entlehnt, kommt seit Æthelred, sein Ggs. *botwierðe* aber seit Eadgar vor **1a**) Es bezieht sich nur auf eine Missetat, dagegen 'friedlos' (*s. d.*) auch auf den Täter. Jede ~e Tat, d. h. eine nicht mit Geld, nur mit Leibesstrafe sühnbare, macht friedlos; aber Friedlosigkeit kann ausser ~er Tat [*nanre bote weorðe* steht synonym mit *utlah* II Atr 7, 1] auch andere Ursachen haben, so Handhaftigkeit und Flucht (Ausbleiben) vom Gericht bei einer an sich nicht ~en Tat **1b**) ~ heisst nur eine positive Tat; friedlos kann auch Unterlassung machen **1c**) Ein anderes Wort für den Begriff ~, *feohleas* (geldlos, durch Geld nicht sühnbar; Beowulf 2442), ward in der Rechtsprache nicht weiter entwickelt **2**) Ohne ein besonderes Wort kennt doch den Begriff Ælfred: fast alle erstmaligen Missetaten seien, dank christlicher

Barmherzigkeit, durch die Agsä. Gesetzgebung [7. u. 8. Jhs.] nur mit Geldstrafe bedroht, mit Ausnahme des Herrenverrats [auf den allerdings auch sonst der Tod steht; *s. d.;* Af 4, 2 = II As 4. III Eg 7, 3 = II Cn 26 VI Atr 37 = II Cn 57. Hn 75, 1 f.]; Af El 49, 7 = Hn 11, 17. Herrenverrat also ist ∼ für Ælfred **2a)** Falsch aber ist seine Angabe, dass nur diesem der Tod drohe; in seinem eigenen Gesetze stellt er für handhaftes Blutig Fechten oder Waffenzücken am Königshofe das Leben des Täters in des Königs Belieben (Af 7 = II Cn 59. Griđ 15, auch Ine 6), abgesehen von den vielen Fällen, in denen er private Blutrache sowie Tötung des handhaften Verbrechers durch den Verletzten erlaubt liess [die vielen anderen Todesdrohungen, die er aus Exodus übersetzt hatte, sollte allerdings christliche Milde aufgehoben haben] **3)** Der Ggs. zu ∼ ist derselbe wie zu friedlos (und bei Hn zu Kriminal- oder Kapitalverbrechen; *s. d.*): nämlich *botwierđe* (auch VIII Atr 5, 1 = I Cn 3, 2). Bei keiner busswürdigen Schuld verwirke man mehr als eigen Wergeld (*s. d.*); III Eg 2, 2. **N** Nach 1100 steht dafür *forisfacta emendabilia* (CHn cor 8), *placitum quod ad pecuniam pertinet* (Hn Lond 7 = *forefactura quæ pecuniā placari possit;* Lib Lond 3, 1), bei Hn *causæ emendabiles* 9, 1. 11, 17, *pecuniā redimendæ* 9, 5 **4)** Wie bei den Missetaten, die Friedlosigkeit oder Tod bedroht, ist Begnadigung (*s. d.*) doch auch für ∼e Verbrechen, selbst Herrenverrat (III Eg 7, 3 Zusatz) und Franzosenmord, möglich; Hn 92, 7 **5)** Als ∼e Verbrechen werden genannt: **A.** Verletzung des königlichen Handfriedens (III Atr 1. ECf 12, 3), **B** Totschlag innerhalb der Kirchenwände; VIII Atr 1, 1 = I Cn 2, 3 = Griđ 13 = Hn 11, 1a. 12, 1. 13, 1. 79, 3; 5. In den Kathedralen York, Ripon, Beverley geschehener Totschlag ist ∼; Nor griđ Z. 5; *vgl.* 1473[f]. [Verletzung des Asylstuhls des Domes York, auch schon durch blosse Verhaftung des Verbrechers, ist ∼; Raine *Historians of York* III 34] C. Brandstiftung, offenbar erwiesener (nicht bloss handhafter) Diebstahl, Verrat am Herrn (*o.* 2), unleugbarer heimlicher Mord und Hauseinbruch; II Cn 64 = *Homil. n.* Wulfstan 274. Diese Liste (unvollständig laut A B, die dann mit C verbindet Hn 11, 1a. 12, 1) ist vielleicht Nordisch beeinflusst; Steenstrup *Danelag* 262. Die vier ersten bedroht auch schon früher der Tod. Als gleich unverletzlich stellen Handfrieden und Kircheninneres (A und B) hin auch EGu 1 = VI Atr 14 = I Cn 2, 2 = Griđ 2 **6)** Doch folgt in den *Gesetzen* dem Verkünden der ∼igkeit sogleich die Methode, wie sie dennoch, wenigstens durch den, der Asyl (*s. d.* 4) gewann, mit Geld gelöst werden kann: der Missetäter muss sich durchs eigne Wergeld in den Friedensgenuss zur Bussfähigkeit einkaufen; VIII Atr 2 = I Cn 2, 4 = Hn 11, 1a. 79, 5. Hier hat also ∼ nur noch den Sinn 'einstmals unabbüssbar' [wie im Norden: Lehmann *Königsfriede* 130. 142. 193 f.] **7)** Da Herrenverrat *perfidia* an der Spitze der ∼en Verbrechen (*scelera*) steht, da von ihnen die mit Geld büssbaren in CHn cor 8 abgetrennt werden, so erblicken hier eine Spur späterer strafrechtlicher Dreiteilung in *perfidia, scelus, forisfactura* Pol Mai II 512[6] **8)** Verwirkt ein Kleriker sich [sein Leben] durch Todschuld, so ergreife und halte man ihn fest bis zu des Bischofs Strafurteil; EGu 4, 2 = II Cn 43 **8a)** Schwerlich mit ∼ gleichbedeutend ist 'hohe Missetat' II Cn 47 und sicher nicht 'teuflische Taten' V Atr 25 = VI 28, 3, wozu Völlerei, Geiz und Feiertagsentheiligung, also nicht bloss Todeswürdiges, zählen

Busspsalmen werden gesungen bei Prozession zum Ordalkessel; Iud Dei

Busstag *s.* Landesbusse [XII 15

Büttel *s.* Wb *bydel* [für *exactor* der Vulg. Lucas XII 58], *bedellus, cacepollus* [Afz. *cachepol*, in Agsä. Glossaren seit Ælfric für *exactor*, jetzt *catchpoll;* im Dorfe Stepney bei London *tenet Alvricus chacepul de episcopo* 1 *hidam;* Domesday I 127b 1] **1)** Der vom königlichen Vogt der Zollhinterziehung Verklagte berufe sich auf (ziehe zur Gewähr) *cacepollum*, dass er diesem Zoll bezahlt habe (IV Atr 3—3, 3): also ein Unterbeamter des Fiskusvertreters **1a)** Bei einem Sklavenverkauf 11. Jhs. zu Bath, vor dem *ealdportgerefa* und anderen Zeugen, *Brún bydel nam þæt toll;* Kemble 1253 **2)** Wahrscheinlich Eintreiber von Gerichtsporteln und Strafgeldern sind 'die räuberischen Unterbeamten der Richter', über die Iudex 10 klagt **3)** Der Grundherr mahnt oftmals durch seine ∼ um seine Abgabe (Zinsen) die Hintersassen (Bauern) auf seinem Herrschaftsgut; IV Eg 1, 2 [so im 13. Jh. in Bampton; Williams *Archæologia* 33, 278] **4)** Auf dem Herrschaftsgut wirkt für den Herrn der ∼, regelmässig nicht einer der vollbäuerlichen Viertelshufner, sondern einer der anfänglich Landlosen, nicht frei von niederer Fron, aber wahrscheinlich persönlich frei. 'Dem ∼ gebührt, dass er wegen seiner Amtsmühe freier an Fron sei als ein anderer Gutsuntertan, denn er muss oft [für die Herrschaft] bereit sein. Auch gebührt ihm ein Stück Land für seine Mühe'; Rect 18. Mit Fron verschont wird sonst der Dorfvogt **5)** Nicht das Zoll- und Zinseintreiben konnte Anlass geben, die Bischöfe Gottes ∼ bildlich zu nennen (I Cn 26 = II 84, 4 = Griđ 19, 1). Vielmehr muss dies Bild hergenommen sein von der Vorladung vor Gericht durch den ∼, worüber *vgl.* Hundred(ealdor) und Vinogradoff *Villainage* 319—22

Butter *s.* Wb *butere. Vgl.* Milch, Käse, Fett **1)** Von 10 Hufen zum Unterhalt [an den Landverleiher gebe der Bodennutzer] u. v. a. 1 Eimer voll ∼; Ine 70, 1. [Landzins in ∼ in Urkk. sehr häufig: Birch 330. Im Domesday wird ∼ I 269a 1 gemessen nach *rusca s.* Ducange] **1a)** ∼ war Nahrung Reicher, Milch Armer; Dickenmann *Anglia* 27, 469—73 **2) N** Der Kirche gebe man als Zehnt *butyrum decimum;* ECf 7, 4 **3)** Auf dem Herrschaftsgute bereite die Käsemacherin aus Molke, die der Käsepresse enttropft, ∼ für die Herrschaftstafel und erhalte alle ∼milch, ausser der täglich im Sommer dem Schafhirten zukommenden Schale; Rect 14. 16 **3a)** ∼, aus Molken gemacht, dient im 16. Jh. zum Walken als Fett; Round *Victoria County hist. of Essex* I 372, wo auch über Schafkäse **4)** Das ∼fass, *cyren*, ist unter den für die Gutsdomäne nötigen Utensilien; Ger 17

C *s.* auch K, Z.

Caen durch Heinrich I. genommen; Quadr Arg 20

Caesar *s.* Römisches Recht; Kaiser

Caithness zu England gehörige [!] Inseln [!]; ECf 33**; *vgl.* I 660°

Cambridgeshire gehört zur Denalagu; dortiges Strafgeldmaximum ist 10½ 'Hundert' = 84 £; ECf 33

Canterbury. Einzelne Erzbischöfe *s.* Wb Birhtwald, Wulfhelm (auch VI As 10. 12, 1), Oda, Ælfheah, Lyfing, Æthelnoth. *Vgl.* Erzbischof, Pallium; Augustin, Dunstan, Sigeric, Anselm; Mönch von ~ *s.* Eadmer **1)** Der Erzbischof heisst Britanniens Erzbischof Wi Pro 1. [So nennt sich Theodor 680. *Totius Brettaniae gubernacula regenti* schreibt 705 der Bischof von London; Birch 115] **1a)** Er heisst *metropolitanus;* dagegen der von York nur *archiepiscopus;* Cn 1027 Insc. **2)** Er neben dem Bischof von Rochester leitet Kents Landtag; Wi Pro 1. III As Pro. Er fehlt auf Ines Landtag als des nur Westsächsischen Königs **3)** Er als alleiniger Vertreter des gesamten Englischen Klerus neben dem König befiehlt Ordnung des Ordals und Kirchensteuer; II As 23, 2. IV Eg 1, 4. Mit König und Witan regelt er das Ordal; Ordal Pro **3a)** Er nimmt den Witan das Versprechen ab, die neuen Gesetze zu halten; VI As 10 **3b)** Er empfängt durch den Bischof von London das neue Gesetz über spätere Strafmündigkeit; VI As 12, 1 **3c)** Von ihm allein unter den Bischöfen, als Staatsräten und Teilnehmern an Gesetzgebung, wird Diözese oder Eigenname, oder doch er von jenen gesondert, genannt; I As Pro. As Alm Pro. II As Epil. VI 10. I Em Pro. Ordal 1. **N** Nur an diesen Erzbischof wird adressiert Hn Lend Prot [York war vielleicht vakant] **3d)** In allen *Gesetzen* vor 1008, VI Atr L Pro, ist mit 'Erzbischof' nur éiner, also der von ~, gemeint **3e)** Wo Cnut, Wilhelm, ECf, undatierte Anhänge beide Erzbischöfe meinen, *s.* Erzbischof **4)** Im Kenterrecht geniessen König, Erzbischof und Domkirche gleich hohe Busse für Verletzung des Schutzes (*s. d.*; Griđ 6. 8 = In Cn III 56), dagegen nach Westsachsenrecht der Erzbischof nur 3 £ (während der König 5 £ empfängt); Af 3 = II Cn 58, 1 = Griđ 11; er erhält diese 3 (neben den 5 des Königs) in Kent von (= bei) gewaltsamer Heimsuchung und 'Muntbruch' im Sinne von Verletzung allgemeinen Landfriedens; I Cn 32 G. II 62 G **4a)** Die von Lanfranc zu Penenden Heath erfochtenen Privilegien lauten ganz anders: für die Kirchengüter weitergehend; aber auf Königs- und Grafenland hat der Erzbischof Strafgeldanteil nur bei *cildwite* [Unzucht] und nur für bestimmte Zeiten bei Blutvergiessen **5)** In ~ seien 7 Münzer, 4 des Königs, 2 des Bischofs, 1 des Abts [von Saint Austin's]; II As 14, 2 **5a)** Dunstan vollzog dort Leibesstrafe an 3 Falschmünzern; Eadmer *V. Dunst.* ed. Stubbs 203 **N 6)** *Primatem regni, archiepiscopum Cantuariensem* [*Lanfrancum*] *generali concilio non sinebat* Wilhelm I. *quicquam statuere aut prohibere nisi a se primo ordinata;* Wl Edmr 2, 2 **6a)** Lanfranc gibt Rat zur Reform geistlichen Gerichts; Wl ep 1. **6b)** Sein Streit gegen York über den Primat 1072: I 520[10] **7)** Hss. des Doms: Cant. Ch. E. G. H's. Quelle. K. Ro (*s.* I S. xx — xxxiv), aus Saint Austin's: T I S. xl. Hn com*

Capitalis iusticia *s.* Oberrichter

capitulare *s.* Fränkisch

c(h)arta *s.* Urkunde, Breve

Chartres *s.* Ivo

Chichester ist Münzstätte unter Æthelstan; II As 14, 2

chrisma *s.* Salböl

chrismon *s.* Kreuz

Christentum *s.* Wb *cristendom, -nnes* (Taufe). *Vgl.* Gott, Homiletisches, Moral; Bekehrung; Taufe, Glaubensbekenntnis, Beichte, Abendmahl, Grab; Exkommunikation, Heidentum, Ketzerei **1)** Beleidigung gegen Christus räche der König (VIII Atr 2, 1), der Beamte (Cn 1020, 8), jeder Staatsbürger; VIII Atr 35 **2)** ~ aufrichten (= Religion und Moral fördern) ist Pflicht der Regierung; II Em Pro = X Atr Pro. VI 40. 40, 1 = II Cn 11. 11, 1. I Cn 1 = Wlart 1 **2a)** ~ halten (= fromm sittlich leben) ist Staatsbürgerpflicht; V Atr 1 = 34 = VI 1 = 42, 2 = X 1 = I Cn 1. 21 = Northu 47 = 67, 1; ~ achten V Atr 22 = VI 27 = I Cn 19; ehren VI Atr 1 = VIII 44 **3)** Ordalprüfling wird beschworen bei seinem ~; Iud Dei I 2, 1. VI 1. VII 12, 3. 13 A. VIII 1 **3a) N** Heinrich II. *Deum et christianitatem suam obsidem dabat;* *s.* Bürgschaft 1c

Christina [† c. 1096—8] Schwester der h. Margareta von Schottland und des Eadgar Ætheling, erhielt von Eadward III. die später Limézy gehörigen Ländereien; ECf 35, 1—1a

Christus. *Vgl.* Fleischwerdung; Teufel **1)** ~ wird von Ælfred identifiziert mit Gott dem Weltschöpfer und daher eingesetzt für *Deus* der Exodus; Af El 3. [Auch das Altengl. Epos *Crist* lässt ~ beim Jüngsten Gericht den Menschen anreden: *Ic þec geworhte;* Vers 1380.] Für ~ setzt Gott I Cn 18, 3. Leis Wl 41, 1. Af El 49, 7 Q. Name für katholische oder nationale Kirche (*s. d.*) im bes. für das geistliche (*s. d.*) Gericht und die Bistumskasse (*s.* Bischof 6): *s.* Wb *Crist* 2 b. c; *cristen* 5; *Christianitas* 3; ~ 2 **2)** ~ bietet dem weltlichen Strafrecht das Muster der Barmherzigkeit, begnadigt aber nicht den Verräter Judas (den er mangels eines Anklägers nicht verworfen hatte; Hn 5, 7a) und befiehlt den Herrn [!] zu lieben wie sich selbst; daher darf für jede erstmalige Verfehlung der Richter Geldstrafe nehmen; nur der Verräter am Herrn ist am Leibe zu strafen; Af El 49, 7 **3)** ~ erkauft die Menschenseelen mit seinem Leben. Darauf stützt sich die Einschränkung der Todesstrafe und des Verkaufes von Sklaven an Heiden (V Atr 3. VI 9—10, 1 = II Cn 2, 1—3 = Leis Wl 41 f II Cn 30, 5) und die Mahnung, Sklaven zu schonen; Episc 13 **4)** ~ wird auf Erden vertreten durch den König, als Darsteller moralischer Ordnung; VIII Atr 2, 1. 42 **4a)** Ein Nordischer Hofdichter preist den König von England Æthelred II. als verehrt wie Gott selbst; Vigfusson *Corpus poet. boreale* II 111 **5)** Der König und die Staatsgemeinde heissen christlich *s.* Wb *cristen* 1—3. *Vgl.* Christentum 2. 2a

[**Chrodegang** von Metz]. Weltgeistliche Stiftskonventualen sollen beobachten die Regel [des ~?]; V Atr 7 = VI 4

Chronologie *s.* Datierung; Tag, Nacht, Woche, Monat, Jahr; Frist

Cicero wird zitiert Quadr Ded I 532[b—dd]

Cirencester **1) N** Dorthin verlegt eine Münzstätte nur irrige Lesung für Chichester II As 14, 2 Q. [Der Ort ward gerade in den Jahren, da Q entstand, viel genannt: Heinrich I setzte 1117 Kanoniker dorthin] **2)** Vielleicht auf dortigem Reichstag erging Cn 1020

Cissa *s.* Coenred 3

Cnut 1) Sohn Swens, Vater Harolds (fälschlich) und Hardecnuts, Gm. der Ælfgifu und der Emma; ECf 34, 2c—e. Lond ECf 13, 1 A **2)** Er kämpft und teilt England mit Eadmund II.; Quadr Arg 2. Cons Cn Pro 2. ECf 16. 34, 2b; c **2a)** Vor ihm flieht Eadward Ætheling; ECf 35 **2b)** Er reorganisiert 1018; I Cn Insc D **2c)** Sendet Dänenheer heim; ECf 16; *vgl.* jedoch I 642° **2d)** Sein Verhältnis zu Herzog Thurkil; Cn 1020, 10 **3)** ~ nennt sich [im Ggs. zu früherer Reichsteilung] König von ganz England (I Cn Pro = Insc. Cn 1027 Inso), schreibt an Englands ganzes Volk Cn 1020, 1. 1027 Insc; *vgl.* Quadr Arg 2, 4 **3a)** Er heisst König auch der Dänen und Norweger I Cn Insc A. Pro Q. Cons Cn Insc. Quadr Arg 2. Cn 1027 Insc; hier auch eines Teils von Schweden; *Suevorum* In Cn Insc **3b)** Er schützt, in Dänemark 1019f. erfolgreich, England gegen Gefahr dorther, so lange ihm die Engländer treu, und auf der Dänen Rat schafft er 1026 mit Schweden und Norwegen Frieden und Bündnis [*vgl.* Lehmann *Königsfriede* 108; Adam Brem. *Mon. Germ. SS.* VII 325]; Cn 1020, 5f. 1027, 2f. 13f. **3c)** ~ reist 1027 aus Flandern nach Dänemark und will im Sommer von da nach England; Cn 1027, 13f. **4)** ~ führt Rechtseinheit in England ein [übertrieben laut II Cn 12. 14f. 71, 2f.]; Cons Cn Pro 2 **4a)** ~ verschleudert Rechte und Länder der Krone England an Dänen und Norweger [Londoner Versuch um 1200, Grossbritannien für England allein zu beanspruchen]; Lond ECf 13, 1 A — A 3 **5)** Er dankt Gott für Erfolge; Cn 1020, 3—7. 1027, 3. 9. 13 **5a)** Er heisst gerecht und sittlich (Cons Cn Insc. Pro 2), milde, für sein Volk bedacht (Quadr Arg 2f.); er weiht sein Leben Gott (Cn 1027, 10); er schiebt in frühere Verbote 'aus Gottesfurcht' ein; I Cn 4, 3. 6, 1; 3. 7 **5b)** Er ordnet den Kult Dunstans an; I Cn 17, 1. Er begünstigte St. Edmunds Kloster und verehrte Ælfheah, vielleicht als Sühne für Missetat heidnischer Vorfahren an ihnen, oder bloss wie viele andere Heilige: er beschenkte an Kirchen (ausser Rom, Canterbury, York, Newminster) auch Benevent, Bremen, S. Omer u. v. a. Französische Stifter **6)** Er wird 1017—9 von Benedict VIII. ermahnt, Gottes Lob zu erhöhen; Cn 1020, 3 **6a)** Er reist nach Rom (*s. d.*), erwirkt für Engl. und Dän. Rompilger Zollerleichterung; Cn 1027, 6. Quadr Arg 6 [woraus vielleicht folgt, dass Erinnerung an dortige Erfolge noch 1114 lebte; ~s Nachfolger waren nicht in Rom erschienen]; *vgl.* Johann XIX; Mansi *Concilia* XIX 479; im Nordischen Lobgedicht: Vigfusson *Corpus poet. boreale* II 120—3 **6b)** Er gründet seine Herrschaft auf gutes Einvernehmen mit Papst und Kirche; Cn 1020, 3 **6c)** Er wiederholt über den Peterspfennig (*s. d.*) Æthelreds Gesetz **7)** Seine Gesetzgebung, mit Beirat der Witan [aus Cn: Quadr Arg 2ff.], atmet kirchlichen Geist [aus Cn: Cons Cn Pro 3f.] **7a)** **N** Sie wird bewundert auch von Hermann von S. Edm. (ed. Liebermann *Agnorm. Gesch Q.* 236), Hist. Ramesei. (ed. Macray 125) und identifiziert mit Laga Eadwardi; Quadr Arg 1. 9. Hn 20, 3. Cons Cn Pro Hr. ECf retr Schluss LDb, I 670*. Will. Malmesbur. *Reg.* II 183, ed. Stubbs 224; *vgl.* I 535ᵒ **7b)** Sie heisst [irrig] *Lex Dacorum* I Cn In Insc; *u.* 10 **7c)** Sie folgt gutem Vorbild [wohl Eg, Atr meinend; Cn Insc D], wesentlich Atr; Will. Malmesbur. **7d)** Vielleicht nur daher sagt Will. Godell [um 1175] zu a. 1028: *Cnuto rex Anglorum leges litteris indidit.* Doch hatte ~ mit Wilhelm von Aquitanien Beziehung; *vgl.* Ademar *Mon. Germ., SS.* IV 134[12] **7e)** Zur Norm der Verfassung nimmt er 1018 die Eadgars; Ann. Anglosax. 'Alles Volk halte Eadgars Rechtsverfassung, die alle zu Oxford beschworen'; Cn 1020, 13. Abschreiber D sagt zu I Cn 1: Witan beschlossen, Eadgars Gesetzen zu folgen; ~ stellte Frieden zwischen Dänen und Engländern her; Insc D. **7f)** Zu a. 1017: *Cnuto edixit, ut essent Angli et Daci populus unus, et omnes Elrredi regis Anglorum leges et iura tenerent;* Ann. Winton. ed. Luard II 15: was höchstens insofern zutrifft, als Eadgars Verfassung auf der Ælfreds ruhte; auch kommt die Besonderheit der Denalagu nicht zum Ausdrucke **7g)** Tatsächlich schreibt Cn ausser Homilien und Kanones aus: namentlich Atr, Eg, seltener EGu, Af-Ine, As, Wi **8)** Bisweilen spricht ~ als *ic*, als persönlicher Reformer; II Cn 69 **9)** Eine Spur mangelhafter Arbeitsfeile in Cn sind wohl zwei Sätze gegen Beschützung des *Godes fliema* bzw. *amansod 7 utlah* II Cn 66. 66, 1; letzterer aus VIII Atr 42 scheint Konzept oder Nachtrag **9a)** Ebenso fordert II Cn 20: jeder sei in Zehnerschaft, 20a: jeder in Bürgschaft (*s. d.* 5c), letzteres aus III Eg 6: auch nur dasselbe zweimal **10)** Dänisch (*o.* 7b) sind bei Cn nur Stellen, die er selbst für die Denalagu besonders bestimmt, oder Einflüsse, wie sie auch schon zwei Menschenalter zuvor im Agsä. Recht und in Eg und Atr vorkommen **10a)** Dass Dänemarks *sapientes* neben den Engl. Witan an der Gesetzgebung teilnahmen (Quadr Arg 3ᵏ. 4ⁿ), ist höchstens von den in England begüterten und beamteten Dänen möglich. Dänemark bleibt ausgeschlossen aus Geltungsbereich der Engl. Gesetze; Cn 1020, 1. II Cn Pro **N 10b)** Erst ECf bringt den Irrtum, Eadgars Recht sei 975—1042 aufgegeben und erst in *lex Eadwardi* wieder bestätigt worden; 34, 1b; 2e; 3 **10c)** Der Londoner um 1200 wendet dies auf die Dänen besonders: *Temporibus regum Danorum sepultum fuit ius in regno, leges et consuetudines sopitæ;* Lond ECf 13, 1 A 3 **10d)** Die Dänen wurden [angeblich] von ~ gegen Mord durch Agsa. geschützt mittels Einführung des *murdrum* (*s. d.*); ECf 16 [Prozessvorrechte gab ~ wirklich den Dänen in Norwegen]. Ein Chronist 12. Jhs. erzählt von Mordverschwörung Agsä. Kleinbauern gegen ihren Dänischen Gutsherrn, den sie als fremden Bedrücker hassten, unter ~; Chron. Rames. ed. Macray 141 **11)** Herzog Harold, um 1065 den Northumbrer Aufstand gegen seinen Bruder Tosti beizulegen, *niwade Cnutes lage;* Ann. Agsax. **N** ~s Recht vererbte auf Heinrich I.; Hn 20, 3: so sehr also galt es als Norm **11a)** Cn wird im XI. Jh. ausgeschrieben von Northu, Grið, *Homil. n.* Wulfstan, **N** bald nach 1100 übs. durch Leis Wl 39 ff, Q (rubriziert I 535), In Cn I 612 (rubriziert I 616, daher in Wl art), Cons Cn I 618f., zitiert von Hn 20, 3; aus Q schöpft Lond ECf 32 B 2—10. Die Rechtsbücher In Cn und Cons Cn verbinden Cn mit anderem Agsä. Recht, das hier dessen Namen trägt; I 613[k] 12) Fälschend trägt ∼s Maske Ps Cn for I 620[b]

Cölibat *s.* Wb *clæne, clænnesse. Vgl.* Geistliche, Mönch, Nonne 1) Kirchlich geweihte Personen seien keusch, Männer wie Weiber, bei kanonischer Strafe und Verlust weltlicher Güter und ehrlichen Grabes; I Em 1 **1a**) Alle Gottesdiener, namentlich Priester, seien keusch bei Gottes Zorn; V Atr 8. 9 = VI 5f. = I Cn 6, 1f. (ebenso *Hom. n.* Wulfstan 269). VI Atr 41 **1b**) Dem Altardiener ziemt nicht ein Verhältnis zum Weibe; VIII Atr 30; ähnlich *Polity* 23 **1c**) Die Gottesdiener, die unsere Kirchensteuern empfangen, seien keusch, um kraft dieser Keuschheit bei Gott für uns einzutreten. Ich und meine Thegnas mögen unsere Priester zwingen, ihren Bischöfen zu gehorchen (u. a. im ∼); IV Eg 1, 7f. **1d**) Von Regelbefolgung hängt die Kraft ab, bei Gott als Fürbitter zu wirken, auch nach *Can.* Eadgari 1. 45. So Eadgar für Ely: *þa munecas libban heora lif æfter regole þæs h. Benedictes, us to þingunge;* Birch 1267 **1e**) Gottesdiener — Bischöfe, Äbte, Mönche, Mönchinnen, Priester, Nonnen — sollen kanonisch leben; V Atr 4, 1 = *Hom. n.* Wulfstan 269 **1f**) In demselben Satz ersetzt 'Priester' durch 'Stiftsgeistliche' VI Atr 2, 2 = I Cn 6a, fordert also den ∼ nicht vom Landpfarrer Stiftsgeistlichen [*s.* 4b. 6], auch nicht mönchischen, befahl den ∼ schon die Synode von 786; das blieb aber bis Ende XI. Jhs. erfolglos; Stubbs *Found. of Waltham* p. VI. XI; *Councils* III 461. *Canonici coniuges amplectentes* vor der Reformzeit Eadgars werden tadelnd erwähnt Urk. Birch 1159 **1g**) Ein Vorkämpfer des ∼s tadelt in einer Eadgar in den Mund gelegten Rede, es seien *domus clericorum prostibula meretricum, . . . ut deliciis clericorum meretrices ornentur;* Spelman *Concilia* I 477 = Birch 1276: vielleicht nur eine Erfindung des Ailred von Rievaulx, Mitte 12. Jhs., ed. Migne *Patrol. Lat.* 195, 727 2) Viele Stellen Ælfrics und der Agsä. Kanonisten und Prediger c. 1000—1050 mahnen zum ∼ (z. B. Ælfric *Canon.* 1. 5—8; *Polity* 15f.); und schon Theodor und die seit Ende 10. Jhs. in England eingeführten Bussbücher strafen mit Exkommunikation und Degradation heiratende Priester; Theod. 18, 16; Ps. Egb. *Poen.* III 1. 9 *Add.* 28. Ps. Theod. *Cap.* 313; Ps. Egb. *Exc.* 15. 31. 160. Die Beschlafung seiner Frau durch den Priester gewordenen Ehemann ist Ehebruch; Theodor *Poen.* 18, 5 **2a**) Keine Frau sei im Pfarrhause; Ælfric *Can.* 5; *Eccles. instit.* 12 **2b**) Ælfric an Sigeferð widerlegt einen, der *sægð, þæt hit sy alyfed, þæt mæssepreostas wel moton wifian; and mine gewritu wiðcweðað þysum;* ed. Assmann *Agsä. Bibl.* III 13 **2c**) Auf *Gregorii I. epist. ad Augustin. Cantuar.* 1 (bei Beda *H. eccl.* I 27, ed. Plummer I 49: *clerici extra sacros ordines sortiri uxores*) spielt an Ælfric *Homil.* II 94: *gemænes hades preostum is alyfed æfter Gregorius tæcinge, þæt hi sinscipes brucon* [Ehe geniessen]; *mæssepreostum and diaconum is forboden hæmed.* Hier heisst *preost*, wie auch sonst: *clericus*, auch niederster Weihe 3) Allein dieselben Prediger erwähnen die Priesterehe als tatsächlich allgemein in Gebrauch; *Polity* 19 23; 'wir können euch [Priester] zum ∼ nicht zwingen, ermahnen aber dazu'; Ælfric *Pastor.* 32f. ed. Thorpe 432, mit Klage, dass sie ihre [Ehe]frauen schmücken **3a**) Schlimm, dass einige [Priester] zwei oder mehr Weiber haben und bei Lebzeiten der früheren eine andere nehmen, was sogar Laien verboten; VI Atr 5, 2 **3b**) Wenn ein Priester seine Frau verlässt und eine andere nimmt, *anathema sit!* Northu 35. Hier, in York, ist also auch die Priesterehe sogar von der Stiftsgeistlichkeit anerkannt **3c**) Als das Witenagemot 1045 von einem Priester eine Messe forderte, *presbyter qui cum uxore dormierat negavit;* Sim. Dunelm. c. 45 **3d**) Die Pfarre Sutton vererbte im XI. Jh., manche in Nordengland noch im XII. Jh., von Vater auf Sohn; Round *Victoria County Hist. Berks.*, Einl.; Raine *Hexham* (Surtees soc.) I p. L **N 3e**) Gerhard von York klagt Anselmen 1106, er müsse verheiratete Landpfarrer dulden; Raine *Archb. of York* III 23 **3f**) Für die Normandie erzwingt Wilhelm I. 1080 zu Lillebonne den ∼, weil Bischöfe lässig, durch Eingriff in kirchliche Jurisdiktion; *propter eorum feminas nulla pecuniae emendatio exigatur* **4**) *Gesetze* drohen verheirateten Landpfarrern nirgends Degradation (*s. d.* 1) oder Verlust der Pfarre oder Scheidungszwang. Allein nur keusche Priester geniessen Thegnrang; wer ∼ weigert, verliert ihn; V Atr 9, 1f. = VI 5, 3f. = I Cn 6, 2a. VIII Atr 28f. — Glossator bei Thorpe *Anc. laws* 401 **4a**) 'Der Priester besass [in Agsä. Blütezeit] gebührenden weltlichen Rang'; Geþyncðo 7; dies beschränkt auf den keuschen In Cn III 63 **4b**) Nur Stiftsgeistlichen, die ∼ weigern, droht Pfründenverlust V Atr 7 = VI 4; *o.* 1f **5**) Eideswert eines kanonisch lebenden Priesters ist zwei- bis dreifach so stark wie der des laienhaft [verheiratet] lebenden, dessen Eid gleich gilt nur dem des kanonisch lebenden Diakons; VIII Atr 19—21 = I Cn 5—5, 2 **5a**) Nur der keusche Priester reinige sich durch Eineid von Anklage; Egb. *Dial.* 3 **5b**) Gleichen Eideswert gibt dem Thegn und Priester Að 2; das beschränkt für letzteren auf den *regulariter vivens* der Übs. In Cn III 45 **6**) **N** Unter Anselm von Canterbury [1102] *habitum est Londoniæ concilium de . . canonicis: . . in uxoribus abiurandis;* Quadr II 8, 1; *vgl.* I 535[k], die Synode von 1108, 544, Sp. 2 XIX und 546 Z. 4 v. u. Über die Geschichte der ∼sgebote *s.* F. Makower *Verf. Kirche v. Engl.* 222ff.; Böhmer *Sta. Kirche* 60. 127f. 145. 175

Coenred 1) ∼, Vater Ines, dessen Gesetzgebung leitend, Ine Pro. [Deutet seine Stellung vor den Bischöfen und Übergehung in der Thronfolge vielleicht auf Entsagung von der Welt?] In Westsächs. Stammtafel heisst *Ine Cenreding* 2) Nur eine verfälschte Urk. nennt ∼ einmal *rex Westsaxonum:* falsch, denn er fehlt in Bedas Königsreihe **2a**) Er heisst *subregulus*, d. i. Ætheling oder Ealdorman, bei Florenz, vielleicht nur aus Kombination. 3) Wilhelm von Malmesbury nennt einmal ∼ als Ines Vater, einmal irrig *Cissa*, vielleicht aus falscher Urk. für Abingdon (Birch 101), die Ine von *prædecessor Cissa* sprechen lässt, der auch *rex* heisst

Collington? *Culintona* meint vielleicht den Ort ∼ nördlich Exeter; dort ergeht III Em Insc

Common law *s.* Landrecht

Confessor *s.* Wb; *vgl.* Eadgar 10a; Eadward III. 7

N Connétable. Der Französ. *constabularius* entspreche dem Agsä. *heretoga* [nur teilweise wahr]; Lond ECf 32 B um 1200; *vgl.* I 656m; Marschall

N *Consiliatio Cnuti,* Rechtsbuch vom Anf. 12. Jhs., I 618

Cornwall 1) ~ ward durch Ine für Wessex erheiratet [falsch]; Lond ECf 32 C 3 **2) N** Dortige Brythonen sucht Wilhelm I. mit Franconormannen in staatsbürgerlichem Frieden zu versöhnen; desselben Verfs. Wl art Lond retr 1 **3)** Durch *Cordubiensis* übersetzt *Wielisc* (Ine 32 Rb) Q, nicht falsch, nur zu eng, da im 7. Jh. Wessex im Südwesten Cornische Kelten zu Untertanen hatte, vielleicht um das Richtige auszudrücken, dass die um 1100 'Walliser' Genannten von Ine nicht gemeint waren. Auch eine Urk. spricht im Text von *Cornubio,* wofür in Dorso *on Wealum* steht; Birch 877. Die ~iser heissen gewöhnlich *Westwealas*

N Coventry. Dort war Robert von Limézy Bischof, und in dortiger Nähe lagen Güter der Limézy; I 665*; der dortige Dom zeigte eine Armreliquie von S. Augustin (Plummer *Saxon chron.* II 211), den ECf 8, 3 preist. Ob also Vf. des Rechtsbuchs ECf, da er Limézy als einzigen Adligen erwähnt, Beziehungen zu ~ hatte?

Credo *s.* Glaubensbekenntnis

N Crowland. Dort gefälschte histor. Kompilation des Pseudo-Ingulf enthält Leis Wl; I S. xxxi. 492, Sp. 2*. 520[10]

Cummean's Poenitentiale beeinflusst mittelbar Hn 73 ff.

Curia regis *s.* Königsgericht

Cyneferth Bischof von Rochester, oder sein Nachfolger Burgric, ist beteiligt am Schreiben III As Pro

D.

Dänemark heisst *regnum in oriente* Cn 1027, 14 **1)** Es wird von Arthur Britannien unterworfen; Lond ECf 32 E (*vgl.* I 659f); alle Inseln bis ~ und Norwegen gehören England [erfunden in Tendenz Grossbritann. Seeherrschaft]; 11, 1 A 3 **2)** *Vgl.* Cnut 3a. b. c. **6a.** 10a

Dänen in Britannien **A. 1)** Als Englands Feinde; *vgl.* Wb *Dene, sceiðman* [bei Toller auch *flota, flotman, sæman, æscman* (*vgl. ascomanni* Adam Brem. 72), *hæðen, sælida, wicing*], *piratae* (ECf 11), *pagani(smus)*, *paisnime.* Das organisierte Volk (= Staat) der Nordleute, auch der zivil in Britannien angesiedelten, heisst *here* AGu 5. IV Eg 15. II Atr Pro 1 [nicht bloss Nordisch heisst die Versammlung German. Freier in friedlicher Tätigkeit 'Heer'; Amira 79], synonym *sciphere* 1, 1, Ggs. *landesman. Heresmot* ist für Denalagu, was anderswo *folcesmot*, Urk. Birch 1130. Der Sinn des Feindlichen in *here* erhellt aus der Übersetzung *heretoga* für *prædo;* Judex 9 **N 2)** Die ~ werden meist nicht von Norwegern getrennt gedacht; ECf 33, 1. Lond ECf 13, 1 A. 32 C 7. E 4. 33* **2a)** *Dani et Norwenses* (*Norici*) ist éin Begriff (ECf 27, 1 bzw. I 671[48]), denn als Heimat der Normandie-Normannen gilt [angeblich für Wilhelm I.] *Norwegia* 34; zu *Dani* (ECf 33) fügt *et Norwygenses* hinzu Lond **2b)** Beide werden abgewehrt durch Angelsachsen, [angeblich] Briten und Scoten; Lond ECf 32 C 7 **2c)** Die Annalisten 9. u. 10. Jhs. nennen die Wikinger, zumeist richtig, '~'. Der Chronist Ethelwerd 502 scheidet die 3 Nordischen Völker: *Aquilonales, videlicet Dani, Northmanni, Sueri* [*Nordmanni* heissen die Wikinger im Frankenreich]. *Vgl.* über die *Namen für die Skandinavier in England* Köpke *Altnord. Personenna. bei Agsa.* (Diss. Berl. 1909) 25—35 **2d)** Wilhelm von Malmesbury wagt, die Norweger als habgieriger und geiler denn ~ zu schmähen; *Pont.* V 259, ed. Hamilton 412 **3)** Unter dem Feindesheer, das Fahrhabe raubt, und vor dem das Volk flüchtet, sind wohl ~ gedacht; Af El 28. Judex 9 f. **3a)** Die Mercische Bürgerpflicht der Heeresfolge *contra paganos* richtet sich gegen ~; Urk. a. 811 Birch 332. 335; Störung wirtschaftlichen Friedens *þurh hæðen folc* befürchtet Kentische Urk. c. 830 n. 501 **4)** Sieg über die ~ wird erhofft von Geschenken an die Kirche und dreitägiger Landesbusse mit einer *missa contra paganos* [auch in Ælfrics *Canones*] und vom Konvent zu betender *Collecta contra paganos*; VII Atr 3 f. 7, 1. VII a Insc. Pro. 6, 2 **5)** Nordleute sind allein oder vorwiegend gemeint unter dem Heidenvolk, an welches Christenmenschen [Strafknechte oder verbrecherische Sklaven] zu verkaufen verbieten V Atr 2 = VI 9 = II Cn 3 = Leis Wl 41 **5a)** Noch Mitte 10. Jhs. galten viele der ~ als Heiden. Eadred heisst in einer allerdings verfälschten Urk. *Norðhymbra imperator, paganorum gubernator* a. 949 Birch 876. Auch andere Urkk. aber nennen Eadwi und Eadgar Heidenbeherrscher; n. 882. 884. 911 **5b)** Vorwiegend Nordisch ist das Heidentum (*s. d.*), vor welchem *Gesetze* 10. und 11. Jhs. warnen **5c)** Dieser Heiden Einfälle 1008(—11?) wenden auch Engl. Volk vom Christentume ab; VI Atr 1, 3 L **6)** Zum Widerstand gegen sie besoldet England ein Heer mit ~geld (*s. d.* 5 ff.); ECf 11. 11a **7)** Sie bedrohen England nicht unter Cnut (*s. d* 3 b), aber wieder unter Wilhelm I.; Quadr Arg 18 B. **8)** Anglo-Skandinaven (*s.* Wb *norðinne, eastinne, be norðan, Norðengle, Norðleod* [bei Toller auch *Norðmen, Norðhere*], *þingeman*) heissen meist ~, aber bei ECf Norweger, oder ~ u. Norweger; *o.* 2. 2a **8a)** Sprachliche Merkmale Nordischen Einflusses *s.* Wb *Nordische Lehnwörter*, wo nachzutragen *lahslit, ploh, socn* Gerichtsbarkeit **8b)** Irrig gilt als Dänisch *ealdormen, geongran, healsfang* Ps Cn for 2. 3, 1. 14; I 620p **8c)** Richtig erkennt, dass *Dani et Norwenses vocabant* 8 *libras: hundred* ECf 27, 1 **8d)** Politische und rechtliche Besonderheit (mehr als nationale und sprachliche) hält sich lange in Denalagu; *s. d.* **9)** Ælfreds Vertrag mit Guthrum von Ostanglien (AGu): I 126 **9a)** Friedensvertrag der ~ mit Eadward I. bildet angeblich den Kern von EGu: I 128 **9b)** Ein verlorener Vertrag Eadwards I. mit ~ regelte die von Westsachsen abweichende Strafe für Begünstigung; *s. d.* 17 **9c)** Über verlorene Verträge Englands mit den ~ *vgl.* Steenstrup *Danelag* 57 **10)** Freie, ja beherrschende Stellung der ~ erhellt aus der Gleichsetzung des Dänischen Freien mit dem Westsächsischen Thegn und des Dänischen Freigelassenen mit dem Englischen zinszahlenden Freibauern im Wergeld; AGu 2; *u.* 11. 18 **10a)** Der aristokratischen Gestalt des gesetzgebenden Faktors bei den Engländern (in AGu Pro und IV Eg 14) steht gegenüber das als éin Ganzes gedachte ∾-volk, ohne Aussonderung einer Klasse, IV Eg 2, 1. 12. 13, 1 **10b**) Eine grössere Anzahl von Freibauern lebte 1066 in Denalagu laut Domesday und wird jetzt abgeleitet von den ∾ **10c**) Unter Cnut und seinen beiden Söhnen 1016—42 sei [angeblich] die Volksfreiheit stetig gestiegen; Quadr Arg 7 **11**) Der Hold hat doppeltes Wergeld wie der Thegn; Norðleod 4. Der *höldr* des Nordens stand zwar wie der *thegn* über der gemeinfreien Klasse; Englands *ceorl* aber befand sich im 10. Jh. bereits weit tiefer in Abhängigkeit als der *bonda* des Nordens **11a**) Dagegen setzt nur ein verderbter Text, *ebd.* 2, den Eorl doppelt so hoch wie den Ealdorman, möglicherweise zur Zeit, da *eorl* (*s. d.*) die mehr herzogliche Würde über mehrere Grafschaften bezeichnete **11b**) Jedenfalls folgt daraus nicht etwa überall, der Däne habe [wie das Saxo Grammat. von Frodo III. allgemein erzählt] sich doppelt so hoch wie den Besiegten gleichen Ranges bewertet, wogegen z. B. II Atr 5 spricht **12**) Während in AGu und EGu die ∾ eine mit Wessex Vertrag schliessende Sondermacht bilden, sind sie durch Eadgar zuerst ins Bereich Englischer Gesetzgebung gezogen, trotz Partikularrechts (IV Eg 13, 1) und trotz selbständiger Proklamation des Gesetzes durch Northumbrien, Ostanglien und Mercien **12a**) Von Eadgar werden die ∾ wegen ihrer Treue zu ihm gelobt, besonders als zweite Person angeredet (6. 12. 14, 1) und behalten zum Dank ihre Partikularverfassung (2, 2ff. 12. 12, 1. 16), nur müssen sie die Artikel 1. 3—11 annehmen. Er lobt ihre weise Polizei 2, 1 **12b**) Den staatlichen Schutz für Fremde und Klerus übt der König 'bezw. der Earl dort zu Lande [der Herzog der ∾]'; EGu 12. Letzterer hat also vizekönigliche Gewalt **13**) Im Verbote Æthelreds gegen Vertrieb falscher Münze stehen ∾ vor den Engländern; IV Atr 8 **13a**) Die ∾ waren beim Handel Londons vorwiegend beteiligt. Dass sie aber in London Kölns Vorgänger gewesen seien im Eigentum der später Deutschen Gildhalle wie in Verteidigung von Bishopsgate (wie A. Bugge *Nordeuropä. Verkehr* in *Vjsch. Sozialg.* 264 gemeint), leugnet Stein *Hans. Gesch. Bl.* 1906, 350 **14**) Englands Vertrag mit Olaf von Norwegen 991: II Atr; *vgl.* Schiff **14a**) Die unter jenem Führer zeitweilig organisierten Nordleute verpflichten sich, für England gegen andere Schiffsheere zu kämpfen (wie sich England 1012 durch 45 Nordische Schiffe schützen lässt, ebenfalls) unter Beding der Verproviantierung, zweitens gegen jedes Land, das Englands Feinden Schutz gewährt [wohl Schottland, Irland, Wales und Normandie meinend]; 1, 1; 2. [Ebenso lautet damaliger Vertrag (*s. o.* Begünstigung 18) zwischen England u. Normandie *vgl.* Stubbs. *Memor. of St. Dunstan* 397f.; Jaffé-Löwenfeld *Regesta pont. Rom.* 3840] **14b**) Wergeld bei Totschlag zwischen ∾ und Engländern regelt 5. 5, 1. Nur daraus [gedankenlos, ohne dass um 1114 noch die Rassenverschiedenheit galt] Hn 70, 6—7a **14c**) Untertanen und Güter des einen Kontrahenten wird der andere zu Land und Wasser schützen **14d**) Nicht zum Reinigungseide gelangt der Engländer, den ein Schiffsmann (vom Nordischen Heere) und ein Engländer Diebstahls oder Totschlags anklagen **14e**) Den vor 991 zwischen den Kontrahenten geschehenen Raub und Totschlag deckt Amnestie; *s. d.* 7 **14f**) Für diesen Vertrag zahlte England 22000 £ Silberwert in Gold und Silber; 7, 2 **15**) ∾ werden 1002 auf Æthelreds Befehl, der mit Waffenschau irrig begründet wird, ermordet; Lond ECf 32 A 14; *vgl.* Asylbruch 8 **16**) Verschwägerung verbindet [im 9.—11. Jh.] 'Norweger' [= Skandinaven] mit Angelsachsen; Lond ECf 32 E 6 **17**) ∾ unter Cnut *s. d.* 2—4. 7e. f. 10—d **17a**) Die ∾ erhalten unter Dänischen Königen [tatsächlich auch vor- und nachher] Englisches Kronland und -recht. Es herrschte unter diesen Willkür und Gewalt, nicht [aus ECf] Engl. Verfassung; Lond ECf 13, 1 A—A 3; *vgl.* Cnut 4b **17b**) Wie ECf ist den ∾ feindlich Will. Malmesbur. *Pontif.* V 259 ed. Hamilton 412 und Gaimar 4765 **17c**) Unsittlichkeit wirft den ∾ das 13. Jh. vor; *s.* Bad **18**) ∾ und Engländer, jene vorangestellt, bilden Englands gesamtes Volk; Cn 1020, 9. II Cn 83 = Lond ECf 32 B 7 = Hn 34, 8 [nur gedankenlos abgeschrieben; denkend hätte er *Francos* miterwähnt]; Ps Cn for 1 **18a**) Um Worcesters ganzen Grafschaftstag zu bezeichnen, sagt eine Urk.: *ealle þa þegenas ge Englisce ge Denisce;* a. 1042 Earle 242

Dänengeld *s.* Wb *Denagield, geld* I 636*. CHn cor 11; *fullgyld* in Ann. Anglosax. a. 1013 **1**) Als *scandlice nydgyld* schilt es Wulfstan *Homil.* a. 1014, ed. Napier 162f. **1a**) Der Name *hereg(i)eld* (Ann. Anglosax. 1040. 1051, Urk. Kemble 1317) bezeichnet die Zahlung ans feindliche [Dänen]heer **1b**) *Dænegeld* in einer Urk. Eadwards III. bei Plummer *Saxon. chron.* II 219, in der Fälschung von 1044 Kemble 771; *Danescot* in *Lives of St. Edward* 52 **1c**) *Stanford burgum regis dedit geldum tempore regis Eadwardi pro* [100 £] *in exercitu et navigio et in Danegeld;* Domesday I 336b 2 **1d**) **N** Eine Urk. Heinrichs I. spricht von *census qui geld vel scot vel Denegeld Anglice nominatur;* Chron. Ramesei. p. 224 **1e**) Euphemistisch sagt der Annalist, dass *namon Westseaxa* (*Mierce*) *frið wið þone here* a. 871 (f.), als ∾ mit zuerst bezahlt ward; *s.* Plummer II 89 **2**) Ursprünglich war ∾ Englands Tribut an die Dänen, wie ihn Kent 865, auch Burhred von Mercien und selbst Ælfred zahlten [*nostra gens solebat paganis tribut(um) reddere* falsche Urk. Ælfreds Birch 565], um deren Verheerung des Landes abzukaufen; *tallagium datum Danis;* Bromton ed. Twysden 957 **3**) König Eadred († 955) vermacht *his þeodscipe* [Volke] 1600 *punda,* jeder Shire je 100—200 £, *þæt hi mægen hungor 7 hæðenne here him fram aceapian* [sich vom Halse kaufen], *gif hie beþurfon;* Birch 912ff. Wenn unecht, dennoch ein Beweis dafür, was um 1000 als dringendstes Bedürfnis galt, und dass jede Shire ein Pauschale als ∾ zu zahlen pflegte **3a**) 989 zahlte Wales ∾ **4**) Sigeric Erzbischof [von Canterbury], Æthelweard Ealdorman [von Devonshire] und Ælfric Ealdorman [von Hampshire] erbaten [991] von König [Æthelred], dass sie Frieden [von den Nordleuten durch ∾] für die Landesteile erkaufen dürften, die sie unter dem König beherrschten; II Atr 1 **4a**) Sigeric in seiner Geldnot verpfändet 994f. dem Könige und dem Bischof von Dorchester Land; Bistum Winchester verkauft dazu Land. Spätere Zeit macht mit Unrecht Sigeric allein für die

Massregel, ∼ zu zahlen, verantwortlich; Will. Malm. *Reg.* I 187 **4b)** Seit Æthelred bis Eadward III. wandern zahlreiche Agsä. Münzen nach Skandinavien; Hildebrand *Angelsaks. mynt. Vgl.* Dänen 14f. **4c)** Ein Geistlicher, wohl anf. XI. Jhs. [jedenfalls nicht Alcuin, wie M. Bateson meinte] klagte: *tam infinitam pecuniam populus sæpe pro libertate regni dederat, ut vix aut nullo modo patria ad pristinam opulentiam perveniet; EHR* 1895, 731 **5)** Seit 1012 besteht eine Steuer behufs Reichswehrsold für die Truppe Englands gegen die Dänen **5a)** Nach Hermann von St. Edmund's legte König Swen die noch 'heute [1098]' bezahlte Steuer auf; nach Ann. Anglosax. 1052 datiert die Regelmässigkeit der Erhebung seit 1013. Thietmar von Merseburg weiss zu 1016, *Anglos a Sveino esse coactos, ut immundis canibus* [Heiden] *impositum sibi censum quotannis solverent;* ed. Kurze *SS. rer. Germ.* 214 **5b)** Diesen Zweck der Reichswehr allein geben an Hn 15. ECf 11ff.; nach Hn ward ∼ der stehenden königl. Leibgarde, den *þingmannis*, gezahlt, als Sold für Witherlag (Steenstrup *Danelag* 148); *huscarlis* Domesday I 75 **5c)** Brihtwoldus, Abt von Malmesbury c. 1000 – c. 1040, *terras invadando* [verpfändend] *excusatur magno geldo qui Danis dabatur;* Will. Malm. *Pont.* 411 **6)** Jährlich ward die Steuer regelmässig erst unter den Normannen (Henr. Huntingdon; ed. Arnold 168), nicht (wie ECf 11a sagt) schon unter den Angelsachsen; nur bisweilen ward sie auch schon damals jährlich erhoben; *quotannis o.* 5a **6a)** Unter Eadward III. ward sie nicht regelmässig gefordert. Aber gegen die ihm nachgerühmte Abschaffung spricht Domesday: *quando geldum dabatur tempore regis Eadwardi communiter per totam Berchesciram,* so zahlte 1 Hufe 7 Pfg. *Vgl.* 1c; Plummer II 175. 233f. **N 6b)** Wesentlich der Erhebung dieser Steuer dient Wilhelms I. Domesdaybuch **6c)** Wohl ∼ wird mitgemeint unter dem Regierungsdruck um 1114 Quadr Arg 10 **7)** Die Höhe der Steuer betrug 12 Denar für jede Hufe nach Hn 15 und ECf 11a. So auch in Dorset: *pro 10 hidis 1 markam argenti* (viermal dasselbe Verhältnis) Domesday I 75, wo Mark wohl 120 Pfg. **7a)** Allein tatsächlich ward dieser Betrag Weihnachten und Pfingsten im 12. Jh. erhoben; Round *Feudal Engl.* 103. Daher geben richtiger 2 Schill. an Huntingdon a. 1135; Pipe roll a. 1130. 1155ff.; *Dial. de scacc.* I 11; *Danegeld 3 den. de bovata* [= $^1/_8$ Carucata]; Bromton *o.* 2. Statt auf der Hufe lastet ∼ auf der *carruca* in den nicht hidierten Gegenden Englands; CHn cor 11 **7b)** 1084 ward sogar ein ∼ von 6 Schill. erhoben laut *Inquisitio geldi* **8)** Die Kirche für das Domanialland ihrer Stifter, auch die Pfarreidomäne blieb [angeblich] frei von ∼ bis 1096, als Wilhelm II., um von Robert die Normandie zu pachten, 4 Schill. von der Hufe, auch der Kirche, durch die Barone bewilligt erhielt; ECf 11, 1f.; *vgl.* I 636*. | Richtig war jene Exemtion (laut Hale *Reg. of Worcester* p. VIII) nur für privilegiertes Kirchenland besonderer Stifter; *Seynt Eadmund inland is scotfré fram heregeld;* modernisierte Urk. Kemble 879. Auch in Herm. S. Edm. (mein *Agnorm. Gq.* 204, daraus Joh. Saresber. *Policr.* VIII 21) gilt diese Freiheit als lokale Exemtion. **N** Noch 1153 forderte ein Sheriff von einem Lande Canterburys ∼; das Stift setzte seine Exemtion im Prozess durch; Hickes *Thesaur.* II *Diss. epist.* 36. Wilhelm I. befreite die 8 Hufen zu Piriford, die er Westminster schenkte, von *scot, consuetudo, census pecuniæ quæ geld vocatur Anglice;* Birch *Domesday* 68 **8a)** Das Domanialland des Ritterlehns eximiert, unter Bedingung des Kriegsdienstes, von ∼ CHn cor 11; die baroniale Domäne blieb 1084 frei; Round, *Domesd. stud.* 96. [Der fälschende Londoner Antiquar um 1200 lässt diese Beschränkung der Steuerfreiheit aufs Domanialland fort; Wl art Lond retr 8.] Hiermit lastete also das ∼ auf dem Bauerland allein **8b)** Londons *cives sint quieti de scot et danegildo;* Hn Lond 2, 1 **9)** *Iura quæ rex solus super omnes habet: Denagildum;* Hn 10, 1. Die Krone pflegte diese Einnahme nicht in den Privilegien mitzuverschleudern. Gefälscht ist Cnut 1018: 'so oft man zahlt *heregyld oððe to scipgylde, gylde se tunscipe* Bury St. Edmund's an die Abtei'; Thorpe *Dipl.* 307 = Kemble 735; im Wortlaut gleicht Eadwards III. Urk. 1346 = 915 = Thorpe 417. Der Abt v. Gloucester rühmt sich: 15 *libris redemi prædia monasterii ab heregeldo* 1022; Kemble 1317 **10)** *Denagildum, si ad terminos non reddatur, wita emendetur* [vermutlich 'Ungehorsam': 120 Schill. = 600 Pfg.]; Hn 15

Darlehn *s.* Wb *borg, læn. Vgl.* Handel(sschuld); über das Wort *Archiv neu. Spra.* 119, 175 **1)** 'Schuld' ist Leistensollen, und in älterer Rechtssprache auch Bekommensollen; es wird daher auch der Gläubiger als Schuldner bezeichnet; Brunner in Holtzendorff *Enzykl. Rechtswiss.* (1902) 248. So kann *borg* (∼s)schuld heissen; *scytte man mine borgas:* bezahle man meine Schulden (Urk. 1037 Kemble 759); *borggylda:* Schuldner **2)** 'Gibst du deinem Nachbarn Geld zur Leihe (*fioh to borge* aus Vulg.: *pecuniam mutuam*), so dränge ihn nicht wie einen Sklaven (dies nicht aus Vulg.; *vgl. u.* 6a. b) und drücke ihn nicht mit dem Zinse'; Af El 35 **3)** Ein [für ∼] als Pfand genommenes Gewand werde, falls des Pfandgebers einziges, vor Abend zurückgegeben; Af El 36. [Späteres Engl. Recht lässt das zum Lebensunterhalte Notwendige nicht pfänden; Hazeltine *Gesch. Engl. Pfandrechts* 1—77.] Diese Vulgatasätze gelten wohl nicht praktisch, sondern ermahnen moralisch **4)** Von ∼schuld (*borg*) darf man sich freischwören (*oðsacan*); Ine **41**. Der Vertrag ist mündlich; die Erfüllung hängt also an der Erinnerung und Gewissenhaftigkeit; an diese appelliert Ines Zusatz: 'wenn er weiss, dass er recht tut'. Wohl weil kein Pfand gegeben worden, gelangt Kläger nicht zum Eide [auch in Deutschland; Schröder *DRG*[5] 788]. 'In weitem Umfange ist die Erfüllung auch der klagbaren Schuld mangels Beweissicherung in das Gewissen des Schuldners gestellt'; Gierke *Schuld u. Haft.* 375. 384 **5)** Wer klagt wegen eines ihm gegebenen, aber nicht erfüllten *godborg* (*s.* Bürgschaft 1d), leiste den Klageeid in 4 Kirchen, und Beklagter schwöre sich rein in 12. Dass darunter eine Zahlungsschuld verstanden (vielleicht durch einen Einkäufer aus fremdem Ort, der beim Handel nicht Bürgen, bei Reinigung nicht Eidhelfer bringen konnte), wird wahrscheinlich aus den Tatsachen, dass die Obligation, dem Germanischen weltlichen Recht ursprünglich fremd, zunächst unter Kirchenschutz treten musste (*vgl.* das förmliche Versprechen vor dem Bischofe; Ine 13), und dass diese Eideswiederholung (*s. d.*) im 12. Jh. gerade dem Handelsverkehr dient. Auch betrifft der bei Ælfred folgende Satz Handelsrecht. 'Gottes Pfennig' heisst das Angeld, das den Handel zwischen den Kontrahenten bindet; Pol Mai II 207 **6**) Die Bussschuld des zahlungsunfähigen Verurteilten wird zunächst von den Verwandten getragen. Verlassen sie ihn, so bleibt möglich, dass ein anderer, für ihn eintretend, sie zahlt; II Ew 6 **6a**) Wer Vorschuss leistet, damit der gerichtlich Beklagte und Zahlungsunfähige die Urteilsfolge in Leibesstrafe oder Verknechtung vermeide, erhält diesen zum Unterworfenen auf die Frist, bis dieser ihm den Vorschuss (durch Arbeit) einbringe; er verliert aber später seinen Anspruch, wenn der Verbrecher nochmals von anderem Kläger gefasst wird, ausser wenn er wiederum für ihn einstehen will; Ine 62. Dieser Schuldner wird nicht unfrei; aber die Unterwerfung stand dem nahe; *o.* 2 **6b**) Der Schuldner, der kein Pfand herzugeben besitzt, kann sich verknechten; doch bleiben seine Kinder von freier Frau frei; verbricht er während der Schuldknechtschaft etwas, so zahle der Schuldherr den Schaden oder stelle ihn vor Gericht und lasse ihn unter Verlust jener Schuld frei, wonach jener als Freier büsst; aus Lex Sal. Hn 89, 3 **7**) Wer Geborgtes (*borh*) oder Bussgeld schuldet, zahle vor oder nach Kirchenfeste; V Atr 20 = VI 25, 2 = I Cn 17, 3 = Hn 62, 2. **7a**) Man tadelt *on fæstendagum borga manian,* und (aus Jesaia 58, 3 *debitores vestros repetitis*): *on fæstendagum ge asecað eowre borgas; Eccles. instit.* 42 ed. Thorpe 487 **8**) Heinrich I. verspricht den Londonern: *vadimonia et debita* [Hendiadyoin: 'pfandlich gesicherte Forderungen' oder 'Forderungen mit oder ohne Sicherung'] *civibus meis habere faciam infra civitatem* [London] *et extra;* Hn Lond 10

Datierung **1**) Im 5. Winter der Regierung [Wihtreds], in 9. Indiktion [695—6]; Wi Pro **1a**) Nach Regierungsjahren datieren die Synoden 673. 680, Urkk. seit 799 Birch 293 **2**) *Anno incarnationis* 1008; V Atr Insc; *Anno* 1014 *ab incarnatione;* VIII Insc **3**) Am Weihnachtsfest zu Winchester; I Cn Pro **N 4**) Während das Original von ECf *quarto anno adquisitionis Angliæ* begonnen hatte, führt ein: *regni sui* (Wilhelms I.) ECf retr **5**) *Apud Westmonasterium quando coronatus fui* [1100]; CHn cor

Daumen. Den ∼ bewertet unter den Gliederbussen mit 30 Sch. [= 150 Pfg.] Af 56 = Hn 93, 15 [die Hand mit $66\frac{2}{3}$]; zum halben Werte der Hand (die halbes Wergeld gilt) Leis Wl 11, 1 [wie andere Germanen]

David I. Schottenkönig, Sohn der hl. Margareta ECf retr 35; *vgl.* I 664[a]

Dechant **N 1**) Der Vertreter geistlichen (*s. d.*) Gerichts erhält in Denalagu von je 8 Pfund Strafgeld, das auf Verletzung des besonderen Königsfriedens in seinem Dekanat erhoben wird, $\frac{1}{2}$ Pfund; ECf 27, 2 **2**) Vielleicht ist er identisch mit *minister episcopi,* der zum Ordal nötig ist und vor dem weltlichen Richter Klagen des Bischofs vertritt; 3. 9 **3**) Dieser wiederum scheint identisch mit *iustitia episcopi* I 633[b] **4**) Überall ist hier in der Diözese nur von éinem Dekan die Rede und nicht von einem Archidiakon über ihm. Auch in Durham um 1080 ist der Dekan der hauptsächliche Ratgeber des Bischofs in Weltlichem; Flor. Wig. **5**) Dagegen unterstehen später mehrere *decani* dem Archidiakon, z. B. dem von Huntingdon schon 1110—23; *EHR* 1903, 713 **5a**) *Decanus archidiaconi Coventrensis petiit curiam christianitatis loco* (wie *o.* 2) *episcopi* (forderte den Prozess, den der weltliche Richter verhandeln wollte, fürs geistliche Gericht); Maitland *Select pleas of the Crown* a. 1221 n. 160 **5b**) Bracton (ed. Twiss II 396) spricht von 3 Vertretern geistl. Gerichts: *ordinarius loci, sicut archidiaconus, decanus sive persona* **6**) Über den *decanus* vor 1066 *vgl.* Stubbs, *Dunstan* p. xv (er findet ihn bei Beda; *Constit. hist.* I (1874) 233[4]); Böhmer *Kirche u. St.* 44[4] **6a**) Zwischen Erzbischof und Domkonvent von Canterbury erwähnt *Godric þane den* [∼, nicht 'thane'] Urk. a. 1053 Kemble 799. Derselbe *Godric decanus* kommt auch n. 773. 789 vor. Ein *Wynsige* wird als *decanus* den Dommönchen von Worcester vorgesetzt; Urk. a. 969 Birch 1243

Decreta *s.* Kanones

Degradation *s.* Wb *onhadian, degradare, exordinare* **1**) Hurende Priester *degradari debent et pœnitere iudicio episcopi;* Theodor *Poenit.* I 9, 1. *Vgl.* Cölibat 4 **2**) Wenn ein Priester einen Menschen erschlägt, liefere man ihn und alles, womit er sich eine Pfründenstelle kaufte, aus, und der Bischof degradiere ihn, indem man ihn aus der Kirche herausgibt; Af 21 **2a**) Die Absetzung vom geistlichen Amt ist im 9. Jh. noch identisch mit Ausscheiden aus geistlichem Stande; Richter-Dove-Kahl *Kirchenrecht* 789; über die Zeremonie *s.* Ducange *ordo, exordinare;* Augusti *Christl. Archaeol.* III 236 **2b**) *Reatus si abbas vel fratrum aliquis contraxerit, iustitia purgante secundum regulae preceptum abolitus damnetur;* Eadgar Urk. für Newminster a. 966 Birch 1190 **3**) Wenn ein Geistlicher [Altardiener Cn. Hn] Totschläger wird oder sonst zu arg Meinwerk verübt, so verliere er geistlichen Grad (*had*) wie Heimat (*eardes; eðles* [Heim] Cn; *dignitatis* Hn) und pilgere elend verbannt so weit, wie der Papst (*papa suus* Hn) ihm zur Absolution auferlegen wird, und tue eifrig geistliche Busse; VIII Atr 26 = II Cn 41 = Hn 66, 2. *Vgl.* Egbert *Dial.* 15 **3a**) Auf Beihilfe zum Diebstahl steht Verlust des Klerusgrades und Ehrenranges; VIII Atr 27 = I Cn 5, 3 **3b**) Wenn auch der Bischof allein die ∼ vollzieht, so ist sie doch angeordnet vom Staat **4**) ∼ droht dem Priester oder Diakon, der ausserhalb der Diözese die Weihe empfangen hat, ausser wenn sie sein Diözesan ihm belässt; Northu 12 **5**) Austreibung des 'Kirchendieners' (Pfründners) bedarf Erlaubnis des Bischofs; V Atr 10, 2 = VI 15, 1 **5a**) ∼ und Gefängnis bedroht den Pfarrer, der Geld gibt zur Erwerbung einer Pfarre, deren Inhaber er vertreibt; *Eccles. instit.* ed. Thorpe 474 [andere Strafe setzt Northu 2—2, 2] **6**) *Unusquisque cuiuscumque ordinis aut sexus servet ordinem suum aut degradetur;* I Cn 6 Lb S **N 6a**) Dem Bischof, Priester, Diakon oder Mönch, der Totschläger geworden, droht ∼ [aus Kanones Hn 73, 1; 3; nur Priester oder Diakon nennt 68, 8; *vgl.* I 591[e] **7**) Auf der Londoner Synode 1102 wurden *exordinati duo* *monachi propter homicidium in ecclesia;* Quadr II 8, 2 I 545 **8)** Wegen Bruchs des Beichtgeheimnisses *sacerdos deponatur;* aus Kanones Hn 5, 17

Dei gratia *s* Gottes Gnaden

Dekalog. Ælfred zählt die Zehn Gebote anders und zieht Exod. 20, 23 gegen Götzenverehrung hinein. Dadurch bleibt die durchs Fortlassen des Bilderverbots verminderte Zehnzahl ganz, obwohl er, im Ggs. zur Patristik, den Satz Exod. 20, 17 gegen das Begehren nach Haus und Weib des Nächsten nicht in zwei Gebote spaltet; Af El 1 ff.

Denalagu *s.* Wb S. 51 Sp. 3, auch *Norðleod* und *Norðengle; lex Noricorum et Danorum* I 671[48]; *vgl.* Dänen 8 **1)** Ursprünglich hiess so **A.** Recht und Verfassung der Anglo-Skandinaven, später B. das von ihnen beherrschte und grossenteils besiedelte Gebiet: *Danorum provincia* Hn 6, 1 **1a)** Ebenso bed. *Gulathings lög, Throndelag* in Norwegen (Steenstrup *Normannerne* III 367) nicht bloss die Verfassung, sondern auch die ihr unterstehende Landschaft **1b)** Seebohm (*Tribal law in Ags.* 306) meint, VI Atr 37 und II Cn 62. 65 deuten auf Personalrecht der Dänen. Mir scheint überall das Partikularrecht landschaftlich **1c)** Gleichbedeutend mit A. steht *mid Denum* (EGu 3, 1 f. 6—6, 9. IV Atr 8. II Cn 45. 71, 3), ebenso wie *mid Englum* 'im Geltungsbereich des Engländerrechts' (*s. d.*) heisst **1d)** Northumbrien und Ostanglien meint mit *norðinne, eastinne* (im Ggs. zu *herinne*) II Ew 5, 2, also beides zusammen bildet ∾ **1e)** Wahrscheinlich ∾ versteht unter *be norðan* V Atr 32, 4 D **1f)** *Norðengla lage* (im Ggs. zu *Suðengla* [Wessex und Mercien] und *Cantwara*) steht synonym mit ∾ Grið 13. 13, 2 **1g)** *Norðleod* sind Anglo-Skandinaven in Nordengland; Norðleod Insc 1. Zwar sind dies tatsächlich wesentlich nach Herkunft Norweger; doch liegt dies wohl nicht im Namen. Falls einfach Northumbrer gemeint sind, so doch mit stark Nordischem Einschlag **2)** Ælfred und seine Nachkommen einten England dergestalt, dass sie den Völkerschaften eigen Recht beliessen. Von Æthelstan ahmt das dessen Pflegesohn Hakon in Norwegen nach; Vigfusson *Corpus poet. boreale* II 491 **3)** Irrtümlich benennt Cnuts Gesetz *lex Dacorum* ein Abschreiber Ende 12. Jhs. In Cn Pro I 612[c] **4)** ∾ bedeutet Ostanglien mit Nachbarbezirken, wie es Guthrum unterstanden hatte, in EGu 3, 1. 7, 2 **4a)** Dagegen wird ∾ später geschieden von Ostanglien IV Eg 15, 1. II Cn 71, 2 **4b)** In IV Eg 15 gilt Northumbrien allein als Kern der ∾, in II Cn 71, 2—4 zusammen mit den Fünf Burgen **4c)** Für Wessex und Mercien gilt éin Recht der Kronprozesse, dem allein ∾ gegenübersteht II Cn 12—15 **4d)** Vielleicht in Ggs. zur ∾ treten I Atr Pro *æfter Engla lage* und V Insc G: *Angolwitena gerædnes.* Ebenso begegnet die Zweiteilung *cum Danis et Anglis* IV 8 **N 5)** Seit Ende XI. Jhs. bildet ∾ neben Wessex und Mercien eines der drei Rechtsgebiete Englands; Hn 6, 1 f. = 9, 10; die Besonderheiten seien geographisch begrenzt **5a)** ∾ steht dem Westsachsen- u. Mercier-Recht gegenüber Leis Wl 2, 2. 3, 3. 21, 2 ff. **6)** Der ∾ unterstehen **A.** Norfolk, Suffolk, Cambridgeshire, also ein südöstl. Teil des Mittellandes, dessen Strafgeldmaximum 84 £ beträgt, und B. ein nördl. und nordwestl. Teil Englands mit 144 £ Strafgeldmaximum, nämlich die Grafschaften York, Lincoln, Nottingham, Leicester, Northampton und acht südwestlich der Watlingstrasse (ECf 30. 33; *vgl.* I 652[d]. 660[a]): also im ganzen 16 Grafschaften; dem entspricht: '*Dani invaserant* 16 Grafschaften' Will. Malm. *Reg.* II 165. Bromton, ed. Twysden 956, zählt nur 15 **7)** Agsä. Geschworene, die 1070 vor Wilhelm I. unter dem Weistum übers Recht Englands auch das der ∾ vortragen, hören, dass der König diese den Rechten *Britonum, Anglorum* [*Scotorum Var.*], *Pictorum* vorziehe und über ganz England einführen wolle. *Sed precati sunt, ut permitteret leges Edwardi* [*Confessoris*]. *Tandem adquievit* (ECf 34, 1): eine jedenfalls in Hauptsachen irrige, auch sonstiger Darstellung des Kompilators teilweise widersprechende Erzählung vielleicht ohne historischen Hintergrund, nur möglicherweise aus richtigem dunklen Gefühl, dass das Eindringen der juristischen Begriffe, Unterscheidungen und Wörter aus dem Norden, das ein Jahrhundert vor Norm. Eroberung begonnen hatte, noch in den zwei Menschenaltern nachher andauerte; *vgl.* I 661[b] **7a)** Wie schliesslich doch laut ECf, so ist nach allen anderen Rechtsbüchern 12. Jhs. Anglonormannisches Recht die Fortsetzung des Westsächsischen **8)** Rechtsdenkmäler für die ∾ allein sind III Atr, Northu, Norðleod, Nor grið; Verträge mit den Nordleuten sind AGu, EGu, II Atr **8a)** Von Dänischem Einfluss frei sind die Kentischen Gesetze, Af-Ine, I Ew, I—VI As, I—III Em, Hu, II. III Eg [II Eg 4, 1 bezeichnet als Engländerrecht *Hom. n.* Wulfstan 272 = 311], I Atr, II App., IV—X Atr, Ordal, Blas, Forfang, Pax, Wer, App AGu, Swer, Iud Dei, Excomm, Wif, Rect, Gēr, Mirce, Að, Had, Romscot, Iudex, Episc. **8b)** Von ∾ beeinflusst ist II Ew, IV Eg, Cnut, Duns, Wal, Becwæð, Geþyncðo, Grið und die Latein. Rechtsliteratur seit Heinrich I. **9)** Mehrfach wird nur erwähnt, bisheriges Gewohnheitsrecht der ∾ solle weiter gelten, während fürs übrige England bestimmte Gesetze eintreten; IV Eg 14, 1. II Cn 62. 65 **9a)** 'Weltliche Rechte bei Dänen sollen bestehen gemäss so guter Verfassung, wie sie als beste auswählen können. Bei den Engländern dagegen bestehe, was ich und meine Witan bestimmten. Nichtsdestoweniger sei folgende Verordnung gemeinsam Engländern, Nordleuten, Brythonen'; IV Eg 2, 1 ff.; wiederholt 12—12, 1. 14—15. *Vgl.* Engländerrecht **10)** Aus dem ursprünglich für die ∾ allein gegebenen III Atr 14 fand Aufnahme ins allgemeine Englische Landrecht (II Cn 72) das Verbot: gegen die Erben eines unverklagt gebliebenen Grundeigentümers dürfe kein Prozess um dessen Land begonnen werden **11)** Als Besonderheiten der ∾ erscheinen in *Gesetzen*: **11a)** Nord. Lehnwörter; *s.* Dänen 8a **11b)** Geldrechnung; *s. d.* **11c)** Politische Bezirke und Gerichtsverfassung: *s.* Fünf Burgen, Riding, Wapentake; *Husting, lagamen, thingmen,* Geschworene **11d)** Rang und Stand; Genossen: *s.* Eorl, Hold, Thegn (in 3 Klassen H Cn 71, 3 ff.), Freigelassener *liesing*, Unfreier *þræl;* Eidbrüder **11e)** Königl. Prärogative II Cn 15; *s. o.* 4c **11f)** Heergewäte; *s. d.* **11g)** Mannenbusse steigt mit dem Stande des Erschlagenen, dagegen *lege Anglorum* mit dem des Herrn; ECf 12, 4f. **11h**) Zivilrecht: Für den Fahrhabe-Erwerb wird neben der Kautel des offenen Marktes und der Zeugenschaft auch noch gefordert der Gewährbürge; *s. d.*, Anefang 11. 16b, Sequester; Landkauf **11i**) Im Norden [Englands] galt der Rechtsmissbrauch, dass man einen Unschuldigen Totschlags bezichtigen durfte, und diese Aussage gelten sollte, wenn sie am Tage [des Totschlags] selbst [eidlich] erklärt wurde; V Atr 32, 4D **11j**) Attentat gegen den König; VI Atr 37. Entgelt für den König der Nordleute ist 30000 Thryms (375 £): 15000 Wergeld für seine Verwandten, 15000 Königsbusse fürs Volk [den Staat]; Norðleod 1. Ein Abschreiber XI. Jhs. streicht *Norðleoda* und gibt den Satz als Engländerrecht aus **11k**) Strafrecht: *s.* friedlos, *nithing*, Skalpieren, Mord, *murdrum;* Name und Liste der Verbrechen, die busslos (*s. d.* 1. 5C) sind **11l**) Strafgeldfixum (*s. d.*; es ist weit höher in ∾ als anderwärts) für Verletzung königl. Handfriedens (*s. d.*); des Schutzes (*s. d.*) durch Strassen (*s. d.*), Kirchenfrieden (*s. d.* u. Asylbruch 7), für Bruch der Bürgschaft (*s. d.* 13e) durch Flucht des Verbürgten, für Heimsuchung (*s. d.*), Begünstigung; *s. d.* 17 **11m**) Für eine Reihe von Missetaten setzt EGu Engl. Strafgeldfixum in Englands Rechtsgebiet, dagegen Rechtsbruchbusse (*s. d.*) in ∾, nämlich für Heidentum 2, Blutschande 4, 1, Vorenthalten des Zehnten, Peterspfennigs, Lichtschosses, Pflugalmosens, kirchlicher Gerechtsame 6 — 6, 4 (= II Cn 48 = Hn 66, 5), Fastenbruch 8 (= II Cn 48, 'bei den Dänen' hinzusetzend), Sonn- und Feiertagsbruch durch Kauf, Arbeit (= II Cn 45, 3), Ordal und gerichtlichen Eid 7ff. 9. Ein Priester, der stiehlt, blutig ficht, falsch schwört oder hurt, zahlt zur Strafe sein Wergeld oder [Englisches] Strafgeld, bzw. [in ∾] Rechtsbruchbusse. | Nur in anderem Ausdruck steht dasselbe Strafgeld (Englisch 30 Schill. = 150 Pfg.), nämlich 12 Ör = 3 Halbmark (d. i. 240 Pfg.), wenn er die Gemeinde betreffend Feier oder Fasten missleitet, Chrisma nicht zum Termine sich holt, oder Taufe weigert; EGu 3—3, 2 **11n**) Wer gegen den Vollzug von Kirchen- oder Königsgerechtsamen Widerstand leistet, zahle Wergeld oder Strafgeldfixum [im Engl. Rechtsgebiet], bzw. [in ∾] Rechtsbruchbusse; V Atr 31 = VI 38L **11o**) Der Verletzer eines Klerikers zahle nach dessen Rang entweder Wergeld, ganzes Vermögen oder Strafgeldfixum [im Engl. Rechtsgebiet], bzw. [in ∾] Rechtsbruchbusse; II Cn 49 **11p**) Wer falsche Satzung aufstellt oder falsch Urteil erteilt oder richtige zu befolgen weigert (schilt), zahlt in ∾ Rechtsbruchbusse (dagegen 120 Schill. [d. i. *oferhiernes*] *on Engla lage*); II Cn 15, 1a; 3 = Hn 34, 1a = Leis Wl 39, 2. 42, 2 **11q**) Vernachlässigung von Burgen- und Brückenherstellung oder Landwehrpflicht: 120 Schill. *on Engla lage; 7 on* ∾ wie es bisher galt; II Cn 65 = Hn 66, 6. Hn streicht 13, 9 jene Beschränkung 'nach Engländerrecht' **11r**) Der mit Immunität begabte Freie in ∾ schuldet als Strafgeldfixum für Grafschaftsprozesse 40 Ör [= 800 Denar], der ohne Immunität 32 (und zwar 10 dem Sheriff, 12 dem Kläger, 10 dem Immunitätsherrn); dagegen unterschiedslos erhält Sheriff Strafgeld 200 Denar im Mercien- u. Westsachsengebiet; Leis Wl 2, 2a; 4 **11s**) Gegen die Gutsherrschaft, die der Untersuchung der Herkunft ihres Viehs auf Gemeinweide sich widersetzt, befinden Dänen partikularrechtlich die Strafe; IV Eg 13, 1 **11t**) Die Eidhelferzahl: behufs Reinigung von einer amtlichen Kriminalklage *habendi sunt in triplici lada consacramentales in Denelaga* 48 *electi* [dem Beklagten durchs Gericht ernannte] *et sorte potius quam electione iuraturi* [unter denen die wirklichen Mitschwörer das Los bestimmt]; Hn 66, 10; *vgl.* I 586[h, k] **11u**) Vom Verdachte, den Verletzer königlichen Sonderschutzes zu begünstigen, reinigen in ∾ 36 ernannte Eideshelfer; III Atr 13 **11v**) Das Mindesteinkommen, von dem Peterspfennig (*s. d.*) zu entrichten ist, ist 80 Pfennig in ∾, anderwärts 30

Denunziation *s.* Verleumdung, Anzeige [Haftung

Deodand *s.* Baum 6; Tierstrafe;

Depositum *vgl.* Sequester **1**) Das vom Bürgen Gezahlte bleibt ein Jahr ∾, falls er den Verbürgten vor Gericht bringt; *s.* Bürgschaft 5. 13e **2**) Ebenso das vom Hundred im Falle von Murdrum (*s. d.*) Gezahlte **3**) Ist ein Dieb friedlos gelegt, so bleibt Gestohlenes ein Jahr lang im ∾ des Grundherrn, damit Eigentümer es reklamieren könne; IV Eg 11 **3a**) Ebenso das ohne Gewährbürgen und Zeugnis Erworbene I Atr 3

Detailverkauf *s.* Einzel∾.

Deutsche *s.* Sachsen, Flandrer, Lothringer, Ostsee, Thüringer; Fremde, Kaiser, Konrad II. **1**) Wird ein *Transmarinus* in England wegen Vertriebes falschen Geldes angeklagt, so reinigt er sich durch Ordal wie ein Engländer; IV Atr 5, 2 **2**) Kaufleute in London aus Huy, Lüttich und Nivelles, die weiter landeinwärts zogen, zahlten [dem königlichen Steuereinnehmer die Gebühr statt Waren-]Ausstellung und Zoll **2a**) Und Leute des Kaisers [= '∾'; Witte *Hans. Geschbl.* 1908, 271; Frensdorff ebd. 1910, 6; aus Bremen, Antwerpen, Tiel? Wilkens ebd. 1908, 347], die auf ihren Schiffen kamen, galten wie wir [Londoner] guter Berechtigungen wert; doch mit bestimmter Einschränkung: **2b**) Sie durften nur ausgeladene Wolle [nicht en gros] aufs Schiff einkaufen, ferner zerlassen Fett und 3 lebendige Schweine **2c**) Sie durften gegen die [Londoner] Bürger keinen Vorkauf üben **2d**) Sie zahlten [dem königlichen Einnehmer] Zoll und zu Weihnachten und Ostern je 2 graue Tücher und ein braunes, 10 Pfund Pfeffer, 5 Paar Handschuhe, 2 Fässchen Essig; IV Atr 2, 9f. Diese Abgabe wäre zu hoch für einen Einzelnen oder ein Schiff; gemeint sein muss eine Genossenschaft ∾r Händler, mit festem Londoner Wohnsitz auch zur Winterszeit **N 3**) Wegen Blutsverwandtschaft mit den Engländern [die Altsachsen sagten zu Bonifaz: *de uno sanguine et osse sumus;* ed. Dümmler *Mon. Germ.*, *Epist.* III 298] sind ∾ diesen befreundet und geniessen [um 1200] Aufenthaltsvorrecht in England; Lond ECf 32C 1a; *vgl.* I 658[a—e] **4**) ∾ dürfen in London wohnen wo sie wollen; I 674[t] **5**) Wohl von Nord∾n hört Baltische Völkernamen dieser City-Antiquar um 1200; Lond ECf 32E **6**) Markgrafen in Deutschland statt Grafen kennt ECf 32, 2retr **7**) Über die Majestät der ∾n triumphiert Heinrich I. [durch Heirat seiner Tochter mit Heinrich V.?]; Quadr Arg 18 8) *Historia de imperatoribus* [des Martinus Polonus] wird zitiert I 635[b]

Devonshire. Æthelweard, Ealdorman von ~, schliesst 991 Frieden mit den Nordleuten; H Atr 1. Unter *Occidentales provinciae* wird ~ mitverstanden in Urk. a. 997 Kemble 698

Dezimalsystem *s.* Zahl, Zehn, Hundert; Busse 20, Wergeld, Strafgeldfixum, Glieder-, Rechtsbruchbusse

Diakon *s.* Wb *diacon. Vgl.* Geistliche **1)** Man darf die Weihe zum ~ nur vom Diözesan empfangen, bei 6 Ör Strafe; Northu 12 **2)** An den 3 Tagen der Landesbusse singe jeder ~ 30 Psalmen; VII Atr 2, 2a **3)** Wie Klostervorsteher und Priester kann er sich von Anklage reinigen durch seine alleinige Beteuerung (der niedere Kleriker nur durch Eid selbviert); Wi 18; in Northumbrien *s.* Eideshufen 11 **3a)** Im 10./11. Jh. braucht der reguliert lebende ~ (wie der laienhaft lebende [verheiratete] Priester) 2 Standesgenossen (und gegen dreifache Anklage 6) zu Eidhelfern; VIII Atr 20ff = I Cn 5, 1ff. = Hn 64, 8a **4)** Diebstahl an seiner Fahrhabe wird 6fach (dem Priester 9-, dem Kleriker 3fach) gebüsst; Abt 1 **5)** Totschlag an ihm kostet 12 Ör Altarbusse (halb so viel wie am Priester); Northu 24; dagegen 6 Pfund (d. i. 6/7 wie beim Priester) nach Had 7

Dichtung, weltliche, *s.* Biergelage 3

Diebstahl *s.* Wb *þeof, mann-, stod-, beo-, gold-, infangene-, utfangen-, wergieldþeof; þeofgield (furigildum), -scyldig, -slege, -slieht (furicidium), -wrace, geþeofian, þiefe, þiefefioh, þiefð, geþiefed* ‖ *(ge)stalu, (be-, for-) stelan, (for-, ge-)stalian; stæltihtle; gestala* — diese beiden synonymen Wurzeln [*þeofian* steht im Text, *stal-* in der Rubrik von Af 6] verbindet *þeofstolen*, wie unser *diebstahl* und Nord. Sprache bei Wilda 862 — ‖ *latro, latrocinium* (II Cn 22 Q. ECf 5, 2, was, entgegen dem klass. Latein, wie Engl. *larceny*, ~, nicht Raub, heisst; *vgl.* Brunner II 638. 646), *larun, larecin; furari, furtivus; embled. Vgl.* Begünstigung, Beihilfe, Mitwissen, Hehlerei, Unterschlagung; Abfindung, Anzeige, Anefang, Einfang; Bürgschaft, Polizei; Rückfall, bescholten; Widerstand gegen Staatsgewalt, Strafvollzugspflicht; heimlich; tot. 1. *þeof:* Verbrecher. 1a. Raub. 1d. Heimlich. 1e. Nur Bewegliches. 2. Bei Agsa. häufig. 3. Lehrbuch. 3a. Distinktionen. 4. Schimpflich. 5. Kirchl. verboten. 6. Polizeireform. 7. Unterschieden A. nach Gegenständen. 8. Sich wegstehlen Unfreier. 9. B. Grosser und kleiner ~. 10. C. Unterschied nach dem Täter. 11. D. Handhaft. 12. Strafe des Handhaften. 13. Asyl schützt nicht. 14. Amtlich verfolgt. 15. Unter Heinrich I. 16. Strafabkauf durch Wergeld. 17. Tod für jeden ~. 18. Bussgeld, 18a. in Kent. 19. Strafgeld in Wessex. 20. Busse in Wessex. 21. Verbrechers Flucht, Widerstand. 22. Qualifikationen. 22a. Nächtlich. 23. Prozess. **1)** Das Wort *þeof* hat auch allgemeineren Sinn 'Verbrecher' (*o.* S. 220 Sp. 2, auch II Ew 3). Für *eofot* (Verschuldung, Missetat) setzen jüngere Hss. *þeofð.* Um den Begriff auf ~ einzuengen, und wohl nicht pleonastisch, erwähnt 'diejenigen *þeofas,* welche stehlen' II As 3, 2 **1a)** Kann daher *þeof* auch den Räuber bezeichnen (Wilda 69), so hat der Agsa. doch besondere Wörter für 'Raub' (*s. d.*), deren keines heimlichen ~ bedeutet **1b)** Eine Gemeinschaft von nicht mehr als 6 kann 'Diebe' heissen, mehr nicht [wohl weil ihre Tat nicht heimlich sein kann]; *s.* Bande 1 **1c)** Vom *furto* scheidet *ran* (*apertam rapinam*) Wl art 6, vom 'Stehlen' das Fahrhabe-Wegtragen Griđ 17; neben dem Diebe steht 'Räuber' und 'offener Verbrecher' (IV As 6, 1. II Cn 4, 2), neben *stalan* (stehlen) *strudung* (Räuberei) V Atr 25 = VI 28, 3 (*furta, rapinæ* L), auch *Hom. n.* Wulfstan 129. 163. 166[3]; *vgl. fur vel robaria* Hn 24, 2, *larecin u roberie* Leis Wl 3, *latro vel raptor* ECf 5, 2 **1d)** Heimlichkeit, das *Verstohlene,* gehört zum Wesen des ~s. Daher ist der Baumfäller mit klingender Axt oder der Fremde (*s. d.; u.* 11c), der sich laut als solcher zu erkennen gibt, kein Dieb, wohl aber wer Holz abbrennt oder leise durch den Wald schleicht; *s.* Baum 4. Soll in einem Verbrechen die Heimlichkeit hervorgehoben werden, so wird *furtivus, latro* hinzugesetzt; *s.* Mord **1e)** Nur an Beweglichem kommt ~ [anders Raub; *s. d.*] vor **2)** Rechtsvergleicher meinen, dem ~ bei den Agsa. häufiger als bei anderen Germanen zu begegnen (Wilda 69), vielleicht doch nur weil sie *þeof* zu oft allein in der engeren Bed. fassen. Auch bei anderen Germanen kann ~ als Typus der mit Lebens- und Leibesstrafen bedrohten Delikte gelten; *Neues Archiv für ält. Dt. Gesch.* 36 (1911) 588 **3)** Ein strafrechtliches Lehrbuch *De furto et partibus eius* verspricht Quadr Arg 32. Es ist nicht bekannt. Seine systemat. Anschauungen mit vielen einander kreuzenden Distinktionen, denen er aber keine Ausführung folgen lässt, bietet derselbe Verf. in Hn oft unklar und sich widersprechend **3a)** *Furtum mobile vel immobile* [Vieh oder tote Fahrhabe, so auch 59, 23], *simplex aut multiplex* [mehrere Handlungen oder Gegenstände kann Verf. nicht meinen: er sagt 59, 25b dasselbe für ~ eines Schafes durch mehrere; vielleicht: einfacher ~ oder mit Bruch von Sonfrieden verquickter], *redimendum vel non est* [mit Geld büssbar oder busslos]; 59, 21 **4)** Der ~ gehört (im Ggs. z. B. zur offenen Gewalt, zur Bluttat) zu schmählichen Verbrechen, macht den Täter bescholten (*s. d.*) und unfähig, sich künftig durch Eid ohne Ordal zu reinigen **4a)** Strafgeld, Busse, Ersatz, Wergeld zu zahlen schändet nicht, wohl aber *þeofgield;* I Atr 1, 2 (= II Cn 30, 1). III 4 **4b)** **N** Der Vassall darf des Herrn Befehl zum ~ nicht ausführen (wohl aber manche Gewalttat von ihm verantworten lassen): *Furtum, proditio, murdrum et quæ contra fidem catholicam sunt nulli præcipienda vel peragenda sunt;* Hn 55, 3a **5)** Allgemeine ~sverbote sind häufig: aus Exod. Af El 7; aus Levit., Ephes., Marcus Iud Dei I 6—7, 5. 11, 2; V Atr 25 = VI 28, 3: dies alles mehr moralisch-homiletisch **5a)** Diebe werden exkommuniziert: Excom I. V 2. VII 3. VIII 2 **6)** Die Sicherheitsreform besteht vor allem im Schutz gegen ~; II As 20, 3. VI Atr 32 = II Cn 8 **7)** Der ~ wird unterschieden **A.** nach dem Gegenstande. Einst gab es für ~ an Gold, Gestüt und Bienen (*s. d.* 5) je ein besonderes Strafgeld, und waren viele Strafgelder grösser als andere [für anderen ~]; jetzt kostet jeder ~ gleich viel [Strafgeld, 60 Schill.]; nur der Menschenraub (*s. d.*) 120; Af 9, 2 **7a)** Gold, Bienen und Pferd zeichnen auch andere Germanen im ~ aus: Wilda 875. 877; Brunner II 641. 646; für Friesland His 348; das Dt. Epitheton *Rossdieb* vergleicht Grimm *DRA* 636 **7b)** Holz~ *s.* Holz, Baum 3—5, Wald, Forst; Wild~ *s.* Jagd **7c)** Den Fisch~ straft *despectus* (Ungehorsamsbusse) des Teichherrn; II Cn 80, 1a T **7d)** Gesondert steht auch Leichenraub; *s. d.* **8**) Der Unfreie (*s. d.*) kann nach der Anschauung auch anderer Germanen [Maurer *Kr. Übsch.* I 410; Brunner *Zschr. Savigny Rechtsg., Germ.* XI 89] sich selbst stehlen, indem er entläuft; er wird, wenn gefasst, gehängt (Ine 24) oder gesteinigt; VI As 6, 3 (IV 6, 6?). Diese Anschauung war um 1100 so unverständlich, dass Q zwei (oder drei)mal einen diebischen Sklaven missversteht **8a**) Ein gefesselter *þeow bestæl út* (stahl sich fort); *St. Swithun* ed. Earle 12 **9**) **B**. Der Agsa. unterscheidet grossen und kleinen ~ (VI As 12, 1), wie andere Germanen; Wilda 872; Brunner II 640f.; Pol Mai II 494ff.; *u.* 15 **9a**) Strafgeldempfang aus *furis comprehensio maioris minorisve* verleiht Urk. a. 828 Birch 395 **9b**) Bei geringem (*latrocinio* setzt In Cn hinzu) werde der Schuldige nicht zum Tode verdammt, sondern zu [Leben] schonender Strafe; V Atr 3f. = VI 10f. = II Cn 2, 1 **9c**) Die Grenze ist 8 Pfg. (II As 1 = Hn 59, 20, auch für ~ durch Sklaven 59, 23), dann 12 Pfennig VI As 1. 12, 3 **9d**) **N** 1 Schilling drang im Anglonormann. Recht durch; so noch unter Edward I.; Holdsworth *HEL* II 304 **9e**) Hierdurch gehört Schwein und Schaf zum kleinen (Hn 59, 25b), Sklav, Rind und Pferd zum grossen ~, wie bei anderen Germanen **9f**) Ein Schill. Mercisch war die Grenze, bis zu welcher Strafgeld von ~ an den *soceman* als Herrn floss; darüber an die oberherrliche Abtei; Domesday I 204a 2 **10**) **C**. Auch nach dem Täter wird unterschieden. Schwerere Strafe für ~ trifft ~ im Rückfall (*s. d.*), Bescholtene (*s. d.* 4. 7. 9) und (häufiger Leibesstrafe, weniger Geldstrafe) Unfreie; *s. d.*, *o.* 8, *u.* 23 **10a**) Milder behandelt wird ~ der Jugend; *s. d.*, mündig **10b**) Priester zahlen für ~ Strafgeldfixum oder Wergeld (EGu 3), verlieren für Beihilfe zum ~ Klerusgrad und Ehrenrang; VIII Atr 27 = I Cn 5, 3 **11**) **D**. Nach der Art der Entdeckung. Grundsätzlich im Prozess wie in der Bestrafung wird handhafter (*s. d.*) ~ getrennt von *stæltihtle*, der bloss nachträglichen Inzicht, bei welcher dem Beklagten Reinigungsbeweis möglich bleibt; Ine 46 **11a**) Den handhaften Dieb kann der Bestohlene erschlagen; Ine 16. 21. 35; jener 'liegt unentgolten' (Wi 25. Hn 87, 6a), *sine iudicio occidatur;* Hn 64, 5. 74, 1; so auch bei anderen Germanen: Brunner II 484; Wilda 889 **11b**) Sogar jeder begegnende Dritte hat die Pflicht ihn zu erschlagen; IV As 3 **11c**) Der verstohlen wandernde Fremde ist wie ein Dieb zu erschlagen oder auszulösen; Wi 28 = Ine 20 **11d**) Der Totschläger muss aber die Tat sofort offenbaren; Ine 35. Hn 83, 6a. 92, 10; *vgl.* I 608[1]; Beweisnähe 6; Gerüfte **11e**) Der Handhaftigkeit gleich gilt auch die sichere Überzeugung des Gerichts **12**) Den vor Gericht gebrachten handhaften Dieb trifft eine der Abspaltungen der Friedlosigkeit [so bei Franken; Brunner I[2] 444]: Todesstrafe oder Lösung durch Wergeld (Ine 12 = Ap AGu 2 = In Cn III 48. VI As 1, 4. 9. Wi 28 — Ine 20), nach königlicher Verfügung Todesstrafe, Wergeld oder Verkauftwerden über See (Wi 26), Todesstrafe (II As 1 [= Hn 59, 20]. IV 3. 6. VI 12, 1; 3. III Eg 7, 3 = II Cn 26. 76 Cons. Hn 10, 1. 59, 23a) mit Vermögenseinziehung (VI As 1, 1. Hu 2, 1. IV Eg 11), Vermögenseinziehung (Ine 57. Leis Wl 27), Misericordia regis (Hn 13, 1), Verwirkung des Grundbesitzes (43, 7; Urk. Birch 1198), Verknechtung (Ine 7, 1), vierzigtägig Gefängnis und 120 Schill. Strafgeld (II As 1, 3), Wergeld beim Ertapptwerden im Anefang; Leis Wl 21, 2. Der oft wegen ~ Bescholtene (*s d.* 7a) wird an Hand oder Fuss verstümmelt; Ine 18. 37 **12a**) Die Tat ist busslos; *s. d.* 5C **13**) Nicht Asyl (*s. d.* 18) schützt den offenkundigen Dieb vor dem Tode (jedoch allerdings nach ECf 5, 2 für einige Tage); IV As 6, 1; auch nicht der Friede des Gerichtswegs; II Cn 82 **14**) Gegen offenbaren Dieb geht das Gericht amtlich vor (IV Eg 11); seiner Polizeiexekutive zu folgen ist eine mit Strafdrohung eingeschärfte Bürgerpflicht; III Em 2 = Hu 2; *o.* 11b. c **14a**) Wer als erster einen Dieb niederstreckt, erhält 12 Pfg. Lohn von der Londoner Friedensgilde; VI As 7 **N 15**) Dass tatsächlich nicht jeder *fur probatus* dem Tode verfiel, lehrt Hn 59. 18, aber, wie oft, widerspruchsvoll. *Manifesti et confessi* wurden vom Gerichtsherrn nach Pfändung, die ihr Erscheinen vor Gericht sichern sollte, entlassen; 57, 7 **15a**) Als etwas Neues galt die Wiedereinführung der Todesstrafe für handhaften ~ 1108: *Henricus legem constituit, ut si quis in furto vel latrocinio deprehensus fuisset, suspenderetur;* Flor. Wigorn. **15b**) Wahrscheinlich meint *deprehensus* 'handhaft' im weitesten Sinne. Denn in éinem Grafschaftsgericht liess 1124 ein Königsrichter 44 Menschen als Diebe hängen und 6 verstümmeln. Da der dies erzählende Chronist (*Ann. Agsaxon.*) die Gerechtigkeit anzweifelt, so können das nicht alles nur handhafte i. e. S. gewesen sein **15c**) Die Ansicht (von Pol Mai II 494. 498[2]), in Normannenzeit werde nur grösserer handhafter ~ mit Tod gestraft, kann sich berufen auf Hn 59, 23a; 25b: kleiner ~ bleibe büssbar; *si in mortificantibus handhabbenda sit, moriatur* **16**) Nur in scheinbarem Widerspruch zu *o.* 12 steht Ælfreds Satz, dass bei erstmaligem Verbrechen, ohne dass handhaftes ausgenommen wäre, Geldstrafe eintrete; Af El 49, 7. Denn die Friedlosigkeit konnte vom Richter durch Wergeld ersetzt werden. Ælfred selbst verordnet Handabhauen [eine Abspaltung der Friedlosigkeit] für ~ in Kirchen, gestattet aber Lösung durch Geld; Af 6, 1 **16a**) Demgemäss heisst der Verbrecher, welcher in Friedlosigkeit verfällt, die Wergeld abkaufen kann, *wergeldþeof;* Ine 72 **17**) Seit Æthelstan droht Tod und Vermögenseinziehung auch dem nicht handhaften ~ (II As 20, 3. IV 6 — 6, 7), auch dem (nicht bloss im Ordal) prozessual erwiesenen (VI 1, 4. 9), Tod oder Wergeld Hn 12. 3. 59, 21 [nicht bloss im Rückfalle; gegen Schmid *Gesetze* 557] **17a**) Da hiermit bewusst nur der éine Teil des früheren, nur Handhafte treffenden Todesstrafegesetzes widerrufen wird, so bleibt wohl der andere, die Beschränkung auf grossen ~ (so *o.* 15c) und Volljährige, bestehen. **N** Allen grösseren ~ zählt zu Kapitalverbrechen Hn 46, 1. 47. 64, 2. 82, 3, auch nicht handhaften (49, 7), und bedroht ihn mit Leibesstrafe **17b**) Verknechtung trifft den nicht handhaften Dieb (aus Exodus Af El 24; nur zeitweise II Ew 6) nur mittelbar, wenn er nämlich zahlungsunfähig ist **17c**) Seit 10. Jh. ist grösserer ~ eines Erwachsenen busslos; *vgl.* Brunner II

643 **17d)** Agsä. Strafrecht erschien wohl deshalb früheren Rechtsvergleichern besonders streng; Wilda 69; Marquardsen *Haft* 32 **17e)** Der entflohene Dieb wird friedlos; I Atr 9a. 13 = II Cn 30, 9. 31, 2 = Hn 41, 10 = Leis Wl 52, 2; *vgl.* Urk. a. 995 Kemble 692 **18)** Den nicht handhaften ~, der noch in Wl lad 1. 3 in Ggs. zu Friedlosigkeitssache steht, straft vor dem 10. Jh. regelmässig Busse (*s. d.*) an den Kläger und Strafgeld an den Richter. Jene oder dieses bleibt, wohl als selbstverständlich, öfters unerwähnt. Sogar beides muss man hinzudenken zur Angabe blossen Wertes für gestohlen Vieh bei Af 9, 2. 16. Die Busse (*s. d.* 4) fällt fort bei Friedlosigkeit **18a)** In Kent ist die Busse (*s. d.* 8. 11c. 17a) ein Vielfaches des ~s. Strafgeld ist hinzuzudenken. Wenn ein Freier einen Freien bestiehlt, büsse er [diesem den Wert] dreifach [auch Abt 28]; und der König erhalte das Strafgeld 'und' alle Habe [des Verbrechers]; Abt 9. Schmid 557a erklärt dieses 'und' als 'oder (bzw.) auch'; *vgl. o.* S. 13, Sp. 3, Z. 4. Mir scheinen die drei letzten Worte ein späterer Zusatz. Dafür spricht einige Zeilen vorher das Gesetz: Bestiehlt ein Freier den König, so vergelte er neunfach; Abt 4 = Griδ 7 = In Cn III 56, 1. Der König bekäme also, wenn jener Zusatz ursprünglich wäre, weniger, wenn er selbst, als wenn ein Dritter bestohlen war [ausser in dem hier nicht in Betracht zu ziehenden Falle, dass der Dieb nicht sechsmal so viel wie das Gestohlene besass]; und wozu hätte er aus dem doch ganz ihm verwirkten Vermögen erst das Neunfache des Gestohlenen ausgesondert? **18b)** Nicht in diesen Zusammenhang, wie Schmid *Gesetze* 556b meint, gehört das Vielfache, wodurch Beklagter Erlassung des Ordals (*s. d.*) erkauft: es ist eine Zahlung an den Gerichtsherrn in Denalagu; III Atr 3, 4 — 4, 2 **19)** In Wessex beträgt das Strafgeldfixum für nicht handhaften ~ 60 Schilling; Ine 7. 10. 46. 53. II Cn 24, 1 = Leis Wl 45, 1 **19a)** Ælfred kennt aus früheren Zeiten verschiedene Strafgelder je nach dem Gegenstand (*o.* 7), setzt aber für seine Zeit 60 Schill. für ~ bis 30 Schill. Wert, und 120 [soviel wie für Königs-Ungehorsam] für noch grösseren ~ und für Menschenraub **19b)** Mit 120 Schill. löst die Sippe ihren Verwandten aus, der wegen ~s 40 Tage Kerkerhaft gelitten hat [vielleicht einen handhaften?]; II As 1, 3 **19c)** Nur 36 Schill. Strafgeld zahlt der Kaufmann, bei dem Gestohlenes ertappt ward, ohne dass er gutgläubigen Erwerb nachwies [Handelsvergünstigung?]; Ine 25, 1 **19d)** Strafgeld fällt fort durch Amnestie, Begnadigung (*s. d.*) und im Prozess zwischen Stammesfremden; Duns 4 **20)** Bestohlener erhält neben Ersatz als Busse (*s. d.* 13b) meist den Wert des ~s nochmals, noch um 1178 **21)** Die Strafe für ~ wird verschärft durch Flucht oder Widerstand; Leibesstrafe leidet der wegen (nicht handhaften) ~s oder Raubes Beklagte, der entfloh und erst durch den Bürgen vor Gericht gebracht wird (Leis Wl 3. 3, 4), und Todesstrafe der handhafte, aber wegen Jugend geschonte Dieb, der sich dem Gefängnis durch Widerstand oder Flucht entziehen wollte; II As 1, 2. VI 12, 1. Durch die Flucht macht sich der Verbrecher selbst friedlos; sein Bürge haftet für den Ersatz [der Friedlosigkeit wegen fällt Strafgeld und Busse fort]; Ine 22 **22)** Qualifizierend auf den ~ wirkt gemeinschaftliche (*s. d.*) Missetat, Vollzug durch Bande (*s. d.*), die Verbindung mit Einbruch (*s. d.*) ins Haus, Verletzung eines besonderen Schutzes (*s. d.*) des Ortes (nahe dem Fürsten oder in der Kirche) oder der Zeit; *vgl.* Feiertage **22a)** Es gibt kein rein Agsä. Zeugnis, dass Nächtlichkeit der Tat die Schwere erhöhte [wie bei anderen Germanen; Wilda 865. 877; Brunner II 646. Auch bei Brandstiftung (*s. d.* 4) kennen andere Germanen das Merkmal der Nächtlichkeit]. Dass sie bisweilen mitgedacht wurde, folgt vielleicht daraus, dass 'am lichten Tage vom Raube' in einem Gesetz der Denalagu die Rede ist; III Atr 15. Bei gewaltsamer Heimsuchung gegen den Befehdeten gilt gleich, ob der Angreifer *die vel nocte hoc faciat;* Hn 80, 11a. Der Tatort, wo ein Totschlag geschah, dessen Täter nicht verhaftet war, zahlt Geldstrafe, ausser wenn die Tat nachts geschah; Maitland *Pleas of Gloucester* 147. Nur aus Exodus entnimmt Ælfred den Satz, der Bestohlene dürfe nur den nächtlichen Einbruchsdieb niederhauen; Af El 25 [*vgl. furem luce occidi vetant XII tabulae;* Cicero *Pro Tullio* bei Hitzig *Ält. Strafr. Kulturv.* 40]. Da aber der Agsa. den handhaften Dieb auch bei Tage töten durfte, so schwächt **Af**, um das biblische Recht dem Agsä. anzugleichen, die Todschuld, welche Exodus hierauf setzt, ab durch die Zufügung 'ausser in Notwehr'. Da sich kein Ertappter ohne Gegenwehr greifen liess, konnte praktisch jeder Totschlag an ihm als Notwehr entschuldigt werden. Als solche gilt Tötung nächtlichen Diebes in Friesland; His 75. *Qui per noctem effringebat civitatem* (falsch latinisiert aus *burgbryce*), *C sol. emendabat regi, non vicecomiti;* Domesday I 56b. Die Qualifikation des Nächtlichen eignet später Engl. *burglaria* (Pol Mai II 491), fehlt aber *burgbryce* **23)** Der handhafte (*s. d.*) Dieb gelangt nicht zum Reinigungsbeweise **23a)** Der als solcher Erschlagene kann nicht durch seine Freunde rein geschworen werden; vielmehr der Totschläger, wenn er seine Tat sofort kundmachte, gelangt zum Beweise; Ine 16. 21. 35; späterhin kann die Sippe den sogar gerichtlich Hingerichteten rein schwören; *s.* Tote **23b)** Der Prozess um nicht handhaften ~ beginnt mit dem Klageeid (*s. d.*); Swer 4. Leis Wl 14, 3. Beklagter reinigt sich durch Eidesformel (*s. d.*; Swer 5) entweder mit Eideshelfern (*s. d.*; Leis Wl 14 — 14, 2. Hn 66, 8) oder durch Ordal (Leis Wl 14, 2. Iud Dei I 20, 2. 22, 2. IV 9, 3. V 2, 2. X 1), **N** seit Wilhelm I. auch durch Zweikampf; Wl lad 1 — 2, 1 — Wl art 6 — 6, 3. Hn 59, 16a **23c)** Eine Beschuldigung gegen sein Hausgesinde wegen ~s kann, falls kein Klageeid vorliegt, der Herr allein, aber mit Stabeid, zunichte schwören; Hn 66, 7 **23d)** Amtliche Anklage durch Kronbeamten zwingt zu dreifacher Reinigung; Hn 66, 9 **23e)** Klage auf ~ muss sofort [ohne Terminaufschub zur Ratserholung] beantwortet werden; Hn 61, 17 **23f)** Normannenzeit straft ~ systematischer kriminell, schreitet mehr amtlich dagegen ein, vermengt ihn mit Raub und zieht ihn allmählich vom Lokalgericht an die Krone; Pol Mai II 492 **24)** Über das Entwischenlassen eines Diebes *s.* Begünstigung 11. Über den Lohn für Meldung und Fang eines Diebes *s.* Anzeige, Einfang. Über

die Zuständigkeit, ~ und besonders handhaften, abzuurteilen *s.* Anklagezustand 2, Gerichtsbarkeit, Kronprozess, *Infangenþeof*. Über unerlaubte Rache für den gerecht getöteten Dieb *s.* Blutrache 141—n

Dienst, ~adel, ~bote *s.* Amt, Adel, Gefolgsadel, Thegn, Vassallität, Lehnwesen; Haushalt, Gefolge, Gesinde, Unfreie; Trinoda necessitas

Dienstag. *Si aliquis de furto reprehensus* zum Kaltwasser-Ordal schreitet, *die Martis ad vesperas perducatur ad ecclesiam ibique ad diem sabbati* (Ordaltag) *commoretur, triduanum faciens ieiunium;* Iud Dei X 1

Ding, ~friede, ~zeugnis s. Gericht

Diözese, Dispens *s.* Bischof

Dogmen *vgl.* Glaubensbekenntnis; Gott, Christus, Dreieinigkeit, Himmel, Maria, Heilige, Kirche, Vater unser, Jüngstes Gericht, Hölle **1)** ~ personifiziert, verleihen dem exkommunizierenden Priester Autorität zu bannen; Excom VI 1, 1 **2)** Bei ~ (der Auferstehung usw.) und Sakramenten wird Gott, Wasser und Eisen zum Ordal beschworen Iud Dei XVI 30, 11 ff. I 22—22, 2. V 2, 2. VIII 2

Dolus *s.* Absicht

Domäne *s.* Herrschaftsgut

Domkapitel *vgl.* Kanoniker, Kathedrale, Stift **1)** Im ~ von York entstand Northu **2)** Alle Mitglieder als Genossen helfen zur Erzwingung der Busse für das einem Priester angetane Unrecht; Northu 1; z. T. aus *Can. Edg.* 5, wonach alle Priester einer Diözese einstehn sollen, wenn einer auf der Synode über Schädigung klagt **3)** Vermögen des Bischofs ist getrennt von dem des ~s (Northu 2, 2) und dos *geferscipe,* womit nicht allein ein ~, sondern allgemeiner ein Stiftskonvent gemeint ist; Had 9, 1 **4)** **N** Dem 1108 verstorbenen Erzbischof Gerhard von York verweigert das ~ ein Grab im Dom; Quadr II 17, 4; I 546[e]

Donnerstag *s.* Wb *þunresdæg; vgl.* Himmelfahrt

Doppelbusse, ~strafe *s.* Busse 8a. 10—10b. 13b; Diebstahl 22; Rückfall; Schutz; Geistliche 27b

Doppelung *s.* zwei vorige Zeilen **1)** Gewöhnliche Strafgeldfixa (*s. d.*) in Wessex sind 30, 60, 120 Schill., die sich also wie 1:2:4 verhalten **2)** Doppelt gebüsst wird Missetat innerhalb des Schutzes durch Kirche, Versammlung, Gericht, Landwehr, Königs Nähe, Feiertag; *s. d.* und: Königsfrieden, Kirchenfrieden, Gerichtsfrieden, Heer **3)** Die Bussen für verletzte Schutzgewähr verhalten sich wie 1:2 in Kent beim Gemeinfreien zum Adligen, bei der tiefstehenden Witwe zur höheren (Abt 13—17. 25. 27. 75. 88), in Wessex beim Thegn zum Grafen In Cn III 55; beim Blutig (*s. d.* 3a. h) Fechten im Hause des Magnaten zu dem im Kloster; wie 1:2:4 beim Eindringen ins Haus des 600-, 1200-Schill.-Mannes und des Königs Af 40; **N** in Normannenzeit verhalten sich die Bussen für gebrochenen Schutz beim Kötter zum Bauer wie 1:2 (Hn 81, 3); wie 1:2:4 beim Baron zum Grafen oder Bischof und zum Erzbischof; Leis Wl 16 **3a)** Schutz, wenn durch Tötung gebrochen, kostet doppelt so viel wie durch Verwundung; *s.* Blutig Fechten 9 **4)** Die weltlichen Ranghöhen der vier Kirchenklassen von Feldkapelle zur Kathedrale verhalten sich wie 1:2:4:8 (VIII Atr 5, 1 = I Cn 3, 2), **5)** die Wergelder des Sechshunderters und des Zwölfhunderters wie 1 : 2, **6)** die Heergewäte (*s. d.*) der verschiedenen Stände in mehreren Stücken wie 1:2:4:8 **7)** Der Eideswert des Abendmahlsfähigen (*s. d.* 2) gilt doppelt **8)** ~ der Klage u. Reinigung *s.* Eisenordal 8 **9)** Begünstigung (*s. d.* 13) kostet doppelt soviel am zweiten wie am ersten Tag **10)** Ehebruch (*s. d.*) mit der Frau des Esne kostet doppelt; Abt 85 **11)** Schändung der Jungfrau kostet doppelt so viel Busse an sie wie die der Deflorierten; Af 11, 2 ff.; die Nonne *s.* Busse 8a

Dorchester. **A.** in Dorsets., Münzstätte unter Æthelstan; II As 14, 2 **B.** südl. bei Oxford, Bistumsitz; dortiger B. Remigius (übertrug 1072/3 den Sitz nach Lincoln); Wl ep Pro

Dore (Fluss) steckt nicht im Namen *Dunsæte* (*s. d.* 4), wie ich *Archiv Stud. neu. Spra.* 102, 293 als möglich annahm

Dorf *s.* Wb *tun(scipe), ham, land, villa, vicinus, -nium, vile, veisined.* Den *Gesetzen* fehlt *cotlif, þorp* (*s.* Toller), *by:* letztere beide häufig in Ortsnamen der Denalagu. *Vgl.* Bauer, Herrschaftsgut, Gemeinheit, Ackerbau.

1. Namen. 2. Frei; im Grossgut. 3. Unter Hundred; Zehnerschaft. 4. Einwohner. 5. Verkehr. 6. Eidhelfer, Zeugen aus ~. 7. Mehrere Dörfer. 8. Körperschaftlich.

1) Der Name *tun,* vom Sinne 'Zaun' genommen, gilt in der Siedlungsentwicklung als später denn nacktes *ham;* Round *Commune* 5 **1a)** Zur Bedeutungsentwicklung vom Zaun zum Umzäunten *vgl. rap* (Seil) zu südholl. *reep* (Brunner I^2 197[8]); Gehege **1b)** Im Sinne von Herrschaftsgut (Ger 1. 11. 14) steht *tun* synonym mit *ham* Ger 18, 2; auch die Agsä. Übs. Bedas setzt für *vicus* V 10 *tun,* III 10 *ham* **1c)** *Tun* als geschlossener Wohnort tritt in Ggs. zu *dun* (Hügel) Ger 3, als ~ in Ggs. zu *port* Stadt; IV Atr 3 **1d)** Laut der Composita *tun(es)man, tungerefa, Ceorlatun, tunscipe* bezeichnet *tun* öfter das Sippen~, *ham* mehr den Herrenhof; Rhamm *Grosshufen* 809 **1e)** Das Kentische Gesetz spricht aber nicht bloss von *cyninges, eorles tun,* sondern einmal auch von *mannes* (eines Gemeinfreien, Vollbauern) *tun,* in den einzudringen freilich auch die Macht mehrerer Männer erforderlich scheint: die einzige Spur der *Gesetze,* die vielleicht auf einen grossen Einzelhof eines vollfreien Bauern sich deuten lässt; Abt 17 **1f)** Eine grössere Anzahl eidesfähiger Freier bevölkern den *tun* bei Hl 5 **1g)** Spätere *Gesetze* brauchen *tun* immer für die ganze Ortschaft oder den bewohnten Teil des Herrschaftsgutes (*s. d.*), nicht etwa einen Bauerhof im ~e — der *cyninges tun* in Af 1, 2 enthält sogar ein Gefängnis —, während *ham* das Pfarrgehöft, also ein kleines Grundstück im ~e, bezeichnen kann. *Cyninges ham* ist ein königliches Grossgrundstück, aber vielleicht ohne ~, nur für die Jagd; Rect 1, 1. Die Vulgatawörter *villa, praedium* (Lucas 4, 18, Marcus 16, 2 bzw. 14, 32) übersetzt der Westsachse durch *tun,* der Northumbrer durch *lond.* Eine Urk. nennt einen Ort *æt Oswalding villam,* dann *Oswaldingtun;* a. 940 Birch 753 **1h)** Erst nach der Normannenzeit kann (wie heute) *town* auch 'Stadt' heissen **1i)** Auch *land* steht im Ggs. zu Markt und Stadt; Ine 25 Rb. II Cn 24. **N** Französisch setzt dafür *vile* Leis Wl 45 (das *villa campestris* deshalb latinisiert wird, weil *villa* seit 12. Jh. auch 'Stadt' heissen kann; *u.* 5a). Ebenso steht *villa* in Ggs. zu *burgus* (Hn Lond 12. 14. ECf 38, 2), auch zu *civitas, castellum;* ECf 18, 1 **2)** Von einem

Frei~ bieten *Gesetze* nur éine sichere Spur; *s.* Bauer 3. 4. Ihm widersprechen nicht Hl 5. Ine 40. III Atr 15, ohne es zu beweisen **2a)** Um 1000 gilt jedes *land* einer Herrschaft untertan; denn jede nach auswärts heiratende Braut zieht *on oðres þegnes land;* Wif 7 **2b)** Damaligen Zustand des Herrschaftsguts (*s. d.*) unter einem *gerefa* erhellen die Traktate Rect. Ger **2c)** Das ~ ist der Kern des Grossgrundeigentums. Denn wo der König 'mein Eigengut' erwähnt, steht *propriae villae meae* in der Übs. (II Cn 69, 1 In); das Amtsland des Grafen machen *comitales villae* aus (In Cn III 55[x]); **N** zur Busse des Murdrum (*s. d.*) pflichtig erscheint bald *dominus* mit seinem *manerium,* bald *villa* (ECf 15) oder *homines de visneto* (c. 1228 Madox *Exchequer* 394); die dem Namen nach und unmittelbar vom Grundherrn zu verantwortende Staatslast wird tatsächlich geleistet vom ~; z. B. vertritt der Kötter den Thegn, in dessen Gut er sitzt, bei Leistung der Küstenwacht und Herstellung des königlichen Wildgeheges; Rect 3, 4 **3)** Das ~ gehört [mindestens seit Eadgar] zu einem Hundred (*s. d.*); IV Eg 8—10 ECf 15 ff. 24, 2 **3a)** Allein die Gerichtsbarkeit (*s. d.*) über die Bauern (*s. d.* 15), oder deren Ertrag, gehört zumeist dem Grundherrn, nur teilweise dem Hundred **N 3b)** Wo das ~ zu arm ist, um Murdrumbusse zu leisten, muss das Hundred eintreten; ECf 15 **3c)** Das ~ fällt im 12. Jh. bisweilen zusammen mit der Zehnerschaft; *s. d.* Polizeibezirk aber war es vielleicht lange vor deren Einführung **4)** Das ~ bewohnen Socmen, Bauern, Kötter, Hirten, freie Arbeiter (Gesinde), Freigelassene, Unfreie (die fünf letzten Klassen können den Bauern oder der Domäne dienen; sie werden mit Stückchen Land entlohnt); *s.* jene Artt. und 'Gefolge' **4a)** Ganz mittellose, der Armenpflege (*s. d.* 4) Verfallene bilden die Ausnahme; As Alm Pro—2 **4b)** Unter Heinrich I. hat das ~ regelmässig Kirche und Priester; Hn 7, 7b. ECf 24f. **5)** Der Kaufmann auf dem 'Lande' (d. h. im ~) darf nur vor Zeugen handeln; Ine 25; d. h. einen Markt findet er regelmässig dort nicht **5a)** Von *villis ubi mercatum convenit* spricht zwar In Cn III 55, meint aber mit *villa* wie II 15 vielleicht nicht ~, sondern Stadt; *s. o.* 1 i **5b)** 'Ankömmlinge' zum ~ zu holen — ausser Kaufmann (*s.* 5) und dem Spursucher neue Besetzer abhängiger *Gebur*-Stellen — liegt dem Geneat ob; *s.* Bauer 4aa **5c)** Das ~ fungiert gegenüber Spursuchern von ausserhalb: es darf diese nicht hemmen, sondern muss sie durch herrschaftlich angestellte Geleitsleute in verdächtigte Hütten und Ställe führen; der Herr muss den Spurfaden hinaus leiten, oder sein *land* zahlt Ersatz für das verlorene Vieh; II Ew 4. V As 2. III Em 6. Duns 1—1, 2 **6)** Die Eideshelfer (*s. d.* 10) müssen Nachbarn aus demselben ~e sein: sie kennen den Viehbestand des einzelnen **6a)** Ebenso die Zeugen für das auf Gemeinweide neu eingebrachte Vieh. Falls der Erwerb nicht dem ~e bekannt gegeben war, muss es dem Hundredvorsteher das also Verdächtige melden; auch am Vieh der Herrschaftsdomäne übt das ~ diese Untersuchung; IV Eg 7—13 **6b)** Das ~ ist der politische Verband weitester Verbreitung (häufigsten Vorkommens). Beim nächsten ~ geschieht, um Mordverdacht abzuwenden, die Kundbarmachung des fern von Menschenwohnung in Blutrache oder Notwehr ausgeführten Totschlags, Hn 83, 6a, bei nächsten Dörfern andere Kundmachung; *u.* 7a. f **N 7)** Mehrfach fungieren 2—5 Dörfer gemeinschaftlich (im 12. Jh. 4 Zehnerschaften; *s. d.*), aber nirgends etwa als ein fester politischer Verband, der sich zwischen Einzel~ und Hundred oder Grafschaft einschöbe, sondern als zufällige, vorübergehende Verstärkung der éinen meistbeteiligten Bauerschaft durch benachbarte Flecken **7a)** Der Bestohlene muss Landgeschrei in 4 Nachbardörfern erheben; Pol Mai II 154 **7b)** 4 Dörfer geben vor Königsrichter und Coroner im 13. Jh. den Juryspruch oder kontrollieren ihn; Maitland *Pleas of Gloucester* p. XLVIII; *Select pleas manor.* XXIIJ; Gross *Select coroners* XXX; Pol Mai II 159[3] **7c)** Beim Streite eines ~es gegen den Grundherrn wegen Frondienst, 2 *villæ solebant iudicare tertiam:* Nachbardörfer bildeten die Urteilfinder; *Rot. curiæ regis Ric. I.* ed. Pipe roll soc., 216 **7d)** Es hängt nicht mit solcher Funktion zusammen, wenn mehrere Dörfer éine Gemeinheit (*s. d.*) besitzen **7e)** Ureigen an dem im Anefang (*s. d.* 25c) angeschlagenen Vieh beweist der beklagte Besitzer durch drei Seiten seiner Nachbarschaft [wahrscheinlich 3 Nachbardörfer nach Analogie späteren Rechts; Pol Mai II 159; sogar für das weit grössere *hundred* setzt *visnetum* L 22]; Leis Wl 21, 5 **7f)** Kundbarmachung (*s. d.*) des Raubes geschieht in 3 Dörfern (III Atr 15), des Fundes nach 3 Seiten der Nachbarschaft (Leis Wl 6; *villis proximis* L) oder durch 4 Nachbardörfer ECf 24f. *Vgl.* Lex Ribuaria 80: *per tres marcas ostendat* und ähnlich bei anderen Germanen **8)** Die Zahlung der Bauern an Staat, Kirche und Grundherrn ist denkbar ohne gemeinschaftliche Kasse, **8a)** allenfalls auch Repressalienpfändung an irgend einem Bewohner einer *villa,* in der Londonern Zoll abgenommen oder Geld geschuldet war, falls jener in London erscheint; Hn Lond 12. 14 **8b)** Dagegen setzt die solidarische Haftung (*s. d.*) für unerlaubtes Dulden fremden Viehs verdächtiger Herkunft (*o.* 6a), die Benutzung der Gemeinheit mit gemeinschaftlichen Hirten (*s. d.*), die Gemenglage, die Stoppelweide nach der Ernte, das Zäunen vor der Saat (*s.* Bauer 3a), eine ~versammlung mit Verwaltungsbefugnis voraus. Es steht nichts im Wege, sie zu identifizieren mit dem ~gericht; *s. d.* **N 8c)** Einen ferneren (in den *Gesetzen* noch nicht belegbaren) Schritt der Bauerschaft zur körperschaftlichen Gemeinde bedeutet die Anstellung auch anderer Beamten ausser Hirten (Vinogradoff *Villainage* 356), endlich eines Bauervorstehers, unterschieden vom herrschaftlichen Vogt **8d)** Schon unter Heinrich I. aber vertreten 3 bis 4 (bzw. 4) *meliores* (reichere Bauern) unter ~vogt und Pfarrer das ~ zur Bezeugung eines Fundes (ECf 24 f.) und auf dem Grafschaftstage den ~herrn, wenn er oder sein Truchsess verhindert ist; Hn 7, 7b. Ähnlich später am Forstgericht; Holdsworth *HEL* I 344 **8e)** Einen Kollektivnamen der Bauergemeinde, *tunscipe* für Bedas *vicani* V 10, hat schon der Übersetzer um 900; das Wort steht synonym mit *tunesmen* IV Eg 8. 8, 1 und Ann. Anglosax. 1137 **8f)** *Inhabitantes* von Bury St. Edmund's (unter Cnut noch ~), übersetzt im 12. Jh.

durch *tunscipe* Urk. angeblich Cnuts Kemble*735. Vermutlich synonym mit *tunscipe* scheint *geburscipe*, Bauerschaft, der Kreis aus dem die Eideshelfer des im Anefang Beklagten zu nehmen sind, I Ew 1, 4 B; doch ist dies nur eine Verderbnis für *geburhscipe:* Gerichtsbezirkschaft

Dorfgericht. *Vgl.* Gericht(sbarkeit), Nachbarn. **N 1)** Neben dem mancrialen Hallengericht (*s. d.*) bestand noch im 12. Jh. ein Bauergericht. Es gehören Klagen zwischen *compares vicinos ad divisas terrarum suarum* (Hn 57, 1a), wofür *mearcmot* der Englische Ausdruck ist und ein Synonym: *inter compares in curiis vel divisis vel locis suis* (34, 1a), *divisae parium;* 9, 4 **1a)** Der Herr soll für den Mann als Schützer geziemend in den verschiedenen Gerichten eintreten: *aliquando in divisis vel merchimotis, aliquando super ipsam terram vicine, aliquando* in anderen Gerichten; 57, 8 **1b)** Über diesem Nachbargericht steht die *curia domini;* und falls der Herr beider Parteien der Gerichtsherrlichkeit darbt, oder sie nicht éinem Herrn unterstehen, geht Schwierigeres ans Hundred; 57, 1a **2)** Wer jemanden zum Sklaven aufnimmt, tue das unter Zollzahlung vor Zeugen je nach seinem Stande im Gericht des Hundred oder des Manor oder im *vicinio;* 78, 2 **3)** *Quod* [weil] *stulti libenter forisfaciebant erga vicinos, sapientiores* [Witan vor 1066] *imposuerunt super quosque decem friborgas tienðe heved. Isti inter villas, inter vicinos tractabant causas — et secundum quod forisfacturæ erant emendationes et concordationes — de pascuis, pratis, messibus, decertationibus inter vicinos et de multis huiusmodi. Maiores causas referebant ad centenarios* [Hundreds]; ECf 28—29 **[3a)** Die landwirtschaftlichen Streite zwischen Nachbarn stehen niederem Stadtgericht zu; Bateson II p. CXXI. *Vgl.* Wiesen- und Hochweidegericht bei Maurer *Island* 384 ff.] **3b)** Die Beziehung des ∾s zur Zehnerschaft war wohl nur dort richtig, wo sich Dorf und Zehnerschaft oder persönlich die Angesehenen beider Institute deckten. Dass das Hundred höhere Instanz bildete, passt in den Rahmen des sonst Bekannten **3c)** Vielleicht war das ∾ ein blosses Schiedsgericht ohne obrigkeitlichen Vorsitz oder Strafgeldempfang und fehlt daher in Agsä. Urkk. und *Gesetzen* **N 4)** *Inquirat iusticia* (Königsrichter) *per lagemannos et per meliores homines de burgo vel de hundredo vel villa, ubi* verdächtiger Besitzer *manserit, de quali vita ipse est;* ECf 38, 2. Meint er *lagemanni* vielleicht auch auf dem Dorfe? **5)** Das *tunscipmot* (*s.* Derf 8b) unter dem Gutsvogt kennen seit 12. Jh. Vinogradoff *Growth of manor*, Bateson *Jahresber. Geschichtswiss.* 1905 (1907) III 102

Dorfvogt *s.* Vogt, Bauer 14a. b, Herrschaftsgut

Dormitorium *s.* Wb *slæpern*. Auch weltgeistliche *canonici* eines Stifts benutzen gemeinsamen Schlafsaal; V Atr 7 = VI 4

drei Anzeiger *s. d.* 3 ∾ **Busstage** *s.* Landesbusse ∾ **Dörfer** *s.* Dorf 7e. f ∾ **Finger, Fuss, Grafschaften** *s. d.* ∾ **Grundlasten** *s. Trinoda necessitas* ∾ **Hundreds, Kaufzeugen** *s. d.* ∾ **Kläger** *s.* bescholten 3 ∾ **Könige** *s.* Epiphania

drei Männer im feurigen Ofen [aus Daniel] Iud Dei IV 3, 3. 4, 2. VII 23, 2A. VIII 2

drei Meilen, 3 Furchenbreiten, 3 Ackerbreiten reicht Königs Sonderfriede vom Burgtor; *s. d.* 1

drei Missetaten éiner fortgesetzten Handlung, Maximum; *s.* Busse 7. a. b

drei Mönchsgelübde: Keuschheit, Kutte, Gottesdienst V Atr 6 = VI 3, 1

drei Nächte *s.* ∾ Tage; ehel. Enthaltsamkeit 2

drei Nachbarseiten *s.* Dorf 7e

drei Pfennig zahlt Sklav oder Sklavin im Herrschaftsdorf, wenn Genoss oder Genossin als Dieb oder Diebin hinzurichten ist, und drei Scheite trägt die Sklavin herbei zur Verbrennung jener; IV As 6, 5—7

drei Rechtsgebiete Englands *s.* Denalagu, Mercien, Wessex; Partikularrecht ∾ **Scheite** *s.* 5 Z. vorher

drei Schilling Maximum *s.* Einfang 1 [cessitas

drei Staatslasten *s.* Trinoda ne-

drei Strafmöglichkeiten [als Abspaltungen der Friedlosigkeit]: Tod, Verkauftwerden [zum Knecht] über See, Wergeld; Wi 26. Anders: Wergeld, Verknechtung, Gefängnis; Griδ 16f.

drei Tage 1) Fasten *s. d.*, Landesbusse, Ordal **2)** ∾ ∾ Heilungsfrist hat die im Feuerordal (*s. d.*) verbrannte Hand **3)** ∾ ∾ bleibt der zur Strafe Verstümmelte verlassen [wenn ihn Gott so lange leben lässt], bevor man ihn mildtätig versorgen darf; EGu 10 **4)** Lebt ein Sklave nach einem vom Herrn empfangenen tödlichen Schlage ∾ ∾ [Ælfreds eigen], so ist dieser unschuldig; aus Exod. Af El 17 **5)** ∾∾ Lebenssicherheit geniesst der Flüchtling im Asyl; *s. d.* 14. a **6)** ∾ ∾ darf Gastfreundschaft dauern, ohne dass der Wirt wegen Begünstigung (*s. d.* 14c) für den Beherbergten hafte; *s.* Fremde **7)** Nach Stellung der Prozessualbürgen kann Kläger Verhandlung vor dem Richter in ∾ ∾n verlangen; Hl 10 **8)** ∾ ∾ wöchentlich fronen Kötter u. Gebur dem Herrschaftsgute (*s. d.*) in Erntezeit (August); Rect 3. 4a **9)** Verlust von Vieh melde Besitzer binnen ∾ ∾n der ihn versichernden Gilde; VI As 8, 7f. **10)** ∾ ∾ muss, wer Vieh schlachtete, Haut und Kopf bewahren, um, falls es gestohlen war, Aufspürung zu ermöglichen; III Atr 9 **11)** Für Schaden durch einen schon ∾ ∾ stössigen Ochsen haftet der Besitzer; aus Exod. Af El 21

drei Teile des Zehnten *s. d.* ∾ **Verbrechen** *s.* Heimsuchung, Königschutz, Rechtsperrung; Kronprozess; busslos 7

drei Versprechungen des Königs *s.* Krönungseid

drei Zoll langen Stich und längere Wunde entgelten 3 Schill.; Abt 67, 1

Dreieinigkeit 1) ∾ wird definiert VI Atr L 6 **2)** Beschwörung vor dem Ordal **A.** der Prüflinge bei Vater, Sohn und hl. Geist, und dem Sohn und der ∾; Iud Dei I 2, 1. VI 1. VII 13A. 23, 1. VIII 1. 2. X 13. XII 4. XIII 11. 13. XIV 11. Duel 8, 4 **B.** der Elemente: des Wassers I 21—21, 2. 22. XII 18; des Eisens V 2. IX 4. XI 4, 4. 6. XVI 7. 38, 2; des Kessels XII 22, des geweihten Bissens XIV 7; des Schildes Duel 3 **3)** Unter Autorität der ∾ ergeht die Exkommunikation; Excom. I 11, 1. II 1. III 1. IV 1. V 1. VI 1. VII 2. VIII 1. IX 1. X 1. XI 1. XII 1. XIII 2 **4)** Im Namen der ∾ schwört der König den Krönungseid; Sacr cor Pro

dreifach *s.* Beweis 8e ff., Eideshelfer 27, Klage(eid), Kläger, Ordal;

Prügel, Busse 8. 11c. 18. *Vgl.* dreimal 1) ~ Wergeld des Verwundeten zahlt, wer ihm das Zeugungsglied zerstört; Abt 64 2) Wie 1 : 3 verhalten sich die Wergelder (*s. d.*) in Kent des Gemeinfreien und Adligen, in Wessex des Gemeinfreien und 600-Schilling-Mannes

Dreifelderwirtschaft folgerten Frühere aus Rect 4, 3, wonach der Bauer, der in die Hofstelle anzieht, unter 30 Äckern die dazu gehören, 7 besät erhält. Nasse *Feldgemeinschaft* 19 hält die ~ für Agsä. Zeit unbeweisbar. In dem Verhältnis der bestellten Flur zur Brache, das der abziehende Gefolgsadlige (*s. d.*) dem Oberherrn bei der Zurückgabe des Grossguts vorweist (Ine 64ff.), sahen jene Übergang von Zwei- zu ~. Aber noch im 13. Jh. herrscht in England ~ nicht allgemein; Maitland *Domesday* 365; Vinogradoff *Growth* 233. Kowalewsky leugnet sie für Ine, gegen Seebohm extensivere Zweifelderwirtschaft annehmend, *Ökonom. Entwickl.* I 486; Lapsley *EHR* 1906, 757. Die Urk. a. 955 Birch 1002 [nicht unverfälscht] spricht von einer 20-Hufen-Herrschaft in 3 Teilen, was nichts beweist

dreimal. *Vgl.* dreifach 1) ~ 12 Eideshelfer *s. d.* 44ff. 2) Nur ~ erhielt Kläger im Anefang (*s. d.* 20e. 25) an dortigem Ort den Gewährsmann gestellt. Nur ~ darf das von jenem Angeschlagene zur Gewähr gezogen werden 3) ~ fordere Kläger Recht im Hundred, dann erst im Grafschaftsgericht, das ihm nun Pfändung in Selbsthilfe erlaubt; II Cn 19—19, 2 = Leis Wl 44—44, 2 4) ~ wird Bescholtener vor Gericht geladen, bis er zur Bürgschaftstellung gezwungen oder überwältigt, und sein Vermögen teilweise oder ganz eingezogen wird; II As 20—20, 4 = III Eg 7f. = II Cn 25—25, 1 = Leis Wl 47—47, 1. Wl art 8, 1ff. 5) Das geistliche Gericht lädt den Beklagten ~ vor; dann werde er exkommuniziert (so auch Excom I 3, 2. 6, 3. 11) und durch staatliche Gewalt zu Genugtuung gezwungen; Wl ep 3. 3, 1. *Vgl.* Engl. Synoden von 816 (c. 6). 1076 6) ~ erlaubt Terminabbestellung Hn 59, 2a 7) ~ im Jahre wird Stadtgericht (*s. d.*) gehalten 8) ~iger Rückfall (*s. d.*) ins Verbrechen führt zu schwerster Bestrafung 9) ~ Fehlen im Wurf beim Steinigen des diebischen Genossen wird am Unfreien mit Prügeln bestraft; IV As 6, 5 10) ~ als Thegn für einen Königsthegn am Königshofe Ordonnanzdienst getan zu haben, bildet eine Qualifikation, um ihn prozessual zu vertreten; Geþyncðo 3 11) ~ als Kaufherr über offene See gefahren zu sein, bildet eine Qualifikation zum Thegnrang; Geþyncðo 6 12) ~ jährlich nehme man Abendmahl (*s. d.* 1) und zahle Lichtschoss; *s. d.* 13) Geisselung kann zur Strafschärfung ~ geschehen; *s.* Prügel

dreißig 1) ~ Messen, ~ Psalmen; *s. d.*; Landesbusse 2) ~ Tage *s.* Frist 3) ~ Pfennig gilt ein Ochs; VI As 8, 5 3a) ~ Pfg. ist die Wertgrenze des Eingeklagten, von welcher ab Beklagter zur Reinigung Ordal oder 1 Pfund-Eid leisten muss; I Atr 1, 3 = II Cn 30, 2 3b) Wird der Peterspfennig vorenthalten, so werden ~ Pfg. Busse der Kirche gezahlt; II Eg 4, 1 = VIII Atr 10, 1 = I Cn 9, 1 4) ~ Schill. ist das niedrigste der Strafgeldfixa; Hu 5, 1; *s.* Wb *wite* S. 247 Sp. 1 4a) Als Busse nur für ~ *siclos* der Exodus Af El 21 4b) ~ Schill. kostet die Verletzung des Sonderfriedens der [geringsten] Feldkirche; VIII Atr 5, 1 4c) Für gerichtlich eingeklagte Werte bis ~ Schill. zahlt unterliegende Partei Strafgeld von 60 Schill.; für höhere 120; Af 9, 1 5) ~ ein beliebter Zahltyp einer Menge: Beowulf ist so stark wie ~ Männer (Vers 379); ~ Mannen raubt Grendel; 1582

drinclean *s.* Grundbesitz; Vertrag

dritte Hand *s.* Anefang 1. 11

Drittel 1) ~ des Vermögens fällt an die Witwe; *s.* eheliches Güterrecht 2) ~ der Grafschaft *s.* Riding 3) ~ des Schillings [ursprünglich] *s.* Thryms; des Pfennigs: *triens s.* Münze 4) ~ des Wer- und Strafgelds zahlt Waffendarleiher, ²/₃ Totschläger; *s.* Beihilfe 10 5) *s.* Muttersippe

dritter Pfennig des Grafen N 1) Die Hälfte der dem König bleibenden ²/₃ des Strafgelds für Verletzung königlichen Handfriedens; ECf 27, 2[b] = Lond ECf 12, 10 A 1; ebenso Domesday I 336b1; *in castigatione latronum* In Cn III 55 2) Auch allgemein von staatlichen Einkünften u. a. aus Zoll in Marktorten; In Cn III 55, I 614[u. v.]; *vgl. Dovere reddebat* [vor 1066] 18 £, *de quibus habebat rex 2 partes et comes tertiam;* Ballard *Domesday boroughs* 41ff. 110; Birch *Domesdaybook* 201. 205. 212 2a) In Cambridge hat der Graf in der Gemeinflur *Earl's dole* und empfängt städtische Abgabe; Maitland *Township* 75. 178 2b) Lanfranc behauptet gegen Graf Odo von Kent: *Tertium denarium de comitatu* [Kent] *archiepiscopus qui ante Edzinum* [1038—50] *fuit habuit; tempore Edzini rex Edwardus dedit Godvino;* Birch *Dom.* 295 2c) Vom Heergewäte in Lincolns. fiel ~ dem Grafen, ²/₃ einem Kloster zu; Domesday I 376[a] 3) ~ des Grafen war den Normannen aus dem Frankenreiche bekannt (Brunner II 168; Schröder *DRG*[5] 133), kam aber auch ohne dessen Einfluss in Norwegen vor; Bücher *Gesch. Norw. Leinländinger* 12 3a) In England scheint er von Denalagu auszugehn. Seine Geltung um 1178: I 614[v] 3b) Anteil am Strafgeld der Krone hatte aber der Ealdorman (*s d.* 22b) schon unter Ælfred; Af 37, 1

Duell *s.* Zweikampf

Düna *s.* Wb *Viena*

Dung 1) Im Mai, Juni, Juli zieht der Landwirt ~, *myxendincegan,* [aus Ställen und Gruben aufs Feld] hinaus; Ger 9 2) Zu den fürs Gut nötigen Geräten zählt *meoxscofl,* die Mistgabel; Ger 17 3) Der Schäfer erhält von der Herrschaft den Mist (*dingan*) seiner Heerde in den Zwölf Nächten [vermutlich um sein Stückchen Land zu düngen]; Rect 14 3a) Im Herrschaftsgut spielt unter den Pflichten der Bauern eine Rolle, dass sie ihre Schafe in des Herrn Hürde treiben, damit die Domäne ~ erhalte; Maitland *Domesday* 76f. 91. 260

Dunsæte 1) Rechtsverhältnisse zwischen Engländern und Wallisern (*s d.*) im Gebiete der ~ bestimmt Duns, übs. von Q I 542. *Vgl. Archiv neu. Spra.* 102, 275 1a) Der vorauszusetzende Walliser Text des Denkmals ist verloren 1b) Beziehungen zwischen Parteien eines Stammes bleiben durch dieses internationale Recht unberührt. Es trägt das Gepräge von Wessex, etwa um 950 2) Ein Strom (Wye?) trennt die beiden unter Oberhoheit des Englischen Königs stehenden Rassen; Duns Pro. 9, 1 3) ~ versuchen partikulare Selbständigkeit zu behalten, nämlich zur Sicherung gegen Wales die Geiselstellung aus Gwent, während sie den Tribut dorther verloren haben an Wessex; Duns 9. 9, 1 **4)** Wenn der Name ∾ (*vgl.* Dore) herstammt von *dun*, Erdwall, so entspräche er dem der *Burgunder*, wozu *vgl.* Brunner I² 63⁴ **5)** Für Lokalisierung nahe Hereford spricht die Ähnlichkeit des Repressalienrechts; Bateson II, LIII—VI, die ∾ mit Archinfield identifiziert I, XVIII **5a)** [Könnte *d* (wie um 1000 leicht möglich) Verlesung von *cl*, und der noch heute existierende Distrikt *Clun* in Salop gemeint sein? Laut freundl. Mitt. von W. H. Stevenson 15. III. 1911 verschwand aus Wallis. *Colunwy* bereits vor 1086 [ob schon im 10. Jh.?] der akzentlose erste Vokal laut *Clone-*, *Clune-* im Domesdaybuch. Es gab eine Markbaronie *Clun* dort, und der Fluss heisst noch *Clun;* zwar klein, konnte er doch zwei Rassen trennen. Aber der Distrikt liegt zu weit nördlich, um die Wentsæte beherrscht zu haben **6)** Vielleicht hatten die ∾ als Teil Merciens die Walliser von Gwent (zwischen Wye und Usk) bedrängt und bereits damals, als zwei *reges Guent* Ælfred als Schutzherrn gegen Mercien anriefen, den Empfang von Geiseln und Tribut verloren an Wessex; den Verlust bezeugt Duns 9. 9, 1, erhofft aber wenigstens Friedensgeiseln aus Gwent auch ferner durch Wessex' Gnade. Sicher aber überwog Wessex über ∾, nachdem Eadward I. 922 Mercien in eigene Regierung nahm, *Uwen Wenta cyning* sich 926 Æthelstan unterwarf, und die Wye Grenze wurde. Diese Kleinkönige Gwents sind nicht identisch mit denen Glamorgans **7)** Die stammfremden Engländer werden jenseits des Grenzstromes behandelt wie die stammfremden Walliser diesseits; Duns 1—8, 4 **8)** Die Fristen sind kürzer als die landrechtlichen (II Cn 19): innerhalb 9 Tagen muss Beweisurteil (und wohl auch Endurteil) erfüllt werden; 2 **9)** Die 12 Lagamen (*s. d.*), die Urteil finden, wo eine Partei Englisch, die andere Wallisisch ist, sind 6 Engländer und 6 Walliser; 3, 2 [**9a)** Sechs Walliser aus Archinfield begleiten vor 1066 den Sheriff zum Shiremoot; *Domesday* I 179a2 **N 9b)** Im Geschworenenkolleg zu Ruthin 1294 sind die Hälfte Walliser; Roberts im *Cymmrodor* X 157. *Vgl.* Geschworene **9c)** Im Handelsrecht bestand die Jury über den Prozess eines Ausländers halb aus Ausländern; *Statut. de mercator.* a. 1303; Gross *Piepowder* 243. 248 **9d)** Im Prozess zwischen Juden und Christen besteht die Inquisitio später zur Hälfte aus diesen, zur Hälfte aus jenen; Bateson *Jahresber. Geschichtswiss.* 1905 (1907) III 83. Der Christ überführt im Frankenreiche Juden durch Zeugnis dreier Juden und dreier Christen; Brunner *Forsch. zur DRG* 191] **10)** Als Reinigungsbeweis gilt nur der schwere, das Ordal, nicht blosser Eid; 2, 1. 8, 3 **11)** Der Landsmann des fremden Schuldners darf vom Gläubiger, dem Rechtserfüllung geweigert war, zur Repressalie gepfändet werden und mag sich am Schuldner erholen; 2, 2. 3; *s.* Pfändung **12)** Diebstahl am Stammesfremden wird einfach ersetzt ohne Doppelbusse oder Strafgeld; 4 **13)** Für jenseits ihrer Grenze erschlagene Walliser oder Engländer wird nur ½ Wergeld entgolten; 5. [Dem erschlagenen Walliser (*s. d.*) gibt ½ vom Wergeld des Engländers Ine] **14)** Der Handelsverkehr über den Grenzstrom hin ist gebunden an Geleit durch einen Inländer, der haftet für des Fremden Missetat im Inland; 6 (*vgl.* AGu 5, Gerichtsbarkeit, Grenzgericht) **14a)** Da jener verdächtigt werden kann, dem Fremden zu dessen Betruge an seinem Landsmanne geholfen zu haben, besteht also private Freundschaft zwischen Rassefremden [wie auch Konnubium im 11., 12. Jh.]

Dunstan, Erzb. von Canterbury **1)** ∾ gibt dem zu weihenden König die Urkunde mit Krönungseid, die dieser zu Kingston als Versprechenssymbol auf den Altar legt, und verbietet ihm weitere Wahlkapitulation; Sacr cor Pro **2)** ∾ allein (im Ggs. zu sonstiger Miterwähnung anderer Bischöfe) befiehlt neben Eadgar Zehnt u. a. Kirchensteuern; IV Eg 1, 4 **2a)** Er ist Schöpfer von [oder starker Mitarbeiter an] Eadgars Gesetzgebung; Stubbs *Memor. of St.* ∾ p. CV **3)** Die Ordalliturgie Iud Dei I—III wird ihm mit Unrecht zugeschrieben: Der Fehler zwiefacher Kommunion I 3, 2 und 16 ist ihm nicht zuzutrauen **4)** Er wird als heilig verehrt, I Cn 17, 1; am 19. Mai Q I 536⁴⁰ **4a)** Eine ∾-Messe steht schon im *Missal of Robert of Jumièges* a. 1013—7, ed. Wilson p. XXIV **4b)** Vielleicht Cnut führte den ∾-Kult nach Dänemark, wo dieser im 12. Jh. nachweisbar ist

Duodezimalsystem *s.* Zahl, Hundert; Strafgeldfixa, Rechtsbruchbusse; Busse, Gliederbussen, Wergeld

Durchbohrung *s.* Gliederbussen

Durchgangszoll *s.* Zollabgabe

Durham 1) Friedenstuhl *s.* Asyl 21 **2)** Hs. dorther: Du I S. XXIIJ

Dutzend *s.* Zwölf **Dynast** *s.* Adel

E.

Eadgar, König, † 975 **1)** Seine Nachkommen: ECf 34, 1b; 3 **2)** Er führt Arthurs Einrichtung einer Volksversammlung zum 1. Mai mit Treueid aller Freien wieder ein; Lond ECf 32 A S [Erfindung eines Londoner Staatsrechts-Reformers um 1200] **3)** Als nationales Heilmittel gegen die Pest von 962 schärft er mit Dunstan (*s. d.* 2) dem Volke die Abgaben an die Kirche ein und den Priestern kanonisches Leben, das von Weltlichen erzwungen werden möge; IV Eg Pro. 1, 4—1, 8 **4)** Wahrscheinlich ∾ gehört das Gesetz über das Hundred-Gericht Hu, I 192 ff.; zwei Übersetzungen: ebd. und I 540. 619 **4a)** Fernere *Gesetze:* II—IV Eg I 194 ff; Übersetzungen ebd. und I 542. 612 f. **4b)** ∾ zitiert zu Wihtbordesstan sein früheres Gesetz von Andover; IV Eg 1, 4 **4c)** Belässt den Nordleuten Autonomie (IV Eg 2, 1. 14—15) wegen ihrer Treue (12); nur Artikel 2, 2. 12, 1 gelten auch in Denalagu, *s. d.* 9. Dorther auf den Thron von Wessex gelangt, gab zuerst er vornehmste Stellen in Kirche und Staat an Dänen **5)** Vielleicht schon ihm übergab Dunstan (*s. d.* 1) den Krönungseid I 214 **6)** ∾s Gesetze und Kirchlichkeit gelten 1014 als Ideal; VIII Atr 43 **6a)** Auf den Reichstagen nach ∾, 975—1014 'schwanden Christi Gesetze und sanken des Königs Gesetze'; VIII Atr 37; wohl daraus *Hom. n.* Wulfstan 158: seit ∾ starb, schwanden Gottes Gerechtsame und wurden Laienrechte schlimmer **7)** ∾s *Gesetz* über Zehnten wird mit seinem Namen zitiert VIII Atr 7—9, 1 = *Hom. n.* Wulfstan 272

= 311 **7a)** ∼s *Gesetze* ohne seinen Namen wiederholt I Atr 1. 3, 1. **4** [aus III Eg 7]. IV 6. V 1, 1. 11, 1. 12, 1ff. VI 8, 1. 10, 2. 18, 1. 32, 1f. VII 4ff. VIII. Cn 1020, 18f. I Cn 8, 2. 11—11, 2. 14, 2. 16. II Cn 8. 15, 1. 16—18, 1. 20a. 24. 25—6 **7b)** Als *lex antiqua* wird ∼s *Gesetz* über Kirchensteuern wiederholt Cn 1027, 16f. **8)** Alles Volk halte ∼s Rechtsverfassung, welche alle Männer zu Oxford [1018; Ann. Anglosax.] beschworen haben; Cn 1020, 13 **8a)** Aus dieser Nachricht oder Tatsache schiebt Hs D in den Witanbeschluss I Cn 1 ein: sie wollten ∼s Gesetzen eifrig folgen **8b)** Demgemäss klingt schon Cn 1020, 8, dann I Cn Pro an ∼s Worte an **9) N** Seine Verfassung wird [ungenau] identifiziert mit der als *Eadwardi* (*s. d.* 4b) *laga* seit Wilhelm I. durch die Agsa. ersehnten; sie habe nur 975—1042 geschlummert [falsch]; ECf 34, 1b. I 662[b]. 670*; *s. o.* 6 **10)** ∼s Nachruhm ruht nicht hauptsächlich auf Gesetzgebung oder innerer weltlicher Verfassung, sondern erstens auf dem Frieden und kaiserlichen Glanz (*s.* Britannien 3) nach aussen und zweitens auf der Mönchsreform. Nur dieses preisen Ann. Agsax. 959. 975; Ælfric *Saints* ed. Skeat 440. 468; besonders im Vergleiche zur antimönchischen Reaktion nach ∼ und zur Unglückszeit unter Æthelred II. Birch n. 1290 = 1351; *Polity* 12 ed. Thorpe 432; *se tíma wæs gesælig and wynsum on Angelcynne, þaþa Eadgar cyning þone Cristendóm gefyrðrode and fela munuclífa arærde; and his cynerice wæs wunigende on sibbe*; St. Swithun ed. Earle 12. *Vgl.* Plummer *Alfred* 67, *Saxon chron.* II 164f. **10a)** ∼ steht als Bekenner unter dem 8. Juli im Heiligenkalender **11)** Sog. ∼i *canones* werden ausgeschrieben VI Atr 10, 2. 52. I Cn 22. II 54, 1. 68, 1a—3. Northu 1f. 5. 13—18. 25—9. 34—44. Sie hängen vielleicht ab von Theodulf; Böhmer, *Kirche Sta.* 51. 76

Eadgar Ætheling, Bruder der h. Margarete von Schottland (ECf retr 35), Sohn des Eadward Sohnes Eadmunds II. (ECf 35, 1), von Eadward III. als Sohn erzogen, der ihn sich als Erben einzusetzen plant und deshalb *æðeling* nennt (35, 1b. c), welchen Plan er aufgibt zugunsten Wilhelms; 35, 2. Für ∼ ∼ war der richtige Erbe Margarete; Lond ECf 35, 1 A

Eadmer, Domkantor zu Canterbury; Auszug aus seiner *Historia Novorum:* I 520

Eadmund I. [† 946] **1)** Seine *Gesetze* I 184ff. Übersetzt ebd. und 541f. [daraus benutzt in Hn I 604] **2)** Untertanen-Treueid für ihn; III Em 1 **3)** Sein *Gesetz* wird mit Namen zitiert in Hu 2. 6. Hn 88, 12; und fürs Kronrecht in Shire und Stadt IV Eg 2a **4)** Seine *Gesetze* gelten als Ideal in Gottesfurcht und Kirchenabgaben (VIII Atr 43) und massgebend für Heinrichs I. Jurisdiktion über Verbrechen der Optimaten; Hn 20, 3 **5)** Wif I 443[1] wird ∼ grundlos im 15. Jh. zugeschrieben

Eadmund II. heisst Eisenseite (*s. d.*) I 662***. 664*, kämpft in 9monatlicher Regierung 5mal gegen Cnut, teilt mit ihm das Reich [† 1016]; ECf 34, 2b; Vater des Eadward Ætheling; 35

Eadric, König der Kenter, genannt hinter [seinem Oheim] Hlothære; beide [aber nicht notwendig in gemeinschaftlicher Regierung] vermehrten das [Kentische] Recht ihrer Vorfahren; Hl Insc. Pro. Auch in Urk. wird er neben jenem erwähnt, vielleicht als Vertreter königlicher Sippe, ohne welche nicht über Grundvermögen des Königtums verfügt werden kann; a. 679 Birch 45

Eadward I. 1) Seine *Gesetze* I. II Ew: I 138ff., übersetzt ebd. und I 540 **2)** Wahrscheinlich er bestimmt eine Urform von EGu, vielleicht im Vertrage von 921, wodurch Ostangeln Vassallenstaat von Wessex und das dortige Dänentum christlich wurde. Irrig steht er als mit Guthrum Vertrag schliessend EGu Pro (I 128, übersetzt und rubriziert 541) **3)** I Ew wird wiederholt II Ew 1, 2f. 8. II As 12. 20, 5. 22. 26. III Em 1. 6. III Eg 1, 1. Cn 1027, 12 **4)** EGu wird benutzt II As 24, 1. V Atr Pro. 10, 1—13, 1. 18. 31f. 34. VI 7. 14. VIII 15. 33—6. 40. II Cn 4a. 5. 40. 43—48, 3. Hn I 556ff.

Eadward II. 1) Er wird, ebenso wie Eadwi, nicht erwähnt in der Reihe dreier früherer Könige, die weise Gesetzgeber gewesen seien; VIII Atr 43. Es waren wohl also, wie heute, auch damals keine Gesetze von ihnen vorhanden **2)** Vielleicht er legte Dunstan (*s. d.* 1) 975 den Krönungseid ab **3)** Er wird [978] durch die Stiefmutter [eine christliche Gegenpartei in der eigenen Dynastie] ermordet (ECf 34), **3a)** als heilig am 18. März verehrt (V Atr 16 = VI 23, 1 = I Cn 17, 1); in Kalender und Missal 11. Jhs.: Piper *Kal. der Agsa.* 75; *Missal of Rob. of Jumièges* ed. Wilson p. xxv **3b)** Er heisst Märtyrer bei Latein. Rubrikatoren zu I Cn 17, 1. I 536[37]. 616. ECf 34; nur phrasenhaft bezeichnet das Fest als *gloriosum passionis diem* I Cn 17, 1 Q

Eadward Ætheling, Sohn Eadmunds II.; seine Flucht aus England, Heirat, Nachkommen, Rückkehr, Tod: ECf 35—35, 1b

Eadward III., d. Bek. **1)** Sohn Æthelreds [II.]; Quadr Arg 9; Enkel Eadgars; ECf 34, 3 = Lond ECf 32 A S; durch Mutter, Emma aus Normandie, Verwandter (Vetter) Wilhelms I.; ebd. (Leis Wl Pro). Wl art 4. ECf 34, 1a. Lond ECf 32 E 6 **2)** Er lernte an Frankreichs Hofe das Wucherverbot, das er in England wiederholt; ECf 37f.; *vgl.* I 668[b] **3)** Zurückberufen und verpflichtet auf Verfassung Cnuts und seiner Söhne (Quadr Arg 8), regierte er gerecht, glücklich, besser als jetzt (1114; ebd. 10) regiert wird; friedlich; Lond ECf 32 E 6 **4)** Er hielt das [angebliche] Krönungsversprechen, das unter Dänischen Königen an Nordleute verschleuderte Kronland und -recht wieder herbeizubringen, soweit er konnte; [erfunden] Lond ECf 13, 1 A; A 2; er bestätigte den Norwegern ihren Besitz an Engl. Boden; [erfunden] 32 E 6 **5)** Er rief seinen Neffen Eadward Ætheling heim, wollte das Reich dessen Sohne Eadgar Ætheling vermachen, was er aber wegen Schlechtigkeit des Volkes unterliess; er vermachte es Wilhelm; ECf 34, 1a—35, 2. Lond ECf 35, 1 A 1. I 672 Sp. 2 **5a)** Unter ihm ward mancher *Francigena in Anglia particeps consuetudinum Anglorum, on hlote 7 on scote;* Wl art 4 **6)** Er heisst um 1200 *ultimus* der Eadwarde [bevor Heinrich III. seinen Thronfolger Edward (I.) nannte]; ECf retr 34, 2e. Lond ECf 13, 1 A. I 664[d] **7)** Er heisst in keiner Hs. *Confessor* **7a)** Er gilt unter Heinrich I. noch nicht als heilig, da der heil. Eadward II. noch keines unterscheidenden Merkmals zu I Cn 17, 1 bei drei damaligen Lateinern bedarf; I 299 Z. 1. 618[a] **7b)** Spätere Hss. dort und Hss. von

ECf retr Insc (wo er auch *bonus* heisst, wie Lond ECf 32 E 6 *bonus, optimus, filius pacis*) nennen ihn heilig; 35 retr. 35, 2 retr. I 536[87]. 670—672 8) Ein Mönch von Peterborough schon um 1180 schreibt ihm Wilhelms I. Steuerkataster zu: er spricht vom *Libro s. Edwardi qui vocatur Domesday;* Hs. Soc. of. antiq. 60 folio 170. Ebenso ein späterer um 1430 bei Holdsworth *HEL* II 526 **9**) Unrichtig heisst nach ∾ ein Rechtsbuch um 1135 'ECf' I 627, und der späteste Agsä. Rechtszustand:

N *Eadwardi laga* (= *lex, leges*), d. i. Verfassung vor 1066 **1**) Wilhelms I. Krönungseid lautete nach Ann. Anglosaxon. D, dass er dieses Volk so gut regieren wolle, wie irgendein König vor ihm bestens getan habe: schon darin liegt eine Bestätigung der ∾ ∾ **2**) Heinrich I. versprach 1100: *Lagam regis Eadwardi vobis reddo cum illis emendationibus, quibus pater meus eam emendavit consilio baronum suorum* (CHn cor 13; *vgl.* Anm. [33]. I 544 Sp. 2 Z. 1), benutzt von Quadr Arg 27 und Richard v. Hexham **2a**) Vielleicht nur daraus: *Omnes teneant legem Eadwardi in terris et in omnibus rebus, adauctis iis quae constitui;* Wl art 7. Oder ruhen die Worte auf einer echten Verkündung Wilhelms I.? Das Denkmal, in dem allein sie erhalten sind, ist jünger als 1110 **2b**) Vielleicht nur dorther oder hierher erfand St. Alban's Mitte 13. Jhs. zum Klosterruhme: *Apud Berhamestude, presente archiepiscopo Lanfranco,* (Willelmus I.) *iuravit, ministrante iuramentum abbate Fretherico* (von Saint Alban's), *antiquas leges, quas antecessores et maxime Edwardus statuit, observare;* Interpolation des Matthaeus Paris zu *Vitae abb. S. Albani* ed. Riley I 148 **2c**) In Einzelheiten bestehendes Recht zu erhalten, hat Wilhelm I. authentisch verbrieft in Urkk. für bestimmte Kirchen und im Freibrief für Londons Bistum und Stadt: ihr beide sollt aller der Rechte teilhaft sein wie zu Eadwards Lebzeiten; Wl Lond 2 **2d**) Authentisch ist wohl auch die Erhaltung der Stellung von Franzosen, die unter Eadward III. (*s. d.* 5a) Englische Bürger geworden, unter Englischem Wergeld; Wl art 4 **3**) Besitzrechtstand scheint *lex* zu bedeuten in einem Prozess um Land 1086: *Terram calumniatur Willelmus per hereditatem antecessoris et adduxit testimonium comitatus et hundredi; et Picot* der Besitzer *contraduxit testimonium de vili plebe, qui volunt defendere per sacramentum aut per Dei iudicium. Sed testes Willelmi nolunt accipere legem nisi regis Edwardi* [Auszug]; Domesday I 44b 2. Hier kann *lex* kaum Beweisrecht heissen, da ja Eideshilfe oder Ordal auch Agsä. war **4**) ∾ ∾ ward identifiziert mit 5 verschiedenen Rechtszuständen von etwa 890—1110: **4a**) A. mit Ælfreds Recht. *Alfredus legem edidit quæ Westsexene laga vocabatur, quam Edwardus sancivit, quædam alia adiciens, quæ usque hodie Leges sancti Edwardi appellatur;* Liber de Hyda 42 **4b**) B. mit Eadgars (*s. d.* 9) Recht ECf 34, 2f. Daraus Cons Cn Insc Hr. Nach Wilhelm von Jumièges ist *Eadwardus Anglicarum legum legitimus restitutor* VII 9. Dass *Cnutone defuncto, indigenae sibi antiquum ius vendicarent,* sagt Will. Malm. *Reg.* III 254 **4c**) C. mit Cnuts (*s. d.* 7a) Recht; Quadr Arg 1. 9. Hn 20, 3. Cons Cn Insc Hr. ECf retr Expl. I 670*. Dies ist teilweise richtig; *vgl.* dass zur Beruhigung des aufständischen Nordenglands die Engl. Regierung 1064 *nywade Cnutes lage;* Ann. Anglosax. Das Rechtsbuch Hn verweist auf Stellen über das Recht zu Eadwards Zeit, die es aus Cnut entnimmt; Hn 8, 6 *vgl.* mit 41, 7ff. 65, 4. [Cnuto] *leges ab antiquis regibus, maxime Ethelredo, latas observari præcepit; in quarum custodiam etiam nunc tempore bonorum sub nomine regis Edwardi iuratur* — Anspielung auf 1100. 1135. 1141 —: *non quod ille statuerit, sed quod observarit;* Will. Malm. *Reg.* II 183, ed. Stubbs 224. | Vielleicht hieraus: *vocata est lex Eadwardi, non quod ipse primus adinvenisset, sed ut suam observandam contradidit* ECf retr 34, 3. Mit Recht gilt ∾ ∾ gleichbedeutend mit 'Agsä. Königsrecht': Aus CHn cor (*o.* 2) macht Suger c. 15: *Henricus, Guillelmo succedens, regni antiquas consuetudines iureiurando firmaret* **4d**) D. mit Wilhelms I. Recht; Leis Wl Pro. *Leges Edwardi Willelmus confirmavit;* ECf retr Insc = I 670*. Von ihm *auctorizatæ sunt leges regis Eadwardi;* ECf 34, 1a **4e**) E. ∾ ∾ konnte mit Heinrichs I. Recht identisch scheinen; *o.* 2. So liess am 20. Juli 1213 der Erzbischof den König Johann die Herstellung der *leges Eadwardi* beschwören, holte aber am 25. Aug., sich auf diesen Schwur berufend, die CHn cor [offenbar als deren Ausdruck] hervor; Rog. Wendov. = Mat. Paris. ed. Luard II 550. 552 **5**) Ersehnt wurde die ∾ ∾ als idealer Rechtszustand durch die Engländer in dem Menschenalter vor und dem Jahrhundert nach 1100; Quadr Arg 11 (um 1114, im Ggs. zu Rechtsneuerung durch Frankonormannische Seigneurs). 16; besonders ertönte der Ruf nach ihr in den Jahren 1100. 1135. 1141. 1213 **5a**) Die Krone schob verhasste Fiskalmassregeln gerne der ∾ ∾, weil die beim Volke beliebt war, zu, so das *Murdrum; u.* 12 **5b**) Sie hob *monetagium* auf, als erst nách Eadward eingeführt; CHn cor 5 **6**) Für einen Gesetzgeber galt Eadward III. vielleicht zuerst um 1130; *Edwardus leges plures quæ usque hodie per Angliam observantur constituit;* Mon. Lewensis hinter Liber de Hyda 290 **6a**) Gilbert Foliot Bischof von London schreibt 1161 an Alexander III.: Edwards *leges adhuc apud nos iudicia temperant et regni sui pauperes usque hodie in multis illesos provida ipsius circumspectione conservant; Materials for Becket* ed. Robertson V 19 **6b**) *Vgl.* ferner *o.* 2b. 4a; Eadward III. 2 **7**) Dass Eadward III. geschriebene Gesetze hinterlassen habe, ist in den ersten zwei Jahrhunderten nach ihm nicht behauptet worden. Die Hinzufügung 'sogenannte' in Quadr Arg 1. Cons Cn Insc Hr weist solchen Irrtum ausdrücklich ab, ebenso Malmesbury und ECf retr (*o.* 4c), ferner Hermann von St. Edmund's in meinen *Agnorm. Gesch.-Q.* 226, sodann die Identifikation mit den 5 Rechten *o.* 4 und mit den zwei ganz verschiedenen Rechtsbüchern Leis Wl Pro und ECf, endlich die Einschmuggelung des Murdrum (*s.* 12) als Eadwardisch **9**) Dass Wilhelm I. (*s. d.*) 1070 ein Weistum über die ∾ ∾ aufnehmen liess, behauptet nur ECf Pro. Ob die Nachricht auf etwas Historischem beruht? Vom Inhalt des Weistums besteht jedenfalls keine Spur; es kann unmöglich enthalten sein in ECf **10**) Die Agsä. Art,

Grafschafts- und Hundredgericht abzuhalten, rechnet zur ~ ~ Hn com 1. 4: *comitatus et hundreta locis et terminis sedeant sicut tempore Eadwardi; omnes de comitatu eant ad comitatus et hundreta sicut tempore Eadwardi.* Vielleicht hieraus schöpft Wl art 8, 1, indem er die Verfügung, ohne Eadwards Namen, Wilhelm I. zuschreibt, wahrscheinlich aber Worte Cnuts, aus In Cn, wiederholt **11**) Für die durch Strafgeld büssbaren Vergehen eines königl. Vassallen verfalle dem Fiskus fortan [1100] nicht alle seine Habe (*vgl. Misericordia regis*), *sed secundum modum forisfacti emendabit, sicut retro a tempore patris mei;* CHn cor 8 **12**) *Murdra emendentur secundum lagam regis Eadwardi* CHn cor 9. Das *murdrum*, wahrscheinlich erst Normannisch, wird also vor 1066 hinaufdatiert; *s. o.* 5a

Eadwi *s.* Eadward II. n. 1

Ealdorman. *Vgl.* Eorl, Graf. 1. Wort vieldeutig. 2. Mediatisierter Stammesfürst. 3. Hier Provinzverwalter. 3aff. *Comes, dux.* 4. In Kent, Wessex. 5. *Heretoga.* 6. Etymologie. 7. Verhältnis zum *gerefa,* 8. zum *eorl;* 9. tiefer als *eorl.* 10. Königlich. 11. Sozialer Rang: 12. Wergeld, 13. Heergewäte, 14. Schutzgewähr, 15. Mannenbusse, 16. Hauseinbruch, 17. Asyl. 18. Im Reichstag. 19. Höchster Lokalbeamte. 20. Richter. 21. Unterbeamte des ~. 22. Strafgeld. 23. Gebiet. 24. Amtsland.- 25. Heerführer. 26. Einzelne Ealdormen. **1**) Das Wort (*o.* S. 58) bedeutet 'Vorgesetzter, Oberer' allgemein, so den herrschaftlichen Gutsvogt, der technisch *gerefa, scirman* heisst, im Verhältnis zu den bäuerlichen und den unfreien Gutshintersassen; Rect 12. 17 **1a**) Ebenso wird Bedas *villicus qui sibi præerat* Ende 9. Jhs. übersetzt: *tungerefa, þe his ~ wæs* IV 25; *vgl.* Vogt **1b**) ~ bed. ferner den Vorsteher des Hundred (*s. d.*), sodann im 12. Jh. bis heute den städtischen Magistrat; *u.* 8 **1c**) Auch *principatus,* Himmelsmächte der Vulgata, werden durch ~, *ealdordom* übertragen **1d**) Ein *oferealdorman* an der Spitze *þegna 7 geferscipes* ist die Übersetzung von *primus ministrorum et princeps domus* in Beda IV 3, ein Oberseneschall nach Brunner II 104 **1e**) *Ealdor* (s. Wb) kann Eheherr, geistlicher Vorgesetzter, Kirchenherr (*s. d.*), Fürst sein, aber auch technisch 'Herzog' bedeuten; *s.* Toller *Suppl.* s. v. **2**) Nicht in den *Gesetzen* kommt vor der ~ als mediatisierter Stammesherzog, Unterkönig einer Völkerschaft, eingesetzt unabhängig von der Reichsregierung **2a**) Ein Stammesfürst der Hwiccier, der sich *subregulus* nennt, wird vom Oberkönig von Mercien als *dux* (= ~) bezeichnet; Urk. c. a. 770 Birch 205 **2b**) Für Beda's *dux, satrapes, subregulus, princeps* braucht der Übersetzer um 890 ~; *vgl.* Brunner I^2 175 **3**) Im folgenden kommt der ~ nur als höchster Provinzregent in Betracht **3a**) Für *comes* 'Graf' in Gregorii *Dial.* setzt ~ Wærferth, ed. Hecht II 141 [Beda's *comes* wird *gesið* übertragen: dér ist Gefolgsadel; *s. d.*] **3b**) Die Latein. Übersetzer der *Gesetze,* wo sie nicht ~ beibehalten, sagen dafür *comes, consul* (*s.* 6b); mancher Chronist, wie Asser, setzt für ~ *comes, dux, consul* [*consules* heisst auch *witan* Birch 882. 884]; Lateinische Urkunden haben *comes* (a. 854 Birch 469. 472), häufiger seit Ælfred, daneben *princeps* und oft *dux.* Letzteres Wort im Sinne ~ fehlt den *Gesetzen* **3c**) In Agsä. Zeit bezeichnen *comes* und ~ éine Würde. Zwar *comitem vel abbatem vel aldermannum* erwähnt, als sei *comes* etwas anderes als ~, der Übersetzer IV As 6, 2 Q I 172; es muss das aber eine nur verschobene Glosse sein, denn das Original IV As 6, 2a, I 171, hat nur *ealderman* dafür; *vgl.* 8h **3d**) Beim selben Autor kommen *comites, centenarii, aldermanni* vor (Hn 7, 2): entweder aus gedankenloser Kopie Cnuts oder einen niederen Vorsteher (einer Stadt? *u.* 8) meinend **3e**) Der *Ælfric* ~ II Atr 1 heisst *Wentanensium provinciarum dux* in Urk. Kemble 698. Derselbe *Ælfhere,* der IV Eg 15, 1 als ~ (von Mercien) vorkommt, heisst in Urkk. auch *dux, comes, heretoga* (Birch 1009. 1029. 1042. 1086. 1180f. 1181. 1233. 1235f.; Kemble 612. 680—682), ohne dass ein Titel 'Graf' von einem anderen 'Herzog' unterschieden werden will **3f**) Ähnlich steht der Langobard. *dux* (Brunner I^2 537) mit *comes* gleichbedeutend seit Fränk. Eroberung; Hofmeister, *Markgrafen in Italien* (Diss. Berl.) S. 11. Der Graf der Normannen wird im 11./12. Jh. Herzog **3g**) Nur ~men sind die *duces,* die teilnehmen am Witenagemot a. 836 (Birch 416), identisch mit *principes* (205f., *duces seu principes* a. 780, wo zwei *principes,* zwei *duces* unterzeichnen 201); ~ bed. *dux et minister meus* a. 798 n. 289, unterzeichnend vór *ministri* und Äbten in Urkk. a. 716. 742. 871—89 n. 137. 162 A. 558 **3h**) Bruder und Sohn des Königs heissen *dux* a. 736. 850 n. 154. 459 **4**) Als Regent eines Landesteiles steht *dux Suðsaxonum* zwar schon in der Westsächs. Urk. a. 683 Birch 64; sie ist aber falsch **4a**) Der ~ kommt nicht vor in Kent in dessen *Gesetzen*; wohl aber später, z. B. Oswulf um 810 und *Ealhhere* ~ von Kent 851 ff.; *Ann. Agsax.* **4b**) Der ~ begegnet in den *Gesetzen* von Ine bis Cnut in der Bed. Graf, Herzog **5**) Das Wort *heretoga* [*vgl.* Brunner I^2 184; Kemble *Saxons* II 126] bed. in der einzigen Agsä. Stelle der *Gesetze,* an der es vorkommt, 'Führer feindlichen Heeres', *praedo* übersetzend; Iudex 9. Ebensò Ann. Agsax. 794. Der Englische Heerführer heisst so ebd. 993. 1003. Beda's *dux* ist nur ein kriegerischer Heerführer, wofür der Übersetzer *heretoga* (auch Ann. Agsax. a. 449) neben *latteow* bietet; Larson *Household* 84. Ende 10. Jhs. steht *heretoga* für ~; *o.* 3e **5a**) Wahrscheinlich als niedriger denn ein *eorl* erscheint *heretoga,* vielleicht mit ~ synonym, in der Warnung an *eorlas 7 heretogan 7 woroldddeman 7 gerefan,* das Recht nicht zu verdrehen; Polity 11 **5b**) Eine Fälschung 11. Jhs. nennt *kyningas, eorles, heorotogas, þegnas;* Ann. Agsax. 656 E, ed. Plummer 32 **5c**) Der Londoner Antiquar um 1200 fabelt über den *heretoga,* z. T. aus der Etymologie des Wortes — er erfindet hier auch *heretemius* 'Heerführer' —, z. T. wohl von dem Norddeutschen *Herzog* [*vgl.* Baltisch] beeinflusst, I 656^k, z. T. vom städtischen Alderman, mit dem er den Agsä. ~ irrig identifiziert (A 1. 13), z. T. aus dem reformparteilichen Programm einer Beamtenwahl: *Heretoches eligebantur* [vor 1066] *per commune consilium per singulos comitatus in folkesmot* des Oktobers. Dieser *heretoga* diente *ad conducendum exercitum comitatus sui iuxta præceptum regis;* er entsprach dem *constabularius vel marescallus apud Gallos;* Lond ECf 32 B — B2; 8 **5d**) Hierin steckt vielleicht echte Erinnerung, dass die Grafschaft im Kriege vom ~ geführt wurde (wie das aus zahlreichen Stellen der Ann. Agsax. 800—1016 hervorgeht); eine Wahl des ~ *u.* 10d **5e)** Im späten 10. Jh. regierte mancher ~ (und nam. im 11. mancher *eorl; u.* 8g) mehr als éine Grafschaft, stieg also zu einer mehr herzoglichen Gewalt [ohne jedoch Grafen unter sich zu haben]. Vielleicht beförderte auch diese Tatsache die obige Identifikation des ~ mit *heretoga* bei einem Autor, der die festländischen Herzöge kannte **5f)** Derselbe Geschichtsfälscher schiebt in Hn 7,2[g] die Herzöge ein unter die auf dem Grafschaftstage anwesenden Magnaten **6)** Der Name ~ wird etymologisch erklärt: *vocabantur alderman (quasi seniores) non propter senectutem (cum quidam adolescentes essent), sed propter sapientiam;* ECf 32, 3 (retr) **6a)** Daraus Lond ECf 32 A, der sie mit *senatores* zur Römerzeit identifiziert; wie das 12. Jh auch sonst; I 655[bb]. *Vgl.* Glosse *ealdcrmanna duguð: senatus;* Toller *Suppl.* 167b **6b)** ~ hiess [angeblich] zur Römerzeit *consul;* ECf 32 retr = Lond ECf 12, 10 A 1; *consul* wird öfter ~ glossiert (Toller); *s.* 3b **6c)** Für Dänisch und *homo liberalis* (Adliger) bedeutend, erklärt das Wort [beides irrig] Ende 12. Jhs. Ps Cn for 3, 1. 21 **7)** Vielleicht umfasst *gerefa* (im Sinne 'staatl. Richter und amtl. Regent') an einigen Stellen den ~ mit (*vgl. o.* 1); oder es ist beim Vorkommen jenes in der einen Grafschaft dieser gemeint für die andere. Nämlich VI As 11 befiehlt die Friedensbewahrung dem ~ und Gerefa, bedroht aber mit Ungehorsam-Geldstrafe und Amtsverlust nur diesen **7a)** Ebenso wechselt manche Funktion zwischen ~ und Gerefa, *u.* 19d. e. f; wahrscheinlich ist da zu verstehen: 'der königliche Grafschaftspräsident, sei es ~ oder Königsvogt' **7b)** Aber zu allgemein behauptet ECf 32, 3: *qui modo* [um 1135] *vocantur greves, vocabantur alderman* bei Agsa. **8)** Ende XI. Jhs. verbleibt ~ nur für niedere Vorsteher, namentlich in der Stadt (*s. d.*); und den Grafen (Herzog) bezeichnet fortan *eorl* (*s. d.*), ein Nord. Wort, das die Agsa. seit 9. Jh. für Häuptlinge der Nordleute (Ann. Agsax. 871. 911. 918), seit 10. Jh. für Dynasten der Anglo-Skandinaven brauchen (ebd. a. 918. 958. 975); und zwar ist schon a. 918. 921 die Würde an bestimmten Festungen territorialisiert **8a)** Der ~ fehlt bereits in Geþyncðo 5, wo der Graf, zu dem der Thegn steigen kann, schon *eorl* heisst; ebenso haben die Listen der Gerichtsherren und Dynasten *o.* 5a. b nur noch *eorlas.* Um 1135 gilt der Titel ~ für den Grafen als erstorben und das Amt des ~ übergegangen an den *gerefa; o.* 7b **8b)** Noch Ende 10. Jhs. weiss man, *eorl* für Graf sei nicht Engl.: (*Danorum*) *consules, quos illi* eorlas *solent nominare;* Æthelwerd 514 **8c)** Zwar schon zu a. 656 meldet der Peterborougher Zweig der Agsä. Annalen, der Mercierkönig habe zur Kirchweih *ærcebiscop, biscopes 7 eorles* versammelt. Ein Dommönch von Canterbury interpoliert in die Ann. a. 694: Der Erzbischof solle den Klerus einsetzen, der König *eorlas 7 ealdermen, scirerevan 7 domesmenn.* Diese erst um 1100 eingeschobenen Stellen (samt den dort und zu 675 aufgenommenen gefälschten Urkk., die auch *eorles* enthalten), beweisen nur, dass damals das Bewusstsein von der fremden und jungen Einführung des Titels erst seit der Wikingerzeit geschwunden war. Auch das Vorkommen in den verunechteten Urkk. Birch 815. 883, a. 946. 949 beweist nichts **8d)** Ende 10. Jhs. trägt ~ und *eorl* éine Würde, nur jener bei Engländern, dieser in Denalagu: So spricht Eadgar von dem [Northumbrischen] *ealdordom* des *eorl Oslac* und von manchem ~ auch in einem *ealdordom* der Denalagu; IV Eg 15. II Atr 6 **8e)** In den Ann. Agsax. 1048. 1052f. 1079 steht *eorldom* ganz im Sinne des früheren *ealdordom;* und 1068 variieren die Lesarten zwischen beiden Wörtern **8f)** In dem Agsä. Heere erscheint 992 ein Eorl neben einem ~; Ann. Agsax.; *vgl.* 8c **8g)** Cnut verlieh 1017 drei *ealdordomas* an Eorls: Ostanglien, Northumbrien, Mercien als Herzogtümer **8h)** Vielleicht wie *o.* 3c, aus ursprünglicher Glosse zu *ealdormannum,* erklärt sich das Vorkommen von ~ neben *comes: Rex mandat episcopis, comitibus et aldremannis, præpositis cum Danis et Anglis,* auf Falschmünzer zu fahnden; IV Atr 8Q. Doch könnte hier bereits *eorlum* im Original für *comitibus* gestanden haben, sich beziehend auf das folgende *mid Denum* **8i)** Bald ~ bald *eorl* als gleichbedeutend braucht Cn 1020: er adressiert das Edikt an die Bischöfe, Thurkil *eorl* und alle seine *eorlas* und Volk und fährt mit einer Bitte an die Bischöfe fort, die an *minum ~num* Hilfe finden sollen; 8 **8k)** Genau wie früher Bischof, ~ und Gerefa, so reden die königlichen Brevia seit Cnut *biscopas, eorlas, gerefan* als die königlichen Lokalbeamten an **8l)** Zweimal nennen Cnuts *Gesetze* den ~, älteren *Gesetzen* folgend, ohne den Eorl zu erwähnen, also diesen mit unter ~ befassend: II Cn 18, 1. 58, 2 **8m)** Auch heissen unter Cnut *Leofwine, Hranig* fernerhin ~; Urk. Kemble 755. 898. Eadric von Mercien ist also nicht der späteste ~ **8n)** Bei Aufzählung der höchsten Vassallen, die dem König Heergewäte schulden, steht andererseits obenan nicht mehr ein ~, sondern der *eorl;* II Cn 71a; und mittlere Gerichtsinstanz zwischen König und *hundred* bildet nicht mehr der ~, sondern der *eorl;* II Cn 15, 2 **8o)** Seit Cnut überwiegt auch in den Urkk. *eorl* bei Kemble 1319. 1327. 1334. 1339. 1342f.; so auch in den Agsä. Ann. a. 1036. 1039. 1041. 1043 **8p)** Dem Heergewäte des ~ (Urk. c. 946 Birch 819) gleicht das des Eorl mit 4 Schwertern, 200 Mancus [= 25 Pfund Silber], nur zahlt dieser je 8, statt 4, Speere, Schilde, Pferde und 4 Helme, 4 Panzer; II Cn 71a; *vgl.* I 615[b] **9)** Scheint somit einfach das alte Amt den fremden Titel, der bei den nördlich und östlich siedelnden Angloskandinaven schon früher galt, angenommen zu haben, so steht der Eorl doch *o.* 8c vór dem ~ und über ihm nach dem Überarbeiter [c. 950—1110] von Norðleod 2f.: er setzt *eorles wergild* auf 15000 *thrymsa, ~nes* auf 8000 [= 100 Pfund]. Vielleicht drückt sich darin der Zustand um 1020 aus, als ~ mehr für den Grafen éiner Provinz, *eorl* für den Herzog mehrerer Nachbargebiete gebraucht ward. Das Original der Stelle aber hatte *æðeling* statt *eorl.* Stubbs meint, Cnuts Tetrarchen von 1017 seien unter diesen Eorls verstanden **10)** In den *Gesetzen* ist der ~ (im Sinne von Graf, Herzog) stets königlich; er heisst mehrfach 'Königs-∼' (Af 38. 38, 2. Ine 50); der König spricht von ihm als 'mein' (in 3. Person als 'sein'); Ine Pro. I As Pro. (VI 11). Cn 1020, 8 **10a)** Wo aber der Zusatz 'königlich' fehlt, ist nicht etwa eine andere Würde gemeint **10b)** Der König setzt den ∼ ein (*o.* 8c) und ab; *s.* Amtsentsetzung 1. 1a. 3. 4c **10c)** Erblichkeit des ∼ kommt seit Ende 10. Jhs. vor, doch wohl nur faktisch, nicht rechtlich; Kemble *Saxons* II 145 **10d)** Die Northumbrer *utlagodon* 1064 *heora eorl Tostig and gecuron Morkere to eorle,* was mehr Revolution gegen die Südengl. Zentralregierung als Übung eines Wahlrechts war, das *o.* 5c behauptet **11)** Der ∼ steht in der gesellschaftlichen Stufenleiter hinter dem König und dem Erzbischof, neben den Bischöfen, im weltl. Adel hinter Ætheling (und Eorl, *o.* 9), vor Königsthegnas und Gefolgsadel; Ine 45 **12)** Das Wergeld für Erzbischof und Ætheling ist [bei Angloskandinaven] 15000 Thrymsen, für Bischof und ∼ 8000 [= 100 Pfund], für den Thegn 25 Pfund; Norðleod 2—5 **12a)** Diesem widerspricht der Satz, dass *comes duplicem weram liberalium* (der Thegnas) hatte; In Cn III 55 **13)** Das Heergewäte (*o.* 8p) des ∼ ist in einigen Rüstungsstücken doppelt, in der Geldsumme viermal so hoch wie das des Königsthegn, fast achtmal so hoch wie das des mittleren Thegn **14)** Busse für Verletzung des vom ∼ oder Bischof gewährten Schutzes oder gegebenen Befehles beträgt 2 Pfund (Af 3 = II Cn 58, 2 = Grið 11), nach Mercierrecht 1 Pfund (Leis Wl 16), in Wessex um 1110: $1^1/_4$ Pfund (Hn 87, 5 = 35, 1 = 34, 3), nach beiden letzteren nochmal soviel wie für den Thegn oder Baron **14a)** Letzteres verallgemeinert: der *comes* soll *habere consuetudines liberalium* (= Thegnas) *dupplicit er: mundam, forisfacturam;* In Cn III 55 **14b)** Waffenzücken vor Bischof oder ∼ (*vgl. u.* 20) kostet 100 Schill. [vielleicht nach oben abgerundet von 2 Pfd.]; Af 15 = Grið 12 **14c)** Blutig (*s. d.* 3a. 8a. b. c) fechten im Hause eines ∼ kostet 60 Schill. an ihn zu büssen und 60 Strafgeld; Ine 6; = *pugna in aula comitis* 1 Pfund [zu 60 Merc. Schill.]; In Cn II 59g **14d)** Leibes- oder Geldstrafe setzt auf Totschlag im Hause des Grafen, dagegen nur *overseunessa* (Geldbusse für Ungehorsam) in dem des Barons Hn 80, 8; 9b **15)** Als Mannenbusse erhält [ausser in der Denalagu] *comes comitatus* wie Diözesan 1 Pfund, ($^1/_2$ so viel wie König und Erzbischof, nochmal soviel wie der Baron); ECf 12, 5; nochmal so viel wie der Thegn; In Cn III 55 **16)** Hauseinbruch gegen König und Diözesan kostet 120 Schill., gegen ∼ 80, gegen Königsthegn 60; Ine 45; anders: gegen König 120, Erzbischof 90, Bischof und ∼ 60, Zwölfhundert-Schilling-Mann [Thegn] 30, Gemeinfreien 5; Af 40 **17)** Der ∼ gewährt wie Abt und Thegn dem Verfolgten 3 Tage (oder, wie der Bischof, 7) Asyl; *s. d.* 14a **18)** Ine 6 zählt den ∼ zu den erlauchten Witan; seine Gesetzgebung, sagt er, sei mitberaten von seinen 2 Bischöfen und allen meinen ∼*num* und den vornehmsten Witan meines Volkes; Ine Pro. Sie stehen also im Staatsrat unter den Laien obenan, hatten folglich bei Gesetzgebung, Kronlandverleihung [*vgl.* Robertson *Hist. essays,* p. XLVI], Königswahl mit dem hohen Klerus die Entscheidung **18a)** *Comitum procerumque et cetere nobilitatis* im Staatsrat Cnuts als zur Gesetzgebung mitwirkend zu gedenken, hält für selbstverständlich Cons Cn Pro 3, obwohl ihm bei I Cn Pro nur *witan* vorlag **19)** Der ∼ ist der höchste Lokalbeamte; für 'Statthalter, Unterkönig, Herzog' steht der Name; *o.* 2—7 **19a)** Der Erzbischof von Canterbury, der ∼ von Devonshire und der ∼ von Hampshire erkauften mit königlicher Erlaubnis Sonderfrieden von den Nordleuten, für die Bezirke, über welche sie unter dem König regierten [offenbar mit vizeköniglicher Gewalt]; II Atr 1 **19b)** Der ∼ scheint in folg. Stelle der einzige Provinzialbeamte der Krone: Wer in gerechter Selbsthilfe den Rechtsweigerer belagern (und verhaften) will, bittet, wenn selbst zu ohnmächtig, zunächst den ∼, und erst, wenn dieser die Hilfe unterlässt, den König um Hilfe; Af 42, 3 **19c)** Ein *Gesetz* lässt die Regierung kopieren für jeden der ∼men; und die sollen es verbreiten überallhin; IV Eg 15, 1 **19d)** Oft alterniert der ∼ mit dem Königsvogt im staatlichen Amt (*o.* 7, *u.* 20d. 21d), was auf Römisch-Britische Zeit irrig hinaufdatiert Lond ECf 12, 10 A 3 **19e)** Der ∼ verhelfe den Bischöfen zu den Gerechtsamen der Kirche; Cn 1020, 8: dieselbe Pflicht liegt dem *gerefa* ob nach IV Eg 1, 5. Cn 1027, 15f. **19f)** Der ∼ erlaubt Auswanderung zur Herrensuche (Af 37), wie später das *folcgemot* unter dem *gerefa;* V As 1, 1f. II Ew 7 = III Em 3 **19g)** Einschreiten gegen Landfriedensbrecher, das die Bürgerschaft des Tatorts unterliess, liegt dem ∼ ob, und, falls auch der sie unterlässt, dem König; II Atr 6 **19h)** 'Kein ∼ noch [sonstiger] Untergebener verkehre diese unsere Gesetze'; Ine Pro **19i)** 'Æthelstan gebeut seinen Bischöfen, ∼men und Geretan, die Friedensordnung nach dem neuen Gesetz zu halten'; VI As 11 **20)** Im (*folc*)*gemot,* dem ordentlichen öffentlichen Provinzialgericht, sitzt der ∼ vor, keiner steht dort über ihm; wohl aber kommt statt seiner ein weniger angesehener Beamter, sein *gingra,* als Vorsitzender vor. Ein Friedensbruch, auch durch blosses Waffenzücken (*vgl. o.* 14b), in diesem Gericht kostet (neben Busse an Verletzten und Strafgeld an den König) 120 Schill. an den ∼; Af 38—38, 2 **20a)** Auch in der Denalagu gibt der ∼ den Sonderfrieden im Fünfburgengericht, dessen Verletzung 96 Pfund kostet; III Atr 1, 1. Der ∼ ist so sehr der ordentliche öffentliche Richter, dass ∼*na riht: ius publicum* glossiert wird, und ∼ mit *dema, iudex, praetor* synonym steht; Toller *Suppl.* 167f. **20b)** Ein Mann vom Gefolgsadel, der für verbrecherische Hintersassen, auch freie, mit der richterlichen Obrigkeit über herabzusetzendes Strafgeld einen Vergleich schliesst, hat als solche über sich den König oder den königlichen ∼ oder seinen Herrn; Ine 50 **20c)** Der ∼ soll nur kluge und gerechte Richter als Unterbeamte (*deman to geongrum*), und der Richter keine habgierigen Unterbeamte einsetzen; Iudex 8. 10, z. T. aus Isidor, ohne technische Termini, daher (gegen die wörtliche Auslegung, die letztere *gingran* als Angestellte von obigen *geongrum* zu trennen zwänge) so zu verstehen, dass ∼ in 8 = *dema* in 10. Möglich, dass Verf. mit ∼ bloss Isidors *princeps* (*o.* 1c. d. 2b. 3b. g) übersetzt, ohne Agsä.

Amt speziell zu meinen **20d)** *Comites et praepositi* [für ~*men 7 gerefan*] sind Ende 9. Jhs. die ordentlichen Richter, wobei letztere deutlich als Beamte des Königs, nicht des ~, erscheinen; Asser 106, 3. 5. 40. 43 **20c)** Zweimal im Jahre ('wenn nicht öfter' Cnut) werde Grafschaftsgericht gehalten, und hier sei anwesend der Diözesanbischof und der ~ (neben anderen: *comites* Hn 31, 3; *comites, aldermanni* [*o.* 3d] 7, 2), und sie sollen dort sowohl Kirchenrecht wie weltliches Recht anordnen; III Eg 5, 1 f. = II Cn 18. 18, 1 = Hn 31, 3. 7, 2 **20f)** Ein Gericht unter dem ~ belegen die Urkk. a. 825 Birch 386. 1306; c. a. 1022. 1036 Kemble 898. 755 **21)** Der ~ kann die richterliche Funktion einem Unterbeamten übertragen (*o.* 20c), so auf jenem Folcmot (20); ein solcher erhält nur 30 Schilling Busse für Gerichtstörung, also $1/4$ von der für den ~; Af 38, 2; *vgl.* den *missus comitis* in *Lex Alamannorum* 36, 1 **21a)** Solch ein *praepositus comitis* kommt in Chester vor; Domesday I 262b 1 **21b)** Einen *vicecomes* versteht anf. 12. Jhs. in Af 38, 2 In Cn: mit Unrecht, wenn er den Sheriff seiner Zeit meint; aber vielleicht denkt er an die etymologische Bedeutung von *vice-comes* **21c)** Ein Beamter des ~ ist a. 825 der *swangerefa* Birch 386 **21d)** Dagegen königlich, nicht gräflich, sind der Sheriff (*s. d.*), trotz Lond ECf 12, 10 A 3, der Königsvogt, der alternativ [und = oder, beziehungsweise] neben dem ~ dem Fünfburgengericht vorsitzt (III Atr 1, 1), die *praepositi o.* 20d und wohl auch [gegen Kemble *Saxons* II 139] die Vögte von Oxford und Buckingham, gegen deren Justiz der *dux* beim König a. 995 klagt; Kemble 1289 **22)** Der ~ bezieht Strafgeld, aber zumeist für die Krone: Er hat die Auswanderung behufs Herrensuche dem Vassallen zu erlauben; *o.* 19f. Der Herr, der letzteren ohne solche Erlaubnis aufnimmt, zahlt dem König 120 Schill. Strafgeld [Ungehorsam], halb in die Shire des früheren, halb in die des neuen Wohnorts; Af 37. 37, 1 **22a)** Ein im Anefang (*s. d.* 17b) wegen Gewährbruch Verurteilter, verwirkte Wergeld und, da er zahlungsunfähig war, sein Land an den ~. Dieses aber fällt nicht an den ~, sondern an den König **22b)** Der Zusatz in *o.* 22 beweist, dass der ~ einen Anteil an dieser Einnahme der Krone bezog (denn ihr konnte gleich gelten, in welche ihrer Lokalkassen das Geld floss), vielleicht den Dritten (*s. d.*) Pfennig **22c)** Eigenes Strafgeld für den ~ (abgesehen von dem für die Krone) zahlt wer dessen Gericht stört; *o.* 20 **23)** Das Gebiet des ~ ist regelmässig seit Ælfred, vielleicht seit Ine (*s.* Amtsentsetzung 1), 1 Shire; *o.* 20. 22. Es heisst *ealdordom* (*o.* 8d), *scir, boldgetæl.* Seit Ende 10. Jhs. regiert éin ~ oft mehrere Shires; *o.* 3e. 8g **24)** Der ~ besass Amtsland (*s. d.* 1—3) mit Gerichtsbarkeit, darunter in der Grafschaftshauptstadt Häuser; Ballard *Domesday boroughs* 37 **25)** Der ~ ist Heerführer der Grafschaftstruppen zum Reichskrieg; *o.* 5d **26)** An einzelnen ~men kommen vor: Ælfhere von Mercien, Ælfric von Hampshire, Æthelweard von Devonshire, Æthelwine von Ostanglien; *s.* Wb

Ealdred 1) *Eboracensis archiepiscopus* [† 1069], *qui* [1066] *Willelmum* [I.] *coronaverat, et Hugo Londoniensis episcopus* [erst seit 1075] *scripserunt leges Edw. Confessoris* [des 12. Jhs., also wegen Anachronismus falsch; I 627*, fehlerhaft geändert aus I 662*] 2) Falls ~ Anteil hatte an Northu, so stimmt doch hiervon nichts zu den Reformen, die ihm Folcard *Vita s. Joh. Beverlac.* zuschreibt, bei Raine *Hist. of York* I 241 [*s. eorl*

Ealdwine *s.* Ramsey, Abt *earl*

East Horstead. Dort wird 1042 Eadweard III. von England als König anerkannt; Quadr Arg 9

Eber *s.* Schwein **echte** Not *s.* Sunne

Eddi *s.* Hædde

Edelmetall *s.* Gold, Silber, Schatz

Edward I. † 1307. Noch zu seiner Zeit gilt das Gesetz [9./10. Jhs.], dass man nur Leute im Gefolge halte, die man vor Gericht stellen kann; Londoner Glosse zu Ap AGu 5, I 394†††

Egbert von York *s.* Pseudo-~

Egge (*egeðe*), notwendig für landwirtschaftliches Inventar der Herrschaftsgutsdomäne; Ger 17

EGu *s.* Eadward I. n. 2. 4

Ehe *s.* im Wb Komposita und Ableitungen von *æw, rihtæwe, rihtge(sam)-hiwan, rihthæmed, (ge)wifian* [bei Toller *sinscipe, gemæc* samt Ableit.]; *rihtlif;* Brunner I² 94⁸. *Vgl.* die folgenden Artt. Der Gatte heisst (*riht*)-*wer, ceorl, bonda, wiffæst, æwfæst, ealdor, hlaford, prælatus, dominus* Hn 23, 2. 45, 3; die Gattin *s.* Ehefrau **1)** ~ auch der Unfreien (*s. d.*) wird anerkannt; so des *esne* Abt 85, ebenso [aber nur aus Exod. übersetzt] die des *þeowa* Af El 11: will der freizulassende Sklav sich nicht trennen von den dem Herrn eigen bleibenden Weib und Kind, so unterwerfe er sich der Zeremonie dauernder Verknechtung *s.* Ehefrau 7 **2)** ~ als Siegel der Fehdebeilegung, die Frau als 'Friedensweberin' begegnet in Agsä. Poesie; Röder *Familie bei Agsa.* 21 **2a)** Vielleicht ein Nachklang hiervon tönt in den Erfindungen Grossbritann. Tendenz des Londoner Antiquars um 1200 über Konnubium als Mittel der Rassenversöhnung: Ine habe durch die ~ Germanen und Kelten Britanniens geeint [aus Ine Pro Q, der *coniugium* nur missverstand aus *æ* Gesetz]; in Verbindung mit Norwegens Eroberung und Bekehrung durch Arthur *ceperunt proceres Norwegiae uxores de genere Britonum;* Lond ECf 32 C 4f. [*vgl.* I 658° p]. E 2. 5. Letzteres will Skandinavische Einflüsse auf England, ehrenvoller als aus dessen Niederlage durch Nordleute, erklären **3)** Zweite ~ der Witwe (*s. d.*; *vgl.* Wolff, *Gesch. d. Witwenehe* in *Mitt. Öster. GF.* XVII 369. ABRAHAM) ist erst nach 1 Jahr erlaubt; V Atr 21, 1 = VI 26, 1 = II Cn 73. 73a; 1 (mit Drohung der Strafe des Wergelds für den zweiten Mann; auch verliert die Frau Morgengabe, samt sonstigen Geschenken des ersten Mannes, an dessen Sippe) = Hn 11, 13; 13a. 12, 2 **3a)** Direkten Einfluss Röm. Rechts leugnet Conrat (Cohn) *Gesch. Röm. Rechts* I 60; mittelbarer geht auf Kirchenrecht zurück. Geistliches Gericht aber spricht noch nicht mit **3b)** Theodor *Poenit.* II 12, 9 schreibt das Trauerjahr vor; dazu fügt [nicht Englisch] Ps. Theodor IV (19), 14: *quibusdam placuit post mensem, ne crimen fornicationis incurrat* **3c)** Eadmund II. heiratete 1015 die Witwe des eben durch seines Vaters Regierung getöteten Ealdorman Sigeferth; und dessen Gebiet fiel ihm zu; Ann. Agsax. Dagegen heiratete Cnut Æthelreds II. Witwe erst nach dem Trauerjahr **3d**) Der Bischof nimmt einer Witwe Land fort *pro forisfactura, quia mulier quæ tenuit nupsit intra annum post mortem viri;* Domesday II 199a; *vgl.* Vinogradoff *Engl. soci.* 251. [War es *lænland* des Bistums? Oder war der Bischof weltlicher Gerichtsherr?] Wenn das Trauerjahr in CHn cor 3, 3 unerwähnt bleibt, so ist das wohl ein Zeichen, dass es schon dem Kirchenrecht zugehörte **3e**) Ist diese zweite ~ der Witwe eine Raub~, so behält sie, wenn sie sie löst und heimkehrt, die Güter vom ersten Manne; II Cn 73, 2 **3f**) Die wieder heiratende Witwe verliert den Niessbrauch am Nachlass des ersten Mannes; Wif 4 **4**) Kein Priester darf irgendwo bei der Hochzeit sein, wo Mann oder Frau zum zweiten Male heiratet, obwohl diese ~ Laien erlaubt ist, noch sie zusammen einsegnen; Ælfric *Can. ad Wulfsi* 9; *Past. ep.* 43; *Homil. n.* Wulfstan 304 | *Presbiterum convivio secundarum nuptiarum interesse non debere, maxime cum petatur secundis nuptiis penitentiam tribuere; Excerpt.* Pseudo-Egb. 91, von Agsa. um 1000 kopiert **4a**) Wo die erste ~ nicht eingesegnet war, gestattet die Einsegnung der zweiten Yorker Missal ed. Henderson 191 **5**) Theodor erlaubte Geschiedenen die zweite ~, wenn die Scheidung wegen ~bruchs (*s. d.* 5d) der Frau (sie kann nach Pönitenz 5 Jahre darauf wieder heiraten, was spätere Bussbücher fortlassen) erfolgt war, oder weil ein Gatte mit des anderen Einwilligung Keuschheit gelobte oder ins Kloster ging oder als krank ausschied, oder weil der Mann verknechtet wurde (worauf nach einem Jahre die ~frau (*s. d.* 8) einen anderen heiraten darf) oder die Frau durch Feinde gefangen ward oder den Mann 5 Jahre lang verschmähte; *Poen.* II 12, 5—8; 12. 19ff. 14, 7 = Ps.Theod. IV 18—24 = *Confess.* Ps.Egb. 19. 25ff. = Ps.Egb. *Poen.* IV 55 **5a**) Strenger lautet seine Synode zu Hertford a. 673 c. 10: *Si quisquam* [wegen Ehebruchs] *propriam expulerit coniugem, si Christianus esse recte voluerit* [d. h. nach strengem Kanon, im Ggs. zu laxerer Praxis], *nulli alteri copuletur; sed ita permaneat aut propriæ reconcilietur coniugi;* Beda IV 5 **5b**) Auch die Ps. Egberti *Excerpt.* 120 missbilligen, was *quidam dicunt: si vir sive mulier ex consensu religionem ceperit, licet alterum accipere novum coniugium;* auch *si mulier fornicata fuerit, est relinquenda; sed, illa vivente, altera non ducenda est;* 123 **5c**) Theodors losere Erlaubnis zweiter ~ widerspricht Kanones, stimmt aber zum German. Rechte; Hinschius *Ehescheidung nach Agsä. Recht* in *Zeitschr. Dt. Recht* 20, 69f., der auch andere Bussbücher zitiert **5d**) Schon Egbert beschränkt die Scheidung wegen Krankheit auf den Fall, dass der Kranke Keuschheit gelobe; *Dial.* 13. Und Anfang 12. Jhs. setzt, im offenen Ggs. zu Theodor, ein Übersetzer zu Cnuts Gebot, die éine Frau lebenslänglich zu behalten, hinzu: *sana vel infirma;* I Cn 7, 3 In **6**) Die Heirat mit einer Geschiedenen, *ælæte,* verbietet VI Atr 12 = I Cn 7 = *Hom. n.* Wulfstan 271. 308 **7**) Aus Exod. nimmt Ælfred auf das Gebot an den Verführer, das verführte Mädchen zu ehelichen, mit eigener Änderung, also im Wunsche, es verwirklicht zu sehen; Af El 29. Ebenso das Gebot, einer Magd, die des Herrn Sohn beschlafen hat, Hochzeit, Aussteuer und Wittum (das er mit *pretium pudicitiae* identifiziert) auszurichten oder die Freiheit zu schenken; Af El 12. Er macht also aus dem biblischen Gebot, die verführte Magd unter die vielleicht vielen ~frauen des Sohnes mitaufzunehmen, die eine Alternative eehelicher Sanktion **7a**) Im 12. Jh. förderte das Recht die ~ zwischen der Genotzüchtigten und dem Missetäter; Pol Mai II 488

Ehebruch *s.* Wb *æwbryce, æwbreca, avultere, -erie; ciefese. Vgl.* Konkubinat, Unzucht **1**) Allgemein warnt vor Unrecht, wie z. B. ~, Cn 1020, 15. I Cn 24, als teuflischer Tat V Atr 25 = VI 28, 3. *Non adulteres* wird aus Ev. Marci bei Ordalmesse verlesen; Iud Dei I 11, 2 **1a**) Den *adulter* schliesst vom christlichen Verkehre aus Excom. I 8, 3 **1b**) Ehebrecher sollen sich unterwerfen und büssen oder mit Sünden aus der Heimat weichen; II Cn 6 **2**) Eheliche Untreue des Ehemannes rügt keines der frühen weltlichen *Gesetze,* wohl aber spätere Zeit, unter schon früherem kirchlichen Einfluss, wie bei Germanen des Festlandes; Brunner II 662; Hazeltine *Eheschliessung* 12[29] **2a**) Die Strafe ist mehr kirchlich und weit leichter als für Untreue der Ehefrau; Wilda 821f. **2b**) Hurerei des Gatten erlaubt der Frau nicht, ihn zu verlassen; Theodor *Poen.* II 12, 6 **2c**) Die Kirche aber straft das Halten eines Kebsweibes neben der Ehefrau; Ps. Egbert *Poenit.* II 9 aus Halitgar; Ps. Theod. 19, 33; *Can.* Edg., *Mo. poen.* 17 **2d**) Man lasse von Kebsgemeinschaft und pflege gesetzliche Ehe; *Can.* Edg. 21 **2e**) Was der Mann am ehebrecherischen Weibe (*u.* 8c), straft Gott am ehebrecherischen Manne; Ælfric *Homil.* II 322 **2f**) Die Kirche musste aber noch im 8. Jh. die Kebsehe dulden; Friedberg *Deutsche Bussbücher* 42f. **2g**) Gregor III. schrieb noch ohne unbedingtes Verbot an Bonifaz um 732: *Si valueris, devita, ne amplius, cui mulieres obierint, duabus debeat copulari; Mon. Germ., Epist. Merov.* I 279 **2h**) Nur geistlich bestrafte das Halten des Kebsweibes Fränkisches Recht 9. Jhs.; Rosenthal *Rechtsfolg. d. Ehebruchs* 52 **3**) Ebenso Agsä. Recht c. 990—1030. Dass infolge der Wikinger-Einwanderung die Ehe loser geworden sei, ist möglich; allein die folgenden Sätze stehen weniger unter Einfluss von Zeitereignissen als der Predigten, wo sie z. T. wörtlich wiederkehren; *vgl. Homil. n.* Wulfstan 165. 166[3]. 298. 266. 26. 114. 163 **3a**) Kein Mann habe mehr Frauen als éine, bleibe, bei Höllenstrafe, bei der einen so lange sie lebt ['auch wenn sie krank' fügt hinzu In Cn; hinzuzudenken ist: obwohl sie altert!]; VI Atr 12, 2 = I Cn 7. 7, 3 = Northu 61. 65 = *Hom. n.* Wulfstan 271. 308 **3b**) Wer Frau und Kebsweib hält, entbehre die Gnadenmittel der Kirche und büsse nach Bischofs Vorschrift; II Cn 54; aus *o.* 2c, was auf Halitgar zurückgeht **3c**) Der Ehebrecher büsse je nach der Tat; ein übler ~ ist es [schon], wenn ein Ehemann mit einer Ledigen hurt, schlimmer mit einer Verheirateten oder (Gott) Geweihten; II Cn 50. 50, 1. Zum letzteren Satze fordert Übs. In Cn: Busse *secundum librum poenitentialem* **3d**) Wer seine lebende Ehefrau verlässt und sich mit anderem Weibe unrechtmässig beweibt, sei ausser Gottes Gnade, ausser wenn er Pönitenz tut; Northu 64

3e) Schlimm, dass mancher Priester die [Frau], welche er früher gehabt hatte, verlässt und bei deren Lebzeiten eine andere nimmt, wie keinem [auch nicht Laien] zu tun ziemt; VI Atr 5, 2. [*Vgl.* Cölibat 3a] **3f)** Zum Teil daraus: Wenn ein Priester seine Frau verlässt und eine andere nimmt, *anathema sit!* Northu 35 **4)** Der Herr einer Sklavin, der sie verführte, *liberet eam;* Theod. *Poenit.* I 14, 11; Vinniaus fordert es vom *laicus cum uxore* **4a)** Wenn ein Verheirateter mit seiner Sklavin hurt, verliere er diese und büsse kirchlich und weltlich; II Cn 54 aus Ps. Theod. *Poen.* 19, 8. Egb. *Conf.* 14. Der Rubrikator 12. Jhs. I 617 Z. 1 nennt dies *adulterium a viro perpetratum.* Hier also tritt auch weltliche Strafe ein **4b)** **N** *Emendatur wera* [*u.* 5c], *si uxoratus homo fornicetur* [mit Lediger, laut *u.* 13; ist die harte Strafe glaublich?]; Hn 12, 3 **4c)** Sogar Vermögenseinziehung soll den ~ eines Mannes gestraft haben laut Urk. nach 956 [formell unecht, im Motiv wohl unvollständig]: Ein von Bischof Denowulf von Winchester [879—908] mit Bistumsland ausgestatteter Verwandter *adulterans stuprum, propriam religiose pactatam abominans* [also verheiratet], *scortam* [also keine Verheiratete] *deligens libidinose commisit. Quo reatu omni substantia peculiali privatus est, et rus rex suæ ditioni devenire optavit;* Birch 1150 **5)** Alle anderen Stellen, weitaus die meisten, betreffen Untreue der Ehefrau. Hier ist die Strafe von Anfang an deutlich auch weltlich und weit strenger als beim Vergehen des Ehemannes **5a)** Die ältesten *Gesetze* schafften nur dem in seiner Ehre verletzten Ehemanne Genugtuung. Erst spätere strafen von Amts wegen die unzüchtige Ehefrau und sühnen im Verein mit der Kirche die Kränkung des Instituts der Ehe **5b)** ~ [mit einer Verheirateten], wovor allgemein warnt *o.* 3c und VI Atr 12 L, bestraft mit Verlust geweihter Grabstätte I Em 4, also zunächst kirchlich; es ist in diesem Zusammenhang nur vom Ehebrecher die Rede. So auch Ps Egb *Poen.* II 8 = *Mod. impo. poen.* 16; ed. Thorpe *Anc. laws* 386. 406. Aus Kanonistik setzt Pönitenz auf ~ Hn 73, 6 **5c)** Wer eines Freien Weib beschläft, zahle mit seinem Wergelde (*u.* 11) und beschaffe für sein eigenes Geld jenem ein anderes Weib und führe es jenem heim; Abt 31. Das Wergeld tritt vermutlich ein für die Todesstrafe, die der Verletzte am Schänder seiner Ehre vollziehen durfte; *u.* 8—8d. Empfänger scheint dieser: sonst würde jede Busse für ihn fehlen. Die Strafe ist also noch keine öffentliche, staatliche. [Brunner meint, Wergeld der Frau sei gemeint; II 664] **5d)** Durch den ~ ist also die Ehe gelöst oder dem Verletzten zu lösen erlaubt; *s.* Ehe 5. Mit der Zahlung des Ehebrechers werden gedeckt der Brautkaufspreis und die Hochzeitskosten. Von einer Bestrafung der Frau verlautet zwar nichts. Ihre Schändung wird vom Viehverluste aber dadurch unterschieden, dass hier nicht ein Vielfaches des Wertes, sondern des Täters Wergeld, mit pönalem Element, die Busse bildet. Eine Gleichstellung der Frau mit rein fungibler Ware braucht man dann nicht notwendig aus der Ersetzbarkeit zu folgern, wenn man die Wahl der neuen Gattin durch den Ehemann als selbstverständlich ergänzt **6)** Wer eines Esne Frau bei des Ehemannes Lebzeiten beschläft, büsse doppelt; Abt 85. Der Empfänger der Busse ist wohl der Herr des Esne. Den doppelten Wert der Frau verstehen Schmid *Gesetze* 563 und Brunner II 664 [Analogie wäre doppelte Munt für Entführung der Witwe; Abt 76], dagegen: doppelt so viel als wäre sie unverheiratet Rosenthal *Rechtsfolgen des ~s* 55 [Alemannenrecht straft Notzucht an der freien Jungfrau halb so hoch wie an der Ehefrau; *vgl.* Wilda 835]; die einfache Busse wäre die für Unzucht mit Mägden, die Abt 9 f. 14. 16 mehrfach vorher beziffert. In Chester zahlte vor 1066 für Unzucht die Witwe 20 Schill., das Mädchen 10 [dem König] Strafe; Domesday I 262^{b} **7)** Um 700—740 scheint das ehebrecherische Paar in England von Amts wegen kaum sehr harte Leibesstrafe getroffen zu haben. Bonifaz nämlich, der c. 745 dem Mercierkönig Æthelbald die Unzucht in den schwärzesten Farben schildert, braucht als ein Argument die strenge Strafe, welche Heiden dem ~ folgen lassen. Eine solche war also ihm und dem Mercierkönig ungewohnt; ed. Dümmler, *Mon. Germ., Epist. Merov.* I 342 **8)** Den bei verschlossenen Türen oder unter einer Decke ertappten Beischläfer darf befehden (töten), wer ihn trifft bei seiner Ehefrau, ehelichen Tochter, Schwester oder Mutter; Af 42, 7. *Vgl. u.* 10. Bei 3 letzten braucht nur Unzucht, nicht ~, vorzuliegen **N 8a)** Dies wiederholt, aber mit der kanonist. Beschränkung, dass erst nach dreimaliger Verwarnung Fehde erlaubt sei, Hn 82, 8. Der Ehemann darf um 1212—48 den ertappten Schänder seines Weibes kastrieren; Pol Mai II 483 **8b)** Blutige Rache darf der Isländer nehmen für geschlechtliche Verletzung seiner Ehefrau und der Frau des Sohnes, Vaters, Bruders, auch beim blossen Versuch, doch nur auf frischer Tat; Maurer *Island* 330. 347 **8c)** Das uralte Recht des Mannes, eigenhändig seine ehebrecherische Frau bei handhafter Tat zu strafen, meint Ælfric *o.* 2c. *Vgl.* Schrader, *Indogermanen* 91 ff. **8d)** Aus Fränk. Bussbuch ward um 1000 ins Agsä. übersetzt: *Si mulier aliqua adulterium perpetraverit, poena eius sit in manibus viri sui;* Ps. Egb. *Conf.* 33 **9)** Wer die Ehefrau eines Mannes von 1200 Schill. Wergeld beschlief [und dessen nachträglich im Prozess überführt, nicht dabei handhaft ertappt wird], büsse dem Ehemanne 120 Schill., beim 600-Schilling- bzw. gemeinfreien [200-Schill.]-Mann 100, bzw. 40 Schill.; Af 10. Die Busse ist also zwar abgestuft nach dem Stande des Verletzten, aber nicht in dem Verhältnis wie das Wergeld 6:3:1, sondern 6:5:2; vielleicht liegt darin ein Zugeständnis an den christlich-demokratischen Gedanken, dass die moralische Ehre der Menschen nicht an Wert so variiere wie ihr Geburtstand. Hinzuzudenken ist öffentliches Strafgeld für den Richter; Schmid *Gesetze* 563 meint: Täters Wergeld [wie o. 5c, *u.* 11] **9a)** Eine ähnliche Busse von 120, 100, 60 Schill., je nach dem 1200-, 600-, 200-Schillingstande, entrichtet die verlobte Jungfrau, die sich mit einem Fremden vergeht, ihrem Verlobungsbürgen; Af 18, 1 ff. **N 9b)** Dies missversteht als von *desponsata femina* gemeint Hn 82, 9, hinzufügend, dass, wenn sich die Anklage auf Augenzeugen stützt, diese den Koitus müssten gesehen haben **9c)** Normannisches Recht verlangt zum Erweis von ~ *visio;* Conlin *Gerichtl. Zweikampf* 77 **10)** Der Vater, der seine [verheiratete] Tochter im ~ ertappt in seinem oder seines Schwiegersohnes Hause, darf die Ehebrecherin (oder 'den' [oder 'die'] Ehebrecher) töten [*vgl.* Gen. 38, 24]; der Sohn, der die Mutter bei Lebzeiten des Vaters im ~ ertappt, darf den ('die' andere Lesung) Ehebrecher töten; Leis Wl 35. 35, 1, z. T. aus Röm. *Dig.*, z. T. aus *o.* 8; *vgl.* Pol Mai I 80. II 483 **10a)** Tötung allein des Ehebrechers entspricht *o.* 8 und anderem German. Rechte (Brunner II 481); aber auch die der Ehebrecherin wäre Germanisch (ebd. 475. 663), ebenso die Tötung des Paares; ebd. I[2] 100; Niese *Gesetzg. Norm. Sicil.* 76. 81. Aber die Einschränkung des Rechtes auf den Vater und die zwei Tatorte sind Römisch beeinflusst **11)** Wer beiliegt der Ehefrau eines anderen, verwirkt sein Wergeld (*o.* 5c) an seinen Herrn [der das Strafgeld von des Mannes Missetaten zu empfangen berechtigt ist]; Leis Wl 12. Vorausgesetzt ist, der beleidigte Ehemann hat keine Rache üben wollen oder, weil der Fall nicht bandhaft, können. Zu ergänzen ist Bussgeld für ihn (*o.* 9), falls nicht Wergeld, als Abspaltung der Friedlosigkeit, die Busse absorbiert hat? **12)** Die unleugbar (bandhaft) ehebrecherische Frau werde sich zur Schande vor den Menschen, verliere Nase und Ohren und all ihr Vermögen an den Ehemann. [Bei Ehescheidung infolge ~ verliert die Frau das Wittum, auch nach Glanvilla VI 17, 6.] War sie bloss verklagt (nicht ertappt), und kann sich nicht reinigen, dann fälle der Bischof strenges Endurteil (II Cn 53. 53, 1), d. h. sie entgeht blutiger Strafe. Jene Verstümmelung, eine Vertretung der Todesstrafe, für ~ kennen auch Deutsche und Nordgermanen; Brunner II 663; Röder *Familie bei Agsa.* 135; Rosenthal 52. 55; Niese *Gesetzg. Norm. Sic.* 77 **12a)** Einen *symbolisme pénal* [*s.* Spiegelnde Strafen], der etwa die dem Verführer lauschenden Ohren treffen wollte, sucht hier mit Unrecht Du Bois *Hist. droit crim.* II 615. Die Schönheit des Antlitzes wurde zerstört eher zur Rache und zur Abschreckung von künftiger Verbrechensneigung, als weil sie verführt hatte; Cnut liess auch den seinem Vater gegebenen Englischen Geiseln, aus Rache für Englands Abfall 1014, die Nasen abschneiden; *Ann. Agsax.* **N 12b)** Den in Unzucht verharrenden Ehebrechern *corporalis diffactio est instituta;* Hn 82, 9 vielleicht aus 12 **13)** *Qui uxoratus faciet adulterium* (im Ggs. zu *fornicetur o.* 4b), *habeat rex vel dominus superiorem, episcopus inferiorem;* Hn 11, 5: vom ehebrecherischen Paar verfällt das Strafgeld des Mannes dem weltlichen Gerichtsherrn, das der Frau dem geistlichen **13a)** Diese Einteilung setzte EGu 4, dessen Quadr.-Übersetzung Hn ausschreibt, fest für einen anderen Unzuchtsfall, nämlich Blutschande; *s. d.* 1 **13b)** Domesday für Kent: *De adulterio rex hominem, archiepiscopus mulierem* I 1a 2; nur je 100 Pfg. in Lewes 26a 1 **13c) N** Beim Bussgeldempfang für gewisse Prozesse *rex particulariter communicat, ubicunque fiant, ex quibus sunt adulterium* usw.; Hn 21 **13d)** ~ fällt schon im 12. Jh. ans geistl. Gericht; Pol Mai II 542; *s.* Ehegericht **14)** Der ~s [mit einer Ehefrau] beschuldigte Mann reinigt sich durch Kaltwasserordal; Iud Dei I 20, 2. 22, 2 **14a)** Wegen *luxuria, adulterio* findet Kesselprobe statt; XII 2 **N 15)** ~ war um 1114 in der Anglonormann. höheren Gesellschaft überaus häufig; Quadr Ded 16 **15a)** Im Kampf gegen ~ durfte die Kirche Barone und königliche Beamte nur auf königlichen Befehl exkommunizieren; Wl Edmr 2, 3 **16)** ~ in klerik. Sinne *s.* Cölibat 2

Ehefrau *s.* Wb (*riht*)*wif, freowif, beweddod wif, æwe, beweddod 7 forgifen, cwene, fæmne, espouse, femme* **1)** Ggs.: **A.** (*in sceat*) *beweddodu fæmne* Verlobte; [*bryd*] Braut; *s.* Eheschliessung **B.** *ciefes* Kebse [*s.* Ehebruch 2c], *horcwene* Hure [*s.* Unzucht]; *wif* allgemein 'Mensch weiblichen Geschlechts', auch 'Konkubine' [bei Toller auch *unrihtwif*]. *Vgl.* Kind, Frau **C.** *widuwe* Witwe (*s. d.*), wofür aber auch *wif* [so im 12. Jh.: '*Hawys, wife* (i. e. widow) *of Rob. Marmion';* Round *Cal. of docum. in France* 142]; *werleas, ceorlleas* **D.** *mægden(man)* Mädchen; *fæmne* Jungfrau **2)** Die ~ soll ihrem *ealdor* gehorchen (*s.* Eheschliessung 8i); Ine 57; dafür jünger: *hlaford.* Cnut setzt dafür *bonda:* vielleicht eine Spur, dass die Selbständigkeit der ~ wuchs? **2a)** Im Beowulf 1171 redet Königin *Wealhþeow* ihren Gemahl an: *freodryhten min* **3)** Die ~ behält das Wergeld ihrer Geburt (geht nicht in den Stand des Ehemanns): Wer ein schwangeres Weib erschlägt, vergelte die Frau nach [ihrem] vollen [Wer]geld und das Kind mit halbem nach seines Vatergeschlechts Wer[geld]; Af 9. Da er letzteres und den Empfänger desselben als stets bekannt voraussetzt, denkt Af nicht an eine uneheliche Mutter **3a) N** *Si mulier occidatur, weregildum reddatur ex parte patris;* Hn 70, 13 **4)** Ist die ~ zu arm, um Busse für ihr Verschulden zu zahlen, so tritt ihre Blutsippe ein. Heiratet sie in ein anderes Territorium, so soll des Bräutigams Familie versichern, dass, wenn sie eine Schuld verbrechen werde und zahlungsunfähig sei, ihre Sippe zur Busszahlung für sie gelangen werde; Wif 7. Schmid 562, 2 folgert hieraus zu weitgehend, die Blutsippe zahle stets statt ihrer; ich glaube: nur falls ihr Vermögen (Morgengabe, Wittum, Aussteuer, Erbschaft) nicht ausreichte, und der Ehemann nicht eintrat; *vgl.* I 588[v] **4a) N** *Si mulier homicidium faciat, in eam vel in progeniem vel parentes* (Blutsippe) *eius vindicetur — vel inde componat —, non in virum suum;* Hn 70, 12 **4b)** Diese Beibehaltung der angeborenen Verwandtschaft und teilweise ihres Schutzes kennen auch andere Germanen; Brunner I[2] 100[46]; *vgl.* Hazeltine *Eheschliessung* 6; Habicht *Verlobung* 70. Das Gegenteil: Amira 111 **5)** Die ~ untersteht dem Gerichte des Wohnorts ihres Ehemanns; Wif 7 **6)** Opfert der Mann ohne Wissen der Frau Götzen, so verwirkt er, opfern sie beide, so verwirken beide Halsfang 'und' [= oder, bzw.] alle Fahrhabe; Wi 12. *Vgl.* Bekehrung 3a **7)** Im siebenten Jahre werde jeder christliche Sklav samt der ~ frei; wenn der Herr ihm eine ~ gegeben hat, verbleibe sie mit den Kindern dessen eigen; Af El 11, aus Exodus nur übersetzt; obwohl jene periodische Freilassung durchaus Agsä. Recht oder Brauch widerspricht, ebenso wie die bei Af folgende Mosaische Zeremonie dauernder Versklavung, kann der Verbleib von Weib und Kind eines Freizulassenden in bisheriger Sklaverei praktisch gemeint sein **8**) Verfall des Mannes in Sklaverei ist für die Ehe (*s. d.* 5) Scheidungsgrund. Friedlosigkeit löst (*u.* 9a. 10d) die Ehe auch bei anderen Germanen auf; Brunner I² 101. 234; im Norden Lehmann *Königsfriede* 247 **9**) Stiehlt der Mann unter Mitwissen seines Haushalts, so verfallen sie alle in Sklaverei. Dagegen die unschuldige ∼ des Verbrechers bleibt unbestraft; Ine 7. 7, 1 **9a**) Die ∼ des Diebes kann ihn nicht hindern, Gestohlenes in die Hütte zu bringen [wohl daher ähnlich *u.* 9b]; beschwört sie, nicht davon genossen zu haben, so nehme sie ihr ¹/₃ [*s.* ehel. Güterrecht 4; offenbar indem sie von ihm getrennt wird]; Ine 57. [Dieses Drittel auch bei Nordgermanen; Lehmann *Königsfr.* Anh. 25]. Es ist wahrscheinlich die handhaftem Diebstahl gleich behandelte Ertappung des Gestohlenen gemeint, mit folgender leiblicher oder doch wirtschaftlicher Vernichtung des Mannes **9b**) Falls das Gestohlene und in die Hütte Gebrachte nicht unter Verschluss der ∼, in ihre Vorratskammer, Kiste oder Schrein, gebracht worden ist, ist die ∼ unschuldig; II Cn 76, 1; 1a (aus Ine?) **10**) Vom einzuziehenden Vermögen des Diebes [der, hingerichtet oder verstümmelt öder verknechtet, jedenfalls von der ∼ getrennt ward] zahle man zuerst den Ersatz des Gestohlenen, alsdann vom Rest ¹/₃ der ∼, wenn sie unschuldig ist; VI As 1, 1, also mit Priorität vor Busse u. Strafgeld **10a**) *In Snotingehamscyre et in Derbiscyre ... si tainus habens sacam et socam forisfecerit terram suam, inter regem et comitem* [d. h. beide zusammen, jeder zur Hälfte] *habent medietatem terrae eius atque pecuniae, et legalis uxor cum legitimis hæredibus, si fuerint, habent aliam medietatem;* Domesday I 280b 1. Andere Lokalrechte *s.* Bateson II p. xxxviij **10b**) Wird Diebstahl ertappt, so erhält nach Abzug des gestohlenen Gutes, des Diebes ∼ [als Vertreterin der Nachkommenschaft wie in 10a; *vgl.* eheliches Güterrecht 5a] und der Grundherr je die Hälfte vom Diebsvermögen. Geschah jedoch die Ertappung innerhalb eines privilegierten Immunitätsbezirks, so fällt jene Hälfte der ∼ ebenfalls an den Gerichtsherrn; Leis Wl 27. 27, 1 **10c**) Flucht des Mannes in elende Verbannung trennt ihn zwar faktisch von der ∼, scheidet ihn aber, da die Liebe andauert, nicht immer; so in Agsä. Poesie 8. Jhs.; *vgl.* Röder *Familie bei Agsa.* 115 **10d**) Die ∼ dessen, der wegen Verbrechen das Reich abgeschworen hat, kann im Lande bleiben (es erfolgt also tatsächliche Trennung) und, falls sie sich im Ordal reinigt vom Verdacht der Mitwissenschaft oder Beihilfe zum Verbrechen, erhält sie Wittum und Aussteuer; ECf 19, 1 [ebenso die unschuldige ∼ des von Island Verbannten; Maurer *Island* 371]. Wittum gibt ihr Oxforder Lokalrecht; Domesday I 154b 2 **10e**) Das Verpflanzen übermächtiger Sippen, weil sie den Frieden bedrohen, geschieht mit Habe und ∼; V As Pro 1 = III 6. IV 3 **11**) Die ∼ ist also für Missetat des Mannes mit verantwortlich bei Mitwissen, Beihilfe oder Begünstigung; *o.* 9—10. 10d **12**) Trotz der Kaufehe ohne ihren Willen stand die ∼ nicht als Magd des Mannes da, sondern ehrenvoll als seine Genossin; Pol Mai II 362. Das erhellt auch aus ihrer Stellung als Witwe (*s. d.*) und aus ehelichem (*s. d.*) Güterrecht **N 13**) Die ∼ ist in Normannenzeit nur mit Einwilligung des Mannes rechtsgeschäftsfähig: *Si quis sponsæ vel puero sine permissu domini sui quamcunque com mendationem, commutationem, traditionem fecerit, non opus est eos vel eorum dominos respondere super hiis, si complaceat abnegare, quamdiu sub virga sunt;* Hn 45, 3 **13a**) Auf Klagen wegen *commissa sponsæ, pueris sine legittima prælatorum suorum licentia* brauchen letztere nicht gerichtlich zu antworten; Hn 23, 2 **13b**) Abbestellung des Gerichtstermins kann aber in Abwesenheit des Gegners auch an dessen ∼ oder Amtmann gemacht werden; Hn 59, 2a **14**) Die ∼ hat Gewalt über die Schlüssel; *s. d.*, *o.* 9b

Ehegerichtsbarkeit **1**) Zu Agsä. Zeit blieb die Eheschliessung (*s. d.*) weltlich, wenn auch die Einsegnung hinzutrat; *s.* Ehe 3d. 4 **2**) Ebenso zumeist die Anerkennung des Bastards (*s. d.*), z. T. die Ehescheidung; *s. d.* **3**) Über den Ehebruch (*s. d.* 5ff.) wurde weltlich (volksrechtlich) geklagt, Beweisurteil gegeben, Beweis geführt und Strafe bei handhaftem Ehebruch vollzogen. Und nur beim Misslingen der Reinigung von einer Klagsache, nicht bei handhaftem Ehebruch (*s. d.* 12) fällte das Endurteil der Bischof; *vgl.* Pol Mai II 365 **4**) Allein das Eheverbot (*s. d.*) ward vom Klerus geregelt; und Anselms Londoner Synode von 1102 bestimmte, heimliches Eheversprechen von Kindern sei ungültig; Quadr I 545f. Damit dringt die Kirche weiter in die ∼ ein; *vgl.* Ehe 3d

Ehehindernis *s.* -verbot, -scheidung

eheliche Enthaltsamkeit ist geboten **1**) in der Nacht, bevor jemand beim Ordal fungiert, wenn auch bloss als Umstandsmitglied; Ordal 4 **2**) Neuvermählten in der Nacht nach der Einsegnung; Ps. Egbert *Excerpt.* 90; drei Nächte: Lingard *Anglosa. church.* II 11 **3**) In den Fasten: *vir abstineat se ab uxore* 40 *diebus ante pascha usque in octavas pasche;* Theod. *Poen.* II 12, 2; *vgl.* Ælfric *Homil.* I 178; *Polity* ed. Thorpe *Anc. laws* 436; *Eccles. instit.* ebd. c. 43; Ps. Egb. *Exc.* 108 **3a**) In den Nächten vor Sonntag, Mittwoch, Freitag und Festen; *Hom. n.* Wulfstan 305. *Vgl.* die für Hochzeit verbotenen Zeiten: Eheschliessung 13a

eheliche Geburt *s.* Bastard 6f.

eheliches Güterrecht *vgl.* Aussteuer, Morgengabe, Wittum **1**) Kents Recht scheidet sich deutlich vom übrigen. Es sorgt für die Frau bei Scheidung der Ehe **A.** der unbeerbten: ihre Vatersippe [als ihr Vormund] erhält ihre Morgengabe und *fioh*, d. i. das von ihr Eingebrachte; Abt 81 **B.** der beerbten: **I.** nimmt sie die Kinder mit, so erhält sie das halbe Vermögen [des Haushalts, vermutlich bis zur Wiederheirat, sicher neben dem in A ihr Vorbehaltenen]; Abt 79 **II.** behält der Mann die Kinder, so gilt sie wie éin Kind [d. h. erhält neben dem in A Vorbehaltenen bis zur Wiederheirat vom Haushaltsvermögen, wo 1 Kind vorhanden ist, ¹/₄, wo 2: ¹/₆, wo 3: ¹/₈, so dass dem Manne jedenfalls ¹/₂ verbleibt]; Abt 80. *Vgl.: vidu[a] inter filios qualem unus ex filiis usufructuario habeat portionem;* aus Eurich 322 *Lex Baiuar.* 15, 7 **1a**) Beim Tode des Mannes erhält die Witwe, die ihm ein lebendes Kind gebar, die Hälfte des Vermögens [vermutlich lebenslänglich]; Abt 78. [*Vgl.* Brunner, *Geburt lebenden Kindes und ehel. Vermögensr.* in *Zschr. Savigny RG, Germ.* XVI. ABRAHAM] 2) In Wessex ist die Teilzahl anders, und beerbte Ehe nicht unterschieden von unbeerbter, in zwei Stellen, die aber beide nur von der Eheauflösnng infolge der Friedlosigkeit des Mannes reden. Die Frau erhält [wohl neben Eingebrachtem] $^1/_3$ (*s. u.* 4) des Haushaltvermögens; dagegen nach Denalagu nördl. Mittellandes und Leis Wl: $^1/_2$; *s.* Ehefrau 10a. Sie erscheint in Denalagu inmitten des Erbenkreises, empfängt also nur Niessbrauch bis zur Wiederheirat; ausdrücklich begreift die Hälfte Land neben Fahrhabe. Nur innerhalb privilegierter Immunität geht nach Leis Wl die Frau [genauer wohl der Erbenkreis] leer aus, und verfällt das gesamte Verbrechergut dem Immunitätsherrn. Nur ihr Eingebrachtes, wohl samt Wittum, verbleibt vermutlich auch ihr, wie der Zurückbleibenden des Reichsabschwörers; *s.* Ehefrau 10d **2a**) Späteres Mittelalter zeigt unter verschiedensten Erbrechten des bäuerlichen Copyhold, dass in 'Taunton [Somerset] widow inherits in fee from her husband to the exclusion of children' (Pol Mai II 278); geht dieser bäuerliche Brauch wie mancher andere in Angelsachsenzeit hinauf, so wird oben angenommene zeitliche Beschränkung des Landbesitzes der Witwe fraglich; *s.* 3d **3**) Bei Trennung beerbter Ehe durch des Mannes Tod verwaltet dessen Sippe bis zur Mündigkeit des [ältesten] Sohnes [als Vormund] den Stammsitz; vermutlich sie gibt der Witwe, bei der die Kinder bleiben, Erziehungsgeld; Ine 38 **3a**) So auch Schottisches Stadtrecht bei Bateson II p. cxxx **3b**) Die Witwe bis zur Wiederheirat bleibt mit den Kindern sitzen; so testiert um 833 Abba: Witwe und Kinder sollen sein Land geniessen, oder, falls Kinder fehlen, jene allein, so lange sie Witwe bleibe; sein Bruder soll es ihr nützlich verwalten; Birch 412 **3c**) Das Landgut, worauf der Bauer unbeklagt gesessen hat, besitze Witwe und Kinder unbestritten; II Cn 72 f. = Hn 14, 5 f. **3d**) Im Engl. Bauerrecht späteren Mittelalters behält die Witwe als des Mannes Erbin mit ihren Kindern dessen Land; Pol Mai II 425 **3e**) Dass die Witwe, ausser wenn sie entführte Nonne gewesen, etwas vom Erbe des Mannes erhielt, sagt Af 8, 1, aber nicht wieviel **3f**) Die nachgelassene Fahrhabe des Intestaten verteilt der Herr an Witwe, Kinder und nahe Verwandte nach gesetzlicher Erbfolge; II Cn 70, 1 **3g**) Die Witwe zählt zum engeren Familienkreise, der für den Erschlagenen Halsfang, ein Präcipuum vom Wergeld, erhält; Leis Wl 9 **3h**) Sie zahlt das Heergewäte für ihren verstorbenen Mann [verantwortet also dessen beweglichen Nachlass]; II Cn 73, 4 [= Hn 14, 6]. 78 In **3i**) **N** Sie, jedoch neben und alternativ mit Kindern, Sippe oder Vassallen, verteilt Almosen für seine Seele aus seinem Nachlass; CHn cor 7, 1 **4**) Jenes Drittel der Frau (*o.* 2) erscheint auch bei Beda: Drycthelm *substantiam* [Fahrhabe, laut letzten Drittels] *in* 3 *divisit portiones, unam coniugi, alteram filiis tradidit, tertiam,* [als Totenteil, Seelschatz] *sibi ipse retentans, pauperibus distribuit;* V 12 **4a**) Dieselbe Dreiteilung gilt im 12. 13. Jh. für Fahrhabe; Jocelin Brakel. 67; Bateson II, xcvii **4b**) Ein Drittel des Landes ihres Gatten besitzt die Witwe lebenslänglich nach Common law seit 12. Jh.; Pol Mai II 401. 418 **5**) Nach dem Traktat *Wif* 3 erhält die Braut vom Bräutigam erstens ein Geschenk dafür, dass sie seinen Willen erkiest, zweitens die Zusage einer Witwenversorgung. Diese beiden Gaben können verstanden sein unter den, ausser der Morgengabe, vom Manne der Frau zugewendeten Gütern (*pecunia,* Fahrhabe; Hn, wohl zu eng), die wie diese Morgengabe ihr, auch trotz Wiederheirat, verbleiben [*s.* dagegen *u.* 8b] und nur im Falle freiwilliger Heirat noch vór verflossenem Trauerjahre an des ersten Mannes Sippe zurückfallen; II Cn 73a (= Hn 11, 13a); 2; *vgl.* Ehe 3. Oder aber eine der Gaben ist mit Morgengabe bereits verschmolzen **5a**) Bei beerbter Ehe, fährt *Wif* fort, erhält die Witwe bis zur Wiederheirat den ganzen Nachlass (*ierfe;* dafür *orf, pecunia,* nur Fahrhabe, jüngere Var.), bei kinderloser den halben [zu lebenslänglichem Niessbrauch als Vertreterin der Nachkommenschaft; *vgl.* Ehefrau 10b] **6**) Eine besondere Verfügung, nicht ein Beispiel allgemeinen gesetzlichen Zustandes, liegt vor in Cnuts Urk.: 'Wer der Eheleute länger lebt, erhält das ganze Vermögen, sowohl an Grundbesitz, den ich ihnen gab, wie an allen Dingen'; Earle 229 **7**) Während der Ehe besitzt die Frau Vermögen in wenigstens ideeller Sonderung [so bei anderen Germanen; Schröder *Ehel. Güterr.* I 174]: sie kann, abgesehen von der ganzen Habe des Mannes, auch eigene Habe verwirken; *s.* Ehefrau 6 **7a**) Eine Frau besitzt bei Lebzeiten des Mannes um 1060 unabhängig von ihm Land, ohne dass dieser es veräussern oder verwirken kann; und nach Ehetrennung, *separatio,* behält sie es; Domesday I 373 **7b**) Die Frau kann vom Ehemann beschenkt werden und mit ihm zusammen veräussern; Vinogradoff *Engl. soci.* 251 ff. **7c**) Sie verliert all ihr Vermögen [offenbar auch das Eingebrachte] an den Ehemann infolge Ehebruchs; *s. d.* 12 **N 8**) Für Normannenzeit behandeln ~ ~ CHn cor und Hn. Die Witwe eines Königsbarons ohne Kinder erhält bei dessen Tode Aussteuer (*s. d.* 3) und Wittum; die mit Kindern nur so lange sie Witwe bleibt [es ist jenen verfangen] **8a**) Sie oder ein Verwandter ist Hüter des Landes und der Kinder [bis zur Mündigkeit des ältesten Sohnes]; CHn cor 3, 3 **8b**) Die Rücknahme des Wittums bei Wiederheirat der Witwe wurde nicht Common law, galt aber [gegen *o.* 5] lokal im Engl. Mittelalter; Pol Mai II 420 **9**) Das aus Lex Ribuaria, aber mit eigenen Änderungen, also der Absicht, praktisches Recht zu bieten, Ausgezogene *s.* Aussteuer 4. Ausgenommen wird das davon in der Ehe für Almosen oder Notdurft Verausgabte; Hn 70, 22; 22a **10**) Stirbt die Frau kinderlos bei Lebzeiten des Mannes, so teilt ihre angeborene Sippe ihren Teil mit diesem; 70, 23

Ehescheidung *s.* Wb (*ge*)*twæman; bugan, eft ham ongean willan, eft æt ham gebrengan, gængang, forlætan, ælæte* [*hiwgedal; wiðscufan, al. onsacnian* für *expellere* bei Toller]. Im Domesday *separatio s.* eheliches Güterrecht 7a 1. Ohne Grundangabe. 2. Ehebruch. 3. Heidentum. 4. Keuschheitsgelübde. 5. Fehlor. 6. Raubehe. 7. Unfreiheit, Friedlosigkeit, Krankheit. 8. Verwandtschaft. 9. Geschiedene Frau 1) Ohne Grundangabe kommt ~ bei Abt vor, da wo die Kinder bei der Frau bleiben, jedenfalls nicht weil letztere ins Kloster will; und da sie freiwillig ausscheidet, ist sie auch nicht wegen Ehebruchs verjagt; *vgl.* eheliches Güterrecht 1 2) Zumeist erfolgt ~ wegen Ehebruchs (*s. d.* 2b—3f. 5d; Ehe 5), aber nicht des Mannes (auch nicht wegen seiner Kebsehe), sondern nur der Frau. *Vgl.* Johanns VIII. Brief a. 878 an Erzbischof Æthelred von Canterbury; Jaffé-Löwenfeld *Reg. pont.* 3125 **2a**) *In potestate viri est, si velit, reconciliari mulieri adulterae* Theod. *Poen.* II 12, 11; so auch Syn. Hertford. a. 675, c. 10. Dagegen war bei handhaftem Ehebruch ~ Pflicht des Ehemannes im Frankenreich bis zum 8. Jh.; Welsch *Bestraf. d. Ehebruchs* 20 **2b**) Dass der Ehemann, der seine bei Untreue ertappte Frau zur Verstümmelung schleppt (*s.* Ehebruch 12), ~ will, ist unzweifelhaft **3**) ~ infolge Heidentums des einen Gatten war erlaubt im 7. Jh. [und vielleicht wieder im 10.?]; Theod. *Poenit.* II 12, 18. In Kent begegnet aber Ende 7. Jhs. eine Ehe, in der der Mann, aber nicht die Frau, Götzen dient; Wi 12 **4**) ~ erfolgt, wenn ein Gatte mit des anderen Beistimmung Keuschheit gelobt; *s.* Ehe 5. b. d. Beide [Gatten] können unter bischöflicher Beistimmung sich zur ~ und künftiger Keuschheit entschliessen; Northu 65. Ælfric erlaubt ~ nur behufs Keuschheit; *Homil.* II 324 **5**) Wenn nach der Heimführung der Mann das Rechtsgeschäft [der Eheschliessung; *s. d.* 5. 5a] trügerisch findet — also an der Braut ein Fehl entdeckt, wohl nicht bloss den Mangel der Jungferschaft —, bringe er sie wieder zu ihrem Vaterhause und erhalte das Brautkaufgeld zurück; Abt 77, 1 **6**) Nach Eheschliessung (*s. d.* 2e. l) durch gewaltsame Entführung kann *gæ[n]gang* (Rückkehr), also ~ durch die Frau, geschehen; Abt 84. So kann auch die geraubte Witwe vom zweiten Manne fort; II Cn 73a; 2 **7**) Die ~ Unfreier durch Freilassung (*s. d.*) des Mannes (aus Exodus), die ~ Freier durch Gefangenschaft oder Erkrankung der Frau, durch Verknechtung, Friedlosigkeit, wirtschaftliche oder leibliche Vernichtung, Verbannung und Reichsabschwörung des Mannes *s.* Ehe 1. 5; Ehefrau 8. 9a **8**) ~ wegen Verwandtschaft der Gatten kam oft vor. Vielleicht auch Verwandtenehe versteht unter *unrihthæmed*, dessen Trennung er befiehlt, Wi 5, 1 **8a**) Bei Eheschliessung (*s. d.* 12i) vermeide man Verwandtschaft der Brautleute, die nachher zu ~ zwänge **8b**) Nach dem Verbot, sich mit einer Nahverwandten zu vermählen [aus Atr oder Cnut]: wer es tut, sei ausser Gottes Gnade (= in Kirchenbann) und ohne ehrlich Grab, wenn er nicht ablässt [also die Ehe scheidet] und büsst, wie der Bischof vorschreibt; Northu 61, 2f. **8c**) Ein kanonistischer Traktat um 1000 fordert als des Königs Pflicht u. a., dass er unkanonische Sexualverbindungen zu Zucht und Ordnung zwinge und Blutschande-Ehen scheide (*unrihthæmedu gebete and siblegeru totwæme*); ed. Stubbs *Mem. of Dunstan* 356 **9**) Die Heirat mit einer Geschiedenen ist verboten; *s.* Ehe 6 **9a**) Die ~ betrachtet ein Paraphrast um 1010 so sehr als nichtig, dass er *on ælætan* (das *cum repudiata, relicta, desertiva* von den Lat. Übersetzern zu I Cn 7, 1 richtig verstanden wird) wiedergibt durch *cum coniugatis;* VI Atr 12, 1 L

Eheschliessung. 1. Ausdrücke. 2. Raubehe. 3. *sceatscyrp.* 4. Kaufehe. 5. Brautkauf. 6. Welcher Betrag. 7. An die Braut. 8. Abhandlung *Wif.* 8b. Bräutigams fünf Versprechungen. 9ff. Die Verlobte an den Bräutigam gebunden. 12. Einsegnung. 13. Hochzeit. 14. Heimführ. 15. Entwickl. der ~. 16. Wille der Braut. 16n. Heiratskonsens des Herrn. **1**) *s.* Wb *brydguma;* bei Toller Komposita mit *bryd-, wif-, æw-*; Namen für Gatte und Gattin *s.* Ehe, Ehefrau. Heiraten: *wifian* eine Frau nehmen; *ceorlian:* nubere **1a**) Frau erwerben: *wif (ge)bycgan* **1b**) verloben, Verlobung, unverlobt: *(be)weddian; wedd, beweddung; unbeweddodu; desponsata* urspr. 'verlobt', dann, wie *sponsa, épouse:* 'angetraut', ebenso *beweddod wif:* Ehefrau; antrauen: *forgiefan* **1c**) Trauung, Hochzeit (*u.* 13): *gift* [im sing. auch Ann. Agsax. 1110, und bei anderen Germanen; Brunner I[2] 98], bei Toller *wifgifta, wifung, brydgift, brydlac, brydhlop* (*u.* 2p), *brydealo(ð), brydþing, giftfeorm* (-fest); Napier *Old Engl. lexic.* 33 **1d**) heimführen: *æt ham* (*s.* Wb) *gebrengan;* Aldhelms *nubentur* glossiert *hi beoð hambrohte* in *Anglia* 24, 528 **1e**) Frauenraub: *niednam* [dies, *-nima, -nimu* bedeuten gewaltsames Nehmen, auch ohne sexuelle Beziehung], zu trennen von Notzucht; *s. d.* **2**) Die Raubehe besteht bis zu Ende Agsä. Zeit. Von Notzucht oder Konkubinat muss sie von Anfang sich unterschieden haben durch Kundmachung unter des Mannes Sippe und Nachbarn **2a**) Die Nachkommenschaft ist ehelich, denn der Bastard (*s. d.* 1) heisst aus h e i m l i c h e m Beilager **2b**) Aber bereits unter Abt kostet Raubehe als widerrechtlich Busse (ausser nachträgl. Brautkaufgeld) an den Vormund der Entführten **2c**) Des Mädchens fehlende Einwilligung dagegen ist für ältestes Recht unerheblich; Gewalt liegt nur vor *in parentes,* ihre Sippe; Brunner I[2] 95[16]. 96[20] **2d**) Wer ein Mädchen gewaltsam [sich zur Raubehe] nimmt, büsse dem Eigentümer [der Vormundschaft über sie] 50 Schill. und erkaufe nachher von diesem Eigentümer dessen Einwilligung [zur Ehe; *u.* n]; wenn Rückkehr [der Geraubten, also Lösung der Ehe] geschieht, büsse er [ihrem Vormund nur] 35 Schill. und dem König 15 Schill. [Strafgeld; Brautkauf fällt infolge dieser Lösung der Ehe fort]; Abt 82. 84 **2e**) Erst durch die Nichtehe wird der Raub zu einer die Öffentlichkeit angehenden Missetat [wohl nicht als Unzucht, sondern als Störung polizeilichen Friedens] und fordert Strafgeld [Hazeltine *Gesch. d. ~ nach Agsä. Recht* 15 stimm ich nicht bei]. Archaischerweise spricht Abt von 'Rückkehr', dem objektiven Erfolge des von Cnut (*u.* l) durch subjektiven Wunsch gekennzeichneten Tuns **2f**) Wer eine Witwe [sich zur Ehe] nimmt, die nicht sein eigen [sondern aus der Vormundschaft eines Dritten], büsse [diesem den Betrag für] Schutzgewalt doppelt [also bei gemeinfreier (Abt 75, 1) nur 12 Schill.: weit weniger als *o.* d, viell. weil die Jungfrau höher galt, auch die Familie der Witwe schon einmal Brautkauf erhalten hatte]; Abt 76. Die erste Zahlung ist vermutlich als Kaufgeld der Munt, die Nochmalzahlung als Busse zu erklären **2g**) Der eigene Vormund der Witwe darf sie also zur Ehe mit ihm selbst zwingen; am eigenen Mündel ist kein Raub möglich **2h**) Wer eine Witwe oder Jungfrau gewaltsam [sich zur Ehe] nimmt, büsse das mit [seinem] Wergeld; II Cn 52. 52, 1 [wie bei anderen Germ.; Brunn. II 668; Pol Mai II 489]. Der Übs. In Cn versteht 'ihr Wergeld' **N 2l**) Im 12. Jh. ist Raubehe so veraltet, dass von den Übersetzungen die eine beide Male, die andere einmal sie als Notzucht missversteht (wie *u.* m): *opprimat, cum invita concumbit* [*vgl.* Glosse *wifa nydnimung: stuprum, raptum* Toller 718], während *per vim capiat* und *rapere*, getrennt von *coire*, die gewaltsame Entführung (*s. d.* 2a) noch richtig ausdrücken **2k**) Ende 13. Jhs. scheidet noch ein Jurist *stupre* (*despuceler felounessement*) von *rap: proprement alopement pur desir del mariage* und tadelt die geltende Konfusion im Begriffe *rape;* Mirror of justices ed. Whittaker 29 **2l**) Die zur Ehe geraubte Witwe kann vom zweiten Manne zurück (*vgl. o.* d), und behält dann des ersten Mannes Geschenke (Morgengabe und Wittum), selbst obwohl die zweite unfreiwillige Ehe ihr noch im Trauerjahre aufgezwungen war; II Cn 73a; 2. Die Strafe des zweiten Mannes, Wergeld, trifft ihn wegen Bruch des Trauerjahres. Ob ein zweites Wergeld als Strafe für Frauenraub (*o.* h) hinzutritt? Die Busse an den Vormund ist aus *o.* f hinzuzudenken. Die Raubehe, wenn nicht faktisch durch die Frau gelöst, ist rechtlich nicht ungültig; und die Lösung scheint Ausnahmefall **2m**) Wer eine Nonne (*s. d.*) schändet oder eine Witwe gewaltsam [sich zur Ehe] nimmt, büsse tief kirchlich und bürgerlich; VI Atr 39. Vermutlich ist eine zur Keuschheit gelobte Witwe gemeint; dafür sprechen die Stellung neben der Nonne und das Fortlassen des Mädchens. Die Verschiedenheit des Verbs zeigt klar, dass nicht bloss, wie bei der Nonne, Beischlaf, sondern Ehe beabsichtigt war; der Gelübdebruch erforderte nur geistliche Pönitenz für Æthelred; der kirchlichere Paraphrast aber hielt ihn für ein absolutes Ehehindernis (wie bei der Nonne) und missversteht daher (wie *o.* i) Notzucht. Er droht Einziehung des Vermögens dafür **2n**) Ein Fränkisches Bussbuch, das um 1000 ins Agsä. übersetzt ward, hat: *Si homo quis alterum filia sua spoliaverit, emendet erga amicos; . . et uterque ieiunet . . et ducat eam postea in uxorem legitimam, si amici* (*o.* d) *voluerint;* Pseudo-Egbert *Poen.* IV 13, bei Thorpe *Anc. laws* 379. 409; also die Sippe der Frau entscheidet über die Gültigkeit der Raubehe [und empfängt die Busse], nicht die Frau, [laut des Fastens], obwohl sie sich gern hat entführen lassen **2o**) **N** Zu den vorbehaltenen Kronprozessen (*s. d.*) rechnet *violentus concubitus, raptus* bei Hn 10, 1. Zwar kann er mit *raptus* nicht, wie spätere Rechtsprache, Notzucht meinen laut des Vorherstehenden, aber auch schwerlich Raubehe laut des *o.* i von ihm begangenen Missverständnisses; vielleicht: Entführung; *s. d.* 2a **2p**) Von der Raubehe eine Erinnerung bewahrt der 'Brautlauf', eine Hochzeitszeremonie bei der Heimführung; Brunner I² 98[38]. Das Agsä. Wort dafür lautet *brydhlop;* *s.* Toller *Suppl.* **3**) Eine älteste Verlobungsart durch Arrhalvertrag, die vom späteren Wettvertrage verdrängt worden sei, findet Röder *Nachr. Gött. Ges.* 1909, 29 im Worte *sceatwyrp*, Schatzwurf [nicht überzeugend] **4**) Die regelmässige Ehe der Agsa. aber wird geschlossen in 2 Akten: Verlobung und Übergabe der Braut durch ihren Vormund (d. h. die Sippe, zunächst den Vater) an den Bräutigam. *Vgl.* Hazeltine ~ 4ff; Heymann in *Zs. Savigny Rechtsg. Germ.* 30 (1909) 494 **4a**) Die Verlobung ist ein rechtsförmlicher Vertrag [schon bei den Goten vor 380; Röder (*o.* 3) 30; Amira *Wadiation* 49], unter Überreichung eines Symbols und Bürgenstellung, und heisst wie jenes Symbol *wedd;* der Name ist für 'Heiraten' dem Englischen bis heute geblieben. Zeitlich und örtlich trennt von der Verlobungssprache des Freiers die Heimholung der Braut Urk. a. 1016—20 Kemble 732 **4b**) Die Verlobung setzt den Brautkaufpreis fest, d. h. das Geld, welches der Bräutigam dem Brautvormunde zahlt, wenigstens in Kent für die Braut selbst, später anderwärts vielleicht bloss fürs Mundium über sie **4c**) *Vgl.* den Tadel einer Homilie noch 11. Jhs.: mehrere schiessen Geld zusammen und *ane cwenan gemænum ceape bicgað gemæne;* Wulfstan 161; *vgl.* Blutschande 5 **4d**) Diese Agsä. Ehe ist also Kaufehe; *vgl.* Brunner I² 95ff. 'Kauf' aber bedeutet im German. Recht 'entgeltlichen Erwerb, Handelsschluss mit Gegenleistung'; das vom Manne erworbene Eigen an der Frau ist familien-, nicht sachenrechtlich; Amira *Nordgerm. Oblig.* II 669 **4e**) Kaufehe ist die vornehmste Art der Verbindung von Mann und Weib: 'König soll (mag, pflegt zu) erkaufen die Gemahlin durch Kauf (Wert, Gut, *ceape*) mit Bechern und [Edelmetall-] Ringen'; *Gnom. Exon.* 82. Die Liebende ersehnt, 'öffentlich [= landrechtlich] zu erlangen, dass sie mit Ringen [Brautkaufgeld] erkauft werde [durch den Geliebten]'; *Gnom. Cotton.* 44 **4f**) Der Preis heisst *ceap, feoh, ierfe* [*Confess.* Ps. Egberti 20, ed. Thorpe *Anc. laws* 353], (*med*)*sceat* [Hazeltine ~ 5], aber nicht *gift.* In jenem *sceat* vermuten 'Schöss' Grimm und Toller *Dict.* und verstehen [mit Unrecht] Nord. Schösssetzung in Abt 83 *u.* 5c; Kniesetzung nimmt auch Amira 112 an **5**) Wenn jemand eine Jungfrau [zur Ehe] erkauft, werde durch Kauf[geld gültig] gekauft. War das [Rechtsgeschäft] trügerisch, gebe Brautsippe dem seine Ehe Lösenden sein Geld zurück; Abt 77. 77, 1; *s.* Ehescheidung 5 [**5a**) 'Fehlerlose Heirat' sagt im Norden der Verlober zu. Findet der Bräutigam Fehler an der Braut, dass sie schwanger ist, hurt, Missetat begeht, so kann er die Verlobung ohne Reubusse widerrufen; Amira *Nordgerm. Oblig.* II 291ff. 667] **5b**) Raubehe wird legalisiert, indem der Ehemann 'nachträglich dem Vormunde der Braut dessen Einwilligung abkauft'; *o.* 2d **5c**) Die Braut heisst bis zur Vermählung 'in Geld verlobtes Mädchen'; Abt 83 **5d**) Wer einem das Eheweib schändet, 'verschaffe ihm aus seinem eigenen Geld ein anderes'; Abt 31: die Ehe ist ein kostspielig Geldgeschäft [5e) 'Keiner soll sich eine Frau kaufen mit eines andren Geld'; Amira *Nordgerm. Oblig.* II 606] **5f**) Wenn jemand ein Weib [sich zur Ehe] kauft, und die Trauung nicht zustande kommt [von ihrem Vormund unterlassen wird], gebe man [der Brautvormund] das [Brautkauf]geld zurück und zahle [es zur Busse dem Bräutigam] noch einmal und büsse dem [Verlobungs]bürgen soviel wie der Bruch eines durch letzteren gewährleisteten Versprechens kostet; Ine 31 **5g**) *Disponsata si non vult* *habitare cum viro, cui est desponsata, reddatur ei pecunia, quam pro ipsa dedit; et tertia pars addatur;* Theod. *Poen.* II 12, 34 [ähnlich Ps-Egb. *Confess.* I 20, auch Agsä, wo hinzugefügt: die Magen (der Braut) *forgyldon heora wedd* (müssen das dem Bräutigam gegebene Pfand bezahlen, einlösen); *vgl.* Amira *Wadiation* 12] **5h)** Tritt der Bräutigam von der *desponsata* zurück, *perdat pecuniam, quam pro illa dedit;* ebd. **6)** Brunner I² 98 hält für den fixierten Brautkaufpreis ursprünglich wohl das Wergeld der Braut. Mir scheint nach Abt 76 (*o.* 2f) eher nur das Mundiumgeld gemeint. Das Mundium ging ja durch die Ehe vom Brautvormund auf den Bräutigam über. Jedenfalls wuchs der Brautkauf mit dem Stand der Braut **7)** Zur nachträglichen Ehe mit der Verführten gehört, dass 'der Vater sie dem Verführer geben will'; so übersetzt aus Exodus Af El 29, fügt aber selbständig, statt *dotabit* der Exodus, hinzu: der Heiratende 'bezahle sie' **7a)** Vielleicht bedeutet diese Einsetzung des Brautkaufgelds statt der *dos* für die Braut bereits die Verschmelzung jener Leistung mit dem Wittum **7b)** Im 11. Jh. empfing die Braut unmittelbar den Brautkauf; Anm. zu Ps. Egb. *Conf* ed. Thorpe *Anc. laws* 353 **7c)** Cnut bekämpft zwar den obligatorischen Brautkauf, lässt ihn aber in der Form freiwilligen Geschenkes zu; *u.* 16d **8)** Die Abhandlung Wif über ~ I 442 trennt noch archaisch Verlobung von Trauung, fasst die ~ rein weltlich, ersteres Geschäft als beiderseitigen Wettvertrag, sichert es durch Bürgschaft, lässt beide Sippen teilnehmen [wie bei anderen Germanen; Brunner I² 96. 126. 541], die der Braut als ihren einstigen Vormund, aber auch des Bräutigams Blutsfreunde als seine Bürgen, und schweigt von einer elterlichen Mitgift an die Braut. Allein die Arbeit zeigt Spuren jüngerer Rechtsentwicklung, indem sie die Verlobung nicht mehr als Kauf behandelt, die Braut selbst entscheiden und vom Bräutigam Geld empfangen lässt, den Brautkaufpreis und Morgengabe nicht erwähnt und endlich den Priestersegen hinzufügt **8a)** Nach Amira *Stab* 155, gegen meine Übs., ist *wed* weder Gelöbnis noch Pfand, das neben Bürgschaft keinen Platz habe, sondern etwas Wertloses (vielleicht ein Stab), das zur Bürgschaft führt **8b)** Die einzelnen Akte sind nach *Wif* fünf Versprechungen des Bräutigams: **8c) A.** Der Bräutigam verheisse dem Vorsprecher der Braut, er werde sie nach Gottes [= vollkommenem] Recht so halten, wie ein Mann sein Eheweib [behandeln] soll; Wif 1 **8d)** Ähnlich in Schwaben bei Müllenhoff und Scherer *Denkmäler* 246. 624; Schutz der Frau durch ihre Sippe gegen Missbrauch hausherrlicher Gewalt kennen auch andere Germanen; Brunner I² 129 **8e)** Nach Yorker Missal 15. Jhs. sagt der Bräutigam: *Accipio te in uxorem tenendam et habendam:* was anklingt an Worte des Vassallitätsvertrages: *wiðþamþe he me healde;* Swer 1; *u.* k **8f) B.** Der Bräutigam verspreche den 'Lohn für Erziehung' [*s. d.*; diese Gabe kommt ausserhalb der ~ sonst vor, ist folglich nicht mit Brautkauf oder Weinkauf identifizierbar; Wif 2]: offenbar an die Pflegeeltern **8g)** Er beschenkt auch bei anderen Germanen nicht bloss den Brautvertreter, sondern auch sonstige Blutsfreunde; Brunner I² 126 **[8h)** Wie hier der Brautkäufer, so zahlt der Landkäufer *nutritori* des Veräussernden ein Sondergeschenk in Wales; Seebohm *Tribal system* 217 aus Liber Landav.] **8i)** C. Er verspricht der Braut [nicht, wie einst, ihrem Vormund *o.* 4b] eine Schenkung dafür, dass sie seinen Willen erkiese; Wif 3. Sie wird mit der Heirat nicht etwa seine Sklavin, wohl aber seine schutzbedürftige Abhängige, tritt aus der angeborenen Vormundschaft in die des Ehemanns; Hazeltine ~ 13 **8k)** Auch diese Worte stehen im Vassallitätseide; *vgl. o.* e **8l)** Diese Gabe bestand wohl in Edelmetall, auch einem Goldring (*u.* 12h; *sceal bryde beag* Gnom. Exon.). Sie steht in Urk. um 1018: 'Er gab ihr 1 Pfund Gold dafür, dass sie seinen Antrag annahm (*spæce underfenge*), ausser Land, Vieh, Sklaven; Earle 228. [Es scheint mir ausgeschlossen, dass dieses Verlobungsgeschenk mit der erst nach der Hochzeitsnacht fälligen Morgengabe identisch oder auch nur genetisch zu verbinden sei.] **8m) D.** Er erkläre, was er ihr verleiht für den Fall, dass sie ihn überlebe [also die Witwenversorgung]; Wif 3 **8n) E.** Falls der Bräutigam in einem anderen Gerichtsbezirk wohnt, versichere er die Verwandten der Braut, sie werde dort kein Leid erfahren und [= sondern], falls sie eine Schuld verbrechen und zahlungsunfähig sein werde, sich ans Vaterhaus um Hilfe wenden dürfen; Wif 7 **8o)** Für jede der ersten vier Versprechungen, die als *wedd*, durch Pfand gesichert, bezeichnet werden, stellt der Bräutigam der Brautseite Bürgen; Wif 1. 2. 5. 6 **8p)** Jene Bürgen treten nach der Urk. a. 1018 dagegen erst auf 'da als man die Jungfrau [zur Ehe heim]holte', also nach der Trauung. Und zwar nennt diese Urk., wohl nicht zufällig, 11 Namen, also mit dem Bräutigam 12; Earle 228. Vermutlich stellte diese Zahl wie bei der Eideshilfe die vollste Sicherheit dar. Diese Bürgen, wohl aus des Bräutigams Sippe, sind nicht identisch mit den vornehmen Verlobungszeugen, die keine Verwandten sind, in Urkk. a. 1018. 1023; Earle 228; Kemble 738 **8q)** Die Gegenleistung der Brautsippe besteht darin, dass sie die Braut dem Bräutigam zur Ehefrau und gesetzmässigem [Zusammen]leben verlobt, d. h. die künftige Trauung verspricht. Laut des Reimes in *to wife* 7 *to rihtlife* sind die Worte formelhaft **8r)** Die Bürgschaft hierfür empfängt der Verlobungsleiter; Wif 6 [wohl ein Unparteiischer, nicht, wie Gierke *Schuld u. Haft.* 316 meint, dem Amira *Wadiation* 12 zustimmt, mit dem Brautvorsprech identisch, vielleicht aber mit *witumbora, paranymphus*, der als Zwischenperson für den Bräutigam zahlte; *vgl.* Röder (*o.* 3) 27]. Verlobungsbürgen für beide Teile kennen auch andere Germanen; Schröder *DGR*⁵ 312 **8s)** Vielleicht bedeutet *fon to* nicht, wie ich übersetzt habe, '[das Verlöbnis] annehmen', sondern sinnlicher: den zu veräussernden Gegenstand, die Braut, zeremoniell anfassen (ergreifen bei der Hand). Der Vormund legt die Hände der Brautleute zusammen, bei Amira *Handgebärden* in *Abh. Bair. Ak. Wiss.* 23 (1905) 241. Quadr übs. *adeat*, betrachtet also *fon to* (genau wie den Sinn von *gan to* und *gangan to* im Wb) als blosse bedeutungslose Einführung des Handelns im folgenden Verb 9) Die also Verlobte darf nicht geraubt werden, ohne dass (neben ihrer Sippe) auch der Bräutigam Bussgeld, 20 Schill., vom Entführer erhalte; Abt 83 9a) Verkauft sie der Vormund einem Dritten, so verwirkt er Schadenersatz an den Bräutigam nach Theodor; Hazeltine (*o.* 2e) 11. 17 10) Wenn eine verlobte Jungfrau sich beschlafen lässt, büsse sie dem [Verlobungs]bürgen [*o.* 8r] mit 60 Schill. (bzw. 100, 120 Sch., wenn sie vom Stande des 600- und 1200-Schill.-Wergelds ist); Af 18, 1 = Hn 82, 9. [Anders ahnden dies Vergehen andere Germanen; Brunner II 662] Die Summen sind dieselben [bis auf *XL*, die viell. zu *LX* zu emendieren] wie die, welche der Ehemann für Befleckung seiner Frau (ohne handhafte Ertappung) und die Geschändete als Busse empfangen; Af 10. 11, 2 11) In dieser Beziehung also wird die Verlobte schon der Ehefrau gleich geachtet N 11a) Die Verlobung gilt so sehr als Ehe begründend, dass ein nach ihr, obwohl vor der Trauung, geborenes Kind als erbfähig den jüngeren ehelichen Kindern desselben Paares vorgeht, im Stadtrecht v. Wakefield 1286; Bateson II 136 11b) Vielleicht weil im 12. Jahrh. Quadr die Trennung von Verlobung und Trauung nicht mehr kannte, hat er Ine 31, *o.* 5f, *gift* (Trauung) als *donum, pretium* (Brautkaufgeld) missverstanden 12) Kirchliche Einsegnung der Ehe (*s. d.* 4a) ist bei Agsa. seit 7. Jh. bezeugt; später: Ps. Egb. *Exc.* c. 90; Toller *Suppl. s. v. dryhtealdormann* 12a) Judith, Ælfreds Stiefmutter, ward 856 eingesegnet 12b) Agsä. Ritualien bieten Formeln für Segen der Brautleute, des Ringes, der Kammer, des Bettes; *Durham Ritual* ed. Stevenson 106—11 mit Agsä. Interlinearversion; [sg.] Egberts *York Pontifical* ed. Greenwell 125f. 132f.; Sacramentar von Winchester a. 1013—7 ed. Wilson *Missal of Jumièges* 269 (*'Missa ad sponsas benedicendas'*); Röder *Familie* 60 12c) Ælfric an Sigeferð stellt als *riht sinscipe* die Gatten hin, *þe beoð geæwnode æfter Godes gesetnysse;* ed. Assmann 19. Er nennt die Einsegnung *brydbletsung;* Past. ep. 43 12d) 'Der Priester soll (mag, pflegt zu) segnen Bräutigam und Braut durch Gebete und Almosenopfer'; Napier *Old Engl. lexicogr.* 17 12e) Die Engl.-Skandinav. Gruppe der Eheriten, zurückgehend auf die Liturgie von Salisbury vom 11. Jh., ruht auf Altgerman. ∼; Stutz *Zs. Savigny Rechtsg., Germ.* 30 (1909) 483 12f) Ein Priester, der gesetzwidriges Eheverhältnis (*s.* Eheverbot 1) erlaubt, werde suspendiert; Wi 6. Wahrscheinlich ist mit dem 'Erlauben' das Bestätigen durch Einsegnung gemeint, nicht das bloss schweigende Geschehenlassen einer weltlichen Handlung unter den Pfarrkindern 12g) 'Bei der Brautübergabe soll von Rechts wegen [im Ausdruck liegt: 'tatsächlich ist es oft anders'] ein Priester anwesend sein: der soll durch kirchliche Einsegnung ihre Vereinigung zusammentun in aller Heilsamkeit' Wif 8. Das Wort *gesund, salvus* ist vielleicht eine Spur des Traurituals 12h) Wie Benedictus Levita *Capit.* VI 130 und die Synode von Rouen 1072 die Einsegnung forderten, so schmähte Lanfrancs Synode von 1076 die ungesegnete Ehe als *coniugium fornicatorium,* freilich ohne den Ehecharakter zu leugnen. *Vgl.* Niese *Gesetzg. Norm. Sicil.* 75 12i) 'Man [zunächst der eben erwähnte Pfarrer, laut des Folgenden] soll sich vorsehn, dass die Brautleute nicht zu nahe verwandt seien, damit man nicht scheiden müsse was man rechtswidrig zusammengetan hatte'; Wif 9. *Vgl.* Ehescheidung 8a, -verbot 1a 12k) Im Trauungsformular des Yorker Missal fragt Priester, *si parentela intersit vel affinitas* 12l) Allein wesentlich war die Einsegnung der Ehe nicht. Und sie war dem Priester verboten bei der zweiten Ehe; *s. d.* 4. 4a. Nirgends heisst die Ehefrau etwa die eingesegnete, sondern stets die 'gesetzliche, anverlobte, förmlich vom Vaterhause fortgegebene' 13) Die Hochzeit [*vgl.* Hazeltine 10] ward als Bankett festlich begangen, wie aus mehreren Namen (*o.* 1c) erhellt und berichtet wird von König Ælfred (Asser 74), Gytha (wo Harthacnut 1042 starb), Graf Ralf von Norfolk 1075 13a) Sie ist verboten an hohen Feiertagen (*s. d.*, ehel. Enthaltsamkeit 3, Eid 9), Quatembern, von Advent bis 13. Jan. u. Septuagesima bis 14 Tage nach Ostern; VI Atr 25, nur Hs K, *wifunga* interpolierend (ebenso *Homil. n.* Wulfstan ed. Napier 117), in einen Text, der anderswo (V Atr 18. I Cn 17) nur Rechtssachen an obigen Feiertagen verbietet. Nicht Hochzeit, sondern unehelichen Beischlaf in den Fasten meint mit *wiflac* II Cn 47 [obwohl zwei Lateiner jene verstehn]; denn er fordert Doppelbusse, so dass die Tat auch ausser Fasten unerlaubt sein muss 14) Auch Heimführung ist entscheidender Teil der ∼; Abt 31; *vgl.* Röder (*o.* 3) 14 15) Die Geschichte der ∼ zeigt, wie der Brautkauf zurücktritt, Priester und geistl. Gericht Einfluss gewinnen, die Rücksicht auf den Willen der zu Vermählenden wächst 16) Dieser (*o.* 2c) ward ursprünglich nicht erfragt: 'durch ihres Vaters Willen ward die Jungfrau einem Mächtigen verlobt (*beweddad*)'; Cynewulf *Juliana* 32 16a) Sie verlobt nicht sich, sondern wird verlobt, auch nach spätesten Quellen der Agsa.; Wif 1. Von der Verlobungsurkunde behält der Brautvater ein Exemplar; Kemble 732 16b) N Noch 1215 verbrieft der König den Bürgern von Dunwich als besonderes Recht: *libere possint filias maritare, nullus potestatem habeat illas maritandi nisi per voluntatem suam;* Bateson II 86 16c) Der Wille der zu Verheiratenden kommt zuerst negativ in Frage. Schon Theodor verfügte: *puellæ* 16 *vel* 17 *annorum .. in potestate parentum sunt; post hanc ætatem patri filiam suam contra eius voluntatem non licet in matrimonium dare; Poen.* II 12, 36; auch darf die Verlobte die Ehe verweigern *o.* 5g 16d) Die Abschaffung der einstigen Willenlosigkeit der Braut, des Grundsatzes der Kaufehe, proklamiert Cnut: 'Weder Witwe noch Mädchen werde gezwungen zu dem [Manne], der ihr selbst missfällt, noch für Geld verkauft, es sei denn der [Freier] wolle freiwillig etwas [dem Brautvormund] schenken; II Cn 74 16e) Auch Wif 1 und die Urk. von c. 1018 bei Earle 228 bezeugen die Einwilligung der Braut 16f) Von der Witwe heisst es, dass sie einen Mann wählt, was vielleicht (*u.* t) noch nicht Auswahl der Person, aber sicher eigene Entscheidung zwischen Witwenstand und zweiter Heirat bedeutet; Wif 4 16g) Nur diese Entscheidung liegt in dem Satze: nach dem Trauerjahr 'wähle die Witwe was sie will' V Atr 21, 1 = VI 26, 1 (*nubendi vel continentia L*) = II Cn 73; *quod sibi placeat* Cons **16h**) Nur Quadr missversteht *quem velit* (daraus Hn 11, 13), gleich als ob nach Ende des Trauerjahres die Witwe Selbstverlobungsrecht mit frei Erwähltem gewinne. Das meint Cnut hier oder Wif nicht **16i**) Aus dem bei Cnut folgenden geht aber allerdings hervor, dass die Witwe, auch abgesehen von der Raubehe (73,2), einen Mann zu gültiger Ehe zu wählen tatsächlich, wenn auch unter Vermögensnachteilen, imstande war; *vgl.* Hazeltine 5. Denn nur ihre persönliche Liebesleidenschaft konnte sie veranlassen zu vorschneller neuer Ehe. Die Sippe des ersten Mannes war deren Gegner, denn an sie liess zur Busse der König ihre Morgengabe samt anderen Gaben des ersten Mannes verfallen. Und ihre Blutsverwandten konnten in solcher Verarmung ihrer Genossin nur Nachteil sehen **16k**) Die Witwe steht selbständiger als das Mädchen auch später gegenüber der Verheiratungsbefugnis des Lehnsherrn; *u.* r **16l**) Etwa 15 Jahre vor Cn hatte Wulfstan 1014 getadelt: 'Witwen werden unrechtmässig zum Manne gezwungen'; ed. Napier 158 **16m**) **N** Das 12. Jh. vindizierte der Frau das Heiratsrecht, und Saxo Grammaticus verlegte es in gefälschte Gesetzgebung alter Zeit: Frodo III. *arbitrariam feminis potestatem indulsit, ne qua thori coactio fieret* **16n**) Nicht notwendig, aber wahrscheinlich aus einstigem Heiratskonsens des Herrn ging die Abgabe in Shrewsbury hervor: *accipiens maritum vidua dabat* [vor 1066] *regi* 20 *sol., puella* 10; Domesday I 252 a. 1 **16o**) Angeblich aus einem *in vetustissimis scedulis Anglice scriptum* weiss im 12. Jh. [also vielleicht nur für Normannenzeit beweiskräftig] Hist. Ramesei. von König Eadreds [946—55] *consensus, ut liceret filiam Ulfi maritali sibi federe copulare;* ed. Macray 49. Ist die Nachricht richtig, so hätte der König, da er nicht mit Ulf verwandt war, über die Hand vermutlich der Erbtochter eines Grossthegn als Vassallitätsherr verfügt, wie es später zur Normannenzeit (*u.* p) durch den Lehnsherrn geschah. Es kann aber auch sein, dass jener Ulf ein sippenloser Fremder war und daher unter Königs Vormundschaft stand **N 16p**) Der Krönungsfreibrief Heinrichs I., der doch offenbar die Barone durch Zugeständnisse zu gewinnen strebt, bindet erstens ihr Verheiratungsrecht über Tochter, Schwester, Nichte, Verwandte an lehnsherrliche Zustimmung, die er freilich gratis verspricht und nie ausser bei einem ihm feindlichen Bräutigam verweigern will [so verbot 1075 Wilhelm I. dem Grafen von Hereford, die Schwester dem Grafen von Norfolk zu verheiraten]; dieses Verbotsrecht eignet jedem Lehnsherrn nach Glanvilla VII 12. Über dieses Nordfranzös. Lehnrecht, das hier schon gemildert auftritt, *vgl.* Niese *Gesetzg. Norm. Sic.* 153; Grimm *DRA* 436; Loening, *Gesch. Dt. Kirchenr.* II 604; in späterem Engl. Recht Holdsworth *HEL* III 57 [**16q**) Die Krone hielt jenes Versprechen nicht: mancher Bräutigam zahlte *pro terra et filia*; Pol Mai I 306] **16r**) Zweitens will der König Erbtöchter seiner Kronvassallen mit Rat der Barone vergeben und nur die Witwe [mit Lehnsherrschaft] nicht gegen ihren Willen. Nur ebenso sollen die Barone gegenüber Töchtern und Witwen ihrer Aftervassallen beschränkt sein; CHn cor 3—4, 2 **16s**) Quadr gibt dazu die Rubrik: *De puellis non sine dominorum licentiis maritandis* I 544 **16t**) Also die Person des Bräutigams wird um 1100 weder von Mädchen noch Witwe gewählt. Auch Ablehnungsrecht gegen den ihr vorgeschlagenen Freier hat nur letztere [ja, wenn *maritus* 'irgendein Gatte' heisst, vielleicht nur die Wahl zwischen Ehelosigkeit und Wiederheirat; *o.* f]. Der Sippenvormund ist im Verheiratungsrecht bei Erbtöchtern ganz durch den Lehnsherrn verdrängt, sonst an dessen Zustimmung gebunden

Eheverbot. *Vgl.* Cölibat, Nonne, Ehescheidung 9, Blutschande 3. 4 **1**) Nimmt ein Gefolgsadliger nach (= trotz) diesem Gesetz [von 695/6] gegen Königs u. Bischofs Verbot u. der Kanones Spruch ein gesetzwidriges Eheverhältnis, so büsse er dem Herrn 100 Schill., ein Gemeinfreier 50; sie sollen das Verhältnis mit Reue [= Pönitenz] aufgeben; Wi 5. 5, 1. Das *unrihthæmed* bed. hier (*u.* 5) nicht vorübergehende Unzucht, sondern dauernde öffentliche Beziehung, die die Gatten als Ehe betrachteten; denn im folgenden Satz wird der Priester suspendiert, welcher *unrihthæmed* 'erlaubte'; *s.* Eheschliessung 12f. Wahrscheinlich sind Ehen mit Nonnen (*s. d.*) oder zwischen Verwandten gemeint, denn Konkubinat oder Kebsehe nicht zu 'erlauben', brauchte kein Priester gewarnt zu werden **1a**) Zu nahe verwandte Ehegatten müssen geschieden werden; man beachte also die Verwandtschaft der Brautleute schon bei der Eheschliessung; *s. d.* 12i **2**) Über die erlaubten Grade hatte schon Augustin bei Gregor I. angefragt, ängstlich, ob auch nur *duo germani fratres singulas sorores accipere* könnten; Beda I 27, ed. Plummer 50. Der Papst bejahte dies. Er verbot die Ehe der Geschwisterkinder, mit der Stiefmutter und Braderswitwe. Er erlaubte ohne Einschränkung auf bestimmte Zeit: *tertia generatio* (mit identischen Urgrosseltern) *vel quarta licenter sibi iungi debeat;* ebd. 51 **2a**) Unter den Kodizes strich die Worte *tertia vel* ein Schreiber 9. Jhs.; ed. Hartmann, *Mon. Germ., Greg. reg.* II 335 **2b**) Und Ps. Isidor fabrizierte einen Gregorbrief: jene Erlaubnis gelte nur für die Neubekehrten; ed. Hinschius 749 **3**) Londoner Synode vor 604 soll *in tertio ienuculo* (Knie *s.* Sippe) *propinqua[m]* zu heiraten für Inzest erklärt haben; laut Bonifaz, *Mon. Germ., Epist. Merow.* I 300 **3a**) *In tertia propinquitate carnis licet nubere secundum Grecos; in quinta coniungantur; quarta si inventi fuerint non separentur;* Theod. *Poen.* II 12, 25. **3b**) Das ~ verschärfen Fränk. Bussbücher, die seit Ende 10. Jhs. in England kopiert und übersetzt wurden **3c**) So fügen Ps. Egb. *Poen.* IV 39, *Confess.* 28 jenem hinzu: *in tertio gradu separentur* **3d**) *Inter sex propinquitatis gradus ad coniugalem copulam nemini accedere convenit;* Ps. Theod. V (20), 19 **3e**) Die Ehe mit einigen bestimmten Verwandten verflucht Ps. Theod. *Poen.* V (20) 2 ff; 7 = Ps. Egb. *Exc.* 131; *vgl.* Ps. Egb. *Poen.* II 18 **3f**) Die Synode Odos von Canterbury a. 943 c. 7 verbietet Verwandtenehe. Als Königspflicht erscheint, *þæt he siblegeru totwæme; s.* Ehescheidung 8c **4**) Ein *comes* (*gesið*) des

Königs von Essex um 656 *habuerat inlicitum coniugium; episcopus* [von London] *excommunicavit eum;* Beda III 22 **4a**) Trotz Gregor (*o.* 2) heiratete Eadbald von Kent, allerdings im Gefolge heidnischer Reaktion, seines Vaters Æthelberht Witwe (Beda II 5) und noch Æthelbeald 858 Judith von Frankreich, seines Vaters Witwe [die aber so jung war, dass sie die erste Ehe vielleicht nicht vollzogen hatte]; *vgl.* Stevenson *Asser* 212 **4b**) Die Ehe mit der Stiefmutter ist bezeugt auch von Warnen und Burgundern [Weinhold *Dt. Frauen* I 360; Loening *Kirchenr. Merow.* 551] und verboten auf Schott. Konzil c. 1080; Theodrici *V. s. Margar.* hinter Sim. Dunelm. ed. Hinde 245 **5**) Wo *unrihthæmed* (*o.* 1) verboten wird, kann Unzucht, aber auch unkanon. Ehe gemeint sein; V Atr 10 = VI 11 (*inlicita connubia* L) = I Cn 6, 3 (*fornicationem, iniustum concubitum, coitum* L) **6**) Niemand heirate seine eigene Sippegenossin innerhalb des Verwandtschaftsabstandes von nur 6 Menschen [*sextam generationem, sextum genu* L], d. h. innerhalb des 4. Knies [dies fehlt Cnut und Wulfstan], oder die Witwe des ihm so nahe verwandt Gewesenen [Blutsverwandten; Cnut] oder die Blutsverwandte seiner verstorbenen Gattin oder seine Gevatterin (Taufverwandte; Northu) oder eine Geschiedene [*vgl.* Ehescheidung 9]; VI Atr 12f. = I Cn 7f. (Patentochter Q) = Northu 61, 1 (kürzer und ohne '6· Glied'). Die Stelle ist wiederholt in *Hom. n.* Wulfstan 271. 308. Also noch Ururenkel von Geschwistern dürfen einander nicht heiraten [**6a**) Statt Witwe u. Gattin setzt: *cum qua carnaliter conversatus est, rem habuit* Cons Cn, also den weiteren Begriff, die Konkubine mitumfassend] **6b**) Exkommunikation droht dafür Northu 61, 2 und weigert den in solcher Ehe Gestorbenen ehrliches Grab; 62 **6c**) Unter don mit Verwandten Verehelichten werden die *cum propria fratris uxore nupti* besonders getadelt c. 780 von der Westsächs. Nonne in Heidenheim in *V. s. Wynnebaldi* ed. *Mon. Germ. SS.* XV 111 **6d**) Das Verbot der Ehe mit Blutsverwandten des anderen Ehegatten begründet schon Gregor I. (*o.* 2) damit: die Frau *per coniunctionem caro* (des Mannes) *facta fuerit* [aus Gen. 2, 24]

Ehrenbezeigung durch den Beklagten für den beleidigten Kläger, ausser Entrichtung des Bussgelds. *Vgl.* über Nordisches *pretium contemptus* neben der Busse Lehmann *Königsfriede* 122 **N 1**) Bei absichtsloser Missetat *honorificentiam iudices* (Urteilfinder) *statuant* zugunsten des Verletzten; Hn 90, 11d **2**) Der Beleidigte, dessen *amicitia* man zu gewinnen wünscht, *satisfactionibus honoretur,* nämlich *armis* (Waffengeschenk) *et honoribus emendetur,* auch wenn er zu keiner *overseunessa* (Busse für gekränktes Schutzrecht) berechtigt ist; Hn 36, 1 **2a**) Wie es aber schimpflich ist, aus Bussgeldempfang für das Erleiden von Wunden oder Prügeln ein Geschäft zu machen (Hn 39 = 84a), so ist es ehrenwert, sich vom Verurteilten den Gleichheitseid (*s. d.*) leisten zu lassen, jedoch ein von ihm *pro habenda dilectione* gemachtes Sühngeschenk zurückzugeben: der Ehrenmann brauche nur so zu erscheinen, dass man fürchte, ihn zu beleidigen; Hn 36, 2—2a **3**) Der Beklagte bei der Sühne dem beleidigten Kläger *metera avant honurs,* neben Gleichheitseid; Leis Wl 10, 2 **3a**) *Si burgensis vulnerat alium, et voluerint concordare . . ., arma ei afferet et iurabit super arma* den Gleichheitseid; zu Preston im 12. Jh.; Bateson I 30 **4**) Die Busszahlung enthält in sich wahrscheinlich stets ein Element der ~, eine Abwaschung des an dem Beleidigten durch die Beleidigung haftenden Makels. Ausgedrückt hat dies zu den Worten von Hu 8, 'Rindesglocke, Hundehalsband, Blashorn gilt 1 Schill.' ein Bearbeiter 12. Jhs. I 195*: 'über Marktwert gerechnet, viell. wegen des aus dem Fortnehmen möglichen Schadens *vel propter dedecus';* als des Hirten (bzw. Wanderers) Ehre gilt, dass jene Symbole ihn als unverhohlenen Viehhüter (bzw. Reisenden) bezeichnen, vom heimlichen Verbrecher unterscheiden; sie verdienen also hohe Busse; *vgl.* Diebstahl 11c

Ehrenkränkung. *Vgl.* Unzucht, Versuchsdelikt; Prügeln, Binden, Entwaffnen, Gefängnis, Bart, Scheren; Gliederbusse; Verleumdung, Fluch, Lästerung **1**) **A.** Realinjurien im Zusammenhang bringt Af 35—35, 5: Binden kostet nur halb so viel Busse wie Prügeln (*s. d.*) oder Bartabscheren, ein Drittel so viel wie Gefangenlegen oder zum Priester Scheren, kann aber mit letzterem kumuliert werden **N 1a**) Wer königliche Mittelförster schlägt, wird verstümmelt; Ps Cn for 19 **2**) Entzieht der Lehnsherr dem Vassallen das Land, wofür dieser Mannschaft geleistet hat, so ist das *contumelia vel iniuria;* Hn 43, 9; 3 **3**) ~ gegen die in Staat, Kirche, Vassallität Vorgesetzten liegt im 'Ungehorsam' (*s. d.*), im Bruch ihres 'Schutzes' (*s. d.*, Bürgschaft 3s) oder Urteiles; für all dies setzen Lateiner *contemptus, despectus.* **4**) In Hn verbindet sich diese ~ mit: **B.** Verbalinjurie; *u.* 6. Zum Kronprozess gehört und in *Misericordia regis* verfällt *contemptus brevium vel praeceptorum regis, despectus vel maliloquium, contumelia* gegen seine Person oder Befehle; Hn 10, 1. 13, 1: neben Ungehorsam auch Lästerung und Schimpf. Besonders der Satz *de famulis* (*regis*) *iniuriatis,* erwähnt hinter deren Tötung, zeigt, dass Realinjurie mitgemeint ist. **4a**) Heinrich I. strafte ein Spottgedicht gegen ihn mit Blendung des Dichters; Ordric ed. Le Prévost IV 459 **4b**) Strenge Strafe dafür anderswo zeigt Steenstrup *Visedigtning* in *Histor. Tidsskr.* 8 R. I 150; Isländ. Recht straft Skalden, die Spottlieder verfassen, mit Friedlosigkeit **4c**) Als einer *atrox iniuria* droht den *inventoribus malorum rumorum, unde pax possit exterminari,* Gefängnis Fleta II 1, 10 **4d**) 'Lästere nicht deinen Herrgott noch verfluche den Herrn des Volkes' übs. aus Exodus Af El 37, indem er *diis* (d. i. Richter) der Vulgata als Gott missversteht oder absichtlich dadurch ersetzt **5**) **N** *De contumelia domini* (wohl nicht immer Schimpf ins Angesicht, sondern auch indirekter) *est homini respondendum prima vice sine alio compellante* (Klagezeugen); *deinde* (beim zweiten Male) zwingt der Herr nur durch einen Klagezeugen den Mann zur Reinigung; Hn 44, 2 **6**) Die Verbalinjurie (*o.* 4, *s.* Wb *bismor; vgl.* Brunner II 671) verbindet sich oft mit Realinjurie **6a**) Geldbusse für empfangene ~ anzunehmen, ist schimpflich (*s.* vor. Sp.); nur im Engl. Lokalgericht, nicht am Reichsgericht, erhielt sich der

Bussentarif für Schimpf und Schläge; Pol Mai II 525 **6b)** Wenn ein Priester den andern durch Wort oder Tat beschimpft, so büsse er das; Northu 29 **6c)** Wer einen Kleriker oder Fremden [fehlt Cnut] in irgendeiner Weise beschimpft, bindet, schlägt, büsse sowohl ihm wie dem König, ausser wenn jener sonst einen Beschützer [Immunitätsherrn; Cnut] hat, sachgemäss ('oder der König strafe streng' fehlt Cnut); VIII Atr 33f. = II Cn 42 = Hn 66, 3, der daneben für den Bischof Altarbusse je nach dem Weihegrade des Verletzten fordert **6d)** Vermutlich ist dies nur die Verdeutlichung des Satzes vom Schädigen (Ruinieren) an Habe oder Leben in EGu 12 = II Cn 40, der sonst ebenso lautet **6e)** Wohl darauf bezieht sich: Wer Geweihten oder Fremden in Wort oder Tat schädigte, ward gestraft von König und Bischof; Geþyncðo 8 **6f)** Wer dem Priester schadet in Wort oder Tat, büsse siebenfach (Had 1, 2), ist nicht wert der kirchlichen Wohltaten; Grið 27 **7)** Wer jemanden in fremdem Hause 'Meineidiger' [dies umfasst 'Eidbrüchiger' mit] schilt oder mit Worten oder beim Biergelage (*s. d.* 7b) beschimpft, büsse ihm und dem Hauseigentümer, und Strafgeld dem König; Hl 11f **7a)** Ælfric erklärt Herodes' Befehl, Johannes zu enthaupten: *he nolde fram his gebeorum* [Zechgenossen] *beon gecweden mánswara;* Homil. I 484 **7b)** Bei den Friesen lautet das typische Schimpfwort 'Fälscher', und ist 'schändlich' ebenfalls Terminus; His 329. 333 **7c)** *misgretan* des Gildebruders kostet Busse an den Beleidigten und an die Gilde das Fixum des Eintrittsgelds; Orcy's Gilde in Thorpe *Dipl.* 606. In Gilde zu Exeter kostet es 30 Pfg. (ebd. 614), wahrscheinlich Schutzrechtbusse; denn 30 Pfg. ist *ure oferhiernes* in der Londoner Gilde VI As 7. 8, 5 **7d)** **N** *Quod contempsit communitatem*, diktiert dem Genossen Busse die Gilde zu Andover; Gross *Gild merch.* II 310 **8)** In Exeter gilt als Wort höchster Verachtung, dass man im Zorn jemanden *hinderling* nennt (niedrig, unecht, unehrlich), d. h. aller Ehrlichkeit bar; ECf 35, 1e **9)** Die ~, die im Erleiden jeder Verletzung und sühnenden Empfang von Geld dafür liegt, weil dadurch persönliches Recht für Geld feil scheint, wird getilgt durch Ehrenbezeigung (*s. d.*) und Gleichheitseid; *s. d.* **10)** Das in **1** fehlende Strafgeld für den Richter, das in 3–4c. 6c–7 erwähnt wird, ist überall hinzuzudenken; Schmid *Gesetze* 563, 2 **11)** Die Gegenwart Dritter bei der Tat (Wilda 790) scheint nicht ausdrücklich zur ~ erfordert

Ehrenrang *s.* König, Adel, Thegn, Priester; Kirchenrang; Stand, Amt

Ehrenstrafen A. für Leute in Ehrenrang: *s.* Amtsentsetzung 10; **B.** für andere: *s.* bescholtene, eidesfähig, Grab

Ehrenwort *s.* Versprechen

ehrlich *s.* bescholten; ~ Grab *s. d.*

Ehrlichkeitsversprechen. *Vgl.* Untertaneneid; Geschworene; Geleitsmann, Kaufzeuge **1)** Der Schuldige leistet Eid künftiger gesetzl. Lebensführung *s.* Bürgschaft 6b–i. 17 **2)** Der Händler, der zwischen Ælfreds England und Guthrums Ostanglien Handel treiben will, stelle Geiseln (und Ehrenwort *Var.*) als Pfand für Einhaltung der Ordnung und Zeichen der Ehrlichkeit; AGu 5 **3)** Eid auf die Gesetze wurde sicher durch die Witan geleistet, bereits unter Æthelstan; V As Pro 3 **3a)** Allein auch in den Provinzialgerichten scheint er durch die Gerichtsfähigen wiederholt worden zu sein; II Ew 5. V As Pro 3; und laut der Verordnung in [jeder provinziellen] Gerichtsversammlung werde geboten 'alles zu umfrieden, was der König umfrieden will'; II 20, 3 **3b)** 'Lasst uns halten unser Versprechen und die Polizeiordnung, wie es unserem Herrn (König) gefällt' sagt die Londoner Friedensgilde VI As 8, 9, also sich auf Versprechen beziehend, die keineswegs bloss von Reichstagsmitgliedern gegeben waren **4)** Alle sollen Untertaneneid als Königsvassallen schwören, und dass *nemo concelet hoc in fratre vel proximo plus quam in extraneo* III Em 1; das *hoc* kann Treubruch oder Ungesetzlichkeit meinen **4a)** Jeder über 12 Jahre Alte schwöre, dass er weder Dieb noch Diebes Mitwisser sein werde; II Cn 21 = Hn 30 **4b)** Karl II. fordert 853 den Eid: *scach vel tesceiam non faciam nec, ut alius faciat, consentiam*] **N 4c)** In England schwören 1195 die über 15 Jahre Alten: *nec latrones erunt nec consentient;* schon die 12jährigen nach Fleta I 27, 4 **4d)** *Burgenses et qui in burgis morantur iurent tenere monetam, ut non consentiant falsitatem;* Hn mon 1; *vgl.* IV Atr 9, 3

ehrlos *s.* bescholten, friedlos

Eiche *s.* Baum 3

Eid. *Vgl.* Waffen~, Auswahl~, Stab~, Ein~; Mein~; Klage~, Reinigung, Gefährde~, Zeugen~; Krönungs~, Mannschafts~; Billigkeits~, Gleichheits~; die folgenden mit ~ beginnen-Artt.; Kaufzeugen, Geschworene; Versprechen (wo über Verbindung von ~ mit *word, wedd, borg*), Urfehde, Abschwören; Überschwören **1)** Ausdrücke (*vgl.* Brunner I[2] 257; Amira 164): *að* (*aðswaru, aðsweord, aðswerung, aðwedd vel aðgehat, aðstæf* bei Toller), *lex* (*sacramentalis* Hn 45, 1a), *lei;* ~ leisten: *abycgan, sellan, swerian;* ~ erbringen: *forðbringan, findan, deducere* Hn 46, 1a [*(ge)lædan* Urk. Birch 379. 386, *agiefan* 591]; zustande kommen: *forðcuman;* ~ versprechen: *vadiare;* ~lich erklären: (*mid*) *aðe gecyðan*, *s.* Beweis(nähe); leugnen *s.* Reinigung, Verteidigung; misslingen, fehlschlagen, nicht zustande kommen: *(for)berstan, forod, teorian, frangere* Hn 41, 1. 64, 3 [*in facinore inficiendi legis satisfactio ei defecit* a. 1015; Earle 393]; wahrhaft: *clæne, unmæne* (Ggs. *s.* Mein~); unscheltbar: *unlegen;* promissorischen ~ halten: *healdan, gelæstan;* brechen: *(á)brecan, oferhebban, aleogan* [*aðbryce, aðloga* Toller]; ~lich bekräftigt: *aðum gefæstnod;* ~lich bewerten: *mid aðe gewyrðan;* erschweren: *diepan;* voll: *full, plenere;* halb so stark: *healf;* schwer: *deop;* gewichtig(er): *micel* (Ann. Agsax. 878), *þe mare;* Pfund wert: *pundes weorð;* einfach, dreifach: *anfeald, þrifeald, treis duble* **1a)** *að* bedeutet einmal 'Reinigungsbeweis durch (blossen) ~ oder Ordal' (das auch ~ erforderte) Blas 1. 3 **2)** Die Urbedeutung von ~, schwören (ursprgl. 'zauberisch reden') ist 'fluchen', nämlich sich, falls man Unwahrheit sage oder Versprochenes unterlasse; *vgl.* Mein~. Englisch bedeutet noch *oath, swear* auch 'Fluch, fluchen'; *vgl.* Schrader *Reallex. Indogrm. Alt.* 166 **2a)** Dass im Anglolatein *lex* die Bedeutung '~' trägt, kann an Nord. Einflusse liegen; Schwed. *lag* heisst 'Gesetz' und '~' **3)** Die subjektiv für wahr gehaltene Tatsache gilt naiv als objektiv sicher, erst seit 13. Jh. beschränkt 'nach meinem Wissen'; *s.* ~eshelfer 3b **3a)** Neben ihr beeiden die Agsa. wie andere Germ. auch die Würdigung von Verhältnissen, wie Schuld und Unschuld (Amira 166). ABRAHAM **4)** Da fast jede ~esform und ~esformel kirchlich ist, werden Bruch des Versprechens und Mein~ auch kirchlich gebüsst. Die Kirche bestimmt aber auch mit den ~eswert des Schwörenden **4a)** Kanonistische Sätze über den ~ bietet Hn 5, 28—34: *Iuramentum debet habere comites veritatem, iusticiam et iudicium* **4b)** Nicht nach der Form des ~es, sondern nach dem vom Empfänger verstandenen Sinn nimmt Gott den ~; 5, 29; 29a **4c)** Bei einem Götzen wahrhaft schwören ist kleinere Sünde als bei Gott falsch; doch wächst die Strafwürdigkeit des Mein~es mit der Heiligkeit des beim Schwure Angerufenen; 5, 29b **4d)** Zwang zur ~esleistung üben ist eine menschliche Versuchung, die Wahrheit gezwungen beschwören keine Sünde; 5, 30; 31; 33 **4e)** Der zum Abschwören einer lange mit Recht festgehaltenen Gesinnung zwingende Anstifter, nicht der Leister, ist Mein~es schuldig; Hn 5, 28a **4f)** Wer Reinigungs~ fordert von einem, den er als den Missetäter kennt, ist Mörder; 5, 30 **4g)** ~ eines Kindes und, ohne ihres Vaters Wissen, der Unmündigen ist ungültig; Hn 5, 35 **5)** Die Kirche war dem ~leisten im ganzen abgeneigt (*o.* 4d); Ælfric *Hom.* I 482 **5a)** Der Priester wird davor gewarnt; *Can.* Edg. 59 **6)** Die ~esform ward so erschwert, dass der Beklagte ihr das Ordal vorziehe, damit leichtsinnige Mein~e [von Helfern] vermieden würden; Hn 64, 1f.; *vgl.* I 584[*]; Brunner *Forsch. z. DRG.* 327 **6a)** Eine Partei zieht die Geldbusse der ~eshilfe vor, *quia lex* (~ mit Helfern) *est periculosa; EHR* 1909, 341 **7)** Laut der Urkk. wurde oft einem Teil der bereiten ~eshelfer der ~ erlassen **7a)** Der Hauptschwörer allein legt die Hand auf den Altar, die drei ~helfer stehen nur dabei [vielleicht um sie vor Seelengefahr des vollendeten Mein~es zu retten]; Wi 19 **7b)** Zu den wirklichen ~eshelfern (*s. d.* 21ff.) tritt ein grösserer Kreis möglicher, aus dem jene gewählt sind **7c)** **N** Im Londoner Husting um 1165 lässt Kläger aus 14 vom Richter Ernannten nur 4 wirklich schwören, *reliquos acquietavit;* Palgrave *Rise* II 183 **8)** Doch gilt [gegen früheres Recht fortan] kein Zeugnis ohne ~; III Atr 2—3. V 32, 2 **9)** Gerichtl. (volksrechtl., *vulgaria* VI Atr 25 L) ~e sind verboten (*s.* Eheschliessung 13a) an Feier- u. Fasttagen (EGu 9), Quatembern, von Advent bis 13. Jan., von Septuagesima bis 14 Tage nach Ostern; V Atr 18 = VI 25 = I Cn 17 = Hn 62, 1; auch Freitag **9a)** Für Schwur in Fasten tritt ~esersatz (*s. d.* 3b) ein

Eidbruch *s.* Versprechen, Meineid, Eid 4

Eidbrüder **1)** ~ sind in England nachweisbar seit anf. 11. Jhs., vielleicht unter Nord. Einfluss; *vgl.* Amira 116; Pappenheim *Krit. Vierteljschr.* 34, 191; *Corpus poet. Boreale* ed. Powell I 423f. **2)** Eadmund II. und Cnut 1016 *wurdon feolagan* (*u.* 3) ⁊ *wedbroðra;* Ann. Agsax. Hs. D **2a)** Cnut nennt Eadmund *frater meus* in unechter Urk. a. 1032; Thorpe *Dipl.* 327 **2b)** *Carl et Aldredus comes* [von Northumbrien, † c. 1038] *adeo in amorem alterutrum sunt adunati, ut fratres adiurati Romam tenderent;* Sim. Dunelm. ed. Hinde 156 **2c)** A. 1061 *rex Scottorum Malcolmus sui coniurati fratris, scilicet comitis Tostii, comitatum* [Northumbrien] *depopulatus est; ebd.* 80 **2d)** Guthorm, Neffe Olafs d. H., war Eidbruder des Irischen Königs von Dublin um 1040; *Passio s. Olavi* ed. Metcalfe 75 **2e)** Im 12. Jh. gefälscht ist die Urk. Peterboroughs mit *weddbroðer* in Ann. Agsax. a. 656 **2f)** Zwei Adlige in Oxford im 11. Jh. *fratres iurati et per fidem et sacramentum iurati* bei Parker *Early Oxford* 338 **N 3)** Für den von Unbekannten ermordeten Franzosen zahlt der Tatort dem König 46 Mark *murdrum* (*s. d.*). Davon bekommen Wergeld *parentes murdrati* 6 *marcas; si parentes non haberet, dominus aut felagus* [*o.* 2; *socius* fügt zu Retr.], *si haberet, scilicet fide ligatus cum eo* [irrige Etymologie aus Französ. *fei*]; ECf 15, 7. Mit Benutzung dieser Stelle schreibt ein Londoner um 1200 zum Verbote, Waffen zu veräussern: wer keinen Erben, Verwandten oder Herrn habe, dessen Waffen *felagus, id est fide cum eo ligatus, si haberet, recipiet;* Lond ECf 32 A 11. Der *felag* also tritt an die Stelle der Sippe wie sonst *gesið* und *gegildan; s.* Genossenschaft **3a)** Im Norden bedeutet *felag* Gutsgemeinschaft zwischen ~n (Pappenheim *Altdän. Schutzgilden* 41), Zusammenschiessen von Geld zu einem in Vorteil und Verlust gemeinsamen Unternehmen; Fritzner *Ordbog* **3b)** Der *felagi*, der in Vermögensgemeinschaft stehende, zusammenlebende Kamerad (Fritzner) klagt für den Ermordeten, wo nächste Familie fehlt (Wilda 215), und errichtet den Gedenkstein für den getöteten Freund; Steenstrup *Danelag* 297 **3c)** Noch mittelengl. bedeutet das Wort Anteilhaber, Teilnehmer, daneben (wie später) Gefährte, Begleiter, Geselle, Genossenschaftsbruder (Mätzner); *fellowship* steht geradezu für 'Gilde'; Toulmin Smith *Engl. gilds,* Index **3d)** Dass ECf nicht eine zufällige kurze Vereinigung, sondern (wie der Annalist *o.* 2) eine eidlich gebundene meint, folgt aus seiner Erklärung *fide cum eo ligatus* **4)** Mitte 13. Jhs. war Karl von Anjou Eidbruder Simons von Montfort **4a)** In Dichtung 13./14. Jhs. sind König, Erzbischof und Graf ~; Kahle *Klerus im Mengl. Versroman* 14 **5)** Der *wedbroðor* gilt zwar als eine Wurzel der Gilde (Brunner I² 132f.), die eidlich untereinander verbunden war (so auch die Cambridger Thegnas; Thorpe *Dipl.* 610); während aber ~ zwei sind, umfasst die Gilde stets eine grössere Zahl **5a)** Des sippenlosen Ausländers Wergeld teilt König und *se gesið*: entweder ein Eidbruder (*o.* 3) oder der Vormann (Vertreter) einer Genossenschaft; *s. d.* **6)** In ganz anderem Sinne, nämlich als staatlich geeinte Eidgenossen, braucht *coniurati fratres* der Londoner Politiker um 1200, der alle Staatsbürger, deutlich nach dem Muster einer beschworenen städtischen Kommune, eidlich verpflichtet zu sehen wünscht zur inneren Staatserhaltung und Justiz wie zur Reichsverteidigung nach aussen; Lond ECf 32 A 5f. C 1. Wl art retr 9; *vgl.* I 490[a]. Über K. Johanns Befehl 1205, die Untertanen sollten gegen den von Frankreich drohenden Einfall eine *communitas* staatlicher Verteidigung bilden, *vgl.* Stubbs *Lect. early* *hist.* 67 **6a)** Norweger und *Guti* nehme England als *coniurati fratres* auf; 32 C 1; 1a; E 6

Eidesersatz **1)** Bischofs und Königs Wort sind unscheltbar ohne Eid [können nicht überschworen werden]; Wi 16 **1a)** Doch gewann Erzbischof Dunstan einen Landprozess *mid his selfes aðe*; *s.* Eideshelfer 47a **1b)** **N** Der Bischof v. Durham, der Mitwissenschaft an Totschlag verdächtigt, erklärt, *se paratum fore semetipsum purgare secundum iudicium pontificale;* Florent. Wigorn. 1080 **1c)** Den Krönungseid schwört der König *in propria persona;* Lond ECf 11, 1 A 9 **2)** Der verklagte Altardiener, wenn er keine Eideshelfer besitzt, reinige sich durch Geweihten Bissen oder Abendmahlsprobe (*s. d.* 1), wenn man letztere [als das leichtere] erlaubt; VIII Atr 22 = I Cn 5, 2a **2a)** In Kent reinigen sich Klostervorsteher, Priester und Diakon im Amtsgewande [*vgl.* Hn 64, 8c] vor dem Altar durch die Worte *Veritatem dico in Christo, non mentior;* Wi 18; *vgl. þis is eall soð* Urk. a. 1038 Kemble 758 **2b)** Dem Bonifaz antwortet Gregor II. a. 726: *Sacerdos a populo accusatus, si certi non fuerint testes* (also bedingt), *testem proferat innocentiae Deum*; ed. Dümmler I 276 **N 3)** Im 13. Jh. beanspruchen die Riponer als Privileg, angeblich aus Agsä. Zeit, sie seien *credendi per suum ya et na;* Birch 858; 646 **3a)** Londoner beteuern *par la foi, k'il doivent al roi, k'il dient verité; ne il ne doivent livre palmer ne altre serrement faire;* Bateson II 57; *s.* Eidesform 1b **3b)** In Exeter wird c. 1282 Eid (*s. d.* 9a) in Fastenzeit ersetzt durch *fiance* (Treuwort); I 176 **4)** Bei Bescholtenen (*s. d.* 1c. 5a. c. 12a) oder nicht Eidesfähigen (*s. d.* 4a) tritt an Stelle des Eides das Ordal; *s. d.* **5)** *s.* Zeugnis

eidesfähig *s.* Wb *aðwyrðe, aðes wyrðe, god, ungeliegen, (ge)triewe, legalis, legitimus, fidelis, credibilis, bonus* **1)** Nicht ~ ist der Unfreie. Den Klosterknecht reinigt der Herr; den Königs- oder Bischofsknecht der Gutsvogt (Amtmann), oder [*s.* Eidesform 5b] dieser reinige sich an des Vogtes Hand; Wi 22ff. **1a)** Freiheit als für den Eideshelfer notwendig erwähnt Hl 4, weil hier der Hauptschwörer tatsächlich zeitweise, obwohl vielleicht unrechtmässig, unfrei ist. Sonst bleibt sie als selbstverständlich unerwähnt [**1b)** *francs home* in Leis Wl 14 meint schon einen überfreien, über dem Villan (Ceorl) Stehenden] **2)** Der Stammesfremde muss Ureigen an dem Angeschlagenen, das dem Inländer auf Helfereid geglaubt würde, im Walliser Grenzgebiet durch Ordal erweisen; *s.* Anefang 25c **2a)** 'In Wales the evidence of a stranger in blood was of no worth against a Cymro'; Seebohm *Tribal system in Wales* 56 **2b)** Bei Ine gilt jedoch des Wallisers (*s. d.*; Fremde) Klage halb; *s.* Eidesschwere 8 **3)** Nur der Freie, der einer Zehnerschaft und einem Hundred zugehört, sei Reinigungseides teilhaftig; II Cn 20 **4)** Wer der Vertrauenswürdigkeit ermangelt, hört nicht immer auf ~ zu sein, aber der Eid wird ihm erschwert **4a)** Der glaubwürdige Unbescholtene schwört einfach mit selbst gewählten Helfern [aus I Atr 1, 1f.], der Unglaubwürdige mit ihm ernannten Helfern oder muss zum Ordal; II Cn 22. 22, 1 = Hn 64, 9 = Leis Wl 14—14, 2 **4b)** Der Unbescholtene reinigt sich von Einbruchsklage 12ter, der Bescholtene 36ster Hand unter 14, bzw. 42 Ernannten; Leis Wl 15f. **5)** Eidesschwere (*s. d.* 1a) richtet sich u. a. nach der *legalitas* der Partei; Hn 64, 7 **5a)** Von Klage auf Todesverbrechen reinigen sich *omnes fracto* [gestabt] *sacramento in Westsexa, exceptis thainis et presbyteris et eis qui legalitatem suam in nullo diminuerunt: hii plane* [schlicht] *iurabunt*; Hn 64, 2 **6)** Nicht ~ ist, wer früher im Gericht Meineid, falsche Eideshilfe oder Zeugenschaft leistete oder einen ihm zuerkannten Eid oder Ordalbeweis nicht erbringen konnte oder sonst bescholten (*s. d.*) ist **7)** 'Gute' Eideshelfer fordert Hl 2. Wi 3. III Atr 4; 'gute' Zeugen Ine 25, 1; *ungeliegene gewitnesse* (*men*) I Ew 1. 1, 2f. II As 10. 12. V 1, 5; *soð gewitness* IV Eg 14. II Cn 23, 1; *unfacn* Hl 16; *getreowe gewitnesse* (*þegnas, men*) VI As 10. Hu 4. I Atr 1, 2. II 9, 4. V 32, 2. II Cn 22 (= Hn 64, 9). 22, 2. 23. 24. 30, 1; 7. Duns 1, 2. Northu 57, 2. 67, 1; *legales testes* ECf 23a. Leis Wl 25 L; *legittimi* Hn 82, 2a; *leals* Leis Wl 14, 1. 15. 15, 1; *lealted* 14; *legalitas* In Cn II 37 = Ps Cn for 14; *in nullo reculpandus* Hn 66, 9; *fidele testimonium* IV Eg 3, 1 L; auch *idonei, boni* Hn 82, 1: alles nur Ausdrücke für 'glaubwürdig', nicht allein im ursprünglich moralischen Sinne, sondern teilweise gegründet auf Geburt, Vermögen, Rang, kirchliche Frömmigkeit; *s.* abendmahlsfähige. Die *meliores* vertreten mit ihrem Eid die übrigen Bezirks-Einwohner; *s.* Eideshelfer 12c

Eidesform. *Vgl.* Stabeid, Eideswiederholung **1)** Wie bei anderen Indogermanen, so berührt der Schwörende bei den Agsa. stets etwas, was im Fall des Trugs Verderben bringen oder leiden soll; Schrader *Reallex. Indogerm. Alt.* 166. 169 **1a)** Die Hand (*s. d.*), als das beim Eide meist beteiligte Körperglied, wird dem Meineidigen abgehauen; II Cn 36 **N 1b)** Ausnahmsweise nur brauchen Londoner nicht *livre palmer* (Evangeliar fassen); *s.* Eidesersatz 3a **1c)** *Inspectis evangeliis* wird 1230 dem Bischofe kanonischer Gehorsam geschworen; *Dioc. Lincoln. Registr. Hugonis* p. X: das Ansehen vertritt also die Berührung **2) A.** Unkirchliche ~: **I** Auf Waffen: Bei der Totschlagsühne geloben die Sippe des Erschlagenen und die (beklagte) des Totschlägers dem Schiedsrichter gemeinsamer Hand auf eine Waffe, dass Friede zwischen ihnen beiden bestehen solle; Wer 4 [Das Wort *aðsweord* im Beowulf heisst 'Eidschwur', nicht -Schwert]. Nordischen Einfluss hier anzunehmen, erhellt kein Grund **2a)** *Cum aliquis accipiebat prefecturam wapentagii, .. erigebat lanceam suam in altum et omnes* [Eingesessene des Wapentake] *de lanceis suis tangebant hastam eius, et sic confirmabant se sibi etiam de armis;* ECf 30, 2f., wozu Retr.: *ab omnibus secundum morem fedus accipiebat;* das Wort *wapentake* rühre von *tac: tactus.* Der sonst nicht bestätigte Bericht will nur für die Angloskandinaven gelten. Anderswo wird mit der Hand, nicht mit der Waffe, berührt **2b)** Huldigung und Treueid verbanden sich bei Aufnahme ins Gefolge des Norweg. Königs mit *taka* (Berühren) von dessen Schwert [Schwerin *Gött. gel. Anz.* 1909, 821]: vielleicht übten die Nordleute Ähnliches in Britannien bei Treugelöbnis vor dem Magistrat **2c)** Zu dem I

653[a] angeführten Anrühren des Gerichtstabes (beim Gelöbnis allgemein; Bateson I 96f.; Amira *Stab* 92—5), wenn die Gemeinde dem Richter Treue gelobt, *vgl.* Rintelen *Festschr. Brunner* 645; Amira a. a. O. 94[7] **3)** **II.** Die Nordleute in England schwören auf heilige Eidesringe; Ann. Agsax. 876; *vgl.* Plummer *Saxon chron.* II 90; Powell *Corpus poet. Bor.* I 422; Brunner I[2] 258[29]. II 429 **4)** **III.** Beim Bart *s. d.* 1a **5)** **IV.** Eid *in manu hominis* (*laici* Egb.) *apud Graecos nihil est;* Theod. *Poen.* I 6, 3f. = Ps. Egb. *Confess.* 34 **5a)** Dagegen gilt (und erfordert, wenn gebrochen, Pönitenz) Eid in die Hand Geistlicher; *u.* 7g **5b)** Der verklagte Königs- oder Bischofsknecht reinigt sich *an gerefan hand;* Wi 22ff. **5c)** Solch Eid *in manu proximi*, der nicht Eidhelfer ist, sondern sein Heil zum Pfande des Eides setzt, kommt auch bei anderen Germanen vor; Brunner II 390. 430f **6)** **V.** Fremder, nicht Britischer, Kanonistik entstammen Schwüre *per lapidem, per deum falsum;* Hn 5, 29; 29b **7)** **B.** Kirchliche ∼. In Kirchen wird Eid geleistet (Af 33), auf den Altar (Hl 16, 2. Wi 18—21, Theod. *Poen.* I 6, 4; nur der Hauptschwörer berührt den Altar; Wi 19); auf 'Geweihtes, Heiliges' (II Cn 36 Q Cons), namentlich Reliquien (III Em 1. II Cn 36 In. Swer 1. 2. Leis Wl 10a. 13. Hn 34, 1a. 54, 1. Lond ECf 11, 1A 9), dem Schwörer in die Hand gegeben (III Atr 2, 1. 3, 1); der Priester bringt sie zum Ordal (Iud Dei XII 2, 1. 15); die Gegenpartei holt möglichst wichtige; Bigelow *Placita Anglonorm.* 16 **7a)** Oder aufs Evangeliar (II Cn 36 In. I 430[e]. Lond ECf 11, 1A 9; *u.* 8; der Ordalprüfling (Iud Dei I 23. XII 2, 1. XIII 14) und der Kreis der Umstehenden (Ordal 4, 1) küssen es; auf dem Festlande: Zeumer *Formulae* 614. 621f. 624. 627. 641. 644. 652 N **7b)** *Kissing the Boke, osculando Librum* in Cinque ports 15. Jh. Bateson I 42 **7c)** Das Evangeliar der h. Margarete von Schottland [† 1093] in der Bodleiana trägt vorn Verse Ende 11. Jhs.: *Hunc librum quidam inter se iurare volentes | Sumpserunt; ... Presbyter accipiens, ponit sinuamine vestis* und verliert es bei Flussüberfahrt; Dowden *Transa. Antiq. Scotl.* 28 (1894) 249 **7d)** Eine Urteilschelte erklärte Thomas Becket für ungiltig, weil nur auf *troparium*, nicht *evangelia* beschworen; Bigelow *Placita Agnorm.* 212 **7e)** Aufs Kreuz (besonders gewichtig, wenn es geweiht war; Theed. *Poen.* I 6, 3f. = Ps Egb. *Confess.* 34); *s.* Eideshelfer 47a **7f)** Auf Glocken und Messbuch nur laut Dichtung; Kahle *Klerus im Mengl. Versroman* 189 **7g)** In die Hand eines Bischofs, Priesters oder Diakons; *o.* 5a **7h)** 'Vor dem Bischofe' Zeugnis (Eideshilfe?) oder Versprechen (*wed*); Ine 13 **8)** Wenn einer der Eideshelfer *retree main del livre*, so ist die Reinigung misslungen; Bateson I 41. Über die Körperhaltung jener *vgl.* Brunner II 433 **9)** Der Priester, der stets die Eidesleistung leitete, hatte die Möglichkeit, dies trügerisch zu tun [etwa durch unechte, also nicht bindende Reliquien oder durch Worte von nur scheinbarer Deutlichkeit?] Northu 40, falls *searw[e] að* zu emendieren **10)** Beispiel für Knien beim Eid *s.* Eidesschelte 2 und aus Normandie: Brunner *Forsch. z. DRG* 337. [*Vgl.* Planck, *Dt. Gerichtsverf.* II 33[11]. ABRAHAM]

Eidesformeln **1)** Vollständig und unabhängig von anderem juristischen Texte stehen in den *Gesetzen* ∼ nur: *Sacr cor* und zweitens die Sammlung *Swer* I 214. 396. Allein manche andere ∼ kommen sicher oder vielleicht, genau oder in ungefährem Wortlaut im Texte, wenn auch in indirekter Rede, vor; *vgl. o.* 78: *Formeln* **2)** Die Anrufung lautet: 'Bei dem Herrn, vor dem dieses Heiltum heilig ist' (Swer 1. 2), woraus *in nomine Domini, pro quo sanctum illud sanctum est* nur übersetzt ist; III Em 1. 'In des allmächtigen (lebendigen) Gottes Namen' Swer 7—9 (10f.). *Vgl.* Eidesersatz 2a. b. Schwörender gab sich nicht als Stellvertreter Gottes, sprach nur der Bibel (*Levit.* 19, 12 z. B.) nach **3)** *Vgl.* die einzelnen ∼ unter den Artikeln ihres Inhalts oder ihrer Ableister: **A.** promissorische: Krönungseid, Mannschaftseid, Königstreue, Ehrlichkeitsversprechen, Urfehde, Abschwörung, Geschworene, Kaufzeugen, Geleitsmann **4)** **B.** assertorische ∼: **I.** Klageeid, Spurfolge, Anefang 7, Gewährschub, *ebd.* 18a, Billigkeits-, Gleichheitseid **II.** Reinigung: allgemeiner Unschuldseid vor dem Ordal (*s. d.*); Reinschwören der als Verbrecher Hingerichteten oder Erschlagenen durch deren klagende Sippe (*s.* Tote); ∼ legalen Besitzes (*s.* Handel; Anefang 16b), Ureigens (*ebd.* 25b), Ablehnung des zur Gewähr Geschobenen (*ebd.* 21. 22b); Gutgläubigkeit beim Falschurteil (*s.* Richter), beim Herbergen oder Freilassen von Verbrechern (*s.* Begünstigung 14. 16), beim Gerüfteversäumnis, bei Erwerb falscher Münze oder gestohlener Fahrhabe (*s.* Hehlerei), beim Asylbruch (*s. d.* 4); Gefährdeeid; Reinigung von Beihilfe (*s. d.* 2a—12a), Mitwissen **III.** Vermögenseid der Geschäftskompagnie *s.* Handel **IV.** *s.* Eideshelfer 3, Zeugen, Taxe, Leumund **5)** Für das hohe, wohl Urgerman. Alter mancher ∼ spricht die Verwandtschaft mit Deutschen: z. B. *ge dæde ge dihtes* Swer 5 = ahdt. *in dadin, gedahtin*

Eideshelfer. *Vgl.* Beweismittel 3. 6; Eid; Eideswert, -schwere, -hufen, -ersatz, -fähig. 1. Ausdrücke. 2. Dasselbe Wort für Zeugen. 3. Eidesformel. 4. Lokal verschieden. 5. Qualität. 6. Verwandt. 7. *Gegildan.* 7a. 8. Beide Sippen. 9. Unverwandt. 10f. Nachbarn. 12. Desselben Hundred. 13. Zehnerschaft. 14. Standesgenossen. 15. Im Klerus. 16. Thegnas. 17. Frauen. 18. Höherer Stand. 19. Herr. 20. Tote. 21. Nur Teil der ∼ schwört. 22. Auswahl. 23. Systeme vermengt. 24. Stabeid. 25. ∼ im Klageeid. 26. Überschwören. 27. Dreifach. 28ff. Sechser-, Zwölfereid. 31. ∼ und Ordal. 32. *sum.* 33. Eineid. 33a—40. Ein bis 12 ∼. 41—47b. 15 bis 1000 ∼. 48. Meineid. 49. Ersatz der ∼. **1)** Ausdrücke: *s.* Wb *æwda(man); gefera; aðfultum, consacramentalis; gewitnes* 7, *wente, testimonium* 2, *testis* 1 [*s. o.* S. 358[3] Z. 3ff. Frz. *testimonie:* '∼schaft' Bateson I 48]; zum ∼ gewinnen: *begietan, aveir* Leis Wl 14f.; nicht in *Gesetzen: folgere; coniurator;* über die Namen in verwandten Sprachen und die Einrichtung bei Germanen *s.* Brunner I[2] 260[40]. II 377; Amira 165; anderwärts Wellhausen *Ält. Strafr. Kulturv.* 98 **1a)** Oft heissen ∼: 'die mitschwören, dabeistehen'; *s.* Wb *midstandan, midswerian, mid* I A 4 **2)** Die Quellen [auch Nordische (Schwerin *Gött. gel. Anz.* 1909, 843) und mlat.] brauchen bisweilen dieselben Ausdrücke für Zeugen und ∼. So meint ∼ unter *gewitnes, testes, testimonium* Wl lad 1, 1. 2, 3; *vgl.* Wb *wente* **2a)** Das amtlich als gestohlen aufbewahrte Vieh reklamiert Eigentümer *mid gewitnesse*, d. h. Zeugnis; IV Eg 11. Der Übersetzer um 1000 aber meint *cum iurisiurandi sacramento,* d. i. wohl 'durch ~' [oder 'Eid nur des Zeugenführers', was bei anderen Germanen (Brunner II 435f.) vorkommt] **2b)** Ein allgemeinerer Begriff, von dem ~ und Zeugen nur Unterarten waren, existierte also wohl **2c)** Die als Gerichtszeugen (*s. d.*) amtlich Angestellten schwören als ~ des Beweisführers ohne Auswahleid (*s. d.* 5); V As 1, 5 [gegen Schmid *Gesetze* 567, 1] **2d)** Wenn Af El 40 die Worte der Vulgata *non pro impio dicas falsum testimonium* übersetzt: *nane gewitnesse æfter him* (dem lügnerischen Manne) *ne saga þu,* so meint er vielleicht ausser 'Zeugnis' auch 'Eideshilfe' **2e)** Der Gewährzug auf Verstorbene bedarf *gewitnysse;* II Atr 9, 2. Auch da ist 'Zeugenschaft' übersetzt, aber vielleicht an ~ gedacht **2f)** Unter den Rechtsformen, deren unumstössliche Gültigkeit um 1000 gefordert wird, ist *gewitnes;* III Atr 3 = Northu 67, 1. Auch dies kann 'Eideshilfe', so gut wie 'Zeugenschaft' meinen, möglicherweise auch beides **N 2g)** Ebenso kann *testimonie* Zeugnis oder ~ bedeuten *u.* 16e **2h)** Im 15. Jh. heissen die ernannten ~ auch *iurati, iuratores;* Hudson *Records of Norwich* I 202 **3)** Der ~ schwört: 'Bei dem Herrn (vor dem diese Reliquie heilig ist) der Eid ist rein und unmein [Sachsenspiegel III 88, 3 = ohne Falsch], den N[ame des Hauptschwörers] geschworen hat'; Swer 6. Diese Formel ist Pangermanisch; Brunner I[2] 212[6]. II 434 **3a)** Im Ggs. zum Zeugen sagt also der ~ nichts über die strittige Tatsache (*s.* Eid 3a), die er nicht aus eigener Wahrnehmung zu kennen braucht, sondern erhöht nur die Glaubwürdigkeit des über sie von seinem Freunde gegebenen Eides **N 3b)** Erst seit dem 13. Jh. ist eine Beschränkung *secundum scientiam* nachweisbar Pol Mai II 598 **3c)** In London um 1321 ~ *iurabunt, quod sanum et salvum sacramentum iuravit secundum conscientias et intelligentias suas; et sic adiuvet eos Deus et hec sacrosancta;* Bateson I 39 **3d)** Der Eid des Hauptschwörers geht also dem der ~ voran: *In diraciocinatione feudi debet feudatus testem precedere ad bellum vel ad aliam legem;* Hn 48, 12 **4)** Die Eideshilfe war lokalrechtlich verschieden im 12. Jh.: *lex deducitur per burgi* [Gerichtsbezirk] *legem* Hn 46, 1a **5)** Die ~ müssen sein **A.** eidesfähig (*s. d.*) und glaubwürdig, **B** meist dem Hauptschwörer verwandt [das Gegenteil *u.* 9], **C.** benachbart, **D.** sozial gleichstehend [Tatsächlich trafen B–D meist zusammen; vielleicht deshalb nennt Rubrikator zu Swer 6 die ~: 'des Hauptschwörers Genossen' oder er meint nur D. Doch wird oft nur eine der Qualitäten, oft keine gefordert], **E.** vom Thegnstand, **F.** der Herr **6) B.** Verwandte als ~ sind bei allen Totschlagsachen erfordert, entsprechend dem Anteil der Sippe am Zahlen oder Empfangen des Wergelds; auch andere Germanen erwähnen die Verwandtenqualität als nötig gerade hierbei; Brunner II 380 **6a)** Vom *freondleas* (ohne Blutsfreunde) gilt als natürlich, dass er *aðfultum næbbe;* VIII Atr 22 **6b)** Ein Totschlags bezichtigter Kleriker schwöre sich rein mit seinen Verwandten, die Fehde gegen ihn mit zu tragen oder durch Wergeld mit abzukaufen verpflichtet wären; 23 = I Cn 5, 2b **6c)** Ein Londoner, wegen ungerechten Totschlags verklagt, *eligat VI de parentibus suis et iuret septimus, quia* [dass] *eum occiderit,* weil Erschlagener Gastung im Hause des Londoners erzwungen habe; Lib Lond 2, 1; *vgl.* I 673[1] **7)** Den als Verbrecher Getöteten reinigen als ~ des Toten (*s. d.*), Wergeld für ihn fordernd, die *gegildan* (Ine 16) oder der Herr (21); für ersteres steht, deutlich synonym, *mægas* (21, 1), und zwar $^2/_3$ väterliche, $^1/_3$ mütterliche Verwandte des Toten, nämlich 2 und 1 (II As 11 = Hn 74, 2), 8 und 4 (Hn 74, 1–1b), 12 und 6; ECf 36–36, 2 **7a)** Diese Beteiligung der Vatersippe zu $^2/_3$, der Muttersippe zu $^1/_3$ findet sich auch bei der Wergeldhaftung, wenn ihr Verwandter Totschlag verübte, und ähnlich bei Franken und Friesen; Brunner I[2] 124. II 380f. **8)** *Si quis de homicidio accusatur,* oder *si quis sine iudicio occidatur, et parentes eius* [*eum*] *innoxiare velint,* so schwören unter den ~n der Reinigung die *ex parte patris fracto* (gestabt), *ex materna cognatione plano sacramento* (schlicht); Hn 64, 4f.: also auch hier werden beide Sippen, und die mütterliche in leichterer Form, zu ~n verpflichtet **9)** Eine Verbindung von Verwandten mit den nach zwei anderen Grundsätzen bestimmten ~kreisen bietet Northu 51: Wenn ein Königsthegn [die Anklage auf Heidenwerk] leugnen will, so ernenne [das Gericht] ihm 12 [~], und er wähle sich von seinen Verwandten 12 und 12 *walleruente.* Letzteres ist wahrscheinlich aus Nord. Rechtsausdruck für 'unverwandt, fremd', daher 'unparteiisch, uninteressiert' herzuleiten; *vgl.* I 383[††] und Fritzner *Ordbog* s. v. *valinkunnr;* Amira *Nordgerm. Oblig.* II 325. 733 **9a) N** Ausgeschlossen von ~n werden nächste Verwandte durchs Englische Stadtrecht späteren Mittelalters, so der Sohn von Eideshilfe mit dem Vater; Bateson I 51; ferner in London: *non cognati, consanguinei aut de parentela; Munim. Gildhal.* ed. Riley I 57 **10)** C. Nachbarn fordern als ~ auch andere Germanen; Brunner II 381[26]. 383. 389: ein Rest des Sippeneides **10a) N** Auf diese Qualität wird Wert gelegt, weil sie das Tun des Einzelnen kennen: *consacramentales vicini habendi sunt, quia solus non potuit tantis efficientiis affuisse* [Arbeitspflichten ferngeblieben sein]; Hn 66, 6b **10b)** Je kleiner der Bezirk ist, dem die ~ entstammen müssen, um so schwerer ist der Eid **11)** Wer wegen Menschendiebstahls verklagt ist, habe eine Anzahl freier Eidesmannen und einen mit im Eide; jeden aus dem Ortsbezirk, welchem er zugehört; Hl 5 **11a)** Die nachbarlichen Bauern kennen das strittige Vieh der Partei: Das Gericht ernenne dem Kläger im Anefang (*s. d.* 6) 5 seiner Nachbarn, deren einen er zum ~ gewinne und dem Beklagten, der Ureigen (*ebd.* 25c) erweisen will, 6 Männer aus derselben Ortsgemeinde (bzw. 10), deren Einen (bzw. 2) er als ~ gewinnen muss **11b)** Wer Diebstahl [bei der ihn dagegen versichernden Londoner Gilde] anmelden will, erhärte durch Eid mit seinen 3 Nachbarn, dass das [Vieh] vor nicht länger als 3 Tagen gestohlen worden sei; VI As 8, 8 **11c) N** Der Wirt reinigt sich von Begünstigung der Missetat seines Gastes *cum 2 legalibus vicinis;* ECf 23a **12)** Der Bezirk, dem die ~ entstammen müssen, wird begrenzt durch Hundred oder Zehnerschaft: Ein Herr [der seines verklagten Mannes Unbescholtenheit beschwören will] wähle sich 2 vertrauenswürdige Thegnas [Standesgenossen] innerhalb des Hundred; I Atr 1, 2 = II Cn 30, 1 **12a)** Der also gut Beleumundete wähle eines von beiden Reinigungsmitteln: einfaches Ordal oder Eid von 1 Pfund Silbers Wert [*u.* 29b. c] mit Helfern nicht weiter her als aus seinem und zwei [Nachbar-] Hundreds; I Atr 1, 3 (= teilw. III 4) = II Cn 30, 2 = Hn 65, 3a **12b)** Der Unbescholtene geniesst einfache Reinigung mit [selbstgewählten] ∼n innerhalb seines Hundred; dagegen dem Unglaubwürdigen bestimme man (*s.* Auswahleid 8) einfache Eideshilfe aus diesem und zwei nachbarlichen Hundreds oder dreifache [schwerere] nur aus dem Bezirke der Gerichtsstadt; II Cn 22f. = Hn 64, 9f. = 67, 1f. **N 12c)** Will ein mit Murdrum (*s. d.*) belastetes Hundred beweisen, der Getötete sei kein Franzose, also liege kein Murdrum vor, *XII melioribus hundreti iurantibus credatur;* [doch sind dies ∼ nur falls éiner angeklagt war, nicht falls sie alle das Hundred vertreten]; 92, 11 **13)** Von Kriminalklage reinigt man sich *se sexto decimae suae;* 66, 8 **13a)** Entflieht aus der Zehnerschaft ein Verbrecher, *capitalis* (Freibürgschaftshaupt) *acciperet duos de suo friborge et de* 3 *friborgis vicinis capitalem et duos de melioribus, et se duodecimo expurget friborgum de fuga malefactoris;* ECf 20, 3 **14)** D. Als standesgenössische ∼ sind anzusehn in den meisten Fällen die Kategorien B, C, besonders die *gegildan o.* 7 [*vgl.* die Reinigung mit 2 Gildebrüdern um 1300 bei Bateson *Records of Leicester* I 289], die bäuerlichen Nachbarn 10—11c, die Thegnas 12, die Hundred- und Zehnerschaftsgenossen 12a—13a **15)** Ein Kleriker und ein Gemeinfreier reinige sich als einer von je vier Standesgenossen (*his heafodgemacene*); Wi 19. 21 **15a)** Der regulierte Priester reinige sich von dreifacher Anklage durch Abendmahlsgenuss mit zweien seiner Standesgenossen, der kanonisch lebende Diakon oder der laienhaft lebende Priester von einfacher Anklage mit zwei Standesgenossen, von dreifacher mit sechs; VIII Atr 19, 1—21 = I Cn 5a—5, 2 = Hn 64, 8f. **15b)** Der Geistliche schwöre, in Ermangelung der Sippe, sich mit Gefährten rein; VIII Atr 24 = I Cn 5, 2c **15c)** Priester sollen einander bei jedem weltlichen Prozess helfen (Northu 1), zunächst wohl als ∼ **15d) N** Der von Bischof oder Archidiakon angeklagte Priester reinige sich mit 5 Priestern im Messgewande; aus Kanones Hn 64, 8c **16)** Der Königsthegn, Totschlags oder in einer Sache von über $^1/_2$ Pfund Wert beschuldigt, schwöre sich rein mit 12 Königsthegnas, jeder geringere mit 11 Standesgenossen und einem Königsthegn; AGu 3 **16a)** Von der Anklage, seinem verbrecherischen Gefolgsmann zur Flucht verholfen zu haben, reinige sich der Herr [Thegn] mit 5 Thegnas und sei selbst Sechster; I Atr 1, 8; 12 = II Cn 30, 7. 31, 1a (*similes, pares* ist sinngemäss übs.) = Leis Wl 52, 2 = Hn 65, 4. 41, 9 **16b)** Wenn ein Mann mit Landeigen [doch ohne Hofdienstadel] oder ein Ceorl sich freischwören soll [von Klage auf Heidenwerk], dann ernenne das Gericht ihm zwölf seiner 'Gleichen'; Northu 52f. **16c) N** Priester und Thegnas reinigen sich von Kriminalklage zwar mit ungestabtem Eide, aber *qualitate parium suorum retenta;* Hn 64, 2a **16d)** Von der Klage auf Verrat an Prinz Ælfred schwört sich Herzog Godwine rein *cum totius fere Angliae principibus et ministris dignioribus;* Flor. Wigorn. a. 1040 **16e) N** Hintersass oder Lehnsmann kann gegen den Grundherrn eine Rechtsabmachung über Land nur erstreiten durch *testimonie* (Zeugnis oder Eideshilfe?) der Standesgenossen desselben Besitzrechtes; Leis Wl 23 **17)** Auch Sexusgenossen müssen die ∼ bisweilen sein: Für eine Frau schwören, neben 11 Männern, 12 Frauen; Urk. a. 995 Kemble 693 **18) E.** Bisweilen aber ist der ∼ höher als der Hauptschwörer, zunächst weil die Eide mehrerer durch den Eid éines Höheren ersetzt werden können (*s.* Eideswert 4ff.), sodann weil der Herr (*u.* 19) dem Manne schwören half; bestimmte *Gesetze* erfordern die Teilnahme von Thegnas unter den ∼n auch des Ceorl; *o.* 16 **18a)** Von Klage wegen Totschlags an einem Gemeinfreien oder Gefolgsadligen reinigt sich Angeklagter mit Eideshufen, deren je 100 mindestens einen Königs-∼ im Eideswert von 30 Hufen umfassen müssen; Ine 54. Den *cyninges æwda* halte ich (mit Seebohm) identisch mit dem Königsthegn des folgenden Satzes. Anderer Meinung Chadwick *Instit.* 148 **18b)** Leichenberaubung leugne man ab mit 48 vollgeborenen Thegnas; Wal **19) F.** Der Herr als ∼ erscheint *o.* 7 (*vgl.* 12), ferner war wohl der Thegn, der mit dem Ceorl schwur (*o.* 16. 18. 18a), oft sein Herr **20)** Man bezieht sich auf Tote (*s. d.*) wie auf ∼; *vgl.* Brunner I² 39 **21)** Die ∼ schwören entweder in Gesamtheit (*rim*) oder nur zu einem Teil, den Kläger oder Gericht (*s.* Eid 7b, Auswahleid 18) oder Los (*ebd.* 17f.) bestimmt oder Hauptschwörer sich gewinnt; *ebd.* 2. 3. 10. 12—15 **22)** Den Gesamtkreis der ∼ bestimmt bisweilen Gericht oder Gegner; *s. ebd.* 1ff. 5—15. 28 **22a)** Zumeist aber der Hauptschwörer; *ebd.* 19—25, *o.* 1. 6c. 9. 11—16a **23)** Auch mehrere Systeme finden sich verbunden; *ebd.* 16—18; *o.* 9 **24)** Eine Erschwerung liegt darin, dass die ∼ alle oder zum Teile Stabeid (*s. d.*) leisten **25)** Wie die Reinigung, so kann der Klageeid (*s. d.*) ∼ erfordern; Duns 8, 1; *o.* 11a; Auswahleid 2. 4. 13 **26)** Der Beschuldigte kann ihn überschwören (*s. d.*); so durch Doppelzahl der ∼ bei Anefang und Diebstahlsklage *o.* 11a; Leis Wl 14, 1; 3; dagegen durch vierfache Zahl in der Wergeldforderung; II As 11; dreifach *u.* 45a **27)** Die Verdreifachung des Eides beruht nicht auf Stab- oder Auswahleid — es gibt einfachen und dreifachen davon: II Cn 22, 1 —, sondern auf der Zahl der ∼. Der Geistliche reinigt sich von dreifacher Klage durch dreimal so viel ∼ wie von einfacher; *o.* 15a **27a)** Die Zahl der ∼ ist genau dreimal so hoch für den Bescholtenen wie für den Unbescholtenen bei Klage auf Kirchenschatz-Erbrechung; Leis Wl 15. 15, 1 **27b)** Ein- und dreifache Reinigung durch ∼ ist ferner erwähnt ohne Bestimmung, worin sie besteht, *o.* 12b; VIII Atr 27f. = II Cn 41, 1. I 5, 4. II Cn 8, 2. 47, 1 **27c)** Einfach heisst wohl der Zwölfereid in Mercien, denn dreifach ist der 36ster Hand; Hn 66, 10. Leis Wl 15—15, 2. (II Cn 8, 2 Cons, vielleicht aus Leis Wl 15, 1.) Die Anglo-Skandinaven drücken letzteren als 'dreimal 12' aus (III Atr 13), halten also den Zwölfereid für den normalen, wie viele Germanen **27d)** Da 'Vollstrafgeld' später 120 Schill. betrug und bisweilen abwendbar war durch 12 ~ — aber durch Sechsereid II Cn 44, 1 —, meint 'volle Reinigung' vielleicht Zwölfereid **28**) **N** Jedoch nennt Wessex um 1100 einfachen Eid vielmehr den mit 5 ~n: *secundum legem Westsexe ad triplicem ladam cum XV sextus decimus iuret;* Hn 66, 9a. Der Satz steht hinter und in Ggs. zu einer für leichter wiegende Klage angeordneten Reinigung *se sexto;* 66, 8 **28a**) Der Sechsereid hiess in London im 12. Jh. 'kleinste Reinigung' (I 673[1]) und wohl einfacher Eid, denn der dreimal selbsechst wiederholte hiess dreifach; Bateson I 38 **28b**) Der Sechsereid ist sehr häufig; *o.* 13. 15a. 16a, *u.* 29; Auswahleid 4. 13. 18. 20. 21. 24; in Alltäglichem schwöre Untergebener gegen den Herrn *se* 3 *vel* 6; Hn 67, 2 **29**) Vielleicht entstand der Sechsereid aus Halbierung des Zwölfereides, und zwar zuerst für Abendmahlsfähige; *s. d.* 2 **29a**) Denn gegen seine Ursprünglichkeit spricht, dass wohl 12, nicht aber 6 [ausser im 12. Jh.] in der Zahl der ~ multipliziert erscheint. [Nur als Zahl der eidbereiten, möglichen Helfer, nicht der wirklichen Schwörer, kommt 30 und 42 vor] **29b**) Vermutlich vertrat 1 Ceorl 10 Sch. (*s.* Eideshufen 9), also vertraten in Mercien 6, in Wessex 5, also ein Sechsereid, 1 Pfund Silbers **29c**) Dieser Pfund-Eid gilt gleich einfachem Ordal (*o.* 12a), und dieses wiederum gleich dem Schwur *se sexto;* 67, 1a; b = 64, 1h = 92, 9c **30**) Diesem widerspricht unlösbar die Gleichstellung einfachen Eisenordals mit dem Schwur *cum una decima* 64, 1g, wofür wohl *manu XI*[a] d. i. Zwölfereid (*o.* 27c) zu lesen ist **31**) Einfacher, bzw. dreifacher Anzahl der ~ gilt an Beweiskraft gleich einfaches bzw. dreifaches Ordal; *s. d.* **32**) Da *sum* zweideutig ist, indem die Zahl davor den Hauptschwörer mitumfassen oder ausser ihm gemeint sein kann (*o.* S. 203 Sp. 2), bleibt oft fraglich, ob nicht éin ~ mehr verstanden ist **33**) Über den Eid ohne ~ *s.* Eineid **33a**) Ein einziger ~ kommt vor *o.* 11; Auswahleid 2f. Wi 23; unter 6, bzw. 5 möglichen *o.* 11a **34**) Zwei ~: *o.* 7. 15a; Auswahleid 2. 20f; unter 10 möglichen *o.* 11a. Klagt Fiskalrichter ohne Klagzeugen, so reinigt man sich *se tercio* Hn 63, 1. Vielleicht darf man folgern, bei Klage um 1 Rind zwischen Dänen und Engländer traten 2 ~ auf, aus dem Zwölfereid für 4 Mancus; AGu 3; *o.* 16. Der Altnord. 'Eid nach Volksrecht' ist selbdritt geschworen; Amira 165 **35**) Drei ~: *o.* 11a. 15 (od. 4 ~? *o.* 32) **36**) Vier ~: Der Raubes Angeklagte schwöre sich rein mit 4 und sei Fünfter; II Atr 4 **37**) Fünf ~: *o.* 13. 15d. 16a 28f; Auswahleid 4. 13. 18. 21f. 24. Der als Verwunder Angeklagte (und der Franzose) *neget se sexto;* Hn 94, 5 (18) **38**) Sechs ~: *o* 15a. Von Zollhinterziehung reinigt sich der Londoner *se VII°* (Var. *se VI°*); IV Atr 3 **39**) Elf ~: *o.* 7. 12c; Auswahleid 10. 23; unter 14 möglichen: *ebd.* 12. 14, unter 36 möglichen: *ebd.* 18 **39a**) Die durch drei Verwandte des angeblichen Verbrechers ungerechten Totschlags Angeklagten schwören (*superiurent* Q = Hn 74, 2a) ihn schuldig selbzwölft; II As 11 **39b**) Asylbruches Verklagter reinige sich selbzwölft [mit 12?], er habe dieses Asyl nicht gekannt; IV As 6, 2b **39c**) Wer sich für einen dann entflohenen Verbrecher verbürgt hatte, schwört selbzwölft, dass er ihn nicht als Verbrecher kannte noch dessen Flucht förderte; Leis Wl 3 **39d**) Der im Hundred Bescholtene, den 4 [II Cnut 30: 3] Leute anklagen, reinige sich selbzwölft [Cnut: durch dreifach Ordal]; Leis Wl 51 **40**) Zwölf ~: *o.* 9. 13a. 16; unter 36 möglichen *s.* Auswahleid 18 **41**) Fünfzehn ~ unter 30 möglichen: *ebd.* 18 **42**) Achtzehn ~: *o.* 7 **43**) Vierundzwanzig ~: *o.* 17; unter 48 mögl. Auswahleid 16 **44**) Fünfunddreissig ~: III Atr 13; aus 42 möglichen *s. ebd.* 14; *magna lex* in London; I 586[k] **45**) Sechsunddreissig ~: *o.* 9; aus 42 möglichen Auswahleid 16 **45a**) *Si de furto vel homicidio vel huiusmodi super hominem S. Johannis Beverlacensis* 12[a] *manu iuraverit, purgabit se calumniat[us]* 36[a] *manu;* Alvred. Beverl. in Raine, *Sanctu. Dunelm.* 103 **45b**) In Londoner und anderwärtigem Englischem Stadtrecht 12.—15. Jhs. herrscht *lex cum* 36[a] *manu* (aus Lincoln a. 1200: 37[a] *manu*); Bateson I 39f.; Gross *Trials in boroughs* in *Harvard Law Rev.* XV 696f. **46**) Vierzig ~: Freibriefe für Dublin und Limerick a. 1192, bzw. Edwards I.; Gross 696f. **47**) Achtundvierzig ~: *o.* 18h Hohe Zahl der ~ (Brunner II 384) beweist an sich nicht Nord. Einfluss. Schon auf Merc. Synode von 824 stehen *æt þam aðe efen fiftig mæssepreosta and X diaconas; and ealra oðra preosta* [Kleriker] 160. Über der Namenliste von 3 Äbten, 47 Priestern, 6 Diakonen steht: *Her sindon þara mæssepreosta naman, þe on þam aðe stodon 7 on wæron;* Birch 379 **47a**) Wohl die grösste Zahl der ~ ist tausend, was aber nicht (mit Latein. Übs. *decies centum*) wörtlich, sondern als Rundzahl 'ungeheure Menge' zu verstehen ist; *se arcebisceop* [Dunstan, † 988] *mid his selfes aðe geahnode Gode on Cristes rode þa land; 7 þær wæs god eaca ten hundan manna þe þane að sealdan;* Birch 1097 **47b**) Vielleicht Erfindung 12. Jhs. ist: *Vulnothus adduxit fideles viros plus quam mille, ut per iuramentum illorum sibi vendicaret terram* [um 980]; *Hist. Eli.* ed. Stewart 139 **48**) Dem Meineide (*s. d.*) gleich gilt [auch bei anderen Germanen; Brunner II 433] Misslingen des Eides mit ~n, Überschworen (*s. d.*) werden, und Eideshilfe für Meineid; für 'Stehen in Meineid' bei I Cn 5, 3 aus VIII Atr 27 (wofür *periurus existere, in periurio* andere Lateiner setzen) gibt *iurare cum periuris* In Cn **49**) Statt ~ erscheinen Eideswiederholung, Ordal; *s. d.*

Eideshufen. *Vgl.* mein '~ *bei den Agsa.*' in *Festschrift f. Zeumer* 1 **1**) Bei Ine, Af und im *Dialogus* Egberti Eborac. um 750 finden sich der Eideswert und die Eidesschwere nach ~ berechnet **2**) Bei Ine vertritt der Eid so viele Hufen, wie viele Schilling Strafgeld der Schwörende von sich abwenden oder dem Beklagten zu zahlen aufzwingen will. [Vielleicht war ein Schilling im 7. Jh. in Wessex Grundsteuer oder Bodenzins von 1 Hufe?] Dies ergeben die folgenden Sätze: **3**) Von heimlichen Abfindungen schwöre man sich rein durch 120 Hufen oder zahle 120 Schill. [Strafe]; Ine 52 **4**) Der Diebstahls oder im Anefang Angeklagte schwöre sich frei durch 60 Hufen; Ine 46. 53 [oder zahle Diebstahlstrafe: 60 Schill.; 7. 43] **5**) Von Bandenteilnahme reinige man sich durch Eid von 120 Hufen oder zahle demgemäss [nämlich 120 Schill., höchstes] Strafgeld. Der Eid soll halb so [also 60 Hufen] stark sein bei Abendmahlsfähigen Ine 14. 15, 1 = Ap AGu 2, 3 **6)** Einen Walliser Strafknecht treibt ein Klageeid von 12 Hufen zur Erleidung der Prügelstrafe; Ine 54, 2. [Diese ist abkaufbar durch 12 Schill.; 23, 3] **7)** Ein Königs-Gefolgsmann (*geneat*), wenn sein Wergeld 1200 Sch. ist, darf für 60 Hufen schwören, wenn er abendmahlsfähig [*s. d.*] ist; 19 **7a)** Er scheint identisch mit dem *kyningcæde be* 30 *hida*; 54 [welcher, wenn Abendmahlsgänger, zu 60 gewertet wird] **7b)** Da eines 1200-Mannes Eideswert (*s. d.* 6) den 6 Gemeinfreien vertritt, so schwört der nicht abendmahlsfähige Gemeinfreie mit 200 Schill. Wergeld für 5 Hufen. Vielleicht vertrat ein Bauer Wissen und Gewissen einer Gemeinde von meist Fünf (*s. d.* 6) Hufen, wie einer für diese zur Landwehr zog **8)** Der Zwölfereid (oder bei Abendmahlsfähigen der Sechsereid), welcher 'Volleid' hiess (*s.* Eideshelfer 27d), deckte also die 'Vollstrafe' (Ine 43) von 60 Schill.; später der Zwölfereid Abendmahlsfähiger die spätere Vollstrafe (Af 9, 1) von 120 Schill. **9)** Der späterhin in der Regel abendmahlsfähige Eidesleister schwur für 10 Hufen. Diese Rechnung geben die Anglonorm. Verff. von Q und In Cn: Zu Ine 19. 46 *pro* 60 *hidis* setzt Q beide Male: *id est pro* 6 *hominibus*. Und statt 120 *hida* setzen *'acceptis* 11 *hominibus ipse sit* 12' In Cn III 2 zu Ine 14 **10)** Die späteste Spur der ~ — abgesehen von Übersetzern und Kompilator — steht bei Ælfred. Unzucht an einem Mädchen büsst ihr der Schänder mit 60 Schill. und, wenn sie schon entjungfert war, mit 30. Sich von vorheriger Defloration rein zu schwören, bedarf sie 60 ~ oder verliere die Hälfte der Busse [also 30 Sch.]; Af 11, 2ff. Es entsprechen hier die ~ nicht jener ganzen Busse, wie Schmid 565, 2 meint, denn um die eine Hälfte wird ja gar nicht geklagt. Ines System erscheint also bereits durchbrochen; oder es liegt eine absichtliche willkürliche Ausnahme vor **11)** Aus Northumbrien 8. Jhs. stammt endlich folgendes: Interrogatio. *Si necessitas coegerit, in quantum valet iuramentum episcopi, presbiteri vel diaconi sive monachi?* Responsio. *Ordines supradicti secundum gradus promotionis habeant potestatem protestandi: presbiter secundum numerum* 120 *tributariorum, diaconus vero iuxta* 60 *manentium, monachus vero secundum numerum* 30 *tributariorum; sed hoc in criminali causa. Ceterum si de terminis agrorum oritur altercatio, presbitero liceat iuramenti sui adtestatione terram videlicet unius tributarii in ius transferre ecclesiae. Duobus quoque diaconis id ipsum conceditur. Testificatio vero trium monachorum in id ipsum sufficiat;* Egberti arch. Ebor. *Dial.* 1, ed. Stubbs *Councils* III 404 **11a)** Mit Wessex darf die Stelle nicht kombiniert werden: der Mönch hier schwört für soviel ~, wie dort der kirchlich ausgezeichnete Adlige. Ob Priester und Thegn (wie im späteren Wessex) in Northumbrien gleichstanden? **12)** In $^9/_{10}$ aller Fälle lässt sich die Zahl der ~ oder Eidesschillinge durch 5 bruchlos teilen. In den 4 übrigen wird an einen Walliser von vermutlich 3, 2 oder $1^1/_2$ ~ im Eideshelferkreis gedacht sein

Eidesnähe *s.* Beweisnähe

Eidesschelte. *Vgl.* Meineid, Überschwören **1)** Untadelhaft *unlægen* sei Königs oder Bischofs Wort, obwohl ohne Eid. Unscheltbar sei der Eineid des Klostervorstehers, Priesters, Diakons, Fremden oder Königsthegn, der Eid selbviert des Klerikers oder Gemeinfreien; Wi 16—21 **N 2)** Sobald im Anefang-Prozess die Urteilfindung den Beweis des Ureigentums der Partei zugesprochen hat, kann sie der Gegner nicht davon fortheben [bevor sie vom Knien aufsteht, und so ihren Eid schelten]: laut Beweisrechts von England; Leis Wl 21, 5; *vgl.* I 509[f] **2a)** *Vgl. je t'en lief come parjur;* Christ. v. Troyes *Lancelot* 4991. Über diese Form der ~ in England im 13. Jh. *vgl.* Pol Mai II 160f. 541. In Oléron Kläger *poet lever son adversaire dau saicrement et dira 'je t'en leve';* ed. Twiss *Black book Admiralty* II 348 mit falscher Übersetzung. Dasselbe Wort erklärt richtig Brunner *Forsch. z. DRG* 341f. **2b)** Über den Gestus der ~ *s.* Amira *Handgebärden* in *Abh. Bair. Akad.* 23 (1905) 249

Eidesschwere 1) Der Eid wird um so schwerer gestaltet, je gewichtiger die Folgen sind, die eintreten, wenn er misslingt oder unterbleibt **1a) N** Nur einige Massstäbe (Prozessart, Person der Partei (*u.* 9), Wert des Eingeklagten und Höhe des Strafgelds) nennt Hn: *Quando quis iurare debeat solus, quando cum pluribus, in causa semper est et persona, iuxta legalitatem et modum concausantium in omni ordine et iuxta pretium capitalis et witæ;* Hn 64, 7 **2) A.** Die ~ hängt bisweilen vom Strafgeld allein ab, das bei der Reinigung auf dem Spiele steht in folgenden Fällen: Beklagter löse oder reinige sich in Höhe des Wergelds; Ine 15. 30 **2a)** Er schwöre in Höhe des Strafgelds (und schlage es damit nieder; Af 36, 1 = Hn 88, 3a) oder zahle es; Ine 25, 1 *vgl.* 53; *emendet regi* 120 *sol. vel secundum hoc perneget;* III Em 2 **2b)** Er bezahle des Verbrechers Wergeld oder reinige sich in dessen Höhe; II As 1, 1. 2, 2. 20, 8 = Hn 53, 1f. **2c)** Wegen *homicidium wera* (des Totschlägers, als Strafe) *solvatur vel werelada negetur;* Hn 12, 3 = 64, 4 = 85, 4b = 88, 9 = 92, 14 [*werelada* anders *u.* 4a] **3) B.** Oder die ~ hängt ab von der Höhe des Eingeklagten, addiert zum Strafgelde [auch bei anderen Germanen; Brunner II 387]. Beklagter schwöre sich frei gemäss Strafgeld plus Wert des Gegenstandes; Ine 35, 1 (bzw. des Gestohlenen bei Anklage auf Freilassen eines Diebes 28, 2) **4) C.** Oder die ~ richtet sich allein nach der Höhe des Eingeklagten: Hierzu gehört auch *burgbryce*. Der Herr klagt da wegen des durch die Missetat verletzten Schutzes des Tatortes; Beklagter leugnet in Höhe des Schutzwertes; Ine 45 **4a)** Von Attentat gegen des Herrn oder des Königs Leben reinigt der Eid in Höhe von dessen Wergeld; Af 4—4, 2 = Hn 75, 2a [*werelada* bed. hier wohl Eid in Höhe des Wergeldes des Gefährdeten]. V Atr 30 [Var. 'schwerster Eid' = VI 37; *u.* 6]. Bei Af ist die Strafe Tod und Vermögenseinziehung: also ein Widerspruch gegen das System, der sich wohl daraus erklärt, dass einst auch dieses Verbrechen durch Wergeld des Getöteten sühnbar war **4b)** Wer einen Altardiener getötet zu haben angeklagt ist, reinige sich durch *werlad* [Eid so hoch wie dessen Wergeld]; II Cn 39 = Hn 66, 1 = 74, 1

4c) Erst bei bestimmtem Geldwerte des Gegenstandes beginnt gewisse ~, nämlich bei 4 Mancus Gold, AGu 3; 30 Pfennig I Atr 1, 3; 20 Pfennig II As 9; bei einem Rinde, und bei wertvollerem Gegenstande wachse die ~; I Ew 1, 4; für einige Tiersorten gibt Taxen, nach denen sich die ~ für den ihrer Veruntreuung Angeklagten richte, Duns 7; Beklagter reinige sich von Teilnahme [am Verbrechen] in Höhe des [verlorenen] Viehwertes; 6, 2 **4d)** Die Zahl der Kaufzeugen [als Eidhelfer?] steige je nach des Gutes Werte, wenn Besitzer, deshalb verklagt, sich reinigen will; V As 1, 5 **4e)** Genau so viel Pfund muss der Reinigungseid wert sein, wie eingeklagt wurden: Eadwards I. Schwiegervater hatte von Goda 30 Pfund entliehen, sie ihm aber wiedergegeben; nach seinem Tode leugnete Goda die Rückgabe; jenes Tochter, die Königin, laut Gerichtsurteils, *geclænsude hire fæder hand be* 30 *punda aðe*; Urk. a. 961 Birch 1064 **4f)** Auch der Klageeid, durch welchen Kläger den verknechteten [zur Reinigung unfähigen] Dieb zwingt, Prügelstrafe zu erleiden, steigt mit dem Werte des Eingeklagten; Ine 48 **5)** Neben dem Ersatzwerte kann auch die dem Verletzten zukommende Busse oder das durch ihn dem Verletzer abzupfändende Maximum die ~ bestimmen. Der Weidebesitzer hat dem Schweinebesitzer, der unerlaubt die Herde auf Mast getrieben hatte, Schweine bis 6 Schill. Wert abgepfändet; dieser nun, um nur 1—2 Schill. zu verlieren, schwört, die Herde sei nur 1—2 mal dort gewesen, in Höhe des Viehwertes [d. h. wohl der Differenz von 5—4 Schill.]; Ine 49. 49, 1 **6) D.** Oder die ~ richtet sich nach der Schwere der Kriminalität. Von Klage auf Attentat gegen den Herrn oder König reinigt (*o.* **4a**) schwerster Eid oder dreifach Ordal; V Atr Var. = VI 36 **6a)** Von Klage auf falsches Zeugnis, Meineid, Verbrechensbeihilfe schwört sich der Priester rein nach Verhältnis der Tat durch dreifache od. einfache Reinigung (VIII Atr 27, 1 = I Cn 5, 4), der Altardiener von Totschlag oder arger Missetat dreifach; II Cn 41, 1 **6b)** 'Volle' Reinigung bedarf, wer der Begünstigung von Verbrechern oder der Versäumnis des Gerüftes angeklagt ist; Cn 1020, 12. II Cn 29. 29, 1 = Leis Wl 49 **7) E.** Oder die ~ hängt ab vom Eideswert (*s. d.*) des Hauptschwörers, schon dann, wenn Standesgenossen als Eideshelfer (*s. d.* 14ff.) erfordert werden **7a)** Für Heidentum zahlt von drei Ständen der höchste die grösste Strafe, der geringste die kleinste, und braucht jener die vornehmsten, dieser die niedrigsten Eideshelfer zur Reinigung; Northu 51—3. Doch duldet dies auch Einordnung *o* unter A **8) F.** Oder ~ hängt vom Klageeidwert ab: Von Diebstahl oder Beihilfe reinige sich Beklagter mit 60 Hufen, wenn vom Walliser (nicht Vollfreien) geklagt wird; kommt die Klage aber von einem Englischen (Vollbürger), mit doppelt so viel; Ine 46. 46, 1 **9) G. N** Oder vom Stande der Gegenpartei. Bei 'Alltagsprozessen' *par contra parem solus iuret, inferior contra superiorem se altero vel tercio, contra dominum se tertio vel sexto;* Hn 67, 2; *vgl.* I 586[r] **10)** Die ~ wird ausgedrückt vielleicht einmal durch die Eidesform (*s. d.* 7h), sonst durch die Zahl und Qualität der Eideshelfer, Eideshufen, die Beiwörter 'voll, schwerst, einfach, dreifach', endlich durch eine Geldsumme; *o.* 2—4e; über den Pfundeid *s.* Eideshelfer 29b **11)** Während in Italien a. 840 *quantae librae, tanti juratores,* in Holland Eineid bei 1 Pfund, Eid selbfünft bei 5 Pfund Strafgeld gilt [Brunner II 387], steht bei den Agsa. ein Verhältnis zwischen dem Betrage (des Strafgeldes oder der Busse oder des Eingeklagten) und der Eideshelferzahl nicht allgemein fest. Wohl stimmt es einmal zu einfacher Proportion, wenn 12 Helfer 120 Schill. Strafe abwenden; II Cn 65. 48; dagegen ein Sechsereid genügt 44, 1; *vgl.* Eideshelfer 27d

Eidestermin *s.* Beweistermin 1

Eideswert der Person **1)** Wie im Wergeld so im Eide besitzt den normalen Einheitswert der Gemeinfreie. Der ~ eines Mannes steigt in demselben Verhältnis wie sein Wergeld. [Dass dies nur bei der Eideshilfe, nicht auch im ~ des Hauptschwures gelte, vermutet Schmid 564, 1 m. E. grundlos] **1a)** Auch andere Germanen bemessen den ~ nach dem Stande des Schwörenden, glauben dem Adel mehr als dem Gemeinen; Brunner I² 344[16]. 346. II 388 **2)** Dass also die Geburt den ~ abstuft, spiegelt sich vielleicht [doch *s.* Bastard 8] in der Forderung, dass die Eideshelfer *fulboren* seien; Wal **2a)** *Vgl.* eidesfähig 2. 7 **3)** Mit dem Range des Gegners wächst Eidesschwere; *s. d.* 8f. **4)** Der Gemeinfreie darf stets, und muss in bestimmtem Falle (*s.* Eideshelfer 16. 18) Adlige zur Eideshilfe haben. Der Königs-Eideshelfer schwört, wenn abendmahlsfähig, zu 60 Eideshufen; *s. d.* 7. [Um das Wergeld von 200 Schill. abzuwenden, forderte man z. B. 2 Adlige = 120 Hufen und 8 Gemeinfreie = 80 Hufen] **5)** Durch besondere Beziehung eines der Helfer zum König (*s.* Eideshelfer 16. 18a) soll die Richtigkeit des Eides gewährleistet werden; *vgl.* Brunner II 386 **6)** Der Eid éines 1200-[Schilling-]Mannes (*liberalis,* adlig) gilt gleich den Eiden von 6 Gemeinfreien; denn in der Blutrache wird er an so vielen gerächt, und sein Wergeld ist das ihrer 6; Að 1 = Hn 64, 2b = In Cn III 44 **7)** Der ~ ist mitverstanden unter der Berechtigung, die wächst, wenn der Gemeinfreie zum Thegn steigt; Geþyncðo 1. 2 **8)** Priester und Thegn stellt an ~ gleich Að 2 = Hn 64, 3a. 68, 3 (= In Cn III 45, der aber das reguläre Leben als Bedingung für dieses Vorrecht des Priesters einführt) **9) N** Priester und Thegn reinigen sich sogar von Todesschuld mit schlichtem Eid; Hn 64, 2a **10)** Von einfacher Anklage reinige sich der kanonisch lebende Priester durch Eineid im Abendmahl, der Diakon oder nicht regulierte Priester mit zwei Standesgenossen; VIII Atr 19—21 = I Cn 5—5, 2 = Hn 64, 8b **11)** Der ~ des Mönches zu dem des Diakons und des Priesters in Northumbrien verhält sich bei der Reinigung von Kriminalem wie $^1/_4 : ^1/_2 : 1$, im Eigentumsprozess wie $^1/_3 : ^1/_2 : 1$; *s* Eideshufen 11. Es ist hieraus nicht zu folgern, dass der ~ des Priesters in Northumbrien doppelt soviel galt wie der des Thegn, weil nur der ~ des *gesið* und nur aus Wessex, also anderem Rechtssystem, bekannt ist **12)** Nur Ine und Wi geben Abendmahlsfähigen (*s. d.*) doppelten ~ **13)** *s.* Eideshufen 7b—9

Eideswiederholung **1)** *s.* Darlehn 5 **N 2)** Der Londoner Bürger 12. Jhs. hat eine Reinigung gegen Kronklage *a* 18 *humes; en ceo cas jure troi foix li encupex (dunt li Engleis l'apelent threfald od) soi sisme;* Bateson I 38 **2a)** *Per Magnam legem purgare: accusatus sex faciet sacramenta; postea iurabunt sex viri; et continuabitur usque ad numerum* 36; *Munim. gildhallae London.* ed. Riley I 57 um 1321 **2b)** Im Londoner Recht 13. Jhs. schwört sich der Fremde ohne Eideshelfer [zum Ersatze solcher] von Geldschuld frei in 6 oder 9 Kirchen; *ebd.* I 203; Gross *Trials in boroughs* in *Harvard Law Rev.* XV 700; Bateson *EHR* 1902, 489; Pol Mai II 213. 632 **3)** Die angezweifelte Gültigkeit eines Quittungs-Kerbholzes über zurückgezahlte Schuld beschwört der verklagte Kaufmann neunmal: in 9 Kirchen an 9 Altären Fleta II 63, ed. 1647 p. 138; *vgl.* Brunner *Schwurger.* 398 **4)** Die ∼ statt Eideshilfe kennen auch andere Germanen: erstens Isländer (Maurer *Sitx.-Ber. Bayr. Ak.* 1896, 29; *Lit. Centralblatt* 1890, 669); ferner bei Ausländern: Kries *Beweisverfahren* 21; der Hauptschwörer leistet selbst so viele Eide als er Eideshelfer zu ersetzen hat, meist ein Beklagter, seltener ein Kläger; Rudorff *Beitr. x. Gästerecht*, Diss. Berl.-1906 S. 30. In Wales (Seebohm *Tribal system* 125) wird der Schwur siebenmal wiederholt an éinem Altar oder 7 Altären; Bateson *EHR* 1902, 490 **5)** **N** Zu anderem Zwecke als einer Eideserschwerung, nämlich zur Besserung, zur Erholung dient eine andersartige ∼: *Omnis tihla* (Prozess) *tractetur anteiuramento* (Klageeid) *sepius aut semel. In Hamtesira semel iuret, et in eo lapsus vel elapsus iudicetur; in quibusdam locis quociens velit iuramentum repetat, donec efficiat vel deficiat;* Hn 64, 1—1d. Hier also soll durch ∼ dem Schwörenden, dem der Eid, vielleicht nur aus formellen Gründen, missglückt war, erlaubt sein, sich durch neuen Versuch zu erholen. *Vgl.* Brunner *Forsch. x. DRG* 386 f.

Eidgenossen *s.* Eidbrüder 6

Eier. Von jeder Rückenkiepe (Tragekorb) ∼, die zum Londoner Markte kommt, erhält der König 5 ∼ Zoll; IV Atr 2, 11

Eigenkirche. *Vgl.* Kirchenherr **1)** ∼ auf den Adelsgütern 7./8. Jhs. kennt Beda V 4 f.; Alcuin *V. Willibr.* 12; im Fränk. Reiche Loening *Gesch. Dtsch. Kirchenr.* II 354. 639 **1a)** U. Stutz leitet die ∼ der Agsa aus dem Eigentempel des German. Heidentums her; *Internat. Wochensch.* 1909, 1577 **1b)** Um 780 schreibt eine Westsä. Nonne: *mos est Saxanice gentis, quod in nonnullis nobilium bonorumque hominum predibus non æcclesia, sed sancte crucis signum Deo dicatum in alto erectum ad commoda diurni orationis sedulitate habere solent; V. Willebaldi* ed. *Mon. Germ. SS.* XV 88. Sie betrachtet also das Kreuz als unregelmässige Vorstufe zur ∼ **2)** Der Adlige, der auf seinem *bocland* (*s. d.* 4) eine Friedhofskirche hat, zahle $^{1}/_{3}$ des auf ihm lastenden Zehnten an sie (und nur den Rest an die alte Pfarre); hat die ∼ keinen Friedhof, besolde ér seinen dortigen Priester, nicht aus altem Pfarrzehnten; II Eg 2 f. = I Cn 11 f. Als Patron zwinge er ihn zu kanonischem Leben; IV Eg 1, 8 **2a)** *Nec ecclesiæ antiquitus constitute decimis vel aliis possessionibus priventur, ut novis oratoriis tribua[n]tur;* VI Atr 15, 2 L **2b)** Der Gemeinfreie steigt zum Thegnrang, wenn er neben 5 Hufenbesitz Kirche (*ecclesiam propriam*) und Glockenhaus usw. sein eigen nennt; Geþyncðo 2. Diese Adelskirche lag oft neben dem Manorhaus; Earle p. LXXIV **3)** Jeder Bischof halte die Gotteshäuser auf seinem Eigengut instand und ermahne auch den König, dass alle Gotteskirchen wohl versehen seien; I Em 5. Unter des Bischofs Eigen kann sein Privatbesitz mit ∼ verstanden sein oder das Bistumsland samt ∼. Die bloss hierarchische Aufsicht über die öffentlichen Pfarreien ist nicht gemeint. Dagegen der König tritt, da er für 'alle' Kirchen, nicht bloss seine ∼, sorgen soll, hier in seiner staatlichen Kirchenhoheit, nicht als Gutsbesitzer über ∼ auf **4)** Nicht begrifflich, aber wohl oft tatsächlich identisch war die ∼ mit den zwei untersten Klassen der vier Kirchenarten, nämlich denen, die nicht Bistümer und Stifter waren, 'wo es wenig Gottesdienst' und z. T. 'keinen Friedhof gab', und wo der Bruch des Sonderschutzes nur 60 und 30 Schill. kostete, während jene 240 und 120 erhielten; VIII Atr 5, 1 = I Cn 3, 2 **5)** Der Adel verschenkte zwar ∼ samt Zehnten an Stifter [Stubbs *Constit. hist.* I 229], aber die ∼ hatte zugunsten ihres Pfarrers unveräusserliches Land. Ætheric vermachte 997 Bocking dem Dome Canterbury; aber *anre hide ic gean into þære cyrcean* (Dorfpfarre) *þam preoste, þe þar Gode þeowað;* Earle 215. Der künftige Dorfeigentümer, der Dom, kann also diese Hufe nicht der ∼ fortnehmen

Eigentumserweis *s.* Wb *agnung, agnian, propriare, -atio, pruvance faire* **1)** Im Anefang *s. d.* 25 **2)** *ic agnian wylle to agenre æhte* antwortet auch der um Landbesitz verklagte Erbe; Becwæð 3: eine wohl der Reinigung gegen Anefang (*s. d.* 25 b) nachgebildete Formel **3)** Als Beansprucher des ihm Gestohlenen, das aus dem Nachlass des friedlos gelegten Diebes bei dessen Grundherrn verwahrt geblieben ist, erkläre Eigentümer das Vieh als sein eigen durch *gewitnes* (Zeugen oder Eideshelfer; *s. d.* 2a); IV Eg 11 **4)** Ebenso beschwört ∼ der Kläger, der in Spurfolge sein ihm gestohlenes Fleisch ertappt; Ine 17

Eimer, grosses Hohlmass. *Vgl.* Toller, auch *Suppl.* s. v. *amber* **1)** Unter jährlicher Abgabe von 10 Hufen sind 12 *ambra* Wälschen Biers, 30 hellen, 1 ∼ voll Butter; Ine 70, 1 **2)** Einem Armen bestimmt monatlich 1 ∼ Mehl As Alm 1; auch Korn misst nach ∼n Urk. a. 791—7 Birch 273 **3)** Im späteren Mittelalter ist 1 ∼ = 4 'bushels' = ca. 145 Liter. Für 1280 gibt Registr. Richmond.: 24 *ambræ salis* = 12 *quarteria London.* zu 8 *modii sive busselli;* Ellis *Introd. to Domesday* I 133. 258; *vgl.* Scargill-Bird *Custumal of Battle* p. IX. Ein ∼ = $^{1}/_{2}$ Saum; Schmid *Gesetxe* 545 2, Z. 7 v. u. Maitland bezweifelt, dass der Agsä. ∼ so gross sei; *Domesday* 440^{6}; dagegen spricht *o.* 2 **4)** Ein Kirchen∼ Getreide *s.* Kirchenpfennig **5)** *Tyn ambra feðra* (Federn) ist ein Teil des Tributes der Finnen; Ælfred *Oros.* ed. Sweet 18

Einbruch. *Vgl.* Hausfrieden, Heimsuchung, Gehege **1)** Das Verbrechen bei anderen Germanen findet im Agsä. keine genaue Entsprechung; Wilda 878. 890; Grimm *DRA* 639; Brunner II 646 **2)** Wer Gehegebruch verübt, büsse [dem Hofeigentümer] mit 6 Schill. (*u.* 3), nimmt er drinnen Fahrhabe, diese dreifach; Abt 27f. Letztere Busse ist keine Besonderheit für ~, sondern eignet jedem Diebstahl nach Abt 9. Die Tat des ~diebstahls wird also von Abt in Haus~ und Diebstahl zerspalten. Diese Spaltung findet sich auch im Norden; Wilda 782 **2a)** Eine mildere Busse, nur 4 Schill., trifft den, der fremdes Gehege *gegangeð*, wohl 'unerlaubt überschreitet, in den Hof dringt ohne Zerstörung des Zaunes'; Abt 29: vermutlich ein Diebstahlsversuch, den auch andere Germanen unter diesem Typus der Verletzung fremder Were strafen; Brunner II 563. Wilda 605f. [**2b)** In dem Gedicht *Crist* wird der Himmel gepriesen als frei von *edergong* (bisher erklärt als 'Zufluchtsuche') *fore yrmðum*; kann es 'Eigentumsverbrechen aus Armut' bedeuten?] **2c)** Hinter der Busse fürs Eindringen in die Burg (= festes Haus) höherer Stände folgt *ceorles* [des 200-Schilling-Mannes] *edorbryce* 5 *scil.* [*vgl.* Bauer 9g]: es ist also dasselbe Verbrechen, nur an bescheidenerer Art von Wohnstätte; Af 40 **2d)** Für *burgbryce* erhält der König 120 Schill. (Ine 45 = Af 40), der Erzbischof 90 (Af 40), der Diözesan 120 (Ine 45), der Bischof 60 (Af), der Ealdorman 80 (Ine) oder 60 (Af), der Königsthegn 60, der landbesitzende Gefolgsadlige 35 (Ine), der Mann von 1200 Schill. Wergeld 30, der von 600 15 Schill.; Af 40 **2e)** Während Landwehr draussen ist und in Fastenzeit gilt diese Busse doppelt; 40, 1 **3)** Wer in jemandes Hofbezirk (*tun*) zuerst eindringt, büsst ihm 6 Schill., der zweite 3, jeder folgende 1 Schill.; Abt 17; die erste Busse ist wohl identisch mit der *o.* 2. Wahrscheinlich liegt hier nicht ~, sondern 'Heimsuchung' vor, laut des Merkmals der Teilnahme mehrerer und des Fehlens von Diebstahl **4)** Über nächtlichen Diebstahl *s. d.* 22a **5)** Über *ciricbryce s.* Kirchenraub **6)** **N** Wer angeklagt ist, Kirche oder Kammer [Königsschatz?] erbrochen zu haben, reinige sich durch Beweisrecht, das der Klage auf schwerstes Verbrechen entspricht, dreimal (bzw., wenn bescholten, sechsmal) so schwer wie bei Diebstahl; Leis Wl 15—15, 3 **7)** *husbryce is botleas* II Cn 64 = Hn 12, 1a; auch I 538 **7a)** **N** Zu den schwersten Kapitalverbrechen zählt *husbrece* (= *domus infractio*) auch Hn 47 (= 64,2) **7b)** Obwohl eine Variante *burgbryce* liest, ist offenbar Schwereres als in 2d gemeint. Wahrscheinlich bestand das Erschwerende der Tat in dem Zerbrechen des Hauses (Schmid, Brunner; Pol Mai II 491f.). Dafür spricht die Latein. Übs. zu II Cn 64: *domi (in-) fractura, destructio*, die allerdings bloss silbenhaft ohne inhaltliches Wissen gemacht sein kann. In der Verbindung mit Verwundung od. Totschlag (*s.* 3) findet die Erschwerung Steenstrup *Danelag* 355, gestützt nur auf Dänische Parallelen. Die Busslosigkeit für ~ erklärt aus vielleicht Nordischem Einfluss Brunner II 653 **7c)** Das 'Brechen' braucht nicht gerade Tür oder Wand zu meinen, sondern Durchgraben und Hineinkriechen (wie im Friesischen, bei nächtlichem ~; His 76). *Vgl.* Ælfric: *hwænne se þeofe come, his hus to brecenne*, welcher heimlich untergräbt *underdulfe digellice his hus*; *Sermo in nat. conf.* 11 = 93, ed. Assmann 50 = 54, aus *subfodiat* des Ev. Matth. 24, 43 **8)** Nicht Haus~ ist gemeint mit *regis burhbrece* durch blutig Fechten, mit 5 Pfund zu büssen, sondern entweder 'Bruch des Friedens einer königlichen Stadt', oder wahrscheinlich ist *borgbryce*, Bruch königlicher Schutzgewähr, zu emendieren; IV Atr 4, 1 **8a)** So verlas *burgbryce* statt *borgbryce* II Cn 58, 2 A

Eineid **1)** Eid ohne Eideshilfe ist der promissorische (*s.* Eidesformel 3), ferner der Zeugeneid, öfter der Klageeid [auch Dänisch *s.* Pappenheim *Altdän. Schutzgilden* 300], nur ausnahmsweise der Verteidigungseid, so die Abendmahlsprobe (*s. d.* 1), der Gefährdeeid, der Gleichheitseid, der Ordal und Zweikampf vorangehende Eid **2)** Fremder und Königsthegn schwören ~; Wi 20 **2a)** Einen Konventssklaven reinige durch ~ sein Herr, wenn Abendmahlsgänger; wenn nicht, mit gutem Eideshelfer; 23 **2a)** *Si accusatur homo Dei, ecclesiae custos solus cum suo iuramento illum castiget;* Urk. für Abingdon a. 821 [gefälscht] Birch 366, vermutlich ein aus echtem Klosterprivileg übernommener Anspruch; *vgl.* Maitland *Domesday* 292 **N 3)** Im Alltagsprozess *par contra parem solus iuret;* Hn 67, 2; *quando quis iurare debeat solus*, hängt von Verschiedenheit der Prozesse und der Parteien ab; 64, 7 **4)** *Si manupastum* (Dienstbote, Miteinwohner) *alicuius accusetur de furto, solus paterfamilias emundare potest, fracta lege* (gestabt), *sine preiurante* (falls kein stärkerer Klageeid vorlag); 66, 7

einfach *s.* Ersatz, Eideshelfer 27, -schwere 6a, Klage

Einfachheit (philosophisch) Bedingung des Seins; Quadr Ded 9

Einfang **1)** **A**. von Verbrechern *s.* Anzeige 4ff.; Begünstigung 9. 11 **2)** **B**. von abhanden gekommenem, bes. gestohlenem Vieh; Betrag, den der Eigentümer dem Retter zahlt; *s.* Wb *forfang, rescussiun, excutere, escurre* **2a)** [Letztere 3 Wörter können auch in anderem Sinne 'Pfandkehrung' (*s. d.*) bedeuten] **2b)** Neben der Handlung bedeutet *forfang* auch ihren Lohn **2c)** Die Latein. Übs. *anticipatio* in Q Cons scheint nur gelehrt, nicht praktisch gebraucht **2d)** Andere Bedeutung von *for(e)fang*: *s.* Anefang, Vorkauf. Auch 'Strafgeld für Verbringung eines gefangenen Verbrechers in fremde Jurisdiktion'; Bateson I 8 **3)** Ein ganzes Stück behandelt ~ I 388ff., übs. von Q I 540, von Cons Cn I 619. Der erste Satz scheint älter als der Rest, beides aber Fragment verlorener Gesetze Ende 10. Jhs. **4)** Ergreiferlohn beträgt höchstens 15 Pfg; selbst bei einem zurückgebrachten Sklaven oder Pferd, über ganz England hin; und von jedem Stück Kleinvieh (dagegen: jeder Art Vieh 3, 1) [zahle Eigentümer des Gestohlenen dem Retter] von jedem Schill. [= 5 Pfg. Wert]: 1 Pfg., wenn es aus Diebes Hand entrissen ward; Forf 1. 2. 3,1 **5)** Wird Gestohlenes versteckt gefunden, also ohne Gefahr, so kann der Lohn für ~ geringer sein; 3, 2 **6)** Einstmals stieg er mit der Anzahl der Grafschaften zwischen Diebstahl und Ertappen; 3 **6a)** **N** Wenn einer abhanden gekommenes Vieh rettend festnimmt, zahlt Eigentümer ['dem Ortsvorsteher' vielleicht spätere Zufügung] für die Festnahme, Englisch *forfang*, höchstens 8 Pfg., und zwar für Schwein oder Schaf 1 Pfg., für Rind oder Pferd 4 Pfg. Gebühr; Leis Wl 5. 5, 1. Dieses Maximum widerspricht *o.* 4; dagegen der Wert, für den je 1 Pfg. zu entrichten ist, stimmt fast genau; *s.* Viehwert 7) Über *forfang,* als eine Prozessklasse, zwischen *forstall* und *þieffang,* verleiht Eadward III. Gerichtsbarkeit der Abtei Ramsey in unechter Urk. a. 1060 Kemble 809

Einfuhr. *Vgl.* London, Handel, Fremde | Walfisch, Wachs, Lack; Fell, Leder, Gürtel, Tuch, Barchentlaken, Färberei; Wein, Kümmel, Pfeffer, Ingwer, Öl, Weihrauch, Krapp; Gold, Alaun. [Auch Seide, Kleider, Edelsteine, Gewürze nennt Ælfrici *Colloquium*]. Die ~ nach Britannien über See kommt [um 1200] auf Themse, Severn, Humber; Lond ECf 32 D 4

Einquartierung *s.* Gastung

Einschätzung. *Vgl.* Abgabe, Steuer, Dänengeld, Hufe. Die ~ zur Pflicht der Waffenhaltung in Lond ECf 32 A 9. 12 wird um 1200 zu regulieren empfohlen, vielleicht nach Muster der Kautel gegen Hinterziehung bei der Steuer~ I 656[a]

einsegnen *s.* firmeln, Eheschliessung 12, Grab, Weihe, Nonne, Witwe

Einspruchsrecht der Erben gegen Landveräusserung *s.* Erbgang 2

Einzeleinkauf *s.* Deutsche 2 b

Einzelhof *s.* Bauer 2

Einzelverkauf *ad incisionem,* unter Zerschneidung (Détail) der ganzen Stücke Tuch, wird fremden Kaufleuten in London verboten. Er geht bis 25 Pfund Gewicht für Pfeffer, Kümmel, Ingwer, Alaun, Rotfärbholz, Lack, Weihrauch, Wachs, bis 1 Pack (1000?) bei Gürteln, 1 Dutzend bei Barchentlaken, Korduan (*s.* Fell 3), 1 Stück Seiden-, Woll- u. Leinentuch; Lib Lond 8, 1—5, *vgl.* I 674[a. u. v.] 675[a. b. g. k]

Einziehung **A.** des Vermögens *s.* Vermögens~ **B.** ~ Tod bringender Sache *s.* Baum 6; Haftung

Eisen. Der Kessel zum Ordal des siedenden Wassers kann u. a. aus ~ sein; Ordal 1 b

Eisenordal. [Alles Allgemeine über Gottesgericht *s.* 'Ordal' und 'Feuerordal'] **1)** Das ~ heisst (neben ausführlicheren Ausdrücken) auch *iudicium* (*s.* Wb 8f.). *juise* (*s.* Wb), ohne weiteres, auch im Domesdaybuch I 110 b. 137; nur 'Eisen' II As 14, 1; zu Wl lad 3 übersetzt Q *iren* richtig durch *iudicium* (*vgl.* Bigelow *Plac. Agnorm.* 41; Freeman *Norm. Conq.* V 875); auch *lex, u.* 4 a **2)** Das ~ kommt seit Æthelstan in den *Gesetzen* vor **3)** Auch Frauen unterzogen sich dem ~; Iud Dei I 5•. XI[36]; *u.* 13 b **3 a)** **N** Erst nach 1066 kommt ein Fall der Vertretung im ~ vor [*vgl.* Zweikampf]: Der Normannische Bischof von Lincoln *de proditione* gegen Wilhelm I. *fuerat impetitus, sed famulus eius ferri igniti iudicio dominum purga*[*vit*]; Henr. Huntingdon. VI, ed. Arnold 212 **4)** Das ~ dient überall zur Reinigung des Beklagten. Erst im 12. Jh. kann ~ auch den Klageeid bekräftigen. **N** Nur ein Missverständnis 12. Jhs. ist es, wenn Wl art 6, 3 in den Satz aus Wl lad 3, 1 f. über die Möglichkeit, dass ein gegen Normannen klagender Agsa. das Beweismittel des Zweikampfs ablehne, die Worte 'oder *iudicium*' einführt: Ordal, als Agsä. Beweismittel, konnte der Agsa. nicht ablehnen; es ist daher hieraus nicht zu folgern, dass ~ auch dem Kläger zukam **4 a)** Der Kläger, der behauptet, Gegner habe ihm ein Auge ausgerissen, erhält 1202 vom Königsgericht *iudicium: fiat lex* (Ordal), *et in electione appellati sit portare ferrum vel ut* Kläger *illud portet*; *Select Pleas of the crown* I n. 24. *Vgl.* Beweisnähe 12 **4 b)** Nicht die Agsa. geht es an, wenn ein Jüngling den Walliser Fürsten Rhys Sohn Griffins bittet, dass ihm sich als dessen Sohn *candentis ferri examine probare liceret;* Girald Cambr. *Descr. Cambr.* II 14, *Opp.* VI 191 **5)** Rituale des ~s: *s.* Iud Dei II. V. IX. XI. XVI. Es wird unvollkommen umgearbeitet auf Kaltwasserordal in X 19, 2—4. 20, 1 **5 a)** Mehr noch als bei den Ordalien des siedenden Wassers, der Wassertauche, des geweihten Bissens wird hier ein Wunder gefordert: das glühende Eisen 'kühle die Gerechten, verbrenne die Bösen'; XI 4, 3 **N 6)** Das ~ geschieht *in episcopali sede aut loco, quem episcopus ad hoc constituerit;* Wl ep 4 **6 a)** Auch die Normannische Synode zu Lillebonne 1080 ordnet an *ferri iudicium apud matrem ecclesiam terminetur* **7)** Das Eisen ist kein beliebiges, sondern *ordinatum ad iustam examinationem;* Iud Dei XI 5 **7 a)** Es können verschiedene *genera metalli* dazu dienen; IX 1; neben *ferrum* setzen Ritualien alternativ *vel ferramentum* (IX 2. 3, 1. 3, 6): wohl ein Gerät wie z. B. eine Axt oder Pflugschar **7 b)** Um 990 ein Prüfling *nuda manu ignitum calibem* [Schwert] *portavit;* Lantfrid, ed. Earle *Swithun* 61 = Wulfstan ed. Huber *Swithunus* 77 **8)** Beim einfachen Ordal wiegt das zu tragende Eisen 1 Pfund, beim dreifachen 3; Hu 9. Blas 1 = 60 *sol.* Hn 64, 1 b; 9 c = 67, 1 b. c = 92, 9 c. Iud Dei II 1. XI 1[b]; *si unius criminis fuerit accusatus, habebit pondus* 20 *solidorum; si duum: duplex, scil.* 30 [lies 40]; *si trium: triplex, scil.* 60; XVI 40 **8 a)** Die Erklärung dreifacher Klage als der wegen dreier Schuldpunkte ist wenigstens für 10. 11. Jh. irrtümlich, und eine Doppelklage samt Doppelordal wohl bloss dem System zuliebe von einem Antiquar hinzuerfunden **9)** Es werden 9 Fuss nach des Prüflings Füssen [durch den Priester?] abgemessen von den Pfählen bis zum Ziele **9 a)** Das Eisen, das vor der Beschwörung am Altar lag (Iud Dei XVI 1) und mit Weihwasser besprengt ward (XVI 8), glühe nur während der Messe: *Pone ferrum secus altare, usque dum missa super eo celebretur;* XI 1. Es liege auf glühenden Kohlen bis zur letzten Kollekte, dann auf den Pfählen, während der Priester Evangelium liest; XVI 36 **9 b)** Jene 9 Fuss zerfallen in 3 Teile; auf erstem neben dem Pfahl halte Prüfling den rechten Fuss, auf zweitem den linken, dann setze er den rechten Fuss aufs dritte Zeichen hinüber, indem er das Eisen nimmt und fortwirft, und eile zum heiligen Altar [weiteres *s.* Feuerordal]; Ordal 1 a. 4, 2—5, 1. Iud Dei XVI 8, 1. 39 **9 c)** Der Prüfling nimmt also das heisse Eisen von einer Holzunterlage; Ordal 4, 2; auch Zeumer *Formulæ Merowing.* 645 = 668. 684. [Wäre diese nicht verbrannt, wenn das Eisen wirklich glühend war?] **9 d)** Im 12. Jh. zahlt Fiskus *pro polis parandis* und Priestern für deren Weihung; *Pipe roll a.* 12. *Henry* II 72. 117 **9 e)** *Ferrum per mensuram* 9 *pedum portetur;* Iud Dei II 5, 1; ebenso Zeumer 715. 720; 9 *passus* auch *u.* 13 b; auf Island: Dahn *Bausteine* II 37 [dieses Mass kommt im Ind. Ordal, also bereits Indogermanisch vor; in Indien wirft der Prüfling das Eisen in den neunten Kreis] **9 f)** Die 9 Schritte in 3 gleichen Teilen kennt Deutsches Recht auch beim Vorzeigen der Leiche vor Gericht in Totschlagsklage; Brunner *Klage mit Totem* in Zs. Savigny RG., Germ. 31, 238 **10)** Das ~ reinigt vom Verdachte **A.** der Münzfälschung; II As 14, 1. Hn mon 2, 2; **B.** N des Mordes, unter Eingeständnis des Totschlags angeblich aus Notwehr; Hn 87, 6 [Ein des Mordes angeklagter Normanne reinigt sich zu Rouen *in curia regis: scintillans ferrum manu portavit;* Ordric Vital V, ed. Le Prévost II 432] **C.** des Totschlags *u.* 11; Iud Dei II. IX; **D.** der Verwundung *o.* 4a **E.** des Diebstahls *u.* 11; Iud Dei II. V. IX; **F.** N des Forstwildfrevels: *Quinquaginta viri* [um 1098] *calumniati, quod cervos regis ceperint, iudicantur calumniam examine igniti ferri a se propulsare;* Eadmer [um 1110] *Nov.* II, ed. Rule 102. Das ~ werde nur, wo anderer Beweis unmöglich, im Forstgericht angewendet (Ps Cn for 11, 2; *vgl.* I 622q), gemäss der dann 1215 im Laterankonzil siegreichen Abneigung der Prozessreformer gegen das Ordal; **G.** des Ehebruchs; *u.* 13b. Iud Dei II. IX 3, 6; **H.** der Zauberei; II 3, 3. 4, 1; **I.** des Sakrilegs; IX 3, 6; **K.** des Verrats *o.* 3a; **L.** N des Bruches des Geschworeneneides. Odo von Bayeux, delegierter Königsrichter, verurteilt die wegen Meineids verklagten Inquisitionsgeschworenen der Grafschaft zur Reinigung durch *iudicium ferri; quod promiserunt et facere non potuerunt;* Hickes *Dissert. epist.* 33 N **11)** Den Beweis (*s. d.* 11a) des gegen Klage des Normannen sich reinigenden Engländers bildet in Friedlosigkeitssachen ~ allein, sonst neben Zweikampf **12)** Es wird unter Wilhelm so sehr das regelmässige einseitige Ordal, dass Wl ep 4, 1 nur vom ~ redet; und für alle Ordalarten setzt das ~ ein II Cn 8, 2 In **12a)** Das alleinige einseitige Ordal des Vollfreien (*liber*) Ende 12. Jhs. ist ~, während sich *rusticus per aquam* reinigt; Glanvilla XIV 1, 8; *s.* I 427b **12b)** Glüheisen in der Hand eines Sklaven erwähnt aber *Mirac. Swithuni* (ed. Bolland) II 37 **13)** Zwar kommt in den Liturgien fürs ~, die von Agsa. aus Fränk. Vorlagen kopiert wurden, vor, dass *vomeres* beschritten, also nicht Hände, sondern *pedes* dem Verbrennen ausgesetzt wurden; Iud Dei V 1, 6. IX 2, 1. XI 5, 1; in II 2, 6. 4, 1 lässt beide Male einer der Kopisten, Englischem Brauche gemäss, die Worte *vel pedes* fort; I 429b **13a)** Auch wer vom Verwandtenmord sich reinigen will, *ad IX vomeres ignitos examinandus accedat;* aus Fränkischem Kapitular Hn 89, 1a **13b)** Dass die Königin-Witwe Emma sich unter ihrem Sohne Eadward dem Bk. unschuldig eines ihr vorgeworfenen Liebesverhältnisses mit einem Bischof erwies, *super novem vomeres igne candentes novem passus faciens* [Ann. Winton. ed. Luard 23 f. = Bromton 992], ist eine Tradition seit Ende 12. Jhs., aber unhistorisch; Stubbs *Will. Malmesber.* II LXXX **13c)** In der Dichtung *Athelstan* schreitet der Graf durch Flammen neun Pfluglängen weit; der Bischof segnet den Weg neunmal: offenbar unwirklich und aus fremden literarischen Erinnerungen; Kahle *Klerus im Mengl. Versroman* 14 **13d)** Aber laut aller echten Englischen Quellen vor Ende 12. Jhs. wird das glühende Eisen getragen; Iud Dei II 5, 1. Ordal 5—5, 2. Wl ep 4, 2. Nur *portare, ferre iudicium* kennt Domesday 187 b. 336 b. II 110 b. 137. 162. 166 **13e)** Vielleicht hängt das Fehlen des Beschreitens der Pflugschar zusammen mit der Entwicklung des ~s (*o.* 9e) vór deren Einführung bei den Germanen, die zwischen 100 und 600 erfolgte; Meitzen *Siedelung* I 281. Bei den frühen Agsa. fehlt das Wort 'Pflug' (*s. d.*): vielleicht weil sie nicht aus der Heimat den Deutschen Pflug mitbrachten

Eisenseite, Beiname Eadmunds II.; ECf 35*. Lond ECf 34, 2b***. Auch Ragnar Lodbroks Sohn Björn führt in der Saga den Beinamen ~

elemosina libera *s.* Fürbitte 2b

Elle *s.* Wb *eln*, *vgl.* Toller samt Suppl., auch *elngemet* **1)** Die ~ misst 24 Zoll, aber auch 18 und andere Grössen; *eln* bed. auch nur Spannung zwischen Daumen und Zeigefinger, steht für *cubitus* der Vulgata, in Glossen für *ulna* **1a)** *Ulna Angliæ continet 3 pedes;* $1^1/_2$ *pes cubitum parvum* [= heute Engl. *cubitj faciunt,* 6 *parvi cubiti cubitum magnum* [1 Grosselle = 9 Fuss; auch Wright *Dial. dict. s. v. yard* 4], aus Canterbury um 1300; *Eighth report Histor. mss., App.* I 325 **1b)** $5^1/_2$ *ulnae* = 1 *pertica* (*vgl.* Acker 3a); Maitland *Domesday* 370. 372¹. In diesem Sinne ist die ~ das heutige *yard* = 3 Fuss — 36 Zoll = 0,91 Meter **2)** *per mensuram ulnæ* wird der Stein ins siedende Wasser beim dreifachen Ordal des Kesselfangs (*s. d.*) hinabgelassen, den der Prüfling greifen muss; Iud Dei II 6 = XII 22b **2a)** Dem entspricht, dass 'die Hand nach dem Steine bis zum ~nbogen eintauche'; Ordal 2 **2b)** $1^1/_2$ ~n (*ulnæ* Q) sinkt Ordalprüfling ins Kaltwasser (*s. d.*); II As 23, 1 **3)** 1 Barchentstück misst 13 oder 28 ~n; I 675a

Ellenbogen *s.* Wb *elnboga* **1)** Wer einem den Arm oberhalb vom ~ zerbricht, büsse ihm 15 Schill., wer ihn unterhalb vom ~ abhaut, 80; Af 54. 66 **2)** *s.* 9 Z. vorher

Eltern. *Vgl.* Vater, Mutter, Sippe, Familie, Kind **1)** Pflicht der ~ ist es zu sorgen für des Kindes Taufe; *s. d.* **2)** Zum Gebot der Exodus 'Ehre Vater und Mutter' setzt Ælfred hinzu den Relativsatz 'die dir Gott gab' (welcher in Exodus sich auf das Israel verheissene Land bezieht), vielleicht aus Ælfreds persönlicher Liebe zu den ~ (Plummer *Alfred* 123); Af El 4 **3)** Er nimmt aus Exod. auf die Todesstrafe für das Schlagen von Vater oder Mutter; 14 **Ely.** Hss. dorther: Ll. Tb I XXXIV. XLI **Embryo** *s.* Kind

Endurteil *s.* Urteil

Engel *s.* Wb *engel* **1)** ~ umschweben den Priester bei der Sakramentswandlung; I Cn 4, 2; *vgl.* Beda ed. Plummer I XIIJ **1a)** Alcuin nennt den *sacerdos* sogar: *angelus Dei*; *Mon. Germ.*, *Epist. Karol.* II 46 **1b)** ~ beobachten jeden, wie er das Taufgelübde erfüllt; *Homil. n.* Wulfstan ed. Napier 144 **2)** Bei ~n und Erz~n werden vor dem Ordal das Eisen und der Prüfling beschworen; Iud Dei V 2. VII 12, 1. 23, 1. VIII 2. XVI 30, 4 **3)** Mit Ermächtigung des Erz~s Michael wird exkommuniziert; Excom V 1. VI 1, 2. VII 2. VIII 10. X 1. XI 1 **4)** ~ retten aus feurigem Ofen; aus Daniel Iud Dei IV 4, 2 **Engern** *s.* Angeln

England *s.* Wb *Englaland, Engleterre* [*Angulsaxonia* Urk. a. 909 Birch 623]; *land* 3, *eard, anweald. Vgl.* Angelsachsen, Britannien, Briten; Verbannung, Abschwören 3, Unfreie **1)** ~s geographische und politische

Einteilung (aus einem Agsä. Traktat I 552f.): Hn 6—6, 2 = 9, 10; 10a **N 1a**) Preis der geographischen Lage von ~, seines Überflusses, seiner Sicherheit, die den Ein- und Austritt ohne Willen des Herrschers verschliesst; Quadr II Præf. 2[e] **2**) Geschichte seit 1066: *s.* Wilhelm I., II., Heinrich I. **3**) Durch die Ansiedlung der Normannischen Eroberer in ~ werden diese zu Engländern: *rex Anglorum* nennt sich Wilhelm I; Wl ep Pro (sein Breve geht an alle über ganz ~ hin; Wl lad Pro), ebenso Heinrich I.; CHn cor Pro 1. Hn mon Pro. Hn com Pro. Hn Lond Pro **4**) Ganz ~ gilt als éin Rechtsgebiet betr. Einfang (*s. d.* 4. 6), Feiertag Eadwards (II; *s. d.* 3a), wohl auch Gleichstellung von Priester und Thegn; Að 2 **5**) Wo der König von 'seinem Gebiet' spricht, ist deutlich die ganze, wenn auch nur mittelbar, von Eadgar abhängige, Insel Britannien, samt *Denum ge Bryttum*, gemeint. Er führt Kirchenrecht und Handelszeugen auch bei jenen Stämmen trotz ihres sonstigen Partikularrechts durch; IV Eg Pro. 1, 6. 2, 2 **5a**) Nicht so sicher ist diese weiteste Bedeutung desselben Ausdrucks bei mehreren, die Denalagu wahrscheinlich nicht betreffenden, Denkmälern: über die Münzeinheit (II As 14 = III Eg 8); die Friedenspolizei (VI As 11) und die Abschaffung der Fehden; II Em Pro **5b**) Eadgar gebietet ausser Westsachsen auch Northumbrern, Ostangeln, Merciern und Kelten; IV Eg 1, 6. 2, 2 [Kent gilt also bereits als von Wessex unlösbar]; Rechtsgebiete aber nennt er nur zwei: *mid Englum* 2, 1a und *mid Denum* 2, 1. [Das Krönungsrituale 10. Jhs. sprach vom *regale solium, videlicet Saxonum, Merciorum, Nordanhimbrorum sceptra;* Taylor *Glory of regal.* 371] **5c**) Er herrscht auf 'diesen Inseln'; *s. d.* über solchen Pluralis **5d**) Die *ceteræ gentes in circuitu* neben *Angli*, denen der König im Titel der Urkk. zu gebieten sich rühmt, sind Kelt. und Nordische Fürstentümer, nicht die einstige Agsä. Heptarchie; gegen Stengel *Hist. Aufs. Zeumer* 274[5] **6**) Die Gesetze Cnuts gelten über 'ganz ~'; II Cn Pro [also Denalagu ein- und Dänemark ausschliessend] **N 7**) Ebenso Wilhelms I. für ganz ~ (Wl lad Pro) und *mei fideles qui in Anglia manent;* Wl ep 1 [also Normandie ausschliessend], für *populus Anglorum;*. Leis Wl Pro. Wl art 7 **8**) Wilhelm I. fordert den Untertaneneid der Treue und kriegerischer Verteidigung *infra et extra Angliam;* Wl art 2 **9**) Normannische Eroberung von ~ *s.* Wilhelm I. **9a**) Wilhelm I. führt die staatliche Kirchenhoheit aus der Normandie nach ~; Wl Edmr 1 **10**) Einst [vor 1066] richtete sich in ~ Berechtigung nach Standeswürde; Geþyncðo 1 **N 11**) Von Gerichtsherren 'in ~' ist die Rede ohne einen geographischen oder politischen Gegensatz, wohl im Sinne von 'überhaupt irgendwo'; Leis Wl 42, 1 **12**) Vielleicht im Ggs. zu Franconormann. Recht steht 'Beweisrecht (*jugement*) von ~' über Eidesschelte; *s d.* 2 **13**) Wer zu Gericht vorgeladen wird, erhält höchstens 4 Wochen Frist (*s. d.*), *ubicunque fuerit in Anglia; si ultra mare est, VI ebdomadas habeat et unam diem ad accessum et recessum maris;* Hn 41, 2a; b

Engländerrecht *s.* Wb *Engla lagu, mid Englum* [dagegen wo ganz Englands Recht gemeint, *s.* Angelsachsen] **1**) *herinne* II Ew 5, 2, unmittelbares Gebiet des Königs, beschränkt durch den Ggs. *eorl þær on lande:* die Denalagu, EGu 12 **1a**) Nie im Ggs. zu Westsachsen *s.* Agsa. 1c **1b**) *Lex Anglorum* ist Schreibfehler für *Danorum* ECf 30 **1c**) Willkürliche Verderbnis Nordenglischer Beschränkung eines Rechtsatzes zu ~ *s.* Denalagu 11j **1d**) Der Ausdruck herrscht seit Ælfreds bis zu Heinrichs Zeit **2**) Nur einmal, in einer unauthentischen, Kentischen Kompilation Ende XI. Jhs., steht ~ identisch mit *Suðengla lagu* (Süd~), im Ggs. auch zu Kent, nicht bloss zur Denalagu; über Schutz (*s. d.*) des Königs, Adels, der Kirche und dessen Verletzung werden da Sätze aus Af-Ine und Cnut abgeschrieben; Grið 9. 11 **2a**) Ebenfalls nur ein Kentischer Interpolator Mitte XI. Jhs. schiebt zwischen *Engla lage* und *Dena lage* ein Sonderrecht Kents betreffend Schutz (*s. d.*) und gewaltsame Heimsuchung (*s. d.*) ein; I Cn 3, 2 G. II 62 G **2b**) Besonderes Recht der Kelten neben ~ und Denalagu auf der Insel wird zwar nirgends geleugnet; als drittes gleichberechtigt erwähnt aber ist es nur einmal IV Eg 2, 2; *s.* Denalagu 9a; unauthentisch *ebd.* 7 **3**) Sonst steht ~ im Ggs. nur zur *Denalagu* in deren wechselnder Ausdehnung; *s. d.* 4. Der Bereich des ~s umfasst England ohne das Gebiet der Denalagu; *s. d.* 6 **4**) Besonders als ~ bezeichnen sich ausdrücklich selbst die Stücke I Atr Pro und V Insc, vermutlich im Gegensatz zum Angloskandinav. III Atr; *s. ebd.* 8. Davon ergeht I Atr in Mercien **5**) Weder Mercierrecht (*s. d.*) noch Westsachsenrecht (*s. d.*) steht gesondert neben ~; sondern diese beiden bilden dessen zwei Teile, so dass England nicht (wie bei Hn 6, 2. 9, 10a), in drei Rechtsgebiete, sondern in zwei zerfällt: *Denalagu* und ~; EGu 2—9. IV Eg 2, 1a. 14. IV Atr 8. V 31 = VI 38 L. 37. II Cn 15, 1a; 3 = Hn 34, 1a = Leis Wl 39, 2. 42, 2. II Cn 62. 65 = Hn 66, 6. Grið 4. 11. ECf 12, 3. 18, 3. 27, 1. 33. 34, 1 **6**) Wo *Gesetze* nicht das Ggteil sagen, bringen sie ~; so II. III Eg laut IV 2, 1. 12. 13, 1. So setzt Cnut zu einer Stelle Eadgars (III Eg 3) nur deshalb die Worte 'nach ~' hinzu, weil er die Satzung der Denalagu (*s. d.* 11p) folgen lässt **6a**) Cnut regelt das Heergewäte (*s. d.*) ohne geograph. Beschränkung, meint aber nur ~, denn im Satze darauf folgt Dänisches Recht **6b**) Über den Peterspfennig bietet Leis Wl 17 ~, was hier nur aus der folgenden Abweichung für Denalagu sich ergibt; in ECf 10 gleichen Sinnes steht aber ausdrücklich *lege Anglorum* **7**) Nur bisweilen ist die Geltung für Denalagu (*s. d.* 9) ausdrücklich ausgeschlossen. So heisst es mitten in einem Denkmal über ~ oder allgemeines Landrecht: vom Verdachte des Attentats gegen des Königs Leben reinige Eid in Höhe seines Wergelds oder dreifach Ordal 'nach ~'; V Atr 30. Überall hatte der Gesetzgeber stillschweigend die abweichende Denalagu (*s. d.* 11j) im Sinne; der Wiederholer VI 37 fügt denn auch hinzu: 'und in Denalagu nach deren Recht' **7a**) Ebenso steht *on Engla lage* beschränkend für die Geltung des Strafgelds wegen Verletzung königlichen oder Kathedralen-Sonderschutzes VIII Atr 5, 1 = I Cn 3, 2 **8**) Die Materien, in denen die Denalagu von ~ abweicht, *s. d.* 11.

Sie sind z. T. nur erkenntlich durch das Angloskandinavische Strafgeldfixum *lahslit* (*s.* Rechtsbruchbusse); *ebd.* 11 m—p **8a)** Im 10.—12. Jh. drang manches aus Denalagu ins Englische Landrecht ein **N 9)** Über Wilhelms I. angebliche Absicht, ~ abzuschaffen *s. ebd.* 7 **10)** Die Denkmäler mit reinem ~ *ebd.* 8a **11)** Die Sätze über Berechtigung des Königs und des Grafen in In Cn III 45, 4. 55, um 1110 übersetzt, gelten *inter Anglos,* d. h. bei den Agsa. vor 1066, nicht etwa: nach ~ im Ggs. zu Denalagu

Englisch *s.* Angelsachsen 1. 7f. 20—28 (~er Schill.: 27); -sächs. Übers.

N Englishry 1) Die Murdrumbusse (*s. d.*) für einen Erschlagenen, dessen Totschläger nicht vor Gericht gebracht ward, wendet der Bezirk, wo die Leiche gefunden war, von sich ab, durch jemanden, *qui occisum comprobet ex parte patris Anglicum;* Hn 75, 6b (92, 9a); sobald dieser Nachweis fehlt, *Francigena reputatur;* 92, 6; *vgl.* 91, 1. 92, 9b; 11 **1a)** Das Institut beschreibt um 1178 Richardus f. Nigelli *Dial. de scacc.* I 10 **1b)** Den Namen ~ gibt Bracton III 15 bei Pol Mai II 485f. **1c)** *De Englecherie* setzt um 1300 ein Schreiber an die Ränder beider Murdrumgesetze Wl art retr 3, 1 und ECf 15, 1, obwohl sie die ~ nicht enthalten. Beispiele von 1170. 1185 bei Madox *Hist. Excheq.* 393. 391 **1d)** In einem Kronprozess 1221 ergeht, weil *Englescheria non fuit presentata, iudicium: murdrum; Placita co. Gloucestr.* ed. Maitland n. 106. 119 **2)** Bei ECf 16, 1 wird das Institut auf Cnuts Regierung hinauf datiert; der Ermordete ist also ein Däne, aber der Mörder auch hier einer *de Anglis* **3)** Ganz anderen Sinn hat dasselbe Wort *lex Angelscherie* in Shrewsbury: Sonderrecht eines Stadtteils, im Ggs. zum Walliser Recht, zur *lex Bretollii* und *baroniæ;* Rot. chart. Joh. a. 1205 p. 142; *vgl. EHR* 1900, 307

Enham *s.* King's ~

Entführung 1) ~ wird im frühen Recht (Abt 83) nicht geschieden von Frauenraub; *s.* Eheschliessung 1eff. **2)** Meist wirft German. Strafrecht ~ mit Notzucht zusammen [Niese *Gesetzg. Norm. Sic.* 27. 73] **2a)** Hn (*ebd.* 2o) braucht *raptus* aber vielleicht für ~. Er trennt auch sonst von Frauen *vi subactis* (und setzt dicht davor) *raptus quod est illicitus coitus* (Rb. zu II Cn 51f Q I 537) und meint auch hier mit *raptus* nicht einmalige Unzucht, sondern vermutlich ~ gegen den Willen nicht notwendig der Frau, aber ihres Vormunds **3)** *Vgl.* Nonne

Enthauptung *s.* Wb *beheafdung* für *decollatio s. Johannis* **1)** Die ~ nicht als öffentliche Strafe, sondern an der Leiche zur Unkenntlichmachung des Erschlagenen, ist ein Zeichen, dass der Totschläger Mord verübt hat; Hn 92, 19. Der Täter wird der Sippe des Ermordeten ausgeliefert; dies aus II Cn 56 **2)** Wo' als Strafe der 'Kopf' gedroht wird, ist zwar Todesstrafe gemeint (für Diebstahl im Rückfall [I Atr 1, 6. 2, 1 = II Cn 32, 1], für Viehdiebstahl; IV Eg 11), aber nicht sicher gerade nur ~. Denn jene ersten Stellen handeln von Unfreien, die man schwerlich geköpft haben wird; die letzte Stelle übersetzt der Lateiner, vielleicht absichtlich, nur allgemein mit *capitalis sententia* **3)** ~ liess König Offa an Æthelbyrht von Ostanglien (Ann. Agsax. 792) und Wilhelm I. an Graf Waltheof 1076 vollziehen. Bei Toller kommt *beheafdian, -dung, -afodlic* oft vor, allein weitaus zumeist nicht von England gesagt **4) N** In Hexham soll eine ~ vollzogen werden: *carnifex, elevato utrisque manibus gladio, iubet captivum cervicem producere;* Æthelred von Rievaulx ed. Raine *Priory of Hexham* I 198

Entmannung; *vgl.* Zeugungsglied **1)** ~ straft Unfreie für Notzucht an einer Sklavin; Af 25, 1, während Freie nur Geld büssen **N 2)** ~ an Notzüchtern Leis Wl 18; *vgl.* Ann. Agsax. 1086 **2a)** Französisch: Coulin *Gerichtl. Zweikampf* 148 und Friesisch: *His* 174 **2b)** Der Ehemann und der Vater darf den Schänder seiner Frau bzw. Tochter entmannen nach Engl. Rechte 13. Jhs.; Pol Mai II 483. *Vgl.* spiegelnde Strafen **3)** ~ an den mit falscher Münze ohne Gewähr Ertappten Hn mon 2; Heinrich I. strafte mit ~ Münzfälscher a. 1108. 1125, laut Eadmer u. Ann. Agsax. **4)** ~ steht statt Todesstrafe alternativ neben Augen-Ausreissung (*u.* 6) für Verbrechen allgemein; Wl art 10; daneben setzt [als weniger barbarisch?] Abhauen von Hand oder Fuss Wl art Lond retr 17 **5)** Normannischer Adel kastrierte und verstümmelte kriegsgefangene Walliser 1098; Flor. Wigorn. **6)** Ein Sheriff verrechnet die Vermögenseinziehung eines zur Strafe *ementulati;* Pipe roll a. 6 Henr. II 35. Blendung (*o.* 4) und ~ verhängen Reiserichter 1221 regelmässig; Maitland *Pleas of Gloucester* 142. Beide Verstümmelungen sind oft verbunden; Henderson *Verbrechen in Engl.* 40

Entschuldigung vom Termin *s.* Sunne **Entsippung** *s.* Sippe

Entstellung *s.* Wunde, Gliederbussen, Antlitz

Entwaffnung *s.* Binden 4; Ehrenkränkung 1; bei anderen Germanen *vgl.* Brunner II 675. Schmid *Gesetze* 563, 2 denkt ein Strafgeld hinzu

Entweichen A. des Mannes vom Herrn *s.* Freizügigkeit, **B.** des Verbürgten *s.* Bürgschaft 3h. 5. 13e. 14a, C. des Verbrechers *s.* Freilassen, **D.** des Unfreien *s. d.*, **E.** aus dem Heer *s. d.*

Entwerung *s.* Besitzentsetzung

eorl. Über das Wort *s.* Brunner I² 138; v. Schwerin *Gött. gel. Anz.* 1909, 817; in Bed. 'Vornehmer' *s.* Adel 1; Aufkommen von ~ für 'Graf' und Beziehung zum Ealdorman *s. d.* 8. 11ff.; Lateiner (Franzosen) setzen für ~: *comes* (*quens, cunte, s.* Wb), untechnisch auch *consul* (*vgl.* Ealdorman 6b); ECf 32, 2 retr. [Nicht in den *Gesetzen,* sondern (wohl durch einen Englischen Kanzlisten) in einer Urk. von 1068 heissen *dux* ein Königssohn und zwei ~as; ein Normanne hätte *comes* gesetzt; Earle 433] **1)** Der '~ dort im Lande', in Ostanglien, einst Guthrums Reiche (im Ggs. zum König im England engeren Sinnes, d. h. Wessex mit Kent und sw. Mercien), schützt Fremde und Geistliche, die Sippe und gerichtlichen Vertreter entbehren; EGu 12 **2)** Eadgar fordert ~ Oslac und das [Nordische] Heer [= Volk] in dessen [Northumbrischem] Herzogtume auf, zu befördern, dass sein *Gesetz* über Kirchengerechtsame und Polizeimassregeln gegen Viehdiebstahl gelte; IV Eg 15 **3)** Das ~-Gericht steht zwischen dem des Königs und dem des Hundred und empfängt 60 Schill. ($1^1/_4$ £) Busse vom Ungehorsamen oder Schelter seines Urteils; II Cn 15, 2 = Leis Wl 42, 1. Seine Justizpflicht *s.* Ealdorman 20ff. **4)** Der ~ seit Ende des 10. Jhs. hat oft mehrere Shires unter sich; *vgl.*

ebd. 5e. 8g **5)** Wie der Bischof so der ~ als Kläger kann verlangen, dass Beklagter 12 Ör Prozessualpfand hinterlege; der klagende Thegn erhält nur 6; III Atr 12; *vgl.* I 615b. 1 **N 6)** Für Heergewäte sagen die Agnorm. Übersetzer *relevium*. Demgemäss übernimmt aus Cnuts Recht (*s.* Ealdorman 8p. 13) Hn 14, 1 das *relevium* für den *comes*, doch setzt er, wohl absichtslos, statt 200 *mance* nur 100 **6a)** Nur halb so viel Lanzen und Schilde, nämlich 4, und gar kein Geld, fordert der König als Relevium vom ~ nach Leis Wl 20; die 4 ungesattelten Pferde sollen in 2 Jagdpferden und 2 Zeltern mit Zaum und Halfter bestehen **7)** Vielleicht mit der nur unrichtig angenommenen Verachtfachung über das Heergewäte des Thegn hinaus hängt die Nachricht 12. Jhs. (*Hist. Eli.* II 40 p. 513; *vgl.* Maurer *Krit. Übschau.* II 426) zusammen, der Normalbesitz der *proceres* habe 40 Hufen betragen, da der des Thegn Fünf (*s. d.*) Hufen betrug. Stubbs *Constit. hist.* I 157 betrachtet die 40 Hufen entweder als des Grafen Amtsland oder als das Minimum des Besitzes, den er in der von ihm zu regierenden Grafschaft haben musste. — Als Wergeld eines Ætheling wird 40 Sulung (Pflug Landes) gezahlt in der Kentischen Königslegende (Liebermann *Heilige* I 12), und für Ætheling wird in einer Northumbrischen Wergeldtabelle ~ im 11. Jh. eingesetzt; *s.* Ealdorman 9. Nach dieser Tabelle verhält sich Thegn zu ~ wie 1 : 7½. [Aus dem Wergeld für den 1020 erschlagenen ~ der Orkneys, das Olaf von Norwegen dem für 3 *lendamen* gleichsetzte, folgt für Northumbr. Recht nichts] **8)** Kam ein Thegn empor, dass er zum ~ ward, genoss er hinfort ~-Berechtigung; Geþyncðo 5 **8a)** Zum Ealdorman v. Essex *Leofsinum de satrapis* (thegn) *nomine ad celsioris apicem dignitatis dignum duxi promovere, ducem constituendo;* Urk. a. 1012 Kemble 719 **8b)** Dieses Emporsteigen hält Stubbs I 157 bestehend im Erwerb von 40 Hufen. Mir scheint vielmehr gemeint, dass selbst ein blosser Thegnsohn durch Erhebung zum Grafen auch in Wergeld, Prozessualvorrecht wie anderen Privilegien den entsprechenden Vorzug geniessen solle **9)** Eine Stufe zwischen ~ und Thegn nimmt der Nordische Stand des *hold* (*s. d.*) ein; demgemäss verzeichnet der Agsä. Annalist 911 unter den gefallenen Feinden erst den ~, dann den *hold* **10)** An die ~*as* als den Hochadel, über den Thegnas von 1200 Schill. Wergeld, richtet sich Cn 1020, 1; *vgl.* Ealdorman 8i. k **N 11)** Die *comites* bilden die Spitze des Laienadels Normannischer Zeit. Sie neben *barones sive alii* sind die *Tenentes in capite* (Kronvassallen); CHn cor 2. Sie rangieren vór diesen (vor *barones et liberi* Wl art retr 8), aber hinter Prälaten; Leis Wl 16. Hn 80, 9b. ECf 21 retr. Doch fallen sie unter den Begriff *baro* (*s.* Wb 2) im weiteren Sinne. An sie als erste richtet sich Wl ep Pro Lc. Hn Lond Pro; sie zuerst bezeugen CHn cor Test[1] **12)** Der *comes* als Gesetzgeber *s.* Ealdorman 18a **13)** Der *comes* leitet das Grafschaftsgericht; Hn 7, 2 = 31, 3, z. T. aus Cnut; *s. ebd.* 20e. Er empfängt den Dritten (*s. d.*) Pfennig **13a)** Der *quens* (Graf), der der Missetat gegen eingesessene Leute seines Amtsbezirks überführt wird, büsst doppelt so hoch wie andere; Leis Wl 2, 1 I: eine falsche Lesung statt 'Sheriff'; *s. d.* **14)** Vertretung, Amtsland des ~ *s.* Ealdorman 21a. 24 **15)** Verbauung (Hemmung) der Landstrassen [ausser königl. Heeresstrassen] und der Flüsse [ausser Strömen ersten Ranges] steht unter Kompetenz samt Strafgeld des ~gerichts; ECf 12, 10 **16)** *Episcopus et comes habent* [um 1110] *multas seculares leges æquales; etiam omnia* [übertrieben] *olim* [vor 1066] *idem habuerunt propter excellentiam ordinis;* In Cn III 57. Diese Gleichstellung (*o.* 5) ist teilweise belegbar für den Ealdorman; *s. d.* 12. 14. b. 15ff. **17)** Nur ein phantastisches Programm eines Londoner Staatsreformers um 1200 stellt sich dar im Gesetze angeblich Arthurs: Ein allgemeiner Treueid soll an jedem 1. Mai die Bürger untereinander und dem König zur Reichswehr in- und ausserhalb Britanniens verbinden; *ita debent facere principes et comites et simul iurare coram episcopis regni in folkesmoth;* Lond ECf 32 A 6. Derselbe Verf. verpflichtet *comites, barones et liberos,* sich wehrfähig fürs Reichswohl zu halten; Wl art retr 8 **17a)** Er phantasiert ferner, zu Römisch-Britischer Zeit vertrete *viceconsul* den *consul in iure et foro,* Worte, die er mit Sheriff und Graf synonym braucht. Diese Vertretung ist für keine Zeit richtig; Lond ECf 12, 10 A 3 **18)** Als ~*as* und *comites* werden mit Namen erwähnt Oslac, Thurkil, Godwine, Harold, Tosti, Gyrth, Leofwine; **N** Graf von Warwick: Henricus; von Northampton: Simon; *s.* Wb

Eormenstræt **1)** Eine der mit königl. Sonderschutz befriedeten Reichsstrassen (Leis Wl 26. ECf 12c), in Urkk. a. 955. 957 (*Earninga stræt*) bei Alwalton und Conington (Birch 909. 1003), beides in Grafschaft Huntingdon, läuft von London nach Royston, Godmanchester (*Athenæum* 24 X 1908, 501), Huntingdon (W. H. Stevenson in Poole's *Histor. maps*), Castor (Northamptons.; *Ath.* 4 V 1895, 569), Stamford, Littleborough (Notts., *Ath.* 1910, 514) und Lincoln; Babington *Ancient Cambridges.* 52; Pollock *Law quart. rev.* I (1885) 45; Seebohm *Engl. Dorfgem.* 288 **2)** Eine andere *Ermenstreet* kennt Stevenson (*Crawford charters* 46) bei Basingstoke und Gloucester; und Parker (*Early Oxford*) zeichnet ihren Lauf: Silchester, Spene, Liddington, Cricklade, Cirencester, Gloucester. *Vgl.* mein *Über Leges Edw. Conf.* S. 51

Epikuräer geisselt Quadr Ded 16

Epiphania **1)** Bis zur Oktave nach ~ (bis 13. Januar) dauert von Advent an Treuga (*s. d.*) Dei; ECf 2 **2)** In dieser Zeit findet kein Ordal oder gerichtlicher Eid (*s. d.* 9) statt **3)** Zwölf Tage zu Weihnachten bleibt der freie Gutsuntertan fronfrei; Af 43 **4)** Der Schafdung aus den Zwölf Nächten gehört dem Schafhirten des Herrschaftsguts; Rect 14

Epitome Ægidii aus *Lex Romana Visigotorum* wird benutzt durch Hn 33, 4; *vgl.* I 565*

Erbarmen *s.* Barmherzigkeit

Erbgang *s.* Wb *ierfe, ierfenuma, eritet;* hinterlassen: *lætan and læfan* [Fries. *leta 7 lawa*], *becweðan; cwideleas. Vgl.* Seelschatz, Testament; Grundbesitz, Bocland; Sippe, Vorkaufsrecht.
1. Bocland. 2. Sippe. 3. Mehrere Erben. 4. Witwe. 5. Vorrecht des Ältesten. 6. Töchter. 7. Verfügbar nur erworbenes Land. 8. Fahrhabe. 9. Anspruch des Herrn. 9c. Intestat. 10. Verwirkung. 11. Sippelose. **N** 12. Normannische Krone verfügt über Lehnsvererbung. 13. Noch nicht Primogenitur. 14. Erbtochter. 15. Fahrhabe. 15a. Intestater. 16. Wucherer;

Geistl. Gericht. 17. Findling. 18. Adoption. 19. Entsippte. 20. Rückgabe, Verwirkung des Lehns. 21. Gleichteilung der Erbschaft. 22. Vererbung der Waffen. 23. Aszendenz, 5tes Knie.

1) Für das Bocland (*s. d.* 6—10) regelte das Urbuch den ~ **2**) Keine Stelle der *Gesetze* nennt eine Sippe als Eigentümerin von Land. Allein eine Spur jenes Zustandes birgt ihr Einspruch gegen Veräusserung (*s.* Bocland 12. 14) samt Vorkaufsrecht; *s. d.* **2a**) Eine Sippe wird um Land verklagt und vertreten erst durch drei Männer, dann den ersten der drei; Urk. um 895 Birch 582 **2b**) **N** Das *messuagium capitale* (*u.* 3h. 5f) darf nach Engl. Stadtrecht nicht an die Witwe als Wittum fallen und so der Sippe entgehn; Bateson II 122 **2c**) Stirbt der Inhaber des Grundbesitzes mit Hinterlassung nur unmündiger Erben, so verwaltet die Sippe den Stammsitz; Ine 38 **2d**) Bis zur Mündigkeit des ältesten Sohnes tritt innerhalb der Vatersippe ein Bürge [= Verwalter, Vormund] ein; Hl 6 **2e**) Dass ererbter Grundbesitz innerhalb der Sippe in ungeschriebenem ~ vererbt, folgt aus der Notwendigkeit, behufs freier Verfügung Bocland (*s. d.* 6) zu errichten **2f**) Auch muss der Anspruch auf *parentum successio* dem Sohne eines Landverschenkers abgekauft werden; Urk. um 1055 Kemble 805 **2g**) An die Sippe des ersten Mannes fällt zurück, was dessen Witwe an Morgengabe und sonstigem Geschenk desselben verwirkt bei Wiederheirat vor Ablauf des Trauerjahres; II Cn 73a = Hn 11, 13 **2h**) Der häufigen Beschränkung des ~s im Bocland (*s. d.* 10) auf die Sippe muss deren Idee, bevor es im 7. Jh. entstand, vorangegangen sein **3**) Gleiche Teilung des Erbes unter mehrere Kinder folgt für Kent um 600 daraus, dass die ohne Kinder aus des Mannes Haushalte sich scheidende Frau bedacht wird wie éin Kind; Abt 80 **3a**) Sæberht König von Essex 3 *filios regni heredes reliquit;* Beda II 5; *s.* Thronfolge **3b**) Ob gegen éinen oder mehrere *yrfenuman* des Grundeigners geklagt wird, bleibt undeutlich III Atr 14; Q jedoch versteht *heredes.* Die Benutzung (?) V 32, 3 mit *æftergengan* lautet ebenfalls nicht sicher pluralisch **3c**) Wohl aber bezeichnet eindeutig als Erben nach dem Tode des Grundbesitzers Witwe und Kinder (die Erbnehmer) II Cn 72. 72, 1 = Hn 14 5; 5a **3d**) So erwähnen *wifes 7 cildra* (*bearna*) als Eigentümer bzw. Niessbraucher eines Gutes Urkk. a. 833. 837 Birch 412. 417, zwei Söhne als Erben von *lænland* a. 974 n. 1298 **3e**) Die Söhne eines verstorbenen Vaters besitzen éin Herrschaftsgut vor 1066 laut vieler Stellen des Domesdaybuchs; Pol Mai II 261 **3f**) Land (so gut wie Fahrhabe) wird um 1020 unter den Erbnehmern verteilt, geht nicht etwa an éinen über; II Cn 78 = Lond ECf 32 B 3 **3g**) Vor 1066 *tenuit Godricus liber homo* 4 *mansiones terrae et* 4 *hidas; quo mortuo, filii eius terram in quat[tuor] diviserunt partes;* Domesday II 104 **3h**) **N** Nach Glanvilla teilt der *Sokman* (hierin vom Lehnrecht seit 1066 nicht beeinflusst) *inter filios per partes equales,* hinterlässt aber *capitale mesuagium* (*o.* 2b, *u.* 5f) *primogenito;* VII 3, 3 **4**) Die Witwe (*s. d.*) bleibt mit der Nachkommenschaft auf dem Lande des verstorbenen Mannes sitzen; über ihr Erbrecht (*o.* 2b, *u.* 7b. 8a. b. 10) *s.* Ehefrau 10—10d; ehel. Güterrecht 1a—5a. 8—10; Aussteuer 3ff., Wittum **5**) Ein Vorrecht des ältesten Sohnes ergibt sich daraus, dass, sobald er mündig wird, die bis dahin durch die Sippe über seines Vaters Gut geübte Aufsicht und die Vormundschaft über Mutter und unmündige Geschwister auf ihn übergehen; Hl 6. Ine 38 **5a**) Der zu verklagende Nachlass wird durch éinen Erbnehmer vertreten; Ine 53, 1 **5b**) *Sunu* oder Magen als Empfänger eines Wergeldteiles für erschlagenen Ausländer bedeutet offenbar: der [älteste] Sohn bzw. die durch ihn vertretene Sippe; *filii* übersetzt Q gemäss erst später möglicher Pluralform; Ine 23 **5c**) Wo mehrere Thegnas éin Herrschaftsgut vor 1066 besitzen, vertritt es doch nur éiner gegenüber dem Staate, also wohl der älteste; Pol Mai II 262 **5d**) Wenn daher als Träger des den Adel (*s. d.* 11) begründenden Grossgrundbesitzes nur 'Sohn und Sohnessohn' genannt werden, schliesst das nicht notwendig Brüder als Nebenbesitzer aus **5e**) Gewohnheitsmässige Bevorzugung des ältesten, ohne Ausschluss der anderen ergibt sich schon für etwa 700: *Parentes quem primum partu fuderint, eum, principium liberorum suorum, ceteris in participanda sua hereditate preferendum ducere solent;* Beda *Vita s. Bened.* 11, ed. Plummer I 376 **5f**) **N** Das Haupthaus im Socman- und Bürgerbesitz verbleibt dem Erstgeborenen im 12. Jh. *o.* 3h; *u.* 13a **6**) Ausschluss der Schwester durch den Bruder im ~ des Grundeigens [entsprechend Sächsisch-Langobardischem Recht; Brunner I[2] 537] ist aus *Gesetzen* weder beweisbar noch widerlegbar **6a**) Dafür spricht *o.* 3g nicht sicher (weil vielleicht Töchter fehlten), wohl aber 3h **6b**) Dass unter Umständen, beim Fehlen von Brüdern oder Schwertmagen, die Tochter landrechtlich Land erbte, folgt aus dem ausdrücklichen Verbot solches ~es für manches Bocland; *s. d.* 7a **6c**) Eine Äbtissin erbt vom Vater, dem König, Bocland; Urk. a. 825 Birch 384 **6d**) Drei Schwestern teilen vom Vater ererbtes Land; Urk. a. 833 Birch 410 **7**) Ererbtes Land konnte wahrscheinlich nur dann ohne Beistimmung der Sippe unter Lebenden veräussert oder von Todes wegen vermacht werden, wenn es zum Bocland (*s. d.* 6) umgewandelt ward. Auch die Urk. um 765 Birch 220 kann Bocland meinen **7a**) Aber Land konnte durch Geld erworben sein; Becwæð 1 **7b**) Und dann kam es vor, dass Käufer *ad finem vitae dixit: Terram quam emi teneat uxor;* Domesday I 177 **7c**) Wenn jemand Land dem Staat gegenüber zu vertreten unterliess und [daher] es veräusserte, so kann der Erwerber es lebend oder von Todes wegen einem Beliebigen vergeben; II Cn 79 = Lond ECf 32 B **4** **N 7d**) *Emptiones vel acquisitiones det cui magis velit;* Hn 70, 21; *vgl.* I 589[w] **7e**) Im Engl. Stadtrecht über *burgagium* wird *conquestus, purchatium, quod de proprio catallo emerit* schon frei veräusserlich, als *hereditas* noch vom Beispruch der Erben abhängt; Bateson II 67. 91. 93; *vgl.* Pol Mai I 631 ff. II 323. 328 **8**) Über die Fahrhabe verfügte der Angelsachse regelmässig letztwillig; sonst machte er sich, ausser im Falle plötzlichen Todes, einer Sorglosigkeit um sein Seelenheil schuldig; II Cn 70 **8a**) Der Seelschatz (*s. d.*) also war notwendiger Teil der Verfügung über bewegl. Nachlass. Dass er $^1/_3$ betrug, dass Witwe und Erben regelmässig $^1/_3$ erhielten, bezeugt Beda wie Normannenzeit; *s.* eheliches Güterrecht 4. 4a **8b**) Als Erbnehmer hierfür nennt Witwe, Kinder und nahe Verwandte je nach gebührendem Verhältnis [das verschwiegen wird]; II Cn 70, 1; *u.* 9c **8c**) Agsä. Testamente über Fahrhabe lassen die Drittelung nicht erkennen **9**) Der Herr bezieht das Heergewäte (*s. d.; vgl.* Bateson II p. CXLII), ausser wenn der Mann vor ihm im Kriege fiel; II Cn 78 **9a**) Der Freilasser erhält das 'Erbe' des Freigelassenen, auch wenn dieser abgewandert ist: also Fahrhabe; Wi 8. So bei and. Germ.; Brunner I² 143. 148. 361. 363. 367 **9b**) Der Herrschaftsgutsherr bezieht den beweglichen Nachlass [zu trennen von Besthaupt!] des von ihm angesiedelten *gebur,* Zeidlers und Schweinehirten, ausgenommen freie [nicht v. seinem Inventar herrührende] Stücke; Rect 4, 3b. 5, 5. 6, 4 **9c**) Bereits aber vor Cnut griff die Habgier manches Herrn nach dem beweglichen Nachlass wenigstens Intestater. Dies wird vorausgesetzt durch Cnuts Verbot an ihn, mehr als Heergewäte und Aufsicht über die Verteilung zu beanspruchen, ein Verbot, das sich als Erleichterung fürs Volk gibt; II Cn 70. 70, 1, benutzt in der Übs. In Cn durch Bracton II 26, 2f 60 = Fleta II 57, 10, wo kirchliche Aufsicht eingeführt wird **9d**) In der Stadt Hereford vor 1067 *si quis morte preventus non divisisset que sua erant, rex habebat omnem eius pecuniam;* Domesday I 179a 1. Dies Regal über die Mobilien Intestater in kgl. Domanialstädten kennt u. a. auch der Normannenstaat Süditaliens; Niese *Gesetzg. Norm. Sicil.* 146. [E. Mayer, *Italien. Verf. G.* I, 362f. ABRAHAM.] **9e**) **N** Seit 12. Jh. gibt die Krone als Grundherrin dies Recht in manchem Freibrief für Städte auf; Bateson II 76; *EHR* 1900, 499f.; 1901, 103; Gross *Mediæ. law of intestacy* 125; Pol Mai II 354 f. **10**) Ist die Habe der Verbrecher verwirkt (*s.* Vermögenseinziehung), so empfängt die Ehefrau (*s. d.* 10) $^1/_3$, in Denalagu vom Lande des privilegierten Thegn mit den Erben $^1/_2$ (*ebd.* 10a. b), sonst Wittum und Aussteuer (*ebd.* 10d) **11**) Nach dem Tode eines intestaten Sippelosen (*s. d.*) fällt das ihm vom König geschenkte Gut zurück mit Witanbewilligung; Urk. a. 825 Birch 390; andere Beispiele: Gross 123 **11a**) Über den ~ nach Fremden *s. d.; vgl. u.* 17 **11b**) Vom *extraneus in Oxeneford domum habens sine parentibus* nimmt [vor 1066] gesamten Nachlass der König; Domesday I 154 **N 12**) Der Eroberer wird seiner fiskalen Habgier gemäss die Rechte, die Agsä. Brauch dem Vassallitäts- und Grundherrn über das Erbe der Vassallen und Hintersassen gab, verbunden haben mit lehnsherrlichen Ansprüchen **12a**) 'Jedes Kind [= Nachkommenschaft] sei seines Vaters Erbe' verbrieft er London als ein Privileg; Wl Lond 3. Es liegt kein Grund zur Annahme vor, dass es sich nur um Fahrhabe oder gar nur die Intestater handle. Vielmehr sollte der Freibrief der Gefahr begegnen, dass der Eroberer den Boden in der Stadt als verwirkt durch Widerstand gegen den rechtmässigen König und das Grundeigentum als nur prekär erkläre, abhängig von der Gnade der Krone und beim Tode des Besitzers nur gemäss ihrer Willkür rückkaufbar **12b**) Berichtet wird solche Tendenz von Wilhelm II., indem er *ælces mannes, gehadodes* [*s.* Regalienrecht] *7 læwedes yrfenuma beon wolde;* Ann. Agsax. 1100 **12c**) Dass dieser die Lehen wirklich als nicht erblich behandelte, folgt daraus, dass er erstens *aliorum hereditates vel res quae iustius aliis contingebant* verkaufte unter Stundung der Zahlung. Letztere will Heinrich I. 1100 nicht erlassen; CHn cor 6 **12d**) Zweitens liess er sich für richtiges Erbe nicht bloss Lehnsmutung (*s.* Heergewäte) zusichern, sondern Extrazahlungen; die aus beidem noch schwebende Schuld erliess Heinrich; *ebd.* **12e**) Jene Extrazahlung war so hoch, dass sie als Rückkauf des Lehns von Heinrich bezeichnet wird. (*Vgl.* Stubbs *Lect. on early Engl. hist.* 111) Er schafft sie für die Kronvassallen ab, sich mit richtiger Lehnsmutung begnügend. Da er dieselbe Beschränkung den Baronen gegenüber ihren Lehnsleuten aufträgt, hatten jene den Missbrauch der Krone vor 1100 nachgeahmt; *ebd.* 2. 2, 1 **13**) Nur von éinem Erben des Barons spricht diese Krönungscharte. Allein dass schon damals, wie im späteren 12. Jh., aller lehnmässige Grundbesitz dem Erstgeborenen zugefallen sei, ist deutlich widerlegbar, auch nicht notwendig aus jener Stelle herauszulesen **13a**) Nur das (Stammgut) *primum patris feodum primogenitus filius habeat;* Hn 70, 21 *vgl. o.* 5f. (Ähnlich Stadtrecht: Bateson II p. XCVI.) Dies steht in bewusstem Gegensatz zu *feodum totum* [das ihm zwei Menschenalter später Glanvilla VII 3 zusprechen wird] Besonders trennt vom *primo feodo* das *crementum* Hn 48, 10 (*vgl.* I 571ᵖ) und vom *feodum* das *conquisitum* 88, 15 **13b**) Wer sich freiwillig entsippt hat, dessen *hereditas* fällt nicht der Sippe zu, sondern *filiis* [Lex Salica hatte *fisco*], also mehreren; 88, 13 **13c**) Des Verbrechers *infantes* (*pueri;* Retr.), die vór dem Verbrechen erzeugt waren, verlieren die *hereditas* nicht, wenn diesem das Leben geschenkt wird; ECf 19, 2; *s* aber *u* 20. 20a **13d**) Von mehreren Teilhabern éiner *eritet* spricht auch Leis Wl 38 **13e**) Eine Spur späterer Primogeniturfolge in Land verrät vielleicht der Übersetzer von 12a: er setzt für *cild: puer.* Allein er mag entweder wörtlich die gewöhnlichere Bed. von *cild* eingesetzt oder mit *puer* Nachkommenschaft gemeint haben **13f**) Unteilbarkeit des einzelnen Lehns bildet seit 1067 die Regel **14**) Jene Krönungscharte von 1100 erkennt die *filia haeres* des Barons oder sonstigen Vassallen an, setzt aber dafür das Fehlen von Söhnen stillschweigend voraus. Der König verspricht, sie samt dem Lande mit Rat seiner Barone zur Ehe zu geben; *s.* Eheschliessung 16r **14a**) Dass éine Tochter alles Land erbt, was dem Rechte 12. Jhs. widerspräche, folgt nicht aus der Stelle; Pol Mai II 273 **14b**) Aus Ribuarischem Rechte, aber für seine Gegenwart gültig, spricht vom Vater der *filium vel filiam hereditandam reliquerit* Hn 70, 18 **14c**) Dagegen stimmt nicht zu Anglonormann. Rechte der Ribuarische Satz *Dum virilis sexus extiterit et hereditas abinde sit, femina non hereditetur;* 70, 20a **15**) Über die Fahrhabe auf dem Totenbette verfügen zu können, gewährte Heinrich I. 1100 seinem Baron oder sonstigem Manne als Gunst. Also hatte der Lehnsherr vor 1100 sich sogar hier eingemischt **15a**) Vollends aber des Intestaten Fahrhabe (*o.* 9c) hatte vor 1100 der Herrschaft Gelegenheit zum Zugriff geboten. Denn Heinrich I. gestand zu: Hatte jener, ohne Verschulden (*o.* 8), weil vom Tode in Waffen oder Krankheit ereilt, unterlassen darüber zu verfügen, so soll sie [ohne den Herrn] verteilt werden für seine Seele durch Frau, Kinder, *parentes aut legitimi homines* nach deren Gutdünken; CHn cor 7, 1. Die Kirche besass hierüber noch nicht Geistliches Gericht **15b**) Dagegen des unentschuldigt Intestaten Fahrhabe zog wahrscheinlich der Lehnsherr nach wie vor ein: *Cum quis intestatus decesserit, catalla domini esse intelliguntur;* Glanvilla VII 16, 2 **15c**) Heinrich I. und II. konfiszierten beweglichen Nachlass intestater Prälaten tatsächlich, worauf Stephan zugunsten der Kirche 1136 verzichtete. Erst Magna charta 27 nimmt dem König 1215 das Recht auf die Fahrhabe Intestater; 1216 ward dies Zugeständnis fortgelassen; *vgl.* Mac Kechnie *Magna charta* 385; Gross 127 **16**) Die *Gesetze* bieten keine Spur vom fiskalen Anspruch auf den beweglichen Nachlass der Wucherer (*vgl.* Crump *Dial. de scacc.* 224) noch auch von der Einmengung des Geistlichen Gerichts in die Verfügung über intestate Fahrhabe (Pol Mai II 331. 357ff.; Bateson II 76); es ist durch *o.* 15 deutlich ausgeschlossen **17**) Fahrhabe des erschlagenen Findlings, Armen, Verworfenen, bettlerhaften Bastards (*s. d.* 6) fällt dem Vassallitätsherrn zu, der ihn ernährt hatte, wenn jener auf dessen Lande starb; Hn 78, 5a; *o.* 11a **18**) Adoption (*s. d.* 1) kann den Erben aus dem ~ verdrängen **19**) Der Entsippte erbt nicht von Verwandten (soweit Lex Salica), und seine *hereditas* fällt, wenn *filii* mangeln, an die Herren [wohl an jeden Lehnsherrn dessen Lehn]; Hn 88, 13f **20**) Durch freiwillige Rückgabe des Lehns an den Herrn oder Vermögenseinziehung (*s. d.*), die den Verbrecher trifft, geht das Land auch *legittimis heredibus* verloren; 43, 7. 88, 14 **20a**) Dass die vór dem Verbrechen erzeugten Kinder des Begnadigten nicht leiden (*o.* 13c) ist wohl nur frommer Wunsch; *vgl.* dagegen Glanvilla XIV 1, 6 **21**) Nicht fürs Agsä. oder Agnormann. Recht beweiskräftig ist der zwischen zwei Digestenstellen stehende Satz: Wenn jemand ohne Testament stirbt, so teilen die Kinder (*enfans*) die Erbschaft unter sich gleichmässig; Leis Wl 34. Gegen das Agsä. System fehlt hier die Rücksicht auf Witwe, Sippe, Herrn, Seelschatz, Heergewäte. Für *enfans*, das Töchter nie sicher ausschliesst, hat der Lateiner, der in diesem Römischen Teile mehrfach den Originaltext zeigt, *pueri*, was Töchter ausschliessen kann, freilich (laut der Beispiele aus Klassikern wie aus Wl Lond 3, Magna charta, Bracton) nicht muss; *vgl. o.* 13c. Dass aber *eritet* Fahrhabe allein bezeichnen könne (Pol Mai II 265), oder dass der Satz sich gegen ihre Verteilung fürs Seelenheil, die um 1100 herrschte, wende (*ebd.* 354), glaub ich nicht **22**) Einen besonderen ~ für Waffen kennt ein Londoner Stadtjurist um 1200, oder erfindet ihn, um die Wehrkraft des Reiches zu erhalten: *Debent liberi iuxta feodum arma habere et heredibus legare* [soweit meist aus Assisa armorum a. 1181]; *quodsi heredes vel parentes non habuerint, dominus,* sonst *felagus* [*s.* Eidbrüder 3], und wenn auch der fehlt, *rex regni illa resumet;* Lond ECf 32 A 9ff [diese Empfängerinstanzen aber sind die des Verwandtenanteiles am Murdrum in ECf retr 15, 7, und damit wird die Unwirklichkeit der Vorschrift erwiesen] **23**) Blosse Lesefrucht, unpraktisch für England um 1110, ist wahrscheinlich der Satz: *Si quis sine liberis decesserit, pater aut mater eius in hereditatem succedant, vel frater aut soror, si pater et mater desint. Si nec hos habeat, soror patris vel matris, et deinceps in quintum geniculum, quicumque propinquiores in parentela fuerint, hereditario iure succedant;* aus Ribuaria Hn 70, 20a **23a**) Höchstens folgt aus der Aufnahme dieses Exzerpts, dass damals noch nicht (wie zwei Menschenalter später) die Beerbung Kinderloser durch Aszendenz als gesetzlich fest ausgeschlossen galt, die für Flandern, Friesland, Sachsen (Brunner *Forsch. z. DRG* 717. 721. 726; Amira 108f.) belegbar ist; Pol Mai II 265. 285. 287. *Vgl.* Gál *Ausschluss d. Aszendenten* 49 **23b**) Das Euden des ~s mit fünftem Knie kommt Englisch sonst nicht vor; Pol Mai II 306 **erblos** *s.* Erbgang 11

Erbnehmer *s.* Wb *ierfenuma; hand* Ine 53, 1 [auch Napier-Stev. *Crawford char.* 125]; *erfehond* Thorpe *Dipl.* 474; *irfeweard, irfelaf* bei Toller; *lastweard* bei Earle 42 und Toller]. *Vgl.* Erbgang und über das urspr. weite Recht des *ierfeweard* Amira 108 **1**) **N** Gegen unmündige ~ läuft keine Klage, und ihr Klageanspruch verjährt nicht. Der mehr als 15 Jahr alte beklagte Erbe aber habe einen Vorsprech oder antworte der Klage selbst; als Kläger trete er binnen Jahr und Tag auf [damit der unrechtmässige Inhaber nicht den Prozessvorteil der Gewere gewinne]; Hn 59, 9a **2**) Die ~ antworten nur auf die gerichtlichen Ansprüche an Land, die vor des Erblassers Tode erhoben wurden; III Atr 14 **2a**) Der um Land Beklagte kann es *agnian to agenre æhte* (eidlich als sein Eigen erklären ohne Anrufung eines Gewährsmannes oder Beweis rechtmässigen Erwerbes durch den Erblasser, für den er freilich auch eintritt), indem er nur richtige Ererbung behauptet; Brunner II 518. Ähnliche Formeln wie Becwæð 3 3, 1 bietet Urk. Birch 1063 **2b**) Als Westenglischer, vom König [Æthelred II.?] abgeschaffter Missbrauch gilt, dass gegen Nachfolger (= ~) eingeklagt werden dürfe, was gegen Vorgänger verschwiegen worden war; V Atr 32, 3; 5 **2c**) Ogga schenkte Ely Land; *eo defuncto, cognatus calumpniatus est,* wird aber verurteilt zu *forisfactura, quia calumniabatur terram, de qua vivente O. numquam calumpniam fecerat;* Hist. Eli. ed. Stewart 133 **3**) **N** Der Erbe des Kinderlosen oder wer, wenn jener Erblasser erschlagen wäre, Wergeld für ihn empfinge, haftet für dessen Schulden; aus Ribuaria Hn 75, 11 **3a**) Der ~ haftet auch für das vom Verstorbenen verwirkte Bussgeld; Urk. nach a. 975 Birch 1296 **N 3b**) Der Gläubiger eines Verstorbenen verbietet dessen Beerdigung, bevor die Schuld bezahlt ist, in Dichtung späteren MA.; Kahle *Klerus im Mittengl. Versroman* 59 **4**) Der gegen einen von mehreren Miterben entschiedene Prozess präjudiziert nicht die andern; Leis Wl 38 **5**) Über den ~ im Anefang *s. d.* 22

Erbsühne *s.* Magsühne **Erfolg** *s.* Absicht 2, Versuch **Ergebung** *s.* Blutrache 14; Verknechtung

Ergreifung *s.* Einfang

Erholung *s.* Missesprechen; Eideswiederholung 5

Erlassung *s.* Amnestie, Begnadigung, Barmherzigkeit, Abfindung

Ermahnung *s.* Homiletisches, Moral

Ermenstreet *s.* Eorm- [Amt

Ernennen *s.* Auswahleid; Zeugen;

Ernte *s.* Wb *hærfest, August*, laut Rect 3. 4a. 9, 1 Q 1) Sie fiel in den August; dieser Monatsname synonym mit ~, auch Napier *Old Engl. lexicogr.* 93. *Hærfest* für 7. Aug. weist nach Sokol *Beibl. zur Anglia* Okt. 1903, S. 310 2) ~ verbleibt bei Lösung der Landleihe oder Pacht dem bisherigen Benutzer des Bodens, der die Flur für sie bestellt hat; *vgl.* Bauer 2e. f 3) Die Fron der Gutshintersassen für die Herrschaft und ihren Anspruch an sie während der ~ bestimmt Rect 2. 3. 3, 1. 4a. 5, 2. 9, 1. 17. 21, 4. Zum ~schmaus *vgl. scotale, potatio* zur Heu~ bei Maitland, *Select pleas manorial* 103 4) Nachbarlichen Bagatellstreit der Bauern über ~ schlichtet das Haupt der Zehnerschaft; ECf 28, 1; *s.* Dorfgericht 3

Eroberung, Normannische *s.* Wilhelm I. **Erpressung** *s.* Finanz

Errungenschaft *s.* Erbgang 13a, Aussteuer 4, Amtsland 3

Ersatz *s. ceap* 5, *ceapgield* 1; *cap(i)tale, chatel* 3 | *āngield* (im Ggs. zu mehrfacher Rückzahlung als Busse; *s. d.*); *ceapgild angeldes* '~geld einfach' in III Eg 7, 1 ist so sehr synonym mit *ceapgield* allein, dass II Cn 25, 1 daraus *angeldes* fortlässt; *angield* III Atr 4, 1 steht synonym mit *ceapgield* I 1, 7. | Statt *angielde* (*ong.* H) setzt *wyrðe* Ine Rb 56B. Gleichbedeutend mit ~ steht *weorð* Af 16, *his* (Klägers) *agen* II Cn 24, 1, wozu *aut valens* sinngemäss ergänzt In Cn | Quadr. übs. *ān* durch *unus, semel* VI As 8, 4. Hu 6, bezw. Af 6. III Eg 7 III Atr 4, 1. Er setzt *captale* für *ceap(gield)*. | (Schaden)~ heisst *æ(f)wierdla, æfwerdelsa: damnum, detrimentum, iactura.* | *Vgl.* über einfachen ~, ohne Busse, an den Kläger: Schreuer *Verbrechenskonkurrenz* 41 f. 158. 164 1) Der ~ an den geschädigten Kläger geniesst Priorität vor dem Strafgelde für den Gerichtsherrn. So wird der verfolgende Kläger zunächst aus der gefronten Verbrecherhabe befriedigt (II As 3. VI 1, 1. Hu 2, 1. III Eg 7, 1 = II Cn 25, 1 = Leis Wl 47, 1 = Wl art 8, 3. Leis Wl 27. ECf 20, 2a) oder durch des Verbrechers Bürgen (I Atr 1,7 = II Cn 30, 6; *s.* Bürgschaft 3. h. k) oder die Zehnerschaft, deren Genosse jener war; ECf 20, 4 2) Ein Herr, der dem Kläger Rechtsgang gegen seinen Untergebenen geweigert hat und nun selbst vor dem König verklagt wird, bezahle (ausser Strafgeld) dem Kläger ~; II As 3 3) *De vestigatione et quesitione pecoris furati, qui quesitionem prohibebit, reddat captale* ausser Strafgeld; III Em 6, 2 3a) Der Vogt der Grafschaft, in welche Spur verlorenen Viehes geleitet war, muss dies einfach dem Kläger, nämlich der Londoner Friedensgilde, ersetzen, wenn er die Spur nicht hinausleiten kann; VI As 8, 4. Schmid 636 sieht hierin ein Vorrecht Londons. Allein jeder Grundherr muss das eingeklagte Vieh zahlen, dessen Spur auf sein Territorium läuft; Duns 1 4) Bei Anzeige (*s. d.* 13) einer Straftat, deren Täter man nicht angeben kann, verliert man den ~ [= erhält keinen] 5) Wie von der Busse, so liess Kläger sogar vom ~ freiwillig durch Abmachung herab, sodass Beklagtem Ordal erspart blieb; II As 21 6) Strenger: Wer den Termin, an dem er sich dem Ordal unterziehen sollte, versäumt, zahlt ausser Strafe dem Kläger *angylde* (~ einfach) und schreite nachher zum Ordale; III Atr 4, 1 7) Blossen ~ erhält Kläger, wenn Beklagten Leibesstrafe trifft, ferner im Streit zwischen Stammfremden; *s.* Busse 4. 15 8) In zahlreichen Urkk. wird Adelsgütern, besonders der Kirche, das Privileg erteilt, der verurteilte Hintersasse brauche zu zahlen nur *singulare pretium ad penam, id est angyld* (Birch 353. 370), *singulare pretium contra alium* [Kläger], *et* [zugleich statt] *ad penam nichil* (51. 487. 632), *pretium pro pretio* (202), *angild wið oðrum, 7 noht ut to wite* (551); *vgl.* Kemble I p. LVIIJ; Maitland *Domesday* 290 f. Hiernach soll aus dem immunen Bezirk möglichst wenig Geld hinausgehn, weder Busse für den auswärtigen Kläger noch Strafgeld für den Staat, Kläger also nur ~ erhalten. In den *Gesetzen* kommt hiervon nichts vor 9) Für Diebstahl von Stute mit Fohlen und Kuh mit Kalb will [nicht etwa Busse streichen, sondern nur] Taxe des Jungen geben Af 16 10) Der ~ durch die den Genossen gegen Diebstahl versichernde Gilde zu London für Vieh, das ihm künftig gestohlen würde (VI As 2. 8, 8), geht nach bestimmten Viehtaxen oder eidlicher Bewertung 6, 1—7. Dieser ~ ist einfach, obwohl die Gilde ausser ihm viel mehr aus Verbrechergut einzieht 11) Bei gemeinsamer Umzäunung der Wiese oder Flur durch die Dorfgemeinschaft büsst der ungehorsame Bauer (*s. d.* 3a) Schaden~ 11a) Wer jemanden an dessen Landgut schädigt, zahle den Schaden, wie man ihn schätzt. Wer Feuer zum Verbrennen des Gereuteten anzündet, büsse den dadurch entstehenden Schaden; aus Exod. Af El 26. 27 12) **N** Die Londoner dürfen Repressalien üben gegen Einwohner von Stadt oder Dorf, wo ihrem Mitbürger Zoll abgenommen war, auch für den erwachsenen Schaden; Hn Lond 12

Erscheinen vor Gericht *s.* Gerichtsversäumnis; Vorladung, Termin

Erstgeborener *s.* Erbgang 5. 13

Erstlinge *s.* Wb *frumripan* (auch Napier *Über Wulfstan* 70); bei Toller: *frumsceattas, frymðas; vgl. frumwæstmas hatað sume men ælmesæcer, seþe us ærest geripod bið;* Napier *Old Engl. lexicogr.* 5 1) Zehnt (*s. d.*) und ~ vom Beweglichen u. Wachsenden gib Gott; aus Exod. Af El 38 2) Vermengt mit *ciriesceatt s.* Kirchenpfennig

erstmalige Missetat *s.* Rückfall

Ertränken als Hinrichtungsart im German. Altertum: Brunner I² 11¹⁰. II 601 1) *Fur nullo modo vita dignus habeatur. . . Si libera mulier sit, precipitetur de clivo vel submergatur;* IV As 6. 6, 4 2) ~ einer Zauberin von London Bridge aus, Mitte 10. Jhs: Birch 1131 2a) **N** ~ in der See kommt zu Dover im 13. Jh. vor; Pol Mai II 495; im Engl. Stadtrecht: Bateson I 75

N Erwerbsgenossen (die kraft Vertrages, *sicut pactum fecerunt*, Fahrhabe zusammengetan haben behufs Erwerbes, *adquisitio*) lösen ihr Kompagnie-Geschäft (Handelsgesellschaft) auf: indem sie vor Zeugen ihre ganze Habe zusammenbringen, schwören sie, das sei alles, und teilen; Hn 54, 1. Das Wort *felag* bedeutet zwar nordisch ~, aber im Engl. nur 'Genoss' allgemein; *s.* Eidbrüder 3a. *Vgl.* Handel

Erworbenes *s.* Erbgang 13a; Aussteuer 4; Amtsland 3

Erz. Das Gefäss zum Kesselfang (*s. d.*) kann u. a. sein aus ∼: *æren* (bei Toller *Suppl.* auch andere Geräte aus ∼); Ordal 1b

Erzbischof *s.* Wb *ærcebisceop. Vgl.* Canterbury, York, Pallium, Kathedrale. Alles was den ∼ betrifft als einen Bischof *s. d.* **1)** *Si episcopus a fide deviaverit, ad summos pontifices* [*primates suos* Pseudo-Isidor] *vel ad sedem apostolicam accusetur;* aus Kanonistik Hn 5, 23 **2)** *Regnum Angliæ . . habet archiepiscopatus duos;* aus Agsä. Traktat I 552[f] 6, 1a **2a)** Den Bischöfen, wo er von ihnen getrennt vorkommt, steht der ∼ stets voran; allein vertritt er bisweilen sie alle, den ganzen Klerus und die gesamten Witan *s.* Bischof 11a—w **3)** Der ∼ hängt ab von der Krone, ist ihr Staatsrat, setzt Klerus ein; *ebd.* 2a—c. e. g **4)** Er besitzt Güter in Londons Gerichtsbezirk, ist im Amtsland privilegiert, fungiert als Landes- und Vassallitätsherr; *ebd.* 12c. f. l—o **5)** Er geniesst höchsten Schutz gegen Diebstahl, Blutbefleckung seines Hauses; *ebd.* 13f. i **5a)** Waffenzücken oder Blutvergiessen vor ∼ (und Ætheling; Grið) kostet 150 Schill; Af 15 = Grið 12 **6)** Er rangiert vor dem Könige; *s.* Bischof 13g **7)** Der ∼ hat 15000 Thrymsen Wergeld, soviel wie der königliche Prinz; Norðleod 2. Beide stellt [dorther?] im Wergeld gleich In Cn III 56, 2 **8)** Der ∼ erhält Bussen für Bruch des Schutzes oder Befehls, den er gab, 3 £ (König 5, Bischof 2) Af 3 = II Cn 58, 1 = Grið 11; für Kent dem König gleich In Cn III 56; dem Ætheling gleich 56, 2. Der ∼ erhält an *forfaiture* (*forisfactura* In Cn) 2 £, (Bischof 1); Leis Wl 16; dem Ætheling gleich In Cn III 56, 2 **9)** Mannbusse empfängt König und ∼ 3 Mark [= 2 £] ECf 12, 5; soviel wie Ætheling In Cn III 56, 2 **10)** Dem Verbrecher oder in Blutrache Verfolgten gewährt Asyl der ∼, wie König u. Kirche [Ætheling; Grið] 9 Tage (Bischof 3); IV As 6, 1 = Grið 4

Erzengel *s.* Engel

Erziehung *s.* Wb *fedan, fostor(lean);* bei Toller die Kompp. *fostorfæder, -bearn, -cild, -ling, -broðor, -sweostor; unmaga, oðfæstan. Vgl.* Kind, Findling, Witwe, Waise; Geistliche 6. 9. 30; Roeder *Über ∼ vorneh. Agsä. Jugend.* **1)** Der Gefolgsadlige hat in seinem Hause *cildfestran* (Kindeserzieherin, nicht bloss säugende Amme), die bei Aufgabe seines Leiheguts mit ihm wandert; Ine 63. Mit ∼ der Kinder beauftragt eine untergeordnete Hausangehörige oder eine Fremde in anderem Hause auch der Norden; Maurer *Island* 359 **2)** Nach dem Tode des Hausvaters gehört die ∼ der Mutter (*s.* ehel. Güterrecht 3); sie erhält [für alle Kinder?] 6 Schill., eine Kuh im Sommer, einen Ochsen im Winter; Ine 38 **2a)** Nach Walliser Recht erhält die Mutter einen Rock, eine Kuh, eine Wagenlast Korn für die ∼ des Kindes; *Anc. laws of Wales* ed. Owen I 519 **3)** Bei Ehescheidung übernimmt bisweilen die Frau die Kinder, also die ∼; Abt 79f. **4)** Seit Ælfred ist der Brauch vielfach belegt, das eigene Kind anderen zur ∼ zu übergeben. Hierauf oder auf die Fürsorge der Sippe für Unselbständige (*ómage* Nord; Amira 107) bezieht sich: Der Hüter einer ihm anvertrauten unmündigen Person (*unmaga*), die in seiner Pflegehut starb, muss, wenn auf Haftung verklagt, sich von Schuld rein schwören; Af 17 **4a)** Steenstrup *Danelag* 383 möchte dieses auch beziehen auf die *fæstingmen*, mit deren Unterhalt der König und Adel namentlich königliche Kirchenstifter belasteten, die deren Tod wünschen mochten. Allein diese scheinen mehr einquartierte Pensionäre, bei denen nirgends erwähnt wird, dass sie *unmaga* gewesen; *unmaga* steht für verwaiste *parvula* bei Ælfric *Hester* 86 ed. Assmann 94, *úmagi* unvermögend, unmündig bei Maurer *Island* 281. Möglich, dass Frauen oder Sieche darunter mitgedacht sind **4b)** Vielleicht teilweise aus 4, kombiniert mit Af 26 (*s.* Notzucht): *Si quis alterius puerum, qui ei commissus sit ad educandum vel docendum, occidat, reddat quam si adultum occidisset;* Hn 88, 7 **4c)** Besonders aus Ælfreds Sorge für Volkserziehung (*vgl.* Stevenson *Asser* 300f.; Oman *England before Norman conq.* 477f.) musste sich dieser Fall der Anvertrauung von Kindern oft ergeben: *gioguð on Angelcynne friora manna* [nicht gewöhnlicher Bauern] *sien to liornunga oðfæste, oð þone first þe hie wel cunnen Englisc gewrit arædan; Gregorii Cura pastor.* VII 6—13 **4d)** Ælfred soll seinen Thronfolger Eadward (I.) als kleines Kind einer *nutrix* aufs Land gegeben haben, der Frau des Dorfvogts, *villicae, quae regis filios nutrire solebat,* die später der Pflegesohn erwachsen, ehrend besuchte (Will. Malm. *Reg.* II 139 ed. Stubbs p. 155, aus volkstümlichen *cantilenis* und [laut Asser 75, 22] unglaubwürdig); und den Enkel Æthelstan soll er an den Mercischen Hof seiner Tochter geschickt haben (aus Latein. Gedicht 10. Jhs. *ebd.* II 133, p. 145) **4e)** König Eadgars Erzieherin war Ælfwen, Witwe des Herzogs von Ostanglien; *Hist. Ramesei.* c. 3, ed. Macray 11 **4f)** *Æðelstan æðeling*, Sohn Æthelreds II., vermacht 1015 *Ælfswyðe minre fostormedor for hire miclan earnungan* Land; Earle 226 **4g)** Das *fedan cyniges bearn oððe æðeles monnes* ist für den Untergebenen eine erstrebenswerte Gunst des Herrn; Cockayne *Leechdoms* III 178 vom 11. Jh. **4h)** Dass der Adel seine Kinder behufs Aufzucht Freien übergab, war auch im Norden und in Wales Brauch; Seebohm *Tribal law in Wales* 127; Unfreie erziehen den Sohn eines Freien, im Recht von Gwent *Anc. laws of Wales* 767; bei den Clans der Hochschotten bestand *custom of fosterage* noch im 18. Jh.; Curle *Transa. Soc. antiq. Scott.* 1895 p. 10 **4i)** Harold Schönhaar von Norwegen sandte seinen Sohn Hakon [den Guten] an Æthelstan zur ∼ [Sighvat bei Vigfusson *Corp. poet. Bor.* II 146], was für den Nährvater erniedrigend schien; Heimskringla; *vgl.* Pappenheim *Festschrift f. Brunner* 11 **5)** *fostrlaun,* Nordisch, bedeutet die vom Vater geleistete Rückerstattung von Kosten für ∼ eines Kindes durch Verwandte; Amira *Nordgerm. Oblig.* II 163. Der Norden kennt auch ein Geschenk an einen, der den Geber erzogen hat; *ebd.* 618; auch Fritzner *Ordbog* s. v. erklärt *barnfóstrlaun* als 'Gegengabe für Kindes-Aufziehung'; Pappenheim 12 **5a)** Vielleicht also ein Nord. Lehnwort ist *fostorlean*, das der Bräutigam den Pflegeeltern seiner Braut [keineswegs ist diese nur aus adligem Stande zu denken] zusichert; *s.* Eheschliessung 8f. g **5b)** *fosterlean* zahlt Christus seiner Mutter durch Aufnahme ins Paradies für die Zeit, da er dem Vater fern, in und bei ihr geweilt hatte; Toller s. v. **6)** Buchbildung ist Laien so ungewohnt, dass *bocere* (Schreiber), *leornere*, *scholaris* schlechthin dén bezeichnet, der geistliche (*s. d.* 6. 9) Weihe erstrebt **7)** Über Schulen 7. Jhs. *s.* Fremde 2d; zu Canterbury und in Ostanglien *s.* Beda III 18. IV 2 **7a)** Aldhelm mahnte Ealdferth von Northumbrien und Beda den Erzbischof von York, für ~ des Volkes zu sorgen (*o.* 4c); *vgl.* Bönhoff *Aldhelm* 106; Plummer *Bede* I 408. II 380. Es ist zunächst Glaubensbekenntnis und 'Vater unser' (*s. d.*) gemeint. Die Synode von Clovesho a. 747 c. 10f. verlangt Kenntnis derselben Stücke **7b)** Theodulfs Kanon über Unterricht wird Agsä. übersetzt in *Ecclesiast. instit.* 481 und vielleicht benutzt in *Canon* Eadgari 22. Letzterem folgen I Cn 22, ebenfalls *Credo* und *Paternoster* fordernd, *Homil. n.* Wulfstan 20. 39 = 301f. Ähnlich Ælfric *Homil.* I 274 **7c)** Ein Teil der Kircheneinnahmen diene dem ~sunterricht; VI Atr 51 **7d)** Vielleicht ein Nachhall aus Cnuts Gesetz (*o.* 7b) ist die Nachricht, er habe für Volks~ gesorgt; Hermann *Mir. s. Eadm.* in meinen *Agnorm. Geschq.* 236

Esel [*s.* Toller *assa, esol; vgl.* Mühle] sind in Wessex um 890 selten (nicht zu verstehen unter *weorf*); Ælfred unterdrückt beim Übersetzen der Exodus (20, 17. 21, 33. 22, 4; 10. 23, 4f.) sechsmal dessen Erwähnung; Af El 9. 22. 25. 28. 42. Dagegen in Gregors *Pastorale* hat er *esol* mitübersetzt; ed. Sweet 459 **esne** *s.* Unfreier

Essex 1) Wilhelms I. Brief an Grafschaft ~, die hier [wie sonst; Round *Geoff. Mandeville* 150] mit Herts. und Middlesex verbunden erscheint: Wl ep Pro **2)** Bistum *s.* London **3)** Gemeint unter dén Sachsen, die mit Suffolk verwandt, das Strafgeldfixum von £ 84 häben; ECf 33

Essig *s.* Deutsche 2d

Esthland [angeblich] von Arthur unterjocht; Lond ECf 32E: Zeichen der Londoner Tendenz nach Grossbritann. Seeherrschaft um 1200

Eucharistie *s.* Abendmahl

Eugen II., 824—7, erfindet, neben Leo III. und Karl d. G. [!] das Ordal der Kesselprobe; Iud Dei XII 1, 3. Er gilt als Einführer des Kaltwasserordals (mit Unrecht eines Rituals dafür), das, trotz des Fränk. Verbots von 829, herrschte, begünstigt von Hinkmar

Eusebius. Als sein Werk zitiert das [zweifelhafte] *De operibus bonis et malis* Quadr Ded 28

Evangelium *s.* Wb *godspel, Godes spell; Matthäus, Marcus, Lucas, Johannes. Vgl* Bibel **1)** Der Ordalprüfling wird zur Offenbarung der Wahrheit beschworen beim ~; Iud Dei I 2, 1 **2)** Die Exkommunikation stützt sich auf Autorität der Evangelisten; Excom VI **3)** Schwur aufs Evangeliar *s* Eidesform 7a

Evesham. Hs. Vu aus ~: I S. XLII

Ewigkeit *s.* Himmel, Hölle, Jüngstes Gericht

Exchequer. Hs. Sc des ~: I S. XXXIX

Exemtion *s.* Stift, Gerichtsbarkeit, Privileg, Forst 17, Ersatz 8

Exeter *s.* Wb *Eaxanceaster, Exonia* **1)** Hss. dorther: El Et O I S. XXIV f. XXXV **2)** ~ liegt *in occiduis partibus* III As 6; wird zu Wessex gerechnet; *hinderling* dortiges Schimpfwort; ECf 35, 1e[32] **3)** Dort stellt zwei Münzer an II As 14, 2 **4)** Dortigen Reichstages Gesetzgebung **A.** unter Eadward I.: II Ew 1; B. unter Æthelstan zu Weihnachten: V As Pro 1; 3, hinter der zu Greatley, vór der zu Faversham, Thundersfield, Whittlebury; III 6. IV 1. VI Pro. 1, 4. 10. 12, 1. Ein Reichstag fand dort 928 statt **5) N** *Vgl.* Fasten 10a

Exkommunikation 1) *Utlah wið God* ist synonym [*s.* friedlos 1f] mit *Godes fliema* **1a)** Nur scheinbar, nicht dem Sinne nach, ferner steht (wo VIII Atr 42 = II Cn 4, 1 *Godes utlaga* hat, in sonst gleichem Texte) *amansod* II Cn 66, 1 (= Hn 11, 14. 13, 10), obwohl Cnut, als wäre es etwas anderes [*s.* jedoch Begünstigung 21a] *Godes fliema* II 66 davorsetzt; *u.* 15a **1b)** Nur éinen Begriff meint auch *utlah wið God* 7 *amansumod fram Cristendome* Cn 1020, 17 **1c)** *Godes fliema* war um 1100 veraltet: es ist unübersetzt in In Cn und verlesen durch Cons **1d)** Durch ~ Getroffener heisst in Nachahmung weltl. Banns *exlex;* Richter-Dove-Kahl *Kirchenrecht* 778[7] **1e)** Ein teuflisches Wesen, mythologischer Dämon, heisst *fag wið God* im Beowulf 812, und der kirchlich Friedlose *Godes fach* in Friesland **1f)** Dem Sonntagsentweiher droht Gott, er werde *utlah wið me; Hom. n.* Wulfstan 296 **2)** Formeln der ~: I 432—41 **3)** Die ~ verhängt Bischof (*s d.* 5i) oder Pfarrer **4)** Die ~ trifft bestimmt benannte Personen [die Register der Sünden (Listen von Verbrechen), deren Verüber, ohne dass man an bestimmte Personen dachte, periodisch gebannt wurden, sind in England erst 1195—1530 nachweisbar] **5)** Die nicht Abendmahlsfähigen (*s d.* 3) unterlagen nicht immer der ~ **6)** *A communione prohibitio non mortalis, sed medicinalis est,* darf aber nur Geständige oder gerichtlich Überführte treffen; aus Augustin Hn 5, 18a **7)** Die ~ ist hier stets der später sog. Grössere Bann. Sie sperrt die Gemeinschaft der Gläubigen, denen der Gebannte als Heide gilt (Excom I 6, 4. 15), und fügt durch Flüche positive Übel zu [dem König Sigbert, der bei seinem exkommunizierten Gesið einkehrt, prophezeit der erzürnte Bischof: *quia noluisti te continere a domu perditi, mori habes;* Beda III 22]. Sie schleudert zugleich das Anathem für die Ewigkeit; Excom I **7a)** Die Scheidung zwischen Grossem und Kleinem Banne (seit 12. Jh.) fehlt noch bei Lanfranc *Epist.* 41 ed. Dacheri. 321 **8)** Neben der Strafe bezweckt die ~ auch die Vermeidung der Ansteckungsgefahr; Excom I 3, 1—4. 10 **8a)** Mit dem Exkommunizierten darf man nicht essen, trinken, reden, Genossenschaft oder Geschäft haben, beten, ihn nicht küssen, grüssen, beherbergen; I 9. 16. II. 3. 4. 6. XI 4; *s. u.* 14 **8b)** ~ scheidet Betroffenen vom Abendmahl, vom Eintritt in die Kirche; I 11, 2. II 2. III 1. V 2. VII 4. VIII 2. IX 1. X 2. XI 2. XII 2. XIII 2, 1 (doch wird der Gebannte auch, während er in der Kirche weilt, verflucht VIII 19); vom christlichen Verkehre; I 4. 16 II 2. IV 1. 4. V 2. VI 2. XI 4; von *societas Christianorum, ferscipe* der Gotterwählten I 11, 2. VII 4; *a corpore ecclesiae* I 10. Sie wirkt auch *in cęlo* (I 11, 2) und verdammt zur Hölle; I 11, 2; 5. III 2. 4. IV 8 V 9. VI 3. 19ff. VII 5. 23. VIII 3f. IX 3. X 8f. XI 10. XII 3. XIII 3 **9)** Vór der ~ erfolgt dreimal *monitio canonica;* I 3, 3. 6, 3. 11. Die Form muss schriftlich sein [beides fordert kanon. Recht seit 12. Jh.]; I 17f. VII 1[c]. XIII 1 **9a)** Aushändigung an Gebannten soll in 1 Monat geschehen und beurkundet werden; XIII 1, 1 f. **9b)** Der Bannende *post lectionem evangelii clerum et plebem debet alloqui;* I 1 **9c)** Dem Bannspruch folgt Löschung von Kerzen, Priester werfen sie zu Boden, treten sie mit Füssen aus; I 11, 2*. 14*—*. II 8. VI 8. 18 VII 23. IX 1. XI 10. XII 5. XIII 3. So z. B. auf Synode zu Reims 900, Limoges 1031, London 1143 (Roger Wendover a. 1142) **10)** **N** Gegen königliche Barone oder Beamte erlaubt Wilhelm I., gemäss Normann. Kirchenstaatsrecht, die ~ nur unter königlichem Vorwissen; Wl Edmr 2, 3, I 520 f. **11)** Die ~ trifft den abtrünnigen Mönch oder Priester (VIII Atr 41), **11a)** den, der Nonne oder Mönchin heiratet (Cn 1020, 17), **11b)** die im Konkubinat leben (Wi 3—4, 1; wegen *inlicitum coniugium episcopus excommunicavit eum;* Beda III 22). **11c)** Sodomiten (Synode von 1102 im Quadr II 8, 1. I 545), **11d)** dreimal vergeblich vom Geistliche[n] Gericht Geladene (Excom I 11; Wl ep 3; *vgl.* Engl. Synode von 1076), **11e)** den, welcher Priester vór Ermahnung oder beim Laiengericht anklagt (aus Kanones Hn 5, 22), **11f)** den Weigerer der Abgaben an die Kirche, wie Zehnten, Kirchensteuer, Peterspfennig, Pflugalmosen (I Em 2), **11g)** den Verheerer von Kirchenland (Excom I 2. VII 2. XIII 2, 1), Räuber von Kirchengut (IV 1), *ecclesiæ violator* (I 2. XII 2), *sacrilegus* (II Inso), **11h)** den, der einen Altardiener erschlägt (II Cn 39), **11i)** Zauberer (I Em 6; wohl = *malefactor* Excom V 2. VIII 2. XII 1), **11k)** Meineidige, die Ponitenz unterlassen (II As 26. I Em 6), **11l)** den Flüchtling aus Gefängnishaft, zu der er wegen Versprechensbruch verurteilt war (Af 1, 7), **11m)** Diebe (Excom I 11, 1. V 2. VII 3. VIII 2), **11n)** Verkäufer von Sklaven in die [heidnische] Fremde (VII Atr 5), **11o)** Hochverrat (*s. d.*; *o.* 7a), **11p)** die vor staatlichem Gericht zu erscheinen trotzig versäumen; Pol Mai I 461 **12)** Oft tritt ~ zur Friedlosigkeit hinzu, ohne dass Klerus oder Glaube verletzt war (Af 1, 7. VIII Atr. 40 f. II Cn 4, 1). Schwere Verbrecher und Exkommunizierte erscheinen synonym *u.* 14. 15. 15b; die ~ gilt im früheren Deutschen MA. als kirchliche Friedloslegung; *s.* 1d **13)** Vermieden wird ~ durch Beichte und schriftliche Bitte um Verzeihung (Excom I 11), **13a)** aufgehoben nach Pönitenz und Genugtuung (I 12. 16*. II 7. 9. III 3. IV 7. V 9, 1. VII 5. 22. VIII 4. 28. IX 3. X 10. XI 9. XII 4. XIII 3) samt vorgeschriebener Pilgerfahrt; II Cn 39, 1 **13b)** **N** Wer behufs Absolution zum Bischof reist, steht unterwegs hin und her unter Schutz der Treuga Dei; ECf 2, 8a. Lanfranc (*o.* 7a) schreibt dem aufrührerischen Grafen, den er zu exkommunizieren im Begriffe steht: *ad me venias securus in eundo* [und] *redeundo* gegen *regios homines* **14)** Ein Exkommunizierter darf in des Königs Umgebung, bei Strafe der Vermögenseinziehung, nur erscheinen, wenn er Asyl erbittet oder sich geistlicher Busse unterzogen hat; V Atr 29. VI 36 L. (Ebenso der Totschläger nicht vor Kirchenbusse; I Em 3.) Statt des Exkommunizierten setzt Mörder, handhafte Totschläger u. Meineidige VI Atr 36. [illegible] Wer Exkommunizierten und Friedlosen beschützt, gefährdet sein Leben und Vermögen; VIII Atr 42 = II Cn 66. 66, 1 = Hn 10, 1. 11, 14a. 13, 10, wo diese Straftat den Kronprozessen vorbehalten wird **15a)** Wenn jemd. einen 'Gottesflüchtling' [dem Rechtsanspruch der Kirche Entflohenen und daher von ihr Gebannten; *o.* 11d] bei sich hält, liefere er ihn zum [weltlichen] Gericht aus und zahle dem berechtigten Gerichtsherrn [dem mit Strafgeld-Empfang Privilegierten, vielleicht dem Verkünder der ~, Strafe] und büsse dem König sein Wergeld; II Cn 66 = Hn 11, 14 [mir scheint die Strafdrohung mit 15 in Widerspruch]. Auch in dieser Strafe für Begünstigung (*s. d.* 21a) stehen kirchlich und weltlich Gebannter gleich **15b)** Die von Kirche (und Staat) Geächteten (*Godes utlah*) sollen büssen oder aus dem Lande weichen; VIII Atr 40 f. = II Cn 4, 1 **N 15c)** Über die weltl. Folgen der ~ im Engl. Recht *s.* Holdsworth *HEL* I 401 **15d)** Verstrichen vierzig Tage, ohne dass sich der Exkommunizierte dem Bischof unterwarf, so klagt dessen Vertreter vor dem König; dieser stellt Beklagten unter Pfand und Bürgschaft bis zur Genugtuung; ECf 6a

Exorzismus *s.* Wb *halsung* **A.** bei der Messe und Taufe: I Cn 22, 2. 4, 2 **B.** beim Ordal: Iud Dei I 21, 5. 22. III Insc. 2, 2. IV 2. VII Insc. IX 1. XI 2. 4, 6. XII 18, 2. 21, 3. XIV 1. 1, 4. 4. 7. *Vgl.* Zauber

Export *s.* Ausfuhr; Bienen, Fett

F.

Fahrende *s.* Gefolge; Biergelage 3

Fahrhabe *s.* Wb *feoh, orf* [*inorf:* Haushaltsgut], *ierfe; catalla* im Ggs. zu *feodum et tenementa* Lond ECf 32 A 9; *æht* [~ auch II Cn 76. 78; Kemble 694. 755; Earle 77. 145; Birch 599; *Malchus* 187 in Assmann *Bibl. Agsä. Prosa* III 201; Handelsware II Atr 3, 1]. *Vgl.* Haus **1)** Die ~ zerfällt in lebende und liegende (= tote, *mort* Leis Wl 45) II Cn 24; für letzteres setzt *immobile* Q = Hn 59, 21, ohne etwa falsch Grundbesitz zu verstehen. *Vgl.* Toller 637 I Ende; Plummer *Saxon chron.* II 115 **1a)** **N** Unter *apportare animal vel pecuniam* versteht wohl Rind oder Kleinvieh ECf 24; das ändert Retr in *adducere animal vel ap. p.*, vielleicht indem er *animal* als Vieh, *pecunia* falsch als 'tote ~' deutet. Denn lebende ~ heisst *viva pecunia* (neben blossem *pecunia*). Zu letzterer in Ggs. steht *res vecta, aportée* bei dem Verderber bzw. dem Übs. von *res vetusta* Wl art 5 **1b)** Über 'eigen *sceatt*' *s.* Besitz 2; untadelig *feoh* bezeichnet die materielle Güte der ~; Abt 30 **1c)** Der Sklav ist immer in der ~ mitumfasst; unter *æht* Earle 276; *æht* kann Sklav heissen **1d)** *æht, ierfe* können auch (*s.* Wb), weiter als ~, 'Vermögen, Gesamtheit des Eigentums' bedeuten, so (*æht* in Urk. um 1019 Earle 229) mit vorangestellten 'Waffen' Af 1, 2; 4, wo Q zu eng *pecunia* übs. [Umgekehrt verstehen *æht* zu weit als *omnia bona, possessio* In, Cons, wo Q richtig *pecunia* hat, II Cn 70] So heisst auch *aveir* Vermögen, Habe Leis Wl 27, sonst wie *averium:* ~, Vieh **1e)** Auch Grundbesitz im Ggs. zu ~ kann *æht* heissen; *s.* Toller *Suppl.*, auch Æthelwold ed. Cockayne *Leechdoms* III 442. 444 **2)** Die ~ verbleibt den wegen Unzucht ausser Landes getriebenen Fremden (Wi 4 = II Cn 55) und den wegen Friedstörung aus der Heimat Verpflanzten; V As Pro 1 **3)** Mitgenuss oder Verschluss der durch den Ehemann gestohlenen ~ macht die Frau des Diebes mitschuldig; Ine 57. II Cn 76, 1a 4) Kautel in der Veräusserung von ~ s. Handel; Konfiskation s. Vermögenseinziehung, Misericordia regis; ~ im Nachlasse s. Erbgang 8 ff., Testament, ehel. Güterrecht 1—2. 3 f. h—5 a

Fahrlässigkeit s. Wb *giemeleast, -snes* [Fries. *urgamelichhed;* His 41]. *Vgl.* Absicht, Gefährdeeid; falsches Urteil 1. 2, Haftung 1) Von Zufall scheidet die ~ das German. Strafrecht nicht immer (Brunner *Ält. Strafr. Kulturv.* 56; z. B. bei Friesen: His 41); nicht bei jenem, nur bei dieser wird der Gefährdeeid nötig, um Strafe und Busse abzuwenden; Brunner II 548 f. 2) Strafe oder Gefährdeeid trifft den Träger des Speeres, an dem sich jemand spiesste, wenn die Spitze vorn hoch stand; s. Absicht 5a 3) Von Zufall scheidet ~ Exodus, und danach Af El 21. 23, in der Behandlung des Herrn eines Schaden stiftenden Tieres, je nachdem dieser hätte ein Unglück voraussehen können. Nämlich nur der Ochs wird getötet (bzw. verkauft), wenn der Herr seine Schädlichkeit nicht kannte [also Zufall vorlag]. Dagegen der Herr büsst mit Leben oder Wergeld (bzw. mit dem Tierwerte), wenn er den als stössig bekannten Ochsen eingesperrt zu halten aus ~ unterliess, und dieser einen Menschen (bzw. einen Ochsen) tötete 3a) Ælfred wollte vielleicht durchs Mosaische Beispiel das Verantwortlichkeitsgefühl der Agsa. schärfen; praktisch trat höchstens Haftung (s. d.) des Tierhalters fürs Wergeld des Getöteten ein 4) s. Erziehung 4

N Falkner des Königs bedrücken [durch Gastung und Fron] das arme Volk [vor 1100]; Quadr Arg 22

Fallen s. Gemeinheit; Mause~

falsche Anklage s. Klage, Verleumdung; ~ Leugnung s. Beweis 13a. 16

falsches Urteil. *Vgl.* Richter 1) Der Richter [Gerichtsherr durch Adelsprivileg mitverstanden], welcher Ungerechtigkeit zuerkennt (aus Hass oder Bestechung; s. d. 3a), zahle dem König 120 Schill. [= 600 Pfennig, Ungehorsam] und verliere seine Thegnwürde samt Gerichtshoheit, ausser wenn er sich rein schwört, er habe es nicht besser gewusst [also aus Fahrlässigkeit, nicht böser Absicht gefehlt]; III Eg 3 = II Cn 15, 1 = Hn 13, 4 = 34, 1 = Leis Wl 13. 39, 1. Indem Hn 34, 1a dies ausdehnt auf Niedergerichte *inter compares in locis suis,* scheint er auch an Urteilfinder zu denken 1a) Dagegen Wergeld fordert 34, 2 [vielleicht ein Missverständnis. Nämlich Eg = Cn meint mit dem vom König Auszulösenden *hine* den *þegnscipe;* eine Klasse von Hn 13, 4 missversteht auch da 'sich']. II Cn 15, 1 Hs A — Leis Wl 13 1b) In Denalagu kostet ~ ~ Rechtsbruchbusse; II Cn 15, 1a — Hn 34, 1a = Leis Wl 39, 2 1c) Vgl. Bestechung 3 2) Die 12 Lagamen (s. d.) der Dunsæte verlieren all ihre Habe, wenn sie Ungerechtes anordnen, oder schwören sich rein, sie hätten es nicht besser gewusst; Duns 3, 3 2a) N Die Entschuldigung, dass ~ ~ aus Unkenntnis gefällt war, noch in Bracton's *Notebook* ed. Maitland n. 1166 2b) Andere Beispiele s. Amtsentsetzung 3—4c. 6. 10f. 3) Wenn die Thegnas [12 urteilfindende Rügegeschworene] dissentieren, bestehe das [Urteil], welches 8 sprechen, und die überstimmten zahlen je 6 Halbmark; III Atr 13, 2 N 4) Wilhelm I. verbot ungerechte Urteile und riet den 'Primaten' Billigkeit an; Flor. Wig.; Will. Pictav. 5) Der Prozess über ~ ~ gehört zu Kronsachen; Hn 10, 1 6) Da fast keine Partei das *a comitibus et praepositis iudicatum verum esse concederet,* unterstellte man sich König Ælfreds Spruche. Er prüfte die Urteile, selbst oder durch Getreue, ob ~ ~ aus Interesse oder Unkenntnis gesprochen sei, und erzwang in letzterem Falle, bei Strafe der Amtsentsetzung, Rechtsstudium der *comites et praepositi;* Asser 106. Ein solches Prüfen der Urteile von Amts wegen vereint sich nicht mit der als schwach vorgestellten Justizhoheit der Krone. Das Anrufen des Königs aber durch eine Partei konnte nur infolge von Urteilschelte geschehen. Durch beide Parteien, die sich durch ~ ~ beschwert fühlten, konnte der König nur als Schiedsrichter angerufen werden

falsches Zeugnis s. d.

Falschmünzer s. Münzfälschung

Fälschung. *Vgl. ebd.,* Gewicht, Mass N 1) Zu *causis criminalibus vel capitalibus* zählt u. a. *falsaria;* einer Klage auf ~ muss Beklagter sofort ohne Ratserholung mit Leugnung antworten; Hn 47 2) Glanvilla 14, 7 rechnet zum *crimen falsi* u. a: Urkunden~, Mass~, Münz~; ~ der Königsurkunde ist Majestätsverbrechen, aus Röm. Recht

Familie, häusliche Gemeinschaft s. Wb *hiwan, hiwen, hiwisc, hiered.* *Vgl.* Eltern, Vater, Mutter, Ehefrau, Witwe, Tochter, Kind; Erziehung, Vormund; Sippe; Gefolge, Unfreie, Hausgemeinschaft, Haushalt 1) N Die *propinquior pertinentia,* = ~, tritt neben *generositas* (Sippe) Hn 88, 11c 2) ~ besteht aus Mann, Weib und Kindern. Sie wird insgesamt verknechtet, falls sie beim Diebstahl des Vaters Mitwisser waren; Ine 7, 1. In Friesland zahlt der Dieb für sich und alle erwachsenen Hausgenossen Widergeld (Hauptlöse); His 346 2a) Die Ehefrau (s. d. 9a b) haftet nicht, falls sie das Gestohlene weder genoss noch verschloss 3) Der Freigelassene samt ~ verbleibt unter Schutzgewalt des Freilassers; Erbnachlass und Wergeld für Erschlagung von dessen ~ behält dieser; Wi 8 3a) Trennung der unfreien ~ durch Freilassung des Mannes s. Ehefrau 7 4) Nur nächste Verwandte erhalten, wenn einer der Ihren erschlagen ward, Halsfang; s. d. Sie stehen ausserhalb der Verwandtschaftsberechnung der Sippe (s. d.) nach Knien 4a) Auch Walliser Recht berechtigt und belastet die ~ stärker als die übrige Sippe beim Empfange bzw. Zahlen des Wergelds; Seebohm *Tribal system in Wales* p. xxxiij 5) Vom Wergeld der in Wessex erschlagenen Fremden erhält $^2/_3$ der König, $^1/_3$ *sunu oððe mægas* (Ine 23), d. h. entweder 'der Sohn in Vertretung der ~ den Halsfang und nach dieser die Sippe den Rest' oder aber 'die Sippe in Ermangelung des Sohnes' 6) Der Mann darf den handhaft ertappten Schänder seiner ehelichen Frau, Tochter, Schwester, Mutter töten; s. Ehebruch 8 N 7) Rechtsgeschäfte, wie Übernahme von Anvertrautem durch Frau oder Kinder, die *sub virga* (s. Wb), machen den Hausvater nur haftbar, wenn von ihm bewilligt; Hn 23, 3 = 45, 2 f. 7a) Die Frau ist *sub virga* des Mannes nach Ipswicher Stadtrecht; Bateson II cxi 8) Nach des Mannes Tode bleibt ~ auf dessen Hofe; Fahrhabe des Intestaten geht an Weib, Kinder und nah Verwandte; s. Erbgang 3 f. 8, eheliches Güterrecht 2 ff.

N Färberei. *Vgl.* Alaun, Krapp, Waid 1) ~ betreiben darf in London kein fremder Kaufmann [nur der Bürger]; Lib Lond 8, 6; *vgl.* I 675[l. m] 2) ~holz darf der einführende Fremde nur im grossen, nicht unter 25 Pfund, in London verkaufen [der Kleinhandel bleibt dem Bürger vorbehalten]; *ebd.* 8, 2; *vgl.* I 675[e]

Fass 1) Von 10 Hufen wird jährlich 10 *fata* (*dolia* Q) Honig dem Grundherrn entrichtet; Ine 70, 1 2) *Vgl.* Deutsche 2d

Fasten *s.* Wb *fæstan* Verb, *fæsten, lencten* samt Kompositis und Derivatis. *Vgl.* Feiertag, Freitag, Quatember; Landesbusse, Pönitenz, Armenpflege 8b. 11; Schutz (zeitl.) 1) Earconberht v. Kent *primus regum Anglorum ieiunium* 40 *dierum* (Frühlings~) *præcepit, in transgressores punitiones proposuit;* Beda *o.* I 9 1a) Unter den erhaltenen *Gesetzen* erwähnt ~ mit Strafen zuerst Wi 14 2) Allgemein eingeschärft wird, ~ zu halten II Eg 5, 1 = I Cn 16 = *Homil. n.* Wulfstan 117. 208; sinnesgleich V Atr 17 = VI 24. V 15 = VI 28, 3. V 12. VI 28. 43, 1. VII 1. Cn 1020, 19. V Atr 12, 3 = VI 22 = VIII 16 = I Cn 14, 1; vor ~bruch warnt V Atr 25 = VI 28, 3. Ähnlich *Homil. n.* Wulfstan 71. 164. 272 3) Das ~ besteht in Enthaltung **A.** von aller Nahrung ausser Wasser, Brot, Kraut (*u.* 8. 9a. b. 12) **B.** von Fleischnahrung *u.* 3b. d 3a) Schlimm ist zur gesetzlichen ~zeit vor Essenszeit (Mittag?) zu essen und schlimmer sich mit Fleischgenuss zu besudeln; II Cn 46, 1 3b) Wenn jemand in den ~ seinen Hausleuten, Freien oder Knechten, Fleisch [zu essen] gibt, zahle er Halsfang zur Strafe; isst ein Sklav [Fleisch] aus eigenem Antriebe, zahle er 6 Schill. [Strafe] oder leide Prügel; Wi 14 f. 3c) Die Gutsherrschaft liefert der Sklavin zum Brot [statt des Fleisches] als ~zukost Bohnen; Rect 9 3d) Fisch (*s. d.*) als ~nahrung kommt in den *Gesetzen* nicht vor, ist aber unter Agsa. wie anderswo bekannt; Beda kennt ~ bei Brot, Milch und Eiern III 23 4) Während der Frühlings~liturgie wird der Altar vor Laienaugen verhüllt. Wer diesen heiligen Vorhang (*velum*) entfernt, zahlt 120 Schill. Strafe; Af 40, 2 Q, irrig *rift* übersetzend, während Af *ryht* liest: 5) Wenn jemand in Frühlings~ Kirchenrecht öffentlich ohne Dispens beiseite setzt, zahle er 120 Schill. Strafe [= Ungehorsam]; Af 40, 2 5a) Wenn ein Freier gesetzliches ~ bricht, zahle er Rechtsbruchbusse (bei den Dänen), Strafgeld (bei den Engländern); EGu 8 ([= 12 Ör Northu 57] = II Cn 46, der hinzufügt: je nachdem die Tat ist). Ein Unfreier erhalte Prügel oder zahle Hautgeld; EGu 8 = II Cn 46, 2, der hinzufügt: 'je nachdem die Tat ist' 6) Der Pfarrer hat der Gemeinde die Zeiten der ~ anzukündigen; für seinen Fehler darin zahlt er Strafgeldfixum; EGu 3, 1 f. = Northu 9. 11, wo ausserdem Pönitenz verordnet ist 7) Gesetzliche ~ sind *Quadragesima* vor Ostern VI Atr 23 = I Cn 16, Quatember (*s. d.*) und Freitag; *s. d.* 1. Für *rihtfæstendagas*, an denen EGu 9 Ordal und Eid verbietet, setzt Quatember V Atr 15 = VI 25, während I Cn 17 beide nebeneinander stellt 7a) Zu (d. i. am Vorabend [*s. d.*] von) allen Marien- und Apostelfesten faste man; V Atr 14. 14, 1 = VI 22, 2 f. = I Cn 16 7b) *Ieiunia cetera* (ausser obigen) *a sanctis patribus indicta observentur;* VI Atr 22 L 7c) Frei von ~ bleibt der 1. Mai; V Atr 14, 1 = VI 22, 3, samt der Zeit zw. Ostern u. Pfingsten, vom 24. Dez. bis 13. Jan. (I Cn 16a; 1), der auf einen Festtag fallende Freitag (II Eg 5, 1 = V Atr 17 = VI 24 = I Cn 16a), ausgenommen freiwilliges oder Pönitenz~; VI Atr 22, 3 8) Zur Landesbusse gegen die Dänengefahr verordnete das Witenagemot zu Bath 992—1011 ~ Montag bis Mittwoch vor 29. Septbr. bei Brot, Wasser und rohen Kräutern, ohne Fleisch; VII Atr 2. 2, 3a = VIIa 1. Die durch dieses ~ ersparte Speise gehört der Armenpflege (*s. d.* 8b); VII 2, 2b = VIIa 4, 1 8a) Jeder Sklav sei arbeitsfrei an den drei Tagen, damit er besser fasten könne, und arbeite beliebig für sich; VII 2, 3 = VIIa 5, 1 8b) Wer dieses Landes~ bricht, büsse: der Sklav seine Haut (Prügelstrafe), der arme Freie (Bauer; VIIa 3) 30 Pfg., der Königsthegn 120 Schill. (Thegn 30 Schill.; VIIa 3); VII 2, 4 = VIIa 3 f. 9) Vor dem Ordal habe dessen ganzer Umstand vorher gefastet; Iud Dei I 23, 1. II 1, 1. III 1 [*vgl.* vom Festland Zeumer, *Formulae Meroving.* 619 ff. 644. 652. 654. 667. 714], also ev. 24 Personen; II As 23, 2. Ordal 4; *vgl.* I 420[17]. 419[b*] 9a) Der Prüfling habe bei Wasser, Brot, Salz und Pflanzen vorher gefastet (II As 23); 9b) Mittwoch, Donnerstag, Freitag bei täglich zwei Handvoll ungesäuerten Gerstenbrots, einer Handvoll Wasserkresse, Salz und Wasser; Iud Dei X 1, 1 f. 9c) Vor geweihtem Bissen faste Prüfling; VIII Atr 24 = I Cn 5, 2c 10) Ordal und Eide sind untersagt an gesetzlichen ~; wer dies verletzt, zahle Rechtsbruchbusse bei Dänen, Strafgeld bei Engländern; EGu 9 = V Atr 18 = VI 25 = I Cn 17 = IIn 62, 1 10a) **N** Gerichtlicher Eid während ~ war im Engl. Stadtrecht verboten, so in Exeter im 13. Jh.; Bateson I 176. *Vgl.* Spelman *Posthumous works, Origin of the terms* 77 10b) Hochzeit u. Beischlaf sind verboten in ~; *s.* Eheschliessung 13a 11) Missetat zu ~ wird mit stärkerer Busse (*s. d.* 10b) und Strafe (*s.* Schutz) gesühnt 12) Zur Pönitenz faste während einiger Tage wöchentlich durch mehrere Jahre [aber nicht bei Wasser und Brot] der Totschläger (IIn 73, 1—5), sieben Jahre, davon eines *in pane et aqua*, der Beistimmer zum Totschlag (68, 10); 40 *dies in pane et aqua servus, qui iussu domini* getötet hat, *et tribus Quadragesimis a carne et potu se abstineat;* alles aus Poenitential 68, 11 13) Almosen kann für ~ als Ersatz eintreten; *s.* Armenpflege 11; *Can. Eadg.* ed. Thorpe 414 14) Ein mächtiger Büsser kann 7 Jahre ~, das ihm obläge, ersetzen mit dreitägigem ~ durch 852 Vertreter; *ebd.*

Faversham, 2 Meilen von Canterbury, im 9. und 11. Jh. [also wohl auch im 10.] königliche Domäne 1) Dortiges Witenagemot bestätigt die Friedenspolizei von Greatley und erlaubt, die bisherigen Diebstähle bis zum August durch bloss private Busse ohne Strafgeld zu schlichten; III As 2 f. 2) Dortiges Gesetz ist im Wortlaut verloren, der Inhalt erhellt im wesentlichen aus der Antwort (III As) der Grafschaft Kent an König Æthelstan auf die Mitteilung des Gesetzes 3) Dieser Reichstag folgt denen zu Greatley und Exeter und geht voran denen zu Thundersfield und Whittlebury, IV As 1. VI Pro. 1, 4. 10. 12, 1, die seinen Beschluss bestätigen

fechten *s.* blutig ~

N Fehde = Privatkrieg Feudaler; *vgl.* in anderem Sinne Blutrache, Heimsuchung, Bande **1)** Der Herr zweier Vassallen, die *sibi gwerram faciant*, kann beiden verbieten, die Lehen, die sie von ihm tragen, zu schädigen, auch wenn sie daneben fremde Lehen tragen und diese verteidigen; Hn 59, 12; 12a **2)** Dieser Verf. bindet das Gebot, statt gewalttätiger Selbsthilfe gegen Rechtsweigerer (*s d.*) die Staatsgewalt anzurufen, an die Zeit *si pax in terra sit;* 83, 2. In gewissen Zeiten also, wenn die Regierungskraft samt Rechtspflege darniederliegt, scheint ihm ~ erlaubt; *vgl.* Amira 164 **2a)** Klage gegen Herrn steht *in pace* erst später frei; 43, 9 **3)** Über Unterdrückung baronialer ~ durch kgl. Landfrieden bei and. Norm. *s* Niese *Gesetzg. Norm. Sic.* 19. 26

Feiertag *s.* Wb *freols* mit Kompositis; *heahtid. Vgl.* Sonntag, Fasten, Quatember, Bittfahrt, Vorabend; Christus, Maria, Heilige; Advent, Weihnachten, Epiphania, Septuagesima, Ostern, Himmelfahrt, Pfingsten; Schutz, Königs-, Kirchenfrieden, Gerichtsferien, Treuga Dei; Kirche **1)** ~ zu feiern schärft allgemein Engl. Synode, die zugleich Reichstag, ein; II Eg 5 = V Atr 12, 3—16 = VI 22—23, 1 (= 43, 1) = VIII 16 = I Cn 14, 1—16; daraus *Homil. n.* Wulfstan 71. 272; bei Strafe droht dies an VIII Atr 16 **2)** Die Laien im Reichstag wirken also mit bei Einführung des Heiligenkults, auch neuer Heiliger, Eadwards II. und Dunstans; V Atr 16 = VI 23, 1 = I Cn 17, 1 **2a)** In Norwegen erheben König und Volk Olaf II. Haraldson zu den Heiligen auf Anregung des Engländers Grimkil **2b)** Man soll achten *haligra tiid, swa bebugeð gebod geond Brytenricu Sexna kyninges* [soweit reicht Sachsenkönigs Gebot über Britannien]; *Menol. poet.* ed. Imelmann 39 **3)** Verletzung des ~s wird verboten; V Atr 25 = VI 28, 3 = *Hom. n.* Wulfstan 164; gestraft mit Strafgeldfixum; EGu 7, 1 = Northu 57, wo 12 Ör dafür **4)** Der Pfarrer hat der Gemeinde den ~ (die Heiligen) zu verkünden bei Strafe von 30 Schill., bzw. bei den Dänen 3 Halbmark [= 12 Ör]; EGu 3, 1 = Northu 11. II Eg 5, 1 = Cn 1020, 19. I Cn 14, 2 Q; schon in der vorhergehenden Woche; ECf 2, 5; er leite an den Jahrestagen den Gottesdienst richtig; aus *Can.* Eadgari Northu 38 **5)** Arbeit am ~ ist verboten. Wi 9 ff. und Ine 3—3, 2 sprechen nur vom Sonntag; *s. d.* **5a)** Wenn ein Freier am ~ arbeitet, verliere er Freiheit oder zahle Strafgeldfixum, [bzw. in Denalagu] Rechtsbruchbusse EGu 7, 1. Strafgeld fällt, auch *u.* d. e, halb an den Bischof **5b)** Verknechtung für Entheiligung des ~s kennen auch Alamannen und Baiern; Brunner *Forsch. zur DRG* 471 **5c)** Nur Halsfang [wie Wi 11 *o.* 5] und Kirchenbusse fordert II Cn 45, 1 = Hn 11, 10 **5d)** Ein Sklav leide Prügelstrafe oder zahle Hautgeld; EGu 7, 1 = II Cn 45, 2 ('je nachdem die Tat ist') = Northu 56 **5e)** Wenn ein Herr seinen Sklaven zur Arbeit am ~ zwingt, zahle er Strafgeldfixum, bzw. in Denalagu Rechtsbruchbusse; EGu 7, 2 = II Cn 45, 3, wonach er ferner den Sklaven verliert; und dieser werde volksfrei [aus Ine 3 *o.* 5] **5f)** Der Freie zahlt nach Stadtrecht von Chester für ~sarbeit dem Bischof 8 Sch. Strafe, der Sklav 4 Schill; Domesday I 262 **6)** Freien Untergebenen (aber nicht Unfreien) seien folgende [37] Tage arbeitsfrei geschenkt: 12 Tage zu Weihnachten, die Woche vor und nach Ostern und vor 15. Aug., die Feste 15. Febr., 12. März, 29. Juni, 1. Nov. **6a)** Die 4 Quatembermittwoche seien für Sklaven arbeitsfrei; Af 43 **6b)** Marienfeste ehre man durch Fasten (*s. d.* 7a), dann durch Festfeier, wofür *postea cum suavisona melodiarum cantilena, festa quoque apostolorum concentibus spiritalibus* VI Atr 22, 2 L **7) N** Am ~ sollen herrschen *gaudia et honestae voluptates* Hn 62, 2 **7a)** Heidnische Lieder und teuflische Spiele verbietet am ~ *Can.* Eadg. 18; *vgl.* über die Legende von Kirchhofstänzern Stubbs *Will. Malm.* p. LXXV und E. Schröder *Anz. Dt. Altt.* X (1884) 393; *luctas, coreas vel lacivia* vor Kirchenfesten verbot noch 1308 der Bischof von London; *Canterbury and York soc.*, part 21 p. 73 **8)** Krieges wegen [also sonst nicht] darf man an ~svorabenden im Notfall reisen zwischen York und 6 Meilen Entfernung; Northu 56 **8a)** Eid und Gottesgericht ist verboten am ~; [wie *Can.* Eadgari 24] EGu 9 = V Atr 18 = VI 25 = I Cn 17 = Hn 62, 1 **8b)** Gericht am Sonntag verbietet *Can.* Eadgari 19; Richten und Eid *Homil. n.* Wulfstan 227. An den heiligen Festen herrsche Friede und sei jeder Rechtstreit eingestellt; V Atr 19 = VI 25, 1 = II Cn 17, 2 = Hn 62, 1. Ähnlich predigen Ælfric, *saca 7 geflikt* am ~ zu unterlassen (*Hom.* I 180), und *Eccles. instit.* ed. Thorpe 487. **N** Dennoch ward Sonntag Gericht gehalten 1221 (*Crown pleas of Gloucester* p. xij) und in Dover von Erntebeginn bis Michaelis noch im 15. Jh.; Bateson II 49. Treuga Dei herrscht am Sonntag; ECf 2, 4 **8c)** Geborgtes oder Bussgeld zahle Schuldner vor oder nach dem Feste; V Atr 20 = VI 25, 2 = I Cn 17, 3 = Hn 62, 2 **8d)** Hinrichtung eines zur Leibesstrafe Verurteilten werde verschoben bis nach Sonntag; EGu 9, 1 = II Cn 45. Dennoch liess Dunstan Falschmünzer Pfingsten verstümmeln, bevor er Messe feierte; in *Memorials of St. Dunstan* Osbern 106 = Eadmer 202 **9) N** Missetat am ~ ist besonders vorsichtig zu vermeiden (aus *Can.* Eadg., *Conf.* 4: II Cn 38) und wird härter als sonst bestraft; Hn 68, 2 **9a)** Diebstahl kostet Sonntag, Weihnachten, Ostern, Himmelfahrt, in Fastenzeit doppelt [nicht des Gestohlenen, sondern] des zu anderen Zeiten an Busse und Strafe Geschuldeten; Af 5, 5. [Ähnlich später in städtischen Freibriefen; *EHR* 1901, 99] **9b)** Ebenso Hauseindringen in Fasten; 40, 1 **9c)** Ebenso Blutig Fechten, Beischlaf, Raub oder schwere Missetat unleugbarer Art in Fasten oder an hohem ~; II Cn 47. [Beim Beischlaf passt ja Doppelersatz nicht. Meiner Meinung: Pol Mai I 33 gegen Schmid *Gesetze* 556b, Schreuer *Verbrechensk.* 41] **9d)** In Chester kostet Blutvergiessen $^1/_2$ Pfund, Totschlag, Heimsuchung, Rechtsperrung 2 Pfund Strafe, an Sonn- und ~en das Doppelte; Domesday I 261b 1 **N 9e)** Wer bandhaft gestohlen hat am Fest des Kathedralpatrons Johann zu Beverley, wird hingerichtet; Alvred. Beverlac. ed. Raine *Sanctuar. Beverlac.* 107 **9f)** Wer am Tage des Kirchenpatrons zur Kirchweih wandert, steht hin und her unter Treuga Dei; ECf 2, 7

Feigheit *s.* Heer; Felonie 2

Feind *s.* Wb *fiond, feondscipe; fah, gefah, fahmon. Vgl.* Krieg, Heer **1) A.** national. *Vgl.* Dänen **2)** Olaf von Norwegen verabredet 991 mit England, die Fahrhabe eines Untertanen des befreundeten Volkes sei dann fortzunehmen erlaubt, wenn sie sich in fremdem Lande unter ~esgütern befinde; II Atr 3, 3. 4 **2a)** Den vom anderen Kontrahenten entflohenen Sklaven oder ~ [internationalen oder Geächteten] solle man dagegen nicht aufnehmen [es wäre Begünstigung; *s. d.* 18]; II Atr 6, 2 **3) B.** ~ des Königs oder der Allgemeinheit *s.* Friedlos **4) C.** privater ~: **I.** Der in Blutrache (*s. d.*) Verfolgte und dessen Sippe, sofern sie sich nicht von ihm lossagt **5) II.** Aufsichtloses Vieh melde dessen Herrn, sei es gleich dein ~; aus Exod. Af El 42 **6) III.** Über feudale Privatkrieg Führende *s.* Fehde

Feldgemeinschaft *s.* Bauer 3, Dorf 8b, Gemeinheit [4, Friedhof

Feldkirche *s.* Kirchenrang, Eigen~

Fell *s.* Wb *hyd* **1)** ~ und Kopf von Rind oder Schaf, die man, nicht ohne Zeugnis zweier Glaubwürdiger, geschlachtet, bewahre man, bei Geldstrafe von 20 Ör, drei Tage als Beweis unverstohlenen Besitzes und zur Ermöglichung der Auffindung für den bestohlenen Spursucher, und veräussere sie erst dann; III Atr 9. 9, 1. An Haut und Kopf identifizieren gestohlenes Vieh auch andere Germanen; Grimm *DRA* 593. *Vgl* Merkmal **1a)** Diebe schlachteten und enthäuteten gestohlen Vieh; Regin. Dunelm. *V. s. Godrici* 35. *Vgl.* Fleisch 1 **1b) N** *De corio vel carne inventa* wird auf Wildfrevel hin im Forst durch Königsrichter inquiriert; Hn 17, 2; *vgl.* I 559[1] **2)** Kein Schildmacher lege ein Schafs~ auf den Schild [statt des festeren Rindsleders] bei 30 Schill. Strafe; II As 15 **3)** Korduanleder, meist von Ziegen, mit Alaun gegerbt, darf der fremde Importeur zu London nicht detaillierter als im Dutzend verkaufen; I 674[w]

N Felonie 1) ~ kommt in den *Gesetzen* nur bei Hn vor, überall ein schweres Verbrechen des Vassallen gegen den Herrn, aber nicht definiert **2)** Wegen ~ verwirkt der Mann sein Lehn an den Lehnsherrn; Hn 43, 7. 88, 14. In 43, 7 steht ~ neben dem Verrat am Herrn und feigem Verlassen desselben in Feldschlacht oder bei feindlichem Angriffe **3)** Hat der Herr seinen Mann wegen ~ angeklagt, so muss dieser schwerste Prozess erst erledigt sein, bevor er ihn wegen anderer Sachen belangen darf; 46, 3. 53, 4, wo ~ neben *fides mentita* (Lehnstreuebruch) steht **4)** ~ bei Hn hat noch nicht die spätere Bedeutung einer viele, nicht gerade nur lehnrechtliche, Verbrechen umfassenden strafrechtlichen Kategorie; zu diesem weiteren Sinne kam das Wort, da der König mit der Rechtsordnung, also das Verbrechen mit dem Bruche der Königstreue identifiziert ward. *Vgl.* Pol Mai I 284 ff. 333. II. 463 ff.; Brunner II 65; *Forsch. z. DRG* 464

Ferien *s.* Gerichts~

fesseln *s.* binden, Gefängnis

Fest *s.* Feiertag; Krönung; Genossenschaft, Biergelage; Herrschaftsgut

Festhalten *s.* Einfang des Viehs; Anklagezustand des Missetäters, Freilassen von Verbrechern

Festung *s.* Burg

Fett. *Vgl.* Schinken, Schwein **1)** ~warenhändlerinnen zu London geben 14 und 8 Tage vor Weihnachten [dem Königsvogt] je 1 Pfennig Zoll; IV Atr 2, 12. Nach Quadr umfasst das Wort *smeoro* Butter (*s. d.* 3) und Käse; allein zu Winchester, wo ebenfalls Verkäuferinnen 1 Pfennig Zoll *smergable* zahlen, wird Speck mitverstanden **2)** Die Fremden Londons dürfen nur *diss[ol]utum unctum* auf ihre Schiffe einkaufen; IV Atr 2, 9 [in Apenrade: Butter] **2a) N** *Smere, unctum* war Englischer Ausfuhrartikel im 14./15. Jh.; Dickenmann, *Anglia* 27, 458

Feudalismus *s.* Lehnwesen

Feuer *s.* Wb *fyr. Vgl.* Brandstiftung; Roden; Verbrennen als Todesstrafe; **1)** ~ zu verehren verbietet als heidnisch I Cn 5, 1 **1a)** Über ~zauber *vgl.* Theodor *Poenit.* I 15, 3 und Concil. II. Arelat. gegen Zauber mit Fackeln **2)** '~ ist Dieb', *s.* Baum 4 **3) N** ~polizei wird in London auf dem Folkmot geordnet; um 1200 Lond ECf 32 B 9; *vgl.* I 657[f. g]; Domesday I 262 b

Feuerordal. Allgemeines übers Ordal *s. d.*; Spezielles *s.* Eisenordal, Kesselfang **1)** Nur ~ wird behandelt in dem Traktat 'Ordal' I 386 **2)** Sobald das Feuer in die Kirche getragen worden, bleibt der Priester mit dem Prüfling allein; Ordal 1. Erst wenn das Wasser siedet, prüfen es je 2 beider Parteien. Und dann umstehen von beiden Parteien gleich viele längs der Kirchenwände den Kesselgriff oder das Eisentragen; Ordal 3. 4 **3)** Das Element des Feuers wird beschworen mit Berufung auf die laut der Bibel an ihm geschehenen Wunder; Iud Dei II 2. 3. XVI 6. Oder Gottes Eingriff wird dabei angerufen II 2, 5. V 1—1, 4. XII 16 **4)** Der Priester konnte durch Beeilen der Liturgie Hitzegrad verringern (*s.* Eisenordal 9c), auch wohl das Feuer verschieden stark schüren und durch Weihwasserbesprengung die Hand des Prüflings vorher kühlen; XVI 38 **5)** Die Hand wird nach dem ~ verbunden und für 3 Tage versiegelt (*s.* Siegel); II As 23, 1. Ordal 4, 3—5, 2. Iud Dei II 5, 2. 6, 1 **5a)** *Si insanies (sanies) crudescens in vestigio ferri,* gilt der Prüfling *inmundus,* schuldig; II 5, 3. XVI 39 **5b)** Das Verbinden und Öffnen der Hand erfolgt ebenso auf dem Festland; Zeumer *Formulae Merov.* 653. 715. 720. Wahrscheinlich tat beides der Priester: ein neuer Raum für seinen Einfluss **6)** Dass beim Eisenordal (*s. d.* 10 F) *condemnatos tertio udicii die inustis manibus apparuisse,* berichtet Eadmer. Ebenso *Swithunus, Mir. auct. Wulfst.* ed. Huber 79: *signatur manus sigillo usque diem lustramine terno* **7)** Das Recht empfand Kesselfang und Eisenprobe als verwandt. Denn beide Liturgien stehen nicht nur häufig vereint, sondern lauten vielfach identisch; Brunner II 406[28]; Zeumer 602. 608 b. 650 d. 670 n. 2. 677 2. 682 35 **8)** Nur beim ~ kommen einfache u. dreifache Schwere vor; letztere entspricht dreifacher Eideshilfe (*s. d.* 27—31); Hn 64, 1 h. Leis Wl 15, 2 **8a)** Statt dreifach heisst solch Ordal auch 'voll'; IV Atr 5. 7, 3. VII 8; *vgl.* Münzfälschung **9)** Dreifach ~ kommt in Anwendung, wenn die Klage dreifach schwer ist (Ordal 2; *u.* 10) oder lautet auf Attentat gegen des Königs Leben (V Atr 30 = VI 37 = II Cn 57), auf Herrenverrat (II As 4), Einbruch in Kirchen, Hexerei, Gift und Mord (6, 1), Brandstiftung (Blas 1), Murdrum (Hn 92, 9c), Münzfälschung oder Erlaubnis falscher Münze III Atr 7. IV 5, 2. 7, 3. II Cn 8, 2; **9a)** bei Bescholtenen (I Atr 1, 1; 4 = II Cn 30. 30, 3. III Atr 3, 4) und **9b)** bei des Klägers Versuch, einen Hingerichteten als rein zu erweisen; III Atr 7, 1 **10)** Dreifaches ~ wird erzwungen durch dreifachen Klageeid (*s. d.*) oder mittels Verklagung durch 3 Kläger; II Cn 30 **11)** Statt dreifachen ∼s, das ein im Hundred früher Bescholtener und nun von dreien Angeklagter leisten soll, setzt der Cnut benutzende Vf. der Leis Wl 51 selbzwölfter Hand. Persönliche Abneigung des Vf.s gegen das ∼ ist nicht anzunehmen: es kommt in seinem originalen Teile vor; 14, 2

Fideikommiss *s.* Bocland 10

Finanz: *cynescipesgerihta* IV Eg 2 a, hier zunächst Gerichtsertrag. *Vgl.* Abgabe, Steuer, Dänengeld, Gastung; Königsdomäne, Forst; Zollabgabe, Markt, Münze; Juden, Fremde; Schatzfund, Strand; Heergewäte, Mannenbusse, Erbgang 9 c — 16; Heer, Schiff; Kirchenhoheit; Privileg, Frieden, Schutz; Strafgeld, Busse, Vermögenseinziehung, Kronprozess, Begnadigung, Misericordia; Schatz(meister), Vogt, Amtsentsetzung 4 **1)** Die finanziellen Einkünfte als Ganzes sind selten erwähnt: [Ælfred] *dimidiam partem omnium divitiarum, quae annualiter ad eum cum iustitia moderanter acquisitae pervenire consueverant, Deo . . se daturum spopondit;* fast gleichlautend [durch unbeabsichtigtes Beibehalten einer Textstelle, neben ihrer Besserung am Rande?]: *Secundam partem omnium divitiarum suarum, quae annualiter ad eum ex omni censu perveniebant et in fisco reputabantur, . . Deo devovit;* Asser 99, 11. 102, 1 **1a)** Von jeder *burg* (Stadt oder Gerichtstätte) und Grafschaft beansprucht des Königtums Gerechtsame wie zu Vaters Zeit IV Eg 2 a **1b)** Ansätze zur Zusammenstellung der Kronrechte, zunächst aus der Justiz, geben II Cn 12 — 15. Hn 10 f. **2)** Cnut schreibt 1020 seinem Volke, er habe durch Schätze England Frieden geschafft, d. h. Versöhnungspolitik auf Kosten königlicher ∼ getrieben, meinend wahrscheinlich erstens das riesige Dänengeld von 1018 zur Heimsendung der Dänischen Schiffe, wozu auch Krongut beisteuern musste, und zweitens die Unterstellung der nördlichen Landeshälfte unter drei Herzöge; Cn 1020, 3 **3)** Wie die Bezirke, so hatte der Staat, abgesehen vom König (*vgl.* Königsdomäne), eigenes Vermögen: für Erschlagung des Königs erhält die Hälfte des Wergelds [weiteren Sinnes] dessen Sippe, die Hälfte (*land)leod*: (*terræ*) *populus;* Mirce 4; Northleod 1 **4)** Bereits unter Ælfred vereinnahmt der Beamte der Grafschaft (*s. d.*) die öffentlichen Strafgelder. Deren Ertrag ward ihm pauschaliter durch die Krone verpachtet, doch behielt sie sich die Sporteln aus gewissen Strafsachen vor; *s.* Kronprozess **5)** Æthelstan mahnt [gegen Erpressung] seine Vögte, nur die gesetzlichen Einkünfte, nicht mehr, ihm einzutreiben; I As 5 **5a)** Cnut befahl zugunsten der Untertanen: *Precipio vicecomitibus et præpositis regni ut nulli vim iniustam inferant propter mihi congregandam pecuniam*; Cn 1027, 12 **5b)** Er verbot auch, die Bezirkseingesessenen zu zwingen zur Beihilfe für 'Gastung'; *s. d.* **5c)** **N** Erpressung durch Beamte (nam. c. 1067 — 1114) geisselt Quadr Arg 13, in Cnuts Zeit zu II Cn 69 I 538[e] **6)** Strafgeld (*s. d.*) bezieht der König von der unterliegenden Partei **A.** als Gerichtsherr nicht bloss im zentralen Königsgericht (*s. d*), sondern auch im Lokalgericht, sobald die Sache Kronprozess (*s. d.*) oder jenes nicht der privaten Gerichtsbarkeit (*s. d.*) anheimgefallen oder dem Beamten verpachtet ist, **B.** aus seiner polizeilichen, militärischen und wirtschaftlichen Staatshoheit von jedem Vergehen gegen die öffentliche Ordnung (*s.* Frieden), Gesetzgebung, Gerechtigkeit (*s.* Gerichtsbarkeit, private), Beamtenpflicht (*s.* Amtsvergehen, Justizweigerung), Heer, Flotte (*s.* Schiff), Münze, Markt. Das Strafgeld hierfür heisst 'Ungehorsam', gründet sich also auf des Königs Befehlsgewalt, **C.** aus seiner Stellung als Schutzherr der Kirche (*s.* Kirchenstaatsrecht, Geistliche), ferner des Gefolgsadels, Adels, Bocland-Inhabers, Thegn, der Vassallen, eines besonders zahlreichen Gefolges im Königsdienst u. Amt, sodann der Witwen, Waisen, Bastarde, Findlinge, Sippelosen (*s.* Erbgang 11), Fremden, Juden, **D.** aus Verleihung kgl. Handfriedens (*s. d.*) an Personen, Orte, Zeiten, **E.** aus seiner Stellung als höchst umfriedete Person (*s.* Schutz), woraus straffällig d. h. meist zu hoher Zahlung pflichtig wird, wer verletzt seine Person (*s.* Hochverrat), das Königsgeschlecht, sein Haus, sein Asyl. *Vgl.* alle diese Artikel; **F.** als Grossgrundherr für Verletzung seiner herrschaftlichen Gerechtsame **7)** Zumeist ist der König nicht ausdrücklich erwähnt als Empfänger des Strafgelds, aber immer als solcher zu denken, wo nicht das Gegenteil dasteht. Der König ist erwähnt z. B. Abt 2. 6. 9. 84. Hl 9. 11 — 14. Ine 28. EGu Pro 2. II As 20, 4. IV 7 = II Atr 4, 3 = Cn 1020, 12. VI As 1, 1. III Eg 4. 1. 8, 3. I Atr 1, 9 a; 11; 13 = II Cn 30. 9. 31, 1. I Atr 4, 3 = II Cn 33, 2. H Cn 62. 63. 65. 66. 83. Wl lad 2, 2 **7a)** Ein Abschreiber fügt richtig zur Quelle hinzu 'gegenüber dem König'; II Cn 31, 2 **7b)** Vor die allgemeinen Worte 'zum Strafgeldempfang berechtigt' aus I Atr 1, 7 setzt insbesondere 'der König oder' II Cn 30, 6, ohne den Sinn ändern zu wollen **N 8)** Die Normannische Krone macht zur Quelle der ∼ ihre Lehnshoheit; Wilhelm II. schraubt die Lehnsmutung zum Wiederkaufe des Lehns empor; *s.* Erbgang 12 b **9)** Der Kronvassall muss vor Verheiratung der Tochter, Nichte oder Base 'mit dem König sprechen' CHn cor 3. Dieser verspricht, kein Geld für die Heiratslizenz zu nehmen (was also unter Wilhelm II geschehen war), hielt aber das Versprechen nicht. Das *loqui cum rege* steht in Domesday technisch für ein Verhandeln mit der Regierung, die nichts unentgeltlich tat **10)** Heinrich I. behielt sich fiskalische Forderungen als Entgelt der Zuwendung von *eis rebus quae iustius aliis contingebant* vor (CHn cor 6), gestand also die Käuflichkeit der Prozesse um Mein und Dein am Königsgericht zu **11)** Vielleicht die frühe Spur der Absicht, durch Kolonien oder überseeische Handelsverbindung der ∼ aufzuhelfen, verrät sich in der Fabel des Londoners um 1200: Arthur gewann Norwegen für England *vocavitque cameram Britanniæ* Lond ECf 32 E 3; *vgl.* 1660[h]

Findling. *Vgl.* Bastard. **1)** Zur Aufziehung eines gefundenen Kindes gebe man [der königliche Vogt oder der Grundherr des Fundorts? *vgl.* Armenpflege 1] 6 Schill. im ersten Jahre, im zweiten 12, im dritten 30, späterhin nach seiner Körperbeschaffenheit [vermutlich aus der öffentlichen Kasse des Gerichtsbezirks]; Ine 26. Auch Fränk. Recht kennt den Ersatz der Nahrungskosten für den ∼ und Westgotisches einjährliches Erziehungsgeld; *Formulae* ed. Zeumer 21 141; Looning *Kirchenr. d. Merow.* 246 2) **N** Der ~ steht den Verworfenen gleich; für Totschlag an ihm wird nicht Wergeld, Mannenbusse, Fechtstrafe gezahlt; Hn 78,5. Hinterlässt er Fahrhabe, so fällt sie dem Grundherrn zu, von dem er Lebensunterhalt hatte **3**) Kamen gefundene Kinder so oft vor, dass es unter Ine eines Gesetzes bedurfte, so lag das wohl an der das Heidentum überdauernden Aussetzung entweder kraft väterlicher Gewalt oder durch die uneheliche Mutter; *vgl.* Grimm *DRA* 455; Brunner I[2] 101; Amira 114

Finger *s.* Wb *finger; vgl.* Daumen. **1**) Abgabe für Schweinemast beträgt, wenn der Speck 3 oder 2 ~ dick oder nur daumenstark ist, bzw. je das dritte, vierte, fünfte Stück der Herde; Ine 49, 3 **2**) Die Spitze der horizontal nach vorn getragenen Lanze darf 3 ~ höher stehen als der Schaft, ohne dass (beim Aufspiessen eines Begegnenden) Gefahr der Verantwortung wegen Fahrlässigkeit (*s.* Absicht 5a) für den Träger entsteht; Af 36, 2 **3**) Beim Abhauen der ~ im Gefecht zahlt der Verwunder für jeden nochmal so viel wie für die entsprechende Zehe; Abt 71 **3a**) Der Daumen kostet 20, der Zeige~ 9, der Mittel~ 4, der Ring~ 6, der kleine ~ 11, also alle zusammen 50 Schill. [die Hälfte des Wergelds, die auch anderswo für die Hand gefordert wird]; Abt 54—54, 5 **3b**) Da Hand und Fuss und Auge bei anderen Germanen gleichstehen und Fuss und Auge 50 Schill. kosten, ist wohl für die Hand auch in Kent dies anzunehmen. Die Summe der ~bussen gleicht der Handbusse auch bei den Friesen; His 286 **3c**) Der kleine ~ wird nächst dem Daumen am höchsten gebüsst ebenfalls dort; His 285 **3d**) Der Mittel~ gilt weniger als der Ring~ auch bei anderen Germanen; Wilda 768 **3e**) Er heisst *impudicus* Hn 93, 17 **3f**) Der Zeige~ heisst *scyte~*: Schiess~; weil nur mit ihm Jagd möglich, bewertet ihn besonders hoch Lex Salica 29, 5 **3g**) Statt dessen hat als Gliederbussen für die 5 ~: 30, 15, 12, 17, 9 Schill. [Westsächsisch] Af 56 — 60 = Hn 93, 15 — 19: offenbar ein anderes Verhältnis wie *o.* a. Auch zu den Zehen (20, 15, 9, 6, 5) besteht kein einfaches Verhältnis wie in Kent. Aber die Summe der ~ (allerdings mit den ~nägeln 5 + 5 + 2 + 4 + 1 zusammen) ergibt (in Lesart H In) 100 Schill. = 1/2 Wergeld wie in Kent, *s.* Busse 6c **3h**) Der Ring~ steht also höher als 3. u. 5. ~; *s.* auch ~nagel 3 **3i**) Mit denselben Zahlen wie Ælfred, dessen Schilling er für den Mercischen von 4 Pfennig nimmt, setzt Vf. der Leis Wl 11, 1: für den zweiten und vierten ~ 15 und 17 Schill, aber für den Daumen 1/2 Handtaxe (also 1/4 Wergeld), für den dritten ~ 16 und den kleinen 5 Schill. **4**) Diebischen Sklaven ward zur Strafe der kleine ~ abgehauen [wodurch sie nicht arbeitsunfähig, wohl aber gezüchtigt und gebrandmarkt wurden]; III Em 4; *vgl.* Brunner II 607. ~-Abhauen bei anderen Germanen *s.* Grimm *DRA* 706; Daumen-Abhauen in England a. 1226 *s.* Pol Mai II 496

Fingernagel *s.* Wb *nægl* **1**) Die Gliederbussen erstrecken sich hinab bis auf feste Taxen für das Abhauen des ~s [auch in Friesland (His 310) und im Walliser Recht: Gwent II 6, 5; Venedotia III 23, 9] **2**) In Kent kostet der Daumennagel 3 Schill. [fast 1/6 des Daumens], jeder andere ~ 1, nochmal so viel wie die Zehennägel; Abt 54, 1. 55. 72. 72, 1 **3**) Ist ein ~ abgeschlagen worden, wird bzw. 5, 5, 2, 4, 1 Schill. gebüsst; Af 56, 1 — 60 = Hn 93, 15 — 19. Wiederum wird der 4. Finger (*s. d.* 3h) höher als 3. u. 5. bewertet. Hier gilt der Daumennagel genau 1/6 des Daumens **4**) Für des kleinen Fingers Nagel setzt 4 Pfennig [= 1 Schill. Mercisch], für jeden anderen ~ 5 Schill. Englisch [d. i. Mercisch zu 4 Pf.] Leis Wl 11, 2, teilweise aus *o.* 3?

Finland [angeblich] von K. Arthur unterjocht; Lond ECf 32 E: erfunden aus Grossbritann. Seeherrschaftstendenz um 1200

firmeln (einsegnen) *s.* Wb *confirmare, -atio;* Firmelpate: *biscepsunu;* Firmelgevatter stehen: *æt biscopes handa onfon* (was eine starke Verwandtschaft begründet; *s.* Urk. a. 907 Birch 591). Über die Konfirmation in der Agsä. Kirche *s.* Plummer *Bede* II 382 f.; *Hom. n.* Wulfstan 120. 300 **1**) Firmelgevatter stehn darf nur wer Glaubensbekenntnis und Vaterunser kann; aus *Can.* Eadgari I Cn 22, 6 = *Homil. n.* Wulfstan 307 **2**) Der Firmelgevatter erhält vom Totschläger seines Firmpaten halb so viel wie bei Erschlagung des Taufpaten [nämlich halbe Mannenbusse]; Ine 76, 3 **3**) Über den Schutz des Firmelgevatters für den *ad manum episcopi in filium confirmationis acceptus vgl.* Asser 80, 18

Julius **Firmicus** Maternus, Astrolog **1**) Seine *Mathesis* wird benutzt vom Quadr I 520[ee]. 530[ff]. 534[w] **2**) Wegen deren Lektüre ward kirchlich getadelt Erzb. Gerhard von York, der Gönner des Quadr.-Verfassers; I 546 f.

Fisch *s.* Aal; Lachs; Wal **1**) 'Verschiedene rechtliche Behandlung (der Fischerei) je nach den Fischen' findet sich auch auf dem Festlande; Schröder *DRG*[5] 549 **2**) In London an der Brücke gelandet zahlt 1 Boot voll ~ 1/2 Pfennig Zoll [dem königlichen Vogt], 1 Schiff 1 Pfennig; IV Atr 2, 4 **2a**) Nach England führten ~e ein Normandie (*s.* Wal) und Norwegen **N 3**) Ertrag aus *aquis, vivariis, piscariis* wird der Kirche verzehntet; ECf 8, 2 **4**) ~wehr im Hauptstrom wird als Verkehrshemmnis mit Zerstörung der Anlage und 'Ungehorsam [50 Schill Normannisch]' bestraft; 12, 8 **4a**) ~wehr zu machen im Mai, Juni, Juli empfiehlt dem Vogt des Grossguts Ger 9; *vgl.* (Fürsorge fürs) Wasser **4b**) ~wehr ist so sehr die regelmässige Art des ~fangs, dass *captura* Lucas 5, 4 durch *fiscwer* und *steall* (*s.* Toller VI) übersetzt wird **N** Über ~wehr *s.* Vinogradoff *Villain.* 243[3] **5**) Wer ~e aus fremdem Teiche (*fiscpol*) stiehlt, bezahlt dem Herrn dessen *oferseenes* (Ungehorsamsbusse); um 1220 I 367[*]. Diebstahl an ~ ist nur innerhalb privaten Grundbesitzes möglich; sonst gehört ~ zum Wild; *vgl.* Brunner II 639; Pol Mai II 497 **6**) Der Stand des ~ers gilt als niedrig; dorther erhob Gott [Petrus] zum Bischof; Griδ 22 **7**) Speise zu Fasten

Fiskus *s.* Finanz [*s. d.* 3d

Fitz Haimo, Robert bezeugt C Hn cor Test; Hn mon Test

Fitz Rich[ard], Robert u. **Fitz Siward,** Robert bezeugen Hn Lond Test

Flächenmass *s.* Acker, Furchenlänge, Rute, Hufe, Joch, Pflug

Flachs *s.* Lein

Flandern. **1**) **N** Das Volk von ~

wird 'eitel' gescholten; Quadr Arg 18 **2)** Kaufleute aus ~ legten in London ihre Waren zur Schau und verzollten sie; IV Atr 2, 6 **3)** Cnut reist durch ~ 1026 nach Rom, 1027 nach Dänemark; Cn 1027, 13 **N 4)** Der Graf von ~ heisst Markgraf; ECf 32, 2, **5)** besiegt von Heinrich I.; Quadr Arg 18

Fleck verletzter Haut *s.* Beule

Fleisch *s.* Wb *flæsc* **1)** Wird ~ im Versteck ertappt, so darf der Spurfolger es als sein Eigen erweisen [ohne dass Gegner zur Reinigung gelangt]; Ine 17. Fell (*s. d.* 1) und Horn muss der Schlächter zur Ermöglichung der Spurfolge aufbewahren; *s.* Hehlerei **1a)** *Vgl.* Urk. a. 995: *Æðelsige forworhte land. He forstælswin; þaridon* des Bestohlenen *men to and tugon út þæt spic of Æðelsiges húse; he oðbærst, and man hine aflymde;* Kemble 692 **1b)** ~ im Königsforst *s.* Fell 1b **1c)** 'Reines [gerichtlich unanfechtbares] ~', falsche Lesart, richtig erworbenes Vieh meinend, AGu 5 **2) N** ~er dürfen Vieh kaufen ohne die von anderen im Handel geforderte Kautel der Gewährbürgen; aber auch sie sollen Kaufzeugen haben, den Verkäufer kennen und nur auf Stadtmarkt einkaufen; ECf 39 **2a)** Ihr Gewerbe ist ein öffentlich anerkanntes. Eine *flæscmangera stræt* in Winchester a. 996 in Urk. Earle 364 **3)** Wie bei Wi 14f. auch Sklaven ~ essen, so erhalten Hörige des Herrschaftguts jährlich ~, so der Knecht 2 Hammel, die Magd 1 Schaf oder 3 Pfennig als Winterzukost, der Schweinehirt die Eingeweide von den für die Herrschaft abgestochenen Schweinen; Rect 7.8^{c}.9. Der Zinshirt besorgt Schlachten und Herrichten der Schweine für die Domäne; 6, 2. Der Hirt erhält 1 Zicklein [vielleicht zur Aufzucht? Man ass sie in Essex; Round *Victoria Hist. of Essex* I 368]; 15 **4)** Von dem, weil es fremdes Gehege (*s. d.*) brach, getöteten Tiere erhält Eigentümer Fell und ~ **5)** Enthaltung von ~ in Fasten *s. d.* 3

Fleischwerdung. Von *Dominica incarnatio* ab rechnen die Jahre V Atr Insc. VIII Insc.; auch *Sermo Lupi*, d. i. Wulfstan, ed. Napier 156

fliemanfeorm *s.* Begünstigung

Flotte *s.* Schiff

Fluch 1) A. *s.* Zauberei. *Vgl.* Eid 2 **2) B.** Bei Exkommunikation (*s. d.* 7 ff.) gegen die zu Bannenden: an allen Orten; Exc V 3^{v-y} [*Maranatha* (*s.* Wb) auch in Urk. a. 869 Birch 524], **2a)** in allen Verrichtungen; IV 3—6. V 4. VI 6. VII 6. 9. VIII 20. X 4. XI 5, **2b)** in allen Gliedern; IV 7. VI 10. VII 21. VIII 26. X 6. XI 7. [Für äussere und innere Organe des menschlichen Körpers erfleht umgekehrt die Obhut himmlischer Gewalten Gildas' *Lorica.* Diese Aufzählung bis ins einzelne eignet der Keltischen Kirche; *vgl. Archiv neu. Spra.* 119; 176; Leonhardi *Lorica* (Lpz. Diss. 1905) 4] **2c)** Ein ~ für Dies- und Jenseits droht jenen Beleidigern des Kirchenrechts, denen gewünscht wird: 'sie sollen Gottes Gnade verlieren' auch ausser 'ehrlichem Grabe'; Northu 61, 2—63, 1 **3) C.** Vor der Hölle (*s. d.*) warnen *Gesetze* den der Kirche Ungehorsamen, verfluchen aber nicht dazu **4) D.** Wer Vater oder Mutter ~t, sterbe; aus Exod. Af El 15 **4a)** Ver~e nicht den Herrn des Volkes (Fürsten, König); aus Exod. Af El 37

Flüchtling *s.* Gerichtsversäumnis; Asyl, friedlos; Unfreie, Bauer 10d, Gefolge, Vassall; Begünstigung

Flur A. *s.* Ackerbau, Säen, Gemeinheit B. *s.* Haus

Fluss *s.* Strasse, Wasser, Fisch 4

Flut, *flod,* heidnisch zu verehren verbietet II Cn 5, 1

folcland **1)** Abzuweisen ist der Irrtum, es sei *ager publicus,* Nationaleigen (Vinogradoff *EHR* VIII 1), oder unverteiltes, unbesiedeltes Land (vielmehr wird es in Grenzen beschlossen und nach Hufen geschätzt; Urk. a. 858 Birch 496) oder der *Terra salica* der Franken zu vergleichen; Schröder *DRG*^{5} 222 **1a)** Auch ist ~ nicht etwa nur bäuerliches, unedles Besitzrecht. Vielmehr gibt es *cyninges* ~ (Birch 496); ein Herzog wünscht, sein Sohn möge nach seinem Tode sein ~ besitzen; Birch 558 **1b)** *Terra communis* in Urk. a. 1005 Kemble 714 übersetzt nicht ~, sondern ein 'Grundstück in Gemenglage', da (im Ggs. zu dem vor- und nachher Erwähnten) die Grenzangabe dafür fehlt; *s.* Gemeinheit über einen ähnlichen Fall **2)** Andere Bed. als in jurist. Sprache: In der Poesie kommt *feorn* ~ einmal vor und heisst 'fernes Land, Reich, Staat, Nationalland'; 'Klage der Frau' 47 **2a)** Im Beowulf 73 verstehen *folcscearu* als Volksschar Grein und Heyne, dagegen Earle: *the people's land.* Beide Bedd. belegt Toller. Nur Kemble I p. cv, II p. ix nimmt dafür die technische Bed. ~ an; ihm folgt Kowalewsky *Ökon. Entwi.* I 489, m. E. mit Unrecht **3)** Das erste Glied des Wortes ~ kann 'gemeinrechtlich' bedeuten: also ~ 'das nach Volksrecht besessene Land' (Brunner I^{2} 293[1]), das gewöhnliche, nicht privilegierte, wie im Komp. *folcriht* (*s.* Wb) Rect 20, 1. Endlich aber ist möglich, dass 'der staatlicher Pflicht, nationaler Abgabe unterworfene Grundbesitz' gemeint sei; und dafür spricht *u.* 5 **4)** Dem Staate gegenüber ist alles Land entweder ~ oder Bocland; *s. d.* 14 **4a)** Bocland kann der König in ~ zurückverwandeln; *ebd.* 21 **4b)** Dagegen zwischen Benutzer und Grundherrn kann beides *lænland* sein; z. B. 'haben' Wighelm und Wulflaf *cyninges* ~, d. h. dem König entliehenes ~, a. 858 Birch 496; und zwischen Eigentümer und seiner Sippe wird unterschieden, ob ~ ererbt oder erworben ist; *s.* Erbgang 7 **5)** Das ~ ist weniger frei von Lasten als Bocland. [Die von Schmid *Gesetze* 578 dagegen angeführte Urk. a. 858 Birch 496 betrifft bisheriges Bocland; *s. d.* 22] **6)** Ein Erbe von ~ kann nicht darüber testieren, sondern nur den Wunsch aussprechen, wem das ~ zufallen solle; dagegen kann man erworbenes ~ veräussern; *o.* 1a; *s.* Erbgang 7 **7)** Der Gerichtsstand für ~ ist die Grafschaft unter dem Gerichtsvogt; *s.* Bocland 9c. d **8)** Wird ~ bei Vermögenseinziehung verwirkt, so bleibt ein Teil davon, $^{1}/_{3}$ oder $^{1}/_{2}$, der Witwe [= Sippe] nach Æthelstan und Leis Wl (*vgl.* Erbgang 8a); dagegen nach Cnut (*s.* Bocland 17a) fällt alles *lænland* dem Verleihenden heim und das etwa durch den Verbrecher ererbte oder gekaufte ~ an den Gerichtsherrn, den er mit dem Vorigen zu identifizieren scheint [Hundred

folcmot *s.* Gericht; Witan; London;

foresteall *s.* Rechtssperrung

forfang *s.* Einfang

Formeln *o.* S. 76—8; *vgl.* Eides~

Formfehler *s.* Missesprechen

Forst [= Bannwald]. *Vgl* Jagd, Wald, Holz, Baum. 1. Wort *forestis.* 2. Zur Jagd. 3. Baumfrevel bei Af-Ine. 3a. Cnut.

4. Jagdfreiheit auf Eigen. 5. Pseudo-Cnut. 6. ~ seit Wilhelm I. 7. Volk bedrückend. 8. Kronprozess. 9. ~enquete. 10. Holzfrevel. 11. Rodung. 12. Fernere Enquete-Artikel. 13. Jagdhunde. 14. ~gericht. 15. Nachr. aus Ps Cn for: 15a. *Primarii*. 16. Mittel- und Unterförster. 17. Privileg der ~beamten. 18 ~prozess. 19 Wald- und Wildfrevel. 20. Tierklassen. 21. Strafen für Wildfrevel. 1) *Forestis* [von *foris*, *foras*] heisst festländisch bis c. 900 ein vom König für Draussenstehende hinsichtlich sämtlicher Nutzungsrechte bei Strafe geschlossener Bezirk; Thimme *Forestis* (s. Bocland 6f) 118 [Baist in *Zsch. Dt. Wortforsch.* XII 235. ABRAHAM] 2) **N** Er dient nicht etwa finanzieller Waldwirtschaft, sondern *ferarum cura*, königliebem Jagdvergnügen; Ps Cn for 3, 1 **3**) Ine und Af scheiden bei Baumfrevel nicht, ob er in königlichem oder anderem Walde geschah **3a**) Die früheste Spur, nicht bloss in den *Gesetzen*, bietet Cnut: Jeder geniesse Jagdrecht auf seinem Eigen, in Wald und Feld. Dagegen vermeide jeder meine Jagd, wo immer ich diese umfriedet haben will, bei vollem Strafgelde; II Cn 80 = Lond ECf 32 B 5. Die Neuerung erhellt formell aus der Betonung des redenden Ich. Aus der Krondomäne wird ein Bezirk ausgesondert, innerhalb dessen Wildfrevel — noch nicht Baumfrevel — nicht landrechtlich, sondern erhöht gestraft wird, wohl mit 'Ungehorsam', 120 Schill.; *u.* 10 **4**) Cnut beansprucht aber keinerlei Jagd auf fremdem privatem Boden. Die ausdrückliche Erlaubnis freier Jagd auf eigenem Boden (*u.* 6f) ist viell. des Königs Zugeständnis an die Grundeigentümer gegen eine beginnende Neigung der Fürsten, bestimmte Arten und Teile der Jagd sich überall vorzubehalten. Oder aber zugunsten des Grundoberherrn verschliesst Cnut das Altgerman. Recht freien Tierfangs, der, weil keine Entwendung aus fremdem Gewahrsam (*vgl.* Fisch 5), nicht unter Diebstahl fiel, dem Bodenbenutzer (Hintersassen auf Leiheland); *vgl.* Fron 2F; Gastung 3; Schröder *DRG*[5] 547; anders Brunner II 639. Damit wäre das Adelsvorrecht (*u.* 5) angebahnt **N 5**) Ein Fälscher, Ps Cn for, nahm Ende 12. Jhs. Cnuts Satz zum Anlass, sein Machwerk Cnut unterzuschieben. Landrechtliche Sätze, die er aus In Cn entnimmt, stempelt er zu ~rechtlichen durch Einschiebung *de foresta*. Er ändert Cnuts Gesetz so, dass nur der Adel jagen dürfe, und auch der nicht im Königspark oder ~; Ps Cn for 30. Er will die Dänen fürs ~recht verantwortlich machen (wie diesen ECf, mehr noch Lond ECf, die Abschaffung der freien Verfassung Eadgars (*s. d.* 9) schuld gibt) **6**) Zwar schon unter Eadward d. Bk. gab es nach dem Domesdaybuch in England *foresta, forestarii*; *vgl.* mein *Über Pseudo-Cnut* 15, ferner Robertson *Hist. essays* XVII; Round *Victoria Hist. of Hampsh.* 425. 507. Allein dessen Schreiber wandten (*vgl. baro*) Ausdrücke ihrer Zeit auf nur scheinbar ähnliche Begriffe der Vergangenheit an **6a**) Gründer des ~rechts in England ist vielmehr der Eroberer. So bestand Dean Forest als Jagdgrund vor 1066, ward aber erst von ihm, vor 1086, mit Ausdehnung der Grenzen, afforestiert; Nisbet *EHR* 1906, 445 **6b**) Im 12. Jh. klagt die Vita Haroldi, dass die Regierenden *silvestres et feras et arbores colunt, qui ligna insensibilia et bruta animalia hominibus preferre non erubescunt;* 12, ed. Birch 64 **6c**) Das ~recht drückte das Volk auch der Normandie und veranlasste mit den Bauernaufstand; Wil. Gommet. IV 2 **6d**) Über dortigen ~ unter Wilhelm I. und ~prozesse bereits anf. 11. Jhs. *s.* Haskins *EHR* 1909, 220 und *Amer. hist. rev.* 1909, 470 **6e**) Die technischen Namen des ~rechts sind (mit wenigen Ausnahmen: *swanimot*) Frankonormannisch. [Ebenso Französische bei Gottfried von Strassburg, Tristan V. ABRAHAM] **6f**) Als Wilhelm II. 1088 gegen die aufständischen Normannen Englische Hilfe brauchte, proklamierte er die Abschaffung der Tyrannei Wilhelms I.: *and gealte mannan heora wudas and slætinge* [gewährte den Grundbesitzern (*o.* 4) ihre Wälder samt Jagdrecht]; Ann. Agsax.; *silvas et venationem* Sim. Dun; *venatum* Ann. Waverlei.; *vgl.* Freeman *Will. Rufus* I 64 **6g**) Nicht auf *laga Eadwardi*, wie für andere Stücke der Verfassung, beruft sich Heinrich I. für den ~: *Forestas consensu baronum retinui sicut pater habuit;* CHn cor 10. Ebenso Stephan 1136: *forestas quas Willelmus I. et II. instituerunt, reservo,* unter Nichterwähnung des letztverstorbenen Königs, dessen neue Auf~ung also aufgegeben werden soll **6h**) Über die Beistimmung der Grossen zu den ~assisen *s.* I 620[d]; Ps Cn for spricht nur vom Rate der königlichen Oberförster, und Dialog. de Scacc. gründet das ~recht auf blosse Willkür des Königs; *ebd.* **6i**) Der Schottenkönig verleiht Bruce 1147—53 ~recht über Annandale: *ne ullus venetur in prædicto foresto nisi per ipsum;* Lawrie *Early Scot. char.* 162 **7**) Quadr gibt die zu seiner Zeit häufigen Klagen über den Druck auf das Volk durch Jagdhund- und Falkenwärter wieder, der seit Heinrich I. — eine höfische Lüge — abgestellt sei; Arg 22. Derselbe Verf. nennt das ~recht streng; Hn 17, 1 **8**) ~sachen gehören zu den Kronprozessen; Hn 10, 1. 17, 1 **8a**) Die Normann Synode von Lillebonne 1080 entzog dem Bischof jeden Strafgeldanteil, *si presbyter forisfacturam fecerit de forestis;* c. 6 **9**) Die Rubrikenliste für die *Inquisitio forestae* durch die zur Provinz abgesandten Königsrichter scheint erhalten in Hn 17, 2 **9a**) Die ~schau durch untere Wildhüter kennt Quadr Arg 22, durch Oberförster Ps Cn for 11; *vgl.* I 622[e] **10**) Holzschlag (*wudehewet*) im Adels- oder Königswald, aber ausserhalb von Park und ~, wird König und Thegn gleichmässig mit nur 5 Mancus (150 Pfg) gebüsst, dagegen *in parco regis vel foresta* 20 *mancus* (= 600 Pfg. = *oferhyrnes*, also wie *o.* 3a), *nisi prohibitio propensior* (strengerer ~bann) *amplius exigat;* Hn 37, 1f. Im ~ bildet Holzschlag und -abbrennung einen Artikel der königlichen Untersuchung; sie können erlaubt werden nur durch Königsförster 17, 2. *Vgl.* Baum 4a und 3a über Holzfrevel im ~ **10a**) *Parcus regis* steht hier vielleicht mit *foresta*, womit i. e. S. Königs~ gemeint ist, synonym. Der Adelspark dagegen ist zu trennen vom ~. Zwar kommt *foresta* in der Hand von Adligen vor. Da sind diese entweder mit pfalzgräflicher Regalität auch sonst privilegiert, wie Chester und Durham (*Boldon buke*), oder aber *foresta* trägt den weiteren Sinn und heisst nicht ~, sondern nur Park. So in Leicester (Bateson *Rec. of Leic.* 3); in Nordengl.: *Cartul. Rievall.* 67. 157. *Vgl.* mein *Über Ps.-Cnut* 19 **11**) *Essartum* (Rodung behufs Anbau) wird getrennt von

Baumfällung und Abbrennen; Hn 17, 2; *vgl. Über Ps.-Cn.* 23; Turner *Select pleas of the forest* p. LXXVIIJ; *Dial. de scacc.* I 11; Round *Mandeville* 376. Wahrscheinlich auf dieser Scheidung beruht die des gewöhnlichen *crimen viridis* von *fractio regalis chaceae* in Ps Cn for 21, 1 f. 28; *vgl.* I 623$^{r.s}$. 625^{h-k} **12)** Fernere Artikel jener Untersuchung im ~ bilden *venatio* (*vgl.* Jagd); Findung von Fell (*s. d.* 1 b) oder Fleisch, also Spur von Wildfrevel; Führung von Bogen und Speer, die des Wilderns verdächtig machen; Freilassen von Vieh, das der Weide und dem Wilde schaden kann; Baulichkeiten im ~ [entweder königliche, die herzustellen vielleicht zur Fronlast der Einwohner im ~ gehört, oder private, die zur Errichtung ~licher Erlaubnis bedürfen]; Wildumstellung für königl. Jagd (*s. d.*) durch Einwohner im ~; das Mitbringen jagdfähiger Hunde **13)** In und nahe dem ~ wird jeder Jagdhund durch *expeditatio* verstümmelt; Hn 17, 2; *vgl.* Turner CXIIJ. Diese Verstümmelung kennt unter Wilhelm II. Gaimar *Est. des Engles* 6230 ff. **13a)** Jagdhunde halten darf allein der Adel (*s. d.* 23), jedoch nur 10 [Engl.] Meilen fern vom ~, oder nach Knielähmung derselben unter *o*berförsterlicher Aufsicht; für jede Meile näher ist 1 Schill. und der im ~ betroffene Hund ohne jene Lähmung verwirkt, neben 10 Schill. Strafe. Doch sind ungefährliche Hunde erlaubt; Ps Cn for 31—32; *vgl.* I 625^{q-t}. 626$^{a.b}$ **14)** ~gerichte erscheinen unter Heinrich I. Zum *Placitum forestarum* gehört als einer der Untersuchungsartikel *De summonitionibus supersessis* (Versäumnis eines Vorladungstermins); Hn 17, 2. *Vgl.* I 620^{e}; mein *Über Ps Cn* 43 **14a)** Der a. 825 erscheinende *swangerefa* zeigt dagegen keine Spur von einem ~richter. Er untersteht einem *ealdorman*, und mehrere *swangerefan* wünschen das Weiderecht an einem Walde gegen das Interesse eines Bistums zu erweitern. Der Prozess geht aber nicht vor einem ~gericht vor sich, sondern vor Landtag und König; Birch 386. Nach der Urk. ist jener wohl mehr als blosser Hirtenaufseher [so Schmid 598], ein Waldbeamter, unter dem Grafen. — Über *swan-imot s.* I 622$^{e.h}$ **15)** Die folgenden Nachrichten aus Ps Cn for erwecken Misstrauen. Sie finden in historisch Bezeugtem nur Ähnlichkeiten, keine genauen Beweise. Sie sind vielleicht mehr ein systematisches Programm (eines Königsförsters?) als eine Wirklichkeitschilderung **15a)** In jeder Shire seien aus immunen Thegnas 4 *primarii de foresta* bestellt; Ps Cn for 1; *vgl.* I 620^{h} [4 Förster in der Grafschaft sind die Normalzahl auch bei den Normannen Süditaliens; Niese *Gesetzg. Norm. Sicil.* 182]. Sie halten viermal jährlich ~schau und *Much-imot* (Grossgericht) über Frevel an Wald und Wild; 11; *vgl.* jedoch I 622^{d-h} **15b)** Sie beaufsichtigen die Fusslähmung der Hunde (*o.* 13 a), den Hieb von Holz und Unterholz; 28 **15c)** Gericht über die Oberförster hält der König selbst; 10. Sie richten über die Kriminal- und Zivilsachen der Mittelförster und Waldhüter; 10. *Vgl.* jedoch I 622^{a} **15d)** Wer Oberförstern Gewalt antut, verliert Adel und Habe, der Villan die rechte Hand, im Rückfalle das Leben; 15. 16 **16)** Unter jedem Oberförster stehen 4 Mittelförster aus dem Stande der *lessþegnas* (2), die durch ~dienst adlig werden; 3, 1 **16a)** Sie mit den Waldhütern wachen über Wald und Wild (2. 4. 11), auch Nutztiere (27, 1), richten aber nicht selbst. *Griðbryce* vor ihnen kostet 10 Schill. (18), absichtlicher Schlag gegen sie soviel wie Tötung eines Hirsches; 19. *Vgl.* I 623^{f-i} **16b)** Jedem Mittelförster unterstehen 2 Waldhüter, kleine Leute, die, wenn unfrei, durch ~dienst frei werden; 2. 4 **17)** Alle ~beamten sind frei von Wachtpfennigsteuer und Gerichtsfolgepflicht zum Hundred; 9; *vgl.* I 621^{r-u} **17a)** Die Gehälter der drei Beamtenklassen (6 ff.) sind wahrscheinlich Phantasie; *vgl.* I 621^{i-q} **17b)** Gewalttätigkeit gegen sie wird hart bestraft; 15 f.; *vgl.* I 623^{a-d}. Diese Sätze entstammen wörtlich anderem Zusammenhange der In Cn und verdienen daher schwerlich Glauben **18)** Der Strafprozess im ~gericht wird zwar in mehreren Sätzen beschrieben (11—19), aber Vf. missversteht den Voreid als Eid des Beklagten und schreibt landrechtlichen Beweis aus In Cn einfach ab: Also wertlos! **19)** Die Verbrechen des ~s betreffen Wald- und Wildfrevel (*veneris*); jenes *crimen viridis*, ist leichter; dieses *ab antiquo* [schon vor 1066?] schwerer; 21, 1 f.; *vgl.* 623$^{b.p.q}$ und *o.* 14—18 **20)** Die Tiere im ~ zerfallen in **A.** *forestae, venatio*, nämlich **Aa.** *regales* oder *veneris* im e. S.: Hirsch [*s.* Wb *stagga* 1; als königliches Emblem dient der Hirsch für die Halle *Heorot* im Beowulf und für die Dänische Hauptstadt Leira], **Ab.** *forestae:* Eber, **B.** Reh, Hase, Kaninchen [sg. *warenna*], C: Raubwild: Wolf und Fuchs [hierbei ist nicht (wie auf dem Festland) der Bär genannt; *s. d.*], **D.** Nutztiere: Büffel, Pferde, Kühe, [Hausschweine usw.]; Ps Cn for 21, 1. 24. 27 f.; *vgl.* I 624^{s-u}. [Ganz anders wird im 14. Jh. kategorisiert; Sahlender *Engl. Jagdwesen* 12] **21)** Hetzen eines ~tiers kostet dem Adligen 10 Schill. (*o.* 13 a), dem Mittelstand 20, dem *Servus* die Haut [kaum im 12. Jh. noch wirkliche Strafe], das Töten doppelten Wertersatz und Wergeld [abgeschrieben aus anderem Zusammenhang der In Cn!]; 22. 23 **21a)** Hirschhetze im Königs~ koste dem Adel (*s. d.* 23) 1 Jahr Gefängnis, dem Mittelstand 2, dem Servus Friedlosigkeit, und Hirschtötung (*vgl. o.* 16 a) bzw. den drei Ständen den Adelsschild, die Freiheit oder das Leben; 24. 25 **21b)** Prälaten und [hohe] Barone verfallen für Tötung eines Hirsches *in misericordia regis* für ihre Fahrhabe; 26; *vgl.* I 625^{o-r} **21c)** Der Herr eines tollen Hundes, der ein ~tier gebissen hat, zahlt 1200 Schill.; war dies ein Hirsch, die höchste Busse *s.* 5 Z. vorher; 34; *vgl.* I 623^{l}. 624$^{h.i.r.s}$ **21d)** Die Mittelfranzös. Dichtung *Wilh. v. England* stellt auf Wilddieberei Tod oder Verstümmelung; Vers 1861 **21e)** Auch der Adel strafte, wie der König im ~, Wildfrevel in seinem Walde streng; *ex præcepto Bajocensis episcopi* (des Bruders Wilhelms I.) *in vincula coniectus, quod cervum in sylva illius occidisset;* Stubbs *Mem. of Dunstan* 153

Fosse, eine der Reichsstrassen (Leis Wl 26 ECf 12 c) von Devonshire durch Somerset (Ilchester, Bath), zur Themsequelle, über Cirencester, Foss Cross, Stow on the Wold, Stretton on the Foss, Leamington, Offchurch, Upper Stretton, High Cross, Leicester, Willoughby, East Bridgeford [*vgl. Athenæum*, 1910, 29. Okt. 514] und Newark nach Lincoln. Näheres mein: *Über Leges Edw. Conf.* 50, wo nachzutragen:

Urkk. Kemble 643. 723; Birch 922; Haverfield *Victoria Hist. of Hampsh.* 270; *Vict. Hist. of Worcesters.* 199. 202. Über die Bauart s. Scarth *Roman Britain* 121

Francien *vgl.* Frankreich 1) Mittelfrankreich um Isle de France herum. Kaufleute dorther legen in London Waren zur Schau und verzollen sie; IV Atr 2, 6 2) *Gallorum levitas* (gesondert neben Normandie, Bretagne, Maine, Flandern, Ponthieu, Anjou, Poitou) wird besiegt durch Heinrich I. [1113]; Quadr Arg 18[d]

Francigena *s.* Franko-Engländer

Frankenkönige *s.* Wb *Childericus, Pipinus, Carolus M.*

Fränkische Rechtsquellen benutzt [*vgl.* Salica, Ribuaria; Französ.]: 1) Capitulare durch Hn 59, 9a. 89, 1—3a. 92, 8; I 578[u]. 604f. 608f. 2) Ritual zu Ordalien *s.* Iud Dei; *vgl.* I 401[e]. 406[c] 3) Exkommunikationsformeln *s.* Excom. 4) Kirchenrecht *s.* Hn 5—5, 27a. 28, 5. 31, 6—7a. 32, 1a. 49, 4a; b. 57, 3. 68, 6—12. 70, 16f. 72, 1d—73, 6a. 75, 5. Über die Aufnahme von Latein. Kirchenrecht aus Frankreich *vgl.* Stubbs *Const hist.* I 204. 241 5) Englische Rechtshistoriker 16. Jhs. fühlten die Ähnlichkeit des Normannischen Rechts mit dem Englischen, erklärten aber unrichtig, die Normannen hätten Engl. Recht entliehen; Holdsworth *HEL* I 366

N **Franko-Engländer** *s.* Wb *Frencisc, Francigena, Franc(isc)us, Franceis; transmarinus; Normanni, Normans; Norm-Angli* I 664*. *Vgl* England 2f. 7—12; Engländerrecht 9; Englishry; Angelsachsen 20—33 1) Wenn die ~ meist *Franci(genæ)*, und nicht Normannen, amtlich heissen, so entschied wohl die Sprache, nicht aber die Tatsache, dass im Gefolge Wilhelms I., seiner Söhne und Enkel neben Normannen auch andere Nordfranzosen und Lothringer nach England kamen 1a) Um 1200 werden unter den Britannien bewohnenden Völkern zuerst genannt *Normanni* (statt des bei Galfrid stehenden Wortes *Romani*); Lond ECf 32D 6 2) *Homines, quos mecum adduxi, aut qui post me venerunt, sint in pace mea et quiete* (in dem über Landfrieden erhöhten Sonderschutz des Königsfriedens); Wl art 3 2a) Frieden und Sicherheit zwischen *Normannos et Anglos*, d. i. ~n und Angelsachsen, befiehlt 1 2b) *Omnibus Francigenis et alienigenis* [dies aus EGu] *debet esse rex pro cognatione* (Sippe) *et advocato;* Hn 75, 7a; *vgl.* Wl art 3, 1 2c) *Francigena vel Normannus vel transmarinus* (Gefolge Wilhelms des Eroberers, auch z. B. aus Lothringen) wird geschützt gegen Mord durch Eingeborene; Hn 91, 1; *s. Murdrum* 3) Der Eroberer schützt die ~ im Beweis; *s. d* 11a. Nur im Prozess zwischen einem ~ und einem Engländer, nicht zwischen zwei ~n oder zwei Engländern, regelt das Beweisrecht Wl lad. Diese Prozessreform u. a. meinte B. Heinrich von Winchester († 1171), als er Richard Fitz Nigel erzählte: *rex Willelmus legibus Anglicanis transmarinas Neustrie leges adiecit;* Dial. scacc. I 16A 3a) 1074 ward Roger Graf von Hereford *secundum leges Normannorum* durch Wilhelm I. verurteilt; Ordric ed. Le Prévost II 264 4) *Si quis Francigenam fugientem vel more suo resistentem pro furto perimat, statim palam faciat* [um Verdacht des Mords zu entgehen]; *et si certum hoc innotuerit, pacem suam habeat;* Hn 92, 10. Die Normannen galten also, laut *more suo*, als kühn gegen Verhaftung sich wehrend

Frankreich. *Vgl.* Francien, Fränkisch, Ludwig VI. 1) *Gallia* liegt sw. von Britannien; Lond ECf 32D. D 4 2) *Dicebantur ductores exercitus apud Gallos capitales constabularii vel marescalli;* 32B um 1200 3) 'Transmarine' Münzpräger (IV Atr 5, 2) kamen, laut Fränk. Namen auf Münzen, aus ~ 4) Eadward III. traf Heinrich I. von ~ in der Normandie; I 668[b]

Französisches Recht als Englisch ausgegeben *s.* Fränkisch; Treuga Dei, Juden(?), Schatzfund(?); *vgl.* ECf 5, 1. 14; I 640[d]

N **Französische Sprache** 1) Übersetzung der Wl art (I 488) und des ECf retr kurz vor 1193: Hs. Cu; *vgl.* I S. XXII 1a) Noch im 13. Jh. bedurfte die regierende Klasse in England der Übersetzung Lateinischer Staatsakten und Rechtsbücher ins Französische; so ward Glanvilla (Pol Mai I 145) übertragen und Magna charta bei D'Achery *Spicileg.* XII 573 2) ~ ~ der Leis Wl wäre, wenn diese authentisch vor 1087 datieren würden, ein auffallendes Unikum; *vgl. Archiv neu. Spra* CVI 115

Frau. *Vgl.* Kind, Jung~, Eheschliessung, -~, -scheidung, Mutter, Witwe; Erbgang 6, eheliches Güterrecht; Vormund; Unfreie, Königin, Nonne, Abt 1. 5; Unzucht, Entführung, Notzucht, Ehebruch 1) Das Wergeld für die ~ ist ebenso hoch wie für den Mann desselben Standes; Abt 74. Af 9. [Neben der Gleichheit kommt in Friesland auch höhere und niedere Busse für die ~ vor; His 142; ebenso bei and. Germ.; Brunner II 614f.] 2) ~en wie Männer werden im Beweisrecht den Ordalien unterworfen: Kaltwasser, Glüheisen, geweihtem Bissen; Iud Dei I 5[e]. II 3, 5[13]. III 2, 1[37] 3) Für Verbrechen wird *domina vel pedissequa* hingerichtet; die Freie *præcipitetur vel submergatur* (*s.* Ertränken); die Unfreie *comburatur;* IV As 6, 4; 7 3a) Die zu Tode (oder Verstümmelung: dieses Zusatz zur Röm. Quelle) verurteilte Schwangere werde erst nach der Entbindung vom Henker gerichtet; aus Digesten Leis Wl 33 3b) *Avgnes custodiatur donec peperit, postea comburatur;* Plac cor. 10 Ric. I n. 8 3c) Auch Bracton, dem Coke III 17 folgt, zitiert jenen Satz aus Röm. Recht 4) Wer eine Schwangere erschlägt, büsst nicht nur ihr Wergeld, sondern plus halbem fürs Kind (*s. d*; Busse 6e); Af 9 = Hn 70, 14, der jedoch für schon belebten Fötus auch ganzes Wergeld fordert neben Mannbusse für beide 4a) Ähnlich andere Germanen, die Schwangere bevorzugend; Grimm *DRA* 408; Schreuer *Verbrechenskonk.* 53. Der Ehemann, der seine ~ *prægnantem occiderit, 14 annis in exilio peniteat, quia reus coniugis et filii est;* Wasserschleben *Bussordn.* 569 4b) Also nicht praktisch gilt, was Af El 18 aus Exodus übersetzt: wer eine Schwangere im Streite schlägt, büsse den Schaden nach Schätzung der Gerichtsoberen, wer sie tötet, Seele gegen Seele 5) Von ~en besonders vermutet Begünstigung der Zauberei (*s. d.*) Af El 30, vielleicht nur durch irrige Interpunktion (die ersten 5 Wörter nämlich im Original, Exod. 22, 17, gehören noch zum Satze vorher); doch hängt christliche Theologie (Theod. *Poen.* I 15) und der Germane (seit Tacitus *Germ.* 8) überhaupt Zauberei gern der ~ an 6) ~en dürfen nicht mit Priestern in die

Kirche kommen; Nor grið 3; in Durham haben sie nicht Zutritt zu Cuthberht's Reliquien; Sim. Dunelm. Sie sollen nicht ins Allerheiligste; *Can. Eadg.* 45 **7)** Die ~, klagend wegen einer an ihr verübten Schändung, schwört sich rein von vorheriger Defloration (Af 11, 4), von Beihilfe (*s. d.* 7) zum Verbrechen. Sie dient als Eideshelferin; *s. d.* 17 und im Englischen Stadtrecht; Bateson II xxx **8)** Die ~ besitzt Grund und Boden bereits im 7. Jh., so die hl. Ætheldryth von Ely und die hl. Bebba, Æthelfrith's ~. *Vgl.* ehel. Güterr. 7. Die Urk. a. 871—89 Birch 558 widerlegt nicht, dass die ~ Land zu eigen haben konnte **8a)** Um 1030 veräussert eine Witwe, mit Übergehung des Sohnes, Land von Todes wegen; Kemble 755 **9)** Als Beklagte in einem Prozess um Land wird sie vor dem Grafschaftsgericht von einem Manne vertreten; *ebd.* **10)** Berufe der ~: Kleinhandel in Fett (*s. d.*), Käse, Butter auf dem Markt [auch Brauerei, *s.* Bier 4; Domesday I 154; ebenso in Deutschland: Bücher *~enfrage im MA.*] **10a)** Auf dem Herrschaftsgute erhält die Sklavin etwas weniger Quanten an Nährmitteln als der Knecht; Rect 9 **10b)** Erwähnt wird unter ihren landwirtschaftlichen Arbeiten nur das Käsemachen; 16 [führung

Frauenraub *s.* Eheschliessung, Ent-

frei *s.* Wb *freo, freoriht, frigman, friwif, freols, freot; franc* **1)** Diese Wörter, auch *freolsdom, liber*(*alis*), *libertas, folcfrig* (*s.* Freilassung 1), *liber; illiberalis,* können ebenso die hier ausgeschlossene Bedd. haben: **A.** 'ledig von' (*vgl.* Abgaben); **B.** eigen gehörig (*s.* Besitz); **C.** privilegiert (*s.* Adel, Bocland, Privileg); **D.** mittel~, ceorlisch; *s.* gemein~ **2)** Nur einmal steht *freo* sicher im Ggs. zu *eorl,* bedeutet also '(mittel-)gemein~'; Hl 3. Sonst tritt für diese Bedeutung stets *ceorl* ein; nur vielleicht liegt sie vor Abt 24. 73 **2a)** Wie *liber,* so heisst *franc* gemein~ Wl art Fz 8. Leis Wl 7. 14. 17. 17, 1; voll~ Wl art Fz 2; über~ Leis Wl 2, 3; *vgl. franchise* **2b)** Oft steht ~ im Ggs. zu 'un~': Hl 3. Wi 11. 14. Af El 11. 12. Af 43. Ine 3, 2. 11. 50. 74. 74, 1f. AGu 5. EGu 7, 1. 8 = II Cn 45, 1. 46 = Northu 56. II Ew 6. II As 24. II Atr 5. II Cn 20. 20, 1. 68, 1b. Rect 3, 4. Episc 13. Mehr Zitate bei Toller 1054b, Z. 54 **2c)** Adlige mitumfasst ~ *o.* 2a und Abt 4. 6. 9. 31. 74. Wi 26. Af El 15. **N** So setzt Lond ECf 32 A 9 *liberi* synonym mit seiner anderen Zeile *comites, barones, milites, servientes, universi liberi* Wl art Lond retr 8 **3)** *freoriht* heisst volles Staatsbürgerrecht II Cn 20; ebenso *Homil. n.* Wulfstan 158 **3a)** Ælfred, als Boethius-Übersetzer, stellt als undenkbar hin, dass ein mächtiger König nur Sklaven unter sich hätte: als normaler Zustand erschien ihm also das Bestehen der ~en Untertanenschaft: *Gif hwylc swiðe rice cyning wære 7 næfde nænne fryne mon on eallon his rice, ac wæron ealle þeowe . ., gif him sceoldan þeowe men þenigan,* so wäre *hit nauht rihtlic; Boethius* 41, 2 ed. Fox 244 **4)** Merkmal der ~heit für die Jungfrau scheint in Kent das Lockentragen; Abt 73 **5)** Helm, Panzer und Schwert führt der *ceorl* noch im 10. Jh.; Norðleod 10. [*Vgl.* dagegen den in nachfränk. Zeit unkriegerischen Bauer bei Brunner I² 341] **5a)** Waffen gibt der Herr bei der ~lassung; *s. d.* 9 **6)** Der Bauer (*s. d.* 7) bleibt bis um 1130 persönlich ~, geschieden vom *serf,* obwohl abhängig, auf un~em Boden, zu niederer Fron gezwungen, auch bisweilen der Herrensuche und der ~zügigkeit beraubt, ebenso Landarbeiter und Gesinde (Wi 11. Af 43), fremdem Haushalt unterstehend (Wi 14), ohne Land (Northu 50. 53. Norðleod 8. Hn 48, 11) oder Haus; II Cn 20a. Hn 8, 1; *s.* Gefolge 7 **6a)** Vollends tut der ~heit keinen Abbruch, dass man unter Vormund (*s. d.*, Schutz) oder Vassallität (*s. d.*) steht **7)** Alle ~en [vorwiegend Bauern und kleine Leute] seien in ~bürgschaft; *s.* Zehnerschaft **8)** Cnut verbietet, Abhängige bald als ~es Gefolge, bald als Un~e, wie man sie [gegenüber den Ansprüchen des Staats, der Kirche oder der Prozesskläger] leichter verteidigen könne, hinzustellen; *s.* Bauer 9k **8a)** War der Abhängige vor dem Strafgericht entlaufen oder erschlagen worden, so war es für den Herrn vorteilhafter, wenn er ihn als ~ ausgab; ward jener zu Staats- oder Kirchensteuer herangezogen oder zu Geldstrafe verurteilt (Ine 50), so kam er als Un~er billiger fort **N 8b)** Ein Verbot der Statusfälschung in Leis Wl 30* ist nur falsche Lesung **9)** Dass zur politisch aktiven Voll~heit seit Normannenzeit Grundbesitz ohne niedere Abhängigkeit gehört, folgt aus der Teilnahme nur der Landeigentümer (nicht aller persönlich *liberi*) am Grafschaftsgericht (Hn 7, 2) und aus der Adressierung der Ordonnanz Wilhelms I. *omnibus qui terras habent;* Wl ep Pro. Hierbei ist *terra* gleich *libera terra* Hn 27. 29, 1, im Ggs. zum bäuerlichen Nutzbesitz, das vom Staate allein direkt berücksichtigte Eigentum **10)** Jeder ~e schwöre, in und ausser England Wilhelm I. treu zu sein und dessen Land und Ehre gegen Feinde zu verteidigen; Wl art 2, wahrscheinlich identisch mit *landsittende men, þe ahtes wæron* der Ann. Agsax. 1086, also zwar nicht bloss *þegnas,* doch unter den ~en nur Grundbesitzer von Ansehen

Freibriefform *s.* Breve **Freibürgschaft** *s.* Zehnerschaft **Freiheit** *s.* frei, Freilassen, -ssung, Privileg, Gerichtsbarkeit, Immunität **Freiheitsberaubung** *s.* Binden, Gefängnis, Menschenraub **Freiheitsstrafen** *s.* Verknechtung, Gefängnis

Freilassen von Verbrechern **1) A.** durch Begnadigung (*s. d.* 6a) des Königs **2) B.** rechtswidriges. *Vgl.* Begünstigung 10a. 11. 15 über Entlassen angeschuldigter Untergebener oder in Bürgschaft (*s. d.* 3h. 5. 14a) Genommener; Strafvollzugspflicht; bei anderen Germanen: Wilda 905. 636; His 98 **3)** Wer einen Dieb [handhaft] fängt und entrinnen lässt, dass der 'aus den Augen kommt' [*vgl.* Stadtrecht von Cork um 1339: Angeklagter *est alé, qi jamès ne luy voira;* Bateson II 29], verwirkt Strafgeld; Ine 28, 1 **3a)** [Strenger:] Wer einen Dieb handhaft fängt oder einen gefangen übergeben erhält und entlässt, oder ihn treffend nicht mit Gerüfte verfolgt, vergelte ihn mit dessen Wergeld; Ine 36 = II Cn 29 = Hn 65, 1 = Leis Wl 49 = Hn 12, 3, wo Wergeld des Täters **3b)** Wer handhaften Dieb schont, bezahle ihn durch dessen Wergeld; *vgl.* Begünstigung 3. 11 **3c)** Durch das Entspringen hört der Dieb auf, handhaft zu sein; er schuldet nur noch [wie bei nachträgl. Anklage] einfaches Strafgeld. Wird er wieder eingefangen, so büssen die [Unachtsamen] die Schuld gemäss Abmachung mit König oder Gerichtsvogt; Ine 72f. **4)** Reinigung von vorgeworfenem ~; *vgl.* Begünstigung 14 **N 5)** *Si quis furem in eis quæ mortis sunt probatum sine iusticia dimittat, sit placitum eius cuius socna erit;* Hn 59, 18 **5a)** Das Strafgeld von der Gerichtsbarkeit über ~ von Verbrechern weist einem Privaten zu auch In Cn II 29 **5b)** *Emissio furis*, d. h. Strafgeld dafür, wird in Privilegien an Kirchen verliehen a. 1044. 1066 Kemble 781. 825, beide unecht. *Vgl.* Wb *hengwite*

Freilassung Unfreier *s.* Wb *freo* 3, *freols* 1, *freolsgefa*, *gefreogean* 1; *liesing* 'Gelöster' (Amira 86), auch in Kemble 980, Ostangl. Urk. 11. Jhs., unterschieden von *halffre* [*healffreo* auch *Homil. n.* Wulfstan 171] und *þeow*. *Vgl.* bei Toller: *freo(ga)n* freilassen; *freodom: emancipatio; freolæta (friglæta)*: *libert(in)us, freolsman; freotman* [auch Birch 1317?] Thorpe 531 (wofür aber Kemble 694 *freolsman* liest); Wulfstan 171 = 173; *freotgifa: manumissor; freotgifu: manumissio.* Auch *lihtan* eig. erleichtern, hat den Sinn 'erlösen, freilassen' in Urk. um 995 Kemble 1290. Über *Freihals vgl.* Amira 79. 1. In Kirche; volkfrei. 2. Fromme Tat. 3. Rechte des Freilassers. 4. Herrensuche. 5. Am Kreuzweg. 5b. In Grafschaft oder Hundred. 6. Durch mehrere Hände. 7. Selbstloskauf. 8. Durch Urkunde. 9. Waffengabe. 10. Gesetzl. Zwang zur ~. 101. Stadtluft. 11. Familie des Freigelassenen. 12. Liesing. 13. Geistliche u. 14. Beamte aus Unfreien. 14b. Steigen zum Adel. **1)** Wenn jemand am Altar seinem [unfreien] Untergebenen Freiheit schenkt, sei der 'volkfrei'; Wi 8. Vielleicht bewahrt das Wort (das auch II Cn 45, 3 und bei Langobarden vorkommt; Brunner I² 144) die Erinnerung an German. ~ vor der Volksversammlung, an deren Stelle in Kent die Kirche, bei den Salfranken der König trat; Heusler *Instit.* I 183. Vielleicht soll ein Ggs. zu *læt* (*s. d.*) und dem Halbfreien (*s. d.*) darin liegen [wie der Langob. *fulcfree* über dem *aldius* steht]. Oder das Wort ist nur ein feierliches Synonym für 'frei': staatsbürgerlich; Grimm *DRA* 349. Sogar die blosse Bed. 'öffentlich' kann das erste Glied haben, also (wie in *folccuð*, *-gemot*, *-lagu*, *-leasung*, *-riht*, *-wita*) den Sinn des zweiten Gliedes 'frei' vielleicht gar nicht beeinflussen **1a)** ~ in der Kirche kennt auch Hn 78, 1; sie ist durch Agsä. Urkunden belegt; Thorpe *Dipl.* 623. 627; bei anderen Germanen: Brunner I² 449 **1b)** Auch die Ohrdurchstechung, die Zeremonie bei der Selbstverknechtung, verlegen Af El 11 und Ælfrics *Pentateuch* von der Tür des Herrenhauses in Exodus, die sie übersetzen, an die Tempeltür; und zu dieser Projizierung der Agsä. Verkirchlichung jeder Rechtsform ins Alte Testament trug wohl bei des Pfarrers Anteil am Bezeugen des Eigentumswechsels in Fahrhabe, zu welcher ja der Unfreie gehörte; II As 10 = III Em 5 **2)** ~ galt als fromme Tat. Schon Wilfrid zu Selsey *servos et ancillas* 250 *libertate donando iugo servitutis absolvit;* Beda IV 13. In zahlreichen Testamenten geschieht ~ fürs Seelenheil, z. B. Kemble 925. 980; Birch 1174, vor a. 971. Sie wird von Predigern empfohlen; z. B. *Homil. n.* Wulfstan 171 **2a)** Auf Exodus 21, 2 oder ihre Übersetzung in Af El 11 berufen sich die Freilasser zwar nicht; doch mochte ihre Lektüre neben anderer kirchlicher Ermahnung zur ~ anregen. Ein Westfränk. Kapitular a. 864 sagt, jene Exodus-Stelle *observantes moraliter ædificat* (ed. Krause, *Mon. Germ. Leges* II 2 p. 326), ohne die Befolgung gesetzlich zu fordern; *u.* 10i **2b)** Die ~ geschieht besonders gern an neu Verknechteten Engl. Rasse (Kemble 925); so befiehlt die Synode a. 816 ~ jedes unter einem Bischof fürs Bistum verknechteten Engländers bei des Bischofs Tode; ed. Stubbs *Councils* III 583; oder die ~ begünstigt die dem jetzigen Freilasser einst zu Strafsklaven Unterworfenen; Kemble 716. 721 vor a. 1012 **2c)** Jeder Vogt soll jährlich einen Strafhörigen von jedem Dorfbezirk der Krondomäne freilassen, 'zur Vergebung meiner Sünden'; As Alm 1 **2d)** Die Teilnahme der Kirche an der ~ folgt auch aus der urkundlichen Eintragung derselben (selbst wo die ~ mit der Wirtschaft des Stiftes keine Beziehung hatte) in liturgische Bücher, z. B. des Domes von Exeter; *Leofric missal* p. LIX **3)** Der Freilasser erhalte des Freigelassenen Erbe und Wergeld [wenn derselbe stirbt, bzw. erschlagen wird] und Schutzrecht über seinen Haushalt [so auch bei anderen Germanen; Brunner I² 143], auch wenn jener jenseits der Grenze [des Herrschaftsguts oder des Gerichtsbezirks oder Kents?] lebte; Wi 8. Also nur Dritten gegenüber ist der Freigelassene unabhängig, seinem früheren Herrn bleibt er schutzuntertänig; er hat auch keine Sippe. Zwar besitzt er das Recht der Freizügigkeit (*u.* 5a. d), aber nicht der Herrensuche; und jener Zusatz zeigt, dass er tatsächlich zumeist auf dem Gute der Herrschaft blieb **3a)** Der freigelassene Ackerknecht ist regelmässig zu denken mit einer Hütte samt einer Kuh, einem Stückchen Weide und Flurland; Thurkytel's Testament macht *alle mine men fre; and ilk habbe his tuft and his metecu and his metecorn;* Birch 1020 **3b)** Der Herr, der das Wergeld (Mannenbusse Hn 77, 3) für den Freigelassenen erhält, trägt als Korrelat die Pflicht des Schutzes, bes. der Blutrache und vermutlich der Eideshilfe, für ihn, wenn jener gekränkt, erschlagen, bzw. verklagt wird; *vgl.* Brunner I² 144 **4)** In Urkunden bestimmt bisweilen der Freilasser, von welchem Herrn der Freigelassene künftig abhänge (*freoge man W., on þæt gerad, þæt hio folgige Æ;* Kemble 1290), oder dass dieser sich den Herrn selbst wählen dürfe (Birch 553; Kemble 505); so *freode F. þær A. his man 7 his ofspring; 7 let him ceosa hlaford, lochwær* [wo immer] *hig wolde;* Earle 263, ähnlich 264. *Vgl.* Herrensuche **4a)** Da also die Gutsherrschaft ein wirtschaftliches Interesse behielt an den einstigen Gutssklaven, auch wenn sie freigelassen waren, so nimmt das Testament um 995, indem es über Vieh und Leute verfügt, jene ausdrücklich aus: *buton þam freotmannon;* Kemble 1290 **5)** Eine ~ am Kreuzweg [auch bei Ribuariern, Langobarden und Nordleuten; Amira 87] ist seit dem 10. Jh. bezeugt: 13 *manumisit, ut in quadrivio positi pergerent quocumque voluissent; Chron. Ramesei.* ed. Macray 59; *freode on 4 wegas* Birch 1245. 1248 **5a) N** Am Kreuzweg ward dem Freigelassenen die Freizügigkeit (*u.* d) gestattet (*vgl.* Schröder *DRG*⁵ 235): *liberas ei vias et portas conscribat apertas* sagt aus Ribuaria Hn 78, 1 = Wl art retr 15, 1. Die Worte sind wohl Römischem

Urkundenstil entlehnt; Brunner I[2] 363 **5b)** **N** Die ∾ *in mercato vel comitatu vel hundreto* kennt Hn 78, 1 = Wl art retr 15, 1, wo hinzugefügt: Freilasser *tradet eum vicecomiti per manum dextram.* [Über den Markt *vgl.* Gengler *Stadtrecht*, Glossar. Am Markt liess sich leicht der Zoll entrichten und die ∾ kundmachen. Solche Erklärung scheint näher liegend als aus dem Strassenkreuz mit Rücksicht auf den Marktzweck der Strasse] **5c)** ∾ *on gewitnesse hundredes* (Earle 253. 257. 262), wobei der königliche Vogt Zoll empfing, war Englisches Recht noch 13. Jhs. bei Bracton; Pol Mai I 410 **5d)** Vor Graf und Bischof, also beiden Grafschaftsvorsitzenden, geschieht ∾ um 957: *Eadwi cing het gefreon A. fryo 7 fære wyrðe* (Freizügigkeit geniessend) *on ealdermannes gewitnesse 7 biscopes;* Thorpe *Dipl.* 623 **5e)** Die Kundbarmachung der ∾ ward auch später im Engl. Recht erfordert; Holdsworth *HEL* III 388 **5f)** **N** Der Schuldherr *dimittat hominem, qui se vadii loco in alterius potestate commiserit, in mallo productum*, um der Haftung für dessen Schadenstiftung zu entgehn; aus Fränk. Kapitular Hn 89, 3 **6)** Zur Langobardischen ∾ durch mehrere Hände *vgl.*: *Alvric alisde R. at* (von) *H. mid* 2 *scill. 7 hine clipað freon sacleas a tune 7 of tune* in und ausser Gutsbezirk; Ende 11. Jhs. Thorpe 622. Also nicht H, der Herr, sondern der Abkäufer (Auslöser) A. erklärt die ∾; ebenso *G. gebohte G. æt* (von) *A. on* (zu, in) *W. to* 10 *scill., freoh 7 sacles ut of W.*, mit freiem Abzug aus W.; 631. Später verhüllt sich so Selbstloskauf *u.* 7b; *vgl.* Pol Mai I 410 **7)** **N** *Si quis de servitute redeat* (also nur ein zur Strafe Verknechteter ist gemeint) *in liberum, domino* 30 *den. reddet, scil. pretium corii*, als Zeichen, dass er nie mehr seine Haut verliere [Prügel leide; Hautgeld bewertet so II Cn 45, 2]; Hn 78, 3. Die Summe stellt die Gegengabe (*consideration* Englisch) dar, ohne welche der Germane keine Schenkung kennt, nicht den Sklavenwert **7a)** Selbstloskauf kommt unter Eadward dem Bek. vor: *E. lysde hine* (kaufte sich los) *7 his wif 7 his cild æt* (von) *H. ut of* (mit Abzugsfreiheit aus) *T. lande;* Thorpe 638; viele Beispiele 11. Jhs: Earle 263f. 268ff. **7b)** **N** Loskauf durch eigen Geld verwehrt dem Unfreien Glanvilla V 5, 3 **7c)** In Norwegen schenkt der Häuptling Sklaven Ackerland; aus dem in Arbeit der Freistunden Ersparten sollen sie sich freikaufen; K Maurer *Kr. Übs.* V 413 **N 8)** Nach ∾ *per cartam ingenuitatis* bleibe der Freigelassene *liber;* wer ihn zu verknechten versucht, zahlt die in der Urkunde angedrohte Strafe; wer diese herrschaftliche Urk. vernichtet, zahlt Wergeld, $^2/_3$ dem Freigelassenen, $^1/_3$ dem König, und beschaffe neue Urkunde; aus Fränk. Recht Hn 89, 2. Erhalten ist aus Agsä. Recht keine solche Urkunde, also fraglich, ob es sie kannte **8a)** Im 14. Jh. erklärt das Domkloster Canterbury *nativum de dominio nostro R. a iugo servitutis liberum;* Literae Cantuar. I p. 15; und 1354 das Bistum Hereford *nativum a nexu servitutis ratione nativitatis seu neyvitatis absolvit;* Registr. Joh. de Trillek p. 223 **8b)** Vielleicht aber steckt *cartre de franchise*, Freiheitsurkunde, hinter dem verderbten *cartre faire* oder *c. faut* Leis Wl 30, und sollte den auswandernden Gutshörigen verboten werden, sich hierdurch zu befreien; in diesem Falle emendiere *ingenium* in L zu *ingenuitatem* **8c)** Wenn Testamente bestimmen, dass Unfreie nach Tod des Erblassers frei sein sollen (z. B. a. 1049 Kemble 788), so blieb wohl als selbstverständlich unerwähnt, dass der Erbe des Gutes an jenen eine Zeremonie der ∾ vollziehen musste **9)** **N** *Qui servum liberat, lanceam et gladium, vel quæ liberorum arma sunt, in manibus ei ponat;* Hn 78, 1 = Wl art retr 15, 1; *vgl.* aber I 594[1]; Brunner hält den Brauch für diese ∾ höherer Art für Agsä. I[2] 145. Ein Rudiment davon sieht in Langobard. ∾ *per sagittam* Amira 80 **10)** Der Unfreie erlangt ∾, wenn ihn sein Herr zur Arbeit am Feiertag (*s. d.* 5e) gezwungen hat **10a)** Der Herr kann einen Sklaven, der Blutrache auf sich geladen, wenn er ihn behalten will, auslösen oder, wenn er kein Lösegeld zahlen will, freigeben; Ine 74, 1 **10b)** Der Herr lasse die durch ihren Vater verknechtete Jungfrau (*s. d.*) frei, wenn er sie nicht mag oder wenn er sie von seinem Sohne beschlafen liess, ohne sie dann zu verheiraten; aus Exodus Af El 12 [wohl nicht praktisch geltend] **10c)** ∾ der Sklavin, die der Herr geschändet hat, fordert Theodor *Poen.* I 14, 12 = Ps. Theod. 19, 8. Ps. Egb. *Confess.* 14 **10d)** Wenn ein verheirateter Mann seine Sklavin beschlief, verliere er sie; II Cn 54; *vgl.* Ehebruch 4a **10e)** ∾ erbittet und erhält von König Eadgar die Sklavin, die auf Befehl ihrer Herrin von ihm sich hat beschlafen lassen, *pro mercede connubii;* Will. Malm. *Reg.* II 159 **10f)** ∾ erhält der Sklave, dem der Herr Auge oder Zahn ausschlug; aus Exodus Af El 20. Wunden an Sklaven werden bei Germanen sonst nur gebüsst, wenn sie ein Dritter zugefügt hatte: also wohl unpraktische blosse Ermahnung **10g)** Wenn jemand einen christlichen ['Hebräischen' hatte Exodus] Sklaven kaufte, diene dieser als Sklave 6 Jahre; im siebenten sei er frei ohne Lösegeld, mit eingebrachter Kleidung und seiner Frau, falls diese nicht Sklavin des Herrn ist; **10h)** ist die Frau des Freizulassenden Sklavin des Herrn, so bleibt sie und ihre Nachkommenschaft diesem zu eigen; aus Exod. Af El 11 **10i)** Durch die Einführung des Wortes 'christlich' scheint praktische Absicht Ælfreds erwiesen; er hoffte vielleicht zur ∾ durch die ehrwürdige Parallele anzuspornen; *o.* 2a. Doch ist Einfluss auf Engl. Recht oder Brauch nicht ersichtlich. Ähnliches war freilich nicht allen Germanen unbekannt: auf Gotland trat ∾ ein, sobald die Unfreiheit eine Reihe von Jahren gedauert hatte; Maurer *Freigelassene Norweg.* in *SB Bayer. Akad.* 1878, 23 **10k)** Fernere Pflicht der ∾ lässt aus Exodus der Übersetzer Af El absichtlich fort **10l)** Spur von 'Stadtluft macht frei' *s.* Stadt **11)** Im Ggs. zu 10h erscheint *o.* 3 die Familie infolge der ∾ des Hausvaters ebenfalls frei. So sehr dies der Übung entsprach, so folgte es doch nicht stets, laut besonderer Erwähnung von Weib und Kind (*o* 4. 7a): *G. geafi freols for heora sawla þearfe E. smið and his wif 7 heora ofsprinc, boren 7 unboren;* Urk. 11. Jhs. Kemble 925; *libertatem habeant cum semine suo;* 981 **11a)** Wird von einem knechtischen Ehepaar ein Gatte freigelassen, so darf er, wenn der andere nicht freizukaufen ist, frei anderweit heiraten [*s.* Ehescheidung 7]; Theodor *Poenit.* II 13, 4 **12)** Dem Gemeinfreien auf Zinsland in Ælfreds Wessex steht im Wergeld von 200 Schill. gleich der *lieseng* der Dänen in Ostanglien unter Guthrum; AGu 2. Auch die Nachkommen der Freigelassenen, wenigstens für eine Anzahl von Geschlechtsfolgen, wie im Norweg. Recht, denkt hinzu Rhamm *Grosshufen* 709. Freigelassene mochten, als mittellos, sich besonders stark an den Wikingzügen beteiligen; *ebd.* 710. Er hält sie für die Ahnen der späteren *socmen* und von dem in Dänemark unbekannten *gafol* frei. Über den *liesing* als Bauer und Dörfer *Leisingebi, Leasingham* in Yorks. und Lincolnshire *vgl.* Steenstrup *Danelag* 101; auch Lazenby in Cumberland soll danach heissen **12a)** Ein Testament Thurkil's aus Ostanglien, also ebenfalls aus der Denalagu, von 1060, lässt von den Leuten eines Gutes die Hälfte frei: *þeowe 7 lisingas;* Kemble 980 ('Freigelassene' Thorpe *Dipl.* 591; wohl richtiger 'Halbfreie') **13) N** Unfrei Geborene dürfen erst nach ~ Geistliche werden; aus Kanones Hn 68, 4; nicht ohne Einwilligung des Herrn; Constitut. Clarendon. a. 1164, 16 **14)** Die untersten Forstbeamten (Waldhüter) werden, falls sie *servi*, durch Eintritt in diesen Königsdienst frei; Ps Cn for 5; *vgl.* aber I 621[b] **14a)** Königsdienst gibt dem Unfreien Rechte des Freien (so auch in Norwegen; Lehmann *Königsfriede* 180), besonders dessen Wergeld, so dem königlichen Dienstschmid und Geleitsmanne (Abt 7); allein freigelassen ist er vielleicht dadurch nicht **14b)** Wenn 'durch Gottes Gnade *þræl* ward *to þegene*' (Griδ 21, 2), so war jener zuerst freigelassen worden, und stieg dann vom Gemeinfreien zum Thegn; Geþyncδo 2. 5ff. Norδleod 9. 11 **14c)** Wulfstans Homilie beklagt in der Dänennot um 1000, der Fall könne vorkommen, dass ein Unfreier seinem Herrn entlaufe, Wiking werde und, falls von jenem im Kampfe getötet, mit Thegn-Wergeld entgolten werden müsse; oder den früheren Herrn versklave; 162f. **14d)** Der 894 verstorbene König Guthred von Northumbrien soll aus Sklaverei freigekauft worden sein; Sym. Dunelm. ed. Raine 73

Freistätte *s.* Asyl.

Freitag *s.* Wb *Frigedæg* **1)** ~ soll man fasten, ausser wenn er auf ein Fest fällt; II Eg 5, 1 = V Atr 17 = VI 24 = I Cn 16a **2) N** Eid und Ordal sind verboten am ~; Hn 62, 1 **3)** ~ singe jeder Stiftskonvent 50 Psalmen für den König und seine Getreuen; V As 3

Freiteil *s.* Erbgang 8a, Seelschatz

freiwillige Gerichtsbarkeit *s.* Stand, Sippe, Adoption, Bastard, Erbgang, Bocland, Gefolge, Freilassung, Handel, Urkunde, Schiedsgericht

Freiwilligkeit *s.* Wb *georne, -nlice, -nfulnes, God* 8. *Vgl.* Schiedsgericht, Barmherzigkeit 8, Begnadigung, Ehrenbezeigung **1)** Die sittlichen und kirchlichen Vorschriften wollen 'mit Eifer' ausgeführt sein; *s.* Moralisch-Homiletisches **2)** Man ehre den König ohne Zwangsgeheiss aus freiem Willen; Wi 1, 1

Freizügigkeit *s.* Wb *faran. Vgl.* Herrensuche, Gefolge 8, Freilassung 3. 4. 5a. d (*fære wyrδ*); Bauer (*færbena*) 1n **1)** ~ hört auf mit Eintritt in Vassallität: 'Wenn einer unbeurlaubt von seinem Herrn fortzieht oder [= und] sich in anderen [Gerichts-] Bezirk (*scire*) fortstiehlt, so ziehe er dorthin zurück und zahle seinem Herrn 60 Schill.'; Ine 39 **1a)** Laufpass vom früheren Herrn ist erfordert für neue Herrensuche unter Ælfred, wenn diese in andere Grafschaft geht, unter Æthelstan auch in derselben; Af 37. III As 4 = IV 4 **2)** Gefolgsadlige (*s. d.* 15) können zwar von dem ihnen geliehenen Herrschaftsgut abziehen, wenn sie Teile davon bestellt zurückgeben [aber vermutlich nicht einseitig die Vassallität aufgeben]; Ine 64ff. **3)** ~ wird beschränkt in Verträgen mit Dänen Ostangelns (*s. d.*) und Wallisern (*s. d.*) für diese ins Territorium der Agsa. hinein, für die Agsa. ins Gebiet jener; Geiseln bzw. ein Geleitsmann werden als Kautel bei der Grenzüberschreitung gefordert; AGu 5. Duns 6 **4)** Ein Homilet anf. 11. Jhs. klagt *frige men ne motan wealdan heora sylfra ne faran þar hi willaδ ne ateon* (verfügen über) *heora agen, swaswa hi willaδ;* Wulfstan 158. Für den Freien galt also ~ noch theoretisch, war aber durch die adligen Herren praktisch meist beschränkt **5)** Wenn Ländereien mit 'Inventar und Leuten' in zahlreichen Urkunden veräussert werden, so sind unter diesen neben persönlich Unfreien auch *geneatas* und sogar *socnemen*, Freie, die durch ihren Besitz an das Herrschaftsgut gefesselt sind. *Vgl.* 3 *liber*[*os*] *homines, unus erat ita sochemannus, ut nullo modo posset recedere;* Domesday II 248 **6)** ~ der Juden (*s. d.*) I 650[f]

Fremde *s.* Wb *ælþeodig, feorran cumen, feorcund, cuma, utan cumen, gest, fremde, uncuδ* [*vgl.* Brunner I[2] 123[54]], *alban(ic)us* [*ebd.* I[2] 400[9]], *alienigena, transmarinus* IV Atr 5, 2.

1. Wort. 2. Geistliche. 2a. Kirchl. Gastfreundschaftsgebot. 3. Gerechtigkeit gegen ~. 3a. Prozessnachteil. 4. Der ~ wandere unverstohlen. 5. Wergeld u. Erbe für erschlagene ~. 6. Unsittliche ~ vertrieben. 7. Schützer für ~. 8. Anglonormann. ~nrecht. 9. Halber Wert für ~. 10. ~ im Beweisrecht. 11. Im Anklagezustand. 12. Wirt haftet für beherbergte ~, 13. empfängt Busse für gekränkte ~. 14. Repressalien durch geschädigte ~. 15. Sklaven an ~ verkauft.

1) '~' heissen 'Nicht-Verwandte' (obwohl vielleicht Nachbarn III Eg 7, 2 = II Cn 25, 2), 'Einwohner anderen Gerichtsbezirks' (Wi 28 = Ine 20), 'ausländisch, wesensverschieden' (Af El 1; der aus dem Himmel Verstossene heisst 'Gott *fremede, englum ungesib*'; Salomo 35), 'landesfeindlich'; Judex 9 **1a)** Für Überseeische, Staatsausländer, Stamm-~, Zugehörige anderen inländischen Bezirks, anderer Sippe begegnen nicht immer Sondernamen **1b)** *Vgl.* Walliser, Schottland, Irland, Dunsæte; Dänemark, Dänen, Gotländer, Norwegen, Schweden, Island; Franko-Engländer, Frankreich, Normandie, Bretonen; Deutsche, Flandrer, Lothringer, Sachsen; Burgund, Baltisch, Rom, Russland; Juden; Handel, Kaufleute, Einfuhr, London, Zollabgabe; international; Geschworene; Grenze, Grenzgericht **2)** Geistliche (*u.* 5e), die regelwidrig ohne Dispens umherschweifen, darf man nur éine Nacht (*vgl. u.* 12d) beherbergen; Wi 7 **2a)** Der Satz hängt wohl ab von Synode von Hertford a. 673: *Nullus clericorum passim discurrat neque absque litteris præsulis suscipiatur. Quodsi semel susceptus noluerit redire, excommunicationi subiacebit;* Beda IV 5 **2b)** Gregor I. weist Augustin an, von der Kirchenfahrhabe gehöre *una portio episcopo et familiae propter hospitalitatem;* Beda I 27, 1; Agsä: *for feorme and onfangenysse gesta 7 cumena* **2c)** Jene Englische Synode von 673 bestimmt:

Ut episcopi atque clerici peregrini contenti sint hospitalitatis munere oblato; Beda IV, 5. 6; Agsä: *gæstliðnesse and feorme* **2d)** Unentgeltliche Aufnahme ~r war eine Ausnahme selbst in Klöstern gegenüber den Studierenden: im 7. Jh. *multi de gente Anglorum* [in Hiberniam] *secesserant; circueundo per cellas magistrorum, lectioni operam dare gaudebant; quos Scotti libentissime suscipientes, victum eis cotidianum sine pretio præbere curabant;* Beda III 27 **2e)** Homileten der Agsa. empfehlen Gastfreundschaft z. B. *Bibl. Agsä. Prosa* III 147; Klaeber in *Anglia* 21, 301 **2f)** Der ~ im Haushalt soll am Sabbath ruhen von Arbeit; aus Exod. Af El 3 nur Ld, nicht original, unpraktische Lesefrucht **3)** Von auswärts Gekommene und ~ (*ælþeodige*) bedrücke nicht (behandle nicht unfreundlich oder ungerecht) aus Exod. Af El 33 (47); sinnes- und z. T. wortgleich VI Atr 48 **3a)** Die Ungerechtigkeit besteht in Prozessnachteilen. Sippelosen und fernher Gekommenen soll man im Gericht nicht härteres Urteil als den Nachbarn sprechen; II Cn 35, 1 = Ps Cn for 13, 1; *vgl. u.* 10c — 11a **4)** Bereits im 7. Jh. ist der ~ nicht mehr (*s.* 5b) recht- und friedlos. Vielleicht aus einer Englischen Nationalsynode, die an mildem Rechte für ~ besonderes Interesse haben musste, stammt der in Kent und Wessex, die sonst damals legislatorisch nicht zusammenhangen, gleichlautende Satz: Der fernher Gekommene oder ~ ist als Dieb zu erschlagen oder [zu fesseln und] auszulösen, wenn er ausserhalb der Heerstrasse (durch den Wald; Ine) geht, ohne sich durch Ruf oder Hornblasen als unverdächtig zu erkennen zu geben; Wi 28 = Ine 20; *vgl.* Diebstahl 1d. Der ~ ist hier nur der im Gerichtsbezirk Unbekannte; Hegel *Städte u. Gil.* I 22 **4a)** Das Königtum begünstigt ~, so Offa und Æthelred aus Handelspolitik, Ælfred als kirchliche und militärische Lehrmeister, Cnut, Wilhelm I. und Heinrich I. als eigene Stammesgenossen **5)** Sippe, Genossen und Vassallitätsherr erhalten für den ungerecht erschlagenen ~n Wergeld (bzw. haben Rache für ihn zu üben; Ine 21), müssen es aber mit dem König teilen **5a)** Wie für den erschlagenen Sippelosen (Af 28), so empfängt für den ~n (*ælþeodig*) der König das halbe Wergeld, das halbe der Genoss(enverband) oder der Schutzherr (das Kloster); falls jener Sippe hat, so erhält diese $^1/_3$ des Wergelds; Ine 23f. **5b)** Ähnlich drückt sich des Königs Schutz für ~ bei anderen Germanen aus; Brunner I² 400f. II 276; *u.* 7. Ohne diesen Schutz war der ~ ursprünglich rechtlos, *o.* 4 **5c)** Für erschlagene Festländer, Iren, Nordbritannier oder nicht den Westsachsen unterworfene Walliser kam Sohn oder Genoss schwerlich mit Wergeldforderung in Ines Reich. Gemeint ist wohl der Untertan eines Germanischen Nachbarstaats **5d)** Als besonderer Fall wird erwähnt, dass der ~ bei Abt oder Äbtissin den sonst durch Verwandte oder Genossen gewährten Schutz geniesst. In diesem Fall erhalten jene $^1/_3$ seines Wergelds, der König $^2/_3$; Ine 23, 2 **5e)** Offenbar waren solche ~ in vielen Fällen Geistliche; *o.* 2. In Ine's westl. Landen standen Stifter Kelt. Beziehung, vermutlich von den viel wandernden Kelten oft besucht **5f)** Eine (wohl verfälschte) Urk. a. 835 schenkt Abingdon ein Gut, wo *totum de hereditate peregrinorum, id est Gallorum et Brittonum et horum similium ecclesiæ reddatur* (*vgl.* Erbgang 11b. 17); *wergeld* $^1/_2$ *rex teneat,* $^1/_2$ *ecclesiæ reddant;* Birch 413 [5g) *Vgl.* künftig Ressmann *Erbrechtl. Stellung der ~n im MA.* ABRAHAM] **6)** Ausländische Leute, wenn sie ihren Sexualverkehr nicht gesetzlich ordnen wollen, sollen aus dem Lande mit ihrer Habe weichen; Wi 4 = II Cn 55 [vielleicht Fränkische Kaufleute oder Heiden des Nordens]. Also ~, die Englands Eherecht [vielleicht auf Sitte allgemein ausdehnbar] nicht verletzen, haben Aufenthaltsrecht und Sicherheit für ihre Habe **7)** Dem Geweihten oder ~n (*ælþeodig*), der an Habe oder Leben [gerichtlich] bedroht ist, steht König (oder im Dänenland der Jarl) samt Diözesan statt der Verwandten und des fehlenden Schutzherrn zur Seite; EGu 12 = VIII Atr 33f. = II Cn 40 = *Francigenis et alienigenis* Hn 10, 3. 75, 7a. Atr, Cn und Hn lassen den Bischof fort, nennen also den König allein **7a)** Korrelat für solchen Schutz ist Bussempfang für Missetat gegen ~, bsds. Wergeld; dass es ganz dem Bischof zufalle, scheint mir (gegen Schmid 582) nicht annehmbar, da für die Busse königlicher Anteil ausgedrückt ist: EGu 12 = VIII Atr 34 = II Cn 40, 1 **7b)** Im Sinne ähnlich, vielleicht II Cn 40 benutzend: Schadenzufügung gegen Geweihte oder ~ strafe König wie Bischof schnellstens; Geþyncðo 8 **7c)** In Oxford erhält der König das Haus sippelos verstorbener ~r (*s.* Erbgang 11b); anderswo beansprucht die Stadt solch Erbe; Bateson II 76. CXLV **8)** **N** Wilhelms I. Schutz für Franko-Engländer *s. d.* 2. *Rex regni, sub cuius dominio et pace* [Sonderschutz] *degunt omnes albani*, erhält, wenn ~ erschlagen, ausser *murdrum* auch, falls sie keine Sippe und Genossen hatten, die sonst diesen zukommenden 6 Mark [= 4 £ Wergeld]; ECf 15, 7 **8a)** Zu *Judei et omnia sua regis sunt* (25) *vgl.* Karl d. Gr. a. 773: *res peregrinorum propriae sunt regis;* Mühlbacher *Regest.* 152 **9)** Der Engländer, der vom Walliser (*s. d.*) jenseits des Grenzflusses der Dunsæte (*s. d.* 13) oder der Walliser, der vom Engländer diesseits erschlagen wird, wird nur mit halbem Wergeld entgolten **9a)** In Wales hat der ~ das halbe Wergeld des freien Kymren; *Anc. laws of Wales:* Gwent II 5, 15. 27. Venedot. III 1, 32; in Ines Wessex der Walliser ungefähr das halbe des gemeinfreien Westsachsen **10)** **N** Der ~ erscheint manchmal im Beweis (*s. d.* 10f. 11a) bevorzugt, besonders der Franko-Normanne **10a)** Ein *gest* reinige sich durch Eineid (*s. d.* 2) wie ein Königsthegn **10b)** Oder der ~ steht im Beweise dem Heimischen gleich: *Si aliquis accusetur* der Münzfälschung, *sit Anglicus sit transmarinus, ladiet se pleno ordalio;* IV Atr 5, 2 **10c)** Oder der ~ hat schwereren Beweis (*s. d* 11 u. *o.* 3a) oder ersetzt Eideshilfe durch Eideswiederholung; *s. d.* 2b—4 **10d)** Angeklagte Geistliche ohne Sippe, also ohne Eideshilfe [zumeist wohl ~], reinigen sich durchs Ordal Geweihten Bissens; VIII Atr 22. 24 — I Cn 5, 2a; c **11)** Ein Sippeloser oder fernher Gekommener, der [daher], wenn beschuldigt, keine Bürgen findet [für Erbringung der Reinigung], harre im Kerker bis zum Gottesurteil; II Cn 35 = Hn 65, 5 = Ps Cn for 13 (der diesen

Satz durch fälschende Interpolation *de foresta* zu einem forstrechtlichen umprägt) **11a**) Verhaftung für jeden Angeklagten, der keine Sippe, Bürgschaft oder Pfand hat, bis zum Urteil befiehlt II Ew 3, 2 **12**) Wer einen ~n (*cuman*), Kaufmann oder sonst von jenseits der Grenze Gekommenen [wohl Engländer], länger als 2 Tage beherbergt, hafte, wenn jener verklagt wird, für dessen Erscheinen vor Gericht oder erfülle Rechtspflicht statt seiner; Hl 15 **12a**) Der Beherberger eines Landlosen, der aus Vassallität fremder Grafschaft zum Verwandtenbesuch heimkehrte, hafte, falls dieser verklagt wird, für dessen Erscheinen vor Gericht oder die Busszahlung; II As 8 = Hn 8, 4 **12b**) Niemand nehme einen ~n ohne Erlaubnis von dessen früherem Herrn auf, bei Strafe der Ungehorsamsbusse; II Ew 7 = II As 22 = II Cn 28, der aber 'länger als 3 Nächte' einfügt, so dass Beherbergen ~r 2 Tage lang straflos ist. **N** Aus Cn: Leis Wl 48 und Hn 8, 5. Cnut vermengt das Gefolgsrecht mit dem ~nrecht **N 12c**) 2 Nächte darf man ohne Gefahr der Haftung einen ~n, Bekannten oder Unbekannten, beherbergen (es sei denn, ein von jenem Geschädigter zwinge den Wirt, sich von Beihilfe zum Verbrechen zu reinigen). Von der 3. Nacht an hafte der Wirt für dessen Erscheinen vor Gericht, mit monatlicher Frist, wie für einen Hausgenossen, oder zahle Busse und Strafe statt dessen und, falls verdächtig, reinige er sich gerichtlich; ECf 23—23, 4 = Bracton III 2, 10, 1. *Vgl.* mein *Über Leges ECf* 26. 86; Brunner II 276[6]; Bürgschaft 4 **12d**) *Ne vagus vel ignotus hospitetur nisi in burgo* (*s.* Stadt), *et ibi nonnisi una nocte* (*vgl. o.* 2); Ass. Clarendon. a. 1166, 15 **12e**) Es war Norweg. Brauch, 'nicht länger als 3 Nächte auf Besuch zu bleiben'; Vigfusson *Corpus poet. Boreale* II 42 **12f**) Deutsch: *Dreitägiger Gast ist eine Last; Der Wirt antwortet für den Gast;* Graf und Dietherr *Dt. Rechtssprichw.* 59. 291. Auch in Friesland ist Aufnahme gefährlicher Leute verboten, und haftet der Hausherr; His 51. 100 **N 12g**) *Compatriotæ nostri Walenses retinent hospitalitatis reverentiam, ut ante diem tertium nemo quæret ab hospite, unde sit vel quis;* Walter Map *Nug. curial.* II 20 **12h**) Erst mit 3. Nacht, die die Gefährlichkeit des Gastes enthüllt, wird der Begünstigung (*s. d.* 13) schuldig, wer den Reichsabschwörer herbergt; ECf 18, 3a **13**) Der Hausherr erhält von der Kränkung gegen einen Gast wie gegen einen Hausgenossen Busse; Hl 11—14 **13a**) Im Agsä. Gedicht *Genesis* 2471, aus Gen. 19, 6—8 bittet Lot die Sodomiten: *Lætað frið agan gistas mine, þa ic for God wille gemundbyrdan, gif ic mot, for eow; vgl.* Ferrel *Teutonic antiq. in Gen.* (Diss. Lpz.) 43. Der Wirt schützt also seine Gäste gegen deren Feinde **14**) Sind ~ an einem Ort geschädigt, so unterliegen dessen Einwohner Repressalien in der Heimat jener; *s.* Dunsæte 11, London **15**) Verkauf von Sklaven an ~ ist verboten; *s.* Unfreie

Freund(schaft) *s.* Sippe, Genossenschaft, Standesgenossen, Nachbarn; Gnade, Schiedsgericht; Friedlichkeit 1

freundlos *s.* sippelos; friedlos 1m

Frevel *s.* Verbrechen

Frieden *s.* Wb *frið, grið* [letzteres Wort, Nordisch, seit 10. Jh. Englisch, hat unter den vielen Bedd. von *frið* nur zwei: 'subjektive Sicherheit' und 'Sonderschutz']; *mund* 2, *mundbryce* 1, *pax* 6. Im Sinne 'Staatsvertrag' *s.* international; im Sinne 'sittliche Eintracht' *s.* Friedlichkeit. *Vgl.* Polizei; Schutz; Gottes~. Besondere Artt. haben: 'Königs~' im engeren Sinne samt 'Königsschutz-[Strafgeld]', Königs höchster 'Hand~' **1**) Hier wird der Land~ behandelt, die polizeiliche Sicherheit, die Staatsordnung **1a**) Dieser ~ gilt als fast alleiniger Staatszweck, als Absicht aller Gesetzgebung (II Ew 1. III As Pro. IV Eg 2. 12, 1. 16. I Atr Pro = III Pro), seine Herstellung als Pflicht der Regierung (X Pro 1. 2, 1), sein Mangel als für den König beklagenswert (II Ew Pro. V As Pro): so sehr, dass die Erhaltung wahren ~s im Krönungseide voransteht (Sacr cor 1, 1), dass das *Gesetz* II As (obwohl im Texte dieses Stücks das Wort *frið* fehlt) *scriptum pacis* genannt wird (III As 5; *vgl. ebd.* 2), dass ferner III As trotz verschiedensten Inhalts *De pace* überschrieben wird, und dass die ganze viermalige Gesetzgebung Æthelstans nur 'der ~' heisst; VI 10f. **1b**) Fürsorge für ~ steht selbst der Wehrkraft des Landes voran; V Atr 26. 26, 1 = VI 31 = II Cn 8 **1c**) *friðes bot* (Polizeireform), dem bäuerlichen Hausvater willkommen, dem Diebe verhasst (VI Atr 32 = II Cn 8, 1), soll Verwertung von Gestohlenem unmöglich machen; IV Eg 2, 2 **1d**) In der Denalagu partikularrechtlich bestimmt, wird sie von Eadgar nur bestätigt; IV 14, 1 **1e**) Eadmund dankt seinen Witan für die 'Sicherheit, die wir jetzt vor Diebstählen haben'; II Em 5 **1f**) Auf den Münzen Cnuts und seiner Nachfolger steht *Pax*, vermutlich nicht mit Beziehung allein auf den Oxforder ~ von 1018, sondern eher mit dem Sinne 'sichere Ruhe des Einheitstaats innen und aussen', auf welchen Grundton Cn 1020 gestimmt ist **1g**) Cnut soll *frið wyrcan*, ermahnt ihn Benedikt VIII. a. 1017—19; Cn 1020, 3 **N 1h**) *Pacificus* (*s.* Wb) lautet fürstlicher Ehrentitel, angeblich Flandr. Markgrafen **1i**) Der Name des Staatsbeamten *grieve* [*gerefa*, *s.* Vogt] wird erklärt aus *grið-væ:* der ~ schafft aus den Weh-Verursachern **2**) Zwar jede Missetat verletzt die Rechtsordnung. Aber nur manche Art und die mit grösserer Gewalt, in offenem Trotze durch eine Mehrheit geschehene, stellt einen erhöhten Land~sbruch dar. Laut Vertrages zwischen Agsa. und Anglo-Skandinaven bildet beim Totschlag an 7 oder weniger Wergeld ausreichende Sühne; wurden dagegen 8 oder mehr erschlagen, so liegt *friðbrec* vor, und greift der Staat (Stadt, Graf, und wo diese es unterlassen, der König) ein. Töteten Nordleute 8 Engländer, so werden sie friedlos in ihrem Heere (= 'Volk') und bei uns; II Atr 5, 2. 6. 7, 1. Dieselbe Zahlgrenze erhöht die Strafe in der Bande; *s. d.* 1. 9 **3**) Ursprünglich geht der ~ vom Volke aus. Spuren davon bestehen in sprachlicher Form: der Staat heisst *folc* (*s.* Wb, auch *folcisc*), das Landrecht *folcriht* (*s.* Wb, auch *folcrihtre*), der Bescholtene (*s. d.* 4) allem Volke Vertrauens unwürdig, der Friedlose (*s. d.* 1o) *utlah wið eall folc* **3a**) Und auswärtige Verträge schließt man nicht mit dem König allein, sondern mit dessen ganzem Volke (*s.* Dänen 1; AGu Pro. II Atr 1 **3b**) Die Londoner ~sgilde sichert Land~, wesentlich Polizei, zwischen der städtischen Bevölkerung und dem nachbarlichen Adel, zwar spontan, doch nicht im Widerspruch zur königlichen Gewalt; VI As 8, 4 **4)** Allein seit Eadward gibt sich der Land~ als vom König gewährleistet [*Vgl.* W. Sickel *Altgerm. Verf.* in *Mitt. Östr. Gesch.* I Erg. 36.] Er lässt seine Witan über Besserung 'ihres ~s' beratschlagen [ebenso VI As 10] — d. h. zieht sie hinzu —, denn seine alleinige Verordnung [darüber] schien unerfüllt; II Ew Pro. Er fordert zur Herstellung des Land~s Vassallität der Witan unter dem König und den Untertaneneid des ganzen Volkes; 1. 1, 1. 5 **4a)** Unser ~ heisst der von König und Witan befohlene; V As Pro. II Em Pro **4b)** Seitdem stehen alle Untertanen im Königs~ weiteren Sinnes; II Em 1, 3. III 2. [Dieselbe Entwicklung, bei stärkerer Monarchie noch deutlicher, zeigen die Franken; Brunner II 42] **4c)** Auf jedem Gericht werde umfriedet, was der König (nicht mehr 'das Volk') umfriedet zu haben wünscht; II As 20, 3 **4d)** Die Londoner ~sgilde verspricht Gehorsam bisherigen und künftigen Verfügungen des Königs über den ~; sie erhofft von Gott und dem König Besserung öffentlicher Sicherheit; VI 8, 9 **4e)** Der Friedlose (*s. d.* In — p) heisst fortan des Königs Feind **5)** Im Übergange zwischen beiden Ausdrucksweisen heisst der staatliche Schutz, der neben *Godes grið* jede Kirche umfriedet, *cynges and folces;* V Atr 10 = VI 13 **5a)** Die Witwe stehe in Gottes und Königs *grið;* V 21 = VI 26, wo L zufügt: *cunctæ plebis catholicæ,* gemäss früherem Ausdruck; *o.* 3; *s.* Gottes~ **6)** Bereits im 7. Jh. heisst in Kent das dem Richter für Blutvergiessen zustehende Strafgeldfixum Königsschutz (*s. d.*), auch wo der König nur als ~shüter (Staat) beleidigt war; *s.* Blutig fechten 3b. c **6a)** Seit 10. Jh. gibt es in Wessex 'Königsschutz' (*s. d.*) im Sinne bestimmter ~sbrüche, mit 5 Pfund zu büssen **6b)** Nach dem Schiedsgericht (*s. d.*) zur Todschlagsühne, das mit pfandlichem Versprechen der Zahlung durch die Sippe des Totschlägers endet, errichte man 'Königs~'; II Em 7, 3 = Wer 4 = Hn 76, 1b. Den Bruch büsste vermutlich 5 Pfund, abgesehen von Strafe und Busse für die einzelne Missetat [durch Blutrache der einen oder Nichtzahlung der anderen Sippe] **7)** Der König dehnt den Land~ aus über Fremde (*s. d.* 5b) und bisher Friedlose; *s. d.* 17 **N 8)** Vollends in Normannenzeit ist der Land~ aufgegangen im ~ des Königs (*pax mea* Wl art 3. CHn cor 12. Hn com 1); daher erscheint und heisst später jedes schwere Verbrechen (als Verstoss gegen die Treue, die jenen ~ inbegriff): Felonie (eig. Treubruch gegen den Herrn); jede Klage *de pace regis infracta* ist Kronprozess; *s. d.* **8a)** Der ~ zwischen Englischer und Französischer Rasse ist anbefohlen als Königs~; Wl art 1 (in einer vom Kirchen~ In Cn 1 vielleicht geborgten Form); alles Gefolge des Eroberers steht *in pace mea* (*nostra*); Wl art 3 (retr) **8b)** *Aeterna pax gentis nostrae* wird vom Juristen um 1114 eng verknüpft mit dem Gedeihen des Königshauses; Quadr II Praef. 14, 1 = Hn Pro **8c)** Die staatliche Polizei und Rechtspflege nennt er (*Henrici I.*) *pacem et iustitiam;* Arg 24 **8d)** Der Land~ gilt so sehr als persönlich vom König abhängig, dass er durchs Interregnum schwindet; das am 2.—5. August 1100 Entwendete braucht man bloss zurückzuerstatten; Strafgeld dafür erlässt Heinrich, aber: *Pacem firmam in regno pono et teneri amodo præcipio;* CHn cor 12. 14 **8e)** Ebenso 1135. Erst 1272/3 gaben Staatsautoritäten als solche, da Edward I. noch abwesend war, den ~, und seitdem erstirbt der Königs~ nie

Friedensbruch *s.* Frieden 2, Königs-, Handfrieden, Schutz, Königsschutz; Fehde **Friedensbürgschaft** *s.* Zehnerschaft **Friedenseid** *s.* Ehrlichkeitsversprechen, Urfehde **Friedenserkaufung** *s.* busslos 6; friedlos 17

Friedensgeld. *Absque fredo,* frei von Strafgeld (*s. d.*), bleibe Missetat ohne Absicht (*s. d.* 5); aus Ribuaria Hn 90, 6 **Friedenskuss** *s.* Kuss

Friedensstätte, -stuhl *s.* Asyl

Friedensvertrag *s.* international, Dänen 9. 14, Dunsæte, Begünstigung 18a **Friedhof** *s.* Wb *legerstow, atrium. Vgl.* Grab(stätte); Eigenkirche 2. 4, Kirchenland, -rang; Asyl 20, Asylbruch 7

Friedlichkeit 1) *gesibsumnesse* und Eintracht unter den Staatsbürgern zu bewahren, mahnt II Em Pro 1; im selben Sinne fordert 'Frieden und Freundschaft' V Atr 1, 2 = VI 1, 2 = X 2, 1, synonym zu *sibbe 7 some* VI 1 **2)** Der Bischof (*s. d.* 9c. d) soll bemüht sein *ymbe some 7 sibbe;* Episc 3 f. **3)** Geistlicher Lehren und weiser Staatsgesetze Nutzen ist, dass sie Frieden bringen (*sibbiað*), versöhnen und Streit schlichten; X Atr Pro 1. *Vgl.* Frieden 1a **4)** An Feiertagen (*s. d.* 8b) herrsche *sibb 7 som* ohne Rechtsstreit

friedlos. *Vgl.* meinen Aufsatz *Die ~igkeit bei den Agsa.* in *Brunner-Festschr.* (1910) 17, hier zitiert als *BruFest.* 1. Ausdrücke. 2. Verwandte Institutionen. 3. Nur gerichtliche Verkündung macht ~. 4. Wer ächtet. 5. Form. 6. Gültigkeitsgebiet. 7. Wer wird geächtet. 8. Ganze Klasse, Landschaft. 9. Nur Entflohene. 10. Kategorie von Verbrechen. 10b. Deren Liste. 11. Folgen der ~igkeit. 12. Prozess. 13. Keine Busse. 14. Exkommunikation. 15. Kinder, Sippe, Ehe. 16. Begünstigung. 17. Aufhebung. **1)** *friðeleas, freoðoleas* heisst vór Dänenzeit 'ohne Gnade, Schonung'; die Bed. '~' ist vielleicht dem Norden entlehnt **1a)** *nanes friðes wierðe* III Atr 15 **1b)** *fliema, afliemed, fleam, fleon* gehen in der Bed. '~, ~igkeit, ~ werden (sein)' über 680 hinauf laut *fliemanfeorm; s.* Begünstigung 2 **1c)** Eine Übers. davon ist *profugus* Urk. a. 986 Kemble 1312, ferner *fugitivus* (Hn 23, 6), *expulsus, exul* **1d)** Nicht technisch ist *afirsige,* verbanne, verjage VIII Atr 40 **1e)** *utlah* (*s.* Wb, auch *-aga, -age, -agare, -agatio, -agium, -agaria*) heisst eindeutig: ~. Es begegnet (c. 922?) sicher vor 961. Es ist Lehnwort aus Norden; *vgl.* Exkommunikation 1; Heusler *Strafr. Isld.* 128; *Archiv neu. Spra.* 117 (1907) 268. Ggteil: *(ge)inlagian, lahcop u.* 17 **1f)** *fliema* steht mit *utlah* ganz synonym (II As 2, 1. 20, 8 *vgl.* mit I Atr 1, 9a; 13. II Cn 13, 2 In), auch mit *friðleas;* 15a *vgl.* mit II Ew 5, 2. Ebenso deckt sich *(a)flieman* genau mit *geutlagian, cweðan utlage;* Ann. Agsax. 1046. 1052 **1g)** *fliema* wird in technischer Rechtssprache seit 1060 seltener, erstirbt in ihr im 12. Jh., lebt in allgemeinerer Bed. im Mittelengl. *fleme* **1h)** *utlag* lautet jetzt *outlaw.* Das Wort weist in Holland nach Brunner *Forsch. DRG* 738. Auf Island erhält es eine mit *lahslit* (Rechtsbruchbusse) verwandte Bed.; K. Lehmann *Njal* 24 **1i)** Es wird übs.: *exlex* [*exlex: utlaga oððe butan æ;* Ælfric *Gram.* ed. Zupitza 70], *exlegare* Flor. Wigorn. 1080 **1k)** *forisbannitus, exul, expulsus* wird von den Lateinern für alle drei Agsä. Wurzeln unterschiedlos gesetzt **1l)** *wreccena feormung* braucht (für sonstiges *fliemanfeorm*) Af; *vgl.* Brunner II 593; Grimm *DRA* 733. Dagegen über *wræcnian, wræcsið s.* Pilgerfahrt, Verbannung **1m)** *frendles* ist nur eine Verderbnis für *friðleas* und heisst in den *Gesetzen* vielmehr sippelos; *s. d.* Aus jener Korruptel aber nehmen Ps Cn for 24 (*vgl.* I 624[1]) und Bracton (III 13, 1 f. 128 b; *vgl.* Brunner I[2] 131) dieses Wort für ~ auf **1n)** (*ge*)*fah wið þone cyng and ealle his frind* II As 20, 7 (II Em 1, 3 = *inimicus regis et omnium amicorum eius* III 2. Hn 88, 12 d), *gefáh* (Englands) II Atr 6, 2 ist genau synonym mit ~ zu einer Zeit, da der Frieden (*s. d.* 4) nicht mehr vom Volke, sondern vom König ausgeht. Das Festland hat denselben Ausdruck; *s.* Wb *fah* und Brunner I[2] 232. II 65[47] **1o)** Eine Variante setzt zu Cnuts *utlah* hinzu: *wið þone cyng* II 31, 2 B. Nichts anderes meint *utlah wið eall folc* I Atr 1, 9 a = II Cn 30, 9, *wið God 7 men* II Cn 39 = Hn 66. 68, 3 **1p)** Nur ein schwächerer Ausdruck (*s.* Steenstrup *Danelag* 252) ist: verlustig der Freundschaft (*s. freondscipe* 3. 4; *vgl.* Gnade) des Königs (und der Witan) I As Pro. As Alm 1. II As 25, 2. VI 11. IV Eg 1, 5. VIII Atr 32. Cn 1020, 11. 1027, 12; unser aller II Ew 5, 1 [bzw. der Genossen Northu 2, 1. VIII Atr 27 = I Cn 5, 3] **1q)** 'Wolf' heisst der ~e bei vielen Germanen und in Agsä. Poesie; Brandl i. Paul's *Grundriss Germ. Philol.*[2] 976. 'Ein Freundloser *wineleas* nimmt Wölfe zu Gefährten; oft zerreisst ihn der Gefährte'; Exeter-Gnom. 147. *Wulfes heafod* (*s.* Wb) ist seit 12. Jh. für ~e, Verbrecher bezeugt (Pol Mai II 447[2]; Maitland *Sel. pleas of the Crown* I 23); und zwar bestand der Ausdruck vor der Wikingerzeit, denn 'Wolfshaupt-Baum' heisst der Galgen schon in Agsä. Poesie; Brunner I[2] 244[62] **1r)** *wargus* für Wolf, Geächteter, schreibt Hn nur aus Lex Salica ab; *vgl. ebd.* 235; Heusler 124. 233; *wearg* bed. Agsä. Verbrecher, Böser **1s)** Waldgänger heisst ~ im Norden, und für *latrones latitantes in silvis, fleman* (In Cn III 48) stand vielleicht im Original *wealdgenga;* dies heisst aber Räuber, nicht ~ **2)** Weltlicher ~igkeit geht kirchlich parallel die Exkommunikation; *s. d.* 1 d. 11, *u.* 14 **2a)** Nur aus der Genossenschaft des Klerus gestossen, nicht dadurch weltlich ~, wird der verbrecherische Geistliche (*s. d.*); VIII Atr 27 = I Cn 5, 3. Northu 2, 1 **2b)** Nur einem bestimmten Manne oder Geschlechte gegenüber 'Feind' wird, wer dessen Verwandten erschlägt oder bei der Schändung von dessen ehelicher Frau, Mutter, Tochter oder Schwester ertappt wird; *s.* Blutrache 2, Ehebruch 8. Selbst der als zahlungsunfähig, nachdem Sippe oder Gilde ihren Teil gezahlt haben, für sich aus dem Lande geflüchtete Totschläger ist ~, wenn er zurückkehrt, nur gegenüber der Sippe des Erschlagenen; ausser Landes aber ist er auch vor ihr seines Lebens sicher; Abt 23. Af 27 **2c)** Deutlich von ~igkeit unterscheiden sich: Verpflanzung (*s. d.*), Vertreibung (*s.* Verbannung) und Abschwören (*s. d.*) des Reiches **2d)** Die kleinere ~igkeit (*s.* Abschwören 3) oder die mildere, abkaufbare des Nord. Rechts (Brunner I[2] 239) kennt der Agsa. nicht **2e)** Handhafter (*s. d.*) Verbrecher ist zwar wie ~er von jedem Staatsbürger hinzurichten und entbehrt vor Gericht des Reinigungsrechtes, aber er kann entspringen und dadurch zur Reinigung gelangen **3)** Nur durchs öffentliche Gericht kann man ~ werden; *vgl.* Brunner *Ältestes Strafr. Kulturv.* 57 **3a)** Von Begünstigung (*s. d.* 14) entschuldigt der Eid, den Verbrecher nicht als ~en gekannt zu haben **3b)** Der Brecher eidlichen Versprechens, der aus der ihm zuerkannten Haft bereits tatsächlich entflohen ist, wird nun erst gerichtlich *afliemed;* Af 1, 7 **3c)** Der tatsächlich schon dem Gericht entflohene Herrenlose wird 'fortan' *fliema;* II As 2, 1 **3d)** Der Gerichtsakt heisst im 11./12. Jh. *utlaga bebeodan,* (*ge*)*cweðan, gecyðan,* (*ge*)*utlagian, exulem* (*pro*)*clamare, aflyman; s.* Wb; Ann. Agsax. 1014. 1052. 1055. 1064. 1069. 1106 **3e)** Den *proclamatus exul* scheidet vom *flema,* dem bloss tatsächlich zum Walde entflohenen Verbrecher, In Cn III 47: diese Begriffsverengung ist sonst nicht belegt **4)** Entweder das ordentliche öffentliche Lokalgericht spricht die ~legung aus; ihm befiehlt sie Af 1, 7. II As 2, 1. *Vgl.* Urk. *man hine aflymde and gerehte cyninge land* des Verbrechers; a. 995 Kemble 692 **4a)** Oder die Regierung. Nämlich der König selbst; Ann. Agsax. 1052. *Tu hine* (einen bereits mit Vermögenseinziehung bestraften Dieb) *hete flyman* wird Eadward I. erinnert; Urk. um 907 Birch 591. Zumeist mit den Witan (Ann. Agsax. 1014. 1048. 1052. 1069; Urk. a. 1012 Kemble 719), die a. 985 (Kemble 1312) allein genannt sind. Unter dem neben dem König ächtenden *eall here* ist Nordischer Hofkriegsadel zu verstehen; Ann. Agsax. 1049. 1052 **N 4b)** Der König ächtet *ore suo,* persönlich; ECf 6, 1 [wie bei anderen Germanen; Brunner I[2] 201[28]]. Hierfür ist *verbo oris sui* im ECf retr nur Stilverfeinerung, ohne Beziehung zu Fränk. *extra sermonem positus* für *forbannitus* **4c)** Auch das Hundred kann ächten; Hu 3, 1 **4d)** Der Achterklärer empfängt Ungehorsamsbusse vom Begünstiger des Geächteten (In Cn II 15 a); gemeint scheint Graf oder Sheriff oder privater Gerichtsherr des Hundred **4e)** Die [aufständischen] Thegnas von Yorkshire und Northumberland *utlagodon heora eorl Tostig* 1065 (Ann. Agsax.), zunächst ohne Wissen und gegen den Willen der Reichsregierung. **N** Als Graf von Northumbrien ächtete der Bischof von Durham 1080: *occisorem omnesque socios de Northymbria exlega*[*vit*]; Flor. Wigorn. Den Fall, dass durch Yorkshire *quis secundum legem exulatus fuerit* vor 1066, sieht Domesday I 298 b 2 vor **4f)** Seit 13. Jh. spricht allein die Grafschaft ~ (Pol Mai I 541. II 579) oder das Folcmot Londons; Bateson I 72 vom 12. Jh. Der Königsrichter kann die Ächtung nur anordnen, nicht aussprechen **5)** Als Form der Ächtung vermutet Brunner öffentl. Ausrufung als Wolfshaupt (*o.* 1 q); I[2] 235. 239 **6)** Zunächst nur über ihr eigenes Gebiet hin erklärt eine Landschaft (Grafschaft) jemanden ~ (wie im Abschwören; *s. d.* 2). Allein die Acht soll über den ganzen Staat hin gelten seit III Atr 10; so schon *o.* 4 a. Seit Æthelstan bis Cnut tritt (zur Hervorhebung letzterer Bed.) 'gegenüber dem König', 'Witan', 'allem Volke' oder 'Gott und Menschen' zu ~ oder feindlich hinzu; *o.* 1 n. o. p Auch andere Germanen dehnen so das Gebiet der ~igkeit aus; Lehmann *Königsfriede* 19 f. 110 7) Zumeist ein freier Mann wird ~. N Dass ein *servus pro utlegato habeatur* als Strafe für Hirschhetze im Forst (*s. d.* 21a), widerspricht altem German. Recht; die Quelle ist spät und trübe; *vgl.* I 624 k. l. [Allein auch Nord. Recht betrachtete den Sklaven später nicht mehr ganz als Sache und liess den *þræl utlagr* werden; v. Schwerin *Gött. gel. Anz.* 1909, 802.] Auch die Frau wird nach Mittelengl. Recht nicht ~; Brunner I² 241[47] 8) Nicht bloss Einzelpersonen können ~ werden. So 1052 'alle Franzosen' d. i. mindestens das Gefolge dreier Normannischer Bischöfe. Wahrscheinlich berief sich der Mord an den Dänen 1002 auf die von ihnen wegen Verrat oder Königsattentat verschuldete ~igkeit. Wilhelms I. Agsä. Gegner heissen 1070 *þa utlagas* **8a**) Man erklärt 991 einen ganzen *ealdordom on unfriðe*, wenn dort mehr als 7 Eingeborene ungestraft erschlagen würden (II Atr 6); und ein jedes *land utlah*, das einem England plündernden Heere Friedensschutz bieten würde (1, 2): neben einer Englischen Landschaft kann da unter *land* auch Wales oder Schottland gemeint sein **9**) Nur entflohene Verbrecher werden ~ erklärt; Af 1, 7. EGu 6, 6. II As 2, 1. 20, 8 = Hn 53, 1e. I Atr 1, 9a; 13 = II Cn 30, 9. 31, 2 = Hn 41, 10 = Leis Wl 52, 2. Hn 53, 1d **9a**) *He forstæl swin and oðbærst to wude, and man hine aflymde;* Urk. a. 995 Kemble 692 N **9b**) Das Domesday setzt den Verbrecher ~, *si capi non poterit* I 154b 2; dies ist zu ergänzen an den entsprechenden Stellen 172a 1. 252a 1. 262b 1. *Utlagati fiunt, quando non comparent; Dial. de scacc.* II 10 L **9c**) Die ~legung des dem Rechtsvollzuge Entflohenen (Hn 53, 1e) versteht sich so sehr von selbst, dass sie verschwiegen und der Entflohene doch ohne weiteres *fliema* genannt werden kann; II As 20, 6; 8. III Em 3. Hu 6. III Eg 6, 1. Als III Atr 6, 2 aus I 1, 7 das Entfliehen vór dem Ordal abschrieb, liess er die daraus folgende ~igkeit fort **9d**) N Die ~igkeit ward daher prozessuales Zwangsmittel gegen Gerichtsversäumer, auch in bürgerl. Klagen; Pol Mai I 26. 459. 525. II 457. 464 f. 579. 591; Holdsworth *HEL* III 64 **9e**) Flucht kam damals weit häufiger als in einem entwickelten Staate vor. Sie gelang leichter durch mangelhafte Polizei (*s. d.*). Sie wurde durch Misstrauen in die für Arme und Unbeschützte gefährliche Justiz häufiger beabsichtigt. Sie bot durchs Erreichen eines Asyls oder Fürsprechers bessere Aussicht **9f**) Als einen ausnahmsweisen Glücksfall nennt eine Prophezeiung: *flema bið gemet* (ein ~er wird ergriffen werden); *Leechdoms* ed. Cockayne III 186 **10**) Seit Cnut kommt *utlages weorc, utlagaria* als eine Kategorie von Verbrechen (*s. d.*) vor. Diese Abteilung entspricht nicht der Ælfreds. Sie deckt sich teilweise, und vielleicht ganz, mit dem im späteren 10. Jh. busslos (*s. d.*) Genannten und mit dem, was, im Ggs. zu *forisfactum*, 1100 *perfidia vel scelus* heisst in CHn cor 8. Auch Wilhelm I. fordert zur Reinigung von Klage auf 'utlage' Verbrechen prozessual schwereren Beweis (*s. d.* 11a A). Es ist nicht sicher, ob er ganz dasselbe wie Cnut *utlag* nennt. Nicht also der Missetäter [der vielmehr vor Gericht anwesend ist], sondern das Verbrechen heisst hier ~, offenbar dorther übertragen **10a**) N *Utlagaria* steht hinter *furtum, murdrum, proditio domini, robaria* und vor *husbrece, bernet, falsaria, causae criminales vel capitales* (Hn 47), als wäre sie éin bestimmtes Verbrechen und schlösse jene 7 anderen daneben genannten alle aus: sicher falsch **10b**) Die Verbrechen, deren angeklagt man etwa 950—1130, wenn man sich nicht reinigte oder Strafe litt, ~ ward, sind erstens laut ausdrücklicher Zeugnisse: Herrenverrat (*s. d.* und *s.* alle folgenden Artikel); Mord; Vergiftung (*s.* Gift); Verhexung (*s.* Zauber); Verletzung königlichen Handfriedens (*s. d.*) od. Asylbruch (*s. d.* 6) durch Totschlag im Hause oder des Kirchenfriedens; Blutrache für einen gerechterweise getöteten Verbrecher oder gegen andere als den von seiner Sippe ausgestossenen Totschläger allein; Totschlag am Geistlichen, am Kirchengeldeintreiber; Raub am lichten Tage sofort kundgemacht, Seeraub, Leichenraub; Diebstahl; Verweilen in der Heimat trotz der Verpflanzung, der Verbannung (aus Land, Grafschaft, Stadt oder Dorf), des Reichsabschwörens oder trotz der wegen Verbrechens einem Geistlichen zur Busse auferlegten Pilgerfahrt; Bruch eidl. Versprechens; Gerichtsversäumnis des verklagten Herrenlosen, Ausbleiben des zur Diebesverfolgung dreimal Aufgeforderten (Hu 3, 1); Weigerung der Strafzahlung dessen, der polizeiliches Geleit für Spursucher auf seinem Landgut anzustellen unterliess; Amtsvergehen des Gerichtsvogts durch ungerechte Regierung und durch Ungehorsam gegen neueste Gesetzgebung oder königliches Gebot der Domänenverzehntung (*s.* Zehnt) und der Bestrafung aller Vorenthalter von Kirchensteuer. Theologen wünschen, dass Geistliche, die den Kanones sich nicht fügen (*Hom. n.* Wulfstan 269), und Wucherer ~ werden **10c**) Jeder entfliehende schwere Verbrecher ward ~, doch ist in den Quellen weder dieser Satz allgemein hingestellt, noch auch die Gruppe der mit Todesstrafe oder Verstümmelung oder Verknechtung oder Vermögenseinziehung oder Auslösung durch Wergeld belegten oder busslos (*s. d*) genannten Verbrechen unter ~igkeit eingeordnet, wenn sie auch im Sinne heutiger Germanist. Rechtsgeschichte hierher gehört; *s.* Bru Fest 17. 32. Erst Bracton, nicht Agsä. Recht, bemerkt, dass aus ~igkeit sich die härtesten Strafen abspalteten; Brunner I² 232. 243[54]. Der Agsa. bezeichnet den schwersten Verbrecher als verfallen dem Tode und der Vermögenseinziehung (Af 4, 2. V As Pro 3. V Atr 28 f. = VI 35 ff. VIII 42 = II Cn 66, 1. 57; *vgl.* Brunner II 463[9]), verwirkt, dem handhaften gleich zu behandeln, als Verüber bussloser Tat. Die historische Verwandtschaft aller härtesten Strafen zeigt sich darin, dass sie **A.** alternativ auftreten, **B.** im gemeinsamen Ggs. zu Strafgeldfixa (*s. d.*), **C.** dass allen folgt die Strafvollzugspflicht jedes Staatsbürgers (*u.* 11a), **D.** Vermögenseinziehung und **E.** Absorption des Bussempfanges durch den Kläger; *u.* 13 **10d**) Erschlagen werden darf auch wie ein Dieb der verstohlen (*s. d.*) wandernde Fremde (Ine 20 = Wi 28) und wer dem Nordischen Heere sich nicht als Mann des diesem verbündeten Æthelred II. zu erkennen gibt; II Atr 3, 4 **10e**) Jede Schuld, auch rein zivile, kann, wenn ihre Gutmachung gerichtlich angeordnet und in wiederholtem Ungehorsam versäumt war, zur ~igkeit führen; *o.* 9d. Nicht die Zahlungsunfähigkeit, sondern der Ungehorsam macht ~ **11)** Wer ~ geworden, ist vernichtet; *to flymum gedon* übersetzt *disperdere* Psalm 77, 38 **11a)** Es besteht Strafvollzugspflicht (*s. d.*) des Staatsbürgers, wie gegen Verbrecher überhaupt, so gegen ~e; EGu 6, 6 = II Cn 48, 2. ECf 6, 2a. 18, 3. Der Brecher königlichen Handfriedens verfällt *in misericordia regis; si capi non potuerit: exul; si quis eum occidere prævaluerit, spolia eius licenter habebit;* Domesday I 154 **11b)** Es trifft ihn Vermögenseinziehung (*s. d.*); **11c)** ferner Verlust der Heimat, Verbannung (*s d.*), die eigentlich schon im Begriffe der ~igkeit liegt, aber oft daneben hervortritt **12) N** Einer Klage auf *utlagaria* muss, wie der auf anderes Krimen, sofort, vór Ratserholung mit Nein geantwortet werden; Hn 47 **13)** Kläger erhält vom ~ Gewordenen ebenso wie von dem am Leibe Gestraften keine Busse (*s. d.* 4), sondern nur Ersatz **14)** Der ~igkeit verbindet sich gern die Exkommunikation (*s. d.*), auch wo Klerus oder Glaube unmittelbar nicht verletzt war; *vgl. o* 2 **15) N** Kinder des ~en, erzeugt vor der Verbannung, sollen nicht ~ sein oder *hereditatem* verlieren, nach ECf 19, 2 und Stadtrecht Bateson I 68f., aber im Widerspruch zu Erbgang 20. 20a **15a)** Wer ~ wird, verliert die Sippe, so dass *freondleas* synonym wurde mit ~; *o.* 1m **15b)** Seine Ehe wird [anders als bei der Verpflanzung; *s. d*] getrennt; *s.* Ehefrau 8. 9a. 10c, d **16)** Begünstigung (*s. d.*) ~er ist schweres Verbrechen **17)** Reichs-~igkeit aufheben, *reddere pacem*, (*ge*)*inlagian* [auch im Norden; Lehmann (*o.* 6) 130. 142. 193f.], kann nur der König (Urk. um 907 Birch 591; Hu 3, 1. II Cn 13; Ann. Agsax. 1050; Domesday I, 262b 1. 298b 2) oder der vom Königsgericht delegierte Beamte; ECf 5, 3a. Bei Wiederaufnahme verbannter Magnaten nehmen die Witan an der Inlagation teil; Ann. Agsax. a. 1052. 1055. 1065. Diese Inlagation gibt dem ~en des Königs *grið; ebd.* 1074. Sie ruht wohl auf dem Rechte der Begnadigung; *s. d.* 8B; busslos 6 **17a)** Wahrscheinlich [*s.* jedoch Bescholtene 10a] diese Inlagation meint *lahcop*; *vgl.* 17d **17b)** Barmherzigkeit predigt II Cn 67 für 'den zum Rechte Umkehrenden', vermutlich den, der ~ sich in einem Asyl oder durch Fürsprecher freiwillig dem Richter stellte **17c)** Graf oder Sheriff kann wohl dem aus der Grafschaft Verjagten (*o.* 4e. 6) Aufenthaltsrecht und Frieden wiedergeben, aber nicht dem *secundum legem exulatus;* Domesday I 298b 2 **17d)** Auch der aus der Priestergenossenschaft Ausgestossene muss sich in sie erst wieder einkaufen (*vgl.* 17a); Northu 2, 1 **17e)** Zeitweise suspendiert ist die ~igkeit durch Asyl; *s. d.* 4. 14

Friesen. Deren Grafen heissen Markgrafen; ECf 32, 2

Frist *s.* Wb *fierst. Vgl.* (Beweis)-termin, Zahl, Zugabe, Tag, Nacht, Vorladung, Gericht, Amnestie 2. 6 **1)** Wer die Dauer der Kerkerhaft durch Flucht unterbricht, muss die ganze ~ zu sitzen neu beginnen; Af 1, 6 **1a)** Ich ordne im folgenden nach Zeitdauer **2)** Handhaftigkeit der Tat wird durchbrochen durch Entspringen des Verbrechers, obwohl er noch vor Nacht wieder eingefangen (und dadurch der für die Einlieferung Verantwortliche straflos) wird; das Verbrechen wird dann nur als übernächtiges gestraft; Ine 72f. **2a)** Sobald der zu Zahlung oder Reinigungseid Verurteilte binnen einer Nacht eines von beiden zu versprechen weigert, zahlt er Strafe; Hl 10 **2b)** Schlägt der Herr seine Sklaven, so ist er schuldig nur, wenn deren Tod selbigen Tages eintritt, nicht ganz so, wenn sie 2—3 Tage leben bleiben; aus Exod., wo *uno die vel* 2, Af El 17 **2c)** Wer am Tage des Totschlags diesen [eidlich] anzeigt, überführt damit den Totschläger der Schuld; als Nordengl. Missbrauch V Atr 32, 4 D **3) N** Prozesstermin werde abbestellt mehr als 24 Stunden zuvor; Hn 59, 2a **4)** *s.* drei Tage **5)** Binnen 5 Tagen müssen die Dorfbauern dem Hundredvorsteher fremdes Vieh auf ihrer Gemeinweide anmelden; IV Eg 8, 1 **N 5a)** Binnen 5 Tagen muss der Totschläger an einem Normannen verhaftet sein, sonst zahlt der Bezirk des Tatorts *murdrum;* Wl art 3, 1 [**5b)** Fünfnächtige ~, aus dem Norden (Amira 132; 'Wetter wechselt oft in 5 Tagen', Altnord. Vers) erhält der 1052 friedlos gelegte Herzog Godwine zur Flucht; *Brunner Festschr.* 30] **6)** Sieben Tage ~ erlaubt für Einlieferung des Totschlägers an einem Normannen Hn 13, 2. 75, 6a. 91, 1. 92, 3; 5; 9; 9b. Damit synonym 8 (*jurs*) *dies* Leis Wl 22. ECf 15 **6a)** Der Ermordete darf erst nach 7 Tagen beerdigt werden; Hn 92, 12 **6b)** Gericht wird 7 Tage zuvor geboten [und Beklagter dazu vorgeladen]; II As 20 **6c) N** *Comitatus submoneatur* 7 *dies antea;* Hn 7, 4 = 51, 2a **6d)** ~, den Gewährsmann aus anderer Grafschaft zum Gericht zu bringen, *s.* Anefang 20a **6e) N** In derselben Grafschaft geschieht die Vorladung (auch nach Terminaufschub) *ad 7 dies,* dagegen auf 2 (3) Wochen, falls der Gegner in nächster (dritter) Grafschaft wohnt; auf 4, wenn noch entfernter, doch in England (*u.* 15); Hn 41, 2f. = 46, 1f. 59, 1ff. 60, 2b **6f)** In 7 Tagen nach dem Urteil muss man es erfüllen; Hl 10. Ine 8 = Ap AGu 1 **6g)** 7 Tage muss Bluträcher den Verfolgten in dessen Hause belagern, bevor er ihn [in Heimsuchung] dort fassen darf; Af 42, 1; *vgl.* Asyl 8 **6h)** Drei Wochen gibt von Fron frei Af 43 *s.* Feiertag 6 **6i) N** 8 Tage nach Weinachten, Ostern, Pfingsten und jährlichem Erinnerungstage erster Krönung gegenwärtigen Königs herrscht Sonderfriede gleich königlichem Handfrieden (*s. d.*); ECf 12a 27 **6k)** Eine Woche nach Nachtgleiche erhält der Schafhirt die Schafmilch vom Herrschaftsgut; Rect 14 **6l)** Ein bis zwei Tage wöchentlich leistet der Hintersass diesem Fron; *s. d.* 3; der Gebur muss im Herbst wöchentlich 1 Acker ihm pflügen; 4, a; 1b **7)** 7 Tage nach Geburt ist späteste ~ für Taufe. Dagegen *s. u.* 12m und 'neun' Northu 10, 1. Dies wohl ein Nachklang der Altgerman. ~ für die Namengebung des Neugeborenen; Weinhold *Myst. Neunzahl* in *Abh. Berl. Akad.* 1897, 47 **7a)** 9 Tage Asyl *s. d.* 12 **7b)** Binnen 9 Tagen muss der Gutsherr, dem der Spurfaden des auf sein Gut hin verlorenen Viehs übergeben ward, es bezahlen oder Pfand geben und dies binnen 9 Tagen auslösen; Duns 1, 1 **7c)** Binnen 9 Tagen muss Beklagter das Urteil erfüllen; 2 **8)** 12 Tage *s.* Epiphania 3. 4 **8a)** 12 Tage nach Ostern werden die Lämmer vom Mutterschaf entwöhnt; Ine 55E **9)** Dafür 14 Tage; andere Hss. **9a)** Bis 14 Tage nach Ostern dauern Gerichtsferien; V Atr 18 D; dafür '15' übr. = VI 25 = I Cn 17. Erklärung des Ausdrucks gibt Burchard *Hegung Dt. Gerichte* 85 **9b)** **N** *quindecim dies* als doppeltes einer Woche Hn 41, 2a. 59, 2b, *o.* 6e; *vgl.* Schröder *DRG*⁵ 14[10] **9c)** Pflugalmosen ist fällig XV *niht* nach Ostern; II Eg 2, 3 = V Atr 11, 1 = VI 16 = VIII 12. VI 17 = I Cn 8, 1 **9d)** *s.* Burg 6a **10)** **N** Wer angeblich in gerechter Hinrichtung jemanden getötet hat, die Rechtmässigkeit aber nicht erweisen kann, zahle in 16 Tagen nach der Beweisfälligkeit 3 Strafgelder dem Bischof (*s. d.* 9o); ECf 36, 5 **11)** Nach der Totschlagsühne ist zu zahlen je in 21 Tagen Halsfang, Mannbusse, Fechtstrafe und dann an die Sippe des Erschlagenen Erstbetrag des Wergelds; der Rest nach Gerichtsbestimmung; II Em 7, 3 = Wer 4, 1—6 = Hn 76, 5—5a **12)** Alle 4 Wochen wird Gericht vor dem Vogt gehalten; II Ew 8; und zwar das des Hundred; Hu 1 **12a)** Allmonatlich treten in der Londoner Gilde die 10 Zehnerschaftshäupter samt Hundertvorsteher zusammen; VI As 8, 1 **12b)** 30 Tage muss der Bluträcher den sich ergebenden Feind zur Auslösung durch dessen Sippe anbieten, bevor er ihn töten darf; Af 5, 3. 42, 1; 4 = Hn 83, 1b **12c)** Binnen 30 Tagen beginne Verbannungspilgerfahrt und Wergeldzahlung für Totschlag an einem Priester (II Cn 39. 39, 1 = Hn 66) und für das vom Priester begangene Verbrechen; II Cn 41, 1f = Hn 66, 2b **12d)** **N** Wer klagt, sein Verwandter sei zu Unrecht unehrlich verscharrt worden, muss ihn binnen 30 Tagen reinigen; ECf 36, 1. [Der dem Urteil gemäss versprochene Eid wird binnen 30 Tagen geschworen; Urk. a 825 Birch 386] **12e)** In 30 Tagen nach dem Tode jemandes melde der Pfarrer dem Bischof, ob jener, früher meineidig, sich noch bekehrt habe [also ehrlich Grab verdiene]; II As 26, 1 **12f)** Kam jemand beim Baumfällen zu Tode, so kann seine Sippe den tötlichen Baum binnen 30 Tagen abholen; Af 13 = Hn 90, 6 **12g)** 30 Tage nach Tod des Okkupanten eines Klosterguts erhält das Kloster teilweise Rückgabe; 11. Jh. Thorpe *Dipl.* 452 **12h)** Binnen 30 Tagen zahlen die Genossen für den verstorbenen Gildebruder Seelschatz und singen 50 Psalmen; VI As 8, 6 **12i)** *Totum a primo die tricesimum celebratione missarum prosequuntur; Vita Edw. Cf.* 1602 ed. Luard 434 **12k)** *Hereditas intra* 30 *dies post fata defuncti habeatur pro quiescente;* Homeyer *Dreissigste* 108. 145. *Vgl.* Brunner *Erbschaftssteuer* in *Festschr. Martitz* 24 **12l)** *Muliere mortua, licet viro post mensem alteram accipere;* Theod. *Poenit.* II 12, 9; so für die Witwe *s.* Ehe 3b **12m)** In 30 (gegen *o.* 7) Tagen werde ein Kind getauft; Ine 2 **12n)** 30 Tage lang kann Käufer ein Stück Vieh zurückliefern, an dem er Krankheitsfehl gefunden hat; 56 **12o)** Monatliche Armenpflege; *s. d.* 4 **N** **12p)** Monat und Tag erhält Bürge bzw. Zehnerschaft ∼, um den unauffindbaren Verbürgten, der Dieb oder Räuber geworden, zu suchen und vor Gericht zu stellen, bevor er selbst haftet (Leis Wl 3. ECf 20, 1a; die Zugabe eines Tages zur ∼ auch *u.* 15); **12q)** ebenso das Dorf, um den eines dortigen Murdrums Schuldigen, der Wirt um den von ihm Beherbergten vor Gericht einzuliefern; ECf 15, 1f. 23, 2 **12r)** Der dem Kirchengericht ungehorsam Entflohene wird nach Anrufung des weltlichen Armes *infra* 31. *diem* gesucht, erst dann vom König friedlos erklärt; 6, 1 **12s)** Im Frieden warte der vom Herrn beleidigte Lehnsmann länger als in Zeit der Fehde (*s. d.* 2) bis zur Klageerhebung beim Oberlehnsherrn: *Sustinere debet homo dominum, si terram vel feodum auferat homini, in werra* 30 *dies, in pace annum et diem;* Hn 43, 9 **13)** 37 Tage *s.* Asyl 14b; Feiertag 6 **14)** 40 Tage [ein sehr altes ∼mass; His 182] nach Erschlagung oder Bestattung des Toten muss das ganze Wergeld entrichtet sein; Abt 22; *s.* dagegen *u.* 19a **14a)** **N** 40 Tage nach Ungehorsam gegen das Kirchengericht ruft dieses den Staat zu Hilfe; ECf 6a **14b)** 40 Tage Kerkerhaft: Af 1, 2; 6. II As 1, 3. VI 12, 1. Verdreifacht: *u.* 17 **14c)** **N** 40 Tage darf der fremde Kaufmann in London bleiben; Lib Lond 9, 1; *vgl.* I 675[q]; Höhlbaum *Hans. Urkb.* III n. 600 S. 384[1]. Diese ∼ im Engl. Stadtrecht auch sonst: Bateson I 332 **14d)** 40 Tage diente laut Domesdaybuches das von der Stadt Maldon dem König als *forinsecum servitium* zu stellende Schiff; Ballard *Domesday boroughs* 81; Round *Victoria County hist. Essex* I 386 **N** **14e)** Als Dauer des Kriegsdienstes des Ritterlehns sind 40 Tage als Feudalpflicht für die Normandie vor 1066 nachweisbar; Haskins *EHR* 1907, 646; 1911, 661; *Amer. hist. rev.* 1909, 456 Wohl dorther übernahm England diese ∼ hierfür; Holdsworth *HEL* III 31. 33 **15)** Vorladung für den ausserhalb Englands (*s. d.* 13) Weilenden geschieht zum Gerichtstermin nach 6 Wochen und einem Tag [diese Zugabe auch *o.* 12p — r]; Hn 41, 2b. [*Vgl. terminum redeundi* nach Normandie aus England: 41. *diem;* Très anc. cout. Norm. ed. Tardif 43, 4. ABRAHAM] **16)** *Si presbyter hominem vulneret,* 100 *dies ieiunet;* aus Bussbuch 73, 2a **17)** 120 Tage Kerkerhaft II As 6, 1; *vgl. o.* 14b **18)** 6 Monate lang nach dem Diebstahl hindert Klägers Zeugenschaft im Anefang (*s. d.* 25e) den Ureigeneid des Beklagten **18a)** **N** 6 Monat bis 1½ Jahr ∼ zur Vorbereitung gerichtl. Verteidigung: aus kanon. Recht Hn 5, 25 **19)** Ein Strafknecht ist binnen Jahres∼ auszulösen, sonst verliert die Sippe das Wergeld, falls er erschlagen wird; Ine 24, 1 **19a)** Binnen Jahres∼ nach Totschlag ist das Wergeld voll abzuzahlen (II Em 1 = Hn 88, 12a; *s.* dagegen *o.* 14) und nach Tode des Vassallen das Heergewäte; II Cn 73, 4 **19b)** 1 Jahr bleibt die vom Bürgen gezahlte Strafe (bzw. vom Hundred entrichtete Murdrumbusse) nur hinterlegt, für den Fall, dass man inzwischen den Entflohenen (bezw. Mörder) finde; *s.* Bürgschaft 5 (bzw. ECf 15, 4f.; Jahr und Tag späterer Text) **19c)** Jährlich sind die meisten Abgaben (*s. d.* 13) und Steuern (*s. d.*, Dänengeld 7), auch an die Kirche (*s. d.*) zu entrichten; letztere heissen *geargerihta;* Northu 43 **19d)** Jährlich 1 Schilling (4 Pfennig) zahlt das Mitglied der Gildenkasse Beitrag; VI As 2 **19e)** Auf 1 Jahr nimmt die Gutsherrschaft freies Gesinde an und gibt ihm dafür 2 Äcker; Rect 10 **19f)** Armenpflege (*s. d.* 4) gibt jährlich ein Kleid **19g)** Trauerjahr der Witwe *s.* Ehe 3 **19h)** Jährlich dreimal nehme man Abendmahl; *s. d.* 1 **20)** Jahr und Tag *s. d.* und *o.* 19b; *vgl.* auch Monat und Tag *o.* 12pff.; 6 Wochen und Tag *o.* 15; Monat und Woche *o.* 13; Woche und Tag *o.* 6. 9a—c [*septimana et una dies;* Anc. laws of

Wales II 843. ABRAHAM] 21) N Mehrere Jahre Pönitenz für Totschlag aus Bussbüchern Hn 73, 1—5 21a) 10, 12, 15 Jahre *s.* mündig

Fron *s.* Wb *weorc, servise. Vgl.* Bauer 4c: 5a—d. 9b. 10b. 14b 1) Die ~ der Hintersassen fürs Herrschaftsgut (*s. d.*) beschreibt ausführlich Rect: 2) Sie besteht in A. pflügen, säen, ernten, Heu mähen; 2. 4, 1b—2. 5, 2 [*vgl.* Toller *gafolmæd*] B. Spanndienst, Transportführung, Reiten, Botschaft, Einholung Fremder; 2. 5, 3. 6, 3; *vgl.* Pferd C. bauen, Herrenhaus umfestigen; 2. Ger 9 [*vgl.* Toller *gafoltining*] D. Leibwache des Herrn, Pferdebewachung, Schafhürdenhut; 2. 4, 1a E. Holz hauen für die Herrschaft [*s.* Toller *gafolwudu*] F. Wildgehege zuhauen, Fangvorrichtung halten, Jagdhunde füttern; 2. 3, 4. 4, 2b. [Die Leute des mit Land Beliehenen seien für den Oberherrn *gearuwe to ripe ge to huntoðe;* Urk. nach a. 879 Birch 617] G. Unzweifelhaft durch Hintersassen erfüllte das Herrschaftsgut seine Pflicht der Trinoda necessitas gegenüber dem Staat (*s.* Brücke, Burg) und persönliche Dienste gegenüber dem König; 1, 1 3) ~ wird geleistet erstens das Jahr hindurch an bestimmten Wochentagen: Montag oder 2 Tage; Rect 4 [sie heisst anderswo *lage-erth* gesetzliche Pflüge~]; zweitens in der Ernte besonders häufig: 3 Tage wöchentlich, ja täglich; 3. 3, 1. 4 [in diesen beiden Fällen ist ~ also nach Zeit, nicht Inhalt des Geleisteten (*u* 8) bemessen]; drittens Geheissarbeit: *bed, ben* [*boonwork, precaria, lovedays, biden day* (Prescott *Reg. of Wetherhal* 443), aus Kent *benerth* (Wright *Dialect dict.*); im Domesday: *quod præcipiebatur, jubebatur*]: Der Gebur pflügt 3 Äcker, ausser der Wochenarbeit; 4, 1c; Geheiss-Pflügen und -Ernte liegen auch dem Zeidler ob; 5, 2; viertens als Entgelt für Heu (*s. u.* 11): der Gebur pflügt 2 Äcker dafür; 4, 1c 4) Wochen~ [das Drückendere gegenüber blosser Geheissarbeit zu bestimmten Gelegenheiten, die auch auf dem *geneat* lastet] kommt wesentlich dem tieferstehenden *gebur* zu; *vgl.* Vinogradoff *Growth of manor* 287. Der Kötter ~t weniger als der Vollbauer; Round *EHR* 1905, 287 5) Die Herrschaft gibt ~enden Arbeitern Kost u. Festschmäuse zu Weihnachten, Ostern, bei Ernte (*s. d.* 3), Pflügen, Heumachen [*alebedrip, metebedrip* s. bei Andrews *Manor* 159; *bidripa ad cibum* Fines a. 1196 ed. Hunter p. 3; *precaria que dicitur ben ad cibum* Hale *Domesday of St. Paul's* LXVI. LXXIIJ; *precaria madida, cerevisiae* LXVIII. CXXIV. 66; *cibum precariae Chart. Ramsei.* I 385f.; Neilson *Norfolk manor* 46; Vinogradoff *Villainage* 174. 284. Der Schmaus war bisweilen teurer, als die ~ wert war: *valet cibus plus quam profectus operis* a. 1312 in Essex; *EHR* 1911, 334. Der Gegensatz heisst *hungerbedrip:* Geheissernte ohne Kost; Spelman *Gloss.* 467] 6) Oder der Herr gibt Anteil am Ertrage: eine Garbe dem Schnitter (3, 1), einen Korb Saat dem Säemann (11), einen Baum vom Wagen Holz, Feimenkuppe beim Getreideladen; 21, 4 7) Die Art der Arbeit bestimmt er willkürlich (4), aber ihr Mass an Zeit oder Ertrag der Gebrauch 8) Als Tagewerk des Kötters gilt, 1 Acker Hafer abzuernten oder ½ anderen Getreides; wöchentlich pflügt der Gebur 1 Acker; 3, 1. 4, 1b. [Also Zeit als Mass (*o.* 3) ist hier ersetzt durch Arbeitsmenge] 9) Auch wieviel Arbeitsvieh der Herrschaft dient, steht gebrauchsrechtlich fest, unterliegt nicht Herrenwillkür: Während des *gebur* Pferd draussen für den Herrn arbeitet, braucht er nicht selbst zu ~en; 4 10) Die ~den sind in Rect noch nicht in Geld umgewandelt, auch nicht (wie doch schon im Domesdaybuch) in Geld ausgedrückt; *vgl.* Cunningham *Henley* p. xvij 11) Umgekehrt leistet der Hintersass statt Abgabezahlung für Wiesenrecht Pflügearbeit auf der Domäne, so dass diese *gafol-icrð, gærsierð* heisst; Rect 4, 2, wo 3 Äcker durch jede Virgata gepflügt werden [also viermal so viel wie in Stoke, wo erst eine Hufe so viel pflügt; *s. d.*]. Im Manor Hatfield Broadoak erhält die Domäne fürs Weiderecht von den Bauern das Pflügen von 41 Äckern; Domesday II 26 Z. 1. Auch Kirchenpfennig wird durch ~ ersetzt 12) Frei von ~ sind persönlich Freie an Feiertagen; *s. d.* 6 **Fronhof** *s.* Herrschaftsgut

Fronung *s.* Vermögenseinziehung

Frucht *s.* Abtreibung **Fruchtbarkeit** Britanniens *s. d.* 1

Fruchtzehnt *s.* Zehnt

Frühling *s.* Wb *længten; vgl.* Fasten 4. 7 1) Als Arbeit der Landwirtschaft im ~ rät Ger 12 dem Gutsvogt: pflügen, graben, Wildgehege verhauen, Garten pflanzen, Bohnen, Wein, Krapp, Lein, Waid säen

N **Fuchs** gehört nicht zu den Jagd- oder Forsttieren, darf straflos getötet werden, ausser im Forste (*s d.* 20), wo man in leichte Geldbusse dafür verfällt; Ps Cn for 27, 2; *vgl.* I 624[n]. 625[d]. Im Recht von Gwent ist erlaubt, den Wolf und ~ im Forst zu töten; *Anc. laws of Wales* 735 [Anjou

Führer *s.* Geleitsmann **Fulk** *s.*

N **Fund** *s.* Wb *inventio, troveure. Vgl.* Schatz~; Findling; Spurfolge 1) Gefundenes Vieh muss Finder, bevor er es ins Haus führt, vor Pfarrer, Reeve und Bauern in seinem Dorfe (*s. d.* 7f) und der Dorfreeve in den 4 Nachbardörfern, dann tags darauf dem *præfectus hundredi* kundmachen und letzterem oder dem Immunitätsherrn übergeben. Finder steht dem sich später meldenden Eigentümer zu Recht im Hundred oder herrschaftlichen Gericht; ECf 24—24, 4. Er wird vermutlich nach Jahr und Tag Eigentümer, wie *u.* 2. *Vgl.* mein *Über Leges ECf* 103 2) Das als verirrt angehaltene Vieh und anderer ~ werde nach drei Richtungen der Nachbarschaft vorgezeigt, zum Zeugnis über [ehrlichen] ~, und dem Beanspruchер ausgefolgt, nur wenn dieser Pfand und Bürgschaft leistet, gegen einen etwaigen anderen Beanspruchер binnen Jahr und Tag es dem Gerichte des Finders zu stellen; Leis Wl 6. 6, 1. Des Eigentümers Reklamation erlischt nach 1 Jahre auch anderwärts; Niese *Gesetzg. Norm. Sic.* 177 [so Friesisch: Eckstein, *Schatz u. Fund* in *Mitt. Österr. Gesch.* 31 (1910) 227. ABRAHAM] 3) Verbindung von ~ mit *waif and stray* auch Bateson II cxxxvj 4) ~ zu unterschlagen ist laut des Obigen zwar deutlich verboten. Aber privates ~gut, wenn unterschlagen, gilt nicht [wie bei anderen Germanen; Brunner II 650] als Diebstahl 4a) Denn nur *dominica captalia regis celata* (unterschlagene Fiskus-Fahrhabe) *pro furto habeantur;* Hn 13, 5

fünf Äcker beträgt regelmässig die Flurgrösse des Besitzes eines Kötters;

Rect 3, 3; ebenso in Peterborough (*Chron. Petrob.* 157); Ramsey (Neilson 49); Durham (Booth *Halmota Dunelm.* xxvi)

Fünf Burgen: Lincoln, Nottingham, Derby, Stamford, Leicester; *vgl.* Collingwood *Scandin. Britain* 109 **1)** Der in ihrem Gericht vom Ealdorman oder Königsvogt verkündete Friedensschutz wird, wenn verletzt, gebüsst mit 12 Hundert Silbers = 96 £; III Atr 1, 1. Es trägt den Charakter einer Herzogtumsversammlung **2)** Dieser Bund der Anglo-Skandinaven entstand nach 868, doch vor 910. Schon seit 918—24 fällt er unter Ælfreds Dynastie. Seine Gründung erst durch die Dänen zeigt sich darin, dass *Derby,* früher *Norðweorðig* geheissen, nun Dänischen Namen trägt, dass er nicht éinem Stammesgebiet Merciens zugehört, dass er sich wesentlich um Festungen gruppiert **3)** Die ~ ~ liegen nicht weiter als 12 Meilen von einander fern, in Mitte und Nordost des alten Merciens, in 5 benachbarten Grafschaften, ungetrennt durch eine andere Grossstadt. Vielleicht also bildeten sie éin geschlossenes Bundesterritorium. Es grenzte bei Stony Stratford an Ælfreds und Guthrums Königreiche; AGu 1. Der Bund ist in den Agsä. Annalen 942—1015 nachweisbar. Doch gibt es 1016 eine Grafschaft *Lincolnescire* und einen *ealdorman on Lindesige;* Ann. Agsax. 1016 **4)** Noch 1013 spricht der Annalist vom *folc of Fifburhingan,* also '~burgnern': ein Zeichen politischer Organisation. Zu 1015 erwähnt er Sieben ~: Lingard und Spätere [Plummer II 193; Hodgkin *Hist. of Engl.* I 394] verstehen York und Chester als 6. und 7. **5)** Institutionen aus ~ ~ sind die Lagamen (*s. d.*) und die Landteilung im Domesday nach Carucaten, statt Hufen

fünf Hufen 1) ~ ~ bilden eine Grundbesitz-Einheit schon unter Ine: Ein Walliser, der so viel besitzt, hat 600 Schill. Wergeld; Ine 24, 2 [Karl d. Gr. bemisst a. 807 die Wehrpflicht Nichtbelehnter vom Höchstsatz von ~ ~ Eigen an] **2)** Aus Analogie mit sonstiger Wertschätzung des Wallisers zur Hälfte des Wertes eines Westsachsen folgt, dass der Engländer mit ~ ~ 12 *hynde* war **3)** Hierzu stimmt, dass der Gemeinfreie durch ~ ~ samt bestimmten Charakteristiken des Herrschaftsgutes (*s.* Burgtor 2, Eigenkirche 2 b) und Königsdienstes zum Thegn stieg; Geþyncðo 2 **3a)** Der von einem Oberherrn abhängige Thegn, der ~ ~ unter eigener Verantwortung der staatlichen Grundlast besass und jenem in dessen Beziehung zum Staate diente, durfte ihn prozessualisch vertreten; 3. [Der Sachsenspiegel fordert für den Schöffenbaren mindestens 3 Hufen; III 81, 1] **3b)** Die Entrichtung der staatlichen Grundlast von ~ ~ allein genügt zum [Thegn-]Wergeld von 25 £; Norðleod 9. Doch trat diese Erhöhung praktisch nicht immer ein (Little *EHR* 1889, 723); so besass *Æðeric rusticus* 8 *mansas;* Urk. a. 984 Kemble 1282 **4)** Der Gemeinfreie, von 200 Schill. Wergeld, schwört unter Ine für ~ ~ (*s.* Eideshufen 7 b), besass aber nicht typisch ~ ~ **5)** Das 5- und 10-Hufengut ist durchaus die Regel bei Beda u. in Urkk. 8.—10. Jhs.; Rietschel *German. Hundert* 68; *s.* Gemeinheit 7—8d **5a)** So werden 15 Hufen ausgedrückt durch *ter quinos mansiones;* Urk. a. 769—85 Birch 246 **5b)** Æthelberht verleiht z. B. einem Thegn 5 *aratra* = *fif sulunga;* a. 858 Birch 496; Burgred von Mercien 5 *manentes;* a. 524 **5c)** Vor 1066, laut Domesday, war ~ ~ eine Grundsteuer-Einheit. Auch als Ortsname kommt ~ ~ vor, jetzt *Fyfield, Fifield;* Round *Victoria Hist. of Essex* I 334; *of Hampsh.* I 493; *Feudal Engl.* 68 **6)** Die Beziehung der ~ ~ zum Kriegsdienst kommt in den *Gesetzen* nicht vor, wie bisherige Übersetzung (auch meine, verbessert II viii) aus irriger Erklärung von *utwaru* annahm. Sie steht aber aus Domesdaybuch I 56 b. 64 b fest: *De 5 hidis 1 miles ibat; vgl.* Maitland *Domesday* 158; Ballard *Domesday bor.* 80; Round *Domesday studies* 121; Tout *EHR* 1907, 347. **N** Wohl hieraus entstand die Agnorm. Doktrin, ~ ~ sei das Areal eines Ritterlehns. [Schon um 800 zwar sind 30 Hufen privilegiert: *in expeditionis necessitatem vires V tantummodo mittantur;* Birch 201, was mir eher wie eine Ausnahme, nicht mit Chadwick *Origins* 160 als Spur eines Systems erscheint.] Mit Ælfred verbindet die Einführung des Systems Maurer *Kr. Überschau* II 409. Er und Brunner II 205 vergleichen es mit dem späteren des Frankenreiches **6a)** Wahrscheinlich stellen ~ ~ zur Flotte einen Ruderer; Vinogradoff *Engl. soc.* 31; *s.* Schiff **fünf Tage** *s* Frist 5

Fürbitte *s.* Wb *þingian* **1)** ~ für die Nation ist Pflicht des Klerus; V Atr 4, 1 (= I Cn 6 a) = VI 2, 2. 41. I Cn 4, 3 = Had 1, 3 [ähnlich *Hom. n.* Wulfstan 120. 179], bes. des Bischofs (*s. d.* 8); aus *Hom. n.* Wulfstan Grið 19, 1 **1a)** Durch Keuschheit mache der Klerus sein Eintreten bei Gott 'für uns' wirksam; IV Eg 1, 7 **2)** 'Man bete für den König'; Wi 1, 1. Den Sinn, dass dies im gewöhnlichen Gottesdienst geschehe, liest Stubbs aus dem Zusatz 'ohne Geheiss', der sich wohl aber auf das folgende Verehren bezieht **2a)** Die ~ *pro regibus et populo* ordnen an auch die Synode von Clovesho 747 c. 15 und *Consuetudo monachorum* ed. Schröer in *Engl. Stud.* IX 295 **2b)** Wie in Wi 1, so im Kirchenprivileg Wihtreds verbindet sich die Abgabenfreiheit mit der ~: eine Vorstufe zum Anglonormann. Besitzrecht *libera elemosina* **2c)** Materiellen Vorteil der Kirche knüpft an die ~ auch I As 4 **3)** Jeden Freitag werden 50 Psalmen oder der ganze Psalter für den König und seine Treuen gesungen; V As 3. VII Atr 6 **3a)** Zur Landesbusse in Dänengefahr *cantetur in congregatione cotidie pro rege et populo missa contra paganos* (die Nordleute); VII Atr 3 = VIIa 6, 2 **3b)** Jeder Priester singe 30 Messen, jeder Diakon und Kleriker 30 Psalmen; VII 2, 2a **3c)** In jedem Stift und Kloster lese der Priester 30 Messen, und singe der Mönch 30 Psalter für König und Volk; 3, 2 **3d)** Zu jeder Hore singe der Konvent, die Glieder vor dem Altar niedergeworfen, Psalm 3; 6, 3 **4)** ~ der Bischöfe für einander wird 1008 (—11?) festgesetzt; VI 1 L **5)** ~ wird mit Geld erkauft, auch von der Kirche selbst; 51

Furchenlänge *s.* Wb *furlang. Vgl.* Acker 3 a. 6; Stevenson *Transa. Philol. Soc.* 1895, 531 **1)** ~ misst örtlichen Sonderfrieden vom Burgtor (*s. d.* 1) ab **1a)** eine nicht erkennbare Länge in Urk. a. 956 Birch 981 **2)** 40 *roods* (*poles*), *perticæ, virgatæ* umfassend, heisst sie Lateinisch *quarentena* **3)** Die

Agsä. Übersetzer Bedas und des Evangeliums brauchen ∾ für Lat. *stadium*, d. i. $^1/_8$ Röm. Meile (*s. d.*) = 125 Schritt = 625 Fuss; aber $^1/_6$ Meile bei Ælfred; im Wald = $^1/_{12}$ *lewa* (Maitland *Domesday* 432), anderwärts $^1/_4$ *lewa;* Round *Victoria County hist. Worcesters.* 271 **3a)** **N** Seit 12. Jh. misst ∾ 660 Fuss **4)** Dagegen stellt eine Summe von 100 *gerda* 18 *fet* gleich mit 3 *furlonges* 3 *metgerda* Urk. a. 901–4 Birch 605 = 1338, misst also 1 ∾ = fast nur 33 *gierd* **5)** Auch als Flächenmass 200 yards × 5 yards kennt *furlong* Kemble *Saxons* I 99[4] **6)** Nicht hierher gehört *furh*, Furche, kleinste Landfläche nutzbaren Bodens (Becwæð 3), wohl kein Mass

Fürsprech *s.* Vorsprecher; Fürbitte

Fürsten *s.* Kaiser, König, Herzog, Ealdorman, Eorl, Graf; Witan, Adel

Fuss *s.* Wb *fot. Vgl.* Sehne, Zehe **1)** **A.** Als Körperglied, wenn durch Verwundung verloren, gilt $^1/_2$ Wergeld, 50 Schill. Kentisch; Abt 69 **1a)** $^1/_2$ Wergeld; Leis Wl 11 **1b)** 66$^2/_3$ Schill. Westsächs., $^1/_3$ Wergeld; Af 71; nach Brunner II 620[40] nur, weil hier Magsühne fehlt, von 1 abweichend **2)** Der ∾ gilt gleich der Hand (Abt. Af. Leis) und dem Auge (*s. d.* 2a); *u.* 6 **2a)** Unterarm und Unterschenkel (*s. d.* über Stelz∾) bewertet gleich Af 66. 72 **2b)** Dagegen gilt jede Zehe die Hälfte des entsprechenden Fingers (*s. d.* 3a): die grosse 10, die zweite 4, dritte 2, vierte 3, kleine 5$^1/_2$; Abt 70f. **3)** Die Zehensumme macht 24$^1/_2$ Schill., also fast genau die Hälfte der Summe für Verlust des ganzen ∾es; Abt 71 **3a)** Bei Af 64–64, 4 = Hn 93, 23 ist das Verhältnis der Zehen untereinander und zu den Fingern (*s. d.* 3g) anders als bei Abt; auch ist die Summe 65 Schill. Die grosse gilt 20, zweite 25, mittlere 9, vierte 6, kleine 5 Schill. Nahezu ist die Zehensumme = ∾ **4)** Wird dagegen dem *Esne* der ∾ abgehauen, so muss der ganze Wert dieses unfreien Arbeiters bezahlt werden; Abt 87 **5)** Nur aus Exod. nimmt das Talionsprinzip (*s. d.*) 'Füsse für Füsse' Af El 19 **6)** Auch bei der Verstümmelungsstrafe wird 'Hand oder ∾' abgehauen dem Bescholtenen und zuletzt unleugbar Überführten (Ine 18. 37); dem zweimal im Ordal schuldig Befundenen 'Hände oder Füsse'; II Cn 30, 4 **6a)** Die Verstümmelung in EGu 10 betraf Arm oder Bein, da sie zum lahmen Krüppel gemacht hat **6b)** **N** Der Blendung und Kastrierung, die Wilhelm I. als Ersatz der Todesstrafe verordnete, fügt ∾-abhauen hinzu Wl art retr 17 **7)** Dieses Körperglied wie jedes andere verflucht der Kirchenbann; Excom VII 19. 21 **8)** **B.** Längenmass = 12 Zoll = $^1/_3$ Yard **8a)** Die 9 ∾ Abstand, 3 grosse Schritte zu 3 ∾, im Eisenordal (*s. d.* 9), werden gemessen nach Prüflings ∾; Ordal 1a. 5. Iud Dei II 5, 1 **8b)** 9 ∾ ist eines der Längenmasse für den örtlichen Sonderschutz von Königs Burgtor (*s. d.* 1) ab **8c)** Das Wasserbecken zum Ordal des Kaltwassers 12 *pedes habeat in profunditate,* 20 *in latitudine;* Iud Dei X 18 **8e)** ∾ im Verh. zu Handbreite *s.* Hand 12a **9)** ∾breite, *fotmæl* (*vgl.* Toller), als kleinstes Stückchen Bodens: Becwæð 3 **9a)** *Fotmæl* scheint topographischer Name; Urk. c. a. 956 Birch 936

Fusslähmung am Hunde *s. d.*, Forst

Fustian *s.* Barchent [13

Futter *s.* Wb *foðor, fodderhec, fedan, mete sellan* **1)** Mietentgelt für ein Joch Pflugochsen zahlt der entleihende Bauer [dem Nachbarn oder der Gutsdomäne] ganz oder halb in ∾; Ine 60 **2)** Von je 10 Hufen Landes zahlt der Besitzer dem Grundherrn als Abgabe u. a. Naturalien 20 Schwergewichte [vielleicht 3 kleine Wispel] ∾; 70, 1 **3)** Je zwei der Bauern eines Adelsguts füttern einen Jagdhund für die Herrschaft; Rect 4, 2b **4)** Wer den Hund füttert, haftet für die Wunde, wenn dieser beisst; Af 23

G.

Gabe *s.* Schenkung, Grundbesitz 6

N Galfrid von Monmouth; seine *Historia Britonum* wird benutzt und zitiert von Lond ECf 32 A 7. B 12a. D–D 7. 35, 1 A 2; I 660[e] [reich

Galgen *s.* Hängen **Gallia** *s.* Frank-

Ganerben *s.* Hausgemeinschaft

Gans. Von 10 Hufen [zahlt Bodennutzer dem Grundherrn unter vielen anderen Naturalien als jährliche Abgabe] 10 *gees;* Ine 70, 1

Garantie *s.* Gewährleisten

Garbe *s.* Getreide

Garten. *Vgl.* Baum **1)** Im Winter *orceard* herrichten, im Frühjahr *wyrtun* pflanzen, *impian* (pfropfen), ist Pflicht des Grossgutsvogts; Ger 11 f. Beides wird mit *hortus* glossiert, *wyrttun* auch *botanicum, cucumerarium, viridarium; vgl.* Toller s. v. *ortgeard, wyrttun* (wo Agsä. Stellen); Leo *Rectitudines* 22. 115; für späteres Engl. MA: Vinogradoff *Villainage* 315; für Deutschen ∾ seit 8. Jh.: Heyne *Wohnungswesen* 98. 185 **2)** **N** *De hortis*, unter vielen anderen Arten der Bodennutzung, *decima reddenda est* an die Kirche; ECf 8, 2

Gast *s.* Fremder

Gastung *s.* Wb *feorm, feormian, feormfultum, nihtfeorm* (*dæg[es]feorm* Urkk.), *firma* (*nox* [*dies*] *de firma;* Domesday), *firmare; pastus; hospitari, -tium,* (*refectio* Urkk.), *servitium cotidianum* [*vgl.* Begilbing *Jagd* 13; Kemble I LIII; *Saxons* II 58; K. Lehmann *Abhand. zur Nord. Rechtsg.* 1888]; *humanitas* Verpflegung [auch Fränkisch, Brunner II 230] in Urk. a. 1002 Kemble 719. Das Englische *feorm* bedeutet die das Landgut belastende Naturalienabgabe, dann die letztere vertretende Pacht, jetzt das Pachtgut (in diesem Sinne *feormeham* Ann. Agsax. 1087), Amerik.: Landgut [Ähnliche Bedeutungsentwicklung: Norweg. *veizle* Bewirtung, dann Amtslehn, in dessen Bezirk der König sie nahm. *Vgl.* Wb *dryncelean*] **1)** Das Recht des Staatsoberhauptes, mit dem Hofstaat samt Dienern u. Pferden auf des Untertanen Landgut beköstigt zu werden, findet sich bei den festländischen Germanen (Brunner II 229; Schröder *DRG*[5] 205[71]. 556), in Wales und im Norden **1a)** Zu *consuetudines regum inter Anglos* [d. h. vor 1066] zählt *pastum suum cum omnibus rebus quæ ad illum pastum pertinent* In Cn III 46 **2)** Dass der König die ∾ am Orte ihrer Herkunft unmittelbar selbst verzehrt, ist deren genetisch älteste Form. Wohl sie liegt vor im Falle 'wenn der König in jemandes Landgut trinkt'; Abt 3 **2a)** Dass der König mit Begleitung im Klosterrefektorium ∾ empfängt, ist im 11. Jh. Pflicht und Ehre für dieses; *Homil. n.* Wulfstan 269. Des Königs Schwager und Gesandter der Normandie erzwingt 1051 Herberge in Dover, woraus Totschlag entsteht; Ann. Agsax. **2b)** 1006 *se cyng gewend into Scrobbesbyrigscire and nam þær his feorme in* *þære middewintres tide;* Ann. Agsax. **2c)** Noch im 13. Jh. empfängt der umherreisende Abt mit Gefolge von einem untertänigen Gutsdorf persönlich einen Tag Unterhalt; Vinogradoff *Villainage* 303 [2] **3)** Neben dem Fürsten geniessen *pastum principis iuniores* (Beamte), Bischöfe, Ealdormen, Vögte, Boten der Nachbarfürsten, aber auch Jagddiener mit Pferden und Hunden; Urkk. a. 822. 845. 848. 904 Birch 370. 450. 454. 612 **N 3a)** Die Stadt London erlangt von Heinrich I. Freiheit von Einquartierung: *infra muros civitatis nullus hospitetur* (erzwinge ∼), *neque de mea familia neque de alia* [Königs- oder Adelsgefolge] *vi alicui hospitium liberetur* (werde Herberge geliefert); Hn Lond 4. Daraus: *homo de curia regis vel baronum in domo civis Lund. vi vel liberatione* [*marescalli* Freibrief a. 1155] *vel consuetudine nisi gratis hospitis hospitari non debet;* sonst kann er straflos erschlagen werden; Lib Lond 2. 2, 1; *vgl.* I 673[b] **3b)** Dennoch versuchte der Königshof noch 1326 gewaltsame Einquartierung bei Londonern; *Liber albus Lond.* ed. Riley 303 **3c)** Von der gewaltsamen Einquartierung durch den königlichen Marschall erlangen dann auch andere Städte Befreiung; Ballard *EHR* XIV 96 **4)** Ein späterer Ersatz der Verzehrung der ∼ auf dem Boden des Pflichtigen ist dessen Abgabe (*s. d.*) einer entsprechenden Menge von Naturalien. So heisst geradezu *cyningfeorm* in Bier und Vieh auch *gafol;* Urk. a. 883 Birch 551. Die Naturalienabgabe bei Ine betrachtet Maitland als eine Spur der ∼, und Vinogradoff ebenso die vielen im Domesday; *Engl. soci.* 384. Mir erscheint dieser Zusammenhang keineswegs überall sicher **5)** Sehr häufig ging die ∼, welche die Gutshintersassen dem König als dem Staatsoberhaupt schuldeten, sobald er das Land veräusserte, durch Privileg an den neuen Grundherrn über. Zahlreich steht nämlich die 'Befreiung' von *pastus* in Urkunden für Kirchen; z. B. a 822. 848. 883. 904 Birch 370. 454. 551. 612. Die Bauern wurden dadurch nicht von der Leistung frei; nur der Empfänger wechselte. Ein solches Münsterheim (Kirchenstift), das Königs∼ besitzt, zählt zu den angesehensten, erhält daher hohe Busse für Asylbruch; *s. d.* 3. Neben dieser öffentlich-rechtlichen Wurzel kann ∼ auch eine rein grundherrliche haben, ein teilweiser Entgelt für Bodenbenutzung sein **5a)** Auf dem Herrschaftsgut muss (der Vollbauer) *geneat hlaford feormian* unter vielen anderen Lasten (Rect 2), ohne dass der historische Grund sicher erhellt. Da jenes *bocland* ist, kann die *boc* auf *pastus* für die Krone verzichtet, d. h. dem Gutsherrn zugesprochen haben **5b) N** Der Landverkäufer in London verspricht, den Käufer nicht durch sein Recht auf ∼ [das er doch wohl als Grundherr besass] *dehospitare* zu wollen; Bateson *EHR* 1905, 150 **6)** In vielen Urkunden wird ein Landgut veräussert, aber vom Verschenker belastet mit Naturalabgaben an ein Kirchenstift zugunsten der Seele des Schenkers. Diese Last kann zurückgehen auf die einstmals durch den König genossene ∼ oder auf grundherrliche Abgabe **7)** Die ∼ wird bemessen nach dem, was Empfänger in einer Nacht (später einem Tage), d. h. in 24 Stunden, verbraucht, oder einem Bruchteil (so dass mehrere Pflichtige [2 *maneria* Domesday I 75] sich zu éiner ∼ zusammentun), oder einem Vielfachen, bis zu 72 Tagen ∼; Hale *Domesday of St. Paul's* p. xxxix **7a)** Urkk. zeigen diese Bemessung seit 8. Jh. Sie ist aber uralt **7b)** Im Norden findet sich ebenfalls *procuratio noctium, nathold;* Lehmann *Königsfriede* 120; Rhamm *Grosshufen* 703 **7c)** Dass solch eine Tageslast nur einmal jährlich wiederkehre, wird als selbstverständlich zumeist verschwiegen, bisweilen gesagt: Urkk. a. 781. 787. 837. c. 880. c. 945. 980. 1000. 1012. 1015 Birch 241. 271. 417. 558. 812. 1132; Kemble 694. 721 f. **8)** Diese Abgabenbemessung nach éiner Nacht ∼ erhält sich bis zum Ende der Agsä. Zeit (Urk. c. 1060 Birch 1010), ja ins 13. Jh.; *o.* 2c. Sie ist im Domesday häufig: I 75. 154b 2. 162b 2. 219. II 5b. 7. Um 1120 leisten dem Abte von Burton die Lehnsleute ∼; Round *EHR* 1905, 281 **9)** Manches Kirchenstift bestreitet seinen Haushalt im 11.—13. Jh. so, dass es für die 52—53 Wochen oder 12 Monate des Jahres die *firmae* unter die pflichtigen Untertanendörfer umlegt; Hale *ebd.*; Vinogradoff *Villainage* 302. 459 **9a)** Ein Häuptling in Wales sichert sich sein Getränk das Jahr hindurch, indem jeder der 12 Unterbezirke seiner 10 Bezirke ein ihm für 3 Tage reichendes Fass liefert; Seebohm *Tribal system Wales* 155 **9b)** Auch die Gaelen schätzen die ∼ nach Nachtmahlen; Lawrie *Early Scot. char.* 322 **10)** Anderwärts misst man die ∼ nach Anzahl der zu beköstigenden Menschen: der König erlässt 12 *hominum pastum, qui rite ad illam civitatem pertinent;* Urk. a. 814 Birch 350. Diese, deren *refectio* den Pflichtigen oblag, heissen *fæstingmen;* Urk. a. 822 Birch 370; *vgl.* Erziehung 4a **11)** Die *feorm* besteht meist in denselben Naturalien, die Abgabe 15 B genannt sind; Urkk. a. 852. 883. 960 Birch 464 f. 551. 1010 **12)** Das Quantum aber wechselt beträchtlich, auch wo der Empfänger derselbe ist, z. B. bei *cyningfeorm*, je nach den verschiedenen zahlungspflichtigen Gütern. Vielleicht einen [erfolglosen] Versuch, die ∼ überall gleich nach Hufenzahl zu bemessen, etwa für die künftig durch die Krone zu vergebenden Landgüter, stellt Ine 70, 1 dar. Nur für jedes einzelne Landgut oder Territorium muss festgestanden haben, welche Mengen welcher Naturalien éinen Tag ∼ darstellten, wie auch auf dem Festland die ∼ durch *pastus* ein herkömmliches Mass ersetzt; Brunner II 229 [eine Mahnung zu 'guter Leistung' (Kemble 694) schärft nur die Qualität ein, ohne dem Feststehen der Quanten zu widersprechen]. Denn oft wird bei Veräusserung von Land éin Tag ∼ 'von diesem Grundbesitz' vorbehalten oder auch nur dieser vermacht, meist zugunsten von Kirchen, ohne weitere Sonderangabe; Urk. a. 1015 Kemble 722; a. 852. c. 945. vor 958. c. 980 Birch 464. 812. 1010. 1132 **12a)** Damit gleichbedeutend: die Erben sollen den Konvent *gefeormian to minre tide* (Jahrzeittag) a. 837 Birch 417; Legatarin *feormige* 3 *dagas þa Godes þeowas;* a 931 Birch 678 **13)** Der Königsvogt unter Æthelstan sammelte die Einkünfte aus den Krongütern für den König in Naturalien ein, die nach ∼stagen sich berechneten; und Königs Armenpflege (*s. d.* 4) befahl jedem, als dessen Almosen einem Armen jährlich aus zwei solchen zu reichen:

12 Eimer Mehl, 48 Käse und 78 Pfg.; As Alm 1. Man darf daraus nicht folgern, éin ~stag reichte normal nicht zu diesen Quanten. Dem widersprechen die hohen Ziffern anderwärts und um 1065 allzusehr. Wohl aber möchte ich schliessen, dass es manches Gut gab, dessen ~stag (o. 12) den genannten Betrag nicht erreichte, so dass man zwei dazu benötigte **14)** Die ~ ward oft in Geld abgelöst, so dass Pflichtiger *pecuniam daret pro pastu;* Urk. a. 803 Birch 309; *unius noctis pastum aut* 30 *siclos* a. 787 Birch 271. Oft steht Geldabgabe neben Naturalien; o. 13; Urk. vor a. 958 Birch 1010 **15)** Als Beträge kommen vor: 1/4 £ (a. 863 Birch 507); 1/2 £ (a. 787 Birch 271); 5/6 £ (c. a. 880 Birch 558) [nicht sicher ~]; 9 £ (Domesday II 5b); 20—40 £ (Hudson *Eastbourne* 4); 77 £ (Round *Commune of London* 72); 50—105 £ im Domesday (Round *Feudal Engl.* 112); c. 100 £ (Maitland *Domesday* 319[1]); mehrfach wird ~ umgewandelt in genau 100 £; Ballard *Domesday boroughs* 77f. Die Grafschaft Oxford zahlte um 1065 als *firmam* 3 *noctium* 150 £, Northamptonshire nur 30; Domesday I 154b 2. 219 **16)** Der Königsvogt lieferte, nachdem die ~ in Abgabe verwandelt war, dem Staatsschatze anfänglich vielleicht die Naturalien und Geldabgaben aller Domänengüter ab; in historischer Zeit aber hatte er sie gegen ein Pauschquantum gepachtet und behielt für sich selbst, was ihm über dieses hinaus einging **16a)** Jenes Debet an den Staatsschatz hiess ebenfalls *feorm, firma.* Und missbräuchlich erpresste der Vogt von Bezirkseingesessenen Beiträge, die *feormfultum* (~sbeihilfe) hiessen **16b)** Diese Erpressung verbietet bei Wergeldstrafe, erlaubt sie aber als freiwillige Gabe II Cn 69, **1;** *vgl.* Finanz 5a. b. Als solche bleibt sie herkömmlich und bildet die Wurzel des *Auxilium vicecomitis,* worüber das Volk im 12. Jh. seufzt; *vgl.* Round *Feudal Engl.* 501 **16c)** Jenes Wort steht nicht in diesem Sinne, sondern mit *feorm* synonym in Urk. um 880 Birch 558, auch bei Napier *Lexicon* 55 **17)** Das archaische System der ~, 1066 noch normal auf Krondomäne, wich vor dem späteren der Steuereinschätzung nach Hufen; Round *Victoria county hist.: Hampshire* I 402; *Essex* I 336. Domesday nennt als Grund des Fehlens letzterer das Bestehen der ersteren; Vinogradoff *Engl. soci.* 327 **18)** *feorm* ohne Beziehung auf staatliche Königs~ kann vorliegen in *Abgabe* 3; sicher nur allgemein Beköstigung, vielleicht eine Naturalienrente (o. 6) meint II Cn 16 A, Text verderbend für 'materielles Gedeihen' [Bezirk, Hundred

Gatte, -tin *s.* Ehe(frau) **Gau** *s.* [del

Gebärde *s.* Eidesform 1ff, -schelte 2, Freilassung 1b. 5a, Hand, Fürbitte 3d

Gebäude *s.* Bau

Gebet *s.* Fürbitte; Vaterunser; Pönitenz; Moralisches, Homiletisches

geboten *s.* Gericht

gebrauchte Fahrhabe *s. d.* 1a; Han-

Geburt *s.* Adel, Stand; (gemein-, halb-, un)frei; Wergeld; Vater, Mutter, Kind, Bastard; Abtreibung

Gedinge *s.* Streit~, Vertrag

Gefahr im Prozess *s.* Missesprechen; im Schiff *s.* Seewurf

Gefährdeeid. *Vgl.* Absicht 5a. 7b; Fahrlässigkeit; Klageeid. Der ~ bei Friesen *s.* His 43. 47 **1)** Der ~ befreit Beklagten vom Strafgeld an den Richter, erweist die Tat als ohne Absicht (*s. d.* 5a—e) geschehen **1a)** Der Eigentümer einer Waffe, mit der ein anderer Bluttat verübte, schwört sich rein von Absicht oder Mitwissen [und damit frei von Busse und Strafe, die nun den Benutzer allein belasten]; Af 19, 2 = In Cn III 40 = Hn 87, 1b. II Cn 75, 1 = Hn 87, 2a—3a. I 613: *quod non fuit consilium nec voluntas eius* **1b)** Wer die anderem tödlich gewordene Waffe gefährdend getragen hat, schwört ~; *s.* Absicht 5a **2) N** Wer verklagt wird, weil er jemanden an einen Arbeitsort geladen hatte, wo dieser umkam, *conscientie vel consensus se acquietet;* Hn 88, 9 **3)** In einer Formel stand wohl als das Geleugnete *facn* (böse Absicht); Af 17. 19, 2. I Ew 1, 5. Duns 6, 1. Swer 2 **4)** Falsches (*s. d.* 1. 2) Urteil, Begünstigung (*s. d.* 14) oder Freilassen (*s. d.* 4) von Verbrechern und Asylbruch (*s. d.* 4) bleiben straflos durch ~ des Nichtwissens

Gefährte *s.* Genossenschaft; Gefolge; Eideshelfer 1. 15b; Standesgenossen

Gefälle *s.* Abgabe, Gastung; Heergewäte, Erbgang, Fremde; Strafgeld, Busse, Mannbusse; Gericht, Finanz; Zollabgabe

Gefängnis *s.* Wb *carcern, cweartern* [*cweartern* setzt jüngerer Text für urspr. *carcern,* wie zu II As 1, 3, auch in Wærferth's *Dial. Gregor.*], *bend, hengen; captio; carcannum.* In Haft halten: *healdan;* verhaften: *hæftan, gewieldan;* Haft dulden: *þolian, þrowian;* Kerkermeister: *ceper.* Synonym steht *cippes* [lat. *cippus*] und *stocks* in Varianten éines Texts; Bateson I 16. 65. *Vgl.* Binden; Verhaftung, Anklagezustand; Freilassen von Verbrechern **1)** Ein ~ ist Agsa. seit 7. Jh. bekannt: Wilfrid sitzt 680 gefangen; Eddi 33. Die Hölle erscheint Cynewulf als enges Strafhaus, wo der Teufel in Haft sitzt. *Vgl.* Toller *Suppl.* s. v. *carcern, cweartern,* samt Compositis **1a)** Aus dem Privileg des *infangenþeof* (*s d.*) folgt, dass man in privater Jurisdiktion seit 8. Jh. Verbrecher fesselte, da man auch handhafte Diebe nicht immer sofort hinrichten konnte, aber nicht notwendig, dass jede ein ~ besass **1b)** Vielleicht nur in einer Brettwand mit runden Löchern für Arme und Beine, dem sog. Stock, wo der Gefangene eingespannt wurde, bestand *hengen* (so Schmid 609b) und *cippus,* wenigstens ursprünglich; vielleicht dies meint *in suspendio* Af 35 Q **1c)** Um 1000 legt der Bischof von Winchester einen rückfälligen Dieb *in nervum* (= *cippum*); *in trunco diu extensus, surrexit* durch Vision befreit; *V. s. Æthelwoldi* auct. Ælfrico, hinter *Chron. Abingdon* ed. Stevenson II 266 = auct. Wulfstano ed. Migne *Patrol.* 137, 103 **2)** Agsa. [wie and. Germ.; Brunner II 485] kennen die Privathaft. Ihr übergeben ist der Verbrecher, dessen Freilassen (*s. d* 4) straffällig macht **3)** War der ins ~ Gelegte unschuldig, so kostet diese Ehrenkränkung der Freiheitsberaubung 30 Schill., dreimal soviel wie Binden *s. d.* 1a. 3; Af 35, 2 **4)** Das Königtum baut dann manches öffentliche ~ [auch bei anderen Germanen; Wilda 519] **4a)** 'In Königs Banden' bei Ine 15, 2 weist nicht notwendig auf ein ~, wohl aber Af 1, 2f. Dieses steht auf Königsboden unter Königsvogt **4b)** *Ad vicum regalem* muss der im Immunitätsbezirke dreimal handhaft Ertappte herausgegeben werden; Urkk. Coenwulfs Birch 357. 364 **4c)** Dennoch wird noch unter

Æthelstan der Fall vorgesehen, dass das Lokalgericht über kein ∼ verfüge; VI As 12, 2 **4d**) Seit 11. Jh. ist mit jedem, auch jeder privaten Gerichtsbarkeit (*s. d.*, *o.* 1c, in Städten: Bateson I 52f. II 37) ein ∼ verbunden zu denken **4e**) Durch *captio regis* übersetzt ∼, hier zur Untersuchungshaft, II Cn 35 In **N** Und *quadamtenus in captione regis* heisst der mit Kriminalklage Beschuldigte, aber gegen Bürgschaft auf freiem Fusse Belassene Hn 53, 2. In beiden Fällen ist damit nur 'öffentliche (staatliche) Haft' gemeint, auch in der Provinz, nicht etwa ein ∼ bloss des Zentralgerichts der Regierung. Um 1110 heisst bereits jede nicht-private politische Einrichtung der Nation königlich. **5**) Das ∼ dient erstens zur Haft des Verurteilten bis zu dessen Hinrichtung, die wegen des Sonntags aufgeschoben wird (EGu 9, 1 = II Cn 45) oder bei einem todschuldigen Geistlichen bis zu des Bischofs (*s. d.* 9n) Spruche über die Strafe **5a**) Auch der handhaft Ertappte, den der Einfänger nicht tötete, wird bis zum Gericht im ∼ gehalten **N** Den heimlichen Mörder eines Franzosen muss der Tatortbezirk lebend und unverstümmelt binnen einer Woche dem Richter abliefern, um der Busse für Murdrum (*s. d.*) zu entgehn; Hn 92, 3 **5b**) Hiermit wohl erklärt sich, dass der Beschuldigte in Königsbanden nicht zur Reinigung gelangt, gleich dem Handhaften oder Überführten; *s.* Beweisnähe 8. Und nur den Handhaften muss gewisse Immunität ans ∼ des Königs überweisen; *o.* 4b **6**) Zweitens dient das ∼ zur Strafe. Wer rechtsförmliches Versprechen [darunter eine Zahlungsverpflichtung; *u.* 6h] nicht innehält, ergebe sich, ohne dass man ihn dazu binden müsse (Af 1, 4) freiwillig der Kerkerhaft im königlichen Ortsbezirk, dulde dort, wie der Bischof ihm auferlegt, und erhalte Nahrung von Sippe oder königlichem Vogte. [Hungern im ∼ (*vgl.* Kent *Teutonic antiq.* 41) wird also hier ausdrücklich beschränkt.] Flieht er und wird wieder gefangen, so beginnt die Frist (*s. d.* 1) nochmals; entkommt er, so wird er geächtet und exkommuniziert; Af 1, 2f.; 6f. **6a**) Besonderen Zusammenhang des ∼ses mit dem Bischof (*s. d.* 9) weist allgemein nach Marquardsen *Haft* 17 **6b**) Wer zu Gericht zu kommen weigert, wird durch dessen Ausschuss gefront, wenn ihm Bürgschaft (*s. d.* 6b) fehlt, verhaftet, und bei Widerstand erschlagen; II As 20, 4 — 6 = Hn 53, 1c **6c**) Der wegen zu kleinen Diebstahls oder weil zu jung der Leibesstrafe entgehende handhafte Verbrecher wird für 40 Tage ins ∼ gebracht, dann durch die Sippe ausgelöst gegen 120 Schill. Strafgeld und deren Bürgschaft (*s. d.* 6c); stiehlt er rückfällig, liefert sie ihn wieder ins ∼ ein; II As 1, 3f. = VI 12, 1 **6d**) Wer von heimlicher oder zauberischer Tötung, Brandstiftung oder Blutrache für Verbrecher sich in dreifachem Ordal zu reinigen vergeblich versucht hat, bleibe 120 Tage im ∼ u. werde dann durch seine Sippe, vermittelst Strafgeld und Wergeld für die Verwandten des Ermordeten, ausgelöst; II As 6, 1f. **6e**) Ebenso wandert ins ∼ der in einfachem Ordale unterlegene Bescholtene, falls er nicht Bürgschaft findet; 7 **6f**) **N** Für Hirschhetze im Königsforst *liberalis* (Adliger) *per* 1 *annum*, Gemeinfreier *per* 2 *careat libertate naturali;* Ps Cn for 24; *vgl. imprisonamentum, prisona* I 624[1] **6g**) Für Hirschtötung *illiberalis* (Gemeinfreie) *careat libertate*: wenn nicht Verknechtung (die Ende 12. Jhs. kaum passt), nach Vorigem: e w i g e s ∼; Ps Cn for 25 **6h**) Für Zahlungsunfähigkeit, während ihrer ganzen Dauer gegen *o.* 6, war ∼ den Agsa. mindestens aus der Literatur bekannt: Nur aus Matth. 5, 26 *non exies* [*e carcere*], *donec reddas novissimum quadrantem* übersetzt Ælfric an Wulfget 99: *ne scealt þu of þam cwearterne, ærþanþe þu forgelde þone endenextan feorðling;* ed. Assmann 4 **7**) Drittens dient das ∼ der Untersuchungshaft; *o.* 4e. Der Diebstahls Verdächtige, bes. der Sippelose oder Fremde ohne Prozessualpfand oder Bürgschaft (*s. d.* 13d. 14a), werde verhaftet bis zum Urteil bzw. Ordal; II Ew 3, 2; bzw. II Cn 35 = Hn 65, 5 = Ps Cn for 13 **7a**) **N** Der verdächtige Besitzer von Fahrhabe, der Gewährbürgen rechtmässigen Kaufes nicht beibringen kann, *retineatur* mit dem Gegenstand, bis sein Herr oder sonstiger Bürge für ihn erscheint; ECf 38, 1a **8**) Der Haft entgeht man durch Prozessualpfand oder Bürgschaft für künftiges Erscheinen vor Gericht *o.* 6b. c. e. 7. a **8a**) **N** Wer dem Königsrichter Prozessualpfand in einer Klage des Königs weigert, darf, doch nur kraft Gerichtsurteils, bis zur Bürgenstellung verhaftet werden; Hn 52, 1c **8b**) Der geistliche Verbrecher finde Bürgschaft für Leistung von Busse und Strafgeld oder ergebe sich ins ∼; EGu 3 **9**) Das sehr hart zu denkende ∼ (*vgl.* Ælfreds *Augustine* ed. Horgrove 68) wird bisweilen vermieden durch Zahlung der Sippe des Verbrechers; *o.* 6c. d **9a**) Sie beköstigt ihn; *o.* 6 **9b**) Das ∼ steht Verknechtung gleich oder nahe; *o.* 6g **9c**) Wenn ∼ fehlt, muss die Sippe sich für den Verbrecher verbürgen, oder er sein Wergeld in Knechtschaft abverdienen; VI As 12, 2 **9d**) Dieses Abverdienen ist auch anzunehmen da, wo die Sippe zu arm war, um den Gefangenen zu beköstigen **9e**) Wem, da er Asyl (*s. d.* 4) gewann, das sonst verwirkte Leben geschenkt wird, der zahle Wergeld oder werde verknechtet oder dulde ∼, neben Bürgschaft oder Ehrlichkeitseid; Grið 16f. Diese Strafe im ∼ ist demnach hier eine Abspaltung der Friedlosigkeit **10**) Die Verbrechen, die mit ∼ bestraft werden, sind also Mord, Brandstiftung, Diebstahl, Versprechensbruch, Zahlungsunfähigkeit, Wildfrevel im Forst **11**) **N** Die Fahrhabe des Verbrechers diente, die Beamten im ∼ zu bezahlen. Der Kerkermeister, dem ein hinzurichtender Dieb oder Räuber durch Flucht entging, erhält in Mercien von dessen Bürgen 4 Pfg. und einen Heller für den Spaten; Leis Wl 3, 1. Diese 4 Pfg. sind wohl identisch mit denen, die das Stadtrecht von Waterford 13. Jhs. erwähnt: *De latronibus. Qi le pendra avera son meillor drap ou* 4*d.* [*Vgl.* die 4 Pfg. für den *ballivus* von Torksey um 1345; Bateson II 37]. Und das Stadtrecht von Preston, 12. Jhs., sagt vom hingerichteten Falschmünzer: *famuli qui eum ceperunt habebunt pannos;* I 52f.

Gefolge. 1. Abgrenzung. 2. Ausdrücke. 3. *fedesl, hlafæta*. 4. Kent. 5. Private Treue. 6. Verschiedene Herren. 7. Einfluss auf Freiheit. 8. Vom Staat Austritt verboten, 9. Herrenlose ins ∼ gezwungen. 9e. Jedermann unter Herrn. 10. ∼ zum Zweck der Polizei gefördert. 10a. Staatliche Begrenzung. 10e. Kirchl. und staatliche Einschärfung. 11. Wer ist Vassall?

12. Wer hat ∼? 13. Nicht jeder ist Königs Mann. 14. Behandlung durch Herrn. 15. Treue im Kampf. 16. Schutz im Gericht. 17. Mannenpflicht im Gericht. 18. Bürgschaft, 19. Haftung des Herrn. 20. Aufsicht über Kirchlichkeit im ∼. 21. Strafgeldempfang. 22. Herr statt Sippe; Blutrache. 23. Herr Erbe des Mannes. 24. Schutz-, Mannenbusse. 25. Belohnung: Land. 26. Entlassung. **1)** Das ∼ weitesten Sinnes umfasst **A**. Unfreie, Halbfreie, Freigelassene (*s. d.*), **B**. Gutshintersassen (*s.* Bauer), C. Gefolgsadel und Thegn (*s.d.*), **D**. die mit Kronland **E**. oder mit Land auf freie Leihe Ausgestatteten (*s.* Bocland, Læn), **F**. Normannische Vasallen (*s. d.*, Adel, Lehnwesen, Ritter), **G**. Beamte (*s.* Amt, Adelsbeamte, Vogt) **1a)** Mit Ausschluss des Obigen werden hier nur behandelt: **H**. ∼ engeren Sinnes (das ∼ aus mittleren und niedersten Freien) und die allgemeine Beziehung zwischen Herr und Mann. Gesondert *s.* über Ein- und Austritt: Herrensuche, Freizügigkeit, Mannschaft **2)** *S.* Wb *folgian, fylgean, folgere; hiered(men), hieremen, hiwan, inhiwan, hiwen, hine; mann* 7, *hume; manupastus, serviens* (getrennt von *miles* und *armiger*) ECf 21. Im ∼, als Vassallen halten: *to men feormian, healdan, manutenere* **2a)** Alle diese Wörter (mit Ausnahme von *hiered* [3: Königshof], des dreideutigen *geneat* und farblosen *mann*) bezeichnen in den *Gesetzen* niemals das Verhältnis höherer Gesellschaftsschichten etwa zum König, sondern nur Ärmerer zu Herren, welch letztere nur gemeinfrei zu sein brauchen. Sie alle, auch *mann*, können, in anderem Sinne aber als dem hier behandelten, auch von Unfreien gelten, ausser *miles*, *armiger* und *geneat*, das auch erstens den angesessenen Bauern in Dorfgemeinschaft des Herrschaftsgutes, zweitens gleich *comes* und *gesið* den Gefolgsadel (*s. d.* 2b) an des Königs Hofe bedeuten kann **2b)** Die mit dem Dt. *gefolge* etymologisch identischen Wörter *folgere, folgian* haben besonderen Sinn: *folgian:* kommendiert sein, als Vassall dienen; *folgere* [das fm. dazu *u.* 11d]: Miteinwohner im Gut oder Hause eines anderen (II Cn 20a), im Ggs. zum Manne mit eigenem Heim [so auch Bracton III 2, 10f. 124 aus In Cn II 20], durch *conducticius* im Ggs. zu *residens* übersetzt Hn 8, 1. 59, 26; *folgoð:* Amt(sbezirk). Der landlose *folgere* ist identisch mit *vagans si dominum habeat;* 58, 1 **2c)** Die *hieredmen* sind Hausleute, Hofzugehörige, dem Herrn enger verbunden als sonstiges ∼, zu trennen von *hieremen*, (bäuerlichen) Untertanen; VI As 8, 7 **2d)** Der *geneat* wohnt auf fronbelastetem Land im Hause oder Gutshofe des Herrn. Vielleicht ein solcher ist der freie und urkundenfähige *mæssepreostes geneat* a. 896 Birch 574 **2e)** Für den Herrn des Gefolgsadels und Unfreier dient *dryhten* nur in den ältesten, den Kentischen *Gesetzen* (Wi 5); seit Ælfred heisst dieses Wort: 'Gott'. Die Wörter *dryht* und Kompp fehlen den *Gesetzen* **2f)** (*woruld*)*hlaford* bezeichnet neben dem Gefolgs(Vassallitäts)herrn auch den König, staatlichen Magistrat, Gerichtsporteln beziehenden Herrn (Af El 49, 7); die Etymologie 'Brotwart' ist keiner Stelle der *Gesetze* bewusst **2g)** Enger, den immunen Grundherrn meint *landhlaford, landrica* **2h)** *vasallus* und *senior* (Herr, Meister) kommen bei Asser vor und dürfen nicht etwa als Beweis späterer Fälschung gelten; Plummer *Alfred* 17; Stevenson *Asser* p. xcv. Drei Urkunden aus Abingdon a. 821. 903. 952 haben *vassallus* ebenfalls, die erste eine Fälschung, die beiden anderen, bei vielleicht echtem Inhalt, nicht originalen Wortlautes; Birch 366. 601. 895. *Vgl.* über das Wort Brunner I[2] 372. II 263; Schröder *DRG*[5] 163 **2i)** *ealdor(man), ieldesta* übersetzt silbenhaft durch *senior*, ohne technisch den nur vassallitischen Herrn zu meinen, Q; *s.* Wb **2k)** Um 1086 nennt *senior* den Herrn von 4 Thegnas vor 1066 Domesday I 291 **2l)** In *Gesetzen* kommt *senior* nur in Entlehnungen aus dem Frankenreich vor: Excom I 21. Iud Dei XI 2 **2m)** *manupastum* hängt ab vom *paterfamilias;* Hn 66, 7 **3)** Nur in Kent finden sich *cyninges fedesl* [Nährling, Kostgänger; zum Wort *vgl. fedelsswin* Mastschwein bei Napier *Lex.* 79] und des Gemeinfreien *hlafæta* [*vgl.* mhd. *brotesse, brotdiener:* Gesinde], der Etymologie nach mit einer Bedeutung von *manupastus* (im Mittellatein und Anglofranz. *mainpast*) synonym **3a)** Ähnlich bezeichnet durch *firmare* (beköstigen): zum Gefolgsmann haben III Em 3 **3b)** Der *fedesl* wird mit 20 Schill. 'vergolten' (Abt 12), d. i. $^1/_3$ vom untersten Halbfreien, ist also ein Unfreier **3c)** Dagegen 'büsst', wer des Gemeinfreien *hlafætan* tötet, [wahrscheinlich jenem den Schutz mit] 6 Schill. (Abt 25); und dieser ist wohl ein besitzloser und abhängiger Freier des Gesindes wie in Friesland. Da unkriegerisch, ist er nicht zu vergleichen den Röm. Privatsoldaten mit Zügen von German. ∼, die seit 395 *bucellarii* von 'Brötchen' heissen; Brunner I[2] 60 **4)** Nur einmal kommt (neben der Haushaltsfamilie) sonst in Kent freies ∼ vor (Wi 5): das diene aber nicht als Argument, dass im 7. Jh. die Vassallität noch nicht so ausgedehnt herrschte wie späterhin! Denn der von Adel und Gemeinfreiem (bereits bei Abt) verliehene Schutz mit fixierter Busse für dessen Bruch setzt bereits ein freies ∼ voraus **5)** Das Verhältnis zwischen Herrn und Mann ist ursprünglich ein rein privates, durch Treue verknüpftes; *s.* Wb *hold* (treu), *helde, hyldo, rihthlafordhyldo; vgl.* Mannschaftseid, Herrensuche **6)** Schon in Agsä. Zeit kann jemand einen Gerichtsherrn, einen zweiten (oder mehrere) zum Grundherrn, einen dritten zum Arbeits- und Lohnherrn, einen vierten zum Schutzherrn haben **6a)** Doch darf nach den *Gesetzen* nur nach Entlassung durch den alten Herrn ein neuer den Mann in Schutz aufnehmen. Ausnahmen kommen vor: **6b)** In Thetford, vor 1067, *erant* 943 *burgenses*, 36 *ita dominice regis* (so herrschaftlich dem König untergeben), *ut non possent esse homines cuiuslibet sine licentia regis;* Domesday II 119a Der Rest war dem König vielleicht freilich nur als Staatsbürger untertan; *u.* 13a **6c)** Durch Breve an Grafschaften erlaubt Eadward III., ein reicher Gutsbesitzer [offenbar sein Vassall] *mot bugan to 2 abbotan be Godes leve and mine;* Kemble 877. 882. 970. Dies steht vielleicht schon unter Einfluss Normannischen Lehnrechts **6d) N** Man kann nicht nur mehrere Lehnsherren, sondern auch mehrere Schutzherren haben, von denen einer der *ligius* (*s. d.*) ist und die neuen Abhängigkeiten gestattet; Hn 55, 3b **7)** Die persönliche Freiheit geht durch Mannschaft nicht unter: wird doch sogar ein König eines Königs Mann; Ann. Agsax. a. 1031. 1049. 1066. Sie bleibt

auch im niederen ~ bewahrt; dieses scheidet sich dauernd von Unfreien scharf **7a)** Allein neben anderen, wirtschaftlichen und polizeilichen, Ursachen hat die Schutzherrschaft den Bauern (*s. d.* 7—9) unter die Vollfreiheit herabzudrücken beigetragen und das ~ die Freizügigkeit (*s. d.*) gemindert **8)** Bereits seit Ine anerkennt der Staat nicht nur das ~, sondern erzwingt Busse fürs Verlassen, die er dem Herrn zuspricht **8a)** Der unbeurlaubt vom Herrn Abgewanderte kehre zurück und zahle ihm 60 Schill. [also das grössere Strafgeld]; Ine 39 = Ap AGu 4 **8b)** Nur verstohlen hält solche Auswanderung möglich Ine. Die Busse ist ohne die Sippe unerschwinglich, also auch diese an Erhaltung bisheriger Gefolgschaft interessiert **8c)** Zum Abwandern in anderes ~ in einer fremden Grafschaft fordert Af 37 Zeugnis des bisherigen Ealdorman; sonst schuldet Strafe von 120 Schill. [des Ungehorsams] der neue Herr, der jemn. ohne solches aufnimmt **8d)** Dieses Aufnehmen ohne Laufpass vom vorigen Herrn verbietet bei gleicher Strafe überall II As 22 = III 4 = IV 4, Rückkehr erzwingend **8e)** Den als Missetäter Entlassenen darf bei Haftung (*s. d.*) für Schadenersatz und Strafe kein neuer Herr aufnehmen; V As 1 **8f)** Der aufzunehmende Mann muss dem Herrn gegenüber Bürgschaft (*s. d.* 3—3e) stellen, zunächst seine Sippe **9)** Aber nicht nur bestehendes ~ erhält der Staat, und zwar fast stets im aristokratischen Sinne zugunsten des Herrn, sondern er zwingt seit Æthelstan den Herrenlosen (*s.* Wb *hlafordleas*) in ein ~, dann wenn dieser zugleich landlos ist **9a)** Noch bei Ælfred ging ein ganz Armer und Herrenloser eidliche Verpflichtung ein (denn kein Herr, sondern Sippe oder Königsvogt beköstigte ihn, wenn er wegen Versprechensbruch ins Gefängnis kam); Af 1, 2 **9b)** Fortan soll Landlosen, von denen Rechtserfüllung [wahrscheinlicher ist gemeint: 'allen L., weil von ihnen R.'] nicht erlangbar ist, durch die Sippe im Gericht ein Herr ausfindig gemacht werden; II As 2. K. Maurer *Kr. Übsch.* vergleicht Lex Salica em. 43, 7 **9c)** **N** Die den *baronum homines* entgegengesetzten *acephali*, Herrenlose, gruppiert neben die verachteten *pauperes* Hn 21 **9d)** Noch im 16. Jh. heissen *masterless men* Vagabunden und Friedbrecher; Spenser, zitiert in Webster *Dictionary* **9e)** Bereits im 10. Jh. ist das Regelmässige, dass jedermann aus dem Volke einen Herrn habe. Von jedem Diebstahls Verdächtigen nimmt das an I Atr 1, 2, von jedem Besitzer von Fahrhabe II Cn 70 **9f)** Wer von seiner Sippe fort in andere Grafschaft ausgewandert ist, der kommendiert sich in dieser; II As 8 **9g)** Jede Braut, die in anderen Bezirk heiratet, wandert vom Lande eines Thegn in das eines anderen [Grund- und Gerichtsherrn]; Wif 7; *s.* Ehefrau 4 **9h)** Vom Adel (sofern dieser nicht Königsvassall) abgesehen, gibt es wohl um 1000 an dauernd Herrenlosen nur erstens städtischen Patriziat (*s.* 6b), dann landsässige Bauern (*s. d.* 3) in wenig zahlreichen Freidörfern **N 9i)** Seit Wilhelm I. hat jeder hofsässige Bauer einen Herrn; Maitland *Domesday* 70 **9k)** Landlose ohne Herrn gab es unter Heinrich I.; Hn 21. 58. 82, 2 **10)** Der Staat benutzt die Vassallität zur Sicherheitspolizei, die mit eigenen Organen zu handhaben er sich zu schwach fühlt **10a)** Er begrenzt freilich die Mannentreue mit Schranken staatlicher und religiöser Pflicht; *s.* Mannschaftseid **10b)** **N** Der Mann soll dem Herrn *in legitimis obedire,* nicht *in proditione, furto, murdro et similibus quae legibus infamantur;* Hn 82, 3; 6. 88, 10 **10c)** Aber wie die Kirche predigt: *beo manna gehwylc hold 7 getrywe his woruldhlaforde æfre mid rihte* (*Homil. n.* Wulfstan 74), so umkleidet Ælfred die Mannentreue mit religiöser Weihe. Statt des von jedem Menschen zu liebenden 'Herrn' (im biblischen Sinne = 'Gottes') führt er den menschlichen Herrn ein. Er betont das sittliche Band zwischen Herrn und Mann sehr häufig [Plummer *Alfred* 154], das zwischen Staat und Untertan kaum je **10d)** Dem getreuen Manne ist Gott gnädig; I Cn 20, 1 **10e)** Beim Eide wird auf Gottes und des Herrn Gnade geschworen; II Cn 23, 1 **10f)** Herrenverrat (*s. d.*) ist höchstes Verbrechen **10g)** Untertanenpflicht und Königstreue (*s. d.*) weiss sich unter keiner anderen Kategorie einzuschärfen als der der Mannentreue. Das Königtum gewann damit einen Schutz gegen Attentate, die meist vom ~ ausgingen **10h)** Der König ruft die 'Seinen' im 10. Jh. an, 'sie sollen ihm zum Königsnamen doch auch die Königsmacht gönnen [nicht gemäss ihrer Schuldigkeit gegenüber dem Staatsoberhaupte, sondern], wie der Mann dem Herrn soll'; Ap AGu 8 **11)** Ausser dem König (*s.* aber *o.* 7) kann jeder Vassall sein. Fast aller Adel (*s. d.* 3—6a) ist Gefolgsadel; *s. d.* **11a)** Neben den Laien können auch Geistliche einen Herrn — abgesehen vom königlichen Staatsoberhaupt und geistlichen Prälaten — haben; II Cn 40 Var. Vom *hlaford* des Pfründners, getrennt vom Bischof, spricht Af 21. Erst bei dessen Mangel treten als Schutzherrschaft König (bzw. in Denalagu Jarl) und Diözesan ein; EGu 12 = VIII Atr 33 = II Cn 42, wo ihr Herr oder der König Schutzbruchbusse für die gegen sie geübte Kränkung empfängt **11b)** **N** Um die Mannschaft der Prälaten vor dem König dreht sich nach 1100 der Investiturstreit; *s. d.* **11c)** Zu den sippelosen Ausländern, für deren Erschlagung Abt oder Äbtissin das Wergeld mit dem König teilt nach Ine 23, 2, zählen jedenfalls deren Mönche oder Nonnen; ihre Stellung zum Prälaten erscheint also hier wie weltliche Gefolgschaft **11d)** Auch freie Frauen stehen in staatlich anerkannter persönlicher Abhängigkeit: Diebe verwirken ihr Leben, sei es Freier oder Unfreier, Adliger oder Gemeiner, *sit domina sit pedissequa* (IV As 6), das letztere ist wohl übs. aus fem. zu *folgere, o.* 2b. Auch für die erschlagene Frau (*s. d.* 4) wird Mannbusse ihrem Herrn bezahlt **12)** Ausser Besitzlosen kann jeder Freie ~ haben, so der Kaufmann Af 34 **12a)** Stets ~ haben König, Prälat, Adel; *s. d.* 8. 25—27; Gefolgsadel 3e **12b)** Die staatsgefährl. Friedlosen (Af 4) oder die als übermächtige Friedenstörer Verpflanzten begleitet ~, das zu begünstigen ebenso straffällig ist wie die Begünstigung (*s. d.* 6. 12d) jener; V As Pro 3; die Wiederholung IV 3 lässt ~ fort **12c)** Aber auch der *Ceorl* hat Leute unter sich, von denen er Herrenverrat erleiden kann; Af 4, 2 **12d)** Als Hausvater, der regelmässig neben Weib und Kindern, Unfreien (und oft Freigelassenen) landlose Verwandte und Arbeiter (Gesinde) unter sich hat, ist meist ein Gemeinfreier zu denken; *vgl.* Haushalt, Hausgemeinschaft **12e**) Auch vom Walliser mit blossem Normalquantum Land und nur halbem Wergeld wird angenommen, dass er *hiered* habe; Norðleod 7 **12f**) Wirtschaftliche Ungleichheit, der Besitz eines Pferdes und damit die Möglichkeit, die staatliche Polizeipflicht der Nacheile hinter dem Diebe zu erfüllen, erheben den Herrn über den Besitzlosen, der inzwischen für den Herrn daheim arbeitet; VI As 5. *Vgl.* Einfluss Fränk. Reiterdienstes auf die Ständespaltung; Brunner II 207 ff. **13**) Der König ist in Agsächs. Zeit keineswegs aller Bürger höchster Vassallitätsherr (wie seit Wilhelm I.), sondern nur staatsrechtliches Oberhaupt **13a**) Kein wegen Blutschuld Exkommunizierter komme in Königs Nähe, wenn er Königs Mann ist [also nicht jeder ist es; *vgl. o.* 6b]; I Em 3 B **13b**) Keineswegs aller Gefolgsadel (*s. d.* 10) ist Königsthegn; selbst die Witan treten ins Königs ∼ erst seit 924 sämtlich **13c**) Doch scheint der staatliche Schutz aufgefasst als der des Gefolgsherrn, wenn der Kenterkönig von Erschlagung eines freien Untertans 50 Schilling — das Kentische Strafgeldmaximum, Westsächsischem 'Ungehorsam' entsprechend — erhält 'als Herrengeld' Abt 6; *vgl.* Blutig fechten 3b **13d**) Seit Eadgar drücken die vom Adel noch unabhängigen Freibauern und Staatsbürger ihre Reichsunmittelbarkeit darin aus, dass sie sich Königsleute nennen, denn jeder Freie gilt als Mann des Königs oder eines Thegn; II Eg 3,1 = VIII Atr 8 = I Cn 8,2. Hier (wie *o.* 6b) scheint König nur Staat zu bedeuten, wie *cynges friðman*: Englischer Untertan, im Ggs. zum Nord. Heere (II Atr 3,1), ohne Beziehung auf ∼ heisst **14**) Das Gefolgsverhältnis fordert, dass der Herr die Leute allgemein gut behandle und unterstütze **14a**) Er soll sie schonen (Episc 15), rechtl. behandeln; I Cn 20,2 = *Hom. n.* Wulfstan 119 **14b**) Priester sollen in ihren Pfarrsprengeln nicht erlauben, dass der Herr seinen Mannen schade; Episc 10 **14c**) Freien Arbeitern sichert viele Feiertage Af 43 **14d**) *beo hlaforda gehwylc milde his mannum and hy næfre ne swence* (bedrücke) *on unriht to swyðe; Homil. n.* Wulfstan 74 **N 14e**) *Dominu[s] ita hominem manuteneat, ne dampnum pro defensione vel pro demissione dedecus incurrat;* Hn 57,8 **14f**) *Dominus consilio et auxilio sine forisfacto debet homini subvenire;* aus Af 42, 5 ff. (*u.* 15c) Hn 82,4 **15**) Der Mann schuldet dem Herrn Treue bis in den Tod; *s.* Gefolgsadel 12. 20 **15a**) Wer im Kriege angesichts des Herrn fällt, für den sei Heergewäte [den Erben] erlassen; II Cn 78 = Lond ECf 32 B 3 **15b**) Es ist der Herr oder Gefährte, den des Feigen Flucht (*s.* Heer; Felonie 2) im Stiche lässt; neben jenem also ficht der Mann; er verwirkt Leben und Vermögen für solche Treulosigkeit; II Cn 77 **15c**) Gegen unrechtmässigen Angriff darf der Herr für den Mann, der Mann für den Herrn blutig fechten, ohne Fehde auf sich zu laden, der Verwandte für den Verwandten, aber nicht gegen den Herrn; Af 42,5f. = Hn 82,3. 88,10. Die Vassallitätstreue verknüpft mehrere Personen so, dass den Angriff gegen eine abzuwehren auch für die anderen nur Notwehr darstellt; *vgl.* Levita *Notwehr* 76 **15d**) Vassallentreue siegt über die Bande der Sippe: 'kein Verwandter lieber denn der Herr'; Ann. Agsax. a. 755 über Vorgänge von a. 786 (*vgl.* Kemble *Saxons* I 175), daraus Æthelweard *Mon. hist. Brit.* 508 C zu a. 784 **16**) Der Herr schützt den Mann in dessen gerichtl. Pflichten **16a**) **N** Auch der *dominus*, der *socnam et sacam non habeat, hominem manuteneat defensione* in allen Prozessen und Gerichten; Hn 57,8; *o.* 14e **16b**) Der bescholtene Freie, der sonst nur im dreifachen Ordal sich reinigen könnte, gelangt zu einfacher Reinigung, wenn sein Herr ihm guten Leumund eidlich bezeugt; I Atr 1,2 = II Cn 30,1 **16c**) Der Herr tritt neben der (II As 1,3 allein genannten) Sippe auf als Befreier des beim Ordal Überführten und Todes Schuldigen, indem er dessen Wergeld samt Ersatz zahlt und sich für dessen künftige Ehrlichkeit verbürgt; VI As 1,4. 9 **16d**) Der *gesiðcund mon* (vom Gefolgsadel) tritt versöhnend und vom Strafgeld abhandelnd ein [*vgl. foreþingian* in K. Ælfreds Testament Birch 553] gegenüber dem staatlichen Gerichtsherrn oder seinem Herrn für seine Guts(oder Haus)insassen, unfreie und freie, von denen der Kläger bei ihm die Erfüllung der Rechtspflicht nicht erlangt hatte; Ine 50 **N 16e**) Den Diebstahls bezichtigten *manupastum* (Hausgesinde) kann der Hausherr allein durch Stabeid rein schwören; Hn 66, 7 **16f**) Der diebischen Handels Verdächtige, wenn er keine Bürgen hat, *retineatur, donec veniat dominus qui iuste possit eum warantizare;* ECf 38, 1a **16g**) Dieser Schutz ward tatsächlich oft widerrechtlich übertrieben. Der Herr verteidigte den Mann wie sich, auch mit unerlaubten Mitteln wie Widerklage, was II Cn 27 verbietet; er weigert 'Recht' dem Ankläger seines Mannes und büsst dafür (neben Ersatzpflicht) 'Ungehorsam' dem Könige [nicht als Gerichtsherr, sondern als ungerechter Parteischützer]; II As 3. [Ähnlich Sachsenspiegel III, 78. ABRAHAM] **16h**) Der Gewaltige vertritt gerichtlich den Untergebenen (*man; s.* Bauer 9k) und gibt ihn, wie [für die Verteidigung] vorteilhafter, missbräuchlich bald als frei, bald als unfrei aus; II Cn 20, 1 **16i**) Des Herrn Befehl dient als Entschuldigung für Versäumnis des am öffentlichen Gericht angesetzten Termins; Hu 7, 1 **17**) Der Mann schuldet dem Herrn im Gericht Eideshilfe, Zahlung zu dessen Auslösung aus Freiheits- oder Leibesstrafe, wohl auch zu dessen Busspflicht, was in *Gesetzen* nicht vorkommt **N 17a**) Verleumderische Anklage verdient strengere Rüge, wenn sie den Herrn und Meister trifft; Hn 34, 7a **17b**) Übt der Herr private Gerichtsbarkeit (*s. d.*), so schuldet der Mann dazu Urteilfindung; *s. d.* **17c**) Der Mann vertritt den Herrn im Klageeid; *s. d.*, Thegn **18**) Der Herr leistet Bürgschaft (*s. d.* 3) für den Mann, unter Rückversicherung durch den, der ihm jenen empfahl **19**) Er ist verpflichtet, schuldige Leute vor Gericht zu bringen; Af 34. *Qui aliquem firmabit* (aus *feormige* ernährt) *ad dampnum, representet eum ad emendandum vel componat;* III Em 3 = Hn 41, 15 **19a**) *Omnis homo secum habeat tales homines, quos ad rectum* (Gericht) *possit presentare*; Ap AGu 5 mit Glosse, das gelte noch unter Edward I. **19b**) **N** Wenn jemandes ∼ unrechtmässig Pfandkehrung verübt hat, *ad rectum eos* *habeat dominus*; Hn 51, 7b **19c**) Ein Herr darf den Mann nicht ins ~ aufnehmen, bevor dieser von Verschulden frei ist, bei 'Ungehorsam'-Strafe [120 Schill.]; Af 37. 37, 2. II Ew 7 = III Em 3 = II As 22, 1 = Ap AGu 6. V As 1. III 4. IV 4, insbesondere nicht in Anklagezustand Versetzte oder gar Friedlose, bei Strafe der Begünstigung **19d**) Der Herr darf den in Anklagezustand (*s. d.* 1; *u.* 26a) versetzten Mann vor gerichtl. Erledigung nicht aus dem ~ fortschicken; II As 22, 2 (III 4. IV 5) = Ap AGu 5 = II Cn 28 = Hn 8, 5. 41, 11 = Leis Wl 48, 1 (ähnlich Hu 6, 1), bei Strafe von *forisfactura regis* d. i Ungehorsam; II Cn 28 In **19e**) **N** *Retineat ipsum dominus vel* [wenn er des Widerspenstigen Abzug nicht hindern kann] *de suo* (vom Vermögen des Mannes) *quantum ad satisfaciendum sit;* Hn 41, 14 **19f**) Von der Anklage auf Mitwissen an des Mannes Flucht reinige er sich oder büsse (III Em 3. Hu 6, 1) mit eigenem Wergeld, bzw. mit dessen Wergeld, je nachdem es ein Haushaltzugehöriger oder nur ein sonstiger Vassall war; I Atr 1, 12f.; 8f. = II Cn 31, 1a; 2. 30, 7ff. = Leis Wl 52, 2 = Hn 41, 9; 12. 65, 4 **N 19g**) Wird der Mann in Anklagezustand erst versetzt, nachdem er den Herrn verliess, so reinigt sich dieser von Mitwissenschaft und entgeht der Haftung, wenn jener *numquam deinceps ad eum redeat;* Hn 41, 12f. 86, 2 **19h**) Der Herr zahlt Strafe, wenn ein Missetäter aus seinem ~ sich durch Flucht der Strafe entzog. *G. occidit Ricardum et fugit; fuit de manupastu prioris de L., ideo prior in misericordia;* Pleas of Gloucester a. 1221, ed. Maitland n. 389. *W. armiger R. occidit . . et fugit; fuit de manupastu R.; ideo R. in misericordia; ebd.* n. 453 **19i**) Der Gutsherr haftet auch für Ersatz des Gestohlenen nach aussen, wenn dessen Spurfaden auf seinem Gute endete (*s.* Spurfolge) und für hier, vermutungsweise von seinem ~, verübtes Murdrum; *s. d.* **20**) Die Gewalt des Herrn war gross genug, das ~ am Sonntag zur Arbeit zu zwingen; Ine 3, 2. Dies ist verboten, ebenso, ihm in Fasten (*s. d.* 3b) Fleischkost zu geben; Wi 14. Er beaufsichtigt des Mannes Kirchensteuer **20a**) *Qui familiam habet efficiat, ut omnis hyremannus suus* (*hiredmanna gehwilc* VIIa) *det* 1 *denarium* [Almosen, gelegentlich der Landesbusse]; *qui si non habeat, det dominus pro eo;* VII Atr 1, 3 **20b**) **N** Der Herr zahlt als Peterspfennig für sein Domänengesinde (Kötter, Hirten und *serjanz*) 1 Pfg.; Leis Wl 17a **21**) Aus der Aufsicht übers ~ erwächst schon unter Ine dem Herrn Strafgeldempfang: eine der Wurzeln für private Gerichtsbarkeit; *s. d.* **22**) Der Herr übt also Schutz wie die Sippe im Kampf, Gericht, Verbürgen, Beaufsichtigen **22a**) Wo diese fehlt, wie beim Fremden (*s. d.* 5. a. d), teilt er, wenn er Abt oder Äbtissin ist, das Wergeld für den erschlagenen Mann mit dem König (Ine 23, 2) und erhält es ganz, wenn der Mann Bastard (*s. d.* 1) war **22b**) Der Herr klagt Wergeld ein für einen Fremden ohne Gilde und Sippe, der als verdächtig erschlagen war; Ine 21, 1. Ebenso erhält Sippe 'und' (= 'oder in deren Ermangelung') Herr den Totschläger des Mannes ausgeliefert oder Lösegeld für ihn; Ine 74; *s.* Blutrache 12 **22c**) **N** Blutrache (*s. d.* 5e. f) ward gegen den Herrn und das ~ des Totschlägers 1080 geübt und noch um 1110 verboten von Hn **23**) Der Herr beerbt seinen Freigelassenen (*s.* Freilassung 3), erhält vom verstorbenen *gebur* (*s.* Bauer 4c) das ihm bei der Ansiedlung gegebene Inventar und das Besthaupt (*s. d.*), vom kriegerischen Dienstmanne das Heergewäte (*s. d.*), missbräuchlich auch Fahrhabe Intestater, was II Cn 70 verbietet; *s.* Erbgang 9c ff. **24**) Bei Kränkung oder Erschlagung des Mannes erhält er Busse für verletzten Schutz oder Mannenbusse; *s. d.*, Frieden 8a **25**) Er belohnt das ~ mit Land, sowohl König, Prälat und Graf den Gefolgsadel (*s. d.* 14) mit Bocland (*s. d.* 5b) oder Læn (*s. d.*) — eine Art Grundbesitz (*s. d.* 6) heisst *hlafordes gifu* —, wie Gutsherr den *folgere* (hier freien Domänenarbeiter) nach 1 Jahre Dienst mit 2 Äckern Land, einem besät, neben Kost, Schuh und Handschuh; Rect 10 **26**) Der Herr kann einen 'Mann von sich tun (entlassen), indem er ihn von dessen Missetun nicht abzuhalten vermag'; V As 1 **26a**) Er darf ihn nicht entlassen, solange gegen den Mann Anklage schwebt; *o.* 19d **26b**) Ein zeitlich befristetes Verhältnis der Abhängigkeit (wie bei der Verknechtung oder der Landpacht) kommt im ~ nicht vor **26c**) Der Mann kann nicht einseitig aus dem ~ austreten; Freizügigkeit (*s. d.* 1. 4) ward, auch widerrechtlich, tatsächlich Freien beschnitten **N 26d**) *Si quis a domino sine licentia discedat, utleipa* [wohl eine Busse fürs Entspringen an den Herrn] *emendetur, et* [aus IV As 4] *redire cogatur, ut rectum per omnia faciat;* Hn 43, 2 **26e**) Diese Busse fürs Verlassen an den früheren Herrn soll dessen 'Ungehorsam' sein [also mit dessen Stande steigen] nach II Cn 28 In **26f**) Nur innerhalb desselben Gerichtssprengels [wo Kläger ohne weitere Reise den Mann leicht wieder fassen konnte] darf man den in Anklagezustand befindlichen Mann bisher eines anderen ins ~ aufnehmen, selbst wenn man für ihn haftet; Ap AGu 6 **26g**) Unverdächtige Entlassung (unter Nachbarzeugnis Hn 8, 5. 41, 12) aus dem ~ ist verbunden mit Erlaubnis oder Empfehlung durch den bisherigen Herrn; Ine 39. II Ew 7. II As 22 = III 4 = II Cn 28 = Leis Wl 48 = Hn 8, 5 **26h**) Der Herr darf den Mann nicht widerrechtlich am Abzuge hindern [was aber vorkam; *s.* Freizügigkeit 4]. Beschuldigt er ihn [um ihn festzuhalten], so reinige sich dieser nach Volksrecht und habe dann Herrensuche (*s. d.*) frei; V As 1, 1 = IV 5. Also das Gericht ergänzt den Mangel herrschaftlicher Entlassung. Allein schon vor 1066 ist die Herrensuche dem Bauer (*s. d.* 10d. e) stark beschränkt und in Normannenzeit erstorben **26i**) Aufenthaltswechsel ohne Wechsel des ~s kommt vor, aber nur zeitweise und vielleicht unter Beurlaubung, und der Mann bedarf der Bürgschaft (*s. d.* 4) durch den zeitweiligen Wirt; II As 8

Gefolgsadel *s.* Wb *gesið, -cund, -mon, geneat* 1, *geferræden* 2. 1. Begriff. 2. Ausdrücke. 2g. *gefera*. 2h. *geneat*. 3. *gesið*. 4. Freie zerfallen in ~ und *ceorl*. 5. Erblich. 6. *gesið* unterster Adel, 7. sein Wergeld, 8. neben *þegn*, 9. als Beamter und Fürst, 10. Aftervassall, 11. kriegerisch. 12. Gefolgschaftseid. 13. Herr gibt Waffen. 14. Land, 15. zur Leihe, kündbar, 16. Grossgrundbesitzer. 17. Landverzicht. 18. Regiert Leute. 19. Eideswert. 20. Alle Witan im ~ des Königs. 21. Treupflicht. **1**) Der ~ scheidet sich **A**. vom selbständigen Adel (*u.* 4b), B. vom Gefolge (*s. d.*) **I**. durch gesellschaftlichen Vorrang und staatlich anerkanntes Standesvorrecht, die bisweilen angeboren sind, **II.** durch den vornehmeren Charakter der zumeist kriegerischen und höfischen Dienste für den Herrn samt der daraus bisweilen folgenden Begüterung mit Land und Leuten sowie Polizei mit Geldempfang aus Gerichtsbarkeit. **C.** Der ~ wird hier auch getrennt vom *Thegn* (*s. d.*), der **I.** (abgesehen vom Königsthegn) in *Gesetzen* erst seit 10. Jh., als der *gesið* daraus verschwunden ist, und bis ins 12. hinab vorkommt, **II.** im Standessinne stets (nicht wie Königs *geneat, u.* 19, nur bisweilen) sechsfaches Wergeld des Gemeinfreien besitzt, **III.** durch Bekleidung bestimmten Hofamtes sich vom gewöhnlichen ~ scheidet, der nur allgemeine Treue, besonders im Kriege schuldet, **IV.** regelmässig auf dauerndem, nicht von Königs Belieben abhängigem Grossgrundbesitz mit Gerichtsbarkeit fusst. **D.** Über die Haustruppe (Leibgarde) des Königs seit Dänenzeit *s. Thingmen.* **E. N** Über den ~ nach 1066 *s.* Adel 4f. 5a. 6a. 12b. 14a. 15. 20a—21d. 22c—25a. c. e. g. 26. 27c. 29—32. 33d. e. 36. 37b; Lehnwesen, Vassallität **1a)** Ein Mann kann *comes et minister* des Königs sein, d. h. wohl *gesið* und *þegn* (*o.* C III); Birch 225 **1b)** Abraham schildert Loth ihre Gefahr zwischen Grenzvölkern, stark mit *þegnum 7 gesiðum* (Genesis-Epos 1908): ein Beleg für den Unterschied **1c)** Der ~ besass für die Kultur der Agsa. so grosse Bedeutung, dass ihre Literatur auch den Himmel und die Welt der Bibel in diesen Verfassungsrahmen einspannte; *vgl.* Brandl in Paul's *Grundriss*[2] II 1027ff. **1d)** Überaus zahlreich sind demgemäss die Ausdrücke für des Fürsten ~ oder abgeleitete Beziehungen, abgesehen von allgemeinen Bezeichnungen wie *wine-* (*dryhten*): Freund(esherr) **2)** Solche sind *heorð-*, *beodgeneat*, eig. Herd-, Tischgenoss | *eaxl-*, *handgestealla, handgesella*, körperlich naher, vertrauter Begleiter | andere Kompp. von *gestealla* Gefährte; *geselda, gædeling, efenheafodling* (*u.* 10b), *efenheafda, gemaca, geþofta* Genoss, Kamerad, *efencempa* Mitsoldat, *efenheap, efenweorod* Kameradenschar | *secg* Gefolgskrieger (Kögel *Zeitschr. Dt. Altt.* 33, 18); *mago, hagusteald* junger Krieger; *dryht* samt Kompp. Heerschar; *duguð* Kriegsgefolgschaft; *scolu, weorod* (*u.* 10b), *geogoð* junge Schar, nicht gerade nur von ~ **2a)** *cniht* und *cnapa*, Dt. *Knecht* und *Knabe* entsprechend, bed. neben 'Diener' u. a. Kriegsknappe, junger Dienstritter unter Erzbischof, Prinz, Edelfrau, von ihnen beschenkt mit Land, Gold, kostbarem Schwert; Kemble 557. 612. 685. 694. 722 | Wærferth *Dial. Greg.* setzte für *puer: cniht*, spätere Rezension ändert das in *cnapa;* ed. Hecht II 160 **2b)** Die 4 *milites*, Aftervassallen (*s. d.* 6) von Thegnas des Grafen, sind wohl *cnihtas* **N 2c)** Unter Wilhelm I. und seinen Söhnen erscheinen *cnihtas* als Ritter, wohl auch niedere Soldaten, aber auch auf dem königlichen Hoftage, dem Thegn nachgeordnet; Ann. Agsax. 1083. 1086f. 1094. 1124 **2d)** Die Thegnas-Gilde zu Cambridge umfasst auch, als mindere untere Mitglieder, *cnihtas; vgl.* Gross *Gild. merch.* I 183ff. **2e)** In den Urkk. heisst der ~ zumeist *milites* **2f)** Auch ~ kann unter den Namen für Gefolge (*s d.* 2—21) gemeint sein: *folgian, hiered* samt Kompp., *man;* der Boclandbesitzer kann *cynges mann* oder (anderes) *mannes mann* sein; I Em 3B. II Cn 13, 1; *vgl.* Aftervassallen 3. 5 **2g)** In *Gesetzen* bezeichnen technisch ~ *gefera, geneat, gesið* (die alle daneben anderes bedeuten). | Nur Genoss in der Landwehr, Kriegskamerad, nicht speziell im ~, ist *gefera* II Cn 77. *Vgl.* Exodus 17, 9: *elige viros et pugna: ceos þe geferan 7 feoht.* | Dagegen den kriegerischen Vassallitätsverband meint II Ew 1, 1; *vgl.* Genesis 50, 9 *habuit in comitatu equites: hæfde on his geferrædene ridende men.* Ein Prediger lässt Gott den Bösen absagen: *nelle ic eow habban on minre geferrædenne* [= *geferscipe u.* 10b]; Wulfstan 256. Ein *cinges gefera* bezeugt als einziger neben dem König Urk. a. 744 Birch 171. Unter *geferan* meint ~ Ann. Agsax. 755; er sagt a. 878, dass Ælfred König Guthrums *geferan mid feo weorðude.* Für die Diadochen sind Alexanders *duces: ealdgeferan;* Oros 3, 11 **2h)** Ein Königs *geneat* begegnet in *Gesetzen* nur Ine 19, wird aber unter den a. 897 in der Schlacht Gefallenen neben 'Königsvogt' (Ann. Agsax.) erwähnt, ist also hoher ~. Poesie zeigt *ealdgeneat* genau synonym mit *ealdgesið*, *geneatscolu* mit *þegnas* und gebraucht *geneat* für königlichen Kriegsgefolgsmann und Hofgefährten. [**N** Um 1100 ist dieser Sinn erstorben, und dem Quadr nur der andere *villanus, colonus* noch bekannt.] Zwischen den beiden Ständen des Dienstritters und Bauern steht, trotz einiger agrarischen Pflichten, nicht der Lehnsmann Oswalds von Worcester (*s.* Bocland 1C), aber vielleicht der *geneat*, der a. 896 seinem Grossgrundherrn Gutsgrenzen absteckt; Birch 574 **3)** Das Wort *gesið, ~ðcund, ~ðman* kommt in den *Gesetzen* bei Wi und oft bei Ine vor; *gesiðcund* in Norðleod 11 (in 10 ist es bloss Irrtum) scheint nur synonym (viell. nördlich-provinziell-archaisch) mit 'geboren aus Thegnstand' **3a)** Das Wort *gesið*, das sowohl den Genossen wie die Genossenschaft bedeuten kann, hat dieselbe Bed. ~ auch bei anderen Germanen; *vgl.* Wb und Brunner I[2] 188. Sachliche Parallelen des Festlandes *ebd.* II 263 **3b)** Agsä. Glossatoren erklären durch *gesiðas: optimates, satrapae* II 259[6]; Wærferth setzt *sum æðele gesiðwif* für *matrona;* Dial. Gregors 71 **3c)** *dryhtgesið* und *folcgesið* in Agsä. Poesie bedeutet den (besds. kriegerischen) Edlen in des Fürsten Nähe **3d)** Für Beda's *comes*, womit z. T. der hochstehende ~, auch der Prinz, bezeichnet wird, setzt der Agsä. Übersetzer regelmässig *gesið*, dagegen *þegnas* für *milites, ministri* [Über den *comes* im Fränk. Reiche: höherer Hofbeamter *vgl.* Schröder *DRG*[5] 143] **3e)** In zahlreichen frühesten Urkk. ist *comes* als *gesið* zu verstehn. Unter der des Kenterkönigs Eadberht a. 738 stehen 7 Zeugen [einer kehrt wieder n. 175], offenbar Magnaten; deren einer sagt *comites meos confirmari et scribere feci;* Birch 159. Grundlos hält die 7 Kemble (*Saxons* I 149) für Neben- oder Unterkönige: Auch Grosse hielten ~ **3f)** Von König Oswine von Deira (644—51) sagt Beda: *ad eius ministerium de cunctis prope provinciis viri etiam nobilissimi concurre[ba]nt* III 14; Plummer II 164 nimmt dies als fast gleichbedeutend mit *comitatus* und *obsequium* (Eskorte, Schar der Freunde) I 7 **3g)** Bedas Reformprogramm will den *filii nobilium, emeriti milites, comites secula-*

rium potestatum, qui gentem nostram a barbaris defendant, wenn sie heiraten, Land gewährt wissen, das jetzt unnütz an Laienabteien verschleudert sei; *Ad Egbert.* ed. Plummer *Bede* 415 **3h)** Der Idee Chadwick's, *Origin* 297, der *gesiðcund* stelle dar die Klasse der Eroberer, *ceorl* die der Eroberten, vermag ich nicht beizustimmen **3i)** Wohl mit Bekanntem vereinbar, wenn auch nicht beweisbar, scheint mir die Annahme, die Führer der Eroberer hatten ~ um sich und siedelten ihn mit Grossgütern an, die von Bauern bewirtschaftet wurden **3k)** Auch darf man *gesiðmon* nicht trennen von *gesiðcund*, denn beide stehen synonym Ine 50; sachlich gibt es keine Spur eines Standes Ritterbürtiger gesondert von nur persönlich dem Gefolge beigetretenen ritterlichen Dienstmannen **3l)** Nichts hat mit ~ zu tun, sondern den 'Genossen[verband?]' bezeichnet *gesið* bei Ine 23, 1, laut Vergleiches mit Af 27, 1:

gif mon elþeodigne ofslea, gif he mægleas sie, healf kyninge, healf se gesið.	*gif mon mon ofslea, gif he magas nage, gielde man healfne cyninge, healfne þam gegildan.*

Ælfred scheint das modernere Wort einzuführen. [Earle LXVIII denkt mit Unrecht an einen Polizeiherrn] **4)** Um 680, bei Ine und Wihtræd gibt es nur zwei Stände: *gesið*, im weiteren Sinne Adel (*s. d.* 1h), u. *ceorl* Ine 30 **4a)** Unkanonische Sexualverbindung rügt am Fremden, ~ und Gemeinfreien Wi 4—5, 1; der ~ büsst noch einmal so viel wie der Ceorl **4b)** Schon vor 700 scheint also der älteste, nur auf Geburt ruhende, von oben her unabhängige Adel (*s. d.* 1—3) verschmolzen mit ~ **4c)** Die drei von Gott gesetzten Rassen sind *wælisc* (unfrei), *cyrlisc*, *gesiðcund* nach Traktat um 1000 ed. Napier *Anglia* XI 3 **4d)** Jener weitere Sinn 'adlig' umfasst den Thegn mit: ein Gemeinfreier erlangt durch Grundbesitz von einem zur Staatssteuer mit 5 Hufen eingeschätzten Werte 2000 Thrymsen [= 1200 Schill.] Wergeld, d. i. Thegn's Wergeld; haben sein Sohn und Sohnessohn solchen Besitz, so ist das Geschlecht [künftighin, auch obwohl landlos?] *gesiðcund;* Norðleod 9. 11. 5 **5)** Wie aus dem Wort *gesiðcund*, so erhellt die Erblichkeit des *gesið*-Standes auch aus *gesiðwif; o.* 3b **6)** Im engeren Sinne ist der *gesið* die unterste Adelsklasse **6a)** Der *comes* rangiert in Urkk. hinter *episcopi, abbates, duces, præfecti;* Birch 132. 155. 225. 322, aber vor dem *presbyter;* 162. 322 **6b)** Einbruch (*s. d.* 2d) gegen König oder Diözesan kostet 120 Schill. Busse, gegen Ealdorman 80, gegen Königsthegn 60, gegen den Gefolgsadligen, der Land besitzt, 35; Ine 45. Folglich steht der *gesið* weit unter dem Königsthegn, doch über dem Gemeinfreien. Und nicht jeder besitzt wie obiger Land, ohne welches auch kein festes Haus denkbar ist **6c)** Die Bussen für dasselbe Verbrechen bestimmt, mit teilweise anderen Zahlen, Abstufungen und Klassennamen Af 40: dem König 120 Schill., Erzbischof 90, Bischof und Ealdorman 60, 1200-Schilling-Mann 30, 600-Schilling-Mann 15 Schill. **7)** Amira 82 und Rhamm *Grosshufen* 779 meinen, der ~ habe 600 Schill. Wergeld. Mir scheint das Wergeld des Königs-*geneat* (Ine 19) von 1200 Schill. ebenso wie der Eideswert (*u.* 19) mit dem des ~ identisch **7a)** Dass das Wergeld des ~s höher als das des Ceorl, folgt sicher aus Ine 30: Auf Begünstigung Friedloser durch Gemeinfreien steht als Strafe Wergeld dieses Begünstigers, 'und ebenso das des *gesiðmon*' **7b)** Keineswegs folgt hieraus polizeiliches Amt, 'outlook against banished man' Earle LXVIIj **7c)** Auch die vom ~ für Heeresversäumnis und Unzucht geschuldeten Strafen (*o.* 4a.; *u.* 11), höher als die des Gemeinfreien, deuten auf höheren Stand **8)** König Ælfred hält ein Gefolge, getrennt (*u.* 11c) von den zahlreichen Thegnas im ganzen Lande und von der Landwehr, das höchstens einige hundert Mann betrug; er vermacht *þam mannum þe me folgiað, þe ic nu on eastertidum feoh sealde*, 200 *punda;* a. 880—5 Birch 553 **8a)** Zerfiel die Agsä. Gefolgschaft überhaupt (*o.* 1b) in *þegnas* und *gesiðas* i. e S., je nachdem der Mann ein Hofamt hatte oder nicht? **9)** Der *comes* kann zugleich *præfectus* des Königs sein (Birch 194. 244) oder *ealdorman* (Birch 945 oder *dux* Birch 154); ja sogar der *subregulus Hwicciorum* ist *comes* des Mercierkönigs (Birch 154. 156); dessen Sohn ist es; 157 **10)** Nicht aller ~ hat zum Herrn nur den König, sondern mancher einen Grossen, der das von ihm (und von seinen Hintersassen, falls er Polizeipflicht versäumt) verwirkte Strafgeld bezieht; Wi 5 (Ine 50). *Vgl. o.* 3e, Gefolge 13b **10a)** Auch and. Germ. beschränken das Recht Gefolge zu halten nicht auf den König; Brunner I^2 187 **10b)** Im 7. Jh. bildete Guthlac, laut Felix, sich ein kriegerisches Gefolge *aggregatis satellitum turmis*, mit denen er *urbes, castella vastaret.* Später bekehrt, *comitantibus præcepit, ut alium ducem itineris* (*sið* ist gemeint) *eligerent.* Der Agsä. Übs. hat: *he gesomnode scole and wered his geþoftena and his efenhæfdlingas; .. þa bead he his geferum, þæt hi fundon him oðerne ealdorman and latteow hira geferscipe;* Gonser *Angelsä. Prosa des h. Guthlac* 108. 110 **10c)** Über Ritter des Erzbischofs, die gemeine Soldaten hielten im 8. Jh., *s.* Aftervassallen 2 **10d)** Besonders auch mächtigen Kirchenstiftern unterwarfen sich reiche Grundbesitzer. Ein Testator um 837 kommendiert sich, Weib und Kind dem Dome Canterbury, dem er sein Land nach deren Tode vermacht: *ic wille me siolfne Gode forgeofan to Cristes ciricean and wiib and cild þæm hlaforde and higum* (Erzbischofe und Konvente) *befestan to mundbyrde and to hlaforddome;* Birch 417 **11)** Der *gesið* unterliegt der Kriegsdienstpflicht bei schärferer Strafe als der Gemeinfreie. Wenn ein Mann vom ~ (*gesiðcund*), ein Landeigentümer, die Heerfahrt versäumt, zahle er 120 Schill. und verliere sein Land, der ohne Landeigentum 60, der Gemeinfreie 30 Schill. als Heer[versäumnis]strafe; Ine 51 **11a)** Der kriegerische Charakter des *gesið* erhellt auch aus Bedas Übersetzung des Wortes durch *miles, comes, o.* 3g; *u.* 21 [Ähnlich war in Deutschland im 10. Jh. der *miles* dem König auch ohne Heerbannsaufgebot kriegsdienstpflichtig; Di. Schäfer *Milites agr.* in *SB Berl. Ak.* 1905, 575] **11b)** Dem Bischofe Wilfrid, um 690, *principes filios dederunt, ut adultos regi armatos commendaret;* Eddi ed. Raine *Hist. of York* I 32. Dem König empfohlen zu werden, als dem zum Spenden fähigsten Vassallitätsherrn, war Politik des Adels **11c)** Ælfred verteilte nach Asser ein Drittel seiner Ausgaben *bellatoribus* und *ministris nobilibus* [an *gesiðas* und *þegnas*]. Die *regis satellites* zerfielen in 3 einander so ablösende Kohorten, dass jede einen Monat *in curto regio commoraretur*, und dann für zwei *domum redibat* **12)** Vom Gefolgschaftseide (*s.* Mannschaft) bietet Spuren das Gedicht von Byrhtnoðs Fall a. 991: Wer in der Schlacht bis zum Tode verharrte, 'hielt seinen Schwur, als vor dem Herrn er fechten musste', 'erfüllte, was er dem Fürsten verheissen hatte, dass sie beide würden heil in die Heimat reiten oder im Heere sinken; er lag tot, wie es dem Thegn ziemt, neben seinem Herrn'; Vers 15. 289ff. Wörtlich vielleicht hieran und an *u.* 20 anklingend heisst Heergewäte erlassen für 'den Mann, der im Heere fiel vor seinem Herrn in oder ausser Landes' II Cn 78 **13)** Der ~ wird vom Herrn mit Waffen ausgerüstet, die beim Tode des Mannes jenem zurückfallen; schon laut Beowulf; *vgl.* Maurer *Kr. Übsch.* II 390. 393 [*vgl.* über die Söhne der *bucellarii;* Brunner *Forsch. zur DRG* 23] **13a)** Gleichzeitig mit Heergewäte tauchen beim Thegn und niederen Gefolge Ansprüche des Herrn im Erbgang (*s. d.* 9c) nach dem Manne auf **14)** Bisweilen wenigstens, wahrscheinlich regelmässig, war der Lohn des Kriegsdienstes Land, zunächst zur Leihe [vielleicht mit Bedingung der Treue; Brunner II 245; *Forsch.* 24]; *u.* 17c **14a)** *Benedictus cum esset minister Oswii regis et possessionem terrae suo gradui competentem illo donante perciperet,* also der Hofmann vom ~ erwartet regelmässig Lohn in Leiheland; Beda *V. s. Bened.* 1 **14b)** Solche Landverleihung durch den Fürsten erst an den Vater, dann den Sohn, aber ohne dessen Erbanspruch, gab schon Beowulf dem Wiglaf: *þa are, wicstede weligne Wægmundinga folcrihta gehwylc, swa his fæder ahte;* 2607f. **14c)** Der Gesið verliert das Land, wenn er die Treue bricht (*o.* 11); *vgl.* Beowulf 2888: *londrihtes mot idel hweorfan* wer den Herrn fliehend im Stich lässt. Er steht hierin ganz dem Thegn gleich **14d)** Wer vom Herrn in Land- oder Schiffswehr flieht, verliert das Leben und verwirkt Habe und dasjenige Land an den Herrn, das ihm dieser gegeben hatte, Bocland an den König; II Cn 77f. **15)** Zur persönl. Abhängigkeit gesellt sich durch die Landleihe eine wirtschaftliche. Sie ist gegenseitig kündbar, viell. ohne dass jene berührt oder das Dienstverhältnis aufgelöst wird. Es kommt vor, dass der ~ einen Riesenbesitz von 20 Hufen aufgeben will und dass er davon vertrieben wird; *u.* 17a **15a)** Bei Rückgabe muss das Land teilweise in bestimmtem Verhältnis ertragsfähig sein **16)** Die Entwicklung einer kriegerischen persönlichen Gefolgschaft zum Stande bevorrechteter erblicher Grundbesitzer, unter Verschwinden des alten Namens, zeigen parallel die Merovingischen Antrustionen; Brunner II 259 **16a)** Stevenson (*Asser* 337) meint, der Wechsel zwischen $^1/_3$ Dienst und $^2/_3$ Heimatsruhe in Ælfreds Heeresverfassung (*o.* 11c) hänge mit derselben Entwicklung vielleicht zusammen **16b)** Der Name *gesið, gefera, geneat* und Synonyma, der die Urbedeutung ständischer oder beruflicher Gleichheit mit dem Herrn noch anklingen liess, ward unpassend. als die Königsvassallen übers ganze Land hin verteilt wohnten, und der König mit erhöhter Macht und erweitertem Gebiete längst nicht mehr nur *primus inter pares* war **17)** Wenn ein Mann vom ~ abzieht [aus dem Lehngut], so darf er Amtmann, Schmied und Kinderamme mitnehmen **17a)** Bei 20 Hufen [Besitzgrösse] muss er [vor der Erlaubnis abzuwandern] 12 besät [andere Auslegung *s.* Bauer 2a] nachweisen, bei 10:6, bei 3:1$^1/_2$; Ine 63—66 **17b)** Also drei oder zehn, oder zwanzig Hufen waren Normalbesitze von ~, d. h. 12—80 mal soviel wie ein normaler Bauerhof des kleinen Gemeinfreien; so ist der ~ auch wirtschaftlich vom Bauernstande geschieden: er ist Grundbesitzer, wenn auch nicht zu echtem Eigentum. Nicht auf ~ bezieht sich Ine 67 vom Besitzer einer blossen Viertelhufe: der Satz beginnt mit *man* als neuem Subjekt, d. i. ein Gemeinfreier **17c)** Wenn man [der Grundherr] einen Mann von ~ (*gesiðcund*) [von seinem Landbesitz] vertreibt, vertreibe man ihn [zwar] vom Wohngebäude, aber nicht von der [durch ihn] bestellten Flur; Ine 68 **17d)** Mancher Gesið hat, wie später der Thegn, eine Eigenkirche (*s. d.* 2) auf seinem Landgut: *episcopus vocatus est ad dedicandam ecclesiam comitis* (übs.: *wæs se bisceop gelaðod sumes gesiðes cyricean to halgianne*); Beda V 5 **17e)** Er bewohnt keine Bauerhütte, sondern ein festes Haus; *o.* 6b **17f)** Er kämpft wohl zu Pferd (*o.* 12) nach Analogie mit and. Germanen **18)** Der ~ hat als Grundbesitzer Bauern unter sich in wirtschaftlicher Abhängigkeit und in staatlich anerkannter Polizeigewalt; von dem durch sie verwirkten Strafgelde erhält er, falls er sie vors heimische Gericht bringt, Anteil. Er schützt sie in ihren Gerichtshändeln. Wenn ein Mann vom ~ (*gesiðcund*) gegenüber dem König oder dessen Ealdorman [als dem Strafrichter] für seine Gutsinsassen oder gegenüber dem Herrn für unfreie oder freie [Schutzbefohlene eine Schuldsühne] abmacht, so erhält er, der Gesið, keinen Strafgeldanteil, weil er damals zu Hause ihn [den Schuldigen] an [dessen] Missetat zu hindern unterlassen hat; Ine 50. Eine private Gerichtsbarkeit (*s. d.*) ist hiermit bereits angebahnt. Dass aber dem ~ die Ortsverwaltung gehörte, ein Gesið jede Ortschaft befehligte, folgert Earle p. LXVIII zu weitgehend **19)** Ein Königs*geneat,* wenn [= 'indem'? oder 'nur falls'] sein Wergeld 1200 Schill. ist, darf für 60 Hufen schwören (*s.* Eideshufen 7), wenn er Abendmahlsgänger ist; Ine 19, d. h. 6 mal so hoch wie der Gemeinfreie; *o.* 7 **20)** Auf dem Reichstage zu Exeter 924/5 fordert König Eadward behufs straffferer Staatsordnung, dass die Witan in die Genossenschaft (*geferræden*), wo er sei, eintreten, lieben und meiden, was er liebe und meide, zu See wie zu Lande (II Ew 1, 1): die Worte erinnern deutlich an die Formel des Mannschaftseides. Also alle Grossen und Beamten werden nun des Königs Mannen. Und zwar ist dieser ~ laut des Schlussworts zunächst kriegerisch; *o.* 12 **20a)** Der König gibt Befehle bei seiner 'Liebe' oder 'Freundschaft', also mit Beziehung auf das persönliche Gunstverhältnis, das bei Ungehorsam aufhöre; I As Pro. As Alm 1. VI 11. IV Eg 1, 5. VIII Atr 32. Cn 1020, 11 **21)** Über die Treupflicht des Gefolges allgemein *s. d.* 10. 15. Hauptsächlich aber der ~ ist gemeint in den zahlreichen Stellen Agsä. Poesie über das Ideal der Mannentreue, das alle anderen und den Wert eignen Lebens überragt

Gegengabe *s.* Freilassung 7

Gegenklage *s.* Wb *wiðertihtle;* anderen Sinn dieses Wortes *s.* Widerklage **1)** Wer im Gericht sich oder seinen Untergebenen durch ~ verteidigen möchte, habe das vergebens gesprochen und antworte dem Kläger; II Cn 27. Wohl daraus: *Si quis iniustis contracriminationibus vel contrapositionibus causam diffortiet, hanc perdat;* Hn 34, 5. Auch Stadtrecht von Leicester nimmt ~ nicht an, bevor erster Prozess entschieden ist; Bateson II 9; dagegen Nordisches Recht lässt Klage durch ~ paralysieren; Lehmann *Njal* 65; Heusler *Strafr. Isld.* 131

Gegenseitigkeit 1) zwischen Freibürgen *s.* Zehnerschaft **2)** zwischen Herr u. Mann *s.* Gefolge **3)** *s.* Eidbrüder, Genossenschaft, Erwerbsgenossen

Gehälter 1) der königlichen Forstbeamten Ps Cn for 6 ff.; *vgl.* I 621k–q **2)** *vgl.* Arbeitslohn, Amt(sland)

Gehege *s.* Wb *edor (-bryce, -breċð:* Verletzung). *Vgl.* Bauer 3a. 13d; Einbruch 2; Forst 12, Jagd **1)** In Bayern und Schweiz heisst *etter:* Zaun **1a)** Die Bedeutungsentwicklung von Zaun zu Dorf (*s. d.* 1a) in *tun* [wie im Nordischen (bei Rhamm *Grosshufen* 811), im Dt. *hagen,* Lat. *indago,* Zaun lebendiger Hecke, dann eingehegte Stätte (Frensdorff, *Stud. Braunschw. Stadtr.* in *Nachr. Ges. Wiss. Gött.* 1906, 284) — Anglolatein. *haga* ist städtisches Haus samt Grundbesitz —] zeigt auch *edor:* das Wort kann das Eingehegte, die Wohnstätte, das Haus bedeuten; *s.* Toller *edor, eodor* und im *Suppl. edergong.* Dieser versteht 239 und im *Suppl.* zu Abt 27. 29 das Wort als 'Haus' (dagegen zu Af 40, auch 252 als '~') **1b)** Kein Argument gegen 'Haus' ist was Schmid anführt, dass des Ceorls Haus vielmehr *flet* hiess; denn recht wohl konnten zwei Wörter für éine Sache bestehen. Ebensowenig, dass Quadr. 'Zaun' übersetzt. Da bei Af 40 *eodor* für den *ceorl* das, was *burg* für höhere Stände bedeutet, so spricht dies eher für 'Haus'. Der Sinn bleibt derselbe **2)** Des Bauern (*s. d.* 13d) Hofstelle [nicht des Kötters, nach Rhamm *Grosshufen* 151] soll dauernd umzäunt sein; dringt widrigen Falles Vieh ein, trägt er den Schaden; Ine 40. Dies steht in Gegensatz zu der nur zeitweisen Umzäunung von Saatflur und Wiese *s.* Ackerbau 4. Nicht etwa der ganze Grundbesitz pflegt umzäunt zu sein; In Cn III 52 **2a)** Ein ~ brechendes Rind, fremden Boden schädigend, kann von dessen Besitzer getötet werden; nur Fell und Fleisch erhält der Eigentümer [den Arbeitswert verliert er]; Ine 42, 1. 'Zaunbrecher' heisst im Gotlandsrecht ein Ochs, der um Ernte abzufressen ~ durchbricht; Rhamm *Grosshufen* 665. *Vgl.* über dauernde ~ für Vieh und Sonderwiese Nasse *Feldgemeinschaft* 13; Gemeinheit, Fron 2C. D. F **3)** Zwischen den Bauarbeiten des Grossguts für Mai bis Juli empfiehlt Zäunen Ger 9, und allgemein *hegas godian* (~ bessern) 13 **4)** Dem vollbäuerlichen Hofstellenbesitzer unter dem Herrschaftsgut (*geneat*) liegt neben Bauarbeit für die Domäne ob *burh hegian:* Herrenhaus umfestigen; Rect 2 **4a)** Ein Hintersasse von Thorney besorgte im 11. Jh. dem Gutsherrn *virgas ad curiam circa domum* (Ruten zum Hürdenzaun um den Hof); Domesday I 205 **5)** War der Zaun niedriger als kinnhoch, so ist dessen Eigentümer verantwortlich, wenn sich ein fremdes Stück Vieh daran aufspiesst und schädigt; aus Ribuaria Hn 90, 4; 4a; *vgl.* I 605[1] **6)** Durchsticht jemand *rihthamscyld,* bezahle er mit [dessen] Werte [dem Hausherrn]; Abt 32. Das Wort nahm ich als komponiert aus 'Heim' und 'Schild'. Wahrscheinlicher ist es aus *hamm,* eingefriedigtes Stück Land und vielleicht **scyld* Deckung, zusammengesetzt. Es bedeutet 'Hofeinfriedigung'; *Archiv neu. Spra.* 115, 390

Gehegewart (*hægweard*) beaufsichtigt den Schutz von Gehöft, Garten, Flur und Wiese der Domäne des Herrschaftsguts gegen Gehegebruch durch Vieh, also die periodische wie die dauernde Umzäunung. Er erhält sein Stück Land als Lohn an der gefährdetsten Stelle: nahe der Viehweide; Rect 20. 20, 1. *Vgl.* Vinogradoff *Growth of manor* 190. Später ward dieser Zaunwärter Wiesenwart; heute bed. *hayward* nur Heuwart; Gomme *Municip. offices* 31 f. [Fron 3

Gehör *s.* Ohr **Geheissarbeit** *s.*

Geiseln *s.* Wb *gislas. Vgl.* Bürgschaft 1c **1)** Dem König Ælfred gibt das Dänenheer *foregislas swa fela swa he habban wolde* (Ann. Agsax. 877): *electos obsides quantos ipse solus nominavit* (Asser 876), neben dem eidlichen Versprechen, das Land zu räumen **2)** Wollen die Ostangeln unter Guthrum oder die Engländer unter Ælfred zu Handelszwecken die gegenseitige Grenze überschreiten, so gebe man ~, dem Frieden als Pfand und zum Beweise rechtlichen Vorgehens [für Wahrung der inländischen Polizeiordnung]; AGu 5; *vgl.* Geleitsmann 5. Die ~ für den Fremden unterscheiden sich von Bürgen wahrscheinlich dadurch, dass sie der fremden Nationalität angehören und an bestimmtem Orte des Inlands bleiben müssen. Denn das Gefangensein liegt im Worte; Grimm *DRA* 619. Dass *gisl* Sicherheit allgemein bedeute, belegt fürs Agsä. Toller nur aus übertragenem theolog. Stil. Mit 'Bürge' synonym steht es in der Langobard. Formel *gaida et gisil;* Pappenheim *Launegild* 39; *fideiussores* übersetzt Q Wohl deshalb sieht Gierke *Schuld und Haft.* 184[51] hierin blosse persönlich verhaftete Bürgen. Doch neigt Q auch sonst zum Modernisieren. Und ein Archaismus mochte im Grenzverkehr sich am leichtesten erhalten. Ich bleibe daher bei wörtlichem Verständnisse: ~, nehme an, dass diese Ausländer im Inlande verhaftet blieben, bis jene Händler das Inland verlassen hatten, und mit Geld oder Leib hafteten, wenn jene Busse oder Blutschuld verbrachen **3)** Die Dunsæte (*s. d.* 3. 6) erbitten von Wessex, es möge ihnen ~ aus Gwent erlauben: auch dies Fremde im Inland, im internationalen Verkehr, nicht Bürgen zur Sicherung innerbürgerlichen Rechts **4)** Cnut verstümmelte die von England seinem Vater gegebenen ~, als es von den Dänen abfiel; Ann. Agsax. 1014

Geisseln *s.* Prügel [heit

Geisteskranke *s.* Schauspiel, Taub-

Geistliche *s.* Wb *had* samt Kompp., *gehadod, gehada, cirichad, halige hadas; preost, mæssepreost* [wofür (VIII Atr 26) *weofodþegn* einsetzt II

Cn 41, wie umgekehrt für dieses *preost* einführt II Cn 39 Rubr. B]; *mæsseþegn, ciricþegn* [Pfarrer V Atr 10, 2 = VI 15, 1; dafür *preost* Northu 22]; *sacerd* VI Atr 5 [dafür *weofodþegn* VIII 28]; *Godes þeow; bescoren, vgl. to prioste (be)scieran.* Ggs. *folc, læwed. Vgl.* Kirche samt Kompp.; Domkapitel, (Erz)-bischof, Archidiakon, Dechant, Diakon; Kanoniker; Pfarre; Kloster, Abt, Mönch, Nonne. **1.–5. Ausdrücke. 6. Schüler. 7. Bischof. 8. 7 Weihen. 9. Kantor, Lektor. 10. Herkunft der ~n. 11. Weihe in Diözese. 12. Simonie. 13. Unter Sonderschutz. 14. Vorrang vor Laien. 15 f. Kränkung gegen ~. 17 f. Wergeld, Thegnrang. 19 f. ~ angeklagt. 21. In Sippe und Bürgschaft. 22. Staatl. Eingriff. 23. Wilhelm I., II.; Hn. 24. Unter Strafrecht. 25. Funktion heilig. 26. Allgemeine Pflicht. 27. Amtspflicht u. -vergehen. 28. Pflicht gegen Genossen. 29. Zucht. 30. Bildung. 31. Tracht. 32. Finanz. 33. Als Vögte, Beamte, Richter. 34. Auf Reichstag. 35. Beaufsichtigen bürgerl. Gesellschaft.** **1)** 'Kleriker' bed. neben dem weitesten Begriff (~) auch enger nur den ~n niederer Weihen, unterhalb Diakonats; Abt 1. VII Atr 2, 2a. *Vgl. u.* 5 **2)** *preost* steht zwar meist synonym mit *mæssepreost*, so dass die Hss. variieren (*s.* Wb, z. B. EGu 3, 2. Að 2), hat aber daneben die weitere Bedeutung 'Kleriker', auch niederer Weihen, wie denn *preost(had): clericus (clerus)* glossiert bzw. übersetzt [Toller]. *Vgl.* Cölibat 2c; Eideshelfer 47; Plummer *Bede* II 46; Lingard *Hist. Agsa. church* I 147 **2a)** Ælfric setzt, im Ggs. zu *mæssepreost 7 diacon, þe æt weofode þeniað,* den *gemænes hades preost* für *clericus* (in Gregor. ad Augustin. bei Beda I 27, 1); *Homil.* II 94 **2b)** Ein nicht priesterlicher Kleriker wird *preost* übersetzt in *nænig mæssepreost oðres mæssepreostes preost ne wyrde* für *ut sacerdos alterius clericum non subducat;* Eccles. instit. 15 ed. Thorpe *Anc. laws* 474 **2c)** So hatte wohl der *cyninges preost* bei Af 38, 2, wie die geistlichen *justiciarii* der Normannenzeit, nicht notwendig höhere Weihen **2d)** Als eindeutig ward, wohl gerade im Ggs. zum weiteren Begriffe *preost*, das Wort *mæssepreost* komponiert **3)** 'Altardiener' umfasst Bischof, Messpriester, Diakon (*Polity* 23 ed. Thorpe 437), begreift den Diakon auch in VIII Atr 18 und *o.* 2a **3a)** Es bedeutet den Priester allein; VIII Atr 22 [= I Cn 5, 2a]. 28 (weil der Diakon nicht Thegn-Wergeld besass). Northu 2 **3b)** Vielleicht versteht darunter den Diakon mit II Cn 39. 41, obwohl die Quelle Atr enger 'Priester' meinte **4)** 'Gottesdiener' umfasst mehr als bloss Priester: 'alle Gottesdiener und namentlich *sacerdas*'; VI Atr 5 **4a)** Nicht etwa wesentlich Mönche, sondern namentlich Priester sind mit *servi Dei* gemeint von Willibald 710 – 6, der von einem *synodale a primatibus ecclesiarum cum consilio* (Ine) *regis servorum Dei consilium* spricht; Haddan and Stubbs *Councils* III 295. Ebenso Ine 1; denn Priester, nie blosse Mönche, zeichnen neben Laien, Bischöfen, Äbten die Königsurkk. um 700 **4b)** Durch *Godes þeow* wird übs. *clericus* bei Beda IV 15 ed. Miller 278 **4c)** Den Begriff Gottesdiener erklärt als Bischöfe, Äbte, Mönche, Mönchinnen, Priester, Nonnen V Atr 4, 1 **4d)** 'Bischöfe und Gottesdiener' beraten Ine Pro und beim Almosengeben As Alm Pro **4e)** Enger, nur ein Mönch ist gemeint mit dem *Godes þiow* hinter *messepriost* und *diacon* im Domkloster Canterbury in Urk. c. 807 Birch 330 **5)** *gehadod* scheint 'Priester oder Diakon' zu bedeuten VIII Atr 23. Auch die niedersten Weihen zählt mit zum Klerus Had 2 ff.; *vgl. o.* 1. 2a **5a)** Getrennt davon ist *mynstermunuc. Clericum vel monachum* sondert Hn 68, 7 **6)** Unterhalb des *Klerus* stehen in kirchlichem Sonderschutz *scolares* (*s.* 9a); ECf 1, 1 **6a)** Eine Freilassung 11. Jhs. bezeugt, hinter *presbiter* und *diaconus* zwischen *clericis* ein *discipulus;* Kemble 981 **6b)** Ein Bischof erlaubt jedem Priester, einen Verwandten in einer 'unserer' Kirchen *to lære don* u. befiehlt: Pfarrer halten in ihren Häusern *leorningmanna sceole; Eccles. instit.* 19 f., 475 **6c)** **N** Stiftschulen gab es unter Heinrich I. in Canterbury, Lincoln, St. Alban's, Warwick; Leach *Hist. of Warwick school* **7)** Dass Erzbischof und Bischof über dem Priester, der Diakon unter ihm stehen, ergeben jene Artt., auch Eideswert 8 ff.; Fürbitte 3 b. c **8)** Es gibt 7 Stufen der kirchl. Grade und heiligen Ordines; Had 1. 2—8 **8a)** Der Priester hat 7 Weihen erhalten; Að 2. *Vgl.* Ælfric *Canon* 10 —17; *Pastor.* 34. Er nennt sie bereits in heutiger Form **9)** Unterhalb dieser Grade steht der *sangere* [für *cantor*]. Von ihm steigt man durch kirchliche Weihen auf bis zum Priester; Grið 21, 2 **9a)** Zweiter Grad heisst *lector* (obwohl *exorcista* In Cn I 467 dafür setzt), Agsä. *(boo)rædere*. Dieses Wort steht bisweilen synonym mit *bocere*, eig. Schreiber, und *leornere*, eig. Lerner (*s.* Wb); alle drei bed. u. a. 'Gelehrter, Scholar'. Der *bocere* konnte Bischof, der *leornere* geweiht werden; Grið 21, 2. Geþyncðo 7. Doch braucht man nicht die Bed. *lector* (2. Weihe) hierfür anzusetzen; es genügt *scholaris*, *o.* 6. Jener *bocere* steht neben Bischöfen, zwischen Weisen auch in den Dichtungen Andreas 607; Manna wyrd 71 **10)** Aus armen und nicht adligen Ständen konnte die Weihe zur Prälatur erheben; dies wird gelobt Grið 21 ff.; *s.* Adel 4a. b. 10 **10a)** Auf diesem Wege schwang sich bisweilen ein Talent über die Scheidung der Stände **10b)** Doch folgen in den Bistümern (z. B. London, York) Verwandte auf einander und Angehörige des Adels. *Vgl.* Cölibat 3d **10c)** **N** Der Unfreie kann Weihen empfangen erst nach Freilassung; *s. d.* 13 **10d)** Nach einer Urk. um 895 scheint der Priesterstand nicht begehrt. An einem Landgute haftete die Bedingung, Besitzer müsse der Sippe des Erwerbers angehören und geistlich sein, sonst falle es ans Bistum. Als dieses es einklagt, bietet es der letzte Besitzer in seiner Sippe vergeblich aus: 'jeder wollte lieber das Land entbehren als Weihe empfangen'; Birch 582 **10e)** Einen Laien einem Priester ähnlich scheren gilt als Ehrenkränkung; Af 35, 4; 6 **10f)** Gerade ~ waren häufig fernher eingewandert und werden neben Fremden erwähnt; EGu 12 = VIII Atr 33. Daher sind sie oft am Wohnort ohne Verwandtschaft; der ~ ist sippelos, weil *advena aut peregrinus;* zu I Cn 5, 2a (aus VIII Atr 22) In Cn **11)** Nur der Bischof (*s. d.* 5) der Diözese weiht ~: Wenn ein Priester oder Diakon ausserhalb die Weihe nimmt, zahle er 12 bzw. 6 Ör; Northu 12 **11a)** Gegen das Austreten der Kleriker aus der Diözese ohne Empfehlung droht Exkommunikation Synode von Hertford c. 5; gegen Aufnahme in die Klöster der Laienäbte eifern Beda *Ad Egbert.* 12 und Egbert *Dial.* 7 **12)** Die Pfarrei wurde unter Ælfred regelmässig erkauft. Ein Totschlages überführter

Priester werde [dem Rächer] samt allem, womit er sich *hames bohte* (Pfründenstelle kaufte) durch die Kirche ausgeliefert und degradiert; ausser wenn sein Herr statt seiner Wergeld [des Erschlagenen] begleichen will; Af 21. Der spätere Schreiber B modelt die Stelle kanonistisch um, *brohte* (was er mit einbrachte) einsetzend **12a)** Die Kirche gibt dem ausgestossenen ~n, um ihm Loskauf zu ermöglichen, *res si quas ecclesiae optulerat, ut habeat unde se redimat;* Egb. *Dial.* 8. 14 **12b)** Kein Priester kaufe noch nehme an die Kirche eines anderen (ausser wenn dieser ausgestossen wäre) bei Verlust seines Ehrenranges, der Genossenschaft und des Rechts zum Messelesen; Northu 2. 2, 1 **12c)** Das Geld, das er gezahlt hat, um einen Pfarrer aus der Pfründe zu verdrängen, verliere er ausser den Geldbussen für jene Verdrängung; 2, 2 **12d)** *Vgl.* Degradation 5a; Seckel *Hist. Aufs. Zeumer* 618 **12e)** Jeden Handel mit Kirchen (*ciricmangung*) verbietet [von Verdrängung ganz abgesehen] V Atr 10,2 = VI 15 = Northu 20, wo Rechtsbruchbusse dafür gezahlt wird **12f)** Von Fränkischen Kanones gegen Kirchenkauf und Verdrängung des Pfarrers, die Absetzung drohen, kopierten Agsa. u. a.: Ps.-Theod. *Cap.* 312 und Ps.-Egb. *Excerpt.* 44 **12g)** 'Niemand soll Gelder (*sceattas*) nehmen für eine Gotteskirche'; Ælfric *Hom.* II 592 **12h)** **N** Die Synode Anselms von Canterbury 1102 setzte Äbte wegen Simonie ab; Quadr II 8, 2, I 545 **12i)** Nur für den Einkauf in Klosterstellen bestehen urkundliche Zeugnisse: Hist. Eli. I 41 ed. Gale I 481; Hist. Ramesei. I 57 **13)** Der ~ geniesst kraft Gesetzes weiser Witan besonderen Schutz (*vgl.* Nonne) für Leben, Glieder und Vermögen; Had 11 = Grið 19. 24 = I Cn 4 = Had 1, 1 [so auch auf dem Festland; Brunner II 321; Frauenstadt *Blutrache* 118] **13a)** Man soll Ordinierte ehren und verteidigen; I Cn 4 = Had 1, 3 = Grið 25. 28. VI Atr 45 (ähnlich Polity 19), je nach Standesrang; VIII Atr 18 = I Cn 4, 3 **13b)** Der König sorgt für Einkünfte der ~n (I As 4) und erhält für Kränkung gegen ~ an Gut oder Leben, ausser diesen selbst und dem schützenden Bischof, auch sein Bussgeld oder straft streng; EGu 12 = VIII Atr 34. 35 = II Cn 40, 1 f. 42 = Hn 10, 3. 21. 66, 3 **13c)** Er und der Bischof bestrafen den Kränker eines ~n; Geþyncðo 8 **13d)** Abt (*s. d.* 5) oder Äbtissin teilt mit dem König Wergeld erschlagener Fremder, zunächst ~r, die Klosterschutz unterstanden **13e)** **N** *Clerus et scolares et eorum possessiones pacem Dei et sancte ecclesie habeant;* ECf 1, 1, kirchl. Sonderschutz weit ausdehnend, gemäss hierarchischer Ansprüche, die vor Stephan nicht praktisch galten; *vgl.* I 628[bb] **14)** Der Klerus wird stets vór dem anderen Volksteile, den Laien, genannt (II Em Pro. V Atr Pro. VII a 7. Cn 1020, 1. 9. 13), der Bischof (*s. d.* 13e—i) vór dem Ealdorman. Sonstige ~ aber stehen hinter 'vornehmsten Witan'; Ine Pro **15)** Empfang des Abendmahls (*s. d.* 4) halte den Laien ab von Kränkung des Klerus **15a)** Man vermeide teuflische Missetaten, bestehend in Klerusverletzungen (*hadbrycan*); V Atr 25 = VI 28,3. Ähnlich *Homil. n.* Wulfstan 163. 166[a]. 129. Nicht etwa, wie Toller und Sweet verstehen, Verletzung der Standespflicht durch Kleriker; zu II Cn 40 erklärt In Cn als Klerusverletzung: 'einen Mönch, Priester oder Kleriker schlagen oder ähnliches' **15b)** Klerusverletzer (*hadbrecan*) sollen büssen oder ausser Landes weichen; II Cn 6 **15c)** Wer einen Priester erschlägt, zahlt (ausser Kirchenbusse [und Wergeld]) 80 Schill. der Kirche, 60 für den Diakon; Zahlungsunfähige straft der König; Egb. *Dial.* 12 **15d)** Busse und Strafe für Verletzung ~r *s.* Altarbusse; den Satz II Cn 49, dort 2, kopiert Hn 11, 12. Die Abstufung nach dem Weihegrade des Erschlagenen kennen auch Franken a. 803 und Friesen; His 141 **15e)** Über erschlagenen Bischof *s. d.* 13d **15f)** Seit Cnut lautet weltliches Recht über Totschlag an ~n strenger: Von der Klage, einen Altardiener getötet zu haben, reinigt Eid in Höhe von dessen Wergeld. Der nicht Gereinigte sei friedlos in Kirche und Staat, ausser wenn er — neben Wergeld an dessen Sippe und Pönitenz — Verbannungspilgerfahrt [aus *u.* h?] binnen 30 Tagen antritt; II Cn 39. 39, 1 = Hn 66, 1. 74 **15g)** *Si quis ordinatum occiderit, exeat de patria sua et Romam adeat et papam et consilium eius faciat;* aus Pönitential Hn 73, 6; *u.* 20c. Vor *faciat* setzt *scire:* 'unterrichte davon die Kardinäle' Var. **15h)** Verbannung auch in den von Agsa. kopierten Pönitentialien *s.* Ps.-Theod. *Poen.* III 11; Ps.-Egb. *Exc.* 62 (schon bei Verwundung); *Poen.* IV 6 = *Mod. impon. poen.* 27, mit Reise zum Papst **15i)** *Qui occiderit monachum vel clericum, in iudicio episcopi, qui presbyterum vel episcopum: iudicium regis;* Theodor *Poen.* I 4, 5. Unter *regis iudicium* fällt Totschlag an Priestern auch nach Ps.-Theod. *Poen.* XXI 10; Ps.-Egb. *Confess.* 23. *Poen.* IV 68, 21 **15k)** Bei Verwundung eines Klerikers fordert siebenfache Busse Ps.-Egb. *Exc.* 62, doppelt so viel Fasten wie bei der eines Laien Ps.-Egb. *Poen.* IV 22 f. **15l)** *Qui monachum vel clericum occiderit, arma relinquat et Deo serviat; si casu perpetravit,* 7 *annis peniteat, si volens: usque ad exitum vitæ;* aus Pönitentiale Hn 68, 7 **15m)** Wer Priester erschlägt, verliert Rittergürtel und Möglichkeit der Heirat; Ps.-Theod. *Capit.* 311 f. **15n)** **N** *Homicidium .. aliter est, si clericus vel laicus, .. agant hoc vel patiantur;* Hn 72, 2a **16)** Im Empfange der Busse (*s. d.* 8) für Diebstahl steht der Kleriker den Gemeinfreien gleich, der Priester dreimal so hoch; ebenso ist das Wergeld des Adligen in Kent dreimal so hoch wie das des Gemeinfreien. Vielleicht also stand hier der Priester dem *eorl* gleich, wie später in Wessex dem Thegn; *s. u.* 17b—19 **17)** **N** Des Priesters Wergeld wird nach seiner Geburt beurteilt; Hn 68, 3; nur *si de thainis natus, thaini wera reddatur* 68, 3a. [So im Frankenreich seit 8. Jh.; Brunner I[2] 445] **17a)** Wer einen Priester erschlägt, vergelte ihn durch dessen volles Wergeld und 24 Ór als Altarbusse; bei einem Diakon 12 Ór als Altarbusse; Northu 24. Mit dem Wergeld kann ein geistlich qualifiziertes nicht gemeint sein, sonst stünde wie die Altarbusse auch dieses beim Diakon geringer als beim Priester **17b)** Im Widerspruch hiermit steht der kanonisch lebende Priester dem Thegn gleich im Rang und Wergeld (*o.* 16); mit dem Regelbruch schwindet auch die weltl. Ehre; V Atr 9, 1 f. = VI 5, 3 f. = VIII 28 f. = I Cn 6, 2a = Hn 68, 3. Geþyncðo 7. Að 2. Den Rang will je nach seinem Leben [d. h. wohl: ob dieses den Kanones gemäss] bemessen In Cn zu I Cn 4 **17c**) Die Bedingung kanon. Lebens für die höhere Bewertung entstammt vielleicht erst Eadgars Zeit, die so den Cölibat prämiiert; Taranger *Angelsaks. Kirk.* 77 **17d**) In Nordengland fehlt sie (*o.* 17a): das Wergeld des Priesters beträgt 2000 Tremissen (¼ von dem des Bischofs); Norðleod 5 **17e**) Für den erschlagenen Priester fordert 800, den Diakon 600, den Mönch 400 *siclos ecclesiæ suæ, nisi dignitas natalium vel nobilitas generis maius reposcat; Dial.* Egberti 12. War also der Mönch z. B. zu 1200 Schill. Wergeld geboren, so wurde dies und nicht sein geistlicher Wert bezahlt. Über den *siclus s.* Chadwick *Anglo-Saxon instit.* 21. 104 **17f**) Die Wörter *weofod-*, *mæsseþegn*, wohl nicht vor Ende 10. Jhs. nachweisbar, können nicht den Thegnrang des Priesters als ursprünglich erweisen **18**) Der kanonisch lebende Priester hat auch Eideswert (*s. d.* 8ff.) und Schutzgewalt des Thegn; Geþyncðo 7. *Vgl. o.* 16, *u* 24b **19**) Über die gerichtliche Verteidigung der ~n *s.* Abendmahlsprobe, Geweihter Bissen, Eidesersatz 1–2b, Eidesform 7e, Eideshelfer 15, Eideshufen 11, Eideswert 8–11 **19a**) Priester od. Diakon geniesst leichtere Reinigung als der Kleriker niederer Weihen, der dem Gemeinfreien gleich steht, der kanonisch regulierte leichtere als der laienhaft (verheiratet) lebende, der Priester leichtere als der Diakon. Der Priester gilt im Eideswerte z. T. dem Thegn gleich (*o.* 16. 18), der laienhafte dem regulierten Diakon **19b**) Auf Unterscheidung zwischen einfacher und dreifacher Anklage, auf Ordal- und Sippenrecht, also weltl. Grundsätzen, beruht die Reinigung, wenn auch die Form — außer gegen die Anklage auf Totschlag — verkirchlicht ist **19c**) Dass des Altardieners dreifache Reinigung von ärgster Missetat auch im Ordal [Wassers oder Eisens] bestehen könne, sagt nur eine Variante 13. Jhs. zu II Cn 41, 1 In **19d**) Der stark hierarchische, dem Klerus günstige Wihtræd bestimmt doch die Reinigung der ~n vom Bischof zum untersten Grad hinab — offenbar vor weltlichem Gericht — mit Beirat des Witenagemot; Wi 16 —19; *s.* Bischof 14 **20**) Der Prozess gegen den ~n Totschläger (*o.* 12) ist weltlich, der Strafvollzug dagegen hängt vom Willen der Kirche ab; sie oder der Herr kann ihn durch Zahlung retten, während dem Laien gegenüber die Sippe des Erschlagenen auf ihrem Recht der Blutrache bestehen konnte **20a**) Der Kleriker (*gehadod*), der stiehlt, blutig ficht, falsch schwört oder hurt (*u.* 29b) büsse je nach der Tat [halb dem König, halb dem Bischof EGu Pro 2] durch sein Wergeld oder [nur] Strafgeldfixum bzw. [in Denalagu] Rechtsbruchbusse und leiste kanonisch Pönitenz; er liefere für jenes [Strafgeld] Bürgschaft oder unterziehe sich der Kerkerstrafe; EGu 3. Die Busse an den Verletzten bleibt als selbstverständlich unerwähnt **20b**) Da Pönitenz gefordert wird, so nimmt zwar der ~ Obere am Gericht teil, allein Prozess, Strafe und deren Sicherstellung sind weltlich **20c**) ~n droht für Totschlag oder schweres Verbrechen Degradation (*s. d.* 6a. 7) mit einer vom Papst in Rom zu diktierenden Pilgerfahrt; *ebd.* 3; *vgl. o.* 15g **20d**) Hat ein ~r (*gehadod*) sein Leben verwirkt, werde er [nicht sofort hingerichtet, sondern] festgehalten bis zu des Bischofs Entscheidung [nicht, wie gemäss späterer Kanonistik im 12. Jh. (so In Cn I 5a) und auch in meiner Übersetzung falsch verstanden ist: 'Urteilspruch'; der Bischof entscheidet, ob er ihn loskaufen oder degradiert dem weltlichen Gericht zum Hinrichten überlassen will]; EGu 4,2; 'je nachdem die Missetat ist' fügt hinzu II Cn 43 **20e**) Verlust des Ehrenranges und des Grundbesitzes samt Bürgschaft künftigen Wohlverhaltens sind weltliche Teile der Strafe für den Degradierten in *o.* 20c; aber geistlich ist der Fortfall der Leibesstrafe und jene Pilgerfahrt. [**N** Neben der Kirche Haus und Heim zu verlieren, verdammt freilich auch die Synode den verheirateten Priester 1129; Ann. Agsax.] **20f**) Wenn jener ~ nicht binnen 30 Tagen diese bürgerliche und kirchliche Busse beginnt, sei er friedlos (wie *u.* 22a); II Cn 41, 2 = Hn 66, 2. Die weltliche Strafe tritt wieder ein: ihn zu erschlagen wurde dann jedem erlaubt **20g**) Ein Priester, der falschen Zeugnisses, Meineids, Mitwissens oder Mitwirkens bei Diebstahl angeklagt ist, reinige sich dreifach oder einfach [also in weltlichem Verfahren] oder werde verstossen aus Klerus und Genossenschaft und verliere [weltlichen] Ehrenrang, ausser wenn er kirchlich und bürgerlich büsst, wie der Bischof ihm auferlegt, und [weltliche] Bürgschaft künftiger Ehrlichkeit findet; VIII Atr 27f. = I Cn 5, 3 **20h**) Auf falschen Eid setzt Verlust der Schwurhand, auslösbar durch halbes Wergeld, II Cn 36. Dem Kleriker drohte nach 20g Leibesstrafe nicht **21**) In York muss sich der Priester Bürgschaft (*s. d.* 4b) schaffen. Er hat regelmässig einen privaten Schutzherrn ausser dem König; *s.* Gefolge 11a. Der ~ tritt nicht (wie der Mönch) aus Sippenrecht **21a**) Wird er des Totschlags überführt, so haben seine Verwandten Fehde mitzutragen oder an deren Statt Busse zu zahlen; VIII Atr 23 = II Cn 5, 2b; *s.* Blutrache 11 **22**) Der Agsä. Staat gibt Gesetze über Exkommunikation abtrünniger Mönche oder Priester; VIII Atr 41 = II Cn 4, 1; König und Thegnas zwingen die Priester, den Bischöfen zu gehorchen; IV Eg 1, 7f. (*vgl. u.* 29); der Staat hält sie besonders zur Keuschheit an und straft auch weltlich ihre Fehler in rein geistlicher Amtsfunktion **22a**) Ein Prediger wünscht als Recht, dass Bischöfe, Priester, Klosterklerus *utlagan weorðan, þe to Godes rihte gebugan nellan*: weltliche Friedlosigkeit ~r (*o.* 20f.) für Trotz gegen Kanones! *Hom. n.* Wulfstan 269 **22b**) Aber die Strafen gegen ~ waren doch z. T. Suspension (Geþyncðo 7), Degradation (*s d.*) und Exkommunikation (*s. d.*), also ~, nur vom Bischof vollstreckbare **N 23**) Wilhelm I. entzieht durch Wl ep keine Personen dem weltlichen Gericht, sondern scheidet nur gewisse Materien, vielleicht was als *Godes lage* schon vorher galt, vom bürgerlichen Gericht und Prozess ab **23a**) Er liess eine königliche Kommission von zwei Bischöfen und einem Grafen den Prozess des Diözesan von Lincoln, der *consuetudines* in Abtei Ely beanspruchte, entscheiden; dieser ***placitet inde, sicut fecisset tempore regis Eadwardi;*** dann bestimmt der König, gemäss Agsä. königl. Freibrief, gegen das Diözesanrecht, von wem und wo der Abt zu weihen sei; Hamilton ***Inquisitio Cantabrig.*** p. xx f. **23b**) Der Bischof von Durham, 1088 vor der Curia regis angeschuldigt, beklagt sich, dass *rex* *ei nollet consentire rectitudinem secundum legem episcopi* [kanonisches Recht] *per tales iudices* [Urteilfinder] *qui episcopum iuste iudicare deberent*; ed. Arnold hinter *Symeo Dunelm.* I 177 **23c**) Zum Agsä. System bürgerlichen Prozesses gegen den Klerus, das bei Hn an vielen Stellen übersetzt ist oder nachwirkt, steht in unversöhnlichem Widerspruch das kanonische Recht, welches von Hn, besonders in c. 5, ohne den Versuch der Ausgleichung mit jenem exzerpiert worden ist, grösstenteils aus auf Ps.-Isidor fussenden bekannten Quellen oder deren Vorlage; z. B. *Adversus presbyterum inscriptio non [est] recipienda absque 2 vel 3 testibus*; aus Ivo Hn 5, 15 **23d**) Am allgemeinsten drückt er die kanonistischen Ansprüche 12. Jhs. aus: *De illis qui ad sacros ordines* [im engeren Sinne: nur Priester, Diakon] *pertinent coram prelatis suis est agendum de omnibus inculpationibus*; 57, 9a **23e**) Dagegen *cum clerico, qui uxorem habeat et firmam* (Gutspacht) *teneat laicorum et rebus extrinsecis seculariter deditus sit, seculariter est disceptandum;* 57, 9. Solch ein Adelsbeamter war wohl der *clericus comitis iudicatus in misericordia regis de censu et corpore;* Domesday II 7. [Im Frankenreich fiel die Befreiung der ∾n vom Heerdienste fort, wenn sie rein weltlichen Geschäften oblagen; Schröder *DRG*[6] 158[3].] Jene kanonist. Stellen, ihrer Kürze wegen hier nicht weiter kondensierbar, gehören ins Kirchenrecht **24**) Auch abgesehen von dem aus früheren Agsächs. Quellen nur Übernommenen zeigt Hn an vielen Stellen die ∾n unter weltliehem Gerichte **24a**) Der vom Königsrichter angeklagte *clericus* gibt ihm *vadium per consilium prælati sui* für Prozessualpflicht; Hn 52,2 **24b**) Wenn in Wessex *presbyteri de compellatione capitali vel communi plane iurabunt* wie Thegnas (*o.* 18), im Ggs. zum Stabeid, so stehen sie vor bürgerlichem Gericht; 64, 2f. **24c**) *Baronum, senatorum — clericorum, laicorum — in capitalibus questionibus socna regis est* (dem König gehört die kriminale Gerichtsbarkeit über Bischöfe und Äbte); 20,3 **25**) Die ∾n heissen heilig (IV Eg 1, 3; *o.* 8), ihre Funktionen (Abendmahl, Taufe) erhaben, von Engeln umschwebt (I Cn 4, 2); diese Sakramente bleiben wirksam, obwohl von bösen ∾n gespendet; Hn 5, 18c; d **25a**) ∾ schirmen die Herde vor dem Teufel, geleiten sie am Jüngsten Gericht vor Gott; I Cn 26, 1—3. II 84, 1aff. **26**) Die *Gesetze* schärfen z. T. homiletisch in allgemeinen Ausdrücken den ∾n ihre Pflicht ein: Gottesdiener sollen ihre Kanones (*rihtregol*) halten; Ine 1. V Atr 4, 1. 8 **26a**) Kanoniker, die nicht kanonisch leben (V Atr 7 = VI 4), ∾, die nicht ihrer Kirche warten und für König und Volk fürbitten (I As 4), verlieren ihre Pfründe. Härter *o.* 22a **26b**) Neben der Lehre und Predigt soll auch gutes Beispiel der ∾n aufs Volk wirken; I Em 1. I Cn 26. II 84, 4. Grið 19, 1; ähnlich *Can.* Eadgari 66. Polity 18; oft in Homilien **26c**) Sie üben sittliche Aufsicht über die Laien: Wenn ein Priester [auf der Synode?] verhehlt, was in seinem Pfarrsprengel unter den Leuten unrechtmässig vorherrscht (wuchert), büsse er das; aus *Can.* Eadgari Northu 42 **27**) Degradation (*s. d.* 8) trifft den Priester auch schon für Bruch des Beichtgeheimnisses **27a**) Suspension vom Messamt straft den Priester, der einen Pfarrer verdrängt (*o.* 12b) oder sonst schuldig wird (Northu 3. 7), und den ∾n, der ein gesetzwidriges Eheverhältnis zugibt oder die Taufe eines Kranken versäumt oder zu betrunken ist, um zu fungieren; Wi 6 **27b**) Doppelt so hohe Strafe wie den Laien trifft ihn für Sonntagsentheiligung; Ine 3, 2 **27c**) Des Pfarrers Amtspflichten werden in weltlichen Rechtssätzen eingeschärft und z. T. durch weltliche Strafen erzwungen: *s.* Pfarre, Taufe, Eheschliessung 12f, Beichte 3f., Cölibat 1c, Messe, Horen, Salböl, Kirchengebäude, -gerät, -einkünfte; Fasten 6. 10, Feiertag 4; Synode, ∾s Gericht 8, Archidiakon 2, Bischof 5c **27d**) Der Pfarrer warnt die Gemeinde vor der Hölle (I Cn 6, 1 In), unterweist sie allgemein über kirchliche Pflicht; I Cn 26. II 84, 4 **27e**) Er legt nach bischöflicher Vorschrift Pönitenz dem Totschläger auf (I Em 3, nach II 4 der Bischof allein) und dem Meineidigen und erwirkt durch sein Zeugnis über erfolgte Busse diesem christlich Grab; II As 26. 26, 1 **28**) Wenn ein Priester den andern verachtet, beschimpft, bekämpft, büsse er; aus *Can.* Eadgari Northu 29f. **28a**) Alle ∾n müssen einander zur Rechtserlangung beistehen (aus *Can.* Eadg. Northu 1), aber nicht zum Unrecht, und warnen vor vielleicht schädlichen Menschen und Dingen; Northu 33. Alle ∾n seien einträchtig; Polity 432. Die ∾ unterstützen einander als Eideshelfer; *s. d.* 15—15d **28b**) Die ∾n untereinander bilden eine *gemana*; Ausstossung aus ihr zur Strafe für Diebstahlsbeihilfe, falsch Zeugnis, Meineid (und für Verdrängung eines Pfarrers; Northu 2, 1) bedeutet materiellen Schaden [aber nicht öffentl.-rechtl. Friedlosigkeit]; VIII Atr 27 = I Cn 5, 3 = Northu 45. Dies an sich könnte eine ideale Gemeinschaft bedeuten, organisiert nur insofern der Klerus éiner Diözese éinem Bischof unterstand **28c**) Aber auch *geferscipe* verliert der Verbrecher, womit, da der weltliche Ehrenrang daneben steht, wohl eine Kleriker-Gilde gemeint ist. In Winchester bestand um 1000 eine Priester- und Diakonengilde; *Liber de Hyda* 254. Eine solche heisst *gildscipe*; Eadgari *Canon* 9 **28d**) Priester des Yorker Domstifts haben in *Northu* ein Denkmal ihrer Genossenschaft hinterlassen, die in sich eine engere Organisation, nicht identisch mit ∾m Gericht, verrät, Strafgeld über einen Genossen verhängen und empfangen und ihn ausstoßen kann; Northu 2, 1f. 45. Stifts- oder Gildegenossen scheinen die *geferan* als Eideshelfer; *s. d.* 15b **29**) Besondere Zucht zu halten wird ∾n befohlen. Ein beschorener Mann, der ohne Urlaub auf Gastfreundschaft schweift, werde nur 1 Tag beherbergt (*s.* Fremde 2); Wi 7; also Laien (*o.* 22) zwingen zur Regelbefolgung **29a**) Abtrünniger *o.* 22 **29b**) ∾ Hurer (*o.* 20a) werden degradiert; Ps.-Theod. *Poen.* 18, I; 11 [viell. daher der Satz 'Degradation' 6]; Ælfric *Pastor.* 42; die Jahre der Pönitenz steigert mit dem Weihegrade sg. Eadgari *Mod. imp. poen.* 28; Bussen für hurende ∾ *Cap.* Ps.-Theod. 317. 319; Ps.-Egb. *Conf.* 4. 12; *Poenit.* IV 7 **29c**) Wer einen ∾n der Hurerei anklagt, bedarf zwei oder drei Zeugen; entbehrt er solches Beweises, wird er exkommuniziert; aus Kanonistik Hn 5, 16 **29d**) Der Cölibat (*s. d.* 4f.) begründet den Thegnrang des ∾n; *o.* 17b **29e**) **N** Arge

Unzucht des Klerus um 1110 tadelt — er opponiert viell. dem Cölibat, als zur Päderastie führend — Quadr Ded 16 **29f**) Gewarnt werden ∾ vor Biergelage (*s. d.* 3), Trunkenheit, Possenreissen; *vgl.* Engl. Synode 747 c. 20f.; Concil. Roman. a. 641 gegen weltliche Musik und Spiel. Über Trinklieder der Agsa. *vgl.* Dietrich *Zschr. Dt. Altt.* XIII 33. XIV 112; Brandl *Archiv Stud. neu. Spra.* 104, 394; 'Harfe, Pfeife, verschiedentliche Spielleute entzücken euch im Biersaal'; tadelt *Homil. n.* Wulfstan 46. **N** Kleriker, die Possenreisser machen, tadelt Quadr Ded 16 **29g**) Der Priester soll nicht mit Waffen in die Kirche kommen; Norgrið 3. *Vgl.* Totschlag durch Priester *o.* 20. [Bereits heidnischen Priestern der Angeln war Waffenführen verboten (Beda II 13), vielleicht bei Germanen allgemein; Chadwick *Origin* 322] **29h**) Er darf nicht kämpfen; VIII Atr 30; für Fechten büsst er; *o.* 20a **29i**) Waffen zu tragen verbot den ∾n *Concil. Roman.* Oct. 679; Ps.-Egberti *Exc.* 17. 155. 160; Ælfrici *Can.* 30; *Pastor.* 50f., für Mönche schien es Ælfred unziemlich; *vgl.* Schilling *Ælfr. Oros.* 49 **29k**) Trotz jenes Verbots erscheinen die ∾n zum Kriegsdienst pflichtig. [Über Befreiung niederer ∾r, aber nicht der Senioren, von Heeresfolge im Fränk. Reiche *s.* Schröder *DRG*[5] 158[2].] Bischöfe und Äbte sind beim Heere; es fielen Äbte 1066 bei Hastings, was Normann. Reformer rügten [Böhmer *Kirche u. St.* 54. 71]; und die Dichtung lässt einen Erzbischof den Feind im Kampfe verwunden und töten; Kahle *Klerus im Mengl. Versroman* 22. 139. 145. 150 **29l**) Fechten ∾r gegen einander *o.* 28 **29m**) Auch die Jagd (*s. d.*) ward zwar ∾n verboten, aber dennoch von ihnen geübt; *s.* Forst 21b **30**) Der ∾ muss schreiben, lesen, Latein können, was schon aus seinen liturgischen Pflichten folgt. Kirchliche Einkünfte aus Bussgeldern u. a. sollen zu Unterricht und Anschaffung von Büchern dienen; VI Atr 51. *Vgl.* Erziehung 6f., Kirchenlehrer **30a**) Die durchweg durch ∾ geschriebenen *Gesetze* enthalten und benutzen viel Lateinisches; *s.* Wb: 'Latein' **30b**) Der Reinigungseid des Klostervorstehers, Priesters, Diakons, obwohl im weltlichen Gericht erzwungen, lautet Lateinisch: Wi 18 **31**) Der ∾ hat Bart (*s. d.* 2) und Tonsur zu scheren (*s. d.*); Wi 7. Af 35, 4; 6; aus *Can.* Eadgari Northu 34 [und zwar Römisch; Ps.-Egb. *Exc.* 152]; falsches oder schimpfliches Scheren verbietet *Can.* Eadg. 20. 47 **31a**) Die Kleidung ist Römisch seit a. 874; Jaffé-Löw. *Reg. pontif.* 2995 **31b**) Für Kleidung der ∾n und Kirchengewänder ist ein Teil der in der Kirche eingehenden Bussgelder zu verwenden; VI Atr 51 **31c**) Ælfric fordert neue gute Gewandung für Priester und Altar; *De virginitate* 279. 284, ed. Assmann 35. *Vgl* Kirchengerät **31d**) Im kanonischen Recht findet sich eine Regelung der Kleidung nicht; Pomp ist verboten; aus Kanonistik Hn 5, 19 **31e**) Bei gerichtl. Reinigung und Eideshilfe erscheint der Priester im heiligen Kleide (Messgewand); Wi 18. Hn 64, 8c **31f**) Zur Ordalabhaltung geht der Priester ohne *casula;* Iud Dei XII 2, 1. XVI 1; mit *alba et stola* (*et manipulo* Var.), um einen unehrlich Verscharrten in ehrlich Grab zu übertragen; ECf 36, 5 **32**) Der ∾ ward erhalten durch Amtsland (*s. d.* 4), das dem Stifte gehörte, und das der Landpfarrer selbst bebaute, bisweilen Sonntag entheiligend (Ine 3, 2), durch Zehnt (*s. d.*), durch Einkünfte aus Bussgeldern an die Kirche, die zum Teil der Kleidung und Nahrung der Stiftsglieder dienten (VI Atr 51), vom Adel, auf dessen Gut die Eigenkirche (*s. d.* 2) stand, namentlich durch eine Reihe einzelner Kircheneinkünfte; *s. d.* **32a**) Auch mochte er aus dem Laienzustande Vermögen mitbringen; *o.* 12 [**32b**) Grundbesitz, den der ∾ früher als Laie vom König empfangen hatte, fällt diesem (wenn derselbe lebt, aber nicht an dessen Nachfolger) heim nach einem von Brunner II 244 für Agsä. gehaltenen Zusatz um 800 zu Theodors *Poen.* II 14, 8: *Si quis de seculo ad servitutem Dei conversus speciem habeat a rege accept[a]m, ipsa in potestate regis est;* ed. Haddan and Stubbs *Councils* III 203. Für Engl. *bocland* trifft dies nicht zu, da dies frei verfügbar war. Auch steht der Satz in keiner Engl. Hs. Theodors] **33**) Trotz Verbots, dass Priester und Diakon *gerefan ne wicneras* seien (aus Ps.-Egbert, Fränk. Poenitential, ins Agsä. übers., III 8; *vgl. u.* b. c), kommt ein *preost* als Sheriff von Kent vor (Kemble *Saxons* II 168), und viele ∾ übernahmen das Amt der Gutsvogtei, wozu sie die Kenntnis des Schreibens und Lateins besonders befähigte (*o.* 23e. 30 und Amt 4—9a). Solch einer war der Verf. von Rect und Gerefa **33a**) Der Staat gebraucht die ∾n (abgesehen vom Bischof, *s. d.* 9), um Eid (*s.* Eidesform 7ff) und Ordal (*s. d.*) abzunehmen, Eheschliessung (*s. d.* 12) und Grab (*s. d.*) einzusegnen, Peterspfennig (*s. d.*) einzusammeln, als Zeugen (*s.* die Urkunden-Unterschriften und 'Kaufzeugen') zu fungieren, die öffentlichen Akten niederzuschreiben **N 33b**) Sie (nicht bloss der Bischof; *s. d.* 10) treten in Anglonormann. Zeit als staatliche Gerichtshalter und allgemeine Beamte auf (*vgl.* mein *Über Edward Conf.* 17), so schon der Königskleriker; Af 38, 2 **33c**) Hiergegen verbot die Londoner Synode von 1102: *ne clerici sint secularium prepositi, procuratores aut iudices sanguinis; vgl.* I 545[6] **33d**) Todesurteil zu fällen verbietet ∾n auch In Cn III 58; *vgl.* Synod. London. a. 1075, I 615[x]: *nullus ex clero hominem occidendum vel membris truncandum iudicet; s.* jedoch Bischof 12i **34**) Auf dem Witenagemot waren ausser den Bischöfen (*s. d.* 11) auch Gottesdiener; Ine Pro. As Alm Pro. Im Kentischen Witenagemot sind beide Bischöfe genannt, 'und sprach jeder Grad der Kirche dieser Nation'; Wi Pro **35**) Der Pfarrer soll allgemein in den weltlichen Beziehungen seines Kirchspiels kein Unrecht erlauben zwischen hoch und niedrig, Herren und Untergebenen, sogar Beamten, also in Amts- und Vassallitätsverhältnisse eingreifen, Fronarbeit des Sklaven für den Herrn abmessen, Mass und Gewicht nach seiner Norm beaufsichtigen und Streit darüber vor den Bischof bringen; Episc. 10—12 **35a**) Als Laienpflicht wird oft betont, dem Klerus zu gehorchen, besonders den Bischöfen; *s. d.* 8aff. Ferner VI Atr 42, 2 = I Cn 21. Grið 19. I Cn 26, 4 = Grið 20 = Polity 6. 19 ed. Thorpe 425f. 432. II Cn 84, 1; *Homil. n.* Wulfstan 177. 191 **35b**) Dem Klerus gegenüber heisst auf dem Witenagemot das 'Volk gehorsam'; Wi Pro 1

geistliche Ermahnung *s.* Homiletisch, Moralisch

Geistliches Gericht. *Vgl.* Papst, Synode, Bischof, Archidiakon, Dechant; Kirchenstaatsrecht, Kanones; Pönitenz, Exkommunikation, Degradation, Suspension. 1. Name. 2. Kanones. 3. Organe. 4. Ansätze zum ~n ~ in *Gesetzen*: 5–14. 5. A. Innerkirchl. Erledigung kirchl. Anspruchs. 6. B. Kirchl. Klagen gegen Geistliche: 7. I. Sittlich-Religiöses; 8. II. Amtsvergehen. 9. C. Weltliche Missetat Geistlicher. 10. Prozess gegen Geistliche. 11. D. Streit zwischen Geistlichen. 12. E. Geistliche als Kläger. 13. F. Schwache im Kirchenschutz. 14. G. Rechtsmaterien unter geistl. Einwirkung oder Strafgeld für Bischof. 15. Agsä. Kanones vor 10. Jh. 16. Theodor. 17. Egbert. 18. Synoden 786. 816. 19. Kanones 10./11. Jh., Northu. 20. Geistl. Recht in Grafschaft. 21. Wilhelm I. 22. ~ ~ seit 1070. 23. Geistliche bleiben weltl. Richter. 24. Staat dem Innerkirchl. ferner. 25. Hn. 26. ~ ~ beeinflusst Juristen. 27. ECf.

1) Ein eindeutiger Name fehlt. Die *ciricwaru*, in der jemand zu Gericht vorgeladen werden kann, bed. 'Kirchengemeinde', ist eine Art der zu Ladungen geeigneten Volksversammlungen, nicht ~ ~ **1a)** Auch kirchl. Richter heisst *dema*, da *worolddema* den weltlichen bedeutet **1b)** Der Bischof erhält in seiner Eigenschaft als geistlicher Richter keinen besonderen Namen; Af 1, 2. EGu Pro 2. I Em 3 = II 4. Vielmehr heisst 'Bischof' auch Bistum und geistliche Regierung [wie 'König': Staat und weltliche]; *vgl.* Wb *biscopland* **1c)** Die Kirche als Strafgeldempfänger, Bistumskasse heisst *Crist* **1d)** *Christianitas* hat in *Gesetzen* noch nicht die Bed. ~ ~; *placita christianitatis* bei Hn 11, 1 sind Prozessklagen der Kirche wegen Verletzung ihrer Diener oder Gebote aus Agsä. Rechte, bevor ~ ~ abgetrennt war **1e)** *God* (*s.* Wb 11 f.), *Deus* (In Cn III 54) kann Kirche als Richterin bedeuten; *s.* Exkommunikation 1. *Godes lagu* (Cn 1020, 9), *godbot* und *godcund* verbunden mit *lagu, riht, scrift* heisst Kirchenrecht, ~ ~ mit umfassend **1f)** *scrift* steht gegenüber weltlichem *riht* und bezieht sich auf den geistlichen Richter: den Bischof Af 1, 8. 3, den Pfarrer II Cn 56, 1 **N 1g)** *episcopales leges* heisst ~ ~ Wl ep, *divinae leges* Hn 49, 4a **1h)** Neben *minister* (*missus*) *episcopi* dient, ebenfalls nicht auf die Kirche beschränkt, *iustitia* (*episcopi*, *-palis*, *ecclesiæ*), *justice* für den, der ~ ~ vertritt oder abhält. Da letzteres Wort im 12. Jh. aufhörte, den kirchlichen Richter zu bezeichnen, so führt für *justice de s. eglise* Leis Wl 17, 2 *censura ecclesiastica* L ein **2)** Die Agsä. Kanonistik in Bussbüchern und Synoden widerspricht den *Gesetzen* deutlich; sie stellt also nur ein vom Klerus gewünschtes Programm dar, ein nach festländischem Muster erstrebtes Ideal, praktisch geltend nur vielleicht da, wo erstens der amtlich Angeklagte bzw. beide Parteien und Klaggegenstände geistlich waren, und zweitens der weltliche Richter nicht (wie dennoch bei einer grossen Zahl jener Kategorien) Prozess und Strafgeld ganz oder teilweise für sich forderte **2a)** In den *Gesetzen* abgedruckt ist aus diesem Stoffe nur Northu, *u.* 19 **3)** Bischof und Pfarrer allein vertreten in den *Gesetzen* das ~ ~. Der Archidiakon (*s. d.*) taucht hier erst in Northu auf (an dem anderen Erzbistum freilich früher), der 'bischöfliche (= kirchliche) Richter' sowie der 'Beamte (= Gesandte)' des Bischofs unter den Normannen, der Dechant (*s. d.*) im 12. Jh. **3a)** Der *gerefa* des Bischofs gehört in der von ihm allein bekannten finanziellen Tätigkeit unter die Adelsbeamten; *s. d.* 3a. Dass er sonstige Kirchenpolizei übte, bleibt jedoch möglich **3b)** Die Synode (*s. d.*) erscheint in den *Gesetzen* mit dem Witenagemot (*s. d.*) verquickt, von ihr abgesehen die Gesamtheit der Bischöfe unter dem Metropoliten überhaupt nicht, *s.* aber Bischof 4a. 5n; *u.* 5 **3c)** Der Papst (*s. d.*) wird nur erwähnt als Bestimmer einer Pilgerfahrt, zu der Agsä. weltl. Gericht verurteilt hat; *s.* Geistliche 20c **4)** **| Ansätze zum ~n ~ in *Gesetzen*** begegnen *u.* 5—14 spärlich: nämlich **A.** die Pönitenz (*s. d.*), die die Kirche auch Laien auferlegt, **B.** die Disziplin des Bischofs über Geistliche in deren amtlichem oder sittlichem Verhalten, C. in weltlichen Missetaten, **D.** die besondere Behandlung Geistlicher im Streite mit Geistlichen, **E.** als Ankläger gegen Laien, **F.** des Bischofs amtliches Schutzrecht, **G.** die Absonderung gewisser Rechtstoffe, bei denen der Bischof eingreift, und aus denen die Kirche Strafgeld bezieht **5)** **A.** Wo die Kirche zu klagen hatte, versuchte sie ihren Anspruch zunächst wohl stets ausserhalb des weltlichen Gerichts durchzusetzen. Erst wo jemand die Kirchenbusse nach Anordnung der Bischöfe [nicht notwendig: 'Synode', sondern zunächst: 'je des betreffenden Diözesans'] nicht erfüllte, tritt die weltliche Bestrafung ein; EGu Pro 2. Man muss also ein rein kirchliches Vorstadium hinzudenken, um das sich die *Gesetze* nicht kümmern. Diese treffen nur den Trotz gegen den Bischof, gewiss einen Ausnahmefall **5a)** Ferner übte der Bischof unzweifelhaft eine wichtige Tätigkeit im Schiedsgericht (*s. d.*), wovon die *Gesetze* ebenfalls nichts verraten **5b)** Aber es kann nicht ein ~ ~, nach Ort, Zeit, Richterpersonal organisiert, gegeben haben. Sonst müsste das Volksgericht jenem gegenüber zweite Instanz gebildet haben in allen seinen zahlreichen rein kirchlichen Prozessen, und der hier Angeklagte müsste bezeichnet werden als von der Kirche vorher bereits verurteilt oder doch vorgeladen und ihr trotzend. Auch die geistlichen Strafen werden in den *Gesetzen* oft angedroht, aber immer nur infolge weltlicher Verurteilung; nirgends ist Beklagter schon vorher exkommuniziert, suspendiert, degradiert **6)** **B.** Es sind zwar (Northu immer ausgenommen) vom Staat gegebene Bestimmungen, die in den *Gesetzen* den Geistlichen bedrohen bei **I.** religiös-sittlichen Verfehlungen, **II.** Amtsvergehen **6a)** Als Forum erwähnen die *Gesetze* nirgends ein anderes als das ordentl. weltl. Gericht; *s.* jedoch *o.* 5 **6b)** Sie unterscheiden selten (*u.* 12), ob Kläger Geistlicher oder Laie war **6c)** Sie bestimmen die Reinigung, bevorzugen freilich den Geistlichen vor Laien und führen zu seinen Gunsten bisweilen besondere Art der Verteidigung, nicht aber kanonischen Prozess ein **6d)** Die Strafen, die sie diktieren, sind zwar grossenteils Geldzahlungen. Aber erstens empfängt diese z. T. der Bischof. Zweitens werden schon diese von geistlichen Pönitenzen begleitet, und bedürfen andere Strafen der Mitwirkung geistlicher Macht, wie die Pönitenz, Suspension, Degradation, Exkommunikation. Diese Mitwirkung, zwar weltlich anbefohlen, erforderte doch die Einwilligung des Bischofs. Wenigstens geben *Gesetze* oder Geschichtsquellen über ihre Erzwingung durch den Staat keine Auskunft. Vielleicht kam es nie zum Streit darüber, und erklärt sich dies aus der Verkirchlichung des Agsä. Staats, bes. der Mitwirkung des Bischofs an Gesetz, Gerichtsverfassung und -verfahren **7) I.** Sittlich religiöse Vergehen Geistlicher; *s. d.* 12e. 20a. 22. 27a. b **7a)** Auf Trunkenheit, die zur Amtsfunktion unfähig macht, steht Suspension; Wi 6 **7b)** Sonntagsentheiligung und Hurerei kosten Strafgeld, das bei letzterer zur Hälfte dem Bischof zufliesst **7c)** Den Cölibat (*s. d.* 4) erzwingt seit Mitte 10. Jhs. neben der Kirche auch der Staat unter Androhung des Verlustes des Thegnrangs und sogar der Pfründe **7d)** Die Simonie verbietet Æthelred; abtrünnigen Geistlichen droht er Exkommunikation **8) II.** Amtsvergehen Geistlicher; *s. d.* 27a. c **8a)** Auf Versäumen der Taufe oder Einsegnen unkanonischer Ehe setzt Suspension Wi 6 **8b)** Auf Fehler im Verkünden der Feiertage (*s. d.* 4), Weigerung der Taufe, Terminversäumnis im Abholen des Salböls, Beihilfe zu Ordal oder Eid am Feiertag steht Strafgeld, das halb dem Bischof zufliesst **8c)** Die Weigerung der Beichte (*s. d.* 4) kostet Strafgeld für den König, und von der Klage reinigt man sich weltlich; doch richtet sich dieses Verbot vielleicht an den weltlichen Blutrichter, nicht bloss den Priester **8d)** Jene Suspension 8a erfolgt bis zu des Bischofs Entscheidung, also nicht durch diesen, folglich wohl zunächst durch den staatlichen Richter **9) C.** Weltliche Missetat Geistlicher; *s. d.* 19—21a **9a)** Auf blutig Fechten und falsch Schwören steht Strafgeld, halb an den Bischof **9b)** Auf Totschlag oder schweres Verbrechen steht Degradation und Pilgerfahrt samt Pfründen-, Ehrenrang- und [zeitweisem] Heimatverlust. Die Wallfahrt, aus Geistlichem Rechte (*o.* 3c), tritt erst seit Æthelred auf **9c)** Auf Diebstahlsbeihilfe, falsch Zeugnis, Meineid: Degradation samt Pfründen- und Ehrenrangverlust **9d)** Durch Totschlag lädt der Weltgeistliche Fehdegefahr auf seine Sippe [also doch wohl auch auf sich selbst] **9e)** Durch Ungehorsam gegen jenes Wallfahrtgebot (*o.* 9b) und gegen Kirchenrecht überhaupt wird er friedlos in bürgerl. Sinne **9f)** Der Mönch (*s. d.*) ist zwar aus Sippenrecht getreten; allein wie der Staat den abtrünnigen Mönch mit Exkommunikation bedroht, so wird er sich um den gegen weltliches Recht Frevelnden gekümmert haben **9g)** Gegen den im Volksgericht Todes schuldig gesprochenen Geistlichen bestimmt der Bischof (*s. d.* 9n) die Strafe; erst nach der Degradation und Auslieferung durch die Kirche ist jener an Leib und Leben bedroht; Af 21 **9h)** Die Kirche kann Geistlichen (*s. d.* 20) drohende Blutrache vom Halse kaufen; Verfolger muss dieses Lösegeld nehmen **10)** Der Prozess gegen sie (*ebd.* 19f.) ist selbst da nicht kanonisch, wo das Auftreten von Laien gar nicht in Frage kommt **10a)** Wohl aber ist ihnen Reinigung erleichtert; *s.* Beweis 4b. 10b. Der Staat bestimmt sie vom Bischof hinab zum niederen Kleriker; Wi 16—19 **11) D.** Den Streit Geistlicher untereinander behandelt von *Gesetzen* Agsä. Zeit nur Northu, *u.* 19. Mindestens der um Land blieb weltlichem Gericht auch nach 1067. Der König entschied zwischen Erzbischof und Domkapitel; Urk. a 998 Kemble 701, zwar gefälscht, aber nicht etwa in antihierarchischer Tendenz **12) E.** Als Ankläger genoss der Geistliche und besonders der Bischof (*s. d.* 13c. e. k) zwar Vorrechte, aber durchaus im Rahmen weltlichen Prozesses. Busse (*s. d.* 8—9d) empfing der Geistliche mehr denn Laien, sowohl der unmittelbar Verletzte, wie der als Schutzherr mittelbar gekränkte Bischof: beides aber nach German., nicht kanonist., Grundsätzen und im weltl. Gericht (parallel der Berücksichtigung des weltlichen Adligen, dessen Schutz verletzt worden war); *s.* Altarbusse **12a)** Wer in der Kirche Blut vergoss oder raubte, wird zwar weltlich abgeurteilt und erhält vom König das Leben geschenkt; die Kirche aber bekommt vom Strafgeld die Hälfte, je nach Rang Busse für Sonderschutzbruch und befindet über Gotteshausreinigung und Pönitenz (*secundum decretum episcopi* fügt I Cn 2, 4 In hinzu); VIII Atr 1, 1—5, 1 = I Cn 2, 3—3, 2 **12b)** Wer Kircheneinkünfte (*s. d.*) oder Peterspfennig weigert, unterliegt weltlichem Prozess (Reinigung durch Zwölfereid) und weltl. Strafe (Strafgeldfixum); wer Kirchengeld-Eintreiber (*s. d.*) verwundet oder tötet, zahlt Wergeld halb dem Bischof oder wird friedlos; EGu 6, 4ff. = II Cn 48ff. = Hn 11, 11ff.; Cnut führt neu ein, dass der Totschläger die Hände verliere oder vom Bischof auslöse; 48, 1. Den Weigerer des Zehnten pfänden neben dem weltlichen Beamten Pfarrer und *biscopes gerefa*, und vom Strafgeld hierfür wie für Vorenthaltung anderer Kircheneinkünfte erhält die kirchliche Gewalt Anteil neben dem Staate; II Eg 3—3, 1 = VIII Atr 7—11, 1 = I Cn 8, 2—10, 1 = Hn 11, 2a—4. ECf 8, 2a. Auch in Northu gehört von diesen Strafsachen nur der Ertrag dem Bischof zur Hälfte, aber nicht, soweit erkennbar, der Prozess **13) F.** Der Bischof, neben dem König, gewährt Schutz (*s. d.*) den Schwachen (*s.* Armenpflege 3. 7), Witwen (*s. d.*) und Fremden (*s. d.* 7), bei deren Verletzung er Strafgeldanteil empfängt; EGu 12 *s.* Bischof 9q. Keineswegs aber fallen diese Klassen deshalb unter ~ ~ **14) G.** Endlich kennt Agsä. Strafrecht für Missetat, die nicht der Partei, sondern ihres Wesens wegen kirchlich oder halbkirchlich erscheint, die besondere Teilnahme des Bischofs am volksrechtlichen Prozess und an der Strafbestimmung nach der bürgerlichen Verurteilung sowie am Strafgeldempfang. Wie letzterer zugunsten der adligen Grundherren eine der Wurzeln der privaten Gerichtsbarkeit (*s. d.*) bildete, so bahnte er wohl auch einer Anzahl von Rechtsstoffen den Weg ins ~ ~ des 12. Jhs. Gerade bei diesen Materien (freilich auch bei Totschlag und anderem Frevel, der nicht einmal später ans ~ ~ fiel) drohen die *Gesetze* besonders häufig Pönitenz, Exkommunikation, Verlust christlichen Grabes (*s. d.*); der Staat zwar diktiert, aber die Kirche allein führt aus. Dennoch kennt Cnuts Zeit [im Ggs. zu später; *s.* Erbgang 9c. 16] noch keine Rechtsmaterie, zu der ~ ~ allein, ohne weltlichen Prozess, Laien aburteilen könnte **14a)** Zu Klasse G gehört: Verletzung des Feiertags (*s. d.* 5a), der Fasten (*s. d.* 5a), des Eheverbots (*s. d.* 6b), Ehebruch (*s. d.* 5b; Ehegerichtsbarkeit 3), Blutschande (*s. d.* 1. 5a), Unzucht (Wi 3), Meineid (*s. d.*) und Bruch des Versprechens (*s. d.*, Darlehn 5), Begünstigung des von Exkommunikation (*s. d.* 15a) Getroffenen,

Entführung der Nonne (Af 8), Heidentum (*s. d.*) und Zauberei (*s. d.*) **14b)** Von Konkubinatsklage (*s. d.*) des Bischofs reinigt sich ein Laie um 1025; zwar geschieht es zu Lichfield, aber dort kann ebensogut das Volksgericht wie das ∾ ∾ gemeint sein; und dass der Bischof als Kläger, nicht als Richter, erscheint, spricht für jenes; Earle 236 **14c)** Also ist scharf gegenüber dem ∾n ∾ 12. Jhs. zu betonen, dass im wesentlichen der Staat zu Agsä Zeit urteilte über Verfehlungen der Geistlichen, auch amtliche und sittliche, über Verletzung der Kirche in weitestem Sinne, über religiöse und sittliche Sünden der Laien, über Streit zwischen Geistlichen **14d)** Prediger noch der letzten zwei Menschenalter vor 1066 lassen den weltl. Richter Strafen auferlegen *manswarum, unrihthæmendum, þam þe gedwolcræftas begangaδ* (Meineidigen, Unzüchtigen, Zaubernden); Blickling *Homil.* 63 | **15) Kanonistik** widerstreitet obigem **15a)** Bereits 678 appelliert Bischof Wilfrid gegen Staat und Kirche der Heimat an Rom **16)** Nach Theodor richtet der Bischof in Armenpflege; *s. d.* 3 **16a)** Unmöglich passt ins Agsä. System, wenn unter *iudicium episcopi* ∾ ∾ zu verstehen wäre, Theodors Satz I 4, 5: *Si quis occiderit monachum et clericum, arma relinquat et Deo serviat vel 7 annos peniteat: in iudicio episcopi est. Qui autem episcopum vel presbiterum occiderit, regis iudicium est de eo.* Denn die Sippe des erschlagenen Klerikers [niederer Weihe] forderte unzweifelhaft Wergeld vor weltlichem Gericht. *Iudicium* heisst hier wohl nur, wie oft *dom* (*s.* Bischof 91), Entscheidung zwischen Strafarten, von denen ja zwei alternativ genannt sind. Auch über jeden erschlagenen Priester soll wahrscheinlich nicht etwa der Prozess der Krone vorbehalten sein, sondern nur der König (wie beim Handhaften von drei Strafarten eine; Wi 26) die Strafe 'bestimmen': *vgl. on cyninges dome,* ob er Leben verliere oder behalte; Ine 6 **17)** Bei Nonnenschändung entzieht Egbert von York den Mönch, und überhaupt bei jedem innerhalb des Klerus verübten Verbrechen den Kleriker, der *vindicta* (Rache oder Strafe) durch die Laiensippe der Verletzten. Dagegen des Klerikers Totschlag, Unzucht, Diebstahl an Laien gehört vor Weltliche, samt seinem Leibe, ausser wenn die Kirche für ihn Busse zahlen will; des Laien Nonnenschändung kostet das Doppelte sonstiger Unzucht, nämlich 60 Schill. an die Kirche; *Dial.* 8 **17a)** Geistliche oder Nonnen, die vor weltlicher Gewalt statt vor Bischöfen [Synode] einen Zivilanspruch [gegen Geistliche] erfechten, verlieren das Erstrittene und werden exkommuniziert (*u.* 19a); ihr Kirchenstift mag später nach dem Tode jener Kläger den Anspruch vor *iudicio episcoporum* einklagen; *ebd.* 10 **17b)** Eigentümliche Reinigung erlaubt Geistlichen derselbe (*s.* Abendmahlsprobe 7), ohne sie in ∾ zu verlegen **18)** Unpraktisch blieb die hierarchische Forderung der Legatensynode a. 786, c. 11: *sacerdotes a secularibus iudicari non possunt;* ed. Dümmler *Alcuin* (Mon. Germ. Epist. IV) 23 **18a)** Dass die Synoden Geistliches aburteilten, folgt aus der tadelnden Erwähnung, *episcopos in conciliis suis secularia iudicare,* was die päpstlichen Legaten verboten laut II. Tim. 2, 4; *ebd.* c. 10. Nicht eine bloss schiedsrichterliche Tätigkeit möchte ich [mit Stubbs *Constit. hist.* I 252] hierin sehen, sondern eine Vermengung von Synode und Witenagemot **18b)** Wer vom Kläger *ad synodum* vorgeladen, dreimal zur Rechtfertigung erscheint, während Kläger *causam movere differat,* ist frei; Synod. a. 816, c. 6 ed. Haddan a. Stubbs III 581 **18c)** Das Aufhören der Synoden im 9. Jh. steht in Zusammenhang mit dem Stillstande der Engl. Kirchenentwicklung überhaupt. Von diesem ist es nur ein Symptom, dass ∾ ∾ sich nicht organisierte **19)** Weit hierarchischer lauten dann sog. *Canones* Eadgari samt kanonist. Schriften von etwa 980—1060, nämlich Ælfric, Polity, Eccles. instit. und das allein in den *Gesetzen* aus diesem Kreise abgedruckte, im grösseren ersten Teile nicht dem weltlichen Recht zuzurechnende Stück Northu. Seit Æthelred dringen Abschnitte dieser Literatur über bischöfl. Gericht auch in weltl. Gesetze (*vgl.* Ehebruch 3b), abgesehen davon, dass jener und namentlich Cnut Predigtstücke über rein geistliche Pflichten ohne weltliche Strafdrohung aufnehmen **19a)** Eine Prozesssache zwischen Geistlichen (*o.* 17a) gehört nicht zur Entscheidung von Laien, sondern ihre Genossen seien Schiedsrichter, oder die Parteien schieben sie, wenn nötig, an den Bischof; Can. Eadgari 7: eine Stelle, die vom fest organisierten, auf seine Kompetenz eifersüchtigen ∾n ∾ späterer Zeit abweicht, da sie ein geistliches Schiedsgericht als Vorinstanz, den Bischof nur als Notbehelf, empfiehlt **19b)** Wenn ein Priester eine Prozessentscheidung (*dom*), die er bei Geistlichen nachsuchen sollte, Laien überträgt, zahle er 20 Ör [dem Bischof als Herrn des ∾n ∾s, dem er ungehorsam gewesen]; z. T. aus *Can.* Eadgari, Northu 5. Aus diesem Gesetz erhellt bereits vorgängige Eifersucht zwischen weltlichem und ∾m ∾. [Eine Appellation vom kirchlichen Urteil ans weltliche Gericht liegt hierin nicht, sondern ein anfängliches Angehen des falschen Forum] **19c)** Bischöfe sollen ihre Streitsache vor der Genossen Schiedsgericht schlichten, nicht vor Laien austragen; Polity 10 ed. Thorpe 428 **19d)** Die Anklagen gegen Priester, welche den Bischof um 1040 laut Northu beschäftigten und ihm, teilweise der Priestergemeinschaft, Strafgeld einbrachten, ohne dass eines weltlichen Gerichts Erwähnung geschieht, sind zahlreich. Es sind Trunkenheit, eheliche Untreue, Raufen und Verdrängung eines Pfarrers aus der Pfründe, Simonie, Weihenempfang ausserhalb der Diözese, unbrüderliches Betragen gegen Kollegen, Ungehorsam gegen den Bischof, gegen seine oder des Archidiakons Vorladung, Verlassen der Kirche, Verwahrlosung des Kirchengebäudes, Nachlässigkeit oder Formfehler im Gottesdienst, bes. in der Messe, bei Taufe, Beichte, Verkünden der Feiertage, beim Abholen des Salböls. In diesem ganzen I. Teile von Northu ist zwar das Strafgeld offenbar weltlichem Rechte entnommen, aber es fliesst allein kirchlichen Organen zu. Und die Beklagten sind nur Priester, ausgenommen die Eltern, welchen ein über 9 Tage altes Kind ungetauft starb **19e)** Ein deutlicher Abschnitt trennt hiervon den Laien angehenden anderen Teil in Northu. Hier werden Zauberei und Heidentum, Feiertagsbruch, Vorenthaltung von Peterspfennig oder Zehnt, fleischliche Sünde gestraft, als Vollstrecker der weltliche Gerichtsherr, als Strafgeldempfänger Kirche und Staat genannt. Und der Prozess ist unverkennbar weltlich. Also selbst in diesem klerikalen Denkmal wird der Laie wegen kirchlicher Sünden vor dem Volksgericht abgeurteilt **20)** Was der Freund der Gallikanischen Mönche, Eadgar, bestimmt hatte, wiederholte noch Cnut: im Grafschaftsgericht seien anwesend Diözesan und Ealdorman und sollen dort sowohl Kirchenrecht wie weltliches Recht anordnen; III Eg 5, 1 = II Cn 18. Bei wörtlicher Auslegung erscheint der Graf am Kirchenrecht beteiligt; jedenfalls wirkt dieses im Volksgericht. Bei dieser Rechtsprechung befiehlt Gerechtigkeit mit Milde den Vögten (die an Stelle der Grafen stehen) 'unter Mitwissen (= Aufsicht) der Diözesane' Cn 1020, 11 **20a)** Dass geistliches Recht den Laien auf dem Volksgericht vom Bischof (*s. d.* 5 h) erteilt werden solle, wünscht noch um 1040 ein hierarchischer Traktat **20b)** Von der spätesten Agsä. Kirche ward die Dänische beeinflusst, aber auch hier erst 1080—6 das ∼ ∼ eingeführt; Jörgensen *Fremmed Indflydelse* 114 **N 20c)** Indem um 1116 Hn jene Stelle Cnuts aufnahm, unterdrückte er die dortige Verkündung von Kirchenrecht und setzte dafür: *agantur primo debita christianitatis iura* (Klagen des ∼n ∼svertreters geniessen Priorität; *s. u.* 27 b); 7, 3 **20d)** Jene Stelle Cnuts, die vom wegen Verbrechens weltlich abzuurteilenden Priester handelte, erhielt im 12. Jh. von einem anderen Übersetzer die Korrektur: *Ista tamen fiant secundum iudicium episcopi;* I 285* **21)** Wilhelm I. setzt sich mit Wl ep in ausgesprochenen Gegensatz zum Agsä Recht: die *episcopales leges* (∼ ∼ samt kanonischem Prozess) waren vor 1067 nicht *secundum canones.* Aber zur Reform gaben ihm ausser dem hohen Klerus auch die weltlichen *principes* Beirat [Rom bleibt unerwähnt]; Wl ep 1 **21a)** Ein jedes Bistum erhielt einen Urkundentext von Wl ep; I 485* **21b)** Vielleicht das *Gesetz* Wl ep, neben der Verlegung der Bischofsitze in Städte, meint Wilhelm von Lisieux, wenn er vom Eroberer sagt: *disposuit nonnulla quibus ecclesiis terre consuleretur* **21c)** Fortan richte Bischof oder Archidiakon *de legibus episcopalibus* (kanonisches Recht [kleinsten Umfangs] und Seelsorge) nicht im staatlichen Gericht mit Urteilfindung Weltlicher; sondern der durch ∼ ∼ Angeklagte erscheine an dem vom Bischof bestimmten Orte und leiste diesem Genugtuung nach kanonischem Recht und Rechtsgang; Wl ep 2. 3 **21d)** Kein königlicher Beamter oder Laie mische sich in ∼ ∼; 4: in deutlichem Ggs. zu *o.* 20 a **21e)** Die Ladung durch ∼ ∼ erfolgt dreimal. Der dann noch Ausbleibende wird exkommuniziert. Für jeden Ungehorsam gegen eine Ladung zahlt er 'Ungehorsamsbusse' gegenüber dem Bischof **21f)** Der königl. Beamte leiht diesem Zwangsgewalt; Wl ep 3 **21g)** Wenn der durch ∼ ∼ Angeklagte *pro iustitia episcopi emendare noluerit, ostendat* [Archidiakon] *regi; et rex constringet forisfactorem, ut emendet episcopo et sibi;* ECf 2, 9 **21h)** Im Sinne gleich: Wenn der von den Bischöfen wegen Bruch des Kirchenfriedens Belangte ihre *sententiam parvipenderit,* wird nach 40 Tagen dem König geklagt; und *iusticia regis* zwinge ihn unter Pfand und Bürgschaft oder, falls er binnen Monat und Tag unauffindbar, erkläre ihn der König friedlos; 6 a; 6, 1 **21i)** Ans ∼ ∼ oder doch dessen Vorsitzenden, den Bischof (*s. d.* 9 b) oder geistlichen Vertreter, knüpft sich das Ordal fortan enger **22)** Damit ist ∼ ∼ zwar nicht erst geschaffen, aber örtlich, zeitlich und im Richterpersonale (Verfassung) vom bürgerlichen gesondert, sein eigener Rechtsgang und das kanonische als sein materielles Recht anerkannt **22a)** Allein die Zuständigkeit des ∼n ∼s ist [wohl absichtlich] ganz im unklaren gelassen, nur Seelsorge ihr deutlich zugeschrieben ['kirchliche Vergehen der Laien' versteht darunter Böhmer *Kirche u. Staat* 93] **22b)** Nicht entfernt entsprach die Englische Praxis seit 1072/6 den kanonistischen Ansprüchen; ihnen fehlt die Krone, der Verkehr Englands mit Rom, der vielmehr vom König abhing (Wl Edmr 2, 1); der Normannenkönig belegt mit Geldbusse Priester, die den Cölibat nicht hielten; er verklagt und bestraft in Curia regis Bischöfe und geistliche Forstfrevler (Ps Cn for 26, I 624*—f); er entscheidet den Streit zwischen Bischof und Abt über das Recht, eine Leiche zu bestatten; er fordert Exkommunikation gegen widerspenstige Untertanen und verbietet sie gegen seine Barone; Wl Edmr **22c)** Lanfranc stritt im Grafschaftsgericht nicht bloss um Land gegen einen Grafen, der zugleich Bischof war, sondern auch um Anteil an Strafgeld für uneheliche Geburt (*cildwite*). Er missachtete 1088 die Appellation eines Bischofs von der Curia regis an Rom, trotz des Kanons; *s.* Bischof 4 a **23)** Auf Missverständnis ruht die Annahme, geistl. Personen verschwänden seit Wilhelm I. als Richter, Urteilfinder, Kläger oder Beklagte aus den Volksgerichten. Der Diözesan oder Königskleriker kann auch ferner dort über bürgerliche Prozesse neben Graf oder Sheriff urteilen, wie *o.* 20; dorther entnimmt dies als noch praktisch Hn 7, 2 **24)** Nur ungefähr im allgemeinen ist richtig, dass seit Wilhelm I. staatliche Gesetzgebung nicht mehr in Seelsorge, Bussdisziplin und Kultus eingriff; der Staat wurde weniger theokratisch, die Kirche weniger national, mehr Gallisch; Böhmer 97 **25)** Hn's Kanonistik widerspricht der Agsä. Gesetzgebung, die er doch selbst z. T. 7, 3. 31, 3. 66, 2 kopiert; *s.* Geistliche 23 c ff. Ebenso sind unpraktische Lesefrüchte seine Bussbuchstellen über Totschlag gegen oder durch Geistliche **25a)** *Presbyter ab episcopo vel archidiacono suo accusatus se sexto iuret sacerdotum legittimorum sicut ad missam paratorum* aus Kanones, daher wohl ∼ ∼ meinend, obwohl zwischen Regeln über Geistliche vor weltlichem Gericht eingeschoben; Hn 64, 8 c **25b)** *Si presbyter hominem occidat vel monachus, ordinem perdat et peniteat* 10 *annis,* 6 *in pane et aqua,* 4 *ieiunet in ebdomada* 3 *dies; si vulneret,* 100 *dies ieiunet,* milder für *diaconus* und noch weniger für *clericus;* aus Pönitential Hn 73, 2 ff. **25c)** Ebenda über Totschlag am Bischof (*s. d.* 13 dd), am sonstigen Geistlichen *s. d.* 15 g **25d)** Was Ps.-Isidor (= Ivo und Gratian) über den vertriebenen und spoliierten Bischof (*s. d.* 4 b) sagte, dass er wieder eingesetzt werden und Frist bis zur Vorladung erhalten müsse, dehnt Hn 5, 26 auch auf *clerici* aus: eine offenbar klerikale Tendenz **26)** Das

~ ~ beeinflusst die Anglonormannischen Juristen: es leiht ihnen Systematik u. allgemeine Prinzipien **26a**) Der Richter soll *frequenter inquirere, ne aliquid prætermi[ttatur]*; aus Kanones Hn 49, 4a. Ausdrücklich fügt hier aber Verf. hinzu, dies gelte *in divinis legibus* **26b**) Erst in Normannenzeit erscheint auch ein allgemeiner Satz über ~ ~: Weil die Bischöfe das Volk belehren und zu Gott leiten sollen [dies aus Cnut II 84, 1a], *episcopi ecclesiasticam habeant correctionem et christianam dominationem super omnes*, abgesehen von senioraler und territorialer Justiz; In Cn III 58 **27**) Während Hn Stellen über ~ ~ als Lesefrüchte sammelt, mehr aus juristisch-pädagogischem Interesse, stellt ECf die wirklichen Ansprüche Gallischer Kanonistenschule in England 1130–40 dar. Nicht aus fremder Lektüre, sondern aus praktischen Wünschen selbst geschöpft, greifen sie aber weit über die Wirklichkeit hinaus **27a**) *Si quis sanctæ ecclesiæ pacem fregerit, episcoporum est iusticia;* ECf 6. Darunter ist Agsä. *ciricgrið* samt Frankonormann. Treuga (*s. d.*) Dei verstanden. Unter diese Zuständigkeit fallen — weit mehr als nach damaliger Englischer Praxis — *clerus et scolares et omnes eorum possessiones* [letzteres namentlich ganz im Widerspruch zum Landrecht], die Missetaten während der durch Treuga Dei umfriedeten Tage, die zusammen mehr als das halbe Jahr ausmachen, oder gegen die, welche zur Heiligenfeier oder zu Gebet, Kirchweihe, Synode oder Kapitel vorgeladen oder wegen eigener Geschäfte, zur Lösung von Exkommunikation kommen und gehen: *episcopus faciat suam iustitiam;* 1, 1–2, 9 **27b**) Vertreter ~n ~s beansprucht im weltl. Gericht für Klagen u. Bussen Priorität sogar vor dem König: *Deo primitus et regi postea satisfaciat* der vom königl. Beamten zur Unterwerfung unter ~ ~ Gezwungene; 6a; *emendet primum episcopo, deinde* (*regi*); 2, 9a Retr. *Ubicunque iustitia regis tenuerit placita, si minister episcopi ostenderit causam sanctæ ecclesiæ, ipsa prius deducatur ad finem;* 3. Letzteres entsprach Fränk. Recht und in England vereinzeltem Kirchenprivileg; *vgl. o.* 20c; I 629[g] **27c**) Ward ein ungerecht Hingerichteter weltlich-rechtlich gereinigt, so erhält der Bischof (*s. d.* 9o) nach diesem Klerikalen mehr Busse als in Wirklichkeit

geistliche Verwandtschaft *s.* Eheverbot 6, Taufpate, firmeln

Geiz *s.* Wb *gitsung, gitseras. Vgl.* Bestechung **1**) ~ wird verboten; V Atr 25 = VI 28, 3; ähnlich *Hom. n.* Wulfstan 129. 163. 166[8] **2**) Im polit. Leben getadelt; Quadr Ded 10. 16 **2a**) Der König soll seine Habgier beherrschen; Lond ECf 11, 1 A 10 **3**) Wer Diebstahl einklagt, muss schwören, er tue es nicht aus Habgier; Swer 4

Gelage *s.* Bier~ **geläutert** *s.* Münze

Geld *s.* Wb *feoh, ceap, moneta* [nicht *landfeoh, landcop* bei Toller]; 'minderwichtig': *lac. Vgl.* Vieh, Gold, Silber; Münze; Sceat, Halbpfennig, Pfennig, Thryms, Schilling, Ör, Mancus, (Halb)mark, Pfund, Hundert; Dänen~; Finanz; Tausch, Handel **1**) ~ in Ringen von Edelmetall, die man wog (Keary *Catal. Engl. coins* I p. VII; Amira 123), hinterliess eine Spur im Kent. *dryhtinbeag* (*s.* Wb), wozu K. Maurer Norweg. *lögbaugr* vergleicht. Im Norden ist der Ring auch ein Teil grösserer Summe, der besonderem Empfänger zufliesst **2**) *Libræ ad compotum* sind Rechnungs-£ von je 240 gezählten (= *ad numerum*) Silberpfennigen; Hn Lond 1 [*vgl.* Urk. a. 1015 *pund be getale* Earle 224], im Gegensatz zu Silbermetall von 1 Pfund Gewicht und zu 'Weisspfennigen' von geläutertem Metall **3**) Statt des seltenen Metall~es sind andere Zahlungsarten erlaubt: beim Wer~ unverschnittene Hengste, Stiere, Eber zu festen Taxen (*s. d.*; Leis Wl 9, 1), Schafe (Hn 76, 7e), oder in je 100 Schill. 1 Unfreier, 1 Panzer, 1 Schwert; Ine 54, 1. Dagegen verbietet, Unzuchtbusse in Sklaven zu zahlen Af 18, 1 **3a**) Auch Arbeit wird statt ~eswert angenommen; VI As 5 **4**) **N** Die ~wirtschaft war noch nach 1100 wesentlich auf Städte beschränkt; denn nur dort musste die Einwohnerschaft beschwören, die Reinheit des ~es erhalten zu wollen; Hn mon 1

Geldbeutel wird als komische Scheinbusse (*s. d.*) gezahlt statt wirklichen Wergelds; Hn 78, 5

Geldrechnung *s. unten*

Geldstrafe *s.* Strafe, Strafgeldfixum

Geldwechsler *s.* Münzer

Geldwert. *Vgl.* Preis, Taxen; Busse, Abgabe, Steuer; Armenpflege, Findling **1**) Um 890 war infolge Dänischer Invasion Edelmetall viel kaufkräftiger als um 600 und 700; nach Hodgkin *Hist. Engl. earliest* 301 **2**) Schon bei 8 Pfg. beginnt grosser Diebstahl; II As 1 **3**) Wer mindestens 30 Pfg. (= 1 Rind) besitzt, wird zum Beitrag an die Gilde pflichtig (VI As 2. 3) und zur Zahlung des Peterspfennigs; Leis Wl 17 **4**) 6 Ör (12 Ör) Prozessualpfand muss hergeben, wer durch einen Thegn (bzw. Grafen oder Bischof) angeklagt wird; III Atr 12 [6. 9a

Gelehrte *s.* Bischof 2d, Geistliche

Geleitsmann *s.* Wb *ladrinc(manna?)*. *Vgl.* Bote **1**) Da *rinc* poetisch und alt für *mann* steht, hindert nichts, die Bed. von *ladrinc* zu identifizieren mit der von *ladman*, eindeutig 'Führer und ~', mengl. *lodesman:* 'Lotse,

Geldrechnung; *vgl.* Geld, Z. 4f.

I. Kentisch 1 Sceat = 1/20 Schilling
II. Mercisch 1 Sceat = Pfennig = 1/4 Schilling } = 1/240 Pfund Silbers
III. Westsächsisch 1 Pfennig = 1/5 " } = 1/240 Pfund Silbers
IV. Seit 11. Jh. 1 " = 1/12 " } = 1/240 Pfund Silbers
V. Im 8.—12. Jh. 1 Mancus Gold = 30 Pfg. = 1/8 Pfund Silbers
Um 880. 1 Halbmark Gold = 1/4 Pfund Gold = 3 1/8 Pfund Silbers
VI. Anglo-Skandinavisch 10.—12. Jh. 1 Ör = 1/8 Mark = 1/4 Halbmark
= (A) 15 Pfg. = 1/16 Pfund; anders (B) 16 Pfg. = 1/15 Pfund; anders (C) 20 Pfg. = 1/12 Pfund Silbers
VII. Nordenglisch 1 Thryms = 3 Pfg. = 1/80 Pfund Silbers; 1 Hundert = 8 Pfund Silbers
N VIII. Seit 12. Jh. 1 Mark = 160 Pfg. = 2/3 Pfund Silbers; *vgl.* Luschin *Münzkunde* 157

Steuermann'; das Westnordische entlehnt hierher *laþmaþr* Führer, Eskorte. Auch *lodcniht* heisst mengl. Führer. *Vgl. Reitmann* (Führer der Reitergesellschaft) Goethe *Ital. Reise* 1. Mai 1787 **1a)** Unglücklich scheint mir Tollers Ableitung von *lad* Ladung, also 'Fuhrmann, Lastenbeförderer', die er unzureichend gründet auf die Spannfron des *geneat* für den Gutsherrn und auf die Übertragung *vector, lator, vehicularius* für *lodysmanne* im 15. Jh. **2)** Nur aus dem Namen schliessen wir, dass sein Geschäft das war, was der Kenterkönig 669 durch einen Beamten besorgen liess: *Ecgberct[us] misit* nach Gallien *Rædfridum præfectum suum ad adducendum* den von Rom für Canterbury bestimmten Erzbischof; *quo cum venisset, adsumsit Theodorum;* Beda IV 1 **2a)** Vielleicht entspricht der ~ dem Merowing. *cursor;* Waitz *Dt. Verf. G.* II 2, 75 **3)** Die Gefahr des ~es: Als von den Dänen zuerst *cuomon III scipu, se gerefa hie wolde drifan to þæs cyninges tune* und ward erschlagen; Ann. Agsax. 787 **3a)** Die Rolle des Küstenwächters und ~es spielt im Beowulf 290. 320 ein Hofadliger **3b)** Jede Völkerschaft hatte amtlich bestellte Führer, die dem durchreisenden Stammesfremden den Frieden des Stammes [bzw. den Königsfrieden] sicherten; *vgl. ego . . a rege [Ælfredo] advocatus, usque ad regionem Suth-Seaxum . ., ductoribus eiusdem gentis comitantibus, perveni, ibique illum in . . Dene primitus vidi;* Asser 79, 6 **4)** Wer des Königs ~ erschlägt, vergelte ihn mit mittlerem Wergelde [des Gemeinfreien]; Abt 7. Von Geburt war er also nicht ein Vollfreier und stieg erst durch den Königsdienst zu dessen Wergeld. Hier ist *mannan* in *man* zu emendieren; oder aber *laadrincmanna* ist ein Unterbeamter unter dem ~ **5)** An der Engl.-Wallis. Grenze unter Dunsæte (*s. d.* 14) empfängt dies- und jenseits ein Inländer den Fremden und geleitet ihn durchs Land, wachend, dass er keine Missetat verübe; *vgl.* Geiseln 2 **5a)** Auf einem kirchl. Herrschaftsgut, früheren Königsdorf, lastete bis 904 die staatliche Pflicht: *si advenæ de aliis regionibus advenirent, debebant ducatum habere ad aliam regalem villam proxima[m];* Birch 612, nicht ganz echt **6)** Der ~ fremder Spurfolger soll nicht [unter Begünstigung (*s. d.* 19) diebischen Nachbars] *ful friðian ne feormian willes ne gewealdes.* Dieser formelhafte Ausdruck birgt vielleicht die Spur von einem Amtseid; *vgl.* im Untertaneneid *nemo concelet* III Em 1 **7)** Der gutshörige Bauer (*s. d.* 4aa) muss Ankömmlinge zum Gutsdorfe holen (Rect 2): wohl Kaufleute, Spursucher, Gäste, neue Leute des Grundherrn **8)** **N** Geleitspflicht des Lehnsmannes für den Lehnsherrn (Abt) ohne Ritterdienst im 12. Jh. vermerkt Round *EHR* 1905, 280

Geleitsrecht *s.* Schutz **Gelenkwasser** *s.* Gliedwasser **Gelöbnis** *s.* Versprechen **Gemeinde** *s.* Bezirk, Grafschaft, Hundred, Pfarre, Stadt, Dorf 8, Zehnerschaft; Bauer 3, Nachbarn **gemeiner** Friede *s.* Landfrieden

gemeines Recht *s.* Landrecht

gemeinfrei. Namen *s.* Bauer 1a — q. *Vgl.* frei, Volk **1)** ~ steht im Ggs. zu *eorl* (adlig; *s.* Wb) Abt 15f. Af 4, 2. VI As Pro. Cn 1027, 12. Hn 76, 7g. Geþyncðo 1. 5. Grið 21, 2 [genau wie sonst *eorl 7 ceorl* (vornehm und gemein) das ganze Volk erschöpft, so hat um 1017 eine Urk. *on þegenan 7 on ceorlan;* Earle 229]; zu *gesið* Wi 5, 1. Ine 30. 45; zu *þegn* Duns 5. Geþyncðo 2. Norðleod 5. 9f. Hn 68, 3a; als *twihynde* im Ggs. zu *twelfhynde* VI As 8, 2. Cn 1020, 1. Að 1; zu *siexhynde* Af 10. 40 **2)** Der ~e ist der typische Volksgenoss (normale Staatsbürger), die Grundlage der ständischen Stufenleiter, nach dessen Wergeld, Gliederbussen, Strafgeld, Eideswert, Schutz die der höheren Stände sich berechnen; Af 11, 5. 18, 1. 35ff. Ine 34, 1 **2a)** Wo die *Gesetze* ohne Betonung des Standes 'man, jemand, einer' sagen, meinen sie ~; Abt 4. 9. 27. 29. 31. 73. Hl 5. Grið 14; *s.* Bauer 1p. In sonst gleichem Text steht *ælc freoman* I Atr 1 = II Cn 20 für *ælc man* der Quelle III Eg 6, und synonym *ælc* II Cn 20a **2b)** Wo es Strafgelder durch 3 Stände verschieden zahlbar gab, wie beim Peterspfennig- und Zehntweigerer, und das *Gesetz* einen Stand nicht erwähnt, meint es das vom Ceorl fällige, so EGu 6. 6, 1, richtig verstanden in Northu 59f **2c)** Das ~e Wergeld heisst das 'mittlere' *medume* in Abt und ~ selbst *mediocris;* Ps Cn for 33, 1 **3)** Einen Geburtstand sieht im Ceorl richtig In Cn zu Af 39, I 73 **4)** Der ~e hat ein Wergeld (*s. d.*) in Kent von 100 Schill. = 2000 Sceat, in Mercien und Nordengland 200 Schill. = 800 Pfg. = 266 [$^2/_3$] Thrymsen = $3^1/_3$ Pfund, in Wessex: 200 Schill. = 1000 Pfg. = $4^1/_6$ Pfund, in Denalagu 8 Pfund, in London seit 11. Jh. u. in Kent im 13. Jh. 5 Pfund, in Anglonormannischer Zeit öfters 4 Pfund. [Es entspricht nicht dem Wergelder-Verhältnis, wenn die Cambridger Thegn-Gilde zum Wergeld des Ceorl halb so viel wie zu dem des Thegn beisteuert] **5)** Über das gesellschaftliche Sinken des ~en *s.* Bauer 9 **5a)** Allein noch im 12. Jh. zählt der Stand zu 200 Schill. Wergeld zu den Freien; Hn 76, 3a **6)** An Blutwert gilt [ausser in Kent] 1 Thegn, als von 1200 Schill. Wergeld, = 6 Ceorlas; Norðleod 6. Mirce 1, 1 **6a)** Ebenso im Eideswert; *s. d.* 6. Anders in Kent: der ~e braucht zur Reinigung drei ~e Helfer, während der Thegn allein schwört; Wi 20f.: wie auch der Kentische *eorl* nur dreimal so viel Wergeld hat wie der ~e. [Diese Geringwertung des Eides des ~en trug dazu bei, ihn aus dem Gericht zu verdrängen; Maitland, *Domesday* 52f.] **6b)** Dem Wergeld gemäss beträgt die Busse für Einbruch (*s. d.* 2c. d) gegen 600- und 1200-Schilling-Männer drei- und sechsmal so viel wie gegen den ~en; Af 40 **7)** Nicht zu jenem Verhältnis stimmt (*vgl. u.* 9) die Busse, die der Ehemann nach seinem Stande abgestuft erhält vom Schänder seiner Frau (*s.* Ehebruch **9**) und der Verlobungsbürge für Unzucht der von ihm verbürgten Braut, abgestuft nach ihrem Stande (*ebd.* 9a) und die Strafe für Teilnehmer an Heimsuchung durch Bande (*s. d.* 6), abgestuft nach dem Stande des Verletzten **7a)** **N** Für Erschlagung des Mannes erhält der Herr Mannenbusse, wenn jener *socman* oder *villan:* 20 *sol.* (= 1 £), wenn er *liber* (überfrei) 40; ECf 12, 4 **8)** Die Verletzung des vom ~en ausgehenden Schutzes kostet in Kent 6 Schill. = 120 Sceat (Abt 15. Hl 14), ebenso die Busse an ihn, wenn man dessen Esne bindet, dessen Brotesser erschlägt; Abt 88. 25; dagegen in Wessex erhält er nur 6 Schill. = 30 Pfg. gebüsst für

Blutvergiessen in seinem Hause; Ine 6, 3. Af 39 = Hn 81, 3. Die Leis Wl geben ihm 40 Pfg. Schutzbruchbusse. *Vgl.* Bauer 9g **8a)** Jene 6 Kentischen Schill. für Schutzbruch gelten auch für die an Stand unterste Witwe; für die nächst höheren stehen 12 und 20 und für die 'beste, adlige' 50; Abt 75f. Also innerhalb des ~en Standes trennt Kent 3 Stufen. [Auch andere Germanen, so Sankt Gallen im 9. Jh., scheiden Freie in mehrere Ränge; G. Caro *Jahrb. Schweiz. Gesch.* 26. 205] **9)** Für Heerversäumnis zahlt der ~e 30 Schill., der Gefolgsadlige ohne und mit Landbesitz 60 bzw. 120 Schill.; Ine 51, was (*vgl. o.* 7) nicht zum Wergeldverhältnis dieser Stände stimmt, wenn letzterer 1200 Schill. galt **9a)** Für Konkubinat zahlt der ~e halb so viel Strafe wie der Gesith; Wi 5, 1 **9b)** Für Heidenwerk oder Vorenthaltung des Zehnten büsst der ~e [12 Ör =] 3 Halbmark, der Grundherr 6, der Königsthegn 10; Northu 48—53. 60 **10)** Auch ~e Sippe kann mächtig genug sein, dass sie der Polizeimacht der Londoner Gilde (VI As 8, 2), ja des Staates, trotzend Verbrecher schützt und von der Regierung aus der Heimat anderswohin verpflanzt werden muss; V As Pro 1. III 6 = IV 3 **10a)** Auch nehmen *villani* [aus *ceorl*] neben Bischöfen, Thegnas und Vornehmen am Landtage Kents teil und schreiben neben den Witan über ihn an Æthelstan III As Pro **10b)** Zum Landfriedensbunde, dessen Kern die Londoner Gilde bildet, einen sich Bischöfe und Vögte, vornehme und ~e; VI As Pro **10c)** Cnut richtet seine Regierungsprogramme an Bischöfe, Grafen und Volk, auch ~e; Cn 1020, 1. 1027 Insc. **10d)** N Bauern (*s. d.* 8d. e) können ihren Gutsherrn noch um 1110 in Grafschaft und Hundred vertreten, sind aber nicht mehr Urteilfinder, als sozial zu tief gesunken **11)** Der [unfreie] Handwerker und Geleitsmann steigt durch Königsdienst zum mittleren [~en] Wergeld; Abt 7 **11a)** Des Königs Pferdeknecht (Marschall) und Bote hat ~es Wergeld: 200 Schill.; Ine 33 **12)** Der ~e steigt bisweilen zum Adel; *s. d.* 5 **12a)** Durch Versteuerung von fünf (*s. d.* 3) Hufen an den Staat (samt Eigenkirche, Domänenhof und Amt am Königshof) wird der ~e Thegn

Gemeinheit (Gemeinland) **1)** *gemæn land* in Urkk. Birch 524. 900; Earle 364; Kemble 658. 800; *in gemænnisse* Birch 426; Kemble 1281; *communis terra* Kemble 692. 714. 800. 1278. 1280 **1a)** *on gemænre mearce* Birch 1145; *mearcland* 'soviel wie 3 Hufen zukommt', also Weide und Wald in ~, a. 982 Kemble 633 [in diesen Fällen deutsch: *Mark*] **1b)** Vermutlich eine ~ bezeichnet *Nanes mannes land*, in topographischen Beschreibungen nicht ganz selten; z. B. a. 972 Birch 1282 **2)** Eine Wiese liegt *in media urbanorum pratorum, on burgwara medum*, d. h. der Stadtwiese Canterburys; Birch 449. 497 **2a)** Gemeinweide *u.* 10. 13 **3)** Gemenglage: *æcer under æcer* Birch 1095; *iugera cum iugeribus* 1139; *iugera altrinsecus copulata* Kemble 1278; *segetibus mixtis* 648; *inter terram* (anderen Eigentums) *particulatim* Domesday I 156b **4)** In den *Gesetzen* kommt nur *gedalland* vor; *u.* 8 **4a)** Manche Wiese, *dolemeadow*, zerfällt noch heute in *doles* zu $^3/_4$—$^4/_5$ *acre*. *Vgl.* Maitland *Township* 110. 178; Round *Victoria County hist. Essex* I 418. Eine Urk. nennt die einem Grundstück zugehörige Wiese 'wie es *to gedæle* (als Anteil) zukommt'; a. 978—92 Kemble 683. Der fünfte Acker der *dælmædve* gehört zu einer bestimmten Hufe; a. 972—5 n. 680 **4b)** Auch Dänemark nennt *deel* jeden der Schmalstreifen, in welche die Gewanne aufgeteilt war; Hanssen *Agrarhist. Abh.* I 42. Amira 120 erwähnt das Recht des *Geteilen* **4c)** Von einem gekauften Landbesitz heisst es *þes landes is under eal* 29 *gedale*; um 990 Birch 1130; *vgl. u.* 6 **5)** Als Gegensatz zu 5 Hufen *gemænes landes* gedenkt *syndries landes* Urk a. 963—75 Birch 1145 (*u.* 7) und *sundorland* (das auch *prædiolum* glossiert und *territorium* übs.) a. 974 Birch 1298. *Vgl.* Bocland 6f. **6)** Die Bauern (*s. d.* 3a) umzäunen jedes Frühjahr die gesamte Flur und Wiese, damit nicht Vieh Saat und Heu abweide; jeder verantwortet ein Stück Zaun. Nach Schluss der Ernte werden die Zäune niedergebrochen, und gehört die Weidenutzung allen gemeinsam oder der Gemeinde. Vielleicht bloss ihretwegen überschreibt der Rubrikator das Kapitel: 'Wenn Bauern Land gemeinsam haben'. Oder aber der Name ~ kann aus früherer kommunistischer Periode erhalten geblieben sein. Ein Eigentum der Gemeinde an der Flur braucht Rubrikator nicht zu meinen. Jedenfalls ist solches aus Ine nicht erschliessbar. Bestellung und Ernte geschahen privatim; Spannvieh aus anderem Eigentum mietete der Bauer; Einzelne leiden Flurschaden, nicht die Gemeinde; Ine 42, 1. 60. Nur Gemenglage folgt aus Ine notwendig. Denn hätte jeder Bauer seine Äcker zusammenliegend, so würde er sie ringsum zäunen und Schaden durch eindringendes Vieh selbst verantworten. Hier dagegen wird nur jede Gewanne (Schlag, Zelge) allseitig umzäunt; in ihr hat der Ackerstreifen nur an der kurzen Querseite, an der der Weg entlang läuft, einen Zaun, ist aber an der Langseite vom Nachbaracker nur durch einen Rain getrennt. Von periodischer Neuverteilung der Flur bietet Ine keine Spur, widerspricht ihr freilich auch nicht. Für die Wiese dagegen ist eine periodische Verlosung unter private Anteile anderwärts später nachweisbar. Sie also blieb ~; *vgl. o.* 2 und *seo mæd æt B. hierð into O. tune* (dem Dorfe O.); Urk. a. 940 Birch 753. Dass einer Gemeinde auch Saatflur gehörte, folgt aus dem Almosen von 30 Äckern an die Kirche, geschenkt durch *vicini* (Domesday II 24), aus dem Eigentum der Städte an Land; Ballard *Domesday bor.* 87f. **7)** Im Ggs. zu bestimmt umgrenzten Hufen (*o.* 5) liegen 5 *gemænes landes on gemænre mearce*, nicht etwa in Gemeindeeigentum, sondern sie bestehen aus Ackerstreifen, zerstreut in Gemenglage, unter Flurzwang mit denen anderer Bauern; Birch 1145 **8)** *Gedalland* bedeutet Grundbesitz, bestehend in zerstreuten Äckern auf einem Feld, an dem mehrere Eigentümer Anteil haben, laut Urk., die einen Teil des verliehenen Bodens umgrenzt und dann hinzufügt: 30 *æcra* [= 1 Normalbauerhof] *on þæm twæm feldan dallandes wiðutan*; a. 974 Birch 1298 **8a)** Zu 5 umgrenzten Hufen gehören *on þan gemanan lande þarto* 65 *æcera*; a. 953 n. 900 **8b)** Im Ggs. zu topographisch bestimmter $^1/_2$ Hufe kommt $1^1/_2$ Hufe *gedallandes* auch a. 966 n. 1181 vor **8c)** 'Diese 9 Hufen liegen *on gemang oðran gedallande*, *feldlæs gemane 7 mæda gemæne 7 yrðland gemæne'* a. 961 n. 1079 **8d**) Zu einem Territorium von 5 Hufen fehlt die sonst gewohnte Umgrenzung: *null[i]s certis terminis, set iugera iacent ad* [lies *cum*] *iugeribus* (Äcker liegen mit fremden in Gemenglage); a. 964 n. 1139 **8e**) Im selben Sinne steht hinter einer Urk., da wo die *metæ* folgen sollten: *þises landgemæra syn gemæne, sva þæt lið æfre æcer under æcer;* a. 962 n. 1095 **8f**) Die Urk. von 982 begründet, weshalb sie keine Grenze angibt für 5 Hufen *communis terræ æt Ceorlatune* (~ in 'Bauerdorf'): *rus manifestis terminis minus dividitur, quia iugera altrinsecus copulata adiacent;* Kemble 1278 **8g**) Ebenso fehlen die (doch vor- und nachher für alle Landstücke angegebenen) Grenzen bei *gemænum lande, rus in communi terra situm* (*terra communis*) a. 987. 995. 1005 Kemble 658. 692. 714, weil diese Parzellen mit anderen im Gemenge liegen **8h**) Auch in Deutschland gibt die Landurkunde Ackergrenzen dann nicht an, wenn die Hufe aus vielen durchs Feld verstreuten Teilen besteht; Nasse *Feldgemeinschaft* 17 **8i**) Ein Fünf-Hufen-Besitz an Weide, Ackerflur und Wald ist ganz *gemæne þara 25 higda* (liegt im Gemenge mit 25); a. 869 Birch 524 **8k**) Wo für das auf ~ verschenkte Land sich Grenzen angegeben finden (a. 1054 Kemble 800), da ist sie als Ganzes gemeint, so dass Schenkungen verschiedener Stücke dieselben Grenzen nennen **8l**) *gemæn* heisst also nicht 'jetzt in gemeinschaftlichem Eigentume', sondern: 'in Gemenglage und gemeinschaftlichem Flurzwang' **9**) Eine Neueinführung von Gemenglage ward nötig durch die Verzehntung, die den zehnten Ackerstreifen jeder Gewanne, die bisher vielleicht ganz éinem Herrn gehört hatte, der Kirche zuwies **9a**) Ein weltliches Testament führt sie ein, indem je 3 Äcker dem älteren Bruder, der vierte dem jüngeren gehören sollen; um 990 Kemble 674 **10**) Auf der Gemeinweide weidet Vieh der Gutsherrschaft und der Bauern gemeinsam; deren Hirten haften für polizeiliche Anmeldung eines neu aufgetriebenen, verdächtigen Stückes; IV Eg 8f. 13 **10a**) Der gutsherrliche Ochsenhirt darf dort 2 eigene Ochsen und 1 Kuh mit der Domänenherde auftreiben; Rect 12f. **10b**) Sie heisst *etenlæs* (Urk. a. 940 Birch 762), häufiger *gemæne læs; s.* Wb; Ælfric für *compascuus ager;* Urkk. a. 943. 948 Birch 782. 865 **10c**) Sie ist verzäunt nicht ringsherum [*vgl.* Brunner I² 282], sondern nur gegen Wiese, Flur und Dorf **10d**) Diesseits ihrer Grenze, an der vom Weidevieh also meist gefährdeten Stelle, erhält der Gehegewart sein Stück Flurland; Rect 20f. **10e**) Loswerfen, sagt Ælfric (*Saints* ed. Skeat 370 79) ist heidnisch; doch darf man ohne [Vorwurf der] Zauberei *hleotan, þæt him deme seota, gif hi hwæt dælan willað* (damit er sich bestimme Waldweide, wenn sie [die Verloser] etwas teilen wollen). Ælfrics Urtext meinte 'was immer ihm bestimme *seo tá* (das Los)', laut der Beispiele bei Toller 966a. 971b; *seota* ist also Missverständnis 11. Jhs., das Verlosung der Weide noch kannte; *vgl.* über diese Elton *Origins* 261. 389 **11**) Weitaus zumeist gehört die ~ nur zu éinem Dorfe (Herrschaftsgut) oder zu éiner Ortschaft, wie Port meadow zu Oxford (Domesday I 154b), nur ausnahmsweise, in Suffolk, zu einem ganzen Hundred: *In hundredo de Colenes pastura communis omnibus de hundret;* Domesday II 339b. Doch auch ein Beispiel, dass *silvae pertinebant 6 hundretis:* I 38b. Eine ~ gehört 4 Dörfern: *villa habere debet in eodem prato communam in pastura cum aliis* [3] *villatis* a. 941 Birch 673 unecht; and. Beispiele: Nasse (*o.* 8h) 21; Maitland *Domesday* 355. 368; Fisher *Forest of Essex* 265. 274ff. 289; Neilson *Boon services at Ramsey* 62; Round *Victoria County hist. Essex* I 370 **12**) Eine *communio marisci* (Marsch, feuchte Wiese, Sumpf), *quæ ad villam pertinebat* in Urk. a. 855 Birch 486 **12a**) Mehrere Dörfer an der Ostküste Mittelenglands besassen gemeinsame Nutzung an der Marsch; vielleicht eine Spur Altgerman. Mark; Maitland *ebd.* **13**) Am längsten erhielt sich das Recht der ~ am Walde [*communis silva* a. 805 Birch 322; *Saxonice in gemennisse* a. 839 Birch 426; und a. 863 *in regis communione* n. 507] und an der Weide; *o.* 10. *Vgl. wudu 7 læs 7 mæsten is gemæne to 21 hidum* a. 948 Birch 865; *wudu þe þa ceorlas brucað* a. 889 n. 560 **13a**) Wer Weide-, Holz- oder sonstiges Anrecht an einem Wald hat, kann beanspruchen, gewarnt zu werden von dem, der Fallen und Selbstschüsse stellt; Hn 90, 2 **14**) Trotz wirtschaftlicher Analogien zur Altgerman. Mark (*o.* 12a) und Wortidentität (*o.* 1a), findet sich keine Spur von einer politischen Markgemeinde; *vgl.* Furley *Weald of Kent* II 731

gemeinsam 1) Holzschlagen geschieht ~; *s.* Baum 6 2) Ungeteilter Nachlass verbleibt dem Haushalt ~; *s.* Erbgang 3 3) Grundbesitz ~ *s.* Gemeinheit 4) Kasse (Fahrhabe) ~: *s.* Genossenschaft 12g 4a) Kompagniegeschäft, Handelsgesellschaft: *s.* Erwerbsgenossen 5) Strafgeld (*s. d.*) und Busse (*s. d.*) mehreren Empfängern ~s Bischof 7b, Dritter Pfennig, Gerichtsbarkeit 18a ff., Halbteilung, Schutz, Wergeld

gemeinschaftliche Missetat. *Vgl.* Bande, Heimsuchung; Frieden 2; Anstiftung 3ff., Beihilfe 8, Mitwissen; Begünstigung; Haftung **1**) Dringen mehrere in jemandes *tun*, so büsst [an dessen Eigentümer] der erste 6, der zweite 3, jeder folgende 1 Schilling; Abt 17. [Höhere Busse trifft den Führer als den Folger auch bei den Friesen (His 353) und anderen Germanen; *s.* Richthofen zu Lex Thuring. 57, *Mon. Germ. LL.* V 141. Der Teilnehmer wird milder behandelt als der Täter; Amira 145] **2**) Diebstahl durch ganze Familie *s.* Beihilfe 8 **N 3**) *Si plures liberi furentur ovem, porcum, aliquid maius morte puniendum, simul omnes patiantur* Leibesstrafe; Hn 59, 25b **3a**) Für Diebstahl mehrerer zahlt Ersatz und Busse nur éiner; *debet autem de convictis iusticia* (Leibesstrafe) *fieri;* 49, 7. Also die ~ ~ bringt die Beteiligten alle vor den Henker, wenn sie frei sind, dagegen nur éinen Haupttäter, wenn sie unfrei; *u.* 13 **4**) Auf ~ ~ deutet die kanonisch-milde Rücksichtnahme auf den Zwang, unter welchem jemand etwas verbrach; II Cn 68, 2 B **N 5**) Von einer durch Eideshilfe oder Ordal widerlegbaren Anklage auf ~ ~ können sich mehrere auf einmal reinigen (*s.* Beihilfe 2a. b); wo es dagegen Zweikampfes zur Verteidigung bedarf, muss diesen jeder Angeklagte einzeln bestehen; Hn 49, 6 **6**) *Si quis in conventiculo potationis fuerit occisus, defendant se quibus fuerit in-*

putatum, also keine ∾ und keine gemeinsame Haftung annehmend; Hn 87, 9, der aber vorher aus Agsä. Recht und nachher aus Lex Salica andere Gesetze auszieht über 'Bande'; *s. d.* 5—13 **7)** *Si plures* [éiner Hausgemeinschaft] *faciant homicidium, si velint, simul componant;* und gemeinschaftliche Sühne ist für die Verwandten des Totschlägers vorteilhafter; *si nolint, reddat unusquisque pro se partem, secundum quotquot fuerint, weræ et witæ;* Hn 88, 18; 18a; *vgl. o.* 3a **8)** Verüben mehrere auf Befehl (*u.* 12) des Herrn, der für sie haftet, Verwundung, so zahlt er statt aller Busse und Strafgeld; 94, 3 [als Haupttäter; Brunner II 565] **9)** *Si plures, [qu]orum olla non simul bulliat*, d. h. aus verschiedenen Hausständen, *misfaciant, singuli singillatim componant;* 94, 3a **10)** *Ubi plures fuerint* bei blutiger Gewalttat, *et quidam forisfaciant, non est eis inputandum qui tenuerint viam suam et recedent ab illis, si nec consilium eorum vel auxilium sit;* 86, 3 **11)** Wenn bei Totschlag *plures interfuerunt cum domino vel preposito, habeat in eos* der Herr des Erschlagenen, bzw. des Tatorts, *manbotam et fihtwitam;* 80, 6a **12)** *Si alicuius* (Machthabers) *præcepto* (*o.* 8) *namium excusserint* (mehrere Pfandkehrung verübten), *omnes simul unam forisfacturam reddent; si [secus?] acciderit, singillatim componant;* 51, 7c; *vgl.* Anstiftung 3 **13)** *Si liber cum servo furetur, liber solus patiatur* Leibesstrafe oder Geldstrafe [= *solus furatur qui cum servo furatur* 85, 4a]; *servus domino reddatur castigatus* (geprügelt); *o.* 3a **13a)** *Si plures servi furentur, unus pro omnibus* [*u.* 13d; anders als bei Freien, *o.* 3] *patiatur* Leibesstrafe, *quem obtulerint;* **13b)** *si furtum redimendum sit, capitale repetentis* (Ersatzgeld) *simul coniectent;* Hn 59, 24—25a; *vgl. o.* 3a. 7 **13c)** Unfreie (*s. d.*) haften für Missetat éines unter ihnen [vielleicht weil ∾ angenommen wird] **13d)** Stehlen Sklaven zusammen, so wird der Oberste getötet, die anderen werden leicht verstümmelt; III Em 4; *vgl.* 13a **13e)** War unangemeldetes (als gestohlen verdächtiges) Vieh auf Gemeinweide gebracht, so leiden alle Hirten [Unfreie] Prügelstrafe; IV Eg 9 **14)** *Si servus cum liberis homicidium faciat, totum liberis imputetur;* Hn 85, 4. *Vgl.* Friesisch: Kämpft der Knecht im Gefolge des Herrn, so haftet dieser allein; His 51 **15)** Die kirchlichen Formeln für Exkommunikation und Ordal-Liturgie treffen auch den Fall, dass der Sünder bzw. Prüfling, obwohl nicht Haupttäter, doch beteiligt gewesen sei; *s.* Beihilfe 2a. b; Excom I 16. II 6 **16)** Im Strafrecht *differt* (wird die Strafe qualifiziert durch) *de societate compellato;* Hn 61, 18c. Die Lesung ist verderbt; der Verderber dachte an ∾ ∾ [meinheit

Gemeinweide, Gemenglage *s.* Ge-

Genealogia *ducum Normannorum*, histor. Werk, vor 1150 begonnen, bis Heinrich II.; I 627a. 672 Sp. 2

Genick *s.* Hals

Genossenschaft. 1. Namen. 1a. Themabegrenzung. 2. In Kent. 3. Wergeld zahlend und einklagend. 4. *gesið* = ∾. 5. *geferan* = ∾. 6. Unfreie. 7. Gilde. 8. Biergelage. 9. Londoner Statut: 10. Stücke aus Gilde. 11. Was alt. 12. Landfriedensbund. 12a. Teilnehmer. 12b. Bundesgebiet. 12c. Eintritt. 12d. Polizeizweck. 12e. Versicherung. 12f. Zehner-, Hundertschaft. 12g. Kasse, Landbesitz. 12h. Elfer-Mahl, Gildenfest. 12i. Religiös. 12k. Witwen. 12l. Körperschaft. 12m. Sozial ungleich. 12n. Einzige Stadtorganisation. 13. Weicht vor Stadt. 14. Kaufgilde. 14a. Deutsche ∾. 15. Zunft. *S.* Wb *gild, (ge)gilda, -dscipe, (con)gildo; geferan, -rscipe, -rræden; gesið; consocius.* [Deutschem *genoss* entspricht lautlich *geneat*, das aber in den *Gesetzen* Bauer, Gefolgsadel (*s. d.*) bedeutet.] **1)** Die Gilde heisst *freondscipe* VI As 7, ihr Genoss *freond* Thorpe *Dipl.* 614; wo *freond* neben *mæg* steht, wird es den nicht blutsverwandten Genossen bedeuten. Über die Vieldeutigkeit von *(ge)gildscipe s.* Liebermann *Einl. z. Statut Lond. Friedensgilde* in *Mélanges Fitting* II 77 **1a)** Ausgeschlossen bleiben hier **A.** Sippe (*s. d.*), **AB.** Eidbrüder [*s. d.* 3. 5 über Ableitung der ∾ dorther], **AC.** Sexusgenossen (*s.* Eideshelfer 17), **B.** Ortsgenossen (*s.* Bauer, Dorf, Nachbarn, Gericht, Stadt, Grafschaft), **BB.** Markgenossen (*s.* Gemeinheit 1a. 11ff.), **BC.** Stammes- (Landes-) ∾ (*s.* Fremde, Engländer, Dänen, Walliser, Dunsæte), **C.** Standesgenossen (*s. d.*), **D.** Geistliche (*s. d.* 28; ∾ im Kloster und Stift *s. d.*), **DD.** *societas Christianorum, ferscipe* der Gotterwählten, von der Exkommunikation (*s. d.* 8b) ausschliesst, **E.** Erwerbsgenossen (*s. d.*), **F.** Gefolgsgenossen; *s.* Gefolgsadel 2g., **G.** Amtsgenossen *s.* Kollegialität **2)** In Abt kommt keine ∾ ausser A vor, in Hl begegnet B, in Wi C und D **2a)** Dagegen fehlt den Kent. *Gesetzen* die ∾ im Sinne des Folgenden **3)** Wird ein sippeloser Mann erschlagen, so erhalten vom Wergeld die eine Hälfte der König, die andere die *gegildan;* Af 28 = Hn 75, 12. Genau in der Stellung letzterer steht der *gesið* bei Ine 23, 1, *u.* 4 **3a)** Die *gegildan* tragen vom Wergeld, das ihr Genoss durch Totschlag schuldig wird, die Hälfte, wenn er ganz sippelos ist, und $^1/_3$, wenn er nur Vatersippe entbehrt; sie entgehen damit der Fehdegefahr (ebenso wie die halbes Wergeld zahlende Sippe des Totschlägers nach Abt 23), während er statt der ihm unerschwinglichen Restzahlung fliehe (*s.* friedlos 2b); Af 27f. = Hn 75, 10f. **3b)** Wer den Dieb [handhaft] erschlug, darf dessen Schuld beschwören; wird dessen Wergeld von ihm eingefordert, so gelangen [um jenen zu reinigen] Herr oder *gegildan* nicht zum Eide; Ine 16. 21. Hier würde die erste natürlichste Instanz, die überall sonst im Germanischen Rechtssystem den Totschläger um Wergeld verklagt, fehlen, wenn nicht *gegildan*, ebenso wie 'Freunde', die Blutsverwandten mit einschliessen könnte **3c)** Diese Auslegung wird nun geradezu notwendig dadurch, dass Ine 21, 1 fortfährt: Verhehlt der Täter den Totschlag, und dieser wird ohne ihn kund, so räumt er dem Toten den Weg zum Eide, so dass diesen seine *mægas* rein schwören dürfen. Hier muss *mægas* obige Genossen einschliessen. Diesen weiteren Sinn von *mæg* (das auch fürs bibl. *propinquus* steht) beweist auch die Unterscheidung 'angeborene' *mæg* Af 42, 6: nur einem solchen Angegriffenen [nicht jedem anderen 'Genossen'] beizustehen, soll keine Fehdegefahr bringen **3d)** Die Gilde ersetzt also die Vatersippe und tritt, wo letztere vorhanden, wie beim Sohn der Nonne, der nur keine Muttersippe hat, überhaupt nicht auf, sondern anstatt letzterer steht der König als Empfänger des Wergelds; Af 8, 2f. **3e)** Ich nehme diese Gilde nicht (mit Früheren) für Fremde oder blosse Zahlungsgenossen oder Reisegenossen oder Räuberbande oder entfernte Blutsverwandte oder Freibürgen (*s.* Zehnerschaft), sondern für eine ~ wie die Æthelstans und die seit XI. Jh. bezeugten; so auch Tait *EHR* 1903, 819. Die Leistung oder der Empfang des Wergeldes für den Genossen, der Totschlag beging oder erlitt, die Stellung der Eideshelfer (*s. d.* 7. 14) für ihn, der Ersatz der Sippe [*vgl.* Brunner II 382; für Dänemark Hegel *Städte* I 164. 184] sind Merkmale, die auch bei der späteren ~ wiederkehren **3f)** **N** Gegen den Totschläger klagen regelmässig des Erschlagenen *parentes vel consocii* noch um 1116; Hn 83, 6a **3g)** Wie sich in anderen menschlichen Beziehungen die Gilde an die Stelle der Sippe setzte, geht hervor aus dem Yorker Gebet um 1025: *wutan we gebiddan* (lasst uns beten) *for papan, cyning, arcebisceop, alderman, godsybbas* (Taufverwandte) *7 for ure gildan 7 gildsweostran;* Simmons *Layfolk's massbook* 62. 327 **4)** Vom Wergeld für den Ausländer erhält der König $^2/_3$, wenn jener Verwandte hat, die $^1/_3$ erhalten, dagegen wenn jener sippelos, $^1/_2$ und $^1/_2$ 'der' *gesið* (Genoss); Ine 23, 1. In der kollektiven Bed. ~ ist das Wort laut Toller zwar, wie Deutsch *gesinde*, Neutrum, während Ine das Masc. bietet. Aber es kann der einzelne Vormann, welcher klagt, für die ganze Schar stehn, also dasselbe wie *gegildan o.* 3 gemeint sein. Sonst wäre an einen Eidbruder [*s. d.* 3; Brunner I² 401] zu denken; und gerade für den Ausländer konnte eher ein vielleicht inländischer Eidbruder oder ein Fahrtgenoss als die Gilde daheim auftreten **5)** Auch in die Heeresverfassung drang entweder die Gliederung nach ~ ein, oder aber ~ steht hier für Sippe (*o.* 3c): 'Wer aus Feigheit im Kriege von seinem Herrn oder seinen *geferan* (*sociis* In Cn; Singular verstehen beide and. Lateiner) fortflieht, verliere Leben und Habe'; II Cn 77 = Hn 13, 2. [Es handelt sich nicht um des Adels privates Gefolge (*s. d.* 12a. 15b), auch nicht um die Kriegs~ der Friesen (*conspiratio, confoederatio* bei His 70 f.), sondern um die nationale Landwehr, *fyrd*] **6)** Die Sklaven und Sklavinnen eines Grossguts werden insofern je in einer ~ gedacht, als, falls einer (eine) von ihnen stiehlt, die anderen die Hinrichtung vollziehen und Strafgeld zusammenschiessen müssen; IV As 6, 5; 7. Dagegen braucht keine ~ vorzuliegen, wo Unfreie gemeinschaftliche (*s. d.* 13a—e) Missetat begehen **7)** Das Wort *gilde* bezeichnet im Germanischen Heidentum den Opferschmaus (Amira 116), den Gregor I. nicht abgeschafft, sondern zum christlichen Fest gewandelt zu sehen wünschte; wahrscheinlich sein Rest, ein Trinkfest mit teilweise religiösen Formen, wird kurz vor 800 verdammt als *conventiculus* von Alcwine; *vgl. Archiv neu. Spra.* 1896, 333; *s. u.* 12b **7a)** Sicher die Gilde meint mit *conventiculo convivii vel potationis*, wo mancher Totschlag [in trunkener Laune] geschah, Hn 87, 9. Denn er spricht *de pace regis danda in potatione gildæ preparata* und von blutiger Verletzung dieses Sonderschutzes 81, 1 **7b)** Zu *nyctelia* (Nachtfestzeit) findet sich die Glosse *nihtgild* **7c)** Alcwine kennt jene Zusammenkünfte *in regionibus montanis* (ed. Dümmler 448); vielleicht hängt damit zusammen der Ortsname *gildbecrh*, später als ein Gerichtsplatz nachweisbar, und duldet die Erklärung Gildenhügel, Versammlungsplatz; Urk. Birch 1238 **7d)** Ein reicher Grundbesitzer vermacht a. 1042—65 *sodalibus meis marcas auri et omnes terras* (Kemble 954), wahrscheinlich eine ~, wohl eine religiöse Gilde meinend **7e)** Die Synode von Lisieux 1064 gebot c. 9: *religiones* (eidliche Verbindungen), *in quibus comeditur et bibitur, delcantur;* Delisle erklärt: 'confréries, notamment charités'; *Journal des savants* 1901 p. 517 **8)** Möglicherweise bezieht sich manche Stelle übers Biergelage (*s. d.* 1. 5) aufs Gildenfest **8a)** Bei diesem wird besonderer Friede verkündet und dessen Verletzung dem Immunitätsherrn des Hausortes gebüsst; Hn 81, 1—2. *Vgl.* über den Fries. Gildefrieden His 146 **8b)** Nicht die ~ also empfängt hier und bei der Störung jenes Biergelages die Busse [wie denn der einzelne Täter, nicht etwa die ganze Gilde, für den Totschlag haftet; Hn 87, 9]. Jenen Schritt zur Selbständigkeit zeigt aber früher schon die Agsä. Gilde: zu London (VI As 7. 8, 5), zu Exeter (Thorpe *Dipl.* 614. 606. 612) und später anderwärts (Gross *Gild merch.* II 310) beträgt *oferhiernes, contemptus communitatis* (Ungehorsam gegen die ~) 6 Schill. = 30 Pfennig = 1 Ochsen **9)** Das ausführliche Denkmal der Londoner Schutzgilde (VI As), das *gerædnes* heisst (wie der Beschluss der Cambridger *þegna gild*, aber auch manches Staatsgesetz), fliesst aus drei Quellen: landrechtlichen Königsgesetzen, die hier nur unverarbeitet an- und eingeflickt sind; Abmachungen zum Landfriedensbunde zwischen den Londonern und nachbarlichen Magnaten; und endlich Satzungsrecht der Londoner Gildestube, das sich künftiger Abänderung durch den König oder seine Stadtvögte unterwirft; VI As 8, 9 **10)** Letzterem gehören an die Sätze über Einteilung zu 10 und 100 Mann, die Kasse, die Mahlzeit, die Wohltätigkeit **11)** Diese letzten drei Punkte mögen uralten Brauch vielleicht nur schriftlich feststellen **12)** Der Landfriedensbund dagegen und die Organisation der Gilde nach Zahlen scheinen neu. Die ~ nennt sich und ihr Statut 'Friedensgilde', wohl im Ggs. zur ~ anderen Zieles, weil sie polit. Ordnung u. polizeil. Sicherheit bezweckte; *s.* Frieden 1. Sie ordnet sich zwar formell dem König gehorsam unter (VI As 1, 1. 8, 2—4; 9) — seit 910 unterstand London ihm unmittelbar —, handelt aber in der amtlichen Verbrecherverfolgung wie die öffentlichgerichtliche Obrigkeit eines partikularrechtlichen Bezirkes und bezieht gerichtsherrliches Strafgeld, ohne ersichtliche Bestätigung des Königs, kraft eigenen Rechtes **12a)** Zum Friedensbunde gehören ausser den Städtern die Bischöfe von London und die in London Grund und Boden besitzenden [von Canterbury, Rochester, Elmham, Worcester], die königlichen Stadtvögte, die Amtleute der Herrschaftsgüter des Königs und des Adels in und um London; dem Stande nach finden sich im Bunde Vornehme und Gemeinfreie. [**N** Solcher Bund zwischen Stadt London und Baronen, sogar Bischöfen *ipsius provinciæ*, ward auch 1141 und 1191 beschworen (*vgl.* Round *Mandeville* 117), doch ohne genetischen Zusammenhang mit oder Erinnerung an Æthelstans Zeit] **12b)** Das Bundesgebiet umfasst Heerstrassen, grosse Dörfer, Hintersassen, Landgüter, Gerichtsvogteien, mächtige Adelsgeschlechter, ganz Middlesex, wahrscheinlich auch Surrey und Essex 12c) Der Eintritt erfolgt durch rechtsförmliches Versprechen auf Satzungsartikel, mit Eintrittsgeld; VI As Pro. 8, 5f. 11. [In der Cambridger Gilde *ælc oðrum að on haligdome sealde soðre heldrædenne;* Thorpe *Dipl.* 610] 12d) Der Zweck der ~ ist, neben dem religiösen (*u.* i) und dem gesellschaftlichen (*u.* f. g), namentlich erstens polizeilich, nämlich die Nachforschung nach verloren gegangenem Vieh durch Spurfolge und Klage (1, 1. 2. 4f. 8, 4; 7f.), ferner durch Verfolgung der Diebe, deren Niederstreckung und die Niederschlagung auch ihrer Begünstiger; 1, 1—1, 5. 6, 3f. 8, 3; 8f. Hierfür setzt die ~ Belohnung aus; 7. [*Vgl.* die Fränk. Gilde gegen Diebe a. 884; Brunner II 147. 227.] Die Anzeige verlorenen Viehs muss binnen 3 Tagen geschehen; 8, 8. Zur Spurfolge muss aus je 1 oder 2 Zehnerschaften des Umkreises 1 Mann helfen; 4. Sie darf nicht eher als aussichtslos aufgegeben werden, als bis jeder Pferdbesitzer einen Ritt dafür geleistet hat; 5 12e) Der zweite Zweck der ~ ist wirtschaftlich. Sie versichert ihr Mitglied gegen Verlust aus Diebstahl oder Entlaufen von Vieh oder Sklav, indem sie A. Verlorenes zu festen Taxen ersetzt [VI As 6, 1 ff. 8, 8. *Vgl.* Westnord. Versicherung geg. Viehschaden (v. Schwerin *Altgerman. Hundert* 125), die Fränk. Centena (*ebd.* 124; Brunner II 147. 227), den Ersatz für Gestohlenes durch Staatsgewalt in Dänemark und Normandie (Steenstrup *Danelag* 339), woraus aber nicht Nordischer Einfluss auf VI As folgt], B. Kosten aus Verklagung, Verfolgung, Niederstreckung des Diebes entlohnt und, im Falle Verfolger dabei Fehde auf sich lädt, zu ihm in Angriff wie Verteidigung steht [wie Sippe oder Vassallitätsverband]; 7. 8, 2. [In Cambridge steuert die ~ zum Wergelde bei, womit ein Genoss Totschlag sühnt; Thorpe *Dipl.* 611.] Erfolgreiches Wirken der Versicherung erhellt aus dem übergrossen Vertrauen des Wirtes in ihrer Mitte, dass sie ihm Verlorenes wiederschaffe oder ersetze: das Statut muss fordern, dass er sich selbst um sein Vieh kümmere; 8, 7 12f) Je 9 Genossen treten [offenbar erst nunmehr neu, nicht älterem Brauche gemäss] mit einem Ältesten zu einer Zehnerschaft (*teoðung*) zusammen; ein Hundertmann (*hyndenman*) über 100 Mitglieder (*hynden*) sammelt um sich diese 10 Zehnhäupter zum Elfervorstand. [Es sind schwerlich genau 100 Mann, denn A. die Genossenzahl war bei der Gründung nicht durch 100 teilbar; B. eine Änderung bei Ein- oder Austritt (durch Tod) ist nicht vorgesehen; C. vermutlich wirkte das Sippenband beim Zusammentritt der Hynden noch nach.] Der Elfervorstand (deren es in der ~ mehrere gleiche gibt) verwaltet die Hundertkasse, eine Agentur der Gilde, notiert Einnahme und Ausgabe, vertritt die Hundert; 3. 8, 1. Im Ggs. zu späteren Stadtvierteln unter *farthingmen* (Viertelsoberen, Quartierhäuptern; Gross *Gild merch.* I 404. II 13), sind diese Verbände persönlich, nicht topographisch. [Dass die Hynden vierwöchentliches Gericht gewesen sei, ist unbewiesen und unwahrscheinlich.] Vielleicht bildete die geographische Einteilung des Landes, belegbar erst seit Æthelstan, aber vielleicht schon vorhanden, mit Hundred und Zehnerschaft (*o.* d) das Muster der ~einteilung. Von städt. Zehner- oder Hundertschaft, vom Elferausschuss oder Hyndenmann fehlt jede weitere Spur 12g) Die Gilde hat gemeinschaftliche Kasse, gespeist durch Eintrittsgeld, jährlichen Beitrag von 4 Pfennig durch jeden Besitzer von mindestens 30 Pfg. Fahrhabe [Rente], Zusammenschiessen der Sklavenhalter, falls ein Sklav entläuft, und namentlich durch Anteil an der Einziehung des Vermögens niedergeworfener Verbrecher und am Strafgelde überhaupt, sofern dieses den von der Gilde versicherten Klageanspruch übersteig; 1, 1. 2. 3. 6, 3. 8. Gemeinschaftliche Kasse hat die Agsä. Gilde auch zu Exeter, Cambridge, Canterbury. Obwohl die Kasse der ~ mit dem Mitgliede nur durch die Hundertagentur zu verkehren scheint (3), so trägt doch allein sie Gewinn und Verlust. Denn sie zahlt 120 Pfg. aus, indem sie von jedem Sklavenhalter $^1/_2$ Pfennig, also von mindestens 240, mehr als von bloss éinem Hundert, einzieht. Die Gilde kann Land besitzen, das ein Verbrecher an sie verwirkt hat; sie empfängt nämlich aus dessen eingezogenem Vermögen $^1/_3$ vom landrechtlichen Grundbesitz, $^1/_6$ vom Bistumsland oder Bocland (*s. d.* 18); 1, 1. So besitzt die Londoner *Knihtengild* privilegiertes Land in und ausser London mindestens seit Eadward d. Bek.; Urk. Heinrichs I. bei Madox *Firma burgi* 23; zwei Gilden zu Canterbury und eine zu Dover besitzen Land vor 1086; *Domesday* I 2f. Ausgaben der ~ sind Bussgeld bei Prozessverlust, Prozesskosten bei Spurfolge und Diebesverfolgung, einschl. Prämien dafür [wahrscheinlich auch Geschenke an König, Königsvogt, Bischof], endlich Festmahlzeit. Dagegen Almosen zahlen die Mitglieder einzeln, wenigstens für Verstorbene; *u.* i 12h) Die Elfervorstände (*o.* f) treten monatlich zusammen zur Überwachung der Ausführung der Gildeartikel und Einsammlung der Naturalbeiträge der Mitglieder, Vorbereitung fürs Gildefest [*vgl.* zum Wort *byttfylling* bei Toller *Suppl. cyllfylling*]; sie erhalten eine gemeinsame Mahlzeit auf Kosten der ~, deren Speisereste Armen zukommen; 8, 1. Wahrscheinlich nicht identisch mit dem monatlichen Hundertmahl ist das Gildenfest, das vielleicht aus allen Elferkollegien bestand, und wofür diese wohl Vorbereitung trafen. Auch später ist die 'Gilde' genannte Beschlussversammlung nicht von allen Mitgliedern besucht (Gross *Gild merch.* II 34. 68); kein Saal hätte dafür in London gereicht; nicht zwölfmal im Jahre wäre es möglich gewesen; es fand später nur 1—4 mal jährlich statt; Gross I 32. [Hierin lebte vielleicht eine Spur jenes heidnischen Opferschmauses (*o.* 7) fort: im Norden *cum sacrificia erant celebranda, ad templum convenirent cives, ferentes secum singuli victum etiam cerevisiam;* Hist. regis Olafi c. 13.] Gemeinsame Mahlzeit hat die Gilde auch zu Exeter, Cambridge, Canterbury. Dass Naturalien fürs Gelage gesammelt, oder die Kasse dafür entleert ward, weiss man aus anderen Gilden: Gross I 29[10]. II 99. 140. 158. 329; Stubbs *Constitut. hist.* I 415. [Auch in Dänemark rüsten die Gildebeamten aus empfangenen Naturalien das Gelage; Pappenheim *Altdän. Schutzgilden* 202. 225] Als Guildhall bereits *aula publica* (Rathaus) geworden war, wusste man um 1200, dass sie *a potorum conventu nomen accepit;*

Girald. Cambr. *V. Galfr.* III 8. In jeder Diözese [die oft mit der Grafschaft zusammenfiel] hatten um 1080 die Engländer *gildhus* (ein Trinkhaus); Walter Map *Nug. cur.* 79. Ein besonders grosses Hohlmass hiess *gildsester*. So wichtige Rolle spielt das Gelage bei der ~ **12i)** Zur Gilde gehören halb religiöse Formen und Kleriker als Mitglieder. Der Genossen jeder spendet ein Brot mit Zukost und lässt 50 Psalmen singen für die Seele des verstorbenen Genossen (8, 6); der Elfervorstand schenkt Armen die Reste der Versammlungsmahlzeit. Diesen Zug zeigen die Agsä. Gilden zu Exeter, Cambridge, Canterbury und die spätere Englands allgemein. So zahlt die Gilde von Woodbury 1 Pfennig von jedem Herde für den verstorbenen Genossen ans Domstift Exeter; Earle 265. *Vgl.* Seelschatz **12k)** Als Mitglieder der Gilde treten auch Witwen [früherer Mitglieder] auf; in anderen Gilden Englands sind Frauen (*o.* 3g) seit 11. Jh. häufig nachweisbar **12l)** Die Gilde übt mindestens eine untergeordnete Polizeigerichtsbarkeit (*o.* d), sie verlangt auch von Dritten, darunter Staatsbeamten, Ausführung ihrer Polizeiordnung. Sie proklamiert Reichsgesetze; sie bringt ihr Statut in deren Sammlung hinein. Sie ist also vom Staate als Körperschaft anerkannt. Anderwärts bezeugt die Gilde Urkunden hinter König und Fürsten. Sie gewährt einen Schutz, dessen Bruch 30 Pfennig kostet (*o.* 8b), während 'Schutz' der Stadt später 30 Schill. gilt **12m)** Die Mitglieder der Gilde, Vornehme und Gemeinfreie, stehen sozial höchst ungleich. Mancher besitzt kein Pferd, sondern seine Reiterpflicht bei Diebesverfolgung erfüllt ein berittener Herr, für den er inzwischen daheim arbeitet; 5 **12n)** Die Zahl der Hundertverbände ist mehr als zwei; 3. 6, 3. Folglich beträgt die Seelenzahl der Mitglieder samt ihren Hausständen minimal 3000, also sind sie wohl mit den Vollbürgern identisch, m. a. W. ist die Gilde vielleicht die einzige städtische Organisation, gibt es keinen städt. Magistrat über ihr, sondern nur Königsbeamte [*Einl. z. Stat.* (*o.* 1) 21]; in Woodbury (Earle 265) zahlt jeder Gildengenoss Herdsteuer: wenn es eine Stadtverfassung gegeben hätte, hiesse es: jeder Bürger **13)** Die Londoner Schutzgilde verschwindet Ende 10. Jhs. vor der entstehenden Stadt; *s. d.* Dagegen setzt sich die zu Canterbury fort zur Kaufgilde; und diese, sowie die religiöse und gewerbliche Gilde teilen mit jener viele Züge; *Einl. z. Stat.* (*o.* 1) 25. **N** Unbewusst wirkte sie im Geiste der Kommunalpolitiker viell. weiter und veranlasste einen städtischen Archivar um 1200, in seinem Staatsprogramm, statt auf Untertanenpflicht, auf ~liche Vereinbarung Reichsverteidigung, Landespolizei, Justiz und Staatsverwaltung zu gründen; *vgl.* Eidbrüder 6 **14)** Eine Kaufgilde ist in London wahrscheinlich nie entstanden, jedenfalls nicht aus der Friedensgilde. Nur ein Freibrief von 1252 gewährt einem Florentiner samt dem Londoner Bürgerrecht auch Mitgliedschaft an *gilda mercatoria eiusdem civitatis*, was aber wohl für Kanzleiirrtum erklärt *EHR* 1903, 315 **14a)** Eine ~ bilden in London um 1000 die Deutschen (*s. d.* 2d) Kaufleute **15)** **N** Eine Zunft bilden wohl um 1130 die Goldschmiede; *s. d.* **15a)** Vermutlich städtische Zünftler (und unfreie Bauern) sind die *gildones* (*et servi*) in Heinrichs I. Normann. Heere 1106; *EHR* 1909, 730 **15b)** ~ von Magistratspersonen im Kollegium *s.* Gericht 15e, Geschworene, Urteilfinder, Lagamen, Kaufzeugen; Sheriff; Witan

Geräte *s.* Wb *tol, andlaman* **1)** Aufzählung der für die Domäne des Herrschaftsguts notwendigen ~ Ger 14—17 **2)** Der Gebur erhält von der Gutsherrschaft Werkzeug zu seiner Fronarbeit und ~ für sein Haus; Rect 4, 3b

gerben *s.* Fell, Alaun

Gerechtigkeit *s.* Wb *riht* II 3; *rihtnis, rihtwisnes*. *Vgl.* Bestechung; Gericht(sbarkeit), Landrecht, Königspflicht, Richter, Justizertrag; Homiletisches, Moralisches **1)** Der Krönungseid verspricht ~; Sacr cor 1, 3 **2)** ~ wird sehr oft eingeschärft, meist allgemein homiletisch (Cn 1027, 10), oft mit Anlehnung an Bibel und Kanones, besonders im Iudex **2a)** Ungerechte Richter schilt habgierige Wölfe, aus Isidor Iudex 12; ebenso *Blickling Homil.* 63 **2b)** **N** Richter (hier Urteilfinder einschliessend) laufen (wegen göttlicher Strafe für Un~) grössere Gefahr als der Gerichtete; Hn 28, 5f. **2c)** Cnut (*u.* 7) entnimmt die Grundsätze der ~ in der Verwaltung der Kanonistik des letzten Menschenalters, bsds. Atr und den *Canones* Eadgari **2d)** Reiche oder Freunde soll man nicht bevorzugen; mit Benutzung von Exod. Af El 43 **3)** 'Was ihr wollt dass andre euch nicht tuen, tuet das andren nicht'; aus Matth. Af El 49, 5. Daraufhin mahnt zu ~ im Urteilen II Cn 2a = Leis Wl 39. Jeder erzeige dem anderen, was er will, dass ihm erzeigt werde; VI Atr 49 = I Cn 18, 2. Hn 28, 6; *vgl. Hom. n.* Wulfstan 144. 282. 37 **3a)** Niemand spreche einem anderen ein Urteil, das er nicht über sich gesprochen sehen möchte, wenn er als Partei unter jenem aufträte; Af El 49, 6. [Ein gefährlicher Grundsatz, wenn wörtlich genommen. Denn der Richter (oder Schiedsrichter oder Urteilfinder) mochte gerade die einflussreiche Partei zuerst schonen, die ein obrigkeitliches Amt oder Stimme in der Gemeinde vielleicht nächstens erhalten und über ihn zu urteilen in die Lage kommen würde. Jedenfalls ist damit die ~, wie schon *o.* 3, an die selbstsüchtige Aussicht eigenen materiellen Vorteils geknüpft] **3b)** Eine ähnliche Gesinnung, noch deutlicher von Selbstsucht statt ~ geleitet, im Norden *s.* Gleichheitseid 6 **4)** Den Vögten wird ~ beim Urteilen anbefohlen nach Gesetzbuch und Volksrecht: I Ew Pro = Hu 7 = III Eg 1, 1. Cn 1020, 11. 1027, 12 **4a)** Jeder sei Volksrechts teilhaft; II Ew 8 = III Eg 1, 1 = V Atr 1, 1 = VI 8, 1 = Cn 1027, 12 = II Cn 1, 1 **4b)** Man wäge das Urteil sorgfältig nach der Tat; aus *Can.* Eadgari VI Atr 10, 2 **5)** Die Erhaltung ordentlichen Rechtsganges und Befolgung des Landrechts meinen wohl die Sätze: Man richte echte Rechtsordnung auf und beseitige Rechtsmissbrauch (Gesetzwidrigkeit); V Atr 1, 1f. = 23—25 = VI 8. 8, 2. 28, 1—3 = X Pro 2 = 2. V 33, 1 = VI 40. 40, 1 = VII 6, 1 = I Cn 19, 1f. II Cn 1. 11 **5a)** Abgeschaffte Rechtsmissbräuche zählt auf V Atr 32, 1—5 **5b)** Man verwehre anderen Unrecht; VI 40. 42, 1. Cn 1020, 3 **5c)** Nach dem Agsä. Annalisten machte sich Eadwards III. Normannischer Hofadel, als baronialer Grundherr wie Beamter, verhasst, weil diese *Frencisce men unlage rærdon 7 undom demdon;* 1052 **5d)** Von Cnut rühmt die ~ (*leges oppressit iniquas, iustitiam et equitatem extulit*) das Encom. Emmae; *Mon. Germ., SS.* XIX 520 **5e)** Verbrechen zu verfolgen, das Land davon zu säubern ist Königspflicht (*s. d.*), liegt aber der Obrigkeit, ja den Staatsbürgern allgemein ob (*s.* Strafvollzugspflicht); VIII Atr 40 = II Cn 4. 4, 2; *vgl.* Wulfstan a. 1014 p. 165; *Hom. n.* Wulfstan 26. 114. 203. 298. 309; Polity p. 435 **5f) N** Amtlich schreite gegen *fugitivi* (Friedlose) *reductio* ein; kein *forisbannitus* bleibe ungestraft; Hn 23, 6. 59, 20 **6)** Ohne Furcht, Hass, Liebe, Bestechung (*s. d.*) ~ zu üben, mahnt den Richter die Homilie (um 1025?) *Bibl. Agsä. Prosa* ed. Assmann III 148. *Vgl.* Amtsvergehen, Amtsentsetzung 4—6 **6a)** Ähnliche Gefahren für die ~ oder einige davon werden aufgezählt Af El 43. II Cn 15, 1. 35, 1. Leis Wl 39, 1. Hn 28, 1 f. 34, 1; z. T. auch aus Isidor Iudex 7; Polity 11 **6b)** Ælfred erkannte sie nach Asser's Bericht als Ursachen falscher (*s. d.* 6) Urteile; solche entständen **[A]** *per ignorantiam,* **[B]** *malevolentiam* **[a]** *amore* **[b]** *timore* **[c]** *odio* **[d]** *pecuniae cupiditate;* 106 ed. Stevenson 93 **6c)** Furcht vor dem König oder Haschen nach der Gunst Mächtiger soll die *consiliarii* (Witan?) nicht veranlassen, Un~ zu dulden; Cn 1027, 12 **7)** Man urteile mit Unterscheidung nach Alter, Stand, Kraft, Absicht, Zwangslage des Täters; aus *Can.* Eadgari VI Atr 10, 2. 52 f. = II Cn 2. 68, 1—3 **7a)** Die Strafe bemesse man nach der Tat, die Busse nach dem Range der geschädigten Kirche; VIII Atr 5, 2 = Had 10 **8)** Nicht Personen, sondern Tatsachen beachte man im Gericht; Hn 33, 7; ohne Personenrücksicht, rein sachlich zu urteilen ist Richterpflicht; aus I Petrus 1, 17 Iudex 8 = Hn 3. 9, 9. Quadr Ded 25; aus Isidor und Bibel Iudex 3. 15. 15, 7; ähnlich schon Synode Clovesho a. 786 c. 13: leere Worte, denen Ständestaat und Hn selbst, Rücksicht auf Stand fordernd, widersprechen; 9, 6a. 40, 3 **N 9)** 'Barone mit Jurisdiktion privilegiert, *si forisfaciant, emendent sicut alii;* Hn 24, 3 **10)** Sehr düster, als das Volk zerfleischend und durch Sporteln grausam drückend, das materielle Recht durch Habgier verderbend, verwickelnd, ungleich und unsicher machend, schildert den Zustand der ~ um 1110 Q Ded 32 f. Hn 6, 4. 7, 2. 28, 2 (nach Iudex, doch aus fremder Urquelle); *s.* Juristen **11)** Heinrich I., Wilhelms II. Rechtsmissbräuche abstellend, behält sich vor *debita pacta pro aliorum hereditatibus* (*s.* Erbgang 12c) *vel pro eis rebus quae iustius* [!] *aliis contingebant* **12)** Der Londoner Reformer um 1200 will alle Freien zu schneller untrügerischer Rechtspflege eidgenossenschaftlich verpflichten und den Adel an der Justiz der Krone teilnehmen lassen; Wl art retr 0. Lond ECf 11, 1 A S

Gerhard *s.* York: Erzbischof

Gericht. 1. Begrenzung des Themas. 1a. Namen. 2. Schieds~. 3. Territorialer Sprengel. 4. Ort. 5. Glocke, Tor. 6. Hegen. 7. Sitzen. 8. Zeit. 9. Periode, Ladung. 10. König oberster Richter. 11. Arten der ~e. 12. Stadt~. 13. Folcmot im Hundred fortgesetzt. 14. Mehrere Hundreds, Grafschaften als éin ~. 15. Einzelrichter: 16. Einsetzung, 17. Nebenamt, 18. Qualifikation, 19. Funktion. 20. Ausschüsse. 21. Volksteilnahme. 22. ~sfolge. 23. Umstand. 24. Instanzenzug. 25. Zuständigkeit. 26. ~ verwaltet, übt Polizei. 27. Unterbeamte. **1)** Besondere Artt. haben: Königs~, Grafschafts~, Fünf Burgen, Stadt, Hundred, Wapentake, Husting; Forst (*s. d.* 14. 15a), Kriegs~, Geistl. ~, Schieds~; private ~sbarkeit, Hallen~, Grenz~; Richter, Urteilfinder, Lagamen, Geschworene, Ealdorman, Sheriff, Vogt **1a)** *s.* Wb *gemot* (*vgl.* Brunner I² 176³), *folcgemot, hundred(gemot) u.* n, *scir(gemot), comitatus* (*s.* Grafschaft), *weardmot; s.* Stadt **1b)** *burg* 2b, — *burggemot, burgus et curia* Hn 38, (*burg)geþyncðo; vgl.* 4g **1c)** *riht* 7; *dreit* 3 | *þing* B; *u.* m | *mæðl* in *Gesetzen* nur Kents; aber auch anderswo: *s.* Toller und *meðelstede, þa he gemot hæfde;* Dichtung Byrhtnoð 199 | *gegaderung* (Wulfstan 25. 272, in *Gesetzen* nur das Verb *gegaderian*) **1d)** *gemot, þing, mæðl, gegaderung* heissen 'öffentliche Versammlung' überhaupt. Der wesentliche Unterschied, der laut Hl 8 zwischen *mæðl* und *þing* bestanden haben muss, ist unbekannt. Die Synonymität beim Andreasdichter 157. 1098 beweist nichts gegen die Verschiedenheit dort. Möglicherweise liegt derselbe Unterschied vor wie in *mallus vel placitum* in Capit. Caroli M. ed. Boretius *Mon. Germ.* I 156; vielleicht Versammlung(sort) und Verhandlung(stermin) **1e)** *gesamnian* (*-nung*) wird in den *Gesetzen* nur vom Witenagemot gesagt; *s.* Wb **1f)** *cynges sele* (*u.* 4e) heisst Kents staatliches ~ zu London, unter königlichem Beamten Hl 7. 16, 1 **1g)** *curia* 4, *curt* | *placitum, plait* | *mallum, admallare* ist vielleicht nur Frankonormannischer Literaturimport | *divisio* (*-sa*), *devise;* das Wort erklärt Stubbs *Lect. early hist.* 52 **1h)** Sehr oft steht als Subjekt *man,* wo das ~ gemeint ist; z. B. Wi 26. 26, 1 **1i)** Nicht in den *Gesetzen: motbeorh* Kemble 741 = *gemotbiorh* Birch 392 (a. 826). 702 (bei Canterbury); *motstowehull u.* 4d | *gemotleah* (Birch 476. 1212. 1213) Versammlungswiese | *gemotstow vel ceorla samnung: compita* (Kreuzwege, Sammelplatz), *motstow on burge: forum vel prorostra* (Versammlungsplatz) | *mæðelærn, (ge)motærn: prætorium* Rathaus; *mothus: epicaustorium* (Sachentscheidungsraum), *gemothus* a. 901 Birch 596, *manerium,* also ~sherrschaftshalle, übs. **1k)** mengl. *lagheday:* ~stag, den der Grundherr auf dem Grossgut abhält; *laghemot* in Manchester und Salford *EHR* 1901, 100; 1902, 286; *vgl.* Stubbs *Constit. hist.* I 627 **1l)** *þreo motlæðu ungeboden on XII monðum* (*u.* 9h) schuldet ein Landgutshintersasse dem Territorium Taunton im 11. Jh., synenym mit *III gemot on geare;* Thorpe *Dipl.* 433 **1m)** *geþing, þingstede, (ge)þingstow: compitum, forum;* hierher gehört auch der Ortsname *Þingleah, -field* (~sfeld) *EHR* 1909, 767 | Eadward der Bek. bestätigt Bury St. Edmund's *iura regalia* 8½ *placitorum ad Þynghowe, quod Anglice dicitur nygend half hundred;* Kemble 915. Das Wort *ho* als bestimmte Stelle eines Grundstücks Earle 447; *vgl.* Nord. *þinghá. Thingwall* kommt in Nordengland, auf Orkneys und Man vor, *thingmot* in Dublin, alles Nordisch beeinflusst (Steenstrup *Danelag* 180), *Þinghold* heisst ein Ort auf Irland; Orpen *EHR* 1907, 462. Andere Orte, deren Namen als erstes Glied *þing* zeigt, nennt Collingwood *Scandin. Britain* 272. *Vgl. husting u.* 4i **1n)** *gemot* (*o.* 1a) steht mit *folc(es)gemot* bisweilen ganz synonym (so in Af 34; *vgl.* 38 mit 38, 1; VI Atr 44 mit 22, 1), mit *hundred u.* 13f—l **2)** In Ggs. zu *dom, lage* (Rechtsgang) tritt die gütliche Beilegung, das Schieds~ (*s. d.*), dessen Spruch aber nicht durch Prozess vor ~

umgestossen werden kann, und dessen Personal sich mit dem des ordentlichen ~s oft deckt; *u.* 17a **3)** Der Zustand, da das ordentl. ~ unterritorial sich nur an die Personen der Genossen knüpfte, liegt vór der Zeit der *Gesetze*. Nur Königs~ u. ~ im privaten Gefolgerecht, (Witherlag, Vassallität) sind noch im 11. Jh. nicht örtlich gebunden **3a)** Von einem bestimmt begrenzten geograph. ~sprengel spricht Ine 39 (*scir*), ApAGu 6. II Cn 22, 1 = Hn 64, 9a = 67, 1a (*burg*), Af 37 (*boldgetæl*), V As 1, 5 (*manung*) **4)** Wie bei allen Germanen tagt das ~ ursprünglich im Freien **4a)** Eine Spur davon ist vielleicht *Wihtbordesstan*; *s.* Anm. im Wb; doch kann aus einstigem Steinnamen schon ein Wohnplatzname geworden sein. Unter Cnut 'sass *an scirgemot æt Ægelnoðes stáne'*, nicht in dortiger Haupt- und Kathedralstadt Hereford, nach der die Grafschaft heisst; Kemble 755 **4b)** **N** Nach der Vorstellung von ECf 30, 2 reitet der *prefectus* (= *gerefa*) des Wapentake in die sitzende Versammlung und steigt in ihr vom Pferde, also im Freien **4c)** Die Komposita *o.* 1i. m bezeugen das Tagen auf Hügel [*vgl.* 'Gildenberg' Genossenschaft 7c] oder Wiese; und 1215 entsteht Magna charta auf *Runingmede*. Eine Sühneverhandlung verabreden die Northumbrer *sub divo;* Flor. Wigorn. a. 1080 **4d)** **N** Eine Erinnerung an den Übergang des ~sorts vom Hügel zum Haus im bewohnten Orte: *Curia de Stonle* (Stoneleigh), *ad quam sokemanni faciebant sectam, solebat ab antiquo teneri super montem iuxta villam de Stonle vocatam* [*-tum?*] *Motstowehull* (*ideo sic dictum, quia ibi placitabant*); *sed post*[*ea*, vor 1300] ... *fecerunt domum curie in medio ville de Stonle;* bei Vinogradoff *Villainage* 430 = 367 **4e)** Das ~ in Häusern bezeugen Königssaal *o.* 1f. schon fürs 7. Jh. und die Komposita auf ~ *hus, ærn o.* 1i; *u.* i **4f)** Wie es scheint in einem bewohnten Platze, im Ggs. zum offenen Land, hält der Königsvogt (*folc*)*gemot* ab Af 34 **4g)** Für das gewöhnliche (vierwöchentl.) *gemot* bildet den Ort eine *burg* (*o.* 1b) bei II As 20, 1; 4. Es braucht dies zwar keine Stadt, nicht einmal ein Dorf (Gutsmittelpunkt Urk. Birch 308) zu sein, aber doch (mindestens ursprünglich einmal) ein befestigtes Gehöft **4h)** Späterhin kann das Wort übertragen bedeuten jeden '~smittelpunkt' allgemein; so auch Blas 3. Den Sinn 'ordentliches weltliches ~', synonym mit Hundred (*o.* S. 28 Sp. 2 und II Cn 22, 1. 31a), hat *burg* in folgenden Sätzen: In jeder *burg* und jeder Grafschaft möge ich die Gerechtsame meiner Königswürde besitzen, wie sie mein Vater [Eadmund I.] besass (IV Eg 2a); Ordal und Gewährzug finde statt [nicht in privater ~sbarkeit, sondern nur] in Königs *burh* (III Atr 6, 1); *geburhscipe* heisst die nicht bloss städtisch zu denkende ~sgemeinde, in deren einer jedermann heimisch ist (I Ew 1, 4); es gelte unter den *burgum* éin Reinigungsrecht (II Cn 34); *per burgi legem* nach Ortsrecht; Hn 46, 1a. Hendiadyoin oder Tautologie (denn *burg* wird auch durch *curia* übersetzt) erscheint in *scyldwite extra burgum et curiam:* Strafe für Rauferei ausserhalb umfriedeten ~splatzes; 38 **4i)** Im Ggs. zum fortbestehenden *folcmot* im Freien erhält London im 11. Jh. unter Dän. Einfluss ein *husting; s.* Wb **4k)** Gewisse ~svorgänge, wie Eidesform (*s. d.* 7), Feuerordal (*s. d.* 2), Geweihter Bissen, erfolgen in der Kirche, der Anefang (*s. d.* 20e) am Wohnort ertappten Besitzers bzw. Gewährsmannes **5)** 'Glocke (*s.* Wb *motbelle*) und Burgtor' (*s. d.* 2) sind unter den Charakteristiken des Besitzes eines Thegn als Inhabers privater ~sbarkeit; Geþyncðo 2 **5a)** Durch die Glocke gibt der Isländ. Gesetzsprecher das Zeichen zur Konstituierung des Alldings; Maurer *Island* 214 **6)** Das Festland spricht vom 'Hegen' des ~s (Schröder *DRG*[6] 24. 43; Brunner *Fortleben d. Toten* 3), Agsächs. Poesie ebenso von *þing, seonoð gehegan;* sie kennt *mæðelhegende:* Versammlung anredend. Das Wort *hegestow* Kemble 570. 649. 683 in Grundstücksgrenzen kann aber jeden anderen umhegten Platz eher bezeichnen. Mit dem Hegen ist verbunden besonderer ~sfrieden; *s. d.* **7)** Richter und *witan* sitzen (*o.* 4a. b. 9d) im Ggs. zum 'Umstand' (*u.* 23); *setl* (Stuhl) *gedafenað deman* Ælfric *Homil.* I 48; *residere* heisst 'als Urteilfinder sitzen' Hn 59, 9. *Vgl.* über *Quatuor banci EHR* 1895, 732 **8)** Das ~ verhandelt nur bei Tage; Termin heisst *dæg,* (*riht*)*andaga, jurn;* Termin stellen: (*ge*)*andagian* **8a)** **N** Nachdem die bestimmte Tageszeit des Prozessierens vorbei ist, beruft die erschienene Partei Zeugen, dass sie den Gegner vergeblich erwartet habe, dieser also sachfällig sei; Hn 59, 7 **8b)** ~ ist verboten an Sonn- u. Feiertag; *s. d.* 8b; ~sferien **9)** Alle 4 Wochen halte jeder Vogt ~ (*gerefa gemot*); II Ew 8. Sie [Hundred-Eingesessene] sollen sich alle 4 Wochen versammeln; Hu 1. Wohl dies wird zitiert durch III Eg 5: 'Man besuche *hundredgemot,* wie es zuvor festgesetzt ward' ('wie richtig ist' II Cn 17, 1) = Wl art 8, 1 (aus In Cn) = retr 14 = Ps Cn for 9 = Hn 51, 2; 12mal jährlich; Hn 7, 4 = Lond ECf 32 B 11. *Vgl. symble ymb* 30 *þing gehedon nihtgerimes;* Andreas-Dichtung 157. Wahrscheinlich hängt jene Frist zusammen mit dem Brauche der alten Germanen, sich zu Voll- oder Neumond zu versammeln; Brunner II 218 **N 9a)** *De* 3 *septimanis in* 3 *septimanas* galt seit 1234; Pol Mai I 544; Vinogradoff *Growth* 276. Wohl demgemäss wird im Quadr über IIII *septimanas* später *tres* übergeschrieben; Hu 1[a] [**9b)** Zweimal jährlich erfolgt Freibürgschaftschau; Hn 8, 1; *visus franciplegii bis teneri debet per annum* Plac. Quo warranto p. 87b] **9c)** Es werde 7 Tage vorher geboten, ehe das ~ stattfindet; II As 20. Ich glaube, das vierwöchentliche ist gemeint Denn erst nach dreimaligem Versäumen tritt Strafgeld des 'Königsungehorsams' ein: das hiesse bei Grafschaft 1½ Jahr **9d)** **N** *Septem diebus antea submoneri* soll *scyrgemot et burgemot* (vielleicht auch Hundred und Wapentake gemeint); Hn 7, 4 = 51, 2a = Lond ECf 32 B 11. Wie vor 1066 sitze die Grafschaft, der Sheriff soll sie nicht [aus Habgier nach Straf- und ~sfolgegeld] öfter tagen lassen, ausser wo die Krone bei Bedarf besonders vorlädt; Hn com 1—2, 1 = Hn 7, 1; 4 **9e)** Zweimal im Jahre werde Grafschafts~, dreimal Stadt~ gehalten; III Eg 5, 1 = II Cn 18, 'wenn nicht öfter (nötig)' hinzusetzend, = Wl art 8, 1 = Hn 7, 4 = Lond ECf 32 B 11 **N 9f)** *burgemot bis in anno* Hn 7, 4, viell. nur Konfusion **9g)** In London im 12. Jh. *treis folkesimox cherels sunt en l'an: a S. Michiel* (*u.* 26a), *Noel, S. Johan;* Bateson II 50 **9h)** Ortsrecht des Territoriums Taunton war 1086: *ter* *in anno teneri placita episcopi* (von Winchester, des Immunitätsherrn) *sine ammonitione;* Domesday 187b1; diese Dingpflicht schulden Taunton eine Anzahl genannter Landgüter; die Namen kehren wieder in der Urk. *o.* 11 **9i**) Die 'ungebetene' Dingpflicht steht dort in Ggs. zu der *swa oft swa him man bude* **9k**) Mit Unrecht sucht man (Toller) das Wort 'ungebeten' hinter der Verderbnis IV Atr 4** **9l**) Jährlich 3 *portmota, generalia placita* (ungebetene Dinge) weist Bateson (I p. XII. II p. CXLV; *EHR* 1900, 503; 1905, 146; 1906, 582) nach, so in Whitby und Preston, anderwärts ein bis vier jährlich. Daneben seien kleinere den monatlichen Hundreds entsprechende hinzuzudenken **10**) Der König ist insofern oberster Richter, als erstens ihm alle Strafgelder zufliessen, wo nicht er sie der Kirche oder dem Adel abgetreten hat, und alle feudale und seniorale ∼sbarkeit (*s. d.*) von ihm verliehen scheint, als zweitens die ∼svorsitzenden (*s.* Ealdorman, Vogt) seine Beamten sind, und drittens er, d. i. sein Königs∼ im engeren Sinne, angerufen wird, wo im heimischen ordentlichen ∼ Justiz nicht zu erlangen ist oder sie mildernder Billigkeit (*s. d.* 2aff.) bedarf. Dazu kommt, dass gewisse Personen u. Verbrechen unmittelbarer Kronjustiz vorbehalten sind. *Vgl.* Königs∼, Kronprozess **10a**) Der Höhepunkt monarchischer Jurisdiktion drückt sich in Eadwards Verfügungen aus: da ist der Königsvogt als einziger Lokalrichter erwähnt, kein adliger Ealdorman alternativ daneben; I Ew Pro. 2. II 2. 8 **10b**) Schon im 7. Jh. wird in *cyninges sele* (*o.* 1f. 4e) unter dem Kenterkönig zu London nicht von diesem, sondern seinem Stadtvogt ∼ abgehalten; Königssaal bed. also nur 'Staats∼' **10c**) **N** Unter Normannen heissen königlich alle nicht privaten oder kirchlichen ∼e, auch das Londoner *husting;* Bateson II 4; Heinrich I. nennt die Grafschafts∼e *comitatus mei,* sie und die Hundreds *placita mea;* Hn com 1. 4; demgemäss zählt sie zu *placitis regis* Hn 9, 4. 34, 1a. Derselbe Verf. versteht III Atr 6, 1 Q und Hn 40, 1 unter *curia regis* staatliches Lokal∼ (dagegen wohl 'Königsdomäne' 51, 6). — Vielleicht heisst das staatliche Lokal∼ (wie jedenfalls noch · im 12. Jh. das Zentral∼ unter dem *iustitia regis*) auch *rex:* beide Ausdrücke scheinen synonym ECf 6a. 6, 2 **11**) Neben dem Königs∼ und dem hauptsächlichen ∼ des *hundred* bzw. Wapentake (*s. d.*) zeigen die *Gesetze* vór 1066 nur drei: in Stadt (*s.* 9e, *vgl.* aber 4g), Grafschaft und Fünf Burgen; *s. d.* 1 **N 11a**) In Anglonormann. Zeit ist letzteres verschwunden. Es kommen in den *Gesetzen* erst in Stücken nach 1066 vor, obwohl zumeist früher entstanden, das Riding (*s. d.*), das Londoner *husting* (*s. d.*), das im Forst (*s. d* 14), das Baronial∼ (*s.* ∼sbarkeit), das Gutshof∼ (*s.* Hallen∼), das bäuerliche Grenz∼ (*s. d.*) und Nachbar∼ **11b**) Ausser **A.** zentral-königlichem, **B.** Geistlichem ∼ und **C.** dem des Forstes (*s. d.* 14) kennt Hn eine Anzahl von Arten der ∼e, 7 bis 9, zählt sie aber nicht an éiner Stelle vollständig auf und benennt sie nicht konsequent gleich. Er nennt: **D.** Grafschaft 9, 4. 57, 8. 34, 1a; 3. 78, 1f. 20, 1a **DD.** mehrere Grafschaften 20, 1a. 31 **E.** Hundred 9, 4. 57, 8. 78, 1f. 34, 3. 57, 1; 1a **EE.** mehrere Hundreds 1, 5. 31. 57, 8 **F.** Stadt∼ 7, 4. 57, 8. 20, 1a; *s.* aber *o.* 4g **G.** *dominorum curia,* seniorales ∼ über Vassallen 9, 4 (26, 1?). 34, 1a. 56, 4. 57, 1; 1a; 8. 86, 1 **GG.** Oberlehns∼ 33, 1a. 57, 8 **GH.** ∼ im Herrschaftsterritorium über mehrere Manors 55, 1; *s.* Honor **H.** *in ipso manerio* manoriales über Hintersassen (26, 1?). 56, 4 **J.** *halimot s.* Hallen∼ **K.** Dorf∼; *s. d.*; geleugnet von Pol Mai I 554. 599 **L.** *merchimot* Grenz∼ (*s. d.*) 57, 8 **M.** bestimmte nahe Prozessorte 9, 4. 34, 1a; *alii* 34, 3 **11c**) Es ist möglich, dass H und J immer und bisweilen mit G zusammenfielen; ebenso bisweilen K mit L **11d**) Von Shire und Hundred, bzw. Wapentake, als einzigen staatlichen Lokal∼en spricht ECf 13. 13, 1 **12**) Das Angelsächsische Stadt∼, unterschieden von *burg* weiteren Sinnes *o.* 4g, beruht nicht auf municipaler Selbständigkeit, ist kein Organ einer Bürgergemeinde, speist nicht eine Stadtkasse und wird abgehalten vom königlichen Beamten (Hl 16), den nur London (*u.* 15h) kraft ausnahmsweisen Privilegs später selbst wählt **12a**) Es tagt erstens in einer Königstadt und zweitens mit anderer Periodizität (*o.* 9e—l) als Hundred oder Grafschaft **12b**) Vielleicht ist es eine Neuerung Eadgars, da er fürs Hundred früheres Recht zitiert **12c**) Gewährzug und Ordal finde [in keinem anderen ∼ als] in königl. stätte statt; III Atr 6, 1 [nicht im Wapentake eines privaten ∼sherrn]. Doch verlieh die Krone vielfach im 11. Jh. beide Prozesse an private ∼sbarkeit; *s.* Anefang 28 **12d**) Als amtl. Geschäftszeugen (*u.* 20c) werden in jedem Hundred und in kleiner *burg* 12, in der anderen 36 Männer eingesetzt; IV Eg 3, 1—5; der Sprengel der grösseren *burg* ist also volkreicher als der des Hundred. [Einer *burg* (*o.* 4h) Sprengel ist kleiner als der von 3 Hundreds (II Cn 22, 1 = Hn 64, 9a), doch ist da *burg* mit Hundred synonym] **12e**) Der Sonderfriede [in Denalagu], ausgehend vom ∼ der Fünf Burgen (*s. d.* 1) wird, wenn verletzt, gebüsst mit 96 £, der vom Stadt∼ mit 48, der vom Wapentake mit 8; III Atr 1, 1f. Das Stadt∼ ist also weit bedeutender als Hundred. Sein Friede kostet soviel wie der Grafenfriede in Yorkshire nach Domesday I 298b2 **12f**) Wahrscheinlich mit einem aus dem Hundred eximierten Stadt∼ hängt zusammen die Pflicht der Bürgerschaft (*buruhwaru*) zur Verhaftung der Brecher des Friedens (*s. d.* 2) innerhalb der Stadt. Wird die Pflicht von der Bürgerschaft versäumt, so geht sie auf den Ealdorman über, von diesem auf den König; II Atr 6 **12g**) Durch das selten tagende Stadt∼ ward das vierwöchentliche Hundred nicht abgeschafft. Laut Domesday mussten Bürger im 11. Jh. letzteres, das ausserhalb ihrer Stadt tagte, besuchen; Ballard *Domesday boroughs* 53. 121 **12h**) Das Stadt∼ ist laut 9e nicht identisch mit dem ∼ der Grafschaft, obwohl deren Mittelpunkt eine *burg* ist; Hn 57, 8 **13**) Erst seit Eadmund kommt in den *Gesetzen* eine Zwei- (oder Drei-)teilung der öffentlichen Lokal∼e in Grafschaft (Stadt) und Hundred bzw. Wapentake vor. Das Hundred ist nur éines unter mehreren ∼en; Hu 7. Becwæð 3, 1 **13a**) Nur von éinem (*folc*)*gemot* sprachen dagegen Af 22. 34. 38, 1. II As 20, 1; 4. V 1, 1. 'Jeder sei Volksrechtes teilhaft auf dem *gemot'*, forderte I Ew Pr = II 8; indem dies wiederholt wird, setzt: 'im Hundred wie anderem Gemot' Hu 7; jenes ist also neu abgespalten. Neben der Stadt nannte *folcgemot* als anderen Ort erlaubten Handels II As 12. 13, 1; dafür setzt: Wapentake (Hundred) IV Eg 4 — 6. 10 **13b)** Wer Rechtsgang im lokalen Gemot entbehrte, ging einst direkt den König an (II As 3), dagegen später, als der Prozess im Hundred beginnt, zuerst die Grafschaft; II Cn 19 **13c)** Periodizität (*o.* 9) des Hundred, und nicht des Grafschafts~s, entstammt dem einst einzigen Volks~ **13d)** Das Hundred tagt an einigen Orten am Platze, der nach dem [älteren] Thing heisst; *o.* 1m **13e)** Das alte *gemot* musste klein genug sein, um sich kümmern zu können um die Bezeugung von Viehhandel (II As 12), um die Beschaffung von Herren für herrenlose Leute (II As 2), um den Schutz der Freizügigkeit der Vassallen gegen Herren, die sie unrechtmässig verwehrten; V 1, 1 **13f)** Als einziges ~, das Exekution übt und die Hälfte des Verbrecherguts erhält, nennt *hundred* III Em 2, Stellen in II As 20, 4 benutzend, die *folcgemot* genannt hatten. Die Stellung des Hundred bei Em nimmt, wieder mit älterem Namen, das *gemot* ein in dem jüngeren Satze IV Eg 6 **13g)** Im *folcgemot* ward der bisher Herrenlose (*o.* e) unter Bürgschaft (*s. d.* 3e) gestellt, wie später im Hundred **13h)** Für Identität von *folcgemot* mit *hundred* spricht ferner: *folc* und *hundred* stehen synonym für 'Allgemeinheit, organisiertes Volk'; *ungetrywe eallum folce* (III Eg 7 = I Atr 4) = *ungetrywe þam hundrede* II Cn 30. 33 **13i)** Auch im engeren Sinne vertritt *hundred* früheres *folcgemot*. So kennt Kaufzeugen vor Stadt oder *folcmot* II As 12, vor Stadt oder *hundred* IV Eg 5 · **13j)** Folcmots wie Hundreds Strafgeld ist 30 Schill. **13k)** Im selben Satze braucht *gemot* und *hundred* als synonym II Cn 27 **13l)** Endlich hat *hundred* ebenso wie *folcgemot* (V Atr 13, 1 = VI 22, 1 = 44 = I Cn 15 = Northu 55) seit Cnut den allgemeinen Sinn: 'weltliches, öffentliches ~ überhaupt, ausserhalb des königl. Zentral~s' II Cn 31a = Leis Wl 52. II Cn 17 (wo der Benutzer Leis Wl 43 'oder Grafschaft' verdeutlichend hinzufügt, während Cnuts Quelle III Eg 3 'daheim' gesagt hatte) = Hn 34, 6. Wl ep 1. **N** Wo Leis Wl 5, 2 *curt* liest, meint er *hundred*, wie für denselben Fall Bracton *o.* I 497[b] einsetzt. Vielleicht aus diesem weiteren Sinne von *hundred* erklärt sich, dass auch das Stadt~ später *hundred* heisst (Bateson II p. CXLV; Maitland *Township* 41) und sogar (das Wald~) *Court of attachment* in Essex 1239: *hundredum foreste;* Turner *Select pleas of forest* 70. XXXVIJ **13m)** Lateiner seit 12. Jh. übersetzen *gemot* wie *hundred* durch *placitum: popularia placita quod Angli vocant hundred* In Cn II 17. I 321; wohl daraus Ps Cn for 9. Ebenso setzt für Cnuts *gemot* II 25 In Cn: *hundred* **13n)** In London aber hat *folcesmot* anderen Sinn: da tagt es, wie Stadt~, nur dreimal jährlich (*o.* 9g), und der Londoner Antiquar um 1200 macht es dem Grafschafts~ (*s. d.* 11) ähnlich **14)** Ein ~, gebildet aus mehr als éiner Grafschaft und eines aus mehr als éinem Hundred, urkundlich seit 11. Jh. belegbar, erwähnt Hn, *o.* 11b DD. EE **14a)** Wird éin Hundred oder éine Grafschaft in wichtigen Kriminalprozessen verklagt, werde sie abgeurteilt von zweien [d. h. wohl durch doppelte Urteilfinderzahl aus zweien]; Hn 31 **14b)** *Penuriā iudicum in hundretis* (wegen Mangels an Urteilfindern im einzelnen Hundred) *transfer[atur] in duos vel 3 vel amplius hundredos;* 7, 5 **15)** Die Darstellung der ~sverfassung leidet an der Mehrdeutigkeit der Richternamen: *ealdorman* (*s. d.* 20), *gerefa* (*s.* Vogt), *dema, domere, domesman* [Birch 95], *scirman, lagaman* (*s. d.*), *iudex, iusticia, justice* [ein spezifisch Normann. (doch *s. u.* 17c) Name; *vgl.* Niese *Gesetzg. Norm. Sicil.* 104]. Auch gab es vom 7. bis 11. Jh. zeitliche und zwischen Kent, Wessex, Mercien, Northumbrien, Denalagu örtliche Verschiedenheiten **15a)** Eine Mehrheit von Richtern erscheint [wie bei den Langobarden; Brunner I[2] 207] in Kent; Hl 8 und Urk. a. 811 (*arbitrorum iudicium subire:* Straf~ erleiden) Birch 332. Ælfred übersetzt den Plural *arbitri* der Exodus mit *domeras* Af El 18: entweder der Wörtlichkeit zu Liebe und dann nur vielleicht ein Argument, dass ihm eine Mehrheit von Richtern nicht unerhört schien; oder er dachte an die ~soberen (*witan, ieldestan*); *u.* 21f **15b)** Dem Grafschafts~ sitzt vor neben dem Ealdorman bzw. Sheriff, auch der Diözese Bischof (*s. d.* 9g. h.), mindestens seit Eadgar. Jedoch besorgt *gerefa* das *domas deman* (nur unter Bischofs Mitwissen und Milderung), wie ja Geistlichen Bluturteil zu fällen kanonisch verboten war. Nach der volksrechtlichen Verurteilung misst der Bischof (*s. d.* 91) in einigen Fällen die Strafe ab **15c)** Zu hierarchisch gibt das Urteilen dem Bischof neben dem weltlichen Richter, ja das Beweisurteil jenem allein Episc 5. 9 **15d)** Dagegen die Erwähnung von *þara gerefena gewitnesse on folcgemote* II As 12 geht nicht auf mehrere ~s vorsitzende sondern auf anwesende Amtleute, besonders der zwei Landgüter, wo das zu bezeugende gekaufte Vieh herkam und hinging. Der die Stelle benutzende III Em 5 setzt statt jenes Plurals *summus præpositus* [aus *heahgerefa?*], wohl den vorsitzenden Königsvogt meinend **15dd)** Dass neben dem Ealdorman (*s. d.* 19d) der Sheriff präsidierte, ist *Chron. Ramesei.* (ed. Macray 79) nicht zu glauben, wenn er auch anwesend war; *s.* Grafschaft 14a **15e)** Mit singular. *iusticia* (*capitalis*) kann in Normandie [und vielleicht an einzelnen Stellen in Hn] gemeint sein die Genossenschaft ständiger Beamter des Herzogs oder mindestens ein Kollegium mehrerer Kronrichter; *EHR* 1909, 213 **15f)** Alle anderen Stellen der *Gesetze* kennen nur den Einzelrichter. Den Justizertrag empfängt ein solcher; Ine 50 [allerdings 'König und sein *gerefa*' 73, wo aber entweder Hendiadyoin (königlicher Vogt, staatlicher Strafrichter) zu verstehen ist oder *and* 'beziehungsweise, oder', also 'Zentral- oder Lokal~skasse']. Von éinem *scirman* oder sonstigem *dema* spricht Ine 8, und vom Einzelrichter (Af El 43, vielleicht nicht beweisend, weil schon in Vorlage Sing. *declinabis*) Af 22. 34. 38. 38, 1. [Zwar redet Asser von *comites et præpositi* — *ealdormen* (*s. d.* 20d) ⁊ *gerefan* meinend — als Richtern unter Ælfred, aber mit Bezug auf den Plural *contiones;* er erwähnt dann des Sing. *talis iudicis.*] Ebenso

I Ew Pro. 2. II 2. 8. V As 1, 3. III Eg 3 = II Cn 15, 1. III Atr 3, 1. VI 10, 3, die Abhandlungen *Iudex* 8. 10. 13 u. *Ger* 7, die *Blickling Homilies* 61 (= 189). 99 **15g)** Mehrere Arten von Richtern kennt Ine 8: 'Amtmann' [wohl nur ein anderes Wort für *gerefa* 73 (s. Vogt), königlichen Beamten] oder anderen *dema;* König, Königs Ealdorman (*s. d.* 20b) und [Vassallitäts]herren Ine 50. Nicht jeder Richter also war auch Amtmann. Ebenso gebraucht Eadgar *dema*, wo er nicht bloss Beamte, sondern private ~sherren meint (III Eg 3); und fürstliche Richter versteht unter *dema* Iudex 10. Vielleicht spricht auch der Name Kenterrichter (Hl 8), in Verbindung mit deren Scheidung vom Königshof~, für eine volkstümliche, nicht königliche, Entstehung der Würde. [Dagegen die *domesmen* der in Canterbury um 1100 gefälschten Urk. von 697 Birch 94f. sind übersetzt aus *iudices*, die *rex statuere* soll. Und die *worulddeman* neben *eorlas, heretogan, gerefan* mögen vielleicht private ~sherren 11. Jhs. sein (*Polity* 11), ebenso die *demeran* neben *ealdormen, gerefan* in *Homil. n.* Wulfstan 148] **N 15h)** Ein durch die ~sinsassen von unten her gewählter Richter kommt nur in London (*s. d.*: Stadtvogt) vor unter Heinrich I. **15i)** Nur aus Kanonistik abgeschrieben, daher fürs Engl. weltliche Recht ohne Belang sind die Sätze über Wahl der Richter durch Beklagten Hn 5, 1a (er deutet sie um zu Urteilfindern). 5, 5f. 33, 5 **15k)** Bei Ælfred kommen mit Königsvogt und Ealdorman (*s. d.* 20) alternativ als Richter auch vor: des letzteren Beamte (*gingra*) und Königskleriker (*u* n). Weitaus am häufigsten aber richtet der Vogt Aus der Verschiedenheit der ~sleiter darf nicht die der ~e erschlossen werden, aus der Identität jener nicht die dieser: kann doch der Vogt präsidieren der Grafschaft, dem Fünfburgen~, Stadt~, Volksgemot, Hundred, Wapentake; III Atr 3, 1. ECf 30, 2 **15l)** Über die *gingran* des *ealdorman s. d.* 20c. 21 **N 15m)** Nicht Englisch technisch ist *defensor* für Vogt; *s. d.* **15n)** Unter den Normannen kann ausser Graf, Sheriff, ~svogt (des Königs oder Adels) auch *iusticia(rius) regis* ~sleiter sein; wenn er, wie meist, Geistlicher war, ist er der Nachfolger des Königsklerikers *o.* k **15o)** Seinen Rang bezeichnet, dass ihn der König in der Patentadresse hinter den Baronen, aber vor den Sheriffs nennt; Hn Lond Pro **16)** Der König bestellt fast (*s.* 15h) alle öffentl. Richter (er straft sie auch mit Amtsentsetzung; *s. d.*, Amt 4). Das geht hervor aus den Namen Königs Ealdorman, Sheriff, Königsgerefa, *scirman,* Königskleriker **16a)** Asser lässt König Ælfred die Richter anreden: *Dei dono et meo sapientium* [aus Agsä. *witena*, der ~soberen] *ministerium et gradus usurpastis;* Asser 106, 33 **16b)** Als Amt des Königs erklärt Urk. (wohl 11. Jhs.?) *o.* 15g: *prefectos seu iudices seculares statuere,* um 1100 *scirirevan and domesmenn* übs., Birch 94f. **16c) N** Deutlich Königsbeamter ist der Vorsitzende von Grafschaft und [durch die Krone nicht ausgeliehenem] Hundred in Normannenzeit; Hn 9. 29. ECf 22,5. 23,4 **17)** Der gesellschaftliche Stand, aus dem die Richter zumeist stammten, war der Adel: Ealdormen (wofür *eorlas 7 heretogan* in Polity 11 nur anderer Name), Thegnas, Bischöfe, Königskleriker, Gerefan. Sie alle brauchten freilich nicht adlig geboren zu sein, Kleriker und Gerefan auch nicht durch Grundbesitz hervorzuragen. Sie alle aber vollzogen die richterliche Funktion nicht als einzige Berufstätigkeit, sondern als einen Teil eines dauernden politischen, weiterreichenden Amtes oder Privilegs der ~sbarkeit **17a)** Die Richter identifiziert mit weltlichen Herren Af El 49, 7; es sind Mächtige; Blickling homilies 61 (= 189). 99; Wulfstan 148. *Potentes et divites iusta iudicia statuant,* mahnt die Synode zu Clovesho a. 786, c. 13. Dieselbe vornehme Klasse suchte man fürs Schieds~; *s. d.* u. *o.* 2 **17b)** Die zu Richtenden sind gegenüber dem Richter auch im ganzen Leben regelmässig zu Gehorsam pflichtig (Episc 15), als seine *hieremen, castreware* (Untertanen, Bürger) seiner Erpressung ausgesetzt (Iudex 9—10. 13), oder werden als Gutsuntertanen allgemein von ihm regiert; Ger 7 **N 17c)** Ebenso umfasst das Amt des Normann. *iusticia* (*o.* 15), trotz dieses Namens [*vgl.* Oberrichter], neben dem richterlichen manches Verwaltungsgeschäft, wie Polizei über Freizügigkeit (Leis Wl 31), Zehnteintreibung; ECf 8, 2a. Der Name dient unter Heinrich I. auch für den bischöflichen und adligen Amtmann, den Sheriff, Hundred-, Stadtvogt, Zehnerschaftshaupt. [Auch in Deutschem Stadtrecht steht *iustitia* für Vogt, Vertreter königlicher Gewalt; Frensdorff *Hans. Geschbl.* 1911, 370] **17d)** Von der Verwaltung die Strafjustiz zu trennen, versucht erst die Magna charta 24: *nullus vicecomes, constabularius, coronator, ballivus teneant placita coronæ meæ* **18)** *Nec munere impar nec iure dissimilis* soll der Richter dem Angeklagten sein. Dies ist aber kanonistisch und wird ausdrücklich auf *causa fidei vel ecclesiastici ordinis* beschränkt; Hn 5, 7. Ebenfalls kanonistisch: Richter dürfen nicht Fremde sein; 5,2. Hier vielleicht und sicher an vielen Stellen sonst meint Vf. mit *iudex* Urteilfinder; *s. d.* Sonst stände die Praxis der Zeit des Rechtsbuchs, als Normannen in Gegenden weitab von ihren Gütern (geschweige ihrer Heimat) als *iusticiæ regis* fungierten, im entschiedensten Ggs. zu ihm **19)** Der Richter (*s. d.*) hat viel weitergehende Macht in der Rechtsprechung als etwa blosse Terminansetzung, Annahme der Prozessualpfänder, Urteilsverkündung, Wahl zwischen mehreren möglichen Strafen und Strafgeldempfang **19a)** Er kann böswillig das Recht verdrehen; Iudex 8. Polity 11. Er (nicht die ~soberen; *s.* jedoch Lagamen, Urteilfinder, Geschworene) ist verantwortlich für falsches (*s. d.*) Urteil, für Justizweigerung (*s. d.*) oder für versäumte Bestrafung; IV As 7 = II 25. V 1, 2ff. Er soll die Urteile 'zuerteilen (I Ew Pro = Cn 1020, 11), anordnen (bestimmen, beaufsichtigen)' III Eg 5, 1 = II Cn 18, 1. Episc 9; eine Rechtweisung (*s. d.*) braucht nicht hierin zu liegen. Er ernennt die Eideshelfer des Beklagten zum Auswahleid (*s. d.* 9. 18). Er zwingt Bescholtene unter Bürgschaft (*s. d.* 6g) **19b) N** In Normannenzeit inquiriert er bei Lagamen und Notabeln über Leumund des im Anefang Beklagten, der keine Gewährbürgen hat; ECf 38, 2 **19c)** Dass er aber die Parteien befrage, nimmt nur aus Kanonistik Hn; *s.* Rechtsgang. Dem Gegner, nicht dem Richter, wird der Beweis (*s. d.* 6) geführt; die Parteien, nicht ~, beaufsichtigen die Hitze beim Feuerordal; *s. d.* 2 **20)** Über die Urteilfinder *s. d.* Sie sind wahrscheinlich ein ~sausschuss. Über die Lagamen *s. d.* **20a)** Eine Anzahl Männer ist dem königlichen ~svogt ernannt als Zeugenschaft [eingeschworen?] für Eintreibung der durch Rechtsweigerung verwirkten Strafgelder; II Ew 2. [Ob identisch mit Urteilfindern? Oder mit Kaufzeugen?] **20b)** In jedem königl. ~sbezirke ernenne man eine Kommission als Zeugenschaft (Eideshelfer?) künftiger Prozesse ohne Auswahleid; *s. d.* 5 **20c)** Auch die 12 Kaufzeugen (*s. d.*, *o.* 12d) sind eine ständige ~skommission. Vielleicht war das Personal solcher Kommissionen identisch mit den Urteilfindern; nur in diesem Sinne mochten jene auf die Bildung dieser einwirken, wie Maitland *Domesday* 211 meint **20d)** Das Wapentake wählt 2 Thegnas und 1 Priester zur Peterspfennigeinsammlung; Northu 57, 2 **20e)** Der bescholtene, dreimal zum ~ nicht Erschienene wird zu Bürgschaft (*s. d.* **6f**) gezwungen oder ausgepfändet durch eine Kommission, die das ~ aussucht (bestimmt) [**20f)** Nur Parteihelfer sind die je 12 Mann, die das Feuerordal (*o.* 19c) umstehen] **21)** Dass theoretisch das ganze Volk als Besucher des Gemot angenommen wird, folgt aus dem Namen *folc(es)-gemot*, der Synonymität von *folc* und *hundred* (*o.* In. 13f—l), aus dem Namen *geferan* (Sprengelgenossen) für die ~seingesessenen, und daraus, dass dort geboten wird, zu umfrieden, was der König geschützt wünscht, und sich Diebstahls zu enthalten (II As 20, 3): letzteres gewiss wesentlich für Arme geltend **21a)** Jeder *gerefa* nimmt in seiner *scir* allen das Versprechen ab, die königliche Friedensordnung zu wahren; VI As 10 **21b)** Ein Fälscher setzt *decretum ab omni populo* gleichbedeutend mit *iudicio populi, seniorum, primatum;* Urk. a. 938 Birch 727 **21c)** Die Gewere an Grundbesitz *diiudicaverunt homines hundreti;* Domesday II 424a **21d)** Schon vor 1066 aber waren nicht mehr alle *motwurði* (~swürdig, zur Hundertfolge pflichtig; Urk. 1057—65 Kemble 853), sondern waren nur Besitzer eines gewissen Quantums Land *digni ire ad schiras vel ad hundreda* (Urk. a. 1087—97 bei Davies *EHR* 1909, 424); an Landbesitz knüpft die ~sfolge auch Hn 7, 7. 29, 1. *Vgl.* Bauer 8d. e **21e)** Vollends im Grafschafts~ (*s. d.* 6) sind anwesend (1016—35) nur Thegnas, u. heisst theoretisch dennoch das ganze Volk durch die Grafschaft noch vertreten; Hn 7, 7b **21f)** Das ~ heisst nur nach den Vornehmen schon unter Æthelstan *sapientes Kantiae* bzw. *London.* (III As Insc. VI Pro) und *gewitenegemot* für Leicesters. a. 1124; Ann. Agsax. **21g)** Schon unter Æthelstan scheinen 'die Vögte' [der Herrschaftsgüter in diesem Sprengel] im Folcgemot die hauptsächlichen Geschäfte zu führen; sie zunächst dienen da als Kaufzeugen; II As 12; *o.* 15d **N 22)** Die ~sfolge u. Urteilfindung erscheint als Last, der, wie Hn com 4 warnt, sich niemand auf Grund königlichen Schutzes entziehen soll. Allein königl. Privilegien befreiten seit 11. Jh. vielfach *de sectis scirarum et hundredorum; vgl.* Husting 2b; Pol Mai I 523 **22a)** Ort, Zeit, ~sfolge zu Grafschaft und Hundred bestimmte Heinrich I. nach *Eadwardi* (*s. d.* 10) *laga* [daraus Hn 7, 1; 8]. Sie war ausgedrückt durch III Eg 5, 1 = II Cn 18 = Wl art 8, 1. Sein Gesetz will verhüten, dass der Sheriff die Sitzungen willkürlich ändere, um durch Häufung der ~sfolge Geld zu erpressen **22b)** Die Beamten des Forstes (*s. d.* 17) seien von ~sfolge zu Grafschafts~ und Hundred eximiert **22c)** Diese Last wie jede andere ward durch Geld ablösbar, und mit ihrem Namen konnte eine Steuer benannt werden; *vgl.* ~sbarkeit 1; *EHR* 1904, 582 **23)** Neben Richter und Urteilfindern spielt doch auch der Umstand im ~ eine Rolle. Wer jemanden hingerichtet hat als einen Verbrecher und nun, da jener unschuldig gewesen sei, von dessen Sippe verklagt wird, muss sich berufen auf *iusticia, iudices* und auch *testes de vicinis legales:* die drei Faktoren, die ihn zur Hinrichtung autorisierten; ECf 36, 3f. **24)** Wird nach Klage im Hundred Justiz oder Rechtserfüllung verweigert, so geht der Prozess ins Grafschafts~; *s. d.* 4 **25)** Um volksrechtlichen Grundbesitz (*s. folcland* 7) wird im allgemeinen ~ prozessiert (so vor der Grafschaft; Kemble 755), über Bocland (*s. d.* 9) vor dem königlichen Zentral~; Eigentümer von Bocland (*s. d.* 23) zahlen Busse nicht ohne Mitwissen des Kronrichters; und in Normannenzeit gehören Kronlehen, vors zentrale Königs~, Aftervassallen eines Herrn aber vor dessen Lehns~; Hn com 3. 3, 1 **25a)** Über die Beschränkung des weltlichen ~s durch die Kirche *s.* Geistliches ~ **25b)** Straf~ übt das Hundred unbeschränkt: es erkennt auf schwersten Beweis (Ordal; ECf 9, 3) und härteste Strafe: Tod **25c)** Dem König vorbehalten sind Strafgelder von Krimina; *s.* Kronprozesse **26)** Neben der streitigen und Straf~sbarkeit vollzieht das ~ manche polizeil. u. Verwaltungsfunktion; *s. o.* 20d. Es bezeugt Handel (*s. d.*) und Personenstand, bes. die Vassallität (*s.* Herrensuche, Gefolge 9f.), den Status des Freien (*s.* Freilassung 5b, Verknechtung), den Leumund; *s. d.*, Bescholtene 2—4. Dort werden Untertaneneid und Ehrlichkeitsversprechen geleistet; *s. d.* 3a 4c **26a)** Das mit der ~shaltung verbundene Verwaltungsamt ward im ~ übernommen: so im Wapentake; ECf 30, 2; *vgl.* aber I 652[1]. **N** London hielt *folkmot a S. Michiel pur saveir, qi est vescunte* (zur Sheriffswahl); Bateson II 50 (*o.* 9g) **27)** Unterbeamte des ~s: *s. o.* 15m; Büttel, Amt 3F. 16; Hinrichtung, Vorladen

gerichtlicher Zweikampf *s.* Zweikampf **gerichtliches** Erscheinen *s.* Gerichtsversäumnis

Gerichtsbarkeit, private. *Vgl.* Gericht 11b, Hallengericht, Burgtor.

1. Namen *sacu 7 socn* 2. And. Namen. 3. Name des Gerichtsherrn und Strafgeldempfängers. 4. Der Herr fürs Gefolge eintretend. 5. 6. ~ unter Ine. 7. Im 8. Jh. 8. Strafgeld nicht aus Immunität hinaus. 9. Diebesaburteilung. 10. Unter Ælfred. 11. Bei Dunsæte. 11b. Unter Æthelstan. 11c. Unter Eadgar. 12. Unter Æthelred. 13. Nach 1000. 14. Früheste ~: über Unfreie. 15. Über Zinsbauern. 16. Immunitätsbriefe. 17. ~ ohne Strafgeldempfang. 18. Strafgeld an Kirche, 19. geteilt mit Immunem. 20. Strafgeld ohne ~, 20u. vermengt mit Schutzbusse. 21. Strafgeld an Private (nicht sicher mit ~), 22. 23. wächst, laut Textüberarbeitung, c. 925—1125. 24. Formel *sacu 7 socn* zuerst. 25. In Normann. Zeit. 26. ~ hängt am Lande, 27. bringt Rang und Geld. 28. Wurzeln der ~. 29. Gutsherrl. Polizei. 30. Hundreds Privaten verliehen. 31. Londons Richterwahl. 32. Kronjuristen halten alle ~ für regal. 33. Königl. Aufsicht. 34. König richtet Gerichtsherren. 35. Oberlehnsgericht. 36. Arten privater Gerichte. 37. Zuständigkeit sachlich, 38. nach Personen, 39. nach Tatort, 40. nach Beweisart. 41. Termin- und Ortsbestimmung: private Klagzustellung. 42. Urteilfinder. 43. Ungehorsam gegen Gerichtsherren.

1) *socn* kommt von 'suchen', aus

welchem Worte auch andere Germanen die Bedeutung 'Verhandlung, Klage, Untersuchung, Streitfrage' entwickeln; Schade *Altdt. Wb. sôhnî, sokns, suoh, suocha, suohnunga*. Die ursprüngliche Bedeutung 'Aufsuchung' bieten (*s.* Wb) *hlafordsocn* und *ciricsocn* [letzteres bed. erst in Urkk. Eadwards III. 'Kirchenfreiungsbezirk'; Kemble 870; *u* 1m]. Noch im Domesday heisst *soca* Pflicht zum Aufsuchen, Gerichtsfolge(Ding)-pflicht und Abgabe zu deren Ablösung (*vgl.* Gericht 22c); Maitland *Domesday* 85. Die Bed. ~ entlieh England viell. Nordleuten **1a**) *socn* kann auch öffentl. Justiz bedeuten, geübt vom König oder Sheriff oder Königsvogt in Hundred oder Stadt; III Atr 11; Hn 20, 1a; 3; fiskalische Gerichtshoheit samt deren Anklageprivileg 63, 1 **1b**) *tunsocn* steht in Urk. a. 1018 Kemble 735, übersetzt *villarum iura regalia,* wohl '~ übers Dorf'; Urk. ebendorther, aus Bury St. Edmunds, übs. *sokne* durch *iura regalia placitorum*, um 1050 Kemble 915 **N 1c**) Dass *socn* ~ über etwas auf dem Gute des mit ihr Privilegierten [im Rechtsgang] Gesuchtes, *sacu* Empfang des Bussgeldes des im ordentlichen Rechtsgange [nicht handhaft] Angeklagten und Beweisfälligen bedeute, ist Irrtum eines etymologisierenden fremden Antiquars um 1135; ECf 22. 22, 1. Er kennt (oder erwähnt doch) das Privileg nur als von Vassalitäts- und Grundherren über ihre Leute besessen. Derselbe setzt richtig als synonym mit *sacu 7 socn: consuetudines* 24, 3. Bereits Heinrich I. wird gerühmt, er konnte *sac 7 soc* erklären, als ihm eine Urk. mit diesen Terminis vorgelesen ward; Freeman *Will. Rufus* I, vııȷ **1d**) Eine andere Spaltung des éinen Begriffs durch Anglonormann. Juristen ist ebenso verkehrt: *soc* bedeute ~ über Hintersassen und *sac* den Geldertrag daraus. *Vgl.* Maitland *Select pleas manor*. xxıȷ. Nur die Worte, nicht notwendig den Begriff, durch die Negation *ne sace ne socne* zu spalten meint Becwæð 3, 2 **1e**) Dass *socn* oder *sacu 7 socn* 'Strafgeldempfang ohne ~' bedeute, trifft nur in einigen Fällen zu; dafür sagt der Agsa. vielmehr *his wite:* Strafgeld von ihm, dem Untertan (*u.* 3c), nicht notwendig mit ~. Dagegen *his socn* heisst seine, des Herrn, ~, synonym mit *socn ofer hine:* ~ über den Untertan. Selten steht für letzteres *saca eorum; u.* 1f. Sicher heisst *socn:* Justizertrag Hn 9, 1a; 11. 19, 2. 20, 1a. 21 viell. auch *u.* 21. 24b und an folg. Stellen: A. als Strafgeld von dem, der die urkundliche Schenkung verdrehe, *gange eall seo socn, þe to anre nihtfeorme gebyreð, into þære stowe;* Urk a. 970, vielleicht gefälscht, aber kaum nach 1050; Birch 1267. **B.** *Nan scyrgerefe oððe motgerefe habban socne oððe gemot;* a. 1053—65 Earle 342. Die Latein. Übs. *appropriationem seu placitum* ist wenig wert, denn derselbe Übs. überträgt Kemble 888 *sace 7 socne, toll 7 team: litigium, exquisitionem, teloneum, appropriationem.* C. Im Domesday scheint *socn* einige Male Strafgeldempfang ohne ~ (*u.* 20) zu heissen; Maitland *Domesday* 99. D. *Reatus emendatione[m] Dani socne nominant* sagt ein Ostangl. Mönch *ebd.* 86[1], nur Strafgeld verstehend. **E.** Der private Gerichtsherr, der zu richtigem Termin Dritten, die gegen seine Untertanen klagen, Genugtuung schafft (nicht Justiz weigert), *nec perdat curiam nec socnam suam;* Hn 57, 5. Der letzte Satz duldet aber vielleicht eine andere Erklärung: 'weder Zuständigkeit in diesem Einzelfall noch ~ überhaupt'. | Anderwärts steht *sacu 7 socn* mit *curia* gleichbedeutend; ECf 24, 3f. *Infangenþeof* ist mitverstanden unter *sacu 7 socn* Leis Wl 27, 1 **1f**) Auch *saca* allein steht, freilich selten, für ~: II Cn 71, 3 Q[12]. *Vgl. Inquis. Eli.: octo sochemanni abbatis potuerunt vendere* ihr Land; *sed saca eorum* (~ über sie) *remansit abbati;* Domesday IV 502b; mehrere andere Beispiele bei Maitland *Domesday* 84 **1g**) Vielleicht erklärt sich die Verbindung *sacu 7 socn* als Hendiadyoin: 'Prozessuntersuchung' **1h**) Noch Ende 10. Jhs. steht der Terminus *sacu 7 socn* wahrscheinlich nicht fest. Unechte Urkk., die Eadgar beigelegt werden, sagen dafür *secularium rerum iudicia,* übs. *spæca 7 gerihtu,* oder *causas seculares;* Birch 1219f. 1266f. **1i**) *sacu 7 socn* steht mit *socn* durchaus synonym an vielen Stellen des Domesday und Hn 20—20, 2. 57, 1; 8. 80, 6; 6a **1k**) Auch der Bezirk privater ~ heisst *socn* [im Norden: Kirchspiel; Rhamm *Grosshufen* 700] **1l**) Bereich der ~ heisst *freosocn:* Eadward III. unterstellt 4 Besitzer des *cotlif* (Grossgut) Eversley der Abtei Westminster; 'einer mein Huscarl, einer mein Methbereiter, zwei *min freosocne men';* Kemble 845. Diese 4 *liberi homines tenuerunt de rege E. in alodium;* Domesday I 43b **1m**) Vielleicht als Immunitätsbezirk der Kirche (*o.* 1) versteht Q *ciricsocn* Ine Rb 5, erst später richtig als Zuflucht zur Kirche **2**) Andere Namen der ~ sind: *consuetudo* 3f. 6; *curia* (*vavasoris* Hn 26, 3; *ecclesiastica* nicht geistliches Gericht, sondern weltliche ~, in feudalem Eigen einer Kirche; ECf 4); *curt* (der Genetiv dahinter bezeichnet meist den besitzenden Herrn, dagegen den angesessenen Untertan Leis Wl 6, 1); *placitum, plait; þegnscipe* 1; *weorðscipe* II Cn 12; *scipe; libertas* 3, *franchise; privilegium* **2a**) Auch *land* (*s.* Wb 6) heisst nicht bloss Grundbesitz, sondern einschl. daran hängender ~ Wif 7; ebenso *terra* 4, *terre* 4; *libera terra* Hn 27. 29, 1; *vgl.* Bocland 1a*β*. 22 **3**) Der Immunitätsherr heisst [wie bei and. Germ. *Landherr;* Amira 82]: *landhlaford* (*u.* 19a. 20a. 26), *hlaford; landrica, gelandod, terrarius; dominus* Hn 26, 1; viell. besass der *gesiðcund mon landhæbbende* (Ine 45. 63f), adliger Grossbesitzer, schon ~sprivileg; *u.* 5f. Der *landrica* steht über dem *landagend,* übt polizeiliche Gewalt gegen ihn und erhält Strafgeld von ihm; Northu 49. 52. 54. Innerhalb seiner Klasse steht zu höchst *cyninges þegn* 51. Wo I Atr 1, 5 nur *hlaford* hatte, fügt sein Benutzer hinzu: *þe his* (des Untertans) *weres wyrðe si* II Cn 30, 3b; *s.* Wb *seignur* 2 **3a**) Auch dieser private Richter heisst, wie der öffentliche, *iusticia* ECf 3 **3b**) Dieser Herr der ~ ist keineswegs immer identisch mit dem Vassallitätsherrn: Ine hatte Strafgeld für Zwangspfändung in vorschneller Selbsthilfe dem König zugesprochen; ein Rechtsbuch vom Anfang 12. Jhs. fügt hinzu: *aut illi qui habet sacam et socnam suam* (dem Herrn der ~), *et insuper pretium suum domino suo* (Wergeld dem Vassallitätsherrn); In Cn III 1 **3c**) Der zum Strafgeldempfang berechtigte Private heisst 'dem es mit Recht gebührt' (II As 1, 5), 'Strafgeldes geniessend' (I Atr 1, 7 — II Cn 30, 3b; 6), 'dem es der König verliehen hat' (II Cn 73, 1, wofür *dominus qui privilegium habet in forefactis suorum* Cons übs.); 'dem es [Strafgeld] gehört' (II Cn 24, 1; laut 15, 2 ist nicht der König allein gemeint); *vgl.* 1 e **4)** Der Herr tritt für sein Gefolge (*s. d.* 14. 16. 18f. 22f.) vor Gericht ein, gegenüber dessen Anklägern wie auch der Obrigkeit; er schützt, verteidigt, verbürgt es; *s.* Bürgschaft 3; er entschuldigt es, er reinigt es durch Eid oder gibt ihm guten Leumund; er haftet, dass es vor Gericht erscheine, nicht entfliehe; er zahlt Lösegeld, damit es nicht Leibesstrafe leide; er sorgt, dass es nicht ungerächt oder unvergolten erschlagen hege; er übt Aufsicht, dass es Kirchensteuer zahle, und empfängt Justizertrag von Säumigen (II Eg 3, 1); er sorgt für Verteilung des Nachlasses Intestater; II Cn 70, 1. Ein *missus senioris* erfragt das Schuldbekenntnis des Prüflings vor dem Ordal; aus Fränk. Quelle Iud Dei XII 2. Schon hieraus folgt eine eingehende Polizeiaufsicht, aber nicht notwendig schon eine ~ **4 a)** Aus der Vassallität allein erwächst nicht Strafgeldempfang (zu dem bedarf es Immunität), ausser wo im Herrenverrat (*s. d.*) der Verbrecher Leben und Vermögen an den Herrn verwirkt; Af 4, 2 **4 b)** Polizeipflicht des Herrn folgt wie aus persönlicher Herrschaft übers Gefolge, so auch aus dem Grundeigentum übers Land. Jeder Gutsbesitzer muss unter seinen Leuten Geleitsmänner (*s. d.* 6) halten für Nachspürer nach gestohlener Fahrhabe [also solche polizeiliche Spurfolge fördern] **4 c)** Neben Bischöfen, Ealdormen, Königsvögten ist jeder 'meiner grundgesessenen Thegnas' verpflichtet, den Hintersassen den Polizeieid abzunehmen; VI As 11 **4 d)** Da ein Herr nur Schuldfreie ins Gefolge (*s. d.* 19 c—i) aufnehmen oder aus ihm entlassen darf, Unverbesserliche aber [nach deren Bestrafung] fortjagt (*ebd.* 26), so muss er von allen gegen den Untergebenen schwebenden Prozessen Kenntnis haben **4 e)** Eine gewisse Zwangsgewalt folgt notwendig aus dem herrschaftlichen Schutze, in den sich der Mann begeben hat, wenn auch nur zur Erfüllung der gefolgschaftlichen Pflicht, die aber ein dehnbarer Begriff war; *vgl.* Gierke *Schuld u. Haft.* 134 **5)** Bereits unter Ine verbindet sich solche Polizeiaufsicht, auch über Freie, mit Empfang des Strafgelds, als ihrem Lohn, also nicht zufällig, sondern regelmässig institutionell, vom Staate anerkannt; nur dann geht dieser verloren, wenn jene nicht gebührend ausgeübt war; Ine 50 [nicht bloss für leibeigene Untertanen, wie bei Wilda 654, trifft das zu]. Doch meldet Ine dies Recht nur vom Gefolgsadel; es war vielleicht dessen Privileg, vom König gewährt, darf also nicht auf jedes Abhängigkeitsverhältnis ausgedehnt werden. Eine ~ des Gefolgsadligen (eine Verhängung der Strafe durch ihn) folgt nicht notwendig **6)** Nach derselben Stelle kann dreierlei Obrigkeit gegenüber wegen einer Missetat zu 'dingen' sein: dem Könige, Ealdorman, 'seinem (des Gefolgsadligen, der den Missetäter vertritt) Herrn' **6 a)** Diese letztere Abhängigkeit des Gefolgsadligen vom Herrn kann nur aus Vassallität oder Bodenleihe hervorgehen. Offenbar hat also nicht bloss der öffentliche staatliche Magistrat (König, Ealdorman), sondern auch der aus privater Beziehung erwachsene Oberherr Strafgeldempfang, wenn der zunächst zur Aufsicht verpflichtete Herr des Missetäters seine Pflicht versäumt hat. [Ausgeschlossen ist die Möglichkeit, der 'Herr' sei nur etwa der vom Missetäter privatim verletzte Kläger] **6 b)** Sprachlich leichter erscheint nun der Sinn, wenn alle 3 Faktoren gleicherweise Gerichtsherren darstellen. Doch ist nicht ganz unmöglich, dass der Herr, ohne selbst Gerichtsherr zu sein, das Strafgeld nur vom König oder Ealdorman zugesprochen erhielt; letztere beiden übten also dann ohne Entgelt Richterpflicht [was Maitland mit Recht bedenklich scheint; *s.* jedoch *u.* 17. 18. Etwa an eine bloss private Sühne von Missetaten, die nicht notwendig dem öffentlichen Gericht gehörten, zu denken, liegt kein Anlass vor; und auch diese müsste dann mit Strafgeld desselben Namens wie das öffentliche verbunden sein] **6 c)** Durchaus eindeutig aber folgt aus Ine, dass regelmässig gegen Leute des Adels bei diesem zuerst geklagt wurde, und dass, wenn jene verurteilt wurden, er Strafgeld erhielt. Ine sagt dies nur von büssbaren Vergehen, ohne jedoch das am Leibe zu strafende Verbrechen auszuschliessen. Mancher Kleinfreie stand zum Staate nur noch in einer durch den Herrn vermittelten Beziehung **7)** Einen deutlichen Beweis für private ~, auch über Kriminelles, in Mercien ein Jahrhundert später bieten zwei Urkk. Coenwulfs: *Si malus homo in aperto scelere* [bandhaft, *in peccatis suis* 364] *tribus vicibus deprehensus sit, ad vicum regalem reddatur* [*restituatur* 364] Birch 357. 364, letztere im Original erhalten, für einen Thegn, erstere fürs Bistum Worcester. Also in der Regel ward der Verbrecher innerhalb der Immunität [zur Geldstrafe für deren Herrn] verurteilt und erst wenn zum dritten Male bandhaft ertappt, dem öffentlichen Gericht [zur Leibesstrafe] übergeben **8)** Viele Immunitätsbriefe (*s.* Ersatz 8) eximieren das privilegierte Gut von Strafgeld und Bussgeld 'nach aussen', d. h. wenden beides dem Immunitätsherrn zu. Hiermit bleibt die Vorstellung noch vereinbar, der Immunitätsinsasse werde verklagt und verurteilt und leiste Genugtuung im öffentlichen Gericht. In zwei Mercischen Urkk. von 767. 849 aber leistet er einfache Ersatzzahlung, bzw. *rationem reddit, ad terminum, in confinio* (der Immunität); Birch 202 (= 203, Originale). 455. Also nicht im öffentlichen Gericht, sondern entweder, wie Maitland *Domesday* 275[3] meint, im Grenzgericht (*s. d.* 2) oder im Immunitätsgericht **9)** Das Privileg über *furis comprehensio* (Maitland 276[1]), bisweilen undeutlich, lässt sich einmal nur so erklären, dass der Privilegierte den Verbrecher auch aburteilen darf: a. 780 *nec de furtis pęnam solv*[*ant*, Worcesters Dommönche] *nec wergeldþeovas foras reddant, sed si* [handhaft diese] *capiantur, in illorum dominio sunt habendi;* Birch 240. [Dagegen zweideutig betrifft vielleicht nur das Strafgeld die andere Urk. über *wergeldþeofas* a. 835 n. 413, *u.* 18 a.] Somit ist fürs 8. Jh. das Privileg des *Infangenneþeof* (*s. d.*) belegt. So auch Kemble *Cod. dipl.* I p. XLV ff. cv. Also wohl auch Justiz, nicht bloss Strafgeld, meint *furis comprehensio* (in Urkk. a. 828. 847. 850. 858. 864. 880 Birch 395. 451. 459 = 854. 496. 510.

548), und es ist nicht etwa unter der Befreiung von Diebsfang (= Ausschluss staatlichen Richters) mit Earle 128 etwas anderes als die Verleihung der ~ an den Privilegierten zu verstehen **10)** Nach Ælfred erhielten durch Englische Reichstage des 7.—9. Jhs. 'weltliche Herren' das Recht [nicht die Verpflichtung], vom Verbrecher im Erstfalle bloss Geldbusse anzunehmen, ohne ihn (ausser im Falle des Herrenverrats) am Leibe zu strafen; Af El 49, 7. Dass Ælfred nur König, Ealdorman und Gerefa (die öffentlichen Magistrate) gemeint habe, ist unwahrscheinlich; sein allgemeines Wort scheint Dynasten einzuschliessen. In diesem Falle kennt er solche als altgewohnte Gerichtsherren [nicht bloss Strafgeldempfänger] **10a)** Ælfred lässt für widerrechtliche Freiheitsberaubung büssen auch den, der jemanden ins Gefängnis (*s. d.* 3) legt; er meint darunter wohl nicht bloss ein staatliches. Hielten aber auch Private selbst nur einen 'Stock', so bedeutet das mindestens private Vorbereitung des Rechtsgangs oder der Strafvollstreckung **10b)** Dem Herrn, den seines Mannes Verrat am Leben bedrohte, verfällt dessen Leben und Vermögen; Af 4, 2. Jener erhält also Strafgeld und entscheidet über den Vollzug der Todesstrafe **11)** Im Dunsæte-Bezirk übernimmt der Gutsherr eine Spursuche, die vom jenseitigen Ufer, aus dem anderen der beiden Stämme, herkommt an seiner Grenze [*vgl.* Grenzgericht 2]; er zahlt dem Kläger dort einfachen Ersatz, erhält dafür aber die Nachforschung für sich. Da er offenbar nicht unnötig selbst den Schaden tragen wird, folgt hieraus mit Notwendigkeit ~ über seinen Hintersassen; Duns 1. 1, 1. Nicht dass der Guts b e s i t z e r das verlorene Vieh habe oder kenne, behauptet Kläger; sondern dessen Land, d. h. dessen Hintersassen, verklagt er **11a)** Strafgeld und Doppelbusse zahlt der erwiesene Dieb nicht ans staatl. Haupt bzw. Kläger des anderen Stammes (Duns 4), vielmehr an den Immunitätsherrn, genau wie *o.* 8 **11b)** Unter Æthelstan ist es der grundbesitzende Thegn, der Zucht und Ordnung (Strafjustiz) gemäss neuestem Gesetze aufrechterhalten muss (VI As 11. IV 7 = III Em 7, 2), besonders nicht das Recht bestochen beugen darf, widrigenfalls er wie der gleichen Vergehens schuldige Gerichtsvogt behandelt wird (*s.* Amtsentsetzung 10); V As 1, 4: eine Macht über blosse Polizei hinaus, ~ einschliessend wie die des Staatsbeamten **11c)** Dagegen nicht Justizweigerung in privater ~, sondern Weigerung der Genugtuung liegt II As 3 vor **11d)** Polizei in Vorbereitung oder Folge einer (möglicherweise noch öffentlich geübten) ~ verwaltet zu eigenem Geldertrage der *landrica* unter Eadgar: Er verwahrt Vieh, das sich als gestohlen erweist, bezw. formwidrig erworben ist, für den es eventuell beanspruchenden Eigentümer; IV Eg 11 = I Atr 3, 1. Derselbe erhält Bussgeld, indem er Vieh, dessen Erwerb Gewähr entbehrt, beschlagnahmt; III Atr 5 **11e)** Wer durch Auswanderung das über ihn zuständige Gericht wechselt, tritt (nicht etwa wie einst, in anderen öffentlichen Staatsbezirk, sondern) *on oðres þegenes land,* in andere private ~; Wif 7 **11f)** Der Richter (*dema*) verliert wegen falscher Satzung oder ungerechten Urteils (ausser Strafgeld) immer seine 'Thegnschaft', ausser wenn er sie vom König wieder abkauft (der Diözesan mahne für diesen das Strafgeld von ihm ein; dies nur bei Eg); III Eg 3 = II Cn 15, 1; 1a. Dass hier unter Thegnschaft die Richterbefugnis mit verstanden ist, ergibt der Zusammenhang; demgemäss setzt *iudicandi* (*iudiciaria*) *dignitas* dafür Hn 13, 4 (34, 1). Der Satz trifft bei Eadgar wohl den Vogt oder Sheriff allein; denn wäre private ~ gemeint, so würde dieser das Strafgeld für deren Missbrauch einfordern. Bei Cnut, der die Einkassierung durch den Bischof fortlässt, kann man zweifeln [doch erwähnt er nur König, Grafen, Hundred als Gerichte 15, 2]. Dagegen deutlich verstehen private ~ Übersetzer Hn 34, 1a. Leis Wl 39, 1: *franchise*; *vgl.* Amtsentsetzung 4. Das Wort *þegnscipe* kann freilich polit. Würde auch Privater bezeichnen (und zwar viell. gerade mit Strafgeldempfang, wenn nicht sogar ~); *u.* 22a **12)** Unter Æthelred begegnet um 997 zuerst *socn* als ~. Nur der König habe *socn* über einen Königsthegn; III Atr 11. [Dass dies blossen Strafgeldempfang bedeuten könne, hat Adams *Essays* 44 nicht erwiesen.] Offenbar sucht die Krone ~ über die höchste Klasse festzuhalten gegen Usurpation durch den Adel; *u.* 37b **12a)** Jedes Strafgeld, verwirkt durch Eigentümer von Bocland (*s. d.* 23), geniesse der König, und nur unter des Königsvogts Mitwissen zahle [deren] einer Busse; I Atr 1, 14. Also Boclandeigentümer konnten anderwärts als im öffentlichen Gericht gerichtet werden. [Denn dass Strafgeld aus dem Königsgericht an den König floss, brauchte keiner Erwähnung.] *Vgl. u.* 34 **12b)** Prozess mit Gewährzug oder mit Ordal (*u.* 40) finde statt in 'Königsburg', d. h. öffentlicher Gerichtsstätte; III Atr 6, 1. Die Krone anerkennt also, dass für geringere Prozesse private ~ auch ohne Aufsicht zuständig sei, wahrt sich aber über gewichtige Sachen wenigstens Aufsicht. Doch zwingt der *landrica* auch den Gerichtsuntertan zum Ordal oder Doppelzahlung des eingeklagten Wertes, dessen Kläger vom Ordaltermin fortblieb [er übt also Strafjustiz]; III Atr 4, 2. *Ordal* und *team* sind dann im 11. Jh. Gegenstand besonders ausgedehnter Freibriefe; *s.* Anefang 28 **13)** Etwa um 1000 gilt als eines der Charakteristika des Adels das Burgtor (*s. d.* 2), wohl das Symbol der ~ **13a)** Mehr als Exekutive, nämlich *steor* (Strafjustiz), wird vom *landrica* erwartet gegen Herrichter heidn.-abergläubischer Asyle; versäumt er sie, so verwirkt er seine Hälfte des Strafgelds an den König; Northu 54. 54, 1. Höchst wahrscheinlich lohnt auch *u.* c der Anteil am Strafgeld sein polizeiliches Einschreiten **13b)** Wenn ein Dorfbauer den Peterspfennig vorenthält, zahle ihn der *landrica* und nehme jenem 1 Ochsen [= 30 Pfg.] fort; wenn dieser solche Bestrafung [bei der er also 29 Pfennig sich behalten darf] vernachlässigt, greife König und Bischof zu; Northu 59 **13c)** Für abergläubisches Heidentum fällt das Strafgeld halb dem Bischof zu, halb dem König, wenn Missetäter Königsthegn, dagegen wenn er ein sonstiger Grundbesitzer war, dem *landrica;* 49. Nur aus Analogie mit *o.* a. b nehme ich eine gerichtliche Tätigkeit für den Immunen auch hier an **13d)** Vor 1066 ist die ~ über die Bauern grossenteils in der Hand der Grundherren, aber doch noch keineswegs, wie im 13. Jh., überall;

Maitland *Domesday* 90f. Für die Normandie weist Lehn~ ein Jahrzehnt vor 1066 nach Haskins *EHR* 1907, 637 **13e)** **N** Voll entwickelt und deutlich genannt ist das private Gericht in den Rechtsbüchern aus Heinrichs I. Zeit. Wo z. B. Cnut König, Graf und Hundred als [einzige] Instanzen nennt, die für Ungehorsam gegen ihr Gericht Busse beziehen, setzt hinzu: die anderen Gerichtsherren Hn 34, 3; alle die, welche einen Gerichtshof in England besitzen, Leis Wl 42, 1 **14)** Eine private ~ übte von jeher der Herr über seine Unfreien. Die Klage gegen einen Konventsklaven erfolgt im Mönchskapitel; Wi 23 **14a)** Seine Reinigung zu vollziehen kommt dem Herrn zu [der also vorher allein formlos urteilte, ob der Unfreie unschuldig sei]; 23f. Der Herr entscheidet für sich, ob er ihn, weil er ihn schuldig hält, zur Leibesstrafe ausliefert oder schutzlos preisgibt oder auslöst; *s.* Unfreie **14b)** Nur die zwei Fälle, dass ein Freier oder ein Laienknecht den Konventsklaven anklagt, hebt Wi hervor; vermutlich kam der Prozess zwischen Sklaven des Konvents nicht zu öffentlicher Kenntnis, d. h. blieb unter privater ~ **14c)** Ebenso dekretiert die Hinrichtung diebischer Sklaven nur bei Diebstahl gegen andere als den eigenen Herrn [wie im Frankenreiche; Brunner II 279], lässt also bei ihrer Missetat innerhalb des Gutes private ~ walten IV As 6, 7 **14d)** Er macht für jene Bestrafung verantwortlich den Gutsvogt, Thegn oder anderen (Gutsherrn); 7. Jene Strafe aber vollziehen die anderen Sklaven desselben Gutes, d. h. ohne Eingriff öffentlichen Gerichts **14e)** Für Sonntagsarbeit (Götzenopfer u. Fastenbruch wohl auch) zahlt der Esne seinem Herrn Strafgeld; Wi 10 (13. 15); dass ein Staatsgesetz dies regelt, charakterisiert die Klage zwar als eine amtliche; der Gerichtsherr kann dennoch der Sklavenherr sein **14f)** *Sum mann on Winccastre wearð yrre* (zornig) *his þeowan menn for sumere gymeleaste and gesette hine on fetera* [Fesseln; c. 980]; *St. Swithun* ed. Earle 12 **15)** Der Grundherr pfändet den in der Zahlung des Bodenzinses säumigen Bauern [selbstherrlich], mahnt ihn durch eigene Büttel; und wenn jener weiter trotzt, kann er ihm Besitz und Leben nehmen; IV Eg 1, 1f. Diese Übertreibung zeigt doch, wie weitgehende, durch Beamte geübte Exekutionsgewalt des Grundherrn über Bauern (*s. d.* 9h) als rechtmässig erschien **16)** Unsicher ist das Argument für private ~ aus dem Texte der meisten Immunitätsbriefe (*o.* 7ff.). Wo unter Beibehaltung der Trinoda necessitas der König auf alle sonstigen staatl. Einkünfte verzichtete, meinte er hiermit wohl nur Gastung (*s. d.*) oder Bodenzins (Grundsteuer). Dass er überall auch Strafgeldempfang bei Verbrechen der Gutsinsassen aufgab, ist deshalb unwahrscheinlich, weil eine grössere Gruppe von Freibriefen (deren 15 von 767—888 Maitland *Domesday* 290 sammelt) die Exemtion von öffentliebem Strafgeld, also dessen Empfang durch den Herrn, ausdrücklich erwähnt. Für jene weitere Auslegung spricht andererseits: A. die Tatsache, dass vor 1066 private ~ in England weithin besteht, und B. die Verleihung von *sacu 7 socn* seit Cnut (*u.* 24) mehr einen bekannten Zustand zu fixieren als etwas Neues einzuführen scheint, C. die Betrachtung des Gerichts fast (aber *s. u* 18) nur als einer Finanzquelle und die dem Wortlaute nach unbedingte Ausschliessung allen staatlichen Gewinnes aus dem immunen Gute **16a)** Hinter *comites et prepositi* (aus *ealdormen and gerefan*) treten als Richter bei Asser 105 *ministri* auf, d. h. Thegnas. Und zwar wahrscheinlich nicht in staatlichem Auftrage, der sie ja (abgesehen von den seltenen *missi*) zu Gerichtsvögten, *gerefan,* machen würde, sondern als private Herren von ~ **17)** Zwar konnte der staatliche Gerichtsvogt kein Interesse haben, Prozesse abzuurteilen, deren Ertrag nicht ihm zugute kam. Allein Strafgeld war nicht einziger Ertrag. Auch Geschenke (Bestechung) spielten eine Rolle, vielleicht blieb dem königl. Gerichtshalter auch Busse für Formfehler (*s.* Missesprechen) im Prozess gewahrt **18)** Sicher ist, dass der Königsvogt Gericht hielt über Prozesse, deren Strafgeld der Kirche zufloss (*u.* 20). Ihm wird befohlen, *omnia secularium rerum iudicia ad usus presulum exercere eodem modo diligenti examine, quo regalium negotiorum discutiuntur iudicia;* übersetzt: *man ealle spæca 7 gerihtu on þæt ylce gemet gefe to Godes handa, þe man to hys* (des Königs) *agenre drifð;* Urk. a. 968 Birch 1219. Nicht sicher richten König und Ealdorman ohne Entgelt; *o.* 6 **18a)** Die zahlreichen Fälle, wo Kirche und Staat das Strafgeld teilen, sind alles Prozesse vor weltlichem Gericht; jene erhält also Justizertrag ohne Justiz (*vgl.* Bischof 7; geistliches Gericht 14). Urk. a. 835: *weregeldþeofas, si foras rapiantur* [bessere *cap.* ?], *pretium dimidium ecclesiae, dimidium regi detur; si intus rapitur, totum ad ecclesiam;* Birch 413; *o.* 9 **18b)** Der Beherberger eines von Exkommunikation (*s. d.* 15a) Getroffenen zahlt, ausser Wergeld für den König, Busse dem Berechtigten **19)** Wo die Kirche mit dem Immunitätsherrn Strafgeld teilt, bei Meineid (II Cn 36), Verwundung der Kirchensteuer-Eintreiber (48, 1), scheint kein Grund, einem der beiden Strafgeldempfänger das Gerichtshalten beizulegen und dem öffentlichen Vogte abzusprechen; *u.* 201 ff. **19a)** Ausdrücklich wird der Königsvogt mit erwähnt als Zwangsvollstrecker gegen den Zehntweigerer, obwohl den Ertrag Bischof und *landhlaford* teilen; II Eg 3, 1. Alternativ steht der Immunitätsvogt daneben in der Wiederholung VIII Atr 8 und notwendig beteiligt I Cn 8, 2: deutlich gewinnt damit die Exekutive der Immunitat im halben Jahrhundert nach Eadgar Boden; *u.* 23c **20)** Ebenso erhält der Herr Strafgeld, ohne Gerichtsherr zu sein, deutlich in folgenden Fällen: **20a)** Die Verfolgung und Fronung des Diebes vollzieht das Hundred, das eingezogene Vermögen teilt es mit dessen Herrn (Var. *landhlaford,* früher in II As 20, 4: dem König); III Eg 7, 1 = II Cn 25, 1 = Leis Wl 47, 1. Hu 2, 1. Die untergebenen Leute des Diebes erhält der Herr alle; Hu 2, 1 **20b)** Wer jene Verfolgung trotz Hundredbeschlusses versäumt, zahlt Strafe halb dem Hundred, halb dem Herrn; 3 **20c)** Wer neu erworben Vieh anzumelden unterlässt, wird beim Hundred angeklagt und verliert es halb an dieses, halb an den *landrica;* IV Eg 8, 1 **20d)** Obwohl das Ordal am öffentl. Gericht stattfindet, und der *landrica* nicht etwa der Kläger ist, empfängt er Strafgeld für Gerichtsversäumnis und fürs Misslingen; III Atr 4, 1f. Er teilt das Prozessualpfand für Reinigung eines hingerichteten Diebes und Ehrlichkeitspfand sowie den Bescholtenheitsabkauf mit dem die Exekutive ohne ihn leistenden Gerichtsbezirk bzw. Königsvogt; 3, 2f. 6, 1. 7 **20e)** Strafgeld, nämlich Wergeld, erhält der Herr eines bescholtenen und im Ordal schuldig befundenen oder davor entflohenen Mannes; aber, wenn er diesen begünstigt hat, verliert er es an den König; I Atr 1, 5; 7; 9; 9a = II Cn 30, 3b; 6; 8f., wo im Falle des Fehlens eines Immunitätsherrn der König eintritt. Ganz deutlich geht hier der Prozess gegen Herrn und Mann im Hundred vor sich **20f)** Wer unerlaubt von seinem Herrn fortzog oder sich in anderen Bezirk wegstahl, muss zurück und zahlt seinem Herrn 60 Schill. [keine blosse Unehrenbusse, sondern Strafgeldfixum; staatlich wie der Bezirk ist der Prozess über dessen Wechsel zu denken]; Ine 39 = Ap AGu 4 **20g)** Fleischliche Verbindung gegen das Verbot von Kirche und Staat büsst der Gefolgsadlige seinem Herrn mit 100 Schill. [d. i. Wergeld des Gemeinfreien, wohl ein Strafgeld. Wäre die ~ nicht öffentlich, so müsste der Ggs. in nächster Zeile, die vom gleichen Vergehen eines Nicht-Vassallen handelt, erhellen]; Wi 5 **20h)** Der rechtmässige Empfänger von Strafgeld steht alternativ neben dem König, wo jemand als Verteidiger eines Verbrechers [laut des Vorhergehenden im öffentl. Gericht] angeklagt ist; II As 1, 5. Er kann es dem zum Ordal [nicht durch ihn] Verurteilten und sich davon Loskaufenden schenken; 21 **20i)** Der Grundherr (alternativ neben Magistraten) bezeugt Viehtausch; er erhält, wo der Täuscher Zeugnis versäumte, das Getauschte [im öffentl. Gerichte: denn Strafgeld steht gesondert daneben]; 10 **20k)** Wenn der eingeborene Geleitsmann eines Fremden an dessen Missetat Mitschuld trug, so zahlt er seinem Herrn sein Strafgeld [laut 3, 2 nicht in privater ~]; Duns 6, 3 **20l)** Die Kirche nimmt aus Strafen 'Strafgeld, Wergeld, Halsfang, Rechtsbruchbusse, Grundbesitz' ein [Gesetz und Strafe heissen weltlich, zur geistlichen Empfängerin in ausdrücklichem Gegensatz, der nicht vorläge, wenn ~ ihr gehörte]; VI Atr 51; *o.* 18. 19. Wegen Unzucht der Besitzer ward dem Erzbischof von York Land 'gezahlt'; a. 972 Birch 1279 **20m)** Des Immunen *wite* bedeutet nur Strafgeldempfang ohne ~ im Testament a. 958: Testator vermacht dem Domkloster Canterbury Land, das er sich und anderen samt *wite* lebenslänglich vorbehält; aber *gif hwilc forwyrht man hiowan gesæce, bio se þingad, swa hit medlic sio be þæs geltes mæðe;* Birch 1010 **20n)** Cnut lässt in verunechteter Urk. 1035 das Domkloster zu Winchester geniessen *hamsocne, forsteallas, myndbrycas and ælces wytes* — also nur Strafgelder ohne ~, obwohl Lat.: *correctionis — ofer ealle þa men, þe þam ealdre* [des Klosters] *hyran sculan;* Kemble 753 = Thorpe 333 **N 20o)** Der Baron behält seinen Justizertrag, auch wenn der in seinem Gericht begonnene Prozess mit Ordal am staatlichen Hundred endet; ECf 9, 3 **20p)** Die *correctio* (= *castigatio* III 55) *latronum* trennt von *pretium* (Wergeld) *latronum* In Cn III 58, 1, vielleicht um den Bischof — dies ist hier der Herr der ~ — auszunehmen von Fällung der Todesurteile **20q)** Strafgeld von dem im Grafschaftsgericht der Denalagu Verurteilten erhält halb der Sheriff, halb der Lehnsherr, in dessen Lehn jener wohnt; Leis Wl 2, 4 **20r)** Der Grundherr ohne ~, im Ggs. zu dem im folg. Satze erwähnten mit *sacu 7 socn,* empfängt $^1/_2$ des Vermögens des bandhaft ertappten Diebes; Leis Wl 27 **20s)** Die *socna coniuncta, utrumque spectans, communis, particularis, participatione, -pans* ist der vom Privaten mit dem Staat geteilte Justizertrag, im Ggs. zu dem ganz einem Gerichtsherrn zustehenden *totalis, singularis, simplex;* Hn 9, 1a; 5; 11. 19, 2. 20, 1; 1a. 21 **20t)** Wenn eine ausländ. Kirche $^1/_3$ eines Hundred (*s. d.*) besitzt, so erhält sie nur vom Justizertrag $^1/_3$ ausgezahlt, ohne an ~ Anteil zu haben **20u)** Im 11. Jh. floss bisweilen die Busszahlung zur Versöhnung eines durch Verletzung seines Untergebenen gekränkten Schutzherrn zusammen mit dem Strafgeld. Für 'Strafgeld' bei II Cn 66 setzt *despectus* In, und umgekehrt heisst Schutzbruchbusse manchmal *wita, forisfactura; s. u.* 43 **20v)** Neben Dörfern und halben Dörfern trennt von einem Territorium ab *healfe socne* ($^1/_2$ Strafgeldempfang) Urk. c. a. 972 [geschr. c. 1075] Birch 1278 **21)** Nicht erkennbar scheint, ob neben Strafgeld auch ~ dem Herrn gehört, in folgenden Fällen: Für falsches Zeugnis erhält Halsfang König oder *landrica;* II Cn 37. Hierzu fügt um 1060 'der *socn* über ihn hat' Schreiber G: entweder, weil er *socn* mit *wite* synonym brauchte (*o.* 1e), oder aber [bloss erklärend] schon jeden *landrica* im Besitz der ~ erachtete (*u.* 25); oder ['der' = wenn er; unwahrscheinlich] nicht jedem *landrica socn* zugestehen wollte. Wo Cnut als Empfänger des Strafgelds für Raub den König nennt, setzt derselbe Schreiber G hinzu: 'oder den, dem er *socn* über den Missetäter verliehen hat'; 63 **21a)** Wer eine Witwe heiratet, bevor ein Jahr nach dem Tode ihres ersten Mannes verfloss, verwirkt Wergeld dem König oder dem er 'es' verliehen hat; 73, 1. Statt 'es' setzt derselbe G: '*socn* über ihn' **21b)** Der *seinur,* nicht der König, empfängt Strafgeld für Schändung einer Ehefrau und für die im Anefang als ungesetzlich erworben ertappte Fahrhabe; Leis Wl 12. 21, 2 **21c)** Indem Cnut 3—4 Prozesse dem Staate (*s.* Kronprozess) über alle [d. h. auch die einem *landrica* Unterstehenden] vorbehält, anerkennt er in anderen Sachen die Immunitäten berechtigt zum Strafgeldempfang [ob auch zur ~, erhellt nicht]; II Cn 12. 14f. **22)** In den zwei Jahrhunderten vor 1125 wurden dieselben Fälle wiederholt so behandelt, dass frühere *Gesetze* wörtlich benutzt werden. Hierbei geschehen kleine Textänderungen, die deutlich das Wachsen des Strafgeldempfangs in der Hand des Adels zuungunsten der Krone belegen **22a)** Im Gegensatz zu adliger Anmassung des Justizertrages (wenn nicht sogar der ~) — vielleicht besonders 946 bis 59 — verlangt Eadgar: 'ich möge besitzen meine Kronrechte in jeder Gerichtstätte u. Grafschaft (*byrig 7 scire*) und meine Thegnas ihre Würden (*scipe o.* 1e. 11f.) wie zu meines Vaters (Eadmunds I.) Zeit'; IV Eg 2a **22b)** Hatte Æthelred allgemein dem Herrn des im Ordal schuldig Befundenen bzw. davor Entflohenen dessen Wergeld zugesprochen, so beschränkt das Cnut auf den zum Strafgeldempfang Berechtigten (II 30, 3b; 6. *o.* 20e) und setzt, wenn solcher fehlt, alternativ daneben den König **23**) Die Fälle der Textänderung zugunsten des Strafgeldempfangs durch Immune sind, neben *o.* 3. 13e. 20a. 21. a, folgende: **23a**) Für Bandendiebstahl, über den bisher Ine kopiert ist, fügt als Empfänger des Strafgeldes hinzu den *qui habet consuetudines suas;* In Cn III 3 **23b**) Den Zehntweigerer strafen Königsvögte nach IV Eg 1, 5; *ac magnati omnes* fügt der Übersetzer hinzu **23c**) Während die weltliche (nicht dem Bischof zufallende) Hälfte des Strafgeldes für Beleidiger des Kirchenrechts nach EGu Pro 2 dem König zufloss, setzt im Falle der Zehntweigerung den Grundherrn II Eg 3, 1 = VIII Atr 8 = I Cn 8, 2 = Hn 11, 2a. Eadgar liess die Exekutive dem Königsvogt, Bischofsvogt und Pfarrer, Æthelred führt ein 'oder Immunitätsvogt', Cnut setzt statt 'oder' ein 'und'; letzterer ist also um 1025 notwendig dabei; *o.* 19a **23d**) Den Empfänger der Wergeldstrafe für Widerstand gegen Kirchensteuer nannte nicht (betrachtete als staatlich) EGu 6, 5; den Immunitätsherrn setzt II Cn 48, 1 **23e**) Schutzbusse für Beschimpfung Geistlicher gab dem König VIII Atr 33; ihm voran setzt den Herrn jener II Cn 42 **23f**) Wergeld des entkommenen Diebes forderte vom nachlässigen Hüter II Cn 29 = Hn 65, 1. Hierzu setzt *solvat cui iustum est* In Cn, und im selben Sinne sagt *sit placitum eius cuius socna erit* Hn 59, 18 **23g**) Zum Verbote, einen vom früheren Herrn nicht Empfohlenen länger als 3 Nächte zu herbergen (II Cn 28), setzt In Cn die Strafe für den König, und *priori domino despectum* **23h**) Wo Cnut die Strafgelder für Ungehorsam gegen das Gerichtsurteil abstufte je nachdem es erging vom König, Graf, Hundred, fordert sein Übersetzer die gleiche Summe wie für letzteres zugunsten 'aller Gerichtsherren in England'; Leis Wl 42, 1 **23i**) Wo Leis Wl 13 (aus Cnut) von dem, der falsches Urteil abgegeben hat, Wergeld forderte, setzt der Lateinische Übs. als Empfänger: *domino* **24**) Die Formel *sacu 7 socn* steht in Urkk. seit 1020; Earle 233; ferner a. 1023 Kemble 1310. 1327; frühere (um 958/9), die sie enthalten, sind falsch oder falsch datiert: Birch 1013. 1018. 1029 = 1348. 1052; a. 970 n. 1266f. (*socn* allein); a. 972 n. 1258. 1280; Birch 531 'ab. 871, paraphrase of 13. cty.', [von Plummer *Alfred* 100 als echt genommen], gibt *mine socne into þan menstre: forsteal, hamsocne, mundebreche*, was mehr nach 1070 aussieht. Beispiele unter Eadward III.: Kemble 831 = 902, die auf Cnuts Zeit Bezug nehmen; 887. 858 (in der Form nicht vor 12. Jh.). 813. 817. 843. 853. 828. 869. 889. 861f. 864; Earle 303 **24a**) In *Mortun 7 eal seo socna þe þærto hereð* bezeichnet *socn* vielleicht 'Bezirk', nicht '~' (wie jedoch Earle 504 versteht); Kemble 710 = 1298 a. 1002/4 **24b**) Der Thegn in Denalagu, von dem Cnut mehr Heergewäte als vom gewöhnlichen fordert (II Cn 71, 3 = Hn 14, 4), ist ein mit *socn* privilegierter. **N** Ebenso schuldet höheres Strafgeld wer in Denalagu *sacu 7 socn, tol, team, infangenneþeof* besitzt, als wer diese *franchise* nicht hat; Leis Wl 2, 4. *Liberaliores qui habent consuetudines* wünscht in jeder Grafschaft zu Forstrichtern Ps Cn for 1. Gerichts- und Schutzherr für Barone mit ~ ist nur die Kronjustiz; Hn 24, 1; *o.* 12 **24c**) Als wertvoller Teil des Rechtes am Grundeigen erscheint *sacu 7 socn* Becwæð 3, 2. **N** Geschieden vom Strafgeldempfang und an Wert höher steht *sacu 7 socn* Leis Wl 27, 1 **25**) Normannenzeit übersetzt Strafgeldempfang durch *sacu 7 socn:* entweder weil sie jenen missversteht als ~ oder gestiegener Adelsjurisdiktion gemäss bewusst zu ~ modernisiert (*o.* 11f. 20e); II Cn 30, 6 In **25a**) Im Domesday heisst *sacu 7 socn:* ~. Wer in Southwark am Ort [der Missetat] in Anklagezustand versetzt war, *regi emendabat;* kam er dagegen ohne Anklage davon, dann *qui sacam et socam habuisset, emendam haberet,* d. i. der Gerichtsherr des Missetäters, bei dem dieser nachträglich erst Belangte angeklagt werden muss; Domesday I 32a 1 **26**) Die private ~ ist eine Realgerechtigkeit, hängt am Lande (*o.* 2a. 3. 11e), nicht an der Person des Eigentümers [Ausnahmen *s.* Lagamen; und königliche Münzer zu Hereford haben vor 1066 *sac 7 soc*: aber viell. als Grundbesitzer bestimmter Häuser; Domesday I 179a 1] **26a**) Des Thegn Recht ist verbrieft in der Urkunde, die sein Land zum Bocland (*s. d.* 22) erhebt; Rect 1 **N 26b**) Die ~ hängt am Manor (Hn 56, 4), aber nicht an jedem (ein Manor ohne *sacu 7 socn:* Domesday I 11b 2), sondern nur, wo sie vom König mit verliehen ist; Hn 19, 2. 20, 1. 56, 2; 4. Nicht jeder *dominus* hat *sacu 7 socn* 57, 1; 8, nicht jeder *baro* 25, 1. ECf 21, 1; 5. 22, 5, nicht jeder Grundherr 24, 4. Beim Amtsadel haftet die weitere, kriminale ~ an *terris proprii potentatus,* die engere des Hallengerichts (*s. d.*) an *perquisitis;* Hn 20, 2. Strafgeldempfang (nicht aber ~) besitzt jeder Grundherr bei Verbrechen des Insassen; Leis Wl 27, wenigstens teilweise 2, 4 **26c**) Grund- und Gerichtsherr sind oft identisch; Wif 7. Hn 82, 2. ECf 22, 5. Nicht alle Insassen der privaten ~ sind auch Vassallen des Gerichtsherrn; Hn 41, 1 **26d**) Im Domesday kann mancher Gutsbesitzer sein Land, aber nicht mit *sacu 7 socn* verkaufen, die vielmehr dem Oberherrn verbleibt, mancher aber auch mit ihr; Round *Victoria County hist. Essex* I 358 **26e**) Inmitten königlicher Stadt kann ein Häuserkomplex privater ~ unterstehen. So hatten in London (*s. d.*) z. B. eigene Freiungen das Bistum, die Abteien Westminster, Waltham, Chertsey (der Edward der Bek. *sacu 7 socn* verlieh; Kemble 856), die Dreifaltigkeitspriorei **N 26f**) *Ecclesiæ, barones, cives habeant socnas suas* in London; dortige *hospites dent consuetudines* nur jenen oder an deren *minister;* Hn Lend 6 **26g**) Der Londoner Sheriff darf die Einwohner solcher *socna* nicht vorladen oder richten, ausser wenn er sie draussen bei Missetat bandhaft fasst, oder jene Socn ihm Justiz weigert; Lib Lond 4f.; *u.* 33a **26h**) Jeder Honor (*s. d*) hat ~; Hn 55, 1—1b **26i**) Dass alle Lehnsträger der Kirche und alle Einwohner von Kirchenlehen schon als solche — abgesehen von besonderer königlicher Verleihung oder lokalem Herkommen — der baronialen ~ des Stifts [diese meint hier *curia ecclesiastica*] unterstehen, ist klerikale Übertreibung; ECf 4; *vgl.* I 630[b] **27**) Die ~ erhöbt den Rang, den Adel (*s. d.* 33e; In Cn III 57f.) des Eigentümers (*s. o.* 24b, Grafschaft 23a); sie beweist Königsgunst (Hn 20, 3); sie stellt einen abschätzbaren Geldwert dar; Domesday I 11b 2 **27a**) Doch auch ein Aftervassall, ein blosser Vollfreier kann ~ besitzen; Leis Wl 2, 3 **28**) Die Wurzeln der privaten ~ sind verschiedenartig. Sie liegen **A.** senioral: in der Herrschaft über Unfreie, Gefolge (*o.* 4—4c. 14), Familie (*s. d.* 3. 7), **B.** territorial in der Polizei des Haus- und Gutsherrn über die Hintersassen, **C.** regal in königlicher Befreiung von staatlichen Pflichten und Verleihung staatlicher Rechte in Verbindung mit gewissem Grundbesitz [*o.* 7ff. 16; ein Glossator Aldhelms schreibt über *consulatus, principatus: hlafordgift; Anglia* 24, 528], **D.** in der Auslieferung staatlicher Gerichte an Eigentümer bestimmter Ländereien; *u.* 30 **28a**) Das Schiedsgericht (*s. d.*) ist keine institutionelle Wurzel privater ~ und hat zeitlich stets neben ihr bestanden. Ich finde keine Spur, dass ein etwa durch soziale Macht oder Charakter bedeutender Schiedsrichter seine Stellung dauernd besass, geschweige vererbte oder an sein Landgut knüpfte. [Gegen Adams *Essays in Ags. law* 27] **28b**) Der Strafgeldempfang kraft Privilegs und der gesetzliche Genuss von Busse für die von anderen gebrochene Schutzgewalt tragen nur in den Strafvollzug ein privates Element **28c**) Der verletzte Kläger hat bei den Agsa. öfter durch Gesetz den Strafvollzug; *s. d., o.* 4a. Indem er die Strafe, bisweilen die Todesstrafe, häufiger Prügel oder hohe Busse, erliess, übte er eine private richterliche Gewalt. Und dies tat jede Sippe, die auf Blutrache (*s. d.* 13b) verzichtete **29**) Die Polizei des Gutsherrn in Agsä. Zeit als Keim zur privaten ~ zeigen *o.* 4. 4b. c. d. 11. 11a. b. d. 13b. 15. 20f. g **N 29a**) Aus Anglonormannischer Zeit bezeugt ist, aber vielleicht schon früher gilt, manche polizeiliche Befugnis des Gutsherrn: Ihm muss der Totschläger die Tat melden, die er in gerechter Rache oder Notwehr verübt zu haben behauptet; Hn 83, 6a **29b**) Gefunden Vieh muss der Finder ihm melden und in dessen *curia* gegen einen eventuell klagenden Eigentümer sich verantworten; ECf 24, 3f. **29c**) Aus der Schutzgewalt übers eigene Haus, die örtliche Umgebung, das Gefolge folgt Empfang von Busse (*s. d.* 9a; Schutz), aber auch Strafgeldempfang. Nach Domesday haben vor 1066 sogar *sochemanni legrewitam, blodewitam, latrocinium usque* 4 *den.* (Unzucht, blutige Rauferei, kleinen Diebstahl); I 204a 2. Es ist nicht ganz sicher, dass diese höheren Bauern nur durch anderes Gericht das Strafgeld erhielten; denn 1247 gab der Prior von Dunstaple zu, dass seine *burgenses qui tenent de eo in capite de his qui tenent de eis in feudum curias suas habere consueverunt;* Ann. Dunstapl. ed. Luard III 173. — Dem Villan weist *leierwitam, blodwitam, minora forisfacta* über dessen Leute auf eigenem Boden zu auch Hn 81, 3, seiner [irrigen] Ansicht nach erkauft oder verdient von des Herrn Gnade. Er scheint nur Strafgeldempfang zu meinen, nicht private ~ **30**) Seit Eadgar oder doch vor c. 1050, wurde manch ganzes Hundred (*s. d.*) von der Krone einem Privaten und seinen Rechtsnachfolgern verliehen und mit einem bestimmten Landgut verknüpft; *vgl.* Urkk. a. 964 Birch 1135; a. 970 *þa socna ofer* 5 *hundredum: causas seculares* 5 *centuriatuum* Birch 1266f. [gefälscht]; Eadward III.: Kemble 840. 849. 870. 872. 917; *de* 22 *hundredis pertinet isti manerio saca et soca;* Domesday I 11b 2. Richterbestellung und Justizertrag kamen damit an Private; Rechtsgang und Gerichtsverfassung blieben die alten; *s. u.* 31 **30a**) *Episcopi in multis locis in sua propria terra et in suis villis* [Amtsland, Bistums Eigengütern; *vgl.* Hn 20, 2] *debent habere constitutionem hundredi, hundredsetene;* In Cn III 58, 1; *vgl.* I 615[a.1]. Eine Abtei erhält angeblich a. 971 u. a. Privilegien *hundredsetena;* Birch 1277, Fälschung 12. Jhs. Unter den Gerichtshaltern erwähnt zwischen Gutsvögten und Sheriffs die *prælati hundretorum et burgorum*, wahrscheinlich auch private ~ meinend, Hn 20, 1. So oft ist im 11. Jh. das Hundred in privater Hand, dass *hundredes ealdor* übersetzt wird: *dominus þæs hundredes;* IV Eg 8, 1 **30b**) Die gleiche Ungehorsamsbusse wie dem Hundred, nämlich 30 Schill., gebührt der Stadt London (IV Atr 4, 2) und dem privaten Gerichtsherrn; II Cn 15, 2 = Leis Wl 42, 1 = Hn 34, 3. 35, 1 = 87, 5 **N 30c**) Das Hundred steht der *curia domini socam* [*habentis*] auch insofern gleich, als für denselben Prozess die Parteien, wenn beide dieser untertan, sie aufsuchen, sonst aber jenes; Hn 57, 1a. Wenn *iusticia regis* in Ermanglung des Lohngerichts (ECf 22, 5) eintritt, so braucht dies kein höherer Beamter, sondern kann blosser Königsvogt oder Sheriff im Hundred sein **30d**) Im Prozess um Land ist die Grafschaft die Instanz, wenn die Parteien nicht éines Herrn Vassallen sind; Hn com 3—3, 3 **31**) Die Stadt London erhielt von Heinrich I. die Wahl des Sheriffs und Königsrichters zur Abhaltung der Kronprozesse; Hn Lond 1. Allein der Ertrag verblieb der Krone und der Rechtsgang der alte; also nur die Richterbestellung hörte auf, staatlich zu sein; *s. o.* 30 **32**) Den Anglonormannischen Kronjuristen erschien alle private ~ als Verleihung durch die Krone (*o.* 7ff. 16. 24), kraft deren löblicher Freigebigkeit, veranlasst durch persönliche Beziehung zum König oder staatliche Verdienste; Hn 19, 2f. 20, 3. Demgemäss übersetzt *socn* durch *privilegium* II Cn 71, 3 Cons. Die verschiedenen Wurzeln der ~ (*o.* 28) scheidet das 12. Jh. nicht, trennt nicht grundsätzlich ein Gericht des Herrn über Vassallen von einem über Insassen seiner *socn* oder einem über Gutshintersassen, wenn auch über letztere das Hallengericht (*s. d.*) gesondert weiter vorkommt **33**) Die königliche Justiz beaufsichtigt die private ~; und wenn nicht beide Parteien dem baronialen Gerichtsherrn unterstehen, muss der Königsrichter dem Prozess beiwohnen; ECf 9, 2; *s. u.* 39. Beim Missbrauche der ~ leidet der Gerichtsherr Geldstrafe und Verlust der ~; *o.* 11b. f; ECf 9, 1 = Lond ECf 32 A 15. Durch falsches Urteil verliert der Herr seine ~; Glanvilla VIII 9 **33a**) Bei Justizweigerung oder -verschleppung fällt die ~ an die Krone (ECf 4. 9, 1e [auch wo *curia ecclesiastica*, d. h. hier baroniale ~ eines Prälaten, schuldig war]. Hn 9, 4. 22, 1. 26, 1; 3. 33, 1a; 3a. 57, 5. 59, 14; 19. 82, 2c), an den Justicia regis oder den König (83, 2), *ad regis placita* des Stadtsheriffs zu London (*o.* 26g) oder an die Grafschaft (Hn 7, 6) oder an den Oberlehnshof; Hn 33, 1a. Der Oberlehnsherr kann, wenn sein Vassall gegen den Aftervassallen über dessen Afterlehn prozessiert, Terminabbestellung fordern; 59, 11; *u.* 35 **33b)** Dem Königsgericht steht Urteil und Strafgeld zu über in privater ~ vorgekommenes *iniustum iudicium* und *defectus iusticiæ;* Hn 10, 1. Der Genuss privater ~ verleitete oft zu Gewalttätigkeit; aber *nullus socnam habet impune peccandi;* 24,3. Erwies sich die Klage gegen private ~ dagegen als falsch, so erhielt des Königs *iusticia* Strafgeld vom Kläger; 59,14 **33c)** Bisweilen wohnt dem privaten Gericht bei (*o.* 33) oder genehmigt dessen einzelne Akte *iusticia maior* (Hn 33, 3), so Vorladung zum Termin (26,1; 3); das Endurteil samt Leibesstrafe über handhaften Dieb geschieht *in curia vavassoris* nur *coram regis ministro;* 26—26,4 **33d)** Dass tatsächlich die private ~ in Normandie und England, sogar die des Bistums Exeter, durch Gegenwart von Königsrichtern unter Heinrich I. beaufsichtigt ward, lehrt Haskins *EHR* 1909, 222. *Vgl.* für Schottland die Königsurk. 1135: *iudex meus illius provinciæ intersit (in curia abbatis), ut placita et iustitiæ iuste tractentur;* Lawrie *Early Scot. char.* 83 **34)** Der König ist Richter über die Gerichtsherren. *Super barones socnam habentes* [als Angeklagte] *habet iudex fiscalis ~, et quicquid peccabitur in eorum personam;* nur die Instanz über ihnen, der König, empfängt Strafgeld für Verletzung an ihnen [ausser wenn der Verletzer ihr Gerichtsuntertan]; Hn 24, 1. Niemand ist sein eigner Richter; *vgl.* His 163; *o.* 12. 12a **35)** Über manchem privaten Gericht steht das private des Herrn jenes Gerichtsherrn, also ein Oberlehnsgericht; Hn 33, 1a. 57, 8; *o.* 33a **35a)** Gegen seinen Gutsvogt klagt der Gutsherr *in ipso manerio vel* [vielleicht nur wenn dieses Manor keine ~ besitzt] *in curia domini sui;* 56, 4: hier braucht also kein Oberlehnsgericht vorzuliegen. In Lehenssachen entscheidet Streit zwischen Herrn und Mann das Gericht des Oberlehnsherrn im Französ. Recht; Coulin *Gerichtl. Zweikampf* 55 **36)** Privatgerichte gibt es verschiedene Arten (Hn 7, 6; *vgl.* Gericht 11b): Hallengericht (*s. d.*) über Bauern, damit vielleicht identisch manoriales, Herrngericht über freie Vassallen (Hn 9, 4. 26, 1? 34, 1a. 56, 4. 57, 1; 1a. 86, 1), Oberlehnsgericht (*o.* 35), Honorgericht; 55, 1 **36a)** Ungetrennt ist stets das seniorale Gericht über freies landloses Gefolge (58, 1) von dem feudalen über Lehnsträger; 34, 1a. 57, 1 **37)** Die Zuständigkeit der privaten ~ ist beschränkt **A.** sachlich nach den Arten der Prozesse (9, 4a. 24, 4), die Hn in *socnam singularem (capitalem) vel communem* einteilt 19, 2. 20, 2f. 25, 1. 26, 1f. **37a)** Kapitalverbrechen (*s. d.*) bleiben regulär als *placita regis iusticiæ principis* vorbehalten; 9, 1; 5. 10, 1; 4. 11. 11, 16a. 19, 1. 22, 1; *s. o.* 21c; Kronprozesse. Die Fälle privater ~ *o.* 6. 7. 8. 12a. 13a. b sind durch Geld büssbar, *quae ad witam vel weram pertinent;* Hn 27. Doch steht auch Leibesstrafe privater ~ zu; 61, 9a; *vgl. o.* 7. 10. 15. 26b. 33c **37b)** Über *barones, senatores* [= Witan?] kann es private ~ geben, aber *in capitalibus quęstionibus socna regis est;* Hn 20, 3, der jedoch selbst höheres Privileg, durch die Krone dem Adel erteilt, ausnimmt, also der eigenen Einschränkung widerspricht **37c)** Die kleinen Vergehen gegen Hausfrieden urteilte vielleicht der Bauer schon ab; *o.* 29c; jedenfalls unterstanden blutige Rauferei und Unzucht gewöhnlicher privater ~; Hn 23, 1. 80, 6; 6a. 94, 1a; 2b **37d)** Prozess um Land gehört vor private ~ nur, wenn beide Parteien Lehnsleute eines Barons sind, sonst vor die Grafschaft; Hn com 3—3, 3. Wie Heinrich II. den Streit um freies Land an die Krone zog, *s.* Pol Mai I 123—9; dazu Assisa Northampton. 1176 c. 7 **37e)** Kriminaljustiz mit Leibesstrafe kommt privater ~ zu gegenüber handhaftem (*s. d.*) Diebe nur kraft des Privilegs *Infangenþeof* (*s. d.*; *o.* 7. 9) **37f)** Der Gewährzugprozess *team* ist nicht in jeder privaten ~ enthalten (Hn 20, 2; *o.* 12b), wird aber oft neben ihr besonders verliehen; *s.* Anefang 28 **37g)** Die nachträgliche Diebstahlsinzicht (im Ggs. zum handhaften oder am Tatort in Anklagezustand versetzten Diebe) gehört nur zu einer besonders vollständigen privaten ~ (Hn 26—26, 4. 59, 17. 61, 9a. In Cn III 59), ist aber sonst Kronprozess; Hn 10, 1. 13, 1. 23, 5. 24, 2. [Glanvilla stellt *crimen furti* unter den Sheriff in der Grafschaft I 2] **37h)** Nur durch besondere Verleihung gehört privater ~ Königs-(Landes)friedbruch, gewaltsame Heimsuchung, Rechtssperrung, Verbrecherbegünstigung; (z. T. aus II Cn 12. 15) 20, 3. Meist übersteigen z. B. die beiden ersten die *socn;* 22, 1. Doch kommt auch Rechtssperrung (ausser auf Königsstrasse) unter privater ~ vor; 80, 2. Und Cnut selbst verlieh jene 4 Kronprozesse dem Erzbistum Canterbury 1020; Earle 233 **37i)** Nur die unvollendete Heimsuchung weist der am Bistumslande hängenden privaten ~ zu, zusammen mit Gericht über Münze, Mass und Gewicht, In Cn III 57—59. Der Erzbischof von Canterbury liess nicht als Beamter, sondern kraft privater ~ Falschmünzer verstümmeln um 970; Eadmer in Stubbs *Memor. of St. Dunstan* 202 **38)** **B.** Persönlich ist die Zuständigkeit privater ~ beschränkt auf die Leute des Gerichtsherrn: *ofer his agene menn* Urk. a. 1020 Earle 233; Eadward III. Kemble 893f. 976; *super suos* Hn 9, 4a. 20, 2. 27. 57, 5; *vicinum* Dorfgenossen 33, 3a. 56, 4. 57, 8. 86, 1; für Fälle, wo **a.** beide Parteien ihm unterstehen (Hn com 3—3, 3. Hn 25, 1. 55, 1. 57, 1; 1a. 59, 17. 60, 2a. 61, 1; 9. 94, 1a; 2b), oder **b.** Beklagter sein Mann ist (9, 4a. 25, 2. 26—26, 4. 58, 1. 59, 17. 74, 3. Leis Wl 27. 27, 1. ECf 21, 1. 22, 4f. retr), auch wenn der Mann inzwischen getötet ward (Hn 74, 3), **bb.** er gegen seinen Mann klagt (32, 3. 34, 1a. 48, 4. 59, 1a. 61, 3); sein Prozess gegen den Gutspächter gehört nur dann seiner ~, wenn dieser *firmam in feodo teneat et homagium inde fecerit* (56, 1f; 4); **bc.** wenn der Mann gegen den Herrn klagt. Gegen den eigenen [Grund]herrn kann man Land[besitz] nur erstreiten durch Zeugnis [Eideshilfe?] der Besitzrechtsgenossen desselben Lehnguts; Leis Wl 23. *De cremento [tenemento?] feudi debet haberi testis eiusdem dominii vel ex sua vel ex parte domini advocatus;* Hn 48, 10 **39)** Im Streite der Immunitätsinsassen mit Dritten bedarf es im Frankenreiche *audientia publica* (Schröder *DRG*[5] 186; *vgl. o.* 33); für England macht hiervon eine gewichtige Ausnahme zugunsten privater ~ der Fall, dass der Verbrecher innerhalb der Immunität handhaft gefasst oder in Anklagezustand versetzt war. *Vgl. infangenþeof* **39a**) Ist der Missetäter *alterius homo in forisfaciendo retentus vel cravatus* [in Anklagezustand, regelmässig unter Pfändung (*vgl. o* 20d), versetzt], so gehört er vors Gericht des Tatorts (Hn 20, 2. 27. 62, 3 = 57, 2; 4; 7. 81, 2. 92, 2. 94, 1a; 2), dagegen nicht, wenn er erst nachher, ausserhalb der Immunität, angeklagt ward (9, 4a; 6. 23, 1. 33, 3a. 82, 2c. ECf 9, 2). Diese Jurisdiktion heisst technisch *ofer his land;* Urk. Eadwards III. Kemble 893. 976; bei Hn *in suo, super terram suam* 9, 4a. 27. 59, **17**. Ebenso hat der König ~ über den Frevel der Heerstrasse (*s.* Strasse) im Territorium Canterbury nur dann, wenn der Missetäter dort abgefasst wurde **39b**) Auch auf weltliche ~ eigener Zeit, besonders auf die am Tatorte gefassten, bezieht den kanonistischen Satz *ibi semper causa agatur, ubi crimen admittitur* Hn 5, 12 = 57, 3 **39c**) Beim Gerichtsherrn des Tatorts wird auch verklagt der Täter ohne festen Wohnsitz und bestimmte Vassallität; 82, 2 **39d**) Selbst wo das Verbrechen innerhalb der Immunität einem staatlichen Beamten eher bekannt wird als ihrem Gerichtsherrn, bleibt der Fall dennoch jener vorbehalten; 24, 4 **40**) C. Nicht jede private ~ befasst (*s* jedoch *o.* 12b) auch die Befugnis, durch Ordal (*s. d.; o.* 20d) beweisen zu lassen; ist der Prüfling diesem Gerichte nicht zugehörig, so bedarf es der Anwesenheit des Königsrichters (*o.* 20o); ECf 9, 2. Freibriefe 11. Jhs. erwähnen *Ordal* besonders in den Immunitätsformeln; Kemble 897, nach 1066, nicht authentisch **40a**) *Placitum de divisione terrarum vel de præoccupatione inter vavassores baronis tractetur in curia domini, duello;* Hn com 3, 1; 3 **41**) Im Prozess zwischen Herrn und Mann (Hn 52, 1. 59, 11; *proprium placitum*, im Ggs. zu *suggestio alterius* 46, 1) kann jener Termin aufschieben, ausser wenn ein höheres Gericht diesen angesetzt hat; Hn 33, 3; nur dann kann er ihn durch Gerichtsversäumnis (*s. d.* 10a) verlieren; 59, 1a. 61, 3. Die Klage wird mündlich bestellt nicht durch Amtsboten (Gerichtsbüttel), sondern durch Privaten; 42, 2 **41a**) Den Prozesstermin anderer Parteien können diese durch Übereinkunft aufschieben, ausser wenn es sich um kapitale Strafsache handelt (59, 3; 4a), oder der Herr, wenn beide seine Untertanen sind, z. B. auf den Grund hin, die eine Partei sei in seinem Dienst beschäftigt; 60, 2a. 61, 9. Versprach der Herr im Prozess zwischen seinen Leuten selbst zu erscheinen, so kann keine Partei ohne seine Erlaubnis ihn aufschieben oder beenden; 61, 11 **41b**) Den Träger mehrerer Lehen verschiedener Herren darf der Herr nur in dém Landgute vorladen, das er von ihm zu Lehn trägt; stammen die Lehen von éinem Herrn, dagegen in jedem; 41, 3; 4. Er kann ihn in jedes Manor innerhalb des éinen Honor vorladen, dagegen in einen anderen Honor nur, wenn der Gegner in diesem sitzt; 55, 1—1b. In der Normandie dürfen *Tenentes in capite bella* (gerichtl. Zweikämpfe), *etiam de remotissimis terris suis, adducere ad suam capitalem mansionem;* Rob. Torin. II 241 **41c**) Versäumte Beklagter Termin, ohne entschuldigenden Boten zu senden (Hn 42, 3), so verwirkt er für jede Klage, wegen der ihn der Herr vorgeladen hatte, Strafgeld; Hn 50. War es Prozess zwischen Gutsvogt und Hintersassen, so schuldet der Ausbleibende *overseunesse domini;* 61, 1 **41d**) Hat der Mann dem Herrn die Erbringung eines Beweises prozessualpfandlich gelobt, so geht sie allen anderen Prozessen ausser Achtsachen vor; 46, 1a **42**) Der Herr privater ~ *convocet pares et vicinos* zum *iudicio* (zur Urteilfindung); 33, 1. 34, 1a. Der gegen seinen Mann prozessierende Herr kann seine Ratmannen zu Urteilfindern aufstellen [trotz Gefahr der Parteilichkeit]; 32, 3. Zur Klage *de contumelia* braucht er einen Klagezeugen erst beim zweiten Male; 44, 2. Von *hominibus suis et amicis* wird Urteil gefunden; 86, 1. Aber der Gerichtsherr kann gegen den Insassen klagend nicht etwa willkürlich ihn verurteilen: die Königin-Witwe befiehlt 1066 [ihrem eigenen] Hundred zu Wedmore, einen Hintersassen, den sie wegen eines Pferdes und Zinses verklagt, abzuurteilen; Kemble 918 **42a**) Der Herr darf seinen Mann im Prozess nicht *testibus, sine contradictione vincere* (Hn 48, 4), vielmehr steht dem Angeklagten Reinigung frei **42b**) Wer gegen den Herrn *partem confitetur, ceterum probabit* (muss sich von dem Teil der herrschaftlichen Klage, den er nicht zugibt, reinigen); Hn 48, 7 **43**) Der Herr erhält *overseunesse* [hier mit *wite* identisch?] von dem bei Rauferei abgefassten Manne; 81, 2. 92, 2. 94, 1a; 2b; von dem, der sein Urteil nicht befolgt; 34, 3 **43a**) Ein Mann, der, gegen seinen Herrn prozessierend, sich einen *advocatus* heranzieht oder von ihm vergeblich in gesetzlicher Form vorgeladen worden ist, verwirkt sein Lehn; 43, 3; 4

Gerichtsbote *s.* Büttel, Bote, Vorladung **~entschuldigung** *s.* Sunne

Gerichtsferien, *inoperatio legis* Hn 61, 6f. *Vgl. Treuga Dei;* Feiertag 8a—d **1**) Am Sonntag: V Atr 13, 1 — VI 22, 1 = 44 = I Cn 15 = Northu 55 **2**) An Sonn- und Feiertag, Quatembern, Frühlings- u. a. Fasten: EGu 9. 9, 1. Jene Feiertage beschränkt auf 'hohe' VI Atr 25 Hs K **3**) Eid, Ordal und Sühne sind verboten Advent bis 13. Jan. und Septuagesima bis 14 Tage nach Ostern; V Atr 18f. = VI 25—25, 2 = I Cn 17—17, 3 (= *Homil. n.* Wulfstan 117. 208) = Hn 62. 62, 1. V Atr 13, 1 = VI 22, 1f. = 44 = Cn 1020, 18. I Cn 15 = Northu 55 **4**) Freitag, Apostel-Vorabend: Hn 62 **4a**) Fränk. Kapitular a. 813 verbot, Sonn- und Feiertag Gericht zu halten; Schröder *DRG*[5] 177

Gerichtsfolge *s.* Gericht 22, Gerichtsbarkeit 42

Gerichtsfrieden *s.* Wb *mæðlfrið.* [Friesisch *thingfretho* His 136; ~ auf Festland: *s.* Brunner *Fortleben der Toten* 3; Burchard *Hegung Dt. Gerichte* 210. 215]. *Vgl.* Grafschaft, Hundred; König, Ealdorman 20; Schutz **1**) 'Versammlungsfriede zweifach'; Abt 1. Wahrscheinlich heisst das: ein trotz des ~s Geschädigter erhält noch einmal soviel Busse und der Richter noch einmal soviel Strafgeld, als wenn die Missetat ausser ~ geschehen wäre **2**) Wenn der König seine Leute zu sich entbietet, und sie dort geschädigt werden, [büsse ihnen Verletzer] nochmal soviel, [als wenn die Missetat sonst geschehen wäre], und dem König 50 Schill. [d. i. 'Königsschutz' (*s. d.*); Abt 8]; Abt 2 **3)** Über Fechten oder Waffenzücken im Gericht *s.* blutig fechten 5. 8 **4)** Der Friedensschutz, den Ealdorman oder Königsvogt im Fünf-Burgen-Gericht gibt, werde mit 96 £ Silbers gebüsst, der im Gericht éiner Stadt mit 48, der im Wapentake mit 8; III Atr 1, 1f. **4a)** Der ~ wächst also mit der Amtshöhe des Richters. [In Friesland erwuchs der Standesfriede des Häuptlings aus dem Richterfrieden; His 45] **5)** Jeder, ausser dem unleugbaren Dieb, geniesse Friedensschutz auf dem Wege vom und zum Gericht; II Cn 82 = Lond ECf 32 B 6 [*vgl.*: *homo faidosus pacem habeat . . ad placitum eundo, de placito redeundo;* Lex Frision. Add. 1; His 136; Brunner II 583 f.; im Norden: v. Schwerin *Gött. gel. Anz.* 1909, 833] **5a)** In der Normandie zieht der Herzog das Vermögen dessen ein, der den Gottesfrieden des Gerichts bricht; Synode von Caen 1042, wiederholt im dortigen Weistum 1091: *in curia, eundo et redeundo* **5b)** Treuga Dei (*s. d*) schirmt Besucher der Synode; ECf 2, 8

Gerichtsgefälle *s.* Justizertrag

gerichtsherrliche Klage *s.* Gerichtsbarkeit 41—43; Anklageprivileg

Gerichtssprengel *s.* Gericht 3

Gerichtsurkunde *s.* Breve

Gerichtsverfahren *s.* Rechtsgang

Gerichtsverfassung A. des einzelnen Gerichts *s. d.* 15 **B.** *s.* Königs-, Grafschaftsgericht, Hundred, Dorf-, Grenzgericht; Geistliches Gericht; Gerichtsbarkeit (private) **C.** Instanz, Appellation

Gerichtsversäumnis *s.* Wb *forsittan; forbugan; forfleon; remanere* fortbleiben; *supersedere, supersessio, sursera, sursise; defalta, defailir, defaute; eschuit; berstan* des *andaga* **1)** ~ wird entschuldigt durch Sunne; *s. d.* **2)** Wer Rechtsgang im Prozess um Land weigert, schulde dem König Strafe 30 Schill. [anders *u.* 5] beim ersten und zweiten Male, beim dritten 120 [Ungehorsamstrafe]; II Ew 2. 2, 1. Jene 30 sind die Strafe für Weigerung des Prozessualpfandes, welches die Einlassung in den Prozess verbürgt, nach Ine 8. Das Fortbleiben vom Gericht bedeutet die Nichteinlassung in den Prozess II As 20, 1, wie das Erscheinen vor Gericht die Rechtserfüllung; Hu 1 **2a)** Beklagter, der dreimal das Gericht versäumt (*gemot forsitte*), zahle Königsungehorsam [120 Sch.]. Weigert er diese Busse und Rechtspflichterfüllung, so wird er durchs Gericht gefront und schliesslich getötet; II As 20—20, 8; *s.* friedlos 9d **2b)** **N** Vielleicht z. T. hieraus: *Qui submonitus a iusticia regis ad comitatum venire supersederit, overseunesse regis*, 20 *manc.* (= 120 Schill. Westsächs.) *reus sit;* Hn 53, 1 — 29, 3 **2c)** Wer den Termin der Urteilserfüllung versäumt (ausser durch seines Herrn Befehl entschuldigt), büsse 30 Schilling; Hu 7, 1 **2d)** **N** Der König kann einem Beklagten in seinen Diensten Gewähr leisten gegen dessen Schaden aus ~; Hn 43, 1; *vgl.* I 569 b **3)** Der Bescholtene, der dreimal das Hundred versäumte, wird unter Bürgschaft (*s. d.* 6f) gezwungen oder überwältigt, und sein Vermögen eingezogen; III Eg 7; 7, 1 = II Cn 25. 25a = Leis Wl 47 **3a)** Wer durch Entweichen Rechtserfüllung vermied, für den bezahle sein Herr einmaligen Ersatz des Eingeklagten und reinige sich vom Verhelfen zur Flucht, wenn dessen bezichtigt; III Em 3 = Hu 6 **3b)** Solche der Justiz Entflohene heissen *orige*, aus den Augen [*vgl.* Freilassen 3]; Ine 28, I **3c)** **N** Flüchtige Verbrecher, Ansässige oder Miteinwohner, Freie oder Sklaven, hat der Richter (Verwaltungsbeamte) aufzutreiben und nach erstem Diebstahl zu brandmarken (Hn 23, 6, wo lies *reductio* statt *receptio*) und ihre Habe, übers Gestohlene hinaus, das Kläger erhält, zu konfiszieren; Hn 59, 2b **3d)** Der zum Ordal Verurteilte zahlt nach ~ dem Kläger das Eingeklagte, dem Gerichtsherrn 20 Ör Strafe und werde dann amtlich zum Ordal gezwungen, auch wenn Kläger ausbleibt (*u.* 13a); III Atr 4, 1f. **3e)** Wer Gewährzug versprach, aber *forbéh þone andagan*, zahlt ausser Busse Wergeld an den Richter; *s.* Anefang 17h **3f)** Wer, zum Ordal verurteilt, entfloh, wird friedlos (I Atr 1, 7; 11); auch muss sein Wergeld vom Bürgen gezahlt werden; III Atr 6, 2 **3g)** **N** Der Entflohene gilt als friedlos (*s. d.* 9c); Hn 53, 1e **4)** Kläger, der dreimal vergeblich im Hundred (oder in der Grafschaft; setzt Leis Wl 44 hinzu) Recht forderte, klagt bei der Grafschaft und darf Beklagten, wenn dort angesetzter vierter Termin ebenfalls vergeblich war, in Selbsthilfe pfänden; II Cn 19 — 19, 2 = Leis Wl 44 — 44, 2 **N 5)** *Qui ad hundretum submonitus venire noluerit, capiatur de suo 30 den.* [viell. beeinflusst von *u.* 8; anders *o.* 2] *prima et secunda vice;* Hn 29, 2 = 51, 1, wo *tercia vice plena wita sit* (Ungehorsam) **5a)** Die zu Hundred und Grafschaft vorgeladen *venire noluerint, semel summoneantur; secundo accipiatur unus bos* (30 Pfg.), *tertio alius; quarta vice reddatur de rebus hominis ceapgeld* [= II Cn 25, 1], *et insuper forisfactura regis* ('Ungehorsam'); Wl art 8, 2f. Diese Gunst für den Kläger verschwindet im 13. Jh.; Pol Mai II 592 **5b)** Für jede ~ gegenüber dem Geistlichen Gericht zahlt man *lex episcopalis;* Wl ep 3, 2, d. i. das Strafgeldfixum für Ungehorsam gegen den Bischof [oder Rechtsbruchbusse nach der Synode von April 1076] **5c)** Im Forst (*s. d.* 14) inquirieren die königlichen Reiserichter u. a.: *De summonitionibus supersessis* **6)** Um ~ zu vermeiden, wird der Herr verantwortlich gemacht für das Erscheinen des Mannes; *s.* Gefolge 19 **6a)** Der Herrenlose, von dem kein Recht zu erlangen ist, werde durch die Sippe unter Herrschaft gebracht, und wenn sie ihn nicht zum Termin stellen kann, friedlos; II As 2, 1 **6b)** Demselben Zwecke dient Bürgschaft (*s. d.* 18) und Zehnerschaft; *s. d.* **7)** Über die vielfachen Ladungen und die Erzwingung des Erscheinens durch Drohung staatlicher Friedloslegung und kirchl. Exkommunikation im Rechte 11.—13. Jhs. *s.* Pol Mai I 461. II 590 ff.; Maitland *Domesday* 185 **8)** Nicht bloss ein Beklagter kann ~ begehn. Auch wer an der Exekutive des Hundred teilzunehmen sich weigert, zahlt 30 Pfennig beim ersten Male, 60 beim zweiten, 120 Pfennig beim dritten; beim vierten verliere er sein Vermögen und werde geächtet; Hu 3. 3, 1. [Viell. z. T. hieraus *o.* 5] **8a)** Schonen des Verbrechers durch Unterlassen des Gerüftes (*s. d.* 4) macht straffällig **N 9)** Der von Amts wegen kriminell durch Königsrichter oder herrschaftlichen Gerichtsverwalter verklagte Gerichtsuntertan ist, wenn jener vom Termin ausbleibt, frei. Den Verlust ersetze dem Herrn der säumige Beamte; Hn 60, 3. 61, 2; 5 **10)** ~ macht sachfällig: *qui non venerit, amiserit;* 59. 59,1a; 7a. 60,1b. 61,1; 8a **10a)** Allein Fiskus und, falls nicht ein Königsrichter den Prozess leitet, der Vassallitätsherr, klagend gegen Untergebene, verlieren den Prozess nicht durch ~ ohne Abbestellung; *s.* Gerichtsbarkeit 41 **11)** Die ~ einer Partei wird festgestellt durch den Gegner, der Zeugen ringsum heranzieht, dass er am Prozessorte gewartet habe, bis *hora placitandi pretereat*, so dass dessen Prozess gescheitert sei; Hn 59,7 **12)** Doch gilt jemand als vorgeladen in diesem Sinne nur durch die gleichzeitige Mitteilung der Klagegegenstände (*placita nominata*); jeden solchen Prozess verliert Beklagter bei ~. Wer der Vorladung des Richters dagegen bei *placita innominata* (ohne Bezeichnung der Klagen) nicht folgte, zahlt ihm nur Ungehorsamsbusse, ohne Verlust des Prozesses und der Strafgelder; 29,3; 3a. 50,1; 3. 53,1a. 60,1a. 61,1; 8a; 10 **12a)** Die Prozessrolle wird nach der ~ für den Beklagten schwieriger; 26,2 **13)** Kläger, der einen als Dieb Erschlagenen unschuldig erweisen wollte [Wergeld für ihn fordernd], aber zum Termin, wo der Totschläger sich zu reinigen bereit war, nicht erschien, zahlt 120 Schill. [= Ungehorsam dem Könige]; II As 11 = Hn 74,2b **13a)** Der zum Ordal des Beklagten ausbleibende Kläger zahlt dem Gerichtsherrn ebenfalls 20 Ör Strafe und verliert seine Klage; III Atr 4,2 **14)** Liess Kläger ohne des Richters Erlaubnis den ersten Gerichtstermin verstreichen, ohne den Dieb zur Verurteilung zu bringen, so zahlt er 40 Schill. [= 120 Mercisch, Ungehorsam]; Leis Wl 4,1; *s.* Gerüfte 4

Gerichtsweg *s.* Gerichtsfrieden 5

Gerichtszeugnis *s.* Wb *recordatio* 1) In jedem Gerichtsvogteibezirk ernenne man Wahrhafte als gültige Zeugen [*s.* Eideshelfer 2c] für jeden Prozess; V As 1,5. | Vielleicht das unter dieser Zeugenschaft Ausgesagte ist es, was unumstösslich gilt, wenn auch die Zeugen verstarben; III Atr 2 **N 2)** Wenn der Prozessgegner einer Partei ihr Wort entgegenhält, das sie nicht anerkennen will, und sie kann durch eine (Var. zwei) Person(en) als Augen- und Ohrenzeugen nachweisen, sie habe es nicht gesagt, so hat sie ihr Wort gebessert; Leis Wl 24 [*vgl.* Missesprechen]. Der Lateinische Übs. sagt statt dessen: 'ausser der Gegner überführt sie des Wortes durch zwei Dingzeugen'; Glanvilla fordert *tertia manu* VIII 8; Bracton und Britton verlangen éinen Dingzeugen, andere Stellen mehrere; Brunner *Schwurger.* 190. 193; Bigelow *Procedure* 320 **2a)** *In comitatu vel in quovis placito per iusticiam dictum factumve* zu leugnen ist nur durch Dingzeugen, die nicht Mannen der Partei selbst, mindestens einen *intelligibilem*, erlaubt; Hn 48,5. *Recordationem curiæ*, jeder ausser *regis, negare licet per intelligibiles homines placiti;* 31,4 **3)** Unanfechtbar dagegen ist das ~ des Gerichts, wo der König in eigener Person vorsitzt; Leis Wl 24; *vgl.* Königsgericht. Des Königs Anwesenheit ist vielleicht nur potentiell, also einfach die zentrale *Curia regis* gemeint **3a)** *Recordationem (dominicæ* 49,4) *curiæ regis nulli negare licet* (31,4) = *non potest homo contradicere;* Hn 49,4. Das Beiwort *dominica* soll ausschliessen wahrscheinlich nur Grafschafts-, Hundred- und Stadtgericht, welche bei Hn, als öffentlich und von königlichem Beamten geleitet, ebenfalls königlich heissen. Dagegen Beschränkung auf wirkl. Anwesenheit der Königsperson ist wohl in Hn so wenig gemeint wie bei Glanvilla VIII 8,2 und späteren. *Vgl.* Brunner II 394. 523f.; *Forsch. z. GDR* 269; Pol Mai II 666; Schröder *DRG*[5] 793[21] **4)** Unwiderruflich ist das Geständnis eines Verbrechens vor ehrlichen Leuten oder Hundred ['oder Stadtvogt'; Northa.]; Assise Clarendon 1166,13; Northampton 1176,3 **5)** Neben Richter und Urteilfindern gewährleistet ~, dass eine Hinrichtung vom Gericht (*s. d.* 23) autorisiert sei **6)** ~ bei Strafgeldeintreiben *s.* Gericht 20a

Gerste *s.* Wb *bere, -brytta, -gafol* [trage nach *o.* S. 23: berecorn; *pl gn:* -na Pax] **1)** Die ~ ist wichtigstes Getreide der Indogermanen und ältestes der Germanen; das ~nkorn ihr kleinstes Längenmass [Hoops *Waldbäume* 375; Grimm *Kleine Schr.* V 334]. Dieses bei Agsa.: Pax; Urk. a. 957 Birch 994.; ferner Zugabe bei Längenmass 1179: *Dial. de scaccario* I 5k ed. Hughes 74; im ma. Forstrecht bei Turner *Sel. pleas of the forest* p. CXIII; in Schottland noch 1685 gesetzlich (*Proc. antiq. Scotl.* 1897 p. 215), noch heut *barleycorn* Längenmass — $^1/_3$ Zoll. *Vgl.* Maitland *Domesday* 369 **2)** ~ steht für 'Getreide allgemein'; *s. berebrytta* und bei Toller *berecærn, beren, beretun, berewic; vgl.* Rhamm *Grosshufen* 797f. **3)** ~nzins von éinem *wyrhta* (Landarbeiter, Grundbesitzmass): 6 Schwergewichte (fast 1 kleiner Wispel?); Ine 59,1. ~ steht im Mittelpunkte der Abgabe an den Grundherrn **3a)** Der Gebur im Herrschaftsgute zinst von seiner Viertelhufe u. a. zu Martini 24 Sextar ~; Rect 4,1 **4)** Die Kost des drei Tage zum Ordal (hier des Kaltwassers) fastenden Prüflings besteht *in pane axymo puri ordei; Iud Dei* X 1,1 **4a)** Als Nahrung des Asketen nimmt ~nbrot und Wasser um 725 Guthlac; Agsä. *V. Guthlaci* ed. Godwin 26 **5)** Zum Geweihten (*s. d.* 3. 5f.) Bissen dient ~nbrot. [Vielleicht Überlebsel von dessen Gebrauch zum Indogerman. Opfer]

Gerte **A.** Längenmass *s.* Acker 3a; Rute, Elle 1b **B.** Fläche *s.* Acker 3; Hufe 6; Bauer 6a

Gerüfte *s.* Wb *hream, uthes* (*hutesium* bei Bracton III 2 c. 1); *clamor, exclamatio, vociferatio; cri; gebodu, bannum* Aufgebot **1)** Ohne ~ ist kein Verfahren auf handhafter Tat möglich. [Die allgemein Germanische Pflicht, dem Verbrecher nachzujagen, ein Teil der Dingpflicht, erhält sich auf Agsä. Grundlage in Engl. Gesetzen gegen Diebe 1195. 1252; Stubbs *Select char.*[8] 263. 271; auch Bracton III 2,1. Bei anderen Germanen: Brunner II 227. 482ff. 579; His 183; Scherer *Verfahren gegen Toten* 91. Im Altröm. Recht: wenn Bestohlener den handhaften Dieb tötet, erhebe er ~; Hitzig *Ältest. Strafr.* 40] **2)** Wahrscheinlich ~ hinzuzudenken ist zu: *(furem) prosequatur omnis super vitam suam qui velit quod rex;* IV As 6,3. [Dagegen vielleicht nicht Nacheile liegt in: *ubi fur pro certo cognoscetur, consocientur et exuperent vivum vel mortuum* III Em 2] **2a)** Jeder Rechtschaffene verfolge den Totschläger eines Eintreibers von Kirchengerechtsamen mit ~; EGu 6,6 = II Cn 48,2 = Hn 11,11b **3)** Wer Freilassen (*s. d.* 3a) von Verbrechern begeht, ~ hört und nicht befolgt, büsse 'Königsungehorsam'; II Cn 29. 29,1 = Hn 12,

3. 65, 2 = Leis Wl 49 f. **4)** **N** Der Bestohlene, der ~ unterliess und nachher gegen den von anderen festgenommenen Dieb klagt, büsst 10 Schill. [wie *u.* a] für versäumte Verhaftung (*hengwite*) und 40, wenn er den ersten Termin zum Strafgericht [um den Dieb zu schonen] verstreichen lässt; Leis Wl 4. 4, 1 **4 a)** Von *hengwite,* einem Strafgeld für den Fiskus, befreien Kirchenland Urkk. angeblich vor 1066; Kemble 809. 825, beide unecht; *vgl.* Stevenson *EHR* 1896, 741; *Munim. Gildh.* II 670. *Vgl. emissio furis,* Freilassen 5 b. Im Stadtrecht von Chester zahlt Strafe *hengewitam faciens* 10 *sol.* [wie *o.* 4], *prepositus* 20; *s.* Amtsvergehen 3 b **5)** **N** Strassenwächter, die geraubtes Vieh passieren liessen, ohne ihnen angetane Gewalt oder von ihnen erhobenes ~ nachweisen zu können, müssen das Vieh dem Verlierer erstatten; Leis Wl 28, 2 **6)** In der Londoner Gilde ist jeder, der des Viehverlierers *gebodu gehyrde* (*bannum audiat*), diesem zur Begleitung auf Spurfolge verpflichtet; VI As 4

Gesamtbürgschaft *s.* Zehnerschaft

Gesamteid *s.* Eid 7, Auswahleid Z. 14, Eideshelfer 21 **Gesamthand** *s.* Familie, Sippe, Genossenschaft, Gemeinde, Hausgemeinschaft

Gesamthandlung *s.* gemeinschaftliche Missetat, Haftung

Geschäft(zeugen) *s.* Handel, (Kauf)zeugen, Erwerbsgenossen, Urkunde

geschiedene *s.* Ehescheidung

Geschlecht *s.* **A**. Sippe **B**. Frau

Geschlechtsglied *s.* Zeugungsglied, Entmannung [Blutschande 5

Geschwister *s.* Brüder, Schwester;

Geschworene **1)** zur Rüge. In jedem Wapentake [also in Denalagu] treten die 12 vornehmsten Thegnas mit dem Gerichtshalter (Vogt) hervor [also aus dem Umstande des Volkes] und schwören, keinen Schuldlosen [amtlich rügend, in frühestem Ersatz der Privatklage] zu verklagen und keinen Schuldigen zu verhehlen; III Atr 3, 1. [*Vgl.* Untertaneneid III Em 1; ähnlich lautet der Eid späterer Englischer Freibürgschaft und Grand jury; Maitland *Court baron* 76; noch jetzt in *Leet of Southampton* by Hearnshaw p. 2]. Dieselben greifen Bescholtene auf und pfänden sie, sind also überhaupt Gerichtsvorsteher. Die Jury dieses Anglodänischen Stückes ist vielleicht eine Tochter der Nordischen oder beeinflusst von den Rüge~n am Fränk. Sendgericht, deren Eid lautete: *peccantes proximos periurii timore celare non præsumant;* Königer *Sendgerichte* 38. 41. Dagegen stammt die spätere Anglonormann. Jury von der Fränkischen und ist keine Fortsetzung jener; *vgl.* Holdsworth *HEL* I 147 **1 a)** Das Urteil (*dom*) bestehe, wo die 12 einstimmig sind; sonst bestehe, was 8 sagen; jeder Überstimmte zahle 6 Halbmark Busse; III Atr 13, 2 **1 b)** Die Jury findet sich bei reinen Agsa. nicht [jene Eidesformel fehlt dem Westsächs. Stücke *Swerian*], wohl aber bei Nordleuten [Amira *Nordgerman. Oblig. R.* II 42] und Friesen; hier genügt, was von 12 Dingzeugen 7 gegen 5 aussagen **2)** Wie ~ vertreten Pfarrer, Dorfvogt und Zehnerschaftsvorsteher das Gewissen der Gesamtheit, beschwörend, dass Almosen samt Fasten, wie zur Landesbusse verordnet, zustandekommen werde; VII Atr 2, 5. Zum Eidesinhalt *vgl.* Ehrlichkeitsversprechen 3 a **3)** ~ sind Eadgars Kaufzeugen (*s. d.*), wohl auch andere Ausschüsse des Gerichts; *s. d.* 20. a **N 4)** Weistumsjury, königliche Inquisition beantwortend. Wilhelm I. 1070 *fecit submoniri per comitatus Anglos* (Angelsachsen) *lege eruditos, ut eorum consuetudines audiret; electis igitur de singulis comitatibus* 12, *iureiurando sanxerunt, ut legum sancita* [*s* Eadwardi laga 9] *edicerent;* ECf Pro. Pro 1. Waren die Vorgeladenen nur die Urwähler zur Jury? oder identisch mit dieser, so dass dann im ganzen über 300 ~ gemeint sind? Die ~n heissen *iurati;* ECf Pro 1* **4 a)** Ist diese Nachricht zwar vielleicht frei erfunden, so beweist sie dennoch, dass um 1130 die Frankonormann. Inquisition [*vgl.* Brunner *Schwurg.* 385] für so alt u. heimisch angesehen wurde, dass man auf sie die verehrte *Laga Eadwardi* zu begründen für vorteilhaft fand **5)** Die Inquisitionsjury war das Mittel Wilhelms I., um England zu katastrieren. Für jedes Hundred wurden von den Domesdaykommissaren in Essex 4 Franzosen und 4 Engländer als Inquisitionsjury eingeschworen; *vgl.* Round *Victoria County hist. of Essex* I 364. Teilnahme beider Stämme im Urteilfinderkolleg zwischen Parteien verschiedenen Stammes *s.* Dunsæte 9. *Medietas linguae,* zur Hälfte Fremde unter den ~n [*vgl.* MacKechnie *Magna carta* 440], wird erfordert in Engl. Stadtrecht, wenn ein Bürger ausserhalb Missetat beging, und im Prozess zwischen Juden und Christen in Exeter; Bateson I 10 f. 201 **5 a)** Über den Leumund eines Besitzers von Gestohlenem inquiriert staatl. Richter durch [~?] Lagamen; *s. d.* **5 b)** ~ werden im Eisenordal (*s. d.* 10 L) Meineides überführt **6)** Beweisjury. Wenn der Königsrichter meint, dass Normannen und Eingeborene in einem Prozess der Krone gegen eine Graf- oder Hundertschaft über einander nicht wahres Zeugnis abgaben, *eligantur de melioribus iuraturi* (lässt er ~ aus den Vornehmen wählen); Hn 48, 2 a. [Im Schwurgericht Islands sind Verwandte der Parteien ausgeschlossen; Maurer *Island* 383. Das Englische Writ *Venire facias* fordert ~, *qui nulla affinitate attingunt* die Parteien; *vgl.* Eideshelfer 9; *Athenæum* 5. April 1902, 423]

Gesellschaft *s.* Genossenschaft, Erwerbsgenossen; gemeinsam, gemeinschaftliche Missetat, Bande; Volk, Stand(esgenossen)

Gesetz *s.* Wb *æw, dom, ræd* (im 10. Jh.), *gerædnes, asetnis, lagu* (*lagian* verordnen), *cwide* 1, *gecwidrædden* Statut, *institutio, -tum.*

1. Namen. 2. Aufzeichnung. 3. Aufbewahrung. 4. Domboc. 5. Zitate früherer ~e. 6. Matthaeus 7, 12. 7. Kapitel, Rubriken, Prolog. 8. Kirchl. Form. 9. Widersprüche, Wiederholung, Begründung. 10 Zweite und dritte Person wechseln. 11. Ratschlag. 12. Königs Erwähnung. 13. Urkundenstil. 14. König nötig zum ~, 15. neben Witan; 16. autokratisch. 16 d. Rechtlosigkeit heischt ~. 17. Normann Despotie. 18. Volksteilnahme, 19. -verpflichtg. 20. Promulgierung. 21. Trotz gegen ~. 22. Abschaffung. 23. Neues Recht. 24. Archaisches.

1) Das früheste Wort ist *æ; vgl.* Schröder *DRG*[5] 16; es begegnet in *~en* nur als *Cristes æ* für 'Satzung'; denn vielleicht nicht authentisch, sondern erst seit c. 880—950, steht es in Überschrift über Ine. Und in den Texten bezeichnet es vielmehr das durch Gebrauch feststehende Recht **1 a)** 'Volkes *æw* 7 *domas* (unformulierte Rechtsordnung und beschlossene Satzungen?) seien folgendermassen beobachtet'; Ine 1, 1 | *ryht æw* 7 *ryhte cynedomas* (Gewohnheit und Königs~e?) sollen gefestigt werden; Ine Pro |

cyningas ecton þa æ (vermehrten das Recht, welches ihre Vorfahren früher gebildet hatten) *þissum domum* (mit folgenden neu vorgeschriebenen Satzungen): Hl Pro **1b)** *fundon domas* bestimmten neu ~e als Zufügung zu *þeawum* Gewohnheiten; Wi Pro 3; *vgl.* Gewohnheitsrecht; *dom* herrscht seit Hl, Wi, Ine, Af bis Cn und Wl. Vielleicht unauthentisch in Abt Insc **1c)** *gerædnes,* seit EGu Pro und As bis Cn, bezeichnet, wie es scheint, bescheidener den ergänzenden Einzelbeschluss, im Ggs. zu schon bestehenden *domas.* So heisst 'Beschluss' privater Mächte 'zur Ergänzung für die ~e' VI As Pro. 3. Wie hier die Londoner, so nennt auch die Cambridger Gilde ihren Beschluss *gerædnes.* Mit *dom* ganz synonym steht es in EGu Pro. II As 25, 2. II Eg Pro. III 1. IV 1, 5. I Atr Pro. VI Pro. 3. X Pro 3. 2. I. II Cn Pro. Duns Pro. Unauthentisch (11. Jh.?) in Insc zu I Ew H, I. II As H, I Em D, Hu B, III Eg D, V Atr G 2, VI K, I Cn AD. Etwas dem Fränkischen Königsrecht engeren Sinnes [Brunner I² 548] Entsprechendes sind die Ordonnanzen I As und As Alm. Ein authentischer Sondername dafür fehlt. Über jenes Stück setzt ein Schreiber *gerædnes.* Der Name trat auf, als der Inhalt mehr amtliches Strafrecht und Verwaltung zu behandeln begann. Doch sind diese Verordnungen nicht etwa autokratisch; denn auch sie erwähnen den Beirat der Bischöfe **1d)** *asetnis* hat nur Handschrift H in drei Überschriften, davon einmal, wo die frühere D *gerædnis* las; auch zu Ine hatte Af: *dom.* Es ist ein späteres Wort: die Oxforder Provisionen 1258 heissen *isetnesses;* Pauli *Gesch. v. Engl.* III 911 **1e)** *lagu,* dem Norden entlehnt, ist in ~en vor Eadward unauthentisch, begegnet zuerst authentisch in EGu, I As 2, Eg. Es verdrängt in späteren Hss. *dom* und *gerædnes;* neben ~ heisst *lagu* Rechtszustand: *lahriht* zerfällt in *burhriht ge landriht;* Episc 6. Als *lex, leges* der Vorgänger zitiert Königs ~, nam. Eadgars und Æthelreds, Cn 1027, 16f.; im Original stand wohl *lagu.* Ungeschriebene Verfassung bedeutet *lagu* in *Denalagu,* Engländerrecht, Wessex, Mercierrecht, *Eadwardi laga; s. d.* **1f)** *folcriht, cyninges, manna* Recht bezeichnet das weltliche ~ im Ggs. zum *Godes, Cristes, Cristen* Recht; z. B. VI Atr 11. 38. 50 **1g)** *statutum* erst in Hss. nach 1200 | *iudicium* 6 steht wohl für *dom* in IV As 1 | *lex* bedeutet ausser ~ auch: Gewohnheit, Verfassung, Landrecht u. v. a.; *s. d.* **1h)** *leis et custumes:* neues Recht und nur fixierte Gewohnheit Leis Wl Pro; *vgl.* 3: *la custume en Merchenelahe* **1i)** beschliessen: *s.* Wb *(ge)lician* gefallen, gutdünken, richtig scheinen; *þyncan* dünken [*vgl.* Fränkisch *placuit, convenit* Brunner I² 540f.]; *rædan* 1; *gerædan* 1. 3; *beodan* 1; *(ge)cweðan, (ge)cyðan; forgiefan* 1, *granter* (~e) geben; *geceosan* ['Willkür'] bestimmen; *findan* (~e); *settan* 5 festsetzen, bestimmen, *gesettan, asettan* 2 **2)** Einmal nennt sich als Aufzeichner, wohl auch Formgeber, des Beschlusses VI Atr Wulfstan Erzbischof von York; 40, 2, *u.* 8f. Sonst wird nur der König und mancher Ratgeber genannt, die wohl den Inhalt, aber schwerlich die Form der ~e bestimmten und sie sicher nicht niederschrieben **2a)** Zur Aufzeichnung der ~e *vgl.* I S. v. xv ff. **2b)** ~essprache und -quellen; *s.* Wb: *Latein* **2c)** Amira 19 findet gegenüber Abt bei Hl und Wi gesteigerte Gewandtheit der Satzbildung, bei Ine die Sprache weniger nüchtern **3)** Aus *libri episcoporum,* d. h. einem Pontifikal mit der Krönungsliturgie, spätestens von 975, entnahm Sacr cor die *Vita s. Oswaldi* **3a)** Geistliche 'Synodenbücher' sind schon Ælfreds Quellen für frühere ~e; I S. xvii **3b)** Durch kirchenrechtliche Sammlungen sind uns nachweislich überliefert I As. I Em. II. III. IV Eg. V. VII a. VIII Atr. Geþyncðo. Norðleod. Mirce. Að. Had **3c)** Kein ~ der Agsa. existiert heute, das nicht von Geistlichen geschrieben wäre, das nicht aus einem kirchlichen Buche stammte und das nicht von Geistlichen mit anderen ~en gesammelt wäre **3d)** Oft ist ein ~ mit Kirchenrecht und Predigt zusammengeordnet, *s.* Hss. C. D. G. H **3e)** Doch gab es Sammlungen im Anfang 11. Jhs., die, wie hb, von kanonistischem und homiletischem Inhalt frei, nur Reichs~e enthielten, also mindestens in der Absicht weltlich-juristisch waren; *vgl.* I S. xvi. xxix **3f)** Bereits zur Zeit, vielleicht auf dem Reichstage, der ~gebung wurde VII a Atr aus dem uns verlorenen Agsä. Original des Stückes VII Atr, wohl für ein Mönchskloster, angefertigt **3g)** Über früheste Aufzeichnung und verlorene (*s. d.*) ~e: I S. xvij **4)** Als massgebende *domboc* wird Af-Ine zitiert von I Ew Pro. II 5 (wohl Af 1 meinend). 5, 2 (wohl Ine 30 meinend). II As 5 (Af 6 zitierend). II Eg 3. 5 (Ine 4. 3 zitierend) **4a)** Ihr gemäss spreche der Gerichtshalter (*gerefa*) Urteil; I Ew Pro. [*Vgl.* aus *Lex Baiuwar.*: der Graf soll im Gericht den *Liber legis* bei sich haben; Brunner I² 425] **4b)** Das Gericht oder dessen Verwalter besass also einen ~estext **5)** Auch sonst wird sehr häufig ein früheres ~ zitiert; *vgl.* o. 1a. I S. xv, ferner II Ew 1. 1, 3: I Ew 2, 1 meinend. Manchmal nur nach ungefährem Sinne: VI As 1, 4. Weit öfter kommt wörtliche Wiederholung ganzer Zeilen, ja langer Absätze vor: die Deutsche Übersetzung in I. druckt solche klein und nennt die Quelle am Rande **6)** Mehr homiletisch als juristisch sagt Af El 49, 6: wer der Maxime Matthaei 7, 12 folge, brauche keine anderen ~bücher. Das scheint nur übs. aus Matth. *'Hæc est enim lex'*, also gegen das Mosaische Zeremonial~ gerichtet. So sagt ein Homilet: Gott- und Nächstenliebe, *þas twa beboda belucað alle þa halgan lare;* Hs. Cambridge Corpus 190, f. 140v., vom 11. Jh. Stubbs *Constit. hist.* (1874) I 234 zitiert Ælfreds Stelle als Zeugnis der Agsächs. Verquickung von Religion, Sittlichkeit und Recht **7)** Die Kapitelzählung ist authentisch nur in II As 13, 1ff. III As. VI As. Doch beginnt die Paragraphenreihe mit 'Erstens' Ine 1. Af 1. AGu 1. EGu 1. II As 1. III Eg 1, 1. IV 1, obwohl kein 'Zweitens' folgt **7a)** Die Kapitelzählung und Rubrizierung zu Af-Ine entstammt dem 10. Jh.; *vgl.* I S. xvi. Auch die übrigen Rubriken, obwohl noch in Agsä. Sprache, und aus dem Archetyp (wie in Af-Ine, II As), sind nicht authentisch **7b)** Wohl jedes Stück hatte einen Prolog, obwohl er II As jetzt fehlt. Die Prologe sind von einander beeinflusst: II Cn Pro von III Eg Pro. Dagegen ist ein Epilog Ausnahme: II As Hinter I Cn 26, 5 = II Cn 84, 5f. und Northu steht ein Schluss wie zu Ende homiletisch-liturgischer Literatur und der Heiligenleben; z. B. Wulfstan 191. 309 **8)** Auch sonst entstammt die feierliche Sprache und Anrufung des Himmels der Kirche und deren Urkundenwesen; X Atr Pro (auch *Homil. n.* Wulfstan 176). Cn 1020, 16. I Cn 7. II 84 **8a)** Das Kreuz (*s. d*) steht bisweilen an der Spitze; ewiges Leben wird als Lohn versprochen, die Hölle (*s. d.*) als Strafe angedroht wie in der Pönformel der Urkk.; Kemble I LXV. *In nomine s. et individuae Trinitatis* hebt an Sacr cor 1; der Latein. Übersetzer fügt es ein vor IV Eg 2, wie Birch 1231 a. 969. 1258. 'Im Namen Gottes (des Herrn)' beginnen I As Pro. V Atr, wie viele Urkk., z. B. Birch 622 **8b)** Ein kirchlicher Satz wird den weltlichen ~en vorangestellt; Abt 1. Wi 1. Ine 1. III As. II Em. VIII. IX Atr. CHn cor. Oder eine ganze Reihe kirchlicher ~e steht vor der weltlichen Reihe; I Em. I Cn; *vgl.* Quadr Arg 3. **N** So auch in den Privatarbeiten Wl art, Leis Wl, Hn, ECf, Ps Cn for **8c)** Eine stehende Formel, die Religion predigt, geht voran EGu. V. VI. VII. X Atr. I Cn, und sie bezeichnet wohl den Beginn eines neuen Stückes auch Northu 47 **8d)** Eine ganze Reihe geistlicher Gebote trennen von der folgenden weltlichen Af El [ein Muster göttlicher Sittenordnung, kein praktisches Recht]. II Eg. IV 1 und wohl daher I Cn. [*Vgl.* im Frankenreich die viel ältere Scheidung in *Capitula ecclesiastica et mundana;* Brunner *Grundzüge*[4] 42] **8e)** Auch sonst klingen einzelne Sätze theologisch-predigerhaft oder decken sich mit Bibel, Kanones, Homilien; I Cn 18. 21 ff.; *s.* Homiletisches, Moralisches **8f)** In V. VI Atr ist dies so sehr der Fall, dass VI 6 der Paraphrast einfügt, beide Erzbischöfe hätten das Volk versammelt und ihm gepredigt. Phrasenhafte Sprache mit Predigerfloskeln, fast ohne juristische Termini oder weltl. Strafdrohung, verrät viell. den (unter Cnut sicheren) Einfluss Wulfstans; *o.* 2 **8g)** Der hohe Klerus beeinflusste die ~gebung stark; *s.* Bischof 11 **9)** Die Redaktion der ~e ist höchst ungeschickt. So stellt Af eine Übersetzung von Exodus-Kapiteln voran, die er nur selten seiner Zeit durch Änderungen angleicht; die meisten Widersprüche lässt er bestehen; ebenso hängt er seinem ~buche das z. T. widersprechende Ines an; *vgl.* I S. XVII **9a)** Wahrscheinlich auf keinem Widerspruch beruht es, wenn Abt 45 verfügt *Gif nasu þyrel weorð*, 9 *scill.* und (nachdem in 48 *nasu* erwähnt ist): *gif þirel weorð*, 6. Vielmehr scheint vor *þirel* ein Gliedname verloren, viell. eine Zeile übersprungen **9b)** Die Strafmündigkeit stellt VI As 1, 1 auf 12 Jahre, dagegen auf 15 Jahre 12, 1 **9c)** Dem Falschmünzer droht Abhauen der Hand VI Atr 5, 3, den Tod 5, 4 **9d)** Den *Godes fliema* bedroht mit verschiedener Strafe wie den Exkommunizierten (*s. d.* 15a) II Cn 66; von [Frei]bürgschaft und Zehnerschaft handelt er in zwei Sätzen 20: frühere Tradition und eigenes ~ sind an einander gefügt, nicht verarbeitet **9e)** Viel häufiger noch als Widersprüche begegnen Wiederholungen; z. B. sagt Eadgar viermal, er verkünde ausnahmsweise Reichsrecht für sein ganzes Gebiet; IV Eg 1, 6. 2, 2. 12. 14, 2 **9f)** Doch ordnen wenigstens die Gliederbussen (*s. d.* 1) in éine Tabelle Abt und Af. **N** Zu systematischer Ordnung macht erst Hn Ansätze, die aber gänzlich missglücken **9g)** Einzelne Motive werden nur selten angegeben [ausser homiletischen und allgemeinen; *u.* 18a; *s.* Gott 5a]: Ine begründet, dass er heimlichen Waldfrevel höher bestraft als offenen Holzschlag, mit einem Sprichwort; *s.* Baum 4. Der Lohn für Einfang (*s. d.* 5) bezweckt, dem Bestohlenen die Reise zu sparen und die Rettungsgebühr nicht zu verteuern, und ist kleiner beim Auffinden des Gestohlenen im Versteck, weil die Gefahr da geringer. Um dem Bestohlenen die Reisemühe zu sparen, wird aller Gewährzug an den Ort des Anefangs (*s. d.* 20e) verlegt **10)** Die Anrede an Beamte oder Volk wechselt oft in éinem Stücke mit deren Erwähnung in dritter Person; I As Pro. 5; As Alm **10a)** Nur éin Volksteil, der Dänische, ist gemeint mitten in einem allgemeinen ~; IV Eg 12 **10b)** Oft wechselt des Königs erste Person Singularis mit dem die Witan mitmeinenden Plural; *u.* 15b **11)** Als Ratschlag für éine Partei gibt sich Wif und vielleicht Wer **12)** Der König nennt sich in erster Person, stets Singularis; Ine Pro. Af El 49, 9. I As. As Alm. V As **12a)** Dagegen in dritter Person spricht der König II Ew. I. II Em. Er geht von dritter zur ersten über I Ew Pro. 1 **12b)** Wie eine Königsurkunde beginnt IV Eg Pro; dies ~ nennt sich *gewrit* 15 **12c)** Eine Urkunde ist und nennt sich Sacr cor; der König legt sie, die der Bischof ihm übergeben hat, auf den Altar; Prolog. Ein Brief an den König ist III As. Verträge sind A Gu. E Gu. II Atr. Ein Brief des Königs ist Cn 1027 **12d)** Manches ~ ergeht in Form des Brieve [wie bei Normannen Süditaliens; Niese *Gesetzg. Norm. Sic.* 55] **12e)** Der Königsname fehlt nur durch äusseren Zufall II As. Hu. IV Atr Pro. VIII Pro. Ordal. Blas. Forf. Ap A Gu [?] **12f)** Zwar bleibt Æthelred unerwähnt in V Atr Pro VI Pro (die Stücke sind homiletisch, unpersönlich, undatierbar); aber *Engla cyng* ist nicht vergessen. Die Witan allein reden II Atr 9. Forf 2 [beide Male fehlt der Anfang] und V Atr 16, hier gewiss nicht den König ausschliessend, sondern ihn nur über sich stellend: *we under anum cynedome* V 1; *ure hlaford* I, 1—5; *uton cynehlaford healdan* 35; ähnlich VI 1, 1. 2 f. 8 ff. Der König ist auch hier Einberufer der Witan und Promulgierer des ~es; VI Pro L. 40, 2. Eine Variante zu V Atr 1, 1 G 2—5 lässt zwar den König fort, erwähnt aber 'seiner Witan' **13)** Vieles im Stile der ~e entstammt der Urkundensprache; *o.* 12b, ferner *o.* S. 17: *Formelhaftes* **13a)** Ewige Dauer des Verordneten wird wie in Urkk. ausgedrückt durch 'für Geborene und Ungeborene'; A Gu Pro. Hn 70, 11; *vgl.* I 588[1]; *ipsis et heredibus, de me et heredibus meis* Hn Lond 1 **13b)** Aus dem Urkundenstil stammen die Wendungen gegen *awendan* eines Vertragsgeschäfts II Cn 81; *gifan and sellan on dæge and æfter dæge* 79; Widerstand gegen die Staatsgewalt wird als 'so frech, dass . .' getadelt [wie das Zuwiderhandeln gegen einen Freiheitsbrief]; Cn 1020, 9. II Cn 83, 2 **13c)** Aus Urkundenschwulst nimmt der Latein. Übersetzer die Phrase *locus cui inditum constat vocabulum Andeferan;* IV Eg 1, 4 L **N 13d)** Viell. aus Briefen u. fremden Privaturkk. steht *valete* am Schluss von CHn cor **13e)** Aus der für die Charta gewöhnlichen Adresse wird eine falsche Zeugenzeile geschmiedet zu CHn cor Test **13f**) Am Eingang der Privatarbeit ECf wandelt die Datierung *quarto anno adquisitionis* (der Eroberung) ab zu *regni sui*, mehr dem Urkundenstil entsprechend, ECf retr **14**) Bei jedem Reichs~ ist der König anwesend; mindestens ideell: zwar ohne den König, aber mit den von ihm ernannten Witan und durch zwei königliche Missi unterwiesen ward auch das Gemot zu Thundersfield, das der Erzbischof abhielt; VI As 10 **14a**) Auch ein Landschafts~ wie Duns, zwischen Bevollmächtigten der Engländer und Walliser an der Grenze, ohne den König beraten, erhofft zuletzt des Königs Bestätigung (Duns 9, 1); unter Königsrecht ist es aufbewahrt worden. Und Londons Friedensgilde-Statut unterwirft sich der Ergänzung durch den König und gibt sich als blosse Ausführung königl. ~e; *s.* Genossenschaft 9. 12 **14b**) III As ist der Bericht des Landes Kent über dortiges Lokal~ an den König, über die Proklamation von dessen Recht **14c**) ~gebung zählt zur Königspflicht (*s. d.*), woraus nicht folgt, dass sie, im Ggs. zur Germ. Urzeit, ihm allein zustand **15**) Nur ganz ausnahmsweise oder nur durch abkürzend ungenauen Ausdruck erscheint der König als alleiniger ~geber (Hl. V Atr 32, 5. II Cn 83), vielmehr zumeist und in allen feierlichen Stellen unter Mitwirkung der Witan. — Zu Abt fehlt der Prolog; die Überschrift ist nicht original; nur darum vielleicht bleiben Witan unerwähnt. So fehlt auch zu Hu und II As der Prolog nur durch handschriftliche Lücke; und daher deutet das Fehlen der Witam nicht etwa auf Autokratie des Königs **15a**) Wenn Æthelstan durch [also wohl auf Rat von] Bischof Theodred seinen Witan und dem Erzbischof eine Ausdehnung der Jugendjahre vor der Strafmündigkeit und der Grenze kleinen Diebstahls künden lässt, so liegt erstens in der Mitteilung vielleicht ein Anerkenntnis, dass die Witan doch auch darin mitzusprechen hatten, dass ihre Bestätigung milderer Massregeln (wahrscheinlich aber nicht härterer Justiz) nur selbstverständlich schien; zweitens aber war es zuvörderst die Krone, die verlor, wenn weniger mit Vermögenseinziehung hingerichtet wurde; VI As 12, 1 **15b**) Wo in ~*en* 'wir' sprechen, sind König und Witan gemeint; I Ew 1, 2ff. II As 2. 4ff. Hu 4. 5. 7. IV Atr 4. 6. Ordal 1. Wl art 2. 5. [Dagegen schon Pluralis majestatis könnte sein *concessimus* beim Lat. Übs. Leis Wl 1]. So nennt Ine den Vater, die Bischöfe, die Ealdormen, die Nation zwar 'sein', dagegen Reich, Volk, Untergebene, Seelen und ~e 'unser'; und er wie Af beginnt 'wir gebieten, setzen fest', denkt also die Witan als Mitfaktoren der ~gebung; Ine Pro. 1, 1. Oft geht erste Person Singularis über in Plural; bisweilen in éiner Zeile: *hu ic mæhte, . . þonne þuhte us* II Em Pro; *ic wylle, . . . we lærað, beodað* II Cn 1. 2. 2, 1. So sogar die Königsurkunde Cn 1020, 16: *we beodað.* Mitten hinein fügt *we eow cyðað* in ein ganz autokratisches Kapitel Af El 49, 3 **15c**) Beistimmung der Grossen wird in den weit überwiegenden Fällen ausdrücklich hervorgehoben: Wi. Ine. Af El 49, 7; 9f. AGu Pro. EGu Pro. 4. 5, 1. I Ew 1, 2; 3; 5. 2. 3. II 1. II As 4ff. III 2. V Pro. IV 1. VI 10. 12, 1. I Em Pro. II Pro. 5. III Insc. Hu 4. 5. 7. II Eg Pro (wozu III Eg nur zweiten Abschnitt bildet). IV 1. 2, 1. 14. 16. I Atr Pro. II Pro. 9. III Pro. IV 4. 5, 1. 6. V Pro. 1. 1. 16. 35. VI Pro. 40, 2. 51. VII Pro. VIII Pro. 6. 36. X 2. I Cn Pro. II Pro (*vgl.* Cons Cn Pro 3). Forf 2. Had 11 = Grið 24. **N** [Wl lad ist Ordonnanz; *s. u.* 16b]. Wl episc. CHn cor 13. Wl art Insc. ECf Pro. 8, 3. 15, 4. 28. 29. Ps Cn for 1; *vgl.* I 620[d]. Heinrichs I. ~e haben die Form von Urkunden; *vgl.* aber als Beweis des Einflusses der Grossen Adressen und Zeugen, auch CHn cor 1. Rechtshistorisch erschien um 1115 die Agsä. ~gebung als *sapientum antiquae diffinitiones;* Hn 71, 2. Konstitutionell wird Absolutie (*s. d.*) abgelehnt um 1200 **15d**) Zwischen 'Rat' und 'Beistimmung' der Witan darf man einen sachlichen Unterschied nicht wittern. Zu II Cn Pro In fügt dem *consilium* eine spätere Rezension *et consensum* hinzu, wahrscheinlich aus Anglonormann. Brauche. Zumeist ist der König der Entscheidende, und stimmen die Witan nur bei; umgekehrt *iudicia sapientes Exoniæ consilio Æðelstani regis instituerunt;* IV As 1. Eine Initiative der Witan zu Regierungsmassregeln gegen einen Missstand erhellt, wenn 'meine Witan sagen, dass ich (der König) es zu lange ertragen habe'; V Pro **15e**) Durch bloss *principali auctoritate* soll Earconberht, nach Beda, das Heidentum abgeschafft haben; I S. 9. Die Beistimmung mindestens beider Bischöfe ist selbstverständlich **15f**) Dass Ælfred allein *geceas domas* sagt nur éine späte Hs., Rubrik vor Af **15g**) Da I Ew eine Verfügung an die Beamten ist, nennt der Prolog den König allein. Jedoch 1, 2f. folgt *we cwædon* d. h. König und Witan. Also nur im Veröffentlichen (nicht im Bestimmen) der ~e, in der Beziehung zu den Beamten, bis zur Amtsentsetzung, tritt der König allein auf; VIII Atr 32 **15h**) Der Anfang von EGu Pro, der nur von den Königen spricht, ist sieher verderbt. Er erwähnt zwar keine Witan; aber das Stück bezieht sich auf Straffestsetzung durch Witan 5, 1; auch spricht das Prologende von Witan als nách jenen Königen das ~ bestätigend und vermehrend **15i**) Der König redet allein auch da, wo, laut vorhergehender Beistimmung und folgenden Plurals, Witan mit gemeint sind; II Ew I. II Em 1, 1. 3. 4. III 2. 3. II Cn 1 (wo Hs. D nur Witan nennt). Cnuts Schluss nennt sein ~ vom *cyning eallum mannum forgifen,* obwohl er zu Anfang der Witan gedacht hat **15k**) Zumeist stehen König und ~ neben einander gemeinsam ~gebend (VIII Atr 6), gewöhnlich so, dass jener verordnet, diese beistimmen: Af El 49, 10. VIII Atr Pro. I Cn Insc Pro = Cons Cn Pro 3. Oder als ~geber nennen sich dieselben beiden Faktoren 'wir': Af 1. 4, 2. 5. Blas 1. I Ew 1, 3. 3; achtmal in II. V As Pro 3. IV 6. Hu 4. 5. 7. AGu 5. VIII Atr 31. 31, 1; 'unser aller Beschluss' I Atr 4, 3 = II Cn 33, 2 **15l**) Ælfred erwähnt zwar Beistimmung der Witan nur zur Verwerfung oder Änderung früherer ~e und sagt nur von sich aus, er selbst habe das Beizubehaltende ausgewählt und Eigenes festgesetzt; Af El 49, 9. Allein das gesamte neue ~buch, das Ergebnis dieser ganzen Arbeit, wird von den Witan genehmigt; 49, 10 **15m**) Die wichtige Rolle des Bischofs *s. d.* 11 **15n**) Auch Laien beschliessen über Kirchliches und Geistliche; *s. d.* 22 und Kirchenstaatsrecht 24 **16)** Autokratisch erscheint Æthelstan, wo ihn Kents Landtag und Londons Friedensgilde als ∼geber erwähnen; III As Epil. VI 8, 9. Doch kann dies wohl, wie *rex* im späteren parlamentarischen MA, bedeuten: Staat, Zentralregierung **16a)** Eher blickt der Autokrat hervor unter Cnuts Worten: 'ich will, dass jeder meine Bannjagd meide'; *vgl.* Forst 3a **16b)** N Das Beweisrecht zwischen Engländern und Franzosen 'gebietet, bestimmt' Wilhelm I., ohne jemandes Beistimmung; Wl lad Pro. 3 **16c)** Gutes ∼ zu geben, schlechtes abzuschaffen, ist Pflicht des Königs; *Homil. n.* Wulfstan 274. Lend ECf 11, 1A; A 8. 32A3 **N 16d)** ∼gebung nennt eine Notwendigkeit für die rechtlose Zeit um 1100—1114 Quadr Arg 14. Er sucht einen philosophischen Daseinsgrund und eine Einteilung der ∼e aus Isidor; I 543 **17)** Die Nichterwähnung der Grossen durch Heinrich I., und teilweise schon Wilhelm I., in wichtigen ∼en war viell. doch äusseres Zeichen der zweifellos erkannten und vom Adel drückend empfundenen Despotie; *vgl. o.* 15c, *u.* 22c **18)** Nach dem 'Volk' heisst die Reichsversammlung (der ∼gebende Nationaltag) nur bei einem Londoner Fälscher um 1200; *s.* Wb *folcmot.* Aus den mit *folc-* zusammengesetzten Wörtern folgt keineswegs, dass für Recht und ∼ demokratisch ein Ursprung aus Volkssouveränität behauptet werden will **18a)** Wihtred versammelte beratende Versammlung der Grossen; es sprach jeder Grad des Klerus einmütig mit dem g e h o r s a m e n Volke (d. i. Laien, aber auch im Ggs. zu Magnaten). Die Grossen bestimmten mit Zustimmung Aller; Wi Pro — Pro 3. Seit Ine werden nur Witan als beistimmend zur ∼gebung erwähnt; 'unser Volk' soll zwar, neben Kirche (*s.* Kanones 2) und Königtum ('Krone' erst um 1200 Lend ECf 32 A3), Vorteil vom ∼ durch Wachsen der Moral, öffentl. Sicherheit und Wohlfahrt haben (Wi Pro. Ine Pro. AGu Pro. III As Pro. I. II Em Pro. II Eg Pro. IV 2, 1a. 15. I Atr Pro = III Pro. VI 40 (= II Cn 11). X Pro 1. I Cn Pro Var. 1a D); aber passiv bleibend nimmt es keinen Anteil an der ∼gebung. [Über Fränkische Zustimmung oder blosse Verpflichtung des Volkes *s.* Brunner I² 545[26]] Für die Teilnahme des Volkes an ∼gebung kann man nicht Abt 2 anführen: nichts zwingt da, an solche zu denken. Von einer Agsä. Landesgemeinde ist in keinem ∼ die Rede **18b)** Der Landtag des mediatisierten Kent publiziert die Königs∼e und schreibt dies der Regierung, sich als Bischöfe, Thegnas, Vornehme und Gemeinfreie (*s. d.* 10a) bezeichnend; III As Pro. In der Provinz behielt das Volk wohl mehr Anteil an der Politik. Theoretisch wenigstens gehören noch im 11. Jh. zu *þeodwitan* (*leodwitan*) sowohl Vornehme wie Gemeinfreie; Geþyncðo 1 **18c)** Einen Gegensatz zum aristokratischen Wessex bilden die demokratischer, freier gebliebenen Nordleute: den *Angelcynnes witan* steht als Vertragspartei gegenüber 'das ganze Volk in Ostangeln' (AGu Pro), das 'Heer' = Volk bei Olaf von Norwegen (II Atr Pro) und 'Dänen' schlechthin ohne aristokratischen Regierungsausschuss; IV Eg 2, 1. 12. 13, 1. 'Alle Männer, sagt Cnut 1020, 13, erkoren zu Oxford [1018] Eadgars Rechtsverfassung': der Ausdruck für den Reichstag klingt demokratisch, vielleicht unter Dänischem Einfluss **18d)** N Neben König und Baronen nennt das Volk beteiligt am ∼ über Zehnten ECf 8, 3: kirchliche Erfindung. Die klerikale Fiktion der Volksteilnahme bei Königs- und Bischofswahl vergleicht Brunner I² 406² **18e)** Jede Kirche (und Witwe) stehe unter Schutz alles christlichen Volkes (der *plebs catholica,* wo das Agsä. Original die Kirche nannte); V Atr 10, 1 = VI 13 (26 L): eine homiletische Phrase für den Wunsch höchst denkbarer Sicherheit **18f)** N Dass Wilhelm I. die Laga Eadwardi proklamiert habe, wie sie durch Weistum Geschworener (*s. d.* 4) des Englischen Volkes festgestellt worden sei, behauptet nur ECf Pro. Kein hier betrachtetes ∼ ist so entstanden **19)** Durch die Witan, die auf der Reichsversammlung rechtsförmlich dem König [= Staat] das ∼ zu halten versprechen (V Atr 1. VI 40, 2 L. X Pro 3), ist das Volk aufs ∼ verpflichtet; AGu Pro. II Ew 5. V As Pro 3. VI Insc. 8, 9. 10. IV Eg 1, 4. V Atr 1. Cn 1020, 13. Die zuwiderhandelnden Untertanen brechen das Versprechen der Witan; IV Eg 1, 5 **19a)** Die Witan versprechen dem Erzbischof vor königlichen Missi, jeder Vogt werde in seinem Amtsbezirke den Untertanen den Eid auf Æthelstans ∼ abnehmen; VI As 10; *vgl.* Wb *wedd* 3b — d **19b)** Andererseits hat das Volk Anspruch auf das ihm im ∼ Zugestandene: dreifache Alternative des Beweisrechts *eallum leodscipe geseald wæs on wedde;* Urk. nach 975 Birch 1296 **20)** Von der Zentralregierung, dem Reichstage, wurde das ∼ den Grafschaften übermittelt mit Hilfe und Rat königlicher Missi; III As 1 **20a)** 'Man schreibe viele Urkunden diesem [∼estexte] gemäss', die an genannte Herzöge von Northumbrien, Mercien, Ostanglien [und vermutlich je eine an jeden Bischof, Grafen und Sheriff] gehen; IV Eg 15, 1 **21)** Wer von diesem ∼ abweicht (*of gerædnesse ga*), zahle beim ersten Male 5 £, beim zweiten sein Wergeld und verliere beim dritten all seine Habe und unser aller [der Staatsregierung] Freundschaft; II As 25, 2. Der Satz wird zitiert, aber nicht wiederholt, durch III 5. Q übs. *recedere, discedere. Vgl.* Widerstand **21a)** Diese hohe Strafe, Verlust aller Habe und Feindschaft seitens des Königs, droht dem, der die neue Einschränkung der Blutrache (*s. d.* 9) übertritt **21b)** Mit deutlichem Anklang an *o.* 21 bedroht Cnut den, der diese vorliegenden ∼e verletzt (*wierde = apostatabit, violaverit*) beim ersten Male mit einfachem Wergeld, beim zweiten mit doppeltem, beim dritten mit Verlust aller Habe; II Cn 83—83, 2 = Lond ECf 32 B7 = Quadr Arg 5 = Hn 10, 1 = 12, 4; *vgl. prævaricator vel eversor conscriptæ legis;* 34, 8 **21c)** Weit geringer ist die Geldstrafe im voraufgehenden Satze Æthelstans: Wenn ein Vogt um das ∼ nachlässig und weniger bemüht ist als wir bestimmt haben, so zahle er 'Königsungehorsam'; II As 25 = V 1, 2 = IV 7, wo synonym: 120 Schill. **21d)** Aus der milderen Strafe letzteren Satzes folgt, dass mit *o.* 21. b Schlimmeres als ein bloss negatives Nichtbefolgen gemeint sein muss, auch nicht ein Übertreten einzelner Vorschriften, das ja besondere Strafen bedrohen, vielmehr ein offenes, absichtliches, trotzig aufrührerisches Zuwiderhandeln, nicht bloss gegen das allgemeine ungeschriebene Landrecht, sondern, wie Hn richtig versteht, gegen königliches schriftliches ~, so dass der Täter als Königs Feind erscheint **22**) Selten nur wird die Aufhebung (Abschaffung) von ~en erwähnt, wie das Verbot des Kaufhandels ausser der Stadt oder am Sonntag (II As 12. 24, 1) in IV As 2. VI 10. Ferner Af 9, 2 gegen 9, 1 (*s.* Diebstahl 7); Forf 3, 1 gegen 3 (*s.* Einfang 6); II Atr 9. V 32, 1 D (*s.* Anefang 20e). II Cn 76, 2 (*s.* Kind) **22a**) 'Viele ~e unserer Vorgänger verwarf ich mit meiner Witan Beistimmung und gebot sie in anderer Weise zu halten'; Af El 49, 9 **22b**) Die Abschaffung seiner ~e durch Nachfolger befürchtet Ælfred; *s. d.* 3 c **22c**) Nirgends erscheint eine Spur, dass das ~ nur für Lebzeiten des Königs gelte [wie für die Langobarden Liutprands: *Mon. Germ.*, *LL.* IV 181; für die Agsa. lehnt das Amira 97[1] richtig ab]. **N** Erst 1139 siegt im Reichstage des Abts von Battle Behauptung, *regem iura mutare in diebus suis posse, sed nonnisi communi baronum regni consensu in posterum rata fore;* Chron. de Belle 66 **23**) Neues Recht erscheint ungern als Änderung; es tut so als fixiere es nur oder ergänze höchstens altes (*s. d.*) Recht **N 23a**) Wilhelms I. und Heinrichs I. ~gebung heisst *emendatio;* Wl lad Insc. Wl art Insc. 7. Wl art retr Insc. CHn cor 13. Quadr Arg 27. II Praef. Insc. 12. Unhistorisch wird 1178 berichtet, Wilhelm I. beschloss *subiectum populum iuri scripto legibusque subicere;* Dial. de scacc. I 16. Doch war die ~gebung unter ihm und Heinrich I. nicht gering, verglichen mit Frankreich und Deutschland **23b**) Die Rechtsreformen, die [meint Verf. wesentlich 1100?] versprochen waren, werden selten erfüllt [um 1114] und trügen, dank allgemeiner Sittenverderbnis, die Hoffnungen; Quadr Arg 11 f. **24**) Spuren archaischen Zustandes vor staatlichem ~: *s.* Sippe, Schiedsgericht, Gewohnheit

Gesicht *s.* Antlitz, Nase; Auge

Gesinde *s.* Gefolge, Unfreie, Haushalt ***gesið*** *s.* Gefolgsadel

gestabt *s.* Stabeid, Eideshelfer 24

Geständnis *s.* Wb ***andetta(n)***, ***geondettan; (re)cognoscere***, ***cunuissant*** **1**) Wenn jemand, auf Wergeld verklagt, den bisher abgeleugneten Totschlag vór dem abzulegenden Reinigungseide eingesteht, so geht der Wergeldanspruch der Sippe dem Strafgeld vor; Ine 71; *s.* blutig fechten 3 f **2**) **N** 'Wenn einer jemanden tötet und gesteht (*convictus vel confessus* Übs.) und Busse zahlen soll' usw.; Leis Wl 7 **3**) Wer freiwillig eine bisher verborgene Schuld in der Kirche bekennt, dem sei es [Strafgeld] halb vergeben (Af 5, 4), nicht zum Lohn fürs ~, sondern aus Rücksicht aufs Asyl; *s. d.* 5 a. Dass Ableugnung die Strafe erhöhe, scheint mir, gegen Schmid 557 b, aus IV Eg 11. VI As 1, 4 nicht zu folgen **3a**) Die Erlassung des Strafgeldes für eine bestimmte Periode (*s.* Amnestie 2) will wohl das ~ und schnelle private Gutmachung der Missetat fördern **N 4**) Wer wegen Kapital(Kriminal)sache verklagt, *confitebitur vel ordine iudiciario* (Prozess) *convincitur, iam condempnatus est;* Hn 61, 18 a **4a**) Aufs ~ wird verfahren wie nach Handhaftigkeit; *s. d.* **4b**) *cognoscens latro*, den der mit *infangenþeof* Privilegierte richten darf, muss 'handhaft, daher so gut wie geständig' bedeuten; ECf 22, 4 **5**) *Si quis partim confiteatur et partim neget, emendet quantum recognoscit et iuret de reliquo* (büsse er für soviel, wie er gesteht, und schwöre sich fürs übrige rein); Hn 94, 1 c **5a**) *Qui contra dominum* als den Kläger *partem confitetur, ceterum probabit* [verstehe *imp~:* 'widerlege']; *qui nichil inculpacionis recognoscit, totum, si vult, abnegabit;* 48, 7 f. **5b**) Einen Teil der klägerischen Behauptung gibt zu der Hinrichter eines, den Kläger als unschuldig erweisen will: *cognovit, quod* Getöteter *fuit captus vivus;* ECf 36, 3 **6**) Schuldbekenntnis des Beklagten aus *metu vel fraude non valet;* kanonistisch Hn 5, 16 b

Gestüt *s.* Pferd

Geþyncðo I 456, übs. durch Q 542, durch In Cn 616

Getreide *s.* Wb *corn*, *sceaf (garba)*, *eorðwæstm. Vgl.* Gerste, Hafer, Roggenernte; Ackerbau, Landwirtschaft, Preis **1**) Der Kötter schneidet der Herrschaft als Fron (*s. d.* 8) im August $^1/_2$ Acker ~ täglich, von Hafer 1 Acker; er erhält dafür eine Garbe; Rect 3, 1 f. [Ebenso im *Domesday of St. Paul's* ed. Hale 19; *quantum poterit ligare de uno ligamine* zu Ramsey] **1a**) Einem Esne (bzw. einer Unfreien) gebührt als Jahreskost [von der Gutsherrschaft] 12 (bzw. 8) 'Gewicht' (*s. d.* 2 ff.) guten Korns; Rect 8. 9 **1b**) Auf einigen Grossgütern erhält das (fronende Bauer)volk [von der Herrschaft gewohnheitsrechtlich] beim Kornladen die Feimenkuppe; 21, 4 **1c**) Das ~ verwaltet dort der Kornverwalter (*s. d.*) zusammen mit (= unter) dem Gutsvogt; Ger 4 **2**) Körner bestimmen Mass (*s.* Gerste 1) und Gewicht; *s. d.* 1 c **3**) ~-Verzehntung *s.* Zehnt

Gevatter *s.* Taufpate

Gewährbürge. 1) Der für den Gewährsmann, den Veräusserer, haftende Bürge kommt erst um 1000 vor [frühere Erfüllung des Zwecks *s.* Geiseln 2] und scheint, wie jedenfalls die Bezeichnungen *heimelborh* [K. Lehmann *Reallex. Germ. Altt.* I 84; in Schottland liefert man noch 1337 Vieh *sub plegio de haymald; Rot. Scacc. reg. Scot.* I 436], *festerman*, vom Norden eingeführt; *s.* auch Wb *borg*, *borhleas*, *plegius* 2, *plege* 1 a, *plegage. Vgl.* Bürgschaft 4 b. 8; Grundbesitz 16 d **1a**) Dass *festerman* mit *borg* synonym steht, beweist Urk. um 975 Birch 1130 **1b**) Unter einem Schiedsspruch zwischen Landverkäufer und Einspruch Erhebendem um 1012 zeichnen Zeugenschaft und [Gewähr-]Bürgenkreis, die dabei waren; Kemble 898 **2**) Niemand kaufe oder tausche ein [Fahrhabe] ohne [Gewähr]bürgschaft und [Kauf]zeugnis; I Atr 3; nur letzteres hatte II As 10, der hier benutzt wird, gefordert **2a**) **N** *Nulla viva pecunia vendatur aut ematur nisi infra civitates ante tres fideles testes* [soweit zumeist aus Cnut] *nec re[s] vetusta sine fideiussore et waránto;* Wl art 5, wahrscheinlich unter Wilhelm I. wirklich geltend; *u.* 4. 5 **3**) Wer unverbürgtes (*borhleas*) Vieh hält, verliert es samt Strafgeld an den Gerichtsherrn; III Atr 5 **4**) Beklagter, bei dem Lebgut im Anefang (*s. d.* 16 b) beansprucht wird, muss, wenn er keinen Gewährsmann hat, seinen *heimelborh* und seine Kaufzeugen nennen und zum Gerichtstermin stellen und ihm oder dem Gewährsmanne das Angeschlagene zuschieben. Fehlen ihm beide, so beschwöre er mit den Kaufzeugen (die bekunden, er habe Gewährbürgschaft genommen), er könne beide nicht erkunden. Dann verliert er das Stück Vieh, gilt aber nicht als Dieb.

So im Mercier- und Dänen-Rechtsgebiet; Leis Wl 21—21, 2 **4a**) Dass dies für Westsachsengebiet nicht gilt, folgt aus dem letzten Zusatz und aus 21, 3. Auch übersetzt dieser Kompilator 45—46 aus Cnut anderes Westsächs. Recht, das den ~n nicht erwähnt **5**) *Defensum erat in lege* [angeblich Edwards des Bek., was aber für Wessex falsch], *ne aliquis emat vivum animal vel pannum usatum sine plegiis* (~n) *et bonis testibus* [*nec*] *opus aureum vel argenteum de ecclesia vel de thesauris* [*regis*]; *et si venditor non potest habere plegios, retineatur cum pecunia, donec veniat qui possit eum warantizare.* Gegen dieses Verbot *non emere animalia preter* (ohne ~n) *plegios, clamaverunt macerarii, etiam cives,* die täglich, bzw. zu Martini *emebant animalia sine plegio* (~n). *Quas consuetudines eis non auferimus* [Verf. unter Wilhelms I. Maske]; *tantum in mercatis emant cum testibus et cognitione venditorum,* also unter den alten Kautelen, doch ohne ~n; ECf 38—39, 2 gekürzt; *vgl.* I 668[d]. 669[1]. 670[e] **6**) Kauf ohne ~n hatte Strafgeld neben Verlust des Erkauften auch dann gekostet, wenn Käufer vor Zeugen gekauft hat, guten Leumund besitzt, schwört, den Verkäufer für ehrlich gehalten zu haben, und ihn angeben kann; ECf 38, 2—3a

gewährleisten *s.* Wb *warantizare; liberare* 2 | im Domesday heisst [*re*]*vocat liberatorem:* [Landbesitzer] ruft an als den Erteiler der 'Livery of seisin (Gewere)'. [Über Garantieklausel bei Anglonormann. Landübertragung *s.* Wissmann in *Archiv f. Urk.-Forsch.* 3 (1911) 287f. ABRAHAM] | ~stung: *waru, advocatio, defensio;* ~ster: *warant(us)* | im Domesday auch *advocant regem ad tutorem, protectorem, defensorem;* Round *Victoria County Hist. of Essex* I 413 | *Vgl.* Haftung. Im Sinne 'Verbürgen' *s.* Bürgschaft **1**) Wenn ein der Zollhinterziehung Angeklagter *appellet, quod tolneum dedit, inveniat* [den Beamten], *cui dedit; si cacepollum advocet* (sich auf den Steuerbüttel berief), *quod ei teloneum dedit, et ille neget, perneget* (reinige sich Beklagter) *ad Dei iudicium;* IV Atr 3, 1; 3 **2**) Der Satz, dass Stadtvögte, die Münzfälschung erlaubten, deren Strafe leiden (IV Atr 7, 3 = II Cn 8, 2), wird übs. in Cons Cn: *Si monetarius prepositum accusaverit* (der ertappte Münzer den Vogt zur Gewähr anruft), *quod illius licentia falsum fabricaverit, purget se* der Vogt dreifach schwer **2a**) **N** Vielleicht bezieht sich der Falschmünzer auch in Hn mon 2 auf Auftraggeber od. Erlauber der Fälschung (Münzherrn), nicht bloss auf einen Vorbesitzer als Gewährsmann; dagegen nur letzteren meint sein Reinigungseid; *s.* Anefang 16e **2b**) Der Münzmeister trägt bei Münzverbrechen die Verantwortung für den Unterarbeiter; IV Atr 9, 1 **3**) Klägers Eid, der einen Einkauf als fehlbehaftet erkennt: Du [Verkäufer] hast mir, was du verkauftest, von Anfechtung rein versprochen und volle Gewähr gegen [dessen] zukünftige Einklagung; Swer 7 **N 4**) Der König kann Beklagtem in seinem Dienst ~ gegen Schaden aus Gerichtsversäumnis; *s. d.* 2d **5**) *In quibusdam,* aber nicht für Kriminalverbrechen, *potest dominus homini warantus esse, si precepto suo verberaverit vel alio modo constrictaverit aliquem;* Hn 82, 3; 6. 85, 2a **5a**) *Qui ad dampnum vel malum aliquem duxerit, liberet eum advocatione* (mache ihn frei durch Garantie gegen Busse und Strafe); nur für Diebstahl, Mord und andere *capitales et criminales causae nemo possit alterius warantus esse;* 82, 3. 85, 1; 2a **5b**) *Si plures aliquem vulnerent precepto domini, et* [dieser] *velit warantus esse, solus emendet pro omnibus, et unam witam* (éin Strafgeld für alle); 94, 3 **6**) Der wegen ungerechter Hinrichtung Angeklagte *nominet iusticiarium et iudices et testes* des Strafgerichts; *si ipsi warantizaverint eum, quod iuste sit facta iusticia* (die Hinrichtung), *quietus erit interfector;* ECf 36, 3 **7**) Ein verdächtiger Verkäufer, ohne Kaufzeugen oder Gewährbürgen, wird mit der Ware angehalten bis *dominus* (*s.* Gefolge 16f) *aut alius possit eum warantizare;* ECf 38, 1a

Gewahrsam *s.* Fisch 5; *vgl.* Anvertrautes, Depositum, Haftung 4—6

Gewährzug *s.* Anefang **Gewand** *s.* Kleidung **Gewässer** *s.* Wasser

Geweihte *s.* Geistliche, Nonne, Witwe

Geweihter Bissen *s.* Wb *corsnæd; offa iudicialis, coniuratus* (*benedictus*) *panis* [Wilda *Ordalien*, bei Ersch *Encyclop.* 454, aber nicht Toller, kennt *nedbræd;* bei Friesen *corbita*] **1**) Dieses Gottesgericht vergleichen bei Germanen, Indern und sonst Brunner II 412; Dahn *Bausteine* II 18. 46f.; Lea *Superstition* 234f. Es war in Gebrauch noch zur Zeit von Lindenbruch *Codex legum antiq.* 1418 **2**) Wenn ein Geistlicher ohne [Bluts]freunde und [daher] ohne Eideshilfe mit Anklage (wegen Totschlages oder Teilnahme daran; 23f.) belegt wird, so schreite er zum [Ordal des] ~n ~s und erfahre (= erlebe, leide) dabei, was Gott will; dem Altardiener [nicht dem blossen Kleriker] kann man [Gericht oder Kläger?] erlauben, sich [leichter] in Abendmahlsprobe (*s. d.*) zu reinigen; VIII Atr 22ff. = I Cn 5, 2a. c **2a**) Die Wahl stellt Schmid 640b unrichtig dem Beklagten anheim. Den ~n ~ hält er nur bei Geistlichen für gewöhnlich. Siehe dagegen *u.* 7; auch ist Ehebruch der Klagegegenstand *u.* 6c; ferner rühmt sich der beschwörende Priester, offenbar seinen Stand dem des Prüflings entgegensetzend, *quibus famulatum sacri ordinis indidisti;* Iud Dei III 3, 1 **3**) Beschwörung *panis ordeacei et casei:* Iud Dei III. XIV. [Die Reisprobe der Inder vergleicht schon Wilda *o. Z.* 1] **4**) Der Prüfling schwört den Unschuldseid; Iud Dei III 1, 2 **4a**) Derselbe soll, wenn schuldig, den Bissen nicht hinabwürgen können (III 1, 2. 2, 1; 3. XIV 2. 3. 4, 1. 5, 1. 6. 7, 2. 8, 2. 11, 1) und ausspeien müssen unter Erbleichen und Zittern, schäumenden Mundes (III 3, 2. XIV 4, 2), unschuldig ihn leicht schlucken; III 2, 4. 3, 2. XIV 8, 3 **5**) Das Gewicht des Bissens sei 1 Unze [= $^1/_{16}$ Pfund = 15 denaries]; XIV 1, 1b. I 408[b]. 425[b]; nur *denarios* 9 nach XIV 10 **6**) Brot und Ziegenkäse seien trocken und dürr; XIV 1; auf beiden stehe '*Pater noster*' geschrieben; 1, 2 [auch die magische Medizin lässt Wasser trinken, das heilige aufgeschriebene Worte abgewaschen hat; Payne *Engl. medic. in Anglos. times* 125] **6a**) Die gestohlenen Sachen und die Namen der Verdächtigen werden auf Sonderzetteln notiert, auf welche die Beschwörung Bezug nimmt; XIV 1, 3. 7, 1. 8, 2 **6b**) Alle Materialien liegen auf einem Tischchen vor dem

Altar; XIV 1,4 **6c)** Der ∾∾ bewies im Prozesse wegen *furtum, homicidium, adulterium, maleficium;* III 1, 2. 2, 1; *furtum;* XIV 1, 2. 2 **7)** Herzog Godwine [† 1053] soll, um sich vor Eadward III. von Schuld an tödlicher Verstümmelung von dessen Bruder Ælfred [1036] zu reinigen, einen Bissen genommen haben, den der Bekenner segnete; aber er erstickte bleich daran; Henr. Huntendun., Will. Malmesbur., Ailred Rievall., Life of S. Edward ed. Luard 118f. Abgebildet ist die Szene um 1130 im Domesday Breviat des Public Record office. Näheres Plummer *Saxon chron.* II 242. Der Bericht muss noch vor Ende 11. Jhs. entstanden sein. Eher eine Legende als ein Ordal; Patetta *Ordalie* 306. Es fehlt zum Ordal erstens formaler Zwang durch Vereid des Klägers, zweitens Vorbereitung, drittens rituelle Weihe des Bissens. Dennoch konnte nur, wer den ∾n ∾ kannte, die Legende erzählen

Gewerbe *s.* Handwerker; Tuch, Färberei, Leder, Fleisch, Münze, Handel

Gewere *s* Wb *saisiare, dissaisiatus, -tio; vgl.* Besitz(entsetzung), Jahr u. Tag

Gewicht *s.* Wb *(pund)wæg, pund; pondium, libra, pensa, uncia.* Wage *s. wægpundern;* Wieger: *punderes. Vgl.* Saum, Quarter, Pfund, Mark, Ör, Unze **1)** Auch die Pfennigmünze (*s. d.*) dient als ∾ (Iud Dei XIV 10), wie ihr Vielfaches, der Rechnungswert *solidus* (*s.* Wb); I Eg 9 Q Hn 67, 1b; c. Iud Dei XVI 40. [So auch festländisch; Zeumer *Formulae* 671.] Ebenso der Mancus; *s. d.* **1a)** *Man wegeð gold wið penegas; Hom. n.* Wulfstan 240 **1b)** Ælfred wog das Wachs zur Anfertigung der Kerzen, durch die er die Stunden mass: *ad denarios pensari in bilibri praecepit;* aus *cera quae* 72 *denarios pensaret, sex candelas facere iussit, ut unaquaeque candela* 12 *uncias pollicis in se signatas in longitudine haberet; sex per* 24 *horas lucescebant;* Asser 104, 3 **1c)** Das *Pennyweight* wird im 14. Jh. in Canterbury bestimmt als wiegend 32 Körner roten Weizens, voll, aus der Mitte der Ähre; *EHR* 1906, 570 **2)** *pund* als Getreidelast; Rect 8f. Für einen Esne (Unfreien) genügen jährlich 12 *pund* guten Korns (Quadr. übersetzt *pondia*, zum Unterschied von *libra* Pfund); also täglich $^1/_{30}$ *pund.* Zwar kannte German. Ma. unter dem Namen 'Pfund' ein Schwer-∾, nämlich das 3 Zentner schwere Schiffspfund; *Hans. Urkbuch* III 568, Fritzner *Ordbog.* Es ist aber hier nicht gemeint, weil für 1 Mann nicht täglich fast 10 Pfund Korn als Nahrungsminimum gelten kann **2a)** Nun übersetzt Q durch *pondia* auch das andere schwere ∾ der Agsa., nämlich *(pund)-wæg.* Vielmehr dies [*u.* 3a. b. 5] scheint hier gemeint; dann entfällt auf den Mann täglich 6 Pfund Korn, höchstens 3—4 Pfund Brot. Dies scheint viel, aber nicht undenkbar. [Der Deutsche Soldat und Landarbeiter braucht $1^3/_4$ (Engl.) Pfund mit ebensoviel an anderer Nahrung.] Der Agsä. Dichter von 'Salomo und Saturn' gibt dem Manne täglich 2 Laib Brot. Ein Laib von 2 Pfund ist nicht zu gross; allerdings erwähnt die Benediktinerregel *pundmætan hlafes* (einpfündigen Brotes), jedoch nicht als einziger Tagesnahrung, und für nicht schwer Arbeitende, sondern für Mönche **2b)** Die Sklavin erhält jährlich 8 *pund* Korn; Rect 9 (also $^2/_3$ von der Nahrung des Mannes) **2c)** Für die Möglichkeit, dass éin Schwer∾ sowohl *wæg* wie *pund* heissen könne, spricht die Tatsache, dass diese zwei Wörter in anderer Bedeutung synonym stehen, nämlich für Wage **3)** Der andere Name für ein Schwer∾ (den Quadr ebenfalls *pondium* übersetzt) kommt vor für Futter und (noch heute) für Käse und Wolle. Er lag wohl vor fürs Lat. *statera casei* in Urkk. a. 858. 863 Birch 496. 507 **3a)** Von 10 Hufen als Bodenzins neben vielem anderen: 20 *pundwæga* (Var. *wæga*) Futter; Ine 70, 1; *pondia* Quadr **3b)** Als Gerstenzins von jedem *wyrhta* ('Landarbeiter' als Flurquantum) 6 *wæga* (Var. *pundwæga*); Ine 59, 1, unübs. Q **3c)** Dass in a und b éin ∾ gemeint ist, ist wahrscheinlich. Dagegen bedeutet für zu wiegende Gegenstände verschiedener Art oft éin Wort zweierlei ∾. *Vgl. u.* 9 **4)** Nach *wæg* wird Käse oft gewogen in Urkk., z. B. vor 810 Birch 330, Käse und Speck a 831 n. 403; a. 835 n. 412. Das Domesday braucht dafür *pensa, pisa, pondus.* Kloster Abingdon klagte, Ende 10. Jhs. habe 1 wey Käse 22 stones zu 8 Pfund enthalten, Anfang 12. Jhs. nur 18; Round *Victoria County hist. of Berks.* I 23 **5)** Es gehe die *wæg* Wolle zu $^1/_2$ £ Silber (= 120 Pfg.; Var.); III Eg 8, 2; *pondus* übs. Q. Cunningham versteht dies als 175 [Engl.] Pfund (*Growth of industry* 124); Bateson als 182 *EHR* 1899, 505. Im 13. Jh. wird Wolle nach Sack [26 Stein zu 14 Engl. Pfund] zu 364 Engl. Pfund (= 166 Kilo) verkauft, der Sack kostete 6—13 £ Silber [Hansen *Engl. Staatskredit* in *Hans. Geschbl.* 1910, 343]; kann der Preis in 300 Jahren aufs 6—13fache gestiegen sein? **6)** 1 Unze wiegt Geweihter Bissen; *s. d.* 5 **7)** Synode a. 786, 17 bestimmt: *mensuras æquas et pondera æqualia statuant omnibus, . . . ne alio quis vendat pondere vel mensura, alio emat;* in Alcuin ed. Dümmler *Mon. Germ., Epist.* IV 26 **7a)** ∾e mache man genau richtig; (aus Eg, *u.* 8) VI Atr 32, 2 = II Cn 9; zu In Cn fügt Glosse: 'einheitlich'; *s.* 8 **7b)** N *Habeant per universum regnum pondera fidelissima et signata;* vielleicht aus Cn oder aus Assise a. 1197, Wl art retr 7 **7c)** Man vermeide (gebrauche nie) falsche ∾e; V Atr 24 = VI 28, 2 **7d)** *Qui portus* (Städte) *custodiunt efficiant per oferhyrnessam meam* [120 Schill. Strafgeld an den König], *ut omne pondus sit marcatum ad pondus quo pecunia mea recipitur; singulum signetur ita quod XV ore libram faciant;* IV Atr 9, 2 **8)** Über des Königs Herrschaftsgebiet gehe éin Mass und ∾ (*vgl. o.* 7a), wie es in London und Winchester gilt; III Eg 8, 1. London steht nur in der einen Hss.-Klasse, vielleicht um 1000 zugesetzt, als es an wirtschaftlicher Bedeutung über Winchester stieg **8a)** Wahrscheinlich ist dies ∾ identisch mit dem späteren Londoner Husting-∾ (von *marcan seolfres be hustinges gewihte* spricht Urk. Cnuts 1032 Kemble 745), und dies wieder mit *publicum pondus;* Napier and Stevenson *Crawford char.* 78; Sharpe *London and kingdom* I 10. *Vgl. ciphos argenteos de* 12 *marcis ad pondus hustingiae London.;* angeblich vor 985, aber überarbeitet, Birch 1060 **8b)** Verunechtete Königsurkk. verleihen Londoner Güter an den Bischof von Worcester samt *modium et pondera et mensura sicut in porto* [offenbar London] *mos est;* a. 857.

888 Birch 492. 561 **9)** Abweichende ∼e: *appensio Danorum, magnum pondus Normannorum, leadgewiht, sylfyrgewiht* bei Stevenson *o.* 8a; *weaxpund* bei Toller s. v. *wæg. Vgl.* auch I 615^y **10)** Die staatliche Aufsicht über Mass und ∼ erhellt deutlich aus den *Gesetzen, o.* 5. 7a—8b; doch wurde sie freilich durch Könige verschleudert **11)** Der Bischof soll nicht erlauben unrichtig Mass oder falsch ∼; jedes Stadtmass, Wage und ∼ sei nach des Pfarrers (Bischofs; Q) Bestimmung geregelt; Streit darüber entscheide der Bischof (*s. d.* 9c); Episc 6. 12 **11a)** Dies u. das folgende ist wohl klerikal mit Unrecht verallgemeinert aus Privilegierung einzelner Bistümer mit Mass und ∼: *Episcopi .. in multis locis ... in sua propria terra et in suis villis debent habere ... pundæres vel ponderatores, ... proprias mensuras et pondera;* In Cn III 59; *vgl.* I 615^y. **N** Über den Wäger am Exchequer *s.* Round *EHR* 1911, 725 **11b) N** Auf Gütern des Domes v. Canterbury wiegt man im 13. Jh. Käse 'by Lanfranc's weight'; *Eighth rep. hist. mss., App.* I 325 **12)** Wage mit ∼ gehört zum landwirtschaftlichen Inventar der Gutsdomäne, das der Amtmann haben muss; Ger 15. [Heutige Gutsherrnpflicht, *a common pund* zu halten, betrifft den Pfandstall, nicht Pfund∼]

Gewissen *s.* Wb *dearr* **1)** Abgesehen von homiletischen (*s. d.*) und moralischen (*s. d.*) Ermahnungen ruft manches *Gesetz* auch mitten in technisch-juristischem Text das ∼ an, ohne doch einen Sonderausdruck dafür zur Verfügung zu haben; *s.* Darlehn 4 **2)** Richte nicht nach der Menge unrechtem Begehr wider dein Rechtsgefühl (*ryht*); Af El 41 **3)** Die Gesetzgeber [7.—9. Jhs.] 'wagten' Herrenverräter nicht zu Geldstrafe zu begnadigen; 49, 7 **4)** Ich [Ælfred] 'wagte' keine umfangreiche eigene Gesetzgebung aus Furcht vor dem Urteile der Nachwelt; 49, 9; *vgl.* Gesetz 22b **5)** Zur Eidesforderung fügt der Gesetzgeber warnend ein: wenn der Schwörer 'wagt'; Ine 17. 46, 2. 57. I Ew 1, 5. II As 20, 8. III Eg 3 = II Cn 15, 1. II Atr 9, 3. III 2, 1. VIII 19, 1 = I Cn 5a. II Cn 75, 1. *Vgl.* Eid 4a **5a)** Teilweise kann zwar die materielle Schwierigkeit, den Eid mit Helfern zustande zu bringen oder den Zweikampf zu bestehen, gemeint sein ausser dem Appell ans ∼, in AGu 3. Wl lad 3, 2 **5b)** Dies trifft aber nicht zu beim Eineid (z. B. Abendmahlsprobe) oder wo die Helfer selbst angesprochen werden: I Atr 1, 4 = II Cn 30, 3. Northu 57, 2 **5c)** Besonders eindringlich wird dem Prüfling ins ∼ geredet in jeder Ordalliturgie: er solle, wenn sich schuldig fühlend, das Gottesgericht nicht wagen; z. B. Iud Dei I 2, 1. IV 2, 2

Gewohnheitsrecht. *Vgl.* Gesetz 1. 1b; altes Recht; auch *riht* kann ungeschrieben Recht bedeuten **1)** *Be woruldgewunan*, nach dem gutsherrlich-bäuerlichen ∼, beurteilt IV Eg 1a Gottes Weltleitung **2)** Das herrschaftliche Gutsrecht und (= im Verhältnis zur) Gerechtsame der Untergebenen beruht auf Bestimmung der *witan* (Ratsvorsteher), seit alten Tagen; Ger 1 **2a)** Derselbe Verf. beschränkt die Geltung der von ihm für den Gutsvogt gegebenen Wirtschaftsregeln auf eine Landschaft und deren ∼; Rect 21, 1—3 **2b)** Der Vogt des Adelsguts beobachte stets (echte) alte Gutsordnung u. Volksgewohnheit (Hofrecht (*s. d.*) im Verhältnis zu Landesbrauch); 4, 6 **3)** Das Grössenmass des landwirtschaftl. Besitzes eines Kötters im Herrschaftsgut bestimmt sich nach ∼ dort zu Lande; 3, 3

Gewohnheitsverbrecher *s.* Bescholtene, Rückfall **Giebel** *s.* Haus 1f

N Giffard, ausser *o.* S. 104 Sp. 1: Wilhelm ∼, Kanzler Heinrichs I.; Hn mon Test

Giftmischerei *s.* Wb *lybblac; enpuissuned. Vgl.* Kemble *Saxons* II 432; Wilda 712. 965; Brunner II 679 **1)** Sie wird zumeist mit Zauberei (*s. d.*) zusammengestellt, wie bei anderen Germanen unter *maleficium*, oder darunter oder unter heimlichem Mord (*s. d.*) begriffen **1a)** Für *morðwyrhtan* (Mordstifter), die man neben Zauberern ausser Landes verjagen od. vernichten soll, sagen *venefici* (Vergifter) EGu 11 Q und VI Atr 7 L, *veneficæ* II Cn 4a Q; *s.* Frau 5 **1b)** Für *wiccean* (Zauberer) in demselben Satze setzt *venefici* II Cn 4a Cons **2)** Gift war den Agsa. nicht unbekannt: *sicarius missus a rege Occidentalium Saxonum habebat sicam toxicatam, ut vulnus peste iuvaretur veneni* a. 626; Beda II 9. Auch Eadburg, Offas Tochter, Gemahlin Beorhtrics von Wessex, wird ∼ zugeschrieben **3)** Wegen Zauberkünste und *liblacum* (Verhexungen oder ∼), wenn ein Mensch daran stirbt, habe der Täter sein Leben verwirkt; II As 6 **4)** Meineidige und *lybblac* (Zauberei od. ∼) Übende, seien exkommuniziert; I Em 6 **N 5)** Wenn einer jemanden vergiftet, werde er getötet oder dauernd verbannt; aus Röm. Recht Leis Wl 36 **6)** Wilhelm I. *maleficiis omnem locum denegavit;* Will. Pictav. ed. Giles 147. Gerüchte, dass er Vergiftung veranlasste, verzeichnet jedoch Ordric Vitalis; *vgl.* Stubbs *Lectures early hist.* 54 **Gilde** *s.* Genossenschaft

Glanvilla, Rechtsbuch des ∼, zitiert als *Leges Henrici regis II.:* Iud Dei XVI Insc. ^b [S. XXVI. XLI

Glasgow. Hss. dorther: Glasg., Tr I

Glaube *s.* Christentum; Ketzerei, Heidentum

Glaubensbekenntnis 1) Die Synode von Hatfield 680 beginnt mit dem ∼; Beda IV 15 **1a)** Beda und Synode a. 747 fordern, das Volk solle ∼ und Vater unser (*s. d.*) Englisch lernen; *s.* Erziehung 7a. b. Dem dort Zitierten füge hinzu: Ælfric *Homil.* II 604, *Canon* 23; *Hom. n.* Wulfstan 33. 125. 136. 307 (aus *u.* 2); Polity 22f. 29. Wer nicht auf Lateinisch das ∼ verstehe, *geleornige huru* (wenigstens) *on Englisc;* Becher *Wulfst. Homil.* 62 **1b)** *Qui parvulos de sacro fonte suscipiunt et respondent fidei credulitatem, doceant eos Dominicam orationem et symbolum;* Synod. a. 786 c. 2 bei Alcuin ed. Dümmler, *Mon. Germ., Epist.* IV 21 **1c)** Im Frankenreiche fordern dasselbe Karl d. Gr. und Ps.-Egberti *Excerpt.* 6 **2)** 'Jeder verstehe das ∼ und lerne *Pater noster* und *Credo*'. Deren Heilswert wird dargelegt; wer sie nicht kennt, darf nicht Abendmahl empfangen, Taut- oder Firmelpate sein oder christlich Grab erhalten; aus *Can.* Eadg. = Wulfstan 39. 307, I Cn 22—22, 6 **3)** Beide sind oft ins Agsä. übersetzt, zuerst von Beda; Brandl in Paul *Grundriss* II 1050. 1089. 1093f. 1104. 1114

glaubwürdig *s.* eidesfähig

Gleichheitseid *vgl.* Billigkeitseid **1)** Ein Schiedsgericht um 1020 verurteilt den verklagten Landverkäufer

L., dem Kläger W. selbdritt zu schwören, *þæt he þam ilcan wolde beon gehealden* (dass er mit demselben befriedigt gewesen wäre), *gif seo spæc to L. eode* (wenn die Klage dem L. zugestanden hätte), *swaswa heo þa wæs to W. gegan* (wie sie nun W. gehörte); Kemble 898 = Thorpe 377, falsch übersetzt **2)** Der ~ ist verbreitet im Norden (Amira 151; Pappenheim *Altdän. Schutzgilden* 29; Heusler *Strafr. Isld.* 76. 195); u. als dorther beeinflusst gelten zumeist die folgenden Stellen. Allein er kommt auch bei Friesen und anderen Südgermanen vor; His 215; *Savigny Zs. Rechtsg., Germ.* 1906, 333; *Totschlag* in *Festg. Güterbock* 353. 363; Brunner I² 227 **N 3)** Bei Versühnung zwischen Verletztem (Kläger) u. dem Verwunder soll dieser (Beklagte) jenem unter Ehrenbezeigung (*s. d.* 3) schwören, dass, wenn jener (Kläger) ihm das getan hätte, was er jenem getan hat, er von jenem (Kläger als Busse) annehmen würde, was er (Beklagter) jenem anbietet; Leis Wl 10, 2. Der Lateiner scheint den Wortlaut selbständig zu kennen **4)** Der Prestoner ~ I 498ᵉ steht seitdem gedruckt bei Bateson I 30. II xxxuj **5)** *Si iuramentum pacationis* (= *pacis* 36, 2) *exigitur, iuret* (Beklagter) *quod, si ille* (Kläger) *sic esset pro huiusmodi forisfacto, hoc* (Angebot) *reciperet vel hoc modo dimitteret;* Hn 36, 1d **6)** Beim Selbsturteil des Klägers auf Island erwartet dieser, der andere werde, wenn die Reihe an ihn komme, ebenso massvolles verhängen; Heusler 195. *Vgl.* Gerechtigkeit 3b

Gliederbussen. *Vgl.* Wergeld, Busse, Strafgeldfixum; Zahl; Blutig fechten, Prügel, Beule, (Blau)wunde; Scheren; Lähmung; Achsel, Antlitz, Arm, Auge, Backen, Bart, Bauch, Daumen, Ellenbogen, Finger, -nagel, Fuss, Gliedwasser, Haar, Hals, Hand, Haut, Hirn, Kehle, Kinn, Knie, Knochen, Kopf, Lenden, Lippe, Mund, Nase, Oberschenkel, Ohr, Ringfinger, Rippe, Rücken, Schulter, Sehne, Sprache, Unterschenkel, Zahn, Zeugungsglied, Zunge **1)** Die *Gesetze* bieten drei selbständige Tafeln der ~, die in sich zusammenhängen und keinen anderen Inhalt bringen: **A.** Abt 33—72, 1; **B.** bei Af bildet die Tabelle unter besonderer Rubrik das Ende des Gesetzbuchs, von c. 44 ab; C. von der dritten bietet Leis Wl 11—11, 2 nur ein Stück **1a)** Af scheint einiges aus Abt zu schöpfen. Er bezieht sich auf feststehendes Gesetz über Wundenbussen 23, 2. Er setzt mehrfach seine 30 für 12 Kentische Schill. (*s. d.*) bei Abt **1b)** Sicher durch Af beeinflusst, aber nicht allein aus Af geschöpft ist Leis Wl **1c)** Nicht selbständig ist dagegen Hn 93, 2—37, sondern ohne eigene Kenntnis nur aus Af abgeschrieben **1d)** Sicher verderbt ist manche Zahl in Abt: für die zerbrochene Rippe wird [zu wenig] gefordert, nur 3 Schill. wie für Daumennagel oder Faustschlag auf die Nase; Abt 54, 1. 57. 66 **1e)** Die ~tafeln spiegeln mehr Theorie als wirkl. Recht; Heusler *Strafr. Isld.* 224² **2)** Von anderen German. Tafeln der ~ stehen die der Friesen England am nächsten, nach L. Günther *Hauptstadien der Körperverletzung* 62. *Vgl.* Fingernagel 1 **3)** Das Wergeld bildet die Einheit, deren Bruchteile für einzelne Glieder gelten; Leis Wl 11. So auch bei Friesen; His 238 **4)** Über das ganze Wergeld hinaus, nämlich als dessen Dreifaches, bewertet das Zeugungsglied Abt 64 [vielleicht Entgelt für mögliche künftige Generation?]. Auch Sachsen lassen manche Wunde höher büssen als Tötung; Brunner I² 348³⁵ **4a)** Alle anderen ~ [des Esne Auge (*s. d.* 3) oder Fuss (*s. d.* 4) bildet nur scheinbare Ausnahme] sind geringer als das Wergeld des Gemeinfreien. Wenn der Verwundete adlig war, so stieg die Busse drei- oder sechsmal so hoch, als hier angegeben: sie wächst mit dem Wergeld; Af 11, 5 **4b)** Dass Wundenbusse stets únter Wergeld bleibe, scheint auch aus 42, 4 hervorzugehen: der unrechtmässigerweise angreifende Bluträcher büsse Wergeld wie Wunde, je wie er verübt **4c)** Ein deutliches Verhältnis zum ganzen Wergeld zeigen wie bei anderen Germanen (Brunner I² 230. II 620. 635. 682; Schreuer *Verbrechenskonk.* 186) die Bussen für die Hand (*s. d.* 9), die Summe aller fünf Bussen für die Finger, die also aus der grösseren abgeteilt sind, das Auge, den Fuss, das Gehör (*s.* Ohr), das Rückgrat (?); Af 77 **5)** Auge (*s. d.* 2a), Hand, Fuss (*s. d.* 1. 2), Zunge (Af 52) stehen gleich **5a)** Auge gilt doppelt so viel wie Ohr; Abt 39—42 **5b)** Finger (*s. d.* 2), Fingernägel (*s. d.*) gelten noch einmal so viel wie Zehen und deren Nägel; *s.* Fuss 2b **5c)** Oberarm gilt halb so viel wie Dickbein; Af 54. 62, 1 **6)** Von Gliedern, die paarweise vorkommen, gilt das éine halb so viel wie beide, so Backen (*s. d.* 2), die eine Hirnhaut (36), die Kopfknochen (44. 44, 1), Ober- und Unterarm (54f.), ein Ohr halb so viel wie das ganze Gehör; 46. 46, 1 **7)** Die 'kleine' Sehne am Bein kostet halb so viel wie die 'grosse'; 75. 76 **8)** Unterschieden wird, ob die Waffe **A.** einmal hineingestochen oder durchbohrt hat (*s.* Wb *þyrel, þurhþyrel, þurhwund, þurhstingan*); Abt 41f. 45. 47ff. 53. 61. 64, 1f. 67. Af 44f. 51. 61, 1. 62. 63. 67, 1f.; *u.* 10; **B.** ob Verunstaltung der Schönheit (*vgl.* Antlitz) entsteht; Abt 56; *u.* 9. 11; **C.** ob die Haut (*s. d.*) heil blieb trotz innerer Verletzung; Af 70, 1; **D.** ob Fleischwunde oder Knochenbruch; Abt 65. 67. 34f. 53f. Af 54f. 62, 1. 63, 1; **E.** ob heilbar oder unheilbar; Af 69. 75f. 77; **F.** ob ein Arzt (*s. d.* 2. a. b) nötig ward; **G.** ob Lähmung entsteht; Abt 38. 65, 1; **H.** ob ein Knochen blossgelegt oder versehrt wird; 34f. [ähnlich scheiden Friesen Knochens *apparere, benes onstal* von *incidi, benes bite;* His 311f.]; der aus Rippe oder Schulter heraustretende Knochen kostet 15 Schill. Busse besonders; Af 70, 1. 74; **I.** ob eine Funktionsstörung erfolgt; Abt 39. 52. Af 65; **K.** ob ein Glied abgehauen wird; Abt 40. 43. 51. 54—57. 64. 69—72, 1; **L.** ob Schlag trocken, Blauwunde (*s. d.*), Beule (*s. d.*) oder blutig; Abt 58 **9)** Wunden werden nach der Länge bemessen. Und zwar kostet jeder Zoll unter Kleidern (*u.* 11) 1 Schill. (verschieden wert je nach Landeswährung), ausser Kleidern 2; Abt 67, 1. Af 45f. = Hn 93, 3f. = 94, 2f. = Leis Wl 10, 1; 4 (1 Merc. Schill.) bzw. 8 Pfg. im Stadtrecht von Preston; *s.* I 498ᵉ; Bateson I 30 **9a)** Wundenbusse berechnet nach der Zahl der herausgezogenen Knochen[splitter] Leis Wl 10, 1: jeder gilt 4 Pfennig [1 Schill. Mercisch; ähnlich in Dänemark; Steenstrup *Danelag* 315] **9b)** 'Schartig' heisst eine Verletzung wie in Abt 42 so in mehreren German. Strafrechten **10)** Die zweimündige Wunde büssen auch andere Germanen höher als blosses Hineinstechen; Wilda 742f. Beim Dickbein, Zeugungsglied und Bauch wird jede Öffnung gebüsst; Abt 64, 1. 67. Af 61, 1; bei Abt kostet Durchstechen doppelt, also gleich Gliederbrechen (*u.* 12); dagegen Bauchdurchstechen 40, Verwunden 30 Schill. bei Af. [Auch die Friesen büssen Einstich und Ausgang (Mündung) je gleich, also doppelt; His 125. 315] **11)** Die von Haar oder Kleid bedeckte (*o.* 9) Wunde (Beule, Strieme) kostet weniger als die das Aussehen entstellende, nackt sichtbare (Abt 59f.) und zwar halb so viel; Af 45. 45, 1 = Leis Wl 10, 1 (*descuvert*). Als Grundsatz spricht das aus Af 66, 1 = Hn 93, 1; 26. 94, 2. Ähnlich bei Friesen (His 305) und anderen Germanen; Wilda 746; Hegel *Städte u. Gilden* I 319. *Vgl.* Antlitz, Beule **12)** Bruch und Durchbohrung gelten gleich beim Arm (Abt 53, 1), beim Dickbein; Abt 65 = Af 62. 62, 1. Dagegen beim Unterschenkel bewertet den Bruch mit 30 Schill., das Durchstechen mit 12 Af 63. 63, 1 **12a)** Durchstechen kostet mehr als Verwunden beim Bauch, aber weniger beim Ohr; Abt 41. 61 **13)** Bei Abt kommt unter 56 Busszahlen zweimal 30 Sceat, je einmal 20 und 50 vor, von Schillingen: 1 fünfmal, 2 einmal, 3 achtmal, 4 zweimal, 5, 7, 8 fehlen, 6 dreizehnmal, 9 zweimal, 10 zweimal, 11 einmal, 12 fünfmal, 13—19 fehlen, 20 viermal, 30 dreimal, 50 zweimal. Die grösste Rolle spielen also 3 und 6. Es fehlt 5 und 15; das Dezimalsystem ist noch schwächer als das Duodezimalsystem **13a)** Unter den 67 Zahlen der Schillinge bei Ælfred begegnen 1 und 2 in je 3 Fällen, 3 in 2 Fällen, 4 und 5 je dreimal, 6 zweimal, 8 einmal, 9 dreimal, 10 einmal, 12 fünfmal, 15 elfmal, 17 einmal, 20 viermal, 30 dreizehnmal, 40 einmal, 60 und 80 je dreimal, $^{2}/_{3}$ vom Hundert und 100 je einmal. Es fehlen die Zahlen 11, 50, 90 **13b)** Die Zahl 15 (3×5) oder ein Vielfaches beherrscht bei Af 27 Fälle, fast $^{1}/_{2}$ aller [sie ist die Grundzahl in ~ der Lex Salica; Brunner I² 444], die Zahl 12 tritt, für ein Germanisches System, auffallend zurück **13c)** Für die nichtkirchliche Herkunft beider Tabellen spricht das Fehlen der Zahlen 7, 14, 70. Es fehlen auch 13, 16, 18, 19 **13d)** Dezimal- und Duodezimalsystem sind deutlich bei beiden gemischt; jenes überwiegt bei Af **13e)** Viele der Zahlen sind durch Halbierung und Viertelung unter Abrundung (*s. d.* 1. 2) der Brüche entstanden; z. B. Gehörverlust kostet 25 Schill., Ohrabhauen 12; verwunden 6, durchstechen 3 Schill. (Abt 39—42); Auge ausschlagen 50, verwunden 12 (43f.)

Gliedwasser *s.* Wb *liðseaw.* [Der Abschreiber des Latein. Übersetzers zu Rochester im 12. Jh. missverstand *mearg:* Knochenmark I 81[**], das besonders büssen lässt auch Friesenrecht; His 314; Wilda 741; Richthofen *Mon. Germ., Leg.* IV 676. 686]. Ausfliessen von ~ aus der Schulter qualifiziert die Wunde; Af 53 = Hn 93, 12. Agsä. Rezepte dagegen *s. Leechdoms* ed. Cockayne II 132; *vgl.* Payne *Engl. medicine* 85

Glocke *s.* Wb *belle, bellhus, motbele; tintinnum, clocarium* **1)** Für die ~n der Kirche u. a. dienen ihre Einnahmen aus Strafgeldern; VI Atr 51 **1a)** Aufzuhängende und Hand~n stiftet Bischof Leofric für Exeter um 1060; Earle 250 **1b)** *Bellhouse* heisst das ganze Kirchengebäude in Nordbrit. Seesprache **N 2)** ~ oder Horn gibt das Zeichen zum Hundred; Bateson I 321 **2a)** Die ~ dient auch im Deutschen MA., um das Gericht anzukündigen und den Dingbeginn zu bezeichnen; Burchard *Hegung Dt. Gerichte* 86. 102. Auch in Norwegen ruft die ~ zum Gericht, in Dänemark zur Gilde, in Städten zur Bürgerversammlung; *vgl.* Ducange *clocha banni,* seit 12. Jh. für Frankreich belegt **N 2b)** Durch die Dom~ von Saint Paul's zu London lädt der Büttel des Ward zum *Folkmot;* Bateson II 51 **2c)** Die Londoner Stadtvorsteher sollen, *cum aliquid dubium vel malum contra regnum in ballivis suis emerserit, pulsatis campanis motbele congregare folkesmot, scilicet congregatio populorum omnium:* der Traum eines seine Stadt zur Reichsregentin emporschwindelnden reformerischen Bürgers; Lond ECf 32 A 3. Wie hier die Stadtversammlungs~ *motbell,* so heisst zu Appleby das Rathaus *mothall* **2d)** Diese Dom~ war um 1300 eine Berühmtheit, laut des Verses *De civitate London.: Turris, campana, pons, flumen, femina, lana;* ed. James *Western mss. in Trinity Cambr.* II 198 **3)** '~nhaus', wird zwischen Kirche und Burgtor als eines der Charakteristika adligen Grossguts genannt; Geþyncðo 2. Diese ~ dient sicher nicht der Kirche allein, sondern herrschaftlich-politischer Zusammenberufung; ~nklang bezeichnet im Dt. MA. des Immunitätsherrn obrigkeitliches Recht des Aufgebots zur Landfolge; Amira 100. [Aus der Latein. Übs. verfiel Thorpe auf *tinellus* (Speisesaal des Gutshofgesindes; *vgl.* Bateson II xvi, welches Wort aber Ducange nur unrichtig von *tinnulus* ableitet; *vgl.* Littré s. v. *tinel*] **4)** Rindes ~ gilt 1 Schilling und wird als Anzeiger (*s. d.* 3) erachtet; Hu 8. Die Wichtigkeit der Vieh~ erhellt auch aus anderen Volksrechten; *vgl. tintinnabulum de cavallo vel bove:* 1 *sol.*; Eurich in *Leges Visigot.* ed. Zeumer 31 (= Lex Baiuvar. 9, 11); Meitzen *Siedelung* I 593f.; Brunner I² 438; Wilda 879. Mit der ~ des Leittiers kann die ganze Herde verloren gehen; Glosse zu Hu 8 Cons **4a)** '~nflies' heisst das Wollfell des Leitschafs in der Herde (Rect 14), *bellwether* noch neuengl. Leithammel (auch *bellhorse, bellnag*); die Leittiere zeichnet auch aus die *Lex Salica* ed. Geffcken 110

N Gloucester **1)** Dorthin verlegt den Erlass mehrerer Gesetze Wilhelms I. Wl art 4. Es war der gewohnte Ort für den weihnachtlichen Hoftag, und Lanfranc hielt dort zweimal Synode. *Claudia* heisst ~ auch bei Alexander Neckam um 1190; Haskins in *Harvard stud. class. philol.* 20 (1909), 84 **2)** Hs. dorther: Gl I xxvj

Gnade *s.* Wb *freondscipe. Vgl.* Ungehorsam; *Misericordia regis;* Begnadigung **1)** Verlust der ~ des 'Königs' oder 'unser (regierender Witan) aller' ist vielleicht nur ein schwächerer Ausdruck für 'Feindschaft, Zorn des Königs', die von Friedlosigkeit (*s. d.* 1 p) begrifflich nur dadurch zu unterscheiden sind, dass in den hier folgenden Fällen die Lebensgefahr, oder gar die Gefahr, von jedermann getötet werden zu können, fehlt **2)** Bei 'meiner Freundschaft' befiehlt der König Verzehntung seines Eigenguts für die Kirche (I As Pro), 'bei meinem Zorne' den Vögten die richtige Einziehung fiskaler Einkünfte; 5 **3)** Der Vogt, der die gesetzliche Polizei- und Richterpflicht vernachlässigt, büsst ein sein **Amt und** 'meine Freundschaft' und 120 Schill. [= Ungehorsam] Strafe; VI As 11 **4)** Er schirme Klöster in weltlichen Angelegenheiten bei 'meiner Freundschaft'; VIII Atr 32 **5)** Er strafe die in Entrichtung der Kirchenabgaben Säumigen bei 'meiner Freundschaft und seiner Habe' [Vermögenseinziehung begleitet sonst die Friedlosigkeit]; IV Eg 1, 5. Amtsentsetzung ist hinzuzudenken; *o.* 3 **6)** Wer Strafgeld für Gesetzübertretung weigert, verliere 'unser aller Freundschaft und alles Vermögen'; II Ew 5, 1 = II As 25, 2 **7)** 'Ich bleibe euch (dem Volke) sehr gnädiger Herr und gewogen, weil ihr so eifrig um polizeiliche Sicherheit bemüht seid' schliesst IV Eg 16. 'Ich werde euch ein sehr gnädiger Herr sein' beginnt Cn 1020, 2. [Ebendies versprach Æthelred II., um seine Wiederaufnahme in England unterhandelnd, 1014] **8)** Wie im Frankenreiche trifft Un~ zuerst Beamte für Amtsvergehen (*s. d.* 4), bes. Schädigung der Kirche, erst später alle Untertanen, je mehr diese zum König in persönlicher Treupflicht gedacht werden; sie berechtigt den König zu willkürlicher Strafbestimmung (*s. Misericordia*); *vgl.* Schwerin *Zs. Savigny Rechtsg. Germ.* 31, 596 **9)** Auch die Stadt London (*s. d.*) droht mit Entziehung ihres Wohlwollens, die durch feste Geldbusse für Ungehorsam (*s. d.*) abgekauft wird. [So üben auf dem Festland Dynast und Stadt Huldentziehung]

Godwine, Herzog **1)** Er hilft Eadwards III. Anfängen; Quadr Arg 9 **2)** Seine Söhne betrachtet Eadward III. als verderbt (frech); ECf 35, 2 (retr) **3)** Sein Tod *s.* Geweihter Bissen 7

Gold *s.* Wb *gold,* ~schmied, ~münze, Schatz(fund) **1)** Vorkommen von ~ in Britannien leugnet Cicero, bestätigt Tacitus, erwähnt nicht Beda; Plummer *Bede* II 7 **2)** geläutert ~: *asoden, coctum* AGu 2; von 30 *mancusis* (*s. d.*) *cocti auri* als Preis für 5 Hufen Land spricht Merc. Urk. c. a. 674 Birch 32 [tatsächlich später; Chadwick *Instit.* 11]. *Vgl. smæte* (*-gylden*), *read, clæne, auri purissimi u.* 6, bei Toller, auch s. v. *gold* **3)** Der Diebstahl an ~, einst ausgezeichnet wie bei Indern [Oldenberg *Ältest. Strafr. d. Kulturv.* 75] und Baiern, ordnet sich seit oder vor **Af 9, 2 dem** allgemeinen Begriff Diebstahl (*s. d.* 7a) ein **4)** ~ ward aufbewahrt in Form von Ringen (Spangen) *s.* Toller s. v. *beag, hring* samt Kompp.; Geld **1**; Mancus **5)** Es ward zu Zahlungen verwendet: im Wergeld (AGu 2), im Strafgeld (II Cn 8, 1), im Heergewäte (71a; 1; **4**; *s. d.* 5), für Land Mancus (*s. d.*) häufig in Urkk.: *o.* 2; Birch 203. 212. 322. 449. Die ehrendste Form der Zahlung ist die in ~, so im Dt. MA. (Amira 82), für Honorar in unserer Zeit bis Einführung der ~währung **6)** ~ ward bezahlt in ~münze (*s. d.*) oder meist nach Gewicht (*s. d.* 1a): in Pfund (*pensum libræ auri purissimi ponderatum* Urk. a. 709 Birch *124; *anes pundes gewihta goldes* a. 1016 —20 Kemble 732), Halbmark (*u.* 8), Mark, Mancus, Unze; *s. die Artt.* **6a)** Öfters steht ~ getrennt neben Pfunden, die dann als Silber zu verstehen sind: *an marc goldes and* [von Silber] 13 *pund* 63 *pen.*; Urk. a. 1044 —48 Earle 247, ferner vor a. 988, a. 1051—65 Kemble 1288. 822 **7)** Ein festes Wertverhältnis zwischen ~ und Silber muss bestanden haben laut zahlreicher Stellen, wo eine Summe in '~ und Silber' angegeben wird, d. h. zahlbar entweder (teils) in jenem oder (teils) diesem, doch so, dass die ganze Summe in Silberwert zu verstehen ist. Die nicht in Silber gezahlten Pfunde wurden mit so viel dividiert wievielmal ~wert den Silberwert übersteig **7a)** 22000 £ [Silberwert] in ~ und Silber wurde von England dem Nordischen Heere für den Friedensvertrag [Olafs von Norwegen 991] gezahlt; II Atr 7, 2 **7b)** Beispiele aus Urkk.: 7 *libras auri et argenti* a. 814; *vas auri et argenti estimatione* $5^1/_2$ *libr.* a. 823; 1500 *solidis argenti et auri vel* 1500 *siclis* a. 868 Birch 348. 373. 522; 60 *punda in puro auro et argento* Birch 455; *mid ten pundan reodes goldes 7 hwites seolfres* um 1012; 15 *libræ de argento et auro et catallis* um 1000 (Normann. übs.) Kemble 898. 971 **8)** 8 Halbmark ~ soll das Wergeld für den Englischen wie Dänischen Vollfreien (den mehr als Gemeinen) betragen (AGu 2), vermutlich 2 Pfund. Damit dies dem Westsächsischen Thegn-Wergeld von 1200 Schill. = 6000 Pfg. = 25 £, das II Atr 5 beim selben Totschlag anordnet, genau entspreche, muss ein Wertverhältnis des ~es zum Silber wie $12^1/_2$: 1 angenommen werden **8a)** Auch die Gleichsetzung des Mancus, dessen Gewicht zu etwa 70 Gran angenommen werden darf, da gefundene Agsä. ~münzen (*s. d.* 2) bis zu dieser Schwere wiegen, mit 30 Silberpfg. = $^1/_8$ Römerpfund spricht für etwa dasselbe Wertverhältnis **8b)** 1 Mark ~ gilt 6 £ Silber im 11./12. Jh.; Round *Victoria County hist. of Worcesters.* I 308; dies ergäbe, wie auch Madox annimmt, ein Wertverhältnis von 9:1, wenn 1 Mark hier, wie damals für Silber gilt, $^2/_3$ Pfund heisst **8c)** Im Frankenreiche *vendatur libra auri purissimi* 12 *libris argenti de meris denariis,* a. 864; *vgl.* Brunner I² 315[23]; dies galt schon um 675; Hilliger *Histor. Vierteljschr.* 1907, 43 **8d)** Doch schwankte das Wertverhältnis des ~es zum Silber von 15 bis 10 zu 1 im 5.—11. Jh. (Schröder *DRG*⁵ 192[4]); im Norden 8:1; Lehmann *Königsfriede* 52

Goldenes Alter. Aus glücklicherer Vorzeit, als die Menschheit edel, frei und gleich war, sank sie herab; Quadr Ded 13. II Praef 5. [Reminiszenz aus der Antike, etwa Ovid oder Vergil]

Goldmünze 1) Die 20 Sceatt Æthelberhts stellen an Wert 1 Schill. dar, der oft nur als Rechnungsmünze zu denken ist **1a)** Wahrscheinlich war der Kenter Schilling der Merowingische, der auf Constantins Goldsolidus beruht, aber ein Menschenalter vor Æthelberht um $^1/_7$ von $^1/_{82}$ Römerpfund = 4 Gramm Gold erleichtert ward, und der vor 576 20 Merowingische Silberdenar galt; Schröder *DRG*⁵ 192; Brunner I² 315 **1b)** Einem *aureum nomisma* [*gyldne mynet* übersetzt], *quod de Cantia venerat* wird Ende 7. Jhs. verglichen Earcongote, Tochter Earconberhts von Kent, Nonne zu Faremoûtiers-en-Brie; Beda III 8. Mit Schmid halte ich die Stelle für ein Wahrscheinlichkeitsargument, dass in Kent um 650—700 ~n umliefen. Lingard meint, nur der Umlauf im Frankenreiche sei dadurch bewiesen; allein dann hinkte der Vergleich, wegen der Unmöglichkeit des Imports. Vermutlich trifft das Bild gerade den Englisch-Fränkischen Verkehr, dem die Goldschillinge dienten **1c)** Dass die Agsa.

solidi aurei, die auf dem Festlande umliefen, kannten, folgt aus Eddi *V. Wilfridi* 28 2) Es gibt ~n, gefunden in Agsä. Gräbern, von Merowing. und Agsä. Gepräge; letzteres in Nachahmung des Merowing. und Römischen; Chadwick *Studies on Ags. institutions* 5f.; Keary *Ags. coins Brit. Mus.* I 193. Da sie 51—68 Gran wiegen, und die Normalschwere des Arab. *man-kusch* 71 Gran sein soll, da ferner eine ~ mit Offas Namen (66 Gran wiegend) den *man-kusch* nachahmt, da endlich die Agsa. ihren Goldmancus mit 30 Silberdenaren gleichstellen (was beim Wertverhältnis von 1 : 12½ [s. Gold 8a] jener Schwere entspricht), so darf diese ~ als Mankus gelten. Mit jenem Kentischen Schilling ist diese ~ nicht identisch. *Vgl.* Carlyon-Britton *Goldmancus of Offa;* in *Brit. numism. jl.* V (1909) 56, der die Prägung der ~ mit dem Peterspfennig (*s. d.*) ursächlich verbindet 3) Der *siclus* (*solidus*) *auri* a. 805 (955) bedeutet *mancus; s. d.*

Goldschmiede 1) **N** Sie [wahrscheinlich als Genossenschaft] müssen neben königlichen Münzern herangezogen werden, wenn *opus aureum vel argenteum ematur; si sit de ecclesia vel [regis] thesauris, non ematur sine plegio* (Gewährbürgen [*s. d.* 5] des Verkäufers); ECf 38, 1; *vgl.* Anm.; über Agsä. ~ Toller s. v. *goldsmiđ* und Urk. Kemble 1352 2) Ein mit Gold verziertes Schwert (*s. d.*) ist die vornehmste Waffe; Norđleod 10 3) Goldzierrat: VIIa Atr 2 4) Der vierte Finger (*s. d.* 3h) heisst *gold(hring)-finger;* Abt 54, 4. Af 59; *vgl.* Toller

Gotland **N** 1) Insel ~ ward [angeblich] von Arthur unterjocht; aus Galfrid v. Monmouth Lend ECf 32 E; *vgl.* I 659[f] und *o.* S. 107 2) Bewohner von ~ versteht unter *Guti*, die [als fremde Kaufleute] den Engländern, weil [angeblich] blutsverwandt, gleich behandelt wissen will der Londoner Reformer um 1200 (Lond ECf 32. C 1; *vgl.* I 658[e]), u. a. Alex. Bugge *Nordeuropä. Verkehr* in *Vjschr. Socialg.* (1906) 267 3) *Vgl.* über die Auslegung des Namens Gotländer in England W. Stein *Hans. Geschbl.* 1906, 350 4) Jütland heisst ~ in Ælfreds *Orosius;* also sind *Gouti, Gothi* vielleicht Jüten; Köpke *Altnord. Personennamen* (Diss. Berl. 1909) 36. Ælfred verwechselt auch Bedas Deutsche Jüten mit *Geatas* (Gauten), die Beowulf kennt (Brandl in Paul *Grundriss*[2] II 1062): also Konfusion auch dem Londoner zuzutrauen! Ripens Verkehr mit England im 11.—13. Jh. weist nach Bugge 204

Gott *s.* Wb *God, Deus, Dryhten, divinus.* Die von der Person des höchsten Wesens in fernste Weite übertragenen und tief herabgezogenen Bedd. *s. o.* S. 104; *vgl.* Himmel, Hölle, Christus, Christentum, Kirche, Kanones, Glaubensbekenntnis, Homiletisches, Bischof, Geistliches Gericht 1) ~es Gnade ist der Lohn für religiöses Leben (V Atr 9, 1 = VI 5, 3. V 26 = VI 30 = I Cn 19, 3 = *Homil. n.* Wulfstan 271. II Cn 84, 6); für Armenpflege (As Alm Pro 1); für Zahlung an Kirchen (I As 4. IV Eg 1, 5a); Fasten, Almosen, Moral (VII Atr 1 = VIIa Pro 7); für mildes Urteil im Strafrecht (III Eg 1, 2 = VI Atr 10, 2 f. = II Cn 2a. VI Atr 53 = II Cn 68, 1. 67. Sacr cor 1, 3); für gute Gesetzgebung (VI As 12, 3. II Eg Pro = I Cn Pro. IV Eg Pro. 2. 15); für Gerechtigkeit; V Atr 33, 1 = VI 40, 1 = II Cn 11, 1. Episc 14. Iudex 3. Das Rechtsideal heisst *Godes riht* (II Cn 1; *vgl.* ~esfriede), der gesetztreue Staatsbürger ~es Freund (VIII Atr 1, 1 = I Cn 2, 3. Had. 1, 1), das Ziel der Verhaftung des verfolgten Diebes 'von ~ gewiesen'; Hu 2; *vgl.* friedlos 14 1a) ~ spendet innere polizeiliche Sicherheit (II Em 5), Sieg über äussere Feinde (VII Atr 7, 1 = VIIa 8. Pro), Erfolg überhaupt; Cn 1020, 3—7. 1027, 3. 9. 13 2) Weltlich Unglück, Tod und Pest erscheinen als ~es Strafe; IV Eg 1, 1, 4 3) ~es Zorn droht den Weigerern von Abgaben an die Kirche (EGu 5, 1. I As 3. IV Eg 1, 4), den Vögten, die im Zehnteintreiben lässig sind (I As 5), den unkeuschen Priestern (V Atr 8 = VI 5 = I Cn 6, 1. V Atr 9, 2 — VI 5, 4), den Betrügern und Räubern (II Cn 7), den Strafrichtern, die das Urteil zu hart ausführen (VI Atr 10, 2 = II Cn 2), den Einführern von Rechtsmissbrauch (II Cn 76, 3), der Ehe in kanonisch verbotener Verwandtschaft (V Atr 9, 1 = I Cn 6, 2 = Northu 61, 2. 62), den Verkäufern von Sklaven an Heiden (VII Atr 5), den Verletzern des Englisch-Dänischen Friedens; AGu Pro 4) Monotheismus schärfen ein EGu Pro 1. V Atr 1 = VI 1 = I Cn 1 = Wl art 1. V Atr 34 f. = VI 6 (wo L die Dreieinigkeit erklärt). VII 1. VIII 43 f. (= Polity Schluss = Northu 47 = 67). IX Expl. = X 1 = I Cn 1 c D 4a) ~ wird geopfert, nicht Heiligen; *s. d.* 3 5) ~ zu lieben empfehlen V Atr 34 f. = VI 1, 1 (42, 1) = VII 1 = IX Expl. I Cn 4 = Griđ 28. VIII Atr 43, 1 = I Cn 21. VI Atr 1 = I Cn 1 = II 84, 1 = Cn 1020, 15. Northu 47. 67. *Deo vitam devovi* Cn 1027, 10. Unser aller Vater im Himmel ist ~; Griđ 30 5a) ~esfurcht fordert Griđ 21, 1. 23, 1, schiebt in frühere Verbote als Motiv ein I Cn 4, 3. 6, 3, 'aus Höllenfurcht' 6, 1, 'in ~es Namen' 7 5b) Man erfülle ~es Willen; VI Atr 30 = I Cn 18a. 19, 3 — II 84. 84, 3. VIII Atr 43, 1 = I Cn 21 = Griđ 28 = *Homil. n.* Wulfst. 113 f. 176. 307. V Atr 1. VI 1. 42, 1 f. VII 1. IX 1 5c) 'Lästre nicht ~' übersetzt aus *diis* (Richtern) *non detrahes* der Exodus, viell. infolge bloss sprachlichen Missverständnisses, Af El 37. *Vgl.* Blasphemie 5d) **N** Sogar vor Mannentreue wird *fides Dei* salviert; Vassallität kann nicht *contra fidem catholicam* verpflichten; Hn 55, 3; 3a; *vgl.* Gefolge 10ff 6) Schwur bei ~: Eidesformel 2 6a) ~ eitel anzurufen verbietet, aus Exodus, Af El 2 6b) Im Ordal (*s. d.*) offenbart ~ die Wahrheit; Ordal 4, 3. Iud Dei XII 17. XVI 7. Er wird angerufen nicht bloss als höchste Macht, sondern als Gerechtigkeit, als Erheller des sehunfähigen Richterauges, also zu ungunsten des Schuldigen; nur im Duell ist er Siegverleiher allein 7) Zu Beginn von Gesetzen (*s. d.* 8) wie Urkk. wird ~ angerufen

Gottesdiener *s.* Geistliche

Gottesdienst *s.* Liturgie, Litanei, Messe, Horen, Psalm, Opfer, Gebet; Sonntag, Feiertag; Kirchenrang

Gottesfriede 1) Zeitlich *s.* Gerichtsferien; Treuga Dei 2) Besondere Sicherheit, für die Kirche *s.* Schutz, Kirchenfrieden 3) Öffentlicher Frieden (*s. d.* 5a) aller Welt ist gemeint Hn 81, 1. ECf 1, 1. *Joe demand la pees Dieu e le roi e le meir* (des Königs und Bürgermeisters [dessen Frieden heisst *pax Dei* auch im Dt. Stadtrecht, z. B. Medebach a. 1165, ed. Keutgen 146. ABRAHAM]), antwortet Beklagter zu Waterford c. 1300; Bateson I 275

Gottesgericht *s.* Ordal

von Gottes Gnaden 1) *Mid Godes gife* König nennt sich Ine Pro; ähnlich in Urkk. er, sein Vorgänger Ceadwalla und Mercische Zeitgenossen, auch Ceolwulf a. 822 Birch 370; *vgl.* über den Sinn im Königstitel und die Entlehnung durchs Festland Brunner II 15. 20; *Grundzüge*[4] 56 **1a)** Die Vorrede zu *Wærferth's Übs. der Dial. Gregors* beginnt: *Ic, Ælfred, gifendum Criste mid cynehades mærnysse geweorðod* **N 1b)** *Dei gratia* schieben in die Königstitel spätere Abschreiber: Wl lad Insc. Pro Q. CHn cor. Wl art Insc. Die Einführung der Formel setzt 1172/3 Delisle *Bibl. Ecole chartes* 67 f. (1906 f.); dagegen Round *Chronol. of Henry II.* im *Archæol. Jl.* 1907, 67; Poole *EHR* Jan. 1908. Sie ist nicht häufig vor Heinrich I., regelmässig seit 1173, nach Hall *Studies in records* 219; in Fälschungen auf Eadgars Namen 201 **1c)** Sie steht nicht in allen Texten von Hn com Pro. Hn Lond Pro **1d)** *Dei misericordia* gekrönt bekennt sich Heinrich I.; CHn cor 1 **2)** In Urkk. nennen sich Erzbischöfe *gratia Dei* a. 767 Birch 201; *mid Godes gefe* a. 832 Birch 405; hier auch eine Nonne; ein Ealdorman a. 805 Birch 330 **Gotteshaus** *s.* Kirche **~pfennig** *s.* Vertrag **~urteil** *s.* Ordal

N Gottfried, Stadtvogt von London, wird adressiert in Wl Lond 1; vielleicht identisch mit Mandeville; *s. d.*

Gottverbürgung *s.* Bürgschaft 1d

Götzen *s.* Heidentum

Grab *s.* Wb *græf; leger(stow), lecgan* 3, *licgan* 7; *lictun, atrium.* Dass *legergild* (*o.* 132) ~geld bedeute, stützt sich auf Nord. *legrkaup:* Geld an den Beerdigungspriester. *Vgl.* Tote, Leichenraub. Im ~ liegen = tot sein; Becwæð 3, 1 **1)** An offenem ~e [vor Vollendung der Beisetzung] zahle Totschläger die erste Rate des Wergeldes; Abt 22; *vgl.* Frauenstadt *Blutrache* 127 f. Dort beraten in Friesland des Erschlagenen Blutsfreunde, ob sie gegen den Totschläger klagen oder Blutrache üben wollen; His 204 **1a)** Bei noch offenem ~ wird Seelschatz (*s. d.*) entrichtet **2)** Im Ggs. zu reinem, geweihtem (*clæne, gehalgod*) ~ steh *ton fulan, inter latrones iacere* **2a)** Diese Ehrenstrafe (auch bei anderen Germanen, bes. für Friedlose und Hingerichtete; Wilda 524; Brunner I[2] 244. 247. II 602; auch *Erbschaftsteuer* in *Festsch. Martitz* 31) trifft die nicht nach der Sünde Pönitenz leistenden **A.** Meineidigen (II As 26), **B.** unkeusche Geistliche u. Nonnen, Nonnenschänder (diese auch Northu 63, 1), Ehebrecher, Totschläger (I Em 1. 4), die in [unkanonischer] Verwandtenehe Lebenden (Northu 62), **C.** Bescholtene (*s. d.* 9), die, weil unfähig, Bürgschaft zu finden, getötet werden (I Atr 4, 1 = II Cn 33, 1), **D.** Selbstmörder: *nec sibi mortem intulisse nec egilde* [unvergoltenen Tod] *meruisse videatur* der bei ungerechtem Verfolgtwerden zu Tode Gestürzte; Hn 88, 5. Der Selbstmörder also läge mit Recht *ægilde,* d. i. ohne geweihtes ~. [Für einen Selbstmörder muss dem König Wergeld bezahlt werden *wið clænum legere;* Urk. nach 962 Birch 1063. Sonst also entbehrt er geweihtes ~. Und der König, nicht die Kirche entscheidet darüber. Das hohe Lösegeld zeigt, wie tief diese Unehre galt. Agsä. Poesie und Homilie verdammen *agenslaga* = *selfcwalu s.* Toller, auch *Suppl. s. v.* [*Vgl.* Bourquelot *Rech. sur .. mort volontaire pend. le MA.* in *Bibl. Ecole Char.* III f. (1841 f.) ABRAHAM] **E.** wer nicht Glaubensbekenntnis (*s. d.* 2) und Vater unser konnte, **F.** Begünstiger (*s. d.* 12c) von Verbrechern; Urk. a. 995 Kemble 1289 **2b)** Vermutlich ist der Verlust ehrlichen ~es überall da zu ergänzen, wo die Quellen bestimmen, dass ein gerecht erschlagener Missetäter 'unentgolten liege'; Wi 25. Af 1, 5. EGu 6, 7 = V Atr 31, 1 = VI 38, 1 = II Cn 48, 3 = Hn 11, 11c. IV Atr 4 = II Cn 62, 1. II Atr 3, 4. Hn 87, 6a. Denn einmal steht dafür: 'in unentgoltenem Acker' liege, wer gegen den Feind unerlaubte Heimsuchung oder Angriff auf offener Strasse, bevor er ihn zum Recht aufgefordert hat, verübt; IV Atr 4. *Vgl.* 'ins Feld begraben'; Grimm *DRA* 728 **3)** Ein Hingerichteter, der unehrlich verscharrt worden ist, kann durch einen Blutsfreund von dem Makel, wegen Missetat getötet zu sein, als von einer Ungerechtigkeit, gereinigt und dann in christliches ~ übertragen werden; III Atr 7, 1. **N** Wer ihn getötet hat, zahlt besondere Busse, *quia his emeristen pro latrone interravit;* ECf 36, 5; *vgl.* I 667[b] **3a)** Der ihn reinigende Verwandte besorgt die Überführung der Leiche in ehrliches ~ durch den Pfarrer auf bischöflichen Befehl; ECf 36, 5. *Atrium ei quærat qui occidit et emendet,* neben *weram et manbotam,* also wohl auch besonders für die unehrliche Verscharrung; Hn 74, 1b **4)** Wer jemanden in ehrlichem Streite getötet hat, bestatte ihn (ehrenvoll neben Ross und Waffen), darf ihn nicht von Tieren zerfleischen lassen, bei besonderer Strafe ausser Wergeld; 74, 3a (83, 6). *Vgl.* Schatzfund **4a)** Einer der Flüche der Exkommunikation (*s. d.* 8b) verdammt den Kadaver des Gebannten den Hunden zum Frass; Excom VI 12 **5)** Zur Thegnwürde, auch für keusche Priester, gehört Auszeichnung auch im ~; V Atr 9, 1 = VI 5, 3 = VIII 28 = I Cn 6, 2a

Grabfund *s.* Schatzfund

Grad *s.* Geistliche 8

Graf ausserhalb Englands *s.* Wb *comes, consul.* Über Englische ~en *s. ealdorman, eorl,* Adel **1)** ~ heisst Robert von der Normandie, Vater des Eroberers ECf 34, 2e; gemäss dem seit 1136 herrschenden Titel setzt dafür *dux* retr **2)** Der ~ fungiert neben Bischöfen und Äbten als ausführender Verwalter des Ordals im Fränkischen Ritual 9. Jhs., das aber in England im 11./12. Jh. kopiert ward; Iud Dei XII 1, 3 **3)** Der ~ (dafür *consul* retr) der Flandrer und der der Friesen heissen Markgraf; ECf 32, 2 **4)** Von fremden ~en kommen vor mit Namen: **A.** von Normandie: Rollo, Richard II., Robert I. und II., Wilhelm der Eroberer **B.** von Meulan: Robert

Grafschaft *s.* Wb *ealdordom; scir; eard; læppa; land* VI As 8, 2; *comitatus, vicecomitatus* (*u.* 14b); *consulatus; provincia* 1 (*patria* viell. Landesteil, Gegend, also auch ~ *u.* 12a; Hn 6, 1 Cons. V As Pro 1; 2 Q = IV 3. Rect 6 Q); *cunté;* der Bezirk heisst *monung* VI As 8, 2 (und dessen Volk 8, 4), *folgoð* II 25, 1; *pars regni* III 4; *partiuncula* II Atr 1 Q. *Vgl.* Ealdorman, Eorl, Graf, ~sgericht

1. Wort *scir.* 1b. *boldgetal.* 2. *consulatus.* 3. Ob bei Ine: ~? 3b. Im 8./9. Jh. 4. Einteilung Englands in ~en. 4b. Theorie ähnlicher Grösse. 4e. Grenzen. 5. Königs Anwesenheit in ~. 6. Selbständigkeit. 6b. Mehrere ~en einheitlich. 7. Unterbezirke. 8. Zahl, Namen der ~en. 9. Partikularrecht. 10. Mediatisiertes Reich. 11. Herrensuche in ~. 12. ~ ist Heimat. 13. Wer konstituiert die ~?

14. Graf, Sheriff, Herzog. 15. Förster. 16. Siegel, Archiv. 17. Strafgeldfixum der ~. 18. Fiskalbezirk. 18b. Kronprozess. 19. Leistung an ~. 20. Vermögen der ~. 21. Verklagt. 21b. Haftung der Genossen der ~ für einander. 22. Friedensgeld. 23. Streben Londons zur ~.

1) *scir* bedeutet ursprüngl. *procuratio* [ebenso wie *provincia* ursprüngl. Amtsfunktion; Larson *Household* 105], einen Amtsbezirk schon seit Ine; aber *s. u.* 3. Noch laut Domesday gab es *in Eboraco civitate præter scyram archiepiscopi VI scyræ*, also Stadtbezirke **1a)** Auch für fremde Landesdistrikte, *provincias* setzt *scir* Ælfric: *Asverus* 127 *scira hæfde; Hester* 6, ed. Assmann 92 **1b)** Nur ein anderes Wort für ~ ist *boldgetæl* Af 37, welches in Wærferth's *Übers. Gregors* für *provincia* steht, aber schon in dessen jüngerem Text durch *scir* ersetzt wird. Das Wort ist zu erklären als 'organisierte Menge [so *getæl* im Genesis-Gedicht 1688, wie ahd. *zala*] von Landgütern'; *bold* kann Bedas *villa regalis* übersetzen und ist Sitz eines Gefolgsadligen in Ine 68 **2)** ~ hiess [angeblich] *olim apud Britones consulatus;* Lond ECf 12, 10A **3)** Fraglich ist, ob Ine [wofür spätere Analogie spricht; *s.* Freizügigkeit 1a; Amtsentsetzung 1] ~ mit *scir* meint: Wer sich vom Herrn unerlaubt fort in andere *scir* (Bezirk?) wegstiehlt, kehre zurück und zahle ihm 60 Schill.; Ine 39 **3a)** Ein Ealdorman, der einen Verbrecher begünstigt, verliere seine *scir* (Amt?); 36, 1 **3b)** Ein auf *-scir* endender ~sname *Hamtunscir* begegnet a. 755 beim 100 Jahr später schreibenden Agsä. Annalisten (diese und *Defenascir ebd.* 878), aber verbunden mit éinem Ealdorman erst seit Ælfreds Zeit: *Wiltunscire ealdorman; ebd.* 898; *u.* 11a. Doch ist schon ebenso zu deuten der *aldorman mid Sumursætum, mid Dornsætum, mid Defenescire; ebd.* a. 845. 851 **4)** Ganz England ist in ~en geteilt. Seit 12. Jh. erscheint dies als Ælfreds Werk; *Liber de Hyda* 42; Pseudo-Ingulf Croyland. ed. Birch 47. Aber laut *o.* 3b und Asser (s. v. *paga*, ed. Stevenson 155) ist die ~ älter. Die ~ des Dänischen Mittellandes organisiert Eadward I.; Oman *Engl. bef. Nor. conq.* 512 **4a)** *Regnum dividitur in comitatus, comitatus in centenaria* (*s.* Hundred); Cons Cn II 19, 2a **4b)** Und zwar grenzen die ~en überall aneinander (ohne etwa Territorien dazwischen zu lassen, die ausser ~ stünden); VI As 8, 4. Sie gelten [trotz tatsächlicher, überaus weiter Grössenverschiedenheit] in der politischen Theorie als höchstens nur ungefähr so gross, dass je eine Woche genügend erscheint, um eine ~ zu durchqueren behufs Beibringen des Gewährsmannes oder Wahrnehmung eines Gerichtstermins; *s.* Frist 6d. e **4c)** Der Lohn für Einfang (*s. d.* 6) stieg früher mit der Anzahl der ~en zwischen Diebstahl des Viehs und dem Orte der Ertappung **4d)** Viehhandel war also über mehrere ~en hin gewöhnlich **4e)** Die Grenzen standen noch um 1000 nicht unverrückbar fest, da Heming vom Ealdorman Eadric Streona melden konnte: *provincias provinciis, vicecomitatum de Wincelcumb, quae per se tunc erat, vicecomitatui Gloeccastre adiunxit* **5)** **N** Weilt der König in einer ~ (*s.* ~sgericht 5b), so wird dort begangener Totschlag besonders hart bestraft; Hn 68, 2 **6)** Wenn der Ealdorman gegen Landfriedensbrecher in einer Stadt nicht einschreitet, so tue es der König; unterlässt es dieser, so werde diese ~ (Herzogtum) friedlos (*s. d.* 8a); II Atr 6. Also eine ganze ~ wird vom übrigen England getrennt, als Feind erklärt **6a)** Herzog Oslac und das 'Heer' (Nord. Volk) im Herzogtum [Northumbrien] fördere Eadgars *Gesetz* über Handelskautelen; IV Eg 15: ein Beleg für starke Selbständigkeit; *vgl.* Denalagu 9; friedlos 4e **6b)** **N** Mehrere ~en, neun, treten einheitlich handelnd auf I 571[g]; *vgl. u.* 21a; auch Domesday I 238b 1 **6c)** Londons Friedensgilde braucht, um eine widerspenstige, Recht weigernde Sippe zu überwältigen, die Hilfe des dortigen *gerefa* und der *gerefan* beider [nachbarlicher] Gegenden; VI As 8, 2f. Nicht etwa ein fester Bezirk ist hiermit gemeint, sondern ein so wechselnder wie der Begriff 'Nachbargaue' (*vgl.* Dorf 7); Dunstan bringt Eideshilfe aus Kent, Sussex, Wessex, Middlesex, Essex; Urk. Birch 1097 **7)** Die ~ zerfällt in Hundreds (*o.* 4a), bzw. Wapentakes (*s. d.*), im Norden in Ridings; *s. d.* **N 8)** *Regnum Anglie habet comitatus* 32; Hn 6, 1a; *vgl.* I 552[f] **8a)** Sechzehn gehören zur Denalagu; *s. d.* 6 **8b)** In den *Gesetzen* sind genannt: Cambridges., Devons., Essex, Hampshire, Kent, Leicesters., Lincolns., Middlesex, Norfolk, Northamptons., Nottinghams., Suffolk, Surrey, Yorks. **9)** Eine ~ hat verschiedenes Strafgeldfixum von einer anderen; ECf 12, 9. 13, 1. 27. Auch in derselben ~ differieren bisweilen Lokalrechte; Hn 6, 3; *vgl.* I 552[a] **9a)** In jeder ~ wird Gericht gehalten; *s.* ~sgericht **10)** Die selbständigste ~, Kent (*s. d.*), proklamiert auf ihrem Landtage die Beschlüsse des Reichstages, bereit, sie gemäss königlichem Willen zu ändern; III As Epil **11)** Der Staat beschränkt die Freizügigkeit (*s. d.* 1a) des Gefolges (*s. d.* 8c), zuerst wenn es aus der ~ hinaus, später wenn es in ihr auf Herrensuche geht **11a)** Der hiergegen Gefolge aufnehmende Herr zahlt Ungehorsam-Strafgeld halb in die ~skasse des früheren Aufenthalts, halb in die des künftigen des Auswanderers; *s. u.* 18a; Ealdorman 22 **12)** Die ~ ist, wenigstens seit Ælfred, der eigentliche Heimatsbezirk; *o.* 11. Unter 'Grenze' (*s. d.* 3—5b) schlechthin scheint die der ~ gemeint. Wer in anderer *scir* Vassall ist, kommt in die seiner Geburt zurück, um seine Verwandten zu besuchen, wo aber sein Wirt für ihn haftet; *s.* Fremde 12a **12a)** Das Verpflanzen (*s. d.*) übermächtiger, dem Staate trotzender Geschlechter geschieht aus *eard* (Heimat, *patria* IV As 3), worunter doch wohl nur die ~ verstanden werden kann, da nur sie ein politischer Bezirk gross genug war, dass die Massregel helfen konnte; V As Pro 1; 2 = III 6 = IV 3 **12b)** *De regione foras mittere* kann Graf oder Sheriff laut Domesday I 298b 2 **N 12c)** Nur in der eigenen ~ darf der Münzer prägen [nur dort ist er bekannt; anderwärts entstünde Verdacht, er schlage verstohlen Münze]; sonst wird er als Fälscher bestraft; Hn mon 3. 3, 1 **12d)** Der durch Asylerreichung begnadigte Dieb muss die ~ abschwören; *s. d.* 2 **12e)** Aus derselben Provinz müssen Urteilfinder sein [kanonist. Worte, hier weltl.-prakt. Sinnes]; Hn 5, 2. 31, 7 **13)** Die ~ wird dargestellt durch **A.** Bischof, **B.** Ealdorman od. (und; *s.* 14a) Sheriff, **C.** ~sthegnas (*vgl.* Toller *scirþegn*). An diese 3 Faktoren adressiert Eadward III. zahlreiche Breven Kemble 826—894.

Vgl. a. 1006 *þa ildostan þægnas on Dorsæton* n. 1302; a. 995–1011 *þegenas on Cent* n. 929. Des Volkes geschieht hier keine Erwähnung mehr **13a**) Dagegen unter Æthelstan vertreten noch Kent *episcopi de Kantia et Centescire thaini, comites et villani* [Gemeinfreie, aus *eorl ge ceorl*]; III As Pro **13b**) Damit identisch sind *episcopi et alii sapientes de Kantia* der Inscriptio, die jedenfalls dem Agsä. (*witan*) und viell. noch Æthelstans Zeit entstammt. Denn solche standen dem Landtag und ~sgericht (*s. d.* 1) vor: *se scirbisceop 7 eal scirwitan* diktieren Strafe für Fastenbruch; *Homil. n.* Wulfstan 173 = 172. Der *witan* an der Spitze jeder ~ gedenkt König Eadred's Testament a. 955 Birch 912. *Vgl.* a. 990—2 *sende se cyning to þam gemote* (*scirgemote* 2 Z. vorher) 7 *grette ealle þa witan þær;* Kemble 693 **N 13c**) *Sapientes et lege sua eruditi* 12, aus jeder ~, dienen [angebl.] als Geschworene (*s. d.* 4), um Wilhelm dem I. Weistum über Agsä. Recht zu geben; *s.* jedoch Eadwardi laga 9 **13d**) An die Barone adressiert Heinrich I. die für die ~ bestimmten Writs Hn mon. Hn com **14**) Die ~ wird regiert vom Ealdorman (*s. d.* 19). Wo er fehlt, ist der Sheriff (*ebd.* 7) — abgesehen vom Bischof — der einzige königliche Beamte; **N** eine Hs. des ECf 12, 10 setzt statt *comes et vicecomes: c. vel v.*, andeutend, dass das Strafgeld dieser oder jener empfange; *u.* 17a **14a**) Cnut adressiert 1020, als an die Lokalbehörden in jeder ~, an Bischöfe, Eorlas und Geretan [unter denen nicht bloss oder hauptsächlich Sheriffs zu verstehen sind]; Earle 232. Am ~sgericht (*s. d.* 6a) wird vor 1038 der Sheriff hinter Diözesan und Ealdorman erwähnt, hinter dem Eorl in Breven Eadwards III. an die ~; Kemble 834 f. Wo der Graf fehlt, ist der Sheriff allein Vorsitzender der ~; *scirman id est iudex comitatus* erklärt Urk. vor a. 988 Birch 1097 **N 14b**) Der *vicecomes* ist der einzige königliche Beamte über der ~ laut Hn com 2. Hn 41, 5. Lond ECf 32 B 8. [Doch hat im 12. Jh. manche ~ mehrere Sheriffs, und mancher Sheriff regiert mehrere ~en; Stubbs *Constit. hist.* I 113. 392.] So sehr konstituiert um 1100 der Sheriff die ~, dass diese (*o.* 4e) *vicecomitatus* heisst. Heerführung und Ehrenvorsitz gehörten wohl dem Grafen, Strafvollzug, Hundredabhaltung, Verwaltung und staatliche Finanz dem Sheriff **14c**) Der Graf ist um 1135 noch nicht, wie im späteren Engl. MA., titular, sondern übt königliches Amt über die ~. Nur in diesem Amtsbereich steht er dem *scirbiscop* im Bezuge der Mannenbusse (*s. d.*) gleich; *s.* Ealdorman 15 **14d**) Die vizekönigliche Gewalt über die ~ (*ebd.* 19a) erhellt aus den Ausdrücken *læppan under cynge hand ofer hæfdon*, ähnlich wie *Aulixes under hæfde þam casere cynericu twa: he wæs Þracia þioda aldor and Retie rices hirde;* Metr. Boeth. 5 **14e**) **N** Über angebliche Wahl einst eines Herzogs, jetzt des Sheriff durch die ~ *s. ebd.* 5c **14f**) Beamter über der ~, jedenfalls ein provinzieller Heerführer, war viell. auch der Heahgerefa; *s. d.* **N 15**) Über angebl. 4 Oberförster jeder ~ *s.* Forst 15a **16**) Die ~ besitzt kein eigenes Siegel (ECf 15, 4), jedoch wahrscheinlich ein eigenes Archiv. Denn jede erhält ein eigenes Exemplar königlicher Dekrete; Wl ep Pro. Epil. CHn cor Pro 1. I 521[1]; *vgl.* Will. Malmesbur. V 393. Eigene Kasse *s. u.* 18a. 20 **17**) Der ~ eignen eine Macht der Verleihung des Friedensschutzes und der Empfang bestimmter Busse für dessen Bruch. Diese heisst *iudicium* (*lex*) *comitatus.* Der Graf, bzw. Sheriff empfängt sie für Friedbruch am Hundredgericht; ECf 13, 1. Dagegen *assaltus* auf dem ~stage steht dem auf den Heerstrassen gleich, unter *maius iudicium* (höherem Strafgeld) und ist Kronprozess; 13 **17a**) *Chimini et aquae minores* (Hauptstrassen, doch mit Ausnahme der wichtigsten 4 Reichsstrassen und Flüsse mit Ausnahme der Hauptströme) *sub lege* (Strafgeldfixum) *comitatus sunt;* ihre Verbauung *secundum legem comitatus erga comitem et* [Var. *vel:* bezw., *o.* 14] *vicecomitem emendetur;* 12, 9f. **17b**) Vermutlich ist *mund* (*borg*) des Ealdorman (*s. d.* 14) gemeint, also 2 £ in Wessex. Ebenso: *Si a preposito regis aut ministro comitis pax data infringeretur, per* 40 *sol.* [2 £] *emendabatur;* in Chester Domesday I 262b1 **18**) In jeder Stadt und jeder ~ möge ich (Eadgar) die Gerechtsame meiner Königswürde besitzen, wie mein Vater (Eadmund I.), und meine Thegnas die ihrigen, wie zu dessen Lebzeiten; IV Eg 2a. *Vgl.* Dritter Pfennig 3b **18a**) Sind bei Aufspürung von Diebstahl zwei [~s]Vogteien — *gerefscipe* — beteiligt, die, wo er geschah, und die, wo er ertappt ward, so teilen sie den Ertrag des Prozesses gemeinsam; VI As 8, 4. Ebenso wie beide ~skassen *o.* 11a **18b**) **N** Nur für die gewöhnlichen Prozesse im ~sgericht erhält das Strafgeld der die ~ pachtende Sheriff, nicht für die Kronprozesse (*s. d.*) *hamfaru, forsteal, cinges grið; Domesday* I 152; Leis Wl 2. In London entscheiden bei Rauferei im 12. Jh. die Aldermen, ob *le rei* [als vom Kronprozess] oder *le vescunte* den Prozessertrag erhalte **19**) Die ~ forderte von ihren Bezirkseingesessenen bestimmte Leistungen: Eadward III. sprach 1061 Horton [in Dorset] frei *ealra cynelicra and ealdordomlicra þeowdoma;* Kemble 1341 **20**) Ausser der königl. Kasse (o. 11a. 18a) hat im 10. Jh. jede ~ einen Landesschatz. *Comitales villae* gehören hierzu; In Cn III 55. König Eadred († 955) vermacht jeder Shire, deren er 10 nennt, je 100—200 £, *þæt hi mægen hungor 7 hæðenne here him fram aceapian, gif hie beþurfen;* Birch 912ff. Ein anderer Testator, Erzb. Ælfric um 1000, *anes scipes geuðe þam folce to Cent,* und *forgeaf Centingan þæne borh* (Darlehn), *þe hy him sceoldan, 7 Middelsexon 7 Suðrion þæt feoh, þæt he heom foresceat* (vorgeschossen hatte); Kemble 716 **N 21**) Die ~ als Ganzes wird von der Krone verklagt, prozessual gereinigt oder in Busszahlung verfällt; erging die Klageform gegen einzelnen, so braucht er nur in Gemeinschaft mit der ganzen ~ zu antworten; Hn 48, 2 **21a**) *In summis et capitalibus placitis unus comitatus iudicetur a duobus* (*o.* 6b) 31, 1; d. h. wohl durch Urteilfinder zweier ~en, in doppelter Anzahl wie gewöhnlich **21b**) Wenn ein Schuldner der Londoner diese nicht befriedigte, so pfänden sie *de comitatu* (gegen seinen ~sgenossen) *in quo manet;* Hn Lond 14. [Mit Unrecht empfiehlt *communi*, gestützt aufs Stadtrecht von Colchester, Bateson I 119. II LV; denn neben *de burgo vel villa* wäre *commune* nichts Drittes und das Wort ist für Gemeinde wohl um 1123 nicht nachgewiesen; *communitas* verbietet sich durch das folgende *quo*] **22**) Jeder Vogt nehme in seiner *scir* [den Bezirksinsassen] das [Ehrlichkeits]versprechen (*s. d.* 3) ab, dass sie die Friedensordnung laut Reichstagsgesetz beobachten wollen; VI As 10. Falls hier ∼ (nicht Amtsbezirk allgemein) gemeint ist, so fand vor ihr nun statt, was im éinen *gemot* [vór Spaltung in ∼ und Hundred] vorgegangen war laut II 20, 3; *ebd.* 3a **23**) Dass eine Stadt einer ∼ gleich stehe, ist in den *Gesetzen* noch nicht behauptet; doch zielt es wohl auf diesen Rang hin, wenn der Londoner sein *folcmot* mit dem ∼sgericht identifiziert; *s.* Ealdorman 5c **23a**) Die Abtei Peterborough behauptet um 1100, durch Privilegierung mit *sacu 7 socn, tol, team 7 infangenþeof* (*s.* Gerichtsbarkeit 24b) Shire geworden zu sein; Ann. Agsax. a. 963

Grafschaftsgericht *s.* Wb *scir* 4, *scir(ge)mot, comitatus, cunté, placitum comitatus* Hn 30, *divisio sciræ.*

1. Witan. 2. Trennung vom Hundred. 3. Königlich. 4. Höher über Hundred. 5. Unter Königsgericht. 6. Vorstand, Gerichtsfolge. 7. Urteilfinder. 8. Vorsitz. 9. Strafgeld. 10. Periodizität. 11. Londons Folcmot. 12. Versäumnis. 13. Kompetenz.

1) Agsä. hiess neben obigen Namen das ∼, wie der Reichstag, *witenagemot:* a. 1124 *held Raulf Basset* (Königsrichter) *7 þes kinges þæines gewitenemot on Leðecæstrescire 7 ahengen* (henkten) 44 *manne;* Ann. Agsax. Der Vorstand im ∼ hiess *witan; s.* Grafschaft 13b **1a**) Es kann mitverstanden sein unter *hundred; s.* Gericht 131 **2**) Das *scirgemot* nennt zuerst III Eg 5; über die Spaltung der Gerichte *s. d.* 11. 13 **3**) **N** Es zählt zu den königlichen (d. h. öffentl., im Ggs. zu geistlichen und senioralen); Hn 34, 1a. Im ∼ und Hundred *grið ex parte regis præcipitur;* In Cn III 50 **3a**) Anders als das oft privater Gerichtsbarkeit (*s. d.* 30) ausgelieferte Hundred ist das ∼ bei der Krone geblieben **3b**) **N** *Divisiones scirarum* (Gerichtsbarkeit samt Strafgeld im ∼) *regis proprie sunt;* ECf 13 **3c**) Diejenigen Herren, welche nicht selbst ein Gericht besitzen, in dem man die von ihnen verbürgten Leute belangen kann, *ante iusticiam regis faciant rectum in hundredo vel in syris;* 22, 5 **3d**) Um 1110 gelten das ∼ und Hundred so sehr als die hauptsächlichen, dass zu II Cn 25 *gemot* ersetzt wird durch ∼ (Quadr I 537) und durch Hundred; In Cn **4**) Das ∼ wird angegangen, wo das Hundred versagte. Kein Kläger übe Zwangspfändung gegen seinen Prozessgegner, bevor er dreimal im Hundred [‘oder im ∼’ falscher Zusatz der Leis Wl] sein Recht vergeblich gefordert hat. Dann erst ziehe er zum ∼, und dieses setze ihm den vierten Termin. Erst wenn dieser fehlschlägt, erlaube es ihm Zwangspfändung; II Cn 19—19, 2 — Leis Wl 44—44, 2 **N 4a**) *Violenta recti destitutione vel detentione in hundretis* (‘mehreren Terminen des Hundred’ oder ‘irgend einem der Hundreds’) *causa ad comitatus audientiam pertrah[i]tur;* Hn 7, 6 **4b**) Das ∼ *intend[it]* (beaufsichtigt), *ne gravionum* (Gerichtsvögte) *pravitas vel iudicum subversio* (Umsturz bestochener oder geängstigter Urteilfinder) *solita miseros* (Untertanen) *laceratione conficiant;* 7, 2 **4c**) Das ∼ steht ebenfalls über dem Riding: *Quod in þrehingis non poterat diffiniri, in scyra servabatur* (*-ram ferebatur* Retr); ECf 31, 2 **5**) Wo kein Recht zu erlangen ist im heimischen Gericht (*hundred* [aber *s. o.* 1a] als erste Instanz setzt Cn), darf man das Königsgericht angehen; III Eg 2 = II Cn 17 — Hn 34, 6. [*Vgl.* Fränk. Verbot, durch Klage unmittelbar vor dem König das Gaugericht vor dem Grafen zu umgehen; Brunner *Forsch. z. GDR* 136] **5a**) Der König befiehlt dem ∼, den Streit zwischen zwei streitenden Parteien zu schlichten: *seo spræc wearð þam cynge cuð; þa sende he gewrit and his insegl 7 bead, þæt þegnas on Cent hy gesemdon;* a. 995—1005 Kemble 929 | *sende se cyning his insegel to þam gemote* (*scirgemot* eine Zeile vorher) *and bæd, þæt hi scioldon* die Parteien *geseman;* a. 990—92 n. 693. Die Krone setzt hier das schiedsgerichtliche Getriebe in Gang durch ihr Breve, wie später den Writprozess **5b**) **N** Der König kann einen Prozess im ∼ verschieben, bis er selbst dorthin komme. *Abbas ne ponatur inde in placitum, donec veniam in provinciam; nolo quod placitet nisi coram me;* Chron. Abingdon. II 181 um 1140 **6**) Es seien beim ∼ anwesend der Diözesanbischof und der Ealdorman, und sie sollen dort sowohl geistliches (*s.* Geistl. Gericht 20) wie weltliches Recht anordnen; III Eg 5, 2 = II Cn 18, 1. So z. B. schon a. 957; *s.* Freilassung 5d **6a**) Bischof, Ealdorman, Sheriff, königlicher Missus sind anwesend im ∼ vor 1038; Kemble 755. Der Bischof leitet die Verhandlung; *ealle þa þegnas on Herefordscire* bilden das *scirgemot,* dessen Zeugnis und Vollmacht *be ealles þæs folces leafe and gewitnesse* heisst, so dass die Thegnklasse das ‘Volk’ darstellt; und sie, nicht der Umstand, entscheidet auch sonst schon vor 1066; Vinogradoff *Engl. soci.* 8. *Vgl. o.* 1; Gericht 21 **N 6b**) *Vicecomes faciat ea* (∼e u. Hundreds) *sedere; omnes de comitatu eant ad comitatus sicut tempore regis Eadwardi et* trotz königlicher Privilegierung *sequantur placita mea et iudicia* (Urteilfindung im öffentlichen Gericht) *mea sicut tunc;* Hn com 2. 4; *vgl.* Gericht 22a. Hier scheinen noch alle persönlich Freien gemeint; doch war wohl schon vor 1066 die Besucherzahl auf die Thegnas beschränkt. Dieses Gesetz ist vom Verf. des Quadr. aufgenommen I 544. 546, und nochmals *u.* d **6c**) *Requiratur comitatus, sicut antecessores nostri statuerunt;* Wl art 8, 1 aus *o.* 6 oder 6b; wie es scheint, will dieser Kompilator auch durch den Eroberer das ∼ wiederbelebt sein lassen **6d**) Sicher auf *o.* b bezieht sich der Satz, die Agsä. Einrichtung sei neuerdings wiederhergestellt, dass das ∼ an bestimmten Orten und Terminen zweimal jährlich tage, ohne fernere Plackerei der Gerichtsfolger, ausser wenn es der Staat öfter erheische; Hn 7, 1 = 51, 2 **6e**) Für *generalia comitatuum placita intersint episcopi, comites, vicedomini, vicarii, centenarii, aldermanni, prefecti, prepositi, barones, vavasores, tungrevii et ceteri terrarum domini;* 7, 2; die letzte Kategorie reicht offenbar weiter als bloss über Kronvassallen, umfasst aber nicht alle Gemeinfreien, sondern die Besitzer eines Herrschaftsgutes; unter den z. T. unenglischen Amtstiteln sind vermutlich verstanden der Sheriff, Hundredbeamte, Ortschaftsvorsteher, Grossgutsvögte als Herrschaftsvertreter. Statt der langen Reihe stehen nur *episcopi, comites et cetere potestates* 31, 3 **6f**) Das ∼

gilt als vollzählig, sobald *terrarum domini submoniti* sind, mögen deren freie Hintersassen mitkommen oder nicht; 29, 1a; c **6g**) Der Baron (Lehnsherr) vertritt durch seine Anwesenheit beim ~ die Gerichtsfolgepflicht seines ganzen Herrschaftsguts. Statt seiner kann sein Truchsess erscheinen und, fehlen beide notwendig, *præpositus* (Dorfvogt), Pfarrer und vier höhere Villane aus dem Manordorf, statt aller nicht Vorgeladenen; 7, 7—8. Nur theoretisch also sind alle Freie noch durch den Gutsherrn vertreten, und nur dieser, nicht etwa der Freienstand, durch die sechs Dorfpersonen **6h**) Forstbeamte bleiben frei von *provinciales summonitiones; s.* jedoch I 621[r]; Gericht 22b **6i**) Ein Walliserausschuss als Landschaftsvertreter am ~ *s.* Dunsæte 9a **7**) Urteilfinder vor dem königlichen Gerichtshalter im ~ sind *barones comitatus* [*et*] *qui liberas terras tenent* Hn 29, 1. Das *iudicium comitatus* ist Urteilfindung durch Grafschaft; *o.* 6b. Hn 34, 1a. ECf 23, 4. 38, 3 **8**) Der Vorsitzende und amtlich dazu Vorladende ist um 1110 regelmässig der *vicecomes* (Hn com 2. Hn 30) oder *justicia regis* (53,1. ECf 23, 4); Sheriff und Königsrichter kann damals noch identisch sein **8a**) Der König schickt 1080 als Vorsitzenden den Erzbischof von Canterbury, damit in einem ihm vorgetragenen Prozess *comitatus intelligeretur;* dieser hört ein Agsächs. Zeugnis *voce* 9 *comitatuum obfirmatum;* Herm. *Mir. Edm.* ed. Liebermann *Agnorm. GQ.* 254 **9**) Unter Cnut betrug die Busse für Nichtbefolgung (Scheltung) des Urteils nur gegenüber dem König $2^1/_2$ £ [irrig überträgt 120 *scil.* nach Norman. Währung: 6 £ Leis Wl 42, 1], sog. 'Ungehorsam', für den Eorl $1^1/_4$ (Var. 40 Schill.), fürs Hundred $^5/_8$ £; II Cn 15,2 **N 9a**) Dieses Strafgeldfixum von $2^1/_2$ £ gilt für *causae communes* in Wessex im ~, (Hn 29,3. 34,3. 35,1. 37,2. 53,1. 87,5) im Ggs. zu 5 £ kostenden *causis regiis* und zum Handfrieden; *s. d.* 5ff. **9b**) Es kommt dem Sheriff [als Pächter des Ertrages aus der Grafschaft ausser Kronprozess] zu, heisst königlich [= öffentlich] und ist [wohl weil jener an Stelle des Königs, nicht des Grafen steht] zum 'Königs-Ungehorsam' erhöht. In Mercien galten dessen 120 Schill. [nur je 4 Pfennig, also] 2 £. Abzuziehen sind Anteile des Anzeigers und Immunitätsherrn [ausser Drittem (*s. d.*) Pfennig]; Leis Wl 2,2—2,4 **10**) Periodizität und Frist der Ladung *s.* Gericht 9d. e **11**) Historisch falsch und in sich widersprechend behauptet ein Londoner Staatsreformer um 1200: jährlich zweimal tage ~, *folcmot* genannt, behufs Reichsbefestigung, am 1. Mai und 1. Okt., dies zur Wahl von Sheriff und Herzog und Entgegennahme ihrer Befehle mit Beistimmung vom ~; Lond ECf 32 B 1. 8. 10f., gegen 8 A 5. Als Strafe für Nichtbefolgung setzt der Antiquar missverständlich *drinclean* (*s.* Grundbesitz 4). Er verwendet *folcmot* sogar auch für den Reichstag. Über das wirkliche Londoner *folcmot s.* Gericht 13n **12**) Über Fortbleiben vom ~ *s.* Gerichtsversäumnis 2b. 12 **13**) Die Tagesordnung des ~s stellt [weltliche] Ansprüche der Kirche voran (auch ECf 3), dann die des Königs [d. i. staatliche, Kriminal- u. Fiskalsachen], zuletzt Privatprozesse; Hn 7, 3 **13a**) Das Geistliche (*s. d.* 21) Gericht nahm seit 1070 dem ~ die Zuständigkeit über Kirchliches (*o.* 6), die Hn 7, 2 = 31, 3 nur aus Agsä. Quelle abschreibt. Sie gehörte ihm vielleicht erst seit der Zeit, da sich das alte Gericht in ~ und Hundred spaltete; letzterem im eng. Sinne blieb sie fremd **13b**) Ferner entzieht dem ~ die Curia regis den Prozess über Grundbesitz zwischen Kronbaronen; Hn com 3 [aber nicht wie in Normandie die höchste Strafjustiz] **13c**) *Gesetze* erwähnen von Sachen vor ~: Bruch von Königs Handfrieden (*s. d.* 6a) ECf 27; Begünstigung fremder (*s. d.* 12c) Verbrecher 23,4; Gewährzug (*s.* Anefang 12f.) 38,3; Strafprozess gegen den mit Gerichtsbarkeit Privilegierten Leis Wl 2, 3; Ächtung (*s.* friedlos 4e. f. 6. 17c); Prozess über Grundbesitz zwischen Aftervassallen nicht eines Herrn; Hn com 3—3, 3 **13d**) Das ~ bezeugt Verkauf von Grundbesitz (*s. d.* 12d), die Vertretung eines Landguts in dessen Pflichten gegenüber dem Staat und damit den unanfechtbaren Rechtstitel des Besitzers; II Cn 79 = Lond ECf 32 B 4 **13e**) Es bezeugt Freilassung; *s. d.* 5b **13f**) Es autorisiert Zwangspfändung in Selbsthilfe; *o.* 4 **13g**) Auch gütliche Versöhnung ohne Rechtsgang lag dem ~ ob; *o.* 5a. Hn 7, 3a **13h**) Nicht erste Instanz war das ~ erstens für Sachen des Hundred (*s. d.*), zweitens in den geographischen Grenzen privater Gerichtsbarkeit (*s. d.* 33a) und der Stadt **13i**) Als Beweismittel im ~ wird Ordal erwähnt, durch den Königsrichter vor *legales homines provinciæ illius* abgehalten, ECf 9, Zweikampf Hn com 3, 3 **13k**) Im ~ proklamierte der Sheriff die Regierungserlasse: Wl ep, CHn cor, Hn mon, Hn com, auch das Writ von Mitte 1101, betr. Gewährleistung Englands für Heinrich I. gegen Robert; Stevenson *EHR* 1906, 506 [Gnaden

Gras *s.* Heu ***gratia Dei*** *s.* Gottes

Gratiani *Decretum* folgt gleicher Quelle wie Hn 5, 1ff.; *vgl.* I 548[c]

Grausamkeit *s.* Todesstrafe, Verstümmelung; Haut 5; Humor 2f.

Grauwerk *s.* Tuch

Gregor I. *s.* Wb **1**) Er bekehrt die Angelsachsen; *s. d.* 5 **2**) Seinen Gedächtnistag macht zum Feiertag Synode Clovesho a. 747 c. 17 ed. Stubbs *Councils* III 368; er steht in *Kalendarien der Agsa.* ed. Piper 50 und Warren *Leofric missal* XLVIJ; **2a**) dieser bleibt für freie Arbeiter fronfrei; Af 43 **3**) ~ schrieb der Engl. Nation besondere Quatemberfasten vor (VI Atr 23), obwohl andere Nationen anderes beobachten; Lat. Übs. **Gregor VII.**, I 643[a]; *vgl.* Kirchenstaatsrecht 25c

Grenze *s.* Wb *mearc, marca* **1**) **N** ~ des Reiches kann durch den König geschlossen werden; Quadr II Præf 3[r] **2**) Staats~ *s.* (*land*)*gemære* für Wessex; Ine 10. [Der *gemærbeorg* in Urk. a. 868 Birch 523 ist vielleicht ein Grenzberg: die ~ ist Altgermanisch keine Linie, sondern eine neutrale Zone; Amira 77; *u.* 6] **2a**) ~ zwischen Ælfred und Guthrum: AGu 1 **3**) Auswanderung einstiger Sklaven über die ~ nach Freilassung *s. d.* 3 **4**) Der Wirt haftet für Fremde (*s. d.* 12) von jenseits der ~ **5**) Gefolge (*s. d.* 8d), dies- oder jenseits der ~ [der Grafschaft; *s. d.* 12] entlassen, nehme man nur mit Laufpass des früheren Herrn auf **5a**) Spurfolge hinter gestohlenem Vieh gibt die Londoner Friedensgilde (eine gegenseitige Versicherung gegen Diebstahl) erst auf, wenn jeder Berittene einen

Ritt dafür gemacht hat, auch südlich oder nördlich der ~ [wahrscheinlich von Middlesex und vielleicht von Surrey, da sonst wohl der Themsefluss statt ~ genannt wäre]; VI As 5; Strafdrohung 8, 5 **5b)** Dieselbe Grafschafts-~ ist auch gemeint, jenseits welcher die Sheriffs einander unterstützen müssen bei Spurfolge; 8, 4 **6) N** Ward Erschlagener auf der ~ zweier Territorien gefunden, und ist Täter unbekannt, so haften für *murdrum* beide Grundherren; Hn 91, 4: vielleicht eine Spur, dass einst unbebaute Wüstenei, Ödland, zwei Siedlungen trennte; *o.* 2

Grenzgericht *s.* Wb *mearcgemot* mit urkundl. Nachweise; *divisae terrarum.* Das Nord. *marcamot* erklärt Brandt als Gericht auf der Grenze zwischen Besitztum des Klägers und des Beklagten; v. Schwerin *Gött. gel. Anz.* 1909, 794 **N 1)** Ein bäuerliches Gericht, unterhalb erstens des königlichen (an Curia regis, in Grafschaft oder Hundred) und zweitens der privaten Gerichtsbarkeit (*s. d.*), kennt um 1115 Hn. Freilich zweimal k a n n *divisae parium* (auch *divisio, devise*) Gericht allgemein heissen, und zwar hier Dorfgericht (*s. d.* 1); 9, 4. 34, 1a. Dagegen die Grenze betont folg. Satz: *Si inter compares vicinos utrinque sint querelæ, conveniant ad divisas terrarum suarum, et qui prior querimoniam fecerit, prior rectum habeat. Et si alias* (an höhere Instanz) *ire oporteat, in curiam domini sui eant, si unum dominum habeant; si secus est: in hundretum* 57, 1; 1a **1a)** Vom Dorfgericht (*s. d.* 1a) scheidet ~ deutlich 57, 8 **2)** Unsicher deuten auf ~ 2 Agsä. Urkk.: ein Landgut wird befreit *a servitutibus regis, principis, iuniorum* (der Beamten), *nisi in confinio rationem reddant contra alium;* a. 849 Birch 455. Ein anderes braucht nur, *si quis furaverit, solvere pretium pro pretio ad terminum* (Grenze), *ad penam nihil foras* [d. i. *angild* ohne *wite; vgl.* Gerichtsbarkeit 8]; a. 767 n. 202. Vielleicht verbieten beide Urkk. nur das Betreten der Immunität durch den Staatsbeamten, der vielmehr an deren Grenze das von ihr geschuldete Ersatzgeld soll fordern dürfen, wenn ihr Insasse solches schuldet. Ähnlich zahlt bei den Dunsæte der Grundherr den Ersatz an den Kläger von jenseits seiner Grenze und betreibt die Klage innerhalb seines Bezirks zu eigenem Nutzen; *s.* Gerichtsbarkeit 11 **3)** Nicht bäuerlich, sondern international ist das Englisch-Schottische ~ *ad Marchiam* seit 13. Jh.; I 577*. Diesem steht nahe in der gemischten Zusammensetzung der Urteilfinder (*s.* Lagamen) aus beiden Nationalitäten das Gericht der Dunsæte; *s. d.* 9ff. **3a)** Der Herzog der Normandie wollte dem König von Frankreich nur an der Grenze zu Recht stehen; Lehmann *Johann o. L.* 226

Grið. Das so benannte Stück: I 470, übs. von In Cn: 615

Grönland von Arthur [angeblich] unterjocht; Lond ECf 32 E

Grossbritannien *s.* Britannien

Grosse *s.* Adel

Grosseinkauf *s.* Handel 14ff., Deutsche 2b, Einzelverkauf, London: Han-

Grossgut *s.* Herrschaftsgut [del

Grosshundert (120) *s.* hundert 2

Grundbesitz. 1. Namen. 2. Stammsitz. 3. Grundherr. 4. *drinclean.* 5. *witword.* 6. Herrengabe. 7. Landlos. 8. Unabhängiger ~ erhöht Stand. 9. Heimatverlust. 10. Staatlich vertreten. 11. Last, Vorteil aus ~. 12. Landkauf. 13. Verwirkung. 14. Vererbung. 15. Prozess um ~. 16. Besitzerwechsel. 17. Umzäunung, Schutz.

1) Das Wort *ar* (*s.* Wb 3) heisst Land, neben und im Ggs. zu *æhta* (Fahrhabe) VI Atr 51; Kemble 694. 722 (synonym mit *land* n. 722; mit *landar* 1252), auch Earle 203. 224. 226. 349, überall grosser, nicht bäuerlicher Besitz. Die weiteste Bed., nämlich 'bevorrechtete Besitzerstellung' (Wb 5) auch in Kemble 499: *his are mid bocum 7 landum . ., berypte ælcere are.* Zwar kann *ar* laut Toller Fahrhabe mitumfassen, aber nie diese allein im Ggs. zu ~ bedeuten **1a)** Ferner *s.* Wb *ierfe, land, æht, ham* Eigengut **1b)** Dagegen *licgende þing:* tote Fahrhabe *s. d.* 1. Ebenso spricht von *libbandan 7 licgendan* Testament 1002 Kemble 1298 **1c)** *Vgl.* Besitz und Eigen, Erbgang; Bocland, Læn, Folcland, Allod, Amtsland, Lehnwesen; Herrschaftsgut; Gerichtsbarkeit; Bauer, ansässig, Gemeinheit; Abgabe, Pacht **2)** Der väterliche Stammsitz, das Familiengut, *frumstol* (mit dem Teile das ganze ererbte Landeigen meinend), wird durch die Sippe den unmündigen Hinterbliebenen ihres verstorbenen Genossen verwaltet; Ine 38, anderswo *cðelstol* (*vgl. u.* 9; *bregostol* Thron, Königreich, Fürstensitz samt Land), *setl* bei Toller n. II, daraus wohl *sedes* Urk. a. 867 Birch 516; *heafodbotl* Birch 1306 **2a)** Earle vermutete in *ealdland* den Namen für Familienstammgut; Toller *Suppl.* sieht darin 'lange unbebauten Boden', gemäss heutigem *oldland.* Jedenfalls nicht jene Bed. hat *erfe* (Birch 558), da darüber testiert wird **3)** *landrica, landhlaford* (Grundherr in hervorragendem Sinne) besitzt Gerichtsbarkeit (*s. d.* 3), obwohl *land* auch kleinstes Bodenstück bezeichnen kann. Er wird deutlich dem *landagende,* und dieser wieder, wie der *landhæbbende,* dem dritten, zwar persönlich auch noch freien Stande des Bauern übergeordnet; Northu 53. 58—60. **N** Im Ggs. zum sozial herabgedrückten Status des letzteren, des Villan, heisst jener ~ *libera terra;* Hn 29 **4)** Vielleicht [*s.* jedoch Biergelage 5b, Vertrag] eine besondere Art von ~ bezeichnet *drinclean* (*s.* Wb), falls dies identisch ist mit Nord. *drekkulaun.* Letzteres ist königliche Landschenkung, unwiderruflich und erblich wie *oðal* (Stammgut), als Lohn des Königs für gastliche Aufnahme durch den Dienstmann bei einer *drekka* (Trinkgelage); Amira *Nordgerm. Obligation.* (1895) II 619. 633. *Vgl.* Gastung Z. 18 **5)** In *witword* (*s.* Wb; auch Urk. nach 1067 Thorpe *Diplom.* 439) erblickt 'das Recht, Eigentum oder Besitz durch eidliche Erklärung zu beanspruchen, Land mit Erfolg beansprucht, eine der volksmässigen Landübertragungen, die neben der urkundlichen weiter bestanden,' Vinogradoff *Engl. soci.* 9; *Harvard law rev.* XX (1907) 533. 537f. **6)** Eine Art von ~, unverbucht, vom Herrn dem Manne dauernd geschenkt (nicht bloss geliehen) ist *hlafordes gifu;* sie soll immer unverrückbar bestehen; III Atr 3 für Denalagu = II Cn 81 für ganz England = Northu 67, 1 = Lond ECf 32 B 5a. Der Satz kann sich richten gegen die archaische Beschränkung der Schenkung auf die Zeit bis zum Widerruf nach des Schenkers Belieben (Chadwick *Anglos. instit.* 368f.; *Origin* 170), etwa wegen Treubruchs des Beschenkten (*s.* Gefolgsadel 14), oder nur bis zu des Schenkers Tode, unter Rückfall an dessen Erben [*me vivente* schenkt

Urk. a. 749 Birch 178], oder gegen den Rückfall an den Schenker beim Tode des (kinderlosen) Beschenkten. *Vgl.* Geistliche 32b; fürs Festland Schröder *DRG*[5] 296; Amira 122 **6a)** Von *land, þe ic æt* (von) *minum hlafordum begæt,* spricht das darüber verfügende Testament a. 835 Earle 109. Dem Dänischen Jarl Pallig, der von Æthelred II. abfiel, *se cyng wel gegifod hæfde on hamon* (Grossgütern), *golde, seolfre;* Ann. Agsax. a. 1001 **6b)** Als *hlafordgift* gelten auch *consulatus, principatus,* also Grafen-, Herzogs- (vielleicht auch Vogtei-)amt, hierher gehörig nur kraft des Amtslandes; *s.* Gerichtsbarkeit 28C **6c)** Dagegen mit Nord. Recht verbinden diese zuerst in einem Denkmal der Denalagu begegnende 'Herrengabe' K. Maurer und Steenstrup: der Norden stellt die vom König dem Dienstmann geschenkte Ehrengabe unter Odalsrecht; *o.* 4 **7)** Wer keinen ~ hat, braucht einen Herrn (*s.* Gefolge 9, ansässig), kann nicht unabhängig im Staate leben; Maurer *Kr. Übsch.* I 426 **8)** Unabhängiger ~ heisst *agen* (*o.* 3); nur solch *agen land,* das die Staatspflicht nach aussen selbst unmittelbar verantwortet, erhebt zur Aristokratie: **8a)** Durch ~ von Fünf (*s. d.* 1—3) Hufen und andere Bedingungen steigt der Gemeinfreie zum Thegn, der Walliser zum 600-Schilling-Manne, wachsen auch die Busse des Gefolgsadligen (*s. d.* 11) für Versäumnis des Kriegsdienstes, die Beziehung zum König, und die Höhe schuldiger Gefälle; *s.* Adel 13; Heergewäte 9f **9)** Ein für Verbrechen mit Verbannung und Degradation (*s. d.* 3) gestrafter Geistlicher geht verlustig auch *eardes* (*eðles* Cnut). Gemeint ist bei Atr 'Heimat', bei Cn Gut des Pfarreiamts, das dem Nachfolger zufallen muss; die Übs. von Cn verstehen *dignitas, liberalitas,* also den bürgerlichen Rang als ~er. Jedenfalls liegt hier nicht vor der technisch beschränkte Sinn von *eðel* (*o.* 2), unveräusserliches Familienstammgut mit Vorrecht der Manneshand; Maurer *Kr. Übsch.* I 97; Brunner *RG. Germ. Urk.* 192 **10)** Dem Staate gegenüber den ~ in dessen Pflichten vertreten heisst *werian; s.* Wb 5. Wer sie nicht leisten kann, muss ihn aufgeben. Wer sie erfüllt hat unter Zeugnis des Grafschaftsgerichts (*s. d.* 13d), dessen ~ ist unanfechtbar **10a)** Die Grundlast vom ~ dem Herrn erfüllen, unter ihrer Bedingung ~ innehaben heisst *deservire terram per . .* (*s.* Wb); *vgl. deservire terram erga* Grundherrn; Domesday II 97b **10b)** Nicht jeden Nachkommen hält ein Testator als *londes weorðe,* dass er *land gehaldan cunne:* offenbar nur einen, der die Staatslasten erfüllen kann; Urk. a. 835 Birch 412 **11)** Der ~ ist belastet mit Trinoda necessitas (*s. d.*, auch Bocland 22a, Heer), Gastung, Kirchensteuern, Zehnt, Peterspfennig (*s. d.*), Folgepflicht zum Gericht (*s. d.* 22), die um 1115 nur noch an *libera terra* (*o.* 3) hängt bisweilen mit Servitut (*s. d.*, Weide), Grundzins (*s.* Abgabe), Fron; *s. d.* **11a)** Für das verbriefte Herrschaftsgut des Thegn bestimmt sich dessen Recht und Pflicht durch sein *bocriht;* Rect 1 **11b)** Aus privilegiertem ~ fliessen die Vorteile privater Gerichtsbarkeit, Zolleinnahme, Schutzherrlichkeit; *s. d.* **12)** *Landcop* gilt als unanfechtbar; III Atr 3. Northu 67, 1. 'Vaterlandskauf', eine Abgabe für das Recht des bisher friedlos (*s. d.* 17a) Gewesenen, im Lande zu hausen, oder beim Landkauf sehen darin Maurer *Krit. Übsch.* II 55, Schmid 622, Toller. Letzterer Sinn, in *lanceptum* 1108, liegt vielleicht für *londceap* vor in Urk. um 840 Birch 452, doch passt dort auch 'Gegenwert für den ~, Bodenpreis' oder 'Landerkaufung' **12a)** Dagegen den unter Rechtsform erfolgten Kauf von ~, der den Sippenbeispruch (*s.* Vorkaufsrecht) zurückdränge, versteht Vinogradoff *Transfer of land o.* 5. Dieser Sinn steht fest für *land(es)-ceap* Birch 1130, wo die Zuziehung von *festermen* (Bürgen, *s. vades u.* 16e) sich wohl gegen Sippeneinspruch richtet. *Lantcoop, landskauf* heisst auch mndd., oberdt.: Bodenerwerb **12b)** Der Begriff 'Handel in ~' heisst *landbygen* (*s.* Wb); ~ kann u. a. *per emptionem vel cambitionem* erworben sein; Hn 20, 2 **12c)** Ein Vertrag über Kauf von Land kommt in den Agsä. Urkk. nicht vor; das Geschäft ward als Verleihung behandelt; Vinogradoff *o.* 5 **12d)** Ein Landverkauf ist deutlich vorangegangen in folg. 2 Urkk.: *he land hæfde, swa Æ.* [vor 900] *hit O. on æht gesealde wið gemedan feo;* K. Ælfred bestätigte, *þa O. þæt land æt* (von) *Æ. bohte, þæt hit stondan moste;* Birch 591. *Godric begeat þæt land; he sealde his sweostor 1 marc goldes on geceapodne ceap ætforan ealra scyre;* a. 1038—50 Kemble 789. Das *sellan,* von Land gesagt, muss nicht 'Verkaufen', sondern kann 'Hingeben' heissen Af 41. II Cn 79. Becwæð 2 **12e)** In den *Gesetzen* heisst es nur einmal eindeutig: 'seine Vorfahren erwarben ~ durch Geld' in der Antwort des diesen gegen den Kläger verteidigenden Besitzers; Becwæð 1 **13)** Je aus der Art des ~es bestimmt sich, wem er, wenn wegen Verbrechens des Besitzers eingezogen, zufiel; *s.* Bocland 17f. 23; Lehn, Gerichtsbarkeit 26, ehel. Güterrecht 2 **13a)** Die Kirche erlangt aus Bestrafungen Zuwachs auch an ~; VI Atr 51 **14)** Der bisher nicht rechtshängige ~ kann, sobald vererbt, nicht gegen den Erbnehmer (*s. d.* 2) eingeklagt werden; daraufhin antwortet dieser: 'das [mein Eigen] bleibe, so lang ich leben werde'; Becwæð 3, 1 **N 15)** Um Lehen unter Vassallen eines Herrn wird prozessiert in dessen Lehnsgericht, gegen einen Kronvassallen in Curia regis, sonst im Grafschaftsgericht; *s. d.* 13b. c **15a)** Der *feudatus* muss beim Prozess um sein Lehn seinem Eideshelfer im Zweikampf wie anderer Beweisart vorangehn; Hn 48, 12 **15b)** Den ~ Londoner Bürger aber verspricht der König *lege civitatis* (nach Stadtrecht, d. h. ohne Duell, laut 2, 2) gerichtlich zu behandeln; Hn Lond 10f. Städtischer ~ findet im 12. und 13. Jh. besondere Beurteilung im Ggs. zu anderem Lande; Pol Mai I 631f. II 328 **15c)** Prozessiert ein Lehnsmann ohne Teilnahme des Herrn, so kann er nur seinen, nicht des Herrn Anspruch verlieren; dieser kann den Prozess neu anfangen, denn *nemo potest de feodo domini placitare sine eo;* Hn 61, 13ff. **16)** Der Boden wechselt den Besitzer oder Eigentümer durch Pacht, Leihe, Belehnung (*s.* Lehnwesen), Verkauf, Verschenkung, Erbgang, Verbuchung (*s.* Bocland), Vermögenseinziehung; *s.* die Artt. **16a)** Landerwerb (*o.* 12) ist nur möglich *mid rihtum landrihte and leodrihte, swa hit on lande stænde* (ist an landes- [oder lokal]rechtliche Formen gebunden); Birch 917 **16b**) Im Grafschaftsgericht (*s. d.* 13d) oder Hundred (*s. d.*) wurde manche Landübertragung (sogar die urkundliche, umsomehr die bloss symbolische) bekannt gemacht, ohne dass dies, wie im Norden, obligatorisch war; Vinogradoff (*o.* 5) 547 **16c**) Dass Landübertragung oft mündlich vor Zeugen geschah, belegen viele Urkk.-Arengen; Brunner *RG. Germ. Urk.* 189; vom 11. Jh. Kemble 950; *Liber Eli.* bei Maitland *Township* 211f. **16d**) In der Denalagu ist Bürgenstellung *clænes landes* erfordert; Urk. für Peterborough um 980 Birch 1130 **16e**) Der Käufer von ~ fordert vom Verkäufer *vades* (*o.* 12a) für künftige Auflassung; das Gericht zu Cambridge entscheidet, Ostangl. Landkauf bedürfe keiner *vades;* Hist. Eli. ed. Stewart 140; *vgl.* Maitland *Township* 212 **16f**) Landübertragung durchs Symbol der Erdscholle (*cespites cum gramine; vgl.* Brunner, *Forsch. zur GDR* 619); verlegt ins Ende 10. Jhs. *Chron. Ramesei.* ed. Macray 75. *Vgl.* Urk. von einer Hand beginnenden 11. Jhs.: *cespitem supradicta[e] terra[e] super altare posui* a. 799 Birch 296. Nach 1066 sind viell. oder sicher geschrieben mit ähnlichen Worten Urkk. a. 680. 694. 704. 759—64. 798 Birch 840. 86. 107. 194. 291. [*Vgl.* Wissmann *Förmlichkeiten bei Landübertragg. in Engl., Agnorm. Per.* in *Archiv Urk.-Forsch.* 3 (1911) 251. ABRAHAM]. *S.* Handschuh 5 **N 16g**) Nicht von Agsä. Zeit sagt Ps.-Ingulf Croyl. 123: *conferebantur primo* (nach 1066) *prædia absque scripto cum gladio, galea, cornu, cratere, calcari, arcu, sagitta* **16h**) Den der Fronpflicht entfliehenden Herrschaftsgut-Hörigen untersagt *cartre faire* Leis Wl 30, Crowlander verderbte Lesung 14. Jhs.: vielleicht weil den Copyholders diese Form der Veräusserung verboten war; *vgl.* I 512* **17**) Über die Umzäunung nicht für den ganzen ~ *s.* Gehege 2; Gemeinheit 6. 10c **17a**) Wohl Haus und Hof eines jeden Herrn von grossem ~ genoss besonderen Schutz, schwerlich aber dieser ~ als solcher

Grundhörige *s.* Bauern, Freizügigkeit, Unfreie [11

Grundlast, -zins *s.* Grundbesitz 10.

N Gürtel verkaufe der fremde Kaufmann am Londoner Markt nicht detaillierter als zu einem Bündel [1000 oder 1012 Stück; Var.]; Lib Lond 8, 3

Gutgläubigkeit 1) des im Anefang (*s. d.* 16) angeklagten Besitzers gestohlener Fahrhabe; **2**) des Richters bei falschem (*s. d.* 1. 2) Urteil; **3**) des Klägers *s.* Klageeid; **4**) des Helfers von Missetätern *s.* Begünstigung 14; Gefährdeeid 1a; **5**) des im Asyl berechtigte Gewalt Übenden *s.* Asylbruch 4

Guthrum von Ostanglien **1**) Sein Vertrag mit Ælfred: AGu. Über die Örtlichkeiten der Kriegsereignisse vor dem Frieden *s.* Greswell *The battle of Athandune* 878 in Athenæum 18. Aug. 06, 186. In Sagen seit 12. Jh. heisst er *Gurmund* **2**) Er wird genannt als mitbeteiligt an der Urform von EGu Pro. Vielleicht ist dies nur eine unhistorische Einfügung eines bedeutenden Namens; *vgl.* Eadward I. 2. Jedenfalls kann der Hauptinhalt von EGu, der eine befestigte Kirche voraussetzt, nicht zum Friedensschlusse des eben Getauften mit Ælfred gehören **3**) Dass ein ~ II. in EGu gemeint sei (Collingwood *Scandin. Britain* 102. 105. 136), ist eine unnötige Folgerung, die an der Miterwähnung Ælfreds scheitert

gütliche Beilegung *s.* Schiedsgericht, Abfindung **Gwent** *s.* Dunsæte 6

H.

Haar *s.* Wb *feax. Vgl.* Bart, Locken, Scheren, Skalpieren **1**) Wunde unter ~ kostet weniger als sichtbare; *s.* Gliederbussen 11 **2**) Länge eines ~s als Mass: an dem Seile, woran der Ordalprüfling ins kalte Wasser herabgelassen wird, *ad longitudinem longioris capilli fiat nodus; usque ad nodum demer[gatur]*; Iud Dei XI 21, 2f. **3**) *feaxfang* (~zerren) wird gebüsst mit 50 Sceat (Abt 33), *hærgrip* (Nord. Wort) mit 5 Pfg. wie 1 Schlag; Hn 94, 4. [Auch Friesisch steht *faxfang* neben *harpluck*]

Habgier *s.* Geiz

Had, Privatarbeit über die Busse für Verletzung an Klerikern I 464; übs. von Q 540, von In Cn 613; benutzt von Hn 587

Hædde, Bischof der Westsachsen, neben anderen Ines Rat bei Gesetzgebung; Ine Pro; von desselben *pontificis nostri consilio* spricht Ines Urk. Birch 121, unecht

N Hafen 1) Eine königlich privilegierte Strasse (*s. d.*) verbindet den *portus* mit Inland; Hn 80, 3a **2**) ~frieden *s.* Stadt **3**) Nach Abschwören (*s. d.* 3) des Reiches erwartet der Verbrecher im ~ Fahrtwind **4**) Agsä. *port,* auch in Zusammensetzungen, heisst 'Stadt'; *s. d.*

Hafer. *Cotsetl* (Kötter) *per totum Augustum* (*s.* Ernte 1. 3) *unam acram avenæ metit pro diurnali opere* [für die Gutsherrschaft]; Rect 3, 1

Haft *s.* Verhaftung, Gefängnis

Haftung, Einstehen für eine Schuld, *s.* Wb *warant* (*-tus, -tizare*). *Vgl.* Absicht, Fahrlässigkeit; gewährleisten; Anstiftung, Beihilfe, Mitwissen, Begünstigung, gemeinschaftliche Missetat.

1. Wer kann haften. 2. Für eigene Tat, 3. eigenes Unterlassen, 3a. Versprechen. 4. Für eigene Waffe, die anderen dient. 5. ~ des Tierhalters, 6. Sklavenhalters, 7. Schutzherrn, 8. der Familie, 9. des Ehemanns, 10. der Sippe, 11. Gilde, 12. des Erben, 13. der Mithörigen, 14. Gutsbauern, 15. Stammes-, Bezirksgenossen, 16. Vassallen. 17. Absichtliche Übernahme der ~. 18. Womit wird gehaftet?

1) Wie Einzelner trägt ~ auch Genossenschaft: *u.* 8. 10f. 13ff. **2**) **Aa.** Man haftet für die obwohl ohne Absicht (*s. d.* 2ff.) geschehene Missetat, ferner für die Folgen der eigenen, an sich unschuldigen Tat, also für die (mittelbare) Schadenveranlassung; so für Feuerverwahrlosung (*s.* Brandstiftung 1), für Sturz des Viehs in einen Brunnen (*s. d.*), den man grub oder öffnete, für Aufspiessung von Vieh an einem Gehege (*s. d.* 5), das man zu niedrig gemacht hatte, für Treiben von Vieh an einen Ort, wo es Schaden litt, für den Schaden, den ein Mensch nahm durch Tierfallen, die man aufgestellt hat (aus Ribuaria Hn 90, 2c; 5), oder der aus Verlust eines Hundes (*s. d.* 2ff.), den man getötet hat, jemn. betraf, für das Veranlassen des Arbeitens eines Dritten an einem Ort, der diesem durch Blutrache oder bei Botendienst den Tod brachte; die ~ fällt fort, wenn dieser unaufgefordert an den Todesort kam; 88, 9 (*vgl.* I 603[k]). 90, 6b; 11b; c **2a**) Nur der Baum (*s. d.* 6), die leblose Todesursache, haftet für den bei seiner Fällung in gemeinsamer Arbeit mit dem Eigentümer Verunglückten und verfällt als Deodand (*u.* 4g) dessen Sippe **3**) **Ab.** Ferner ~ für Folgen pflichtwidrigen Unterlassens. So haften der Bauer (*s. d.* 3a), der ein Zaunstück zu fertigen unterlassen hatte, so dass Vieh anderen Flurschaden brachte, und der Strassenwächter, der Gerüfte (*s. d.* 5) gegen Viehräuber unterliess **3a) Ac.** Rechtsgeschäftlich übernommene ~ für eigenes zukünftiges Tun *s.* Versprechen 4) B. Ferner haftet man für die Tat anderer und zwar **a.** wenn diese geschah vermittelst des im Eigentum (oder Gewahrsam) des Haftenden Befindlichen, nämlich *α.* einer Waffe **4a)** Wer jemanden mit Waffen versehen hat, zahlt [Verletztem] 6 Schill., wenn damit Rauferei oder Strassenraub geschah, und [der Sippe des Erschlagenen] 20, wenn ein Mensch damit erschlagen ward; Abt 18 ff. **4b)** Wer einem entfliehen wollenden Knechte Schwert, Speer oder Pferd lieh, zahlt dessen Herrn den Knechtswert bzw. zu $^1/_3$, $^1/_2$ oder ganz; Ine 29 **4c)** Wer eine Waffe darlieh, haftet für den damit geschehenen Totschlag zu $^1/_3$, wenn er sich nicht anders mit dem Täter einigt, entgeht aber der ~ durch Gefährdeeid; *s. d.* 1a **4d)** **N** Aus *o.* b + c stammt Hn 87, 1; 1a **4e)** Wer als Schwertfeger od. Schmied Waffe od. Gerät in Verwahr nahm, haftet für damit geschehene Bluttat, ausser wenn er Freiheit von ~ ausbedungen; Af 19, 3; *vgl* Brunner II 558 **4f)** Auch im Recht von Gwent haftet der Eigentümer einer Waffe für den damit geschehenen Totschlag; er darf sie nur an sicherem Orte abstellen; ***Ancient laws of Wales*** 785. 793. Wer Waffe aufgehängt hat, von wo sie herabfallend jemanden schädigt, trage die Gefahr nach Nord. Recht; Amira *Nordgerm. Oblig.* II 50. **N** Im Ggs. zu dieser früheren ~ des Eigentümers für Missetat mit seiner Waffe, an der er unschuldig ist (Hn 90, 11c), bleibt er frei. wenn er die Waffe vorsichtig niedergelegt hat und sich durch Gefährdeeid (*s. d.* 1) von Absicht, Beihilfe und Mitwissen reinigt. [Diese Abschwächung zeigt auch im Norden die ~ des Fortnehmers der aufgehängten Waffe, nicht mehr des Eigentümers; Wilda 555.] Bei der Beurteilung kommt es auf die Art des Hinlegens (Fortstellens) der Waffen an. Unentgolten bleibt, wer in die Waffe eines anderen hineinfällt; Hn 88, 1f. **4g)** Die durch Blutvergiessen unreine Waffe (die durch Tötung eines Menschen befleckte Sache) darf man nicht benutzen, bevor sie *in omni calumnia munda* (durch Sühnung des Blutes gereinigt) ist; man muss den Urheber des Übels als Deodand (*o.* 2a) preisgeben, sonst verfällt man in ~; 87, 2c. 88, 1a; *vgl.* 1601[k]; Brunner I² 218. II 557 **5) Ba β.** Die ~ des Tierhalters [*vgl.* His 45] tritt bisweilen nur da ein, wo keine Bestrafung des als verantwortlich gedachten Tieres (*s.* Tierstrafe) stattfindet **5a)** Hat ein Hund gebissen oder getötet, so zahlt dessen Herr Busse beim ersten Male 6, beim zweiten 12, beim dritten 30 Schill. [also ohne Voll~] und erst späterhin volle Wundenbusse [als wäre er selbst Täter ohne Absicht, höchstens Wergeld, ohne der Rache zu verfallen]; Af 23 — 23, 2. Bei anderen Germanen verbricht Vieh kein Gewette (Brunner *Forsch. zur GDR* 512f.); also wird wohl auch hier kein Strafgeld verwirkt **5b)** Jene Busse tritt auch, wenn der Hund entläuft, ein (Af 23, 1): ein Zusatz, der ein älteres Rechtsstadium ausschliessen will [Pollock *Select essays in Anglo-Amer. legal hist.* 102], in welchem der Tierhalter, durch Verstossung des schädigenden Wesens (wie des Rindes oder Sklaven), der ~ entging. Die Bedingung 'wenn der Herr den Hund füttert', setzt Af zum ersten Male; ein Übersetzer stellt sie deutlicher zum Rückfall: 'wenn er ihn weiterhin füttert'. *Vgl.* Nordisch: Seinen Hund zu füttern, der einen Menschen totgebissen hat, wird bestraft wie Begunstigung von Friedlosen; Lehmann *Königsfriede* 198 **5c)** Der Eigentümer des Rindes, das Menschen verwundet hat, liefere es [zur Rache] aus oder zahle [dem Verwundeten] Busse; Af 24 **5d)** Stiess ein Rind das andere, so erhält der geschädigte Herr den halben Wert des Stössers, gibt aber den halben Kadaver dem andern Herrn (aus Exodus Af El 23), m. a. W. jeder Herr verliert den halben Wert eines lebendigen Ochsen und gewinnt den halben eines toten. [Über die Aufnahme dieses Satzes in Can. Wallici und Lex Salica *s.* Brunner II 553. 556] **5e)** Nur wer die Stössigkeit seines Tieres kannte, verfällt härterer Busse, wegen Fahrlässigkeit; *s. d.* 3 **N 5f)** Nach Forstrecht zahlt der Eigentümer des tollen Hundes, wenn dieser in den Forst (*s. d.* 21c) bricht, 200 Schill., wenn er ein Wild beisst, 1200, und wenn dies ein Hirsch, so liegt schwerstes, für Villane todeswürdiges, Verbrechen vor [stark übertreibende Fälschung]; Ps Cn for 33, 1. 34 **5g)** Für Flur- oder Hausschaden durch Vieh haftet dessen Eigentümer dann nicht, wenn die vom Recht vorgeschriebene Umzäunung des Grundstücks unterblieben war. Das Vieh darf nicht behufs Entschädigung gepfändet, nur ausgetrieben werden; Ine 40. 42 **5h)** Dagegen Tierstrafe leidet das Gehege brechende Vieh: der Geschädigte tötet es, gibt aber dem Eigentümer Fell und Fleisch; 42, 1 **6) Ba γ.** Die ~ des Sklavenhalters. Wessen Unfreier (*s. d.*) Totschlag beging, der muss ihn der Blutrache ausliefern und 3 bzw. 1 Sklavenpreis hinzuzahlen, je nachdem der Erschlagene 300 oder 100 Schill. wert war. Entfloh der Sklav, so zahlt der Herr noch einen Knechtspreis hinzu und schwört, er könne den Täter nicht erlangen; Hl 1 — 4 **6a)** In Wessex kann der Herr den Sklaven, der Totschlag beging, zur Rache ausliefern oder freigeben oder mit 60 Schill. dessen Leben auslösen; Ine 74. 74, 1 = Hn 70, 5; **5a.** Ähnliche Befreiung von der ~ durch Preisgabe bei anderen Germanen: Gierke *Schuld u.* ~ 16 [*vgl.* Röm. *noxae deditio.* ABRAHAM] **6b) N** *Si servus* [fremden] *servum occidat, ... si dominus occisoris* Blutbusse nicht zahlen will, *dimittere potest eum* (entgeht der ~ durch Freilassung), ausser wenn jener bereits während des Sklavenzustandes in Anklage versetzt war; Hn 70, 3 **6c)** Der Eigentümer (erste Gläubiger) haftet für die (zweite) Bussschuld seines Schuldknechts gegen Dritte oder verliert seinen Anspruch; Ine 62 **6d) N** Der Herr befreit sich von ~ für einen Selbstverpfändeten durch dessen Freilassung; *s. d.* 5f **6e)** Der Herr zahle Ersatz für Diebstahl seines Sklaven, und dieser leide dreimal Prügel, oder statt dessen zahle jener Ersatz noch einmal; II As 19 **6f) N** Der Herr des Sklaven, der unter 8 Pfennig zum ersten Male stahl, ersetzt den Schaden und liefert ihn zum Prügeln und Brandmarken; wohl *o.* e benutzend, Hn 59, 23 **7) Bb.** ~ für die Tat Schutzbefohlener

Bbα. Für das Mönchen [die vor Gericht unmündig] Anvertraute (*s. d.* 4) haftet ihr Herr (Vorsteher *Var.*), falls es mit seiner Erlaubnis jenen in Verwahrung gegeben war; Af 20 = Hn 23, 3. 45, 3 **N 7a) Bbβ.** Der Hausherr haftet für das seiner Frau, Kindern, unfreiem Gesinde Anvertraute nur, falls er Erlaubnis gab; Hn 23, 3 = 45, 2f. **7b)** Den Hausgenossen muss der Hausherr binnen Monat und Tag vor Gericht bringen und, falls jener zahlungsunfähig, Ersatz und Strafgeld für ihn leisten; ECf 23, 1 ff **7c)** Den Hausherrn trifft ~ auch für den beherbergten Fremden; *s. d.* 12 **7d) Bbγ.** Besonders ausgebildet ist die ~ des Herrn für das Gefolge (*s. d.* 18—20b): er muss es vor Gericht stellen oder den von seinen Leuten angerichteten Schaden ersetzen, dessen Kirchensteuer verantworten. [So auch bei anderen Germanen Brunner II 576] **7e)** Den Gutsherrn und Bezirksvogt trifft ~, wenn Spurfolge (*s. d.*) in sein Gut (bzw. Amt) leitet **7f)** Der Gerichtsherr hat die amtlichen Sünden des Gerichtsleiters, dieser die des Unterbeamten (Sporteleintreibers) zu verantworten; aus Isidor und Vulgata Iudex 8. 10—10, 1 **7g)** Für gemeinschaftliche (*s. d.* 8—13) Missetat haftet der Freie allein, wenn sein Mittäter Sklav war, der Herr allein, wenn er für Verwundung durch seine in Hausgemeinschaft lebenden Leute die Verantwortung übernahm. Dies aber darf und kann er nicht für Kriminelles: für solches trifft ~ den Täter; *vgl.* gewährleisten 5ff. **7h) Bbδ.** ~ des Wirts f. Beherbergte *s.* Fremde 12a. c. f **8) Bc.** Blutsverwandtschaft macht haftbar, zunächst **Bcα** die Familie (*s. d.* 2): sie wird, falls Mitwisserin des Diebstahls des Hausvaters, doch ohne Kinder unter 10 Jahren [missbräuchlich: samt Unmündigen; II Cn 76, 2], verknechtet; Ine 7. Die Sippe haftet für Diebstahl des Einzelnen in Wales noch unter Heinrich III.; Pol Mai I 200. *Vgl.* II 529; Brunner II 276 **8a)** Nur kirchenrechtlich verflucht Nachkommen und Leibesfrucht des Schuldigen und wünscht seiner Familie Vertreibung und Verarmung Exeem VI 3. 10. 16, 2 **9)** Der Mann haftet nicht für Missetaten seiner Ehefrau; *s. d.* 4a **10) Bcβ.** Über die ~ der Sippe (*s. d.*) für Totschlag durch ihren Verwandten *s.* Wergeld, Blutrache 5—7d **11) Bd.** Über die ~ der Gilde: *s. ebd.* 5b; Genossenschaft 3a. 12e B **12) Be.** Der Erbnehmer (*s. d.* 1—3a) haftet für gewisse Ansprüche gegen den Erblasser **13) Bf.** Die Unfreien eines Guts büssen [als Mitwisser] jeder drei Pfennig für den Diebstahl durch einen; IV As 6, 6f.; sie leiden Leibesstrafe bei gemeinschaftlicher Missetat; *s. d.* 13d **14) Bg.** Die Bauern des Bezirks tragen die Murdrumbusse (*s. d.*, *u.* 16a), für die ihr Herr oder Hundred dem Fiskus haftet **15) Bh.** ~ für den Landsmann: Im Verkehr zwischen Engländern und Wallisern, bei Dunsæte (*s. d.* 5. 11) und im Hereforder Stadtrecht (Bateson I 119), kann Kläger jeden unbeteiligten Stammesgenossen seines Rechtsweigerers pfänden [*vgl.* Holdsworth *HEL* I 312], ebenso der Schott. Gläubiger den Landsmann seines Engl. Schuldners [Lawrie *Early Scot. char.* 317]; der Londoner den Landsmann seines Schuldners, Rechtsweigerers oder auch Zollerpressers; Hn Lond 12. 14 **15a)** Dass Nachbar oder Gemeinde gegenüber auswärtigem Gericht bis Ende 13. Jhs. fur die Schuld eines Recht weigernden Genossen (Mitbürgers) haftete, belegt aus sonstigem Englischem Stadtrecht Bateson I 115. 119ff., aus Scarborough Gross *Gild merch.* II 388. Einst war der Sippegenoss des Schuldners der Pfändung ausgesetzt; Brunner II 449 **16)** Der Vassall trägt bisweilen Schulden des Herrn; *s.* Lehnwesen **16a)** Steuern (*s. d.*) und Grundlasten werden tatsächlich vom Grundeigentümer abgewälzt auf die Bauern; *o.* 14 **16b)** Doch drückt keine Stelle der *Gesetze* diese Tatsachen als Erscheinung von ~ aus **17) Bi.** Das Tun oder den Besitz anderer kann man gegen gerichtliche Verfolgung durch Dritte gewährleisten; *s. d.* **17a)** Zum Zwecke der ~ für fremde Schuld, z. T. nur eine in Zukunft mögliche, wird man Geisel (*s. d.*) oder Bürge (*s. d.*), und bildet sich Freibürgschaft; *s.* Zehnerschaft; *vgl.* Brunner *Grundzüge*[4] 205 **18)** Es wird also gehaftet mit der Person nur *o.* 8. 10 und *s.* Geiseln, sonst nur mit dem Vermögen oder einer einzelnen Sache, *s.* Pfand

halb *s.* ~teilung; Doppelung; Busse 8c; Eideshufen 5; Gliederbussen 5ff.; Asyl 5a. Kollegenzahl ~ von Genossen jeder Partei (*halftongue*) *s.* Geschworene 5; *vgl.* bandhaft 6

Halbfreie *vgl.* Freilassung 1. 3; Unfreier, Læt, Walliser, Bauer 9, Freizügigkeit 4f. **1)** Im Ggs. zu *freo* steht nur *þeow* (Wi 14. Ine 50. II As 24. II Cn 68, 1b), auch in AGu 5, so dass hier die *lysingas* der Ostanglischen Dänen zu den Freien zählen **2)** Oberhalb der Sklaven, aber unterhalb der Freien nennt *esnewyrhtan* Af 43; wenn er weiterhin im Ggs. zu Freien nur von Unfreien spricht, so scheint er die Lohnknechte diesen zuzuzählen **3)** Den *healffreo* freizulassen, bezeichnet als verdienstliches Almosen *Homilet n.* Wulfstan 171: *sceote man ælmessan hwilum be freotmen, hwilum be healffreon* **3a)** Ein Ostanglisches Testament um 1050 vermacht an Bury St. Edmund's ein Landgut und darauf *þa men: halffre, þeowe and lisingas;* Kemble 980

Halbmark, Angloskandinav. Rechnungsmünze, *s.* Wb *healfmearc.* Die ~ kommt im Norden nicht vor (Steenstrup *Danelag* 172), wohl aber ~land **1) A.** in Gold (*s. d.* 8) = $^1/_4$ Pfund [1 Mark = $^1/_2$ Pfund rechnet man auch für Silber; in Dorset *geldabant* vor 1066 vier Städte den Huskarls als Dänengeld *pro* 10 *hidis* (zu 1 Schill.), *scil.* 1 *markam argenti . . pro* 5 *scil.* $^1/_2$ *markam, . . pro* 20 *sc.* 2 *mark.*; Domesday I 75.] *Vgl* Ör A **2) B.** in Silber. Für 3 ~ in EGu 3, 1 setzt 12 Ör (also 1 ~ = 4 Ör, oder 1 Mark, wie in Skandinavien, = 8 Ör) Northu 11 **3)** Die Rechtsbruchbussen, die Königsthegn, Grundherr und Bauer schulden. sind bzw. 10, 6, 3 ~; Northu 48—53 (= In Cn II 15, 1b). 58—60 **3a)** 6 ~ beträgt die Busse des Thegn auch III Atr 13, 2. 4 **3b)** Dass 6 ~ auch *ebd.* 3, 2 doppelt so viel wie 12 Ör (also 1 Mark = 8 Ör) auch in 1, 2 bedeuten, geht daraus hervor, dass jenes den vollen, dieses den halben Friedbruch im Bierhaus straft. Wenn König, Bischof (= Eorl) und Thegn klagen, so muss Beklagter bzw. 6 ~, 12 Ör, 6 Ör Pfand für künftige Verantwortung erlegen; 12 **N 3c)** Dieselbe Doppelung wie *o.* b: Mannenbusse in Denalagu von erschlagenem Vollfreien [= Thegn] 3 Mark [= 6 ~], vom

Bauern 12 Ör, wozu spätere Glosse: 20 Schill. [also 1 ~ = 80 Pfennig]; ECf 12, 4 4) Eine ~ ist das Minimum an Lebgutrente, von der 1 Pfennig als Peterspfennig zu entrichten ist, geltend für den Bürger und die Denalagu; ECf 10 = Leis Wl 17 b; 1 5) Weil ~ im 12. Jh selten mehr vorkommt, rechnet sie in Mark um In Cn II 15, 1 b; I 612

Halbpfennig 1) Ein kleines Schiff, das zu Billingsgate in London anlegt, zahlt 1 *obolus* Zoll, ein grosses mit 2 Segeln 1 Pfennig, ein Fischhändler für kleines Boot an Londonbridge 1 ~, für ein grosses Schiff mit Fischen 1 Pfg.; IV Atr 2. 2, 4 2) Die Kirche erhält dreimal jährlich von jeder Hufe an Lichtschoss Wachs im Wert von *healfpening;* I Cn 12 **N 2a)** Von jedem Kalb empfängt sie 1 *obolus* Zehnt; ECf 7, 2 3) *maille* bekommt der Kerkermeister vom Gefangenen 'für den Spaten'; dafür *obolus* L.; Leis Wl 3, 1; *vgl.* 1495[e] **3a)** In London im 12. Jh. war dies Preis eines Brotes, das mehr als 1 Farthing galt; Bateson *EHR* 1902, 724 4) Für *minutum* (kleinste Münze) in Lucas 12, 6; 59. 21, 2 steht Agsä. übersetzt *helfling, halpenig,* aber auch *feorðling* (späte Hs. *ferðing*) und Marc. 12, 42: *styca, þæt is feorðung penninges.* Über *styca s.* Keary *Catal. Engl. coins* I IX. XXXVj. LXXIX 5) Den ~ kennt man seit Ælfred, den Farthing seit Eadward dem Bek.; Powell *EHR* XI (1896) 764. Die königlichen Münzer selbst zerschnitten den kreisrunden Pfennig in Hälften u. Viertel; Carlyon-Britton *Numism. journ.* II (1906) 90

Halbteilung von Buss- und Strafgeld 1) A. zwischen Kirche und Staat *s.* Bischof 7 a—f, Geistliches Gericht 14, Gerichtsbarkeit 18 aff. 2) B. zwischen Hundred oder Sheriff und Immunitätsherrn *ebd.* 20 a—h 3) C. zwischen Gilde und König (Grundoberherrn) VI As 1, 1 D. Wergeld für sippelosen Fremden teilen König und Genossenschaft (*s. d.* 3); Ine 23, 1. Af 28 4) E. Unbeurlaubter Auswanderer zahlt Strafe halb an die Shire des früheren, halb an die des späteren Aufenthalts; 37, 1 **4a)** Ertrag einer Spursuche nach gestohlenem Vieh wird geteilt zwischen den Sheriffskassen des bestohlenen Nachspürenden und des Spurendes; VI As 8, 4

Halbverletzung *s.* Wb *sambryce. Vgl.* Versuch 1) Die ~ des den Klerus schirmenden Sonderfriedens, wohl Verwundung ohne Totschlag, wird je nach der Tat gebüsst; Had 9. Altarbusse (*s. d.* 5) kostet bei Verwundung halb so viel wie bei Tötung 2) Wer den Bruch des unter dem Heere (*s. d.* 7 ff.) herrschenden Sonderfriedens halb verübt (*samwyrce*), darf büssen; der volle Bruch [durch Totschlag] ist busslos 3) Gewalttat *æt cwicum* (ohne Totschlag) unterscheiden III Atr 1, 2. VIII 4. Norgrið 1 4) Unvollendete Heimsuchung (*s. d.* 6) ist die ohne Totschlag **4a)** Angriff (*s. d.* 3 f.) ohne Totschlag auf Heerstrasse kostet 5 £ wie Rechtsperrung (*s. d.*) bzw. nur Ungehorsamsbusse 5) Herrenverrat (*s. d.* 5) halb ausgeführt wird mit Tod bestraft

N Hallengericht *s.* Wb *halimot.* [Mit Recht bleibt Maitland *Select pleas manorial* II LXXVI bei der Ableitung von *heall: aula;* Domesdaybuch setzt geradezu *aula* für 'manor'; Maitland *Domesday* 109. Die Halle (*vgl.* Königshof) bezeichnet, im Ggs. zu des Bauern *flet*, das Adelshaus] 1) Das ~ wird aufgezählt unter den Gerichten (*s. d.* 11 b) durch Hn 9, 4. 20, 1 a. 57, 8. 78, 1 f. **1a)** Es fällt bisweilen zusammen mit *curia domini* und vielleicht immer mit Gericht *in ipso manerio; s. d.* 11 c 2) Der Gutsvogt hält ~ ab; Hn 20, 1 a 3) Layamon *Brut* 31994 meint, es sei im 6 Jh eingeführt; es erschien also um 1200 uralt. Es ist aber nicht vor dem 11. Jh. belegt. — Vielleicht trat es an Stelle eines früheren Gerichts am Burgtor; *s. d.* 2 k 4) Der Grundherr hält ~ in seiner Halle für Rechtssachen des Guts. Es gehört dem ~ *sacu 7 socn* 'kommuner' (nicht 'krimineller') Art ohne *tol, team, infangenþeof;* Hn 20, 2 5) Das ~ ist ein an vielen, aber nicht allen Manors hängendes Recht. Jeder Kronbaron (aber nicht jeder mittelbare Lehnsträger) besitzt es, sowohl auf Amtsland wie auf privat Erworbenem; 20, 1. Es gibt aber Manerien, die der König ohne *socn* verliehen hat; 19, 2. [Daher glaub ich nicht mit Maitland *Domesday* 82, jeder Gutsherr besitze ~ über *villani*] 6) Eine Selbstverknechtung kann dort notifiziert werden; 78, 2 7) Der Gutsherr befragt die Bauern im ~ über ihre Fronpflicht; *Reg. Saresber. s. Osmundi* I 285 8) Befreiung einer *terra* von [Gerichtsfolge zu] *halimotis:* I 525[a]; so schon unter Heinrich I: *Catal. of anc. deeds* II A 3351 9) Das *hallimot de Lambeth* wird wegen eines Falschurteils gebüsst: Madox *Hist. of Exchequer* 386 10) ~ Londoner Bäcker 12. Jhs.: Bateson *EHR* 1902, 724; städt. ~ identisch mit *portmot* und *laghemot ebd.* 286 11) Vielleicht im ~ (oder aber im Hundred) erstreitet ein Kläger gegen seinen Gutsherrn eine Abmachung über Land, wobei Zeugen [oder Eideshelfer?] Pares desselben Besitzrechtes sind; Leis Wl 23; *vgl.* aus Stoneleigh: *sokemannus dabit iudicia cum aliis paribus;* Vinogradoff *Villainage* 430

Halm *s.* Herdpfennig 1

Hals *s.* Wb *heals, sweora; vgl.* Kehle 1) Verwundung des Rückgrats (? *þa geweald*) am Nacken mit folgender Lähmung des ~es kostet 100 Schill. [halbes Wergeld]; Af 77 = Hn 93, 3, der Arztkosten aus Lex Salica zufügt **1a)** Friesisch *waldsine, waldandsine, weltsene, welde, walduwaxe* steht für 'Rückgrat'; und wer unfähig machte *collum erigere*, zahlt auch bei Friesen halbes Wergeld des Verletzten; Richthofen *Fries. Rechtsqu.* 226; *Fries. Wb.* s. v.; His 300 2) 'Schlagen, dass das Genick breche' für Todesstrafe (*s. d.*): III Atr 4, 1 **2a)** ~ im Sinne von 'Mensch' (His 256) und ~lösung im Sinne von Lebenserkaufung, Rückgängigmachung der Acht (His 252 f.; Frauenstadt *Blutrache* 27) kommt bei anderen Germanen, aber in den *Gesetzen* nicht vor; von diesem einstigen Sinne bewahrt *freols* in der Struktur, aber nicht in nachweisbarer Bed., eine Spur; *vgl. frihals* Amira 79

N Halseisen 1) Für (Cnuts) *hengen* zur Untersuchungshaft (*s.* Gefängnis 1 b. 7) setzt *carcannum* Q. Das Französ. *carcan*, im Sinne ~, in England um 1175 weist nach Littré s. v. 2) Für *healsfang* II Cn 37. 45, 1 (*s.* Halsfang 1) setzt *collicipium* Cons, wohl bloss silbenhaft latinisierend, ohne abweichenden Sinn. Oder aber meint er statt Strafgeldes irrig den Pranger (der im Engl. Stadtrecht des MA. *collistrigium* heisst; Bateson I 55)?

Halsfang *s.* Wb *healsfang* 1) **N** Die Latinisierungen des Wortes *apprehen-*

62*

sio colli, collicipium (*s.* Halseisen 2) geben nur Silben ohne eigenen Sinn. Die Verderbnisse *haltsanc*, *hamsocn* und die Verwechselung mit Rechtsbruchbusse samt dem Irrtum, ~ sei Dänisch (aus In Cn auch Ps Cn for 14), zeigen, dass die Rechtsbuchschreiber nach 1100 Ursprung und Bedeutung des Wortes nicht mehr kannten **1a**) Mit Halslösung (*s.* Hals 2a) verbinden das Wort Wilda 969, Maurer *Kr. Übsch.* III 49, Schreuer *Verbrechenskonk.* 182, mit German. Berechnung der Verwandtschaftsgrade nach Körpergliedern Schmid; in dieser kommt aber der Hals nicht vor **1b**) ~ heisst Nordisch 'Umarmung'; den Hals umfassen ist bei allen Germanen Zeichen der Liebe: *gecyste þeoden þegen ond be healse genam* Beowulf 1872; *vgl. healsgebedda, healsmæged*, mittelengl. *halse* umhalsen. Die Umhalsung, der Friedenskuss kommt als Zeichen der Versöhnung, bes. zur Beilegung der Blutrache, bei Germanen vor. Sie also gab wohl den Namen zuerst dem Wergeld-Praecipuum (das nächste Verwandte allein erhalten, während sie den Wergeldrest mit der Sippe teilen), und daraus einer Busse, die in einem Wergeldteile bestand. So Brunner I² 226. 327; Schröder *DRG*⁴ 81. 355 **2**) Kinder, Brüder und Vatersbruder (-brüder) des Erschlagenen, d. i. der Verwandtenkreis, bei dem die Kniezählung der Abstände entfernterer Sippe (*s. d.*) noch nicht anfängt (*intra genu* Hn 76, 4c), allein empfangen zur Blutsühne ~ noch vór der Zahlung von Strafgeldern und von Wergeld engeren Sinnes; Wer 5 = Hn 76, 4c **N 2a**) Anders, obwohl mit Benutzung von *o.* 2, erhalten ~ *pater vel filius vel frater vel qui propinquior de patre, si predictos parentes non habeat;* 76, 7a. Wahrscheinlich ist diese Ergänzung richtig. Das *vel* steht bei diesem Verf. oft für *et;* auch hier beweist konjunktiven Sinn der Zusatz: *si omnes istos habeat, et ipsi dividant inter se;* Brunner meint, beim Mangel des Vaters traten Söhne oder Brüder oder nächste Schwertmagen an die Stelle; *Savigny-Zeitschr. Rechtsg. Germ.* III 4 **2b**) Weniger archaisch: Von dem Wergeld soll man zuerst 10 Schill. [Normannisch] als ~ der Witwe und den Waisen (fehlen L) geben; den Rest teilen Verwandte und Waisen (*liberi et consanguinei* L) unter sich; Leis Wl 9; die 10 Schill. sind $^1/_{10}$ des für Leis Wl 8, 1 normalen Wergelds des Gemeinfreien (*s. d.* 4) von 5 £ **3**) Ebenso ist ~ ein Teil des Wergelds: II Em 7, 1 = Wer 3; *in weregildo debet ~ primo reddi; in weregildo numerari* Hn 76, 1c; 7 **3a**) Bisweilen erscheint ~ ausserhalb des Wergelds; II Em 7, 3 = Wer 6 = Hn 76, 5 **4**) Der ~ ist die zeitlich erste Zahlung der Sühngelder; *o.* 2b. Sie erfolgt 21 Tage nach dem förmlichen Wergeld-Versprechen; II Em 7, 3 = Wer 4, 1. 6 = Hn 76, 5; 7; 7b **5**) Der ~ betrug ein Zehntel des Wergelds (*o.* 2b, *u* 8), 120 Schill. bei 1200 Schill. Wergeld, d. i. *hodie* [nach Normannischem Fusse] 50 *sol.*; Wer 4, 1 = Hn 76, 4b **N 5a**) Im selben Verhältnis (*sicut weræ modus* 76, 1c), zahle man, wenn der Erschlagene *ceorl vel villanus* war (76, 6), nämlich beim Wergeld von 4 £ (= 960 Pfennig): 150 Pfg., also nicht $^1/_{10}$, sondern $^5/_{32}$; 76. 6a; 7; 7c. Die dreimalige Wiederholung schliesst eine Verschreibung aus. Vielleicht liegt Verwechslung vor mit der Mannenbusse, die beim 1200 Schilling-Manne wie ~ 120 Schill., aber beim Ceorl 30 Schill. (= 150 Pfg.) beträgt nach Ine 70, einer von Hn gekannten Stelle **5b**) Wie *o.* 2b beträgt ~ 10 Schill. = $^1/_2$ £ laut In Cn II 37 (= Ps Cn for 14). 45, 1. 48. 60. 71, 2 **6**) Möglicherweise ist ~ mit der Zahlung von 20 Schill. gemeint, die als ein Teil des Wergelds — aber $^1/_6$ davon — in Kent am offenen Grabe des Erschlagenen entrichtet werden; worauf man in 40 Nächten 'das ganze Wergeld' zahle; Abt 22. Das Wort ~ kommt im alten Kent nur in der anderen Bed. *u.* 7 vor. Jedenfalls ist Kents Rechtssystem ein anderes **7**) In den folgenden Stellen dient ~ (ebenso wie Wergeld), in je nach Stand der Person steigendem Betrag, als eine Art des *wite* oder Gefälles (Wi 11. VI Atr 51), fällig für Sonntagsentweihung durch Arbeit (Wi 11 = II Cn 45, 1 = Hn 11, 10), für Götzenopfer (Wi 12, bei schlimmeren Fällen trifft den Schuldigen Vermögenseinziehung), für Veranlassung zum Bruch der Fasten (*s. d.* 3b), für falsches Zeugnis; II Cn 37 = Hn 11, 7 = Ps Cn for 14 **7a**) ~ des Verletzten büsst man für ungerechte Entwaffnung [für Binden (*s. d.* 4) dessen halbes Wergeld, das also mehr als ~ betrug]. Überall kann ~ hier einen Wergeldteil und vielleicht auch gerade $^1/_{10}$ bedeuten **8**) Heergewäte betrage beim mittleren Thegn in Wessex den ~ [bis hier auch Hn 14, 3; als 10 Schill. (irrig, als wäre Gemeinfreier wie *o.* 5b gemeint) erklärt In Cn] und in Mercien 2 Pfund [= $^1/_{10}$ des Mercischen Thegn-Wergeldes]; II Cn 71, 2 **9**) Für eine Reihe von Vergehen im Forst (*s. d.* 13a. 21), Friedensbruch, Forsttierhetze, Erscheinen mit Jagdhund im Forst setzt 10 Schill. Strafe, vielleicht ~ meinend, der Fälscher Ps Cn for 18. 22. 31, 2 ***hamfaru*** *s.* Heimsuchung

Hampshire **1**) Dortiges Recht ist dem Verf. von Hn besonders gut bekannt [der also wohl mit Winchester verbunden werden darf]; Hn 64, 1c **2**) Gestabter Eid ist dem Eidesleister dort nur einmal erlaubt [d. h. wenn er misslingt, Besserung unmöglich, und der Prozess verloren]; *ebd.* **3**) Ealdorman von ~ *s.* Wb Ælfric

hamsocn *s.* Heimsuchung

Hand *s.* Wb *hand, puing, sceaftmund* (*mund* '~breite' *u.* 12, auch Nordisch); *vgl.* Arm, Finger; Gesamt~

1 Hauend. 1a. Ganze Person. 2. Versprechend. 3. Unterwerfend. 4. Befriedend. 5. Schwörend. 6. 7. Priesters ~. 8. Im Ordal. 9. In Gliederbusse. 10. Verstümmelung 11. für welche Verbrechen 12. Längenmass. 13. ~voll.

1) Ein Streich 'hoher ~' kostet 1 Schill., unterschieden vom schwereren Faustschlag; Abt 57. 58, 1. Den Ggs. bildet *mid bradre hand* (liebkosend streicheln); Wærferth *Dial. Greg.* ed. Hecht 189f. **1a**) Das Wort ~ bezeichnet auch die ganze Person, persönliche Macht, Erblasser (*vgl.* Brunner *Gesch. Erbschaftssteuer* in *Festschr. Martitz* 8) und Erbnehmer (*s. d.* Z. 1), den gerichtlich Verantwortlichen, besonders den Gewährsmann (*s.* Anefang 1), auch bei sonstigen Germanen (Brunner II 501) und anderen Völkern; Pol Mai II 186 **2**) Versprechen, Geloben erfolgt in die ~; II Em 7. 7, 1. II Atr 8 **2a**) Die Brautsippe verlobt die Braut in Bräutigams ~; Wif 6 **2b**) ~schlag genügt Englischem Stadtrecht auch später als Zeichen des Vertrages (*palmatam facere de ..*: durch ~schlag kaufen), wo Common law gesiegelte Urkunde fordert; Bateson II LXXXj. 182 **2c)** *on ~ sellan* heisst 'versprechen', später auch ohne ~schlag **3)** Wer sich verknechtet oder vassallitisch kommendiert, legt Hände (und Kopf Hn: knechtisch) in des Herrn Hände; II Ew 6. Hn 78, 2c (Brunner I² 190. II 270; Abbildung des *mittere manus suas inter manus alicuius* mit Stelle Bractons: Amira *~gebärden* in *Abh. Baier. Ak.* 23 [1905] 243f.; wer Gabe empfängt, legt [zu erneuter Huldigung], Hände u. Haupt auf des Herrn Knie: Dichtung 'Wanderer' 41. Sich ergeben, unterwerfen heisst *on ~ gan, his ~ on ~ sellan* (knechtisch) Ine 62. Af 42, 1; 4. VI As 12, 1; ausliefern: *weorpan to ~a* Ine 56. 74. Af 21. 24 **3a)** Amira *Wadiation* behauptet, die ~ sei das (Versprechenssymbol) *wedd,* was ich nicht überall für möglich halte; *s.* Pfand **4)** Die ~ bezeichnet befriedende Gewalt; *s.* Schutz, ~frieden; mündig **5)** Über die ~ im Schwure *s.* Eid 7a; Eidesform; -fähig 1; *u.* 11a [**5a)** ~ auf Altar gelegt symbolisiert Schenkung; Wissmann *Förmlichk. bei Landübertragung, Agnorm.* in *Archiv Urk.-Forsch.* III 263ff. ABRAHAM] **6)** Dem Abendmahl (*s. d.* 4) erteilenden Priester wird die ~ geküsst **7)** Der den Ordalprüfling beschwörende Priester legt ihm die ~ auf; Iud Dei XVI 10, 1 **8)** Heilt nach dem Feuerordal (*s. d.* 5f.) die ~ nicht, so ist des Prüflings Schuld erwiesen **9)** In den Gliederbussen (*s. d.* 5) gilt ~ wie Auge und Fuss (*s. d.* 1ff.) ½ Wergeld. In der Verstümmelung steht ~ oder Fuss (*s. d.* 6) alternativ **9a)** In Kent ergibt die Summe der Bussen für die Finger (*s. d.* 3a. g), in Wessex diese mit Hinzufügung der Bussen für die Fingernägel, 50 Kentische bzw. 100 Westsächsische Schill., also beide Male ½ Wergeld. Das Weghauen der ~ büsst der Verwunder mit 66⅔ Schill. (Af 71 = Hn 93, 31); d. i. nach Brunner halbes Wergeld minus Magsühne. Wo zur Strafe ganzes Wergeld EGu 6, 8 gefordert war, setzt den abkaufbaren Verlust beider Hände II Cn 48, 1; *vgl. u.* 11e; er lässt die ~ mit ½ Wergeld lösen II 36. Leis Wl 11. Eine feste Beziehung des ~preises zum Wergeld folgt auch aus Af 6, 1 **9b)** Fliegt die ~ halb fort, so zahlt der Verwunder 40 Schill. Af 69, 1 (dafür 60 Hn 93, 29); wird sie aussen zerschlagen: 20; Af 69 = Hn 93, 29 **10)** ~ abhauen zur Strafe trifft, wie jede Verstümmelung, nur ehrlose oder die Kirche und Staat trotzende Tat, nicht den bloss gewalttätigen Rechtsbruch. Zwar übernimmt 'Hände gegen Hände' mit der ganzen Talion aus Exodus Af El 19; es ist dies aber eine blosse Übersetzung ohne praktischen Sinn. Der zum Verlust der ~ Verurteilte heisst *handscyldig* **10a)** Diese Verstümmelung verbindet sich mit, erscheint aber milder als, Ausreissen der Augen; *s. d.* 4 **11)** Diese Strafe will ausdrücklich das sündige Glied des Täters treffen (*vgl.* spiegelnde Strafen) beim Kirchendieb (Af 6. 6, 1) und beim Münzfälscher (*s. d.*; Feiertag 8d), dessen ~ über der Prägestätte angeheftet wird; II As 14, 1 = IV Atr 5, 3. Beide Male ist sie abkaufbar. Indem II Cn 8, 1 = Hn 13, 3 aus As schöpft, lässt er die Lösbarkeit fort. **N** Dieselbe Verstümmelung neben anderen ward unter Heinrich I. vollzogen für Münzfälschung, *s. d.* **11a)** Auch für Meineid droht abkaufbares Abhauen der Schwur~, vermutlich als des sündigen Gliedes (*o.* 5), II Cn 36 = Hn 11, 6. Hier versteht beide Hände irrig In Cn **11b)** Dem mehrfach Bescholtenen, zuletzt ~haft Gefassten wird die ~ abgehauen; Ine 18 = 37, **11c)** dem Verwunder eines Menschen in der Kirche; Griδ 13, 1 **11d)** Dem Verwunder des Kirchensteuer-Eintreibers werden beide Hände abgehauen, wenn er sie nicht auslöst; II Cn 48, 1. Nur eine ~ verstehen Q = Hn 11, 11a. In **11e)** Dem wiederholt in dreifachem Ordale schuldig Befundenen sprach I Atr 1, 6 das Leben ab, dafür 'Hände oder Füsse oder beides' II Cn 30, 4. Vielleicht neigte Cnut persönlich zu dieser Strafe; *o.* 9a [er liess den von England seinem Vater gegebenen Geiseln, als es wieder Æthelred dem II. zufiel, Hände, Ohren und Nasen abschneiden; Ann. Agsax. a. 1015] **11f)** **N** Die ~ wird abgehauen dem Villan, der den Oberförstern Gewalt antat; Ps Cn for 15; *vgl.* I 623[b] [und laut Engl. Stadtrechts noch im späten MA. dem, der die Obrigkeit tätlich schlug; Bateson II 20. 23. 25] **12)** Als Längenmass dient *sceaftmund* (mengl. *schaftmond,* jetzt *shaftment*), die Breite von Faust mit erhobenem Daumen also etwa ½ Fuss; Pax. Auch *mund* allein bedeutet das Längenmass (*palma* im Kesselfang; *s. d.*; Toller s. v. II; um 1178 Ric. fil. Nigelli *Dial. de scacc.* I 5k, ed. Hughes 74; Grimm *Dt. RechtsA*⁴ I 138; Leo *Rectitudines* 107 n. 56 **12a)** Die *Certa mensura* aus Canterbury um 1300 rechnet: 4 *pollices palmam faciunt,* 4 *palmæ pedem; Eighth report Hist. mss., App.* I 325 **13)** *handfull* [Korn] erhalten von der Gutsherrschaft die Leibeigenen in der Ernte [täglich] ausser sonstiger Mindestgebühr; Rect 9, 1; dafür setzt *manipulus* Q, wie *handful* für *manipulus* der Vulgata der Psalm-Übs. 125, 6; *quantum potest in manu palmare* I 450* **13a)** Ein *pugillus* [= ~] Wasserkresse und *duæ manus insimul iunctæ ordei* ist die tägliche Nahrung des drei Tage vor dem Ordal fastenden Prüflings; Iud Dei X 1, 2

Handel *s.* Wb *bycgen* Verkauf, *byge ~*; *ceap, ceapian* [die Verbindung *ceap ceapian* ist rein tautologisch, wie 'rechtmässiger Kauf' Hl 16, 2; z. B. um 1046: *he sealde* Geld *on geceapodne ceap; þes ceap wæs geceapod on Wii;* Kemble 789], *ceapung, ciepa, ceapmon, ceapscip, ceapstow; barganniare; massere* [*s.* Fehr *Anglia* 33 (1910) 134]; *mercatum, marchied, mercimonia, mercandisare; mangere* (*u.* 14a), *mango (mangestre), mangian, mangonare, mangung; sellan* 6. *Vgl.* Einzelverkauf, Einfuhr, Waren, Preis, Münze, Markt, Darlehn, London, Fremde 4a. 6. 8. 12, Deutsche, Dänen, Francien, Normandie; Juden

1. Namen. 2. Womit ge~t wird. 3. Tausch. 4. Land. 5. Zeitlich verboten. 6. Vieh. 7. Verkehrsadern. 8. Vorsichtsmassregeln. 9. Amtliche Strafe gegen Hehler. 10. Besonders beschränkter ~. 11. Marktkäufer begünstigt. 12. Formen. 13. Verkäufers Eid. 14. Kaufmann. 15. Verzehntung. 16. Ausländer. 17. Internationale Verträge über ~. 18. Normannen. 19. London 1200.

1) Älteste Sprache hat nur éin Wort *(ge)bycgan* für kaufen und verkaufen; Fehr *Sprache des ~s in Altengl.* 8. Jüngere Texte führen *bebycgan, sellan* für verkaufen ein **2)** Gekauft wird bis zum 12. Jh. mancherlei, was feinerem Rechtsgefühl schon damals und späterem Landrecht nicht um Geld käuflich erscheint **2a)** An Menschen werden gekauft der Unfreie (*s. d.*) und die Ehefrau, *s.* Eheschliessung 1a. 4b. 7c **2b)** Zeugen beteuern, nicht erkauft zu sein; Richter werden vor Käuflichkeit gewarnt; *s.* Bestechung **2c)** Fürbitte (*s. d.* 2b. 5) bei Gott wird durch Zahlung an Geistliche erkauft **2d)** Für Schutz, besonders Fürsprache bei Gericht und Obrigkeit, wird laut zahlreicher Urkk. Geld und Land gegeben **2e)** Der Verbrecher kauft durch Strafgeld die Friedlosigkeit (*s. d.* 17a. d) oder Leibesstrafe ab und, obwohl er Bussloses (*s. d.* 6) verübt, sich in die Bussfähigkeit ein; Bescholtener (*s. d.* 10a) kauft sich *lage,* um als ehrlich behandelt zu werden. Auch *landcop* zahlt viell. fürs Recht, im Vaterlande zu hausen; *s.* Grundbesitz 12 **2f)** Der Totschläger und seine Sippe kaufen die ihnen drohende Blutrache (*s. d.* 13) der Sippe des Erschlagenen ab durch Wergeld **2g)** Der Beamte und ein mit Gerichtsbarkeit (*s. d* 33) Privilegierter kauft sein Amt vom König zurück nach Amtsentsetzung; *s. d.* 4 **2h)** Kirchliches Amt wird missbräuchl. erkauft; *s.* Geistliche 12 **3)** Tausch~ [*s.* Wb *hwearf, (ge)hwierfan*] steht dem Kauf für Geld ganz gleich; II As 10. 12. I Atr 3; er muss im 10. Jh. danach noch häufig vorgekommen sein **4)** Grundbesitz (*s. d.* 12. 16f) kann Gegenstand von Kauf (und Tausch Hn 20, 2) sein **5)** ~ wird Sonntags (*s. d.*) verboten (EGu 7 = II As 24, 1) bei Verlust des Kaufgegenstandes und $^5/_8$ £ Strafe (bzw. in Denalagu 12 Ör [EGu]; V Atr 13, 1 = VI 22, 1 = I Cn 15 = Northu 55. VI Atr 44. VIII 17 'bei vollem Strafgeld' Cn 1020, 18), aber vorübergehend wieder erlaubt; IV As 2. VI 10; Tuch wird Sonntags zu London verzollt; IV Atr 2, 3. *Vgl.* Feiertag 8c **6)** Alles Folgende betrifft nur ~ in Fahrhabe. Weitaus überwiegend besteht er in bäuerlichem Vieh~ mit Züchtern und Fleischern; doch kommen auch andere Waren (*s. d.*) vor. Ein Bauer, der zum Viehkauf [zu Markte] reist, meldet das den Nachbarn, damit die Ankunft des Viehs nicht 'verstohlen' scheine; IV Eg 7f.; *u.* 8 **6a)** Selbst dieser ~ ist so selten, dass er in Rect. Ger nicht vorkommt **6b)** Ein Stück Vieh geht im ~ durch mehrere Grafschaften; *s.* Anefang 20; Einfang 6 **N 7)** Strassen (*s. d.*), Flüsse und Markt (*s. d.*), auf denen der ~ verkehrt, geniessen Sonderschutz. [Das Wort *ceapstræt* aber heisst nicht ~sstrasse, sondern Marktplatz, *forum;* Toller *Suppl.*] **7a)** Auf den Wegen von Stadt zu Stadt *homines vadunt ad mercata vel alia negotia sua;* ECf 12, 9; auf den *aquis minoribus* gehen *naves cum eis que necessaria sunt civitatibus et burgis, scilicet ligna et cetera;* 12, 11 **8)** Vorsichtsmassregeln verhüten eine Veräusserung, die dem Vertriebe von Diebstahl oder der Hehlerei dienen könnte (IV Eg 2, 2), zwingen den ~, öffentlich, unverhohlen (*o.* 6) stattzufinden. [Die Hebrä. Schuldurkunden der Juden im 13. Jh. wahren sich gegen den Verdacht verstohlener Abmachung: 'schreib es auf der Strasse, unterzeichne draussen, dass es nicht ein heimlich Geschäft sei, sondern öffentlich, von allen bezeugt'; Davis *Hebrew deeds of Engl. Jews* p. XII.] Der ungesetzl ~ heisst *wohceapung* **8a)** Erstens sind Kaufzeugen (*s. d.*) erfordert **8b)** Zweitens soll nur in der Stadt gekauft werden; I Ew 1. II As 13, 1 (bei mehr als 12 Pfennig Wert). Schon um 685 ist London Kent's Viehmarkt; Hl 16. 16, 2. **N** *Nulla viva pecunia vendatur aut ematur nisi infra civitates ante tres fideles testes;* Wl art 5 (z. T. aus II Cn 24) = Wl art retr 10f. [A. 1341 *mercatores residere debent in villis de burgh, et non up land;* Gross *Gild merch.* II 358] **8c)** Dieses Gebot aber bestand nicht von jeher oder ununterbrochen: Denn Kaufzeugen sind auch fürs [ländliche] Hundred bestellt; Kaufleute auf dem Lande erwähnen Hl 15. Ine 25. Af 33. Die Ortsbeschränkung des ~s auf die Stadt hob auf IV As 2. VI 10; sie fehlt demgemäss III Em 5. Ebenso kennt *ceap binnan byrig* oder *upp on lande* II Cn 24 = *burc u vile* Leis Wl 45. Etwas über 20 Pfennig Wertes darf man nur in der Stadt kaufen oder auf der Volksversammlung (d. i. dem Provinzialgericht); II As 12. 13, 1; *burge oððe wæpengetace (hundrede)* IV Eg 4—6 (10) **8d)** Drittens muss der Kaufherr bei Inlandsfahrt seine ~sgehilfen gerichtlich anmelden und sie ev. Klägern zu Recht stellen; Af 34 **8e)** Viertens: Statt der Stadt als Ortsbeschränkung steht noch enger öffentl. Markt (*s. d.*); IV As 2. Leis Wl 21, 1a. ECf 39, 2. **N** Ein städtisch voreingenommener Politiker um 1200 will *mercatum vel forum* nur gelten lassen *in civitatibus, burgis vallatis, castellis, locis tutissimis, ubi consuetudines* (Zölle) *non possunt defraudari;* Wl art retr 11, aus *o.* 8b. Entspräche dies der Wirklichkeit, so würde durch den Markt das Dorf zur Stadt steigen; dies war nicht der Fall; Ballard *Domesday bor.* 97f. **8f)** Fünftens wird ~ staatlich verzollt; *s.* Zollabgabe **8g)** Sechstens muss Käufer den Veräusserer kennen und bei etwaigem Anefang (*s. d.* 12ff.) am Gekauften zur Gewähr bringen **8h)** Siebentens erhält er vom Verkäufer Gewährbürgen; *s. d.* **8i)** Achtens: Beim ~ zwischen den Engländern Ælfreds und den Ostangliern Guthrums werden Geiseln (*s. d.* 2) gefordert, dass Verkäufer reinen Rücken habe. Auch der Verkehr von Engländern und Wallisern bei den Dunsæte (*s. d.* 14) diente wohl zunächst dem ~; hier ward ein Geleitsmann (*s. d.* 5) gefordert **8k)** Neuntens: Erworbenes Vieh muss polizeilich angemeldet werden; III Em 5. Hu 4. IV Eg 7—11; *o.* 6 **9)** Auch abgesehen vom Bruche des Gewährzuges im Anefang (*s. d.* 17b. 23) kann ohne jeden privaten Kläger das Misslingen des Nachweises dieser polizeilichen Vorsichtsmassregeln zur Bestrafung des Schuldigen wie eines Diebes führen. Wer gekauftes Vieh nicht seiner Dorfschaft anmeldet, verliert es (auch I Atr 1, 3. III 5), wer die Kaufzeugen falsch angibt, verwirkt Kopf und Vermögen; IV Eg 8—11. Sonst droht gesetzwidrigem ~ nur Bussgeld und Strafgeld; III Atr 5. II Cn 24, 1 = Leis Wl 45, 1 **10)** Besondere Vorsicht erfordert **A.** der Kauf von Edelmetall-Gerät (*s.* Goldschmiede 1); **B.** der Verkehr in Altsachen wird [wie gebrauchtes Kleid im Nord. Recht] neben den in Lebgut gestellt: *res vetusta* Wl art 5; *pannus usatus* ECf 38; Kaufzeugen und Gewährbürgen werden dafür gefordert; es ward nämlich gestohlen Tuch und Leder zu neuem aufgearbeitet; Hudson *Leet jurisd. of Norwich* XCIV; **C.** der Sklaven~; *s.* Unfreie; **D.** die Ausfuhr von Pferden u. Waffen; *s. d.* **10a)** Auch Deutsches Recht sondert den ~ in Pferden, Waffen, blutigen Gewändern; Stobbe *Juden in Deutschl.* 122f. 127 **11)** Im Ggs. zur allgemeinen Einhegung des ∾s in polizeiliche Schranken zugunsten bestohlener Eigentümer steht eine verkehrsfreundliche Begünstigung des Käufers auf Londoner Markt um 685: der Eigentümer darf das ihm Gestohlene von dem jetzigen gutgläubigen Besitzer, der in richtiger Form gekauft hat, nur gegen Erstattung des Preises, für den dieser es erworben, zurückfordern; Hl 16, 2. *Vgl.* Pol Mai II 157. Diese Gunst für den Händler entspricht dem Recht der Engl. Städte im MA. und des heutigen Pferdemarkts; Bateson II, LXXVIIff. Fürs Festland ist sie Burgundisches und Judenrecht; Brunner II 507; ähnlich auch anderswo Schröder *DRG*[5] 389. Vielleicht ging Kent mit London, wie in der Kultur überhaupt und im Verkehrsleben besonders, in der Befreiung des ∾s voran **11a)** Ine begünstigt den ∾, indem er vom Kaufmann, bei dem Diebstahl (*s. d.* 19c) ertappt ward, weniger Strafgeld als von anderen und bei gutgläubigem Erwerbe keines fordert **12)** Der ∾ hatte verschiedene Abschlussformen; *s.* Hand 2b; Pfand; beim Trinken (*s.* Biergelage 5. b); Darlehn 4f.; Vertrag **12a)** Die Zahlung erfolgte nicht immer beim Kauf; es entstand also ∾sschuld; *s. d.* **13)** Verkäufer verspricht, das Kaufgut sei heil und von Anfechtung rein, sowie Gewähr gegen Einklagung; Swer 9 **13a)** Binnen 30 Tagen kann Käufer, wenn er Fehl am Kaufe findet, ihn zurückliefern; Ine 56 **13b)** Weigert Verkäufer dann die Rückgabe des Preises, so schwört Kläger, jener habe ihm das Stück als fehlerlos verkauft; Swer 7 **13c)** Der beklagte Verkäufer schwört hiergegen, er kannte kein Fehl daran: es war heil und rein von Anfechtung; 9. Jene Formeln klingen schon in Ine 56 an. [*Vgl.* Form. Salicae Bignon. 3. 5: *in omni corpore sanum;* ed. Zeumer *Mon. Germ., Sec.* V, *Formulae Merov.* 229. ABRAHAM] **14)** Getrennt von dem zufälligen Verkäufer steht der berufliche Kaufmann **14a)** Ein *mangere, nostra lingua mercator* wird mit einem Landgut veräussert, also nicht freizügig, wahrscheinlich unfrei; Urk. a. 839 Birch 426 **14b)** Sonst steht der Kaufmann geachtet da; er wird vom Rechte bevorzugt (*o.* 8c. d. 11. 11a) im Beweise; *s.* Eideswiederholung 3. Der *mercator, mangere,* der nach gefahrvoller Seefahrt fremde Waren nach England heimbringt, um vom Überschuss des Verkaufspreises über den Einkauf den Unterhalt für sich und seine Familie zu gewinnen, weiss sich als dem König, Adel und Volk nützlich und notwendig; Ælfrics *Colloquium* **14c)** Wer dreimal über offene See [nicht bloss entlang der Küste oder auf Binnenwässern] mit Eigenkapital fuhr, genoss [in Blütezeit vor Ende 11. Jhs.] Thegnrecht; Geþyncðo 6. [Dass *agen cræft* nicht 'Schiff' bedeutet, korrigiert Toller *Suppl.* 133. Der Ggs. muss sein blosse Anstellung durch den Kaufherrn, vielleicht nicht als Matrose oder Gehilfe, sondern als Reiseunternehmer. Ein solcher steht wenigstens im späteren MA. im Ggs. zum Kapitalisten, dem er den Gewinn abgeben muss; G. Caro *Allg. Ztg. Judent.* 1911, 211. *Vgl.* Erwerbsgenossen.] Diese Wertschätzung des überseeischen ∾s stammt vielleicht von Nordischem Einfluss: der besitzende Kaufmann in Norwegen steht dem niederen Adel gleich (Amira 85); der nach England fahrende Sklav des Nordens ward zum *leysing* (Robertson *Scotld. under early kings* II 281), in Schweden wer u. a. einen Vierzigruderer hielt, zum Herrn; Amira 83. In Norwegen ist die Wertschätzung des ∾s ein Vermächtnis der Wikingerzeit; Amira *Nordgerm. Oblig.* II 13 **14d)** Dass in Agsä. Zeit eine Englische Gilde der Kauffahrtei diente, erhellt nicht. Die Stelle *o.* 8d spricht dagegen. Wohl aber waren die Deutschen (*s. d.* 2d) Kaufleute in England wahrscheinlich gegliedert in Genossenschaft; *s. d.* 14 **14e)** **N** Um 1115 bilden mehrere Personen eine ∾skompagnie *s.* Erwerbsgenossen **14f)** Priestern [*s.* Richter-Dove-Kahl *Kirchenrecht* 367] ist verboten, *mangere and massere* zu sein; *Can.* Eadgari 14 **15)** **N** Der Kirche *de negotiationibus* (∾ und Gewerbe?) *decima reddenda est;* ECf 8, 2 **16)** Über den ∾ zwischen Stämmen Englands und mit dem Festland, über Ausländer, auch überseeische, bsds. Kaufleute, die in Kent im 7. Jh., unter Ine und Ælfred erscheinen, *s.* Fremde 4a. 6. 12. Seit Ende 10. Jhs. betrifft das Meiste den ∾ Londons; *s. d.* Über Engl. Kaufleute um 1000 in Rom *s. d.* **16a)** Die meist begünstigten Deutschen dürfen doch nicht zuungunsten der Londoner *forceap* (Vorkauf) üben; IV Atr 2, 10. [Das Wort steht auch *Munim. Gildhal.* I 383. II 57; Bateson II 166; *forstal* hat diesen Sinn in Agsä. Zeit nicht (*s.* Rechtssperrung); *forfang,* von Fleta I 47, 15 so erklärt, hat ihn nicht in Forf (*s.* Einfang), wohl auch nicht beim Rubrikator zu Forf 2, der *præventio* dafür setzt, das freilich Vorkauf bedeuten kann.] **N** Innerhalb 3 [Engl.] Meilen ausser London darf niemand den zu Markte Ziehenden hindern oder mit ihm ∾ treiben; *vgl.* I 673[e] **16b)** Bretonen, '*Guti* (*s.* Gotland 2) aus Angelnblut', Deutsche Sachsen und Nordländer geniessen als Kaufleute in England Vorrechte vor anderen Fremden; um 1200 Lond ECf 32 C — C 1a; *vgl.* I 658[e]. 660[i] **17)** Die frühesten internationalen Verträge betreffen auch den ∾. So der Offas mit Karl dem Grossen [*vgl.* Häpke *Hansi. Geschbl.* 1906, 313], Æthelreds II. mit der Normandie; *s.* Begünstigung 18 **17a)** *o.* 8i **17b)** Der ∾svertrag Æthelreds II. mit dem Nordischen Heere unter Olaf von Norwegen sieht vor: **A.** Friedenschutz für jedes ∾sschiff, das in Englischen Hafen fährt, oder für fremde Seeleute, die verschlagen in Englischer Stadt Zuflucht suchen; **B.** Friedenschutz für jeden Untertan beider Kontrahenten, gewährt durch den anderen Teil; **C.** Friedenschutz für Engländer an fremdem Ort, wenn das Nordheer diesen brandschatzt, für sein Gut, falls er es gesondert hält (sonst kann es der Nordmann 'mit Recht fortnehmen'; 4), und für sein Leben, falls er nicht gegen das Heer ankämpft; **D.** Der wegen unrechtmässiger Fortnahme an Bord verklagte Schiffsteuermann schwört, er habe das Eingeklagte mit Recht genommen, wie es abgemacht war [durch Kaufvertrag hierüber ? oder gemäss der Schutzlosigkeit für Freundesgut inmitten von Feindesland]; II Atr 2—3, 4 **17c)** Kaiser Konrad II., König Rudolf von Burgund, *qui maxime clausurarum dominatur* (nämlich der Alpenpässe auf der Strasse nach Rom), der Papst und alle Fürsten, die Cnut im März 1027 zu Rom traf, gewährten, dass seine Untertanen, Engländer wie Dänen, *tam mercatores quam* Wallfahrer, sicher *absque angaria clausurarum* *et thelonneariorum Romam adeant et redeant;* Cn 1027, 6 **N 18**) Die fremden- und ∼sfreundliche Politik Wilhelms I. (*vgl.* Will. Lexov.), seiner Söhne und Enkel, ist bekannt. Sie begünstigen die wirtschaftliche Beziehung zum Festland samt Geldverkehr [*vgl.* auch Juden]. Sie entwickeln das Recht der Schuldeintreibung; Hazeltine *Gage of land* in *Harvard Law Rev.* 18, 43 **19**) Um 1200 gründet ein Programm der Londoner City auf die Fabeln der Eroberung Nordischer und Baltischer Länder durch Arthur wahrscheinlich ∼spolitische Träume vom Verkehr Englands mit Ostsee, Skandinavien und Russland; Lond ECf 32 E, *vgl.* I 659[s] [genossen

Handelsgesellschaft *s.* Erwerbs-

Handelsschuld, *s.* Wb *borg;* über *godborg vgl.* Darlehn 5 **1**) Voreid des Klägers: só forder ich Geld wie ich dessen noch ermangle, was mir N., als ich ihm mein Vieh verkaufte, versprochen hat; Swer 10 **2**) Leugnung: Nicht schuld ich dem N. [Geld]; sondern alles, was ich ihm schuldete, soweit wie unsere Verabredung von Anfang an ging, hab ich ihm entrichtet; 11 **N 3**) Heinrich I. verspricht, den Londonern zu ihren *debita et vadimonia* auch ausserhalb Londons zu verhelfen, und gibt ihnen das Recht der Repressalie gegen Landsleute der Schuldner; Hn Lond 10. 13 f. *Vgl.* Haftung 15 **4**) Das Eintreiben von ∼ entschuldigt das Verweilen des fremden Kaufmanns über 40 Tage in England; I 675[v] **5**) Es ist verboten am Feiertag; *s. d.* 8 c

Handfrieden **1**) Eindeutig heisst ∼: *handgrið* (*s.* Wb), *kinges handsealde grið, grið þæt he mid his agenre hand sylð, pax per manum* (*manu regis*) *data* **1a**) Auch ∼ aber meint der vieldeutige Ausdruck *ures hlafordes grið* (*u.* 8), *pax mea* (Hn com 4), *pais le rei* (Leis Wl 2, 2), *pax regis, u.* 5 a. b **1b**) Umgekehrt steht ∼, wo nur *grið* = *mund* gewöhnl. Sinnes gemeint wird, laut Strafgelds von nur 5 £ und Zusammenstellung mit Heimsuchung u. Rechtsperrung; Domesday I 152. 262 b 1; *u.* 5 c **2**) Wie *grið* Nord. Lehnwort im Agsä. ist, so gilt das in EGu und seit Atr erst vorkommende Institut des *handgrið* für Nordisch; Steenstrup *Danelag* 362. Leis Wl 2, 2 und Domesday notieren ∼ [fast] nur in Denalagu [doch auch für Oxfords., Worcesters., Shrops., und *lege Anglorum* ECf 12, 3]. Im 10. Jh. bildet sich ein schwererer *mundbryce* aus (*s.* Heimsuchung 7), der vielleicht mit der Entwicklung des ∼s zusammenhängt [**2a**) Der Friesische ∼ ist vielmehr der von den Parteien gelobte; His 129. 221] **3**) Den mündlichen Befehl des Friedensschützers begleitete eine Bewegung seiner Hand (*s. d.* 4), die als Zeichen befriedender Gewalt dient; Amira *Handgebärden* in *Abh. Bayer. Akad.* 23 (1905) 198 f. **3a**) Der ∼ wird erteilt durch des Königs Mund und Hand oder durch seine Urkunde samt Siegel; EGu 1 = VI Atr 14 = I Cn 2, 2. III Atr 1, 1. Domesday I 154 b. 172 a 1. 252 a 1. 280 b 1. 298 b 2. 336 b 1. Hn 10, 1. 12, 1 a. 13, 1. 79, 2 f. ECf 12—12, 3. 26. 27. 33 **3b**) Der *gesetnys, þe se cyning bytt þurh his ealdormann oððe gerefan,* stellt gegenüber *his agen gebann on his andweardnysse* Ælfric *Homil.* ed. Thorpe I 358 **3c**) Unterschieden vom ∼ ist [leichterer 'Königsfriede'; *s. d.*] *pax regis quam vicecomes dat;* Domesday I 172 a 1. 252 a 1 = *pax ex parte regis præcepta in comitatu vel hundredo;* In Cn III 49 f **4**) Voller Bruch des ∼s geschieht durch Tötung des Trägers (Empfängers) des ∼s; VIII Atr 1, 1 = I Cn 2, 3. I Cn 2, 2 = Grið 2 = Hn 12, 1 a; Domesday I 154 b. Hn 12, 1 a 79, 2 des Königsboten; durch blutige Verletzung (ECf 12, 3. 27, 1. 33); durch Verachtung königl. Brevia (*s. d.* 6 ff.); Hn 10, 1. 13, 1. Auch in Süditalien versetzt *contemtus brevium regis* in *Misericordia regis;* Niese *Gesetzg. Norm. Sic.* 58 **5**) Strafe für ∼s-Bruch ist **A.** das Leben *in Misericordia regis* (I Cn 2, 2 = Grið 2. Domesday I 154 b 2. Hn 13, 1. 79, 2. ECf 12, 3. Glanvilla XIV 1, 2); **Aa.** Friedlosigkeit (III Atr 1. Domesday I 172 a 1. 252 a 1); **Ab.** Leibesstrafe (Hn 12, 1 a; doch nur für den handhaft Gefassten 79, 3); **B.** die Strafe **A.** neben 144 £ gelte nur für Denalagu, 84 £ in Ostanglien (ECf 27, 1. 33); **Ba.** die Strafe **A.** neben Landverlust in Misericordia regis (I Cn 2, 2 = Grið 2); C. nur die 144 £ (Domesday I 280 b 1. 298. 336 b 1; Leis Wl 2, 2; Asylbruch 7); D. nur 96 £ (und wenn vom Grafen verkündet: 48) für Yorkshire (Domesday I 298 b 2; *vgl.* Round *Feudal Engl.* 73) **5a**) Also ∼ ist gemeint in folgender Stelle [die aber vielleicht mit den letzten zwei Beträgen zum gewöhnlichen 'Königsfrieden' übergeht], die nur für Denalagu gilt: Der Friede, der verkündet wird im Fünfburgen-Tag koste 96 £, der im Stadtgericht 48 £, der im Wapentake 8 £ [Hundert Silbers, Nordische Rechnung], der im Bierhaus $1^1/_2$ £ (6 Halbmark), und wenn der Verletzte leben bleibt, nur $^3/_4$ £ (12 Ór); III Atr 1, 2 **5b**) Jenes Strafgeldfixum von 96 £ gilt auch für Durham: *Legem pacis s. Cuthbertus . . mandaverat, ut scilicet quicunque ad corpus illius confugerit, pacem . . 37 dies habeat* (*s.* Asyl 14 b); *. . quam si quisquam . . violaverit sicut pac[em] regis fractam* 96 £ *multandum censuerunt* (*rex Guthredus et Alfredus:* Sage); Simeo Dunelm. a. 883; ed. Hinde 72, teilweise aus *Hist. de Cuthb.*, *ebd.* 143 **5c**) Nur Wergeld zahlt der Brecher des ∼s *lege Anglorum;* ECf 12, 3. Entweder ist dies die Lösesumme für Todesstrafe (*o.* 5 A), oder aber das Rechtsbuch verwechselt mit ∼ den Königsfrieden, der, wenn gebrochen, gebüsst ward mit 5 £, welche im 12. Jh. das gemeinfreie Wergeld darstellen; *vgl. o.* 1 b **6**) Bruch des ∼s gehört zum Kronprozess; Domesday I 252 a 1. Hn 10, 1. Er wird in den Privilegien der Gerichtsbarkeit nicht mitverliehen **6a**) Allein er kann im Grafschaftsgericht zur Aburteilung kommen; ECf 27, 1. 33. Domesday I 252 a 1 **6b**) Der dritte (*s. d.* 1) Pfennig des Strafgelds für Bruch des ∼s gehört dem Grafen **7**) Unter ∼ stehen nicht bloss die vom König damit geschützten Personen (*o.* 4), sondern auch **A.** das Innere der Kirche (EGu 1 = VI Atr 14 (VIII 1, 1) = I Cn 2, 2 f. = Grið 2) Hn 12, 1 a; *vgl.* Asylbruch 7; **7a**) ferner **B.** die Festwoche zu Weihnachten, Ostern, Pfingsten und zum Jahrestag erster [staatsrechtlich entscheidender] Krönung; ECf 12. 27, 1; **C.** die Strassen (*s. d.*) und Wasser (*s. d.*) erster Ordnung [die in Nottingham nur mit 8 £ (Königschutz; *s. d.*) befriedet Domesday I 280 a 1] **8**) Zur Reinigung von Klage auf Begünstigung dessen, der *ures hlafordes grið* verletzte, bedarf es 36 ernannte Helfer.

Diese Eidesschwere (*s. d.* 6) beweist, dass schwerstes Verbrechen, also Bruch des ~s, von dem auch der Zusammenhang nur spricht, gemeint ist; III Atr 13 **9)** **N** Das hohe Privileg, von ~ geschützt zu sein, darf nicht verführen, gegen ehrliche Leute gewalttätig, gegen Herrn, Nachbarn oder Kläger ungehorsam, pflichtvergessen oder trotzig zu verfahren (ECf 26 ff.) oder sich der Gerichtsfolge und Urteilfinderpflicht zu den öffentlichen Gerichten zu entziehen; Hn com 4. Doch kann der König gegen Pfändung und Verhaftung durchs Gericht und seine Beamten schützen; Hn 52, 3

Handgeld *s.* Vertrag **~gemal** *s.* Hund 2 b; [?] Beweismittel 4 a

handhaft. *Vgl.* Diebstahl 11—18.

1. Wort. 2. Ggsatz: Inzicht. 3. Als ~ gilt: Fund des Gestohlenen, 4. des Werkzeugs, 5. Überführung, 6. Klagestärke, 7 Notorietät, 8. Nächtlichkeit, 9. Bruch der Verbannung. 10. Entsprungener nicht mehr ~. 11. Tötungsbefugnis, Freilassungsverbot. 12. Prozessnachteil. 13. Strafe. 14. Welche Verbrechen ~.

1) *s.* Wb *æt hæbbendre handa gefangen, handhabbend, manus* (Brunner II 481[2]). Unnormal *handfangen* [für *infangen*] Urk. vor 1100 Kemble 897 **1a)** *in ceape* nur *u.* 5, verderbt **1b)** *in actu* Hn 9, 6 **1c)** *gefon* (*s.* Wb 3) schlechthin heisst 'beim Verbrechen ~ ertappen, abfassen', ebenso *capere* (Urk. a. 780 Birch 240. Hn 79, 3), *deprehendere s.* Diebstahl 15 a. *Vgl. infangenþeof* **1d)** *saisitus* (*de furto*) Hn 26, 3. 61, 18 c, steht auch bei Bracton f. 151; *Pleas of Gloucester* ed. Maitland 152; *Rot. chart.* ed. Hardy XXXVII | *captus cum manuopere* Placita Quo warranto 8 | *vestitus de furto, investitura* Hn 63, 1 **1e)** *bacberend* kennt das Engl. Recht seit 13. Jh.: Bracton f. 151; Bateson I 74. Vermutl. ist uralt der Gebrauch, dem ertappten Dieb das Gestohlene auf den Rücken zu binden [His 345], und bezieht sich darauf der Ausdruck (für Ehrlichkeit des Händlers) 'reinen Rücken haben' AGu 5 **1f)** *æbære* (steht im Privileg a. 1065, wo sonst gewöhnlicher *infangen; vgl.* Davies *EHR* 1909, 419; Kemble 874. 883 = 905; Bairisch *aber,* Friesisch *auber* 'offen'; His 291 | *open* (dass letztere beiden Wörter synonym, zeigt II Cn 26 f.; so richtig auch Schmid 633a gegen Price), *openlice, manifestus, in manifestatione* Hn 9, 1; 6; *in manifestis* 57, 7; *apertum* Wl art 6 [*vgl.* Brunner II 315[11]], *aperte* Hn 92, 19 | *publicus latro u.* 7 b. c **1g)** Die Verbrechenschuld heisst offenbar, nicht etwa weil die Tat 'offen' war; im Gegenteil: Diebstahl, Ehebruch und Mord sind stets heimlich verübt; *aperte* kann sogar bei Murdrum verbunden sein mit Unkenntlichmachung der Leiche; Hn 92, 19. Nur die Beziehung des Täters zur Tat ist offenbar gemacht, im Ggs. zu blossem Verdacht, zum Zweifel. Damit nicht éin Wort für die Offenbarkeit der Schuld wie der Tat diene, setzen die Lateiner statt *open, æbæra morð* bei Cn 56. 64: *convictus vel confessus,* und Q bessert *apertum* in *probatum* **2)** Den Ggs. zum ~ Ertappten bildet der nur durch Inzicht Überführte: *s.* Wb *tihtle* II Cn 53, 1. Hn 9, 1; 6. 45, 4. 57, 6; *wiðertihtle* 23, 2; *stæltihtle* Ine 46; *betygen; accusatio* Hn 9, 1 a; 5; 6. 57, 7; *inculpatio* 62, 3 a [*vgl.* Fränk. *inculpatus;* Childebert a. 593 im Ggs. zu *ligatus;* Wilda 885. 887] **2a)** 'es wird *yppe = undierne*': bekannt, offenbar, erst im prozessualen Wege, nach der Tat; *geyppan* (dem Richter einen Straffall) anzeigen **3)** Dem ~en Verbrecher wird gleich behandelt **A.** der, bei dem das Gestohlene in rechtsförmlicher Haussuchung gefunden wird; Ine 57 [auch Römisch ist dieser *fur manifestus;* Hitzig, *Ält. Strafr. der Kulturv.* 40]. Wer gestohlenes Fleisch im Versteck findet, darf beeiden, dass es ihm gehöre [ohne dass Angeklagter leugnen kann, also ganz als wär er ~]; Ine 17 **3a)** Wenn einer Gestohlenes heimbringt und ertappt wird, erhalte der Nachforscher sein Eigen [ohne dass jenem Reinigung verstattet wird, so wenig wie dem ~en]; II Cn 76 **N 3b)** 'Wird Gestohlenes gefunden und der Dieb dabei' (Leis Wl 27), *si cum aliquo inventum sit unde culpatur* (Hn 57, 4), so steht das der ~igkeit gleich, macht den Dieb friedlos **3c)** Wird Eingeklagtes beim Beklagten gefunden, so gehört der Prozess dem Fundort, wenn dieser *infangenneþeof* (*s. d.*), Gerichtsbarkeit über ~ gefassten Dieb, besitzt; Hn 57, 4 **3d)** Laut Urk. von 995 waren jemandem Schweine gestohlen; *þa ridon his men tó 7 tugon út þæt spic ut of his* (des Diebes) *húse;* Kläger hat Eigentum beschworen, worauf Ertappter friedlos (*s. d.* 4. 9a) erklärt wird; *vgl.* auch *u.* 5, Lesart *ceap* **4)** **B.** **N** Hält der Verbrecher das Werkzeug des Verbrechens, so gilt er ~: *W. captus fuit pro morte B., tenens adhuc in manu baculum unde occidit eum; non potest defendere; ideo suspendatur; Pleas of Gloucester* ed. Maitland 394 **5)** C. Der ~igkeit steht ferner gleich die Überführung durch misslungene Reinigung des Beklagten oder sein Geständnis (*s. d.* 4. b); *s. confessus o.* 1 g, *cognoscens* ECf 22, 4, *de latrocinio convicti* mein *Über ECf* 98[5]; Thorne bei Twysden *Decem Scriptt.* 2030. Der oft früher im Anklageprozess Beklagte und nun zuletzt im Kesselfang ['im (gestohlenen) Wertstück' *ceape* liest EQ], oder sonst bei offener Schuld Abgefasste wird verstümmelt; Ine 37. Offenbar meint Ine mehrere gleichwirkende Arten der Ertappung, die alle unter offene Schuld fallen, und deren er eine nennt, nämlich die körperliche Verbindung des Gestohlenen mit dem Diebe (wie EQ lesen; *o.* 3) oder missglücktes Ordal, wie BH lesen **5a)** Der im Ordal oder sonst sicher überführte oder der zur Leugnung gerichtlich nicht zugelassene [*negari non potest* II Cn 64 Cons] Dieb, Herrenverräter od. Münzfälscher wird, auch wenn nicht ~, solchem gleich am Leibe gestraft; II As 4. 14, 1. IV 6. 6, 1. VI 1, 1; 4. 9 **5b)** Ebenso der Besitzer verdächtiger Fahrhabe, der vorlügt, sie vor Zeugen rechtmässig erworben zu haben; IV Eg 11. Nicht als Lügner (wie Schmid 557 b meint), sondern als ~ trifft ihn Todesstrafe **5c)** Dagegen bevorzugt war der Kaufmann, bei dem sich Diebstahl findet, selbst obwohl ihm Kaufzeugen fehlen: er kommt mit Reinigungseide oder kleinem Strafgelde davon; Ine 25, 1; *s.* Handel 11 **5d)** Wo auf Gewährschaftbruch (*s.* Anefang 23) Wergeld steht, da ist wohl auch dieser Ertappte wie ~ behandelt **5e)** Dieser prozessual sicher erwiesene Diebstahl heisst *furtum probatum et morte dignum* (II Cn 26. 82 Q. Hn 13, 1), im Ggs. zu blossem Verdacht **6)** **D.** Der Überführung, also der ~igkeit gleich gilt auch eine besondere Stärke der Klage: Beschwören je einer aus Nordheer und Æthelreds Untertanen, ein Engländer habe Vieh gestohlen oder Totschlag verübt, so gelange dieser zu keiner Reinigung; II Atr 7 7) E. Aber auch das offenkundige Verbrechen, wo *fur pro certo cognoscatur* (III Em 2), steht dem ∼en gleich, ohne dass zu erkennen ist, ob prozessualer Erweis oder blosse Überzeugung der Gerichtsoberen entscheidet. Hierher zählt der am lichten Tage geschehene Raub (III Atr 15) und wohl auch (was jedoch als Missbrauch gilt) der selbigen Tages angezeigte Totschlag; V 32, 4. Hat nicht bloss der Hausvater, sondern seine ganze Familie gestohlen [ist also die Tat offenkundig], so tritt nicht Geldstrafe, sondern Verknechtung ein; Ine 7, 1. *Vgl.* Pol Mai II 494. 'Notorische Tat wurde [in Deutschland im 10.—14. Jh.] behandelt nach dem Vorbilde der ∼en, und die Notorietät durch die Aussage von Zeugen hergestellt'; Brunner *Grundzüge*[4] 170. Die prozessualen u strafrechtl. Folgen des ∼en Verbrechens dehnen auch andere Germanen aus auf die des evidenten; Wilda 886. Die Volkskundigkeit vom verbrecherischen Charakter des Angeklagten steht im Norden der Gerichtskundigkeit gleich und entbindet vom Beweise; Amira *Altnorweg. Vollstreck.* 148. *Vgl.* bescholtene 11 **7a)** Den Sinn 'notorisch', nicht 'überführt', hat *open* (*manifestum* Q Cons, *apertum* In) beim Ehebruch; hierfür wird die Frau verstümmelt, im Ggs. zum Inzichtprozess, der ihr Reinigung offen lässt; II Cn 53 **7b)** Den *publicus latro*, gerichtlich unleugbar, trennt vom *infangen* = ∼ In Cn III 48 **7c)** Den Frieden des Gerichtswegs entbehrt der 'offenbare' Dieb; II Cn 82 (*probatus, publicus, manifestus* L) = Lond ECf 32 B6. Der Satz wäre überflüssig, weil selbstverständlich, gegenüber dem ∼ im eig. Sinne Gefassten; er trifft den notorisch Bescholtenen, der verhaftet werden darf. **7d)** **N** Nur unlogisch bezeichnet *rán* als *apertam rapinam quæ negari non potest* Wl art 6; denn er lässt Beklagten sich reinigen durch Eisenordal oder Zweikampf **8)** **F.** Über nächtlichen Diebstahl *s. d.* 22a **9)** **G.** Der aus polizeirechtlicher Verbannung unerlaubt in die Heimat Zurückkehrende sei so schuldig als wär er ∼ gefangen, d. h. kann getötet werden; V As Pro 2 = III 6. IV 3 **9a)** Ebenso der verstohlen schleichende Fremde (*s. d.* 4) **9b)** und der Reichsabschwörer, der im Lande bleibt; *s.* Abschwören 3 **10)** Dagegen nicht als ∼ lässt behandeln den zwar ∼ gefangenen, dann aber entkommenen Dieb, trotz Wiedereinfangs vor der Nacht; Ine 72. Der letzte Zusatz wendet sich gegen die Anschauung, zur ∼igkeit genüge das Ergreifen vor der Nacht; *vgl.* Wilda 889; Planck *Gerichtsverf.* I 342. 784 f. II 290 f. 'Wenn er loskommt und nachher eingefangen wird' steht im Ggs. zu 'wenn er [∼] gefangen wird' Af 7. 7, 1. Die nachlässigen Verhafter büssen dem Richter für das Freilassen (*s. d.* 3c) des Verbrechers [das jenen um grösseres Strafgeld bringt]; Ine 73 **11)** Töten kann der Verletzte den ∼ ergriffenen Dieb (*s.* Diebstahl 11a) oder unzüchtigen Schänder seiner Familienehre (*s.* Ehebruch 8 ff.); jenen soll jeder begegnende Staatsbürger töten (*s.* Diebstahl 11b), **11a)** ausser den Geistlichen (*s. d.* 20) und Jugendlichen; *s.* mündig **11b)** **N** Die Normann Krone wirkte allem Totschlage in berechtigter Selbsthilfe (*s. d.*) entgegen **11c)** Der Einfänger darf den ∼ gefassten Verbrecher nicht freilassen (*s. d.* 3 ff.); er kann ihn abliefern ans Gefängnis; *s. d.* 4b **11d)** Der ∼ Ertappte kann von Amtswegen verfolgt werden: in Königsbanden [mit Recht ins Gefängnis Gebrachte; *s. ligatus o.* 2] hat man keinen Reinigungsbeweis; Ine 15, 2 **12)** Ebenso wer ∼ gefasst ist oder ihm gleich behandelt wird; *o.* 3. 7; *vgl.* Planck (*o.* 10) I 765 **12a)** **N** Gegen den ∼ Gefassten braucht Kläger keinen Klagezeugen; Hn 63, 1 **13)** Den ∼en Dieb trifft Todesstrafe oder deren Ersatz, bisweilen nur Wergeld; *s.* Diebstahl 12—17; seit Ende 10. Jhs. ist grösserer Diebstahl eines Erwachsenen busslos; *s. d.* 5C **13a)** Doch verhalf Asyl (*s. d.* 18) manchem sonst gleichwie ∼ dem Tode verfallenen Verbrecher zum Abkauf der Strafe; nur auf ihn konnte befristete Lebensgewährung zielen IV As 6, 1 f. **14)** Ausser beim Diebstahl wird ∼igkeit als strafschärfend erwähnt bei Raub, Mord, Bruch des Handfriedens (*s. d.* 5Ab), Herrenverrat, Ehebruch (*s. d.* 8), blutigem (*s. d.* 5d) Fechten am Königshofe, Münzfälschung; *s. d.* **handlungsfähig** *s.* mündig **Handschlag** *s.* Hand 2

Handschriften *s.* I xvnj; Gesetz 3c

Handschuh *s.* Wb *glofa, glofung; chirotheca, muffla* **1)** Je 5 Paar Männer∼e zahlen die [in Gilde geeinten] Deutschen [Kaufleute] in London dem König Weihnachten und Ostern [als Symbol der Anerkennung der Marktgewalt]; IV Atr 2, 10 **2)** Die Herrschaft gibt dem landarbeitenden freien Gefolge und dem Ochsenhirten ∼e als einen Teil des Jahreslohnes; Rect 10. 12 **3)** **N** Der Sklav, dem ein Verwandter erschlagen ward, erhält neben dessen Wergeld, Winterfaust∼e; Hn 70, 4; *vgl.* I 588[g] [Im Sachsenspiegel ist Busse für einen Tagelöhner: 2 wollene ∼e; III 45, 8] **4)** Ein *par chirothecarum* für einen Bauer in Battle; *Chron. de Bello* 68. Auch ein Klosterbruder trägt ∼e; Agsä *Vita s. Guthlaci* 54 **5)** ∼ als Traditionssymbol seit Eadward d. Bek. *s.* Thorpe *Dipl.* 454; Pol Mai *HEL* II 84. 186. 201; *s.* Grundbesitz 16f

Handvoll *s.* Hand 13.

Handwerker *s.* Wb *smeawyrhtan*; *vgl.* (Gold)schmiede, Münze; mahlen, Bäcker; Weber, Tuch, Färberei, Leder, Fleisch; Handel | ∼ hält die Domäne des Herrschaftsgutes; Müller, Schuster, Klempner sind genannt neben einer grossen Anzahl Instrumente zum Spinnen, Weben, Schneidern; Ger 15 f. ∼ im Dienste der Abtei Burton werden mit Land entlohnt; *EHR* 1905, 287

hängen *s.* Wb *hon, pendu. Vgl.* Gefängnis 11, Strafvollzug **1)** Diese Todesstrafe (*s. d.*) kommt für Unfreie vor: Ine 24. VI As 6, 3. 12, 2. III Em 4 **2)** **N** Unter Wilhelm I. wird alle Todesstrafe durch Verstümmelung ersetzt; Wl art 10 = retr 17. Dagegen 1124 *s.* Grafschaftsgericht 1 **3)** Galgen heisst: *wulfheafodtreow, weargtreow* (noch *wargtre* bei Bateson I 75): Verbrecherbaum; *s.* friedlos 1q; Brunner I[2] 235[17]; prosaisch *g(e)alga; gealgtreow* Beowulf 2446. Ob unter *suspendium* Af 35, 2 Q. II Cn 35 Cons für *hengen* der Galgen gemeint? oder Halseisen, Stock? *Vgl.* Gefängnis 1b

Harold I. **1)** 'Fälschlich' für Cnuts Sohn gehalten; ECf 34, 2d **2)** heisst Hasenfuss; Lond ECf 13, 1 A. 34, 2d **3)** Wird mit Harthacnut gelobt als liberaler König, dessen Verfassung Eadward III. bestätigt; Quadr Arg 8 f. **4)** Mit Harthacnut [in unhistorischer

Konstruktion] getadelt als einer der Dänenkönige, die Englands Kronrechte und -länder an Nordleute verschlendern und [dies aus ECf 34, 1 b] Agsä. Recht unter Gewalt u. Willkür schlummern liessen; Lond ECf 13, 1 A; A 3

Harold II. 1) fehlt in der Königsreihe Quadr Arg I 533*; heisst nicht *rex* ECf 35, 2 [gemäss Geschichtsentstellung des Normann. Hofes] 2) Wie alle Godwinssöhne, als schlecht von Eadward III. betrachtet; *ebd.* 3) kämpft gegen Wilhelm I. *ebd.* 4) Nicht seine Verfassung, sondern *Eadwardi* (*s. d.*) *laga* fortzusetzen, versprechen Wl Lond und die Privilegien und Rechtsbücher der Zeit Wilhelms I. und Heinrichs I.

Harthacnut 1) Sohn Cnuts; ECf 34, 2 e 2) Gelobt und getadelt wie Harold I.; *s. d.* 3. 4 **Harz** *s.* Lack

N Hase ist nicht Forstwild, doch im Königsforst ihn zu töten bei Busse verboten; Ps Cn for 27; *vgl.* I 624 s. u

Hasenfuss *s.* Harold I. 2

Hass *s.* Wb *læððe, lað, hete* (im späteren Engl. Recht *atia*); *hange, haur* 1) Der Vereid des auf Diebstahl Klagenden versichert, ohne ~ zu klagen; Swer 4. Leis Wl 14, 3 2) **N** Der Wundenbusse Einklagende versichert, nicht aus ~ den Entgelt teurer zu fordern; *ebd.* 10 a 3) ~ darf nicht Motiv werden zu falschem Urteil; Af El 43. II Cn 15, 1 = Leis Wl 39, 1. Iudex 3 4) **N** Bei der Aufzwingung von Eideshelfern kann der Hauptschwörer sie ablehnen, weil sie wegen *odium haberi non possint;* Hn 31, 8 5) Im Mannschaftseid verspricht der Mann, nichts zu lieben oder zu tun, was der Herr ~t; II Ew 1, 1. III Em 1. Swer 1

Hastings; zu *Hæstingaceastre* setzt einen Munzer an II As 14, 2

hauen *s.* Prügel [Z. 13

Haupt *s.* Kopf; Zehnerschaft; Adel

Hauptsitz *s* Grundbesitz 2

Hauptstadt *s.* London 48

Hauptverbrechen *s.* Kapital~

Haus *s.* Wb *hus, burg, ærn, ham, cot(e)* [*cotlif* bei Toller, *Suppl.*], *botl, hulc, geteld, curia. Vgl.* Burg 1, Gehege 1 a ff., Herrschaftsgut; Schatz, Schlüsselgewalt; Gericht 4 d, Kloster, Kirchengebäude, Biergelage 7 b ff. 1) Räume des ~es *s. flett, heall, sele, cycene, bellhus, heddern, hordern* (im Kloster *s. beodern, slæpern*); *vgl.* Halle, Küche, Dormitorium, Refektorium 1 a) Teile des ~es *s. duru, rihthamscyld; hæpse; edor; hege; burggeat; wag; heorð; claustura; vgl.* Herd, Tür, Burgtor, Gehege 1 b) **N** ~ und Hof: *domus et curia;* ECf 5, 1. In Cn II 12. Hn 91, 2 1 c) Kleinbäuerliche Hofstelle: *toft* (auch Birch 1020); festeres vornehmes ~, Herrensitz: *burg;* bäuerliches: *edor* 1 d) Der Teil 'Halle, Saal, Flur, Herd, Zaun' steht auch für das ganze ~; *vgl.* Grundbesitz 2 1 e) *flett* ist im Niedersächs. Bauern~ der Wohnplatz an der Rückwand des ~es, in den die Diele senkrecht ausläuft; er fasst Herd und Betten. Im Schott. Stadtrecht um 1270 behält die Witwe *interiorem partem domus que dicitur le flet, heres autem habebit ulteriorem;* Bateson II 121; *vgl.* ehel. Güterrecht 2 ff. Aber wie bei den Agsa., so steht das Wort im allgem. Sinne für Familienwohn~ auch altsächsisch; Henning *Dt.* ~ 29. 139; es ist die Wurzel der Standesbezeichnung *minoflidus;* Brunner I² 344 1 f) Zum Begriff ~ gehören *tecta duo* (Hn 80, 11 c), d. i. der Giebel. [Auf diesem lastet höhere Abgabe als auf dem Schuppen auch in Deutschland; Grimm *DRA* II 27; im Engl. Stadtrecht ward *gable* (Abgabe, von *gafol*) irrig erklärt aus 'Giebel'] 2) Des Bauern (*s. d.* 13 d) ~ und Hof sind stets umzäunt, im Ggs. zu Feld, Wiese und Weide; *s.* Gehege 2 2 a) Wer jemandes ~ betritt, legt seine Waffen vorn an der ~tür ab; II Cn 75 2 b) Vielleicht ein Türklopfer ist gemeint, wenn Ankömmlinge, um den Bewohner zu rufen, *tacn slogon;* Agsä. *V. s. Guthlaci* S. 54 58 3) Sein *huses hrof* ist so niedrig, dass man mit einem Stock hinaufreicht; *ebd.* 54 4) Zum adligen Grundbesitz von fünf (*s. d* 3) Hufen gehören Eigenkirche (*s. d.* 2 b), Küche, Glockenhaus, Burgtor (*s. d.* 2) [wohl unter 4 besonderen Dachern] 4 a) Kirche und Küche bilden neben Weiberwohnstube und Männersaal besondere Bestandteile des Hofes auf Island; Maurer *Island* 296 5) Auf dem Klosterboden steht neben der Kirche noch ein anderes ~; Af 5, 1 5 a) **N** Der Pfarrhof, wenn zum Pfarrland gehörig, gewährt ebenso sicheres Asyl wie die Kirche; ECf 5, 1 6) Mit der Verleihung eines Grossguts an einen Gefolgsadligen ist stets ein *botl* verbunden (das mit dem Landbesitz vom Verleiher wieder eingezogen wird), dagegen nicht mit dem kleinen Land des zinsenden Bodenbenutzers. Dieser erhält ein ~ von der Herrschaft erst dann, wenn sie auch Frondienst von ihm verlangt [er zum bäuerlichen Hintersassen wird]; Ine 67. 68 6 a) Der Benutzer geliehenen Bodens hat gewöhnlich *cotlyf on his hlafordes læne myd his fultume getimbred;* Augustins *Soliloq.* ed. Pauli *Ælfred* 319 7) Der *gebur* im Herrschaftsgut hat ein ~ für sich; Rect 4, 3 b 7 a) Auf der Domäne desselben Guts stehen mehrere Häuser, getrennt von einander durch gepflasterte Wege; Ger 13 f. 8) Der Engländer, welcher in der Fremde seine Güter in eigenem Verschlag oder Zelt hielt, bekommt sie durch Olafs Vertrag, bei etwaiger Plünderung dortigen Ortes durchs Nordheer, gewährleistet, aber nicht, wenn er sie ins ~ eines Bürgers jenes fremden Landes trug; II Atr 3, 2 f. 9) **N** Der Grundbesitzer innerhalb des Forstes (*s. d.* 12) darf dort Wohngebäude nur mit königlicher Erlaubnis errichten; Hn 17, 2 10) Das ~ zählt zur unbeweglichen Habe seit 11. Jh.; *Hist. Ramesei.* 85, zitiert von Phillipps *Agsä. RG.* 134. *Vgl.* jedoch a. 1166: *Domus in qua illi* [verurteilte Ketzer] *fuerint, portetur extra villam et comburatur;* Ass. Clarendon. ed. Stubbs *Select char.* 145

Hausbruch *s.* Einbruch

Hausfrieden 1) Es fehlt Agsä. dafür ein Wort. Mit *burg-, ham-, tun-, eodor-, hus-* scheint *-frið* oder *-grið* oder *-mund* nirgends zusammengesetzt 2) Wird ~ verletzt erstens durch gewaltsames Eindringen ins Gehege oder Haus [aber nicht in irgend einen Teil des anderen Grundeigens] mit Absicht des Diebstahls oder der rächenden Selbsthilfe, so liegt Einbruch (*s. d.*) bzw. Heimsuchung (*s. d.*) vor 2 a) Der zum Verweilen im Hause Befugte, der auch weder das Haus noch eine zum Hause gehörige Person oder Sache materiell zu schädigen braucht, bricht den ~ durch Missetat, die er in ihm verübt, so durch Ehrenkränkung (*s. d* 7), Waffenzücken und blutig (*s. d.* 3 a. c) Fechten 3) Die Busse für Blutvergiessen steigt von 6 Schill. (auch Ine 6, 3), die gemeinfreier Hausherr empfängt, zum Drei- und Sechsfachen, wenn er 600 und 1200 Schill. Wergeld hat; Af 39. 39, 2 = Hn 81, 4 **3a**) Wahrscheinlich auch auf verletzten ~, nicht bloss Einbruch (*s. d.* 2e) bezieht sich die Verdoppelung der Busse, während Fastenzeit oder Landwehr-Auszug; Af 40, 1 **4**) Der Erfolg der Verletzung eines Dritten ist nicht das Wesentliche. Denn wo er fehlt, beim blossen Waffenzücken, empfängt der Hausherr doch einen Teil jener Busse: in Kent 1/6, in Wessex die Hälfte; Hl 13. Af 39, 1 = Hn 81, 4 **4a**) Verdoppelung der Busse während die Landwehr draussen ist und in Fasten gilt wohl auch hierfür; Af 40, 1 **N 5**) Normannisches Strafrecht beginnt zwar die Bluttat, wenigstens die qualifizierte, als kriminal zu betrachten, hört also auf, für den ~ besondere Busse zu fordern; es berücksichtigt ihn aber als strafschärfend: *Homicidium in domibus archiepiscoporum, episcoporum, comitum* kostet *membra vel pecuniam;* Hn 80, 8 **5a**) Derselbe Jurist notiert *secundum legem Salicam* die Unterscheidung, ob jemand *foris casam* getötet war; 87, 11 **6**) Der ~ gewährt dem Befehdeten so lange Asyl (*s. d.* 8) wie die Kirche **7**) **N** Der ~ des Londoner Bürgers ist so hoch, dass er den, der auf Grund privilegierter Stellung Gastung (*s. d.* 3a) erzwingen will, töten darf **8**) Die Bussen für Verletzung der *mund* und für die des Hauses durch Einbruch (*s. d.* 2. 3) oder Heimsuchung oder dortiges Blutvergiessen sind in Kent identisch; Abt 15. 17. 27. Hl 14 **8a**) Und auch die Westsächsische Busse von 6 Schilling (*o.* 3) für gebrochenen ~ ist des Gemeinfreien *overseunesse;* Hn 81, 3 **8b**) Königs 'Ungehorsam' und *burgbryce* kosten beide 120 Schill **8c**) Dagegen bei Erzbischof, Bischof oder Ealdorman decken sich die Bussen für Einbruch (*s. d.* 2d) und verletzten Schutz nicht **9**) Laut Domesday geniesst mancher Bürger in seinem Hause *sac 7 soc;* (Maitland *Domesday* 99). Jedenfalls ist da mitgemeint, wenn nicht allein verstanden, Bussempfang für gebrochenen ~ **10**) Dieser Bussempfang, unabhängig von königlicher Verleihung oder Adelsvorrecht, ist eine der Wurzeln privater Gerichtsbarkeit; *s. d.* 29c; Haushalt 4 **N 10a**) Wohl nur aus feudaler Anschauung führt auf die Gnade des Herrn zurück den Bussempfang des Unfreien, dessen ~ durch Rauferei (*s.* blutig 13) gestört ward; Hn 81, 3 **11**) **N** Busse für verletzten ~ erhält der Herr nur, falls Missetäter am Tatorte in Anklagezustand versetzt war; 81, 2

Hausgemeinschaft 1) Sie wird verneint durch den Ausdruck *crocca towallet* (Kochtopf siedet getrennt); Hn 88, 18a. 94, 3a. Der Kochtopf steht für Haushalt auch im Französ. Recht: *au même pot* [*vgl.* Vinogradoff *Roman law* 79]; im Friesischen: *deer syn pot walt* Richthofen *Fries. Wb.* II 1124; *sint to en mal* (Mahlzeit) *ende enen brode* (Brühe) *nicht gescheiden;* His 233. In Nottingham bedeutet 'aus einer Schüssel essen' soviel wie 'in ~ leben'; Bateson II 105. Die Söhne lebten bis zum Tode des Vaters mit ihm regelmässig in ~ in und nach altgerman. Zeit; Schwerin *Altgerman. Hundertsch.* 40. *Vgl.* Erbgang 3d. e **2**) Bei gemeinschaftlicher (*s. d.* 7) Missetat können sich die Genossen einer ~ in Busse und Strafgeld zusammentun

Haushalt *s.* Wb *hiwisc, hiwan* (*vgl.* Brunner I² 92), *hieredmen;* eigenen ~ besitzend: *heorðfæst, husfæst* [später *astrier;* Vinogradoff *Villainage* 56] im Ggs. zu Gefolge; *s. d.* 2b. c. *Vgl.* Heimat; Familie, Hausgemeinschaft, ansässig **1**) Nicht bloss für Verwandte unter seinem Schutz, sondern auch für sonstige Personen im ~ sorgt und haftet der Hausvater; er ist verpflichtet, seinen ~ gut zu behandeln, vertritt ihn vor Gericht, beaufsichtigt ihn polizeilich, verbürgt ihn, haftet für dessen Erscheinen vor Gericht, für das der Familie oder seinem Gesinde mit seinem Vorwissen Anvertraute (*s.* Haftung 7a), sorgt für des ~s Kirchensteuer und Beobachtung der Fasten; *s.* Gefolge 18–24; Familie 7 **2**) Nimmt er einen Fremden (*s. d.* 12c) länger als 2 Tage in Herberge, so haftet er wie für den ~ **N 3**) *Libera familia* (freies Hausgefolge samt Beamten) empfängt, in Abwesenheit des Hausherrn, gerichtliche Vorladung für ihn oder Terminabbestellung; Hn 41, 2. 59, 1; 2a [*vgl uxor aut familia.* Lex Sal. 13. ABRAHAM] **3a**) Einer der *familia* (im selben Sinne) vertritt den Hausherrn, der gerichtlich vorgeladen ist vom Herrn od. König od. vorgesetzten Beamten **4**) Der Gerichtsbarkeit geniessende Hausherr erhält von *contubernales* Busse für *infiht vel insocn* (Rauferei im Hause); Hn 80, 12

Hausmarke *s.* (?) Beweismittel 4a; Hund 2b

Haussuchung *s.* Spurfolge

Haustiere *s.* Tiere

Haut A. des Tieres *s.* Fell; **B.** des Menschen *s.* Wb *hyd* **1**) Verletzung der ~ erschwert die Verwundung, selbst noch wenn diese ein Rippenbruch ist (Af 70, 1), **1a**) und gilt höherer Busse wert an nicht von Kleidern oder Haar bedeckten Körperteilen, als Entstellung der Schönheit; *vgl.* Beule, Gliederbussen 8. 9. 11 **N 2**) Verursacht Verhexung *cutis variationem,* so bestimmen die Busse *sapientum antiquae diffinitiones* (wohl nicht 'alte Reichstagsgesetze', sondern 'Vorentscheidungen früherer Urteilfinder'); aus Ribuaria Hn 71, 2 **3**) ~ des Unfreien und ihre Lösung *s.* Prügel **4**) Ein Mörder, der die Leiche *combusserit, excoriaverit* (geschunden hat) *aliterve diffecerit, ne cognosci valeat,* wird [dies aus Cnut] der Sippe des Ermordeten ausgeliefert; Hn 92, 19 **5**) Ein Vassall, der seinen Herrn getötet hat, leidet martervollen Tod *decomatione* (durch Skalpierung; falls *decoriatione:* Schindung) *vel evisceratione* (Ausweidung); 75, 1. Verräter lässt *escorchier* Crestiens de Troyes *Cligès* 1440

heahgerefa, Obervogt, höherer königlicher Beamter. Ähnlich wird, zur Bezeichnung der Oberstufe des Beamtentums, *ofer ealdorman* (Seneschall, Maior domus) gebildet als Ags. Übs. für *princeps domus* Beda IV 3; *vgl.* Brunner II 104⁶; Schmid *Gesetze* 665 **1**) Zwischen dem Range des Bischofs oder Ealdorman und dem des Thegn, halb so hoch wie jene und doppelt so hoch wie dieser, steht der ~, ebenso wie der *hold,* in 50 £ Wergeld; Norðleod 4 **1a**) Vom Ealdorman trennt ihn auch Ann. Agsax. 778 **2**) Der ~ kommt in Northumbrien, Hampshire und Devon vor, ist also nicht spezifisch Anglisch oder Nordenglisch **2a**) *Osulf ad Bebb*[*anburh,* Bamborough] *hehger*[*efa*] unterzeichnet Urk. a. 949 Birch *883. Dort gab es eine Linie dieser Dynasten seit 876

2b) Für Hampshire fechten und fallen zwei ~n; Devon führen *þæs cyninges* ~ und *þæs cyninges gerefa;* Ann. Agsax. a. 1001 f. Diese Stellen sprechen für das Amt von Grafschaftsführern: nicht notwendig führte jede Grafschaft immer nur einer, wie ja London mehrere Stadtvögte, bzw. später Sheriffs, hatte. Oman versteht hier Sheriffs; *Engl. bef. Nor. conq.* 563 **2c)** Mehrere ~n gleichzeitig erwähnt auch Ann. Agsax. 778. 779. Im 12. Jh. übersetzt dies mit *duces* Symeo v. Durham, dagegen *vescontes* (Sheriffs) Gaimar **3)** Wahrscheinlich ~ lag vor für *summus præpositus,* der vom Handel Zollabgabe (*s. d.*) erhebt; III Em 5, was in dessen Quelle II As 10, 12 ein blosser *gerefa* vollzieht **4)** Mehr als ein blosser Sheriff war der 1002 ermordete Æfic, in Agsä. Ann. ~ genannt, von dem der König sagt: *quem primatem inter primates meos taxavi;* Urk. Kemble 719; *Saxons* II 53 **5)** Für den hochfürstlichen *præfectus* Olybrius steht ~ in *Passio s. Margaretæ,* dann aber bloss *gerefa; Bibl Agsä. Prosa* 171 f. **5a)** Der ~ hat unter sich als *gingran* einen *tungerefa,* heisst aber dann auch *gerefa;* Ælfric *Homil.* I 420 f. **5b)** Einen ~ von Alexandria nennt Ælfric *Saints* ed. Skeat I 38 **5c)** *præsides* in Ev. Marci 13, 9 wird glossiert *undercyningas vel hehgerefan* **5d)** *hehgeroefa vel heretoga* setzt für *comes* Durham Ritual 193 **6)** Der ~ ist also ein hoher königlicher Beamter, über dem gewöhnlichen Vogt, mit provinziellem Amtskreis, vielleicht bisweilen dem Sheriff, anderwärts einem Grafen oder Herzog gleich, aber offenbar nirgends ein [alleiniger] Reichsoberrichter, wie Schmid 599 für möglich hielt [hege, Burg 2a

Hebriden *s.* Inseln **Hecke** *s.* Ge-

Heer *s.* Wb *here* [in *Gesetzen* nie Landes~, sondern Feind (dieser aber auch bürgerlich organisiert: Nordisches Volk; *s.* Dänen 1) oder gewalttätige Schar von mehr als 35 Mann behufs Heimsuchung in Privatfehde; *s.* Bande 1], *fierd* (*-dfaru, -wite*), zerfallend in *landfierd* und *scipfierd* (Land- und Seewehr), *hostis, hosticum* (königliches persönliches Kriegsgefolge im Ggs. zu *exercitus* Hn 80, 1?), *solidarius, conducticius. Vgl.* Gefolge 15, Gefolgsadel 11, Adel 6. 7a, Thegn, ~gewäte, Bocland 17a, Vassallität, Lehnwesen, Reiten, Trinoda necessitas, Burg 5–7, Wache, Schiff, Krieg

1. Organisation. 2. Bürgerpflicht. 2c. Ausserhalb Englands. 3 Grundbesitz belastend. 3c. Beritten. 3e. London exemt. 3f. Sonne. 4. Herzog. 5. Dänisch. 6. Aufgebotzeit umfriedet. 7. ~friede. 7b. Zucht. 8. ~versäumnis. 9. Fallen im ~. 10. Soldaten neben friedlichem Gefolge 11. Verbürgt. 12. Panzerlehn.

1) Das ~ war organisiert nach Vassallitätskreisen und Genossenschaften; *s. d.* 5. Letztere waren, wenigstens in der Frühzeit, blutsverwandt; Tac. *Germ.* 7. *Vgl.* Brunner I[2] 119[41] **2)** Der Gemeinfreie erscheint im ~, nicht bloss der Gefolgsadel oder der Besitzer von 5 Hufen; Ine 51; *vgl.* Vinogradoff *Engl. soci.* 28. Auch Geistliche (*s. d.* 29g ff.) sind im Agsä. und Agnorm. ~e. Im 7. Jh. besteht das Engl. ~ aus 2 Teilen: *militia* und *rustici* (übs. *cyninges þegnas* und *folclic men*), Gefolgskriegern und Landwehr; Beda IV 22 **2a)** Dem Könige Leben und Land zu verteidigen, ist allgemeine Bürgerpflicht; V Atr 34 = VII 1. Entfernt gefolgert werden kann sie schon aus dem Mannschaftseide, den III Em 1 zum Untertaneneide verallgemeinert; doch ist sie nicht ausgedrückt. Der König ist oberster Herr der Nationalwehr wie des Hofgefolges **2b)** Die Kirche (*u.* 8g) ermahnt das Volk zu seiner Pflicht im ~. So stellt Ælfric, indem er das Alte Testament bevorwortet, Judith hin 'als Beispiel für euch Männer, dass ihr euer Land mit Waffen verteidiget gegen das siegende Feindes~'; ed. Assmann 90 **N 2c)** Alle Freien schwören: *infra et extra Angliam Willelmo regi fideles esse, terras et honorem illius ante* [angesichts] *eum contra inimicos defendere;* Wl art 2. Der Agsä. Annalist erwähnt den Treueid 1086 (*s.* Königstreue) ohne Beziehung aufs ~. Obige Worte 'in und ausser Land' entstammen vielleicht der Eidesformel; *u.* 9 **2d)** Dass Kriegsdienst auch ausser England (*u.* 9) Wilhelm dem I. zugeschworen worden sei, ist, wenn überhaupt wahr, entweder ein Weiterbau auf dieser Agsä. Seedienstpflicht oder eine Erfindung der Normannischen Krone vielleicht aus Nord. Vorbilde: Kriegsdienst ausser Landes gelobt Norweg. Königsgefolge; Brunner I[2] 190. Nach einem Londoner Programm um 1200 [das aus *o.* c schöpft] soll zu London der Reichstag gegen Kriegsgefahr tagen, und sollen alle Engländer am 1. Mai im Londoner Folcmot schwören, *terras et honores* [*regis*] *servare et regi intra et extra regnum Britanniæ fideles esse;* Lond ECf 32 A 3–6. Die Barone weigerten dann 1214 ~esfolge ausser England. [*Servitium foraneum, forinsecus* heisst Kriegsdienst nicht gerade nur ausserhalb Englands; Pol Mai I 257; *vgl.* Wb *utware,* das überhaupt nicht kriegerischen Dienst meint] **2e)** Derselbe Londoner Verf. fordert von allen Freien als *servitium liberum,* in Eidgenossenschaft das Reich zu verteidigen; und (in Anlehnung an die Waffenassise von 1181, die von jedem *liber* verlangt, dass er je nach seinem *feodum arma habebit*) jeder Freie sei mit Waffen und Pferden laut Lehnspflicht stets kriegsbereit; Wl art retr 5. 8f. **2f)** Zur ~esfolge (wie zur Gerichtsfolge) pflichtig, *fierdwyrðe,* sein, ist ein Zeichen der Freiheit; Urk. a. 1057–65 Kemble 853 **3)** Die ~esfolge (*s.* Wb *fierdfæreld,* auch *-dsocn, -dfaru* bei Toller) lastet auf dem Herrschaftsgute, auf manchem neben Schiffsdienst, königl. Leibwache [im Frieden?] u. Landwehrwache; Rect 1 f. **3a)** Als einen Teil der Trinoda (*s. d.*) necessitas behält sie der König dem Staate vor, auch wenn er Immunitätsgüter weitgehend eximiert; Urk. a. 883 Birch 551; a. 1042 Earle 242; a. 1061 Kemble 1341; ebenso Oswald von Worcester, indem er privilegiertes Bistumsland verleiht n. 675 f. **3b)** Zu der Verantwortung von Grundbesitz gegenüber dem Staate gehört neben Steuerpflicht u. a. der Dienst in Schiffs- und Landwehr; Hs. B zu II Cn 79 **3c)** Jedermann habe von jedem Pfluge [Landes] zwei berittene Mann [zur Landwehr]; II As 16: eine hohe Kriegslast gegenüber nur einem *miles* im 11. Jh. von fünf (*s. d.* 6) Hufen **3d)** Das ~ war beritten (Beck *EHR* 21 [1906], 766), mindestens in seinem Gefolgsadel (*s. d.* 12); Brunner *Forsch. GDR* 43. 62 **N 3e)** Die Bürger Londons (*s. d.* 40) sind von Dienst in ~ und Flotte frei, ausser in London selbst; Lib Lond 10, 1; *vgl.* I 675[1] **3f)** ~espflicht entschuldigt vom Prozesstermin; Hn 59, 4; *s.* Sunne **4)** Dass der grafschaftliche ~führer *heretoga* heisse oder dem Französ. Connétable oder Marschall entspreche, ersinnt [falsch] ein Londoner Antiquar um 1200; Lond ECf 32 B **5)** Das stehende Dänische ~ in England, seit Swen, die *þingemen*, erhielt Dänengeld (*s. d.* 5); Hn 15. ECf 11a **5a)** *huscarl* fehlt in den *Gesetzen* **6)** Das Agsä. ~ steht nicht dauernd noch tritt es periodisch zusammen, sondern wird nur im Bedarfsfalle berufen; jährlich, wie es scheint, wird von den Witan beschlossen über Festungsherstellung, Land- und Seewehr; V Atr 26, 1 = VI 32, 3 = II Cn 10. In der Sonderreihe von *Gesetzen*, die II As 13 mit *ǽrest* beginnt, beziehen sich vier auf die Wehrkraft. *Vgl.* über das Zusammenströmen der vom König Berufenen Ælfred's *Augustine* ed. Hargrove 44 **6a)** Während das ~ draussen [zu Felde, die Kriegerschaft nicht zu Hause] ist, verdoppelt sich die Busse für Einbruch (*s. d.* 2e) und [?] verletzten Hausfrieden; *s. d.* 3a. **N** Es verschärft sich die Strafe für jeden Friedensbruch, *si rex in hostico sit;* Hn 68, 2. Die Woche vor und nach ~esaufgebot herrscht Sonderfriede in der Normandie; Synode von Caen a. 1091. Nach dem Ausrücken des ~banns herrscht Sonderfriede auch bei anderen Germanen; Wilda 247; Brunner II 583 **7)** Wer in der Landwehr Frieden in voller Schwere (mit Totschlag) bricht, verwirkt Leben oder Wergeld, wer halbschwer, büsst je nach der Tat; II Cn 61. 61, 1 = Hn 13,8. Ps Cn for 18. Ein Grundbesitzer *rebellando meis militibus in mea expeditione semet condempnavit et possessiones;* Urk. a. 1012 Kemble 1307 **N 7a)** ~friedbruch ist busslos oder kostet Wergeld; Hn 12,3. Totschlag *in expeditione* ist besonders hart strafbar (68, 2), unterwirft der *misericordia regis de pecunia vel membris;* 13,8. 80,1 **7b)** Gebrochenen ~frieden straft *misericordia regis* auch bei Südital. Normannen (Niese *Gesetzgeb. Norm. Sicil.* 103), Friedlosigkeit, wenn Totschlag geschah, bei anderen Germanen; dem Dingfrieden stellt ihn gleich Friesland; His 138 **7c)** Mannszucht über seine Ritter hielt Wilhelm I. streng; er verbot den fremden Truppen Unzucht, Saufen, Raufen, Totschlag, Raub und setzte Militärrichter ein; Will. Pictaviensis **8)** Friedbruch im ~ und Versäumnis der ~pflicht sind Kronprozess; II Cn 12. 15. 65. 77 = *qui in bello campali vel navali fugerit* Hn 10, 1. 13,8. ~versäumnisstrafe gehört dem König; In Cn III 46. Doch verschenkte er auch diese *fierdwite* genannte Staatseinnahme; so Urk. a. 1051. 1065 Kemble 771. 874 **8a)** Für ~versäumnis (*vgl.* Brunner II 687) zahlt der landbesitzende Gefolgsadel (*s. d.* 11) unter Verlust des Landes 120 Schill., der ohne Land 60, der Gemeinfreie 30 Schill. als *fierdwite* **8b)** Für ~versäumnis nur im leichteren Falle, da wo der König nicht anwesend ist, fordert 120 Schill. [Ungehorsamsstrafgeld] V Atr 28, 1 = VI 35 = II Cn 65 = Hn 13, 9 = 66, 6. [Nach Baiern- und Sachsenrecht erhöht sich der ~frieden durch Anwesenheit des Fürsten; Wilda 240; Homeyer *Sachssp.* II 471] **8c)** Æthelred II. entbot 1016 *fyrde be fullum wite,* was wohl 120 Schill. bedeutet; *Ann. Agsax.* **8d)** Vor 1066 wird in Oxfordshire als *fyrdwite* 100 [vielleicht Grosshundert gemeint] Sch. gebüsst; Domesday I 154b 2 **8e)** Wer das ~ verlässt, bei welchem der König anwesend, verwirkt Leben und Besitzerstellung oder Wergeld [was sich als erschwerte Infidelität, dem Landesverrat gleichstehend, rechtsgeschichtlich erklärt; *vgl.* Hochverrat 3a]; V Atr 28; dagegen ohne Todesdrohung VI 35 (*rerum facultatum discrimen* L). Vermögenseinziehung und Tod [*vgl. Si quis pugnando collegam dimiserit, animae incurrat periculum;* Rothari 7] treffen den, der von Land- oder Schiffswehr von seinem Herrn oder Genossen (*s.* Gefolge 15b) aus Feigheit [die auch bei anderen Germanen busslos] flieht; II Cn 77. 77, 1 = Hn 13, 12; Fahrhabe samt Leiheland fällt dem Grundherrn, das Bocland dem König heim. Dagegen nur *terram forisfecerit,* ohne Lebensdrohung, obwohl Cnut benutzend, Hn 43, 7 **8f)** Zum Teil aus Cnut: Auf feiger Flucht vom *heretoga* steht Vermögenseinziehung und Tod; *terra, quam dominus dederat,* verfällt diesem, Bocland dem König; Lond ECf 32 B 2 **8g)** Ein Homilet sagt hinter der Wiederholung von II Cn 64 gegen Herrenverrat: *þa heora hlaford forlætað, þær him mæst neod byð on folces neode, beoð ealle Gode laðe* (Wulfstan 275), die Verlassung wohl im ~ meinend, wie denn eine andere Hand erklärt: *his feondan to handa* **8h)** Die Sippe derer, die den Herrn im Stiche liessen, geht des *eðel* verlustig, steht ausser *landriht* (verliert Besitzerstellung) schon im Beowulf 2885 **8i)** Also braucht Spät-Agsä. Recht hierüber nicht deshalb von Wikingern herzukommen, weil Saxo den sagenhaften Frodo III. dekretieren lässt: *Si quis in acie primus* [ein abweichender Zug] *fugam capesseret, a communi iure alienus existeret* **9)** Wer angesichts seines Herrn im ~eszuge in England oder zu Wasser (*of lande* [*vgl. o.* 2c]; dafür *ut of lande,* viell. auch 'im Auslande'? B) fällt, für den wird seinen Erben ~gewäte erlassen; sie teilen Land und Fahrhabe [ohne Abzug für den Herrn]; *s.* Gefolge 15a **10)** Wie in Agsä. Zeit kriegerischer Dienst neben anderem erscheint (so später bes. in der Nordenglischen Klasse der Drengs), so ordnet im Gefolge (*s. d.*) *milites, armigeros* und *servientes* des Barons zusammen mit friedlichen Hofdienern ECf 21; *s.* Bürgschaft 3o. **N** Die Klasse der *servientes regis* umfasst beide Teile; Vinogradoff *Engl. soci.* 61. 68 **10a)** Von belehnten Kriegern eines Grafen scheidet 1074 die *qui sine terra pro solidis servierunt* Lanfranc *epist.* 35 ed. d'Achery 318 **11)** Der Herr haftet in Bürgschaft (*s. d.* 3n. o) für sein kriegerisch Gefolge **12)** Das Panzerlehn, das dem König mit Ross und Waffen dient, befreit dieser fürs Domanialland von Steuer und Fron; CHn cor 11. So lastet auf Dt. Rittergut (Edelhof) Ritterdienst statt bäuerlicher Last; Amira 123

Heergeld *s.* Dänengeld 1a. 8

Heergewäte *s.* Wb *heregeatu* (*relevium, relevamentum -vatio, -vare, relief*), ursprünglich die éine Kriegsrüstung des Mannes [*vestis bellica* in Lex Angl. Werin. 5,5], aber in *Gesetzen* wie Urkk. der Agsa. stets in weiterem Sinne; *u* 4 **1)** Bei anderen Germanen *s.* Brunner I^2 191. II 267; *Forsch G. Dt. R.* 23; *Erbschaftsteuer* in *Festschr. Martitz* 25ff.; Steenstrup *Danelag* 114. Über die ursprüngliche Bestimmung der Waffen fürs Grab des Toten, dann den Sohn oder Waffengefährten (*u.* 3) *vgl.* Klatt '~' 16ff.; über die Entwicklung des ~ aus Vassallität (da Gefolgsadels [*s. d.* 13] Herr beim Eintritt dem Manne Waffen gab) 25ff. **N 2)** *Heregeatu Anglice,*

Latine relevatio hereditatis, quae ab heredibus liberis post mortem patrum dominis solet impendi; Chron. Ramesei., ed. Macray 111 **2a)** Auch die anderen Lateiner, z. B. Q zu II Cn 71ff. vermengen ~ mit Lehnsmutung (nur Cons braucht *exercitualia*), ebenso Leis Wl 20ff., Domesday I 280b = 298b **2b)** Jedoch ~ ist, wenigstens ursprünglich, mit der persönl. Vassallität des Kriegers allein verknüpft und bei des Mannes Tode fällig (so *u.* 6a) als letzte Rekognitionsgebühr (*s.* Besthaupt), beruhend entweder auf dem Rückfall der kriegerischen Ausrüstung an den Herrn oder auf dem Totenteil; dagegen *relevium* ist eine Leistung beim Antritt des Lehns durch den Erben **3)** Beowulf bestimmt seine Rüstung, Wielands Werk, dem Hygelac; 452 **3a)** In Engl. Urkk. kommt ~ häufig seit 956 vor; Earle 217. 220. 223. 360; Testamente mit Vermächtnis von ~ an den Herrn sammelt Kemble *Saxons* II 99ff.; *vgl.* Urkk. 704. 967 **4)** Neben Geld, Pferden, Waffen (auch *handseax* Birch 1132. 1174) kommen als ~ vor: ein Schiff Earle 222; *heregeatland* 220; Land auch Birch 1008. 1174. 1288f.; Thorpe *Dipl.* 553; Edelgefässe 819. 1008. 1174. 1289; Trinkhörner Earle 225; Jagdhunde und Beizvögel Birch 812. 1132; Domesday I 56; Decken Birch 1288; *vgl.* Round *Victoria County Hist. Berks.* I 32 **5)** Laut dieser Urkk. waren die Beträge bereits ungefähre Gewohnheit, als sie Cnut fixiert (*vgl.* Thorpe *Dipl.* p. xvi. 499); es herrschte dort die Zahl 2 und 4 bei den Waffenstücken. Ein festes Verhältnis zwischen Waffen und sonstigen Werten existierte; z. B. vermachte Wulfric 1002 *minum hlaforde* 200 *mances goldes*, 2 *sweord*, 4 *hors* 7 *þa wæpna*, *þa þærto gebyriað;* Earle 218 **5a)** **N** Wie später CHn cor das Relevium gegen missbräuchl. Willkür vorheriger Regierung herabsetzte (*u.* 14), so meint Cons Cn, auch Cnut habe ~ ermässigt: wahrscheinlich richtig **6)** Zwar fordert Cnut kein ~ von geistlichen Magnaten; doch kennen wir Urkk. über ~ des Erzbischofs von Canterbury (Earle 222) und des Bischofs von Crediton (*Crawford chart.* 23), das ungefähr dem des Königsthegn gleich steht **6a)** Æthelwold's *Regularis concordia* verbietet: *nemo abbatum vel abbatissarum* sammle Schätze, *ut census herjatva* (*hergeate* Var.), *qui pro huius patriæ potentibus post obitum regibus dari solet, pro eis dari posset;* Birch 1168. Dies spricht dafür, dass um 960 ~ allgemein galt und sogar von den Klostervorständen gewohnheitsmässig entrichtet ward **7)** Empfänger von ~ der Kronvassallen ist der König; II Cn 71. Hn 10, 1. Leis Wl 20. Nur deren ~ ist dort bestimmt. Aber auch Reichsmittelbare zahlen es ihrem Herrn laut II Cn 70, ebenso später das *relevium u.* 12b **7a)** Auch vom Intestaten entfällt ~ vorweg dem Herrn; vom übrigen beaufsichtigt er nur die Verteilung an die Erben; II Cn 70; *vgl.* Erbgang 9c **7b)** ~ entgeht dem Herrn (verbleibt den Erben), wenn der Mann bei ihm im Heere (*s. d.* 9) fällt **8)** Die Witwe zahlt ~ spätestens 12 Monat nach des Gatten Tode; II Cn 73, 4 = Hn 14, 6 (*relevium*); Witwe oder Erben zahlen es; II Cn 78 In. Die Witwe *hergeatu þam cincge brohte;* Urk. a. 997 Earle 217 **9)** Cnut stuft ~ ab, je nachdem der Verstorbene Graf, Königsthegn oder anderer Thegn war, und unterscheidet in Denalagu auch noch einen höchsten Königsthegn **9a)** Er scheidet als lokal verschieden im Recht des ~ von Wessex erstens Mercien samt Ostanglien, zweitens Denalagu; II Cn 71, 2—4 **9b)** Ein Ealdorman zahlt 946—55 etwa die Hälfte des vom Earl durch Cnut geforderten; Thorpe *Dipl.* 499

9c) Nach Cnut II 71—71, 5 zahlt	Earl	Königsthegn	Mittl. Thegn	Mercien und Ostanglien	Denal. höchst. Königsthegn	Denal. Königsthegn m. Jurisd.	Denal. Geringerer Thegn
Pferde, gesattelt	4	2	0		1		
„ ungesattelt . . .	4	2	1		1		
Helme	4	1	1				
Panzer	4	1	1				
Lanzen	8	4	1		2		
Schilde	8	4	1		2		
Schwerter	4	2	1		1		
£ Silbers [zu 8 Mancus] .	25	$6^1/_4$	oder $2^1/_2$	2	$6^1/_4$	4	2

9d) Offenbar herrscht dies Verhältnis 1:2:4:8 vor. Das Verhältnis 1:4 kennt auch fürs ~ des kleinen Thegn im Gegensatz zum grossen, des Königsthegn im Gegensatz zum Grafen, Domesday für Yorkshire, Derbys., Notts. **9e)** Die Waffenstücke im einzelnen bewertet für die Wergeldzahlung Lex Ribuar. 36, 11; zusammen gilt Pferd, Schwert, Panzer, Helm, Schild und Speer soviel wie 20 Ochsen. Offenbar ist nun nach Obigem $2^1/_2$ £ [= 600 Silberpfg.] soviel wie dieselben Waffen und 1 Pferd, und, da der Ochs 30 Pfg. gilt, also auch = 20 Ochsen. Auf diese genaue Gleichbewertung macht aufmerksam Chadwick *Origin* 161 **9f)** Domesday stimmt für ~ der Denalagu nicht mit Cnut: *tainus habens plus quam* 6 *maneria dat relevationem regi* 8 £ [d. i. ein Hundert (*s. d.*) Silbers], der kleinere Thegn *vicecomiti* 2 £ [also was der König nach Cnut aus Mercien, Ostanglien, Denalagu erhielt]; Nottinghamshire, Derbyshire I 280b = 298b. Auch für Yorkshire gilt 8 £ **9g)** Bürger in Thetford und *socmanni* in Stamford zahlen *heriete; ebd.* II 119. I 336b 2. Dass die Bürger in York keines zahlen, ist Ausnahme; I 298b. Vom Hereforder Bürger erhält als ~ *rex equum et arma; si equum non habebat,* 10 *sol.;* Maitland *Domesday* 155. 199 **10)** Das hiermit gesetzlich festgelegte ~ ist wohl das *rihte heriot*, das eine Frau 1046 ihrem Herrn (König) ohne Spezifikation hinterlässt; Kemble 782 **N 11)** Nach 1066 geht ~ in Relevium (o. 2b) auf. Über dieses in Normandie unter Wilhelm I. *s.* Haskins *Amer. hist. rev.* 1909, 457 **11a)** *Relevationes baronum suorum* (der Kronvassallen) gehören dem König; Hn 10, 1. [Nicht etwa von anderen kommt ~ dem Fiskus zu] **11b)** Die Hälfte des Geldbetrages, 100 (statt 200) *mance* in erster Spalte, 3 (statt 4) in 6ter liest Hn 14. Statt Waffen oder Geldbetrag liest er 'und', fordert also beides. All dies wahrscheinlich nur unbewusste Flüchtigkeitsfehler des Verfassers, beim Benutzen seiner eigenen Quadr.-Übs. Die Klassifizierung der Thegnas war sicher 1115 nicht mehr lebendig. Die Abweichungen von Cn in Hn sind denen in Leis Wl nicht verwandt **12**) Cnut wird deutlich benutzt, aber bewusst geändert von Leis Wl, wir wissen nicht, ob nach verändertem Recht oder nach literarischer Willkür des Rechtsbuches. Auch bleibt unklar, ob es den begriffl. Unterschied von ~ und Lehnsmutung ahnte. Lokalrechtliche Unterschiede lässt es fort **12a**) Von den Pferden, bestimmt Leis Wl 20. 20, 1, sei 1/4 Jagdpferd, 1/4 Reisepferd mit Zaum und Halfter. Von Schilden und Lanzen fordert er nur die Hälfte. Statt des Königsthegn setzt er den Baron ein und fordert von ihm 2 Helme und 2 Panzer. Die Geldsummen lässt er fort. Offenbar bedeutet Leis Wl eine beträchtliche Ermässigung **12b**) Der Vavasor (Aftervassall) zahlt seinem *ligius* (unbedingten) Herrn: Pferd, Helm, Schild, Panzer, Lanze, Schwert oder 100 Schill.; Leis Wl 20, 2 vielleicht nach Cnuts dritter Spalte, der als Geldbetrag Halsfang angab. Es kann sein, dass Verf. hier wie sonst an Mercisches Wergeld denkt (wonach der von Cnut genannte Halsfang 1/10 von 1200 Schill. zu 4 Pfg., also 480 Pfg. = 120 Merc. Schill. betrug), und ferner statt des Grosshunderts das Kleinhundert nennt. Meint er dagegen wie an anderen Stellen Normannische Schill. zu 12 Pfg., also 5 £, so wäre der Betrag gegen Cnut verdoppelt. Letzteres ist das Wahrscheinlichere; denn in diesem Falle liegt wohl schon der Satz der Magna charta als geltend vor: *Relevium de feodo militis* 100 *sol.* **12c**) Der Zinsgutbesitzer zahlt dem Herrn als Erbantrittsgefälle (*reliefi*) einen Jahreszins; Leis Wl 20, 4. Dies entsprach wirkl. Brauche 12. Jhs.; Bateson *EHR* 1900, 502 **12d**) An 'Relev' für den Villan an den Herrn: das Besthaupt; *s. d.* **12e**) Bracton trennt *heriot* vom *relevium;* Brunner *Festsch.* 27 **13**) Der Engl. Adel vermachte noch im 13. bis 15. Jh. für seine Seele Waffen und im 15. Jh. seiner Grabesstätte sein Streitross *nomine herioti;* Du Cange-Henschel *Glossar. Latin.* IV 199f.; Klatt '~' 22f. **13a**) Aus städtischen Freiheiten: *Post decessum burgensis heres intraret burgagium quietum de relevio vel herieto;* Tewkesbury vor 1183, bei Bateson II 81 **13b**) Die Stadt Montgomery verzeichnet als ihre Freiheit noch 1486: *De burgensibus ab intestato decedentibus: nec reddere debet harietum neque mortuarium alicui post mortem suam; ebd.* 78 **14**) Wilhelm II. schraubte die Lehnsmutung hinauf, so dass sie einem Neukauf des Lohns gleichkam. (Er forderte c. 1095 ausserdem beim Tode des Bischofs von den Lehnsträgern des Bistums *relevamen* [das er bei weltlichen Baronien vom Erben des Herrn eintrieb] *sicut per barones meos disposui,* also willkürlich sowohl im Anlass wie in den Beträgen; Round *Feudal Engl.* 308ff.; Hall *Formula book* II 69). Dem gegenüber versprach Heinrich I. den Kronvassallen, sich mit rechter Lehnsmutung zu begnügen, und forderte von ihnen gleiche Beschränkung gegenüber den Aftervassallen; *s.* Erbgang 12d. Rechtes Relevium bedeutete wohl schon 1100 das der Magna charta a. 1215 c. 2, bzw. das unter Heinrich II.: fürs Ritterlehn 100 Schill., für die Baronie 100 £ **14a**) Jedoch noch Dial. de scacc. und Glanvilla stellten bei Kronvassallen die Höhe in des Königs Belieben; *vgl.* MacKechnie *Magna carta* 231 **14b**) Fiskalische unrechtmässige Forderungen durch *relevationes, quae pro rectis hereditatibus pactæ erant* unter Wilhelm II., erlässt Heinrich I.; CHn cor 6, 1 **Heerstrasse** *s.* Strasse

Hegung *s.* Gericht 6

Hehlerei. *Vgl.* Begünstigung, Beihilfe, Betrug, Mitwissen; Münze **1**) ~ wird verpönt durch Ehrlichkeitsversprechen (*s. d.* 4) **1a**) und verhindert durch Kautelen des Handels (*s. d.* 8ff) u. Verbürgung; IV Eg 3—11: der Dieb soll in Verlegenheit geraten, wo Gestohlenes unterzubringen, wenn er schon etwas gestohlen habe; 2, 2 **2**) Wer einen Wert stahl oder gestohlenen aufnahm (*gefeormie*), reinigt sich von solcher Klage mit 60 Eideshufen [sein Strafgeld wäre also 60 Schilling; ~ wird folglich dem Diebstahl gleich behandelt]; Ine 46—46, 3 **3**) Wer falsche Münze vertrieb, wird dem Falschmünzer gleich gestraft; IV Atr 5 **4**) Das Ordal soll offenbaren, nicht nur ob der Prüfling Haupttäter gewesen, sondern auch ob er *in domo recepit,* das Gestohlene *baiulavit;* Iud Dei XIII 13 **5**) **N** Der Mann, der seinem verbrecherischen Herrn *recipiendo conscius fuerit, simili pene subiaceat;* Hn 85, 2a **6**) Die ~ gestohlenen Fleisches wird verhindert durch Öffentlichkeit des Schlachtens vor 2 Zeugen und Aufbewahrung des Kopfes und Felles (*s. d.* 1); III Atr 9

Heidentum *s.* Wb *hæðen, -ndom, -nscipe. Vgl.* Bekehrung; Fremde 6; Dänen I. 3a-5c; Zauberei; Kemble *Saxons* I 12. 523; *Horae ferales* 95; Ozanam *Les Germains* 87. 90; Fischer *Aberglaube unter Agsa.*, Meining. Progr. 1891; Earle *Anglosa. liter.* 74 **1**) Heidnisch heisst das Kind vor der Taufe (*s. d.*); Northu 10, 1 **1a**) Als Heide gelte christlichem Volke der von der Kirche Gebannte; *s* Exkommunikation 7 **2**) **N** Britanniens Heiden im 6. Jh. heissen Sarazenen beim Londoner Antiquar um 1200 [oftmals in Französ. und Engl. Poesie 13. Jhs.]; Lond ECf 32 A 7 **3**) Verkauf handhafter Verbrecher [als friedloser] über See erlaubt Wi 26, verbietet aber selbst bei [Todes] schuldigen Sklaven Ine 11, unter Androhung der Wergeldstrafe: vermutlich als Käufer Niederdeutsche oder Nordische Heiden denkend. Denn der Sklaven-Verkauf an Keltische und Französische Küsten blieb wenigstens tatsächlich bestehen [*Vgl.* Lex Frision 17, 5: *Qui mancipium suum in paganas gentes vendiderit, weregildum suum ad partem regis solvere cogatur.* Gregor III. mahnt um 732 Bonifaz: *Quidam ex fidelibus ad immolandum paganis sua venundent mancipia; hoc corrigere debeas;* ed. Dümmler 280; *vgl.* Loening *Gesch. Dt. Kirchenr.* II 227f.] **3a**) Sklaven ins ~ zu verkaufen [d. h. an Nordleute] war verboten ursprünglich nur, wenn jene *unforworht* (nicht Todes schuldig) waren (V Atr 2 = VI 9), seit Cnut überall ohne diese Einschränkung; II Cn 3 = Leis Wl 41 = *Hom. n.* Wulfstan 158; Kirchenstrafe setzt darauf Interpol. der Hs. B. **4**) ~ ist in Abt. Hl nicht erwähnt. Earconberht (640—64) befahl *idola destrui* und *in transgressores punitiones proposuit;* (aus Beda) I 9. So hatte schon Gregor I.

22. Juni 601 an Æthelberht geschrieben: *idolorum cultus insequere, fanorum aedificia everte!* Theodor von Canterbury I 15 verordnete Kirchenbusse für Götzenopfer; allein die Staatsgewalt erzwingt das Kirchengebot zuerst mit Earc. [*Vgl.* Plummer *Bede* II 57. 148; fürs Frankenreich Brunner II 321. 325; bei Germanen allgemein Wilda 529. 970] **5)** Für Götzenopfer büsst der Freie durch Fahrhabe und [= oder] Halsfang, der Unfreie mit 6 Schilling oder Prügelstrafe; Wi 12 f. Wie bei Earc. wird Götzendienst hier neben Fastenbruch verboten **5a)** In Ostanglien stand bis zum Ende 7. Jhs. der Germanische Götze neben christlichem Altar; Beda II 15 **6)** Die Westsächsischen *Gesetze* von Ine bis Eadgar enthalten nichts mehr von ~ **6a)** Nur aus Exodus nahm Ælfred auf das Verbot fremder Götter, des Schwörens bei ihnen, der Anfertigung metallener Götzen und die Todesdrohung gegen den der Götzen opfert (Af El 1. 10. 32. 48), die deutlich Wi 12 und EGu 2 widerspricht. Er setzte selbst hinzu: ihr sollt sie nie anrufen; 48. Diese starke Verpönung heidnischer Götzen steht vielleicht bereits unter der Furcht vor Nordischem Einfluss **6b)** Ebenso setzt er in den Apostelbrief als fernere Forderung des Heiligen Geistes (statt des Verbotes Opferfleisch zu geniessen) hinzu: das Abstehen von Götzenanbetung; Af El 49, 5 **6c)** Aber im weltl. eigenen Teil der *Gesetze* oder mit Strafdrohung verbunden erwähnt er das Verbot des ~s nicht **7)** Wahrscheinlich erst mit der Nordischen Ansiedlung seit Ende 9. Jhs. und mit der Ausdehnung unmittelbarer Herrschaft von Wessex nach Osten und Norden hängen die Verbote gegen ~ seit EGu und Atr zusammen: **7a)** Geradezu *paganorum incursionibus* gibt die Schuld, dass *plebs a religionis tramite anfractibus errabundis* abirre VI Atr 1, 3 L. [Die aus Britannien nach Island auswandernden getauften Nordleute fielen in einem Menschenalter ins ~; Heusler, *Strafr. Isld.* 26] **8)** Allgemeines Verbot von ~: EGu Pro 1 = V Atr 1 = 34 = VIII 44 = IX Expl. = X 1 = VI 1 = 6 (auch 7. 28, 2 L) = I Cn 1 c D = Northu 47 = 67. *Vgl. Homil. n.* Wulfstan 12. 303; Ælfric *Homil.* I 174. 366. 374. 474; Ps.-Theod. 27, 1—26; Ps.-Egb. *Poenit.* II 22. IV 16 [Fränkisch, aber aus Theod. (*o.* 4) und durch Agsa. kopiert]; *Canon* Eadgari 16 **8a)** Mit Abwendung von ~ ist nicht allein, und für geborene Agsa. gar nicht, das Verlassen der Wodans-Religion gemeint, sondern vielmehr das Aufgeben unchristlichen Aberglaubens und unmoralischer Sitte bei Getauften, wie des Trinkens und Singens weltlicher und mythologischer Lieder [*vgl.* Brandl in Paul *Grundriss*² II 1075. 1086] **8b)** Die Einschärfung des Christentums (*s. d.* 2) zielt nicht auf Taufe, sondern auf Frömmigkeit **9)** *Idolorum cultores* aus dem Lande zu vertreiben, mahnt VI Atr 7 L selbständig, neben der Vertreibung von Zauberern aus EGu **10)** Wer ~ ehrt mit Wort oder Werk, zahle Wergeld oder Strafgeld [5/8? 5/4? £] bzw. [in Denalagu] Rechtsbruchbusse [1 £] je nach der Missetat; EGu 2. 'Rechtsbruchbusse' fordert auch *Homil. n.* Wulfstan 309 **11)** Wir verbieten jedes ~; ~ ist: Götzen, Sonne, Mond, Feuer, Flut, Wasserquellen, Steine, Waldbäume verehren; Hexenkunst, Opferdienst, Loosbefragen, Zukunftsschauen üben; [z. T. aus EGu und *Can.* Eadg. 16] II Cn 5, 1 **11a)** Heidnische Opfer vor Bäumen und Steinen rügt Ælfric *Lives of saints* ed. Skeat 373 **12)** Aus Cnut verdammt das Yorker Recht ~ in Opfer, Wahrsagung, Zauberei, Götzenverehrung, fordert aber als Rechtsbruchbussen vom Bauer 1 £ [wie EGu], vom Grundeigner 2 £ und vom Königsthegn $3\frac{1}{2}$ £; davon erhält der Bischof die eine Hälfte, Immunitätsherr bzw. König die andere; Northu 48—53 **12a)** Wer eine Friedensstätte [magischer Weihe] um Stein, Baum, Quell herum errichtet oder derlei Torheit, zahle 'Rechtsbruchbusse', halb dem Bischofe halb dem Immunitätsherrn, oder, falls dieser die Hilfe zur Bestrafung versagt, dem König; Northu 54. 54, 1 **12b)** Wulfstans Predigt rügt, dass die Leute *gehatað ælmessan to wylle oððon to stane;* 12 **13)** Dem um 1114 arbeitenden Anglonormannen war heidnisches *sacrificium* so unbekannt, dass er hinzusetzte: *id est secundum ritum Swanorum* (II Cn 5, 1 Q), vermutlich eine Erinnerung an blutige Opfer der Schweden bei Upsala; Ende 11. Jhs. verjagte dort ein Aufstand den christlichen König Inge und setzte *Blot*-Swen, den Hersteller des Opferdienstes ein **14)** Mythos trug bei zur Bildung mehrerer Eigennamen, die z. B. mit *Ælf-*, *Os-* (*s.* Wb) beginnen, der Tage der Woche (*s. d.*), mehrerer Strassen (*s. d.*); allein die Verfasser der *Gesetze* sind sich dieser Entstehung aus ~ nicht mehr bewusst **14a)** Als Überlebsel German. ~s wird bevorzugt manche Zahl (*s. d.*), so neun; *s. d.*

Heilige *s.* Wb: *halig, -gnis, sancte, saint.* *Vgl.* Aller~n; Apostel, Engel, Märtyrer; Feiertag 4. 6. 9e. f **1)** Einzelne ~ *s.* Wb *Ælfheah, Æðelbeorht, Agatha, Andreas, Anselmus, Augustinus, Barnabas, Bartholomæus, Benedictus* [auch VI Atr 2 L], *Carolus, Caterina, Dunstan, Eadweard* II. u. III., *Eleuther, Eorcanweald, Eustachius, Gabriel, Gregor, Hieronymus, Innocentes, Iacobus, Iohannes* Täufer, Evangelist, Bi. von York, *Iudas* I. u. II., *Laurentius, Lazarus, Leo, Lucas, Magdalena, Marcus, Margareta, Maria, Martin, Matthaeus, Matthias, Michael, Nicolaus, Oda, Olavus, Paulus, Petrus, Philippus, Raphael, Remigius, Silas, Simon, Stephanus, Thomas, Virgines, Zacharias* **2)** *Confessor* im Ggs. zu *martyr* Iud Dei I 22. Excom VIII I. 15. X 1. XI 12 **3)** ~ sind Fürbitter bei Gott; in ihrem Namen befiehlt und sie zu ehren gebietet Cn 1020, 16. 19 f. [Doch hält die Kirche fest: *nulli martyrum, sed ipsi Deo sacrificemus;* [*non*] *Petro aut Paulo, sed offertur Deo;* Wanley aus Hs D bei Hickes *Thes ling. sept* III 148] **4)** Den Kult der ~n bestimmt der Reichstag; *s.* Feiertag 2

Heilige Geist *s.* Wb *Gast* **1)** Angerufen in den Formeln Iud Dei, Excom **2)** Sieben Gaben des ~n ~es [*sapientia, intellectus, consilium, fortitudo, scientia, pietas, timor Dei*] Had 1. Sie werden erwähnt u. a. bei Augustin, Gregor I., Aldhelm, Beda und in eigenem Buche behandelt von Ælfric; *vgl. be ðes halgan gastes siofenfaldlicum geofum;* Zupitza in *Zs. Dt. Altt.* 33 (1889) 65; Müllenhoff und Scherer *Denkm. Dt. Spra.* 451—7; Becher *Wulfstans Homil.* 48

Heiliges Land *s.* Kreuzzug

Heiligtum *s.* Wb *haligdom* **1)** Es mit Sonderschutz zu umfrieden ist

Christenpflicht; I Cn 4; *sacra* übs. Cons, *sanctuaria* Q, *reliquias* In; es ist wohl allgemein Kirchengebäude samt allem liturgischen Inhalt gemeint 2) Auf das ∾ zu schwören ist eine Eidesform; *s. d.* 7 ff.

Heimat *s.* Wb *ar, eard, eðel, cyððo. Vgl.* ansässig; Haus; Haushalt; Gefolge; Grundbesitz 9; Grafschaft 12; Maurer *Krit. Übsch.* I 427 **1)** **N** Der Landlose heisst *homo vagans*, selbst dann *si dominum habet* (es folgt also fester Wohnsitz nicht aus der Vassallität); Hn 58. Mit Rat und Erlaubnis des Herrn oder, in dessen Ermanglung, des öffentlichen Regierungsbeamten, wird er zum Prozess vorgeladen und durch Eid oder Bürgen oder Zwangspfändung zum Erscheinen vor Gericht verpflichtet; 82, 2; 2a. Dieser *vagans* ist also nicht Haushaltsmitglied 2) Kirchensteuer wird entrichtet gemäss dem Weihnachtswohnorte; Ine 61 [es muss also das Eigentum éines Mannes an mehreren Häusern oder das Wechseln des Wohnortes nicht ganz selten gewesen sein] **N 2a**) Eigentum an Häusern verschiedener Orte scheint häufig in ECf 10, 3 **2b**) Allein auch wer *plures mansiones habet in comitatu*, ist doch nur *ad unam residens cum familia* für éine bestimmte Zeit; Hn 41, 5 **3**) Beklagter wird zu Hause, im Wohnort vorgeladen, und nur dort der Gegenpartei Termin abbestellt 41, 2. 59, 1; 2; 5 **4**) Die Urteilfinder müssen *eiusdem provinciæ* (Grafschaft) sein; *peregrina iudicia submovemus;* [aus Kanonistik] 5, 2; 2a. 31, 7; 7a **4a**) Ebenso aus noch engerer Nachbarschaft die Eideshelfer; *s. d.* 10—12 **5**) Wer ausgewandert ist, um in anderer Grafschaft (*s. d.* 12) sich zu kommendieren, ist, wenn er in die ∾ zurückkehrt, hier fremd (*s. d.* 12a) und bedarf Verbürgung durch den Wirt **5a**) Die aus der ∾ verheiratete Ehefrau (*s. d.* 4) sichert sich Unterstützung bei Busszahlung durch Sippe der ∾ **5b**) Der Staat beschränkt das Verlassen der ∾; *s.* Freizügigkeit; Gefolge 8 **6**) Die ∾ geht verloren durch Verbannung, Abschwören, Verpflanzung; *s. d.* **6a**) Der Friedlose (*s. d.* 11c) verliert die ∾. Der Ggs. zu *utlah, exlex* ist der zum Verweilen in der ∾ Berechtigte; dieses Recht, vom König gewährt, hebt den Friedlosigkeitsstand auf; Hu 3, 1. ECf 37 **6b**) Der Satz 'Friedlose sollen aus ∾ (ausser Landes) weichen' will also das Recht nur verwirklicht sehen; VIII Atr 40 f. = II Cn 4, 1

Heimfall *s.* Erbgang 9—12e. 17. 19 f. 22, Bocland 1C. 16—18, Grundbesitz 9, Vermögenseinziehung, Laen, Lehnwesen

Heimführung *s.* Eheschliessung 14

heimlich *s.* Wb *dierne, (ge)diernan, dearnenga;* Ggs. *undeornunga* (offen); *vgl.* Kundmachung; Diebstahl 1d. 22a; Mord **1**) Ein an sich makelloses Tun wird zu einem durch die Begleitumstände verbotenen gestempelt dadurch, dass man es qualifiziert als 'verstohlen': dieses Wort von 'stehlen' abgeleitet, zeigt dieselbe Bedeutungsgeschichte. So steht ∾ zeugen (beschlafen) im Ggs. zum nicht etwa öffentlichen, sondern erlaubten, ehelichen Coitus; *s.* Bastard 1, Unzucht **1a**) Der ∾e Wanderer gilt als Dieb (*s.* Diebstahl 11c), der Verstecker von Fleisch, das der Spurfolger als sein beansprucht, als handhaft; *s. d.* 3 **1b**) Handel (*s. d.* 8) wird strafbar, wenn ∾ **1c**) ∾ Münzprägen ist verboten wie Münzfälschung (*s. d.*); III Atr 16 = IV 5, 4. Hn mon 3, 1 **1d**) Damit Totschlag nicht als unberechtigt verdächtigt werde, bedarf es Kundmachung; *s. d.* **2**) Nur verstohlener Holzfrevel kostet Diebstahlstrafe; *s.* Baum 4 **2a**) ∾e Missetat strafen besonders streng auch andere Germanen; *s.* Frauenstadt *Blutrache* 176; Brunner II 540 **3**) Abfindung (*s. d.*) mit dem Schuldigen ist Verletztem und Richter verboten **4**) Erst seit Nordischem Einfluss hält den Totschlag durch ∾keit qualifiziert Steenstrup *Danelag* 278 **4a**) Bei der Zusammenstellung von Mord und Brandstiftung bildet die ∾keit das verbindende Merkmal beider Verbrechen; Blas 1. Hn 47 **4b**) Im Ggs. zum Totschlag (*s. d.*) ist Mord (*s. d.*) ∾: nur wo Täter unbekannt [oder unverhaftet] blieb, und der Erschlagene Franzose war, liegt Murdrum (*s. d.*) vor

Heimsuchung *s.* Wb *(riht)hamsocn.*

1. Wort. 2. Erlaubte ∾. 2b. Ähnliche Selbsthilfen. 2f. Unerlaubte ∾. 3. Ähnliche Verbrechen. 4. Vorbereitung der ∾. 5. Merkmale der ∾. 6. Unvollendete ∾. 7. Kriminalstrafe. 8. 5 £-Strafe. 9. Täter, falls getötet, unentgolten. 10. Gerichtsbarkeit über ∾. 11. Einer der 3 Friedbruch-Straffälle.

1) Es ist ein Nord. Lehnwort; Kluge, Bjorkman | *hamesucken* ist im Schott. Recht erhalten; Pol Mai II 491 f. **1a**) Vielleicht nur silbenhafte Übs. ist die Erklärung *domus, mansionis invasio* Hn 80, 10; *invasio domus vel curiae* In Cn; Domesday; *pugna in domo facta* erklärt Urk. a. 1042—50 Kemble 902, ebenso 756. 899 **1b**) Dass *hamsocn* und *hamfaru* (auch in Normandie I 597[1]) identisch, lehrt Hn 80, 11 | auch *hamsokn vel* (oðer) *hamfare: insultus factus in domo* Bromton c. 957; Knighton; *a rese, fray imade in house* Trevisa II 95 bei Toller. | Wie Lex Salica braucht *assalire* für ∾ begehen Hn **1c**) Der Angriff (*s. d.* 6) gleicht Rechtsperrung; *s. d.* **2**) Es gibt erlaubte ∾ (laut Ggs. ∾ *sine licentia* IV Atr 4), darunter, obwohl keine Quelle es sagt, berechtigte Blutrache; *s. d.* 14. Der Rächer, der Genugtuung vergeblich gefordert hat, übt in gerechter Selbsthilfe, zu der er Beistand vom Staat (Ealdorman oder König) erbitten kann, mit bewaffnetem Gefolge Fehde (*fæhðu*) gegen den Verletzer, indem er ihn in dessen Hause belagert. Erst nach 7 Tagen darf er ihn drinnen blutig angreifen und bei Widerstand sofort, bei dessen Ergebung aber, nachdem er ihn 30 Tage der Sippe vergeblich zur Auslösung anbot, erschlagen. *Vgl.* Pol Mai *HEL* II 449; bei anderen Germanen Brunner I² 223. II 651—54 **2a**) **N** Gemäss der späteren Einschränkung der Selbsthilfe zugunsten des Landfriedens und staatlicher Zwangsvollstreckung muss Rächer den Beleidiger erst dreimal unter Zuziehung von Zeugen zum Rechtsgang aufgefordert und dem staatlichen Richter und dem Herrn des Beleidigers angezeigt haben; Hn 82, 1; 2c. 83, 2 **2b**) Dagegen wahrscheinlich nicht ∾ geheissen hat die gerechte Selbsthilfe, die in gewaltsamer, eventuell blutiger Fehde gegen die einen Dieb begünstigende Sippe unternommen wird von der Londoner Gilde, unterstützt von staatlichen Vögten, zwar ebenfalls zum Zwange gegen den dem Rechte Widerspenstigen; VI As 8, 2 f. Der Verletzte, die Gilde, ist aber hier mit dem Gerichte wenigstens teilweise identisch [**2c**) **N** Ebensowenig gehört die unblutige Selbsthilfe hierher, die aus 13. Jh. überliefert ist. Der unrechtmässig vom Lande vertriebene Grundbesitzer kann je einen Tag nach Ost, West, Nord, Süd nach Freunden und Waffen reiten und bis zum 5. Tage seinen Verdränger wieder vertreiben, ohne Entwerung zu begehen; Pol Mai II 49] **2d**) Im Stadtrecht Oxfords vor 1066 verfällt, wer jemanden in dessen Hause tötete — ohne dass der Fall gerechter Blutrache *o.* 2 ausgeschlossen bliebe —, mit Leib und Vermögen der Gnade des Königs; *s. u.* 7 **2e**) In Chester verliert Vermögen und wird friedlos, wer jemanden im [wenn auch fremden; *s. u.* 5] Hause tötete; *ebd.* 262b: viell. nicht in ∾ **2f**) Alles Folgende betrifft unerlaubte ∾. Hierfür steht *hamsocn* zuerst II Em 6. Die Missetat heisst auch bei anderen Germanen ebenso; Brunner II 651. 653; Schreuer *Verbrechenskonk.* 61. Die juristische Konstruktion der ∾ durch Hn (*u.* 5) ist Fränkisch mindestens im Ausdrucke beeinflusst und stimmt im Sinne nicht ganz zu Agsä. Quellen **3**) Zu trennen ist ∾ von blosser Verletzung des Hausfriedens (*s. d.* 2a ff.), von erzwungener Gastung (*s. d.* 3a), vom diebischen Einbruch (*s. d.* 2): alle jene Missetaten treffen nicht hauptsächlich, wie ∾, die Person des Hauseigentümers, sondern sein Gut oder seinen Schutz und sind nicht durch eine erlittene Kränkung veranlasst **4**) Vorbereitung einer ∾, aber nicht als solche gesondert oder mit der unvollendeten, gewöhnlichen ∾ *u.* 6 identifizierbar, ist vielleicht das Eindringen in jemandes Hofbezirk und Durchstechen seiner gesetzlichen Hofdeckung; *s.* gemeinschaftliche Missetat 1; Gehege 6. Gegen diebische Absicht spricht Fehlen der Diebstahlbusse und Stellung des letzteren Satzes an der Spitze der Verwundungen **N 5**) Das Haus braucht nicht das eigene des Angegriffenen (*o.* 2c) zu sein, kann Stall oder Mühle sein, muss aber *duo tecta* haben nach Hn 80, 11; 11c. Dagegen genügt zum Tatbestande der Angriff *infra curiam* (Wohnung samt Hofplatz) nach In Cn II 12. III 49; *curiam violenter effregerit vel intraverit* Domesday *u.* 7. Bei ∾ mit Totschlag wird aber das Haus als das des Erschlagenen bezeichnet; *ebd.* **5a**) Notwendig zum Tatbestande ist, *ut portam vel domum sagittet vel lapidet vel colpum ostensibilem faciat;* Hn 80, 11; dies findet sich bei Friesen (His 365) und anderen Germanen; *s.* I 597[k]; Price zitiert zu Thorpe *Anc. laws* 164 aus Speier: *Heimsuche: da man freveliche jemannes Tur, Porte, Want, Fenster uffstiesse oder in Hoff oder Huss jemand verserte* **5b**) Ferneres Merkmal ist die Teilnahme einer Bande, einer Schar [Hn 80, 11; bei Langobarden heisst ∾ *haritraib* (Bruckner *Sprache d. Lang.*), ähnlich bei anderen Germanen; Wilda I 952], **5c**) sodann das überlegte Planen; *ebd.*; *heinfar precogitata* wird, neben Totschlag und Diebstahl, ausgenommen von den milde mit 12 Pfg. gebüssten Vergehungen im Stadtrecht von Hereford (aus Breteuil); Domesday I 269a 2 **5d**) Leibliche Schädigung des *hostis*, nicht Diebstahl, bildet den Zweck der ∾; Hn 80, 11; *o.* 2d. e; *u.* 7 **6**) *Unworht, infecta* ∾ kommt in einem Rechtsbuch um 1110 vor, vermutlich unvollendete, im Ggs. zu der zum Totschlag führenden, wie Halbverletzung; *s. d.* 4. Diesen Ggs. kennt auch bei ∾ Domesday I 154b 2. 262b 1. Viell. zur Unterscheidung nennt jenes Rechtsbuch die blutig vollendete ∾ *rihthamsocn.* Das Strafgeld für unvollendete ∾ gehört auf Bistums Eigengütern dem Bischofe; In Cn III 58 **7**) Im Zusammenhange mit der staatlichen Unterdrückung der Privatfehde aus Blutrache straft *mundbryce* (*s.* Königschutz 9) und ungerechte ∾ II Em 6 mit Vermögen und Heimgebung des Lebens in des Königs Willkür. Nach Stadtrecht von Oxford vor 1066 kostet Eindringen in den Hof behufs Angriff, Verwundung oder Totschlag (einfache ∾) nur 5 £; aber *si quis aliquem interfecerit intra curiam vel domum suam, corpus eius et omnis substantia sunt in potestate regis;* Domesday I 154b 2. Zwar einmal behandelt ∾ als Kriminalfall auch Hn 61, 17, zumeist aber nicht **7a**) Nur in Königshaus oder Kirche geht sonst blutig (*s. d* 5 ff.) Fechten ans Leben **8**) Nach den meisten Stellen beträgt Strafgeld für ∾ 5 £ IV Atr 4. II Cn 62. Leis Wl 2. Hn 12, 2 = 35, 2. Domesday I 179. 252 und *o.* 7. Dass Wilhelm I. *invasionibus* in seinem Gebiet erfolgreich Einhalt tat, rühmt Will. Pictav. ed. Giles 147 [vielleicht Cnuts Gesetz wiederholend] **8a**) Für Denalagu belässt es Cnut bei dem bisherigen Strafgeldfixum; II Cn 62 **8b**) Laut Kenter Lokalrecht gehört von der in Kent geschehenen ∾ (ausser jenen dem König zufliessenden 5 £) 3 £ dem Erzbischof von Canterbury; II Cn 62G. Dessen Anrecht auf ∾ nur in bestimmtem kleinen Gebiete Kents, in Romney, vermerkt *Domesday* I 4b 1. Vielleicht hängt dies Vorrecht zusammen mit Cnuts Privileg von 1020; *u.* 10a **9**) Der ∾ übende Angreifer, welcher dabei erschlagen wird, liege tot, durch Wergeld nicht entgolten; II Cn 62. Hn 87, 6a; *in ungildan æcere* (IV Atr 4) fügt vielleicht auch Schimpflichkeit des Grabes (*s. d.* 2b) hinzu **10**) Gerichtsbarkeit samt Strafgeld über ∾, auch ohne Totschlag, gehört zum Kronprozess (Bannfall; Brunner *Savigny Zs. RG., Germ.* 23, 256), nicht zu *sacu 7 socn*; II Cn 12. 15. Domesday I 61b. 152. 269b. 270 (ausserhalb der mit der Grafschaft an den Sheriff verpachteten Gerichtssporteln). 252. 269. Hn 10, 1. 22. 35, 2. 80, 9b. Leis Wl 2. In Cn III 49 **10a**) Doch ist auch dieses Strafgeld durch die Könige verschenkt worden; so von Cnut an Canterbury a. 1020; Earle 233. *Vgl. o.* 8b, *u.* 11. In Ipswich und Norwich gehört ∾ zu Prozessen des Stadtrechts; Bateson I 236; *Black book Admir.* II 94 **10b**) **N** Wird bei der Klage das Wort ∾ gebraucht, so hört der Prozess auf, zur privaten Gerichtsbarkeit (*s. d.* 37h) zu gehören; sie muss nun vor dem Königsrichter bewiesen oder als unberechtigt gebüsst werden; Hn 22, 1. 59, 28; und Angeklagter muss dieser Klage wie sonstigen kriminellen sofort, ohne Ratserholung, antworten; 61, 17; er kommt, überführt, nicht mit der kleinen Busse bloss für Bruch des Ortsfriedens gelinde fort; 80, 9b **11**) Als eine Art des Landfriedensbruches steht ∾ hinter diesem (der *mundbryce, griðbryce, borgbryce, pax regis* heisst) seit II Em 6. II Cn 15. Hn 59, 28, in der Immunität des Bistums Winchester über Taunton (Domesday I 87b 1), dann seit IV Atr 4 zumeist vor einem dritten Friedensbruch, der Rechtsperrung; alle drei kosten 5 £ Strafgeld (so II Cn 12. Hn 12, 2); in Urkk. seit 1020 Earle 233; Kemble *753. 817. 829. 853. 888f. 897; Domesday I 154. 179a 1.

252a 1. Leis Wl 2. Zu Chester aber kostet *heinfara vel forestel* nur 2 £, und an Feiertagen 4 £; Domesday I 262b

Heinrich I. von England **1)** heisst *primus;* Hn Insc[a] [als schon ein II. existierte] **2)** Lobhudelei [ohne historischen Wert] durch einen juristischen Hofkleriker: Quadr Arg 16—29. II Praef. 2. 14. 14, 1 (wo Wünsche für ihn, erste Gemahlin und Kinder) = Hn Pro: er besitze vier Kardinaltugenden, sei gutmütig, freigebig **3)** Sein Kriegserfolg, Ruhm der Nachkommen: I 543 **4)** ~ stellt Kirchenfreiheit her (aus CHn cor: Quadr Arg 17), **4a)** führt Peterspfennig dauernd ein (I Cn 9 Q), **5)** sichert Polizeifrieden (Quadr Arg 17), **5a)** gibt das ersehnte Agsä. Recht mit Wilhelms I. Besserung und bildet es weiter; Quadr II Praef. 12. 14. 14, 1 **6)** Seine Krönungscharte heisst *decretales emendationes* (Quadr II Praef.) od. *Leges Henrici;* I 547[b] **6a)** Sie wird benutzt vom Quadr und aufgenommen I 544, in Hn 1; zitiert im Writ für Lincolnshire *EHR* 1906, 506; erneuert Juni 1101; *ebd.* 508 **6b)** Sie stellt Eadwardi (*s. d.* 2. 4e) laga her; wohl daher identifiziert das Recht ~s mit dieser Hn 8, 6 **6c)** Sie reformiert fiskalische Missbräuche Wilhelms II.; *s.* Erbgang 12b, Eheschliessung 16p **7)** Staatsakten 1100—11: Quadr II 3—19; ~s Gesetz über Münze: Hn mon, über Abhaltung von Grafschaft und Hundred: Hn com, aufgenommen in Quadr I 544. 546, ~s Freibrief für London: Hn Lond **8)** Als die gute alte Verfassung erscheint Aug. 1213 der Baronen-Versammlung zu St. Alban's die ~s, bes. CHn cor (*s.* Eadwardi 4e laga) **9)** Nach dieser *o.* 6 oder ~ heisst das Rechtsbuch *Leges Henrici;* es wird benutzt von Lond ECf 32 B 11; 12a; C 8 **10)** Die Justizzustände unter ~ tadelt jener Lobpreiser seiner Person: Quadr Ded 33f. Arg 11

Heinrich V. von Deutschland; seine Ehe mit Mathilde (?); I 534[c]

Heinrich *s.* Huntingdon

Heirat *s.* Ehe(schliessung), ehel. Güterrecht, Aussteuer, Morgengabe, Wittum

Heiratskonsens *s.* Eheschliessung 16k ff. [16

Heiratspolitik *s.* Briten 1. 3, Dänen

Heisswasser-Ordal *s.* Kesselfang

Helfereid *s.* Eideshelfer

Heller *s.* Halbpfennig

Helm *s.* Wb *helm* **1)** Ein Teil der Kriegsrüstung, die nach dem Tode des Eorl und des Thegn an den Herrn fällt als Heergewäte; *s. d.* 9c. e. 12a. b **2)** Der ~ ward erst später als der Panzer allgemein; er fehlt unter den Waffen, womit man Wergeld zahlt, oder einen Flüchtling ausrüstet; Ine 29. 54, 1. So Oman *Hist. of war* 68 **3)** Ende 10. Jhs. erscheint der ~ notwendig für einen Thegn; Norðleod 10 **4)** Symbol des Königtums *s.* Krone

Henker *s.* Strafvollzug, Hängen

Henne *s.* Huhn

Heptarchie *s.* Angelsachsen 9; England 5; Kent, Wessex, Mercien, Ostanglien, Northumbr.; Grafschaft 6a. 10

Herbergen *s.* Begünstigung 1, Haftung 7c; Fremde 2 aff. 12 ff.; Gastung

Herd *s.* Wb *heorð; vgl.* Heimat 2 **1)** ~ fürs ganze Haus (*s. d.* 1d) gesagt; Ine 61. II Eg 2, 1 f. = I Cn 11 ff.; *heorðfæst* für 'ansässig'; *s. d.* Der ~ steht fürs unbewegliche Erbe im 13. Jh.; Pol Mai II 270. 272f. **2)** Die Feuerstelle ist Steuereinheit, auf welcher Kirchensteuer (*s. d.*) und ~-pfennig (*s. d.*) lasten

Herde A. von Tieren *s.* Hirten **B.** ~ heisst das Volk bildl. gegenüber Bischof (*s d.* 8a), Pfarrer (IV Eg 1, 8. VI Atr 2. I Cn 26, 1, 3. II 84, 2; 2a. Northu 10, 1. Episc 7), Regent (*s.* Grafschaft 14d) und Vogt; Ger 18, 2

Herdpfennig **1)** Kirchenpfennig (*s. d.*) zahlt man von Halm und 'Herd' [Landgut samt Haus], wo man zu Weihnachten sitzt; Ine 61. Es folgt aber daraus nicht dessen Identität mit ~ **2)** 'Ein geschmiertes Brot vom rauchenden Herde', als Almosen bei der Landesbusse, fordert *Homil. n.* Wulfstan 170 = 173 **3)** Von den zum Grossgut Taunton des Bistums Winchester gehörigen Grundstücken fliessen *heorðpenegas* 1066; Kemble 897; Earle 494 erklärt dies als Peterspfennig: wohl nur nach *u.* 7a **4)** Von jedem Herde steuern Ende 11. Jhs. die Gildegenossen zu Woodbury an den Dom von Exeter 1 Pfg.; Earle 265 **5)** 'Reekpenny [auch Wright *Dial. dict.*], hearthmoney' heisst eine Abgabe an die Pfarrei; *Memorials of Durham* (Surtees soc. 1896) 155. Diese wird neben dem Pflugalmosen erwähnt, darf also nicht mit ihm identifiziert werden **6)** Im Herrschaftsgut zahlt zu Himmelfahrt jeder *gebur* [wohl hier im weiteren Sinne *geneat* mit umfassend?] u. jeder *cotsetl* (also Vollbauer u. Kötter) den ~ [an die Herrschaft]; Rect 3, 4. 4, 2a. Ebenso wird 1363 von den Pächtern im Manor Bampton zu Pfingsten ~ gezahlt, neben Churchscot und Lichtmessgeld; Williams *Archaeologia* 33 (1849), 272 **7)** Keine der obigen Stellen verrät Beziehung zum Peterspfennig, einige widersprechen klar der Ablieferung ans Bistum und von dort nach Rom **7a)** Dagegen deutlich mit dem Peterspfennig (*s. d.*) identisch ist der ~, den II Eg 4 fordert; und ein Schreiber um 1200 oder 1300 setzt dazu: *Rompeni Q**. Ebenso setzt für *Romfeoh* I Cn 9: *heorðpening Homil. n.* Wulfstan 116 = 208. 272. — Dieser Peterspfennig ist zu anderem Termin als jener ~ fällig, also nicht (mit Maitland *Domesday* 38) damit zu identifizieren **7b)** Für eine ursprüngliche Verschiedenheit und späteres Zusammenfliessen zweier kirchlicher Abgaben spricht vielleicht das *Custumal of Battle* 7, das für *Romescot et herthgeld* mehrfach 1 Pfennig fordert, wie auch für *Romescot* allein, aber nie für ~ allein und nie getrennt für jedes von beiden

N Hereford **1)** Erwählter B. Reinhelm von ~ lehnt ab, sich vom Erzbischof von York weihen zu lassen; Quadr I 545[a] **2)** ~ verwechselt mit Hertford I 521[b] **3)** Hs. dorther: Mg I xxxv **4)** *Vgl.* Dunsæte 5

heriot *s.* Heergewäte, Besthaupt

Herold *s.* Geleitsmann, Bote

Herr *s.* Gefolge, -gsadel, Vassallität, Mannschaftseid; Adel, Gerichtsbarkeit, Bocland, Lehnwesen

Herrengabe *s.* Grundbesitz 6

Herrenhof *s.* Herrschaftsgut

herrenlos **A.** von Menschen *s.* Gefolge 9; **B.** von Sachen *s.* Fund, Schatzfund, Schiffbruch

Herrensuche *vgl.* Gefolge 7 ff., Freizügigkeit 1f. 4f., Bauer 9c. 10d. e. **1)** In *Gesetzen* kommt vor (*s.* Wb) *hlaford secan, hlafordsocn; gebugan to him; geceosan his willan; avurie* **1a)** Anderwärts *hlaford ceosan*. Wohl hiermit hängt *cyrelif* zusammen [*vgl.* Wb *cyreað*], zunächst die Lebenslage

(Status) der Möglichkeit, einen Herrn sich selbst zu wählen, sodann eine Person von solchem Status. König Ælfred testiert: *geswence man nænig cyrelif þara* [unfrei gewesenen], *þe ic foregeald; hy syn wyrðe hyra cyres,* [zum Herrn zu] *ceosan swylcne mann swylce hy willan;* Birch 553 **1b)** Zum Manne annehmen: *to men onfon, underfon* **1c)** Abziehen, auswandern: *faran;* unerlaubt entweichen: *uthleapan;* verbotene Entfernung aus Gefolge (*s. d.* 26d) und Strafgeld dafür: **uthleap* **2)** Nur éinem Herrn kann sich in Agsä. Zeit der Mann kommendieren und nur unter Kautelen von ihm aufgenommen oder entlassen werden; *s.* Gefolge 6a **3)** Die Entlassung kann der unbescholtene Freie, aber nicht jeder Freigelassene (*s.* Freilassung 4), als sein Recht fordern; *s.* Gefolge 26h; Freizügigkeit 4 **3a)** Aus der Freizügigkeit folgt nicht auch notwendig das Recht der ∾; *s.* Freilassung 3 **4)** Einen recht mächtigen Herrn zu finden, gewährte den Vorteil grösseren Schutzes (*s. d.*), so im Gerichte, wo jener stärkere Eideshilfe brachte, und gegen Erschlagung, für die die Mannenbusse (*s. d.* 20) nach der éinen Rechtstheorie mit dem Stande des Herrn stieg **4a)** Allein einem Vornehmen sich zu kommendieren gelang nur Leuten, die für den Schutz, empfangenen Unterhalt und Aussicht auf Landleihe ihrerseits adlige Verbindungen und Geld mitbrachten: *him mæg eadig eorl eaðe geceosan mildne hlaford, anne æðeling; ne mæg don unlæde swa* (wohl kann ein reicher Adliger sich leicht einen freigebigen Herrn, einen Prinzen auswählen; das kann der Arme nicht); Saturn 389 **5)** Je strenger der Staat polizeiliche Haftung (*s. d.* 7d) des Herrn für den Mann erzwang, um so schwerer musste diesem die ∾ werden **5a)** Vom unverdächtig Entlassenen fordert er schnelle neue ∾, indem jener wie andere Fremde (*s. d.* 12) nur beherbergt werden darf unter Haftung des Wirts **6)** Die Kommendationszeremonie *s.* Hand 3, Mannschaftseid **7)** Die ∾ erfolgte wie die Entlassung aus dem Gefolge (*s. d.* 26) bisweilen im Gericht. Nur dieses wusste Auskunft, ob ein Mann von Anklagen frei, also für den alten Herrn entlassbar und weiter empfehlbar, für einen neuen aufnahmefähig sei

Herrenverrat *s* Wb *sierwan, (hlaford)sierwung,* (-) *searo; swic(dom), hlafordswica, -ce; tractare; infidelitas, perfidia* CHn cor 8, 1. *Vgl.* Hochverrat, Begünstigung 6. a, Heer 8e ff. **1)** ∾ ist schwerstes aller Verbrechen. Die Englischen Reichstage des 7.—9. Jhs. erlaubten für die meisten erstmaligen Vergehen Geldstrafen [= Hn 11, 17]; nur bei ∾ wagten sie kein Erbarmen zu verkünden, weil Gott seinen Verächtern [im Alten Testament] und Christus dem Judas keines zuerkannte, [sondern blieben bei Todesstrafe]; Af El 49, 7 [Er kann nicht Freiheitstrafe meinen, da er die Strafen nur in 2 Klassen teilt: Geld- und Leibesstrafen] **1a)** Ebenso erzählt Asser vom Attentat gegen Ælfreds Freund und Lehrer Johann den Altsachsen, das diesen halbtot machte, also nur in Halbverletzung (*s. d.* 5) bestand, durch dessen Untergebene *Judaico more* (nach Judas' Art); *tanti sceleris persuasores per varia tormenta morte turpissima periere;* ed. Stevenson 82—5 **1b)** Als Judas-Tat verpönt den Hochverrat (*s. d.* 1c) Synode 786 c. 12 **2)** Auch die kirchliche Bussdisziplin behandelte ∾ strenger als alle anderen Verbrechen: für alle diese kann der Mensch den Höllenstrafen entgehen durch Fasten an drei Freitagen, *butan he beo hlafordswica;* aus Hs. 11. Jhs. ed. Napier *Anglia* XI (1888) 3 **2a)** **N** Dass die Religion durch den Treubruch des ∾s besonders beleidigt werde, bezeugt auch Hn 75, 1a, der ∾ neben *blasphemia* (*s. d.*) *Spiritus sancti* als auch im Jenseits unverziehen hinstellt **3)** Tod auf Tötung des Herrn setzen auch andere Germanen; *vgl.* Brunner I² 537 **3a)** Die wenigen Fälle von ∾ aus German. Altertum sammelt Chadwick *Origin* 166: er komme seltener vor als Bluttat innerhalb der Sippe und verletze ein stärkeres Band als selbst diese darstelle; *vgl.* Gefolge 15d **4)** Wer zum rechtsförmlichen Versprechen des ∾s gedrängt worden ist, breche lieber jenes, als diesen zu erfüllen; Af 1, 1: ∾ steht hier als Typ schlimmsten Verbrechens **4a)** Wie kein Versprechenseid, so kann auch kein Lehnsband verpflichten zu *proditio;* Hn 55, 3a; *s.* Gefolge 10b **5)** Wer dem Leben seines vornehmen oder gemeinfreien Herrn nachstellt [ohne dass der Erfolg in Frage käme, so dass hier, fürs German. Strafrecht ausnahmsweise, der blosse Versuch (nicht bloss Halbverletzung *o.* 1a) in Strafe verfällt] sei ihm sein Leben und seinen Besitz schuldig; Af 4, 2 **5a)** Allein wo das Verbrechen einen im Königschutz Stehenden traf, strafte Ælfred mit grausamem Tode *o.* 1a **6)** Angeklagter schwöre sich vom ∾ rein mit [Eid so hoch wie] seines Herrn Wergeld; Af 4, 2 = Hn 75, 2a **7)** Aus Af, aber mit anderem Reinigungsrecht, bestimmt II As 4, der Verräter am Herrn verwirke sein Leben, wenn er [als bandhaft oder notorisch] nicht leugnen konnte oder im dreifachen Ordal überführt wurde **7a)** Wer dem König oder Herrn nachstellte, sei Leben und Vermögen schuldig, oder reinige sich durch dreifaches Ordal; II Cn 57, aus VI Atr 37 (wo dies aber über Hochverrat gesagt wird), verbunden mit *o.* 5 **7b)** ∾ ist unabbüssbar; II Cn 64 (wiederholt mit besonderer Beziehung auf Flucht aus dem Heere [*s. d.* 8g] von einem Homileten) = Hn 12, 1a **7c)** Jene Strafe, Tod und Vermögenseinziehung, trifft eine besondere Art von ∾, die feige Flucht im Heere (*s. d.* 8e), auch nach II Cn 77 **8)** Der auf ∾ [handhaft?] Betroffene erhalte durch kein Asyl Schutz vor Todesstrafe; III Eg 7, 3 = II Cn 26. Zu Eg setzt aber D: ausser wenn ihm der König Lebensrettung vergönnt; *u.* 12a **9)** Orderic Vitalis, in England geboren, lässt um 1120 den Grafen Waltheof sagen, bevor der den Verführern zum Hochverrat nachgab: *Anglica lex capitis obtruncatione traditorem multat omnemque progeniem eius naturali hereditate omnino privat;* ed. Le Prévost II 261. Weil Waltheof Empörung gegen den König, also Hochverrat (*s. d.* 8) geplant (nicht ausgeführt) und die Verräter nicht angezeigt hatte, ward er 1075 geköpft **10)** Diese Fälle von ∾ dürfen nicht als Verschwörung gelten; Hazeltine *EHR* 1910, 146 **10a)** Auch Trotz gegen den Herrn erschien wohl nicht als ∾, obwohl ebenso bestraft; *s.* Widerstand **N 11)** Anglonorm. Recht zählt gleichfalls ∾ zu schwersten Verbrechen: er ist 'busslos' (*s. d.* 5C), verfällt in Tod und

Vermögensverlust; Hn 12, 1. 43, 7. 47. 64, 2. 82, 3. 92, 7. ECf 19. Wl art retr 17 **12**) Tötung des Herrn, wenn handhaft, ist busslos, wird mit Skalpierung (Schindung zu bessern?) oder Ausweidung oder qualvoller Tötung bestraft; Hn 75, 1. Die qualvolle Tötung für ∼ kennt auch Gregor. Turon. II 42 und (für den Knecht) Lex Frision. 20, 3 **12a**) Der *traditor,* wenn vom König begnadigt (dies kommt vor *o.* 8, auch nach Hn 92, 7), schwört das Reich ab; ECf 18, 2 **13**) Der Begriff *treason* erfährt erst später eine weite Ausdehnung auf Fälschung von Geld oder Siegel des Königs, auf Verachtung seiner Brevien, Tötung seiner Beamten (Pol Mai II 500), obschon diese Verbrechen einzeln bereits als Brüche des Handfriedens (*s. d.* 4f.) der Leibesstrafe unterliegen können wie Hochverrat; *s. d.* 1a **13a**) Heinrich I. scheidet 1100 *forisfactum,* worauf künftig nicht *misericordia pecuniae,* sondern begrenzte Geldstrafe, wie vor 1066, stehen soll, von schwersten Verbrechen: *quodsi perfidiae vel sceleris convictus fuerit, sicut iustum fuerit, sic emendet;* d. h. mit höherer als Geldstrafe, also Friedlosigkeit; CHn cor 8. 8, 1. *Perfidia* ist vielleicht schon späteres *treason,* und *scelus* spätere *felony* (*s. d.* 4). **13b**) Die spätere Scheidung von *petty treason* (gegen privaten Herrn) und *high treason* (*s.* Hochverrat) existiert noch nicht **14**) Der Klage auf ∼, wie auf sonstiges Kapitalverbrechen, muss Beklagter sofort noch vór Ratserholung mit Leugnung antworten; Hn 47

Herrschaftsgut *s.* Wb *ham, land, tun; terra, terre, manerium, mansio* [ergänze zu den Zitaten *o. S.* 140: Hn 55, 1a. 91, 2; 3], *feudum* [= Manor: Hn 41, 3—5. 80, 7a], *fiu, tenementum, villa. Vgl.* Grundbesitz 1ff. 8ff.; Bocland, Dorf 1b—d, Bauer 4. 14; Ackerbau **1**) Das ∼ zerfällt in zwei oder drei Teile: **A.** (*þegnes*) *inland* [a. 904 Birch 609], *dominium, dominicae carrucae, demaine* [*þegnland, bordland* bei Bracton und in Schottland = Tafelgut (*vgl. hlafordes beode* Rect 16); auf dem Festland *ager salicus;* Brunner I² 310]: die vom Herrn selbst bewirtschaftete Domäne. Daher ist Königs *inland* der denkbar freiest verfügbare Grundbesitz; Urk. a. 1060—6 Kemble 821. *Vgl. inheord, inswan* **B.** Das von Bauern besessene Land, Hintersassenboden, Dorfflur: *geneatland* (II Eg 1, 1); übs. *terra villanorum id est tunmannes* [anderwärts auch *utland, gewered land; gafolland* (auch a. 956 = *geset land*) Birch 928; *þa gavolland þas utlandes* a. 772 n. 208] **C.** Gemeinheit (*s. d.* 10), von beiden, Herrn u. Bauerschaft benutzt; Hn 56, 3 **1a**) Gibt der Pächter ein gepachtetes Grossgut an dessen Herrn zurück, so geben *pastores et ceteri servientes* Auskunft, ob es noch ebenso vollständig wie bei Übernahme: *si deterioratum sit manerium in dominio* [A] *vel in hominibus* (Hintersassen [B]), *pascuis, nemoribus* [C]; 56, 3 [**1b**) Laut Domesday haben Fremde *inlanda in dominium convertenda* nur einst missbräuchlich *extra dominium posuerunt.* Und so wird sich erklären *dominium preter inland* als nur irrig der Domäne abhanden gekommenes Kötterland; Elton *Tenures of Kent* 33] **1c**) Doch kann *dominium* auch bezeichnen den nicht an *homines* (Lehnsträger, Aftervassallen) ausgeliehenen Baronieteil (CHn cor 1, 1), ferner ∼ überhaupt samt Bauerdorf (Hn 7, 7). Und Krondomäne (was keinem Baron gehört), *cyninges ham* oder *tun* (Rect 1, 1 bzw. Abt 5. Af 1, 2. As Alm 2 Ld), heisst *regis dominium, dominica terra, manerium de dominio regis;* Hn 19, 1f. 91, 3 **2**) In den *Gesetzen* kommt noch nicht vor, dass die Bauern des Dorfes statt aller Dienste nur Geldzins der Domäne zahlen oder gar das ganze Manor, mit Benutzung der Domäne, pachten; Nasse *Feldgemeinschaft* 25 **3**) Auf der Domäne steht das befestigte, von einem Graben umgebene Wohnhaus des Gutsherrn (*s.* Wb *hus, burg, tun, heall, botl,* Ine 67f.; im Normann. Latein *aula*), neben einer Anzahl anderer Häuser, zwischen denen gepflasterte Wege laufen; Ger 13. Jenes Herrenhaus geniesst erhöhten Hausfrieden; *s. d.* 3, Burg 1, Haus 4. 6, Burgtor 1. 2 **3a**) Der herrschaftliche Gutsvogt sorgt für die Befestigung des Herrenhauses durch bäuerliche Fron; Rect 2. Ger 13. I 446 Sp. 1ᵇ **3b**) Im Ggs. zu den anderen Häusern auf dem ∼ heisst der Herrensitz auch *heafodbotl* in dem Testamente: *ic gean hire* [der Witwe] *þæs heafodbotles æt G. 7 ealra þæra æhta þe þæron standað mid mete 7 mid mannum, buton ic gean minre dehter healfes þæs landes;* Birch 1306. Aber von der Domäne hängt das ganze Gut ab **4**) Zur Domäne gehören Herden samt hörigen Hirten Rect 7; *s.* Wb *inheord, inswan* **4a**) Teile und Inventar der Domäne nennt Ger 3, 1 bis Ende **4b**) Aus der Domäne werden ernährt die Sklaven, das freie landlose Hausgesinde (Rect 10) und zu bestimmten Zeiten die fronenden Bauern mit Schmäusen bei Pflügen, Maht, Heuschobern; sie gibt ihnen beim Holzverladen einen Baum vom Wagen und fürs Korneinfahren die Feimenkuppe; 21, 4; *vgl.* Leo *Rectitudines* 136 **5**) Verwaltet wird das ∼ von einem auf beschränkte Zeit verpflichteten (Hn 56, 5) Amtmann (*s.* Vogt) und zwar, wo ein Eigentümer mehr als éin ∼ besitzt, ein jedes Dorf von éinem (III As 7, 1), der die Domäne zu des Herrn Vorteil bewirtschaftet; Ger 13. Er ordnet die Arbeiten je nach dem Wetter an; 2. 10. Er stammt gewöhnlich nicht aus diesem ∼ oder auch nur demselben Hundred; Hn 56, 5 **5a**) Es arbeiten für die Domäne, ausser den fronenden Bauern (dem Geneat und Gebur, den sie z. T. mit Inventar ausstattet; Rect 4, 3f.), Unfreie und landloses Gefolge. Letzteren beiden Klassen gibt sie Stückchen Land, nicht so gross wie ¹/₄ Hufe, der normale Hof des Bauers; Rect 10. 18, 1. 20f. **6**) **N** Wer mehrere Manors, von einem oder verschiedenen Herren, zu Lehn trägt, wohnt doch regelmässig in éinem ∼; Hn 41, 3ff. **6a**) Eigentümer des ∼s ist meist Kirche oder Thegn; IV Eg 13. Rect 1 **N 7**) Jedes *manerium* liegt in einem Hundred; Hn 91, 2a; 3 **7a**) Mehrere Manerien bilden bisweilen éinen Honor; *s. d.* **8**) Das ∼ ist unteilbar, seit 1067 aus lehnrechtlichen Gründen; aber lange vorher éin wirtschaftliches Ganzes; Rhamm *Grosshufen* 678 **8a**) Es erscheint nach aussen fürs Gericht als éin Körper, als ein Bezirksverband, der für die Trinoda necessitas (*s. d.*) dem Staate haftet, auch Bussen als Ganzes verwirkt, wie Murdrum, vielleicht auch obwohl die Leiche auf dem Boden éines Bauern sich fand **8b**) Die zumeist vorkommende Schatzungseinheit zu der ein ~ dem Staate Dienst schuldet, sind Fünf (*s.d.* 1. 5ff.) Hufen **8c**) Die ins ~ hineingeleitete Spur verlorenen Viehs muss der Eigentümer hinausleiten oder fürs Eingeklagte haften; VAs 2; er muss einen Geleitsmann (*s. d.* 6f., Dorf 5c) den Spursuchern stellen [ohne den kein Fremder in die Ställe auf dem ~ eindringen dürfte] **8d**) Wohl das ~ belastet die Aufziehung des Findlings; *s. d.* 1. [Auf Island ward ein Kind Pflegling des Landesviertels; Heusler *Strafr. Isld.* 149[2]] **9**) Getrennt belastet ist Bauerland von Domäne für Herd- und Peterspfennig (*s. d.*) und Dänengeld; *s. d.* 8 **9a**) Der Kötter vertritt [dem Staate gegenüber] die Domäne des ~s bei See[küsten]wacht und Fronlast fürs königliche Wildgehege; Rect 3,4. Das Bauerland zieht der Staat also gesondert heran **10**) Über das Verhältnis des ~s zu freien landbebauenden Hintersassen *s.* Bauer 4—6a. 9ff., Dorf 2aff, Abgabe 7—14, Fron, Besthaupt **11**) Unter dem Vogte haben sachlich bestimmte Obliegenheiten Büttel (*s.d.* 3f.), Hirten (*s. d.* 6), Zeidler (*s.* Bienen 3), *alii servientes* (Hn 56, 3), Käsemacherin, Handwerker, der Kornverwalter (*s. d.*); Rect 17 **N 11a**) Der Hintersass muss bei Behinderung des Herrn, wo ein Vogt fehlt, als *custos* über das ~ eintreten, braucht aber nicht die *firma* (Pacht auf eigene Rechnung) zu übernehmen; Hn 56, 7 [*custos* bed. dagegen Vogt: Lib Lond 4] **11b**) Ein mehr allgemeiner Wirtschaftsvertreter des Herrn, nicht gerade nur für éin ~, ist der Truchsess; *s. d.* **11c**) Das ~ kann auch auf Zeit verpachtet werden, auch an Geistliche (*s. d.* 33), oder an Mannschaft leistende; nur letztere unterstehen dem Lehnsgericht; Hn 56, 1ff. *Vgl.* Pacht **11d**) Man kann ein Landgut besitzen als *dominium* (Kronlehn), *feodum, ad firmam, in custodiam, ad pignus pro pecunia;* Ric. fil. Nigelli *Dial. de Scaccario* I 8D **11e**) War ein ~ zur Leihe oder Pacht oder Verwaltung ausgetan, so fordert der Eigentümer bei der Rücknahme eine bestimmte Quote der Flur besät; *s.* Ackerbau 5 **N 12**) An manchem ~ hängt Gerichtsbarkeit (*s. d.* 26b, Hallengericht 5ff.). Diese hält der Gutsvogt für den Eigentümer ab **12a**) Davon mindestens begrifflich zu trennen sind Dorf-, Grenzgericht (*s. d.*) und viell. andere bäuerliche Gerichte; *s. d.* 11. *Vgl.* Hofrecht **13**) Für den Verf. von Hn um 1110 besteht aller freie [ländliche] Grundbesitz aus Manerien. Wenn der König nicht auf Krondomäne residiert, so weilt er auf jemandes *feodum vel mansio;* Hn 80, 7a. Jedes ~ ist vom König [wenn auch als nur mittelbarem Lehnsherrn] verliehen; 19, 2. Aller Grund und Boden gehört einem Herrn (91, 4); *vgl.* Dorf 2a **13a**) Ein freies Dorf (*s. d.* 2) also ist für Anfang 12. Jhs. verschwunden. Es hatte einst existiert, wenn auch das ~ laut Urkk., Beda und Ine bereits im 7. Jh., nicht etwa vereinzelt oder erst in den Anfängen, vorherrschte und recht wohl manches ~ durch die Germanischen Eroberer für Führer und Adel aus Römisch-Keltischer Einrichtung übernommen sein kann **14**) Für späteste Agsä. Zeit liefern Rect und Ger die Darstellung des Wirtschaftsideals, die sich etwa Karls d. Gr. *Capitulare de villis* vergleicht, an dieses anklingt, doch wohl ohne es zu kennen, vielleicht wie dieses auf Römische Muster zurückgeht und ebenso wie dieses (Meitzen *Siedelung* I 613) nur in bevorzugter Wirtschaft, nicht in der gewöhnlichen, verwirklicht zu denken ist

Herzog *s.* Wb *heretoga.* Das Wort wird *prædo* übs., weil *here* (*s.* Heer Z. 2) stets feindlichen Sinn verrät **1**) In England *s.* Ealdorman 3a—5e, Eorl 2—5 **2**) Einzelne Herzöge ausser England *s.* Graf 1. 4, Normandie; Wb: *Apulia.* Der ~ von Lothringen heisst *heretoga of Luvaine* 1121; Ann. Agsax.

Herzogtum *s.* I 622[h]

Heu *s.* Wb *gærs* samt Compositis; *mawan, mæd(mæwect), mædmed, herbagium. Vgl.* Weide **1**) Britannien ist reich an Wiesen; Lond ECf 32 D 2f **2**) Den Sommer über bleibt *gærstun* umzäunt; *vgl.* Gehege 2. a. [Das Umzäunen, um ~ zu gewinnen, wird gesetzlich geregelt auf Island; dort heisst *tun* der gedüngte Grasplatz, in dessen Mitte der Hof liegt, im Ggs. zu entfernteren Wiesen; Maurer *Island* 402. 407.] Einen durch Graben begrenzten *grestun* erwähnt die Urk. a. 1015 Earle 393 **2a**) Zur Ackerflur gehört Wiese. So erwähnt 14 *æceras and þa mæde, þa þærto lið* Urk. a. 960—88 Birch 426 **3**) Gras mähen (*mawan*) ist eine der Fronden (*s. d.* 2), die der Bauer für die Herrschaft verrichtet, (Rect 2), auch der Zeidler (5, 2; *vgl.* I 446[b]). Auf einigen Grossgütern zahlt die Herrschaft Mahtlohn; Rect 21, 4, in Beköstigung nach Q **4**) ~ macht man August, September, Oktober; Ger 10, auf einigen Landgütern früher als auf anderen; 1 **5**) Um ~ zu erhalten, muss der Bauer etwas mehr pflügen oder sonstige Fron (*s. d.* 11) leisten; Rect 4, 1c [*garsacra* hiess in Battle die Leistung des Bauern, einen Acre der Herrschaft mit seinem Saatkorn zu besäen, als Entgelt für ~; *Custumal of Battle* 74], **5a**) oder er zahlt der Herrschaft jährlich ein Schwein dafür; 2 **5b**) Solche Abgabe für ~ heisst *herbagium* 2. 4, 1c Q **N 6**) Die Wiese wird aufgezählt unter dem Grundeigen, das der Kirche zu verzehnten ist; ECf 8, 2 **7**) Bäuerlichen Streit über Wiesenrecht schlichtet der Zehnerschaftsvorsteher; 28, 1

Hexen *s.* Zauberei

Hexham 1) Friedenstuhl dort I 473[f] **2**) Chronik dorther Hs. Haug: I XXIX

hid s. Hufe **Hieb** *s.* Prügel

Hierarchie *s.* Kirche(nstaatsrecht); Geistliche(s Gericht); Papst, (Erz)bischof, Archidiakon, Pfarrer

N Hieronymus wird zitiert Quadr I 279***. Hn 33, 7. 72, 1d; mittelbar 5, 28; benutzt 5, 19[1]. *Vgl.* Bibel

Himmel *s.* Wb *heofon, -nlic. Vgl.* Gott, Christus, Heilige, Maria; Hölle, Jüngstes Gericht; Homiletisches, Moralisches **1**) ~ und Erde (auch Gestirne und Geschöpfe), personifiziert, verfluchen den zu Exkommunizierenden; Excom (VI 11). VIII 18 **2**) ~sbewohner: 12 Apostel, 72 Schüler, 12 Propheten, 24 *seniores*, 144000 im Gefolge des Lamms, Engel (*s. d.*), Erzengel, himmlische Mächte [*mægen(þrymmas), miht,* aus Evangel., Apokal., Paulus]. Cherubim und Seraphim, Märtyrer, Jungfrauen, Bekenner, angerufen als Beschwörungsgewähr beim Ordal; Iud Dei I 22—22, 2. IV 2, 2. V 2. 2, 3; 5. VII 12, 1—3. 23, 1 A. VIII 2. XIII 11. 13. XIV 7, 1. XVI 14. 30, 1—17; bei der Exkommunikation; Excom V 1. VIII 1. X 1. XI 1 **3**) Regierung im ~ wird als Abbild irdischer Ständeverfassung gedacht; IV Eg 1, 1ff.

4) Die realistisch vorgestellte Wonne im ~, das Wertvollere gegenüber irdischem Glücke (I Cn 18a. II 68), lohnt Frömmigkeit auf Erden (Cn 1020, 20. II Cn 84, 2), so den Gehorsam gegen Bischöfe (IV Eg 1, 8), die rücksichtsvolle Regierung [des Königs, Adels u. Beamtentums] über Schwache und Unvermögende, die Hilfe für Hilfsbedürftige (II Cn 68), die Schenkungen an die Kirche; As Alm Pro. I As 4, 1 und in Æthelstans Urkk. Birch 658ff. 670. 677. 682. 693. 701. 721. 1343 5) Strafe vom ~ droht dem ungerechten Richter; aus Bibel und Isidor [gleich *Blickling Homil.* 61] Iudex 5. 6f. 10. 12; *vgl.* Gerechtigkeit 2b

Himmelfahrtsfest 1) Es heisst Heiliger Donnerstag [noch jetzt]; Af 5,5. Rect 3, 4 2) Zahltag für Herdpfennig; *s. d.* 6 3) Diebstahl am ~ kostet doppelt Strafgeld [an Richter und Busse (? *s. d.* 10b) an Bestohlenen]; Af 5, 5 4) beginnt Treuga-Dei-Periode ECf 2, 2 **hinabstürzen** *s.* Todesstrafe

Hinderung des Rechtsvollzugs oder gesetzmässigen Vorgehens *s.* Rechtssperrung

Hingerichtete, einschliessend gerecht aussergerichtlich Getötete 1) Der Gesetzgeber schützt den Vollstrecker der Todesstrafe gegen Blutrache (*s. d.* 141—o) für gerecht ~, zu welcher deren Verwandte geneigt sind [auch bei anderen Germanen: Brunner I² 185]. *Vgl.* Urfehde 2) Der berechtigte Totschläger eines verstohlen wandernden Fremden oder eines handhaften Verbrechers muss die Tat offenbar machen; hat er sie verhehlt, so kann Sippe, Gilde oder Herr des Erschlagenen diesen rein schwören; Ine 16. 21. 21, 1. 35 2a) N Wer einen Franzosen bei dessen Missetat erschlug, mache die Tat sofort offenbar; Hn 92, 10 3) Den ~n reinigt sein Freund mit Eideshelfern (*s. d.* 7f.) aus dessen beiden Sippen. Ihr Eid lautet, dass sie kein todeswürdiges Verbrechen an ihm gekannt hätten. Dieser Eid kann überschworen werden durch (*werelada* Hn 74, 1) einen Zwölfereid des beklagten Totschlägers, lautend auf Schuld des Getöteten, worauf jene drei Klageschwörer je 2½ £ Strafgeld schulden. Auch bei anderen Germanen muss die Tötung als rechtmässig erwiesen werden, wenn des Getöteten Sippe dessen Unschuld behauptet; Brunner II 484 4) Wer einen [~n] Verbrecher reinigen will, gebe als Prozessualpfand 4 £ dem Grundherrn, 4 £ dem Königsvogt des Gerichtsorts und beweise es durch dreifaches Ordal. Gelingt es, so wird der ~ übertragen [vom Schindanger in ehrliches Grab (*s. d.* 3); III Atr 7] N 5) Die Sippe des ~n ficht die Hinrichtung als rechtlos an, indem ein Mitglied sofort dem Richter Prozessualpfand und -Bürgen stellt, und binnen 1 Monat 12 väterliche, 6 mütterliche Verwandte beibringt, die Pfand und Werbürgschaft demselben geben. Nun erst liefert der Beklagte, der die Tötung vollzog, Pfand und Bürgschaft für seinen künftigen Beweis, dass er gesetzmässig hingerichtet habe. Dieser ist gelungen, wenn das Gericht ihm Gewähr leistet; *s. d.* 6. Sonst muss er Strafe zahlen [angeblich nur dem Geistl. Gericht und auf drei Gründe hin; *s.* dagegen I 667¹], und wird der ~ mit kirchl. Feier in ehrliches Grab übertragen; ECf 36—36, 5 5a) Der ungerechte Totschläger schuldet dann der Sippe Wergeld, dem Herrn des Erschlagenen Mannbusse und schaffe letzterem ehrlich Grab; Hn 74, 1c 6) Der Versuch, gerecht ~ zu rächen, kostet 2½ £ [= Ungehorsamsbusse] für den Überfall, Totschlag dabei das Leben und Vermögen; II As 6, 2f. 20, 7. VI 1, 5 7) Ausser der Ehre gewann die Sippe durch Reinigung ihres ~n Genossen Wergeld für ihn, und falls sein Vermögen als das eines Verbrechers eingezogen war, dieses zurück 8) Eine Klage gegen den toten Mann ist aus Ine nicht herauszulesen, sondern nur die Reinigung des Töters

Hinrichtung *s.* Todesstrafe, Strafvollzug; handhaft 11—13, Diebstahl 11a—17; Blutrache 8. 141. 18

Hinrichtungsort *s.* Wb *cwalstow; cwealmstow* (*s.* Toller, auch *Suppl.*) begegnet in Ortsbeschreibungen der Urkk. Birch 479. 620. *Qualstowa id est occidendorum loca totaliter regis sunt in soca sua;* Hn 10, 2. Vielleicht ist das Königtum (wie im Deodand; *s.* Haftung 2a. 4g) an die Stelle des priesterlichen Eigentümers getreten. Denn der ~ gilt dem heidnischen Germanen als sakrale Freistätte; Grimm *DRA* II 539; Brunner I² 247

Hinterhalt *s.* Angriff 6, Rechts-

hinterlassen *s.* Erbgang [sperrung

Hinterlegung *s.* Depositum; Anvertrautes

Hintersassen *s.* ansässig; Bauer, Kötter, Gefolge; Dorf, Herrschaftsgut

Hirn; die äussere ~haut, *dura mater,* wenn verwundet, kostet 10 Sch., wenn beide [auch die *pia mater*] durchbohrt sind, 20; Abt 36. 37

N **Hirsch** *s.* Forst 20f., Jagd 6b

Hirten 1) Aus dem niederen Stande des Schäfers erhob Gott David zum König; Griδ 22 2) Unfreie, den Dorfbauern dienende ~, leiden Prügelstrafe, wenn sie fremdher ins Gut eingeführtes Vieh fünf Tage lang unangemeldet [also als gestohlen verdächtig] auf Gemeinweide lassen; IV Eg 8ff. Sie beaufsichtigen auch das Vieh der Domäne, das also wohl keine besonderen ~ hat; 13 3) *Pastores* neben *ceteri servientes* werden befragt über Zustand eines Herrschaftsguts; *s. d.* 1a 4) Im Herrschaftsgut gibt es je einen *oxan-, cu-, sceap-, gat-hierde* (~ für Ochsen, Kühe, Schafe und Ziegen), für die Schweine einen *þeow æhteswan* (leibeigenen) und einen *gafolswan* [zinsbäuerlichen ~. Freie *bovarii* kommen im Domesday vor; *EHR* 1909, 334]. Sie werden entlohnt A. mit Ertrag ihrer Herde: *α. s.* Schwein, Schaf, *β.* Anteil an der Milch, namentlich minderwertiger; B. mit dem Rechte, die eigene Nährkuh, bzw. auch zwei Ochsen samt der Herrschaftsherde weiden zu lassen; C. der Ochsenhirt mit Schuhen und Handschuhen; Rect 6—7. 12—15 4a) *Wærlaf wæs riht æht* (Leibeigener) *to H.* (Gutsname); *heold þa grægan swyn;* Urk. 11. Jhs. Kemble 1354

Historia Britonum *s.* Galfrid

Historisches *s.* die Eigennamen

hlot and scot *s.* Stadt

Hochverrat 1) *Gesetze* haben keinen bes. Namen dafür; *s.* Herren~ 13b 1a) And. Germ. zeigen bei ~ Einfluss des Röm. *crimen laesae maiestatis;* Brunner II 576. 688 1b) Zwar sagt eine Urk. a. 985: *optimates Alfricum* [von Mercien] *maiestatis reum* (wegen ~s) *de hac patria profugum* (*flieman*) *expulerunt;* Kemble 1312. Daraus folgt aber nicht, dass dieser Reichstag oder gar schon Ælfred unter Römischem Einfluss stand 1c) Vielmehr auf Bibelstellen allein gründet die Synode a 786, c. 12 die ausführliche Warnung vor ~: Wer dem Attentat auf des Königs Leben *assenserit, aeterno anathematis vinculo interibit;* in Alcuin ed. Dümmler *Mon. Germ., Epist.* IV 24 **2)** Nur als eine Art Herrenverrat (*s. d.* 5f.) betrachtet den ~ Af 4: wer des Königs Leben nachstellte, verwirkt Leben und Vermögen oder schwöre sich rein in Höhe von dessen Wergeld (*s. d.*). Daraus V Atr 30 = VI 37 **2a)** Aus der Ansetzung des Wergelds für den König folgt keineswegs, dass für Erschlagung desselben Wergeld als Sühne je wirklich genügte. [Nur für den Totschlag an Prinzen gibt es historische Belege der Sühne durch Wergeld; *s. d.*]. Vielmehr war die zahlenmässige Ansetzung schon deshalb nötig, um den Eid der Reinigung von Anklage auf Attentat gegen ihn zu bewerten **3)** Die Nachstellung ist erfüllt schon durch Begünstigung (*s. d.* 6) eines Friedlosen oder seiner Mannen; dieser Zug, von Atr nicht wiederholt, fehlt bei Herrenverrat: eine Spur, dass Af im ~ mindestens etwas Schwereres als in jenem, wohl schon das Staatsverbrechen erkannte **3a)** Vielleicht auch mit ~ hängt zusammen die Erschwerung des Heerespflichtbruchs, wenn beim Heer (*s. d.* 8b—e) der König anwesend war; oder aber jener wie Herrenverrat sind beide unabhängig qualifiziert durch die Identität des Führers mit dem König **4)** Af meinte die Todesstrafe für ~ ernst: Zum Orosius fügte er hinzu, Augustus habe den Quinctilius Varus hinrichten lassen [wegen Landesverrats]; *vgl.* Schilling *Alfreds Oros.* 37. 43 **4a)** Unter Ælfred stand Vermögenseinziehung auf ~: *Wulhere regem Ælfredum et patriam, ultra iusiurandum qu[od] regi et optimatibus iuraverat, sine licentia dereliquit; tunc iuditio sapientium hereditatem dereliquit agrorum;* a. 901 Birch 595; *vgl.* Kemble *Saxons* II 146 **5)** Seit Ælfred vertritt der König so sehr die Staatspersönlichkeit, dass auch Landesverrat als ~ erscheint (*vgl.* Wilda 985); der seit Ende 10. Jhs. häufige Pakt mit Nordleuten, Englands Feinden, wird, wenn verfolgt (*u.* 7), nicht getrennt vom ~ **5a)** Thronattentate (Urk. a. 935 Birch *719; Ann. Agsax. 1002. 1036) gehören mehr zu politischer Umwälzung als ins Recht des ~s. Der König von Northumbrien liess 792 den Kronprätendenten töten; Sim. Dunelm. **6)** Attentat gegen den König nennt teuflische Tat VI Atr 37 L **6a)** Die Vermögenseinziehung neben dem Tode als Strafe fehlt, wohl unabsichtlich V 30 **6b)** Neben jenen hohen Eid des auf ~ Verklagten bei Af stellt V 30 für Engländerrecht alternativ dreifaches Ordal; eine Variante setzt statt beider Reinigungsrechte: durch schwersten [Beweis], den die Witan bestimmen. Hieraus entnimmt 'schwersten Eid oder Ordal' VI 37; und fügt (was V 30 auch gemeint ist) hinzu: und in Denalagu nach deren Recht **6c)** Cnut setzt ~ unter gleiche Strafe und Reinigung wie Herrenverrat; *s. d.* 7a **7)** Gegen Anklage, dass *inimicis regis se in insidiis socium applicavit,* misslingt ein Reinigungseid 1015; Kemble 1310 **7a)** Eine Urkunde a. 997 enthält die Anklage, *þæt he wære on þam unræde, þæt man sceolde on Eastsexon* [den Dänenkönig] *Swegen underfon, þa he ærest þyder mit flotan com;* Earle 217 **7b)** Unter Æthelred erkaufen Landesteile, so 1009 Ostkent, von Nordleuten Separatfrieden gegen Geld [das den Feind zum Kampfe gegen das übrige Land stärkt, ohne Bewilligung der Regierung]; Ann. Agsax. **7c)** König Eadred vermachte sogar jeder Grafschaft 100—200 £, um das Feindesheer sich abzukaufen; Birch 912ff. **7d)** Um den Verdacht des Landesverrats zu vermeiden, erlangen 991 der Erzbischof von Canterbury und die Herzöge von Devonshire und Hampshire königliche Erlaubnis zum Sondervertrag für ihre Gebiete mit den Nordleuten; II Atr 1 **7e)** Die häufigen Verbannungen von Magnaten in den Parteikämpfen seit Æthelred II. (vereinzelt 956—1106) wurden vermutlich mit ~ begründet **7f)** Herzog Godwine schwört sich rein von schwerster Klage auf Verrat an Prinz Ælfred *cum totius fere Angliae principibus et ministris dignioribus;* Flor. Wigorn. a. 1040; *vgl.* Geweihter Bissen 7 **N 8)** Wilhelm I. liess Waltheof wegen ~s köpfen (*s.* Herrenverrat 9); die Genossen, Normann. Grafen, litten Exkommunikation (*s. d.* 11o) u. Lehnverlust **8a)** Unter ihm reinigt vom ~ Eisenordal; *s. d.* 3a **8b)** Über den ~ im Normannischen Adel, der zugunsten Roberts von der Normandie gegen Heinrich I. aufstand, *s.* Quadr Arg 20f., I 534. Leibesstrafe kommt da nicht (wie aber unter seinem Bruder Wilhelm II.) vor **9)** *Infidelitas et proditio* gehören zum Kronprozess und stellen den Täter unter *Misericordia regis;* Hn 10, 1. 13, 1. Laut des folgenden *maliloquium de eo,* nämlich *rege,* und des vorhergehenden von *famulis suis,* nämlich *regis,* Handelnden scheint ~ gemeint

Hochzeit *s.* Eheschliessung 13

Hoden *s.* Zeugungsglied

Hof *s.* A. Königs- **B.** Bauer 2ff. C. Haus 1bff.

Hofbeamte *s.* Amt, Vogt; Marschall, Truchsess, Kanzlei, Kämmerer, Schatzmeister

Hofrecht 1) Herrschaftsguts-~e existieren aus Agsä. Zeit A. in Rect + Ger, **B.** aus Tiddenham I 445*, **C.** aus *Hysseburn;* Birch 594 **2)** Es gilt nur partikular, in bestimmter Gegend Rect 2. 3. 4. 4, 4; 6. 6, 1. 21—21, 4. Ger 1; *vgl. per (secundum) consuetudinem manerii, modum villae* im 12. Jh.; *Chron. Petroburg.* p. 159, f. 165 **3)** Es ist ungeschriebene Gewohnheit (*s. d.* 2), die *on lande stent* Rect 2, *landræden* neben *þeode þeaw* 4, 6 **4)** Es ist festgesetzt nicht allein durch die Herrschaft von oben her, sondern [wie Landrecht; *s.* Gesetz 15] mit *Witan*-Teilnahme, hier wohl bäuerlichen Gerichtsoberen; Ger 1 **5)** Es muss dem Amtmann (Vogt, Gerichtshalter) wohl bekannt sein; Rect 4, 6 **6)** Auch wo es mit Herrenmacht vollstreckt wird, geschieht doch die Rechtsprechung *mid folcrihte* gemäss ordentlichem gemeinem Rechtsgang; Ger 7 **7)** Nach Bischofs Anordnung soll sich richten *burhriht* wie *landriht* (Episc 6): d. i. wohl die Ortsgewohnheitsrechte in Stadt wie auf dem Lande. Da letztere hier nicht (das an *burg* heissender Gerichtsstätte, in Grafschaft und Hundred ebenfalls gehandhabte) *folcriht,* allgemeines Landrecht, sein können, ist wohl ~ gemeint

Hofstelle *s.* Bauer 2ff., Haus 1bff.

Hohlmass *s.* Hand 13, Korb, Sextar, Mitta, Eimer, Fass, Saum, Wagen [Fuder *s.* Toller *foðr*]; *vgl.* Mass

Hold 1) ist in Norwegen der hochfreie, über den bäuerlichen Altfreien, den *böndar*, stehende Eigentümer oder Anwärter von *odal* (durch mehrere Generationen ererbtem Stammgut), der zur Aristokratie nicht kraft Königsdienst und königlicher Belehnung mit Land, sondern kraft Geburt samt Eigentum zählt; er rangiert unter dem Jarl; Amira 85; *Nordgerman. Oblig. R.* II 29; Büchner *Leitländiger* (Diss. Berlin 1903), 11; v. Schwerin *Gött. gel. Anz.* 1910, 804 **2)** In England kommt der ~ seit 10. Jh vor, nicht bloss in der nördlichsten Gegend (wo Norweger zahlreicher sassen), sondern auch in Fünf Burgen, obwohl er in Dänischen Quellen fehlt; Steenstrup *Danelag* 111; *Études prélim. à l'hist. Norm.* 47 **3)** Das Wergeld eines ~ und eines *Heahgerefa* (*s. d.* 1): 4000 Tremissen (50 £); Norðleod 4, d. i. halb so viel wie für Bischof und Ealdorman, doppelt so viel wie für den Thegn **4)** Auch nach den Agsä. Annalen steht der ~ zwischen Jarl und Gemeinfreiem **5)** Die hohe Stellung des ~ folgt daraus, dass der Angelsächs. Annalist die ~as erwähnt, die unter den Feinden fielen oder sich Eadward I. unterwarfen; a. 905. 911. 918. 921 **6)** Den *principibus, tribunis, primis* der Vulgata wird in Northumbr. Glosse übergeschrieben: *aldormonnum, holdum, forwostum;* ed. Skeat *Gospel acc. to St. Mark* 45 **7)** Offenbar stand der ~ höher als der Thegn nicht kraft Nordischer Nationalität, sondern als sozial höherer Stand

N Holinshed; seiner Chronik von 1577 geht eine Einl. voran mit Ps Cn for; I XXX. LXI. 620*

Hölle *s.* Wb *helle, -bryne, -wite, -waras. Vgl.* Himmel 5, Jüngstes Gericht 1ff., Teufel; Fluch 2c; Gesetz 8a **1)** Verfluchung in die ~ geschieht durch Exkommunikation *s. d.* 8b **2)** Die ~ wird vorgestellt als Strafort; I Cn 18b; brennend; VI Atr 12, 2 = I Cn 7, 3. 6, 1. II 84, 3 **3)** Die ~ wird angedroht dem Bösen (I Cn 18b. 25 = *Homil. n.* Wulfstan 75), unkeuschen Priestern (I Cn 6, 1), Bigamisten (VI Atr 12, 2 = I Cn 7, 3), den dem Klerus Ungehorsamen (II Cn 84, 1a; 3), den Weigerern kirchlicher Abgaben (IV Eg 1, 4; 5a); den Urkk.-Verletzern; *s.* Gesetz 8a **4)** Christus stieg zur ~ hinab; Ind Dei IV 3, 1

Holz (*wudu*) *s.* Baum 3ff., Wald, Forst 3. 10f. 19, Roden; Gemeinheit 13 **1) N** ~ neben Lebensmitteln bildet die hauptsächliche Zufuhr zu den Städten; ECf 12, 11 **2)** Einfuhr von ~ nach London, zur See und Themse aufwärts: IV Atr 2, 2 **3)** Beim ~laden für die Gutsherrschaft erhält der fronende Bauer für den gefüllten Wagen einen Baum; Rect 21, 4. **N 4)** Befugnis, ~ in fremdem Walde zu schneiden, *lignagium*, berechtigt zum Eintritt in den Wald und zum Anspruch, vor dortigen Fallen oder Selbstschüssen gewarnt zu werden, widrigenfalls der Fallensteller mehr als bloss Wergeld für den dadurch Umgekommenen verwirkt; Hn 90, 2a **5)** Auf Klage wegen ~hieb in fremdem Walde — im Ggs. zum Diebstahl schon gehauenen (*operati*) ~es (auch später zählt jener nicht, nur dieser zu Diebstahl; Holdsworth *HEL* III 291) — braucht man nur zu antworten, wenn handhaft gefasst oder unter Herrschaft des (klagenden) Waldbesitzers; 23, 2 = 45, 4. Ältestes Frankenrecht schon unterscheidet, ob das ~ bereits von anderen geschnitten gewesen; Sohm zu Lex Ribuar. 76 in *Mon. Germ. Leg.* V 262; Meitzen *Siedelung* I 592; Wilda 868; *vgl.* Fisch 5. Doch werden Park und Forst (*s. d.* 10. 19) besonders gegen Waldfrevel geschützt

homagium *s.* Mannschaftseid, Vassallität

Homiletisches *s.* Gott, Christus 2—4, Himmel, Christentum 1—2a, Glaubensbekenntnis, Hölle 3, Gerechtigkeit 2ff. 6ff., Gewissen, Moral; Gesetz 7b—8f, Kirchen(einkünfte), Geistliche 13ff. 25—29, Bischof 8. 13 **1)** Bibel (*s. d.* 2—3k) und Kanones (*s. d.*) werden stark von den *Gesetzen* benutzt **1a)** Die sog. *Canones* Eadgari werden ausgeschrieben durch II Cn 38. Northu 5—44 **2)** Besonders viel ~ steht im Zusammenhange in Iudex (aus Isidor). V Atr 22—25 = VI 28. VIIa Atr 7. VIII 40 = II Cn 4. I Cn 18—26, Sätze, die identisch mit *Hom. n.* Wulfstan 118. 208. 113f.; I Cn 22, 3 schöpft aus Wulfstan 20 **2a)** ~ am Ende von Cnuts Codex (II Cn 84—84, 6) und Brief Cn 1020, 20; ebenso Ælfric *Homil.* I 52. 108 **3)** Der Stil verrät ~: *witodlice* I Cn 20, 1. II 35, 1, was der Übs. noch vermehrt in *certe dico vobis* In Cn = Ps Cn for 13, 1 **4)** Cnut begründet frühere *Gesetze* durch ~; *s.* Gott 5a **5)** Die *Homileten nach* Wulfstan entnehmen ganze Abschnitte aus V - VIII Atr und Cnut

Honig *s.* Bienen

N Honor. *Vgl. possessiones magnæ, vulgo honores;* Henr. Huntingdon. ed. Arnold 306 **1)** Grossbaronie, mehrere Manors umfassend, mit einem Lehnsgericht, zu dem auch der Hintersasse des entfernten Manor erscheinen muss; dagegen braucht er der herrschaftlichen Gerichtsvorladung in einen anderen ~ des Herrn nur dann zu folgen, wenn sein Gegner in diesem wohnt; Hn 55, 1—1b, wo gleichbedeutend mit ~ *feodus* steht **2)** Mit *meus* ~ meint Heinrich I. das gesamte immobile Krongut; Hn com 3, 1 **3)** *ecclesiae* ~: Kirchentemporalien; Spelman *Glossar. arch.*

N Horaz wird benutzt Quadr II Præf. I 543; zitiert Ded I 531 d. m. o

Horen *s.* Wb *tid* **1)** Die ~ soll der Priester zu bestimmter Tageszeit läuten und singen; aus *Can.* Eadg. Northu 36 **2)** Siebenmal täglich sollen die Geistlichen in der Kirche Gott preisen; V Atr 4, 1 = VI 2, 2 = I Cn 1, 1; 3. Had 1 [aufgezählt: *Matutina* [Dt. Mette] *Prima, Tertia, Sexta, Nona* [Engl. *noon*], *Vespera, Completorium;* Ælfric *Past.* 31; *Can.* 19] **3)** Auch Kanoniker (*s. d.* 2), deren Stift kein gemeinsames Refektorium-Mahl leisten kann, pflegen gemeinschaftl. Gottesdienst zu ~; VI Atr 4 L **4)** Während Landesbusse singt zu den ~ der Konvent niedergestreckt Psalm 3 und Kollekte *contra paganos;* VII 3, 1

Horn *s.* Wb *horn* **1)** Ochsen~ ist 10 Pfg. wert. Kuh~ 2 (Ine 58), vermutlich was der Mieter des Tieres für Beschädigung zahlen muss. Beides bewertet auch das Recht von Gwent II 10, 16, *Anc. Laws of Wales* 717 **2)** Das Blase~ *blæshorn, blowhorn* wird höher bewertet; es zählt als Anzeiger (*s. d.* 2f.; Glocke 4). Geblasen befreit es fremden Wanderer von der Gefahr, als Dieb erschlagen zu werden; *s.* heimlich 1a **2a) N** Heinrichs III. *Charta de foresta* 1217 erlaubt dem *baro, si transierit per forestam, liceat ei capere* 2 *bestias,* angesichts des Försters, oder *faciat cornari, ne videatur furtive hoc facere;* c. 11 **3)** Des ~es 'Stimme entreisst Gegnern Gestohlenes, verjagt feindliche Räuber'; Agsä. Rätsel 15 **4)** Ein kostbares *blædhorn* (im Ggs. zu Trink~) wird vermacht a. 1015; Earle 225 **4a)** Für zwei *cornua auro argentoque decorata* verbucht 949 Eadred 20 Hufen; Birch 883 **N 5)** In Bury St. Edmunds gab es seit 12. Jh. zur Berufung der Bürgerversammlung *cornu communitatis totius villæ quod mothorn dicitur; EHR* 1909, 316; Gross *Gild merch.* II 30ff. **5a)** Das ~ wird geblasen zum Zeichen des Gerichtsbeginns zu Romney 1352; Bateson II 41 [auch sonst bei Germanen; Schröder *DRG*[5] 46[27]; Burchard *Hegung Dt. Gerichts* 102; im Norden zur Gerichtsberufung; Scherer *Klage gegen toten* 40; in Norwegen zur städtischen Versammlung; Lehmann *Königsfriede* 193]. *Vgl.* Glocke 2 **6)** Das ~ als Behälter: *s. piperhorn* Pfefferbüchse; Ger 17

N Horn, Andreas. Seine Londoner Stadtrechtsammlungen I S. xxx. 486, Sp. 2. 367*. 673a

East Horstead in Sussex, dort Reichstag, wo Eadward III. [1042] als König angenommen wird auf Bedingung, dass er Cnuts Recht halte; Quadr Arg 9

Hosen **1)** Beim Kaltwasser-Ordal wird der Prüfling entkleidet von *non solum laneis vestibus rerum etiam femoralibus;* Iud Dei X 17 **N 2)** Robert II., Sohn des Eroberers, hiess Kurzhose **Hostie** *s.* Abendmahl(swein)

N Hovedene (Howden), Roger von, nimmt c. 1192—1200 in seine Chronik zu 1180 auf die *Tripartita* d. i. Wl art, ECf retr und Geneal. Norm. I xxx. xl

Hufe *s.* Wb *hid, carruca*

1. Wort. 2. Für 1 Pflug. 3. Sulung. 4. Pfluglandgrösse 5. Für 1 Grosshaushalt. 6. Viertel~. 7. Halb~. 8. Fiskal. 9 Normal 120 Äcker. 10. Andere Grössen. 11. Zubehör. 12. Zehn, Fünf ~n. 13. Dreissig ~n. 14. Hundred. 15. Privilegierte Minderschätzung. 16. Grundlage für Leistung. 17. Kaufwert.

1) Über die Form *higd, higid* (a. 848. 869; Birch 452. 524) *vgl.* Earle 123; *twentiwe hiwe* um 1425 aus Urk. a. 984 für *hida* bei Earle 429. — Das Wort entstammt wohl derselben Wurzel wie *hiwan* (Familie; *s.* Wb), Got. *heiwa*, von der im Dt. *heirat* lebt. Brunner I[2] 89 vergleicht ahd. *hiwida: coniunctio.* Ursprünglich heisst das Wort 'Wohnland'; Amira 120. Es ist nicht zu verbinden mit *hyd* (Haut), trotz Landmessung durch Lederriemen. Für ein aus der Almend ausgelostes Wiesengrundstück steht *hid* in *Sussex archl. coll.* IV 306; aber in der Regel beschränkt sich jede German. ~ auf Ackerland, wozu Wiese, vollends Weide und Wald, nur Zubehör (*u.* 11) bildet **1a)** Mit *hid* synonym steht *hiwisc* Norðleod 7 für Ine's *hid* u. für *hid* in 7, 1 [ob auch Ine 44, 1?]; *hiwisc* übs. *una mansa* Birch 879. 952. 958; *cassatus* 469; Agsä. Beda V 20 **1b)** *hi[e]red* (Haushalt) liest dafür Norðleod 7 Ld **1c)** Auch *hiwscipe* kommt vor für ~; Agsä. Beda, *familia* übsnd., IV 23; Napier *Lexicon* 38; *Crawford cha.* 127 **1d)** Die Lateiner setzen für ~: *familia* (Birch 179), *casatus, mansa* (Birch 1088), *manens, mansiuncula* (Kemble 1218), *terra unius aratri, tributarius* [synonym mit *hid* a. 725 Birch 144; es ist nicht mit Earle 458 davon zu trennen], *carruca* I Cn 12Q. CHn cor 11 **1e)** Dass *tributarius* (wohl aus *gafolgilda* übersetzt) und *manens* identisch sind, lehrt das Zitat 'Eides~n' 11. Die ~ identifizieren mit *terra unius tributarii* Maitland *Domesday* 360; Rhamm *Gross~n* 717 **1f)** Unter *familia* braucht keineswegs nur Eltern, Kinder und Sklaven verstanden zu werden. Es können auch des Hausvaters verwitwete Mutter und Geschwister mitgemeint sein. Dass letztere bis zur Abschichtung immer unverheiratet und kinderlos waren, gilt für früheste Zeit nicht. Die Grossfamilie mehrerer Brüder besteht noch im Domesdaybuch. Rietschel denkt unter Beda's *familia* an verschiedene Haushalte mit éinem Achterpflug; *German. Hundert.* 92, Rhamm (*o.* e) 34 an eine Pfluggenossenschaft **1g)** Synonym mit 10 *manentes* der Urk. a. 787—96 braucht 10 *bondeland* (Bauerlande) Ann. Agsax. a. 777 E **1h)** Vielleicht ist auch nur ~ gemeint mit *wyrhta*, eig. Landarbeiter, nach deren Anzahl hier Gerstenzins bemessen wird, den der Bodenbenutzer jährlich dem Oberherrn schuldet; Ine 59, 1 [Für Diocletian's Grundsteuer war die Einheit die Arbeitskraft des männlichen Landarbeiters] **1i)** Da ~ das einzige Landmass zur Schätzung grosser Territorien war, so kann hinter der Zahl der ~n das Wort *hid* fehlen (*vgl.* Wb *Ellipse* 3) z. B. 3000 *londes* Ann. Agsax. 648 mit Plummer's Anm.; Beowulf v. 2195f. 2994f.; *vgl.* Rietschel *Savigny Zsch. Rechtsg.* 27, *Germ.* 247; Urkk. a. 801. 825 Birch 302. 387; für Beda's *familia* lässt der Übs. das entsprechende Wort fort; *vgl.* Klaeber *Anglia* 27, 411. Für *familiarum* 5000 (7000) sagt der Übs. *fif* (*seofon*) *þusendo folces;* da steht nicht etwa *folc* für *familia*, sondern bedeutet 'an Bevölkerung' **1k)** In Nordengland heisst die ~ im Domesday *carucata*, ihr achter Teil *bovata, oxgang.* Zu dem damals gewöhnlichen 8-Ochsen-Pfluge stellt also jede *bovata* 1 Ochsen; Nasse *Feldgemeinschaft* 32. *Una bovata* 15 *acrarum per perticatam* 20 *pedum* kennt Cartular. Rievall. 232; sonst enthält 1 Bovata 8—20 Acker (*s. d.* 3), 1 *pertica* 18—20 Fuss. Eine Carucata von nur 64 Äckern gibt es in Lanercost. Ausnahmsweise kommt *bovata* auch als Teil der *hida* vor (Inman *Domesday* 39) und in Lancashire 1 ~ zu 6 Carucaten; Vinogradoff *Engl. soci.* 148 **1l)** Dem Worte *carruca(ta)* liegt wahrscheinlich ein Agsä. *ploh-(land?)* zugrunde. In diesem Sinne kommt *ploh* Becwæð 3 vor, vielleicht ein Nord Lehnwort **2) N** Die *hid* erklärt um 1130 als Land für einen Pflug jährlich genügend Henr. Huntingdon. zu 1008. 1085 ed. Arnold 176. 207, daraus Rob Torin. de Monte, Ann. Waverlei., Bromton 887 **3)** In Kent wird *sulung* (auch *swulung*; Earle 504; Toller s. v.), wie anderwärts *hid*, der Etymologie gemäss als 'Pflug (Landes)' *aratrum* erklärt: 3 *aratrorum, Cantianice threora sulunga* a. 774 Birch 214; 3 *aratrorum*, dann *þrie sulong* a. 805—31 Birch 318; a. 858 Birch 496; Maitland *Domesday* 360. 484. Auch steht *cassatus* mit *sulung* synonym a. 949 Birch 880. Ein Erklärer 12. Jhs. sagt *hida id est suling;* I Cn 12 In. Ebenso hat 10 *mansas, quod Cantigenæ dicunt* 10 *sulunga* eine Urk. a. 973 Birch 1295. Auch Urkk. a. 943. 944. 948 identifizieren *mansa* und *sulung;* Birch 780. 791. 869; *vgl. u.* 6c. Ferner setzt für *carruca* VII Atr 1, 2 (was Wulfstan durch *sylh, sulhgang* überträgt 170. 173) *hid* der Agsä. Übs. VIIa Atr 2, 2. Ferneres Beispiel für Identität Rhamm (*o.* 1e) 175 (dagegen 200 Acres 270—74) **3a)** Jedoch steht anderwärts 1 Hid = $^1/_2$ Sulung; Toller 933; Vinogradoff *EHR* 19 (1904), 283|2 *manen-*

tium, ritu Cantiæ an sulung dictum (zweimal) a. 812 Birch 341. 417; demgemäss ½ *mansiuncula* = *joclet ebd.* zweimal, 1 *joclet* = ¼ Sulung. *Vgl. u.* 6c. 16d **3b)** Über die Beziehung des Kent. zum Friesischen 'Joch' (*s. d.*) *vgl.* Rhamm 803 **4)** Das 'Pflugland' erklärt als durchschnittlich 120 Acres Vinogradoff (*Growth of manor* 156. 254), in Kent 180—240 Acres (*Engl. soci.* 146). Dass 1 solin = 180 Acres (*vgl.* meine *Leges Angl. Lond. coll.* S. 10[2]): CCCC *acræ et dim.* (d. h. 450) *faciunt* 2½ *solinas;* Domesday I 18a. Einteilung in 4 *juga* in Kent: *EHR* 1904, 503 **4a)** Die Englische ~ ist, im Ggs. zur Deutschen, die Gross~ der Nordgermanen, 30—40 Hektar; wie beim Dän. *bol* hängt die Grösse mit dem 8 Ochsenpflug zusammen; Rhamm (*o.* 1e) 34. 49. 214. 267. 822 **5)** Die ganze ~ scheint einstmals die Grundlage der einheitlichen Wirtschaft éines grossen Haushalts gebildet zu haben. [*Vgl. Deutsche Zs. Gesch.wiss.* VI (1891) 165 ff.] Dafür spricht **A.** Die Herkunft der Wörter *hid, hiwisc, hiwscipe,* **B.** das Lateinische Äquivalent *familia, manens, unus tributarius,* **C.** *bondland* (und *wyrhta?*), **D.** vielleicht die Zugehörigkeit éines Pfluges, **E.** die Tatsache, dass die ~ für Abgaben des Landbenutzers an den Grundherrn, sowie für die Staatssteuer des letzteren und die staatliche Trinoda necessitas (*s. d.*) die Einheit bildet (*u.* 16), F. dass sie das älteste Mass darstellt, nach welchem geschätzt werden Eideswerte (*s.* Eides~n), Adelsgüter, Völkerschaftsgrössen (bei Beda und im sog. *Tribal hidage*), und teilweise Hundreds; *s. d.* 5 **5a)** Unter Ine besitzt der gemeinfreie Vollbauer von zweihundert Schill. Wergeld normal wahrscheinlich éine ~. Nämlich eine Beziehung zwischen Wergeld und Grundbesitz steht fest (*vgl.* Fünf ~n 1—3b); und zwar entspricht 1 ~ im Walliser Besitz dem Grosshundert-Wergeld (Ine 23, 3 31 f. = Norðleod 7 f.), also wohl dem doppelten Wergeld die ~ in Engl Besitz, da der Angelsachse (*s. d.* 7) seinen Manneswert doppelt so hoch wie den des Wallisers schätzt. Man sollte 240 Schill. erwarten, wobei die 1200 Schill des Thegn genau dem 5-~n-besitz entsprächen. Die Differenz kann sich erklären entweder so, dass ursprüngliche Grosshunderte später zu Kleinhunderten wurden, vielleicht weil Ines Schill. dem Mercischen zu nur 4 Pfg. geglichen hatte; oder aber Ine versöhnte die Unterworfenen durch ein Wergeld über die volksmässige Schätzung hinaus, wie er denn dem Wallisischen Halbhübner 80 Schill. Wergeld gibt **6)** Dagegen an abhängige Kleinbauern wird schon ein Viertelstück der ~ als Normalareal 'Gerte' ausgetan; Ine 67. Der *gebur* besitzt solche *virgata;* Rect 4, 3; sie bildet im 13. Jh. das Gut des *plenus villanus,* im Ggs. zu *semi-, dimidius.* Über diese Vierteilung *s.* Tait *EHR* 1903, 705; 1904, 503. [Auf ¼ ~ vermindern den Bauerhof auch andere Germ.; Meitzen *Siedelung* I 78 f.] Ausnahmsweise kommen 6 und 8 Virgatae auf 1 ~; Seligmann *ebd.* Jan. 1904; Nasse (*o.* 1k) 27. Eine Urk. Ealdreds von Worcester über Land 2 *mansorum et* 1 *perticæ* wird indorsiert: 2 *hida boc* 7 *anre gerde;* Bond *Facsimiles* IV 32 **6a)** Ein *yardland* fasst noch jetzt meist 30 Äcker (*s. d.* 8 f.), doch bisweilen 15—40; Wright *Dial. dict.* s. v. **6b)** Eine Viertel Virgata, *ferding* [auch *ferling, ferdel,* besessen vom *feorð(l)ing, ferlingsetus; s.* Kötter 5b] kommt im Domesday I 50b. 86b vor; *vgl.* Round *Victoria County Hist. Hampshire* I 405; Vinogradoff *Villainage* 148. 256 **6c)** Der Virgatar erhält 2 Ochsen Inventar vom Herrschaftsgute (Rect 4, 3), so dass je 4 Virgaten den 8-Ochsenpflug bespannen können, der zur ~ gehört. Eine Urk. bestimmt, zu *an halfsulung mon selle* 4 *oxan* a. 835 Birch 412 **7)** Eine halbe ~ kommt Ine 32 = Norðleod 7, 1 vor; als éin Wort hat es hier nur der auch sonst verderbte Text Ld **8)** N Nur für die fiskalische Rechnung überdauerte die Voll~ die Normannische Eroberung **9)** Die ~ misst normal 120 Äcker (*s. d*) Saatflur, die aber nicht etwa als grosses Stück beisammen, sondern in den Gewannen der Feldmark in Gemenglage mit anderen ~n zerstreut (*s.* Gemeinheit 6ff.) liegen. *Vgl.* Pollock *EHR* 1896, 209; Maitland *Domesday* 389; Rhamm (*o.* 1e) 175. 189 **9a)** Z. B. *an hide lond be hundtvelti acren* erwähnt eine [im 13. Jh. umgeschriebene] Urk. um 950 Birch 1012; *unam hydam per sexies* 20 *acras Liber Eli.* (12. Jh.) ed. Stewart 129; *duas hydas de duodecies* 20 *acris* 145 **9b)** *Hida a primitiva institutione ex* c *acris constat;* Ric. fil. Nigelli *Dial. de Scaccario* [um 1179] I 17. Der Verf., der selbst auf *ruricolae* als Gewährsmänner verweist, meinte vielleicht das Grosshundert zu 120 Äckern **10)** Grössen von 48, 60, 80, 96, 125, 130, 144, 155, 168, 180, 192, 240 Äckern in der ~ finden sich vereinzelt bei Nasse (*o.* 1k) 27; Maitland *Domesday* 393; Rhamm (*o.* 1e) 189; Inman (*o.* 1k) 38; Pearson *Histor. maps* 31 | 96 aus Hs. Malmesbury bei Spelman *Glossar.* | 64 Äcker: Rudborne (15. Jh.) in Wharton *Anglia sacra* I 257 | 200—300 rechnete Eyton für Dorsetshire, Wiese, Weide, Wald mitzählend | das Manor Aston-Beges bei Bampton (Oxfords.) bestand aus 16 Hiden zu 4 Gerten zu 24(−27) Äckern Pflugland in Gemenglage plus 8 Äckern Wiese und Gemeinweidenutzung, wobei die Brache nicht mitzählte; Williams *Archaeologia* 33 (1849) 271. | Für 72 und gegen 40 Acres als lokal vorkommende ~ spricht Tait *EHR* 1909, 334 **11)** Die gemessenen Äcker aber geben nur die Grösse des Flurlandes; hinzu tritt das Mitbenutzungsrecht eines unsicheren Quantums von Wiese, Weide, Wald (*s.* Gemeinheit 4a. 8c. i. 10. 13); Rhamm 176 **11a)** Ward allmählich Gemeinweide in Saatland verwandelt, so mochte die ~nzahl wachsen: ein *Fifhida* heissender Ort Fyfield fasst 13 ~n; Urk. 956 Birch 977 **12)** 10 ~n bildeten zu Ines Zeit ein normales Grossgut. Denn als dessen Naturalabgaben fordert er Quanten, die nicht durch 10 teilbar sind; also ward 10 ~n nicht etwa gewählt wegen bequemer Multiplikation oder Division, sondern bedeutet eine praktische Wirklichkeit **12a)** Æthelwulf legt Armenpflege (*s. d.* 4a) je 10 *manentibus* auf **12b)** Unter den typischen Grossgütern, mit denen der Grundherr den Gefolgsadel (*s. d.* 15. 17a) belehnt, sind solche von 20, 10, 3 ~n; Ine 64 ff.: alle drei Grössen finden sich in den Urkk. [*s.* auch 'hundert' 2b], nam. frühen, bes. häufig; z. B. 10 *tributarii* a. 770 Birch 204; 15 ~n a. 693 Birch 85; 20 ~n a. 725 Birch

144; 30 ~n a. 821 Birch 368 **12c)** Für 10 Eides~n (*s. d.* 9) schwört der unbescholtene, kirchlich fromme Gemeinfreie **12d)** **N** 10 ~n stellen 29. Sept. bis 1. Nov. einen Strassenwächter; Leis Wl 28 **12e)** Doch schon unter Ine kommt für den 1200-Schilling-Mann, den Thegn, der Besitz von Fünf (*s. d.* 1. 2) ~n als normal vor **13)** **N** 30 ~n gelten als so gewaltiges Territorium, dass ihn kein Untertan eines Hundred, kein bloss Gemeinfreier, besitzt; Leis Wl 28, 1 **13a)** 40 ~n gelten vielleicht im 11. oder 12. Jh. als Normalbesitz eines Eorl; *s. d.* 7 **14)** Manches Hundred (*s. d.* 5) ward durch die Regierung zu genau 100 ~n eingeschätzt und verteilte diese Summe unter die einzelnen Manors **15)** Diese Einschätzung durch den Fiskus, auf der die Staatslast ruhte, möglichst tief stellen zu lassen, lag im Interesse des Grundeigentümers; z. B. das Land *is an hund hida, ac þa cynegas swa gefreodon þæt hit man for* 1 *hide werian sceolde* (100 *cassatorum portio, sed pro* 1 *mansa*); Birch 1147. Besonders Kirchen wurden mit solcher Unterschätzung privilegiert **15a)** In dem éinen Hundred Oswaldeslau *iacent* 300 *hidae;* Ende 10. Jhs. Birch 1137 **15b)** Der Grundbesitzer *werige his landare, ealswa he dyde* bedeutet: entrichte Staatslast für seinen Grundbesitz zu ebensoviel ~n wie früher und nicht nach neuer höherer Einschätzung; Urk. Cnuts 1035 Kemble 1323 **16)** Der Name *tributarius* = *gafolgilda* für ~ beweist, dass Abgabe (und *wyrhta* vielleicht, dass Fron) als das Wesen der ~ erschien. Dass alles ~nmässige Land vom 5. Jh. an abgabenpflichtig, jede ~ von einem *gafolgilda* besessen war, nimmt Rhamm (*o.* 1e) 720 an **16a)** 1 *hiwisc* entrichtet als Abgabe 1 Gewand zu 6 Pfg.; Ine 44, 1 **16b)** Wie der Gebur für seine Gerte (1/4 ~) 10 Pfg. Abgabe zahlt (Rect 4, 1), so die ~ (ausser Naturalien und Fron) 40 Pfg. laut Urk. a. 900 Birch 594 **16c)** Staats- und Kirchensteuer (VIIa Atr 2. I Cn 12) samt Trinoda necessitas ward nach der ~ auferlegt: so das Dänengeld noch im 12. Jh.; das Domesday hatte die ~nzahl jedes Manors katastriert **16d)** Von 1 *sylh* (Schmid versteht Pflug Landes, Toller das Pfluggespann) fordert 2 Berittene II As 16; vielleicht ist, wie *o.* 3a, das Areal von 2 ~n gemeint, so dass 1 ~ einen Reiter stellt **16e)** Für jede ~ arbeitet 1 Mann an der staatlichen oder herrschaftlichen Befestigung; *s.* Burg 6 e. g. *Vgl. o.* 12d **16f)** Auch in Deutschland war [im 12./13. Jh.] bisweilen 'die ~ nur noch Rechnungseinheit für grundherrliche Belastung'; Caro in *Gött. gel. Anz.* 1911, 479. 486 **17)** Stellen, in denen für 1 ~ Geld oder Geldeswert gegeben wird, sind zwar häufig: nur z. B. a. 805—31 *terra* 3 *aratrorum pro* 3000 *denariis* Birch 318; 500 Pfg. für 1 ~ a. 848 n. 452; *terra* 3 *familiarum* für *pallia* 2 *oloserica*, Beda *Hist. abb. Virimuth.* 9; und sehr viele in Historia Eliensis. Allein die Differenzen der Gegenwerte sind ungeheuer und die Käufer zumeist Kirchen, so dass das Geschäft nicht als rein kaufmännisch gelten kann. *Vgl* Grundbesitz 12d

Huhn *s.* Wb *henn, hennfugel* **1)** Eine Hühnersteige gehört zum Domäneninventar des Herrschaftsguts; Ger 11 **2)** Hühner werden auf den Londoner Markt in Rückenkörben gebracht, von deren jedem 1 ~ als Zoll [dem königl. Stadtvogt] bezahlt wird; IV Atr 2, 11 **3)** Von 10 Hufen zahlt der Besitzer dem Grundherrn jährlich u. a. 20 Hühner Abgabe; Ine 70, 1 **4)** Der *gebur* zahlt der Gutsherrschaft zu Martini 2 Hühner; Rect 4, 1 **N 5)** Der Freie, der einen Unfreien getötet hat, zahlt an dessen Familie als Busse u. a. *pullum mutilatum* [Kapaun; neben Wertersatz an den Herrn und Blutstrafe]; Hn 70, 4

Huldentziehung *s.* Gnade

Huldigung *s.* Mannschaft, Vassallität, Gefolge 5 ff.

N Humber, einer der 3 hauptsächlichen Wasserarme Britanniens zur überseeischen Einfuhr; Lond ECf 32 D 4

Humor. *Vgl.* Scheinbusse **1)** Des Klägers Überstrenge wird durch peinlich genaue Vergeltung ad absurdum geführt; I 606[f] **2)** Der Mörder seines Herrn soll so grausam zu Tode gemartert werden, dass er in der Hölle mehr Mitleid als auf Erden gefunden zu haben gestehe; Hn 75, 1 **3)** Dieselbe 'milde' Begnadigung (*s. d.* 3a) werde dem Mörder zuteil, die er am Opfer geübt; 71, 1a. 92, 15

Hund *s.* Wb *hund* **1)** Verschiedene Rassen: **A.** Rentier~ *hranhund* I 367* (mit falscher Etymologie). Ps Cn for 32; *vgl.* I 626[a. b.] **B.** Wind~, *vealter, quem Angli dicunt lanlegeran; ebd.* [ihr Wärter im Forst: *veltrarius* Quadr Arg 22; *vgl.* Urk. 1120: *cervi et cervæ, quos veltrarii capient;* Lawrie *Early Scot. char.* 27], **C.** *greyhund, canis de Grecia* (!); *ebd.* **D.** *heahdeorhund*, Hochwildjagd~; Rect 4, 2b. Byrhtric vermacht a. 964—95 dem König *ealle his headorhundas;* Birch 1132. Schon im Beowulf 1369 kommt Hirschjagd mit ~en vor | *canes ad ursum* Domesday II 117a. **E.** Herden~; Hu 8. I 367*; *canes ad abigendam rabiem luporum* sendet K. Ælfred dem Erzb. Fulco v. Reims; Birch 556 [**F.** mengl. *rache* Schweiss~; Earle 440 (13. Jh.), **G.** *wælhwelp s.* Toller]. *Vgl.* Heergewäte 4 **2)** Der Hirten~ ist als Wächter gegen Verlaufen des Viehs, Wölfe oder Räuber wichtig (Seebohm *Tribal custom in Ags. law* 39. 203); und auch and. Germ. setzen eine besondere Busse fest für den, der ihn stiehlt; Wilda 877; Brunner II 644[60] [Borchling, *Poesie u. Humor i. fries. R.* 50. ABR.]. Wer in Dublin einen ~ tötet, verantwortet den Schaden, der den Herrn durch den Verlust betraf; Bateson II XL **2a)** Der Haus~ dient statt eines fehlenden Hausgenossen vor dem Richter als Zeuge eines Überfalls auf den Herrn; Grimm *Dt. Rechtsaltt.* I 176 **2b)** ~es Halsband gilt als Anzeiger (*s. d.* 3), über den inneren Wert hinaus, 1 Schilling: es bezeugt das unverstohlene Auftreten der Herde; *vgl.* Horn 2, heimlich. Auf dem Halsband stand vermutlich die Hausmarke des Eigentümers. Das Halsband des ~es wird verschieden taxiert nach dem Stande des Eigentümers in *Ancient laws of Wales:* Gwent II 18, 46 ff.; Venedotian III 22, 111 ff. **3)** In den Agsä. Urkk. kommt oft als Grundlast des Bodenbenutzers die Verpflegung der ~e und ihrer Wärter für den Oberherrn vor; z. B. a. 822 Birch 370; a. 904 n. 612; *vgl.* Begiebing *Jagd* 20. Je zwei Geburs (Hintersassen) füttern einen Hochjagd~ des Thegn; Rect 4, 2b. **N** Godrics Witwe erhält von Wilhelm I. eine Landgabe für ~ehalten **4)** Im Forst (*s. d.* 13f.) des Königs ist Privaten den Jagd~ mitzubringen verboten, er sei denn durch Lähmung am Jagen verhindert, mit Ausnahme ungefährlicher Wind- und Rentier~e **4a**) Über tollen ~ im Forst *s. d.* 21 c **5**) Die Inspektionen durch Jagd~wärter des königlichen Forsts drückten das Volk [unter Wilhelm II.] schwer; Heinrich I. habe [?] dem abgeholfen; Quadr Arg 22 **6**) Wer einen Wind-, Hirten-, Rentier- oder Jagd~ tötet, zahlt 120, bzw. 72, 12 u. 40 (oder 80 Pfg. je nach Dressur des Jagd~es); I 367* **7**) Über Missetaten des ~es *s.* Haftung 5a. b **8**) Was verboten für menschl. Nahrung, weil angenagt von Tieren, erhält der ~; aus Exod. Af El 39 **8a**) ~en zum Frasse verflucht die Leiche des Gebannten Excom VI 12; *vgl.* Exkommunikation 8

hundert *s.* Wb *hund, hundred, hundteontig, hynden, -hynde; cent* **1**) Die Zahl 100 hatte für den mittelalterl. Menschen neben dem runden und zentralen Wert auch eine mystische Bedeutung; Edw. Schröder *Nachr. Gött. Ges.* 1909, 75 **1a**) *hund* heisst vielleicht Urgerm. nur 'Menge'; Schwerin *Zur ~sch., Zs. Savigny RG.* 29, 263 **2**) Das Gross~ (120) ist zumeist eindeutig durch *CXX, hundtwelftig, hundtwentig, an hundred and twentig* ausgedrückt. Nur vielleicht ist es unter ~ gemeint im ältesten Wergeld (*s. d.*) von Wessex; *vgl.* Hufe 5a **2a**) Es ist in den *Gesetzen* lebendig in der Äckerzahl der Hufe (*s. d.* 9), im Strafgeldfixum, besds. 'Ungehorsam' (*s. d.*), in Busszahlung Af 2, 1. 10. 18, 3, im ~ Silbers *u.* 6. Es lebt noch im Holz- und Fischhandel und Gärtnerei Englands **2b**) König Oswiu stiftete 12 nicht benachbarte Grossgüter zu 10 Hufen, also ein Gross~ Hufen, für die Kirche; Beda III 24 **2c**) *Vgl. twahund mancusa goldes beo* (zu) *hundtwelftigum;* Urk. a. 955 Birch 912; *in civitate Lincolia Anglice computatur centum pro CXX;* Domesday I 336a 1 **N 2d**) Wie geläufig 1114 das Gross~ war [das noch im Statut a. 31 Edward III. c. 2 lebt], erhellt aus dem Irrtum des Quadr.: er setzt für *L 7 hundteontig* (Af 15): *L et CXX* **2e**) *magnum centum* heisst 120 im *Cartul. Rievall.* 88 **3**) Das Wergeld des Kenter Gemeinfreien (*s. d.* 4) beträgt ~ Schilling, **3a**) das der Mercier und Westsachsen und des Adels ein Vielfaches von ~; doch *s. o.* 2 **3b**) Je 1 ~ [Schill.] bildet darin einen Sonderteil; Ine 54, 1 **4**) Gerade zu 100 Hufen schätzt der Staat manches Hundred; *s. d.* 5 **4a**) Nach einem Vielfachen von 100 Hufen schätzt man Völkerstämme; *ebd.* 4c **5**) Wer Urteilserfüllung in Kent zu geloben weigert, zahlt *an C;* Hl 10 **5a**) ~ in Geldsummen *s.* Heergewäte 9e. f. 11b, Busszahlung Af 10. 15. 18, 2. 77; in Naturalabgaben Ine 70, 1 **N 6**) Das ~ Silbers zu 8 £, als Nord. erkannt ECf 27, 1, erklärbar als ein Gross~ Ör zu 16 Pfg. [120 × 16 = 1920 Pfg. = 8 £; *s.* Wb *hundred B*] kommt in Denalagu häufig vor für Bruch des Friedenschutzes vom Wapentake (*s. d.*), des Königsschutzes (*s. d.*), für das Entfliehen eines Diebes, den man verbürgt hatte, in welchen beiden Fällen das übrige England nur 5 £ Strafe zahlt (In Cn I 3, 2. Leis Wl 3, 3), so für die Grafschaften Nottingham, Derby, Lincoln, York im Domesdaybuch I 280b. 298b. 336b 1 | *unumquodque* 8 £; 298b 2. — Über das ~ in Norwegen und auf Island *vgl.* Lehmann *Königsfrieden* 203; Maurer *Island* 442; Amira 124; Heusler *Strafr. Isld.* 210 **6a**) In der Gilde zu Cambridge *gyf hwa gyldan ofslea,* 8 *pund to bote,* ohne den Namen ~; Thorpe *Diplom.* 611 **N 6b**) Heinrichs I. Privileg für Kathedrale York bemisst die Busse für Asylbruch (*s. d.* 7) nach ~; *in hundreth* 8 *lib. continentur* [wohl nur Irrtum dafür: 6; *Visitations of Southwell* 192] **6c**) Auch Durham rechnet Geld nach ~: *Hist. S. Cuthberti* ed. Hinde hinter *Sym. Dun.* 150, ebenso Richard und Johann von Hexham p. 14. 61. *Vgl.* Dietrich ~ *Silbers* in *Zs. Dt. Altt.* 10 (1856), 223 **6d**) In Ostanglien kostet Bruch des Handfriedens (*s. d.* 5B) $10^1/_2$, in übr. Denalagu 18 ~ = 84 bzw. 144 £; ECf 27, 1. 33. *Vgl.* Heergewäte 9f.

hundred, Hundertschaft, *s.* Wb ~, *centenarium, -ius, centuria, -atus.*

1. Früheste Erwähnung. 1a. Früheres gefälscht. 2. Urgermanisch nur personales ~. 3. Meinungen über Ursprung. 4. Nicht uralt. 5. 100 Steuerhufen. 6. Distrikt früher vorhanden? 7. Nicht in kirchlicher Geographie. 8. Nur éin Lokalgericht bis Æthelstan. 9. Grafschaft einziger Staatsverwaltungsbezirk. 10. Einführung des ~, Grafschaftsgerichts, der Zehnerschaft. 11. 940—60. 12. ~ = öffentliches Gericht überhaupt. 13. Geographisch. 14. Jeder Freie im ~. 15. Mehrere ~s 16. zu éinem Gericht verbunden. 17. Wapentake. 18 Strafgeld fürs ~. 19. Vermögen. 20. Körperschaft. 21. Verklagbar. 22. Besteuert Insassen. 23. Mediatisiert unter Adel 24. Beamte. 25A. Vorsteher. 26B. Vogt 27. Beide vermengt. 28. Gerichtshalter. 29. Instanzenzug. 30. Periodizität. 31. Gerichtsfolgepflicht. 32. Gerichtsstand. 33. Freiwillige Gerichtsbarkeit 34. Leumundzeugnis. 35. Zuständigkeit. 36. Prozess. 37. Weistum. 38 Staatslast. 39. Freibürgschaft.

1) Die früheste Stelle, an der ~ in *Gesetzen* vorkommt, und zwar als ein bereits bestehender politischer Bezirk, ist III Em 2: a. 940—6 **1a**) Gefälscht sind die Urkk., in denen ~ erwähnt wird, von a. 664. 944 Birch 22. 794; letztere, die Glastonbury *forisfacturas, burgbryce, ~socna, athas, ordelas* verleiht, darf nicht als zweiter Beleg fürs ~ unter Eadmund gelten; sie scheint 100—150 Jahr jünger; die erstere Urk. kommt vom Anfang 12. Jhs. **1b**) Nicht vor 12. Jh. geschrieben ist auch die Stelle über den Zubehör von Oundle, *þet man cleopeð Eahte ~* in Ann. Agsax. a. 963 **1c**) Die Urk. a. 676 mit *centum manentes, qui adiacent civitati Hat Bathu,* aus Chartular 12. Jhs., ist unzweifelhaft verunechtet, und jene Worte brauchen nicht älter als 950 zu sein; Birch 43 **1d**) Freilich der königl. Chronist Æthelweard setzt um 975 das ~ als 800 bestehend. Wo nämlich der Agsä. Annalist von *aldorman mid Wilsætum* spricht, übersetzt er *dux cum centurias* (so) *populi provinciæ Wilsætum* (so); ed. Mon. Brit. 510A. Allein eine Vordatierung der mehr als 1 Menschenalter alten Institutionen in frühere Jahrhunderte hinauf kommt bei unkritischen Chronisten oft vor. Nur das Bestehen des ~ bereits um 940 (*o.* 1) folgt hieraus **2**) Eine urgermanische Hundertschaft ist zwar als Personalverband, namentl. des Heeres, aber nicht bereits territorialisiert, nachgewiesen, und nicht gerade bei den festländischen Ahnen der Agsa.; Brunner I² 159 ff.; Schröder *DRG*⁵ 19 **3**) Rietschel *Unters. z. Germ. Hund.* 90 hält das ~ von den Agsä. Einwanderern in Britannien gegründet, indem das Volk sich in annähernd gleiche Haufen, sowie das Land in annähernd gleiche Bezirke teilte, und je ein Haufe einen Bezirk besetzte. Ich halte diese Hypothese für unvereinbar mit den sicheren Nachrichten über die allmähliche, langsame, verschiedenartige Eroberung. — Rhamm hält das Agsä. ~ für das Gemeingerm.,

Grosshufen 241. — v. Schwerin leugnet den Zusammenhang des Agsä. ~ mit der von ihm als Bezirk angenommenen German. Hundertschaft; *Altgerm. Hund.* 176. 189. 214. — Pearson schreibt das ~ dem 6. Jh. zu; *Histor. maps* 28. — Chadwick meint, das ~ aus 100 Hufen bestehe schon vor 9. Jh., diene aber erst später seit Eadmund politischer Organisation, unter Nordischem Einflusse; *Anglo-Saxon institut.* 248. — Nach Steenstrup hätten die Dänen wie das Wapentake, so das ~ eingeführt; *Normannerne* IV 76. — Vinogradoff möchte im Kent des 5. Jhs. ~s nicht von Hufen, sondern Haushalten sehn (*Social Engl.* 102), hält das Engl. ~ für Gemeingermanisch, aus 100 Haushalten bestehend, und bereits in Bedas Landschätzungen nach 'Familien' vorhanden; *Growth* 145. 250. — Maitland erschien das Hufen~ einer Theorie 10. Jhs. entstammt; *Domesday* 460. — Round weist vom ~ nur den Namen erst dem 10. Jh. zu, die Einrichtung aber den Germanischen Einwanderern; *Feudal Engl.* 98 **4**) Der Name ~ für einen Bezirksverband reicht in England nicht über das 10. Jh. hinauf **4a**) Das Wort ~ gehört nicht dem ältesten Agsä. an **4b**) Wenn Beda und die frühen Urkk. das Wort kannten, hätten sie einmal *centuria, centena* gesagt; wenn es um 870 bestand, hätte der Agsä. Übs. es einmal für Bedas *locus, regio* eingeführt **4c**) Wenn zur Zeit des *Tribal hidage* ein ~ existierte, hätte man die Völkerschaft wohl nach ~s geschätzt, nicht nach hundert Hufen **4d**) Wäre das ~ uralt, so würden wir, da bei der Besiedlung noch die Geschlechter eine grosse Rolle spielten, als Name für jedes ~ zumeist den Eigennamen des Patriarchen oder ein gentil deutbares Wort erwarten. Nur ganz selten ist das der Fall. Meist sind die Namen topographisch, also dem Versammlungsort entweder in der Natur oder (später) in einer zentralen Ortschaft entnommen **5**) Der Name ~, wie er im 10. Jh. auftritt, bedeutet in vielen Fällen genau 100 Steuerhufen. *Vgl.* Round *Domesday studies* I 117; Rietschel (o. 3) 61 ff. *Vinogradoff EHR* 1904, 285[12]; *vgl.* Ann. S. Edmundi a. 1198: *super qualibet carucata terre positi sunt* 5 *solidi, in quibusdam vero comitatibus in quolibet hundreto* 25 *libre* [= 500 Schill. als 100 Pfluglande vertretend]; ed. Liebermann *Anglonorm. Gq* 138 **5a**) Gemessene 100 Arealhufen (oder gezählte hundert Vollbauerstellen) sind bisher nirgends im ~ nachgewiesen. Wo die Urkk. von 100 *mansiunculis*, 100 *hida* Areal oder Bodenwert reden, setzen sie nicht etwa dafür ~; a. 948 Birch 862 [*vgl.* Domesday I 65b]; a. 955 Birch 917; a. 984 Kemble 642. Letztere konnten schon im 9. Jh. nicht gemeint sein, weil der Bauer nur noch $^1/_4$ Hufe normal besass **5b**) Nur in dem durch Wessex annektierten Lande, nicht aber im alten Ur-Wessex machen 100 Steuerhufen 1 ~; z. B. in Beds., Cambrideges., Northamptons., Worcesters., Herts. **5c**) Gegen frühe Entstehung des 100-Hufen-~ spricht die Verwendung des rein dezimalen 100, statt des Grosshundert 120 **5d**) Nichts steht im Wege, jenes 100-Steuerhufen-~ für ein fiskalisches Kunstwerk, vielleicht eine Schöpfung des Mittelland-Organisators Eadward I., zu erklären: einer vorher bestehenden Landschaft (Worcestershire) ward von der Zentralregierung aufgegeben, für ein Quantum, z. B. 1200 Hufen, Staatslast zu tragen. Die Regierung schätzte ihre Einnahme nach runden Hufen-Hunderten. [Wilhelm I. fragte bei Anlegung des Domesday: *hu fela ~ hyda wæron innon þære scire?* Ann. Agsax. 1085. Hätte jedes ~ 100 Steuerhufen enthalten, so hätte er seinen Sheriff nur zu fragen brauchen: wieviel ~s enthält deine Grafschaft?] Sie tat dies, indem sie nach ungefährer Schätzung etwa gleich leistungsfähige Distrikte mit je 100 Steuerhufen belastete (also hier 12). Dass in Worcestershire das ~ nach der Grossbegüterung der Kirchenstifter entstand, zeigt Round *Victoria County hist. Worc.* I 238 **5e**) In Zusammenhang mit dieser Regierungsmassregel kann es stehen, wenn Bezirken zwischen Grafschaft und Dorf (oder Herrschaftsgut) der Name ~ gegeben ward, obwohl der Bezirk bisher anders hiess: nachweislich hiess z. B. manches spätere ~ einst *scir*. Der Bezirk, wohl in manchem Falle überhaupt ohne Artnamen, nur nach den 'Leuten um einen Ort herum' oder einer Gens unterschieden, ward nun ~ genannt, obwohl, wie im sö., südl. und südwestlichen England, nie mit 100 Steuerhufen belastet **5f**) Die Herkunft des Namens ~ ist erklärbar entweder aus jener fiskalischen Absicht, das annektierte Land in Hunderten von Steuerhufen einzuschätzen oder aber aus fremder Entlehnung, wobei sowohl ans Frankenreich wie an den Norden gedacht werden kann. Nicht notwendig ein gezähltes 100 ist ~, sondern *getâlu vel heápas* stehen synonym mit *~u vel centurias;* Ælfric **N 5g**) [Erst seit 14. Jh. taucht der Irrtum auf, im ~ seien 100 *villae;* Ranulf Cestr. I 50; Bromton c. 956. Bisweilen umfasst ein ~ ein einziges Grossdorf (Hudson *Eastbourne* in *Sussex archl. coll.* 42)!] **5h**) Dagegen weiss man um 1178 am Exchequer, tatsächlich treffe nicht allgemein, nicht einmal regelmässig zu, dass ein ~ 100 Hufen fasse: *~us ex hidarum aliquot centenariis, quidam ex pluribus, quidam ex paucioribus hidis constat;* Ric. fil. Nigelli *Dial. de Scacc.* I 17 **5i**) Wirklich schwankt die Grösse des ~ im Domesday von 40—300 Hufen (Round *Feudal Engl.* 60), die des heutigen ~ von $^1/_8$ bis 18 Quadratmeilen; Maitland *Archl. Rev.* IV 239 **5k**) In den *Gesetzen* erhellt die Beziehung des ~ zu einem geschätzten Hufenquantum nur einmal: von je 10 Hufen des ~ wird 29. Sept.—11. Nov. ein Strassenwächter gegen Viehräuber gestellt; Leis Wl 28; *u.* 24. Dass gerade 100 Hufen in diesem ~ gemeint waren, folgt aber nicht **6**) Denkbar wäre nun (und oft behauptet wird), dass das ~, verborgen unter anderem Namen, als Verwaltungsbezirk lange vor 10. Jh. bestehe. Kein Erweis ist dafür erbracht **6a**) Distrikte zwischen Kleinkönigreich und Dorf, früher *regio* und später ~ genannt, scheinen nur in Kent nachgewiesen: *Hoo* und *Chart;* Birch 159. *191. Mit Eastry kann auch, was später Lathe hiess, gemeint sein. Gerade für Kent aber gehen die Namen der anderen grösseren Distrikte, der Lathes des 11. Jhs., ins 8. Jh. hinauf als Gegendnamen; und gerade für Kent scheint die Abhängigkeit des Lokalgerichts von je einem königlichen Herrschaftsgute erwiesen; Chadwick *Instit.* 294 ff. Nur éin Versammlungsplatz *Berghamstyde* (Wi Pro) ist vielleicht [?] identisch mit *Barham*, wonach im Domesday ein ~ heisst: sicher kein ursprünglicher Gentilname! **6b**) Bei Beda findet sich mehrfach *regio* [neben dem allgemeinen Sinne 'Gegend' I 15. III 16. IV 24] für einen Bezirk innerhalb der Königreiche, der grösser als ein Herrschaftsgut od. Dorfbezirk ist, z. B. *Elge regio familiarum* 600; IV 17. Allein nirgends konnte eine Beda'sche *regio* mit späterem ~ identifiziert werden. Beda spricht auch einmal von *provincia Gyrviorum*, dann von *regione Gyrviorum*, dieselbe Ostenglische Land- und Völkerschaft meinend (III 20. IV 6), von *Sudergeona regio*, ganz Surrey, weit grösser als ein späteres ~, verstehend; IV 6. Umgekehrt bezeichnet Beda Insel Wight und Meanware als *provincia*, welches Wort er sonst für Kleinreiche oder Völkerstämme benutzt; IV 13. Hinter *regio* ist also der Distrikt ~ nicht zu wittern. Weder Beda noch eine frühe Urk. bestimmt Ortslage nach einem Distrikte, den man mit einem späteren ~ identifizieren kann, vielmehr nach Völkerstamm, [späterer] Grafschaft, Fluss, Strasse, Stadtnähe; *vgl.* Beda II 2. III 22 **6c**) Von einem Regionalrichter fehlt jede Spur. Er konnte nicht übergangen werden in den mehrfachen Listen der Magistrate und ihrer Schutzbewertung bei Ine 45. Af 15. 38. 40 **6d**) Gegen die Entstehung des ~ im 5. Jh. spricht, dass diese Bezirke um 1000 planmässig an einander grenzen (nicht oft von weiten Strecken Forst oder von Walliser Enklaven Spuren bergen) und ferner Markgenossenschaft (*s.* Gemeinheit 11) meist entbehren **6e**) *Boldgetæl* erschien mir *o.* S. 26 als Vorläufer des ~. Es ist aber nur ein anderes Wort für Grafschaft; *s. d.* 1h **7**) Die kirchl. Einteilung in Bistümer schliesst sich deutlich an die der Kleinreiche, besser der Stämme, an. Dagegen spielt das ~ für die kirchliche Geographie keine Rolle. Der Satz *presbyteri per loca et regiones laicorum . . officium . . visitando studeant explere* (Synod. Clovesho. 747 c. 9) heisst 'Ortschaften und ländliche Gaue, kleiner als Shires' (da Shires Bistumsprengel sind), ohne dass aber letztere politische Beziehung zur Zentralregierung zu haben brauchen; deutlich sind diese *regiones* nicht Pfarreisprengel. Ganz vereinzelt 'the ~ of Barclay seems to consist of the parish of Biddenden'; Pol Mai I 544[1] **8**) Die Zweiteilung der öffentlichen Provinz-Gerichte in die der Grafschaft und des ~, unter richterlichem Vorsitze bzw. des Ealdorman und Königsvogts, wie sie seit Eadgar herrscht, ist vor diesem nicht nur nicht nachweisbar, sondern es besteht deutlich nur éin volkstümliches Gericht (*s. d.* 13) vor Ealdorman oder Vogt; **8a**) Zwar nennt Hlothære neben dem Königssaal als Plätze, wo Gerichtsparteien einander treffen, *mædl* oder *þing*. Dass darunter zwei Instanzen, analog späteren Grafschaft und ~, zu verstehen seien, hat noch niemand behauptet **8b**) Ebensowenig darf das Schiedsgericht (*s. d*) mit jener Spaltung verbunden werden **8c**) Ine 8 spricht von dem *scirman* oder anderem Richter, vor dem man Recht fordert. Da nur éine Busse für Weigerung des Prozessualpfandes genannt wird, während später, als es zwei Lokalgerichte gab, die Ungehorsamsbussen differierten, so ist hier nicht an zwei Instanzen zu denken **8d**) Nur bei dem einen *folcesgemot* wird dem Königsvogte eine Schuld vom Kläger oder die Gehilfenschaft vom landeinwärts reisenden Kaufmann angezeigt; Af 22. 34 **8e**) Gerichtsfriedenstörung kostet, wenn der Ealdorman vorsitzt, 120, wenn dessen Vertreter oder Königskleriker, nur 30 Schilling; 38, 1; 2. Aber das *folcgemot* ist dasselbe **8f**) Es gab ursprünglich nur éinen der Regierung verantwortlichen Provinzialbeamten, den Ealdorman: nur er empfängt Strafgeld, wird bei Bestechung bedroht (Ine 36, 1. 50), hilft dem zur Exekutive in Selbsthilfe Ohnmächtigen (Af 42, 3), versieht die Polizei über Herrensuche; 37. Gäbe es einen Unterbezirk als staatliches Organ schon vor 10. Jh., so wäre dafür ein Beamter zu erwarten **8g**) Die Eideshelfer (*s. d.* 10—12c) müssen 'Nachbarn', aus demselben *tun* (Hl 5) lange vor 10. Jh. sein. Aber kein grösserer Bezirk beschränkt ihre Herkunft, bis seit Æthelred II. das ~ dafür auftaucht **9**) Unter Ælfred tritt, wer in anderen staatlich organisierten Bezirk auswandert (37), unter Æthelstan (VI 8, 4), wer die Spur verlorenen Viehs über die 'Grenze' verfolgt, in andere Shire über, dagegen in ein anderes ~ nach Hu 5, wo letzterer Satz wiederholt wird **10**) Die ungefähr 935—9 anzusetzende Reform gab erstens dem bisher vielleicht nicht überall geographisch begrenzten Sprengel des Volksgerichts, dem Gau eines kleinen Stammes, sichere Grenzen, die fortan genau aneinanderstossen, und zweitens den Namen ~. Vielleicht gleichzeitig ward dieses ~ drittens für die Steuerorganisation verwendet und an einigen Orten zu 100 Hufen eingeschätzt; *o.* 5d. e. Noch in demselben Menschenalter wurden viertens höhere Provinzialgerichte, das der Grafschaft und der Stadt, dem ~ übergeordnet, also die Lokaljustiz in zwei Instanzen gespalten. [Diese Spaltung um 939 anzusetzen, dafür bietet ein nur unsicheres Argument *o.* Grafschaft 22.] Wohl von Anbeginn erhielt fünftens bei jenem der Diözesan den Mitvorsitz. Das ~ ward z. T. nachweislich (*s.* Gericht 1m. 13d) benannt nach dem Dingplatz des bisherigen Volksgerichts **10a**) Nun hat noch vor 940 die Londoner Gilde sich neu zu 10 und 100 Mann gegliedert (*s.* Genossenschaft 12f) und dabei den Namen *teoðung*, den sie bereits auf Dörfern vorfand, dorther entlehnt. Es liegt nahe anzunehmen, dass sie, die sich überhaupt aufs Landrecht stützte, auch jene höhere Zahl einer staatlichen Einrichtung nachgeahmt habe, dass also das ~ schon unter Æthelstan bestand **10b**) Die gleichzeitige Entstehung beider personalen Londoner Gliederungen nach 10 und 100 steht fest. Entstand auch die ländliche *teoðung* gleichzeitig mit dem ~? Der Chronist von Malmesbury (*Reg.* II ed. Stubbs 122) um 1120 und ECf 29 um 1135 behaupten es. Innere Wahrscheinlichkeit spricht dafür **10c**) Schuf éin Staatsmann in den letzten glanzvollen Jahren Æthelstans sowohl die landrechtliche Reform wie die Londoner Gildenordnung? **10d**) Die Schaffung von ~ und Zehnerschaft schreibt Ælfred zu Will. Malmesb. *Reg.* II 122, oft wiederholt, wie im Liber de Hyda 42, Ps.-Ingulf, Joh. de Oxenedes. In Wahrheit gebührt sie m. E. dem Sohn oder wahrscheinlicher dem Enkel, denen er den Weg bahnte **10e**) Für die Entstehung des ~ nach II Ew und nach II As spricht *o.* Gericht 13a. b. e. f. g. i **11)** Zuerst kommt 940—6 das ~ als Mitempfänger des Strafgeldes vor, das denjenigen trifft, der an der Verbrecherverfolgung teilzunehmen sich weigerte. Und zwar wird da das ~ nicht neu geschaffen, sondern ist etwas Bekanntes; III Em 2 **11a)** Mit voller Sicherheit darf das ~ als mit diesem Namen bestehend angesetzt werden, bevor 946—c. 961 das Denkmal Hu erlassen wurde. Sonst hätte es nicht, bevor es das ~ erwähnt, gleich anfangs reden können vom *~esman* als einer bekannten Behörde und späterhin von einem ~ als selbstverständlich dem anderen angrenzend; Hu 2. 5 **12)** Die weiteste Ausdehnung erlebt das Wort ~ etwa 1020—1080: jedes öffentliche Gericht heisst ~; *s.* Gericht 131. (Ja, vielleicht auch private Gerichtsbarkeit; *s. d.* 30a). Dagegen braucht Hn das Wort ~ nur in engerer Bedeutung. Die Gerichtsstätte des ~ (wie der Mittelpunkt anderen Gerichts; *s. d.* 12d) kann *burg* heissen **12a)** Das Folgende betrifft das ~ im engen Sinne, c. 940—1140 **13)** Es ist von Anfang an nicht (wie Londons *hynden*) ein rein persönlicher Verband, sondern ein geographischer Bezirk, dem gewisse Eideshelfer (*s. d.* 12. a. b. c), um als Nachbarn wertvoll zu sein, entstammen müssen, und der kleiner ist als der Sprengel einer grösseren Stadt; IV Eg 3, 1. 5. 6 **13a)** **N** Das vom Angeklagten dem ~ gegebene Prozessualpfand *non ducatur extra hundretum;* Hn 29, 2a **13b)** Ganz England ist durchzogen mit Distrikten der Art des ~, so dass Domesday alle Manors katastrieren kann nach dem ~, in dem sie liegen. **N** Daher existiert in jedem ~ mindestens éin *baro* (48, 3), mindestens éine Kirche mit Ordalapparat; ECf 9, 3. M. a. W. es gibt keinen Englischen Boden (mit Ausnahme der Städte, Forsten und winziger Unregelmässigkeiten), der nicht zu einem ~ gehört; verlässt man ein ~, so geht es nicht anders, als dass man *in alium hundretum eat;* Hn 92, 1. Städte, Burgen, *~i et wapentachia noctibus vigilentur pro maleficis et inimicis;* Wl art retr 6 **13c)** Die Grafschaft (*s. d.* 7) zerfällt in ~s, das ~ in Herrschaftsgüter, Dörfer und Zehnerschaften (*s. d.*): *Regnum dividitur in comitatus, comitatus in centenaria;* Cons Cn II 19, 2a. *Alfredus* (*o.* 10d) *divisit comitatus in ~as;* Liber de Hyda 42. *Comitatus in centurias et sipessocna* [*s.* Schiff] *distinguuntur, centuriæ vel hundreta in decanias et dominorum plegios;* Hn 6, 1b **13d)** In Wessex gibt es keinen Mittelbezirk zwischen Grafschaft und ~. Für das nördl. England *s. Riding,* für Kent *Lathe* **14)** Jeder Freie sei in einem ~, sobald er 12 Jahr alt ist; sonst sei er keines Freienrechts würdig; hausgesessen oder Gefolgsmann, jeder sei in ~ gebracht [polizeil. angemeldet]; II Cn 20. 20a = Hn 8, 2 **15)** **N** Mehrere ~s, nur zufällig und stets wechselnd gruppiert, bilden die Landschaft, der die Eideshelfer (*s. d.* 12) entstammen müssen, oder die Urteilfinder, wo ein ~ deren zu wenig besitzt oder in Kapitalprozessen verurteilt werden soll; Hn 7, 5. 31, 1 **15a)** Zeugenschaft mehrerer (2—8) ~s um 975 bei Birch 1130; *vgl.* mein *Üb. Leg. Edw. Cf.* 84. 101; Pol Mai I 86. II 641 **N 15b)** Vor 7 ~s geschieht Eidesbeweis 1122; Palgrave *Rise* II p. 183; *vgl.* Gross *Coroner* in *Polit. sci. Quart.* VII n. 4 **15c)** Als Inquisitionszeugen treten *novem ~a* vor dem Sheriff von Norfolk 1114—30 auf; *Chron. Ramsei.* 267 **16)** Bisweilen bilden mehrere ~s dauernd éin Gericht; Hn 57, 8 [*septem* in 48, 2 ist wohl falsch] **16a)** In Buckinghamshire waren die ~s in Gruppen von je drei vor 1086 angeordnet; Davies *EHR* 1904, 834. Andere Beispiele gibt Plummer *Saxon chron.* II 185 **16b)** Drei ~s bilden einen Bezirk zur Seewehr *s.* Schiff **16c)** Oder es sind mehrere ~s dauernd vereint durch éinen Besitzer; so besass Peterborough acht zu Oundle, die es fälschend behauptete, schon im 7. Jh. erhalten zu haben; Birch 22. 1139. 1258. 1280. *Vgl.* Vinogradoff in *Harvard Law R* XX (1907) 545. Mehrere ~s gehören éiner *socn* auch laut Urk. a. 970 Birch 1267; Ely erhält mehrere ~s; Birch 1266 f.; *vgl.* Rietschel (*o.* 3) 51. Eadward III. gab die vorher seiner Mutter gehörigen *healf nygoðe* [= 8½] *~a socne* an Bury St. Edmunds; Kemble 874 **17)** Zu systematisch verallgemeinernd, daher ungenau, setzt dem ~ Südenglands überall sachlich gleich ein Wapentake in Nordenglands 13 Grafschaften; ECf 13, 1. 22, 5. 30, 1. 31, 1; *vgl.* I 652[f] **17a)** Weitgehende Analogie aber folgt daraus, dass IV Eg 5. 6. 10 ~ und Wapentake für einander stehen und die Versio ~ für Wapentake einsetzt; 6. Auch Hn 7, 4 ordnet *hundreta vel wapentagia* gegenüber anderen Gerichten als synonym zusammen. In Northamptonshire heissen zwei Gerichtsbezirke bald ~ bald Wapentake; Vinogradoff (*o.* 16c) 544; Domesday I 375a **17b)** Beide sind unterstes öffentl. Gericht, rangieren hinter Gerichtsstadt u. Grafschaft (*s. d.* 7; III Atr 1, 1. 3, 1 ff.), tagen vierwöchentlich, 7 Tage zuvor geboten (Hn 7, 4 = Lond ECf 32 B 11), an bestimmtem Orte (ECf 30, 2), unter einem Vogte (III Atr 3, 1. ECf 32), der [um 1200 dem städtischen Alderman gleichgesetzt; Lond ECf 32 A 1] dem Sheriff untersteht; letzterer bezieht, wo ein Graf fehlt, den Gerichtsertrag; ECf 13, 1. Beide haben dieselbe, sog. grafschaftliche, Ungehorsamsbusse, z. B. für gewaltsame Gerichtstörung; *ebd.* Beide neben dem Stadtgericht notifizieren den Handel in Fahrhabe; IV Eg 6. Beide empfangen Prozessualpfand und Strafgeld [haben eigenes Vermögen]; III Atr 3, 2 f. **N** Beide ordnen polizeil. Nachtwache und erfahren jährliche Waffenschau gleichmässig um 1200; Lond ECf 32 A 12 f. Wl art retr 6 **17c)** Nirgends erscheint ein ~ neben dem Wapentake. Vereinzelt bilden aber mehrere ~s ein Wapentake; Rietschel (*o.* 3) 46. Taylor's Ansicht, dass 3 ~s éin Wapentake bilden, gilt nicht für Lincolnshire; Tait *EHR* 1908, 123 **18)** Wie König, Graf, Adel, Kirche, Stadt, so hat das ~ (*o.* 17b) eigene Ungehorsamsbusse, nämlich 30 Schill., verwirkt durch den, der dessen Polizeibefehl zur Verbrecherverfolgung, Urteilserfüllungstermin, Satzung zu befolgen weigert, Urteil schilt (III Em 2. Hu 7, 1. II Cn 15, 2 = Leis Wl 42, 1) oder als Vorsteher des ~ den vom nachbarl. ~ übergebenen Spurfaden gestohlenen Viehs nicht verfolgt; Hu 5, 1. Sie gleicht der der Stadt London (IV Atr 4, 2) und des Thegn oder Baron; Hn 35, 1. 87, 5. Diese Strafsumme setzt fort die frühere für Gerichtsbeleidigung durch Bruch des Friedens, den der vorsitzende Ealdormansbeamte oder Königspriester gab (Af 38, 1) oder durch Rechtsgangweigerung des vor Gericht

Geladenen; I Ew 2, 1 = II 1, 3. Wer das ~ nicht besucht, zahlt *wite;* II Cn 17, 1: ob 30 od. 60 Schill.? **18a)** **N** Um 1130 gehören *divisiones ~orum, wapentagiorum comitibus*, [bzw. wo kein Earl] *vicecomitibus cum iudicio comitatus* (das Gericht des ~ samt Geldertrag, besonders aus dem grafschaftlichen Strafgeldfixum, ist dem Sheriff verpachtet); ECf 13. 13, 1 **18b)** Das ~ erhält an Strafgeld ferner die Hälfte vom Gute des in ihm hingerichteten oder friedlos gelegten Verbrechers (Hu 2, 1 = III Eg 7f. = II Cn 25f. = Leis Wl 47, 1. IV Eg 2, 11), vom Vieh, das der Erwerber verliert, weil er es nicht polizeilich angemeldet hatte (Hu 8, 1), endlich die Hälfte von 30 Pfennig (beim zweiten Male 60 Pfg., beim dritten 120 Pfg.) von einem zur Verbrecherverfolgung durchs ~ Aufgebotenen, aber nicht Erschienenen; Hu 3. Dauernden Ungehorsam ahndet Vermögenseinziehung u. Friedlosigkeit; 3, 1 **18c)** Wer zum ~ vorgeladen ausbleibt, wird für dasselbe gepfändet beim ersten und zweiten Male um je 30 Pfennig; Hn 29, 2 = 51, 1; beim dritten Male *plena wita* 51, 1 = *forisfactura regis* Wl art 8, 3, wohl 120 Sch. Statt 30 Pfg. setzt synonym 1 Ochsen 8, 2 **18d)** Über den Frieden des Wapentake in Denalagu *s.* Gericht 12e **19)** Das ~ besitzt also Fahrhabe, aber auch Land; *s.* Gemeinheit 11 **20)** **N** Es entbehrt zwar eigenes Siegel, das Korporationszeichen, (ECf 15, 4, *vgl.* Grafschaft 16), wird aber als Ganzes, ohne Personennamen der Insassen, urkundlich angeredet a. 1066 Kemble 918 **N 21)** Das ~ ist verantwortlich und verklagbar (*vgl. ebd.* 21), wird abgeurteilt in Kriminalsachen durch zwei ~s; Hn 31, 1 **21a)** Wenn das ~ als Ganzes angeklagt, aber ein Einzelner zum Antworten gezwungen wird, so kann dieser fordern, mit dem ganzen ~ antworten, sich reinigen oder büssen zu dürfen; 48, 2 **21b)** Besonders oft tritt das ~ auf als beklagt wegen Murdrum; *s. d.* [*Vgl.* Maitland *The criminal liability of the ~;* in *Law Mag.* 1881/2, 367]. Das ~ mit Vorgesetztem und Nachbarn tritt zusammen, wenn ein Nicht-Angelsachse ermordet gefunden ward, und verspricht Belohnung für Verhaftung des Mörders; Hn 92, 8; 8a. Ein Wapentake haftet für *murdrum* a. 1130; *Pipe Roll* p. 8. Das ~ kann durch 12 *meliores ~i* Englishry (*s. d.*) beweisen (Erschlagener sei kein Franzose, es liege also kein *murdrum* vor); Hn 92, 11. Es kann den Verdächtigen beschuldigen und die Fahrhabe des entflohenen Mörders einziehen, hat aber *murdrum* dem Staate zu zahlen; 92, 4; 16 **22)** Das ~ muss also seine Eingesessenen besteuern können. Immune Barone bleiben von der Beitragspflicht fürs ~ frei, u. a. von der fürs *murdrum;* 92, 17 **22a)** Laut Urk. nach 1066 bestand eine Steuer *~penegas*, wahrscheinlich ursprünglich ein Beitrag der Eingesessenen zur Kasse des ~, hier vom Hintersassen an den Grundherrn gezahlt; Kemble 897 **23)** Manches ~ gehört Kirche oder Adel teilweise; dann bleibt wohl der öffentliche Beamte Richter, und nur der Justizertrag fliesst an den Privilegierten; z. B. ²/₃ des ~ Winstree an St. Ouen zu Rouen; Round *Victoria County hist. of Essex* I 342 **23a)** Aber auch ganze ~s verlieh der König an Adel u. Kirche, *s. o.* 1b. 16c; Gerichtsbarkeit 30 **23b)** Wo das ~ die Hälfte des Justizertrags erhält (*ebd.* 20; *o.* 18b), fliesst der Rest dem Immunitätsherrn zu, noch nicht als Herrn des ~, sondern des Tatorts oder der Person des Täters [gegen Maitland *Domesday* 287] **N 24)** Von angestellten Beamten des ~ kommt in den *Gesetzen* nur ein *wardgerefa* (Wachtinspektor) vor; Leis Wl 28, 1. Er beaufsichtigt die Strassenwächter, deren je éiner von 10 Hufen gestellt ist; *o.* 5k **24a)** Über Nachtwächter des ~ *o.* 17b **24b)** An der Spitze des ~ stehen 2 Häupter verschiedener Benennung, Herkunft und Funktion **25) A.** Der [vom oder doch aus dem Volke des ~ gewählte, jedenfalls nicht königliche] *~(es)man, ~es ealdor, hundreti aldermannus, centenarius* (Domesday) [*~arius* 1275; Maitland *Sel. pleas manorial* 141. 145] ist je einer im ~; Hu 6. Im 11. Jh. kommt ein *Maccos* mit Amtstitel beider Sprachen (*~es mann, centurio*) vor, unterschieden vom königlichen *portgerefa;* Earle 273. Die Agsä. Bibel, Ælfric und Rituale Dunelm. 193 übersetzen *centurio* durch *~es ealdor, ~man, aldormonn;* Toller und Lucas 7, 2. 23, 47. Wo ein ~ einen vorherigen Gau mit genossenschaftlicher Polizei fortsetzte, empfing dessen *ealdor* (Vorsteher) um 940 nur anderen Namen; Rietschel (*o.* 3) 76f. **25a)** Ihm unterstehen die Vorsteher der Zehnerschaft [*s. d.*, wie dem Londoner *hyndenman* von vielleicht ganz verschiedener Funktion, *s.* Genossenschaft 12f]; Hu 2. 4. ECf 29. **N** Aber die Freibürgschaftschau übt der königl. Sheriff; I 554[b]. *Præsit singulis hominum novenis decimus, toti hundreto unus de melioribus et vocetur aldremannus, qui Dei leges* (= fromme Sittlichkeit) *et hominum iura studeat promovere;* Hn 8, 1a. Eine richterliche Funktion braucht vielleicht nicht gemeint zu sein, wohl aber mindestens eine polizeiliche Aufsicht. — Der Sitz der Zehnerschaften ist das Dorf, so dass also Dörfer ebenfalls unter dem ~mann stehn **25b)** Dass er Richter sei über 100 Freibürgen, in Dingen höher als bäuerlich landwirtschaftliche Bagatellen, ist ECf 29 nicht zu glauben: da hat der Kompilator wohl polizeiliche Aufsicht mit Richteramt verwechselt und aus den Namen ~ und Zehnerschaft die Bedeutung, als handle es sich genau um 100 und 10, nur erschlossen, wahrscheinlich indem er *teoðung* irrig als ¹/₁₀ verstand. | Der *~ealdor* wird konfundiert mit dem ~herrn Gerichtsbarkeit 30a **25c)** 1275 leisten in Sussex die *Aldermen* der ~s Gerichtsfolge zur Grafschaft, jeder für sein ~; *Rot. hundred.* II 204f. 214; Hudson (*o.* 5h) 7. Sie sinken unter Edward I. zum Büttel (*s. d.*) herab; Pol Mai I 544; Rietschel (*o.* 3) 56 **25d)** Dem ~vorsteher wird durch die Dorfschaft fremdher verdächtig hereingebrachtes Vieh angemeldet; IV Eg 8ff.; *s.* Handel 8k **25e)** Er ist Kaufzeuge (*u.* 33b), **25f)** übernimmt an seiner Grenze den Spurfaden verlorenen Viehs und muss die Spurfolger wieder hinaus aus seinem ~ begleiten, bei 30 Schill. Strafe; Hu 2. 4. 5. 5, 1 **25g)** **N** *Aldermannus ~eti* liefert [dem Fiskalrichter] Prozessualpfand statt des ~, wenn dieses wegen *murdrum* (*s. d.*) verklagt wird; Hn 91, 1b **25h)** Er sammelt 1086 das Dänengeld; Round *Feudal Engl.* 54 **25i)** Dem Grafschaftsgericht (*s. d.* 6e) *intersint episcopi, comites .., centenarii, aldermanni, pre-*

fecti, prepositi; Hn 7, 2. Wenn auch *ald.* nur aus II Cn 18, 1 übernommen ist, steht es doch in anderem Sinne, da *comites* schon vorhergeht, also entweder mit *cent.* gleichbedeutend oder als städtischer Alderman **26**) Ausserdem steht über dem ~ **B**. ein königlicher oder vom Herrn des ~ eingesetzter *gerefa, præpositus, præfectus;* Hn 92, 8. Wahrscheinlich ist er identisch mit [*ge*]*motgerefa* in der Urk. a. 1053—65, die den Staatsbeamten von der Immunität ausschliesst: *nan scyrgeréfe oððe motgerefe þar habban æni socne oððe gemot;* der Lateiner übs. *præpositus;* Kemble 840 **N 26a**) Über das ~ hält *socn* ab *prælatus* (im Ggs. zu Sheriff und Stadtvogt; Hn 20, 1a), was wohl *dominus* (den Gerichtsherrn des ~, bzw. den König), wie dessen Vertreter *præfectus* (*præpositus*) zugleich umfasst **26b**) Den *custos ~eti* (Domesday II 66b) identifiziert mit späterem *bailiff of the* ~ Round (*o.* 23) I 518a **26c**) Der *præpositus regis* neben *hundremani* steht zwar im Exon Domesday 198; letztere sind aber hier die Eingesessenen des ~ laut *homines regis* der entsprechenden Stelle des Grossen Domesday I 105b **27**) Deutlich vermengt erscheinen beide A und B in ECf: *greve, nomen potestatis* für *præfectura, dicitur de scyra, wapentagiis, ~is, burgis, villis; tunc* [vor 1066] *vocabantur aldermanni;* 32. 32, 3 **27a**) Auch der Londoner um 1200 lässt den *præpositus* von ~ und Wapentake dem *aldermannus in civitatibus* entsprechen, für Waffenhalten der Untertanen sorgen, dem Sheriff unterstehen, offenbar nur an éinen Vorsteher denkend; Lond ECf 32 A 1; 13 **27b**) Der *præpositus* der *cum vicinis convenit*, da, wo im ~ Murdrum gefunden ward (Hn 92, 8), scheint eher der *ealdor* als der *gerefa* **27c**) Dem *præfectus ~i* weist die Rolle des polizeilichen Beaufsichtigers über den Viehverkehr zu, die *o.* 25d der *ealdor* spielt, ECf 24, 2 **27d**) Für rettende Festnahme von Vieh erhält der *provost* (*præpositus ~i* L) vom Verlierer Einfanggebühr; Leis Wl 5. Vielleicht liest eine Hs. I 388 hier *grefe.* Ob *~es gerefa* oder *ealdor* gemeint ist? **27e**) Erhob in manchem ~ König oder Herrschaft den volksmässigen Vorsteher zum ~vogt, oder wählten die Eingesessenen den Vogt zum sie vertretenden Vorsteher? *Vgl.* London: Gericht **28**) Das Gericht des ~ [wo dieses nicht Immunitätsherren gehört] hält der *iusticia* [*regis*] ab; Hn 34, 5. ECf 3, zunächst der Sheriff. Es ist der Zehnerschaft (ECf 28f.) übergeordnet und tritt ein, wo Zuständigkeit der privaten und bäuerl. Gerichtsbarkeit endet; Hn 9, 4a. 34, 3. 56, 5. 57, 1a **29**) **N** Instanzenzug (*s. d.* 4a—d. 9a) von ~ an Grafschaft *s.* Grafschaftsgericht 4 **29a**) Dass scheinbar die Grafschaft als Zwischeninstanz fehlt, erklärt sich aus Gericht 131 **30**) Periodizität *s.* Gericht 9. 13c; *u.* 39a **30a**) Anfangszeichen *s.* Glocke 2 **31**) Die Pflicht zum Gericht (*s. d.* 22) zu erscheinen für die. welche nicht Prozesspartei sind, gilt als Last **31a**) Die *Gesetze* geben keinen Aufschluss, wie weit im 10./11. Jh. alle Freien oder doch alle Hausbesitzer noch zum Gericht (*s. d.* 21f.) erschienen. Auf dem *folcgemot* sind mehrere *gerefan* Kaufzeugen, was aber nicht gegen Teilnahme auch anderer am Gericht (*s. d.* 15d. 21g) spricht. Wenn in Rect keine Rede von ~folge des *geneat* ist, so mag dieses ja privilegierte Herrschaftsgut davon eximiert sein **31b**) **N** Um 1115 werden freie Bauern im ~, aber nicht in der Grafschaft, als Urteilfinder zwar durch den Königsrichter [zunächst Sheriff] verwendet, verfallen aber in keine Geldstrafe, wenn sie kein Urteil abgeben. Ihre Abwesenheit, wenn nur ihre Herren geladen sind, schadet der Gültigkeit des Gerichts nichts; Hn 29, 1a. b. c. 34, 5 **31c**) Den Grundherrn in seiner Gerichtsfolge kann vertreten ein Ausschuss von Bauern; *s. d.* 8d. e **31d**) Laut Stadtrechts von Hereford vor 1066 *qui equum habebat, ter in anno pergebat cum vicecomite ad placita et ad hundrez* (Domesday I 179a 1), worunter nicht etwa nur die Freibürgschaftschau (*u.* 39a) im besond. verstanden sein kann, da ja zu dieser auch die Armen kommen mussten. **N** Nur 8 Bauern dienten von jedem Dorf zur Enquête fürs Domesdaybuch 1086, und von der Stadt Chester gingen 12 *iudices* (*s.* Lagamen) zum ~; *vgl.* Vinogradoff *Engl. soci.* 98. Von Dunwich *duo vel tres ibunt ad hundret, si recte moniti fuerint;* Domesday II 312 **32**) Dagegen als Partei kann jeder Stand vor dem ~ erscheinen: Grundherr wie Gefolge; II Cn 31, a f. = Hn 41, 6f. = 59, 6 = Leis Wl 52 **32a**) Die Königinwitwe klagt vor einem ~; *s.* Gerichtsbarkeit 42 **32b**) **N** Bauern verschiedener Gutsherren oder éines Herrschaftsguts, das keine Gerichtsbarkeit besitzt, prozessieren gegen einander oder gegen den früheren Gutsvogt, der nicht mehr in ihrem Manor amtiert, im ~; Hn 57, 1. 56, 5 **32c**) Viele Prozesse, u. a. zwischen adligen Vasallen verschiedener Herren, sind dem Grafschaftsgericht vorbehalten; *s. d.* 13 **33**) Das ~ dient der freiwilligen Gerichtsbarkeit. Dort geschieht Handel (*s. d.* 8c), Übertragung von Grundbesitz; *s. d.* 16b, auch Urk. nach 1065 Kemble 918 **33a**) Dort erfolgt polizeiliche Anmeldung (*o.* 14), wird Verknechtung notifiziert (Hn 78, 2) und geschieht Freilassung; *s. d.* 5b **33b**) In jedem ~ ist eine Zwölferkommission bestellt als Kaufzeugen; *s. d.* **33c**) **N** Fund (*s. d.* 1f.) von Vieh wird dem ~vorsteher angemeldet (*o.* 18b) und im ~ verantwortet; I 497[h] **33d**) Spurfolge *o.* 25f **34**) Das ~ bestimmt das volle Staatsbürgerrecht (*o.* 14) und den Leumund. Wer ihm Vertrauens unwürdig erscheint, kann sich nur durch dreifaches Ordal reinigen; II Cn 30 = Hn 65, 3 = Leis Wl 51 (wo Zwölfereid gefordert). *Vgl.* II Cn 25 = Leis Wl 47 **34a**) **N** Der Richter befragt die *lagemanni et meliores* des ~ über den Leumund eines Besitzers, dem durch Anefangprozess ein Wertstück abgesprochen worden ist; ECf 38, 2 **34b**) Demgemäss gilt die Eideshilfe (*s. d.* 12) nur wenn von ~genossen geleistet; *vgl. o.* 8g **35**) Im ~ wird um ein Stück Vieh geklagt (Urk. a. 1066 Kemble 917), aber auch um Land; Becwæð 3, 1. Gewere an Grundbesitz *diiudicaverunt homines hundreti;* Domesday II 424a **35a**) Weder schwerste Kriminalklage noch Kronprozess (*s. d.*) war fürs ~ zu hoch **36**) Sowohl die schwerste Beweisart, dreifaches Ordal (Hu 9. II Cn 30), kann vom ~ angeordnet werden, wie die härteste Strafe: Tod; Hu 2 **36a**) Über Exekutive und Strafpolizei *o.* 18—20. *Ubi fur pro certo cognoscetur,* alle Untertanen *exsuperent eum vivum vel mortuum; qui adiuvare nolit, emendet regi* 120 *sol., hundreto* 30 *sol.;* III Em 2, zitiert in Hu 2: Der ~vorsteher befehligt zur Diebesverfolgung die Zehnerschaftshäupter und diese je ihre 10 Mann; sie richten den Dieb hin und ziehen sein Gut ein; 2, 1 **36b**) Das ~ schickt eine Kommission an den Bescholtenen, der dreimal vom ~ ausgeblieben ist, die ihn unter Bürgschaft (*s. d.* 6f) zwingt oder ihn lebend oder tot überwältigt unter Einziehung der Habe. Jeder, auch des Bescholtenen Verwandter, muss an dem Zuge teilnehmen, bei $2^1/_2$ £ [Ungehorsam]-Strafe an den König; III Eg 7, 1f. = II Cn 25, 1f. = Leis Wl 47, 1f. 'Sie sollen den Dieb suchen' (Leis Wl 47, 3) ist wahrscheinlich eine nur missverständliche Übs. von II Cn 26 **36c**) Über die Teilnahme der Gemeinde (im Unterschied vom Richter) am Gericht *s. d.* 21 **37**) **N** Weistum übers Wrackrecht zur Zeit Heinrichs I. erteilt das ~ im *Chron. Ramsei.* p. XL. 214 **38**) Über Besteuerung *o.* 5. 22; über Seekriegsdienst *s.* Schiff; über Waffenschau u. Nachtwache *o.* 13b. 17b. 27a **39**) Dass das ~ zur Verbürgung unter einander diente, sagt Will. Malmesbur. *Reg.* II 122 ungenau: er verwechselt wohl dessen Funktion mit der der Zehnerschaft (*o.* 13c; *s. d.*), die in Wirklichkeit und bes. für ihn (*o.* 10d) dem ~ verwandt erschien, oder er dachte an die Freibürgschaftschau (*u.* a) und an die Haftbarkeit des ~ (*o.* 21) für dortige Missetat, vielleicht auch an die durchs ~ erzwungene Bürgschaft Bescholtener *o.* 36b **39a**) **N** Zweimal jährlich [im Ggs. zu vierwöchentlichem Gericht] wird im ~ in Gegenwart aller Freien, auch blosser Gefolgsleute, Freibürgschaftschau gehalten [später *Sheriff's tourn*] zur Untersuchung, ob die Zehnerschaften (*s. d.*) ordnungsgemäss bestehen; Hn 8, 1; *vgl.* I 554[b]; um 1240 hiess diese Versammlung *lagedai;* Vinogradoff *Villainage* 193f.

Hundredgesetz (Hu) I 193, übersetzt von Cons Cn und von Q, rubriziert I 540. 619, benutzt durch Hn I 555. 573. **N** Ein anderes ~, Hn com genannt, steht I 524, aufgenommen in Q I 544

N Huntingdon, Heinrich, Archidiakon von. In seine Chronik wird eingeschaltet In Cn (I 612[b. c]), und ihr angehängt die Tripartita; I 627[a]; *vgl.* I XXXI: Ip Hunt

Hürde (Pferch für Schafe) *s.* Wb *falod; lochyrdla tilian; faldian, weoxian.* Zu letzterem Worte *vgl. wica* im Domesday, *wyk* um 1470, *wich* im 16. Jh., Ortsnamen auf *-wick* in Essex, in Bed. 'Schaf~', bei Round *Victoria County Hist. of Essex* I 371 **1**) Die ~ im Ggs. zu *feld* scheint 'Viehzucht' allgemein im Ggs. zu Ackerbau zu vertreten; Ger 3 **2**) Mai, Juni, Juli soll der Gutsvogt ~ herstellen, im August, Sept., Okt. solche flechten; 9. 10. Diese Arbeit nochmals 13 **3**) Der Gebur muss Martini bis Ostern, mit Nachbarn abwechselnd, bei der Vieh~ der Gutsherrschaft wachen [gegen Wolf und Dieb]; Rect 4, 1a; *vgl.* Vinogradoff *Villainage* 291 **4**) Über die Pflicht des Hintersassen, sein Kleinvieh auf das herrschaftliche Land zu treiben, um dieses durch den Pferch zu düngen, *vgl. ebd.* 169; Maitland *Domesday* 76 **5**) **N** *Qui aliquem in ovile fugientem prosequitur, hamsocna iudicatur,* d. h. die ~ gilt bei Heimsuchung (*s. d.* 5) dem Hause gleich; Hn 80, 11b **6**) ~ als Gangunterlage *s.* Kaltwasser 4 **huren** *s.* Unzucht

huscarl *s.* Heer 5. a

Husting, Londoner Gericht über Londoner Bürger **1**) Nord. Wort; *vgl.* Steenstrup *Danelag* 176. **N** A. 1136/7 *Regnvaldr jarl lét blása til husþings* (*vgl. u.* 7); Orkney saga 119 **1a**) Weil es nicht privatem Gerichtsherrn gehört, heisst es königlich; Bateson II 4 **2**) Es sitzt jeden Montag; Hn Lond 9; Lond ECf 32B 12 **2a**) Der Montag blieb die Sitzungszeit für das in Gildhall wesentlich für Zivilstreit und städtischen Grundbesitz gehaltene Gericht auch später **2b**) Heinrich I. befreit S. Trinity zu London von Gerichtsfolge zu *syris, hundredis, leth, ~is;* Rymer *Foedera* I 12; *vgl.* Gericht 22 **3**) *Civis si ad folches-imot vel ad ~ sine invitatione placitandi venerit, non habet* (braucht, muss) *ibi de qualibet querela respondere, nisi gratis voluerit;* Lib Lond 5. Es bedarf also vorheriger Vorladung, um Einlassung in den Prozess zu erzwingen **4**) Landschenkung vor ~ geschah *in domo Alfwini filii Leofstani; testes ex parte ~* waren mehrere Frankoengländer 1114—30; Chron. Ramesei. 248 **4a**) Londoner Grundbesitz klagt der Abt von Caen dort vor königliebem Richter ein um 1165; Palgrave *Rise* II CLXXXIII; Round *Feudal Engl.* 122 **4b**) Dort klagen Londoner Ende 12. Jhs., denen ein auswärtiger Baron Jahrmarktzoll abgepresst hat; Jocelin Brakel. 55 **5**) [Busse für] 'Missesprechen' (*s. d.*) schafft im ~ wie anderen Londoner Gerichten ab Hn Lond 8 **6**) Die Wage des ~ ist massgebend; *s.* Gewicht 8a **7**) Mindestens vor 1032 muss hiernach das ~ eine stehende Behörde gewesen sein. Dagegen verschieden, als eine Dänische Volksheer-Versammlung erscheint das ~ zu Greenwich 1012 beim Ann. Agsax., das der Lateiner *concilium* übersetzt; *s. o.* 1 **N 8**) Später gab es ausser in London ein ~ auch in Winchester, Oxford, Isle of Sheppey, Great Yarmouth, Norwich, Lincoln, York, also an Dänischen oder mit Dänen Handelsverkehr pflegenden Plätzen **8a**) Grosse Bedeutung des ~ um 1200 erhellt daraus, dass Layamon (*Brut* 11542. 31994) es in die Urzeit hinauffabelt und er, wie der City-Antiquar I 655[f], es zum Reichsgericht emporschraubt

Hüteramt im Herrschaftsgut, *s. d.* 5. 11a; im Hundred *s. d.* 26b. *Vgl.* Kronprozess 18, Vormundschaft, Stadt; Justizertrag 3

Huy, vläm. Hoey, IV Atr 2, 7. Dessen Händler führen ihre Ware durch London landeinwärts, zahlen Zoll und Gebühr statt Warenausstellung [Beziehung ~'s zur Normandie: Wilhelms des Eroberers Mutter war die Tochter eines aus ~ Ausgewanderten]

I *und* J.

Icknield Weg; Leis Wl 26. ECf 12c. *Vgl.* Strasse **1**) Sie ist gegen Higden *Polychron.* I 45 nicht zu konfundieren mit *Rycknield,* worüber *vgl.* Haverfield *Victoria County hist. Worcester* 199. 214. Dass der Name der einer Frau und aus dem des Volkes *Iceni* und *hild* (Krieg) zusammengesetzt sei, scheint mir unmöglich. Die Strasse durchschneide Britannien *ab oriente in occidentem;* Henr. Huntingdon. (ed. Arnold 12), daraus Alfred von Beverley und Gaimars Epilog. Von Norfolk nach Wiltshire zeichnet sie Poole's *Hist.*

atlas pl. xvi; Seebohm *Engl. Dorfgem.* 288. Nach Bradley *Academy* 13. Oct. 1894, 281 gehöre der Name nur Berkshire ursprünglich und werde seit 12. Jh. nach Ostengland übertragen. Sie steht in Urkk. a. 903. 944. 956. 973. Birch 601 (*Hordwyll;* Birch sagt: *Hordle, Hants.* gegen Kemble VI; Stevenson *Chron. Abingdon.* setzt?). 801 (*Bucks.* Birch gegen Earle 379). 1183. 1292 2) Sie führt durch oder nahe Compton, Wanborough (Birch 479), Uffington, Harwell (1183), Blewbury (Parker *Early hist. of Oxford*), Prince Risborough, Kimble (Birch 603), Whipsnade, Dunstable (Schnittpunkt der Watling Strasse; *Athenæum* 24 X 1908, 501), Houghton Regis, Baldock [Napier and Stevenson *Crawford char.* 135], Royston, Newmarket [Icklingham und Ickleton sei eine Täuschung; Bradley], Kentford, Bury St. Edmunds, Thetford, Norwich. *Vgl.* Babington *Ancient Cambridges.* 55; Pollock *Law Quart. rev.* 1885, 45; Athenæum 14. Jan. 1911 p. 33; mein *Über Leges Edw. Conf.* 51

Identitätsnachweis *s.* Anefang 21

Idioten *s.* Wahnsinn, Taubheit

immobil *s.* **A.** tote Fahrhabe 1 **B.** Grundbesitz, Haus 10

Immunität *s.* Gerichtsbarkeit, Privileg, *infangenþeof* 3b. 11a

Inch-Gal *s.* Inseln 1

Indiktion. Wihtræd datiert sein Gesetz [695/6] im 9. *gebanne* (Pro). Agsä. Urkk. datieren *þy gebonngere* a. 896. 904 Birch 574. 609, aber auch *sio indictio* a. 825 Birch 386

Individualeigen *s.* Grundbesitz, Bocland 6f. 14; Forst 1; Bauer 13f; Dorf 8b; Erbgang 3—7e; Ggs. *s.* Gemeinheit, Hausgemeinschaft

Ine 1) Sein *Gesetz* aufgenommen von Ælfred, jedoch nach Streichung des diesem Missfallenden, unter Billigung der Auswahl durch die Witan; Af El 49, 9f. I 88; übs. durch Q I 89. 539, durch In Cn I 613 ff.; benutzt durch II Em 6. EGu 7, 1f. II Cn 45, 1ff. Ap AGu 394. Norðleod 7f. Grið 9; ∾ 2 durch *Homil. n.* Wulfstan 120. 300 **2)** Ebenso wie Wi 9ff. bzw. 28, ward ∾ 3 bzw. 20 wahrscheinlich durch einen Engl. Synodalbeschluss zu *Gesetzen* über Feiertage bzw. Fremde angeregt **3)** Als er vor 695 (Erkenwalds Todesjahr) das *Gesetz* gab, war er noch jung, da er noch der *lar* seines Vaters folgte, nach 688 noch 37 Jahre regierte und dann noch nach Rom pilgerte; Beda V 7. Sein Geburtsjahr muss 660—75 fallen **3a)** Sein Gebiet umfasst mehrere Diözesen, wenigstens teilweise; eine ist die Londons; ∾ Pro. Ein Bischof kann sich in Wessex, aber ausserhalb seiner Diözese befinden; ∾ 45 **4)** Seine Gesetzgebung ist eine wesentlich ländliche, ohne Vorkommen vonstädtischem Leben; Gildas hatte hundert Jahre früher gesagt: 'Noch sind die [Römisch-Britischen] Städte nicht wieder [seit Vernichtung durch die Sachsen] bewohnt'; c. 26 **N 5)** Der Londoner Antiquar um 1200 in Lond ECf 32 C 8 fabelt von ∾, er sei erwählt, erster Monarch Englands, erster gekrönter König, alles falsch; auch der Charakter scheint bloss erfunden; *vgl.* I 658[1—o] **6)** Allein die gelehrte Sage ward vielleicht durch folgende drei Verwechselungen unterstützt: **A.** Cadwaladr, † c. 664, galt als letzter Kymrischer König Britanniens bei den Kymry, **B.** und ward im Brut y Tywysogion verwechselt mit ∾s Vorgänger Ceadwalla von Wessex, **C.** und ∾ selbst mit Cadwaladr's Nachfolger Ivor; Rhys and Jones *Welsh people* 127. 136

infangenþeof. *Vgl.* handhaft 12ff.; Gerichtsbarkeit 9. 37e; mein *Über Leges Edw. Conf.* 96ff. **1)** Synonyma *s.* handhaft 1. 1f; auch blosses *latro* Chron. Abingdon. II 89 **1a)** ∾ wird stillschweigend mit verstanden unter *sacu 7 socn* Leis Wl 27, 1 **1b)** Der Nom. ∾ ist selten. Gen. (Earle 233) und Dativ kommen vor. Am häufigsten ist der Acc. *-enneþeof* als Objekt des Verleihenden **1c)** Das Institut abstrakt heisst *furis comprehensio* (*apprehensio* Urk. a. 1006 Kemble 672, falsch); *þeoffeng* Urk. a. 864 Birch 510; a. 1061 Kemble 1341; *þiefphang* [eingeschwärzt] Urk. Thorpe *Dipl.* 384; *captio furum* a. 1018 Kemble 728 **1d)** Das Wort ∾, in Urk. a. 1020 Earle 233, wird seit Eadward III. in Urkk. häufig; z. B. Kemble 853 **2)** *in* im Kompositum ∾ bedeutet: 'drinnen, innerhalb', nämlich des privilegierten Bezirks, *ofer his agen land* (Eadward III. Kemble 888), *infra terminos proclamatus* (In Cn III 58, 1; Ggs. *u.* 3b. 11a); *in dominio suo captus* Chr. Abingdon. II 282; *latrones in terra sua captos* Kemble 756 = 899; *þef binnan his landmarce gefangon* Neufeldt *Sprache der Urkunden v. Westminster* (Diss. Rostock 1907) 39; *si intus rapiantur* [bessere *cap.?*; im Ggs. zu *foris; u.* 11a]; Urk. a. 835 Birch 413; *vgl.* I 614*; *super terram suam* ECf 22, 4 **3)** *fon* im Kompositum ∾ heisst 'handhaft (*s. d.* 1c und den Ggs. 2) ertappen', **3a)** auch in dem etwas erweiterten Sinne des 'handhaft'; *s. d.* 3b. c. 5 **3b)** Ein nicht innerhalb der Immunität des Tatortes in Anklagezustand (*s. d.* 2) versetzter Dieb (*latro extra proclamatus;* In Cn III 48) gehört dem obwohl mit ∾ privilegierten Ortsherrn nicht, sondern dem Staate; so verbleibt *latrocinium* [nachträglich erwiesener Diebstahl] dem Staat in Urk. a. 1104—7 *Chron. Ramsei.* 282, obwohl Ramsey mit ∾ privilegiert war **4)** Seit 780 ist ∾ im Sinne der Gerichtsbarkeit (*s. d.* 9) samt Strafgeld über handhaft im Gebiete des Privilegierten gefasste Diebe belegt. In den *Gesetzen* führt keine Spur übers 11. Jh. hinauf **4a)** Der Privilegierte darf den Ertappten an seinen Galgen hängen; *Placita Quo warr.* 8. **N** Anwesenheit königlicher Beamter ist seit 12. Jh. zur Verhängung der Todesstrafe kraft privater Gerichtsbarkeit (*s. d.* 33) nötig **5)** Nicht mit jeder privaten Gerichtsbarkeit (*s. d.* 37e), besonders nicht mit blossem Hallengericht (*s. d.* 4), ist auch ∾ verbunden; Hn 20, 2. 61, 9a. Sonst wär es auch nicht zur Ausbildung eines Sonderbegriffs ∾ gekommen; *captio furum* behält sich die Krone vor im Privileg für ein Bistum; Urk. a. 1018 Kemble 728 **5a) N** Blosses Wergeld für den auf dem Boden des Privilegierten in Anklagezustand versetzten Dieb trennt vom Strafgericht über ihn In Cn III 58, 1 **6)** Wo ein Privilegierter *gefreod þeoffenges* (von staatlicher Gerichtsbarkeit über einen in dem Landgut handhaft ertappten Dieb eximiert) wird, ist auch positiv ∾ gemeint; Urk. a. 1061 Kemble 1341 **7)** Regelmässig steht ∾ in Urkk. hinter anderen Privilegformeln *sacu 7 socn, toll 7 team* (*s.* Gerichtsbarkeit 1, Zollabgabe, Anefang 28. a. b), als letztes, so auch Leis Wl 2, 3. Hn 20, 2. ECf 21, 1. 22, 4. In Cn III 57ff. **N 8)** Das Privileg des ∾ besitzen Bischöfe, Grafen und andere Dynasten [z. B. Äbte, vielleicht alle grösseren Barone] auf ihrem Amts [bzw.

Stamm]land (*s. d.* 3), im Ggs. zu bloss hinzu erworbenem Grundbesitz; Hn 20, 2; für die Bischöfe: In Cn III 58, 1 **8a)** Doch gibt es Barone mit grossem Gefolge von Rittern und Hofbeamten ohne Privileg des ~; ECf 21, 1. 22, 5 **9)** Das Privileg des ~ beschränken auf Gericht nur über die Untertanen des Gerichtsherrn *ofer his agene men* Urk. a. 1020 Earle 233; Hn 20, 2; *homo suus* ECf 22, 4 retr, Bracton und Fleta. Vielleicht meint dasselbe schon der originale ECf, wo *suus* noch fehlt, da er dieses Privileg in Zusammenhang bringt mit dem Lehnsgericht des Barons über seine Vassallen. Normal wird die Gerichtsbarkeit (*s. d.* 38b) so beschränkt in Hn **N 10)** Dass aber bisweilen auch fremde, innerhalb des mit ~ privilegierten Gebiets bandhaft in Anklagezustand versetzte Diebe unter ~ fallen, erhellt aus Hn 20, 2. Dieses Privileg nennt Bracton III 35 f. 154 (II p. 540) *utfangenþeof u.* 11a **11)** Während der blosse Grundherr eines hingerichteten Diebes dessen Habe mit dessen Frau teilt, erhält er, wenn er *sacu 7 socn* [hier im weiteren Sinne, ~ umfassend] besitzt, die Habe ganz; Leis Wl 27. 27, 1 **11a)** Nicht in den *Gesetzen,* aber in Urkk. (a. 971 Birch 1277, falsch, aber vor 1137) kommt vor *utfangenþeof:* Jurisdiktion über den eigenen Mann, der ausserhalb des Immunitätsprengels bandhaft bei Diebstahl ertappt war: *s. foris o.* 2; *comprehensio intus et foris* a. 828 Birch 395; ~, *sitte his man þer þar he sitte* Eadward III. für Ely Kemble 885. Sachlich verschiedene Definitionen bietet Nichols *Britton* I 229. Letzterer versteht ebenso, gegen Bracton *o.* 10, das Recht des Herrn, Diebe aus seinem Gute, die anderswo verhaftet waren, in seinen Bezirk zurückgebracht zum Aburteilen zu erhalten

Infidelität *s.* Gefolge 5. 10, Vassalität, Lehnwesen, Königstreue, Heer 8, Herren-, Hochverrat, Felonie, Landesflucht

N Ingulf *s.* Crowland

N Ingwer darf vom Importeur in London nicht unter 25 Pfund detailliert verkauft werden; Lib Lond 8, 2

Injurie *s.* Ehrenkränkung

Inlagation *s.* busslos 6, friedlos 17

inland *s.* Herrschaftsgut 1 A

Innung *s.* Genossenschaft 15. a

Inquisition *s.* Geschworene 4, Gericht 26; Hundred 15c [I 427[b]

N Innocenz III. schafft Ordal ab;

Inseln *s.* Wb *insulicola; vgl.* Britannien 3, Irland **1) N** Wight, Man, Hebriden (*Inchgall*), Orkneys und andere ~ um England herum werden als zur Krone England gehörig betrachtet vom Londoner Antiquar um 1200; Wl art retr 1. Lond ECf 32 B 7. 33**; *vgl.* I 660e und mein *Über Leges Angl. Lond.* S. 6 **2)** Eadgar spricht von Engländern und Nordleuten *on þissum iglandum* IV Eg 14, 2. Er meint wohl nicht bloss die éine Hauptinsel mit Wight, Lindisfarne usf. [wie *Britanniae* bisweilen nur die éine Insel bezeichnet; z. B. *Chron. Gall.* a. 452, ed. Mommsen, *Mon. Germ., Auct. ant.* IX 660], sondern er erstreckt sein Gebiet wirklich auf mehrere ~. In seinen Urkk. nennt er sich öfters Herrscher nicht nur ganz Britanniens (*s. d.* 3; Birch 1077. 1270. 1072 ff.), sondern bisweilen auch der umliegenden Völker (1068. 1079), in unechten Urkk. 'der umliegenden See- u. ~könige' (1300 f.) oder 'mehrerer ~' (1135. 1266). Mac Harold von Man und den ~ hatte ihm gehuldigt (Flor. Wigorn. a. 973; *vgl.* Munch *Chron. Manniae* 41; Lappenberg *Gesch. v. Engl.* I 411. Dieser zeichnet die unechte Urk. 1185) Auch schon Æthelstan *Scotiam, Cumbreland, alias insularum provincias subiugavit;* Simeo Dunelm. Die Historiker betonen Eadgars Macht über ~ ausser Britannien (*V. s. Oswaldi* ed. Raine *Hist. of York* I 425). Über Irland (*s. d.*) beanspruchte Eadgar keine Macht. Æthelred und Cnut legen sich die Herrschaft über die ~ um Britannien bei in unechten Urkk. (Kemble 607. 753; Stevenson *Crawford char.* 137; Thorpe *Dipl.* 317), und zwar der Orkneys; Kemble 715

Insignien *s.* Krone

insolvent *s.* Zahlung

Instanzenzug 1) Kanonistisch: *s.* Appellation **2)** Nur um Exekutive durch höhere Instanz handelt es sich, wenn jemand, der, in Blutrache (*s. d.* 14b) den Recht weigernden Totschläger zur Sühne zu zwingen allein zu ohnmächtig, den Ealdorman vergeblich zu Hilfe rief, sich an den König wendet; Af 42, 3 **3)** Wahrscheinlich nur um Schiedsgericht gehen König Ælfred an die Parteien, die sich durch falsches (*s. d.* 6) Urteil beschwert glaubten **4)** Eine Berufung im modernen Sinne kennt der Agsa. nicht. Ein Prozess geht vom niederen ans höhere Gericht nur, wenn jenes Justiz verweigerte oder Urteil verzögerte oder Exekution nicht erzwang. Dagegen gegen falsches Urteil kann man sich nur durch Urteilschelte (*s. d.*) wehren; *vgl.* Adams *Essays in Ags. law* 24 **N 4a)** Normannenzeit überträgt zwar manche Prozesse aus dem Hundred, aber nicht wegen Berufung der unterlegenen Partei, sondern wegen jener Gründe und Mangels an Urteilfindern; Hn 7, 5; 6 **4b)** Letzterem Übelstand hilft Zusammenfassung mehrerer Hundreds (*s. d.* 15) ab **4c)** Vielleicht nur anachronistisch wird ins 11. Jh. hinauf projiziert die Übertragung schwieriger oder wichtiger Prozesse vom Wapentake in grössere Bezirksgerichte, an Riding-Gerichtsvögte und dorther ans Grafschaftsgericht; *s. d.* 4c **4d)** Höchste Instanz über allen anderen Gerichten ist das Königsgericht; beim Versagen jener können Prozesse hierhin gezogen werden; Hn 9, 4 **5)** Wenn der Herr eines Missetäters als dessen Beschützer [vor Gericht, nicht etwa als Richter privater Gerichtsbarkeit, wie Quadr und Cohn *Justizweigerung* 173 verstehen], Recht [Prozesseinlassung oder Urteilserfüllung] weigert, so dass Kläger den König anrufen muss, so zahlt er [dem Kläger] eingeklagten Wertersatz, und dem König $2^1/_2$ £ [Ungehorsamstrafe]. Wer dagegen den König angeht, bevor er [daheim] gebührend oft Recht gefordert hat, zahle ebenfalls $2^1/_2$ £; II As 3 **5a)** Kläger, der den Gegner vergeblich vors Heimatgericht gefordert hat, geht ans Grafschaftsgericht (*s. d.* 5, auch Leis Wl 43) und endlich an den König. Diesen aber unmittelbar, also das Lokalgericht umgehend, vor dreimaligem Rechtsbegehren daheim, anzurufen, ist verboten. Diese Wiederholung beweist, dass nicht Justizweigerung gemeint ist, da in diesem Falle eine Bestrafung des Lokalgerichts zu erwarten wäre. Auch heisst *rihtes wiernan* eindeutig 'Genugtuung weigern', vom Beklagten, bzw. seinem Schützer, nicht vom Gerichtsherrn, gesagt I Ew 2. 2, 1. II 1, 2; bzw. VI As 8, 2 **5b)** Strafgeld für Weigerung der Urteilserfüllung an Hundred, Grafen und König ist möglich [vermutlich, wenn der Kläger an drei Instanzen gegangen war]; II Cn 15, 2 = Hn 34, 3. Schmid im *Glossar* 638 versteht richtig, gegen seinen Text, des Verurteilten Rechts [nicht Justiz] - weigerung **6)** **N** *Jura quæ rex super omnes habet: iniustum iudicium, defectus iusticiæ* Hn 10, 1; *defectus iusticiæ ac violenta recti detentio tercio requisiti, regis placitum est super omnes* 59, 19 [Kronprozess; *u.* 9a; *vgl.* I 556[e]]. Dem König fallen alle Prozesse zu, in denen durch andere Instanzen *rectum deforciatum* war; 82, 2c. 83, 2 **7)** Insbesondere private Gerichtsbarkeit (*s. d.* 33) steht unter königl. Aufsicht durch den Fürsten oder dessen Beamte; wo sie Justiz weigerte oder verschleppte, tritt staatliches Gericht ein **7a)** Der private Gerichtsherr kann vor dem König verklagt werden, Sheriff oder [königlicher] Vogt vom Insassen seines Bezirks vor ihm oder dem Justicia regis; LeisWl 2, 1 **7b)** Vom Dorf- und Grenzgericht (*s. d.* 1) geht Schwierigeres ans Gericht des Herrn beider Parteien oder, wenn diese nicht éinen Herrn haben, ans Hundred **8)** Übergang von Prozessen an höheres Gericht (*ad maiorem audientiam* Hn 26, 1) fand so oft statt, dass Hn 9, 5 sie einteilt in *transeuntes* und *manentes*, m. a. W. die *in alium statum pertranseunt* und die *in statu quo coepere permanent* 57, 8a **9)** Sechs Ursachen für Übergang der Prozesse an andere Instanz zählt er auf 22, 1: **A.** Bezeichnung des Falles als eines Verbrechens, das zu hoch kriminal ist für die Grenzen der betreffenden privaten Gerichtsbarkeit (*s. d.* 33), wenn auf Königsfriedensbruch od. Heimsuchung (*s. d.* 11) geklagt war, die beide zum Kronprozess gehören, **B.** Justizweigerung und C. Verzögerung, **D. E.** zwei Formfehler, **F.** *presumptæ accusationes* (?). Hiermit ist wohl identisch die Unkenntnis der Partei 9, 4a, wo **Vf.** auch an die persönliche Zuständigkeit nur über eigene Untertanen als Grenze jener Gerichtsbarkeit erinnert, so dass Prozesse über Fremde aus ihr 'übergehen' [richtiger: überhaupt ausgenommen sind] **9a)** *Violenta recti destitutio vel detentio* im Hundred oder zuständigen [Nieder]gericht bringt den Prozess vor die Grafschaft, wo Beklagter dafür büsst, ausser dem Prozessverluste; Hn 7, 6. Da hier erst der Prozess verloren wird, kann Beklagter nicht schon in unterster Instanz verurteilt sein, muss also nur Erfüllung des Beweisurteils verzögert haben **10)** Erwies sich die Klage vor dem Königsrichter gegen private Gerichtsbarkeit (*s. d.* 33b) als falsch, so zahlt Kläger jenem Strafe **10a)** Die *Gesetze* kennen nichts dem Franz. Recht Ähnliches, wonach der Appellant vom Urteil des Herrn ans Königsgericht, wenn die Berufung unbegründet war, sein Lehn verliert, dagegen wenn der Vassall dort Recht bekam, der Herr diese Vassallität unter Strafzahlung einbüsst; Beaune *Introd. du droit coutumier* 348 **11)** Kein ~ geht vom Schiedsspruch ans ordentl. Gericht; *s. d.* 2

N ***Instituta** Cnuti* (In Cn) I 612, benutzt von Wl art I 486ff., von Ps Cn for I 620ff.

international; *vgl.* Fremde, Grenze, Geleitsmann **1)** Während der Kleinstaatenzeit beansprucht der König der Westsachsen nicht etwa, das zu strafen, was ein Untertan ausserhalb seines Reiches verbrochen hatte: nur auf Raub und gewaltsame Wegnahme innerhalb der Grenze 'unseres' Reiches setzt Strafgeld Ine 10 **2)** Geleitsrecht beim Handel jenseits der Grenze *s.* Geiseln 2; Dunsæte 14 **3)** Teilnahme Fremder im Urteil beim Prozess zwischen solchen und Inländern *s. ebd.* 9, Geschworene 5, Grenzgericht 3 **3a)** Teilnahme von Inländern bei Klage eines Fremden gegen den Inländer *s.* Dänen 14d **3b)** **N** Beweis (*s. d.* 11a) im Prozess zwischen Angelsachsen und Franko-Engländern *s. d.* 2f. **4)** Gegen Missetat Fremder kann Pfändung (*s.* Haftung 15) geschehen an deren Landsmann **5)** Verträge: *s.* AGu. EGu. Duns. II Atr; Dänen 14 [den 8d. e

Interregnum *s.* Amnestie 4; Frie-

intestat *s.* Erbgang 9c. 15a

Inthronisierung *s.* Bischof 2h

Inventar *s.* Bauer 4b. c, Herrschaftsgut 4a

N **Investiturstreit** Heinrichs I. gegen Anselm von Canterbury [*vgl.* mein *A. v. C. und Hugo v. Lyon*, im *And. an Waitz*] und Paschalis II.: I 535[k]. 542—6. Dass solcher damals auch in der Normandie herrschte, zeigt W. Levison *Neu. Archiv Dt. Gesch.* 35 (1910), 427

Invokation *s.* Eid 4c; Eidesformeln; Gesetz 8. a; Ordal, Kesselfang; Gott, Christus, Dreieinigkeit, Engel 2f.; Heilige, Himmel, Evangelium, Kreuz; Herrn Gnade *s.* Gefolge 10e

Inzest *s.* Blutschande

Irland *s.* Wb *Hibernia*. *Vgl.* Fremde 2d; Insel 2 **1)** Lage: Lond ECf 32 D **2)** Angeblich von Arthur unterjocht: *ebd.* E; *vgl.* I 659[r] **N 3)** Heinrichs I. Erfolg im barbarischen ~ I 534[m] [eine Fortsetzung der Politik Wilhelms I.; Ann. Agsax. 1086/7]

Ironie *s.* Humor

Irrsinn *s.* Wahnsinn

Irrtum *s.* Handel 13; Anefang 21; Ehescheidung 5; Klage 6a; Missesprechen

Isidor's *Etymologiæ* werden benutzt im Iudex und vom Verf. des Quadr Ded. 29ff. und des Hn 4ff. 93, 6f., I 543. 547f. 609. *Vgl.* Pseudo-~

N **Island** angebl. von Arthur unterjocht; Lond ECf 32E; *vgl.* I 659[r].

Italien *s.* Rom, Alpenpässe

N **Ivo** von Chartres. Seine Kanones oder deren Quelle benutzt von Hn 5—5, 35 [bald nachher auch von Roger II.; Niese *Gesetzg. Norm. Sic.* 75]

Jagd *s.* Wb *huntað(fara), huntnoð; venaria, veneris crimen, venatio, fugare, fugatio* (*u.* 7) [nach Stubbs werde dies nur von Reh, Fuchs, Marder, dagegen *venari* von den eigtl. Forsttieren gesagt (?); *Lectures early hist.* 128; aber Stephan restituiert dem Bistum Hereford das von Heinrich I. zum Forst geschlagene Land, *ita quod nemo fuget in eis;* Dioc. Heref. registr. Swinfield 50. Anderer Sinn: *fugare carucam*, Zugvieh des Pfluges treiben, bei Maitland *Pleas of Gloucester* n. 415], *chacea* hier: 'Forst', dagegen *vadit ad cazas* im Domesday (*u.* 6e): 'leistet ~dienst'. *Vgl.* Forst 2. 3a—6b. c. f. i. 12. 13. a. 20—21e, Hund 1. 3ff., Pferd (zur ~: *chaceur*), Fisch 5; mein *Pseudo-Cnut De foresta* S. 14, wozu hier nur Nachträge; Pfändler *Vergnügung. bei Agsa.;* in *Anglia* 29 (1906) 477 **1)** Ælfreds Schule für adlige Knaben war berechnet, *antequam aptas humanis artibus vires haberent, venatoriae scilicet et ceteris artibus, quæ nobilibus conveniunt;* Asser 58 **1a)** Die Pflicht, des Königs Falken, Hunde, Jäger zu ernähren, belastet Landgüter laut vieler Agsä. Urkk.; Kemble *Saxons* I 296. *Consuetudo canum* u. Falkenlieferung an den

König sind schon vor 1066 in Geldabgabe gewandelt; Domesday I 238a1 **2)** *Venator regis* sagt: *Primum locum teneo in aula* [*regis*]; Interpolator Ælfrics ed. Schröder *Zeitschr. Dt. Altt.* 41, 288. Prinz Æthelstan beschenkt seinen *headeorhuntan* 1015; Earle 227 **2a)** Die *venatores regis* sind seit Eadward III. bis Wilhelm I. bedeutende Gutsbesitzer; Birch *Domesday* 100. 169; Robertson *Hist. essays* xvij; Round *Victoria County hist. Hampsh.* 425. 507 **3) N** Britanniens Wildreichtum preist Lond ECf 32 D2 **4)** ~ ist Sonntags verboten; VI Atr 22,1 = I Cn 15, 1; ebenso Ælfrici *Colloquium* **5)** Geistlichen untersagen die ~ zahlreiche Kanones: *Can.* Eadgari 64; Ps.-Theod. *Poenit.* 32, 4; Ps.-Egberti *Poenit.* IV 32; Ps.-Egberti *Confess.* 64. Alcuin warnt 793 junge Mönche vor Hasen~ und *vulpium fodere cavernas;* in *Mon. Germ., Epist. Kar.* II 55. Allein Mitte 11. Jhs. führten Canterbury's Dommönche *equos, canes et accipitres;* Eadmer, *Mir. Dunst.* ed. Stubbs *Mem. of Dunstan* 238. Vielleicht dorther Will. Malmesbur. *Pontif.* I 44: *canum cursibus avocari, avium prædam raptu aliarum volucrum sequi, spumantis equi tergum premere;* ed. Hamilton 70. Ailred von Rievaulx, im 12. Jh., lässt König Eadgar die Geistlichen tadeln, weil von ihnen *canes et aves comparentur;* Urk. Birch *1276. *Vgl.* Forst 21b. **N** Auch im späteren MA. jagen Geistliche, auch Bischöfe; Kahle *Klerus im Mengl. Versroman* 21. 141 **6)** Der Hintersass vertritt das Herrschaftsgut in dessen Pflicht gegenüber der königlichen ~, besonders der Erhaltung des Wildgeheges auf königlicher Domäne; Rect 1, 1. 3, 4 **6a)** Hier heisst dies *deorhege,* bei Toller *deorfald, deortun;* im Domesday stehen 3 *haiae capreolis capiendis* I 260a 2, *haia in qua capiebantur feræ* 176b; *vgl.* Ellis *Introd. to Dom.* I 114. Der Geneat muss für des Herrn ~ dies Gehege zuhauen, Fangvorrichtung halten; Rect 2. | Ein Testator vermacht 1045 *þæt wude buten þat derhage 7 þat stod* (Wald ohne Wildgehege und Gestüt); Kemble 1045 **6b)** Das *Durham-Ritual* enthält einen Segen für die ~ durch *retes ad capiendas capras et cervos,* glossiert: *rapas vel netto to onfoanne hrao 7 heartas;* 117; *vgl. deornet* bei Toller **6c)** Die Ritter des Bistums Worcester verpflichtet Erzb. Oswald 964, indem er sie mit Land beleiht, Leute zu stellen *venationis sepem episcopi ad edificandum;* Birch 1136 **6d) N** Aus Lex Ribuaria erwähnt Tierfallen Hn 90, 2 **6e)** Die Pflicht, des Königs ~ zu bedienen, die vór dem Normannischen Forst schon besteht, lastet auf bestimmten Landgütern; der Pflichtige *vadit ad caxas,* bedient *stabilitionem venationis* in Berkshire, Herefords., Shrops.; Domesday I 56b1. 179a1. 252a1. 269b2; *vgl.* Kemble (*o.* 1a) II 63; Maitland *Domesday* 306; Round *EHR* 1905, 286; *Vict. County hist. of Berks.* 25. 32. *Chaccer à establie* steht im *Calendar of Charter rolls* I (1226—57) 28. Die *stabilitio* war nicht die Dienstpflicht, 'a deer hay' herzustellen, sondern einen Kordon um ein Gehölz bilden zu helfen, um das Wild vor den Jäger zu bringen; Tait *EHR* 1908, 123 **N 6f)** Heinrich I. behält sich bei Verschenkung des Forstzehnten vor den von der ~beute aus *stabilia;* Munim. Gildhal. Lond. II 29 = *Charters of Sarum* ed. Jones 12 **7)** Er bestätigte, dass Londoner *cives habeant fugationes in Chiltre, Middelsexe et Sureie;* Hn Lond 15 **8)** Das Gehege für Niederwild heisst *warenna* I 624[t], schon in Urk. Wilhelms I. für Armethwaite; *Monast. Anglic.* **9)** Agsä. *Gesetze* belegen kein ~recht auf fremdem Boden (*s.* jedoch *o.* 6a, Forst 4. 6f [in Deutschland seit Ende 10. Jhs. ABRAHAM]), wie es seit Wilhelm I. besteht. Deutlich wird der ~dienst *o.* 6 zwar von, aber nicht auf dem Herrschaftsgut dem König geleistet (ebenso wie dem Staat der daneben erwähnte Landwehr- und Seedienst), vielmehr auf Königsdomäne **9a)** Sogar auf *Læn* pflegte der blosse Bodenbenutzer *huntigan 7 fuglian,* noch bevor er es durch den Grundherrn dauernd zu Bocland übereignet erhält; Ælfreds *Augustin* bei Kemble (*o.* 1a) I 312[2] **9b)** Häufig wird Land samt *silvis, aucupationibus, venationibus* (Urkk. a. 822. 853 Birch 370. 467) oder ähnlich verschenkt, aber nie die ~ ohne das Land **9c)** Königliches Recht auf ~ scheint mir nicht beweisbar durch Æthelbalds Exemtion sämtlicher Kirchen Merciens von Steuer, Fron und Gastung ausser Trinoda necessitas mit Bestätigung des Genusses von *fructibus silvarum agrorumque* und Fischerei (a. 749 Birch 178); denn Ackerfrucht des Kirchenlandes kann doch nie Regal gewesen sein **N 10)** Dass die ~ das Wesen des Forstes (*s. d.* 1. 2) ausmacht, beweist des Forstrechts Agsä. Name *deorfrið.* Vom ~recht Wilhelms I. birgt Ann. Agsax. 1086 eine Spur; *s.* Verlorene Gesetze **11)** Die Abtrennung niederer ~ auf Fuchs und Hasen (*o.* 8) liegt vielleicht schon in *o.* 5 und jedenfalls in Wilhelms I. Urk. für Chertsey; Rymer *Foed.* I (1816) 2: *habeant canes ad capiendum lepores et vulpes per forestam,* aber nicht höheres Wild. *Vgl. o.* Z. 4; Forst 20 **12)** Beizvögel *s.* Heergewäte 4

Jahr *s.* Wb *gear. Vgl.* Frist 19 **1)** ~ heisst oft *winter; s.* Wb **1a)** Oder 12 Monat (*s.* ~ u. Tag 1; und noch heute *twelvemonth*); Ine 24, 1. VI As 2. II Em 1. III Eg 6, 2. V Atr 21, 1 = VI 26, 1 = II Cn 73. 73, 4. Rect 10 **1b)** Ein einjähriger Hengst heisst *wintersteall* (*s.* Wb und Birch III p. 367[88]), dialektisch noch *winterling* einjährig Rind, ein 2- und 3jährig Schaf *twinter, thrinter;* schon *Cartul. Rievall.* ed. Atkinson 425. Die Indogerm. Wurzel von *Widder,* ags. *weðer,* heisst 'Jährling'; Kluge *Etym. Wb* **2)** Nach Regierungs~en, neben der Indiktion berechnet sich die Zeit Wi Pro. Sie steigen mit jeder Wiederkehr des Tages erster (staatsrechtlich entscheidender) Krönung; *s. d.* 8

N Jahr und Tag **1)** Diese Frist (*s. d.* 20) fehlt *Gesetzen* Agsächs. Zeit. Sie scheint von Frankonormannen eingeführt, beim Murdrum (*s. d.*) ursprünglich vielleicht dem Norden entstammt; *vgl.* Norweg. *XII manaðe oc ein dagh* **2)** Sie meint in Engl., wie in Deutsch. Frühzeit, nicht Jahr + 6 Wochen; Güterbock *Proxess Heinr. d. Löwen;* Brunner *Luft macht frei* in *Festg. Gierke* 45 [Puntschart *Urspr. Bed. von* ~ ~ ~ in *Zschr. Savigny RG, Germ.* 32, 328ff.; ABRAHAM. Seit Ende 12. Jhs. geht sie in Deutschland bis zu Ende des nach Ablauf eines Jahres folgenden Dinges: 1 Jahr, 6 Wochen, 3 Tage; Heusler *Institut.* I 58; Schröder *DRG*[4] 739] **3)** Das wegen einer Haftung Gezahlte wird zurückgegeben, wenn der entflohene Untergebene oder Verbürgte oder innerhalb des haftbaren Hundred Murdrums Schuldige binnen ~ ~ ~ gefasst wird; II Cn 31, 1 In. Leis Wl 3, 4. ECf 15, 4 retr; *vgl.* Bürgschaft 3h. 5. 13e 4) Vieh, das jemand, nach Einfang (*s. d.* 6a) oder Fund (*s. d.* 2) durch einen anderen, als sein eigen an sich nimmt, muss er, falls binnen ~ ~ ~ ein dritter es reklamiert, dem Gerichte des Finders stellen; Leis Wl 5, 2. 6, 1 5) Besitz (*s. d.* 4) an Land während ~ ~ ~ gewährt rechte Gewere (*vgl.* Maitland *Law quart. rev.* V 260), wenn der klagende Erbnehmer während der Zeit grossjährig und klagefähig (die Verjährung nicht durch seine Krankheit [*s. d.* 5] oder durch Kriegszeiten unterbrochen) gewesen war; *vgl.* I 674[u]; Bateson II cxvi 5a) Der Londoner, der Londoner *terram per annum et diem tenuerit*, braucht einem Londoner auf spätere Klage darüber nur zu antworten, falls dieser Kläger inzwischen minderjährig, krank, ausser England oder im Krieg gewesen war [alles Unterbrechungen der Verjährung]; Lib Lond 7. Über Verschweigung und deren Entschuldigung durch echte Not *vgl.* Schröder *DRG*[5] 542.- 738. 774. 791 6) Unbeanstandeter Aufenthalt des Unfreien für ~ ~ ~ in der Stadt (*s. d.*) macht ihn frei 7) Ein vom Herrn beleidigter, in Gefahr verlassener, des Lehns entsetzter Mann soll während ~ ~ ~ Genugtuung nur gütlich durch Mittelspersonen [nicht gerichtlich oder durch Gewalt] fordern, ausser während Kriegszeit, wo die Frist auf 30 Tage sinkt; Hn 43, 9

Jahreszeiten 1) Mai, Juni, Juli zählt zum Sommer (*s. d.*), August, Sept., Okt. zum Herbst Ger 9. 10, wo die Landwirtschaft jedes Monats genannt wird. — Den 9. Mai rechnet zum Sommer *Menolog.*, *wintres dæg* ist 7. Nov.; *vgl.* Sokol *Beibl. z. Anglia* Okt. 1903, 310 2) Nur Winter u. Sommer setzt für das ganze Jahr Ine 40 [*vgl.* Toller *missere*]; anders dreihundert Jahre später: Ger

Jahrzeit. Kirchliche *gearþenunga* bei Tag oder Nacht muss der Priester richtig abhalten; aus *Can.* Eadgari [Northu 38

Jaroslaw I. *s.* Kiew

N Jerusalem *s.* Kreuzzug

Jesus *s.* Christus

Joch *s.* Wb (*hyr)geoht; vgl.* Pflug 1) Ein ~ Ochsen mietet ein Bauer vom anderen; Ine 60 [da mit dem 8-Ochsenpfluge gearbeitet wurde, und der normale Bauerhof von ¼ Hufe nur 2 Ochsen besass] 2) ~ als Landmass, *ioclet, geocled* in Urkk. Kents (a. 811. 837?. 875 Birch 332. 417. 539), fasst mehr als 10 Äcker laut Urk. a. 946 Birch 813 und steht a. 805. 812 (Birch 321. 341) mit ½ Hufe (*s. d.* 3. 3a), wie 2 Hufen mit 1 Sulung, gleich, also 1 ~ = ¼ Sulung. Ebenso im Domesdaybuch I 13. *Yoke(let)* lebt noch als Landmass; Wright *Dial. dict.* s. v. 12

Johann XIX. 1) ~ hält Konzil zu Rom 6. April 1027, gewährt auf Cnuts Bitte den nach Rom reisenden Engländern und Dänen Zollfreiheit; Cn 1027, 5—8 2) ~ soll die Schola Anglorum (neuerdings?) von Zoll befreit (Flor. Wigorn. a. 1031) und von Cnut den Peterspfennig (*s. d.*) dauernd der Röm. Kirche zugewiesen erhalten haben. Davon weiss *Encom. Emmae* in *Mon. Germ. SS.* XIX 521 nichts

N Johann, König; zu seiner Zeit schafft Innocenz III. das Ordal ab; I 427[b]

Johannes der Evangelist, angerufen als Gewährsmacht bei Beschwörung zum Ordal und Kirchenbann; Iud Dei VI 1. 1, 4. VII 23. XIII 13, 2. XV 3. Excom I 9. VI 1, 3 f.

Johannes der Täufer 1) Sein Spruch über Jesus: Iud Dei XIV 4 2) angerufen als Gewährsmacht bei Kirchenbann; Excom V 1. VIII 13. X 1; in der Litanei Iud Dei XVI 30, 5 3) Tag der *Decollatio* (24. Juni) sei Termin für Zehntentrichtung; I As 1. *Vgl.* Mittsommer 4) **N** Treuga Dei an diesem Tage; ECf 2, 5

Jostein, Führer des Nord. Heeres unter Olaf Tryggvason von Norwegen (II Atr Pro) und dessen Mutterbruder; *vgl.* Maurer *Bekehrung Norweg.* I 277. Die Form *Justin* ist Dänisch

Judas 1) *s.* Christus 2; Herrenverrat 1 ff. 2) in der Hölle; *s.* Wb III

Juden. *Vgl.* Fremde 8 f.; mein *Über Leges Edw. Conf.* 66 1) In Britannien im 3./4. Jh.: Hieronymus in Isaiam 18, 66, 20 bei Migne *Patrol. Lat.* 24, 698 2) Als Alcuin den Text der Latein. Bibel korrigiert, erhellt nicht, dass er Hebräisch etwa von lebenden ~ lernte 3) Wahrscheinlich blieben ~ Ælfred unbekannt; das Bekehrungsfeld für die Apostel scheint ihm heidnisch allein; Af El 49, 1 3a) Dass Ælfreds Geldbusse für Verwundung durch rabbin. Recht vermittelst altchristl. Lehre beeinflusst worden sei, und er die *Lex talionis* (*s.* Moses) der Latein. Bibel als Geldbusse verstanden habe, wie Hirsch (*Transa. Jew. hist. soc.* Dec. 1909) gegen mich behauptet, ist unbegründet: die Gliederbusse ist urgermanisch, älter als christlicher Einfluss 4) *Nemo Christianum* als einen Schuldknecht *ex patria eiciat; nefas est ut* Christen *Iudeorum vel gentilium vinculis sint irretiti;* VI Atr 9 L. Das Erhandeln christl. Sklaven durch ~ verbindet sich hier mit der Vertreibung jener ausser Landes; ~, die in England Sklaven besassen oder verhandelten, gab es also nicht. Dass ~ des Festlands im frühen Mittelalter Sklavenhandel trieben, ist auch sonst bekannt. Christliche Sklaven zu halten ward den ~ schon vom spätröm. Rechte, dann von der Kirche verboten; Caro *Sozial- u. Wirtschgesch. der* ~ I 49. 65. 137. 191 5) Ælfric kennt ~ in England nicht; denn als er zur Zerstörung Jerusalems ihre Wegführung durch die Römer erzählt, hält er für nötig, seinen Lesern zu sagen: *is swaþeah micel dæl þæs mancynnes gehwær wide tosawen; Homil. in Ioh.* XI 47, ed. Assmann 69 6) Das Vorkommen der ~ in Fränk. Pönitentialien, die in England um 1000 kopiert und übersetzt wurden und die Namen Theodors und Egberts nur fälschlich tragen, beweist nichts für Vorkommen der ~ unter den Agsa. **N** 7) Die ~ überall im Reiche sind unter Vormundschaftschutz des Königs *ligie* (unbedingt; *s. d.*) und können sich nur mit dessen Erlaubnis einem Adligen kommendieren, weil sie und ihr Gut dem König gehören. Gegen den, der sie oder ihre Fahrhabe festhält, kann der König wie wegen seines Eigentums klagen; ECf 25. 25, 1; *vgl.* I 650[f]. [Der Abt von Bury St. Edmunds verlangt a. 1190, die dortigen ~ *debent esse homines S. Edmundi,* und, da sie und der König das weigern, werden sie mit Hab und Gut vertrieben; Jocelin Brakel. 33.] Einen Kampf der Krone gegen den Adel ums

~regal folgert aus ECf, zu weitgehend, Rigg *Select pleas of Excheq. of Jews* x **7a**) Jenes Rechtsbuch ECf, das ja auch sonst Dinge nach 1066 erwähnt, will nicht behaupten, schon unter Eadward III. hätten ~ in England gewohnt. Die Rechtsform ist deutlich Frankonormannisch; sie spricht für das Erscheinen der ~ im Gefolge der Eroberung, das Eadmer meldet. [Caro (*o.* 4) 316. 499 zeigt Rheinische ~ in England; aber die Anglonormann. ~ sprechen Französisch; *vgl. EHR* 1911, 382] **7b**) *Judæi et omnia sua regis sunt* (ECf 25) ist Französ. Recht des MA.; Beaune *Introd. droit coutum.* 358. Auch der spätere ~schutzbrief klingt an Karoling. Urkunden an; Caro 317; *vgl.* Fremde 8a. Genau wie auf dem Festland (Hoffmann *Geldhandel Dt.* ~ 72) ward im 12. Jh. den ~ in England 2 Pfg. wöchentlicher Zins vom Pfund erlaubt **7c**) Königliche Urkk. wie Rechtsbücher 13. Jhs. (Bracton f. 386b; *vgl.* ed. Twiss VI xxiij) behaupten, des ~ *catalla* seien Königs Eigentum; Gross *Exchequer of Jews* 36. Doch galt dies zwar in der Theorie, aber praktisch nur insofern, als der König die ~ willkürlich besteuerte, besonders stark auch ihre Erbschaften; Caro (*o.* 4) 331 **7d**) Nur mit königlicher Erlaubnis dürfen ~ unter Heinrich II. heiraten; Parow *Compotus vicecom.* 43 **7e**) Königliche Schutzherrschaft über ~ *s.* Fremde 8. Doch erklärt sich die Kammerknechtschaft nicht ganz aus dem Fremdenrecht; ECf 15, 7 bringt letzteres nicht mit ~ in Zusammenhang 8) Vorrecht der ~ im Handel *s. d.* 8. 11, im Prozess *s.* Dunsæte 9d, Geschworene 5

Iudex benanntes Stück über Richterpflicht I 474, übs. von Quadr. 542, 2, daraus benutzt von Hn 9, 9. 18. 23, 5

Jugend in Strafe und Busse milder zu beurteilen als Alter (*s. d.* 1); aus *Can.* Eadgari II Cn 68, 1b. *Vgl.* mündig, Kind, Erziehung

Juli *s.* Jahreszeiten

Junge, *yongermen* [ob aus *gingran* = Unterbeamte?], werden mit *lessþegnas* identifiziert; ihr Name wird irrig für Dänisch erklärt; Ps Cn for 2; *vgl.* I 620[p]. Dass aus einer Altersklasse sich ein Stand entwickelte, parallelisiert zum Dt. *Knappe* (*s. d.*) aus *Knabe* Rhamm *Grosshufen* 157

Jungfrau *s.* Wb *mægden(man), mægeð (-bot, -had, -mann), fæmne, Virgo, wif, locbore, wifman* (Af 11, 5). *Vgl.* Eheschliessung, Kind, Frau; Unzucht, Notzucht, Entführung, Ehebruch 8; Maria **1**) Himmlische ~en (aus Apok. 14) als Gewähr der priesterlichen Beschwörung; Iud Dei VII 12, 2A. 23, 1A. VIII 1. 16. X 1. XI 1 2) ~busse (Verletzung an einer ~) sei so hoch wie die am freien Manne; Abt 74 **2a**) Das *pretium pudicitiæ* der Vulgata setzt Af [*u.* 7E] mit dem Wittum [unrichtig] gleich **3**) Die Schändung einer ~ kostet $1^1/_4$ £, die einer Unverehelichten, die nicht mehr ~ ist, nur $^6/_8$ £; Af 11, 2—4; die Jungfernschaft wird also besonders bewertet. *Vgl.* Ehescheidung 5; Eheschliessung 5a. Die ~ gilt höher als die Witwe; *s.* Eheschliessung 2f **4**) Wenn eine freie Lockenträgerin [= ~; *vgl.* Locken] Übles [Unzucht] verübt, büsse 30 Schill. (Abt 73) wahrscheinlich ihr Schänder ihrem Vormunde, oder vielleicht sie, d. h. ihr Vormund, als Unzuchtbusse dem König? **4a**) Dagegen sicher nicht als Staatsoberhaupt, sondern als Eigentümer empfängt der König Busse vom Schänder eines 'Mädchens' (d. h. einer unfreien Magd) des Königs: 50, 25, 12 Schill. je nach deren Range; Abt 10. 11 [*vgl.* Fränk. *puella in verbum regis*. ABR] **5**) Eine verlobte ~, die sich beschlafen liess [nicht vom Bräutigam], büsse ihrem Verlobungsbürgen 60, 100, 120 Schill., je nachdem ihr Wergeld 200, 600, 1200 beträgt; Af 18—18, 3. *Vgl.* Eheschliessung 10f. **6**) Den Versuch zur Unzucht (*s. d.*) an einer ~ büsst ihr der Missetäter mit einer Busse, die wächst erstens je nachdem er ihre Brust betastet oder sie niedergeworfen hat, und zweitens je nach ihrem Stande; Af 11—11, 5 **7**) Aus Exodus nimmt Af El 29. 12 auf: **A**. Wer eine unverlobte ~ beschlief, bezahle sie [ihrem Vormund] und habe sie zum Weibe. [Letzteres war wohl Af's Wunsch. Allein seine weltlichen *Gesetze o.* 3. 5 erwähnen nur Buss- aber keine Heiratspflicht] **B**. Nur wenn des Mädchens Vater [ergänze: 'oder Vormund'] sie ihm nicht geben will, zahle der [Verführer ihm] Busse je nach Wittum: wohl nur unpraktische Übersetzung aus Exodus; *vgl.* Eheschliessung 7 **C**. Ælfred mildert das Recht des Vaters, die Tochter zu verkaufen, indem er den Verkauf an fremdes Volk — er denkt wohl an heidnische Dänen — ausschliesst. **D**. die Freilassung durch den Käufer, der ihrer nicht achtet [sie nicht zu einem seiner Weiber nimmt], kann nie Agsä. Wirklichkeit gewesen sein, und der Zusatz 'zu fremdem Volke' ist vollends ein bloss buchmässiger Übersetzerfehler **E**. Wenn der Käufer die ~ seinem Sohne zum Beschlafen überliess, besorge er ihr Hochzeit, Kleidung u. Jungfernschaftspreis, d. h. Wittum. Letztere [nicht zutreffende] Gleichsetzung verrät den Versuch, Mosaisches dem Agsä. Zustande anzugleichen, wie denn auch Af die Spur der Vielweiberei unterdrückt **F**. Die Unfreie sei frei, wenn sie vom Sohne des Käufers entjungfert, aber vom Käufer nicht verheiratet worden ist. Vielleicht mit Absicht lässt Af dunkel, ob der sie Heiratende jener Sohn sein muss. *Vgl.* Freilassung 10b

Jüngstes Gericht *s.* Wb *Dom(es)-dæg* **1**) Dort werden die Geistlichen ihre Herde Gott vorführen; aus Wulfstan II Cn 84, 1a **2**) Wir empfangen dort Lohn für unser Tun auf Erden; aus Wulfstan I 18b **3**) Gedanke an ~ ~ erwecke Furcht vor Sünde; 25 (auch *Homil. n.* Wulfstan 75) und vor ungerechtem Urteilen; Iudex 6 **4**) Beim ~n ~ wird der Ordalprüfling beschworen; Iud Dei VII 23, 1. VIII 2. XIII 13, 2 **Jungviehzehnt** *s.* Zehnt

Juni *s.* Jahreszeiten **Jurisdiktion** *s.* Gericht(sbarkeit), *infangenþeof*

Jurist. *Vgl.* Vorsprech, Rechtskenntnis; Sprichwort I 200; Kanones, Fränk., Röm. Recht, Gesetz 3ff. **1**) ~ische Literatur fehlt mindestens bis Ælfred (*s.* I xvii); er kennt nur Gesetze (*s. d.* 3a), diese überliefert in Synodalbüchern Af El 49, 7 **2**) Die Privatarbeiten I 442—477, denen viell. sich die Stücke 386—392 anreihen, entstanden nách Ælfred und zumeist, wenn nicht alle, im 11. Jh. Sie entbehren sämtlich (ausser wo sie Kanones [*s. d.* 2c] folgen) ~ischer Systematik und Begriffsscheidung; **N** beides versuchen erst die Anglonormannen. *Vgl.* Gesetz 9 **3**) ~en, der *professio nostra*, will mit seinem Rechtsbuche dienen Hn 8, 7 [wahrscheinlich selbst Kron~, *clericus* (*iustitia*) *regis*] **3a)** Aus Isidor schöpft er Ratschläge für Advokatenreden; 4ff. **3b)** Wir [Kron~en; *vgl.* Gerichtsbarkeit 33] geben mächtigen Prozessparteien und Gerichtsherren [zunächst dem König], zu viele Prozessvorteile nach und machen das materielle Recht verwickelt, unsicher und verschieden in schikanösem Sinne zugunsten adliger Habgier und fiskaler Tyrannei; 6, 3ff. 63, 4 **3c)** Dieser Vf. von Quadr und Hn erwartet und fürchtet, da er die politischen und sozialen Missstände hart geisselt, den Tadel der ihn beurteilenden ~en; Quadr Ded 24. 27 (*causidici; s.* Brunner II 349). 38; *vgl.* I 532[e]. Das Wort *professor* als 'Gerichtsschreiber' bei Lass *Anwaltschaft im ZA. Volksrechte* 31

juristische Person *s.* Kollektiv-

Jury *s.* Geschworene [person

iustitia(rius) *s.* Königs(richter), Amt 9b. 11. 17a, Vogt; Gericht 15e; *vgl.* Oberrichter

Justiz *s.* Gerechtigkeit 12, Gericht(sbarkeit, -sverfassung), Rechtsgang, Klage, Anklageprivileg, Richter

Justizertrag *s.* Strafe, Strafgeldfixum, Vermögenseinziehung, Bestechung **1)** Ursprünglich hatte der Geschädigte am ~ grösseren Anteil, der dann zugunsten der öffentlichen Gerichtsgewalt schwand. So erhält vom bandhaft gefangenen Dieb in Kent der Einfänger (falls jener beim König das Leben auslöst) noch die Hälfte (der König also nur die andere Hälfte), in Wessex aber schon gleichzeitig der König den ganzen Dieb [wie im Fränk. Recht; Brunner II 485. 579] und der Anzeiger nur 10 Schill. Einfangelohn; Wi 26. Ine 28; *vgl.* Anzeige 3f. **1a)** Der Gerichtsherr, z. B. König und Ealdorman (Ine 63), kann vom Strafgeld Nachlass gewähren; As 21 **2)** Der Richter erhält den ~, nach Ausscheidung des kleinen Anzeigelohns und der Bussen für den Kläger und bisweilen den Schutzherrn, ganz oder teilweise. Er strebt daher, ihn durch Ungerechtigkeit zu vermehren, z. B. indem er habgierig von Kindern unter dem strafmündigen Alter Strafgeld einzieht; II Cn 76, 2; ähnlich *Homil. n.* Wulfstan 158. Der habgierige Richter ist schlimmer denn Feindesheer; aus Isidor Iudex 9, 1; *vgl.* Gerechtigkeit 2a. 6. 10 **2a)** Eadwards III. Urk. a. 1063 klagt: *instat undique depositio legis et iustitiæ, . . ius et iustitiam postponit pecunia;* Kemble 814 **N 3)** In früher Normannischer Zeit scheidet sich *tenere placita* (ECf 3; = *placitare*, als Vorsitzender Gericht halten) von *custodire* (= *servare*) *placita*, d. i. dem Gerichtsherrn, zunächst der Krone, die Prozesse hauptsächlich in ihrem ~ verwalten, beaufsichtigen; *vgl.* Gross *Select Coroners' rolls* p. XVI **4)** Der ~ kann durch die Krone verpachtet sein an den Ealdorman (Eorl), Sheriff oder Vogt (*s. d.*) oder fällt teilweise jenem Grafen zu; *s.* Dritter Pfennig. Vielleicht zu allgemein, aber in der Tatsache meist richtig, ,verkündet als Verfassungsrecht: Das Gericht des Hundred oder Wapentake gehört dem Grafen, bzw. Sheriff, samt dem Strafgeldfixum der Grafschaft; ECf 13, 1 **5)** Der Richter erhofft den ~; der Kläger 'verspricht' ihm *furem, robariam, pacis fractionem* und muss [wegen falscher Klage; *s. d.* 7b] büssen, falls er Beklagten nicht überführen kann; Hn 24, 2 **5a)** Ein Rubrikator 11. Jhs. nennt einen der öffentlichen Justiz angezeigten Diebstahl 'Königsvogts-Diebstahl', weil dem Vogte der ~ gehört. Der Text Af 22 spricht diesem auch dann das Strafgeld zu, wenn Kläger die Person des zu Beklagenden nicht kennt, es also selbst tragen muss **N 6)** *Nocendi cupiditas præpositi* (des Gerefa) treibt diesen dazu, den Klägern zu empfehlen, auf ein möglichst schweres Verbrechen zu klagen; Hn 22, 1 **7)** Der ~ war den Gerichtsherren so sehr Hauptsache (*vgl.* Missesprechen), dass Heinrich I. *placita quæ fratri meo debebantur* gleich wie Geldschulden erlässt; CHn cor 6. Und doch gleicht der Sinn nur dem in der Amnestie von 1093: *offensiones oblivioni tradantur;* Eadmer **7a)** Die Gier der ersten Normannenkönige nach dem ~ (Quadr I 543. Ded 32f. Arg 22) wirkte, gerade zur Zeit als die Lehngerichte zur höchsten Blüte gediehen, diesen entgegen, wahrscheinlich mehr als die Eifersucht auf die politische Macht **8)** Die einzige systematische Einteilung der Gerichtsbarkeiten (*s. d.* 20s) vollzieht Hn lediglich nach fiskalem Prinzip, dem Strafgeldempfang **9)** Den Kronrichter nennt er *iudex fiscalis;* **9, 11**, vielleicht hätte er in Vulgarsprache 'vom Exchequer' gesagt **10)** Die private Gerichtsbarkeit (*s. d.* 20a ff.) teilt den ~ oft mit dem Hundred; *s. d.* 18b. Ausnahmsweise nimmt auch die Londoner Gilde am ~ teil, als eine halb öffentliche Immunitätsmacht; *s.* Genossenschaft 12g **10a)** ~ ohne Gerichtsbarkeit *s. d.* 18—21

Justizweigerung *s.* Wb *defectus iusticiae, rectum difforciare, penuria* (*destitutio*) *recti. Vgl.* im späteren 12. Jh.: Glanvilla XII 7; *Très anc. coutume Norm.* 26 **1)** Allgemeine Mahnungen an die Gerefan: Nimmermehr zaudert Volksrecht zu sprechen (I Ew Pro); jeder (arm wie reich Eg) sei Volksrechtes teilhaft (II Ew 8); aus beiden Stellen III Eg 1, 1 = V Atr 1, 1 = VI 8, 1 = X 2. II Cn 1, 1. Dass hier ~ gemeint ist, ergibt Atr L: *iuris statuta civilis nulli abstrahantur nobili neque ignobili* **2)** Nur mittelbare ~ begeht der Vogt, der verabsäumt, vom Rechtsgangweigerer Geldstrafe einzuzutreiben [und ihn so zum Prozess zu zwingen] oder alle 4 Wochen Gericht zu halten; jenem Fall droht Ungehorsambusse, diesem Amtsentsetzung (*s. d.* 9); II Ew 2. 8 **3)** Eine Übertragung der Rechtsprechung an dienstwilligere Beamte infolge von ~ (anderen Germanen bekannt; Cohn, '~' 158ff.) liegt in der Amtsentsetzung (*s. d.* 2f. 10f.) der die Gesetze nicht ausführenden Magistrate **4)** Private Gerichtsbarkeit (*s. d.* 26g. 33a) geht wegen ~ verloren; der Prozess darüber gehört der Krone; *s.* Instanzenzug 7. 10 **5)** Nur Rechtsweigerung (*s. d.*) liegt vor *ebd.* 5. 5a

N Jüten *s.* Gotland 4 [531[n. oo]

N Juvenal wird zitiert von Q I

K.

Kaiser. *Vgl.* Karl d. Gr., Konrad II., Heinrich V.; Römisches Recht **1) N** Als *Cæsar* [*s.* Wb] wird Heinrich I. um 1114 von seinem Kronjuristen gerühmt; Quadr Arg 16[r]. II Præf 14 = Hn Pro 1. Ebenso dichtet Wilhelm den I. als *Caesar* an Henr. Huntingdon. VI Ende. **1a)** Ähnlich im Urkk.-Titel der Mercierkönig, a. 742. 811 (Birch 162. 332.

335) und besonders Eadgar; z. B. a. 970 Birch 1259; *paganorum imperator* 876; schon *Eadred casere totius Brittanniæ* a. 955 n. 909

Kalb *s.* Wb (*cu*)*cealf* **1)** Wer Kuh mit ~ forttreibt, ersetze letzteres, wie das Fohlen, mit 1 Schill. (5 Pfennig), jene nach Wert; Af 16 **2)** **N** Fürs ~ wird als Zehnt $^1/_2$ Pfennig gezahlt, halb soviel wie fürs Fohlen; ECf 7, 2

Kalender *s.* Tage, Heilige, Feiertag, Fest, Jahr(zeit); Datierung

Kaltwasser-Ordal. Es heisst *wæterordal* Blas 2; *wæter* II As 23, 1. III Atr 6; *iudicium aquæ frigidae* Iud Dei I 1. XIII 1. 13, 1; *l'ewe* Leis Wl 15, 3; *iudicium aquæ* L. Das von allen Gottesgerichten Geltende *s.* Ordal **1)** Das mehrdeutige 'Gottesgericht' der Quelle wird bisweilen als '~ oder Eisen (Feuer)' erklärt; I Cn 17. Leis Wl 14, 2 **2)** Liturgie *s.* Iud Dei I. VII. VIII. X. XIII. XV. Bezug genommen wird auf biblische Wunder am Wasser: Schöpfung, Sintflut, Rotes Meer, Jordantaufe, Jesus auf dem Wasser, Elisa, Taufe; I 20—21, 3. X 19, 3. XIII 7 f. **2a)** Wendungen in II As 23, die sich auf ~ bezogen, braucht fürs Heisswasser-Ordal Ordal 1 b; umgekehrt wird die Liturgie des Eisenordals (*s. d.* 5) gewandelt zu der vom ~ **3)** Der Beginn samt der Entkleidung des Prüflings geschieht in der Kirche; Iud Dei I 23. X 17. XIII 1. 14. XV 4. Zum ~ trägt der Prüfling ein linnen Lendentuch und auf dem Wege von der Kirche zum Teich ein Umschlagetuch; X 17 **4)** Das Wasser ist ein still stehendes [nicht fliessendes, auch Zeumer *Mon. Germ., Form.* 601[4]] in einem künstlich bis oben gefüllten *lacus* (*fovea*, Kufe), der [mindestens] 12 Fuss tief, 20 *in latitudine* [im Umfange *circumquaque;* ist im Durchmesser gemeint?] breit sei, bedeckt mit einem Hürdengang, auf dem Prüfling, Priester, *iudices* (Urteilfinder? Gerichtsobere?) und Leute, die den Prüfling hinablassen, stehn; X 17 f. **N** Für die Weihe des Wasserbeckens zum ~ bezahlt Fiskus den Priester; *Pipe roll* a. 12. *Henry II.* p. 18. Die Stadt Ipswich, die schon um 1290 kein Ordal mehr kennt, vergabt ihre Grube fürs ~ 1301 an einen Privaten; Twiss *Black book of Admiralty* II LXXIV. Dagegen vom *aqua fluminis* spricht R. Baco nach 1250; ed. *Mon. Germ. SS.* 28, 583 **5)** Der Prüfling wird hockend, die Hände unter den Kniekehlen zusammengebunden, langsam hinabgelassen an einem um die Flanken befestigten Seile bis zu einem um die Länge eines längeren Haares seinen Kopf überragenden Knoten X 18. 21; I 418[b]. Er muss $1^1/_2$ Ellen am Seile untertauchen; II As 23, 1. [Schmid 640 bezieht dies auf Kesselfang; ~ verstehen Patetta *Ordalie* 306; Brunner II 410. 439] Das Seil erwähnen auch andere Germanen; Grimm *DRA* 924; dagegen eine Kette *o.* I 418[e] **6)** Der Schuldige, so beschwört die Liturgie, soll, weil durch den Wind der Bosheit allen Tugendgewichtes bar, nicht vom Wasser aufgenommen werden; das Untersinken beweist Unschuld; Iud Dei I 20, 2 f. 23, 3. VII 24. VIII 2, 1; 3. X 19, 2 f. 20, 2 f. 21, 3. XIII 8. 13, 4; 7 **7)** Statt des Verdächtigten kann auch ein Vertreter das ~ bestehen; XIII 12. 13, 6. Pollock [*Select essays Anglo-Amer.* I 93[2]] kennt hierfür kein Beispiel aus England; *s.* Eisenordal 3a **8)** Die Anschuldigungen, die im ~ erprobt werden, sind Diebstahl (Iud Dei I 20, 2. 22, 2. VIII 2, 1. X 1. 13, 1. 19, 4. XIII 7, 1. 13, 3; 7), Totschlag (I 20, 2. 22, 2.), heiml. Mord (Blas 2), Zauberei (XIII 7, 1), Ehebruch (I 20, 2. 22, 2. XIII 7, 1), Brandstiftung (Blas 2), oder anderes Verbrechen (I 20, 2) oder Mitwissenschaft um die eingeklagte Tat (VIII 1, 1. 2, 1. X 13, 1. XIII 13, 3; 7), Einbruch in Kirche oder Kammer nach schon früherer Verurteilung wegen Diebstahls (Leis Wl 15, 3) **9)** Der Kläger wählt, ob Beklagter sich durch ~ oder Eisenordal reinigen soll; III Atr 6 [In Blas 2, wo dieselben Worte gebraucht werden, ist von Verdreifachung die Rede, also Heisswasser gemeint] **N 10)** Zu Iud Dei XV schreibt eine Marginalie *propter rusticos*; auch Glanvilla XIV 1, 8 kennt das ~ nur noch für Bauern; Iud Dei XVI[b]. Allein es misslang 1177 einem Londoner Patrizier; *o.* I 427. Und nicht als nur Bauern sind bezeichnet die *ferro vel aqua examinandi* bei Willelm. Malmesbur. (*Antiq. Glaston.* ed. Migne 179, 1692) oder die in der *villata de Preston,* 1185 *Receipt roll of the Exchequer* ed. Hall **11)** Zum Eisenordal in Leis Wl 14, 2 setzt 'Wasser' hinzu L, vielleicht falsch, da 15, 2 und Wl ep. 4, 2[b] nur Eisen gemeint ist

N Kammer. Britanniens ~ nannte Arthur das eroberte Norwegen [Erfindung]; Lond ECf 32 E 3; *vgl.* I 660[h]; Schatz

Kämmerer **1)** Der *camerarius*, erwähnt unter den *servientes* des Barons, stand [angeblich bei den Agsa.] unter dessen Bürgschaft (*s. d.* 3 o) und hatte seine Unterbeamten unter eigner [Bürgschaftsverantwortung]; ECf 17 **2)** Der königliche *hræglþegn* (Ann. Agsax. 1131) oder *burþegn* (*s.* Toller *Supplement*), kommt in den *Gesetzen* nicht vor. Über den *hordere s.* Schatzmeister. *Vgl.* Landwirtschaft 6 **3)** Heinrichs I. ~: *Malet* (*s. d.*); *Hubertus* [lies *Herbertus* oder *Albericus* (*de Ver*) ?]; Hn Lond Test

N Kammerknechte *s.* Juden 7 e

N Kämpe, Kampfstock *s.* Zweikampf

N Kaninchen gehören nicht zum Forstwild, ihre Tötung wird aber im Königsforst mit Geldbusse belegt; Ps Cn for 27; *vgl.* I 624

Kanones *s.* Wb *boc, sinoðbec, boctæcing; God* 12, *Godes lagu, Godes riht, Godes bebod, Godes forbod, lahriht Cristes, halig riht, godcund lagu.* Der Ggs. ist *worold-, folclagu;* Northu 46 (auch Wulfstan 158). *Vgl.* Bischof, Mönch, Geistliche; Geistliches Gericht, Kirche; Cölibat, Ehe, Ordal **1)** Unter Synodenbüchern, in welchen Ælfred einzelne Agsä. Gesetze 7.—9. Jhs. eingetragen fand, versteht er wahrscheinlich Sammlungen von Dekreten und ~; Af El 49, 8 **2)** Geistlichen Rechtsgesetzen (d. i. den ~, die zeitlich vor und ausserhalb weltlicher Gesetzgebung gedacht werden) fügten weise Staatsregenten staatliche Gesetze hinzu zur Erzwingung jener; VIII Atr 36 (z. T. aus EGu Pro 2) = Had 11 = Grið 24: offenbar als Privilegien für den Klerus **2a)** Bei allgemeiner moral. Aufforderung zur Beachtung von Gottes Gebot sind auch ~ gemeint, doch nicht diese allein; V Atr 10 = VI 11 = I Cn 6, 3. V Atr 26 = VI 30 = I Cn 19, 3. VI Atr 42, 2 = *Homil. n.* Wulfstan 308. VI Atr 50 = Northu 46. Grið 19. II Cn 84, 1 **2b)** Man errichte echte Rechtsordnung vor Gott und Welt; VI Atr 8 = *decreta vel* (und) *statuta legalia* L **2c)** Aus der Kanonistik nahmen Æthelred und Cnut feinere Grundsätze der

Gerechtigkeit; *s. d.* 2c. 7 **3)** Der Bischof (*s. d.* 8a) ist Lehrer des Gottesgesetzes, d. h. wohl neben ~ auch der Moral **4)** Wer gewaltsam sich dem *lahriht Cristes,* u. a. der Eintreibung materieller Kirchengebühren, widersetzte, zahle je nach der Tat Straf- oder Wergeld; wird er dabei erschlagen, so liege er unentgolten; V Atr 31 = VI 38 **4a)** Wer, Geistlicher oder Laie, Däne oder Engländer, *Godes lage* (Kirchenrecht) widerstand und Busse gemäss bischöflichem Spruche weigerte, wird von königlicher Macht dazu gezwungen oder vernichtet; Cn 1020, 9f. **5)** Kirchenbusse erstrebe man — im Ggs. zu weltlichem Recht — gemäss *boctæcing* [Bücher-Anweisung, d. h. ~]; II Cn 38, 2 **6)** Auf dem Grafschaftsgericht wurde auch Kirchenrecht gesprochen, bis Wilhelm I. Geistliches (*s. d.* 20—22) Gericht abtrennte **7)** Ungehorsam gegen ~, besonders betr. Zehnt, veranlasste die Pest 962; IV Eg 1 **8)** Bruch der ~ in Fasten (*s. d.* 5) kostet Ungehorsamsbusse an den König **9)** ~ werden von Wihtred, Æthelred und Cnut zitiert fürs Eheverbot (*s. d.* 1. 5f.), für die Form der Eheschliessung (*s. d.* 12); vielleicht auch Wif 1 **10)** Gemäss ~ wird Unkeuschheit und andere Sünde der Geistlichen (*s. d.* 20a; Cölibat 1) bestraft; EGu 3. I Em 1 **10a)** Die gemeinte ~sammlung ist die Dionysiana oder Hadriana nach Böhmer (*Kirche u. Staat* 45); oder das Konzil von Karthago c. 25 nach Taranger *Angelsaks. Kirk.* 93 **11)** Das Leben gemäss ~ bringt dem Geistlichen (*s. d.* 17b. 29d) Thegnrang **12)** Dem Ordal gehe voran Fasten (*s. d.* 9) nach Gottes und des Erzbischofs Gebot; II As 23, 2 = Ordal 1 **13)** Der Abt (*s. d.* 1. 8) lebe im Kloster gemäss den ~ ohne wirtschaftliche Sorge **14)** ~ werden zitiert als Autorität für den Kirchenbann; Excom III 1. VIII 1. IX 1. XII 1. XIII 2 **15)** Benutzung *sog. Canones* Eadgari, *s. d.* 11 **15a)** Latein. ~ scheinen nicht benutzt im Northumbr. Priestergesetz zu York c. 1028—60 **N 16)** *Ecclesiasticæ institutiones sinodorumque conventus* [die des 7./8. und 10. Jhs. vergisst Vf.] *apud Anglos inusitati adhuc* [vor 1017] *fuerant,* weshalb Cnut in I Cn mit Kirchenrecht beginne; Anschauung 12. Jhs. in Cons Cn Pro **4**, vielleicht das Fehlen Geistlichen Gerichts meinend und beeinflusst von der Schilderung des unkanon. Rechtzustandes vor 1067 in Wl ep **N 17)** Wilhelm I. liess bei Einführung des Geistl. (*s. d.* 21) Gerichts, wohl mit Absicht, unklar, wieweit die ~ in England gelten sollten, und gewährte jedenfalls nicht alles, was er der Kirche in der Normandie zu Lillebonne 1080 zugestand. Lanfranc benutzte zwar den Ps.-Isidor, duldete aber von dessen Theorie höchst abweichende Zustände. Entgegen jenem Normann. Kirchenrecht wurden in England Cölibat der Geistlichen und Gottesfrieden noch nicht durchgesetzt, und verblieben noch weltlichem Gericht das Eherecht, der Pfarrpatronat, der Friedensbruch auf dem Kirchwege, das Verbrechen von oder an Klerikern **18)** Ein langes Kapitel aus ~ bringt Hn 5, vermutlich aus einer Französischen Sammlung, die besonders Ps.-Isidor, Angilram und Ivo nahestand oder mit ihnen sich im Inhalte deckte. Einmal wird (vielleicht schon vom Vorgänger) *Gregorius* [II.] *in decretis* zitiert für eine auch von Burchard und Ivo aufgenommene Dekretale; *s.* I 551[b]. — Auch fernerhin werden ~ benutzt Hn 28, 4f. 31, 6—7a 32, 1a. 33, 5. 49, 4a. 57, 3. 68, 4; 6—12. 70, 16—17. 72, 1d. 73—73, 6a. 75, 5. *Vgl.* Geistliche 23c ff.; Geistliches Gericht 25 **19)** Heinrichs I. Staatsordnung glänzte neben bürgerlichen Gesetzen [angeblich] auch in *divinis legibus;* Hn Pro 1. 11, 16

Kanoniker *s.* Wb *canonicas, -ci. Vgl.* Geistliche, Mönche, Domkapitel, Kathedrale; Cölibat **1)** Wo in der *Vita Æthelwoldi* (ed. Stevenson *Chron. Abingd.* II 260) Ælfric 1005/6 von *clerici* sprach, setzt Wulfstan *canonici* (ed. Migne *Patrol. Lat.* 137, 9). Ebenso wird 'Priester' durch ~ in sonst gleichem Texte ersetzt; *u.* 3. Es gab also ~ nicht bloss an Kathedralen; Stubbs *Mem. of Dunstan* 364 **1a)** In jedem *coenobio et conventu monachorum celebret omnis presbiter* 30 *missas* zur Landesbusse; VII Atr 3, 2; *coenobium* scheint hier ~stift zu bedeuten **1b)** Als Kirchen zweiten Ranges, die gleich hinter den Kathedralen stehen und den [pfarrlichen] Friedhofskirchen und den Landkapellen übergeordnet sind, versteht *abatiae et canonicatus* In Cn I 3, 2 Hs. Cb: wohl Kollegiatstifter, nicht bloss von Chorherren **2)** Diejenigen ~, deren Besitz gross genug ist, dass sie [gemeinsamen] Speise- und Schlafsaal halten können, sollen ihr Stift (*mynster, monasterium*) keusch wahren, wie ihre Regel vorschreibt; oder wer das weigert, verliere die Pfründe; V Atr 7 = VI 4. (Ferner gemeinsames Horensingen schärft auch für ~ ohne gemeinsame Wohnung ein L.) **3)** Cölibat (*s. d.* 1e), Gebet bei Tag und Nacht und eifrige Fürbitte fürs Volk fordert vom ~ VI Atr 2, 2 = I Cn 6a, dagegen in denselben Worten vom Priester V Atr 4, 1 **4)** Im Menschenalter vor 1011 ist manches Benediktinerkloster übergegangen an ~; VI 3, 1 L **4a)** Nach Lothringischem Muster entstehen im Zeitalter Cnuts Stifter für ~; Stubbs *Foundation of Waltham* p. x

Kanonisation *s.* Feiertag 2. 2a

kanonisches Gericht *s.* Geistl. ~

Kanzlei **1)** Königliche ~ kommt in *Gesetzen* unter den Agsa. nicht vor [überhaupt erst unter Eadward III.; Brunner I[2] 576]. *Vgl.* Archiv 1 **2) N** Heinrichs I. Urkk. bezeugen Kanzler Ranulf, Wilhelm Giffard; Hn mon. Hn com. **3)** Stil der ~: *s.* Gesetz 7b—13f; Königstitel; *Pluralis majestatis o.* S. 174 **Kapaun** *s.* Huhn 5

Kapelle *s.* Kirchenrang

N Kapitalverbrechen **1)** Das Wort kommt nur in Hn vor; synonym dafür, doch auch bisweilen daneben steht 'Kriminales (47. 61, 18), besonderes [schweres] (19, 2. 20, 2), mit Hinrichtung (Tod) strafbares' (9, 5. 59, 18. 64, 2. 61, 9a), zweikampffähiges; 59, 16a **1a)** Im Ggs. zur Klage auf ~ steht die *exactionalis* (61, 19) oder mit Geld (Straf- od. Wergeld) gut zu machende od. *causa communis;* 9, 5. 20, 2f. 25, 1f. 27. 34, 1b. 49, 6. 59, 2 61, 14. 64, 2; alltägliche 67, 2 **2)** In später Agsä. Zeit waren die Begriffe 'busslos' (*s. d.*) und friedlos (*s. d.*) machend, ähnlichen aber doch nicht nachweislich gleichen Inhalts, entwickelt worden **3)** Unter ~ fallen Majestätsbeleidigung, Herrenverrat, Mord, Totschlag gegen Hand- oder Kirchenfrieden, Brandstiftung, Einbruch (erschwerte Heimsuchung), Raub, handhafter grosser Diebstahl, Fälschung, *utlagaria* (*s.* friedlos 10); Hn 12, 1a. 13, 1. 26, 3. 47. 59, 3;

18. 61, 9a; 17. 64, 2. 66, 8. 82, 3 [in anderer Liste 13. Jhs. stehen Notzucht, *membrum fractum*, vorbedachter Angriff (*s. d.* 6), Bruch des Friedens (*s. d.* 2); aus London Bateson II 5]; *s.* die einz. Artt., busslos 5 **4)** Privater Gerichtsbarkeit (*s. d.* 37) entzogen oder dem Kronprozess (*s. d.*) vorbehalten sind nicht alle ~ **4a)** Bussloses deckt sich nicht mit Kronprozess; Hn 9, 1. 61, 9a. Doch wünscht dieser Jurist theoretisch *graviora* für Kronprozess, *emendabilia, communia* für den Adel 11, 17. 25, 2 **4b)** ~ aller *barones, senatores*, auch der *clerici*, gehört zum Kronprozess; 20, 3 **4c)** Private Gerichtsbarkeit darf eine Klage auf ~ ihrer Leute abzuurteilen nicht aufschieben (sonst darf Kläger höhere Instanz angehen) und den Prozess nur vor dem Königsrichter beenden; 26—26, 4 **5)** Klage auf ~ erfordert des Klägers Voreid, 60, 3 **6)** Der eines ~ Angeklagte ist deshalb theoretisch *in captione regis*, auch wenn tatsächlich, weil für Leben und Habe verbürgt, auf freiem Fusse. Prozess wegen ~ geht wie Kronsache jedem anderen gegen denselben voran; 53, 2; *vgl.* 46, 3. 53, 4 **7)** Der eines ~s Angeklagte muss sofort [ohne Ratserholung] ableugnen; 46, 1a. 49, 1. 61, 17. Darauf findet man Urteil, ob Prozess sofort zu beenden oder aufzuschieben sei; 61, 18b. Auch festländ. Beklagter galt mangels unverzüglicher Leugnung für überführt; Conlin *Gerichtl. Zweikampf* 70 **8)** Prozess auf ~ ist nicht abbestellbar (*o.* 4c); Hn 59, 3 **8a)** Der wegen ~ Vorgeladene, der ausbleibt, verschlechtert seine Prozessrolle; 26, 2 **9)** Ein *baro comitatus* kann seinem Vassallen nicht verbieten, bei Urteilfindung über ihn wegen ~ mitzuwirken; 30 **10)** Der Beweis ist durch Zweikampf zu erbringen; 59, 16a **11)** Auf keines Herrn Befehl darf jemand aus Gehorsam ~ vollziehen oder deren Begünstiger, Teilnehmer, Mitwisser, Anstifter sein; er selbst muss sich darob verantworten, kein Herr kann dafür gewährleisten (*s. d.* 5); 82, 3; 6. 85, 2a

Kapitel *s.* Dom~, Kathedrale; Stift, Kanoniker; Geistliches Gericht 11. 27a, Synode

N Kardinal 1) Ein ~ ist nur zu verurteilen durch 44 bzw. 26 oder 7 Zeugen; aus Kanonistik Hn 5, 11 **2)** ~skollegium richtet neben dem Papst über Mörder von Verwandten oder Geistlichen; 73, 6[a]

Kardinaltugenden und -laster 1) *Principales virtutes, prudentia videlicet, iustitia, fortitudo, temperantia*, sollen den Bischöfen eignen, wie sie sich selbst ermahnen; VI Atr 1 L **1a)** Die ~ ~ ~ bei Ælfric u. a. Agsä. Predigern *s.* Becher *Wulfstans Homil.* 50 **N 2)** Heinrich I. wird gepriesen als *moderatus prudens iustus fortis;* Quadr II 14 = Hn Pro 1. [Auch Hugo von Fleury und zwei Menschenalter später Richard Fitz Nigel fordern die 4 Tugenden vom Regenten; *Dial. scacc.* ed. Hughes p. 164.] **3)** Derselbe Vf. behandelt die 4 ~ ~ ~; Quadr Ded 13. 17 **4)** *Uni virtuti duo vitia solent opponi;* 6. 4 ~ und 8 Hauptlaster behandeln auch [nach Cassian † 435?] Aldhelm *De 8 principalibus vitiis* und Byrhtferð von Ramsey; andere haben andere Zahlen; *vgl.* Müllenhoff u. Scherer *Denkm. Dt. Poesie* 606 **5)** Geiz, Gier, Fresserei (oder Stolz), Völlerei hinter Mord und Raub verpönt V Atr 25 = VI 28, 3; ähnlich Wulfstan a. 1014, 129. 163. 166[1]

Karelien durch Arthur [angeblich] England unterworfen; Lond ECf 32 E

Karl der Gr. **1)** Pipins Sohn; ECf 17, 1; [falsch] Bruder *ebd.* Rb des Retr. **2)** Verhältnis zu Papst Johann [statt Zacharias]; *ebd.* = Lond ECf 11, 1 A 1 **3)** von Leo [III., 799] zu Hilfe gerufen, führt ihn nach Rom [in Wahrheit jedoch nicht er selbst] zurück, findet den jenem gestohlenen Schatz Petri wieder vermittelst Kesselfangs (*s. d.* 2), den sie und Eugen [II. 824—827] schufen. Der Bericht zeigt Wunder und historisch Falsches **4)** Sein Kapitular a. 803 wird benutzt von Hn I 604 f.

Käse *s.* Wb *ciese, cysfæt, -lyb, -wyrhta* **1)** wird auf Londoner Markt durch Fettwarenhändlerinnen verkauft; IV Atr 2, 12 **2)** Trockener Ziegen~ gehört zum Ordal Geweihten Bissens; Iud Dei III Insc. 2, 3. XIV 1 **3)** Von 10 Hufen [zahlt der Besitzer jährlich dem Grundherrn] u. a. 10 ~; Ine 70, 1 **4)** Monatlich 4 ~ bestimmt einem Armen als Almosen As Alm 1 **5) N** Vom ~machen gebührt der zehnte ~ als Zehnt der Kirche; ECf 7, 3 f.; *vgl.* I 632[b] **6)** Der ~macherin [einer Unfreien auf der Domäne des Herrschaftsguts; *s.* Butter 3] gebühren 100 ~ [jährlich]; Rect 16 **7)** Der Gutsvogt achte, dass nicht missrate ~ noch Lab (Ger 4), u. bedarf für das Domänengehöft ein ~fass; Ger 17 **N 8)** Über Gutsabgaben in ~ im 11. Jh. *vgl.* Round *Victoria County hist. of Berks.* I 21 ff. Um 1086 gilt 1 *pensa* (*wey* = etwa 1½ Zentner; *s.* Gewicht 3—5) ~ ungefähr 3¼ Schill., a. 1171 etwa 5, in Essex im 12. Jh. 4½; Round *Victoria County hist. Essex* I 373. Dort 22 über Schaf~ **9)** Im 13. Jh. begann die ~bereitung um Weihnachten und dauerte bis Michaelis; zwei Kühe ergeben jährlich 1 *wey* ~ und wöchentlich ½ Gallone Butter; Rogers *Agriculture and prices* I 403

Kastration *s.* Entmannung, Zeugungsglied; Ochs, Pferd, Huhn 5

Kathedrale *s.* Wb *heafodmynster, heafodstede, mater ecclesia, episcopatus, evesqué, cathedralis. Vgl.* Domkapitel, Kirchenbau 2 **1)** An weltlichem Range steht sie über allen (drei verschiedenen Stufen von) Kirchen; VIII Atr 5, 1 = I Cn 3, 2 = Hn 79, 6 (die des Erzbischofs aber nicht über der des Suffragans; I Cn 3, 2 In[81]) **2)** Die Verletzung des von ihr ausgehenden Sonderfriedenschutzes ist wie der des Königs zu büssen: mit 5 £; *ebd.* [in Kent *s. d.* 8a] **2a)** Hieraus über Asylbruch (*s. d.* 5) in der ~ **2b)** Einstmals [d. h. vor 1066 oder Ende 10. Jhs.] waren Hauptstätten berechtigt, als Asyl (*s. d.* 14a) den Flüchtling mit grosser Schutzgewalt 7 Tage lang zu umfrieden; Grið 3. 5 **N 3)** Das Eisenordal (*s. d.* 6) erfolgt in ~ oder am Ort, den der Bischof bestimmt **4)** Vermutlich jede ~ hatte ein Archiv; *s. d.* 2a; Gesetz 3

Kätner *s.* Kötter

Kauf (-kraft, -mann) *s.* Geld, Preis, Handel, Markt, Grundbesitz

Kaufzeugen 1) Sie sind eine der Einrichtungen, die bezwecken, den Handwechsel von Fahrhabe in anderer als ehrlicher Weise unmöglich zu machen, besonders den Vertrieb von Gestohlenem zu hindern, und den ehrlichen Erwerber gegen Diebstahlsklage zu schützen;' Bateson II LXXV; *vgl.* Handel 8. Sie sind also eine Art der auch anderen Germanen bekannten Geschäftszeugen, deren Eid

Abschluss und Inhalt des Geschäfts bezeugt (Brunner I² 256), dienen aber bei den Agsa. wesentlich der Polizei. 'Der Kauf, dem der Tausch gleichstand, war im German. Recht der Urtypus der gegenseitigen Verträge'; Gierke *Schuld u. Haft.* 337 **2)** *forwardsmen, forwardmanni* [Vertragsaufseher] heissen später Amtzeugen (*u.* 7 b) für Kontrakte in der Kaufgilde zu Andover und in Hereford; Bateson I 203; Gross *Gild merch.* I 31; das Wort *forword* ist dem Norden entlehnt **3)** Den Inhalt des Geschäfts beweist der vom Kläger, der nachträglich Fehl am Gekauften fand, angerufene ~ge, 'welcher mit uns beiden war': dass Beklagter die Ware als fehlerfrei und unanfechtbar verkauft habe; Swer 7 **4)** In den übrigen Fällen dienen die ~ dem Beklagten **5)** Sie kommen in der ganzen Zeit der *Gesetze,* vom 7.—12. Jh., vor **6)** Nur éin ~ge erscheint II As 10, 12; oder es fehlt die Zahl (24. VI 10. I Atr 3); oder es treten mehrere auf; Ine 25. 25, 1. I Ew 1. II As 12. Urk. Kemble 1353. Leis Wl 21, 1; 1 a. ECf 38. 39, 2; Bateson II LXXV | So 2 ~: In Cn II 24 | 2 oder 3: Hl 16 (*u.* 8). IV Eg 6, 2 | 3: Wl art 5 | 4: II Cn 24 = Leis Wl 45 **7)** Als ~ge genügt für sich der königliche Stadtvogt Hl 16. I Ew 1. II As 12. III Em 5. Urk. Kemble 1353; *heahgerefa* (?) III Em 5; der Vogt oder Herr des Herrschaftsguts II As 10; der Schatzmeister *ebd.* III Em 5; der Ortspfarrer *ebd.* III Em 5. Urk. Kemble 1353. Dagegen sind Hundred- und Zehnerschafts-Vorsteher, deren Zeugnis erfordert wird bevor Gewährzug freisteht, wohl die Organe, bei denen polizeiliche Anmeldung sich gehört, nicht ~; Hu 4. 4, 1; ebenso ist das Dorf das Organ, dem Neuerwerb samt ~ angegeben (IV Eg 9) werden muss, sonst zeigt dieses den Fall dem Hundredvorsteher an; IV Eg 7—8, 1 **7a)** Als ~ fungieren 'im Gericht die Vögte' [der zwei Güter, wo das gekaufte Vieh herund hinkam?] II As 12 (vielleicht die *combibentes* bei der *potatio emptioni præparata* Hn 81); Nachbarn Bateson II LXXV **7b)** Eadgar setzt ein amtliches Kolleg (*o.* 2) als ~ ein, je 12 für Hundred und kleine Stadt [= Gerichtstätte], je 36 für eine grosse, vom Gerichte *gecoren, genamod;* sie werden vereidigt (*s.* Geschworene 3; die ständigen 'Genannten' Dt. Städte als Urkundsmänner vergleicht Amira 139), nicht wegen Geld, Liebe, Furcht abzuleugnen, wo sie zugezogen waren, noch anderes denn Gehörtes und Gesehenes zu bezeugen. Diesem Kolleg entnehme man die ~; IV Eg 3—6, 2. 10 f. **7c)** Die Formel ist nachgebildet dem allgemeinen Zeugeneid; *s. d., u.* 8 a **7d)** Ähnliche Ausschüsse *s.* Gericht 20 a—e **8)** Dass die ~nschaft den Beklagten nicht als Zeuge sondern als Eideshelfer unterstütze, ist wahrscheinlich in Hl 16, 2: jener erkläre auf den Altar mit einem seiner ~, er habe unverhohlen in der Stadt gekauft. Ebenso Beklagter *jurrad od ses testimonies od plein* (schlichten) *serment;* Leis Wl 21, 1 a **8a)** Dagegen steht die ~nschaft Beklagtem in wahrhaftem Zeugnisse, wie sie mit Augen sah und mit Ohren hörte, dass jener den Gegenstand rechtlich erwarb, in II Cn 23, 1 **9)** Das Vorhandensein der ~ sichert dem im Anefang (*s. d.* 16) beklagten Käufer, der die Ware als gestohlen aufgeben muss, den Rückempfang des Preises nach Hl 16, 2. Er verliert den Wert (weil er andere Handelskautel vernachlässigte) nach Leis Wl 21, 1 a **9a)** Überall befreien ~ ihn von der Notwendigkeit der Reinigung von Diebesverdacht (Ine 25, 1. ECf 38, 2 f.), sogar wenn er die polizeiliche Anmeldung gekauften Viehs unterliess; IV Eg 10 f. **9b)** Nur wo ~ vorhanden, darf im Anefang (*s. d.* 12) Beklagter zur Gewähr ziehen; Hl 16, 1. II As 24. II Cn 23—24, 1 = Leis Wl 45, 1. *Vgl.* Brunner II 507[80] **10)** Wer Handel ohne ~ schloss, verliert Gekauftes (an Kläger Hl 16, 3. Leis Wl 45, 1) und zahlt der Obrigkeit Strafe; Wl art 5. ECf 38, 2. Sie beschlagnahmt das Gekaufte (II As 10. IV Eg 10. I Atr 3, 1); sie erhält Strafgeld: 36 (Ine 25, 1) oder 30 Schill. (II As 10) oder sogar Wergeld; Leis Wl 21, 2 **10a)** Ausserdem erhält Kläger neben Ersatz dessen Wert nochmals als Busse; II Cn 24, 1. Leis Wl 21, 2. Wl art 5. retr 10 **10b)** Gab Beklagter betrügerisch ~ an, so verliert er Leben u. Vermögen; IV Eg 10 f. **11)** Sagten die ~ falsch Zeugnis, so verlieren sie zur Strafe 30 Schill. und künftig Zeugnisfähigkeit; II As 10, 1 **12)** Diese Handelskautel der ~ beginnt beim Sachwert über 20 Pfg. (II As 12) oder über 4 Pfg.; II Cn 24 = Leis Wl 45 **N 13)** Engl. Stadtrecht 13. Jhs. über ~ *s.* Bateson II LXXVI

Kebsweib *s.* Ehebruch 2—3 e, Konkubinat

Kehle, *þrotbolla; vgl.* Hals **1)** Für Durchbohrung der ~ zahle der Verwunder 12 Sch. Busse; Af 51 = Hn 93, 10 **2)** Wenn jemand *gegemed* ward, zahle der Verletzer 30 Sch. (Abt 62): 'in den Hals gestochen' erklärt Schlutter *Anglia* 30 [1907] 132. 31, 71 [? Dagegen spricht, dass 'abkehlen' nur als tötend oder Leben gefährdend belegt ist, was laut der Busse Abt nicht meint. *S.* vielmehr Arzt 2]

Kelch *s.* Wb *calic; vgl.* Messe **1)** Der ~ beim Abendmahl (*s. d.*) sei nicht hölzern; Northu 15. Er sei golden, silbern [*silfrene calicas* im Kircheninventar; Earle 250], gläsern, zinnern, aber nicht von Horn oder Holz; *Can. Ælfrici* 22; Ælfric *Pastor.* 45. **N** Lanfranc verbietet den von Wachs oder Holz; Wilkins *Concil.* I 365 zu 1076 **2)** Der Priester trägt *calicem et patenam* zur Messe vor dem Kesselordal; Iud Dei XII 2, 1

Kelten *s.* Britannien, Briten, Bretonen, Walliser, Cornwall, Dunsæte, Man, Inseln, Schottland, Irland

Kent *s.* Wb *Centland, Kentescir* (auch *Kentrice* Toller 151 a; um 1300 *Caunterbyryschyre* Birch 916); über die Form ~ seit 10. Jh. *s.* Miller *Placenames* 66. *Vgl.* Canterbury, England 5 b **1)** Könige und *Gesetze* von ~ *s.* Æthelberht, *Wb* Eadbald, *Wb* Earconberht I 9, Eadric, *Wb* Hlothære, Wihtræd **1a)** *Gesetze* von ~ ausgeschrieben durch Ælfred, Cnut, Griδ 6—8 **2)** Sprache von ~: in *Gesetzen* I 3—14; Iud Dei VI; Hs H I XXVI **3)** Münze von ~ *s.* Schilling, Sceatt **4)** Landmass von ~ *s.* Hufe 3; Joch 2 **5)** Spaltung des Königtums unter mehrere Herrscher in ~ wird nicht sicher belegt durch Erwähnung von Eadric und Hlothære in Hl Pro: sie können auch hinter einander regierend gedacht sein; *vgl.* den Prolog zu EGu. Doch zeigt Beowulf den Ehrensitz geteilt zwischen Dänenkönig Hrothgar und seinem Neffen als präsumtivem Vormunde der Königssöhne und vielleicht Mitregenten. Einstige Scheidung in Ost- und West~, kirchlich in Canterbury u. Rochester, ist belegt; s. Urkk. Birch 291. 335. 1097. 1296; Hochverrat 7b. Der Gefolgsadel (s. d. 3e) der 7 Zeugen a. 738 dient aber Magnaten, nicht Kleinkönigen **6**) London (s. d. 42) steht unter ~; Hl 16 **7**) Von besonderen Königen, Richtern, Volksgenossen von ~ spricht Hl Pro. 8. 16 **8**) Lokales Partikularrecht (s. d.) von ~, bes. über Schutzgewähr, kompiliert Grið 6—8 **8a**) Bei Heimsuchung (s. d. 8b) erhält — ausser den gemein Englischen 5 £ für den König — der Erzbischof 3 £; II Cn 62 G. Ebenso bei Bruch des Kathedralfriedens I 3, 2 G. Diese 3 £ sind dessen *mundbryce*-Bussempfang; II 58, 1 **8b**) In ~ bewertet *mundbryce* für König und Erzbischof gleich Grið 6, auch für den Dom In Cn III 56 **8c**) Fahrhabe des Königs wird neunfach, des Erzbischofs elffach ersetzt; (aus Abt 4. 1) Grið 7 = In Cn III 56, 1 **8d**) Wergeld (s. d.) in ~ ist verschieden von dem in Wessex; Hn 76, 7g **9**) Vorrang ~s vor Englands übrigen Teilen, z. T. mit Canterbury's Primat zusammenhängend, drückt sich aus in der Anordnung von Canterbury und Rochester vór London und Winchester in der Aufzählung der Münzorte; II As 14, 2 **10**) Durch Halbinsellage, Stammesbesonderheit, höchste Kultur bewahrte ~ Selbständigkeit mehr als andere Grafschaften, auch selbst als sonstige aus mediatisierten Königreichen entstandene **10a**) Der besondere Landtag (die Grafschaft; s. d. 10) von ~ schreibt, vertreten durch Bischöfe [von Canterbury und Rochester], Thegnas, vornehm und gemeinfrei, an Æthelstan, dessen *Gesetze* von Faversham wörtlich promulgierend u. sich der Zentralregierung ausdrücklich unterordnend, bereit den Beschluss königlichem Willen gemäss zu ändern, III As **11**) Die Zehnerschaft (s. d.) heisst in ~ *borg;* Cons Cn II 19, 2d

N Kerbhölzer (*talea*), Holzbretter mit eingekerbten Zeichen gezahlter Summen, als Quittungen (s. d.) für Leistungen des Pächters an den Grundherrn; Hn 56, 1. Schon im Domesday I 345a 1 steht *tailla;* daneben *dica;* Maitland *Pleas of Gloucester* p. 153. [In der Normandie unter Heinrich I. quittiert eine Abtei königlichen Förstern durch ~ über empfangene Bäume; Haskins *EHR* 1909, 221.] Von diesem Wort kommt auch der Name *tallagium* für Steuer; s. d. **Kerker** s. Gefängnis

Kerzen 1) ~ erscheinen bei der Prozession, die die Leiche eines laut nachträglichen Erweises unschuldig Getöteten aus dem Schindanger in ehrliches Grab (s. d. 3) überträgt; ECf 36, 5 **2**) ~ gelöscht bei Kirchenbann s. Exkommunikation 9c **3**) Abgabe an die Kirche: *vgl.* Lichtschoss

Kessel s. Wb: *cytel, crocca* **1**) Unter den Wirtschaftsgeräten der Gutsdomäne: Ger 17 **2**) Wirtschaftstopf ist das Symbol der Hausgemeinschaft; s. d. 1

Kesselfang s. Wb *ceac; aqua fervens* Iud Dei II Insc. 1, 2. 6. XII Insc.; *aqua bulliens in caldaria* 5; *urceolus* 21. 22; *aqua* IV 2 **1**) Dies Feuerordal (s. d.) ist zwar laut Ine 37. 62 'bei den Agsa. bodenständig' (Brunner *Ältestes Strafr. d. Kulturv.* 58); allein uns erhaltene Formeln II. IV. XII folgen Fränkischer Liturgie, zumeist dieselben wie beim Eisenordal; II Insc.[b] **2**) Ein festländischer Bericht des 9. oder 10. Jhs. behauptet, Iud Dei XII (u. 9) sei erfunden von Papst Eugen (II.), Leo (III.) und Karl d. Gr. (s. d. 3); 1—1, 3 **3**) Der beim ~ als schuldig oder handhaft gefasste Dieb, der schon öfter angeklagt war, verliert Hand oder Fuss; Ine 37 **4**) Zum ~ zwingt (*bedrifð*) den Beklagten der Kläger [durch Voreid]; 62 (zweimal) **4a**) Der Beklagte kann das Ordal abkaufen durch eigen Geld oder, wenn zahlungsunfähig, durch Vorschuss eines anderen, dem er als Schuldknecht das Geld wieder einbringen muss; *ebd.* **4b**) Wird er als Knecht nochmals zum ~ getrieben, so verliert jener Gläubiger, falls er ihn dem zweiten Kläger gegenüber nicht wieder vertreten will, seinen Vorschuss; *ebd.* **5**) Anfang 10. Jhs. war ~ nicht üblich, denn Af-Ines älteste und beste Hs. liest statt *ceac* fünfmal *ceap; vgl.* Brunner I[2] 262[61] **6**) Der Kessel kann eisern, ehern, bleiern, tönern (Ordal 1b), *caldaria sive urceolus* sein; Iud Dei XII 21. 22. So, ausser Blei, schon in Indien; Kaegi *Alter Germ. Gottesurt.* 53; daneben Marmor in Südfrankreich 1182; Lea *Superstition* 271 **7**) *In atrio* (*ostio*) *ecclesiæ* wird das Feuer entzündet, über dem das Wasser im Kessel sieden soll; der Ort wird mit Weihwasser besprengt; Iud Dei XII 2, 1 **7a**) Die Siedehitze ist wesentlich auch im Gottesgericht der anderen Germanen, laut Lex Salica, Edda, Schwabenspiegel bei Dahn *Bausteine* II 35; *vgl. fervens, bulliens* neben *calescit* in Zeumer *Formulae* 719 **8**) Kessel und Wasser werden beschworen bei biblischen Wundern am Feuer und Wasser (Iud Dei IV 3, 3), so der Wandlung durch Jesum zu Wein; XII 18. 22, 3. Einige der angerufenen Wunder haben mit jenen zwei Elementen nichts zu tun **9**) Und zwar soll der Kessel sich, falls Prüfling schuldig, drehen und das Wasser erschauern; 22, 2; *vgl.* I 420[b. c] **9a**) Die Hand greift in das siedende Wasser. **N** Es ist wohl nur das Missverständnis eines fälschenden Antiquars Ende 13. Jhs., übertragen aus dem Beschreiten glühenden Eisens, wenn *mettre la mein ou le pié en ewe boillant* erwähnt Mirror of justices III 23 p. 110 **9b**) Beim einfachen Ordal greift die Hand 1 *palma* (Handbreit) tief (bis zur Handwurzel; Ordal 2), bei dreifachem 1 *ulna* (Elle; bis zum Ellenbogen; Ordal 2) tief nach dem Stein; Iud Dei II 6. XII 22[b]. [Schmid 640 bezieht hierauf auch II As 23, 1; s. Kaltwasser 5.] Ähnlich Sachsenspiegel I 39; Schwabenspiegel 374. Vorher *lavetur de sapone* (22), wohl um etwaige Zaubersalben fortzuwaschen. Im Heidentum ward der Stein geweiht; Vigfusson *Corpus poet. boreale* I 423 **10**) Kläger wählt, ob dreifaches Ordal das Eisen- oder Wasserordal sein solle; Blas 2. Da beim Kaltwasser eine Verdreifachung nicht vorkommt, ist wohl ~ gemeint, vielleicht also auch III Atr 6, der dieselben Ausdrücke, doch ohne Verdreifachung, gebraucht **11**) **N** Dann veraltete der ~ um 1200 (*vgl. o.* 5); wenigstens lässt *aquam ferventem* aus dem Ordalformular fort Hs. 1429[b]; *vgl.* Brunner *Grundzüge*[4] 205, 2

Ketzerei. *Vgl.* Abtrünnige **1**) Der *a fide devians* Bischof ist erst heimlich zu ermahnen, dann beim Erzbischof oder Papst anzuklagen; aus Kanones Hn 5, 23 **2**) *Vgl.* Haus 10; Verbannung

Keuschheit s. Cölibat, eheliche Enthaltsamkeit, Unzucht; Geistliche 29b ff., Mönch, Nonne, Witwe, Jungfrau 3

Kiefer s. Backen **Kiepe voll** s. Korb

Kiew. Zu Jaroslaw I. von ~ flieht Eadweard, Sohn Eadmunds II., vor

Cnut und wählt dort [falsch] seine Gemahlin; ECf 35 = Lond ECf 35, 1 A

Kind *s.* Wb *cild, bearn*, was auch = Nachkommenschaft, ~er. Hierfür auch *ofspring, æftergengan;* bei Toller: *eafora, tuddor, team. Cniht* und *puer* heisst ~ neutral (schliesst Mädchen mit ein); Ine 7, 2. Hn 70, 14; *pueri* steht für *puer vel puella* 45, 3. *Vgl.* Abtreibung; Bastard, Findling, Waise, Tochter; Sippe, Familie, Eltern, Vater; eheliches Güterrecht 1—3i. 5a. 8a, Erbgang, Halsfang; Taufe, Erziehung, mündig, Jugend, Alter; unfrei **1**) Hinrichtung Schwangerer wird aufgeschoben bis zur Entbindung; *s.* Frau 3a **2**) Erschlagung Schwangerer kostet auch für Embryo halbes Wergeld von dessen Vatersippe und ganzes bei belebtem Fötus (*ebd.* 4), letzteres kirchlich, vielleicht aus Lex Baiuwar. 8, 19; *vgl.* Abtreibung **3**) Der Herr eines stössigen, an eines ~es Tode schuldigen, Ochsen wird behandelt, als wäre Mann oder Weib totgestossen; aus Exodus Af El 21 **4**) Erst nach Genuss von Speise wird das ~ im Germanischen Heidentum voll rechtsfähig; Grimm *DRA* 455; Maurer *Wasserweihe* 225; Müllenhoff *Anz. Dt. Altt.* VII 406; Brunner I^2 101 f. [*Vgl.* Findling 3.] Noch vor dem Speisegenuss ein Wiegen~ schuldiger Eltern mit diesen zur Strafe zu ziehn, zu versklaven gegen *u.* 7, tadelt als Missbrauch habgieriger Gerichtsvögte II Cn 76, 2. Gegen das Versklaven von Wiegen~ern, sogar wegen kleinen Diebstahls der Eltern, predigt Wulfstan a. 1014, p. 158 **4a**) Erst mit der Wasserweihe und Namengebung begann das ~ im Germanischen Heidentum Rechtssubjekt (Persönlichkeit) zu sein, vollen Wergeldwert zu erhalten nach anderer Epoche. **N** Dies wird ausdrücklich aufgehoben: *si infans occidatur, sive nomen habeat sive non, plena wera coniectetur;* Hn 70, 15; *vgl.* I 589^b **4b**) Beschreien der Wände gilt als Kriterium des Lebens im späteren Engl. Stadtrecht; Bateson II 112 f. **5**) Wer ein ~ in seiner Obhut [absichtlos] tötet, entgelte es wie einen Erwachsenen; z. T. aus Af 17 (*s.* Erziehung 4); Hn 88, 7. Als besonders häufiges Beispiel führt er aus einem Bussbuch an: *si dormiens opprimat;* man, besds. die Frau, lag im selben Bett mit dem ~ **5a**) Notzucht am unerwachsenen Mädchen kostet so viel wie an Erwachsener; Af 26 **6**) **N** Absichtlose Tötung des eigenen ~es kostet weder Geld- noch Leibesstrafe; Hn 88, 8 **7**) Ein ~ unter 10 Jahren gilt nicht als Mitwisser des verbrecherischen Hausvaters, bleibt also von Verknechtung des Haushalts frei; Ine 7, 1 f.; *vgl.* jedoch *o.* 4 **N 8**) Der Vormund haftet für das seinen Schützlingen, die nicht mündig (*s. d.*), Anvertraute nicht, wenn er es nicht zu verwahren erlaubt hat; *s.* Familie 7 **9**) *Si infans occīdat, plenă weră coniectetur* [durch seine Sippe]; Hn 70, 15; die Tat wird wie absichtlose Missetat behandelt; von Strafe ist keine Rede **10**) *Infantes ante malefactum* des zur Strafe geächteten Vaters *generati non habebuntur exleges nec perdant hereditatem* ECf 19, 2, letzteres gegen Engl. Erbgang (*s. d.* 20a) 12. Jhs. Das vom geächteten Vater erzeugte ~ steht also ausserhalb Engl. Bürgerrechts

King's Enham, *Eanham*, bei Andover; dort erging auf dem Reichstag zu Pfingsten VI Atr Pro, viell. auch V Atr; dann war 1008 dort Konzil

Kingston upon Thames, Ort der Königsweihe 978, viell. schon 975; Sacr cor Pro; auch 924. 946. 955 wird der König dort geweiht nach Flor. Wig.

Kinn. Wer das ~bein zerschlägt, entgelte mit 20 Schill.; Abt 50; nur 12 Schill. [nicht $^1/_4$ des Vorigen] Af 50, 1 = Hn 93, 9 **2**) *maxilla* setzt statt 'Gesichtsvorsprung' Af 48 In **3**) *mentonalis* (~hoch) *s.* Gehege 5

Kirche *s.* Wb *cirice, iglise* **1**) *Vgl.*, ausser hier folg. Comp. mit *Kirch(en)*-, die Artt.: **1a**) Gott, Christus, Heilige Geist, Dreieinigkeit, Engel, Heilige, Maria, Märtyrer, Bekenner, Apostel, Himmel; Hölle, Teufel; Jüngstes Gericht **1b**) Bibel, Dekalog, Evangelium, Kanones, Pönitential, Gratian; Dogma, Glaubensbekenntnis, Fleischwerdung **1c**) Seele, Gewissen, Christentum, Homiletisches, Moralisches, Tugend, Kardinaltugend, Askese, Barmherzigkeit, Gerechtigkeit **1d**) Ehe, Beischlaf, Cölibat; Unzucht, Blutschande, Konkubinat, Päderastie, Bestialität **1e**) Heidentum, Abtrünnige, Ketzerei, Zauber, Blutzauber, Wahrsagen, Blasphemie; Wucher **1f**) Gottesdienst, Fürbitte, Vaterunser, Psalm, Busspsalm, Messe, Horen, Mette, Nachtwachen, Liturgie, Litanei, Prozession **1g**) Weihe, Taufe, firmeln, Abendmahl *samt Compositis*, Grab, Jahrzeit; Beichte, Pönitenz, Pilgerfahrt, Landesbusse, Geistliches Gericht; Suspension, Degradation, Exkommunikation, Fluch, Exorzismus **1h**) Weihwasser, Weihrauch, Kelch, Hostie, Salböl, Kerzen, Glocke, Pallium, Reliquien, Heiligtum, Bilderverehrung **1i**) Feiertag, Fest, Fasten, Sonntag, Freitag, Vorabend, Oktave, Apostelfeier; Advent, Weihnachten, Epiphania, Septuagesima, Ostern, Himmelfahrt, Pfingsten, Aller Heiligen; Quatember, Bittfahrtstage, Drei Busstage; Ferien, Treuga Dei, Gottesfriede **1k**) Urkunde, Testament, Privileg **1l**) Eid *samt Compp.*, Meineid, Versprechen; Ordal, Geweihter Bissen, Abendmahlsprobe, Zweikampf **1m**) Erziehung, Unterricht, Bekehrung **1n**) Opfer, Almosengeld, Zehnt, Peterspfennig, Pflugalmosen, Erstlinge, Herdpfennig, Kopfsteuer, Lichtschoss, Seelschatz, Altarbusse **1o**) Kathedrale, Stift, Kloster, Refektorium, Dormitorium, Pfarre, Friedhof, Kapelle, Eigen~; Asyl **1p**) Geistliche, Laien, Papst, Kardinal, Rom, Erzbischof, Bischof, Abt, Mönch, Nonne, Domkapitel, Kanoniker, Obedientiar, Archidiakon, Dechant, Diakon, Lector, Schüler, Theokratie, Synode; Investiturstreit **1q**) Witwe, Waise, Fremde, Arme, Taufverwandte **2**) Die ~, nicht bloss als Inbegriff der Lehre oder des kanonischen Rechts (*s.* Wb *God* 10, *Deus* 5) oder als Gemeinschaft der Katholiken oder als Körperschaft der Geistlichen, sondern auch als Einzelstift, ja auch nur dessen Geldinteresse, heisst 'Gott' (I As 5. ECf 6a) und 'Christus'; *s.* Wb *God, Crist* IV Eg 1, 5a; 7. V Atr 21. VIII 1 = I Cn 2, 1 = Griđ 31, 1; ferner *Godeshus* Gotteshaus; *godcund; Godes feoh 7 cirican* kirchliche Fahrhabe Abt 1; *Godes fliema* kirchlich Gebannter. In der Urk. Birch 1220 heisst ein ~ndorf *Godes ham*; *Deus donationem possidet s.* Abt 12. Doch steht einmal *godbot* (geistliche Pönitenz) im Ggs. zu *feohbot* (der an Stelle jener tretenden Geldzahlung); VI Atr 51 **3**) Die Geistlichkeit des Landes Kent heisst 'Stammes-[= National]~'; Wi

Pro 2 4) Das einzelne Stift wird als Institution getrennt gedacht vom Klerus und als vermögensfähig; Abt 1 4a) Die geistliche Mutter Aller heisst *ecclesia;* aus Homilie Griδ 30 5) Man soll die ∼ lieben, ehren, besuchen [*vgl.* Abendmahl 1. 4]; VIIa Atr 5, 1. I Cn 4 = Griδ 28. I Cn 4, 3 = Had 1, 3. Cn 1020, 19 = I Cn 2; ähnlich Polity c. 25; Had 1, 1 6) Die ∼ steht dem König gleich in der Höhe der Strafen für den Bruch ihres Sonderschutzes (*s.*∼nfriede 1a. b. 6, Asylbruch 6, blutig fechten 5a), oder für Verletzung ihrer Finanzbeamten (*s.* ∼ngeldeintreiber 1), in der Frist des Asyls; *s. d.* 14a

Kirchenarchiv *s.* Archiv 2b. c; Gesetz 3

Kirchenbann *s.* Exkommunikation

Kirchenbau [bzw. Herstellung] *s. ciricbot. Vgl.* Kirchengebäude; Stift 1) Alles Volk, d. h. die Pfarrgemeinde soll zu ∼ helfen; II Cn 65, 1 1a) Jeder Bischof halte auf seinem Eigengut die Gotteshäuser gut instand und ermahne den König, dass sie alle [d. h. Pfarreien in den nicht der Kirche gehörigen Orten] wohl versehen seien; I Em 5. Der Staat also beaufsichtigt den ∼ 1b) Das Bistum Winchester verleiht 902 Land, so dass dessen Besitzer *ælce geare fultumien to þære cyrican bóte, þe þet land to hyrδ, be þem dæle, þe þet oδer folc do ælc be his landes meδe;* Birch 599 2) **N** Galfrid v. Monmouth sagt um 1125: *Britannia* 28 *civitatibus olim decorata erat, quarum quædam adhuc integre templa sanctorum cum turribus perpulcra proceritate continent, in quibus religiosi cetus virorum ac mulierum;* daraus Lond ECf 32 D 5. Hohe Türme also schmückten meist nur Kathedralen und Klöster in alten Städten, waren selten in Pfarreien oder gar Kapellen 3) ∼ ist einer der Zwecke der Kirchengeldverwendung; *s. d.* 1—7

Kirchenbeamte *s.* Kirche 1p

Kirchenbusse *s.* Pönitenz, Landesbusse

Kircheneinkünfte *s.* Kirche 1n; Erbgang 8. 9c. 15—15c [Über *geares gifu* (Neujahrsgeschenk) *s.* Steenstrup *Normannerne* III 387] 1) Wie die Kirche (*s. d.* 2) und ihr Vermögen *God* heisst, so wird von Gott (*s. d.* 1a) Gnade und Hilfe gegen innere und äussere Feinde durch willige Vermehrung der ∼ erhofft 2) ∼ zu leisten wird allgemein gefordert; EGu 5, 1 = V Atr 12, 2 = VI 21, 1 = VIII 14 — I Cn 14. II Eg 1. 5. 5, 1. VI Atr 22 = Cn 1020, 8. VII Atr 4, 2. VI 42, 3. 43 = I Cn 2 = *Homil. n.* Wulfstan 73. VII Atr 7, 1 = VIIa 8. *Homil. n.* Wulfstan 113. 311 2a) Mehrere genannte einzelne ∼ zu leisten wird den Laien eingeschärft; EGu 6—6, 4. I As Pro — 3 I Em 2. II Eg 2. V Atr 11f. — VI 16—22, 1. VIII 7—11, 1 = I Cn 8—11, 2. 14. Cn 1027, 16. *Homil. n.* Wulfstan 113 3) Abgabe der Laien an Gott steht in Parallele zum Bodenzins des Bauern an den Grundherrn; IV Eg 1, 3 4) Die ∼ gelten wenigstens z. T. als vom Staate herrührende oder doch bestätigte Privilegien; VIII Atr 36. Had 11 = Griδ 24. *Vgl.* Zehnt 4a) Æthelstan, Eadmund und Eadgar werden als ideale Beispiele gerühmt für Ehrung Gottes und Leistung der ∼; VIII Atr 43 4b) *Godes gerihta,* darunter ∼, unwandelbar zu erhalten verspricht Cn 1020, 2. I Cn 8. 14; *vgl.* Cnut 6ff. 5) Staatliche Gesetze (II Eg 5, 2 = V Atr 12, 1) und Vögte beaufsichtigen den Eingang der ∼ und die Ablieferung ans berechtigte Stift; I As 4. IV Eg 1, 5 5a) Ausser Bischöfen sollen die Ealdormen sorgen für Eingang der ∼; Cn 1020, 8 6) Vorenthaltung der ∼ wird verboten bei Androhung: der Pest und Hölle (IV Eg 1. 1, 4), der Ungnade Gottes (EGu 5, 1), der Exkommunikation (I Em 2), 6a) weltlichen Strafgelds an die Kirche, verordnet durch den Reichstag (EGu Pro 2 = VIII Atr 15. 36. EGu 5), bei den Dänen der Rechtsbruchbusse, (vollen) Strafgelds bei den Engländern; EGu 6—6, 4 = II Cn 48 = Hn 11, 11. 13, 11. 66, 5 7) Dies Strafgeld teilen König und Bischof (*s. d.* 6. 7); EGu Pro 2 = VIII Atr 15. Northu 58f. In Cn III 51. 53. *Vgl.* Kirchengeldeintreiber 3 8) Die Einklagung der *Dei leges* gebührt neben *seculi negotia* dem Grafschaftsgericht; *s. d.* 13 9) Neue Kirchen dürfen nicht auf Kosten alt errichteter deren Zehnt oder anderen Besitz erhalten; VI Atr 15, 2 [aus Fränk. Konzilien?]; *vgl.* II Eg 2 10) Die Kirche bezieht von ihrem Herrschaftsgut (*s. d.*) grundherrliche Einnahme (*s.* Kirchenland), ferner von ihrer Gerichtsbarkeit (*s. d.*) als Vassallen- oder Grundherrin oder kraft königlichen Privilegs Strafgeld, als beleidigte Partei in Vermögenssachen Busse, in Kränkung ihres Klerus oder Heiligtums Bussgeld für beleidigten Schutz (*s. d.*, Geistliche 15. 16, Altarbusse), endlich aus Umwandlung der Pönitenz (*s. d.*) in Zahlung Gelder: diese Straf-, Buss- und Schutzeinnahmen heissen 'weltliche (geldliche) Busse' 11) Die ∼ aus Strafgeldern seien gesunken seit 975, klagt VIII Atr 37 12) Einige ∼ fliessen im 11. Jh. an die königliche oder adlige Gutsherrschaft, *s.* Herdpfennig 6, Kirchenpfennig 10, Pflugalmosen

Kirchenerbrechung *s.* Kirchenraub

Kirchenfest *s.* Kirchweih; Kirche 1i

Kirchenfinanz *s.* Kirchenland, -einkünfte, -geldeintreiber, --verwendung

Kirchenfreiheit von öffentlicher Last 1) ∼ galt in Agsä. Zeit nicht allgemein, vielmehr ward in den Urkk. für Stifte über *Bocland* (*s. d.* 22a) stets dem Staate die Trinoda necessitas (*s. d.*) vorbehalten 2) 'Der Kirche Freiheit von Abgaben' gewährt Wi 1. Dies bedeutet vermutlich nur, dass der König verzichtet auf Grundzins oder Gastung, ihm zustehend von Ländereien, die er oder andere der Kirche geschenkt hatten 2a) Die Synode von Bapchild, zweifelhafter Echtheit, gewährte, beschränkter als Wi, nur Kents beiden Kathedralen und acht königlichen Klöstern Freiheit von weltlicher Dienstlast. Nicht mehr Steuern als durch Römisches (*s. d.*) Recht will den Kirchen auferlegt wissen die Legatensynode a. 786, c. 14. Zweifelhaft ist auch die Westsächs. Steuerbefreiung für die Kirche um 850 in Urk. Birch 447 und Thorpe *Diplom.* 388, mit Birch 510 aus gemeinsamer Quelle; *vgl.* Stubbs *Councils* III 636. 640 2b) Erzbischof Odos Synode 943 zitiert Ambrosius' Kanon, die Kirche sei frei von Steuer 3) Niemand verknechte hinfort eine Kirche; V Atr 10, 2 = VI 15 = Northu 21. Vermutlich hatten Laienpatrone, zunächst König und Adel, manches geistliche Stift weltlicher Dienstpflicht unterworfen, mit Renten oder dem Zwange, Ländereien auszuleihen, belastet, was nun abgeschafft werden soll. Die freie Wahl der Prälaten wird um 1000 noch nicht gefordert; *s.*

Bischof 2 **3a)** Die Domäne des Kirchenlandes blieb frei von Dänengeld (*s. d.* 8) bis 1096; ECf 11, 2; die Änderung nennt ein Überarbeiter einen ungesetzlichen Notbehelf **N 4)** Seit dem Gregorianismus kann unter 'Frieden' ∼ mitgemeint sein. Ausser *pacem,* deren Zusage für die Kirche früherem Brauche entspricht, behauptet ECf 1, unter Wilhelm I. habe das Weistum auch *libertatem* der Kirche verkündet **4a)** Der Französ. Übersetzer von Wl art 1, wo nur Christenglaube bestätigt war, schwärzt um 1192 ein, Wilhelm I. habe befohlen, Recht und Privileg der Kirche zu erhalten; Wl art Frz 1 **4b)** Heinrich I. hatte der Kirche *pacem* im Krönungseide versprochen. Er sagte zu: *ecclesiam liberam facio* in CHn cor 1, 1, erklärt dies aber als blossen Verzicht auf Simonie und Regalienrecht; *u.* 5 **4c)** Ohne solche beschränkende Erklärung nennt Hn Insc und Pro 1 die Krönungscharte *libertas ecclesiæ* und *libertatis gaudia in divinis legibus* **5)** Unter Wilhelm II. fiel (abgesehen von willkürlicher Lehnsmutung beim Tode des Prälaten; *s.* Heergewäte 14) die kirchliche Baronie an die Krone während der Sedisvakanz: *mortuo episcopo, honor in manum meam rediit; vgl.* Round *Feudal Engl.* 308ff. Seit 1097 *si qua prelatorum persona decederet, honor fisco deputa[ba]tur;* Chron. Abingdon. II 42 **5a)** Zwar nicht dieses Regalienrecht aber doch während Sedisvakanz den fiskalischen Nutzen daraus gibt Heinrich I. 1100 auf: *nec mortuo episcopo sive abbate, aliquid accipiam de dominico ecclesiae vel de hominibus eius, donec successor* (unter dem er sich also königliche Besteuerung vorbehält) *in eam ingrediatur* [war während der Sedisvakanz aus den Einkünften ein Schatz gesammelt, so mochte der eintretende Prälat um so leichter der Krone bei seinem Amtsantritt etwas 'schenken']; CHn cor 1, 1 **5b)** Solche theoretische Scheidung zwischen Verwaltung und Nutzniessung, wenn überhaupt gemeint, ist jedoch vielleicht nie praktisch geworden. Schon Wilhelm I. verwaltete Ely während der Vakanz nicht nur, unter Registrierung der Mobilien, sondern *quicquid optimum in thesaurum suum iusserat asportari;* Hist. Eli. 248f. **6)** Heinrich I. versprach 1100 gleichzeitig, Kirchen künftig nicht (wie Wilhelm II. getan hatte) zu verpachten oder zu verkaufen **7)** Unter den Normannen gibt es ein Besitzrecht der Kirche zu freiem Almosen, ohne jede öffentliche Last (*vgl.* Kirchenland 1. a. 3b), aber nur für besonders privilegierte Stifter; Vinogradoff *Engl. soc.* 374

Kirchenfriede *s.* Wb *ciricfrið,* später *ciricgrið, Cristes, Godes grið.* Dass etwa durchgehend *frið* den durch die Kirche genossenen, *grið* den von ihr verliehenen Frieden (*s. d.* Z. 1) bedeute, geht für manche Stellen nicht an. *Vgl.* Asyl(bruch), TreugaDei, Schutz, Gottesfriede, Handfrieden **1)** Jede Kirche wird mit Sonderschutz umgeben, über öffentlichen Landfrieden hinaus. Das fordern viele Stellen seit Eadgar: II Eg 5, 3. VI Atr 42, 3 = I Cn 2. 4. Had 1. 1, 3. 11. Grið 28 **1a)** Der Schutz wird mit dem Gottes, Christi, des Christenvolkes, des Königs (*u.* 6) identifiziert; V Atr 10, 1. VI 13. I Cn 2, 1f. = Grið 1. 31. Norgrið 4 **1b)** Gottes *grið* steht aber sogar über dem des Königs; I Cn 2, 1 = Grið 1 **1c)** Mit der Verkündung des ∼ns beginnen EGu 1. II Eg 1. VIII Atr 1 (welches Stück daher ein Schreiber 'Vom ∼n' betitelt). I Cn 2. Leis Wl 1. ECf 1. Ps Cn for 1. Das Privileg der Kirche überhaupt steht an der Spitze schon Abt. Wi. I. III As. I Em. IV Eg. CHn cor **1d)** Die Weisheit Agsächs. Gesetzgeber charakterisiere sich gerade durch ∼n; Had 11 = Grið 24 **1e)** Das 'Heiligtum' (wohl neben dem Bau auch Reliquien, Altäre, Geräte) wünscht umfriedet Grið 19. 25. *Hom. n.* Wulfstan 266, der sich mit Polity 422. 439 und I Cn 2, 2 wörtlich deckt **2)** Die Ellipse '∼ doppelt' bedeutet wohl: Missetat in der Kirche kostet doppelt so viel Busse und Strafe als anderswo; Abt 1 **2a)** Als Vergehen in der Kirche, die ∼n brechen, nennt: blutig (*s. d.* 6ff.) Fechten, bes. wohl Asylbruch (*s. d.* 3—6) meinend, aber Totschlag auch allgemein, der unabbüssbar ist, Raub (*s.* auch Kirchenraub) und anderes VIII Atr 4. 4, 1 = I Cn 3. 3a. Eine Hs. von Atr setzt Beischlaf in der Kirche hinzu. [*Vgl.* Kahle *Klerus im Mengl. Versroman* 69. ABR.] Hinzutreten alle Arten von Verletzung des Kirchengebäudes oder seiner Gegenstände oder der von der Kirche Beschützten, nämlich des Klerus (*s.* Geistliche 13ff.), der Witwe (*s. d.*), des Fremden (*s. d.* 7ff.), des behufs Absolution den Bischof Aufsuchenden (ECf 2, 8a), alle Arten von Frevel, begangen in der Kirche, der *perpetua pacis habitatione* Hn 68, 2 **3)** Eine feste Summe schuldet, wer ∼n gebrochen hat; Af 5. Sie wechselt nach dem weltl. Range der betroffenen Kirche; VIII Atr 4f. = I Cn 3f. = Northu 19. Grið 10. Norgrið 1. 2 **3a)** Mit diesem Range steigt auch die Dauer des Asyls (*s. d.* 14a); Af 42, 2. Grið 5 **4)** Der ∼ ist gleich hoch wie der vom König im Asyl (*ebd.*) und seinem Beamten gewährte Schutz; s. Kirchengeldeintreiber 1 **4a)** Königsschutz (*s. d.*) und der Kirche *mundbyrd* (Busse für Bruch des von ihnen ausgehenden Sonderschutzes) gilt 50 Schill.; Wi 2 **4b)** Nicht so die Kirche allgemein, sondern nur Erzbischof und Dom von Canterbury stellt betr. Sonderschutzbruch dem König im Kenterrecht gleich Grið 6. 8 — In Cn III 56, wohl Wi 2 in besserer Form benutzend; vielleicht ist nämlich diese Beschränkung (durch *Cristes* vor *cyricean*) die ursprüngliche Lesung und nur, in hierarchischer Tendenz, um alle Kirchen so zu erheben, durch einen Abschreiber [in Rochester?] fortgelassen, also in Wi herzustellen **4c)** Nur die Hauptkirche (*s.* Kathedrale 2f.) steht im Bussempfang, wo ∼ durch nichtbusslose Missetat (*u.* 7a) gebrochen ward, dem Königsschutz von 5 £ gleich [in Denalagu 8 £; In Cn I 3, 2; in Kent 5 £ dem König, 3 dem Erzbischof I Cn 3, 2, *Var.*]; der ∼ einer mittleren [was verschieden verstanden ward; *s.* Kirchenrang] 2½ £, einer kleinen Friedhofskirche 1¼ £, einer Landkirche (ohne Friedhof Cn; Kapelle Hn) ⅝ £; VIII Atr 5, 1 = I Cn 3, 2 = Hn 79, 6, der für die Kathedrale jenen Betrag als Minimum bezeichnet. Die 5 £ nimmt aus Cn auch Hn 11, 1a bei Totschlag in der Kirche. In den Kathedralen York, Ripon, Beverley ist Totschlag busslos, kostet Verwundung 24 £, in anderen Kirchen weniger, je nach deren Rang; Nor grið 1. Als einstiges und ideales Recht stellt hin, dass die Hauptkirchen je nach Rang hohen Schutz genossen und verleihen konnten; Grið 3. In In Cn steht: 2 £

und 1 £, als rechne Cnut 120 und 60 Schill. nach Mercischem Schilling von $^1/_{60}$ £; die andere Hs. ändert 80 sol. in 4 £ und 60 in 3 £, als meine Cnut Normannischen Schilling von $^1/_{20}$ £ **4d**) Wahrscheinlich mit Benutzung von Cnut fordert bei Asylbruch (*s. d.* 5), der in Bistum, Abtei oder Ordenskirche geschah, 5 £, in Pfarrkirche 1 £, in Kapelle $^1/_2$ £ Leis Wl 1, 1 [die letzteren zwei Summen umgerechnet aus den als Mercisch zu 4 Pfg. angenommenen 60 und 30 Schill. des Originals] **4e**) **N** Asyl (*s. d.* 20) gewährt auch das Pfarrhaus auf Kirchenboden **4f**) ~ heisst auch das Vorrecht der Kirche, wonach für eine in ihr gestandene, bisher verborgene Schuld die Strafe halb erlassen wird; Af 5, 4 5) Die eigentliche Kirche besitzt höheren ~n als die übrige Konventsbehausung (Af 5 gegen 2. Griđ 10, anders als Ine 6, wo diese Unterscheidung fehlt) gegen blutig Fechten und Asylbruch **5a**) **N** Das *atrium* der Kirche stellt letzterer an Schutzkraft gleich ECf 5. Es bietet Frieden auch bei anderen Germanen; Brunner II 610; *vgl.* das Wort *Friedhof*: Verschiedenen ~n geniesst es laut Asyl 20, Asylbruch 7 **5b**) In Schweden heisst die Kirchenvorhalle *vakenhus* 'Waffenhaus', weil die Kirchgänger dort ihre Waffen ablegen; Earle *Beowulf* 120. Die Kirche darf nicht mit Waffen betreten werden; Nor griđ 3 **5c**) An wachsender Heiligkeit stuft ab: Tür, *weohsteall* (Chor) und *weofod* (Altar) Eadgari *Canon* 46 **5d**) Atrium, Schiff, Chor, Friedenstuhl sind die Örtlichkeiten, mit denen der ~ wächst im Asylbruch 7 **5e**) Wer innerhalb der Portale (Vorhalle) Totschlag begeht, zahle $2^1/_2$ £, wer Körperverletzung, $^5/_8$ £ der Kirche, nach Denalagu; Griđ 13, 2. 14 **5f**) Ealdred Erzb. von York verherrlichte die Kathedrale Beverley *consuetudinibus: sicut intra ecclesiam ita intra refectorium, et sicut intra atrium ita intra claustrum* (Kreuzgang) *refectorii pacis securitatem et violatae pacis emendationem confirmavit;* ed. Raine *Hist. of abps. of York* II 353 **6**) Innerhalb der Kirchenwände [im Ggs. zum Kirchhofe herrscht Sonderfriede so unverletzl. wie Handfrieden (s. *d.* 7) des Königs; EGu 1 = VI Atr 14 = I Cn 2, 2 = Griđ 2. Polity 25. Das Wort *wah* heisst Holzwand (und mit solcher waren die meisten Kirchen 10./11. Jhs. noch gebaut), steht aber mit *weall* synonym in Ælfred's Übers. von *Gregorii Pastor.* ed. Sweet 154 **6a**) Totschlag innerhalb der Kirchenwände sei unabbüssbar [auch Hn 12, 1 und in den Kathedralen von York, Ripon, Beverley: Nor griđ 1 (*o.* 4c), wofür 'in Nordengland Leben schuldig' nur anderer Ausdruck; Griđ 13], koste Land und Leben (I Cn 2, 2 = Griđ 2 = Polity 25), ausser wenn der Täter gewichtiges Friedensasyl erreicht und deshalb vom König das Leben geschenkt erhält, indem er erstens ein Wergeld, an Kirche und König je zur Hälfte, zum Einkauf in den Friedensgenuss, zweitens vollen 'Königsmundbruch' [= 5 £] ans Stift als ~bruch-Busse zahlt, drittens die Kirchenreinigung besorgt, viertens für den Erschlagenen der Sippe Wergeld und fünftens dessen Herrn Mannenbusse entrichtet, sechstens Pönitenz leistet; VIII Atr 1, 1—3 = I Cn 2, 3 - 2, 5 = Hn 11, 1a. 79, 5; 5a. *Homil. n.* Wulfstan 266. 275 **N 6b**) Beim *homicidium in ecclesia factum* erhält der König Anteil am Strafgeld; Hn 21 **6c**) Auf Engl. Synode 1102 wurden *duo monachi exordinati propter homicidium in ecclesia factum;* Quadr II 8, 2, I 545 **6d**) Der Täter schuldet Wergeld, wenn man ihm Abbüssung durch Geld erlaubt; Hn 12, 3 **7**) Wer in Kirchenwänden verwundet, ist die Hand [zu verlieren] schuldig in Nordengländer-Recht; Griđ 13, 1; anders *o.* 4c; im Portal: *o.* 5e **7a**) Diebstahl in der Kirche *s.* Kirchenraub 4 **8**) Unter ~ stehen Kirchgang, Sonn- und Feiertag; *s. d.* **9**) Wo ~ gebrechen, teilt das Strafgeld allgemein zwischen König und Bischof In Cn III 51; *o.* 6a **10**) **N** Dem Geistlichen Gericht (*s. d.* 21h) weist den Prozess um Bruch der *pax ecclesiæ* zu ECf 6; ebenso Stephans Freibrief 1136. Für Agsä. Zeit *s.* dagegen *ebd.* 12a

kirchenfriedlos *s.* Exkommunikation 15a

Kirchengebäude *vgl.* Kirchenbau, -friede 5. 5f., -raub, -gerät, -tür **1**) Nur in geweihtem Hause darf Messe gelesen werden; Northu 13 **2**) Der Priester halte das ~ rein in Ehren, aus dem sein Ansehn entspringt, lasse nicht unziemliche Dinge hinein; aus *Can.* Eadg. Northu 25f. Dass man Korn und weltliche Sachen dort niederlegte, tadeln *Eccles. instit.* 8; Ps.-Egberti *Excerpt.* 35. Das ~ ward missbraucht zum Trinksaal; Budde *Bedeut. der Trinksitten* (Diss. Jena 1907) 53; *vgl.* Kirchengemeinde

Kirchengeldeintreiber; *vgl.* Adelsbeamter 1b **1**) Wer kämpfte gegen ~ oder staatl. Steuererheber [in Rechtsperrung; V Atr 31 = VI 38], einen verwundend, verwirkt sein Wergeld [Leben *Var.;* Strafgeld Atr]; EGu 6, 5, Vollstrafgeld [120 Schill.; Rechtsbruchbusse in Denalagu; Cnut = Hn 66, 5] und löse seine Hand vom Bischof aus; II Cn 48 = Hn 11, 11a **2**) Wer einen ~ tötete, sei friedlos; EGu 6, 6 = II Cn 48, 2 = Hn 11, 11b; verfalle *in misericordia regis;* Hn 13, 11 **2a**) Wer [bei Gewalt gegen ~] erschlagen ward, für den erhält seine Sippe kein Wergeld; EGu 6, 7 = II Cn 48, 3 (= Hn 11, 11c = 87, 6a). V Atr 31, 1 = VI 38 **3**) Scheinen in den bisherigen Stellen besondere von der Kirche als Büttel Angestellte verstanden, so kümmern sich nach anderen Belegen um die Kircheneinnahmen die zum Empfang berechtigten Geistlichen und als deren Helfer allgem. Staats- und Kirchenorgane: **3a**) Die Zahlung vorenthaltener Zehnten samt Busse erzwingen der Vogt des Königs, der des Bischofs und der empfangsberechtigte Pfarrer; II Eg 3, 1 = VIII Atr 8, wo 'oder der Vogt des Immunitätsherrn' hinzugefügt wird. Aus diesem 'oder' macht 'und' II Cn 8, 2 = Hn 11, 2 **4**) Ein Pfarrer, der kirchliche Einkünfte nicht einfordert, verfällt in Busse; aus *Can.* Eadg. 54 Northu 43 **5**) Das Einsammeln des Hufenpfennigs, der zur Landesbusse als Almosen entrichtet wird, beaufsichtigen der Pfarrer, der Dorfvogt und die Zehnerschaftvorsteher; VII Atr 2, 5 — VIIa 2, 3 **6**) Zum Einsammeln des Peterspfennigs für den Bischof ernennt das Wapentake 2 Thegnas und einen Priester; Northu 57, 2 **7**) Alle Bischöfe sollen für die Gerechtsame der Kirche sorgen und die Ealdormen ihnen dazu verhelfen; Cn 1020, 8 **8**) Die Grafen, Richter, Vögte sollen den Geistlichen zu kirchlichen Gerechtsamen helfen; Polity 429; *vgl. Hom. n.* Wulfstan 267 **N 9**) Wer den

Peterspfennig vorenthält, wird durch den *Iusticia regis* zur Zahlung gezwungen; ECf 10, 2. Regelmässig also wirkt zunächst ein anderer ~ **10)** Wer den Zehnt vorenthält, *per iusticiam s. ecclesiæ et regis cogatur;* 8, 2a **11)** Wer Geistlichem (*s. d.* 21f—h. 27b) Gericht trotzt, wird dem König gemeldet und von ihm gezwungen, dem Bischof zu büssen [also durch Staatsbeamte]; 2, 9 **12)** An manchen Stellen, wo der Staatsbeamte Gehorsam für die Kirche erzwingt, ist er wohl nur ~; so Hn 11, 15 = 21

Kirchengeldverwendung 1) Gregor I. an Augustin bestimmte 4 *portiones: episcopo et familiae, clero, pauperibus, ecclesiis reparandis;* aber der Bischofsteil, da Augustin Mönch, *seorsum fieri non debet a clericis;* Beda I 27n. 1. Es bleiben also 3 Teile; *vgl.* Plummers Anm. II 46. Diese Einteilung geht ins 5. Jh. zurück. Die Vierteilung befiehlt Zacharias 748 dem Bonifaz; *Bonif. epist.* ed. Dümmler *Mon. Germ., Ep. Merow.* I 365 2) Zur Dreiteilung für Arme, Kirchenbau und Stiftsgeistliche bestimmt, unter Fränk. Einflusse, die öffentlichen Almosen *Can.* Eadgari 55; Ælfrici *Can.* 24 3) Die Kirchensteuer behufs Landesbusse wird in 3 Teile geteilt; VIIa Atr 2, 3 4) Vom Zehnt bestimmen König und Witan $^1/_3$ der Kirchenausbesserung, $^1/_3$ den Geistlichen, $^1/_3$ den Armen; VIII 6 **4a)** Homileten reden bisweilen, als seien Arme, vom Klerus abgesehen, einzige Empfänger; Blickling homil. 41. 49. 53 5) Dagegen bestimmt die Verwendung von Geldstrafen aus Kirchenbussen nach bischöflicher Vorschrift, ausser für Arme, Kirchenbesserung und Kleidung samt Nahrung der Geistlichen (wie *o.* 1—4), auch noch zum Ankauf von Gebeten [Priestergehalt], Unterricht, Büchern, Glocken, Kirchengewändern VI Atr 51. Die letzteren drei Dinge befassten andere wohl unter Kirchenzubehör 6) Geld *pro forisfactura, quæ ad Deum pertinet, episcopus debet distribuere ecclesiis et pauperibus;* In Cn III 54; hiermit soll wohl nur die Verwendung zu persönlichem Gebrauche des Geistlichen Gerichtsherrn ausgeschlossen und kann unter 'Kirche' Klerus und Baulichkeit verstanden sein 7) Von Bussgeld für Verletzung an Klerikern gehört $^1/_3$ dem Bischof, $^1/_3$ dem Altar, $^1/_3$ dem Stiftskonvent; Had 9, 1 = Hn 68, 5d. Hier ist das Vermögen des Prälaten von dem des Kapitels getrennt; der Altar vertritt, was sonst Kirche mit Zubehör heisst; ausgefallen sind die Armen. Der Übersetzer setzt statt 'Altar und Konvent' *pauperes* ein; In Cn III 45, 3. I 467 **7a)** Ebenso in York (*s.* Domkapitel 3) und in Dorchester: *Se biscop hæbbe* 2 *deles ælc þæra þinga þe kymð into þam mynstre 7 þæ preostas þonne þriddan dæl;* Urk. a. 1053 Kemble 956 **7b)** 'Staatsregenten fügten zu geistlichem Rechte staatliche [geldtragende] Privilegien hinzu für Bischöfe und geweihte Konvente'; Grið 24 **7c)** In Sherburn handelt in Urk. a. 1040 (Kemble 1334) *hiered* getrennt neben dem Bischof

Kirchengemeinde, *ciricwaru.* Vgl. Kirchentür 1) Neben Volksversammlung, Gericht, Markt ist die ~ der öffentliche Ort, an dem Vorladung (Becwæð 3, 1) und Freilassung (*s. d.* 1. 1a) geschieht 2) Beim 'gathering of the people at church deeds [were] witnessed after service was over'; Hudson, *Athenæum* 10 XII 1904, 799 3) Wulfstan tadelt, die Kirche werde *to gemothuse* missbraucht; Becher *Wulfst. Hom.* 90; *s.* ~gebäude 2

Kirchengerät. *Vgl.* Kirche 1h; Schatz 1) Heilige Gegenstände, Altäre, Reliquien, Evangeliar geniessen besonderen Schutz; man ehre in ihnen Gott; Grið 19. 25 *vgl.* Kirchenraub 3 2) Der Priester, der ~e veräusserte, tue Busse; Northu 27. *Vgl.* Verbote in Ps.-Theed. *Cap.* 319; Ps.-Egb. *Excerpta* 72 3) Eadward III. verbietet, aus St. Edmunds Besitz zu veräussern *aniþing on londe ne on oðere þingan;* Urk. Kemble 852

Kirchengewand *s.* Geistliche 31b—f

Kirchenglocke *s.* Glocke 1. 2b. d

Kirchenherr. *Vgl.* Eigenkirche 1) Vom Bussgeld für Entführung einer Nonne aus dem Kloster erhält die eine Hälfte der König, die andere der Bischof 'und der ~, der die mönchische Person zu eigen hat'; Af 8. Die Äbtissin kann nicht 'Herr' heissen, ebensowenig dieser Herr mit Bischof identisch sein. Vermutlich bed. 'und' (*s.* Wb *and*): 'oder'; wo das Kloster nicht vom Bistum abhängt, soll Grundherr des Klosters, dessen adliger Stifter und Patron, vielleicht sein Laienabt, die Hälfte empfangen 2) Den Sklaven eines Konvents, der im Stiftskapitel angeklagt ward, reinigt sein Herr, wenn Abendmahlsgänger, durch Eineid, sonst mit éinem Helfer; Wi 23. Dieser Herr ist also nicht ein geistlicher Prälat, sondern ein Laie 3) Der Klostervorsteher schwört sich frei gemäss Priesters Reinigung; 17. Folglich war er nicht, oder nicht immer, Priester, also vielleicht ein Laienabt. Es ist nicht an den abteilichen Verwalter, Vogt zu denken, der nicht Herr hiesse 4) Die Synode von Clovesho 747 sagt, dass *monasteria sæcularibus possessoribus* gehörten; das verfälschte Privileg Wihtraeds um 697 verbot Fürsten und Laien *accipere ecclesiae vel familiae monasteri[al]is dominium;* Birch 91 = *we forbeodað eingan 7 ealdormannum hlavordscipe over cyrcan;* 94 **4a)** Eine Nonne schenkte letztwillig der Enkelin ihr Kloster; diese als unmündig *monasterii procurationem matri maritatae conservandam iniunxit,* also einer Laienäbtissin; c. a. 737 Birch 156 **4b)** Paul I. klagt 757, einem Abte seien 3 Klöster fortgenommen und *patricio* (Ætheling) *Moll* [später Northumbr. König] übergeben; Birch 184 = Jaffé-Löw. *Reg. pont. Rom.* 2337 **4c)** Der Hwiccierkönig gibt ein Kloster seiner Verwandtin, die als Äbtissin unterschreibt, nach deren Tod es dem Dome Worcester zurückfalle [also war er der ~]; Urk. c. a. 780 Birch 238 **4d)** In Northumbrien ging ein Kirchenstift vom Gründer erblich durch mehrere Menschenalter bis auf Alewine herab, der das *V. Willibrordi* I 1 erzählt **4e)** Um 805—10 erhält der Dom Canterbury Land, dessen Schenker bitten, 'in der Gemeinschaft zu sein, worin dort die Gottesdiener sind und des Ortes einstige Herren [die Könige?] waren'; Birch 330 **4f)** Der Eintritt einer Frau ins Kloster Folkestone hängt ab vom Willen der *higan oððe hlaford;* und wer dort *hlaford sie,* sei *minra erfewearda mundbora, 7 an his hlaforddome we bian moten;* den Prior oder Erzbischof hätte die Urk. einfacher bezeichnet; Testament von 835 Birch 412 **4g)** Noch Ælfred schaltet mit den Kirchen willkürlich: *mihi* *tradidit duo monasteria cum omnibus quæ in eis erant;* Asser c. 81; Stevenson's Anm. p. 320 weist solche Simonie durch Klostervergabung bis Mitte 10. Jhs. nach **4h)** Ein Klostergründer bestimmt (ausser Personen, die *mund, freond and forespreocan into þære stowe* sein sollen), *þæt se cyng beo hlaford þæs mynstres;* a. 1002 Kemble 1298 **5)** Für das ihm anvertraute Gut trägt Haftung (*s. d.* 7) der Mönch 'eines anderen' [nämlich Herrn] nur, wenn die Betrauung mit Erlaubnis seines Herrn erfolgte; Af 20. Statt 'Herrn' setzt *aldor* (Vorsteher) B, ein Übs.: *prælatus*, Q = Hn 23, 3 = 45, 2: sie bringen so das Gesetz in Harmonie mit späteren kanonischen Ansprüchen. Allein jener Zusatz wäre sinnlos, wenn der bloss geistliche Vorgesetzte gemeint wäre **5a)** 'Vorsteher' *ealdor* heisst der geistlich Laien Vorgesetzte (Grið 21) und der Vorsteher des Kirchenkapitels; Simmons *Layfolk's massbook* 323 **6)** Damit ein Priester, der Totschläger und Wergeld schuldig wurde, der Auslieferung aus dem *mynster* (Stift) an die Bluträcher und der Degradation (*s. d.* 2) durch den Bischof entgehe, kann der 'Herr' [deutlich vom Bischof verschieden] statt seiner Wergeld zahlen; Af 21 **7)** Der ~ darf nicht Simonie (*s. d.*) treiben, den Pfarrer nicht verjagen, die Kirche nicht verknechten; *s.* Kirchenfreiheit 3 **8)** Dagegen nicht der ~, sondern der Inhaber der weltl. Gerichtsbarkeit, erhält Strafe für Verletzung an Geistlichen, neben der Altarbusse; *s. d.* 2

N Kirchenklage *s.* Geistliches Gericht 20c. 27b

Kirchenland *vgl.* Bocland 11a, Bischof 12, Herrschaftsgut 6a, Adelsbeamte 1. 4, Gerichtsbarkeit 33a; Gastung 5. 9, Kirchenfreiheit 2. 5, Kirchenraub 8ff. **N 1)** Wer ~ zu Lehn trägt oder auf ~ wohnt (*de ecclesia tenet aut in feudo ecclesiae manet*), braucht einer Klage zu antworten nur in *curia ecclesiastica*, ausser wenn diese Justizweigerung (*s. d.* 4) begeht; ECf 4. [Im Ggs. zu *laicum feudum* stehen *tenementum pertinens ad elemosinam* Constitut. Clarendon. 9 (*s.* Kirchenfreiheit 7) und *beneficium ecclesiasticum* Magna charta 1215 c. 22; Mac Kechnie 350]. Dieser hierarchische Traum entsprach der Wirklichkeit nicht. (Absichtlich wohl heisst das Baronialgericht des Prälaten hier untechnisch 'Kirchengericht'). Es kann nicht richtig sein 1. für die auswärts handhaft Ergriffenen oder unter Anklage Versetzten, 2. für die der Krone vorbehaltenen Prozesse, 3. für Einwohner, die fremder, privater Gerichtsbarkeit oder 4. noch öffentlichem Hundred unterstanden, 5. für solches ~, das nicht besonders privilegiert war, 6. für Vassallen von ~, insofern deren anderer (nicht zum ~ gehöriger) Besitz in Frage kam **1a)** Deutlich weiss ECf noch nichts vom Sinne der Const. Clarend. (*o.* 1), wonach Grundbesitz zu Almosen (*u.* 3b) vors Geistl. Gericht, Laienlehen vors weltl. gehört: dieses Recht galt 1164 als vor 1135 bestehend **2)** Von dem auf ~ gemachten Schatzfund *s. d.* **3)** Zwar die Errichtung von Bocland bedurfte staatlicher Erlaubnis von jeher, und nur mit Genehmigung der Sippe konnte ererbtes Folcland an die Kirche kommen. Dagegen anderes Land mochte die Kirche durch den blossen Willen des Veräusserers in Agsä. Zeit erlangen, und Bocland, sofern es laut Urbuches frei veräusserlich war **N 3a)** Nach 1066 scheint es zwar, dass der König beansprucht habe, jede Schenkung zu ~ bedürfe seiner Bestätigung, z. B. *hanc terram dedit G. S. Paulo* [dem Londoner Dom] *post* [1066], *sed* [die Domherren] *non ostendunt brevem neque concessum regis;* Domesday II 13; *vgl.* Round *Victoria County Hist. of Essex* I $443^1 \cdot 444^4 \cdot 445^4$ **3b)** Allein tatsächlich erwarben Kirchen Land im 12. Jh., ohne dass es (ausser bei Besitz 'zu freiem Almosen', d. h. ohne weltliche Last) königlicher Erlaubnis bedurfte. Erst im 13. Jh. siegte die gesetzlich allgemeine Hemmung der Landveräusserung an Tote Hand; *s.* Pol Mai I 223. 315

Kirchenlehre(r) *s.* Kirche 1a. b. m; Augustin, Gregor, Hieronymus **1)** Das Ordal-Kaltwasser wird exorzisiert bei den *scriptores et doctores* der Bibel; Iud Dei I 22, 2

Kirchenpfennig 1) *s.* Wb *ciricsceatt*, Latinisiert *ecclesiasticus census* in Urkk. Oswalds von Worcester Kemble 494. 498. 515. 540. 552. 558. 649. 680ff. **1a)** Im 12. Jh. begegnet Endung *-scot* (-schŏss); *s.* Wb und Urk. a. 964 Birch 1136, um 1100 kopiert. Noch jetzt *churchscot* **1b)** Später *-þanc* Kirchendank **1c)** [*ciricsæd*] *churchsed, quasi semen ecclesiæ*, bei Kemble *Saxons* II 468. 493^2, veranlasst durch das Bestehen des ~s meist in Getreide (*vgl. chirchamber* Hohlmass) und besonders Saatkorn; *u.* 5c **2)** Der ~ besteht seit Ine bis zur Neuzeit **3)** Er lastet auf Ackernutzung (IV Eg 1, 3); auf Halm und Herd, wo der Bodenbenutzer zu Weihnachten sitzt (Ine 61); auf dem freien Herd, also persönlich Unfreie und viell. freie Hüttenbesitzer auf Gutsdomäne ausnehmend (II Eg 2, 2. 3); auf jeder, auch kleinen, Bauerstelle (Rect 2. 3, 4. 4, 1); auf *hida ubi francus manet*, auf *hida libera et villana* (domanial und freibäuerlich); Domesday I 174. 175b 1 **4)** Er beträgt [vielleicht ursprünglich von 1 Bauer 1 Sceatt, laut des Namens?] jährlich von 1 Hufe 1 *summa annonae* (*ebd.* 174. 175), *mittan* (*s. d.*) *hwætes* Urk. a. 889 Birch 560, 1 *modium de mundo grano a.* 962 Birch 1087; stark wechselnde Beträge zeigt Domesday I 29b. 39a 2. 154b 1; 8 Hufen schulden 8 *ciricsceattas* c. a. 875 Birch 543 **4a)** 23 (lies 24?) Sextar Gerste u. 2 Hennen leistet jeder Gebur dem Herrschaftsgut zu Martini (*u.* 9); Rect 4, 1. **N** Hennen als ~ empfängt Glastonbury 1201 (Price zu Thorpe *Anc. laws* 46), ähnliches Londons Dom 1279; Hale *Domesday St. Paul's* cxxiv **5)** Der dem Pfarrer gehörige *circesset* eines 16 Pflüge brauchenden Herrschaftsguts gilt 1086: 14 Schill. = 168 Pfg.; Domesday I 39a 2 **5a)** $^1/_2$ Hufe bringt der Kirche jährlich 8 Pfg. ~; Kemble *Saxons* II 491^1 **5b)** Auch *cyresceatweorc* (Fron [*s. d.* 11] statt oder zu ~) kennt Urk. c. 884 Birch 617. **N** Nach der Eroberung pflegt der Bodenbenutzer ~ zu zahlen oder zu fronen; Kemble *Saxons* II 562 **5c)** Beliehener pflüge jährlich 2 Äcker Bistumsland und säe darauf seinen ~; Urk. a. 963 Birch 1106, ähnlich c. 1050 Birch 928; Vinogradoff *Villainage* $144^2 \cdot 295^2$. **N** Durch *primitiae seminum* übersetzt spätestens c. 1110 Cnuts *ciricsceatt* Cn 1027, 16, *o.* 1c **5d)** Hierauf fusst die Konfusion 12./13. Jhs. mit Erstlingen aus Peterborough (*chirchesed al. chircheambre nomine primitiarum*) und bei Fleta; Kemble *o.* 1c 6) Der ~ ist eine allgemeine öffentliche Volkslast wie Trinoda necessitas; Urk. a. 902 Birch 599 (nicht [*s. u.* 11] bloss, wo die Kirche [einstige] Oberherrin des Bodens war) 6a) Der Staat befiehlt ~ (Ine 4. 61. IV Eg 1, 3—7. VII Atr 4. VIII 11. I Cn 10, 1 = Hn 11, 4) jedem Christen (I Em 2), jedem Pfarrkind; Cn 1027, 16 6b) Er erzwingt ihn durch Vögte; I As 4. IV Eg 1 7) Empfänger ist unter Ine wohl noch die Kathedrale (Stubbs *Constit. hist.* I 229), unter Æthelstan nur noch der Theorie nach der würdige Geistliche (I As 4), 'Gott' *Homil. n.* Wulfstan 113; seit Eadgar die alte Pfarre (im Ggs. zur Eigenkirche; *s. d.* 2. 4); II Eg 2, 2. 3 = VII Atr 4 = I Cn 11, 2. Cn 1027, 16 7b) Kirchenstifter, die Land ausleihen, behalten sich oder besonderen Kirchen den ~ vor; Urkk. a. 963. 964 Birch 1106. 1136. 1287; a. 987 Kemble 661; c. a. 1020 Earle 236 8) Dem ~weigerer droht Gottes Zorn IV Eg 1, 3. VII Atr 4, Exkommunikation I Em 2, 60 Schill. (120 seit Atr) Strafgeld an den König (dies ist bisweilen weiter verliehen an Kirchen; Domesday I 175b 1), elffache Hinzufügung als Busse an die Kirche (*vgl.* Kirchenraub 3) Ine 4. VIII Atr 11 = I Cn 10, 1 = Hn 11, 4; Domesday I 174. 175b 1, daraus Cart. Heming. I 49f. 308. Wohl Inen meint Eadgar mit Zitat des 'Gesetzbuchs' 9) Der Zahltag ist Martini, 11. Nov.; Ine 4. II Eg 2, 2. 3 = VI Atr 18, 1 = VIII 11 = I Cn 10 = Hn 11, 4. Cn 1027, 16. Rect 3, 4. 4, 1; *Can.* Eadg. 54; *Homil. n.* Wulfstan 116. 272. 311; Domesday I 175b 1 10) Der ~ ist tatsächlich in Laienhand vor Anf. 10. Jhs.; I As 4 10a) König Eadred behält sich als *landagend* ~, Seelschatz, Zehnt vor [nur vielleicht, um dies seinerseits kirchlich zu verwenden, aber nicht, wie Kemble *Saxons* II 491 meint, notwendig für einen Bischof], als er Land verschenkt; Urk. a. 955 Birch 909 10b) Manches Herrschaftsgut schuldet dem König ~; Rect 1, 1 10c) Manche Vollbauern, Geburen und Kötter schulden ihn dem Herrschaftsgut; 2. 3, 4. 4, 1 11) Maitland *Domesday* 322 meint, nur Legaltheorie 10. Jhs. stelle den ~ als allgemein hin [*o.* 6]; sonst belaste er nur Land unter Kirchenhoheit. Die Kirche habe vergeblich trotz Staatshilfe versucht, den ~ allgemein durchzusetzen, der da, wo Busse und Strafe erhoben wurden, zur Ruinierung des Gemeinfreien beitragen konnte. Ines Gesetz und die staatliche Strafe neben der Busse widerstreiten

Kirchenrang *s.* Wb *ar; mæð* 1) Obwohl geistlich jede Kirche dieselbe Weihe besitzt, ist weltlich ihre Vornehmheit verschieden (Grið 3. 10), was sich ausdrückt in den Busssummen für Bruch des Kirchenfriedens (*s. d.* 4c) und für Asylbruch (*s. d.* 3. 5. 7), Af 42, sowie in der Befristung des Asyls; *s. d.* 14. a. b 2) Das Verhältnis der 4 Klassen ist wie 8 : 4 : 2 : 1 3) Abstufung der Kirchen: zuhöchst stehen die Kathedralen (auch im Norden York, Ripon, Beverley); Nor grið 2. 4. Den *episcopatus* stellen als Hauptkirche gleich auch die Abtei nur eine Hs.-Klasse von In Cn 3, 2 und die Ordenskirche Leis Wl 1, 1 3a) Die 'mittlere Kirche' erklärt als Abteien und Kanonikate die andere Hs.-Klasse von In Cn 3, 2. Die Abtei zur zweiten Klasse, zu 120 Schill., setzt Af 2, 1 3b) Eine dritte Klasse bilden die Pfarren (*parochia* Q; 'Mutterkirche' Leis Wl 1, 1; *mater ecclesia* im Ggs. zu *capella* auch Domesday II 281b; so heisst die Taufkirche auch sonst; Sdralek *Kirchengesch. Stud.* I 2 S. 31); Cnut bezeichnet sie: 'mit Friedhof (welche Eigenschaft auch für Eigenkirchen [*s. d.* 2] den Unterschied macht), obwohl wenig Gottesdienst'. [Dass 'grosser Gottesdienst und täglich Almosen' zu seinen 23 *coenobia* gehören, rühmt sich Wilhelm I. bei Ordric VII ed. Le Prévost III 241.] Diese Pfarrei hält für identisch mit der 'alten Kirche' Taranger *Angelsaks. Kirk.* 254. Diese dritte Stufe lässt Cons aus, viell. unabsichtlich. Wohl mit ihr identisch ist die *tuncirice* (Dorfkirche) bei Toller 3c) Endlich die unterste Stufe nimmt ein die Feldkirche ohne Friedhof; VIII Atr 5, 1 = I Cn 3, 2; als Landkapelle von Hn 79, 6 erklärt; so auch Leis Wl 1, 1 4) Unter den Klöstern steht zuhöchst der Konvent, der Königs Gastung (*s. d.* 5) geniesst oder ein sonst privilegierter; Af 2

Kirchenraub *s.* Wb *ciricbryce, ciriceren; mustier fruisser* 1) Man meide teuflische Taten, bestehend u. a. in ~; VI Atr 28, 3 2) Ælfric zählt zu Todsünden u. a. *cyrcbræce; Homil.* II 592 3) Der Gotteskirche Fahrhabe [entgelte der Dieb ihr] 12fach [*vgl.* Kirchenpfennig 8], des Bischofs [Königs] nur 11 [9]fach; Abt 1 *s.* Kirchengerät 1 4) Wer in der Kirche stiehlt [aus kirchlicher Fahrhabe, wohl nicht von privaten Kirchenbesuchern], zahle [Bestohlenem] einfach und [dem Richter] entsprechend hohes Strafgeld und erhalte die Hand abgehauen, wenn dieser ihm nicht erlaubt, sie gemäss dem Wergeld [mit dessen Hälfte] auszulösen; Af 6 5) Der Kirchenerbrechung Verdächtige reinige sich durch dreifaches Ordal oder büsse nach Gesetzbuch [wohl *o.* 4]; II As 5 6) Eisenordal reinigt von Klage auf ~; Iud Dei IX 3, 6 7) **N** Wer bisher unbescholten Kircheneinbruchs angeklagt wird, reinige sich selbzwölft unter 14 ihm ernannten Eideshelfern, der Bescholtene selb 36 unter 42 Ernannten oder durch dreifach Ordal; Leis Wl 15; *vgl.* Einbruch 6 8) Verheerung von Kirchenland straft Exkommunikation; Excom II 2. IV 1. XII 2. XIII 2 9) Wer vom Klerus die Seeldienste ehrerbietig annimmt, plündere und mindere nicht dessen Gut; Grið 27 9a) Als ~ gilt Klerikern Vermögenseinziehung (s. *d.*, Bocland 17b ff.) gegen schuldige Besitzer von Kirchenland 10) Wenn Soldaten den im Kriege erbeuteten ~ nicht wiedergeben wollen, so soll er doch nicht verkauft werden dürfen; Synode von 1070 11) Handel in Edelmetall bedarf Aufsicht durch Goldschmiede (*s. d.* 1) und bei Herkunft aus der Kirche Gewährbürgen

Kirchenrecht *s.* Kirche 1b. d. e. g. i—q

Kirchenreinigung *s.* Wb *mynsterclænsung, reconciliatio.* Nach Befleckung durch Totschlag innerhalb der Kirchenwände hat Totschläger vom Bischofe ~ zu erlangen; VIII Atr 3 = I Cn 2, 3 = Hn 11, 1

Kirchenschatz *s.* -gerät; Schatz

Kirchensklaven 1) Im Gegensatz zum Esne eines Laien steht *ciricanmannes esne;* Wi 24. Bei Klage des einen gegen den anderen kann diesen dessen Herr durch Eineid reinigen 2) Einen Klostersklaven reinigt der Klosterherr, wenn Abendmahlsgänger, durch Eineid, sonst mit einem Helfer;

23 **3)** Die Kirche begünstigte Freilassung (*s. d.* 2) der Sklaven, hielt aber Unfreie weit über Agnormann. Zeit hinab [friede

Kirchensonderschutz *s.* Kirchen-

Kirchenstaatsrecht (Verhältnis von Kirche und Staat).

1. Namen. 2. Kirche und Staat verquickt. 3. Kirche bei Reichstag und Gesetzgebung, 4. als Staatsstütze, 5. dem Königtum Weihe gebend, 6. dem Staat Beamte schaffend, 7. das Volk moralisierend, 8. gesellschaftliche Gegensätze ausgleichend, 9. Rache einschränkend, 10. Volk kultivierend, 11. Verwaltung, 12. und Systematik lehrend, 13. im weltlichen Gericht, 14. Strafrecht beeinflussend, 15. weltliche Strafe geistlich verschärfend. 16. Missetat sowohl gegen Kirche wie Staat. 17. Sonstige kirchlich beeinflusste Rechtsstoffe. 17b. Instanzenzug. 18. Der Staat als Helfer der Kirche, schafft ihr Land, Gotteshäuser, Geld, 19. Privilegien, 20. Vollstreckungsgewalt. 21. Allgemeiner Ausdruck dafür. 22. Staatsgesetz übernimmt Kirchenforderungen. 23. War Agsä. Staat weltlicher als erhaltene Denkmäler verraten? 24. Der Staat greift in Innerkirchliches ein. 25. Normannenzeit.

1) Namen für Kirche *s. d.* 2—4 **1a)** Der Staat hat keinen eindeutigen Namen. Er heisst *folc, men, frið* (*s.* Frieden 1a 5), *woruld; cyning, cynedom, -scipe,* bei Toller: *-had, -helm, -wise* **1b)** 'Kirche und Staat' heisst 'Gott und Welt' (*s.* Wb *woruld, God;* auch *Life of Swithun* ed. Earle 15), 'Gott und Menschen' (V Atr 6. VI 3, 1. 50. VIII 1, 1. 27 = I Cn 5, 3. 2, 3 II 4, 1. 39. 39, 1. 41, 2. 54), 'Gott und König' (VI As 8, 9), 'Christentum u. Königtum' (X Atr Pro), *lahriht Cristes oððe cyninges* (V Atr 31 = VI 38), *Godes riht oððe þæs cynges* (EGu 6, 7), *Godes lage 7 cynescype oððe woroldriht* (Cn 1020, 9), *Godes lage oððe folclage* Northu 46 **1c)** **N** *regnum et ecclesia* (*sacerdotium*) CHn cor 1, 2 (Lend ECf 11, 1 A 9) **2)** Beide Mächte treten in Agsä. Geschichte engstens verquickt auf **2a)** Sie erscheinen auch den Zeitgenossen des 10./11. Jhs. so als éin öffentliches Gemeinwesen, im Ggs. zum Widerstande der zu regierenden privaten Gesellschaft; VI As 8, 9. EGu 6, 7. II Em Pro. X Atr Pro. Cn 1020, 9, der beide Seiten der Bischöfe Lehre und Urteil unterstellt **2b)** Beide fasst zusammen unter *rihte lage* II Cn 83. Northu 66 **2c)** Widerspenstigen gegen beide droht Gottes und Königs Zorn (Ungnade); I As 5 (VIII Atr 32) **2d)** 1014 phantasiert ein Geistlicher, das einstige Glück von Staat und Kirche bis 975 habe beruht auf deren gemeinschaftlichem Anteile an [angeblich] allem Strafertrage; VIII Atr 38. Die höchst notwendige Staatsreform erblickt dieses Pfaffengesetz in Religiosität, Gehorsam gegen die Kirche und ihre Geldforderung; 43. Ebenso predigt *Homil. n.* Wulfstan 157 **3)** Der Reichstag, von Geistlichen (*s. d.* 34 f.) beeinflusst, von Bischöfen (*s. d.* 11) geleitet, kann Synode (*s. d.*) heissen, verfügt oft über Geistliches wie Weltliches, greift, auch wo er nur von Bischöfen besetzt ist, in Weltliches ein; I Em; *s.* Witenagemot **3a)** Die Kirche trägt das Verdienst an Formgebung, Aufzeichnung, Aufbewahrung der *Gesetze* (*s. d.* 2—8. 13), ja nach Beda II 5 an der Einführung schriftlicher Gesetzgebung überhaupt **3b)** Das erzbischöfliche Synodalschreiben von 943 wünscht, dass den kirchlichen Fortschritt *rex cum populo imitari gaudeat;* Birch 790 **3c)** Zur Gesetzgebung über ein Gebiet weiter denn ein Kleinstaat bot Canterbury seit 7. Jh. dem Reiche das Muster **4)** Die Kirche beansprucht dem *regnum* sichere Stütze zu bieten (I Cn 1 In; ECf 1), als Lohn seiner Hilfe Gedeihen zu bringen (X Atr Pro. Cn 1020, 8): 'mit Christentum wankt Königtum'; Polity 2 **4a)** Sie leistet Fürbitte (*s. d.*), die auch der Staat als einen Wert schätzt **5)** Die Kirche verleiht dem König (*s. d.* 6) geistliche Weihe [*vgl.* Böhmer *Ki. u. Sta.* 52; *s.* Königswahl, Krönung(seid)], anerkennt ihn als Christi (*s. d.* 4) Stellvertreter, von Gottes (*s. d.* 1) Gnaden. Æthelstan unterzeichnet Urkk. *ierarchia preditus rex; vgl.* Hall *Studies in records* 197. **N** Dass *rex ecclesiam regat,* entnahm Französischer Quelle sogar der Gregorianer ECf 17. 17, 1, gemäss der bei royalist. Staatsrechtslehrern (wie Hugo von Fleury) damals herrschenden Ansicht; kirchlichere Abschreiber setzen *et veneretur* hinzu und lassen *regat* fort. In jenem Sinne liess ein Engl. Fälscher 12. Jhs. Nicolaus II. an Eadward III. schreiben: *Vobis et posteris vestris committimus advocationem omnium Angliae ecclesiarum, ut vice nostra cum consilio episcoporam et abbatum constituatis ubique quae iusta sunt;* Jaffé-Löw. *Regesta pont. Rom.* 4462 **6)** Die Kirche lieh die Arbeit ihres Klerus, besds. des Bischofs (*s. d.* 11 f.) zum Staatsrat und auch anderer Geistlicher (*s. d.* 33 f.; *ebd.* 9 f.) zu Beamten **6a)** Der Staat genoss den Vorteil, auch Talente zu benützen, denen Adel, Reichtum oder zufällige Gunst Grosser fehlen mochten **7)** Die Kirche beeinflusst das Volk moralisch (*s. d.*), schärft das Gewissen (*s. d.* 1. 5), betont den Wert der Freiwilligkeit im Tun des Rechten, der Gerechtigkeit hinter dem starren Rechtsformalismus (*vgl.* Billigkeit), verleiht bewussten Ausdruck auch Urgermanischen Volksgefühlen wie der Königstreue (*s. d.* 1 f.), der Pflicht des Gefolges (*s. d.* 10c), des Heeres; *s. d.* 2b. 8g **8)** Die Kirche gleicht die Gegensätze der Geburt und des Vermögens innerhalb des Volkes aus durch die Theorie, dass alle Christen Brüder (*s. d.* 4) seien, durch Einführung geistlicher Verwandtschaft (*s.* Taufe, firmeln), Begünstigung der Freilassung (*s. d.* 2), durch Ermahnung zur Milde gegen Abhängige, durch Armenpflege (*s. d.* 3 ff., Bischof 8c. 9q), durch Schutz für Waisen und Schwache, durch Begünstigung Fremder; *s. d.* 2. 7, Bischof 9q **9)** Die Kirche wirkt ihrer Natur nach der gewalttätigen Selbsthilfe entgegen zugunsten geordneten Rechtslebens. Besonders die Blutrache (*s. d.* 14) einzuschränken hatte sie mit dem Staate gleiches Interesse. Beide bilden, z. T. dagegen, das Recht des Asyls (*s. d.*) aus. Sogar auf Totschlag im öffentlichen Kriege steht kirchliche Pönitenz **9a)** Sie predigt Barmherzigkeit (*s. d.*), Friedlichkeit (*s. d.* 2 f.) und Versöhnung. Demgemäss fördert sie, mehr als für weltliche Rechtsentwicklung und Jurisprudenz günstig, das Schiedsgericht; *s. d.*, Bischof 9d **10)** Die Kirche wirkt für Erziehung (*s. d.* 6 ff.) des Volkes und daher mittelbar für die Fähigkeit zu abstraktem und jurist. Denken (*u.* 12) **10a)** Sie gibt das Beispiel der Hingebung der Einzelperson nicht bloss an einen fassbar lebendigen Herrn oder vom Blutsbande zusammengehaltenen Stamm, sondern an eine unsterbliche ideale Körperschaft **11)** Sie führt die Schrift, die Urkunde (*s. d.*) samt Datierung (*s. d.*) ein und ermöglicht Verwaltung, Finanz und Rechtsgeschäfte mit schriftlichen Mitteln. Beides besorgen bis übers 12. Jh. herunter Geistliche fast allein **11a)** Auch Gewicht und Mass beaufsichtigt der Bischof; *s. d.* 9c **12)** Aus den Kanones (*s. d.* 2c) lernen die Gesetze (*s. d.* 7ff.) abstrakten Ausdruck, grundsätzliche Zusammenfassung, Zurückführung auf höhere ethische Motive, systematische Ordnung des Rechtsstoffes; *s.* Jurist 2 **12a)** Auch Bibel, Patristik, Römisches und Fränkisches Recht finden sich in *Gesetzen* benutzt: alles Einführung der Kirche **13)** Der Bischof (*s. d.* 7. 9—11) neben dem Grafen sitzt dem obersten Provinzialgericht vor **13a)** Er übt eine weitgehende allgemeine Aufsicht im Grafschaftsgericht (*s. d.* 6), die bei der Lückenhaftigkeit des Rechtes, nicht bloss des geschriebenen, oft auch Recht weisend zu denken ist. Der Bischöfe *tæcing* entscheidet, wo (ausser Kirchenrecht) Königtum oder weltliches Recht verletzt ist; Cn 1020, 9 **13b)** Im besonderen überwacht der Geistliche (*s. d.* 33ff.) die Ausführung des Beweisurteils, Eid, Ordal, Zeugen und die Wahl zwischen mehreren möglichen Strafarten, die Strafabmessung; *s.* Bischof 8d. g. 91 **14)** Im Strafrecht wirkt die Kirche, um Seelen zu retten, gegen Todesstrafe; *s. d.* **14a)** Sie lehrt, nicht auf den Erfolg der Tat allein zu sehen, sondern Absicht, Versuch, Anstiftung, Mitwissen, Beihilfe, Begünstigung, ferner Notwehr, Zwang, Jugend, Armut (*s.* alle die Artt.) zu erwägen **15)** Sie verschärft die staatliche Strafe für Meineid, Versprechensbruch, Diebstahl, Sklavenverkauf ins Ausland, Hochverrat, Trotz gegen das Gericht, Friedlosigkeitsachen durch Pönitenz, Exkommunikation, Versagung ehrl. Grabes; *s. d.* 2a **16)** Viele Missetaten beleidigen Kirche und Staat und werfen deshalb beiden Strafgeld ab: Unzucht, Zauberei, Meineid, Wucher, *s.* Bischof 7f.; Geistliches Gericht 12ff. **17)** Das Recht des Beweises (Eides, Ordals, Zweikampfs; Geschworener), Versprechens, Vertrages (*s.* Bürgschaft 1d), Darlehns und der Ehe (besds. Ehebruch des Mannes, Trauerjahr der Witwe, Einsegnung der Eheschliessung), ferner des Erbgangs, besds. des Testaments und der Fahrhabe Intestater (*s.* diese Artt.), zeigt in den *Gesetzen* deutliche Einwirkung der Kirche **17a)** Auch den Meineidigen und Vertragsbrüchigen hilft der Bischof (*s. d.* 8) bestrafen **17b)** Für Berufung an die Billigkeit (*s. d.*) beim Königsgericht und vielleicht auch sonstigen Instanzenzug (*s. d.*) ward durch kanonische Appellation ein Beispiel gegeben **18)** Umgekehrt hilft der Staat der Kirche, indem er sie materiell beschenkt. (Das Besitzrecht des Bocland (*s.* boc 2a) kommt der Vermehrung des Grund und Bodens der Kirche vor allem zugute.) Er hält ihr Gotteshäuser instand; I Em 5 **18a)** Er erhebt die Kircheneinkünfte (*s. d.* 2ff.) und den Peterspfennig (*s. d.*) für Rom zur gesetzlichen Volkspflicht, ermahnt dazu und bedroht die Weigerer mit staatlicher Strafe. Er kümmert sich auch um die richtige Kirchengeldverwendung; *s. d.* 3ff. Nur den um den Staat verdienten Geistlichen sichert die Kirchengelder I As 4; den Berechtigten allein sollen sie zufliessen **18b) N** Dass den Zehnt der Staat gewährt hatte, vergass nicht einmal der Gregorianer ECf 8, 3 **19)** Der Staat umgibt Kirche und Geistliche mit besonderem Schutze; *s.* Kirchenfrieden, Eorl 16, Asyl **19a)** Er verleiht manchem Kirchenland Immunität u. private Gerichtsbarkeit [*s. d.* — was der Staatshoheit in Justiz und Finanz argen Abbruch tat], **19b)** den Geistlichen (*s. d.* 17ff.) gesellschaftl. Adel und Bevorzugung im Prozess, auch wenn sie kriminell angeklagt sind; *s.* Geistl. Gericht 9g. ff. **20)** Der Staat macht sich allgemein zum Zwangsvollstrecker kirchlicher Befehle, wo der Laie diesen nicht freiwillig gehorcht. Bis zu Vermögenseinziehung und Todesstrafe steigen die staatlichen Massregeln gegen Beschützer exkommunizierter Kirchenfeinde; VIII Atr 42 = II Cn 66. 66, 1 = Hn 11, 14. 13, 10, viell. aus II Cn 4, 1; *vgl.* Geistliches Gericht 26 **20a)** Das gemeinsame Strafgeld für Staat und Kirche erscheint als Belohnung, die der Staat für solche Förderung kirchlicher Macht erhält; *s.* Bischof 7c. Nur falls der Immunitätsherr zur Bestrafung von Heidentum oder von Peterspfennig-Weigerung verhalf, empfängt er Bussenanteil; Northu 54, 1. 59 **20b)** Der Staat anerkennt die in gesellschaftlicher Achtung und im Eidesrecht bürgerlich bedeutenden Folgen der kirchlichen Strafen, wodurch jemand als nicht abendmahlsfähig (*s. d.*) erklärt wird, Exkommunikation leidet, ehrliches Grab entbehrt **20c)** In Wahrheit bezieht der Staat Strafgeld für Verletzung der Kirche, ihres Rechts, ihres Asyls, ihrer Beamten als Schutzherr (Vormund; *o.* 5) | EGu 12 (= VIII Atr 34 = II Cn 40, 1) halbiert das Strafgeld; das hierarchischere Griđ 24 nennt den Diözesan allein als Bussempfänger **20d)** Der Königsvogt unterstützt auch die wirtschaftl. Arbeit des Abts; *s. d.* 8 **21) N** Erst in ECf findet sich der allgemeine Ausdruck, dass das weltliche Schwert dem geistlichen helfe; 2, 9; *vgl. reges defendunt ecclesiam* 17, 1 **21a)** Der König als Christi berufener Rächer (VIII Atr 2, 1. 34f. = II Cn 40, 2) oder dessen Beamter (Cn 1020, 8) erzwinge den Rechtsanspruch der Kirche; EGu Pro 2. IV Eg 1, 5ff. VIII Atr 42. 36 = Griđ 24 = Had 11. Cn 1020, 2; 9. Wl ep 3—3, 2. Hn 21 **22)** Der Staat macht die kirchlichen Forderungen in seinen *Gesetzen* sich zu eigen, nicht bloss die Unterlassung von Kränkungen (*o.* 19), von Verknechtung eines Stifts (V Atr 10, 2 = VI 15 = Northu 20f.), sondern die positiven Wünsche des Kirchenbaus (I Em 5), freiwilligen Almosens (VI Atr 42, 3), der Ehrung des Klerus **22a)** So schärft der Staat allgemein Gott (*s. d.*) zu ehren und Kirchenrecht ein (IV Eg Pro. 1, 4), Eheverbot (*s. d.*, Blutschande), Abendmahl, Beichte, Feiertag, Fasten (*s.* alle die Artt.) **22b)** Der Staat stellt in seinen *Gesetzen* (s. *d.* 8) kirchliche Sätze oder Abschnitte voran, lässt den Kirchenfrieden (*s. d.* 1c) dem Königsfrieden vorgehen, sichert im Gericht der Kirchenklage (*s.* Geistliches Gericht 20c. 27b) Priorität. Allgemeinen Vorrang der Kirche drückt Cons Cn 4 aus; *Godes riht* stellt vor *woruldriht Hom. n.* Wulfstan 274 **23)** Die kirchliche Färbung der *Gesetze*, schon bei Wi stark, leuchtet am grellsten von Eadgar bis Cnut. Da Geistliche sie aufbewahrten, mochte gerade ein Stück, bei dem sie in die Augen sprang, bevorzugt werden, ein anderes, wo sie fehlte, des Kopierens unwert erscheinen. Doch kamen auf uns Hl, Ine, AGu, I. II Ew, II—VI As, II. III Em, III. IV Eg, I—IV Atr, Duns, Blas, Forf, Pax, Wal, Wer, Becwæđ, Wif, Rect, Ger, die sich von Kirchlichem fast oder ganz frei halten. Unser Urteil wird also schwerlich getrübt vermöge tendenziöser Auswahl durch fromme

Kopisten **24)** Nach den Stämmen (Kleinstaaten) waren einst die Diözesen organisiert worden, ganz anders als nach Gregors I. Plane **24a)** Staat u. Patrone setzen später Prälaten (*s.* Bischof 2ff.) bzw. Pfarrer ein, die freilich kirchlicher Weihe bedürfen, gegen kanonisches Recht und Agsächs. klerikale Theorie **24b)** Den Synoden wohnen weltliche Fürsten bei. Das *concilium* a. 838 vor *episcopis, regibus, optimatibus* beschliesst *spiritales saecularesque res;* Birch 421. Ebenso wirken König und Adel in I Em mit, wo Geistliches bestimmt wird. Der Homilet Erzbischof Wulfstan von York oder ein Geistlicher seines Kreises, der VI Atr paraphrasiert, nimmt keinen Anstoss daran, dass *universi Anglorum optimates de catholicae cultu religionis* — es ist sein Zusatz — *sermocinabantur;* VI Atr L Pro 1 **24c)** Der Ealdorman scheint im Grafschaftsgericht (*s. d.* 6) bei den Anordnungen des Diözesans über Kirchliches mitwirkend oder mindestens anwesend **24d)** Staatsgesetz greift in Innerkirchliches: der Geistliche (*s. d.* 22. 29) wird zur Beobachtung der Kanones ermahnt (Ine 1), mit weltlichen Strafen zu geistlicher Pflicht gezwungen, vor Abtrünnigkeit (*s. d.*) gewarnt; *s.* Taufe, Beichte, Ehe, Salböl, Feiertag, Cölibat, Kloster 4. Der Staat empfängt das Strafgeld des Klerus, der die kirchliche Obliegenheit versäumt, ganz oder teilweise **24e)** Er verbietet ihm, Witwen vorzeitig einzusegnen; II Cn 73, 3 **24f)** Ælfred neben dem Bischof stellt die Heirat der Klosternonne als durch ihrer beider Erlaubnis legalisierbar hin; Af 8 **24g)** Staatsgesetz ordnet Feiertag und Heiligenkult; *s. d.* **24h)** Es fordert neben weltlicher Busse und Strafe auch Reue (Wi 3) und Pönitenz, droht mit Exkommunikation und Verlust ehrlichen Grabes. Der König verkauft letzteres Recht; *s.* Grab 2a D **N 25)** Eadmer behauptet wohl mit Unrecht, Wilhelm habe das ~ aus der Normandie nach England [dessen frühere Kirche er sich freier vorstellt] übertragen zum Schaden der Kirchenfreiheit; *s. d.* 4ff. Tatsächlich ging umgekehrt die Normandie mit der Annahme des Gregorianismus England zeitlich voran. *Cuncta divina eius* (des Eroberers) *nutum expectabant* ist aber im ganzen richtig **25a)** Die drei Hauptsätze des ~s unter Wilhelm I. bestanden darin, dass kein Untertan ohne seine Erlaubnis einen neuen Papst anerkennen oder einen päpstlichen Brief empfangen dürfe, dass der Erzbischof seine Synodaldekrete von ihm genehmigen lassen müsse, dass geistliches Gericht ohne seine Erlaubnis gegen keinen königlichen Beamten oder Baron mit kirchlichen Strafmitteln vorgehen dürfe; I 520 **25b)** Ausserdem klagt Gregor VII., *quod episcopos ab apostolorum liminibus prohiberet;* 1079, Sept. 23 **25c)** Erst unter Wilhelm II. zeigt das Kirchenrecht in England eine staatsfeindliche Tendenz, nachdem der Eroberer Gregors VII. Anspruch auf Mannschaft des Englischen Königs abgewiesen hatte, ohne die Englische Kirche aufzuregen. Erst infolge des Investiturstreits (*s. d.*) fasst Eadmer den Begriff des ~s. *Vgl.* Brooke *Gregory VII.'s demand for fealty* in *EHR* 1911, 225 **25d)** Hundert Jahre später fürchtet ein Londoner Stadtpolitiker den Einfluss Römisch-kaiserlichen Rechtes, wahrscheinlich als einer Stütze königlicher Despotie, und erfindet, der Papst habe Britanniens erstem Christenkönig statt dessen vielmehr die Gerechtigkeit Gottes empfohlen; Lond ECf 11, 1 B 3. 8

Kirchensteuer *s.* Kirche 1n, Kircheneinkünfte, -pfennig

Kirchentür. *Vgl.* Asyl 20, Kirchenfrieden 5a ff. **1)** An der ~ erfolgt Handel (*s. d.* 15) vor Kaufzeugen, z. B. Sklavenverkauf im 11. Jh.; Urk. Earle 273 **2) N** Bevor man gefunden Vieh (*s.* Fund 1) ins Haus bringt, *ante ecclesiam ducat* behufs Kundmachung; ECf 24 [Ähnlich bei and. Germ.; ABRAHAM] **3)** An der ~ brennt das Feuer zum Kesselfang; *s. d.* 7

Kirchenvogt *s.* Kirchenstaatsrecht 5. 18ff.; Kirchenherr

Kirchenweg *s.* Kirchgang 2

Kirchenweihe. *Vgl.* Kirchenreinigung **1)** Sie geschieht durch den Bischof; Af 5 **2)** Sie ist von der Kapelle bis zur Kathedrale kanonisch gleich, obwohl der weltliche Kirchenrang (*s. d.*) bedeutend steigt **3) N** Der Jahrestag der ~ steht samt den ihn Feiernden unter Treuga Dei; ECf 2, 8; retr 2, 6a

Kirchgang. 1) Er erfolgt gewöhnlich in Schmuckkleidung; ungeschmückt bedeutet er Busse; VIIa Atr 2 (auch *Homil. n.* Wulfstan 170) unter Einfluss von Exod. 33, 5 **2) N** Wer die Kirche oder das Geistliche (*s. d.* 27a) Gericht besucht, geniesst hin und her Treuga Dei; ECf 2, 8. Auch andere Germanen gewähren dem Kirchwege Sonderfrieden; Brunner II 47. 528. 583; Synode von Lillebonne 1080

Kirchhof (*legerstow, atrium*) *s.* Grab; Kirchenfrieden 5a. d, -rang, -land 2; Eigenkirche 2. 4; Asyl 20, Asylbruch 7; Feiertag 7a

Kirchspiel *s.* Pfarre

Klage. *Vgl.* Anzeige, Anklageprivileg; Geistl. Gericht 20c. 27b; Gegen-, Wider~; Rechtsgang, Vorladung; Tote

1. Wort. **2.** Arten der ~. **3.** Ehre kränkend. **4.** Wer klagt. **5.** Sachliche Schwere und ~eidhöhe erschweren Reinigung. **6.** Durchfechtungspflicht. **7.** Falsche ~. **8.** Grundbesitz~. **9.** Erledigung der ~. **10.** Dreifache ~. **11. N** Kanonist. Regeln. **12.** Formeller Ausdruck in der ~ macht sie zum Kronprozess. **13.** Klägers Qualität. **14.** ~zeugen. **14a.** Antwort auf Kronprozess~, **15.** auf schlichte ~. **16.** Vorrecht der ~ des Königs u. des Herrn. **16b.** Unbenannte ~. **17.** Amtliches Einschreiten. **18.** Juristische Einteilung der Prozesse. **19.** Lehrbuch.

1) *s.* Wb *spræc, on-, æfter-, be-, ymbsprecan, æfterspræc, onspæc, onspeca;* sacu, *andsaca, unbesacen; onsagu, onsecgan; ontalu* Toller; *oncunnan; tiht(le), (be)tion, betihtlian; intinga; æsce* Nachforschung nach Dieb(stahl) samt Justizertrag, *æscan; smeagung* Untersuchung; *onstal, ge-, oferstælan; cwiddian, uncwidd; belecgan mid; (be)crafian, un(be)crafod; beclypian* fordern; *him rihtes biddan; rihtes ben; habban him gemæne wið* sich zu verantworten (~anhängig) haben gegenüber I Cn 26, 4; Urkk. a. 967 Birch 1204; 11. Jh. Kemble 942. 981. 'Der ~anspruch gehört jemn.': *seo spæc gæð to; s.* Gleichheitseid 1 ‖ *ap(com-, inter)pellare, -lans, -lator, -latio; (in)causare, -sator; locutio; (ex)actio; inculpatio; (pro)clamare, -atio,* clamor, *-mium;* calumnia, *-are, -ator; intemptare, intentator; repetens, impetitio; impugnatio; infamatio; irrogatio; pulsator; placitum, (im)placitare, -atio; rectare, -atio; (in)gravare; narratio* ‖ *plait, (en)plaider; plainte; redter; clamer, -mif, -mur; chalange; paroler; apel, -ler, -leur; metre sur* **2)** Die Inzicht steht im Ggs. zum Handhaften; *s. d.* 2 **2a)** Eine besondere Prozessart ist ferner der Anefang; *s. d.* **2b)** Im Agsä. Rechte sind (wie im and. frühen German. Recht; Brunner II 328) Delikts∾n nicht abtrennbar; *u.* 18e **3)** Beklagtwerden geht an die Ehre, auch wo der (jedenfalls unverstohlene, vielleicht gutgläubige) Besitz von Land angefochten wird. Die Antwortsformel des Erbnehmers lässt erkennen, dass jener Anspruch sogar die Grabesruhe des verstorbenen Erblassers schändete; Becwæð 3, 1 **4)** Die ∾ erhebt der Verletzte, wenn auch der Prozess nur auf Anzeige (*s. d.* 8ff.) oder Einfang durch einen Dritten beruht; **4a)** anders bei ∾ Geistl. Gerichts, Kronprozess (*s. d.*) und Rüge; *s. u.* 17; Geschworene 1 **4b)** Die ∾ ist für den Bestohlenen Pflicht; *s.* Anzeige 4ff.; Gerüfte 4 **4c)** Kläger kann sich mit dem Verletzer, ausser bei gemeinen Verbrechen, gütlich einigen (*s.* Schiedsgericht) und ohne Gericht oder selbst nach dem Urteil dem Beklagten in vielen Fällen Begnadigung (*s. d.* 3ff.; Gerichtsbarkeit 28c) gewähren [ebenso auf Island; Heusler *Strafr. Isl.* 176. 179] **5)** Zur gerichtl. ∾ gehört ∾eid (*s. d.*) od. dessen Ersatz. Dessen Eideswert und die Schwere des Schuldgegebenen erschweren die Reinigung, die Bescholtener [*s. d.* 5] noch stärker braucht; *vgl.* Beweis 7 **6)** Kläger stellt für Durchführung des Prozesses Prozessualpfand (*s. d.*; *u.* 13c. d. 14a) u. Bürgschaft; *s. d.* 15 **6a)** Er zahlt Strafe, wenn er dem Richter die Anzeige (*s. d.* 13) gemacht, den Beklagten aber falsch angegeben hat. Die Strafe ist uns unbekannt; sie kann nicht immer so hoch sein, wie der Verurteilte, den vielleicht Tod oder Vermögenseinziehung träfe, verwirkt hätte **6b)** Bleibt Kläger vom Ordal, zu welchem Beweise Beklagter verurteilt war, fort, so büsst er dem Richter 20 Ör ($1^1/_3$ £); III Atr 4, 2 **7)** Bewusst falsche ∾ wird bestraft als Verleumdung, *s. d.*, *u.* 11aB **7a)** Der ∾eid, eine Art Gefährdeeid (*s. d.*), legt die Gutgläubigkeit dar **7b)** **N** Aber jede ∾, die nicht obsiegte, bringt dem Richter vom Kläger Justizertrag (*s. d.* 5); Hn 24, 2 = 59, 27f. **7c)** Die ∾, jemand habe an angeblichem Verbrecher Totschlag ungerecht verübt, kostet, wenn unerwiesen, dem Kläger $2^1/_2$ £ (Ungehorsam; II As 11 = Hn 74, 2) oder Wergeld; ECf 36, 2 **7d)** Den Kläger trifft Strafe, wenn er nicht durchficht den Anefang (*s. d.* 27a. b) **N** oder die Beschwerde beim Königsrichter gegen seines Herrn private Gerichtsbarkeit (*s. d.* 33b), nämlich $2^1/_2$ £ (Ungehorsam) wegen falscher ∾ und Wergeld an den belogenen Richter, oder 3 £, wenn er überwunden wird im Zweikampf, zu dem er, der Franzose, den Engländer gefordert hat; Wl lad 2, 2 **7e)** Misslang die ∾ gegen Geistliche auf Hurerei oder anderes, so trifft den Kläger Exkommunikation bzw. die von ihm gegen jene beantragte Strafe; aus Kanones Hn 5, 16; 14a **8)** ∾ um Grundbesitz *s. d.* 14f. **9)** Rechts- oder Justizweigerung (*s. d.* 4f.) oder -Verschleppung veranlassen den Kläger, andere Instanz (*s. d.* 4f.) anzurufen **9a)** Der Richter muss sorgen, dass jener Termin der Urteilserfüllung gesetzt erhalte; I Ew Pro. II 8. Hu 7 **10)** Dreifache ∾, die den Beklagten zu entsprechender Eidesschwere (*s. d.* 6) oder dreifachem Ordal (*s.* Beweis 8off.) zwingt, liegt in der Kriminalität **10a)** oder in der Schwere des ∾eides (*s. d.*) **10b)** oder in der ∾ dreier gegen einen Bescholtenen (*s. d.* 3) **10c)** oder in der Belastung mit drei Schuldpunkten; *s.* Eisenordal 8a, wo auch über Doppel-∾ **N** **11)** Die folgenden Sätze entstammen Normannenzeit **11a)** Kanonistisch sind (*s.* auch *o.* 7e) in Hn: **A.** Manche gute ∾ bleibt verschwiegen, weil Beweisstücke fehlen; Hn 5, 18, **B.** schriftliche ∾ wird erfordert; sie gilt als blosse Verleumdung, falls Kläger zurücktritt; 5, 14; 14a, **C.** Verurteilung ist nur möglich, wo Ankläger gegenwärtig [*vgl.* Christus 2]; 5, 7a; 9a, **D.** nicht als glaubwürdig gilt ∾ gegen andere durch einen sich schuldig Bekennenden; 5, 16a **E.** ∾ gegen Priester ist verboten vór vertraulicher Ermahnung; 5, 22 **F.** ∾ gegen Geistliche wird nicht zugelassen, wenn aus vielen Beschuldigungsteilen einer beweislos bleibt; 5, 10 **G.** ∾ Geringer genügt nicht zum Verdammen höherer Geistlicher; 5, 11c **H.** Ergibt sich nach dem Urteil die ∾ als lügnerisch, so geniesse Kläger nicht den Prozesserfolg; 'aus Augustin' 33, 6 **I.** ∾-schrift gegen einen Priester, vollends einen Bischof, ist nicht zuzulassen ohne 2 oder 3 Zeugen; 5, 15 **K.** Der Richter prüfe die Absicht der Kläger; 5, 1a. 31, 7a **12)** Ward in der ∾ das Verbrechen als so schwer bezeichnet, (Hn 24, 2, wenn auch nur durch Formfehler, was mit *miscravatio* 22, 1 gemeint scheint), dass es zum Kronprozess (*s. d.*) gehört, so geht sie der privaten Gerichtsbarkeit (s. *d.* 37) verloren **12a)** Man darf nachträglich die Schwere der zweikampflichen ∾ erhöhen, nicht verringern; 59, 1b; *vgl.* I 579i. k **13)** Als *vacua, funesta vox* [kanonistisch] besitzt die ∾ eines Rechtsunfähigen keine Kraft gegen einen legalen Beklagten; Hn 45, 5 **13a)** Von der *legalitas* der Kläger hängt sofortige Beendigung oder Verschiebung des Prozesses ab; 61, 18b **13b)** Die von den Verwandten erhobene ∾, ihr Verwandter sei ungerecht erschlagen, wird durchgeführt *bello vel anteiuramento per legalem vel publicam personam;* 92, 14 **13c)** Eine ∾ auf Totschlag ohne *gage ne plege de sivre sa clamur est voide parole;* London um 1135; Bateson II 26 **13d)** In Oléron heisst *apeler sanz guaranties: apeler nuement;* Twiss *Black book of the Admiralty* II 352 **14)** Der Kläger muss, ausser wenn er Anklageprivileg (*s. d.*) geniesst oder bei handhafter (*s. d.* 12a) Tat, ∾zeugen haben, sonst ist die ∾ *simplex et vacua* und erfordert keine Antwort; Hn 44, 2. 45, 1f. 63, 1ff. **14a)** Auf Kronprozess∾ muss auch der nicht dazu Vorgeladene nach Spruch der Urteilfinder Prozessualpfand und Bürgen für künftige Verantwortung dem Königsrichter stellen, u. der dazu Vorgeladene sofort antworten; 52, 1 **15)** Schlichter (*simplex*) ∾ braucht wer dazu nicht vorgeladen, nicht sofort (für London *s.* Husting 3), sondern erst nach Ratserholung zu antworten und entgeht ihr durch Reinigungseid mit Helfern; kriminelle ∾, auf Herrenverrat, Mord, Diebstahl, Raub, Einbruch, Brandstiftung, Fälschung muss er sofort leugnen (9, 2. 47. 49, 1), und nach Ratserholung nochmals *verbo ad verbum* (Brunner *Forsch. z. GDR* 309. 311f.). Was er von letzterer ∾ nicht sofort leugnet, gibt er zu **15a)** Nur in London (*s. d.* 57) braucht sich dessen Bürger verklagen zu lassen **16)** Verklagung durch den König entschuldigt [*vgl.* Sunne] das Ausbleiben im Prozosse gegenüber einer ~ des Herrn: Kron~ geht jeder anderen vor; 43, 1. 61, 6. Vór ihr noch wird vorgenommen die ~ der Kirche; 7, 3. ECf 3; jene Priorität des Königs wird eingeschränkt nur im Falle Beklagter *debitor domini sui est;* Hn 43, 1; 1a **16a**) Die eigene ~ der Krone oder des Herrn gegen den Vassallen (im Unterschied von der ~ eines Dritten 46, 1) erlischt nicht durch Klägers Gerichtsversäumnis, auch obwohl Beklagter nicht abbestellt war; *s.* Gerichtsbarkeit 41 **16b**) War bei der Vorladung der Gegenstand der ~ benannt, so verliert Beklagter den Prozess samt Strafgeld durch Gerichtsversäumnis; *s. d.* 12 **17**) Zur ~ des Gerichtsherrn zählt auch das amtliche Einschreiten ohne privaten Kläger infolge herrschaftlichen (fiskalen) Anspruchs oder Verbrechens des Beklagten gegen Kirche und Staat. Solches scheint bei Utlagario (*vgl.* friedlos 10) vorzuliegen Wl lad 3: hier fehlt der sonst genannte private Kläger **17a**) In Denalagu ersetzten die private ~ schon zwei Menschenalter früher die zur Rüge Geschworenen; *s. d.* 1 **18**) Juristische Einteilung der ~n (zunächst wegen Diebstahls 59, 22) versucht Hn, ohne doch ein System darauf zu bauen, je nachdem, ob die ~ sich richte gegen einen oder mehrere (*s.* gemeinschaftl. Missetat 3ff., Haftung 7g), Unfreie oder Freie (Standesgleiche oder nicht 40, 3), ob gegen Flüchtige oder nicht [also vor Gericht Erscheinende], Untertanen éines Herrn oder nicht, ob der Gerichtsherr gegen den eigenen oder fremden Vassallen streitet (9, 6), ob die ~ der anfänglichen niederen Jurisdiktion verbleibe oder anderer Instanz zufalle (9, 5. 57, 8a), ob die ~ ungeteilt éiner Zuständigkeit gehöre oder vermischt mehreren Gerichtsherren Justizertrag abwerfe; 4, 5. 9, 1; 5. 11, 1a. 20, 1a **18a**) Hn's anderen Einteilungen der Grafschaftsprozesse, die, nach verschiedenen Gesichtspunkten orientiert, einander notwendig kreuzen, berücksichtigen, wer klagt: *christianitatis iura* (~ der Kirche), *regis placita* (Kron~), ~ des Gerichtsherrn, *causæ singulorum* (private ~); 7, 3. 42, 2. 46, 1. 52, 1. 59, 1 **18b**) Eine fernere Einteilung sieht auf die Strafe des Verurteilten: einige Prozesse sind mit Geld büssbar, andere Kapitalverbrechen (*s. d.*), busslos **18c**) Derselbe Verf. teilt die ~n auch in solche, denen Beklagter entweder sofort (*o.* 14a ff.) oder nur mit Frist oder garnicht zu antworten braucht; 9, 2. 49, 1. 61, 18c **18d**) Also nach Ort, Zeit, Personen (der Parteien) und Tatbestand sind die Prozesse verschieden; 9, 3; 7f. = 40, 4. 57, 8b **18e**) Streitsache und Delikts~ (*o.* 2b) scheidet, doch nur vor Geistlichem Gericht, mit den Ausdrücken *causa vel culpa* Wl ep 2, 1 **19**) Hn hat *De statu et agendis causarum,* als einen Teil seines Quadripartitus, wohl ein Lehrbuch des Prozesses, zu schreiben geplant [dessen Inhalt vielleicht z. T. in Hn steckt]; Quadr Arg 32, *vgl.* I 547 ff

Klageeid *s.* Klage 5. 7a **1**) Vor der Reinigung des Beklagten geleistet, heisst er 'Voreid': *s.* Wb *foreað* [mhd. *voreit* I 418b], *præiurare, -atio, -amentum, ante(super-) iuramentum.* Durch ~ Reinigung erzwingen heisst *bedrifan, ofgan, ofræcan.* *Vgl.* Amira 166; Brunner II 343ff. 496; Beyerle *Neu. Arch. Gesch.* 36, 742; auch in Cnut's *Witherlag:* Holberg 48; über das Verschwinden nach Normannenzeit Pol Mai II 586. 634; Spuren bis zur Gegenwart verfolgt Marquardsen *Haft* 15 **1a**) Es gibt Eide des Klägers, die mit dem hier gemeinten Voreid, welcher (erstens) den Gegner zur Antwort zwingt, nicht identisch sind, so der, welcher sofort beweist (entscheidet) und eine Beweishandlung durch Beklagten ausschliesst (*s.* Beweisnähe 9. 11f.), ferner der Eid des Verlierers von Vieh, der die Spur nicht aufzuweisen vermag (das Vieh sei ihm vor nicht mehr als drei Tagen gestohlen worden), zum Zwecke des Anspruches an die Londoner Gilde; VI As 8, 8; ferner die Taxeide des Klägers wie *u.* 2b und Duns 7, 1 **2**) Der ~ sichert (zweitens) die bona fides des Klägers, so die Formel vor Anefang, *s. d.* 7. Eine zweite in Swer 4: 'nicht aus Hass, Verleumdung, ungerechter Geldgier — wohl solche böswillige Klage hiesse *wiðertihtle* I Ew 1, 5 —, und wie ich nach Anzeige meines Melders für wahr halte, klage ich N des Diebstahls an.' — In den 3 ferneren Formeln für ~, nämlich bei Fehl am Gekauften, Gewährzug (*s.* Anefang 18) und Geldschuld aus Kauf (Swer 7. 8, 2. 10), drückt sich die Gutgläubigkeit nur im Beteuern 'bei Gott' aus **N 2a**) Wer auf Diebstahl klagt, schwöre, dass er es nicht aus Hass tue; Leis Wl 14, 3 **2b**) Der Arztkosten (*s.* Arzt 2) beanspruchende Verwundete schwört, er taxiere sie nicht aus Hass gegen den Verwunder so teuer; *s.* Stadtrecht zu Preston I 498c **2c**) Vielleicht wirkt die Formel nach im Writ des 12. Jhs. *de odio et athia* **2d**) Der Agsä. ~ klingt der Isländischen Formel ähnlich; Heusler *Strafr. Isld.* 34 **2e**) In Deutschland gab es eine Formel, dass Kläger nicht aus 'Mutwillen', *non voluntarie* klage; Zeumer *Mon. Germ., Leg. Form.* V 628; Beyerle *o.* 1 **3**) Der ~ werde niemals erlassen; II Cn 22, 2f. = Ps Cn for 12. Geþyncðo 4. Hn 64, 1; 9c; *s.* jedoch *u.* 3d. 5 **N 3a**) Sein Gesinde kann der Hausvater allein durch Stabeid rein schwören, wenn der Kläger nicht ~ geleistet hat; Hn 66, 7 **3b**) [Jedoch] bei Diebstahl- und sonstiger Kriminalklage erhalte er vom Kläger ~ geleistet; 66, 8 **3c**) Der ~ ist bei jeder Klage erforderlich, von der die Reinigung durch Ordal geschieht; II As 23, 2 mit Zitat eines uns verlorenen Gesetzes **3d**) Ohne jede Beziehung aufs Ordal sagt Hn 64, 1 allgemein: *omnis tihla tractetur anteiuramento;* doch hebt er selbst den Satz auf: *contingit anteiuramentum non dari;* 64, 1e **4**) Statt des Voreides gilt bei Diebstahlsklage der Nachweis der Spur gestohlenen Viehs, die Kläger zu dessen Besitzer hinzuleiten vermag (V As 2 = III Em 6, 2), bei Klage auf Wundenbusse der Nachweis von Blut und Wunde; Hn 94, 5 **4a**) Unter den Dunsæte muss aber auch dér Spurfolger, der die Spur verlorenen Viehs bis zur Stammesgrenze nachwies, gegen Anzweifler schwören, er klage volksrechtlich gegen jenseitiges Uferland, wo das Vieh sich verlief; Duns 1, 2 **5**) Der Voreid ward sehr Vornehmen vielleicht erlassen; in Normannenzeit genoss Fiskus neben dem Herrn des Beklagten solch Anklageprivileg (*s. d.*); und gegen solche Bevorzugung der Aristokratie hatte sich wohl Cnut *o.* 3 gewendet. Auch Fränkisches Recht erliess den ~ dem König, dem Priester und seinem

Vertreter **5a)** *Vgl.: den voreit wil ich verchisen* [verzichten], damit *Got deste gnediger si* im Ordal; Zeumer *o.* 2e **5b)** Einen Priester (also wohl nicht den Laien) zu verklagen, bedarf auch ein Thegn des Voreides; *preost wið þegn ne ladige buton þegnes foraðe; Can.* Eadgari 63 **5c)** Den ∼ kann ein Vertreter schwören (Hn 64, 1e), wenn dieser glaubwürdig, und Kläger ein Thegn ist; II Cn 22, 2 = Ps Cn for 12. Fünf Hufen staatlicher Verantwortung und Dienst beim Königshofe für den Herrn wird von solchem Aftervassallen (*s. d.* 4) gefordert. Ähnlich erlaubt das Fränk. Königtum höchsten Vassallen, sich von ihren Vassallen im Eide vertreten zu lassen; Brunner II 265, *Forsch. z. GDR* 132 **N 6)** Kein besonderer Voreid scheint nötig, wenn Kläger zum Zweikampf fordert nach Hn 92, 14, wo dieser den ∼ geradezu zu ersetzen scheint. Dagegen *iurent sacramenta accusans et defensor duellum ingressuri;* Iud Dei X 21, 1; *vgl.* I 418ᵇ 7) Der ∼ wird, auch hier ohne dass etwa Strafrechtliches sich sondern liesse, erwähnt bei Klage auf Ordalsachen (II As 23, 2. II Cn 22, 1a. 30, 3a. Iud Dei X 21ᵇ. XVI 1; I 402ᵃ. 418ᵇ. Hn 65, 3c. 64, 9b), Diebstahl (Ine 48. Swer 4. Leis Wl 14, 3), Verkauf fehlerhafter Ware (Swer 7), Anefang (*s. d.* 6. 7. 18) und Gewährzug, Handelsschuld (Swer 10), Leistungsversprechen (*s.* Darlehn 5), Schädigung durch einen Stammfremden (Duns 6, 2), Arztkosten (*o.* 2b), Wergeld für Totschlag (Hn 92, 14), besds. an dem als angeblich schuldig unrecht Getöteten (*u.* 9), böse Künste Geistlicher (*u.* 12); VIII Atr 19 ff. = I Cn 5 ff. 8) Den ∼ schwört allein der zur Gewähr Schiebende (Duns 8, 2), der Thegn oder Vertreter (*o.* 5b. c), im Namen der Sippe eine *legalis persona vel publica;* Hn 92, 14 [Den ∼ des einen kennen auch Lex Ribuaria und Sächs. Schöffenrecht] **9)** Meist werden für den ∼ Eideshelfer (*s. d.* 8. 11a. b. 25) erfordert. Die Klage auf ungerechte Tötung eines nur angeblich Schuldigen erfolgt mit 3 oder 18 Verwandten desselben; nach II As 11 lautet der ∼: sie wüssten ihn nicht Todes schuldig; in ECf 36 bleibt der ∼ zwar unerwähnt, ist aber aus Hn 64, 4f. 92, 14 zu ergänzen **10)** Die Höhe des ∼es hängt vom Werte des als gestohlen Eingeklagten ab; Ine 48 **11)** Mit der Stärke des ∼es wächst auch die der Reinigung; *s.* Eideshelfer 26; Brunner *Zschr. RG. Savigny, Germ.* 17, 127 **11a)** Der Kläger im Anefang (*s. d.* 6) schwört ∼ mit einem von 5 ihm Ernannten, der Beklagte reinigt sich mit 2 von 10 ihm Ernannten; II As 9 **12)** Einfache Reinigung wird durch einfachen ∼, dreifache durch dreifachen ∼ erzwungen; II Cn 22, 1a = Hn 64, 9b. Diesen Sinn ergibt VIII Atr 19. 20 verglichen mit 19, 1. 20, 1 = I Cn 5—5, 1a: der Priester allein oder der Diakon mit zwei Standesgenossen reinigt sich von einfacher Anklage wegen böser Künste; jener mit zweien, dieser mit sechsen von dreifacher **13)** Dreifacher ∼ besteht in 5 Helfern neben dem Hauptschwörer; II Cn 30, 3a = 22, 1a In. Hn 65, 3c. Leis Wl 14, 3. Selbsechst schwört Kläger Duns 8, 1, ohne dass dieser ∼ dreifach heisst **13a) N** Mit sechs unter sieben vom Gericht Ernannten schwört Kläger so, dass Beklagter selbzwölft unter **14** vom Gericht ihm Ernannten oder durchs Ordal sich reinigen muss; Leis Wl 14, 1 ff. **13b)** Zum einfachen ∼ *accipiat* 2 Helfer *et sit ipse tertius;* II Cn 22, 1a In = Ps Cn for 11. **N** Wohl dieser einfache ∼ mit 2 Helfern ist es, den in Wessex Reinigung selbsechst überschwört; Hn 66, 8 **13c)** Im Widerspruch zu *o.* a, vielleicht II Cn 22, 1a. 30 missverstehend, und fürs 11. Jh. unrichtig, behauptet *preiuramentum unius* genüge, *antequam* der Prüfling einfachen Ordals *iuret; tribus preiurantibus* werde *triplex Dei iudicium* erzwungen; Cons Cn II 22, 1b, I 619 **14)** Erst unmittelbar vor dem Ordal erfolgt der ∼; Iud Dei X 21ᵇ, I 418ᵇ [dagegen anders XVI 1 und I 402ᵃ]; erst unmittelbar vor dem Reinigungseid des Ordalprüflings, nicht schon zum Klagebeginn; II As 23, 2. Cons Cn II 22, 1b, I 619. *Vgl.* auf dem Festland: *voreit* Zeumer; *o.* 2e **N 15)** Die Eidesform kann schlicht oder gestabt sein, je nach Ortsrecht, Klageschwere, Prozessart, Stand und Rasse der Parteien; Hn 64, 1; 1e **16)** Misslingt der gestabte ∼ beim ersten Male, so ist Kläger sachfällig in Hampshire; anderswo darf er ihn noch einmal versuchen; 64, 1; 1c; d **17)** Den dreifachen ∼ missversteht als *tres appellationes* I Cn 5a In **17a)** Der fälschende Ps Cn for 11. 12 missversteht den ∼ als Eid des Beklagten, indem er In Cn II 30, 3a. 22, 2f. überarbeitet [privileg

Klagezeugen *s.* Klage 14; Anklage-

Kleidung *s.* Wb *hrægl,* welches Wort durch *reaf,* wie zu Af El 11, modernisiert wird auch im jüngern Text von Wærferth's *Dialoge Gregors* 150. *Vgl.* Waffen; barfuss; Schuh, Handschuh, Hosen, Gürtel; Fell, Tuch, Leinen, Wolle, Seide, Barchent; Krapp; Gliederbussen 11; Kirchgang 1 **1)** ∼ der Geistlichen *s. d.* 31 **2)** Gewöhnliche ∼: Wollenkleider, Hosen, kein Leinenhemde. Zum Kaltwasserordal empfängt der Prüfling auf dem Wege von der Kirche ein Umschlagetuch und beim Ordal ein linnen Lendentuch; Iud Dei X 17 **3)** Der Rock hat Ärmel; Af 66, 1 **4)** Auf den Bildern erscheint stets Rock von Hose getrennt; die aber fehlt bisweilen, ebenso wie Schuhzeug, Unterbeinbinden, Mantel nicht immer vorkommen. Der Hut ist eine Seltenheit **5)** Die Lieferung der ∼ für die Herrschaft haftet, wie die der Nahrung, auf ihren Bauerhöfen. Ein Zinskleid gilt 6 Pfennig etwa gleichwertig; Ine 44, 1. Ein Knäuel Netzgarn ist Abgabe des Gutes Tidenham· Urk. Kemble 452. 461. Spinn-, Web und Schneiderwerkzeuge des Grossguts verzeichnet Ger **6)** Eine ∼ in Armenpflege (*s. d.* 4) gilt als jährlich etwa 30 Pfg. wert; As Alm 1 **6a)** An Almosen vermacht *per annum cuique pauperi ad vestitum* 26 *den.* ein Testament a. 832 Birch 402 **7) N** Die sich im Nachlasse vorfindende ∼ erbt die Witwe des Erblassers; Hn 70, 22 **8)** ∼ des ehrlich Getöteten fortnehmen wäre Leichenraub; *s. d.* **9) N** ∼ des Hingerichteten erhält der Henker; *s.* Gefängnis 11

Kleinstaaten *s.* Heptarchie

Klerus *s.* Geistliche, Königskleriker

Kloster *s.* Wb *mynster* und Kompp. *Vgl.* Abt, Mönch, Nonne, Kanoniker, Obedientiar, Domkapitel, Kirchenherr 1 ff.; Kirche **1)** Das ∼ hält Sklaven: ein Konventsknecht kommt vor Wi 23, und *vernaculus vel pauper monasterii* in Merc. Urk. a. 798 Birch 289 **2)** Um 1008—11 folgt jedes ∼ Englands der Regel Benedikts und untersteht entweder einem Abt oder einer Äbtissin; VI Atr 2 L **2a**) Doch auch die Chorherrenstifte heissen *monasterium;* V 7 = VI 4. Und *mynster* kann jedes Kirchenstift bed. **3**) Manches Mönchs-∼ ward im Menschenalter vor 1011 vernichtet (VI 3, 1) oder ging an Chorherren oder Nonnen über (*ebd.* L), so dass ein Benediktiner dort nicht regular leben konnte. Zerstörung durch Nordleute und innere Verweltlichung hatten das bewirkt **4**) Ende 7. bis Mitte 10. Jhs. unterstanden viele Klöster weltl. Kirchenherren; *s. d.* **5**) Manches ∼ geniesst die ursprünglich dem König zufliessende Gastung (*s. d.* 5) oder sonstiges Freiheits-Privileg; Af 2. Der Beda-Übersetzer braucht 'frei' vom Konvent für 'exemt von staatlicher Leistung': *donatis* 12 *possessiunculis, ablato studio militiæ terrestris* (Beda III 24) wird übersetzt mit: 12 *bócland him gefriode eorðlicre hernesse* **6**) Das ∼ gewährt Asyl (*s. d.* 8 a. 12; Asylbruch 3 ff.), und zwar die Kirche länger als der übrige Wohnort; aus ihr kann der Konvent den Flüchtling in ein anderes Gebäude bringen, das aber nicht mehr Fluchtgelegenheit bieten darf **6a**) Das nicht privilegierte ∼ scheint, ausser der Kirche, kein Asyl zu gewähren **7**) Das ∼ geniesst besonderen Schutz; für blutig (*s. d.* 6) Fechten dort, abgesehen von der Kirche, empfängt es $2\frac{1}{2}$ £ Busse (Ine 6, 1. Af 2, 1), oder verschieden gemäss weltlichem Kirchenrang (*s. d.* 1) nach Griđ 10 **8**) **N** Mönchs- und Nonnenklöster 12. Jhs. liegen teilweise in einigen der 28 Grossstädte aus Römisch-Britischer Zeit; aus Galfrid von Monmouth Lond ECf 32 D 5

Knappen. *Vgl.* Gefolgsadel 2a; Junge; Pol Mai I 266 ff. **N 1**) Die Ritter (*milites*) und Hofbeamten der Barone unterstehen der Bürgschaft (*friborg*) ihres baronialen Herrn und halten selbst unter ihrer Verbürgung *suos armigeros vel alios servientes;* ECf 21 **1a**) Solche *armigeri* des gräflichen Seneschal zeigt Urk. 1114—24 Lawrie *Early Scot. char.* 48 **2**) Dem Staate waffenpflichtig sind *comites, barones, milites, servientes* (wohl ∼), *liberi;* Wl art retr 8 **3**) Sagenhaft und viell. erst als Beleg für 11./12. Jh. giltig scheint der *armiger* des auf steuerlosem Boot ausgesetzten Bruders König Æthelstans; Will. Malmesb. *Reg.* II 139, ed. Stubbs 156

Knecht *s.* Unfreie, Ver∼ung; Gefolge 2—4, Haushalt, Herrschaftsgut

Knie *s.* Wb *cneo* **1**) Nach ∼ wird berechnet die Verwandtschaft *s.* Sippe **2**) Jede Beinwunde unterhalb des ∼s ist doppelt so hoch zu büssen [als oberhalb; *s.* Gliederbussen 11]; Af 66, 1 = Hn 93, 1 = 93, 26

Kniesetzung *s.* Schosssetzung

Knochen *s.* Gliederbussen 8 H. 9a

Knochenmark *s.* Gliedwasser

Koch *s.* Küche **Kogge** *s.* Schiff

Kohle *s.* Baum 4

Kolleg, Kollektivperson *s.* Familie 2. 4, Haushalt, Gefolge 22c, Sippe; Genossenschaft, Erwerbsgenossen; Gericht 15 ff. 20 ff., Königsrichter 3a; Dorf 8, Zehnerschaft, Herrschaftsgut, Stadt, Hundred 20 f., Grafschaft 21, Herzogtum; Kirche 2 ff., Kloster 1. 5, Stift, Witan, Krone

Kollekte *s.* Liturgie [Finanz 11

Kolonisation *s.* Bauer 2a. 10g;

Kommendation *s.* Herrensuche, Mannschaftseid [Reichsverweser

Kommission *s.* Gericht 20 ff.;

Kommunion *s.* Abendmahl

Kompagniegeschäft *s.* gemeinsam 1, Erwerbsgenossen [*s.* Wergeld

Kompensation der Bussschulden

Konfirmation *s.* firmeln

Konfiskation *s.* Vermögenseinziehung, Verwirkung

König.

1. Name; ∼ = Staat. 2. ∼ ungetrennt von Finanz. 3. ∼ = Regierung. 4. Monarchie Englands. 5. ∼ vertritt Staat nach aussen. 6. *Vicarius Dei.* 7. Herr der Untertanen, 8. des Gefolges, der Lehnsleute, des *Bocland.* 9. ∼ verleiht Amt, 10. geniesst höchste Würde, verleiht höchsten Schutz. 11. Richter, Gesetzgeber, 12. Kriegsherr. 13. Wahrt öffentlichen Frieden, 14. schützt Unbeschützte, 15. übt Befehlsgewalt, 16. regelt Verkehr.

1) Über den Namen ∼ *s.* ∼stitel **1a**) Unter dem Worte ∼ meint der Agsa. oft: 'Staat', besonders im Ggs. zur Kirche (*s.* Kirchenstaatsrecht 1a) und zu privaten Gewalten; *s.* Gericht 10b ff. **1b**) '∼s Bande' heisst staatliche Haft; Ine 15, 2. Und für nationale Last steht '∼s Abgabe, -Gastung, -Verantwortung nach aussen, Kriegsdienst und Kirchensteuer auf ∼sbefehl', für polizeiliche Sicherheit samt Landrecht: 'Frieden (*s. d.* 6) des ∼s' **1c**) Unter Abt und Af 1, 2 heisst '∼sort' ein vom ∼ zu privatem Rechte besessener Wohnplatz, keineswegs auch jedes herrenlose, reichsunmittelbare Freidorf **N 1d**) Dagegen seit Normannenzeit heisst nicht bloss die vom ∼ persönlich oder von der zentralen Regierung, sondern die von Stadt, Hundred, Grafschaft geübte staatl. Lokalgewalt ∼lich, eine Gemeinde ohne feudalen Herrn heisst '∼' (Maitland *Township* 162), eine reichsunmittelbare Stadt '∼stadt', ein nicht privater Gerichtsbarkeit unterstelltes Quartier in ihr *regis socna,* das öffentl. ordentliche Gericht (*s. d.* 10c) in der Provinz *curia* (*placitum*) *regis.* *Vgl.* Markt Z. 2 **1e**) Bereits seit Eadgar heisst jeder, der nicht Thegnvassall ist, ∼smann, d. h. reichsunmittelbar, unter Æthelred jeder Engl. Staatsangehörige *cyngesfriðman;* *s.* Gefolge 13d **2**) Leistung für den ∼ in dessen Jagdvergnügen oder Eigenschaft als Gutsherrn ist durch keinen besonderen Ausdruck von der nationalen Finanz (*s. d.*) geschieden; Rect 1, 1. *S.* jedoch ∼sdomäne 4 **3**) Von jeher wird der ∼ mit der Staatsregierung identifiziert; seine Gnade (*s. d.*) ist zugleich der von den öffentlichen Einrichtungen verliehene Schutz, bzw. Genuss eines staatlichen Amtes. Wer sie verliert, ist Amtes entsetzt und nahezu friedlos; *s. d.* 1p. Der Verlust straft Vergehen nicht gegen den ∼ persönlich, sondern gegen staatliche Pflicht **3a**) Es liegt also kein anderer Sinn vor, wenn neben dem ∼ auch die Witan oder 'wir alle' oder 'alles Volk' als Verleiher jener Gunst erwähnt werden **3b**) Dagegen der ∼ persönlich, also in engerem Sinne, verspricht dem Volke Gnade (*s. d.* 7) als Lohn polizeilicher Hilfe **3c**) Im 11. Jh. kommt für ∼ im Sinne von Staat 'Krone' (*s. d.*) auf **4**) Über die Entwicklung der Heptarchie (*s. d.*) zur Monarchie *s.* Angelsachsen 9, England 5, Dänen **4a**) Über zwei ∼e in England *s.* Eadmund II.; in Kent *s. d.* 5; *vgl.* Erbgang 3a; Thronfolge **5**) Der ∼ vertritt den Staat nach aussen. Selbst unter Æthelred dem II. dürfen Herzöge und Dynasten erst nach seiner Genehmigung für ihre Territorien Frieden von den Nordleuten erkaufen; II Atr 1 **5a**) Wenn Teile Britanniens sich England unterwerfen, so sagt Ann. Agsax.: *sohton his* (des ∼s) *frið and his mundbyrde* **5b**) Doch schliessen die Friedensverträge mit den Dänen (*s. d.* 9) sowohl Ælfred wie Æthelred nur gemeinsam mit den Witan; AGu Pro. II Atr Pro. Der ~ allein ist erwähnt im unauthentischen EGu Pro. Der Vertrag unter den Dunsæte bindet zwei nur national verschiedene Teile éiner Landschaft unter der Englischen Krone **5c)** **N** Der ~ kann Betreten oder Verlassen Englands (*s. d.* 1a) verbieten. *Vgl.* Fremde 4—8a **6)** Des ~s Beziehung zur und Weihe durch die Kirche *s.* Kirchenstaatsrecht 5; Krönung; ~spflicht **6a)** Der ~ ist Christi Stellvertreter; VIII Atr 2, 1. 42; *Hom. n.* Wulfstan 266 = *Polity* 422; ECf 17 = Lond ECf 11, 1A; B 3; 8, I 635; *vgl.* mein *Über Leges ECf* 63 und Bracton I 2, 5f., 1b: *iudicantes vice regis quasi vice Iesu Christi, cum rex sit vicarius Dei* **6b)** Vór dem Christentum war allerdings der ~ wahrscheinlich bei einigen Germanen Oberpriester des Volkes (Brunner *Fortleben d. Toten* S. 3); jedoch in Northumbrien Anf. 7. Jhs. war Coifi, nicht der ~, Oberpriester; Beda II 13 **6c)** Die abergläubische Vergötterung eines ~s meint ~ Ælfred zu erblicken im Glauben der Griechen an Jupiter in *Metra des Boetius* 26 **6d)** Bereits um 775 nennt Cathvulf Karl den Gr. Gottes Stellvertreter, während *episcopus in secundo loco in vice Christi tantum;* Lilienfein *Ansch. v. Staat u. Ki.* 29 **6e)** Als Gottes Stellvertreter betrachtet die Kirche sonst den Papst; für die Benediktiner ist der Abt *Cristes gespelia* in *Benedikt. regel* ed. Schröer c. 2, S. 10 **6f)** Als Gottes Stellvertreter fühlten sich Cnut und Olaf d. Hl.; Taranger *Agsaks. Kirk.* 215 **6g)** **N** Die Krone mit geistlichem Rechte bekleidet im weitesten Sinne Anon. Eborac. um 1102 (ed. Böhmer *Kirche u. Staat* 236f.), beeinflusst durch Agsä. Krönung (*s. d.*): Der Monarch, zum Amtmann Gottes geweiht, sei höchster Bischof. Ähnliche Anschauungen: Niese *Gesetzg. Norm. Sic.* 46 **7)** Der ~ ist Herrscher (*dryhten*) aller Untertanen (*undergeþeoded;* als Gefolge fassen einige *leode* Abt 2; ich sehe darin 'Volk'). Für Erschlagung eines Freien erhält er in Kent 'Herrengeld'; *s.* blutig fechten 3b. Das Volk nennt den ~ unsern Herrn; V Atr 1, 1—5. **N** Mit *dominus omnium* in Hn 43, 1 ist der ~ auch im vassallitischen Sinne gemeint **7a)** Die Untertanentreue (*s.* ~streue) hat zum Korrelat die vom ~ dem Volke versprochene Gnade (*s. d.* 7); IV Eg 12. 16. Cn 1020, 2; 5 **7b)** In Æthelreds II. Versprechen an sein Volk 1014 spiegelt sich etwas vom Krönungs- wie vom Untertaneneid: *þæt he him* [ihnen] *hold hlaford beon wolde and ælc þæra þinga betan, þe hi ealle ascunedon;* Ann. Agsax. **7c)** **N** Der Untertaneneid knüpft aber z. T. auch an den Ehrlichkeitseid an, noch in der unter Heinrich I. geltenden Form, perhorreszierend *furtum et illa quæ simul abiuravimus;* Hn 30 **7d)** Nicht jeder Untertan ist dem ~ oder einem ~svassallen kommendiert; *s.* Gefolge 13ff. **8)** Der ~, aber auch andere Fürsten, halten Gefolgsadel; *s. d.* 5. 12. 13. Er ist der begehrteste Gefolgsherr. Unter den Thegnas (*s. d.*) ist der ~sthegn der vornehmste; III Atr 11. Northu 48. Aller Adel (*s. d.* 1), ausgenommen den Kentischen 7. Jhs., ist durch Amt (Dienst) unter dem ~ entstanden. Da er aber erblich ist, so braucht nur der Ahn, nicht der Nachkomme, des Adligen ~s Vassall zu sein **8a)** Seit 10. Jh. werden alle Witan dem ~ zu Mannschaft verpflichtet; II Ew 1, 1. Die mächtigen Fürsten im Staate heissen *mei;* Ap AGu 8 **8b)** Indem der einstige Volksfrieden zum Frieden (*s. d.* 4ff.) des ~s wird, heisst der ~ als höchster Wahrer der Rechtsordnung Schutzvertreter des ganzen Volkes; Ann. Agsax. a. 921. **N** Sein ganzes Engl. Volk heisst für den ~ *fideles* (*mei*) *qui in Anglia manent;* Wl ep Pro. 1. CHn cor. Hn mon. Hn com. Hn Lond **8c)** Der Untertaneneid wird der Mannschaft nachgebildet, ohne dass man deshalb das Untertanenverhältnis, dem ja der Dienstvertrag fehlt, aus Gefolgschaft herleiten darf; Maurer *Kr. Übschau.* II 420 **8d)** **N** Als Spitze der Vassallitätsstufen, schützt der ~ die Aftervassallen gegen Druck durch deren Lehnsherren; CHn cor 2, 1. 4, 2 **8e)** Der ~ allein gibt *Bocland* (*s. d.* 1D. 15—19. 23—24). Und die Empfänger und künftigen Besitzer stehen zu ihm im besonderen Verhältnis **9)** Der ~ verleiht das staatliche Amt (*s. d.* 1) und entzieht es (*s.* Amtsentsetzung), das höchste weltliche (*s.* Ealdorman 10) wie das geistliche; *s.* Bischof 2 **10)** Die Ehre (Würde), die der ~ geniesst, ist die höchste; dem Bischof (*s. d.* 13e. ff.) geht er (ausser in Kent) im Range voran **10a)** Das drückt sich aus in seinem ~stitel (*s. d.*), Tragen der Krone (*s. d.*), in seinem Wergeld (*s. d.*); Hochverrat (*s. d.*) gilt als schwerstes Verbrechen; *vgl.* Majestätsbeleidigung **10b)** **N** Wo der ~ klagt, geht diese Klage (*s. d.* 16) jeder anderen Verhandlung (ausser der Kirchenklage) vor; er geniesst Anklageprivileg; *s. d.* ~swort (*s. d.*) ist unscheltbar **10c)** Die örtliche Nähe des ~s, auch die ideelle, Verwandtschaft, auch geistliche, mit dem ~, der Jahrestag der Krönung, der und das vom ~ Umfriedete, die Reichsstrasse geniessen einen über den Landfrieden erhöhten Sonderschutz, der dem des Bischofs selten nur gleich (Wi 22. Ine 45), zumeist übergeordnet ist; *s.* ~sfrieden, -sgeschlecht, -spate, -shef, -sschutz, Handfrieden, Strasse **10d)** ~sdienst (*s. d.*; *o.* 8) erhöht den Stand des Dienenden; *s.* Mannenbusse; Adel 6 **10e)** Datierung (*s. d.* 1) geschieht nach Regierungsjahren **10f)** Wohl wird auch in Britannien mancher ~ Vassall eines Schutzherrn (*s.* Gefolge 7), aber nicht der Monarch von England; *vgl.* Kirchenstaatsrecht 25c **11)** Der ~ ist der oberste Richter; *s.* ~sgericht, Gericht 10—11 **11a)** **N** Alles öffentliche lokale Gericht (*o.* 1a) heisst später ~lich; private Gerichtsbarkeit (*s. d.* 32) gilt als vom ~ verliehen. Jenes lässt der ~ aufschieben, bis er selbst in die Provinz komme, und dem Grafschaftsgericht (*s. d.* 5b) vorsitze **11b)** Der ~ gibt das Gesetz (*s. d.* 12—16; *u.* 15g), doch in Gemeinschaft mit Witan **12)** Der ~ ist der oberste Kriegsherr; seine Anwesenheit bei der Landwehr erschwert das Verbrechen, sie zu versäumen oder ihren Frieden zu stören, *s.* Heer 8b. e, Schiff **13)** Als Schützer des Friedens (*o.* 8b) dankt er den Witan für Beihilfe zu guter Polizei [die also ihm besonders obliegt]; II Em 5. IV Eg 16 **13a)** Die dem Bischofe zugewiesene Pflicht, unter den Staatsbürgern die Verträglichkeit zu fördern (Episc 3f), weist dem ~ zu Polity 2 = *Hom. n.* Wulfstan 266 **13b)** Vom öffentlichen Frieden begrifflich zu trennen, obwohl oft sprachlich nicht unterschieden, ist erstens ∾sfrieden (*s. d.*), auf dessen Bruch das Strafgeld '∾sschutz' (*s. d.*) steht, und zweitens Handfrieden; *s. d.* **14)** Der ∾ schützt die des regelmässigen Schutzes durch Sippe oder Schutzherrn Entbehrenden: Fremde (*s. d.* 4—8a), Franko-Engländer, Juden; Geistliche (*s. d.* 13b); Sippelose, Bastarde, Findlinge; Arme, Witwen, Waisen; *s. alle diese Artt.* **N** Über die spätere Obervormundschaft durch den ∾ *s.* Bateson II cxxxj **15)** Der ∾ besitzt allgemeines Befehlrecht; IIn 6, 2 **15a)** Er verlangt von den Untertanen, zunächst wohl Witan, die dem Herrn geziemende Staatsmacht, nicht bloss leeren ∾stitel; *s. d.* 1f.; Ap AGu 8 **N 15b)** Die Absolutie (*s. d.*) der Krone wird (im Sinne der Magna charta) beschränkt in der Theorie erst um 1200; Lond ECf 11, 1 A 6; 8 **15c)** Der ∾ befiehlt bei Verlust der Gnade; *s. d.* 1f. [ähnlich ergeht der Fränk. Bann; Brunner II 595] **15d)** Missachtung des Befehls kostet als Strafe 'Ungehorsam'; *s. d.* **N** Über das Frankonormannische Strafgeld *s.* ∾sbann. Die Klage, jemand habe Befehl oder Breve vom ∾ missachtet, ist Kronprozess; Hn 10, 1. 13 **15e)** Kent (*s. d.*) erklärt sich dem K. Æthelstan bereit *ad omnia quæ nobis præcipere velis;* III As Epil **15f)** Auch höchste Landesfürsten, Erzbischof und Ealdorman, regieren ihr Gebiet nur *under cyninge;* II Atr 1 **15g)** Das Gesetz (*o.* 11b) bringt erst der ∾sbefehl zur Ausführung; V As Pro. VI 11 **15h)** Dass sein früherer Befehl betreffend Sicherheit schlecht ausgeführt sei, klagt II Ew 1 und lässt die Witan daher Reform beraten **15i)** Der ∾ befiehlt durch Boten dem Erzbischof, die Witan bei deren Gemot auf die Gesetzgebung zu verpflichten; VI As 10. *Vgl.* Urk.: zum *scirgemote on Herefordscire Tofig Pruda com on þæs cinges ærende;* Kemble 755 **15k)** Sogar finanzielle Gerechtsame von Staat und Kirche bedürfen zur Eintreibung so sehr des ∾lichen Befehls, dass für *riht þæs cynges* Q richtig übersetzt: *regis imperium* EGu 6, 7 **15l) N** Willkürlich greift der ∾ in Rechtsgang ein; abgesehen von Begnadigung und Amnestie, kann er gegen Pfändung und Verhaftung *pacem dare;* Hn 52, 3 **16)** Der ∾ reguliert Preise, beaufsichtigt den Markt, die Fremden, Gewicht und Mass, schlägt Münze (*s. diese Artt.*), genehmigt Testamente; *s.* Erbgang 9c; Königstreue 7f.

Könige. Chronologische Liste der in *Gesetzen* erwähnten ∾: **A.** Ausland *s.* Dänen, Wb: *Swen;* Deutsche 7, Konrad II.; [Franken:] *Pipinus, Childericus,* Karl d. Gr.; Frankreich: Ludwig VI.; Norwegen: Olaf; Kiew **B.** *s.* Kent **C.** von Mercien: Offa **D.** von Wessex und England: Ine, Ælfred, Eadweard I., Æthelstan, Eadmund I., Eadwi, Eadgar, Eadweard II., Æthelred II., Eadmund II., Cnut, Harold I., Harthacnut, Eadweard III., Harold II., Wilhelm I., II., Heinrich I., Wb *Henricus II.*

Königin 1) In den *Gesetzen* Agsä. Zeit wird sie nicht erwähnt. Vielleicht hängt dies damit zusammen, dass die Ehefrau des Westsächs. Königs im 9./10. Jh. des Titels ∾ und königlichen Sitzes entbehrte; Asser ed. Stevenson 11f. **1a)** Ihre hohe Stellung (*s.* Adoption 3) in Ostanglien (Beda IV 3), Northumbrien, Kent, Mercien (Urk. a. 869 Birch 524: *coronata regina*) ist aber bezeugt; und a. 672, als in Wessex der König starb, *Seaxburg an gear ricsode his cwen æfter him;* Ann. Agsax. Auch kommt der Titel *regina* im 8. Jh. und 801 in freilich zweifelhaften Urkk. vor **1b)** Æthelwulfs zweite Frau, Karls des Kahlen Tochter, war daheim gekrönt und sass neben jenem auf dem Throne. Aber Eadmunds I. Witwe heisst nur *matrona.* Für Eadgars Frau kommt der Titel ∾ noch nicht immer vor, doch bisweilen **1c)** Noch im 9. Jh. hiess die ∾ 'Herrin', *hlæfdige.* Doch kennt das Krönungsritual um 1000 die Krönung auch der ∾; Stevenson (*o.* 1) 201f. **1d)** Dass die ∾ der Westsachsen noch um 1000 regelmässig nicht Krone trug, beweist Ælfric, der von Vasthi und Esther sagt: *seo cwen werode cynehelm on heafode, swaswa heora* [also der Perser, nicht unsere] *seodu wæs; Hester* v. 33. 37 ed. Assmann 93 **2)** Von Eadgars beiden Frauen und von *Alveva -Emma, matre Eadwardi* [*III.; s.* Eisenordal 13b] meldet Titel weder ECf 34, 2; 2e noch Lond ECf 13, 1 A **3) N** Die ∾ empfing als *overseunesse,* Ungehorsam gegen sie, 20 *mance* [$2^1/_2$ £] soviel wie 'Königsungehorsam', nochmal soviel wie Bischof und Graf; Hn 35, 1a **3a)** Über den reichen Haushalt der ∾ *s.* Larson *Household* 118; über ihre Einnahme aus Städten und Grafschaften an *gersuma* laut Domesday Round *Victoria County hist. Essex* I 421, über das *aurum reginae* von Zahlungen an den Königschatz im 12. Jh. Ric. fil. Nig. *Dial. de Scacc.* ed. Hughes 156. 238; Madox *Hist. Exchequer* 240 **Königreich** *s.* England

N Königsbann. *Vgl.* König 15c, -sschutz, Ungehorsam, Strafgeldfixum **1)** Auf Frankonormann. ∾ beruht das Strafgeld von 60 Schilling (3 £), das der einen Engländer zum Zweikampf herausfordernde Französische Kläger zahlt, wenn er überwunden wird; Wl lad 2, 2 = Wl art 6, 2, wo irrig *XL* für jeden Überwundenen **2)** *Qui bellum vadiaverit et per iudicium defecerit* [wer prozessual sich zum Beweise durch Zweikampf verbürgt hat, aber sachfällig wird], 60 *sol. emendet;* Hn 59, 15

Königsbeamte *s.* Amt; (Gefolgs)-adel, Königsdienst, -hof, -kleriker, -richter; Ealdorman, *eorl,* Sheriff, Vogt, Thegn; Bote, Geleitsmann, Schmied; Marschall, Schenk, Truchsess, Kämmerer, Schatzmeister, Münzer

Königsbote, -breve *s.* Bote, Breve

Königsdienst. *Vgl.* 7 Zeilen vorher; Gefolge; Heer 5. a **1)** Des Königs Geleitsmann (*s. d.* 4) und Dienstschmied [an sich vermutlich unfrei] haben [durch ∾] mittleres [gemeinfreies] Wergeld; Abt 7. [So in Wales der Fremde im ∾, der sonst nur halbes Wergeld des Gemeinfreien hätte; Seebohm *Tribal system in Wales* 106] **2)** Auch der als Walliser oder Unfreier geborene Marschall erwirbt durch ∾ als Bote (*s. d.* 1) gemeinfreies Wergeld **3) N** Forstamt erhebt den *less þegn* zum *liberalis* (Überfreien, Adligen), den Unfreien zum Freien; Ps Cn for 3, 1 [von nur programmatischem Werte] **4)** Fünf (*s. d.* 3) Hufen Eigenland samt Immunität und Patronat erheben den Besitzer zum Thegn, doch nur, wenn er auch Sitz und Sonderamt in Königshalle hat. [König Hroðgar bestellte gegen den Moerdämon Grendel einen Saalhüter, der versah das Sonderamt (*sundornytte*) um (für) den Fürsten; Beowulf 668] **4a)** Der Aftervassall (*s. d.* 4) darf des Herrn Prozessklage nur dann vertreten, wenn sein Herr am Königshofe, u. er ihm dort als reitende Ordonnanz diente, auch dreimal dessen Auftrag dorthin bestellt hatte **5)** Von den Thegnas rangieren als oberste die Königsthegnas, welche dem König zunächst stehen, unter den anderen die, welche besondere Beziehung zu ihm haben; II Cn 71, 1; 4 **N 6)** Totschlag am *serviens regis* wird besonders hart bestraft; Hn 68, 2 **6a)** Eine Klage *de famulis regis occisis vel iniuriatis* ist Kronprozess; 10, 1 **6b)** Der deshalb Verurteilte verfällt in *misericordia regis;* 13, 1 **6c)** Königliche Missi geniessen Handfrieden; *s. d.* 4 **7)** Im Prozesse entschuldigt ~ das Ausbleiben der Partei vom Termin; Hn 59, 4

Königsdomäne *s.* Wb: *cyninges-ham, -tun* [*cyneham* wird *villa* (*fiscus*) *regalis* übs.; Birch 1219; Toller]; *curia regis* Hn 51, 6. *Vgl.* Königshof; Stadt; Burg, Haus **1)** Wie in jedem Herrschaftsgute (*s. d.*), ist die Ackerflur zwischen Herrschaft und Dorfbauern geteilt, die Gemeinheit (*s. d.*) aber nicht; **1a)** dürfen die Dorfbauern neu hereingebrachtes Domanialvieh auf ehrliche Herkunft untersuchen (IV Eg 13); **1b)** ist der herrschaftliche Verwalter ein Vogt; As Alm 2) Manche ~ empfängt Frondienst von anderem Herrschaftsgute, z. B. Wildeinhegung; Rect 1, 1 **3)** Die ~ ist eine hauptsächliche Quelle der Finanz; *s. d.* 1. 3 **4)** Das Königsgeschlecht (*s.* Ætheling 10), zweitens der König (*s. d.* 2; *u.* 9; Bocland 19) persönlich, drittens der Staat — wie die Grafschaft (*s. d.* 20), der einstige Kleinstaat — besassen Land, von einander unterschieden [zwischen König und Staat schied auch Dänemark; Lehmann *Königsfriede* 120] **4a)** Innerhalb staatlicher Stadt ist ein Teil der Bürger *dominicæ regis*, d. h. gehört zur ~; *s.* Gefolge 6b **4b) N** Seit Wilhelm I. sind jene 3 Quellen der *Terra regis* ungeschieden; *vgl.* König 1d **5)** Wer im Königs*tun* einen Menschen erschlug, büsst 50 Schill. [dem Könige den 'Königsschutz'; *s. d.* 3]; Abt 5. Die ~ geniesst also Königsfrieden (*s. d.* 3), auch wenn der König abwesend **6)** Im Königs*tun* befindet sich ein [staatliches] Gefängnis unter königlichem Vogt; Af 1, 2f. **7)** Den Armen im Königs*tun* wird das Strafgeld verteilt, das ein königlicher Vogt verwirkt für Vernachlässigung der von Æthelstan befohlenen Armenpflege (As Alm 2); es ist also eine grössere Menschenmenge, wohl ein Dorf gedacht **N 8)** *Qui divisionem* (Stück Land) *habet iuxta terram regis, claudat contra regem aut custodiat; aut dilectione aut pretio adquirat, si voluerit aliquam in terra illa aisiam* (*commoditatem*) *habere* (der Nachbar von ~ zäune sein Land gegen sie ein; oder, will er dort Nutzungsrecht [Servitut] üben, sichere er es durch Gunst oder Geld gegen die Schikane des privilegierten Fiskalvogts); In Cn III 52 **9)** Zugunsten eines Manor *de dominio et firma regis*, wo Murdrum (*s. d.*) gefunden wurde, kann der König, um es zu schonen, die Busse dafür dem ganzen Hundred auferlegen; Hn 91, 3; *vgl.* I 607[g] **10)** Über ~ (*terras quas rex in dominio suo habet*) besteht nur königliche (nicht private) Gerichtsbarkeit; Hn 19, 2 **11)** Gepfändetes Vieh *vicecomes ad propinquiorem regis curiam* [= Gutshof] *dimittat*, damit der Gepfändete es dort auslöse; *vgl.* Pfandkehrung 2 **12)** Der Londoner Politiker um 1200 fordert vom König, er solle [verschleuderte] *maneria coronæ* zurückgewinnen; I 635[e]

Königseidhelfer *s.* Eideshelfer 18a

Königsfeind *s.* friedlos 1n. p

Königsfinanz, -forst *s.* Finanz, Forst

Königsfrieden **1)** Über die mehrdeutigen Ausdrücke *vgl.* Frieden 4, Handfrieden 1a. b **1a) N** Der König (*s. d.* 151) hindert gerichtliche Exekutive durch *pacem* (Schutz), kraft seiner Befehlsgewalt **1b)** *pax regis* steht statt *domini* nur irrig Hn 81[p] **1c)** Hier wird nur behandelt **A.** die den König und vieles ihn Angehende umgebende Umfriedung; *vgl.* Königsdienst, -hof, -domäne, **B.** der von ihm [ausser durch Handfrieden] ausgehende Schutz **1d)** Über die Busse, die schuldet wer ~ verletzt, *s.* Königsschutz [-Strafgeld] **2)** Das Leben des Königs schützt höchstes Wergeld (*s. d.*) und die dem Hochverrat (*s. d.*) drohende Strafe **3)** Das Eigentum des Königs (*s.* Schatz) ersetzt, wer [nicht handhaft] Diebstahls überführt ward, neunfach, wie des Priesters, weniger als das des Bischofs; Abt 4 = Griđ 7 = In Cn III 56, 1 **3a)** Anders in der Zeit erstarkter Monarchie: **3b)** Einbruch (*s. d.* 2d) in das Königshaus kostet $2^1/_2$ £, nach Ælfred mehr als in das des Erzbischofs, nach Ine nur ebensoviel als in das des Bischofs **4)** Die örtliche Nähe (*vicinia*; *u.* e) des Königs wirkt umfriedend [*vgl.* Brunner II 45], nicht bloss die der dauernden Residenz (*s.* Burgtor 1, Königshof, -domäne), sondern auch die zufällige Anwesenheit in fremdem Hause oder Lehngute (Abt 3. Hn 80, 7a), oder bloss potentielle; *u.* e. f. **4a)** Blutig (*s. d.* 5ff.) Fechten vor ihm kann mit dem Tode bestraft werden **4b) N** Totschlag in einer Grafschaft, in der sich zufällig der König aufhält, wird besonders hart bestraft; Hn 68, 2 **4c)** Missetat gegen den zum König Berufenen oder in einem Gute, wo der König gastet, wird dem Verletzten doppelt gebüsst, und erstere kostet Königschutz-Strafgeld (50 Kent. Schill., das auch den Totschlag in Königsdomäne trifft); Abt 2. 3. 5 [Königs Anwesenheit erhöht Totschlag zum Nithings-Verbrechen in Norwegen; Lehmann '~' 215] **4d)** Blutig Fechten oder Stehlen in Königs Burg oder Nähe kostet Leben oder Wergeld; Griđ 15 **4e)** Bruch von ~ *in eius vicinia* ist sorglich zu meiden (Hn 16, 2); Missetat *in domo regis vel familia* erschwert den Fall (68, 2), kostet, wenn der König von Leibesstrafe begnadigt, Wergeld; 12, 3 **4f)** Der Residenzfriede ward vielleicht an einigen Orten ein Keim zum Stadtrecht, indem man die Häusergruppe der Stadt (*s. d.*) durch legale Fiktion als Residenz betrachtete; Pax = Hn 16; *vgl.* Maitland *Domesday* 184; Bateson II xvi. Erhöhten Pfalzfrieden, auch ohne des Königs Anwesenheit, kennen auch andere Germanen; Brunner II 45ff **4g)** Der ~, aus des Königs Ortsnähe herrührend, erscheint unrichtig als bloss erhöhter Landfriede; Hn 16, 2, unter Verkennung der Verschiedenheit der zwei Wurzeln: dort der königlichen Amtsmacht, hier der Staatsordnung **4h)** *mundbryce* kostet die Vernichtung eines königlichen Schiffes neben dessen Ersatz; VI Atr 34 **5)** Asyl (*s. d.* 14a) gewährt der König für so lange Frist wie Kirche oder Erzbischof **5a)** Asylbruch (*s. d.* 6) in seiner Burg, wie in der Kirche, macht friedlos **6)** Ein Strafgeldfixum steht auf Bruch von ~, genannt 'Königsschutz' (*s. d.*), nämlich in Kent 50 Schilling Kentisch, in Wessex 5 £ **6a)** Missverständlich nur behauptet ein Fälscher 12. Jhs., *griðbryce* gegen Mittelförster koste 10 Schill. (1/2 £); Ps Cn for 18 **6b)** Seit 11. Jh. wird dieser *mund-* oder (*grið*)-*bryce* mit Heimsuchung (*s. d.* 11) und Rechtsperrung oft zusammen genannt **6c)** Diese drei Verbrechen kosten 5 £; IV Atr 4, 1 (wenn *borgbryce* hier, wie sicher II Cn 58, 2 A, für *burgb.* zu emendieren). VIII 5, 1 = I Cn 3, 2. Domesday I 152. 172a 1. 262b 1 [irrig dort als 'Handfrieden' bezeichnet]. Leis Wl 2. Hn 12, 1f. 35, 2. 79, 3; 4 **6d)** Sie überschreiten als Kronprozess (*s. d.*) die Zuständigkeit privater Gerichtsbarkeit (*s. d.* 37h); II Cn 12. 15. Hn 22, 1. 24, 2. 59, 28. 80, 9b **6e)** Sie gehören nicht zu dem von der Krone dem Sheriff mit dem Grafschaftsamte verpachteten Justizertrage (*s. d.* 4); Hn 10, 1. 22, 1. In Cn III 50; *vgl.* I 597[1] **7)** Diesen ~ verkünden [nicht, wie den Handfrieden (*s. d.* 3. a. b. c), der König selbst, sondern] der Sheriff od. Graf (Domesday 262b 1) in Grafschaft oder Hundred (In Cn III 49f.) und das Schiedsgericht bei Totschlagsühne; II Em 7, 1; 3 = Wer 4 **N 8)** Ein Prozess *de pace regis infracta* wird durch Zweikampf bewiesen; Hn 59, 16a **9)** Wahrscheinlich unter diesen ~, nicht bloss unter Englands allgemeinen [Land-]Frieden, stellt der Eroberer sein Gallisches Gefolge; Wl art 3; um diesen ~ über den Landfrieden zu heben, setzt der Überarbeiter vor das blosse *pax* hinzu: *protectio et;* I 490 **9a)** Die sonst Unbeschützten, die der König (*s. d.* 14) allein deckt, stehen wohl auch unter diesem ~, besonders der Klerus; *s.* Geistliche 13 **10)** Dieser ~ ward konfundiert mit dem Handfrieden (*s. d.* 1a. b. 5a. 8) vielleicht schon einmal bei Æthelred III 1, 2, sicher im Domesday **11)** Nach örtlichem Sonderrechte Dovers herrscht 29. Sept. bis 30. Nov. *treuva regis* [d. i. ~]; *si quis eam infregisset, præpositus regis accipiebat emendationem;* Domesday I 1a; *vgl.* Bateson II 46; Treuga Dei

Königsgastung; -gebiet, *s.* Ga[stung; England

Königsgefolge *s.* Königsdienst, -hof, Gefolgsadel, Thegn, Adel, Amt

Königsgericht 1) *dominica curia regis* Hn 49, 4a, *curia domini regis* Lond ECf 32 B 13, *curia regalis* Ps Cn for 10, zentrales Staatsgericht, der König als Richter und Beaufsichtiger der Justiz **1a)** Hier ausgeschlossen bleibt **A.** Kents *cyninges sele* (Hl 7. 16) zu London, wohl vom königlichen Stadtvogt abgehalten; **B.** die *curia* (*placita*) *regis* heissenden staatlichen Lokalgerichte *s.* Gericht 10c **2)** Gerechtigkeit (*s. d.* 1) verspricht der König als eine Königspflicht (*s. d.* 2) im Krönungseid und befiehlt sie oft an **3)** Das ~ wird angerufen gegen Justizweigerung, Rechtsweigerung, falsches Urteil (*s. diese Artt.*), Versagen der Lokalbehörden beim Zwange zur Urteilserfüllung (III Em 6, 2. II Cn 15, 2 = Hn 34, 3) oder zwecks Unterstützung zu gerechter Selbsthilfe; Af 42, 3. II Atr 6 **3a)** Den Instanzenzug (*s. d.* 5a) aber hat der Agsä. König nicht in zentralistischmonarchischer Tendenz gefördert **4)** Der König stellt die Richter (*s. d.* 2, Ealdorman 10, Vogt) über staatliche Lokalgerichte an oder verkauft das Recht der Richterwahl; *s.* London 27 **4a)** Er (nach Normann. Theorie nur er) verleiht private Gerichtsbarkeit (*s. d.* 16. 21—4. 32), **4b)** beaufsichtigt dieselbe (*ebd.* 33), **4c)** straft ungerechte Richter mit Amtsentsetzung (*s. d.*), **5)** verfügt über den Justizertrag (*s. d.* 4) von staatlichem Provinzialgericht **6)** Er übt Billigkeit (*s. d.*) gegenüber strengem Formalismus des Volksgerichts, **6a)** Begnadigung (*s. d.* und Misericordia) **6b)** Er bestimmt, welche von mehreren möglichen Strafen in Anwendung komme; Wi 26. 27. Ine 6. III Eg 7 [wie bei anderen Germanen; Wilda 492. Pol Mai II 459] **6c)** Er gewährt Missetätern befristetes Asyl (*s. d.* 5—6. 14a) und erlaubt solches von anderen Mächten zu gewährendes **6d)** Er persönlich erklärt friedlos (*s. d.* 4a. b. 17) und inlagiert Friedlose unter Teilnahme der Witan **7)** Er verweist Prozesse ins Grafschaftsgericht (*s. d.* 5a) zur Aburteilung, **7a)** er kann dort Gericht halten; *ebd.* 5b **7b)** Er kann das Gericht (*s. d.* 9d) der Provinz auch zu anderen Terminen als denen alter Gewohnheit besonders vorladen lassen **8) N** Dem staatlichen Gericht, dem *iudex fiscalis*, nicht lediglich dem ~, vorbehalten sind Kronprozesse (*s. d.*), Prozesse zwischen gerichtsherrlichen Baronen und Vergehen gegen die Person eines solchen Kronvassallen; Hn 24, 1 **8a)** Dem zentralen ~ vorbehalten sind Klagen gegen Königsthegnas; III Atr 11, **N 8b)** ferner kriminale Klagen gegen *barones, senatores* [diese als Normannen wurden gewiss in lehnrechtlicher Form beurteilt; dennoch begründet die Zuständigkeit nur des ~s für diese auf die Gesetze Eadmunds, Cnuts, Eadwards Hn 20, 3], **8c)** Streit zwischen höchsten Beamten und Klagen gegen Sheriffs oder Königsvögte durch Bezirkseingesessene (Leis Wl 2, 1); ferner gegen Oberförster (Ps Cn for 10; *vgl.* I 622[b]), **8d)** Streit über Bocland (*s. d.* 9. 23), dessen Eigentümer Strafgeld nur dem König und Busse nur unter Mitwissen des Königsvogts zahlt, **N 8e)** Streit um Land zwischen Kronvassallen; Hn com 3 **9)** Vom ~ delegiert werden Königsrichter (*s. d.* 3a) als Reiserichter und Beaufsichtiger von Sheriff, Gerichtsvogt und privater Gerichtsbarkeit **10)** Der König sitzt persönlich dem ~ vor; Af 41. Leis Wl 24. Ps Cn for 11; *vgl. o.* 6d, Grafschaftsgericht 5b **10a)** Königsfrieden (*s. d.* 4) strahlt aus vom Königs-Burgtor (*s. d.* 1) als seinem (Richter?)-sitze **11)** Da im ~ Hochverrat abgeurteilt ward, so sind die über die Schwere des Reinigungsbeweises bestimmenden Witan mit gesetzgebenden Reichstagsmitgliedern persönlich identisch; V Atr 30D **N 12)** Gerichtszeugnis (*s. d.* 3) vom ~ ist unscheltbar **12a)** Termin vor Königsrichter oder am ~ entschuldigt von dem anderen Gerichts; Hn 61, 6; 7; *vgl.* I 581[n] **12b)** *Iudex fiscalis* geniesst Anklageprivileg; *s. d.* **13)** Im Ggs. zur provinziellen Verschiedenheit des Rechts nach den 3 Gebieten der Westsachsen, Mercier, Dänen [und neben ihnen] besteht die königliche Gerichtsbarkeit überall [d. h. auch wenn durch Delegierte in der Provinz geübt] mit Einheitlichkeit des Rechts; Hn 9, 10a = Lond ECf 32 B 13. Hn 6, 2 **13a)** Nach dem Juristen der Stadt London um 1200 ist London [genauer Westminster], auch trotz persönlicher Abwesenheit des Königs, *semper curia regis; quæ consuetudines suas semper conservat, ubicunque ipse rex fuerit;* Lond ECf 32 B 12f.; *vgl.* I 657[m] **13b)** Um 1114 schildert ein Jurist (der Krone?) Heinrichs I. das ~ im Panegyrikus als

Rettung der Justiz: (Henrici I.) *pacem et iusticiam improbis gravionibus subrogamus* (geniessen wir jetzt statt der Urteile böser Gerichtsvögte bis 1100); Quadr Arg 24 **13c)** Dagegen schilt derselbe die Kronjustiz als tyrannisch hart; Hn 6, 5b

Königsgeschlecht *s.* Wb *cynecynn; vgl.* Ætheling, Königspate; Königswahl 5 **1)** Die Etymologie von *cyning* deutet auf die Wichtigkeit des Geschlechts [war aber den *Gesetzen* nicht bewusst; *s.* Königstitel 1a. b]. *Vgl.* Toller *cyningcyn, cynelic strynde, gecynde hlaford, ungecynde* und im *Suppl.: cynebearn, cyneboren* **2)** Nicht éinem Sohne, sondern *magum folc and rice* zu hinterlassen, ist in der Frühzeit Königssitte: das Reich gehört dem ~; der älteste Vatermage ist Vormund der Unmündigen; Beowulf 1179–82. *Vgl.* Erbgang 3a, über Prinzenland: Ætheling 10 **3)** Vom Wergeld (*s. d.*) des Königs erhält die Hälfte das ~

Königsgut *s.* -domäne, Finanz, Schatz

Königshof *s.* Wb *cyninges hus, burg, healle, hiered, neawist* (Nähe, *vicinia* Hn 16, 2), *sele; regis curia* Pax Q = Hn 16; *familia regis* 10, 1; *palatium* [*cynehof* glossiert *regiam, palatium* Toller *Suppl.*]. *Vgl.* Königsgericht, -dienst **1)** Dagegen *cyninges ham, tun s.* Königsdomäne; *cyninges sele* kann auch bedeuten Königsgericht; *s. d.* 1a **1a)** Durch Königs Anwesenheit gilt auch des Privaten Haus oder Lehngut gleich *domus vel curia regis;* Hn 80, 7a **2)** Die Anwendung der Wörter 'Haus' bei Ine, 'Halle' bei Ælfred, 'Hofhalt' bei Cnut belegen das Wachsen des äusseren Ansehens. Indem Ælfred die Busse für *burgbryce* bei Bischof oder Grafen von Ines Summe herabdrückte, hob er den Friedenschutz für den ~; Af 40 **3)** Die Agsä. Dichter spiegeln ein Ideal vom ~, auch wo sie vom Himmel reden, z. B. *Genesis* 79: lieb war der Herr, der Fürst seinen Thegnas; es wuchsen die Mächte der Edelscharen, die mit dem Herrn Wonneleben genossen **4)** Als Mitglieder sind zu denken König, Königin, Æthelinge, Bischöfe, Witan, Adel, Ealdormen, Eorlas, Thegnas, Gefolgsadel, Königskleriker, Königsrichter, Boten, Vögte, Beamte (*s.* Amt), Kämmerer, Schatzmeister, Marschall, Truchsess; *s. alle diese Artikel* **4a)** An Norwegens *hirð* gab es eine Rangordnung vielleicht nach Altengl. Vorbilde; Amira *Nordgerm. Oblig. R.* II 30. Das Nord. Wort entstammt den Agsa.; v. Schwerin *Gött. gel. Anz.* 1909, 821 **5)** Der ~ steht unter Königsfrieden; *s. d.* 4 **6)** Totschläger sollen nicht vor des Königs Angesicht ['Nähe' Var.; 'zum ~' II Em] kommen, bevor sie sich der Kirchenbusse unterzogen haben; I Em 3 = II 4, mit Bedingung auch der gegenüber der Sippe und anderen zu erfüllenden Rechtspflicht **6a)** Exkommunizierte (Mordstifter, Meineidige, Totschläger; VI Atr) — ausgenommen Asylerbitter —, die in des Königs Nähe zu bleiben wagen, bevor sie geistliche und weltliche Busse begonnen, bringen Verwirkungsgefahr ihrem Leben (Grundbesitz; VI Atr) und ihrer Habe; V Atr 29 = VI 36 **6b)** Der König soll, wenngleich unwissentlich, nicht mit kirchlich Gebannten verkehren; auch im Frankenreich: *vgl.* Childebert a. 596; *Mon. Germ., Capit.* p. 15 c. 2. So schliesst die Kirche mittelbar vom ~ aus; **N** daher verbietet ihr Wilhelm I., Barone und Beamte ohne sein Vorwissen zu exkommunizieren; *s. d.* 10 **7)** Blutig (*s. d.* 5) Fechten am ~ wird schwer bestraft [ähnlich bei Langobarden; Brunner I² 537] **8)** und jede andere Missetat dort ebenfalls; *s.* Königsfrieden 3ff. **9)** Der ~ gewährt längst befristetes Asyl; *s. d.* 10. 15. 17 **10)** Amt am ~ erhöht den Stand; *s.* Königsdienst 1–4 **11)** Der ~ beansprucht Gastung; *s. d.* 3

Königshuld *s.* Gnade; König 3. 7b

Königskleriker. 1) Wer die Volksversammlung (Gericht) durch Waffenzücken aufregt vor einem Ealdorman-Vertreter oder einem Königspriester, zahlt $^5/_6$ £ Strafe (dagegen vor dem Ealdorman $2^1/_2$); Af 38, 2; *presbyter* (*capellanus*) *regis* übs., mit Recht das Entscheidende in der höfischen Stellung, nicht dem Priesteramt sehend, Q **2)** Ein Königspriester spielt eine Rolle in den Urkk. (also wohl den Witenagemoten) Eadwards I.; Larson *Household* 138f. **3)** Solche Geistliche (*s. d.* 33b) als Agenten der Regierung sind die Vorgänger der, auch zumeist klerikalen, Königsrichter (*s. d.* 4) der Normannenzeit **4)** Zum Bischof macht der König oft (z. B. 1043–5. 1050) einen *cynges preost;* Ann. Agsax.

Königspate; *cyninges godsunu* **1)** Wer einen ~n erschlägt, büsse dem König durch Wergeld desselben, ebenso wie an dessen Sippe; Ine 76, 1 = Hn 79, 1b: also doppelt so viel als für Totschlag an einem anderen **1a)** Die besondere Ranghöhe eines *cyninges godsunu* erhellt daraus, dass sie bei Guthrum von Ostanglien, Ælfreds Patenkind, ausdrücklich erwähnt wird; Ann. Agsax. 890 **1b)** Eines *ealdormonnes godsunu* kommt vor *ebd.* a. 755

Königspflicht. *Vgl.* König 6a. 7a. b. 13–14; Kirchenstaatsrecht 18ff. **1)** Wo *Gesetze* von ~ reden, betonen sie fast nur die moralische und religiöse; wie Anselm von Canterbury 1107 an Alexander I. von Schottland schreibt: *bene reges regnant, cum super seipsos regnant nec se vitiis subiciunt* **2)** Auch der Krönungseid verspricht nur allgemein Sicherheit für Kirche und Volk, Verbot der Ungerechtigkeit, im Gericht Billigkeit und Barmherzigkeit; Sacr cor 1, 1ff. **3)** Von weltlicher ~ betonen fast nur Gerechtigkeit und Herstellung polizeilicher Sicherheit VI Atr 40 (Cn 1020, 2f. 1027, 10), Gesetzgebung und allgemein Regierung zu des Volkes Nutzen II Em Pro. II Eg Pro = I Cn Pro. X Atr Pro. Cn 1020, 4; 8. 1027, 1; 10; 15 [Harold dem II. sagt als höchsten Ruhm Florenz von Worcester nach: *leges iniquas destruere, æquas coepit condere*]. Im Ggs. dazu tadelt den Nebukadnezar die Dichtung *Daniel* v. 106: *no he æ fremede* **N 4)** Auch die juristischen Privatarbeiten bestimmen die ~ nicht technisch in politischen Einzelheiten **4a)** Des Quadr schwülstige Abhandlung eifert, meist mit unjurist. Zitaten, gegen des Königs Hochmut, Habgier, Pomp, Ehrgeiz, Rücksicht auf Pöbelgunst [wenigstens dies ganz ohne Beziehung auf die Zeit um 1114] und für die Kardinaltugenden; *s. d.* 2. Tyrannei des Herrschers werde heilsam gezügelt durch göttliche Schickung persönlichen Leides; Quadr II Præf 6ff. 16, I 543 **4b)** *Rex ad hoc constitutus est, ut regnum et populum et ecclesiam regat et defendat; sin autem, nomen regis perdit,* mit Zitat der Absetzung der Merovinger; ECf 17. 17, 1 = Lond ECf 11, 1 A ff. B 7:

wahrscheinlich mit Erinnerung an Isidors *Reges a regendo vocati, vgl.* auch I 643[a]; Karol. *Capit. Add.* II 25 und Böhmer *Staat u. Kirche* 167 **4c)** Der Londoner Sammler um 1200 fordert vom König, er solle *luxuriam, avaritiam, cupiditatem servos habere;* Lond ECf 11, 1 A 10, [was sich wohl gegen die ausschweifenden und geldgierigen Söhne Heinrichs II. richten kann] **4d)** Ferner ermahnt er, den Völkern ein Vater zu sein **4e)** Auch bei ihm ist ~, die Kirche privilegiert zu erhalten, gute Gesetze zu errichten, schlechte abzuschaffen, die polizeiliche Sicherheit der Untertanen zu schützen **4f)** Doch hört man den Parteienkampf und die Ansprüche erwachenden Verfassungslebens vielleicht in der Forderung, Gerechtigkeit solle geschehen *per iudicium et consilium procerum,* und der König solle verschiedene Interessen zur Harmonie einen; 11,1 A 1; 7 f.; B 4

Königsprozess *s.* Kronprozess

Königsrang *s.* König 10, -stitel

N Königsrichter. *Vgl.* Richter, Oberrichter, Sheriff, Vogt.

1. Name. 1a. Ggs. zu Urteilfindern, 2. zu geistlichem Richter. 3. Sprengel. 3a. Delegiert vom Zentralgericht. 4. Königskleriker. 5. Rang. 6. Identisch mit Sheriff oder staatl. Gerichtsvogt, 7. nicht immer. 8. Londons Kronrichter. 9. Zuständigkeit. 10. Beaufsichtigt private Gerichtsbarkeit, 11. baroniale Bauerpolitik, 12. Zehnerschaft. 13. Falsche Klage vor ~. 14. Klage ihm angezeigt. 15. Er verfügt Hinrichtung, 15a. untersucht, ob solche gerecht war, 16. überwacht Murdrum. 17. Der Reiserichter. 18. Waffenschau. 19. Verfolgt von Amts wegen Diebe.

1) Er heisst *iusticia* (*-rius; vgl.* Gericht 15) mit und ohne *regis; iusticia fiscalis* Hn 24, 1; *iudex fiscalis, minister* (*regis*) 82, 2c. 83, 2; *justice.* Die Form *iusticiarius* kommt in Hn oder Urkk. Heinrichs I. nicht vor; *vgl.* aber I 524[5]. Der ~ scheint synonym mit *rex* in der Bedeutung 'staatliche Justiz'; *u.* 6g; ECf 6a. Hn 61, 6 **1a)** Der ~ erscheint mehrfach neben und über den *iudices* (Urteilfindern) in Hn. ECf **2)** Der ~ steht im Ggs. zu *iustitia episcopi* und *alia* (Geistlicher und privater Gerichtsbarkeit); *u.* 6e. Fürs Geistliche (*s. d.* 1h) Gericht nennt den Richter auch *iusticia* Hn 5, 4 **3)** In den *Gesetzen* überall (mit 2 Ausnahmen *u.* 17 f.) kann der ~ einen dauernden Amtssprengel (*u.* 8) haben, wie der *gerefa* als ~ in Agsä. Zeit **3a)** Vielleicht an das Kolleg der Reiserichter denken unter dem Singular *iusticia* erstens der Londoner Rechtssammler um 1200 (*u.* 18) und zweitens der Latein. Übs. von Leis Wl, der dreimal (*u.* 6h. 11. 16) für *la justice: iusticiarii* einsetzt; er wusste vieil. noch, dass die Normandie unter *iusticia* (*capitalis*) das Kollegium mehrerer Delegierter des herzoglichen Hofgerichts und Beamtentums, wenn nicht sogar dieses als Ganzes, verstehen konnte; *Haskins EHR* 1909, 213. Dieser selbe kollegiale Sinn liegt für *la justice le rei* wahrscheinlich vor *u.* 17, wo der Angeklagte ein Königsvogt oder Sheriff ist, und möglicherweise unter manchem *iusticia* (*regis*) in Hn. Die Normannen nahmen die Einrichtung der Reiserichter auch nach Süditalien; Niese *Gesetzg. Norm. Sic.* 169 **4)** Ein Vorgänger für den ~ war in Agsä. Zeit der Königskleriker; *s. d.* 3 **5)** Hinter Prälaten und Baronen, doch vor den Sheriffs, rangieren die ~ in der Adressierung Heinrichs I.; Hn Lond Prot **6)** Der ~ sitzt dem Hundred und dem Grafschaftsgericht vor, bisweilen (viell. immer) in den bis 6h folgenden Stellen identisch mit staatlichem Lokalvogt bzw. Sheriff, oder doch diese Beamten mitumfassend: **6a)** *In hundreto vel comitatu* erfragt *iusticia iudicium* und erhält es von den Urteilfindern; Hn 29, 1b **6b)** Barone, die nicht selbst Gericht zu halten privilegiert sind, müssen ihre von ihnen verbürgten Leute dem Kläger stellen *ante iusticiam regis in hundredo, wapentagiis,* (*lestis*) *vel in sciris;* ECf 22, 5 **6c)** Der wegen Herbergung eines Missetäters dem *iusticia* verdächtige Wirt *expurgabit se iudicio* (gemäss Urteilfinderspruch) *hundredi vel scire;* 23, 4 **6d)** *Iusticia* entscheidet, wenn die Urteilfinder (*iudices*) verschiedener Meinung sind; Hn 31, 2 **6e)** Wo *iusticia regis* oder ein anderer [baronialer] *tenuerit placita,* ist die Klage einer Kirche vorweg zu erledigen; ECf 3 **6f)** Dem Reichsabschwörer setzt den Termin der Landesräumung *iusticia;* 18, 2 **6g)** *Iusticia regis* stellt den Verletzer von Kirchenfrieden, der dem Geistlichen Gericht nicht gehorchte, unter Pfand und Bürgschaft und sucht ihn, wenn er entfloh; 6a; 1. Der Vogelfreie lebend oder tot *regi reddetur* (6, 2); offenbar meint *rex* hier (*o.* 1) den ~, und zwar wahrscheinlich als Vorsitzenden des Lokalgerichts, also den Sheriff zunächst oder allein **6h)** Der ~ erzwingt den Peterspfennig, gewiss zunächst Sheriff oder Hundredvogt; ECf 10, 2. Leis Wl 17, 3, wo der Übersetzer *iusticiae*, also eine Mehrheit [*o.* 3a] versteht **7)** Aber nicht immer ist der ~ als der staatliche Ankläger mit dem Sheriff identisch: *si quis a vicecomite vel iusticia regis implacitetur* wegen Kriminalsachen; Hn 66, 9. Der ~ richtet über den Sheriff, *u.* 17 **8)** Heinrich I. gewährt der Stadt London, dass ihre Bürger einen Sheriff und einen *iusticia* wählen [also mit lokal begrenztem Sprengel] zum Verwalten [zugunsten des Fiskus] und [= bzw.?] Abhalten der Kronprozesse; Hn Lond 1 **9)** Der ~ ist zuständig über schwerste Sachen und höchste Parteien; er geniesst Anklageprivileg im Unterschiede von privaten Klägern, *s.* Königsgericht 8. 12a. b **10)** Der ~ beaufsichtigt private Gerichtsbarkeit; *s. d.* 33 **10a)** Der ~, der in einem Prozesse des Herrn gegen dessen Vassallen richtet, ist gegenüber der privaten Gerichtsbarkeit jenes Herrn *maior iusticia.* Das Vorrecht des Herrn, den Termin verschieben zu können, schwindet, sobald der ~ teilnimmt; Hn 61,3. *S. u.* b **10b)** Beim Prozess des Herrn gegen den Mann im Baronialgericht jenes darf *iusticia regis, si placitum aliquo modo pertineat ei,* Termin abbestellen; Hn 59, 11. Prozessparteien können Termin verschieben nur, wenn er ohne *iusticia maior* vereinbart war; 59, 3; 4a. Der *iusticia* kann den von ihm gesetzten Termin im Prozess Untergebener aufschieben; 61, 8. Kläger kann den durch *iusticia* angesetzten Termin nur aufschieben unter Abbestellung sowohl beim Beklagten wie beim *iusticia;* 59, 10 = 60, 1. *Vgl.* Rechtsgang **10c)** Der ~ empfängt die Beschwerde des in privater Gerichtsbarkeit zu Geldstrafe Verurteilten, straft ihn aber, falls die Klage (*s. d.* 7d) falsch, mit $2^1/_2$ £ und dessen Wergeld; 59, 14 **10d)** Der ~ beaufsichtigt das Ordal, das in privater Gerichtsbarkeit (*s. d.* 40) über fremde Leute vor sich geht. Er tritt auf *cum legalibus hominibus provinciae* *illius*, ist zunächst als Sheriff gedacht; ECf 9, 2 **11)** Nicht bloss als Gerichtsherren, auch in ihrer Bauernpolitik werden die Barone vom ~ kontrolliert. Diese sollen ihnen zugewanderte Landarbeiter in deren Heimatsgut zurückschicken, um dort deren Pflicht zu tun. Unterlässt das die neue Herrschaft, so tue es *la justise* Leis Wl 31; *iusticiarii*, also Mehrheit L, wie *o.* 3a. 6h, *u.* 16 **12)** Der ~ beaufsichtigt die Zehnerschaft; *justicia regis* erlaubt ihr 31 Tage Frist, um den ihr entflohenen Genossen, der Missetäter geworden, ihm einzuliefern; ECf 20, 1a; 2; er erhält Strafgeld für das Unterlassen der Einlieferung und Meldung über des Missetäters Aufenthalt; 20, 4; 6. Auch hier ist zunächst an den Sheriff gedacht **13)** Wer falsche Klage (*s. d.* 7, *o.* 10c) oder Verleumdung (*s. d.*) vor dem ~ erhob, muss büssen **14)** Gerechte Heimsuchung (*s. d.* 2a) bedarf vorheriger Anzeige beim *princeps* (König) oder *iusticia* = *minister eius* **14a)** Wer jemanden *apud iusticiam* wegen Kriminalsachen verklagt hat, darf nur mit des letzteren Einwilligung Sühne von jenem annehmen; Hn 59, 26f. **15)** Der ~ verfügt über die im Ordal schuldig erfundenen, und auch sonst, Hinrichtung; ECf 9a. 36, 3 **15a)** Vor dem *iusticiarius* wird geklagt, dass eine Hinrichtung durch einen anderen *iusticiarius* ungerecht gewesen sei; 36. 36, 3. Jenes ist sicher ein ~, dieser kann auch baronialer Gerichtshalter sein. Sonst, falls letzterer ein Sheriff, wäre ersterer eine beaufsichtigende Delegation vom Königsgericht, wie *o.* 7, *u.* 17 **16)** Dem *iusticia* (*regis* 75, 6a. 91, 1. ECf 15, 5 retr) ist der Mörder (oder des Mörders Spiessgesell Hn 92, 4) durch den Bezirk, wo ein Franzose ermordet ward, einzuliefern; Hn 92, 3; 9. ECf 15. 15, 5; dafür *la justise* Leis Wl 22, *iusticiariis*, also Mehrheit von' Richtern L, wie *o.* 11 **16a)** Ausgrabung eines 7 Tage nach Ableben Beerdigten für die Mord argwöhnenden Verwandten [die rächen oder klagen wollen] muss ~ erst erlauben; Hn 92, 12 **17)** Im Ggs. zum staatlichen Lokalrichter dauernden Amtsprengels steht der ihn beaufsichtigende ~, also eine Delegation vom Königsgericht. Sheriff oder [staatlicher] Vogt wird der Missetat gegen Amtseingesessene überführt vor dem ~; Leis Wl 2, 1. *Vgl.* auch *o.* 15a **18)** Am 3. Februar erfolge in Stadt, Hundred und Grafschaft Waffenschau an éinem Tage, damit niemand durch Ausleihen der Waffen *iusticiam domini regis* betrüge; vermutlich eine Erinnerung an die 1181 angeordnete Waffenassise vor Reiserichtern; Lond ECf 32 A 12 **19)** Der ~ sucht von Amts wegen den ihm vom verklagten Käufer bezeichneten Verkäufer gestohlener Fahrhabe zur Strafjustiz; ECf 38, 3a **Königsschatz** *s.* Schatz

Königsschutz. **1)** Hier im Sinne des Strafgeldfixum, *s.* Wb *cyninges mund(byrd)*, *mundbryce* Grið 11, *borg* Af 3, *mund* VIII Atr 5, 1, *grið(bryce)* **1a)** *Ælfred* braucht *borg* und *mund* alternativ, Cnut nur *borh*, Grið nur *mund*. *Vgl.* Frieden 4; Königsfrieden 1cB; Handfrieden 1b. 5c; Ungehorsam; Schutz **1b)** Die Busse für Verletzung von Königsfrieden (*s. d.* in dortigem Sinne) wird mit Wörtern bezeichnet, die 'Schutz' oder 'Schutzbruch' allgemein bedeuten. In diesem Sinne **A.** ist sie nur die höchste Art jener Klasse von Schutz (*s. d.*), deren geringere Arten Kirche, Prälaten, Adel, Gemeinfreie auch verleihen und deren Verletzung sie gebüsst erhalten [**1c)** Wo EGu und Atr für Kränkung gegen Geistliche Schutzbusse an den König als den Schutzherrn forderten, setzt II Cn 42 = Hn 11, 8. 66, 3 diesen oder den Herrn, so dass dieser Schutz von staatl. Befugnis zur privatherrschaftlichen herabsinkt] **1d)** Dieses Strafgeldfixum wird aber auch angewendet **B.** für Missetaten, die den König nicht in anderer Beziehung angehen als insofern er Landfriedenswahrer ist, für *causae regiae* [im Ggs. zu *communes* mit nur $2^1/_2$ £ Strafgeld; *s.* Grafschaftsgericht 9a] **2)** Es beträgt 50 Schill. [= 1000 Sceat, halbes Freien-Wergeld] Kentisch, wie Abt 8. Wi 2 = Grið 6 = In Cn III 56 ausdrücklich sagen. Dieselbe, an den König verwirkte Summe erklärt sich aber ebenfalls als ~ in Abt 2. 5. 6. 10. 75 und (?) Hl 14. Wi 5 **2a)** Kirchenfrieden (*s. d.* 4a ff.) allgemein oder enger die Kathedrale Canterbury geniesst dieselbe Schutzbusse von 50 Schill.; *vgl.* *u.* 5a **3)** **A.** ~ wird verwirkt in Kent durch Missetat an einem zum König Berufenen, Schändung einer Königsmagd, Tötung in Königsdomäne; Abt 2. 10. 5 **4)** **B.** ~ erhält der König in Kent für Totschlag an einem Freien (Abt 6), Blutvergiessen während Trinkfriedens (Hl 14; *vgl.* Hn 81, 1), Bruch des Verbots unkanonischer Ehe; Wi 5 **5)** Westsächsisch und Mercisch (Leis Wl 2) beträgt ~ 5 £; Af 3 = II Cn 58 = Grið 11; *u.* 5a; Hn 12, 2. 35, 2. 79, 4 **5a)** Die Kathedrale geniesst denselben ~ von 5 £; VIII Atr 5, 1 = I Cn 3, 2 = Hn 79, 6; *vgl. o.* 2a **5b)** Seit Cnut steht ~-bruch neben Heimsuchung (*s. d.* 11) u. Rechtsperrung als eines der 3 mit 5 £ gestraften Verbrechen **6)** In Denalagu beträgt ~ 8 £ [= Vollfreien-Wergeld in Cambridge's Thegn-Gilde]; In Cn I 3, 2; Domesday I 280a 1; *s.* Strasse **6a)** N Wohl ~ meint ECf 12, 3, wenn er Verletzung des Handfriedens (*s. d.* 5c) mit Wergeld [d. i. in London 5 £] büssen lässt **7)** Wie von Heimsuchung (*s. d.* 10. 10a. b) gilt von ~-bruch, dass er Kronprozess ist, die Erwähnung des Wortes in der Klage die Sache über private Gerichtsbarkeit (*s. d.* 37h) hinaushebt, aber auch dies Recht durch die Könige verschleudert war **7a)** Unbewiesene Klage beim Königsrichter auf ~ kostet Busse an diesen; Hn 24, 2 = 59, 28 **8)** ~ wird verwirkt bei Heimsuchung (*s. d.* 8), Rechtsperrung (*s. d.*), Angriff (*s. d.* 3. 5ff.), besonders auf königl. Strasse (*s. d.*; sie steht anderwärts unter Handfrieden; *s. d.* 7a C), Verletzung letzterer, Begünstigung (*s. d.* 4) von Verbrechern, Entfliehen eines Verbrechers, den vor Gericht zu stellen man sich verbürgt hatte (Leis Wl 3, 2), Blutrache (*s. d.* 14d) vór Aufforderung zur Genugtuung oder nách Sühne (*s.* Schiedsgericht), Bruch des Kirchenfriedens (o. 2a) in Kathedrale oder hohem Asylbruch (*s. d.* 5), Kränkung gegen Geistliche (*s. d.* 13b; *o.* 1c), erstmaligem Widerstand des Vogtes gegen das Gesetz (*s. d.* 21b), Zollhinterziehung mit der Lüge bezahlten Zolles; IV Atr 3, 2 [? Friedensbruch in Königsstadt (IV Atr 4 Q = Hn 12, 2), wo aber *burh* viell. in *borh* zu emendieren], Wehrschiff-Schädigung; VI 34 **9)** Auf *mundbryce* und Heimsuchung (*s. d.* 7a) setzt dagegen schwerste Strafe II Em 6; daran knüpfte der kriminell zu büssende Handfrieden (*s. d.* 2) an

Königsstadt; -thegn *s.* Stadt, Königsdomäne; Thegn

Königstier *s.* Forst 20, Jagd 2. 6e

Königstitel. *Vgl.* Gottes Gnaden; Pluralis maiest.; Wb: *pacificus* **1**) Das techn. Wort für König ist *cyning* **1a**) *Dryhtenbeag* bed. zwar 'Herrscherring (-geld)'; dagegen *dryhten* heisst nie in den *Gesetzen* 'König' allein, nur in den Kentischen 'menschlicher Herr, darunter auch König', sonst 'Herrgott' | *þeoden* [eig. 'Volksführer'] nur allg. 'Fürst', im 12. Jh. missverstanden. *Vgl.* über die Herleitung dieser Wörter und andere, auch Agsä., Namen für König Brunner I² 165. II 48; Amira 95. 117; *o.* Königsgeschlecht 1 **1b**) Ein Bewusstsein der Etymologie von *cyning* aus 'Geschlecht' verraten die *Gesetze* nicht; auch nicht in *cynehlaford, cynecynn, cynebot, -gild, -dom, -scipe* **1c**) Sehr oft steht 'Herr' für ~; *s.* Wb *hlaford* 9, einmal deutlich synonym mit *cynehlaford* (VI As 8, 9), einmal durch *rex* übs.: VIIa Atr 6, 1 Q; 'Herr des Volkes' Af El 37; 'unser Herr' Sacr cor Pro. *Vgl.* Toller 631 **1d**) Gemäss der Treue des Gefolges (*s. d.* 15 d) wird Æthelstan von der Grafschaft Kent 'liebster (Herr)' angeredet; III As Pro. 1. 3. Epil. [So beginnt ein rechtsgeschäftl. Bericht 10. Jhs. an den König mit *Leofę* Birch 591; Beda widmet die *Hist. eccles.* 'dem liebsten König'] **1e**) Der König heisst nie 'Landesherr'; vielmehr auf Grundbesitz (*s. d.* 3) beziehen sich die Kompp. mit *land* **1f**) Der König (*s. d.* 15c), welcher (c. 950?) klagt, dass *nomen regis habeam*, ohne dass ihm sein Volk auch die tatsächliche Macht gönne, spielt vielleicht an auf eine aus dem Norden [v. Schwerin *Gött. gel. Anz.* 1909, 828] belegte feierliche Beilegung des *konungsnafn*, die freilich sonst für Agsa. nicht berichtet wird **2**) In den *Gesetzen* (*s. d.* 12e. f) Æthelreds erscheint zweimal *Engla cyning* ohne des Königs Eigennamen, und reden einmal *Engla rædgifan* allein; nur der Übersetzer erwähnt *regis Æþelredi* **2a**) Neben dem Eigennamen des Königs fehlt beim Zitat seiner Gesetzgebung bisweilen dessen Würdebezeichnung *cyning* (VI As 11. Hu 2), ebenso in späteren Überschriften; II As Inso. I Em Insc **3**) Wihtred nennt sich 'mildest' Wi Pro, entsprechend *clementissimo rege* im Freibrief von Bapchild; Birch 91 **4**) Zumeist heisst der König *cyning* schlechthin; so Abt Insc. AGu Pro. EGu Pro. I Ew Pro. II 1. V As Pro. IV 1. II Em Pro. III Inso. II Eg Pro. IV Pro. I—III. VII. IX. X Atr Pro. Cn 1020, 1. Wl lad Pro. Wl Lond 1. Leis Wl Pro **4a**) Der Genetiv, wessen König der Herrscher ist, zeigt den Völkernamen: der Kenter: *rex Cantuariorum* I 9; *Cantwara* Hl Insc. Pro. Wi Insc. Pro; der Mercier Af El 49, 9; der Westsa. Ine (in Urkk. daneben *rex Saxonum*) Pro; ebenso Ælfred Af El 49, 10 (so auch Urk. a. 871—89 Birch 426, neben *Saxonum* a. 898 n. 550; jener bescheidenere Titel beweist nichts für frühere Periode) und Eadward I. a. 904. Dieser nennt sich späterhin *rex* schlechthin oder *rex Anglorum et Saxonum*, was nur eine andere Form für *Angulsaxonum* (*s.* Angelsachsen 1e) ist und 'Engländer' bedeutet, ohne die beiden Stämme sondern zu wollen. Sonst hätte er seine Sachsen nicht náchgestellt und Kent nicht fortgelassen. Der Doppelname entstammt [? begegnet zuerst in] festländischem Latein; Hoops *Reallex. Germ. Altt.* 90 **4b**) Ein Grossbritannisches Kaisertum (*s.* Britannien 3; Inseln 2) über den Einzelvölkern drückt sich aus im ~ Eadwis und Eadgars. Dieser nennt sich *rex Merciorum atque Brettonum* (a. 958, zu Eadwigs Lebzeiten, Birch 1040) und später Herrscher *Anglorum* [*Angulsæxna*], *Norðanhymbra, paganorum, Brittonum;* Birch 882. 884. 911; ebenso Eadwi 937 **4c**) *Engla cyning* ist das Regelmässige seit 11. Jh.: V. VIII Atr Pro; *rex Anglorum* Wl ep. Wl art Insc. CHn cor. Hn mon., com., Lond Pro **5**) Nur Cnut nennt sich *Englalandes 7 Dena cyning;* I Cn Pro; *rex totius Angliæ et Denemarcię* ist nur eine, vielleicht ungenaue, Übs. des verlorenen Originals in Cn 1027 Inso **5a**) Cnut betonte 'ganz' England, im Ggs. zur früheren Teilherrschaft neben Eadmund II., auch in vielen Urkk. (dagegen *ealre Dene* nur in verdächtiger Urk. Thorpe *Dipl.* 333) **5b**) **N** Das Land statt des Volkes im ~ zu nennen, ward sonst erst seit Richard I. üblich, nur späte Schreiber führen *Angliæ* statt *Anglorum* ein in Wl art Insc.; CHn cor I 521* **5c**) Cnut heisst richtig König auch der Dänen, wie auch in Urkk. Dagegen 'Norweger und Schweden' (Cn 1027 Pro, auch I Cn Insc A) ist (laut c. 6) unecht, wohl vom Übersetzer eingeschwärzt

Königstreue. **1**) Die ~ wird neben die religiöse Pflicht der Gottesliebe hingestellt. Die Bischöfe verpflichten sich und mahnen (*u.* 6c) das Volk dazu; V Atr 1. 35. VIII 44, 1. VI 1, 1 = I Cn 1. 20, 1 = *Homil. n.* Wulfstan 119 = 299. X Atr Pro. Northu 67; *vgl.* Kirchenstaatsrecht 7 **2**) Klerus und Volk sollen den König freiwillig verehren; Wi 1, 1 **2a**) Aus Exodus nimmt Af El 37 das Verbot, den Volksfürsten zu verfluchen, auf und überträgt das Verbot, die Richter zu lästern, auf den Herrn, d. i. zuhöchst und zumeist den König **3**) Untertanenpflicht ist, dem Könige Leben und Land zu verteidigen; V Atr 34f. = VII 1. VI 1, 1; *Homil. n.* Wulfstan 274 **4**) Das Betonen des Festhaltens an éinem König (V Atr 1. 35 = IX Expl. VI 1, 1 = VIII 44, 1. Northu 67) zielt wahrscheinlich gegen die Vorbereitung eines Dänischen Gegenkönigtums neben und statt der Dynastie von Wessex oder doch gegen die Spaltung Englands, die Mitte 1016 eintrat **5**) Zur ~ des Volkes steht reziprok die Gnade (*s. d.* 7) des Königs **5a**) Die Witan, 1014 Æthelred den II. zurückrufend, *cwædon, þæt him nan leofre hlaford nære, gif he hi rihtlicor healdan wolde. Se cyng cwæð, þæt he heom hold hlaford beon wolde 7 ælc þæra þinga betan, þe hi ealle ascunedon* (mieden; *u.* 7a), *wiðþamþe hi buton swicdome to him gecyrdon;* [auszüglich] Ann. Agsax. 1014, mit deutlichen Anklängen an den Mannschafts- und Untertaneneid; *u.* 7a. b **5b**) Dänemark wird Engländer nicht mehr gefährden, 'so lange ihr an mir [Cnut] festhaltet'; Cn 1020, 5 **5c**) Das staatliche Untertanenband erscheint als zweiseitiger Vertrag zwischen König und Volk **6**) Nicht auf dieses begründet auch Ælfred die ~, sondern stützt sie auf Vassallität; Af El 49, 7 Nur mit Hilfe ihrer Thegnas, sagt er, können Könige *weorðscipe forðbrengan* (königliche Amtspflicht erfüllen); *Boetius* 29, 1 ed. Sedgefield 66. *Vgl.* Gefolgsadel 20ff. **6a**) Landes- und Hochverrat (*s. d.* 2ff.) sind vom Herrenverrat noch nicht deutlich abgetrennt **6b)** Vom Vassallenbande her kommen die Ausdrücke für getreue Staatsbürger: *cyning 7 ealle his friend;* II As 20, 7. II Em 1, 3; *cyng 7 ealle þe willað þæt he wile* V As 3; *omnis qui velit quod rex* IV 6, 3; *s.* auch *o.* 5a **6c)** Die Bischöfe mahnen zur Bürgerpflicht jeden der 'Freunde', knüpfen jene also an das private Band der Sippe oder der christlichen Liebe; VI Atr 6. 28 **6d)** Ebenso bindet Cnut die Mahnung, 'unserem Herrn' (dem König) getreu und willfährig den Ehrenrang zu erhöhen, an die Vassallenpflicht (I 20f.), die laut 20, 2 auf private Herren zielt. Das Wort *hlaford* ändert der Benutzer in *kinehlaford; Homil. n.* Wulfstan 119[18] **6e)** Der Mann soll seinem Herrn mehr als leeren Königstitel (*s. d.* 1f), auch die Macht gönnen **7)** Der Untertaneneid knüpft an den Mannschaftseid (Swer 1 und spurenhaft II Ew 1, 1) an [wie im Frankenreiche; Schröder *DRG*[5] 112. Er 'enthält einen merklichen Anklang an die Fränk. Eide von 802 und 854'; der Agsä. 'Treueid der Untertanen dürfte aus Westfränk. Einfluss zu erklären sein'; Brunner II 61f. 272] **7a)** Eadweard I. fragte auf dem Reichstag um 924 seine Witan, wer zu seiner eigenen Gefährtenschaft gehören und pflegen bzw. meiden (*o.* 5a) wolle, was er pflege oder meide zu Wasser und zu Lande (H Ew 1, 1), verlangte also von ihnen Mannschaftseid (*s. d.*), mit Hintansetzung jeder anderen Vassallität. An diese Formeln klingt es an, wenn die Kirche betet für den König und alle die wollen, was er will; V As 3 **7b)** *Omnes iurent fidelitatem Eadmundo regi, sicut homo debet esse fidelis domino, sine controversia et seductione* [das Original las wohl *butan brægde 7 biswice,* wie I Ew 1, 5. Swer 2], *in amando quod amabit, nolendo quod nolet; nemo concelet hoc* [das Verletzen dieser ~ durch Verbrechen] *in fratre vel proximo* [das Sippenband droht die Staatspflicht zu ersticken] *plus quam in extraneo;* III Em 1. Dieser Eid kann sich nicht allein auf die vorher als Mitgesetzgeber erwähnten *episcopi cum sapientibus* beziehen, die schon (*o.* a) des Königs Vassallen waren. Er muss ein allgemeiner Untertaneneid sein, geschworen [wie im Frankenreiche; Brunner II 58f] vermutlich in Grafschaft und Hundred von den Gerichtsfähigen **7c)** Vielleicht diese Prärogative unter anderen verlangte für sich als seines Vaters Recht IV Eg 2 **7d)** Die entsprechende Verpflichtung des Königs enthält der Krönungseid; *s. d.* und *o.* 5a **7e)** Eine Spur des Untertaneneides gibt wohl der Testator, der vom König Duldung seines letzten Willens erhofft, denn *ic wæs þe* [dir] *æfre on fullon hyldon hold 7 on fulre luve;* a. 970—1000 Birch 1306 **N 7f)** Wilhelm I. liess sich 1086 Witan und Grundbesitzer von Bedeutung (*landsittende þe ahtes wæron*), wessen Vassallen sie auch waren [also mit deutlicher Spitze gegen die adligen Dynasten], Mannschaft- und Huldeide gegen jedermann schwören; Ann. Agsax. 1085. Auch hier also werden die Untertanen durch Vassallitätseid gebunden [die Formel ist der Westfränk. von 858/72 verwandt; Brunner II 63] **7g)** Hierauf fusst der Treueid mit Pflicht der Verteidigung in und ausser Landes; *s.* Heer 2a. c **7h)** Eine fernere Spur des Untertaneneides von 1086 bietet die Verteidigung des als Verräter verklagten Bischofs von Durham 1088; Symeo Dunelm. ed. Arnold I 174 **7i)** Als Bruch des Treueides (*s.* Felonie 4) erscheint später jede Verletzung staatl. Rechtsordnung durch Verbrechen; *vgl.* Brunner II 65 **8)** Die ~ gegen jedermann lässt sich auch Heinrich I. 1101 schwören; allein nur *dominicis hominibus* wird durch Staatsbeamte der Untertaneneid abgenommen; *assecuretis michi sacramento terram meam Anglie contra omnes;* jedoch *barones mei faciant vobis habere eandem securitatem de suis hominibus:* die mittelbaren Leute leisten nicht Schwur vor Staatsbeamten, sondern werden durch ihren Herrn verbürgt; *EHR* 1906, 506 **8a)** Die Treupflicht des Gefolges (*s. d.* 10a. b) findet ihre Schranke an *fides Dei et terrae principis;* Hn 55, 3 [ein den Normannen allgemeines Reservat: Niese *Gesetzg. Norm. Sic.* 159] **8b)** Untertanentreue erhöht die Krongewalt; Quadr II Praef. 2 **9)** Gemäss dem Brauche 12. Jhs. (*o.* 8) erfindet ein Londoner Jurist um 1200: *Eadwardus Confessor Willelmo iurare regnum fecit;* Lond ECf 35, 1 A 1 **10)** Derselbe Reformer wünscht, dass an jedem 1. Mai auf dem Londoner Folkmot, das er mit dem Reichstage identifiziert, alle Grossen und Freien des ganzen Reiches den Untertaneneid schwören, *fidelitatem facere;* 32 A 5ff. Alle Freien hält er für eidgenossenschaftlich verpflichtet, die *dignitas coronae* zu erhalten; Wl art retr 9

Königs-Ungehorsam, -urkunde, -vogt *s.* Ungehorsam; Urkunde, Breve, Handfrieden 4; Vogt, Sheriff

Königswahl. 1) Sie erscheint gebunden an den schon vor 900 nachweisbaren Krönungseid und den Ort Kingston; *s. d.* **1a)** Vertrag zwischen König und Volk *s.* Königstreue 5a. Gegenseitige Eidesleistung beider folgte der ~ im Norden; v. Schwerin *Gött. gel. Anz.* 1909, 829 **2)** Zwar entspricht Königsgnade der Königstreue (*s. d.* 5) des Volkes, ist jedoch nicht die Vorbedingung zur ~ **3)** Æthelreds II. Urk. um 993 sagt: *utriusque ordinis optimates ad regni gubernacula fratrem meum Eadwardum* (II.) *elegerunt;* Kemble 1312 **4)** Ælfric nimmt für das Volk das Recht der ~ an, aber nicht das der Absetzung: *þæt folc hæfð cyre to ceosenne þone to cyninge, þe him sylfum licað; ac siððan he to cyninge gehalgod bið, þonne hæfð he anweald ofer þæt folc, and hi ne magon his geoc of heora swuran asceacan; Homil.* I 212. Die Teilnahme des Volks (auch *u.* 8) an der ~ ist klerikale Fiktion wie die an der Schaffung der Gesetze; *s. d.* 18d **4a)** Dennoch übten die Agsa. mehrfach die Absetzung des Königs; *vgl. u.* 10 **5)** Allein vom 7. bis 11. Jh. hielt Wessex am Königsgeschlecht für die ~ fest **6)** Doch schuf Gott auch aus dem Schafhirten [David] einen König; Grið 22 **7)** Eine Wahlkapitulation war durch den Adel vielleicht erpresst worden und veranlasste Dunstan a. 975/8, dem jungen König zu verbieten, dass er andere Versprechungen ausser dem Krönungseide abgebe; Sacr cor Pro **7a)** Wahlkapitulationen gingen später ein Æthelred II. (*o.* 1a), Eadward III. (Quadr Arg 9), Wilhelm II., Heinrich I., Johann.

Heinrich bezieht sich 1101 auf die CHn cor, durch die er *lagas et rectitudines et consuetudines* bestätigte; *EHR* 1906, 505 **8)** Als *communi consilio baronum* [wenige waren anwesend] bezeichnet er sich *coronatum* (CHn cor 1), im Brief an Anselm von Canterbury als gewählt von Klerus und Volk; *Ep. Ans.* III 41 **9)** Dass Ine *electus fuit in regem Angliæ*, erfindet ein Konstitutionalist um 1200, um die Monarchie als Wahlkönigtum erscheinen zu lassen (Lond ECf 32 C 2), beeinflusst von strittigen Thronfolgen im 12. Jh. und Londons Einfluss auf Stephans, Mathildens und Johanns Thronfolge **10)** Zur Absetzung der Merowinger dachte ECf 17, 1 vielleicht an Robert von der Normandie 1106 (und an Stephan 1141?); *vgl. o.* 4a

Königswald; -weihe; -wergeld *s.* Wald, Forst; Königswahl, Krönung; Wergeld

Königswort. **1)** Das ~ ist auch ohne Eid prozessualisch unscheltbar; Wi 16. [Ebenso ist bei anderen Germanen der König vom Eid entbunden; Brunner II 13. Er geniesst erhöhte Glaubwürdigkeit; ders. *Grundriss*[4] 59[1] mit Zitat Bracton's] **2)** **N** Den Krönungseid schwört der König [ausnahmsweise] *in propria persona;* Lond ECf 11, 1 A 9 **3)** In der Urkunde bedarf der König [im Ggs. zur Fränk. Prärogative] wie der Private Zeugen; **N** erst seit Normannenzeit steht unter der Königsurk. *Teste me ipso;* Brunner *Rechtsg. Germ. Urk.* 158

Konkubinat *s.* Wb *unrihthæmed. Vgl.* Bastard, Ehe(bruch), Unzucht. **1)** Die dauernde Verbindung zwischen dem Mann und einer Unverheirateten, auch ohne Verlobung und Trauung, blieb nicht völlig rechtlos im alten German. Recht; Brunner II 662; Hazeltine *Eheschliessung* 37 **2)** Ungesetzlich von früher her beweibte Männer, wenn sie ihren Sexualverkehr nicht gesetzlich ordnen, scheidet, wenn es Inländer sind, aus Kirchengemeinschaft, doch ohne Geldstrafe, und vertreibt [*vgl.* Ehebruch 1b], wenn es Fremde sind, Wi 3f. = II Cn 55; Wihtræd eilt unter kirchlichem Einflusse der Wirklichkeit voran **2a)** Nicht ~ [für den wohl wie *o.* 2 Legitimation als erlaubte Fortsetzung erschiene; *s. u.* 6], sondern Heirat trotz kanonischen Eheverbots (*s. d.* 1) verpönt Wi 5ff. **3)** Synode von Hertford a. 673 verbietet c. 10 *connubium nisi legitimum,* darunter neben Heirat wider kanon. Eheverbot vielleicht auch ~ verstehend. Der Übs. Ende 9. Jhs. meint jedenfalls auch ~, indem er *gesinscipe* nur *ælice* erlaubt; *Old. Engl. Bede* IV 5 **3a)** Um 1020—6 schwört sich Godwine zu Lichfield rein *æt þan unrihtwife* (von der Klage des Bischofs auf ~); Earle 237 **3b)** Andere Belege *s.* Reeder *Familie bei Agsa.* 71 **4)** Der Entführer einer Nonne (*s. d.* 9) zahlt zwar Strafgeld an König u. Kirche; und das Verhältnis kann nicht zur rechten Ehe werden (bei der Mutter und Kind von jenem erben würden), aber getrennt wird es nicht; Af 8—8, 3 **5)** Ælfred beim Übersetzen der Vulgata lässt aus Exodus fort, dass der Käufer einer Sklavin sie zum [Kebs]weibe macht (*s.* Ehe 7); allein er übs. ohne Zeichen des Missfallens, dass jener sie dem Sohne ausserehelich zum ~ gebe und dann zur Ehe mit diesem zwingen könne und nur, falls er das nicht wolle, sie freilassen müsse; Af El 12 **6)** Der ~ wird anerkannt, nach Fränkischem Vorbild, im 10. Jh. *Si concubinam habeat et nullam legitimam uxorem, erit ei proinde quod ipsi videbitur faciendum; sciat tamen ut cum una ei manendum sit, sit concubina* [also in erlaubtem ~], *sit uxor;* [aus Halitgar IV 4, 12] Pseudo-Egb. *Poen.* II 9, ins Agsä. um 1000 übs. bei Thorpe *Anc. laws* 369. Nur der ~ neben der Ehefrau wird verboten als Ehebruch; *s. d.* 2c **6a)** Demgemäss weigere der Priester die Gnadenmittel zwar dem, der *æwe and eac cyfese* hält, aber nicht, wenn dieser sich bessernd festhält bei nur éiner, sei es *æwe*, sei es [also im ~] *cyfes; Can. Eadg., Mod. poenit.* bei Thorpe 407 **6b)** Indem Cnut dies aufnimmt, ändert er den Nachsatz so, dass von Besserung und Busse allein die Rede ist, nicht mehr vom eventuellen Beharren im ~; II Cn 54, 1 **6c)** Im selben Sinne gebietet er, die allein erlaubte éine Frau sei angetraut; I Cn 7, 3 = Northu 61 **6d)** Cnut wiederholt anderwärts Wi über fremde Konkubinarier; *o.* 2 **7)** Eine Urk. 942—6 wird bezeugt von *concubina regis;* Birch 779. Ist sie falsch, so hielt doch ein Domarchivar des 10. oder 11. Jhs. die königliche Beischläferin für angesehen genug, um einer Königsurkunde, gleich hinter den Verwandten des Königs und Prälaten, noch vor den Herzögen, eine wertvolle Unterzeichnung zu geben **8)** Statt der Warnung vor allgemeinem gesetzwidrigen Beischlaf, der vorübergehende Unzucht, ~ und Heirat gegen Eheverbot (*s. d.* 5) umfasst, setzt *inlicita connubia* VI Atr L, wohl enger nur die letztere meinend **9)** Hat jemand eine Konkubine, so entstehen geistliche Verwandtschaftsverhältnisse zu ihr, die seine oder ihre künftige Ehe mit Blutsverwandten des anderen Teiles in denselben Fällen hindern, wie wenn sie Ehefrau gewesen wäre; I Cn 7 Cons; *s.* Eheverbot 6a

Konrad II. gewährt zu Rom 1027 Cnut (*s. d.* 6a) urkundlich Erleichterung für Rompilger und Handelsvertrag; Cn 1027, 5. 8. *Vgl.* Bresslau *Konrad* I 102. 234. II 145. 345f; nach ihm bezweckten des Kaisers Dänische Freundschaft und Abtretung Schleswigs vielleicht die Unterwerfung der Ostsee-Wenden. Später heiratete Cnuts Tochter Gunhild ~s Sohn Heinrich (III.)

Kontrakt *s.* Vertrag

Konvent (*gæd*) *s.* Kloster, Stift, Kanoniker, Abt, Mönch, Nonne

Konzil zu Rom 1027, März 26 *s.* Cnut 6a. *Vgl.* Synoden

Kopf *s.* Wb *heafod,* wo über die Bedd. 'Person [*s.* ~steuer], Leiter'. *Vgl.* Kreuz 1a; über 'Wolfs~' *s.* friedlos 1q **1)** **N** Den ~ legt der sich Verknechtende in des Herrn Hand; Hn 78, 2c; *vgl.* I 594[u] **2)** Wird der ~ so verwundet, dass beide Knochen durchbohrt sind, so erhält Verletzter 30 Schill. Busse; ist es nur der äussere: 15; Af 44. 44, 1 = Hn 93, 2. Vielleicht lag vor die Busse von 200 bzw. 100 Sceat für beide Hirnhäute, bzw. die äussere, bei Abt 36f. **3)** Über das aus dem ~ geschlagene Auge *s. d.* 2d

Köpfen *s.* Enthauptung

Kopfsteuer. Zur allgemeinen Landesbusse lasse der Hausvater als Almosen an die Kirche jeden Untergebenen (*hiereman*) 1 Pfennig zahlen oder zahle, falls der zu arm, statt seiner; VII Atr 1, 3 = VIIa 5. Diese ~ besteht unabhängig von Pflug-(Hufen-)steuer. Der *Homilet n.* Wulfstan 170. 173 nennt die beiden Steuern *swa æt heafde, swa æt sylh peninc*

Korb 1) Eine Anzahl verschiedener fürs Inventar der Domäne des Herrschaftsgutes nötiger Körbe nennt Ger 17: *ceodan* (Sack, Beutel, Börse; Toller *Suppl.*), *wilian, windlas,* und, ausser denen für Bienen und Honig, auch: 2) *sædleap,* Samen~, der auch als Hohlmass für Korn dient; Ann. Agsax. a. 1124. Von jeder Art Saatkorn einen ~ voll als Lohn erhält von der Domäne der Säemann [der geschickte Hand haben muss], wenn er das Säen des Jahres vollendet hat; Rect 11 **2a)** **N** In Peterborough rechnet man 1123 auf 1 Acker Weizen, Gerste, Hafer bzw. 2, 3, 4 *sedleapas.* Jetzt gilt 1 *leap* = $^1/_2$ bushel (im 13. Jh $^2/_3$; Toller) = $17^1/_2$ Liter **3)** In einem *dossero* (Rückenkiepe) bringt man Hühner und Eier zum Londoner Markt; IV Atr 2, 11

N Korduan *s.* Fell 3

Korn *s.* Getreide

Kornverwalter *s.* Wb *berebrytta,* ein Beamter des Herrschaftsgutes, Scheunenwart; *vgl.* Getreide 1c. In Winchester und Wells ist *berebrettus* der 'manorial bailiff'; *Athenæum* 20 VII 07, 72. Unter den *servientes regis* begegnet *granetarius* im Domesday I 74b 2 = *gerneter* bei Walter von Henley; neuengl. *barnman. Vgl. hlafbrytta* 'Brotverteiler', ein Unfreier in Devon vor 1000; Urk. Birch 1247; Earle 494 **1)** Dem ~ gebührt in der Ernte der Kornabfall [vom Wagen] am Scheunentor; Rect 17

Körperschaft *s.* Kollektivperson

Körperverletzung *s.* Gliederbussen, Arzt; Ehrenkränkung

Kost *s.* Beköstigung, Gastung, Nahrung

Kossät, Kotsass, Kötter *s.* Wb *cotsetla,* latinisiert *cotsetus. Vgl.* Bauer 4a. e. h. 7e **1)** Im Plural hat Domesday [*vgl.* I 598[m]] *coscez, cozets, cot(t)arii, cotmen;* Vinogradoff *Engl. soci.* 461; *Villainage* 144f. 256; *cotmanni tuguria habitantes* bei Stevenson *EHR* 1907, 75; zur Urk. von 956 scheint '6 *cotsetlan*' späterer Zusatz; Birch 935 **2)** *Coscez* stehen bisweilen vór *cottarii,* also höher **2a)** *Bordarii* (*u.* 5a. 8) als Wort, nicht als Klassenbegriff, kamen durch die Normannen nach England und verschwanden bald nach 1086; Vinogradoff *Engl. soci.* 461; Nasse *Feldgemeinsch.* 30ff. Der Bordar ist meist identisch mit ~, bisweilen gesondert und reicher als er **3)** Das Wort ~ ist etymologisch sicher: 'Hütten-Siedler (Besitzer)'. Doch heisst *cot* neben 'Hütte, Kate', auch Anfang bäuerlichen Anwesens; Rhamm *Grosshufen* 69 **4)** Vielleicht schon im Namen, sicher in der Stellung, liegt ein Gegensatz vor zum Vollbauern, der Hufen-Anteil an der Dorfmark (Losgenossenschaft) besitzt. Der ~ ist ein Kleinbesitzer im Gutsdorf von nur 5 Äckern der offenen Gewannenflur (Rect 3), ohne eigenes Pfluggespann, daher mit dem niedrigeren Handdienste fronend; er muss seinen Unterhalt zum Teil durch Arbeit für Vollbauern verdienen; Rhamm 64. 105—113 **5)** Der ~ ist persönlich frei, zählt zusammen mit *geneat* und *gebur* zu *ceorlas;* Urk. Birch 594 **5a)** *Cottarii,* bezeugt im Domesdaybuche für Cambridges., Herts., Middlesex, zwischen *bordarii* (*u.* 8) und *servi* stehend, fehlen in Essex; Round *Victoria County Hist. Essex* I 361 **5b)** **N** Von *villani* (*s.* Bauer 8e. 13b) *vel cotseti vel ferdingi* (*s.* Hufe 6b) als von zu *viles et inopes* fürs Urteilfinderamt im staatlichen Gericht spricht Hn 29, 1a **5c)** Der ~ besitzt normal nur $^1/_6$ des Areals des Bauern (*s. d.* 6a), doch fünfmal das des Unfreien; Rect 9, 1. 10 **6)** **N** Die soziale Stellung der *cotseti* zwischen *villan* und *servus* (*o.* 5a) erhellt auch aus der ihnen zukommenden *overseunessa* (*s.* Schutz), für Beleidigung (Ehrenkränkung) durch Missetat, wie Unzucht und Rauferei, verübt unter ihrem Haushalt: der *villan* (aus Af's *ceorl*) erhält 30 Pfg., der ~ 15, der Unfreie 6; Hn 81, 3 **7)** Der ~ leistet Fron (*s. d.* 4. 8) das Jahr über der Gutsherrschaft jeden Montag; und in der Ernte 3 Tage wöchentlich, anderwärts sogar täglich. Er erhält vom Herrschaftsvogt oder -vertreter beim Kornschneiden 1 Garbe. Er gibt keinen Grundzins; Rect 3—3, 2 **N 7a)** Einen Wochentag das ganze Jahr neben dreien in der Ernte fronen die *cotarii* auch auf Londoner Gütern; Hale *Domesday of St. Paul's* 19. Vom fronpflichtigen Montag hiess eine kleinbäuerliche Klasse *lundinarii* und ihr Besitz *mondayland* **8)** Der Gutsherr befreit durch den Peterspfennig, den er zahlt, seine *bordiers,* Rinderhirten und Dienstleute, im Ggs. zu den Besitzern von 30 Pfg. Rente wertem Vieh, die Verf. vorher als zahlungspflichtig erwähnt, und offenbar zu den vollbäuerlichen Hintersassen; Leis Wl 17a. Auch diese Bordarii sind also niedrigste Grundbesitzer auf fremdem Boden

Kranke. **1)** Den *bedridan* (bettlägerigen) 7 *gebrocedum* wird neben Armen als Almosen Speise verteilt; sie sind von der Fastenpflicht bei der Landesbusse entbunden; VII Atr 4, 1 **2)** Da der *unhala* nicht gleiche Bürde tragen kann wie der *hala,* soll geistliche Pönitenz und weltliches Urteil über ~ milder richten; aus *Can.* Edgari II Cn 68, 1a—c **N 3)** Der ~ Engländer kann, wenn vom Franzosen zum gerichtlichen Zweikampf gefordert, Kämpen stellen; Wl lad 2, 1 **3a)** Aber ~ sind nicht vom einseitigen Ordal frei: den Angeklagten befreit wohl vom *duellum ætas et mahemium* (Verstümmelung); *in tali autem casu tenetur se purgare per ferrum vel aquam;* Glanvilla XIV 1, 8 **4)** Vom Gerichtstermin sind ~ entschuldigt; *Vgl.* Sunne **5)** Krankheit unterbricht Verjährung des Klagerechts; Hn 59, 9a. Lib Lond 7 **6)** Fremde Kaufleute in London dürfen nur 40 Tage verweilen, ausgenommen ~; I 675q. r

Krapp (*mædere*) wird im Frühjahr gesetzt; Ger 12. [Im 7. Jh. holte England *warentia* aus Frankreich; im 11./12. Jh. fertigte es berühmte rote Gewänder; Häpke *Fries. Gewebe* in *Hans. Gesch. Bl.* 1906, 313]

Kresse. Wasser~ gehört zur Kost des zum Ordal Fastenden; Iud Dei X 1, 1

Kreuz *s.* Wb *rod, mæl, tacn* (*Cristes*) **1)** A. Gegenstand in ~form. Neben dem Evangeliar wird das ~ geküsst von dem ins Wasser zu senkenden Ordalprüfling (Iud Dei I 23. XIII 14), von allen das Ordal des Kessels oder Eisens Umstehenden; Ordal 4, 1, wie in Zeumer *Mon. Germ., Formulae* 614. 621f. 624. 627. 641. 644. 652 **1a)** Es wird auf den Kopf des sich von Anklage reinigen sollenden Priesters gelegt: Egb. Ebor. *Dial.* 3 **2)** Monumental~ *s.* Eigenkirche 1b **3)** Prozessions~ beim Ordal Iud Dei XII 15. XIII 5; bei Bestattung ECf 36, 5 **4)** B. Be~ungsgebärde über dem

Ordalwasser: Iud Dei XIII 11 **5)** C. Ein † im Schrifttexte zur Stelle, wo der es lesende Priester sich bekreuzt: Iud Dei III 3[17]. IV 3. Duel 2, 1. 6, 1 **5a)** Am Anfange von Urkunden [über das Chrismon *s.* Hall *Studies in Engl. docum.* 196] häufig *Cristes mæl, rodetacen* (Birch 1281. 452), auch in *Gesetzen* zu Beginn und Schluss: IV Eg Pro. 2. V Atr 34. Iud Dei V 2 **6) D.** ~ Christi, personifiziert zur Himmelsmacht; bei dieser wird der zu Exkommunizierende verflucht (Exc VIII 7) und der zum Ordal-Abendmahl Schreitende beschworen; Iud Dei VII 12, 1 **Kreuzweg** *s.* Freilassung 5

N Kreuzzug *s.* Wb *Ierusalem. Vgl.* Pilgerfahrt 6 **1)** I. ~, an dem Robert von der Normandie 1096 teilnimmt; ECf 11, 2 **2)** Geplant von Gerhard Erzbischof von York (kurz bevor er 1108 †); Quadr II 17, 1 f.

Krieg. *Vgl.* Heer, Fehde **1)** Die Sonntagsfeier durch Reisen zu brechen, ist erlaubt bei *unfrið;* Northu 56 **N 2)** ~ erscheint um 1200 so sehr als der regelmässige Zustand, dass, wenn der König von London abwesend ist, er eher *in expeditione* als *alibi* vermutet wird; Lond ECf 32 B 13 **3)** Prozesstermin wird durch ~ verschoben; Hn 59, 4. *Vgl.* Sunne **3a)** Die Frist von Jahr und Tag (*s. d.* 5—7) wird verlängert bis zum Ende des ~es für den grossjährig werdenden Erbnehmer von Land, der gegen den Usurpator klagen will, im ~ verkürzt auf 30 Tage Wartezeit für den gegen seinen Herrn, der ihn gekränkt, sich wehrenden Lehnsmann **4)** Friedensbruch wird in ~szeiten härter bestraft; *s.* Heer 6a **5)** Im ~ kämpft der Mann für seinen *ligius* [eventl. gegen andere Herren]; Hn 82, 5 **6)** Der Soldat, der den Feind tötet, begeht keine Sünde; 72, 1b **6a)** Doch ist für Töten *in publico bello* 40 Tage Kirchenbusse verordnet aus Beichtbuch 68, 12

Kriegsdienst, -recht *s.* Heer

Kriegsgericht. Nicht in den *Gesetzen* oder sonstwo begegnet eine Spur von Wilhelms I. ~: *iudices qui vulgo militum essent timori constituti sunt;* Will. Pictav. Oder meint Verf. nur Königsrichter (*s. d.*), in die Provinzen delegiert, die u. a. auch den Rittern Achtung einflössten? [prozess

kriminal *s.* Kapitalverbrechen, Kron-

Krondomäne *s.* Königs-Domäne

Krone *s.* Wb *corona, curune. Vgl.* Krönung, König, Thronfolge **1)** In Agsä. *Gesetzen* fehlen Wörter für greifbare Insignien des Königtums; denn *dryhtenbeag* (*s.* Wb) heisst nicht ~ **1a)** Anderwärts (*s.* Toller, auch *Suppl.*) begegnen Agsä. für ~: *corona* (*s.* Wb mit Ableitungen), was im Psalm *cynegold* glossiert, *corenbeag, cynebænd* für Dornen~, und *cynehelm*, wovon um 1150 *cynehelmigen* krönen; *Sermo Mariae* 12 **1b)** Sonstige Insignien (bei and. Germanen: Brunner I[2] 174; Amira 94): *tufa* Standarte (Beda II 16); *cynegierd* Zepter (Ælfric's *Hester* 181); *cynesetl, -stol, bregostol* Thron **2)** Die Würde des Staatsoberhaupts, abstrahiert von der Königsperson, heisst in der Verbindung 'Kronprozess' (*s. d.* 1b) schon c. 1060, wohl unter Frankonormann. Einfluss, *cynehelm.* **N** Schon Heinrich I. sagt *placita coronae;* in diesem Sinne setzt für Cnuts *cyning: curune* Leis Wl 2a **2a)** Besonders gern nennt ~ die Staatsherrlichkeit, Reichswürde der Londoner Jurist um 1200 **2b)** *Vgl. honor* 2f. **3)** Über die ~ der Königin *s. d.* 1a **N 4)** Die monarchische Gewalt um 1114 erscheint mit Recht in England als besonders stark; Quadr II Præf 1 **5)** Die Sucht nach Staatsvergrösserung tadelt zwar Quadr Ded 10 allgemein in christlichem Sinne, feiert aber doch die Siege König Heinrichs I.; *s. d.* **5a)** Die auch ausser-Engl. Länder Britanniens (*s. d.* 4f.) und Nachbarinseln rechnet jener Londoner um 1200 in Grossbritann. Tendenz *ad coronam regni* **5b)** Britanniens ~ lässt er von Cadwalladr auf Ine übergehen [falsch, mit Tendenz, die Monarchie um 1200 als uralt, die Kelten mitumfassend und umstrahlt vom Glanze der Fabelkönige darzustellen]; Lond ECf 32 C3. Ihr erträumter Machtbereich: 32E **5c)** Englands Länder, Würden, Rechte soll der König in alter Vollständigkeit der ~ zurückerwerben; 11, 1A2 **5d)** Wo der *corona regis* Gefahr [von aussen, aber vielleicht auch von adligen Dynasten] droht, beruft die Glocke (*s. d.* 2c) Londons (*s. d.* 53) den Reichstag

Kronprozess.

1. Ob ~ bei Eadgar? 1a. Namen. 2. ~ begreift neben Kriminalem jede Kronschädigung. 3. Anfang in Kent. 4f. Bocland. 6. Drei 5 £-Verbrechen. 7. Zoll. 8. Unter Cnut. 9. c. 1050. 10. Domesday. 11. Wilhelm I. 12. Normannisch. 13. ECf. 14 Hn. 15. Friedbruch wird ~. 16. Liste der ~sachen. 17. Rechtsgang. 18. Vor Königsrichter. 19. Reinigung.

1) Was Eadgar IV 2a als seine *cynescipes gerihta* aus jeder Gerichtsstätte beansprucht, im Ggs. zu Gerechtsamen des Adels einschl. der Kirche, meint wohl mehr als bloss ~, ja sogar als Justizertrag; *vgl. u.* 9 **1a)** Dann ist frühester Ausdruck für ~: 'die Gerechtsame, die der König über alle Menschen besitzt' II Cn 12 = *iura, quae rex solus super omnes habet in terra sua;* Hn 10, 1 **1b)** *þa gyltas, þa belimpeð to mine kinehelme* (in Urk. a. 1057—65 Earle 344) = *forisfacturas, quae pertinent ad regiam coronam meam* (Kemble 853) steht vielleicht schon unter Normann. Einfluss **N 1c)** Dem Anfang 12. Jhs. gehören die Namen *placita regis* (Hn 7, 3; *propria* 42, 2. 52, 1. 60, 3; *dominica* 10, 4); *placita coronae* Hn Lond 1. 3, was später allein technisch bleibt; *plaiz* [*qui*] *afierent a la curune le rei* Leis Wl 2a **1d)** Synonym: *soca placitorum proprie pertinens ad fiscum et singulariter* Hn 9, 11; *causae regiae* 35, 2; *ad solum ius regium* (*fiscum*) *spectantes* 9, 1; 5. 11; *causae principis* 32, 2; *pertinens ad potestatem regiam* 61, 5; *ad iusticiam vel indulgentiam* [= *misericordiam;* 11, 16a] *regis* 19, 1 **1e)** Dagegen 'Königs Strafe, -Schutz(bruch), -Frieden(sbruch), -Ungehorsam, *forisfactum regis, forfex le rei*' bedeuten in den *Gesetzen* Strafgeldfixa von 5 und 2½ £; *vgl.* Königsschutz 5 **1f)** Den Namen *placita regis* tragen auch **A.** Königsgericht, **B.** staatliches Lokalgericht in I. Grafschaftsgericht, II. Hundred, III. Stadt; *s.* London 24. 27 **2)** Die Krone gilt Hn als verletzt durch Anmassung von Land oder Geld des Königs; zum ~ gehört das Gefälle, das dem König als der Spitze des Lehnwesens zukommt. Also nicht bloss als Staatsoberhaupt, als Wahrer des Landfriedens führt der König ~, sondern auch als Lehns-, Schutz- und Gutsherr. Und wenn auch der Begriff ~ später und schon bei Hn dazu neigt, in dem des Kriminalen aufzugehen (*u.* 15), so umfasst er bei Hn auch jede Hinterziehung von Steuer, königlicher und Staatsgerechtsame

2a) Nicht alles der privaten Gerichtsbarkeit (*s. d.* 37a) Entzogene ist ~; die blosse Negative gegen letztere füllt den Begriff ~ nicht aus. Diebstahl z. B. in einem öffentlich gebliebenen Hundred wird vom Königsrichter abgeurteilt, ist deshalb aber noch nicht ~: der Sheriff als Pächter der Einkünfte des Lokalbezirks bezieht das Strafgeld **2b)** Vielmehr gehört zum Begriff des ~es, wenigstens seit 11. Jh., dass die Krone selbst den Justizertrag daraus bezieht; dieser steht *extra firmam comitatus, non pertinet vicecomitibus (apparitoribus, ministris) in firma;* Hn 9,11. 10,4. Der Königsrichter (Sheriff, staatliche Gerichtsvogt) liefert, was er aus dem ~ einzieht, dem Fiskus ab (*u.*10); auch dies behalten zu dürfen, ermächtigt ihn nur besondere königliche Vergünstigung durch bestimmte Abmachung; 10, 4. 19, 1 **3)** Die früheste Spur von einem ~ steckt vielleicht in der Zuständigkeit allein der 'Königshalle' vor dem Kentischen Stadtvogt zu London, später einer öffentlichen Gerichtstätte, für Gewährzug; *s.* Anefang 20b **3a)** Jedoch seit Mitte 11. Jhs. ist mit *team* oft der Adel privilegiert; *ebd.* 28 **4)** Unter Ælfred gehört zum ~ Bocland; *s. d.* 9aff., *u.* 9 **5)** Seit Æthelred II. zahlen Bocland-Eigentümer Strafgeld dem König allein; seit Cnut fällt Bocland ganz diesem heim; nach Hn beurteilt nur er alle *barones, senatores in capitalibus* (kriminell); *ebd.* 23ff. 17b. Dass ein Grafschaftspächter als solcher ein verwirktes Herrschaftsgut hätte behalten dürfen, kann nicht gemeint sein **6)** Seit Æthelred II. besteht die mit 5 £ bestrafte ~-Dreiheit: Bruch von Königsfrieden, Heimsuchung (*s. d.* 10ff.), Rechtsperrung; *s. d.* Für letzteres Verbrechen, doch bisweilen daneben, steht vorbedachter Angriff; *s. d.* 3. 6. 7; *u.* 8b **7)** Da Zollhinterziehung (*u.* 9) mit 5 £ *regi* gebüsst wird, so tritt sie wohl jener Dreiheit hinzu; IV Atr 3, 2 **8)** Cnut zeigt den Begriff ~ mit obiger Dreiheit verbunden; II Cn 12 **8a)** Er fügt hinzu Friedbruch im und Versäumnis vom Heere (*s. d.* 8), Begünstigung (*s. d.* 20) und friedlos (*s. d.* 10ff.) machende Missetat: eine weite Kategorie von Verbrechen **8b)** In Denalagu kommt blutig (*s. d.* 4b) Fechten dazu, vermutlich statt der hier fehlenden Rechtsperrung, ein zum 'Angriff' näher stehender Begriff; *o.* 6. Vielleicht hieraus entwickelt sich aller Totschlag zum ~, bei Glanvilla *u.* 15a **9)** Aus spätem Angelsächsisch nur übersetzt scheint die bewusst (51, 1) unvollständige Liste der *consuetudines regum,* vielleicht ein etwas weiterer Begriff als bloss ~ (*o.* 1), in In Cn III 46—51: Sie fügt den 5 Fällen (Bocland, Heerversäumnis, Begünstigung, Heimsuchung, Königsfriedenbruch; *o.* 5f. 8a) hinzu: *rectitudines civitatum,* vielleicht Zölle (*o.* 7) oder aber eine missverständliche Übersetzung von Eadgars Kronrecht aus 'Burgen', d. i. Gerichtstätten (*o.* 1), Gastung (*s. d.* 1a) und Herstellung öffentlicher Brücke (*s. d.* 2a), vielleicht für Trinoda necessitas überhaupt **10)** Das Domesday zeigt an vielen Stellen jene oder ähnliche Dreiheit und die 5 £-Strafe, oft auch beides verbunden; I 10b 2. 61b 1. 179a 1. 252a 1. 269b. 270. 336b 2. Als ~ werden die Verbrechen bezeichnet durch die Worte *in dominio extra firmas* vór 1066 **11)** Obwohl unter den kampffähigen Klagen, von denen Wl lad handelt, auch einige ~e mitgemeint sind, begegnet das Wort dort nicht **12)** Aus dem Normannischen Herzogsrechte fanden einige Fränk. Bannfälle, die nicht an Agsächs. Kronprärogative sich anknüpfen lassen, Eingang in den ~ Englands [wie Süditaliens; Niese *Gesetzg. Norm. Sicil.* 105]; *vgl.* Très anc. cout. Norm. II 52, 6; Haskins *EHR* 1909, 210 **13)** Das Wort ~ fehlt ECf. Doch stellt dieses Rechtsbuch den Handfrieden (*s. d.* 5c) samt umfriedeten Zeiten, Reichsstrassen und Strömen sowie Grafschaftsgericht unter die Strafe des *assultus* (Angriff oder Rechtsperrung, *o.* 6. 8b), nämlich, ausser in Denalagu (*ebd.* 5B), im übrigen Engl. Recht Wergeld [vielleicht 5 £]; ECf 12—12, 7. 13. 27. 33 **13a)** Schatzfund u. Murdrum (*u.* 16) reiht dieser Jurist hier an, viell. doch, weil er beides mit Obigem verwandt fühlte [Dass hierin alte Systematik stecke, belegen Lothring.-Franz. Freibriefe, die *inventio* (*thesauri, repertura*) neben *murdrum, assultus* (*impetus*) verleihen. ABRAHAM. Die Bekanntschaft des ECf mit Französ. Rechte steht fest] **13b)** Möglicherweise wollte ECf auch die Juden (*s. d.* 7) zum ~ rechnen **14)** Die längste Liste vom ~ in den *Gesetzen* bietet Hn 10, 1. 13, 1 **14a)** Aber es fehlt Ordnung oder der Versuch der Verallgemeinerung **15)** Seit Heinrich dem I. ist deutlich die (dann in Glanvilla I 2 durchdringende) Tendenz, zunächst der Juristen-Theorie, dann der Rechtsentwicklung bemerkbar, alle busslose (*s. d.*) Tat oder, wie das 12. Jh. sagt, alles Kapitalverbrechen (*s. d.* 4a), Kriminale, jeden Landfriedensbruch zum ~ zu machen [wie denn auch das Festland schwerste Verbrechen der Immunität entzieht und der Krone vorbehält; Brunner I² 524]: zugunsten polizeilicher Sicherheit *graviora placita magisque punienda soli iusticiæ principis addicuntur;* Hn 11, 16a [doch koordiniert Hn noch den ~ neben *placitis capitalibus* 60, 3], obwohl manche private Gerichtsbarkeit *capitalia* richtet und Todesstrafe vollzieht; 26, 2. 61, 9a. 19, 2 **15a)** Die Einfachheit der kurzen Liste Glanvillas, die jeden Totschlag zum ~ rechnet, Diebstahl und Verwundung dem Sheriff überlässt, erreicht Hn noch nicht **15b)** Dass schon in Heinrichs I. letztem Jahrzehnt *placita coronae* einen fest begrenzten Begriff darstellten, ergibt Hn Lond 1. 3 **16)** Zum ~ gehören [ich zitiere fürs Einzelne nicht Hn 10, 1. 13, 1 oder das *o.* 4—13 Belegte oder unter den betr. Artt. bereits Angeführte]: Hochverrat, Majestätsbeleidigung | Totschlag an des Königs Boten (Hn 79, 2), Höflingen (Lib Lond 2; *vgl.* I 673[k]), Beamten, Gefolge | Bruch des Handfriedens, Königsfriedens (*s. d.* 6d. e) | blutig Fechten im Königshause oder -gefolge | Verachtung königl. Breves oder Befehles | Bocland(besitzer), Lehnsmutung (*s.* Heergewäte) der Kronvassallen, *o.* 4f. | Friedbruch im und Fernbleiben oder Flucht vom Heere oder Flotte, Vergehen gegen Trinoda necessitas | unerlaubte Burgbefestigung | Vergehen gegen Münze, Reichsstrasse, Forst | gegen königliches Recht auf Landeigen, Geld (*s.* Fund 4a) und Gut aus Dänengeld, Zoll, Gastung, Schatzfund, Schiffbruch, Seewurf | falsches Urteil, Justizweigerung, Widerstand gegen das Gesetz [(Gerichtsversäumnis bei einem vom Königsvogt gesetzten Termin? Domesday I 269b. 270) | Begünstigung, Rechtsperrung, vorbedachter Angriff, besds. auf Königstrasse oder im Gericht, Heimsuchung, Blutrache trotz Urfehdeschwurs auf Königsfrieden (Domesday I 269. 270), Mord, Murdrum (Totschlag, nur für Denalagu II Cn 15, aber auch Domesday I 61b und in Normandie) | Notzucht, Entführung (*s.* Eheschliessung 2o) | Herrenverrat | Brandstiftung, Raub und Diebstahl handhaft oder todeswürdig (Hn 23, 5. 24, 2. 59, 27. In Cn III 48; Domesday I 10b. 61b 270. 336b 2; *s.* jedoch *infangenþeof*) | Unterlassung einer vom Gerichtsvogt zuerkannten Zahlung einer Privatschuld nur nach Domesday I 269b | Gewährzug *o.* 3 | alle friedlos machenden Verbrechen | Richtplätze **17)** ~ kann von Amts wegen ohne private Klage (*s. d.* 14ff. 16ff.) verfolgt werden, ist auch sonst bevorrechtet **17a)** Nur gegen den *ligius dominus* darf niemand Urteil finden oder verkünden, *si etiam de principis causa sit* (dem *ligius* weicht sogar ~ -Vorrecht); Hn 33, 2 **18)** Den ~ hält ab der Königsrichter, zumeist der Sheriff. Nur in London wird jener Königsrichter von den Amtseingesessenen, den Bürgern, gewählt; Hn Lond 1. Er führt neben dem Vorsitz auch die Verwaltung der ~e, die später dem Coroner zukommt; *vgl.* Holdsworth *Hist. Engl. law* I 45) **19)** Ein besonderes Reinigungsrecht für ~ besteht nicht. Zweikampf oder Ordal reinigt von schwerster Klage nach Wl lad, aber nicht weil sie ~, sondern weil sie schwer ist; und nur prozessuales Vorrecht des Londoners (*s. d.* 56a ff.) gewährleistet Hn Lond 3

Kronrichter *s.* Königsrichter

Krönung. *Vgl.* Königswahl **1)** Sie ist seit Anfang 8. Jhs. in England bezeugt (Stubbs *Constit. hist.* I 146), aber dass *Yne fuit primus rex coronatus Anglorum* (Lond ECf 32 C2) nur gelehrt ersonnen im 12. Jh. **2)** Die auf Altjüd. Muster beruhende geistl. Salbung führte Bonifaz bei Pippin ein [dessen Beispiele folgt spätere Fränk. Königsweihe; Brunner *Grundzüge*[4] (1910) 57 **3)** Ceolwulf von Mercien beschenkt den Erzbischof von Canterbury aus Dankbarkeit *consecrationis meæ, quam ab eo eodem die per Dei gratiam accepi* a. 822; Urk. Birch 370 **4)** Die älteste ~sliturgie betet: *regale solium Saxonum, Merciorum, Nordanchimbrorum sceptra non deserat,* was wohl für die Zeit von Ælfreds Enkeln, aber nicht mehr seit Eadgar passt. Statt *S. M. N.* setzen die Dunstan zugeschriebene Liturgie und die spätere: *Anglorum* **5)** Bei der ~, so meinte man früher, diente [frühestens seit 940] ein Evangeliar des Domes von Canterbury, jetzt Hs. Cotton Tiber. A II, von Deutscher Hand vom Anfang 10. Jhs., mit den Namen *Odda rex* (seit 936), *Mihtild mater regis,* das wohl nach England kam infolge der Vermählung Ottos mit Æthelstans Halbschwester 929. Jene frühere Meinung widerlegt Thompson *Catal. of anct. mss. in Brit. Mus.* **6)** Die Salbung galt als das Entscheidende, Wichtigere der 2 Momente (Brunner II 19); Sacr cor Pro und bei Ælfric; *s.* Königswahl 4. *Vgl.* die Worte *halgod to cinge;* geweiht [nicht gekrönt] **6a)** *Man smyrað cyning mid gehalgodum ele, þonne man hine to cyninge gehalgað;* Ælfric *Homil.* II 14 **7)** Eadmund II. und Cnut *regnum Angliæ diviserunt* (1016), *ea conditione ut, si quis eorum supervivoret, totum possideret, nec interim aliquis eorum coronaretur;* ECf 34, 2b. Anders: *corona tamen regni Eadmundo remansit;* Flor. Wigorn. a. 1016 **N 8)** Der Tag erster (staatsrechtlich wichtiger) ~ musste, da die Zeit nach Jahren (*s. d.* 2) der Regierung rechnete (I 637[d]), jedermann bekannt sein; er und die Woche darauf geniessen jedes Jahr [in dem der betr. König regiert] den höchsten Schutz des Handfriedens (*s. d.* 7a); ECf 12a; 3. 27—27, 2 **8a)** Bei erster ~, *quando coronatus fui,* datiert der Freibrief 1100 CHn cor Dat.; auf sie, *quando imprimis coronam recepi,* bezieht sich Urk. 1101; *EHR* 1906, 506; *die qua primum coronatus fui,* datiert Stephan; Chron. Abingdon. II 181. Sie steht im Ggs. zum Kronetragen an 3 Hoffesten zu Ostern, Pfingsten, Weihnachten (I 637[d]) [welchen Anglonorm. Brauch Galfrid v. Monmouth in Kelt. Altertum hinaufdatiert VIII 19. IX 8]

Krönungseid *s.* Sacr cor I 214. *Vgl.* Königswahl 1. 7 **1)** Er ist Lateinisch überliefert seit c. 925, also durch Dunstan nur wiederholt, vielleicht angewendet a. 871 (Chartular von Athelney), stand sogar schon möglicherweise in dem verlorenen Originale Egberts von York, dem das Pontificale [Pseudo-] Egberti um 1000 folgt **1a)** Für Entstehung vór Eadgar spricht die Anwendung vom ~ in Fränk. Krönungsordnungen 10. Jhs.; Schreuer in *Festschr. Brunner* 680—4. Die Agsä. Übersetzung zeigt halbpoetische Form; Brandl in Paul *Grundriss*[2] II 1082 **2)** Der König legt die Urkunde, die den ~ enthält, auf den Altar nach Sacr cor Pro. Dagegen *tria interrogante* [*Dunstano Edgarus* a. 973] *promisit* nach *V. Oswaldi* (ed. Raine *Hist. of York*) I 473 **2a)** **N** Der König soll auf Evangeliar und Reliquien vor *regno, sacerdotio et clero* eine Reihe von Pflichten beschwören *in propria persona* [ausnahmsweise; *s.* Königswort 2], *antequam ab archiepiscopis et episcopis regni coronetur;* Lond ECf 11, 1 A 9 **3)** Die Kirche, vertreten durch die Prälatur, ist Empfängerin und Hüterin der vom König dem Volke gegebenen Versprechen **4)** Die drei Versprechungen sind: **A.** Kirche und Volk sollen Frieden (polizeiliche Sicherheit) behalten (*vgl.* Stubbs *Const. hist.* I 304); **B.** ich verbiete allen Raub und alles Unrechte **C.** ich verheisse und gebiete Recht und Barmherzigkeit (*s. d.* 2) in allen Urteilsprüchen; Sacr cor 1, 1—1, 3 **5)** Eadward III. schwur 1042 den 'Baronen', die bisherige Verfassung solle zu seiner Zeit dauern; Quadr Arg 9 **N 6)** Wilhelm I. leistet den ~ laut Florenz von Worcester, dessen Worte deutlich an den ~ anklingen; ebenso Wilhelm II., Heinrich I. (*vgl.* Freeman *Will. Rufus* II 351. 460; der Zusatz in Peterborougher Chronik und bei Huntingdon scheint aus CHn cor) und Richard I., laut Diceto **7)** Benutzt wird der ~ vom Anonymus Eboracensis unter Heinrich I. für seine royalistische Kirchenstaatslehre; *s.* König 6g **8)** Zwar der Agsä. ~ wird benutzt, aber erweitert durch Versprechung guter Verfassung alten (*s. d.* 4a) Rechts *per iudicium procerum,* und der Wiedergewinnung veräusserten Engl. Kronlands und -rechts, im ~ 13. Jhs., den (vielleicht schon kurz vor 1200) Lond ECf 11, 1 A 9 entweder bereits benutzte oder dessen Programm er vorausnehmend als festes Recht hinstellte; *vgl.* I 635[e]. 636[b]. Dieser Londoner um 1200 behauptet, bereits Eadward III. habe jene Zurückgewinnung beschworen und soweit möglich verwirklicht; 13, 1 A 2

Kronvassallen *s.* Adel 6 f. 28, Bocland 15 ff., König 8, Vassallität, Lehnwesen **Krüppel** *s.* Verstümmelung; London 61

Küche *s.* Wb *cycene* **1)** Eine der Baulichkeiten, die für den Adelsbesitz typisch sind, ist die ~; Geþyncðo 2. [Auch in Schweden bezeichnet das Halten eines ~nmeisters den Herrenrang; Amira 83] **2) N** Unter den Hofbeamten der Barone sind auch *coqui.* Sie stehen unter Bürgschaft (*s. d.* 3 o) jener Herren; ECf 21, 1

Kuh (*cu*) *vgl.* Rind, Milch, Butter, Käse **1)** Zum Hofstelleninventar des Gebur, das ihm das Herrschaftsgut gibt, gehören 1 ~, 2 Ochsen; Rect 4, 3 **1 a)** Jeder Esne und jeder unfreie Hirt der Gutsdomäne erhält von demselben eine Nähr~; 8. 12 f. **2)** Der herrschaftliche ~hirt bezieht von jeder Kalberin die 7 ersten Tage Milch und von der erstmals Kalbenden 14 Tage lang. Er darf seine Nähr~ mit der herrschaftlichen ~herde weiden lassen; 13. 13, 1 **3) N** Von der ~herde muss das 10. Kalb als Zehnt entrichtet werden; ECf 7, 2 **4)** Die Witwe, die ihre Kinder erzieht, erhält von der Sippe des Mannes, ausser 6 Schilling, eine ~ im Sommer, 1 Ochsen im Winter; Ine 38 **5)** Wer ~ samt Kalb stahl, ersetze letzeres mit 1 Schilling, die ~ nach dem Werte; Af 16 **6)** Ein ~horn gilt 2 Pfennig; ~schwanz und ~auge 5, ebenso wie beim Ochsen; Ine 59 = In Cn III 64. 64, 1 (wo Ines Schilling gleich 4 Pfg. gilt). Vermutlich ist Schadenersatz durch den Mieter des Viehs gemeint, der es im Zorn bei der Spannarbeit verstümmelte **7)** Eine ~ taxiert London um 930—40 zu 20 Pfennig (VI As 6, 2), das Dunsætenland zu 24 Pfennig (Duns 7), den Ochsen beide zu 30 [8) **N** ~fleisch als Nahrung im 12. Jh.: Round *Victoria County hist. of Essex* I 371]

Kultus *s.* Kirche 1 a. e—i

N Kümmel. Der fremde Kaufmann, der ~ in London einführt, darf nicht detaillierter als zu 25 Pfund verkaufen; Lib Lond 8, 2; *vgl.* I 675[b]

Kumulation *s.* Busse 6 ff.

Kundmachung. *Vgl.* Nachbarn, (Kauf)zeugen; *Ggs.:* heimlich **1)** Nur durch ~ gerechten Totschlags entgeht der Totschläger der Gefahr, dass des Erschlagenen Sippe zur Beweisnähe (*s. d.* 6) gelange **N 1 a)** Wer einen Franzosen, den er als Dieb ertappte, totschlägt, *statim palam faciat* [um nicht als Mörder zu erscheinen]; Hn 92, 10. [Ähnlich im Norden; v. Schwerin *Gött. gel. Anz.* 1909, 842] **1 b)** Wer in gerechter Rache oder Notwehr jemanden erschlug, mache es kund beim nächsten Dorf, ersten Begegnenden und Gerichtsherrn, welche ~ beweisbar sei gegen Sippe und Genossen des Erschlagenen; 83, 6 a **2)** ~ des Gefundenen, Erworbenen: *s.* Fund 1 ff., Handel 8 ff., Kirchentür 2 | des Verlorenen binnen 3 Tagen behufs Ersatzanspruches an die versichernde Genossenschaft: *s. d.* 12 e **3)** ~ der Freilassung: *s. d.* 1 ff. 5 ff. **4)** Wenn einer am lichten Tage beraubt wird und den Räuber in drei Ortschaften kundmacht, wird dieser friedlos; III Atr 15. Hierzu fügt *simile acsi concelasset* Q: der Räuber soll von unterlassener ~ keinen Vorteil haben **5)** *s.* Münze 8 b

Kupfer *s.* Münze 1 a **Küreid** *s.* Auswahleid **Kurland** [angeblich] von Arthur unterworfen *s.* Baltisch

N Kurzhose *s.* Robert. A. 1288 *John Curthose;* Hudson *Records of Norwich* I 359

Kuss *s.* Wb *cyssan* **1)** Dem Priester küsst das Beichtkind die Hand; Grið 27 **2)** Das Evangeliar küssen Prüfling und Umstand beim Ordal; Ordal 4, 1 **3)** Friedens~ *s.* Halsfang 1 b

Küste *s.* Strand, See- [Britannien 4

Kymren *s.* Walliser, Briten 2 ff.,

L.

Lab, *cyslyb,* Erzeugnis der Milchwirtschaft des Herrschaftsguts; Ger 4

Lachs, *leax.* **1)** Von 10 Hufen [zahlt der Landbenutzer jährlich dem Grundherrn unter anderen Naturalien] 5 ~e; Ine 70, 1 **2)** Bei Ausleihung von 40 Äckern behält sich der Dom Worcester vor, dass ihm der Beliehene, *ælce geare* 15 *leaxas* liefere; Urk. a. 996, Kemble 695

N Lack. Ein fremder Kaufmann, der *lacem attulerit* auf Londoner Markt, darf nicht detaillierter verkaufen als mindestens 25 Pfund = 1 Quarter; Lib Lond 8, 2; *vgl.* I 675[f. g]

Ladung *s.* Vorladung; Transport

læn Leiheland; diese Bed. in Urkk.: *s.* Bocland 1 B. C. 6 a [in den *Gesetzen* bedeutet ~ nicht Land, sondern Leihe; *s.* Darlehn, Haftung 4 b. c] **1)** ~ steht in Ggs. zu *ece ierfe,* dem ohne den Willen eines Grundherrn vererbenden Grundbesitz (*s.* Bocland 1 B), und zu *bocland,* dem urkundlich auf die Dauer verbrieften Grundeigen; *ebd.* 1 C **1 a)** Bäuerlicher Besitz innerhalb eines Herrschaftsgutes, grossenteils nicht durch Ausleihung seitens der Herrschaft entstanden, sondern ihr erst später unterworfen, hiess wohl nie ~ (wie jedoch K. Maurer meint) **2)** Ein Grundstück, das für den Oberherrn im Aussenverhältnis zum Staat Bocland oder Folcland ist, kann von ihm ausgeliehen, also für den empfangenden Besitzer *his hlafordes* ~ (*s.* Bocland 1 B), sein; so hiess wahrscheinlich ~ das *Folcland,* das Herzog Ælfred lebenslänglich besass, dessen Übergang auf seinen Sohn aber nicht sicher ist, sondern als vom König künftig zu gewähren nur erhofft wird; Urk. a. 871—89 Birch 558. Ebenso war [und hiess vielleicht] ~ das Territorium von 60 Hufen, das der König lebenslänglich 858 vom Bistum erwarb, unter Bedingung des Rückfalls und dass niemand *licentiam habeat ulterius terram rogandi in beneficium;* Birch 495. M. a. W. ~ ist zu *bocland* wie zu *folcland* ein Ggs. nur unter dem Gesichtswinkel der Abhängigkeit des Besitzrechtes **2 a)** Dem Staate gegenüber bleibt für Ansprüche der Öffentlichkeit oder Privater an das Land der Obereigentümer verantwortlich **3)** Vermutlich ~ hiess und jedenfalls Landleihe war das Besitzrecht (*u.* 4 c), kraft dessen der Grundbesitzer jene 10 Hufen besitzt, von denen er dem Oberherrn die durch Ine 70, 1 vermerkten Naturalien jährlich abgibt, und das, von dem Gefolgsadel (*s. d.* 15. 17 ff.) abziehen oder vertrieben werden kann **3 a)** Nicht als Leihe ward vermutlich aufgefasst noch auch hiess ~ ein zur zeitweisen Benutzung als Pfand für Rückzahlung eines Darlehns übertragenes Land, z. B. Kemble 924; *vgl.* Hazeltine *Gesch. Engl. Pfandrechts* 140 **4)** Sehr häufig bleibt der

Grund der Landleihe unerkennbar; bisweilen ist sie eine Form des Verkaufes; s. Grundbesitz 12c **4a**) Liebe zu Verwandten veranlasste ~ in Urk. a. 780 [gefälscht c. 1080; Round *Victoria County hist. Worcesters.* I 255]: da genehmigt Offa, dass der Bischof 25 *manentes parentibus tribuere posset; si vero aliquis* wegen Missetat *de honore pulsus fuerit, terra ecclesiæ restituatur;* Birch 235 **4b**) Ein Bruder entzog dem anderen das vom Vater ererbte Land, ausser was er ihm für Dienste auf dessen Lebzeit verlieh; nach dessen Tode nahm er das ~ zurück (*feng to his* ~*e, præstita resumpsit*); doch lieh er es an Witwe und Sohn des Bruders dann doch weiter; Urk. vor 988 Birch 1097 **4c**) Oft bezweckte die Leihe Pacht (*s. d.*, Abgabe). Das vom Erzbischof verliehene Land kehrt ans Bistum zurück, *butan sum heora* (der Besitzer) *freonda þa land furðor on þæs arcebisceopes gemede ofgan* (erlangen) *mæge to rihtan gafole oððe to oðran forewyrdan;* Kemble 773. Dies kann einer der Anlässe zu dem Abgabeverhältnis in Ine 70, 1, *o.* 3 sein **4d**) Am häufigsten ist der Grund der Landleihe geleisteter oder erwarteter Dienst; *o.* 3. 4b [für die Ausleihung kleiner Stücke eines Herrschaftsgutes (*s. d.*) erlangte die Domäne Fron; *s. d.*, Bauern, Kötter. *Vgl.* aber *o.* 1a] **4e**) Priester 'verdienen' Land vom Schenker nur auf dessen Lebzeiten, darüber hinaus bedarf es seines Testamentes; Urk. a. 1017—35 Kemble 1329 **4f**) Jener Dienst ist aber oft der kriegerische des Gefolgsadels; *s. d.* 11—15 **4g**) Dass neben dem Grundherrn des ~ kein zweiter Herr die private Gerichtsbarkeit über den Beliehenen besass, nimmt als normal an II Cn 77 ff. [= Lond ECf 32 B 2]: Der Landwehrflüchtige verliert Leben und allen Besitz und zwar Bocland an den König, *æhta* (Fahrhabe) und ~ an den Herrn, der es verliehen hatte. Sonst verlöre der zweite Herr durch Cnut mindestens die Fahrhabe des Verbrechers; auch fiele auf, dass dieser nicht dasjenige Landeigen desselben einzieht, welches weder geliehen noch Bocland — sondern ererbt oder anders dauernd erworben — war; *s.* Heer 8 **4h**) Persönliche Mannschaft der Vassallen, mit Landgabe durch das Bistum Worcester verbunden, kommt vor in den Urkk. Oswalds von Worcester; *quamdiu terras tenent, in mandatis pontificis perseverare iureiurando affirment;* Maitland *Dom.* 69. 294. 305. 312. Es ist dies in Agsä. Zeit die weiteste Annäherung ans Lehnwesen; *s. d.* 3 **5**) Das ~ dauerte für vertragsmässige Zahl Jahre (*o.* 3. 3a) oder nur während des Grundherrn Belieben [als K. Eadgar Taunton verschenkt, müssen die darin Land besitzenden Thegnas es nach des neuen Eigentümers Verfügung erlangen, *beneficium obtinere deberent*, hatten es also nur während Eadgars Belieben besessen; Urk. a. 996—1006 Kemble *717] oder nur für Lebzeiten des Verleihers [*o.* 4e; ein neuer Bischof *ænlænað A. his deg* 40 *hida æfter þære læna, þe* voriger *ær alende his yldran*; Urk. a. 879—91 Birch 617; Æthelred verleiht Prinzenland Klöstern nur während seiner Lebzeiten; Kemble 1312] oder des Beliehenen; *o.* 2. 4b. c [*vgl. land æfter his dæge unbesacen eode eft into þære stowe, þe hit utalæned wæs;* Urk. a. 995 Kemble 929]. Oder das ~ dauerte drei Leiber, so in Urkk. Oswalds von Worcester; *s.* Bocland 1C **6**) Verwirkt der Besitzer von ~ das Vermögen, so fällt ~ an den Verleiher (*o.* 4g) zurück: das Gericht *gerehte þæt yrfe cinge, forþon* (Verbrecher) *wæs cinges man, O.* [Verleiher] *feng to his londe, forðon hit wæs his* ~*;* Urk. c. 907 Birch 591; *vgl.* Maitland *Dom.* 295 **6a**) Über Verwirkung von ~ im Londoner Gilderecht *s.* Bocland 18 **6b**) Der Verleiher schützt sich gegen den Verlust des ~, im Falle der Beliehene mit Vermögenseinziehung bestraft würde (*s.* Bocland 17d), durch Privileg, das bestimmt: 'was auch der Besitzer verbreche, das Land bleibe unverwirkt dem Heiligen [Obereigentümer]', d. h. falle nicht an den sonstiges Strafgeld empfangenden Gerichtsherrn; a. 963—9 Birch 1086. 1105. 1108. 1110 f. 1181 f. 1202. 1207 f. 1232. Die Land ausleihende Kirche behält sich vor, dass, wenn der Beliehene es gerichtlich verliere, sie es zurücknehme; Urk. a. 896 Birch 574. Schon eine unechte Urk. von angeblich a. 780 lässt der Kirche das Land heimfallen, dessen von ihr beliehener Besitzer davon gerichtlich vertrieben wird; Birch 235. Ein Abt, der Land ausleiht, bestimmt, Beliehener solle, falls er etwas verbricht, mit Leib und Seinigem büssen, *terra autem sit libera*; a. 1022 Kemble 1317 **6c**) Allein missbräuchlich ward wegen Ehebruchs des Besitzers ein dem Bistum entliehenes Land für den König eingezogen; Urk. a. 909 Birch 623. 1150. Das vom Kloster Abingdon einem Thegn ausgetane Land ward wegen Verbrechen des letzteren dem König gerichtlich zugesprochen; Urk. a. 1008 Kemble 1305 **7**) ~-Benutzer übt Jagd; *s d.* 9a

Læt. **1**) *Laeti* [ein German. Wort ohne Verbindung mit Engl. *leet*] besitzen in später Röm. Kaiserzeit öffentlichen Boden, darben der Freizügigkeit, stehen aber höher als *coloni*. Sie kommen vor auch bei Franken, Friesen, Sachsen; Brunner I² 55. 147. *Vgl.* Maurer *Kr. Übs.* I 420; Grimm *DRA* 305; Amira 86 ff.; Fleischmann *Altgerm. Agrarverh.* 96 ff. 114; Rhamm *Grosshufen* 779; Seebohm *Engl. Dorfgem.* 190 ff. **2**) In England begegnen sie in Kent bei Abt 26, gesondert in 3 Klassen, also erblich und zahlreich. Aldhelm von Sherburn (*Laud. virg.* ed. Giles 142) kennt des *læti cespites*, also den ~ als Bodenbenutzer. In anderen Gegenden [wie bei vielen Germanen] fehlen sie und sind späterhin in England [wie in Friesland; His 48] verschwunden **3**) Erschlagung der drei ~klassen kostet 80, 60, 40 Schill.; der höchste gilt also nur wenig unter dem Gemeinfreien mit 100 Schill. Wergeld. Ob die Busse der Herr oder der König oder die Sippe empfängt, erhellt nicht **4**) Nur vielleicht ist aus festländ. Analogie die unsichere Vermutung erlaubt, der ~ sei nicht freizügig und schulde dem Grundherrn Fron. Ihn als Freigelassenen anzusehen, hindert Wi 8, wo die Freilassung sofort volksfrei macht. Dass er sich im Gebur fortsetze, scheint mir unannehmbar. Und der Halbfreie (*s. d.*) taucht wohl erst in der Dänenzeit auf **5**) Wie die Liten auf dem Festlande teils nachweislich, teils vermutlich aus Unterwerfung eines überwundenen Volkes entstanden (Brunner I² 149), so kann der ~ Nachkomme des Romano-Briten sein, also dem Walliser (*s. d.*) Ines entsprechen.

***laga** Eadwardi s. Eadwardi l.*

Lagamen. 1) Das Wort ist dem Nordischen entlehnt und kommt bei Nordleuten auf den Britischen Inseln seit 10. Jh. vor; Steenstrup *Danelag* 195. Im Norden (auch auf Orkney- und Shetland-Inseln) aber unterscheidet sich der damit bezeichnete Begriff von dem Englischen; *vgl.* A. Bugge *Nordeuropä. Verkehr* in *Vjs. Socialg.* 1906 S. 257 **1a)** Eigennamen *u.* 6e **2)** Im Lande der Dunsæte sollen im Prozess zwischen Walliser und Engländer 12 *lahmen* Recht anordnen [Urteil finden und vielleicht auch Recht weisen]: 6 Englische und 6 Wälsche. [Parallelen zu dieser Halbteilung (*half-tongue*) *s.* Geschworene 5, Dänen 14d, Dunsæte 9b. c. d]. Für falsches (*s. d.* 2) Urteil oder Anordnen trifft sie Vermögenseinziehung; Duns 3, 2f. Da sonst dafür (*ebd.* 1) die Strafe milder, sieht hierin Nordischen Einfluss Steenstrup (*o.* 1) 207 **2a)** Mit dem Urteilfinden war hier, wie III Eg 5, 2 = II Cn 18 = Hn 7, 2. 31, 3. III Atr 3, viell. auch Vollstreckungsaufsicht (*u.* 3b) verbunden **2b)** Es kann sein, dass damit eine dauernde Schöffen-Kommission neu eingesetzt wurde, offenbar aber nur für dieses Gebiet und nur für Prozesse, in denen von den Parteien die éine Germanisch, die andere Keltisch war **N 3)** Nicht ganz identisch mit diesen ∼ brauchen die 150—200 Jahr späteren in ECf 38, 2 zu sein. Ein Leumundszeugnis über einen im Besitze gestohlener Fahrhabe Ertappten *inquiret iusticia* [staatlicher Gerichtshalter] *per lagemannos et per meliores homines de burgo vel hundredo vel villa.* Es erhellt nicht deutlich, ob Verf. die *meliores* nur auf Hundred und Dorf, also die ∼ nur auf eine Stadt, beziehen will, noch auch, wenn dies nicht der Fall, ob ∼ allein und *meliores* allein oder beide vereint Zeugnis geben; ja vielleicht sollen nur, wo ∼ fehlen, *meliores* eintreten. Sicher ist nur daraus, dass ∼ wenigstens in vielen Städten dauernd zu finden waren, nicht nur in den wenigen, wo wir sie jetzt nachweisen können, die gesellschaftlich höchste Schicht bildeten und laut ihres Titels ein gerichtliches Amt bekleideten (vermutlich das der Urteilfindung) und zwar in einem Kolleg **3a)** Urteilfinder oder Rechtweiser sah im *lageman*, den er aus *legibus s. Edwardi*, also aus *o.* 3, zitiert, ein Londoner Antiquar 15. Jhs. (*Munim. Gildhallæ* I 33), indem er ihn als *legislator, iusticiarius* erklärt **3b)** *Legislatores* (*u.* 4c. 5b) heissen im Engl. Mittellatein 'Urteilfinder' schon bei Landferth *Mir. s. Swithuni* um 1000: *legislatores cecaverunt* zu Winchester neben dem *præfectus regis* den Verbrecher; auch *legislatores inculpabilem iudicant;* Acta Sanct., Iul. I 298 § 37 **4)** In Chester bestanden vor 1066 XII *iudices civitatis*, die bei Geldbusse verpflichtet waren, zum Hundred (*s. d.* 31d) zu erscheinen (Domesday I 262b), offenbar dauernd angestellte Urteilfinder, möglicherweise ∼ genannt **4a)** Stamford hatte vor 1066 12 mit Gerichtsbarkeit (*s. d.* 26) über Hintersassen privilegierte ∼ in enger Beziehung zur Krone, laut ihres Wergeldes Gemeinfreie; Domesday I 336b 2. Als *iudices legum* erscheinen sie in ihren Nachkommen noch 1275; *Rot. hundred.* I 354 **4b)** In Lincoln werden je 12 ∼ genannt, wie in Stamford mit privater Gerichtsbarkeit, vor 1066 und für 1086 (Domesday I 336b); und zwar ist der Vater an Stelle des Sohnes getreten; das Amt ist also erblich. Auch Priester sind darunter, ein Mönch Gewordener musste austreten. Die Eigennamen sind nur zum Teil Dänisch; auch Agsa. und ein Frankonormanne stehen daneben. Das Kolleg nahm auf die Rasse also keine Rücksicht **4c)** In York waren mit privater Gerichtsbarkeit privilegiert 4 *judices;* Domesday I 298; *vgl.* Steenstrup (*o.* 1) 197. Wahrscheinlich waren sie ständige Urteilfinder. — Für eine Zeugnisjury fungierte in der Grafschaft York 1106 als Wortführer *hereditario iure lagaman civitatis, quod Latine potest dici legislator vel iudex;* Leach *Visitations of Southwell* 190. Es braucht nicht gefolgert zu werden, dass nur jene 4 oder dieser éine ∼ waren **4d)** Auch von Cambridge wissen wir nur, dass die ∼ dem König Heergewäte, und zwar ein thegnhaftes, zahlten; Domesday I 189. Vielleicht der Nachkomme eines solchen Lagman war *Osbert Domesman* im 13. Jh. bei Maitland *Township* 162; *Domesday* 211f. **5)** Die patrizische Stellung für 4. a. b durch Besitz (laut Domesday) nachweisbar, trifft für 3—4d zu, obwohl die Cambridger ∼ mehr als das doppelte Wergeld der Stamforder zu haben scheinen; die Zwölfzahl ist für 2. 4. a. b belegt, die Erblichkeit für 4a. b. c; Urteilfindung (samt Rechtweisung?), für 2. 3b. 4. a. b. c belegt, ist überall möglich; Dänischer Einfluss ist für 4a—d sicher; an die Stadt ist das Amt nicht gebunden laut 2 **5a)** Privater Gerichtsbarkeit (*s. d.* 26) der ∼ in mehreren Städten entstammt deren öffentliche Urteilfindung nicht, noch waren alle so privilegierten Bürger ∼. Waren alle ∼ privilegiert? **5b)** Nicht etwa Gesetzsprechung im Nord. Sinne, die in England fehlt (*vgl. Archiv neu. Spra.* 102, 277), ist aus der Übertragung *legislator* (welches Wort dort Gesetzsprecher heissen kann) zu folgern, sondern höchstens Rechtweisung **6)** Dass die Geschworenen (*s. d.* 1), ebenfalls 12 vornehme Urteilfinder und Rechtsvollstrecker in der Denalagu, ∼ waren, ist denkbar; jedoch treten sie erst vor der betr. Verhandlung zusammen, bestehen nicht schon vorher als Kolleg **6a)** Möglich ist, würde aber für die Stellung der ∼ nichts Neues lehren, dass mit diesen identisch sind die *lahwitan:* Den *cyningan 7 bisceopan, eorlan 7 heretogan, gerefan 7 deman, larwitan 7 lahwitan gedafenað mid rihte, þæt hi Godes riht lufian;* Polity 5. Allerdings hat *wita* in Komposition hinter *æ, lar, ræd* die Bedeutung 'Kenner', weshalb Toller 'Rechtskenner' versteht. Allein *witan* heisst auch 'Gerichtsobere'; und hier ist sicher laut Zusammenhangs ein praktisch verfügender Rechtsmann gemeint, also wohl 'Rechtsobere' = ∼, wie ja *rædman* und *rædwita* auch synonym stehen **6b)** Vielleicht hiess in Städten Lancashires das Gericht *laghmot* nach den ∼; doch konnten beide Namen unabhängig entstehen; Stubbs *Const. hist.* I 627 **6c)** Zwölf *iudices*, Urteilfinder im Hundred — oder zweimal oder dreimal zwölf — begegnen, laut Klosterchronisten 12. Jhs. von Ely und Ramsey, in Ostanglien, aber ohne Spur dauernder oder gar erblicher Würde oder des Namens ∼; *Hist. Ramesei.* ed. Macray 79; *Hist. Eli.*

ed. Steward 127. 137 **6d)** Das die Stadt regierende Zwölfer-Kolleg knüpft wahrscheinlich nicht — und das der 'Schöffen' Londons (*s. d.* 46b. c) sicher nicht — an ~ an **6e)** *Lagman* als Eigenname kommt im 10.—12. Jh. bei Nordleuten vor, z. B. beim Begleiter Cnuts des Gr. (Lond. ECf 13, 1 A), bei Grundbesitzern in Essex und im Eastriding Yorkshires (Domesday II 95b. I 301), beim König von Man († 1096) und seinem Neffen; Munch *Chron. Manniae* p. 5. 190. Um 1140—80 ist der Dichter *Layamon* in Worcestershire geboren [bruch

lahcop, -slit *s.* friedlos 17a, Rechts-

Lähmung *s.* Wb *gelæmed, healt, lama. Vgl.* Verstümmelung; Sehne. Unter den Gliederbussen (*s. d.* 8 G) kommt vor **A.** ~ der Achsel: 30 Schill.; Abt 38 [*vgl.* Verwundung: 80 Schill.; Af 68], **B.** des Beins: Sühne durch Sippen; Abt 65, 1; 30 Schill. Af 75, 1, **C.** des Nackens: 100 Schill. oder in Verfügung der Gerichtsoberen; Af 77. Also zweimal verzichtet Gesetzgeber auf staatl. Bussatzung, zugunsten freien Ermessens des (Schieds)gerichts

Laien *s.* Wb *læwed. Vgl.* Kirchenstaatsrecht **1)** An Rang Geistlichen (*s. d.* 14. 35a. b) nachgeordnet und zum Gehorsam verpflichtet **2)** Sollen nicht das beurteilen, was Geistlichem (*s. d.* 19a. b) Gericht gehört **3)** Die Laiin ist gegen Versuch der Unzucht an ihr mit halb so hoher Busssumme geschützt wie die Nonne; Af 18

Laienabt *s.* Kirchenherr

Lamm *s.* Schaf

Lampe (*leohtfæt*) neben Leuchtern (*candelstafas*) und Laterne (*blacern*): Geräte, die der Vogt des Herrschaftsguts zur Wirtschaft braucht; Ger 17

Land *s.* England; Grundbesitz, Bocland, Folcland, Læn, Lehn, Bauer; Herrschaftsgut, Heimat; Ggs. *s.* Stadt, Königshof

Landarbeiter *s.* Arbeit(slohn), Hufe 1h, Kötter 4, Gefolge 9—9k

Landesbusse. 1) Öffentliche Busse an drei Tagen vor dem 29. Sept. ward, als das grosse [Nordische] Heer ins Land kam, verordnet; VII Atr 2—3a = VIIa 1. 5, 1. 6 **1a)** Dreissig Messen singt jeder Priester, 30 Psalmen jeder Diakon und Kleriker an den 3 Tagen für König und Volk; VII 2, 2a; b **1b)** Almosen und Fasten überwacht der Pfarrer; er leitet die Prozession; VII 2, 2; 5 = VIIa 2, 3 **2)** Von Ostern bis Pfingsten braucht niemand zu fasten, ausser *pro* (*publica* fügt In Cn bei) *poenitentia;* I Cn 16, 1

N Landesflucht, Verlassen des Reichs ohne königliche Erlaubnis (Brunner II 686) ist verboten; Quadr II Praef 2, I 542[f]. *Vgl.* abschwören 3, Verbannung

Landesverrat; -verweisung *s.* Hochverrat 5; Verbannung, abschwören

Landfrieden(sbund) *s.* Frieden, Königsfrieden, Polizei; Genossenschaft

Landgeschrei *s.* Gerüfte [12

Landgut(srecht) *s.* Herrschaftsgut, Grundbesitz; Hofrecht

Landkauf *s.* Grundbesitz 12. 16

landlos *s.* Gefolge 9. *Ggs.*: ansässig. *Vgl.* Heimat 1. 5

Landmass *s.* Hufe, Rute, Acker

Landrecht 1) *folcriht* (*vgl. folces folcriht* Urk. a. 868 Birch 519; *folcriht areccan* a. 880 Birch 553), *ius publicum* Hn 63, 3 = *lex* 45, 1. Gleichbedeutend steht für *folcriht* III Eg 1 *riht* V Atr 1, *s.* Wb 9; *folcriht* klingt nur stilistisch nachdrücklicher, ebenso wie *mid fulrihte* I Ew 1, 5 **1a)** 'Landschaftliches und gemeines ~' bed. wohl *landriht 7 leodriht* Grundbesitz 16a **1b)** And. Sinn hat *folcriht* im Beowulf 2608: subjektive Berechtigung öffentlicher politischer Art, darunter mitverstanden Grundeigentum **1c)** Vor dem staatlichen Gerichtsvogt sei jeder, auch der Arme, ~s teilhaft [gemeint ist wohl nur Gerechtigkeit (*s. d.*) allgemein, im Ggs. zu des Richters Willkür, im Einklang mit Gesetz und Rechtsgewohnheit, doch vielleicht auch unter Ablehnung lokalen Sonderrechts und adligen Privilegs]; I Ew Pro = II 8 = Hu 7 = III Eg 1, 1 = VI Atr 8, 1 = VII 6, 1. II Cn 1, 1. Iudex 3 **1d)** Richter soll kein Bedenken tragen ~ zu sprechen, auch in Ælfreds Testament, Birch 553 **2)** Volksrechtliche Busse [nicht Rachegefahr] trifft den Missetäter ohne Absicht, der Asyl (*s. d.* 3) gewann **3)** Zum Volksrecht stellbar soll man Land- und Herrenlose (Gefolge 9b) machen, d. h. durchs öffentliche ordentliche Gericht auffindbar **4)** Nach Volksrecht Anspruch zu erheben, beteuert der Klageeid (*s. d.* 4a) in Anefang (*s. d.* 7) und Spurfolge **5)** Nach Volksrecht unschuldig zu sein bzw. als ureigen zu besitzen, schwört der Beklagte vor dem Ordal (II As 23) bzw. im Anefang; *s d.* 25b **5a)** Der um Grundbesitz (*s. d.* 16a) Verklagte antwortet, sein Vorgänger besass ihn nach vollem Volksrechte; Becwæð 1. Es ist nicht etwa speziell *folcland,* nur ~lich vererbender Grundbesitz gemeint: Eigentümer kann ihn frei vermachen **6)** Der nach Volksrecht schuldig befundene Dieb wird hingerichtet; VI As 1, 1 **7)** Die Totschlagsühne geht nach Volksrecht vor sich; II Em 7 **8)** Bedeutet in den vorigen Stellen 'volksrechtlich': 'juristisch gerecht', so hat es noch allgemeineren Sinn 'geziemend, passend', wenn des Gehegewarts (*s. d.*) Stück Land 'mit Volksrecht' angeordnet wird **9)** Königs Wergeld geben nach (*folces* fügt zu Mirce) *folcriht* Mirce 3. 3, 1 u. Norðleod 1; da ist viell. altes ursprüngl. Nationalrecht gemeint, im Ggs. zur späteren Idee des Hochverrats **10)** *folc-(manna) lagu* kann staatliches Recht im Ggs. zum geistlichen heissen; *s.* Kirchenstaatsrecht 1b **10a)** *Instituta legalia* stellt neben göttl. Gebot und Kirchenrecht (*s.* Kanones 2b) Iud Dei XIV 8, 1 **N 11)** Aus der Entstehungszeit des Common law stammt zwar, meint dieses aber noch nicht technisch der Satz: Markt sei nur in Städten, *ubi consuetudines regni* (Zoll?) *et ius commune* (~) *et dignitates coronæ* (Staatshoheitsrechte) *deperire non possunt:* ein bürgerliches Reformprogramm, mit Spitze gegen Adelsmärkte, um 1200; Wl art retr 11 **12)** Erst dieser Londoner Zeitgenoss der Magna charta braucht wie diese für ~ *lex terrae* I 554[d]: nur gemäss dieser darf die Obrigkeit, aus Steuer oder Gericht, dem Staatsbürger Geld entziehen

Landrente *s.* Abgabe, Pacht **Landschaft** *s.* Bezirk **Landübertragung** *s.* Grundbesitz 12. 16 **Landverwirkung** *s.* Vermögenseinziehung, *bocland* 17ff., *læn* 6 **Landwehr** *s.* Heer

Landwirtschaft *vgl.* Ackerbau, Vieh; Weide, Heu, Holz, Wald; Pflug, Geräte; säen, düngen **1)** Arten nutzbarer Erdoberfläche: 'Ackerflur und Weide, frisch Wasser und Sumpf, uneben Buschland und offenes Gelände, Wald und Feld, Land und Strand' [aus alliterierenden oder reimenden

Einzelformeln, die in Urkk. häufig vorkommen]; Becwæð 3 2) So sehr fliesst aus ~ das hauptsächliche Einkommen, dass I As Pro nur Vieh und Frucht verzehntet; **N** im 12. Jh. erst tritt auch das Geschäft hinzu in ECf; *vgl.* Zehnt 3) Produkte der ~ *s.* Getreide, Bohnen, Futter; Vieh, Fett, Milch, Butter, Käse, Fell, Horn; Organisation *s.* Bauer, Dorf, Herrschaftsgut, Vogt 4) Einzelne Baulichkeiten für die ~: Tenne, Scheune, Mühle; Ställe für Kleinvieh, Rinder, Schweine, Schafe, Pferde; Darre, Ofen, Trockenofen; Ger 3, 1. 9—13. 17 5) Die Arbeiten für die ~ je nach Jahreszeit und Wetter ordnet der Gutsvogt an; es beschreibt sie Ger 1 f. 8—13. Dass *fealgian* umbrechen, brachen (nicht eggen) bedeutet, bestätigt Hoops *Beitr. Gesch. Dt. Spra.* 37 (1911) 321 6) Aus der Naturalwirtschaft stammen die ältesten Befugnisse und Namen der Finanzbeamten; so haben die Gildevorstände (*s.* Genossenschaft 12h) die Pflicht des 'Büttenfüllens' fürs Bierfest; ein höherer Wirtschaftsbeamter des Bischofshofes heisst *fatfylre;* Urk. um 1037, Thorpe *Dipl.* 568. Der Schüsselträger (*dapifer, discþegn*), der Haustierwärter (*steward*) werden zu Finanz-Amtleuten; *vgl.* Kornverwalter

Lanfranc *s.* Canterbury 6; Gloucester 1; Dritter Pfennig 2b; Gewicht 11b; Geistl. Gericht 22c; Heer 10a; Kanones 17; Kelch 1; Menschenraub 4; Exkommunikation 7a. 13b; Eheschliessung 12h [busse 9

Längenmass *s.* Mass; *vgl.* Glieder-

Langobarden zeigen im Recht besondere Verwandtschaft mit den Agsa. *Vgl.* die Termini *folcfreo, fulborn, gesið, locbore;* und die Institute: Anefang 20e; Erbgang (*s. d.* 6) mit Ausschluss der Töchter; Verwandtschaft (*s. d.*) bis zum 7. Knie; Mündigkeit (*s. d.*) zu 12 Jahren; Todesstrafe für Herrenverrat (*s. d.* 3); *dux* und Ealdorman (*s. d.*); Königs örtliche Nähe beim Verbrechen macht Todes oder, wenn König begnadigt, Wergelds schuldig (*s.* blutig Fechten 5a); Brunner I² 70. 537 **Lanze** *s.* Speer

N Lappland. Dort setzte Arthur [angeblich] die Grenze des Reiches Britannien [Tendenz zur Beherrschung der nördl. Meere]; Lond ECf 32 E

N Lastabgabe *lastagium* (auch Französisch, *s.* Du Cange und Littré s. v. *last, lest*), Zoll von Warenlast bei Markt und Jahrmarkt, für Kauf und Verkauf; [wenn aus Chesters Hafen *navis discederet, 4 den. de unoquoque lesth habebat* (vor 1066) *rex et comes;* Domesday I 262b]. Davon befreit ist der Londoner Bürger durch ganz England und in den Häfen; Hn Lond 5 2) So auch manche andere Handelsstadt Englands; *vgl.* Gross *Gild merch.* II 178. 183. 211. 388. 409

Laster *s.* Kardinaltugend

Lästerung *s.* Ehrenkränkung; Verleumdung; Blasphemie; Fluch; Gott 5c

Latein 1) ~ im Agsä. Text *s. o.* S. 131, Sp. 3 2) ~ische gleichzeitige Paraphrase Agsä. Gesetzes durch Wulfstan von York: VI Atr L 3) ~ische Übersetzung der *Gesetze s.* IV Eg; **N** in Rechtsbüchern *s.* Quadr (die Methode dafür *s.* I Cn Pro I 279***). In Cn. Cons Cn. Leis Wl L; von Urkk. *s.* Cn 1027. Wl Lond 4) ~ische Originale *s.* Sacr cor, Iud Dei, **N** Duell, Excom., Wl ep, CHn cor, Hn mon, com, Lond; Privatarbeiten: Wl art, Quadr, Hn, Ps Cn for, ECf, Lib Lond

Lathe 1) ~ heisst in Kent der politische Gau, mehrere Hundreds umfassend **N 1a)** Wohl nur wegen dieser Stellung zwischen Grafschaft und unterstem staatlichen Gerichtsbezirk setzt ~ in Parallele zu Riding der Denalagu ECf 31, 2 retr **1b)** Ebenso unrichtig stellt ~ gleich mit Wapentake ders. 32 retr. 22, 5* Interpol. **1c)** Dass K. Ælfred auch diesen Gau eingerichtet habe, behauptet Thorne (ed. Twysden *Decem Scriptt.* 1777) wohl nur, weil er bei Will. Malmesbur. ihn als Schöpfer des Hundred (*s. d.* 10d) angegeben fand 2) Gerichtsbarkeit mit Strafgeld scheint in den Kentischen Urkk. gemeint, in denen ~ seit 973 vorkommt: *on Westan Cœnt, þær þæt land and þæt lað to lið;* Birch 1296 (übersetzt von Kemble *Saxons* II 47); *de illo lesto quod ad manerium de Æilesford pertinet;* 1321. Jener alliterierenden Formel diente zum Muster Nord. *land ok lað* nach Toller **2a)** Auch im Domesday kommen 6 ~s vor; sie enthielten nicht die gleiche Zahl von Hundreds; Chadwick *Anglos. instit.* 249 **2b)** *motlæðu* (*s.* Gericht 11. 9b) hängt vielleicht damit zusammen **N 2c)** Anfang 12. Jhs. bestand Gerichtsfolgepflicht zu ~ wie zu Hundred und Husting; *s. d.* 2b **2d)** Der Vogt über ~, *leidgreve* genannt, muss auf dem Grafschaftstage erscheinen neben Baronen und Beamten; Hn 7, 28 Interpol. um 1200; *vgl.* I 654* 3) Wahrscheinlich 'Gau samt Gerichtsbarkeit' meint der auf Klage um Land Antwortende, der *læðes ne landes* sich nicht entäussern will; Becwæð 3, 2; über die Formel *s. o.* 2

Lea, linker Nebenfluss der Themse, im südl. Bedfords. entspringend, unterhalb London mündend, bildet Grenze zwischen Guthrums Ostanglien und Ælfreds England; AGu 1

Lebe**nsalter** *s.* Jugend **Lebensgefahr** *s.* Seewurf **lebenslänglich** *s.* Abschwören, Verbannung, Pönitenz, *læn* 5, Gesetz 22c **Lebensnachstellung** *s.* Herren-, Hochverrat; Absicht **Lebgut** *s.* Vieh, Fahrhabe **leblose** Todesursache *s.* Haftung 2a. 4-g

lector *s.* Geistliche 9a. Im Sinne 'Lateinlehrer' braucht Asser ~ 24, ed. Stevenson 21. 225

Leder *s.* Fell 2f., Gürtel

N ***Leges Anglorum*** *s.* XIII. *in. Londoniis collectae,* als *Lond* zitiert, I S. xxxiv; Teile daraus 489. 627a. 635ff.; 655ff.; *s.* London 18

Lehngericht *s.* Gerichtsbarkeit 13d. e. 20o. 26b—27a. 32—Ende; Hallengericht [5a. 11ff.

N Lehnmutung *s.* Heergewäte 2.

Lehnwesen *s.* Wb *feudum, feudatus, fiu; manerium, mansio; tenere, tenementum, tenure; terra, terre. Vgl.* Vassallität, Adel 4f. g. 6a. 21b. c. d. 22c—25a. 30a—32. 33d. e, Allod 2. 2a. 5, Herrschaftsgut, *honor* **N 1)** Das allgemeine Wort für Lehn ist *id quod tenet,* was auch niederen Besitz umfasst, während *feodum* nur adligen bedeutet; Hn 41, 3; *iuxta feodum et secundum tenementa* Lond ECf 32A 9 **1a)** *feudus* für ein Einzelmanor (Hn 59, 12a), aber auch für *honor; s. d.* 1 **1b)** Domesday verwendet *feudum* häufig, doch wohl nie für die Zeit vór 1066 2) Agsä. Ansätze zum ~: **A.** Persönliche Abhängigkeit Freier *s.* Gefolge, Gefolgsadel, Thegn, Aftervassallen; B. dingliche Abhängigkeit des Grundbesitzes *s. bocland, læn;* C. Verbindung beider: **I.** das Land belohnt früheren Kriegsdienst (*s.* Gefolgsadel 11. 14—18;

Urk. a. 692 Birch 77), **II.** bedingt künftige Treue (Urk. a. 801 Birch 303); Mannschaft verbindet sich *læn* (*s. d.* 4h); durch Untreue wird das Land verwirkt **2a)** Einzelheiten festländischen ∾s finden Parallelen bei den Agsa.: **I.** Erblichkeit des *bocland* und, für 3 Leiber, des *læn*, **II.** Gerichtsbarkeit des Verleihers über den mit *bocland* (*s.d.* 23) Beliehenen, **III.** Gestaltg. des Grundbesitzes zum Herrschaftsgut (*s. d.*) mit Regierung über persönlich freie, aber fronpflichtige Bauern, **IV.** staatliche Mediatisierung letzterer und Beginn ihrer Hörigkeit, **V.** widerrechtl. Schutz des Gefolges; *s. d.* 16g **2b)** Landveräusserung verbindet sich zwar bei den Agsa. mit Vassallität, aber nicht lehnmässig: Testator unterstellt seine Erben bzw. sich mit Weib und Kind Canterbury als ihrem Herrn und vermacht ihm das Land nach Aussterben des Geschlechts (Urk. a. 835. 837 Birch 412 bzw. 417); allein das Stift erhält hier doch das Land erst, wenn kein Vassall mehr vorhanden ist, und ist nicht der ausleihende, sondern der empfangende Teil; das Land hat immer nur éinen Herrn: gegenwärtig das Testatorgeschlecht, später Canterbury **2c)** Die *Historia Eliensis*, vom 12. Jh. und lehnrechtlichen Kategorien geneigt, berichtet zwar Verkauf von Land unter Huldigung des Verkäufers und Schutzgewähr des Käufers: aber, da Verkäufer ferner nicht Unterbesitzer bleibt oder vom Lande etwa Kriegsdienst schuldet, gehört dies nicht ins ∾; ed. Gale I 42 = ed. Stewart 147 **3)** Im Unterschiede vom ∾ ist **I.** Mannschaft mit *bocland* und *læn* nur bisweilen, zufällig, nicht institutionell verbunden; der König ist nicht vassallitisch Herr jedes *bocland*-Besitzers (II Cn 13, 1); hatte er vielleicht vom ursprünglichen Empfänger Huldigung erhalten, so erbten dessen Nachkommen, ohne diese zu erneuen. **II.** Der vom Grundbesitz geschuldete Kriegsdienst ist eine öffentliche, vor der Beleihung bestehende, durch sie unberührte Grundlast. **III.** Das festländischem ∾ nächste *læn* (*s.d.* 4h f.; Maitland *Domesday* 303 ff.) ist auf drei Leiber befristet, bedingt auch niedere Fron und bleibt vereinzelt **N 4)** Juristen 12. Jhs. projizieren feudale Beziehungen in Agsä. Zeit hinauf. So setzt statt des von Cnut unter *landrica* gemeinten Gerichts- und Immunitätsherrn, der über dem gewöhnlichen Grundbesitzer steht: *dominus, cuius in capite terra est*, gleich als ob jener Gerichtsherr auch notwendig der Lehnsherr des Besitzers sein müsste; I Cn 8, 2 In **4a)** Ebenso stand wohl *landrica* im Original der Stelle, nach der in Denalagu ein 'Herr' erscheint, in dessen *fiu, feudum* Verurteilter wohnt, und Anteil an dem von diesem verwirkten Strafgeld erhält; Leis Wl 2, 4 **4b)** Jenes Rechtsbuch *In Cn* übs. '5 Hufen haben' durch 5 *hidas tenere;* Geþyncðo 3 **4c)** Sogar Subinfeudation vor 1066 könnte man herauslesen aus dem Domesday: *Ad hoc manerium* (Leominster) *pertinebant 2 maneria S. et M.;* I 185; allein die Zugehörigkeit ist nur jurisdiktionell, nicht feudal. Wenn Gutsbesitzer *tenuerunt de comite et habebant sub se milites* (nach I 180b 1), so erscheint hier, wie öfters, Agsä. Verfassung in Normann. Rechtskategorien gepresst **4d)** Theologen projizieren das ∾ in die Dogmatik. Eine Formel, die aber aus Frankreich stammt, redet Gott an: Du unterwarfst dem Menschen die Geschöpfe, die er so benutzen möge, wie er Dir dient; Iud Dei IX 3, 3f. **N 5)** Seit 1067 absorbierte das ∾ jede andere Form des Eigentums an Land. Auch Kirchenland (*s.* Kirchenfreiheit 5) erscheint als Baronie. Bistums- und Abtei-*homines* will der König nicht besteuern, solange der Stuhl vakant sein wird; CHn cor 1, 1. Auch vom Hintersassen der Kirche heisst es, dass er *de ecclesia tenet;* ECf 4 **5a)** Jeder der Kirche gehörige Boden, auch der des Pfarrhofes, liegt auf dem *feudo ecclesiæ* [wozu der Ggs. nicht etwa lehnsfreier Kirchenboden, sondern nicht kirchliches Lehn ist]. Der klerikalere Bearbeiter macht *fundo* daraus; 5, 1 **5b)** Alles Land ist laut der juristischen Theorie nach 1067 Lehn: jeder Verurteilte wohnt in *fiu* jemandes; Leis Wl 2, 4 **5c)** Der König kann nur weilen entweder auf eigener Domäne oder sonstwo, *cuiuscumque feodum vel mansio sit;* Hn 80, 7a. Also auch die Gemeinde, selbst die städtische, besitzt nach dieser Theorie ihren Boden nicht unbedingt frei, sondern in Abhängigkeit vom König, wenn nicht vom Adel **6)** Der König beaufsichtigt das ∾, indem er verbietet, von den Aftervassallen drückenderes Relevium (*s.* Heergewäte 14) oder weitere Rechte aus Vormundschaft (*s. d.*) zu fordern als er von den Kronvassallen verlangt; CHn cor 2, 1. 4, 2 **6a)** Diesen Grundsatz spricht Magna charta c. 15 auch für die Auxiliumbesteuerung und c. 60 allgemein aus **6b)** Der König ist kraft staatlicher Gerichtshoheit, aber auch als Oberlehnsherr, Beaufsichtiger und höchste Instanz des Lehngerichts; *s.* Gerichtsbarkeit 33—35 **6c)** Er versammelt seit 1067 den Reichsrat (*s. d.* 1d) nicht mehr bloss als Staatsoberhaupt und persönlicher Gefolgsherr, sondern teilweise weil im ∾ der Mann dem Lehnsherrn Rat schuldet **7)** Ein Herr kann *diversos feodos tenere* und von verschiedenen Herren Lehn tragen; Hn 41, 1a; 3. 43, 5f. 59, 12a **7a)** Dann sind Recht und Pflicht aus verschiedenen Lehnsbanden getrennt zu halten: mit dem Sachgute des einen Lehns diene er nicht dem Herrn eines andern (43, 5), sondern erfülle jedem Herrn dessen Recht aus dessen Lehn; 61, 4 **7b)** Vorgeladen vom Lehnsherrn kann er nur werden an einem Manor, das er von diesem zu Lehn trägt; 41, 3 **7c)** Aber jeder Mann hat nur éinen *ligius; s. d.* 3 **8)** Der Lehnsherr verbietet, wenn seine Vassallen in Fehde (*s. d.* 1) liegen, Schädigung seiner Lehen **9)** Eine wirtschaftliche Einheit bildet das *manerium* (Hn 56, 1; 4); *s.* Herrschaftsgut. Mehrere Manors fasst politisch und lehnrechtlich zusammen der Honor; *s. d.* 1 **9a)** Über Verwaltung des Lehns durch Vertreter des Herrn *s.* Adelsbeamter, Truchsess, Vogt **9b)** Die Klage des Gutsherrn gegen den Vogt, der *firmam in feodo tenet* (für die Gutspacht Mannschaft geleistet hat) geht lehnrechtlich vor sich; *s.* Gerichtsbarkeit 35a **9c)** Über die normale Grösse des Ritterlehns handelte Vinogradoff in der British Academy 1907, laut *Athenæum* 9. Febr. 07 p. 170: es trug unter Heinrich II. jährlich 10 £ Rente und umfasste oft 5 Steuerhufen (eingeschätzte Grundflächeneinheiten) im südl. England **9d)** Baronie, Ritterlehn, Sergeantie des Herzogs in der Normandie sind seit Heinrich II. unteilbar, *vavassoria et* *laicum tenementum* bleiben teilbar; *EHR* 1907, 38 **10)** Die Lehnpflicht für *feodum et tenementum* ist wesentlich kriegerisch; Wl art retr 8 **10a)** Der Vassall muss Waffen dazu bereit halten, die der Herr nach des Mannes Tode für den unmündigen Erben verwaltet und, falls solcher fehlt, erbt; ders. Verf.; *s.* aber Erbgang 22 **10b)** *Militibus, qui per loricas terras suas deserviunt,* gewährt für ihre Domäne Freiheit von Steuer und Staatslast, damit sie um so mehr *equis et armis parati sint ad defensionem regni*, CHn cor 11 **10c)** Dieser Ausdruck Panzerlehn, auch sonst in England 1107—9 nachgewiesen (Round *EHR* 1901, 729), kommt häufiger in der Normandie vor; Haskins *ebd.* 1907, 640 **11)** Prozess über Lehn *s.* Grundbesitz 15c **12)** Das Lehn vererbt gesetzlich; *s.* Erbgang 20ff. **13)** Aus der Vormundschaft (*s. d.*) des Herrn über die unmündigen Kinder des Lehnsmannes folgt seine Verfügung über die Eheschliessung (*s. d.* 16p ff.) der Erbtochter **14)** Die Eingehung des Lehnsverhältnisses erfolgt, indem *debet tenens manus ponere inter manus domini;* Bracton II 35, 8f. 80; *vgl.* Hand 3 **15)** Die Auflösung des Lehnsverhältnisses kann der Mann bewirken durch freiwillige Aufgabe des Lehns (*s.* Erbgang 20; *vgl.* Instanzenzug 10a), oder wenn er vom Herrn *in mortali necessitate* verlassen wird; Hn 43, 18: ein Zeichen auch der herrschaftlichen Verpflichtung **15a)** Nimmt der Herr dem Manne das Lehn fort und tut ihm so Schande an, so kann er, falls der Mann beim Oberlehnsherrn mit Erfolg klagt, das *dominium* über ihn verwirken [vermutlich an diesen]; 43, 8. Jener gerichtlichen Klage muss freundschaftliche Verhandlung vorausgehn, im Frieden Jahr und Tag lang, in Kriegszeiten 30 Tage lang. Der Herr verwirkt bei Verletzung seiner Verpflichtungen sein Herrenrecht nach allgemeinem Lehnrecht; Gierke *Schuld u. Haft.* 135; Niese *Gesetzg. Norm. Sicil.* 160 **15b)** Der Mann verwirkt das Lehn an den Herrn, wenn er Felonie, Herrenverrat, Flucht von der Seite des Herrn bei feindlichem Angriffe oder in der Feldschlacht, Diebstahl verübt, in gerichtlichem Zweikampf unterliegt, vor dessen Gericht geladen nicht erscheint, sich einen *advocatus* gegen ihn wählt; Hn 43, 3f.; 7ff. 88, 14. 13, 12 (aus II Cn 77)

leibeigen *s.* Unfreie, Halbfreie; *vgl.* Freizügigkeit, Herrensuche; Gefolge, Bauer **Leibesstrafe** *s.* (Todes)strafe

Leibwache *heafodweard* **1)** ~ schuldet der Thegn dem König, der Geneat dem Gutsherrn; Rect 1. 2. *Vgl.* Larson *Household* 97 **2)** Sie lastet auf Landgütern für die Zeit, wo der König sich an bestimmten Orten aufhält; Domesday I 1. 252

Leicester 1) Die Stadt ~ ist eine der Fünf (*s. d.*) Burgen **2)** Grafschaft ~ gehört zur Denalagu und ist in Wapentakes geteilt; ECf 30. 30, 1

Leiche *s.* Tote; Grab

Leichenraub *s.* Wb *wælreaf*, urspr. 'dem Toten abgenommene Beute' **1)** ~ ist die Tat eines Nichtswürdigen, macht friedlos; Wal. Meinwerk und Neidingswerk heisst sie auch bei anderen Germanen. Dem Toten Waffen beizugeben, ist zwar religiöser Opferbrauch; ~ erschien also gottlos; Brunner I² 212[11]; *Ältest. Strafr.* 57. Allein den toten Feind zu spoliieren, galt dem Germanen als erlaubt, bis es die Kirche zum Neidingswerk stempelte; Röthe *ebd.* 66. [Als *niðingsverk* schilt 1258 auf Island das Plündern auf dem Hofe, wo der Feind überfallen und getötet worden war, ein Begleiter des Angreifers; Maurer *Island* 275] **2)** Von Anklage auf ~ reinigt Eid mit 48 vollgeborenen Thegnas, also höchste Eidesschwere; Wal **3)** Als Sonderbegriff ist ~ aus Nordischem Recht eingeführt, getrennt von Kirchhofschändung, Heimsuchung mit Raub und Diebstahl. [In Jütland ist ~ Vierzigmarksache; Lehmann *Königsfriede* 149]. Im Fries. Recht steht ~ zwischen Diebstahl (*Lex Fris., add.* III 75) und Raub; His 348. [*Vgl.* Langobard. *rairaub, plôdraub*] **N 4)** Mit Fränk. Recht mengt Wal Hn 83, 4—6: der ~ wird durch Fortnehmen von Pferd, Waffen, Kleidern oder sonstiger Fahrhabe verübt, gleichgiltig, ob die Leiche bestattet war (*vgl.* I 600[b]); **4a)** wer einen Begrabenen ausgräbt, ist *wargus;* 83, 5; *s.* Schatzfund **4b)** Wer in Blutrache oder Notwehr tötete, darf nicht ~ verüben; 83, 4 **5)** Wohl aus Fränk. Recht absichtlich fortgelassen hat Hn die Bitte der beleidigten Sippe um Begnadigung von der Acht gegen den, der ~ an ihrem Verwandten verübte; *s.* Klage 4c [delsschuld; *læn*

Leihe(land) *s.* Darlehn, Haftg., Han-

Lein 1) ~samen (*linsæd*) lässt im Frühjahr der Vogt des Herrschaftsguts säen; Ger 12. *Vgl. linen, linwyrt, linæcer, linland, linleah* Toller; Earle *Gloss.* **2)** Ein Linnentuch deckt die Scham des zum Ordal des Kaltwassers entkleideten Prüflings; Iud Dei X 17

Leistung, öffentliche, wird repartiert von oben, dem erwünschten Ergebnis, her bis hinab auf den einzelnen Beitragenden; *s.* **A.** Steuer; *hundred* 5d; Murdrum 11 **B.** Wo viel Volkes wohnt, stellen erst 2 Zehnerschaften éinen zur Spursuche hinter verlorenem Vieh, wo wenig, jede; VI As 4; wenn viele Sklavenhalter in der Genossenschaft sind, zahlt jeder ½ Pfennig, wenn wenige, 1 Pfennig, um den éinem versicherten Genossen entlaufenen Sklaven zu ersetzen; 6, 3

Lenden (*lendenbræde*). Wer sie jemandem zerschlägt, zahlt 60 Schill., wer hineinsticht 15, wer durchsticht 30 Schill. [zu 5 Pfg.]; Af 67—67, 2 = Hn 93, 27

Leo III., von Römern geplündert und misshandelt [angeblich der Augen und Zunge beraubt], ruft [den späteren] Kaiser Karl zu Hilfe. Dieser [vielmehr dessen Macht] führt ihn zurück [799] und verhandelt [800] gegen Leos Feinde [angeblich, zur Wiedererlangung des gestohlenen Schatzes Petri, durch Ordal, das ~, Karl, Eugen (II. 824—7) schufen]; Iud Dei XII 1

letztwillig *s.* Testament, Erbgang 7—8c. 15. 22; Bocland 6ff.

Leugnung *s.* Beweis(nähe 2a), Reinigung, handhaft 5a. b. 7b. d, Rechtsgang 17a, Lüge 5

Leumund. *Vgl.* Verleumdung **1)** Der Herr schwört, um seinem verklagten Mann die Reinigung im Prozess ev. auch Busse und Strafe so zu erleichtern, wie nur ein Unbescholtener behandelt wird, 'dass jenem nie ein Reinigungseid fehlschlug, noch er Diebesbusse zahlen musste'; I Atr 1, 2 = III 4 = II Cn 30, 1 **2) N** Nachbarn, Lagamen *et meliores*, aus Stadt und Hundred schwören, aufgefordert vom staatlichen Richter, auf guten ~ des Besitzers, dem im Anefang ein Erwerb abgestritten war; ECf 38, 2 **3)** Für blosse ~zeugen hält die von mir als Rügejury (*s.* Geschworene 1) betrachteten 12 Thegnas Brunner *Schwurger.* 404; III Atr 3, 1

Lewes in Sussex Münzstätte unter Æthelstan; II As 14, 2

lex *s.* Gesetz; Rhodia, Salica, Ribuaria

N **Lichfield** 1) Chronik aus ~ *s.* Hs. Ce I xxj und I 627ᵃ 2) Bischof Robert von ~ geht 1102 als Gesandter der Engl. Regierung nach Rom; Quadr II 6

Licht *s.* Lampe, Kerzen

Lichtmess *s.* Maria, Lichtschoss 2

Lichtschoss *s.* Wb *leohtgesceot* 1) ~ wird anbefohlen, ohne Termine, bei Strafgeld; EGu 6, 1 2) Nur zu Lichtmess angeordnet, dagegen öfter freiwillig zu geben empfohlen; VIII Atr 12, 1 = *Homil. n.* Wulfstan 311 **2a**) Dreimal jährlich (davon einmal zu Lichtmess) anbefohlen; V Atr 11, 1 = VI 19 **2b**) Zu Lichtmess, Ostern, Allerheiligen (aus *Can.* Eadgari Gloss.) wird der Kirche Wachs gezinst; I Cn 12; *Homil. n.* Wulfstan 116 = 208. So in Torksey; Bateson II 212 **2c**) Statt Allerheiligen setzt Weihnacht *Homil. n.* Wulfstan 311; statt Mariä Reinigung setzt Mariä Geburt I Cn 12 Hs. Colb. 3) Jedesmal von 1 Hufe 1 Halbpfennig (*s. d.* 2) Wachs 4) Im 11. Jh. wandert der Gebrauch, ~ zu zahlen, von England nach Dänemark; Lundby *Kirkehist. Saml.* 5 *R.*, IV p. 15 5) Ausser dem ~ fordert häufige Wachsspende an die Kirche VI Atr 42, 3 = *Homil. n.* Wulfstan 73

Liebe 1) N ~ des Landesvaters *erga vos omnes* (Barone und andere Untertanen) bewegt zur Abstellung von Missbräuchen der Regierung gegen Kirche und Weltliche; CHn cor 1, 1 2) ~ des Mannes zum Herrn, d. h. Förderung alles dessen, was der Herr wünscht, versprechen u. a. der Mannschaftseid (*s. d.*) und die Königstreue (*s. d.* 2. 5—7 f.) des Untertanen 3) ~ zu einer der prozessierenden Parteien darf der Gerechtigkeit (*s. d.* 2d. 6 ff.) nicht entgegenwirken noch der Wahrheit des Zeugnisses; *s.* Kaufzeugen 7b 4) ~ im Ggs. zu Rechtsgang *s.* Schiedsgericht 5) ~ zu Gott *s. d.* 5 6) Menschen~ *s.* Moral 7) ~ zu Eltern *s. d.* 2

Liegenschaft *s.* Grundbesitz

ligius, unbedingt (nur *salva fide regis*) verpflichtet, unbeschränkt durch andere Vassallitätsbande, etymol. von ahd. *ledic* unbehindert; *vgl.* Schröder *DRG*⁵ 449. 455; Pol Mai I 279. Der Mann heisst auch *residens* des ~; Hn 43, 6 = 55, 2. 82, 5 N 1) Erst seit 12. Jh. kommt der Ggs. des ~ auf zum *simplex homagium;* F. Lot *Fidèles ou vassaux;* Par. 1904 **1a**) Theobald III. von Champagne schwört dem König Philipp II. *homagium contra omnem creaturam, quæ possit vivere et mori* **1b**) Heinrich I. gibt 1121 dem Milo von Gloucester zur Frau die Erbtochter eines Kronvassallen mit deren elterlichen Territorien, deren *tenentes faciant [Miloni] hominagium ligium sicut domino suo in mea salva fidelitate;* Round *Anc. charters* n. 6 2) Der einzige Herr ist zugleich des Mannes ~; Hn 30. 32, 2 3) Dem einen ~ des Vassallen vieler Herren gebührt höchste Treue, vorbehaltlich nur der für Gott und König; 55, 2; 3b = 43, 6 4) Der Mann ficht im Kriege beim ~; 82, 5 5) Nur mit Erlaubnis des ~ darf der Mann sich einem ferneren Herrn kommendieren; 55, 3b **5a**) Hierfür schon kurz vor 1066 ein Beispiel: Eadward III. schreibt 2 Grafschaften, er genehmige, dass A. dortigen 2 Äbten *mot bugan;* Kemble 882 N **5b**) Alle Juden (*s. d.* 7) gehören dem König *ligie* 6) Für den erschlagenen Mann erhält Mannbusse der ~; Hn 43, 6; 6a = 55, 2. 82, 5 7) Als Lehnsmutung bezieht der ~ vom antretenden Lehnserben des Vavassor Ross und Waffen des Verstorbenen; *s.* Heergewäte 12b 8) Der von einem anderen Herrn verklagte und gefangene Mann kann vom ~ verbürgt und muss dann aus der Haft befreit werden; Hn 43, 6 9) Der Mann kann nicht über den ~ Urteil finden oder verkünden; 32, 2 10) Der Mann, vom ~ vorgeladen, muss diesem zuerst Rede stehen, von wem auch Klage (*s. d.* 16) vorhergehn mag; 61, 6b 11) *legitimi homines* des Verstorbenen verteilen dessen Fahrhabe für seine Seele; *s.* Erbgang 15a. Das Wort verstehen als *ligii* Pol Mai II 331. 354

N **Limézy**, Rudolf von [† 1115–30], ist Rechtsnachfolger der Agsä. Prinzessin Christine in deren Ländereien [namentl. in Warwicks.]; ECf 35, 1a; *vgl.* I 665ᵃ

N **Lincoln** 1) An Diözese ~ ist adressiert ein Exemplar von Wl ep Pro 2) Hs. aus ~: Mm I xxxv 3) Die Grafschaft ~ gehört zur Denalagu. In ihr entspricht dem Südengl. Hundred das Wapentake; ECf 30. 30, 1

Lippe, *lippa* 1) Die ~ verflucht neben anderen Körpergliedern der Kirchenbann Excom VII 16 2) Ober~ wird zur Strafe verstümmelt, neben anderer Leibesstrafe, dem im Ordal mehrfach schuldig Befundenen; II Cn 30, 5 [sie wird der Hure abgeschnitten, die dem Königshote wiederholt zu nahen wagt; Fleta II 5]

Litanei wird gesagt in der Ordalliturgie nach der Messe, vor dem Exorzismus; Iud Dei II 1, 2. III 1. XI 1ᵇ. XIV 1, 1ᵇ; beim Hinschreiten zum Ordalort; X 17. XII 15. XVI 30; zwischen den Psalmen vor der Weihe der Zweikampfwaffen; Duel 1

Liten *s. læt*

Liturgie; *vgl.* Messe, Litanei, Vater unser, Glaubensbekenntnis, Kreuz, Prozession, *Responsorium* (Duel 9), Ordal, Zweikampf 1) Liturgische Formeln in oder hinter legalem Text: Cn 1020, 20. II Cn 11, 1. 84, 2; ebenso *s.* Toller 690. 795. 1284 unter *heofon, myrhð, rice* 2) Zu jeder Hore wird in jedem Stift die *Collecta contra paganos* gesungen, als ein Teil der Landesbusse; VII Atr 3, 1 = VII a 6, 3 3) Letzte Kollekte als Schluss der Ordalmesse; Ordal 4, 2 4) Das liturgische Psalmodieren gilt als urchristlich: 'Christus sang *Pater noster*'; I Cn 22, 2. [Das Altfranz. Epos *Reise Karls* lässt Karl den Gr. eine Kirche in Jerusalem betreten, 'wo Gott selbst mit den 12 Aposteln Messe sang'; Suchier *Französ. Lit. G.* 27]

Locken trägt die freie Jungfrau (*s. d.* 4); Abt 73 [*hwitloccedu* heisst die *æðelu* Tochter des *eorl* im Rätsel Cynewulfs; *bundenheorde* (mit aufgebundenem Haar) die alte Frau; die Brautfrau dient am Hochzeitstage der Braut als 'Haarhüllerin'; die Änderung der Haartracht der Braut bei der Hochzeit ist vorhistorisch; Röder *Nachr. Gött. Ges. Wiss.* 1909, 35 f. Erst weit später hält ~ auf Mädchen beschränkt Weinhold *Dt. Frauen* II 323. Offenes Haar ist Zeichen der Jungfräulichkeit auch bei and. Germanen; Amira *Altgerm. Oblig. R.* II 649; Vigfusson *Corpus poet. boreale* II 476; Frensdorff *Zunftrecht* in *Hans. Gesch.-Bl.* 1907, 21

Lokalbezirk; -gericht *s.* Bezirk Z. 7; Gericht 11a. b

Lokalrecht *s.* Partikularrecht

Lokalverwaltung *s.* Amt; Bischof, Ealdorman, Königskleriker, Missus, Sheriff, Vogt, Königsrichter, Schatzmeister

Lond *s. Leges Anglorum*

London.

1. Bevölkerung. 2. Bischöfe. °~bridge. 8. Bürgerschaft. 11. Dänen, Franzosen. 13. Freibriefe, Gesetze, Juristen. 20. Gauzentrum. °Genossenschaft. 24. Gericht. 28d. Geschichte. °Gewicht. 29. Handel. °Handschriften. 39. Immunität. 42. Kentisch. °Maß. 43. Münze. 44. Namen. 45. Regierung. 48. Reichsmittelpunkt. 54. Stadtrecht. 61. Tore.

~: **Bevölkerung** 1) Ein Minimum der Einwohnerzahl für c. 935 von etwa 3000 Seelen ergibt sich erstens aus Genossenschaft 12n, zweitens aus der Zahl von 120—240 Sklavenhaltern in der allerdings über die Stadtmauern hinausreichenden Friedensgilde **1a**) Auf starken Handelsverkehr deutet *u.* 43 | ~: **Bischöfe** 2) Eorcenweald, von Ine Pro als mein 'Bischof' unter den Beratern seines Gesetzes erwähnt, erschien also nicht bloss wegen persönlicher Heiligkeit, sondern wegen amtlicher Beziehung, laut des Possessivs *min*, auf dem Witenagemot der Westsachsen **2a**) Zwar gehörte das Bistum ~ zum Königtum Essex, das dem Oberkönigtum Mercien anhing [Birch 111]; und Eorcenweald zeichnete [frühestens 692] neben *Sebbi rex Eastsaxonum* und dessen Verwandten Urkk. **2b**) Allein er zeichnete auch die Ceadwallas von Wessex, und sein Nachfolger Walter die Ines; Birch 50. 72. 89. 113 **2c**) Die Dynastie Wessex beschenkte die Klöster Barking und Westminster im Sprengel ~ **2d**) Sie gebot über Teile von Surrey, wo Eorcenweald Chertsey gegründet hatte und als erster Abt leitete **2e**) Auch drang Ine zeitweise nach Ostanglien, wahrscheinlich über ~, vor **2f**) Ohne eine politische Hegemonie von Wessex über ganz Essex anzunehmen [Plummer *Bede* II 217], folgert wohl eine über Teile der Diözese ~ aus Ine Pro Chadwick *Instit.* 278 **2g**) Eorcenweald starb am 30. April [Kalender], nicht vor 692 [Birch 81; *vgl.* Obser *Wilfrid* 75], bevor Sebbi von Essex nach 30jähriger Regierung, die vor 664 angetreten war, Mönch ward [Beda III 29. 30. IV 11], also um 693 [Hunt *Dict. nat. biogr.*]; aber 30 könnte Rundzahl sein **3**) Theodred [nach 910 bis vor 953, sicher 926—51] überbringt [um 935] Æthelstans Gesetz von Whittlebury dem Erzbischofe von Canterbury [und der ~er Schutzgilde]; VI As 12, 1 **N 4**) An B. Wilhelm I. [1051—75] adressiert der Eroberer: Wl Lond **5**) Hugo [1075—85] schrieb [angeblich] auf Wilhelms I. Befehl eigenhändig ECf nieder; I 627* **6**) Moritz [1086—1107] tat dies [eine ~er Erfindung]; Lond ECf 34, 1a* **6a**) Er bezeugt 1100 CHn cor; Test **7**) Richard [1108—27] bezeugt [1109—11] Hn com; Test | **~bridge** *u.* 30, Glocke 2d | ~: **Bürgerschaft** 8) Sie, wie schon früher die Gilde (*s.* Genossenschaft 12l), neben den blossen Einwohnern ohne Vollbürgerrecht (*s.* Stadt) und neben *ecclesiae et barones* eigener Gerichtsbarkeit, ist geschlossen mit eigenem Stadtsäckel und von der Krone freilich erst erbetenem Bussanspruch gegen Friedbrecher, der gleich dem Strafgeld im Niedergericht (dem Hundred; *s. d.* 18) und dem 'Ungehorsams'-Empfang des Thegn ist. Bei blutigem Fechten, in Selbsthilfe vor Aufforderung zum Rechtsgang, innerhalb der Stadt zahle der Missetäter (ausser Busse an den Verletzten und Strafgeld an den König), 'wenn er auf die Freundschaft dieser Stadt Wert legt, uns 30 Schill. [$^5/_8$ £] Busse, wenn uns der König das erlaubt' (IV Atr 4, 2) — also ein noch fragliches Kronprivileg, kein unabhängiges altes Recht —, offenbar als Sühne für den verletzten Sonderschutz, den die Gemeinde gewährt [*vgl.* in Rouen *misericordia* (*s. d.* 11) *communiae*]. Er ist fünfmal so hoch wie der Bann der Gilde **9**) Wie die Bürgerschaft von Oxford und Winchester tritt *seo burhwaru* von ~ 1013, selbständig neben und trotz ihrem König, dem Dänenkönig Swen entgegen; Ann. Agsax. *Burgmannus* heisst ~er Vollbürger; IV Atr 2, 10 **9a**) Eadward der Bek. richtet Brevia für ~ an *burgþegnas* (Kemble 857. 861. 872), worin ich (mit Ballard *Dom. bor.* 112) die deutliche Spur einer Patrizierklasse sehe (wie in der Cambridger Thegn-Gilde), nicht (mit Toller *Suppl.*) bloss 'die in einer Stadt lebenden Thegnas'. Doch hat der Bürger fast nur Wergeld des Gemeinfreien, 5 £ (wie das Mitglied jener Thegn-Gilde in Cambridge 8 £, die auch sonst den 5 £ von Wessex entsprechen; *s.* Königschutz 6) **N 10**) Die ganze Bürgerschaft wird angeredet von Wl Lond 1; der Bürger heisst *civis meus* (d. h. *regis*), also reichsunmittelbar; Hn Lond 1. 10, aber auch *homo* ~. 2, 2. 5. 7 | ~: **Dänen, Franzosen** 11) Zwar blieb ~ von Guthrums Ostanglischem Reich ausgeschlossen in AGu, aber der Einfluss der Dänen (*s. d* 13a) ist dort mächtig; *s.* Husting **12**) **N** Wilhelm I. redet die Bürgerschaft als *Frencisce 7 Englisce* an; Wl Lond. Frankoengländer (*s. d.*) spielen in ~ schon bald nach 1066 grosse Rolle | ~: **Freibriefe, Gesetze, Juristen** **13**) Es sind VI As (wovon ein Teil aus der ~er Gildenstube; *s.* Genossenschaft 9ff). IV Atr. Wl Lond. Hn Lond **N 14**) Anfang 1067 Wilhelm I. *disposuit quædam ad civitatis commoda sive dignitatem;* viell. u. a. Wl Lond meinend; Wil. Lexov. **15**) Hn Lond ward um 1200 eingeschoben in Hn 2; I 547* **16**) Dem Dome ~ gehörte die Sammlung Agsä. *Gesetze* Hs. B, ferner Cn Lp; I XIX. XXI. XXXIV **17**) Eine städtische Privatarbeit um 1140, ruhend auf Freibriefen und Lokalrecht, die Immunitäten und Marktmonopol von ~ auszudehnen bestrebt, ist Lib Lond I 673 **18**) Eine städtische Privatarbeit derselben, aber auch Grossbritannischer und international-kommerzieller Tendenz, ist die Kompilation mit erfundenen Einschüben *Leges* (*s. d.*) *Anglorum* **18a**) Hierin ist u. v. a. gefälscht, dass Wl lad und Wilhelms I. Gloucestersches Gesetz zu ~ ergangen seien; Wl art retr 9[b] **19**) Aus der Gildhalle stammen die Handschriften Ai. Ce. Co. Cust. E Lond. Gi. Horn. K 2. Lond. Mem. Or. Ord. To; I XVIIj—XLI | ~: **Gauzentrum;** *u.* 44 **20**) Der Landfriedensbund unter Æthelstan umfasst die Stadt ~ mit 'dazu gehörigen' nachbarl. Magnaten und den Vögten der Königsdomänen; *s.* Genossenschaft 12b **20a**) Zu 910 spricht von *landum, þe to ~ hierdon* der Agsä. Annalist; d. h. wohl: deren Insassen gingen nach ~ zu Gericht **N 21**) Mehrere Grafschaften hatten der Regierung staatliche Baulast in ~ zu leisten; von *sciran, þe mid weorce to Lundenne belumpon,* spricht Ann. Agsax. a. 1097. Letzterer Fronkreis muss nicht notwendig identisch sein mit dem vorigen, vielleicht gerichtlichen, Sprengel **22)** Ein Jagdrecht auf den Chiltern-Hügeln, in Middlesex und Surrey, besassen ∼s Vollbürger schon vor Heinrich I.; so bestätigt es Hn Lond 15 **23)** Derselbe gewährt für ewig *civibus tenendum Middlesexe ad firmam pro* 300 *libris ad compotum;* Hn Lond 1. Für Middlesex samt ∼, d. h. für den Ertrag aus dortigen Krongütern und öffentlichen Einkünften samt Gerichtsbarkeit, ausgenommen Kronprozess, zahlt die Stadt der Krone ein jährliches Pauschale. *Vgl. u.* 45b. Vor- und nachher kamen höhere Pachtsätze vor. Hier ist also die Grafschaft der Hauptstadt untergeordnet, umgekehrt wie anderwärts | ∼: **Genossenschaft** *s. d.* 12 | **N** ∼: **Gericht** *s.* Wardimot **24)** Neben dem Husting (*s. d.*) nennt *folkesmot* und *alia placita* (*u.* 28. a) *infra civitatem* Heinrichs I. Freibrief als Gerichte, in denen bisher Strafgeld an den Richter für Missesprechen (*s. d.*) gebüsst ward, fortan aber abgeschafft sein soll; Hn Lond 8 **25)** Wer nicht zum Prozess vorgeladen ist, braucht an Husting (*s. d.* 3) und Folkmot dem Kläger nicht zu antworten; Lib Lond 5 **26)** Die 'Volksversammlung' am Sankt Paulsdom, berufen vermittelst Glocke (*s. d.* 2b) durch die Aldermen (Lond ECf 32 A 3), ist das ältere, allgemeinere, demokratische, seltener gehaltene Gericht, entsprechend dem echten ungebotenen Ding; Bateson *EHR* 1905, 146 **26a)** Hier wird im 12. Jh. die Acht ausgesprochen; Bateson *Bor. cus.* I 72 **26b)** Später wird sie mehr politisches, regierendes und Beamte wählendes Organ. Daher der Traum, es zum Reichsmittelpunkt (*u.* 53) zu erheben, indem der Regierungssitz zu Westminster (*u.* 50a) mit ∼ konfundiert ward **27)** Heinrich I. verkauft den ∼ern das Recht, den Sheriff (*u.* 45c) und einen Gerichtsvorsitzenden sich zu wählen, um Kronprozesse (*s. d.* 18) erstens richterlich abzuhalten, zweitens fiskalisch zu verwalten; Hn Lond 1. Nur die Wahl durch die Stadt ist neu, nicht die Abhaltung der Prozesse. Fortan war also über ∼er Bürger nur zuständig ein von ihnen selbst erwählter Richter. Dieser [viell. hiermit neugeschaffene; Petit-Dutaillis *Constit. hist.* 93] Richter ist bis unter Heinrich II. nachweisbar; Round *Commune* 99. 103—8 **28)** *Placita regis* heisst in ∼ das Gericht, wo vor dem ∼er Sheriff vorgeladen, gepfändet, abgeurteilt und bestraft werden **A.** Missetäter zwar an sich unter Zuständigkeit privater Gerichtsbarkeit, die aber entweder bandhaft *in socna regis* (Stadtboden unter öffentlicher, nicht privater Jurisdiktion; Bateson I 2) ertappt sind; **B.** oder vor dem privaten Gerichtsvogt vergeblich verklagt worden sind, indem dieser Justiz weigerte (*s.* Gerichtsbarkeit 33a); **C.** alle, die nicht einer privaten Jurisdiktion unterstehen; Lib Lond 4. 4, 1 **28a)** Über Jurisdiktionsenklaven innerhalb ∼s *s.* Gerichtsbarkeit 26e. f; ihr herrschaftl. Vogt hiess *socc-irieve;* Bateson I 271. II 81 **28b)** Häuser in ∼ gehörten auch sonstigen Landgütern in Surrey, Middlesex, Essex; Earle 302; Maitland *Domesday* 180; Ballard (*o.* 9a) 18; ders. *EHR* 1906, 105; *vgl. u.* 37c. Auch der Bischof von Worcester hat dort Grundbesitz; Birch 492. 561 (wohl mit richtigen Tatsachen, trotz unechter Form) **28c)** **N** Graf David v. Schottland besass 1114—24 in ∼ eine *soca,* die ihm sein *præpositus* Edward verwaltete, mit Gerichtsbarkeit, die sein Hintersass, der Archidiakon, für ihn abhielt; Lawrie *Early Scot. char.* 48 | **28d)** **Geschichte** chronologisch: A. 685 unter Kent *u.* 42 | a. 688—95 B. Eorcenweald *o.* 2 | vor 700: 43a | a. 700: 29a | a. 811: 49 | a. 880—90: AGu; o. 11 | a. 925—35: 43 | a. 930—40: B. Theodred: 3; VI As *s.* Genossenschaft 12. Hiermit, mit IV Atr und besonders mit Hn Lond zeigen die *Gesetze,* wie ∼ jeder anderen Stadt weit vorausgeeilt ist | a. 942—6: 49a | a. 991—1002: IV Atr | a. 1013: 9 | vor 1066: 45b | **N** a. 1067—75: Wl Lond | a. 1075—85 B. Hugo: 5 | a. 1086—1100 B. Moritz: 6f. | a. 1097: 21 | a. 1100—1102: 50 | a. 1109—11 B. Richard: 7 | a. 1115—33: Hn Lond | a. 1114—24: 28c | c. a. 1144: 45b | c. a. 1133—54: Lib Lond | a. 1155: 57a | 1187—91: 46b | c. a. 1193: 53 | c. a. 1200 Leges Angl.: 18 | ∼: **Gewicht** *u.* 29b | ∼: **Handel** *s. d.* 11. 16a. 19, Handelsschuld 3. 4; *vgl.* Zollabgabe **29)** Für Kent ist um 685 ∼ Viehmarkt; Hl 16. 16, 2 **29a)** Kommerzielle Bedeutung um 700 und 1000 *s.* Beda II 1. 3, *u.* 30f., **29b)** wirtschaftliche im 10. Jh. *u.* 43; Gewicht 8; *quarter* [wie Köln's Bedeutung fürs Deutsche Städtewesen des M.-A. aus *Kölnischem Pfund* und *Mark* seit 11. Jh. erhellt, so belegt ∼s Gewicht den Vorrang in England]; Mass 6 **30)** Von den die Themse hinauffahrenden Seeschiffen landeten kleinere an ∼-Bridge [erwähnt um 950 in Urk. Birch 1131, unter Æthelred in Ann. Agsax. 1013. 1016], grössere an Billingsgate, und zahlten dort Zoll; IV Atr 2, 4. 2. *Vgl.* Green *Conq. of Engl.* II 180 **31)** Als Einfuhr wird um 1000 genannt: Fisch, Holz, aus Rouen Wein, Fettfisch, aus Deutschland: Tücher, Pfeffer, Männerhandschuh, Essig (IV Atr 2, 2; 4f.; 10); ferner um 1140: Tücher aus Barchent, Seiden, Wolle, Leinen; Kümmel, Ingwer, Alaun, Rotfärbholz, Lack, Weihrauch, Gürtel, Wachs; Lib Lond 8ff. **31a)** Geflügel, Eier, Käse, Butter ausserdem am Markt ∼s: IV Atr 2, 11f. **32)** Kaufleute in ∼ werden genannt aus Rouen, Normandie, Ponthieu, Francien, Flandern, Huy, Lüttich, Nivelles, Deutschland; 2, 5ff. **33)** Die Deutschen überwintern in ∼; denn sie zahlen zu Ostern und Weihnachten Zoll; 2, 10. *Vgl. u.* 37b **34)** Die Ausländer werden inbetreff der Pflicht der Warenauslegung und des Zolls verschieden behandelt, die Deutschen besonders gut **34a)** In Chester befahl [vor 1066] *præpositus regis, ut martrinas pelles nulli venderent, donec sibi prius ostensas compararet;* Domesday I 262b 1 **34b)** Über die *scawing, ostensio* der Waren *vgl.* Höhlbaum *Hans. Urkb.* I 2[2]. III 391. 584; *Hans. Gesch. Bl.* 1898, 159; über nddt. *schowing* J. Gierke in *Festg. Brunner* 781; Toller 828a letzte Z.; Urkk. Eadwards III. (teilweise unecht) Kemble 771. 825. 857. 861, ferner von a. 1068 (*EHR* 1896, 737. 741): Empfänger werden privilegiert mit einer Anzahl Geldbezügen aus bisherigen Kronprärogative-Rechten, u. a. Warenschau **N 34c)** Seit Edward IV. untersucht die Stadt ∼ den zollpflichtigen Import, welches Recht seit 17. Jh. *scavage* heisst: eine andere Bedeutung als im M.-A. **34d)** Wright *Dialect dict.* kennt *scavage* Zoll für zum Verkauf ausgelegte Ware; altfz. *esca(u)vage* hat Godefroy *Dict.; vgl.* Skeat *Etymol.*

dict.: scavenger. Das Wort *escavingores* bed. um 1200 in ~ auch Nachtwach-Inspektoren; Round *Commune* 256f. **35**) Die Lothringer, welche durch ~ ins innere Land nur durchreisten, zahlten Gebühr statt Warenauslage [*transeuntes per villam* heissen solche auch 1221; Bateson II 183]; IV Atr 2, 7; *vgl.* I 673[e] **36**) Nur ausgeladene Wolle [nicht en gros vom Produzenten selbst, nicht ohne ~er Zwischenhändler] durften sie auf ihre Schiffe einkaufen; IV Atr 2, 9 **37**) Gegen Vorkauf zum Schaden der ~er *s.* Handel 16a. *Vgl. o.* 34b; aus anderen Städten: Bateson II 166 **N 37a**) Das Fremdenrecht am ~er Markte im 12. Jh. zeigt die Lib Lond viel weiter entwickelt gegenüber IV Atr **37b**) Der auswärtige Kaufmann darf nur 40 Tage [hinter einander] in ~ weilen [*s.* jedoch *o.* 33]; Lib Lond 9, 1; *vgl.* I 675[p. q]: die Frist verlängern Krankheit, widriger Wind, 'gesetzliche Gründe' **37c**) Er darf die Herberge frei wählen; 8; doch nur in eines Bürgers (*s. o.* 28b) Hause I 674[t] **37d**) Er darf nicht Tücher trocken pressen oder färben oder andere den Bürgern gehörige Gewerbe üben; 8, 6 **37e**) Er darf nicht mit einem Fremden behufs Wiederverkaufs in der Stadt handeln (9; *vgl.* I 675[o]) noch Einzelverkauf (*s. d.*) üben; 8, 1—5 **38**) Drei (Englische) Meilen im Umkreis von ~ bilden dessen Marktgebiet; nicht etwa dicht vor der Stadt dárf [zum Schaden des Marktzolles und der Auswahlmöglichkeit durch die ~er] Handel stattfinden. Ein Aufhalten eines nach ~ Ziehenden innerhalb dieses Gebiets bedeutet den Bruch des Stadtfriedens von ~; Lib Lond 1; *vgl.* gegen Vorkauf *o.* 37 **38a**) Diesen Umkreis darf der fremde Kaufmann nicht ohne weiteres überschreiten, um auf binnenländ. Markt oder Jahrmarkt zu handeln; I 673[e] | **~: Handschriften** *o.* 16. 19 | **N ~: Immunität.** *Vgl.* Gastung 3a; *u.* 54 **39**) Heinrich I. befreite Bürger ~s von Steuern (*s. d.*), Dänengeld (*s. d.* 8b), Murdrum (*s. d.* 16), sie und ihre Ware von Zollabgabe, Lastgeld, Durchgangszoll und anderen Abgaben; Hn Lond 2, 1. 4. 5 **40**) Sie seien exemt von Heer- (*s. d.* 3e) und Flottendienst **41**) ~s *iura, dignitates, libertates regiasque consuetudines* führt auf Trojas Muster zurück der City-Antiquar um 1200: Lond ECf 32B 12; *vgl. u.* 53. 60 | **~: Kentisch 42**) A. 685/6 ist ~ Marktplatz für Viehhandel Kents, birgt Kentischen 'Königssaal', im Sinne von staatlichem Gericht, mit Zuständigkeit für Gewährzug, unter einem *wicgerefa* des Kentischen Königs; Hl 16—16, 2 | **~: Mass** *s. d.* 6 | **~: Münze**; *s. d.* 11b. 12c **43**) Æthelstan setzt in ~ 8 Münzpräger an, nur einen in Kleinstädten; II As 14, 2 **43a**) Bereits im 7. Jh. werden dort Münzen geprägt: ein Zeichen mindestens wirtschaftlicher Bedeutung; Keary *Catal. Engl. coins* I p. xxi. 11 **43b**) Der Mercier-Schilling (*s. d.*) von 4 Pfg. gilt dort | **~: Namen** *s.* Wb *Lundenwic, -burg, Lundoniensis;* I 524 vorl. Z.[1]. *Vgl.* über frühe Agsä. Form Miller *Old Engl. Bede* II xiii; über die Bed. *Lunden = Lundenburh* Plummer *Saxon chron.* II 99 **44**) Indem Quadr *Lundenburg* durch *Lundoniensis curia* überträgt, versteht er *burg* (*s.* Wb 2b) richtig als Gerichts- und Verwaltungsmittelpunkt | **~: Regierung 45**) Über den Stadtvogt des Kenterkönigs *o.* 42 **N 45a**) An *Gosfregð portirefa* (*s.* Gottfried), zwischen Bischof und Bürgerschaft, richtet Wilhelm I. den Freibrief Wl Lond **45b**) In Agsä. Zeit und noch im 12. Jh. kommt bald éin Vogt, bald eine Mehrheit von Vögten vor, so Kemble 856f. 861. 872. Earle 258. 261; *vgl.* I 674[a] [dagegen *þa gerefan þe to ~ hyrað* in VI As Pro beziehen sich schwerlich auf die Stadt allein]. Den Singular *vicecomes civitatis* in Lib Lond 4 ändert in Plural Abschreiber. Der Sheriff setzt den Agsä. *portgerefa* fort; über die Verbindung des Sheriffamts von ~ und Middlesex im 12. Jh. *s.* Round *Geoff. Mandeville* 141. 439. Vielleicht im Hinblick auf ~ setzt für den in der Stadt die Münze beaufsichtigenden *gerefa* Cnuts der Übs. um 1110: *vicecomes id est præpositus civitatis aut villæ;* II Cn 8, 2 In. In anderen Städten gibt es Sheriffs erst weit später; Stubbs *Constit. hist.* III 588 **45c**) Heinrich I. gibt seinen Bürgern von ~ erblich neben der Pacht der Grafschaft Middlesex das Recht, einen beliebigen Sheriff und einen Kronprozessrichter (*o.* 27) aus ihnen selbst zu wählen; Hn Lond 1. Ähnliche Privilegien geniessen im 12. Jh. Coventry und Colchester; Bateson *EHR* 1901, 98; Cunningham *Growth of industry* 541 **46**) Die Zehner- und Hundertschaftleiter der Genossenschaft (*s. d.* 12f. h) hinterliessen weiter keine Spur. Ebensowenig ihr Elfer-Kolleg **46a**) Indem ein Abschreiber zwischen c. 940—1120 diese *XI* in *þa XII menn* änderte, dachte er vielleicht an einen Zwölfer-Rat **N 46b**) Ein städtisches, dauerndes Zwölfer-Kolleg begegnet im 12. Jh. in ~; *meliores XII urbis cives* entscheiden um 1187/8 die politische Stellung der Stadt; und um 1191 finden sich dort 'Schöffen'; *EHR* 1901, 766; 1902, 730 **47**) Über *ward*, das unter seinem *alderman* seit 12. Jh. nachweisbar ist (Bateson I 271. II 81), *s. wardimot* | **~: Reichsmittelpunkt 48**) So sehr gelten Stadt und Brücke von ~ als die hauptsächlichen, dass von *wic, port,* bzw. *pons* das unterscheidende Beiwort *Lunden* bzw. *Lundoniæ* fortbleibt; Hl 16, 2. IV Atr 4. 4, 2. 7. 9, 2 bzw. 2, 4; *vgl. o.* 29b **49**) Der Mercierkönig hält 811 *in oppido regali Lundoniæ vicu concilium;* Urk. Birch 335 **49a**) Der König hält zu ~ Witenagemot 942—6; I Em Pro: es ist das erste erhaltene *Gesetz* aus ~ [Sonstige Reichstage dort *s.* Zinkeisen in *Polit. sci. quart.* X 133] **N 50**) Unter den Normannenkönigen wird Westminster Residenz. Statt dessen nennt ~ als Heinrichs I. Aufenthalt 1100 und als Ort der Synode von 1102 schon ein fast gleichzeitiger Abschreiber CHn cor Dat[16]. Quadr I 544f. **50a**) Erst seit Ende 12. Jhs. ist für Westminster richtig, was ein ~er um 1200 als uralt für ~ vindiziert, dass die Hauptstadt Sitz des Exchequer und Reichsgerichts, *semper curia domini regis* sei; Lond ECf 32B 12f.; *vgl.* I 657[m] **50b**) In ~ will der Crowlander Fälscher 14. Jhs., der sich als Abt Ingulf [† 1108] maskiert, Leis Wl abgeschrieben haben; I 520[10] **51**) Von Wessex hatte Hn 70, 1. 87, 5 ausgesagt, es sei *caput regni et legum;* der City-Fälscher um 1200 gibt diesen Ehrenrang an ~; Lond ECf 32B 12; *vgl.* I 587[q]. 657[l] **51a**) *Cil de Lundres sunt chief del regne,* Ende 12. Jhs.; Bateson II 56 **52**) Die Stadt als Zuflucht und Bollwerk des Reiches für alle zu bewahren, ist Bürgerpflicht; Lib Lond 10, 2 **53**) Aus usurpierter Macht der Stadt ~ vom Ende 12. Jhs. und aus den Reformprogrammen vor der Magna charta entstand der Grössenwahn eines ~er Antiquars um 1200, alle Kommunen des Reiches (worunter neben Städten auch Grafschaften und Hundreds verstanden sind) vereine das Folkmot in ~ als gesetzgebende Versammlung; Lond ECf 32 A 3ff. (*vgl. o.* 41; I 655f.) **53a**) Dort schwöre die Nation jeden 1. Mai [Erinnerung an Fränk. Maifeld?] dem König Treu- und Friedenseid, ihm Land und Würden gegen fremde Feinde zu erhalten; *ebd.* A 5 | ~: **Stadtrecht.** *Vgl. o.* 25. 26a **54**) Auf unerlaubte Heimsuchung, Rechtsperrung auf Königstrasse und Königsfrieden-Bruch in ~ steht, wenn der Missetäter dabei umkommt, unehrliches Grab; IV Atr 4; blutig Fechten (*o.* 8) kostet u. a. Busse auch für Bruch des Stadtfriedens **N 54a**) Wilhelm I. bestätigt in Wl Lond dem Bischof, Stadtvogt und der Bürgerschaft die bisherigen Rechte der Zeit Eadwards III., samt Erbgang (*s. d.* 12a): dies wohl [z. T. auch] im Ggs. zur Furcht der Eingeborenen vor Einführung Frankonormannischen Rechts und bes. lehnrechtlichem Heimfall des Bodens; *vgl.* Stubbs *Lect. early hist.* 137; Adams *Polit. hist. of Engl.* II 11 **54b**) Zu einer Testierfreiheit auch über ererbten Grundbesitz, wie sie Bracton f. 272 in ~ kennt (*vgl.* Pol Mai II 328), enthalten *Gesetze* noch keinen Keim **55**) Dem Verkauf von ~er Grundbesitz aus Armut kann die Sippe nicht widersprechen, hat aber das Recht auf Vorkauf; Lib Lond 6 **56**) Prozess um ~er Grundbesitz *s. d.* 15b **56a**) Von ~er Bürgern *nullus faciat bellum;* Hn Lond 2, 2. Lib Lond 10; *vgl* I 675[*]. [Dennoch konnte in ~ gerichtlicher Zweikampf stattfinden, wenn beide Parteien wollten und sich des städtischen Privilegs entschlugen; *Mun. Gildhal.*, *Liber albus* 109; Gross *Trials in boroughs* in *Harvard Law Rev.* XV 694. In anderen Städten bedingte manchmal die Schwere der Anklage den Zweikampf.] Sogar auf Kronprozessklage reinigt sich der ~er Bürger durch Eid so schwer, wie er von ~er Urteilfindern ihm zuerkannt worden; *ebd.* Agsä. Brauch blieb so im Beweisrecht ~s erhalten **56b**) Nur privilegierte Städte, wie Newcastle schon damals, später Kilkenny (Bateson I 32f.), gewähren Reinigungseid bei Klage auf Verbrechen, die sonst Zweikampf erfordert; Gross *ebd.* Auch Flandr. Gilde wird seit 1127 mit Exemtion vom Zweikampf privilegiert; Coulin *Gerichtl. Zweikampf* 31 **57**) *Cives non placitabunt extra muros civitatis pro ullo placito;* Hn Lond 2. Lib Lond 3; dasselbe Vorrecht, nur in der Heimat verklagt werden zu können (*s.* Klage 15. a), geniessen Rouen, Breteuil, Newcastle [auch Medebach, Soest; ABRAHAM] **57a**) Heinrich II. nimmt 1155 Prozesse über auswärtiges Land u. gegen königl. Beamte davon aus; I 673[n] **58**) Bei einem durch Geld büssbaren Verbrechen zahlt der ~er [gemäss Eadgars Landrecht; III Eg 2, 2] höchstens sein Wergeld [*s. o.* 9a], 100 Schill. [= 5 £] als Strafgeld; Hn Lond 7. Dies galt an vielen Orten, z. B. in Colchester; Bateson *EHR* 1901, 94 **59**) Die Bürger üben Pfändung in Selbsthilfe, bis zur Höhe des Verlorenen samt Schadenersatz, gegen jemanden, dessen Heimat einem ~er Bürger Zoll abpresste, oder dessen Dorf-, Stadt- oder Grafschaftsgenoss ihm Zahlung schuldet und sich davon in ~ frei zu schwören weigerte; Hn Lond 12ff.; *vgl.* Haftung 15. Der ~er Freibrief von 1155 schränkt dies auf die in ~ kontrahierten Schulden ein und lässt nur den ~er Sheriff diese Repressalien üben; Bateson II LV **60**) Das ~er Stadtrecht gibt fälschend als Landrecht und als grauer Urzeit entstammend (*o.* 41) aus der ~er Kompilator um 1200; Wl art retr 6. Lond ECf 32 A 5; *vgl.* I 655[f] **60a**) Über Bewachung (*o.* 34d) bei Nacht (*s. d.*) bringt er als Polizei aller Orte was nur für ~ galt | ~: **Tore.** *Vgl. o.* 52 **61**) Aldersgate und Cripplegate hütete als Wache [für die Regierung] ~er Bürgerschaft [vermutlich mit Anteil am Ertrage aus Torzoll]; IV Atr 1 **61a**) Der Bischof von Durham besitzt 1086 in Essex Waltham; *~iæ sunt* 12 *domus pertinentes manerio et una porta, quam rex dedit antecessori episcopi, quæ reddit* 20 *sol.;* Domesday II 15b **61b**) Aldersgate heisst nach einem Ealdred, dem vielleicht einst die Immunität gehörte; Stevenson *EHR* 1897, 491 **61c**) **N** Bishopsgate bewachte seit 13. Jh. die Deutsche Hanse; Lappenberg, *Hans. Stahlhof*, Urk. 1 **61d**) Aus der Torbewachung leitet das System der *wards* ab Round *Amer. histor. rev.* II (1897) 689 **61e**) Auch in England ist das befestigte Tor in der Stadtmauer auf dem Siegel der Stadt das Zeichen der Bürger als 'Körperschaft'; Amira 76 **62**) Über Billingsgate *o.* 30

Los *s.* Wb *hlot;* ~anteil an Gemeinderecht und -pflicht *s. scot,* Stadt **1**) ~ zu befragen ist [als zauberischer Brauch] verboten; II Cn 5, 1a; *vgl.* Ps.-Theod. *Poen.* 27, 12; Ps.-Egb. *Poen.* IV 19; Ælfric *Saints* ed. Skeat 370 und viele Beispiele bei Toller s. v. *tá, tán* **1a**) Das Ordal (*s. d.*) durchs ~, um *litigium* zu entscheiden, verbot als heidnisch Synode a. 786 c. 3 bei Alcvine ed. Dümmler *Mon. Germ., Epist. Karol.* II 27 **1b**) Das ~ entscheidet nicht über die Schuld, sondern über die Strafart: *Si quis furatus fuerit pecuniam ab ecclesia, mittatur sors, ut aut illius manus abscidatur aut in carcerem mittatur;* Ps.-Egb. *Excerpt.* 74; nach England nur aus Frankenreich übernommen (Selborn, *Tithes* 196); *vgl.* Brunner *Zs. Savigny, Germ.* XI 73. Anderswo entscheidet auch anderes Ordal über die Strafart; ders. I[2] 249 **1c**) Über Weideverlosung *s.* Gemeinheit 10e; Kötter 4 **2**) Der Verf. von Q und Hn braucht *sortilegus, -gium* für Zauberer, -rei mit Lebensgefährdung, ohne an Weissagen oder ~en zu denken; II As 6Q. Hn 71, 1 **3**) **N** Aus dem Kreise möglicher Eideshelfer bezeichnet das ~ die wirklichen Mitschwörer der Reinigung; *s.* Auswahleid 17f.

Lothringen. Die Kaufleute aus Huy, Lüttich, Nivelles nennt, getrennt von *homines imperatoris,* das Fremdenrecht von London (*s. d.* 35); IV Atr 2, 7. *Vgl. Lei as Loorengs* I 673[c]; auch *Hans. Urk. B.* ed. Höhlbaum III 380[5]

Lucius *rex Britonum* erhält einen [gefälschten] Brief von Papst Eleuther († 182); Lond ECf 11, 1 A 5. B. Diese Erfindung geht zurück auf Beda I 4, der auf *Liber Pontificalis* (ed. Duchesne I 58) fusst: *accepit epistolam a Lucio Britannio rege, ut Christianus efficeretur.* Nach Harnack (*Sitzber. Preuss. Ak. Wiss.* 1904) war gemeint ~ Abgar IX. a. 179—216, der einzige christliche König zu Eleuthers Zeit und in Beziehungen zu Rom stehend; seine Burg heisst *Britium*

Edessenorum d. i. Beyrut; daraus ist 'Britannien' nur verderbt. Jener ~ ward Ende 8. Jhs. konfundiert mit dem Heiligen von Chur; *vgl.* Krusch, *Mon. Germ., SS. Merowing.* III 1

N Ludwig VI. von Frankreich durch Heinrich I. besiegt; Quadr Arg 18

N Luft macht frei *s.* Stadt

Lüge *s.* Wb *a-, geleogan, ungeliegen, leogeras* **1)** Aus Exodus übs. Verbot der ~ Af El 44 **2)** Gottes Zorn über Lügner; II Cn 7 **3)** Ermahnung gegen ~ wird aus Levit. aufgenommen in Ordalmesse; Iud Dei I 6—7, 2 **4)** Auch der Verberger der Wahrheit *prodesse non vult;* kanonistisch Hn 5, 21 **5)** ~ im Prozess *s.* Klage 7. 11a B. D. H.; Klageeid 2; Beweis 13a. 16; Zeugnis; Verleumdung; Meineid 12; handhaft 5b; vorgetäuschte Zollentrichtung IV Atr 3, 2

Lukas wird zitiert VI Atr 10, 1 L

lundinarii *s.* Kötter 7a

Lütticher führen über London Ware ins Engl. Inland und zahlen daher neben Zoll Gebühr statt Warenauslage: IV Atr 2, 7

Lyfing, Erzbischof von Canterbury reist 1017—9 nach Rom; er empfängt von Benedikt VIII. (*s. d.* C) das Pallium und Brief an Cnut. Dieser schreibt ihm Cn 1020, 1; 3

M.

Macrobius wird zitiert vom Quadr I 530—32. 546 [freie

Mädchen, Magd *s.* Jungfrau, Un-

Magen *s.* Sippe, Familie

Magie *s.* Zauberei

N Magna-charta-Forderungen sind enthalten im Programm des städtischen Rechtskompilators der *Leges Anglorum Londoniis s.* XIII. *in. collectae,* der in Wl art und ECf Falsches einschiebt; z. B. dass Landessteuern der Reichstag bewilligen müsse; *vgl.* Wl art retr 5 mit ~ ~ c. 12; *s.* London 53; Heer 2d; Heergewäte 12b. 14; Absolutie; Miseri-

mahlen *s.* Mühle [cordia 7c. d

Mahlzeit *s.* Wb *mæl* **1)** In Fasten (*s. d.* 3a) esse man nicht vor Essensstunde **2)** Gemeinsame ~ in der Londoner Friedensgilde *s.* Genossenschaft 12h; der Kanoniker: *s. d.* 2 **3)** Das nach Gilden~ Übrige und durch Fasten Ersparte dient der Armenpflege; *s. d.* 5. 8b **4)** *s.* Gastung [15a, Darlehn 2

Mahnen *s.* Vorladen, Peterspfennig

Mai 1) Landwirtschaftliche Arbeit im ~: Ger 9 **2)** Vor 1. ~, trotz Apostelfest, fällt Fasten (*s. d.* 7c), fort, wegen *lætabundum tempus* zwischen Ostern und Himmelfahrt; Piper *Kalend. der Agsa.* 51 **3) N** Am 1. ~ wird in London (*s. d.* 53a) Folkmot, angeblich gesetzgebender Reichstag gehalten

N Maine. Die *Cenomannenses* Prahlhänse besiegt Heinrich I.; Quadr Arg 18

N Majestätsbeleidigung; *vgl.* Hochverrat 1a. b **1)** *Despectus vel maliloquium de rege* ist Kronprozess (*s. d.*); Hn 10, 1 **2)** Was *ad personae vel mandatorum regis iniuriam* gereicht, verfällt den Beleidiger *in misericordia regis;* 13, 1. Bei Süditaliens Normannen ist *nostrum decretum violare* ~; Niese *Gesetzg. Norm. Sic.* 52

Majorität 1) Unter den 12 rügenden Geschworenen (*s. d.* 1a) entscheidet, was 8 urteilen **N 2)** *Sententia plurimorum in iudicio* soll entscheiden nach Hn 5, 6; dagegen die Meinung der *meliores et cui iusticia* (Gerichtshalter, zunächst Königsrichter) *magis adquieverit* nach 31, 2

N Malmesbury. In des Wilhelm von ~ *Gesta regum* werden 1150 bis 1200 eingeschoben Wl lad und Praefatio ad CHn cor; I XXXI

N Man gehöre angeblich zum Königreich England, und zwar zur Denalagu; *s.* Inseln 1

Mancus. *Vgl.* Gold 2. 5f. 8a; gefundene ~ *s.* Goldmünze 2 **1) A.** Goldmünze, im Frankenreiche nach Byzantinischem Muster für den Sächsisch-Friesischen Verkehr mit England geprägt (unter Ludwig I. $^1/_{72}$ Pfund), im Kurswerte von 30 Pfg. = $^1/_8$ Pfund Silber; Schröder *DRG*[5] 193; Heck *Altfries. Gericht.* 276 **2)** Dagegen kommt ~ nicht (wie ich leider, Schmid folgend, zu II Cn 71 und im Wb annahm) als $^1/_8$ Pfund Goldgewicht vor. Wenn eine Hs. von In Cn statt *manc': marc'* und statt 200: 50 setzt, so will sie damit nicht etwa sagen: '200 manc. wiegen 50 mark (also 4 manc: 1 mark = $^1/_2$ Pfund, also 1 manc. = $^1/_8$ Pfund)', sondern die Hs. hat auch sonst das Wort nur verlesen (*u.* 5b), der Autor aber öfter Zahlen Cnuts herabgesetzt **3)** Ringe (*s.* Gold 4) kommen in Agsä. Urkunden (Birch 819. 1012. 1132. 1288; Thorpe 553) vor von 30, 60, 80, 100, 120 ~ Gold (Toller *s. v.;* z. B. *C mancusas auri obrizi in una armilla;* a. 785 Birch 245) d. h. Gold, taxiert entweder zum Werte von bzw. 900, 1800, 2400, 3600 Silberpfg. (= $3^3/_4$, $7^1/_2$, 10, 15 £ Silber), [nicht etwa $^{30}/_8$, $^{60}/_8$, 10, $12^1/_2$, 15 Pfund Gold] oder aber mit 30, 60, 80, 100, 120 Münzen in Gold (*s. d.* 8a), gleich schwer, deren jede 30 Pfg. galt, also im Werte ebenso. Auch die Heergewäte-Summen der Urkk. pflegen ein Mehrfaches von 10 ~ zu sein; *u.* 9 **3a)** Ein Ring zu 30 ~ oder $^3/_{12}$ Römischen Pfund = 136 Gramm ergibt einen dünnen Armring **4)** Eadred quittiert 955 *aurigenum pretiolum* 120 *solidos auri* für 20 Hufen, wohl ~, also Wert 15 £ Silbers; Birch 903 **4a)** Dass für ~ Goldschill, *siglus auri* nur anderer Ausdruck ist, folgt aus den Worten: *pateram centum auri siglis appendentem* a. 909 Birch 623; damit als gleichbedeutend steht 120 *auri ~is* a. 956—75 n. 1150. Durch *centum siclos auri purissimi ac totidem argenti* bezeichnet wohl 100 ~ und 400 Silberpfg. Urk. 805 Birch 321. Von 120 *gemancsun reodes goldes,* vielleicht Goldmünzen, spricht Urk. um 972 Birch 1279. Auch in Silber wird *solidus* mit Schekel identifiziert; *s.* Gold 7b, Schilling **4b)** Dass ~, wie unter Offa (*s.* Goldmünze 2) mindestens 955 wirklich in England geprägt wurde, folgt aus König Eadreds Testament: *twentig hund ~a* [Gewicht] *goldes gemynetige man to ~an* [Münzen]; Birch 912 **4c)** Goldmünzen, oder jedenfalls nicht blosse in Gold ausgedrückte Rechnungseinheiten von Silbergeld, sondern Quanten Goldes sind auch sicher gemeint in den Urkk: 30 *mancessan* ⁊ 900 *scill.* a. 848 Birch 452; 50 *~a goldes* ⁊ 5 *pund penenga* a. 955, n 912; 12 *~as goldes* ⁊ 8 *oran mære wites feos* c 990 n. 1130 **4d)** Um geprägte Münzen handelt es sich wohl auch 811 in 126 *mancosas* (Birch 335), weil die Summe nicht durch 8 leicht teilbar ist **4e)** Vermutlich gerade 100 ~-Goldmünzen waren es, wenn *biscop gesalde aldormen* 600 *scillinga on* *golde* a. 836 n. 416 **4f)** Endlich denkt an greifbare Münzen das Traumbuch um 1050, wo jem. träumt, dass *man penegas oððe mancsas finde; Archiv neu. Spra.* 120 (1908) 303; *vgl.* M. Förster *Engl. Stud.* 39, 349 **5) B.** Zumeist ist jedoch ∼ nur Rechnungseinheit für 30 Silberpfg., so in den *Gesetzen* vielleicht stets, und jedenfalls seit 12. Jh. **5a)** Das Wort, in den Urkk. früher begegnend (*o.* 4 c. d. e), kommt in den *Gesetzen* von AGu bis Hn vor. **N** Es lebt noch um 1200 (Mätzner, *Mittelengl. Wb* s. v. *mance*). Vor 1400 ist die Bedeutung so vergessen, dass es irrig *handfull*, durch Etymologisierung aus *manus*, übersetzt werden konnte; Birch 913 **5b)** Und im 13. bis 15. Jh. ist mehrfach die Abkürzung *manc.*, *māc.* mit *marc.* (Mark) verwechselt worden; *o.* 2; Wb **6) 1** ∼ ist der Normalwert eines Ochsen; VI As 6, 2, wofür 30 Pfg. in VI 3 und Duns 7 gesagt ist **6a)** Die Gleichsetzung von 1 ∼ mit 30 Silberpfg. = $^1/_8$ £ erhellt auch aus Ælfrics Grammatik (zitiert von Toller 666b; ed. Zupitza 296), ferner aus dem Verf. von Quadr und Hn: VI As 6, 2 Q. Hn 29, 3. 34, 3. 35, 1. 37, 2. 48, 1a. 53, 1a. 69, 2. 76, 6a **6b)** Sodann rechnet Florentius Wigorn. die 30 m̄ [richtig 30 000 Pfg.] der Agsä. Annalen a. 694, die auch Will. Malmesbur. als 30000 *manc.* missverstand, um zu 3750 £, also 1 ∼ zu $^1/_8$ £ **7)** Entweder mit dem Wert eines Rindes oder dem eines ∼ wird es zusammenhängen, dass dreissig (*s. d.* 3a) Pfg. eine Wertgrenze und Busssumme bilden, auch in Armenpflege (*s. d.* 4) und bei Einschätzung zum Peterspfennig; *s. d.* 14 b **8)** Die 2 Eideshelfer (*s. d.* 34) genügten wahrscheinlich bei Klage um 1 ∼ **9)** Besonders oft wird ∼ gezahlt, wenn Empfänger geehrt werden soll; *s.* Gold 5; Heergewäte 11b; Peterspfennig **9a)** Es wird einmal alles Gold des Erblassers dem Herrn vermacht; Birch 1306 **10) C.** ∼ dient auch als Gewicht für Gold; *s. d.* 6; eindeutig *o.* 3. 4a. b

N Mandeville (*s.* Wb *Magnavilla*); Galfrid von ∼ wird adressiert in Wl ep Pro. Er war Sheriff of Essex, Herts., Middlesex (ungewiss, wann) und ist vielleicht identisch mit Gottfried (*s. d.*), Stadtvogt von London

manerium *s.* Herrschaftsgut

Mann im Ggs. zur Frau *s. d.* 1f. 5; Erbgang 6. 14; Bocland 7a; im Ggs. zum Herrn *s.* Gefolge, -gsadel, Vassall, Herrensuche, *læn*, Lehnwesen

Mannbusse *s.* Wb *manbot.*

1. Begriff. 2. Nicht Wergeldteil. 3. Geschuldet nur, wo Totschläger nicht selbst Tod leidet. 4. Getrennt vom Strafgeld des Richters, 5. vom Schutzbruchempfang des Ortsherrn. 6. Empfänger ist persönlicher Herr, Freilasser, Schutzherr, 7. Ligius. 8. Nur éine ∼ zahlen mehrere Totschläger. 9. Für Frau. 10. ∼ fällt fort, wenn Erschlagener schuldig, 11. wertlos, 12. Verwandter oder Mann des Totschlägers; 13. falls Totschläger Sklav. 14. Vom Staate eingeschärft. 15. ∼ steigt mit Wergeld des Erschlagenen (in Wessex, Mercien, Denalagu); 16. oder mit Stand des Herrn. 17. ∼ = Busse für Taufverwandte. 18. ∼ von Schutzbruch ungesondert.

1) Sie steht synonym mit *wite þam hlaforde* Ine 76, 2 und wird erklärt als *wita domini* Hn 79, 1c [*wite* kommt auch sonst für privates Bussgeld vor; *s.* Strafe 1] und *dominationis emendatio* 11, 1a; *emendatio domino occisi* I Cn 2, 5 In; *hominis occisi* In Cn III 56, 2; zu *manbot* in I Cn 2, 5 fügt hinzu *domino* Hn 79, 5; *solutio hominis u.* 16a **1a)** Die ∼ kommt also zur Geltung nur bei Tötung, nicht bei Verwundung des Mannes **2)** Sie ist nicht ein Teil des Wergelds, sondern steht deutlich neben diesem; VIII Atr 3 = I Cn 2, 5. Hn 71, 1c. 74, 1c. 79, 5a. 87, 6. Doch erscheint sie ihm in den Zahlungsfristen organisch verbunden; auch empfangen des Erschlagenen Herr und Sippe gemeinsam den Missetäter oder Lösegeld für ihn ausgeliefert; Ine 74 **3)** Ist des Erschlagenen Sippe, von Blutrache (*s. d.* 13) abstehend, mit Wergeld zufrieden, so ist Erlegung der ∼ mitbedungen. Sie erfolgt 21 Tage nach Entrichtung des Halsfangs (*s. d.* 4), noch vor Zahlung des Strafgeldes für blutig Fechten und des Wergeldes im engeren Sinne; II Em 7, 3 = Wer 4, 1. 6 = Hn 76, 5; 7; 7c **3a)** Fiel der Totschläger in Blutrache oder Todesstrafe, so bleibt für seine Bluttat wie Wergeld so ∼ fort **3b)** Erst wenn er zum Abkauf der rechtmässig verdienten Todesstrafe verstattet wird, zahlt er ∼; VIII Atr 3 = I Cn 2, 5 = Hn 79, 5a **4)** ∼ steht getrennt neben dem dem Richter bzw. Gerichtsherrn zukommenden *wite*; *ebd.* Hn 71, 1c. 87, 6a **4a)** Die ∼ kommt nicht ursprünglich dem Staate zu, sie wird deshalb auch nicht in königlichen Privilegien dem Adel verschenkt **5)** Sie ist auch zu trennen von der dem Schutzherrn des Tatorts zustehenden Busse für Bruch des Ortsfriedens (VIII Atr 3 = I Cn 2, 5 = Hn 79, 5a), wie z. B. dem *fihtwite*; Wer 6 = Hn 76, 5 — 76, 7c. 70, 4. 71, 1c. 80, 6a **6)** Vielmehr der persönliche Gefolgs- oder Schutzherr (*ex persona* Hn) des Erschlagenen, auch der nicht privilegierte, ist der Empfänger; Ine 76. VIII Atr 3 = I Cn 2, 5. Hn 74, 1c. 80, 6a. 87, 4; 6. ECf 12, 3. Lib Lond 2, 1. So bei anderen Germanen Brunner I² 193; im Norden: v. Schwerin *Gött. gel. Anz.* 1909, 822. Für England, wenigstens um 1100, wäre 'Gefolgsherr', obwohl zumeist nur an Vassallen gedacht wird, doch zu eng; denn *u.* 9 wird für eine Frau ∼ entrichtet. Andererseits berechtigt nicht die niedere Art der Schutzherrschaft über Hauseinwohner, oder Gutsarbeiter (Familie, Gesinde) ohne Mannschaft zur ∼; *u.* 11. 16f **N 6a)** Nur uneigentlich, erst in Quellen 12 Jhs., heisst ∼ auch der Schadenersatz (Steenstrup *Danelag* 320): für Tötung eines Unfreien (*s. d.*) 1 £; *u.* 15e **6b)** Für Erschlagung des Freigelassenen erhält der Freilasser ∼ (Hn 77, 3), der ja das Schutzrecht über ihn behält auch nach Wi 8 **6c)** Die ∼ ergibt sich somit als eine Unehrenbusse, fällig für Kränkung des herrschaftlichen Schutzrechts [ebenso Nordisch; Lehmann *Königsfriede* 32]. Daher steigt sie nach jüngerem Rechte mit dem Stande des Herrn (wie Schutzrechtsbruch); *u.* 16 **N 7)** Unterstand der Mann verschiedenen Herren, so empfängt die ∼ nur der *ligius*; *s. d.* 6 **8)** Für éinen Erschlagenen ist nur éine ∼ zu entrichten, auch wenn der Schuldigen (Totschläger) mehr sind [also ebenso wie beim Wergeld, dagegen anders als bei der Strafe]: sie mögen, wenn der wirkliche Töter unbekannt ist, zusammenschiessen; Hn 87, 4; 4a; 7 **9)** Auch für die erschlagene Frau und, wenn sie schwanger war, für ihren Embryo, wird dem Herrn ∼ entrichtet; 70, 14b **10)** Nur wenn der Mann gerecht wegen Missetat getötet war, fällt, wie Wergeld, die ∼ fort (87, 6a), ebenso wenn er der Angreifer gewesen ist; Ine 76, 2 **N 11)** Für Findlinge, Arme, Verworfene, nicht anerkannte Bastarde, die erschlagen wurden, erhält der Herr nur Scheinbusse (*s. d.*); Hn 78, 5; *o.* 6 **12)** Sind Totschläger und Erschlagener verwandt, so fällt, wie Blutrache (*s. d.* 14k), ∾ fort; Q in missverstehender Übersetzung von Ine 76, 2 = Hn 75, 5a = 79, 1c = 88, 20; also wohl nicht glaublich **12a)** Die ∾ fällt auch fort, wenn der Totschläger *dominus in capite* des Erschlagenen [also Herr des anderen Falles zu ∾ Berechtigten] war; Hn 75, 3a **13)** Ist der Totschläger ein Sklav, so zahlt der Herr (wenn er ihn nicht zur Blutrache an den Herrn und die Sippe des Erschlagenen ausliefert) nur 60 Schill. für dessen Leben; Ine 74; vermutlich wird hiervon ∾ jenem Herrn abbezahlt **14)** Da die ∾, obwohl keine öffentliche Strafe, doch wie solche zugunsten der Einschränkung blutiger Händel abschreckend wirken musste, so befahl II Em 3: keine Strafe für blutig Fechten oder ∾ werde erlassen. Es scheint nicht, dass als Erlassender nur der königliche Beamte gedacht, also als Erschlagener nur ein Königsmann angenommen sei **15)** Dass sich ∾ nach des Erschlagenen Wergelde richtete, war das Recht Ines 70. 76 = Hn 69, 1a^m. 79, 1. 87, 7 **15a)** Dies 'war das Recht des [Agsä.] Gesetzes'; Hn 87, 4a, jetzt also, 1110, gilt andere Rechnung: *u.* 16 **15b)** Für den Mann von 200 Schill. Wergeld galt 30 Schill., für 600: 80 und für 1200: 120 Schill. als ∾; Ine 70, 1 = Hn 69, 1a; 2. Die Zahlen sind also nicht genau proportional zum Wergeld (2 : 6 : 12), sondern verhalten sich wie 3 : 8 : 12 **15c)** In Mercien betrugen 30 Schill. 120 Pfg, also 10 Schill. Normannisch **N 15d)** Für den erschlagenen Freien wird 10 Schill. [Normannisch] ∾ gezahlt nach Leis Wl 7. ECf 12, 5. Jenes Denkmal ist sicher, dieses vielleicht, Mercisch beeinflusst **15e)** Für die Denalagu kennt auch ECf 12, 4 dieses System: war Erschlagener ein Vollfreier [= Adliger], so erhält der Herr an ∾ 3 Mark [2 £], war er Villan oder Sokeman [= Gemeinfreier]: 12 Ör [1 £]. Vielleicht weil also der Schadenersatz für den Unfreien und die ∾ für den Bauer gleich viel betrugen, galt jener als ∾ *o.* 6a, als der Bauer zum Unfreien sank **15f)** Der Gemeinfreie (*s. d.* 4) in Denalagu steht auch sonst höher denn in Wessex **N 16)** Die ∾ steigt dagegen [wie in Schweden; Lehmann (*o.* 6c) 32; und bei Kelt. Schotten; Seebohm *Tribal Agsa.* 311] mit dem Range des beleidigten Herrn nach Hn 79, 1a. 87, 4a (wo dies dem anderen System gegenübertritt). ECf 12, 5. In Cn III 55. Wenn der ∾ empfangende Herr der König war, so übte wohl dessen höchster Schutz stets besonderen Einfluss. Vielleicht will dies angedeutet sein in Ine 76, 1 **16a)** Ausserhalb der Denalagu erhält König oder Erzbischof 2 £, Diözesan oder Graf in seiner Grafschaft oder königlicher Truchsess 1 £, sonstiger Baron $^1/_2$ £, wenn ihnen ein Mann erschlagen ward; ECf 12, 5. Mindestens letzteres beruht auf Agsä. Thegnrecht: *Si quis occidit hominem regis, dat regi* 20 *sol. de solutione hominis, si taini hominem occiderit,* 10 *sol. domino hominis mortui;* Domesday I 179a 2 **16b)** Dass der Graf doppelt so viel ∾ wie der Thegn empfange, sagt auch In Cn III 55, wo 56, 2 mit dem Erzbischof nicht der König, sondern dessen Sohn, der Ætheling, in ∾ gleich berechtigt erscheint **16c)** Dieselbe Rangordnung kennt für *mundbryce* Griđ 11 = In Cn III 56, 2 **16d)** Die obigen Sätze für ∾ in 16a kehren wieder für *forisfactura* (was nur Bruch der Schutzverleihung bedeuten kann) des Erzbischofs, Bischofs, Grafen und Barons in Leis Wl 16, einem durch Mercien beeinflussten Denkmal. Da nun 1 Normann. Schilling = 3 Mercischen, so stimmen jene 3 Beträge genau zu denen des Merc. 'Ungehorsam' des Königs, Grafen, Thegn: 120, 60, 30 Schill. **16e)** Dies System bezeichnet als *manbota per overseunessam domini vel personam* Hn 87, 4a. Und *overseunessa* (*s.* Schutz 4. 8) ist nur eines der Wörter für Ehrenbusse zur Versöhnung des Beleidigten **16f)** Schutzrechtsbusse aber empfing auch der Kleinfreie, Bürger und Vollbauer, für Kränkung an Gesinde und Hausfamilie, während als niedrigsten Empfänger von ∾ ECf 12, 5 den Baron nennt. Vermutlich empfing damals nur noch der Adel Mannschaftseide **17)** Der Betrag der ∾ ist gleich hoch wie die Busse für einen erschlagenen Taufverwandten; Ine 76. Für einen Königspaten ist als ∾ dessen ganzes Wergeld dem König zu entrichten; 76, 1 **18)** Anfang 7. Jhs. wird in Kent für Erschlagung des *hlafæta* (*s.* Gefolge 3c) eines Gemeinfreien diesem wie für sonstigen Schutzbruch 6 Schill. gezahlt; Abt 15 ff. 25: noch ist ∾ nicht abgesondert

Mannschaftseid *s.* Wb *hyldađ, homagium, fidelitas; vgl.* Herrensuche 2; Gefolge, Vassallität, Ligius; Königstreue; *læn,* Lehnwesen **1) N** ∾ leisten, *iusiurandum pro fidelitate domini* ist eine Art des *leges facere,* am Feiertag verboten; Hn 62. 62, 1 **2)** Die Agsä. Formel lautet: 'ich will N [dem zu benennenden Herrn] treu und vertrauenswert sein und alles lieben, was er liebt, und alles verabscheuen, was er verabscheut, gemäss religiöser Pflicht und bürgerlicher Rechtsgewohnheit, und niemals mit Willen oder Absicht in Wort oder Werk etwas ihm Verhasstes tun, unter der Bedingung, dass er mich halte, wie ich verdienen werde, und alles das leiste, was unsere Verabredung war, da ich mich ihm unterwarf und seinen Willen erkor; Swer 1 **2a)** Dieser Huldeid geht zurück auf den Altgerm. Treueid; Brunner I² 190. Treue und Mannschaft sind bereits verschmolzen **N 2b)** Frauen leisten dem Lehnsherrn *fidelitas,* nicht *homagium* nach Glanvilla IX 1, 1 (anders später; Pol Mai I 286) **2c)** Dem König wird *homagium pro solo domin[i]o,* anderen nur für Land oder Rente geleistet; IX 2; also hier heisst der Untertaneneid auch *homagium* **2d)** Noch vor dem Schwure ist laut der Formel *o.* 2 die Unterwerfung des Mannes erfolgt, wohl indem er dem Herrn die Hand (*s. d.* 3) reichte; über die Zeremonie des *homagium facere* seit 13. Jh. Pol Mai I 280. Die letztere ist das Feierlichere, und der Treueid kommt ohne sie vor **2e)** Der ∾ gründet sich also deutlich auf eine zweiseitige Verpflichtung, einen Vertrag, der auch den Herrn zur guten Behandlung des Mannes verpflichtet. Cnut mahnt zur gegenseitigen Treue: '[seid] dem Herrn hold und getreu, führt seinen Wunsch aus; was wir aus echter Treue gegen den Herrn tun, lohnt Gott gnädig; aber auch jeder Herr ist verpflichtet, seine Untergebenen [*men*] rechtlich zu halten'; I 20 — 20, 2 **2f)** Die Grenze findet Mannentreue an staatl. u. relig. Pflicht; *s.* Gefolge 10a. 16g; *ligius* 1b. **N** So salviert vor ihr *fides Dei* Hn 55, 3 **3**) Anklang an den ~ zeigen erstens die Versprechungen bei der Verlobung 'gemäss religiöser Pflicht und bürgerlichen Rechtsgewohnheiten'; *vgl.* Eheschliessung 8e. i **4**) Auf den ~ geht zweitens zurück der Untertaneneid, der Königstreue (*s. d.* 7) gelobt **5**) Drittens: In den vielen Fällen, da dem Englischen König von Nachbarvölkern oder -Fürsten gehuldigt wird, klingen aus dem ~ Worte in den Agsä. Annalen an: *bugan to him; hine geceas to hlaforde; hie woldan eal þæt he wolde;* a. 913. 921. 922. 924. 946. 959. 1050. 1063 **5a**) Nicht mit diesem ~ verwandt ist der Eid, den Ceolwulf, der von den Dänen eingesetzte Regent von Mercien, diesen schwor: *þæt he him gearo wære mid him silfum 7 on allum þam þe him læstan woldon to þæs heres þearfe;* Ann. Agsax. 875 **6**) Die Gegengabe des Herrn deutet der ~ durch 'verdienen' an, das die Urkk. bei der Landgabe verwenden. Doch entwickelt sich in Agsä. Zeit das Lehnwesen (*s. d.* 3) nicht vollkommen **7**) Kriegsdienst ist im ~ nicht, wie in dem Gefolgeeid (*s.* Gefolgsadel 12), ausdrücklich ausbedungen, doch wohl stillschweigend mitverstanden **N 7a**) Deutlich erscheint er in der Verpflichtung zur Königstreue (*s. d.* 7g) seit Wilhelm I. **8**) Das *homagium* verbindet sich im Lehnwesen mit Land, das der Mann *de domino tenet;* Hn 43,6 **8a**) Ein Gutspächter, der *non est homo* des Gutsherrn, steht im Ggs. zu dem der *firmam in feodo tenet et homagium inde fecit;* 56, 1 f.

manor s. Herrschaftsgut

Maria 1) Christi Mutter wird als Gewähr angerufen bei Beschwörung zum Ordal (Iud Dei VI 1. VII 12, 1. 23, 2. XIII 13, 2), aber nicht überall und nicht zuvörderst. Erst in spätester Formel steht *intercessio s. Mariæ* vór allen Himmelsmächten; XVI 14. 29. 30, 3 **2**) Ebenso zum Kirchenbann; Excom VI 1. VII 2[d]. VIII 1. IX 1. X 1. XI 1. XII 1 **3**) Zum Kirchenfest Mariae Reinigung, *candelmæsse,* 2. Febr., ist Lichtschoss zu entrichten; VIII Atr 12, 1 = I Cn 12 [**3a**) Dagegen 15. Aug. (*u.* 4) I Cn 12 In Glosse] **3b**) Von da bis Ostern (Pflügezeit) front der Gebur 3 Tage wöchentlich der Herrschaft; Rect 4a **4**) Die Woche vor ~ Himmelfahrt, 15. August, ist Feiertag (*s. d.* 6) für freie Arbeiter; Af 43; den Feiertag bezeugen Piper *Kalend. der Agsa.* 50; Warren *Leofric missal* p. XLVII; die Urk. a. 832 Birch 405 **4a**) An diesen beiden Marienfesten wird zu Chester Blutvergiessen doppelt gebüsst; Domesday I 262 f. **4b**) Mitte August fordert Fruchtzehnt Cn 1027, 16 **5**) **N** Der Termin ~ Geburt, 8. Sept, begegnet in der Treuga Dei (*s. d.*); ECf 2, 5 **5a**) Dieses Fest fehlt im 10. Jh. den *Blickling Homilies* (ed. Morris 161), steht aber um 991 bei Ælfric *Hom.* ed. Thorpe I 352 **6**) Zu allen Marientagen (ausser den 3 genannten vielleicht auch Verkündigung, 25. März) halte man am Vorabend Fasten (*s. d.* 7a), dann Feiertag (*s. d.* 6b); aus Cn auch *Homil. n.* Wulfstan 167

Mark I. *s.* Grenze; als Territorium: *s.* Gemeinheit **II.** ~ im Knochen; *s.* Gliedwasser Z. 4 **III.** ~ Geld **1**) Die ganze ~ als Geld, Gewicht, Rechnungsmünze, kommt in den *Gesetzen* erst nach Agsä. Zeit vor, in dieser nur die Halb~; *s. d.* **2**) **A.** 1 ~ Gold; ein Landgut wird für 3 ~ Gold gekauft; Domesday I 180b 2. *Vgl. an marc goldes and* 13 *pund* [Silbers]; Kemble 789 **N 2a**) Die *marca auri* (*Dial. scacc.* I 5 K) galt im 12. Jh. 6 £ = 9 ~ Silber; Madox *Hist. Exchequer* 189. Zum Unterschiede von ihr fügt zu *marc: en argent* hinzu Leis Wl 17, 1 I, ebenso *argenti* Wl art 3, 1 **3**) **B.** 1 ~ Silber = 2/3 Röm. Pfund = 160 Pfg., laut ECf 12, 4 f.[l. 32]; *vgl.* Madox 189. 194 **4**) Die Busse für Murdrum (*s. d.*) beträgt 46 ~; Hn 13, 2. Leis Wl 22. Wl art 3, 1; davon 6 für die Sippe des Erschlagenen, 40 für den König; Hn 91. ECf 15, 2; 6 f. Letzteres ist ein Nordisches Strafſixum; die 6 ~ = 4 £ = 960 Pfg. stellen wahrscheinlich die 200 Schilling = 1000 Pfg. Wergeld des Westsächs. Gemeinfreien annähernd dar **5**) 1 ~ Silbers kommt auch zu 1/2 Pfund vor; *s.* Halb~ 1; Dänengeld 7 **Marke** *s.* Merkmal

N Markgraf heisst der Graf bei Flandrern und Friesen; ECf 32, 2 mit einer falschen Etymologie, die beweist, dass Verf. nach Französischer Art das *k* nicht sprach und *mark* nicht mehr als 'Grenze' verstand

Markt *s.* Wb *ceapstow, mercatum, marched le rei* (d. h. öffentlicher); *forensis actio,* mit *mercatum* synonym, ~geschäft [*vgl. forense ius* ~recht bei Amira *Zs. Savigny RG* 27 (*Germ.*) 389 f.], ungenaue Übs. für *ceaping* (II As 24, 1): Handel; *s. d.* Z. 2. *Vgl* Handel 1. 5. 7. 8b. c. e. 11; Kaufzeugen, Zollabgabe; London 29 — 38 **1**) Gegen die Meinung, der ~ sei aus monarchischer Gewalt entstanden, spricht Köhne *Zs. vergl. Rechtswiss.* XI 210. 213. Der Haupt~ für Kent, wie aller früheste ~ dem Viehverkehr dienend (*vgl.* Maitland *Domesday* 194), lag Ende 7. Jhs. in London, d. h. einer nur für kurze Zeit und unter fremdem Stamme, also schwerlich mit starken Banden, angegliederten Stadt, nicht in der Königsresidenz, wurzelte also wohl nicht im Königtum, sondern in Römischer Vorzeit **1a**) Der die Fremden auf dem ~, die zum und vom ~ Reisenden schützende Friede (*vgl.* Köhne *o.* 1; Waitz *Dt. Verfg.* VII 378 f.) ist bereits als heidnisch-religiös anzusetzen; Brunner I[2] 399; *vgl. o.* I 597[s. t.] Zum ~kreuz (Amira 75), Agsä. unbelegt, *vgl.* Gottesfriede 3 **1b**) **N** Dem Trinkfeste zum Kaufe, aber nicht dem ~, gilt der Königsschutz Hn 81, 1, wenn die Rubrik richtig **2**) Schon in der Zeit der *Gesetze* sind ~, dort erhobene Zollabgabe (*s. d.*), Brüche für Verletzung des ~friedens königlich; der König verleiht ~ wie andere staatliche Rechte; Kemble *Saxons* II 73. 330. In Wallingford bleibt für die ~tage das Strafgeld für Vergehen dem König vorbehalten; Domesday I 56b: der ~friede siegt über Sonderschutzrechte **N 2a**) Nur in der Stadt (*s. d.*) wünscht ~ das Londoner Reformprogramm um 1200; Wl art retr 11 **3**) *Mercatum sit commune tam pauperi quam diviti;* Lib Lond 1, 1, zwar nur von London etwa um 1140 gesagt, aber wahrscheinlich aus allgemein giltiger Agsä. Formel mit *earm 7 eadig* **4**) Unter den vielen Orten, wo der zu Verfluchende vom Kirchenbann getroffen werden soll, ist auch *in mercato* (*foro*) Excom VI 7 **5**) Der dritte (*s. d.* 2) Pfennig fliesst dem Grafen aus ~städten zu; *vgl.* Dorf 5a. Doch gab es ~ auch auf Dörfern; *s.* die lange Liste der *mercata* im Domesdaybuche, Index **6**) Teilweiser Zweck der Strassen ist, zum ~ zu führen; *s.* Handel 7a **7**) Handel wird auf den ~ und dieser angeblich auf die Stadt beschränkt; *ebd.* 8e **8**) Londoner ~ geniesst Handelserleichterung; *ebd.* 11 **9**) Freilassung (*s. d.* 5b) von Sklaven erfolgte u. a. am ~ **10**) Symbol der ~gewalt *s. o.* 1a; Handschuh 1 **11**) ~ am Sonntag *s. d.* 6ff.

Marsch (*mersc*) Sumpfboden, feuchte Wiese, im Ggs. zu frischem Wasser; *vgl.* Gemeinheit 12; Landwirtschaft 1. Das Wort *maresc(h)*, *mersc* wird sehr häufig erwähnt im Domesday, *s.* Index

Marschall *s.* Wb *horswealh*, das ursprünglich, wie ~, 'Pferdeknecht' bedeutet. Ähnliche Komposita: *hundwealh: canum servitor* bei Toller und *wineardwealh: vinitor* b. Napier *Lexic.* 69. *Vgl.* Geleitsmann; Connétable **1**) Über den ~ als Boten *s. d.* 1 **2**) Vielleicht untersteht der *horswealh* dem *cynges horsþegn*, der a. 897 zugleich als *Wealhgefera* [*vgl.* Vogt] genannt wird (Ann. Agsax., *strator regius* von Flor. Wig. übersetzt), und ist identisch mit dem *horsceniht* bei Ælfric *Hester* 242 **2a**) Auch auf dem Festland bekleidet damals dieses eine der vier Hausämter ein Unfreier höheren Ranges, nur am Königshofe auch ein Freier; Brunner I[2] 373 **3**) Unter Eadward d. Bek. heisst der ~ *steallere*, Nord. *stallari* entsprechend; *vgl.* Larson *Household* 147; Steenstrup *Danelag* 125 **N 4**) Im 12. Jh. ist *marescallus* der Quartiermeister des Königs; I 673[g] [auch in Deutschland besorgt er die Unterbringung der Gäste; Schröder *DRG*[5] 522] **5**) Der Französische ~ wird dem Agsä. Herzog als Heerführer der Grafschaft [ungenau] um 1200 parallelisiert; *s.* Ealdorman 5c

Marter *s.* Strafe

Martin [von Tours] **1**) Er wird angerufen in der Ordal-Litanei Iud Dei XVI 30, 8; als Gewährsmacht für den Kirchenbann; Excom XI 1 **2**) Sein Festtag, 11. Nov., ist der Termin für Entrichtung des Kirchenpfennigs (*s. d.* 9; Ine 4 = II Eg 3 = VI Atr 18, 1 = VIII 11 = I Cn 10. Rect 3, 4. 4, 1), **2a**) fürs Ende der Pflüge-Fron des Gebur und für den Beginn seiner Hürdenwache für die Gutsherrschaft (Rect 4, 1a. b), **2b**) für den Beginn des Empfangs der Ziegenmilch der herrschaftlichen Ziegenherde durch den Ziegenhirten (Rect 15), **N 2c**) für das Ende der Strassenwacht gegen Viehräuber (Leis Wl 28), **2d**) für das Einschlachten von Vieh zu Weihnachten, womit der Viehverkehr des Jahres endete; ECf 39, 1

N Martinus Polonus; seine *Hist. de imperatoribus* wird zitiert I 635[h]

Märtyrer *s.* Wb *cyðere, martir, þrowere.* Ihre Macht unter den Himmlischen wird als Gewähr angerufen bei der Ordalbeschwörung; Iud Dei V 2. VI 1. VII 12, 2. 23, 1; 2. VIII 2

Mass *s.* Wb *gemet, metgierd. Vgl.* Gerstenkorn, Zugabe, Zoll, Finger, Hand 12, Fuss, Elle, Haar 2, Schritt (*s.* Meile 6), Rute, Furchenlänge, Meile; Acker, Hufe, Joch, Pflug; Hohl~, Saum **1**) Kollektiva fur Anzahlen und Mengen *s.* Garbe, Gewicht; Bündel *s.* Gürtel, Wb *molle* [*vgl.* Toller: *gebind*], *stica s.* 'Aal' **1a**) Ein Wort bedeutet öfter verschiedene ~e; Maitland *Domesday* 375, *s.* Gewicht 2 **1b**) Über die Hernahme des ~es aus Natürliebem *vgl.* Amira 132 **2**) ~e sind nötig für den Gutsvogt zur Landwirtschaft; Ger 17 **2a**) Durch Messen, Zählen, Wiegen wird die Fahrhabe im Werte bestimmt; I As Pro **3**) Einige Längen~e, den *Gesetzen* fremd, nennt Schmid 620; dazu kommt Axtwurf (*quam longius potest securis parvula, tapereax, super terram proici*) aus verfälschter Urk. a. 1023 Napier and Stevenson *Crawford char.* p. 138 **4**) Man ~ vielfach mit den Augen, ohne mit Zahlen zu rechnen; Kemble in *British rev.* 1842 p. 56 **4a**) Selbst in Geschäftsurkunde wurde sogar kleines Stückchen städtischen Bodens wahrscheinlich nur ungefähr in runden Summen gemessen; z. B. *intra moenia Doroverni* [Canterbury] *parvam partem terræ* 60 *pedum in longitudine et* 30 *in latitudine;* a. 823 Birch 373 **5**) Das Flächen~ beherrschen die Zahlen 4 u. 10; *s.* Acker, Hufe, Joch 2 **6**) Einheitlich (so II Cn 9 In Glosse) wie in Winchester (und London *s.* Gewicht 8) sei das ~ in ganz England; III Eg 8, 1. Nach *Paul's foot* [Normal~ im Londoner Dome] ~ Irland im 15. Jh.; *Athenæum* 10. Sept. 1910, 289 **6a**) Berichtigung der Eichung fürs ~ befiehlt VI Atr 32, 2 = II Cn 9 **6b**) **N** *Habeant per universum regnum mensuras fidelissimas et signatas;* Wl art retr 7, angebliches Gesetz, sowohl Wilhelm dem I. wie schon Ine fälschend um 1200 vom Londoner City-Antiquar beigelegt I 490[i]: vielleicht nach der Assise von 1197 **6c**) Unrichtiges ~ wird verboten V Atr 24 = VI 28, 2 **6d**) In Chester wird unrichtig ~ mit 4 Schilling gestraft; Domesday I 262b **7**) Auch die Kirche verordnete, das ~ einheitlich zu machen, so die Synode päpstlicher Legaten 786; *vgl.* Gewicht 7. [Im Frankenreich straft sie ~fälscher mit Exkommunikation; Brunner II 322] **7a**) Bistum Worcester wird mit Gerichtsbarkeit übers ~ privilegiert für Londoner Güter nach Londoner ~. Klerikale Tendenz verallgemeinert diese Jurisdiktion; *s.* Gewicht 8b. 11. 11a

Mast I. *s.* Wb *mæsten* **1**) Der Domänenhirt treibt die Schweine [der Herrschaft wie der Gutsbauern] zur ~ [in den Wald] und erhält dafür von jedem Gebur 6 Laib Brot; Rect 4, 2c **2**) Wer auf seinem ~boden fremde Schweine betrifft, darf von der Herde Pfand von 6 Schill. Wert [da 1 Schwein = 10 Pfg. (VI As 6, 2), 3 Stück] wegnehmen und erhält von ihrem Herrn 1 oder 2 Schill., wenn sie nur ein- oder zweimal dort gewesen sind; Ine 49—49, 2. *Vgl.* Busse 7d **3**) Der ~zins heisst *æfesa, -sn, -sweorc* bei Toller *Suppl.* [*vgl. a-efesan* abschneiden Napier *Lexic.* 89], *herbagium, pasnagium;* in Kemble 843 bessere *swun* in *swin* laut Facs. bei Bond *Facsim. Anc. chart.* IV 34; *mæstenræden* Urk. a. 956 Birch 928; *swinscead i. e. tac* bei Thorpe *Diplom.* 660; Birch 1136 **4**) Als ~zins wird das dritte, vierte oder fünfte Schwein der mästenden Herde dem Grundherrn entrichtet, wenn sie bzw. 3, 2 oder 1 Finger dicken Speck angesetzt hat; Ine 49, 3. Den Schweinewert berechnet nach Speckdicke auch Walliser Recht: Demetian II 19, 6; Seebohm *Tribal Wales* 161. 165f. **4a**) So wird *de herbagio* (*pasnagio*) das 7. (10.) Schwein vom Bauern entrichtet nach Domesday I 16b 1. 180 [dagegen schon Geld- (*s. d.* 3) -zins 31. 34. 154b; und fürs Schwein $^1/_2$ Pfg. *garsavese;* Domesday of St. Paul's ed. Hale 51]; *vgl.* Maitland *Domesday* 57; Andrews *Manor* 209 **5**) Die Grösse des Waldes wird bestimmt durch die Anzahl der Schweine, welche der Benutzer dortiger ~ jährlich dem Grundherrn entrichtet; z. B. *tantum silvae unde exeunt V porci de pannagio;* Round *Victoria County Hist. of Berks.* 20. 24 **6**) Eine Eiche oder Buche wird bewertet je nach der Zahl Schweine, die darunter stehen können (Ine 44, aber nicht sich vor Ungewitter bergend [wie Kowalewsky *Ökonom. Entwickl. Europas* I 484 denkt], sondern weidend) **7**) Über die Wichtigkeit des Schweins zur menschlichen Nahrung und daher die der ~nutzung *vgl.* Arnold *Dtsch. Urzeit* 241; Rothe *Gesch. d. Forstwesens* 47; Wilda 933. Die Schweine~ ist in Agsä. Bildern dargestellt **~ II.** *s.* Schiff

N Mathildis secunda, Gemahlin Heinrichs I., gerühmt als mildernden Einflusses; Quadr Arg 25; I 535[a. f] **2**) Gebet für sie *ebd.* II Præf 14, 1 = Hn Pro 2

N Mathilde, Tochter Heinrichs I.; Quadr Arg 28. Wohl ihre Heirat mit Heinrich V. erscheint als Triumph Heinrichs I. über *Teutonicorum maiestatem* (Quadr Arg 18) und als *gloria* für ~; II Præf 12. Dieser Verf. betet für ihr Gedeihen; *ebd.* 14 = Hn Pro 2

Matthæus **1**) ~-Evangelium wird zitiert VI Atr 2. 10, 1 L, besonders gern Matth. 7, 12; *s.* Gerechtigkeit 3, Moral 4. *Vgl. Homil. n.* Wulfstan 29. 37 f. 67. 73. 112. 144. 179. 274. 282 **2**) Angerufen als Gewährsmacht bei der Beschwörung zu Ordal und Kirchenbann; Iud Dei VI 1. VII 23. XIII 13, 2. Excom VI 1, 4

Matthias angerufen als Gewährsmacht bei der Beschwörung im Kirchenbann; Excom VI 1, 4

Mausefallen (*musfellan*) braucht der Gutsvogt des Herrschaftguts für die Domänenhäuser u. -Speicher; Ger 18, 1

Maximum *s.* Preis 1; Busse 7; Strafgeld, Misericordia 3. 3a. 11b

Medizin *s.* Arzt, Gliederbussen, Krankheit, Wunde und die Namen der einzelnen Körperteile **Meer** *s.* See

Mehl (*melu*) **1**) Ein Eimer ~ monatlich genügt einer Person in Armenpflege; *s. d.* 4 **2**) Eine ~kammer (*meluhudern*) braucht der Vogt des Herrschaftsguts auf der Domäne; Ger 17

Meile *s.* Wb *mil*, *milliare; leuwes* (aber *s.* 6b) **1**) Drei ~n herum reicht Königsfriede vom Burgtor (*s. d.* 1) der Residenz **2**) **N** Drei ~n um London (*s. d.* 38. 38a) herrscht dessen Marktgebiet **3**) Am Sonntag darf man [um ihn nicht zu entheiligen] nur 6 ~n weit [von York] fortreisen; Northu 56 **N 4**) 10 ~n fern müssen Jagdhunde bleiben von des Königs Forst; *s. d.* 13a **5**) Irrig interpoliert ist ~ in ECf 30 retr **6**) Die Agsä. Übertragung von Beda rechnet 1 ~ = 1000 Schritt = 5000 Fuss [d. i. die heutige (gemeine Engl.) Londoner See~ = 1524 Meter], denn sie übersetzt Britanniens Ausdehnung, 800 000 × 200 000 Schritte, durch 800 × 200 ~n **6a**) Auch König Ælfred setzt ~ für des Orosius *mille passuum;* Schilling *Alfreds Oros.* 27 **6b**) Ebenso rechnet die *Certa mensura* aus Canterbury um 1300: 5 *pedes passum faciunt;* 125 *passus stadium* [*s.* Furchenlänge 3]; 8 *stadia miliare* [also 5000 Fuss]; . . *virga continet* $16\frac{1}{2}$ *pedes; 40 virgatæ quarentenam;* $7\frac{1}{2}$ *quarentenæ,* 3 *virgatæ,* $\frac{1}{2}$ *pes: miliare* [also 5000 Fuss]; *duo miliaria leucam;* ed. *Eighth report Hist. mss., App.* I 325 **6c**) Abweichend rechnet Ælfred die ~ zu 6 oder $6\frac{6}{7}$ Stadien; Schilling 27 **6d**) Auch in Crowland im 14. Jh. *leuca usualis apud Francos constat de* 2000 *passuum;* . . *milliare constat* 1000 *passibus. Sed scire debetis, Anglos sub dominio Normannorum transiisse in multis ad mores Francorum et ideo loco milliarium leucas dixisse, sed milliaria intellexisse* [so dass *leuca* also sowohl Klein~ (z. B. *luwes* statt *milliaria* I 673[e]) wie Doppel~ bedeuten kann]; Ps.-Ingulf ed. Birch 145 f. **7**) Die heutige *British* (*Statute*) *mile* misst 8 furlongs = 320 rods = 1760 yards = 5280 feet = 1609 Meter

Meineid *s.* Wb *mæne, manað, manswora, -swaru, manswerian, forswerian, aleogan; fei menti* übs. *periurium* Wl art Fz 6. *Vgl.* Stabeid 2

1. *mein.* 2. Versprechensbruch. 3. ~ der Eideshelfer. 4. Neben falschem Zeugnis. 5. = Misslingen des Eides. 6. Schweres Verbrechen. 7. Warnung vor ~. 8. Schimpf. 9. Vergeltung; Pönitenz. 10. Geistliche Strafe staatlich befohlen. 11. Weltliche Nachteile nach ~. 12. Weltliche Strafe bei Ine. 13. Strafgeld halb der Kirche. 14. Vor weltlichem Gericht. 15. Kleriker von Leibesstrafe frei. 16. Wilhelm I.; Ordal. 17. Kanonistik.

1) Das Wort *mein* eignet vielen German. Dialekten, es bedeutet ursprünglich 'unrein, unheilig'; Brunner II 537 **2**) Unter den Agsä. Begriff ~ fällt ausser dem falschen assertorischen Eid auch der Bruch des promissorischen Eides; *s.* Ehrenkränkung 7a **2a**) Wenn einer vor dem Bischof [als höchstem Eidesabnehmer; *vgl.* Darlehn 5] sein Zeugnis [oder seine Eideshilfe] und sein Versprechen falsch abgab [*aleoge*, eigtl. lügt, unwahr sagt, was aber beim Versprechen, auch Af 1, 1. 2, nur bedeuten kann: nicht erfüllte], büsse er 120 Schill.; Ine 13, d. i. soviel wie für ~ *u.* 12 **2b**) Später wird Bruch des Versprechens (*s. d.*) als besonderes Vergehen gebüsst, ohne Spur von ~strafe **2c**) Wahrscheinlich nicht ~, sondern Begünstigung (*s. d.* 12b) wird mit Vermögenseinziehung gestraft, wenn jemand einen verwandten Totschläger begünstigte, den dessen Sippe, um der Rachefehde zu entgehn [unter Eid?], verstossen hatte; II Em 1, 2 **2d**) **N** Zwar *periuri* heissen Abschwörer des Reiches, die trotzdem im Lande bleiben; ECf 18, 3. Sie werden aber friedlos ihres früheren Verbrechens wegen; und der ~ wird nicht besonders hervorgehoben **3**) Durch falschen Eid des Hauptschwörers begeht ~ auch der ihn bestätigende Zeuge oder Eideshelfer; *s. d.* 48; *vgl. o.* 2a **3a**) *Periurium* nennt die gutgläubige Eideshilfe für einen betrügenden Hauptschwörer, freilich mit nur 3 Fasten strafend, Ps.-Egb. *Poen.* 34, zwar Fränkisch, aber von Agsa. im 10. Jh. kopiert **3b**) Eideshilfe zum ~ meint der Homilet um 1000: *manega men tellað to lytlum gylte, þæt hi oðre men mid manaðum beswicen;* er trennt hiervon *lease cyðnys* (falsches Zeugnis); *Bibl. Agsä. Prosa* III 147 **4**) Den ~ ebenfalls neben falschem Zeugnis (*s. d.*) nennt, aber straft am Geistlichen jenem gleich VIII Atr 27 = I Cn 5, 3. Die Gleichheit der Strafe kennen auch and. Germanen; Brunner II 682 **4a**) Falsch Zeugnis nennt — nicht unmittelbar — neben ~ V Atr 24 = VI 28. Getrennt sind sie auch in den Fränk. Bussbüchern Ps.-Theod. *Poen.* XXII. XXIV; Ps.-Egb. *Poen.* II 24. 26 **4b**) Falsch Zeugnis trennen vom ~ und strafen verschieden II As 10, 1 gegen 26; II Cn 36 gegen 37 **5**) Dem ~ wird gleich behandelt das Misslingen eines gerichtlich versprochenen Eides [so im älteren Rechte auch sonst; Brunner II 433] od. das Überschworenwerden; I Ew 3. II Cn 36 **6**) Der ~ zählt in den kirchlich beeinflussten *Gesetzen* zu den schwersten Verbrechen, neben Mord und Zauberei (EGu 11 = VI Atr 7 = II Cn 4; *Homil. n.* Wulfstan 165. 298); neben Mord

(VI Atr 36. V 24f. = VI 28, 2f. Wl art 6); neben Zauberei (I Em 6); neben Ehebruch (Cn 1020, 15); neben Totschlag und Ehebruch; II Cn 6 7) Demgemäss warnen vor ~, ausser den Stellen der *Gesetze o.* 4—6, auch das Leviticus-Zitat in der Ordalmesse (Iud Dei I 6, 3) und viele Homileten 8) Es galt als schlimme Ehrenkränkung (*s. d.* 7), jemanden ~ig zu schelten [auch bei anderen Germanen; Wilda 788], viell. als typisch für Schimpf überhaupt 9) Die German. Urzeit hatte Vergeltung für ~ von der Wirkung des Fluches erwartet, durch den der Schwörende im Falle des ~s Unheil auf sich herabrief; Brunner *Ält. Strafr. der Kulturvölker* 54; *vgl.* Eid 2. Demgemäss blieb in christlicher Zeit die Strafe anfangs vielleicht ganz und später immer teilweise eine kirchliche; doch tritt eine weltliche m. E. (*u.* 12) schon seit Ine, nach Schmid und Brunner erst seit Cnut daneben **9a)** Die Bussbücher belegen ~ mit Pönitenz, wenn der Eid in christlichen Formen auf Evangelium, Reliquien, Altar, Kreuz oder in die Hand eines Geistlichen abgelegt war, aber nicht den ~ in Laienhand; *s.* Eidesform 5 **N 9b)** Dagegen den falschen Sinn des Schwörenden trifft Kanonistik: *Qui per lapidem falsum iurat, periurus est* Hn 5, 29; *u.* 17 **9c)** Die Synode zu York 1195 befiehlt den Pfarrern, jährlich dreimal ~ige zu exkommunizieren **10)** Auch weltliche *Gesetze* schärfen geistliche Strafe für ~ ein [auch bei and. Germanen; Wilda 523; Brunner II 681]. Wer ~ geschworen, wird bis zur Pönitenz exkommuniziert (I Em 6) und geht, wenn er nicht laut Zeugnisses des Beichtvaters bei Lebzeiten büsste, christlichen Grabes verlustig; II As 26. Für Bruch des promissorischen Eides wandert man 40 Tage in einen zwar königl. Kerker, wo aber der Bischof die Busse vorschreibt; und, wenn man entflieht, wird man nicht bloss geächtet, sondern auch exkommuniziert; Af 1 — 1, 7 **11)** Oder das weltliche Gesetz hebt die Folge des ~es erst auf, wenn auch Kirchenbusse geleistet wurde **11a)** Wie andere Todsünder dürfen ~ige vor Beginn der Kirchenbusse und der bürgerlichen Genugtuung nicht in des Königs Nähe, bei Strafe der Vermögenseinziehung; VI Atr 36 **11b)** Eidesunfähig wird, wer ~ schwor (er kann sich künftig nur durchs Ordal reinigen, I Ew 3); doch auch nur bis zur Erbringung der Kirchenbusse und der [weltlichen] Bürgschaft, dass er künftig keinen ~ schwören werde; II As 26 = II Cn 36, 1 **11c)** Die ~igen soll man, ausser wenn sie büssen, aus dem Lande jagen oder im Lande vernichten; EGu 11 = VI Atr 7 (fortgelassen durch L, weil unausführbar?) = II Cn 6 = *Homil. n.* Wulfstan 26. 114 **12)** Rein weltliche Strafe für ~ scheint mir vorzuliegen bei Ine: Wird Gestohlenes jemandem im Prozess mit Anefang (*s. d.* 24) zugeschoben, der sich einmal davon freigeschworen hatte [unter dem Vorgeben, dieses nicht dem Zuschiebenden verkauft zu haben], nun aber die Verantwortung [gegen kräftigeren Klägereid (?) oder mit (erst jetzt?) so hoch wie Strafgeld + Sachwert gefordertem Eide] nicht ableugnen kann, so büsse er den ~ doppelt; Ine 35, 1. Ich verstehe, er zahle doppelte Diebstahlbusse, also 120 Schill. dem Richter als Strafe, wie *o.* 2a für Gedingebruch. Die ~-strafe bezieht der Staat auch bei anderen Germanen; Brunner II 682. Dagegen meinen Schmid 631 und Brunner II 681, nur die Erschwerung des Gewährzugs werde hier gestraft mit dem Doppelten der Busse fürs Innehaben fremder Sache, wie Baiernrecht den unrechtmässigen Weigerer der Schubannahme mit *poena dupli* straft; II 506. Allein bei letzterem ging doch nicht ein Freischwur vorher **13)** An dem Empfang des weltlichen Strafgelds beteiligt Cnut die Kirche: Wenn einer ~ auf die Reliquien ('oder das Evangelium' fügt In Cn hinzu) schwor und überführt ward, verliere er die Schwurhand ['beide Hände' In Cn] oder sein halbes Wergeld, halb an den Gerichtsherrn, halb an den Bischof; II Cn 36 = Hn 11, 6. Während das Folgende aus II As 26 wiederholt ist, kommt die Strafe der Handlösung neu hinzu. Das Abhauen der ~igen Schwurhand kennt auch Fränkisches Recht; Brunner II 390. Das halbe Wergeld, zu dem die Hand (*s. d.* 9) auch sonst geschätzt wird, ist 100 Schill., also $^1/_6$ weniger als Ines ~strafe **14)** Den Prozess über ~ aber zieht Geistliches (*s. d.* 14a. d) Gericht vor sein Forum erst später; Brunner II 681; Pol Mai II 540 **14a)** Die Reinigung von der Anklage auf ~ geschieht selbst durch Geistliche je nach der Schwere der Tat ein- oder dreifach, also im weltlichen Prozess; VIII Atr 27, 1 = I Cn 5, 4 **15)** Der Klerus bleibt von Leibesstrafe für ~ frei. Ein Geistlicher, der falsch schwor, büsse je nach Schwere der Tat entweder durch Wergeld oder Strafgeldfixum und leiste kanonische Pönitenz. Für jenes Strafgeld leiste er Bürgschaft oder wandere in den Kerker; EGu 3 **15a)** Der Priester in falschem Zeugnis oder ~ ertappt, sei [vermutlich neben der Geldstrafe in *o.* 15] aus Klerus verstossen und verliere jeden Ehrenrang, jedoch nur bis zur Erfüllung der vom Bischof auferlegten Pönitenz und Bürgschaft, dass er künftig solch Verbrechen lasse; VIII Atr 27 = I Cn 5, 3 **N 16)** Im echten Gesetz Wilhelms I. über den Reinigungsbeweis im Prozesse zwischen Normannen und Agsa. (Wl lad) wird zwar ~ unter den Kriminalklagen nicht genannt. Aber sachlich richtig ist *periurium* in den es benutzenden **Wl art 6** = retr 12 aufgenommen: der Engländer kann sich durch Zweikampf (ev. mittelst eines Kämpen) oder Eisenordal reinigen, der Franzose durch Zweikampf oder (wenn der Englische Kläger solchen nicht wagt) durch ungestabten Eid; *vgl.* I 487 i—n **16a)** Inquisitionsgeschworene der Grafschaft, die ~ leugneten, verurteilte Bischof Odo von Bayeux als delegierter Königsrichter zur Reinigung durch *iudicium ferri; quod promiserunt et facere non potuerunt;* Hickes *Diss. epist.* 33 **17)** Aus kanonistischen Quellen, fürs Agsä. weltliche Recht unpraktisch, entnimmt Hn 5 philosophische und kirchenrechtliche Sätze über ~, die auf Motiv und geistigen Inhalt des Schwurs Rücksicht nehmen; *vgl. o.* 9b; Eid 4 **17a)** Ob man ~ verraten soll, wenn den ~igen Priester Lebensgefahr treffen wird, entscheidet nach Nützlichkeit Hn 5, 32

Meister *s.* Gefolge 17a

Melder s. Anzeiger, Einfang

Menschenliebe *s.* arm, -enpflege, Unfreie, Waisen, Witwen; Feiertag; Barmherzigkeit, Begnadigung, Amnestie; Homiletisches, Moral **1)** Liebe alle Menschen, nütze den dir durch

Ort, Zeit, Gelegenheit meist Verbundenen; aus Augustin Hn 5, 20a

Menschenraub 1) Vom *manþeof*, gesondert von Dieben anderer Werte, fordert höchstes Strafgeld, $2\frac{1}{2}$ £ Af 9, 2. Gemeint ist das nicht handhafte Fortfangen eines Unfreien. Auch andere Germanen nehmen Sklavenraub zum grossen Diebstahl und sondern ihn vom anderen ab; Brunner II 640; Wilda 874 **1a)** Wie hier wird der gestohlene Sklav als Fahrnis behandelt im Anefang (*s. d.* 2) und in der Genossenschaft (*s. d.* 12e), die gegen Verlust durch Diebstahl gegenseitig versichert **1b)** Wer *servum vel quemcunque hominem furtu in captivitatem duxerit, 7 annos peniteat;* Ps. Theod. *Poenit.* XXIII 13, Fränkisch, um 1000 in England abgeschrieben **2)** Wer verklagt wird durch einen [in die Heimat] Zurückgekehrten, er habe diesen einst gestohlen [und fernhin verkauft], reinige sich oder zahle, soweit sein Vermögen reicht; Hl 5. Es handelt sich hier um einen Freien, denn ein Sklav konnte nicht als *stermelda* [Bestrafungsanzeiger] fungieren; statt seiner würde der bestohlene Herr des Sklaven klagen; auch kehrte schwerlich jemand freiwillig in Sklaverei zurück. Kent, mit Seehäfen und London (Sklavenmarkt; Beda IV 22) beherrschend, konnte leicht Menschen, besonders Kinder, nach Gallien ausführen. Von heimgekehrten *servis transmarinis* handelt Theodor *Poenit.* II 12, 24 **2a)** Wer einen Freien ('Menschen' Exodus) stiehlt und als Sklaven verkauft, werde hingerichtet; aus Exodus Af El 15, aber mit Hinzufügung: wenn er sich nicht reinigen kann. Beklagter konnte also entweder den Beweis antreten, der Verkaufte sei nicht frei [vielmehr gerecht verknechtet], oder nicht ér habe ihn entführt und verkauft **3)** Wohl nicht Geraubte, sondern ungerecht Verknechtete meint Beda III 5 mit *iniuste venditi*, die Aidan loskaufte **3a)** Nicht ~, sondern Menschenverkauf über See straft mit des Missetäters Wergeld Ine 11. Den Verkauf Freier ins Ausland verpönt auch Norwegens Strafrecht; Lehmann *Königsfriede* 199 **N 4)** Lanfranc erklärt zu Pauli I. Timoth. 1, 10: *plagiarii sunt clam transferentes homines de patria in patriam et vendentes;* er kennt also ~ als um 1060 noch in und um Normandie geübt; Tamassia in *Mélanges Fitting* II 200

Mercien *s.* Wb *Mierce* **1)** Obwohl die Mercier Südangeln sind, sind unter *Suðengle* 'Südengländer', nicht sie allein, sondern hauptsächl. Wessex u. höchstens sie daneben, im Ggs. zu Kent u. Denalagu, gemeint; Griδ 9 **2)** König von ~ *s.* Offa. **3)** Ealdorman von ~ Ælfhere proklamiert dort IV Eg, also in einem Herzogtum mit Selbstverwaltung; IV Eg 15, 1 **4)** In ~ liegt Woodstock in Oxfords.; I Atr Pro **5)** Zu ~ gehörten die Dunsæte; *s. d.* 6 **6)** ~ ist einer der drei geographischen Teile Englands mit Partikularrecht (*s. d.*); Hn 6, 1 f. 9, 10 f.

Mercierrecht *Myrcna lagu; s. vor. Z.* **1)** Dazu gehören laut Traktats XI. Jhs. [I 552'] die 8 Grafschaften (*vgl.* Peterspfennig 3b) Hereford, Gloucester, Worcester, Shrops., Chester, Stafford, Warwick, Oxford. Hiernach Rob. von Brunne ed. Furnivall v. 3713 und sg. Bromton c 956 **2)** Über das Wergeld in Mercien handelt das Stück *Mirce* I 462 **3)** Dagegen nur mit Unrecht als partikular Mercisch überschrieben ist *Að* I 464 **4)** Die Krone hat dieselben Vorrechte (Kronprozesse) im ~ wie in Wessex; II Cn 14 **N 5)** Dreifache Reinigung im ~ erfordert 35 Eideshelfer; Hn 66, 10 **6)** Im ~ erhält der Sheriff als Strafgeldfixum des 'Ungehorsams' gegen den König 40 Schilling [Normannisch], in Wessex 50; Leis Wl 2, 2a. Beide Beträge lauteten Agsä.: '120 Schilling', jene zu 4 Pfg., diese zu 5 Pfg. gemeint; *u.* 7a **6a)** Dasselbe Rechtsbuch fügt 'im ~' hinzu zu dem — tatsächlich aber auch für Wessex giltigen (*u.* 12) — Satze Cnuts, dass Königsschutz, Heimsuchung und Angriff 5 £ kosten; Leis Wl 2 **7)** Der mittlere Thegn zahlt im ~, Ostanglien und Denalagu 2 £ [120 Merc. Schill.] Heergewäte (*s d.* 9c), dagegen in Wessex Pferd, Waffen und Halsfang [120 Westsächs. Schill.]; II Cn 71, 2 = Hn 14, 3 **7a)** Also ist die Schillingsumme 120, und nur der Wert in Wessex je um 1 Pfg. höher, als *o.* 6 **8)** Wergeld eines Gemeinfreien ist 266 [$^2/_3$] Tremissen [= 200 Merc. Schill. zu 4 Pfg.] nach ~; Norðleod 6: also wieder die gleiche Zahl Schillinge wie in Wessex. Dies bestätigt Mirce 1 = In Cn III 42 = Ps Cn for 33, 1 [8a) **N** Später aber ist des Villanen (gemeinfreien Bauern) Wergeld im ~ und Wessex 5 £; Leis Wl 8, 1; ebenso in London; *s. d.* 58] **9)** Wergeld des Thegn 6mal soviel: 1200 Schill., also 20 £ [gegen 25 in Wessex] Mirce 1, 1; auch Leis Wl 8 **10)** Königs einfaches Wergeld ist das von 6 Thegnas nach ~ d. i. 30000 Sceat = 120 £ und für die Königswürde ebensoviel; Mirce 2—4 **N 11)** Im ~ beträgt das Strafgeld des Bürgen an den König, wenn der Verbürgte zum Verbrecher geworden und dem Gericht entflohen war, 40 Schill. [= 2 £], in Wessex 4 £, in Denalagu 7 £; Leis Wl 3, 1 f. **12)** Die (*mundbryce*) Summen verwirkt durch Bruch des gewährten Schutzes (*s. d.*) für Erzbischof 2 £, Bischof und Graf 1 £, Baron $^1/_2$ £, Bauer 40 Pfennig gibt als ~ Leis Wl 16. Allein diese Summen gelten auch für Wessex; *vgl. o.* 6a **13)** Den Anefang (*s. d.* 5b. 11) u. Gewährzugprozess gibt Leis Wl 21, 2 nach ~ und Denalagu, und unterscheidet Wessex

Mercier-Schilling zu 4 Pfennig **1)** Wohl dieser ist in Duns 7 gemeint: *sceap mid scill.*, denn das Schaf gilt sonst 4 Pfg. **2)** Der ~ hat wohl bewirkt, dass von 4 Pfg. Handelswert aufwärts Kaufzeugen fordert II Cn 24 **N 3)** Rechtsbücher vom Anfang 12. Jhs. nehmen an, die ihnen vorliegenden Agsä. *Gesetze* verständen unter *scilling* den ~; so setzt zu Af 12 *þrittig scl.* hinzu: *half pund* Hs. B, wohl ein Londoner **3a)** Andere rechnen die Schill. ihrer Quellen in Normann. von 12 Pfg. so um, teilen sie m. a. W. durch drei: statt Ælfreds und Cnuts 120 *scl.* setzt 40 *scl.* In Cn zu Af 38. 38, 1. I Cn 10, 1. II 15, 1; 2. 25, 2. 33, 2. 65; dieses Rechtsbuch drittelt auch andere Beträge Cnuts II Cn 15, 2 und setzt statt '120, 60 *scl.*': 2 bzw. 1 £; I Cn 3, 2 **4)** Ebenso setzt Leis Wl 40 statt 120 Schilling (17, 3. 39, 1), und wo Af 10, 1. 45. 45, 1 1—2 Schill. forderte, 4 bzw. 8 Pfg. **4a)** Bei zwei Summen Cnuts meint dieser Vf., Cnut rechne nach 'Engl. Schillingen', worunter er den ~ versteht; 42, 1

Merkmal A. am Tier (*s.* Wb *mearc* 3) *s.* Beweismittel 4a; Hund 2b; *vgl.*

aus dem Norden Wilda 866. Städt. Recht erlaubte, das Eigentum am Verlorenen *pruver par piel* (s. Fell 1) *et par quier;* Bateson I 59. Vermutlich ∼ beweist, wo Identität des Eingeklagten angefochten war; Ine 53, 1. 75. *Mearcisen* heisst *ferrum quo notæ pecudibus inuruntur;* Wright-Wülcker *Agsa. vocabularies* 200 **B**. *Vgl.* Siegel

Messe *s.* Wb *mæsse, mæssian. Vgl.* Abendmahl (,-sprobe, -swein, -skelch), Liturgie, Geistliche 27 **1)** Nur erlaubt in geweihtem Hause, an geweihtem Altar, mit Wein, aus *Can.* Eadgari, Northu 13—18. *Vgl.* Ps.-Egb. *Exc.* 9. 53; Ælfric *Chrisma;* Ælfric *Can.* 25; *Eccles. instit.* [**N** Gottesdienst in ungeweihten Kirchen beklagt Conc. Winton. 1070 c. 9 und verbietet Concil. 1076. Dass Grosse im Schlafzimmer ∼ hörten, tadelt Will. Malmesbur. *Reg.* III 245] **2)** Im Heerlager steht ein geweihter Altar in einem Zelte; *Eccles. inst.* 11 **3)** Herzog Leofric [1057] hörte täglich 2 ∼n; *Visio Leofr.* ed. Napier *Philolog. soc.* 1908, 184. **4)** Der Priester darf nur dreimal täglich ∼ lesen; aus *Can.* Eadgari Northu 18; nur zweimal nach Fränk., um 1000 in England kopierten Kanonisten Ps.-Theod. = Ps.-Egb., *Confess.* 35; nur einmal Ps.-Egb. *Exc.* 55 **5)** Der schuldige Priester, dem Bischof oder Archidiakon die ∼ verbot, und der sie dennoch las, büsst 20 bzw. 12 Ör; Northu 3. 7 **6)** Wo der Mönch für König und Vaterland Psalter singt, da liest der Priester ∼ (V As 3) und bei der Landesbusse zur Frühmette die ∼ *contra paganos;* VII Atr 3, 2 **7)** An drei Tagen, bevor er zum Ordal schreitet, hört der Prüfling ∼; II As 23. Iud Dei X 1, 3 **7a)** Er opfert bei der, welche er vor dem Ordal hört; II As 23. Iud Dei I 1, 1. XIII 1 **7b)** Ordal∼ *s.* Iud Dei I 4—19. VII 12. X 2. XII 5-15. XIII 1-5. XVI 8 ff.; **7c) N** beim gerichtlichen Zweikampf (*s. d.*): Duel 9, 2 **8)** Eine Art der Reinigung des Priesters von Anklage besteht in der Abendmahlsprobe; *s. d.* **9) N** Wenn man die Leiche des nachträglich von Schuldverdacht Gereinigten vom Schindanger zur Kirche trägt, *cantata missa interrent eum sicut Christianum;* ECf 36, 5

Metall. *Vgl.* Blei, Eisen, Gold, Kupfer, Silber **1)** Britannien ist reich an ∼; ECf Lond 32 D 1 **2)** *Gesetze,* auch die Traktate über Bodenverwertung, erwähnen Bergbau nicht, wohl aber die Urkk.

Mette (*matutinas*), Frühhora, höre der Prüfling in den 4 Nächten vor dem Ordal; Iud Dei X 1, 3. *Vgl.* Messe 6

Metzger *s.* Fleisch

Meulan *s.* Wb *Mellent*

N ***micelgemot*** [?], in verjüngter Form *much-imut,* heisst das jährlich viermal Forstschau haltende und Vergehen an Wild und Wald aburteilende Gericht der vier Grafschafts-Oberforstrichter, nach Ps Cn for 11. Weder der Name noch die Einrichtung entspricht dem sonst übers Forstrecht Bekannten; *vgl.* I 692[b]. Wahrscheinlich sind verschiedene Wirklichkeitsteile mit Erträumtem verwirrt

Michael *vgl.* Engel **1)** ∼is, 29. Sept., Termin für Grundzins; Rect 4, 1 [in Hissebourn Herbst-Nachtgleiche]; Landesbusse drei Tage vor ∼is VII Atr 2, 3 a = VII a 1 **1a) N** Beginn der Treuga Dei; ECf 2, 5. *Vgl.* in Dover vor 1066 *trewa regis a s.* ∼*e ad s. Andreæ* (30. Nov.); Domesday I 1 **N 1b)** Zwischen ∼is und 11. Nov. findet Strassenwacht [gegen Viehräuber] statt; Leis Wl 28

N Middlesex 1) Wilhelms I. Erlass über Selbständigmachen geistlichen Gerichts ist adressiert an Grafschaft ∼ unter dem Sheriff Gottfried von Mandeville; Wl ep Pro; *vgl.* London 45 a, b **2)** Verpachtung der Grafschaft und Verleihung dortigen Jagdrechts an London *s. d.* 22 f.

Miete *s.* Wb *hyr (-geoht, -oxen); vgl.* Pacht **1)** ∼ von Rindern [weil nicht jeder Bauer (*s. d.* 13 e) 8 Ochsen, die den schweren Pflug zogen, sondern meist nur 2 besass] wird in Futter oder anderem Werte bezahlt; Ine 60 **2)** Beschädigt [der ∼r] Horn, Auge, Schwanz des Tieres, so zahlt er bestimmten Entgelt; 58

Mietling *s.* Gefolge, Heer 10

Milch *s.* Wb *meolc. Vgl.* Butter, Käse, Lab **1)** Die ∼ von Kuh, Schaf, Ziege kommt vor **2) N** Sie wird der Kirche verzehntet durch Abgabe des je am 10. Tage Gemolkenen; ECf 7, 3 **3)** Von der erstmals kalbenden Kuh des Herrschaftsgutes erhält der Kuhhirt die Biest∼ (*bysting,* jetzt *biestings*) der ersten 14 Tage, von einer sonstigen Kalberin die der ersten Woche; Rect 13 **4)** Dem Schafhirten gibt die Herrschaft eine Woche ∼ seiner Herde nach [oder vor] Herbst-Nachtgleiche und eine Schale voll Molken oder Butter∼ (*hwæges oððe syringe*) den ganzen Sommer [täglich]; 14 [∼ vom Schafe wird genossen auch nach Ælfric] **5)** Dem Ziegenhirten gibt sie Molken und nach Martini die ∼ seiner Herde; 15 **6)** Molken erhält von der Gutsherrschaft die unfreie Frau im Sommer [täglich] oder 1 Pfg.; 9. Offenbar kann eine Schale Molken nicht den dritten Teil eines Schafes wert sein; der eine Pfennig gilt statt der Molken während des ganzen Sommers, wie deutlich 3 Pfg. als Zukost für den ganzen Winter

Milde *s.* Barmherzigkeit

minderjährig *s.* mündig 3—12

Mindestwert, Minimalgrenze *s.* Diebstahl 9; Beweis 8 a. n; Preis 18; Frieden 2

Mirce. Das von mir sog. Stück I 462 über Wergeld im Mercierrecht (*s. d.* 2) ist übs. von Q I 540, von In Cn I 613, zitiert als *lex Mercinorum* In Cn III 42 = Ps Cn for 33, 1

miscenning *s.* Missesprechen

Mischehe *s.* Ehe 2 a; Angelsachsen 26 a; Unfreie

Misericordia **1)** Von Vermögenseinziehung und Todesstrafe kam im Agsä. Rechte Begnadigung so oft vor, dass die *Gesetze* jene beiden nur als drohende Gefahr oder vielleicht vom König verhängbar, möglicherweise aber erlassbar, nicht als sichere Wirkung hinstellen **1a)** So steht das Leben in Königs Belieben Ine 6 = Grið 9. 15. Wi 25 f. II Em 6. II Cn 13 = Hn 10. 13, 1 f. **1b)** Oder Besitzverwirkung steht in Gefahr V Atr 28 f. = VI 35 f. **1c)** Oder beides VIII Atr 42 = II Cn 66, 1 **2)** Die Begnadigung (*s. d.* 8) stand dem König überall frei (allerdings nur ohne den privaten Verletzten am Empfang von Ersatz und Busse zu schädigen) und brachte ihm regelmässig Geld. Sie erschien also als Kauf des Rechtsschutzes und hiess mit Nord. Lehnworte *lahcop; s.* friedlos 17 a; *vgl.* Vinogradoff *Engl. soci.* 9 [anders kann *lah bycgean, inlagian* Zahlung (Empfang) festen Betrages bedeuten; *s.* busslos 6, bescholtene 10 a] **2a)** So kauft der Richter nach Amtsentsetzung (*s. d.* 4) die Würde zurück nach Königs Belieben **3)** Nur für friedlos machende, busslose Tat stieg das Strafgeld von Rechts wegen ins Ungemessene. Tatsächlich aber geschah es vor oder unter Eadgar auch bei bussfähigem Vergehen. Denn er verordnet, bei solchen verwirke niemand mehr als Wergeld; III Eg 2, 2. Demgemäss beträgt 1000 Pfg. höchstes Strafgeld unterhalb Vermögenseinziehung; II 4, 2 **N 3a)** London (*s. d.* 58) erhielt von Heinrich I. und darnach Colchester als Strafgeld-Maximum 1200 Pfg., Newcastle 600 Pfg. bestätigt **4)** Rechtsbücher unter Heinrich I. identifizieren die Agsä. Begnadigung unter willkürl. Strafgeld, in der Hauptsache richtig, mit ~ und setzen diese ein, wo Cnut bot: 'Tod, ausser wenn der König begnadigt; König walte des Friedens; Verbrecher sei friedlos; löse aus nach Königs Erlaubnis'; I Cn 2, 2. II 13. 15, 1. 48, 2 = Hn 13, 1; 11. 34, 1 [**4a)** Selbst wo *ar* Grundbesitz bedeutet, nimmt Quadr den Sinn ~ an; II Cn 49 = Hn 11, 12] **5)** Historisch aber entstammt ~ im Ausdruck wie Begriff Frankonormann. Fürstenrecht. Die Einführung erst 1066 anerkennt CHn cor 8. Wer sich im Westfränk. Recht schuldig bekannte, erfuhr eine *rationabilis ~; in ~ ducis* stand in der Normandie der, dessen Bestrafung der Gerichtsherr frei ermass; Brunner II 66; *Zs. Savigny Rechtsg.*, *Germ.* 11, 83; *Forsch. z. GDR* 313; *Gesch. Engl. Rechtsqu.* 63. Bei Süditaliens Normannen tritt ~ an Stelle der Todesstrafe; Niese *Gesetzg. Norm. Sic.* 21. 29. 56 **5a)** Andere Ausdrücke für ~ (*principis* Hn 11, 16a): *ius regium* 13, 1, *arbitrium* 68, 6 (auch Domesday I 154b), *potestas* (*ebd.* 154), *indulgentia s.* Kronprozess 1d, *voluntas* I 624[r], *libitum sine certa emendatione* Ps Cn for 26, *pleisir* Leis Wl 39, 1. Ähnlich in Frankreich *volonté, disposition, voluntas et miseratio;* Coulin *Verfall gerichtl. Zweikampfs* (Diss. Berl.) 22. 24. 29; *Gerichtl. Zweik.* 151 **5b)** Ganz synonym kann stehen *merci,* nicht aus dem Stamme ~, sondern von *mercedem* abgeleitet **6)** Wie in Normandie (1091), so in England umfasst ~ entweder des Schuldigen Leib und Leben (I Cn 22Q. Hn 13. 34, 1. 68, 6. 79, 2. 80, 1. ECf 12, 3) oder Grundeigen (Besitzerstellung) oder Fahrhabe. [Die Freihaltung des *contenementum* (Glanvilla IX 11, 3) oder des Notwendigsten (*Dial. scacc.* II 14A) findet sich in den *Gesetzen* noch nicht] **6a)** Die ~ *de pecunia* (Hn 80, 1) ist synonym mit *de tota pecunia; Dial.* II 16; Glanvilla XIV 1, 2 **7)** Musste 1067—1100 Beklagter Prozessualpfand *in ~ pecuniae* geben, so verspricht Heinrich I. für Büssbares nur je nach der Tat Zahlung zu fordern; CHn cor 8 **7a)** Bussloses, *perfidia vel scelus,* nimmt er aus. Noch auch hält das Königtum 12. Jhs. jenes Versprechen **7b)** Daher bleibt der Gegensatz zur ~ im Reformprogramm. *Delinquens in foresta poenas luet secundum modum et genus delicti* unter Einfluß auch der *delinquentis fortuna,* Ps Cn for 20; *vgl.* 1 **7c)** Wörtlich anklingend gewährt Magna charta 14: *amercietur secundum modum et magnitudinem delicti* **7d)** Neben der Steuer will auch das Strafgeld der Willkür entzogen und gerichtlich zuerkannt wissen der Londoner Reformer um 1200: *Nil capi debet nisi per legem terre et iudicium curie* (zu Hn 8, 1a. I 554[d]), an welche Sprache die Einschränkung anderer Willkür anklingt: *Nullus capiatur nisi per iudicium vel per legem terre;* Magna charta 39 **8)** Eine lange Liste der Verbrechen, die in ~ verfällen, versucht Hn 13, 1—12, vermengt sie aber mit der grossenteils identischen der Kronprozesse (*s. d.*) 10, 1: Kriminales (*graviora placita*) falle unter beides; 'damit volle Strafe den Sünder, ~ den Verzeihung Erflehenden treffe'; 11, 16a **9)** Auf mehrere dieser Verbrechen setzt er selbst Tod oder Verstümmelung; andere drückt er in den Worten der Agsä. *Gesetze* aus, die sie mit Friedlosigkeit, Tod oder Verstümmelung bedrohen; noch andere sind laut des Namens (*utlagaria*) oder ihrer Natur nach zu schwer, um stets mit Geld büssbar zu sein, so *infidelitas et proditio; o.* 7a. Folglich meint er hier ~ im weitesten, Leibesstrafe umfassenden, Sinne [**9a)** In einem für diesen Wirrkopf nicht seltenen Selbstwiderspruch nimmt er auch mit der ausdrücklichen Fixierung des Strafgeldes, also dem Ggs. zur ~, aus Cnut auf: Ungerechtigkeit im Richteramt (nochmals Hn 34), Vernachlässigung der Trinoda necessitas und Friedensbruch im Heere; 13, 4; 8f. Ja er setzt die feste Murdrumbusse von 46 Mk. hinein; 13, 2] **9b)** Den Grundstock der Liste bilden erstens Kriminalfälle schon der Agsä. Zeit: Friedlosigkeitsache, offenbar erwiesener, todeswürdiger Diebstahl, Münzfälschung, Notzucht, Begünstigung von Verbrechern, Totschlag am Kirchengeld-Eintreiber, Untreue und Verrat, Flucht vom Heere, Handfriedenbruch [auch Leis Wl 2, 2. ECf 12, 1; Domesday I 154b], Bruch des Friedens im Königshause oder deutlicher: Totschlag *in domo, curia, burgo, castello, exercitu, hostico regis;* 80, 1 **9c)** Hinzu treten, gemäss der unter Normannen erstarkten Krongewalt, Ungehorsam gegen Königs Brevia und Befehl (auch Dial. scacc. II 3A, dagegen Geldstrafe Glanvilla I 30, 5f.), Majestätsbeleidigung, Totschlag an Königsbeamten und -boten (Hn 79, 2; *vgl.* I 595[1]), unerlaubte Burgbefestigung, Verheimlichung der dem König gehörigen Geldwerte **9d)** Überfang auf Land und Wasser des Königs durch privates Verbauen kann nach ECf in ~ des Leibes verfällen, nach Glanvilla IX 11, 1 höchstens das Kronlehn kosten **9e)** Tötung eines Hirsches im Königsforst durch Bischof, Abt, Baron verfällt diesen in Vermögens-~; Ps Cn for 26 **10)** Nur in übertragenem Sinne heisst ~ Geldstrafe, auf einen bestimmten Betrag beschränkt. So *en merci de lahslite* Leis Wl 42, 2 (durch L *forisfactura* übersetzt und synonym mit *forfaiture* 39, 2), wo die Quelle nur *lahslit* las **10a)** Diese Bed. 'festes Strafgeld ohne Willkür' lebte fort, noch im Engl. *to amerce; o.* 7c **11)** In diesem abgeleiteten Sinne begrenzter Geldstrafe kommt in Rouen ~ *communiae* vor; *vgl.* London 8 **11a)** In England kann man in ~ eines Beamten (*vicecomitis*) oder privaten Gerichtsherrn fallen; Glanvilla IX 10; 1, 8 **11b)** Der Graf von Herefordshire gewährte, dass seine Ritter höchstens 84 Pfg. wegen *transgressio praecepti herilis* büssen, während anderswo dafür 1 oder $1^1/_4$ £ [*s.* Ungehorsam] fällig ward; Will. Malm. *Reg.* III 256 ed. Stubbs p. 314 *vgl.* CXIV. Der Gründer von Städten erniedrigte das Strafgeld-Maximum, um Siedler anzulocken; Bateson *EHR* 1901, 93 **11c)** Häufig begegnet ∼ für jede Sachfälligkeit im Prozess, auch geringe Geldbusse für Formfehler (*s.* Missesprechen); Brunner *Wort u. Form* 707

Missesprechen. *Vgl.* Schikane 1) *miscenning vel mislocutio bed.* die Begehung von Wortfehlern in der prozessualen Parteirede, ferner die Geldbusse, dem Gerichtsherrn verwirkt für die Erlaubnis, das Wort der Partei dank reiferer Überlegung bessern zu dürfen; *s.* Brunner *Forsch. zur GDR* II 287—92; Bateson II CL; für den Norden: Lehmann *Njál* 110 **1a)** Nicht zu vermengen mit *miscravatio; s.* Klage 12 **1b)** N In Rechtsglossaren wird ∼ seit Ende 12. Jhs. erklärt: *inconstanter loqui in curia vel invariare, change de parole, mesparler en plait;* Rog. Hoveden. bei Brunner II 348 = *Red book Exchequer* ed. Hall 1033, wo auch *mesprise de parole, variatio loquelæ* (dies auch Bromton); aus späterem Stadtrecht: *si non bene narraverint* [= plädiert]; *defaute, q'il ne die les paroles duez et usueles en comptaunt et en defendaunt; si un homme dist a bank cose q'il ne dust pas dire, e lui samble, qe son counte n'est pas si bon com estre duist, il qe cho fait, puet recovrer son conte;* Bateson II 1 f. **2)** Synonyma: *stultiloquium, miscounting* bei Riley *Munim. Gildhallæ* II 743; ferner Freibrief für Berwick a. 1686: *Burgenses non occasionentur* (beim missgesprochenen Wort nehmen, schikanieren; Brunner a. a. O., wo auch *cavillatio, cautela*) *pro mistling in suis loquelis, vid. si non omnia bene narraverint;* Gross *Gild merch.* II 19. *Vgl. occasio* (Anwendung des Formalismus) Stat. Wallie a. 12 Edw. I 3; *calumnia verborum* Vinogradoff *Villainage* 367; *verborum tendiculae* Johann. Saresber. *Policrat.* V 16; *verborum insidia* Schröder *DRG*[5] 786. **3)** Der Formalismus des Rechtsgangs überhaupt, wie der des Eides (*s.* auch Stabeid) im besonderen, drohte mit vielen Fallen; der Ausgang der Prozesse schien dadurch unberechenbar gefährlich (Hn 6, 6; *vgl.* I 553[a]); wer sich verfing, schien von Gott wegen Ungerechtigkeit seiner Sache gestraft; Brunner *Forsch.* 287. Deshalb z. T. ward im Beweis (*s. d.* 5a) Ordal oder Zweikampf (Amira 163) bevorzugt **3a)** Die Partei zahlte dem Richter eine Gebühr, dass er sie nicht wegen Formfehlers quäle, *pro pulchre placitando* (*Pleas of Gloucester* ed. Maitland n. 480), dass sie dürfe *placitum recuperare,* die Klagerede bessern; Stadtrecht um 1200; Bateson II 5. Dies darf nur einmal geschehen; *ebd.* CLIIj **3b)** Den Freundesrat des Angeklagten möge der Plaideur (*perorator*) 'mit Besserungsvorbehalt' abgeben; diese Wortbesserung ist nicht der Partei selbst, sondern nur *in ore alterius* erlaubt; Hn 46, 5 f.; *vgl.* I 570[w—y]; *deadvocavit W. narrationem J. advocati sui;* Holdsworth *HEL* II 262 **3c)** Diesen Sinn hat *omne bellum* (gerichtlicher Zweikampf) *per emendationem capi debet;* Hn 59, 1 b; *vgl.* I 579[i. k] **3d)** Über die Wortherstellung durch Gerichtszeugnis *s. d.* 2 **4)** Als von der Krone dem Gerichtsherrn verliehener Justizertrag steht *miskenning* in verunechteten Privilegien von 1044—1066 hinter Empfang von Geldstrafen für andere Vergehen; Kemble 771. 829. 855. 857. 864, letztere vier für Westminster; a. 1077 Chron. Ramesei. ed. Macray 203 **4a)** Das Wort *miscenning* überdauerte das 13. Jh., die Sache das Mittelalter; Bateson II 2 und *o.* 2 **5)** Der Missbrauch, aus ∼ Sporteln zu ziehen, war unter Heinrich I. besonders arg geworden in London; Hn 22 **5a)** Dort schaffte er (Hn Lond 8) und allgemein Stephan ihn 1136 ab; *s.* Wb **6)** Vielleicht gegen die Möglichkeit der Wortbesserung richtet sich die Unverrückbarkeit der *frumtalu; s.* Rechtsgang

Missetat *s.* Verbrechen

missus; *vgl.* Bote, Amt 7, Adelsbeamter 1b, Geleitsmann; Königskleriker, Königsrichter **1)** *Sapientes* [aus *witan*] des Königs bringen vom Reichstage die neuen Gesetze an die Grafschaft Kent; III As 1 **2)** ∼ *senioris,* herrschaftlicher Amtmann [Fränkisch, um 900], erfragt das Schuldbekenntnis des Verdächtigen; Iud Dei XII 2 **Mist** *s.* Dung

Miteigentum, Mieterbe *s.* Erbgang 3 d. e. 21; Hausgemeinschaft; Präjudiz

Mitgift *s.* Aussteuer

Mitschwörer *s.* Eideshelfer

mitta Hohlmass ('usually 4—5 rings = 16—20 bushels' [zu je 36 Liter, also ½—¾ Wispel]; Neilson *Ramsey* 20); *vgl.* Kirchenpfennig 4 (Etymologisch: Deutsch *metze*)

Mittag *s.* Mahlzeit; Horen 2; Sonntag

Mittsommer *middesumer* **1)** Als Fest *vgl.* Johannes der Täufer 3 **2)** Peterstag (*s. d.*) nach ∼ = 1. August **3)** Schafschur findet ∼ statt; wer ein Schaf vorher geschoren verkauft, ersetze die Wolle mit 2 Pfg.; Ine 69

Mittwoch *s.* Wb *Wodnesdæg; vgl.* Quatember, Montag 5

Mitwissen *s.* Wb *gewita* (neben *geweorhta* [Mitwirker] Swer 3. VIII Atr 27 = I Cn 5, 3); *gewitness; consentire* Hn 12, 3. Iud Dei VI 2. XII 4. *Vgl.* Anstiftung, Begünstigung, gemeinsch. Missetat, Bande, Hehlerei, Haftung **1)** ∼ steht in den Quellen häufig neben und umfasst stets Beihilfe; *s. d.* 1—4a. 5a. 7—8. 10a. 12 **2)** Befiehlt ein Herr seinem Sklaven Sonntagsarbeit, so wird dieser frei, und er zahlt 30 Schill. Strafe; geschieht sie ohne sein ∼, so wird der Sklav geprügelt; Ine 3. 3. 1 **3)** Ein Kind (*s. d.* 4. 7) unter 10 Jahren oder gar in der Wiege darf nicht als ∼r des verbrecherischen Vaters bestraft werden **3a)** Die Ehefrau (*s. d.* 9—10) gilt nicht schon als solche als ∼rin des diebischen Mannes, sondern leidet Strafe und Verlust ihres Haushaltsdrittels nur, wenn sie selbst schuldig war **4)** War der Herr ∼r seines Sklaven bei dessen Stehlen, so verliere er diesen und zahle Wergeld als Strafe, im Rückfall all seine Habe, ebenso ein Königskämmerer oder Gutsvogt, der ∼r diebischer Amtseingesessenen war; II As 3, 1 f. **4a)** Wergeld zahlt, wer einem Dieb *consentiet in aliquo;* Hn 12, 3 **5)** Wer ∼r der Missetat ist und zugleich den Dieb schirmt, verliert wegen der Begünstigung (*s. d.* 7) Habe und Leben **6)** Das Ehrlichkeitsversprechen (*s. d.* 4a) besagt, weder Dieb noch Diebes ∼r sein zu wollen **7)** Wenn, im Verkehr zwischen Wälschen und Engländern bei den Dunsæte (*s. d.* 14), der als Geleitsmann bestellte Inländer ∼r bei der Missetat des Fremden war, so ist er Strafgeld schuldig oder reinige sich von solchem ∼; Duns 6, 1 **8)** ∼ bei Münzfälschung (*s. d.* 3a. b) müssen die Stadtbewohner künftig abschwören; es kostet dem Stadtvogt dieselbe Strafe wie dem Fälscher **9)** Falls für Cnufs *morðwyrhtan* Hs. A absichtlich *morðwytan* setzt, heißt dies 'Mordes ~r (Beihelfer)'; sie sollen aus dem Lande vertrieben oder vernichtet werden; II Cn 4a **9a)** **N** *Qui ad homicidium consenserit, 7 annis poeniteat;* aus Bussbuch Hn 68, 10 **10)** Ein Ordalprüfling, der den Täter auch nur kennt und nicht anzeigt [ohne dessen ~r sein zu müssen], soll, so beten die Formeln, schuldig erscheinen; Iud Dei I 2, 1. Diese Formeln, überhaupt Fränkisch, verraten Beeinflussung durch Eide, wie sie dort Verdächtigen auferlegt werden: *quod nec occidissent nec sciant, qui occidissent;* Schröder *DRG*[5] 392 **11)** **N** Privatbürge oder Freibürgschaftsgenossen, deren Verbürgter dem Gerichte entfloh, müssen (ausser dem Ersatz für das durch jenen Gestohlene) den Reinigungseid leisten, dass sie *in evaso nullam fraudem noverunt;* Wl art 8. Leis Wl 3. ECf 20, 5 **12)** Wer nicht ~r des Verbrechens, auch nicht nách der Tat, war, fällt, wenn er den also als Verbrecher nicht Erkannten unterstützt, nicht unter die Strafe der Begünstigung; *s. d.* 14

Molke *s.* Milch, Butter **Monarchie** *s.* König 4; Königstreue 4

Monat *s.* Wb *monað; vgl.* Mai; Ernte 1, Jahreszeit; Frist 12. 20, Jahr 1a **1)** Nur *Rugern* bieten *Gesetze* von Agsä. ~snamen; *s.* Roggen

Mönch *s.* Wb *munuc; mynstermunuc* (vielleicht im Ggs. zu dem' nicht mehr im Kloster ausharrenden); 'Gottesdiener' meint bisweilen Geistliche (*s. d.* 4a—e), bisweilen ~. *Vgl.* Kloster, Abt, Kirchenherr **1)** Der ~ soll kanonisch leben und fürs Volk beten; V Atr 4, 1 + VI 2, 2 = VIII 31 = I Cn 6a **2)** Der Tonsurierte, der unkanonisch herumschweift, darf nur einmal als Gast aufgenommen werden, nur der beurlaubte länger; Wi 7. [Entlaufenen ~ beherbergen steht neben Begünstigen Friedloser in Friesland; His 100.] **2a)** *Monachi non migrent de monasterio ad monasterium nisi per dimissionem proprii abbatis;* Synode von Hertford 673 c. 4 bei Beda IV 5 **2b)** Der ausserhalb des Klosters lebende ~ unterwerfe sich diesem wieder, laut seinem Gelübde — es erscheint Gott verpfändet —; V Atr 5 = VI 3 = *Hom. n.* Wulfstan 269 **2c)** Wer kein Kloster (*s. d.* 3) hat [da es im Dänensturm unterging oder an Chorherren oder Nonnen gekommen war], verpflichte sich vor dem Diözesan zu Keuschheit, ~sgewand und Gottesdienst, auch ohne Klosterwohnung; V Atr 6. 6, 1 = VI 3, 1, wo der Übs. die Pflicht der Klöster zur Wiederaufnahme hinzufügt **2d)** Wenn ein ~ gänzlich abtrünnig wird, so werde er für immer exkommuniziert, bis er sich seiner Pflicht unterwirft; VIII 41 **2e)** **N** Ein ~, der Totschlag beging, werde degradiert und büsse 10 Jahre; aus Bussbuch Hn 73, 2 **3)** Der ~ ist nicht zu bürgerlichem Rechtsgeschäft fähig: er soll nicht richten [Urteil finden] oder Klage Weltlicher gegen Geistliche annehmen; Ps.-Egb. *Excerpt.* 145 [Fränkisch, aber um 1000 von Agsa. aufgenommen] **4)** Über Eideswert (*s. d.* 11) des ~es *s.* Eideshufen 11 **5)** **N** Der ~ darf nicht Gutsvogt sein; Synode 1102, Quadr I 545[g] **6)** Für Anvertrautes haftet er als nicht mündig (*s. d.* 13) nur unter Bestätigung des Kirchenherrn; *s. d.* 5 **7)** Gelübde des ~es ohne des Abtes Wissen gelten nicht; aus Kanonistik Hn 5, 35 **8)** Wer ~ wird, tritt [wie die Nonne; *s.* Muttersippe 6] aus dem Sippenrecht aus [verliert sogar das vom König Geschenkte, wenn dieser noch lebt; Brunner *Forsch. z. GDR* 34], kann für Totschlag weder Geldbusse fordern noch zahlen; VIII Atr 25 = I Cn 5, 2d. *Vgl.* über seinen bürgerlichen Tod Pol Mai I 416 **8a)** Er verlässt die Sippe und hat alle kanonisch Lebenden zu Gebrüdern; Ælfric *Homil.* I 398 **8b)** Im Widerspruch dazu weigert der Abt von Canterbury samt seiner Sippe, den an seinem Neffen geschehenen Totschlag *sine vindicta remittere;* die Totschläger fürchten, *ne mors occisorum morte sua solveretur* [der Abt nimmt also an der Blutrache oder ihrer Drohung teil]; Osbern *Mir. Dunstani* ed. Stubbs 143, bald nach 1070 **9)** Weil der ~ sippelos ist, fällt das Wergeld für ihn, wenn er erschlagen wird, halb an den König, halb an Abt oder Äbtissin; Ine 23, 2 **9a)** Wer einen ~ getötet hat, *arma relinquat, Deo serviat et, si casu fecerit, 7 annis, si volens, usque ad exitum vitæ peniteat;* aus Kanonistik Hn 68, 7 **10)** Unkanonisch hat der ~ Sonderbesitz. Ein Abt verschenkt 757—75 aus *iure paterno hereditario terram et hereditatem patris* Birch 220; Erzbischof Oswald gibt einem ~ 3 Hufen, die der auf zwei Leiber vererben darf (a. 977 Kemble 616); König Cnut schenkt 1021—23 einem ~ 5 Hufen, *cuicumque voluerit heredi derelinquat* (Kemble 736); so besitzt mancher ~ im Domesday Land unter Obereigentum des Stifts; Pol Mai I 417 **11)** **N** Der weltgeistliche höfische Verf. des Quadr bespöttelt den in hässlicher Kutte sich spreizenden ~; Ded 16 I 530

Mönchin *s.* Nonne

Mond (*mona*) zu verehren verbietet II Cn 5, 1. Ælfric kennt den Kult nur als vorchristlich; *Homil.* I 366

monetagium *s.* Münzänderung

monitio *s.* Exkommunikation 9

Monogamie *s* Konkubinat, Ehebruch 2—3e, Eheschliessung 4c

Montag *s.* Wb *Monan dæg, Lunæ dies* **1)** Die Nacht vorher bis ~ früh zählt zur Sonntagsfeier mit II Eg 5 = Cn 1020, 18 = II Cn 14ff. **2)** *Monan æfen* (*s.* Wb) heisst der ganze Sonntag **3)** **N** Am ~ tagt das Husting (*s. d.* 2) in London **4)** Am ~ schulden die Kötter (*s. d.* 7a) dem Herrschaftsgut Fron; Rect 3 **5)** ~ bis Mittwoch vor 29. Sept. dauert das Fasten zur Landesbusse; VII Atr 2, 3a

Monte Gargano bei Foggia; die Fürsten von dort bis zur Nordsee sah Cnut 1027 zu Rom; Cn 1027, 5

N Montfichet, Wilhelm von, bezeugt Heinrichs I. Urk. Hn Lond Test

Moral. *Vgl.* Homiletisches; Kirche 1c **1)** Was die *Gesetze* erwähnen als Pflicht besonderer Menschen, Stände, Beziehungen oder unter dem Namen bestimmter Missetaten, Übelstände, Kardinaltugenden, -laster oder als benannte Dogmen und Ideale (Christentum, Barmherzigkeit, Gerechtigkeit 2f. 5, Billigkeit, Begnadigung) steht unter Einzelartikeln. Hier nur universal humane Ermahnung und Warnung, ohne unmittelbare Beziehung auf Einzelfall, frühes Mittelalter oder England und ohne weltl. Strafdrohung **2)** Diese Vorschriften decken sich in den Redensarten, ganzen Zeilen, ja Absätzen mit Homilien um 1000, bsds. Wulfstan ed. Napier. Sie stehen fast nur bei Atr und Cn **3)** Für die Ordalmesse sind Stücke aus Leviticus, Ephesern, Marcus mit ∼ aufgenommen; Iud Dei I 6—7, 5. 11, 2 **4)** Den Matthæus-Satz 7, 12 knüpft Ælfred (*s.* Gerechtigkeit 3) (wie manche Vulgatahs.) an den Apostelbrief (Wulfstan 67 an die Zehn Gebote), in einer negativen Form, die Tobias 4, 16 und Alexander Severus zunächststeht. Diese Verbindung verursachte vielleicht der bei Matth. 7, 2 kurz vorhergehende Satz *In quo iudicio iudicaveritis, iudicabimini* **5)** Man ordne Wort und Werk gerecht (V Atr 22, 2 = VI 28 = I Cn 19, 1), liebe Recht (Episc 8f.), behandle andere rechtlich (Grið 31), **5a)** folge seiner Pflicht (V Atr 4 = I Cn 6), meide und lasse Unrecht (IX Atr 1. Cn 1020, 15), unterdrücke es; Episc 8f. **6)** Man kehre um von Sünden (V Atr 1 G 2 = VI 1 [= I Cn 18, 1] = X 1. VI 42, 1), meide Teufelstrieb (I Cn 23), fürchte Sünden (25 = *Homil. n.* Wulfstan 308), büsse Missetaten (V Atr 1 G 2 = VI 1 = I Cn 1 D), leiste Fürbitte wegen Sünden; Cn 1020, 19 **6a)** Liste der Missetaten und Rechtsverletzungen steht V Atr 23ff. = VI 28, 1ff. **7)** Alle Staatsbürger sollen einander freundschaftlich lieben, in Friedlichkeit (*s. d.*) leben; VI Atr 8, 2 = VIII 44, 1 **8)** Durch Gerechtigkeit, geistliche Lehre wird der allgemeine Zustand sich bessern; V Atr 33, 1 = VI 40, 1. VII 1, 1 = VII a Pro 7. (Volkssitte X Pro 1.) VI 11, 1 = II Cn 11, 1. *Vgl. Homil. n.* Wulfstan 172. Ebenso durch ∼ische Besserung und Ausrottung des Bösen; VIII Atr 38—40; ∼ ist die Grundlage des Reiches, des Nationalwohlstandes; Episc 8. Polity 4 **8a)** Zumeist aber wird menschliches Gedeihen nicht unmittelbar durch menschliche Tugenden erhofft, sondern nur durch Vermittlung göttlicher Gnade; und daher spezif. Christentum (*s. d.*) und Gehorsam gegen die Kirche (*s. d.* 1c. d. f—i. n), neben Menschenpflicht gefordert; Cn 1020, 19f. II Cn 84, 4a; b. *Vgl. Homil. n.* Wulfstan 157 **9)** Der Hüter der Volks∼ und Beispielgeber ist der Bischof; *s. d.* 8a. Über Agsä. sonstige Predigt, dass Leben und Lehre übereinstimmen möge, *s.* Klaeber *Anglia* 27, 243f. **10)** Neben und im Ggs. zu strenger Rechtsgewohnheit der Staatsordnung wird religiöse Pflicht und menschliche ∼ berücksichtigt IV As 3, 2. III Eg 1, 2 = VI Atr 10 = II Cn 2. Swer 1. Wif 1. Polity 24 **11)** **N** Arge Sittenverderbnis um 1114 schilt Quadr Ded 11ff. 16. Arg 12ff.

N Moray gilt [irrig] als Insel und England zugehörig; Lond ECf 33; *vgl.* I 660[e]

Mord *s.* Wb *morð, morðdæd, -slieht, -slaga, -weorc, -wyrhta; murdrum* (*s. d.* 1), *-drare, -rire, -ritor, mortificium, -catura, -ator furtivus; latrohomicida; homicidium furtivum* II Cn 5, 1 Cons; *occulti homicidæ* für *manslagan* II 6 In, *clancula occisio* II 64 Cons. Die das Heimliche andeutenden Ausdrücke stammen vielleicht aus dem schon zur Abstraktion der *interfectio furtiva* durchgedrungenen Frankonormann. Rechte; Brunner II 628 *Vgl.* Totschlag; Murdrum, für welches, obwohl Geldstrafe für ∼ an einem Franzosen gemeint ist, *morðslecht* ein Fälscher 12. Jhs. setzt in Urk. angeblich um 1050 Kemble 848

1. Sprachlich ungetrennt von Totschlag. 2. Begriffsmerkmale. 2a. Scheidung im 10. Jh. 3. Kapitalverbrechen. 4. Neben Gift, Brand, Verhexung. 5. stets tödlich. 6. Reinigung. 7. Strafe für unleugbaren ∼, 8. für leugbaren ∼. 9. Reichsabschwörung. 10. Mördern Verkehr gesperrt. 11. Leiche des Ermordeten.

1) Für *homicidium* der Vulgata, also Totschlag ohne spezifische Bed. ∼, haben die Northumbr. Übss. *morðorslæga* Marc. 7, 21. 15, 7; Luc. 23, 19; 25, wo die Westsachsen *manslieht* setzen. So heisst *morð* auch sonst Tod, Untergang, Todsünde, *morðor* Totschlag, Todsünde, Elend, Qual; auch *homicidium* des kanonischen Rechts wird durch *morðorslege* übs.; so Toller, wo auch viele Komposita mit deutlichem Sinne von Tod, ohne Sonderbedeutung '∼' **1a)** Dasselbe Wort aber kann auch '∼' im engeren Sinne heissen: *Morðor sceal mon under eorðan befeolan, þe hit forhelan þenceð* (∼ muss unter der Erde bergen, wer es zu verhehlen beabsichtigt); Gnomon aus Exeter 115. **N** So kann auch *homicidium* heimlichen ∼ bedeuten; Hn 92, 15 **2)** Merkmale, die ∼ von Totschlag scheiden, sind Absicht und Heimlichkeit; 92, 19 und *o.* Zeile 4—11. Juristisch trennt das *clam nullo sciente* begangene *murdrum* vom *homicidium simplex* Glanvilla XIV 3, 2. Nicht die Tötung, sondern die Heimlichkeit scheint die Hauptsache für Richard fitz Nigel 1178: *murdrum idem quod absconditum vel occultum;* Dial. scacc. I 10 A. Wo sich 'offenbar' mit ∼ verbindet, da ist 'bandhaft (*s. d.* 1g), unleugbar' zu verstehen Stets erscheint ∼ heimlicher Lebensgefährdung und versteckten Verbrechen wie Meineid und Unzucht angereiht; *u.* 4 und *vgl.* Brunner I[2] 215. II 484 **2a)** Da schon in EGu und As der Begriff ∼ deutlich gesondert ist, noch nicht zwei Menschenalter nach der Festsetzung der Dänen, so stammt er schwerlich (wie jedoch Steenstrup *Danelag* 279 annimmt) erst von ihnen. Die versteckte Lebensgefährdung und die Verbergung der geschehenen Tat scheiden auch die anderen Germanen vom Totschlag; Brunner I[2] 153. II 628; His 262f.; Frauenstadt *Blutrache* 4; Lehmann *Njál* 51; Pollock *EHR* Apr. 1893 **2b)** **N** Zum *murdrum* rechnet Verbrennen, Enthaupten, Schinden, Unkenntlichmachen der Leiche Hn 92, 19, vielleicht aus Lex Salica em. 5, 5 **2c)** Neben Totschlägern erwähnen Mörder EGu 11 = VI Atr 7 = II Cn 4. V Atr 25 = VI 28, 3 = Wulfstan 1014 p. 163. 166[3]. 129. VI Atr 36. II Cn 5, 1 neben 6; *mordrum* neben *homicidium* Wl art 6. Glanvilla *o.* 2 **3)** Der ∼ erscheint neben ärgster Missetat bei den Agsa.; *u.* 4. 4a; **N** er zählt zu den schwersten Kapitalverbrechen (*s. d.* 3) bei Hn 47. 64, 2. 82, 3. ECf 19 **3a)** Dazu verpflichtet kein Gehorsam, auch nicht des Vassallen; Hn 55, 3. 82, 3 **3b)** Wer bei Verübung von ∼ erschlagen wird, für den entgeht seiner Sippe und seinem Herrn Wergeld bzw. Mannenbusse; 87, 6a **4)** Die Agsa. (wie Friesen [His 263] und andere Germanen) stellen ∼ neben heimliche Lebensgefährdung durch Brandstiftung (Blas 1), durch Gift und Zauberei; EGu 11 = VI Atr 7 = II Cn 4. II As 6. 6, 1 = Hn 71, 1 (teilweise aus Ribuaria). V Atr 25 = VI 28, 3. Cn 1020, 15. Hn 47. Zu VI Atr 7 übs. *veneficos* durch *morðwyrhtan* L **4a)** Cnut verbietet ∼ unter Heidentum, denkt also besonders an ∼ durch Magie; II 5, 1 **4b)** Dennoch braucht die Verbindung mit ihr nicht für ∼ an allen Stellen notwendig zu gelten, wie Schmid 633 will, der freilich selbst Normannenzeit laut Hn 92, 19 hiervon ausnimmt **5)** ∼ bedeutet nie eine nur versuchte oder nur begonnene Lebensgefährdung. Nur irrig stützt sich solche Ansicht auf den Satz: 'Wenn ein unleugbarer ~ geschehen, so dass ein Mensch vernichtet ist' (II Cn 56), gleich als ob der Folgesatz den ~ erst durch die Vollendung qualifiziere. Vielmehr betont dieser bloss tautologisch die Schwere des Falls, vielleicht auch die Sicherheit der Schuld, im Ggs. zum folgenden Satze: 'dagegen wenn es sich nur um leugbare Anklage handelt'; 56, 1 **6)** Von einer leugbaren Anklage auf ~ reinigt dreifaches Ordal; II As 6; in Blas 2 steht auch dreifacher Reinigungseid als möglich **N 6a)** Reinigungseid schwört der auf ~ angeklagte Westsachse gestabt, ausser Thegn, Priester und Vollberechtigten; Hn 64, 2 **6b)** Verklagtsein wegen Brandstiftung und ~ bringt gleiche Prozessnachteile; 47 **6c)** Nach der Klage auf ~ muss sofort Leugnung erfolgen (61, 17), ohne Ratserholung (47); nicht ohne Richters Erlaubnis darf blosse Übereinkunft der Parteien den Termin verschieben; 59,3 **6d)** Wilhelm I. zählt ~ zu *utlagaria* (*u.* 7a) und fordert von dem davon zu Reinigenden schwersten Beweis; *s. d.* 11aA. Sein Benutzer aber setzt *mordrum* zu dem anderen Kriminalen, worunter Wl nur einfaches *homicidium* setzte, wovon Reinigung auf mehrere Arten freisteht **6e)** Der Engländer, der unter Cnut Totschlages an einem Dänen angeklagt ward, musste sich durch Feuer- oder Wasserordal reinigen oder litt Todesstrafe [vielleicht aus Normann. Murdrum (*s. d.* 2) vordatiert]; ECf 16, 2 **7)** Auf jeden unleugbaren ~ (nicht bloss handhaften im eng. Sinn; II Cn 64 Cons) steht Tod II As 6 oder Auslieferung an die Verwandten des Getöteten und ihre Blutrache; II Cn 56 = Hn 71, 1a. 92, 15; 19; *vgl.* Begnadigung 3a. Das Verbrechen ist (wie Hausbruch, Brandstiftung, Diebstahl, Herrenverrat) busslos [wie im Norden und in Friesland; His 33]; II Cn 64 = Hn 12, 1a **7a)** Um 950 ward eine Frau wegen ~ mittels Durchstechung des Bildes mit Eisennadel [*s.* Zauber] ertränkt; ihr Sohn entfloh und ward *utlah* (*o.* 6d); Urk. Birch 1131 **7b)** Mörder wie Zauberer soll man ausser Landes treiben oder im Lande vernichten; EGu 11 = VI Atr 7 = II Cn 4a; Totschläger sollen sich unterwerfen oder mit Sünden ausser Landes; II 6 **7c)** Als 1002 *Leofsig ealdorman þæs cynges heahgerefan ofsloh, se cyng hine geutode of earðe.* Und Swegen, obwohl vom höchsten Adel, ward 1049 wegen ~es als *Nithing* (*s. d.*) von König und Heer verbannt; Ann. Agsax. **8)** Wo bloss nachträgl. Anklage auf ~ dem Beklagten Reinigung ermöglichte, diese aber misslang, trifft ihn (ausser Wergeldzahlung an des Ermordeten Sippe) nur 120 Tage Kerker und 120 Schilling Strafgeld an den König, neben der Erbringung von Bürgschaft für künftiges Wohlverhalten; II As 6, 1 **8a)** Dagegen können die Gerichtsältesten beim Misslingen der Reinigung von Anklage auf ~ den Angeklagten hinrichten nach Blas 3 **8b)** Der Bischof (*s. d.* 91) entscheidet in diesem Falle zwischen Strafarten **N 9)** Der König kann Begnadigung (*s. d.* 7) üben beim ~ sogar an Franzosen, worauf *murdritor* das Reich abschwöre; *s. d.* 3 **10)** ~stifter setzt zu den Verbrechern, die bei Strafe der Vermögenseinziehung aus Königs Nähe verbannt sind (ausser wenn sie dort Zuflucht suchen), bis sie Pönitenz und gerichtliche Genugtuung geleistet, VI Atr 36 **10a)** ~taten und Mörder zu meiden mahnt V 25 = VI 28, 3. Cn 1020, 15 **11) N** Eine Leiche, an die sich Verdacht eines Verbrechens knüpft, darf nicht vor dem 7. Tage begraben werden bei Geldbusse; so lange bleibe sie auf einer Bahre unter Fackeln [aus Fränkischem Rechte?]. Doch darf sie auf Klage der Verdacht hegenden Verwandten ausgegraben werden nur mit Erlaubnis des Richters; Hn 92, 2; 8; 12a. Wird dem Kläger seine Verwandtschaft mit dem Toten nicht geglaubt, so beweise er sie durch Ordal [es sind also wohl Agsa., und liegt nicht *Murdrum* vor]; 92, 13 **11a)** Als Swegen (*o.* 7b) Beorn 1049 ermorden liess, ward die Leiche verscharrt und erst später ehrenvoll begraben

Morgengabe *s.* Wb *morgangifu;* übs. *dos u.* 1a. 2; die Gabe des Mannes an die Ehefrau am Morgen nach der Hochzeitsnacht, wesentlich zur Witwenversorgung; Schröder *DRG*[5] 323. Oft erfolgt die Bestellung in Land; *s.* Urkk. bei Kemble I cx **1)** Bei Auflösung unbeerbter Ehe durch Tod des Mannes oder Scheidung fällt die ~ an die Vatersippe der Frau (Abt 81), nicht des Mannes, sonst stände nicht Vatersippe da, auch widerspräche die folg. Urk.: **1a)** Als der Mann kinderlos starb, beerbt ihn der Vatersbruder und bestellt der Witwe *hire morgengife* (Lat. übs. *dotem*); Urk. vor 988 Birch 1097 **1b)** Die ~ verbleibt der Witwe; aus Ribuaria Hn 70, 22 **2)** Die ~ (*dos* In Cn) fällt an die Sippe des verstorbenen Mannes zurück, falls die Witwe im Trauerjahre [also nicht, wenn sie später oder nicht] wieder heiratet; *s.* Ehe 3 **3)** Die Empfängerin kann die ~ veräussern: die Frau durfte ein Grundstück fortgeben, *forþon hit wæs hire morgengifu, þa heo æ[re]st to* ihrem Manne *com;* Urk. um 907 Birch 591 **3a)** *þa bæd seo wuduwe þone cingc, þæt heo moste* [dürfte] *gesyllan hire morgengyfe into* den Dom von Canterbury; a. 997 Kemble 704. Eine andere Witwe beschenkt Ely mit Land, *þe wes min morgangyfu;* Urk. vor 991 Birch 1289 **4)** Im Traktat *Wif* über Verlobung ist ~ nicht erwähnt. Sie scheint verschmolzen entweder mit des Mannes Gabe an die Frau für Annahme des eheherrlichen Willens — auch im Norden wird ~ mit *mundr* vermengt; Amira *Altgerm. Obl. R* II 649 — oder wahrscheinlicher mit der Witwenversorgung; *s.* Eheschliessung 8 i—m **5)** Wittum setzt mit *pretium pudicitiæ* synonym Af El 12; *vgl.* Jungfrau 2a. 7E; Weinhold *Dt. Frauen* I 403. Anderer Meinung Schröder (*o.* Z. 5), denn *pretium p.* steht nicht bloss für ~, sondern auch für Munt **6)** Cnut scheidet ~ von anderen 'Gütern, die die Witwe durch ihren früheren Mann hatte', im wesentlichen wohl mit letzteren Wittum meinend; II Cn 73a

N Moritz, Bischof v. London; *s. d.* 6

N Mortain, Wilhelm von, schmiedet Ränke gegen Heinrich I.; Quadr Arg 20

Moses *s.* Wb *Moyses. Vgl.* Bibel. **1)** Christus will das Gesetz des ~ nur vermehren, nicht abschaffen; aus Matth. Af El 49 **2)** Die Apostel schaffen Riten und Zeremonien des ~ ab; 49, 7 **3)** Zur Talion bei ~ tritt in Ggs. Christi Barmherzigkeit (*ebd.*); *s. d.* 1 **4)** ~' strenges Strafrecht ist gemildert durch Einführung der Geldbussen; 49, 9 **5)** Die Exodus-Kapitel, die Ælfred (*s. d.* 1a) als Gottes Wort an ~ auszüglich übersetzt und seinem weltlichen *Gesetx* voranschickt, stellt er nicht etwa als Kanones hin, noch gedenkt er sie praktisch in England einzuführen; er gibt das Stück seinem Volke zur moral. Anregung auf sozialpolitischem Gebiete; *vgl.* mein *King Alfred and Mosaic law* in *Transa. Jew. histor. soc.* VI (1908), 21 **5a)** Neben Vulgata und Kultus mag die von ihm auch sonst verehrte Agsä. Poesie den König zur Hochschätzung des ~ veranlasst haben; das Epos *Exodus* beginnt: *Hwæt, we feor ond neah gefrigen habbað ofer middangeard Moyses domas* **5b)** Auch die Lex Baiuwar. spricht im Prol. über ~: *gentis Hebreæ primus omnium divinas leges sacris litteris explicavit; vgl.* Brunner I^2 420 [Auch *Mosaicarum et Romanarum legum collatio* ed. Mommsen. ABRAHAM] **6)** Für das Zehntgebot zitiert Gen. und Exod. I As 2, **6a)** **N** für die Tötung des Sklaven Exod. Hn 75, 4a, wahrscheinlich aus Af El **7)** Auf den feurigen Busch und die Erleuchtung des ~ bezieht sich die Liturgie des Feuerordals Iud Dei II 2. XVI 3, 2, auf die Befreiung aus Ägypten die des geweihten Bissens XIV 3, **7a)** ~ als Wundertäter des Roten Meers und des Felsenwassers wird angerufen als Gewährsmacht für die Flüche des Kirchenbannes; Excom VI 14, 2

Mühle *s.* Wb *myln, mylewerd, grindan; mol(endi)num. Vgl.* Bäcker **1)** Die mahlende Magd des Königs bildet unter den drei Klassen der Sklavinnen die mittlere; Abt 11. Selbst am Königshofe herrschte also noch wie in Röm. Kaiserzeit die Hand~, auch bei den Merowingern 589; Köhne *Recht der ~n* 7—9 [Auch Friesisches Recht zeichnet die ~nmagd aus vor anderen Sklavinnen; ebenso das von Gwent *Anc. laws of Wales* II 7, 17. In Norweg. Gottasöngr 10. Jhs. legt König Froði zwei Riesenmädchen Mahlen als harten Frondienst auf] **2)** Esels~ kennen Agsä. Glossen, vielleicht nur aus Römischer Vorlage; *vgl.* Esel **2a)** **N** Zwar erwähnt *molendinum ventricium* schon die Urk. a. 833 Birch 409, sie ist aber eine Crowlander Fälschung 12.—14. Jhs.: Wind~n kennt England nicht vor dem 12. Jh.; Köhne (*o.* 1) 18 **3)** Im Mai, Juni, Juli soll der Gutsvogt des Herrschaftsguts Fischwehr und ~ machen; die Zusammenstellung zeigt, dass Vf. nur an Wasser~n denkt; Ger 9 **4)** Dem Müller des Herrschaftsguts weist sein Handwerkszeug der Vogt zu; jener ist also, wenigstens ökonomisch, unfrei; 16. Unfreie bedienen die grundherrliche ~ des Festlands; Köhne (*o.* 1) 41—3 **N 5)** Eine ~ in öffentlichen Gewässern zu bauen ist Bruch des 'Königsschutzes'; sie ist niederzulegen und 'Königs-Strafgeld' [wohl Ungehorsam = 50 Schill. Norm.] zu büssen; ECf 12, 2; 8 **6)** Die ~ wird wie anderes Gewinn bringende der Kirche verzehntet; 8, 2 **7)** Wer den in eine ~ Flüchtenden angreift, begeht Heimsuchung; *s. d.* 5 **8)** Über ~nzwang in der Zeit nach 1066 *vgl. EHR* 1905, 714

Mund *s.* Wb *muð.* Wer einem den ~ verwundet, büsst 12 Schilling; Abt 44

mund *s.* Schutz, (Königs)frieden, Königsschutz; Vor~

mündig *s.* Wb *gewintred; ætatem habere*: ~ sein VII Atr 2. Mit *ungewintred* wird der Mangel nicht sowohl an Selbst~keit, wie an Volljährigkeit, die Unerwachsenheit bezeichnet. *Vgl.* Vormund, Alter, Jugend, Kind, Erziehung **1)** *mund* heisst zunächst Hand [*s. d.* 3. 12; Brunner I^2 93]; die Schutzgebärde in mittelalterl. Kunstsymbolik ist das Überbreiten der Hand, das besonders Vormundschaft bezeichnet; Amira *Handgebärden* in *Abh. Baier. Akad.* 23 (1904) 227 **1a)** In den *Gesetzen* aber bedeutet *mund* u. a., wie *mundbyrd*, Schutzherrschaft allgemein [*mundian* bei Toller: gerichtlich beschützen], nicht besonders die Beschützung von Kindern durch einen Vormund, und wie *mundbryce* deren Verletzung, sowie die dadurch verwirkte Geldbusse. Nur einmal ist unter *mund* vielleicht im besonderen 'Vormundschaft' verstanden; Abt 75 f. Toller belegt diesen Sinn aus Urkk. Dass *mundbryce* Agsä. irgendwo im besonderen Geldstrafe für Verletzung vormundschaftlichen Rechtes über die Frau bedeute, leugnet mit Recht Richthofen *Zur Lex Saxon.* 303 **2)** Hält man Un~e in Erziehung (*s. d.* 4) oder Schutz, so trägt man Haftung; *s. d.* 7 **3)** Zu 10 Jahren übernimmt der Sohn die Verwaltung des Vermögens seines verstorbenen Vaters, das bis dahin ein von der Vatersippe bestellter Vormund verwaltete; Hl 6 **3a)** Stirbt der Bauer, so verbleibt die Nachkommenschaft unter Erziehung (*s. d.* 2) durch die Witwe; die Sippe verwalte, bis der älteste Sohn ~ ist, den Stammsitz; Ine 38. *Vgl.* Königsgeschlecht 2 **4)** Ein Kind (*s. d.* 7) von 10 Jahren kann Diebes Mitwisser [also straf~] sein **5)** Notzucht an 'unerwachsenem' Mädchen straft Af 26 wie an Erwachsener; Rubricator H macht daraus 'zehnjährige'; der folg. Ggs. zur Erwachsenen zeigt, dass er sie nur bis zu 10 Jahren für unerwachsen hielt; *vgl.* Fränk. (Ende 10. Jhs. in Engl. rezipierte) Bussbücher Ps.-Theod. *Poen.* XIX 26 f.; Ps.-Egb. *Confess.* 27 **6)** Das 12jährige Kind erklärt ~ II As 1. 1, 2f. = VI 1, 1 = Hn 59, 20. II Cn 20. 20a = Hn 8, 2. II Cn 21 wie das Langobardische, Friesische, Sächsische, Salische Recht; Brunner I^2 104^{68}. 537; *vgl.* über das ~keitsalter Heusler *Institut.* I 55 **7)** Wer unter 12 Jahren auf Diebstahl ertappt ward, wandert ins Gefängnis (Hn 59, 20a) und wird nach 40 Tagen Strafhaft durch die Sippe ausgelöst, die sich für seine fernere Ehrlichkeit verbürgt; VI As 1, 3. Nur wenn er sich wehrte oder entfliehen wollte, wird der Handhafte, auch der Un~e, hingerichtet; II As 1, 2. VI 12, 1 **7a)** Man schone keinen handhaften Dieb von mehr als 8 Pfennig, der über 12 Jahr ist; II As 1 = VI 1, 1. Im Widerspruch hiermit will keinen unter 15 Jahr hingerichtet wissen VI 12, 1; 3 [bei Friesen: 18 Jahr His 347] **7b)** **N** Bluttat durch ein Kind (*s. d.* 9) wird gebüsst, aber nicht gestraft **8)** Zu 12 Jahr trete der Freie in Zehnerschaft (Freibürgschaft) und Hundred (*s. d.* 14); II Cn 20. 20a = Hn 8, 2. Schmid folgert, auch die Wehrpflicht beginne damit **N 8a)** Noch 1332 tritt man zu 12 Jahren in Essex ins Tithing; *EHR* 1904, 719; ebenso in der Freibürgschaftschau zu Gloucester; *Cart. Gloucestr.* III *n.* 966 **8b)** Dieses keitsalter im Engl. Stadtrecht 13. bis 15. Jhs. bei Bateson II 41. 158; für die Bestrafung wegen Bluttat I 64 **9)** Zu 12 (später 15) Jahren leistet man das Ehrlichkeitsversprechen (*s. d.* 4a ff.). [Der Franke schwört Untertaneneid zu 12 Jahren; Schröder *DRG*^{6} 113^{28}] **N 10)** Zwischen 12 u. 15 Jahren schwankt je mit seiner Quelle Hn 10a) *Puer usque ad 15. annum sit in potestate patris sui; puella 16. vel 17.*; Theod. *Poenit.* II 12, 36 11) Kinder unter 15 Jahren führen über Erbgut nicht Prozess, noch werden sie verklagt, noch finden sie Urteil, sondern sie behalten Gewere an des verstorbenen Vaters Gut unter gesetzlichen Vormündern, persönlich durch Verwandte gehütet (*o.* 3); aus Ribuaria Hn 59, 9 = 70, 18. Dagegen vertritt sie ihr Vormund gerichtlich *de minoribus causis, si forisfaciunt aliis, vel alii forisfaciant ipsis;* 59, 9b. *Vgl.* Rauch in *Hist. Aufs. Zeumer* 532 11a) Das Klagerecht des Un∼en auf städtischen Grundbesitz ruht, ohne zu verjähren; Lib Lond 7 12) *Filius sokemanni etatem habere intelligitur, cum 15 compleverit annos;* Glanvilla VII 9, 2 13) Für das Un∼en — Mönch, Ehefrau, Kindern (*s.* Familie 7), Unfreien — Anvertraute haften diese nur, wenn ihr Herr, bzw. Kirchenherr od. Vormund die Verwahrung genehmigt hat; Af 20. **N** Leugnen jene, so braucht sich ihr Vormund nicht davon zu reinigen, kann man also nicht gegen sie prozessieren; Hn 45, 3. 23, 3 14) Schwüre von Kindern und Gelübde von Mönchen ohne Wissen des Vaters, bzw. Abtes gelten nicht; aus Kanonistik 5, 35 15) *Omnis Christianus qui ætatem habet ieiunet 3 diebus* zur Landesbusse; VII Atr 2; wer ∼ ward, unterliegt also fortan kirchlicher Pflicht 16) **N** Nur der ∼e Freie kann Abbestellung des Prozesses für seinen Herrn annehmen; die an den Un∼en gilt nicht; Hn 59, 8 17) Nicht selb∼ ist Kind, Frau (*s.* auch Witwe), Mönch, Unfreier, Armer, Fremder (*s.* die Artt.), Tauber *s.* Taubheit 18) Mit ∼keit tritt also ein: strafrechtliche Verantwortung (*o.* 4. 7), Vermögensverwaltung (*o.* 3. 13), Heiratsfähigkeit (*o.* 5), Eintritt in politische (*o.* 8) und kirchliche (*o.* 15) Pflicht, Geschäfts- (*o.* 16), Eides- (*o.* 9) und Prozessfähigkeit (*o.* 11) 19) Wergeld ward auch für Un∼e gezahlt, dagegen nicht Murdrum; *s. d.* 7a 20) Aus Vormundschaft des Lehnsherrn [die E. Mayer *Dt. Lit. Ztg.* 1911, 3184 für Normannisch erklärt] folgt seine Verfügung über Eheschliessung (*s. d.* 16p ff.) der Vassallenerbin

Mundschenk *s.* Wb *birele, pincerna* [*yldest byrla: pincernarum princeps;* Ælfric *Glossar*] 1) Wer die Schenkin des Adligen bezw. des Gemeinfreien, gerechnet zur ersten der drei Klassen von Sklavinnen, beschläft, büsst ihrem Herrn 12 bzw. 6 Schill. [den vollen 'Schutz' des Herrn]; Abt 14. 16. *Vgl.* über höfische Schenkinnen Larson *Household* 126. In Friesland ist ausgezeichnet die *bortmagad* Tischmagd. Vielleicht meint Abt die Gesindeaufseherin; ein Wirtschaftsamt (*u.* 3) des Hofes versah der ∼ wenigstens später; Henning *Zschr. Dt. Altert.* 1893, 316. In der Nordischen Poesie aber heisst die nicht gleichberechtigte Frau, die Unfreie: Schenkin [Vigfusson *Corpus poet. boreale* II 476]; möglich also setzt Abt dies für Magd allgemein 2) Eines *Dunwalhi Duddan pincerni* [so] erwähnen Urkk. a. 740. 779 Birch 160. 232 2a) *þæs biscopes byrele mid medum* kommt in Wærferð *Dial. Greg.* 186 vor 2b) Der *pincerna regis* (Æthelstan's) verklagt dessen Bruder bei ihm; Will. Malmesbur. *Reg.* II 139 ed. Stubbs 156 2c) König Eadred vermacht 955 *ælcan gesettan biriele* [neben anderen Hofbeamten] 80 *mancusa goldis;* Birch 912 3) Wie der ∼ unter den Karolingern an der Domänenverwaltung beteiligt war (Brunner II 123), so versah wohl auch der Agsä. ∼ ein Wirtschaftsamt. Wahrscheinlich in diesem Sinne sind die Zehnerschaftshäupter in Londons Genossenschaft (*s. d.* 12h), die 'Büttenfüller', zugleich Kassenvorsteher. *Vgl. fatfylre* Adelsbeamter 1a; Truchsess **N** 4) Wilhelm von Aubigny, Heinrichs I. ∼: Hn Lond Test[12]. *Vgl.* Haskins *EHR* 1909, 210 5) Die Barone halten u. a. Hofbeamten *pincernas* unter Bürgschaft (*s. d.* 3o) u. diese wieder Knappen und Dienstleute unter der ihrigen

N Münzänderung 1) Der Herzog der Normannen und Wilhelm I. u. II. in England bezogen eine Steuer unter dem Namen *monetagium,* in Anerkennung des Rechtes der Krone zur ∼, die ihr zum Schaden der Untertanen Gewinn brachte, und als Abkauf für dessen Ausübung; Ashley *Econ. hist.* 168; du Cange *s. v.*; Robertson *Transa. Bristol archl. soc.* X (1886) 19; Round *EHR* 1903, 313; für die Normandie: *Summa de legibus Norm.* XIV, 1. In der Normandie ward die Steuer alle drei Jahre fällig; für a. 1309 auf den Inseln *vgl.* Bateson *Jahresber. Geschwiss.* 1905 (1907) III 92. Carlyon-Britton sieht in der ∼ eine durch Wilhelm I. eingeführte dreijährige Abgabe dafür, dass nicht öfter als alle 3 Jahre die Münze geändert werde [*Brit. numism. jl.* II (1906) 93], dagegen Brooke eine Auflage des Königs auf Grafschaft und Stadt für [?] Erhaltung ihrer Prägestätten; Athenæum 3. Febr. 1912 p. 134 1a) Die Chronisten klagen über Münzumprägung 1125 1b) Auch in Deutschland ward die Umprägung zur fiskalischen Geldquelle, und der Verzicht darauf durch eine feste Abgabe erkauft; Schröder *DRG*[5] 539. *Vgl.* Luschin *Münzgesch.* 228 2) Das Behalten der verrufenen Münze galt als Verbrechen: bei einem Münzbeschneider *inventum fuit pondus 4 librarum de veteribus denariis;* Pleas of Gloucester 1221 ed. Maitland n. 342 3) Ein Bestehen des *monetagium* vor 1066 folgt aus Domesday nicht. Zwar hat in Lincoln der König dem *Alvredus nepos Turoldi* Land mit Abgabe, *preter* (ausgenommen) *geldum regis de monedagio,* verliehen, aber offenbar erst Wilhelm I.; I 336b 1 4) Für Agsä. Zeit ist freilich die Einnahme des Königs bei der Erneuerung der Münzstempel im Domesday mehrfach bezeugt; I 26. 75. 252; besonders in Chester gaben die 7 Münzer *7 libras regi et comiti extra firmam, quando moneta vertebatur* (262b); in Hereford *quando moneta renovatur, dabat* jeder Münzer 38 Schill.; 179; *vgl.* Münzfälschung 2a; Ballard *Domesday bor.* 75; Pol Mai II 453. So sehr erschien diese Einnahme als ein Zubehör des Münzrechts, dass sie auch dem vom König mit Münzrecht privilegierten Bischof von Hereford zufloss; Domesday I 179. Aber von einer Umwandlung dieser Einnahme zu einer Steuer hören wir nichts 5) Heinrich I. schafft 1100 *monetagium commune, quod capiebatur per civitates et comitatus* ab; CHn cor 5. Er sagt, dass es *non fuit tempore Eadwardi* 6) Er änderte dann die Münze fast alle 2 Jahr. Heinrich II. 1180 *fecit novam monetam fieri et monetarios suos redemit* (Bened. *G. Henr.*), liess sich für neue Stempel

Geld zahlen, das die Münzer sich durch Münzverschlechterung erholten. Und noch 1307 bestimmte Edward II., seines Vaters Münze solle weiter gelten, gegenüber der Furcht des Volkes, die Krone werde bei neuer Ausmünzung Erpressung üben

Münze *s.* Wb *mynet(ere), mynetsmiððe; moneta (-are, -arius); feoh, feohwite;* wechseln, Wechsler: *cambire, -iator. Vgl.* Geld; Nordisch 4

1. **Metalle.** 2. **Wiegen.** 3. **Münzeinheit.** 4. **Münzgewinn an Private.** 5. **Private Jurisdiktion über ∼.** 6. **Von der Krone ausgehend.** 7. **Münzorte,** 8. **nur städtisch, öffentlich.** 9. **Ausprägung.** 10. **Abweisen der ∼.** 11. **Münzmeister.** 12. **Wechsler.**

1) Geprägt wurde — im Gebiet der *Gesetze* — fast [*s.* jedoch Gold∼] nur in Kent der Sceat und in Wessex der Pfennig; *s.d.* | Thryms, Ór, (Halb)-mark, Pfund, Hundert bedeuten alle Rechnungswerte; so auch fast stets der Schilling; *s. d.* **1a)** Kupfer∼n kommen in den *Gesetzen* nicht vor. Die der Römer liefen wohl bis zum 8. Jh. als Klein∼ um, ähnliche wurden dann in Northumbrien als *styca* geprägt; Keary *Catal. of Engl. coins* II x. xxvıȷ **1b)** Die früheste Agsä. ∼ ohne Königsnamen ist beeinflusst von der Merowingischen; *ebd.* I xıı **2)** Wie sehr im 7. Jh. Geld gewogen wurde, zeigt die Legende, dass König Oswald Bettlern die Stücke einer Silberschüssel verteilte; Beda III 6 **2a)** Gemäss dem *pondus quo pecunia mea recipitur* werde jedes Gewicht (*s.d.* 7 d) im Reiche geeicht **3)** Éine ∼ gehe über des Königs ganzes Gebiet; II As 14. III Eg 8 = IV Atr 6 = VI 32, 1 = II Cn 8. In allgemeinen Worten wünscht Reform der ∼ V 26, 1 = VI 31. Dies bedeutet wohl, der Pfennig habe gleiches Schrot und Korn (*ex pura et simplici materia* fügt hinzu VI 32, 1 L; rein und vollwichtig IV 5 ff.) und trage gleicherweise das Königsbild; Hawkins *Engl. silver coins* 60. Tatsächlich sind seitdem Agsä. Prälaten oder Teilfürsten nicht als Münzherren genannt auf den ∼n. Nur die Münzmeister und ihr Ort blieben verschieden. [Übte Einfluss Karls d. Gr. *Admonitio* c. 73, ed. Boretius, *Capitul.* I 60?] Zu optimistisch meint Henr. Huntingdon. um 1135 (ähnlich Dial. de Scaccario um 1178): *omnis moneta* [*Britanniae*] *argento puro conficitur;* ed. Arnold 6. *Vgl.* Pfennig 9 **3a)** Gold (*s. d.* 2) wie Silber (*s.* Geld 2) galt, wenn geläutert, höher denn die gewöhnliche ∼: also war richtige ∼ Ausnahme. Gefundene Agsä. Pfennige entsprechen dem Ideal nicht ganz **3b)** Alle sollen die ∼, wie der Reichstag bestimmte, aufrechthalten; IV Atr 9, 3 **4)** Aber nicht von jeder ∼ floss dem Staate direkt Gewinn zu, vielmehr gab Æthelstan in Canterbury zwei ∼n dem Erzbischof, 1 dem Abt von Saint Austins, in Rochester 1 dem Bischof; II 14, 2 **4a)** Vor 1066 besass der König in Hereford 6 ∼r, der Bischof 1; Domesday I 179; auch die Bischöfe von Worcester und Norwich hatten ∼r (172. II 117b); Eadward III. verlieh der Abtei Bury St. Edmunds einen *mynetere;* Kemble 875 **4b)** Der Bischof (*s. d.* 12g) hält [als Baron] auf Bistums Eigengütern an vielen Orten ∼r; In Cn III 59; *vgl.* I 615ʸ. Geistliches Amt berief wenigstens nach klerikalem Ideal 11. Jhs. zur Aufsicht zwar über Mass (*s. d.* 7 ff.) und Gewicht (*s. d.* 11a); dagegen eine Beihilfe der Kirche als solcher zur Münzaufsicht (wie im Frankenreich; Brunner II 322) kommt in England nicht vor **4c)** Im 11. Jh. war die ∼ in der Hand der Bürger zu Bedford, Cambridge, Derby; Carlyon-Britton *Brit. numism. jl.* IV 48. 59. 77 **5)** Die Münzverleihung des Königs an Private bedeutet nicht etwa bloss das Recht, Silbermetall zu Pfennigen prägen zu lassen (so Keary [*o.* 1a] I xxxıȷ), sondern auch das Recht, den Gewinn daraus, den Schlagschatz, samt Abgabe aus Münzänderung (*s. d.* 4) zu beziehen sowie über Münzvergehen zu richten samt Strafertrag. Der Erzbischof von Canterbury befiehlt Verstümmelung für Münzfälschung; *s. d.* 7 **6)** Niemand als der König habe einen ∼r; III Atr 8, 1. Dieser Satz trifft viell. nur Denalagu (*s.* aber *o.* 4c), die allein auch in anderen Stücken dieses Denkmals berücksichtigt wird. Er meint nur: alles Münzrecht gehe auf königliche Verleihung zurück (ebenso wie Cnut anderes Rechtsgebiet königlicher Prärogative vorbehielt, das vor- und nachher dennoch Grossen verliehen war). Sonst stände der Satz mit II As und Domesday in Widerspruch **7)** Æthelstan nennt nur 12 Städte, die mehr als 1 ∼r haben, in den anderen sei je einer. Alle jene Städte liegen südlich der oder an der Themse, in Ælfreds Reiche, nicht in Denalagu oder Mercien. Wahrscheinlich haben wir nur das für Wessex bestimmte Exemplar des Gesetzes. Es gab, auch unter Æthelstan, mindestens 18 Prägestätten mehr; Powell *EHR* 1896, 759 **8)** Nur in einer Stadt [deren Name, meist abgekürzt auf der ∼ steht] darf geprägt werden; es soll künftig weniger ∼r geben: in jeder Grossstadt 3, in jeder anderen 1; IV Atr 6. 9 **8a)** ∼r, die im Walde oder sonst verstohlen prägen, werden hingerichtet, ausser wenn sie der König begnadigt; III 16 = IV 5, 4. Auch unter den Merowingern wird über unstete ∼r geklagt **8b)** **N** Nur in seiner Grafschaft vor zwei Zeugen dorther präge der ∼r Pfennige in neue um; sonst werde er als Fälscher verhaftet; Hn mon 3. Nur ein ansässiger, bekannter ∼r, der leicht vor Gericht gezogen werden kann, gewährt Garantie gegen Betrug. Die Zeugen dienen zur Kundmachung, dass er richtigen Stempel verwendet **8c)** Vor 1066 sind 87 Münzorte auf ∼n genannt (Ballard *Domesday bor.* 118 ff.), wobei also auch ganz kleine Orte sein müssen **8d)** Eine Liste der Ortschaften, aus denen Agsä. ∼n stammen, gibt Carlyon-Britton (*o.* 4c) III 165; unter Æthelred II. und Cnut kennt man etwa 85, unter Wilhelm I. und II. 69; *ebd.* II 183. [Viele Orte galten nur irrig als Münzstätten unter den Agsa., durch falsche Lesung der abgekürzten Ortsnamen; ders. *Athenæum* 1909, 30. Oct. p. 531] **9)** Wer ∼ brauchte, trug Silber zu den ∼rn, die ihm Pfennige, vermutlich gegen Entgelt, prägten; IV Atr 5. *Quando veniebat rex in civitatem* (Hereford), *quantum volebat denariorum faciebant ei monetarii de argento scilicet regis* (d. h. unentgeltl. 240 Stück vom Gewichtspfund); Domesday I 179a 1 **10)** Niemand weise die ∼ zurück [als zu leicht oder minderwertig]; III Eg 8 = II Cn 8; aus allen Prägeorten gelte sie gleich annahmepflichtig; IV Atr 6 **10a)** Auch die Kapitularien der Frankenkönige a. 794. 819 strafen Nichtannahme der *novi denarii;* ed. Boretius (*o.* 3) I 285 **11)** Neben Engländern ∼n auch *Transmarini,* wahrscheinlich Franzosen; IV Atr 5,2. Dazu stimmen die Fränkischen Namen auf ~n. Also die verantwortlichen *monetarii*, nicht etwa die *suboperarii*, für die sie Haftung (*s. d.* 7f) tragen (9, 1), finden sich auf den ~n genannt, wenn auch *me fecit* dabeisteht; so Keary (*o.* 1a) I xxxııj gegen Luschin *Münzkunde* 88 **11a**) Agsä. Münzmeister in Dänemark *ebd.* 89 **11b**) **N** Auch unter Londoner Bürgern waren 1155 *monetarii regis;* I 673[u] **11c**) Die *monetarii* in Hereford *habebant sacam et socham suam; moriente aliquo, habebat rex* 20 *sol. de relevamento* (als Heergewäte; *s. d.* 9g), wenn intestat (*s.* Erbgang 9d), *omnem censum* (Bargeld); Domesday I 179a 1; sie waren also wohlhabend **12**) Die ~r sind zugleich die staatl. Wechsler (wie im Frankenreiche; Schröder *DRG*[5] 199). Der Einführer mangelhaften Geldes *cambiat ab institutis* (vom Staate angestellten) *monetariis purum et recte appendens* Geld; IV Atr 7, 2 **12a**) Demgemäss übersetzen die Agsa. in Marc. 11, 15 *nummularii* durch *mynetere* **N 12b**) *Nullus sit ausus cambire denarios nisi monetarius;* Hn mon Pro 1. 4 **12c**) Seit Edward I. sind die vom Staate angestellten Wechsler die des Londoner Tower; erst nun trennen sich die Berufe; Cunningham *Growth of Engl. industry* 263 **12d**) Die ~r (als Genossenschaft?) neben Goldschmieden (*s. d.* 1) beaufsichtigen den Handel (*s. d.* 10) in Edelmetall

Münzfälschung *s.* Wb *fals, lac; ful, facn; falsare* (*-ria, -rius*), *falsitas, falsonarius, falsus* (*-sum*) **1**) Auf *yfele myneteras* schilt im 11. Jh. *Homil. n.* Wulfstan 129 **1a**) Die ökonomische Schädigung alles Volks durch ~ führt an Eadmer *Mem. of St. Dunstan* 202 **2**) Gleich bestraft werden **A.** ~, **B.** das Übergeben guten Geldes behufs Herstellung unreiner und leichter Münze (*s. d.* 9) in vermehrter Stückzahl, **C.** Anfertigung von Stempeln (und Verkauf an Präger) mit dem Namen eines angeblichen (unschuldigen) Münzers statt Eingravierung des wirklichen (schuldigen) Bestellers; IV Atr 5 **2a**) Gegen den letzten Betrug wirkt die vor 1066 bestehende Massregel der Regierung, die Stempel, vermutlich mit dem Namen und Ort des sie empfangenden Münzers, in London selbst abzugeben; *s.* Münzänderung 4 **2b**) Das minderwichtige Geld heisst *lac* [sonst erst frühmittelengl.] IV Atr 7. [Um 1200 war in einem Pfund $^1/_8$, also 30 Pfg., Minderwert erlaubt] **2c**) *Rex Eadgarus per totam Angliam novam fieri præcepit monetam, quia vetus vitio tonsorum* [*vgl.* Münzänderung 2] *adeo erat corrupta, ut vix nummus obolum appenderet in statera;* Rog. Wendover. a. 975, im Matth. Paris. ed. Luard I 467. Die Quelle für diesen Anfang 13. Jhs. geschriebenen Satz fehlt. Er ist vielleicht erst damals in St. Albans nur kombiniert aus Eadgars Vereinheitlichung der Münze mit Missständen der Gegenwart **3**) Die königlichen Statthalter und Beamten sollen in Denalagu und sonstigem England achten auf Hersteller und Verbreiter falscher Münze; IV Atr 8 **3a**) Ein Königsvogt, der Mitwisser der ~ war, wird bestraft wie der Fälscher; 7, 3 = II Cn 8, 2 **3b**) **N** Alle Bürger und Städtebewohner schwören: *tenere et servare monetam meam in Anglia, ut non consentiant falsitatem*; Hn mon 1. Auch Südital. Normannen fügen zur Strafe für ~: *consentientes etiam hac pena ferimus;* Niese *Gesetzg. Norm. Sic.* 70 **4**) Bescholtene Münzer erkaufen Rechtschutz mit 12 Ör; III Atr 8, 2 **5**) **N** Zu den Kronprozessen gehört *falsaria monete regis;* Hn 10, 1 [wie in Normandie zu *placita spadæ* des Herzogs; Pol Mai II 453] **5a**) In Denalagu *habet rex consuetudines* [Gerichtsbarkeit samt Ertrag]: *violationem monetæ, feohwite* II Cn 15 In, eine bloss irrige Lesung für Cnuts *fihtwite*, Strafe für blutig (*s. d.* 4b) Fechten **6**) Wer verklagt ward, zu jenen drei Klassen von Fälschern, Bestellern und Stempelfälschern (*o.* 2) zu gehören, reinige sich durch volles Ordal (IV Atr 5, 2), d. i. wohl dreifaches; denn der auf ~ Verklagte gehe zu dreifachem Ordal nach III 8 **6a**) Kaufleute, die ertappt wurden, wie sie falsches oder mangelhaftes Geld zur Stadt [London] brachten, nennen ihren [dann haftenden] Gewährsmann (Vorbesitzer) oder beweisen durch volles Ordal, sie hätten die Münze nicht für falsch gehalten; IV 7. 7, 1 **6b**) **N** Der mit falschem Gelde Ertappte berufe sich auf seinen Gewährsmann. von dem er es erhielt, oder hafte selbst, wenn er diesen nicht überführen kann, oder beweise durch Eisenordal, dass er den Vorbesitzer nicht kenne; Hn mon 2 *Vgl.* Anefang 9. 16e **6c**) Der der Mitwissenschaft an ~ angeklagte Stadtvogt reinigt sich durch dreifach Ordal oder Eid mit ihm ernannten Helfern; IV Atr 7, 3 = II Cn 8, 2, der aber nur Ordal erlaubt **6d**) **N** *Falsaria* gehört zu Kapitalverbrechen; *s. d.* 3 **7**) Der Falschmünzer verliert zur Strafe die rechte Hand [*s. d.* 11; ebenso in Friesland; His 170; bei and. Germ. Brunner II 589; Wilda 938; Hoffmann *Geldhandel Dt. Juden* 77], die über der Prägestätte aufgehängt wird; II As 14, 1 = IV Atr 5, 3 = II Cn 8, 1 (= Hn 13, 3), der hinzufügt, sie sei mit Geld unlösbar. Diese Strafe liess Dunstan vollziehen; *s.* Feiertag 8d **7a**) **N** Ausserdem wird der Falschmünzer, auch der ohne gesetzliche Zeugen Prägende, an den Hoden verstümmelt; Hn mon 2, 1. 3, 1. Diese Strafe wurde 1124/5 vollzogen; Plummer *Saxon chron.* II 302; Will. Malmesb. *Reg.* II 476. 487; *Pontif.* 442. Augen und Hoden wurden 1108 verstümmelt laut Eadmer *Nov.* ed. Rule 193 **7b**) Der *captus cum falsa moneta* leide *recta iusticia* (CHn cor 5,1), jedenfalls Leibesstrafe, entweder die in *o.* 7 oder 7a. Ebenso der überführte Veräusserer falscher Münze; Hn mon 2 **7c**) Falschmünzer und die verstohlen Prägenden werden hingerichtet; III Atr 8. 16 = IV 5, 4 (wo in der Zeile vorher nur Handabhauen angedroht war) **7d**) Die Strafe der ~ trifft den auf der Münze (*s. d.* 11) genannten Münzmeister, der für den *suboperarius* haftet; 9, 1 **7e**) Später steht Tod auf ~; Pol Mai II 503 **7f**) Überall bleibt dem König die Begnadigung; ausdrücklich erwähnt IV Atr 5, 4. 16 **7g**) Jene mit falschem Gelde ertappten Kaufleute, die keinen Gewährsmann oder guten Glauben nachweisen können, verwirken Wergeld oder Leben; 7 **7h**) **N** Dass in Normannenzeit die Leibesstrafe für ~ aus der für Majestätsverbrechen hervorgehe, hält für möglich Pol Mai II 503. Doch kann sie einfach Agsä. Strafrecht fortsetzen

N ***murdrum***

1. Begriff. 1a. Kronprozess. 2. Angeblich seit Cnut. 3. Zur Laga Eadwardi gerechnet. 4. Seit Wilhelm I. 5. Mehrere Wurzeln: Nordisch? 5a. Fränkisch. 5c. Agsä. 5e. Verwandtschaft mit Freibürgschaft. 6. Ermordeter muss Franzose, 7. ungerecht erschlagen sein. 8. Totschlägers Nationalität. 9. Kein ∼, wenn Totschläger verhaftet 10. und hinrichtbar. 11. Wer zahlungspflichtig, 12. welches Hundred. 13. Wann zahlbar. 14. Betrag des ∼. 15. Zurückzahlung. 16. Befreiung von ∼pflicht. 17. Nachahmung des ∼.

1) ∼ bed. **I.** 'Mord (*s. d.*) allgemein' (und zwar nicht nur, wo aus Agsä. *morð* übs. wird), z. B. ECf 18, 2. 19. Wl art 6. Hn 47. 59. 3. 61, 17. 64, 2. 82, 3. 92, 12; 19. **II. A.** heimlichen Mord am Nicht-Agsa. durch Unbekannten oder Unverhafteten; **B.** den Prozessfall daraufhin; C. die dem König vom Fundorts-Distrikt dafür zufallende Busse. Die Begriffe I u. II A vermengt Hn 92, 12; 19 **1a)** Wie in Normannenzeit Mord (*s. d.*) überhaupt, so ist insbesondere der an einem Kronschützling Kronprozess (*s. d.* 13a. 16) und durch Geld unabbüssbar; nur kann der König auch hier begnadigen **2)** Die Einführung des ∼ unter Cnut, also zunächst zum Schutze der Dänen, behauptet nur ECf 16; sie hänge zusammen mit einer Verbürgung der eingeborenen Grossen für die Sicherheit des in England nur verkleinert beibehaltenen Dänenheeres. Die 40 Mark Busse (*u.* 5) gab vielleicht Anlass zu der Kombination. Gegen die Nachricht spricht aber: **A.** An sich ist schwer denkbar, dass Agsa. eine Massregel erfunden haben sollten, die ihre eigene Nationalität gegenüber den Fremden herabsetzte **2a)** B. ECf strebt, die Verfassung um 1130 mit *Eadwardi* (*s. d.* 4b) *laga* und diese mit Eadgars (*s. d.* 9) Recht zu identifizieren, und nicht die drei Normannenkönige, sondern die Periode 975—1042, also wesentlich die Dänenzeit, für das Schlummern Eadgarscher Freiheit und seitherige Tyrannei verantwortlich zu machen; ECf 34, 1b; 3. Vielleicht also aus solcher den Dänen feindlichen Tendenz datierte er die verhasste Massregel vor **2b)** C. Cnuts Gesetze für Fremdenschutz wiederholen nur Atr (II Cn 40 aus VIII Atr 33 ff.) und konnten solch Vorrecht seiner Dänen, wenn es bestanden hätte, schwerlich übergehen **2c) D.** Wenn das ∼ bis 1066 oder auch nur bis 1042 die Dänen schützte, was nach 1067 nachweislich nicht der Fall war, so müsste ein spurlos verlorenes Gesetz angenommen werden über die Abschaffung jenes Vorrechts und dessen Übertragung auf Franzosen **2d) E.** Hätte ∼ vor 1067 für die Dänen bestanden, so würden die vorher naturalisierten Franzosen (wohl alle unter Sonderschutz des Normannisierten Eadward III.) wahrscheinlich dieses Vorrecht auch genossen und nicht nach 1067 (*u.* 6b) entbehrt haben **2e)** F. Aus Französ. Sprache stammt Suffix der mit ∼ wesenhaft verknüpften Englishry; *s. d.* **3)** Heinrich I., die vor 1100 geschehenen *murdra* amnestierend, sagt allerdings: *quæ amodo facta fuerint, iuste emendentur secundum lagam regis Eadwardi;* CHn cor 9. Er meint nicht 'Morde allgemein' (wofür er *homicidia* gesagt und die er zu dem in 8, 1 behandelten *scelus* gerechnet hätte), sondern den bes. hier behandelten Sinn (wie er denn Forsteinkünfte folgen lässt); er rechnet also ∼ zu Eadwardi (*s. d.* 12) laga. Entweder begeht er historischen Irrtum über eine erst eine Generation lang vergangene Zeit (was immerhin möglich ist) oder aber er versteht wie in c. 13 *lagam Eadwardi* (*s. d.* 2) *cum emendationibus* Wilhelms I., wie auch andere des Eroberers Verfassung damit identifizierten; *ebd.* 4d. Letzteres ist mir wahrscheinlicher. Von Dänen sagt er oder irgendwer sonst nichts; und doch lag es nahe auch für die anderen Normannenfreundlichen Hofschriftsteller 12. Jhs., ausser ECf, das gehässige ∼ auf jene abzuwälzen **4)** Wohl erst Wilhelm I. führte ∼ ein. [So Stubbs *Lect. early hist.* 52. 82 und Rietschel *Unters. z. Germ. Hundert.* 11. 54. Steenstrup *Danelag* III 389 und Pol Mai I 67 zweifeln.] Seine Freibriefe für Chertsey und Battle eximieren die Mönche von ∼; Rymer *Foedera* I 2. 4; *vgl. u.* 5e. 11g; Kronprozess 13a. Das ∼ als Gegenstand der Gesetzgebung Wilhelms I. geben Wl art 3, 1. Leis Wl 22. Vom Eroberer eingeführt nennt es 1178 Richard fitz Neal *Dial. de scacc.* I 10. Das Bestehen vór Heinrich I. folgt auch aus CHn cor **9**, **ECf** und vielen Stellen in Hn **5)** In der Institution des ∼ scheinen mehrere Wurzeln zusammengewachsen. Die dem König zufallende Busse von 40 Mark (*u.* 14a) entstammt wahrscheinlich der Nordischen (Lehmann *Königsfriede* 40. 60. 132. 200. 241). Ein *huscarl* der Witherlag ward so entgolten. Zweitens ist auch das Schwedische Hundert (*u.* 11e) verantwortlich und zahlt Strafgeld, wenn in seinem Gebiet ein Unbekannter Totschlag begeht (Wilda 217; Amira *Stab* 34; Rietschel *o.* 4); anderwärts haftet das Dorf; Lehmann 60. [Eine Parallele aus Russland a. 1018—54: Schrader *Indogermanen* 131.] Und drittens gewährt auch Schweden für die Ermittelung des Täters die Frist von Jahr u. Tag (*u.* 15); Lehmann 23. Die Normannen erhielten und führten nach England auch manches andere Stück Nord. Rechts. Als *lingua Dacorum* wird das Wort ∼ angegeben im *Très anc. coutum. Norm.* 70 **5a)** Doch kennt auch das Frankenreich die Gemeindehaftung des Tatorts, wenn Dieb oder Mörder unbekannt blieb; Brunner II 227. 469. 489. 549; Pol Mai I 52. 68 **5b)** Sie kommt auch vor, jedoch nur falls die Tat bei Tage geschah, im späteren Engl. Rechte, als eine von ∼ trennbare Regel; Maitland *Pleas of Gloucester* 147 **5c)** Jedenfalls Agsä. an der Busse für ∼ ist die den Verwandten zufliessende Summe von 6 Mark (*s. d.* 4) = 960 Pfg., also wohl Wergeld des Gemeinfreien; *u.* **14a** **5d)** Der Schutz des Königs für Fremde (*s. d.*) und Dienstmannen ist allgemein Germanisch, auch besonders Agsä. **5e)** Die Verwandtschaft des ∼ mit der Freibürgschaft leuchtet ein: beide dienen dem polizeilichen Zwecke, zur Einlieferung des Missetäters vor Gericht anzuspornen; beide bewirken diese durch die Androhung einer Geldstrafe; beide verpflichten die Genossenschaft Zusammenwohnender, zumeist die Bauern éines Dorfes, die im Notfalle an Nachbardistrikten eine Stütze finden; beide erlauben eine Frist von Monat u. Tag (*u.* 13) bis zur Einlieferung des Verbrechers; von beiden bleiben gewisse Gegenden frei, die sich dieser Freiheit als éines Privilegs (*o.* 4) berühmen (Palgrave *Rise* 202; II cxxIII); Liebermann *Über Leges Edw Cf.* (1896) 113. *Vgl.* auch *u.* 15. Mir scheint fürs ∼ die Zehnerschaft (*s. d.*) benutzt **6)** Bei einem Ermordeten nicht jeder Nationalität liegt ∼ vor. Er muss [Franko]-

Normanne, Franzose, *transmarinus* von Abstammung sein; Wl art 3, 2. Leis Wl 22. Hn 75, 6. 91, 1; 2. 92, 6; 9; *albanus* (Fremder) ECf 15, 7. 16, 1 **6a)** Auch andere Franzosen als bloss Normannen, mit oder nach Wilhelm I. nach England gekommen, sind inbegriffen; so ward 1167 ein ~ *Flandrensis* gebüsst; Madox *Exchequer* 377 **6b)** Dagegen ausgeschlossen sind die vor 1066 in England ansässigen naturalisierten Franzosen; Wl art 3; *o.* 2d **6c)** Kann jedoch der haftpflichtige Distrikt nicht *Englishry* (*s. d.*) der Leiche erweisen, so gilt Ermordeter als Normanne **6d)** Um 1177 war zwar die frühere Beschränkung auf *Normanni* bekannt, *sed Anglicis et Normannis alterutrum nubentibus, vix decerni po[tes]t de liberis* (Adligen, Überfreien), *quis Anglicus, quis Normannus;* Dial. scacc. I 10 B **7)** Keine Busse für ~ wird entrichtet, wenn der Franzose als handhafter Verbrecher erschlagen, und die Tat sofort kundbar gemacht war (Hn 92, 10), **7a)** wenn er unter 15 Jahr alt war; Hughes zu *Dial. de scacc.* p. 194 **8)** Des Totschlägers Nationalität kommt zur Erwähnung nur bei ECf 16, 1 und Dial. scacc. I 10 A. Weitaus zumeist mag, wie dort gesagt, ein Engländer als Totschläger auch von den anderen Quellen stillschweigend gemeint sein. Doch scheint kein Fall bekannt, in dem man von ~ deshalb absah, weil der zwar bekannte, aber nicht verhaftete Mörder ein Franzose war **9)** Wenn der Mörder eines Franzosen wenige Tage nach der Tat verhaftet ward, so liegt kein ~ vor **9a)** Diese Frist beträgt 7 Tage = 1 Woche = (in Französ. Ausdrucke *s.* Frist 6. 20) 8 Tage (Hn 13, 2. 75, 6. 91, 1. 92, 3; 5 ECf 15) oder nur 5 Tage; Wl art 3a **10)** Und zwar muss der Missetäter *iusticiabilis*, 'hinrichtbar', nicht etwa von den Bluträchern verstümmelt oder erschlagen, dem Richter übergeben werden; Hn 75, 6a. 92, 3 **10a)** Ist er entflohen oder in der Woche nach seiner Mordtat verstorben und durch Belastungschwur auf sein Grab als Mörder erwiesen, so haftet sein Vermögen für das ~ zunächst (das Hundred kann sich daran erholen); nicht dagegen, wenn er in Blutrache durch die Verwandten des Ermordeten getötet war; ~ wird in beiden Fällen bezahlt; 92, 3a; b **10b)** Das Recht vór Heinrich I. war weniger fiskalisch; Zahlung des ~ unterblieb, sobald der Täter nur bekannt war. Jetzt dagegen ist zur Befreiung des Distrikts nötig, dass er auch verhaftet wird (so Leis Wl 22. Wl art 3, 1) und zwar in 7 Tagen nach der Tat; Hn 92, 5. (Auch wenn er sich dem König stellt und Begnadigung erhält, tritt ~ ein; 92, 7) Beide Bestimmungen, jene lose und diese strengere, vereint 92, 9b **10c)** Auf jenes frühere mildere Recht kam spätere Praxis zurück: ~: *cuius interfector ignoratur, nec per fugam, quis esset, patebat;* Dial. scacc. I 10 A; so auch Bracton; Pol Mai I 485 **11)** Des Ermordeten *dominus habeat infra* 5 *dies homicidam* oder zahle dem König ~; Wl art 3, 1 **11a)** Nur durch Übersetzungsfehler setzt des Mörders Herrn dafür Wl art Frz 3, 1 **11b)** Stubbs (*o.* 4) 72 zweifelt, ob der Herr der Hundredgerichtsbarkeit oder der Vassallität gemeint sei. Mir scheint nur ein loser Ausdruck vorzuliegen für den Grundherrn des Fundorts der Leiche; zumeist war dieser mit dem Vassallitäts- und dem Gerichtsherrn des vermutlich bei ihm dienenden und wohnenden ermordeten Franzosen identisch. In diesem Falle ist *dominus* nur ein anderes Wort für das in Wirklichkeit das Geld aufbringende Manor-Dorf **11c)** Das Dorf, wo man die Leiche fand, erklärt als zunächst haftbar ECf 15 (eine *villata* a. 1230; Madox *Exchequer* 394), das *manerium* Hn 91, 1 (so a. 1227 Madox *Firma burgi* 85, synonym mit jener *villata*, da der Ortsname derselbe ist). Statt des Hundred der Leis Wl 22 setzt *homines de visneto* L; Dorf 7e **11d)** Das Manor, ausgenommen (auf Königs Wunsch) Königsdomäne (*s. d.* 9), haftet mit aller Fahrhabe nur dann, wenn die Leiche in Umzäuntem gefunden ward; wenn dagegen im freien Felde, das ganze Hundred; Hn 91, 2 **11e)** Subsidiär, wenn das bewegliche Vermögen éines Herrschaftsguts für die Riesenbusse nicht ausreichte, wenn das Dorf zu schwach erschien (Maitland *Domesday* 148), haftet das Hundred (*s. d.* 21b); Wl art 3, 2. Hn 91, 2a; 3. ECf 15, 4, der darin 'Fürsorge der Barone' erblickt, vielleicht also ein neues Gesetz darüber im Auge hatte **11f)** Das Hundred primär haftbar nennen Leis Wl 22. Hn 75, 6a. 91, 1; 1b; 4. 92, 8; 8a. Dial. scacc. I 10 A (so zumeist in Urkk. z. B. Pipe roll a. 1130 p. 8; aber nicht 'immer', wie Hughes *Dial.* 194 meint) **11g)** Mancher Baron geniesst Immunität von der Beitragspflicht für ~ an das Hundred; *s. d.* 22; *o.* 4. 5e **12)** War der Ermordete in éinem Hundred verwundet, im anderen an der Wunde verstorben, so haftet ersteres für ~; Hn 92, 1. [Im Widerspruch dazu zahlt letzteres bei Maitland (*o.* 5b) *n.* 128] **13)** Nach Monat und Tag [nach dem Morde; *s.* Frist 12 pff.] muss, wenn der Mörder nicht gefunden war, die ~-Summe im Königschatz hinterlegt werden; ECf 15, 1; 2 **13a)** Das ~ wird erst zahlbar, wenn das Hundred seinen Prozess gegen einen der Tat Verdächtigen beendet hat; Hn 92, 16 **14)** Die Bussumme des Distrikts beträgt 46 Mark Silber; Wl art 3b (wofür 45 wohl nur verlesen; Wl art Frz 3, 1). Leis Wl 22. Hn 13, 2. 91, 1f. ECf 15, 2 **14a)** Hiervon fliessen 6 an die Sippe (*o.* 5c) oder, wenn der Erschlagene sippelos war — was bei einem Fremden wohl oft vorkam —, an den Herrn, den Eidbruder, den König oder den Anzeiger; also gewinnt Fiskus aus ~ nur 40 Mark (*o.* 5); Hn 75, 6a. 91, 1a **14b)** Zwei andere Zahlen *secundum locorum diversitatem* (Partikularrecht oder Armut des Distrikts?) *et interfectionis frequentiam:* 36 oder **44** *libras* bietet Dial. scacc. I 10 A **14c)** Tatsächlich zeigen die Urkk., dass nur weit geringere Summen wirklich gezahlt wurden; z. B. a. 1221 Maitland (*o.* 5b) 155; Hughes (*o.* 11f.); Pol Mai II 486 **15)** Die Busse wird dem Hundred zurückgezahlt, wenn es binnen Jahr u. Tag (*s. d.* 3) den Mörder fasst; *o.* 5 **16)** Frei von ~ bleiben manche Prälaten (*o.* 4), Barone (*o.* 11g), Beamte des Exchequer (*Dial. scacc.* I 10 A), Städte wie London (Hn Lond 2), privilegierte Landesteile (*o.* 5e), wie jenseits der Severn; Maitland (*o.* 5b) n. 289. 316. *Vgl.* Glanvilla XIV 3, 2; Kronprozess 13a **17)** Dem ~ viell. nachgebildet ist Privileg der Universität Oxford 1248: ward ein Student durch Städter ermordet oder verwundet, so zahlt die Stadtgemeinde Strafe; Lyte *Hist. of Oxford* 44

Mutter (*modor*, *medren-*); *vgl.* Eltern, Vater; Frau 3f., Ehefrau 4a. 6, Witwe; Kind; Bastard, Ehebruch 8, Ehescheidung 1; eheliches Güterrecht 1 B—5a, Erbgang 3. c. d. 4. 8a. b. 23; Verwandtenmord

Muttersippe *s.* Wb *medrenmagas* 1) Die Hilfe, die der einzelne von seinem Geschlechte empfängt, fällt zu zwei Dritteln seinen väterlichen Verwandten zur Last; den Rest trägt die ~. So bei der Leistung des Wergelds eines durch ihren Verwandten Erschlagenen (Af 27 = Hn 75, 8; 10) oder bei der Tragung der Fehdelast zu $^1/_3$ des Wertes des Erschlagenen; Hn 88, 11a; *s.* Blutrache 7 **2)** Ebenso bei der Stellung von Bürgen für versprochene Wergeldzahlung; Wer 3 = Hn 76, 1a **3)** Ebenso bei der Stellung der Eideshelfer (*s. d.* 7; Wer 3; *vgl.* I 666[e]), bzw. Erweis der Englishry; *s. d.* **4)** Demgemäß erhält sie vom Wergeld für ein erschlagenes Mitglied $^1/_3$, also wieder $^1/_3$ des Anteiles der Vatersippe; Hn 75, 8; **8a** **4a)** Jede Sippenhälfte kann den ihr zukommenden Teil des Wergelds für ihren erschlagenen Genossen einklagen; 75, 5b **5)** So bei Friesen (His 227), anderen Germanen (Brunner I[2] 121. II 380, Pol Mai II 239), Kelten; Vinogradoff *Manor* 136; Seebohm *Tribal system Wales* 80 **6)** Wird die Nachkommenschaft einer Nonne [die wie der Mönch (*s. d.* 8) durchs Klostergelübde aus Sippenrecht getreten ist] erschlagen, so fällt vom Wergeld der sonst der ~ zustehende Anteil an den König; Af 8, 3. Die Vatersippe des Nonnenkindes behält ihren Anteil

Mutung *s.* Heergewäte 2b. 11ff.

Mythologisches *s.* Heidentum, Zauber

N.

Nachbarn *s.* Wb *neahgebur, reisined, vicinus, vicinium, visnetum,* (das ein Übs. für *hundred* einsetzt; *s. murdrum* 11c). *Vgl.* Bauer, Miete, Dorf(gericht), Hundred, Zehnerschaft, Genossenschaft **1)** Als Normalwohnung des Bauern gilt (nicht Einzelhof, sondern) die dörfliche, neben dem ~; Ine 40. Daher setzt für Ines *gebur* und *ceorl* Q: *vicinus* als sinnverwandt I 21[17]. 25[4]. 93[6] **2)** Als Eideshelfer (*s. d.* 10—13) werden ~ erfordert **3)** Ebenso als Zeugen: Wer Anspruch an die Genossenschaft (*s. d.* 12e) erhebt, die ihn gegen Viehverlust versicherte, muss diesen den ~ binnen 3 Tagen anzeigen und, falls Spurfaden fehlt, mit 3 ~ eidlich beweisen; die ~ sind Zeugen, dass er das Vieh einst besass und nicht mehr hat; VI As 8, 7 **3a)** Beabsichtigter Neuerwerb von Vieh werde vor der Reise dazu den ~ gemeldet, oder der Auftrieb auf Gemeinweide geschehe unter Mitwissen der Dorfschaft (IV Eg 7—8, 1. 10), die mit ~ synonym steht, hier wie anderwärts; *vgl.* Frauenstadt *Blutrache* 40. *Vgl.* über Kundmachung des Verlustes durch Diebstahl u. des Fundes bei ~, Beweis des Ureigens eines im Anefang Verklagten durch ~: Dorf 6—7f. **N 3b)** Verknechtung findet statt im Hallengericht oder Hundred oder *vicinio coram testibus* Hn 78, 2; *vgl.* Dorfgericht, womit ECf die Zehnerschaft der Freibürgen, dörflicher ~, identifiziert **3c)** Der Herr nehme als Gast oder Gefolgsmann an oder weise Gesinde fort nur unter *vicinorum testimonio*, um dem Verdachte der Begünstigung von Verbrechern zu entgehen; Hn 8, 5 **3d)** Armut, als Grund für die Veräusserung von Land zum Schaden des Erbsohnes, *debet probari per* 12 *legales*: 4 *manentes ex una parte vendentis*, 4 *ex altera*, 4 *ex opposito;* Schottisch um 1270; Bateson II 67 **4)** Die ~ des Fundorts eines ermordeten Franzosen haften für Murdrum; *s. d.* 11c **5)** Zu Urteilfindern berufe der private Gerichtsherr *pares et vicinos suos*, um unscheltbare Justiz zu erteilen; Hn 33, 1 **5a)** *Vgl.* Nord. *búakviðr* (~-Ausspruch); Maurer *Island* 382

Nachkommen *s.* Kind [gnadigung

Nachlass I. *s.* Erbgang II. *s.* Be-

Nachrede *s.* Verleumdung, Ehrenkränkung **Nachstellung** *s.* Herren-, Hochverrat, Absicht, Angriff 6

Nachsuchung *s.* Spurfolge

Nacht *s.* Wb *niht*. *Vgl.* Tag, Vor-, Sonnabend **1)** 24 Stunden-Zeitraum heisst ~ noch 1166; *vgl.* Fremde 12c. d [der Unterhalt während desselben *nihtfeorm;* *s.* Gastung Z. 2f. n. 7b. 8. 9b. 14f.]; die Fristen (*s. d.* 5b. 9c, noch heute *fortnight, sennight* = 14, 7 Tage) misst man nach Nächten. Auch ins Latein und Französisch wird *nox, trinoctium* (*s.* drei Tage 6), *nuit* daher übernommen. Erst ein jüngerer Abschreiber setzt statt ~: *dæg* in Wærferð's *Dial. Gregorii* **1a)** Daneben rechnet nach Tagen schon Wi Pro. [*Vgl.* Deloche *Le jour civil et .. computation des délais* in *Mém. Acad. Inscrip.* 32, 2 (1891) 319. Im Frankenreiche zeigt die Gesch. der Benennung der 24 Stunden eine Zwischenstufe nach *diebus et noctibus*. ABRAHAM] **1b)** Da der Agsa. unter ~ nicht die Stunden um Mitternacht mehr als die um Mittag meint, muss grundsätzlich 'Tag' übersetzt werden **2)** Über Nächtlichkeit der Missetat *s.* Diebstahl 22a, über Vernachtung *s.* Tag **3)** Bischöfe und Stiftsgeistliche sollen bei Tag und ~ fürs Volk beten; I Cn 6a; *vgl.* Horen, Mette **4)N** *Civitates, burgi, castella, hundredi, wapentachia singulis noctibus vigilentur*, als Gesetz Wilhelms I. ausgegeben vom Londoner um 1200; Wl art retr 6. Für London (*s. d.* 34d. 60a) wurde ~wache 1212 festgesetzt durch Stadtverordnung (bei Turner *Domestic architect.* 1281; Riley *Munim. Gildh.* II 87), für *burgi et civitates* landesgesetzlich erst 1233. 1252. 1285; bei Rymer *Foedera* I 1, 209. 281

Nachtgleiche *s.* Wb *efenniht*, 23. Sept.; *vgl.* Sokol *Beibl. z. Anglia* Okt. 1903, 310 **1)** Termin für Zahlung des Kornzehnts an die Kirche; II Eg 3 = VIII Atr 9, 1 **2)** Eine Woche lang um ~ empfängt der Schäfer (*s.* Hirten 4) von der Gutsherrschaft Molke oder Buttermilch; Rect 14

Nachtwache *s.* Pönitenz; Nacht 4·Wache **Nacken** *s.* Hals

Nagel *s.* Finger~

Näherrecht *s.* Beweisnähe; Vorkauf, Grundbesitz 12a

Nähreltern *s.* Erziehung 4—5b

Nahrung *s.* Getreide, Weizen, Roggen, Hafer, Brot, Mehl; Salz; Pfeffer, Ingwer, Zukost; Garten; Tier, Jagd, Fleisch, Fett, Ochs, Kalb, Schwein, Ziege, Schaf, Milch, Butter, Käse, Pferd; Ei, Huhn; Fisch, Aal; Bienen; Bier, Wein; Mahlzeit; Gastung, Armenpflege, Futter; Speiseabgabe, -verbot. Ggs.: Fasten **1)** Aufnahme von ~ macht das Kind (*s. d.* 4) rechtsfähig **2)** Für Fremde (*s. d.* 12), denen man

~ gibt, trägt man Haftung **3)** Die Sippe (*s. d.* 13a) sorgt für ~ des Mitglieds, auch im Gefängnis (*s. d.* 6), sonst der Königsvogt **4)** Der in der Kirche Asyl (*s. d.* 9) Suchende erhält keine ~ **5)** ~ für die mit England verbündeten Dänen: *s. d.* 14a **6)** ~ für Unfreie und Gesinde des Herrschaftsguts durch die Domäne *s.* Rect 9ff.

Namengebung *s.* Kind 4a

nasciturus *s.* Kind 1f.

Nase *s.* Wb *nasu, nebb* **1)** Wer jemandem die ~ [im Raufen] durchbohrte, büsst ihm 9 Schill., wer ihm dort sonstige Verwundung zufügte, für jede Wunde 6; Abt 45. 48. Hierauf folgt nochmals: 'wenn sie durchbohrt wird: 6 Schill.'; 49 — eine offenbare Textverderbnis; vermutlich erwähnte das Original zwischen 48 und 49 ein anderes Körperglied **1a)** Wer jemandem mit der Faust auf die ~ schlug, büsst ihm 3 Schill.; 57 **1b)** Wer jemandem den Gesichtsvorsprung (*neb,* Lat. übs. *faciem sive maxillam*) abhieb, büsse ihm 60 Schill. [fast 1/6 Wergeld]; Af 48. *Vgl.* Antlitz **2)** Der rückfällige Verbrecher werde zur Strafe verstümmelt an Händen und Füssen und bei schwerem Verbrechen an Augen (*s. d.* 4), ~, Ohren, Oberlippen, Schädelhaut; II Cn 30, 5 [Norweg. Recht verstümmelt die ~ der Unfreien, die dreimal gestohlen hat; Vigfusson *Corpus poet. boreale* II 25] **2a)** ~ und Ohren verliere die ertappte Ehebrecherin; II Cn 53 **2b)** Den Geiseln, die England dem Dänenkönig Swen gegeben hatte, liess dessen Sohn Cnut, als es zu Æthelred II. zurückfiel, ~ und Ohren abschneiden; Ann. Agsax. 1014 **2c)** Die Strafe kommt Nordisch und bei anderen Germanen vor; Grimm *DRA* 705. 708

Nation *s.* Volk

Nationalität *s.* Briten, Angelsachsen, Walliser, Dunsæte, Dänen, Franko-Engländer, Fremde, *murdrum* 6. 8

Naturalien *s.* Geld 3; Abgabe, Armenpflege, Kircheneinkünfte, -pfennig, Erstlinge, Zehnt, Herdpfennig, Lichtschoss; Busse 21, Wergeld, Heergewäte

Neiding *s. nithing*

Neues Testament *s.* Bibel

Neumen zur Ordalliturgie Iud Dei I 8[65]. 17[2]

neun *s.* Wb *nigon* **1)** Die Zahl ~ ist zwar bei Urgermanen altheilig [Weinhold *Über myst.* ~*zahl bei Deutschen* in *Sitz. Ber. Preuss. Ak.* 1897, 13. 59], so auch in Wodans 9 Krafikräutern des Agsä. Zaubersegens (Wülker *Gesch. Engl. Lit.* 17) und sonst in magischer Medizin (Payne *Engl. medic.* 140), kommt aber im Agsä. Recht nicht besonders häufig vor **2)** Im Eisenordal (*s. d.* 9) wird das glühende Eisen 9 Fuss weit getragen; der Geweihte (*s. d.* 5) Bissen wiegt 9 Pfg. **3)** Vom Burgtor (*s. d.* 1) des Königs reicht Königsfrieden über einen Umkreis, dessen drei letzte kleinste Zugaben je in 9 Einheiten sich ausdrücken **4)** 9 Tage Frist *s. d.* 7ff. **5)** ~facher Ersatz wird in Kent gezahlt für entwendete Fahrhabe des Priesters und Königs; *s.* Busse 8. Ebenso bei versäumter Pachtzahlung ist in Kent im 13. Jh. die Schuld ~fach zu entrichten; Pol Mai II 269 **6)** 9 Hundreds *s. d.* 15c **7)** ~mal Eideswiederholung *s. d.* 2b. 3 **8)** Sehr häufig begegnet ~ im Walliser Recht; *s. Archiv neu. Spra.* 102, 274 [Sequester

N neutrale Hand *s.* Anefang 11;

Niedergericht *s.* Gericht 11b; Zehnerschaft, Dorf-, Grenz-, Hallengericht, Gerichtsbarkeit, Stadt, Hundred, Forst

Niessbrauch *s.* eheliches Güterrecht 1f. 5a, *læn* 5

nithing: Hassenswerter, Nichtswürdiger, Verüber schwersten, die Gottheit zur Rache reizenden Verbrechens und verächtlicher Ehrlosigkeit, also Todes würdig, ein Nord. Wort; *vgl.* Wilda 273; Steenstrup *Danelag* 26; Lehmann *Königsfriede* 214f.; Heusler *Strafr. Isld.* 32; Amira 91. 116. 144. 147. 167; Brunner I[2] 211. II 537; Stevenson *EHR* 1887, 332 **1)** Einen verräterischen Mörder vom Hochadel *se cing 7 eall here cwædon for* ~; Ann. Agsax. 1049 **1a) N** Wilhelm II. ruft 1087 gegen die Adelspartei Roberts von der Normandie jeden auf, der nicht als ~ gelten wolle (Ann. Agsax.), was Will. Malmesbur. erklärt als *nequam, nihil miserius quam huiusce vocabuli dedec[us]*; *Reg.* IV § 306 **2)** Leichenraub ist Tat eines ~; Wal **3)** Vermutlich auch Herren-, Hochverrat, Flucht vom Heere (*s. d.* 8e), Mord, und Brandstiftung waren Verbrechen des ~ **4)** Im 12. Jh. ist ~ unter Kapitalverbrechern verschwunden

Nochmalzahlung *s.* Busse 10—10b. 13a—14; Doppelung 2f.

Nonne. *Vgl.* Abt, Kloster **1)** Die klösterliche ~ *mynecenu, monacha, (sancti)monialis* ist begrifflich zu trennen von *nunne, nonna,* der zur Keuschheit geweihten Frau, bes. Witwe, ohne Klosterregel **1a)** So scheidet Bonifaz (*u.* 9b) *monasteriales* und *nonnas,* Ælfric *mynecene* von '~n' (*De virgin.* 368 ed. Assmann 39), ein Glossator um 1000 *monacha: myncenu* von *nonna: arwurðe wydowe;* Anglia 33, 374 **1b)** Die Mönchin entspricht dem Mönch, die ~ dem Kanoniker bzw. Priester; VI Atr 2, 2 = I Cn 6a; *Homil. n.* Wulfstan 269 **1c)** Diese engere Bed. hat '~', wo sie neben der Mönchin steht; *u.* 8. 13a; Cn 1020, 16. Polity 15f. **1d)** Im weiteren Sinne umfasst das Wort ~ die Mönchin mit; *nunna* kann auch die 'Klostermönchin' allein bed., mit *munuc* synonym stehen; Af 8 **2)** ~n (i. eng. S.) mahnt zur Keuschheit Polity 15f. Dass sie Huren für kleine Sünde erachten, tadelt Ælfric *Judith* 429, ed. Assmann 115 **2a)** Man gebe Witwen nicht vorschnell den Schleier; II Cn 73, 3 **3)** In *mynecena* Refektorium darf, ausser dem König samt Hof, kein Mann speisen; *Homil. n.* Wulfstan 269 **4)** Die Klostermönchin tritt, wie der Mönch (*s. d.* 8) aus Sippenrecht; ihr Kind hat also keine Muttersippe; *s d.* 6; *u.* 10 **5)** Sie steht unter Schutz von König und Bischof, die demgemäss, wenn sie ohne deren Erlaubnis entführt wird, 2½ £, je zur Hälfte, [Ungehorsam-]Busse erhalten. Allein neben dem Bischof, wahrscheinlich alternativ, steht der Kirchenherr (*s. d.* 1), bisweilen ein Laienabt **6)** Auf die ~ dehnt Hn aus, was Af vom Mönch gesagt hatte, dass Haftung (*s. d.* 7) für das ihr Anvertraute den Kirchenherrn (*s. d.* 5) nur trifft, falls er das Geschäft genehmigt hatte, sonst aber der Anspruch fällt **7)** In der Dänennot ging manches für Mönche gestiftete Kloster (*s. d.* 3) an ~n **7a)** Die *ex monasterio abbatissae* entwichene oder in diesen Wirren vertriebene *monialis* kehre dorthin zurück; VI Atr 3 L **8)** Mönchin und ~ sollen fürs Volk Tag und Nacht beten; V 4, 1 + VI 2, 2 = I Cn 6a = *Hom. n.* Wulfstan 269 **9)** Heirat oder Unkeuschheit der ~ bekämpft die Engl. Kirche vom 8.—12. Jh. **9a)** Um 730 lebte

Gefolgsadel in Konkubinat (*s. d.*) mit ~n; Beda (ed. Plummer 415) tadelt es, erklärt es aber aus Verschleuderung des Grundbesitzes, womit jener Hausstand gründen könnte, an Scheinklöster **9b**) Bonifaz verwarnt 745 Könige von Mercien und Northumbrien wegen *meretrices monasteriales, adulterium nonnarum; Mon. Germ., Epist. Merow.* I 341 ff. **9c**) Synode von 786 c. 15 verbietet *iniusta connubia cum ancillis Dei;* in Alcuin *Mon. Germ., Epist. Karol.* 25 **9d**) Johann VIII. schreibt gegen ~nheirat 874 dem Mercierkönig (Jaffé-Löw. *Reg. pont.* 2993 = [falsch datiert] Birch 21) **9e**) und Erzbischof Fulk von Reims an den Erzb. von Canterbury und K. Ælfred; Flodoard *Mon. Germ., SS.* XIII 566 ff. **10**) Die Entführung einer Kloster~ kann nach Af 8 vom Kirchenstaatsrecht ('König und Bischof') erlaubt werden. Mit dieser Erlaubnis kann ihre Ehe vollgültig werden [die ~ tritt wohl in ihre Sippe zurück] **10a**) Bei nicht so erlaubter Verbindung mit einer ~, die wohl als Konkubinat galt, treten mehrere Rechtsnachteile ein, die sie von der Ehe unterscheiden: **A.** der Entführer zahlt Ungehorsam; *o.* 5 **B.** Wird ihr Kind erschlagen, so erhält vom Wergeld dafür zwar der Vater den Vatersippenteil, aber den Muttersippenteil der König **C.** Stirbt der Mann, so erben Frau und Kind nichts; Af 8—8, 3 **10b**) Allein die Trennung wagt das Kirchenstaatsrecht damals noch nicht zu gebieten; *u.* 12c **11**) Der Adel heiratete tatsächlich auch fernerhin ~n; so Æthelwold a. 901 und Swen Godwins Sohn 1046 eine Äbtissin; dass Eadward II. aus Eadgars Ehe mit einer ~ stammte, wurde um 1100 wenigstens geglaubt; Stubbs *Mem. of Dunstan* p. c. **11a**) **N** Heinrich I. heiratete 1100 die Agsä. Prinzessin Mathilde, Urenkelin Eadmunds II., was Erzbischof Anselm erlaubte, weil sie erklärte, sie habe nur zum Schutz vor Begehrlichkeit den Schleier empfangen **12**) ~nheirat verbietet Synode a. 943, c. 7 **12a**) Der Konkubinat mit Christi Braut heisst um 1000 *wohhæmed* (Übelehe); *Blickling homil.* 61 **12b**) Niemand beweibe sich (von dauerndem Konkubinat ist die Rede) mit eingesegneter ~ (*Deo sacrata, sanctimonialis* VI Atr 12, 1 = I Cn 7, 1), mit ~ oder Mönchin; Cn 1020, 16 f. = *Homil. n.* Wulfstan 269 **12c**) Letztere Stelle erzwingt Trennung dieses Konkubinats bei Strafe der Exkommunikation und Vermögenseinziehung **12d**) Lebten Mann und ~ bis zum Tode in Konkubinat, verlieren sie ehrliches Grab und göttliche Gnade; Northu 63, 1 **13**) Davon zu trennen ist vorübergehende Unzucht mit der ~ **13a**) Mönchin und ~ sollen kanonisch (keusch) leben V Atr 4 + VI 2, 2 = I Cn 6a = *Hom. n.* Wulfstan 269. Dasselbe meint ohne Nennung der ~ VIII Atr 31 **13b**) Schlimmster Ehebruch ist Huren mit ~n; II Cn 50, 1 **13c**) Die Ende 10. Jhs. in England aufgenommenen Fränk. Quellen fordern Pönitenz; Ps.-Egb. *Poen.* IV 7; *Excerpt.* 134; Ps.-Theod. *Cap.* 317; *Poen.* XVI 14. 26. XVIII 2 f. 19; **13d**) **N** Romreise und Busse, die der Papst auferlege, verlangt (aus Ps.-Egb. *Poen.* IV 9) Hn 73, 6 **13e**) Der Schänder einer ~ (*nunna vel sanctimonialis* Q) verliere, ausser wenn er Pönitenz tat, wie ein Ehebrecher ehrliches Grab; I Em 4. Ebenso die ~, die auch die Temporalien verliere; 1 **13f**) Der Schänder büsse kirchlich und bürgerlich; VI Atr 39 **13g**) Geistlichem (*s. d.* 17) Gericht unterstellt Egbert nur den geistlichen Schänder der ~; vom Laien fordert er für die Kirche doppelt so viel Geldbusse wie für Unzucht **13h**) Wenn einer mit einer ~ hurt, sei jeder Wergeld schuldig; Northu 63 **14**) Die Doppelung der Busse (*s. d.* 8a) für die Unzucht mit der ~ gegenüber der mit der Laiin (*o.* 13g) kennt auch fürs Versuchsdelikt des Betastens Af 18: dies büsst man ihr also mit 10 Schill.; *vgl.* Notzucht 5

Nordengländer *s.* Denalagu 1 f.

Nordisch 1) In der Sprache ergänze *o.* 157: *heafodmen, lahslit, ploh. Vgl.* Köpke ~e *Personennamen bei Agsa.;* Northumbrien, Dänen 8a, Northleod, Norwegen, Schweden, Baltisch, Skandinavien, Normandie **2**) Im Recht *s.* Denalagu; *vgl.* Partikular **3**) Britische Mission des Christentums in den Norden *s.* Norwegen 6a; *vgl.* I 660[d] **4**) Northumbriens Münze beeinflusst seit 700 die ~e, ein Zeichen lebhafter Geldbeziehung; A. Bugge *Nordeurop. Verkehr* in *Viertjs. Sozialg.* 1906, 232

Nordland, -leute, -männer *s.* Nordisch

Nordsee. 1) Bis zur ~ reichen von Italien die Gebiete, deren Fürsten 1027 bei Konrads II. Kaiserkrönung erschienen; Cn 1027, 5 **2**) *s* Norwegen 4

Norfolk, zur Denalagu gerechnet, hat als Maximum des Strafgelds 84 £; ECf 33

Normandie. *Vgl.* Richard II., Robert I., II., Wilhelm der Eroberer 1) Die ~ hiess einst *Neustria;* Lond ECf I 671[48]; *vgl.* Franko-Engländer 3 **1a**) Heimat der Normannen: Norwegen [mit Dänemark vermengt]; ECf 34 **2**) Ihr Fürst Robert I. heisst *comes;* 34, 2e [was seit 1136 abkam, daher *dux* beim Retr], dagegen Wilhelm [der Eroberer] *dux;* 35, 2 **3**) Genealogie der Fürsten seit Rollo bis Heinrich II. I 670*. 672 Sp. 2 **4**) Waren aus ~ müssen in London zur Schau gelegt und verzollt werden; IV Atr 2, 6 **N 5**) Kirchenstaatsrecht (*s. d.* 25) der ~ führt Wilhelm I. in England ein **6**) Robert Kurzhose verpfändet Wilhelm dem II. die ~; ECf 11, 2 **7**) Heinrich I. besiegt Robert, der seit 1101 in England ihn behinderte, [1106] und heisst *Normannorum dux;* Quadr Arg 16. 18—20 **8**) Gerichtliche Vorladung lässt dem in der ~ Weilenden längere Frist (*s. d.* 15) als dem in England **9**) Prozessrecht der ~ *s.* Franko-Engländer 3, Beweis 11a

N Normannen in England *s. vor. Art.* 9; Angelsachsen 20 ff.; Murdrum

N Northampton 1) Grafschaft ~ wird von der Watlingstrasse durchschnitten; ihr Teil nordöstlich von dieser gehört zur Denalagu; der Gerichtsbezirk in ~ heisst Wapentake; ECf 30. 30, 1 **2**) Simon Graf von ~ bezeugt CHn cor Test

Northleod 1) Das so von mir betitelte Stück, I 458, übersetzt Q I 540, In Cn 615 **2**) Gemeint sind Anglo-Skandinaven in Northumbrien, wahrscheinlich genau gleich *Norðmen,* welches Wort neben und identisch mit *Denum* gebraucht Ann. Agsa. a. 940; *vgl.* Denalagu 1g **2a**) Auch *norðfolc* hat den Sinn Northumbrien, nicht Norfolk, im Agsä. Beda I 25 p. 62: *Humbre tosceadeð suðfolc 7 norðfolc*

Northumbrien *s.* Wb *Norðhymbre; vgl. Norðengle, Norðleod* **1**) ~ bildet neben Ostanglien ein Sonderherzogtum abhängig vom Westsächs.-Mercischen Zentralreich. Gemäss Westsächs.

Vertrag mit dortigen Nordleuten ist die Strafe für Begünstigung Geächteter geregelt; II Ew 5, 2 **1a)** Eorl Oslac und das ganze 'Heer' [Nordleute-Volk] in seinem Ealdortume befördere die Geltung von IV Eg [dieser Wunsch des Königs bezeugt ∼s Selbständigkeit]; IV Eg 15 **1b)** ∼s Recht *s.* Denalagu; Partikular **2)** Das Priestergesetz von York nennt sich Northumbrisch; Northu **2a)** Es steht z. T. übersetzt I 612 **3)** Das Sonderasylrecht der Kathedralen von York, Ripon, Beverley (Norgrið) heisst Northumbrisch **4)** Interlinearversion in Sprache von ∼ zur Ordalliturgie: Iud Dei IV. V **5)** ∼s Recht gibt bei Erschlagung eines Priesters dem Erzbischof von York nur Altarbusse (*s. d.* 5), dagegen wird Täter in Südengland friedlos und sein Vermögen eingezogen; *s.* Geistliche 15f

Norwegen *s.* Wb *Norðrige, Nori, Norregani, Norwega, Norwegienses; Scancia* für ∼ Lond ECf 32 E. *Vgl.* Könige von ∼: Olaf Tryggvason, Cnut; Wb: Olaf d. H. **1)** Norweger werden meist vermengt mit Dänen; *s. d.* 2 **2)** Cnut kämpfte 1026 gegen ∼, und ging 1027 aus Rom nach Dänemark, um Frieden mit dortigen Nachbarn zu schaffen, die ihn des Lebens oder der Herrschaft hatten berauben wollen; Cn 1027, 2. 13f. Er eroberte ∼ 1028 **3)** Er heisst König von ∼ bei Späteren Quadr Arg 2; Ps.-Ingulf von Crowland zu a. 1032, vielleicht aus dem verunechteten Königstitel; *s. d.* 5c **4)** Die Fabeln, die um 1200 ein Londoner Stadt-Antiquar und Politiker von ∼ auftischt, erklären sich erstens als Programm der Nordseeherrschaft Grossbritanniens und zweitens aus wirklichem Handelsverkehr **4a)** Alle Inseln bis ∼ und Dänemark gehörten Englands Krone; Lond ECf 11, 1 A 3. [Der Fälscher 12. Jhs. der Urk. Eadgars lässt diesen sich rühmen der Herrschaft über *omnia regna insularum oceani usque Norregiam;* Birch 1135 **4b)** König Sverrir liess Engländer und andere Fremde in Bergen handeln, da ihre Einfuhr nützlich erschien; Maurer *Island* 198] **5)** Norweger geniessen Aufenthaltsvorrecht in England [um 1200]; Lond ECf 32 E 3. 5f.; *vgl.* I 658[e]. 660[1] **6)** Der Antiquar erklärt dies aus historischen Hypothesen: **6a)** König Arthur habe ∼, einst *Scancia* geheissen, unterjocht (*ebd.* E 1—6) und bekehrt. Der Papst habe es der Krone Britannien als dessen 'Kammer' bestätigt [Erinnerung an Hadrians IV. Beistimmung zur Engl. Eroberung Irlands?]. Gleich darauf heisst ∼ arm und unfruchtbar: ein Selbstwiderspruch! Seit Arthur haben Norweger Britinnen geheiratet und fühlen sich seitdem Engländern blutsverwandt **6b)** Die Armut der Heimat habe die Norweger zum Kriege gegen England getrieben. Gegen sie kämpften Briten, Scoten und Agsa. gemeinsam; 32 C 7. Sie haben [seit 9. Jh.] viele Länder und Inseln Britanniens besetzt, bis jetzt [um 1200], besonders durch schleuderhafte Verleihung der Dänischen Könige (13, 1 A), sind durch Heirat mit Engländerinnen Engl. Bürger geworden (*o.* **a**) und dürfen seit gesetzlichem Zugeständnis Eadwards III. [Erfindung] als deren Eidgenossen (*s.* Eidbrüder 6. **a**) in England wohnen; E 5f.

N Norwich, Bischof Herbert von ∼ 1102 Englischer Gesandter nach Rom; Quadr II 6

Not, echte, *s.* Sunne; Adoption 1 **notorisch** *s.* handhaft 7; Kundmachung

N Nottinghamshire gehört zur Denalagu. In ∼ heisst der Gerichtsbezirk Wapentake; ECf 30

Notwehr *s.* Wb *nieddæda, niedwyrhta, nedes, for neode; se defendendo* Hn 80, 7b. 83, 1; *coactio* 80, 7b. *Vgl.* Brunner II 631. Im Ggs. zum Totschlag in ∼ oder am handhaften Verbrecher heisst sonstiges Erschlagen: *ofslean unsynnigne* Abt 86 **1)** Die Straflosigkeit der ∼ folgt aus der des Totschlags am handhaften (*s. d.* 11) Verbrecher; Schröder *DRG*[5] 351[17]; Brunner II 484. **N** Die Jurisprudenz nennt diesen Totschlag *se defendendo; u.* 11 **2)** Schon der Verbrecher, der sich gegen die Strafe, welche statt Leibesstrafe schonend verordnet ward, wehren will, soll getötet werden; II As 1, 2. Also um so mehr, wenn er gegen den zu Bestehlenden oder zu Verletzenden ankämpfte **3)** Der Totschläger braucht Mannbusse und Gevatterbusse nicht zu zahlen, falls der Erschlagene ihn angegriffen [er also in ∼ gehandelt] hatte; Ine 76, 2. Hieraus ist zu folgern, dass auch die an die natürlichen Verwandten sonst fällige Busse, das Wergeld, bei ∼ unterblieb **4)** Zu dem Verbote der Exodus, bei Tage den Einbrecher zu erschlagen, was Todschuld sei, fügt Af El 25 hinzu: ausser wenn der Hausverteidiger in ∼ handelte. Diese also entschuldigt den Totschlag. Vielleicht stellt Af die Erschlagung jedes handhaften Verbrechers unter ∼; *u.* 11 **4a)** Wenn der Herr, der Vassall, der Verwandte [also um so mehr, wenn man selbst] angegriffen ward, ist Bluttat erlaubt. (Die durch Treue oder Blut verbundenen Personen darf man wie sich selbst schützen; *s.* Gefolge 15c; *vgl. u.* 9) **4b)** Wenn also der Totschläger *nedes* (zwar Asyl, also befristete Sicherheit vor Blutrache, geniessen, aber) Busse [Wergeld] zahlen soll (Af El 13), so heisst *nedes* nicht 'aus ∼', sondern 'wider Willen, unter Zwang, ohne Absicht (*s. d.* 7; korrigiere hiernach *ebd.* 4c) od. Wahl, durch Umstände unvermeidbar': Bedd., die Toller s. v. *neadlunga, neadung(a), nide, nid(l)inga, nidwyrhta* belegt **4c)** Zu klarer Erfassung des Begriffes ∼ kommt es auch in Islands Saga nicht; Heusler *Strafr. Isld.* 65 **5)** Wer nur durch Zwang Missetat beging, verdient Schutz [vor Todesstrafe] und ein Urteil um so günstiger, je mehr er unter Zwang handelte; (aus *Can.* Eadgari, Conf. 4) VI Atr 52, 1 = II Cn 68, 2. Ausser ∼ engeren Sinnes fallen auch andere Zwangshandlungen unter diesen Gesichtspunkt; *o.* 4b **6)** *Swiðe ungelic bið se mon, þe hyne sylfne wergende oðerne mon ofslyhð, þæm þe oðerne gesæcað 7 hyne ofslyhð:* Totschlag in Selbstwehr ist ungleich dem absichtlichen; *Eccles. instit.* 31 ed. Thorpe *Anc. laws* 482 **N 7)** Ausführlicher behandelt ∼ Hn. Er ordnet *homicidium pro defensione* neben sündlose Hinrichtung unter gerechte Strafe; 72, 1b. Schon dann ist ∼ erlaubt, wenn der Gegner das Schwert zückte, nicht erst, wenn er zuschlug; 83, 7; *vgl.* I 600[k] **7a)** Als einen Fall von *defensio sua*, aber nicht notwendig den einzigen, nennt er den *si quis arma contra hostem extendat, et ille irruat;* in diesem Fall ist der Totschläger frei; 88, 4 **7b)** Dagegen für Totschlag und Wergeld haftbar bleibt, wer nach einem Streite einen anderen nicht gerecht [d. h. nicht nach dessen Verbrechen] verfolgte, so dass dieser gehetzt zu Tode kam; 88, 5: die ~ deckt also nicht Folgetaten der Abwehr, nicht ~exzess **7e)** Unerlaubt ist ~ gegen den Herrn; 83, 1; Glanvilla gestattet auch diese; IX 1, 5 **8)** Überall, sogar am Königshofe, ist Totschlag in ~ durch Geld abbüssbar; Hn 80, 7. Dies ergibt deutlich, dass zwar Leibesstrafe ausgeschlossen war, aber die Busse an den König als Gewährleister des Ortsfriedens nicht unterblieb, während aus 87, 6. 88, 4 völlige Freiheit des Täters folgte **8a)** Dagegen die Staatsgewalt als Landfriedensrichter erhält kein Strafgeld vom Totschlag in ~ (88, 19), ebensowenig die Sippe Wergeld oder der Herr Mannbusse; 87, 6; 6a; *vgl. o.* 3 **9)** Der Angegriffene kann in ~ die Hilfe auch seiner Leute beanspruchen; 82, 3; *vgl. o.* 4a **10)** Beweisen kann der wegen Totschlags Verklagte die ~ durch Zeugen od. Eisenordal od. Eideshelfer; 80, 7b. 87, 6. [Für Deutschland *vgl.* Kries *Beweis* 44] **10a)** Wer in ~ jemanden erschlagen hat, darf ihn nicht berauben, sondern muss die Leiche ehren und die Tat kundmachen; 83, 5f. **11)** Ein Mann, der 2 Frauen, die er beim Erbrechen eines [nicht seines] Hauses ertappte, als *latronissas* tötete, erhält vom König Johann *pacem suam, quod hoc fecit se defendendo; Pleas of Gloucester* ed. Maitland 362. *Vgl. o.* 1

Notzucht *s.* Wb *niedhæmed*, zu trennen von *niednam* (Frauenraub *s.* Entführung, Eheschliessung 2—o); Hazeltine *Eheschliessung* 34. — Franz. *purgir a (per) force.*

1. Vermengung mit Raubehe, Unzucht 2. und Ehebruch. 3. An Unerwachsener, 4. an Gemeinfreier, 4b. Entjungferter. 5. Versuchsdelikte. 6. ~ an Sklavin 7. Durch Sklaven. 8. Leibesstrafe, 9. Vermögenseinziehung, 10. Wergeld, 11. Kastrierung. 12. Unter Heinrich I.

1) Da Frauenraubehe dem Französischen Klerus 12. Jhs. unbekannt war, so missverstanden die Lateiner *niednæme, niednumen* (gewaltsam zur Ehefrau nehmen; *s.* Wb) als ~; *u.* 9f. und Übersetzung *nydnimung*: *stuprum, raptus* bei Toller. Wilda 831 hält *niedhæme* und *niednæme* in Cn 52 gleichbedeutend, wogegen aber *niednumen* in 73, 2 spricht; er zeigt allerdings, dass and. Germanen ~, Frauenraub und Entführung nicht immer klar scheiden **1a)** Vom Schänden der Jungfrau und Nonne, deutlich gegen deren Willen, spricht Af 11. 18, braucht aber kein besonderes Wort für diese ~, sondern nur das allgemeine für 'Buhlen' **1b)** Die *forisfactura feminae violentiam passae* ist so milde (gegen *u.* 8), dass nicht ~, sondern blosse Unzucht gemeint scheint oder Verwechselung vorliegt; Domesday I 269b 2. 270 **2)** ~ an einer Ehefrau, als vom Ehebruch getrennt, kommt nicht vor in den *Gesetzen.* Bei and. Germanen: Wilda 838 **3)** An unerwachsenem Mädchen verübte ~ koste ebenso hohe Busse wie an der erwachsenen; Af 26 **4)** An gemeinfreier Jungfrau verübte ~ wird [ihr, laut 11, 4] mit 60 Schill. gebüsst; 11, 2 **4a)** Ist sie adlig, so wächst die Busse je nach ihrem Wergeld; 11, 5 **4b)** War sie schon entjungfert, so empfängt sie die Busse nur halb; 11, 4. So denken auch andere Germanen; Brunner II 666[6]; Schreuer *Verbrechenskonk.* 87 **4c)** Diese milde Busse kam nur da in Frage, wo nachträglich auf ~ geklagt wurde. Dagegen bei handhafter Tat hatte der Vormund Tötungsrecht gegen den Schänder schon bei blosser Unzucht an seiner ehelichen Mutter, Schwester oder Tochter, vollends also bei ~ **5)** Die zur ~ vorbereitenden Missetaten, Betasten ihrer Brust und Niederwerfen büsst der Unzüchtige mit 5 und 10 Schill.; Af 11. 11, 1. *Vgl.* Nonne 14. Ähnlich stufen andere Germanen diese Versuchsdelikte ab; Brunner II 563; Wilda 783. 833; Grimm *DRA* 632; Hegel *Städte u. Gilden* I 318. Betasten und Niederwerfen als Vorbereitung zur ~ straft *'Adelstane'* bei Bracton viel härter und die ~ an des Täters Leib und Gliedern; III 2, 28f., 147. Nichts von letzterer Härte ist von Æthelstan oder Agsa. bekannt. Ob der zitierte Name überhaupt im Urtext Bractons stand? Vielleicht ist er nur Marginalie eines Späteren. Oder ein Partikularrecht (*u.* 8) ward dem grossen König zugeschrieben **5a)** **N** Wer eine Frau zur Vergewaltigung zu Boden wirft, büsse ihrem Herrn dessen Schutzrecht: 10 Schilling Leis Wl 18, 1. Die Summe meint wahrscheinlich $^1/_2$ £, die Busse für Schutzrecht eines Barons nach c. 16 [oder rechnet sie nach Mercischem Schilling, meint also 40 Pfg. (d. i. nach c. 16 Schutzrecht des Gemeinfreien) und stammt vielleicht aus *o.* 5 her?] **6)** ~ an der Sklavin eines Gemeinfreien büsst der Freie mit 5 Schilling an diesen Herrn und mit 60 Strafgeld an den König; Af 25. Das Strafgeld, freilich eine der gewöhnlichsten Summen, steht vielleicht absichtlich gleich der Busse *o.* in 4, die hier der Sklavin als Rechtloser nicht selbst zufiel. Die Busse ist vermutlich die für Bruch des 'Schutzes' des Gemeinfreien. Daher ist bei ~ gegen die Sklavin eines Adligen die Busse höher anzunehmen **6a)** Auch andere Germanen geben diese Busse dem Herrn und gelangen gerade bei Sklaven zuerst zur Scheidung zwischen Unzucht und ~; Brunner II 667 **7)** Der Sklav, der eine Sklavin notzüchtigte, werde kastriert; Af 25, 1; *vgl. u.* 11; auch bei and. Germ.: Brunner II 661. 667; Grimm *DRA* 709 **8)** In Worcester galt als Strafrecht vor 1067: *raptum qui fecerat, de corpore iustitia*; Domesday I 172 **8a)** Todesstrafe für ~ kennt auch Friesisches Recht **9)** Wer [eine der Keuschheit gelobte?] *viduam obprimat,* verwirkt Vermögen; VI Atr 39L. Der Agsä. Text sprach von Eheschliessung (*s. d.* 2m) durch Raub **N 10)** Mit seinem Wergeld büsst, wer ~ an Jungfrau od. Witwe verübt; H Cn 52, 1L; das Original sprach wiederum von Raubehe; *s. ebd.* 2i **11)** Wer eine Frau vergewaltigend beschläft, verwirkt die [männlichen] Glieder; Leis Wl 18. 18, 2. Diese Strenge (*vgl. o.* 7) erwähnt lobend Ann. Agsax. 1087. Und Wilhelm von Poitiers rühmt von Wilhelms I. Zeit: *tutæ a vi mulieres* **11a)** Wildas Bemerkung 837, dass die Strafe für ~ mit der Zeit gestiegen sei, trifft also zu. Für später *vgl.* Pol Mai II 488 **12)** Als häufig vorkommend beklagt ~ Quadr Ded 11 **12a)** Derselbe Verf. erwähnt unter den Verbrechen, die Leib und Vermögen des Missetäters in Misericordia (*s. d.*) verfällen, *violentia virgini vel viduæ facta* (*o.* 11); Hn 13, 6 **12b)** Und unter den Kronprozessen verzeichnet er *violentus concubitus, raptus* neben einander 10, 1 [so auch in der Normandie]: ersteres wohl ~, letzteres [das aber ~ bei Glanvilla XIV 6, 1 bedeutet] vielleicht Entführung; *s. d.* **12c)** Doch gehörte Prozess über ~

bisweilen Baronen: Heinrich von Essex beanspruchte den über *raptus* an einer *in dominio suo nata virgine;* Jocel. Brakelonde 51 **12d**) Heinrich I. behält sich, als er Le Bec mit Gerichtsbarkeit privilegiert, *raptum* vor, *de quo honestius existimavimus, seculares quam monachos iudicare;* bei Haskins *EHR* 1909, 210. Laienbaronen also hätte er auch diese Justiz geschenkt **12e**) ~ blieb Kronprozess, auch als sonstige Unzuchtsverbrechen der Kirche zufielen; ebenso bei den Südital. Normannen; Niese *Gesetzg. Norm. Sic.* 190

Nutzung *s.* Gemeinheit, Weide; Læn 5; eheliches Güterrecht 1f. 5

O.

N Obedientiar [Mönch, der ein Klosteramt oder eine vom Mutterkloster abhängige Zelle verwaltet]. Statt seiner trägt Haftung (*s. d.* 7) vor Gericht der ihn einsetzende Abt; Hn 23,4

Obereigentum *s.* Besitz 3; Grundbesitz 3. 8; Bauer 6; Læn; Lehnwesen; Bocland 3

N Oberförster *s.* Forst 13a. 15a ff.

N Oberlehnsherr *s.* Lehnwesen 4. 6. 15a; Gerichtsbarkeit 35

Oberlippe *s.* Lippe 2

N Oberrichter 1) Hugo de Bocland, Sheriff [von Hertfordshire und Essex] in CHn cor Pro, wird von einem Mönch von St. Albans Anf. 13. Jhs. *iusticiarius Anglie* genannt, wohl damit diese Abtei keinem Sheriff untergeordnet erscheine; I 521[4]; das Amt des ~s ist irrig vordatiert 2) *Vgl. o.* Glanvilla **3**) Nur sprachlich, nicht sachlich, entspricht *heahgerefa; s. d.* 6 **4**) *Vgl.* Reichsverweser, Truchsess 2a

Oberschenkel *s.* Wb *þeoh* **1**) Wer dem Gegner den ~ brach, büsst ihm 12 Schill.; Abt 65; wer ihn brach oder durchbohrte 30 Schill. Af 62. 62, 1 = Hn 93, 21. Öfter setzt Af für 1 Kent. Schill. ebenso $2^1/_2$ Westsächsische; *s.* Ohr 1 **2**) Ward der Verwundete lahm, so entscheiden die Sippen [im vórstaatl. Schiedsgericht]; Abt 65, 1

Obligationenrecht *s.* Haftung, Bürgschaft; Pfand, Vertrag, Versprechen; Handel, Darlehn, Miete, Pacht, Anvertrautes, Seewurf

obolus *s.* Halbpfennig, Zugabe

Obst *s.* Garten

Ochs. [Trage im Wb nach: *oxa*] Ein Joch: *geoc. Vgl.* Rind, Kalb, Kuh, Stier **1**) Der ~ gilt 30 Pfg. wert VI As 3. 6, 2. 8, 5. Duns 7. Northu 58f. Domesday I 117b 2. [Im 12. Jh. 36 Pfg. und mehr; Maitland *Domesday* 44] **1a**) 2 ausgewachsene Rinder gelten an Wert gleich 10 Widdern in der Naturalabgabe; Ine 70, 1 **1b**) Ein Rind (*s.* Dreissig 3a) bildet Wertgrenze des Klagegegenstandes, nach der sich die Schwere der Reinigung richtet; *s.* Anefang 25c **1c**) 1 ~ = 1 Mancus; *s. d.* 7 **2**) Horn (*s. d.* 1) des ~en gilt 10 Pfg., doppelt so hoch wie Schwanz oder Auge, fünfmal so hoch wie das der Kuh; *s. d.* 6 **3**) Mehr als éin Joch (*s. d.* 1) ~en [2 *gesylhðe oxan* gehören zu einem Hofinventar; Urk. Kemble 924] ward vor den Pflug gespannt (Toller s. v. *oxa*; das erklärt aus Englands Bodenschwere Meitzen *Siedelung* II 129), meist 8 ~en, so dass 1 Pflug gerade 1 £ Silber Vorspann kostet und vom ~en-Normalbestand éiner Hufe (*s. d.* 6c) bedient wird; *vgl.* Bauer 4c ff. Daher heisst $^1/_8$ Hufe (*s. d.* 1k): *bovata, oxgang* **3a**) Das Vollpflugland (*sulung*) in Kent wird ebenso vom 8 ~en-Pflug bedient (*s.* Hufe 6c) und besteht aus 4 'Joch'; *s. d.* 2 **4**) Der Entleiher von ~en zahlt Miete in Futter; *s. d.* 1 **5**) Ein ~ wird von der gerichtlichen Obrigkeit dem Bauern fortgenommen, der den Peterspfennig vorenthielt (VIII Atr 10, 1. Northu 59), oder verklagt der Vorladung nicht folgte; Wl art 8, 1 f. **6**) Der *bovarius* sorgt für die ~en im herrschaftlichen Pfluggespann; Round *EHR* 1905, 287. *Vgl.* Hirten 4 **7**) 'Lendenbraten' missversteht im 12. Jh. statt 'Flankenseite des Menschen' der Latein. Übersetzer In Cn von Af 67

Octave, siebenter Tag nach einem Feste **1**) *oð octabas Epiphaniæ*, d. h. bis 13. Januar, von Advent ab, sind Ordal und gerichtliche Eide verboten; V Atr 18 = VI 25 **N 2**) Mit ~ von Epiphania, Ostern und Pfingsten enden Perioden der Treuga Dei; ECf 2 — 2, 2 **3**) In London wird Angriff (*s. d.* 7) an der ~ der 3 Hauptfeste besonders streng gebüsst; Pol Mai II 461

Odo Erzbischof von Canterbury **1**) Er wird erwähnt unter den Witan, mit denen Eadmund I. Gesetz gibt; I Em Pro **2**) Seine Synode von a. 943 ist vielleicht benutzt in VI Atr 11f. L

Ofen und Darre (*s.* Wb *ofen, ast, cyln*) gehören zu Baulichkeiten, für die der Vogt des Herrschaftsgutes zu sorgen hat; Ger 11 **2**) Zum Inventar des Gutshofs gehört ~zange, *ofenrace;* 17 **2a**) Mit ihr legt der Priester beim Ordal das Eisen vom Altar aufs Feuer und später in die Hand des Prüflings; Iud Dei XVI 1

Offa von Mercien. *Vgl.* Peterspfennig 2 **1**) Aus ~s Gesetzen Teile mit anderen Stücken gesammelt zu haben, gibt an Af El 49, 9. Zwar nennt er sie nur als 'zu Lebzeiten von ~', nicht als von diesem selbst erlassen. Allein dass er letzteres meint, folgt daraus, dass er die Ines und Æthelberhts ebenso bezeichnet **2**) Vielleicht gemäss Ælfreds Mitteilungen heisst bei Asser ~ *strenuus atque universis circa se regibus et regionibus finitimis formidolosus;* c. 14 ed. Stevenson 12 **3**) Auch Alewine sagt 797, ~ habe anbefohlen und eingerichtet *mores bonos et modestos et castos*, möglicherweise mit Bezug auf dessen Gesetze; ed. Dümmler *Mon. Germ., Epist. Karol.* II 180 **4**) **N** Vielleicht obige *n.* 1 und 3 mit volksmässigem Bewusstsein von der Besonderheit der *Myrcna lagu* (*s.* Mercierrecht) kombiniert um 1135 Galfrid von Monmouth III 13, der diese aber nicht ~, sondern der [von ihm erfundenen] *Martia* zuschreibt

offen Grab *s. d.* 1. a

offenbar *s.* handhaft, Kundmachung

offene Gewalt *s.* Angriff, Heimsuchung, Raub, Eheschliessung 1e—2p, Entführung, Rechtssperrung; (Königs)-frieden [frieden, Polizei

öffentliche Sicherheit *s.* (Königs)-

Oheim *s.* Vatersbruder

Ohr *s.* Wb *eare, hlyst, hieran* **1**) Wer dem Gegner ein ~ abhieb, büsst ihm 12 Schilling (= 30 Westsächs. [*vgl.* Oberschenkel 1]; Af 46 = Hn 93, 4), wer es durchbohrte, 3, wer es verletzte, 6; Abt 39 — 42 **1a**) Wer ihn gehörlos machte, büsst 25 Schill.; 39; 60 nach Af 46, 1 = Hn 93, 4: also nach beiden doppelt so viel wie fürs Abhauen **2**) Zur Strafe verliert die ertappte Ehebrecherin Nase (*s. d.* 2a) und ~en (II Cn 53), **2a**) der zweimal im Ordal schuldig Befundene die ~en;

30, 5 **2b)** Einem, der (Ende 9. Jhs.) *betogen on steale* war, *æfter woruld-dome earan forcurfon*; nur weil das Blut ihm durch gleichzeitige Blendung in den Kopf rann, blieb er 7 Monat gehörlos; Ælfric *Lives of Saints* I 458

Ohrenzeuge *s.* Zeuge **Öl** *s.* Salböl

Olaf Tryggvason von Norwegen neben zwei anderen Führern des Heeres der Nordleute schliesst, bindend für diese, Frieden mit Æthelred II. 991, gegen Englands Zahlung von 22000 £; *s.* Dänen 14. [Seine Firmelung durch Ælfheah bedeutet einen der Einflüsse der Agsä. Kirche auf die Nordische; Jørgensen *Fremmed Indflydelse* 9. Über ihn *vgl.* Vigfusson *Corpus poet. boreale* II 83 ff.]

Opfer 1) im Heidentum (*s. d.* 4—13) *s.* Wb *blot, deoflum gieldan* 2) im Alten Testament *s.* Wb *siblac;* I As 2 **3)** Christlich: Bei der Messe (*s. d.*) ∼e der Ordalprüfling [Almosen]; II As 23. Iud Dei I 1, 1. 12, 2. XI 1[b]. XIII 1

Ör *s.* Wb *ora, ores* **1)** Ein Nordischer Rechnungswert, von den Nordleuten in Englands Verkehr und Recht eingeführt, kommt vom 10. bis 13. Jh. vor, in den *Gesetzen* nur in Denalagu und dem dorther beeinflussten London **2)** Die ∼ kann zweierlei (oder dreierlei?) Wert bedeuten: *s.* Geldrechnung VI **3) A.** 15 Pfg. ruht nur darauf, dass ∼ $^{1}/_{16}$ Pfund ist. Es wäre aber möglich, dass hier das Mercische Pfund von 256 Pfg. gemeint sei; so Pell *Archl. Rev.* III 324; Round *Victoria County hist. Hamps.* 415 **4) B.** 16 Pfg. (die Ethelwerd 1 Schilling [*s. d.* 8] nennt) folgen aus der Eichung des Gewichtes (*s. d.* 7d) so, dass 15 *orae libram* [240 Pfg.] *faciant* **4a)** 2 *oras* und 32 *den.* setzen gleich Chron. Abingdon. (ed. Stevenson II 30. 121) und Domesday I 198, *vgl.* mit *Inquis. Cantabrig.* bei Birch *Domesday* 283; so Domesday meist; Round *EHR* 1908, 283; ders. *Victoria Cou. hist. Essex* I 378. 386. 420. 432; Chadwick *Anglos. instit.* 25. 412 **4b)** 12 ∼ = 3 Halbmark (*s. d.* 2 f.) ist gemeinfreie Rechtsbruchbusse (*s. d.*) der Denalagu; sie büsst auch kirchl. Ungehorsam innerhalb der Hierarchie; Northu 6—23. 53 **4c)** Halbierung (6 ∼): III Atr 12. Northu 10. 12. 23; Doppelung (24 ∼): Northu 24 **4d)** 20 ∼ Ungehorsam an den Bischof *ebd.* 2, 2. 3—5; und sonst: III Atr 4, 1. 5. 9, 1 **4e)** 120 ∼ *s.* Hundert 6 **5)** C. 1 ∼ = 20 Pfg.; Domesday I 154 und im 12. Jh. herrschend; Leis Wl 2, 3; 4. 3, 1. Lond ECf 12, 4; Round *Victoria Hist. Worcesters.* I 243. Neben 12 ∼ = 1 £ kommen Beträge von 32 und 40 ∼ vor; Leis Wl 2, 3 f.

Ordal. Hier nur das fürs Gottesgericht Allgemeine; das einzelne ∼-arten Betreffende *s.* Feuer∼, Eisen∼, Kesselfang; Kaltwasser; Geweihter Bissen.

1. Wort. 2. Los, Zweikampf. 3. ∼ im 7./8. Jh., 4. nimmt zu im 10. Jh. 5. Liturgie. 6. ∼ nicht Nordisch. 7. Engl. Eigenheiten. 8. Nicht-Engl. Züge im ∼. 9. Feiertags verboten. 10. ∼ religiös, 11. in der Kirche, 12. unter priesterl. Mitwirken, 13. unter Bischof. 14. Umstand kirchlich vorbereitet. 15. ∼ verstärkt den kirchl. Eid. 16. Formzwang; Betrug. 17. Gefährlichkeit. 18 Beklagter leistet ∼ dem Kläger. 19. Unfreie, 20. Frauen, 21. mehrere gemeinsam leisten ∼. 22. ∼ erfordert von Eidesunfähigen, 23. bei schwersten Klagen, 24. für je éine Klage, 25. auch bei Zivilanspruch. 26. Vertreter im ∼. 27. ∼ abkäuflich. 28. ∼ steht nicht jeder Jurisdiktion zu. 29. Pfandlich versprochen. 30. Terminversäumnis. 31. Gelingen des ∼s. 32. Misslingen. 33. Dreifach ∼. 34. Normannenzeit.

1) Die Wörter *ordal, dom* (Wb 5) erscheinen mit und ohne Nebenbezeichnung des Urteil bestimmenden *Godes* (n. 5a), oder des Elements, an welchem die Probe geleistet wird: (*wæteres*); Lat. *ordalium, iudicium* 7—10 (mit und ohne Nebenbezeichnung *legis, Dei, ignis [ferri], aquae, panis*), *probatio, purgatio, lex* 14 [mit und ohne *iudicialis; lex* (*apparens*) Glanvilla XIV 2; Magna charta 38], *examen* (mit und ohne *legis*), *examinatio*; *juise* **1a)** Das Wort *ordal* erscheint in *Gesetzen* Anfang 10. Jhs.; I Ew 3. EGu 9 **1b)** Es bedeutet bei den Agsa., den Franken entlehnt, ausschließlich Gottesgericht; bei Baiern, Franken und Friesen hat es diesen Sinn neben 'Urteil'; bei anderen Germanen nur den Sinn 'Urteil', nicht 'Gottesgericht'; Brunner I[2] 261 **1c)** Los, Abendmahlsprobe (*s. d.* 6, *u.* 10d) und Zweikampf (*s. d.*) fordern nicht, wie echtes ∼, ein ungewöhnliches Verhalten natürlicher Elemente und deren Überwindung durch den Prüfling **1d)** **N** Zweikampf steht gesondert vom ∼: Wl lad 1; *vel iudicium vel bellum* Domesday II 146b. 176. 213; Hn 9, 6. 45, 1a. 49, 6. Die Anglonorm. Lateiner erklären ∼ immer nur als *ferri vel aquae.* Ende 13. Jhs. erst zählt Jurisprudenz den Zweikampf zur *lex Dei;* Woodbine *Four 13. cent. law tracts* 124 **2)** Das ∼ als Orakel für Zukünftiges kommt nur beim Los (*s. d.* 1a) vor, festländisch auch sonst (Brunner I[2] 249); bei den Agsa. will alles übrige ∼ nur über Vergangenes *ad veritatis censuram pervenire;* Iud Dei I 5 **3)** Bereits Ine kennt den Kesselfang; *s. d.* 1 **3a)** Der Altertumsforscher Eadmer zu Canterbury meint um 1100, in dortiger Kirche seien ∼ien seit 8. Jh. vorgenommen worden: A. 742 *electus est Cuthbertus* [Erzbischof von Canterbury, † 758]; *is fecit ecclesiam B. Joannis, ut examinationes iudiciorum, quæ ad correctionem sceleratorum in ecclesia Dei fieri solent, inibi celebrarentur; V. s. Bregwini* bei Migne *Patrol.* 159, 755B **4)** Dass im 10./11. Jh. die Anwendung des ∼s zunahm, ist nachweisbar an dem Prozess wegen Attentats gegen den König; Af 4, 1 hatte da Reinigungseid gefordert; dazu setzt dreifach ∼ V Atr 30 = VI 37; und die Alternative der Eidesreinigung streicht II Cn 57 **5)** Die früheste Hs. mit Liturgie fürs ∼, Du, datiert vielleicht nicht über Eadward I. hinauf **5a)** Die Liturgie zum ∼, deren älteste, nicht Englische, Hss. ins 9. Jh. hinaufreichen (Zeumer *Form.* 619. 638; Patetta ∼*ie* 405), entsprang im Frankenreiche und ist dorther in England eingeführt; sie steht in Iud Dei und spurenhaft in II As und ∼; Brunner II 401; *Gesch. Engl. Rechtsqu.* 9 **5b)** Die liturgischen Formeln für Eisen-, Kessel- und Kaltwasser (*s. d.* 2a) -∼ sind teilweise von einander entlehnt und passen daher fürs einzelne nicht immer ganz. Die fremde Herkunft verraten die mitabgeschriebenen Worte über *pedes* im Eisen∼ (*s. d.* 13), die Termini *senior, missus, comites* in Iud Dei XII, das jedoch vielleicht erst nach 1066 in England Eingang fand **5c)** Schwerlich erst mit der Benediktiner-Reform, die viele kanonistische Quellen nach England brachte, sondern vór spätestens 940, wahrscheinlich vor Eadward I., kam die Liturgie hinüber, laut der früher entstandenen II As, Hs. Du (und viell. ∼, in welchem Stück [übs. I 540] die Prozedur bereits feststeht) **6)** Dies spricht gegen die Annahme, dass erst die Dänen das von den Franken übernommene ∼ England vermittelt hätten

6a) Vollends allein aus dem Norden kann das Institut sicher nicht stammen [so schrieb mir K. v. Maurer 1896]: in Norwegen und Island sind Eisentragen und Kesselfang später Import, und erst nach Poppas Wunder des Eisentragens um 965 *evenit, ut Dani, abrogata duellorum consuetudine, pleraque causarum iudicia eo experimenti genere constatura decernerent;* Saxo Gram. X **6b)** Ein so eng mit der Kirche verquickter Staat wie der Agsä. übernahm auch schwerlich eine an religiösen Glauben und priesterliche Mitwirkung geknüpfte Einrichtung von den Söhnen feindlicher Heiden **7)** Es gibt eine Anzahl Englischer Eigenheiten im ~, die für das ~ des Festlandes, wie es scheint, nicht belegt sind: A. Unterscheidung des drei- u. einfachen ~s; *s.* Eisen~ 8; Feuer~ 9; Kesselfang 9 b **B.** Das Untersinken $1^1/_2$ Ellen im Kaltwasser; *s. d.* 5 **C** Dreitägiges Fasten und Messehören des Prüflings [dagegen wird dieser erst im Augenblicke vor der Kesselprobe durchs Volk dem Priester zugeführt, nach Iud Dei XII 2, 1, festländ. Ursprungs] **D** Der Prüfling wird mit Weihwasser besprengt **E.** Der Umstand fastet und zählt gleich viele Männer jeder Partei; II As 23, 2. ~ 4 **8)** Die Arten des Agsä. ~s *s. o.* Z. 3ff. Dagegen erscheinen nicht bei Agsa. die ~ien vom rotierenden Brot, Psalter, rotierenden Kessel, das Bahrrecht, der Ring im Kesselfang, noch auch (obwohl in Liturgien mit abgeschrieben) die Tafel mit Verbrechensinschrift oder das Beschreiten des Glüheisens **9)** Das ~ ist verboten in Feierzeit; *s.* Gerichtsferien 2f. **10)** Das ~ ruht auf religiösem Glauben an Macht und Willen der Gottheit, ein Wunder zu tun, geht in der Kirche (*u.* 11) vor sich, unter Mitwirkung des Priesters (*u.* 12), unter bischöflicher Aufsicht, nach Weihung des Materials (*s.* Eisen~ 7), nach religiöser Vorbereitung des Prüflings, und des Umstands (*s.* Fasten 9), nach christlichem Eide und Messe, samt Abendmahl des Prüflings, unter liturgischen Beschwörungen, mit Zitat der Bibel und bes. der Stellen übers ~ in *Numeri* (*u.* 34f); Iud Dei XIV 8, 4; *u.* 11—15 **10a)** Die Kirche befasste sich amtlich mit dem ~ durch Synoden seit 753, durch Papstbriefe seit 9. Jh.; *vgl.* Kesselfang 2 **10b)** Das weltliche *Gesetz* ~ beruft sich auf Gebote Gottes und des ganzen Episkopats, setzt also die Harmonie mit dem Kirchenrecht voraus; ~ 1 **10c)** Die Liturgie nimmt Jesu Wort auf, der Glaube versetze Berge (Iud Dei XII 6—14), und beschwört Gott: *Tu facis mirabilia* XIV 5, sich berufend auf Seine früheren Wunder an ähnlichem Material oder Element (*s.* Feuer~ 3, Kaltwasser 6) oder in ähnlichem Falle, wie dem (fürs Verschlucken des geweihten Bissens notwendigen) Freimachen; XIV 3, 1 **10d)** Im Gegensatz zur Abendmahlsprobe (*o.* 1 c) des Priesters und zum blossen Eide, bei denen Falschheit später hin im Dies- und Jenseits sich rächen soll, verdammt Gott Schuldige sofort beim ~ des Feuers, Wassers und Bissens in diesem selbst; VIII Atr 24 = I Cn 5, 2c. *Vgl. u.* 17 **11)** **N** Das ~ findet statt oder beginnt wenigstens (*s.* Kaltwasser 3) in der Kirche; *o.* 3a; Feuer~ 2; Eisen~ 6. 9; Geweihter Bissen 6b; Kesselfang 7 **11a)** Die nicht in der Kirche befassten Örtlichkeiten fürs ~, besonders wohl die Teiche, *loca iudiciorum ferri aut aquæ*, gehören doch dem Bischof; In Cn III 59; *vgl.* I 615[a] **12)** Der Priester (*vgl.* Geistliche 31f, Feuer~ 4; *u.* 16b) nimmt starken Anteil am ~ (ECf 9, 3): Drei Tage vorher empfängt er den Prüfling, lässt ihn drei Tage in wollenem Büsserkleid barfuss fasten (*s. d.* 9), beten und Messe hören [sicher mahnt er schon jetzt (*u.* e) den ihm schuldig Scheinenden zum Geständnis]; untersucht, *ne maleficium* (*u.* 16a) *super se habeat;* II As 23. VIII Atr 24. Iud Dei I 1. IV 1 Co. X 1, 1–3. 17. XVI 1. *Vgl.* Zeumer (*o* 5a) 716. Vierzigtägig Fasten vorher kennt die Formel Zeumer 623. Bei anderen Germanen nimmt an diesem Fasten auch des Prüflings Sippe, wie hier (*o.* 7E; *u.* 14) der Umstand, teil; Wilda ~ 467 **12a)** Der Priester nimmt beiden Parteien den Eid ab, erteilt bei der ~messe (Iud Dei I—XVI) dem Prüfling das Abendmahl (*s. d.* 3), wobei jener opfert (Iud Dei I 1. 3, 2. 16. VII 15. X 14, 2. XVI 8, 2); **12b)** er lässt ihn Weihwasser trinken (Iud Dei I 19. II 5; auch in Indien [*vgl.* Geweihter Bissen 1. 3; *u.* 15a] trinkt der Prüfling Weihwasser; Oldenberg *Ältest. Strafr. Kulturvölker* 82), besprengt ihn damit (II 5), lässt ihn Evangeliar und Kreuz küssen; I 23 **12c)** Der Priester ist gedacht als Leser der ~liturgie und wird als solcher in zweiter Person angeredet in den Benediktionalien Iud Dei I 1. 1, 1. XIII 1. 1, 1. 13, 6. 14, 1. XIV 1, 2; 4 **12d)** Er weiht die ~-Elemente; II As 23 **12e)** Der Inhalt der Liturgie erbittet von Gott als ~-erfolg, dass der Prüfling, wenn schuldig, bekenne und büsse, auf dass seine Seele gerettet werde; Iud Dei II 3, 5. IV 4, 4. XII 17. XIV 6, 4 **12f)** Der Priester also 'leitet' das ~; wenn er es falsch anordnete, büsse er das [vor dem Bischof, als seinem geistlichen Richter]; Northu 39 **13)** Vielleicht also nur mittelbar zu verstehen ist es, wenn es heisst, das ~ sei vom Bischof angeordnet; Episc 5 **N 13a)** Vermutlich mit der strafferen geistlichen Organisation hängt es zusammen, wenn seit Normannenzeit beim ~ der amtliche Vertreter des bischöflichen Gerichts anwesend sein muss; Wl ep 4, 1. ECf 9; *u.* 28a **13b)** Zur Einsegnung des Eisens im Feuer~ erfordert den Bischof nach festländischem Muster Iud Dei IX; *vgl.* I 416[b] **14)** Neben dem Prüfling werden aber auch Umstand, Gerichtshelfer u. Gerichtsvogt (Iud Dei XIII 14, 1) auf die heilige Handlung kirchlich vorbereitet: sie müssen fasten (*s. d.* 9; *o.* 12); Iud Dei II 1, 1. XI 1[b]. XIII 14, 1[b*]. XIV 1, 1[b]. ~ 4 **14a)** Von beiden Seiten bilden gleich viele, höchstens je 12 den Umstand; je 2 prüfen die Siedehitze beim Kesselfang; *s.* Feuer~ 2 **14b)** Nachts vorher müssen sich diese Männer der Weiber enthalten haben; auch sie werden mit Weihwasser besprengt, trinken solches und küssen Evangeliar und Kreuz, sie beten während der Liturgie (~ 4; *vgl.* Brunner II 438). Sie sind also nicht etwa bloss unbeteiligte Zuschauer **15)** Dem ~ und Zweikampf (*s. d.*) vorher geht in kirchlicher Eidesform (*s. d.* 7) der Unschuldseid des Beschuldigten [Schmid 640b; Brunner II 437; Zeumer (*o.* 5a) 638; für Fränk. ~ leugnet die Notwendigkeit Patetta; wer aber in Normandie der Verletzung der Treuga Dei verdächtigt ward, ***prius sacramentum faciat calidumque ferrum portet;*** Synode Caen 1042]; II As 23. Iud Dei III 1, 2. X 21. IV Atr 7, 1 **15a)** Der Unschuldseid bedarf nur, weil unzureichend, der Bestärkung [so Indisch; *o.* 12b]; Hn 92, 13. Das ~ fällt unter den Begriff Eid; *s. d.* 1a **15b)** Wo I Atr 1, 2 als Zeichen der Unbescholtenheit erwähnt, dass jemandem kein Eid misslang, setzt 'noch ~' vielleicht als bloss stilistische Verdeutlichung hinzu II Cn 30, 1 **15c)** Das ist nie Strafe, stets nur Beweismittel (*probatio* Iud Dei I 1. 3, 2. 16. X 14, 2); Hn 9, 6. 45, **1a**. 49, 6 **15d)** Während der Agsä. Klageeid (*s. d.* 3c. 5a. 6. 7. 13a. c. 14) zu früherem Prozessstadium gehört, schwören beide Parteien (dies auch *Mirror of justices* III 23 p. 110) erst nach allen Beschwörungen unmittelbar vor Wassertauche laut Iud Dei X 21 (und Cons Cn II 22, 1b, I 619?) **16)** Wie schon der Eid, so ist noch mehr das ~ gebunden an feste Formen: wer diese Regeln bricht, an dem sei das ~ misslungen und er zahlt die Strafe des 'Ungehorsams', wie für misslungen ~ (*u.* 32): 120 Schill.; ~ 6 **16a)** In jeder ~liturgie wird etwaige Betrügerei des Prüflings, um durch pflanzliche oder zauberische Mittel der Gefahr des ~s zu entgehn, vorgesehen (*o.* 12) und durch Beschwörung unwirksam zu machen gesucht; Iud Dei I 15, 1. II 3, 6. 4, 2. III 2, 2. IV 4, 5. VIII 2, 2. IX 2, 2. X 1, 3. 19, 6. 20, 2. XII 19. XIII 12, 1. *Vgl.* Grimm *DRA* 936; Patetta (*o* 5a) 410 **16b)** Dass der Priester (*o.* 12) beim ~ neben unbewussten Fehlern (Northu 39; Trug versteht Patetta) auch Trug üben konnte, bezeugt das Verbot *Can.* Eadgari 62 und, falls *searwa þ[æt]* zu lesen ist, Northu 40 **17)** Das Gelingen ward nicht allein der Unschuld des Prüflings, sondern auch der göttlichen Barmherzigkeit verdankt; Iud Dei III 3, 1. ECf 19, 1. *Vgl. o.* 10c. d **17a)** Das ~ erscheint gefährlicher als der Eidesbeweis; Duns 2, 1 **17b)** Weshalb mancher Prüfling das ~ vermied, indem er floh und sich selbst damit besitz- und friedlos und seinen Bürgen für Ersatz und Strafgeld haftbar machte; I Atr 1, 7 = II Cn 30, 6. III Atr 6, 2 **17c)** Doch gelang tatsächlich das ~ manchmal, sogar das Eisen- (*s. d.* 10 B. F) und Feuer~; *s. d.* 6. — Die in Glastonbury gebetet hatten, bestanden es alle, ausser éinem, glücklich, so erzählte man um 1120; Will. Malmesbur. *Antiq. Glaston.* bei Migne *Patrol.* 179, 1692 **17d)** Und der Formgefahr zog mancher das ~ vor; *s.* Missesprechen 3 **18)** Bei den Agsa. leistet das ~ Beklagter. Im Frankenreiche leisten auch Kläger ~, **18a)** so wer Priester der Unzucht anklagt (Hincmars Synode a. 852); so in der Normandie; Brunner *Schwurger.* 182. **N** In England leistet ~ die auf Notzucht Klagende, wenn Verklagter nicht lieber damit seine Unschuld erweisen will (Glanvilla XIV 6, 2; *vgl.* Beweisnähe 12); so trägt das Eisen 1202 der Kläger; *s.* Eisen~ 4a **18b)** Nur scheinbare Ausnahme macht es, wenn für einen als Dieb Hingerichteten jemand Wergeld durch ~ einklagt: dies schliesst in sich, dass er ihn als rein verteidigen muss; das ~ dient also auch hier einer Reinigung, die nur des Toten Verwandter vertretend vollzieht; III Atr 7. Misslingen dieses ~s aber kostet nur Geld; *u.* 32d **18c) N** Auch die Behauptung, dem Ermordeten verwandt zu sein, beweist Kläger durch ~; *s.* Mord 11; *vgl. u.* 25a **18d)** Der Kläger wählt bisweilen, ob Verklagter das ~ in Eisen oder Wasser bestehn soll; III Atr 6. Blas 2. Es wird ihm erbracht, und nur wenn er den Termin versäumt, dem Richter; III Atr 4, 2; *vgl.* Beweis 6; *u.* 30 **19)** Auch Unfreie können ~ leisten; *vgl. u.* 32e. f; Kesselfang 4b. Eisen~ 12b **19a)** Unrichtig aber meint, nur Unfreie unterzogen sich dem ~, der c 1290 verfasste *Mirror o.* 15d. Tatsächlich werden die Verbrecher, bes. die gegen Eigentum und die der Eideshilfe Ermangelnden (*u.* 22), sich mehr in unteren Ständen gefunden haben, so dass meist diese dem ~ verfielen **19b)** Kaltwasser~ (*s. d.* 10) ward im 12. Jh. vorwiegend Bauern, Eisen~ Freien zuerkannt **20)** Auch Frauen unterzogen sich dem Kaltwasser- und Eisen~; *s. d.* 13b; Iud Dei I 5*. II 3, 5** **20a) N** Eine Frau, von der Sippe des Ermordeten der Beihilfe am Mord oder Verrat ihres Ehemannes angeklagt, reinigt sich durch ~; ECf 19 **21)** Mehrere gemeinschaftlicher (*s. d.* 5) Missetat Verdächtige werden auf einmal erprobt; daher steht bei der Anrede in der Liturgie Plural alternativ neben Singular; Iud Dei I ff. **22)** ~ wird erfordert von Beklagten, die bescholten (*s. d.* 5a), meineidig (*s. d.* 11b), unglaubwürdig (II Cn 22, 1 = Hn 64, 9a), nicht eidesfähig (*s. d.* 2. 4a), sippelos oder fremd (*s. d.* 10d. 11; Anefang 25c) sind oder den Auswahleid mit ernannten Helfern nicht erbringen können; Leis Wl 14, 2. Ähnlich bei and. Germ.: Wilda '~' 472; Brunner II 374. 597 **22a)** Wie zwischen den verschiedenen Stämmen bei Dunsæte (*s. d.* 10) ~ statt Eides beweist, **N** so ordnen der Graf von Gloucester u. der Bischof von Llandaff als Beweis zwischen ihren Untertanenschaften Wasser- od. Eisen~ und Zweikampf an; *Liber Landav.* ed. Rees 27 **22b)** Auch Wilhelm I. verstärkt den Beweis (*s. d.* 11a) durch ~ im Prozess zwischen Engländern und Normannen **23)** Klagen, von denen nur ~ reinigt, sind angegeben unter Feuer~ 9; Eisen~ 10; Kaltwasser 8 **23a)** Dazu kommen: Herrenverrat (VI Atr 37 = II Cn 57), Verwandtenmord (aus Fränk. Recht Hn 89, 1a), Mord mit Gift (Iud Dei I. III), Beihilfe zum Mord (ECf 19), Murdrum (16, 2. Wl art 6), Totschlag (*s.* Geweihter Bissen 2; Wl lad. Iud Dei III Hn 80, 7b), Notzucht (*o.* 18a), Ehebruch (II Cn 53, 1 In. Iud Dei III. XII), Kirchenraub (II As 5), Münzfälschung (III Atr 8. IV 5, 2. 7, 1), Zollhinterziehung (3, 3), Raub (Wl art 6), Diebstahl (Wl lad. Iud Dei III. IV. XII. XIV), Besitz des als Ureigen fälschlich behaupteten Diebstahls (Duns 8, 3), Brandstiftung und Blutrache für gerecht Erschlagene (II As 6, 1), Meineid (Wl lad 1), friedlos machende ungenannte Verbrechen; Iud Dei IX. XII. XIV **23b)** Auch von Mitwissen (*s. d.* 10) und Beihilfe (*s. d.* 2a) zum Verbrechen reinigt ~; VIII Atr 23 = I Cn 5, 2b **24)** Zumeist widerlegt das ~ nur éine ganz bestimmte, jetzt zu untersuchende Anklage, und soll nicht etwa den Prüfling wegen dessen allgemeiner, früherer Schlechtigkeit vernichten, *non de præteritis (pristinis) reatibus, sed huius culpæ veritatem (in hoc veritatis iudicium)* entscheiden; Iud Dei I 14, 1. 15; *immunes ab hoc crimine;* IV 5. V 2, 4 **N 25)** Das ~ dient auch im Zivilprozess als Beweismittel: Im Domesday erbieten sich Viele zum Eisen~, um Prozesse um Grundbesitz zu entscheiden; so im Anglonorm. Zivilprozess; Pollock *Select essays Anglo-Amer.* I 94 **25a)** Auch Verwandtschaft wird durch Eisen~

(*s. d.* 4b) bewiesen; *o.* 18c. Eine Frau erweist Robert den II. Kurzhose von der Normandie durch ~ als den Vater ihrer Knaben; Ordric Vital X; ähnliches bei Lea *Superstition* 205 **25b)** Die *Englishry* (*s. d.* 1) des Erschlagenen erweist durchs ~ nicht etwa der des Mordes Verdächtige, sondern ein von dem (sonst Murdrum [*s. d.* 6c] schuldigen) Bezirk Beauftragter; Hn 75, 6b **26)** Wie den Zweikampf ein Kämpe ausfechten konnte, so ward auch beim ~ ein Ersatzmann bisweilen erlaubt; so beim Kaltwasser (*vgl.* Pollock [*o.* 25] I 93[2]); Iud Dei XIII 12. 13, 7; beim Eisen~ (*s. d.* 3a); *vicarius* Zeumer (*o.* 5a) 601[8]. 629. 638. 653. 692; Grimm *DRA* 910. 924. Einen Vertreter im ~ meint vielleicht auch Wl art 6, 1; seine Quelle und sein Französ. Übs. aber gestatten solchen nur beim Zweikampf: Wl lad 2, 1. Wl art Fz 6, 1. Im Ggs. zur Vertretung fordert, dass *se man sylf* sich reinige, Blas 1 **27)** Das ~ ist abkäuflich; *s.* Kesselfang 4a **27a)** Aus dem verschiedenen Rechtssystem der Denalagu: Dreifaches ~ wird abgekauft durch vierfache Zahlung des Eingeklagten, einfaches durch dreifache, wovon die einfache (der Ersatz) dem Kläger und der Rest dem Gerichtsherrn zukommt; III Atr 3, 4. 4. Von letzterem kauft der Angeklagte seine ~pflicht ab durch Doppelzahlung; 4, 2 **27b)** Wenn jemand statt des ~s [worauf das Gericht als Reinigungsbeweis erkannt hat] sich vergleicht, so kann er nur übers Ersatzgeld sich [mit dem Kläger] gütlich einigen; das Strafgeld dagegen kann nur der Gerichtsherr ermässigen; II As 21 **28)** Jedes ~ sei in Königs *burg* unter Königsvogt; III Atr 6, 1. 7, für Denalagu. Gemeint ist wahrscheinlich jede öffentl. Gerichtsstätte (nicht bloss die Grafschaftsstadt), im Ggs. zu privater Gerichtsbarkeit; *s. d.* 12b. 20d. 40. **N** Aber auch letztere verfügte über ~ im 11./12. Jh.; *u.* 28b. [Der Südital. Normannenkönig behielt ~ der Krone vor; Niese *Gesetzg. Norm. Sic.* 105] **28a)** Neben dem bischöflichen Vertreter (*o.* 13a) *assit ad iudicium* (~) *iusticia regis cum legalibus hominibus provinciæ* (der Grafschaft). Dies gilt von den durch Königsrichter Abgeurteilten; ECf 9. **28b)** Der Baron mit Befugnis zur Abhaltung von ~ darf eigene Gerichtsuntertanen zwar allein aburteilen, fremde aber, die in seinem Bezirk ertappt sind, nur unter Anwesenheit des Königsrichters dem ~ unterwerfen; 9, 1f. **28c)** Barone ohne Befugnis zum ~ müssen solches in ihrem Hundred an nächster Kirche mit königlichem ~apparat abhalten lassen, ohne jedoch ihren Justizertrag zu verlieren; 9, 3 **29)** Wie jeder Prozessakt, so wird auch ~ pfandlich versprochen; III Atr 7; es bedurfte Vorbereitung; *o.* 12 **29a)** Statt des Pfandes dient die persönliche Haft des Prüflings im Kerker; II Cn 35 = Hn 65, 5 **30)** Der zum ~ Verurteilte, der den Termin vermied [ohne, wie *o.* 17b, zu fliehn], zahlt dem Kläger den Sachwert und dem Gerichtsherrn 20 Ör und schreite nachher zum ~; versäumte Kläger den Termin, so zahlt auch dieser 20 Ör und verliert Anspruch (*o.* 18d); III Atr 4, 1f., für Denalagu **31) N** Gelang das ~ (*o.* 17c), so ist Verdächtigter frei; ECf 9a; später *s.* jedoch I 633[4] **32)** Misslang das ~, so trifft den Überführten Todesstrafe (IV As 6. III Atr 8. Blas 3), bes. den Rückfälligen (III Atr 4, 1), oder Verstümmelung an Händen oder Füßen, oder beiden für Rückfall (II Cn 30, 4) oder bei erstmaliger Verurteilung Handabhauen (II As 5) oder nur Wergeldzahlung neben Zwiebusse an den Kläger (VI As 1, 4. 9. I Atr 1, 5f.), ja sogar nur 120 Tage Gefängnis, 120 Schill. Strafgeld (neben Wergeld des Umgebrachten für dessen Sippe); II As 6, 1f. 7 **32a)** Sein künftiges Wohlverhalten muss die Sippe verbürgen oder ihn in den Kerker zurückliefern; VI 9 **32b)** Dass ein im ~ früher Sachfälliger später noch einmal dazu kam, eines zu leisten, erhellt aus Kesselfang 4b; I Atr 1, 1f. (= II Cn 22). III 4, 1. II Cn 30, 4 **32c)** Wem ~ misslang, der war bescholten; *s. d.* 1a **32d)** Wollte er aber damit nur einen Hingerichteten reinigen, so zahlt er 8 £; *o.* 18b **32e)** Der im ~ überführte Sklav wird dreimal gegeisselt, und sein Herr muss Zwiebusse [dem Kläger] zahlen; II As 19 **32f)** Jener wird gebrandmarkt und im Rückfall getötet; I Atr 2. 2, 1 = II Cn 32 **33)** Einfachem ~ entspricht 1 £-Eid; *s.* Eideshelfer 12a. 29a–31 **33a)** Dreifachem Eide entspricht dreifach ~; *s.* Beweis 8f. g **33b)** Dreifacher schlichter Reinigungseid oder einfacher Staboid gilt dem ~ gleich; Hn 18 **33c)** Dreifaches ~ *s.* Feuer~ 8, Eisen~ 8, Kesselfang 9b. 10 **33d)** Es heisst wohl 'voll'; *s.* Münzfälschung 6 **N 34)** Wilhelm I. ordnet als Beweis (*s. d.* 11a) im Prozess zwischen Normannen und Engländern das ~ nur für letztere an; ersteren erspart es auch Hn 18. Allein es ward in der Normandie (*s.* Eisen~ 10B) geübt, reinigte Anglonormannen (*ebd.* 3a), u. a. die Münzer vielfach Gallischer Herkunft; Hn mon 2, 2 **34a)** Das Eisen~ (*s. d.* 12) neben Kaltwasser war seitdem das gebräuchliebste; In Cn II 22. 32. 35 (= Ps Cn for 13). III 58. ECf 9. 16, 2. Doch kennt auch anderes ~ Hn 62, 1. I Cn 17 Cons **34b)** Wilhelm II. wird als *Dei iudicio incredulus* von Eadmer *Nov.* II. (p. 102 ed. Rule) gescholten. Er fluchte: *meo iudicio amodo respondebitur, non Dei, quod pro voto cuiusque hinc inde plicatur* **34c)** Das ~ blieb im 12. Jh. in Übung im Engl. Königsgericht, wie in Städten; hier verschwand es um 1219; Bateson I 36; Gross *Trials in med. boroughs* in *Harvard law rev.* XV (1903) 692 **34d)** Nur auf Fälle, wo anderer Beweis unmöglich, beschränkt das ~ Ps Cn for 11, 2; *vgl.* I 622[q]; Forst 18 **34e)** Abschaffung des ~s *s.* I 427[b]. 622[p]; Antiquität 491* **34f)** Noch nach der Mitte 13. Jhs. schrieb Roger Baco: *in multis regionibus adhuc quedam orationes fiunt super ferrum candens, aquam fluminis, alia, in quibus innocentes probantur;* ed. *Mon. Germ., SS.* 28, 583 = *Opp. ined.* ed. Brewer 526. Er rechtfertigt das ~ mit Berufung auf *Num.* 5, 17 (*o.* 10).

Orden *s.* Kloster, Mönch, Nonne

Ort *s.* Dorf, Stadt, Herrschaftsgut, Königsdomäne

N Orkney-Inseln rechnet zu England Lond ECf 33**; *vgl.* I 660[e]

Ortsfrieden *s.* Schutz, Königsfrieden, -schutz, Asyl

Oslac *s.* Northumbrien 1a. [Bessere *o.* 168 den Schreibfehler *Ostanglien*]

Ostanglien *s.* Wb *Eastengle, eastinne; Orientales Angli* 1) König von ~ *s.* Guthrum; Ealdorman *s.* Wb *Æðelwine* 2) Es umfasst unter Guthrum (*s. d.*) neben Norfolk und Suffolk (*s. d.*) auch Essex und südöstl. Mercien;

AGu 1 3) Hauptsächlich, aber wahrscheinlich nicht allein, Dänen (die sonst eher *here* heissen würden) sind mit dem 'Volke' gemeint, die neben König Guthrum den Vertrag mit Ælfred und seinen 'Witan' schliessen; AGu Pro. Es drückt sich hierin eine Spur grösserer Erhaltung der Gemeinfreiheit (*s. d.* 5) aus gegenüber dem mehr aristokratischen Wessex **3a)** Nur die Westsächs. Ausfertigung des Vertrages AGu liegt vor; es gab aber gewiss auch eine für ~ **3b)** Zwar war ~ seit 880 von Dänen besiedelt, aber AGu ist erst später entstanden **4)** Der Inhalt betrifft **A.** die Grenze von ~ gegen Wessex; **B.** Auswanderungsverbot und Handelsverkehr zwischen ~ und Wessex (*vgl.* Dunsæte 14); **C.** Die Einordnung der Dänen ins Englische Ständeverhältnis, das sich im Wergeld ausdrückt; **D.** das Beweisrecht, letzteres beides fürs innere ~, wahrscheinlich zum Schutze der in ~ eingeborenen Angeln **5)** Wohl bei der Unterwerfung von ~ durch Eadward I (*s. d.* 2. 4), 921, entstand die uns verlorene Urform von EGu; dessen jetzige Gestalt ist jünger, doch (vor 938, wenn von As, und) sicher vor 1008, da von Atr benutzt **5a)** Es gab einen Vertrag Eadwards I. mit ~, der uns verloren ist. Darin strafte ein Artikel die Begünstigung Friedloser anders als der Gesetzgeber für Westsachsen; II Ew 5, 2 **5b)** Witan nach Eadward I. vermehrten jenen (921 zwischen ihm und ~ geschlossenen) Vertrag mit guten Rechtszusätzen; EGu Pro **5c)** ~ stand unter einem den König vertretenden Jarl (Skule?); 12 **5d)** EGu behandelt wesentlich Kirchenstaatsrecht, bes. Kirchenfrieden und -einkünfte, Schutz für Klerus und Fremde, Strafen für geistliche Missetäter und halb kirchliche Vergehen der Laien **6)** Heergewäte (*s. d.* 9c) des mittleren Thegn betrug in ~ wie in Mercien 2 £, abweichend von Wessex und Denalagu **7)** Strafgeldmaximum für Norfolk, Suffolk, Cambridgeshire war [im 11. Jh.] nur 84 £ [angeblich] ebenso wie in Wessex, im Ggs. zur übrigen nördlichen Denalagu; ECf 33

Ostern *s.* Wb *easter, -tron* **1)** Man soll vor ~ fasten (*s. d.* 7 ff.), aber nicht ~ bis Pfingsten **2)** Zu ~ Abendmahl (*s. d.* 1) und Gerichtsferien; *s. d.* 3 **2a)** **N** Treuga Dei dauert bis Oktave nach ~ [diese kann fallen 29. März — 2. Mai]; ECf 2 **3)** Vorabend vor ~: Zahlungstermin für Lichtschoss (*s. d.* 2b), **3a)** vierzehn Tage nach ~ für Pflugalmosen II Eg 2, 3 = V Atr 11, 1 = VI 16 = VIII 12 = I Cn 8, 1; *Homil. n.* Wulfstan 116 (208. 311). *Can.* Eadgari 54 **3b)** Dienstag nach ~ spendet Æthelstan Kleidung zur Armenpflege; *s. d.* 4 **4)** Die Woche vor und nach ~ ist arbeitsfrei für freigeborene Landarbeiter; Af 43 [Auch zu Hisseburn ist ~ dienstfrei für die *ceorlas;* Urk. Birch 594] **4a)** Zu ~ erhalten die Leibeigenen vom Herrschaftsgut einen Schmaus, in einigen Gegenden alle Untertanen; Rect 9, 1. 21, 4 **5)** Die Woche zu ~ steht unter höchstem Schutz des Handfriedens; *s. d.* 7a B **5a)** Wer zu ~ stiehlt, büsse doppelt [dem Richter und dem Bestohlenen?]; Af 5, 5 **6)** Zu ~ hält Eadmund Witenagemot zu London; dort ergeht I Em Pro **7)** Bald nach ~ muss die Seewehr hergerichtet sein; V Atr 27 = VI 33. (Im Winter wagte kein Wiking zu segeln) **8)** 12 Tage nach ~ wird das Jungschaf von der Mutter getrennt; Ine 55 **8a)** Zu ~ zahlt der Gebur seinem Grundherrn, dem Herrschaftsgut, ein Jungschaf; Rect 4, 1 **9)** Vom 2. Febr. bis ~ front ihm der Gebur wöchentlich 3 Tage und wechselt mit den anderen in der Viehwache bei des Herrn Hürde von Martini bis ~; Rect 4a; 1a **10)** Zu Weihnachten und ~ zahlen Deutsche (*s. d.* 2d) in London Zoll

Ostsee *s.* Baltisch

Ouse begrenzt nach Westen Guthrums Ostanglien von Bedford bis Watling Street (Stony Stratford); AGu 1

overseunesse *s.* Ungehorsam, Schutz

N Ovid wird benutzt und gerühmt wegen *sobria siccitas* [!] Quadr Ded 36. II Præf 4

Oxford. Dort wird zwischen Dänen und Engländern Friede und Eadgars Verfassung beschworen; Cn 1020, 13; Ann. Agsax. a. 1018. Diesen Vertrag verbindet mit dem Reichstag zu Winchester I Cn Insc Hs D; aber dieser bestätigte höchstens jenen Frieden

P.

Pacht *s.* Wb *firma(rius)*. *Vgl.* Miete; Bauer, Herrschaftsgut, Abgabe **1)** Bäuerliche Zeit~ kommt in *Gesetzen* noch nicht vor [auch in Deutschland erst später; Fleischmann *Altgerman. Agrarverh.* 3] **1a)** Unrichtig gilt es Lodge *Essays* 105 als ~, wenn ein Domkloster ein Landgut auf 3 Jahr ausleiht als Entgelt [und Sicherheit?] nicht für einen künftigen Pachtzins, sondern für ein vorheriges Darlehn von 3 £; Kemble 924 **2)** Bereits unter Ine sucht der Grundherr die Geldabgabe zu Fron zu steigern; *s.* Bauer 5a **2a)** Land verliehen zur ~ in Form von *læn: s. d.* 4c **N 3)** Der Erbe des bäuerlichen Pächters zahlt ~ eines Jahres dem Grundherrn als *relevium; s.* Heergewäte 12c. Er wird vom Besthaupt (*s. d.*) entrichtenden Villan des Gutes ausdrücklich geschieden, vermutlich als freizügig, vielleicht auch fronfrei. Laut jener Zahlung war er, mindestens tatsächlich zumeist, Erbpächter **4)** Die Verpachtung eines Herrschaftguts (*s. d.* 11c ff.) gegen festen Geldbetrag, ohne Feudalband, kennt das Domesdaybuch; sie heisst auch *census;* Round *Victoria Hist. Essex* I 365 **5)** Auch der König tut Domanialmanors in ~ aus; sie behalten, wenn dort Murdrum (*s. d.* 11d) vorfällt, dasselbe Vorrecht wie die von ihm selbst verwalteten; Hn 91, 3 **5a)** Wahrscheinlich Ansprüche aus dieser ~, neben der ~ von Einkünften aus staatlichen Hoheitsrechten, welche oft gestundet wurde, behält sich Heinrich I. 1100 vor, als er sonstige Schulden an den Fiskus erlässt; CHn cor 6 **6)** Die Abrechnung zwischen Herrn und Pächter geschieht durch Kerbhölzer; *s. d.* **7)** Bei der Wiederablieferung durch den Pächter an den Herrn lässt dieser, um Schädigung zu vermeiden, das Gut, sowohl Domäne wie Hintersassenland, im Viehbestande durch Befragung der Hirten prüfen und im sonstigen Inventar durch Erkundung bei anderen Hofbeamten, betreffend Scheunenvorrat, Quote der besäten Flur (*s.* Ackerbau 5), Weide und Wald, Erhöhung oder Abpressung des Grundzinses; Hn 56, 3 **8)** Nur auf Urteil oder Erlaubnis des Gerichts darf man, auch auf eigenem Grund und Boden, pfänden; 51, 3. Als Gepfändeter ist hier vorwiegend gemeint der Bauer, der die Abgabe oder ~zahlung versäumt hat. Englisches Recht fordert zur Pfändung in Selbsthilfe [die Londoner Stadtrecht noch im 12. Jh. erlaubt; Bateson I 290] Hofgerichtsurteil für den Grundherrn; I 573[1]; *vgl.* neun 5 **9)** Prozess über ein ohne Vassallität verpachtetes Manor zwischen Grundherrn und Vogt gehört vors öffentliche Gericht, dagegen wenn letzterer *firmam in feodo teneat et homagium inde fecerit*, vor die Gerichtsbarkeit (*s. d.* 35a) in diesem Manor oder die des Oberlehnsherrn **10)** Auch Kleriker übernahmen ~ von Laien; waren sie ausserdem verheiratet, und lebten auch sonst weltlich, so unterstanden sie [wohl doch nur vermögensrechtlich] weltlichem Gericht; Hn 57, 9. Doch nur nach Rat des Prälaten sollen sie, wenn verklagt, Prozessualpfand geben; 52, 2 **11)** Staatliche Einkünfte aus Hoheitsrechten, besonders Strafgelder, die dem Gerichtsherrn zukamen, verpachtete die Krone an ihre Lokal-Verwaltungsbeamten; 9, 11 (*s.* Grafschaft 18a. b), ausgenommen Kronprozess; *s. d.* 2b. Dagegen nicht verpachtet an den Vogt, sondern dem Fiskus zukommend erscheint das Strafgeld für Weigerung des Rechtsgangs, weil eine Gerichtskommission dessen Beitreibung durch den Vogt kontrolliert; II Ew 3. Vermutlich schon als Pächter, also für eigene Rechnung, und nicht bloss als des Königs bevollmächtigte Vertreter, können Vogt und Ealdorman (*s. d.* 20b. 22b) vom Strafgelde abhandeln lassen; Ine 50. 73 **N 11a)** *Firma burgi* ward vor 1086 schon für Colchester als Ganzes gezahlt, doch manche städtische Einkunftsquelle *non est ad firmam;* Round (*o.* 4) **I 419** **11b)** Heinrich I. verpachtet an London (*s. d.* 22f. 45c) Middlesex **12)** Um sich für das durch den Fiskus ihm abgeforderte Pauschale bezahlt zu machen, forderte der Staatsbeamte von seinen Bezirks-Eingesessenen missbräuchlich Beihilfe (*feormfultum, auxilium*). Dies verbietet 'ausser als freiwillige Gabe' II Cn 69, 1 = Hn 12, 3 **N 13)** Wilhelm II. tat vakante Kirchenstifter (d. h. deren Baronie-Temporalien) in ~ aus [wie Kronlehen und -Domänen]; Heinrich I. verspricht **1100**, dies zu unterlassen; *s.* Kirchenfreiheit 5. 6

Päderastie *s.* Wb *Sodomita* **1)** Agsä. Bussbücher diktieren Pönitenz dafür: 10 Jahr; Theodor I 2, 5; Gefängnis in Ketten für ~ des Mönches; Fränk. Ps.-Egb. *Exc.* 68 **1a)** Davor warnt Æthelwold die Benediktiner; *Regul. concordia* Birch 1168, III 425 **1b)** Im Strafrecht and. Germanen: *vgl.* Brunner II 672 **N 2)** Exkommunikation setzt auf ~ die Synode 1102; Quadr II 8, 1, I 545 **2a)** Sie herrscht um 1110 in Englischer Hofgesellschaft; Quadr Ded 11. 16 **2b)** Ausrottung droht für ~ (aus Augustin) Hn 5, 20

Pallium **1)** Obwohl Gregor I. a. 595 dekretiert: *pro pallio aliquid dare prohibeo,* blieb die 'freiwillige' Gabe fürs ~ ergiebige Einnahme für die Kurie und drückende Steuer für die Erzbischöfe; v. Hacke *~sverleihung* 135 **1a)** Erzbischöfe aus England und Dänemark mussten deshalb in Rom viel zahlen. Johann XIX. gewährt Cnut zu Rom, dass dies aufhöre; Cn 1027, 7 **2) N** Um Verleihung des ~s (*inthronizatio* sagt dafür Quadr) an Gerhard von York schreibt Heinrich I. an Paschal II 1102; Quadr II 6, I 544

Panzer *s.* Wb *byrne* **1)** Im Wergeld darf [wer kein genügend Silber oder Vieh besitzt] zahlen 1 Sklaven, 1 ~, 1 Schwert; Ine 54, 1 **2)** Heergewäte (*s. d.* 9c. 12a. b) und Lehnsmutung werden u. a. in ~n bezahlt **3)** ~, Helm und Schwert besitzt regelmässig kein Bauer, nur der Reichere; doch hebt nicht schon dieser Besitz, sondern erst Versteuerung von fünf (*s. d.* 3) Hufen zum Thegn; Norðleod 10

N Panzerlehn *s.* Lehnwesen 10b

Papst *s.* Wb *papa, apostolicus. Vgl.* Rom, Peterspfennig, Kardinal, Pallium, Pilgerfahrt **1)** Einzelne *s.* Wb *Eleuther,* Sixtus III., Gregor I., VII., Leo III., Eugen II., Benedict VIII., Johann XIX., Paschal II, Wb *Innocentius* III. **2)** Aus Kanonistik: Den ~ kann niemand richten; an ihn mag der von den Bischöfen einer Provinz verurteilte Bischof appellieren und Klage gegen unverbesserlichen Bischof sich richten; Hn 5, 11a; 23f. **3)** Wer einen Geistlichen oder Verwandten erschlug, Ehebruch oder Nonnenschändung beging, erbitte Pönitenz vom ~; aus Bussbuch 73, 6; 6a **3a)** Dem ~ reservierte kirchliches Strafrecht gewisse Fälle; das 10. Jh verhängte oft Romfahrt zur Pönitenz; Fournier *Recueils canon. du X. s., Ann. Univ. Grenoble* 1809, 360f.; Schmitz *Bussbücher* 155 **3b) N** Dass mit dem Peterspfennig (*s. d.* 5a) diese Pilgerpflicht dem ~ abgekauft worden sei, fabelten Engländer 12. Jhs. **3c)** Dem ~ empfiehlt Wulfsi von Sherborn einen verbannt pilgernden Verwandtenmörder; Stubbs *Mem. of Dunstan* 408f. **3d)** Wie weit ein Priester, der Totschlag oder sonst schweres Verbrechen beging, elend verbannt pilgern solle, bestimmt der ~; VIII Atr 26 = II Cn 41. Beginnt jener diese Pilgerfahrt nicht in 30 Tagen, so wird er friedlos. Zur Übersetzung *papa* fügt *suus* Q, den ~ also ausschaltend und wahrscheinlich den Diözesan meinend (eine im 11. Jh. abgeschaffte Bedeutung). Dies *suus* hat derselbe Verf. auch in Hn 66, 2 **3e)** 'Geistliche Busse erstrebe man vom Beichtvater oder Diözesan oder Erzbischof oder bei grosser Not vom ~; weiterhin können wir nur auf den Höchsten, Gott, verweisen'; *Homil. n.* Wulfstan 275 **3f)** Der ~ allein absolviert von höchsten Verbrechen, und erhält sogar Strafgeld, auch bei den Friesen; His 35. 149. 169. 178 **4)** Gebet für den ~ in York um 1025; *s.* Genossenschaft 3g **5)** Norwegen (*s. d.* 6a) sei vom ~ England bestätigt **N 6)** Wilhelm I. beaufsichtigt die Anerkennung des ~es und dessen Dekrets; *s.* Kirchenstaatsrecht 25a ff. **7)** Erst Gregor VII. schreibt Wilhelm dem I., *Anglorum regnum sub apostolorum principis manu et tutela extitisse,* gestützt nur auf den Peterspfennig; *s. d.* 18. Wilhelm lehnt die Vassallität ab

Parentel *s.* Sippe

pares *s.* Standesgenossen

Park *s.* Forst 10a

[Klage **Partei** im Prozess *s.* Rechtsgang,

Partikularrecht. *Vgl.* Kent, Engländerrecht, Mercierrecht, Denalagu, Ostanglien 3, Northumbrien 1ff., Dunsæte, Briten 2a, London 13ff. 24ff. 39ff. 54ff., Genossenschaft 12

1. Verhältnis von Kent, Mercien zu Wessex. 2. Af-Ine, II As nur für Wessex. 3. Ausgesprochenes ~. 4. Unter Eadward I., 5. Eadgar. 6. Nord und West. 7. Mass, Beweisrecht vereinheitlicht. 8. ~ unter Cnut. 8a. Dreiteilung Englands. 8b. Zweiteilung. 8c. Kent, Denalagu, Südengland. 9. Königsbann. 10. Mercisches ~. 11. ~ in Hn. 12. ~ von Wessex. 13. ~ historisch erklärt. 14. ~ der Stadt.

1) Die *Gesetze* der Kenter Könige gelten nur für Kent (*s. d.*), die Offas nur für Mercien. Dennoch benutzte Ælfred sowohl Abt wie Offa; Af El 49, 9 **1a)** Schon vorher stimmt Wi 28 wörtlich mit Ine 20, haben also Kent und Wessex von einander oder von éiner Quelle — vielleicht einer Synode Canterburys — entlehnt. [*Vgl.* bei anderen Germanen: Lex Salica benutzt Gesetze des Westgoten Eurich; Brunner *Grundzüge*[4] 38] **1b)** Mercien nahm 742 Kents Klosterrecht an **2)** Ine und Ælfred geben *Gesetze* nur je für ihr Gebiet, Wessex, letzterer einschliesslich des südwestl. Mercien **2a)** Dass II As nur für Wessex mit Kent berechnet war, wird wahrscheinlich daraus dass die 14, 2 genannten Münzstätten nur in dem alten Gebiete der Dynastie liegen **3)** Nur als ~ geben sich die Stücke Duns, Northu, Norðleod, Nor grið, Mirce, AGu. EGu. III, VI As. I, III Atr. Wl Lond. IIn Lond. Lib Lond. Dagegen nur die Adresse, nicht der Inhalt ist partikular in Wl ep. und den Urkk. Hn **3a)** Teils nur London, teils auch andere Städte und des ganzen Reichs Zustände bei 'Dänen und Engländern' betrifft IV Atr (8f.) **3b)** Dass die hofrechtlichen Gewohnheiten nach den Gegenden wechseln, und Verf. nur die seines Wirkungskreises bringt, sagt Rect 2b. 21—21, 2. 21, 4. Ger 1 **4)** In II Ew 5, 2 werden Strafgelder für Begünstigung Friedloser geschieden in 'hiesige', zweitens für *eastinne* und drittens *norðinne*, d. i. Ostanglien und Northumbrien. Jene richtet sich nach dem Gesetzbuch, d. i. Af-Ine, diese beiden nach uns verlorenen Staatsverträgen der Westsachsen mit den Anglo-Skandinaven **5)** Jeder Völkerschaft belässt Eadgar ihr ~, er nimmt als einheitlich aus die Kronrechte, Kirchensteuern, Zeugnis bei Fahrhabe-Erwerb und Polizei-Bürgschaft; IV Eg 2. 2a. 1, 6. 3—11. 14, 2 **5a)** Auch im Königstitel (*s. d.* 4b) drückt sich die Selbständigkeit mehrerer Provinzen und Stämme, einstiger Teilstaaten, aus **6)** Totschlag am Tage der Tat jemandem aufgebürdet, galt 'im Norden' als erwiesen; V Atr 32, 4 D [Kundmachung des Totschlags binnen 3 Tagen macht Herbergung des Täters strafbar; Heusler *Strafr. Isld.* 109] **6a)** Im 'Westen' herrschte betrügerischer Anefang-Prozess, der die Besitzer schädigte; 32, 1 D **7)** Ende 10. Jhs. werden vereinheitlicht Mass, Gewicht, Münze; *s. d.* **7a)** Offenbar im Ggs. zu bisheriger Verschiedenheit des Prozesses in den verschiedenen Gerichtsstätten, gebietet: éin Recht gelte beim Reinigungsbeweise unter den Gerichtsstätten II Cn 34. [*Vgl.* des Agobard von Lyon Mahnung an Ludwig d. Fr., Fränk. Recht zum Reichsrecht zu erheben; Brunner *Rechtseinheit* 12] **7b) N** Praktisch aber drang das noch lange nicht durch: *Lex deducatur per burgi legem* (Reinigungsbeweis, zunächst Eid mit Helfern, werde erbracht nach ~ des Gerichtsorts); Hn 46, 1a. 64, 1ff. Die Richter entscheiden nach *lex provinciæ*; 9, 9 **8)** Cnut teilt Englands Recht in 2, 3, 4 Teile (éin Interpolator fügt als fünftes ~ hinzu das Kents; *s. d.*). Es besteht ~ betreffend Heergewäte (*s. d.* 9c), Kronprozess (*s. d.* 8b), Heimsuchung (*s. d.* 7ff.), Versäumnis der *Trinoda* (*s. d.*) *necessitas;* II 15, 1—3. 62. 65. 71, 2f. Die Zweiteilung in Engländerrecht (*s. d.*) und Denalagu herrscht vor; auch wo Cnut Mercien gesondert nennt, gleicht dessen Recht dem von Wessex; II 12—15 **8a)** Die Dreiteilung Englands in Wessex, Myrcna- und Denalagu [seit 10. Jh.] erscheint zuerst in II Cn 12—15, in Leis Wl 2. 2, 2. 3—3, 4 (*vgl.* König, Friede) und systematisiert in Hn 6, 2f. 9, 9f. = Lond ECf 32 B13. *Vgl.* den Agsä. Traktat I 552[f] **8b)** In ECf ist nur noch die Zweiteilung (*o.* 8) übrig, so betr. Mindestrente, die zum Peterspfennig (*s. d.* 14b) verpflichtet; ECf 10. Und diesem Verfasser um 1130 erschien das ~ doch so wenig praktisch wichtig für 1070, dass er éin Rechtsweistum für ganz England erfinden konnte; Pro 1; *vgl.* I 627[h] **8c)** Bereits z. T. aus literarischen Quellen schöpft Grið 6. 9. 13 ~ Kents (*s. d.* 8), zweitens der Südengländer, drittens der Nordengländer. Hier erscheinen Wessex und Mercien bereits so eng zu Englands Gemeinrecht verschmolzen, von dem Denalagu und Kent nur Ausnahmen bilden, dass Af-Ine 'Südengländer-' und 'Engländer-Recht' heisst; 9. 11 **N 9)** Über den drei Volksrechten steht die das Reich umfassende königliche Banngewalt; Hn 6, 2a **10)** Nach ~ weicht ab das vom Bürgen dem Richter geschuldete Strafgeld, wenn der Verbürgte Verbrecher ward und floh; *vgl.* Mercierrecht 11 **10a)** Nur wie der Mercische (*s. d.*) Schilling $^1/_6$ weniger als der von Wessex gilt, so variieren das Wergeld des Thegn und das Strafgeld für 'Ungehorsam' (*s. d.*), obwohl beide in gleichen Schillingsummen ausgedrückt sind; Leis Wl 2, 2a **11)** Hn stellt unter ~ das Beweisrecht; *o.* 7b **11a)** Bei Strafe und Busse für Totschlag entscheidet *loci consuetudo* (Hn 74, 1c), bei der Busse an den Ortsherrn für Totschlag im Bischofs- oder Grafenhaus; 80, 9 **11b)** Das Wergeld (*s. d.*) normiert sich nach ~; 69, 1. 70, 6; auch die Zahlungsraten des Wergelds variieren in Wessex von Kent; *s.* Schiedsgericht **12)** Besonders oft erwähnen Juristen 12. Jhs. das ~ von Wessex **12a)** Wessex ist *caput regni et legum* (70, 1); an dessen ~ *recurrendum est in omni dissidentia contingentium;* 87, 5 **12b)** Der *lex* der Westsachsen, *nostra consuetudo*, steht Kents Recht entgegen; 76, 7g **12c)** Nachdem dieser Verf. die Ungehorsamsbusse von 600 Pfg., die der König, von 300 Pfg., die Bischof oder Graf, und von 150, die Baron oder Thegn empfängt, ohne lokale Beschränkung angegeben hat (35, 1a), bringt er sie als ~ von Wessex 29, 3 = 53, 1. 87, 5 **12d)** Zur Kriminalklage in Wessex bedarf es Klageeid, und Angeklagter reinige sich mit 5 Eideshelfern (*s. d.* 13) aus seiner Zehnerschaft; 66, 8 **12e)** In Wessex reinigt sich jeder (ausser Thegn, Priester und völlig freiem Unbescholtenen) durch Stabeid von Kriminalklage; 64, 2 **12f)** Urteilfinder, Eideshelfer bestimmt Auswahleid (*s. d.* 16ff.) unter ~ **12g)** Im Anefang (*s. d.* 5b) bewahrt Wessex ~ betreffend den Zeitpunkt des Gewährzugs **13)** Ein Rechtsgelehrter des beginnenden 12. Jhs. verbindet richtig das ~ historisch mit Englands einstiger Kleinstaaterei. Es habe fortgedauert auch noch über die Zeit der wenigen grösseren Staaten und den Beginn des Einheitstaates, sei aber [falsch] aufgehoben worden durch I. II Cnut, so dass aus Agsä. Lokalrecht nur *plebeiæ consuetudines in hodiernum diem permanserunt;* Cons Cn Pro 3. 'Volksmässig' nennt er dieses Gewohnheitsrecht vermutlich im Ggs. zum Recht der zentralen *Curia regis*. Er datiert deren Rechtseinung um ein Jahrhundert zu früh **N 13a**) Die Reichsgesetzgebung erst der Normannenkönige nimmt keine Rücksicht auf das ~ der unterworfenen Rassen [wie in Süditalien; Niese *Gesetzg. Norm. Sic.* 198] **14**) Eine Fundgrube fürs ~ seit 11. Jh. sind M. Bateson's *Borough customs*. So hatte Nottingham einen *burgus Anglicus* (im Ggs. zu *Francus*), der gewisse Anglonormann. Rechtsreformen ausschloss; I 259 **14a**) *Vgl.* Notzucht 8

N Paschalis II. Briefe Heinrichs I., Gerhards von York u. a. an ihn über die Investitur und sein Verhalten gegenüber England 1101—5: Quadr II 4—9, I 544f.

Pate *s.* Taufverwandte

***Pater** noster* *s.* Vater unser

Patrimonialjustiz *s.* Gerichtsbarkeit

Patron *s.* Schutz, Gefolge; Kirchenherr; Heilige

Paulskirche *s.* London 26; Mass 6

Paulus. 1) Im Apostelbrief Af El 49, 3 2) Sein Grab zu Rom besucht Cnut; Cn 1027, 3 **3**) Er wird zitiert VI Atr 1, 2. 10, 1 L. Iud Dei I 1. 7. 22. V 2. XII 3, 2. 16, 6. 18, 3. XIII 2. XIV 3. Excom I 11. I 436†. V 1. VI 1, 4. VIII 14. XI 1. Hn 5, 15f. 72, 3b, als 'Erdenlehrer' Judex 10, 1 **4**) Peter-Paulstag *s.* Petersfest 1

Pax. Der von mir so gen. Satz [Königsfrieden (*s.d.* 4), ausgehend von Königs Residenz; *s.* Burgtor 1] wird übersetzt von Q I 542, benutzt von Hn 16

Pax Dei *s.* Gottes-, Kirchenfrieden; Treuga Dei

Pelz *s.* Tuch, Fell, Schaf

Pensionar *s.* Gastung 10

N Pershore. Abt Wido von ~ wird abgesetzt durch die Synode von 1102; Quadr II 8, 2, I 545

Personalexekution *s.* Pfändung 7ff.

Personalrecht. Verschiedenheit der Behandlung einer Partei nach der Rasse (nicht, wie im Partikularrecht [*s. d.*] nach der geograph. Lage des Gerichts) *s.* Angelsachsen 7. 24ff., Walliser, Dunsæte 13, Franko-Engländer 2ff., Englishry, Murdrum, Fremde, Juden, Unfreie; Beweis 11. Ein ~ der Agsa. unter einander findet sich in den *Gesetzen* nur im Wergeld

N Personen teilt ein nach *conditio*, Geschlecht, Beruf, Stand, Rechtsfähigkeit Hn 9, 8

Personenrecht *s.* Ehe, Familie, Sippe, Verwandtschaft, Frau, Eltern, Kind, Vormund; Bastard, Stand, frei, unfrei, Gefolge; Fremde

pertica *s.* Rute

Pest (*færcwealm*) von 962 gibt Anlass zur kirchenfrommen Gesetzgebung IV Eg Pro [I xxxvij

N Peterborough; Hs. dorther: Pe

Petersfest. 1) **A.** Peter und Paul (29. Juni) ist frei von Arbeit für freie Landarbeiter; Af 43 2) Termin für Peterspfennig *s. d.* 14d. 15a **3**) **B.** Kettenfeier, 1 Aug., ebenso **4**) C. Die Feier *Petri in Cathedra* kam später in England auf; erst Anglonormannen setzen, um hiermit Verwechslung zu vermeiden, zu **B**: *ad Vincula* I Cn 9 In

Peterskirche *s.* Rom, York, -pfennig 11

Peterspfennig.

1. Name. 2 Offa. 2d. Schola Anglorum. 3. Angeblich Ine führt sie und ~ ein. 4. Wirklichkeit der Schola. 5. Æthelwulf. 5a. ~ befreit angeblich von Pilgerfahrt. 6. Früheste Beträge. 7. Verbindung von ~ und Schola. 8. ~ von Ælfred bis Eadred. 9. Erscheinen in *Gesetzen* vor Eadgar. 10. Jährlich unter Cnut. 10b. Unter Eadward III. 10c. Wilhelm I. 11. Empfänger. 12. Spätere Summe 13. seit 12. Jh. 300 Mark. 14. Zahler. 14b. Von 30 Pfg. Rente ab. 15. Termin. 16. Sammler. 17. Säumnisstrafe. 18. Freiwilligkeit.

1) Er heisst *Romfeoh*, *Rom(ge)scot* [auch Ann. Agsax. 1095; Urk. *u.* 2b; Anselm. Cant. *Epist.* III 85. IV 29; Henr. Huntingd. VI; *u.* 10a; Rob. Torin. a. 1116; Rog. Wendover. *u.* 3. b], *Rompening* (*u.* 13b), *denarius* (*census*) *S. Petri*, *dener S. Piere; heorðpæning* (*vgl.* Herdpfennig 3. 7f.). Erst nach 11. Jh. heisst der ~ Almosengeld; *s. d.* Untechnisch ist *pensio* u. *res S. Petri* in Alexanders II. und Gregors VII. Briefen Jaffé-Löw. *Reg. pont.* 4757. 4850. 5883 **2**) Papst Leo III. schrieb 797 an Koenwulf von Mercien: *Offa rex B. Petro coram synodo* [786] *vovit per unumquemque annum mancusas* [*s.* Goldmünze 2] 365; *quod et fecit.* Koenwulf solle das Beispiel befolgen; ed. Dümmler *Mon. Germ.*, *Epist. Karol.*, II 188. Damit bezeichnet Leo den Offa als Stifter des königlichen Jahresgeschenks für seine Lebzeiten. Wahrscheinlich gewann Offa für diesen Preis, dass die Kurie seiner Mercischen Kirche Unabhängigkeit von Canterbury gewährte, indem sie Lichfield zum Erzbistum erhob; Stubbs *Constit. hist.* I 230 **2a**) Dieser Brief ist die Antwort auf Koenwulfs Schreiben, mit dem dieser 120 *mancusas* an Leo gesandt hatte; bei Will. Malmesbur. *Reg.* I 89, ed. Stubbs 89 **2b**) Dass der ~ unter Offa bestand, nimmt zu Westminster etwa Ende 11. Jhs. der Fälscher der Urk. von angeblich 959 an: *Relaxamus eos qui intra villam commorantur a collecta denariorum Romeschot, sicut relaxatum est a regibus Offa et Kenulfo et Eadgaro;* Birch 1050. *Vgl.* die Exemtion *u.* 2f **2c**) Dass *Offa dedit vicario B. Petri redditum de singulis domibus regni in æternum*, kombiniert Heinrich von Huntingdon (ed. Arnold 124) vielleicht nur aus *o.* 2 und dem späteren ~, *u.* 10a. 14. Und dass das Geschenk für die Ewigkeit gelten sollte, behauptet weder Leo, noch entspricht es Coenwulfs Brief **2d**) Anfang 13. Jhs. — oder vielleicht schon aus verlorener *Fundatio S. Albani* des 12. Jhs. — berichtete die Abtei St. Albans über ihren Stifter Offa, er habe Rom besucht [eine Fabel], *Scolam Anglorum ingressus, dedit ibi ad sustentationem gentis regni sui illuc venientis singulos argenteos de familiis singulis omnibus in posterum diebus singulis annis, quibus videlicet sors tantum contulit extra domibus in pascuis, ut* 30 *argenteorum pretium excederet;* Rog. Wendov., *Mon. Germ.*, *SS.* 28, 22. Keine andere Quelle braucht vorzuliegen für: *Romescot Offa preconcesserat* [vór Cnut 1027]; Math. Paris. *ebd.* 443 **2e**) *Schola, ut fertur* [!], *ab Offa primitus instituta* sagt Will. Malmesbur. *Reg.* II 109, ed. Stubbs 109. Darnach legt Higden die Stiftung der Schola Offa bei **2f**) Offa soll St. Albans vom ~ eximiert haben [*vgl. o.* 2b], laut einer Fälschung Mitte 13. Jhs.; Birch 849 **2g**) Ein anderer Mönch von St. Albans trug 2d und 3b. c zusammen ein in seinen Rad. Diceto, ed. Stubbs I 127* **3**) In Widerspruch mit 2 und sogar mit der St. Albans-Quelle 2d, die doch benutzt scheint, steht die Nachricht, Ine von Wessex habe 727 die Schola Anglorum begründet; *et statutum est per totum regnum Occidentalium Saxonum, ut singulis annis de singulis familiis denarius unus qui Anglice Romscot appellatur B. Petro et ecclesiæ Romanæ mitteretur;* Rog. Wendov. (o. 2d)

21 **3a)** Mittelbar hieraus schöpft wohl Liber de Hyda p. 25. Auf dieselbe Quelle — wohl 12. Jhs. — geht zurück die sich selbst nicht als sicher gebende Nachricht: *Yne . . dicitur* [!] *denarium ex singulis domibus regni sui B. Petro Romam unoquoque anno dedisse;* ed. Hinde *Symeo Dunelm.* 207. *Vgl.* dagegen *u.* 5 **3b)** Matheus Paris. fügte zu Wendover (*o.* 3) hinzu: *Hanc Scolam reparavit Offa;* und anderswo: *Offa contulit Romane Scole ad peregrinorum precipue Anglorum sustentacionem de novem sires* [8 Shires in Mercierrecht *s. d.* 1] *censum annuum quod vocatur Romscot; ebd.* p. 107 **3c)** Später erfand Matheus, dass *Offa Scolam Anglorum constituit; ebd.* 359. 434. *Que Scola* [a. 1213] *versa est in xenodochium S. Spiritus; ad quod exhibendum Offa denarium S. Petri concessit;* 434 **3d)** Æthelwulf heisst Erbauer einer Kirche S. Marien zu Rom, wo er *Englisce scole gesette*, in einer historisch schlecht unterrichteten Fälschung von angeblich 856—8, ohne Beziehung auf den ~; Birch 493 **4)** Alle jene Nachrichten über die Stiftung der *Schola Saxonum* durch Ine, Offa oder Æthelwulf, sowie deren Begründung auf den ~ sind falsch. Die *Schola* war eine militärische Genossenschaft (keine Schule) der am Vatikan wohnenden Inselsachsen innerhalb der Römischen Miliz im 8. 9. Jh. (Wohl zu ihr gehören die von Hincmar 864 erwähnten Engländer, die für den Papst gegen den Volksaufruhr auftreten.) Sie besass vor 817 eine bestimmte, ebenfalls *Schola* genannte, Wohnstätte, die dem Stadtteil den Namen *Vicus Saxonum* gab und, Englisch *burg* geheissen, jetzt in dem Strassennamen *Borgo* fortlebt. Innocenz III. stiftete auf dem Grundstück der Schola 1204 das Hospital *Santo Spirito;* Stevenson *Asser* 244 f.; Jensen *Denarius S. Petri* in *Transa. Histor. soc. NS.* XV (1901) 175. XIX (1905) 229; Jung *Itinerar des Sigeric* in *Mitteil. Östreich. Gesch.* 25 (1905) 18 **5)** Æthelwulf von Wessex in seinem Testament *Romæ omni anno* 300 *mancussas* [der Abschreiber Will. Malm. (*o.* 2e) II 113 fügt hier *auri* ein] *portari præcepit*, 100 *in honorem S. Petri ad emendum oleum* [zitiert in Urk. a. 895, Fälschung nach 1120, Birch 571], 100 *in honorem S. Pauli,* 100 *papæ;* Asser c. 16. Asser kennt die Schola, bringt sie aber mit diesem Vermächtnis in keine Beziehung. Æthelwulf erwähnt Ine, seinen Vorfahren, nicht, wie er sicher getan hätte, wenn dieser den ~ oder die Schola gestiftet hätte **5a)** Ein Bericht 12. Jhs., den Richard von Devizes aufnahm oder falsch datierte, fabelt, dass Æthelwulf *impetrasse a summo pontifice, ut Angli nunquam nudi vel ferro vincti vel extra Angliam cogantur penitere* [*vgl.* Papst 3b]; *et propter hanc libertatem denarius S. Petri fuisse fertur* [!] *institutus in Anglia;* Ann. Winton. ed. Luard 9 **5b)** Einige Jahrzehnte früher schon pries man Cnut als solchen Befreier: *par le dener de la meison, ke li Engleis dunent a Rome, ad feit, ke nul home de Engletere n'ert fer lié, ne nen isterat de son regne pur nul pecché, ke ja ferat: en son pais se purgerat;* Gaimar 4738—44 **6)** Die Summe Æthelwulfs (9000 Denar) weicht ab von Offas Geschenk (365 Mancus = 10950 Denar), wie von dem späteren ~, der 299 Mark jährlich (47840 Denar) betrug (*u.* 13a). Dennoch kann sie jenes fortgesetzt und diesen vorbereitet haben. In diesem Stück wie sonst wäre dann Wessex Merciens Politik gefolgt, obwohl keine Quelle sagt, dass Æthelwulf an Offas Gabe anknüpfen wollte, und sein Zweck und die Verteilung andere scheinen **7)** Jenes Vermächtnis wird um 1120 identifiziert mit dem ~: *Ethelwulfus tributum, quod Anglia hodieque pensitat Sancto Petro obtulit, . . Scholam Anglorum reparavit* [letzteres bezweifelt Stevenson *Asser*]; Will. Malm. *o.* 2e. Offenbar hält Wilhelm ~ und Schola noch ganz getrennt **7a)** Dem späteren Irrtume von einer ursprünglichen Verbindung zwischen Schola und ~ lag aber erstens schon Mitte 11. Jhs. die Tatsache zugrunde, dass, wie Alexander II. Wilhelm dem I. 1067—73 schreibt, vor 1066 von dem ~ *pars Romano pontifici, pars Schola[e] Anglorum* bezahlt ward; Jaffé-Löw. *Reg. pont.* 4757 **7b)** Zweitens aber hängt mit Ælfreds Almosen (*u.* 8) nach Stevenson 289 zusammen, dass *Marinus papa Scholam Saxonum pro amore Ælfredi ab omni tributo et telonio liberavit;* Asser 71. Diese Abgabenfreiheit soll Johann XIX (*s. d.* 2) erneuert haben **7c)** **N** Aus Engl. Freiheitsgefühl und Hass gegen Röm. Habgier will St. Albans den ~ möglichst als Gabe bloss für Engländer hinstellen, Mat. Paris. ed. Luard I 331. VI 519 **8)** Ælfred sandte Almosen, und zwar ein bestimmtes, versprochenes nach Rom; Ann. Agsax. a. 883. 887 f. 890. Da dieser Annalist es als *cyninges 7 Wesseaxna ælmessan* bezeichnet, muss es staatlich (öffentlich, gesetzlich) genehmigt gewesen sein. Auch ging *færeld to Rome* so regelmässig jährlich, dass er die Ausnahme, das Unterbleiben, 890 notiert. Man identifiziert es also wohl mit Recht mit dem ~ **8a)** 908 *archiepiscopus pro populo Romam eleemosynam duxit, Eadwardo quoque pro rege;* Ethelwerd p. 519. Diese Form 'für König und Volk' setzt offenbar eine bestehende nationale Gewohnheit, die also mindestens auf Ælfred hinaufzudatieren ist, fort **8b)** Für König Æthelstan fehlen zwar Berichte über den ~. Dass derselbe aber dennoch bisweilen, vielleicht nicht jährlich, nach Rom floss, beweist wohl der dortige Fund von 830 Agsä. Silberdenaren seit Ælfred, von denen 393 unter Æthelstan geschlagen sind, wenn er nämlich (wofür die Abwesenheit Röm. Münzen spricht) aus einstigem ~ herstammt (Jensen [*o.* 4] XV 191). In diesem Falle würde dies der einzige Beleg sein, dass auch unter Eadred ein ~ nach Rom ging: die späteste Münze ist von 947. Daneben fand sich eine Fibel mit Inschrift *Domno Marino papa* [II: 942—6]; Rossi *Notizie degli scavi* 1883 p. 434. 486 ff. 493 **9)** In den *Gesetzen* wird der ~ zuerst erwähnt EGu 4, 1. 6, 1 und I Em 2, aber nicht als neu eingeführt, sondern als bereits vorher bestehend. Allein EGu ist nicht ganz unter Eadward entstanden, und in I Em steht *Romfeoh* nur in éiner Hs., nicht in den 3 übrigen, ist also vielleicht interpoliert **9a)** Während noch I Em 2 — wenn echt — nur Kirchenbann dem Vorenthalter droht, setzt bereits EGu Geldstrafe an, vertritt also wohl eine spätere Entwicklungsstufe der Einrichtung **9b)** Erst

seit Eadgar kann sie sicher als vollendet gelten **9c)** Schon bei Thietmar von Merseburg heissen 1016 die Engländer *prius tributarii Petri;* ed. Kurze *SS. rer. Germ.* 215; *vgl.* Dänengeld 5a **10)** Jährliche Zahlungspflicht blieb seitdem anerkannt, wenn auch oft wegen innerer Unruhen unerfüllt. Cnut wiederholt über ~ nicht nur Æthelred: er fordert, im Wunsche, mit Rom gut zu stehn, dessen Freundschaft ihm, wie später Wilhelm dem I., den Thron sicherte, dass *denarii, quos Rome ad S. Petrum debemus,* eingesammelt werden; Cn 1027, 16. Daraus oder aus I Cn 9 schöpft wohl Quadr Arg 6 **10a)** Vielleicht nur hieraus ist kombiniert, dass ér wieder (*o.* 2c) den Romschoss dem Papst ewig versprochen habe; Henr. Huntingdon. zu 1027, p. 188. Unter Cnut führte zwar Dänemark aus England den ~ ein; auch hier gründet sich auf den ~ ein päpstlicher Anspruch auf Oberherrschaft; Jørgensen *Fremmed Indflydelse* 173. 236. Doch war diese Tatsache Englands Historikern kaum bekannt **10b)** Herzog Tosti droht 1061 zu Rom Nikolaus dem II., *rex Anglorum tributum S. Petri subtraheret;* Will. Malmesbur. *Pontif.* III 115, ed. Hamilton 252. Man nahm also um 1120 an, der ~ sei unter Eadward dem Bekenner regelmässig gezahlt worden; *vgl.* Jensen (*o.* 4) XV 193 **N 10c)** Dies bestätigt Wilhelms I. Korrespondenz mit Rom. Als jährliche Zahlung, bisher geleistet, *donec Angli fideles erant,* fordert Alexander II. den ~ 1067—73; Jaffé-Löw. *Reg. pont.* 4757. Und der König gewährt ihn Gregor dem VII. als Almosen; Lanfr. *ep.* 7. Unecht ist die Urk. Eadwards III. für Westminster, die den ~ erwähnt; Kemble 825 **10d)** Urban II. an Lanfranc 1088 beruft sich auf Wilhelm I. für den ~. Als man durch einen päpstlichen Legaten 1095 'den Romschoss absandte', bemerkt der Agsä. Annalist: 'wie man in vielen Jahren vorher nicht getan hatte'; die Jährlichkeit stand also theoretisch fest. Wilhelms II. Versprechen regelmässiger Zahlung an Urban II. meldet Will. Malmesbur. *Pontif.* 104[1]. Paschalis II. forderte den ~ als *census* a. 1101; Jaffé-Löw. 5883 **10e)** Dass Heinrich I. eine dauernde Einrichtung betr. ~ traf oder erneuerte, folgt aus dem Zusatz des Quadr zu I Cn 9: *Romæ census, quem B. Petro singulis annis reddendum regis nostri benignitas instituit* **11)** Als Empfänger ist ursprünglich Sankt Peter zu Rom, vertreten durch den Papst, anzusehn. Das lehrt der Name. Und für einen Teil des als ~ Gesammelten blieb es immer, das ganze MA. hindurch wahr. Allein Mitte elften Jahrhunderts bezog einen Teil [ob durch den Papst?] die *Schola Anglorum; o.* 7a. Später nahmen die Hälfte die Kardinäle; Lulvès, *Machtbestr. d. Kardin.* 16. 18 **11a)** Bussgeld für Vorenthaltung des ~s empfing der Papst, später aber der Bischof, ja der Immunitätsherr; *u.* 17a—g **12)** Vielleicht stand 1074 die Summe für den ~ noch nicht fest. Denn Gregor VII. schrieb an Wilhelm I.: *Rebus S. Petri invigilare sic liberalitati tuæ committimus, ut propitium Petrum repperias, quem multa te tribuisse non latebit;* ed. Jaffé p. 90. Hiernach scheint die Höhe der Zahlung von der Freigebigkeit des Königs abhängig **13)** Unter Heinrich I. ist die Summe festgestellt: Anselm von Canterbury mahnte 1103 Gundulf von Rochester, für ihre volle Auszahlung zu sorgen, und 1115 klagt Paschal II. Heinrich dem I.: von *elemosina B. Petri neque mediam partem hactenus ecclesia Romana suscepit;* Jaffé-Löw. 6450. Das Pauschale stand fest unter Innocenz II. 1130—43; Jensen (*o.* 4) XV 188 **13a)** Im Briefwechsel mit Alexander III. 1165 (Jaffé-Löw. 11205) erwähnt Gilbert Foliot von London die Summe 200 Pfund = 300 Mark; Jensen (*o.* 4) XIX 225f. Genau ist sie 299 Mark (*o.* 6) nach *Liber censuum Rom. eccl.* des Cencius von 1192 ed. Cenni *Monum. domin. pontif.* II LII; Jensen XV 185. 204. Im *Red book of the Exchequer* (ed. Hall 750) stehen die Beiträge der 14 Diözesen zu *denariis B. Petri qui solvuntur annuatim* [289 Mark ergebend], darunter Lincoln und Ely mit 42 bzw. 5 £ wie in Foliot's Brief und in *Pipe rolls* a. 14. 15 *Henry* II., also schon vor Alexander III. fest **13b)** Viell. entstand dieser *Rotulus exactorius* 1109—33, da Ely (1109 gegründet), aber nicht Carlisle (seit 1133) erwähnt ist. [Zwar auch Durham fehlt, aber dieses steuerte unter York; *vgl.* a. 1191: Durham *le Rompeni detinuit* und wird von York exkommuniziert; Bened. abbas] **14)** Wie der Name (*o.* 1; auch Herdpfennig) zeigt, ward 1 Pfennig auf jeden Haushalt theoretisch gefordert (so auch vom *Liber censuum* und vom päpstlichen Kollektor 1307; Hunt *Engl. church* 181); Leis Wl 17a. ECf 10, 3. *o.* 2c. d. 3. 5b. Das Haus ist die pflichtige Einheit auch im Norden, der Englands ~ nachahmt; Jørgensen (*o.* 10a) 54 **14a)** Es zahlte Stadt und Land; Cn 1027, 16; *on lande 7 on porte* Toller s. v. *Rompening* **14b)** Vielleicht erst nach Agsä Zeit, doch spätestens um 1125, galt, dass erst eine Rente von 30 Pfg. Lebgut — beim Bürger und in Denalagu von 80 — zum ~ pflichtig machte: *o.* 2d und (ebenfalls aus St. Albans) Mat. Paris. *V. Offae* 29. 31; auch *Cartul. Ramesei.* I 331. Der früheste Beleg dafür ist eine Aufzeichnung von spätestens c. 1120, der Leis Wl 17. 17, 1 und ECf 10—10, 2 folgen; *vgl.* I 474. Letzteren Satz nahm auf der Röm. *Liber censuum, o.* I 634[a]. Vermutlich ward 30 Pfg. (*vgl. u.* 17d. e) als der Wert eines Ochsen gewählt oder als gleichwertig mit 1 Mancus (*s. d., o.* 2) **N 14c)** Durch éinen ~ des Gutsherrn sind seine Domänenleute, Kötter, Hirten, Gesinde [aber nicht die Gutsbauern mit eigenem Hofe] frei; Leis Wl 17a. 17, 1 **14d)** Wer mehrere Häuser besitzt, zahlt den ~ nur einmal, von dem zum 29. Juni bewohnten; ECf 10, 3 **15)** Die Zahlung erfolgt jährlich (*o.* 2. c. d. 3. a. b. 5. 8. 10d) am 1. August; II Eg 4 = V Atr 11, 1 = VI 18 = VIII 10 = I Cn 9 = Hn 11, 3. Northu 57, 1. ECf 10, 1. 3. Romscot 1. Leis Wl 17. So auch *Can.* Eadgari 54; *Hom. n.* Wulfstan 113. 116. 272. 311; Alexander III. Jaffé-Löw. 11205. Und zwar am Vormittag; Romscot **15a)** Nur VI Atr 18 L gibt 29. Juni als Termin, was sich daraus erklärt, dass dies der Mahnungstag war, nach ECf 10, 1; 3 **16)** Der Diözesan sammelt das Geld (VI Atr 18 L. I Cn 9, 1 Northu 57, 1. *Homil. n.* Wulfstan 116 = 208), soll wachen, dass jeder ~ eingehe, und dann die Summe seines Sprengels dem Erzbischof (*o.* 13b) in den Dom von Canterbury liefern; *Hom. n.* Wulfstan 118 **16a)** In jedem Wapentake [der

Diözese York] sammelt ~ eine Kommission von zwei Thegnas und einem Priester; Northu 57,2 **16b)** Über Einsammlung und Röm. Klage gegen den Gewinn Engl. Sammler im 12./13. Jh.: Jensen (*o.* 4) XV 183. XIX 229 **17)** Wer den ~ vorenthielt (*o.* 9a), zahlt Rechtsbruchbusse [d. i. 12 Ör] in Denalagu, sonst wie *u.* e Strafgeld; EGu 6, 1 **17a)** Wer den ~ vorenthielt, bringe 31 Pfg. nach Rom und dorther Zahlungsnachweis (*swutelung*, beim Benutzer 17b: *gewrit*) und zahle dem König 120 Schill. Strafe [d. i. Königs Ungehorsam; soweit = *Hom. n.* Wulfstan 272. 311], im Rückfalle nochmals gleiche Busse für Rom, aber 200 Schill. Strafe; bei dritter Weigerung trifft ihn Vermögenseinziehung; II Eg 4, 1—3 **17b)** Die Romreise, jedoch ohne Busse und Strafe, fordert auch *Homil. n.* Wulfstan 116[4] **17c)** Strafgeld von 120 Schill. für den König und Busse von 30 Pfg. fordert auch VIII Atr 10, 1, diese aber ohne Romreise, also wohl für den Diözesan. Deutlich gibt diesem die 31 Pfg. I Cn 9, 1 = Hn 11, 3a **17d)** **N** Die 30 Pfg. Busse (*vgl. o.* 14b) für den Bischof hat auch Leis Wl 17, 2; das Strafgeld für den König aber nur, wenn dessen Beamter die Zahlung erzwingen musste (so auch ECf 10, 2); Wl setzt es zu 40 Schill., als hätte der Agsa. mit 120 Schill. Mercische, zu $^1/_3$ Normannischen, gemeint; 17, 3. Keine Summen, aber Strafe für König und Bischof, nennt ECf 10, 2 **17e)** Wenn ein Dorfbauer einen ~ vorenthält, zahlt ihn sein Immunitätsherr und nimmt jenem einen Ochsen [= 30 Pfg.] zur Strafe fort; vernachlässigt er es, so zahlt er 12 Ör Strafe [*o.* 17] an Bischof und König; Northu 59 **17f)** Für Vorenthaltung zahlt Königsthegn oder Grundherr 10 Halbmark Strafe, halb dem Bischof, halb dem König; 58 **17g)** Anders: Wer den ~ versäumt, entrichte ihn zwölffach [dem Bischof] und zahle 60 Schill. [dem König Strafe]; Romscot 2 **N 18)** Als Königs Almosen bezeichnen nach Jahrhunderte altem Brauche (*o.* 8. 8a. 10e) den ~ die Anglonormannischen Juristen I Cn 9 Q. ECf 10, 2, wahrscheinlich in bewusstem Ggs. zu Ansprüchen der Kurie, die ihn meist als Pflichtzins (*o.* 9c. 10, jedoch *elemosina o.* 13) und als Zeichen auch weltlicher Abhängigkeit (von Gregor VII. verbunden mit der Forderung des Huldigungseides; *vgl.* Kirchenstaatsrecht 25c) hinstellte; Jensen (*o.* 4) XIX 218f.; Böhmer *Kirche u. Staat* 84 **18a)** Für Freiwilligkeit des ~s spricht, dass Heinrich II. ihn zu sistieren drohte; Jensen *ebd.* 228

Petrus. **1)** Sein Grab zu Rom besucht Cnut; Cn 1027, 2 **2)** Er verehrt ~' Schlüsselgewalt; *ebd.* 4; *vgl.* Urk. angeblich a. 1035 Kemble *753 **3)** ~' Brief zitiert VI Atr 1, 3

N Petrus Lombardus benutzt dieselbe kanonist. Quelle wie Hn 5, 17

Pfalz *s* Burgtor, Königshof, -domäne, -friede 3b ff.

Pfand. **1)** Es heisst *wed* [über das Wort '*Wette*', von *vidan* (obligare), die rechtlich bindende Willenserklärung, *vgl.* Sohm *Eheschliessung* 35; über *pfand* Herb. Meyer in *Gierke Festschr.* 977]; *vgl. underwed* (*anwedd* Toller), *bad(ian)*, *nam* (später, Nordisch aber auch Normannisch, z. B. Konzil von Lillebonne 1080c. 11), *niman* 8, *geniman, onniman, borh, inborh, hentan; vadium, vadimonium* (auch Hn 52, 1a[67]), *divadiare, -atio, invadiare* Lond ECf 32 A 10, *namium, -iare.* Für Agsä. *bad(ian)* Duns 2, 2. 3 führt Q späteres *nam(iare)* ein; *plegium* I Ew 1, 5 setzt Q für *borh* und Hn für *inborh* 29, 2a nur als Übs., er braucht es nie in Hn für '~', wo er seine eigene Sprache spricht: z. B. gleich nächste Zeile hinter 29, 2a: *namium.* In Schott. Urk. *pandum;* Lawrie *Early Scot. char.* 316. 386 **1a)** v. Amira *Wadiation* 51 meint, das als Symbol der Selbstverbürgung dargereichte und genommene *wedd* war die Hand. Während jedoch der Sprachgebrauch die Hand (*s. d.* 3) als Symbol der ganzen Person, die Handreichung als Zeichen der Unterwerfung nimmt, muss in sehr vielen Fällen (Wb 237 Sp. 3 n. 4) *wedd* ein greifbares, gesondertes Symbol und kann nicht bloss die Hand sein **1b)** Dass *ceap* ~ heisse, ist nur Missverständnis von Ine 62 **1c)** Unrichtig ist, dass *wedd* nur gesetztes ~ bedeute (*o.* 238, 5); *bad, nam, hentan* samt Ableitungen bed. genommenes ~ **1d)** ~ geben: *lecgan, sellan, settan, ponere, dare, mittere* **1e)** auslösen: *undon;* verlieren: *þolian* **1f)** Das Nordische *tac* heisst ECf retr 30, 1a nicht ~ **2)** Dieser Art. behandelt nur gegebenes (freiwillig gesetztes) ~ [genommenes *s.* Pfändung], zur Sicherung eines Versprechens (das auch ohne ~ *wedd* [*s.* Wb] heisst); *s. d.* **2a)** Das ~ für den Rechtsgang oder dessen Teile *s.* unter 'Prozessual~'; Agsä.- und Agnorm.-Sprache trennt es nicht von Schuld~ **2b)** ~ für Leistungen des Bräutigams und des Brautvormundes, bei Verlobung *s.* Eheschliessung 8ff. **2c)** ~ beim Eintritt in die Genossenschaft (*s. d.* 12c), VI As 8, 6, war wahrscheinlich greifbares Eintrittsgeld, und ist nicht bloss, wie 8, 9, als rein 'förmliches Versprechen ohne Rücksicht auf wertvolles ~' zu verstehen **2d)** Wergeld-~ bei Sühne für Totschlag *s.* Schiedsgericht 9d **2e)** ~ bei Geldschuld *s.* Darlehn 3. 6b. 8 **3)** **N** Waffen, soweit zur Kriegsbereitschaft jedem nötig, darf man auch als ~ nicht veräussern; aus Assisa armorum a. 1181, Lond ECf 32 A 10 **4)** Die *Gesetze* (ausser *u.* 5) kennen nur ~ in Fahrhabe, die Urkk. ~ auch in Grundbesitz; *vgl. læn* 3a; Pilgerfahrt 6b und Brunner *Rechtsg. Germ. Urk.* 193; Hazeltine *Gesch. Engl. ~rechts* 140; Napier and Stev. *Crawford char.* c. a. 1018 p. 65 **5)** Die Person wird *to wedde* gesetzt, indem sie als Geisel (*s. d.*) gegeben wird **6)** Dass durchs ~ mehr als dessen Wert, nämlich des ~gebers Vermögen, ja Person hafte [Heymann *Zeitschr. Savigny Rechtsg., Germ.* 30 (1909), 494] trifft mindestens für Duns 1, 1 zwar nicht zu: da dient Anderthalbfaches des Eingeklagten als ~, und nur dies verfällt, wenn nicht durch Ersatz ausgelöst. Jedoch zumeist war ~ ein an sich wertloses, durch Rechtsform persönlich bindendes Symbol fürs Versprechen; *s. d.*; Prozessual~ 5b **7)** Dass der Wettgeber nur dem Bürgen, nur dieser dem Gläubiger hafte, folgt aus Ine 31 keineswegs: vielmehr wird da Brautkauf (nicht ~) neben Busse dem Bräutigam erstattet und ferner Busse dem Verlobungsbürgen gezahlt **7a)** Man zahlt Busse dem Vertragsbürgen und büsst daneben für *wedbryce*; Af 1, 8

N Pfandkehrung. **1)** Sie heisst *pundbrece, id est infractura parrici* (*vgl. impercator: pinder* unter Pfändung 10b); *s.* Wb *excutere namium, excussio* [= *rescutere* bei Vinogradoff,

Villainage 450]. *Vgl.* Hazeltine *Gesch. Engl. Pfandr.* 182 **1a)** Die Verletzung des öffentlichen Pfandpferchs (Stalles für geschüttetes Vieh) geschieht durch Herauslassung, Herauslockung, Aufnahme, Fortreissung (*excussio*); Hn 40, 2. *Excutere namium est, si quis viam tollat et avertat retro* (Vieh wegnimmt und zu sich zurück treibt); 51, 8 **2)** Die ~ in *curia regis* [Königsdomäne; *s. d.* 11] kostet volles Strafgeld [laut 51, 7 Ungehorsam = $2^1/_2$ £], *alibi* 5 *mance* [= $^5/_8$ £]; 51, 7. 40, 1; auch muss das Pfand zurückgestellt werden **3)** Gegen ungerechte Pfändung (*s. d.* 15) sich durch ~ zu wehren ist erlaubt, ausser wenn jene ausging vom Königsrichter oder [privaten] Herrn; in diesem Falle darf der Untertan nur durch Angebot eines Bürgen und Prozesstermins das Gepfändete zurückerbitten; 51, 5 **4)** Die Ausführer jener ~ [zumeist niedrige Viehhüter] bringt ihr Herr vor Gericht; 51, 7b. Handelten sie auf Befehl eines Oberen [Herrn, Gutsvogts?], so zahlen sie alle nur éin Strafgeld; sonst jeder einzeln; 51, 7c; *vgl.* gemeinschaftliche Missetat 12

Pfändung. Termini *s.* 'Pfand'; Pfand nehmen: (*on-, ge-*)*niman*, *capere*; für *hentan* (*vgl.* Brunner II 447[18]) *æfter his agenan* setzen *accipere náme* II Cn In, *nam prendre* Leis Wl 44, 2 sinngemäss. | Wie Friesen u. Franken (Brunner II 446. 453), so gebrauchen auch Agsa. éin Wort für 'rauben' und 'pfänden'; *s.* Wb *ungestroden*. | *Vgl. distress* Pol Mai II 573; Pollock *Land laws* 139; *distringere* fehlt in *Gesetzen; districtio* kann 'Zwang' allgemein heissen; Hn 11, 16 **1)** Hier bleibt ausgeschlossen: des Verletzten formlose, illegale Selbsthilfe (*s. d.*) bei berechtigtem Anspruche **1a)** Für ~ wie für Geldstrafe bis zur Fronung, besonders wegen Gerichtsversäumnis (*s. d.*), brauchen die Quellen teilweise einerlei Ausdrücke (*ungestroden, wrecan*); diese letztere, hier ausgeschlossen, *s.* Strafe, Strafgeldfixum, Vermögenseinziehung **1b)** Die ~ in dem hier gemeinten Sinne betrifft nur Fahrhabe, ausser *u.* 16b **2)** Was Hn 3 als Strafgeld für Gerichtsversäumnis gemeint hatte, wird als ~ Verdächtiger zu Polizeizweck verstanden Hn 29, 2a; *u.* 14a **3)** Zur Sicherung nicht, wie sonst, eines klägerischen bestimmten Anspruches, sondern obrigkeitlicher allgemeiner Polizei dient es, wenn die 12 Gerichtsvorsteher [*vgl.* Rintelen *Urteilfinder* in *Hist. Aufs. Zeumer* 574] jeden vom Gerichtsvogt verklagten Bescholtenen zur Zahlung von 6 Halbmark *wedd*, halb an Gerichtsgemeinde, halb an Gerichtsherrn zwingen; III Atr 3, 2. Da Rechtsschutzkauf daneben steht, ist wohl Rückgabe des Pfandes im Falle der Reinigung gemeint **4)** Gepfändet werden darf nur, was ertapptem Frevler od. säumigem Schuldner selbst gehört (*s.* jedoch *u.* 13), nicht was nur in seinem Gewahrsam, oder durch ihn gestohlen (also durch den Bestohlenen, der vor dem Pfandnehmer Priorität geniesst, im Anefang angreifbar) ist, und auch nur bis zur Höhe des Schadenersatzes (dies auch II Cn 19, 2) **N 4a)** Von leidenschaftlicher Formlosigkeit oder Überschreitung jenes Masses u. räuberischem Gewinne (*fraudatio, rieflac*, *u.* 18) vermeide die ~ auch den Schein; Hn 43, 1b. 57, 7—7c. 82, 2a **4b)** Das zur Lebens Notdurft Gehörige unterliegt nicht der ~; *s.* Pflug 5; Darlehn 3; Misericordia 6 [5) ~ ist gewaltsam; es ist daher — zwischen Zweikampf und Angriff (*duellum aut assultus*) — *namnum capere* Klerikern geistlich verboten bei Busse an den Bischof; Synode von Lillebonne 1080, c. 11; *vgl.* jedoch *u.* 12] **6) A.** ~ in Selbsthilfe, **I.** gegen Besitz störendes fremdes Vieh. So übt der Grundeigentümer ~ an fremden Schweinen auf seiner Mast; *s. d.* 2. Diese 'Schüttung' (bei anderen Germanen Brunner II 533, auch mit dem Terminus *wed*) ist ein späteres Stadium der Rechtsentwicklung anstatt der früheren Rache am Tiere (*s.* Tierstrafe), die vorkommt, wenn es Gehege (*s. d.* 2a) brach, **6a)** aber nicht an Vieh, das in den von Rechts wegen zu umzäunenden Hof des Bauern (*s. d.* 13d) durch eine Öffnung eintrat **6b)** Wer den ihm bestimmten (*s. ebd.* 3a) Zaunteil bei der Einhegung der Gemeinwiese oder -flur nicht schliesst und dem Weidevieh das Eindringen ermöglicht, büsst den Schaden an Heu oder Korn seinen Dorfgenossen, darf aber entsprechend an dem Vieh sich Recht erholen, so weit es sich gehört [d. h. wohl es pfänden, damit der Viehbesitzer ihm Entgelt für die Zeit, da das Vieh dort weidete, zahle]; Ine 42 **7) II.** Gegen Personen. **N** Gegen den Frevler ist dem Verletzten, der ihn auf seinem Boden bei der Tat ertappt, nur dann ~, und zwar vor Zeugen, erlaubt (*de suo aliquid pro inborgo* [vielleicht aus *u.* 11] *retinere*), wenn jener nicht durch Ansässigkeit, Eid oder Bürgen (57, 2) Gewähr künftig zu Recht zu stehen bietet; Hn 57, 7; 7a. 82, 2a; *vgl.* Brunner II 535. Diese Selbsthilfe ist eng auf Notfälle gegenüber Verdächtigen beschränkt. Ein solcher Gepfändeter heisst *in forisfaciendo* (= *ubi forisfecerit*) *retentus, divadiatus, cravatus* 20, 2. 27. 41, 1c. 57, 2; 3. 80, 2; 6. 81, 2. 94, 1a; 2d. [Der Ggs. liegt vor, wenn Frevler unbehelligt vom Tatort, und damit aus dessen Gerichtsbarkeit (*vgl.* Strasse), entkommt: *recedat* (= *inde veniat*) [illegible] *divadiatione, calumpnia*; 23, 1. 94, 2a; d; *vgl.* Bateson II, XLII] **8)** Einen im Anklagezustand abziehen wollenden Untergebenen halte der Herr [der eventuell haften würde] zurück oder *retineat de suo quantum ad satisfaciendum sit*, den Sachwert des Eingeklagten; Hn 41, 14 **9)** Erscheint der Gepfändete vor Gericht, so wird ihm die Pfandsache zurückgegeben; 5, 3. 29, 2a. 53, 3; 5. 61, 21 **10) B.** Die übrigen Fälle von ~ werden vom Gericht vollzogen oder doch autorisiert. Die Sprache entwickelt keine Sonderausdrücke dafür; *wracu* heisst Selbsthilfe, zwar bestehend in ~, aber nicht Pfand. Die härteste ~ ist die Vermögenseinziehung; *s. d.* Diese im Ungehorsamsverfahren (*s.* Gerichtsversäumnis 2a. 3. 8) mag genetisch älter, die ~ aus ihr entwickelt sein, obwohl für ~ etwas frühere Belege bei den Agsa. vorliegen. Dass ~ sich auf Wadiation gründe, wie bei den Langobarden (Gierke *Schuld u. Haft.* 278), belegen die *Gesetze* nicht **10a)** Ine verbietet bei Doppelbusse und 30 Schill. ~ in Selbsthilfe, bevor man Rechtsgang heischte (9), erlaubt sie also, wenn die Vorladung erfolglos blieb; *u.* 14 **10b)** Zum Herrschaftsgut gehört ein Pferch (*vgl.* Pfandkehrung 1; Sequester, Depositum; *in parcum minare* Brunner II 532). Bauern wählen den *communis impercator* (*pinder*) noch 1634; die

~ ist hier gerichtlich-kommunal; Stubbs *Constit. hist.* I (1874) 91[2] **11)** Ein Diebstahls Beschuldigter, der Bürgen für seine künftige Verantwortung vor Gericht nicht finden kann, wird um ein Stück Fahrhabe *inborh* (*o.* 7) gepfändet durch die Berechtigten und nur, falls er nichts Pfändbares besitzt, bis zum Urteil verhaftet; II Ew 3, 1 **12)** Gegen den Weigerer des Zehnten zieht der zum Empfang berechtigte Pfarrer mit staatlicher und bischöflicher Hilfe und erhält so den Zehnt; ausserdem leidet jener Fronung; II Eg 3, 1 = VIII Atr 8 = I Cn 8, 2 **13)** Ist vors Gericht der Dunsæte oder Londons ein fremder Schuldner vergeblich vorgefordert worden, so kann Kläger, bzw. klagende Gemeinde gegen jeden Landsmann des Schuldigen ~ üben; *s.* Haftung 15. 16; London 59. Diese ~ als Repressalie nennt *withernam* Somner bei Wilkins *Leg. Anglo-Saxon.* 235; Bateson I 119, wo viele Beispiele aus anderen Städten. Dieses Wort mit diesem Sinne *ebd.* 122 a. 1352; ähnl. Bed. Holdsworth *HEL* I 95. Dem Repressalienarrest unterliegen nach Dt. mittelalt. Stadtrecht alle aus einer andern Stadt stammenden Kaufmannsgüter, falls in dieser einem Bürger der Stadt, die nun Vergeltung übt, als Gast sein Recht nicht geworden war; H. Meyer *Dt. Litt. Ztg.* 1909, 3060 **14)** Nach viermaliger Gerichtsversäumnis (*s. d.* 4), dreimal im Hundred (wie bei and. Germ.; Brunner II 447. 452), erlaubt die Grafschaft dem Kläger die private ~ **N 14a)** Der zum Hundred einmal und zweimal vergeblich Vorgeladene wird um je 30 Pfg. [= 1 Ochsen] gepfändet; das Pfand gehört dem Hundred, wird aber bis zum Gerichtsurteil gegen Bürgschaft freigegeben oder doch nicht aus dem Hundred hinaus veräussert [der Sheriff schickt das Tier zum nächsten Königsgut 51, 6; es kann also leicht eingelöst werden; ebenso im Stadtrecht; Bateson II XLIX]. Beklagter hat während der Verhandlung Besitz (Gewere) des Pfandes; Hn 29, 2; 2a. *Vgl. o.* 2; *u.* 16b; Gerichtsversäumnis 5 **15)** *Nulli sine iudicio vel licentia* (gerichtliche Erlaubnis) *namiare liceat alium in suo* (auf dem eigenen Landgute des Grundherrn) *vel alterius;* Hn 51, 3; *vgl.* I 573[1]; Pacht 8; Pfandkehrung 3 **16)** Es kann also erlaubte ~ auch im Lehen eines Fremden geschehen; Bateson II LXI **16a)** Natürlich kann wie Sheriff oder Hundred so der private Herr gegen den Gerichtsuntertan ~ üben; Hn 51, 3. 53, 3; 6 **16b)** Den gepfändeten, Besitzes entsetzten oder zur Bürgenstellung gezwungenen Vassallen kann der Herr erst dann gerichtlich verklagen, wenn er ihn wieder in Besitz des Abgepfändeten gesetzt hat; 53, 3; *vgl.* 5, 3[1]. 53, 5; *o.* 14a **17)** Gegen Insassen privater Jurisdiktionsenklaven in London darf der königliche Stadtsheriff ~ nur dann üben, wenn er sie ausserhalb jener Bezirke handhaft gefasst oder umsonst bei ihrem Gerichtsherrn über sie geklagt hat; Lib Lond 4. 4, 1 **18)** Für ungerechte ~ gegen den von ihm verklagten Gerichtsuntertan büsst der Sheriff diesem doppelt [das Abgepfändete? wohl als Raub (*s. d.* 6; *o.* 4a) oder als Amtsvergehen], verliert den Prozess und zahlt dem König Strafe; Hn 51, 4 **19)** Selbstver~ *s.* Verknechtung

Pfarre *s.* Wb *cirice, mynster, hiernes, (riht)scrift(scir); parochia (-ialis, -ianus), paroisse; eald mynster (-cirice), mater ecclesia* n. b; die Namen für 'Priester' *s.* Geistliche 1—5. *Vgl.* Kirche 1p. 4, Kirchenbau 1. a. b, -einkünfte, -gebäude 2, -geldeintreiber 3a—6, -geldverwendung, -gerät 2, -herr 6ff., -pfennig 5. 6a. 7, -rang 3b, -staatsrecht 18ff., -weihe **1)** Die Kirchspiele wuchsen von 600—1100 an Zahl [angeblich] ums Drei- bis Vierfache, verringerten sich also an räumlicher Ausdehnung; ECf 8, 3a **2)** Die ~ empfängt den Zehnt (*s. d.*); der ~r hilft bei Pfändung (*s. d.* 12) des Säumigen **2a)** Die ~ verliert an Eigenkirche (*s. d.* 2) mit Friedhof $^1/_3$ Zehnt, der auch sonst *novis oratoriis* zufliesst **2b)** Der Kirchenpfennig (*s. d.* 7) gehe in die ~ ('alte Kirche', *mater ecclesia*) **2c)** Kirchenpfennig und Seelschatz (*vgl.* Grab 1a), gehören den Stellen, denen es gesetzlich zukommt; I As 4 **N 2d)** Aus dem Nachlasse des Pfarreingesessenen wird die ~ standesgemäss beschenkt; Cb zu I Cn 13, 1 In **2e)** Domänenland der ~ blieb frei von Dänengeld bis 1096; ECf 11, 1f; *vgl.* I 636[*] **3)** Die ~ wird erkauft; *s.* Geistliche 12 **4)** Ihr Verlust bedeutet auch den weltlicher Ehre (Adelsranges) u. Grundbesitzes; *ebd.* 20c ff. **N 4a)** Nicht jeder Pfarrhof steht auf Kirchenboden; **4b)** nur in diesem Fall bietet er Asyl (*s. d.* 20) wie die Kirche **4c)** Aller Besitz der ~ steht unter Treuga Dei; *s.* Geistliche 13e; *u.* 6 **5)** In jedem Dorf ist regelmässig um 990—1130 eine ~ mit einem ~r; VII Atr 2, 5 = VIIa 2, 3. ECf 24. 24, 1 **5a)** Durch den Friedhof erhebt sich die ~ über die Feldkirche; *s.* Kirchenrang 3b **6) N** Das Gebiet der ganzen ~ steht unter Treuga Dei (*o.* 4c) am Feste ihres Kirchenpatrons und ihrer Kirchweihe; ECf 2, 6; 6a retr **6a)** Die Kirche der ~ geniesst einen Schutz, dessen Bruch 60 Schill. kostet; *s.* Kirchenfriede 4c. d **7)** Der ~r darf die ~ nicht willkürlich verlassen; aus *Can.* Eadgari Northu 28; ebenso Egb. Ebor. *Dial.* 6; Ælfric *Can.* 28; Ps.-Egb. *Excerpta* **7a)** Er darf nur durchs Geistliche Gericht von dort vertrieben werden; *s.* Degradation 2a; Geistliche 27 **7b)** Missbräuchliche Vertreibung verbietet [wie Ps.-Egb. *Exc.* aus Fränk. *Capit.* a. 816] V Atr 10, 2 = VI 15, 1 = Northu 22, wo Rechtsbruchbusse als Strafgeld droht; *vgl.* aus *Can.* Eadg. Northu 2, 2 **8)** Des ~rs Pflichten gegenüber der Gemeinde u. Gesellschaft: *s.* ausser den unter Kirche 1 genannten Artt.: Eid, Ordal, Kaufzeugen 7, Fund 1, Mass 7a, Geistliche 29a. b. 32. 35

Pfeffer. 1) ~ wird aufbewahrt im ~horn (*piperhorn*), welches der Vogt, unter dem Inventar der Domäne des Herrschaftsguts nötig hat; Ger 17 **2) N** Der ~ einführende fremde Kaufmann darf in London nicht unter 25 Pfund detailliert verkaufen; Lib Lond 8, 2; *vgl.* I 675[b] **3)** Zehn Pfund ~ neben Handschuhen (*s. d.* 1) zahlen die Deutschen Kaufleute zu London zu Weihnachten und Ostern dem königlichen Stadtvogt; IV Atr 2, 10 **3a) N** Die Kaufleute in Bristol zahlen im 13. Jh. den Stadtvögten 1 Pfund ~, um schwer Transportables auch zur Jahrmarktzeit in der Stadt, statt auf dem Jahrmarkt, verkaufen zu dürfen; Maitland *Pleas of Gloucester* 155 **3b)** Über ~ als Handelsartikel und Abgabe fremder Kaufleute: letzthin Steenstrup *Hist. Tidsskr.* 8 R. II 66 **3c)** Schon Alarich legt 410 den Römern einen Tribut von 3000 Pfund ~ auf (Hoops *Waldbäume* 603). Bonifaz schickt ~ heimischen Freunden; ed. Dümmler *Mon. Germ., Epist.* III 298

Pfeil *s.* Waffe, Heimsuchung 5a

Pfennig *s.* Wb *pening, denarius. dener, nummus* (auch im Domesday, *vgl.* Münzfälschung 2c), untechnisch *assis; s.* Preis 4a. *Vgl.* Sceatt, Schilling, Halb~ **1**) In Ellipse hinter der Zahl als fast einzige Münze (*s. d.* 1) zu ergänzen Ine 59 E. VI As 6, 2 **2**) ~e sind stets silbern; *denarii argentei* erwähnt Kentische Urk. a. 868 Birch 519; *vgl. u.* 9. Sie heissen in Urkk. öfter *argenteus* **3**) Von erhaltenen Silber~en gehört der früheste Mercien und der Mitte 8. Jahrhunderts; die aus Westsachsen erhaltenen beginnen erst um 800; Keary *Catal. Ags. coins* II xvııj. xxııı; Chadwick *Ags. instit.* 4 **3a**) In den *Gesetzen* sind sie schon bei Ine 58f. 69 erwähnt, in Kentischer Urk. a. 835 Birch 412. [Unecht ist 8 *hund pendinga* in der Kent. Urk. a. 617 n. 837] **3b**) Die Authentizität jener Sätze Ines braucht, auch wenn (was doch aus Fehlen von Funden nicht sicher folgt) damals noch kein ~ in England oder doch in Wessex geprägt war, nicht deshalb (mit Keary [*o.* 3] xx) bezweifelt zu werden. Denn möglich bleibt erstens die Rechnung nach kleinsten Gewichtsmengen oder zweitens nach fremder Münze, die ~ hiess, und drittens, dass Ine, wie später Geþyncðo, den Sceatt (*s. d.*): ~ genannt habe **3c**) Der ~ ist die kleinste Abgabenmünze (VII Atr 1, 2f. = VII a 2, 2. 5; *s.* Herd~, Peters~, Kirchen~, Pflugalmosen, Dänengeld 6a), kleinster Arbeiterlohn (Rect 9), auch des Schillings kleinster Teilbetrag; Forf 1. 3, 1 **3d**) Der ~ ist (mit Ausnahme weniger Goldmünzen (*s. d.* 2; Mancus 4) die einzige im 9.—11. Jh. in England geprägte Münze, auf ihn also allein die Münzfälschung (*s. d.*) bezüglich; an die frühere kleinste, *sceat*, blieb aber Erinnerung laut Kirchen- und Seel*sceat* und der alliterierenden Formel der Leugnung einer Geldschuld: 'nicht schuld ich *sceat* oder Schilling, nicht ~ oder ~swert'; Swer 11 | ~ wie *sceat* bed. 'Geld überhaupt'; *s.* Dritter ~ **4**) Der ~ wiegt normal $^{1}/_{240}$ Römerpfund = 22$^{1}/_{2}$ Gran Troy = 1,46 Gramm, also etwa 25 Deutsche ~ an Silberwert **4a**) Für $^{1}/_{2}$ £ setzt 120 ~ Variante zu III Eg 8, 2. Und 1200 *sol. ex* 5 *denariis faciunt libras* 25 [also 6000 ~ = 25 £ oder 240 ~ = 1 £] erklärt zu Af Rb 31 Q **5**) Noch um 1114 galt der ~, wie unter Æthelred (IV Atr 9, 2), als etwa vollwichtig (*s.* jedoch *u.* 8); denn statt drei Pfund Gewicht in Hu 9 setzt 60 *sol.* [Normannisch, also 720 ~] Q (ebenso Hn 64, 1b. 67, 1b; c. 92, 9c); 20 *solidi* wiegen 1 Pfund; Iud Dei XVI 40. [*Vgl.* Lehmann *Königsfrieden* 134: um 1020 ist 1 Mark Silber und 1 Mark ~ nicht sehr verschieden] **5a**) Der ~ diente als kleines Gewicht (*s. d.* 1), so für Gold, Wachs, den Geweihten Bissen; *s. d.* 5 **6**) Über die hohe Kaufkraft des ~s *s.* Preis 8ff. **7**) Auch gab es einen Halb~ (*s. d.*) und der $^{1}/_{4}$ ~, *ferding* kommt im Domesday oft vor; *s.* Index **7a**) Ein Drittel~ wird zwar Af 47. 71 = *triens* Hn 93, 5; 31 erwähnt, hat aber vielleicht nie existiert, ausser in nur theoret. Drittelung des 200-Schill.-Wergelds **8**) Schon 1045 unterschied man *pund be tale*, d. i. gezählte 240 ~, vom gewogenen, also für schwerer geltenden, Pfund Silbers; Urk. Kemble 788. Es handelt sich um 12 £, also auch Tausende ~e zählte man **8a**) **N** Jenem Ausdruck entspricht *ad numerum* im Domesdaybuche und *ad compotum* Hn Lond 1, im Ggs. zu *libra pensata, ad pondus; u.* 9a **9**) Schon Ælfred spricht, im Ggs. zu dem stark mit Kupfer versetzten ~, den Funde belegen (Keary [*o.* 3] II xxvıı), vom 'reinen' ~ (Af 3), wie eine Urk. von 8 *oran mærewites feos* (rein weissen Geldes; um 990 Birch 1130), eine andere von 2 *pund merehwites seolfres* a. 990 Kemble 675. *Vgl. pund in puro argento, hwites seolfres, libra de meris denariis*, Gold 7b. 8c; Münze 3 **9a**) Man prägte solche Weiss~e nicht, sondern erlangte Reinsilber durch Läuterung des ~metalls oder zahlte statt des Schmelzens mit seinem Gewichtsverluste ein bestimmtes Aufgeld; *vgl. Introd. to Dial. scacc*, ed. Hughes 34; Round *Victoria County hist. Essex* I 465ff. Der Geldbetrag, für welchen ein solches Aufgeld, um ihn dem Feinsilber gleichzustellen, bezahlt worden ist, heisst bei Lateinern *albus* (I 615[y]), *dealbatus, candidus, blancus, arsus, ad arsuram, ad ignem* (im Schmelzen als fein erprobt). So zahlt Hertford 20 *libras arsas et pensatas*, im Ggs. zu *lib. ad numerum;* Domesday I 132a 1; *vgl.* Round *Commune* 65 **9b**) Zahlung in Weisssilber erfordert der besonders zu ehrende Empfänger, der Königsschutz (Af 3) und im 12. Jh. Fiskus; *vgl.* Gold 5 und *aurum reginae* Königin 3a

Pferch *s.* Hürde; Pfändung 10b

Pferchbruch *s.* Pfandkehrung 1

Pferd.

1. Wort. 1a. Arten. 2. Landwirtschaft. 3. Transportmittel. 4. Gestüt. 4f. Fleisch. 5. Diebstahl. 6. Ware. 7. Ausfuhr. 8. Kavallerie. 9. Kriegsrüstung. 10. Bewachung. 11. In Polizei und Gericht. 12 Flucht. 13. Gerechte Tötung des Reiters. 14. Herabwerfen vom ~. 15. Preis. 16. Einfängerlohn.

1) *S.* Wb *hors* (*-camb, -wealh, -weard, gehorsad*), (*stod*)*miere, wilde weorf, stod, fola, aferian, sadol, wintersteall* [*vgl.* IX *winterstellas* in einem Gutsinventar hinter und vor Schaf und Schwein, Birch III p. 367[38], vom Ende 10. Jhs.; *s.* Jahr 1b]; *caballinus, cheval; cherestre, chamus; palefrei* (*-ridus*), *chaceur*. Reiten: *rad, midrad, rid, ridan, be-, fore-, ge-, to-, utridan*. *Vgl. radeniht*, Ritter **1a**) Unterschieden werden Hengst (Duns 7. Leis Wl 9, 1), im Ggs. zum Wallach, Stute (*miere*) und Fohlen (*fola*); ferner nach der Benutzung: Schlachtross (II Cn 71, 2. Leis Wl 20. 20, 1); Jagd~: *chaceur* (*ebd.; equus venatoris* im Domesday I 219a; *vgl* Pfändler *Vergnüg. der Agsa.* in *Anglia* 29 [1906] 512), Reise~ (Zelter): *palefrei* (*-ridus; ebd.*), Zug~: *eafor* (I 498, Sp. 2[f]), wovon *aferian* und schon im Domesday *avera:* Fuhrenpflicht, Spannfron **2**) In der Landwirtschaft leistet der Hintersass (*geneat* und *gebur*) dem Herrschaftsgut Fron (*s. d.* 2 B. D. 9), selbst reitend oder sein ~ hergebend; der Zeidler, falls gut mit Land ausgestattet, muss es der Herrschaft zum Transport von Last (*seam, summagium*) geben oder selbst führen; Rect 2a. 5, 3 **2a**) Aber auch die Domäne des Herrschaftsguts hält ~e, baut Ställe, und braucht also einen ~ekamm; Ger 13. 15 **2b**) **N** Als Besthaupt kann für den Bauern dem Gutsherrn sein bestes ~ gegeben werden; Leis Wl 20, 3 **2c**) Behufs Vieheinkauf reitet der Gutsbauer fort; IV Eg 7f. **2d**) Reiten ist die hauptsächliche Art des Reisens; *s. d.* **3**) Lasten befördern Menschenrücken, Wagen oder ~ [auch Nordisch; Toller 605 Z. 1];

Northu 55 **3a)** Ein Fässchen heisst *caballinus*, weil von einem ∾e tragbar; IV Atr 2, 10; *vgl.* Saum; mengl. *horsecarche*, *horselod*, nengl. *horsebackcarriage* **4)** Man hielt Gestüte [wie auf Island; Maurer *Island* 307], wo die ∾e wild weideten **4a)** N Die im Forst unterstanden den Förstern; Ps Cn for 27, 1; *vgl.* I 625[b] **4b)** Beim Vermächtnisse eines Waldes wird die ∾eherde *stod* ausgenommen; a. 1045 Thorpe *Dipl.* 574 [bessere so das Zitat *o.* Jagd 6a] **4c)** N Jedes zehnte Fohlen gehört der Kirche als Zehnt davon; ECf 7, 1; *vgl. decima equarum ubicumque morentur*, aus Burton um 1120; *EHR* 1905, 283 **4d)** Die Rosse blieben das ganze Jahr auf Waldweide; noch heute mahnt der Name *wilde* (Mutter∾) an diese Wildzucht; Jähns *Ross u. Reiter* II 15. 102. *Vgl.* Wb *wilde weorf.* Mit Recht setzt also für *stod* Af 9, 2: *equas silvestres* Q. *Vgl.* Domesday Index s. v. *equæ silvestres;* Toller 1224; mein *Über Pseudo-Cnut* 49; Hehn *Kulturpflanzen*[6] 21; für Deutschland Begiebing *Jagd Sal. Kaiser* (1905) 30 **4e)** Dieser *wildra horsa* erwähnen Testamente um 995 und 1002 und setzen in Ggs.: *taman hors*, bzw. *tame hencgestas;* Kemble 1290. 1298 **4f)** Gregor III. verbietet um 732, *agrestem caballum comedere et* vollends *domesticum;* ed. Dümmler *Epist. Merowing.* I 279. Noch die Engl. Synode von 786 verbietet ∾efleisch zu essen; c 27 **5)** ∾ediebstahl und Raub im Gestüt erschien leicht lockend. Demgemäss zahlte einst der Stutendieb ein besonders hohes Strafgeld; Af 9, 2. Auch andere Germanen bedrohen den ∾ediebstahl ausnahmsweise streng, manche mit dem Tode; Jähns (*o.* 4d) I 139. 337; Wilda 877; Gareis *Germanist. Abh. f. Maurer* 241 **5a)** Wer Mutterstute stiehlt u. Fohlen forttreibt, ersetze jene nach ihrem Werte, dieses mit 1 Schill. [5 Pfg.] Af 16; Q missversteht *pregnantes affligat*, Abtreibung der Frucht **6)** Neben Sklav und Rind ist das ∾ die einzige genannte Handelsware im Vertrag zwischen Westsachsen und Guthrum von Ostanglien; AGu 4 **7)** Die Ausfuhr von ∾en verbietet II As 18 (*vgl.* mein *Leges Angl. Lond.* S. 72), entweder aus Sorge für Englands Kavallerie oder gegen die Unterstützung der Wikinger (und vielleicht der Angloskandinaven), damit diese sich nicht auf Englischen ∾en beritten machten; so verbot Karl der Kahle 864 bei Todesstrafe, *Nortmannis arma aut caballum* zu liefern; *Mon. Germ., Leg.* II, *Capit.* II 311. Über die Kavallerie im Altdt. Fürstengefolge und Heere Brunner *Forsch. zur GDR* 41 f. 49 **8)** Ein 'Pflug' stellt 2 Berittene zum Heere; II As 16; *s.* Hufe 16d **8a)** Hohen Rang eines Thegn bezeichnet es, wenn er am Königshofe *radstæfne rad* (Ordonnanz ritt); Geþyncðo 3. *Vgl. radcniht* 3 **N 8b)** Dass die Panzerlehn tragenden Ritter *equis et armis se bene instruant ad servitium meum et defensionem regni*, setzt als Korrelat der Steuerfreiheit für ihre Domäne CHn cor 11 **8c)** Alle *servientes et liberi* — also viel weiterer Kreis als bloss Ritter — seien mit Waffen und ∾en laut Lehnspflicht stets kriegsbereit; aus *Assisa armorum* a. 1181 Wl art Lond 8 um 1200 **9)** Das ∾ spielt grosse Rolle in Heergewäte (*s. d.* 9c — 12b) und Lehnsmutung; es war wohl oft dem Verstorbenen vom Herrn verliehen worden; ein Bischof von Crediton vermachte 1008 — 12 'jedem Hofmanne (Gefolgsvassallen) dessen Reit∾, das er ihm geliehen hatte'; Napier-Stevenson *Crawford char.* 23. 126 **9a)** Demgemäss werden sehr häufig ∾e in Urkk. dem Herrn vermacht: Birch 1174. 1306. 1317. 1132; Earle *Landchar.* 218. 222; sehr oft mit demselben Ggs. wie im Heergewäte *gesadelode 7 ungesadelode* (auch *gerædode*); *vgl. tainus equum 1 cum sella, alium sine;* Domesday I 56b **9b)** Als Zeichen des Reichtums einer Kriegsrüstung gelten Helm, Panzer (*s. d.* 3), Schwert; ∾ und Speer waren also gewöhnlicher; doch *s. u.* 11b **10)** Für den adligen Gutsherrn leistet der Bauer '∾ebewachung'; Rect 2. Der Dienst, zwischen Leibwache und Botenamt erwähnt, meint vielleicht mehr denn blosse Fron (*s. d.* 2D) als Rosshirt und verbindet sich der ritterlichkriegerischen Stellung des Herrn **10a)** Am Königshofe steht an der Spitze des Dienstes für die ∾e der Marschall; *s. d.* 2 **10b)** Die Sorge für Futter der ∾e des Königs und seines Gefolges ist ein Teil der Gastung; *s. d.* 1 **11)** Polizeipflicht der Spurfolge in der Londoner Genossenschaft (*s. d.* 12d) ist nur zu ∾ erfüllbar und wird statt vom Gildegenossen, wenn der keins besitzt, von einem Ersatzreiter geleistet, für den jener inzwischen arbeitet; VI As 5 **11a)** Gerichtliche Nachforschung und Verfolgung (aber auch Blutrache in Selbsthilfe; Af 42, 1), erfolgt meist zu ∾; II As 20, 1—4. VI 4f. 8, 3. Hu 2. III Eg 7 — 7, 2 = II Cn 25. 25, 2 **11b)** Nur wer ein ∾ besitzt, ist zur Jagdhilfe für den König verpflichtet unter den Bürgern zu Shrewsbury; Domesday I 252. Dieser Besitz bezeichnet einen höheren Vermögensgrad **11c)** Zu ∾ reitet der Königsvogt zum Wapentake (ECf 30, 2) und besorgt der Thegn (*o.* 8a) königliche Aufträge **12)** Wer ein ∾ darlieh, zur Flucht eines Unfreien (oder zur Begehung eines Totschlags) zahlt dem Herrn Sklavenwert (bzw. der Sippe Wergeld Hn 87, 1a); *s.* Haftung 4b. d **N 13)** Wer in gerechter Notwehr oder Blutrache einen Reiter erschlug, halftere dessen ∾ neben der Leiche an, als Zeichen unverhohlener Tat; Hn 83, 6 **14)** Herabwerfen vom ∾ ist besondere Missetat, auch bei Langobarden (*marahvorf*) u. Friesen; Brunner II 637[84]; His 80. Wer einen Sturz vom ∾ verursacht oder ein ∾ in Verwahrung gibt, haftet für daraus erwachsenden Schaden; Hn 90, 11c **15)** Ein ∾ gilt ½ £; VI As 6, 1 (höchstens). Duns 7; Domesday I 179, Stute und einjährig ∾ (?) 20 Schill. [= 80 Pfg.], ungezähmtes 48 Pfg.; Duns 7. [Die Einjährigkeit bildet die Norm in der Bewertung des Rindes auf dem Festland; dieses gilt 1 Schill.; Brunner I[2] 318.] N Später stieg der Wert: ein Hengst gilt 1 £; Leis Wl 9, 1. Hn 76, 1f.; 7; ebenso *equus venatoris:* 20 *sol.*; Domesday I 219a. [∾e taxiert verschieden auch Lex Burgundionum] **15a)** Der Zehnt für 1 Fohlen beträgt 1 Pfg., für 1 Kalb: ½ Pfg.; ECf 7, 1; 2 **16)** Für rettende Wiederbringung eines verloren gegangenen ∾es zahlt der Eigentümer Einfang (*s. d.* 4. 6a) wie für einen wiedergefangenen Sklaven: 15 Pfg. (nach Forf 2). N Dagegen nur 4 Pfg. für ein ∾ und höchstens 8 für noch so viele; nach Leis Wl 5

Pfingsten *s.* Wb *pentecoste* **1)** Zu ∾ wird Abendmahl (*s. d.* 1) genommen **2)** Vom Jungvieh wird Zehnt zu ∾

entrichtet; II Eg 3 = V Atr 11, 1 = VI 17 = VIII 9 = I Cn 8, 1 = Can. Eadgari 54 **3)** Die Zeit von Ostern bis ~ bleibt frei von Fasten; *s. d.* 7 c **N 4)** Die ~woche steht unter Schutz des Handfriedens; *s. d.* 7 a **4a)** Mit ~ schliesst eine Periode der Treuga Dei; ECf 2. 2, 2

Pflanze; *vgl.* Baum (Wald, Holz), Baumwolle, Bohnen, Getreide, Roggen, Hafer, Gerste, Heu, Ingwer, Krapp, Kresse, Kümmel, Lein, Pfeffer, Salböl, Waid, Weihrauch, Färberei; Garten **1)** ~nkost neben Wasser, Brot und Salz ist erlaubt beim Fasten; *s. d.* 8. 9 a. b; Brot 4

Pflaster *s.* Brücke 1. a. b

Pflegehut *s.* Erziehung 4—5

Pflichten, öffentliche *s. Trinoda necessitas,* Heer, Wache, Burg, Brücke; Steuer, Gastung, Zollabgabe, Dänengeld; Kirche 1 n, -nbau, -npfennig, Gericht, Richter, Urteilfinder, Strafvollzug, Amt: Königs~, -treue; Privileg

Pflug *s.* Wb *sulh (-æcer, -ælmesse, -gesidu)* | ~ Landes *vgl.* Hufe 11—3: *sulung;* beides bedeuten *ploh, carruca* | Pflügen: *(ge)erian, ierð;* ~schar: *scear;* Sech: *culter;* Brasch *Namen der Werkzeuge Altengl.* (Diss. Kiel 1910) 26. 79. 124. 127. 143. *Vgl.* Ochs; Landwirtschaft. Über den ~ der Agsa.: Rhamm *Grosshufen* 182. 280. 834 **1)** Die Domäne des Herrschaftsguts braucht u. a. Inventar ~zubehör; Ger 17 **2)** Der ~ ist die Schätzungseinheit für das ~almosen (*s. d.*) und für die Reiterstellung, *s.* Pferd 8 **2a)** Der bepflügbare Acker bildet die Grundlage für den Zehnt (*s. d.*), eingeschätzt 'wie der ~ das Land überschreitet'; oder urkundlich beschrieben 'wie ~ und Sichel darüber hingehn'; a. 962 Birch 1088 **2b)** Als Zweck der Pacht (*s. d.* 2) Landes gilt selbstverständlich Beackern; Ine 67 **2c)** Das Herrschaftsgut gibt dem Leibeigenen 1 ~acker Landes auf der Domäne; Rect 9, 1 **3)** Nicht éinem Bauern pflegt der ~ ganz zu gehören, trotz *his sulh* II Eg 1, 1 G (wo die andere Lesart *hit seo* deshalb vorzuziehen); *vgl.* Ochs 3 f. **4)** ~arbeit gehört zur Fron (*s. d.* 2 A. 3) des Hintersassen für die Gutsherrschaft; mehr als sonst, 3 Tage wöchentlich, front der Gebur 2. Februar bis Ostern; Rect 4 a **4a)** Er verdient ausnahmeweises Recht an Wiese und Weide durch fernere Hilfe beim Pflügen, die daher *gærsierð* heisst; 4, 1 b; dieses *graserth* kennt aus Chartularen Neilson *Ramsey* 41 **4b)** Die Zeit des Pflügens beginnt verschieden nach den Gegenden; im Herbst und Winter Ger 10 f. **5)** Der ~ wird vor sonstiger Fahrhabe besonders befriedet im ältesten Normann. Recht (Haskins *Amer. hist. rev.* 1909, 461) und geschützt mit Kirchenschutz auf Londoner Synode 1143 (Rog. Wendov.) sowie gegen herrschaftl. u. staatl. Pfändung (*s. d.* 4 b) im Engl. Recht seit 12. Jh.; Pol Mai II 453. 513; Vinogradoff *Roman law* 99; Hazeltine *Pfandrecht* 177 **6)** Glühende ~schar beschreitet der Prüfling im [wohl nicht Engl.] Eisenordal; *s. d.* 13 und 13 e über Einführung der ~schar

Pflugalmosen *s.* Wb *sulhælmesse; aratrales elemosinae* VI Atr 16 L; *elemosinae pro aratris* Cn 1027, 16; *el. carrucarum (aratri)*; I Cn 8, 1 **1)** Laut dieser Übersetzungen kommt das ~ vom Pfluggespann; so Taranger *Angelsaks. Kirk.* 283, und nicht vom Pflug Landes (Schmid, der das ~, jedenfalls falsch, mit Herdpfennig identifiziert). Allerdings steht neben *æt sulh pening* auch *æt sulhgange Hom. n.* Wulfstan 170. 173. **N** *De qualibet caruca iuncta inter pascha et pentecosten* 1 *den. ploualmes;* Cartul. Ramesei.; an fünf Stellen bei Jørgensen *Fremmed Indflydelse* 39 **2)** Der Betrag ist also 1 Pfg; *sylhpening* auch *Memor. of Durham* (Surtees soc. 1896) 155 **2a)** Und zwar jährlich; I As 4. VIII Atr 12 **3)** Den Kirchen ~ zu entrichten, schärft ein Cn 1027, 16, **3a)** unter Zwang durch Gerichtsvögte; I As 4 **4)** Dem Vorenthalter droht Exkommunikation I Em 2, **4a)** Strafgeldfixum, in Denalagu Rechtsbruchbusse, an den Staat EGu 6, 3. VIII Atr 12 **5)** Fälligkeitstermin ist 14 Tage nach Ostern; II Eg 2, 3 = V Atr 11, 1 = VI 16 = VIII Atr 12 = I Cn 8, 1. *Homil. n.* Wulfstan 116. 208. 311; *Can.* Eadgari 54 **5a)** Am Wiederbeginn der Feldarbeit, nach Osterschluss, dem *hockday* (2. Dienstag nach Ostern) blieb der Termin für Armenzehnt haften; Bilfinger *Untersuch. ü. Zeitrechn. alt. Germ.* 85 **6)** Das ~ drang von den Agsa. nach Dänemark; Lundby *Kirkehist. Saml.*, 5 R, *IV* 5 **7)** Da ~ mit *ælmesfeoh* in I Em 2 variiert, ist es wohl identisch mit Almosengeld; *s. d.*

Pfründe *s.* Geistliche 12 f. 20 cff., Amtsland 4. a

Pfund *s.* Wb *pund, libra, livre* **1) A.** Gewicht; *s. d.* 2—4. 9; Unze **1a)** Frühestes statutarisches Engl. ~ 13. Jhs. wiegt 5400 Gran Troy = 350 Gramm; Keary *Catal. Engl. coins* I, XXXIX. Das Römer~ aber nur 327½ Gramm; jenes soll über den Osten aufs Griechische zurückgehen; Meitzen *Siedelung* II 542 **2)** 25 ~ = 1 Quarter; *s. d.* **3)** Nach ~ wird gewogen Gold, Silber, Eisen (*s.* Eisenordal 8), Wolle; *s.* die Artt. **4) B.** Als Rechnungsmünze enthält das ~ 240 Pfg; andere Teilbeträge sind Mark, Halbmark, Ör, Schilling, *s.* die Artt. **4a)** Der Betrag von 8 ~ heisst Nordisch Hundert (*s. d.* 6) Silbers **5)** Nach £ Silbers bemessen werden Wergelder des Mercierkönigs (120; Mirce 2), des vollfreien Anglo-Skandinaven oder Englischen Thegn (25; II Atr 5) **5a)** 1 £ ist der Wert des Unfreien; II Atr 5, 1. Duns 7 **5b)** ½, bzw. 1 £ wird Pferd und Sklav taxiert VI As 6, 1; 3; 4 **6)** Dem Eideswert von 1 £ entspricht einfach Ordal; *vgl.* Eideshelfer 29 b. c **7)** Ein und mehr £ wird entrichtet im Heergewäte; *s. d.* 9 c **8)** Nach ~en (reiner Pfennige) wird die Busse 9. 13 A bestimmt für gebrochenen Schutz (*s. d.* 13 ff.) von König, Kirche, Adel **8a)** Je um ein ~ steigt Altarbusse (*s. d.* 6 c) für erschlagene Geistliche mit jedem Weihegrade, bis zu 7 £ für den Priester **9)** Unter den Strafgeldfixen ist das von 5 £ für 'Königsschutz' (*s. d.* 5), das Doppelte dessen für 'Ungehorsam' (*s. d.*), 4 und 8 mal früher Geldstrafe **10)** Aus 60 Normann. Schilling nur umgerechnet ist der Königsbann (*s. d.*) von 3 £ **11)** Ein halbes £ büsst dem Hundred, wer zum dritten Male dessen Aufforderung zur Diebesverfolgung missachtete; Hu 3, 1 **12)** In £ erhalten die Nordischen Heere ihr Dänengeld. Für den Friedensvertrag von 991 zahlte England dem Heere [der Nordleute] 22000 ~ [Silberwert] in Gold und Silber; II Atr 7, 2 **13)** 300 £ zahlt London (*s. d.* 23) Jahrespacht der Krone für Middlesex

Philippi und Jacobi Fest fällt 1. Mai, also in die von Fasten (*s. d.* 7 c) freie Zeit

Pikten. 1) ~ und Agsa. haben die Briten verdrängt; **N** sie sind eines der im 12. Jh. Britannien bewohnenden Völker; Lond ECf 32 D 6 **2)** Sie heissen [angeblich] nach Pictus; aus Galf. Monm. *ebd.* 35, 1 A 2 **N 3)** Die ~ Schottlands suchte [angeblich] Wilhelm I. mit Franzosen zu staatsbürgerlicher Einheit zu versöhnen; Wl art retr 1 **4)** Er schätzte [angeblich] das Recht der ~ weniger als Denalagu; ECf 34; *vgl.* I 661[d]

Pilgerfahrt *s.* Wb *wræcnian, wræcsið, peregrinari* [*forwrecen* übs. *peregrinus* Lucas 24, 18]. *Vgl.* Kreuzzug; Rom **1)** Durch lebenslängliche ~ büsse der Priester, der Beichtgeheimnis verletzte; aus Kanones Hn 5, 17 **2)** Der Verletzer der Treuga Dei 30 *annos peniteat in exilio ab hoc episcopatu,* verhängte die Synode zu Caen 1042 **3)** Die Absolution durch den Papst (*s. d.* 3), also ~ nach Rom, wird gefordert vom verbrecherischen Priester, Verwandtenmörder (*s. d.*) u. fleischlichen Verbrecher **4)** Wer einen Altardiener getötet hat, sei friedlos in Kirche und Staat, ausser wenn er binnen 30 Tagen zur Busse in *wræcsið* (elende Verbannungs~) geht und mit der Sippe jenes Totschlagsühne errichtet; II Cn 39. 39, 1. Absichtlich [oder durch Nichtverstehen der Sprache] mildert das Q undeutlich in 'würdige Busse'. Ewig ist diese Verbannung nicht, noch auch mit Vermögenseinziehung verbunden; denn letztere und Friedlosigkeit droht als das Härtere nur dem, der jene Alternative nicht auf sich nimmt. Hinzuzudenken ist aber Altarbusse aus II 42. Northu 24. Had 2—9. Sieben Jahre (*u.* 6 a) Verbannung setzt auf dies Verbrechen Ps -Theod. *Poenit.* 3, 11 **4 a)** Stirbt ein Kind ungetauft, so soll der verantwortliche Verwandte den Aufenthalt im Vaterlande verlieren und *wræcnige* ausser Landes; *Homil. n.* Wulfstan 120. 300 **5)** Cnut erlangt in Rom für Engländer und Dänen, die [feststehendem Brauche folgend] nach Rom pilgern wollen, Passierfreiheit und Zollerleichterung; Cn 1027, 2 ff. 6. Ähnlich sorgt Stephan d. H für Ungarns Pilger nach Rom **5 a)** Die Härte der ~ sei, nach Fabel 12. Jhs., dem Papste abgekauft durch Peterspfennig; *s. d.* 5 a **N 6)** Wer nach Rom oder Jerusalem pilgert, stelle daheim einen Vermögensvertreter; Hn 61, 15; *vgl.* 61, 10 über den Truchsess [Jahr und Tag Frist, selbst Interessen wahrzunehmen, geben ihm Glanvilla I 29, Normann., Dän., Span. Rechte. ABRAHAM] **6 a)** Noch 1208 genehmigt der König eine Sühne, wonach Totschläger 7 Jahr (*o.* 4) im Heiligen Lande dient und einen Verwandten zum Mönch oder Chorherrn macht; *Select pleas of the crown* ed. Maitland p. 55 **6 b)** Jerusalemfahrer verpfänden Land für ein Gelddarlehn; Urk. um 1066 Kemble 953

***placita** coronae* *s.* Kronprozess

Plünderer *s* Diebstahl, Raub

N Pluralis majestatis des Königs wird seit 1189 üblich; I 620[r] **1)** Ausser den Belegen *o. S.* 174, Sp. 2 vorl. Z. wird er spät eingeführt in Wl art Insc **1 a)** In II Cn 82 In und Wl art 2. 5. 8, 1 ist vielleicht das neben dem König Gesetz gebende Witenagemot bzw. Reichsrat (*s. d.*) gemeint **2)** Falsch ist Urk. a. 811 Birch 338 mit *imperii nostri*

Poesie im Recht *s.* Wb Wortschatz, Endreim, Reim, Formeln, Sprichwort; *vgl.* Humor, Gesetz 8

N Poitou, *Pictavi,* als scherzend schauspielerisch gescholten, von Heinrich I. besiegt; Quadr Arg 18; vielleicht ist besonders gemeint der Aufrührer von 1102 Roger von ~; I 534[k]

Polizei, kriminale, d. i. Inbegriff der Massregeln zur Erhaltung des Friedens (*s. d.*, der Sicherheit für Leben und Eigentum) gegenüber innerer Ruhestörung, die **I.** wenn geschehen, bestraft (*s.* Strafvollzug) und **II.** künftig verhütet werden soll **1) I.** Dass die Missetat nicht ungesühnt bleibe, dazu dienen: **A.** Ermahnungen zur Gerechtigkeit (*s. d.* 5 e; Moral 4—8, König 13, Königspflicht 2 f., Richter) **B.** Ehrlichkeitsversprechen (*s. d.*) allen Volkes auf Abwendung von Begünstigung (*s. d.*) der Verbrecher und auf Anzeige (*s. d.* 14) derselben **C.** Justizertrag (*s. d.*) spornt den Richter und die Gerichtsgemeinde (II As 20, 4), oft auch die Kirche wegen ihres Anteils am Strafgelde, zum strafgerichtlichen Eingreifen von Amts wegen **D.** Der Verletzte erhält Busse (*s. d.* 3), die Sippe des Getöteten Wergeld (*s. d.*), der Schutzherr des Gekränkten Zahlung für gebrochenen Schutz; *s. d.* **E.** Der Melder des Verbrechens empfängt Lohn für die Anzeige (*s. d.* 6 ff.), der Einfänger des Gestohlenen für den Einfang (*s. d.*); wer den nicht vor Gericht gekommenen Dieb zuerst niederstreckt, erhält von der Londoner Friedensgilde 12 Pfg. Lohn; VI As 7. **N** Wer den Dieb mit Gestohlenem fängt, *habebit catalla pro ipso decollando;* aus Northumberland, 13. Jh., Holdsworth *HEL* II 202[11]. In späterer Zeit setzt der Staat einen Preis auf den Kopf [wie bei anderen Germanen; Brunner I² 233[6]; Maitland Domesday 287; so a. 1196 Madox *Hist. Exchequer* 136 **F.** Bestraft werden heimliche Abfindung (*s. d.*), Begünstigung (*s. d.*), Hehlerei, Rechtssperrung (*s. d.*), Unterlassen des Gerüftes (*s. d.*) und der Klage (Leis Wl 4, 1), Freilassen (*s. d.*) von Verbrechern; eine Klage, auch falls dem Kläger kein Ertrag winkt, fallen zu lassen, verbietet VI As 7 **G.** Pflicht, Friedlose (*s. d.* 11 a: *spolia* als Lohn) zu töten (II 2, 1. V Pro 2 = IV 3. 6, 3), dem Gerüfte (*s. d.*) hinter Verbrechern, der Spurfolge hinter Entwendetem (VI 4) her zu folgen, als Grundherr Spurfolge einzurichten, dem Gerichtsbefehl zur Verfolgung von Verbrechern oder dem Gerichte Ungehorsamen, die mit deren Tötung oder Fronung endet, zu gehorchen (II As 20, 2 = III Em 2. VI As 8, 3. Hu 2. 3. III Eg 7, 2 = II Cn 25, 2 = Leis Wl 47, 2), den notorischen, die Kirche mit Blut befleckenden Totschläger zu erjagen (VIII Atr 1, 1 = I Cn 2, 3), den Dieb fassen zu helfen (Ap AGu 7. III Em 2), ihn verhaftet zu bewahren (Ine 28, 1. 36. 73), zur Strassenwacht (*s. d.*) gegen Viehräuber beizustehen. **N** Solche allgem. ~pflicht des Bürgers besteht noch 1166. 1176; Holdsworth *HEL* I 131. [Auch im Sachsenspiegel III 1. 68, 1 f. ABRAHAM.] Aber schon Mitte 13. Jhs. wird selbst das Recht, den Verbrecher ausser in Notwehr zu töten, bestritten; Pol Mai II 476.] Die religiöse Färbung dieser Verfolgungspflicht [Brunner *Forsch. zur GDR* 446] erhellt aus den Worten 'wohin Gott weist' Hu 2 **H.** Lossagen der Sippe (*s. d.*) vom Verbrecher; Verbot, einen Verbrecher ins Gefolge aufzunehmen **I.** Pflicht, den Missetäter vor Gericht zu stellen, lastend auf Sippe (ECf 6, 1), Herrn (*s.* Gefolge 10. 19), Bürgschaft (*s. d.*

13), Freibürgschaft (*s.* Zehnerschaft), Nachbarschaft (*s.* Murdrum 11c) **K.** Bildung einer Genossenschaft (*s. d.* 12d) als Schutzgilde und Landfriedensbund zur Verbrecherverfolgung, eines Kollegs von Geschworenen (*s. d.* 1) zur Rüge; L. Erlaubnis zur Selbsthilfe in Blutrache (*s. d.* 2), nach vergeblicher Vorladung zu Gericht in Pfändung (*s. d.* 10a. 14), gegen Handhafte (*s. d.* 11) und in Notwehr (*s. d.* 1 ff.) **M.** Pflicht oder Recht des verletzten Klägers zu privatem Strafvollzug; *s. d.* **N.** Amnestie (*s. d.* 2f.) für die in bestimmter Frist eingestandenen und zu büssenden Verbrechen; **O.** Errichtung von Gefängnissen; *s. d.* 4 **1a)** Die ~ hindern musste das Strafgeld, das falsche Klage (*s. d.* 6a ff.) bedrohte, auch wenn sie gutgläubig nur in des Beklagten Person irrte, und die Unmöglichkeit, ein Verbrechen ohne Angabe eines Beschuldigten anzuzeigen und amtlich verfolgt zu sehn **2) II.** Künftige Verbrechen zu verhüten sucht man durch **A.** allgemeine Ermahnungen ans Volk (*s.* Homiletisches, Moral), es solle das vom König Befriedete umfrieden, Diebstahls sich enthalten (VI As 20, 3) **B.** durch Ehrlichkeitsversprechen (*s. d.*), Eid der Königstreue (*s. d.* 7i), Schwur auf Gesetze (*s. d.* 10) und Friedensbewahrung, den Bischof u. Ealdorman, der Sheriff in seiner Shire, den Eingesessenen abnehmen; Urfehde **C.** Bürgschaft (*s. d.* 6) für künftiges Wohlverhalten Verdächtiger (VI As 12, 2) oder Fremder (*s. d.*; AGu 5), dann auch Unbescholtener durch Sippe, Herrn, Zehnerschaft oder sonstige Bürgen **D.** Behandlung und Ausrottung Verdächtiger, als wären sie bandhaft; *s. d.* 7. d. 9 **E.** Verpflanzen (*s. d.*) Übermächtiger, die dem Gericht zu trotzen in Verdacht stehen; V As Pro 3 = IV 3, 2 **F.** Sicherung ehrlichen Handels (*s. d.* 8ff.), Kundmachung des Erworbenen (*ebd.* 6), Verbot heimlichen Schlachtens (III Atr 4), Wache bei Nacht; *s. d.* 4 **3)** Aus guts-, gefolgs- und hausherrlicher ~ entspringt z. T. Gerichtsbarkeit; *s. d.* 28 **N 4)** In Agnorm. Zeit übt der Königsrichter von Amts wegen ~; er sucht Flüchtlinge, bringt sie in ihr Abhängigkeitsverhältnis zurück, brandmarkt sie; Hn 23, 5. 59, 26. Doch darf er, obwohl das Verbrechen kennend, es nicht zu ungunsten privater Gerichtsbarkeit 'haben', d. h. den geldlichen Nutzen aus dessen Bestrafung ziehen; 24, 4 **5)** Tatsächlich blieb die ~ mangelhaft; *s.* mein *Friedlosigkeit* in *Festschr. Brunner* 28 [chen

Polizeieid *s.* Ehrlichkeitsverspre-

Polyandrie *s.* Blutschande 5, Eheschliessung 4c

N Polykarp des Card. Gregor hat gemeinsch. kanonist. Quelle mit Hn 5, 17

Pönitentialbuch. N 1) Hauptsächlich Pseudo-Egbert und Pseudo-Theodor werden ausgeschrieben: Hn 68, 6—12. 70, 16ff. 72, 1d. 73—73, 6. 75, 5. 88, 7 **2)** Das ~ wird zitiert als massgebend für Beurteilung des Ehebruchs II Cn 50, 1 In; den Pseudo-Egbert *De adulterio* schreibt Hn 73, 6 aus **3)** Geistliche Busse erstrebe man nach [kanon.] Bücher Anweisung; II Cn 38, 2

Pönitenz (Kirchenbusse) *s.* Wb *bot,* mit und ohne *for Gode, wið God, godbot, dædbot, (ge)betan, dædbetan, (godcund) scrift* 1c, *(ge)scrifan. Vgl.* Beichte. Zu trennen von Altarbusse; *s. d.* **1)** Sie richtet sich nach Pönitentiale (*s. d.* 3) oder 'Kanon' (EGu 3. I Em 1), im Ggs. zum Engl. Volksrecht **2)** 'Man suche ~ nach beim Beichtvater und, wenn der das zu Arge nicht absolvieren will, beim Bischof, Erzbischof, Papst und schliesslich, bei schlimmster Schuld, bei Gott selbst'; *Homil. n.* Wulfstan 275 **2a)** Den Papst (*s. d.* 3 ff.) als Verordner der ~ nennen wenige Stellen, die meisten den Pfarrer oder Diözesan (*s.* Geistliche 27e, Bischof 8d ff.); Af 1, 2; 8. EGu Pro 2. II As 26, 1. Northu 61, 2; beide letzteren I Em 3 **2b)** Nicht der Diakon, sondern Priester oder Bischof, gebietet ~ nach Theodor II 6, 16; letzterer allein für *crimina;* Synod. a. 1076, 11 **2c)** Nur ein Geistlicher, nicht eine besondere Behörde (geistl. Gericht) schreibt in *Gesetzen* ~ vor **2d)** Doch ist die ~ eine der Wurzeln fürs Geistliche (*s. d.* 4) Gericht **3)** ~ wird vom Staate erzwungen, durch Geldstrafe, deren Hälfte der Staat nimmt, jedoch nur falls sich einer der Kirche nicht fügt; EGu Pro 2 = VIII Atr 36 = Had 11 — Hn 11, 14b. 15. In der Regel ging die ~ innerhalb kirchl. Regiments ohne den Staat vor sich **3a)** Die Regierung ordnet Landesbusse (*s. d.*) an **3b)** Das Gesetz verordnet nicht bloss Laien, sondern auch geistlichen Missetätern ~; *u.* 9c. d. e **4)** Die ~ ermässigt sich in der Strenge je nach Schwäche des Sünders; VI Atr 52f. = II Cn 68, 1; 1c **5)** Mächtigem Herrn nehmen Freunde die Fastenbusse ab, und für Kranke hat ~ einen fest taxierten Geldersatz; Agsä. Kanonist ed. Thorpe *Anc. laws* 414. Die *Gesetze* haben nichts Derartiges, wohl aber heilt Almosen (*s.* Armenpflege 11), als Fasten-Ersatz, Sünden nach Hn 72, 2b—3a; *vgl.* I 590p **5a)** Die Einnahmen aus ~ in Geld oder Land, durch die Witan festgesetzt, verwende die Kirche nur zu geistlichen Zwecken; VI Atr 51. In Cn III 54; *vgl.* I 614* **6)** Die häufigen Beifügungen von 'eifrig, innerlich' zur ~, wie sie der weltlichen Genugtuung nicht hinzugesetzt werden, beweisen, dass die ~ moralisch den Übeltäter bessern soll. Sie steigt daher mit der Schwere der Tat und nicht allein, wie der Abkauf der Rache, mit dem Stande des Beleidigten **6a)** Demgemäss: 'Gott sieht auf die Art, nicht auf die zeitliche Ausdehnung der ~', mit Benutzung von Pauli Cor.; Hn 72, 3b **7)** Die ~ besteht in Nachtwachen, Fasten (*s. d.*), Beten, Almosen und Wohltätigkeit; Hn 72, 2b. Quadr I 536, Sp. 1, letzte Z. Der Verf. vergisst Pilgerfahrt; *s. d.* **7a)** Nur Büsser fasten auch zwischen Ostern und Pfingsten; I Cn 16, 1 **7b)** Die öffentliche Kirchenbusse war nach Theodor I 14, 4 den Agsa. unbekannt; *vgl.* Wasserschleben *Bussordn. abendl. Ki.* 30. [Im 12. Jh. setzt *publica* zu *penitentia o.* a ein Ühs. vielleicht nur im Sinne von Landesbusse; *s. d.* 2.] Auch die Nord. Kirche, die die ~ samt den Wörtern den Agsa. entlehnte, kennt nur private ~; Jørgensen *Fremmed Indflydelse* 44 **8)** Das Unterlassen der ~ für Missetaten, die ihr unterliegen, schliesst von der Kirche aus (*s.* Exkommunikation 14) und verbietet daher den Königshof **8a)** Vom Erscheinen des kirchlich Gebannten *ad satisfactionem* hängt die Lösung der Exkommunikation (*s. d.* 13a) ab **9)** Die *Gesetze* verordnen ~ bei Sünden allgemein (*s.* Moral, Homiletisches; V Atr 1 = VI 1 = X 1), bei Verletzung der Kanones oder weltlichen Gesetze (VI 50); **9a)** bei kirchlichen Vergehen, wie Arbeit am Feiertag (*s. d.*; II Cn 45, 1), Versäumnis der Kindertaufe (Northu 10, 1), Unkeuschheit der Geistlichen (I Em 1), Verwandtenehe (Northu 61, 1), Ehebruch des Mannes (64), Hurerei (EGu 11 = VI Atr 7 = II Cn 4a; 1), Ehe mit der Nonne (Cn 1020, 17), Nonnenschändung (I Em 4. VI Atr 39), Raubehe mit einer Witwe (VI Atr 39), Klosterverlassen des Mönches (V Atr 5 = VI 3a), Zauberei (EGu 11 = VI Atr 7 = II Cn 4a; 1. I Em 6): **9b)** bei halb geistlichen Sünden, wie dem Bruch des Versprechens (*s. d.*; Af 1, 2; 8. Cn 1020, 14) und Meineid (II As 26. 26, 1 = I Em 6 = II Cn 36, 1. VI Atr 36), bei Verletzung des Kirchenfriedens (VIII 3 = I Cn 2, 3); **9c)** bei Totschlag durch Geistliche (VIII Atr 26 = II Cn 41. 41, 2; aus Pönitential Hn 73, 1); **9d)** bei Stehlen, Meineid [blutigem Raufen, Huren] Geistlicher ([EGu 3]. VIII Atr 27 = I Cn 5, 3); **9e)** bei Widerstand Geistlicher gegen den Bischof (Northu 45); **9f)** bei Totschlag an Geistlichen, Mönchen (Had 2—8 = Hn 68, 5—7 [aus Pönitential]. II Cn 39, 1 = Hn 66, 1); **9g)** an solchen, für die Täter kein Wergeld zahlt, nämlich Verwandten (Hn 68, 9. 75, 5), Unfreien (75, 4), Ungeborenen (*s.* Abtreibung), Feinden des Herrn oder im öffentlichen Kriege oder bei anbefohlenem, erzwungenem Totschlag (Hn 68, 10ff.); **9h)** bei heimlichem Mord (EGu 11 = VI Atr 7 = II Cn 4a; 1. VI Atr 36); **9i)** für Totschlag allgemein; I Em 3 = II 4. VI Atr 29. VIII 3 = I Cn 2, 5; aus Pönitentialien Hn 68, 7—12. 72, 2b. 73, 1—5

Ponthieu. 1) ~ führt Waren nach London, legt sie zur Schau unter Verzollung; IV Atr 2, 6 2) **N** Über das verräterisch gescholtene Volk von ~ triumphiert Heinrich I.; Quadr Arg 18

portgerefa *s.* London 45a, Vogt

Possenreisser *s.* Geistliche 29f.

Präg(stätt)en *s.* Münze

N Präjudiz. Wenn von mehreren Miterben einer durch Formfehler seinen Prozess verlor, ~iert dies nicht den anderen abwesenden Teilhaber; aus Röm. Recht Leis Wl 38

Prälaten *s.* Erzbischof, Bischof, Abt, Kirchenherr

N Pranger *s.* Halseisen

Prärogative *s.* Kronprozess; König 10. 15. London 34b

Predigt *s.* Kirche 1—g, Bischof 8a; Geistliche 26. 29; Gesetz 8

Preis. 1) Die Taxen der statt Geld gezahlten Naturalien seien Maxima; der Zahlende schwöre, die Sache habe den Wert; Brunner I² 322. II 644 **1a)** Ausserdem dienen die Taxen als Ersatznormen für eingeklagtes, in Natur nicht mehr Vorhandenes 2) Die Taxen für Glocke (*s. d.* 4) des Rindes, Halsband des Hundes (*s. d.* 2b), Blasehorn, je 1 Schill. (Hu 8), gehen über den Sachwert hinaus **2a)** Bei Zahlung für Auge, Horn, Schwanz des Rindes [die der Mieter beim Gebrauche verletzt hatte] scheint Busse mit eingeschlossen; Ine 59 3) Mutterstute und Kuh wurden 'nach Wert' ersetzt, also je verschieden taxiert; Af 16 4) Wenn die Landesbusse 1 Pfg. (VII Atr 1, 2 = VII a 2, 2) oder ein geschmiertes Brot alternativ als Almosen fordert (*Homil. n.* Wulfstan 170. 173), so folgt Gleichwertigkeit nicht notwendig: vielleicht gab vielmehr nur der Ärmere Brot statt wertvollerer Münze **4a)** *Vgl. u.* 15 und: *pro* 1 *asse* [= Pfennig?] *de* [*anguillis* oder *aquaticis volucribus*] 5 *homines famem pellunt* in Ely; Will. Malmesbur. *Pontif.* p. 322 5) Sklav, Hengst, Ochs, Schaf werden bei halb Wallisischen Dunsæte ebenso bewertet wie im Wallisischen Gwent: Mercischem Muster folgen wohl beide 6) Der Sklav kostet 120 Pfg. minimal: VI As 6, 3; 240: II Atr 5, 1. Duns 7 7) Alter und Geschlecht der Tiere fallen ins Gewicht. *Vgl.* Pferd 15, Ochs 1, Kuh 5ff. 8) Kalb und Fohlen bewertet zu 5 Pfg. Af 16; **N** Zehnt dagegen wird (zwar fürs Kalb demgemäss ½ Pfg.; aber) fürs Fohlen 1 Pfg. gezahlt ECf 7, 2 9) Den Stier bewertet zu 120 Pfg. [viermal so viel wie den Ochsen (*s. d.*) das 10. Jh.] Leis Wl 9, 1 **9a)** 1 Ochs (*s. d.* 1a) wertet gleich 5 Widdern 10) Den Eber schätzt zu 60 Pfg. [kaum richtig; *u.* 15] Leis Wl 9, 1; das Schwein zu nur 10 Pfg. VI As 6, 2, zu 8 Pfg. Duns 7 11) Den Widder zu 4 Pfg. As Alm 1, ein Schaf zu 1 Schill. Ine 55. VI As 6, 2 [was als 5 Pfg. erklärt Q; As meint aber wohl, wie sicher Duns 7, vielmehr 4 Pfg.], zu 3 Pfg. Rect 9, ein Jungschaf zu 2 Pfg. 4, 1. **N** Vierzig Schafe bewertet zu 20 [Normann.] Schillingen, also jedes zu 6 Pfg. Hn 76, 7e, 12) die Ziege zu 2 Pfg. Duns 7 13) Die Wolle eines Schafes vor der Schur taxiert zu 2 Pfg. Ine 69, das 'Gewicht' (*s. d.* 5) Wolle zu 120 Pfg. III Eg 8, 2 14) Wert der Kleidung *s. d.* 5 15) **N** Unter Heinrich I. wurden Naturalabgaben in Geldzins verwandelt: *pro mensura tritici ad panem* 100 *hominum* und *pro corpore bovis pascualis* 12 Pfg.; *pro ariete vel ove* und *pro prebenda* 20 *equorum* 4 Pfg.; Ric. fil. Nigelli *Dial. de Scacc.* ed. Hughes 89 **15a)** ~ für Weizen, Bohnen, Erbsen, Hafer *s.* Saum 16) Indem nun der Agsä. Pfennig etwa 25 Pfg. heutigen Silberwerts enthält, eines Schafes Wolle etwa 7 Mark, ein Schaf 40 Mark, ein Schwein 30, eine Ziege 15, ein Pferd 800 Mk. heute wert ist – nach Hodgkin *Hist. of Engl. to Norman conq.* 234 —, ergibt sich, dass die Kaufkraft des Silbers damals 16—35 mal so gross war wie heute 17) Für Ernährung eines Findlings im ersten Jahre wird 30 Pfg. ausgesetzt, ebenso [jährlich] für die Witwe, die [im Stande des Gemeinfreien] ihre Waisen erzieht, neben einer Kuh im Sommer, einem Ochsen im Winter; Ine 26 18) Grosser Diebstahl (*s. d.* 9c) beginnt bei 8 oder 12 Pfg. 19) Ist der ~ des Eingeklagten 120 Pfg. [= 1 Pferd], so bedarf der Beweis (*s. d.* 8a. n) Zwölfereid oder Zweikampf, bei dreissig (*s. d.* 3a) Pfg. 1 £-Eid oder Ordal; *s.* Eideshelfer 12a. 29a. b **19a)** Bei 20 Pfg. [1 Kuh II As 12] gilt die für Anefang (*s. d.* 6. 25c) u. Widerlegung durch Ureigen geforderte Eideshilfe; II As 9 20) Bei 20 od. 12 Pfg. ist der Handel (*s. d.* 8b) auf die Stadt beschränkt, bei 4 Pfg. [1 Schaf] bedarf er 4 Kaufzeugen; *s. d.* 6

Preisgebung des Schuldigen zur Blutrache *s. d.* 18; Mord 7; Totschlag 16c; Geistliche 12; Haftung 5c. 6. a. f; Begnadigung 3a; Tierstrafe; Unfreier; Todesstrafe; Prügel 2b

N Preston's Stadtrecht [12. Jhs.] geht auf dieselbe Quelle zurück wie Leis Wl 10—10, 2

Priester *s.* Geistliche, Pfarre

Primas Engl. Kirche *s.* Canterbury, Erzbischof **Primogenitur** *s.* Erbgang 5. 13 **Prinz** *s.* Ætheling

Priorität A. in Ersatz (*s. d.* 1), Busse, Strafgeld 1) Wer blutig ficht im Gericht vor dem Ealdorman, büsst Wergeld [der Sippe des Erschlagenen] und Tatstrafe und vór diesem [Wer- und Strafgeld] 120 Schill. dem Ealdorman als Strafgeld [für amtlichen Schutzes Bruch]; Af 38 **2)** Diese letztere Busse für Verletzung des Sonderfriedens hat ~ vor *wer 7 wite*, wenigstens wenn der König beleidigt ist. Wer in Königshalle blutig gefochten zu haben nachträglich (nicht handhaft) überführt wird, löse sich durch sein Wergeld [vom Tode] aus und büsse die Schuld, sowohl Wergeld [des Erschlagenen] wie Strafgeld; 7 **3)** Strafgeld hat in der Regel ~ vor Bussgeld; denn das Umgekehrte bestimmt nur für den Ausnahmefall, dass Beklagter vor Ablegung des Reinigungseides nachträglich gestehe, Ine 71 **3a)** Die Geldstrafe für Blutvergiessen geht dem Wergeld, aber nur engeren Sinnes, voran auch Wer 6; sie folgt dagegen hier erstens dem Halsfang und zweitens der Mannbusse **3b)** Nur Mannbusse steht zwischen Halsfang und Wergeld engeren Sinnes bei II Em 7, 3 **4)** Halsfang (*s. d.* 2) geht dem übrigen Wergeld voran **5)** *s.* Pfändung 4 **N 6) B.** ~ der Kirche, Krone, Herrschaft, des Ligius (*s. d.* 10) in der Klage (*s. d.* 16) und Beweisforderung *s.* Gerichtsbarkeit 41d **6a)** Anspruch des Mannes aus Bürgschaft (*d. s.* 11) für Schulden des Herrn geht dessen Klage vor

Privatarbeiten *s.* Jurist 1. 2 [tum

Privateigentum *s.* Individualeigen-

private Abmachung *s.* Abfindung, Schiedsgericht, Vertrag

Privatgericht *s.* Gerichtsbarkeit

Privatkirche *s.* Eigenkirche

Privatstrafe *s.* Selbsthilfe, Strafvollzug, handhaft, Blutrache, Pfändung

Privileg *s.* Wb *freols(dom), frið, freo* 2. 4 (Ggs. *ungefreod*); *libertas, franchise;* die mit ~ umfriedete Kirchenstellung: *cyricgrið* II Eg 5, 3; *pax et libertas* ECf 1; das Landgut mit ~ der Jurisdiktion: *libera terra* Hn 27. 29, 1. *Vgl.* Adel; Kirche 6, Kirchenfreiheit, -land, -rang, -staatsrecht 18ff., Geistliche; Witan, Erzbischof, Bischof, Ætheling, Ealdorman, Eorl, Graf, Thegn; Herrschaftsgut, Bocland, Honor; Canterbury, York, Ripon, Beverley, Westminster CHn cor 14, 1[55]; London **1)** In Urkk. begegnet *freolsboc, freodom, freols* '~recht und dessen Urkunde', *freon, gefreogean* 'bevorrechten', *freolice* '~iert immun'; Earle *Landchar.* xxıj. 69. 113. 221. 343; Birch 551 **N 1a)** Heinrichs I. Krönungscharte heisst im 13. Jh. *libertates;* I 521[1] **1b)** Den Inhalt der königlichen Freibriefe für Klöster fasst zusammen als *libertates, dignitates regiasque consuetudines* ein Interpolator Ende 12. Jhs. I 523[65] **1c)** Freiheit von staatl. Zollabgabe (*s. d.*) auf eigenem Boden und Empfang dieses Zolls heisst *libertas* ECf 22, 2 **2)** Gegenstand des ~s ist Befreiung von Lasten (*s.* Dänengeld 8, Gastung 3a. 5, Abgabe 2f., Steuern) und aktives politisches Recht *s.* Gerichtsbarkeit, Schutz, Zoll; ~ien im Handel (*s. d.* 16ff.) u. Prozess *s.* Juden 8; Fremde 10 **3)** Indem Cnut gewisse Rechte, bes. Kronprozess, der Krone grundsätzlich vorbehält, macht er gleich wieder selbst Ausnahmen; II Cn 12. 15. In der Tat besass z. B. Canterbury ~ einschl. jener Vorbehalte **3a) N** Teile der Kronprärogative, besonders auch das Recht, dass nur die Krone über Kriminalsachen der *senatores et barones* urteile, kann der König Privaten abtreten. Solche Abtretung der Staatshoheit erscheint als 'Förderung der Freiheit'; Hn 20, 3 **4)** Eadgar bestätigt die ~ien seinen Thegnas, wie sie zu Eadmunds I. Lebzeiten bestanden, für seine eigene Lebzeiten, bindet also nicht die Nachfolger; IV Eg 2a. 12. 16. *S.* Schiffbruch 4b

Probe *s.* Ordal **Prolog, Promulgation** *s.* Gesetz 7b ff.

Propheten; 12 ~ angerufen als Gewährsmacht bei Beschwörung des Ordalprüflings Iud Dei VII 23, 1. XIII 13, 2 **Prophezeiung** *s.* Wahrsagung

Provinz *s.* Grafschaft, Hundred, Stadt, Dorf, Recht 4

Prozess(beistand) *s.* Rechtsgang (Vorsprecher, Vertreter, Klage 15)

Prozession, kirchliche **1)** bei der Landesbusse unter Æthelred, um Gottes Hilfe gegen die Dänen zu erbitten, barfuss, an drei Tagen, mit Reliquien und Weihwasser, unter Litanei; VII Atr 2, 1 = VII a 2, 1; *vgl. Homil. n.* Wulfstan 170. 173; *Ælfric Homil.* I 346; Maskell *Monum. rit. Angl.* I cxxvij **2)** Kirchliche ~ des Priesters mit Evangelium, Kreuz, Weihrauchbecken, Reliquien, unter Litanei führt den Ordalprüfling von der Kirche zum Kaltwasser-Bassin; Iud Dei X 17. XII 15. XIII 5 **3) N** Der Pfarrer überträgt mit ~ in christliches Grab die unter Verbrechern verscharrt gewesene Leiche eines Hingerichteten, dessen Leumund nach dem Tode gereinigt wurde; ECf 36, 5

Prozessionstage *s.* Bittfahrtstage

Prozessualpfand; Termini *s.* Pfand 1 **1)** Auch bei aussergerichtlichem Rechtsgeschäft, wie der Eheschliessung (*s. d.* 8o) und bei Schiedsgericht (*s. d.*) über Totschlag-Sühne (Wer 3 = Hn 76, 1a. 59, 4), werden die einzelnen Leistungen unter Pfand und Bürgschaft versprochen; hier wird nur das Versprechen gerichtlicher oder daraus folgender Handlungen betrachtet **1a)** Unter Pfändung 7 behandelt sind die Fälle, wo dem handhaft ertappten Frevler ~ vom Gerichtsherrn des Tatorts abgezwungen wird **2)** Die Partei gibt es dem Gegner (*u.* 12) oder dem Richter als rechtsförmliche Sicherung ihres Versprechens, dass sie künftig eine Handlung in diesem Prozesse vollziehen werde **3)** Kläger (wie Verklagter) gibt ~; *u.* 8. 9 **4)** Versprochen wird unter ~ **A.** Erscheinen vor Gericht (Hn 57, 7. 82, 2; *u.* 9. 9a), [Parteien, unzufrieden mit dem *a comitibus et praepositis iudicatum, regis* [Ælfreds] *subire iudicium subarabant;* nur der seines Unrechts sich Bewusste, *quamvis stipulatione* [= ~ *wedd*] *venire coactus, nolebat accedere;* Asser 106]; **B.** Erbringen des Beweises (*lex domino vadiatur:* Reinigungseid wird dem Gerichtsherrn unter ~ gelobt; Hn 46, 1a. 53, 6; *u.* 8. 9); das Ordal wird 'gewettet' (II As 23 [wie der Eid binnen 30 Tagen; Birch 386]. III Atr 7); **C.** Annahme des Urteils (Hn 34, 14), bes. das Zahlen der zuerkannten Geldstrafe (52, 2. 59, 14. 91, 1. 92, 17. ECf 36, 5); **D.** Urteilschelte; Hn 34, 4 **5)** Das ~ verhaftet den Wert der ganzen bei Sachfälligkeit zu verlierenden Summe und kann bei Pfändung Eingeklagtem gleichwertig sein (Hn 57, 7; in Denalagu dient das ~ vielleicht auch als Strafgeld für Nichterscheinen vor Gericht; III Atr 3, 2. 12); ja, es steigt bis zum Anderthalbfachen [wegen Stammesverschiedenheit]; Duns 1, 1 **5a)** Mit dem Stande des Klägers steigt der Wert dessen, was Verklagter als

~ hinterlegen muss (*lecge wedd*): 24, 12, 6 Ör je nachdem König [= Staat, *kinges gerefa* III 1, 1. 3, 2], Graf (= Bischof) oder Thegn klagt; III Atr 12: eine Art Schutz (*s. d.*) zugunsten Klägers **5b)** Dagegen ist das ~ oft nur ein Symbol: **N** wenn das Schwert freilich einen hohen Wert darstellt (ECf 36, 2), anderwärts im 12. Jh. bloss ein gefalteter Handschuh (*s. d.* 5); Round *Commune of London* 153 **5c)** Unter Wilhelm II. musste der verurteilte Vassall ~ *in misericordia* (*s. d.* 7) [*totius*] *pecuniae* geben **5d)** Da wo, wie oft, Bürgschaft (*s. d.* 13a. b. g. h. 15) neben ~ steht, ist vielleicht nur noch ein an sich wertloser Gegenstand, blosses rechtsförmliches Symbol des Versprechens (*s. d.*) gemeint, wie das auch von *wedd* im allgemeinen Sinne und auch von *borg* (*s.* Bürgschaft 1c) gilt **6)** Das ~ bezweckt dasselbe wie prozessuale Bürgschaft (*s. d.* 13a), tritt ein, wo jene fehlt **7)** Wo Vermögen für ~ und Bürgschaft fehlen, wird Verklagter bis zum Urteil (bzw. Ordal; *s. d.* 29a) verhaftet; II Ew 3, 2. Hn 52, 1e **7a)** Wo ertappter Frevler Grundbesitzes darbt (und Eid oder Bürgschaft weigert), *aliquid pro inborgo, id est sine plegio, retineatur;* 57, 7. 82, 2; 2a **8)** Die Parteien, von denen ~ gefordert wird, sind: **A** der Anefangskläger (Leis Wl 21), der Kläger, der behauptet, sein Verwandter sei ungerecht hingerichtet, auch die 18 Eideshelfer (III Atr 7. ECf 36); **N** wer zum Zweikampf fordert; Hn 59, 15; **9) B.** der Beklagte, auf dessen Territorium der Spurfaden verlorenen Viehs endet (Duns 1, 1); der im Kronprozess Beklagte für künftige Reinigung (Hn 52, 7); der im Anefang Beklagte für künftige Erbringung des Gewährsmannes oder Ureigen-Erweises (I Ew 1, 5; Duns 8: *inborh and underwed*); **N** der ungerechter Hinrichtung Angeklagte (ECf 36, 2); der Terminaufschub Erbittende (*s.* Bürgschaft 13h); der beim Trinkgelage vom Gegner Betroffene gebe *vadium recti* (künftig zu Recht zu stehn), um Rauferei zu vermeiden (Hn 81, 1); das Hundred, in dem ein ermordeter Franzose gefunden ward, *vadiat murdrum* (*s. d.*); Hn 92, 17; **9a)** der eventuell Anzuklagende, indem er sein von anderem gefundenes Vieh zurücknimmt; *s.* Bürgschaft 9 **10)** War jemand zum Kronprozess nicht vorgeladen, so kann er zu ~ nur auf Spruch der Urteilfinder hin durch den Richter gezwungen werden; Hn 52, 1 **11)** Wer dem Kläger ~ zu geben vor dem Richter sich weigert, büsst 30 Schilling [dem Richter]; Ine 8 = Ap AGu 1 **11a)** Wer vorgeladen ~ weigert, leidet Geldstrafe; *s.* Bürgschaft 13b. 17 **12)** Ursprünglich erhält Kläger vom Verklagten das ~ (*o.* 11; Bürgschaft 13b), später die Obrigkeit: halb Immunitätsherr, halb Richter; III Atr 7, **N** dann im 12. Jh. der Richter allein; ECf 36; *u.* 13 **12a)** Auch der geistliche Richter empfängt ~ und Bürgschaft; ECf 36, 5 **12b)** Ebenso der lehnsherrliche; Hn 53, 6 **13)** Der Geistliche gibt ~ für Urteilserfüllung dem Königsrichter nach Rat des Vorgesetzten; 52, 2 **14)** Beklagter gibt zuerst, Kläger erst nach dessen Unschuldseid ~, laut *Iudic. esson.* ed. Woodbine *Four* 13. *cty. law tracts* 125

Prügel *s.* Wb *hyd,* (*corium*), eig. Haut, mit *swingelle* synonym laut Ine 5, 1; *swinge, swingan, beatan.* 'Hautgeld' heisst die Summe, welche ~ abkauft. ['Haut verlieren' für 'geprügelt werden' findet sich nicht nur bei Germanen, sondern auch bei Russen um 1850; Krapotkin *Memoiren* I 71] *Swipu* (*-pian, -ppan*): geissel(n) fehlt in *Gesetzen* **1)** Freien ~ zu versetzen, ist schwere Ehrenkränkung; *s. d.* 1. a. 6a. c **1a)** Über unblutige Hiebe bei Rauferei *s.* Blauwunde, Beule **2)** ~ als Strafe treffen nicht Vollfreie [auch bei Friesen (His 47), anderen Germanen (Brunner II 674), Israeliten; Wellhausen *Ält. Strafr. Kulturvö.* 95]: nur Sklav, Strafknecht (Ine 48. 54, 2), Esne (Wi 22f.), Walliser; Ine 23, 3. 54, 2 **2a)** 'Der Haut ewig teilhaftig sein' heisst 'nie ~ leiden' und ist Folge der Freilassung; Hn 78, 3 **2b)** Der Gutsvogt, der den Esne nicht reinigen kann, liefere ihn dem Kläger aus zum ~-empfang; Wi 22f. **3)** Die ~ müssen als sehr schwer gelten. Ihnen zu entgehen, fliehen die Bedrohten ins Asyl, worauf man die ~ erlässt; Ine 5, 1. Diese Erlassung hebt auf für die Hirten, die verdächtiges Vieh, das auf Gemeinweide gebracht war, nicht der Polizei meldeten, IV Eg 9 **3a)** Das Agsä. Epos 8. Jhs. erzählt, wie *þeow heteswengas fleah* (ein Sklav die Hass-~ floh) zu unterirdischer Höhle hin; Beowulf 2226 **3b)** Neben die Entmannung, die Af 25, 1 anordnete für Notzucht eines Sklaven an der Sklavin, stellt ~ der Schreiber H [so setzt die Lex Salica 240 Hiebe der Entmannung gleich; Grimm *DRA* 703] **4)** Abgelöst werden ~ durch eine feste Geldstrafe [auch in Friesland (His 47) und bei anderen Germanen; Brunner II 36. 554. 605f. 640. 661.] **4a)** Die Haut des Wallisers (Halbfreien) gilt 12 Schilling (60 Pfennig); Ine 23, 3 **4b)** Die Haut des Sklaven gilt 6 Schilling = 30 Pfennig; VII Atr 2, 4f. II Cn 45, 2 Q. Hn 78, 3, wahrscheinlich schon zu Ines Zeit, da sein Wert 60 und das Wergeld des Wallisers 120 Schilling gilt. Bei Freilassung (*o.* 2a) zahlt der Sklav dem Herrn Hautgeld **4c)** Die Haut des Englischen Strafknechts galt wahrscheinlich 24 Schilling, laut des Klageeides, dessen Höhe der zu erzwingenden Strafe entspricht, *u.* 6 **4d)** Auch in Kent stehen ~ mit 6 Schill. gleich; Wi 10. 13. 15: da dies hier einen weit höheren Wert (120 Sceat) bedeutet, so liegt vielleicht Entlehnung Kents aus Wessex vor oder beider aus gemeinschaftlicher Quelle **5)** Vielleicht ist die Haut = $^1/_{10}$ des Mannes; *o.* 4a. b. Zwar gälte der Strafknecht (*o.* 4c) danach 240 Schill., allein dies könnte ein Rudiment der 2 Grosshunderte (*o.* 3b; *s.* Brunner II 606) sein, die später zu 200 geändert wurden **6)** Wer gegen Sklaven od. Walliser Strafsklaven klagend, erreichen will, dass dieser ~ erhalte, muss einen Voreid schwören von 12 Hufen; gegen einen Englischen Strafsklaven einen von 24 [wenn so zu bessern statt 34] Hufen Wert; Ine 54, 2 **6a)** Dagegen richtet sich der Voreid nach dem Gestohlenen, wenn die Missetat vor der Verknechtung geschehen war; 48 **7)** Er erzwingt hier einmalige ~, wohl im Ggs. zu dreimaligen *u.* 8a. b. 9 **8)** Die Verbrechen, für welche der Unfreie ~ leidet, sind: **A.** Diebstahl [auch bei Friesen; His 47], und zwar vor Verknechtung verübt; *o.* 6; der Sklav, der zum ersten Male unter 8 Pfennig stiehlt, leidet ~; Hn 59, 23, **8a)** und zwar dreimal, neben Skalpieren [Strafe zu Haut und Haar *vgl.* Brunner II 605ff.; *s.* Haut 5] und Abhauen des kleinen Fingers, für die gemeinsam stehlenden Sklaven, deren ältester mit Tode bestraft wird; III Em 4; **8b)** ferner dreimal, wenn ihm Ordal misslang; diese Strafe ist aber abkaufbar durch nochmalige Bezahlung des Gestohlenen, ausser einfachem Ersatz und einem Strafgeld, das halb so hoch ist wie das des Freien; II As 19 **9) B.** Dreifach leiden ~ Sklav und Sklavin, die bei der Hinrichtung der diebischen Genossen nicht ihre Henkerpflicht erfüllten; IV 6, 5; 7 **9a)** Unfreie, die Diebstahl nicht anmeldeten, leiden ~; *o.* 3 **10)** C. **N** Ein *servus*, der ein Forsttier hetzte, *careat corio suo;* Ps Cn for 22 **11) D.** Der Unfreie, der Götzen opferte, Fasten durch Fleischgenuss brach oder freiwillig Sonntags arbeitete, büsst [seinem Herrn] 6 Schill. oder leidet ~; Wi 10. 13. 15 **11a)** Ein Sklav, der Fasten brach, leide ~ oder zahle Hautgeld; EGu 8 = II Cn 46, 2; so VII Atr 2, 4 = VIIa 3, hier ohne die Ablösung durch Hautgeld **11b)** Ein Sklav, der Feiertags arbeitete, leide ~ (Ine 3, 1) oder zahle Hautgeld; EGu 7, 1 = II Cn 45, 2 (hierfür setzt 30 Pfennig Q; *o.* 4b) = Northu 56. Letztere Alternative bringt auch ein jüngerer Zusatz zu Ine. Hier scheint Empfänger des Strafgelds der Staat, nicht der Herr **11c)** Für Entheiligung des Sonntags diktieren auch die Friesen ~ den Unfreien; His 47

Psalmen. *Vgl.* Buss~ **1)** Zitate *s.* Bibel 2h **2)** Fünfzig ~ für die Seele des verstorbenen Gildegenossen singt oder lässt für Geld singen jeder Londoner Gildebruder (VI As 8, 6), **2a)** singt Freitags jeder Stiftskonvent für den König und seine Getreuen; V As 3 **2b)** Das Drittel des Psalters gilt als heilig schon der Irischen Kirche; Plummer *Beda* II 137f. **2c)** Die Ellipse von ~ hinter *fiftig s.* Wb und in Urk. Birch 330 **3)** Zur Landesbusse singe jeder Mönch 30 Psalter (während der Priester 30 Messen liest); VII Atr 3, 2 **3a)** Mönche singen für Wohltäter Psalter, wo Priester Messe lesen auch in Urk.: a. 854 Birch 469 **4)** An jenen 3 Tagen singt ausserdem der Konvent zusammen den Psalter ganz und bei jeder Hore, zur Erde gestreckt, den dritten ~; VII Atr 3, 1 = VIIa 6, 3. 6

Pseudo-Egberti *Poenitentiale*, benutzt von Hn I 590f., teilweise aus Halitgar; *vgl.* Bateson *Jahresber. Gesch.-Wiss.* 1905 (1907) III 96

N Pseudo-Ingulf *s.* Crowland

Pseudo-Isidori *Decretales* werden benutzt I 173 Sp. 1*. Hn 5, 5a; 23; 27a; *vgl.* Kanones 17

Pseudo-Theodori *Poenitentiale* wird benutzt in Hn 68, 6—12. 75, 5

Pseudo-Ulpian. *De edendo*, Römisches Rechtsbuch 12. Jhs., I xxx Sp. 1

Q.

Quadripartitus, Engl. Rechtsbuch um 1114 (vom selben Verf. wie Hn I 547), I xxxviij. LX. 529—546; Stücke daraus I 17—205. 217—236. 260f. 279—379. 386—399. 443—453. 457—469. 474—484

quarantena **I.** *s.* Vierzig Tage **II.** *s.* Furchenlänge, Acker 3a. 6, Meile 6b

N ***quarterium*** 25 Pfund. Der Fremde in London darf nicht detaillierter verkaufen als 1 ~ Pfeffer, Kümmel, Ingwer, Alaun, Rotfarbholz, Lack, Weihrauch, Wachs; Lib Lond 8, 2; 5; *vgl.* I 675b. g. Londons ~ ist massgebend 1215; Magna charta 35

Quatember *s.* Wb (*riht ymbren-(dagas, -fæsten, -wicum)*; *Quatuor tempora* **1)** Fürs Festland *vgl.* Du Cange s. v. *ieiunium vernale;* Grotefend *Histor. Chronol.* 32. **N** Diese drei Wochentage in 4 Wochen jedes Jahres meint wohl der wesentlich von Französischer Kirche beeinflusste ECf 2, 3a **1a)** Die Engl. Kirche hält ~ geboten durch Gregor I.; VI Atr 23 (= *Homil. n.* Wulfstan 272). Die Verschiedenheit vom Brauche anderer Nationen betont dazu L **1b)** Ein Kanon Ps.-Gregors I. setzt als die 4 Wochen an: a. (Frühlings)-*Quadragesima*, b. nach Pfingsten, c. vor Herbst-Nachtgleiche d. vor Weihnachten; Stubbs *Councils* III 53; *vgl.* 368; ebenso Hs. Bodl. Jun. 99 bei Soames *Agsa. church* 215; dagegen setzt für a, b, c: *Kl. Martii, Junii secunda, Septembris tertia hebdomada* Addit. ad Ps.-Egbert., ed. Thorpe *Anc. laws* 391 **2)** Die 4 Mittwochen der ~ haben die Unfreien arbeitsfrei, um vom Arbeitsertrage der Kirche opfern zu können; Af 43 **3)** Eid, Ordal (und Hochzeit VI Atr 25) ist verboten an ~; V Atr 18 = VI 25 = I Cn 17 = Hn 62, 1 **4)** Fasten zu ~ gebietet VI Atr 23 = I Cn 16 **4a)** Feier an den 12 *ymbrendagas* fordern *Homil. n.* Wulfstan 244. 247 **N 5)** Treuga Dei herrscht an ~; ECf 2, 3

Quellen I. *s.* Wb (*wæter*)*wiell*(*e*) **1)** ~ zu verehren, verbietet aus *Can.* Eadgari II Cn 5, 1 [als heidnisch; *vgl.* Grimm *Dtsch. Mythol.* 89f. 549; über Kult von Salz~ *s.* Kemble *Saxons* I 524] **2)** Asyl (*s. d.* 1) um ~ herum zu kultivieren, straft mit Rechtsbruchbusse Northu 54 **3)** Almosen an ~ darzubringen, verbietet *Homil. n.* Wulfstan 12. 303; Ps.-Egb. *Poenit.* II 22; auch *vigilias* (*wæccan æt wylle*) IV 19, ebenso Hs. Otho B 10 bei Napier *Über Wulfstan* 64 **II.** *s.* Rechts~

N Quittung. *Vgl.* Kerbhölzer; Mancus 4; Peterspfennig 17a. Eigentliche Urkk. über Rückempfang einer Schuld kennt England vor 1199; Brunner *Forsch. z. GDR* 538[1]

R.

Rache *s.* Blut~, Selbsthilfe; *wracu, wrecan* dienen für ~, Pfändung, Strafe, ungerechte Vergeltung

Rachinburgen, Urteilfinder (*s. d.*)-Ausschuss der Gerichtsgemeinde bei den Franken (Brunner I[2] 204. 209), vom Anglonormannen um 1114, der öfter Fränk. Rechtsquellen ausschreibt, missverstanden und als Übersetzung eingestellt für den habgierigen Erpresser von Justizertrag (also Gerichtsherrn oder dessen Vogt); II Cn 76, 2 Q

N ***radcniht*** **1)** als identisch mit dem 600 Schill.-Manne bei Af 30. 39, 2 (auch in Rubrik I 617) eingesetzt um 1110 durch In Cn, vermutlich weil Verf. in diesem aus jenen Stellen eine Klasse zwischen dem Gemeinfreien und dem Thegn richtig vermutete und einen Dienstmann zwischen Bauer und Ritter in seiner Gegenwart und Heimat kannte, der ~ hiess **2)** Die Domesday-Enquete fragte 1086 durch alle Grafschaften hin, *quot radmanni, quot radchinistri* vorhanden seien. Allein tatsächlich findet sich der ~ nicht in allen Grafschaften, und ist seine Unterscheidung vom *radman* nicht erfindlich **3)** Nach Vinogradoff ist der ~ des Domesday frei, steht über dem Villan, stets von ihm getrennt, besitzt meist unter der Herrschaftsdomäne, der er bisweilen Fron schuldet, 1—2 Hufen, über die er nicht frei verfügen darf, und heisst wahrsch. nach dem Reiterdienst als des Herrn Bote, Beamter, und Eskorte — einmal muss er im 12. Jh. *defendere terram monachorum a malefactoribus; EHR* 1905, 280 —, einem Dienst, der sich später leicht zur Leistung der Kriegspflicht des Guts für den Herrn und König entwickeln konnte; *Engl. soci.* 71 **3a)** Maitland sieht den Vorgänger des ~ im *eques* Oswalds von Worcester, der, für ein Lehn von 3 Leiberdauer, Reiterdienst des Bistums, viell. den staatlichen, und nicht bloss im Frieden, übernimmt; *Domesday* 305ff.; *s.* Gefolgsadel **14**, Læn **4h**; Pferd 8 **3b)** So ausgebildet ritterlich oder nur kriegerisch, wie Maurer *Adel* 151 ihn vorstellt, ist der ~ aber nicht zu denken. *Vgl.* Round *Victoria County hist. Worcesters.* I 251 **4)** *Rodknights* kennt noch Bracton II 16, 6; 35, 6; Pol Mai 266—9 **4a)** In Castlesowerby, zwischen Carlisle und Penrith, zeigten 10 Grundbesitzer noch im 18. Jh. Speere, mit denen je ihr Ahn als *redknight* dem Herrn gedient hatte; Wilson *Victoria County hist. Cumberland* I 332

Rädelsführer *s.* gemeinsch. Missetat 1. 3a. 13a. d; Bande 6

N Ramsey, Abt Ealdwine von ~ wird 1102 abgesetzt; Quadr II 8, 2.

Rang *s.* Stand; Kirchen~ [I 545

N Ranulf, Kanzler Heinrichs I., bezeugt 1109—11 Hn com Test

Rasse *s.* Angelsachsen, Briten, Waliser, Dunsæte, Dänen, Franko-Engländer, Fremde, Juden

Rat *s.* **I**. Anstiftung **II**. Reichs~, Vassallität 15 **III**. Stadt 19

Ratserholung *s.* Klage 15, Gefolge 14e. f. 16a, Rechtsgang 14bff., Schiedsgericht 10, Gesetz 11, Pacht 10

Raub *s.* Wb *reaf(lac)* [im Domesday *revelach*], *(be)reafian, reafere; ran, quod Angli dicunt apertam rapinam* Wl art 6 = retr 12 [in II Cn 61, 1 ist *ran* nur Ld's falsche Lesung]; *strudung; hergung* [bei Toller auch *sceacere; vgl.* Brunner II 649]; *roberie, ravine; robaria, refare, robare. Riepere* (Plünderer) hinter *reafere* II Cn 7 u. bei Predigern steht wohl nur tautologisch; *s.* Wb *berype. Vgl.* Kirchen-, Leichen-, Menschen~; Strasse; Diebstahl; Eheschliessung 2 **1)** *reaflac and niednæme* straft gleicherweise mit 60 Schill. (wie den Diebstahl) und nennt das durch die Handlung beider Namen Erraubte und dem Eigentümer Wiederzugebende *reaflac* Ine 10. Vielleicht stellen beide Wörter nur éinen Begriff dar (wie denn *nama, numft* ~ heissen können; Brunner II 647). Oder aber im letzteren Wort ist die Gegenwehr des Beraubten gegen die Gewalt mitgedacht, im ersteren nur der Mangel seiner Einwilligung. Obwohl *niman,* und später in Dänen- u. Normannenzeit *nam,* 'pfänden, Pfand' heisst, liegt diese Bed. hier nicht vor; Ine setzt auf formlose Pfändung (*s. d.* 10a) im Satze vorher nur 30 Schill., aber Doppelbusse **1a)** Vom Diebstahl (*s. d.* 1a) scheidet der Agsa. sprachlich den ~: die Offenheit eignet diesem, Heimlichkeit jenem; *vgl.* Brunner II 453. 647; Schröder *DRG*[5] 365; Richthofen *Mon. Germ., Leg.* III 664. Die für Diebstahl dem Kläger zufallende Doppelbusse fehlt bei ~ nach Ine; sein Übersetzer in 2. Rezension fügt sie im 12. Jh. hinzu **1b)** Der Agsa. kennt *reaflac* auch für rechtswidrige Landnahme; *vgl.* Brunner II 512. 648 ('forcible entry' Kemble *Saxons* II 51); in Urkk.: *u.* 4b; um 961 Birch 1004f.; *vgl.* Toller *bereafian* von Land. In den *Gesetzen* ist stets Fahrhabe gemeint **1c)** Pfändung (*s. d.* 4) an handhaft ertapptem Frevler oder säumigem Schuldner in rechtswidriger Form oder Schadenersatz überschreitend ist ~ **1d)** Die Stämme *niman* u. *strudan* bezeichnen sowohl ~ wie Pfändung; *s. d.* Z. 8. Ebenso *reafian;* vielleicht hiervon leitete Volksetymologie den Namen des Exekutivbeamten *gereafa* ab; *s.* Vogt **2)** In allgemeinen Ausdrücken verbietet (Sacr cor 1, 2. V Atr 25 = VI 28, 3) und verflucht den ~ VII Atr 6. II Cn 7; dieser ermahnt, Räuber alsbald zu vernichten 4, 2 **2a)** Gegen Räuber eifern Wulfstan 1014, *Hom. nach* ihm 26. 114. 203. 298. 309 und Polity 435, wo sie zur Hölle verdammt werden. Hier stehen neben Räubern u. Plünderern auch *woruldstruderas,* wohl tautologisch; *s. o.* Z. 10 **2b)** Vom christlichen Verkehr u. Himmelreich schliesst die Kirche den Räuber aus; Excom I 2. 8, 2f., XIII 1; besds. den am Kirchengut; IV 1. XIII 2, 1 **2c)** Ärgsten Tadel drückt durch Vergleich richterlicher Bestechlichkeit und vogtlicher Habgier mit ~ aus Iudex 9—10, 1 **3)** Vielleicht noch auf Ines Milde geht zurück: Jeder ~ werde erstattet und gebüsst, wie es früher galt; VII Atr 6, 2 **4)** Dagegen friedlos (Reinigung unmöglich) macht ~ am lichten Tage (*s. d.* 3), drei Dörfern (selbigen Tages) kundgetan, laut III Atr 15 (V 32, 4) für Denalagu **4a)** Viell. unter Nord. Einfluss steht diese und spätere Strenge **4b)** Cnut II 63 fordert bei ~ Erstattung u. nochmal. Wertzahlung an den Kläger (wie bei ungerechter Pfändung; *o.* 1. a) und zur Strafe Wergeld des Täters = Hn 12, 3. Ps Cn for 23; so die Urk. um 990 Kemble 693 über Land~. Dieses Wergeld ist wohl Abspaltung der Friedlosigkeit, ebenso wie der Verlust des Landguts in Urk. nach 975 Birch 1296, der sich wohl nicht erklärt aus der Unfähigkeit zur Wergeldzahlung od. aus Boclandcharakter des Guts. *Vgl.* Brunner *Röm. Germ. Urk.* 183 **N 4c)** Das Wergeld als Strafe für ~ und Diebstahl tritt nur ein, falls Busse überhaupt erlaubt wird, nach Hn 12, 3. Das strenge Recht also fordert — immer oder bei erschwertem oder handhaftem ~ — Leibesstrafe **4d)** Dem Diebstahle gleich straft den ~ ebenfalls am Leibe Leis Wl 3. 3, 4 **5)** ~ zählt zum kriminalen Kronprozess; Hn 10, 1. 24, 2. 47 [auch in Normandie] **5a)** Wer auf ~ beim Königsrichter jemanden verklagt hat, darf keine aussergerichtliche Sühne mit ihm eingehen; 59, 27 **6)** Erschwert erscheint ~ durch geweihte Zeit der Tat (zu Fasten wird er doppelt gebüsst; II Cn 47) oder durch geweihten Ort (innerhalb Kirchenwände tritt Busse für verletzten Kirchenfrieden [*s. d.* 2] hinzu; VIII Atr 4f. = I Cn 3f.) oder durch amtliche Stellung des Täters: ein Gerichtsvogt büsst ~ mit doppelt so hoher Geldstrafe als ein andrer; VII Atr 6, 3 [bei ungerechter Pfändung (*s. d.* 18) zahlt er Doppelbusse] **7)** Wird ein Nordischer Steuermann angeklagt, Güter [einem Engländer in der Hafenstadt] geraubt zu haben, so gebe er sie heraus oder reinige sich mit 4 Helfern; II Atr 4 **N 7a)** Reinigung von Klage auf ~, die Sheriff oder Königsrichter erhob, geschieht mit dreifachem Helfereid; Hn 66, 9, wo beide Parteien wohl Engländer sind **7b)** Klagt ein Franzose gegen einen Engländer auf offenkundigen *rán*, so wählt dieser zur Reinigung Eisenordal od. Zweikampf; klagt ein Engländer gegen einen Franzosen, ohne Ordal oder Zweikampf anzubieten [Verderbnis des Originals; *s.* Beweis 11a], so reinigt ungestabter Eid; Wl art 6, 3. Hier ist ~ nur ein Nachtrag zu Diebstahl, von dem Wilhelm I. gehandelt hatte 8) Verheerung und Schädigung zwischen Nordischem Heere und Engländern vór 991 finden infolge des Vertrages von 991 Amnestie; *s. d.* 7 [führung

Raubehe *s.* Eheschliessung 2, Ent-

Raubtier *s.* Forst 20C; Bär, Wolf, Fuchs; Jagd 5. 11

Raufen *s.* blutig fechten 1, Ehrenkränkung 1. a 6a. c, Grafschaft 18b

N Reading [ergänze im Wb: *Rading*']. Dort erlässt 1109—11 Heinrich I. Hn com

Realinjurie *s.* Ehrenkränkung, Prügel, Binden, Entwaffnung, Scheren, blutig fechten, Gefängnis 3, Pferd 14

Reallast *s.* Grundbesitz 10. 11, Hufe 16; Steuer

Recht *s.* Wb *æ; (leod-, folc-) riht; gerihtu; ræden; lagu* [*vgl.* Brunner I² 150ff.]; *þeaw; þeodscipe; woruldgerisnu; lex; consuetudo; lei; costume. Vgl.* Amira 7; Gerechtigkeit, Gesetz **1)** *æ* wird um **1114** vom Quadr nicht mehr verstanden und im 11. Jh. von Schreibern (wie im Ælfric ed. Assmann 253 und um 1100 in den Evangelien; Skeat *Gospel of Luke* p. x) durch *lage* ersetzt **2)** Das ~ hängt an der Nation (nicht am Lande); *Cantwara þeawas* heisst das von Kent; Wi Pro 3; auch Partikular~ (*s. d.*) heisst nach dem Stamme des Landes **2a)** Personal~ (*s. d.*) besteht nur für Fremde **2b) N** Vom Lande heisst das ~ erst unter Wilhelm I., der von *Norðmandiscere lage* spricht; Wl lad 1, 1; *lex Normanniae* Q **3)** Als Ideal gilt altes (*s. d.*) ~; *vgl.* Roethe in *Beitr. z. Wörterb. Dt. ~ssprache, Schröder gew.* 156 **4)** Vom weltlichen ~ wird geschieden Kirchen~ (*s.* Kanones), vom Gewohnheits~ (*s. d.*) das Gesetz (*s. d.* 1a. b), vom ~ in der Stadt (*s. d.*) das ländliche; Episc 6 **4a)** Nach Isidor teilt das ~ in natürlich-angeborenes, national-gesetztes u. sittliches Hn 8, 7, in das erste und Gewohnheits~ 4, 4. [*Vgl.* Stellen Engl. Stadt~s 15. Jhs. über 'Custom and the law of nature' bei Bateson II 59] **5)** Das [für das Urteil massgebende] ~ in Stadt und Land [sowohl Prozessordnung wie materielles ~] gehe nach Rat und Kenntnisnahme des Bischofs; Episc 6 **6)** Wer *unlaga* aufstellt — eine falsche Prozessordnung und unrichtige Norm für Fällung des Urteils scheint beides darunter verstanden, während *undom*, falsches Urteil, daneben steht —, verliert die Richterwürde bzw. private Gerichtsbarkeit [*vgl.* Amtsentsetzung 4], und zahlt 120 Schill. [Ungehorsamsbusse], bzw. in Denalagu ~sbruchbusse, dem König; II Cn 15, 1; 1a = *tort eslevera* Leis Wl 39, 1f. Dagegen Wergeld fordert mit Cnuts Hs. A Leis Wl 13, wo aber nur falsch Urteil erwähnt ist. Und bei wörtlicher sonstiger Entlehnung aus Cnut fordert: *se redimat sicut in regis misericordia erit* (also alle Habe in Königs Belieben verwirkt) Hn 34. Doch kann sich der Richter reinigen durch Eid, es nicht besser gewusst zu haben, auch das Amt vom König zurückkaufen

rechtlos *s.* friedlos, unfrei, eidesfähig **Rechtsanwalt** *s.* Anwalt

Rechtsbruchbusse *s.* Wb *lahslit*, als Dänisches (= Nord.) Wort erkannt In Cn II 15, 1a [*vgl.* Steenstrup *Danelag* 264; Amira 141. 149], erklärt als *quod debet legis desertor u.* 9D. 'Schlitz' heisst verletzendes, störendes Eingreifen in Unkörperliches in manchen Germ. Rechtstermini; Burchard *Hegung Dt. Gerichte* 167f. 170. Der ursprüngliche Sinn 'Schlitz ins Recht' kommt in England nicht mehr vor **1)** Die ~ fällt unter die allgemeinen Begriffe *wite* Northu 56 und *bot* 59; steht daneben VI Atr 51 **1a)** Das Wort kommt nur in der Denalagu vor [ausser vielleicht in dem allgemein Engl., aber erst 11. Jh. angehörigen VI Atr 51] und wird überall dem Englischen *wite* engsten Sinnes entsprechend gebraucht als Strafgeldfixum; *s. d.* [es ist das Friedensgeld and. Germanen; Brunner I² 230]; EGu 2—9 = II Cn 45, 3. 46. 48 = Hn 11, 11. II Cn 15, 1a; 3. 49 **1b)** Das Wort kommt von EGu bis In Cn vor, wird aber von letzterem (*u.* 8a) um 1110 bereits missverstanden **2)** Die ~ ist nicht Abkauf der Friedlosigkeit, wie Wilda 266 annimmt, der sich stützt auf das Gebot, der Bescholtene *biege him lah* (kaufe sich Rechtsgenuss) *mid* 12 *oran* [d. i. ~]; III Atr 3, 3. 8, 2. Wer Bussloses (*s. d.* 6) beging, zahlt aber weit mehr, kein Strafgeldfixum, zum Einkauf in den Frieden. Auch fällt jene Summe zur Hälfte dem Immunitätsherrn zu, der nicht ächten konnte **3)** Auch da wo das Strafgeldfixum der Englalagu 120 Schilling [= 600 Pfg.] beträgt, entspricht ihm in der Denalagu ~ [12 Ör (*s. d.*) sind nur 192 Pfg.]; II Cn 15, 1; 1a. Dagegen mag die ~ in 15, 3 nur dem fürs Hundred aufzubringenden Fixum in 15, 2, also 150 Pfg. entsprechen, nicht den dem König oder Grafen zukommenden Beträgen, wenn deren Urteil nicht befolgt ward **4)** Die ~ des Gemeinfreien beträgt 3 Halbmark = 12 Ör EGu 3, 1f. 6. 6, 1; *o.* 2; Northu 50. 53. 56—60. In Cn II 15, 1b, vielleicht aus Northu. Wo von ~ schlechthin die Rede ist, verstehe man 12 Ör **4a)** An den vielen Stellen in Northu 2, 2—9. 10, 1—18. 23f., wo 12 Ör als das dem Bischof oder Domkonvent oder Priestern von einem schuldigen Priester zukommende Strafgeld genannt wird, scheint die Northumbrische Kirche dem weltlichen Recht dessen gangbarstes Straffixum entnommen zu haben; aber den Namen ~ vermeidet sie dafür meistens (ausser 20ff.), auch an der Stelle, wo ihn die Quelle, EGu 3, 2, gebraucht hatte; dagegen wo einen Laien die 12 Ör-Strafe trifft, nennt sie sie ~; Northu 53 **5)** Von dem [überfreien] Grundeigner ist als ~ zu zahlen 6 Halbmark [= 24 Ör] und vom Königsthegn 10; Northu 48—53. 60. Wahrscheinlich hierdurch beeinflusst, fordert 6 vom Bocland-Eigentümer und 10 vom *liberalis* (letzteres Wort steht hier auch sonst für Thegn) In Cn II 15, 1 [**5a)** Auch Mannbusse (*s. d.* 15e) für erschlagene Überfreie und Gemeine in Denalagu zeigt das Verhältnis 2 : 1, aber, obwohl nominal dieselben Beträge, andere Bed.: 2 u. 1 £] **5b)** Also anders als das Strafgeldfixum der Englalagu steigt die ~ der Denalagu mit dem Stande des Täters. Deshalb wohl spricht von *sa* [des Täters] *laxlite* Leis Wl 39, 1. 42; *u.* 9E **6)** Vielleicht aber wuchs die ~ auch [wie *borg, mund, oferhiernes, overseunessa*] mit dem Stande des Verletzten, also des Empfängers, in dem Falle, wo die Kirche der beleidigte Teil war. An mehreren Stellen nämlich empfängt der Bischof 20 Ör; Northu 2, 2. 3ff. **6a)** **N** Jedenfalls gab es um 1076 ein dem Bischof zufliessendes Straffixum, *lahslit* genannt, das der *oferhiernes* im übrigen England entsprach und *lex episcopalis* latinisiert ward; Wl ep 3, 2[f]; *vgl.* Wb *lex* 10, *iudicium* 4 **7)** Andere Strafgeldfixa (*s. d.* andere 24 Ör-Fälle) der Denalagu, 6 und 24 Ör, sind Halbierung und Verdoppelung der ∼, heissen (ausser *o.* 5?) nicht ∼ **7a)** Dass 6 Ör die ∼ halbiert, folgt aus Northu 10f.: Wer das Kind 9 Tage nach Geburt nicht tauft, schuldet 6 Ör, nur wenn durch Tod des Ungetauften die Missetat vollkommen, 12 **7b)** Wird ein Diakon verwundet oder ausserhalb der Diözese geweiht, kostet das 6 Ör, beim Priester 12; 23. 12 **8)** Wo Cnut mit den Worten von EGu 7, 1 Feiertagsarbeit verpönt, droht er nicht wie dort ∼, sondern Halsfang an; aus Wi 11 II Cn 45, 1 **8a)** Vielleicht hiermit hängt zusammen, dass ∼ durch Halsfang ersetzt und zu nur 10 Schilling, also zu gering, bewertet wird durch das Rechtsbuch In Cn II 37. 45, 3. 46. 48 **9)** ∼ ist zu zahlen **A.** für kirchliche Vergehen: Heidentum, Feiertagsarbeit, Zwingung eines Unfreien zu ihr, Fastenbruch, Sonntagsentheiligung, Feiertagsbruch durch Ordal und Eid (EGu 2. 7—9 = II Cn 45, 3. 46. Northu 56); Beschlafung éines Weibes durch zwei Verwandte (EGu 4, 1); Vorenthaltung des Zehnten, Peterspfennigs, Lichtschosses, Pflugalmosens, der kirchlichen Gerechtsame; 6, 1ff. = II Cn 48 = Hn 11, 11. 66, 5 = Northu 58ff.; *s. o.* 7a **B.** für Missetat des Geistlichen (Stehlen, blutig fechten, Meineid, Huren), Missleitung der Gemeinde betreffend Feiertag oder Fasten, Versäumen der Chrismaholung oder einer Taufe (EGu 3f.); *s. o.* 7b, C. für Verletzung gegen Klerus niederen Grades; II Cn 49; *s.* o. 7b, **D.** für offenen Widerstand gegen Eintreiber (Vollstrecker) der Gerechtsame der Kirche oder des Staats; (z. T. aus EGu 6, 2—7) V Atr 31 = VI 38 (wo im Agsä. *lahslit* ausgefallen, aber in L durch *quod debet legis desertor* übersetzt ist. Der *Homilet nach* Wulfstan 309, der dies benutzt, setzt richtig hinzu: *on Dena lage*) **E.** Wer im Dänen-Rechtsgebiet richtige Satzung bricht [laut des Vorhergehenden = *lage 7 dom forsace* also: das Gerichtsurteil zu befolgen weigert = *dreit jugement refuserad* = *rectum iudicium subire contempserit;* Leis Wl 42, 2], zahle ∼; II Cn 15, 3. Wer in Denalagu falsche Satzung aufstellt oder falsch Urteil erteilt, zahle ∼; 15, 1; 1a = Leis Wl 39, 2 (*seit forfeit de sa* ∼; also der Thegn zahlt mehr als bloss 12 Ör; *o.* 5b); = Hn 34, 1a mit Zusatz 1c: dass der erhöhte Grad der Schuld hierbei die Strafe, auch der ∼, verstärkt F. Wer nach Aburteilung (durchs Schiedsgericht (*s. d.* 4) ordentliches Gericht anruft, zahle ∼ **9a)** Die Fälle, in denen die Kirche aus ∼ Einkünfte zog, sind also laut 9 A-D zahlreich, und demgemäss stellt ∼ unter ihre Finanzquellen VI Atr 51

Rechtsbücher, A. Anglolateinische, I 529—673; *s.* Quadripartitus, Instituta Cnuti, Consiliatio Cnuti, Eadwardi (III. n. 11) Confessoris leges, Ps Cn for (*s.* Cnut 12), Heinrichs I. Leges [in diesen steckt vielleicht teilweise der Inhalt von *De statu et agendis causarum* und *De furto et partibus eius*, zwei vom Vert. des Quadripartitus geplanten Büchern; Quadr Arg 32], Lib. London. (*s. d.* 17), Leges (*s. d.*) Angl. Lond, Will. Art I 486 **B.** Französ.: Leis Wl I 492

Rechtsbürgschaft *s.* **A.** Prozessualpfand, Bürgschaft 12ff. **B.** Zehnerschaft

Rechtseinheit, -einteilung *s.* Recht 2. 4

Rechtsepoche *s.* Datierung, Krönung 8, Amnestie, Frist, Termin

rechtsfähig *s.* mündig 3ff., eidesfähig, Unfreie, bescholtene, friedlos

Rechtsgang **1)** *s.* Wb *riht* 8, *rectitudo* 2b, *rectum* 1; *ordo iudiciarius* Hn 61, 18a; *placitum;* über das Wort *sacu vgl.* Brunner I[2] 253; ∼ im Ggs. zur Selbsthilfe: *lex* Hn 86, 1; zum Schiedsgericht: *lagu, dom, lad, iudicium* Hn 7, 3a. 57, 1a **1a)** ∼ als Richter anberaumen (abhalten): *placitum ponere* (*tenere, placitare, -ri*) **1b)** Verhandlung: *prosecutio* **1c)** Parteien heissen beide oft *man s.* I 140, Sp. 1, B 2. 141, Sp. 2, n. 5 (Gegenpartei: *oðer*), *persona, coagens,* (*con*)*causantes* Hn 3, 1 **1d)** Klage *s. d.* 1 **1e)** Verklagter: *se man, þe betyhtled is* (*man tuge*) I Atr 1, 3 (Blas 1); *andsaca* (*vgl.* Toller *gesaca*); *reprehensus, defensor* Iud Dei X 21 **1f)** (sich ver)antworten: *andswarian,* (*ge*)*andwyrdan;* Recht erfüllen: *riht wyrcan* (Ggteil: *wiernan*); ∼ erhalten: *riht abiddan* (Ggteil: *nabban*); für *dreit aveir* Leis Wl 44, 1 setzt *reponsum accipere* L; Verteidigung [*oftalu* nicht in *Gesetzen*]: *andsæc,* aus ders. Wurzel *onsacan, ætsacan, oðsacan;* bei Toller *oncweðan; defense de plait; werian;* leugnen: *onsecgan* [Brunner I[2] 255]; widerlegen: *geunsoðian;* [widersprechen: *wiðercweðan* bei Toller], Widerspruch: *wiðercwide; vgl.* Reinigung Z. 1: *treowsian,* (*ge*)*cennan, ætswerian, oðswerian, geswicnan* **1g)** Parteirede: *loquela, parole, placitare*(*-ri*), *plaider, narratio iudicii* Hn 33, 2; vergeblich (wirkungslos) sprechen: *forsprecan, perloqui* **1h)** Rechtsmittel: *medicina* Hn 6, 4; *fomenta* 9, 4 **1i)** Gewährsanrufung: *cenning; s.* Anefang 4A **1k)** schwache, schwierige (Prozessaussicht): *aeger;* verlorene (ungiltige, kraftlose) Sache: *mortuus* [*vgl.* Wb Dt. Rechtsspra. *absterben.* ABRAHAM], *funestus;* Prozess verlieren: *perdre* **1l)** unerledigt: *open* **2)** *Vgl.* Klage, Streitgedinge, Vorladung, Prozessualpfand, Bürge, Terminaufschub, Frist, Verteidigung, Reinigung, Vertreter, Missesprechen, Schikane, Urteil, Beweis, Geständnis, Strafvollzug, Pfändung, Präjudiz, Rechtskraft; Gerichtsversäumnis, Rechtsweigerung **2a)** Besonders behandelt ist Anefang, handhaft **3)** Kläger kann zwischen ∼ und Sühne wählen; letztere gilt aber so fest wie Gerichtsurteil; III Atr 13, 3f. **4)** **N** Romanistisch beeinflusst, und wesentlich die Kronjustiz und private Gerichtsbarkeit um 1110 spiegelnd, gelten nicht für Angelsachsenzeit die verunglückten Systemversuche in Hn; *s.* Klage 18. Vollends nicht praktisch, selbst fürs weltliche Recht um 1110 nicht, sind die allgemeinen Prozessregeln, die Verf. aus Isidor und Kanones abschreibt; Quadr Ded 29. Hn 5. 28; *s.* z. T. Klage 11 **5)** Der Prozess beginnt mit Vorladung (*s. d.*) oder Streitgedinge; *s. d.* **5a)** Nur kanonistisch gilt schriftliche Klage; *s. d.* 11aB **6)** Jedes prozessuale Versprechen wird rechtsförmlich gesichert durch Prozessualpfand (*s. d.*) oder Bürgen, oder es erfolgt Verhaftung des Angeklagten **7)** Über Zuständigkeit *s.* Gericht 25; Instanzenzug **7a)** Ein Eingreifen der Krone durch Prozesseinleitungsbreve, ein Ansatz zum späteren Writprozess *s.* Grafschaftsgericht 5a **8)** Das richterliche Eingreifen erscheint gering; *s.* Klage 6f. Erst seit Cnut, bes. aber in Normannenzeit schreitet der Richter (*s. d.* 8) öfters von Amts wegen ein **8a)** Selbst bei Menschenraub (*s. d.* 2) muss der einst Verkaufte persönlich gegen den Einfänger auftreten **9)** Weigert Beklagter Sicherheitsstellung, oder bleibt er vom Termin fort (*s.* Gerichtsversäumnis 2ff.), so begeht er Rechtsweigerung (*s. d.* 3ff.), und wird Kläger oder Gericht berechtigt zur Pfändung (*s. d.*) bzw. Tötung; *s.* Blutrache 17. *Vgl.* Terminaufschub **10)** Im Gericht geschieht die Verhandlung öffentlich und mündlich, in Gegenwart beider Parteien; die Worte aus Kanonistik Hn 5, 2; 2a; 7a. 31, 7a **10a)** Die Antwort des Beklagten, auch des herrschaftlichen Vassallen, erfolgt im Hundred, wo er verklagt worden; II Cn 31a **11)** Der Kläger spricht zuerst, redet den Angeklagten als seinen Gegner mit Du an (Swer 7. 9. Bewæð 3. 3, 2. II Atr 8. 8, 2. II Cn 23) und fordert ihn zur Antwort auf (*vgl.* Klage 4); er bittet ihn um Recht, vor (in Gegenwart von) dem Richter, aber nicht durch diesen **N 11a)** Die in Normannenzeit verstärkte Stellung des Richters bezeichnet es, wenn der damalige Jurist in den Agsä. Text einführt, dass der Kläger *erga iusticiam* spreche; Hn 34, 7. *Vgl.* ECf 23a **11b)** Nach Normann. Recht um 1066 *cum oratores* (Vorsprecher) *in iudicio litem agunt de rapina, prior ferit dictione qui crimen intendit;* Will. Pictav. *Gesta Will.* ed. Giles 133 **12)** Im weltlichen ~ (im Ggs. zum kanonischen) darf die Partei, die sich in den Prozess eingelassen hat, auch trotz richterlicher Erlaubnis, nicht vor Erledigung der Sache fortgehn; Hn 5, 4 **12a)** Das unerlaubte Austreten aus den Gerichtsschranken macht sachfällig; Brunner *Forsch. z. GDR* 319; Bateson II CLII **13)** Der König erzwingt die Einlassung des Beklagten in den ~ durch sein Strafgeld für Rechtsweigerung; *s. d.* 3ff. **13a)** Die Antwort kann nicht durch Gegenklage (*s. d.*) ersetzt werden, sondern ergeht in der vom Gerichte angewiesenen Form; II Cn 27 **14)** Die Rede muss bestimmte Form haben. Sonst ist sie *forspecen*, umsonst (vergeblich) gesprochen; VI As 8, 9. II Cn 27. Hn 61, 13. *Vgl.* Missesprechen 3, Schikane **N 14a)** Beklagter muss die Klage anhören, ohne sie zu unterbrechen; 46, 2a **14b)** Hat er Grund sich jetzt nicht in den ~ einzulassen, so muss er ihn sofort geltend machen; Austritt aus den Schranken behufs Ratserholung bedeutet Einlassung; 48, 1a — c. Nicht jeder Klage (*s. d.* 18c) braucht er überhaupt und nicht jeder sofort zu antworten **14c)** War er vor dem ~ zwangsweise aussergerichtlich gepfändet (oder der Gewere an seinem Lande entkleidet), so ist das Pfand (Land) zurückzustellen für die Zeit des Prozesses; Hn 5, 3[1]. 29, 2a. 53, 3; 5. 61, 21 **15)** Kläger muss Klageeid (*s. d.*) leisten und bedarf in Normannenzeit Klagezeugen; *s.* Klage 5. 7a. 14 **16)** Auch Beklagter erscheint im Kreise von beistehenden Genossen (*s.* Ordal 14); II As 23, 2. VI 8, 3 **N 16a)** Von diesen Verwandten und Freunden und dem Herrn holt er Rat (*s.* Wb *consilium, cunseil; vgl.* Brunner [*o.* 12a] 354); Hn 46, 4f. 48, 1. 49, 3a. Ebenso im Schiedsgericht; *s. d.* **17)** Im Rate sagt Beklagter vertrauensvoll die Wahrheit; dort wird entschieden, was der formkundige Vorsprech (*s. d.*) plädieren soll; und für des letzteren Rede bleibt Wortbesserung (*s. d.*) der Partei möglich; 46, 4f. **17a)** Nur bei Klage auf Kapitalverbrechen od. durch Königsrichter od. eigenen Gerichtsherrn muss der Beklagte sofort mit Leugnung antworten vór Ratserholung; 9, 2 (im Ggs. zu *competenti termino*). 46, 1a; 2; 4. 47. 48—48, 1c. 49, 1. 52, 1b. 53, 2. 59, 3. 61, 17f. 64, 2; *vgl.* aus London im 13. Jh.: I 582[b] = Bateson II 5; ebdort p. 15 [*Respondere* in letzterem Sinne geht dem *placitare* (*intrare in placitum* Hn 48, 1c) zeitlich vorauf; Hn 46, 1a = 49, 1. Späteres Engl. Recht erlaubt keinen Advokaten dem auf Felonie Angeklagten; Holdsworth *HEL* II 262[6]] **17b)** Sonst braucht er nicht *improvise respondere*, sondern soll Rat erholen, erhalte also Terminaufschub (*s. d.*), um seinen Herrn, falls dieser abwesend, zum Ratsbeistand herbeizuholen; 52, 1b. 61, 14 — 17; 19 **17c)** War Beklagtem der Gegenstand des Prozesses in der Vorladung mitgeteilt, so muss er im Termin, wenn der Richter ihn zwingt [der also auch Aufschub gewähren kann], *respondere vel perdere;* 52, 1b. Indem Verf. dafür *emundare vel emendare* setzt, meint er mit dem 'Reinigen' nur dessen Vorbereitung unter pfandlichem Versprechen; für den Beweis erhielt Beklagter neuen Termin **17d)** Beklagter wählt, und zwar nach Freundesrat, ob er sofort nach der Antwort auch plädieren oder, wenn er viele Gegner im Gericht sieht, es lieber aufschieben will; 49, 2 **17e)** Im kanonischen Prozess muss er Möglichkeit zur Verteidigung erhalten [also im Widerspruche zum Verfahren auf handhafte (notorische) Tat, bei der weltliches Recht den Verbrecher nicht zur Leugnung zulässt]; 5, 9a **17f)** Er braucht sich nicht selbst zu schädigen in seiner Prozessrede; 5, 28c.* *Vgl.* Lüge 5; *o.* 17, *u.* 19 **18)** Da neben Ureigen-Erklärung u. Gewährzug als eine der 3 Verteidigungsarten *talu* erscheint [*s.* Beweis 1], welches 'Klageantwort' auch sonst bedeutet [vor 1038; Kemble 755], so zielt Unverrückbarkeit der *frumtalu* vielleicht gegen Wortbesserung; *s. d.* **19)** Beklagter kann leugnen oder gestehen; Ine 71. Af 14; von Einreden hören wir hier noch nichts **19a)** **N** Gegenüber dem Herrn als dem Kläger kann Beklagter entweder alles ableugnen oder einen Teil zugestehn, im letzteren Falle muss er sich vom Rest reinigen; Hn 48, 7f.; was er nicht ableugnet, gibt er zu; dafür gilt er sachfällig 48, 1c. 49, 3 **19b)** Formeln der Antworten auf Klage um Land sind erhalten in Becwæð: es sei gekauft oder ihm vermacht oder von unangefochtenem Vorbesitzer ererbt **20)** **N** Dass der Richter vor dem Urteile die Parteien (Beklagten) befragen solle, ob sie noch etwas zu sagen haben, dass eine Einrede nach Urteilsabgabe möglich sei, stammt aus Kanonistik; Hn 28, 3. 49, 3b; d; 4a **21)** Das Urteil erkennt, welcher Beweis erbracht werden soll, und der Richter setzt auf des Klägers Bitte den Leistungstermin an; I Ew Pro = II 8 = Hu 7. II Cn 19, 1 = Leis Wl 44, 1 **22)** Die Urteilserfüllung muss rechtsförmlich zugesichert werden [und zwar, wenn beide Parteien beweisen wollen, von beiden; ECf 36—36, 4]; wer das weigert, verfällt in 30 Schilling Strafgeld an den König (Gerichtsherrn; Ine 8 = Ap AGu 1. I Ew 2. II 1, 1) und bei Hartnäckigkeit in Friedlosigkeit **22a)** Auch wer den Termin der Urteilserfüllung bricht, zahlt 30 Schill.; Hu 7, 1; *s.* Gerichtsversäumnis 2c **23)** War auf Reinigungseid im Urteile erkannt, so kann es dennoch vorkommen, dass der Beklagte, wahrscheinlich weil unfähig zu dessen Leistung, die Klage zugesteht; Ine 71 **23a)** War auf Ordal erkannt, so kann er sich dennoch mit dem Kläger vergleichen und von dessen Anspruch herunterhandeln, aber nicht von dem dem Gerichtsherrn zustehenden Strafgelde; II As 21 **24)** **N** Urteilschelte (*s. d.*) ist nur sofort nach dem Urteil erlaubt; Hn 33, 2a **25)** Der Beweis ist in früher Zeit das 'Ende' des ∼s; I Ew Pro = II 8 = Hu 7. Duns 8. Iudex 11. Ist er erbracht, so ist der Gegner befriedigt. Ist er nicht erbracht, so tritt die im Urteile vorgesehene Alternative ein **N 26)** Nur auf Geständnis (*s. d.* 4) hin oder *ordine iudiciario* ist Verurteilung möglich; Hn 61, 18a **27)** Bei Wiederaufnahme des Prozesses muss *narratio iudicii* (Plädieren) wiederholt werden; 33, 2 **28)** Summarisch beschleunigt wird der ∼ zwischen Parteien zweier Stämme; *vgl.* Dunsæte 8 **29)** **N** ∼ im Forst; *s. d.* 18

Rechtsgebiete *s.* Partikularrecht

Rechtsgelehrte *s.*:

Rechtskenntnis. *Vgl.* Jurist, Gerechtigkeit, Richter **1)** ∼ hält zur Mannesehre für jeden nötig, für den Gutsvogt aber besonders erfordert Verf. von Rect 21, 3 (*vgl.* 4, 6) u. Ger 7, obwohl er in beiden Stücken fast nur die wirtschaftlichen Pflichten des Amtmanns, weniger die politischen und richterlichen berührt **2)** Während als Entschuldigung für falsches (*s. d.* 1) Urteil die fehlende ∼ (mangelndes Verständnis, das Recht auf den Fall anzuwenden) straffrei macht, verhängte Ælfred auch dafür über die Richter Amtsentsetzung; *s. d.* 4a **2a)** Festländische Germanen fordern ∼ von den Richtern: sie sollen geschriebenem Gesetz, nicht Willkür folgen; Brunner I[2] 426[87] **3)** Die ∼ mangelt törichten Richtern oder wird von ungerechten, obwohl gelernt, verdreht; aus Isidor Iudex 8 **4)** *Legum terrae peritia* wird gerühmt von Harold II.; Chron. Waltham. p. 14 **4a)** Ælfwi, Pfarrer von Sutton, *erat legibus patriæ optime institutus* um 1095; *Chron. Abingd.* II 27 [16aff.

Rechtskonsulent *s.* Rechtsgang

Rechtskraft *s.* falsches (*s. d.* 3. 6) Urteil, Präjudiz, Instanzenzug, Appellation, Urteil(schelte), Erbnehmer

Rechtsnachfolger *s.* Erbnehmer

Rechtsquellen *s.* Gesetz, Gewohnheitsrecht, Partikularrecht, Denalagu; Rechtsbücher, Urkunden, Kanones; Jurist; Fränkisch, Französisch, Römisch

Rechtsreform *s.* Gesetz 22—23b

Rechtsschutz-Erkaufung *s.* bussios 6, friedlos 17. a. d; Rechtsbruchbusse 2 [zei, König 13

Rechtssicherheit *s* Frieden, Poli-

Rechtssperrung *s.* Wb *foresteall, contrastatio. Vgl.* Angriff 6 **1)** ∼ für alte Zeit erklärt allein richtig: 'interference to prevent the course of justice' Kemble *Saxons* II 54; ∼ schliesst verschiedene Delikte in sich; *s* Brunner II 563 **2)** Die Spurfolger hinter gestohlenem Vieh gewaltsam abzuwehren, verbietet II Ew 4 **2a)** Gewaltsamer Widerstand des Herrn gegen Spurfolge ins untergebene Dorf, *foristeallum (vel prohibitio itineris vel questionis)* verbietet, bei 2½ £ Strafe [neben Ersatz an Kläger]; III Em 6 ff.; ohne den Terminus schon VI As 8, 4 **2b)** Das Strafgeld ist dasselbe wie das vom Herrn zu entrichtende, der zugunsten seines Mannes Rechtsweigerung (*s. d.* 5) gegen den Kläger übt; die Quellen aber setzen beide Begriffe weder parallel noch von einander abhängig **3)** Wer ∼ *(forsteal)* gegen Staats- oder Kirchengeldeintreiber (*s. d.* 1 f.) verübt, zahlt je nach der Schwere der Tat Wergeld oder Strafgeld und wird, wenn bei diesem Widerstand erschlagen, nicht durch Wergeld entgolten; in EGu, woher diese Worte z. T. stammen, steht statt *forsteal:* Ankämpfen gegen diese Vollstreckungsbeamten. Diesen Sinn hat *forstal* noch 1288; Hudson *Records of Norwich* I 362 **3a)** Die Jesu Hinrichtung betreibenden Jüdischen Vornehmen fürchteten *þæs folces foresteall,* ∼ durch das Volk; Ælfric *Homil.* II 242 **3b)** In diesem Sinne deckt sich ∼ mit Begünstigung (*s. d.* 4. 9 ff.) durch Verbrecherrächung; (*s.* Angriff 4), die wie ∼ (*o.* 2a) im 10. Jh. 2½, im 11. Jh. 5 £ Strafe kostet **4)** Vielleicht erst im 11. Jh. ist der Begriff vermengt mit der Versperrung des erlaubten Weges, dem Angriff (*s. d.* 3 ff.) auf der Strasse (*s. d.*), der Weglagerung (*s. d.*; Hn 80, 2—4), *waylaying* bei Maitland *Select pleas manor.* a. 1249 p. 20. ['Das Agsä. Recht scheidet nicht Weglagerung und Wegsperre'; Geffcken *Lex Salica* 146.] Wo IV Atr 4 Q von *innocentem affligere in via regia* spricht, stand, da *hamsocn* 7 *griðbryce* vorausgehen, wie sonst als drittes Verbrechen [*s. u.* 6] im Original vielleicht bloss *foresteall*, das ja Q auch *o.* 2a als *prohibitio itineris* erklärt. **N** Das Wort heisst seit 12. Jh. im Marktrecht die Hinderung der zur Stadt kommenden Verkäufer durch Vorkauf (*s.* Handel 16a; London 37) zu ungunsten der Bürger: was Agsä. Sprache fremd ist; Schmid 581 **4a)** In unechten Urkk. wird *forsteall* durch *viæ assaltus* erklärt; Kemble 756. 899. 831 = 902. Glossen [seit 12. Jh.] erläutern: *forstall est coactio vel obsistentia in via regia;* Bromton bei Twysden *Decem SS.* 957 **4b)** Während Hn 10, 1 *forestel* getrennt hatte von *præmeditatus assultus*, erklärt er 80, 2; 4 *forestal: in via regia assultus; si ex transverso incurrat vel in viam expectet et assalliat inimicum.* Dagegen *si post eum expectet vel evocet, ut ille revertatur in eum, non est forestal, si se defendat;* 80, 4a **4c)** Als *assaltus*, doppelt so hoch wie *forisfactura regis*, also mit 5 £, straft Bluttat auf der Königsstrasse ECf 12, 1 f.; 7 f **4d)** Über *wegreaf s.* Strasse **5)** **N** *foresteall* zählt (später zum Kapitalverbrechen [*s. d.* 3] und) zum Kronprozess; *s. d.* 6. 16; Domesday I 10b. 152. 179. 269b. 270; *vgl.* I 597[1]; Ballard *Domesday bor.* 85 **5a)** Im Sinne von Strafprozess-Ertrag verleiht die Krone *forsteall* in Urkk. a. 1020 Earle 233; unter Eadward III. 340. 343; auch Toller *s. v.* **6)** ∼ mit Heimsuchung (*s. d.* 8. 11) und Königsfrieden (*s. d.* 6b) gehört zur Dreiheit der Verbrechen, die 5 £ Strafgeld kosten; Hn 12, 2. 35, 2. 80, 2; Domesday I 172. 252; in Chester nur 2, an Feiertagen 3 £ I 262b **N 7)** Falsche Klage (*s. d.* 7b) vor dem [zunächst königlich zu denkenden] *iusticia* wegen der 3 Verbrechen kostet Strafe

rechtsunfähig *s.* -fähig [larrecht

Rechtsverschiedenheit *s.* Partiku-

Rechtsvollzug *s.* Pfändung, Selbsthilfe; Strafvollzug; Ggs.: Rechtssperrung

Rechtsweigerung (Nicht-Erfüllung klägerischer Aufforderung zur Einlassung in den Prozess oder Unterlassung der Urteilserfüllung) *riht(es) forwiernan, rectum (iustitiam) difforciare, denegare* Hn 61, 19. 83, 1a; *violenta recti destitutio vel detentio;* 7a; ~ als Kläger leiden: *riht næbban, riht abiddan ne magan;* Ggs.: *rectitudinem offerre* Hn 74, 3; *rectum facere* 34, 5. Dieselben Ausdrücke für Justizweigerung: *s.d.* Z. 1ff.; *u.* 9. *Vgl.* Prozessualpfand, Vorladung, Rechtsgang **1) N** Auch Gegenklage (*s. d.* 1) in Schikane heisst ~; Hn 34, 5 **2)** Allgemein verbietet dem Volke ~ Hu 1 **2a)** Den Gerichtsvögten befiehlt sie zu hindern II Ew 8 **2b) N** Die nachsichtige Fristenhäufung darf Verklagter nicht missbrauchen zur ~; Hn 61, 19 **3)** Weigerte der in der Versammlung zum Rechtsgang Aufgeforderte dem Kläger einen Bürgen für Rechtsgang vor den Richtern, so zahlt er dem König 12 Schill. Strafe; weigerte er sich nach der Entscheidung, die Urteilserfüllung zu geloben, 100 [Schilling, also das Wergeld, dies als Ersatz der für Fränk. Frühzeit (Brunner II 463) bezeugten Acht?]; Hl 9f. **3a)** Weigerte der (um Grundbesitz I Ew) zu Verklagende dem Kläger die Termin-Verabredung (Einlassung in den Prozess), so zahlt er dem König Strafgeld im ersten und zweiten Falle je 30 Schill. (dies aus Ine 8; für Kentische 12 setzt auch sonst Af-Ine 30 Schill.; *s.* Gliederbussen 1a), im dritten $2^1/_2$ £; I Ew 2. 2, 1 = II 1, 2f. **4)** Die ~ Bescholtener (*s. d.* 4) wird amtlich durchs Gericht verfolgt **5)** Beging Beklagter, durch den Herrn zu Unrecht [im öffentl. Gericht] geschützt, ~, so dass Kläger im Instanzenzug (*s. d.* 5) den König anrief, so zahle der Herr dem Kläger Eingeklagtes u. dem König $2^1/_2$ £; *vgl.* Rechtssperrung 2b. Dieses Strafgeld fordert allgemein für ~ III Em 6, 2 **5a)** Nur wer daheim ~ erlitt, gehe Königsgericht (*s. d.* 3) an; III Eg 2 = II Cn 17 (wo 'im Hundred' statt 'daheim') = Hn 34, 6 = Leis Wl 43 **6)** Verurteilter, der richtig Gesetz und Urteil zu befolgen weigerte [vielleicht = Urteil schalt?], schulde, wenn es vom König, Grafen, Hundred erging, bzw. 120, 60, 30 Schilling: oder jeder Instanz, wenn er jeder trotzte; II Cn 15, 2 = Hn 34, 3 **7)** Gegen wiederholte ~ im Hundred erlaubt das Grafschaftsgericht (*s. d.* 4) dem Kläger die Pfändung (*s. d.* 14) des Verklagten **N 7a)** ~ im niederen Gericht zwingt den Kläger, das Grafschaftsgericht (*s. d.* 4a) anzugehen; Beklagter verliere den Prozess und büsse rechtmässig *de cetero,* wohl für die ~; Hn 7, 6 **7b)** Der Kläger verfahre gegen ~ nach Rat des Königs und der Staatsbeamten [womit laut Zusammenhanges Warnung vor unbedachter Selbsthilfe gemeint ist]; 83, 2 **8)** Schützte eine mächtige Sippe in ~ den Dieb, so reitet die Londoner Friedensgilde (*s.* Genossenschaft 12d. l), mit dem Sheriff zur Bestrafung; VI As 8, 2 **9)** Geht die ~ vom Herrn des Verklagten aus und führt der zugleich die private Gerichtsbarkeit (*s d.* 33a. b) über ihn (wie meist), so verschmilzt ~ mit Justizweigerung; *s. d.*

Rechtszug *s.* Instanzenzug, Appellation

Rechtweisung. 1) Eine Funktion im Sinne des Nord. Gesetzsprechens kommt bei den Agsa. nicht vor **2)** *riht tæcan* gebührt den Lagamen (*s. d.* 2) und, als dem Vorstande des Grafschaftsgerichts (*s. d.* 6), Diözesan und Ealdorman. Nur dort ist sicher Urteilfinden gemeint, aber in beiden Fällen vielleicht ~ neben Anordnung und Überwachung der Prozesshandlungen, einschliessend das dem gefundenen Urteil entsprechende Rechtsgebot (das der Altgermanische Richter erliess; Brunner I² 203) **2a)** *domeras getæcan* steht als Variante für *geræccan* (Richter zuerkennen, Urteil sprechen) in der Übs. von *arbitri iudicaverint* der Vulgata; Af El 18. Dies stimmt also zur Befugnis der Lagamen **3)** 'Gesetze und Gebote hinzustellen, Urteile zuzuerkennen', d. h. ~, ist das Geschäft der Ealdormen und Gerefan nach einem Prediger der Vergänglichkeit alles Irdischen im 11. Jh.: 'Wo sind die Ealdormen und mächtigen Beamten (*rican gerefan*), die die Gesetze und Gebote (*laga 7 bebodu*) bestimmten? Wo sind die Tribunale [dieser] Richter (*demra domstowa*)? Wehe den weltlichen Rechtsprechern (*woruld scriftum*), wenn sie nicht gerecht Urteile zuerkennen (*domas reccan*)'; *Homil. n.* Wulfstan 148 = 263 **4)** *s.* Bischof 9c

record *s.* Gerichtszeugnis

Rectitudines und *Gerefa,* Abhandlungen wohl éines Verfs., über Verwaltung eines Herrschaftsguts um 960—1060, wohl eher nach etwa 1025, I 444; ~ übs. 542, 2

Rede im Prozess *s.* Rechtsgang 14, Vorsprech, Missesprechen, Wortbesserung **Redemtion** *s.* Pönitenz

Refektorium (*beodern, refectorium; s.* Nonne 3) zur gemeinsamen Mahlzeit der Geistlichen besitzt das Stift, wenn nicht zu arm; VI Atr 4

Regal *s.* Kronprozess 16 Z. 18—22; Finanz Z. 4—8, n. 6B. C; Erbgang 9c—16; Fund 4a; Walfisch

N Regalienrecht. 1) Zu dem unter Kirchenfreiheit 5 Zitierten füge hinzu: Eine staatliche Vermögens-Inventur vakant werdender Abteien vollzog bereits Wilhelm I.; Böhmer *Ki. u. Sta.* 147. — Vermutlich aus CHn cor erzählt Florenz von Worcester zu 1093: Wilhelm II., in Krankheit bussfertig, *ecclesias non amplius vendere nec ad censum ponere promisit.* And. Quellen bei Freeman *Wil. Rufus* II 564 **2)** Heinrich I. verlieh 1100 der Abtei Bury St. Edmunds, dass *regales ministri tempore vacantis abbatiæ nullam potestatem sibi attrahant in maneriis prædicti conventus:* im Ggs. zu den Gütern des Abts, deren Sonderung er vorher erwähnt, und die er 1107—14 denn auch konfiszierte; Davies *EHR* 1909, 422 **3)** Spätere Gesch. des ~s: Makower *Verfass. Ki. v. Engl.* 326; Nachahmung in Süditalien: Niese *Gesetzg. Norm. Sic.* 188 [In Deutschland seit Heinrich IV.; Tangl *Vita Benn. u.* ~ in *Neu. Arch. Geschwiss.* 33, 75. ABRAHAM]

Regel, kanonische [(*riht*)*regol*], *s.* Mönch, Nonne, Geistliche, Kloster

Regentschaft *s.* Reichsverweser

Regierung *s.* König(srichter), Amt, Ealdorman, Vogt, Missus, Witan, Adel

Regierungsgunst *s* Gnade

Regierungsjahr *s.* Datierung **1.** a

Regino von Prüm † 915; Exkommunikationsformeln aus ihm *s.* Excem If.; nach Wasserschleben folgen sie wohl nur dem Gerichtsformular

N **Reh** *s.* Forst 20B; Jagd 6a. b; *vgl.* I 624[s. t]

reich *s.* Wb *rice, eadig, mihtig, hearra, maga, dives* im Sinne 'vornehm, mächtig'. *Vgl.* Gericht 17a; Ggs.: arm **1)** Übermächtige Sippe (*s. d.* 6) gefährdet Frieden, so, dass Æthelstan über sie Verpflanzung (*s. d.*) verhängt; V As Pro 1 = II I6. IV 3; *vgl.* VI 8, 2 **2)** Vornehme schützen ihr Gefolge (*s. d.* 16g) gegen Rechtsansprüche auch widerrechtlich; *vgl.* Adel 12. 22

N **Reich** *s.* abschwören; Kaiser

N **Reichsrat, -tag. 1)** Der ~ nach 1066 erscheint dem 11./12. Jh. als Fortsetzung der Agsä. Witan; *s. d.*, Adel 29; *u.* 2a ff. 5. 6 **1a)** Der Agsä. Annalist nennt den Normannischen ~: *witan,* mancher spätere Chronist [aber nur vereinzelt ohne von jenem abzuhängen; Round *Peerage and pedigree* I 332]: *sapientes; u.* 6 **1b)** Umgekehrt König, *barones et populus* heissen die Gesetzgeber schon der Agsä. Zeit bei ECf 8, 3 und sonst im 12. Jh.; *vgl.* Lehnwesen 4; Adel 6a **1c)** Florenz von Worcester nennt 1107 Heinrichs I. Urkundenzeugen Fitz Haimo, Bigod, Rivers *regis consiliatores,* welche Ausdrücke sonst mit *rædgifan, witan* synonym stehen. *Barones* des Königs stehen für ~ authentisch seit 1100; *u.* 2a **1d)** Wie zu den Witan, so gehören zum ~ Prälaten, Grafen, Inhaber höchster Hofämter. Dieser aber enthielt von Anfang an wenig und bald fast keine Angelsachsen. Und er ruht, mindestens grösstenteils, auf feudaler Grundlage: die Kronlehnsträger beraten den König wie die Aftervassallen ihren Lehnsherrn; *s.* Adel 32 **1e)** Der ~ ist, nach Konstitutionalismus um 1200, beteiligt an Gesetzgebung, Thronfolgeordnung, Besteuerung; u. zwar vindiziert er solchen Anteil schon den urältesten Zeiten; Lond ECf 11, 1 A 6 (*vgl.* I 635[h]); B. 32 B 8 **2)** Wilhelm I. 'emendiert' [richtiger: verselbständigt] das geistliche (*s. d.* 21) Gericht *communi concilio et consilio archiepiscoporum, episcoporum, abbatum, principum regni;* Wl ep 1 **2a)** Dass Wilhelm I. mit Baronenrat *lagam Eadwardi* (*s. d.* 2) *emendavit* (bestätigte), sagt Heinrichs I. Krönungscharte (und vielleicht dorther ECf 34, 1a) **2b)** Die sog. *Articuli* Wilhelms sind überschrieben [Anfang 12. Jhs.] als eingeführt von *rex cum principibus suis;* Wl art Insc. Die Französ. Übs. lässt die Fürsten fort, ebenso die Exchequer Hs. der Londoner Überarbeitung [Anf. 13. Jh.] **2c)** Vermutlich wegen jener Mehrheit Beistimmender, wie in Agsä. Gesetzen, und nicht mit Pluralis maiestatis (*s. d.*), beginnen die Artikel *statuimus;* 2. 5. 8, 1 **2d)** Wilhelm I. *consilio baronum suorum fecit* 1070 rechtserfahrene Engländer Weistum geben über ihre Staatsverfassung vor 1067; ECf 34, 1a [sachlich unglaubhaft] **2e)** Um das durch Murdrum (*s. d.* 11e) mit Ruin bedrohte Dorf zu retten, *providerunt barones, quod per hundredum colligeretur;* 15, 4 **3)** Wilhelm II. *de baronibus* [1096] *auxilium* (Steuer) *petiit; ipsi concesserunt* 4 *sol. de hida;* 11, 2 **4)** Heinrich I. nennt 1100 seine Königswahl (*s. d.* 8) bzw. Krönung von Klerus und Volk geschehen, bzw. von Baronen geraten **4a)** Forste (*s. d.* 6g) Wilhelms I. *communi consensu baronum retinui;* CHn cor 10 **4b)** Die Erbtöchter von Kronvassallen nur *consilio baronum meorum* an einen Gatten zu vergeben (*vgl.* Eheschliessung 16p—s), verspricht 3, 2. Vielleicht meint er hier einen engeren Hofrat, im Ggs. zum nationalen *commune consilium* **4c)** Man darf nicht daraus folgern, vorher habe Wilhelm II. ohne Ratgeber Lehnsgefälle festgesetzt: *vgl. relevamen sicut per barones meos disposui* unter Heergewäte 14 **5)** Die kriminale Gerichtsbarkeit (*s. d.* 37b) über *barones, senatores* [= ~?], *clericos, laicos* ist königlich: viell. z. T. entwickelt aus Agsä. Kronrecht über Bocland; *s. d.* 23 **6)** Das unter Johann siegreiche Programm der Magna-charta-Forderungen (*s. d.*) drückt sich aus in den Fälschungen des Londoner Rechtssammlers zu ECf, Wl art, Hn: Geld [aus Justizertrag] soll Fiskus nur nach Landrecht und Gerichtsurteil fordern, laut Beschluss *procerum et sapientum;* Hn 8, 1b, I 554[d] **6a)** Eine *congregatio populorum,* besonders der *communae,* zum *folkesmot* soll *providere indempnitatibus coronæ per commune consilium, ad insolentiam maleficorum reprimendam;* Lond ECf 32 A 4. Dieser Autor sieht also im ~ eine Vertretung des Volkes **6b)** Nachtwache gegen Frevler und Feinde sollen die Beamten einrichten *per commune consilium;* Wl art retr 6 **6c)** *Liberi homines teneant terras libere ab exactione et tallagio, prout statutum est per commune consilium; ebd.* 5 **6d)** Die Lehnsträger sollen der Krone zum Lehndienst bereit sein, *sicut illis statuimus per commune consilium; ebd.* 8, z. T. aus CHn cor 11 **6e)** Schon Ine's ~ legt dieser Verf. die Politik Britisch-Englischer Versöhnung durch Ehen (*s. d.* 2a) bei **6f)** Er erfindet einen Brief des Papstes Eleuther an einen König Lucius (*s. d.*) mit der Mahnung, dieser solle Britannien regieren *per consilium regni vestri;* Lond ECf 11, 1 B 2 **7)** Dass durch König, 'Barone und Volk' der Zehnt in früher Agsä. Zeit Staatsgesetz geworden sei, fabelt mit klerikaler Phrase, ECf 8, 3: nicht einmal für 1135 folgt Volksteilnahme daraus

Reichsverweser in Cnuts Abwesenheit ist Herzog Thurkil (*s. d.*); er soll die dem Staate Widerstehenden mit seiner und des Königs Macht beugen; Cn 1020, 9f. Cnut schreibt 1027, 11: *regni consilia consiliariis credidi,* wohl einen Witan-Ausschuss meinend. *Vgl.* heahgerefa 6, Oberrichter, Gerechtigkeit 6c

Reim *s. o.* S. 182

N **Reinhelm** *s.* Hereford, Bischof v.

Reinigung des Angeklagten *s.* Wb *lad, ladung, werelada, (ge)ladian* [Toller: *beladung*], *cann, (ge)cennan, geswicnan* [über das Wort *s.* Heusler *Strafr. Isld.* 127], *(ge)clænsian, bereccean, ongereccean, onsecgan, onsacan, (æt-), oðsacan, andsæc, onsæc, (æt-, oð)swerian, unscyldigne (unsynnigne) gedon, unsyngian, mid aðe cyðan, triewan, (ge)treowian* | *lex, lei; disrationare, -tiocinatio, emundare, -datio, explacitare, (ab-, per-)negare, (ab)negatio, (ex)purgare, purgamen, purgatio, purificatio* | *derainer, escundire* [auch Capitul. Carisi. a. 873 c. 3], *espurger, alaier, eslaier, nier, defendre* | reinigen: *lade ladian, lade syllan;*

~ erlauben: *lade geþafian;* ~ erzwingen: *ofgan;* ~ ernennen: *namian;* ~ kommt zustande: *forðcymð;* ~ missglückt: *(for)birsteð, mistideð, teorað;* der ~ teilhaft sein (geniessen): *lade wyrðe beon*; mit voller ~: *mid fulre lade. Vgl.* Beweis(mittel) **1)** Sie geschieht durch Eid(eshelfer), Abendmahlsprobe, Ordal, Zweikampf oder durch Zeugnis oder im Anefang (*s. d.* 10. 12) durch Gewährzug **2)** ~seidformel des Beklagten: 'Ich bin unschuldig, in Tat wie in Planen, der Anschuldigung, deren N. mich zeiht'; Swer 5 [ähnlich *Ahd.: in dadin, gedahtin*]. Biblische ~ *s.* Beweismittel 2 **3)** Nicht jeder Beklagte ist zur ~ zugelassen: nicht der handhaft (im weit. Sinne; *s. d.* 4. 5a) ertappte oder durch Spurfolge oder Merkmal überführte oder Raubes (*s. d.* 4) bei Tage sofort angeklagte Verbrecher. *Vgl.* Beweisnähe 8; -mittel 4 **4)** Die Beweismittel (*s. d.* 6) sind verschieden schwer und der Beweis (*s. d.* 8) kann ein- oder dreifach sein; *s.* Eideshelfer 27—31; -schwere, Ordal 33 **4a)** Die ~ wird erschwert Bescholtenen, Unfreien, nicht Eidesfähigen, Fremden; *s.* diese Arft. **4b)** Mancher Beklagte geniesst persönlich leichtere ~: Geistliche, Adel, unter Umständen Fremde, Londoner; *vgl.* Beweis 10ff.; mündig 13 **4c)** Gerade in der ~ herrschte Partikularrecht (*s d.* 7a. b; *vgl.* Mord 6); Gleichheit verordnete zwar II Cn 34; doch galt jenes weiter **5)** Nur ausnahmsweise ist eidliche ~ dem Beklagten allein möglich; zumeist bedarf er Eideshelfer; *s. d.* 33 **6)** Im Ordal (*s. d.* 26) wird regelmässig er selbst geprüft; ausnahmsweise ein Vertreter **7)** Wo Kläger Termin versäumte, muss Beklagter doch dem Richter ~ erbringen; III Atr 4, 2

Reisen. *Vgl.* Pilgerfahrt, Rom; Frist 15, Verbannung; Fremde, Geistliche 29, Abt 8; Handel 7. 16; Transport; Strasse, Wasser, Schiff **1)** ~ durch mehrere Grafschaften (*s. d.* 4b) gilt für Unvermögende als mühevoll (Forf 2; *s.* Anefang 20e), **1a)** je 1 Woche Zeit beanspruchend; *vgl.* Frist 6d. e **2)** ~ ist Sonntags (*s. d.* 4b. e) verboten, doch erlaubt ~den Transport; Northu 56 **3)** Rudern und Reiten (*s.* Pferd 2c. 8a. 11) sind neben Gehen die Formen des ~s; Exeom VI 6. VII 6. 10 **4)** König auf ~ *s.* Gastung 1—3c; Königshof 1a, -frieden 4; London 49ff.

Reiserichter *s.* Königsrichter 3a

Reiten *s.* Pferd, *radcniht*

relevium *s.* Heergewäte Z. 2; n. 2b. 5a. 7. 9f. 11ff.

Religion *s.* Kirche 1a—e

Reliquien *s.* Wb *haligdom, laf; reliquiæ, sanctuarium, sancti, patrocinia sanctorum* (Iud Dei XII 2, 1); *saintz* **1)** ~ berührt der Schwörende; *s.* Eidesform 7ff. **2)** Der Ordalprüfling wird beschworen bei den in dieser Kirche oder den über die ganze Erde hin vorhandenen ~; Iud Dei I 2, 1. VI 1. VII 13A. VIII 1. X 13 **3)** Bei der Prozession (*s. d.* 1f.) ziehen ~ mit **4)** Christenpflicht ist, ~ mit Sonderschutz zu umfrieden; I Cn 4 (mit *sacra, sanctuaria* meinen Cons Q wohl nicht bloss ~ *s.* Heiligtum 1) = Had 1, 3 = Grið 28 **4a)** Staatsregenten ehrten ~; Had 11 = Grið 24 **5)** Von Agsä. Gesetzgebern sammelten ~ Ælfred (Ann. Agsax. a. 885) und Æthelstan; *Leofric missal* ed. Warren LXI. 3. 4; Will. Malmesbur. *Reg.* II 135, ed. Stubbs 150

Renntier. Knochen vom ~ sind in Britannien gefunden worden. Dass es im MA. zeitweilig dort vorkam, findet seine Parallele auf Island; Maurer *Island* 394. Vielleicht nach dem ~ heisst ein Hund; *s. d.* 1A

Repressalien *s.* Dunsæte 11, London 59

Residenz *s.* Burgtor 1, Königsfrieden 3a ff, -hof 1f., Reisen 4

Rettung von Vieh *s.* Einfang 2ff.

Rhetorik. Antike Systematik der Prozesslehre und Advokatenkunst entnimmt aus Isidor Quadr Ded 29ff. Hn 4ff.; *s.* Jurist 3a; Gesetz 7bff.; Römisches Recht 2. 3

N Rhodia Lex, [mittelbar] benutzt in Leis Wl 37. [In Agsä. Glossen steht dafür *scipmanna riht.* In den *Jugements d'Oléron* c. 32 wird sie zitiert als ein Gesetz *escript à Rome*]

N Ribuaria lex benutzt von Hn 59, 9. 70, 18; 22f. 71, 1; 2. 75, 11. 76, 7e. 78, 1. 80, 11. 90, 2—6b. 92, 8; zitiert 90, 4a

Richard II. v. Normandie, Bruder der Emma-Ælfgifu, der Gemahlin erst Æthelreds II., dann Cnuts (*s.* Eisenordal 13b); ECf 34, 2e = Lond ECf 13, 1A

Richter; *vgl.* Gericht 15ff, Ealdorman 20, Vogt, Sheriff, Königs~, Königskleriker 1; Lagamen 2. 6a, Urteilfinder; Rechtweisung, Schiedsgericht **1)** Eine ganze Abhandlung, *Iudex*, spricht über den ~, übersetzt aber zumeist nur Isidor und lässt also nicht deutlich erkennen, was davon sicher für England um 1000 galt **1a)** Als Pflicht des ~s wird hervorgehoben: Gerechtigkeit (*s. d.*), Kaltblütigkeit (aus Isidor, Iudex 14), Unbestechlichkeit (*s.* Bestechung), Billigkeit (*s. d.*), Schnelligkeit des Vorgehens (Iudex 11), Rechtskenntnis (*s. d.* 2), Eindringen in die Sache (Quadr Ded 25; Dumme und Unehrliche seien nie ~; Hn 9, 9), Barmherzigkeit (*s. d.*) beim Abmessen der Strafe, besonders gegenüber Armen. [Diese zu bedrücken, stellt als eine Sünde der Obrigkeit wie Totschlag, Ehebruch, Meineid hin u. unter 7 Jahre Pönitenz Homilet um 1025 (?), *Bibl. Agsä. Prosa* III 149]. *Vgl.* Moral 4ff. 8 **2)** Der König ist oberster ~ und setzt die anderen ~ ein und ab; eine Spur volkstümlicher ~ *s.* Gericht 15g. 10. 16—19c **2a)** Stellung der ~ in der Gesellschaft *s. ebd.* 17 **3)** Amtsvergehen (*s. d.*) der ~, wie Justizweigerung, Vernachlässigung der Strafjustiz, falsches (*s. d.*) Urteil straft Geldbusse oder Amtsentsetzung; *s. d.* 4ff. **4)** Der ~ hält sitzend Gericht (*s. d.* 7. 15. 19—23) ab, unter verschiedenen Namen, zumeist als Einzelner (*s.* jedoch Grafschaftsgericht 6), doch nicht als allein Entscheidender **5)** Die Vorladung (*s. d*), das rechtsförmliche Versprechen künftiger Prozesshandlungen (*s.* Prozessualpfand) und sogar die Pfändung (*s. d.*) kann nach ältestem Rechtsgang (*s. d.* 5f.) ohne den ~ geschehen **6)** Erst später wird der ~, nicht der Gegner, von der Partei angeredet; *s* Rechtsgang 11 **7)** Doch kann schon unter Ine der Prozess beginnen mit Verklagung beim ~; Ine 8. Unter Eadward I. ist der ~ verantwortlich, dass das Urteil dem Gesetzbuche entspreche (I Pro), jeder Volksrecht geniesse und als Kläger prozessuale Genugtuung empfange; II 2. 8 **N 8)** In Normannenzeit greift der Königs~ (*s. d.* 19) auch ohne Kläger von Amts wegen strafrechtlich ein, prüft Indizien in Totschlags.; Hn 92, 14 **9)** Auch wenn Kläger zurücktrat, fordert ~ vom Beklagten strafrechtl. Reinigung; III

Atr 4, 2 **10**) Wenn sich die Parteien einigen, so entbehrt deshalb nicht er des Strafgelds; *s. d.* **11**) Er erhält Justizertrag (*s. d.*) nicht bloss für die Missetat des Verklagten oder die falsche Klage (*s. d.*), sondern auch für prozessualen Formfehler einer Partei (*s.* Missesprechen) oder ihre Weigerung, Prozessualpfand (*s. d.*) zu geben **12**) Die Abmessung der Strafe besorgt der ~; *o.* 1a. Er kann von deren Maximum nachlassen, Strafgeld schenken; Ine 73. Aber wo das *Gesetz* sagt, 'man' diktiere sie, oder sie geschehe zwischen verschiedenen Möglichkeiten je nach der Tat (EGu 2—4, 1. II Cn 30, 5), meint es vielleicht nicht bloss ihn. *Vgl.* Begnadigung 1 D. 2 **12a**) Strafmilderung und in einigen Fällen alleinige Strafabmessung vollzieht der Bischof; *s. d.* 9 g. h. 1 **12b**) Das strafrechtliche Töten kann für den ~ moralische Pflicht sein; aus Augustin, Ps.-Egbert und Bibel Hn 72, 1c—e. Sünde samt Sündern ausrotten heisst göttlich Strafgericht; 5, 20

Riding *s.* Wb *þriðing; vgl.* Bradley *EHR* 1909, 767 f.; im Norden: v. Schwerin *Gött. gel. Anz.* 1909, 787 **1**) *Erant potestates super wapentagiis, quas* [Anglo-Skandinaven im nordöstl. England vor 1066] *trehingas vocabant, scilicet super tertiam partem provinciæ* (der Grafschaft); *et qui super ipsam dominabantur vocabantur þrehinggrefes, ad quos deferebantur causæ quæ non poterant diffiniri in wapentagiis. Et quod Angli* [im südl. und westl. England] *vocabant .. hundreda .. plurima, isti vocabant þrehing;* ECf 31—31, 1 **1a**) Die Teilung in Drittel — im Isländischen Dingverband seit Ende 10. Jhs (Maurer *Island* 55) — begegnet auch auf Insel Gotland (wo *þriðjungr* in Sechstel geteilt ist, die in kleine Hunderte zerfallen) und im Dorf des Schleswigschen Angeln; Rhamm *Grosshufen* 43. *Vgl.* Steenstrup *Danelag* 75 **1b**) Noch zerfällt Yorkshire in 3 ~s. In Lincolnshire erwähnt *norttreding, westreding, sudtreding* Domesday I 336 b 1, und bestehen noch 3 *parts.* Eine Spur von ~s auch in Suffolk bietet die Urk. a. 1114—29: *ne homines S. Edmundi exeant de soka sua pro plegiis suis et friborgis et treingis renovandis;* Davies *EHR* 1909, 427. [Oder hegt Verderbnis vor aus *tiðing* Zehnerschaft?] **N 2**) ~ wird irrig parallelisiert mit Kents Lathe; *s. d.* 1a **3**) Das ~ hielt Versammlung (Gericht): *Nemo de terra canonicorum S. Petri* (des Yorker Domkapitels) *wapentacmot nec tridingmot nec shiresmot sequebatur;* Freibrief Heinrichs I. ed. Raine *Hist. of York* III 35. Auch *tredinge-imot;* Leach *Visitations of Southwell* 193 **4**) Der ~-Vogt (*o.* 1) wird erwähnt als *præpositus de Nortreding* (Yorkshires) a. 1106, *ebd.* 190 **4a**) Zu den Teilnehmern des Grafschaftstages, die Hn 7, 2 nennt, interpoliert zwar *treingrevei* der Londoner Antiquar um 1200; er plündert aber vielleicht nur, wie sicher sonst, ECf *o.* 1

Rind *s.* Wb *hriðer; neat, animal, almaille* Leis Wl 5, wo ~ als hauptsächl. Wirtschaftstier für Vieh überhaupt steht [*animalia* bed. meist Ochsen (*s. d.*), bisweilen auch Kühe (*s. d.*), im Domesday; Round *Victoria County Hist. Essex* I 367]. *Vgl.* Stier **1**) Neben Sklav und Pferd ist das ~ die einzige genannte Handelsware im Verkehr zwischen Dänischem Ostangeln und südlichem und südwestlichem England; AGu 4 **2**) ~ oder Pferd wird für den verstorbenen Bauer an den Grundherrn gezahlt als Besthaupt; *s. d.* **3**) Töten darf der Grundbesitzer ein fremdes ~, das in seinem Gehege (*s. d.* 2a) Schaden stiftete **3a**) Ein ~, das einen Menschen verwundete, werde [zur Tierstrafe] ausgeliefert, oder sein Herr bezahlt Wundenbusse; Af 24 **4**) Nur ~sleder gehört auf den Kriegsschild; *s.* Fell 2 **5**) Heimliches Schlachten ist polizeilich verboten; *s. ebd.* 1; Hehlerei 6 **5a**) Über ~es Glocke *s. d.* 4; sie bezeichnet unverhohlenen Besitz **6**) Den ~ern Stall bauen zu lassen, ist eine Winterarbeit des Vogts auf dem Herrschaftsgut; Ger 11 **7**) Für Einfang (*s. d.* 4-6) zahlt der Eigentümer bei wenigen Stück Vieh 4 Pfg. Gebühr für 1 ~ [anderwärts $^1/_6$ Wert], aber höchstens 8 [anderwärts 15] Pfg., und wären es selbst 100 ~er: was als praktisch nicht vorkommende Riesenherde gelten muss; Leis Wl 5 **8**) **N** ~er im Forst (*s. d.* 20 D) des Königs werden von den Förstern beaufsichtigt

Ring *s.* Geld 1; Eheschliessung 81

Ringfinger (der vierte, *qui porte l'anel; medicinalis*) *s.* Finger 3a—i

Ripon 1) Asylrecht des Doms: Norgrið 1 **2**) *s.* Eidesersatz 3

Rippe (*s.* Wb *rib*). Wenn eine ~ gebrochen, büsst der Verwunder dem Verletzten: 3 Schill. [zu 20 Sceat] Abt 66; 10 Schill. [zu 5 Pfg.] Af 70; wenn Haut zerrissen, und Knochen herausgezogen, 15 Schill.; 70, 1 = Hn 93, 30

Ritter *s.* Wb *miles. Vgl. radcniht* **1**) Das Wort *cniht* (heute *knight*) hat die Bed. ~ in den *Gesetzen* nicht, wohl aber sonst Ende 11. Jhs.; *vgl.* Gefolgsadel 2a—d **1a**) Für *geneatman*, Gefolgsmann, wählt vielleicht die Bed. ~ der Lateiner zu IV Eg 1, 1 (wo sie nicht passen würde), indem er *militans in seculo* übs. Doch mag er dies auch bildlich meinen **N 2**) Der *miles* ist Reiter: die Heerstrasse sei so breit, *ut 16 milites possint equitare de latere armati;* Hn 80, 3 **3**) Die *milites* stehen unter *barones*, aber über *servientes;* für sie bürgt ihr Herr, der Baron, und der ~ bürgt für die unter ihm stehenden Knappen; *s. d.* 1 **3a**) Ebenso nennt die *milites* hinter den *comites, barones* und vór den *servientes, liberi* Wl art retr 8 **4**) Der *miles* ist frei von Staatslast für seine Domanialhufen, da er Kriegsdienst fürs Panzerlehn tut; *s.* Lehnwesen 10b **5**) Lehnsmutung des ~s *s.* Heergewäte 12b **6**) Mit Verlust des *scutum liberalitatis* büsst, wer im Forst (*s. d.* 21a) einen Hirsch tötete; *vgl.* I 624[m] **6a**) **N** Den ~gürtel verliert, wer Geistliche (*s. d.* 15 l. m) erschlug **6b**) Verleihung des Schwerts (*s. d.* 2e) macht zum ~ **N 7**) Erst nach Mitte 12. Jhs. kommt es auf, dass nur ~, nicht alle Freien, zu gewissen gerichtl. und politischen Funktionen fähig gelten **8**) *Vgl.* Kriegsgericht

Ritual *s.* Liturgie

N Rivers, Richard von, Staatsmann Heinrichs I., bezeugt Hn mon Test

Robert N A. *s.* Bellême **B.** *s.* Flandern 5 **C.** von Meulan *s.* Wb *Mellent;* **D.** *s.* Wb *Rodbertus* **E.** von der Normandie I. Bruder[ssohn] der Agsä. Königin Emma, Vater Wilhelms d. Er., ECf 34, 2e. 35, 2. Lond ECf 13, 1 A **N** II. ~ Kurzhose (*s. d.*), Sohn Wilhelms I., verpfändet, zum Kreuzzuge ziehend, die Normandie an Wilhelm II.; ECf 11, 2; unterliegt Heinrich dem I. 1106; Quadr Arg 20, I 643[a]

Rochester *s.* Wb *Hrofeceaster.*

1) Bischof Gybmund genannt bei Wihtræds Gesetzgebung; Wi Pro 1 2) Der Bischof von ~ hält einen Münzer; zwei Prägestätten dort gehören dem König; II As 14, 2 3) B. Burgric, führt neben Canterbury den Landtag Kent's; III As Pro N 4) B. Gundulf bezeugt CHn cor Test[18] (Interpolation?) 5) Das Domkloster zu ~ schafft den *Textus Roffensis*, die wichtigste Fundgrube der *Gesetze* I XXVI. Dorther auch Handschrift Cs; XXII

roden. *Vgl.* Forst 11. 15a. b. 16a. b. 19; Holz 4f. 1) Wald oder Heide wird zum ~ abgebrannt; *s.* Baum 4ff., Brandstiftung 1 2) Ein Brachfeld, wo Bischof Ælfric ~ (*redan*) hiess, erwähnt Urk. a. 944 Birch 792. Dass *rod* 'Rodung' heisse, wie Earle meint, leugnet Bradley *Athenæum* Jan. 1889, 29 3) Für Holzrecht der Gutsleute vom herrschaftlichen Wald übs. ungenau *esarticare*, d. i. ~, Rect 8 Q

Rogationes *s.* Bittfahrt

N **Roger** I—III *s.* Wb; IV *s.* Poitou

Roggenernte im August gibt vielleicht den Namen für den Monat *Rugern* o. S. 187; *vgl.* Got. *asans*, Ahd. *aran:* Ernte(zeit), Sommer. Das Agsä. *ryge* steht dem Anord. näher als Fries. und Dt. Entsprechungen; Hoops *Reallex. Germ. Alt.* I 87

N **Rogöe**, angeblich von Arthur unterjocht; Lond ECf 32E

Rom. *Vgl.* Papst, Kardinal; Peterspfennig; Pallium 1) Der Domschatz von Sankt Peter [799], *s.* Karl 3 2) Wallfahrt und Absolutionsnachsuchung in ~ *s.* Pilgerfahrt 3—6 2a) Wallfahrt Englischer Könige und Prälaten nach ~ erwähnt Beda; sie wird angedichtet Offa von Mercien; Æthelwulf zog mit seinem Söhnchen Ælfred dorthin 2b) Herzog Ælfred testierte 871—89, seine Witwe *gebrenge æt Sancte Petre min 2 wergeld, gif þet Godes wille seo, þæt heo þæt færeld age;* Birch 558. [Also meint ~ wohl auch Abba, der *S. Petre* sein Wergeld a. 835 vermacht; *s.* Sceatt 2d] 2c) Sonstige Engl. Wallfahrt nach ~ kommt in Urkk. mehrfach vor; *suð to faranne* steht dafür a. 835 Birch 412 2d) 1061 war Tostig, Harold des II. Bruder, bei Nikolaus II 3) *S.* Cnut 6a; Eidbrüder 2b 4) Ælfric um 1000 erwähnt, zur Übersetzung der Stelle Beda II 1 über Anglische Sklaven in ~, als noch jetzt häufiges Vorkommnis, 'dass Englische Kaufleute ihre Waren nach ~ brachten'; *Homil.* ed. Thorpe II 120 N 5) Anselm (*s. d.*; Investiturstreit) war 1103 in ~; Quadr II 8c 5a) Erzb. Gerhard von York's Beziehung zu Petrus Leonis: II 15 6) *s.* Kirchenstaatsrecht 5. 25aff

Römer des Altertums. Die Briten nannten [angeblich] zur Zeit der ~ *senatores* die bei den Agsa. *ealdormen* genannten Würdenträger, und *consul(atus), viceconsul*, was nun [c. 1200] Graf(schaft) bzw. Sheriff heisst; Lond ECf 32 A. 12, 10 A

Römisches Recht. N 1) Der Britenkönig Lucius (*s. d.*) erbat ~ ~ [angeblich] vom Papst Eleuther, der aber in seiner Antwort es als weniger wertvoll denn Gottes Gebot hinstellte; Lond ECf 11, 1 B 1; *vgl.* I 636[l]; die Absicht der Fälschung [durch den Kompilator Ende 12. Jhs.?] ist wohl, zu verhüten, dass ~ ~ in Englands Praxis eindringe 2) Der alten Rhetoren und Juristen ~ ~ sei untergraben durch List und Geldgier (Fiskalismus der Justiz) der Neueren; Quadr Ded 32f. 3) Auf dem Umwege über Kanones (*s. d.* 2c; Isidor) drang ~ ~ ins Englische Recht ein; *s.* Urkunde, *boc* 2a, Bocland 6, Jurist 3a, Testament, Witwe 3a) *Ne maiora tributa ecclesiis imponantur, quam lex Romana et antiqua consuetudo priorum imperatorum, regum et principum habeat;* Synod. a. 786, c. 14 N 4) Nur sprachlich gehen auf ~ ~ zurück Ausdrücke des Übs. zu Leis Wl 6, 1. 7, *s.* I 493[d], im 12. Jh. 5) Weltliches ~ ~, *Lex Rhodia* (*vgl.* Schiffbruch 4c), Sätze des *Codex*, der *Digesta*, beeinflussen Leis Wl 33—38. Ein Satz der *Epitome Ægidii* aus *Lex. Rom. Visigotorum* steht Hn 33, 4 5a) Auch Wilhelm von Malmesbury, bald nachher Vacarius, trieb gleichzeitig ~ ~, nicht praktisch, sondern wissenschaftlich. Es kam im Gefolge Normannischer Kultur aus Frankreich; *vgl.* Brunner *Encycl. Rechtswiss.* (1902) 185; Vinogradoff *Roman law in med. Europe* 52. 84 6) Negativ als Zeichen der Anglonormann. Unkenntnis vom ~ ~ *s.* Hochverrat 1a. b; N 6a) um 1116 stützt Quadr-Hn seine Versuche zur allgemeinen Systematik nicht (wie um 1178 Richard Fitz Nigel, dann Glanvilla, um 1250 Braeton) auf ~ ~, sondern auf Kanones

rot *s.* Wilhelm II.; Färberei, Krapp

Rotes Meer wird erwähnt als Ort eines göttlichen Wunders in den Beschwörungen bei Ordal und Kirchenbann; Iud Dei I 20, 1. X 19, 3. Excom VI 14, 2

Rouen *s.* Wb *Rotomagus* 1) Leute dorther bringen nach London unter Æthelred II. Wein und Wal (Walfisch, Delphin), geniessen Vorzug vor anderen Normannen; IV Atr 2, 5f. [Vor 1066 besassen sie *portum de Dunegate* (Dowgate); N Heinrich II. erliess der ~-Kaufgilde die Zollabgabe ausser von *vino et crasso pisce*] 2) Von Heinrich I. erhält ~ Stadtrecht [1106] bestätigt; Quadr Arg 20

Rücken rein haben (im Sinne von rechtmässig, prozessual unangreifbar besitzen) soll der ins Land Waren bringende fremde Verkäufer und dafür Geiseln stellen; AGu 5. Wohl Ggs. hierzu ist *bacberend*; *s.* handhaft 1e; *vgl.* Grimm *DRA* 638; auch Nordisch: Amira *Zschr. Savigny Rechtsg., Germ.* 27 (1907) 376; *Altnorweg. Vollstreck.* 86. 152; Heusler *Strafr. Isld.* 113

Rückenkiepe *s.* Korb

Rückfall *s.* Wb *æt þam oðrum cyrre;* Ggs.: *frumcyrre, frumtihtle; prima calumnia* 1) Meist ist ~ nur bei einzelner bestimmter Missetat erwähnt; doch dient Diebstahl (*s. d.* 1) vielleicht als Typ mehrerer Verbrechen 1a) Allgemein verhängt nur Geldstrafe über jedes erstmalige Verbrechen Af El 49, 7: im Widerspruch erstens zur Leibesstrafe an Handhaften (*s. d.* 13), zweitens an gewissen, auch von Ælfred genannten Verbrechern 1b) N Vielleicht einen Af verwandten Agsä. Rechtsgrundsatz hat Ende 12. Jhs. Ps Cn for 13 im Sinne: *ad primam calumniam* [= *frumtihtle*] *nullus Anglus iudicari potest* [zur Leibesstrafe] 2) Asyl (*s. d.* 18) schützt nur einmal vor Todesstrafe 2a) N oder Abschwören (*s. d.* 2) der Grafschaft; ECf 5, 3 2b) Private Gerichtsbarkeit der Kirchen-Immunität schützt nicht den Verbrecher beim zweiten ~ vor Auslieferung ans öffentliche Gericht: *Si malus homo in aperto* (handhaft) *scelere* [*in peccatis suis* Var.] *tribus vicibus deprehensus sit, ad vicum regalem* [*cyninges burg* öffentliche Gerichtsstätte] *reddatur;* Urkk. a. 816; 796—819 Birch 357; 364 **3)** Den erstmaligen Dieb (Verbrecher) trifft Geldstrafe nach Ine 18. 37. II As 1, 3f. VI 1, 4. 12, 2. Hn 59, 20a. I Atr 1, 5f. = II Cn 30, 3b; 4 **3a)** Im ~ dagegen droht Verstümmelung (Ine 18. 37. II Cn 30, 3b; 4), Todesstrafe (VI As 1, 4. 12, 2 [obwohl jugendlich]. I Atr 1, 5f.), Wergeldzahlung II As 1, 4 **3b)** Auch Friesen strafen Diebstahl im ~ schärfer; His 347 **3c)** Ebenso Bussbücher: Theodor *Poen.* I 3, 3 **4)** Der Strafhörige, der versuchte, sich fortzustehlen [also im ~ schuldig], werde gehängt; Ine 24 **4a)** Der Unfreie, im Ordal überführt, wird beim ersten Male gebrandmarkt (auch Hn 59, 23; 26), im ~ hingerichtet; I Atr 2f. = II Cn 32f. **4b)** Norwegisches Recht verstümmelt die Nase der unfreien Diebin im 3. ~; Vigfusson *Corpus poet. bor.* II 25 **5)** Mitwissen beim Diebstahl Amtseingesessener kostet im Erstfalle Wergeld, im ~ alle Habe; II As 3, 1; *vgl.* Amtsentsetzung 11 **6)** Die Strafe für Trotz gegen das Gesetz (*s. d.* 21. b) steigt von £ 5 zum Wergeld (bzw. vom einfachen zum doppelten Wergeld) im ~ und zur Vermögenseinziehung samt Huldentziehung beim zweiten ~ **6a)** Strafe für Ungehorsam gegen den Befehl des Hundred (*s. d.* 18b) zur Verbrecher-Verfolgung steigt von 30 Pfg. in Rückfällen auf 60, dann 120 Pfg. und Vermögenseinziehung mit Friedlosigkeit **6b)** Zweimalige Gerichtsversäumnis (*s. d.* 5. 5a) trotz Vorladung vors Hundred kostet je 30 Pfg., dagegen das dritte Mal $2^1/_2$ £ **6c)** Strafe für Gerichtsversäumnis (*s. d.* 2. a. b) im Prozess um Land steigt von 30 Schill. beim zweiten ~ auf $2^1/_2$ £, oder kann bei Weigerung zur Vermögenseinziehung und Tötung führen **6d)** Dreimaliges Nichterscheinen trotz Vorladung vors Hundred bringt in Gefahr der durch die Grafschaft erlaubten Pfändung; *s. d.* 14 **7)** Strafe für Vorenthaltung des Peterspfennigs (*s. d.* 17a) steigt im ~ **8)** **N** Gewalttat gegen Oberförster im ~ kostet das Leben; *s.* Forst 15d, *vgl.* I 623* **9)** Die Haftung (*s. d.* 5a) des Tierhalters für Beissen seines Hundes steigt von 6 Schill. im ersten, zweiten, dritten ~ auf 12, 30 Schill. und volle Wundenbusse bzw. Wergeld des Verletzten. Also neben Strafe wächst Busse; *s. d.* 3b **10)** Die Reinigung wird dem früher schon strafrechtlich Verurteilten als Bescholtenem (*s. d.*) erschwert **10a)** Ein notorisch Vertrauens Unwerter wird von Amts wegen unter Bürgschaft für etwaigen ~ gezwungen, aber bei deren Fehlen sofort hingerichtet; I Atr 4f. = II Cn 33f. **10b)** Ein erstmals beschuldigter Fremder oder Sippeloser, der keine Bürgschaft findet, harrt im Kerker bis zum Ordal; II Cn 35; im ~ [ergänze man] würde er nicht zur Reinigung gelangen, sondern durch Klageeid überführt gelten **11)** [Den ~ des Verbrechers erwies, mangels Strafregisters, Verstümmelung (Brandmarken; *s. d.*) oder Leumund bei Nachbarn. ABRAHAM. Gerichtsrollen, seit 1194 erhalten, existierten wenig früher]

Rückgabe des Ersatzes und Strafgeldes binnen Jahr und Tag (*s. d.* 3) an Bürgen oder Bezirk, der den entflohenen Verbrecher nachträglich vor Gericht stellt, *s.* Bürgschaft 3h. 5. 13e; Murdrum 15 [Klage *s. d.* 6a. b

Rückgrat *s.* Hals **Rücktritt** von

Ruder *s.* Schiff 3a. b. 6e

Rudolf *s.* Wb *Radulfus*; *o.* Burgund

Rüge *s.* Anzeige 11. 14. 20, Geschworene 1

runde Zahl *s.* Abrundung

N Runoe [angeblich] von Arthur unterjocht; Lond ECf 32 E

Russland. *Vgl.* Kiew **1)** **N** Bis ~ hin erobert [angeblich] Arthur; Lond ECf 32 E; *vgl.* I 659[f.g]

Rute **1)** **A.** Flächenmass **I.** *roda, rood* = $^1/_4$ Acker; *s. d.* 3. *Yard* als 1 Acker und $^1/_4$ Acker belegt Wright *Dialect dict. s. v.* **II.** *gierd, virgata* = $^1/_4$ *hid* *s.* Hufe 6 **2)** **B.** Längenmass **2a)** $^1/_4$ Breite des Ackers (*s. d.* 3a), *virga* = $16^1/_2$ Fuss = $^1/_{40}$ Furchenlänge (*s. d.* 2) *s.* Meile 6b und Thorne, ebenfalls aus Canterbury, ed. Twysden *Decem SS.* 1940. *Vgl.* Maitland *EHR* 1897, 552 **2b)** 1 *pertica* = 18—20 Fuss *s.* Hufe 1k **2c)** Dritte Bed. von *yard* *s.* Elle 1b

N Rutland. Als eigene Grafschaft gerechnet I 652[d] und in gefälschter Urk. 12. Jhs. für Peterborough; Birch 22

S.

saca *s.* Gerichtsbarkeit 1c—i. 24—25a

sacebaro der *Lex Salica*, ein Strafgelder einziehender königlicher Beamter, ist wahrscheinlich gemeint mit *sagibaro*, wodurch 'erlauchte Witan' übs. Ine 6, 2 Q, verführt (wie Brunner II 154 vermutet) zu solchem Missverständnis vielleicht durch die Glosse *~nes dicuntur quasi senatores. Senator* steht mit *wita* gleich bei anderen (z. B. Grein *Glossar* IV 722) und auch bei diesem Verf. Hn 20, 3. 29, 4. Das Wort ist ohne Beziehung zu *sageman* (*s.* Anzeige 8a) oder zu *sakeber*, dem Kläger 13. Jhs. gegen handhafte Diebe; *vgl.* Pol Mai II 159

Sache, bewegl. *s.* Fahrhabe; Haus 10

Sachsen, *Saxones* **A.** **N** Niederdeutsche geniessen Aufenthaltsvorrecht in England um 1200; *s.* Deutsche 3 **B.** Inselgermanen niederdeutschen Stammes [*rex Saxonum* steht im Königstitel (*s. d.* 4a), und *rex Saxsorum* heisst Æthelstan auf einem Silberpfennig; *Brit. numism. soc.* 1911, Juli 19]; *s.* Angel~ 1 (*vgl.* jetzt Hoops *Reallex. Germ. Altt.* I 89), Engländer, Essex, Middlesex, Wessex **C.** Enger: **I.** Wessex (mit Kent) im Ggs. zu Mercien und Northumbrien *s.* England 5b. Angeln und ~ heissen die Inselgermanen stellenweise im 8.—11. Jh. neben dem Namen Engländer, so dass das Bewusstsein der Verschiedenheit lebendig blieb; Hoops 93 **II.** **N** im 12. Jh. Südengländer (*s. d.*) im Ggs. zur Denalagu ECf 33. 35, 1d

Sachwalter *s.* Vertreter; Schutz, Bauer 10d, Lehnwesen 15b; Vorsprech, Missesprechen 3b, Jurist 3, Rechtsgang 16ff. [Wolle | ***sacu*** *s.* saca

Sachwert *s.* Ersatz **Sack** *s.* Korb 1,

säen *s.* Wb *sawan, unsawen; sæd (-cynn, -ere, -leap, -ian); seten; settan* 2 (*gesette wingeard* übs. *plantavit vineam* Northumbr. Lucas 20, 19. Dialektisch heisst noch heute ~ *to set;* Wright *Dialect dict.* V 334a 5). *Vgl.* Acker 9; Ackerbau 5; Bauer 2a; Kirchenpfennig 1c. 5c **1)** Zur bäuerl. Fron für das Herrschaftsgut gehört das Be~ der Domänenäcker, teilweise mit des Bauern Saatkorn Rect 4, 1b; 2; I 446 Sp. 1[b] [eine häufige Fron: Neilson *Ramsey* 41; Maitland *Domesday* 57] **2)** Über den Säemann und den Saatkorb *s.* Korb 2 **3)** Lein und Waid ~ lässt der Gutsvogt im Frühjahr (Ger 12), Getreide im Herbst bis 11. Nov.; Rect 4, 1b **4**) Der durch Grundherrn vertriebene Gefolgsadel (*s. d.* 17c) geniesst letzte Ernte des von ihm bestellten Bodens [*vgl. Wer sät der mäht;* v. Schwerin *Grundr. Geschwiss.* II 5, 62]

N Saint Albans möchte keinem Sheriff untergeordnet erscheinen; *s.* Oberrichter 1 [tum 12a. b, Kirchenfriede

Sakralfriede *s.* Asyl, Schutz, Heiden-

Sakrament *s.* Taufe (Iud Dei XII 4, 1), Abendmahl (I Cn 4, 2), Firmelung, Beichte, Priester, Ehe, Grab

Sakrileg *s.* Kirchenraub, wo n. 4 die Auslegung gesichert wird durch Los 1b

Salböl *s.* Wb *chrisma*; Gefäss dafür: *chrismarium* erwähnt beim Ordal Iud Dei XII 2, 1. Im bildl. Sinne betet zu Gott, er möge das Ordaleisen *oleo coelesti consecrare*, Iud Dei IX 3, 2 **1**) Öl nennt unter den Einfuhrwaren Ælfrici *Colloquium* **2**) Wenn ein Pfarrer ~ nicht zur rechten Zeit [vom Bischofe] holt, zahle er 12 Ör Strafgeld; EGu 3, 2 = Northu 9 **3**) Über ~ schreibt Ælfric an Erzb. Wulfstan von York zuerst Latein., dann Agsächs.; ed. Thorpe *Anc. laws* 452 **4**) *Vgl.* Krönung 6

Salica lex emendata benutzt von Hn 83, 5. 87, 10f. 88, 13; 13a; zitiert 87, 10. 93, 37. 94. 89, 1, wo aber das Zusatz-Kapitular von 803 gemeint ist. Auch an den Rand von 87, 9 trage nach: *Sal. em.* 45, 2

Salisbury N 1) Den in ~ 1086 gegebenen Untertaneneid *s.* Königstreue 7f. **2**) Bischof Roger von ~ bezeugt Hn com Test; *s.* I 545[d]; **2a**) tätig für Staat und Kirche 1102—6; Quadr II 8d, I 545[e–ff.] **3**) ~ Münzstätte unter Æthelstan: Schreiberirrtum statt Shaftesbury II As 14, 2 **4**) **N** Handschriften aus ~: Mr, Sr I xxxv. xl

Sallust wird benutzt Hn 83, 1a[p]

Salz (*sealt*) **1**) ~ gehört neben Brot, Wasser und Pflanzen zur Nahrung im Fasten; *s. d.* 9a. b **2**) ~-fass (*sealtfæt*) zählt zum Inventar der Domäne des Herrschaftsguts; Ger 17 **3**) *Vgl.* Quellen 1

N Samland [angeblich] von König Arthur unterjocht; Lond ECf 32 E

Sattel *s.* Wb *(un)gesadelod; selé.* Von den als Heergewäte (*s. d.* 9c. 12a) bzw. Lehnsmutung dem Herrn abzuliefernden Pferden sind einige gesattelt

Satzung A. *s.* Gesetz 1, Recht 4 **B.** *s.* Pfand 4

Saum = Last, Transportladung eines Pferdes (*s. d.* 3), *s.* Wb *seam, summagium* [schon Afz. gleichlautend mit dem verschiedenen von Lat. *summa* stammenden Worte]; Rect 2. 5, 3. [Als Quantitätsmass = 2 Eimer; *s. d.* 3. A. 1205 *summa frumenti pro marca* (= 160 Pfg. besonders teuer), vor 1189 *emebatur* 12 *denariis; summa fabarum vel pisarum pro* 80, *avenae pro* 40, *quae* 4 *den. quondam comparari solebat;* Rad. Coggeshal. 151]. Toller *s. v. seam* erklärt 'a seam of corn is a quarter, 8 bushels; a seam of wood is a horseload' u. a. Quanten für Dung und Glas. *Vgl.* dort *seamhors, -sadol, seamere:* Maulesel; Kirchenpfennig 4

Saxones *s.* Sachsen

sceatt, Name für Denar auch bei anderen Germanen; Brunner I[2] 313; Schröder *DRG*[6] 193; Amira 124; Seebohm *Tribal custom Ags.* 444. And. Sinn: Fahrhabe *s.* Wb 2; *vgl.* Dritter Pfennig **1**) In England lief der ~ um c. 590 bis 780 [später in Friesland noch neben Pfennigen; Wilkens *Hans. Geschbl.* 1908, 315] **2**) Im frühesten Kenterrecht ist 1 ~ = $^1/_{20}$ Schilling (*s.* Goldmünze 1. a); Abt 16. 33. 59. 60. 72 **2a**) Jene Ansetzung 1 Schilling = 20 ~ erhellt aus Vergleichung der Gliederbussen. Nämlich die Zehe gilt $^1/_2$ Finger; der Daumen 20 ~, die grosse Zehe 10 ~; Abt 71. 54. Wahrscheinlich also gilt auch Zehennagel = $^1/_2$ Fingernagel; *s. d.* Da nun der Nagel der grossen Zehe 30 ~, der einer sonstigen 10 ~ gilt, der Nagel des Daumens 3 Schilling, der eines sonstigen Fingers 1, so ist wahrscheinlich 30 ~ — $^3/_2$ Schill. und 10 ~ = $^1/_2$ Schill. **2b**) Ebendahin führen 3 andere Stellen: eine Strieme kostet 1 Schill., ausserhalb der Kleider 30 ~, innerhalb [wie im normalen Falle] 20 ~; Abt 58ff. **2c**) Schändung der niedersten Unfreien kostet am Königshofe $^1/_4$ der der höchsten (12 zu 50, was wohl abgerundet von 48; Abt 10f.); ein gleiches Verhältnis liegt auf dem Hofe des Gemeinfreien, wo die Schändung der niedersten 30 ~ und die der höchsten 6 Schilling kostet (Abt 16), nur dann vor, wenn 30 ~ = $1^1/_2$ Schilling sind **2d**) Ein Kenter gibt a. 835 *min wærgeld* zu 2000 an; Birch 412. Wenn hier ~ zu ergänzen ist — wie in Ann. Agsa. 694 zum königlichen Wergeld 30000 = *u.* 8 —, so macht dies 100 Kent. Schilling, Gemeinfreien-Wergeld, wenn 1 ~ = $^1/_{20}$ Schill. **3**) Keine der gefundenen Münzen ist mit dem ~ in Abt sicher identifizierbar **4**) Wenn 1 Schill. (*s. d.* 3) Kentisch = $2^1/_2$ Westsächsisch, so sind 20 Kentische ~ = $12^1/_2$ Pfg., also wäre 1 ~ etwa $^5/_8$ Pfennig wert. Vielleicht kam Ælfred zu dieser Annahme aus dem ~ des 8. Jhs., der bis zu Offas Zeit umlief, von nur 1 Gramm Silber. Der Kentische 3 Jahrhunderte früher aber hatte vielleicht vielmehr dem Früh-Merowingischen Denar = $^1/_{96}$ Silberpfund geglichen, m. a. W. viermal so viel Wert gehabt **5**) Für die Drachme *dragma* der Vulgata Lucas 15, 8 sagt der Northumbrische Übersetzer *fif ~as,* offenbar, indem er ~ und Pfennig für gleich hält, denn der Westsächsische setzt dafür *scilling*, d. h. 5 Pfg. **6**) Der Mercische ~ wiegt soviel wie der früheste Pfennig (*s. d.*) und gab manchem auch das formelle Muster; Keary *Engl. coins* I xxiii f. **6a**) Er wiegt normal 1,036 Gramm, d. h. nur $^1/_8$ weniger als Offas normaler Pfennig; *ebd.* xxxv **7**) Der wegen Geldschuld Verklagte leugnet: ich schulde dir nicht ~ noch Schilling, nicht Pfennig (*s. d.* 3d) noch Pfennigswert; Bestehen des ~ neben Pfennig folgt nur für den Ursprung dieser Formel, nicht für alle Zeit ihres Gebrauchs [wie Deutsche von Heller und Pfennig noch reden, nachdem es jenen nicht mehr gibt] **8**) 30000 ~ wird = 120 £ = 6 × 1200 Merc. Schilling, also = 28800 Pfg. gerechnet; Mirce 2. Wahrscheinlich ist hiervon 30000 nur Abrundung (*s. d.* 4), und 1 ~ = 1 Pfg., nicht = $^{24}/_{25}$ Pfg., da unmöglich zwei Münzen mit so kleiner Wertverschiedenheit neben einander gegolten haben können

Scepter *s.* Krone 1b

Schadenersatz *s.* Ersatz

Schädling *s.* Bescholtene 5

Schaf *s.* Wb *sceap (-ætere, -hyrde); weðer, ewo, lamb; vgl.* Hürde; Wolle, Milch; Herde, Hirten **1**) Mutter~ mit dem (5. April bis 9. Mai zu entwöhnenden) Lamm gilt 1 Schilling [= 5 Pfg]; Ine 55 **1a**) Ein ~ gilt (*s.* Preis

11) nach *Pipe roll* a. 1130 p. 122 nur 4⁷/₈ Pfg. (1500 = £ 30. 8. 4) **1b)** Ein Jung∼ steht = ¹/₂ Mutter∼ zu Hurstbourne (Birch 594), ein Widder = ¹/₆ Rind [also 6 Pfg.]; Ine 70, 1 **2)** Der ∼hirt des Adelsguts erhält von der Herrschaft 1 Lamm, 1 Glockenflies (ähnliches Gebrauchsrecht führt aus Engl. Rittergut an Andrews *Manor* 220) und die Milch (*s. d.* 4) seiner Herde eine Woche nach (vór Q) Nachtgleiche; Rect 14 **3)** Der Hügel, wo ∼e überwintern, heisst *winterdun;* Ger 1 [Das im Winter benutzte Weideland heisst auf Island *vetrarhagi;* Maurer *Island* 403] **4)** ∼schur erfolgt Mittsommers; Ine 69; im Sommer Ger 9 **4a)** Schere zählt zum Inventar der Herrschaftsgut-Domäne; 15. 15, 1 **4b)** Waschen und Scheren der ∼e gehört zur Fron des Bauern für das Herrschaftsgut; Urk. Birch 594 **5)** ∼leder *s.* Fell 2 **6)** ∼dung vom 25. Dez. bis 6. Jan. gefallen, erhält der Schäfer geschenkt; Rect 14 [Ebenso anderswo: im *Battle Custumal* 67 und Andrews *o.* 2] **7)** Ein unfreier Domänenknecht des Adelsguts empfängt als Beköstigung jährlich u. a. 2 ∼leiber, und eine Magd 1∼ als Winterzukost; Rect 8f. **8)** Wer ein ∼ rettet, erhält vom Eigentümer Einfang; *s. d.* 4. 6a **8a)** Ein ∼ stehlen zählt zu kleinem Diebstahl; *s. d.* 9e **9)** Wer 1 ∼ stiehlt, zahle 4 als Ersatz; aus Exod. Af El 24 [wohl nicht praktisch laut Busse 13b] **10)** Ein ∼ schlachten darf man nicht ohne die für die Polizei nötige Kundmachung; *s.* Hehlerei 6 **11)** Zum Bodeninventar, das das Herrschaftsgut dem Gebur gibt, gehören 6 ∼e; Rect 4, 3 **11a)** Er zahlt ihr jährlich zu Ostern ein Lamm; 4, 1 [Ebenso in Hurstbourne von 1 Hufe: 4 Lämmer; *o.* 1b **12)** Von 10 Hufen zahlt der Bodenbesitzer dem Grundherrn jährlich u. v. a. 10 Widder [also von 1 Hufe: 1]; Ine 70, 1 **13)** Von je zwei königl. Tagesgastungen soll ein Armer auf Krondomänengut monatlich u. a. 1 Schinken oder 1 Widder zu 4 Pfg. erhalten; As Alm 1 **14)** **N** Die ∼herde wird der Kirche verzehntet durch Abgabe des zehnten Lamms; ECf 7, 4; *vgl.* I 632ᵇ **15)** Wer den Schäferhund tötet, büsst 6 Schilling; II Cn 80, 1b Hs T; *s.* Hund 2 **16)** 'Gehörnt und sehend' verlangt das ∼ Hn 76, 7e in Ribuaria-Worten **17)** Lamm Gottes für Christus *s.* Wb *agnus*

Schäfer *s.* Hirten 1. 4; Schaf 6. 15

Schafthand *s.* Hand 12

Schamhaftigkeit des Ausdrucks **1)** Für unehelichen Beischlaf sagt 'etwas Schlechtes' Abt 73 **2)** **N** *membres, freres,* Zeugungsglied, Hoden Leis Wl 18. 18, 2

schänden *s.* Unzucht, Notzucht, Nonne 9ff. [liche Missetat; **II.** Pflug

Schar *s.* I. Bande, gemeinschaft-

schartig *s.* Wunde

Schatz **N 1)** In den *thesauri* des Königs [zu Winchester (nachweisbar seit Cnut) und London] liegt neben Reliquien und Archiv (*s. d.* 1a) Edelmetallwerk. Wenn die öffentlichen Münzer oder Goldschmiede erkennen, ein Edelstück sei dorther oder aus einer Kirche, so darf man dies nicht ohne Gewährbürgen (*s. d.* 5) des Veräusserers erwerben; ECf 38, 1 **2)** Klage auf Einbruch (*s. d.* 6) in Kirchen (*s.* Kirchenfriede 2a) oder Kammer ist nur durch schwerste Reinigung abwehrbar; Leis Wl 15. Obwohl *camera alicuius* L übs., scheint dieselbe Zweiheit der Diebstahl lohnenden ∼kammern wie *o.* 1 gemeint. **3)** Busse für Murdrum (*s. d.* 13) deponiert das Hundred für 1 Jahr lang im ∼ des Königs **4)** *wice* Dienstamt, Wirtschaftshaltung, hier des Königs, war der Englische Name für Normann. *warda,* woher die Oberförster Jahresgehalt an Geld und Naturalien beziehen; Ps Cn for 6 **5)** Es gab unter Ælfred eine Kasse in jeder Grafschaft; *s. d.* 11a. 18a; Finanz 4

Schatzfund **1)** Schon das 7. Jh. durchsuchte Hügel, wohl vermutete Gräber, nach Schätzen; Agsä. *V. Guthlaci* ed. Goodwin 267. *Vgl.* Seelschatz 1; Leichenraub 4a **1a)** Der Agsä. Dichter stellt sich Schätze vor geborgen *under stanhliðum* (Steinfelsen); Daniel 61 **1b)** Eine gefälschte, kaum vornormann. Urk. Eadgars gibt Glastonbury den ∼ (der also als Regal gilt); Birch 1277. Für Agsä. Zeit beweist sie nichts **1c)** Dänen und Normannen weisen dem König den ∼ zu; Lehmann *Königsfriede* 121. In Süditalien konfisziert der Normannenkönig jeden Fund, dessen Eigentümer nicht binnen 1 Jahr erscheint; Niese *Gesetzg. Norm. Sic.* 164. 176f. [**1d)** Lehmann in *Zs. Dt. Philol.* 39 (1907) 273 und Pappenheim in *Jherings Jahrb.* 45 (1903) 153 erweisen das ∼-Regal als entstanden aus dem Recht an Gräberbeigaben **1e)** Das Festland ordnet ∼ mit dem Regal des Bergbaus (*s.* Metall) zusammen. ABRAHAM] **N 2)** Schatz aus der Erde ('in der Erde verborgen' retr.; *u.* 4a) gehört dem König, wenn aber in Kirche oder Kirchhof (also einem Grabe; *o.* 1d) gefunden, die Hälfte des Silbers der Kirche; ECf 14f. Nicht diese Halbteilung (*s. d.* 1 A) zwischen Kirche und Staat [die im Fränk. Recht wurzelt; ABR.], aber die Scheidung von Gold und Silber beim ∼ findet Parallelen in Französ. Recht; *s.* 1640ᵈ. *Vgl.* die Halbierung zwischen Kirche und Finder beim Ertrage aus Schiffbruch 3a **2a)** Nur ein unorganischer Nachsatz zu ECf 14, 1 scheint dem Agsä. entstammt; I 640ᵉ **3)** *Praesumptio pecuniae regis* und unterschlagene Fiskus-Fahrhabe (*s.* Fund 4a), darunter ∼ wohl mitgedacht, gilt Diebstahl gleich; sie und der *thesaurus inventus* gehören über ganz England und alle Untertanen dem Kronprozess (*s. d.* 13a. 16); Hn 10, 1. 13, 5. Ebenso gilt *occultatio inventi thesauri* als kriminal Glanvilla I 2. XIV 2; *Dial. de Scacc.* II 10 [**4)** Richard I. beansprucht 1199 den vom *vicecomes de Limoges in fundo suo* gefundenen *thesaurum de iure dominationis sue;* Rog. Hoved. IV 82 **4a)** Der Schatz wird als 'alt verborgen (*o.* 2) in der Erde' qualifiziert von Britton (ed. Nichols I 66) und Mirror of justices (ed. Whittaker 8); ward er innerhalb Menschengedenken versteckt, gilt das Regal nicht (114) **5)** Zusammen mit *murdrum, assultus* wird ∼ verliehen (*s.* Kronprozess 13a) auch in Anglonorm. Urkk.: vielleicht also drang diese Anordnung schon mit Wilhelm dem I. nach England. ABRAHAM]

Schatzmeister *s.* Wb *hordere, thesaurarius; vgl.* Kämmerer: deren oberster ist unter Eadward III. ∼; Larson *Household* 133 **1)** Jeder Vogt oder Königs ∼, der Mitwisser von Dieben war, verliert Wergeld, im Rückfall alle Habe an den König; II As 3, 2; *vgl.* Amtsentsetzung 11. Gemeint sind provinziale Finanzbeamte, kein Reichs~, der damals noch nicht vorkommt **2)** Bei der Veräusserung von Vieh wirkt als Kaufzeuge alternativ neben Vogt, Pfarrer, Grundherrn oder sonstigem wahrhaften Manne der *hordere;* II As 10 = III Em 5. Dies ist ein Domänen-Rentmeister, nicht bloss des Königs, sondern irgend eines Herrschaftsguts. Schmid 665, 2 hält ihn stets (?) für einen Thegn **2a)** Der fürs Kloster den Ölvorrat verwaltende Mönch heisst *þe þæt hordern heold;* Wærferth *Dial. Greg.* 159. *Hordere* (Toller *s. v.*) = *cellarius* bei Ælfric, auch Ann. Agsax. 1131. 1137, ist der Domänen-Verwalter des geistlichen Stifts **2b)** Namen für ~ stammen aus Landwirtschaft; *s. d.* 6

Schätzung *s.* Taxe, Preis

Schatzwurf *s.* Eheschliessung 3

Schau *s.* Forst 19a; Pacht 7, Zehnerschaft, Waffen; Waren~ *s.* London 34b

N Schauspiel bietet dem Volke die Vorführung wilder Tiere oder ein Wahnsinniger; der dorthin Geführte läuft Gefahr, dass er *aliquid patiatur ab eis;* Hn 90, 11c

Scheidung *s.* Ehe~

N Scheinbusse *vgl.* Humor **1)** Für Erschlagene, zu denen sich niemand als Verwandter oder Beschützer bekannt hatte, büsst der des Totschlags an einem solchen Verklagte in leeren Beuteln (*in taschis*) statt Strafgeld, Wergeld und Mannenbusse; Hn 78, 5 **2)** Kläger, der Busse fordert, weil Beklagter unabsichtlich herabstürzend seinen Verwandten erdrückt hat, erhält das Recht, auf jenen herabfallen zu dürfen; 90, 7a

Schelte *s.* Ehrenkränkung 4ff., Verleumdung, Eides~, Urteils~

Schenk *s.* Mund~

Schenkel *s.* Ober~, Unter~

Schenkung *s.* Wb *unnan. Vgl.* Grundbesitz 4. 6 **1)** 'unentgeltlich' im Fortgeben heisst *on Godes naman* u. ähnlich *s.* Wb *God* 8 **N 2)** Zumeist ist die ~ mit Gegengabe verknüpft; *s.* Freilassung 7 **3)** ~ geschieht wie Kauf vor Zeugen und beim Trinken; Hn 81, 1 **4)** ~ neben Wergeld *s.* Schiedsgericht 9h

Schere *sceara* (vielleicht zur Schafschur, da hinter Pferdekamm) und *scearra* (da hinter Weberei-Saumstöcken und vor Nadel, wohl kleinere Gewand~) gehören zum Domänen-Inventar des Herrschaftsguts; Ger 15. 15, 1; *vgl.* Brasch *Werkz. Altengl.* 128

scheren **1) A.** Geistliche Tonsur befiehlt Northu 34; *vgl. u.* 3 **1a)** ~ ist am Sonntag (*s. d.* 4a) verboten **2) B.** Ein Engl. (oder doch in England kopierter) kanonist. Traktat Anf. 11. Jhs. behauptet, der Papst habe einen ehebrecherischen Priester degradieren lassen, der dann *forcipibus tonsus turpiter decalvatus est;* in *EHR* 1895, 726. *Vgl.* Skalpieren. Das *decalvare* zur entehrenden Strafe traf den Westgoten, der sich der Heerespflicht entzog. Und mit ~ straften auch andere Germanen und die Kirche; Grimm *DRA* 280; Brunner II 605; Friedberg *Dt. Bussbü.* 7; schon Indisch: Oldenberg *Ält. Strafr. Kulturvö.* 86 **2a)** Wie das Haar als Freiheitszeichen galt (*s.* Locken; Ducange *s. v. capilli*), so sein Verlust als Symbol der Freiheitsminderung; *vgl.* Amira 89. Im Keltischen Schottland ergibt sich der Freie zum *nativus* dem Herrn in dessen Gericht *per crines anteriores capitis sui*; 'Quoniam attachiamenta' in *Acts of Parliam. Scotl.* I 655. Auch in Wales ist ~ Zeichen der Unfreiheit; Seebohm *Tribal system of Wales* 119 **3) C.** Zur Ehrenkränkung. Wer jemanden beschimpfend zum Verstümmelten schert, büsse 10 Schilling; wenn er ihn zum Priester schert, ohne ihn zu fesseln, 30; mit Fesselung 60, wenn er den Bart (*s. d.* 1b) abschert, 20; Af 35, 3—6. [*Mahemium dicitur testæ capitis per abrasionem attenuatio;* Glanvilla XIV 1, 8.] Der Unfreie geht bartlos, der Freie im Vollbart. Auch andere Germanen strafen jenen Schimpf; Brunner II 675; Friesen brauchen dasselbe Wort *heres* (*berdis*) *homeling* (Haupthaar- bzw. Bartverstümmelung) wie Af *homola;* Richthofen *Altfries. Wb* 806; His 326; Grimm *DRA* 702; Wilda 775f.; im Norden: Amira *Vollstreck.* 165; Ducange *s. v. decalvare* **3a)** Noch in Mittelenglischer Epik 14. Jhs. kommt ~ zur Schande vor: Neilson *Huchown* 39. 48 **4) D.** ~ des Schafes *s. d.* 4

Schiedsgericht. *Vgl.* Abfindung

1. Termini. 1a. Vermengung mit Gericht. 1b. Germanisch. 1c. Richter. 1d. Normannenzeit. 2. In Gliederbussen. 3. In Kent. 3a. Zählt zum Rechtsgang. 4. Rechtskraft des Schiedsspruches. 5. ~ um Land. 6. Zwischen Geistlichen. 7. Hn begünstigt ~. 7a. In Grafschaft und Herrengericht. 7b. Dörfliches ~. 8. Bei Körperverletzung. 8a. Gleichheitseid. 9. Totschlagsühne. 10. Urteilfinder von Parteien gewählt.

1) Die Termini sind: (*ge*)*seman, semend, gesem; lufu, freondscipe* [Kemble 693] im Ggs. zu *lage, dom; amicitia* (*amor u.* 7a. b) im Ggs. zu *iudicium* [Mittelengl. *lovedai, dies amoris*, Ahd. *minnja*, Schwed. *minne*]; *pax* 46, 4; *u.* 7; *concordia* Hn 62, 1; *u.* d; *concordatio* ECf 28, 1; *acordement u.* 8a; *sehtan* [Toller: *seht(ness)*, (*ge*)*seht(l)ian;* über das Wort *s.* Heusler *Strafr. Isld.* 69], *seht* im Ggs. zu *sacu u.* 5b, zu *ladung* und *dom* Episc 4. Ein Privileg Eadwards III. zeigt *dom 7 som;* Kemble 785. Vielleicht ~ ist gemeint unter *iudicium quod sine iustitia placitavit;* Hn 54, 4f. **[1a)** Die Nichtjuristen gebrauchen, wie immer, technische Ausdrücke ungenau; der Sippe des Erschlagenen bot der Verwandte des Totschlägers 1080 *legalis placiti iudicium* (*gemot*) mit Absicht der Wergeldzahlung; nach Will. Malmesbur. III § 271, meist aus Flor. Wigorn., der Ann. Agsa. folgt; dieselbe Verhandlung heisst genauer *pax, concordia* (*u.* 7ff.) bei Godefr. Winton. ed. Raine *Laurence of Durham* 73. — Mit Recht übersetzt *arbitri* durch *domeras* Af El 18, und *iustum arbitrorum iudicium subire* heisst 'ordentliches Strafgericht erleiden' in Urk. a. 811 Birch 332: beide Stellen betreffen trotz des Wortes *arbiter* nicht ~] **1b)** Das 'Verfahren mit Freundschaft', im Ggs. zum 'Verfahren mit Rechten' folgt dem Vorbilde der Sippegerichte; Brunner I² 253. Auch and. Germanen dehnen (*u.* d. 2. 7ff.) es auf Strafsachen aus; ders. *Ält. Strafr. Kulturv.* 59. Es ist bei den Agsa. weit verbreitet, offenbar infolge ungenügenden Prozesssystems des öffentlichen Gerichts; Adams *Essays in Ags. law* 26. Ein ~ durch den König, *vgl.* falsches Urteil 6 **1c)** Diese Funktion gütlicher Beilegung liegt ob dem König (Polity 2 = *Homil. n.* Wulfstan 266), der geistlichen Lehre und weisem Staatsgesetz (X Atr Pro 1), dem Bischof (*s. d.* 9c. d) samt rechtl. Richtern (Episc 3. 4), den Gerichtsoberen (*witan u.* 9a), den *iudices* (Urteilfindern; Hn 3), dem Grafschaftsgericht (*u.* 5. b. c; Hn 7, 3a. 57, 1a), der privaten Gerichtsbarkeit (*u.* 7b), dem Zehnerschaftshaupt in bäuerlicher Bagatelle (ECf

28, 1), den Blutsfreunden (*u.* 2), dem verwandten Beirat des Verklagten (*u.* 9; Hn 46, 4); *guede liode* bilden das ~ der Friesen; His 210. Die Sippe als Ganzes sucht sich gemeinschaftlich von Fehdegefahr zu lösen; Hn 88, 17. — Jene richterlichen Personen aber treten hier nicht in öffentlicher Eigenschaft auf und erhalten kein Strafgeld **1d**) **N** In Normannenzeit ist *reconciliatio* nach Klage auf Raub, Diebstahl und dgl. Kriminelles verboten, sobald es dem Gerichtshalter angezeigt und von diesem Termin dafür angesetzt worden ist [also früher nicht]; Hn 59, 27f. Unbeabsichtigter Totschlag aber zählt hier noch nicht zu Unsühnbarem; sogar auch bisweilen Mord durch Zauberei [im Widerspruch zu 71, 1] *beneficio legis ad misericordiam vel concordiam pertrahitur;* 70, 12c. 71, 1c. Da der Missetäter Bürgen für künftige Ehrlichkeit finden muss, geschieht diese Sühne allerdings vor dem Richter. Dagegen verschafft *justicia* Genugtuung für die Sippe des Erschlagenen, indem der Totschläger mit Wergeld oder seinem Blute büsst; 88, 20a **1e**) Die Friesen erlauben Sühne bei allen Missetaten ausser Diebstahl; His 344 **2**) Inmitten der Gliederbussen mit ihren gesetzlich bestimmten Taxen steht: 'wenn [ein am Bein Verwundeter] lahm wird, dürfen Blutsfreunde (*o.* 1c) *seman* (im ~ schlichten); Abt 65, 1: vermutlich ein Rest vorstaatlicher Rechtspflege; Schröder *DRG*[5] 85 **2a**) Ähnlich bleibt ein Überschreiten gesetzlicher Taxe den *witan* [ordentlichen Gerichts? *s.* jedoch *u.* 9a] vorbehalten bei Halslähmung; Af 77 **3**) Hat Beklagter dem Kläger einen Bürgen [für Rechtserfüllung] gestellt, so gehen sie 3 Tage darauf einen *semend* an; 7 Tage nachdem die Sache entschieden (*gesemed*) ist, erfülle Beklagter den Schiedsspruch (*riht*): in Wertzahlung oder [Reinigungs]eid. Weigert er es (durch Prozessualpfand zu geloben) binnen 1 Tage, so zahlt er 100 [Schilling Strafe] und verliert das Recht zum Eide; Hl 10. Der *semend* steht verschieden von den *Cantwara deman* im vorhergehenden Satze. [Das ~ geht auch bei anderen Germanen formell vor und gibt Urteil nach strengem Recht, das Inhalt und Kraft des staatsgerichtlichen haben kann; Amira 160] **3a**) **N** Die Sühne durch ~ zählt mit zum Rechtsgang weitesten Sinnes und ist, wie dieser im staatlichen öffentlichen Sinne, am Feiertag verboten; Hn 62, 1 **4**) Praktisch kam es wohl oft vor, dass eine Partei, mit dem ~ unzufrieden, nachher das ordentliche Gericht anrief. Hiergegen wendet sich der Satz der Denalagu: Wo ein Kläger zwei Möglichkeiten *lufe oððe lage* hat und *lufe*, ~, wählt, stehe der Schiedspruch so fest, wie wenn er Gerichtsurteil (*dom*) wäre. Und wer trotzdem [dem Gegner gerichtlichen] Reinigungsbeweis gestattet oder ablegt, büsse [dem Gerichtsherrn] 6 Halbmark (Rechtsbruchbusse); III Atr 13, 3f. = Hn 54, 3 **N 4a**) Der Richter [gemäss der Verstärkung seiner Gewalt in Normannenzeit] lässt wählen zwischen Prozess und ~. Ist *ex amore et testimonio* (aus bezeugtem ~) Spruch ergangen, kann der Prozess nicht *per iudicium* nochmal beginnen; Hn 54, 2f. **4b**) *Amor iudicium vincit:* gütliche Vereinbarung der Parteien geht über öffentliches Gemeinrecht; 49, 5a **4c**) Eine Ausnahme: *In quibusdam causis nemo tenere cogatur quod sine iustitia* (Richter) *placitavit,* obwohl *iusto iudicio finitum est;* 54, 5 **5**) Der König beauftragt ein *scirgemot,* die Parteien zu *geseman.* Dieses fordert von der Beklagten den Eigentumserweis durch Helferschwur. Bevor sie den Eid ablegt, rät es dem Kläger, jetzt noch im letzten Augenblicke auf den Eid zu verzichten, weil im Falle seiner Abweisung er wegen Raubes Nochmalzahlung und an den König als Strafe Wergeld verlöre; denn mit dem Eide *nan freondscipe nære* (würde ~ aufhören, und er Strafe ordentlichen Rechtsganges leiden); Urk. um 991 Kemble 693 **5a**) König Ælfred beauftragt Freunde beider Parteien, Grundbesitz-Prozess zu *seman;* Urk. um 907 Birch 591 **5b**) Beim *sciregemote to Wigeranceastre* wird von den beiden Sippen des Landveräusserers und des Beanspruchers angeregt, 'dass besser Versöhnung (*seht*) als Streitsache (*sacu*) zwischen ihnen wäre; die Parteien ersuchten nun um ihren Schiedspruch (*seht*). Dieser lautete: .... Dies war unser aller *seht*'; a. 995—1012 Kemble 898 **5c**) *Seht, þe Godwine eorl worhte* zwischen Erzbischof und St. Austin's Kloster zu Canterbury a. 1038—50, steht Kemble 790 **5d**) In den Kloster-Chroniken entscheidet zumeist ~ den Streit um Grundbesitz **6**) Im Prozess zwischen Geistlichen wird *som* (*dom*) durch Laien seit etwa 970 verboten; doch *s. o.* 5c; Geistl. Gericht 11. 19a. 22c **N 7**) *Omnes causæ sunt a iudicibus* [Urteilfindern] *discernendæ vel, si facultas admiserit, potius pace* [durch ~] *honestandæ;* Hn 3 **7a**) *Sciregemot discordantes amore* [durch ~] *congreget vel sequestret iudicio;* 7, 3 **7b**) Zwei streitende bäuerliche Hintersassen eines Grund- und Gerichtsherrn *in curiam domini eant, et illic* [also vor dem Gerichtsherrn] *eos amicitia* [~] *congreget aut sequestret iudicium;* 57, 1a **8**) Der Verletzer, der *pacem* [Sühne durch ~] *facit cum aliquo de vulnere vel malo quod inflixerit, finiat* es vor Zeugen und mit des Verletzten ganzer Sippe, damit diese, falls jener nachher stirbt, nichts von ihm nachfordern könne; 70, 11a. Es ist vorteilhaft, mit der vollständigen Sippe des Beleidigten zu verhandeln, damit nicht eines ihrer Mitglieder Racherecht (wie auf Island; Heusler [*o.* 1] 96) behalte **8a**) **N** Beim *acordement* (*concordia*) über Verwundung erweist der Verletzer der anderen Partei die Ehren und leistet ihr den Gleichheitseid; *s. d.* 3f.; *u.* 9h **9**) Die Totschlagsühne ist der wichtigste Fall, wo das ~ fungiert. Sie ist wie Blutrache (*s. d.* 1a) ursprünglich Privatsache der Sippen. [In England genehmigt sie der König 1208. 1221; *s.* Pilgerfahrt 6a, Blutrache 7d. Festländ. Parallelen: Frauenstädt *Blutrache,* z. B. 126 aus Wetzlar a. 1285.] Das Blutrecht pausiert während der Sühne; Kohler *Shakespeare* 187. Ihre beiden Quellen II Em 7 und Wer 3ff., einander z. T. wörtlich gleich, hängen von einem Texte ab, oder Wer erklärt und ergänzt in Privatarbeit den Gesetztext. Um 1116 übersetzt Hn 76, 1—7c Wer, mit Umrechnungen auf den Gemeinfreien und Zusätzen, die die Sühne noch ganz lebendig zeigen **9a**) *Witan* (Gerichtsobere, aber im ~) sollen Blutfehde *sehtan;* II Em 7. **N** Die Termine zur Sühne sind unaufschiebbar; Hn 59, 4 **9b**) **I.** Erstens verspricht Totschläger dem Vorsprech, und dieser der Sippe des Erschlagenen, Totschlagsbusse. [Jener Vorsprech erscheint auch bei Friesen (His 214) und Nordgermanen; Amira *Obligat. R.* II 296ff.] **9c) II.** Diese verspricht dem Vorsprech sicher Geleit für den Totschläger [*missis intercurrentibus, pace ad invicem data et accepta, locum et diem quo convenire possent, statuere* Sippe des Totschlägers und die des Erschlagenen; Flor. Wig. 1080, *o.* 1a]; *grið* heisst es auch auf Island; Heusler (*o.* 1) 83 **9d) III.** Totschläger persönlich verspricht Wergeld mit Pfand und Bürgschaft, die für ihn zu $^2/_3$ väterliche, zu $^1/_3$ mütterliche Verwandte leisten; bei erschlagenem Thegn werden 12 Werbürgen gestellt **9e) IV.** Beide Sippen geloben dem *semend* auf eine Waffe Königsfrieden; künftiges blutig Fechten aus diesem Racheanspruch kostet 'Königsschutz'; *s. d.* 8. [Diesen Friedenseid schwören auch auf dem Festlande entweder beide Sippen oder nur die verletzte; His in *Festgabe Güterbock* 374.] Von diesem Tage an (nicht notwendig fiel er mit den vorigen Versprechensterminen zusammen) laufen die Zahlungsfristen **9f) V.** 21 Tage darauf zahlt der Totschläger an die verletzte Familie Halsfang, 21 Tage später an den Herrn Mannbusse (21 Tage später an die Obrigkeit Strafe für Blutvergiessen [Wer]: vielleicht zugesetzt, als der Staat Bluttat amtlich zu verfolgen begann), 21 Tage später vom Wergeld engeren Sinnes die Anfangzahlung an die verletzte Sippe **9g) VI.** Die übrigen Raten des Wergelds müssen eingehalten werden nach der von den *witan* bestimmten Frist; Wer 6. **N** Für Wessex setzt 3 weitere Raten von je 1 £ für den Gemeinfreien fest Hn 76, 7d; e; f: für verletzte und letzte können 40 Schafe bzw. 1 Pferd gezahlt werden. Kent's Gewohnheit weiche ab **9h) VII.** Ist durch Bisheriges Blutfehde beseitigt — das Geld heisst *mægbot* vom Empfänger neben *fæhðbot* (entweder 'Entgelt für Totschlag' oder 'Fehde-Beilegung') —, so erlangt Totschläger Freundschaft der verletzten Sippe doch erst durch *lufu*, wie hier im engeren Sinne ein besonderer Sühneakt, wohl Geschenkangebot, heisst; Wer 6, 1. Geschenk neben (ausser) dem Wergelde kennen andere Germanen; (Amira 151; His 213); eine Zugabe von $^1/_{40}$ zum Hauptbetrage bei Round *Victoria County Hist. of Worcesters.* I 323. [Schon im alten Indien ward neben den die Rache ablösenden Kühen ein Stier zur Versöhnung gespendet; Oldenberg *Ältest. Strafr. Kulturv.* 75] Nach Schadenersatz und Busszahlung bietet der Beleidiger Gleichheitseid [ebenso *o.* 8a] und ein Sühnegeschenk. Letzteres zurückzugeben und sich am Achtungserweise genügen zu lassen, empfiehlt Hn 36, 2; 2a. Ein Versöhnungseid erfolgt nach der Wergeldzahlung im alten Walliser Recht; Seebohm *Tribal system* 104 **9i) VIII.** Auch den Schutzherrn des Tatorts versöhnt der Missetäter, wenn ihm an dessen Freundschaft liegt, durch ein Sühnegeschenk, so die Stadt London, wenn man dort Blut vergoss; IV Atr 4, 2 **9k)** Nach Kenterrecht zahlt der Totschläger 20 Schill. ($^1/_5$ des Wergelds) am offenen Grabe und in 40 Tagen das ganze Wergeld; Abt 22 **10) N** Eine Mittelstellung zwischen ~ und Gericht nimmt der Prozess ein, den Urteilfinder (*s. d.*) entscheiden, die zwar zur Hälfte jede Partei erwählt, aber, wie es scheint, unter dem öffentlichen Richter; Hn 31, 8; 8a

Schiff *s.* Wb *scip, ceap-, fierd-, unfriðscip, scipfierd, -forðung, -fyrðrung, -here; scipessocn* | *ceol; nef* [Toller *Suppl.* 133 streicht zu *cræft* die Bed. ~]. *Vgl.* Handel; Wasser; Seewurf, ~bruch, Strand; Zollabgabe 1) Verschiedene Klassen: *navicula* [= *bat*?] kleines Boot für Fischer; *maior* ~ mit mehreren Segeln; *ceol* grösstes, hohes ~; *hulk* Last~ (IV Atr 2—2, 4); *ceapscip* Kauffahrer; II 2. Über die Arten und Namen der ~e s. W. Vogel *Zur Nordwesteurop. See~.* in *Hans. Geschbl.* 1907, 182. 189; Schnepper *Namen der ~e im Altengl.*, Diss. Kiel 1908 **1a) N** Abhängigkeit der Seefahrt vom Winde folgt aus der Entschuldigung des das Reich Abschwörenden (*s. d.* 3), der Wind sei ungünstig; I 675[q] **2)** Eadward I. erwartet, dass die Witan als sein Gefolgsadel ihm treu folgen zu Wasser und zu Lande; II Ew 1, 1: seit seinem Vater Ælfred begegnet das Westsächs. Königtum der Dänengefahr auch zur See **3)** Von Eadgar rühmt Ælfric: 'Sein Königreich war in Frieden, man hörte von keinem ~sheer als dem des eigenen Volkes, das dieses Land inne hatte'; *Saints* ed. Sweet I 468 **3a)** Eine [im 12. Jh. gefälschte] Urk. von 964 lässt Eadgar die Dommönche von Worcester privilegieren, *ne cum regis ministris aut hundredes exactoribus naumachiae expeditionem quae ex tota Anglia regi invenitur faciant, sed cum suo archiductore, videlicet episcopo*; gesondert solle dieser *unam naucupletionem scypfylleð per se habere; . . episcopus cum monachis* von 3 *hundredis constituant unam naucupletionem scypfylleð oððe scypsocne;* Birch 1135. Die Einrichtung der auf dem Hundred lastenden ~sgestellung entstammt vielleicht dem Norden; Steenstrup *Danelag* 157; Rietschel *German. Hundert.* 12. [Umgekehrt hält Nord. Entlehnung aus England möglich Schwerin *Gött. gel. Anz.* 1909, 784] **3b)** Vielleicht ward fünf (*s. d.* 6) Hufen 1 Ruderer, also 300 ein ~ zu 60 Rudern auferlegt; Vinogradoff *Engl. soci.* 31 **3c)** *Comitatus in centurias et sipessocnas distinguntur, centuriæ in decanias;* Hn 6, 1b. Da die Hundreds an einander grenzten (nicht für and. Verbände Platz liessen), und nur für éinen Bezirk die Unterabteilung folgt, heisst hier *et*: beziehungsweise, so dass *scipessocn*, ein Nord. Lehnwort [Fritzner *Ordbog: skipsókn* ~smannschaft], ein [lokaler?] Name statt *hundred* scheint. Trug ein geographisch identischer Bezirk in 2 Funktionen verschiedene Namen, wie Dorf und Zehnerschaft? In Schweden kennt Helsingelagh Bezirke *skiplagha*, die den *hundari* entsprechen; Schwerin *Altgerm. Hundertsch.* 205. Die Einrichtung ist im Norden nur an Küstenstrichen durchgeführt. In Norwegen fällt stets, in Dänemark bisweilen der ~sbezirk mit der Hundertschaft zusammen; Amira 73. Dass er in England regelmässig drei Hundreds umfasste, gilt laut *o.* 3a vielleicht nur lokal. — Nur Lesefehler ist *siðesocn*, gegen Earle LXXXI **3d)** A. 1008 stellen je 310 Hufen 1 *scegð* (Ann. Agsax.); der ein ~ stellende Bezirk heisst danach mit Nord. Lehnwort *shedding;* laut *EHR* 1888, 501. 508 **3e)** Bedford zahlte vor 1066 soviel wie $^1/_2$ Hundred *in navibus;* Domesday I 209a1 **3f)** Von Warwick, auch Binnenstadt, *burgenses, si per mare contra hostes ibat rex, vel* 4 *batsveins* [Matrosen] *vel* 4 £ *ei mittebant;* I 238a 1 **3g**) Über Maldon *s.* Frist 14d. *Vgl. u.* 7.a **4**) Die nationale Seewehr [*vgl. servitium maris* Domesday I 4b. 10b] untersteht der königlichen Kriegshoheit. Wenn jemand ein Wehr~ schädigt, so zahlt er neben Schadenersatz 'Königsschutz' [*s. d.* 8]; VI Atr 34 **5**) Die ~srüstung sei bald nach Ostern fertig; V 26, 1. 27 = VI 32, 3f. (= II Cn 10). 33, wo Lateinisch übs.: *naves cum utensilibus competentibus* **6**) Die Grafschaft (*s. d.* 20) stellte wahrscheinlich eine von der Zentralregierung bestimmte Zahl ~e und verteilte sie auf die Unterbezirke. An Wiltshire und Kent vermachte Erzbischof Ælfric je ein ~; ausserdem eines samt Segelzubehör dem König [als Heergewäte]; Kemble 716 [**6a**) Auch die Abtei Ramsey erhielt Ende 10. Jhs. ein ~ (*scæð*) vermacht; Birch 1306]. Also auch binnenländische (*o.* 3e. f) Bezirke waren zur ~stellung verpflichtet. Diese Allgemeinheit der Last bestätigt *o.* 3d; *vgl.* Freeman *Norman conq.* I 370 **6b**) Wie *landfyrd* die allgemeine nationale Landwehr, gesondert vom königlichen Kriegsgefolge, bedeutet, so wird neben ihr 999 vom ganzen Volke *scipfyrd* aufgeboten; Ann. Agsax. **6c**) Ein [falsches] Privileg von 1035 macht ein Stift *liberum, exceptis operibus communibus, scil. expeditio in navali collectione sive pedestri = on scipfyrde, . . on landfyrde;* Kemble 753 **6d**) Von manchen Herrschaftsgütern schuldet der adlige Eigentümer dem Staate Ausrüstung zum Wehr~ [heimischen Flotte] und [an der Küste gegen Seeräuber?] Seewacht, die der Kötter vollzieht; Rect 1, 1. 3, 4. *Vgl.* mein *Matrosenstellung v. Landgütern der Kirche London* in *Archiv neu. Spra.* 104, 23. Ein Landgut in Cornwall befreit Eadweard II. 977 von Staatslast ausser Heerdienst, Burgbefestigung und *vigiliis marinis;* Earle *295 **6e**) In Nord. Termini ward unter den Dänenkönigen die Engl. Flotte besoldet nach *hamelan,* Ruderlöchern; Steenstrup (*o.* 3a) 159 **7**) Die Last des Seedienstes ward ersetzt durch ~steuer; so zahlte *quando rex* (*expeditio*) *per mare in hostem ibat,* jedes Haus in Colchester 6 Pfg.; Round *Victoria County hist. Essex* I 422; *vgl. o.* 3f. **7a**) Wenn das Volk dem Staate *gilde to heregild oðer to schipgild, gilde se tunschipe* [von Bury St. Edmunds] *to þe abbot and munek*[*um*]; a. 1043—65, verfälscht, Kemble 915, hierin gleich der Fälschung von angeblich 1018 Kemble 735 **8**) Mit '~sheer' bezeichnet Englands Nordische Feinde II Atr 1, 1; ebenso ist *unfriðscip* und *scip,* vertreten vom *steoresman,* ein Nordisches ~; 2. 4 **8a**) Gegen Nordische ~sheere verbündet sich Æthelred II. 991 mit Olaf Tryggvason; *s.* Dänen 14 **8b**) Laut dieses Vertrages geniesst jedes Handels~, das in eine Flussmündung (Hafen Englands) fährt, Frieden von England; II Atr 2 **8c**) Ist ein ~ [der kontrahierenden Nordleute] verklagt, jemanden beraubt zu haben [und leugnet es den Besitz der fraglichen Ware nicht], so gebe der Steuermann entweder die Güter heraus oder schwöre selbfünft, er habe sie rechtmässig genommen, gemäss dem Vertragsartikel [3, 3, nämlich, weil der Engländer sich nicht zu erkennen gegeben oder gegen die Nordleute gekämpft oder seine Waren von denen der fremden Geplünderten nicht getrennt gehalten hatte]; 4 **9**) Über Hafen, Seeimport und Handel von London *s. d.* 30ff. **10**) Strafe für den von der Flotte Geflohenen, Lohn für die Erben des dort tapfer Gefallenen *s.* Heer 8e. 9 **11**) Eximiert von Flottenlast ist London; *s. d.* 40, *ebd.* 3e

Schiffbruch *s.* Wb *drifan* [*sceal hreôh fordrifan:* wird Sturm verschlagen]. *Vgl.* Seewurf, Strand **1**) Wilfrid ward aus Gallien nach Sussex 666 angetrieben; *mare navem et homines relinquens recessit; gentiles navem arripere, prædam dividere, captivos subiugatos* (verknechtet) *deducere resistentesque occidere proposuerunt, dicentes, sua esse omnia quae mare ad terras proiecit;* Eddi *V. Wilfr.* 13 **1a**) Leib und Freiheit des Schiffbrüchigen verfällt nach German. Rechte der Obrigkeit; Brunner I[2] 399[1]. *Vgl.* Holdsworth *HEL* I 328. Der Norden kannte sogar ein vom Küstengrundbesitz trennbares Recht auf Strandgut; Lehmann *Königsfriede* 121. 185; Maurer *Island* 418 **2**) Nach Nord. Vertrag von 991 (*s.* Schiff 8a) wird ein im ~ angetriebenes Fahrzeug vom Friedenschutz ausgenommen; nur wenn die Besatzung in eine Küstenstadt entrinnt, ist sie samt dem dorthin Mitgebrachten sicher; II Atr 2, 1 **3**) Unter Eadward III. zuerst findet sich *wrec* in Urkk. [ob echten?]; Macray *Chron. Ramesei.* xxxix. Dieser Name des aus ~ Angetriebenen ist Nordisch. [Auch in Normandie zeigen Urkk. *verec* (Niese *Gesetzg. Norm. Sic.* 164); unter Heinrich I. bei Haskins *EHR* 1909, 220 als herzogliches Regal] **3a**) Eadward III. privilegiert Ramsey mit *scipbryce and þa sǽupwarp,* ferner *cum maris proiectu* (*eiectu*), *Anglice scipwreck* (unecht), sodann St. Benet's Hulm mit *wrek in mari et in litore maris* (unecht); endlich ein Dorseter *hæbbe his strand upp of sǽ and út on sæ and eall þæt to his strande gedryven* [*i*]*s;* Cnut gibt 1023 die Hälfte des zu Sandwich Angetriebenen (auch *aurum, argentum*) der Kirche als Grundherrin, die Hälfte den Findern [*vgl.* Schatzfund 2; verunechtet laut Napier a. Stevenson *Crawford char.* 28. 136]; Kemble 853. 809. 785. 871. 737. Der Abt von Ramsey als Küstenherr nimmt *vini dolium wrecatum;* Chron. Ramesei. 267 **3b**) Kemble *Saxons* II 64 rechnet 'Wrack' zu den Agsä. Regalien, sowohl *flotsam* (Seetrift, im ~ Verlorenes, auf See oder am Strand Schwimmendes) wie *jetsam* (Seewurf, bei Sturm über Bord Geworfenes) **N 4**) *Naufragium* und *laganum* zählt zur Kronprärogative Hn 10, 1. *Lagan* heisst noch im Engl. Seerecht Wrackgut, aber auch Strandgerechtigkeit, Herrlichkeit über gestrandete Güter **4a**) Der Sheriff von Devonshire zahlt 1159 dem Schatz 16 *sol. de wrec; Pipe roll a.* 5. *Henr.* II p. 42. Die Küstenbewohner Lincolnshire's büssen *wrec regis* wegen Aneignung des dort Gestrandeten; *Pipe roll* a. 1176 (1904), ed. Round p. vii. — In Schottischen Urkk. werden *fracturae navium* dem Küstenbesitzer zugesprochen; Lawrie *Early Scot. char.* 255 **4b**) Im 12. Jh. galt das Wrackrecht als uralt. *Hoc pro lege ab antiquitate per maris litora observatum* [*est*], *ut, navi fluctibus contrita, navis et appulsa in dominium terræ illius et in werec cederent. Sed Henricus* [*I.*] *edictum proposuit, quatenus, si vel unus e navi vivus evasisset, haec omnia ob-*

tineret. Stephan liess diese Milderung nicht gelten; Chron. de Bello 65; Battle besass dieses Regal des Strandrechts laut p. 49 **4c**) Girald. Cambrensis lobt die Milde Römischen Rechts gegenüber ~ und hat dann 4b im Sinne: *In antiquis Anglorum legibus ab aliquo sanctorum, ut credimus, regum constitutis* [meint er Eadward den Bekenner?] *statutum fuerat, quod, si unus de naufragio evaserit, navem et quod salvari poterit obtinebit; si nullus evaserit, heredibus totum restituetur;* die Küstenbewohner Ende 12. Jhs., auch auf Kirchenland, üben aber grausam das Strandrecht; *Opera* VIII 119; ähnlich III 137 **4d**) Heinrich III. kommt 1236 auf 4b zurück, mit noch fernerer Milderung; Rymer *Foedera* I 227

Schikane. *Vgl.* Gegenklage, Rechts-, Justizweigerung, Missesprechen, Lüge 5 **1**) Unter Rechtsmissbräuchen (*unlagan*) zählt Interpolator Anf. 11. Jhs. auf: arglistige Betrüger pflegten gern durch Klage im Anefang (*s. d.* 5c) unschuldige Besitzer zu bedrängen **N 2**) *Occasiones* der Regierenden bedrückten unter Wilhelm II. Englands Volk; CHn cor 1[14] **3**) Der Richter soll — früherem Formalismus entgegen — die beklagte Partei fragen, *an amplius dicere velit? ne quis occasione potius quam ratione placitare videatur;* Hn 49, 3b **4**) In dem Justizertrage aus nur formell falscher Klage (*s. d.* 7. 12), aus Missesprechen (*s. d.*), im Anklageprivileg (*s. d.* 2b) der Krone u. Gerichtsherren bestanden viell. die verwirrenden schlimmen Neuerungen um 1110, die den Parteien schaden und dem Gerichtsherrn Sporteln bringen; Quadr Ded 4. 34. Hn 6, 2; 4 **5**) ~ von nachbarlicher Königsdomäne *s. d.* 8

Schild *s.* Wb *scild, escud* [*vgl.* Toller *rand* (poet.) und *targe:* kleiner ~]. *Vgl.* Waffen **1**) Über die Form des Agsä. ~es *s.* Pfannkuche, ~ *bei Agsa.* (Diss. Halle) 28 **2**) Über ~ in Heergewäte (u. Lehnsmutung) *s. d.* 9c. 12a **3**) **N** ~ wird zum gerichtl. Zweikampf eingesegnet; Duell 1. 2, 1. 3. 3, 1. 5 **4**) Die ~macher sollen den ~, bei Strafgeld des 'Ungehorsams', nicht mit Schaf-[sondern Rinds]-leder überziehen; II As 15 = III 8 **4a**) Eine ~macherstrasse hat Winchester a. 996; Kemble 1291; ein *Sweign scyldwyrhta* zu Exeter im 11. Jh. wird erwähnt Earle 253 **5**) Der ~ als Standeszeichen *s.* Ritter 6. *Vgl.* Friesisch: So lang er einen roten ~ mit Ehren führen mag, bleibt der Fehdeführer haftbar; His 56 **6**) Der ~ ist zeremonielles und rituales Friedenszeichen; Chadwick *Origin of Engl.* 284 **6a**) *rihthamscyld* (*s.* Gehege 6) war vielleicht ein Befriedungssymbol an der Tür

Schilling *s.* Wb *scilling, solidus, solz.* Über *sicl, sigl u.* 10. Der Name bed.: 'klingende Münze'; Brunner I² 313[10]. Dass das Wort 'bestimmtes Metallquantum' heissen kann, erhellt aus *scilling seolfres* bei Cockayne, *Shrine* 127 **1**) Der ~ kommt seit Abt bis heute vor in sehr verschiedener Bedeutung **A.** Kentisch zu 20 *sceatt* (*s d.* 2; Goldmünze 1a), **AA.** Münze und Gewicht des Mancus (*s. d.* 4) in Gold, **B.** Westsächsisch zu 5 Pfennig (*s. d.*), **C.** Mercisch zu 4 Pfennig, **D.** seit etwa 1000 und Normannisch zu 12 Pfg. Die 3 letzteren sind ungeprägte, nur begriffliche Rechnungseinheiten, Zusammenfassungen mehrerer Silbermünzen **1a**) Jedoch hält Carlyon-Britton ein Stück und ein Halbstück Ælfreds von Wessex, im Gewicht von etwa 162½ Gran bzw. 53 Gran für ~stücke; *Brit. numism. jou.* I (1905) 4. V (1909) 62. Nur die letztere Schwere aber entspricht etwa 2⅔ Pfg. [normal 56 Gran] **2**) **A.** Aus Ellipse ist ~ zu ergänzen für die Strafgeldfixa 100 bzw. 6; Hl 10. Wi 10 **3**) Indem Ælfred die Gliederbussentafel Æthelberhts benutzt, setzt er (wie Wilda 357 schon teilweise bemerkte) 1 ~ Kent. = 2½ Westsächs. Nämlich unter 23 vergleichbaren Fällen steht achtmal für Abt's Zahl 12 (bzw. 24, 6): 30 (60, 15); Af 46. 46, 1. 54 (67, 1?). 56. 61. 62. 62, 1 **3a**) Weigerte Beklagter Prozessualsicherheit oder störte er Trinkfrieden, so zahlt er Strafe 12 ~ Kentisch (Hl 9. 11 ff.) und 30 ~ Westsächsisch; Ine 8 (= Ap AGu 1). 6, 5. Der Schutz (*s. d.* 14e. l) des Kent. *eorl* beträgt 12, des Westsä. Thegn 30 ~ [**3b**) Nicht als Argument gelte, dass Königsschutz (*s. d.*) in Kent 50 ~, in Wessex 120 Königs-Ungehorsam beträgt; nach *o.* 3. a wäre 125 zu erwarten; und 120 scheint anders erklärbar; *s.* Strafgeldfixum] **3c**) Nicht jene Gleichung in 3. a widerlegt es, wenn 6 ~ des Unfreien Haut (*s.* Prügel) so gut in Wessex wie in Kent, wenn Kenter Wergeld (*s. d.*) 100, Westsächsisches 200 ~ gilt **3d**) Jener Ansatz von 1 Kent. ~ = 2½ Westsächsisch, ist nur um $^1/_{10}$ falsch, gegenüber dem leichten späteren Sceatt; denn der Westsächsische ~ wog theoretisch $\frac{327,5}{48}$ = 6,8 Gramm. Sceatt war der einzige Name einer geprägten Münze, der seit 7. Jh. noch unter Ælfred lebte **4**) **B.** Der Westsächs. ~ muss vor 600 festgestanden haben; sonst hätte nicht um 680 bereits der Name 12-, 6- und 2-Hundert [~ Wergeld geniessend] die schon feste Bezeichnung der drei Stände sein können **5**) 1 ~ Wests. = 5 Pfennig — $^1/_{48}$ £ Silber; Ælfric Gramm. ed. Zupitza 296; Q oft: Af Rb 31. VI As 6, 2. I Cn 9, 1. Wer 1. Hn 11, 3. 34, 3. 35, 1. 76, 4a; b. 81, 3. 93, 2; 19 **5a**) Da 5 Pfennig = 1 ~, so nennen Westsächs. *Gesetze* trotz der seltenen Fälle, wo sie Pfennigsummen geben, dennoch öfters (Af 12. Ine 44, 1 nur Q, verderbt 59 zweimal) Beträge von 5 Pfg., von 10 (Ine 58. VI As 6, 2), von 15 (Forf 1), von 20 (II As 9. 12. VI 6, 2), von 30 (As Alm 1. VI As 2. 3. 6, 4. 8, 5. Hu 3. II Eg 4, 1), usw. **6**) C. Der Mercische ~ ist das bloss begriffliche Vierfache des Pfennigs = $^1/_{60}$ Pfund Silber (VI As 2. Af 12 B. Mirce 3. Leis Wl 11). *Vgl.*: *XXX argentei, hoc est semi libra;* Kentische Urk. a. 863 Birch 507 **N 6a**) Er heisst der 'Englische ~'; *s.* Angelsachsen 27 **6b**) Leis Wl u. In Cn rechnen oft Beträge der *Gesetze* so um, als hätten diese mit ihrem ~ den Mercischen von $^1/_{60}$ £ gemeint, zum Normannischen von $^1/_{20}$ £, teilen m. a. W. die vorgefundene Zahl durch 3: I Cn 3, 2. 10. Leis Wl 11, 2. 17, 2 **7**) **D.** Endlich der Normannische [dem Frankenreich seit c. 743 entstammende] ~ von 12 Pfg. = $^1/_{20}$ £ kommt seit Ende 10. Jhs. in England vor, herrscht seit 1067 bis heute; 20 *scillingas beoð on* 1 *punde;* Byrhtferð in *Anglia* VIII 306; 12 *scil. be* 12 *penigum* Ælfric zu Exodus 21, 10, ed. *Bibl. Agsä. Prosa* I 149; Q zu VI As 6, 1; 3; 4. Hu 9. Duns 7. Wer 1. Wl lad 2, 2. I Cn 9, 1 = Hn 11, 3. 34, 3. 35, 1. 67, 1b; c. II Cn 3, 2 In Cb. 13, 2 In. 30, 2 In.

Iud Dei XVI 40. Leis Wl 1, 1. 3, 3, wo 8 £ = 20 ~ + 7 £ **8)** Vereinzelt nennt 16 Pfg., sonst Ör (*s. d.* 4), ~ Ethelwerd zu a. 694 *Mon. Britan.* 506 **9)** Als Geldmass steht ~ in der Poesie Widsið 91 f., Genesis 2143 und in der Formel 'ich schulde nicht Sceatt noch ~, nicht Pfennig noch Pfennigswert'; Swer 11 **10)** Für den Hebrä. Schekel *siclus* setzt ~ Af El 21. Ein pedantischer Bibelgelehrter fügt zu *solidis*: *hoc est siclis* in Urk. a. 868 Birch 522. Auch andere Urkk. reden von *sicli*, den ~ meinend; a. 787 Birch 271; Turner *Hist. Anglo-Saxons* II Ap. 2. *Vgl.* Gold 7b; Mancus 4a

Schimpf *s.* Ehrenkränkung

schinden *s.* Haut 5, skalpieren

Schinken. Einen ~Speck, = 4 Pfg. = 1 Widder gewertet, lässt Æthelstan monatlich einem Armen neben Mehl u. Käse durch seine Vögte reichen von je zwei seiner Beköstigungstag-Anrechte; As Alm 1 [Hehlerei 6

schlachten *s.* Fleisch; Ochs, Schwein;

Schlag *s.* Ehrenkränkung, Prügel

Schlichtung *s.* Schiedsgericht

Schlüssel, *cæg.* Die Ehefrau (*s. d.* 9b) trägt Haftung (*s. d.* 9) nur für die Fahrhabe in ihrer Hütte, die unter ihrem Verschlusse ist; II Cn 76, 1. Fürs Übrige kann sie als ihr unbewusst Haftung ableugnen; *vgl.* Kries *Beweisverfahren* 64. 69. Parallelen aus Seeland u. Schonen bringt Kolderup *Anniv. Univers. Havn.* 1826 p. 96. Die ~ sind Symbol des Rechts am ehelichen Vermögen [Römisch *claves uxori adimere:* sich scheiden]; Brunner I² 39; ihre Rückgabe bedeutet Ehescheidung; ders. *Fortleben des Toten* 9. *Vgl. Jütsche Low* I 27

Schlüsselbein (*wiðoban*) zu verletzen, kostet 6 Schilling; Abt 52, 1

Schmalz *s.* Fett

Schmied, (*ambiht*)*smið*. *Vgl.* Gold~e **1)** Wird des Königs ~ (= Handwerker) erschlagen, so wird für ihn [auch wenn er unfrei geboren war] mittleres Wergeld [100 Schill.] entrichtet; Abt 7 **2)** Der vom Lehngut abziehende Gefolgsadlige darf seinen ~ wie die Kinderamme mit sich nehmen; Ine 63: auch hier ist also ein Unfreier ~ **3)** Der ~ reinigt und repariert metallen Werkzeug; Af 19, 3, hier ein Freier **4)** Die Wichtigkeit der Stellung erhellt aus der Sage vom myth. *Weland;* Toller *s. v.* **N 4a)** Noch im 12. Jh. gab David I. von Schottland *Roberto ferrario 2 carucatas pro servitio suo* a. 1140; Lawrie *Early Scot. char.* 379 **Schober** *s.* Heu, Getreide

Schöffen *s.* Lagamen, London 46b

***Schola** Anglorum* (*Saxonum*) *s.* Peterspfennig 2d—7c

Schönheit des Menschenkörpers *s.* Antlitz, Wunde

Schosssetzung *s.* Eheschliessung 4f

Schottland *s.* Wb *Scotia, Scoti, Albania* I 642[b] **1)** ~ heisst nach [angeblichem] *Scottus;* Lond ECf 35, 1 A 2 **N 2)** Die Schotten sind eines der Britannien bewohnenden Völker; 32 D 6 **3)** ~ gehört zur Monarchie Britannien, *Albanicus* zu Englands Reich; 35, 1 A 2. 32 B 7 **3a)** Die Schotten heirateten Deutsche Angeln, kämpften auf Englands Seite gegen Nordleute [Erfindungen]; 32 C 5. 7 **N 3b)** Wilhelm I. sucht [angeblich] Albaniens Pikten und Schotten mit den [Anglo-] Franzosen zu staatsbürgerlicher Einheit zu versöhnen; Wl art retr 1 dess. Verfs. **3c)** Er stellt [angeblich] das Recht von ~ hinter den anderen Gewohnheiten Britanniens zurück; Lond ECf 34* **4)** Margareta, Königin von ~, Enkelin Eadmunds II., Gemahlin Malcolms, Mutter Davids I.; 35, 1; ihr Charakter, sie heisst heilig, *domina Albanie* [damit ~ von England abhängig scheine], von Rechts wegen Erbin Britanniens; 35, 1 A—2 **5)** Yorks Metropolitanrecht über ~ I 544[b] **6)** ~s Rechtsbuch *Quoniam attachiamenta* XII 7 schöpft aus II Cn 76, 1—1b In [Wulfstan II

Schreiber *s.* I XVIII; Gesetz 3c;

schriftliche Klage *s. d.* 11B

Schritt *s.* Meile 6

Schuhe (*scoh, scoung*) bilden einen Teil des Jahreslohns, den das Herrschaftsgut dem freien Gesinde und dem Rinderhirten zahlt; Rect 10. 12

Schuld *s.* Strafe; Darlehn, Handels~, Versprechen; Pfand, Haftung, Bürgschaft; Pacht, Miete, Zahlung **1)** ~ absorbiert durch Totschlag (*s. d.* 13) des Gläubigers am Schuldner

Schulderlass *s.* Amnestie 5. 7; Begnadigung 3. 8 D

Schuldhaft *s.* Gefängnis 6. h

Schuldknecht *s.* Verknechtung

Schüler *s.* Erziehung 6 ff.; Geistliche 6 ff. 9a

Schulter *s.* Wb *sculdor;* unterschieden von der Achsel, obwohl Latein. beides durch *humerus* übs. wird. Zerschlagen der ~ kostet 20 Schill., das Hineinschlagen, so dass Knochen heraustritt, 15; Af 73 f. = Hn 93, 33

Schüttung *s.* Pfändung 10b, Pfandkehrung 1a

Schutz.

1. Anderswo behandelte Arten von ~. 2. Namen. 3. *mund, borg, frið, grið, pax, defensio.* 4. ~ mit Ungehorsam vermengt, 5. 'Strafgeld' genannt. 6. Begrifflich verschieden von Ungehorsam, 7. von Busse und Wergeld, 8. weiterer Begriff, wovon Mannbusse Unterart. 9. Was wird beschützt. 10. ~genuss mit Friedlosigkeit verloren, ~busspflicht durch sie absorbiert. 11. Wer schützt. 12. ~busse gesetzlich, steigt mit Stand des Verleihers (13. Königs, 14. Priesters, Adels, 15. Bauern, Unfreier ~, 16. Beamter), 17. oder des Beschützten, 18. oder mit Vollendung der Missetat, 18e. nie nach Missetäters Stand. 19. ~ gestaltet sich für besondere Missetaten verschieden. 20. Für welche Missetaten wird ~busse gezahlt. 21. ~bruchbusse hebt den Vassallitätseinfluss. 22. Ehrenbezeigung auch da, wo rechtlich keine ~busse.

1) Besondere Artt. behandeln (abgesehen von den mit Sonder~ umgebenen Orten, Zeiten, Einrichtungen, Dingen; *u.* 9c) Einzelarten von ~: den vom König ausgehenden und ihn deckenden *s.* Königsfrieden 4 (das Bussgeld für dessen Verletzung *s.* Königs~); die höchste Art desselben *s.* Handfrieden; die vom Staate allgemein gewährte Sicherheit *s.* Frieden; die aller Menschheit zukommende *s.* Gottesfriede; die Oberherrschaft über Fürsten und Völker, deren Träger (der König) *mundbora* heisst (Ann. Agsax. a. 823. 921. 975) *s.* Gefolge 7; den von der Kirche genossenen und verliehenen ~ *s.* Kirchenfriede; den ~ vor Gewalt, dessen kirchliche Personen, Einrichtungen, Handlungen, Zeiten sich erfreuen *s.* Treuga Dei; den zeitlich und örtlich beschränkten ~ vor Verfolgung, der Missetäter und Befehdete deckt, *s.* Asyl(bruch); den hausherrlichen ~ (*s.* Vormund, mündig; Eheschliessung 8i); Haus- und Gerichtsfrieden **2)** Als Namen für ~ zeigt Wb: *mund* [*vgl.* Brunner I² 93. II 35; Earle *Beowulf* 193], *la munte, mundbyrd* [Bruch von ~: *mundbryce* | *borg*(*bryce*)]; *frið, grið, pax* | *manus, manutenere, -tentor, maintenir, manupastus* | *advocatus* 2, *avurie.* Im 12. Jh.: *oversеunessa, despectus, contemtus; u.* 4. Ferner zählt ~ zu vieldeutigen *wite, forisfactura, forfaiture, lex, iudicium; u.* 5 **2a)** *mund(byrd), borg, frið, grið* bed. auch ~bruch und Busse dafür **2b)** *mund, grið, borg, pax* schlechthin bezeichnet auch Königsfrieden (*s. d.*) im engeren Sinne samt dessen Verletzung, und deren Strafgeld 'Königs~'; *s. d. Vgl.* Handfrieden 1a, Frieden **1** **3)** *mund* und *borg* des Bischofs und Ealdorman wird zwar gleich bewertet Af 3, und Königs *borg* kostet dort soviel wie später *mund.* Auch lässt der Benutzer II Cn 58, 1 das Wort *mund* fort, während Grið 11, aus II Cn 58 schöpfend, *borg* in *mund* verwandelt. (Im 11. Jh. veraltete der Sinn ~ für *borg* derart, dass es zu *burg* verderbt [Af Rb 3 GH. IV Atr 4 Q. II Cn 58, 1 A] und im 12. Jh. unpassend durch die andere Bed. *plegium, fideiussio* übersetzt wurde.) Sinnverwandtschaft beider Wörter ergibt auch Ags. *byrgea* für Dt. *vormund.* Ursprünglich muss dennoch der Sinn verschieden gewesen sein: vielleicht *mund* der dauernd durch die ganze Person allgemein geübte ~, *borg* die Gewähr für eine einzelne bestimmte Beziehung oder Person, durch letztere angerufen. So ergibt sich die Brücke zu dem anderen Sinne 'Bürgschaft'. Der ~herr leistet gegen Dritte Bürgschaft (*s. d.* 3) für den Beschützten; im Gericht kann er für diesen *foreþingian* (abhandeln, Geld vorschiessen) gegenüber Richter und Kläger (Ine 62. Af 21. 24), sodass *mundbora: þingere, intercessor* glossiert wird. Der ~herr war hinter der Sippe der nächste Bürge **3a)** *grið* und *frið,* im Norden unterschieden (Steenstrup *Danelag* 246 ff.), sind in England seit Æthelred II. synonym; der Asylstuhl in Ripon heisst *friðstol* und *griðstol* **3b)** *mund* und *grið* decken einander nicht ganz: *mund* (nicht *grið*) kann ~herrschaft, Immunitätsprivileg bed., von jedem Freien ausgehen; *grið* (nicht *mund*) geht aus von und verleiht ~ privilegierten bestimmten Menschen, Einrichtungen, Zeiten, Orten. Doch meint die Überschrift 'Von *grið* und *mund*' nicht 2 Institute; denn 'Hauptstätten pflegte man mit *munde* zu *griðian*'; Grið 3. Vielmehr will *mund* für Südengland, *grið* für die Denalagu gelten, wie *mundbryce* genau dem *griðbryce* in Denalagu entspricht; II Cn 12. 15. Freilich braucht dieser Traktat Grið dennoch *grið* für den Süden (3. 9. 19. 24. 31, 1) und *mundbyrd* für den Norden; 14 **3c)** Durch *pax* werden *mund, borg, frið, grið* latinisiert, durch *defensio* der Urk. a. 696 Birch 88 wohl *mund* **3d)** Um die *pax* über blossen Landfrieden zum besonderen ~ durch den König zu erheben, wird *protectio* davorgestellt; *s.* Königsfrieden 9 **4)** ~ ist ein privates Verhältnis, freiwillig eingegangen, dem Gefolgerecht zugehörig, und ~busse, auch ihre Unterart die Mannbusse (*s. d.* 4), bleibt vom Strafgelde für den Richter begrifflich trennbar. Dagegen zunächst eine staatliche Obrigkeit, vom Untergebenen nicht freiwillig gewählt, wird beleidigt durch dessen 'Ungehorsam'. Wie aber das Mittelalter den vassallitischen Herrn vom öffentlichen Magistrat nicht scharf trennt, wie tatsächlich oft éine Person in privater Gerichtsbarkeit (*s. d.* 20u) ~herr und Richter war, so konnten ~bruch und Strafgeld des Ungehorsams vermengt werden. [Für Nordisches Recht bemerkt dieses Zusammenfliessen Wilda 351. 426] **4a)** Freilich Königs~ mit 5 £ bleibt getrennt von Königs Ungehorsam mit $2^1/_2$ £: beides nur noch Strafgeldfixa **4b)** Allein *despectus* (*s.* Wb) übs. sowohl Königs *mundbryce* II Cn 42. III 56 In (eines Privaten III 3. 56. 56, 2 In) wie Königs *oferhiernes* II Cn 29, 1 Cons; und man zahlt (neben staatlichem Strafgeld) *despectus* für Ungehorsam gegen den Herrn, wenn dieser [als geistlicher Richter] exkommuniziert oder [als lokaler oder privater Richter] gebannt oder [als privater ~herr] das Entweichen verboten hat, und man dessen exkommunizierten (bzw. gebannten, entwichenen) Untergebenen aufnahm; II Cn 15a. 28. 66 In. Nur in den ersten beiden Fällen liegt Ungehorsam gegen eine Obrigkeit vor, im letzten nur ~bruch **4c)** *overseunessa* (*s.* Wb) braucht Q-Hn sowohl für Königs *oferhiernes* (Ungehorsam; II As 20, 1. II Cn 29, 1 Q) wie für ~recht (samt Busse für den Bruch) der Königin, des Grafen, Barons, Thegn, Gerichtsherrn, Hausherrn, Villan, Kötters und Unfreien: wenigstens in letzteren drei Fällen kann nur der ~ gemeint sein, den auch der Niederste über Hütte und Familie übt **4d)** Das Wort *overseunessa,* erst im 12. Jh. nachweisbar, stammt von Ags. *oferseon:* vernachlässigen, verachten. Erst im 12. Jh. gefälscht ist das Privileg, *ofersœwnes and gildewite* zu empfangen, angeblich a. 964 Birch 1135 **4e)** *overseuness* und *despectus* bezeichnen Zahlung für unrechtmässig Fischen an den Teichherrn I 367*: da heisst ungenau ~busse, was technisch Busse darstellt, denn der Herr ist ja der durch Diebstahl unmittelbar Verletzte; *u.* 7d. Ebenso spricht vom *despectus calumniantis* In Cn III 3. Nirgend sonst werden Busse und ~ vermengt **5)** Die allgemeinen Ausdrücke für Zahlung des Verklagten können auch für ~bruch stehen; so heisst des Herrn ~empfang *wita domini* Hn 94, 2a und *bot, emendatio.* So kann auch Mannbusse (*s. d.* 1) *wite hlaforde[s], domini* heissen. Nicht Agsä., nur heute scheint dies ungenau, wenn man *wite* auf Strafe einengt **5a)** **N** Unter der *forisfactura,* die für Erzbischof und Ætheling gleich hoch, für den Grafen doppelt so hoch wie für den Thegn, steht, meint wohl ~bruch In Cn III 55. 56, 2. Die *forfaiture* des Villan oder Socman kann nur Busse für gebrochenen ~ sein; Leis Wl 16. Die *forisfactura* in Hn 24, 1 schliesst *overseunessa* mit ein oder ist mit ihr identisch laut 36, 1. *Vgl.* Gerichtsbarkeit 20u **5b)** Die *amicitia* (Gunst, Gnade) der Stadt London (*s. d.* 8) gilt gleich dem Strafgeld des Hundred (*s. d.* 18) und dem 'Ungehorsam' des Thegn als Privatrichters: 30 Schill. Hier handelt es sich um eine festgesetzte Obrigkeit, nicht einen gewählten ~herrn **5c)** Schon früher erhält die Genossenschaft (*s. d.* 8b. 121) nicht bloss Londons als *contemtus communitatis* 1 Ochsen, u. a. für Spurfolge-Weigerung, aber auch für Kränkung eines Gildebruders, so viel wie für ersten Ungehorsam gegen die Polizei des Hundred (*s. d.* 18b): Bruch körperschaftl. ~es und Ungehorsam gegen Obrigkeit fliessen da in einander **6)** Ungehorsam (*s. o.* 4) kann nur leiden, wer Befehlsgewalt besitzt, also eine öffentliche Obrigkeit, König, Kirche, Grafschaft, Hundred, Stadt samt ihren Beamten, aber auch die nur halb öffentliche

Genossenschaft und die vom Staate nur bestätigte, nicht immer geschaffene, private Gerichtsbarkeit. Einen ∼ dagegen übt (wenn auch nur über Familie samt Gesinde, nur über Haus und Hof) und durch dessen Bruch Ehrenkränkung kann leiden jeder freie Bauer, nach Hn sogar der Unfreie **7)** Begrifflich gewährt jede Busse (*s. d.* 8) über den blossen Ersatz hinaus eine Ehrenbezeigung für den Gekränkten, besonders da wo sie mit dessen Stande wächst **7a)** Stets ist das der Fall beim Wergeld, und nách Schiedsgericht (*s. d.* 9h) versöhnt man gekränkte Ehre **7b)** Wenn dennoch Busse (und Wergeld) nicht unter ∼ geordnet oder (ausser *o.* 4e) damit vermengt wird, so liegt der sachliche Grund darin, dass jene dem unmittelbar Geschädigten (den im Wergeld die Sippe vertritt) zufliesst, nicht wie ∼bruch dem ∼herrn, dem nur ideell an seiner Ehre Gekränkten **7c)** Kein Kläger empfängt von Rechtswegen *overseunessam sui ipsius, set fortasse dominus eius* (∼bruchbusse für ihm selbst unmittelbar angetane Verletzung, sondern event. der ∼herr des Klägers); Hn 24, 1. 36, 1a **7d)** Nicht leugnen will, sondern nur vergessen hat dieser Vf. die gewiss häufige Ausnahme, dass der ∼ (und Gerichts)-herr selbst Kläger gegen den Beschützten war. Sicher empfing er dann neben Busse (und Strafe), nur wahrscheinlich ohne begriffl. Trennung, auch ∼bruchbusse; *o.* 4e; *u.* 9d **8)** Dagegen ist eine Art von Busse für gebrochenen ∼ die Mannbusse (*s. d.* 1a. 5f. 16dff.), die nach éinem Systeme ebenfalls mit dem Stande des Herrn steigt, aber nur erstens für Personen, zweitens nur die im Mannschaftsverhältnis beschützten u. drittens bloss nach deren Erschlagung eintritt. Jenes System nennt geradezu *per overseunessam domini* (nach Bussenhöhe für gebrochenen ∼ des Herrn orientiert) Hn 87, 4a **8a)** Für Mannbusse wie für ∼ stellt Erzbischof und Ætheling gleich, den Grafen doppelt so hoch wie den Thegn In Cn III 55. 56, 1 **8b)** Als Mannbusse (*s. d.* 16a) erhält König (oder Erzbischof), Graf, Baron bzw. 2, 1, ½ £, dieselben Beträge wie für gebrochenen ∼ **8c)** Vielleicht schon in Kent im 7. Jh. galten Mannbusse (*s. d.* 18) und ∼ gleich **8d)** Doch verwechseln die Quellen weder die Begriffe ∼ und Mannbusse noch auch ihre Namen **9)** Unter ∼ stehen **A.** Personen **I.** Gefolge (*s. d* 1) weitesten Sinnes; **II.** Familie (*s. d.* 2) und Gesinde im ∼ des Hausherrn; auch geistlich Verwandte; *s.* firmeln, Königspate **III.** Unmündige, einschl. Frauen, im ∼ des Vormunds **IV.** Geistliche im ∼ des Prälaten und des Königs **V.** Arme, Witwen, Waisen, Bastarde, Sippelose, Fremde, Juden schützen in Ermangelung anderes ∼herrn König (*s d.* 14) und (die 3 ersten) Kirche **9a)** Zwar schützt die Sippe den Genossen und empfängt Wergeld, wenn er erschlagen, aber nicht ∼busse, wenn er gekränkt wird **9b)** Wo ein Testator einem Dynasten etwas vermacht, damit dieser für seine Hinterbliebenen als *mund(bora), hlaford, forespreoca* eintrete (Urkk. a. 835 u. nach 962 Birch 412 u. 1063; a. 1002 Kemble 1298), werden diese hierdurch noch nicht dessen Mannen; jener bezieht wohl bei deren Kränkung ∼busse **9c)** **B.** Sonder∼ geniessen kann auch **I.** Ort: *s.* Asyl(bruch), Hausfrieden, Kirchenfriede, Königsfrieden 4, -domäne 5, -hof 1a. 2, Notwehr 8, Forst, Gerichtsfrieden, Stadt, Genossenschaft 8b, Biergelage 7e, Strasse, Markt 1a. 2 **II.** Zeit; *s.* Feiertag 9, Octave 3, Fasten 11, Ostern 5a, Treuga Dei, Krönung 8, Heer 6a—8 **III.** Königsdienst, Schatz des Königs oder der Kirche, staatl. Finanz (*s. d.* 6Cff.) **N IV.** der Pflug; *s. d.* 5 **9d)** Ein vom verletzten Kläger getrennter ∼herr tritt hierbei meist nicht auf, weil er identisch ist mit dem Strafe empfangenden König oder kirchlichen oder privaten Gerichtsherrn. Jedoch der ∼ erscheint in der erhöhten Busse; *s. d.* 10 **9e)** Deutlich wird *mundbyrd* des Königs, Stifts, Prälaten oder Adligen gebüsst durch den, welcher einen zu ihnen geflüchteten Verbrecher innerhalb der Asylfrist getötet hat; IV As 6, 2b **10)** ∼ ist nur eine Art erhöhten Friedens, geht also dem Friedlosen verloren. Wenn dieser dann doch ausnahmsweise ∼ geniessen kann, so liegt das am Sonder∼ der betreffenden Örtlichkeit oder Zeit. Wird deren Asyl gebrochen, so erhält nicht er, sondern der ∼herr die Busse für den Asylbruch (*s. d.* 5. 7), anders bei dem nicht friedlosen Befehdeten (*ebd.* 3) **10a)** Wie Busse an den Geschädigten, so wird die Pflicht, ∼ an den ∼herrn zu zahlen, absorbiert, wenn der Missetäter bei oder infolge der Missetat den Tod litt. Dies belegt Mannbusse 3a. 10 **11)** ∼ verleihen kann jede rechtsfähige Person oder Körperschaft, also nicht Unfreie (*s.* jedoch *u.* 15c), Fremde, Unmündige, Mönche **11a)** Beim höchsten Verleiher von ∼ findet sich seit Dänenzeit als kostbarster der Handfrieden (*s. d.*) abgesondert, ferner in Wessex der im e. S. sog. Königs∼ (*s. d.*) getrennt vom kleineren 'Ungehorsam' und noch geringeren Strafgeldfixen **12)** Anderen ∼verleihern eignet nur éine ∼busse, gesetzlich bestimmt; Ine 31 **12a)** Sie steigt mit dem Stande, so dass der zum Eorl (*s. d.* 8) erhobene Thegn Eorl∼ geniesst und verleiht **12b)** Die Steigerung geht nicht immer nach Verhältnis der Wergelder; *s.* jedoch Busse 9a **13)** In Kent ist Königs∼ (*s. d.* 2) 50 Schill. Er deckt sich hier mit Herrengeld, dem höchsten Strafgeldfixum zugunsten des Landfriedenswahrers; doch kommt auch *wite* für den König (Abt 9. Wi 11) sowie andere Strafgeldfixa vor; Abt 84. Hl 9. 11ff. **13a)** In Wessex und Mercien beträgt Königs∼ (*s. d.* 5f.) 5 £, in Denalagu 8 **13b)** Dem Königs∼ (*s. d.* 2a. 5a) steht Kirchenfriede (*s. d.* 4ff.) gleich **13c)** Die Königin (*s. d.* 3) hat 2½ £ *overseunesse* **13d)** Nur für den König erfolgt die ∼bruchzahlung in Reinsilber (*s.* Pfennig 9): als Zeichen besond. Ehrung **14)** des Erzbischofs (*s. d.* 8) kostet in Kent gleich dem des Königs, 50 Schill., in Wessex 3 £, nach Leis Wl 2 £ **14a)** des Bischofs (*s. d.* 13i) kostet 2 oder 1¼ oder nach Leis Wl 1 £ **14b)** des Ætheling (*s. d.* 7) 3 £ **14c)** ∼ des Ealdorman (*s. d.* 14) 2 £, des Grafen nach Leis Wl 1 £ **14d)** Bischof und Eorl (*s. d.* 16) stehen im ∼ gleich **14e)** ∼ des Adligen in Kent beträgt 12 Schill.; Abt 13f. **14f)** ∼ des Thegn halb soviel wie des Grafen (In Cn III 55, das Verhältnis bestätigt Eorl 5), des Barons ½ £; Leis Wl 16; letztere Summe bestätigt vielleicht Notzucht 5a **14g)** Der ∼ des (kanonisch lebenden; D) Priesters steht dem des Thegn gleich; Geþyncðo 7 **14h)** Jenes

Verhältnis 2 : 1 : $^1/_2$ £ zeigt auch Mannbusse *o.* 8b **14l**) Londons ~: *o.* 5b **14k**) Verderbt, daher unbrauchbar, ist *mundbreche .. et wudehewet regi et thainis* 5 *manc.* (Hn 37, 1), denn Königs ~bruch betrug stets weit mehr als 150 Pfg. und war nie so niedrig wie der des Thegn; wie die Rubrik *De cesione nemoris* ergibt, gehören die Wörter vor 'Holzhau' nicht hierher, sind wohl, wie manches in dem unvollendeten Werke, der Beginn eines unausgeführten Gedankens **14l**) 12 Kentische (*o.* e) Schillinge (*s. d.* 3) gleichen 30 Westsächsischen **15**) Der ~ des Gemeinfreien in Kent kostet 6 Schill.; Abt 15ff. 25. 27. 75. 88. Hl 14 **15a**) Der ~ des Gemeinfreien in Wessex kostet 30 Pfg. (Ine 6, 3. Af 39. Hn 81, 3; nur 25 Pfg. die Notzucht an dessen Sklavin; Af 25), **N 15b**) nach Leis Wl ~ des Villan od. Socman 40 Pfg.; **15c**) *overseuness* des Kötters und des Unfreien kostet 15 bzw. 6 Pfg.; Hn 81, 3 **16**) Der Beamte als solcher, namentlich der Sheriff, verkündet zwar als Obrigkeit Königsfrieden und Sheriffsfrieden, dessen Bruch aber als 'Ungehorsam' gebüsst wird; daneben besteht kein eigener ~ der Amtsperson mit fixierter ~busse. Freilich heisst jener Ungehorsam auch *despectus* In Cn II 15a **16a**) **N** Den Oberförstern spricht zwar *consuetudines* zu Ps Cn for 1, wohl ~bruch mitmeinend; allein er benutzt zu dieser Erfindung gestohlene Worte anderen Sinnes. Fechten im Gericht vor ihnen koste 40 Schill.: dem Ealdorman als Richter hatte Af 38 120 Schill. zugesprochen, die als $^1/_3$ Normannisch von In Cn, der unmittelbaren Quelle, irrig betrachtet waren **16b**) Auch eignet der im Königsdienst (*s. d.* 6c) genossene ~ dem Beschützten nur während der Amtszeit; hierzu *vgl.* bei Friesen His 131 **17**) Bisweilen stuft sich aber die ~bruchbusse ab auch nach dem Stande des Beschützten, an dem die reelle Missetat geschah (nicht nach dem des Herrn, der die ideelle ~kränkung litt). Schändung königlicher Sklavinnen oder Entführung von Witwen kostet in Kent nur bei der höchststehenden vollen 'Königs~' (50 Schill.), bei der zweiten und dritten 25 (bzw. 20) und 12 und bei unterster Witwe nur 6 Schill.; Schändung der Schenkinnen des Gemeinfreien kostet nur bei der höchsten dessen vollen ~bruch 6 Schill., bei zweiter u. dritter nur $2^1/_2$ u. $1^1/_2$; Abt 10f. 16. 75f. **17a**) Nach dem Stande des Erschlagenen richtet sich auch Mannbusse (*s. d.* 15) gemäss dem älteren System **18**) Bisweilen steigt auch die ~bruchbusse zu voller Höhe erst bei Missetat in schwerster Vollendung; *s.* Totschlag 2a **18a**) Blutvergiessen im Hause kostet in Kent bzw. Wessex vollen ~ des Hausherrn (soweit auch Ine 6, 3); dagegen Ehrenkränkung oder Waffenzücken nur $^1/_6$ bzw. $^1/_2$; Hl 11—14 bzw. Af 39,1 **18b**) Hand- und Kirchenfrieden (*s. d.* 4c. 6a) oder den Klerus oder den Frieden innerhalb der Landwehr durch Totschlag zu verletzen, macht busslos, aber nicht die Verletzung durch andere Missetat **18c**) Bruch des Sonderfriedens beim Biergelage (*s. d.* 7c) kommt wohl dem Richter zu **18d**) Von 'vollem ~[-Bussgeld]' spricht II Cn 42 = Hn 66, 3. Vermutlich fand hierbei wie beim Strafgeld je nach der Tat Nachlass im Gnadenwege statt **18e**) ~bruchbusse steigt nicht mit des Missetäters Stande im Ggs. zur Rechtsbruchbusse 5 **19**) Es gibt aber neben der allgemeinen ~busse besondere, nach der Art der Missetat verschiedene, ~bussen **19a**) Deren eine ist Mannbusse; *s. d.* **19b**) Gesondert steht ferner die Busse, die der Mann für Ehebruch (*s. d.* 5a. 9) an seiner Frau empfängt, und der Verlobungsbürge für die Unzucht, die seine Verbürgte beging; *s.* Eheschliessung 10. Nicht unter dem Gesichtspunkte des ~es, sondern dem der Ehe, wird dies Verhältnis betrachtet **19c**) Vielleicht dem ~ nachgebildet ist es, wenn als Kläger Graf oder Bischof $^4/_5$ £, der Thegn $^2/_5$ als Prozessualpfand vom Verklagten hinterlegt verlangt **19d**) Unglaubwürdig scheint die Nachricht In Cn III 1, dass für die vór der Bitte um Recht, also rechtlos, geschehene Pfändung in Selbsthilfe neben 40 Schill. [Norm. = Merc. Ungehorsam?], dem Strafgeld an König oder privaten Gerichtsherrn, auch verfalle *pretium suum* (des Pfänders Wergeld) *domino suo* (für den ~herrn des Gepfändeten? denn der Herr des Pfänders ist ja jener Gerichtsherr). Eine ~rechtsbusse, so hoch wie Wergeld des Beleidigers, kommt sonst nicht vor **19e**) Nur vereinzelt, beim Kentischen Gemeinfreien, steht der Busse für gebrochenen ~ die für Einbruch (*s. d.* 2—3) gleich, zwar an den Hausherrn, aber gesondert von Diebstahlsbusse **19f**) Ebenso wird gebrochener Hausfrieden (*s. d.* 8—c) nur stellenweise mit ~ gleich gebüsst **19g**) Für Ehrenkränkung (*s. d.* 7. c) zwischen Dritten erhält der Hausherr ~busse, und diese ist einmal dem allgemeinen ~ der gekränkten Gilde gleich **19h**) Ebenso für blutig (*s. d.* 3a. c. 8a—9a. 12—13b) Fechten; die Busse ist nur bei Bauer und Unfreien mit dem ~ identisch **19i**) Waffenzücken kostet weniger; *o.* 18a **20**) Die Fälle, in denen ~busse dem ~herrn des Gekränkten gezahlt wird, deutlich getrennt von Busse an unmittelbar Verletzten (Kläger) und vom Strafgeld an den Richter, sind, unter Fortlassung der Stellen, die das Strafgeld als (Königs)~ bezeichnen, weil in ihnen Landfrieden oder Königsfrieden oder Handfrieden gewahrt wird: **20a**) **I.** Bruch des Hausfriedens, weitesten, Hauseinwohner (*o.* 18a) und -gäste, sowie Asyl einschliessenden Sinnes, begangen durch Einbruch (mit Bande In Cn III 3), Rauferei, Waffenzücken, Blutbefleckung, Totschlag, *o.* 19e—i; die ~busse bezieht der Haus- oder Asylherr **II.** Verletzung des Kirchenfriedens; die ~busse erhält Stift, Prälat oder König **III.** Verletzung an Leib oder Gut und Ehrenkränkung (*s. d.* 6c) gegen Kleriker und Fremde; die ~busse empfangen dieselben od. sonstiger *mundbora*; EGu 12 **IV.** Verletzung gegen Unmündige, einschliessend Unfreie und Hausgesinde, bes. Unzucht an untergebenen Frauen *o.* 17; die ~busse bezieht der Leibherr oder Vormund **V.** Kränkung des Gefolgsherrn durch Aufnahme eines unbeurlaubt neue Herrensuche (*s. d.* 1c) Wagenden; die ~busse zahlt der neu Aufnehmende an den alten Herrn neben Strafgeld (Ungehorsam?) für den König; II Cn 28 In **20b**) Also nicht etwa jede Missetat gegen einen Beschützten kostet auch ~geld an den ~herrn. Die Fälle müssen z. T. nur gewohnheitsrechtlich festgestanden haben oder vom Gericht, als pflichtig ~ zu zahlen, bezeichnet worden sein **20c**) Die wahrscheinlich häufigste Missetat wird Viehdiebstahl beim Bauern gewesen sein: da erhielt dieser Busse, der Richter Strafgeld, aber der in den meisten Fällen doch vorauszusetzende ~herr des Bauern nichts **20d**) Leib oder Ehre der unmittelbar Verletzten, etwas was *peccabitur in eorum personam* (Hn 24), und nicht ihr Vermögen, muss angegriffen sein, damit ~rechtbusse ihrem Herrn zustehe **21**) Neben Ehre und Macht bringt der ~, abgesehen von der Gegenleistung des Beschützten in Zins und Dienst und von der tatsächlich die Freiheit mindernden Abhängigkeit für dessen Nachkommen (*vgl.* festländisch Brunner I[2] 352), Geldertrag aus ~bruchbusse. Und diese Vorteile des Herrn u. a. veranlassen das Verbot, der Bauer solle keine andere *avurie* suchen; I 513*; *vgl.* Lehnwesen 15b **22**) Nicht jeder ~herr empfängt gesetzlich vom Beleidiger seines Untergebenen ~bruchbusse und nicht bei jeder Art von Missetat. Aus gesellschaftlicher Rücksicht auf sein Wohlwollen aber empfiehlt sich, ihm Ehrenbezeigung (*s. d.* 2) zu erweisen

Schutzgewähr für Missetäter *s.* Begünstigung; Asyl

schwach *s.* arm, Barmherzigkeit 2d; mündig 4ff., krank, taub 6—d

Schwägerschaft *s.* Eheverbot 2.

schwanger *s.* Frau 3a—4b, Kind 1f.

Schwarm *s.* Bienen 3—5a

Schweden *s.* Wb *Sweon, Suevi, Swani, Suetheida; vgl.* Köpke *Altnord. Personenna.* (Diss. Berlin) 30 **1**) Von Arthur [angeblich] unterjocht; Lond ECf 32 E **2**) Ihr König *Lagman* [*vgl.* Lagamen 6c] 13, 1 A **3**) Cnut kämpft 1026 gegen ~, schafft auf Rat der Dänen Frieden mit ~; Cn 1027, 2. 13f. Er heisst hier im [nicht originalen] Prolog König der ~ und vielleicht dorther In Cn Insc. I Cn Q. Lond.; *vgl.* mein *Leges Anglor.* p. 24ff.; *Vie s. Edward* ed. Luard p. 36. Der Norden gibt Cnut 6 *regna; Mon. Germ.* 29, 33. 65. 165 **N 4**) Heidnisches Opfern der ~ kennt noch um 1114 II Cn 5, 1 Q

schweigen *s.* Erbnehmer 1. 2b. c; Grundbesitz 14; Jahr und Tag 5. a; Fund 2; Sunne

Schwein *s.* Wb (*slieht*)*swin, gærsswin, stigfearh; stigian, hlosa; porc, ver, porcarius. Vgl.* Schinken, Fett, Mast **1**) **N** Wildeber zählt als Forsttier, nicht als Edelwild; Ps Cn for 27, 3; *vgl.* I 624[a, t]. 625[s] **2**) Ein ~ gilt 10 Pfg.; VI As 6, 2, nur 2 Schill. [8 Pfg.] Duns 7; soviel wie 6 Widder; Kent. Urk. a. 835 Birch 412; der Eber 5 Schill. [wohl 20 Pfg.]; Leis Wl 9, 1 (*vgl.* Schröder[5] 194[18]) **3**) **N** An Gebühr für Rettung (*s.* Einfang 6a) eines abhanden gekommenen ~s zahlt Eigentümer 1 Pfg.; 5, 1 **4**) Das ~ wird vom Bodenbenutzer dem Grundherrn als Zins bezahlt für Mast (*s. d.* 2. 4) der ~e und für Heu (Rect 2); **N** das zehnte Ferkel der Kirche als Zehnt; ECf 7, 4 **5**) Der fremde Kaufmann in London darf 3 ~e auf sein Schiff kaufen; IV Atr 2, 9 = *Hans. Urk.-B.* III 391, wie in Apenrade **6**) Der Gutsvogt der Adelsherrschaft soll im Herbst ~estall [*hlosa s.* Napier *Lexicon* 43] bauen, im Winter ~e einpferchen; Ger 10f. **7**) Im Herrschaftsgut werden zwei ~ehirten unterschieden: *gafolswan,* der bäuerliche, der jährlich der Domäne 10 ausgewachsene und 5 junge ~e abgibt (den übrigen Zuwachs seiner [gepachteten] Herde aber behält), auch der Herrschaft front; und der unfreie (*þeow*) *æhteswan,* der die Domänenherde hütet, ausser Nahrung samt Kleidung aller Unfreien nur ein Stallferkel, ferner die Eingeweide vom Eingeschlachteten und zu Speck Hergerichteten erhält; Rect 6—7 **7a**) Dieser Unfreie empfängt von jedem Gebur des Dorfes 6 Laib Brot, wenn er die Domänenherde zur Mast treibt; sein Nachlass fällt an den Herrn; 4, 2c. 6, 4 **7b**) Jener bäuerliche Hirt, dessen Pflicht gegenüber der Domäne örtlich variiert (6, 1), ist vielleicht gleichzeitig Dorfhirt. Seine Abmachung mit den bäuerlichen Eigentümern seiner Herde interessiert nur den lediglich herrschaftlichen Standpunkt der *Rect* nicht **7c**) Er ist oft zu jeder Fronarbeit der Domäne pflichtig, auch mit seinem Pferde; 6, 3 **7d**) Er muss nach Abstechung seine Schlacht~e ordentlich herrichten (*o.* 7) und Borsten absengen (abbrühen); wofür er deren Eingeweide verdient; 6, 2. [*Vgl. escaldare porcos regis* (Frz. *échauder,* Engl. *to scald*) im *Liber rub. Scacc.* ed. Hall 457. 507]

Schwelgerei zu meiden ist Königspflicht; *s. d.* 4a. c

schwerste Missetat *s.* Kapitalverbrechen

Schwert *s.* Wb *sweord; vgl.* Zweier **1**) **N** Als Prozessualpfand; *s. d.* 5b **1a**) Aufs ~ wird geschworen; *s.* Eidesform 2 **1b**) Andere Germanen verwenden das ~ bei Eheschliessung und Vertrag; Grimm *DRA* I 595; His 174; Amira 137 **1c**) ~-Prozess (*EHR* 1901, 97) *s.* Kronprozess **2**) Das ~ ist nicht die ursprünglich allgemeine Waffe (I 639*); nur die Reichen der Agsa. besassen ein ~; Baye *Industrie Anglosax.* 16 **2a**) **N** Noch im 12. Jh. ist das ~ die Waffe vorzüglich des Freien (Hn 78, 1 = Leis Wl 15, 1), des Adligen; Ps Cn for 6, im Ggs. zu 7 **2b**) Das ~ bildet oft einen wichtigen Teil des Vermächtnisses; eines wird bewertet zu 100 Mancus [= 3000 Pfg. = 3 Wergeldern], zu 4000 Sceatt [= 2 Wergeldern]; Urkk. um 882, a. 835 Birch 553. 412. Dies sind Prachtexemplare; *u.* 4. Testamente über ~er sammelt Stephens *Old Nor. Runic mon.* III 16; *vgl.* Earle 518 *s. v. sword* **2c**) Ein mit Goldblech belegtes ~ zu besitzen, war solch ein Zeichen von Vornehmheit, dass ausdrücklich gewarnt wird, es, ohne andere Standesvorzüge, nicht allein fürs Aufsteigen des Gemeinfreien zur Thegnschaft als genügend zu halten; Norðleod 10 **2d**) Dem Herrn vermacht als Heergewäte ein Testator um 950 kostbare ~er, ein anderer 1002 u. a. *twa seolforhilted sweord;* Birch 1012, bzw. Kemble 1298. **N** Ein *gladium deauratum,* oder ~es *capulum deauratum,* zum Werte von 4, 25, 70 Kühen erwähnt um 1120 der *Liber Landavensis* bei Seebohm *Tribal Wales* 217 **2e**) [*Ethelstanum*] *avus Elfredus premature militem* [*vgl.* Ritter] *fecerat, donatum ense Saxonico cum vagina aurea;* Will. Malmesbur. *Reg.* II 133, ed. Stubbs 145 **3**) Das ~ bildet einen Teil des Heergewäte (*s. d.* 9c), bzw. der Lehnsmutung für Eorl, Thegn und Aftervassallen **4**) Auf je 100 Schill. des Wergelds darf man einzahlen 1 Unfreien [dessen Wert wohl 30—60 Sch. war], 1 Panzerhemd und 1 ~; Ine 54, 1; so dass letzteres beides zusammen 40—70 Schill. (= 200—350 Pfg.) betrug **5**) Die Wichtigkeit erhellt daraus, dass, wer ein ~ darleiht, für $^1/_3$ Wert des damit entlaufenen Unfreien (des damit Getöteten) Haftung (*s. d.* 4b. c. d) trägt **6**) Wer ein ~ aufbewahrt, trägt Haftung (*s. d.* 4e) für daran entstehende Blutschuld **7**) Der ~feger war ein wichtiger Handwerker: ein Bruder Eadmund Eisenseites testiert für einen solchen: Kemble 1291

Schwertmagen *s.* Erbgang 2d—6b; Bocland 7aff. [Versuch

Schwertzücken *s.* blutig fechten 1;

Schwester 1) **N** Die ~ des Erblassers erbt, wenn er nicht Kinder, Eltern oder Brüder hinterlässt; Hn 70, 20; *s.* Erbgang 6b. 14c 2) Den handhaft ertappten Schänder seiner ehelichen ~ darf der Bruder (*s. d.* 3) befehden [ev. töten], ohne Fehde auf sich zu laden; Af 42, 7 [dies ist nicht auf den Fall beschränkt, dass, beim Fehlen von Vater und älteren Brüdern u. Ehemann der ~, er der Vormund sei]; *s.* Familie 6, Ehebruch 8. *Vgl.* Weinhold *Dt. Frauen* II 251; Brunner II 659f. 3) Blutschande (*s. d.* 3) mit der ~ ist schlimmer als die mit entfernter Verwandten

Schwur- *s.* Eid-; Geschworene

scipessocn *s.* Schiff 3a

scir- *s.* Grafschafts(gericht), Sheriff

scot and hlot 1) Die Verbindung erklärt sich als Anteil an Schöss [Zahlungspflicht der Ortschaft gegenüber der Obrigkeit] und Los [Anteil des Einzelnen an der Gemeinheit; *s. d.* 10e] der Ortschaft [Brunner I² 284; anord. *hlutir* an gemeinsamer Wirtschaftsunternehmung; Maurer *Island* 413] 1a) Seit 11. Jh. vorkommend, ist sie stets als éin Begriff zu fassen: Bürgerrecht und -pflicht, später zumeist in Städten, aber im 11. Jh. auch noch in Dörfern; I 525*; *u.* 2; Vinogradoff *Growth of manor* 196. *Vgl.* auch Fry '~ ~ ~', in *Transa. Philolog. soc.* 1867, 167. Holländisch heisst *schot en lot:* Grund- (Haus)zins (Richthofen *Untersuch. Fries. RG.* II 1054); fremde Gildebrüder sind mit den Bürgern nur *in scot,* nicht *in lot;* Pappenheim *Zschr. für Handelsr.* 30, 276 2) Im Ggs. zu den durch Murdrumbusse gegen Totschlag befriedeten Gefolgsleuten Wilhelms I., soll nach Agsä. Rechte mit blossem Wergeld entgolten werden jeder erschlagene Franzose, der vor 1066 *fuit in Anglia particeps consuetudinum Anglorum, quod ipsi dicunt on hlóte et an scote;* Wl art 4, also wer Englisches Bürgerrecht genoss **N** 2a) Das Stadtrecht von Fordwich spricht 1348 von Fahrhabe, die der einzelne Bürger *devera as escotz et lotz de la ville;* Bateson II 151 3) Die Stadt konnte also nie erstreben, von ~ ~ ~ in diesem Sinne befreit zu werden, was ihr Lehen aufgehoben hätte, wohl aber von *scot,* wie von Dänengeld und Murdrumbusse, neben denen es steht, d. h. von einer Staatssteuer. Dies erlangte London von Heinrich I.; Hn Lond 2, 1. So gab Wilhelm I. Westminster ein Manor frei von *scot;* Birch *Domesday* 68; *vgl.* Bateson *Leicester* I LI; Waltham und Bermondsey waren frei von *scot;* I 525* 3a) *In Colecestria habet episcopus* 14 *domos non reddentes consuetudinem preter scotum nisi episcopo;* Domesday II 11. Hier ist *scot* die Staatssteuer der Stadtbewohner 4) Dennoch liest sowohl in Hn Lond 2, 1 eine Variante ~ ~ ~, wie auch sonst Befreiung von ~ ~ ~ in Freibriefen oft vorkommt: I 525*, schon unter Stephan und Heinrich II.; *Lib. custum. Lond.* ed. Riley II 659 4a) Dies erklärt sich daraus, dass zunächst ~ ~ ~, ja sogar *lot* allein, die Bed. 'Zahlung, Steuer' nicht nur an die Gemeinde, sondern auch an den König annahm; Gross *Gild merchant* I 55f.; Holloway *Hist. of Rye* 13, von a. 1568; *Liber albus Lond.* 114. 235. Das aktive Wahlrecht hing am Zahlen von ~ ~ ~ 4b) Die Staatssteuer aber, die nicht der Einzelne, sondern die Gemeinde entrichtete, bildete einen so wichtigen Bestandteil des für ~ ~ ~ Benötigten, dass ~ ~ ~ für 'Staatssteuer der Stadt' gesagt werden konnte oder m. a. W. das erste *scot* (das immer Staatssteuer, ja *Danegeld* im Domesday bedeuten konnte) über den Sinn des ganzen Begriffes entschied 4c) Auch *geld et scot* kommt für Staatssteuer der Gemeinde vor: Edward I., indem er Kingston upon Hull *ad liberum burgum* erhebt, bestimmt: wer dessen Freiheit geniessen will, *sit ad geldam et scottum cum eisdem burgensibus, quotiens burgum contigerit* [durch den Staat] *talliari;* Madox *Firma burgi* 273

Sechser-Eid *s.* Eideshelfer 28b ff.

Sechshunderter, 600 Schill. Wergeld habend, *s.* Wb *siexhynde. Vgl.* Wergeld 1) Unglaubwürdig scheint die Identifikation mit *radcniht; s. d.* 1 2) 600 Schill. Wergeld weist Rhamm (*Grosshufen* 760. 789) dem Ceorl mit 3 Hufen Grundbesitz [fälschlich] und dem Gefolgsadel (*s. d.* 7) zu. Mit Recht lehnt er es ab, ihn für den Germanischen Grundeigner über dem freien Zinszahler zu erklären. Ich halte gegen Waitz (*Gött. Gel. Anz.* 1858, 1702) den ~ nicht für eine ursprüngl. German. Klasse 3) Er kommt nur bei Ine und Ælfred vor als einzige Mittelklasse zwischen den Ständen von 200 und 1200 Schill. Wergeld. [Die Stellen bei Hn können alle dorther übersetzt und nur (wie 82, 9. 87, 4) antiquarisch gemeint sein, ohne für die Gegenwart praktisch verstanden sein zu wollen. Auch nennt Hn, wo er vom ganzen Volke redet, nur 2 Stände: Thegn und Villan = 1200 und 200-Schill.-Mann. Zwar teilt er die Freien noch in 3 Klassen, gibt aber doch nur für 200er und 1200er das Wergeld an, ohne den ~ zu nennen; 76, 3a; 6.] Vielleicht existierte er im 11. Jh. nicht mehr; Maitland *Domesday* 44 3a) Bereits unter Æthelstan zerfällt alles Volk Freier in Menschen von 1200 und 200 Schill. Wergeld; der ~ fehlt VI As 8, 2. III Em 2. Wer 1 4) Ein Walliser mit Fünf (*s. d.* 2f.) Hufen ist ~; Ine 24, 2. [Eine spätere Einschaltung mit Maurer *Kr. Übs.* II 409 hier anzunehmen, finde ich keinen Grund] 5) Hiernach liegt es nahe, im ~ eine Klasse zu sehen, in die Wessex im 7. Jh. den Walliser Adel einordnete, und die verschwand, als er sich im 10. Jh. nicht mehr vom Germanen unterschied 6) Der ~ verhält sich gegenüber dem 200 und 1200 Schill.-Mann in der Strafe, die für seine Erschlagung durch eine Bande (*s. d.* 6) von deren Teilnehmer gezahlt wird, wie 1 : 1/2 bzw. 2, in der Mannbusse (*s. d.* 15b) wie 1 : 5/8 bzw. 5/3, im Empfang der Busse für Einbruch (*s. d.* 2c. d) oder für blutig (*s. d.* 8a) Fechten in seinem Haus wie 1 : 1/3 bzw. 2, im Empfang der Busse für Ehebruch (*s. d.* 9) an seinem Weibe wie 1 : 2/5 bzw. 6/5, in der Zahlung der Busse an den Verlobungsbürgen für Unzucht verlobter Jungfrau (*s. d.* 5) wie 1 zu 2/6 bzw. 6/5 6a) Also nur in 2 Fällen herrscht das Verhältnis der Wergelder 1 : 1/3 bzw. 2

sechsunddreissig *s.* zwölf

Seeauswurf *s.* Schiffbruch 3a. b. 4

Seefahrt, -handel *s.* Schiff, Handel 14ff.; Ein-, Ausfuhr; London 29—40

Seeherrschaft *s.* Britannien 3—5b

Seele zu retten, trotz Körperstrafe,

dient Verstümmelung (*s. d.*) statt Hinrichtung, oder Beichte (*s. d.* 4) vor letzterer, und, beim Verkaufe Unfreier, das Verbot, sie ins Heidentum (*s. d.* 3a) zu verhandeln

Seelschatz *s.*Wb *sawolsceatt, -gescot* (Seelschöss, spätere Form, auch Woodbury Gilde, Earle 265). *Vgl.* Erbgang 8. 15; Heergewäte 13 **1)** ~ ist entwickelt aus dem Totenteil, $^1/_3$ des beweglichen Nachlasses, der ins Feuer oder Grab [in Schweden liegen noch bei Christenleichen Waffen] mitgegeben ward, dann im Christentum zugunsten der Seele der Kirche zufiel; Brunner *Grundzüge*[4] 226; ders. *Fortleben der Toten* 9. 12f.; ders. *DRG* I[2] 11[10]. 40; ders. *Festschr. Martitz* 30[1]: nicht immer $^1/_3$ der Fahrnis **1a)** **N** Ein Drittel der Fahrhabe als ~ gibt Ende 11. Jhs. der Pfalzgraf von Chester dortigem Kloster für sich, Barone, Ritter, Bürger, Freie; Pol Mai II 322. Innocenz IV. erklärt: als Gebrauchsrecht *solvitur in morte tertia mobilium in Britannia; ebd.* 357 [**1b)** Der Kirche Hälfte aus dortigem Schatzfund (*s. d.* 2) an Silber zeigt dessen Verbindung mit ~. ABRAHAM] **2)** Allgemein ermahnt, unter ev. Zwang durch Königsvogt, zur Entrichtung des ~es an die zuständige Pfarre, deren Beichtsprengel der Verstorbene angehörte, I As 4. II Eg 5, 2 (hier vielleicht nur interpoliert) **2a)** Die Kirche, welcher der ~ zukommt, versteht sich von selbst in einem Testament, das doch die anderen Kirchen, welche erben sollen, benennt; Birch 1317 **3)** ~ wird entrichtet bei noch offenem Grabe (*s. d.* 1, wie die erste Wergeldrate für den Erschlagenen), auch obwohl die Leiche ausserhalb ihrer Parochie beerdigt wird; II Eg 5, 2. V Atr 12. 12, 1 = VI 20f. = VIII 13 (= *Homil. n.* Wulfstan 208. 118. 311) = I Cn 13. 13, 1. [Die Hälfte vom ~ erhält die Pfarre des Toten, selbst wenn die Leiche anderswo bestattet wird, noch vor Beerdigung, auch im Nord. Kirchenrecht unter Agsä. Einfluss; Jørgensen *Fremmed Indflydelse* 38] **4)** Ohne letztwillige Verfügung (*cwyde*) für die Kirche, wie ohne Beichte unabsolviert (ausser wenn plötzlicher Tod eintrat) zu sterben galt als sündhafter Mangel an Sorgfalt für die eigene Seele; II Cn 70 [*cwideleas* in Urk. Kemble 1288 wird *absque commendatione vel distributione rerum suarum* übersetzt]. Allein landgesetzlich erhielt die Kirche ausser ~ vom Intestaten nichts, sondern nur etwas durch die Sorge der Hinterbliebenen für dessen Seelenheil; *vgl.* Erbgang 8—9d. 15. a **4a)** Die Höhe des Geschenkes an die Pfarrei des Verstorbenen richtet sich nach dessen Vermögen; I Cn 13 In* Hs. Cb **4b)** Reiche vermachen der Kirche Land als ~; so Urkk. a. 1006. 1015 Kemble 716. 722; ferner um 1000 Birch 1317 **4c)** Wenn ein Bischof gestorben ist, so ordnet die Synode von Celchyth an, *pro anima præcipimus* $^1/_{10}$ *dividere pauperibus* und jeden unter ihm verknechteten *hominem Angliscum liberare;* a. 816 c. 10 ed. Stubbs *Councils* III 583 **4d)** Auch die Genossenschaft (*s. d.* 12i) schenkt der Kirche für die Seele des Gildenbruders u. a. geschmierte Brote; mit Abgabe solcher für Seelen wird ein Landgut belastet; Urk. um 831 Birch 403 **4e)** **N** Im 13. Jh. verbot die Kirche die *communes potationes pro salute animarum;* Hale *Domesday of St. Paul's* p. CIX **4f)** Die Mahnung zum Kirchenbesuche begründet Cnut mit 'Nutzen für uns selbst'; wenn eine Variante dazu setzt 'den Seelen zum Heile' meint sie also Verstorbene; I Cn 2G. Dies missversteht von Cnuts *salute corporis et animæ* der Übs. In Cn **5)** Der Pfarrer ist verpflichtet 'den ~, den er für den Verstorbenen nimmt, durch Messen, Psalmsingen, Almosen herzlich zu vergelten'; *Homil. n.* Wulfstan 277 **6)** Diese Kirchenabgabe ging (*o.* 3) von den Agsa. nach Dänemark; Lundby *Kirkehist. Saml.*, 5 *R.*, IV 18 **N 7)** Wilhelm I. bestimmte letztwillig 1087 seinen ganzen Schatz zum ~ **8)** Über Einmengung des Lehnsherrn in den Nachlass Intestater und deren Abschaffung zugunsten des ~es *s.* Erbgang 15 [Zusammenhang des Todfalles mit dem Totenteil *s.* Schröder[5] 466[97]. ABRAHAM] **9)** Der Vassall ist dem unbedingten Herrn zumeist verpflichtet *ad animam*, d. i. zu frommen Schenkungen für dessen Seele; Hn 82, 5

Seelsorge *s.* Bischof 5. 8a, Geistliche 26—27e

N Seeräuber, *piratas*, nennt die Nordleute, welche in England unter Æthelred II. einbrachen, ECf 11. Über dieses Wort setzt ein Schreiber Ende 12. Jhs. *utlages*, kennt vermutlich also in seiner Zeit ~, die friedlos erklärt waren. *Vgl.* Schiff 8c [bruch

Seerecht *s.* Rhodia, Seewurf, Schiff-

Seewacht. *Vgl.* Schiff 6d

Seewurf darf der Schiffsführer in Todesgefahr vornehmen. Die Verlierer der Waren können seinen Reinigungseid, Todesnot habe vorgelegen, fordern. Misslingt dieser, so muss jener die Waren ersetzen. Was nach dem ~ im Schiffe erhalten geblieben ist, wird verteilt je nach dem Anteile der Verlierer an den einstigen Wertstücken; aus Römischem Recht Leis Wl 37, 1—3. (*Vgl.* Brunner II 546. 550; Scrutton *Roman law influence* in *Select essays in Agl. Amer. legal hist.* 241.) Auf gleiche Quelle geht zurück das Recht von Oléron; den Reinigungseid fordern hier die Kläger, *s'ilz ne le creent mie* (was meine Emendation *mescreez* stärkt und *greent* bei Twiss widerlegt), *sera le maistre* (des Schiffes) *creu par son serment;* ed. Twiss *Black Book of the Admiralty* II 442; *vgl.* 218. I 98. Das Schiff haftet bei ~ nicht wie die Ware; nur die Eigentümer dieser tragen den Verlust; *Comm. d'Oléron; ebd.* II 394 **Segel** *s.* Schiff 1

Sehne, *sinu. Vgl.* Hals 1. a. Wird die 'grosse ~' [am Fusse? jedenfalls Beine; *tibiarum* versteht Hn] zerschlagen, so zahlt der Verwunder 12 Schill., bei folgender Lahmheit 30; für die kleine 6 Schill.; Af 75—76 = Hn 93, 35—36. Auch Friesenrecht büsst die ~n an Hals, Knie, Ferse höher als andere; His 310

N Seide darf der fremde Kaufmann in London nur im ganzen Stück, nicht im Detail verkaufen; Lib Lond 8, 4 [Über Fränkische Geschenke an Agsa. in ~ *s.* Häpke, *Fries. Gewebe* in *Hans. Gesch. Bl.* 1906, 320]

Seife 1) ~ reinigt die Hand des Ordalprüflings vor dem Kesselfang; *s. d.* 9b **2)** *sapbox*, Büchse für ~ [? Harz; Toller] braucht die Gutsdomäne; Ger 17

Seil, *rap.* Daran wird der Ordalprüfling ins Kaltwasser (*s. d.* 5) gesenkt

Selbsthilfe *s.* Wb *wracu, wrecan; vindicta;* Ggs. *u.* 5 *lex* Rechtsgang **1) A.** Berechtigt ist ~ immer in Notwehr (*s. d.* **1**) und gegen handhaften (*s. d.* 11) Verbrecher 2) Dagegen an bestimmte Voraussetzungen gebunden ist die ∾ gegen vergangene Missetat durch Blutrache (*s. d.* 2. 17), Privatkrieg (*s.* Fehde 2), Heimsuchung (*s. d.* 2. a. b), Pfändung (*s. d.* 4. 6—8. 13—16) und Pfandkehrung; *s. d.* 3 **3)** Der Beleidiger hat nie das Recht, sich dem Rechtsgang zu entziehen und die ∾ des Beleidigten abzuwarten, sondern muss, wenn gerichtlich verklagt, zu Recht stehen, widrigenfalls er Strafe für Rechtsweigerung (*s. d.*) leidet. Der Beleidigte dagegen hat stets die Wahl, gegen den Totschläger seines Verwandten, gegen handhaft von ihm ertappte Verbrecher an seinem Leben, Gut oder Familienkreise, endlich gegen Rechtsweigerer entweder ∾ zu vollziehen oder das Gericht anzurufen. M. a. W: er muss nicht den Angreifer, z. B. seines Hauses oder Weibes, töten, er darf auch ihn fesseln und aburteilen lassen **4)** Pfändung in ungesetzlicher Form. Wer, bevor er als Kläger Rechtsgang gefordert hat, Verfolgung eines berechtigten Anspruchs in gewaltsamer ∾ (*wrace*) geübt hat, gebe das Abgepfändete zurück und zahle den Wert nochmals [als Busse dem Gepfändeten] und 30 Schill. [Strafgeld dem König]; Ine 9 **4a)** Benutzt wird *o.* 4 durch In Cn III 1, wo statt 30 Schill. 40 steht und Wergeldstrafe [?] an den Herrn hinzutritt; *s.* Schutz 19d. Offenbar soll die private ∾ zugunsten staatlichen Rechtsgangs strenger verpönt werden **4b)** Ine straft Raub (*s. d.* 1 wie Diebstahl) doppelt so hoch, andere Germanen nur ebenso wie widerrechtliche Pfändung; Brunner II 447ff. **N** Gesetzwidrige, formlose ∾, obwohl moralisch entschuldbar, wird als Diebstahl behandelt und kann noch im 13. Jh. in England mit Leibesstrafe gebüsst werden; Pol Mai II 498 **4c)** Eine Art ungerechter ∾ ist die Schädigung des Schuldigen vor Ablauf der Asylfrist oder seine Pfändung innerhalb Asyls; *s.* Asylbruch 3—6 **N 5)** Gesetzwidrige ∾ liegt auch vor, wenn ein Herr, statt die Missetat seines Mannes vor *hominibus et amicis* [im Lehngericht] einzuklagen, *percip[it] sine lege vindictam;* Hn 86, 1 **6)** Starke Monarchie wirkt der ∾ entgegen. Wilhelm den I. rühmt der Agsä. Annalist 1086/7: 'niemand wagte unter ihm den Gegner, der ihm noch so viel Übles getan hatte, zu erschlagen', wohl zunächst Blutrache, doch vielleicht auch gerechte Heimsuchung meinend **7)** Ausführlich im Zusammenhang behandelt die ∾ um 1116 Hn 82. 83. Dieser Jurist, mit deutlicher Tendenz, die ∾ einzuschränken, lässt Notwehr zu, ferner Blutrache nach dreimaliger Aufforderung zum Rechtsgang und nach Anzeige beim Richter, dann Gefangennehmung des Schuldigen mit Angebot zur Auslösung an Verwandte, Pfändung für Ansprüche aus Wunde oder aus Eigentumschaden nur nach Klage beim Gerichtsherrn des Beklagten und nach Anzeige beim Staatsbeamten

Selbstmörder *s.* Grab 2a D

Selbstschüsse *s.* Servitut 2

Selbstverknechtung, -verpfändung *s.* Verknechtung, Unfreie

Selbstverteidigung *s.* Notwehr

Senatoren *s.* Witan, Reichsrat 5

Sendgericht *s.* Geschworene 1

Seneschall *s.* Truchsess

senior *s.* Gefolge 2h—l, Gerichtsbarkeit 4, Bürgschaft 3—6

Septuagesima 1) Vom 9. Sonntag vor Ostern (der 18. Jan. bis 21. Febr. fallen kann) bis 14 Tage nach Ostern (also 70 Tage lang) ist Eid und Ordal (gerichtl. Beweisverfahren) verboten; V Atr 18 = VI 25 = I Cn 17 = Hn 62, 1 **2) N** Von ∾ bis Osteroktave herrscht eine Periode der Treuga Dei; ECf 2, 1

N Sequester *s.* Wb *üele main.* Derselbe Ausdruck z. B. in Dublin bei Bateson II XLIX; *en owele mayn* in *Yearbooks* a. 1310, ed. Maitland III 124; *in equali manu* a. 1259; Pol Mai II 163[1]. *Vgl.* Depositum **1)** Ein neutraler Dritter (unparteiisch: *æqualis*) erhält in Denalagu das im Anefang (*s. d.* 11) angeschlagene Vieh in Verwahr bis zum Ende des Prozesses

N Servitut. *Vgl.* Mast, Gemeinheit; Schwerin in *Grundr. Geschwiss.* II 5, 56f. **1)** ∾ des Nachbars einer Königsdomäne *s. d.* 8. Offenbar war ∾ zugunsten der Nachbarn um 1110 sehr allgemein [späteres Recht *s.* Holdsworth *HEL* III 128] **1a)** Es ist an Viehweide, Wege-, Wasser-, Holzrecht zu denken. So erklären *aisiamenta: pastura scilicet et ligna et pasnagium* oder *videlicet in aquis, piscationibus, pratis, pascuis* Urkk. a. 1143 bei Lawrie *Early Scot. char.* 108f. 117. *Vgl.* aus Cartul. de St. Ives de Braine p. 142 a. 1158: *concesserunt in nemoribus palum et virgam et ignem ceterasque commoditates quas vulgo aisancias vocant;* bei Kowalewski *Ökonom. Entwi.* II 431[3] **2)** Wer im Walde eines anderen *herbagium vel lignagium* (Weide- oder Holzrecht) *vel causam aliquam* (Gemeinheit; *s. d.* 13a) *habeat*, muss von diesem vor Wolfsfallen und Selbstschüssen gewarnt werden; Hn 90, 2a **3)** *Vgl.* Hürde 4, [Dung 3a

sesshaft *s.* ansässig

Severn *Sabrina.* Eine der drei Hauptwasseradern Britanniens; Lond ECf 32 D 4

Sextar *s.* Wb *sester*, was *lagena* glossiert; *s.* Toller **1)** Zum Inventar der Gutsdomäne der Adelsherrschaft gehören Hohlmasse, ∾; Ger 17 **2)** Im ∾ gemessen wird Honig (*s.* Bienen 3. a), Gerste (*s.* 3a), Bohnen; *s. d.* **3)** Ein ∾ voll Flüssigkeit wiegt 2 Pfund; *Saxon leechdoms* ed. Cockayne III 92; verderbt ist II 298 **3a)** Ein ∾ = $1^1/_2$ *pint;* abgesehen von lokaler Abweichung [Halliwell *Diction. archaic s. v.* ∾*y*] = c. $^3/_4$ Liter [der Römische mass etwas über $^1/_2$ Liter, ein anderer doppelt so viel; der Fränk. vor Karl d. Gr. $1^3/_4$ oder $2^1/_8$ oder $2^1/_2$ Liter; Meitzen *Siedelung* II 545f.] **3b)** Das Domesdaybuch kennt neben dem königlichen ∾ noch andere; Maitland *Domesday* 376[3] **3c)** Ein voller 'Gilden ∾' Weizen war = 3 ∾ im 11. Jh.; Kemble 942 **4)** Wenn für ∾ Weizen des Agsä. Annalisten Heinrich von Huntingdon eine Pferdelast Getreide einsetzt, so rationalisiert er nur die ihm unglaubliche Preishöhe; Maitland (*o.* 3b) 365

Sexualvergehen *s.* Unzucht, Notzucht, Blutschande, Ehebruch, Päderastie

Shaftesbury. Dort setzt Æthelstan 2 königliche Münzer an; II As 14, 2; ein Schreiber verderbt die Lesung zu Salisbury [I xxxvij

Sherborne. Handschr. Ps dorther

Sheriff.

1. Wort. 2f. Sprengel. 4. Einsetzung. 4d. Amtsdauer. 5. Neben Graf. 6. Rangordnung. 7. Personal. 8. Bezeugt Königsurkunde. 9. Leitet Lokalverwaltung, 10. Exekution für Kirche. 11. Pachtet Grafschaft. 12. Beruft Grafschaft, 13. leitet dort Justiz. 14. ∾s Frieden, 15. dessen Betrag. 16. Justizertrag. 17. Heerführer. 18. Archaistische Fabel. 19. ∾s persönlich genannt.

1) Das Wort *scirgerefa* fehlt den *Gesetzen;* es findet sich z. B. in Urkk. Kemble 755. 843; mit *greve de scyra* meint 'Vogt über Grafschaft' ECf 32, also ∼; *u.* d **1a)** *scirman* bed. in *Gesetzen* nicht ∼ (ausser Episc 10?), wohl aber in Urkk. seit Cnut, z. B. Birch 1097; Kemble 785. 929. 972. Derselbe Beamte heisst *scirman* und *scirgerefa* Kemble 731f. **N** Um 1114 ist *scirman* für ∼ so selten, dass Ine's *scirmen* ('dem Amtmann') als *sciræ hominibus* missversteht Ap AGu 1 Q **1b)** *vicecomes*, aus *vescunte* der Normandie entlehnt [Haskins *Amer. hist. rev.* 1909, 469], steht zwar schon Cn 1027, 12; aber dies ist eine Übs. aus Normannenzeit **1c)** Gelehrte Pedanterie 12. Jhs. sagt, wie *consul* statt *comes* für 'Graf', so *viceconsul* für ∼ **1d)** Der ∼ führt noch im 10./11. Jh. nicht immer einen Namen, der ihn abhöbe vom allgemeinen Vogt (*s. d*); von einem *gerefa* über *scir* (*o.* 1) spricht VI As 8, 4 und nennt seinen Amtsbezirk *gerefscipe* **1e)** Sehr oft wird der ∼ mitgemeint unter den allgemeinen Ausdrücken für Vogt [(*cyninges*) *gerefa, præpositus, præfectus*, was um 1100 durch *scirerevan* übs. wird (Birch 94f.). Zwei Brevia Cnuts nennen in der Adresse zwischen Bischof und Thegnas Kents einen *Ægelric* ohne Titel, der einmal im Texte *gerefa* heisst, aber offenbar der ∼ von Kent war; Kemble 1323. 1325] oder für Richter *dema, iusticia*(*rius regis*); *s.* Königsrichter 3. a. Mitverstanden ist der ∼ unter *iusticia* Hn 20, 1b. 50, 3; 4a. 61, 3. 67, 6a. ECf 3. 6a; 1; 2. 10, 2. 18, 2. 22, 5, und er allein damit gemeint Hn 53, 1. ECf 23, 4, vielleicht Leis Wl 17, 3; daher wechseln *vicecomes* und *iusticia* einander ab Hn 51, 4—6 **1f)** Ob ∼ bisweilen mit dem *heahgerefa* (*s. d.*) und ob mit *summus præpositus* (*s.* Vogt) identisch ist, bleibt fraglich **N 1g)** Für *ealdormannes gingra* (gräflicher Beamter; Af 38, 2) setzt zu silbenhaft *vicecomes* In Cn (denn den ∼ bestellte um 1110 der König, nicht der Graf, in dessen einstiger Machtfülle, als den Grafschaftsverwalter); oder dieser Französ. Jurist denkt nur an den Französ. Sinn. Vielleicht meint den ∼ mit *vicedominus* oder *vicarius*, zwei nicht in England um 1114 geltenden Termini zwischen Graf und Hundertschaftvorsteher, in einer den ∼ sonst auslassenden Reihe von Baronen und Beamten Hn 7, 2 **2)** Der Sprengel des ∼ ist regelmässig die Grafschaft; *s. d.* 13—14b **N 3)** Über den ∼ in Städten *s.* London 45c **4)** Der König setzt den ∼ ein (Stubbs *Constit. hist.* I 113) und nennt ihn *vicecomes meus;* Hn com 2. Er kann Amtsentsetzung (*s. d.*) über jeden Vogt, also auch den ∼, verhängen. Die *Gesetze* kennen wohl einen Vogt, aber nicht einen ∼, des Adels **4a)** Ein Fälscher Canterburys schreibt im 11. Jh.: *cyngas sceolan settan scirirevan;* Urk. a. 694 Birch 94, zwar *præfectos* übersetzend, aber vermutlich ∼s meinend **N 4b)** London (*s. d.* 45c) allein wählt den ∼. Laut der Pipe Rolle von 1130 zahlte es 100 Mark, *ut habeant vicecomitem ad electionem suam* **4c)** Ein Londoner Reformprogramm um 1200 gründete den Anspruch, jeder ∼ solle alljährlich durchs Folkmot jeder Grafschaft am 1. Okt. gewählt werden, auf eine [erfundene] Parallele mit dem [angeblich] erwählten *heretoga;* Lond ECf 32 B 1; 8; *vgl.* I 656°. Zeitweise gab dann im 13. Jh. die Krone jenem Anspruche nach **4d)** Der ∼ amtiert mehrfach Jahre lang, vielleicht lebenslänglich; in Normannenzeit vererbte das Amt manchmal; Stubbs (*o.* 4) 113. 272 **5)** Wo ein Graf die Grafschaft (*s. d.* 14f.) regiert, steht der ∼ tiefer als er, ist aber nicht (wie dessen *gingra* *o.* 1g) gräflicher Beamter **6)** Der ∼ rangiert vor den anderen königlichen Vögten [ausgenommen *heahgerefa s. d.*]; Cn 1027, 12. Hn 7, 2. 10, 4. 19, 1. 60, 3. 79, 4, über den Hundred-Vögten; Lond ECf 32 A 1 **6a)** Unter dem ∼ stehen Vögte, die z. T. viell. er angestellt hat. **N** Ein *subvicecomes Nortfolc et Suthfolk* a. 1114—30: *Chron. Ramesei.* 266 **7)** ∼s Wergeld überstieg meist 5 £; II As 25, 2. Einen ∼ [oder Stadtvogt], 'seinen *carus et preciosus*', beschenkt mit 5 Hufen [Verbrechergut] Æthelred; Urk. 995 Kemble 1289. Mancher reiche Grundbesitzer war ∼; mancher ∼ war Geistlicher (*s. d.* 33) trotz Verbots; Kemble *Saxons* II 166 ff.; *vgl.* Königskleriker **8) N** Dass die ∼s regelmässig Königsurkunden bezeugen, scheint ein Fälscher irrig anzunehmen; CHn cor Test[1] **9)** Die königliche Regierung richtet die Erlasse für die Provinz zunächst an den Bischof und Grafen oder statt des letzteren an den ∼ (Kemble 729); Wl ep Pro. CHn cor Pro. Hn mon Pro. Hn com Pro. Hn Lond Pro. **N** Der ∼ steht hinter den Königsrichtern und vór den Baronen der Grafschaft, doch hinter der Gesamtheit von Baronen des Reiches; CHn cor Pro. Auch diesen geht er unter Stephan voran; *EHR* 1908, 725[2]. 727f. So regelmässig galt der ∼ als Adressat, dass sein Eigenname ohne Titel genügt; *o.* 1e **9a)** Der *gerefa* (∼?) nimmt den Eingesessenen seiner *scir* (Grafschaft?) den Friedenseid aufs Gesetz (*s. d.* 19a) ab **9b)** Der ∼ übt Polizei im weitesten Sinne. **N** Vor allem an den ∼ dachte mit der etymologischen Fantasie ECf 32: *Greve dicitur de scyra, wapentagiis, hundredis, burgis, villis; compositum ex grith et væ, quod debet facere pacem ex illis qui inferunt in terram væ i. e. miseriam* **9c)** Er ordnet durch Ortschaften und Landbezirke hin Nachtwächter an; Programm um 1200; Wl art retr 6 **9d)** Der ∼ unterstützt die Londoner Gilde im Überwältigen einer übermächtigen Sippe, die Verbrecher begünstigt; VI As 8, 2f. **9e)** Er nimmt den ihm aus der Nachbargrafschaft übergebenen Spurfaden entwendeten Viehs auf, den er bei Strafe von 'Königs-Ungehorsam' hinauszuleiten hat (oder er muss dem Verlierer das Gestohlene ersetzen); von dem Gut des so gefundenen Diebes erhält er die Hälfte, die andere der ∼ jener Shire, wo der Bestohlene geklagt hatte; 8, 4 **N 9f)** Er bezeugt Freilassung (*s. d* 5b) im Grafschaftsgerichte (*s. d.* 13e); er bringt entlaufene Hörige dem Herrschaftsgute zurück; *s.* Bauer 10e **9g)** Der ∼ wacht, dass die Untertanen Waffen halten; Lond ECf 32 A 13 **10)** Er übt für die Kirche Zwangsgewalt aus (die dem Bischofe zuwies Cn 1020, 8ff.), wenn sie einen dreimal vergeblich vorgeladen und exkommuniziert hatte; Wl ep 3, 1 [so in der Normandie, falls der Seigneur sich weigert; Synode Lillebonne 1080]. *Vgl.* Geistl. Gericht 21f. g. h **11)** Der ∼ pachtete vom König die Grafschaft [ausgenommen Kronprozesse (*s. d.* 2b) und *maneria quae non sunt ad firmam;* letztere verrechnet der Gutsvogt mit dem Fiskus gesondert; Pipe roll a. 5. Henry II. p. 57.] *Vgl.* Gastung 16ff., auch über *auxilium vicecomitis.* Einkünfte aus Grafschaftsstädten musste der ~ zumeist der Krone abliefern; Ballard *Domesday boroughs* 44 **12)** **N** Der ~ beruft Grafschaft (*s. d.* 14b) und Hundred (*s. d.* 25a. 26), und soll das nur tun zu königlichem Bedarf, nicht zu eigener Erpressung vom Volke [das gern Entbindung vom Gerichtsbesuche oder Urteilfinden erkaufte]; nur für jenen durfte er das Hundred öfter als monatlich versammeln; Hn com 1f. Hn 7, 4 = Lond ECf 32 B 11. Diese Reform lobt Quadr Arg 24 **13)** Der ~ gehört zum Vorsitze der Grafschaft (*s.d.* 14), auch wo diese einen Grafen hat. Wo solcher fehlt, fungiert er allein **13a)** Der *scirman* empfängt *to þæs cinges handa,* als königlicher Vertreter, Erzbischof Dunstans Eid im Prozess vor a. 988 Birch 1097 **13b)** **N** Der vom ~ angeklagte Baron darf, ausser in Kriminellem, seinen Leuten verbieten, Urteil über ihn zu finden; Hn 30 **13c)** Die Zuständigkeit des ~ hängt an der des Grafschaftsgerichts (*s. d.* 13a—e) und Hundred. Fern bleibt er Geistlichem (*s. d.* 21d) Gericht und Immunität; *s.* Hundred 26 **13d)** Er wird gerichtet, wenn von Eingesessenen verklagt, durch den Königsrichter (*s.d.* 17) und für Missetat gegen sie doppelt (*u.* i) so hoch wie ein anderer gestraft; Leis Wl 2, 1. Oder der Ealdorman klagt ihn der Laxheit beim König an, der ~ habe die (im Streite gefallenen) Begünstiger eines Verbrechers christlich zu begraben erlaubt; Urk. *o.* 7 Kemble 1289. Oder wegen Rechtsvernachlässigung zahlt der *gerefa* [hier ~, sonst zöge dieser die Strafe ein] Strafgeld, das der Diözesan eintreibt; II As 25, 1. III Eg 3. Cn 1020, 11 **N** **13e)** Im Namen staatlicher Justiz (*placitum proprium regis*), wegen Kriminalsachen lädt *vicecomes vel præpositus* zum Grafschaftsgericht (*s. d.* 6b) und sonstigem Gericht; Hn 41, 5. 60, 3. 66, 9, unter dem Namen *iusticia* 53, 1, *rex vel prælatus* 41, 6. Durch des ~s Gerichtsversäumnis (*s. d.* 9) ist Verklagter frei. Erst seit 1194 *nullus vicecomes sit iustitiarius in vicecomitatu suo,* noch (seit 1215) *teneat placita coronae;* Stubbs *Sel. char.* 259. 300 **13f)** Nicht in allen Fällen ist der ~ der ordentliche Richter des Hundred (*s.d.* 26): *prelati hundretorum et burgorum* werden bei der Gerichtshaltung (*custodia socnae* hier nicht von -verwaltung geschieden) genannt neben *vicecomitibus;* Hn 20, 1a. Im Hundred leitet der ~ jährlich zweimal Freibürgschaftschau; 8, 1. *Vgl.* Zehnerschaft **13g)** *Vicecomitibus* u. Vögten als Richtern (*s. d.* 1) schärft Gerechtigkeit ein gegen arm und reich ohne Rücksicht auf Gunst Mächtiger, ohne Gewalttätigkeit oder fiskale Erpressung Cn 1027, 12 **N** **13h)** ~ wie anderer Richter büsst für falsches (*s.d.*) Urteil **13i)** Er vollzieht die Pfändung (*s d.* 14a. 18) von Gerichts wegen, büsst die ungerechte doppelt; *o.* d **14)** Der ~ verkündet den Königsfrieden (*s. d.* 6—7), dessen Bruch 5 £ kostet und zum Kronprozess (*s.d.* 6. 8) gehört **N** **15)** Die *pax vicecomitis* gilt geringer als der Königsfrieden; Maitland *Pleas of Gloucester* a. 1221 n. 99. Chester hat einen vom Königsvogt oder Grafenvertreter verkündeten Königsfrieden — im Ggs. zum 5 £-Frieden des Königs oder Grafen und zum Handfrieden — zu 480 Pfennig; Domesday I 262b **15a)** Und Mercierrecht gibt dem ~ Strafgeld bei ihm gehörigem staatlichem Justizertrage 40 Schill. = 480 Pfg. (Leis Wl 2, 2a; *vgl.* 3, 1): wahrscheinlich das Strafgeldfixum für 'Ungehorsam' des Königs von 120 [alten kleinen] Schilling, da 50 Schilling [Normann.] = 120 Westsächs. für Wessex gelten **15b)** In Denalagu zieht der ~ an Strafgeld zwar mehr ein, nämlich von dem mit Gerichtsbarkeit Privilegierten 800 Pfg., von anderen 640; aber hier erhält Kläger 240 (auch 3, 1) und Immunitätsherr 200, so dass der ~ weniger, nur 200, behält; Leis Wl 2, 3 **15c)** Diese Strafgeldfixa scheinen gemeint unter *lex* (*iudicium*) *comitatus,* zahlbar für Verbauung nicht königlicher Strassen und Flüsse oder für Bruch des Hundredfriedens; ECf 12, 10—13, 1 **16)** Der dem ~ verbleibende Justizertrag heisst *soca vicecomitis in firma sua* Hn 9, 11, im Ggs. zum Kronprozess (*o.* 11), dessen Ertrag er nur ausnahmsweise bezieht **17)** Die Anführung der Grafschaftstruppe durch den ~ projizierte ein Londoner Programm hinauf in das Fantasiebild vom einstigen Herzog (*s.* Ealdorman 5c), den es mit dem ~ gleichsetzt. Als im Kriege gegen Wales gefallen wird ein ~ genannt 1056; Ann. Agsax. **18)** Angeblich zu Römisch-Britischer Zeit *qui modo* [c. 1200] *vocantur vicecomites* [~s], *tunc temporis viceconsules vocabantur. Ille vero dicebatur viceconsul qui, consule* (*s.* Ealdorman 6b) *absente, ipsius vices supplebat in iure et foro;* Lond ECf 12, 10 A 2f. Falsch sind die Namen und ist auch die Annahme, dass in Normannenzeit der ~ den Grafen vertrat: eine gelehrte Kombination aus den Wörtern *vice* und *consul* und aus der grafenähnlichen Stellung des ~ im 12. Jh. **19)** Genannt werden in *Gesetzen* von ~s nur solche Anglonormannischer Zeit: Abetot, Bainard, Bocland, Mandeville, Valognes; *s.* Wb. Agsä. ~s verzeichnet Kemble *Saxons* II 167 **Shire** *s.* Grafschaft(sgericht)

Sicherheit *s.* Frieden, Polizei

Sicherstellung *s.* Haftung, Versprechen; Geiseln, Bürgschaft, (Prozessual)pfand [Wunde

sichtbare Verunstaltung *s.* Antlitz,

Sicilien *s.* Wb *Apulia*

Sidney. Henry ~ *præsidens Walliæ* I 529[b]. xxxi Sp. 2

sieben 1) 7—35 Mann bilden Bande; *s. d.* 1 **2)** 7 Tage *s.* Frist 6ff.; Octave **3)** Eid selb~t *s.* Eideshelfer 38 **4)** Die Sonderreihe von Sätzen II As 13—18 zählt 7 Kapitel **5)** 7 kirchliche Weihen (einschl.) bis zum Priester; daher Klerusbusse für dessen Schädigung ~fach zu büssen; *s.* Altarbusse 6c; Geistliche 15d. k **6)** Das ~te (Jubel)jahr entnimmt aus Exodus Af El 11 **7)** ~ Gaben des Heiligen Geistes *s. d.* 2 **8)** *Vgl.* Vater unser **9)** *Vgl.* Sippe 7a **siech** *s.* krank

Siedelung *s.* Bauer 2a. 10g; Finanz 11; Grenze 6

Siegel *s.* Wb *inseglian* **1)** *sigillum* heisst Verschlusszeichen in *Vita s. Gregorii Whitbi.* p. 26 **1a)** *insegel* in Urk. Kemble 693 (Grafschaftsgericht 5a) bedeutet 'Breve, schriftlichen Befehl' des Königs zur Prozesseinleitung; *gewrit and insegl* (n. 929 *ebd.*) Breve mit einem Zeichen der Authentizität; in Urk. um 907

(Birch 591) versteht Thorpe 'signet', Earle 496 'seal in a ring'; vielleicht auch die 'Urkunde [des Asylorts?]' oder 'sichtbares Beweiszeichen [dorther]', jedenfalls nicht '∼'. Ebenso im Beispiel 'Begünstigung' 18a **1b**) *sigillum* bed. im Domesday oft Ring zum Zweck der Investitur, sonst einen persönl. Gegenstand, der die Vollmacht eines Boten symbolisiert; Vinogradoff *EHR* 1911, 562 **1c**) In England heisst noch im 13.—15. Jh. im Anglofranzösischen wie Mittelenglischen und Mittellatein *sigillum* neben heutiger Bedeutung '∼' auch jedes Stempelzeichen wie es z. B. der Bäcker aufs Brot drückte; Dickenmann *Anglia* 27, 479 **2**) Die Hand des Ordalprüflings wird nach der Feuerprobe unter *insegel* verbunden und nach drei Tagen nachgesehen, ob sie rein oder befleckt sei; Ordal 5, 2, ähnlich Iud Dei II 5, 2. Der Priester oder Richter kann eine beliebige Marke in Wachs eingedrückt haben, ohne dass diese eine ∼mutter mit Bild oder Schrift gewesen sein muss. Fränkische Quellen haben: *sub sigillo iudicis sigillet decanus* (und zwar *de cera benedicta* 645); Zeumer *Formulæ* 609. 614. 616. 648. 715· 720 **3**) Für Urkunden wenden die Agsa. in der Regel kein ∼ an; Ausnahmen: Earle p. xl. Vielmehr *handseten* (Kreuzzeichnung) belegt die Authentizität; z. B. Urk. a. 868 Birch 519 **3a**) Im 12. Jh. weiss man, Eadgars *schedæ nullis sigillorum impressionibus sunt munitæ, quia illa antiquitas non habebat; Chron. Ramesei.* ed. Macray 65 **N 4**) Das Hundred gibt die Murdrum (*s. d.* 13)-Busse in Depositum unter ∼ eines der dortigen Barone [hat also kein eigen ∼]; ECf 15, 4 **4a**) ∼n mit eines anderen ∼ kam oft vor. Um 1195 ∼t jemand mit seines Herrn ∼; *Calendar of Selborn* ed. Macray I 1. Der junge Heinrich III. ∼t 1216 mit dem ∼ des päpstlichen Legaten **5**) Stadt-∼ *s.* London 61e **6**) ∼fälschung *s.* Herrenverrat 13 [**7**) *Vgl.* Wissmann *Förmlichk. bei Landübertrag. Anglonorm.* in *Arch. Urkforsch.* III 251. ABRAHAM]

siexhynde *s.* Sechshunderter

Sigeric Erzb. von Canterbury erkauft als Dynast des südöstl. England unter Æthelreds II. Genehmigung 991 Frieden von den Nordleuten und vermittelt dessen Nordischen Bund. Um den Frieden für sein Kirchenfürstentum von den Dänen zu erkaufen, musste er Geld aufnehmen (Urk. a. 995 Kemble 689. 690); sein Nachfolger erhielt Land samt Urk. zurück; *vgl.* Brunner *RG Germ. Urk.* 195

Silber *s.*Wb *seolfor* **1**) Verarbeitet zu Götzen; aus Exodus Af El 10 **2**) ∼ verziert das Schwert (*s.d.* 2d), **3**) **N** wird zu Gefässen verarbeitet, die meist König oder Kirche besitzt; ECf 38, 1 **4**) Neben Gold (*s. d.* 6a) gewogen in grösseren Zahlungen; II Atr 7, 2. II Cn 8, 1 **5**) Wertverhältnis zu Gold *s. d.* 7 **6**) 1 Hundert (*s. d.* 6) ∼ = 8 £ **7**) £ ∼s wird gezahlt im Heergewäte; *s. d.* 9c. ff. **8**) ∼ wird gemünzt zum Pfennig; *s d.* 2 ff.; weisses ∼ *ebd.* 9 **9**) Gesondert behandelt im Schatzfund; *s. d.* 2

Simonie *s.* Geistliche 12, Bischof 2, Kirchenherr 4aff.

N Sinicius päpstlicher Nuntius und Steuersammler in England 1267; I xxxix. 634*

Sippe.

1. Wort. 1a. *sibb.* 1b. *freond.* 1c. freundlos. 1d. *gegildan.* 1e. *mæg.* 1g. *cognati.* 1h. Einzelglieder der ∼. 2. *Ius cognatorum.* 3. Nicht Agnaten allein. 3d. *mægð:* Landesvolk. 4. ∼ vertreten durch éinen oder drei. 5. Abstammungsliste für Status. 6. Macht der ∼. 7. Ausdehnung der ∼. 8. Vater- und Mutter∼. 9. Ohne ∼. 10. Heirat ändert nicht die ∼. 11. Familie. 12. Kniezählung. 12b. *sibfæc.* 13. Austritt aus ∼. 14. Pflicht der ∼ gegen Mitglieder. 15. Verheiratung. 16. Schutz und Haftung. 17. ∼ stellt Mitglieder vor Gericht. 18. Rat im Recht. 19. Entscheidung über tatsächl. Rettung. 19b. Schiedsgericht. 20. Eideshelfer. 21. Gewährsmann. 22. Reinigt Hingerichtete. 23. Sorgt für Grab. 24. In Totschlagsühne. 25. Blutrache. 26. Wergeld. 27. Haftung für andere Missetat. 28. Landeigen. 29. Geistliche ∼. 29b. Nachbildung und Ersatz der ∼.

1) Sie heisst *sibb, cynn, mæg, mægsib, -burg, mægð, mæg(ð)lagu, magas* [*vgl.* bei Toller: *mæghand, heafodmæg, cneoris(n)*], *freond, amici* [in Urk. ist *amicus* durch *mæg* übs.; a. 868 Birch 519] mit bzw. Compositis und Derivaten, auch *neahmagas, neahsib, niedmæg* [*vgl. amici et necessarii* Urk. a. 804 Birch 313 und bei Toller die Compp. *niedfreond, niedgestealla, niedsibb*]. Ælfred braucht *mægas* 7 *friond* synonym mit *friond* Af 42, 1; 4 [so erwähnt der *frionda* 7 *mæga* gleich wie der *frionda* allein Urk. a. 832 Birch 405]. *S.* ferner Wb *parent, parentela, pertinere, -nentia, propinquarius; generositas* ∼, im Ggs. zu *propinquior pertinentia* (Familie; Hn 88, 11c); *consanguinei vel affines* [letzteres nicht 'verschwägert', sondern 'verwandt'] Hn 88, 9a. [Nichts mit *faru* ∼ (*vgl.* Riezler *Bayer. Ortsn.* in *Sitzber. Bayer. Ak.* 1909, 39) hat zu tun *nigefara* Ankömmling *s.* Wb] **1a**) *sibb* heisst auch Frieden, Versöhnung **1b**) *freond* Freund aus anderem als verwandschaftlichem Grunde, z. B. Af El 28 aus *amicus* der Vulgata; ferner: 'Gildebruder' Thorpe *Dipl.* 614. 'Freund' ist eigtl. der 'Liebende' (im Ggs. zu *feond* dem 'Hasser'). Auf Island bedeutet es nur den Blutsverwandten; Maurer *Island* 323 **1c**) Den Ggs. zum *freondleas* bildet wer *geferan* hat; II Cn 35, 1; beides umfasst die ∼ mit, doch vielleicht auch andere Genossenschaft daneben. Da der Friedlose (*s. d.* 1m. 15a) das Band der ∼ verliert, so kann *freondleas* als Variante von *friðleas* vorkommen. Genau eindeutig heisst ∼los: *mægleas* **1d**) *gegildan* kann 'Genossenschaft' (*s. d.* 3ff.) im weitesten Sinne bedeuten, *mægas* als Unterart einschliessend **1e**) Sowohl für Deszendent (Sohn, Enkel) wie Aszendent steht *mæg.* Ælfred nennt Ine seinen *mæg* (Af El 49, 9), und war nur Enkel des Urenkels von Ines Bruder; *mægas* variiert mit *ieldran,* Vorfahren; *u.* 3c. Die Bibel-Übs. braucht das Wort auch für Bruder und Schwester, Verschwägerte (so auch auf Island) und Seitenverwandte. Ine stellt 23. 38 den Sohn neben die Magen, rechnet ihn dagegen 24, 1 offenbar unter diese **1f**) *mæg* (Af 42, 4) und Composita paraphrasiert zwar durch *cognatio* (*s.* Wb) Q-Hn, viell. ohne genaue Syncnymität, die sonst nicht nachgewiesen scheint, zu meinen **1g**) *cognati* steht bei diesem Lateiner für ∼ allgemein, nicht im Ggs. zu *agnati;* Hn 4, 4 **1h**) Von einzelnen Gliedern der ∼ kommen in den *Gesetzen* vor: Eltern, Vater, Mutter, Vatersbruder, Bruder, Schwester, Kind, Sohn, Tochter; *s.* diese Artt. *Vgl.* bei Toller: *þridde fæder, suhteriga, suhterfæderan, nefa* **2**) **N** Alles Recht teilt nach Römischem Muster in *ius naturale cognatorum* (womit er wohl angeborenes ∼recht meint), *morale extraneorum, legale civium* Hn 4, 4. Er ahnt wohl, dass die ∼ älter als der Staat, oder doch unabhängig von ihm ist **3)** Die Sprache unterscheidet nicht zwischen dem agnatischen Geschlechtsverband, der, auf éine Person zurückführbar, mehrere Generationen überdauert, und dem Kreise aller Blutsverwandten, der mit jeder Person wechselt, also eine genossenschaftliche Verfassung zwar ausschliesst, aber zumeist, in den *Gesetzen* fast allein, wirksam auftritt. **N** Die Totschlagsühne mit *parentes simul, parentum unanimitas*, der ~ im zweiten Sinne, zu verhandeln ist für den zahlungspflichtigen Beleidiger vorteilhafter als es mit den einzelnen Gliedern der beleidigten ~ zu tun [was doch also auch möglich]; 88, 17. 70, 11 **3a)** Die agnatisch organisierte ~ wirkt in den *Gesetzen* gewöhnlich mit Cognaten zusammen, fehlt aber nicht (wie Chadwick *Agsax. instit.* 155 meint) ganz **3b)** Die *mægð* kann Land (*u.* 28) zu eigen haben; *vgl.* Vinogradoff *Manor* 242 **3c)** Vielleicht ein Zeichen für das Aufhören des ~eigentums an Land ist es, dass in Ælfreds Gesetz über Hinterlassung von Land durch *mægas* eine Variante 10./11. Jhs. *yldran*, Vorfahren, setzt Af 41 H; *o.* 1e **3d)** Indem die ~ auf dem Boden festwuchs, gelangte ihr Name *mægð* zur Bedeutung 'lokalisierter Stamm, Landesvolk (Wi Pro 2), Land, *provincia*'; Toller 657 f. **3e)** Der in fremder Grafschaft Kommendierte besucht seine ~ in deren Heimat; II As 8 **4)** Im Rechtsgeschäft erscheint bisweilen éiner als Vertreter der ~ bei der Forderung von Wergeld, der Verhinderung von Landveräusserung an Fremde, beim Verlobungsvertrage, bei der Vormundschaft, bei der Vertretung des Grundeigens gegenüber dem Staate (*s.* Erbgang 5; Af 41. II Atr 9, 2. Wif 6. Hn 92, 13), doch treten auch mehrere auf (*ebd.* 3); und meist ist von der ~ im Plural die Rede, so dass an alle Einzelnen gedacht scheint. Doch tritt die ~ auch als Kollektivperson auf, von der das einzelne Glied getrennt handeln kann; *u.* 13a **4a)** Die ~ ist nicht bis zu dém Grade personifiziert, dass sie nicht auch in ihren Einzelgliedern in Anspruch genommen werden könnte; Pol Mai II 241 **5)** Über Abstammung der Gutsbauern führte zwar im 11. Jh. mancher Grundherr Register, auch mit Namen der Frauen; Earle 276. Und die Stammtafeln der Könige waren in den Mannesnamen bekannt. **N** Aber der bürgerliche Beanspruchor eines Wergeldes konnte doch Zweifeln an seiner Verwandtschaft mit dem Erschlagenen begegnen und musste letztere durch Ordal od. Eid erweisen; Hn 92, 13. *Vgl.* Eisenordal 4b. Die Englishry (*s. d.*) eines Ermordeten muss dessen ~ erst beschwören; I 666[c] **5a)** Bei Franken (für Agsa. nicht beweisend) konnte es vorteilhaft sein, Vater, Mutter oder Brüder beider oder eine Person dieser Verwandtschaft — d. h. vielleicht der Familie — zu töten, um seinen Status als Unfreier zu verschleiern; Hn 89, 1 **6)** Die ~ bildet eine so starke Genossenschaft, dass sie der Polizei des Londoner Landfriedensbundes trotzen (VI As 8, 2 f.) und anderwärts wegen Friedensbedrohung nur durch Verpflanzung (*s. d.*) unschädlich gemacht werden kann; V As Pro 1 = III 6. IV 3 **6a)** Das Gefühl der ~ ist stärker als die Pflicht zur Anzeige (*s. d.* 14) des Treubruches; und die Formel des Ehrlichkeitsversprechens (*s. d.* 4) im Untertanen-Eide der Königstreue (*s. d.* 7b) wirkt ihm ausdrücklich entgegen. Es gilt als Beweggrund zum Ungehorsam gegen die Strafvollzugspflicht gegen bescholtene dem Recht Widerspenstige, aber nicht als Entschuldigung; III Eg 7, 2 = II Cn 25, 2 = Leis Wl 47, 2. Es treibt zur widerrechtlichen Blutrache (*s. d.* 141 ff.), auch wo ein Verwandter gerecht erschlagen war, und muss durch Urfehde (*s. d.*) gebändigt werden. Es veranlasst, dem Gefährten milder Urteil zu sprechen als dem fremden ~losen, wovor II Cn 35, 1 warnt; man setze der Liebe nicht Gerechtigkeit (*s. d.* 6b) hintan **6b)** Die ~ leidet Unehre durch die kleinste Schande eines Mitgliedes; *s.* Bart 1 **6c)** Andererseits weicht das Band der ~ vor dem der Vassallität; *s.* Gefolge 15d **7)** Agsä. Quellen ergeben nicht, bis wie weit die ~ reichte. Nicht hierher, sondern ins kanonische Recht gehört das Eheverbot (*s. d.* 6) innerhalb bestimmter Grade **7a)** Während Schmid 628a für möglich hält, dass die Ausdehnung der Grade der ~ unbegrenzt, Recht und Pflicht der ~ mehr Gefühlssache als streng gesetzlich gewesen sei, tritt Maurer *Kr. Übs.* I 53 dem mit Recht entgegen. Die Langobarden zählen bis zum 7. *geniculum;* Brunner I² 537 **7b)** Freilich kann, dank des Hinzutritts der Mutter~, die ~ nicht so abgeschlossen gewesen sein wie die Römische *gens* **8)** Die ~ zerfällt in *fæderingmagas* (Abt 81) und Mutter~ (*s. d.*); fehlt die eine Hälfte, so haftet die andere nicht für deren Anteil. Jene empfangen, bzw. haften für, ²/₃ des ganzen Vorteils bzw. Schadens; *u.* 26a. Das Fehlen einer der beiden ~hälften erklärt sich viell. in einigen Fällen aus Abstammung von Eltern, deren einer unfrei oder fremd war. Dass jemandem niemand von der éinen Seite mehr lebte, konnte nur Ausnahme sein **8a)** Die Bezeichnung der männlichen und weiblichen Verwandten als Speer- und Spindelseite kommt in *Gesetzen* nicht vor; *s.* aber in Urkk. Bocland 8; Toller *sperehealf; sperehand* Birch 1106; *wæpnedhealf, -hand; spinelhealf, wifhand* **9)** Keine ~ hat der Unfreie, der Freigelassene, der vom Vater nicht anerkannte Bastard (*s. d.* 1), der Findling (*s. d.* 2), keine Mutter~ das Kind der Nonne (*s. d.* 4); Wergeld für jenen empfängt der Herr; in dessen Ermangelung und statt dieser der König **10)** Innerhalb der ~ bleibt die in ihr geborene Tochter, auch wenn sie hinaus heiratet (*vgl.* ehel. Güterrecht 1A, Eheschliessung 8n); die Frau tritt nicht in des Mannes ~; Wif 7. Hn 70, 12; *vgl.* jedoch I 588[v]; *u.* 16a **10a)** **N** Nur gegen *consanguineos vel affines* des Totschlägers erlaubt Blutrache (*s. d.* 7) Hn 88, 9a, also nicht gegen die Ehehälfte; 70, 12 **11)** Innerhalb der ~ bildet einen engeren Kreis erstens die Familie (*s. d.* 4; *o.* 1 Z. 17), zweitens Eltern, Kinder, Geschwister, Vatersbrüder, die binnen (diesseits von, noch vor) Kniezählung (*s.* Toller *cneo, -ris[n], -mægas, cnosl*) Stehenden, die allein Halsfang (*s. d.* 2; Maurer [*o.* 1b] 329) empfangen **12)** Die Berechnung der Verwandtschaft erfolgt im Eheverbot (*s. d.* 6) und im Erbgang (*s. d.* 23, aus Fränk. Recht Hn 70, 20a) nach Knien, d. i. Gelenken, indem der menschliche Körper (nicht, wie in anderen Agsä. Quellen, der Baumstamm) zum Bilde der Abstufung gewählt wird; Amira 106; ders. *Erbenfolge* 80 [Englisches Stadtrecht rechnet die Verwandtschaft nach *genuil* noch 1285; Bateson I 274. Bilder zum Sachsenspiegel stellen dar, wie der Verwandtschaftsgrad an den Gelenken des Armes abgezählt wird; Amira *Handgebärden;* in *Abh. Bayer. Ak.* 23 (1905) 211]. Das erste Knie ist das der Grosseltern und Enkel: die Kinder der Geschwister und die Geschwister der Eltern [ausgenommen Vatersbrüder *o.* 11] bilden es. Die Kniezählung beginnt erst beim dritten Manne vom Haupte der Verwandtenreihe d. h. dem 2. Grade kanonistischer Komputation. Bei den Friesen ist dritte Vetterschaft *knileng* gleich fünfter Parentel; His 233 f. Dass der Erbgang (*s. d.* 23) *in quintum geniculum* reiche, schreibt aus Ribuaria ab Hn 70, 20a **12a)** Anderen Sinn hat Knie im Ags. Gedicht *Daniel* (Belsazar *þæt þridde cneow* nach Nebukadnezar) od. bei Ælfric *Homil.* II 190: *generatio* Geschlecht, Menschenalter. *Vgl. Offa quinto genu Pendae abnepos;* Wilh. v. Malmesbury I 84 **12b)** Vermengt damit ist [auch in Norwegen; K. Maurer *Verwandt. Norw.* in *SB. Bayer. Ak.* 1877, 250] die Berechnung nach *sibfæc* (*vgl.* über das Wort, dt. *Fach,* Grimm *Gramm.* II 475. III 429, über sonstige German. Gradberechnung *DRA* 468). Anfang und Endpunkt der Verwandtenreihe wird, nach mittelalterlicher Rechnungsart, mitgezählt; Amira *Erbenfolge* 83; *s.* Zahl **13)** Der Einzelne kann die ~ abschwören; aus *Lex Salica* [*vgl.* Brunner I² 129[84]] Hn 88, 13 (*vgl.* Erbgang 13b. 19), nach Schmid 626b auf Agsa. anwendbar; *vgl.* jedoch I 604[b]. Über den älteren Entsippungsritus *s.* Amira *Stab* 144 **13a)** Die ~ kann sich von ihrem Mitgliede lossagen [ohne damit seine Feindin zu werden oder gar es zur Blutrache auszuliefern; *vgl.* Brunner I² 130. II 576[1]; His 49. 60], indem sie es, wo sie könnte, nicht durch Wergeld aus der Blutrache (II Em 1, 1 f. = Hn 88, 12b) oder durch Strafgeld und Busse aus der Knechtschaft binnen einem Jahre (Ine 24, 1) oder durch Verbürgung gegenüber einem Herrn aus der Friedlosigkeit (II As 2) auslöst. Sie erhält dann kein Wergeld, wenn es erschlagen wird; II Ew 6 **13b)** Wohl nicht zwei Akte der ~ sind mit Schmid 626b zu II Ew 6 anzunehmen, nämlich Weigerung des Lösegelds und Lossagung. Denn durch jene geriet der Missetäter in Lebens- oder Freiheitsverlust, der das ~band zerschnitt. Und wäre er allein zahlungsfähig gewesen, so brauchte er die ~ nicht **13c)** Wer fortan dem verworfenen Verwandten hilft, verfällt der Strafe der Begünstigung und trägt wiederum Gefahr der Blutrache; II Em 1, 1f. **13d)** Aus der ~ tritt (nicht der Geistliche [*s. d.* 21a; II Cn 39 = Hn 66, 1], aber) wer Mönch (*s. d.* 8) oder Nonne (*s. d.* 4) wird, **13e)** wer friedlos (*o.* 1c) oder verknechtet und binnen bestimmter Frist nicht durch die ~ ausgelöst wird. Der Freie braucht nicht dem ihm verwandten Unfreien Beisteuer zu einem von letzterem verwirkten Wergelde zu leisten, noch der Unfreie dem Freien; Ine 74, 1f. — Hn 70, 5a; b. Doch ist ausdrücklich der Fall erwähnt, dass die freie ~ auch für den verknechteten Verwandten freiwillig eintritt [Schmid 626 versteht in Ine 74, 2 *will* nicht stark genug als 'wünscht'; ein rechtliches ~band Freier zu Unfreien besteht nicht] **13f)** **N** Erst nach 1100 bestimmt der ~ des erschlagenen Unfreien 40 Pfg. (etwa $^1/_{25}$ des bäuerlichen) Wergeld Hn 70, 2; 4 **14)** Ausser Eltern verpflichtet auch den Verwandten, für Taufe des Neugeborenen zu sorgen *Hom. n.* Wulfstan 120. 300 **14a)** Die ~ bestellt einen 'Bürgen' für das Vermögen der Nachkommenschaft eines verstorbenen Genossen (gibt der Witwe Erziehungsgeld und verwaltet das Stammgut), bis jene mündig (*s. d.* 3f.) sei **N 14b)** Erbsohn oder Erbtochter samt ihrem Erbgut bleiben bis 15 Jahr *sub tutoribus in parentum legittima custodia; ebd.* 11 **14c)** Die ~ *custodi[at] insanos et eiusmodi maleficos;* Hn 78, 7, wohl auch den Taubstummen (*s. d.*), wo dessen Vater mangelte **14d)** Vormund der Waisen, und Verheirater der Töchter, Pfleger des Erblandes auch der Kronvassallen, soll nach Heinrichs I. Versprechen von 1100 die Witwe oder ein anderer gesetzmässiger *propinquus* [der älteste Schwertmage] sein (CHn cor 4, 1. 3); allein die habgierige Krone gab diese einträgl. Rechte des Lehnwesens tatsächlich nicht der ~preis. Sie forderte aber, dass die Barone (Kronvassallen) *similiter se contineant erga filios, filias, uxores hominum* (der Aftervassallen), d. h. die Vormundschaftsvorteile den Verwandten der Mündel überliessen; 4, 2 **15)** Die ~ verheiratet ihre Genossin und empfängt vom Bräutigam die Bürgschaften für deren Schutz und die Möglichkeit, dass die Braut sich um Zahlungsbeihilfe werde an die heimatliche ~ wenden dürfen. Aber auch die ~ des Bräutigams fungiert als dessen Bürgschaft bei der Eheschliessung (*s. d.* 8ff.); sie ist also hierbei nicht bloss als Vormund beteiligt **15a)** Das kanonische Eheverbot (*s. d.* 6) rechnet zwar die Verwandtschaft anders als die Germanische ~, wird jedoch dieser bei Eheschliessung (*s. d.* 12i) zu beachten eingeschärft, da die ~ die Abstammung am besten kennen musste **16)** Die ~ gewährt ihrem hilfsbedürftigen Mitglied Nahrung und Schutz, *mete and munde.* Das folgt daraus, dass dieses Gewähren verboten wird, wenn sie sich von ihm lossagte; II Em 1, 1 **16a)** Beides übernimmt für die aus der ~ hinaus heiratende Frau (*o.* 10) der Bräutigam bzw. der Herr neuer Heimat; *s.* Eheschliessung 8c **16b)** Die ~ bringt gerichtlich ihr grundbesitzloses Mitglied ins Gefolge (*s. d.* 9b) eines Schutzherrn, dem sie sich für dasselbe verbürgt **16c)** Sie trägt die Bürgschaft (*s. d.* 3c) für den bereits durch sie Kommendierten. Für einen verdächtigen Bauern verbürgen sich 12 seiner ~ dem herrschaftlichen Vogte, damit dieser dem Herrn für ihn haften könne; III As 7, 2 **16d)** Der Wirt (Verwandte), der den in anderer Grafschaft Kommendierten, nun heimische ~ Besuchenden aufnimmt, haftet für ihn (*s.* Fremde 12a), sonst also, solange der Mann beim Herrn war, dieser und nur subsidiär die ferne ~. Bürgschaft (*s. d.* 14a. 16) für Prozessualpflicht leistet dem kriminell Verklagten regelmässig die ~; der Fremde und ~lose muss in Untersuchungshaft und behufs Reinigung, für die ihm Eideshilfe durch ~ fehlt, zum Ordal; II Cn 35 = Hn 65, 5. Ps Cn for 13 **16e)** Habe und Waffen des gefangenen Mitglieds verwahrt und seine Beköstigung übernimmt die ~

Af 1, 2 [*vgl.* bei den Franken Childebert 596: der Exkommunizierte *res suas parentibus legitimis amittat*]; den ∾losen ernährt im Kerker der Königsvogt; 1, 3 **16f**) Dem Blutsverwandten darf man gegen ungerechte Angreifer (ausgenommen den Herrn) beistehn, ohne, im Falle des Totschlags, sich mit der Gefahr der Fehde zu belasten; 42, 6 = Hn 82, 7 **16g**) Im Heere (*s. d.* 8e) steht die ∾ beisammen **16h**) Aber auch einen von Blutrache bedrohten [Af 5, 3. 42, 1; 4] oder verbrecherischen Genossen darf [muss nicht] die ∾ retten, indem sie statt seiner Busse an den Geschädigten, Strafgeld an den Richter zahlt (II Ew 6) und Bürgschaft (*s. d.* 6b. c) für seine künftige Ehrlichkeit oder Rücklieferung ans staatliche Gefängnis übernimmt. Von einem jungen unmündigen Diebe sagt das II As 1, 3f. = VI 12, 1f. Ohne diese Beschränkung erlaubt er es, bei schwerster Missetat, sogar nach Rückfall und misslungenem Ordal, II 6, 1. VI 1, 4. 9 [Ähnlich erhält die ∾ den Missetäter zur Lösung angeboten bei Franken und Schweden; Childebert a. 593, c. 2; Wilda 486. 894; Brunner *Forsch. z. GDR* 478ff.] **16i**) Des handhaften Diebes Leben *man aliese* durch sein Wergeld; Ine 12; dieses *man* meint jedenfalls nicht den Dieb allein, sondern entweder das erlaubende Gericht oder wahrscheinlicher die zahlende ∾ **16k**) Die ∾ haftet auch für Erscheinen ihres Genossen vor Gericht. **N** Der wegen Ungehorsams gegen die Kirche auch staatlich Verfolgte soll in einem Monat *per amicos suos reperiri*, sonst wird er geächtet; ECf 6, 1 **17**) Allein den Friedlosen (*s. d.*) oder den bescholtenen und vergeblich Vorgeladenen zu fassen und zu fronen, ist dessen ∾ nicht mehr, aber allerdings ebenso, wie jeder andere Bürger verpflichtet; *o.* 6a **17a**) Eine Auslieferungspflicht an die Rache der Beleidigten hat die ∾ nach den *Gesetzen* nicht. Ich finde sie nicht (mit Brunner I² 130) in II Cn 56: Den unleugbaren (= handhaften) Mörder liefere 'man' der ∾ [des Ermordeten] aus. Das Gebot richtet sich vielmehr ans Gericht, erstens laut des folgenden Gegensatzes: über den des Mordes nur Bezichtigten, dem die Reinigung misslang, fälle das Endurteil [ob jener der Rache verfalle] der Bischof 56, 1. Zweitens hielt es Cnut für nötig, die leichtere Vollstreckungspflicht auch gegenüber dem Verwandten zu betonen *o.* 6a, gewiss hätte er also die doch weit härtere Auslieferung, als dem Gefühl widerstreitend, verdeutlicht **18**) Die ∾ erteilt der Partei Rat im Rechtsgang (*s. d.* 16a) und Schiedsgericht; *s. d.* 5b **19**) Die ∾ entscheidet (*s.* Gerichtsbarkeit 28a. b. c) tatsächlich über Leben und Tod **A.** des fremden Angreifers, sowohl des handhaften Schänders weiblicher Ehre (Af 42, 7, wo Vater, Bruder, Sohn der Frau die ∾ vertritt) wie jedes Totschlägers an ihrem Genossen, an dem sie Blutrache (*s.d.* 13b) üben darf oder sich abkaufen lassen kann, **B.** des eigenen Genossen, indem sie erstens entscheidet, ob sie ihn oder doch seine Freiheit durch Eideshilfe im Beweise oder Zahlung nach der Verurteilung retten will (*o.* 16h), zweitens der Vater die im Ehebruch (*s. d.* 10. a) Ertappte als Vertreter der ∾ töten darf **19a**) Der Beschluss der ∾ über die Ausstossung (*o.* 13a) bindet den einzelnen Genossen **19b**) Die ∾n beider Parteien bilden oft ein Schiedsgericht; *s. d.* 5a. b **20**) Die ∾ zunächst tritt auf als Eideshelfer (*s. d.* 6) für den verklagten Genossen; sie hat von diesem Tun bisweilen eigensten Vorteil: misslänge die Reinigung vom Totschlage, so müsste sie Fehdelast oder Wergeld tragen; VIII Atr 23 = I Cn 5, 2b. Fehlt die ∾ und mit ihr Eideshilfe, so bleibt dem also ∾losen Verklagten nur Ordal (*s. d.* 22) zur Reinigung **20a**) Auch als Urteilfinder hilft die ∾ dem Genossen (*o.* 6a), freilich widerrechtlich **21**) Wird ihr verstorbener Genoss als Gewährsmann im Anefang (*s. d.* 22b) angerufen, so reinigt ihn die ∾, als deren Vertreter 'Erbnehmer' steht **22**) Ist ihr Genoss ungerecht hingerichtet (*s. d.* 3ff.), so kann sie ihn reinigen, seine Ehre herstellen und den Täter als ungerechten Totschläger belangen **23**) Dass die ∾ allgemein für ehrliches Grab (*s. d.* 2a D) des Genossen sorgte, folgt aus festländischer Analogie, aus der Fürsorge für das eines ungerecht Hingerichteten (*s. d.* 5), für den Seelschatz (*s. d.* 4) und aus den Gilde-Statuten; *s.* Genossenschaft 12i **24**) Besonders kräftig aber wirkt die ∾, wenn ihr Genoss erschlagen oder Totschläger ward, bei Totschlagsühne (*s.* Schiedsgericht 9), wenn sie Wergeld empfing bzw. zahlte **24a**) Die ∾ zunächst und erst nach ihr die öffentliche Gewalt hat die Pflicht, den Totschlag (*s. d.*) zu ahnden (II Atr 6, auch die Beihilfe dazu [ECf 19], die Untersuchung auf Mord durch Exhumierung; Hn 92, 12) entweder durch Blutrache (*s. d.* 1ff.) oder Einklagung des Wergelds (*s. d.*) oder Annahme der Sühne (*s.* Schiedsgericht 9) oder der leblosen Todesursache (Af 13; *s.* Baum 6, Waffe) **24b**) Kein Wergeld empfängt die ∾ bei gerechter Tötung (des handhaften Verbrechers oder Hingerichteten oder in Notwehr), bei Verwandtenmord (*s. d.*) und wenn nicht sie, sondern ein Dritter das Murdrum (*s. d.* 14a) zur Anzeige brachte; Hn 75, 6 = 91, 1a. ECf 15, 6f. **24c**) Trifft Leibesstrafe den Totschläger, so fällt für des Erschlagenen ∾ der Wergeldempfang fort; Hn 88, 20a; *s.* Busse 4—5c **24d**) Während Buss- und Strafsätze von den *Gesetzen* sonst nach der Norm des Gemeinfreien (*s. d.* 2) angegeben werden, ist die Totschlagsühne nach dem 1200-Manne berechnet (Wer 1. 3—7): wohl weil nur noch beim Adel ∾recht rein blühte **25**) Ursprünglich droht der ganzen ∾ Blutrache (*s. d.* 8ff.) wegen des Totschlags eines Genossen, später nur diesem selbst **26**) Trotz letzterer Befreiung aber muss sie vor- wie nachher ihm helfen, das Wergeld aufzubringen; Ine 74, 1. II As 6, 1. II Em 1 = Hn 88, 12a. VIII Atr 23 = I Cn 5, 2b. Wer 3 = Hn 76, 1a. Das meinen auch Stellen, die den Totschläger als alleinigen Zahler oder Versprecher des Wergelds nennen; II Em 7. Abt 20ff. 30 laut Abt 23 **26a**) Wenn der Totschläger entflieht (friedlos [*s. d.* 2b] wird), so haftet seine ∾ nur für $^1/_2$ des Wergelds [Abt 23, wahrscheinlich die väterliche für $^1/_3$, die mütterliche für $^1/_6$], und, wenn die Vater∾ fehlt, so haften Mutter∾ und Genossenschaft (*s. d.* 3ff.) je für ein Drittel; fehlt die ∾ ganz (*o.* 8), so haftet die Gilde für $^1/_2$ des Wergelds. Dessen Hälfte oder Drittel also wird durch die den Täter treffende Verbannung absorbiert. [Andere Verhältniszahlen zitiert Richthofen zur *Lex Saxon.* in *Mon. Germ.*, *Leg.* V 58; auch nach *Can. Wallici* 12 entfällt mit Flucht des Totschlägers ein Teil des Wergelds; Seebohm *Tribal custom in Agsa.* 111] **26b)** Für den erschlagenen Ausländer erhält Sohn oder ~ nur 1/3, war er ~los, der Genoss[enverband?] od. schützende Klosterkonvent 1/2 des Wergelds, den Rest der König; Ine 23. Für den ~losen gibt 2/3 dem König, 1/3 der Gilde Af 28 **26c)** Zahlte die ~ ihren Anteil nicht, so stand wohl gegen sie das gerichtliche Ungehorsamsverfahren, schwerlich aber ein wiederauflebendes Racherecht frei **26d)** Ebenso empfängt vom Wergeld die väterliche ~ des Erschlagenen 2/3, das restliche Drittel die Mutter~; *s. d.* 1 **27)** Ausser für Totschlag haftet die ~ auch für andere Missetaten eines Genossen bei anderen Germanen (Brunner I² 122); **N** in Wales noch unter Heinrich III. sogar für Diebstahl eines Genossen; Pol Mai I 200. In der Normandie musste erst um 1189 richterlich entschieden werden: *nemo debet in penam poni nisi solus malefactor vel participes malefacti*, nicht *plures de parentela;* Powicke *EHR* 1907, 16⁷ **27a)** Nicht eine Haftung der ~ des Beleidigers, wohl aber ein Anspruch der ~ des Beleidigten bei blosser Verwundung — aber schon unter Voraussicht, dass sie als Ursache späteren Todes eingeklagt werden könnte, — folgt aus Hn 70, 11: *Qui pacem* (Sühne) *facit de vulnere, cum parentum eius* (des Verwundeten) *unanimitate finiat* **28)** Spuren des Obereigentums der ~ an Land *s.* Erbgang 2—h. 7; Bocland 7a; Grundbesitz 2; Folcland 8; Aftervassallen 6; Vorkauf **29)** Geistl. ~ zwisch. Gevatter u. Paten (*s.* Taufverwandte, firmeln) ahmt weltliche (*woroldcund* VI Atr 12) insofern nach, als bei Erschlagung des einen der andere die (der Mannbusse gleiche) 'Magenbusse', bzw. der Firmelverwandte davon die Hälfte, erhält; Ine 76. 76, 3; benutzt aber verderbt in Hn 88, 20. Nur der König empfängt fürs erschlagene Patenkind dessen volles Wergeld wie dessen ~; Ine 76, 1 = Hn 79, 1—1b **29a)** Manche Pflicht der ~ übernimmt für den Stiftsgeistlichen die Brüderschaft dieses Stifts (Northu 52f.), oder der Klerus allgemein: so die Eideshilfe; in deren Ermangelung wird er durch geweihten Bissen erprobt **29b)** Der natürlichen Brüderschaft nachgebildet sind auch Eidbrüder und Genossenschaft; *s. d.* 3a. d. Letztere ersetzt die Vater~ **29c)** Einzelne Funktionen der ~ übernehmen andere Beziehungen: die Schutzherrschaft im Gefolge (*s. d.* 9ff.) die Nachbarn (*s. d.* 2), die Standesgenossen (*s. d.* 2ff.), die Bürgschaft (*s. d.* 2ff.), die Zehnerschaft; *s. d.* **29d)** Für Schutzbedürftige (Arme, Waisen, Witwen, Fremde, Geistliche, ~lose) ist der König (*s. d.* 14) *mæg and mundbora;* EGu 12 = VIII Atr 33f. = II Cn 40 = Hn 75, 7a. 10, 3. 92, 15a; *vgl. o.* 9. 16e. 26a. b (**N** für ermordeten Franzosen; ECf 15, 6f.); auch die Kirche übernimmt diese soziale Fürsorge. Das Wergeld für ~lose nimmt der König auch bei anderen Germanen; Brunner II 48. 71 **29e)** Den Unfreien, Freigelassenen (Wi 8), das Gesinde und Gefolge vertritt der Herr; sofern sie ~los, empfängt er Wergeld, bei ermordetem Franzosen mangels eines Genossen 'die ~ oder er' (ECf 15, 6f.); er leistet Busse und Strafgeld samt Bürgschaft für den Verbrecher; VI As 1, 4. **N** Erbe und Wergeld des Abschwörers der ~ fällt *filiis vel dominis* zu: Hn 88, 13e, im Ggs. zur hier sonst benutzten *Lex Salica*, die *fisco* hatte **29f)** Die ~ von unabhängigem Adel (*s. d.* 3) wurde also bei den Agsa. durch den vom Königtum abhängenden Gefolgsadel zurückgedrängt; die ~ unter den übrigen Ständen verlor ihre Macht an Genossen- und Nachbarschaft, namentlich aber an die Vassallität

sippelos *s.* Erbgang 11; Sippe 6a. 9. 16d. e. 20. 26a. b. 29c—e

Sitten *s.* Moral, Gewohnheitsrecht

Sitz *s.* Grundbesitz 2, ansässig, Haus

Sixtus [III., 432—40], seine Beschuldigung durch Bassus; aus Pseudo-Isidor Hn 5, 27a

skalpieren *s.* Wb *hættian* [*behættian* bei Toller *Suppl.*], *extopare, decapillare, decomatio, pillare. Vgl.* scheren 2. Über diese Strafe auf dem Festland *vgl.* Wilda 514; Grimm *DRA* 703f.; Brunner II 606; im Norden: Steenstrup *Danelag* 274 **1)** Diebischen Sklaven treffen dreimalige Prügel und ~; III Em 4. Der Lateiner las wohl *hættian* im uns verlorenen Agsä. Original **2)** Nach zweimaliger Ordalfälligkeit (gottesgerichtlichen Schuldbeweisen) trifft den Dieb ~ neben anderen Verstümmelungen; II Cn 30, 5; *auferre corium cum capillis* In **3)** Die grausame Verstümmelung kommt in den Agsä. Ann. 1036 vor; in den Biographien Swithun's wird ~ als Strafe unter Eadgar neben Augen (*s. d.* 4b) ausreissen erwähnt, auch in Wulfstans metrischer *V. Swithuni: subtrahatque omnes capitis cum pelle capillos* **3a)** Anf. 11. Jhs. kennt ein Engl. Kanonist als Verstümmelung zum Ersatz der Todesstrafe *pellem et pilos perdere; EHR* 1895, 727 **3b)** Unter den *Poenae excommunicatis dandae* kommt vor c. 5: *pellem, capillos et barbam simul perdentes turpiter obprobria sustineant;* der Schimpf lag schon im Scheren; *s. d.* 2—3a **4)** **N** Auf Tötung des Herrn steht als eine der schwersten Todesstrafen *decomatio* [*s.* jedoch Haut 5]; Hn 75, 1 [Schweden

Skandinavien *s.* Norwegen, Dänen,

skeatt *s. sceat*

[Skeggi]. *Stegitan sunu* (II Atr Pro) entstand vielleicht aus *Sceggjason*, wie einen Maurer *Island* 78f. erwähnt. Nach dem Vater eines solchen könnte *Skegby* in Nottinghamshire heissen **Sklaven** *s.* Unfreie

Skule *s.* Ostanglien 5c

'Slaven' emendieren einige Forscher im Wort *Suanorum* (*s.* Schweden) des Titels Cnuts d. Gr.; Cn 1027 Insc; *s.* Konrad II.; Russland; Baltisch

Socman **1)** Der ~ ist nach Vinogradoff ein persönlich freier, selbst den Acker bearbeitender Bauer, der sein unter einer Gutsherrschaft stehendes Bauerngut nicht veräussern darf, im Ggs. zum Freibesitzer und Pächter. **N** [*Geneatas* 7 *socnemen* gehören zum Herrschaftsgut Frakenham laut Wilhelms I. Privileg für Canterbury um 1072; Giles *Script. Will. Conq.* 178.] Der ~ untersteht einer privaten *socn* (Gerichtsbarkeit, woher wahrscheinlich der Name) im Ggs. zum Hundredfolger. [**N** Sein Dienst als Gerichtsmann erhellt aus: *Tres socemannos accommodavit Picot vicecomes Rogerio comiti propter placita* *sua tenenda;* Inquisitio Cantabrig. 78 = Domesday I 193b.] Dies macht den Kern seiner Abhängigkeit, an den sich Fron, mildere als die des Villan, der gesellschaftlich tiefer steht, nur anschliesst. Er kommt vorwiegend [*s.* jedoch 16 Z. vorher in Kent] in Denalagu [daher selten in *Gesetzen*] vor und stammt wohl von Nordleuten ab, die sich als Freibauern ansiedelten, als in Englands Süden und Westen der Bauer schon abhängig geworden war; *Engl. soci.* 431ff. 453 **1a)** Im Domesday steht *liber homo* bisweilen mit ~ gleich (Round *Victoria County Hist. Essex* I 460), bisweilen wenig höher als Villan bester Lage; in Kent nennt es dieselbe Klasse *Villan*, die später ~ heisst; Vinogradoff *Growth of the manor* 356. Im 13. Jh. heissen best Gestellte der nicht Vollfreien *villani sokmanni.* Der ~ auf 'alter Krondomäne' stand besonders frei und ward in Lincolnshire Freeholder; *EHR* 1905, 701 **1b)** Wie in Neustrien die vorhandenen German. Rechtselemente durch die Dänische Einwanderung sich zur Ausbildung des Frankonormann. Rechts stärkten (Brunner *Gesch. Engl. Rechtsqu.* 63), so wirkte diese in der Denalagu auf Erhaltung German. Gemeinfreiheit **1c)** Zwar bedeutet *soca* an einigen Stellen des Domesday das von der Herrschaft nicht selbst bewirtschaftete Bauerland (*vgl.* Herrschaftsgut 1B, im Ggs. zur Domäne; Vinogradoff *Growth* [o. a] 225; Domesday I 283. 317. 336. 337. 338b). Allein diese Bedeutung kann den Namen ~ nicht gegeben haben, weil darin kein Unterschied vom Villan läge **1d)** Aber auch das bloss jurisdiktionell, nicht aber besitzlich, einem Manor unterstehende Land Freier kann *soca* heissen, sein Ggs., das es beherrschende Gut, *dominium, inland* [also hier Domänenhof samt Bauerland]; solche *soca* entstand durch Verleihung königlicher Gerichtsbarkeit in einem Wapentake über reichsunmittelbare Freie; *EHR* 1911, 771 **N 2)** Als Mannenbusse für den erschlagenen Villan und ~ in Denalagu erhält der Herr 1 £, für Vollfreie 2 £; ECf 12, 4 **3)** Der *vilain averad de forfaiture* [Bussempfang für verletzten Schutz] 40 *den.*, 1/3 des dem Adel Zustehenden; Leis Wl 16, wofür Hs. um 1230, wohl als der Villan zu unfrei geworden für solche Ehrenbusse, *socheman* einsetzt; 43 | In *Broctune,* in Huntingdonshire besitzen unter dem Abt von Ramsey *sochemanni* 5 *hidas; dicunt se habuisse legrewitam et blodewitam* [*s.* blutig fechten 13b] *et latrocinium* [*s.* Diebstahl 9f] *usque ad* 4 *den.; et post* 4 *den. habebat abbas forisfacturam latrocinii;* Domesday I 204a 2

socn *s.* Gerichtsbarkeit 1. 24; London 28a **Sodomiten** *s.* Päderastie

Sohn *s.* Familie 2, Sippe 11, Kind Z. 4; Erbgang 5f. 13f. [3 n. o

Soldaten *s.* Heer 10a; Bürgschaft

solidus *s.* Schilling ***solin*** *s.* Hufe 3

Sommer *s.* Wb *sumor; vgl.* Mitt~, Jahreszeiten **1)** Die Witwe des Bauern erhält zur Erziehung der Waisen für den ~ 1 Kuh, Winters einen Ochsen; Ine 38 **2)** Die Domänensklavin und der Schafhirt empfangen für den ~ Molken als Zukost von der Herrschaft; Rect 9. 14

Sondereigentum *s.* Individual-

Sonderfriede *s.* (Königs-, Kirchen)-frieden, (Königs)schutz, Treuga Dei

Sonnabend *s.* Wb *Sunnan æfen* [*vgl. Monan æfen:* Sonntag Abend Wi 9; *Þunres æfen:* Mittwoch Abend; Toller 1076; *Frigeniht:* Donnerstag Abend; Napier *Old Engl. lexic.* 26]; *Sæternesdæg* **1)** Von Sonnen-Untergang am ~ (später: von Mittag ab) beginnt die Feier des Sonntags; *s. d.* 2 **2)** Ordal wird ~s abgehalten; Iud Dei X 1, 1

Sonne *s.* Wb *sunne* (bessere so) **1)** Die ~ zu verehren verbietet als heidnisch II Cn 5, 1; *vgl.* Ælfric *Homil.* I 366 **2)** Unter- und Aufgang der ~ als Beginn bzw. Schluss des Feiertages *s.* Sonntag 2 **3) N** Termin-Abbestellung erfolge spätestens am Tage vor dem Termin, vor Untergang der ~; Hn 59, 2a; b

Sonntag *s.* Wb *Sunnandæg; Monan æfen. Vgl.* Feiertag **1)** Indem Ælfred aus Exodus das Gebot der Sabbatruhe übersetzt, sagt er 'Ruhetag', weil die Kirche wusste, dass *sabbath* 'Ruhe' heisst, nicht etwa weil er verhüllen wollte, dass die Bibel den ~ nicht gemeint hatte; Af El 3 **2)** Den ~ beginnt Sonnabend bei Sonnen-Untergang und schliesst mit Sonnen-Untergang Wi 9; dagegen beginnen ihn mit Sonnabend Mittag und schliessen erst Montag früh II Eg 5 = I Cn 14, 2 (Cn 1020, 18) = *Homil. n.* Wulfstan 117. 208. Ebenso *Can.* Ælfrici 36 ed. Thorpe *Anc. laws* 450; *a nona sabbati ad mane* 2. *feriae* Domesday I 261b 1; ECf 2, 4. Den Sonnabend Nachmittag zählen zum ~ *Homil. n.* Wulfstan 205. 210f. 215. 222. 226. 293 und andere Homileten; *vgl.* Thurston *Mediaeval Sunday* in *Nineteenth century* 1899 July, 38 **3)** Der Herr, der seinen Knecht zur Arbeit am ~ zwingt, zahlt 80 Schill. Strafe; der Knecht, der freiwillig am ~ arbeitet, büsst dem Herrn 6 Schill. oder leidet Prügelstrafe; der Freie zahlt Halsfang [dies setzt II Cn 45, 1 auf Feiertagsarbeit]. Der Anzeiger erhält die Hälfte des Strafgelds und den Arbeitsertrag; Wi 9—11. Dies ist und das Folgende scheint benutzt für die *Gesetze* gegen Arbeit am Feiertag; *s. d.* 5—e **3a)** Der Herr, der seinen Unfreien zu Arbeit am ~ zwingt, zahlt 30 Schill. Strafe (so weit EGu 7, 2 für Feiertagsarbeit; Rechtsbruchbusse in Denalagu), und dieser wird frei [letzteres auch bei II Cn 45, 3 für erzwungene Feiertagsarbeit]. Arbeitet der Unfreie ohne des Herrn Wissen, so leide er Prügelstrafe (oder zahle Hautgeld EGu 7, 1). Ein freier [abhängiger Arbeiter], der ohne des Herrn Befehl arbeitet, verliere seine Freiheit (oder zahle Strafgeld, bzw. in Denalagu Rechtsbruchbusse; EGu 7, 1); Ine 3, 2 **4)** *Qui operantur die Dominico, eos Greci prima vice arguunt, secunda tollunt aliquid ab eis, tertia vice partem tertiam de rebus eorum, aut vapulent;* Theodor *Poenit.* I 11, 1 = Ps. Egb. *Confess.* 35. Nach Brunner I² 451 ist diese Stelle benutzt in *Lex Alamannorum* 38. — Festländische Bussbücher über den ~ *s.* Friedberg *Aus Dt. Bussbüchern* 21. 57 **4a)** Arbeit, Baden, Scheren am ~ verbietet bei Pönitenz und, wenn absichtlich, bei Exkommunikation *Iudic. Clementis* 7 ed. Haddan and Stubbs *Councils* III 226 **4b)** Arbeit verbietet bei Pönitenz *Poenitent.* Bedæ 7, 7; *ebd.* 332 **4c)** Das um 1000 in England kopierte Fränkische Bussbuch Ps.-Theodor 38, 6ff. erlaubt am ~ Schiffen und Reiten, verbietet aber Fahren, Schreiben, Arbeiten, Gericht, Jagd; ed. Thorpe *Anc. laws* 298

4d) Arbeit ausser Speisebereitung, und Reisen (s. Feiertag 8) ausser im Notfalle und nach Hörung der Messe, verbieten *Ecclesiast. instit.* 24; *ebd.* 478 4e) Die Synode von Clovesho a. 747, c. 14 fordert doch nur von Äbten und Priestern, dass sie ~s, *omissis exterioribus negotiis ac secularium conventibus atque itineribus*, ausser im Notfalle, nur fromm leben und predigen sollen; ed. Haddan a Stubbs (o. a) III 367 5) Man feiere ~ gebührend, stelle Kaufgeschäfte und Gerichtsversammlungen ein; V Atr 13. 13, 1. Ebenso VI 22, 1 = I Cn 15. 15, 1 = *Homil. n.* Wulfstan 272. Auch Jagd und weltliche Arbeit (*servile opus* L) verbietet VI Atr 22, 11. Cnut erlaubt Gericht am ~ im Notfall II 15. Handel und Gericht verbietet auch VI Atr 44, wie Eadg. *Canon* 19, der zu diesem Quellenkreise gehört 5a) Handel, Gericht, Arbeit, Ladung-Transport sind verboten am ~; Northu 55 5b) Über Gericht und Hinrichtung am ~ s. Feiertag 8a ff. 6) Handel (s. d. 5) am ~ ist verboten seit EGu und As (der jedoch in zwei *Gesetzen* ihn wieder erlaubt), bes. seit Atr. Das Strafgeldfixum 30 Westsächs. Schill. vervierfacht zu 120 Schill. Q II As 24, 1 N 6b) Statt ~ ward für Tuchverzollung im 12. Jh. Montag eingesetzt; *Consuetud. London.* in *EHR* 1902, 717 6c) Markt am ~ in Chester verboten, erhielt sich im 11. Jh. (Domesday I 262. 120b) und später: Der Wundertäter Eustach Abt von Flay a. 1200 *Lundoniis et locis multis per Angliam predicatione effecit, quod diebus Dominicis forum rerum venalium nequaquam exercere præsument;* Rog. Hoveden. IV 124 7) Jagd (s. d. 4; o. 4c) am ~ verbieten auch Dunstan, gegenüber König Eadgar (*Memorials of Dunstan* 207), und Ps Cn for 15

Southampton. Zu *Hamtune* setzt einen Münzer an II As 14, 2. *Vgl.* Hampshire [xxxvi

Southwick. Dorther Hs. Ot; I

Spaltung einer Missetat in mehrere Verletzungen s. Busse 6, Strafe

Spanndienst s. Pferd 2 [16 ff.

Spanne s. Hand 12

Spaten. 1) N Der Bürge eines entflohenen Verbrechers muss, ausser Ersatz samt Busse für den Kläger und Strafgeld für den Gerichtsherrn, auch 4 Pfg. dem Kerkermeister und einen Heller für den ~ (*besche; vgl.* Du Cange s. v. *becca*) zahlen; Leis Wl 3, 1. Der beklagten Frau, während der Zweikampf für sie ausgefochten wird, *la besche a li enfouir* (zum Tode Verurteilte zu begraben) *baillie présente*; Französ. Recht nach Conlin *Gerichtl. Zweikampf* 126 2) Im Herrschaftsgut braucht der Vogt ~ u. a. zum Waidbau; s. Wb *spadu, wadspitel, spittan*

Speck s. Fett, Schinken, Schwein

Speer s. Wb *spere, lance.* [Ein Testament von 997 zeigt *francan;* Earle 215]. *Vgl.* Sippe 8a 1) Der ~ ist die gewöhnliche Waffe (s. d.) des Freien; s. Schwert 2. Nach Agsä. Bildern wird er oft wagerecht getragen und misst 5–8 Fuss; Wright *Hist. of culture* 87 1a) Lanze und Schwert gibt der Herr als Waffen der Freien bei Freilassung s. d. 9 1b) Den ~ von sich abkaufen heisst Blutrache (s. d. 13a) durch Sühne abwenden 1c) Der ~ ist unter den Waffen, bei deren Blutbefleckung oder Benutzung zur Flucht durch andere der Eigentümer in Haftung (s. d. 4b. d. f.) gerät 2) Wer den ~ anders als geschultert oder, wenn die Spitze vorn, wagerecht trägt, wird bestraft wie bei Absicht (s. d. 5a) des Angriffs. [Walliser Recht fordert, den ~ so zu schultern, dass er zwei Ellen nach hinten, eine nach vorn reiche; angeführt von Price zu Thorpe *Ancient laws* 38] 3) Mehrere ~e werden in Heergewäte (s. d. 9c. 12a) und Lehnsmutung für den Herrn gefordert vom Grafen und Thegn 4) Wer im Wapentake das Vorsteheramt antrat, richtete seine Lanze auf, die die Eingesessenen mit den ihrigen berührten als Symbol des Gehorsamgelöbnisses; ECf 30, 3 f. [Der ~ ist festländ. Investitursymbol; Schwerin *Grundr. Geschwiss.* II 5, 54]

Speise s. Nahrung, Gastung

Speiseabgabe (*metegafol*) des Gebur an das Herrschaftsgut Rect 4, 5. Umgekehrt erhalten fronende Bauern, Gesinde und Unfreie von der Domäne *mete, metsung;* 8. 9. 10. *Metsing* ist im 12. Jh. in London nachweisbar

Speiseverbot 1) Aus Exodus nimmt Ælfred auf das ~ gegen Fleisch, das vom Wilde angenagt ist oder von einem Ochsen, der Menschen getötet hat, herstammt, ferner aus dem Apostelbrief das ~ gegen Blut, Ersticktes oder von Tieren Zerrissenes; Af El 21. 39. 49, 5 [aus dem ~ gegen Opferfleisch macht er ein Verbot gegen Götzendienst]. Ebenso verordnen Pönitenz nach Genuss des Unreinen Agsä. Bussbücher Theodor I 7, 6; Egbert II 2; Beda 7, 1 (auch *In Acta apost.* ed. Migne 92, 1024. 977). *Vgl.* Soames *Agsa. church* 216; Böckenhoff *Speisesatzungen Mosa. Art in MA Rq.* Münster 1907 2) *Vgl.* Pferd 4f

spiegelnde Strafen 1) Dieser Ausdruck Brunners ist bezeichnender als Roethe's 'talionartig' (in *Ält. Strafr. d. Kulturv.* 67), da nicht gleicher Schaden zugefügt wird, wenn Notzüchter sein Glied, Meineidiger die Hand verliert. Mit welchem Gliede ein Dieb sich vergeht, dessen soll der [Altindische] König ihn berauben; Oldenberg *ebd.* 85. *Vgl.* Grimm *DRA* 709; Wilda 510; Schröder[5] 78. 778[8]; Strafe 10b 2) Abgehauen wird die Hand (s. d. 11), die Kirchenraub oder Münzfälschung (s. d. 7) verübte oder Meineid (s. d. 13) schwor, abgeschnitten die Zunge, welche jemanden unter Verleumdung (s. d.) einer ans Leben gehenden Schuld bezichtigte (Af 32. II Cn 16 + III Eg 4 = Hn 34, 7), verstümmelt das Frauenantlitz, das zum Ehebruch (s. d. 12: viell. nicht ~ ~) verführte; Entmannung (s. d. 1. 2) straft Notzüchter; Feuertod steht auf Brandstiftung; s. d. 4a [auch im Röm. Recht; Hitzig (in o. 1) 47] 3) Wer Zehnt (s. d.) weigerte, behält nur $^1/_{10}$ seiner Habe; II Eg 3, 1 + VIII Atr 7. 8 = I Cn 8, 2. *Vgl.* Ordal

Spielmann s. Geistliche 29 f. [10c

Spinnen. Werkzeuge zum ~, *towtol*, halte die Domäne des Herrschaftsgutes; Ger 15, 1. *Vgl.* Wolle, Lein, Weben, Kleidung, Tracht | Sippe 8a

Spolienrecht s. Erbgang 15c

Sporteln s. Justizertrag, Strafgeldfixum, Gerichtsbarkeit 17 ff., Missesprechen, Schutz 12 ff, Königsschutz, Kircheneinkünfte 6a **Spott** s. Schein

Sprache, *spræc* 1) Wer jemandem durch Verwundung [des Mundes, da hinter Kinn und Zähnen folgend] die ~ schädigt, zahlt 12 Schill. Busse; Abt 52 2) *Vgl.* Latein; Angelsachsen 28, Northumbrien 4, Nordisch, Französische ~, zwiesprachig

Sprichwort 1) Zu o. S. 200 füge hinzu: die Rechtsregel über Beweisnähe (*s. d.* 2a) und Barmherzigkeit; *s. d.* 7 2) Zur Personifizierung von Feuer bzw. Axt, welche heimliche verstohlene bzw. offene Tat bezeichnen, *vgl.* die Belebung von Dingen in der Altdt. Rechtsprache bei Gierke *Humor im Altdt. Recht* 18 3) Zu *Pactum* (*s.* Vertrag 3) *legem vincit* vergleicht Acher (freundl. Brief 28 IV '08): Beaumanoir ed. Salmon no. 999 und Ulrich in *Zschr. Französ. Spra.* 24 (1902) 1. Das ~ hat gelehrten Anstrich; *vgl.* l. 31 D. *de pactis;* aus Röm. Recht stammt *vincere* (*s.* Heumann-Seckel *Handlex. zu Quel. Röm. R.*[9] 625) *legem*

Spurfolge *s.* Wb *spor* (*be*)*drifan; aspyrian, be-, ge-, ofspyrian; vestigatio, pervestigare; trod; æsce* Prozess der ~; *agen secan* II Ew 4 **1**) Der entlaufene Unfreie wird wie eine verlorene Sache in ~ gesucht; VI As 6, 3f. **2**) Der Aufspürer gestohlenen und verborgenen Fleisches erhält den Lohn für Anzeige; *s. d.* 8 **2a**) Wahrscheinlich 'an der Ware [bei ~] ertappt' meint die Lesung 'vom Diebe, den man *in ceape gefo* (*inventus in captali*)', und der, handhaftem gleich, verstümmelt werden soll; Ine 37; richtiger *in ceace; s.* Kesselfang 3 **3**) Die Eigentumserklärung durch den Kläger bei der ~ entscheidet; der ertappte Besitzer der verstohlenen Habe kommt (gleich dem handhaften Diebe; Brunner II 497) nicht zum Eide; Ine 17. II Cn 76; *s.* Beweisnähe 8 **4**) Formalien bei der ~ sind bei anderen Germanen (Wilda 903) bezeugt, bei den Agsa. nur teilweise und nur seit 10. Jh. Damals aber verpflichtet der Staat die Magistrate, die private ~ zu unterstützen. Der Gutsbesitzer halte Geleitsleute bereit, die den ~r führen, und nicht etwa bestochen [vom Diebe,] hindern dürfen; II Ew 4 **4a**) Der Gutsbesitzer muss die ihm vom Kläger gewiesene Spur hinausleiten; sonst gilt sein Hintersasse, wo jener das Vieh findet, als rechtmässig verklagt; die Spur vertritt den Klageeid (*s. d.* 4); V As 2 **4b**) ~ hinter gestohlenem Vieh her abzuwehren ist verboten und wird als Rechtssperrung (*s. d.* 2. 2a) bestraft **4c**) Bei den Dunsæten, wo Walliser und Engländer nur durch einen Grenzfluss geschieden sind, überweist der ~r den Faden, der über den Fluss führt, den Anwohnern des jenseitigen Ufers oder gibt ihnen ein Merkmal der Rechtmässigkeit seines Anspruches. Von dem dortigen Grundherrn erhält er binnen 9 Tagen den Wert bezahlt oder Pfand anderthalbfachen Wertes für Bezahlung in weiteren 9 Tagen. Dann empfängt der Grundherr den Ertrag aus der Diebstahlsklage für sich und kann vom Kläger selbsechst Klageeid fordern; Duns 1—1, 2. Dieser steht neben der Spurnachweisung, stellt also den Kläger hier ungünstiger als *o.* a, wohl wegen besonderen Verdachts infolge der Rassefeindschaft **5**) Der Verlierer des Viehs ist zur ~ verpflichtet und leitet sie selbst [wie bei anderen Germanen; Brunner II 496]; II Ew 4. Duns 1. VI As 4. 7. 8, 7f., wo in 8, 4 *man* auch 'Gericht, Obrigkeit' heissen könnte **5a**) Er entbietet in London die polizeilich hilfspflichtige Genossenschaft (*s. d.* 12d) durch *þa gebodu, bannum;* VI As 4f. **5b**) Will er Ersatz aus der Versicherung der Gilde gegen Verlust beanspruchen, so muss er ihr die Spur binnen 3 Tagen weisen: damit er nicht unvorsichtig die Viehhut vernachlässige im Vertrauen auf die Versicherung; 8, 4 [die 3 Tage also hängen nicht zusammen mit der Fränk. gleichen Frist, in der dort der ~r sein Eigen ohne Förmlichkeit ergreifen kann; Brunner II 497] **5c**) Die ~ geschieht beritten, bringt Mühe und Kosten; 4, 5. 5. 7 **5d**) Aus jeder dörflichen Zehnerschaft wird dem Verlierer ein Mann — oder bei grösseren Dörfern aus zweien einer — gestellt zur Findung des Diebes, wo der Spurfaden abbricht; 4 [vielleicht gelten alle diese Sätze nur für Middlesex partikular; Schmid 636] **6**) Überschreitet die Spur eine Grafschaftsgrenze, so sind die Anwohner jenseits der Grenze zur ~ verpflichtet, unter ihrem Sheriff; *s. d.* 9e **6a**) **N** Die Stadt Bridgenorth erhält 1221 die ~ im eigenen Gebiete, mit Ausschluss von Sheriff und klagenden Landleuten, die die Spur dorthin verfolgt hatten; Maitland *Sel. pleas of Gloucester n.* 173 **6b**) Wie unter Æthelstan der Sheriff, so übernimmt unter Eadgar der Vorsteher des Hundred (*s. d.* 9. 25f) die ~, sobald sie aus dem nachbarlichen Hundred in seines geleitet wird, bei 30 Schill. Strafe an den König; Hu 5. 5, 1 [*vgl.* Childeberth II. c. 12: *Si centena in alia vestigium miserit et* [letztere] *ad alia minime expellere potuerit, capitale restituat;* ed. Boretius *Capitul. Franc.* I 17. *Vgl.* v. Schwerin *Altgerm. Hundertsch.* 113] **7**) Der Justizertrag der ~ kommt also zugute teilweise dem Anzeiger (*o.* 2), sonst dem ersatzpflichtigen Gutsherrn (*o.* 4c), dem Sheriff (*s. d.* 9e) oder der verfolgenden Londoner Gilde; VI As 2. 6, 3f. **8**) **N** Mit Unrecht erklärt *socn* in der ('Jurisdiktion' bedeutenden) Formel *sacu 7 socn* als 'Gerichtsbarkeit über die Suche auf eigenem Lande, ob nun Gestohlenes sich finde oder nicht', womit er wohl ~ meint, da er sie in Ggs. bringt zum Prozess gegen einen von Anfang an benannten Beklagten; ECf 22

Staat *s.* König 1ff., Krone 2ff., Frieden 1a, Kirchenstaatsrecht 1a. b. c

Staatsbürgerpflicht *s.* Trinoda necessitas; Königstreue, Polizei, Strafvollzug; Christentum, Kirche, Moral

Staatsgewalt *s.* Widerstand gegen ~

Staatsmänner, -rat, *s.* Reichsrat, Witan

Staatsvergrösserung *s.* Krone 5—c

Staatsverträge *s.* international 5

Stab als Kennzeichen des Rekonvaleszenten, aus Exodus, Af El 16. Ausser dem im Wb *s. v. stæf* Zitierten: Amira '~' in *Abh. Bayer. Ak.* 25 (1909), 4. *Vgl.* Investiturstreit; Wapentake

Stabeid, Eid mit der in Absätze geteilt vorgesagten und nachgesprochenen Formel, *iuramentum fractum, frangens, observatum, in verborum observantiis* [*divisum, verba escariata* in Summa leg. Norman. 85, 2; 4]; Ggteil nach Hn 9, 6: *unfored að, planum, plana lex* [auch Synode von Lillebonne 41], *plein serement:* schlichter Eid; *vgl.* Brunner II 384. 427; Amira (12 Z. höher) 92ff. **1**) Alle Belege entstammen Normannenzeit. Denn in *rimað* seh ich nicht (mit Brunner II 384. 427) ~; und dem ~ nur ähnlich sieht die Antwortsform auf dreigeteilte Frage im Krönungseid; *s. d.* 2 **N 2**) Der Formalismus im ~ war, wie ein Jurist um 1110 behauptet, so gefährlich gestaltet, damit der Beweispflichtige veranlasst werde, ein Gottesurteil vorzuziehen (Hn 64, 1f.; *vgl.* Brunner *Schwurger.* 398), und Meineid vermieden werde. Das traf höchstens für die Helfer zu; denn der Hauptschwörer schwor auch beim Ordal **2a)** Bisweilen schwört nur die Partei oder nur ein Teil ihrer Eideshelfer (*s. d.* 8) unter ~, deren Rest aber schlicht; *u.* 6 **3)** Auch des Klägers Voreid kann gestabt werden; Hn 64, 1e. Falls dieser Worte aus II As 23, 2 benutzt, so weiss doch Æthelstan gerade vom ~ nichts **4)** Der Franzose [Wilhelms I. Gefolge] schwört sich ungestabt rein von eines Engländers Klage auf Friedlosigkeitsachen, falls dér nicht im Zweikampfe sie zu beweisen sich getraut; Wl lad 3, 2 = Wl art 6, 3 = Wl art retr 12, 3 **4a)** Der Engländer reinigt sich durch dreifachen schlichten Eid oder einfachen ~ oder Ordal, während der Franzose nur selbsechst schlicht schwört; Hn 18 **4b)** Dies dehnt aus auf *alienigenae* 64, 3a. Auch Deutsches Recht befreit Fremde vom ~; Brunner *Forsch. z. GDR* 333[5] **4c)** ~es ledig sind in der Reinigung selbst von Kriminalklage auch Thegnas, Priester und ganz ehrlich Unbescholtene (Hn 64, 2), Vollfreie und als ehrlich erwiesene; Leis Wl 14, wo aber nicht ~, sondern Auswahleid (*s. d.* 12 ff) im Ggs. zu *plein* [d. i. plan, schlicht] *serment* steht **5)** Von Klagen auf Diebstahl, Mord, Verrat, Brandstiftung, Hauseinbruch und die mit Verstümmelung bedrohten Sachen reinigen sich alle anderen in Wessex durch ~; Hn 64, 2 **6)** Von Totschlag reinigt man sich mit Hilfe der Sippe, deren Vaterseite in ~, Mutterseite schlicht schwört; 64, 4; *vgl.* I 584[n] **7)** Der Herr reinigt seinen Hauseinwohner (Gefolgsmann) von Diebstahl durch ~ allein, wo kein Voreid [zu Helfern zwingt]; 66, 7 **8)** Wollen zwei den Eigentumserweis an Gestohlenem eidlich erhärten, so gelange zum Eide der mit besserer Eideshilfe und schwöre allein in ~; seine Helfer schwören schlicht; 64, 6 **8a)** Der im Anefang verklagte Besitzer, der Zeugen (Eideshilfe?) hat, dass er das Angeschlagene auf öffentlichem Markte erwarb, beschwört durch schlichten Eid [nicht ~] mit jenen Zeugen, dass er Gewährsmann und Gewährbürgen zwar hatte, aber nicht finden könne; Leis Wl 21, 1a **9)** In Hampshire darf man ~ nur einmal schwören, anderwärts so oft wiederholen, bis er gelingt; Hn 64, 1c; d **10)** Schon um 1195 wird *non fractum* in *o.* 4, d. i. 'nicht ~', nicht mehr verstanden vom Königsrichter und Chronisten Roger von Howden und vom Französischen Übersetzer I 487[o]. 489[dd]. Und der 'plane' (schlichte) Eid wird nicht mehr verstanden vom Übs. der Leis Wl 14, *o.* 4c; er setzt *simplex* richtig dafür 21, 1a **10a)** Noch um 1345 fordert aber Stadtrecht in Torksey vom Schwörer: *ad faciendum legem debet dicere post ballivum; si non dicit sicut ballivus dicit, debet resticiare (réparer)*; Bateson I 174

Stadt *s.* Wb *burg* mit Compositis, *port* [auch Flandrisch *poort:* ~, ohne Beziehung zum Hafen, wenn auch das Wort von Lat. *portus* stammt; *s.* auch die Composita bei Toller und neuengl. *portmarsh, -meadow, -men, -reeve; vgl.* Round *Antiquar. magaz.* V (1884) 250. Ähnlich nennt der Norden jeden Markt, auch des Binnenlandes *bjarkey*, weil zum Handel gern Inseln dienten; Amira 76], *wic, citex, cives, civitas, castellum, ceasterware, communa* [nicht nachgewiesen *-ne; s.* Grafschaft 21b], *villa; u.* 1h. Die Ortsgemeinde, in deren einer jedermann heimisch ist, nicht bloss die der ~, heisst *geburhscipe* I Ew 1, 4; *geburscipe* Var. [auch Nddt. kann *burscipe* (statt *burhs.*) für städt. Gemeinde stehen; E. Schröder (*u.* 1i) 10]. *Vgl.* Burg 4ff.; Gemeinheit 6. 11; *scot and lot;* London

1. *burg, port.* 1a. b. *ceaster.* 1c. Vollbürger. 1d. *castellum.* 1e. Festung. 1f. *tun.* 1h. *villa.* 1i. ~ und Land. 2. Unterschied vom Dorf. 3. Strasse. 4. Burg. 5. Gross~. 6. Königlich. 7. Grafenanteil. 8. Feudale Enklaven. 9. Klassen der Bürger. 10. ~luft macht frei. 11. Sonderschutz. 12. Gericht. 13. Vogt. 14. Aldermen, Ward. 15. Handel, Gewerbe, Münze, Markt, Mass. 16. Gilde, ~recht, Grundbesitz. 17. Steuer. 18. Gemeinde organisiert. 19. Rat.

1) Zwar bezeichnet der Name *burg* (der auch Gericht [*s. d.* 1b] allgemein bezeichnet) ursprünglich von der ~ die Seite der Verteidigungsfähigkeit, *port* die Seite des Handelsverkehrs, allein die Wörter werden vermischt gebraucht: London (*s. d.* 44. 45a. 48f.) heisst *burg, wic,* aber auch *port* **1a)** *burh* und *ceaster* stehen häufig synonym; *s.* Toller *Suppl.* 120 und für dieselbe ~; *ceasterware* (*s.* Wb) heisst *civis* ohne besonderen militärischen Sinn, nur im Ggs. zum Dorfbauern. Das hier *Hæstingaceaster* genannte Hastings heisst anderswo *Hæstingport*. Bisweilen steht, wie *wic, port* schlechthin für London (*s. d.* 48), so *ceaster* für Winchester, York; und im Falle *Chester* ist diese Benennung geblieben; Earle *St. Swithun* 17 **1b)** *ceastergewara oððe portman* glossiert *civis* Ælfric. — In der Vulgata wird *civitas* (*et castellum*) durch *ceaster* (7 *castel*), aber *turba civitatis* durch *burhwaru* übersetzt; Lucas 7, 12. 8, 1 **1c)** *civis, liber homo civitatis* (I 673[b]), *burgmannus, burgensis* heisst der Vollbürger, im Ggs. zum blossen Miteinwohner der ~: *qui in burgis morantur;* Hn mon 1; *vgl.* London 8f.; *scot and hlot;* über *pares* 12. Jhs. *s.* Standesgenossen 11 **1d)** *castellum* enthält zwar den Begriff der Ummauerung notwendig, bedeutet aber nicht immer 'Burg, Zitadelle' allein, sondern die gesamte ~; so sprechen von *episcopium castelli Hrofesceaster* (der ~ Rochester) Urkk. a. 788. 855 Birch 253. 486; Warham ist *castellum* bei Asser 49. Genau synonym mit *civitas* Excom V 3 steht *castellum* Excom VI 5. Ro-chester wird *civitas Hroffi* übertragen a. 850 Birch 460. Über die Bed. des Wortendes *-ceaster* in Engl. Ortsnamen *vgl.* Pearson *Histor. maps* 40; über *castellum:* '~' Round in *Archaeologia* 58. — Über *castel franc* Freiburg *u.* 10 **1e)** Früher galt die *motte* (künstlicher Hügel, auf dem Holzturm stand) für eine Agsä. *burh;* sie ist aber erst 1067—1100 entstanden. Die unter Ælfred und Eadward I. befestigten *burga* sind grösser als ein blosses Fort, umwallte Städte, eine Gemeinde beschützend. *Vgl.* Mrs. Armitage o. Burg 2ff. [und jetzt *Early Norman castles in Brit. isles* 1912], auch *Athenæum* 9. March '12, 288. Ein Fall, in dem *burh* die ~, *castel* das Fort, die Zitadelle bezeichnet, begegnet 1092: *Se cyng Willelm þa burh* [Carlisle] *geæðstaðelede* 7 *þone castel ararde* 7 *mid his mannan gesette;* Ann. Agsax. **1f)** *tun* (*s.* Dorf 1) hat in *Gesetzen* nirgends sicher die Bed. ~, zumeist deutlich, wie As Alm 3. IV Eg 8. III Atr 15, den ländlichen, dörflichen Sinn, auch in den Compositis. [Nur in den Eigennamen *Hamtun* und *Cingestun* ist schon eine ~ gemeint, wie auch *Wærham, Fefresham* zu Städtenamen werden, obwohl *ham* Grossgut mit Dorf bedeutet.] Zweifelhaft ist höchstens Königsdomäne *s. d.*

5f. Bei Toller steht *tun* V 2 allerdings, neben häufigem *vicus*, auch für *oppidum* und in fremden Ländern für Wohnorte, grösser als blosse Dörfer [ein Brand verzehrte *on Romeburg* 14 *tunas*, 14 *vicos* (aus Orosius), also ~viertel]; aber doch auch nirgends für eine Englische ~ **N 1g**) Im 12. Jh. scheiden die Lateiner (*s.* Burg 4a—d) *civitas, burgus, villa, castrum* (*castellum, portus regius*) als verschiedene Klassen der ~, doch ohne Angabe der Unterscheidungsmerkmale. Nur der Londoner Antiquar um 1200 hebt *burgi clausi et muro vallati* hervor; Lond ECf 32 A 1 **1h**) Im Ggs. zum offenen Lande und Dorf (*s. d.* 1i. 5a), zu *villa* steht *burg*. Allein schon im 12. Jh. gewinnt *villa* (*s.* Wb 1, *u.* 10b), gemäss Franz. *ville*, die Bed. Ortschaft, auch mit Markt, sogar ~; auch *vicecomes villae* scheint ein ~-Sheriff II Cn 8 In. Sogar London (*s. d.* 35) heisst *villa* **1i**) Über die Wörter *burg* und *tun* und den Ggs. von ~ und Land, der auch Deutsch *burg und land* heisst, *s.* Edw. Schröder *~ und Dorf* in *Nachr. Ges. Wiss. Götti.* 1906, S. 8 **2**) Die ~ scheidet sich vom Dorf, sobald grössere Bevölkerungszahl, Umwallung (*s.* Burg 2ff.), Markt, Münze, Nahrung der Einwohner teilweise aus Handel und Gewerbe, Kaufzeugen (*s. d.* 7b), königl. Vogtei, Gericht zusammentreffen. Bereits unter Æthelstan II 14, 2 steht der Unterschied allgemein fest, für einzelne Orte, wie London, früher. Die Umwallung vom Ende 9. u. Anfang 10. Jhs. erhob erst manchen Weiler zur ~, so ward *Medeshamstede* zu *Peterborough* **2a**) Für den Städtebau macht 10. Jh. Epoche. In den *Gesetzen* spiegelt sich dies, insofern Af-Ine (*s. Art.* Ine 4) einen nur bäuerlichen Staat betreffen, dagegen I Ew 1 mit der ~ beginnt **N 3**) Die staatliche Strasse verbindet *civitates, burgos, castra, portus* (*s.* Burg 4a) und führt zu *mercata vel alia negotia*. Lebensmittel und Holz bringen *civitatibus et burgis aquæ minores;* ECf 12d; 9; 11 **3a**) Innerhalb der ~ führt zu jedem Tore je eine Hauptstrasse; an jedem Tore sind Zoll- und Abgabenstätten; Hn 80, 3b **4**) Über die Erhaltung der Befestigung der ~ *s.* Burg 5, über die die ländliche Umgebung belastende Baupflicht und die Torbewachung in London *s. d.* 21. 52. 61. Die Bürger sind nicht etwa unkriegerisch vorzustellen; Ballard *Domesday bor.* 34. **N** Doch entzogen sie sich gern der nationalen Heeresfolge; *s.* London 40 **5**) Wenn Eadgar Grossstädte (IV Eg 3, 1—6, 2) heraushebt, so fehlt doch jede Grenze gegen die Klein-~. *Sint monetarii in summo portu* 3, *in alio* 1; IV Atr 9: wohl eine nur faktische, nicht legale Unterscheidung. So hatte schon Æthelstan in jeder *burg* einen Münzer, aber an 9 Orten — darunter 4 Grosstädten — mehrere festgesetzt, ohne die anderen 'klein' zu nennen; II As 14, 2 **6**) Eine ~, die einem Feudalherrn gehört, kommt in den *Gesetzen* vor 1100 nicht vor. Wohl aber können Vassallen Privater *burgenses* sein; *u.* 10a (aus späterer Zeit: *u.* 11e und *comitalis villa* mit Markt; In Cn III 55). Laut Urkk. ist Worcester, wo der Ealdorman *þa burh bewyrcean* lässt und Einkünfte aus der ~ bezieht, ihm untergeben nicht als dem Grundherrn, sondern als dem vizekönigl. Vertreter der öffentlichen Gewalt (*u.* 13b); vor a. 899 Birch 579 **6a**) Die ~ ist vielmehr überall in den *Gesetzen* königlich gedacht; mit Recht setzt für *burh* II Atr 6 *burgus regis* Q; *u.* 14 [auch Frankreich nennt *burgensis regis* den freien Bürger einer nicht feudalen ~; Chabrun *Bourgeois du roi*] **6b**) Eadgar beansprucht in jeder *burg cynescipes gerihta* (Gerechtsame, besds. Einkünfte, der Krone) wie Eadmund; IV Eg 2a. Vielleicht ist hiermit nur staatliches Gericht gemeint wie mit *cyninges burg* III Atr 6, 1, jedenfalls kein Ggs. zu Adelsstädten **6c**) *Omnes rectitudines civitatum regis sunt* (In Cn III 46) könnte aus ähnlichem Agsä. Satze nur übertragen sein; der Übs. aber meint: Gerechtsame, nam. finanzielle aus jeder ~ gehören dem König **7**) Der Graf erhält den Dritten (*s. d.* 2) Pfennig von den [im übrigen königlichen] Einkünften *in villis, ubi mercatum convenerit;* In Cn III 55; *vgl.* I 614[u] **8**) Grundstücke in der ~, nicht bloss London (*s. d.* 8. 28a. b; Burg 6f), gehörten auswärtigen Rittergütern, bisweilen in anderer Grafschaft (Round *Victoria County hist. Berks.* I 26) und manche auch zur Gerichtsbarkeit der Feudalherren oder Kirchen **9**) Die ~ hat verschiedene Arten von Einwohnern: Vollbürger (*o.* 1c; über *burgwita, burgþegn u.* 19a) neben Einwohnern ohne Bürgerrecht (Hn mon 1), ökonomischen *minores;* Birch *Domesday* 148f.; Ballard (*o.* 4) 54. 112; *vgl.* London 8, Genossenschaft 12m [in Canterbury kommen schon a. 862 'Innenbürger' vor (Earle 132a); *vgl.* Bateson *EHR* 1905, 149; Ballard (*o.* 4) 113]. **N** Nach der Rasse sind Dänen und Franzosen (*s. scot* 2) gesondert; *s.* London 12. Dass *Franci et Angli* in der ~ sein können, setzt Hn mon 1 voraus. Erstere genossen an einigen Orten Normannisches ~recht; Ballard (*o.* 4) 86 **N 10**) Der Grundsatz '~luft (das [vom Herrn] unbeanstandete Wohnen des Unfreien in der ~ während Jahr und Tag; *s. d.* 6) macht frei' wird vom Londoner Antiquar um 1200 aus Glanvilla V 5 eingeschwärzt in Wl art retr 16. Er gehört Wilhelm I. jedenfalls noch nicht, ward aber vor der Curia regis 1313 gegen den Gutsherrn zitiert als *Carta Willelmi;* Pol Mai I 634; es könnte sein, dass auch das Rechtsbuch Britton (ed. Nichols I 200), ein angebliches Gesetz zitierend, an Wl art retr dachte. Sehr zweifelhaft ist, ob sich darauf um 1120 beziehen die Leis Wl 30, wonach, wenn *castel franc* richtig emendiert ist, die Bauern eine privilegierte *burh* aufsuchen, um persönliche Freiheit und Enthebung von Gutsfron zu erlangen, was die Leis verbieten **10a**) Vor den Normannen besteht keine Spur des Grundsatzes in England, Vielmehr gibt das Domesday in Ipswich sogar unter den Bürgern einen *servus* an: *In burgo habet Ricardus* 13 *burgenses; unus eorum est servus* II 393 **10b**) Bereits unter Heinrich I. aber zeigt Englisches ~recht [ebenso wie gleichzeitig Flandr. und z. T. früher Französ.; Brunner *Luft macht frei* in *Festg. Gierke* 25] an einigen Orten, dass der Bauer, wenn er Jahr und Tag von seinem Herrn unbeansprucht in der ~ gelebt hatte, dort frei bleiben darf; Bateson II 88ff. und *EHR* 1900, 755; Stubbs *Rog. Hoved.* II xxxviij; Pol Mai I 634; Holdsworth *HEL* II 324[6]. Dann erhebt dies zum allgemeinen Grundsatz für alle *villae privilegiatae*, jedoch nur fürs Gildemitglied (*u.* 16), Glanvilla V 5 **10c**) Dass

Heinrich der Löwe den Satz '∼luft macht frei' aus England in Sächsische Städte übertragen habe, widerlegt Frensdorff *Stud. z. Braunschweig.* ∼r. in *Nachr. Ges. Wiss. Götting.* 1906, 301. An Engl. Vorbild glaubt Rietschel *Hist. Zschr.* 102 (1909) 269. Hiergegen Brunner *o.* b **11)** Die ∼ geniesst besonderen Schutz (*s. d.* 5 b); *civitas* ist, wie Königshaus und -gefolge *perpetua pacis habitatio;* Hn 68, 2. Sie bildet die sichere Zuflucht Unschuldiger gegen Gesetzbrecher [kann damit gemeint sein: Asyl der vor dem Druck der Gutsherren Geflüchteten?]; Quadr II Praef 9. Speziell rühmt sich London (*s. d.* 52) als Bollwerk des Reiches. In der ∼ *consuetudines regni, ius commune, dignitates coronae non possunt violari;* Londoner Ideal um 1200; Wl art retr 11. *Vgl.* Gottesfriede 3 **11a)** Dieser besondere Frieden der ∼ gilt um 1200 für York erstens als uralt und zweitens [irrig] vom König verliehen. Ein Roman *Uxor Ærnulfi* erzählt, ein König schändete eine Frau auf dem Lande, nicht in der ∼, *neque ausus civitatem offendere; siquidem Eboracus regia civitas erat, quam rex regia libertate et civili pace donaverat.* Diese Frau *civitatis se munitioni dedit;* ed. Martin hinter *Gaimar* I 331 **11b)** Eine Wurzel dieses besonderen Friedens der ∼ ruht viell. im Königsfrieden (*s. d.* 4 f; *burhgeat* aber in Pax bedeutet Burgtor [*s. d.*], nicht [wie später möglich] ∼tor) **11c)** Den Totschlag in der ∼, *in burgo regis* (*in civitate vel castello vel* [hier folgt die bei diesem Autor häufige Verallgemeinerung, die die Besonderheit des Vorhergehenden zugunsten nivellierender und weitergreifender Strafjustiz der Krone aufhebt] *ubicumque* 13, 1) trifft härtere Strafe als auf dem Lande, nämlich *Misericordia regis;* Hn 68, 2. 80, 1 **11d)** Obwohl mit 'Königsburg' in Af-Ine das Haus, nicht ∼, gemeint ist, könnte vielleicht darunter die Königs∼ im 11. Jh. verstehen der sie benutzende Kompilator: wer dort blutig ficht, verwirkt Wergeld oder Leben in des Königs Belieben; Griđ 15 **11e)** **N** Abschreiber 12. 13. Jhs., die *borg* (Schutz) in *burg, borhbrece* in *burhbote* ändern, scheinen an den besonderen Frieden der ∼ zu denken, schwerlich mehr des festen Einzelhauses; II Cn 58, 2 A. Af 3 Q Var. Hn 12, 2. Dann meinen sie auch Städte unter Prälaten oder Grafen **11f)** Bereits um 1000 geniesst die ∼ London (*s. d.* 8. 54) besonderen Schutz; Verbrechen dort verübt finden härtere Strafe als anderswo, und zweitens erhält sie eine eigene Busse für gebrochenen Schutz, unter königlicher Bewilligung, gleich hoch wie die Ungehorsamsbusse des Hundred oder Thegn; *s. d.* 17 d. [Das Wort *burgbryce* in diesem Satze emendier ich (mit Schmid 541 gegen Steenstrup *Danelag* 359) zu *borgbryce*: Schutzbruch] **11g)** Unter Æthelred II. verfolgt die 'Bürgerschaft selbst', und erst subsidiär der Staat, die Landfriedensbrecher 'lebendig oder tot', also mit Befugnis des Strafvollzugs; II Atr 6 **11h)** Strenger herrschte in der inneren ∼ Cambridge *burhgriđ* gegenüber gewöhnlichem *landgriđ;* davon bietet eine Spur die Strasse *landgrithes lane* am ∼graben nach der Landseite zu; Maitland *Township* 101 **11i)** Die ∼ [offenbar nicht das Dorf] gewährt Schutz der aus Schiffbruch (*s. d.* 2) entronnenen Mannschaft und Ware **12)** Die ∼ hat seit Eadgar ein vom Hundred getrenntes Gericht [*s. d.* 9 d. e. f. 12—13; im Ggs. zum Dorf, das kein eigenes öffentliches Gericht beherbergt; Maitland *Domesday* 185], samt Kaufzeugen-Kolleg. Sind hier Urteilfinder und Umstand Bürger, so bleiben doch Vorsitz und Justizertrag königlich. Sogar in London (*s. d.* 28 A), das den Gerichtshalter wählt, heisst die nichtprivate Gerichtsbarkeit nicht städtisch, sondern *socna regis.* Dort erwähnen die *Gesetze* Folcmot (*s.* London 24) und Husting; *s. d.* **12a)** Nicht in den *Gesetzen* kommen vor die Namen *portmannimot* (in Oxford und Abingdon), *portmot, lawday* (Bateson) für ∼gericht (städtisches Hallengericht; *s. d.* 10). Doch sind manche Bürger trotz bestehenden ∼gerichts noch 1086 dingpflichtig zum Hundred draussen; Ballard (*o.* 4) 53. 102 **13)** Der königliche Verwalter der ∼, auch für Gericht, Finanz und Heer [*vgl.* Ballard (*o.* 4) 46. 110] ist der Vogt; I As Pro. II 12. III Atr 7. IV 4, 2. II Cn 8, 2. Dieser *gerefa* ist bisweilen spezialisiert als *portgerefa* [Canterbury's *portgreifar* erwähnt um 1020 Sighvat; Vigfusson *Corpus poet. boreale* II 126], *wicgerefa* (*s.* Wb); nicht für Agsä Städte nachgewiesen, aber fur 1110 erschliessbar ist und für fremde Städte angewendet wird (Toller *Suppl.*) *burggerefa* (ECf 32; *prælatus burg*[*i*] Hn 20, 1 a); *vgl. I heold in þisse byrig gerefena stowe and scire*; Wærferth *Dial. Greg.* 340; *præpositus civitatis* zu Oxford kann für *portgerefa* stehen; dagegen *gerefa to hwilcere birig* heisst Vogt jeder [nicht notwendig städtischen] Gerichtstätte **13a)** Der ∼vogt, nirgends ein Gemeindebeamter [gegen Schmid 598], untersteht bisweilen dem König, bisweilen dem Grafen, bisweilen dem Sheriff. In London (*s. d.* 45 ff.) wird er selbst zum Sheriff. Hier gab es öfters eine Mehrheit von Vögten (Sheriffs). **N** Nur hier wird er von der ∼ gewählt, seit Hn Lond. Ende 11. Jhs. *monetagium capiebatur* über *comitatus* und *civitates* hin (CHn cor 5): die ∼ bildete also besonderen Verwaltungsbezirk neben der Grafschaft **13b)** Eine ∼ regiert vom Ealdorman (*s. o.* 6) zeigt II Atr 6 **13c)** **N** In Normannenzeit stehen *civitates, burgi, castella* auch unter dem Gericht des *iusticia regis,* worunter hier ein von der Zentralregierung delegierter Kronbeamter zu verstehen ist; Lond ECf 32 A 12 **13d)** Unter dem ∼vogt steht der Büttel; *s. d.* 1a **13e)** Nachweisbar ist ein ∼vogt zur Agsä. Zeit (ausser in London) in Bath (Kemble 933. 1351), Bodmin (981), Buckingham (1289), Canterbury (189. 789. 798 f. 929; Birch 1212), Gloucester (Kemble 1317), Oxford (950) **13f)** Vor dem ∼vogt als Kaufzeugen wird in London Kauf abgeschlossen; Hl 16, überall I Ew 1 = II As (10) 12 = III Em 4. Er empfängt den Kaufzoll für den König; III Atr 7. IV 3. Die Namen des ∼vogts stehen in Glossen für *publicanus, quæstor, telonearius* (Toller); Zollerhebung also war eine seiner Befugnisse. Er muss wachen gegen Münzfälschung; *s. d.* 3. 3a **N 14)** Um 1200 fordert das Programm eines Londoner Antiquars, heimischen Brauch verallgemeinernd [*s.* Nacht 4, London 34 d], Nachtwache gegen Missetäter und Feinde *per civitates, burgos, castella, prout vicecomites, aldermanni, prepositi et ceteri ballivi* (*regis*) *providebunt* (Wl art retr 6);

ferner jährliche Waffenschau *in civitatibus, burgis, castellis*, widrigenfalls *vicecomites, aldermanni et ceteri ballivi emendent;* Lond ECf 32 A 13. *Vgl. o.* 4. Das Dasein der Aldermen (*u.* 19) beweist dies Zeugnis aber erst für Ende 12. Jhs. **14a)** Die ~ zerfällt in *wards; s. d.* Die Zehnerschaft setzt mit *ward* synonym, weil *sub una societate urbem debet servare,* Cons Cn II 19, 2d **15)** Handel (*s. d.* 8b; London 29) geht vorzugsweise, eine Zeit lang allein, in der ~ vor sich. Nur in der ~ wird gewerbsmässig Fleisch (*s. d.* 2) verkauft; *vgl.* I 669[e]; nur in der ~ wird Münze (*s. d.* 8) geprägt. Dort zunächst wird Münzfälschung (*s. d.* 3b; *o.* 13f) ertappt und verhütet **15a)** Nur in der ~ sieht Sicherheit (*o.* 11) für den Markt (*s. d.* 2a) der Londoner Reformer **15b)** Das Mass (*s. d.* 6) findet in der Residenz und der Haupt~ seine Norm **16)** Über die Londoner Gilde (*o.* 10b) unter Æthelstan *s.* Genossenschaft 9ff. Hier entwickeln sich Ansätze eigener ~organisation **16a)** Die Besonderheit des Rechtes der ~ erhellt aus der Zufügung zu manchem landrechtlichen Gesetz, es solle gelten in und ausser der ~; IV Eg 3, 1. Auch soll der Bischof *burhriht* neben *landriht* beaufsichtigen; Episc 6 **16b)** Neben dem Londoner (*s. d.* 54) erwähnen *Gesetze* als besonderes Recht der *cives et burgenses* nur die Erleichterung des Handels in Fleisch; *o.* 15 **16c)** Über städtischen Grundbesitz *s. d.* 15b, London 54aff., Erbgang 2b. 12a. 13a; Haus 1e **16d)** Über der Bürgertöchter Eheschliessung *s. d.* 16b. n **17)** Die Bürger der ~ zahlten öffentliche Steuern (*s. scot* 3), die von Abgaben (*s. d.* 10) an den königlichen Grundherrn zu trennen sind; Ballard (*o.* 4) 123. Sie wurden von der Krone in der Regel insgesamt dem Vogt in Pacht (*s. d.* 11a) gegeben. Nur London (*s. d.* 23. 45b. c) erhielten die Bürger zu eigener Pacht **17a)** Die Trinoda necessitas, allgemeine Staatsbürgerpflicht, auch die Kirchenherstellung, fordert von allem Volk, offenbar die ~ einschliessend, II Cn 65. 65, 1 **17b)** Der Peterspfennig (*s. d.* 14a. b) auf Fahrhabe wird eingefordert vom Bürger in besonderer Art, **N** der Zehnt auch von *negotiationibus,* d. i. von Handel (und Gewerbe?); ECf 8, 2 **18)** Londons (*s. d.* 27) Schritt zur organisierten Gemeinde, unter Æthelstan, Æthelred, Heinrich I. bezeugt, eilt sonstiger ~ weit voraus, ist nicht etwa für die ~ allgemein typisch. Nur dorther erwähnen die *Gesetze* Bürgerschaft, Husting, Volksversammlung, Genossenschaft, ~recht **18a)** Neben *burgwaru* kommt auch *burgweorod* um 980, synonym mit *portwaran* um 850 in derselben Urk. vor; Birch 426; dieser Plural ist aber das Frühere, das singulare Kollektivum erst später entwickelt. Die ganze Bürgerschaft verfolgt Landfriedensbrecher, aber (was für ihre Schwäche spricht) nur neben der verletzten Sippe; II Atr 6. **N** Für London (*s. d.* 10) wird sie als ganzes angeredet **18b)** Aus dem Gallolatein *coniuratio* für Kommune, aus der Bezeichnung der Gildegenossen als *fratres* (*coniurati* in Schleswig; Hegel *Städte* I 163) und aus der Macht des ~regiments Londons (*s. d.* 53) um 1200 bildet der dortige Antiquar den Traum von Eidbrüdern (*s. d.* 6) fürs ganze Reich **19)** Von Gemeindebeamten der ~ kommen in den *Gesetzen*, nur beim Londoner Antiquar um 1200, die Aldermen vor; *o.* 14. *Habent aldermanni in civitatibus, burgis, castellis eandem potestatem qualem præpositi hundredorum sub vicecomitibus;* Lond ECf 32 A 1. Er identifiziert sie mit den gräflichen Ealdormen (*s. d.* 3d. 6a. 8) der Agsa. und den Römischen *senatores; ebd.* Sie sollen Landfrieden, altes Recht und Freiheit wahren (32 A 2), neben Sheriffs und anderen Königsbeamten (unter die er sie irrig einreiht), Waffenschau am 3. Febr. halten, ferner Nachtwache anordnen (*o.* 14), je ihr *ward* gegen Brandgefahr schützen (32 B 9f. ε) und — reine Fantasie — gegen plötzliche Staatsgefahr durch *motbelle* (Versammlungsglocke) alle 'Gemeinden' (*communes*) des ganzen Reiches zum *folcesmot* berufen; A 3; *vgl.* London 53. a **19a)** Das Wort *portgerefa oððe burhwita* (Toller *Suppl.*) für *municeps* könnte den ~vogt mit einem Gemeindebeamten zu identifizieren scheinen. Doch folgt aus so ungenauer Glossierung nicht mehr als dass unter dem Namen *burhwita* (*s.* London 9a; auch zu Exeter c. 1018 [Napier *Crawford cha.* n. 4]: Patrizier), wohl mit *burhþegn* synonym, eine regierungs- oder ratsfähige Klasse bestand **19b)** Ein fernerer Keim zum ~rat liegt wahrscheinlich in den Lagamen; *s. d.* Dass städtische Kollegien häufig zu 12 Mann [wie *meliores* 12 *cives* in London (Petit-Dutaillis, *Studies to Stubbs* 93), 12 *capitales portmanni*, 'wie es solche gibt in Englands and. freien Städten', gewählt um 1200 zunächst zu Gerichtsoberen, in Ipswich (Gross *Gild merch.* II 118f.; Pol Mai II 642), 12 *iudicatores* zu Chester] im 11. Jh. bestanden, scheint hervorzugehen aus dem Fehler London 46af. **19c)** Ausser den Gerichtsoberen (*witan, ieldstan* II As 20, 1; 4) mochte Personal für den Rat abgeben der Ausschuss, der den königlichen Beamten beim Eintreiben von Strafgeld umgibt (II Ew 2), namentlich aber das Zeugenkolleg (V As 1, 5), besonders die Kaufzeugen (*s. d.* 2; Gericht 12d. 20b. c; *vgl.* Maitland [*o.* 12] 211; Hegel [*o.* 18b] I 53f.); Bateson I xiij. Der Ausschuss von 12 Schiedsrichtern zu Andover im 13./14. Jh. heisst *forewardmen,* und zu Hereford sind 1348 *forwardesmen, testes contractibus;* Gross (*o.* b) I 31. II 324. 343. 345. Die Kaufzeugen waren also entwicklungsfähig zu richterlichen Magistraten. — Die Bezeugung durch Bürger der Urk. 11. Jhs. Kemble 950 kann, aber muss nicht ebendahin deuten

Stadtluft macht frei *s.* Stadt 10

Stall für Rinder, Pferde, Schweine bauen (*stiellan, stigian*) ist Pflicht des Domänenvogts auf dem Herrschaftsgut; Ger 11. 13 [table; Pferd 10

Stallmeister *s.* Marschall, Conné-

Stamm *s.* Briten, Angelsachsen, Walliser, Dänen, Franko-Engländer, Fremde

Stammgut *s.* Wb *frumstol, primum feudum; vgl.* Grundbesitz 2, Erbgang 2c. 5f. 13a, Lehnwesen 9ff.

Stand *s.* Wb *had*, *geþyncðo*, *mæð*

1. Begriff. 1c. Aufzählung. 1d. Drei Berufe. 2. Traktate. 3. Einteilung des Volkes. 4. Fliessende Klassengrenzen. 5. 6. Geburt. 7. Grundbesitz, Amt, Privileg. 8. Unterworfene. 9. Gesetzliche Änderung. 10. Aufsteigen, Sinken. 11. Wergeld. 12. Eideswert, Urteilfinder, Gerichtshalter. 13. ~ beeinflusst Strafe, 14. Heergewäte, Mannbusse, Grab. 15. Grundlage der Staffel verschiedener Stände: Gemeinfreier. 16. Verschiedenheit der Bewertung: 17. A. Kent. 18. B. Ostanglien. 19. C. Nordengland. 20. D. Mercien. 21. E. Wessex;

a. b) Wergeld, c. d) Mannbusse, e. f) Munt, Ungehorsam, g ff.) Gewalttat, m) Gerichtsungehorsam, o) Amtsvergehen, p) Asyl, q) Fasten, r) Prozessualpfand, s) Unzucht, v) Heerversäumnis, w) Heergewäte, x) Eideswert. y) Graf doppelt so hoch wie Thegn.

1) Der abstrakte Begriff der Verschiedenheit des Volkes nach Geburt, Beruf, Besitz kommt (abgesehen von Geistlichen) nur selten zum Ausdruck; Af 4, 2. I Em Pro. Sacr cor 1, 2. VI Atr 52. Griđ 3 **1a)** Jeder ~, geistlicher und weltlicher, hat besondere Rechtspflicht, die zu erfüllen *Gesetze* homiletisch ermahnen; V Atr 4. 4, 1 = VIII 31 = VI 2. 2, 1 = I Cn 6 **1b)** Auch die Prinzipien der Ständeteilung werden nur selten erwähnt **1c)** Eine vollzählige Nennung aller Stände begegnet nirgends. An verschiedenen Stellen genannt sind: König, Ætheling, Witan, Erzbischof, Bischof, Herzog, Eorl, Ealdorman, Graf, Höldr, Heahgerefa, Adel (mit 'Bocland' und mit 'Gerichtsbarkeit'), Königsthegn, Priester, Diakon, Abt, Mönch, Thegn, Gefolgsadliger, Sechshynder, Baron, Ritter, Knappe, Gemeinfreier in 3 Klassen, Bauer, Bürger (*s.* Stadt 9. 19a), Walliser in 4 Klassen, Læt in 3 Klassen, Freigelassene, halbfrei, Esne, gänzlich Unfreier in mehreren-Klassen. Neben diesen Artt. *s.* Amt, Lehnwesen, Gefolge, Gefolgsadel, Vassallität **1d)** Ælfred im Boethius wünscht als Ideal für ein Land 3 Berufe: für Gebet, Krieg und Arbeit; *vgl.* Asser 100. Dieselben drei Thronstützen *oratores, bellatores, laboratores* erwähnen spät-Agsä. Homileten: Ælfric (bei Wülker *Grundr. Ags. Lit.* 474), Polity 4 (ed. Thorpe *Anc. laws* 424), *Homil. n.* Wulfstan 267. Einer rohen Staatskunst genügt diese Dreiteilung noch unter dem Namen Lehr-, Wehr-, Nähr~. Im 9./10. Jh. ward Kriegsdienst auch vom Bauer, Beten von ihm wie dem Kriegsadel gefordert. Handel und Gewerbe werden der wesentlich doch landwirtschaftlichen Arbeit zugerechnet sein **2)** Etwa unter Eadward dem Bek. ward der einzige Traktat geschrieben, der im Zusammenhang, als Hauptthema, Stände schildert: *Geþyncđo.* Ihm verwandt sind Sätze in *Griđ* **2a)** Einstmals genossen hohe Stände grosse Würde und hohe Schutzgewähr; Griđ 3 **3)** Das Volk zerfällt **A.** in Freie (die aus Adel und Gemeinfreien bestehen) und Unfreie **B.** in Inländer und Fremde C. in Engländer und Walliser, Dänen, Franke-Engländer, Juden **D.** in Laien und Geistliche, unter denen sich wieder Mönch u. Nonne vom Weltklerus scheiden **E.** in Vornehme (Reiche) und Gemeine (Arme) F. in Herren und Gefolge (*s. d.*, Vassallen, Lehnwesen; *domina et pedissequa* IV As 6) **G.** in [reichsunmittelbare] Königsuntertanen und Thegns Leute **H.** in Ansässige (*s. d.*, Unterabteilung: Herrschaftsgut und Bauer) und Landlose **I.** in die kraft Amts Regierenden und Regierten **K.** in die Berufskrieger (Gefolgsadel) und Landwehr L. Bauer und Bürger (*s.* Stadt 2) samt Handel- und Gewerbetreibenden **3a)** Zwischen Freien und Unfreien (*s. d.*), die beide wieder in mehrere Klassen [nach Besitz?] zerfallen, stehen Halbfreie, Læt, Walliser, seit 12. Jh. Villane, auch alle diese unter einander zahlenmässig abgestuft **4)** Fliessend sind die Grenzen von Arm (*s. d.* 1) und Reich, Oberen und Unteren, *ieldran ge gingran* II Em Pro. **N** Auch bleibt dunkel, wo die *meliores* des Hundred, die allein Eideshelfer sein sollen, anfangen (Hn 92, 11) oder die *meliores* in Stadt, Hundred, Dorf, die dem Richter den Leumund eines Verdächtigen angeben (ECf 38, 2), oder die *meliores* im Dorf, die als Fundzeugen fungieren (24. 24, 1) und es im Grafschaftsgericht vertreten können (Hn 7, 7b), oder die *maiores*, die beim Amtsantritt des neuen Vogtes im Wapentake anwesend sind; ECf 30, 2 **4a)** Gemeinfrei (*s. d.* 8aff.) waren zugleich verschiedene zahlenmässig [nach Besitz] abgestufte Klassen **5)** Geburts~, und nur durch Geburt begründet, ist König, Ætheling und *eorl* alten Sinnes; *s.* Adel 1. 2. 6 **5a)** Erblich ist auch mancher nur durch Dienst oder Besitz erworbene ~; nur der geistliche (*s.* jedoch *d.* 10b) der Theorie nach niemals **5b)** Kirchlicher Rang kann das Wergeld nur erhöhen, nicht unter die angeborene Höhe mindern; Egb. *Dialog.* 12. **N** Zwar bei Lebzeiten geniesst der regulierte Priester Thegnrang, aber bei Erschlagung nur angeborenes Wergeld; Hn 68, 3 **5c)** Die Geburt verleiht den ~ und bestimmt das Wergeld; Ine 34, 1. Af 9. II Em 1 = Wer 2 = Hn 76, 1. 69, 1 **6)** **N** Der ~ des Vaters bestimmt den des Kindes (*s. d.* 10) betreffend Wergeld (Hn 68, 3b. 70, 13; 14a. 75, 7), Rasse (75, 7) und Freiheit (77, 1f. jedoch *s.* Ausnahme: unfrei 4a), Genuss des Bürgerrechts **6a)** Über die Ehelichkeit des Kindes *s.* Bastard 1ff. **7)** Grundeigen, samt Vertretung seiner öffentl. Last, erhöht den Gemeinfreien zum Adel; *s.* fünf Hufen 1. 3. Der Prinz oder Eorl (*s. d.* 7) besitzt theoret. achtmal so viel Land wie der Thegn; *s. u.* 19 **7a)** Der Walliser hat ein Wergeld von 120 Schill., sein Sohn nur von 100 (Ine 23, 3), wohl weil letzterer bei Lebzeiten des Hausvaters noch nicht Grund besitzt. [Auch in *Leges inter Brettos et Scottos* hat der Thegn 300 *ores* (25 £), der Sohn 200 Wergeld **7b)** Verkehrt ist aber die Ansicht, der Unterschied zwischen *twelfhynde* und *twihyndeman* beruhe darauf, wie viele Anteile der Gemeindegenoss an der Gemeindeflur habe; bei Kowalewski *Ökonom. Entwickl.* I 521. Der Name bezieht sich nicht auf Eigentum, sondern auf die Schillingsumme des Wergelds] **7c)** Auch unter den Bauern (*s. d.* 4e), deren ~ selbst schon von wirtschaftl. Merkmal her 'Grundzinszahler' heisst, schafft die Grösse des Kleinbesitzes Unterschiede; *s.* Kötter 4 **7d)** Fehlt solcher, so muss der Mann in ein Gefolge; *s. d.* 9 **7e)** Wer zum Adel gehört bewohnt ein umfestigt Haus (*s.* Burg 1), der Bauer nicht. Von Fahrhabe sind ~eszeichen Waffe u. Schild; *s. d.* **7f)** Besitz von Bocland (*s. d.* 15. 22f.), bes. aber Gerichtsbarkeit (*s. d.* 27) erhöht den ~ **7g)** Höheren Rang gewährt das Amt (*s.* Ealdorman 11), der Königsdienst; *s. d.* 1ff. **7h)** Innerhalb königlichen Hofgefolges erhellt fester Rangunterschied in Festgeschenk und Legat, die K. Ælfreds Testament verteilt; Birch 553 **7i)** **N** Innerhalb des Adels (*s. d.* 30a. b) bilden *proceres* Prälaten, Grafen *et aliae potestates* (Hn 20, 2): wohl Barone mit polit. Amtsgewalt **8)** Durch kriegerische Unterwerfung drückte der Angelsachse (*s. d.* 7. 22) den Walliser herab und erlitt ähnliches vom Dänen (*s. d.*) und Normannen; *s.* Franko-Engländer 1aff.; Beweis 11a **9)** Eine gesetzliche Änderung der ~esverhältnisse liegt viell. vor in den Bussen für Einbruch (*s. d.* 2d): da schiebt Af den Erzbischof ein [unter Ine stand Canterbury noch nicht unter Wessex], drückt Bischof und Ealdorman herab, lässt den Königsthegn und den landbesitzenden Gefolgsadel fort und führt ein den 1200- und 600 Schilling-Mann [jenen vielleicht statt Ines Thegn] mit nur halber bzw. noch weniger Busse; *u.* 211 **10)** Dem Unfreien kann Freilassung (*s. d.*) oder, wenn er zu Dänen entlief, Aufsteigen zum Thegn (Wulfstan 162), dem Gemeinfreien der Adel (*s. d.* 5) zuteil werden **10a)** Durch Schuld kann der Freie Verknechtung (*s. d.*) oder Vermögenseinziehung (*s. d.*) leiden samt Minderung gerichtlichen Wertes, der durchs Amt Emporgestiegene Amtsentsetzung (*s. d.*), der Geistliche (*s. d.* 20c. e) Verlust des Thegnrangs und Degradation, der Adel (*s. d.* 37) verloren gehen **11)** Der ~ drückt sich aus im Wergeld (*s. d.*), das neben Rang (Würde) zur Überschrift dient für Geþyncðo (*o.* 2), so sehr dass '1200 und 200 [Schilling]-Leute', genau in die Bed. des früheren Synonymon 'vornehm und gemeinfrei' (seit VI As 8, 2. III Em 2. Cn 1020, 1. 1027 Insc.; Urk. a. 1015 Kemble *731) einrückend, das ganze Volk bezeichnen [dafür *twelfhynde* und *cyrlisc* Wer 7; *thegn* und *ceorl* (*Villan*) Duns 5. Hn 88, 11a]; zwischen beiden steht nur bei Af-Ine der Sechshundert- (*s. d.*) Mann. Über jene beiden setzt die Eorlas Cn 1020, 1 **11a)** Von oben nach unten sinkt das Wergeld vom König je nach ~ (*o.* 1c) zum Unfreien, der in Normannenzeit ein Wergeld hat **11b)** Auch die für Schädigung empfangene Busse steigt mit dem ~e; *u.* 16; *s.* Altarbusse 2. 4 **12)** Höherer ~ besitzt höheren Eideswert; *s. d.* 1ff. **12a)** Gegen eine Gegenpartei von höherem ~ wächst die Eidesschwere (*s. d.* 8f.) wie das Prozessualpfand; *s. d.* 5a; *u.* 21r. **N** Sind die Parteien ungleichen ~es, so qualifiziert das den Prozess; Hn 9, 6a **12b)** Der Bauer reinigt sich [im 12. Jh.] durch anderes Ordal (*s. d.* 19b) als der Freie **12c)** Einen Beklagten von höherem ~ darf nicht verurteilen ein Urteilfinder von niederem; zwar aus Kanonistik, aber offenbar nicht auf geistliches Gericht beschränkt; Hn 5, 7; 11c. 28, 1. 31, 7. 32, 1a. 33, 1 (*vgl.* ~esgenossen 7a). Abhängige Bauern können nicht Urteilfinder (*s. d.*) im staatl. Provinzialgericht sein **12d)** Das Gericht erhält verschiedene Ungehorsamsbusse, je nachdem ihm vorsitzt König, Ealdorman oder Vogt; II Cn 15, 2 **13)** Der an ~ Höhere büsse Sünden tiefer und entgelte Missetat teurer als der Niedere; aus *Can.* Eadgari VI Atr 52 = II Cn 38, 1. 68, 1. (Diese Theorie empfängt in den meisten *Gesetzen* Ausdruck [*u.* 17b]; manche aber [*u.* 13d] folgen der entgegengesetzten). Der im Grade höhere Geistliche büsst schwerer als der Niedere; aus Bussbuch Hn 73, 1—5. Die Rechtsbruchbusse (*s. d.* 5) in Denalagu steigt mit dem ~ des Zahlenden (*u.* 19b); **N** sie heisst daher 'seine'; Leis Wl 39, 1. 42. Theoretisch verkündet die verschiedene Behandlung des angeklagten *liberalis* (Adligen) *et illiberalis, domini et servi, noti et ignoti* Ps Cn for 21 **13a)** Gerechtigkeit (*s. d.* 2. c. 7) ohne Rücksicht auf den ~ des Missetäters meint nur Unbestechlichkeit des Richters durch persönlichen Gewinn oder Schaden oder Aussicht darauf und musste häufig eingeschärft werden. *Vgl.* arm 3. 6—o **13b)** Der im Ordal schuldig erfundene Unfreie zahlt halb so viel Strafgeld wie der Freie; II As 19. Die Prügel (*s. d.* 4a. b) kauft dem geborenen Sklaven ab eine Summe von 6 Schilling, dem Walliser Strafknecht eine von 12 und dem Englischen von 24 **13c)** Der Beamte büsst strenger als andere für Missetat gegen die Idee seines Amtes, und der höhere mehr als der niedere; *s.* Amtsvergehen und *u.* 21n. o **13d)** Umgekehrt traf (z. B. bei Notzucht; *s. d.* 7) Leibesstrafe den Unfreien, wo der Freie mit Geldstrafe davonkam, schon darum weit öfter, weil jener arm und sippelos, zur Auslösung unfähig war **13e)** **N** Im Einzelnen zwar unglaubwürdig, aber für die grössere Strafhärte gegen niederen ~ bezeichnend ist das Programm des Forstes *s. d.* 21. a **13f)** Je nach dem ~e unterschied sich die Behandlung der Partei im Prozess so sehr, dass es dem Herrn vorteilhafter erschien, den Untergebenen bald als frei (*s. d.* 8) bald als unfrei auszugeben **13g)** Der geistliche (*s. d.* 20) Missetäter leidet nur Geldstrafe, offenbar sehr selten oder nie, wie bei Zahlungsunfähigkeit der Weltliche regelmässig, Leibesstrafe oder Freiheitsverlust **13h)** Die Strafen (*s. o.* d) sind für den Unfreien härter; nur diesen und Halbfreien treffen Prügel; *s. d.* 2; *vgl.* Todesstrafe **13i)** Mit dem ~ des unmittelbar materiell Verletzten wächst nicht bloss die Busse (*s. d.* 8), sondern auch die Strafe; *s.* Geistliche 15dff.; Hochverrat; Bande 5ff. **14)** Nach dem ~ des verstorbenen Mannes richtet sich, ob sein Herr Besthaupt (*s. d.*) vom Bauer oder Heergewäte (*s. d.* 9. 11; in Normannenzeit Lehnsmutung vom Lehnfolger) empfängt; und der Betrag letzterer Gebühr steigt mit dem ~ des Mannes **14a)** Nach dem ~ des Herrn, dem ein Mann erschlagen und so sein Schutz verletzt ward, oder nach dem dieses Erschlagenen richtet sich Mannbusse; *s. d.* 15. 16; *u.* 21c. d **14b)** Auch im Grabe (*s. d.* 5) wird der ~ ausgezeichnet [Der Norweg. Friedhof ist nach ~ der Begrabenen eingeteilt; Maurer *Sitz. Ber. Bayer. Ac.* 1878, 34] **15)** Grundlage für die ständische Stufenordnung bildet (ausgenommen Sippe 24d) der gemeinfreie (*s. d.* 2) Bauer; Ine 39, 1. 70. Af 29ff. Von ihm aus steigen die Bussen nach oben auf. Dieser aber sank in gesellschaftlichem Ansehen und Teilnahme am aktiven Staatsleben (*s.* Freilassung 12) allmählich, bis endlich unter Æthelred II. wenigstens in Wessex als vollfrei nur der Thegn (*s. d.*) mit 1200 Schilling Wergeld erscheint; II Atr 5 **16)** Die Bewertung der verschiedenen Stände zu einander wechselt erstens nach Partikularrecht (*s. d.*), zweitens nach den Zeiten [der Læt, Walliser, Sechshundert- (*s. d.* 3) Mann verschwinden], drittens aber je nachdem es sich handelt um Empfang von Wergeld, Gliederbusse, Bandenbusse, Fechtstrafe, Mannbusse, Busse für Bruch des Schutzes, des Hausfriedens, der Bürgschaft, der Asylgewähr, um Zahlung des Prozessualpfands, des Heergewätes, der Strafe für versäumte Heerespflicht **17)** **A.** In Kent. Im Wergeld (*s. d.*) verhält sich der Adlige zum Gemeinfreien wie 3 : 1 **17a)** Der niederste Læt (*s. d.* 3) verhält sich zum mittleren und höchsten und zum Freien wie $^2/_6 : ^3/_6 : ^4/_6 : 1$, laut der für ihre Erschlagung zu zahlenden Busse **17b)** In der Strafe für Heirat gegen Eheverbot (*s. d.* 1) verhält sich der Gefolgsadlige zum Gemeinfreien wie 2 : 1 **17c)** Die Sklavin-Klassen im Königshause verhalten sich in der Busse, die ihr Schänder dem Herrn schuldet, wie 12 : 25 : 50, die im Bauerhause wie 15 : 25 : 50; Abt 10f. 16 **17d)** Der Esne verhält sich zum Freien in der Busse, die zahlt, wer ihn ungerecht fesselt, wie 3 : 10; Abt 88. 24 **17e)** König und Erzbischof stehen gleich im Empfang der Busse für Bruch der Schutzgewähr; Grið 6; Wi 2 setzte die Kirche statt des Erzbischofs **17f)** Die niederste freie Witwe zur mittleren, höchsten gemeinfreien und zur adligen verhält sich in der Busse für gebrochenes Schutzrecht über sie wie $^{3}/_{10}$: $^{6}/_{10}$: 1 : $2^{1}/_{2}$; Abt 75. 75, 1 **17g)** Im Empfang von Busse für verletzten Schutz verhalten sich König, Adliger und Gemeinfreier wie 25 : 6 : 3; Abt 8. 13ff. **17h)** Im Ersatzempfang für Gestohlenes (*o.* 11b) verhält sich Bischof, dem Elffaches zukommt, zum Priester und König (der hierin Neunfaches erhaltend, zwar unter dem Bischof steht, aber Strafgeld nebenbei empfängt), zum Diakon (Sechsfaches) und zum Kleriker oder Gemeinfreien (diese beiden bekommen Dreifaches) wie $^{11}/_{3}$: 3 : 2 : 1; Abt 1. 4. 9. Daraus: des Königs Gut zu dem des Erzbischofs wie $^{11}/_{3}$: 3; Grið 7 **18) B.** In Guthrums Ostanglien stehen im Wergeld Dänischer Freigelassener und Agsä. Zinsbauer gleich und im Verhältnis zum Vollfreien wie 1 zu 6; AGu 2 **19)** C. In Nordengland verhält sich im Wergeld Königsblut (abgesehen vom Staatsamt) = Erzbischof und Prinz (Herzog; *s. o.* 7) zum Thegn wie $7^{1}/_{2}$: 1; ferner Bischof = Ealdorman zu Höldr = Heahgerefa und zum Gemeinfreien wie 30 : 15 : 1, also höchster, königlicher Adel zum Gemeinfreien wie $7^{1}/_{2} \times 7^{1}/_{2}$: 1; Norðleod 1—6. 9. 11 **19a)** Der landlose Walliser verhält sich im Wergeld zu dem mit halber oder ganzer Hufe und zum gemeinfreien Engländer wie $^{7}/_{20}$: $^{2}/_{5}$: $^{3}/_{5}$: 1 [verwandt mit *u.* 21b]; Nordleoð 7f. **19b)** In Northumbrien ist die Strafe für Heidenwerk, Vorenthaltung des Zehnten und des Peterspfennigs abgestuft je nachdem sie den Königsthegn, den Grundherrn oder den gemeinfreien Bauern trifft. Diese Stände verhalten sich wie $3^{1}/_{3}$: 2 : 1; Northu 48ff. 60f. = In Cn II 15, 1b, I 612. Nur beim Peterspfennig ist Klasse 1 mit 2 verschmolzen; Northu 58 **19c)** In Denalagu verhält sich das Heergewäte (*s. d.* 9c) für den höchsten Königsthegn zu dem für den immunen und geringeren Thegn etwa wie 4:2:1; *vgl. u.* 21w **20) D.** In Mercien verhält sich im Wergeld (*s. d.*) König (als Person, ohne Amtswürde) zum Thegn und Gemeinfreien wie 36 : 6 : 1 **20a)** Als Empfänger von *forisfactura* (wahrscheinlich für Bruch des Schutzes; *s. d.* 14—15b) verhält sich Erzbischof zum Bischof = Grafen, zum Baron und zum Socman = Villan wie 12 : 6 : 3 : 1 **21) E.** Die übrigen Nachrichten betreffen Wessex oder entstammen dem zwölften Jahrhundert, als dieses im Engl. Recht vorherrschte **21a)** Im Wergeld (*s. d.*) verhält sich der Thegn zum Sechshunderter und zum Gemeinfreien wie 6 : 3 : 1. Jenes Verhältnis des Twelfhynde zum Twihynde wie 12 : 2 brachten die Sachsen vielleicht schon vom Festlande mit; nicht von Anfang an bedeutete *twelfhynde* nur den Thegn; Brunner I[2] 348 **21b)** Des Wallisers Wergeld (*s. d.*) je nachdem er 5, 1, $^{1}/_{2}$ Hufen, oder gar kein Land hat, verhält sich zu dem des gemeinfreien Engländers wie 3 : $^{3}/_{5}$: $^{2}/_{5}$: $^{3}/_{10}$: 1; *vgl. o.* 19a **21c)** Die Mannbusse (*s. d.* 15), abgestuft nach dem ∼ des Erschlagenen, verhält sich wie 4 : $^{8}/_{3}$: 1, je nachdem er 1200, 600, 200 Schill. Wergeld hatte; in Denalagu wie 2 : 1, je nachdem er Vollfreier oder Bauer war **21d)** **N** Nach anderem System steigt Mannbusse (*s. d.* 16) wie Schutzbruch nach dem ∼e des Herrn. Der König (Ætheling nach In Cn III 56, 2) = Erzbischof, der Diözesan = Graf, und der sonstige Baron (Thegn; In.) verhalten sich als Empfänger dieser Busse wie 4 : 2 : 1 **21e)** Als Empfänger der Busse für Bruch des Schutzes (*s. d.* 14ff.) verhält sich König zu Erzbischof = Ætheling zu Bischof = Ealdorman wie 5 : 3 : 2 **21f)** **N** Als Empfänger der Schutzbruchbusse verhält sich König zu Bischof = Graf und zu Baron = Thegn wie 4 : 2 : 1 nach Hn 87, 5 = 35, 1 (wo 35, 1a die Königin dem König gleich steht) **21g)** War jemand durch Bande (*s. d.* 6) erschlagen, so verhält sich die Bandenbusse jedes Teilnehmers, je nachdem jener 1200, 600, 200 Schill. Wergeld hatte, wie 4 : 2 : 1 **21h)** Die Busse für gebrochenen Hausfrieden (*s. d.* 3) durch blutig Fechten eines anderen verhält sich, je nachdem der Herr 1200, 600, 200 Schill. Wergeld hat, wie 6 : 3 : 1 **21i)** Die Busse für blutig (*s. d.* 8a) Fechten oder Waffenzücken verhält sich, je nachdem es vor dem Erzbischof oder dem Bischof = Ealdorman geschehen, wie 3 : 2 **21k)** Die Busse für Einbruch (*s. d.* 2d) verhält sich bei Ine, je nachdem der Herr der König = Diözesan, der Ealdorman, der Königsthegn oder ein landbesitzender Gefolgsadliger ist, wie 24 : 16 : 12 : 7, **21l)** dagegen bei Ælfred, je nachdem der Herr König, Erzbischof, Bischof = Ealdorman, von 1200, 600 Schill. Wergeld oder gemeinfrei ist, wie 24 : 18 : 12 : 6 : 3 : 1. Nur die dem König zukommende Summe ist bei Ine und Af gleich; *o.* 9 **21m)** Die Ungehorsamsbusse, die der Richter bei Missachten des Gerichtsurteils empfängt, verhält sich, wenn er König, Graf oder Hundred ist, wie 4 : 2 : 1; II Cn 15, 2 = Hn 34, 3 **21n)** Die Strafe des Beamten für die Unterlassung der Förderung einer Spurfolge (*s. d.* 4b. 6b) samt Diebes Entdeckung ist viermal so hoch beim Sheriff wie beim Hundred-Vorsteher; VI As 8, 4. Hu 5 **21o)** Die Strafe des Sheriff verhält sich zu der des gerichtsherrlichen Thegn für Nachlässigkeit im Ausführen der Gesetze wie 12 : 5; VI As 11 **21p)** Die Frist des Asyls (*s. d.* 14a mit Varianten), die den Verfolgten schützt, verhält sich, je nachdem er zum König = Kirche = Bischof oder zum Ealdorman = Abt = Thegn flüchtete, wie 3 : 1. Statt des Bischofs steht der Erzbischof, und der Bischof dem Grafen gleich bei Q. Neben den König stellt Erzbischof und Prinzen und neben den Ealdorman den Bischof (Abt und Thegn fortlassend) Grið 4f. Auch gibt die zweite Klasse hier 7 Tage Frist, verhält sich also zur ersten wie 7 : 9 **21q)** Die Geldstrafe für Fastenbruch in Landesbusse verhält sich beim Königsthegn und Kleinfreien wie 20 : 1; VII Atr 2, 4. Der Sklave büsst mit Erleiden von Prügeln, das 30 Pfg. wert gilt, also wie der Kleinfreie; VIIa 3 **21r)** Das Prozessualpfand (*o.* 12a), das Beklagter hinterlegen muss, verhält sich, je nachdem Kläger der König [= Staat], Graf = Bischof oder Thegn ist, wie 4:2:1; III 12 **21s)** Die Busse, die der Mann empfängt, mit dessen Frau jemand Ehebruch (*s. d.* 9) getrieben hat, verhält sich, je nachdem jener 1200, 600, 200 Schilling Wergeld hat, wie 3 : $^{6}/_{5}$: 1 **21t)** Die Busse, welche die verlobte Jungfrau (*s. d.* 5), die sich beschlafen liess, ihrem Verlobungsbürgen schuldet, verhält sich, je nachdem sie vom ∼ des 1200, 600, 200 Schill.-Wergeldes ist, wie 2 : $^{6}/_{5}$: 1 **21u)** Ehrenkränkung durch unkeusches Berühren kostet bei der Nonne (*s. d.* 14) doppelt so viel wie bei einer Laiin **21v)** In der für Versäumnis des Heeres (*s. d.* 8a) zu zahlenden Strafe verhält sich der landbesitzende Mann von Gefolgsadel zum landlosen und zum gemeinfreien Landwehrmann wie 4 : 2 : 1 **21w)** Im Heergewäte (*s. d.* 9c. 12a. b) verhält sich Graf zum Königsthegn und mittleren Thegn etwa wie 4 bis 12:2 bis 3:1. **N** Die Lehnsmutung richtet sich nach dem ∼ des Erben; der Graf verhält sich zum Baron und Aftervassallen wie 4:2:1 **21x)** Im Eideswert (*s. d.* 6. 8) stehen Priester u. Thegn gleich, und dieser verhält sich zum Gemeinfreien wie 6:1 **21y) N** In zu einfachem System verallgemeinert der Jurist um 1110 (vielleicht nach Quelle 11. Jhs.), behauptend, der Graf habe durchgehends doppelten Betrag des einfachen Adligen in Wergeld, Empfang für Schutzbruch, Ungehorsam und Mannbusse; In Cn III 55

Standesgenossen *s. gelic, heafodgemacan, geferan, gehadan; pares, pers.* [Toller *s. v. efen* und Composita.] *Vgl.* Genossenschaft; Nachbarn **1)** 'Gefährten', denen man Geld lieh, bedränge man nicht wie Sklaven; aus Exod. Af El 35 **2)** ∼ der Unfreiheit éines Herrschaftsgutes tragen für einander Haftung; *s. d.* 13 **3)** Genossen beurteile man nicht milder als Fremde; *s. d.* 3a **4)** Geistliche (*s. d.* 28ff.) insgesamt sind ∼, insbesondere die éines Stifts und vollends éiner Gilde; ∼ heissen auch die Inhaber desselben Weihegrades; *s.* Wb *gehadan* **5)** Solche ∼ gleichen Grades bedarf der geistliche Beklagte, aber auch der weltliche braucht ∼ als Eideshelfer; *s. d.* 14ff. **N 5a)** In nicht kriminellem Prozess des *par contra parem* genügt Eineid (*s. d.* 3), dagegen sind Eideshelfer nötig gegen den an Stand höheren Prozessgegner **6)** Prozesse werden eingeteilt je nachdem *par parem accuset* oder ein Geringerer oder Höherer; Hn 9, 6a **7)** Ein niederes Gericht, wohl Dorfgericht (*s. d.* 1) heisst *divisae parium* **7a)** *Pares et vicinos* berufe der Herr privater Gerichtsbarkeit (*s. d.* 42) zur Gerichtshaltung, bes. zur Urteilfindung **8)** Über *bocland* richtet unter Eadgar zwischen Thegnas (*s. d.* 20f.) *þeningmanna gemot:* ∼gericht **N 8a)** Zwar in der Form aus Kanonistik entlehnt, gilt doch auch weltlich der Satz: *Unusquisque per pares suos iudicandus est;* Hn 31,7. *Vgl.* Stand 12c **8b)** Zum klassischen Ausdruck bringt dies Magna charta 39: *Nullus liber homo capiatur aut disseisiatur nisi per legale iudicium parium suorum; vgl.* Stubbs *Constit. hist.* I 604; *Lect. early hist.* 53; Round *Peerage and pedigree* I 344 **8c)** Auch in der Normandie dürfen Bürger und Bauern nicht *militem vel clericum iudicare,* wohl aber *barones et milites* einander **9)** Der vom Sheriff im Grafschaftsgericht angeklagte Herr darf seinen Leuten verbieten, in solchem Prozess über ihn Urteil zu finden; Hn 30 **10)** Einen Grundstücksprozess gegen den Grundherrn kann man erstreiten nur durch Zeugenschaft seiner *pers* desselben Lehns (Besitzrechts-Genossen); Leis Wl 23. *Sui pares de uno socagio* werden erwähnt im *Red book of Exchequer* ed. Hall, App. A; *vgl. sokemannus dabit iudicia cum aliis paribus;* Vinogradoff *Villainage* 430 **11)** Engl. Stadtrecht nennt *pares* stimmberechtigte, steuerpflichtige Vollbürger, so in Ipswich (Twiss *Black book Admiralty* II xv) und Norwich; Hudson *Records of N.* I 178

Stapelrecht *s.* London 34—36

Statius gerühmt vom Quadr Ded 36; benutzt vom Londoner Kompilator um 1200; I 636[d] **Statusprozess** *s.* frei 8ff.; unfrei 3f **stehlen** *s.* Diebstahl

Stein (*stan*) **1)** Volksversammlungsplatz ist ein ∼; *s.* Wb *Wihtbordesstan. Vgl. án scirgemot* [von Herefordshire] *sæt æt Ægelnoðesstane be Cnutes dæge cinges;* Kemble 755. *Ossulstone* am Strassenkreuz bei London war Ort des Hundred- und Grafschaftstages; Page *Athenæum* 6. April 1912, 395 **1a)** *Vgl.* das Allding auf Gesetzesfelsen; Heusler *Strafr. Isld.* 132 **2)** ∼e zu verehren verbietet, aus *Canon* Eadgari, II Cn 5,1. Man bringe dorthin kein Almosen (Ps. Egb. *Poenit.* II 22), suche dort nicht Gesundheit; Ælfric *Homil.* I 474. *Vgl.* Grimm *Dt. Mythol.* 611 **2a)** Als heidnischer Kult wird bestraft, Friedensasyl um einen verehrten ∼ herum zu beachten; Northu 54 **3) N** Einen Eid *per lapidem* missbilligt aus Kanonistik Hn 5, 29 **4)** Nach einem ∼ greift der Ordalprüfling ins siedende Wasser beim Kesselfang (*s. d.* 9b); Zeumer *Formulae* 614

steinigen *s.* Wb *oftorfian, torfung, mid stanum ofworpen, -pod;* bei Toller: *hænan* **1)** Todesstrafe gegen Unfreie, die stahlen oder entliefen; IV As 6, 5. VI 6, 3 [auch im Norden: *Hamðismal,* vom 10. Jh.]. An ersterer Stelle wird die Strafe durch die Unfreien zu 'gesamter Hand' vollzogen [wie solches auf dem Festland nachweist Brunner II 470. Das ∼ kennen auch andere Germanen; 469f. 601]. Im alten Israel ∼ alle Männer der Gemeinde zu gesamter Hand. Sie nehmen das Blut auf sich und machen den Erben des Gesteinigten die Privatrache unmöglich; Wellhausen in *Ältest. Strafr. Kulturv.* 95 **1a)** Die Dänen steinigten Erzbischof Ælfeah von Canterbury 1012 mit Knochen bei ihrem Husting-Fest; Ann. Agsax. **2)** Der Ochs, der einen Menschen getötet, wird gesteinigt; aus Exodus Af El 21: wohl bloss literarische Übersetzung, ohne praktische Bedeutung

Stellvertretung *s.* Vertreter, Vorsprech, Vormund, Gefolge 16ff.; ∼ Christi, Gottes *s.* König 6a

N Stephan, König 1135—54 *s.* I 643*

Sterbfall *s.* Heergewäte

Steuer *s.* Wb (*cyninges*) *gafol* [über das Wort Schlutter *Anglia* 36, 60], (*cyninges*) *utware, gield, scot; exactio, tallagium. Vgl.* Finanz; *scot;* Abgabe, Kopf∼, Gastung, Dänengeld, Münzänderung; Fremde 5f. g; Kirche 1n, -neinkünfte **1)** Die ∼ belastet den Boden. Könige verschenken Land, z. B. 20 Pflug *cum tributo, quod regibus inde dabatur* (*iure competit*); Urkk. c. a. 762. 764 Birch 194f.; oder Beschenkter wird *liber a tributo publicalium rerum* bzw. *a regali exactione liber;* a. 770. 772 Birch 203f. 208 **1a)** Kann der mit Land Beliehene die

~ nicht tragen, so gibt er es dem Verleiher zurück. Bischof und Konvent, *quia eos non suppetebat magnitudinem tributi* [Dänengeld] *solvere, quam tota nostra gens solebat paganis reddere, precati* [mich, den Schenker], *ut tributum solvissem et terram possedissem;* a. 891 Birch 565, Fälschung **1b)** Den Boden belasten auch z. T. die Kircheneinkünfte *s.* Herdpfennig, Pflugalmosen, Zehnt, Kirchen-, Peterspfennig **2)** Die ~ ward von der Zentralregierung nicht direkt umgelegt, sondern die Einschätzung (*vgl.* I 656*) geschah vom Hundred (*s. d.* 5d) hinab auf die Einzelhufen; Round *Feudal Engl.* 49 **2a)** **N** Nicht für die ~, aber für andere Leistung (*s. d.* B) belegen *Gesetze* dies System: 10 Hufen stellen einen Mann zur Wache; Leis Wl 28 **3)** Die Stadt (*s. d.* 17) zahlt ~ als Ganzes, **3a)** in ihr, so in London, trägt das Gildemitglied persönlich zur Genossenschaft (*s. d.* 12g) bei **4)** Auf dem Lande liefert das Herrschaftsgut der Krone die ~, je nach der Anzahl Hufen (*vgl.* Fünf Hufen 5c), die es vertritt. Die ~ heisst von seinem Standpunkte aus *cyninges utware (gafol);* Geþyncðo 3. Norðleod 7. 9 **4a)** Der Hintersass aber trägt die Last: er zinst dem Gutsherrn; *tributarius, gafolgielda* heisst Hufe (*s. d.* 1d. e. h. 15), Bauer, womit Arbeiter (Landbebauer) gleichsteht **4b)** Unfreie, obwohl sie häufig Hütte und etwas Land besassen, schulden nicht Kircheneinkünfte, wohl auch nicht ~; II Eg 2, 2. Rect 3, 4 **5)** Exemtion von ~ erstrebt die 'Kirchenfreiheit' (*s. d.* 2ff.) **5a)** und beansprucht der Beamte des Forstes; *s. d.* 17 **6)** Ungerechte Erpressung verbot die Krone den Vögten; *s.* Finanz 5. a **N 6a)** Solche als vom Normann. Adel um 1100 geübt beklagt Quadr Arg 19 **7)** Den ~-druck zu mildern versprach 1100 Heinrich I.; CHn cor 1, 1f. = Hn 1 **7a)** Er verbot den Kronvassallen, dem Aftervassall mehr abzupressen, als sie der Krone entrichten müssten; *vgl.* Lehnwesen 6. a **7b)** Er befreite den Domänenteil des Ritterlehns *ab omnibus geldis;* CHn cor 11 **7c)** Er liess Grafschaft und Hundred (neben den gebotenen Dingen) laden wegen *mea dominica necessaria,* worunter wohl Besteuerung mit zu verstehen ist; Hn com 2, 1 **8)** Das Dänengeld von 1096 *baron[es] concesserunt;* ECf 11, 2; *s.* Reichsrat 3 **8a)** Der Londoner Antiquar, der das Programm der späteren Magna charta zur Kronbeschränkung in alte Rechtsdenkmäler einschwärzt, sagt, der Reichsrat (*s. d.* 6c) habe bestimmt, Land und Besitz Freier bleibe frei von *tallagio,* ausgenommen *servitium liberum.* Das *commune consilium* bewilligte 1207 ~; Oléron ward 1205 von *tallagiis et exactionibus* befreit; ein Londoner Rechtsbuch kurz vor 1215 handelt *De taillagiis delendis nisi per communem assensum regni et civitatis;* Bateson *EHR* 1902, 726: Ansprüche, die die Magna charta c. 12 verbriefte, gemäss *Articuli baronum,* die n. 32 das Wort *tallagia* gebraucht hatten **8b)** Derselbe Reformer interpoliert, nach Beschluss des Reichsrats (*s. d.* 6) dürfe nur *de iure per legem terre* Geld erhoben werden

Steuererheber *s.* Kirchengeldeintreiber [wurf

Steuermann *s.* Schiff 3a. 8c, See-

Stiefmutter *s.* Eheverbot 2. 4a

Stier (*tor*) darf als Teil des Wergeldes gezahlt und mit 10 Schill. [$^1/_2$ £] bewertet werden; Leis Wl 9, 1. *Vgl.* Rind, Ochs I

Stift *s.* Wb *gæd, hiered, hiwan, canonicas; canonicus, -catus. Vgl.* Kloster, Kirchenherr, Geistliche, Kirche 1o, Kathedrale, Domkapitel, Bischof 6 **1)** Zwischen Kathedrale und Pfarre steht die Mittelkirche im Kirchenrange (*s. d.* 3a; Kanoniker 1b) und im Bussempfang für gebrochenen Kirchenfrieden; *s. d.* 4c **2)** Von der Busse für körperliche Verletzung an Klerikern erhalten je $^1/_3$ Altar [Gotteshauskasse?], Bischof, Konvent; Had 9, 1 = Hn 68, 5d **3)** **N** Treuga Dei schützt auf dem Wege zum und vom Kapitel des ~s oder Ordens; ECf 2, 8

Stiftung, fromme *s.* Kirche 1o, -nfreiheit

Stil *s.* Gesetz 7—13, Sprache 2, Latein

stillschweigen *s.* schweigen

Stock A. *s.* Prügel **B.** zur Fesselung *s.* Gefängnis 1b, Halseisen

Stolz *ofermettu,* eine der Hauptsünden, V Atr 25 = VI 28, 3, wo aber Paraphrast 'Fresserei' versteht; *comesationes* neben *ebrietates Homil. n.* Wulfstan 73; *s.* Kardinallaster 5

Strafe *s.* Wb *wite* (*vgl.* Roethe [in *u.* 4] 64), *scyldwite*

1ff. *wite.* 1e. *fulwite.* 2. *bot.* 3. Andere Namen. 4. Trennung von Busse. 5. Wer vollzieht ~. 5b. Widerstand, Notwehr. 6. Richterpflicht. Begnadigung. 7. Misericordia. 8. Geld- und Todes~. 9. Arten der Geld~. 10. Zweck der ~. 11. Bemessung der ~. (12. Fortfall der ~. 12a. ~ der Helfer von Missetätern. 13. Schwere der Tat. 14. Geldwert des Gegenstandes.) 15. Neben Leibes~ keine Busse. 16. Aus éiner Tat mehrere ~n. 17. Wer empfängt Strafertrag. 17a. Priorität. 18. Partikularrechtl. Fortfall der ~. 18c. ~ unerwähnt. 19. ~ ruiniert die Familie. 20. Änderung um 1100.

1) Nur ausnahmsweise [*s.* Wb 246, 3 Z. 11. 247, 1 n. 3] heisst (*u.* 11a D) *wite* (nicht die von öffentlicher Gewalt des Staates beanspruchte ~, sondern) Ehrenbusse an den immateriell, mittelbar, im Ansehen des von ihm gewährten Schutzes (*s. d.*), Geschädigten; Ine 76, 2; *s.* Mannbusse 1; Hn 69, 1a **1a)** *wundwite* heisst Busse für Verwundung an den Verwundeten Af 42, 4H **1b)** *wite* bedeutet auch die, ohne Missetat des Zahlers, dem Untertanen vom Beamten missbräuchlich abgepresste Abgabe; II Cn 69, 1. So heisst *biscopwite* vielleicht Bischofs Gastung, nicht Strafgeld (wie jedoch Toller *Suppl.* versteht); Birch 49 **1c)** Unter den Strafgeldfixa (*s. d.* 4. 12) heisst das niedrigste, 30, doch auch 60 Schill., *wite* schlechthin; **1d)** *cyninges wite,* wofür häufiger 'Ungehorsam' (*s. d.* 1e) gesagt wird, bedeutet 120 Schill. = 600 Pfg. **1e)** *fulwite* ist mehrdeutig: **A.** Vollständige ~, im Ggs. zu der gewohnheitsmässig vom Maximum herabgesetzten, so die für Rechtsbruchbusse gewohnte Summe von 12 Ör in Northu 59. In diesem Sinne ist *fulwite* nur stilist. verstärktes, drohenderes Synonym von *wite.* Æthelred bedroht so Zehntweigerung bei *fullan wite,* þe Eadgar festsetzte; VIII Atr 7. **B.** An anderen Stellen aber bedeutet *fulwite* 'neuerdings verdoppeltes Strafgeldfixum'. Ine 4 bedroht Hinterziehung des Kirchenpfennigs (*s. d.* 8) mit 60 Schill. Der die Stelle zitierende Eadgar nennt diese Summe *full wite* II Eg 3. (Æthelred verdoppelt sie nochmal.) Diese 60 Schill. versteht bereits Ine 72 unter *fulwite* für Diebstahl, den er an anderen Stellen mit 60 Schill. bedroht, während für ihn 'einfache ~' nur 30 Schill. war. Ælfred 9, 1 behält die 60 Schill. ~ nur bei für Sachen bis

30 Schill. Wert; höhere Objekte kosten fortan 120 Schill. ~. Also diese 120 meint er (29 ff.) beim Wergeld, wo er sie einmal *fulwite*, zweimal *wite* nennt. Wohl auf diese Voll~ bezieht sich der Volleid; *s.* Eideshufen 8. Jagdfrevel im Königsforst bedroht mit *fullan wite* II Cn 80, 1: wohl 120 Schill. meinend. So verbietet eine Bestrafung mit Tod oder Verkauf ausser Landes *super plenam forisfacturam* (*o.* 1 d) *meam* Wl art 9. 10, d. h. wohl zweifellos Ungehorsam = 120 Schill.; auch droht für Pfandkehrung an einer Stelle *plena wita*, an anderer *overseunessa* (Hn 40, 1. 51, 7), also 120 Schill. Dreifache Gerichtsversäumnis bedroht mit *forisfactura regis* (*o.* 1 d) Wl art 8, 3, mit *plena wita* Hn 51, 1. In einigen Fällen wird eine Missetat mit 'Voll~' bedroht, die in inhaltlich ähnlichem oder sogar hier benutztem früheren Texte 'bei ~' verboten war: auf Hinterziehung des Almosengelds oder kirchlicher Gerechtsame und auf Sonntagshandel setzt *fulwite* VII Atr 7. II Cn 48. 48, 1 (= Hn 11, 11 f. 13, 11. 66, 5); bzw. VIII Atr 17; ähnliches hatte mit *wite*, bzw. 30 Schill. bedroht das von Cnut benutzte Stück EGu 6 – 6, 4. 7. Ich glaube, die Späteren meinen auch da die verdoppelte Strafsumme, 60 Schill. Dass Cnut *lahslit* für Denalagu beibehält, ist kein Gegenargument: denn dessen Betrag war grösser als kleinstes *wite*, und ferner besass hier die Englische Krone weniger Macht zur Straferhöhung **2)** Zweitens kann ~ auch durch *bot* samt Derivaten (*vgl.* Wb *hloðbot, betan*) ausgedrückt werden, auch einschliesslich Leibes~ [wie bei anderen Germanen: His 167. 242], obwohl regelmässig *bot* so sehr der Leibes~ entgegengesetzt ist, dass *botleas* (*s.* busslos): 'nur durch Leibes~ sühnbar' und busswürdig: 'mit Geld sühnbar' bedeutet; III Eg 2, 2 **3)** Andere Wörter für ~: (*worold*)*steor, stieran; wracu* (Toller), *wrecan* (auch Selbsthilfe und Blutrache bedeutend) | *gyltas, forisfacturas*, d. i. Empfang von Strafgeld, verleiht die Krone in Urkk. a. 1057 – 65 Kemble 853 | **N** *fredus* nur aus Ribuaria Hn 90, 6a | *multe* ist nur Lesefehler aus Lat. *mulcta* statt *munt* (Schutzbruchbusse) Leis Wl 18, 1 | *iusticia, justice* heisst u. a. 'Strafgericht, Hinrichtung' | *misericordia* (*s. d.* 5a. b), *merci* **4)** In der Mehrdeutigkeit der Wörter *wite, bot, wracu*, aber auch *fah*, zeigt sich der Zusammenhang staatlicher ~ mit vorgeschichtlicher privater Befehdung. Allein die Gemeingerm. Trennung von ~ und Busse [Brunner in *Ält. Strafr. Kulturv.* 54] ist begrifflich in den *Gesetzen* klar durchgeführt. Niemals erscheint die ~ als eine Quote der *compositio*, wenn sie auch bisweilen im Verhältnis zur Summe steht, die der Verletzte empfängt **4a)** Stellen, in denen ~ neben Busse steht, sind — nur beispielsweise — Abt 9. Hl 12. Wi 26. 26, 1. Ine 71. Af 2, 1. II As 6, 1. II Eg 3, 1. I Atr 1, 5 = II Cn 30, 3b. Wl art 5 **4b)** Schon im frühesten Kenterrecht wird eine bisher nur Verletztem zu büssende Missetat erst dadurch staatlich strafbar, dass sie, nämlich die Entführung zum Zwecke der Eheschliessung (*s. d.* 2d), durch dann folgende Vereitelung der Ehe, sich als Friedensbruch darstellt **4c)** **N** Der öffentliche Charakter der ~, im Ggs. zu blutiger Rache oder ordnungslosem Niederschlagen des Verbrechers, drückt sich unter Heinrich I. darin aus, dass die Krone Murdrum (*s. d.* 10) nur dann erlässt, wenn man ihr den Mörder 'hinrichtbar' einliefert **5)** Vollzogen ward die ~ nicht bloss von der staatlichen Obrigkeit, sondern auch von Privaten, und zwar erstens von dem Verletzten bei handhafter (*s. d.* 11) Tat, in Blutrache, Heimsuchung (*s. d.* 2), Pfändung (*s. d.* 7 ff.) oder auch in Ausführung des gerichtl. Urteils (*s.* Strafvollzug); zweitens von jedem Staatsbürger gemäss dessen Pflicht, der Polizei (*s. d.* 1 IE – G) zu helfen; drittens vom Herrn über Unfreie, Familie, Angestellte, Gefolge, Vassallen, kraft einer Macht, die eine der Wurzeln zu privater Gerichtsbarkeit (*s. d.* 28) bildet; viertens von dieser letzteren **5a)** Unzweifelhaft wurden also viele Vergehen gestraft, ohne dass staatliche *Gesetze* davon reden. Auch die blosse Busse (*s. d.* 3a) umschliesst ein pönales Element. Im Folgenden ist nur von ~ durchs Gericht die Rede **5b)** *Vgl.* Widerstand gegen eigene Bestrafung; gegen die an anderen *s.* Rechtssperrung 2 ff.; Hingerichtete 1. 6 **5c)** **N** Nur uneigentlich erscheint als ~ auch Notwehr; *s. d.* 7 **6)** Dem Richter (*s. d.* 1. 12) wird Strafjustiz, Gerechtigkeit u. Barmherzigkeit beim Abmessen der ~ zur Pflicht gemacht, unter Mitwirkung besonders des Diözesans, und Nachlass vom Strafgeld erlaubt; *s.* Justizertrag 1 **6a)** Nicht er allein treibt dieses ein **6b)** Begnadigung (*s. d.* 1) des zum Tode Verurteilten übt nicht bloss der König, der auch zwischen mehreren ~n wählt (Wi 26), sondern auch der Richter oder der Gerichtsvorstand. **N** Die Strafsumme wird wenigstens im Herrschaftsgericht 12. Jhs. von letzterem [durch Urteilfinder] *iudicata et domino* (dem Gerichtsherrn) *vadiata;* Hn 59, 14. *Scyldwite* darf nicht aussergerichtlich geschehen, bei ~ an König oder Gerichtsherrn; 38 **6c)** Die Mahnung zur Gerechtigkeit (*s. d.*) richtet sich freilich nur an den Richter. Allein *iudex* heisst, wenigstens im 12. Jh., auch der Urteilfinder **7)** Im Ggs. zur rechtlich begrenzten ~, die vom Vermögen höchstens des Täters Wergeld nahm (*u.* 9), steht die ~ nach gerichtsherrlicher Willkür, deren versprochene Abschaffung als Rückkehr zum Altengl. Rechtszustande erscheint; *s.* Misericordia 2a. 4. 7d **8)** Dass unter den ~n Tod die frühere, Geld die spätere Sühne der Missetat ist (His 191), erkennt historisch richtig Af El 49, 7 **8a)** Zwar sind jene beiden die hauptsächlichen Strafarten (wenn Verstümmelung als Ersatz des Todes gilt; **N** so nennt auch neben *emendatio pecunialis* nur *diffactio corporalis* Hn 88, 8). Aber Ælfred selbst kennt einige mehr. Andere ~n: für Unfreie Prügeln und Brandmarken, für jedermann Gefängnis, Verknechtung, Verpflanzung, Verbannung, Friedlosigkeit, Exkommunikation, unehrlich Grab, Drohung mit der Hölle **8b)** Bei den Leibes~n bestimmt das *Gesetz* an vielen Stellen, dass (und bisweilen, wie) sie abgekauft werden dürfen. Auch wo das nicht dasteht, hatte der Gerichtsherr laut Ælfred bei den meisten erstmaligen [aber nicht allen] Verbrechen das Recht, sie sich abkaufen zu lassen; *vgl.* Rückfall 1a **8c)** Teilweise richtig verbindet er die Geld~ mit religiösem Beweggrunde; *s.* busslos 2. Allein er verkennt ihr Bestehen schon im Heidentum, an dessen Recht er nicht denkt;

diesen Irrtum begeht er auch als Übs. des *Orosius* 48, 32 [Plummer]; er wähnt ferner, sie sei durch Witenagemote 7.—9. Jhs. eingeführt, und er verschweigt ganz den Beweggrund gerichtsherrlicher Sportelgier **8d)** Nicht richtig ist sodann die Beschränkung der Geld∼ auf erstmalig Vergehen oder der Todes∼ auf Herrenverrat; *s.* busslos 2a **8e)** Ælfred ist offenbar der Geld∼ günstig gesinnt **8f)** Zur Ablösung in Geld führte u. a. der kirchliche *horror sanguinis* (*vgl.* Brunner [in *o.* 4] 62, hier wohl nicht auch der kirchliche Wunsch, die Erinnerung an Menschenopfer zu tilgen; ders. I² 251) **8g)** Ähnliche Rücksicht hiess Tod durch Verstümmelung ersetzen: Gottes Ebenbild, das Werk seiner Hände, oder was Christus mit seinem Blute erkauft hat, dürfe der Strafrichter nicht zerstören (*vgl.* Pollock in *Harvard Law Rev.*, Dec. 1898, 228), wenigstens nicht bei geringer Missetat oder Unmündigen; V Atr 3 = VI 10, 1 = II Cn 30, 5. 2, 1 = Leis Wl 40. Man verstümmele also den Leib und schone das Leben, die Seele rettend durch die Möglichkeit der Pönitenz; EGu 10. Wl art 10. Ausführlich empfiehlt Verstümmelung neben anderen Schmerzen∼n statt der Todes∼ ein Kanonist, der im 11. Jh. in England schreibt oder kopiert wird; *EHR* 1895, 727 **8h)** Kleiner Diebstahl (*s. d.* 9) oder noch nicht Mündige (*s. d.* 7) sollen nicht mit Tod bestraft werden. *Vgl.* Barmherzigkeit **8i)** Doch kommen auch im Ggs. hierzu Stellen vor, die den Richter (*s. d.* 12a. b) zu strenger Justiz mahnen **8k)** Keine Todes∼ haben Æthelberht u. Hlothære, obwohl jener mehrere später mit Tod bedrohte Verbrechen behandelt: Sakrileg, Totschlag am Königsgefolge od. vor dem König. Wihtræd setzt Tod nicht auf Götzendienst, sondern nur auf handhaften Diebstahl und auch da nur alternativ neben Verkauf über See oder Wergeld; Wi 15. 26 **8l)** Seit 10. Jh. gewinnt die Leibes∼ an Geltung. Æthelstan will ausdrücklich die frühere Milde abgeschafft wissen; IV As 6; *vgl.* Asyl 13. 18. Als 'busslos' (*s. d.* 5) werden seitdem schwerere Verbrechen ausgezeichnet, die nicht durch Geld sühnbar seien; oder zum Handabhauen für Falschmünzerei wird hinzugefügt, es sei unablösbar; II Cn 8, 1. Dänischem Einflusse schreibt die Verhärtung des Strafsystems zu Steenstrup *Danelag* 262. 334; ein Wiederaufleben der Unterscheidung zwischen Acht- und Busssachen sieht darin Brunner II 538. 601. 609. Im ganzen begegnet nach diesem die Todes∼ bei Agsa., Sachsen und Nordgermanen häufiger als bei anderen Stämmen; I² 246. Nach der drohenden Leibes∼ heisst eine Kategorie von Missetaten Kapitalverbrechen; *s. d.* **8m)** Aber auch 'Bussloses' (*s. d.* 6) ward wieder abkäuflich **8n)** Für Geld∼n wirkte die das Strafrecht durchziehende Fiskalität [sie herrschte schon in Röm. Kaiserzeit; Hitzig (in *o.* 4) 50]. Die Gefahr ungebührlicher Ausdehnung der Geld∼ lag um so näher, als der Richter zumeist gleichzeitig der Wirtschaftsbeamte des Gerichtsherrn war und — schon vor Normann. Zeit — die meisten Gerichtseinkünfte gepachtet (*s.* Pacht 11), also sie zu vermehren eigenstes Interesse hatte. Wenn Cnut die Gerichtsvögte vor Ungerechtigkeit aus Fiskalität warnt, so ist neben der Rechtsbeugung zu ungunsten einer Partei vielleicht auch die bestochene Erlassung der Leibes∼ darunter verstanden; Cn 1027, 12 **8o)** Strafgeld bildete wirklich einen bedeutenden Einnahmeteil nicht bloss für den Staat und dessen Beamte, sondern auch für alle mit Gerichtsbarkeit Privilegierten, besonders auch die Kirche; VI Atr 51. Es trat um so häufiger ein, da man zu Gefängnis als ∼ nur selten verurteilte **9)** Auf Geld∼n wurde erstens erkannt in wenigen gesetzlich bestimmten Strafgeldfixa (*s. d.*), zweitens im Vielfachen des Ersatzes (*s.* Peterspfennig, Zehnt), drittens in des Täters Wergeld (*s. d.*), dem Maximum jeder Geld∼; II Eg 4, 3. III 2, 2. Doppeltes Wergeld einmal: Gesetz 21b. [Die Vermögenseinziehung (*s. d.*) ist meist Abspaltung von der Friedlosigkeit oder folgt aus Misericordia regis.] Diese Sätze sind aber nur Maxima, von denen der Verurteilte, unterstützt durch Freunde, also nicht bloss durch des Richters Barmherzigkeit, beim Gerichtsherrn herunterhandelte; Ine 50. 73. II As 1, 1. 21. Besonders deutlich ist am Murdrum (*s. d.* 14c) nachweisbar, wie sogar der geldgierige Fiskus der Anglonormannen sich in der Praxis mit Summen weit unter gesetzlichem Maximum begnügte **9a)** Ein Herablassen von der gesetzlichen ∼ war so sehr Regel, dass sein Gegenteil (*nan forgifnes*) ausdrücklich vom Gesetzgeber betont werden musste; IV Eg 1, 5. Cn 1027, 17 **9b)** **N** Die Summe von 144 £ (*s.* Handfrieden 5) ist so riesengross, dass nur wenige Reichste sie zu entrichten fähig waren **10)** Zweck der ∼ ist die moralische Zucht des Volkes (besonders auch die Erfüllung kirchlicher Ansprüche; *s.* Kirchenstaatsrecht 20ff.) und die Erhaltung staatlichen Friedens; *s. d.* 1a ff.; Polizei 1. Selbst Barmherzigkeit (*s. d.* 3) walte nur, soweit sie der Staatszweck zulässt **10a)** Bedeutenden Einfluss aufs Bewusstsein von der moralischen Verwerflichkeit des Verbrechens hatten die kirchliche Lehre von der Sünde, dann der Ehrenkodex des Gefolges; doch seh ich letzteres Moment nicht gerade mit Vinogradoff *Engl. soci.* 10 als Nordisch an; schon Ælfred kannte kein schlimmeres Verbrechen als Herrenverrat **10b)** **N** Die Abschreckungstheorie erscheint beim Anglonormannen Anfang 12. Jhs.: *propter alios, ne culpæ inulte remaneant;* II Cn 2, 1 In = Ps Cn for 10 **10c)** Noch deutlicher empfiehlt der Londoner Antiquar um 1200 die Verstümmelung, damit *truncus remaneat vivus in signum proditionis et nequitiæ;* Wl art retr 17. *Vgl.* Spiegelnde Strafen 2 **10d)** Nur aus Exodus übernimmt Ælfred das Talionsprinzip (*s. d.*), das unter Agsa. nicht galt **10e)** Durch Verbannung (*s. d.*) schwerster Missetäter ausser Landes soll man das Land säubern und die Lasterhaften vertilgen, damit das Volk nicht als Ganzes Gottes Zorn wecke; EGu 11 = VI Atr 7 = VIII 40 = II Cn 4. 7, 1. [Ähnlich bei Friesen; His 172] **10f)** **N** Grausame Freude an der verlängerten Qual des zur Todes∼ (*s. d.* 6) Verurteilten drücken einige Vollstreckungsformen aus; Hn 75, 1 **10g)** Dagegen erscheint Verstümmelung (*s. d.*) stets als milder denn Todes∼. Gliederverlust, selbst Blindheit zieht ein Nord. Spruchdichter dem Tode vor: 'besser lebendig als tot' **10h)** *equuleus* wird *þripel, witesteng* (Toller) glossiert **11)** Auf die Abmessung der ∼ üben Einfluss **A.** der

Stand (*s. d.* 13. 17b) des Missetäters; *vgl.* Rechtsbruchbusse 5; Fasten 8b; Heer 8a B. dessen Geschlecht (*s.* Frau 3a), Gesundheit und Reife an Jahren (*s.* mündig 4. 7ff.), deren Mangel Rücksicht erfahren soll; aus *Can.* Eadgari VI Atr 52f. = II Cn 68, 1—1c. 38, 1. Diese Berücksichtigung der Individualität des Missetäters ist kanonistisch, nicht Germanisch; Wilda 535 **11a)** C. der Stand (*s. d.* 13i) des unmittelbar Verletzten D. die Höhe des durch die Tat verletzten Schutzes; *s. d.* 12ff. Das Bussgeld hierfür heisst zwar oft *wite* (*o.* 1), kam aber dem Staat nie als solchem zugute, sondern nur bisweilen dem König, sofern er Schutzherr des Verletzten war. Jener Schutz (*s. d.* 9d) kann ausgehen ausser von einer Person auch von der umfriedeten Zeit (wie Feiertag Af 5, 5) od. dem Orte; ECf 27 **11b)** E. Die ∾ verschärft sich beim Rückfall (*s. d.* 1a ff.) oder bei Bescholtenheit (*s. d.* 11) des Verbrechers; **11c)** F. besonders aber, wenn Missetäter bandhaft (*s. d.* 13) ertappt und nicht vom Verletzten, was diesem freistand, getötet ward, droht ihm auch vor Gericht Tod bei Verbrechen, die im Falle gewöhnlichen Anklage-Prozesses blosses Geld sühnen könnte. Umgekehrt je länger die Tat vergangen war, um so vorsichtiger ward sie gestraft; Steenstrup (*o.* 81) 335 **11d)** G. Erreichte der Missetäter Asyl (*s. d.* 4. 5a. 14), so ist er gesichert gegen Blutrache und Leibes∾ für dessen Frist; bekannte er dort eine bisher verborgene Schuld, so ist ihm die ∾ halb erlassen **11e)** H. Härtere ∾ trifft bei gemeinschaftlicher (*s. d.* 1ff.) Missetat zwar den Anführer von Sklaven oder den bei Heimsuchung zuerst Eingedrungenen, aber von freien Dieben leiden alle Leibes∾; beim Verbrechen einer Bande (*s. d.* 6) trifft verschärfte ∾ den wirklichen Totschläger **I.** Der die Missetat anbefehlende Herr trägt nur in beschränktem Masse Haftung (*s. d.* 7g) statt des Missetäters. *Vgl.* Vassallität 10 **K.** Wird für Begünstigung oder als Bürge ein Dritter bestraft, so mildert das nicht die ∾ für den begünstigten oder verbürgten Missetäter; I As 1, 1. Ine 22; *u.* 15c **12)** L. Die ∾ fällt fort (*u.* 18) bei Missetat ohne Absicht (*s. d.* 5), ferner bei Verwundung oder Totschlag in Notwehr (*s. d.* 1); sie verschärft sich, wenn die Gewalt unprovoziert verübt ward (Hl 12f.), wenn Vorbedacht (*s.* Absicht 9ff.) vorlag, oder sie heimlich (*s. d.* 1ff.) begangen war **12a)** **M.** Ausser obiger Anstiftung, Teilnahme, Begünstigung werden von der ∾ besonders erfasst auch Beihilfe und Mitwissen; *s. d.* **13)** **N.** Die Höhe der ∾ hängt ab von der Schwere der Tat: ein oft wiederholter Grundsatz; II Cn 43. 45, 2. 46. 46, 2. 47. Er ist allgemeiner zu fassen als etwa bloss auf die Umwandlung der Leibes∾ in Geld bezüglich (denn diese Alternative fehlt einigen jener Stellen) und will in éinem Verbrechen mehrere Grade unterscheiden, wie das EGu und Cnut bei Verbrechen Geistlicher, Heidentum, Blutschande (*s. d.* 3) deutlich sagen. *Vgl.* Halbverletzung, Versuch. Innerhalb der Verbrechen des falschen Zeugnisses, Meineids, Diebstahls, der Beihilfe gibt es ebenfalls verschiedene Grade, denen ein- od. dreifache Reinig. entspricht; VIII Atr 27, 1 = I Cn 5, 4 **13a)** Die ∾ erhöht sich, wenn Friedensbruch voll (d. h. mit Totschlag) geschah (VIII Atr 4. I Cn 2, 2 = Hn 12, 1. II Cn 61, 1. Had 4. 9), wenn die Versäumnis der Taufe zur Folge hatte, dass jemand beim Tode ungetauft war; Ine 2f. **14)** **O.** Der Geldwert des Gegenstandes entscheidet ferner über die Höhe der ∾. Sie richtet sich nach dem Ersatzwerte (*wite, swa to þam angylde belimpe*), den der Kläger empfängt, obwohl sie ihn stark übersteigt; Af 6. 9, 1. 31, 1 [*Vgl.* über das bei den Friesen wechselnde Verhältnis zwischen Busse und ∾ His 249]. Auch bei kleinstem Klagegegenstand, der Ehrenkränkung (*s. d.* 7) durch Schimpfwort, tritt aber ∾ ein **14a)** Vielleicht das dem Richter entgangene Strafgeld wird ersetzt durch das Wergeld des Verbrechers, das man verwirkt durch dessen Begünstigung, Schonen, Freilassen; Ine 36. II As 1, 1; 5. 2, 2. 20, 8. Hn 53, 1 **15)** Wo den Missetäter Leibes∾ oder Friedlosigkeit traf, erhält der Verletzte nur Ersatz, aber keine Busse; *s. d.* 4. Sobald dem Verbrecher das Leben geschenkt ward, muss er mit Geld [Busse und] ∾ zahlen; Ine 5. II As 6, 1 [I Cn 2, 5 = Hn 79, 5a] **15a)** Neben der Leibes∾ bleibt Strafgeld nur ausnahmsweise bestehen: Kirchenraub kostet, obwohl der Dieb die Hand verliert, neben Ersatz noch *wite;* Af 6, zitiert von II As 5 **15b)** **N** Der Ersatz an den Verletzten bleibt neben der Leibes∾ bestehen; ECf 20, 2. 23, 2a. Dass neben ihr ihm auch Busse gezahlt werde, ist aus 23, 2a nicht sicher herauszulesen; *emenda* kann da erst Geldbusse, dann aber, falls Leibes∾ eintritt, im weiteren Sinne '∾ und Busse' bedeuten **15c)** Nicht der Absorption widerspricht, dass der Bürge Wergeld für den friedlos gewordenen Dieb erlegt; I Atr 1, 9a; 13; *vgl. o.* 11e K **16)** **N** Den Grundsatz *ex una culpa non plures emendationes* verwendet Hn in verschiedenem Sinne. An der einen Stelle bedeutet er: bei gemeinschaftlicher Missetat erhält der Verletzte nur einmal Ersatz und Busse; 49, 7. Das andere Mal: der Gerichtsherr dürfe von éiner Bluttat nicht zugleich Strafgeld für blutig (*s. d.* 14) Fechten und für Blutverguss beziehen; 94, 1b. Wohl aber konnten Fecht-∾ und Mannbusse gleichzeitig ihm zustehen nach 80, 6a. 71, 1c; und Schutz- wie Asylbruch (Af 2, 1) mochten hinzutreten **16a)** Blutig Fechten in Königshalle kostet neben dem Wergeld des Täters noch ∾ je nach dem Taterfolge; Af 7, 1 **16b)** Fechten oder Waffenzücken im Gericht kostet erstens ∾ 120 Schill., dem vorsitzenden Ealdorman gehörig [für Gerichtsfriedensbruch], zweitens ∾ des Taterfolges; 38f. **16c)** Aus einem Verbrechen einer Bande (*s. d.* 6) fliesst neben éiner ∾ des Taterfolges Bandenbusse von jedem Teilnehmer an den Richter; 29ff. Ine 15 **17)** Strafgeld bezieht regelmässig und theoretisch der öffentliche Richter, zunächst der König oder sein Vertreter, der Gerichtshalter (*o.* 8n), doch seit frühester Zeit praktisch von Abhängigen deren Herr (*o.* 5) und in vielen Fällen der vom König Privilegierte; *s.* Gerichtsbarkeit 7. 20. Ferner wird bei solchen Verbrechen, welche auch die Kirche verletzen, diese am Strafgeld beteiligt; *s. ebd.* 18; Kircheneinkünfte 6af. **17a)** Die ∾ zahlt der Missetäter dem Richter noch bevor er dem Verletzten Busse gibt; *vgl.* Priorität 3 **17b)** **N** Umgekehrt büsst der rechtsformwidrige Erwerber von Fahrhabe diese und ihren nochmaligen Wert an den Kläger im Anefang (*s. d.* 17) und erst *postea forisfacturam* an den Richter; Wl art 5 **18**) Das Strafgeld fällt fort (*o.* 12) bei den Dunsæte im Diebstahlsprozess zwischen einem Walliser und einem Engländer; Duns 4. Dagegen zahlt dem Herrn ~ wer einem Ausländer zum Diebstahl an seinem Stammesbruder verholfen hat; 6, 3 **18a**) Durch Privileg erhält manches Landgut das Recht, dass seine Insassen nach aussen nur Ersatz zahlen, nicht Busse oder ~; *vgl.* Gerichtsbarkeit 8. Das Strafgeld bleibt *in dominio*, d. h. fällt an den Gutsherrn **18b**) ~ wird erlassen für Missetaten bestimmt begrenzter Fristen, um Versöhnung zu erleichtern; *s.* Amnestie 2 ff. **18c**) Dagegen bleibt ~ häufig nur als selbstverständlich unerwähnt, aber anderswoher ergänzbar. So diktiert für Notzucht an Unfreier 60 Schill. ~, ausser Busse an ihren Herrn, will also die an der Freien gewiss nicht straflos lassen, obwohl keine ~ dasteht; Af 11, 2. 25. Die ~ für Kuh- und Stutendiebstahl *ebd.* 16 ist ergänzbar aus 9, 1. Wird auf Gliederbusse und Wergeld geklagt (d. h. falls das nicht ein Schiedsgericht sühnt), so zahlt Missetäter nicht bloss jene in den *Gesetzen* allein erwähnten Beträge (Abt 33 ff. Af 44 ff. 19, 1. 21. 39. 40), sondern daneben dem Richter Fecht~, wie sie EGu 3 denn auch ausdrücklich fordert. Für Blutvergiessen vor Bischof oder Ealdorman erwähnt (zwar die Busse für deren gebrochenen Schutz, aber) keine ~ Af 15, wohl aber Ine 6, 2 im Einklang mit *o.* 16b u. ähnlich Af 7 **19**) Unter der ~ leidet zwar tatsächlich neben dem Schuldigen auch dessen Sippe, insofern sie das Geld dazu wie für die Busse aufbringen half oder bei seiner Leibes~ an Ehre einbüsste; die Kinder verarmten im Falle der Vermögenseinziehung. Doch liegt diese Folge nicht in des Gesetzgebers Absicht [*s.* Frau 3a]; nur die Kirche verflucht bei Exkommunikation auch die Kinder; *s.* Haftung 8 **20**) **N** Dass um 1100 das Strafrecht sich änderte (angeblich durch verwickelte Neuerung sich verschlimmerte), bemerkt Quadr Ded 4. Aber er lässt nicht erkennen, dass die hauptsächliche Änderung darin bestand, dass Bluttaten fortan weniger durch Abfindung der gekränkten Sippe mittels Geldbusse und mehr durch kriminale Leibes~ von Amts wegen gesühnt wurden

Straferlass *s.* Begnadigung, Amnestie

Strafgeldfixum *s.* Wb *wite* [engsten Sinnes, *o.* 246, 3b], *woroldwite*, *lahslit*, *dryhtenbeag* [*vgl.* Brunner *Zeitschr. Savigny Rechtsg.*, *Germ.* 17, 130], *oferhiernes* n. 2b, *overseunessa* n. 1, *lex* n. 10, *iudicium* n. 4 (Synonymität von *lex*, *oferhiernes*, *lahslit* *s.* Rechtsbruchbusse 6a). Obwohl Nord. *landkaup* Friedensgeld heisst, bed. *landcop* Agsä. vielleicht anderes; *s.* Grundbesitz 12. Das Anglodän. *lahcop* entspricht Nord. *friðkaup;* Amira 149. *Vgl.* Rechtsbruchbusse, Halsfang 7 (den unter *wite* einbegreift Wi 11, dagegen daneben stellt VI Atr 51), Wergeld, Ungehorsam, Königsschutz

1. Vermögenseinziehung, Misericordia, Wergeld nicht unter *wite*. 2. Partikularrechte. 3. Kentisch. 4. 12 Kent. = 30 Westsä. Schill. 5. Wessex: 30 Schill. 6. Ebenso in EGu (für Denalagu 12 Ör), 7. Æthelstan; 8. auch für Ungehorsam gegen Lokalgewalten. 9. 30 Pfg. 10. 1/2 £. 11. 36,50 Schill. 12. 60 Schill. 13. 120 Schill. 14. 2 £. 15. 2, 4, 7 £. 16. 5 £. 17. Wergeld. 18. 6 £. 19. Rechtsbruchbusse. 20. 6 Ör. 21. 24 Ör. 22. 20 Ör. 23. 40 Ör. 24. 8 £. 25 f. 48, 96, 84, 144 £. 27. 40 Mark. 28. 60 Schill. Normann. 29. Zweifelhaftes. 30. Grafschaftliches ~. 31. Höheres ~.

1) Einen Ggs. zum ~ bilden Vermögenseinziehung und Misericordia, beide fallen nicht unter *wite* im Sinne von begrenzter Geldstrafe **1a**) Die im Wergeld des Täters bestehende Strafsumme zählt ebenfalls meist nicht zum Begriff *wite*, sondern steht daneben erwähnt; z. B VI Atr 51. Dagegen fällt auch Wergeld unter *wite* I Atr 1, 7 = II Cn 30, 3b; 6. Es ist das Maximum der Geldstrafe; *s.* Misericordia 3 **1b**) Auch Königsschutz, 5 £, (*u.* 16) tritt als das grössere einmal *wite* gegenüber; Hn 12, 1 **2**) Die Fixa zerfallen in **A**. Kentische **B**. Westsächsische C. die der Denalagu **D**. die Anglonormannischer Zeit **3**) Die Kentischen ~a sind 12 Schill. und 50 Schill. [*s.* Königsschutz 2—4; wie hier *dryhtenbeag*, so ist Altnord. *baugr* Einheit bei Berechnung von Strafe und Busse.] Beide sind zugleich die häufigsten Bussummen. Vermutlich sind die ~a aus diesen letzteren hergenommen: ein Verhältnis, das in den anderen Rechtsquellen, als aus späterer Zeit, nicht mehr so erkennbar ist. Wahrscheinlich ist die **12**, als Spitze des Duodezimalsystems, die ältere Zahl **3a**) Zwölf Schilling Kentisch strafen Ehrenkränkung (*s. d.* 7); Waffenzücken im Biergelage (*s. d.* 7b); Weigerung, dem Kläger Bürgschaft (*s. d.* 13b) für Prozesseinlassung zu stellen **3b**) Ein ~ von 15 Schilling für Frauenraub (*s.* Eheschliessung 2d. e) scheint nur eine spätere Teilzahlung einstiger Privatbusse von 50 Schill. **3c**) Achtzig Schill. strafen den seinen Knecht zur Arbeit am Sonntag (*s. d.* 3) zwingenden Herrn; Wi 9 **3d**) 100 Schill. [Wergeld] zahlt wer Urteilserfüllung zu geloben weigert und — dies die Verdoppelung des vom Freien Geschuldeten — der Gefolgsadlige für Bruch des kanon. Eheverbots; *s. d.* 1 **3e**) Halsfang und Wergeld sind auch in Kent ~a **4**) Dem Kentischen ~ von 12 Schill. (*s. d.* 3) gilt an Werte gleich das Westsächsische von 30 Westsächs. und (*ebd.* 3b) dem Kent. Königsschutz (*s. d.* 2) von 50 Schilling der Westsächsische 'Ungehorsam' von 120, während Westsächs. Königsschutz (*s. d.* 5) das Doppelte, 5 £ kostet **4a**) In zwei Fällen beträgt die Strafe für dasselbe Vergehen bei Hl 12, bei Ine 30 Schill.; *s. d.* 3a **5**) In Wessex zahlt 30 Schill. ~ wer Prozessualpfand (*s. d.* 11) oder im Streitgedinge (*s. d.* 1) Termin weigerte oder an diesem Recht nicht erfüllte, in Selbsthilfe (*s. d.* 4) ungesetzlich pfändete, als Gemeinfreier das Heer (*s. d.* 8a) versäumte, Gerichtsfrieden vor Grafenvertreter brach (Af 38, 2), blutig (*s. d.* 3a) focht, im Biergelage raufte, an Totschlagsfahrt einer Bande (*s. d.* 6) teilnahm, sein Kind über 1 Monat ungetauft liess (Ine 2), Sklaven Sonntags (*s. d.* 3a) zur Arbeit zwang, fremdes Gehölz schlug oder abbrannte; Af 12 **6**) In EGu heisst *wite* schlechthin 30 Schill. [= 150 Pfg.]. Nämlich dreizehnmal steht *wite* für Engländer neben Rechtsbruchbusse [*s. d.* 3: 192 Pfg.] und davon zweimal ist 30 Schill. als ihr entsprechend genannt; EGu 3, 1. 7. Die 13 Fälle betreffen alle Kirchenstaatsrecht **6a**) 30 Schilling zahlt, wer Sonntags (*s. d.* 6, viell. daraus II As 24, 1) handelte (*u.* 7), oder als Pfarrer der Gemeinde Feier u. Fasten falsch kündete; EGu 7. 3, 1 **6b**) *Wite* zahlt wer Feiertags arbeitete, Sklavenarbeit erzwang (*o.* 5), Ordal und Eide leistete oder abnahm, Fasten brach, Heidnisches verehrte, dasselbe Weib wie sein Bruder beschlief, Gerechtsame der Kirche vorenthielt, als Pfarrer Taufe oder Chrismaholung versäumte oder, obwohl Geistlicher, stahl, Blut vergoss, falsch schwor, hurte (wenn nicht die Schwere des Verbrechens Wergeld fordert); 3—9 **7)** Unter Æthelstan zahlt 30 Schill. wer ohne Kaufzeugen (*s. d.* 10. 11) tauschte oder als Kaufzeuge falsch Zeugnis abgab, Schilde (*s. d.* 4) untauglich bezog, als Vogt des Königs Armenpflege (*s. d.* 4) vernachlässigte **8)** Ferner straft 30 Schill. den Ungehorsam gegen das Gericht, das Hundred (*s. d.* 18), die Stadt London; *s. d.* 8 **8a)** Endlich blieb dieses ~ im 12. Jh. für kleinere Vergehen gegen den ortsherrl. Friedensschutz durch Schutzbruch, Blutvergiessen, Holzschlagen u. Pfandkehrung (*s. d.* 2); Hn 37, 1. 38 **9)** Ein Fünftel davon, 30 Pfg., eines Ochsen Wert, ist das ~ für Trotz gegen das Hundred (*s. d.* 18b. c) nach anderen Stellen und gegen Londons Genossenschaft; *s. d.* 8b **9a)** 30 Pfg. zahlt der Bauer für Fastenbruch (VII Atr 2), einen Ochsen für Vorenthaltung des Peterspfennigs; *s. d.* 17e **9b)** Schwerlich hängt dieses ~ innerlich zusammen mit der Busse für Verletzung gemeinfreien Schutzes (*s. d.* 15a) oder gar mit der Loskaufsumme für Prügel (*s. d.*) des Unfreien. Sondern für alle drei verschiedenen Dinge ward der gangbarste Einheitswert, der Ochs, festgesetzt **10)** **N** Ein ~ von 10 Schill. Normannisch ruht vielleicht nur auf Anglonormann. Halsfang (*s. d.* 2b) des Gemeinfreien **11)** 36 Schill. zahlt der Kaufmann, bei dem man ohne Kaufzeugen erworbenes Diebstahlsgut ertappt, 50 wer an einer Totschlagsfahrt teilnimmt; Ine 25, 1. 34, 1: vereinzelte ~a. Das ~ 40 Schill. scheint Irrtum für 60; *u.* 12h **12)** 60 Schill. heisst wahrscheinlich im 7.—10. Jh. Vollstrafe als Verdoppelung von 30; *s.* Strafe 1e B. Kirchenpfennig fordert 'bei der vollen Strafe, die das Gesetzbuch anweist' II Eg 3. Hiermit kann er nur zitieren wollen Ine 4, der 60 Schill. Strafe androhte. Dagegen fordert 120 Schill. VIII Atr 11, 1 = I Cn 10, 1: das ~ hat sich also in 3 Jhen. verdoppelt **12a)** 60 Schill. ~ kostet das Vorenthalten des Peterspfennigs (*s. d.* 17g) und wohl auch des Almosengelds und Pflugalmosens (VII Atr 7. VIII 12, wofür dort 'Vollstrafe', hier 'Strafe' droht), oder anderer Kirchengerechtsame seit Cnut (*s.* Strafe 1e), **12b)** Sonntagshandel ('Vollstrafe' VIII Atr 17), **12c)** Heerversäumnis durch landlosen Gefolgsadel (Ine 51), Vorenthaltung des Dänengelds (wenn hier *wita* = 60 Schill.; Hn 15) **12d)** Notzucht an Unfreier (Af 25), **12e)** Wollverkauf unter der Preisregulierung (Eg 8, 3), **12f)** Blutvergiessen im Hause eines Vornehmen (Ine 6, 2), **12g)** Beteiligung an Bandenfahrt, die einen Sechshunderter erschlug (Af 30), **12h)** Trotz gegen Urteil des Grafengerichts (II Cn 15, 2. Hn 35, 1. 87, 5; einige Hss. lesen 40 Schill. = Leis Wl 42, 1), Versäumnis des Hundred 'bei ~' (wenn dies 60 Schill.?; II Cn 17, 1), **12i)** (nicht handhafter) Diebstahl, Hehlerei oder Vertrieb von Gestohlenem, Raub, das dem Diebstahl gleichstehende heimliche Verbrechen, wie Baum-Abbrennen; Ine 7. 10. 43. 46. 53. 72 **12k)** Bei Gegenständen über 30 Schill. Wert geht zum ~ von 120 Schill. über Af 9, 1 **12l)** Vermutlich 60 Schill. ist gemeint mit der Strafe die bei den Dunsæte den Mitwisser der Betrügerei des Stammfremden gegen den Stammbruder bedroht; Duns 6, 1 **13)** (volle) Königsstrafe heisst das ~ von 120 Schill. = 600 Pfg., das seit Ine, und dessen gewöhnlicher Name 'Ungehorsam' (*s. d.* 4) seit Eadward I. vorkommt **13a)** Wohl hierher gehört Vollstrafe für Jagd im königlichen Bannforst; II Cn 80, 1 **14)** Bei Salford (jetzt Teil Manchesters) erhielt die Krone als ~ für Diebstahl, Heimsuchung, Rechtssperrung, Bruch von Königsfrieden, Versäumnis des vom Königsvogt gesetzten Gerichtstermins und Fehde trotz Friedenseides 40 Schill. [= 2 £]; Domesday I 270 **14a)** Für Kent und für Bristol galt zwei £ als Maximum; *vgl.* Pol Mai II 513, bzw. *EHR* 1901, 93 **N 14b)** Dagegen wohl nur durch irrige Gleichsetzung von Ines Schilling mit dem Mercischen von $^1/_{60}$ £ bedroht mit 2 £ Bandenteilnahme In Cn III 3 (wo Ine 120 Schill. las), Vorenthaltung des Peterspfennigs Leis Wl 17, 3 und falsch Urteil durch Gerichtsobere 39, 1 **15)** 2, 4 und 7 £ erhält der König vom Bürgen eines entflohenen Diebes bzw. in Mercien, Wessex und Denalagu; Leis Wl 3, 1—3. Davon ist mindestens der letzte Betrag wahrscheinlich zu vermehren um das 1 £, welches Kläger erhält, so dass im ganzen 8 £, das Nordische Hundert (*s. d.* 6) Silbers, gezahlt wird. Wenn der Westsächs. um dieses selbe vermehrt wird, so ergibt sich 'Königsschutz', *u.* 16 **15a)** Ebenso geniesst die Kathedrale in Wessex 5, in Denalagu 8 £ Schutz; In Cn I 3, 2 **16)** Königsschutz (*s. d.*) heisst das ~ von 5 £ **17)** Das ~ von 200 Schill. für Weigerung des Peterspfennigs im Rückfall erklärt sich als des Gemeinfreien Wergeld; *s. d.* **17a)** Dieses ist seit Eadgar das Maximum der Strafe (*o.* 1a) für bussfähiges Vergehen **18)** Ein ~ von 6 £ für Trotz gegen richtiges Urteil oder für Hinderung des Strafvollzugs scheint nur Irrtum, indem 120 Schill. bei Cnut II 15, 2. 25, 2 von je 5 Pfg. irrig als Normannische von $^1/_{20}$ £ angesehen wurden; Leis Wl 42, 1. 47, 2; *vgl. o.* 14b **19)** Für die Denalagu ist ~ Rechtsbruchbusse (*s. d.* 3), wechselnd nach Stand des Missetäters, für Gemeinfreie 192 Pfg.; *o.* 6. Sie steht entsprechend dem *wite* bei Engländern, wo dieses 150 Pfg., aber auch wo es 600 Pfg. beträgt **20)** Über halbe und doppelte Rechtsbruchbusse *s. d.* 7 **21)** Das Doppelte der gemeinfreien Rechtsbruchbusse, 24 Ör, zahlt wer den Bierhausfrieden mit Tötung brach (III Atr 1, 2); wer als Geschworener im Zwölferkolleg durch 8 überstimmt ward (13, 2); wer als Kläger eine gütlich gesühnte Sache gerichtlich wieder aufnahm (13, 4); als Prozessualpfand wer vom König [von Amts wegen] oder als schon Bescholtener verklagt ward (3, 2. 8, 2. 12) **21a)** 24 Ör erhält der Bischof Altarbusse für den erschlagenen Priester seines Sprengels; Northu 24 **22)** 20 Ör zahlt, wer als Kläger oder Angeklagter Ordaltermin versäumte (III Atr 4, 1; f); wer Vieh unverbürgter Herkunft bei sich hielt oder schlachtete ohne gegenüber nachträglichem Beanspruchersich rechtfertigen zu können (4, 2. 5. 9, 1) **22a)** 20 Ör empfängt der Bischof [als Ungehorsam] vom Priester, der einen Pfarrer verdrängte, wider Verbot Messe las, des Bischofs Vorladung versäumte, einen vor jenen gehörigen Prozess vor Laien brachte; Northu 2, 2—5 **23)** **N** Privilegierte Gerichtsherren zahlen im Grafschaftsgericht in Denalagu 40 Ör als ∼, die ohne Privileg: 32; Leis Wl 2, 3 **24)** 8 £ (auch *o.* 15a) zahlt wer die Unschuld eines Hingerichteten gerichtlich behauptete, aber nicht erweist; III Atr 7. 7, 1 **24a)** 8 £ ist ∼ für Bruch der Strasse in Nottingham und für Bluttat auf ihr in Kent; *s.* Strasse 9a; c **25)** 8, 48 oder 96 £ zahlt wer den Gerichtsfrieden bzw. eines Wapentake, einer Stadt, der Fünf Burgen brach; III Atr 1, 1f. **26)** Diese Summen 48, 96, 84 und 144 £, alle nur für Denalagu giltig, treffen Bruch des königlichen Handfriedens; *s. d.* 5—c **N 27)** Unter den Normannischen Königen schuldet ein Bezirk, wo man die Leiche eines ermordeten Franzosen, aber nicht den Mörder fand (ausser 6 Mark für dessen Sippe) 40 Mark; *s.* Murdrum 5. 14 **28)** Über das ∼ von 60 Schill. Normannisch *s.* Königsbann **29)** Bei der Mehrdeutigkeit von *wite* bleibt die Möglichkeit offen, dass nicht immer ein ∼, sondern eine andere, nur unterhalb. Wergelds bleibende, Summe gemeint war **29a)** Der Kläger zahlt für eine Schuldanzeige beim Königsvogt, bei der er sich in der Angabe des Täters geirrt hat, 'Strafe' Af 22 (spätere Lesart): vermutlich je nach der behaupteten Schuld 30 oder 60 Schill. **30)** Ein ∼ (*lex, iudicium*) der Grafschaft (*s. d.* 17) wechselte je nachdem der Prozess in dieser oder jener lag. Diese Grafschaftsstrafe trifft den, der den Frieden stört auf den Wegen und Flüssen, die nicht zu den (unter Handfrieden stehenden) 4 Reichsstrassen und Hauptströmen gehören, oder an den Hundreds u. Wapentake-Gerichten **31)** Unter *maior lex Anglorum vel Danorum,* die den Beherberger eines meineidig im Lande gebliebenen Reichsabschwörers trifft (ECf 18, 3), ist vermutlich dort 5, hier 8 £ verstanden; *o.* 16. 24f. [frei

Strafknecht *s.* Verknechtung, un-

strafmündig *s.* mündig 4. 7—10a

Strafprozess *s.* Rechtsgang

Strafvollzug *s.* Wb *faran, gangan, ridan, faru, gang, rad* [*vgl. chevauchée* Bateson II xxxvii f.; *rideman* 'the abbot's riding bailiff' bei Maitland *Select pleas manorial* 53; Deutsches Mittelalter spricht von *jagen umb Schulde;* Frensdorff *Recht u. Rede* in *Aufs. And. Waitz* 468]; *to rihte gebige. Vgl.* Todesstrafe, Hängen, Gefängnis **1)** Die Mittel, wie der Staat Bestrafung der Missetat sichert, *s.* Polizei 1 **2)** Weitgehend verbleibt der ∼ dem privaten Verletzten, nicht bloss in Blutrache, Pfändung, gegen Handhafte und in Notwehr (*ebd.* L), sondern auch wo er klagte **2a)** Der Herrschaftsvogt 'gibt' schuldige Gutsknechte zur Prügelstrafe [dem Kläger]; Wi 22 **2b)** Der Kläger hat [= besitzt das Recht auf] éine Tracht Prügel gegen den schuldigen Knecht eines Dritten; Ine 48 **2c)** **N** Der Kläger vollzieht Prügel und Brandmarken am diebischen Unfreien (*s. d.* 17f.) u. gibt ihn dann dem Herrn wieder; Hn 59, 23; 25 **2d)** Wer dem [auch gemeinfreien, nicht bloss Gerichts-] Herrn nachstellte, schuldet diesem [Kläger] Leben und Besitz; Af 4, 2 **2e)** Den Mörder (*s.* Mord 7) liefert das Gericht der Sippe des Ermordeten [zur Rache] aus; **N** nur wenn sie fehlt, *faciat rex iustitiam;* Hn 92, 15; a **2f)** Solch privater ∼ erscheint normal, wo Hingerichteter (*s. d.* 5) nachträglich als unschuldig getötet gereinigt wird; denn der Töter bekennt, dass jener *fuit captus vivus* [d. h. nicht handhaft erschlagen]: was ein gerichtlicher Henker nicht erst sagen müsste. *Vgl.* ∼ am Totschläger durch des Erschlagenen Freunde bei Friesen: His 170 **2g)** Bestohlener selbst *face la justise* am verhafteten Diebe beim frühesten Gerichtstage; Leis Wl 4 **2h)** Der Kläger muss die Todesstrafe am Verurteilten vollziehen nach Beispielen Engl. Reichsrechts 13. Jhs. und Stadtrechts 12.—15. Jhs.; Pol Mai II 159. 494; Holdsworth *Hist. Engl. law* II 90. 327; Bateson I 73. 76 **2i)** Nur aus Häufigkeit privaten ∼es erklärt sich, wie das Volk den Bestrafer mit sonstigem Totschläger vermengte und sich oft an ihm rächte. Solche rechtswidrige Blutrache (*s. d.* 141—o) war eine der beiden Hauptursachen zur Flucht ins Asyl; man forderte zu ihrer Verhütung die Urfehde (*s. d.*); sie zu unterlassen, schwor der Begnadigte; Griδ 17 **3)** Der Kläger übt ∼, wenn er Gerichtsbarkeit (*s. d.* 15; ein Gericht ist zwar nicht erwähnt; aber *s.* Bauer 9h) über Beklagten besitzt **4)** Zumeist befiehlt den ∼ der Richter, also Ealdorman (Eorl; Cn 1020, 9f.) oder Vogt oder dessen Büttel (IV Eg 1, 2), oft aber die Urteilfinder (*s. d.*, Lagamen 2a. 3b), die 12 vornehmsten Thegnas in Denalagu (III Atr 3), die Angesehensten des Gerichts (II As 20, 4ff.), eine Kommission des Gerichts (III Eg 7f. = II Cn 25f. = Leis Wl 47f.) od. der Delegierten der Zehnerschaften, je einem aus 1—2 (VI As 4. 5), Hundertvorsteher mit Zehnerschaftsvorstehern (Hu 2), ja sogar die Gerichtsgemeinde als Ganzes, in Londons Genossenschaft (*s. d.* 12d) die ganze Mannschaft des Friedensbunds unter dem Sheriff, verstärkt auch von nachbarlichen Shires (VI As 1, 1. 8, 2f.); oder die Bürgerschaft und erst subsidiär Ealdorman und König; II Atr 6. Wo indefinites *man* ∼ übt, ist Gericht oder dessen Vorsitzender gemeint; so Ine 24 **5)** 'Der Richter tötet den schuldigen Verbrecher nicht [selbst], sondern er befiehlt seinem Untergehenen ihn des Lebens zu berauben'; Ælfric *Homil.* ed. Thorpe II 36. *Vgl.* Büttel **5a)** Schuldige Genossen eines Unfreien müssen den hinzurichtenden Anführer steinigen (*s. d.* 1; bzw. Sklavinnen die Mitsklavin verbrennen); wessen Wurf nicht trifft, der büsst dem Herrn 3 Pfg.; IV Atr 6, 7 **5b)** Unter den Grosswürdenträgern K. Harthacnuts nennt *Thrord suum carnificem* Flor. Wigorn. a. 1041 **N 5c)** Schon 1160 besoldet der Staat einen Henker zu Canterbury: *portarium, qui facit iusticiam comitatus;* Pipe roll a. 6 Henry II. p. 53

Strand *s.* Wb *strand. Vgl.* Schiffbruch **1)** Im Ggs. zu *land s.* Landwirtschaft 1. *Vgl.* Urkk.: für Reculver in Kent *cum omnibus rebus litorum, camporum, agrorum* a. 949 Birch 880; *be strande 7 be lande* a. 1042—65 Kemble 886; *bi lande 7 bi strande;* Round *Mandeville* 241. Eine andere, nicht reimende sondern alliterierende, Formel der Urkk. lautet *ge on streame ge on strande* a. 1039 Kemble 758, *on stronde 7 on streame* a. 1155 Earle 346

Strasse *s.* Wb (*here*)*stræt, stræt-*

bryce, -weard; Eormen-, Ikenilde-, Wætlingstræt, Fosse; strata regia; cheminus, chemin [*chiminus regis* technisch: Heer~; Bracton], *via regia, regalis* Hn 91, 4. ECf 12c. *Vgl.* ferner bei Toller (*þeod-*), *herepæð, þeodweg, hereweg* (auch Birch 112), *fyrdstræt* (Kemble 449), *cynges ferdstræt* (Kemble 623), *cyninges stræt* [= *cyninges heiweg, cynelic* (im *Suppl.*) *weg*] Urk. a. 859 Kemble 282, *cynestræt, heahstræt, ealde stræt* (Birch 502. 1096); *portstræt* (Kemble 627), *portherpað* (Birch 1030); *strata publica* (Birch 426. 445); *magna via* Chart. Wetherhal. ed. Prescott 288; *lawpath* Napier and Stevenson *Crawford char.* 46. *Vgl.* Middendorff *Altengl. Flurnamen* 127

1. Stets offen, breit. 2. Fremde sichernd. 3. Bei Freilassung. 4. Befriedet; Bluttat. 5. ~nraub, Wegsperre. 6. Verbrecher auf ~ befreit. 7. Rache auf ~. 8. Kronprärogative vor 1066, 9. laut Weistümern a. 1072. 1086. 10. Normannische Königs~. 10b ff. ~nbruch. 12. In Denalagu 13. Angriff auf ~ ist Rechtsperrung. 14. Die 4 Reichs~n. 15. Neben~n.

N 1) Die ~ führt von der Stadt zu Stadt [*s. o.* die Namen *port-*], Markt, Burg oder Hafen; Hn 80, 3a. ECf 12, 9; *u.* 4. 9. Stets geöffnet, darf sie von niemandem geschlossen oder aus ihren Grenzen abgelenkt werden; Hn 80, 3a; 5a; *vgl. u.* 9a. Diese Wendungen scheinen Normannisch; I 596^{e-g} **1a)** Die Heer~ sei so breit, dass 2 Wagen ausweichen, Büffel getrieben werden oder 16 Ritter gewaffnet neben einander reiten können; Hn 80, 3 [Auch Deutschland misst ~nbreite nach Reitern und Wagen, der Norden die Dorfgassenbreite nach 15 Ellen; v. Schwerin *Zur Hundertsch.* in *Zs. Savigny Rg.* 272]; *vgl.* I 596^{b-k} **1b)** Die ~ bestand oft in einem Bohlenweg; *s.* Brücke 1a **2)** Auch der Fremde (*s. d.* 4) darf auf offenem Wege wandern; nur wer verstohlen abseits geht, gilt als Verbrecher. [Wer ausserhalb der ~ ging und auf Anruf nicht antwortete, kann, wenn getötet, als Friedbrecher erklärt werden; im Norden: Amira *Altnorweg. Vollstreck.* 158] **N 3)** Der Freilasser zeigt dem Knechte Wege und Tore frei bei der Zeremonie der Freilassung; *s. d.* 5a **4)** Die Befriedung der ~ will die dort besonders leicht ausführbare Blutrache von ihr fern halten, *ne aliquis in ea inimicum invadere audeat;* Henr. Huntingdon. 12. Wohl hierher: *viæ quæ ad templa et civitates ducebant ..., quicunque fugitivus sive reus ad ea confugeret, cum venia ab inimico suo abiret;* Galfrid. Monmuth. II 17 **4a)** Tatsächlich floss oft Blut auf der ~. Ward ein ermordeter Franzose auf der Heer~ gefunden, so trägt Murdrum (*s. d.* 11 c. d) der Grundeigner des anliegenden Landes; Hn 91, 4 **5)** Wer Waffen herlieh, mit denen *wegreaf* (*u.* a) verübt ward, büsse [dem Verletzten] 6 Schill. und wenn [letzterer] erschlagen ward, [an dessen Sippe] 20; Abt 19f. [Bewaffnung gehört zum Friesischen *weiwendene u.* a] **5a)** Eines Unfreien *wegreaf* sei 3 Schill.; 89. Wenn die Übersetzung '~nraub' [der Begriff bei His 337] richtig ist, denke man hinzu Entschädigungsbusse, die des Unfreien Herr dem Beraubten schuldet, und fasse den Unfreien als den Täter. Dahinter folgt denn auch Diebstahl durch den Unfreien. Davor aber steht Freiheitsberaubung an einem Unfreien; vielleicht ist dieses mit c. 89 zu verbinden und 'Wegsperrung' gegen einen Unfreien gemeint, die im 11. Jh. allerdings mit Rechtssperrung (*s. d.* 4) vermengt ward. Allein im Ags. ist für Raub (*s. d.* 1b) die (im Fries. und Nord. belegte; Wilda 909) auf Abstrakta erweiterte Bed. nicht nachgewiesen **6)** Wer einem Verbrecher [um ihn zu befreien] auf der ~ beisprang [wo dieser gefangen transportiert wurde], zahlt Strafe 120 Schill. [Königs Ungehorsam]; VI As 1, 5. Es wird hier Begünstigung (*s. d.* 10a), nicht ~nbruch bestraft, da dieselbe Strafe mit denselben Worten ohne Erwähnung der ~ schon II 6, 3 angedroht ist **7)** Wer einen Unschuldigen *affliget in via regia* und dabei umkommt, entbehrt der Entgeltung durch Wergeld und geweihten Grabes. Bleibt er nach einem blutigen Angriff in Selbsthilfe [Blutrache], den er, ohne vorher Rechtsgang zu fordern, unternahm, leben, so zahlt er *regis borhbryce* [em. aus *bur-*] 5 £ (*vgl.* Königsschutz 8); IV Atr 4. 4, 1 **8)** Bereits im 10. Jh. bestand also die Prärogative der Krone über die ~. [Wenn freilich die Wörter *in via regia* nur von Q zu *foresteall* des Originals hinzugesetzt sind (*s.* Rechtssperrung 4), so gilt dies Argument aus Atr nicht.] Königl. Privilegien verleihen Gerichtsbarkeit *on stræte and of stræte* a. 1051—65 Kemble 886; die Charta 824 mit *in via et extra* ist unecht. Galfrid. Monmuth. lügt zwar, dass ~nrecht aus Altbrit. Zeit stamme und von Ælfred übersetzt sei (III 5), hält es aber wie Huntingdon (*u.* 14b) für Vornormannisch **9)** Trotz Canterburys unbedingter Immunität behielt der Königsvogt Gerichtsbarkeit samt Strafgeld dann auch auf Ländereien des Erzbistums, *si homo archiepiscopi effodit regalem viam quæ vadit de civitate in civitatem, si quis arborem super viam regalem deiecerit* oder *in regali via sanguinem fuderit vel aliud* Unerlaubtes *fecerit* und handhaft gefasst wird [*vgl.* Pfändung 7]; Prozess von Pennenden Heath 1072 ed. Selden hinter *Eadmer* 197, teilweise auch ed. Plummer *Saxon. chron.* I 289 **9a)** *Si quis fecerit sepem vel fossatum, pro quo strictior fiat publica via regis, aut arborem intra prostraverit, solvet regi* 5 £ [*s.* Königsschutz]; *de gribrice in calle divadiatus* 8 £; aus Kent Domesday I 1a 2 [Baumfällen auf der Hoch~ verbietet auch Walliser Recht von Gwent; *Anc. laws of Wales* 793] **9b)** *De rectis callibus* durch die Stadt Canterbury (und 1 Meile 3 Ruten 3 Fuss [*s.* Burgtor 1b] darüber hinaus) *si quis foderit vel palum fixerit*, verfolgt ihn der Königsvogt. *Archiepiscopus calumniatur forisfacturam in viis extra civitatem ex utraque parte ubi terra sua est;* I 2a 1 **9c)** *In Snotingeham si quis araverit vel fossam fecerit in via regis infra 2 perticas, emendare habet per* 8 £; I 280a 1. [Strafe zahlt 1166 dem Exchequer *qui aravit viam regiam;* Pipe roll bei Madox *Hist. Exchequer* 387; Pipe roll a. 1165 p. 49] **9d)** *Rex habet 3 vias per terram et quartam per aquam; in his omne forisfactum est regis et* [$^1/_3$ davon] *comitis;* aus Yorkshire Domesday I 298b 1 **9e)** Gocelin bezeichnet um 1090 als hohen Diebstahl das Wegnehmen eines Steines von der Heer~; *Mirac. s. August. Cant.* in *Acta SS.*, Mai VI 103 **9f)** Unterschieden wird also Sperrung der ~ von Blutvergiessen (Friedbruch) auf ihr; nur letztere Missetat auf der ~ kennen Huntingdon und Galfrid.

Monmuth. II 17. III 5; erstere kostet in Kent 5 £ (in Nottingham 8), letztere 8 £. Das Strafgeld gehört dem Fiskus (in Kent wenigstens bei handhaftem Vergehen) **9g)** Zwar wird das ∼nrecht in England fast nur durch Quellen nach 1066 erhellt, und für späteren Ursprung könnte zu sprechen scheinen, dass das Festland zu ihm Parallelen bietet: Auch im Deutschen Mittelalter stehen Land- u. Heer∼ unter ständigem Geleit des Landesherrn, und der Bruch des ∼nfriedens unter seiner Gerichtsbarkeit; Schröder *DRG*[5] 620. Auch dem Herzog der Normandie gehört die Jurisdiktion über die auf der ∼ geschehenen Verbrechen. Und dass Wilhelm I. gegen Schädigung der Reisenden auf der ∼ für Freiheit und Sicherheit des Verkehrs sorgte, berichten Will. Pictav. und Ann. Agsax. Doch müssen es, laut Domesday und wegen Agsä. Termini, Agsä. Gewohnheiten sein, die viell. er zum einheitlichen Recht festigte **N 10)** *Omnes herestrete omnino regis sunt*; Hn 10, 2, im Unterschiede von ECf und Leis Wl. Wahrscheinlich nicht jede, sondern nur bestimmte öffentliche ∼n deckt der Terminus *herestræt* **10a)** Noch im 14. Jh. war manche ∼ nicht *via regia;* Pollock *King's peace* in *Law Quart. Rev.* I (1885) 46 = *Oxford lectures* 81. Wahrscheinlich folgt Hn bereits der im 13. Jh. siegreichen Neigung der Königsrichter, den Begriff 'Königs∼' weit auszudehnen; Pol Mai II 462 **10b)** *stretbreche* zählt zum Kronprozess Hn 10, 1. 35, 2. Neben der Strafe für Verletzung des ∼nfriedens zahlt Missetäter *wita, wera:* für die Bluttat Strafe und Busse. *In via regia assultus emendetur regi;* 80, 2; *vgl. o.* 9. Ebenso Galfrid. Monmuth. III 5 **10c)** *Stretbreche est si quis viam frangat concludendo, avertendo, fodiendo*; Hn 80, 5a. *Vgl. o.* 9—c. Hierunter fällt *pons fractus in via regia* (In Cn III 50, 1) und das Verbauen; ECf 12, 8; *vgl.* I 596[e. f] **11)** *Stretbreche emendatur* 5 £; Hn 12, 2. 35, 2. 80, 5. *Vgl. o.* 9a, anders 9c **11a)** Vielleicht diese 5 £-Busse meint unter 'Bruch des Königsfriedens' [aus *griðbryce*], als Busse für Angriff mit oder ohne Totschlag auf den 4 Reichs∼n, Leis Wl 26 **11b)** Auch ECf meint vielleicht 5 £. Er bestimmt nämlich für ∼nverbauung *forisfactura regis* [d. i. $2^1/_2$ £], die Hälfte von dem Strafgeld für Angriff (12, 2; 8), das also 5 £ beträgt. Und für letzteren fordert er *lege Anglorum were* des Täters; dieses Wergeld des Gemeinfreien ist in London 5 £ **11c)** Die von ECf (12, 2; 8; 10) angeordnete Zerstörung der Einbauten und Herstellung der ∼ lassen die anderen Quellen nur als selbstverständlich fort **12)** Dagegen steht in Denalagu der durch Bluttat, aber auch nur durch Einbau verletzte ∼nfrieden mit dem Bruch königl. Handfriedens (*s. d.* 5 B. 7aC) gleich bei demselben ECf. Dort schuldet der Missetäter 144 £ *et corpus in misericordia;* 12. 12, 1; 3; 7; 13. Dies stimmt eher zu Normann. Recht, das für Bluttat auf der ∼ Verstümmelung, für Totschlag Todesstrafe vorschreibt; I 596[b] **13)** *In via regia assultus forestal est:* C *sol. regi,* also wie *o.* 11a. b; Hn 80, 2 **13a)** Dieser Verf. erklärt *foresteal* des Originals durch *prohibitio itineris vel questionis* III Em 6; jenes aber meinte Rechtssperrung (*s. d.* 2a. 4), die man erst im 11. Jh. mit Wegsperre vermengte **14)** Nur von *viæ regiæ* handelt Hn. Dagegen zählt 4 Reichs∼n, im Ggs. zu anderen *chimini,* ECf 12c; 1; 7; 9 **14a)** Er benennt jene; 12c. *Vgl.* Watling∼, Eormenstræt, Fosse, Icknield. Dieselben 4, in Variante nur erstere 3, nennt Leis Wl 26. Ihren Lauf erörtert Elton *Origins Engl. hist.* 326—31; *vgl.* mein *Über Leges Edw. Conf.* 47ff. 113. [Auch Codrington *Roman roads* 1903] **14b)** Zwei erstrecken sich in die Länge, zwei in die Breite des Reiches; ECf 12c. Galfr. Monmuth. III 5; die Himmelsrichtungen gibt Henr. Huntendun. I ed. Arnold 12 **14c)** Vielleicht aus gleicher Quelle wie ECf und Leis Wl schöpft dieser; ihm folgen Gaimar, Alfr. Beverlac., Rad. Diceto, *Mirab. Britan.* ed. Hearne hinter *Rob. Gloucestr.* II 572; viell. auch Galfr. Monmuth. II 17. III 5 (daraus Wace *Brut* ed. Leroux I 226ff. und Layamon). Die älteste graphische Darstellung bietet Matheus Paris. in Hs. Cotton Nero D 1f. 194b, wovon Faksimile bei Gough *Topogr. Britan.* pl. 1 **14d)** Für Huntingdon sind die 4 *principales calles Angliæ, spatiosi [et] speciosi, sanciti edictis regum scriptisque verendis legum,* d. h. er kannte eine uns verlorene Aufzeichnung unter Rechtsschriften über das ∼nrecht und hielt letzteres für Agsä. **15)** Die *minores chimini,* von Stadt zu Stadt und Markt und Geschäften, stehen unter *lege* (*iudicio* = Ungehorsams-Strafgeld) der Grafschaft, zu entrichten an Graf bzw. Sheriff; ECf 12, 9—11. Eine ∼nverengung durch Mauerbau bestrafen die Königsrichter 1221 nicht, weil die ∼ nicht Königs∼, also das Vergehen kein Kronprozess war; Maitland *Pleas of the Crown for Gloucester* 15. 140 **15a)** Ähnlich trennt die König∼ von *via convicinalis* und *semita* Lex Baiuwar. I 10, 19ff., während *via publica* der *vicinalis* gegenübersteht in Lex Burgund. 27, 3; *s.* Heyne *Nahrung* 24. Die kleinen Nebenwege stehen an Rangordnung noch tiefer; so auch in der Normandie: *semita non est quiminus*; Très anc. cout. Norm. 58, 1. *Vgl.* Pol Mai II 453 **15b)** Von Verletzungen gegen diese kleineren öffentlichen ∼n erwähnt nur das Verbauen ECf 12, 10; diese Überbauten müssen niedergelegt und die ∼n hergestellt werden

Strassenraub *s.* Strasse 5

N Strassenwacht, *strætweard. Vgl.* Wache **1)** Von je 10 Hufen (*s. d.* 12d) des Hundred ist vom 29. Sept. bis 11. Nov. [d. h. vor der Schlachtzeit, zu welcher die Viehzüchter ihre Herden zur Stadt trieben, nicht abhängig von der Periode der Öffnung des Ackerlandes zur Stoppelweide nach der Ernte] ein Wächter zu stellen. Der Wachinspektor des Hundred nur bleibt wegen seiner Amtsmühe von dieser Pflicht frei, so grosse Güter er auch besitze. Die Wächter haften für dort durchgetriebenes gestohlenes Vieh, ausser wenn sie erweisen können, dass sie Gerüfte über die Viehräuber erhoben oder von ihnen Gewalt erlitten haben; Leis Wl 28—28, 2 **2)** Stubbs kennt einen *custos viarum,* aber als '*streetward,* surveyor of highways'; *Lectures on early hist.* 54. Indem der Lat. Übs. *viarum custodes* missversteht, belegt er, dass der Hüter und die Hut gleich hiessen. Ein *stretbidel* kommt in Winchester unter Heinrich I. vor; *EHR* XIV 423 **3)** Mit dem militärischen Aufgebot verbindet den Stellungsbezirk der Zehn (*s. d.*) Hufen Rietschel *Hundert.* 94 **3a)** Das Statut von Winchester 1285 c. 4 fordert in jeder Stadt Wache von Himmelfahrt bis Michaelis **3b)** In Lincoln hat der Bürger um 1322 von Michaelis bis Weihnacht Wache zu halten; Bateson in *Jahresber. Geschwiss.* 1904 (1906) III 194

Streitgedinge, eine der Einleitungen des Rechtsganges, nämlich die aussergerichtliche gegenseitige Verpflichtung der Parteien, vor Gericht zu erscheinen; Brunner I² 254. II 340f. 366 **1)** Klagt jemand und erhält Bürgen [künftigen Erscheinens vor Gericht vom Beklagten, also im ~] gestellt, so sollen beide drei Tage nachher — ausser wenn jener [im ~] länger Aufschub gewährt — den Schiedsrichter aufsuchen; Hl 10 **2)** Der um Grundbesitz Beklagte ['Kläger' übersetzte ich mit Brunner II 333] muss dem Kläger Termin ansetzen, wann er vor dem Königsvogt (Richter) Rechtserfüllung leisten werde; I Ew 2. [Setzt er den Termin nicht oder erfüllt an ihm nicht das Recht, so zahlt er 30 Schill. Strafe, soviel wie nach Ine 8 der Weigerer des Prozessualpfands]. In beiden Fällen liegt nicht bloss private Vorladung (*s. d.*) einseitig durch den Kläger vor, sondern auch der Beklagte handelt **N 3)** Ein *placitum*, das der [Gerichts]herr *non posuit*, das nur die Parteien vereinbart haben, kennt Hn 59, 3. 61, 9. 81, 1. Solches *placitum ab eis* [Parteien] *sine iusticia* [Richter] *positum* kann *sine contramandatione suscipi* [unter Ausschluss der Abbestellung vereinbart werden]; 59, 4a **3a)** Beklagter hat die Pflicht gerichtlicher Antwort auf Klagen nicht nur wegen deren er vorgeladen war, sondern auch auf die er *ipsa die respondere et rectum facere promisit;* 49, 3 [herzigkeit

strenges Recht *s.* Billigkeit, Barm-

Strieme *s.* Blauwunde, Beule

Strom *s.* Wasser, Handfrieden 7aC

Studium *s.* Erziehung 6ff.

Stuhl *s.* Sitz, Asyl 21, Schutz 3a, Gericht 7

stycce *s.* Halbpfennig 4; Münze 1a

Südengländer synonym mit Engländer (Grið 4. 11), im Ggs. zur Denalagu (*s. d.* 1f), aber auch zu Kent (6), also Wessex und Merciens Südwesthälfte. [Nicht identisch mit *Sutangli*, d. h. Süd-Angeln, als deren König sich Æthilbald von Mercien 736 bezeichnet; Urk. Birch 154]. Als Recht der ~ gilt ein Satz Ines über Blutig (*s d.* 5a) fechten in Königs Haus oder Kirche;

Suffolk *s.* Ostanglien 7 [Grið 9

Sühne *s.* Schiedsgericht; Abfindung

Sühnung *s.* Kirchenreinigung

sulung *s.* Hufe 3

Summen *s.* Strafgeldfixum, Busse, Wergeld; Zahl; Dänengeld, Geld, Münze

sundorland *s.* Bocland 6f

Sunne, Entschuldigung für Terminversäumnis, *s.* Wb *soinus*, neuengl. *essoin. Vgl.* Grimm *DRA* 847, *Dt. Gramm.* III 502; Phillipps *Engl. Rechtsgesch.* II 106. [Dänisch: *forfal;* Bateson *Records of Leicester* I 152] **1) N** *sonius legalis* (*competens*), *legitima ratio*, *idoneum* (*competens*) *aliquid*, *competens necessitas*, *vera necessitatis causa* [echte Not] entschuldigt vom Termin; Hn 29, 2; 3a. 41, 2a; b. 50, 1; 3. 51, 1. 53, 1a. 59, 4. 60, 3. 61, 1f. **1a)** Sie muss *monstrabilis, ostensibilis* sein; Hu 7, 1Q. Hn 80, 11 **2)** Als ~ gilt **A.** Minderjährigkeit; *s.* mündig 11. 13 **B.** Krankheit (Hn 41, 2b. 59, 1a; 4; 9a. 61, 6; 7. Lib Lond 7); wer *legerbære* ist, gilt entschuldigt von Pflicht gegen den Gildebruder in Cambridge; Thorpe *Diplom.* 611; *vgl.* Brunner II 335; Pol Mai II 561 **C.** Abwesenheit ausser Landes (Hn 59, 2b; bes. Pilgerfahrt; *s. d.* 6); **D.** im Kriege (59, 9a. 68, 2. 83, 2); im Heere (59, 1a; 4); wegen seiner Feinde (Bluträcher? 59, 1a); **E.** im Dienste des Königs (Hn 41, 2b. 43, 1. 59, 4 [schon in Lex Salica; *vgl.* Schröder *DRG*⁵ 121]) **F.** oder des Herrn (Hu 7, 1. Hn 59, 1a. 60, 2. 61, 6a; 7; *hlafordes neod* entschuldigt den Gildebruder, wie *o.* B; so lange Beklagter *sous le drapeau du seigneur*, ist er *libre de ne répondre;* Coulin *Gerichtl. Zweikampf* 35); Aufschub durch den Herrn beider Parteien (Hn 61, 6; 7) **G.** Versetzung in anderweitige Anklage durch den König (Hn 43, 1. 61, 6; 7) oder seinen Beamten (59, 1a; *vgl.* I 581ⁿ); **H.** Seesturm (Hn 41, 2b); **I.** Gerichtsferien (*s. d.*; Hn 61, 6; 7); **K.** Terminanfschub; *s. d.*

N Surrey. Dort. Jagdrecht bestätigt den Bürgern von London Hn Lond 15

Suspension des Priesters vom Amte *vgl.* Degradation **1)** Sie trifft den, der an seinen Pfarrkindern die Pflicht eherechtlicher Disziplin oder der Taufe versäumt (Wi 6) oder die einem anderen Pfarrer gehörige Kirche annimmt; Northu 2, 1 **2)** Die ~ wegen Verbrechens nimmt auch die weltliche Thegnwürde; Geþyncðo 7 H. Q

swanimot *s.* Forst 14a

Swen, König, *s.* Hochverrat 7a

swerian (schwören). Die von mir so betitelte Sammlung von Eidesformeln steht I 396 und Lat. übs. in Q I 541, 2

Symbol (*vgl.* Merkmal): Anzeiger | Brot(esser) *s.* Gefolge 3c | Eheschliessung 81. 12b | Erdscholle u. a. ~e bei Landübertragung *s.* Grundbesitz 16f. g | Gehege 6 | Halm *s.* Herdpfennig 1 | Halsfang *s. d.* 1b | Hand 1a—4 | Handschuh 1. 3, *s.* auch Prozessualpfand 5b | Herd; *vgl.* Feuer anzünden als Zeichen der Landnahme: Schwerin in Meister *Grundr. Geschwiss.* V 43 | Horn 2 | Hürde 1 | Kessel 2 | Knie 1 | Kopf 1 | Kreuz 5a; *s.* Markt 1a | Kreuzweg *s.* Freilassung 5 | Krone | Kuss | Lamm *s.* Schaf 17 | Locken | Ring *s.* Siegel 1b | Schatzwurf *s.* Eheschliessung 3 | Scheren | Schild 6 | Schlüssel | Schöss *s.* Eheschliessung 4f. | Schwert 2c; *s.* auch Prozessualpfand 5b | Siegel 1 | Sippe 12 | Speer 4 | Stab | Taufe 1c | Tür *s.* Freilassung 5a | unfrei 23 | Waffen. [*Vgl.* Wissmann *Förmlichk. b. Landübertrag., Agnorm.* in *Archiv Urkforsch.* III (1911) 263ff. ABRA.]

symbolum *s.* Glaubensbekenntnis

Synode *s.* Wb *sinoð*. *Vgl.* Domkapitel 2 **1)** Unter ~ wird auch das weltliche Witenagemot (*s. d.*) mitverstanden (Af El 49, 7; 8. VI Atr Insc) und auf diesem vor König und Laien rein Geistliches verhandelt. Dass Ælfred ~ und Reichstag nicht begrifflich trennt, folgt daraus, dass er die Versammlung vielen Völkern beilegt, von Religion und Bischöfen beeinflusst nennt und doch weltliches Strafrecht bestimmen lässt **1a)** Die Gesetze wurden einzeln in ~nbücher eingetragen (Af El 49, 7), wohl Kanonessammlungen **2) N** Der Weg von und zu der ~ steht für Vorgeladene oder sie mit eigenen Anliegen Besuchende [nicht bloss Geistliche] unter Treuga Dei; ECf 2, 8. *Vgl.* Gerichtsfrieden **3)** Ein Priester, der nicht zur ~ kommt, büsse; aus *Canon* Eadgari Northu 44 **3a)** Er rüge dort die Laster seines Pfarrsprengels; ebendaher 42 **4)** Wahrscheinlich auf einer ~ zu York erging das Northumbrische Priester-Gesetz, laut des 'wir' Northu 2. Dessen erster Teil lautet innerkirchlich, dagegen der zweite ist private Kompilation von Sätzen über Beziehung von Kirche und Laien **5)** Theodor von Canterbury 673, dann die Legaten-~ von 786 ordneten jährlich 1—2 ~n in England an. Tatsächlich kennt Af El 49, 7 viele frühere. Im 11. Jh. aber galten ~n als lange ungewohnt; Cons Cn Pro 4 **N 6)** Die Dekrete des Primas von Canterbury bedürfen königlicher Bestätigung nach Wilhelms I. Kirchenstaatsrecht; Wl Edmr 2, 2 **7)** Die ~ Anselms von Canterbury 1102 und die 1108 bespricht und ihre Dekrete bringt Quadr I 545 ff.

Systematik. Versuche zur ~ s. Gericht 11, Gerichtsbarkeit 32, Rechtsgang 4, Klage 18; Strafe 8a; Sippe 2. Das Gegenteil von ~: trinoda noces-

Szepter s. Krone 1b [sitas 1b

T.

Tag s. Wb *dæg, idæges*. *Vgl.* Termin, Nacht 1, Jahr und ~, Sonne 2f. **1)** Der ~ beginnt mit Vorabend (*s. d.*), heisst aber auch Vorabend folgenden ~es (wie noch heute deutsch *Sonnabend; s. d.*); Wi 9 **1a)** Der ~ zerfällt in Horen (*s. d.*), in Vor- u. Nachmittag; *s.* Peterspfennig 15 **2)** Wer seinen Sklaven tötet, gilt dann als unschuldig, wenn jener noch 2 oder 3 Nächte [ein oder zwei ~e; Exodus] nach der tödl. Wunde lebte, als schuldig, wenn jener sofort [selbigen ~es; Af] starb; aus Exodus [für England unpraktisch]; Af El 17 **3)** Raub (*s. d.* 4) am lichten ~e, sofort kundgemacht, verlegt Beschuldigtem Reinigung, macht ihn friedlos [am lichten ~e vergossenes Blut gilt als notorisch; His 61. *Vgl.* Ggs. zum Diebstahl (*s. d.* 22a) bei Nacht; Grimm *DRA* 637; Brunner II 646; Pol Mai II 491 f; im Walliser Recht: *Anc. laws of Wales*, Gwent II 3, 11] **4)** Kauf *by daylight:* Bateson II LXXVIII

Tage 1) ausgezeichnete Kalender-~: Sonn-, Mon-, Diens-, Freitag, Sonnabend; Feiertag, Oktave, Fasten **1a)** Jan. 6 *s.* Epiphania | Febr. 2 *s.* Maria; Febr. 3 *s.* Waffenschau; 15 *s.* Teufel; 22 *s.* Peter; | März 12 *s.* Gregor; 18 *s.* Eadweard II.; 25 *s.* Maria | Mai 1 *s.* Philipp; 19 *s.* Dunstan; 26 *s.* Augustin Cantuar. | Juni 11. 24. 30 *s.* Apostel; 29 *s.* Peter | Juli 25 *s.* Apostel | Aug. 15 *s.* Maria; 24 *s.* Apostel; 29 *s.* Johannes | Sept. 8 *s.* Maria; 21 *s.* Apostel; 24 *s.* Nachtgleiche; 29 *s.* Michael | Okt. 28 *s.* Apostel | Nov. 1 *s.* Allerheiligen; 11 *s.* Martin; 30 und Dez. 21 *s.* Apostel; 25 *s.* Weihnacht

Tagelohn, -werk *s.* unfrei 1e. 22—23b; Fron 8; Arbeit

Taidigung *s.* Abfindung, Schiedsgericht

Talionsprinzip. *Vgl.* Strafe 10d, spiegelnde Strafen 1; Juden 3a **1)** 'Auge für Auge, Seele für Seele' aus Exodus Af El 18f. Es widerspricht Germanischem Recht [kommt z. B. in Friesland spät und selten vor; His 173. 275], Ælfreds Gliederbussen (Af 47 ff.) und den Gesetzen über Totschlag, der ja zumeist in Wergeld, nicht in Blut gesühnt ward. Gerade diesen Gegensatz sucht Ælfred zu erklären durch die Idee, aus Rücksicht auf Christi Barmherzigkeit sei Geldstrafe für erstmaliges Verbrechen eingeführt worden; Maurer *Kr. Übschau.* III 29 erkennt also richtig jene Exodusstelle als fürs Agsä. Recht nicht praktisch. Anders in Frankreich, wo Missetäter das Glied verliert, dessen er den Verletzten beraubte; Coulin *Gerichtl. Zweikampf* 144 **2)** Scheinbusse (*s. d.* 2) bei absichtloser Missetat führt ~ *ad absurdum*

Tasche *s.* Korb, Scheinbusse 1

Tatort *s.* Gericht 4k; Pfändung 7; handhaft 1, *infangenþeof* 2, Anklagezustand 2 ff., Schutz 9e **Tau** *s.* Seil

Taubheit 1) ~ eines Ohres durch Verwundung büsst Verletzer doppelt so hoch wie dessen Abhauen, nämlich mit $^1/_4$ Wergeld; Abt 39, volle ~ also wahrscheinlich mit $^1/_2$ Wergeld. Ebenso fordert, wenn das Gehör fortbleibt, doppelt so viel wie für Abhauen eines Ohres, nämlich $^2/_{10}$ Wergeld, Af 46, 1 **2)** Wer *dumb oððe deaf* geboren ist, dessen Missetaten [verantworte und] büsse der Vater [bzw. wohl die Sippe; *vgl.* mündig 17; Brunner I² 102. II 354]; Af 14 = Hn 78, 6. Für *surdus et mutus* der Bibel steht zumeist *dumb and deaf*; jedoch auch *dumb oððe deaf* kommt vor. Vielleicht also meint Af 'taubstumm'. Quadr übs. wörtlich *oððe* durch *aut*

Taufe *s.* Wb *fulluht, fulwian*. *Vgl.* Bekehrung **1)** Die ~ als Symbol des Christentums zu pflegen ermahnt VI Atr L **1a)** Der Ordalprüfling wird beschworen u. a. bei der ~ ('durch die dich der Messepriester wiedergebar'); Iud Dei I 2, 1. V 1. VII 13A. XII 4, 1. XIII 8 [wie der Fränk. Geschworene vor der Inquisition zur Wahrheitsaussage; Brunner *Forsch. z. GDR* 235] **1b)** Mystische Erhabenheit der priesterlichen Handlung der ~ preist I Cn 4, 2 **1c)** Über symbolische Handlungen bei *cristnung* (Unterweisung der Katechumenen) und Wasser~ predigt Wulfstan Latein. u. Agsä. 29. 32 **2)** Wer als Priester die ~ eines Kranken verabsäumte, wird suspendiert; Wi 6. Es ist vielleicht nicht allein an ein Kind gedacht; denn öffentliches Heidentum bei Südengländern musste noch 20 Jahre vorher bekehrt werden **2a)** Zu ergänzen ist der Tod jenes Ungetauften aus kirchlichen Quellen, die den Priester degradieren; Theodor *Poenit.* I 9, 7. 14, 28; Cummean VI 30 = Ps. Theod. 21, 34. 43, 2 = Ps. Egb. *Confess.* 6; Modus impon. poen. 42 (ed. Thorpe 410); *Homil. n.* Wulfstan 120. 300 **2b)** Dem Erwachsenen [Ostanglien war erst 1—2 Menschenalter mit heidnischen Nordleuten besiedelt] ~ zu weigern kostet dem Priester Strafgeldfixum von 12 Ör, das halb dem König halb der Kirche zukommt; EGu 3, 2. In der 2—3 Menschenalter späteren Wiederholung ist der Satz so gekürzt, dass nur ~ von Kindern verstanden zu werden braucht; da fliesst die Busse nur dem Bischof zu und wird Pönitenz gefordert; Northu 8 **2c)** Falls der Säugling dem Tode nah, darf auch fremder Pfarrer ~n; *Eccles. instit.* ed. Thorpe 17; Ælfric *Canon* 26 **3)** Wenn ein Kind nicht binnen 30 Tagen die ~ empfängt, zahlt er [der verantwortliche Vormund, zunächst der Vater; Eltern oder Sippe macht verantwortlich *Homil. o.* 2a] 30 Schill. (Strafgeldfixum); Ine 2 [Bannbusse verwirkt der Vater, der versäumt, sein Kind ~n zu lassen, auch nach Fränk. Kapitular *De part. Sax.* c. 19, ed. Boretius *Mon. Germ.* I 69] **3a)** Stirbt das Kind nách dieser

Frist ungetauft, so trifft den Schuldigen Vermögenseinziehung (*s. d.* 9b); Ine 2, 1 **3b)** Eine Frist von 7 Tagen setzt *Canon* Eadgari 15; eine Hs. liest 37, was Napier (*Über Wulfstan* 71) wohl mit Recht als unvollständige Besserung von 30 zu 7 ansieht [K. Maurer aber als Monat und Woche; *vgl.* Frist 13]. Die Homilien schwanken zwischen 7 und 30 Tagen; Wulfstan 120 = 300, wo einige Hss. 30, andere 7 lesen **3c)** 9 Tage als späteste Frist [*s. d.* 7; auch Salfränk.; *s.* Maurer *Wasserweihe* 229. 250] setzt bei 6 Ör Strafe Northu 10 **3d)** Stirbt das Kind ungetauft ['heidnisch', wie auch Ælfric *Canon* 26 es nennt] vor 9 Tagen, so büssen sie [zunächst die Eltern] nur geistlich, wenn später, ausserdem 12 Ör; Northu 10, 1 **3e)** Kirchliche Quellen strafen, wenn das Kind ungetauft starb, die schuldigen Eltern oder Verwandten mit 1 Jahr Pönitenz (Beda 3, 40; Ps.-Beda 17; Ps.-Theod. 14, 29; *Capit.* ed. Thorpe 317); weit strenger mit Heimatverlust (Verbannung) und Pilgerfahrt (oder daheim strenger Kirchenbusse), wie der Bischof vorschreibt; Wulfstan 120 (300) **4)** Geld zu fordern für ~ oder Beichte verbietet Ps.-Egberti *Excerpt.* 12. 40; Ælfric *Canon* 27

Taufverwandte *s.* Wb *godsib* [Gevatterschaft, *cognatio spiritualis*, nach Norwegen und Island übernommen; Maurer *Island* 358. Hier kann sie auch Verwandtschaft aus Firmelung (*s. d.*) bedeuten]; Gevatter: *godfæder* [*fulluhtfæder* Urk. c. 857 Birch 493], *gefæder, patrinus;* Patenkind: *godsunu* [*goddohtor* Urk. a. 1002 Kemble 1298], *filiolus* **1)** Wer Glaubensbekenntnis und Vaterunser nicht kann, darf nicht Pate, auch nicht beim Firmeln, (*s. d.* 1) stehen; *vgl.* Augustin. *Sermo* 116 [ebenso in Dänemark; *vgl.* Achelis *Deutsche Lit. Ztg.* 1898, 1949] **2)** Heirat mit *gefæderan* verbietet [noch nicht Bonifaz; Richter-Dove-Kahl *Kirchenr.* 1101] VI Atr 12, 1 = I Cn 7; dafür *godsib* Northu 61. Zu Cnut übs. *commatrem* Inst und Cons, *vel filiolam* fügt hinzu Q, gemäss Kirchenrecht [Richter *ebd.*]. Auch scheint *gefædere* noch andere Verwandte als bloss Taufmutter bedeuten zu können; Napier and Stevenson *Crawford char.* 84 **3)** Das Blutracherecht erkennt die ~n an. Wird jemandem Gevatter oder Pate erschlagen, so erhält er vom Totschläger eine Busse *mægbot*, je mit dem höheren Stande des Erschlagenen wachsend, die nur bei weitem nicht dem Wergeld, sondern nur der Mannbusse (*s. d.* 17) gleichkommt, das doppelte der Busse für Firmpatenkinder; sie fällt fort, wenn der Erschlagene der Angreifer gewesen war. Nur wenn der König der Gevatter gewesen ist, erhält er eine dem ganzen Wergeld des Erschlagenen gleiche Summe; Ine 76—76, 2 **3a)** Q, der Übersetzer Ines, begeht mehrere Fehler. Statt des Herrn des Erschlagenen setzt er *cognatio;* und statt des 'Angreifens' setzt er Verwandtschaft zwischen dem Erschlagenen und dem Totschläger [*s.* Verwandtenmord]. Er wiederholt die Sätze in seinem Hn 79—79, 1c, teilweise = 75, 5a. 88, 20 **3b)** Gebet für *godsibbas* *s.* Genossenschaft 3g

Tausch *s.* Handel 3, Münze 12, Geld 3

Täuschung *s.* Betrug, Lüge, Fälschung, Ordal 16a. b, Teufel 6b. 7

tausend. **1)** *þusend* kommt in Wertsummen vor bei Sceatt, Pfennig, Thryms und Pfund (*s. d.*), nicht bei Schilling, Mancus oder Mark. Pfennige oder Sceattas (*s. d.* 2d. 8) sind zu ergänzen, wenn eine Urk. ein Landgut mit 10000 belastet; a. 831 Birch 404 **2)** ~ Eideshelfer *s. d.* 47a. b **3)** Bei den Abschätzungen der Völkerschaften der Angeln und Sachsen im 8.—10. Jh. in ~en von Hufen wollen keine militärischen oder politischen Verbände (~schaften) bezeichnet werden; Rietschel in *Zeitschr. Savigny Rechtsg.* 27 (*Germ.*) 247

N Tavistock, Abt Witmund von, wird 1102 abgesetzt; Quadr II 8, 2; I 545

Taxe *s.* Wb *weorðian, gewierðan; eaht. Vgl.* Preis, Geld 3 **1)** Beklagter, der Reinigung nicht wagt, zahle Eingeklagtes dreifach, je wie man [das Gericht] es schätzt; AGu 3 [Schätzung durch Nachbarn für Beschädigung im Norden: *s.* Maurer *Island* 376f.] **2)** Wo *rihthamscyld* (*s.* Gehege 6) 'mit Wert' vergolten wird, während die folgenden Körperglieder fest in Geld bewertet sind, ist wohl eine ~, wahrscheinlich durchs Gericht, gemeint; Abt 32 **3)** Gestohlene Kuh oder Stute werden nach Wert entgolten; Af 16 **4)** Wer Ureigen beschwören will, braucht grössere Helferzahl je nach [gerichtlicher] Schätzung des Eingeklagten; I Ew 1, 4 **5)** Wem ein Pferd gestohlen ward, darf dessen Wert (durch Eid oder Zeugen) angeben, um diesen von der Londoner Friedensgilde ersetzt zu erhalten, bis zum Maximum (*s.* Preis 1) von $^1/_2$ £; VI As 6, 1 **6)** Umgekehrt mit mindestens $^1/_2$ £ wird ein gestohlener Sklave dort von der Gilde ersetzt; wenn sie aber ihre gerichtliche Klage deshalb durchsetzt, mit mehr, je nach dem Leibeswert des Sklaven; 6, 3 **7)** Unsichtbare Sachen [Unkörperliches, im Ggs. zu vorher in Geld bewerteter Fahrhabe] darf man [Kläger] durch Eid bewerten, und Beklagter muss diesen Wert erstatten; Duns 7, 1. Auch bei anderen Germanen beschwört Beschädigter durch assertorischen Taxierungseid den strittigen Wert des Schadens; Brunner II 435. **N** Ebenso die Kurkosten (*s.* Arzt 2a): der Verwundete schwört, dass er es billiger nicht tun konnte und nicht aus Hass so teuer machte

N Teich *s.* Fisch 5, Schutz 4e

Teilnahme am Verbrechen *s.* Beihilfe, gemeinschaftliche Missetat, Bande, Anstiftung, Mitwissen, Hehlerei; Begünstigung, Freilassen; Haftung

Teilzahlung. Das Wergeld (*s. d.*) ward in ~en entrichtet; die erste heisst *frumgyld* II Em 7, 3 = Wer 6 = Hn 76, 7c [Ggs.: bei ~ für gekauftes Land nennt *þone latostan pænig* die Restzahlung Urk. a. 963—84 Birch 1128]

Tempel *s.* Asyl 1; Freilassung 1b

Termin *s.* Wb *dæg,* (*riht*)*andaga,* (*ge*)*andagian* [*vgl.* ndd. *tagen;* Brunner II 333]; *tid, tima; terminus, adterminare; jurn, jur e terme.* Statt *andaga* steht später *tid* I As 1. *Vgl.* Tag(e), Frist, Jahr und Tag, Gericht 8—91, Gerichtsbarkeit 41, Rechtsgang 1a. 2. 14b. 17a—e, Vorladung, Streitgedinge, Schiedsgericht 3. 9a, Zahlung

Terminaufschub *s.* Wb *geuferian; induciæ, -iare; respectus, -tare;* Termin abbestellen: *contramandare, -atio. Vgl.* Sunne, Gerichtsversäumnis, Rechts-, Justizweigerung **1)** 3 Tage nach Streitgedinge (*s. d.* 1) treten die Parteien vor Schiedsrichter, doch kann Kläger ~ gewähren; Hl 10 **N 2)** Alle übrigen Stellen entstammen dem Anfang 12. Jhs. **3)** Allgemeine Mahnung ans Gericht zum ~, damit Beklagter, der ~ erbat, die Verteidigung vorbereite, und keine Partei sich übereile; aus Kanonistik Hn 5,3; 9a; 13; 25. 31, 5. 48, 4. 49, 4b **4)** Nicht erlaubt ist ~ für Fehdesühne oder Busszahlung aus solcher (59, 4), **4a)** oder wenn das Streitgedinge (*s. d.* 3) Abbestellung ausgeschlossen hatte; 59, 4a **5)** Nachdem Beklagter geleugnet hat, bestimmen die Urteilfinder, ob der Prozess sofort zu erledigen oder aufzuschieben sei; 61, 18b **6)** Auch für Abbestellung gilt, dass der Parteien Gedinge Landrecht bricht; 49, 5a. 59, 2c; 4a^k **7)** Nach ihr fängt der Prozess von vorn an; sie darf nicht ignoriert werden; 59, 7 **8)** Wo éin Hundred (*s. d.* 15) zu wenig Urteilfinder hat, also der Prozess nur vor mehreren Hundreds beendet werden kann, erfolgt ~; 7, 5 **9)** Die Parteien können ~ freiwillig verabreden, falls Streitgedinge ohne richterliche Terminansetzung vorlag; 59, 3. 60, 2c **9a)** Der abbestellende Kläger muss ~ bei Vermeidung der Sachfälligkeit sowohl dem Richter, der den Termin setzte, wie dem Beklagten melden; 59, 10. 60, 1b. 61, 10 **9b)** Bei krimineller Klage und vom Richter angesetztem Termin bedarf es dessen Erlaubnis zum ~; 59, 1—4a **10)** Auch der Richter kann beide Parteien abbestellen; 61, 8a **10a)** Ein Gerichtsherr, der grundlos zu ungunsten fremden Klägers ~ bestimmte, verliert die Gerichtsbarkeit über diesen Prozess an höhere Instanz; 26, 1; 3 **10b)** Der Gerichtsherr, der zugleich Kläger ist, kann dem erschienenen Beklagten ~ nur dann bestimmen, wenn kein höherer Richter [Fiskus oder Oberlehnsherr durch Anspruch an Busse für gebrochenen Schutz] am Prozess beteiligt ist; 33, 3; *s.* Gerichtsbarkeit **41.** a **10c)** Sind beide Parteien seine Untertanen, so kann er ~ festsetzen, bis die eine aus seinem Dienste heimkehre, oder er anwesend sein könne, auch wenn nicht er [sondern Streitgedinge] den Termin festgesetzt hatte; 60, 2a; c. 61, 8f. **10d)** Unfreiwillig kann er im Prozess gegen seinen Mann zum ~ gezwungen sein entweder durch seinen Oberlehnsherrn (61, 6a) oder den Oberherrn des streitigen Objekts oder den Königsrichter, wenn dieser am Prozess Anteil hat; 59, 11 **11)** Der Richter kann dem bestohlenen Kläger erlauben, die Klage gegen den Dieb über den nächsten Gerichtstag hinauszuschieben; Leis Wl 4, 1 **12)** Die Abbestellung an den Gegner [wie die Vorladung] gilt nur, wenn dieser selbmündig ist, und sie in dessen Wohnort vor Zeugen ihm oder an dessen Frau, Truchsess, Gutsvogt, freien Haushalt (*s. d.* 3), unter Angabe neuen Termins ausgerichtet wird; Hn 59, 1; 2a; 5; 8 **12a)** Die Bestellung kann Freund oder Gegner des Abbestellten machen (59, 5a), an den Vassallen auch der Truchsess oder Vertreter der klagenden Herrschaft; 61, 10 **13)** Sie erfolgt spätestens an dem dem Termin voraufgehenden Tage, vor Sonnenuntergang, auf mindestens 7 Tage ~, wenn der Abbestellende [gemeint ist wohl vielmehr das Prozessforum] zur selben Grafschaft [wie der Bestellungsort] gehört; 2 Tage vorher auf mindestens 14, wenn zur benachbarten Grafschaft (*s. d.* 4b); 3 bzw. 4 Tage vorher auf mindestens 3 bzw. 4 Wochen, wenn eine bzw. mehr als eine Grafschaft zwischen beiden liegt; längere Frist (*s. d.* 6d. e) tritt ein, falls der Abbestellte ausserhalb Englands ist; 59, 2a; b. 60, 2c [wie bei der Vorladung. Schottisches Stadtrecht um 1270 verlangt 40 Tage ~ zugunsten des zum Vorkauf bei zu verkaufendem Lande berechtigten Erben, wenn dieser abwesend weilt *in regno proximo, si autem in secundo:* 80 Tage; Bateson II 66]

Terminentschuldigung *s.* Sunne

Terminversäumnis *s.* Gerichts-

Testament *s.* Wb *becwæð, cwideleas,* [*cwide* häufig in Urkk.; auch *gewrit(u), erfegewrit, þinggewrit, geþing, forward, gefadian; vgl.* Brunner *German. Urk.* 199; bei Toller: *irfebec, irfeweardwritere, irfewritend.*] *Vgl. boc* 1, *bocland* 1a. 6, Erbgang 7—9c. 15a **1)** *Verba novissima morientium de rebus suis* bedürfen 3 od. 4 Zeugen; Egberti *Dial.* ed. Haddan a. Stubbs *Councils* III 404 **1a)** Eine Frau verfügt von Todeswegen über Land und Fahrhabe, mit Übergehung des Sohnes, zugunsten einer Verwandten; um 1030 Kemble 755 **2)** Cnut betrachtet Tod ohne letztwillige Verfügung (*s.* Erbgang 9c. 21) als Ausnahme [Normandie wie Anglonormannen als Sünde und Schande; Brunner *Totenteil* in *Zeitschr. Savigny Rechtsg.* 19 *Germ.* 109. ABRAHAM]. Da ~e Jahrhunderte vor Cnut den Agsa. bekannt waren, so folgt aus *cwideleas* [auch c. 980 Birch 1097] kein direkter Einfluss Röm. Rechts. **3)** Um 1070 galt die Schenkung der ganzen Krone Englands durch den sterbenden Eadward III. an Harald II. für rechtlich möglich und die Schenkung beim Lebensende den Agsa. seit 600 als bekannt; Will. Lexov. ed. Giles 129

Teufel *s.* Wb *diofol, hostis antiquus, dæmon. Vgl.* Hölle **1)** Der Tag da Christus den ~ überwand wird gefeiert; Af 43; auch in Agsä. Kalendarien: Piper *Kalend. der Agsa.* 51, Warren *Leofric missal* p. XLVIJ **2)** Heidn. Götzen heissen ~; Wi 12f. [*Vgl.* Klaeber *Christl. im Beow.* in *Anglia* 35, 250.] Sie werden damals als lebendige Kräfte, mit dem ~ identisch, gedacht. Wohl im Ggs. zu dieser Anschauung setzen Schreiber 12. Jhs. statt *diofolgield: idola* **3)** Der Christ sagt dem ~ bei der Taufe ab, sinkt zum abtrünnigen ~ssohn durch Verbrechen; Excom I 2—3 **4)** Der Priester jagt die ~ in die Flucht bei Taufe und Abendmahl; I Cn 4, 2 **5)** Der geistliche Hirt, Bischof und Priester, schirmt seine Herde vor den ~n; 26, 3. II 84, 2a **6)** Der ~ treibt den Menschen zur Sünde; I 23. 26, 1—3. Er heisst hier Werwolf, Volksschädiger, wie bei Cynewulf (Price *Teutonic antiq. in Cyn.* 25), Wulfstan (Klaeber 251), Ælfric *Homil.* I 36. II 74. 536 **6a)** Teuflisch heissen ärgste Missetaten und Sünden; V Atr 25 = VI 28, 3. I Cn 23 **6b)** Da der ~ auch weltliches Unrecht, wirtschaftl. Betrug stiftet, muss der Bischof, um ihn zu bekämpfen, Mass, Gewicht, Beweis und Recht beaufsichtigen; Episc 7 **7)** Besonders das Gottesgericht sucht der ~ zu stören; durch Weihwasser und Exorzismus für Teilnehmer, Umstand, Zuschauer, Ort und Material des Ordals (*s. d.* 10—14. 16a. b) sucht man *illusiones demoniacas* auszuschliessen; Iud Dei V 2, 2; 4. IV 2. 3, 1. 4, 4f. VII 12, 1 A. XII 5. XIII 6 **8)** In *Gesetzen* erscheint der ~ erst in der Zeit, da sie aus [und durch?] Wulfstan Homiletisches (*s. d.*) aufnehmen

Than *s.* Thegn

Thegn. *Vgl. o.* S. 218f.; Vassallität, (Gefolgs)adel, König

1. Wort, Synonyma. **2.** Fürstenhofgefolge. **3.** Königs~ am frühesten. **3b.** Amt. **4.** Stets abhängig. **5.** Abstufung der ~as. **6.** Aftervassall. **7.** Rang im Adel. **8.** ~ = vollfrei. **9.** Steigen zum Eorl. **9a.** Grundbesitz. **10.** Geistlicher ~. **11.** Erblich. **12.** Adelsgut. **13.** Privilegien: Wergeld, **14.** Eid, **15.** Voreid, **16.** Gerichtsstand, **17.** Schutz, **17d.** 'Ungehorsam', **18.** Regierungsgewalt, **19.** Grab. **20.** Staatsamt, **20d.** in Grafschaft, **20e.** am Reichstag. **21.** Staatslast. **22.** Härter bestraft. **23.** ~schaft verloren. **24.** Vorgänger, Nachfolger des ~.

1) Das Wort entspricht demjenigen hd. Wort *degen,* das *bellator* (Brunner *Forsch. z. GDR* 78), 'Held' [aber nicht dem anderen, das 'Schwert'] bedeutet. Es ist urgermanisch: Ahd., Altsächs., Nord. [*vgl.* Lehmann *Königsfriede* 178]. Wenn es auch etymologisch nicht mit *dienen* zusammenhängt, wenn auch in der Agsä. Poesie die Bed. 'Held, kraftvoller Mann edler Art' vorkommt, wie denn *þegnscipe, þegnlice* auch prosaisch für *virtus, viriliter* stehen, so gehen doch alle Bedeutungen, die es in der Agsä. Geschäftsprosa hat, aus von 'Diener'. Während sonstige Agsä. Prosa *þegn* auch für den niederen Diener gebraucht, bezeichnet es in den *Gesetzen* nur technisch den höheren Stand der von einem Grossen als Hofbeamte und Krieger Abhängigen: eine Bedeutung, die schon dem Beowulf, ja vielleicht den Urgermanen bekannt ist, da auch die Franken kriegerisches Gefolge 'Degen' nennen. Der ~ ist in den *Gesetzen* überall persönlich frei und mehr als gemeinfrei **1a)** Synonyma: *duguð* Hofkriegerschar (Urk. a. 896 Birch 574); *þegnungman* (*u.* 20f); *cyninges þeonestmen* (Urk. angebl. 656, frühestens 11. Jhs., Birch 838). *Vgl.* 'Weltlicher König braucht viele ~as, besonders treue *þeningmen'*; Toller; s. v. **1b)** Der Beda-Übersetzer bietet ~ regelmässig für *minister* des Königs oder Grosser. Ebenso steht ~ in Urkk. seit 720, wo Latein. Wortlaute *minister* haben **1c)** Dass solcher 'Diener' einen Beamten höherer Art bezeichnet, erhellt, wenn ein König *meo fideli ministro et principi meo* Land schenkt; Urk. a. 863 Birch 507 **1d)** Auch *satrapa* steht bisweilen für *þegn;* Plummer *Saxon chron.* II 171 und in Glossen; Toller *s. v.* VI 1 **1e)** Sehr oft übersetzt *þegn: miles* (*ebd.* III. VI); für Bedas *miles* und *de militia regis iuvenis* IV 22 und für *vir in officio militari positus* V 13 gibt Übersetzer *cyninges þegin; vgl.* Plummer *Alfred* 176. [Widukind braucht *miles* für den Reiterdienst tuenden Krieger zur Verfügung seines ihm Lehn gebenden Herrn, zunächst des Königs; Köpke *Widukind* 95] **1f)** Auch für *cliens, socius, pedisequus, parasita* steht ~; Toller *s. v.* IV, dort auch Glossen *þegenhyssas: clientes; þegnræden oððe hiwræden: clientela; hiredlic þenræden: familiaris clientela* **1g)** Die den König des 7. Jhs. umgebenden *ministri* bei Beda II 9 heissen beim Übersetzer *þegnas;* wofür III 14 synonym *domestici: hiwan* steht. Auch sonst kommt *hired(men)* mit *þegnas* synonym vor; Ann. Agsax. 1064. 1087. Königin Ætheldryth von Ostanglien hatte zum *primus ministrorum et princeps domus eius* den (später hl.) Owine: Beda IV 3; der Übs. braucht dafür: *hira þegna 7 huses 7 hire geferscipes ofer all aldermon* **1h)** Mit *heafodman,* rechtlicher und gesellschaftlicher Führer, Übergeordneter [Nord. Lehnwort nach Björkman] setzt den ~ oder *dominus* gleich VII Atr 1, 3 = VIIa 5; ebenso *primas: heafodman vel þegn;* Ælfric, auch *Homil. n.* Wulfstan 171 = 173 **1i)** Dass um 1000 der ~ die adlige, überfreie, privilegierte, Klasse bezeichnete, belegen auch die Lateiner, die nach 1100 den ~ der *Gesetze* wiedergeben (*s.* Wb) durch *liber(alis); þegnscipe, þegnriht: liber(ali)tas, nobilis* (Af Rb 31 Q = Hn 76, 4a), *procer, baro* (auch in Urk. Eadwards III., im 12. Jh. übs., Kemble 840), im Domesday *francus, liber* (Round *County hist. Essex* I 357; *taini franci* Ellis *Introd. to Dom.* I 51). Das Wort *liber* heisst hierbei nicht 'gemeinfrei', sondern (wie bisweilen *freo*; *s.* Wb 2. 4) 'überfrei' **1k)** Der Ausdruck *virro,* womit die Cons Cn ~ übersetzt, begegnet auch Hist. Eli. (Mitte 12. Jhs.) für vornehme Agsa., wohl vom Stande des ~; ed. Stewart 148 **2)** So führt schon die Sprache zur Annahme, dass der Stand seinen Ursprung hat in der Klasse des am Hofe der Könige und der Grossen beamteten, also nicht bloss, wenn auch daneben, kriegerischen, höheren Gefolges. Die kriegerische Seite blieb gewahrt; und das Domesday braucht so oft entweder *milites* oder allein *taini,* dass beide Namen nur éine Klasse zu bezeichnen scheinen. [Doch bisweilen begegnen beide neben einander] **3)** In den *Gesetzen* kommt von ~as zuerst der Königs~ vor: Wi 20. Ine 45. AGu 3. Dagegen ein gewöhnlicher ~ erst seit 10. Jh., als der Gesið (*s.* Gefolgsadel 1 C) verschwunden ist. [Die Lesart *þegn* statt *man* in AGu 3 scheint erst im 10./11. Jh. eingeschwärzt] **3a)** Der Königs~ steht über dem Gesið; Ine 45 **3b)** Wenn sich durchs Amt der ~stand vom Gefolgsadel abtrennte, so erklärt sich sein höherer Rang und das Zurücktreten des rein Kriegerischen. Dass etwa Grundbesitz sich der Kriegspflicht als fernere Bedingung verband und den Ausgangspunkt zu ständischer Sonderung bildete, ist [gegen Maurer *Kr. Übsch.* II 409] nicht erweisbar **3c)** Getrennt von König Ælfreds *bellatoribus* spricht von *suis ministris nobilibus, qui in curto regio commorabantur in pluribus ministrantes ministeriis,* also von Königs~as, die nicht mehr vorwiegend Krieger sind, Asser 100 **3d)** Sitz und Sonderamt am Königshofe nennt als eine der Vorbedingungen des Aufsteigens zur ~schaft noch Geþyncðo 2 **4)** Der ~ kommt stets in Beziehung zu einem Höheren vor, d. h. als jemandes ~. Als Korrelat zum ~ erscheint *þeoden,* Fürst; Geþyncðo 1; Beowulf 2722. 2869. Diesen Zug teilt der ~ mit anderem Gefolge. Daraus folgt Treupflicht (*s.* Gefolgsadel 12. 21, Mannschaftseid), Heergewäte, Schutz, Mannbusse; *s.* diese Artt. **5)** Der höchste ~ ist der Königs~ (*o.* 3; Northu 48. 51), *miles regis dominicus* im Domesday I 56b. In dieser Klasse scheidet Cnut als vornehmste Art die dem König nächst Stehenden II 71, 1; **4** = Hn 14, 2; **4a**; den Rest nennt er fürs nicht Dän. England 'mittlere' [nicht: reichsmittelbare; *s.* Abt 7. 21; Ælfric bezeichnet eine Klasse zwischen *rican* und *þearfum* als *medeman; Homil.* ed. Thorpe I 378]; in Denalagu teilt er ihn in zwei Arten, deren untere geringeres Vermögen besitzt; 71, 3; 5. **N** Dieser Begriff des 'Minder~' lebt im 12. Jh.: Ps Cn for 2. 7. Leis Wl 20, 2 **5a)** Als des ~ höchste Stellung gilt, dem König als Ordonnanz zu dienen; Geþyncðo 3 **5b)** Die Vermögensverschiedenheit innerhalb der ~klasse ergibt sich aus dem Heergewäte als bedeutend; das geringste ist kaum $^1/_{10}$ von dem des dem König nächst Stehenden; II Cn 71, 2 **5c)** Auch die Wörter *heahþegn, ealdorþegn* belegen Unterschiede viell. durchs Amt **5d)** **N** Dass der *lessþegn* erst durchs Forstamt adlig ward, scheint erfunden, um dieses als wichtig hinzustellen; Ps Cn for 3, 1 **6)** Ein Aftervassall (*s. d.*), der ~ eines Königs~, ja auch mehrerer blosser Grafen~as, kommt bei den Agsa. nicht selten vor **6a)** Vom Vassallen einer mehrköpfigen Herrschaft handelt auch des Königs Urk., die sagt: *cum fratre dabo nostro in commune ministro* Land; a. 801 Birch 303 **6b)** Die Beziehung zwischen Herrn und ~ ist, genau wie beim *gesið* (*s.* Gefolgsadel 15) u. sonstigem Vassallen, nicht immer lebenslänglich. Der ~ kann von einem Herrn zum anderen übergehen; Larson *King's household* 95 **7)** Der 'Königs~' steht in der Rangordnung hinter dem Bischof und Grafen; III Atr 12. II Cn 71, 1 f. In Cn III 55, in Nordengland auch unter dem Höldr; Norðleod 5. Hinter Bischöfen und Eorlas redet Leute von 1200 und 200 Schill. Wergeld an Cn 1020, 1. Bisweilen aber umfasst ~ auch den Hochadel und steht in Ggs. nach oben nur zum König; so V As 1, 4. VI 11. II Eg 3, 1 = VIII Atr 8 = I Cn 8, 2 [**N** da ~ im 12. Jh. nicht mehr den Hochadel bezeichnet, so fügen hier Übss. *comes* bzw. *episcopus* hinzu]. Ebenso steht in Urkk. [z. B. a. 1016—20 Kemble 732], die das ganze Volk anreden wollen, wie früher *eorl* und *ceorl*, später ~ und gemeinfrei, so dass ~ alle Vornehmen einbegreift. Unter 'vornehmsten Königs~as' versteht Bischof, Ealdorman, Marschall, ~ Ann. Agsax. 897. Ja *þegnes inland* heisst 'jede Herrschaftsdomäne' (im Ggs. zum Bauerlande desselben Grossguts), wobei ~ sogar den König nicht ausschliesst; II Eg 1, 1 **7a)** Ohne Zusatz kann ~ adlig, herrschaftlich, aber auch Königs~ bedeuten; so liest VII Atr 2, 4 *tainus regis* als gleichbedeutend mit ~ VII a 3 **7b)** Nur unter dem König steht der ~ heissende Eigentümer des Herrschaftsgutes; Rect 1. Er schuldet dem Staate Trinoda (*s. d.*) necessitas und dem König Wach- und Jagddienst, heisst aber nicht Königs~ und bekleidet kein Hofamt **7c)** Der Königs~ in Northumbrien 11. Jhs. steht an Range über dem [echten, aber der Beziehung zum Hofe entbehrenden] Grundeigner (*landagend*), der wiederum über dem [persönlich noch freien] Bauern rangiert [und aller Wahrscheinlichkeit, wie der einem *landrica* Untergeordnete in III Atr 3, 1. 13, 2, ~ hiess]; Northu 48—52. 58—60. **N** Jene beiden Klassen nennt *liberalis* (adlig) In Cn II 15, I 612 **8)** Im 10. Jh., und wahrscheinlich durch Einfluss des Nordens, gewinnt ~ die weitere Bed. 'vollfrei, fähig zum Amt politischer Selbstverwaltung', so dass vielleicht auch das einfache Wergeld des Gemeinfreien *þegngild* heissen kann, und [wie im Norden; Schwerin *Gött. gel. Anz.* 1909, 784. 802; *vgl.* Maurer (*o.* 3b) 413] dem *þræl* nur der *þegn* gegenüber steht. *Vgl. o.* 1i. Wenn der *þræl* zum ~ aufstieg (ohne dass dazwischen *ceorl* erwähnt wird), meint ~ vielleicht nur 'frei'; Grið 21, 2. Mancher zu den Dänen entlaufene Sklav der Agsa. muss, wenn erschlagen, *þegngilde* entgolten werden; Wulfstan 162. Auch Londoner (*s. d.* 9a) Bürger und Cambridger Gildebrüder, mit nur gemeinfreiem Wergeld, heissen (*u.* 9e) ~ **8a)** Dem Dänischen Freien gewährt Ælfred das Wergeld von 8 Halbmark Gold [= 1200 Schilling], während der in Ostanglien eingeborene Zinsbauer nur 200 Schilling wie der Dänische Freigelassene hat; AGu 2. Das 1200-Schill. Wergeld war unter Eadmund I. nicht selten: in jedem Hundred hatten es mehrere; III Em 2 **8b)** Umgekehrt heisst der Mann von 25 £ [1200 Schill.] Wergeld nur 'frei'; II Atr 5 **8c)** Jeder echte Gutseigner, der, ohne Vermittelung eines Grundherrn, sein Land dem Staate gegenüber selbst vertritt, heisst ~ (II Eg 1, 1), und sogar der von einer Abtei abhängige, nur nicht zinspflichtige, Grundbesitz *teinland o.* S. 219 Sp. 1 **8d)** Wer in Denalagu als Geschworener zur Rüge (oder als Peterspfennig-Sammler) dient oder ohne Schutzherrn selbst klagend vor Gericht auftritt oder vollen Eideswert geniesst, heisst ~; III Atr 3, 1. 4. 12. 13, 3 (Northu 57, 2). Da jedes Wapentake mehr als 12 ~as aufwies, ist nicht an höheren Adel zu denken **8e)** Wo zum Eideshelfer die Qualität des ~ von Æthelred gefordert war, behält dies Cnut einmal bei, setzt aber anderwärts 'vertrauenswürdig' dafür; I Atr 1, 2; 8. II Cn 31, 1 a. 30, 1; 7 **8f)** Ursprünglich gab der Gemeinfreie (*s. d.* 2) den Massstab, nach dem Strafgeld u. Bussen sich berechneten; dagegen nach dem Mann von 1200 Schill. bestimmt Wergeldraten, Halsfang, Mannbusse Wer 3. 7 = Hn 76, 4; 6a **8g)** Die Teilnehmer an Kents Landtag unter Æthelstan, *eorl ge ceorl* (*u.* 13a), also darunter Leute von nur 200 Schill. Wergeld, heissen ~as; III As Pro; *o.* S. 219 Sp. 1 **8h)** Wulfstans Hirtenbrief, gemeint an jedermann, ist [später] adressiert an *þegnas on þeode, gehadode and læwede;* Becher *Wulf. Hom.* 59 **9)** Der ~ kann zum Eorl (*s. d.* 8) aufsteigen, der Unfreie (doch nur wie durch ein göttlich Wunder) zum ~ (vielleicht nur im Sinne von *o.* 8); Grið 21, 2 **9a)** Der Gemeinfreie steigt auf zum ~ durch Verantwortung des Eigentums von Fünf (*s. d.*) Hufen gegenüber der Staatslast und Besitz anderer Merkmale des Herrschaftsgutes **9b)** Grossgrundbesitzer ist stets der Northumbrische Königs~ 11. Jhs.; Northu 48 f. 58 f. Gewisse ~as unter Æthelstan sind dagegen landlos; VI As 11. Für bisherigen Kriegsdienst oder unter Beding künftigen treuen Dienstes erhält mancher ~ Land überbucht; *vgl.* Lehnwesen 2 C **9c)** Das Domesday zeigt viele ~as mit weniger als 5 Hufen **9d)** ~recht entspringt auch überseeischer Kauffahrtei auf eigene Rechnung; *s.* Handel 14c **9e)** Die Patrizier Londons (*s. d.* 9a) und Cambridges heissen jedoch nicht darum ~; haben doch beide nur das Wergeld des Gemeinfreien; *s. o.* 8 **10)** Dem ~ an Würde, Wergeld, Eideswert (*s. d.* 8) und Recht steht gleich der Geistliche (*s. d.* 17bff., im Widerspruch zu 17a), der vielleicht daher Messe~ heisst, oder wenigstens der keusche Priester **11)** Im 10. Jh. ist die Klasse des ~ bereits erblich. Eine ganze Sippe hat 200 oder 1200 Schill. Wergeld; VI As 8, 2 **11a)** Im Ggs. zum gemeinfrei Geborenen steht *þegnboren;* Duns 5. Der *fulboren* ~

steht wohl im Ggs. zu dem nur aus persönl. Gründen (Amt, Besitz, Ansehen) ~rechts Teilhaften; Wal **12)** Herrschaftsgut und Bocland sind so regelmässig in der Hand eines ~, dass erstens die von diesem selbst bewirtschaftete Domäne (*o.* 7, im Ggs. zu Bauerland dieses Guts) und zweitens alles adlig Besessene [nur Kriegsdienst, nicht Grundzins (*s.* Lehnwesen 10b) Schuldende] *þegnland* heisst; Urk. nach 1087 in *Chron. Ramesei.* ed. Macray 206 **12a)** Im 10./11. Jh. ist der ~ zumeist ein fern vom Königshofe wohnender Rittergutsbesitzer **13)** Der Stand des ~ geniesst um 950 bestimmte Privilegien, die das staatliche Hoheitsrecht stark einschränken. Eadgar gewährleistet jene wie zu seines Vaters Eadmund Lebzeiten; IV Eg 2a **13a)** Der ~ hat sechsmal soviel Wergeld wie der Gemeinfreie, nämlich 1200 Schill., bei Westsachsen = 25 £, in Mercien = 20 £; II Atr 5. Wer 1. Leis Wl 8. Mirce 1, 1. Hn 71, 1b. Der Nordengl. ~ hat $7^1/_2$ mal soviel Wergeld wie der Ceorl, 2000 Thryms [6000 Pfg.]; Norðleod 5f. 9. 11. Die Begriffe *twelfhynde* und ~ identifizieren Hn 70, 1 = 69, 2. 76, 4a aus Af Rb 31 Q und In Cn zu Af 31. 39, 2. I 613[1]. *Nobilis* übersetzt ~ bei Hn und *twelfhynde* in Urk. Birch 1219. An die Stelle von *eorl ge ceorl* tritt *twelfhynde 7 twihynde,* so dass 1200 Schill. als das einzig überfreie Wergeld erscheint; Cn 1020 Pr; Urk. Cnuts Kemble 731 **13b)** Nicht vor dem 10. Jh. ist dies Wergeld des ~ ganz sicher. Doch spricht keine frühere Stelle dagegen, und manche passt wohl dazu. **A.** So wird die Busse für Hausfriedensbruch nach den Ständen abgestuft bei Ine 45 und, mit deutlicher Benutzung und absichtlicher Abweichung, bei Af 40. Jener nennt König, Bischof, Ealdorman, Königs~, grundbesitzenden Gefolgsadel, dieser: König, Erzbischof, Bischof, Ealdorman, *twelfhynde, syxhynde, ceorl.* Es liegt dánach nahe, den Königs~ mit 1200 Sch. anzusetzen. **B.** Wie nur 2 Wergelder, näml. 8 Halbmark Gold [= 1200 Schill.] und 200 Schill. des Ceorl, so nur 2 Stände, näml. Königs~ und Geringere, scheidet AGu 2f.; man wird hieraus dem Königs~ 1200 Schill. zuweisen dürfen. C. 200 Schilling ist das niederste, 1200 das höchste der drei Wergelder von Menschen, die Vassall sein können, schon Ine 70. Und 1200 Schill. sind das Wergeld des [oder manches? Chadwick *Ags. instit.* 138] Königs-*geneat;* Ine 19. **D.** Fünf (*s. d.*) Hufen Besitz bringt dem Walliser 600 Schill. Wergeld (Ine 24, 2); da er meist halb soviel wie der Engländer gilt, hat dieser bei 5 Hufen wohl 1200 **E.** Dasselbe Verhältnis 1 : 6 zeigen *u.* 14. b. 17a **13c)** Vom Wergeld hängt die Zahl der in Blutrache für einen Erschlagenen zu Tötenden ab; und mit ihm steigt die Mannbusse (*s. d.*), die Bandenbusse und die Zahl der für die Zahlung zu stellenden Bürgen bei der Totschlagsühne; Wer 3 = Hn 76, 1a **14)** Dem Wergeld entsprechend gilt der Eid des ~ gleich dem von 6 Gemeinfreien; Að 1 = Hn 64, 2b; *vgl. o.* 13a. Als sehr hohen Eid erbringt im 11. Jh. ~ Leofric nur einen *2 þegna að and wære himsylf þridda;* Kemble 898 **14a)** Der Königs~ reinigt sich allein (wie Priester und Diakon), während der Gemeinfreie 3 Helfer braucht; Wi 20. Dagegen braucht er 11 Königsthegnas zur Reinigung von Totschlagsklage (AGu 3) und 12 ernannte, 12 verwandte, 12 unverwandte ~as zur Reinigung von Anklage auf Heidentum; Northu 51. 56. Und ein solcher ist nötig im Kreise der 11 Eideshelfer, die einen Gemeinfreien reinigen von Klage auf Totschlag oder $^1/_2$ £ Schaden; AGu 3. [Dagegen vielleicht nur ein Vollfreier ist gemeint beim Eid des ~ *o.* 8d. e] **14b)** Der Königs-Eidhelfer schwört für 30 Eideshufen (*s. d.* 7. a) und, wenn abendmahlsfähig, wohl wie der Königs-*geneat* für 60; Ine 54. 19, d. i. für 6mal soviel wie der Gemeinfreie **14c) N** Der ~ schwört schlicht, wo der Gemeinfreie Stabeid leistet; Hn 64, 2 **15)** Der ~ kann seinen Klageeid (*s. d.* 5c) durch seinen ~, den Aftervassallen (*s. d.* 4), schwören und den Leumund eines gerichtlich angegriffenen Untergebenen durch seinen Vogt reinigen lassen; I Atr 1, 2 **15a)** Er darf vom Beklagten hohes Prozessualpfand (*s. d.* 5a) verlangen **16)** Gerichtsbarkeit über den Königs~ übt allein das öffentliche Königsgericht (*s. d.* 8a. b; laut Northu 48. 58 empfangen Kirche und Staat Strafgeld von ihm), ebenso über den Eigentümer von Bocland (*s. d.* 9c. 23), der regelmässig ein ~ war **17)** Der ~ verleiht höheren Schutz (*s. d.* 14f) als der Gemeinfreie und erlangt für dessen Bruch höhere Busse **17a)** Einbruch (*s. d.* 2c. d) beim Königs~ kostet 60 Schilling, beim grundbesitzenden Gefolgsadel 35; beim 1200-Schill.-Mann 30, beim Gemeinfreien 5 Schill.; blutig (*s. d.* 3a. 8a) fechten beim 1200-Schill.-Mann kostet 36 Schill., wieder sechsmal soviel wie im gemeinfreien Hause **17b)** Asyl (*s. d.* 14a) gegen Leibesstrafe gewährt der ~ 3 (oder 7) Tage lang, wie Ealdorman oder Abt; neun Tage König und Bischof **17c)** Für Ehebruch (*s. d.* 9) jemandes an seiner Frau erhält der 1200-Schill.-Mann von diesem 120 Schill., nur dreimal soviel wie der Gemeinfreie **17d) N** Dem ~ oder Baron gibt einen Bussgeldempfang für Ungehorsam gegen ihn von 5 Manc. [= 150 Pfg], halb soviel wie dem Grafen, Hn 35 = 87, 5. Von Strafgeld für Bruch der Schutzgewähr, unerlaubten Holzschlag und blutig Fechten teilt er die Hälfte dem König, die Hälfte mit 5 Mancus dem ~ als Immunitätsherren zu; 37, 2. Ausser der gerichtlichen Strafe erhält der ~ jene 30 Schill. als *scyldwite;* 38 **17e)** Den Grafen setzt überall zum Doppelten des ~ an In Cn: ungenau; *s.* Stand 21y **18)** Mit seinem Grundeigentum hängt zusammen, dass der ~ über Leute, auch Freie, regiert; VI As 11. VIII Atr 8 = I Cn 8, 2. II Eg 3, 1. IV 13. Rect 1. Wif 7; *vgl.* Herrschaftsgut 10ff. **18a)** Er trägt als Herr Haftung für das Erscheinen des Gefolges (*s. d.* 19) vor Gericht **18b)** Das Privileg der Gerichtsbarkeit (*s. d.* 27) erhöht in der Denalagu den Königs~; II Cn 71, 3 = Ps Cn for 33, 1; in Northumbrien gehört es oder doch Strafgeldempfang ihm stets, aber manchem anderen Grundherrn auch; Northu 48f. 58f. **N** Erst indem *thainus* mit *baro* der Normannenzeit identifiziert wird, besitzt jeder ~ private Jurisdiktion; Hn 41, 1b **18c)** Es gibt keinen Immunitätsherrn, der nicht ~ wäre (oder doch hiesse); Wif 7. [I Atr 1, 2; 8; 12 heisst der ~as zur Eideshilfe nehmende *hlaford* wohl auch ~, ohne (*o.* 8) 1200 Schill. Wergeld haben zu müssen] **18d)** Allein nicht aus seinem Geburtsstande, sondern aus Herrschaft über Gefolge oder Land schöpft der ~ dieses Vorrecht. Es widerspräche nicht einem gemeinfreien Wergeld seines Besitzers **18e)** Der als Grundbesitzer kann Eigenkirche (*s.d.* 2) besitzen; er soll deren Pfarrer besolden und beaufsichtigen **19)** Der wird im Grabe (*s. d.* 5) bevorzugt; *s.* Stand 14b **20)** Das Staatsamt, das den ~ ursprünglich vom Volke schied, hat mancher auch später beibehalten; nicht bloss als privater Herr der Gerichtsbarkeit (*o.* 18), sondern im Einzelauftrag hilft er zur Regierung **20a)** Ein (natürlich nur potentiell, nicht wirklich jeder) ~ (*o.* 5a) reitet des Königs Ordonnanz und braucht einen Unter~ zu Geschäften bei Hofe, d. h. er wirkt als Missus (*s. d.*) in staatlichem Amte; *s. d.* 13 **20b)** Zum Einsammeln des Peterspfennigs neben einem Priester wählt das Wapentake 2 ~as; Northu 57, 2 **20c)** **N** Zu Forstrichtern wünscht in jeder Provinz vier mit Immunität begabte ~as erhoben und als Waldaufseher niedere ~as angestellt Ps Cn for 34, 2 **20d)** Die Grafschaft (*s. d.* 13) stellen dar Bischof, Graf, Sheriff und ~as. Sie sind die *scirwitan*, unter Heinrich I. ersetzt durch *barones comitatus*, an welche des Königs Brevia (*s. d.* 1) für die Grafschaft ergehen **20e)** **N** Wie in Anglonormannenzeit die Gesetzgebung die Beistimmung des Reichsrats (*s. d.* 2) wenigstens theoretisch erfordert, so stellt sich ein Jurist 12. Jhs. Cnuts Gesetzbuch entstanden vor auf Versammlung der Grafen, Witan, *procerum et cetere nobilitatis;* mit *procer* übs. er ~; Cons Cn Pro 3 **20f)** Unter Eadgar richtet vor König und Witan ein *þeningmanna* (*o.* 1a) *gemot* [von Kemble (*Saxons* II 47), Thorpe (*Dipl.* II 265), Stubbs (*Const. hist.* I 186) als 'thanes court' verstanden] einen Streit zwischen ~as über Bocland; Birch 1296; vielleicht eine Kommission des Witenagemot zum Gericht (*s. d.* 20ff.) über Standesgenossen; *s. d.* 8 **21)** Des ~ Grundbesitz bleibt zwar wie der jedes Staatsbürgers verpflichtet zu Steuer (*s. d.* 1. 4a. 7b), Trinoda (*s. d.*; *o.* 7b) necessitas u. sonstiger Grundlast, auch für die Kirche; allein der Bauer trägt die Last, **N** und die Domäne des Herrschaftsguts bleibt seit Heinrich I. steuerfrei **22)** Der ~ wird für Versäumnis des Zehnten, Hufenpfennigs, Peterspfennigs (*s. d.* 17f) härter als der Gemeine gestraft (Northu 60. VIIa Atr 3), ebenso für Bruch des Fastens (*s. d.* 8b) an den Tagen der Landesbusse **22a)** Die Verlobte, die Unzucht beging, büsst dem Verlobungsbürgen 120 Schill., wenn vom 1200-Schill.-Stand, nur 60, wenn gemeinfrei; *s.* Eheschliessung 10 **23)** Die ~schaft verwirkt der Gerichtsherr durch Missbrauch der Gerichtsbarkeit (*s. d.* 11f), der Geistliche (*s. d.* 20e. g) durch Verbrechen (*s.* Suspension 2), der durch Grundbesitz Emporgekommene bei Vermögenseinziehung; *s. d.*; *vgl.* Amtsentsetzung 4. 10 **24)** Der ~ spielt seine Rolle vom 7.—12. Jh. Aber wie er in gewissen Seiten als jüngere Schicht der Gefolgschaft — wie sie auch das Frankenreich kennt; Brunner (*o.* 1) 84 — den *gesið* zeitlich fortsetzt, so wird er seinerseits Anfang 11. Jhs. teilweise abgelöst durch den Hauskerl des Danisierten Königshofes und nach 1066 durch den *baro* u. *miles* der Normannenkönige. **N** So setzt *tainus vel baro* synonym Hn 35, 1 = 87, 5 **24a)** Als im 11. Jh. der ~ erblicher Grundeigner geworden ist, rückt in seine einstige Stellung des Gefolgskriegers am Hofe eines Grossen der *cniht, miles* ein; *s.* Ritter

Themse **1)** Eine der 3 Hauptwasseradern Britanniens; Lond ECf 32 D 4 **2)** begrenzt Ælfreds Reich gegen Guthrum's Ostanglien; AGu 1 **3)** *s.* London 30, Ertränken 2, Glocke 2d

Theodor *s.* Pseudo~

Theodosius, zitiert für eine Stelle der Epitome (*s. d.*) Ægidii [2ff.

Theokratie *s.* Kirchenstaatsrecht

Theologie *s.* Kirche 1a—h, Geistliche 6. 9. 30; Erziehung 6ff.

thingmen erhielten einst von England das Dänengeld (*s. d.* 5a. b) bezahlt; Hn 15. Das Wort ist Nordisch (Steenstrup *Danelag* 132; Maurer *Island* 164f.; Amira *Nordgerm. Oblig.* 140; Vinogradoff *Engl. soci.* 11); *thingmanna lið, thinglith,* synonym mit *witherlag,* Genossenschaft dieser Krieger [Amira 57], bezeichnet die Leibgarde, das stehende Heer (*s. d.* 5), die *huscarlas,* Haustruppe, besoldete Berufskrieger, der Englischen Könige seit Dänenzeit; Napier and Stevenson *Crawford charters* 140; Kaufmann in Paul u. Braune *Beitr. Dt. Spra.* XVI 209; Brunner I² 188; v. Schwerin *Gött. gel. Anz.* 1909, 821 [Thorfinn, Jarl der Orkneys, erzählt zu 1047—64, dass er in England eine Zeit lang der *thingmanna lið* vorstand; *Jarla saga* ed. Vigfusson 57]

N Thomas, Erzbischof von York 1070—1100 **1)** ~ schreibt angeblich die Gesetze Eadwards des Bek. [vom 12. Jh.!] auf Wilhelms I. Befehl; Lond ECf 34, 1a* **2)** Streitet über Metropolitangewalt gegen den Primat Canterbury 1072; I 520[10] **3)** Unter den Ratgebern zu Wl ep 1[bb]

thræl *s.* unfrei

thridjungr *s.* Riding

N Thronfolge; *vgl.* Erbgang 3a **1)** Ines ~ zu Lebzeiten des Vaters: Ine Pro **2)** **N** Englands ~, weiblich, geht von Rechts wegen über auf Margarete, die Enkelin Eadmunds II., und ihre Söhne, die Schottenkönige; Lond ECf 35, 1 A 1; *s.* I 664[d]; *vgl.* Mathilde II.; Adoption 2

thryms. *Vgl.* Thegn 13a. Merc. 200 Schill. [800 Silberpfg.] stellt gleich 266 (Var. 267) ~ Norðleod 6. Wird dies zu $266^2/_3$ emendiert, so ist 1 ~ = 3 Pfg. = $^1/_{80}$ £. Über Tremissen im Frankenreich 5.—9. Jhs. *s.* Schröder *DRG*⁵ 194. 197; Brunner I² 313; über ~ in Britannien Chadwick *Origin* 80

Thundersfield *s.* Wb *þunresfeld* **1)** Ein königl. Landgut, das König Ælfred einem Bruderssohne vermacht; Urk. a. 880—5 Birch 553 **2)** Dortiges *Gesetz* Æthelstans bestätigt die früheren von Greatley, Exeter, Faversham; IV As 2. 1. 6 **3)** Es wird zitiert im ergänzenden *Gesetze* von Whittlebury (VI 1, 4. 6, 3, aus IV 6, 3; 5), dem es vorangeht auch laut VI Pro. 1, 4. 10, 12, 1 **4)** Dort tagten Erzbischof, Bischöfe und vom König ernannte Witan; Verpflichtung des Volks aufs *Gesetz* (*s. d.* 19a) ward versprochen

N Thüringer. *Thuringi* ist nur gelehrte Erklärung zu *Werini*, einer falschen Lesung für *Mercini* (Mercier); Ps Cn for 33, 1[13]

Thurkil von Ostanglien (in Cnuts Urkk. 1017—20), 1020 Reichsverweser (*s. d.*), ward 1021 aus England verbannt und 1023 Regent von Dänemark; Steenstrup *Normannerne* III 316. 332

Tier *s.* Pferd; Rind, Stier, Ochs, Kuh, Kalb; Schaf; Schwein; Ziege; Hund; Hirsch, Reh, Renntier, Wolf,

Fuchs, Bär, Maus; Huhn, Gans; Wal; Fisch, Aal, Lachs; Bienen. *Vgl.* Vieh, Futter; Fleisch, Horn, Fell, Wolle, Milch, Butter, Käse, Dung, Wachs, Seide; Hirt, Hürde, Stall; Jagd, Forst; Handel 6ff. 13 **1)** **N** Nur männliche ∼e zahlt man als Wergeld; Leis Wl 9, 1

Tierhalter *s.* Haftung 5ff., Rückfall 9

Tierstrafe *vgl.* Brunner II 556. Engl. Literatur: Bateson II xxxix; E. P. Evans *The criminal prosecution and capital punishment of animals* Lond. 1906; *Trials of animals in the Middle ages* in *Notes and queries* 8th ser. XII (1897) 48. 115. 174. 334 **1)** Ein Ochs, der Menschen getötet hat, wird gesteinigt; aus Exodus Af El 21, 28. Den Einfluss der Bibel auf die ∼ gibt Brunner zu, aber nicht deren Entlehnung nur aus ihr **1a)** Bienen, die einen Menschen zu Tode gestochen haben, befiehlt zu töten Theodor Poen. II 11, 9 **2)** Ein Rind, das Menschen verwundete, darf der Eigentümer, wenn er nicht büssen will, ausliefern [zur ∼]; Af 24 **2a)** Auch die Auslieferung Unfreier (*s. d.* 16ff.), die Totschlag begangen, rechnete der Agsa. vermutlich unter die Strafe am *feoh;* Hl 1ff. Ine 74 **3)** Der Grundeigentümer kann sich rächen am Rinde, das in sein Gehege (*s. d.* 2a) brach und Kulturland verwüstete, indem er es tötet; das tote gibt er dem Viehhalter zurück; 42, 1 [ebenso in Norwegen und Deutschland; Amira *Altnorweg. Vollstr.* 217; Grimm *DRA* 595]. Materiellen Vorteil also hat er, ganz wie der Bluträcher sonst, nicht: nur sein Rechtsgefühl ist befriedigt. Später tritt Schüttung an Stelle der Tötung; *s.* Mast 2. Waren dagegen Acker und Wiese uneingezäunt, so darf der Grundeigner am schädigenden Vieh nur Pfändung (*s. d.* 6a. b) [üben

Tiertaxe *s.* Preis, Taxe

tithing *s.* Zehnerschaft

Titulatur *s.* Königstitel

Tochter (*s.* Wb *dohtor*); *vgl.* Kind, Jungfrau, Frau; mündig; Erbgang 6. 14, Thronfolge 2; unfrei 11, Eheschliessung, Entführung, Notzucht, Unzucht. Den bandhaft ertappten Schänder seiner ehelichen ∼ darf der Vater töten; Af 42, 7 = Hn 82, 8

Tod *s.* Erbgang, Tote, Testament

Todesgefahr *s.* Seewurf

Todesstrafe *s.* Wb *fordeman, forrædan, feores scyldig, feorhscyldig; mortificans* nennt ein von ∼ bedrohtes Verbrechen Hn 59, 23a; *forworht, forisfactus* (*s.* Wb) entspricht dt. *vertān:* 'der ∼ geweiht' (Brunner I² 222); *justicia, justice. Vgl.* busslos, Kapitalverbrechen, friedlos, Strafe 8, Hingerichtete, Hinrichtungsort.

1. Älteste Strafe. 2. Wer wird verschont. 3. Welche Verbrechen trifft ∼. 4. Geistliche als Richter. 5. Beichte. 6. Arten. 6a. Vollstreckung. 7. Ersatz der ∼. 8. Fronung. 9. Zweikampfklage.

1) Sie ist die älteste Strafe (*s. d.* 8), ward von der Kirche zurückgedrängt, trat aber seit 10. Jh. [infolge Nord. Einflusses?] wieder mehr hervor **2)** Von ∼ verschont werden Geistliche (*s. d.* 20), wenigstens zumeist, und bis zur Entbindung Schwangere; *s.* Frau 3a. b **2a)** Von unfreien gemeinschaftlich Stehlenden nur den Obersten ∼ leiden zu lassen (III Em 4), ist des Herrn Interesse **2b)** Das Asyl (*s. d.* 4. 14) schützt vor ∼ wenigstens während bestimmter Frist **2c)** Am Sonntag (*s.* Feiertag 8d) ist Hinrichtung verboten; EGu 9, 1 = II Cn 45 mit Zusatz 'ausser wenn sich Verurteilter wehrt [gegen Fesselung]' **2d)** Aus Exodus warnt vor ∼ an Gerechten oder Unschuldigen Af El 45, wo aber die Warnung auch dem falschen Zeugnisse oder der betrügenden Eideshilfe gelten kann **3)** Die Liste der Verbrechen, auf die ∼ steht, deckt sich meist mit der der busslosen (*s. d.*) Taten und der Kapitalverbrechen (*s. d.*) um 1114 **3a)** Es sind [*s.* Zitate unter den Verbrechen]: Herren-, bes. Hochverrat; **3b)** Verletzung des Handfriedens; Bruch des Königsfriedens (*s. d.* 4a. d. e. 5a) durch Bluttat in Königs Nähe, gegen Königsdienst (*s. d.* 6a. b), durch Erscheinen Exkommunizierter oder schwerer Verbrecher am Königshofe (*s. d.* 6a), bevor sie Sühne begannen; **3c)** Totschlag innerhalb Kirchenfriedens (*s. d.* 2a), an Priestern (Hn 68, 3), Zauberei, Götzenopfer und Bestialität [nur aus Exodus Af El 32, gegen Wi], Hurerei (? *s.* Unzucht 12); **3d)** Gewalttat an Oberförstern (*s.* Forst 15d), Totschlag am Kirchengeldeintreiber (*s. d.* 2) oder Steuereinzieher oder zur Rache für gerecht Hingerichtete (*s. d.* 6), Begünstigung (*s. d.* 5ff.) von Verbrechern, gewaltsamer Widerstand gegen oder trotzige Hilfeweigerung für staatliche Polizei; *s. d.* 1 G; **3e)** ungerechtes Regiment oder Urteil der Beamten; *s.* Amtsentsetzung 5. 6; **3f)** Flucht vom Heere (*s. d.* 8e. f), Münzfälschung (*s. d.* 7c. e), Frevel des Halbfreien gegen Forst (*s. d.* 21a), Gerichtsversäumnis (*s. d.* 2a. 3) in hartnäckiger Rechtsweigerung (*u.* k; III Em 2 = Hu 2 = I Atr 6), Verharren im Lande trotz Verpflanzung oder Abschwören (*s. d.* 3) des Reiches; **3g)** Mord (bes. auch Murdrum), Brandstiftung, ungerechte Heimsuchung; nur aus kirchlichen Quellen: einfacher Totschlag, [gewiss nur qualifizierte] Verwundung (Hn 68, 1); **3h)** grosser Diebstahl, wenn handhaft (*s. d.*) oder im Rückfall (*s. d.*), seit Æthelstan jeder Diebstahl, ausgenommen kleinen oder durch Jugendliche, Entlaufen des Strafknechts (Ine 24), Trotz des (nicht immer unfreien) Hintersassen gegen Bodenzinsforderung [? *s.* aber Bauer 9h]; **3i)** Rückfall (*s. d.* 2. 3a. 4a) und Misslingen des Ordals (*s. d.* 32; ECf 9a) allgemein **3k)** Auch die schwer Bescholtenen (*s. d.* 9), die keine Bürgschaft finden, leiden ∼, wenigstens (*ebd.* 4) nach dreimaliger Vorladung und Widerstand gegen Verhaftung **3l)** Den Friedlosen (*s. d.*) darf jedermann töten **4)** Geistliche (*s. d.* 33d) dürfen nicht zu ∼ oder Verstümmelung verurteilen; *s.* jedoch I 615* und Feiertag 8d **5)** Dem zur ∼ Verurteilten werde Beichte (*s. d.* 4) nicht geweigert. **N** Die Kanzleisprache der Gerichtsprotokolle seit 13. Jh. setzt geradezu ***habeat sacerdotem*** statt 'werde hingerichtet' **6)** Arten der ∼ sind: Enthauptung (*s. d.*; dazu dient *ceorfæx* Hiebaxt; Toller *s. v.*), Hängen (*s. d.*), Genickbrechen (*s.* Hals 2), Ertränken (*s. d.*) oder Hinabstürzen einer freien Frau [*vgl. mors turpissima* des h. Konrad erw. Erzb. von Trier 1066; Grimm *DRA* 486. 687. 695], Steinigen (*s. d.*), Verbrennen — letztere beide für Unfreie —, lebendig Begraben (*o.* S. 132 Sp. 1 Z. 29), Ausweidung (*s. d.*), Schinden; *s.* Haut 5. [Über Aussetzen in ruderlosem Schiffe *s.* Brandl in Paul *Grundriss*² II 1087] **6a)** Über die vollstreckenden Personen *s.* Strafvollzug, Polizei, Henker. Bei Preisgebung wählt wohl Kläger die Art der ∼ **6b)** Entflieht der zu ∼ Verurteilte, so wird er friedlos; *s. d.* **7)** Ersatz der ∼, die schon Cnut

II 2, 1 einschränkte und Wilhelm I. vorübergehend abschaffte (Wl art 10. Leis Wl 40), sind Verstümmelung (*s. d.*; Strafe 10g), Verbannung (*s. d.*), Verknechtung (*s. d.*), Gefängnis (*s. d.* 6cff.; Griδ 16), Vermögenseinziehung (VI Atr 35), Täters Wergeld; *s. d.*; *u.* 7a. Die Wahl trifft Gericht oder König, dem auch Begnadigung zusteht, *s.* Strafe 6b **7a**) Wo die *Gesetze* die ~ bestimmen, wird sie von späteren Benutzern oder Abschreibern einige Male fortgelassen. So setzt auf das Erscheinen schwerer Verbrecher am Königshofe Vermögenseinziehung VI Atr 32 D (statt der ~ in V 28f. VI 36); für das Erscheinen Exkommunizierter dort und für Verlassen des Heeres lässt die ~, die in der Quelle V 28 steht, fort VI 35f. Ein Schreiber von V Atr setzt die Alternative 'oder Wergeld'. Dem zweimal im Ordal Überführten und für Münzfälschung bestimmt Æthelred ~, Cnut ihn benutzend Verstümmelung; II Cn 30, 4. Umgekehrt bedroht das Leben für Verwundung von Kirchengeldeintreibern eine Var. viell. erst 12. Jhs., wo Original Wergeld forderte; EGu 6, 5 **8**) Mit der ~ ist regelmässig Vermögenseinziehung (*s. d.*) verbunden **8a**) Trifft den Verurteilten Leibesstrafe, so erhält Kläger keine Busse; *s. d.* 4f **9**) **N** Klage auf jene Verbrechen, denen ~ oder Verstümmelung droht, ist zweikampffähig in Normannenzeit; Hn 59, 16a

Todesursache *s.* Absicht 2a. 4bff., Fahrlässigkeit, Gefährdeeid, Haftung 4ff., Erziehung 4, Baum 6, Waffe, Tierstrafe 1—2a

Todsünde *s.* Kapitalverbrechen, Kardinaltugenden

Toledo, Konzil von ~, a. 400, über Verkündung des Kirchenbannes an die Mitbischöfe, zitiert Excom I 20

Ton. Heisswasserkessel zum Feuerordal kann *læmen* (tönern) sein; Ordal 1b

Tonne *s.* Fass [n. 31

Tonsur *s.* scheren, Geistliche Z. 10,

Tor *(geat) s.* Burg~; London 61

Tote *s.* Wb *dead; licgende,* zwar *iacens, immobile* übersetzt, aber '~ Fahrhabe', nicht 'Immobilien', meinend; II Cn 24. Hn 59, 21; 23. *Vgl.* Grab, Leichenraub, Seelschatz, Witwe; Erbgang, -nehmer, Heergewäte **1**) Übers Grab hinaus gilt der ~ als lebend, in einem Rest von Animismus-Glauben [*vgl.* Brunner I² 109. 254f. und *Zs. Savigny RG., Germ.* 31, 252], indem er für die von seiner Sippe seinetwegen geleisteten gerichtlichen Akte als Subjekt, selbst als Eidesleister, genannt ist; Ine 21, 1 **2**) Der im Anefang (*s. d.* 22. a. b) Beklagte zieht [wie im Norden; Herb. Meyer in *Gierke Festschr.* 998] ~n zur Gewähr; doch kann dessen Sippe diesen reinschwören, dass er das Angeschlagene rechtmässig oder garnicht besessen habe. Die Erben brauchen aber die Gewährschaftspflicht nicht zu übernehmen **2a**) Den ~n Vater reinigt die Tochter, er habe Darlehn abbezahlt, sie beanspruche also das deshalb verpfändete Land zurück; Urk. a. 961 Birch 1064 **3**) Den Schwur am Grabe auf das, was der ~ gesagt haben würde, kennt man auch sonst; Lea *Superstition and force*⁴ 56; Brunner I² 39 über Eideshilfe durch ~; *Fortleben des ~n* 7. 8; **N** aus Engl. Stadtrecht im MA.: Gross *Trials in boroughs* in *Harvard Law Rev.* XV 700; *Liber custum.* 252; *Liber de antiq. legibus* a. 1268, 103; diese beiden aus London; aus 12.—14 Jh.: Bateson I 48; dieselbe *EHR* 1902, 488f. Price bei Thorpe *Anc. laws* zu II Atr 9, 2 zitiert Deutsche und Schwedische Parallelen **4**) Grundbesitz (*s. d.* 14) ist nicht einklagbar gegen den Erbnehmer (*s. d.* 2), gegen dessen ~n Vorgänger Kläger sich verschwiegen hatte **4a**) War schon der ~ verklagt, so verantworten sich die Erbnehmer wie er, wenn lebendig, müsste; II Cn 72. 72, 1 **5**) Unverrückbar gelte gerichtliche Reinigung unter Zeugenschaft (oder Eideshilfe) bei lebendem wie ~m [Beklagten]; III Atr 2 **6**) Der Totschläger entgeht der Blutrache (*s. d.* 14 lff.) oder Wergeldzahlung durch den Nachweis, der ~ fiel gerecht; *s.* Notwehr 3. 7ff., Hingerichtete 2ff. **6a**) Die Leiche des in Blutrache (*s. d.* 17b), Notwehr (*s. d.* 10a) oder ehrlichem Streite Erschlagenen ist ehrenvoll zu behandeln; I 608ᶠ **N 7**) Starb der des Mordes an einem Franzosen Bezichtigte in einer Woche nach dem Leichenfunde, vor Austrag der Klage, so belasten ihn die Kläger in seinem Grabe; und seine nachgelassene Fahrhabe haftet für [Wergeld und] Murdrum (*s. d.* 10a) -busse, wenn er nicht von seiner Sippe rein geschworen wird; Hn 92, 3a **8**) Der Herr eines in Fehde oder plötzlichem Streite Gefallenen muss für dessen ehrlich Grab sorgen. Er erhält die Leiche ausgeliefert von den [also als berechtigt angesehenen] Totschlägern nur, indem er ihnen [den Klägern] Rechtsgang, als lebte sein Vassall noch, verbürgt. [Dies widerspricht der Regel, dass mit Tötung des Beklagten der Anspruch gegen ihn erlischt; *s.* Totschlag 13. Vielleicht denkt Verf. an einen zivilen Anspruch neben jener Fehde veranlassenden Missetat]. Weigern die Totschläger Auslieferung und wird die Leiche durch Tierfrass geschändet oder [ehrlos] verscharrt, so zahlen jene neben Wergeld [das nur zum 'Streite' passt] gerichtliches Strafgeld; Hn 74, 3

Totenteil *s.* Seelschatz

N Totness, Alfred von, Hn Lond Test

Totschlag *s.* Wb *slean, of(a)slean, (mann)slaga, (mann)slieht, slege, bana, feohtan, gefeoht* (einseitiger ~; Beowulf 2442), *liflyre, feorhlyre, (wer)fæhð. Vgl.* blutig fechten, Blutrache, Heimsuchung, Bande, Mord, Murdrum, Verwundung; Absicht, Notwehr

1. Systematik. 2. Vollendung der Bluttat. 3. Berechtigter ~. 4. Absichtlos. 5. Mord. 6. Qualifizierter ~. 7. Blutrache. 7a. Strafe. 8. Bussen an Herren. 9. Kirchlicher Einfluss. 10 Geistliche, Fremde, Unfreie. 11. Gemeinsamer ~. 12. Täter exkommuniziert. 13. ~ absorbiert Forderung an Erschlagenen. 14. Beihilfe. 15. Reinigung. 16. Eingriff des Staats.

1) **N** Den Rahmen zu einer Lehre vom ~ versucht zu geben Hn 72, 1—2a: er sei verschieden nach Beweggrund, Absicht oder Zufall (*u.* 4), dem Stande des Täters (Klerikers oder Laien), dessen Verhältnisse zum Erschlagenen (verwandt oder fremd), den Personen des Täters und des Erschlagenen. Aber wie diese Unterscheidungen zum Teil nur der Kanonistik entstammen, so sagt er selbst, dass sie besonders für die Pönitenz-Abmessung wichtig seien **2**) Der ~ fällt unter den weiteren Begriff des blutig (*s. d.* 1b. c) Fechtens **2a**) Dem Verwunden als der Halbverletzung (*s. d.*) steht 'Lebensverlust' als vollständiger Bruch des Land-, Heer- oder Handfriedens gegenüber; Had 2ff. I Cn 2, 2 (= Hn 12, 1). II 61. Erst durch ~ scheint Heimsuchung (*s. d.* 6) vollendet; *vgl.* Versuch **2b**) Verwundung mit tödlichem Ausgang scheint von ~ [ausser in dem nur aus der Exodus entnommenen Satze Af El 17] ungetrennt **2c)** Die Gliederbusse für Schulterwunde reicht nur aus, falls Verwundeter leben bleibt (Af 68); zu ergänzen ist: stirbt er, so steht Wergeld [ob auch Fehde?] der verletzten Sippe zu, wie beim ~ **2d)** Dies belegt auch Schiedsgericht 8 **3) N** Die Fälle erlaubten ~s sammelt nur teilweise Hn 87, 6; 6a. Wergeld, sämtliche Bussen und Strafgeld gelten nur für unerlaubten ~; 88, 19. Die Sprache scheidet ihn nicht vom erlaubten, sagt *slean, occidere*, *homicidium* für beides **3a)** Erlaubt ist ~ **A.** im Kriege am Landesfeind und in der Verteidigung des Herrn (*s.* Notwehr 4a). Doch setzt auf beides 40 Tage Fasten aus Bussbuch Hn 68, 11 [*Vgl.* Hewitt *Ritual purification after justif. homicide* in *Dt. Lit. Ztg.* 1912, 1235] **B.** dem Richter und Henker an dem gerichtlich zum Tode Verurteilten; *s. ebd.*, Hingerichtete 1 [Blosse Gutgläubigkeit des Henkers aber schützt nicht vor den Folgen des ~s, bewahrt nur vor Blutrache und Strafe; *ebd.* 5. a]; dem Kläger an dem ihm zu privatem Strafvollzug (*s. d.* 2e ff.) gerichtlich preisgegebenen Verurteilten **C.** jedermann am Friedlosen (*s. d.* 11a), handhaft Ertappten (*s.* Notwehr 11), verdächtigen Fremden (*s.* heimlich 1a), unter Feinden nicht als Freund Erkennbaren (II Atr 3, 4), der Polizei (*s. d.* 1EG) Widerstehenden **D.** dem Kirchengeldeintreiber (*s. d.* 2a) an dem ihm gewalttätig Trotzenden **E.** der Sippe des Erschlagenen an der des Totschlägers in Blutrache (*s. d.*) **F.** dem Rächer am Rechtsweigerer in gerechter Heimsuchung; *s. d.* 2. a **3b)** Den ~ in Selbsthilfe (*s. d.* 6) schränkt die Krone ein **4)** ~ ohne Absicht (*s. d.*) findet gesonderte Behandlung **5)** Auflauern nimmt als erschwerendes Merkmal aus der Vulgata auf, samt dem Ausschluss des Missetäters aus dem Asylschutz, Af El 13. Nicht dieser Ausschluss galt praktisch bei den Agsa., wohl aber jene Erschwerung durch Vorbedacht; *s.* Rechtssperrung 4b, Angriff 6 und bei Friesen: His 261 **5a)** ~ wird geschieden vom Mord (*s. d.* 1. 2) und bedarf, damit er nicht heimlich erscheine, der Verklarung [auch im Norden; Heusler *Strafr. Isld.* 113] **6)** Qualifiziert wird ~, wenn verübt in unerlaubter Heimsuchung (*s. d.* 2f) oder durch Bande (*s. d.* 6ff.) **6a)** oder an mehr als sieben Menschen (*s.* Frieden 2) **6b)** oder an Geistlichen (*s. d.* 15c), Herren (*s.* Herrenverrat), Verwandten (*s.* Verwandtenmord), Kirchen- u. Staatsbeamten (*s.* Kirchengeldeintreiber, Königsdienst 6), **6c)** in umfriedeter Zeit od. Stätte; *s.* Schutz, Asyl, Kirchen-, Königs-, Hand-, Gerichtsfrieden, Strasse, Stadt 11c **6d) N** Nur auf so qualifizierten ~ steht Leibesstrafe; Hn 68, 1 **7)** Einfacher ~ setzt den Täter und seine Sippe nur privater Blutrache (*s. d.* 15) aus; die verletzte Sippe darf sie sich durch Wergeld des Erschlagenen abkaufen lassen. Wenn kirchliche Quellen den ~ mit ehrlosen Verbrechen (*s. d.* 3b) zusammenstellen, so meinen sie Mord oder reden unjuristisch **7a)** Der Staat erhält Strafgeld für blutig (*s. d.*) Fechten viell. nur, wenn der ~ nicht durch Rache oder Schiedsgericht (*s. d.* 8ff.) gesühnt wird, sondern vors ordentliche Gericht kommt **7b)** In Kent erhält der König für ~ an einem Freien 50 Schill. als Herrschergeld d. i. Königsschutz; *s. d.* 2. 4. **N** In Wessex kostet blutig (*s. d.* 3) Fechten mit folgendem ~ Strafgeldfixum, das nie eine Auslösung des Lebens darstellt; Hn 69, 1a. 80, 6. 23, 1. Einfacher ~ macht noch unter Wilhelm I. nicht friedlos; Wl lad 1. 3 **8)** Hinzu tritt Mannbusse (*s. d.*) an den Herrn des Erschlagenen und eventuell Busse für gebrochenen Schutz; *o.* 6c **9)** Allgemeine Verbote gegen ~ bringt (aus Dekalog Af El 5. Iud Dei I 11, 2) V Atr 25 = VI 28, 3; auch *Homil. n.* Wulfstan 129. 163. 166[3] **9a)** Nur aus der Bibel übersetzt, für Agsa. nicht praktisch, laut Af El 49, 7, ist die Todesstrafe für jeden ~ (nur ausgenommen den ~ in Notwehr oder ohne Absicht und den ins Asyl entkommenen Totschläger), sogar wenn am Einbrecher bei Tage vollzogen; 13. 18. 25 **9b)** Kirchlich beeinflusst ist der Satz: Totschläger sollen aus der Heimat weichen, wenn sie nicht büssen wollen; II Cn 6; *vgl. Homil. n.* Wulfstan 26. 114. **N** Auf *occulti homicidæ*, also Mörder, verengt dies Inst Cn II 6 **9c)** Dagegen das Ehrlichkeitsversprechen verpflichtet nicht ausdrücklich zur Enthaltung von Bluttat **9d)** Hn bedroht ~ (sogar am Unfreien [*s.* jedoch *d.* 20a] 68, 1) mit Tod oder Verstümmelung [höchstens bei qualifiziertem ~ denkbar, wie an des Herrn Verwandten oder Beamten 80, 9a]; aus Kanones 72, 1c. d. e **10)** Geistliche (*s. d.* 12. 20ff.) Totschläger erleiden Degradation, aber, wenn der Kirchenherr oder Prälat sie auslösen will, nicht den Tod [wie es scheint, auch obwohl des Erschlagenen Sippe Blutrache wünscht] **10a)** Der ~ am Stammesfremden (ausserhalb der Grenze seiner Rasse) wird mit nur halbem Wergeld gesühnt bei den Dunsæte; *s. d.* 13 **10b)** In Kent wird der Esne, der einen Vornehmen (oder Freien) umbrachte, vom Herrn entweder an die Sippe ausgeliefert mit Hinzufügung dreier (bzw. eines Knechtspreises); oder, wenn er entflohen, werden vier (bzw. zwei) Knechtspreise statt seiner bezahlt; Hl 1—4. *Vgl.* Tierstrafe 2 **10c)** Begeht ein Esne ~ gegen den andern, so entgelte er ihn durch Knechtswert; Abt 86 **10d)** Wenn ein unfreier Walliser einen Engländer umbringt, so wird er [an dessen Sippe zur Blutrache] ausgeliefert oder freigegeben oder 60 Schill. durch seinen Herrn gezahlt; Ine 74. 74, 1 **N 10e)** Der Unfreie oder im Kriege der Soldat leistet Pönitenz für den obwohl anbefohlenen ~; *o.* 3a **10f)** Geschieht ~ durch Freie und Unfreie (*s. d.* 16b) gemeinsam, so haften nur jene; Hn 85, 4 **11)** Über ~ durch gemeinschaftliche Missetat *s. d.* 6—11 und *o.* 6 **12)** Auf ~ steht Kirchenbann (Excom I 8, 3) und Verlust ehrlichen Grabes; I Em 4 **12a)** Der Totschläger darf bis zur Genugtuung nicht zum Königshofe; *s. d.* 6 **13)** Die Schuld des Totschlägers, der bei oder infolge dieser Missetat umkam, ist durch seinen Tod absorbiert; weder Wergeld noch Busse (*s. d.* 4. 5—c) braucht seine Sippe nun noch für ihn zu entrichten; *s.* Blutrache 14; Asylbruch 3 **14)** Dem Totschläger Waffen, Rat oder Hilfe zu gewähren, macht schuldig der Beihilfe (*s. d.* 7. 10ff.), Anstiftung (*s. d.* 2—3), Begünstigung (*s. d.* 8d. 12b), des Mitwissens; *s. d.* 9ff. **15)** Laie wie Geistlicher (*s. d.* 21a) braucht zur Ableugnung des ~s (*werlad*) Eideshilfe seiner Verwandten

15a) Er geniesst gegenüber dem Kläger Beweisnähe; *s.d.* 5ff. **15b)** Als Missbrauch wird [das Gegenteil; *vgl.* i] getadelt: In Nordengland gilt der am Tage des ~s dessen Verklagte als überführt; V Atr 32, 4 **15c)** Vermutlich brauchte man zur Leugnung der Klage des ~s an einem Gemeinfreien von 200 Schill. Wergeld 200 Eideshufen; *s. d.* 2. Es musste mindestens 1 Königseider zu 30 Hufen dabei sein. [Den Rest mochten 17 Gemeine zu je 10 Hufen darstellen]; Ine 54 **N 15d)** Der Londoner schwört selbsiebent, sein ~ am Königs- oder Baronenhofmann, geschah, weil dieser Gastung erzwingen wollte; Lib Lond 2, 1 **15e)** Mit dem Wergeld des Erschlagenen wächst Schwere der Reinigung; Hn 74, 1a. 75, 2a **15f)** Mit dem Wergeld des Täters dagegen: 64, 4. So braucht der Thegn 11 Thegnas, der Gemeinfreie nur einen und 11 Standesgenossen zur Eideshilfe; AGu 3 **N 15g)** Die väterlichen Verwandten des Beklagten schwören gestabt, die mütterlichen schlicht; Hn 64, 4 **15h)** Ordal widerlegt Klage auf ~ Iud Dei I 20, 2. 22, 2 **15i)** Klagen gegen einen Engländer gemeinschaftlich ein Engländer und ein Nordmann auf ~, so gilt dieser als unleugbar; II Atr 7 **15k) N** Klagen Engländer und Franzose einander an auf ~, so wählt jener die Art des Beweises; *s. d.* 11a. c. d **16)** Das Königtum bekämpft zwar die Blutrache (*s.d.* 14), greift aber nicht etwa durch strenge Strafe für ~ ein, sondern lässt die Wergeld-Sühne bestehen **N 16a)** So noch im 12. Jh.; *s.* Schiedsgericht 8—9k **16b)** Die Sippe, nicht der Staat, verfolgt den Totschläger **16c)** Deutlich schliesst Hn einfachen ~ von Kronprozess (*s.d.* 15a. 16) oder Kapitalverbrechen (*s. d.* 3) aus **16d)** Aber Spuren strengerer staatlicher Verfolgung gegen ~ zeigen jene kanonistischen Stellen *o.* 9ff., ferner die Auslieferung des Schuldigen an die verletzte Sippe, nicht bloss für Mord (Hn 71, 1a), sondern für jedes *homicidium;* 92, 15 **16e)** Unter den Fällen, wo Wergeld des Täters, wenn dieser überhaupt mit Geld büssen darf, gefordert wird, steht *homicidium in ecclesia,* dann aber unqualifiziertes *homicidium wera solvatur vel werelada* (*o.* 15) *negetur.* Entweder stammt diese Zeile aus anderem Gedankenkreise, ist viell. einstige Marginalie und meint Wergeld des Erschlagenen. Oder aber der Kronjurist will wirklich für blossen ~ die Person des Täters dem Staate haften lassen; 12, 3. Der geständige Totschläger *dat were suum* nach Leis Wl 7 L; obwohl Verf. als Empfänger des Wergelds die Sippe und als dessen Mass den Stand des Erschlagenen kannte (8—9, 1), scheint der Interpolator das Wergeld des Totschlägers (und als Empfänger viell. den Fiskus) zu meinen; *vgl.* Blutrache 7e **16f)** Der *iusticia* (Königsrichter oder Gerichtsherr) sorgt für Befriedigung der Sippe des Erschlagenen, 'ob nun Wergeldzahlung geduldet werden kann oder nicht': hiermit scheint Verf. dem Richter eine Entscheidung einzuräumen, ob der betreffende ~ sich mit Geld sühnen lasse; Hn 88, 20a

Tötung *s.* Hingerichtete, Todesstrafe, Totschlag

Tracht *s.* Kleidung, Waffen; Haar, Bart, scheren, Locken; Kirchgang 1; Geistliche 31, Unfreie 23

Tradition *s.* Grundbesitz 4ff. 12. 14. 16, Erbgang 7. 12, Urkunde, Bocland 6ff.

Transport *s.* Wb *seam, lad. Vgl.* Pferd, Saum, Lastabgabe, Fron; Ware, Handel, Reisen **1)** Der ~ einer Ladung zu Wagen [*vgl.* Toller *s. v. wæn*] oder Pferde oder auf Trägers Rücken ist Sonntags (*s. d.* 5a) verboten bei Rechtsbruchbusse, 12 Ör; Northu 55 **2)** Für die Gutsherrschaft besorgen ~ der Bauer, Geneat wie Gebur, Zeidler, Domänen-Schweinehirt; Rect 2. 4. 5, 3. 6, 3 **3) N** Neben Strassen (*s. d.* 1. 15) geschah wichtigster ~ der Lebensmittel zu Städten auf Flüssen; ECf 12

Trauerjahr *s.* Witwe

Trauung *s.* Eheschliessung 4a. 5f. 8q. 11a—14 **Tremisse** *s.* Thryms

Treubruch, Treue, Treueid *s.* Eid, Versprechen, Meineid; Gefolge, Vassallität, Lehnwesen, Untertan, Königstreue, Herren-, Hochverrat, Heer 8e-i, Landesflucht, Felonie

Treuga Dei heisst auch *pax Dei* [and. Bed.: *s.* Gottesfriede; I 597] **1)** Vorstufe ist staatsgesetzliche, von Strafgeld an den König (*s.* Königsfrieden, Ungehorsam, Handfrieden) geschützte Umfriedung von Sonn- und Feiertag; *s. d.* 8ff. 9c, Gerichtsferien **1a)** Dass die sonst berechtigte Blutrache dann verboten war, folgt erstens aus dem Gebote 'Friede und Eintracht herrsche', zweitens aus dem Verbote der Hinrichtung, drittens aus Fränkischer Analogie seit Capitulare a. 813. Allein die Strafschärfungen der *Gesetze* für heilige Zeiten treffen nur die an sich rechtswidrige Bluttat. Englisches Stadtrecht, z. T. im Domesdaybuche für Dover und Chester (I 1a. 262b), straft Blutvergiessen an Sonn- und Feiertag strenger; Bateson II 46f. Allein kraft Königs Gebots **2)** Und nicht auf Agsä. Verhältnisse, sondern auf Gallien weist die ~ ~ in ECf zurück. Dort begegnet sie Anfang 11. Jhs. und wird 1042 zuerst für die Normandie verkündet; Kluckhohn *Gottesfriede* 47; Mansi *Concilia* XIX 598. **N** Den Bruch der ~ ~ unterstellt geistlichem Gericht die Synode von Lillebonne a. 1080, n. 1 **2a)** *Trevia Dei frequenter recenseatur;* Synode von Lisieux c. 10, ed. Delisle *Journal des savants* 1901, 517 **2b)** Die *Brevis relatio de Willelmo I.* (ed. Giles 10) benutzt die ~ ~ für die Normandie (aber kein anderes Gesetz) und überträgt sie auch auf England: *In regno eius semper pax fuit.. Nulla enim alia redemptio de illo esse poterat qui pacem vel treviam terrae illius violasset, nisi ut inde exiret* **2c)** Die ~ ~ war und blieb für England, wo der landrechtliche Frieden früh herrschte, fremd und wenig praktisch. Das Königtum Wilhelms I. und seiner Söhne, dann Heinrichs II. war stark genug, seinen eigenen Frieden durchzusetzen. Der Rubrikator nennt daher die ~ ~ *pax regis* ECf 2 Rb **3)** Nach ECf 2 ff. herrscht ~ ~ erstens während bestimmter Kalenderzeiten **A.** von Advent (27. Nov.—3. Dez.) bis 13. Jan., **B.** von Septuagesima (18. Jan —21. Febr.) bis Oster-Oktave (29. März—2. Mai), **C.** von Himmelfahrt (30. Apr.—3. Juni) bis Pfingstoktave (17. Mai—20. Juni), **D.** Mittwoch, Freitag, Sonnabend der 4 Wochen nach 14. Sept., nach 13. Dez. und vor Reminiscere (15. Febr.—21. März) und Trinitatis (17. Mai—20. Juni), **E.** den ganzen Sonntag (bis Montag früh, Retr) von Sonnabend Mittag an [spätere, auch Normann., Entwicklung: von Donnerstag ab, Coulin *Gerichtl. Zweikampf* 97],

F. von Mittag des Vorabends bis Frühe des dem Fest folgenden Tages: am 24., 29. Juni, 8., 29. Sept., an sonntäglich verkündeten Heiligentagen, Kirchenpatronstagen, Kirchweih. Mehr als die Hälfte des Jahres stand unter ~ ~ **3a)** Zweitens stellt ECf 2, 7—8a unter ~ ~ den Weg (*s.* Kirchgang 2) hin und her zum Kirchengebet, zur Kirchweih, zu geistl. Gericht, Kapitel, Synode und Absolution [Büsser geniessen Sonderfrieden in Friesland; His 140]

Tribut *s.* Wb *gafol; vgl.* Abgabe; Dänengeld, Peterspfennig **1)** ~ zahlten Wentsæte (Südwalliser) früher an die Dunsæte [unter Mercien], jetzt [10. Jh.] an Wessex; Duns 9. [Der Northumbr. Eroberer macht *gentes* der Pikten und Goidhelen ~pflichtig und *terras Brettonum* entweder den Engländern ~pflichtig oder *habitabiles* (Englisch kolonisiert); Beda II 5. I 34]

trinken, Trinkgeld *s.* Biergelage, Grundbesitz 4; Vertrag 4. a

trinoctium *s.* Drei Tage 6

***trinoda** necessitas,* die dem Staate (König), auch trotz weitgehender Immunität des Bocland, vorbehaltene allgemeine Grundlast. [Dafür *trimoda* in Urk. von angeblich 680, die im 10. Jh. abgeschrieben ist, nur Kembles Fehler; Birch 50.] Über das Institut *vgl.* Earle p. xxi f.; Kemble I li; *Saxons* I 301—5. Auch im Frankenreich verbleibt die ~ ~ innerhalb der Immunitäten dem Reiche; Schröder *DRG*[5] 206. 210. Andere Namen: *tria opera* (Domesday für York); *communis labor, generale incommodum, þreo þing; þæt woruldweorc, þe a eal folc weorcean sceal,* Ende 10. Jhs. Birch 1077 **1)** Nur meistenteils, nicht immer, handelt es sich um *trium causarum publicarum ratio: instructio pontium, arcis, expeditio* [*vgl.* Brücke 1c ff., Burg 5, Heer 3a]: a. 799—802 Birch 201; a. 811 Birch 332. 335: '*contra paganos*' (Dänen); ferner n. 64. 88. 215. 467. — Jene 'drei Gegenstände' nennt Rect 1; er stellt sie dar als jedes Herrschaftsgut (*s. d.* 8a) belastend und trennt sie also von mancher anderen dem König auch geschuldeten Steuer und Militärlast **1a)** Der Heeresdienst fehlt z. B.: *liberam ab omni tributo, præter instructiones pontium vel necessarias defensiones arcium contra hostes;* a. 767—770 Birch 202—4; so sprechen nur von Brücke und Festung ferner n. 112. 178; nur von 2 *causis, expeditione et arcis munitione* redet a. 839 Birch 426, nur von Heer und Brücke 451, von Heer, Burg *et vigiliis marinis* die *Urk. *s.* Schiff 6d **1b)** Aber auch 4 *causae* kommen in demselben Zusammenhange vor; a. 680. 855. 883 Birch 51. 487. 551, wo die vierte Last nur in dem Ersatz (*s. d.* 8) für eingeklagten Schaden besteht, ohne dass Busse oder Strafgeld aus privilegiertem Gut hinausflösse; *vgl.* Gerichtsbarkeit 8 **2)** Selbst Wihtræds klerikales *Gesetz* hebt die ~ ~ zugunsten der Kirchenfreiheit (*s. d.* 2) nicht auf, sondern nur die Grundsteuer. Exemtion vom *tributum operum regalium* kommt häufig in unechten oder zweifelhaften Urkk. vor: a. 780 Birch 239 (*vgl.* Napier and Stevenson *Crawford charters* 100), aber auch in echten: a. 931 (*ebd.* 66). Schon 739 ward Crediton befreit von *causæ fiscales, res regales, saecularia opera,* ausser *expeditionales res; ebd.* p. 2 **2a)** **N** Nur den Domanialteil des Ritterguts (aber nicht das Bauerland) befreit von *opus,* wohl ~ ~, CHn cor 11 **3)** Die staatliche Einschätzung nach Hufen zu des Königs *utware* (d. h. Vertretung des Grundbesitzes nach aussen in dessen öffentlicher Last; Geþyncðo 3) umfasste vermutlich die ~ ~, jedoch neben der Geldsteuer **4)** Zu Burgenherstellung, Brückenbesserung, Heerdienst (auch Schiffsrüstung) mahnt V Atr 26, 1 = VI 32, 3 = II Cn 10 **4a)** Wer jene 3 Pflichten versäumt, zahlt 120 Schill. Strafgeld [= Ungehorsam]; II Cn 65 = Hn 66, 6. *Vgl.* Schiff 3a ff. und in Cheshire vor 1066: *Ad murum civitatis* [Chester] *et pontem reædificandum de 1 hida comitatus 1 hominem venire præpositus edicebat* bei Strafe von 40 *sol.* [= 120 Mercisch]; Domesday I 262b 2 **4b)** **N** *Misericordia* (*s. d.* 9a) *regis* droht für die Versäumnis der ~ ~ Hn 13, 9. Diese gehört zum Kronprozess (*s. d.* 16); 10, 1

N Tripartita nenn ich die 1140 (1154?)—1159 bewirkte Zusammenstellung von Wl art, ECf retr und Genealogia Normann. I xli. I 627[a]

trockene Schläge *s.* Blauwunde

N Troja. Dorther stammen angeblich Brutus und die Briten; Lond ECf 35, 1 A 2. ~s Muster folgten die Freiheiten Neu-~s, d. i. Londons; *s. d.* 41; *vgl.* I 657[p]

Truchsess (Seneschall) *s.* Wb *dapifer* **1)** Ein Ober~ schon bei Beda *s.* Ealdorman 1d **1a)** Agsä. Namen sind *discþegn, discberend* bei Toller *Suppl.;* in Agsä. Urkk. auch *dapifer, discifer* a. 785 Birch 245 **1b)** Mehrere ~e hielt K. Eadreds Hof; Birch 912. Tiefer als sie standen die *stigweardas;* letzteres Amt kommt wie ~ auch am Adelshof vor und wird ebenfalls *dapifer, discifer* latinisiert; es diente wie ~ der Hofverwaltung; Larson *King's household* 134 ff. 192 ff. *Vgl.* Kemble *Saxons* II 109. Mehr dem Herrschaftsgute gehören die wirtschaftl. Beamten [bei Toller] (*hlaf-, wine-)brytta, brytnere* (*dispensator,* Verteiler); *s.* Wb *berebrytta* **1c)** Aus *discþegn* erwuchs auch der Walliser Name für Seneschall: *dysteyn;* Rhys and Jones *Welsh people* 198 **N 1d)** In den *Gesetzen* kommt das Amt erst im 12. Jh. vor **2)** Eudo, ~ Heinrichs I., bezeugt 1100 CHn cor Test **2a)** In der Normandie gibt es damals zwei; der ~ zeichnet gleich hinter dem Oberrichter als höchster Beamter; Haskins *EHR* 1909, 218 **3)** *Dapifer regis* erhält als Mannbusse (*s. d.* 16a) ebensoviel wie der Graf, nochmal so viel wie ein anderer Baron. Die vielen *dapiferi,* abgesehen von éinem Ober~, scheinen Kronminister; Round *EHR* 1907, 779 **4)** Alle anderen Stellen beziehen sich auf den ~ eines Adligen. Sein Amt füllten in Agsä. Zeit Vogt und mittelbarer Thegn aus **N 4a)** Er oder ein *minister* wird vom Adligen zum Generalvertreter bestellt; dann gilt für jenen bindend die in Abwesenheit des Herrn für denselben dem ~ abgegebene Ladung zu staatlichem Gericht oder Termin-Abbestellung; Hn 41, 2. 42, 2. 59, 2a. 61, 10. 92, 18 **4b)** Er vertritt seinen Herrn auch vor Gericht, wo dessen Mann verklagt worden ist; 33, 2 **4c)** Er leistet für den Herrn Gerichtsfolge zum Grafschaftsgericht (*s. d.* 6g) und Hundred; *s.* Bauer 8d **5)** Der ~ steht unter Bürgschaft (*s. d.* 3o) seines Herrn, nicht in volksmässiger Zehnerschaft; ECf 21 **6)** Vielleicht ~en sind gemeint mit *vicarii, vicedomini; s. d.* **Trug** *s.* Betrug

Trunkenheit *s.* Biergelage 1—4

Tuch. *Vgl.* London 31. 37d **1)** Seit 8. Jh. gingen Agsä. Gewebe ins Frankenreich; Karl der Gr. klagte Offa von Mercien, die Wollenplaids dorther würden zu kurz; im 7. Jh. holten die Engländer Krapp und Färberröte vom Festland; Friesen kauften Englisches ~ für den Rhein. Andererseits verwebten die Niederlande feinere Engl. Wolle zu gutem ~e, und Gewebe aus Tiel gingen nach England; Häpke *Hans. Geschbl.* 1906, 310. 313. 321; Keutgen *ebd.* 1901, 89 **2)** Der *mangere* (*mercator*), der in Ælfrics *Colloquium 'selcuðe reaf, variae vestes'* nach England über See importiert – um 1000 — ist zwar ein Engländer **2a)** Dagegen Deutsche ~händler in London erwähnt IV Atr. Das ~ ward Sonntag, Dienstag, Donnerstag verzollt; 2, 3. An nur [diesen?] 3 Tagen der Woche durften dort *extranei pannos de lana vel lino vendere;* Cunningham *Growth of industry* 542; Bateson *EHR* 1902, 717 **3)** Das ~ gilt so wertvoll, dass diese Deutsche (*s. d.* 2d) Einfuhrgenossenschaft zu Ostern und Weihnacht dem königlichen Stadtvogt nur je 2 *grisengos pannos et* I *brunum* zahlt; IV Atr 2, 10. Nicht Grauwerk (Pelz) ist gemeint [so Du Cange, Walther, Schmid 604, Bateson, Ballard *Domesday bor.* 116, da mfz. *gryseyn,* mengl. *gray,* jetzt frz. *petit-gris* diese Bed. hat; Du Cange hält auch *grisetus* für Pelz, obwohl *buretum* synonym steht; Chron. Andegav.; Norgate *Engl. under Angevin* I 119], sondern (gemäss *Hans. Urk. B.* III 558b) *pallia cana,* im Ggs. zu weiss, rot und blau (Mon. Sangall. in *Monum. Germ.*, *SS* II 752); *panes grises,* im Ggs. zu *vaires* (Crestien *Perceval* 7159); *vestimentum coloris grisii,* im Ggs. zu *albi;* um 1270 Bateson II 66 **4)** **N** Fremden ist Einzelverkauf (*s. d.*) oder Bearbeitung des ~s verboten; *s.* London 37d; *vgl.* I 675[l. m] **5)** Eine Tücherpresse gehört neben anderen Webe-Utensilien zum Hausrat der Domäne des Herrschaftsguts; Ger 15, 1 **6)** **N** Handel (*s. d.* 10B) in gebrauchtem ~ bedarf besonderer Vorsicht [Betrug

Tücke *s.* Klageeid 2, Gutgläubigkeit,

Tugend *s.* Kardinal~ [Bauer)

tun (*-gerefa, -man*) *s.* Dorf (Vogt,

Tür *s.* Wb *duru. Vgl.* Burgtor; Kirchen~; Bateson I 58 **1)** Offene ~ bei Freilassung *s. d.* 5a, Tempel~ bei Verknechtung *ebd.* 1b **2)** Waffen stellt der Ankömmling, bevor er ins Haus tritt, vorn an die ~; II Cn 75 = Hn 87, 2 **2a)** Der Hallenhüter lässt zum König zwar mit Helm und Panzer eintreten, aber Schilde u. Speere draussen warten; Beowulf 397 **3)** **N** Schuss, Wurf, Stoss gegen die ~ in feindlicher Absicht konstituiert gewaltsame Heimsuchung; *s. d.* 5a **3a)** Durchstechen des *rihthamscyld s.* Schild 6a **4)** Mit der Zahl der ~en im Asyl (*s. d.* 12) wächst Fluchtmöglichkeit **5)** Zusammensein zwischen Frau und Fremdem bei verschlossener ~ beweist Unzucht; *s.* Ehebruch 8 **6)** Kornabfall vom Erntewagen an der Scheunen~ gehört dem Getreideverwalter des Herrschaftsguts; Rect 17

twelfhynde, *twihynde s.* Wergeld, Stand, gemeinfrei, Thegn, zwölfhundert

Tyrannei *s.* Königspflicht 4a, Absolutie

U.

Übereignung *s.* Tradition

Übereinkunft *s.* Vertrag; Abfindung; Schiedsgericht [rung

Überfall *s.* Angriff 6, Rechtssper-

N Überfang, *præsumptio terræ regis,* [später *purprestura* (*prop.*), vorliegend, wenn *habitantes prope fundos coronæ eorum portionem sibi usurpent;* Dial. scacc. II 10A] gehört zum Kronprozess; Hn 10, 1

Überführung *s.* Beweis

überjährig *s.* Frist 19; Jahr u. Tag

Überlieferung. **I.** *s.* I xv; Gesetz 2. 4b, Archiv **II.** *s.* Preisgebung

übernächtig *s.* handhaft 10, Tag 2f.

überschwören *s.* Wb *ofercyðan;* das technische *superiurare* führt Quadr = Hn 74, 2 nicht nur für das weitere *gescyldigan* II As 11 ein, sondern braucht es nach Fränk. Muster (*s.* Du Cange), wie *superiuramentum* für Klageeid, auch allgemein für 'klagend schwören', wo *super,* wie Franz. *sur,* 'belastend gegen' bedeutet **1)** Der Überschworene ist bescholten (*s. d.* 1c), nicht eidesfähig, findet Reinigung nur durch Ordal **2)** Den Eid selbdritt zur Reinigung eines Hingerichteten (*s. d.* 3) ~ 12 **3)** Den Klageeid im Anefang (*s. d.* 6. 25c; *vgl.* 24) mit einem Helfer aus 5 vom Gegner Ernannten überwindet die Ureigen-Erklärung des Beklagten mit 2 Eideshelfern aus 10 Ernannten; II As 9 **3a)** **N** Ein Vassall der Kathedrale Beverley, der durch Zwölfereid wegen Diebstahl, Totschlag oder dergleichen verklagt ist, reinigt sich 36. *manu;* Alvred. Beverlac. (c. 1145) bei Raine *Sanctuar. Dunelm.* 103 **4)** Den Klageeid wegen Versprechensbruch, in 4 Kirchen geschworen, überwindet der Unschuldseid in 12; *s.* Darlehn 5

überseeisch *s.* Einfuhr, Schiff, Handel, unfrei 12dff., Fremde; Waffe 10a, Heer 2cff., Pferd; abschwören, Verbannung, Pilgerfahrt; Frankreich, Flandern, Deutschland, Dänemark, Norwegen, Schweden, Rom

Übersetzung *s.* Sprache 2

übersiebnen *s.* bescholtene 3

üble Nachrede *s.* Verleumdung

N Ulpian *s.* Pseudo-~

Umarmung *s.* Halsfang 1b

Umkreis *s.* Meile 1—4

Umlage *s.* Leistung, Einschätzung

Umstand *s.* Urteilfinder 4, Ordal 14

unabsichtlich *s.* Absicht, Haftung, Strafe

unbelebte Todesursache *s. d.*

unbescholten *s.* besch-; eidesfähig

unbeweglich *s.* Grundbesitz

unecht; unehelich *s.* Fälschung; Bastard, Unzucht, Konkubinat

Unehre *s.* Ehrenbezeigung, -kränkung, Amtsentsetzung 10, Grab 2ff.; Schutz 12, Bürgschaftsbruch, Ungehorsam; Mannbusse

unentgolten *s.* Totschlag 3a, Wergeld, Grab 2a. b; Blutrache 1

Unfall *s.* Haftung 2—6

unfrei *s.* Wb *þeow, -wu, -wa, -wen, -wman, -wmennen, -wwealh, -wwifman; -wot, -wdom, -wian|esne* (*-wyrhta*)| *man, manna, mennen* | *mægdenman* | *wifman, mannweorð* | *niedling, niedþeow, -wa, -wetling u.* 7b | *þræl* | *ambiht; vgl.* Nord. *ambatt* | nicht in den *Gesetzen* kommt vor *scealc;* aus dem identischen Worte Fränk. Dialekts aber ward Seneschal, Marschall; *s. d.* | *wealh* | *fedesl; s.* Gefolge 3b | *birele* | *æhteman;* auch *æht, ceapcniht* bei Toller | *illiberalis; nativus, naifs; serf. Vgl.* Verknechtung, Freilassung, Halbfreie, Læt, Abhängige, Gefolge, Gesinde, Kirchensklaven

1. Wort. 2. Verschiedene Arten ~er. 3. Zwischenklassen. 4. Entstehung der ~heit. 5. Ihr Ende. 5a. Entlaufen. 6. Schwanken zwischen Person u. Sache. 6a. Kein Wergeld. 7. Sklavenpreis. 8. Wergeld im

12. Jh. 9. Sippe. 10. Ehe. 11. Schändung der Sklavin. 12. Sklavenhandel. 13. Tötungsrecht des Herrn am Sklaven. 14. Pflicht des Herrn gegen ~e. 15. Christl. Pflicht des Sklaven. 16. Haftung des Herrn. 17. Missetat durch Sklaven. 18. Missetat gegen den Herrn. 19. Strafe gegen ~e. 20. Missetat gegen ~e. 21. ~e im Prozess. 22. Besitz der ~en. 23. ~e im Herrschaftsgut 24. Zahl der ~en. 25. Tracht.

1) Auch von persönlich Freien wird anderwärts gebraucht *ambeht*, *esne*, und, auch in *Gesetzen*, *(wif)mann(a)* samt Kompositis **1a**) *þeow* kommt als freier Diener in *Gesetzen* nur vor in *Godesþeow*; *s.* Geistliche 4—e **1b**) In den mit *nied*-beginnenden Wörtern drückt sich der Zwangszustand im Ggs. zur Persönlichkeit aus, wie in Nord. *ánauð*; Maurer *Island* 143 **1c**) *æhtemann* (Toller *Suppl.*) steht als persönlich ~ neben (frei zu denkendem) *innhiered*. Er ist synonym mit *æhteswan*, im Ggs. zum zinsbäuerlichen Hirten; Rect 6. 7. 9, 1. Auch *æht*, *æhtboren* (Toller *Suppl*) steht, wie sonst *þeowboren*, im Ggs. zu *freo*. Im Dt. heisst *eigen* ~, Agsä. *agend(frea)* der Herr **1d**) Auch *esne* und *man* meinen bisweilen dasselbe (Rect 8), und der Preis des *esne* heisst *manwyrð*; Hl 1—4. Mit *mægdenman* ist *þeowa* identisch Abt 10f., mit *mennen*: *þeowu* Af El 12 [wo Wærferð *Dial. Greg. mennen* schrieb, setzt jüngerer Text *þeowen*]; *þeow esne* und *mennen* für *servus* und *ancilla* wollen sich nur durchs Geschlecht unterscheiden: Af El 17 **1e**) *esne* kann **A**. mit *þeow* synonym stehen, so hat Ine 29 *esne*, Rubr *þeow*. Den *servus* in Lucas 7, 2 übersetzt der Westsachse *þeow*, der Nordengländer *esne* und *þræl* **B**. *esnewyrhta* und *þeow* sind zwei Arten einer *þeow* heissenden, den Freien entgegengesetzten Klasse Af 43 **C**. *þeow esne* in Wi 23 will synonym stehen mit *esne* in 22. 24; jenes Adjektiv davor schliesst wie *o.* 1c nur die andere (in *Gesetzen* nicht vorkommende) Bed. 'Mann, kriegerischer Held' aus **D**. Offenbar wollen die vom *esne* ausgesagten Totschläge Hl 1. 3 von ~en allgemein gelten, so dass auch *esne* den in B von *þeow* behaupteten weiten Sinn haben muss. Ebenso betreffen die 6 Schlusssätze in Abt Missetaten an und von ~en, die 4 ersten brauchen *esne*, die 2 letzten *þeo*, wahrscheinlich ohne Bedeutungsverschiedenheit. Der *esne* tut *þeowweorc* in Wi 9, ist in 9. 10 der einzige Ggs. zum Freien und leidet Prügel, beides wie *þeow* in 13ff.; es ist nicht denkbar, dass Sonntagsbruch nur an der einen, Fastenbruch und Götzendienst nur an der anderen Art ~er gerügt werden sollte **E**. Der ursprünglich anzunehmende Unterschied von *esne* im engeren Sinne von *þeow* ist in den *Gesetzen* unerkennbar. Jener war, laut Etymologie und anderer Dialekte, vielleicht einst Mietling, Lohnarbeiter, landloser Knecht. Die Sonderart ging im 10. oder 11. Jh. unter; um 1114 übersetzt 'arm(er Arbeiter)' ungenau Q **1f**) Dass *þræl* nur Nordisch sei (Steenstrup *Danelag* 100), leugnen, da es in Lindisfarne früh vorkommt, Stephens *Blandinger* 208; Pogatscher *Götting. gel. Anz.* 1894, 1015. Jedoch in Südengland begegnet es zeitlich erst nach der Dänischen Einwanderung **2**) Innerhalb der ~en Klasse gibt es ständische Verschiedenheit; *o.* 1e B **2a**) Schändung der Königssklavin wird [dem König] mit 50 Schilling (Königsschutz), 25 oder 12 gebüsst, je nachdem sie die höchste, eine [Korn] mahlende [*vgl.* Bäcker] oder die [an Rang] dritte ist; Schändung der Schenkin eines Adligen [diesem] mit 12 Schill. ['Schutz' des Adels], der Schenkin eines Gemeinfreien [diesem] mit 6 Schill. ['Schutz' des Gemeinfreien], seiner zweiten *þeowa* mit $2^1/_2$, seiner [an Rang] dritten [~en] mit $1^1/_2$; Abt 10f. 14. 16. Also Kent scheidet 3 Arten von Sklavinnen; die Mundschenkin (*s. d.* 1) ist die höchste **2b**) Dagegen nur ein persönlicher Körperunterschied begründet die Preisdifferenz zwischen Sklaven VI As 6, 3 **2c**) Auch die Rasse begründet Verschiedenheit: den ~en Landsmann, trotz dessen Schuld, über See zu verkaufen, verbietet bei Wergeld des Täters [und Pönitenz; Var.] Ine 11. [Also Walliser (vielleicht auch Englische, nur nicht Westsächsische) Knechte darf man über See verkaufen; *u.* 12e]. Den Walliser Strafknecht ebenso wie den [geborenen] *þeow* treibt ein Klageeid von nur 12 Hufen zum Erleiden von Prügeln (*s. d.* 4c. 6), halb soviel wie den Engl. **2d**) Der frei geborene Strafknecht rangiert über dem der ~ geboren ist [*s.* 5 Z. vorher] Er, *servus factus*, wird unterschieden vom *natus* Hn 77, 3, auch in Urk. a. 902 Birch 599 *burbærde* von *þeowbærde*. Nur verknechteten **Engländern** wird die Freilassung (*s. d.* 2bf.) als Almosen geschenkt. [Den Schuldknecht scheidet vom ~en auch der Norden; v. Schwerin in *Gött. gel. Anz.* 1909, 803] **2e**) [Wer eines Vorschusses zur Zahlung von Busse und Strafgeld bedurfte und sich daher einem Gläubiger unterwarf, bis er den Vorschuss abgearbeitet habe (Ine 62), gilt nicht als Knecht; denn nur den Vorschuss, nicht ihn, kann der Gläubiger verlieren.] Dass unter den Verknechteten kriminelle Verschuldung von Zahlungsunfähigkeit geschieden werde, war höchstens vielleicht Ælfreds frommer Wunsch, laut der Tatsache, dass er (*u.* 12f) aus Exodus die Auszeichnung einer durch den Vater in Sklaverei Verkauften vór anderen Sklavinnen übersetzt; Af El 12 **3**) Zumeist zwar umfasst 'frei (*s. d.* 2b) und ~' alle Landesbewohner. Allein zwischen beiden stehen in Kent der Læt, im frühen Wessex der Walliser, in Guthrums Ostanglien der Freigelassene, im 11. Jh. der Halbfreie, **N** im 12. der Villan. Der *tunman*, *minutus homo* kann entweder frei (*s. d.* 6) oder *servus* sein Ps Cn for 4. 5, der *villanus* in 15 ist identisch mit *servus* in 25 **3a**) Ökonom. Gleichheit und nachbarl. Leben, abhängig von éinem Gutsherrn, und ähnliche Fron für ihn vermengten die Stände. Der Darleiher [etwa von Ochsen; *s. d.* 4] sollte, sagt Ælfred, das *ut exactor* der Vulgata ändernd, den Entleiher nicht wie einen Sklaven drücken; Af El 35: wirtschaftl. Abhängigkeit führte also zu tatsächlicher ~heit **3b**) ~e und Kleinfreie büssen gleich viel für Bruch des Fastens (*s. d.* 8b) während der Landesbusse **3c**) Der Herr gab je nach Vorteil den Untertan bisweilen als frei (*s. d.* 8), bisweilen als ~ aus; **N** seit 12. Jh. ward oft gerichtliche Entscheidung nötig, ob jemand Villan sei **3d**) Die ~en sollen als solche im Gutsbezirke öffentlich bekannt sein; Hn 78, 2a **3e**) Register ~er mit Stammtafeln auf Grossgütern *s.* I 594[p] und Earle 276, wonach der *æht* eines Herrschaftsguts in die *bur*-Familie heiratet, die auch bereits der Freizügigkeit darbte **3f**) **N** Wer über seinen Freiheitsstand befragt, einen Verwandten tötete (*s.* Sippe 5a), um nicht durch dessen Aussage ∼ zu erscheinen, werde getötet, und seine Familie verknechtet; aus Fränk. Kapitular Hn 89, 1 **3g)** Zur Ausgleichung des Ggs. zwischen frei und ∼ trug auch der christliche Gedanke bei, wonach beide Gott gleich lieb, mit gleichem Preise durch Christus erlöst gelten; Episc 13; *vgl.* Kirchenstaatsrecht 8 **3h)** Die Kirche aber tritt nicht grundsätzlich gegen die Sklaverei auf — Geistliche und Stifter halten Kirchensklaven; *s. d.* —; sie mildert nur durch Predigt und Kirchenbusse die Härten, begünstigt Freilassung (*s. d.* 2), die gerade auch den Herrn für seine Versündigung am ∼en straft (*u.* 13), und fordert für die ∼en Feiertage, sowie fastengemässe Speisung **3i)** Jene tatsächliche Angleichung des ∼en an den gutshörigen Bauern milderte sein Los mehr als kirchliche Predigt oder gar juristische Theorie, die letzteren vielmehr im 12. Jh. bei Kronschriftstellern, wie Richard fitz Nigel, zum ∼en herabdrückt **4)** ∼heit entsteht **A.** durch Geburt, *naturā, nativitate, geniturā* (Hn 70, 8 = 76, 3. 77, 1 f.); *o.* 1c. 2d. 'Das Kind der Magd bleibt sein Leben lang in Knechtschaft'; Ælfric *Homil.* ed. Thorpe I 110 **N 4a)** Ob das Kind eines Freien von ∼er Mutter ihr gehöre und ∼ werde, bestimmt Willkür ihres Herrn; Hn 77, 2a. Diesem gehört es auch bei anderen Germanen; Brunner I² 110 **4b)** Bussbücher lassen das Kind der ∼en ∼. **N** Noch Glanvilla und Bracton geben die Freiheit des Vaters dem Kinde nur dann, falls es der Mutter nicht in deren ∼e wirtschaftliche Lage folgt. Später vererbt der Freienstand vom Vater **4c)** Der von ∼em Vater mit freier Mutter Erzeugte, wird, wenn erschlagen, als ∼er entgolten; Hn 77, 1 **4d)** Das von einem Selbstverpfändeten während der Pfandknechtschaft mit einer Freien erzeugte Kind bleibt frei; aus Fränk. Kapitular 89, 3a. *Vgl.* Gierke *Schuld u. Haft.* 67 **4e)** Um der ∼heit zu entgehen, konnte es vorteilhaft erscheinen, ohne Verwandte zu sein; *o.* 3f **4f)** Die Nachkommenschaft ∼er heisst *team;* Urk. a. 902 Birch 599. **N** So wird dieses Wort, auch da, wo es vielmehr Gewährzug bedeutet (*s.* Anefang 28c), irrig erklärt **4g)** ∼heit entsteht ferner **B.** durch Verknechtung; *s. d.* **5)** Die ∼heit endet, sofern sie nicht überhaupt nur befristet jemanden verpfändete (*s.* Verknechtung 8), durch Freilassung (*s. d.*), die dem Eintritt ∼er in den Klerus vorangehen muss (*s.* Geistliche 10c), seit 12. Jh. durch unbeanstandetes Wohnen in der Stadt (*s. d.* 10) über Jahr und Tag **5a)** Entlaufen gilt als Stehlen seiner selbst (*s.* Diebstahl 8), schafft an sich also kein Recht. Allein die Tatsache genügte oft dennoch: mancher zu den Dänen entlaufene Sklav der Agsa. muss, wenn erschlagen, mit *þegngilde* entgolten werden; Wulfstan 162 **5b)** Der wieder Eingefangene wird gesteinigt oder gehängt (VI As 6, 3 = IV 6, 5), der Strafknecht gehängt und dem Herrn nicht entgolten; Ine 24. Letzterer ist wohl identisch mit dem Kläger in jenem Strafprozess, der zur Verknechtung statt Todesstrafe führte, leidet also jetzt nur denselben Verlust, der ohne die Begnadigung ihn schon damals getroffen hätte; in Londons Friedensgilde, die zugleich die Strafe vollzieht, hält gegenseitige Versicherung den Herrn gegen solchen Vermögensverlust schadlos; VI As 6, 3. Der Strafknecht, der entläuft, wird so hart gestraft als ein Rückfälliger. **N** Nur gebrandmarkt wird dagegen der Entlaufene Hn 59, 26 **5c)** Wer einem Esne durch Darleihen eines Pferdes Beihilfe (*s. d.* 11) zur Flucht leistete (vielleicht ein freier Verwandter des nur Verknechteten), bezahlt ihn an den Herrn; nur ½ oder ⅓, wenn er Speer oder Schwert lieh **5d) N** Unter den Normannen darf der gutshörige Bauer (*s. d.* 10d) — kein persönlich ∼er — nicht entlaufen, noch von einem neuen Herrschaftsgut aufgenommen werden **5e)** Zum Entlaufen trieb besonders die Schuld wegen einer Missetat, für die der ∼e, als nicht zu Busse oder Wergeld zahlungsfähig, der Rache der verletzten Sippe ausgeliefert zu werden, Gefahr lief; Hl 2. 4 **5f)** Besonders reizte ein benachbartes fremdes Land oder Volk den Sklaven zum Überlaufen der Grenze. Schon im Vertrage Ælfreds mit Ostanglien wird ausgemacht, kein Engländer, frei oder Knecht, dürfe unerlaubt zum Dänenheer, noch einer aus diesem in Ælfreds Reich auswandern; AGu 5. Im Vertrage Englands mit Olaf 991 verpflichten sich beide Kontrahenten, keinen ∼en des andern aufzunehmen; II Atr 6, 2 **6)** Zwischen Persönlichkeit und Sache schwankt die Stellung des ∼en. Im ganzen erscheint sie im 12. Jh. gebessert, von der des landlosen armen, obwohl freigeborenen, Gutshörigen tatsächlich in der Regel wenig verschieden **6a)** Der ∼e hat in der Frühzeit kein Wergeld, sondern wie ein Stück Vieh einen Sachwert, 'Menschenpreis'; Abt 87. Hl 1—4. Wi 27 **6b)** Er ist eine Art von *ceap, ierfe, fioh;* Ine 53. 53, 1. Af El 17 [wie *animal* bei anderen Germanen; Brunner I² 140]. Vielleicht weil er dem humaneren Geistlichen seit 11. Jh. nicht mehr als Vieh erscheint, setzt statt Ælfreds *fioh* H: *þeow* **6c)** Der Herr heisst des ∼en 'Eigentümer' (*o.* 1c); Hl 1. 3. Ine 74 [freilich heissen so auch der Vormund einer Freien (Abt 82) und in Wi 27 der klagende Einfänger des fremden Sklaven] **6d)** Der Sklav wird in Zahlung gegeben (*vgl.* Brunner II 442), veräussert, vererbt, gestohlen (*s.* Menschenraub), in Spurfolge (*s. d.* 1) erjagt, im Anefang (*s. d.* 2) angeschlagen, zur Gewähr geschoben, zurückgegeben; wird er durch Dritte wiedergebracht, so erhalten sie 'Einfang' (*s. d.* 4), wie für ein gerettetes Pferd; Ine 53—54, 1. AGu 4; Urk. nach 962 Birch 1063; Forf 2. Noch zum 11. Jh. heisst es *dederunt pecuniam, superhabundabant* 55 *porci,* 2 *homines,* 5 *boves;* Hist. Eli. (12. Jh.) ed. Stewart 146 **6e)** Nur als Ausnahme verbietet Zahlung in Menschen bei der Unzuchtbusse einer Verlobten an den Verlobungsbürgen Af 18, 1 **6f) N** Nicht mehr als Zahlungsmittel oder unter gerettetem Vieh erscheint der ∼e Leis Wl 5. 9, 1. Hn 76, 7 **7)** Der feststehende Sklavenpreis in Kent beträgt weniger als 50 Schill. (denn für Erschlagung des Freien, von 100 Schill. Wergeld, wird er neben dem Totschläger an die verletzte Sippe abgeliefert; Hl 3) und wohl auch weniger als 40 Schill., die das Wergeld des niedersten Læt sind. Andererseits wird für ungerechte Fesselung eines Esne an dessen Herrn 6 Schill. gebüsst und ebenso des Esne Haut (Prügelstrafe) bewertet; Abt 24. Wi 10—15. Da nun anderwärts diese Bussen immer nur einen Bruchteil des Wertes jenes Menschen ausmachen, dessen Verletzung sie abkaufen, so übersteigt der Kenter Knechtswert 12 Schill. Ganz hypothetisch bleibt, ob Wessex und Festland hierfür Argumente liefern dürfen. In Wessex verhielt sich der Sklavenwert zum gemeinfreien Wergeld wie $1:3\frac{1}{3}$ oder $1:4$ (danach wären 30 oder 25 Kentische Schill. zu erwarten) und betrug 60 oder 50 Schill.; das ergäbe, zu $2\frac{1}{2}:1$ (*s.* Schilling 3) umgerechnet, 24 oder 20 Kenter Schill. Möglich bleibt, dass im höher kultivierten Kent der ~e mehr galt als in Wessex. Die Taxe des Sachwertes eines ~en im Frankenreiche betrug 12 Sch., aber für dessen Tötung waren dem Herrn 24 zu entrichten; Brunner I^2 369. Die 70 Schill. für seine Auslösung sind nicht sein Wert, sondern, laut gleicher Summe für Einfang eines freien Verbrechers im Satze vorher, polizeilicher Lohn für Diebsverfolgung; Wi 27 **7a)** Bei Ine gilt der ~e weit weniger als 100 Schill. (54, 1); das Leben des *þeowwealh* wird ausgelöst mit 60 Schill. (74); einen *þeowne Wealh* [bezahle man mit] 60, manchen mit 50 Schill. (23, 3). Jene 60 Schill. sind das Wergeld des (hier nicht als ~ bezeichneten) landlosen Wallisers (32; nur irrig verliest 40 Hn 70, 5). Diese Gleichstellung fällt einem Kompilator 10. Jhs. so sehr auf, dass er hinzufügt: 'obwohl der Walliser frei ist'; Norðleod 8. Mit 60 Schill. ist Verknechtung lösbar; Ine 3, 2 Zusatz 10./11. Jhs. **7b)** Wie unter Ine der Wert des Sklaven rund 1 £ oder wenig mehr betrug, so auch im 10. Jh. 1 £ laut Duns 7. II Atr 5, 1 = Hn 70, 7. Dies entspricht dem Werte von 8 Ochsen: laut Urk. wollte A. den *P. þeowian him* (sich) *to nydþeowetlinge*, gab ihn aber frei gegen 8 Ochsen; Earle 274 **7c)** Diesem £ gleicht genau die Summe (*u.* 17e) von 240 Pfg., aufzubringen zu je 3 Pfg. von den 80 Sklaven der Dorfgemeinde, die ihren verbrecherischen Genossen hinrichten und dem Herrn ersetzen müssen; IV As 6, 6 **7d)** Die Londoner Friedensgilde zahlt ihrem Mitgliede, das einen ~en verlor, zwar nur $\frac{1}{2}$ £ Versicherung, was jedoch ausdrücklich nicht als dessen voller Wert gilt; VI 6, 3 **7e)** **N** In Normannenzeit erhält der Herr als *manbote pur le serf* 20 *solz* [= 1 £]; Leis Wl 7; *domino servi* 20 *sol. pro manbota* Hn 70, 2; 4. Da ECf den Bauer bereits in Ggs. zu *liberis hominibus* setzt, so ist hierher zu beziehen auch *manbote in Denelaga de villano et sokeman* 12 *oras* [= 1 £]; ECf 12, 4. Mannbusse (*s. d.* 15e) ist hier an Stelle von Mannwert, Schadenersatz getreten: eine fernere Annäherung an den Freien. Rechnet man 40 Pfg. (*u.* 8), die des ~en Sippe erhält, hinzu, so kommt 280 Pfg. heraus, fast so viel wie 300 Pfg. *o.* a **7f)** Nur $\frac{1}{10}$, $\frac{1}{8}$, $\frac{1}{6}$, $\frac{1}{2}$ £ zahlen laut Urkk. 11. Jhs. ~e, die sich loskaufen (Earle 263f.); allein Freilassung, um als Almosen gelten zu können, geschah billiger als zum Werte. **N** Jenes $\frac{1}{8}$ £ erklärt nur als Symbol des Hautabkaufs Hn 78, 3. Aus der Vulgata übernimmt Ælfred, für Tötung eines ~en durch stössigen Ochsen werde 30 *scil.* gezahlt; Af El 21; er wandelt hier, wie and. Übersetzer damals, nur *siclos* ins buchstabenähnliche *scil.*; *s.* Schilling 10. **N** Wenn ein Jurist um 1120 (I 89*) die den ~en zugefügten Verwundungen halb so hoch wie die an Freien setzt — was in solcher Allgemeinheit auch damals nicht wahr gewesen sein kann —, so darf man daraus jedenfalls nicht dem Agsä. Sklaven halbes gemeinfreies Wergeld beilegen **8)** Der Jurist um 1114 erkennt [wie jüngeres Recht der Friesen; His 232] dem ~en ein Wergeld zu; Hn 68, 1. 76, 2. 70, 7a (wo er *ahtemen*, zwar nur verderbt aus *eahta* [8] *men*, für *æhtemen* [Rect 9, 1]: Leibeigene nimmt). *Si liber (servus) servum occidat, reddat parentibus interfecti* 40 *den. et* — dies fehlt, wenn Totschläger ein Sklav — 2 Handschuhe und 1 Kapaun (70, 2; 4), ausser der dem Herrn zukommenden Mannbusse; *o.* 7e **9)** Zu einem Zustande, in dem der ~e Vieh ist, passt, dass er keine Ehe schliessen, keine Sippe haben kann. Statt der Sippe leistet für ihn Eid und empfängt Wergeld des Freigelassenen der Herr; Wi 8. 23f. **9a)** Die Kirche aber fordert für die Sexualverbindung des ~en dieselbe Reinheit wie für die des Freien. Und wahrscheinlich von ihr noch nicht beeinflusst ist die Anerkennung der Ehe des Esne: wer bei dessen Lebzeiten dessen Frau beschläft, büsse [dem Herrn?] doppelt [soviel wie Busse für Unzucht mit lediger ~en?]; Abt 85 **9b)** Nach altem strengen Recht löst Verknechtung das Sippeband. Für Missetat des Knechts zahlt Busse nicht dessen Sippe, sondern der Herr. Hat die Sippe den zur Strafe verknechteten Genossen nicht binnen 1 Jahre ausgelöst (was von ihr erwartet wird, auch laut II Ew 6. VI As 12, 2), so erhält sie kein Wergeld für ihn, wenn er erschlagen wird; Ine 24, 1. Dieses Jahr ist nur das Ende der Lösungsmöglichkeit, nicht etwa des Sippezusammenhangs [gegen Schmid 626b; *vgl.* Jastrow *Sklaven* 69] **9c)** Wird der verknechtete ~e freigegeben, so tritt das Sippeverhältnis der Freien wieder ein; Ine 74, 1f. = Hn 70, 5a; b **9d)** Ist ein Freier einem ~en verwandt (*vgl.* Sippe 13e), so brauchen sie nicht, dürfen aber für einander Blutrache abkaufen; Ine 74, 2, der aber das freiwillige Eintreten für den ~en, 'um ihn von Fehdegefahr zu lösen' [offenbar ermutigend], erwähnt **9e)** **N** In Normannenzeit hat der *servus parentes* wie der Freie; *o.* 8 **10)** Die Regel war wohl, dass *servum et ancillam dominus amborum in matrimonio coniunxerit;* Theodor *Poenit.* II 13, 4 **10a)** Aber auch die Ehe des Freien mit der ~en erklären Bussbücher für giltig. Sie blieb jedoch selten; denn im 12. Jh. schildert sie Wilhelm von Malmesbury als Eigentümlichkeit der Normannen **10b)** Die Trennung des freizulassenden Gatten von den im Sklavenstande verbleibenden Weib und Kind und deren Vermeidung durch Verewigung der ~heit übersetzt zwar nur aus Vulgata Af El 11, doch mit Spuren eigenen Nachdenkens. Vielleicht also war Familienspaltung durch Freilassung eine Agsä. Wirklichkeit **10c)** Wo ~e beisammen vorkamen, hafteten sie und wechselten den Herrn mit einander; *u.* 23a. b. c **11)** Wo die Vulgata vom Kauf einer Sklavin zum Weibe des Sohnes des Käufers spricht, sagt Ælfred, dieser dürfe dem Sohne, ihr beizuwohnen, erlauben, müsse dann aber — dies wieder aus Vulgata — sie entweder anderweit zur Heirat ausstatten oder freilassen; Af El 12. Ein sittlicher Tadel fehlt. Das Geldgeschenk oder die Freilassung entgilt den Verlust weiblicher Ehre (die also doch nicht gleichgiltig ist) wie eine Körperverletzung; *u.* 13 **11a)** Als König Eadgar die Tochter seines adligen Wirts zur Nacht begehrte, befiehlt dessen Frau einer Magd, statt der Tochter, dem König zu Willen zu sein; Will. Malmesbur. *Reg.* II 159 **11b)** Der Verheiratete, der mit seiner eigenen Magd hurte, verliere diese (*u.* 13) und büsse kirchlich und weltlich; gemäss Fränk. Bussbüchern II Cn 54; *vgl.* Rosenthal *Rechtsfolgen des Ehebruchs* (*s. d.* 4a) 57. Über den seine Sklavin schändenden Unverheirateten ist nichts gesagt **11c)** In Kent erhält der Herr von dem Schänder seiner Magd höchster Klasse volle Schutzbruchbusse, ebensoviel wie von dem, der ihm den Diener tötete; *o.* 2a **11d)** Notzucht (*s. d.* 6f.; *vgl.* Brunner II 667) an der Sklavin findet weit strengere Strafe als blosse Unzucht; berücksichtigt wird also ihr Wille, ihre Persönlichkeit **12)** Nur als Sache dient der ~e im Sklavenhandel. Dieser ist von 586 (Beda II 1) bis 12. Jh. für England als erlaubt bezeugt; *vgl.* Stubbs *Lectures on early hist.* 88; Böhmer *Kirche u. Staat* 100[6]; Pol Mai I 12 **12a)** Zumeist freilich wird der ~e mit dem Boden, auf dem er wohnt, veräussert, doch bisweilen auch ohne ihn; Kemble *Saxons* I 210 **12b)** Wie beim Viehhandel fordert als Sicherung gegen Hehlerei beim Sklavenkauf Kenntnis des Gewährsmannes AGu 4; *s.* Anefang 12 **12c)** Vor Stadtvogt und Pfarrer von Bath wird im 11. Jh. eine Sklavin verkauft unter Zollzahlung an den Büttel; Urk. Kemble 1353 **12d)** Den handhaften Dieb freier Geburt trifft von drei Strafen nach des Königs Verfügung eine: Tod, Auslösung durch Wergeld oder Verkauftwerden über See; Wi 26. Von heimgekehrten *servis transmarinis* handelt Theodor *Poenit.* II 12, 24 **12e)** Nicht über See [also wohl im Inlande] verkauft werden darf seit Ine ein Knecht Westsächsischen Stammes; *o.* 2c. Nicht Sklavenhandel allgemein, sondern nur der mit Heiden (*s. d.* 3ff.) wird unterdrückt **12f)** Nicht an fremdes Volk [wohl aber an Inländer] darf verkauft werden die schuldlos vom Vater verknechtete Tochter; aus Exodus Af El 12, mit Bemerken, dass jenes härtere Los andere Sklavinnen [etwa die knechtisch geborene oder kriegsgefangene oder Strafsklavin] treffen könne. Nicht einmal die Ausdehnung des Verbots ausländischen Verkaufs auf männliche Sklaven folgt notwendig **12g)** Verkauf von Sklaven ausser Landes geschah, besonders seit 975, auch noch um 1000; *Homil. n.* Wulfstan 158 = 161. Nur an Heiden [Nordleute (und Juden fügt hinzu VI Atr 9 L)], weil da die Seele gefährdet würde, verbot den Verkauf der nicht Todes Schuldigen V Atr 2 = VI 9 [also der Todes Würdige konnte selbst an Heiden, und der unschuldige Knecht nach Frankreich verkauft werden]. Cnut, dies benutzend, lässt 'nicht Todes schuldig' fort und setzt 'allzu vorschnell' ein, so dass niemand, sogar kein Strafknecht oder Kelte, an Heiden verkauft werden darf; II Cn 3 = Leis Wl 41, wo 'vorschnell' auch fortfällt. Ebenso verbietet: *nemo extra vendatur*, bei Kirchenbann, schon VII Atr 5 und bei Vollstrafe [wohl 'Ungehorsam'] Wl art 9. Inländischer Sklavenhandel bleibt sogar später erlaubt **12h)** **N** Weiter geht endlich Anselms Synode 1102: *Ne quis illud nefarium negotium, quo hactenus homines in Anglia solebant velut bruta animalia venundari, deinceps ullatenus facere praesumat;* Eadmer *Nov.* ed. Rule 143. Sie verbietet also auch inländischen Sklavenhandel, selbst in Strafknechten **12i)** Auch festländische Germanen verbieten vom Sklavenhandel zuerst den an Heiden (*Lex Frision.* 17, 5), dann den ins Ausland (Schröder *DRG*[5] 229; Brunner II 39) in ähnlicher Entwicklung wie in England; Wilda 798; Grimm *DRA* 343; Waitz *Dt. VerfG.* IV 43. 300; Wilkens *Hansi. GeschBl.* 1908, 314 **13)** Während der Eigentümer seine Sache vernichten kann, und bei Tacitus der Herr das Tötungsrecht gegen den Sklaven besitzt, übersetzt Ælfred aus der Exodus, jener müsse ~e freilassen, denen er Auge oder Zahn ausschlug, und sei schuldbeladen, wenn er sie so schlug, dass sie sofort starben [auch im Fränk. Recht zitiert; Grimm *DRA* 344]; Af El 20. 17 = Hn 75, 4; 4a, wo dies richtiger doch nur als des Herrn [Pönitenz bedürftige] Sünde und Schaden gilt, ohne weltliche Bedrohung. Eine Strafe für die Tötung nennt zwar auch Ælfred nicht, erklärt aber den von der Bibel straflos erachteten Schlag, dem der Tod erst nach drei Tagen folgte, nur für 'nicht ganz so schuldig', die biblische Begründung beibehaltend: 'weil der ~e sein Vieh war'. Mit jener Freilassung der Verletzten machen auch weltliche *Gesetze* (*o.* 11b, *u.* 14c) Ernst **13a)** Hätte der Herr dem mit Bodenzins säumigen Bauer (*s. d.* 9h) das Leben nehmen können, so müsste die Lage des ~en völlig unmenschlich erscheinen; doch gilt jene Stelle nicht wörtlich **13b)** Zahlreich sind die kanonistischen Stellen, die Pönitenz anordnen wegen Tötung eigener ~er: Ps.-Theod. *Poenit.* 21, 12; Ps.-Egbert *Confess.* 22; Ps.-Egbert *Poenit.* 2, 3f. (dies z. T. aus Halitgar); *Modus impon. poenit.* 11f. **13c)** Das Asyl (*s. d.* 4) schützte auch dem ~en das Leben, selbst gegen den ihn mit Grund zu töten beabsichtigenden Herrn; denn es verschont ihn sogar vor der Prügelstrafe. Wo Asyl für schwere Verbrecher aufgehoben wird, heisst es, dass es auch ~e bisher schützte; IV As 6 **14)** Der Herr hat gewisse, freilich mehr moralische und kirchliche Pflichten gegen des ~en Seele, Körper und (*u.* 22d) Vermögen **14a)** Die Kirche predigt dem Herrn, sein eigener Vorteil [der Seele] heische Schonung der ~en; der Pfarrer soll diese gegen jenen schützen u. deren Arbeitspflicht gegen Überspannung abmessen; Episc 10f. 13. 15. Letzteres war wohl nur frommer Wunsch: der Gutsvogt regelte die Fron (*u.* 23), höchstens vielleicht, wie bei Bauern gewiss, nach Brauch u. Gewohnheit. Ein Prediger um 1000 seufzt über die Bedrängnis seit 975 in Staat und Gesellschaft: *þrælriht generwde* (die Gebühr des ~en ward eingeengt, bedrückt); er gibt also ~en ein Recht auf Menschlichkeit; *Homil. n.* Wulfstan 158 **14b)** Grafen, Herzöge, Richter und Vögte sollen Sklaven schützen; Polity 11 **14c)** Sonntag (*s. d.* 3ff.) und Feiertage (*s. d.* 5e) bleiben auch für Sklaven arbeitsfrei (auch Tage der Landesbusse VIIa Atr 5, 1; Bittgangtage *Homil. n.* Wulfstan 171. 300), bei hoher Geldstrafe oder Befreiung des ~en. Nur aus Exodus übersetzt das Gebot im 11. Jh. Af El 3 So **14d)** Der

Herr muss zu Fasten (*s. d.* 3b. c) den ∾en anders als mit Fleisch nähren **15)** Als selbstverantwortliche Person haftet der ∾e für Erfüllung seiner christlichen Pflicht; er verwirkt Prügelstrafe oder Hautgeld [6 Schill.], wenn er Sonntag (*s. d.* 3a) oder Feiertag (*s. d.* 5d) freiwillig arbeitet oder Fasten (*s. d.* 3b. c) bricht od. Heidentum (*s. d.* 5) verehrt **16)** Wäre der ∾e nur Sache, so würde für seine Missetat der Herr allein haften. Die Haftung (*s. d.* 6) des Herrn besteht allerdings, aber erstens nicht so weitgehend, als hätte der Herr selbst die Tat begangen, und ferner ist sie nur vermögensrechtlich; es scheint z. B. nicht Blutrache an dem unschuldigen Herrn für Totschlag durch dessen Sklaven möglich, wenn jener zu richtigem Wergeld sich erbot. Die Todesstrafe aber, die Sühne durch eigenes Leiden, kommt gerade an ∾en häufig vor; *o.* 5b **16a) N** Begeht der wegen Zahlungsunfähigkeit Selbstverpfändete Missetat, so büsst der Herr entweder für ihn oder muss ihn gerichtlich freilassen, seinen Schuldanspruch verlierend; jener wird selbst busspflichtig; aus Fränk. Kapitular Hn 89, 3; *vgl.* Gierke (*o.* 4d) 67 **16b) N** Freilich, wo der ∾e mit dem Freien gemeinschaftliche (*s. d.* 8—13) Missetat begeht, sagt das Sprichwort: ***solus furatur qui cum servo furatur*** [dieselbe Parömie Norwegisch bei Wilda 633, ähnlich von anderen Germanen Gierke (*o.* 4d) 16]; Hn 59, 24; ebenso bei Totschlag; *s. d.* 10f; gegen diese alleinige Haftung des Freien steht jedoch der Satz ***servus domino reddatur iure castigatus***, d. h. nach Prügelstrafe durch den Kläger **16c)** Der Herr, der Mitwisser seines Sklaven beim Diebstahl ist, verliert diesen [an den Strafrichter] und sein Wergeld, im Rückfalle all sein Vermögen; II As 3, 1 **16d) N** Sogar den vom Herrn ihm anbefohlenen Totschlag (*s. d.* 10e) muss der ∾e durch 40 Tage Fasten büssen; aus Bussbuch Hn 68, 11 **17)** Andererseits müsste, wenn der ∾e voll Person wäre, wo er allein Missetat begeht, durch seine Auslieferung zur Bestrafung die Haftung des Herrn enden; die Leibesstrafe des Missetäters würde den Bussanspruch des Klägers absorbieren. Zu diesem Grundsatze aber entwickelt sich das Engl. Recht nicht; es vermittelt zwischen zwei Gegensätzen und nimmt Strafe und Busse teilweise vom Körper des Sklaven, teilweise vom Vermögen des Herrn **17a)** Ein Esne, der Totschlag beging, wird selbst der Blutrache geopfert; der unschuldige Herr aber trägt Haftung (*s. d.* 6) erstens für diese Auslieferung [oder schwört, er könne jenen Entflohenen nicht einfangen], zweitens (*vgl. u.* d) leistet er schwere Geldbusse, die freilich nicht entfernt das Wergeld erreicht, das ein freier Totschläger, der damit sein Leben vor Rache rettet, schulden würde. [Diese unbedingte Präsentationspflicht für den Herrn kennen auch and. Germanen; Brunner I[2] 469; ähnlich in Wales; Seebohm *Tribal Anglo-Sax.* 472.] Ob die beleidigte Sippe den Ausgelieferten zur Rache tötete, stand in ihrer Wahl; sie konnte ihn auch als Sklaven behalten; *vgl.* Brunner *Forsch. zur GDR* 472. 475[1]. Ein solcher gehörte dann zu ***witeþeowmen þeowberde,*** die von ***burbærde*** trennt Urk. a. 902 Birch 599, *o.* 2d **17b)** In Wessex entgeht der Haftung (*s. d.* 6a) für den ∾en Totschläger, wer sich seiner oder seines Wertes entäussert: eine neben Preisgebung auch anderen Germanen bekannte Alternative; Brunner I[2] 446 **17bb)** Wenn ein Esne den anderen erschlug, entgelte er [der Herr an dessen Herrn] ihn ganz nach Wert; Abt 86. *Vgl. o.* 7 **17c) N** Stahl ein Sklav, so haftet der Herr zunächst für den Ersatz; Hn 59, 23. Dass dies überall zutraf (*u.* e), folgt aus der Haftung des Herrn für alles [landlose] Gesinde; Ine 22. Während der Freie, ausser Ersatz, als Busse den Wert zweimal zahlen würde, zahlt der Sklav nur den Ersatz nochmals [*vgl.* die halb so schwere Strafe des ∾en *u.* e], ohne dass wir von Strafe, die doch jenen Freien trifft, hören; Abt 9. 90 **17d)** Wenn dem handhaften ∾en Diebe der König Lösung von Todesstrafe erlaubt, so wird [durch Herrn bzw. freie Sippe] diesem 70 Schill. gezahlt; wird jener hingerichtet, so gebührt dem Einfänger (Kläger) der halbe Sklavenpreis (Wi 27); dieser erhält also eine Busse [freilich (wie *o.* a) nicht so hoch, wie wenn Verklagter frei war], obwohl der Missetäter Leibesstrafe leidet **17e)** Für den im Ordal schuldig erfundenen ∾en wird [erstens an den Kläger] Ersatz und anstatt dreimaliger Prügel dessen nochmalige Zahlung [zweitens an den Gerichtsherrn] Strafgeld halb so viel wie vom freien Missetäter geleistet; II As 19 [halbe Strafe des ∾en auch für Bruch des Feiertags; *s. d.* 5f]. Derselbe verordnet strenger Todesstrafe sogar für nicht handhafte Diebe auch trotz Asyl; 80 Sklaven (oder Sklavinnen) steinigen den Genossen (bzw. verbrennen die Genossin) und büssen dem Herrn je 3 Pfennig (also im ganzen 1 £; *o.* 7b) IV 6. 6, 5ff. Den im Ordal schuldig befundenen Sklaven lässt brandmarken und beim zweiten Male ohne alternative Busse töten I Atr 2f. = II Cn 32f. **17f) N** Tod des Sklaven steht auf rückfälligen oder grossen Diebstahl; nur bei erstmaligem Diebstahl unter 8 Pfennig ***verberetur et signetur a repetente*** [Kläger]; Hn 59, 23 **17g)** Wer einen Strafknecht eines vor der Verknechtung verübten Diebstahls überführt, erhält das Recht einer Prügelstrafe gegen ihn (Ine 48); der Herr haftet also nicht für die Missetat seines Knechts, die dieser vor der Verknechtung beging **17h)** Wenn einer einen Schuldknecht als in neuer Missetat schuldig erweist und fasst, so verliert der Gläubiger den Vorschuss, den ihm jener hatte abarbeiten sollen; Ine 62. *Vgl.* Darlehn 6a. b **17i)** Eines ∾en Strassenraub *s.* Strasse 5a **17k)** Hirten des Herrschaftsgutes, die das auf Gemeinweide ohne Kundmachung neu aufgetriebene Vieh nicht polizeilich anzeigten, leiden Prügel; IV Eg 9 **17l)** Bei gemeinschaftlicher Missetat von ∾en wird [offenbar um des Herrn Vermögen zu schonen] nur ihr *senior* erschlagen oder gehängt, der Rest dreimal gegeisselt, skalpiert und der kleine Finger abgehauen [so dass er arbeitsfähig bleibt]; III Em 4. **N** Den am Leibe zu strafenden Rädelsführer bezeichnen die anderen, die straffrei bleiben, und schiessen den Einersatz zusammen; Hn 59, 25. Die zu gemeinsamer Hinrichtung eines verbrecherischen ∾en befohlenen ∾en, die ihn schonten, leiden Prügelstrafe; IV As 6, 5ff. **17m)** Es gibt Urkunden, die Kirchengüter so privilegieren, dass nach aussen weder Straf- noch Bussgeld durch ihre schuldig erfundenen

Insassen bezahlt werden soll, sondern nur einfacher Ersatz; *s.* Gerichtsbarkeit 8. Wahrscheinlich im selben Sinne will Wihtræd (*u.* 21g) König, Bischof und Konvent vor Verlust durch Missetat ihrer Sklaven schützen. Keine härtere Strafe als Prügel [im Ggs. zu *o.* d] durch den Kläger, dem sie ausgeliefert werden, erwähnt er für diese; nur alternativ steht da: oder der Herr 'zahle' (Wi 22f.) entweder Busse oder zur Prügellösung Strafgeld **17n)** **N** Nicht für Agsä. Zeit gilt und vielleicht von einem Forstjuristen nur als Wunsch geäussert ist, dass der ∼e, der ein Forsttier hetzte, Prügelstrafe leide, der einen Hirsch hetzte, friedlos, und wer solchen tötete, hingerichtet werde; Ps Cn for 22. 24f. **17o)** Notzucht und religiöse Vergehen der ∼en *o.* 11d. 15 **18)** Von Missetaten des ∼n gegen den eigenen Herrn kommt nur das Entlaufen (*o.* 5b) vor, mit Tod bedroht. Die Todesstrafe für diebische ∼e gilt ausdrücklich nur für die nicht ihren Herrn Bestehlenden; IV As 6, 7. Vermutlich prügelte der Herr die Sklaven, deren Tun ihm missfiel; sie körperlich zu schädigen verbot sein eigener Vorteil. Den Fahrhabe oder Land Besitzenden konnte er dieses fortnehmen. Der Staat zwingt den Herrn, den von diesem ungerecht misshandelten Sklaven freizugeben; *o.* 11b. 13. 14c **19)** Einige Strafarten, Prügel (*o.* 2c. 7. 15. 17g. m. n) und Brandmarken (*o.* 5b. 17e. f), kommen nur für ∼e vor *Vgl.* scheren 2a. Auch unter den Todesstrafen nennen die *Gesetze* [dies aber zufällig] nur für ∼e: Steinigen, Hängen, Verbrennen; *o.* 5b. 17e. l. Unter den Verstümmelungen das Abhacken des kleinen Fingers *o.* 17l **19a)** Friedloslegung für den Sklaven, gegen die Logik alten Rechts (*vgl.* I 624[b]), kennt nur eine späte Quelle; *o.* 17n **19b)** Geldbussen und Geldstrafen folgen aus der Missetat des ja meist als arm zu denkenden ∼en geringer als aus der des Freien; *o.* 15. 17a. d. Für einiges büsst er nur halb soviel wie der Freie; *o.* 17c. e. Der Herr hatte daher hier Interesse, seinen busspflichtigen Untertanen als ∼ auszugeben; *o.* 3c; *u.* 21b; aber dieser wird oft der Rache ausgeliefert; *o.* 17a **19c)** Wenn auch die Freien mit Tod und Verstümmelung theoretisch ebenso oft bedroht werden, schützte sie tatsächlich Loskauf öfter als den armen und zumeist sippelosen ∼en. Der Predigt milderer Strafe (*s. d.* 11B) für Schwache (aus *Canon* Eadgari II Cn 68, 1b) ist wenig Erfolg zuzutrauen. Gerade die ∼e Klasse war die, an der die öffentliche Strafe, statt der in Geld, wieder zuerst vordrang **20)** Die Missetat gegen den ∼en ist stets durch Geld sühnbar. Auch wenn erschlagen, wird er nicht gerächt oder [ausser im 12 Jh.; *o.* 8] mit Wergeld entgolten, sondern dem Herrn bezahlt **20a)** **N** Zwar vom *liber aut servus* sagt, Totschlag an ihm könne mit Todesstrafe oder Verstümmelung geahndet werden, Hn 68, 1. Allein jene Worte scheinen in den fertigen anderswoher entnommenen Satz nur nachträglich eingeschoben, ohne dass Verf. das Folgende *servus* gemäss geändert hätte **20b)** **N** Unglaublich ist, dass Gliederwunden am Sklaven halb so hoch wie am Freien bezahlt wurden; *o.* 7f. Einfluss übte vielleicht die Halbierung von Strafe und Busse bei des ∼en Missetat *o.* 17c. e **20c)** Ungerechte Fesselung des Esne wird [dessen Herrn] gebüsst mit 6 Schill. [die des Freien mit 20]; Abt 24. 88 **20d)** Schändung der Sklavin: *o.* 9a. 11ff.; Wegsperre? *s.* Strasse 5a **20e)** Wer durch Verwundung einen Esne eines Auges oder Fusses beraubt, bezahle ihn [dem Herrn] mit ganzem Werte [den Freien nur mit halbem]; Abt 87 **20f)** Der Empfänger der Busse für Schädigung gegen einen ∼en bleibt, als selbstverständlich, meist ungenannt. Dass immer, wie *o.* 11c gesagt, dessen Herr gemeint ist, folgt aus *o.* 7c. e. **N** Das 12. Jh. zeigt, wie ∼e zur Menschenwürde fortschreiten, indem es ihnen Hausschutzbusse zuspricht; *u.* 22k **21)** Von der archaischen Härte gegen ∼e, die sie aktiv gar nicht rechtsfähig sein lässt, sind in den *Gesetzen* noch Spuren übrig **21a)** Ein Kläger gegen den ∼en geht zunächst in der Regel an dessen Leibherrn, hier vom Gefolgsadel (dagegen ein Klosterkapitel bei Wi 23). Falls dieser [in einem also hieraus und aus dem Strafgeldempfang (Wi 10) anzunehmenden Hofgericht] jenem recht gibt, so erhält er [vom ∼en] ein Strafgeld. Sonst geht Kläger vor den Herrn des Gefolgsadligen oder [den öffentlichen Richter, nämlich] König oder Ealdorman. Der Leibherr vertritt hier seinen ∼en gegenüber dem Richter, d h. er handelt vom Strafgeld möglichst viel ab. Nicht er erhält es, weil er daheim nicht selbst Polizei geübt hatte; Ine 50 **21b)** Diese Vertretung des Mannes vor Gericht brachte den Herrn in Versuchung, ihn, was Cnut verbietet, je nach Vorteil für die Verteidigung, bald als frei, bald als ∼ (*o.* 19b) auszugeben; II Cn 20, 1 **21c)** Ine hatte verboten, im Anefang (*s. d.* 14), das als gestohlen Angeschlagene einem ∼en zur Gewähr zuzuschieben; Ine 47. Im Ggs. hierzu muss ein Vierteljahrtausend später, wer es einst vor Kaufzeugen veräussert hat, den Schub annehmen, frei wie ∼, II As 24: ein gewaltiger Fortschritt des ∼en zur Rechtsfähigkeit **21d)** **N** Wer einer ∼en Person ohne Erlaubnis von deren Herrn etwas zum Verwahr anvertraute, was diese ableugnet, hat kein Klagerecht; Hn 45, 2. Ihr kann die gerichtliche Vorladung ihres Herrn nicht rechtsgiltig bestellt werden; 41, 2 **21e)** Gegen den Strafknecht ist der Kläger näher zum Beweise; durch Klageeid in Höhe des Eingeklagten erhält er gegen ihn, der als eidesunfähig nicht zur Reinigung verstattet wird, das Recht einmaliger Prügelstrafe; Ine 48. Jener Klageeid muss nach anderem Satze 12, bzw. 34 [lies 24] Hufen wert sein, je nachdem Beklagter [geborener] Sklav und Walliser Strafhöriger oder Englischer Strafhöriger ist; 54, 2. Dem Herrn scheint die Reinigung ebenfalls nicht gestattet; die Ablösung der Prügel durch Hautgeld ist wohl zu ergänzen **21f)** Dreht sich der Anefangprozess um einen gestohlenen Sklaven, so kommt nicht etwa dieser zur gerichtlichen Aussage, wer sein rechtmässiger Herr sei; 53 **21g)** In Kent begegnet der Esne selbst [und nicht bloss durch seinen Herrn] vor Gericht als Kläger, jedoch nur gegen einen Esne eines anderen Herrn und nur, wenn die eine Partei eines Kirchenmannes (*o.* 17m) Höriger ist; als ein Teil des hierarchischen Vorrechts gibt sich der Satz; Wi 21, 1. 24. Er will in den Händeln zwischen Laien das Volksrecht nicht ändern und überlässt Prozesse zwischen ∼en Geistlicher wohl der

Kirche sowie die zwischen ~en éines Herrn vermutlich diesem **21h**) Der ~e gegen einen Freien kann nur durch seinen Herrn klagen. Dieser empfängt die Busse, auch wo die Sklavin genotzüchtigt war, nicht sie; Af 25; *vgl. o.* 9a **21i**) Als Beklagter geniesst, laut Vorrechtes Kentischer Kirche, der Esne des Königs, Bischofs, Klosters und Kirchenmannes und [wohl der Reziprozität halber, die vielleicht selbst diese klerikale Regierung nicht anzutasten wagte] der nur von Kirchenmannes Esne, also mit nur leichtem Gewichte, beklagte Esne eines Laien Reinigungsrecht, also anders als der Sklav und Strafhörige bei Ine (*o.* e). Im letzteren, leichtesten Falle schlägt die Klage der Reinigungseid des Herrn allein; für den Konventsuntertan jedoch braucht der Herr, falls nicht Abendmahlsgänger, einen Eideshelfer. Am günstigsten steht der ~e des Königs oder Bischofs. Nicht bloss durch den Herrschaftsvogt kann er (wie jene vorigen) gereinigt werden, er kann sich auch selbst reinigen, freilich nicht in der öffentlich-rechtlichen Eidesform (*s. d.* 5b), sondern in die Hand des Vogts; Wi 22ff. [Ähnliche prozessuale Vorrechte des Königs- und Kirchenknechts kennen andere Germanen; Brunner I² 375f. II 390. 396.] Also ein Fortschritt für ~e zur Eidesfähigkeit **21k**) Im 10./11. Jh. muss sich der beklagte ~e durch Ordal (*s. d.* 19. a) reinigen (I Atr 2. 2, 1 = II Cn 32. 32, 1); erst nach der Zeit der *Gesetze* darf er das nur in éiner Klasse des Ordals; *s d.* 19b **22**) Der ~e ist im allgemeinen arm (*o.* 19b); mit *inops, pauper* wird um 1114 *esne* (*s.* Wb) übersetzt. Um 1000 verwendet die Kirche das kanonisch für Almosen bestimmte Drittel des einkommenden Zehnten ausser für Gottes Dürftige für 'arme ~e'; VIII Atr 6 **22a**) Ist der ~e zu Strafe od. Busse verurteilt, so heisst es oft, für ihn zahle der Herr oder freie Sippe (Ine 74, 2; *o.* 17c. e. m), oder der ~e wird ausgeliefert *o.* 17a **22b**) Gerade Zahlungsunfähigkeit begründete einst die ~heit, wenigstens des Strafknechts, und hindert jeden ~en, sich loszukaufen **22c**) Land kann der ~e nicht zu echtem Eigen haben, da er es nicht öffentlich dem Staate gegenüber vertreten könnte **22d**) Jedoch besitzen kann der ~e sowohl Fahrhabe wie Land, wenn auch Rechtstheorie der Normannenzeit seit 12. Jh., viel zu hart gegenüber dem wirklichen Leben, lehrt, das hänge nur von des Herrn Willkür ab **22e**) Der Esne und ~e zahlt dem Herrn Strafgeld (*o.* 21a); Sklaven leisten ihm Ersatz für ihren hingerichteten Genossen; *o.* 17e. Sklaven schiessen Ersatzgeld zusammen; *o.* 17l. Ein ~er kann mit Geld seinem freien Verwandten helfen (*o.* 9d), bisweilen sich loskaufen; *s. o.* 7f; Freilassung 7ff. Neben der Prügelstrafe wird oft ihr Abkauf erwähnt (Wi 10. 13. 15. EGu 7, 1 = II Cn 45, 2); dieses Geldopfer zu bringen, hatte, weniger als der Herr, der schmerzbedrohte ~e Interesse. **N** Die Summe von $1^1/_6$ £ gilt dem ~en um 1114 nicht unerschwinglich; Hn 70, 3 **22f**) Die freiwillige Arbeit des ~en, die Feiertags verboten werden muss (*o.* 15), kann nur auf eigenen Gewinn gezielt haben. Die 4 Mittwoche der Quatemberwochen und in der Landesbusse drei Tage vor Michaelis bleiben ihnen fronfrei, ausdrücklich zu eigenem Verdienen; Af 43. VII Atr 2, 3 = *Homil. n.* Wulfstan 171. 173. Solche dienstfreien Stunden der ~en erwähnt ein Gutsrecht um 1000; Birch 594. Von diesem Arbeitsertrage und geschenkten Almosen sollen sie dann der Kirche opfern können; Af 43 **22g**) Kanonistik schärfte ein: *non licet a servo tollere pecuniam, quam ipse labore suo adquesierit;* Theodor *Poenit.* II 13, 3, kopiert im 10. Jh. durch andere Bussbücher, auch in England; Kemble *Saxons* I 212 **22h**) Dass ~e um 1030 regelmässig eigene Fahrhabe und freie Zeit zu eigenem Verdienst besassen, folgt aus der Klage eines Homileten über das Gegenteil als besonderes Zeichen polit. Unordnung: *þrælas ne moton habban þæt* [was] *hi agon on agenan hwilan mid earfeðan gewunnen, ne þæt þæt heom on Godes est gode men geuðon to ælmesgife;* Wulfstan 158f. **22i**) Wo die Exodus den Sklaven unzertrennlich von Familie und Herrn nennt, setzt Ælfred hinzu: *fram minum ierfe* Af El 11. Der ~e kann unter Æthelstan giltig Vieh veräussern; *o.* 21c. Und dieser Viehbesitz bedingt Weidenutzung. Landwirtschaftlich ist jene freiwillige Arbeit *o.* 15; *u.* 23 **22k**) **N** Um 1114 spricht den Empfang einer Busse für Schutzkränkung und Bluttat in ihrem Hause auch den kleinsten Leuten zu: dem Villan 30, dem Kötter 15, dem Sklaven 6 Pfg.; Hn 81, 3 **22l**) Eine letztwillige Urk. 11. Jhs. in Ostanglien macht *alle mine men fre; and ilk hebbe his tuft* (behalte sein Stückchen Land) *and his metecu* (Nährkuh) *and his metecorn;* Birch 1020 **22m**) Der ~e erhält von der Gutsherrschaft zwar gewohnheitsmässig (hat aber gewiss nicht rechtlich zu beanspruchen) ein Stückchen Land, einen Pflugacker, ferner neben Festschmäusen eine Nährkuh, jährlich 2 Schafleiber, 12 Lasten gutes Korn, Holzrecht nach Landesbrauch (Frauen etwas weniger), oder der Schweinehirt ein Stallferkel, Fingeweide des von ihm für die Herrschaft Geschlachteten und die 'Gebühr' für ~e neben Festschmäusen; Rect 7—9, 1 **22n**) Ähnlich waren Recht und Besitz für ~e durch Gutsgewohnheit anderwärts geschirmt **22o**) Vererben freilich konnte der ~e seinen Grundbesitz nicht, und von der Fahrhabe nur, was nicht dem Gutsinventar entstammte; 6, 4. 5, 5. Er besitzt also um 1000 im Herrschaftsgut auch Fahrhabe, die bei seinem Tode nicht diesem heimfällt. Der Erbe des Freigelassenen [der also Besitz aus der Sklaverei mitbringt] ist der freilassende Herr; Wi 8 **23**) Der Herr des Sklaven war bisweilen ein blosser Gemeinfreier; Abt 16. 25. (Hu 2, 1?). So auch noch im Domesdaybuche. Zumeist aber gehörte der ~e zu einem Herrschaftsgute (so schon Wi 22. IV Eg 1, 1 und *o.* 22l. o) und fronte diesem wie die Bauern, nur härter und ohne die gewohnheitsrechtliche Begrenzung; Maitland *Domesday* 328; *vgl. o.* 14a. In der Hauptsache dienten ~e zur Landarbeit. Ein so grosser Teil der *laboratores* ist ~, dass Ælfric um 1000 jenes Wort als *yrðlingas 7 æhtemen* erklärt; *De Novo Test.* 20. In Berkshire gehörten im 11. Jh. zu jedem Domänenpfluge zwei *servi;* Round *Victoria County hist. Berks.* 19. Hippo (Sichel) und Viehtreiber-Stachel sind *servitutis arma,* Symbole der ~heit; Hn 78, 2c. Die harte landwirtschaftliche Arbeit heisst *servilis, þeowweorc* Wi 9. II Ew 6. VI Atr 22, 1 L. Der Verlust eines zur Arbeit nötigen Gliedes macht den Sklaven wertlos; *o.* 171. 20e. Besonders als Hirten (*s. d.* 2. 4. a) dienten ~e, doch auch als Bäcker, Schmied, Amme. Ein *mangere* (Kaufmann) eines Guts ohne Freizügigkeit kommt vor in Urk. a. 839 Birch 426 **23a)** Im Gutsdorfe wohnen ~e genossenschaftlich beisammen und tragen für einander Haftung (*s. d.* 13); *o.* 17e. k. l **23b)** Wirtschaftsvogt, Handwerker und Amme nimmt der vom Herrschaftsgute abziehende Gefolgsadlige mit; Ine 63; ~e Landarbeiter bleiben also dort wie die Bauern **23c)** Bei Vermögenseinziehung halb für den Herrn des Verbrechers, halb fürs Hundred gehen alle 'Menschen' jenes — also ~e — an den Herrn; Hu 2, 1. Deren Familie oder Genossenschaft wird nicht zerrissen; *o.* 9—10c **24)** Die Londoner Schutzgilde unter Æthelstan, freilich ein Landfriedensbund von Middlesex und vielleicht 2—3 Nachbargrafschaften, musste 240—480 Sklavenhalter umfassen; denn um einen Sklavenwert ($^1/_2$ — 1 £) aufzubringen, legte sie jedem nur $^1/_2$ Pfg. Beisteuer auf; VI As 6, 3 **24a)** Nicht in allen Gegenden Englands gab es im Verhältnis zu den Freien gleich viele ~e; im östlichen Mittelengland, wo die Dänische Einwanderung stark war, weniger; Rhamm *Grosshufen* 48. 679 **25)** Zur Tracht der ~n *vgl.* Locken; scheren 2a; *o.* 23; Waffe 3a. 4b

Ungefährwerk *s.* Absicht, Fahrlässigkeit, Gefährdeeid

Ungehorsam.

1. Wort. 2. Ursprünglicher Begriff. 3. ~ gegen wen? 4. Betrag. 5. Innerhalb der Grafschaftspacht. 6.—24. Was wird mit Königs~ bestraft. 25. ~ gegenüber Hundred, London, Graf, Thegn, Bischof. 26. Normannenzeit. 27. Ortsrechtlich verschieden.

1) Das Wort *oferhiernes* wird nur pedantisch, nicht aus lebendigem Brauche, silbenweise latinisiert *superauditio, subauditio* [das seltene *mishernes* kommt nicht juristisch technisch vor]; **N** Franz. wird *oferhiernes* übs. durch *sursise.* Eine richtige untechnische Umschreibung ist *transgressio præcepti herilis; s.* Misericordia 11b **1a)** Vereinzelt heisst ~ *lahslit u.* 25d **1b)** Der Begriff ~ ist in Normannenzeit (*u.* 3. 26ff.) vermengt auch mit Schutz (*s. d.* 4), so dass *despectus, contemtus* für beides steht **1c)** Auch die Ausdrücke für Strafe, Strafgeld, Verwirkung stehen für ~: *cyninges wite u.* d, *plena wita* Hn 51, 1e, *plena forisfactura regis* Wl art 8, 3. 9. 10 = *forfez le rei* Leis Wl 2, 2; *s.* Sheriff 15a **1d)** *overseunessa* (das auch Bruch des Schutzes [*s. d.* 4cff.] bedeuten kann) steht synonym mit *wita* Hn 80, 9a; 12 und mit *forisfactura* 36, 1a = 24, 1; *vgl.* Strafe 1e B. So vindiziert Hn 41, 1; 1c *overseuness* dem Dynasten über eigene Vassallen und fremde auf seinem Lande in Anklagezustand Versetzte, wo er Strafgeld aus privater Gerichtsbarkeit (*s. d.* 39a) meint **1e)** Das Strafgeldfixum 120 Schill. ist der höchste Grad von *wite* im eig. engeren Sinne; Af 9, 1. 37, 1f. Und es heisst im Ggs. zu 'Königsschutz' (5 £) und zu 60 Schill., technisch auch *cyninges wite* VIII Atr 5, 1 = I Cn 3, 2 = Hn 79, 6; *o.* c. Da jedes *wite* in der Zeit der *Gesetze* an den König floss oder von ihm verliehen erschien, so kann vielleicht *cyning* in dieser Verbindung nur das 'höchste, grösste, vornehmste' bedeuten wie in Königs-Eideshelfer (*s. d.* 18a), in Königstier (Hirsch), Königsstrasse (*s.* Strasse), Königsklage (d. i. kriminale, *s.* Kronprozess), festländisch 'Königshufe'. Entstanden aber scheint die Summe aus Verdoppelung von 60 Schill.; *s.* Strafe 1e. Ælfred 9, 1 führt sie im Ggs. zu letzterem Fixum neu ein für alle Sachen, deren 'Ersatz' (Klagewert) 30 Schill. übersteigt **2)** Ursprünglich ist ~ begrifflich getrennt von Schutz; *s. d.* 4. 6 **2a)** Er entspricht festländischem *bannus regius;* Brunner II 35; Amira 150; Pol Mai II 514 **2b)** Das Wort *gebann,* wie festländ. *bann,* braucht auch der Ags. im Sinne von 'Befehl' und 'Busse für ~ dagegen'. Ælfric stellt des Königs *agen gebann on his andweardnysse* in Ggs. zur königlichen *gesetnys þurh ealdormann oððe gerefan; Homil.* ed. Thorpe I 358 **2c)** Der ~ gegen neueste Gesetze des Staates wird nicht immer nur mit technischem '~' (*u.* 6), sondern auch mit anderen höheren Strafen bedroht; II As 25, 2 = II Cn 83 **3)** Ursprünglich kommt nur Königs~ vor. Seit 10. Jh. empfangen ~ Magistrate, Gerichtsherren, politische Genossenschaften (*s. d.* 8b, so in London; *s. d.* 8), 1076 der Bischof; im 12. Jh. gelten für gebrochenen Schutz (*s. d.* 2. 5. 15c) jedermanns, auch des Unfreien, dieselben Ausdrücke wie für ~ **4)** Der Betrag von Königs~ ist von Ine bis ins 12. Jh. 120 Schill. Westsächs. = 50 Schill. Normannisch (so Hn 11, 3. 79, 6. Leis Wl 2, 2) = 20 Mancus = $2^1/_2$ £. Oft ist sowohl der Name ~ wie der Betrag zusammen angegeben; I Ew 2, 1. II 2. II As 11. Hn 34, 3[r]. 35, 1. 48, 1a. 53, 1. 87, 5. In Mercien fasste der Schilling nur 4 Pfg.; die Schillingsumme aber blieb wie in Wessex; ~ kostete also dort nur 2 £; Leis Wl 2, 2 **4a)** Manchmal wird nur jener Name ~ genannt; I Ew 1, 1. II 7. II As 20, 1 = Hn 53, 1b. II Cn 29, 1 = Hn 65, 2 **4b)** Meist wird nur der Betrag 120 Schill. angegeben; Ine 52. Af 37, 1; 2. II Ew 1, 3. 7. II As 25. III Em 6, 2. II Eg 4, 1 = VIII Atr 10, 1 = I Cn 9 = Hn 11, 3. III Eg 7, 2 = II Cn 25, 2. I Atr 4, 3 = II Cn 33, 2. V Atr 28, 1. VIII 11, 1 = I Cn 10, 1 = Hn 91, 4 = *Homil. n.* Wulfstan 311. II Cn 15, 1 = Hn 13, 4. 34, 1. II Cn 15, 2. **44,** 1 (= Hn 11, 9. 66, 4a). 65 = Hn 13, 9. 66, 6. Ordal 6. Hn 37, 2. 38. 53, 1a. 74, 2a **4c)** Aus der irrigen Gleichsetzung jener Westsächsischen Schillinge von 5 Pfg. mit Mercischen von 4 oder Normannischen von 12 entstanden wohl Strafgeldfixa (*s. d.* 14b. 18) von 2 bzw. 6 £; *vgl. u.* 20. 24 **4d)** Obwohl Kentische Schillinge (*s. d.* 3) als $2^1/_2$ Westsä. bei Ælfred rechnen, also 50 bei Abt = 125 bei Af sind (die auf 120 abgerundet sein könnten), obwohl der dortige Name Königsschutz mit Königs~ hier Gleiches bedeuten könnte, und obwohl beide Strafgeldfixa Missetaten treffen, die nicht alle des Königs Person, Nähe oder Gefolge, sondern z. T. nur den Staat, identifiziert mit Landfrieden, verletzen, wage ich doch nicht den ~ in Wessex mit Kents Königsschutz zu verbinden **5)** Anders als 'Königsschutz' ist ~ nicht herausgehoben aus den Gerichtseinkünften der Lokalbezirke, die die Krone den Vögten in Pacht (*s. d.* 11) gibt; Af 37, 1 **6)** Die Busse für Königs~ trifft Beamte oder mit Gerichtsbarkeit Privilegierte, die ihre Pflicht versäumen (I As 5), Gesetz auszuführen (IV 7 = I Atr 4, 3), Polizei zu handhaben, ohne Bestechung (*s. d.* 3. a) gerecht zu richten, Strafgeld einzutreiben (II Ew 2), Strafe zu mildern (Wl art 9f.; *s.* Amtsentsetzung 2. 3. 4. 10; *o.* 2b), Kircheneinkünfte (*s. d.* 5), Gewicht (*s. d.* 7d), Freizügigkeit, Spurfolge, Strafjustiz (VI As 8, 4; **11**) zu überwachen; *s.* Amtsvergehen 1. 2 **7**) ~ verwirkt, wer eine Nonne (*s. d.* 5) entführte, Hinzurichtenden Beichte (*s. d.* 4) weigerte, öffentlich Fasten (*s. d.* 5. a; VII Atr 2, 4) brach, Peterspfennig (*s. d.* 17a. c. d) vorenthielt, **8**) wer Trinoda (*s. d.* 4a) necessitas, bes. das Heer (*s. d.* 8a. b) versäumte, **9**) königliche Münze als ungiltig zurückwies (IV Atr 6), **10**) Waldfrevel im Forst (*s. d.* 10) verübte, **11**) an einer Bande (*s. d.* 3. 6) teilnahm, die einen 1200-Mann erschlug, **12**) Menschenraub (*s. d.* 1) beging, **13**) gerichtlich verurteilt ward in einer Streitsache, für die der Ersatz 30 Schill. überstieg (Af 9, 1; mit 120 Schill. löst die Sippe einen Dieb aus dem Kerker; II As 1, 3), **14**) Handel (*s. d.* 8b) ausserhalb gesetzl. Ortsbeschränkung vollzog (I Ew 1, 1), **15**) Meineid (*s. d.* 2a. 12) oder vor dem Bischof falsch Zeugnis ablegte od. vor ihm gegebenes Versprechen brach, **16**) wer zum Vassallen jemn. ohne Erlaubnis von dessen Obrigkeit aus and. Bezirk (*s.* Freizügigkeit 1a) oder Gefolge (*s. d.* 8c. d. e. 19c) aufnahm, **17**) wer heimliche Abfindung (*s. d.*) mit dem Verbrecher einging, **18**) wer dreimal Rechtsweigerung (*s. d.* 3a. 5. 6), Gerichtsversäumnis (*s. d.* 2a. b. 5a) trotz Vorladung, Weigerung prozessualer Bürgschaft (*s. d.* 17) beging, **19**) wer voreilig, ohne Versuch heimischen Rechtsgangs, des Königs Justiz anrief (*s.* Instanzenzug 5) **20**) oder in unerlaubter Selbsthilfe (*s. d.* 4a) Pfändung (40 *sol.* In Cn III 1, wohl aus 120 Mercisch; *o.* 4c) oder ungerechte Pfandkehrung (*s. d.* 2) vollzog, **21**) wer Hingerichtete (*s. d.* 3) mit Unrecht zu reinigen oder zu rächen versuchte, **22**) wer Gerichtsfrieden vor dem Ealdorman (*s. d.* 20) oder Regeln des Ordals (*s. d.* 16) brach, **23**) wer Gerüfte (*s. d.* 3) oder Aufforderung zur Teilnahme an gerichtlicher Zwangsvollstreckung gegen Verbrecher oder dem Gerichte sich entziehende Bescholtene zu befolgen sich weigerte (II As 20, 2; 7 = III Em 2. III Eg 7, 2 — II Cn 25, 2) oder den Verbrecher gegen die Polizei (*s. d.* 1G) unterstützte oder zu befreien versuchte (II As 1, 5. 6, 3 = VI 1, 5. II Cn 25, 2 = Leis Wl 47, 2) oder ihn niederzustrecken vernachlässigte (I Atr 4, 3 = II Cn 33, 2) oder Spurfolge hinderte (III Em 6, 2), **24**) wer das Urteil des öffentlichen Gerichts schalt und gesetzliche Anordnung zu befolgen weigerte; III Em 6, 2. II Cn 15, 2 = Leis Wl 42, 1 [6 £; *o.* 4c]. Hn 34, 3 **24a**) Der von Graf oder Sheriff (*s. d.* 15a) verkündete Königsfrieden betrug in Chester 120 Schill. Mercisch, also so viel wie Königs-~ | **25**) Die Angaben über ~ an andere Magistrate als den König fliessen aus Agsä. Zeit spärlich und mit 'Schutz' zusammen; *s. d.* 5b. c über die 30 Pfg. bzw. 30 Schill. Busse an Hundred (*s. d.* 18), Genossenschaft, bzw. Hundred, Stadt und private Gerichtsbarkeit. Königs~ (*o.* 23) wird neben den 30 Schill. fürs Hundred fällig; III Em 2 **25a**) Vielleicht diesen ~ gegen das Gericht stellen die 30 Schill. für aussergerichtlichen Strafgeldempfang Hn 38 dar und die gleich hohe Strafe für Störung niederen Gerichts Af 38, 2 **25b**) ~ gegen das Grafschaftsgericht (*s. d.* 9): 60 Schill. [$1^1/_4$ £]. N Diese Summe galt noch um 1140; *s.* Misericordia 11b **25c**) Wahrscheinlich diese Summe meint unter *iudicium (lex) comitatus*, dem Grafen (Sheriff) zukommend für Verletzung von Nebenstrassen, kleineren Wasseradern und Hundredgerichtsfrieden, ECf 12, 9ff. 13, 1 **25d**) *oferhiernesse seu lahslit* (*s.* Rechtsbruchbusse 6a), *lex episcopalis* wird verwirkt durch Ausbleiben des vom Bischof Geladenen: vermutlich 60 Agsä. Schill., oder identisch mit Bischofs Schutz (*s. d.* 14a); Wl ep 3, 2; Syn. Winton. a 1076 **25e**) Die Beträge 120, 60, 30 Schill. verhalten sich wie die der Mannbusse: ein Zeichen der Verwandtschaft des ~s mit Schutz; *s. d.* 8b; *o.* 25 **25f**) In Denalagu war vielleicht 20 Ör ~ für Immunitätsherrn und Bischof; *s.* Strafgeldfixum 22 | N **26**) Aus Normannenzeit: [Königs] *overseunessa* schuldet, wer die Leiche eines ermordeten Franzosen vom Fundort in einen Nachbarbezirk verschleppte, um diesen statt jenes für Murdrum (*s. d.* 12) haftbar erscheinen zu lassen (Hn 92, 2), **26a**) wer zu einem vom Königsrichter angesetzten Prozesstermin zwar den Beklagten, aber nicht jenen abbestellte (60, 1a) oder unter jenes Gerichtsvorsitz die Schranken behufs Ratserholung verliess, ohne auf dessen Klage sofort geantwortet zu haben; 48, 1a **26b**) Wer jemandem die Vorladung durch König oder gemeinschaftlichen Herrn auszurichten versäumte, büsst ~ [wohl bzw. des Königs oder Herrn]; 42, 1 **26c**) Der Richter, der jemanden exkommuniziert oder verbannt hat, erhält *despectum suum* (getrennt von staatl. Strafgelde, nicht des Königs ~) von dem Beherberger jenes Friedlosen; die Quelle vermengt dies mit Schutz; *s. d* 4b; *o.* 25. e **26d**) Wer vom Termine des herrschaftl. Gerichts fortblieb oder dessen Urteil schalt, zahlt ~ [dieses Gerichts]; Hn 50, 2f. 61, 1; 8a. 34, 3 **27**) Die *overseunessa* für den Immunitätsherrn ist je nach dem Ortsrechte des Lehns verschieden hoch; 41—41, 1a. 50, 3; *vgl.* Misericordia 11b

Ungehorsamsverfahren *s.* friedlos 9—d, Gerichtsversäumnis 2a. 3. 8, Pfändung 10, Vermögenseinziehung 10c

Ungerechtigkeit *s.* Gerechtigkeit, falsches Urteil, Bestechung, Amtsvergehen, Amtsentsetzung

ungesäuertes *s.* Brot 4 **ungestabt** *s.* Stabeid **Ungnade** *s.* Gnade

Unkenntnis *s.* Gefährdeeid 4

unkörperliches *s.* Taxe 7 **unleugbar** *s.* handhaft 1f. g. 7, Reinigung 3

unmündig *s.* mündig

Unschuldseid *s.* Beweis, Eid, Reinigung, Ordal, Zweikampf

unteilbar A. Reich *s.* König 4; Königstreue 4; Erbgang 3a B. Grundbesitz *s. d.* 2, Boeland 10, Erbgang 3c ff. 5f. 13a, Lehnwesen 9ff.

Unterbeamte *s.* Vogt, Adelsbeamter, Vicarius, Vertreter 1f, Büttel, Henker

Untereigentum *s.* Grund(besitz), læn, Lehnwesen

Untergebene *s.* Volk, König 7ff., Königstreue 7b; Abhängige, Gefolge, Vassallen **Unterpfand** *s.* Pfand

Unterricht *s.* Erziehung, Geistliche

Unterschenkel *s.* Wb *sconca* **1**) Ward der ~ bis ans Knie abgehauen, so zahlt der Verletzer 80 Schill.; Af 72 = Hn 93, 32, d. i. soviel wie für den Unterarm; Af 66. [Auf Island findet sich der Beiname Stelzfuss; also konnten Leute mit abgehauenem Bein geheilt werden; Maurer *Island* 453] 2) Ward der ~ durchstochen oder gebrochen, so zahlt er 12 bzw. 30 Schill.; Af 63. 63, 1 = Hn 93, 22 3) Fuss und Schenkel des von der Kirche zu Bannenden verflucht Excom VII 19

Unterschlagung 1) ~ des Depositum wird mit zwiefachem Ersatz gebüsst; aus Exodus Af El 28 2) ~ des Fundes (*s. d* 4) gilt als Diebstahl nur in königl. Prärogative; Pol Mai II 498

Untersuchung *s.* Rechtsgang, Polizei

Untersuchungshaft *s.* Gefängnis, [Verhaftung

Untertanen (-eid, -treue) *s.* König 7 ff., Königstreue 7 b

unvergolten *s.* Wergeld 17 a, Grab 2 a D

Unwissenheit *s.* Unkenntnis

Unze 1) 1 ~ wiegt Geweihter (*s. d.* 5) Bissen. *Vgl.* Ör 3 2) 32 ~n wiegt 1 Sextar Honig; *s.* Bienen 3 a 3) Die Grafschaftshauptstadt Norwich zahlt vor 1066 dem Sheriff von Norfolk 1 ~ Gold; *Domesday* II 118 a

Unzucht *s.* Wb (*unriht*)*hæmed, (ge)hæman, hæmedþing, wiflac; dierne, dearnenga (ge)licgan; forlicgan, forliger, legerwite* [*u.* 13; über *legergild* s. Grab Z. 3]; *midslæpan; beswican; horcwene; lyso; luxuria, veneria. Vgl.* Beischlaf, Eheschliessung 1 e — 2 o, Ehebruch, Konkubinat, Notzucht, Blutschande, Päderastie, Bestialität; Nonne 9—14, Cölibat, Eheverbot; Abtreibung; Bastard 1) Alle ausserehel. Sexualbeziehungen heissen heimlich, verstohlen, übel, ungesetzlich 1 a) Die Trennung von ~, Notzucht (*s. d.* 1), Entführung und Raubehe (*s.* Eheschliessung 2) ist nicht streng aufrechterhalten 2) Dass die ~ bei den Agsa. besonders arg wuchere, rügt Bonifaz in Briefen an seine Heimat (ed. Dümmler, *Mon. Germ., Epist. Merow.* I 340), vielleicht doch nur, um eindringlicher Besserung zu predigen; es folgt auch nicht daraus, dass die ekelhaften Sexualfälle in Bussbücher des Festlands aus Agsä. Pönitentialien drangen; *vgl.* Friedberg *Aus Dtsch. Bussbüchern* 46 2 a) Papst Johann VIII. schreibt [a. 874, nicht wie Birch 21 will, c. 641] dem Sachsenkönig *Bulcred* [lies Burgræd von Mercien] gegen ~, Nonnen- und Verwandtenehe, die *in vobis maxime regnat;* Jaffé-Löw. *Reg. pont. Rom.* 2993 2 b) Ein nicht seltener Fall öffentlicher Polyandrie steht Eheschliessung 4 c 3) Die Kirche ahndete ~ mit Exkommunikation; Wi 3 [*vgl.* Brunner II 322]. Der Pfarrer darf ~ nicht erlauben; 6 3 a) **N** Geistliche Pönitenz setzt dafür aus Bussbuch Hn 73, 6 a 3 b) Die von einem Weibe zum anderen laufen, haben keinen Teil mit Christo; Ælfric *Homil.* I 148 3 c) Christliches Grab (s. *d*, 2 a B) wird verweigert nicht bloss den Ehebrechern (I Em 4), sondern jeder ~; *ebd.* Rubr 3 d) Der hurende Jüngling ist ebenso schuldig wie das hurende Mädchen nach Gottes Gebot; Ælfric an Sigeferð ed. Assmann 20, von Ledigen gemeint 4) **N** Dass auch Ine ~ verboten habe, ist zwar wahrscheinlich, aber die Nachricht rein erfunden bei Lond ECf 32 C 6 4 a) Allgemeine Verbote der ~ geben Af El 49, 5 (aus Apostelbrief). V Atr 10 = VI 11 = I Cn 6, 3. VI Atr 28, 2 = I Cn 7, 2. I Cn 24 — *Homil. n.* Wulfstan 308 5) Aus dem Verbot der Exodus gegen Ehebruch macht ein Verbot alles ausserehelichen Beischlafs Af El 6. Jeden solchen, nicht bloss Ehebruch, erklärt als vom Dekalog verboten Ælfric *Homil.* 209 6) Besonders straffällig ist die ~ an Feiertag (*s. d.* 9 c) und Fasttagen (*s.* Fasten 10 b), 6 a) innerhalb der Kirche (*s.* Kirchenfriede 2 a), 6 b) ferner die der Geistlichen (*s. d.* 29 b — e, Cölibat), namentlich der Mönche (*s. d.* 2 c), Nonnen (*s. d.* 9 ff.), ferner Verheirateter (*s.* Ehebruch 2. 5), der Witwen, der Verlobten (*s.* Eheschließung 10 — 11 a), zwischen Verwandten; *s.* Blutschande 6 c) Milder beurteilt wird die ~ an Unfreien; *s. d.* 11 7) 'Übeltat' [wohl ~] einer lockentragenden Freien büsst [ihr Schänder ihrem Vormunde?] mit 30 Schill.; Abt 73. [Auch andere German. Volksrechte setzen bestimmte Summen als durch die Familie der Geschändeten gerichtlich einklagbar; Brunner II 661] 7 a) Viell. darauf bezieht sich *lex publica fornicarios puniri percensuit* 30 *siclis* (*s.* Schilling 10); Egbert *Dial.* 8 8) Wer ein Mädchen verführt, erkaufe sie sich zum Weibe oder, wenn ihr Vater die Ehe weigert, zahle er Busse nach ihrem Wittum; meist aus Exod. Af El 29 8 a) Verletzung der Geschlechtsvormundschaft durch Entführung kostet eine dem gesetzlichen Wittum entsprechende Muntbrüche auch bei anderen Germanen; Schröder *DRG*[5] 356[89] 9) Wer jemanden bei Ehebruch (*s. d.* 8), aber auch ~, mit seiner ehelichen Tochter oder Schwester (*s. d.* 2) oder [verwitweten] Mutter handhaft ertappt, darf als beleidigter Vater, Bruder oder Sohn ihn töten 10) Cnut, der andere Fleischessünden mit Strafe bedroht (II 50—54), straft zwar ~ Lediger nicht bestimmt. Da er aber ~ am Feiertag 'doppelt' straft (II 47), muss er ein Strafgeldfixum für ~ kennen 10 a) Dies war vielleicht 60 Schill. Westsächsisch, gemäss Eheschliessung 10 und Notzucht 4 11) Auch Land konnte wegen ~ der Inhaber konfisziert werden; von einer *portio terrae, cuiusdam feminae fornicaria praevaricatione mihimet vulgari* [öffentlich-gerichtlich] *subacta traditione,* spricht Æthelreds II. Urk. a. 1002 Kemble 1295 11 a) Sogar Bistumsland, einem Thegn ausgeliehen, fiel wegen ~ des letzteren an den König: ein *rus pro stupro cuiusdam militis, cui accommodatum fuerat, ut censum singulis annis persolveret, ab ecclesia abstractum* erwähnt Urk. a. 909 Birch 623. [Doch lag so harter Strafe vielleicht qualifizierte ~ zugrunde, etwa Ehebruch (*s. d.* 4 c) oder Blutschande, denen auch sonstige Zeugnisse Vermögenseinziehung (*s. d.* 10 g) diktieren] 12) Fremde Hurer treibt ausser Landes Wi 4 = II Cn 55 12 a) Schmutzige verderbte Huren trifft Verbannung (*s. d.* 4) oder [?] Vernichtung 13) Seit 11. Jh. erscheint [unter Nord. Einflusse?] die ~busse *legerwite,* eine kleine Geldstrafe, die nach dem Domesday neben der Busse für durch Blutvergiessen gebrochenen Schutz (*s. d.* 6. 20 a) des Hauses sogar Sokmannen zufallen kann, obwohl höhere Bussfälle dem grundherrlichen Abte zustanden; Domesday I 204 a 2; *vgl.* Bauer 8 a. Wohl nur diese ~busse heisst *forisfactura feminae violentiam passae,* nicht Notzucht; *s. d.* 1 b **N** 13 a) Das *legerwite* gehört zu den *minora forisfacta,* die manche Bauern *de suo et in suos* den Herren [angebl.] abkauften; Hn 81, 3 13 b) Es gehört dem Immunitätsherrn des Tatorts der ~, wenn der Täter dort sofort auf frischer Tat in Anklagezustand versetzt ward, sonst dem Herrn des Täters; 23, 1 13 c) Eine Abgabe des

Bauern für ~ seiner Tochter ist *legerwite* später (bei Vinogradoff *Villainage* 202. 441), auch für ihre Heirat, gleich *merchet; EHR* 19, 345 **13d**) Wahrscheinlich eine ~busse für uneheliches Gebären ist *cildwite*, das Lanfranc auf dem Prozess zu Penenden Heath für das Erzbistum Canterbury erstritt. Es bestand bis zur Neuzeit; Halliwell *Diction. of archaic s. v. childwit* **13e**) Auch für versuchte Notzucht (*s. d.* 5a) erhält der *seinur* der Frau Schutzbruchbusse **14**) Aus Cnuts Gesetz gegen Ehebruch macht der Anglonormannische kirchliche Übersetzer: *Si coniugium quis violaverit, videlicet iacendo sub coniuge sua, faciat pęnitentiam secundum librum poenitentialem;* In Cn II 50, 1. Vielleicht dachte er an Bussbücher, die verbieten *cum muliere sua retro nubere;* Ps.-Theod. *Poen.* 16, 19 = Ps.-Egb. *Conf.* 21 **15**) Von Klage auf *luxuria* (wohl ~, weil getrennt neben *adulterio*) reinigt Kesselfang; Iud Dei XII 2 **N 16**) Den Normannischen unbeweibten Soldaten verbot nach 1066 Wilhelm I. die ~; Will. Pictav. **16a**) In der Anglonormann. Hofgesellschaft herrscht ~ um 1114; Quadr Ded **11**. 16

Ureigen *s.* Anefang 25ff.

Urfehde *s.* Wb *unfæhða, unceases að;* letzteres missversteht der Übersetzer um **1114** Ine 35 Q; das Institut [*vgl.* Brunner I² 226; Schierlinger *Friedensbürgschaft* 61] war ihm vielleicht schon unbekannt. *Vgl.* Schiedsgericht 9h. Die Sippe des Verbrechers schwört dessen Einfänger oder dem, der ihn als handhaften Dieb erschlagen hatte, jenen gerecht dem Tode Verfallenen nicht rächen zu wollen; Ine 28. 35. Ferneren Schutz für den Strafvollstrecker bieten die Drohungen gegen Blutrache (*s. d.* 14l) an ihm; *s.* Begünstigung 10a. b

Urkunde *s.* Wb *boc, gecyðnes* (hier nur *Testamentum*, d. i. Bibel, sonst auch ~), *swutulung* (urkundl. Auftrag, Brief; Kemble 1314), *gewrit; breve, charta, instrumentum, testamentum* (*-talis*), was *gewrit* und *boc* übersetzt, ohne 'letzten Willen' zu meinen, *cartre*. *Vgl.* Breve, Brief, Quittung, Testament, Boc(land); Eidesformel, Krönungseid; Königstitel, Gottes Gnaden, Kreuz, Zeugen, Datierung, zwiesprachig; Fälschung; Archiv **1**) Die Form der *Gesetze* (*s. d.* 8. 12f) wird beeinflusst durch die ~; manches ist solche **2**) Während Formelbücher für die ~ in Agsä. Lit. fehlen [Brunner I² 576; *vgl.* Kanzlei], geben die *Gesetze* Eidesformeln (*s. d.*), die Formel für Antworten auf Klage um Land, Exkommunikation (*s. d.*), Rituale für Ordal und Zweikampf. *S.* Formel *o.* 77 **2a**) Das Agsä. Breve ward übernommen durch Normannen und Norweger; Larson *King's household* 198 **3**) Über Übereignung von Grundbesitz (*s. d.* 16) ohne oder durch ~ *s.* Bauer 11; Boc(land) **N 3a**) Zur dauernden Tradition von *dos et maritatio* an die Frau dient ~, jedoch neben Zeugnis; aus Ribuaria Hn 70, 22 **4**) Mündliches Wort gilt soviel wie ~ in Verleihung von Handfrieden (*s. d.* 3); ECf 12, 6; *vgl.* I 637[f] **4a**) Hand (*s. d.* 2b), Eid, Geiseln, Bürgschaft und Pfand, nicht ~, dienen in *Gesetzen*, um Versprechen (*s. d.* 2) zu *gefæstnian; vgl.* Brunner I² 570 **4b**) Als Quittung dient Kerbholz; *s. d.* **5**) Urkundlich ward die Exkommunikation verbreitet und dem Gebannten eingehändigt; Excom VII 1[c]. XIII 1, 2 **6**) Herrschaftliche ~ über Freilassung *s. d.* 2ff. 8. 12a **7**) *Contemptus brevium regis s.* Handfrieden 4 **8**) Fälschung (*s. d.* 2) von ~n, in *Gesetzen* nicht genannt, kostete wohl wie andere die Hand; *s. d.* 11. [So Deutsch; Liszt *Lehrb. Strafr.* (1908)[16f]. 519. Kanon. Recht brandmarkt (*s. d.* 4) und verjagt Kleriker, die ~ fälschen. ABRAHAM]

Urkundmänner *s.* (Kauf)zeugen

Urteil **1**) öffentl. Gerichts [Ggs. *s.* Schiedsgericht]. *Vgl.* Präjudiz. Was Beweis~ allein betrifft *s. d.;* hier wird End~ oder das auf ~ allgemein oder undeutlich eines von beiden Bezügliche behandelt **1a**) Die Rechtssprache trennt nicht die beiden ~sarten: *riht* heisst sowohl Beweis~ (*s. d.*) wie (Af 1, 8. 3. Ine 5. II As 22, 2. Hu 1. Duns 3, 1) End~ **1b**) Über das Wort *ordal s. d.* 1b **1c**) *dom* (*s.* Wb, auch *deman, domere, dema*) heisst End~ II Ew 3, 2 und an keiner Stelle deutlich Beweis~. Über dieses Germ. Wort *s.* Brunner I² 255. Auch die bischöfliche Entscheidung über Bestrafung Geistlicher heisst *dom* Wi 6. EGu 4, 2. Die Bischöfe sollen *dom deman, domas dihtan* mit den *woruldeman* zusammen, offenbar nicht ~ finden, sondern 'End~e bestimmen, Prozessergebnis anordnen' **1d**) '~en' auch: *gereccean, gescrifan, tæcean, to rihte findan;* [~] erfüllen: (*a*)*wyrcean*, (*ge*)*don*, (*ge*)*læstan;* zur Rechtserfüllung zwingen (vor Gericht stellen): *gewieldan* (*lædan*) *to rihte;* [~] zu befolgen weigern: *forsacan, nellan* **2**) Fest soll rechtes ~ gelten; Northu 67, 1. Das ~ ist das Ende des Prozesses; I Ew Pro. Hu 1 **2a**) **N** Was einmal durch ~ beendet ist, darf nie, als wär es unerledigt, wieder begonnen werden; Hn 54, 4. [So Fränk.: Schröder *DRG*[5] 395. ABR.] **2b**) Das ~ werde nicht verschleppt; I Ew Pr. II 8 **3**) Ein ideales ~ vereinige Gerechtigkeit und Barmherzigkeit; *s. d.* 2ff. **4**) **N** Das ~ spricht der vom Gerichtsherrn mit Vorsitz beauftragte Richter (*s. d.*), auch da, wo es von anderen gefunden ist: *nemo dominum iudicet* [wirke als ~finder über ihn] *vel iudicium proferat* [spreche ~] *super eum*, auch nicht, wo der Staat gegen diesen Herrn klagt; Hn 32, 2 **4a**) Misslang bei einer Klage auf nicht handhaften Ehebruch oder Mord die Reinigung [vor bürgerlichem Gericht], so 'richte der Bischof streng', d. h. bestimme das Straf~; II Cn 53, 1. 56, 1 **N 4b**) Das End~ wird formell auch da abgegeben, wo aus dem Misslingen des Beweises das Unterliegen der Partei von selbst folgt: auch nach dem Zweikampf erfolgt *iudicium, quod defecerit;* Hn 59, 1a **5**) Das ~ darf nicht im Zweifelsfall oder in Abwesenheit des Verklagten gesprochen werden; aus Kanonistik; 5, 2; 2a. 31, 7a **6**) [Beweis- und End-]~s Erfüllung (*s.* Vogt 22a) sichert die Partei zu durch Bürgschaft (*s. d.* 13ff.) od. Prozessualpfand (*s. d.* 4B. C), oder Beklagter wird bis zum End~ verhaftet; II Ew 3, 1f.; *vgl.* Brunner II 368 **6a**) Lautet das ~ gegen den Beklagten auf Zahlung oder Reinigungseid und weigert er beides [zu geloben], so verliert er von dieser Alternative die Eidesmöglichkeit und zahlt ausserdem 100 [Schill. Strafe]; Hl 8 **7**) Den Termin, wann das ~ erfüllt werde, stellt das Gericht; II Ew 8 = Hu 7 **7a**) In 7 Tagen nach dem ~ muss es erfüllt werden; Hl 10. Ine 8 **7b**) Unter den Dunsæte finde die Erfüllung bei Prozessen zwischen beiden Ufern [des die Engländer und Walliser scheidenden Grenzflusses] binnen 9 Tagen nach dem ~ statt; Duns 2 **7c)** Ausbleiben von der ~s-erfüllung verfällt in Strafe der Gerichtsversäumnis (*s. d.* 2ff.), die nach Rückfall zur Vermögenseinziehung und Todesstrafe steigt; *vgl.* Brunner I[2] 253

Urteilfinder.

1. Namen. 2. Agsä. Zeit. 3. Normannenzeit. 4. Umstand des Gerichts. 5. Kein Urteilsvorschlager. 6. Zwölfzahl. 7. Wer bestellt die ~? 8ff. Qualität der ~. 11. ~ zum Urteil verpflichtet; das Amt erscheint lästig. 12. Uneinigkeit der ~. 13. Richtschnur: *leges*. 14. Weite Amtsfunktion. 15. Sie geben Beweis- und 16. Endurteil. 17. Fernere Entscheidung. 18. Vermengt mit Richtern.

1) Ein eindeutiges rein Agsä. Wort dafür fehlt. Halbnordisch: *s. lagamen* 1. 5. Heutiges Englisch nennt sie *doomsmen;* der Agsä. *domesman* ist aber der vom König gesetzte Richter (*s.* Gericht 15g. 16b); nur als Familienname 13. Jhs. (*s.* Lagamen 4d 6e) mag er vom ~ herrühren **1a)** Der Begriff wird ausgedrückt durch mehrdeutige Wörter: *witan,* die *u.* 2f. *to rihte findan,* = *sapientes* (Wb und Hn 71, 2; Gericht 21f; auch in Urk. nach 962 Birch 1063; Urk. vor 988: Okkupation von Land *butan witena dome* = *absque iudicio sapientum* [der Grafschaft Kent] Kemble 1288). Aus *witan* oder synonymem *rædgifan* wohl übs. ist *consiliarii* Cn 1027, 12. *Witan* sind eigentlich 'Räte', dann ~, endlich die zu solchem Ehrenamt sozial befähigten Klassen. All dies trifft auch zu für die Fränk. Rachimburgen, in deren Namen ebenfalls *Rat* steckt; Rintelen in *Hist. Aufsätze f. Zeumer* 563[5] **1b)** Mit den *ieldstan* [~n *u.* 21; Brunner II 656[15]; *s.* Gericht 21b] vielleicht gleichbedeutend erscheinen die *maiores* im Wapentake, die sich dem Herrschaftsvogt verpflichten; ECf 30, 2ff. [Die *maiores natu,* im Unterschied von der Gesamtheit der Freien, ruft der Fränk. Zentenar zum gebotenen Dinge; Brunner *Forsch. z. GDR* 254] **1c)** ~ bedeutet auch *iudices;* als ~ fungieren: *iudicare* (getrennt von *iudicium proferre; s.* Urteil 4), *juger;* Spruch der ~, Urteilfindung: *iudicatio;* diese vollziehen, abhalten: *iudicium celebrare* Hn 32, 1; die ~ für den Prozess bestellen, hinsetzen: *infortiare iudicium, placitum* 29, 1; 4. 31, 2. 32, 3. 33, 1. 52, 1a; c [vgl. *afforciamentum curiae* bei Maitland *Select pleas manorial* p. XLVIII. L; *ranforcier* Privileg für Dreux a. 1269 *Layettes du trésor* n. 5575]. Wo Kanonistik mit *iudices* Richter meint, braucht Hn, sie abschreibend, öfters dasselbe Wort, aber im Sinne ~; *vgl.* Gericht 18. Die ~ öffentlichen Gerichts heissen *iudices regis, legum iudices* Hn 29; *mea iudicia* nennt der König ~dungen in Grafschaft u. Hundred Hn com 4 **1d)** ~ im Hundred und Grafschaftsgericht sind gemeint unter *hundred* und *scir* (*comitatus*) Hu 3. II Cn 15, 2 (*u.* 2t). Wl ep 2. Hn 31, 1. 34, 5. ECf 23, 4. 38, 3 **1e)** Das neutrale *riht* (*s.* Wb) im Sinne von 'Gericht' bedeutet u. a. ~, so besonders *swa him riht wisie:* [Strafe bzw. Busse für Vertragsbruch,] wie ihm ~ diktieren; Ine 5. Af 1, 8. 3. Dies spricht gegen die entscheidende Rolle nur éiner Person **1f)** Indefinites *man* bedeutet ~ vielleicht oft (EGu 4ff.) u. sicher, wo es direkt dem Plural 'sie [entscheiden]' gleichsteht; II Cn 30, 5 **1g)** *legislatores* scheint antiquarische Übersetzung von *lagamen; s. d.* 3b. 4c; über *lahwitan s. ebd.* 6a **2)** Agsä. Nachrichten über ~ sind spärlich und undeutlich; klar nur die über Lagamen (*s. d.*) und Geschworene (*s. d.*) bei Dunsæte und Anglodänen **2a)** Dass freilich der Richter nicht allein entscheidet, belegt das unter Gericht 20 Angeführte **2b)** Indem Ælfred die Vulgata übersetzt, denkt er zuweilen an heimische wirkliche Gerichtsverfassung u. scheint mir ~ und Eideshelfer zu warnen: Falschen Mannes Wort, dessen achte nicht [soweit Exodus], noch billige seine Urteile (*domas*) und sage [aus Exodus] kein Zeugnis ihm folgend nach; dies letztere, wieder Af's Eigen, zeigt nicht bloss Verständnis des Übersetzten aus eigener Kenntnis, sondern warnt offenbar praktisch vor der Gefahr der Beeinflussung durch ein Kollegium, eine Genossenschaft vielleicht der ~; Af El 40. Im selben Sinne sagt er mit eigenen Worten: die Lehre des Törichtsten gib ihnen nicht zu; 41 **2c)** Auch die allgemeinen Aufforderungen zur Gerechtigkeit (*s. d.* 2b. 3a. 6b. c), die Drohungen gegen ungerechte Richter (*s. d.* 1a) bei falsobem (*s. d.* 1) Urteil können mit an ~ gerichtet sein, besonders da jeder Freie ~, aber nur selten einer Richter werden konnte. Ebenso allgemein warnt Cnut, Sippelose und Fremde nicht härter zu beurteilen als den Genossen (*geferan*); da der Gerichtsherr oder der richterliche Beamte nur selten vom selben Stande war wie die der Mehrzahl nach nur gemeinfreien Parteien, so scheint an ~ gedacht; II Cn 35, 1; so auch Brunner I 152 **2d)** Laut Urkk. erfolgt das Urteil *unanimi consensu,* durch *omnes, ealle þa þegnas* (Kemble 755; *vgl.* Brunner I[2] 206[61]). Die Einstimmigkeit (*u.* 12) ist stilist. Übertreibung (*s.* Königswahl 4. 8), alleiniges Urteil des Einzelrichters aber jedenfalls auszuschliessen **2e)** Neben König Badgar als dem Richter sitzen *Myrcna witan, þa ætdemdon him* (dem Kläger, welcher *bæd domes*) *land;* Urk. nach 962 Birch 1063 **2f)** Die *witan* (*sapientes et prudentes, optimates et sapientes*) 'finden' Beweisurteil a. 825. 844 (beide vor dem König als Richter). 961; Birch 386. 445. 1064f. Auch bei Asser sind *sapientes* Gerichtsobere; *s.* Gericht 16a **2g)** Der Herr des stössigen Ochsen werde losgekauft, wie [soweit aus Exodus] die Gerichtsoberen (*witan*) zu Recht finden; Af El 21 **2h)** Für schwerste Nackenverwundung steht Gliederbusse fest, ausser wenn *witan* Richtigeres und mehr dem Verwundeten zusprechen; Af 77 = Hn 93, 37 **2i)** Die Schwere der Reinigung von Klage auf Attentat gegen den König *gerædan witan;* V Atr 30 D **2k)** *þa yldestan, þe to þære byrig hiron,* fronen [wie Fränk. ~; Brunner II 453ff.] den vom Rechtserfüllungstermin Ausgebliebenen und Strafgeld Weigernden und zwingen ihn wie den Gewohnheitsverbrecher zur Bürgschaftstellung; sie erhalten die Hälfte des Konfiszierten; II As 20, 1; 4 **2l)** Und genau ebenso benannt sind die Gerichtsvorsteher, die bestimmen, ob der wegen Brandstiftung oder Mord Verklagte und im Ordal nicht Gereinigte hingerichtet werde; Blas 3 **2m)** Die Schwere der Verstümmelung zur Strafe bestimmen 'die darüber verfügen sollen'; II Cn 30, 5 **2n)** Jene Funktion der Zwangsvollstreckung, Auspfändung und ev. Tötung gegen Bescholtene, die dem Gericht fernbleiben und keine Bürgschaft finden, üben 'die vom Gemot Ausersehenen' (III Eg 7 = II Cn 25), 'der Königsvogt und sie' mit Plural dahinter; I Atr 4 = II Cn 33. Den Strafertrag erhält nicht diese Kommission, sondern das Hundred; III Eg 7, 1 = II Cn 25, 1 = Leis Wl 47, 1. Ebenso, wo nur die 12 Geschworenen (*s. d.*) fungieren, das Wapentake; III Atr 3, 3: ein deutliches Zeichen, dass sie vom Hundred beauftragt sind **2o**) Denselben Sinn der Urteil findenden Gerichtsoberen hat auch *burgwitan* (Toller), viell. *lahwitan* (*s.* Lagamen 6a); und nach einem Prediger um 1000 büsse, wer Landesbusse nicht leistet, *swa scirewitan geceosan;* Var.: *swa se scirbisceop and eal scirwitan deman; Homil. n.* Wulfstan 172f. **2p**) Auch im Schiedsgericht ordnen *witan* die Zahlungsfristen der Wergeldsühne; II Em 7 = Wer 6 = Hn 76, 5a. 93, 37. Zwischen Gutsherrschaft und Hintersassen setzen *witan gerihtu* (Weistum) fest; Ger 1 **2q**) Wo das Gericht als Ganzes handelnd erscheint, fungierten vielleicht immer nur Richter und der *o.* d — o genannte Ausschuss. Doch erhellt nirgends dessen Zusammensetzung oder Zwölfzahl (*u.* 6), und erlauben alle Stellen die Deutung, dass er noch von Fall zu Fall wechselnd bestimmt ward, nicht aus dauernd Beamteten bestand; anders als bei Lagamen 2. 3b. 4—c. Ebenso Rintelen (*o.* 1a) 565 **2r**) Dass ~ nur da entscheiden, wo die Rechtsfolgen, je nach konkreten Umständen verschieden, nicht von vornherein feststehen, bes. auch über das Strafmass (Rintelen 562), scheint mir aber weder erweislich noch auch möglich anzunehmen. Solche Rolle spielt eher der Bischof; *s. d.* 9ff. **2s**) Das *folcmot* bezeugt die Anmeldung der Kauffahrtleute beim Königsvogt; Af 34 **2t**) Nicht etwa letzterer allein, sondern das Hundred ordnet Volksrecht an, bestimmt Termin der Urteilserfüllung (Hu 7 = III Eg Pro), urteilt; Hu 3. II Cn 27. Das Hundred würde auch nicht II Cn 15, 2 Strafgeld für Ungehorsam gegen sein Urteil empfangen, wenn es nicht daran beteiligt war. Möglicherweise sind unter Gericht neben dem Richter überall ~ zu verstehen **2u**) Viell. sind auch die Kaufzeugen und die Zeugen der Strafgeldeintreibung (II Ew 2) wenigstens im Personal mit den ~n identisch **N 3**) Deutlich dem Richter gegenüber und für ihn zum Urteil notwendig erscheinen die ~ in Normannenzeit. Zu dem 'Hundred' als bei Cnut (*o.* 2t) entscheidendem Urteiler setzt 'oder den ~n' hinzu; Hn 34, 5; *u.* 17c. Sie erscheinen im Gericht des Königs und Königsrichters, in Grafschaft, Hundred, Stadt und niederem Lokalgericht (34, 1a), sowie auch im Gericht des Lehnsherrn (wo des Herrn *homines et amici* ~ sind; 86, 1), sowohl im Strafprozess wie im Streit um Grundbesitz **3a**) Aus Kanonistik zwar fordert Hn: *Inoffensus esse debet iudicum affectus, non suspectus,* aber statt *iudicum* (~) bot jene: *accusatorum et testium* 28, 2. Neben trugloser Justiz fordert *iudicium rectum* [also gerechte Urteilfindung] von allen Staatsbürgern der Londoner Reformer um 1200; Wl art retr 9 **4**) Das Gericht (*s. d.* 23) zeigt neben Richter und ~n auch drittens den Umstand des Volkes; Hn 7, 2 **4a**) Neben den *lagamen* (*s. d.* 3) geben dem Richter ein Leumundszeugnis *meliores homines de burgo, hundredo, villa* [entweder Umstand oder überhaupt ohne gerichtliche Beziehung ausgewählt]; ECf 38, 2 **4b**) Die ~, ebenso wie der Richter, *in iudicio resident,* im Ggsatz zum Umstand; Hn 59, 9 **4c**) Wo im Gericht (*s. d.* 21ff.) das Volk als massgebend erscheint, sind ~ gemeint **5**) Nie kommt (wie bei festländischen Germanen) ein ~ oder ein Vorschlager des Urteils oder ein Gesetzsprecher in England vor: *Nemo solus presumat — vel ab aliquo* (Gerichtsherrn) *cogatur — iudicium celebrare* (*o.* 1c); Hn 32, 1 **6**) Als Zahl der ~ ist für Lagamen (s. *d.* 2. 4. a. b), Geschworene (*s. d.* 1. a. 4) und mehrere den Schöffen (*s.* London 46a. b) ähnliche Kollegien 12 bezeugt, bes. für die Denalagu. Ein Mehrfaches *u.* 7a. [Norwegens 12 ~: Rintelen (*o.* 1a) 570] **6a**) Keine ganz kleine Zahl ~ erschien notwendig, da bisweilen mehrere Hundreds (*s. d.* 15 — c) wegen *penuria iudicum* zusammenwirken mussten; Hn 7, 5 **7**) Der Gerichtsherr stellt die ~ auf; 32, 3. 33, 1. 34, 1a. 86, 1. In Yorkshire ernannte vor 1130 fürs Grafschaftsgericht der Kronrichter die ~: *iudices et iuratores Eboraciscire debent lib.* 100, *ut non amplius sint iudices nec iuratores;* Pipe roll Hen. I. p. 27f.; *vgl.* Stubbs *Constit. hist.* I 397[1] **7a**) Um 1150 berichtet ein Chronist über Ende 10. Jhs. offenbar den Brauch seiner Zeit: *Foro* (dem Gericht über Landeigentum) *aldermannus* [Æthelwine, † 992] *et regis praepositus iudices* (als Richter) *præsidebant; 36 barones de amicis utriusque partis pari numero electos* (= ernannt, nicht durch die Partei, sondern die Richter) *iudices* (als ~) *constituerunt, qui causam iudiciali sententia dirimerent;* Hist. Ramesei. ed. Macray 79 **7b**) Dagegen der Vert. von Quadr und Hn kennt, neben fest [vom Gericht] bestellten ~n, auch von der Partei erwählte ~: *utriusque partis communiter vel partiliter electi sint sive constituti iudices;* Quadr Ded 25 **7c**) *In quibusdam locis utrimque eligitur iudicium* (Kolleg der ~), *medietas ab* jeder Partei [*vgl.* Lagamen 2 und Nord. Schiedsgericht mit von den Parteien hälftig zu ernennenden ~n; Amira 160]; *in Westsexa sunt iudices constituti, advocati* (erstens feststehende, zweitens von jeder Partei herangezogene); Hn 31, 8; 8a **7d**) *Iudices non debent esse nisi quos impetitus elegerit,* zwar aus Kanonistik, aber *iudices* als ~ meinend; 33, 5 = 5, 5; *vgl. iudicum electio* 5, 1a. Der Beklagte darf sein Einverständnis mit der Wahl der *iudices* verlangen; 5, 3a 31, 6. Der verklagte Bischof *comprovinciales et a se electos iudices non refutet;* 5, 24 **7e**) Dieser Verf. warnt vor Bestechung (Bosheit) der *iudices,* einmal neben *gravionum* [= *gerefan*] *pravitas,* also deutlich ~ meinend; 7, 2. Das andere Mal wahrscheinlich auch, obwohl die Quelle an Richter dachte; 28, 2 **8**) Gegen verdächtige ~ übt die Partei Appellation od. Urteilschelte; *s. d.* 6 **8a**) Niemand unter 15 Jahren kann ~ sein; 59, 9 **9**) Die ~ müssen aus derselben Gegend mit dem Angeklagten, oder Nachbarn, und mindestens Standesgenossen (*s. d.* 7a. 8a) sein; z. T. aus Kanonistik; 5, 11c. 31, 7. 32, 1a. 33, 1 **10**) Die ~ der Grafschaft sind dortiger Adel (*s. d.* 30a) und Lehnsträger privilegierter Güter; 29, 1; 1c. Aber nicht bloss unmittelbare Kronvassallen, denn Aftervassallen können über ihren Herrn, freilich nur, wenn dieser es nicht verbietet, im Kronprozess ~ sein u. Urteil sprechen; 30. 32, 2. Die ~ seien *optimates;* 9, 9; Bauern, Kötter, Arme, Niedrige seien nicht unter *legum iudices*. Das Gericht gilt auch, wo solche nicht vorgeladen waren; 29, 1a **10a**) Wo sich untere ~ im Lokalgericht inkompetent erklären, warten sie bis *senatores* als ~ [vermutlich Witan höheren Ansehens] anwesend; 29, 4; *vgl.* Stubbs (*o.* 7) **10b**) Der gegen seinen Mann klagende Herr darf zu ~n seine Ratsleute aufstellen; 32, 3 **10c**) Der Mann kann nicht ~ über den *ligius* (*s. d.* 9) sein **11**) Die ~ sind zum Urteilspruch dem Gerichtsherrn gegenüber (32, 1) verpflichtet und fallen ihm in Geldstrafe, wenn sie den Richter, von ihm befragt, ohne solchen in Stich lassen. Zum Eide der Unfähigkeit kann sie der Gerichtsherr nicht zwingen. Nur Bauern bleiben von Strafe für Nichtabgabe des Urteils frei; 29, 1b; 4 **11a**) Das Amt raubt Zeit, kostet (durch Reisen) Geld, bringt Hass (der Verurteilten), Gefahr der Strafe bis zur Vermögenseinziehung für falsches (*s. d*) Urteil und wird daher gemieden; *o.* 7; Gericht 22 **12**) Im Falle die ~ uneins (*o.* 2d), entscheidet Majorität (*plurimi*), oder Ansehen (*meliores*), neben dem Richter (Brunner I² 207[59]); Hn 5, 6. 31, 2; *vgl.* Geschworene 1a **13**) Die Richtschnur der ~ sind [geschriebene samt Gewohnheits-]*leges;* ECf 34, 1. Die von Wilhelm I. [angebl.] zum Weistum berufenen Agsa. bitten, er möge sie nicht zwingen, die ihnen unbekannten *leges suscipere et iudicare de eis* [Urteil zu finden gemäss fremdem Rechtsstoff]; ECf Pro **14**) Wenn auch in Normannenzeit der Kronbeamte Polizei u. Justizverwaltung mehr (als *o.* 2d) übernahm, blieb den ~n doch ein weiter Spielraum **15**) Durch ~ wird *lex iudicata* (Beweisurteil [*s. d.*] bestimmt); Hn 26, 4. Das *sacramentum iudicat*[*ur*] *in civitate* (der Reinigungseid des Londoners wird durch ~ in der Stadt bestimmt); Hn Lond 3 **15a**) Hält der Richter (*iusticia*) den Wirt eines Missetäters mitverdächtig, so muss sich der Wirt reinigen *iudicio hundredi vel syre* (nach Spruch der ~ des Hundred oder der Grafschaft); ECf 23, 4 **15b**) Der ehrliche Käufer gestohlener Fahrhabe reinigt sich von *mala fides iudicio comitatus* (nach Spruch der ~ der Grafschaft); 38, 3 **15c**) Die *iudices* überwachen das Ordal des Kaltwassers; *s. d.* 4 **15d**) Beim Ordal sei der Vertreter geistlichen Gerichts, und *iusticia regis cum legalibus hominibus provinciæ illius;* ECf 9: dies nicht notwendig nur ~, sondern auch anderer gerichtsfähiger Umstand **16**) Die ~ geben das Endurteil. Bei Totschlag durch einen einseitig Verwandten, bei dem die dem letzteren nicht verwandte Sippe des Erschlagenen Wergeld fordert, *sapientum* (= Witan = ~) *hoc iudicio secundum genus* (Geschlechtswert des Erschlagenen) *componatur;* Hn 75, 5b **16a**) *Sapientum antiquae diffinitiones* (Vorentscheidungen früherer ~, wohl nicht 'alte Witan-Gesetze') bestimmen die Busse für Verhexung, die entstellt oder krank machte, ohne zu töten; 71, 2 **16b**) Den Erbstreit zwischen natürlichem Erben und dem durch Adoption (*s. d.* 1) eingesetzten *sapientum iudicio terminetur;* 88, 15 **17**) ~ entscheiden, ob ein Kriminalprozess nach Leugnung des Angeklagten sofort zu beenden oder aufzuschieben sei; 61, 18b **17a**) Sie verfügen über Bestellung prozessualer Sicherheit: sowohl Prozessualpfand (*s. d.* 10) und Bürgenstellung wie Verhaftung trifft den wegen Kronprozess Verklagten, aber dazu nicht Vergeladenen nur *per iudicium;* 52, 1a; c **17b**) Die ~ messen die Strafe ab. Die Freibürgschaft zahlt dem *iusticia* Strafgeld, wenn ihr ein Verbrecher entfloh, *secundum quod legaliter iudicatum fuerit eis;* ECf 20, 4 **17c**) Bei absichtloser Missetat *iudices statuant* leichtere Busse; Hn 90, 11d **17d**) Sie bestimmen, ob der Verabsäumer einer Vorladungsbestellung nur Schadenersatz leide oder auch Ungehorsam verwirke; 42, 1 **17e**) Wenn in einem vom Richter (*iustitia*) angesetzten Prozess jemand ihn durch Widerklage zu verschleppen sucht, verliere er ihn und leiste Genugtuung, wie *hundreto* [soweit Cnut] *vel iudicibus* gut scheint; 34, 5; *o.* 3 **18**) Da ihre Zuständigkeit also ebenso weit reicht wie die des Richters, nur dass dieser sie durch Terminanberaumung erst in Bewegung setzt, überwacht, autorisiert und z. T., bes. in Normannenzeit, ihren Spruch verwirklicht, so ist es kein Wunder, wenn lose Rede beide oft vermengt

Urteilschelte *s.* Wb *forsacan, wemming, wierdan*[?]; *calumnia* [*vgl.* Afz. *chalonger*], *contradicere, refragare, refuser* [*blasphemare iudicium* Brunner I² 256[1]. II 356[6]; *non adquiescere;* ders. *Forsch. z. GDR* 135] **1**) Die ~ gegen den Spruch des Ealdorman und Gerefa soll unter Ælfred häufig gewesen sein; *s.* falsches Urteil 6 **2**) **N** Nicht das Urteil, sondern schon vór diesem die Richter schilt, wer sie verdächtig hält und appelliert (*advocat*); diese Wörter nimmt aus Kanonistik Hn 31, 6 (= verstümmelt 5, 3a), der aber *aut contradicat* hinzufügt, Worte die er sonst für ~ gebraucht **3**) *forsacan, refragare* heisst 'den Gerichtsbeschluss zu befolgen weigern' auch allgemeiner, nicht bloss ~ durch den Verurteilten, so III Em 6, 2. Hu 3. III Eg 7, 2 = II Cn 25, 2; diese Stellen sprechen von einem Strafvollzuge (*s. d.* 4) des Gerichts gegen einen dritten, den jemand mitzumachen verabsäumt **3a**) Dieselben Ausdrücke braucht, meint aber (gemäss *u.* e nach Brunner II 356 und Pol Mai II 663) ~, Cnut: wer richtige Satzung und rechtes Urteil zu befolgen weigert [so allgemeineren Sinn versteht Schmid 638], verwirkt in Denalagu Rechtsbruchbusse, im übrigen Englischen Rechtsgebiet gegenüber königlichem Gerichte 120 Schill. [Ungehorsam] oder gräflichem 60 (Var. 40) oder dem Hundred 30 oder jedem der drei je diese Summe; II Cn 15, 2f. = Leis Wl 42—42, 2 (mit verderbten Summen) = Hn 34, 3 **3b**) Statt *forsacan* steht aber *laga wierdan* (ohne *dom*) in Cnuts offenbar die gleiche Missetat treffen wollender Stelle 15, 3. Und dies bedeutet sicher nicht ~ an den anderen Stellen VI Atr 34. 50 = Northu 66 = 46. II Cn 83, 1; 1f. **3c**) Jene 120 bzw. 30 Schill. können vielmehr darstellen den 'Ungehorsam' (*s. d.* 18. 25b) für dreimalige Weigerung der Rechtserfüllung gegenüber königlichem bzw. Hundredgericht **3d**) v. Schwerin trennt auch in Deutschem Recht Widerspruch gegen das Urteil von ~; *Altgerman. Hundertsch.* 145 **3e**) **N** Als ~ versteht Cnuts Stelle wie Cons, so der

Verf. von Q und Hn: wer ordnungsmässig gehaltenes und gesetzmässig abgegebenes *iudicium improbaverit*, verwirkt Ungehorsamsbusse, 50 Schill. [Normannisch] im königlichen Gericht, wenn gegenüber dem Grafen oder Hundred 60 bzw. 30 Schill. aus 5 Pfg., gegenüber jedem Gerichtsherrn je nach dessen Ungehorsamsbusse; Hn 34, 3 **4)** Die Durchführung der ∾ muss Verurteilter sofort nach Urteilsabgabe durch Prozessualpfand versprechen; 33, 2f. 34, 4 **4a)** Dass die ∾ sofort erfolge, fordern auch andere Germanen; Brunner II 357; bevor der Verurteilte *vertat articulos, ubi talones steterunt;* aus Schottland, 15. Jh., Bateson II 19 **4b)** Auf eine später erfolgende ∾ hin wird der Prozess nicht wiederaufgenommen, besonders nicht wenn dem Verurteilten richtige Vorladungsfrist gewährt, und sein Herr oder dessen Vertreter [behufs Rates] anwesend gewesen ist; Hn 33, 2a **5)** Ungerechtes Urteil kann gescholten werden, wenn durch autoritativere Urteilfinder die Schelte gestützt wird; 33, 2 **5a)** Falls, wie sonst, mit *weming* nur ∾ gemeint ist, so müssen gegen jeden Finder des bisherigen Urteils zwei desselben Ranges das neue Urteil abgeben, damit die ∾ gelinge; 67, 2. Der Satz steht zwar im Zusammenhang der Eideshilfe, und vielleicht kann *weming* auch Schelte der Eideshelfer bedeuten; allein ein Helfereid als Beweismittel im Scheltungsverfahren ist wenigstens anderen Germanen bekannt; Brunner II 359 **6)** Der im Lehngericht Verurteilte *conqueritur et contradicit et molitur apud iusticiam [regis];* Hn 59, 14 **6a)** Der private Gerichtsherr läuft Gefahr, dass ein Prozess aus seinem Gericht an höhere Instanz übergehe, wenn er nicht durch gesetzliche Urteilfinder sorgt für eine Justiz, *cui contradici non possit;* 33, 1 **6b)** Auch im Frankenreich entscheidet über die ∾ ein anderes Gericht und zwar der Königsrichter; Brunner II 361 **6c)** *Iniustum iudicium*, d. h. der Prozess über falsche Urteilsfällung, gehört zum Kronprozess; Hn 10, 1 **7)** Falsche ∾ kostet Wergeld an den Königsrichter und 20 Mancus (= 'Ungehorsam') wegen falscher Klage; 59, 14 **8)** Unscheltbar ist *recordatio curiae regis* 49, 4; *s.* Gerichtszeugnis 3f. **8a)** Ein Bischof fällt in schwere Geldbusse, weil er *falsificat iudicium* der Curia regis a. 1081; Herm. *Mir. s. Edm.* ed. Liebermann *Anglon. GQ.* 256

Urteilserfüllung *s.* Rechtsgang 22; Beweis; Rechtsweigerung

Urzustand *s.* Goldenes Alter

utfangen þeof *s. infangen*- 11a

V.

N Vassallität. Alles aus der Zeit vor 1066, ferner was sich nur übersetzend oder ausführend an Agsä. Stellen anschliesst, *s.* unter 'Gefolge, Gefolgsadel'. Hier nur selbständige Belege aus Normannenzeit. *Vgl.* Adel, Aftervassall, Ligius, Lehnwesen; Mannschaftseid, Mannbusse, Heergewäte

1. Wort. 2. *Vavassor; baro dominicus.* 3. Lehnbesitz. 4. Herrenlose. 5. Vassall mehrerer. 6. *Dominus in capite.* 7. Treue. 8. Grenze der Pflicht aus ∾. 8b. Kampf, 9. Widerstand gegen den Herrn. 10. Missetat auf des Herrn Befehl. 11. Keine Fehdelast aus ∾. 12. Bürgschaft für Herrn. 13. ∾ und Nachlass des Herrn. 14. Zeugnis für den Herrn. 15. Rat. 16. Urteil über den Herrn. 16a. Verleumdung. 16b. Suche fremden Schützers. 17. Herrschaftliche Gerichtsbarkeit gegen den Mann. 18. Schutz gegen fremde Kläger. 19. Haftung für den Mann. 20. Rache für ihn. 21. Wenn der Herr den Mann tötet. 22. Herr beerbt Vassallen, bevormundet dessen Kinder, beschränkt Fehde zwischen Vassallen.

1) *S.* Wb *homo, dominium, hume, seignur(age);* Agsä. Wörter *s.* in obigen Artt. **1a)** *vassallus* kommt in *Gesetzen* nicht vor, aber bei Asser und in Urkk. angeblich Agsä. Zeit; *vgl.* auch über *senior* Gefolge 2h **2)** *vavassor* heisst im weiteren Sinne Vassall, Lehnsträger allgemein, den Kronvassallen mit umfassend, Hn 26, 3. 27 und Rb. (desselben Verfs.) zu *militibus qui per loricas terras suas deserviunt* CHn cor 11, I 544 Q; in Suffolk steht es für den kleinen Tenens in capite (Domesday II 445ff.), gleich *miles* 1128 in Normandie; Haskins *EHR* 1907, 640 **2a)** Im engeren Sinne bedeutet es Aftervassall, im Ggs. zum Kronvassallen; Hn com 3, 1; 2. Hn 7, 2. Leis Wl 20, 2; *vgl.* Pol Mai I 152. 532; Schröder *DRG*[5] 163 [*subsessor* für Aftervassall in Schott. Urk. 1114—24 bei Lawrie *Early Scot. char.* 48]. Über Aftervassallen in Normandie vor 1047 *vgl.* Haskins (*o.* 2) 644; *vavassoria* kommt im Ggs. zu Baronie u. Ritterlehn vor in Normandie; *EHR* 1907, 38. Im Domesday wohnt auf dem Lande eines Kronvassallen, des Rechtsnachfolgers eines Bocland-Besitzers, *quidam vavassorius* mit 2 Kühen [offenbar ein ganz kleiner Mann]; I 53a 2 **2b)** *Baro* kann sowohl Kronvassall allein bedeuten (*s.* Adel 6a. 33d β), wie auch = *vavassor o.* 2 den Aftervassallen mitbegreifen; Hn 9, 11. 21. 80, 9b. 94, 2b **3)** Der Baron und Vavassor ist stets adliger Gutsbesitzer: beim Grafschaftstage *intersint episcopi, comites,* Beamte, *barones, vavassores et ceteri terrarum domini;* 7, 2 **3a)** Jeder Lehnsmann ist auch Vassall, aber keineswegs jeder Vassall trägt ein Lehn; auch im Domesday ist die Kommendation oft nur persönlich, ohne Grundbesitz zu betreffen; Round *Victoria County Hist. Essex* I 359. Aber mit der Entziehung des Lehns kann auch ∾ enden; *s.* Lehnwesen 15a **4)** Leute ohne Herrn, die, sofern sie auch besitzlos, schon für das 10. Jh. nur als tadelnswerte Ausnahme vom Gefolge (*s. d.* 9ff.) gelten, begegnen noch um 1114: nicht alle Einwohner Englands sind Vassallen, sondern neben *regii, ecclesiastici, baronum homines* leben auch *acephali et pauperes;* Hn 21 **4a)** Vielleicht in ∾, aber vermutlich unter anderen besonderen Eiden, stehen die Mietlinge und Söldner des höheren Adligen; *s.* Bürgschaft 3n **5)** Man kann Vassall mehrerer Herren und Vassall des éinen Herrn und *serviens* des Königs oder *ministrator* eines anderen Adligen sein (Hn 61, 4) und Gerichtsuntertan eines dritten; 43, 4 **5a)** Selbst höchster Königsschutz durch Handfrieden (*s. d.* 9) entbindet nicht vom *servitium dominorum;* ECf 26, 1 **6)** *Dominus in capite* heisst der unter dem König höchste Vassallitätsherr, der Kronvassall, von dem die Aftervassallen abhängen; Hn 75, 3a; das Wort ward in Agsä. Zeit hinauf projiziert; *s.* Lehnwesen 4 **7)** Die ∾ steht wie die Treue im Agsä. Gefolge (*s. d.* 10c) unter religiöser Weihe; Herrenverrat (*s. d.* 2) wird auch kirchlich perhorresziert **8)** Die Pflicht des Mannes aus ∾ ist sittlich und staatlich begrenzt; *s.* Mannschaftseid 2f; Königstreue 7a. 8; Gefolge 10a **8a)** Er soll Leben und Ehre (samt weltlichem Gut) des Herrn verteidigen [nur nicht gegen König oder *ligius* (*s. d.* 1b)]; *vgl.* Gefolge 15ff. **8b**) Der Mann darf nicht gegen den Herrn kämpfen; Hn 83, 1 **8c**) Grausamste Todesstrafe trifft Herrenverrat (*s. d.* 12); selbst Notwehr (*s. d.* 7c) entschuldigt nicht. Also auch gegen seinen dem Staate rebellischen Herrn darf der Mann nicht bis zu dessen Vernichtung kämpfen: hiergegen wohl erlaubt Glanvilla den Kampf gegen den Herrn in Notwehr [*vgl.* Sachsenspiegel III 78, 6. ABR.] und auf Königsbefehl; IX 1, 5 **8d**) Erschlägt der Mann einen Verwandten oder Beamten seines Herrn, vollends in des letzteren Hause oder gar Gegenwart, so muss er [ausser Totschlagstrafe, Mannbusse, Wergeld] dem König Ungehorsamsbusse entrichten oder kann, wenn er nicht adlig ist, arge Verstümmelung leiden; Hn 80, 9a; b **9**) Der Mann soll *contumeliam vel iniuriam* in der Lehnzurückziehung durch den Herrn eine Zeit lang ertragen (43, 9; *s.* Lehnwesen 15a), **9a**) obwohl ungerecht vom Herrn gepfändet, keine Pfandkehrung (*s. d.* 3) üben **10**) Der Herr kann vom Manne fordern, dass dieser jemanden schlage, fessele, verwunde oder gegen jemn. Pfandkehrung (*s. d.* 4) übe, und er kann dies, aber nicht Kriminelles, gewährleisten; *s. d.* 5. a. b. **10a**) Ein Totschlag in gemeinschaftlicher (*s. d.* 11) Missetat *cum domino vel preposito* (als dem Führer) kostet [allen Vassallen oder anderen Leuten éine] Fechtstrafe und Mannbusse; der Führer trägt also die Verantwortung **10b**) Totschlag (*s. d.* 3a A) *in defensione domini* kostet nur Kirchenbusse **11**) Wurde der Herr Totschlags schuldig, so trifft Gefahr der Blutrache (*s. d.* 5f) nicht dessen *clientela, homines vel servientes* **12**) Der Mann muss Bürgschaft (*s. d.* 11) für den Herrn leisten **13**) Für intestat Verschiedenen bestimmen das Seelgeräte *legitimi homines; s. ligius* 11 **14**) Gerichtszeugnis (*s. d.* 2a) gilt nur durch Dingzeugen *alterius dominii;* Leute der Partei gelten also als befangen **15**) Der Mann schuldet dem Herrn *observatio consilii* [wohl nicht 'Befolgung des vom Herrn gegebenen Rates', sondern] 'Teilnahme am Ratschlagen des Herrn' mit dessen Vassallen (*o.* 13); Hn 55, 3. *Vgl.* Reichsrat 1d **16**) Der Mann darf nicht Urteilfinder (*s. d.* 10) gegen seinen Herrn sein, wenn dieser es verbietet **16a**) Die Agsä. Strafe der Zungenausreissung für falsche Kriminalklage münzt besonders auf die abscheuliche Verleumdung (*s. d.* 3a) des Herrn beim König oder sonstigen Richtern durch den Mann Hn 34, 7a. 59, 13 **16b**) Sucht sich der Mann einen Beschützer gegen den Herrn oder verletzt sonst die ∼streue, so verwirkt er das Lehn; *vgl.* Lehnwesen 15b. Dieses Suchen eines Beschützers gegen den Herrn [vielleicht las Leis Wl *cuntre seinur* statt *cartre faire*] verbietet den Gutshörigen Leis Wl 30 **17**) Wo der Herr über die Vassallen Gerichtsbarkeit (*s. d.* 41) besitzt, geniesst er gegen sie Anklageprivileg (*s. d.* 2) und das Recht des Terminaufschubs (*s. d.* 10b) und der Gerichtsversäumnis; *s. d.* 10a **17a**) Entlassung des Vassallen ohne Grund bringt dem Herrn Schande (Hn 57, 8); entzieht der Herr ihm sein Lehn, so büsst er dessen ∼ ein; *s.* Lehnwesen 15a **17b**) Der private Gerichtsherr darf gegen den Mann nur vor seinen Leuten und Freunden (*s.* Urteilfinder 3) klagen, nicht etwa aussergerichtliche Selbsthilfe üben; Hn 86, 1 **17c**) Der *de felonia* (*s. d.* 3) *vel fide mentita* vom Herrn Verklagte braucht bis zur Reinigung hiervon keiner anderen Klage jenes zu antworten; 53, 4 **17d**) Klage (*s. d.* 16) des Herrn gegen den ihm Geld schuldigen Mann geht sogar der des Königs vor; 43, 1a **18**) Der Herr schützt den Vassallen in dessen Verhältnis zu Klägern, auch zu Staat und Kirche. Jeder Herr halte seinen *hominem* so, dass er für dessen *defensio* keinen Schaden leide; 57, 8 **18a**) Der Herr erteilt Beklagtem Rat (*s.* Rechtsgang 16a—17b), und seine Abwesenheit im früheren Prozess erleichtert letzterem die Wiederaufnahme des Prozesses (33, 2) und sichert sie ihm, sofern es sich um Lehn von diesem Herrn handelt; *s.* Grundbesitz 15c **18b**) Erlaubte Heimsuchung (*s. d.* 2a) hat zur Voraussetzung Anzeige an den Herrn des zu Befehdenden [offenbar, damit jener vermittle] **18c**) Der Herr und dessen Dienst entschuldigt des Mannes Gerichtsversäumnis (*s.* Sunne 2F), auch der Oberlehnsherr gegenüber dem Gericht des direkten Herrn; Hn 61, 6a **18d**) Der Bischof muss dem *senior* die Exkommunikation des Mannes mitteilen; Fränkische Exeem I 21 **19**) Der Herr trägt Haftung (*s. d.* 7d) für die Missetat des Mannes, doch nur vermögensrechtlich; *s.* Gefolge 19—20a **19a**) Der Baron verbürgt seinen Ritter und Hofbeamten, dieser wieder seinen Knappen und untere Dienstleute; *s.* Bürgschaft 3c **20**) Ist jemand erschlagen, so fordert der Herr das Wergeld (oder übt Blutrache; Hn 88, 9a) für ihn und die Auslieferung der Leiche (*s.* Tote 8), versprechend, für dessen Schuld aufzukommen; 74, 3. Nur in Ermangelung der Sippe erhält das Wergeld der Herr nach 88, 13a. ECf 15, 7 **20a**) War der Erschlagene Franzose, und blieb der Mörder unentdeckt, so haftet zunächst der Herr jenes für Murdrum; *s. d.* 11 **20b**) Der Herr (und, wo mehrere Herren sind, der *ligius*) empfängt für den erschlagenen Mann Mannbusse (*s. d.* 1. 6), für dessen Kränkung 'Schutz' (*s. d.* 21) gebüsst oder 'Ungehorsam' (*s. d.* 25ff.), falls beide Parteien einer Rauferei seine Leute waren; Hn 94, 1a **20c**) Er erhält *relevium* vom Erben des Vassallen; *s.* Heergewäte 12b **21**) Der Herr, der den Vassallen tötete, zahlt an dessen Sippe Wergeld [neben Strafe, wenn kriminell]: *ad serviendum, non ad occidendum suus erat*; Hn 75, 3. Die Mannbusse (*s. d.* 12a) fällt in diesem Falle fort **22**) Der Herr beerbt den sippelosen Mann und muss erst im 12. Jh. vom beweglichen Nachlasse verstorbener Vassallen und von der Verteilung des intestaten ausgeschlossen werden; *s.* Erbgang 15aff. **22a**) Recht des Herrn über Vormundschaft und Eheschliessung der Vassallenkinder *s.* Lehnwesen 13 **22b**) Den Grundsatz, dass der Baron in Relevium und Vormundschaft den Aftervassallen behandele, wie ihn die Krone, proklamiert CHn cor 2, 1. 4 **22c**) In Fehde (*s. d.* 1) zwischen seinen Vassallen kann der Herr verbieten, das von ihm Entliehene zu schädigen

Vater *s.* Wb *fæder*, *pedre.* Im Sinne 'Gott' *s. d.* 5, Dreieinigkeit **N 1**) Nach dem ∼ bestimmt sich der Stand (*s. d.* 6) des Kindes, samt Wergeld und Rasse; *s.* jedoch unfrei 4a **2**) Vom ∼ als Haupt der Familie (*s. d.* 2ff.) her geht der Erbgang (*s. d.* 12a);

Wl Lend 3 2a) Die Rüstung vom verstorbenen ∾ (s. Heergewäte 1. 12a. b) gibt dessen Sohn als Lehnsmutung dem Herrn; Leis Wl 20, 2 3) Der ∾ ist der Vormund der Kinder (s. mündig 13f.), sorgt für deren Taufe (s. d. 3), verantwortet die Taten Taubstummer (s. d. 2), verfügt über die Eheschliessung (s. d. 2n. 7) der Tochter, straft Unzucht und Ehebruch (s. d. 8) mit ihr 4) Er kann Kinder zu Sklaven verkaufen; s. Verknechtung 5. *Vgl.* über väterliche Gewalt bei Agsa. Kent *Teutonic antiq.* 40 4a) Für seine Missetat haftet die beistimmende Familie; s. d. 2 4b) Seine Haftung für diese *ebd.* 7 5) Auf die Rechtsverfassung unter dem ∾ und Vorgänger an der Krone beziehen sich die Könige IV Eg 2a. VIII Atr 7. 37. 43 6) In der Thronfolge geht nicht immer der noch lebende ∾ dem Sohne voran: König Ine gibt Gesetze 'mit Lehre meines ∾s Cenred'; Ine Pro 7) Wer den ∾ durch Zufall getötet hat, tue Pönitenz 15 Jahre, wer mit Willen, bis zum Tode; Hn 68, 9; *vgl.* Verwandtenmord 7a) Ehren und Misshandeln der Eltern s. d. 2

Vatersbruder erhält neben Kindern und Brüdern des Erschlagenen Anteil am Halsfang (s. d. 2) für ihn; Wer 5. [Er wird unter Empfängern des Wergelds ausgezeichnet auch bei den Friesen; His 227]

Vatersippe s. Sippe 8

'Vater unser'-Gebet s. Wb *Pater noster* 1) Besitzt magische Kraft I Cn 22. 22, 2; *vgl.* Kemble *Saxons* I 378 1a) Auf den Geweihten (s. d. 6) Bissen schreibt der Priester *Pater noster* 2) Beim Kirchenbann-Verkünden wird ∾ ∾ gebetet; Excom IV 15 3) ∾ ∾ enthält 7 Bitten [*vgl. Ancren Riwle* 30, 109] fürs irdische und jenseitige Leben; Christus sang es und lehrte es den Jüngern; aus Wulfstan I Cn 22, 1—3 4) Glaubensbekenntnis (s. d.) und ∾ ∾ soll jeder Christ können

Veranlassung s. Anstiftung; Absicht, Fahrlässigkeit, Gefährdeeid, Zufall; Haftung; Todesursache

Verantwortung s. gewährleisten, Haftung; mündig; Rechtsgang [besitz

Veräusserung s. Handel; Grund-

Verbalinjurie s. Ehrenkränkung, Verleumdung; Klage 3. 7

Verbannung s. Wb *wræcsið, wræcnian, (eard)wreca; afiersian, fysan, gewitan; forisbannitus, expellere, exul, eissiller. Vgl.* Friedlosigkeit, Abschwören, Verpflanzung, Pilgerfahrt, Heimat 1) Die vollkommene ∾ ist eine Abspaltung der Friedlosigkeit [s. d. 9; *vgl.* Brunner II 593; Schreuer *Verbrechenskonk.* 268]; diese wird aufgehoben, wenn der König dem Verbrecher 'die Heimat erlaubt'; Hu 3, 1. Ob *landcop* Wiedereinkauf ins Land nach ∾? *vgl.* jedoch Grundbesitz 12 1a) Sie erscheint erstens in der Form der Pilgerfahrt (s. d.) als Busse, zweitens in freiwilliger Flucht (s. friedlos 9), drittens in Abschwören (s. d. 3) der Heimat, viertens im Verpflanzen (s. d.) in andere Landesgegend. Im folgenden wird nur fünftens die behördliche Austreibung aus dem Lande behandelt 1b) Diese unterscheidet sich von Friedlosigkeit, weil sie nicht immer sich mit Vermögenseinziehung verbindet, vermeidbar durch künftige Besserung, also wenigstens zunächst blosse Drohung bleibt, zumeist moralische, geistliche Sünden trifft, teilweise von Beamten ohne Gericht verhängt werden kann 1c) Zweck der ∾ ist die Säuberung des Landes, über das sonst Gott ergrimmen könnte; s. Strafe 10e 2) Fremde, die bei ausserehelichem Geschlechtsverkehr beharren, sollen ausser Landes weichen ungefront (ohne Vermögenseinziehung); Wi 4 = II Cn 55 3) Unecht ist die Urk. über den wegen Missetat *de patria in exilium missus* a. 780 Birch 235 3a) Die Regierung sprach seit König Eadwig, bes. seit Æthelred II. bis 1106 über polit. Parteigegner Friedlosigkeit aus, begründet wohl auf Hochverrat, die aber zur ∾ mit Vermögenseinziehung, doch ohne Todesgefahr, abgeschwächt war; *Ann. Agsax.* 975. 1002; *vgl.* Steenstrup *Danelag* 255; meinen Art. in *Brunner Festschr.* 30. Diese milde Acht der Landesverweisung kommt im Norden vor; Heusler *Strafr. Isländ.* 154 4) Magier, Meineidige, Mordstifter, Huren jage man, wenn sie nicht büssen, ausser Landes oder vertilge sie im Lande; EGu 11 = VI Atr 7 = II Cn 4; auch Totschläger, Klerusverletzer, Ehebrecher, kirchlich Abtrünnige und bürgerlich Geächtete nennt in diesem Zusammenhange II Cn 4, 1. 6, die gegen Kirche und Staat Widerspenstigen Cn 1020, 10, Götzendiener VI Atr 7 L. Der Staat soll von diesen gemeinschädlichen Seelenverderbern (Lasterhaften VIII Atr 40 = II Cn 7, 1) gesäubert werden. Ähnlich *Hom. nach* Wulfstan 310. 266. Dass Unzucht (s. d. 10) je mit Tode bestraft worden sei, ist unglaublich. Auch lautet obige Drohung ja nur bedingt 4a) Fränkische Bussordnung erlaubt, die Busse für Ehebruch in ∾ zu wandeln; Rosenthal *Rechtsfolgen des Ehebruchs* 57 **N** 4b) Flandrische Ketzer wurden 1166 gepeitscht, gebrandmarkt und *regno expulsi* (*urbe eiecti, effugati disparuerunt in Normanniam*); Pol Mai II 546 5) Wer jemanden vergiftet hat, werde getötet oder dauernd verbannt; aus Röm. Recht Leis Wl 36 6) *Usurarios defendit rex Eadwardus* [III.; s. d. 2], *ne esset* (*remaneret* Retr) *aliquis in regno* bei Strafe der Vermögenseinziehung und Friedlosigkeit; ECf 37 7) Die Verpflanzung (s. d.) übermächtiger Grosser (durch V As Pro 1. III 6f. I S. 170**) sieht Quadr als *exilium* ausserhalb *patria ista*, d. i. als ∾ an, hält also um 1114 wohl für möglich, dass die Regierung widerspenstige, staatsgefährliche Magnaten ausser Landes schicke 8) ∾ von Friedbrechern durch Wilhelm I. meldet dessen Zeitgenoss; s. Treuga 2b 9) In Yorkshire kam vor 1066 vor, dass *comes vel vicecomes aliquem de regione* (Shire) *foras miserit;* Domesday I 298b 2. Dies steht getrennt von dem schwereren *secundum legem exulari* und kann vom Lokalbeamten aufgehoben werden **N** 9a) Stadtrecht kennt ∾ aus einem Ort mit Vermögenseinziehung; Bateson II 24. 38 9b) Auch Verjagung aus einem Dorfe wegen winzigen Diebstahls, vom Gerichtsherrn erlassbar, kommt vor; Maitland *Court baron* 122ff. 9c) ∾ aus einem Bezirk verhängt auch Nord. Recht; Heusler (o. 3a) 87. 218

Verbrechen s. Wb *misdæd* [*vgl.* Brunner I² 211; His 30f.], *misdon; misfacere, mesfaire, malefacere* Hn 86, 1, *malemittere; misbeodan* | *yfel; woh; unriht; manweorc; nithing* (s. d.), *ful; facn; læsu; scyld;* (*heafod*)*gylt; synn*(*-nig, -nian, -nlic*); *eofot* [um

1100 nicht mehr verstanden laut Af 22 II, wo in *þeof* geändert]; *bryce* [Gemeingerm.; *vgl.* Roethe in *Ältestes Strafr. Kulturv.* 64]; *scaðian* [*vgl.* Brunner II 537[8]]. *Vgl.* Mord, Totschlag, Verwandtenmord, Verwundung, blutig fechten, Angriff, Rechtssperrung, Handfrieden, Asylbruch, Hochverrat, Majestätsbeleidigung, Heer, Herrenverrat, Felonie, Ungehorsam, Amtsvergehen, Heimsuchung, Einbruch, Brandstiftung, Zauberei, Ketzerei, Diebstahl, Hehlerei, Raub, Menschenraub, Betrug, Meineid, Münzfälschung, Fälschung, Unzucht, Ehebruch, Notzucht, Blutschande, Ehrenkränkung, Fluch **1**) Das typische ∼ ist Diebstahl; 'Dieb' heisst öfters Verbrecher allgemein; *s.* Wb 220, Sp. 2 **2**) Die ∼ zerfallen **A**. seit Mitte 10. Jhs. nach der Strafe (*s. d.* 8a) in busslose (*s. d.*) und durch Geld sühnbare. Mit 'busslos' deckt sich teilweise oder vielleicht ganz Kapital∼ (*s. d.*), *utlagaria*, und mit diesem wohl was (im Ggs. zu *forisfactum*) *perfidia vel scelus* heisst, CHn cor 8; *vgl.* Felonie, B. nach dem Zeitpunkt des Rechtseingreifens, in handhafte (s. *d.*) und nachträglich eingeklagte, welcher Unterschied sowohl den Rechtsgang wie die Strafe beeinflusst, **C**. in erstmalige und Rückfall (*s. d.*), **D**. in die offen oder ohne Absicht (*s. d.*) und die heimlich (*s. d.*) oder mit Vorbedacht geschehenen, **E**. in die vollendete und Halbverletzung (*s. d.* 1; Versuch), F. in die durch einen und die mit anderen begangenen; *s.* Anstiftung, Beihilfe, Mitwissen, Begünstigung, gemeinschaftliche Missetat (diese Merkmale werden nicht allgemein, sondern nur zu bestimmten ∼ betrachtet; Schwerin *Reallex. Germ. Altt.* I 110), **G**. in die den Staat (*s.* Frieden[sbruch], Königsfrieden) allein und die auch die Kirche (*s.* Kirchenfrieden, Geistliches Gericht, Moral) verletzenden, **H**. nach der Zuständigkeit, in Kronprozesse (*s. d.* 16) und die lokalem Justizertrage (*s. d.* 4) verpachteten ∼ **3**) Schwerstes ∼ ist Herrenverrat; *s. d.* Nur diesen und Rückfall (*s. d.* 1a) will Ælfred am Leibe strafen **3a**) Dieses und ehrloses ∼ ist Tat des Nithing; *s. d.* **3b**) Zu *mānweorc* (Meinwerk; *vgl.* Meineid 1) zählt, wie es scheint, auch blossen Totschlag VIII Atr 26 = II Cn 41. Jedenfalls hat jenes Wort nicht immer nur die Bedeutung der heimlichen Niederträchtigkeit wie bei anderen Germanen. Auch Toller zeigt, dass das Wort besonders in Compositis freilich meist *nequitia, fraus, flagitium, scelus*, also niedrige Bosheit, aber oft nur Übeltat, Sünde, *iniquitas* allgemeiner bedeutet **3c**) Allerdings stehen Mord, Zauberei, Meineid, Ehebruch oft beisammen (Cn 1020, 15) und scheinen II Cn 4a als *mānful* zusammengefasst **3d**) Homileten und von ihnen beeinflusste *Gesetze* zählen aber Mord, Meineid und Betrug zusammen mit Totschlag, Raub und moralischen Lastern (V Atr 25 = VI 28, 3), verwischen also jene Unterscheidung; ähnlich II Cn 6f.; *Homil. n.* Wulfstan 266. 310 **3e**) Zu den Todsünden rechnet Ælfric *Homil.* II 592 neben Kirchenraub u. Ehebruch auch den Totschlag: gegen Germanische Anschauung. *Vgl.* Kardinaltugend

Verbrechenskonkurrenz *s.* Busse 6

Verbrecher *s.* Begünstigung, Blutrache 141, Freilassen, Strafvollzug

Verbrennen als Todesstrafe wird an einer Sklavin durch 80 Sklavinnen vollzogen; IV As 6, 7. Als Strafe zu gesamter Hand (Rest der durchs gesamte Volk vollstreckbaren Acht) kommt ∼ auch bei anderen Germanen vor, durch Weiber auch bei festländ. Sachsen; Brunner II 470; an Unfreien Grimm *DRA* 687. 699. **N** Beispiel aus England von 1199 *s.* Frau 3b; spätere bei Pol Mai II 509; Bateson I 77 [∼ Römischer Sklaven und Plebejer: *Dig.* 48, 19, 28, 11. ABRAHAM]

Verbürgung *s.* Bürgschaft

Verdacht; *totales intinge*: *reputationis causa* Iud Dei IV 3, 5. *Vgl.* bescholtene 2ff., Fremde 4, heimlich 1—c **1**) ∼ unrechten Besitzes wird vermieden durch Kautelen beim Erwerbe (*s.* Handel 8, Kaufzeugen), **2**) dieser und ∼ unehrl. Totschlags (s. *d.* 5a), sowie **3**) ∼ des vorgespiegelten Freiheitsstatus durch Kundmachung; *s. d.* **4**) Ein einzelnes ∼smoment *s.* Richter 8 **4a**) Ein anderes ist körperl. Verbindung mit dem Gestohlenen (*s.* handhaft 5), die Lüge (*s. d.* 5) rechtmässigen Erwerbes (*s.* handhaft 5b), die Notorietat durch starke [uns unbekannte] Indizien; *ebd.* 7 [Genossenschaft

Verdoppelung *s.* Dopp. **Verein** *s.*

Verfahren *s.* Rechtsgang

verfangen *s.* ehel. Güterrecht 8

Verfassung *s.* Krönungseid; Eadwardi laga; Gesetz 18; Magna charta

Verfluchung *s.* Fluch, Exkommunikation [Gerüfte, Spurfolge

Verfolgung *s.* Polizei, Strafvollzug,

Verfügung **A**. letztwillige *s.* Testament, Erbgang, **B**. gerichtliche des Königs *s.* Misericordia, Billigkeit, Begnadigung; Breve

Vergangenheit *s.* altes Recht

Vergebung *s.* Barmherzigkeit

Vergeltung *s.* Talionsprinzip

Vergiftung *s.* Gift

Vergil zitiert I 529[r], gerühmt aus Macrob Quadr Ded I 532[d]

Vergleich *s.* Abfindung, Vertrag, Schiedsgericht

Vergnügung *s.* Schauspiel; Waffen, Biergelage, Jagd [tung

Verhaftung *s.* **A**. Gefängnis, **B**. Haf-

Verhandlungsmaxime *s.* Beweis 6; Rechtsgang 8; Ggs. *s.* Inquisition

Verhehlen **A**. durch den Täter, Verdachtsanlass *s.* heimlich, Kundmachung, B. der Missetat anderer *s.* Geschworene, Ehrlichkeitsversprechen 4; Hehlerei, **C**. des Fundes *s. d.* 4, Schatzfund 3 [besitz 14

Verjährung *s.* Jahr u. Tag; Grund-

Verkauf *s.* Handel, Kaufzeugen, Markt; unfrei 12, Grundbesitz 12c

Verkehr **1**) Der ∼ mit Friedlosen (*s. d.* und Begünstigung) oder den durch Exkommunikation (*s. d.*) Getroffenen ist verboten; *s.* Königshof 6b **2**) Die Sakramente aber darf man auch von Bösen empfangen; nur die Beistimmung zum Bösen befleckt; aus Kanonistik Hn 5, 18c; d [Vorladung

verklagen *s.* Klage, Rechtsgang,

Verklarung *s.* Kundmachung

Verknechtung *s.* Wb *freotes þolian*, *freot forwyrcan*, *geþeowian* [auch Earle 253]; hier *þeowian* nur bildlich, aber in Vulgata *subiciat servituti nos*: *us þeowige* u. Earle 274: verknechten; Strafknecht: *witeþeow*, in Urkk. *witefæst* (Toller); sich zum Unfreien unterwerfen: *on hand* (*s. d.*) *gan*, *hand on hand sellan*

1. 7.—12. Jh. 2. Kelten. 3. Menschenraub. 4. Selbst∼ aus Armut, 5. ∼ durch Vater, 6. durch Vernichtung der Freilassung 7. zur Strafe statt Todes. 8. Befristet. 9. Ein Jahr lang lösbar. 10. Wer wird Herr? 11. ∼ der Familie eines Verbrechers. 12. Wofür tritt ∼ ein. 13. Schwinden der Strafe.

1) Die ∼ ist vom 7. bis zum 12. Jh. bezeugt: seit Theodor und Wi bis Hn.

Unter den Vorlagen der *Gesetze* kommt sie in Vulgata und Fränk. Bussbüchern vor **2)** Die ~ der besiegten Kelten durch die Agsa. (Gildas § 25 = Beda I 15) hinterliess in den *Gesetzen* eine Spur in dem Namen Wälsch für unfrei, der jedoch in den Kentischen *Gesetzen* [vermutlich kein Zufall] nicht vorkommt. Ihm entspricht es, wenn der Deutsche den Namen für Unfreie von Slaven überträgt **3)** Besondere Arten von ~ *s.* Menschenraub 1b—4; Schiffbruch 1 **4)** **N** Die ~ kann eigene Handlung des Verknechteten, Selbstergebung sein; Hn 76, 3 **4a)** Aus Hunger erklärt Gildas (und Beda *o.* 2) die angeblich freiwillige ~ der Briten unters Joch der Agsa. Aus Hunger geschah die Selbst~ laut Urkk. 11. Jhs.: die Freilasserin hatte den nun Freizulassenden 'ihren Kopf [*u.* d] genommen für deren Unterhalt in den harten Zeiten'; Earle 275 **4b)** *Homo 14 annorum se potest servum facere;* Theodor *Poen.* II 13, 2 = Hn 76, 2 **4c)** Aus der Exodus übersetzt Ælfred die Zeremonie der Ohrdurchstechung zum Zeichen ewiger Knechtschaft (*vgl.* über ähnl. Bräuche Grimm *DRA* 339). Indem er als Ort statt des Herrenhauses den Tempel [ebenso Ælfric; *vgl.* Freilassung 1b] einführt, charakterisiert er dies als Hebräisch, nicht Englisch; AfEl 11 **4d)** *Si quis in servum transeat, sicut possessor est* (je welchen Gerichtsstandes der ihn aufnehmende Besitzer ist), *in halimoto vel hundreto vel vicinio, coram testibus agatur, eum extolneat* (verzolle ihn, wie andere Fahrhabe), *ut nec ille deinceps abneget; in signum transitionis huius billum vel stumblum vel ad hunc modum servitutis arma suscipiat et manus in manus domini mittat et caput* (*o.* a); Hn 78, 2; 2c; über diese Zeremonie der Handreichung für Selbstversklavung auch bei anderen Germanen *vgl.* I 594[a]; Brunner I[2] 353. II 270f.; Pol Mai II 187. Ein anderes äusseres Zeichen der ~ war wohl Scheren; *s. d.* 2a **4e)** Zahlungsunfähigkeit drängte oft zur ~ seiner selbst. Die *Gesetze* geben kein Agsä. Beispiel, dass dies nur aus unverschuldeter Armut geschah, was aber für andere Germanen feststeht, auch aus *o.* a und *u.* 5 als möglich folgt. Das Verbot an den Gläubiger, den Schuldner zu bedrängen (*s.* Darlehn 2), aus der Exodus, wendet Ælfred zur Mahnung: dränge deinen Volksgenossen nicht wie einen Sklaven; AfEl 35. Vermutlich denkt er an eine sklavische Abhängigkeit aus Geldschuld **4f)** Besonders Prozessualschuld des Zahlungsunfähigen zwang zur ~. **N** Vom *liber, qui se vadii loco* (also nicht notwendig wegen einer Missetat) *in alterius potestate commiserit,* handelt aus Fränk. Kapitular Hn 89, 3 **4g)** Der zu Zahlung Verurteilte, selbst zahlungsunfähig, erhält Vorschuss; und diesem Vorschiesser, nicht dem Kläger oder Fiskus, unterwirft er sich, bis (*u.* 8) er ihm den Vorschuss einbringen könne; Ine 62 E. *Vgl.* über Selbstverpfändung Wilda 516; Brunner II 594; *Zschr. Savigny RG., Germ.* X 189; ders. (*u.* 8b) 478f. Bei Westgoten dient der durch Vorschuss aus Gefangenschaft Befreite dem Loskäufer 5 Jahre *sine pretio;* Oldenburg *Kriegsverf. d. Westg.* 45. Schuldner verpfändet *status sui medietatem,* d. h. front dem Gläubiger bestimmte Wochentage; Brunner (*u.* 8b) 525 **5)** ~ Unmündiger durch den Vater: Ælfred übersetzt aus Exodus, dass der Vater seine Tochter zur Sklavin verkauft; AfEl 12 **5a)** *Pater filium potestatem habet tradere in servitium 14 annorum, deinde non;* Theod. *Poen.* II 13, 1 = Ps.-Theod. 19, 28 = Ps.-Egbert *Confess.* 27 **5b)** Auch andere Germanen (Brunner I 76) und Bussbücher erlauben das, spätere wie Ps.-Egbert *Poen.* IV 26 (auch Angelsä.), ed. Wasserschleben *Bussbücher* 44, bedrohen es mit Exkommunikation; Kemble *Saxons* 199f.; Richthofen *Zur Lex Saxonum* 293; Grimm *DRA* 461. **N** Solche *servi alterius datione* sind erwähnt noch Hn 76, 3 **5c)** Der Beweggrund zu dieser ~ war ebenfalls Armut. Dagegen unter dem Verkaufe 'unschuldiger' Sklaven meinen, im Ggs. zum Strafknecht, geborene Unfreie (*s. d.* 12g), nicht durch Armut Verknechtete, Æthelred, Cnut, Wulfstan **6)** ~ durch Prozess: **N** Wer gegen eine Freilassungsurkunde jemanden wieder in ~ zu stossen versucht, zahlt die in der Urk. bestimmte Geldstrafe und, hat er jene vernichtet, muss er ihre Herstellung beschaffen und Wergeld des Freigelassenen ²/₃ diesem, ¹/₃ dem König zahlen; aus Fränk. Kapitular Hn 89, 2—b **7)** Alles Folgende betrifft die weitaus häufigste ~: zur Strafe **7a)** Diese ~ steht alternativ neben Todesstrafe für handhaften Dieb (Wi 26. Grið 16f.; *servi facti redemptione:* durch Loskauf von Leibesstrafe Hn 76, 3) und charakterisiert sich dadurch als Abspaltung der Friedlosigkeit; *vgl.* Brunner II 594 **7b)** Ausdrücklich wird aber Lösung von ~ durch Geld als möglich gesetzt (AfEl 24. Ine 24, 1. 62. II Ew 6. EGu 7, 1); laut eines Zusatzes zu Ine 3, 2 mit 60 Schill., dem Sklavenpreis, was einer Urk. entspricht (*s.* unfrei 7b), nach späterem Recht aber mit Wergeld des Freien; VI As 12, 2 **7c)** Der Gerichtsherr (nicht der Verbrecher) entscheidet, ob ~ eintritt, auch wo Verurteilter zahlungsfähig für Strafgeld und Busse war. [Die Analogie mit dem Abkauf der Fehde stimmt nicht; gegen Hinschius *Zschr. Dt. Recht* 20, 70] **8)** Die ~ zur Strafe kann befristet sein (im Ggs. zu ewiger Knechtschaft; Grið 16), wie die Selbstverpfändung aus Zahlungsunfähigkeit *o.* 4g. Wer seine Freiheit verwirkt und von Verwandten (*s.* unfrei 9b) keine Hilfe und sonst keinen Vorschuss erhält, schulde Sklavenarbeit soviel sich gebührt; II Ew 6 [Bei dem winzigen Arbeitslohn (*s. d.*) mochte das lange dauern] **8a)** Ein als jugendlich von Hinrichtung verschonter Dieb, den die Sippe nicht verbürgt, leidet ~ bis zum Abverdienen seines Wergelds; VI As 12, 2 **8b)** Diese befristete ~ entwickelte sich bei anderen Germanen zur exekutiven Schuldknechtschaft; Brunner *Forsch. zur GDR* 476 **9)** Die ~, auch die unbefristete, bleibt ein Jahr lang lösbar; Ine 24, 1; *s.* unfrei 9b **10)** Wer des Strafknechts Herr wurde, ist selten gesagt. Sicher der Fiskus oder Gerichtsherr [wie bei anderen Germanen; Brunner II 594], falls ein privat Geschädigter fehlte und die Missetat sich gegen Kirche und Staat allein richtete **10a)** Von Blutschändern (*s. d.* 1) erhält der König den Mann, der Bischof die Frau; EGu 4. Von Ehebrechern sagt das Hn 11, 5 **10b)** In den häufigen Fällen aber, wo ~ auf Diebstahl folgte, erhielt der Bestohlene, wenn Fiskus der Herr wurde, vermutlich von diesem

Diebstahlsersatz [während die Busse durch die nicht geldliche Strafe des Verbrechers absorbiert galt] **10c**) Wurde der Kläger Herr des Verbrechers (*vgl.* unfrei **17b**, Seelschatz 4c), so zahlte er vermutlich statt seines neuen Knechts das Strafgeld dem Gerichtsherrn. In Urkk. begegnen zahlreiche Strafknechte im Besitze Privater; *vgl.* Birch 599. 1174 **11**) War der Haushalt Mitwisser des Diebstahls des Hausvaters, so litt er, ausgenommen Kinder unter 10 Jahren, ebenfalls ∼; Ine 7, 1 (so bei anderen Germanen; Wilda 517; Brunner [*o.* 8b] 471). Vermutlich die Nichtbeachtung jener Ausnahme trifft Cnuts Verbot, habgierige Gerichtsvögte sollten nicht Wiegenkinder, als wären diese verantwortlich, strafen; II Cn 76 **12**) Die Missetaten, die ∼ straft, sind: handhafter Diebstahl (Wi 26); Diebstahl (Ine 7, 1. Af El 24. II Ew 6. VI As 12, 2. Theodor II 12, 8); todeswürdiges Verbrechen (V Atr 2 = VI 9; des Asylerreichers Grið 16); Blutschande (*o.* 10a); Unzucht (Theodor II 12, 8 [allein aus Vermögenseinziehung, die in Urkk. Unzucht straft, folgt nicht auch ∼; gegen Kemble *Saxons* I 202]); Feiertagsarbeit (Ine 3, 2. EGu 7, 1); [die letzten drei straft ∼ auch bei anderen Germanen; Brunner II 594] **12a**) **N** Viell. nur die Phantasie eines Forstbeamten, der die Kollegen und das Wild umfrieden will, diktiert ∼ dem, der *primariis forestae* Gewalt antut oder des Königs Hirsch tötet; Ps Cn for 15; *vgl.* Gefängnis 6g **13**) Die ∼ lässt aus der Strafe für Feiertagsarbeit, die er aus EGu sonst abschreibt, fort und setzt dafür Halsfang II Cn 45, 1. Seit Eadmund wird ∼ nicht deutlich verhängt, da die Stelle über Verkauf Todeswürdiger in V Atr 2 = VI 9. II Cn 3 sich auf geborene Sklaven allein deuten lässt, und da Hn, wie oft, vielleicht nur archaisiert

Verleumdung *s.* Wb *folcleasung, hol, mid woh forsecgan, fordon; vgl.* Ehrenkränkung 4. 6b—f; Meineid 8, Zeugnis **1**) Vor ∼ warnt aus Levit. Iud Dei I 6, 3, vor falschen Mannes Wort aus Exodus Af El 40 **2**) **N** ∼ und Neid wuchern unter dem höfischen Klerus der Regierung um 1110; Quadr Ded 20 **3**) Im Sinne von wissentlich falscher Anklage oder Beihilfe zu falschem Beweise, wodurch Verleumdetem Vernichtung droht. Wegen nachgewiesener öffentlicher ∼ [nicht bloss privater, sondern, wie in *folcmot*, gerichtlicher] verliert der Schuldige die Zunge [*vgl.* spiegelnde Strafen 2], die er je nach seinem Wergeld lösen mag; Af 32. Sie gilt $^1/_3$ Wergeld; 47. 52. *Vgl. EHR* Apr. 1893; auch bei anderen Germanen: Grimm *DRA* 709; Brunner II 356. 603. 673 ff.; Pol Mai II 537 **3a**) Wer jemanden böswillig so verklagte, dass dieser an Gut oder Leben (Gedeihen *Var.*) geschädigt wurde, und von ihm der Unwahrheit überführt wird, sei seine Zunge schuldig oder löse sie durch sein [ganzes] Wergeld; III Eg 4 = II Cn 16. **N** Besonders wo der Kläger mit solcher ∼ den Herrn trifft, also Vassallität (*s. d.* 16a) verletzt, *de lingua componat;* Hn 34, 7a. 59, 13 **3b**) Vielleicht zur ∼ zählt auch manch andere falsche Klage; *s. d.* 7 ff. **4**) Eine falsche Klage mit Anefang (*s. d.* 27a) bringt dem Kläger Vermögensverlust, wie solchen der Besitzer erlitten hätte, wenn jene gelungen wäre; II Atr 9, 1. Dass dieser wirkliche Verlust gleich hoch sei, wie jener von der Klage beabsichtigte, geht vielleicht nicht notwendig daraus hervor und stimmt zu manchem Germanischen Rechte nicht; Brunner II 675. Doch kennen solche Strafe für falsche Kläger Kanonistik (*s.* Klage 7é), eine Variante des 10./11. Jhs. zu Af 22 und manches Recht der Germanen, auch des Nordens, fremdher aufgenommen; Wilda 961 **5**) Der Eid der Geschworenen (*s. d.* 1) beteuert, keinen Schuldlosen rügend verklagen zu wollen (III Atr 3), der Klageeid (*s. d.* 2—e), nicht zur ∼ zu klagen **6**) Gegen ∼ durch den Herrn [der ihn aus Gefolge (*s. d.* 26h) fesseln möchte] reinigt sich der Mann gerichtlich und erhält dadurch Herrensuche frei **7**) **N** Über den Strafprozess wegen 'malicious prosecution' seit Heinrich II. *vgl.* Holdsworth *HEL* II 152, über *defamation* seit 13. Jh. Carr *Law Quart. Rev.* 1902, 260 [folge

verlieren *s.* Fund, Einfang, Spur-

Verlobung *s.* Eheschliessung 3—11b

verlorene Gesetze *vgl.* I xvi f. **1**) Die Gesetze Offas (*s. d.*) benutzt Ælfred, **2**) ferner einzelne in kanonistische Bücher eingetragene 8./9. Jhs., Af El 49, 8 **3**) In Friedensurkunde(n?) Edwards I. mit Nordleuten Ostangliens (*s. d.* 5a) und Northumbriens stand ein Gesetz über Begünstigung Geächteter; *s.* Partikularrecht 4 **4**) ∼ ∼ zu Faversham (*s. d.*) sind erwähnt in III. IV. VI As **5**) Vór II 11 ging vorher ein Gesetz über den Schuldbeweis gegen einen erschlagenen Dieb, den Kläger selbdritt zu rechtfertigen strebte, wogegen sich der Totschläger des Diebs selbzwölft reinigte **6**) Dass jede Klage mit Klageeid beginne, war gesetzlich allgemein ausgesprochen vór II 23, 2, nicht bloss in den Einzelfällen 9. 11 **7**) Auf das *Gesetz* zu Greatley bezieht sich III 7, 3 für eine Strafdrohung gegen Herrn oder Vogt, der die ihm Untergebenen gegen Diebstahl zu verbürgen unterliess. In II 3. 25 ist zwar Ungehorsam des Herrn oder Vogts allgemein bedroht, aber nichts von Verbürgung erwähnt **8**) Vom *Gesetze* zu Thundersfield existiert nur ein Fragment IV As. Darin steht nichts von der VI 10 dorther zitierten Massregel, dass die Sheriffs alles Volk auf die Gesetze verpflichten sollen **9**) Dem das Gesetz nicht ausführenden Thegn oder Vogt droht neben Ungehorsamsbusse *ea quæ supra dicta sunt* III Em 7, 2. Es fehlt aber eine Stelle, die derlei enthielte **10**) Wahrscheinlich durch ein Gesetz um 930 entstand die Zehnerschaft; *s. d.* 8 **11**) Eadwi und Eadred gaben vielleicht keine uns ∼n ∼, da sich Eadgar IV 2a nur auf seinen Vater Eadmund I. bezieht **12**) In Denalagu fand er Partikularrecht (*s. d.* 5), nicht notwendig formulierte Gesetze **13**) Nur Fragmente bestehen von IX. X Atr **14**) Nicht notwendig ein Gesetz Æthelreds braucht zu meinen das Verbot der Falschmünzerei vor III 8 **15**) Aus verlorenem gesetzlichen Stoffe schöpft der Exzerptor und Interpolator der Hs. D V Atr 32, 1—5. I Cn 1 **N 16**) Ein Forstgesetz Wilhelms I. kennt der Agsä. Annalist 1086: 'er setzte grossen Wildfrieden (*deorfrið*, Forstrecht) und legte darüber die Satzung (*laga*) fest, dass wer Hirsch oder Hinde töten würde, geblendet werden solle. Er verbot die Hirsche sowie die [Wild]eber [zu jagen]. Auch setzte er über die Hasen fest, dass sie frei laufen dürften': schriftliche Verordnung scheint hier benutzt

Verlosung *s.* Los 1c

Vermächtnis *s.* Erbgang, Testament

Vermögen *s.* Grundbesitz, Bocland, Læn; Fahrhabe; Besitz; Erbgang; eheliches Güterrecht, Aussteuer, Wittum

Vermögenseinziehung. Aus dem ursprünglich 'plündern' bedeutenden Worte *(ge)strudan* kommen die Glossen *gestrod: proscriptio* und *bestroden wære: infiscaretur* sowie in *Gesetzen ungestroden,* ungefront, synonym zu *mid æhtum* Wi 4. 4, 1

1. ~ des Nachlasses einzelner Stücke. 2. Wort. 3. Bisweilen nur höchste Vermögensstrafe, 4. öfter Abspaltung der Friedlosigkeit. 5. Wer erhält Anteil am Eingezogenen. 6. Kirche, 7. Lehnsheimfall. 8. Privileg gegen ~ von Land. 9. ~ trifft entweder nur Fahrhabe, 9a. oder meist auch Grundbesitz, 9c. nie diesen ohne Fahrhabe. 10. Verbrechen, die ~ straft. 11. ~ stets ergänzbar zu Todesstrafe, 12. diese manchmal zur ~ ergänzbar.

1) Die ~ nach dem Tode erbenloser Eigentümer von Bocland *s. d.* 16, die nach dem Tode Intestater *s.* Erbgang 9c. 11ff. 15a. c. 16. 22f. Hier nur ~ zur Strafe. *Vgl. ebd.* 10. 13c. 20a **1a)** Konfiskation der Fahrhabe Verstorbener: Bischöfe (*s.* Regalienrecht 2), Münze(r) 11c, Wucherer 2a, Juden 7c **1b)** Verwirkung (*s. d.*) einzelner Vermögensteile ruht auf and. rechtl. Grunde als die ~ **2)** Meist ist der Begriff ~ umschrieben: entweder 'schuldig sein (verlieren, vorwirken, in Gefahr bringen, zur Busse zahlen)', wenn der Schuldige Subjekt ist, oder — wo die konfiszierende Obrigkeit Subjekt ist — 'fortnehmen (erhalten): alles was (Schuldiger) besitzt, Habe, Fahrhabe, Besitzerstellung und Fahrhabe'; *s.* Wb *agan* 1, *æhta, ar, ierfe; scyldig; þolian, forwyrcan, plihtan* [Gefahr bringen; *vgl.* Langobard. *animae incurrat periculum et res infiscetur;* Brunner *Forsch. zur GDR* 456], *gebetan; agan* 7, *niman* **3)** Einige Male begegnet die ~ deutlich getrennt von der Friedlosigkeit, die als härter erst bei fernerer Erschwerung des Falles eintreten wird, und bildet also nur den höchsten Grad der Geldstrafe, ahndet nicht die busslose (*s. d.* 3) Tat (vom fiskalischen Standpunkt aus erscheint die ~ immer nur als ein *census iniquorum actuum; u.* 8c). Wer Strafgeld für mehrfache Gerichtsversäumnis (*s. d.* 2a) weigerte, wird mit ~ bestraft, kann aber dann noch Bürgen stellen [ist also noch nicht friedlos], und erst wenn er solche nicht stellt, wird er [als friedlos Hn] verhaftet und bei Widerstand getötet; II As 20, 1; 4 = Hn 53, 1c; d [anders folgt in der Parallelstelle *u.* 10o die ~ erst dem Bürgenmangel und der Verhaftung] **3a)** Nur der Kirchenbann begleitet die ~ wegen Konkubinat mit der Nonne (*s. d.* 12c), deutlich nicht Friedlosigkeit **3b)** Das Mitglied einer Sippe, die sich vom Totschläger losgesagt hatte, verfällt der ~ durch den König, sobald es jenen unterstützt, aber [nicht der Friedlosigkeit gegenüber jedermann, sondern] nur der Fehdegefahr durch des Erschlagenen Sippe; II Em 1, 2 = Hn 88, 12c **3c)** Ein Versprechensbrecher, der sich der Gefängnisstrafe widersetzte, verliert zur Strafe Waffen und *ierfe* (Fahrhabe = *æhta* 1, 2), wird aber friedlos erklärt, erst wenn er daraus entflieht; Af 1, 4; 7 **3d)** Auch liegt solch ein blosses Maximum der Geldstrafe vor in Abt 9. Wi 12. Ine 2, 1 und VI Atr 39L, wo der Agsä. Text nur von Strafgeld spricht; nichts berechtigt da, überall Lebensbedrohung aus ~ zu folgern **3e)** Die ~ verbindet sich mit Verlust königlicher Gnade bei Amtsentsetzung (*s. d.* 6ff.) pflichtvergessener Vögte oder Spurfolge versäumender Landesherren, bei wiederholt Gesetz brechenden Vögten (II As 25, 1) und trifft bei ähnlichem Vergehen, dem falschen (*s. d.* 2) Urteil, die Lagamen. Jener Verlust steht zwar der Friedlosigkeit (*s. d.* 1p) fast gleich; zum letzten Falle ist diese aber umso weniger hinzuzudenken, als nur Geldstrafe sonst dafür vorkommt **3f)** Beowulf 2885ff. bedroht die den Herrn feige verlassenden Gefolgsleute und ihr Geschlecht mit Verlust der Hofgunst, der Schätze, des Stammsitzes, des Heimatrechtes, aber nicht mit dem Tode **4)** An den weitaus meisten Stellen aber ist die ~ kein Maximum der Geldstrafe [als welches vielmehr Eadgar das Wergeld (*u.* 8) festsetzt (III Eg 2, 1f. Hn Lond 7) — auch pflegt Geldstrafe, anders als ~ *u.* 4b, von Todesstrafe absorbiert zu werden; Schreuer *Verbrechenskonk.* 259; His 168 —], sondern eine Abspaltung der Friedlosigkeit [wie bei anderen Germanen; Brunner I² 237. II 452. 595] **4a)** Sie wird zumeist verhängt bei bussloser Tat (*u.* 8b), friedlos machendem Verbrechen. Der Vertreibung ausser Landes folgte ~ so regelmässig, dass Wi 4, 1 als Ausnahme befehlen muss, Vertriebene sollen ungefront bleiben. ~ ist ferner letzte Massregel gegen dauernd dem Rechte Ungehorsame; *u.* 10n. o **4b)** Sie begleitet die Todesstrafe [so in Süditalien; Niese *Gesetzg. Norm. Sic.* 22. 30] — und die sie ersetzende Verstümmelung II Cn 53 —; Af 4. 4, 2 = VI Atr 37 = II Cn 57 — Hn 75, 2. Ine 6 = II Em 6 = Grið 9. II As 20, 3. V Pro 3. IV 6, 3. VI 1, 2; 5. Hu 2. III Eg 7, 1 = II Cn 25a = Leis Wl 47, 1. IV Eg 11. V Atr 28. VIII 42. Cn 1020, 11. I Cn 2, 2. II 57. 77*. Hn 75, 2; Domesday I 154; Urk. um 970 Birch 1131. Die von ~ Getroffenen waren *aperto crimine furti usque ad mortem obnoxii* (Urk. a. 938 Birch 727); sie hatten christlich Grab verwirkt, bzw. nur Asyles wegen ward das Leben geschont; Urk. a. 995 Kemble 1389 **4c)** ~ folgt dem Verlust königlicher Gnade (*o.* 3e. f), der königlichen Feindschaft (II Em 1, 3), der Friedloslegung; Hu 3, 1. Cn 1020, 17. ECf 37; Urkk. a. 780 (falsch) Birch 235; c. a. 970 Birch 1131; a. 995 Kemble 692; a. 986 K. 1312; a. 1002 K. 719 **4d)** **N** Sie begleitet Verknechtung Ps Cn for 15 **4e)** Auch wo ~ allein steht, tritt sie, weil dem Wergeld (*o.* 4) als schwerer übergeordnet, zu den busslosen Friedlosigkeitsachen; II As 3, 1. II Eg 4, 3. II Cn 49. 51. 83, 2. Aus Analogie mit anderen Strafen für Verletzung des Ortsfriedens königl. Hauses folgt dies auch für V Atr 29 = VI 36, für dreimaligen Ungehorsam gegen das Gesetz (II As 25, 2 = II Cn 83, 2), für Busseweigerung nach Priestertötung; II Cn 39 **4f)** Wie sonst bei Friedlosigkeitstrafen erhält auch bei ~ Kläger meist nur Ersatz ohne Busse; *s. d.* 4e. Zwar stellt neben dreifache Busse Strafgeld 'und' [= oder] ~ Abt 9; da muss man Busse nur die erste Alternative begleitend denken; *u* 9 **4g)** Die im Ehebruche (*s. d.* 12) ertappte Frau leidet als friedlos Verstümmelung und verwirkt ihr Vermögen an den Ehemann **5)** Vom eingezogenen Vermögen erhält Kläger

Ersatz, zweitens Einfänger den Meldelohn (*s.* Anzeige 4f.), **5a)** drittens des Verbrechers unschuldige Frau samt Kindern in Wessex 1/3 des Haushaltsvermögens, 1/2 in Denalagu und Leis Wl, sonst Wittum (*s. d.* 6) samt Aussteuer, **5b)** viertens in Nottingham- u. Derbyshire 1/4 der Graf; *s.* Ehefrau 9a—10d. **5c)** Fünftens empfängt die Hälfte das Recht vollstreckende Hundred (*s.d.* 18b) bzw. die Exekutiv-Kommission des Gerichts (II As 20, 4) oder die Londoner Friedensgilde (nach Abzug des Frauendrittels *o.* a); VI As 1, 1 **5d)** Besonders behandelt wird Bocland; *s. d.* 17f; *u.* 8 **5e)** Sechstens fiel geliehen Land an den Verleiher (Obereigentümer), doch nicht immer ganz, zurück; *s. læn* 4a. 6; *u.* 8c. Bei Herrenverrat (*s. d.* 5) verfällt der Besitz dem Herrn **5f)** Siebentens erhält den Rest, den Hauptgewinn, der König; II As 20, 4; diesen allein nennen II Em 1, 2. VI Atr 39 L. Cn 1020, 16. Der König als Empfänger der Fahrhabe des zur ~ Verurteilten begegnet in Urkk. a. 907 Birch 591, a. 995 Kemble 692; nach Normann. Lehnrecht empfängt der König die Fahrhabe jedermanns, den ~ traf; Niese (*o.* 4b) 35. Laut häufiger Urkunden stammt Königsland aus ~: a. 737 (?) Birch 158, a. 909 Birch 623. 1150, a. 935 Birch 719, a. 938 Birch 727; c. a. 960 Liber Eli. ed. Stewart 137; a. 967 Birch 1198, a. 995 Kemble 692, a. 1002 K. 1295, a 1008 K. 1305. An des Königs Stelle tritt der mit Strafgeld-Empfang Privilegierte. Diesen nennt Hu 2, 1 = III Eg 7, 1 = II Cn 25, 1 = Leis Wl 47, 1 **5g)** Das verwirkte Land der Verbrecher fiel bisweilen an den Hofgünstling, den sie zum Schützer in ihrem Prozess angerufen hatten; Vinogradoff *Harvard Law Rev.* 20 (1907) 540 **5h)** Besondere Behandlung erfährt auch der Bestand an Unfreien (*s. d.* 23c): er wird nicht unter verschiedene Berechtigte verteilt, sondern fällt ganz an den Herrn des Verbrechers; Hu 2, 1 **6)** Die Kirche bezog Einkünfte aus Strafjustizertrag *be are* und *æhtum* (in Grundbesitz und Fahrhabe; VI Atr 5), entweder aus privater Gerichtsbarkeit ihrer Ländereien oder weil sie für kirchliche Verbrechen Strafgeld empfing, wie z. B. der Erzbischof von York für Blutschande; *s. d.* 5a **7) N** Über Heimfall des Lehns (an den Herrn) durch Felonie *s. d.* 2; Lehnwesen 15b **8)** Gegen die wegen Verbrechens künftiger Besitzer vielleicht drohende ~ wird manches Bocland (*s. d.* 17d. e) privilegiert zugunsten des ersten Bocland-Empfängers und seiner von ihm beliebten Nachfolger; höchstens Wergeld (*o.* 4) sollen in solchem Falle jene zahlen, *manente tamen hoc dono firmiter;* Urk. a. 779 Birch 230. Dagegen war in Grafschaft Huntingdon um 960 auch privilegiertestes Land durch Schuld verwirkbar; Liber Eli. *o.* 5f, Z. 15 **8a)** Kirchenland dürfe die Staatsmacht auch trotz Verbrechen der Prälaten nicht einziehen nach Æthelwold, weil dies 'Gott berauben heisst, der nie eine Schuld verbrach'; *Leechdoms* ed. Cockayne III 444 **8b)** Derselbe Anspruch unter desselben Æthelwold Einfluss erscheint in unechter Urk. a. 971: *pro nullius reatu rus a Domini qui nunquam reatum commisit possessione privetur,* trotz *crimen veniæ non dignum;* Birch 1270, aus der Formel von a. 966 n. 1190, p. 463 **8c)** Stiftsgut bleibe *inauferabilis,* auch falls ein künftiger Besitzer *ex familia* (aus Stiftshintersassen) als Verbrecher ~ leiden sollte, also im Ggs. zu früherem Brauche, nach dem *mihi* (dem König) *census iniquorum actuum reddebatur;* a. 930, *Crawford char.* ed. Stevenson p. 6. *Vgl. læn* 6b **9)** Die ~ trifft deutlich auch den Grundbesitz schon in Beowulf (*o.* 3f), laut *Gesetzen* seit VI As 1, 1, laut Urk. seit 779 (*o.* 8 und *læn* 6—c). Wegen Diebstahls verloren die Besitzer 7 Hufen an den König; Urk. a. 737 Birch[2] 158 fraglich. Dagegen nur Fahrhabe verstehen unter *ierfe* Ine 6 und Af 1, 4. Und wahrscheinlich nur diese ist in den frühesten Stellen gemeint unter *æhta* Abt 9. Wi 12; denn die engere Bed. dieses Wortes liegt sicher vor Wi 4 und im Ggs. zu *ar, land* (Grundbesitz) steht es bei der ~ (sonst auch; *s.* Wb) VI Atr 36. 51. II Cn 77; Urk. a. 995 Kemble 692. [Doch bedeutet *æhta* auch Land bei der ~; so V Atr 29 und höchst wahrscheinlich II Cn 51.] Für einstige Konfiskation bloss der Fahrhabe spricht auch die im allg. späte Entstehung der Immobiliarexekution; *vgl.* Brunner I[2] 409f. In zwei Fällen fordern Kentische Gesetze alle *æhta and wite* bzw. *healsfang;* Abt 9. Wi 12. Vermutlich steht bei Wi 'und' für 'oder, bzw. je nach Umständen (richterlichem Ermessen)' wie auch Ine 74. Nur bei Abt (*o.* 4f) wäre auch möglich, späteren Zusatz, gemäss strengerem Rechte (10. Jhs.), in *ealle þa æhtan* zu sehen; *s.* Diebstahl 18a. Für gleiches Verbrechen droht Ine 6 Verlust alles *ierfe,* dagegen die Benutzer den allen Eigentums; II Em 6. Grið 9: vermutlich wollen diese Grundbesitz einschliessen **9a)** Deutlich ausgedrückt ist die Verwirkung auch von Grundbesitz: *ierfe* (Fahrhabe) und *land* Urk. a. 907 Birch 591; *æhta* und *land* II Cn 77; Urk. a. 995 Kemble 692; *ar and æhta* (*o.* 9) VI Atr 36, mit Recht als éin Begriff *facultates* gefasst von L (*ar* fehlt laut begleitender Todesgefahr nur unauthentisch V 29); *ar* V 28 = VI 35. VIII 42 = II Cn 66, 1. 49; Birch 1064; *þinga and are wurðe, þe benumen wæs* Ann. Agsax. 1051; *land* I Cn 2, 2; *terra,* 5 *mansi* Urk. a. 995 Kemble 1389; *hereditas* Urk. a. 901 Birch 595; a. 1006 Kemble 1310; ECf 19, 2; *omnes possessiones* 37; *sua* Ps Cn for 15 **9b)** In den meisten Fällen wird (wenn nicht ein blosses Pronomen *þæt oðer* steht Hu 2) das Vermögen genannt: 'alles was er hat'. Darunter ist nirgends Grundbesitz deutlich ausgeschlossen, wohl aber, laut des Folgenden eingeschlossen VI As 1, 1. Als eingeschlossen ist er anzunehmen wegen begleitender schwerster Strafe (Af 4. 4, 2 = VI Atr 37 = II Cn 57 — Hn 75, 2. II Ew 5, 1. II As 25, 2 [= II Cn 83, 2]. V Pro 3 = IV 3, 1. 6, 3. VI 1, 5. II Em 1, 3. 6. Hu 2. 3, 1. III Eg 7, 1 = II Cn 25a = Leis Wl 47, 1. IV Eg 11. VI Atr 37. Cn 1020, 11. Grið 9) und wegen Schwere des Verbrechens (II As 3, 1. II Em 1, 2. II Eg 4, 3. Cn 1020, 16. II Cn 39), ferner weil für den Gefronten Bürgschaft nötig wird, während Grundbesitz, wenn geblieben, haften würde; II As 20, 1; 4. Nur aus Analogie scheint Grundbesitz einzuschliessen auch an den Stellen sonst fraglicher Bedeutung Duns 3, 3 und Ine 2, 1. Freilich übersetzt Q (= Hn 80, 1) Ine durch *pecunia* (Fahrhabe); allein Spätere (*s.* Taufe 3e) setzen für dasselbe Verbrechen Heimatsverlust. Dass Q hierin nicht zuverlässig ist, beweist V As Pro 3 = IV 3, 1, wo er in demselben Texte dort *omnia quæ habebit*, hier *pecunia sua in omnibus quæ habebit* bietet **9c)** Eine ~ nur des Landes ohne gesamte Fahrhabe kommt nicht vor. Keine ~, sondern strafweise Rücknahme des vom König erhaltenen Læn samt Geldstrafe trifft den Gefolgsadel (*s. d.* 11) wegen Heerversäumnis **10)** Die Verbrechen, für die ~ vorkommt, sind: Hochverrat, Herrenverrat; *s. d.* 5ff.; Urk. a. 901 Birch 595; a. 935 Birch 719; a. 986 Kemble 1312 [**N** zum *crimen laesae maiestatis* handelt von des Verurteilten *rebus et catallis confiscatis et heredibus exheredandis* Glanvilla XIV 1, 6], **10a)** Begünstigung (*s. d.* 6a. 7. 12b. 21a) von Verbrechern, Geächteten (Af 4; Urk. a. 1006 Kemble 1310; n. 719. 1289) oder Verpflanzten oder Exkommunizierten, **10b)** blutig (*s. d.* 5a) fechten im Königshause oder Asyl [II Em 2; ein Herzog, der einen hohen Beamten 1002 mordete, wird besitzlos; Urk. Kemble 719], Bruch besonderen Königsschutzes (*s. d.* 9), des Kirchen- oder Handfriedens (I Cn 2, 2), Erscheinen eines Todsünders am Königshofe (*s. d.* 6), bevor er zu büssen begann, **10c)** ungerechte und pflichtvergessene Regierung oder Urteile durch Vogt, Gutsherrn oder Lagamen (*o.* 3e), **10d)** Verlassen des Heeres (*s. d.* 8e–i und *o.* 3f. 10), **10e)** Klerusverletzung, Totschlag an Geistlichen (II Cn 49. 39, 1) oder in Kirche oder Asyl (*o.* b), **10f)** Götzendienst (Wi 12), Schuld daran, dass ein verstorben Kind ungetauft geblieben war (Ine 2, 1); Wucher (ECf 37), **10g)** Ehebruch der Frau (*o.* 4g), Ehebruch (*s. d.* 4c) des Mannes (Urk. a. 1012 Kemble 1307), Nonnenschändung (*o.* 3a), Blutschande (*s. d.* 3), Notzucht (*s. d.* 9) an Witwe, Unzucht (Urkk. a. 972 Birch 1270; a. 1002 Kemble 1295), **10h)** wiederholte Weigerung des Peterspfennigs; *s. d.* 17a **10i)** Steenstrup meint, Cnut habe Landverlust als Strafe für Totschlag in Norwegen aus Engl. Muster eingeführt; *Normannerne* III 386. Allein nur qualifizierten Totschlag traf ~ (*o.* 10b. e), so den kasuellen am eigenen Kinde (*s.* Verwandtenmord 6b), den heimlichen Mord (Urk. c. 970 Birch 1131), Blutrache für gerechten Totschlag oder an Rechtsvollstreckern (VI As 1, 5) oder an der Sippe des wirklichen Totschlägers, obwohl sie sich von ihm losgesagt hatte (II Em 1, 3), Begünstigung desselben trotz dieser Lossagung (1, 2 = Hn 88, 12c); eines Selbstmörders *ar* verfällt dem König (Urk. zitiert Grab 2a D). Einen Totschlages schuldigen Priester lieferte die Kirche aus samt dem ihr von ihm eingebrachten Gelde (Af 21); ihn traf neben elender Verbannung Verlust des Pfründensitzes; VIII Atr 26 = II Cn 41 **10k)** Als mit ~ bedrohte Heimsuchung (*s. d.* 7) ist sicher ungerechte und wohl nur mit Totschlag verbundene gemeint; so verfiel dem König in Chester *terra et pecunia* dessen, der *regis pacem infringens in domo hominem occidisset, et ipse utlagh;* Domesday I 262b 1 **10l)** Mit ~ werden ferner gestraft: (handhafter) Diebstahl (*s. d.* 12. 17. 18a; Abt 9. Wi 26, 1; Urkk. a. 737 Birch 158; a. 938 Birch 727; a. 973 B. 1296; a. 995 Kemble 692), rückfällige Mitwissenschaft des Herrn oder Beamten am Diebstahl Untergebener (II As 3, 1f.), falsche Berufung auf Kaufzeugen durch unehrlichen Besitzer (IV Eg 11), **10m)** mit Totschlag verbundener Befreiungsversuch für gefangene Verbrecher (VI As 1, 5), **N** Gewalttat gegen *primarii forestae* (Ps Cn for 15), **10n)** viermaliges Versäumen der gerichtlich befohlenen Diebesverfolgung (Hu 3, 1), **10o)** dreimaliger Ungehorsam gegen geschriebenes Gesetz (*s. d.* 21. b), wiederholte Gerichtsversäumnis (*s. d.* 2a. 3; Hist. Eli. [*o.* 5f]) und Weigerung der Strafzahlung dafür, Spurfolge-Hinderung (II Ew 5, 1), Widerstand gegen Gefängnisstrafe (*o.* 3c); wiederholte Verletzung gegen das gerichtlich unter Königsfrieden Gestellte (II As 20, 3. Hn 53, 1c. 80, 1; *rebellando meis militibus in mea expeditione* Urk. a. 1012 Kemble 1307). So allgemein drohte um 1000 Tod und ~ dem Verletzer des Königsbefehls, dass Ælfric, indem er *devastare domum* der Vulgata Daniel 3 übersetzt, von Nebukadnezar sagt: der Verletzer seines *geban sceal þolian æhta 7 lifes; Homil.* II 20 **11)** Zu jeder Todes- oder Leibesstrafe oder Friedlosigkeit ist ~, auch des Grundbesitzes, hinzuzudenken, auch wenn diese nicht dasteht; sie fehlt z. B. in Wi 26, aber der Einfänger erhält 70 Schill., die weder Kläger noch Staat, also Diebesgut zahlte; sie fehlt ferner bei Herrenverrat (II As 4. III Eg 7, 3 = II Cn 26), den aber andere Quellen mit ~ strafen (*o.* 10), und den letztere Stelle verbindet mit dem von ~ getroffenen handhaften Diebstahl; *o.* 10l **11a)** Hierzu in Widerspruch steht nur die Verbindung des Handabhauens mit Strafgeldfixum, nicht ~, für Kirchenraub; Af 6] **12)** Umgekehrt ist Friedlosigkeit einige Male (nicht regelmässig; *o.* 3) zu ergänzen zur ~: zu V Atr 30 (laut innerer Gründe und der Parallele VI 37) und zu II Cn 83, 2 laut der Quelle II As 25, 2, *o.* 10o **12a)** Bis zur Grenze aller Habe kann das Strafgeld für Menschenraub reichen in Hl 5; Friedlosigkeit droht nicht [10

vernachteter Diebstahl *s.* handhaft

Veröffentlichung. I. *s.* Gesetz 20; **II.** *s.* Kundmachung

Verordnung *s.* Gesetz 14ff. 18f.; Volk 4ff.; König 15ff.; Reichsrat 1eff.

Verpflanzung **1)** Die ~ übermächtiger, Friede störender [d. h. der staatlichen Lokalverwaltung trotzender] Männer mit Weib, Gefolge (*manna* V As Pro 3) und Habe [d. h. ganzer Sippen] aus der Heimat in andere durch den König bestimmte Gegend, aus welcher die Rückkehr in die Heimat wie handhafte Schuld bestraft werden wird: eine letzte [polizeiliche, nicht strafgerichtliche] Massregel, um den trotz eidlicher und verbürgter Versprechung immer wieder gebrochenen Frieden zu sichern; V As Pro 1—3 = III 6. IV 3. Familienband und Vermögen bleiben dem Verpflanzten erhalten; er ist nicht friedlos, sondern würde es nur durch Rückkehr. Die Krone musste Grundbesitz ihm mindestens zur Wohnstätte anweisen. Sein heimisches Land und Vieh mochte er durch Vögte verwalten **1a)** Die staatsgefährliche Stärke mancher Sippe, die ihren Übermut bis zur Rechtsweigerung gegenüber der Londoner Friedensgilde steigerte, rügt VI 8, 2 **2)** Seine Verweisung jemandes in andere Provinz kann Graf oder Sheriff, dagegen die Verbannung (*s. d.* 9) nur der König widerrufen; Domesday I 298b; *vgl.* Steenstrup *Danelag* 256 **3)** Auch festländische Germanen begreifen unter *exilium: elilenti* die Vertreibung in andere Landschaft, neben der ins Ausland. Karl d. Gr. verpflanzte grosse Scharen von Sachsen weithin; *vgl.* Kapitular a. 779; Wilda 254. 519 **3a)** Island kennt milde Bezirksacht, bei der der Getroffene sein Gut verkaufen darf; Heusler *Strafr. Isländ.* 163

Verpflichtung *s.* Versprechen, Eid; Haftung, Bürge; Darlehn

Verrat *s.* Herren∼, Hoch∼; Heer 8—i, Felonie

Versammlung, *þing, mæðl, gemot, folcgemot; vgl.* Gotteshaus, Gericht, Witan, Grafschaft(sgericht), Hundred, Stadt, Dorf, Markt, London 24, Husting, Glocke 2, Sonntag 5, Genossenschaft 7e. 12h **1)** Der Ortsname der ∼ endet öfter in *-stan*, so *Ecgbryhtes stan;* Ann. Agsax. 878; *vgl.* Stein 1 **2)** Wenn der König seine Leute zu sich entbietet, und jemand ihnen dort Schaden tut, büsse er [ihnen diesen] doppelt und [wegen ∼sfriedens] dem König 50 Schill.; *s.* Königsschutz 3

Versäumnis *s.* Heer, Trinoda necessitas; Gerichts∼, Termin∼, Sunne, Vorladung

Verschulden *s.* Absicht, Haftung, Fahrlässigkeit, Gefährdeeid

Verschwägerung *s.* Eheverbot, Blutschande; Dänen 16, Briten 1; *murdrum* 6d **Verschweigung** *s.* Schweigen; Klage 11A

Verschwörung *s.* Herrenverrat 10, Hochverrat, Begünstigung 1c

Versicherung, gegenseitige, *s.* Genossenschaft 12e

Versöhnung *s.* Schiedsgericht 8—9h, Ehrenbezeigung, Halsfang 1b

Versprechen 1) Zweiseitiges ∼ *s.* Vertrag **2)** ∼ durch blosse Worte ohne Rechtsform heisst *behatan* [bei Toller auch *(ge)hatan; aðgehat*] **2a)** Unter Handschlag ∼: *on hand sellan s.* Hand 2; Wb *manufirmatio;* wo man das ∼ auf eine Waffe leistet, heisst blosses *sellan:* ∼ **2b)** ∼ bei Einsatz der Treue (Sittlichkeit, Ehre; *vgl.* Eidesersatz 3a. b) heisst *truwa* (*treowsian* ∼), bei Toller *getreo[-ry]wð* ∼, Vertrag, *getreo[-ru]wian* Vertrag machen, *getreowsian* verpflichten [*vgl.* Ann. Agsax. 947: *wið þone cyning hi* (sich) *getreowsodon 7 hit . . alugon ge wed 7 eac aðas*]; *fides* VI Atr 8, 2 L. Hn 82, 2. ECf 15, 7; *fei menti,* zwar aus *periurium* (Meineid, nur oder hauptsächlich assertorisch) übersetzt, meint wohl 'gebrochen ∼'; *votum,* als Übs. von *wedd* VI Atr 28 L. Als Treuwort erklärt auch *word* Gierke *Schuld u. Haft.* 184 **2c)** Das ∼ bekräftigen [*vgl.* Urkunde 4a] Hand, Eid (*s. d.* 1. [Z. 20ff.] ∼ halten, brechen 4), Geiseln (*s. d.*), *godborg* (*s.* Darlehn 5) und (im Ggs. dazu: 'menschliche') Bürgschaft (*s. d.*) oder *wedd* **3)** *wedd* [wovon *(be)weddian* und womit verwandt *vadium* (*-iare*), *guage*] heisst urspr. Pfand; *s. d.* 1. Auch später, als es zum blossen Symbol sich abschwächt (*u.* 10), möglicherweise sogar nur noch ein technisches Wort vielleicht mit Handschlag (*o.* 2a) bedeutet, bewahrt es doch den Sinn des Rechtsförmlichen **4)** Häufig sind die Verbindungen *word 7 wedd, að 7 wedd* (*o.* S. 237 Sp. 3), Bürgschaft und *wedd* (Wif 2. 5. Wer 3 = II Em 7, 2; und Eid V As Pro 3), Treuwort und Geiseln (AGu 5 B 2), alternativ Eid, Treuwort oder Bürgschaft (Hn 82, 2), Bürgschaft und Handschlag II Atr 8. Jede dieser Verbindungen bezeichnet nur éin Formalgeschäft; Gierke (*o.* 2b) 75. 182 **4a)** Die Londoner Genossenschaft (*s. d.* 12c) verpflichtet die Mitglieder mit *weddum,* nicht im Unterschiede vom Eide, etwa um ein Verbot (wie es das Frankenreich kannte) gegen geschworene Genossenschaft zu umgehen; denn Cambridges Gilde zeigt den *að; ebd.* **4b)** Eine Zeremonie der Berührung von Waffen verpflichtet die Person zur Treue; ECf 30, 2; eine Variante nennt dies ∼ *foedus* **5)** Beliebiges Wort bei noch so starkem bindenden Sinne der Zusicherung, aber ohne Zeremonie und ohne bestimmte Form, scheint bürgerlich nicht einklagbar; Hazeltine *Gesch. Engl. Pfandr.* 94 **5a)** Der Beschluss, den Witan *geræddon,* bindet sie rechtskräftig erst, da sie ihn jetzt wiederum mit *weddum gefæstnodon;* IV Eg 1, 4 **5b)** Was der Bräutigam 'verheisst', bestärke er mit *wedde* (und verbürgen Freunde); Wif 1 (5) **6)** Die Kirche hat wie an Eid und Treuwort so an jedem ∼ stärksten Anteil, von Ine bis zum 12. Jh. **6a)** Das erhellt aus obiger Verbindung des ∼s mit Eid (*s. d.* 4), *godborg* (*o.* 2c) und Treuwort (*o.* 4), **6b)** ferner aus der predigenden Einschärfung zwischen kirchlichen Geboten, *að* und *wedd* zu halten (Af 1, 1. V Atr 22, 2 = VI 28 = I Cn 19, 1; VI Atr 8, 2 L; vor *aðbryce 7 weddbryce* warnen *Homil. n.* Wulfstan 112 f. 161. 164. 167), **6c)** sodann aus der freiwilligen 'Demut', mit der sich der ∼sbrecher der Strafe unterzieht (Af 1, 2), und aus der Pönitenz für ∼sbruch (Cn 1020, 13 f.; Ælfric *Hom.* I 482) oder der Strafbestimmung durch Bischof und Pfarrer in ausgesprochenem Gegensatz zum [bürgerlichen] *riht* (Af 1, 2; 8) samt Exkommunikation des Widerspenstigen (1, 7). Als 'Gesetzbuch' kann nur diese Stelle zitiert sein II Ew 5, 1. Auch wo *Gesetze* von Kirchenstrafe schweigen, ist solche hinzuzudenken **6d)** Endlich ist es der Bischof, der Ablegung des ∼s beaufsichtigt, Ine 13. [Heisst vielleicht solches ∼ *godborg?*] **6e)** Die Verlobung geschieht 'nach Gottes Recht und bürgerlicher Gewohnheit' (Wif 1): jenes bezeichnet den Anteil der Kirche an dieser Wette **6f) N** Erst Heinrich II. forderte 1164 für den Staat die bisher von der Kirche beanspruchte Gerichtsbarkeit *de debitis fide interposita;* Pol Mai I 184—9 **6g)** Die kanonistischen Sätze über Eid (*s. d.* 4b—g. 9. a) gelten auch vom ∼ **7)** ∼sbruch wird sprachlich nicht von Meineid (*s. d.* 2) getrennt. Er wird bei Ine 13 ebenso mit 120 Schill. gestraft, später aber verschieden. Diese Strafsumme ist des Königs (nicht des Bischofs) Ungehorsam, den die andere Strafe (*u.* 8a), Gefängnis, nicht löst, sondern begleitet **8)** Das ∼ bindet zumeist (*s.* jedoch *u.* 10; Pfand 6) die ganze Person. Dies drückt der Handschlag (*s.* Hand 2a) aus **8a)** Viell. die Spur einstiger Verknechtung für ∼sbruch liegt vor in der Strafe des Gefängnisses (*s. d.* 6) für 40 Tage, die ihn büsst **8b)** Nur wenn Bürgschaft durch Menschen zu Eid und *wedd* hinzugetreten war [die also nicht etwa durch jedes *wedd* nur vorbereitet ward], ist daneben Bürgschaftsbruch zu büssen **8c)** Des Klägers Geldanspruch erlosch im [von Ælfred 1, 2 hervorgehobenen] Falle, dass der Gefangene zahlungsunfähig war, durch jenen Freiheitsverlust, wohl analog der Folge einer Leibesstrafe. Auch der staatliche Gefängnisvogt verliert in diesem Falle die 40 Tage Kost für den Gefangenen **8d)** Dagegen spricht das *Gesetz* auch davon, dass Gefangener Waffen und Fahrhabe in Verwahr zu geben habe. Da lässt es wohl nur als selbstverständlich fort, dass Kläger mit Ersatz des Versprochenen befriedigt werde. Es sagt, dass Gefangener oder seine Sippe in diesem Falle seine Kost selbst trage **8e)** Nicht den ∼sbruch, sondern Ungehorsam gegen jene Strafbestimmung trifft die Drohung der Einziehung der Fahrhabe, der Friedlosigkeit (*s. d.* 9d), der Erschlagung; Af 1, 4—7 **8f)** Die ganze Fahrhabe kann verhaftet werden durch Prozessualpfand; *s. d.* 5c **9)** Brach jemand Eid und ∼, die alles Volk [dem Staate auf die Rechtsordnung] gegeben, so folgt die Strafe des 'Gesetzbuchs', d. i. Af-Ine, also *o.* 8. Auch hier folgt Friedlosigkeit dem Ungehorsam; II Ew 5. 5, 1 **10)** Nicht immer ist die Person verwettet; *s.* Pfand 6. Die Brautsippe bezahlt, wenn die Braut die versprochene Ehe nicht antritt, ihr bei der Verlobung gegebenes *wedd*, [also mit verabredetem Einsatz eines Vermögenstückes]; Ps.-Egb. *Confess.* 20. Das *wedd* selbst kann rechtsförmliches Wort oder ein an sich wertloses Symbol sein (*o.* 3) **10a)** Denselben Sinn 'Rechtsform, die beim Bruche des ∼s gesetzlich ihren Geber zu bestimmter Zahlung zwingt' [nicht die Bed. 'Pfandsumme, die der Geber zurückerhält, wenn er sein ∼ einlöst'], hat *wedd* III Atr 12. Denn als (ein anderes) Prozessualpfand (*s. d.* 5) 'legt man 8 £ zu *wedd*', die man erst, wenn das ∼ unerfüllt bleibt, 'zahlt'; III 7. 7, 1. Ebenso ist das *wedd* 3, 2 nur eine Verpflichtung, zahlbar erst wenn das ∼ des Ordals 3, 4 unerfüllt bleibt; sonst stände nicht 3, 3 eine andere Zahlung daneben **11)** Durch *wedd* der Witan binden sie nicht nur sich, sondern das Volk (*s. d.* 5) an das Gesetz (*s. d.* 19) und dessen Staatsordnung; V Atr 1; *s.* Polizei 2B. Ungesetzliches Handeln des Volkes 'bricht' *witena wedd* **11a)** Aber auch den Untertanen wird durch Staatsbeamte [im Ortsgericht] *wedd* abgenommen gemäss des *wedd* der Witan auf dem Reichstage; VI As 10. 11 **12)** Die Witan geben 'alle zusammen dem Erzbischofe ihr *wedd*'; 10. Da ist nicht ein konkretes Symbol gemeint, sondern Wortform, vielleicht mit Handschlag (*spondebant* sagt sinngetreu VI Atr 40, 2); und vollends trifft dies zu fürs ∼ der Untertanen und für das ∼, das alles Volk [vom Staate] erhielt; *s.* Gesetz 19b. Dieselbe Abschwächung des Sinnes zeigt Bürgschaft; *s. d.* 1c **13)** Der Inhalt des ∼s ist — ausser jenem der Witan u. des Volkes aufs *Gesetz (*o.* 11. 12), womit Königstreue, *Festhalten am Christentum (V Atr 1), Ehrlichkeits∼, Hinderung der Münzfälschung (*s. d.* 3b) verwandt sind, und wozu der Krönungseid in Wechselbeziehung steht —: die Amtspflicht des Richters, der Geschworenen, Zeugen, Kaufzeugen (*s. d.* 7b. 8), Weistumszeugen, des Geleitsmanns (*s. d.* 6); die Untertanentreue für den Vogt im Wapentake (*s. d.*); Urfehde (*s. d.*); *Genossenschaft, Eidbrüderschaft, Mannschaftseid; in der Eheschliessung (*s. d.*) *Leistungen des Bräutigams und *Verlobung durch die Brautsippe; *Gelübde des Mönches (*s. d.* 2b); Rechtserfüllung (*s.* *Prozessualpfand, Bürgschaft 12—15, *Gewährzug im Anefang 10, Streitgedinge); Abschwören; in der *Totschlagsühne (*s.* Schiedsgericht 9) Königsfrieden, sicher Geleit, *Wergeldzahlung; Erstattung des Darlehns oder der Handelsschuld (Swer 10), Fehlerlosigkeit des Veräusserten (*ebd.* 7); *s.* alle diese Artt. Ich habe * besternt, was durch *wedd* bekräftigt vorkommt; für das Übrige bildet anderes, bes. Eid, die Form des ∼s **14)** Zielte das ∼ auf Gesetzwidriges wie Herrenverrat (*s. d.* 4) oder Verbrechensbeihilfe — es ist wohl namentlich an Heimsuchung durch Bande gedacht —, das ist besser zu brechen; Af 1, 1 **14a)** Eides∼ zu Bösem halte man nicht, meide die grössere Schuld und büsse den Eidbruch kirchlich; Ælfric *Homil.* I 482 **14b)** **N** *Non est servandum sacramentum, cum malum incaute promittitur;* aus Ivo Hn 5, 34 **14c)** Kein Eid verpflichtet zu strafbarer Handlung auch nach Deutscher Anschauung; Gierke (*o.* 2b) 241[19]. 244

verstohlen *s.* heimlich

Verstümmelung *s.* Wb *lama, (ofa)-ceorfan, utdon, utasl̨ean, ofaslean; iusticia, mutilare, membrum, membre, diffacere, diffactio, defaciun.* *Vgl.* Strafe 8g, Misericordia 6. 9 **1)** Die ∼ ist bekannt dem Strafrecht des Germanischen Altertums, der Römischen späteren Kaiserzeit (Hitzing in *Strafr. d. Kulturv.* 49) und der Bibel: Deut. 25, 11 **2)** Das Agsä. Recht hält sich frei vom Talionsprinzip (*s. d.*), kennt aber spiegelnde (*s. d.*) Strafen am sündigen Gliede **3)** **N** Todesstrafe und ∼ stehen im Ggs. zu Geldstrafe (Hń 88, 8), als Abspaltungen der Friedlosigkeit; *s. d.* 10c **3a)** Zumeist ist ∼ durch Geld lösbar; Hn 80, 8; 9a; diese Summe steigt mit dem Wergeld des Verurteilten; Af 6, 1. Sie beträgt vermutlich in der Regel soviel wie die Gliederbusse (*s. d.*), doch wird einmal ausdrücklich das Gegenteil bemerkt, nämlich die Zunge mit ganzem Wergelde gelöst; II Cn 16 + III Eg 4 = Hn 34, 7 **3b)** Wo die Leibesstrafe unlösbar sein soll, sagt dies ausdrücklich II Cn 8, 1 **3c)** Die Geldlösung stand nicht immer im Belieben des Verbrechers, sondern zumeist in dem des Gerichts: *gif mon geþafian wille;* Af 6, 1. Vermutlich übte oder bewirkte die Begnadigung (*s. d.* 3) oft der Kläger **3d)** Handhaftem Diebe droht erstmalig Tod oder Wergeldlösung, dann im Rückfall ∼; Ine 12. 18 = 37; die Verschärfung bei letzerem besteht im Fortfalle der Lösungsalternative **4)** Die ∼ ist stets mildernder Ersatz der Todesstrafe (*s. d.* 7), gewählt aus religiösen Gründen (*s.* Strafe 8g), und teilt mit dieser die Namen *iusticia*, Leibesstrafe (*corpus*, *membra*), Hinrichtung (*diffactio, -cere, defaciun*). Der zu ∼ oder Tod Verurteilte heisst *forworht* **4a)** **N** Ein Verbrecher *meruit mortem, sed per dispensationem eruantur oculi* a. 1203; Maitland *Select pleas of the crown* I n. 77 **4b)** Erst drei Tage nach der ∼ darf man [d. i. wohl Sippe und Geistlichkeit] mit Bischofs Erlaubnis für Wunde und Seele des Verstümmelten sorgen, wenn er die ∼ überlebt; EGu 10. Man wollte es also Gott überlassen, ob jener leben bleiben sollte. Der Verstümmelte ward dem Vieh zum Frasse vorgeworfen, also sein Tod angenommen Ende 10. Jhs.; *s.* Auge 4b. Die ∼ führte wohl oft zum Tode, so die Blendung des Prinzen Ælfred 1036; Ann. Agsax. Den *castratum atque truncatum una manu et pede semivivum dimiserunt;* dies meldet, offenbar mit Billigung oder als gewöhnlich, ein Englischer Kanonist anf. 11. Jhs., *EHR* 1895 p. 726 **4c)** Wer Hände oder Füsse verlieren sollte, war 'gleich wie vom Leben genommen'; Dunstans Leben Isländisch c. 13, ed. Vigfusson *Icel. sagas* II 397. Allein auch das konnte heilen; *s.* Unterschenkel 1. Und manche ~ war ganz leicht, beeinträchtigte nicht einmal die Arbeitsfähigkeit des Unfreien (*s. d.* 19), wie Brandmarken (zur Kennzeichnung des Rückfalls; *s. d.* 11), Abhauen des kleinen Fingers. **N** Ein *diffactus* (arg Verstümmelter) galt wie der Tote als nicht mehr *iusticiabilis*, am Leibe bestrafungsfähig; *s.* Murdrum 10 **4d)** Für dasselbe Verbrechen setzt éine Quelle Tod, die sie benutzende andere, z. T. aus der Seelen schonenden Absicht 11/12. Jhs., ~. Dem rückfälligen Diebe droht I Atr 1, 6 den Tod. Indem Cnut den Vordersatz wiederholt, lässt er als Strafe Abhauen von Händen oder Füssen folgen; II Cn 30, 4. Falschmünzerei und verstohlenes Prägen bedroht mit Tod III Atr 8. 16 = IV 5, 4. Dagegen: wer hinfort Fälschung [in Geld] macht, verliere die [rechte] Hand und löse sie nicht durch Gold oder Silber aus; II Cn 8, 1. Auf Bruch königlichen Handfriedens und Totschlag innerhalb der Kirchenwände setzt den Tod VI Atr 14 = I Cn 2, 2. **N** Statt dessen setzt *de membris culpa* Hn 79, 3. Umgekehrt lässt er für Münzfälschung die Lösbarkeit des Abhauens der Hand (*s. d.* 9a) fort 13, 3 **4e)** Wie Todesstrafe wird ~ an der Schwangeren bis zur Entbindung aufgeschoben (*s.* Frau 3a), **4f)** nicht durch geistliche (*s. d.* 33c. d) Richter verhängt (*s.* jedoch Feiertag 8d), **4g)** über alle Teilnehmer gemeinschaftlicher Missetat verfügt (obwohl nur éine Geldstrafe und -busse entfallen würde; Hn 49, 7), **4h)** nicht von einer Busse an den verletzten Kläger begleitet, **4i)** wohl aber von Vermögenseinziehung (*s. d.* 11) und bisweilen vom Strafgeldfixum; Af 6 5) **N** Obwohl Missetat ohne Absicht (*s. d.* 5) allgemein von Strafe frei bleibt, hält Hn zu sagen für nötig, dass unfreiwillige Tötung des eigenen Kindes weder mit Geldbusse (wie die eines fremden) noch *diffactione corporali* gebüsst werde; Hn 88, 8. Dächte dieser Schriftsteller logisch, so müsste man wähnen, unabsichtlicher Totschlag am fremden Kinde könne zu ~ führen. Er aber will wahrscheinlich nur Sippenanspruch auf Rache ausschliessen **6)** ~ bedroht also bussloso (*s. d.* 1a) und Kapitalverbrechen (*s. d.* 1): sie konnte jederzeit statt Todesstrafe vollzogen werden; systematisch geschah das unter Cnut und besonders Wilhelm I. Erwähnt ist sie für: Diebstahl (*s. d.* 12), bandhaft oder im Rückfall (*s. d.* 3a. 11) od. in der Kirche, Bluttat in der Kirche, am Königshof, in Häusern höchsten Adels (Hn 80, 1; 7—9a), gegen Steuererheber, Forstrichter (Ps Cn for 15; *vgl.* I 623[b]), Verwundung (Hn 68, 1; *s.* jedoch Todesstrafe 3g), Notzucht (*s. d.* 7f.), Münzfälschung (*s. d.* 7), Wildfrevel im Forst (I 624[n]), falsche Anklage, die Leben gefährdet (*s.* Verleumdung 3), Meineid (*s. d.* 13); ~ trifft auch hartnäckigen Ehebruch (*s. d.* 12.b), Misslingen des Ordals (*s. d.* 32), Totschlag (? *s. d.* 9d) **7)** Die ~ besteht im Abhauen der Hand, beider Hände, des kleinen Fingers, des Fusses, beider Füsse, der Nase, Ohren, Lippe, Zunge, Hoden (*s.* Entmannung), im Ausreissen der Augen, Skalpieren, Scheren und Brandmarken; *s.* alle diese Artt. **7a)** Ein Agsä. Systematiker hätte wohl, wie Haarscheren und Brandmarken, auch Prügel (*s. d.*) zur ~ gezählt, da sie Hautverlust heissen **N 8)** Dass ~ den Adel nicht treffe, behauptet Hn 80, 9a; b

Versuch 1) Der ~ [ohne schädigenden Erfolg im Altgerm. Recht nicht strafbar; Brunner I[2] 213; anders Ps.-Egb. *Poenit.* II 1 = Eadg. *Can.* ed. Thorpe *Anc. laws* 405, aus Halitgar: *Qui cupiverit occidere, ieiunet*] wird bestraft, wenn gegen des Herrn Leben gerichtet; *s.* Hoch-, Herrenverrat 1a. 4. 5. 9 **2)** Der ~ zu unerlaubter Blutrache für einen hingerichteten (*s. d.* 6) Verbrecher (oder zur Befreiung eines Verbrechers auf der Strasse), der kein Blut kostete, wird mit 120 Schill. [Königs-Ungehorsam] gestraft; II As 6, 3 (VI 1, 5). *Vgl.* Rechtssperrung 3b. Wer dagegen den Hinrichter eines Diebes [wirklich] tötete, wird geächtet; II As 20, 7 = III Em 2 **2a)** Im Ggs. zu *rihthamsocn* kennt *unworht* (*infecta*) *hamsocn* In Cn III 49. 58, 1; *vgl.* Heimsuchung 4. 6; Halbverletzung, Angriff 3f. **2b)** Als ~ wird Waffenzücken (*s. d.*) gestraft; mehrere Vorbereitungshandlungen zur Notzucht (*s. d.* 5) und Unzucht mit der Nonne (*s. d.* 14) werden unterschieden und abgestuft bestraft wie auch bei anderen Germanen; *vgl.* Schwerin in *Grundr.* II 5, 129f.

Vertagung *s.* Rechtsgang 17bff., Terminaufschub

Verteidigung A. gerichtl. *s.* Rechtsgang, Beweis, Reinigung; Vormund, Vorsprech, Vertreter 1. 2. 9. 11 **B.** des Staates, des Herrn, des Mannes, der Verwandten, seiner selbst *s.* Königstreue, Gefolge, Vassallität, Mannschaft; Sippe, Notwehr **C.** gesetzwidrige zugunsten des Verbrechers *s.* Begünstigung, Widerstand, Rechtssperrung

Verteilung A. des Nachlasses und an Arme *s.* Erbgang, Seelschatz, Almosen **B.** der Verbrecherhabe *s.* Vermögenseinziehung 5 **C.** des aus Schiffbruch Geretteten *s.* Seewurf

Vertrag *s.* Wb *þingian; fulloc* [*vgl. loc* bei Toller; (*be*)*lucan* wird *concludere et confirmare* um 1000 übs. Urk. Earle 212f.]; *foresprecan; cweðan, wordgecwidu; forword* [*vgl. forwerd, foreweard* bei Toller und Stadt 19c]; *geforword, witword, prælocutio; friðmal, formæl. Vgl.* Versprechen 2—c. 4. 6—8e. 13; dieses und ~ heissen *wedd*: so wird *Deus pepigit nobiscum foedus* Deut. 5, 2 übs. *God behet us wedd* **1)** ~ bestehe fest; III Atr 3 = II Cn 81 = Northu 67, 1 **2)** Der internationale ~ bindet auch die Nachkommen; AGu Pro **3) N** Gedinge bricht Landrecht (Gewohnheit samt Gesetz): *pactum legem vincit et amor iudicium* Hn 49, 5a = 59, 1; 2c; 4a[k]. 87, 3. *Vgl.* Sprichwort 3; auch *modus et conventio vincunt legem* Bracton f. 17b; *conventio legi derogat* Statut. Westmon. II 1285; Hazeltine *Gesch. Engl. Pfandr.* 27; Holdsworth *HEL* III 90 **4)** *Drinclean* (*o.* S. 56), das unverrückt bestehen soll (II Cn 81 = Northu 67, 1 = Lond ECf 32 B 5), ist vielleicht (*s.* jedoch Grundbesitz 4) Weinkauf. **N** Mittelengl. heisst *wine, supperbeer* das Ende eines Rechtstreits; Maitland *Yearbook of Edward II.* III LXIX | *emptor terrae dabit* 1 *den. burgensibus ad beverache*; aus Whitby a. 1185 bei Bateson II 81 (*vgl.* Altfz. *beuvrage*);

beverage dialektisch, jetzt Trinkgebühr beim Einweihen neuen Anzuges; Wright *Dial. dict.* | *drinkpenny*, *drinking-money* heisst Angeld, Mietpfennig; Halliwell *Dict. archaic* | über die Analogie von Lobelbier und Gottespfennig *s.* Gierke *Schuld u. Haft.* 366; über *biberagium*, *mercipotus* Du Cange und über Mittelengl. Weinkauf Fehr in *Anglia* 33 (1910) 134; Maitland *Select pleas manor.* 133 **4a)** Denkbar und im Zusammenhang passend wäre auch 'Trinkgeld', d. i. Lohn für Zeugnis [Brunner II 392[9]], und daher dieses selbst; *vgl.* Gierke 369: *potus testimonialis* **4b)** Auch das Wort *festing* (jetzt *fasten-*) *penny* lebt noch im nö. England (Wright), wo Nordleute sassen: Festigungspfennig; Amira 139 **5)** Älteste Verträge betreffen Frieden zwischen Völkern (*s.* international), Schiedsgericht, Wergeldzahlung, Eheschliessung, Königstreue 5c, Mannschaft 2o (*s.* Vassallität, Gefolge, Gefolgsadel), Darlehn, Genossenschaft, Erwerbsgenossenschaft, Eidbrüderschaft, Zahlungspflicht aus Kauf (*s.* Kaufzeugen 1, Handelsschuld), Ausschluss der Haftung (*s. d.* 4c) für aufbewahrte Waffe, Rechtserfüllung *s.* Streitgedinge, Prozessualpfand, Bürgschaft 12—15, Terminaufschub 6

Verträglichkeit *s.* Friedlichkeit

Vertrauens unwürdig *s.* bescholtene

Vertreibung *s.* Verbannung, Verpflanzung, abschwören 2f.

Vertreter *s.* Wb *aspelian, gespelia, spala, defensor; forwyrhta; vicarius* **1)** Im Sinne von Beschützer *s.* König (in Poesie *leodgebyrga*) 14, Schutz 9, Haushalt 1, Vormund, mündig 1—2. 11, Gefolge 16—19; Vassallität 12. 16b. 18f., **1a)** von Verantworter *s.* Haftung, Bürgschaft, Gewährleisten, Hufe 15, **1b)** von gerichtlicher Sachwaltung (*u.* 11) *s.* Vorsprech, **1c)** im Gottesgericht *s.* Ordal 26, Zweikampf 13b, **1cd)** in Pönitenz *u.* 14 **1d)** *Christi vicarius s.* König 6a **1e)** ~ des Königs *s.* Amt, Reichsverweser, Oberrichter, Königsrichter, Missus, Bischof 10ff., Ealdorman 10. 18. 20, Eorl 13, Thegn 3. 20, Sheriff, Vogt, Königskleriker **1f)** ~ der Grossen und Gerichtsbarkeiten *s.* Adelsbeamter, Ealdorman 21a, Truchsess 4a. b. c., Vogt 3d, Richter, Gericht 20 **1g)** Den *Gesetzen* fern liegt die Röm. Theorie, man dürfe sein Staatsamt, bes. das des Richters, nicht übertragen; *vgl.* Niese *Gesetzg. Norm. Sic.* 174 **1h)** ~ der Sippe (*s. d.* 4) ist ein Genoss, und sie ~ des toten (*s. d.* 1f.) Mitgliedes, **1i)** des Schiffes (*s. d.* 8) der Steuermann **1k)** Beim Polizeiritt vertritt den Gildebruder, der kein Pferd hat, der berittene; *s.* Genossenschaft 12d **1l)** ~ des zu Beklagenden *s.* Vorladung 5 **2)** Königs oder Bischofs (*s. d.* 12b) Unfreie reinigt von Anklage [nicht ihr Herr, sondern dessen ~] der Vogt; Wi 22; *u.* 6 **2a)** **N** Der König schwört nur den Krönungseid *in propria persona;* Lond ECf 11, 1 A 9 [sonst also durch ~; für Agsä. Zeit *s.* Eidesersatz 1] **3)** Für das ganze Volk, den Staat, leisten verpflichtendes Versprechen (*s. d.* 11) die Witan des Reichstags (IV Eg 1, 5), doch ohne Auftrag des Volkes **3a)** **N** Um 1200 erscheint der Reichsrat (*s. d.* 6a) als ~ des Volkes **3b)** Für die Witan (*s. d.*) ist ~ der Episkopat, der Erzbischof, der Landesbischof **N 4)** Für die Grafschaft (*s. d.* 13. 21; Grafschaftsgericht 6) sind ~ die dort landsässigen Graf, Bischöfe, Thegnas, Freisassen (Barone); kein einzelner Baron ist als ihr oder des Hundred ~ belangbar **5)** **N** 12 *meliores hundreti* reinigen das verklagte Hundred; *s. d.* 21b **6)** Der Thegn (*s. d.* 15) lässt durch ~ Voreid schwören und den Leumund Untergebener reinigen; *vgl. o.* 2 **N 6a)** Der Adelsbeamte (*s. d.* 11ff.) ist des Herrn ~, der dessen Vorladung vor Gericht oder Abbestellung empfängt, dessen Streitsache führt, statt seiner die Grafschafts- und Hundredfolge leistet **6b)** Während der Pilgerfahrt (*s. d.* 6) ernennt man einen ~ für sein Vermögen **7)** Dem Staate gegenüber vertritt der Grundherr (oder sein Adelsbeamter) alle Dörfer dieser Baronie in Hundred und Grafschaft; Hn 7, 7. Sobald der Grundherr zur Grafschaft geladen war, gelten seine Bauern, obwohl abwesend, als *secuti ius;* 29, 1c **8)** Sind jene beiden verhindert, so vertreten dort jedes Dorf dessen *præpositus* [= gerefa], *sacerdos et* 4 *de melioribus villæ;* 7, 7b. Im 13. Jh. gilt diese Vertretung des Dorfes regelmässig u. selbständig (Pol Mai I 532f.), auch im Forstgericht des späteren Mittelalters; Holdsworth *HEL* I 344. Reeve und 4 Leute erscheinen in Assisa de Clarendon 1164 [**8a)** Im Schottischen Recht vertreten das Grossgut der Seneschall und 4 ehrliche Männer des Dorfs; Robertson *Histor. essays* 137. Im Norden wird jedes 'Achtel' durch zwei Mann am Thing vertreten; v. Schwerin *Zur Hundertsch.* in *Zs. Savigny RG* 29, 277] **8b)** Pfarrer, Dorfvogt und mehrere (3—4) höhere Bauern vertreten das Dorf bei der Bezeugung, dass ein Fund (*s. d.* 1) kundgemacht sei; ECf 24. 24, 1 **8c)** Über ~ des Dorfes beim Hundred *s. d.* 31ff. **9)** Die Zehnerschaft (*s. d.* 26d) von Mitschuld an der Flucht eines verbrecherischen Genossen zu reinigen, reicht der Vorsteher samt 2 Mitgliedern nicht aus; er bedarf Eideshilfe von je drei Genossen dreier nachbarlicher Zehnerschaften; 20, 3; 5 **9a)** Der Zehnerschaftsvorsteher mit 4 Genossen vertritt die ganze Zehnerschaft vor den königl. Reiserichtern 1292; Lambarde *Perambulation of Kent* 496. 515; *vgl.* mein *Über Edward Conf.* 84 **10)** Die Londoner Genossenschaft (*s. d.* 12h) sagt: 'wir versammeln uns, nämlich der Hundertvorsteher und die 10 Zehnverband-Aufseher'; von letzteren dient ihr also jeder als ~ der neun übrigen **N 11)** Der Sachwalter kann den Prozess seines Herrn nicht für diesen unwiderbringlich verlieren, dessen Anspruch nicht durch Prozessrede verbringen; Hn 61, 12; 13b **12)** Die Verwaltung eines Herrschaftguts (*s. d.* 11a) für den Herrn, ohne eigene Verlustgefahr, darf der Hintersass nicht ausschlagen **13)** Unter dem *forwyrhta* der armen landlosen Witwe eines Londoner Gildegenossen ist vermutlich ein ihr untergeordneter Arbeiter (nicht ein beschützender ~) gemeint VI As 2. Der Mangel an solchem enthebt sie der Steuerpflicht [wie in Norwegen der Bauer ohne Arbeitskraft zu Hause von Dingpflicht frei bleibt; v. Schwerin; *Gött. gel. Anz.* 1909, 832] **14)** Reiche Leute finden für ihre kirchliche Pönitenz (*s. d.* 5) ~, die statt ihrer fasten; *s. d.* 14 **15)** **N** Zur Vorzeigung der Waffen in den Bezirksämtern jährlich überall an einem Tage muss jeder Freie selbst erscheinen oder, wenn krank oder dringend beschäftigt, *inveniat alium* *pro semetipso qui hoc faciat*; Lond ECf 32 A 13 [Strafe 6. 11

Verurteilung *s.* Urteil(finder),

Verwahr *s.* Anvertrautes, Depositum, Sequester; Haftung 4

Verwaltung *s.* Bezirk; Amt; König, Witan, Reichsrat, Ealdorman, Eorl, Thegn, Sheriff, Vogt, Vertreter; Bischof, Pfarrer; Finanz, Steuer, Justizertrag; Trinoda necessitas, Heer, Schiff

Verwandte *s.* Sippe

Verwandtenmord *s.* Wb *mæg-slaga.* Aus Agsä. christlicher Epik *vgl. aldorbana, broðorbana;* aus Homiletik *broðorslaga* **1)** ~ ist bei den Germanen schon vór kirchlichem Einfluss ein ausgezeichneter Totschlag; Brunner II 633. 322, gegen Wilda. Für Friesland qualifiziert der ~ den Totschlag erst seit Einfluss Römischen Rechts; His **1a)** Totschlag am Bruder kann beider Vater zu seinem Leidwesen nicht rächen; *s.* Absicht 2a. Ebenso lässt die Unmöglichkeit der Blutrache den ~ bes. schmerzlich empfinden: *Adolescens sororem peremit; o parentum dolorem: non poterant filiam ulcisci in filium*; Mirac. s. Ivonis hinter *Chron. Ramesei.* ed. Macray p. LXVII **1b)** Die Hölle droht für Brudermord Beowulf 590, und warnt vor ~ 2166 **2)** Wer einen *de parentela ipsius* erschlägt, schuldet weder an dessen Gevatter Busse noch an dessen Herrn Mannbusse; ? *s. d.* 12 **3)** Cnut und manche Homilie mahnen, die *mæg-slagan* zu vertilgen; Cn 1020, 15; *Homil. n.* Wulfstan 165. 242. 266. 298 **3a)** Walliser Recht straft den ~ nicht durch Erschlagung oder Wergeld, sondern durch Ausstossung aus dem Geschlecht; Seebohm *Tribal system* 58 **4)** Aus Exodus übersetzt Ælfred Todesstrafe für blosses Schlagen und Fluchen gegen Eltern; *s. d.* 3 **N 5)** Aus Bussbüchern diktiert je nach Absicht abgestufte Pönitenz für ~ Hn 72, 2a; b. 75, 5; Wergeld oder Leibesstrafe wird für Totschlag am eigenen Kinde nicht fällig; 88, 8 **5a)** Wer Eltern *casu occiderit, 15 annis peniteat; voluntate: ad exitum;* 68, 9 **6)** Seit Ende 10. Jhs. straft in England der Bischof den ~ mit Pilgerfahrt zum Papst (*s. d.* 3. c) nach Rom **6a)** Leute, die den Bruder, Sohn oder Vetter getötet und sich Pönitenz vom Papst geholt hatten, empfehlen auf deren Pilgerfahrt der Bischof v. London u. der v. York um 1003; *EHR* 1895, 728 **6b)** Papst Johann [XV.—XVIII., weil um 996—1009 die umgebenden Schriftstücke fallen] empfahl einem Englischen Erzbischof einen zur Pönitenz zu ihm gekommenen Engländer, der *casu accidente proprii sobolis vitam extin[xerat]: hunc gerulum litterarum adiuvetis apud vestrum regem, ut sua omnia restituet; ebd.* 729. Kasuelle Kindestötung war also mit Vermögenseinziehung und Pilgerfahrt nach Rom bestraft worden **6c)** Einer, der als Busse für ~, nach seines Diözesans Vorschrift, in Eisen geschmiedet nach Rom pilgern sollte, verliert die Fesseln durch ein Wunder um 1000; Wulfstan *Swithuni mir.* ed. Huber 76 **N 7)** Nach Fränkischem Kapitular droht Todesstrafe dem ~, der verübt war, um unfreien (*s. d.* 3f) Status zu verschleiern **8)** Über das Tötungsrecht des Vaters bzw. Sohnes gegen Tochter bzw. Mutter, ertappt im Ehebruch, *s. d.* 10

Verwirkung *vgl.* Lehnwesen 15a. b; Strafe, Strafgeldfixum, Vermögenseinziehung, Haftung 4g—6, Baum 6, Tierstrafe, Pfand 6 **1)** Wer ohne Kaufzeugen tauschte, verwirkt Eingetauschtes an den Grundherrn; II As 10 **2)** Den Ertrag der Sonntagsarbeit verwirkt der Freie an den Strafanzeiger; Wi 11

Verwundung *s.* Wunde

Verwünschung *s.* Fluch

Verzicht *s.* Begnadigung 3, Abfindung, Barmherzigkeit 6, Eid 7. c, Ehrenbezeigung 2a, Schiedsgericht 9c, Vorladung 15a, Klage 4c, Klageeid 5a, Lehnwesen 15, Misericordia 1f.

Verzugsbusse *s.* Urteil 6aff.; Peterspfennig 17a; Gerichtsversäumnis 2.5

vicarius, vicedominus **1) N** Zwei wohl aus Frankreich, bes. der Normandie [*vgl.* Schröder *DRG*[5] 126[17]], geschöpfte, nicht Englische Titel beim Verf. des Q (Index 10) und Hn's, jener für Unterbeamte des Richters, beide für Lokalbeamte [entweder baroniale Truchsessen (oder Guts-Amtmänner) oder königl. Sheriffs; *s. d.* 1g], die auf dem Grafschaftstage erscheinen; Hn 7, 2 **2)** *Vgl.* Vertreter 1d

Vieh *s.* Wb *feoh, ierfe, orf, ceap, (weorc)nieten; pecunia, peculium, captale; vif aver, aver champestre. Vgl.* Tier(strafe), Rind; Taxe, Preis; Hürde 1, Stall; Futter; Fleisch, Horn, Fell, Milch, Butter, Käse; Haftung 5; Einfanglohn; Hirt; Bestialität **1)** Zum ~ zählt ursprünglich auch der Unfreie; *s. d.* 6a **2)** Die ältesten Namen für Geld, Habe, Vermögen weisen darauf hin, dass diese einst in ~ bestanden: *feoh, ierfe, sceatt;* Brunner I[2] 82; Amira 123 **3)** Gezahlt ward in *feo* (Abt 30), *cwicæhtum feogodum;* Af 18, 1 **4)** Lebgut heisst *libbend, viva pecunia, vif aveir* im Ggs. zu *licgend,* toter Fahrhabe (*s. d.* 1), und *gangend* im Ggs. zu *weaxend,* Pflanzen **4a)** Klein-~ (*s. ebd.* 1a) steht in Ggs. zu Pferd und Rind; Forf 1f. Leis Wl 5 **5)** Vom ~, auch vom Zuwachs, wird Peterspfennig (*s. d.* 14b) und Zehnt (*s. d.*) entrichtet **6)** ~zucht im adligen Herrschaftsgut beschreibt das Stück Rect-Gerefa über die wirtschaftl. Pflichten des Amtmanns **7)** Schädigendes ~ trifft Tierstrafe (*s. d.*) oder Pfändung (*s. d.* 6), oder der Tierhalter muss zahlen; *s.* Haftung 5 **8)** Als Beweismittel (*s. d.* 4a) des Eigentums am ~ dient die Marke; *s.* Merkmal A [Auf Island wird die Tiermarke der Nachbarschaft öffentlich bekannt gemacht; Maurer *Island* 374. 405; Lehmann *Königsfriede* 269] **8a)** Hoch bewertet werden die Glocke (*s. d.* 4) des Rindes und das Halsband des Hundes (*s. d.* 2b) als Zeichen des Eigentums an der Herde **8b)** Gegen ~raub dient die Strassenwacht; *s. d.* 1. Zwischen den Stammfremden im Land der Dunsæte (*s. d.* 12) geschah er wohl so oft, gemäss dem Brauche unter Grenzvölkern, dass das *Gesetz* nur einfachen Ersatz dafür forderte **8c)** Den ~diebstahl sucht unmöglich zu machen oder sicherer Bestrafung zuzuführen ein sehr grosser Teil der Agsä. Gesetzgebung; *s.* Anefang, Handel 8, Einfang 2, Hehlerei 6, Spurfolge

N Viena, Düna; nach diesem Fluss heisst *Wyneland,* eine Ostseelandschaft, die Arthur Britannien unterworfen haben soll; Lond ECf 32E; *vgl.* I 659[k]

vier *vgl.* Doppelung; Stand 21cff. **1)** Bis 4 Pfg., 1 Merc. Schilling (*s. d.* 1C), reicht kleiner Diebstahl (*s. d.* 9f), und bedarf der Handel keiner Kaufzeugen; *s. d.* 12 **2)** Das Flächenmass normiert sich z. T. nach der Zahl 4; *s.* Hufe 4. 6. b; Acker 2. 3. 6 **2a)** Waffenzahl im Heergewäte; *s. d.*

9c **3)** Zahl der Eideshelfer; *s. d.* 36 **3a)** der Kaufzeugen; *s. d.* 6 **4)** 4 Wochen Periode des Gerichts; *s. d.* 9; Frist 12 **5)** **N** Das Forstprogramm gibt jeder Grafschaft 4 Oberförster, unter jedem 4 Förster; Ps Cn for 2 **6)** Nach 4 Richtungen erstreckt sich der vom Burgtor (*s. d.*) des Königs ausstrahlende Sonderfriede, d. h. überallhin ringsum **N 7)** Einen Fundgegenstand zeigt der Dorfvogt Vertretern von 4 Nachbardörfern; ECf 24, 1 **7a)** 16 *viri de 4 partibus vicinitatis villae* sagen eidlich 1122 aus; Palgrave *Rise* II 183 **7b)** 4 Ortschaften im späteren Engl. Recht: Holdsworth *HEL* I 149, Urteilfinder für die Petty jury 155, im Forstgericht 343 **8)** Eine Zehnerschaft bringt den Reinigungseid zwölfter Hand zustande, indem ihr Vorsteher mit zweien seiner und je dreien dreier benachbarter Zehnerschaften schwört; ECf 20, 3

Viertelpfennig *s.* Halbpf. 3a. 4

vierzehn *s.* Wb *niht* 3c; Frist 9

vierzig **N 1)** 40 Mark ist die Busse an den Fiskus für Murdrum; *s. d.* 5 **2)** 40 Pfg. ist die Busse für Erschlagung eines Unfreien (*s. d.* 8) an dessen Verwandte und **2a)** für Schutzbruch an den Villan (*socman* Hk), während der Baron 120 erhält; Leis Wl 16 **3)** 40 Tage *s.* Frist 14 **4)** 40 Ruten *s.* Furchenlänge 2; Acker 3a. 6; Meile 6b **4a)** 40 Hufen *s.* Eorl 7 **5)** **N** 40 Eideshelfer *s. d.* 46 **6)** 40 Schafe (*s. d.* 1b) werden als Teil des Wergelds zu 1 £ taxiert; Hn 76, 7e **7)** 40 in Lex Salica *s.* Krammer in *Festschr. Brunner* 444

Vigilie *s.* Vorabend

Vogelbeize *s.* Jagd 5. 9a

Vogt.

1. Namen. 1h. *gerefa:* Sheriff. 2. Richten ist Amtszuwachs. 3. Verschied. Arten ~. 4. Ein- und Absetzung. 5. Sprengel. 6. Je éin Bezirk unter dem ~. 7. Stand und 8. Schutzrecht des ~s. 9. Aufsicht über ~. 10. Unterbeamte des ~s. 11. Sittlichkeit des ~s. 12. Einkünfte, Pacht. 13. ~ über Herrschaftsgut. 14. Heerführer. 15. Zwangsvollstrecker der Kirche. 16. Allgemeiner Bezirksregent. 17. Spurfolge, Fund. 18. Handel, Münze. 19. Strafpolizei. 20. Polizei über Fremde, Gefolge. 21. Am Reichstag, in Grafschaft. 22. Richter. 23. Rüge, Weistum. 24. Missetat des ~s.

1) Synonyma sind in den *Gesetzen: scirman* (*s.* auch Sheriff 1a), *se þe scire healt* (diese Paraphrase, *scirman, gerefa, ealdorman, manna hyrde* [*vgl. hyrde folces;* Polity 12] stehen für denselben ~ des Herrschaftsgutes Rect 12. 17; *vgl. vilicus sibi præerat: tungerefa his ealdormon wæs* Beda IV 24); Cynewulf nennt éinen Mann *æðeling, heretoga, ealdorman, gerefa, dema* (Price *Teutonic antiq.* 36. 38), *dema* u. *gerefa* Iudex 12f. Ferner *s.* bei Toller: *æfgerefa, folcg-, motgerefa* (von Vinogradoff *Engl. soci.* 107 identifiziert mit *hundredes ealdor* [?]) und (viell. aus *præpositus*) *forcset, prafost;* Frz. *provost.* Wie Obrigkeit, Gericht überhaupt, so ist oft der ~ gemeint unter indefinitem *man* As Alm 1. I As Pro. Allgemein Beamte heissen *gingran* AGu Pro, dafür in Urkk. *iuniores* a. 732. 734. Birch 149. 152, nur in der Entstehung (nicht immer später) im Verhältnis zu Fürsten, also als Unterbeamte gedacht **1a)** Das Wort *gerefa* lebt in *reeve, moor-, dyke-, field-, road-, undergrieve* dörflicher Aufseher über Gutsarbeiter, bzw. Moor, Deich, Feld, Strasse I 654[**], bei Vinogradoff *Growth of manor* 190, Wright *Dialect dict.;* Mittelengl. *alegrieve, watergrieve* bei Raine *Mem. of Hexham* I vii **1b)** Die Komposita, in denen *gerefa* ein Glied bildet, sind ausser obigen: **burg-, heah-, port-,* **scir-,* **swan-, tun-, þriðing-,* **wealh-, weard-, wicgerefa;* **gerefærn,* **-land,* **-mæd, -scipe,* **-scir.* Die mit * bezeichneten Wörter *s.* bei Toller **1c)** Die Latein. Wörter, welche von Agsä. Übersetzern durch *gerefa, burhg-, tung-, wicg-, portg-, scirman* übertragen werden, sind *præfectus, præpositus, tribunus, decurio* (königl. Finanzbeamter), *quæstor, curialis, decurialis, actor* (dafür auch *tungerefa*), *exactor, actionarius* (*-ator* Earle 410. 476), *procurator,* mit *domūs* Genesis 15, 2 (auch Urkk. a. 679 Birch 45; a. 811 B. 335), *dispensator* (auch für *tungerefa;* Ælfric), *curator* (dafür auch *tungerefa*), *censor, villicus* (*o.* 1), *commentariensis, procer, consul, comes,* (*pro*)*prætor, præses, rector, iudex* (Urkk. a. 705. 811 Birch 115. 335), *telonearius, publicanus;* Belege: Toller; Sweet *Oldest texts* 648; Plummer *Alfred* 176f.; *Gospels* ed. Skeat; Grein *Glossar* **1d)** **N** Lateiner in den *Gesetzen* brauchen für *gerefa* oder *scirman: præpositus, minister* (Hn 61, 2), *ministrator, prælatus* Episc 10 Q. Hn 9, 1; 4a. 20, 1a; *custos* Lib Lond 4 (andere Bed. *s.* Herrschaftsgut 11a), aber auch *serviens* Hn 61, 4. 68, 2. ECf 21, *apparitor u.* 12e. Einmal steht *vicecomes* für *gerefa* II Cn 8, 2 In, einmal für *cyninges ealdormannes gingra* Af 38, 2 In, wo die Originale nicht den Sheriff (*s. d.* 1g) meinten. Wo *vicecomites,* **præpositi* bei Cn 1027, 12 vorkommen, da standen im Original wohl *scirgerefan, gerefan.* **N** In seiner richterlichen Eigenschaft heisst der ~, auch der des Prälaten und Barons, wie der Königsrichter (*s. d.* 1—6) anf. 12. Jhs. öfter *iustitia, -iarius,* als fiskaler Gerichtshalter mit festländischem Namen *defensor; vgl.* I 562[f]. Regierenden Beamten nicht bloss des Königs meint mit *potestas* Hn 22, 1, Beamte überhaupt mit *famuli* (*regis*) 10, 1, *servientes* 13, 1. 68, 2. 79, 2. *Vgl. vicarius* **1e)** *baillie* (Lat. *ballia*) sagt Leis Wl 2, 1 für den Amtsbezirk des Sheriff; *ballivus,* und für den Bezirk *balliva,* braucht für den Beamten allgemein der Londoner City-Jurist um 1200; Lond ECf 32 A 1. 13. Wl art retr 6 **1f)** Des ~s Amt (Wirksamkeit, deren Bezirk, dessen Einwohnerschaft) heisst *scir,* **gerefscir,* **tunscir* (beides letztere für *villicatio* der Bibel), *manung, folgoð* [die Wurzel des Dt. *Amt,* das Wort *ambiht* kommt nur als (unfreier) Dienst am Königshofe vor in *ambihtsmið*]; Lat. *præpositura* Hn 56, 5—7; *præfectura* 22, 1. ECf 30, 2; *ballia,* Fz. *baillie; o.* e **1g)** Die Etymologie von *gerefa* ist strittig; *vgl.* letzthin Schlutter *Anglia* 31 (1908), 61; Schröder *DRG*[5] 130[10]; frühere Erklärung: Koch-Wülker *Hist. Gramm.* III § 170. *Gerefa* kommt von frühesten Zeiten vor bis Ende 11. Jhs., wo *ge-* in *i-* übergeht, nie ohne *g-*, wohl aber Nordhu. *gr-* ohne *e.* Und L. Meyer hält den Anlaut *gr-* für ursprünglich und erst später so verunstaltet, als sei *gerefa* mit Präfix *ge-* gebildet; das Got. *grefan* (beschliessen, befehlen) entspreche dem Dt. *graf;* *Nachr. Gött. Ges. Wiss.* 1910, 50. **N** Sprachlich setzen *gerefa* dem festländischen *graf* Anglonormann. Juristen 1110—30 gleich und sachlich erkennt ihn einer als Fortsetzer des Ealdorman; *o.* S. 97. — *Reafian* sagt zwar vom pfändenden, Strafgeld eintreibenden Richter der Blickling *Homilet* 63 (die Form *gereafa* kommt vor); und räuberische Habgier nach Strafgeld bzw. 'rauben' (*s. d.* 1d) schelten als Charakterlaster des Gerichtshalters II Cn 76, 2. Iudex. Und für Rauben und Pfändung (*s. d.* Z. 6) dient éin Wort. Dennoch beweist dies alles höchstens, dass die Etymologie aus dem Stamme *reaf* dem Volke nahe lag. **N** Ertiftelte Etymologie eines Französischen Pedanten um 1130 *s.* Sheriff 9b **1h)** Das Wort *gerefa* bedeutet öfter Sheriff (*s. d.* 1d. e), und in vielen Fällen, bes. unter Æthelstan, bleibt unsicher, ob Sheriff oder ~ zu verstehen sei. Daher müssen beide Artt. teilweise Gleiches enthalten und ergänzen einander; *u.* 5b **2)** Der ~ kommt vom 7. bis übers 12. Jh. vor, braucht aber nicht immer identische Funktion gehabt zu haben. Dauernd eignet ihm, dass er als Einzelner auftritt [mit Ausnahme der Sheriffs zu London; *s. d.* 45b], im Ggs. zum Kolleg der Gerichtsoberen; a. 805—31 kommt *se gerefa to Eastorege* vor; Urk. Birch 318 **2a)** Die Lateinischen Äquivalente früherer Zeit beweisen, dass es sich um einen Beamten handelt, der Menschen regiert, nicht notwendig in nur staatlichem Auftrage, von oben her eingesetzt ist (*vgl.* Gericht 16), Geld einzuziehen oder wirtschaftlich zu verwalten hat, nicht ursprünglich oder wesentlich Truppen führt (*u.* 14). Für die Sprengelgrösse ist den Namen nichts zu entnehmen: der *villicus* eines Dorfes und im 10. Jh. der Sheriff einer Grafschaft heissen beide *gerefa* **2b)** Der Londoner Stadt~ des Kenterkönigs um 685 fungiert als Kaufzeuge beim Viehhandel und im Verfolge als Eideshelfer für den im Anefang (*s. d.* 12. 16) verdächtigten Käufer vor dem Londoner königlichen Gericht, dem offenbar nicht er vorsitzt. Auch der ~, welcher bei der gerichtlichen Reinigung des Esne diesem hilft (Wi 22), ist sicher kein öffentlicher Gerichtshalter. Die 'Kenter-Richter' heissen vielmehr *dema; vgl.* Gericht 15a **2c)** Die früheste Glossierung und die Analogie mit Merowingischer Geschichte des Grafenamtes und mit Norwegischer des *aarmand* legen nahe, den Gerichtsvorsitz für einen späteren Zuwachs der Befugnis des ~s zu halten. Allein bereits vor Ine muss diese Entwicklung begonnen haben und vor Eadward I. vollendet sein **2d)** Unter Ine bereits nimmt der ~ nicht nur Strafgeld ein, er bemisst (wie nach anderer Stelle König oder Ealdorman: Ine 50) auch dessen Höhe; Ine 73. Falls der ~ (wie später) *scirman* hiess, so konnte vor ihm als einem Richter geklagt werden; 8. Unter Ælfred empfängt der ~ nicht bloss Strafgeld und beaufsichtigt Gefängnis und Fremdenpolizei, sondern er nimmt die Anzeige einer Kriminalklage entgegen; Af 1, 3. 22. 34. Er ist also Gerichtshalter, wo der Ealdorman (*s. d.* 20d. 21d) fehlt. Doch in der Regel, in der Mehrzahl der Grafschaften sass noch dieser vor oder dessen Beamter oder ein Königskleriker; 38, 2. 42, 3. Unter diesen 3 als möglich genannten Vorsitzern des *folcmot* ist der ~ nicht zu erkennen; vielmehr muss er neben dem Ealdorman ergänzt werden. Entweder der Ealdorman (Af 37) oder der ~ steht zwischen König und Untertan **2e)** Eindeutig als ordentlicher Provinzialverwalter und Gerichtshalter ohne Teilnahme des Ealdorman (der als Grossgrundbesitzer doch daneben erwähnt wird; I As 1) erscheint der ~ I As 1 bzw. I Ew Pro. 2. II 8. Die Krone hat nun um 920 das einst volksmässige Richteramt ihrem Beamten zugewendet **2f)** Doch ist der ~ niemals bloss Richter geworden, sondern hat seine verwaltende und wirtschaftliche Funktion behalten **2g)** Teilweise richtig stellt den *greve* als Amtsnachfolger des *ealdorman* (*s. d.* 3. 7b) dar ECf 32, 3 **3)** Verschiedenste Arten von Amt (*s. d.* 3) kann der *gerefa* verwalten **3a)** *Cyninges gerefa* in *Gesetzen* kann zwar stets staatlichen Magistrat bezeichnen; doch mochte anderswo auch der Amtmann kleinster Krondomäne (*s.* Sheriff 11) so, neben *tungerefa u.* 13, heissen **3b)** Der Sheriff (*s. d.* 1g. 4. 6) ist, trotz Etymologie des Namens *vicecomes*, königlich **3c)** Ebenso steht mancher andere ~, bes. in Städten, unmittelbar unter der Krone; *s. ebd.* **3d)** Ferner kommt vor der Adelsbeamte (*s. d.*), wozu der bischöfliche mitzählt [ein *gerefa* der Königin: a. 1003; Ann. Agsax.] **3e)** Vielleicht hiess der Ealdormans-Unterbeamte (*s.* Sheriff 1g) auch ~. Auch der Sheriff (*s. d.* 6a) bestellt Vögte [Iudex 8; *vgl.* Zinkeisen *Anglos. courts* in *Politic. sci. quart.* X 139]; der *demere* übergibt den Missetäter dem *æfgerefa* (Toller *s. v.*: *exactor*), der ihn ins Gefängnis wirft **4)** Der König setzt (z. T. für Geld, *u.* 12b) die öffentlichen Beamten ein; er übt Amtsentsetzung; *s. d.* 4; Richter 2 **4a)** Über den Amtsantritt des ~s im Wapentake (ECf 30, 2) *s. d.* 2 **4b)** Ebenso setzt Adelsbeamte (*s. d.* 5) der Herr ein und ab **5)** Zumeist (*s.* jedoch *ebd.* 3. 3a) hat der ~ einen örtlich begrenzten Bezirk: **A.** ein Herrschaftsgut (*s. d.* 5ff.) oder immune Enklave eines Privaten in der Stadt (*s. d.* 8), oder im Dorf; *s. d.* 8c. d, **B.** ein Hundred; *s. d.* 26; Leis Wl 5L, **C.** eine Marktstadt als *wicgerefa, portgerefa; s.* Stadt 13, London 45a, **D.** einen befestigten Ort samt Gerichtssprengel als *burhgerefa,* **E.** in Kent die Lathe; *s. d.* 2d, **F.** in der Denalagu Wapentake (Lond ECf 32 A 1), Fünfburgen (*s. d.* 1) und Riding; *s. d.* 4, **G.** und endlich die Grafschaft als Sheriff; *s. d.* 2. Wie die Grafschaft der grösste Bezirk, so ist der Sheriff, abgesehen vom *heahgerefa* (*s. d.*), der höchste ~ **H.** Über *swangerefa:* Forst 14a. Nur von der Klasse A kommen in den *Gesetzen* auch Adelsbeamte (*s. d.*) vor, sonst nur des Königs **5a)** Der Bezirk wird meist nicht genannt, auch wo nur eine bestimmte Klasse von Vögten gemeint wird; *o.* 1h **5b)** Sheriff oder [disjunktiv] *motgerefa* kommt in einer Urk. (*u.* 6a) vor: letzteres kann also wahrscheinlich jede andere Klasse umfassen, insofern der ~ Gericht halten kann, was nicht immer bei A zutreffen muss **5c)** **I.** Den *wealhgefera Wulfric,* zugleich königlichen *horsþegn* (*s.* Marschall 2), dessen Tod der Agsä. Annalist zu 897 meldet, hält Kemble für den königlichen Aufseher über Walliser Leibeigene auf einer oder allen Krondomänen [?] *Saxons* II 176; Earle (*Saxon. chron.*, auch Plummer II 112 und Toller: count of the Welsh marches?) billigt die Variante *Wealhgerefa* und erklärt: 'Befehlshaber der Königstruppen an der Walliser Grenze', die er wiederfindet in *Wealhfæreld* ('Walliser Heer'), von deren Einquartierung ein Kloster in Worcestershire befreit wird durch Mercische Urk. a. 855 Birch 489. Chadwick hält ihn für den Sammler des Tributs der Walliser und Befehlshaber Walliser Hilfstruppen (*Anglo-S. in-*

stil. 233), Larson *Household* 178 für den Führer der (einst Walliser) Königsboten. Die damaligen Urkk., in denen ein [ob dieser?] Wulfric vorkommt, geben keinen Aufschluss: Birch 557. 568. 581. 678 **5d**) Vögte, die zu London (*s. d.* 20) gehörten, waren wohl nicht eine besondere Klasse, sondern regierten Güter, die der Londoner Gerichts- und Staatsverwaltung unterstanden oder Enklaven des Adels innerhalb der Stadt bildeten **6**) *Tun, scir, burg* und so jeder Bezirk untersteht je einem ~; éin ~ regiert nicht [wie jedoch im 11./12. Jh. mancher Sheriff (*s. d.* 6a) mehrere Grafschaften] mehrere; I As Pro. As Alm 2. V 1, 5. VI 8, 3 f. Rect. Ger **6a**) Durch die Konstituierung eines Immunitätsbezirkes wird der staatliche ~ ausgeschlossen: *nan scirgerefe oððe motgerefe þar habban æni socne oððe gemot;* Urk. um 1050 Kemble 840 **7**) Wie der Sheriff (*s. d.* 7) war wohl der ~ bedeutenden Amtes meist Thegn **7a**) Die Thegnschaft des ~s erhöhte sein Ansehen gegenüber den Untertanen und den Wert seines Eides, den er als Vertreter des Gutsherrn für sie zu schwören oft in die Lage kam **7b**) Manchen Königs~ hielt der Agsä. Annalist (a. 897) für bedeutend genug, um dessen Tod zu vermerken **7c**) Es gab aber unter den Vögten *eorlisce ge ceorlisce:* vornehme wie gemeinfreie (VI As Pro) = *comes vel villanus* III Em 7, 2 **7d**) Ein Kentischer *gerefa* nennt um 835 sein Wergeld 2000 [Sceatt; *s. d.* 2d], also das des Gemeinfreien **N 7e**) Der Vassall eines Untertanen kann ~ auch des Königs werden; Hn 61, 4 **7f**) Geistliche (*s. d.* 33) waren oft Vögte für Prälaten, aber auch für den König (*o.* 2d) und Adel, was Quadr Ded 22 verteidigt. Ælfric *Can.* 34 schilt die Priester: *ge wyllað beon gerefan;* ed. Thorpe 447 **7g**) Da jeder ~ neben Unfreien auch Freie zu regieren und gerichtliche Funktion, wenn auch nicht immer Gerichtsvorsitz, hatte, so konnte er nicht Unfreier sein **N 8**) Der ~ geniesst den Personalschutz, welchen sein Herr, König oder Adliger, durch Breve oder sonstwie verleihen kann; und das Schutzbruch-Strafgeld bei der Verletzung gegen ihn richtet sich nach der Höhe jener Umfriedung; Hn 68, 2 **8a**) Totschlag an oder vor (in Gegenwart von) dem *ministro domini* gilt als besonders schwer; 80, 9a **8b**) Klage *de famulis regis occisis vel iniuriatis* ist Kronprozess (*s. d.* 16), und Verurteilung liefert den Täter in *Misericordia regis; s. d.* 9c **8c**) Wergeld oder Anspruch auf Busse für gebrochenen Schutz wächst nicht, wenn jemand ~ wird, wie doch beim Aufsteigen zum Thegn, Ealdorman oder Bischof **9**) Königs~ (wie später Sheriff; *s. d.* 13d. g. h) untersteht der Aufsicht nicht bloss durch die Zentralregierung, sondern auch durch Bischof und vermutlich durch Missus (Königskleriker, Königsrichter) z. B. bei Regieren und Richten allgemein (Cn 1020, 11) und bei königlicher Armenpflege; *s. d.* 4. Sogar durch den Pfarrer soll der *scirman* an drückenden Übergriffen gegen Unterbeamte gehindert werden; Episc 10 [*vgl.* die Kontrolle Fränk. Grafen in Sachsen durch *sacerdotes* um 782; Brunner I² 466[11]] **9a**) Beim Einsammeln des zur Landesbusse für die Armenpflege (*s. d.* 8) gestifteten Pfennigs wird der ~ kontrolliert durch eine Kommission von Dorfpfarrer und Zehnerschaftsvorstehern (VII Atr 2, 5 = VII a 2, 3), beim Einziehen des Strafgeldes für Rechtsweigerung durch abgeordnete Zeugenschaft (*s.* Geschworene 2 f.; *u.* 12g) **9b**) Gegen *præpositi regis* als Kirchenbedrücker klagt ein *dux* vor dem König; Urk. a. 1019 [kaum ganz echt] Kemble 729 **N 9c**) In Normannenzeit wird der ~ beaufsichtigt von und verklagt vor dem Königsrichter (*s. d.* 17; Leis Wl 2, 1), unter dem auch der Sheriff verstanden sein kann, ferner kontrolliert durch den Grafschaftstag, dem in Ermangelung des Grafen der Sheriff vorsitzt. Die dort anwesenden Bischöfe, Grafen, Regierungs- und Adelsbeamten nebst Grossgrundherren sollen nämlich fleissig achten, *ne gravionum pravitas vel iudicum subversio solita miseros lacerratione conficiant* [dass nicht schlimmer ~ oder Bestechung der Urteilfinder das arme Volk ungerecht drücke]; Hn 7, 2; *u.* 11c **9d**) Um 1200 erscheinen *præpositi hundredorum et wapentagiorum in ballivis suis sub vicecomitibus regis* [unter Sheriffs] *per universum regnum;* Lond ECf 32 A I **[9e**) Der *dux,* welcher *præpositos* von Buckingham und Oxford vor Æthelred II. wegen zu milder Strafjustiz verklagt, ist dagegen nicht ihr Beaufsichtiger, weil er Ealdorman von Essex ist; Urk. a. 995 Kemble 1289] **10**) Unterbeamte (*o.* 9a) des *scirman* und des Richters sind (der *undergerefa*, eine [vielleicht nur silbenhafte] Glosse für *proconsul,* ferner) der Büttel (*s. d.*), sodann im Herrschaftsgute (*s. d.* 11) eine Anzahl Leute je mit bestimmten landwirtschaftlichen Aufgaben **10a**) Auch der Dorfschulz der bäuerlichen Gemeinde heisst später *reeve; vgl.* Bateson *EHR* 1900, 511. 1901, 106. Dieser steht neben dem herrschaftlichen ~, wie *messarius villatae* neben *messarius abbatis* [Vinogradoff *Villainage* 356], kommt aber in den *Gesetzen* vielleicht nicht vor; höchstens der *prepositus ville* (Hn 7, 7) od. *prefectus de villa* (ECf 24—24, 2), dem Seneschall des Gutsherrn, bzw. dem Hundred~ untergeordnet, scheint eher ein auch bäuerl. Vorsteher als ein rein herrschaftlicher Beamter, weil er Funktionen übt, die später jenem zukommen; doch können sie um 1110—30 noch diesem obgelegen haben. Mindestens bestätigt aber war er gewiss vom Grundherrn. Teilweise eines Dorfvorstehers (Bauermeisters) Rolle spielt das Freibürgschaftshaupt; *s.* Zehnerschaft 20, Dorf 8c **10b**) Vorladung (*s. d.* 16) vor Gericht besorgen *summonitores* **11**) Schon von dem Beamten des Adels [also um so mehr von dem des Staats] verlangt Rechtskenntnis, die schon sein richterlicher Beruf erfordert, und landwirtschaftliches Verständnis (Ger 1—4), aber auch sittlichen Charakter, der sich u. a. im Verkehr mit Verständigen äussere, sowie fleissige Achtsamkeit für des Herrn Vorteil (wozu auch Polity 12 mahnt) und die Kunst Menschen zu regieren Rect 4, 6. 21, 3. Ger 1—8. 13. 18, 1 f. **11a**) Der ~ gehe mit williger Verzehnung seines Eigengutes (*u.* 12) voran; I As Pro **11b**) Æthelstan mahnt Königsvögte, zwar das ihm Gebührende gesetzmässig beizutreiben, aber nichts unrecht ihm zu erwerben; I As 6. Cnut verbot ihnen bei Strafe des Wergelds, Beisteuer von den Bezirkseingesessenen zu erpressen, nur sein Eigengut soll des Königs Gastung (*s. d.* 16 ff.) aufbringen; II Cn 69, 2 = Hn 12, 3. Über bestechliche, erpressende, Recht verdrehende Gerichtsvögte klagen Iudex 9, 1—13 u. Polity 11f., letztere besonders: 'seit Eadgars Tode'. Gerechtigkeit wird dem ~ wie dem Sheriff (*s. d.* 13g) eingeschärft **11c**) Je mehr Sheriff oder ~ Mittelpunkt staatl. Lokalregierung wurde, um so mehr sammelte sich der Hass gegen deren Druck auf ihn. **N** Heinrich den I. rühmt Verf. des Quadr, weil er kostenlose Justiz und Polizei anstatt *gravionum pravitas* (*improbitas*) gegenüber dem armen Volke eingeführt und Wilhelms II., durch *decuriones* geübten Druck abgeschafft habe [eine lügnerische Hofschmeichelei]; Arg 22. 24; *vgl. o.* 9c **11d**) Amtsvergehen (*s. d.*) werden besonders streng bestraft, aber auch räuberische oder sonstige Missetat des ~s an den Eingesessenen doppelt so schwer wie eines anderen; VII Atr 6, 3. Leis Wl 2, 1; *vgl.* Sheriff 13i **12**) Der ~ hat Eigengut mit bäuerlichen Hintersassen (*o.* 11a; IV Eg 1, 5. Ger 5. I As 5); dies kann auch ausser Zusammenhang mit seiner ~ei gedacht sein. Dagegen das (*sundor*)-*gerefland* (Urk. c. a. 1050 Kemble 949), *refland, reveland* (Ellis *Introd. to Domesday* I 231), *gerefmæd* (Toller) scheinen ~es Amtsland (*s. d.* 5. 7) zu bedeuten **12a**) Neben der Verwaltung des Herrschaftsgutes durch Adelsbeamte (*s. d.* 6) begegnet Pacht (*s. d.* 5f. 11) auf eigenen Gewinn in Hn (zu scheiden von zeitweiser *custodia* statt des behinderten Herrn, ohne eigene Gefahr; *s.* Vertreter 12) **12b**) Auch die Krone gibt die ~ei in Pacht, sogar die über die Grafschaft (*s. d.* 18af.), schon unter Ælfred. Nach Amtsentsetzung (*s. d.* 4) kann der Richter sein Amt 'wiederkaufen'; es war also Geldquelle des Beamten **12c**) Mit dem wirtschaftlichen Ertrage (*u.* 13) der Krondomäne bezieht der ~ auch den Justizertrag (*u.* 19b) des Gerichts, dem er vorsitzt, für eigene Rechnung, mit Ausschluss des sog. 'Kronprozesses' (*s. d.* 2b; Sheriff 16), dessen Ertrag er dem König nur abliefert **12d**) Das bei der Vermögenseinziehung (*s. d.* 5f) konfiszierte Land fällt dem König zu; Urk. nach 975 Birch 1296 **12e**) **N** Auch in Normannenzeit ist der Sheriff (*s. d.* 11. 13f) nicht der einzige Kronpächter, der fiskalische Strafgelder gewisser Prozesse in bestimmtem Sprengel bezieht; *ministri, apparitores, præpositi regii* schliessen ihn für gewisse Gebiete aus; Hn 9, 11. 10, 4. 19, 1. Stadt- und Hundred~ können als Richter von ihm unabhängig stehen **12f**) Für Zollhinterziehung zahlt der Verurteilte erstens [wie ein nicht handhafter Dieb dem Kläger als Busse] noch einmal das Eingeklagte dem ~, zweitens 5 £ [Strafgeldfixum, Königsschutz; *s. d.* 8] dem König [selbst]; IV Atr 3, 2 **12g**) Unter Eadward I. war dem ~ nicht verpachtet der Prozess gegen den um Land verklagten Rechtsweigerer; denn dass der ~ die von diesem verwirkten Strafgelder richtig einzog, bezweckten eine Strafdrohung und eine Aufsichtskommission (*o.* 9a); II Ew 2; für die eigene Tasche wäre kein ~ nachlässig gewesen **13**) Der König wie jeder andere Grossgrundbesitzer hält an der Spitze seines Dorfes einen *tungerefa*: *villicus o.* 1; eines solchen Frau, *villica*, erzieht König Ælfreds Söhne; Will. Malmesbur. *Reg.* II 139, ed. Stubbs 155 **13a**) Wo der Herr zu viele Untertanen habe, um sie dem Staate gegenüber selbst in Ordnung zu halten, stelle er über jedes Dorf seinen ~ (III As 7, 1): was vieil. in der Manorgeschichte Epoche macht **13b**) Der ~ verantwortet die auf dem Landgut lastende Königs-Gastung; *o.* 11b **13c**) Klage gegen den ~ durch Bauern *s. d.* 15c **14**) Der *præfectus regis* erscheint in Chroniken öfters als kriegerischer Befehlshaber; Larson (*o.* 5c) 108. Berittene Mannschaft kommandiert der ~ zur Polizei (*u.* 17. 20), und sein Amt übers Wapentake (*s. d.* 2) tritt er angeblich mit Zeremonien an, die zu Symbolen Waffen brauchen **15**) Wie der Sheriff (*s. d.* 10), stellt der ~ den staatlichen Arm dar, den die Kirche zum Zwange gegen ihr Ungehorsame braucht **15a**) Der staatl. ~ hilft den Domänen-Verwaltern des Abts (*s. d.* 8) in dessen weltlichen Ansprüchen, beaufsichtigt, neben Pfarrer und Zehnerschaftshäuptern, Almosen, aber auch Fasten zur Landesbusse (*s. d.* 1b; *vgl. o.* 11), hilft (als Nachfolger oder Ersatz des Ealdorman) dem Bischof und dessen Organen zur Geltendmachung der Kirchengerechtsame [so zur Einsammlung von Kircheneinkünften (*s. d.* 5f.), Seelschatz (*s. d.* 2), Pflugalmosen (*s. d.* 3a), Zehnt] und straft die sie Weigernden; der König befiehlt dies bei Verlust 'meiner Freundschaft und seiner Habe'. Der ~ verwaltet Gerichtsbarkeit (*s. d.* 18) zugunsten der Kirchenklagen **15b**) Mit dem Pfarrer der berechtigten Kirche vollziehen der ~ des Bischofs [ein weltlicher Bistumsexekutor] und der ~ des Königs bzw. Immunitätsherrn Pfändung (*s. d.* 12) gegen den Zehntweigerer: Kirche und weltliche Gewalt (König oder Grundherr) erhält je $^4/_{10}$, Pfarrer und Bestrafter je $^1/_{10}$. Vermutlich standen diese $^4/_{10}$ nicht ausserhalb des dem Königs~ Verpachteten, um ihn so kräftiger zur frommen Exekution anzutreiben **15c**) Der ~ vollzieht die königl. Armenpflege (*s. d.* 4) auf den Krongütern und deren Verzehntung; *o.* 11a **16**) Der ~ konstituiert so sehr die staatliche Organisation seines Bezirks, dass dieser samt dessen Einwohnerschaft *gerefscipe, gerefscir* heisst (wie später bisweilen 'Shire' umgetauft wird zu *vicecomitatus* nach dem Namen des Sheriffs); VI As 1, 1. 8, 1 **16a**) Will der Staat auf ein Hoheitsrecht verzichten (wie Wilhelm I. aufs geistliche [*s. d.* 21d] Gericht), so heisst es (Earle 342): *nan scyrgerefe oððe motgerefe þar habban æni socne,* (*ne vicecomes, prepositus, minister regis se intromittat*); *vgl. o.* 12e **16b**) Wahrscheinlich Vögte meint Ine unter den ihm und den Witan 'Untergebenen', die neben den Ealdormen Gesetze ausführen sollen; Ine Pro. Neben diesen und den Bischöfen erscheinen sie [oder Sheriffs; *s. d.* 9a] als Ausführer der Gesetze (II As 25 — IV 7); sie nehmen dem Sprengelvolk den Polizeieid ab, sind verantwortlich für gesetzliche Friedensordnung und sollen 'mein' Volk gesetzmässig regieren (VI As 10f. Cn 1020, 11), abgesehen von ihrer Richterpflicht; *u.* 22. Diese allgemeinste Regierungsgewalt und Polizeiaufsicht übt auch der ~ des Adels im Herrschaftsgut; Ger 6. 7 **17**) Als Polizeihaupt leitet er oder der Sheriff (*s. d.* 9e) die Spurfolge; *s. d.* 6. b **17a**) Dem *prefectus de villa*, den diesem benachbarten Dorfvögten und dem Hundred~, wird Fund (*s. d.* 1) kundgemacht (*vgl.* I 649[f]); dieser hütet ihn und (?) empfängt

Gebühr für Einfang; *s.d.* 6a **17b**) Der ~ darf die Eigentums-Untersuchung von Domänen-Vieh verdächtiger Herkunft durch die Dorfbauern nicht hindern; IV Eg 13, 1 **18**) Der ~ beaufsichtigt neben Bischof und Graf Handel, Markt (*s. d.* 2), Zoll und Münze, dient neben anderen als Kaufzeuge (*s. d.* 7) und leidet, falls Mitwisser der Münzfälschung (*s. d.* 3. a), deren Strafe. Bezug des Zolles (samt Busse für dessen Hinterziehung; *o.* 12f) gehört zu seinem Wesen so sehr, dass schon vor 900 *wicgerefa*: *telonearius* glossiert wird; Sweet *o.* 1c **19**) Der ~ handhabt die Strafpolizei. Der *exactor*, der vom Richter den Verurteilten übergeben erhält (Lucas 12, 58), heisst *æfgroefa* neben *bydel* **19a**) **N** Dies erscheint um 1135 für den ~ so charakteristisch, dass *gri-ve* erklärt wird als Hersteller von *grið ex væ; s.* Sheriff 9b **19b**) Die königl. Strafgelder überhaupt treibt der ~ ein; Ine 73. Af 22. I Ew 2, 1. II 1, 3. VI As 8, 4; Buss- und Strafgeld, das privater Gerichtsbarkeit entzogen sein soll, fällt unter Kenntnis des Königs-~s; I Atr 1, 14. **N** Ebenso erstrebt der Immunitäts~ möglichst viel Strafgeld; Hn 22, 1. Mit dem Worte 'rauben' brachte *gerefa* viell. Volksetymologie zusammen; *o.* 1g **19c**) Als den Fiskus vertretender Eintreiber (oder wahrscheinlicher schon als Pächter für eigene Rechnung) lässt er vom Maximum des Strafgeldes für Entwischenlassen eines Verbrechers sich abhandeln; *o.* 2d **19d**) Der Königs~ ernährt den Besitzlosen im öffentl. Gefängnis (*s. d.* 6), er erhält einen auf Bürgschaft (*s. d.* 6c) hin entlassenen Verbrecher bei dessen Rückfalle zurückgeliefert; VI As 1, 4 **20**) Kaufleute melden ihre Gehilfen, mit denen sie landeinwärts reisen wollen, dem Königs~e vor dem *folcgemot* an; Af 34. [Als Hüter der Fremdenpolizei oder als Küstenwächter ritt *se gerefa* zu den landenden Dänen, die er für friedliche Fremde hielt, um sie zu *drifan to þæs cyninges tune;* Ann. Agsax. 787] **20a**) Verdächtige (Bescholtene) zwingt der Königs~ unter Bürgschaft; *s. d.* 6g. h. i. Unter Eadgar III 7 vollzieht diese Funktion *man*, wohl das Gericht: nur and. Ausdruck **20b**) Der ~ wahrt die Freizügigkeit, die Herrensuche des Gefolges (*s. d.* 26h) gegen den Herrn **21**) Viell. *gerefan* sind gemeint unter den *iudices*, die neben Prälaten und Fürsten auf dem Reichstage erscheinen in Urkk. a. 705. 811 Birch 115. 335. Dessen Beschlüsse können nicht ohne den ~ in der Provinz bekannt, geschweige verwirklicht werden; *o.* 16. b **21a**) 'Die' *gerefan* — im Ggs. zum einzelnen Stadt~ — sind anwesend auf dem *folcgemot* (II As 12): vermutlich der Amtmann eines jeden Grossguts im Bezirk, sowohl der Krondomäne wie der Adelsherrschaft **N 21b**) Der ~ jeder Gattung, der Sheriff (*s. d.* 1g) und staatliche ~ sowohl wie der Amtmann mit politischen Befugnissen unter geistlichen und baronialen Grundherren, erscheint unter Heinrich I. zum Grafschaftstage. Nur dies scheint gemeint mit *vicedomini, vicarii, centenarii, prefecti, prepositi, tungrevii*, deren dortige Anwesenheit Hn 7, 2 fordert. Die 3 ersten Namen sind festländisch, und *prefecti* schwerlich technisch trennbar von *prepositi* **21c**) Der Dorfreeve erscheint mit Pfarrer und Bauern-Ausschuss zu Hundred und Grafschaft nur statt des Herrn oder dessen Truchsessen, falls beide verhindert; 7, 7b; 8 **22**) Der ~ sitzt dem *folcgemot* (I Ew Pro. 2. II 8) und also später dem Hundred vor (*s.* Sheriff 13e, nicht bloss dieser, auch ein anderer königl. *præpositus* kann den *baro* vorladen; Hn 60, 3); Hn 20, 1a. Der Ealdorman 'und' (= 'oder bzw.', falls der andere fehlt) der ~ präsidiert dem Fünfburgen-Gericht; *s. d.* 1. Bereits Ine 8 zählt den *scirman* zu den *deman;* den ~ identifiziert mit *dema* Iudex 13. Der im Wapentake Verklagte heisst *qui habet causam cum preposito;* III Atr 3, 2. Der ~ bezieht Justizertrag; *o.* 12e **22a**) Der ~ empfängt in Stadt und Land die Anzeige (*s. d.* 12f.) von Kriminalschuld (Af 22. V As 1, 1f.); vor ihm wird geklagt (Ine 8 = Ap AGu 1); er hält vierwöchentlich Gericht (*s. d.* 9), lädt vor (*s.* Sheriff 13e), setzt Termin, wann Verklagter sich vor ihm verteidige, urteilt nach Gesetz und Landrecht (Cn 1020, 11. 1027, 12), überwacht die Urteilserfüllung, sorgt, dass jeder Prozess gesetzlich zu Ende komme; I Ew Pro. 1. 2 **22b**) Die Zuständigkeit des ~s scheint fast unbegrenzt, nur das Urteil über Bocland (*s. d.* 9c) bleibt der Zentralregierung vorbehalten. **N** Das Gebiet des staatl. ordentlichen Gerichts ist stark eingeschränkt durch private Gerichtsbarkeit (*s. d.* 37): in deren *socn* darf der staatl. ~, selbst wenn er ein dortiges Verbrechen kennt, nur eingreifen, falls es deren Zuständigkeit überschreitet; Hn 24, 4 **22c**) Der ~ verkündet in seinem Gerichte Friedenschutz: Als Vorsitzer des Fünfburgen (*s. d.* 1)-Gerichts einen ebenso hohen wie dort der Ealdorman, nämlich den Handfrieden (*s. d.* 5a), dessen Bruch 96 £ Silbers kostet. Dagegen nur 'Königsschutz' (*s. d.*) zu 5 £ verkündet *minister regis* wie Sheriff (*s. d.* 14) nach Hn 79, 4. Nur 2 £ gilt der Friede, den zu Chester *minister comitis* oder *præpositus regis* verkündet; *vgl. ebd.* 15. a. Vermutlich die Ungehorsamsbusse des Hundred von 30 kleinen Schilling ist der Wert des dort vom ~ verkündeten Friedens; in Denalagu vielleicht das Strafgeldfixum von 200 Pfg.; *s.* Sheriff 15b **22d**) Als der den Staat vertretende Richter erhält der ~ soviel Prozessualpfand (*s. d.* 5a) wie der König. Nur wo eine Partei einer Immunität untersteht, teilt deren Herr halb mit ihm das vom Kläger, der den Leumund eines Hingerichteten reinigen will, zu entrichtende Prozessualpfand; *s. d.* 8 **22e**) Er ernennt die Eideshelfer des wegen Begünstigung (*s. d.* 8b) Beklagten **22f**) Er kann vom Maximum der Geldstrafe dem Verurteilten ablassen; *o.* 19c **22g**) Es gibt keine Funktion des Richters (*s. d.*), die nicht auch der ~, sobald er Richter ist, ausübt. Wie dieser oder das Gericht ist unter indefinitem *man* oft der ~ zu verstehen; *o.* 20a **22h**) Auch in Bezirken privater Gerichtsbarkeit (*s. d.* 26e ff.), dem Hundred (*s. d.* 26a), wie städtischer Enklave (*s.* London 28a), dem Hallengericht (*s. d.* 2) ist Richter *præpositus, præfectus;* Hn 20, 1a. 22, 1; *o.* 11 **23**) Zu polizeilich vorbeugender, richtender u. exekutiver Befugnis des ~s fügt sich ein seine Führung Geschworener (*s. d.* 1) im Wapentake **23a**) Wie aber überhaupt damals richten, Weistum erteilen u. neues Recht bilden unauflöslich in einander übergehen, so erwartet die Londoner Genossenschaft (*s. d.* 9) nachträgliche

Ergänzung ihres Ortsstatuts vom König oder einem der uns [von ihm] vergesetzten Vögte **24)** Über Missetat des ~s *o.* 9. 11b. d; Sheriff 13d. h. Erwähnt ist Raub, Erpressung, Ungerechtigkeit als Richter, Nachlässigkeit in Strafjustiz, Widerspenstigkeit oder Lässigkeit gegen das Gesetz. Die Strafen sind Gottes Zorn (I As 5), Verlust königl. Gnade (*s. d.* 2ff.), Amtsentsetzung (*s. d.* 5f.), Geldstrafe von 30 Schill., 120 Schill. (*s.* Ungehorsam 6), Wergeld, Vermögenseinziehung, sogar Todesstrafe; *s. d.* 3e

Volk **1)** *s.* Wb *folc*, *leod(scipe)*, *landleod*, *þeod; ceorl* im Ggs. zu *eorl*, *earm* im Ggs. zu *eadig*. *Vgl.* Königstreue; Reichsrat 1b. 4, Witan; Stand; arm; Vertreter 3 **1a)** Bei den Nordleuten heisst das ~ *here; s.* Wb [so auch bei den Sachsen; Di. Schäfer *Sitz.-Ber. Berl. Akad.* 1905, 573] **2)** Im Sinne von Staat und dessen Fiskus steht *leod* als Empfänger der 'Königsbusse' für den erschlagenen König, während die gleiche Summe als Wergeld dem Königsgeschlecht (*s. d.* 3) zufällt; Norðleod 1. Mirce 3—4. *Vgl.* Fries. *liuda fia, liudwed:* dem Staat zufallender *fredus;* His 242 **3)** Der König entbietet sein ~ (andere übs.: sein Gefolge) zu sich; dann steht es unter besonderem Schutz gegen Missetat; Abt 2 **4)** Das ~ nahm nicht teil an Gesetzgebung, ward von Ine bis Cnut im Prolog der *Gesetze* (*s. d.* 15—19) nicht als aktiv mitsprechend, sondern nur als passiv zu fördern erwähnt. **N** Erst um 1200 erscheint das ~, die Gemeinen, nach programmatischer Theorie im Reichsrat; *s. d.* 6a **4a)** Wie der Staat der Theorie nach fürs ganze ~ (obwohl nicht mit ihm) regiert, so soll dieses auch Sakramente und geistliche Fürbitte von der Kirche geniessen; V Atr 4, 1 = VI 2, 2. 41. VII 3. 3, 2. I Cn 4, 1; 3 **4b)** Das ~ ist die regierte Masse, es schwört dem König und den Witan, als der Regierung, Ehrlichkeitsversprechen; IV As 3, 2 **4c)** Cnuts Regierungsprogramme richten sich auch an Gemeinfreie; *s. d.* 10c. **N** Und an alle ergehen die Brevia Wilhelms I. und z. T. Heinrichs: Wl lad. ep. art retr. Leis Wl. C Hn cor. Hn Lend. Dagegen nur Bischof, Sheriff und Barone einer Grafschaft redet als die Vertreter der ganzen Landschaft Heinrich I. an in Hn mon. com **5)** Die Witan sind vom ~ nicht erwählt, noch beauftragt; aber sie können es verpflichten (*s.* Versprechen 11), wie durch Gesetzgebung (II Ew 5. IV Eg 1, 5. Cn 1020, 13) gegenüber der Regierung, so durch internationalen Vertrag gegenüber dem Ausland (AGu Pro. Duns Pro): der Frieden von König und Witan, mit Olafs Heere geschlossen, bestehe zwischen diesem und Æthelreds ganzem ~; II Atr 1. Sie heissen demgemäss *Angolwitan*, *Engla rædgifan* (VI Atr Pro), *Angelcynnes witan*, *Wealhþeod*, *rædboran*. Gegenüber Cnut verbürgen sich die *barones*, das ~ werde den Dänen Frieden halten, auch wenn er sein Heer heimschicke; ECf 16, 1 **5a)** Das ~ wird daheim durch Beamte vereidigt auf die von den Witan auf dem Reichstage gegebenen Gesetze; VI As 10. Der König kündet das Gesetz mit Beirat der Witan seinem ~ (dieses gilt also nicht einmal theoretisch dort anwesend); II Em Pro **5b)** Wenn die Witan samt dem König von 'unserem ~' reden, setzen sie sich zwar über die beherrschte Masse, doch ohne eine Spur von Verachtung, geschweige Feindschaft. Sie fühlen sich anderwärts als einen Teil derselben Nation; *o.* 5. Staatsgesetzliche wie kirchliche Pflicht liegt auch der regieren-Klasse ob; IV Eg 15, 1. Cn 1020, 19. ECf 14, 1. Nur im Ggs. zu Klerus und König tritt das ~ dauernd als etwas Verschiedenes auf **6)** Ein Misstrauen gegen die Urteilsfähigkeit des ~es liegt in Ælfreds Verschärfung der biblischen Warnung, man solle als Urteilfinder (*s. d.* 2b) nicht der tobenden, törichten Menge im Gerichte folgen **7)** Der Staat der Denalagu war ~smässiger organisiert; *s.* Gesetz 18c **8)** Der Unfreie (*s. d.* 6aff.) geniesst nicht Staatsbürgerrecht und ist [ausser in geistlichen Stellen] unter ~ nicht mitverstanden

Völkerrecht *s.* international, Fremde

Volkland *s.* folcland

Volksrecht *s.* Land-, Gewohnheits-, Partikularrecht

Volksversammlung *s.* Versammlung, Gericht

Völlerei. *Oferfyll, ofermete* (*s.* Stolz), übermässig Essen und Trinken, verbietet V Atr 25 = VI 28, 3; *ebrietates, comesationes* L

vollfrei *s.* frei 2ff. 9; gemeinfrei 7a; Thegn 8

volljährig *s.* mündig

Vollmacht *s.* Vertreter, Vorsprech 3

Vollstrafe *s.* Strafe 1e

Vollstreckung *s.* Strafvollzug, Pfändung

Vorabend *s.* Wb *æfen*, *vigiliæ* I Cn 16; *vgl.* Sonnabend Z. 1, Feiertag 8, **1)** Fasten (*s. d.* 7a) 'zu den Festen Mariae und der Apostel' erklärt als *vigiliæ* In Cn. Diese Vigilienfasten kennt Alcuin *De officiis divin.;* sie sind in Kalendarien 10. Jhs. selten; Warren *Leofric missal* p. LII **2)** Die Feier des Sonntags (*s. d.* 2) und die Treuga (*s. d.* 3E) Dei an Feiertagen beginnt am ~ *ab hora nona* **2a)** Vielleicht von den Agsa. drang dieser Brauch in die Nord. Kirche; Jørgensen *Fremmed Indflydelse* 70

vorbedacht *s.* Absicht, Angriff, Gefährdeeid

Vorbereitungshandlung *s.* Versuch

Voreid des Klägers *s.* Klageeid. **N** Ein ~ des Beklagten in Ps Cn for 12 ist Missverständnis des späten Fälschers; I 622 [m. r]

Vorfahren *s.* Sippe 1e

Vorhang *s.* Fasten 4. *Vgl.* K. Brunner *Hungertuch* in *Mitt. Dt. Volkskunde* III (1911) 188

Vorhof *s.* Kirchhof

Vorkauf *s.* Handel 16a; London 34a

Vorkaufsrecht an Grundbesitz (*s. d.* 12a) durch die Sippe; *s. d.* 28 **1)** Es ist eine der Spuren einstigen Eigentums der Sippe daran; *s.* Erbgang 2; Adoption 1 **1a)** Das Einspruchsrecht der Sippe gegen Veräusserung von Land an Fremde belegen folgende Urkk. (ausser Bocland 7a. 14): Brüder des Veräusserers stimmen Landverkauf bei a. 972—92 Birch 1130; *cum congnatis meis* veräussert jem. [a. 798, Fälschung vor c. 1120] Birch 285; um 765 Birch 220; ferner Phillipps *Gesch. Agsä. Rechts* 136. *Vgl.* Vinogradoff in *Harvard Law Rev.* XX (1907) 543; bei den Festlandsachsen Brunner I^2 90 **N 2)** *Nulli liceat forismittere hereditatem de parentela datione vel venditione, maxime si* [Sippe] *contradicat et pecuniam suam velit in ea mittere;* Hn 88, 14a. Des Satzes erste Hälfte ist beeinflusst von Ælfreds *Gesetz* über Bocland (*s. d.* 12); die andere hebt den älteren Einspruch durchs jüngere ~ auf: bei diesem

Wirrkopf ist solch Widerspruch durch Nachgedanken zu Kopiertem häufig **3)** *Filii* und *parentes* (Sippe) können der Veräusserung von [in der Stadt London belegenem] Land [in der Regel, aber dann] nicht widersprechen, wenn Besitzer durch Armut dazu gezwungen ist, und sie es ihm nicht abkaufen wollen; Lib Lond 6; *vgl.* I 674[1—m]. Also das Einspruchsrecht der Sippe herrscht noch mit einer Ausnahme, bei welcher es zum ∼ abgeschwächt ist **3a)** Wahrscheinlich war ländlicher Grundbesitz noch mehr an natürlichen Erbgang gebunden als Stadtboden **3b)** Der Lincolner vor 1066 darf städtischen Grundbesitz nur mit königlicher Genehmigung aus Sippe und Bürgerschaft veräussern; Domesday I 336 **3c)** **N** Stadtrechtliche Aufhebung des Einspruchrechts (*vgl.* Pol Mai II 246. 328) und das ∼ in Preston und anderswo *s.* Bateson II 61—64

Vorladung.

1. Namen. 1b ff. ∼ zu politischer Tätigkeit, 2. als beklagte Partei. 2a. ∼ durch Kläger. 3. Im Ding, 4. in Kirche. 5. Erfordernisse. 5a. London. 6. Wiederholte ∼. 7. ∼ durchs Gericht. 8. Anzeige beim Richter. 9. ∼ durch Kirche, 10. Grafschaft. 11. Stellen aus Hn. 12 Forst. 13. Bezeichnung der Klage. 14. Erfolg der ∼. 15. Fortfall der ∼. 16. ∼sbeamte.

1) *s.* Wb *geandagian* [*vgl. tagen* bei Brunner II 333[4]]; *manian* [auch bei anderen Germanen heisst *mahnen:* vorladen durch die Partei, wie *admannire, admonere, submonere* auch (Geld) einmahnen bei ECf 10, 1 bedeutet], *monere* Hn 41, 6, *submonere, sumenour, summonitor, sumunse, mannire* durch den Gerichtsherrn 50, 2; *devocare* 81, 1; *cwiddian 7 crafian*, daraus *gravatus* [auch Nordisch *krafa 7 kvaða* für Privatladung; E. Meyer in *Gött. gel. Anz.* 1891, 345]; *gebann, bannum* [über das Wort *s.* Brunner I[2] 200]; *invitatio placitandi* Lib Lond 5. Nicht in den *Gesetzen* kommt vor *laðian* [Dt. *laden*], *laðung:* vocatio, *gelaðung:* Versammlung und das Nord. Lehnwort *stefnian* [Brunner II 333; *s.* Toller, der auch *radstefn* Geþyncðo 3 als '∼ durch einen Reiter' *s. v. stefn* erklärt]. Über *motian s.* Wb: *metan. Vgl.* Streitgedinge, Termin, Frist, Sunne, Gericht 5—91, Rechtsgang 5ff., Prozessualpfand **1a)** Man wird vorgeladen entweder **I.**, um als Versammlungsmitglied und Teil der polit. oder gerichtl. Obrigkeit zu dienen, oder **II.** als gerichtlich beklagte Partei. **I. 1b)** Der König heisst seine Leute zu sich (Abt 2) als Ratsversammlung mit Gericht oder zu kriegerischem Zuge **1c)** Der Ealdorman lässt Merciens Witan zum *gemot gebannan;* Urk. a. 896 Birch 574 | *bead man ealle witan to cynge;* Ann. Agsax. 1010 | **N** Wilhelm I. liess [angeblich] adlige rechtskundige Angelsachsen zum Weistum über *Laga Eadwardi* (*s. d.* 9) vorladen; ECf Pro | *ego* [Heinrich I.] *faciam summonere comitatus et hundreda* zu aussergewöhnlichem Zwecke, während der Sheriff die ungebotenen Gerichte zu altgewohnten Terminen abhalte; Hn com 2, 1 **1d)** Das *gemot* wird 7 Tage vorher *geboden, s.* Gericht 9c. **N** Grafschafts- u. Stadtgericht muss 7 *diebus antea submoneri;* Hn 7, 4 = 51, 2a. [Zu ersterer Stelle (= Lond ECf 32 B 11) ist das vierwöchentl. Hundred eingeschoben, viell. als Nachgedanke; zuerst stand die ∼ mit 7 Tagen Frist nur für jene Gerichte da]. Von solcher ∼ zu politischem Dienst am Grafschaftstage, *provincialis summonitio*, bleibt der Forstbeamte frei; Ps Cn for 9 **1e)** Als Urteilfinder (*s. d.* 10) werden zu Grafschaft und Hundred die vollfreien Grundeigner vorgeladen; ob auch die Bauern vorgeladen sind oder nicht, der Prozess geht vor sich; Hn 29, 1c **1f)** Zur gerichtlichen Diebesverfolgung, deren Versäumnis Strafe kostet, wird man *submonitus;* Zufügung 12. Jhs.; Hu 3 Cons **1g)** Zur Bezeugung eines Viehfunds lädt der Dorfvogt angesehene Bauern; ECf 24 **1h)** Des Herrn '*geban*' (Aufgebot zum Dienst, *bannum* Q, oder bloss Befehl *edictum* Cons) entschuldigt Terminversäumnis im Gericht; Hu 7, 1. Von des Königs *gebanne* (Befehl, Aufgebot) zu polizeiliebem, militärischem, forstlichem, steuerlichem Dienst aus Grundlast eines Landguts spricht Rect 1. Auch die *gebodu* zur Spurfolge VI As 4 übersetzt mit *bannum* Q **N 1i)** Zum polit. Reichstage soll die Versammlungsglocke Londons (*s. d.* 26. 53. a) alle Engländer berufen; nach dem Programm eines Londoners um 1200 Lond ECf 32 A 3 **2) II.** Die übrigen Stellen betreffen die ∼ des Beklagten vor Gericht. Sie erfolgt **A.** durch den Kläger, **B.** durchs Gericht **2a) A.** Wenn Kläger sofort vom Beklagten die verbürgte Zusage, an vereinbartem Termin zu erscheinen, erhielt, so liegt Streitgedinge (*s. d.* 1) vor **2b) N** Eine private ∼ sonst kann nur im Hause des Beklagten (*s.* Haushalt 3) erfolgen und vor Zeugen — der normale Fall (Brunner I[2] 254) —; Hn 41, 2; Zeugen fordert auch 82, 1f. Diese Erfordernisse gelten auch für die ∼ durch König oder Gerichtsherrn, bzw. dessen Vertreter; 42, 2. Selbst wo man einen 'Feind', d. i. wegen Totschlags, verklagt, weicht diese private ∼ der richterlichen erst dann, wenn das durch dessen Trotz nötig wird; 82, 1; 2c **2c)** Der Landlose wird am Aufenthaltsort bei dem dortigen Herrn und mit dessen Rat und Erlaubnis vorgeladen; 82, 2 **3)** Nicht bloss auf den für den Kläger bisher nicht Auffindbaren (weil nicht Ansässigen) bezieht sich aber das Gebot an den in Gericht oder Versammlung (vor dem Richter) Betroffenen, sofort hier [wo ja seine Freunde ebenfalls versammelt waren] Bürgschaft (Pfand) für künftigen Rechtsgang zu stellen, bei 12 (bzw. 30 Westsächsischen) Schill. Strafe; Hl 8 (Ine 8. Den Kentischen 12 Schill. [*s. d.* 3a] entsprechen 30 in Wessex oft). Denn diese ∼ im Ding (*u.* 4. a. 13a) war im Mittelalter allgemein zulässig; Schröder *DRG*[5] 371[15] **4)** Zum Prozess um Liegenschaft kann private ∼ (*cwydde 7 crafode o.* 1 Z. 11) ergehen in Hundred oder sonstigem Gericht, an Marktplatz oder in Kirchengemeinde [∼ in der Kirche auch Dänisch; Lehmann *Königsfriede* 116], also überall, wo Volk beisammen, Zeugenschaft vorhanden ist; Becwæð 3, 1 **N 4a)** Beim Trinkfest, z. B. einer Gilde, kann ∼ und Prozessualpfand erfolgen; Hn 81, 1 **5)** Einer Terminabbestellung verbindet sich sofort eine neue ∼ durch die Partei: *debet alius dies competens poni cum testibus;* 59, 1. Überhaupt gelten für die ∼ dieselben Erfordernisse wie für Terminaufschub: Zeugenschaft, Bestellung nur an Wohnort u. bestimmte Vertreter des Vorzuladenden (*o.* 2b); 59, 2a; 5a **5a)** *Invitatio placitandi* zum Londoner Folkmot oder Husting um 1125 meint wohl sicher private ∼; Lib Lond 5 **6)** Auch die Wiederholung einer ein- und zweimal vergeblich gewesenen ~ kann aussergerichtlich erfolgen; Hn 82, 1 (unerkennbar, aber möglich für die Parallelen 83, 1a. IV Atr 4, 1) **6a)** Auch die wiederholte ~ in II As 3. I Ew 2, 1 = II, 1, 3 scheint privat; Beklagter zahlt für Nichtbeachtung Strafe 30 Schill. beim 1. u. 2., 120 (s. Ungehorsam 18) beim 3. Male **7) B. N** Dagegen scheint nur die erste ~, auf die Beklagter *venire deberet et noluerit*, privat, dann folgt dreimal eine *summonitio*; deren erste heisst *semel*, so dass jene private hierbei nicht mitzählt; dann aber rechnet sie doch mit, denn das Nicht-Erscheinen heisst das zweite. Diese *summonitio*, die sich von erster ~ unterscheiden will und, wenn unbefolgt, Pfändung eines Ochsen nach sich zieht, muss gerichtlich sein; denn beim vierten Nicht-Erscheinen des Beklagten pfändet ihm das Gericht das Eingeklagte zugunsten des Klägers ab; und jener zahlt Königsstrafe; Wl art 8, 2ff. = retr 14, 2ff. **7a)** Wiederholte ~ durchs Gericht scheint (vielleicht nach erstmaliger privater ~) da vorangegangen, wo dem mehrfach Ausbleibenden die Behandlung als Bescholtener, Zwang unter Bürgschaft, gerichtliche Vermögenseinziehung, Haft u. Todesstrafe drohen; II As 20 = Hn 53—53, 1c. III Eg 7 = II Cn 25 = Leis Wl 47. In letzterem Französ. Gesetze 'legen die Vorlader die 3 Gerichtsversäumnisse dar'; es sind das, jedenfalls seit Glanvilla IX 5, 7, Gerichtsboten **7b)** Gerichtlich ist die ~ o. 1 Z. 9, und wohl nur an éine (also obrigkeitliche) Art der ~ denkt Hn 29, 2 = 51, 1; Lehnsherr oder Staatsbeamter lässt ~ ergehen *per suam vel alterius suggestionem*, von Amts wegen oder auf Antrag des Klägers; 46, 1 **8)** Vermutlich eine gerichtliche ~ bezweckt der Kläger, der dem Richter jemandes Verschulden anzeigt; Af 22 **9)** Von der kirchlichen Obrigkeit geht aus die ~ durch Bischof oder Archidiakon an den Priester (Northu 4. 6) **N** und die von Synode oder Kapitel; ECf 2, 8 **9a)** Über ~ vom geistlichen Gericht s. d. 21e **10)** Durch eine Grafschaft *summonetur* amtlich jede der um Land streitenden Parteien Ende 10. Jhs., nach Bericht 12. Jhs.; Liber Eli. ed. Stewart 139. *Brihtnothus alderman iussit summoneri*, wo er als Gerichtsherr aber selbst klagt; *ebd.* 150 **N 11)** Die übrigen Stellen betreffen Normannenzeit **11a)** Durch den König, bzw. Königsrichter und Sheriff oder den Gerichtsherrn erfolgt die ~; Hn 41, 3—6. 42, 1f. 43, 4. 46, 1. 50, 1—3. 52, 1; 1b. Kläger lässt sich vom *iusticia placitum ponere*; dieser also lädt den Gegner vor; 59, 10 = 60, 1. 61, 10. Er muss die Abbestellung dem Beklagten mitteilen **11b)** Die ~ durch Boten (u. 16) erfolgt mündlich (42, 2) oder mittelst Breve; 41, 2; 6. Der obrigkeitliche Besteller der ~ haftet für Schaden oder Ungehorsam, falls er sie vernachlässigt, nicht der Beklagte, an den nun die ~ wiederholt werden muss; 42, 1 **11c)** Sie kann Beklagten binden, wenn sie statt an ihn, an dessen Seneschall oder Gutsvogt oder mündige Familie oder, falls jener ein Hintersass, an den Herrn bestellt wird; *ebd.* 42, 2. 92, 18 **11d)** Der Lehnsherr kann dem Mann nur in dem von ihm getragenen Lehn die ~ bestellen lassen, der königliche Beamte nur am Wohnorte des Beklagten; 41, 3f.; o. 2b. 5; Lehnwesen 7b **11e)** Jener kann ihm das Lehn abpfänden, wenn er *ei nolit esse ad rectum post legittimam submonitionem*; 43, 4 **12)** Versäumnis einer ~ durchs Forstgericht bildet einen Artikel der Forstenquête; 17, 2 **13)** Die ~ bezeichnet die Klage oder verschiedene Klagen 29, 3. 46, 2. 49, 3; 3b. 50, 1—3. 52, 1b. 53, 1; 1a. Dann muss Beklagter an éinem Tage auf alle antworten; [49, 3; nach Schott. Stadtrecht éinem Kläger nur auf éine Klage; Bateson II 8] oder verliert den Prozess **13a)** Nur die Obrigkeit braucht die Klage nicht zu benennen, und der Untertan muss dennoch auf ~ erscheinen; 50, 2. Nur sie kann den im Gericht zu anderem Zwecke Anwesenden sofort ohne ~ anklagen und auf Spruch der Urteilfinder zu Prozessualpfand zwingen, muss ihm aber so viel Frist zur Verteidigung gewähren, als fiele dieser Klagebeginn mit ~ zusammen; 52, 1. 61, 20. Sofortige Leugnung wird auf Kapitalklage erfordert **13b)** War die Klage nicht benannt, so kostet Gerichtsversäumnis (s. d. 12) nur Geldstrafe für Ungehorsam, nicht den Prozess **13c)** Der Londoner braucht im Husting (s. d. 3) oder Folkmot sich auf eine Klage einzulassen, nur wenn ~ vorherging **14)** Erfolg der ~ ist, dass Beklagter *fide vel sacramento vel fideiussoribus adstrictus, iustæ satisfaccioni preparetur*; 82, 2 **15)** Bei handhafter Tat erzwingt der Verletzte, sofern er künftigen Rechtsgang wünscht und den Ertappten nicht tötet oder fürs Gericht fesselt, Pfand- oder Bürgenstellung; 20, 2. 27. 81, 2. 94, 1a: da bedarf es also keiner ~ **15a)** Freiwillig kann Beklagter auf ~ verzichten, indem er sich sofort im Gericht, wo er betroffen war, verantwortet; Lib Lond 5. Von Rechts wegen aber kann er ~ beanspruchen. [*Vgl.* Coulin *Gerichtl. Zweikampf* 57] **16)** Gerichtliche Unterbeamte, die die ~ vollziehen, sind die Büttel (s. d. 5) und *summonitores*; o. 7a. 11b

Vormund s. Wb *mundbora* [*vgl.* Vorsprech 1a], *byrgea; custos, custodia, tutor* Hn 59, 9b, *prælatus* 23, 3. *Vgl.* mündig 1af. 10a. 13f. 20, Schutz 9; Ehefrau 13 **1)** Die Vatersippe [*vgl.* Brunner I^2 125] der Waisen bestellt einen Vermögensverwalter, der ihr gegenüber 'Bürge' heisst [also nicht immer ist nächster Schwertmage ~], oder sie als ~ gibt der Witwe, die die Kinder erzieht, Erziehungsgeld und verwaltet den Stammsitz. Das Gut also pflegt der ~, eine andere Person die Kinder; die Witwe ist nicht ~, die Sippe folglich nicht Ober~; s. mündig 3. a. 11 **1a)** Der König (s. d. 14) ist ~, wo sonstiger Schutz fehlt, und ward später Ober~ **1b)** Des Königs Neffe (wohl als ältester Vatersmage) ist ~ für dessen unmündige Söhne; Beowulf 1182 **2) N** Die Pflegehut des Waisenkindes soll niemals der haben, der es beerben würde: das wäre *periculosa sane custodia*; Hn 70, 19; *vgl.* Parallelen 1589[1]: der nächste Blutsfreund, der nicht erben kann, ist ~ nach Stadtrecht von Dover und Torksey; Bateson II 153[4]. 159; *vgl.* cxxx **3)** Für die Taufe (s. d. 3) des Kindes haftet der ~, aber nicht er allein **4)** Der ~ der Frau empfängt für deren Entführung Bussgeld, verlobt und traut sie; s. Eheschliessung 4. 9a. Er ist als der Vater gedacht von Ælfred (gemäss Exodus, Af El 29). Er soll sie nicht zur Ehe zwingen; *ebd.* 10—m **N** 5) Der Lehnsherr ist ~ der Familie des verstorbenen Lehnsmannes, also der König ~ der Familie des verstorbenen Kronvassallen. Heinrich I. behielt die Verheiratung der Erbtochter oder Witwe des Vassallen bei; *ebd.* 10p—t 5a) Gegen den Missbrauch unter Wilhelm I. und II., wonach die Güter verstorbener Vassallen, bis deren ältester Sohn mündig wurde, in ~schaftliche Verwaltung des Lehnsherrn übergingen, versprach Heinrich I. 1100, sich gegenüber den Kronvassallen und diese gegenüber den Aftervassallen (4, 2) bindend: *terræ et liberorum custos erit sive uxor sive alius propinquorum qui iustius esse debebit;* CHn cor 4, 1. Es wäre dies eine Rückkehr zu Ine 38 (*o.* 1) gewesen. Es blieb ein leeres Versprechen. Die Witwe als ~ ist im 13. Jh. nur Ausnahme; Pol Mai II 302. Glanvilla verkündet als Recht, dass die Krone ~ der Unmündigen eines Barons sei; VII 9. 10. Selbst die Barone beanspruchten 1215 nicht die Aufgabe dieses Kronrechts; Mac Kechnie *Magna charta* 243; doch fordert sog. Unknown charter of liberties: wenn *heres infra etatem, debeo* [König] 4 *militibus feodi terram baiulare;* Petit-Dutaillis *Studies to Stubbs* 117 6) Über gerichtl. Vertretung der Unmündigen durch den ~ *s.* mündig 11 6a) Der ~ verwaltet die Waffen des Unmündigen; I 656[e] 7) Eine Haftung des ~s für Missetaten des Mündels ist zu folgern aus der des Vaters für den taubstummen Sohn (Af 14), aus der Busspflicht des Braut~s an den Bräutigam, wenn die Brautseite die Trauung unterliess (Ine 31); *vgl.* Maurer *Kr. Übschau* II 34 8) Der König (*o.* 1a) und der Bischof (EGu 12) sind Schutzherren für die der Sippe Entbehrenden, besonders Fremde und Geistliche (VIII Atr 33 = II Cn 40), der Abt und der Herr für Mönch und Unfreien; Hn 45,2. Dieser Schutz (*s. d.* 3 Z. 14) fällt für den Agsa. zusammen mit ~schaft; *vgl.* Vorsprech 1a. d.

vornehm *s.* Adel, Witan, Thegn

Vorsatz *s.* Absicht, Fahrlässigkeit, Gefährdeeid [schuld

Vorschuss *s.* Darlehn, Handels-

Vorsprech *s.* Jurist; Wb *defensor; forspeca* [Esther als Fürsprecherin heisst so bei Ælfric *Hester* 317; *forespeca* bed. prozessuale *defensio, intercessio,* 'Fürsprache, Eintreten' in Urk. 11. Jhs., Earle 274. Damit ein Testament giltig bestehe, beschenkt Testator den König *to foresprœce* a. 965—95 Birch 1132]; *perorator* [nicht in *Gesetzen: prolocutor* (Mat. Paris. *Chr. Mai.* III 619), *narrator, cunteur* (Pol Mai I 211—7) Plädierer; über *woðbora s.* Brunner I[2] 537]. Es sind Träger dreier verschiedener Befugnisse zu trennen: 1) A. In Urkk. häufig, aber nicht in *Gesetzen,* heisst *forespeca* Fürbitter, Fürsprecher, Beschützer: für einen Verbrecher, der mein Firmelpate gewesen, *spæc ic fore and þingade him to cinge,* der wegen *mire forspæce* jenem Prozessvorteil gewährt; Urk. nach 907 Birch 591 1a) Der Erzbischof sei *min 7 minra erfewearda forespreoca 7 mundbora; and an his hlaforddome we bian moten,* wünscht ein Testator (Urk. a. 835 Birch 412), also ein weit über bloss gerichtliche ~schaft hinaus gehendes allgemeines schutzherrliches Verhältnis 1b) Ein Erzbischof wird für die Witwe eines Testators (und diesen) *forespeca* beim König als Gerichtsherrn, weil seiner Kirche von jenem Land vermacht worden; Urk. a. 997 Kemble 704 1c) Eine Testatrix beschenkt einen Ealdorman, damit *he beo on minum life min fullafreod 7 forespreca* und später *fulfreod 7 forespeca* des von ihr beschenkten Klosters; Urk. nach 991 1d) Ein anderer Testator wünscht, sein Bruder und ein Erzbischof *ben mund 7 freond 7 forespreocan* des von ihm bedachten Klosters; a. 1002 Kemble 1298 1e) **N** Der Guts- und Lehnsherr hindert eifersüchtig, dass sein Untertan diesen Schutz (*s. d.* 21) bei anderem Herrn suche; *s.* Lehnwesen 15b 2) B. Plädierer vor Gericht; *s.* Jurist. **N** Im Prozess um Erbland habe Beklagter, wenn er nicht selbst antwortet, *defensorem;* aus Lex Ribuar. Hn 59, 9a 3) Der auch für die abwesende Partei bevollmächtigte, stellvertretende, verteidigende Anwalt (*procureur, attornatus*) kommt in den *Gesetzen* noch nicht vor [*vgl.* Brunner I[2] 411[10]; *Forsch. GDR* 358. 362. 373. 423; Frensdorff *Hans. Gesch. Bl.* 1897, 127; *Recht u. Rede* in *Aufs. And. Waitz* 450; Burchard *Hegung Dt. Ger.* 192]. In Agsä. Zeit wird noch *forespeca* gleich gesetzt mit *patronus, interpellator, mundbora, advocatus, causidicus;* der verteidigende Attorney ist noch ungeschieden vom willenlosen Parteimundstück, dem *avantparlier* der vor Gericht anwesenden Partei 3a) **N** Vorteilhaft vertritt die Partei in der Prozessrede ein *perorator,* dessen Wort, falls fehlerhaft (*s.* Missesprechen 3b), sie bessern könne [was fürs eigene Wort unstatthaft]; denn oft sieht sie weniger klar als der unbeteiligte Dritte; Hn 46, 5f. 4) C. Der Wortführer in geschäftlicher Verhandlung zwischen zwei Sippen im Schiedsgericht; *s. d.* 9b 5) Mehrere ~er der Braut treten auf bei der Eheschliessung (*s. d.* 8c); also nicht mit dem éinen Verlobungsleiter identisch. [Beim Verlöbnis kennen den ~ auch Nordgermanen; Amira *Nord. Oblig. R.* II 296ff.] ~ und Sippebürgen identifiziert (*ebd.* 8r) Vinogradoff in *Harvard Law Rev.* XX (1907) 544. Einer von ihnen kann der *mundbora,* der Brautvormund (regelmässig der Vater) sein, wenn dieser rechtskundig ist

Vulgarsprache *s.* Angelsachsen 28ff.; Agsä. Übers.; Französ. Sprache

Vulgata *s.* Bibel

W.

Wache. A. 1) Soldatische für den König; *vgl.* Leib~ 1 1a) Herrschaftsgüter besorgten Gestellung bestimmter Mannenzahl zu gewissen fernen Orten und Zeiten; z. B. Shropshire für Canterbury; *Domesday* I 1. 252. *Vgl.* über 'castleward' Round *Commune* 284 1b) Küsten~, *vigiliae marinae,* als Grundlast eines Landguts *s.* Schiff 6d 2) **N** Eine Ablösung der Wachpflicht ist die Steuer *wardpening, wardscot,* eines der staatl. *armorum onera,* von denen Forstbeamte eximiert sind; Ps Cn for 9, I 621[t] 2a) Unter Einkommenquellen aus politischen Hoheitsrechten verschenkt Eadward III. *weardwite,* wohl Strafgeld für Unterlassung, dann Ablösung, der ~; Urkk. Kemble 771. 825. 862 B. 3) Über polizeil. Strassenwacht *s. d.* 1 C. 4) Nacht~ in der Stadt *s. d.* 14; Nacht 4 4a) Tor~ in London *s. d.* 61 D. 5) ~ zur Kirchenbusse *s.* Pönitenz 7, 5a) in heidnischem Kult *vgl.* Quellen 3

Wachs. *Vgl.* Bienen 6, Lichtschoss 2b ff. **1) N** ∼ darf der fremde Einführer in London nicht detaillierter als zu 25 Pfund verkaufen; Lib Lond 8, 3; *vgl.* I 675[1]

Waffe *s.* Wb *wæpn*. Obwohl *wæpn 7 scyld* (Toller 1155) vorkommt, ist die Bedeutung nicht immer auf Angriffs∼n beschränkt; *wæpnung* heisst 'Schutzbewaffnung' und Ahd. *wafen:* Rüstung. Ein Testament spricht von 2 *sweord, 4 hors 7 þa wæpna, þa þærto gebyriað,* offenbar nicht bloss Lanze, sondern auch Helm, Panzer, Schild; a. 1002 Earle 218. Vollständige ritterliche Ausrüstung bedeutet *wæpn* II Cn 71,2, Helm, Panzer, Schild, Schwert, Speer umfassend. *Vgl.* diese Artt., Heergewäte; Keller *Ags. weapon names* Diss. Heid. 1906 **1)** Der den Pfeil vom Bogen abschnellende zweite Finger heisst Schiessfinger; Abt 54, 2 **N 1a)** Vom *ludus sagittandi* neben Speerwerfen als gewöhnlicher Übung in ∼n spricht Hn 88, 6 **1b)** Pfeil und Bogen sind niedere, billige, unritterliche ∼n, nicht erwähnt unter den fürs Wergeld zu zahlenden Teilen oder unter den einen Freien bezeichnenden ∼n oder im Heergewäte des Thegn. Wohl aber zur Jagd: *u.* 6 **1c)** Später als der Speer wird das Schwert (*s. d.* 2) allgemein, später als der Panzer der Helm; *s. d.* 2 **2)** Über den Wert von Panzer und Schwert im Wergeld *s. d.* 4; Heergewaete 12b; *vgl.* Chadwick *Origin* 161. In ∼n lässt auch zahlen Lex Ribuaria 36, 11 **2a)** Beamte des Forstes (*s. d.* 17a) beziehen Gehalt in ∼n **3)** Helm, Panzer u. goldverziertes Schwert (*s. d.* 2c) gelten als Zeichen, aber nicht alleiniger Beweis des Adels. Die mit Gold eingelegte ∼ war Vorbedingung für die Aufnahme unter Cnuts *huscarlas*. Sie kam häufig im Norden vor; sie wird bereits im Beowulf erwähnt, wo ∼n allgemein Hauptwerte sind; *vgl.* Brandl in Paul *Grundriss*[2] 1011 **N 3a)** ∼n gibt der Herr bei der Freilassung; *s. d.* 9 **3b)** Der Schild (*s. d.* 5) bezeichnet den Ritter; *s. d.* 6 **4)** Wer dem Gegner die ∼n ausliefert, ergibt sich ihm in Gefangenschaft [auch bei anderen Germanen; Grimm *DRA* 341], so der wegen Blutschuld Verfolgte dem Rächer; Af 5, 3. 42, 1; 4. [In der Übergabe des Schwertes an den Bluträcher sieht ausgedrückt, der Missetäter habe den Tod verdient, His *Totschlagsühne* in *Festg. Güterbock* 371.] Der Erfolg ist, dass dieser ihn nicht sofort töten darf, sondern bis zu einem Termin Sühne durch Wergeldzahlung gestatten muss **4a)** Wer als Brecher seines Versprechens (*s. d.* 8d; z. T. weil zahlungsunfähig) ins Gefängnis wandert, gibt der Sippe die ∼n in Verwahr (*s.* Vormund 6a); er verliert sie wie andere Habe an die Obrigkeit nur, falls er zur Strafe gezwungen werden muss **4b)** Wer Unfreiem ∼n lieh, trägt dem Herrn Haftung (*s. d.* 4c) für dessen Verlust **4c)** Dem Freien ∼n fortnehmen ist Ehrenkränkung; *s. d.* 1 **4d) N** Wer, weil er einen Mönch oder Geistlichen getötet hat, rechtsunfähig wird, *arma relinquat;* Hn 68, 7 **5)** Für die mit ∼n, die man in Eigentum oder Gewahrsam hat, geschehene Missetat trägt man Haftung; *s. d.* 4. [Ein Schwert personifiziert als treulos Beowulf 1520] **6)** Verboten sind Speer und Bogen im Forst (*s. d.* 12; *vgl.* Sachsensp. II 61, 3), ∼n in der Kirche (*s.* Kirchenfrieden 2a. 5b), ∼nführen durch Geistliche; *s. d.* 29g **7)** ∼n werden im Gericht getragen [wie in Altgerm. Zeit; Burchard *Hegung Dt. Ger.* 211]; blutig Fechten und ∼zücken stört Gerichtsfrieden; *s. d.* 3 **8)** Wer jemandes Haus friedlich betritt, lehnt aussen seine ∼n an die Tür; *s. d.* 2 **N 9)** Die ∼n des in Notwehr oder gerechter Blutrache (*s. d.* 17b) Erschlagenen darf man nicht als Beute an sich nehmen; *vgl.* jedoch I 600* **10)** Von der Engl. *Assisa armorum* 1181 (die auf Heinrichs II. festländischer ∼nschau und allgemeiner Normann. Wehrpflicht ruht; Haskins *Amer. hist. rev.* 1909, 457) beeinflusst ist das Gebot des Londoner Staatsreformers um 1200: jeder Engländer müsse, wie ihm durch Urteilfindung je nach Besitz zuerkannt werde, ∼n halten zum Kriegsdienst für den Herrn und den König; am 3. Febr. sei ∼nschau durchs ganze Reich, an einem Tage, damit nicht betrügerisch geliehene ∼n als eigene vorzuweisen möglich sei. Die geschäftlich ausser Landes Beschäftigten müssen Vertreter zur ∼nschau finden; Lond ECf 32 A 9. 12f. Wl art Lond 8 [*vgl.* Nord. *vapnaþing* im Frühjahr; v. Schwerin *Gött. gel. Anz.* 1909, 834] **10a)** Ausfuhr von ∼n ist verboten; Lond ECf 32 A 10; *vgl.* I 656*

Waffeneid **1)** Der ∼ ist aus der Zeit des Heidentums, da alles Recht im kriegerischen Sinne gestaltet war, erhalten auch bei anderen Germanen; Brunner 1^2 258[34]. 435[89]. 467[16]. Doch in England kam der ∼ vielleicht erst durch die Dänen zu neuem Leben; Steenstrup *Danelag* 228. 299 **2)** ∼ bei Totschlagsühne im Schiedsgericht (*s. d.* 9e) u. Vogteiübernahme im Wapentake (*s. d.* 2) durch Speerberührung (*vgl.* I 653*) *s.* Eidesform 2. a, Frieden 6b **N 3)** Auf seines Vaters Schwert schwört wer im 13. Jh. in die Bürgerschaft von Ipswich tritt; Pol Mai I 671; *vgl.* mein *Über Leges Edw. Cf.* 76 **4)** Den Gleichheitseid (*s. d.* 4) leistet in Preston der Verletzer dem verwundeten Empfänger der Geldbusse *super arma* [Wapentake 1

Waffenschau -schlag *s.* Waffe 10,

Waffenzücken **1)** ∼ wird bestraft als Versuch (*s. d.* 2b) zum blutigen Fechten: **2)** ∼ im Trinkgelage bringt dem Ortsherrn Busse, dem König Strafgeld, aber beides weniger als für blutig (*s. d.* 3c) fechten **3)** Für ∼ im Hause erhält der Hausherr Busse halb so viel wie für blutig (*s. d.* 8a) fechten, nämlich 3 Schill. der Gemeinfreie, 9 der Sechshundert-Mann, 18 der Zwölfhundert-Mann; Af 39, 1f. = Hn 81, 4 **4)** Ine erwähnt ∼ beim blutig Fechten nicht; und nur bei dem ∼ vor Privaten (*o.* 3) scheidet Af die Bussgelder zwischen beiden. Dagegen vor Gericht, Beamten, Bischöfen, König kosten beide Friedensbrüche gleich; *s.* blutig 3d. 5b. d. 8a **5) N** Des Gegners ∼ berechtigt zur Notwehr; *s. d.* 7

Wagen *s.* Transport 1, Strasse 1a, Sonntag 4c. 5a

Wahl. *Vgl.* Auswahleid, Gericht 2. 20ff., Schiedsgericht 4. a, Urteilfinder 7b f., Beweisurteil 3f., Blutrache 15a, unfrei 17a **N 1)** Sheriff und Kronprozessrichter wählt London; *s. d.* 45c **2)** Daher behauptet dortiger Reformschwärmer um 1200, auf dessen Programm Beamten-, auch Königs∼ (*s. d.* 9) von unten her steht, als Verfassung Britanniens: Herzöge wurden von grauer Vorzeit her und Sheriffs (*s. d.* 4c) sollen erwählt werden durch die Grafschaft; *s.* Ealdorman 5c **3)** ∼

des Zehnerschaftshauptes: Morris *Frankpledge* 103 f.

N Wahnsinn 1) *Insanos debent parentes misericorditer custodire;* Hn 78, 7. Später übernahm der Herr, dann die Krone die Vormundschaft über Irrsinnige; Holdsworth *HEL* I 261 2) Der ~ige dient dem Volke zum Schauspiel; *s. d.*

Wahrheitsmahnung, ethisch-kanonistisch Hn 5, 21; 21 a. *Vgl.* Lüge

Wahrsagung, *fyrht* 1) ~ verbietet als heidnisch II Cn 5, 1. Daraus Northu 48, wo dafür Rechtsbruchbusse (*s. d.* 5), davon die Hälfte für die Kirche, den 3 Ständen abgestuft droht 2) Schon Theodor von Canterbury verbietet *auguria, auspicia* I 15, 4 3) Unter Æthelreds predigerhaftes Verbot verschiedenster Unmoralität und Missetat schiebt der Paraphrast *necromantiæ, sortilegia;* VI Atr 28, 2 L 3a) Über spätagsä. Weissagung *s.* Brandl in Paul *Grundriss*² II 1129 **N** 4) Wilhelm der Eroberer antwortet, als ihm vor der Schlacht bei Hastings der Panzer verkehrt angelegt ward, abergläubischen Warnern: *ego nunquam sortilegos amavi; Brevis relatio* in *Script. rer. Will.* ed. Giles 7 [ber

Währung *s.* Münze, Geld, Gold, Sil-

Waid (*wad, s.* Toller *s. v.*) wird kultiviert mittels Spatens mit Rundschneide, *wadspitel;* Ger 10. 12. 15. Das Wort ~ in Ortsnamen zeigt Middendorff *Altengl. Flurnamen* 142. **N** Über die *waydarii* in Bristol anf. 13. Jhs. *s.* Maitland *Pleas of Gloucester* n. 500. *Vgl.* Plowright *Archaeology of woad,* im *Journ. Brit. archæol. assoc.* 9 (1904) 95

Waisen *s.* Wb *steopcild, orfenins.* [Die Glossatoren setzen für *pupillus: freondleas, fæderleas;* Wildhagen *Cambridger Psalter* 19.] *Vgl.* mündig, Vormund, Kind, Bastard, Findling, Armenpflege; Erbgang, Halsfang 1) ~ soll man nicht bedrücken, sondern erfreuen; mit biblischer Drohung aus Exod. Af El 34. VI Atr 47 [Schon Beowulf schützt ~, doch nur als Freundes Unmündige; ~pflege als solche geht auf Mosa. Recht zurück]

Wal kürze ich den Titel von *Wælreaf* I 392 ab, übers. Quadr I 542

Wal(fisch) 1) Rouener Kaufleute, die mit *craspisce* im Londoner Hafen landeten, zahlten die zwanzigste Schnitte (Scheibe) *de ipso craspisce* (Altfrz. *grapois*); IV Atr 2, 5. Ebenso in Heinrichs II. Privileg für Rouen. Wie in Island *hvalr* neben ~fisch auch Delphin, Meerschwein, Finnfisch, Weissfisch, Nar~ bedeutet (Maurer *Island* 414), was auch für Anglo-Normann. Zeit gilt, so ist wohl hier der weiteste Sinn anzunehmen. Auch *hwæl,* das vermutlich Quadr im Original las, hat verschiedene Bedeutungen; *s.* bei Toller *s. v.*, wo Stellen über Agsä. ~fischfang; *vgl.* hierüber W. Vogel *Nordwesteurop. Seeschiff.* in *Hans. Geschbl.* 1907, 155; Steenstrup *Hvalfangst i Normandiet* in *Nationaltidende* 23. Mai 1911; Powell bei Collingwood *Scandin. Britain* 19² **N** 2) Erst mit den Normannenkönigen ward der ~ zum Regal. Der Sheriff von Devonshire legte *ad salandum crassum piscem* 25 Schill. aus, die ihm kreditiert *Pipe roll a.* 6 *Henry II.* p. 51. Dieses Regal bestand auch im Norden (doch nur in gewissen Schranken; Lehmann *Königsfriede* 121. 185; Steenstrup *Kongers Ret til Hvaler; Danelag* I 187. 190) und in der Normandie; Tardif zu *Très anc. cout. Norm.* II 68; Delisle *Bibl. Ecole char.* III. sér. I 429; *decimam de crasso pisce* verschenkt hier Wilhelm I.; Haskins *EHR* 1909, 214. Über die Normann. Gesellschaft der *walmanni* zum ~fang *s.* Warnkönig *Französ. RG.* II, Urkb. 28 3) Der Schottenkönig verschenkt 1145 *decimam de cetis et marinis beluis;* Lawrie *Early Scot. char.* 118 4) Über *piscis regius* unter Heinrich II. *vgl. Dial. de scacc.* ed. Hughes 219, für später Holdsworth *HEL* I 328

Wald *s.* Wb *wudu, boscus. Vgl.* Forst, Roden, Baum, Holz, Windfall, Gemeinheit **N** 1) Britannien ist reich an ~; ECf Lond 32 D 2. *Vgl.* Maitland *Domesday* 239; mein *Pseudo-Cnut* S. 14 2) Ein Teil jedes Manor besteht regelmässig aus ~; Hn 56, 3 3) Ohne Beziehung auf den Königsforst kommt im Herrschaftsgut *wudeward* vor (Rect 19; *vgl.* Vinogradoff *Villain.* 319; *Growth of manor* 190; Gomme *Municipal offices* 31 f.) und *forestarius;* Andrews *Manor* 229 4) **N** Unter and. Besitz werden der Kirche von Privaten verzehntet *parci, bosci et virgulta* ECf 8, 2; über Parks Engl. Bürger *vgl. EHR* 1902, 107 [*vgl.* Baist *Bosco* in *Roman. Forsch.* 15 (1904) 318. ABRAHAM] 5) Wer heimlich (*s. d.* 1a) im ~ wandert oder Münze (*s. d.* 8a) prägt wird als Dieb bzw. wegen Münzfälschung belangt 5a) *Latrones latitantes in silvis qui spoliant et occidunt homines, quos Angli vocant fleman,* zu beherbergen ist ein Fall kriminalen Kronprozesses; In Cn III 48. Friedlose (*s. d.* 1s) und Räuber dachte man sich also vorzugsweise als **Waldgänger;** *vgl.* Heusler *Strafr. Isld.* 127

Wall *s.* Burg 1—2c. 5. 6. g., Stadt

Wallfahrt *s.* Pilgerfahrt [1—4

Walliser *s.* Wb *Wealh(þeod), Wielisc(monn), horswealh; Wallia, Cambria;* verschiedene Bed. des Namens *o.* I 242 Sp. 3; über *Brettas s.* Briten 2 (nicht in den *Gesetzen* begegnet *Norðwealas, Norðwealhcyn, Bryttisc, Bretwalas, -wielisc*); *Britones, Britanni. Vgl.* Britannien, Briten, Fremde, international, Dunsæte, Cornwall; Bier (3b. c: Wälsches) 1) Der Name 'Wälsch' bed. ursprünglich bei den Germanen 'Romanisch, Keltisch', birgt aber bei den Inselgermanen 5. bis 13. Jhs. den Nebensinn 'unfrei' (*s.* Verknechtung 2); Af El 3. II Atr 6, 2. II Cn 54. Zu VI As 6, 3 übersetzt Quadr zuerst *Waliscus,* in 2. Rec. richtig *servus* 1a) Der königl. Marschall (*s. d.* Z. 1) führt den Namen *horswealh* Pferdeknecht. Über *wealhgerefa, -færeld s.* Vogt 5c 1b) **N** Den Namen ~ erklärt durch eine [gelehrt erfundene] *regina Guales* Galfrid von Monmouth; Ine erheiratete mit seiner zweiten Gemahlin *Wala* Wales, Cornwall und Britanniens Krone; Lond ECf 32 C 3: eine Londoner Lüge Grossbritannischer Tendenz um 1200, der gemäss die ~ als Englische Reichsangehörige erscheinen; 32 B 7 1c) Ursprünglich hiess das Land *Cambria;* 32 C 3 [Das Wallis. Wort *Cymro* 'Mitbürger', entstanden c. 400—650, bedeutet jene Kelten, die im südwestl. Britannien und vom Bristolkanal bis Solway und Clyde wohnten; Rhys and Jones *Welsh people* 118] 2) Die Länder der unterworfenen ~ machte der Germanische Eroberer zu *tributariae terrae;* Beda I 34. II 5. Solche Brythonen erkennen wir im '~ Zinszahler' bei Ine 23, 3. Allein nicht alle Zinszahler waren ~ laut 6, 3. 67 3) Die ~ unter Ine zerfallen in 4 Klassen; 24, 2. 32; *vgl.* Læt 2. 5 **3a)** Der ~ mit 5 Hufen, einer, halber Hufe steuerbaren Grundbesitzes und der landlose hat ein Wergeld von bzw. 600, 120, 80, 60 Schill.; der Sohn [des Hübners] 100; Ine 23, 3. 24, 2. 32 = Norðleod 7, 1. 8 (wo hlq 70 liest statt 60 und 220 statt 120) **4)** Der ~ gilt halb so viel wie der Engländer, laut Vergleichs des Wergelds des gleich begüterten; letzterer mit 5 Hufen hat 1200, mit 1 Hufe 200 [vielleicht ursprünglich 2 × 120?] Schill. Wergeld **4a)** Ebenso bewertete der Franke unter Merowingern den freien Römer zu 100 Goldschill., wie den halbfreien Liten, dagegen den Salier zu 200; Brunner I² 335 **4b)** Von dieser Unterschätzung des Kelten scheidet sich scharf die Gleichbewertung des Dänen; *s. d.* 10 **4c)** Die Halbschätzung ist gegenseitig bei den Dunsæte; *s. d.* 13 **4d)** Sie drückt sich aus *u.* 5—7 **4e)** Königsdienst (*s. d.* 1) hob den ~ Marschall (*o.* 1a), wie in Kent andere Unfreie, zum gemeinfreien Wergeld **5)** Klage eines Engländers wegen Viehdiebstahls erfordert Reinigung mit 120 Eideshufen (*s. d.* 4), die eines ~s nur 60; Ine 46 **6)** Einen ~ Unfreien zwingt zur Erleidung von Prügelstrafe ein Klageeid von 12 Hufen, einen Englischen Strafknecht einer von 34 (emendiere: 24); Ine 54, 2 **6a)** ~ Haut gilt 12 Schill.; 23, 3 **7)** In der Gilde zu Cambridge steuert im 11. Jh., wenn ein Genosse Wergeld zahlen muss, jedes Mitglied, wenn Erschlagener *ceorl* war, 2 Ör bei, aber nur 1 Ör, wenn er *Wylisc* war; ed. Thorpe *Diplom.* 611 **8)** Der ~ Unfreie gilt 60 Schill., mancher 50; Ine 23, 3. Wenn ein ~ Unfreier einen Engländer erschlägt, werde er entweder an dessen Verwandte bzw. Herrn [zur Blutrache] ausgeliefert, oder durch den Eigentümer sein Leben mit 60 Schill. ausgelöst; Ine 74 = Hn 70, 5 (wo irrig 40). Dieses Gesetz war wohl erfordert durch einen Zustand blutiger Rassefeindschaft der Unterworfenen gegen den Eroberer, wie er ähnlich im 11. Jh. zum Murdrum (*s. d.* 6—8) führte **9)** Die Rechtsverhältnisse zwischen ~n und Engländern bei den Dunsæte (*s. d.*) bestimmen für erstere *Wealhþeode rædboran*, regierende Staatsmänner der ~ Nation; Duns Pro. Es ist dies wohl nur ein anderes Wort für *witan*, wie denn *rædgifan* mit *witan* geradezu synonym steht; VI Atr Pro. Auch treten ihnen als Kontrahenten die *witan* des Engländerstammes gegenüber **N 10)** Die ~ lebten im 12. Jh. unter eigenem Recht. Dieses meint wohl unter *lex Britonum*, die er als 1070 lebendig neben der Denalagu, dem Agsächs. und Piktenrecht erwähnt, ECf 34 **11)** Wilhelm I. habe angeblich polizeilichen Frieden und Versöhnung erstrebt zwischen Frankonormannen *et Britones Walliæ et Cornubiæ;* Wl art retr 1: eine Erfindung Grossbritannischer Tendenz um 1200. *Vgl.* Ehe 2a

Walraub *s.* Leichenraub

Wandelung *s.* Vorsprech 3a; Missesprechen

Wange *s.* Backen

Wantage, eine Königsvilla, K. Ælfreds Geburtsort, am Strassenkreuz nw. von Cuckhamslow Hill, 2 Meilen von Merciens Grenze, Ort des Grafschaftsgerichts um 991, der Reichstage 978. 997. Dort erging III Atr Pro

Wapentake **1)** Das in England dem Norden entlehnte Wort bezeichnet zunächst den Altgermanischen Waffenschlag, der die Zustimmung des Volks, das Vollwort, auf der Landesversammlung (Gerichtsgemeinde), feierliche Bestätigung des Beschlusses, das Gelübde, das Urteil für Recht zu halten, bedeutete; Brunner I² 178. 210[62]; Schröder *DRG*⁵ 42; z. B. um 1136 Amira 156; *Handgebärden* in *Abh. Bayer. Ak.* 23 (1905) 199; Heimskring., Magn. bl. 16; auf Island: Wiederaufnehmen der Waffen zum Fortreiten bei Ende des Dings; Maurer *Island* 167 **1a)** Der Name für das Vollwort der Gemeinde muss auf diese, ihr Gericht, ihren Bezirk übergegangen sein. Die letzteren Bedeutungen finden sich nur in Nordengland [über die Verbreitung hier *s. EHR* 1911, 770], sind also erst hier, wenn auch vielleicht nur von Anglo-Skandinaven, entwickelt **N 1b)** Eine juristische Privatarbeit erklärt in éiner Form um 1130 die letzte Silbe des Wortes, die 'Rühren, Griff, Nehmen, als Pfand Genommenes' heisst, irrig als Bestätigung [was nur mit dem Sinne des Kompositum stimmt], in der anderen, um 1140 richtig als *tactus.* Sie bezieht den Namen unrichtig auf eine angebliche frühere Zeremonie beim Amtsantritt des Vogtes; ECf 30, 2; *vgl.* I 652[i]. 653[a. b] **2)** Am Versammlungsorte, sagt Verf., kamen die Angeseheneren dem neuen Präfekten des ~ entgegen, erhoben sich, während er vom Pferde stieg. Er richtete seine Lanze auf, und sie berührten sie mit ihren Lanzen und verpflichteten sich ihm so auf Waffen [zur Polizeiordnung; Retr]. Anderweit, aber nicht aus éiner Zeremonie, belegbar sind an diesem Bilde die Amtsübernahme im Gericht, das Reiten mit Lanzen zur Volksversammlung [Agsä. Dichtung *Andreas* Vers 1098], die Aufrichtung der Lanze zum Friedenszeichen, das Berühren des vom Richter gehaltenen Abzeichens [*vgl.* Gierke *Schuld u. Haft.* 246[44]], der Waffeneid (*s. d.*), insbesondere im Norden *taka* des Königsschwertes beim Treueid vor der Aufnahme ins Gefolge. Dass die Schwörenden statt mit den Fingern mit ihren Lanzen jenes Abzeichen berührten, findet im Langobard. *per gairthinx confirmare* (Schröder *DRG*⁵ 62) keine ausreichende Erklärung. *Vgl.* Eidesform 2a **3)** Als Gericht und Bezirk entspricht das ~ zumeist dem Hundred; *s. d.* 17 **3a)** Wie im Süden Stadt und Hundred die zum Handel notwendigen Kaufzeugen (*s. d.* 7b) bieten, so im Norden *burg* und ~ **N 3b)** Wie das Hundred, so soll das ~ *duodecies in anno congregari;* Hn 7, 4 **4)** Mehrere ~s umfasst die Grafschaft, und im Norden deren Drittel, das Riding; *s. d.* 1 **5)** Zur Parallele mit Kents Lathe *s. d.* 1b **6)** An der Spitze des ~ steht ein Vogt (*o.* 2) unter dem Sheriff; Lond ECf 32 A 1 **6a)** Er nimmt mit den 12 Geschworenen (*s. d.* 1) Rüge vor; III Atr 3, 1 **7)** Das ~ teilt mit dem Immunitätsherrn sowohl Ehrlichkeitspfand wie Rechtsschutzkauf, die es jeden Bescholtenen zu zahlen zwingt; 3, 2f. **8)** Der Gerichtsfrieden (*s. d.* 4) des ~ wird, wenn gebrochen, gebüsst mit 1 'Hundert' Silbers = 8 £, d. i. $^1/_6$ von dem der Gerichtstadt, $^1/_{12}$ von dem des Fünf-Burgen-Gerichts **9)** Jedes ~ wählt aus sich 2 vertrauenswürdige Thegnas und einen Priester zum Einsammeln und Abliefern des Peterspfennigs (*s. d.* 16a), wie sie beeiden können; Northu 57, 2

warant *s.* gewährleisten, Anefang 10ff., Bürgschaft

N *ward* 1) Lokaler Name für Freibürgschaft (*s.* Zehnerschaft 4), erklärt als *observatio: sub una societate urbem vel centenarium debet servare;* Cons Cn II 19, 2d 2) Das Gericht zu London (*s. d.* 47) hielt Freibürgschaftschau. Diese ~*imota* erblickte unter den Freiheiten, die Heinrichs I. Freibrief London gewährte, ein vór 1200 den Text *vadimonia* verderbender Abschreiber; Hn Lond 10 (schon in Hs. Rylands zu Manchester der *Leges Angl. Lond. coll.*); *vgl.* I 525[b]. 618[a]; Norton *Commentaries of London* 130. 326. 332. 347 3) Die städtischen ~s [je unter einem Alderman] sollen bewacht werden und sich gegen Brandgefahr vorsehen; [aus London (*s. d.* 60aff.) um 1200 verallgemeinert]; Lond ECf32 B 9[f. g]. Schon vor 1086 ist ~ als Stadtviertel, und in London im 12. Jh., nachweisbar; Ballard *Domesday bor.* 54; Bateson II 50 4) Im nördlichsten England entspricht ~ dem Hundred und Wapentake

wardpening, -scot *s.* Wache 2f.

Wareham, *Wærham;* dort setzt zwei Münzer II As 14, 2

Waren *æhta, (feoh)god, ceap, orf s.* Vieh, Fleisch, Fisch, Fett, Wolle; Pflanze; Wein 3; Tuch, Barchent; Einfuhr, Transport, Handel, Zoll

Warenschau *s.* London 34

Warterecht *s* Erbgang 2f. h, Vorkaufsrecht, Adoption 1

N Warwick 1) Heinrich, Graf von ~ bezeugt CHn cor Test 2) In Grafschaft ~ liegen die Güter, die aus Besitz Christinens, der Agsä. Prinzessin, in den Rudolfs von Limézy übergingen; ECf 35, 1a 3) Irrig Yorkshire genannt 30[17]

Wasser, *vgl.* Flut, See, Strand, Mühle, Fisch 1) Nahrung von ~ und Brot *s.* Fasten 3 2) ~ als Ordalelement *s.* Kesselfang, Kalt~ 3) Als nutzbare Teile eines Territoriums (*s.* Landwirtschaft 1) werden genannt: frisch ~ u. 'Marsch' (*s d.*), was Binnensumpf oder salzigen Küstentümpel bedeuten kann; Kemble I xxxvııj; n. 715; Birch 1017 **N 3a**) Der Kirche gebührt Zehnt u. a. von Mühlen, Fischereien, *aquis;* ECf 8, 2 4) Das ~ steht als Verkehrsmittel neben der Strasse; *s. d.* 9d 4a) Von Handfrieden (*s. d.* 7aC) geschützt sind *maiores aquae, quarum navigio victualia deferuntur* überallher zu Städten; ECf 12d; 1; 7 **4b**) Bluttat gegen Handfrieden *s. d.* 5 **4c**) Dagegen bei blosser Flusssperre durch Mühle oder Wehr oder anderen Einbau wird nur dieser zerstört, die ~strasse hergestellt und *forisfactura regis* ['Ungehorsam', 2½ £] gezahlt; ECf 12, 2; 8. *Vgl.* Strafsumme *pro chemino aquæ estuppato* aus Pipe Rolle a. 1185 Madox *Hist. Exchequer* 381 **4d**) *Aquae minores,* sofern schiffbar und Städten Holz u. and. Notdurft bringend, stehen, wie Nebenstrassen, unter dem geringeren Friedensgeld der Grafschaft; *s.* Ungehorsam 25c **4e**) Auch andere Germanen scheiden das Geleitsrecht am Fluss von der Landeshoheit des Uferherrn und das kleine Privatgewässer vom Hauptstrom; Schröder *DRG*[5] 546f. 601[3]

Watlingstrasse *s.* Wb *Wætlingastræt* 1) Den Namen erklärt daher entstanden, dass *filii Weatla regis straverunt* ~, Florenz Wigorn. a. 1013. Er stammt aus German. Mythologie; Grimm *Mythol.* 330. Verulam, jetzt St. Albans, an der ~ heisst bei Beda I 7 *Wætlingacæstir,* auch in Urk. a. 996 Kemble 696 2) Die ~ bildete, wo sie über die Ouse führt, die Grenze von Ælfreds Wessex gegen Guthrums Ostanglien; AGu 1 **2a**) König Eadmund I. setzt sie zur Grenze gegen Olaf [Sitricsons; Plummer *Saxon chron.* II 144] Northumbrisches Gebiet; Simeo Dunelm. 939 **2b**) König Swen verheert 1013 das [nicht von Dänen besiedelte] Land südlich der ~; Ann. Agsax. 3) Heinrich von Huntingdon zieht die ~ von Canterbury nach Chester; Florenz, ECf und Robert von Gloucester lassen sie im südöstl. Kent beginnen. Der Name besteht noch in Dover. Von dort geht sie nach Canterbury, Rochester, Southwark, London, Westminster [*vgl.* G. J. Turner *Athenæum* 17. Dec. 1910, 769], Hyde Park [Page *ebd.* 6. April 1912, 395], Saint Albans, Dunstable (die Icknieldstrasse [*s. d.* 2] schneidend), Fenny Stratford, Towcester, Weedon, Wroxeter, Chester. Näheres mein *Über Leges Edw. Conf.* S. 49, wozu nunmehr aber die *Victoria County histories* zu vergleichen wären. Einzelnes Haverfield *Hist. of Hamps.* 270; *Worcesters.* 202; Dawkins *Athenæum* 23. May 1903, 662; Toller 1162 4) Sie durchschneidet Northamptonshire; ECf 30 5) 8 Grafschaften südwestlich der ~ gehören zur Denalagu (*ebd.; vgl.* I 652[d]); allein von Middlesex und Bucks. liess sie den grösseren Teil, von Herts. und Beds. den kleineren westlich; in Herts. griff die Denalagu westlich über die Strasse hinüber; Steenstrup *Danelag* 39

Weberei. Eine grosse Anzahl der zu ~ im Herrschaftsgute notwendigen Werkzeuge (*vgl.* Brasch *Werkz. Altengl.* 130) zählt auf Ger 15, 1. Davon wird durch *timplean* ein gezahntes Werkzeug bezeichnet; *vgl. atimplian* 'to provide with spikes'; Napier *Lexicon* 62. Manche Einzelheiten zu erklären, verzichtet auch Klump *Handwerk bei Agsa.* (Diss. Heidelb.) 29. *Vgl.* Wolle, Leinen; Tuch, Barchent; Kleidung, Handel

Wechsler *s.* Münze 12

Weglagerung *s.* Strasse 5

Wehr *s.* Fisch 4, Wasser 4c

Wehrkraft *s.* Heer, Wache, Gefolgsadel, Thegn, Ritter, *radcniht,*

Weib *s.* (Ehe)frau [Schiff

Weide *s.* (*etenlæs, læswian; herbagium* (gilt für alles Vieh, nicht [wie Kowalewski *Ökonom. Entwi.* II 430 meint] mit Ausschluss von Schweinen). *Vgl.* Mast; Gemeinheit, Servitut; Heu, Wald 1) Die ~ bleibt dauernd von der Ackerflur getrennt; so steht *land* gegenüber *læs* Becwæð 3, im Domesday *terra* gegenüber *pastura.* Dass Acker und ~ wechselten, kam seit mindestens 8. Jh. nur noch vereinzelt vor; Nasse *Feldgemeinschaft* 15f. **1a**) Nur Wiese und Flur, nicht ~, umzäunen die Bauern (*s. d.* 3a) gemeinsam [jedes Frühjahr bis zur Ernte] **1b**) **N** Einen Teil jedes Herrschaftsguts bildet ~; Hn 56, 3 **1c**) Dem Gehegewart (*s. d.*) weist es Pflugland an nahe der ~ **N 2**) Streit über ~ zwischen den Bauern entscheidet das Haupt der Zehnerschaft; ECf 28, 1 3) Im Forst darf der Tierhalter sein Vieh nicht [zur ~] loslassen; Hn 17, 2

Weihe; *vgl.* Kirche 1f—i; ~ des Königs *s.* Krönung 2ff.; des Bischofs *s. d.* 2; der Geistlichen *s. d.* 7—12; des Orts für Lesung der Messe *s. d.* 1; *vgl.* Kirchen~; des Ordals *s. d.* 5. 10—16; ~n-Entkleidung *s.* Degradation

Weihnachten *s.* Wb *geohhol, mid-*

winter; natale. *Vgl.* Abendmahl 1, Feiertag **1)** Reichstage hält man gern zu ∼. Damals ergeht das Gesetz zu Exeter (V As Pro 1), zu Winchester (I Cn Pro), zu Westminster; Hn mon. Auch sonst findet häufig Witenagemot zu ∼ statt: (Birch 451), ebenso Hoftag der Normannenkönige **1a)** Die Leibeigenen und fronenden Bauern erhalten von der Gutsherrschaft zu ∼ einen Schmaus; Rect 9, 1. 21, 4 **1b)** Über den Agsa. Jahresbeginn mit ∼ *s.* Sokol *Beibl. z. Anglia,* Okt. 1903, 309 **2)** Zwölf Tage [bis 6. Jan.] zu ∼ bleiben fronfrei für freie Arbeiter; Af 43; so auch für die *ceorlas* in Hisseburn; Birch 594 **2a)** Den Schafdung von ∼ bis 6. Jan. belässt die Gutsherrschaft dem unfreien Schafhirten; Rect 14 **3)** Von ∼ bis 13. Jan. braucht man nicht zu fasten; *s. d.* 7c **3a)** Von Advent bis 13. Januar sind Ordal und gerichtlicher Eid verboten (*s.* Gerichtsferien 3), herrscht Treuga Dei; *s. d.* 3A **4)** Diebstahl zu ∼ wird doppelt gebüsst; *s.* Feiertag 9a **4a)** In der Weihnachtswoche herrscht Handfrieden; *s. d.* 7a **5)** Nach Grundbesitz zu ∼ wird Kirchenpfennig (*s. d.* 3) erhoben **6)** Deutsche (*s. d.* 2d) Kaufleute in London zahlen zu ∼ Zoll, und Händlerinnen in Fett (*s. d.* 1) vor ∼

Weihrauch **1)** Beim Heisswasserordal wird um den Kessel her geweihräuchert; Iud Dei XII 15. 21. XIII 5 **2) N** Der fremde Kaufmann verkauft ∼ nicht detaillierter als im Quarter; *s. d.*

Weihwasser, *haligwæter,* wird beim Ordal **A.** getrunken vom Prüfling; Ordal 4, 1. 5. Iud Dei I 19. II 5. XV 4 (auch vom Umstand; *ebd.*); Zeumer *Formulæ* 614. 619f. 648. 713, **B.** gesprengt über die Prüflinge (Iud Dei I 23. XIII 9. 14. XIV 9. Duel 8, 3*; Zeumer 644), ihre zu prüfende Hand (Ordal 5), das Eisen (Iud Dei XVI 8. 38, auch nach dem Glühen), das Siedewasser (XII 5), die Zweikampfwaffen (Duel 3*), den Umstand (Ordal 4, 1; Zeumer 649. 714), das Kirchengebäude rings ums Ordal; Iud Dei II 5. XII 5 [**C.** Verwendung zu medizinischem Zauber: Payne *Engl. medic. in Agsax. times* 119]

Wein *s.* Wb *win* **1)** Schädigung des ∼gartens (*wingeard*) wird je nach Schätzung gebüsst; aus Exod. Af El 26 **1a)** Zur Frühjahrsarbeit auf dem Herrschaftsgute gehört *wingeard settan* (Ger 12), offenbar als etwas Gewöhnliches. Der Abt von Peterborough vor 1137 *plantede winiærd* **1b)** Belege für ∼bau im frühen Engl. Mittelalter *s.* Plummer *Beda* II 5; zahlreiche Kompp. mit *win-* Toller 1230—7; Max Foerster *Beibl. z. Anglia,* Juli 1906, 208; Pfändler *Vergnüg. der Agsa.* in *Anglia* 29 (1906) 468; Thorpe *Diplom.* 209; Cockayne *Leechdoms* III 164; Malmesbury *Pontif.* p. 292. 326; Henr. Huntingdon. p. 10. 11; Domesday *s.* Index **1c)** Gegenüber dem Bier, dem Getränke des Mittelstandes, trinken ∼ Reiche und Alte; *Colloq. Ælfrici* ed. Wright-Wülcker 102 **2)** Messe (*s. d.* 1) ohne ∼ ist verboten **3)** Rouener Kaufleute, die ∼ nach London einführen, zahlen 6 Schill. [30 Pfennig?] Zoll fürs grosse Schiff; IV Atr 2, 4 [Hanseaten führten um 1000 noch keinen ∼ aus Frankreich nach England; *Hans. Gesch.-Bl.* 1906, 437]

Weinkauf *s.* Vertrag 4

Weissagung *s.* Wahrsagung

Weisspfennig *s.* Pfennig 9, Geld 2

Weistum. *Vgl.* Rechtweisung **1)** Gewohnheitsrecht (*s. d.* 1) zwischen Herrschaftsgut und Hintersassen haben vor Alters *witan* festgesetzt, [wohl durch ∼]; *vgl.* Urteilfinder 16a **N 2)** Durch eine Jury aus je 12 rechtskundigen Agsa. jeder Grafschaft lässt Wilhelm I. 1070 die Englische Verfassung vor 1067 feststellen (*s.* Eadwardi laga 9): vielleicht erdichtet aus ähnlichem wirklichen ∼ anderswo, in Nordfrankreich oder England. [*Vgl.* Niese *Gesetzg Norm. Sic.* 8]. Wohl kommen ∼sjuries unter Wilhelm I. vor; sie bezeugen aber nur für Stadt, Hundred, Riding, Grafschaft, mehrere Grafschaften, nicht fürs ganze Land, lokales Recht, nie die Reichsverfassung. *Vgl.* mein *Über Edward Cf.* 43

Weizen *s.* Sextar 4. *Vgl.* Getreide

Weltgeistliche *s.* Geistliche 1—5a, Kanoniker; Ggs. *s.* Mönch, Nonne

weltlicher Rang der Geistlichen: *s. d.* 17b, Thegn 10; der Kirchen *s.* Kirchenrang

weltliches Recht *s.* Landrecht 10a

Wer, Traktat übers Wergeld I 392, den der Verf. von Quadr übersetzt I 541 und in Hn benutzt 586

Wergeld *s.* Wb *wer, wergield, gield; rihtwer, mægbot, fæhðbot;* nur Kentisch bei Abt: *leod(geld)* [*vgl.* Brunner II 621; andere Bed. des Wortes in Friesland *s.* His 242; dass *mannweorð* ∼ heisse, finde ich nicht]; Latein. *wera* und Französ. *were* sind Feminina. Jene 3 ersten Wörter sind synonym und (ausser *o.* 241, Sp. 2 letzte Z.) vertauschbar laut Varianten der Hss. und laut Ine 15. Northleod 1. 7. 7, 1. Mirce 2. Wo Lateiner nicht bloss die Endung des German. Worts latinisieren, übersetzen sie: *pretium (nativitatis), redemptio, natale, natalicium, redditio, persolutio* (I Cn 5, 2dQ); Fr.: *vailance.* Einige Male kann *wer* sowohl 'Mann' wie ∼ bedeuten; *o.* 240, Sp. 3, Z. 10

1. Wer hat ∼? 2. Angeboren. 2a. Durch Amt. 3. In Kent. 4. In Wessex. 5. 12. Jh. 6. Mercien. 7. 600. 8. Denalagu. 9. 1 Thegn = 6 Ceorlas. 10. Norðleod. 11. Königs ∼. 12. Geistliche; Mönch. 13 Absorbiert durch blutige Vergeltung. 14. Sühne. 15. Zahlung durch Sippe. 16. Wer empfängt ∼? 17. Fortfall des ∼s. 18. Scheinbusse. 19. Halbes ∼. 20. Worin gezahlt? 21. ∼ des Verletzten Massstab für Busse und Strafe. 22. Wundbusse abzuziehen. 23. Reinigung. 24. Priorität in Zahlung. 25. Mit Missetäters ∼ steigt Strafe. 26. ∼*þeof.* 27. Maximum der Geldstrafe. 28. Wo König Strafempfänger ist. 29. Ersatz der Todesstrafe. 30. Für welche Verbrechen?

1) Jeder Freie hat ein ∼, auch der Walliser (*s. d.* 3a) und vielleicht der Læt; *s. d.* 3. Dagegen der Unfreie (*s. d.* 6—8) hat ursprünglich nur einen Sachwert, im 12. Jh. allerdings ein kleines ∼ **1a)** Ein Zeichen der Freiheit ist, dass man [wenn erschlagen] ∼ wert sei, d. h. mit ∼ entgolten werde; II Cn 20 = Hn 8, 2 **1b)** Im ∼ drückt sich der Stand (*s. d.* 11) aus. Der Eideswert (*s. d.* 1) des Mannes steigt dem ∼ proportional. Und wer höheres ∼ hat, verleiht und geniesst höheren Schutz; *s. d.* 12 **2)** Das ∼ ist zumeist angeboren (*forgylde be were, swa he boren sy;* II Em 1 = Wer 2 = Hn 76, 1; *ad 4 libras natus* 74, 1a; *s.* Thegn 11; *o.* Z. 14f. *natale, nativitas*) und richtet sich nach des Vaters Stande; *s. d.* 5af. **2a)** Oder das angeborene ∼ wird erhöht durch königliches oder kirchliches Amt oder Besitz; *ebd.* 5. 7 **2b)** Auch die Frau (*s. d.* 1) und das Kind (*s. d.* 2) haben volles ∼ des Vaters; nur die Leibesfrucht halbes; Af 9 **3)** Das ∼ berechnen Kent, Wessex, Mercien nach Hunderten von Schillingen, und Wessex (*u.* 4) prägt eigene Standesbezeichnungen hiernach. Anders Denalagu (wo aber

8 £ = 1 Hundert Silbers; *u.* 8) und Normannenzeit; *u.* 4 b. 5 **3a)** Der Gemeinfreie in Kent hat das 'mittlere' ~ von 100 Schill.; Abt 7. 21. Hl 3; ausgedrückt als 2000 Sceatt; *s. d.* 2 d. ['Mittel' steht zwischen *læt* u. *eorl,* wie zwischen arm und vornehm: Thegn 5]. Addiert man die Fingerbussen bei Abt, so ergibt sich 50 Schill. als Busse für die Hand (*s. d.* 9 a), die auch sonst halbes ~ kostet **3b)** Dass jenes Hundert kein Grosshundert, beweisen auch andere Gliederbussen von 50 und 25 Schilling **3c)** Das ~ des Kenters überstieg 80 Schill., da schon der höchste Læt (*s. d.* 3) so viel galt; dass es unter 140 betrug, folgt aus Wi 26, 1: der Einfänger eines gemeinfreien Verbrechers besitze ihn [= das Strafgeld aus dessen Verurteilung] halb oder, wenn der Verbrecher getötet wird, [aus dessen Vermögen] 70 Schill. Er hätte also im ersten Falle Verlust gegenüber dem zweiten, wenn der ganze Verbrecher mehr als 140 Schill. wert wäre **N 3d)** Noch im 13. Jh. war das ~ in Kent 100 (jedoch Normann.) Schill. = 5 £; Pol Mai II 269. 457; Hazeltine *Harvard Law Rev.* XVIII 41; *u.* 5 **3e)** Abweichung Kents von Wessex im ~ der Barone bezeugt für etwa 1100 Hn 76, 7 g **3f)** Der Kentische Adel (*s. d.* 1. 16) hat ein ~ von 300 Schill.; Hl 1. Solche Verdreifachung des gemeinfreien ~ zum adligen zeigen auch festländische Germanen; Rhamm *Grosshufen* 801 **4)** In Wessex ist das ~ des Ceorl 200 Schill.; er heisst daher *twihynde* (*s.* Wb); Ine 70. Af 10. 18, 1. 29. AGu 2. Des *twelf*- und *twihynde*-Manns ~ ist 1200 bzw. 200 Schill.; Wer 1. 1, 1; *ceorl, cyrlisc* steht synonym für *twihynde;* Wer 7. Hn 70, 1 (*vel villanus*). 76, 3a; 6. 82, 9. In Cn zu Af 29 **4a)** Diese 200 sind in den *Gesetzen* nicht etwa zwei Grosshunderte = 240. Denn der *twelfhynde* galt = 25 £ = 6000 Pfg. (AGu 2. II Atr 5) und soll das Sechsfache des Ceorl gelten; Wer 1. Að 1. Hn 64, 2b. 76, 4; 4a. Zweitens hält um 1114 die 50 Schill. bei Ine 34, 1 für ¼ vom ~ Hn 87, 8, und er berechnet die 200 Schill. zu 4 £ 40 Pfg.; Wer 1, 1 Q. Nicht zwingend für 240 Schill. sind die 3 Argumente: **A.** das ~ des Walliser Hübners betrug 120 Schill. und der Walliser (*s. d.* 4) galt meist ½ des Engländers [allein dessen Sohn galt 100 Schill.]. Höchstens deutet jenes 120 auf einstiges Grosshundert, vór Ines Zeit **B.** Die Strafgeldfixen (*s. d.* 4. 13) von 2½ u. 5 £ [= 120 bzw. 240 Schill.] sind wahrscheinlich nicht als halbes und ganzes ~ zu erklären (*s.* Königsschutz 5; *u.* 30), sondern als Multiplikation der geringsten Strafe von 30 Schill. mit 4 und 8 **N** C. Ein ~ von 5 £ für den Gemeinfreien ist unter den Anglonormannen nachweisbar (*u.* 5), aber von Ines Zeit getrennt durch nachweislich verschied. Ansatz **4b)** Für ungenauen Ausdruck des 200 Schill. ~s halt ich 4 £ bei Hn 70, 1. 74, 1a. 76, 1; 4; 6a, *vgl.* I 587[5], denn dieser Vf. hat deutlich jene Agsä. Stelle, die er doch 23 Z. weiter *o.* genau erklärt, auch hier benutzt. Diese 4 £, identisch mit 6 Mark, erhält auch die Sippe des ermordeten gemeinfreien Franzosen, wenn Murdrum (*s. d.* 14a), nämlich 46 Mark, gebüsst wird; Hn 91, 1 **5)** Daneben kommt ein anderes ~ von 5 £ bei den Anglonormannen vor. Dies ist bezeugt für London (*s. d.* 58; Hn Lond 7 = Lib Lond 3, 1; Bateson I 23. 28; II xxiv; *EHR* 1902, 484—721; *Munim. Gildhallae* I 111. 115) und für den Kenter; *o.* 3d. Allgemein: *la were del vilain* C *sol* [= 5 £] *en Merchenelahe e en Westsexene;* Leis Wl 8, 1; hierzu stimmt der Halsfang (*s. d.* 5b) von 10 Schill. **6)** Auch im Agsä. Mercien war das ~ des Gemeinfreien 200 Schill. (Mirce 1 = Ps Cn for 33, 1. Að 1), aber Mercische, also 3⅛ £; Norðleod 6. Denn deren Sechsfaches, das ~ des Mercischen Thegn, beträgt 20 £; Leis Wl 8 **6a)** Dieses ~ von 800 Pfg. galt für die Lagamen in Stamford im 11. Jh.; *forisfactura corporum suorum de* 40 *oris argenti* (wenn hier 1 Ör = 20 Pfg.); Domesday I 336b 2 **7)** Nur in Af-Ine kommt vor der Sechshunderter; *s. d.* **8)** In Denalagu gibt es ein ~ von 8 £ (= 1 Hundert Silbers; *vgl.* Heusler *Strafr. Isld.* 159) für den Vollfreien. Dieses fordert die Cambridger Thegnas-Gilde für Erschlagung ihres Genossen **8a)** Vermutlich aus diesem ~ entstanden das Heergewäte von 8 £, das für dortigen Lagaman der Sheriff erhielt (Domesday I 189), **8b)** und das Strafgeldfixum (*s. d.* 24ff.) von 8 £ **8c)** Auch setzt zu *dimidium redemptionis* II Cn 60 ein Glossator 13./14. Jhs. *id est* 4 *l.*, was in dieser Allgemeinheit zwar falsch, auf eine richtige Überlieferung der Denalagu zurückgehen mag **8d)** 40 Mark für den Huskarl *s.* Murdrum 5 **8e)** Der Dänische Freigelassene steht dem Englischen gemeinfreien Zinszahler gleich (AGu 2), also zu 1000 Pfg. ~ **8f)** In Dänenzeit gilt der zinszahlende Bauer nicht mehr für hochfrei; der Dänische Sieger lässt sich also dem Thegn gleichstellen, erlangt 8 Halbmark Gold (*s. d.* 8) ~ [= 25 £ Silber]; AGu 2. Dies zahlt Totschläger, wenn ein Däne einen Engländer tötet oder umgekehrt, auch nach II Atr 5 = Hn 70, 6 **9)** Der Thegn (*s. d.* 13) gilt in Wessex 6 Gemeinfreie (Að 1 = Hn 64, 2b = In Cn III 44 = Ps Cn for 34), also 1200 Schill. = 25 £; Wer 1 = Hn 70, 1. 69, 2. 76, 4. Af Rb 31 Q. Af 31 In. 39, 2 In. In Cn III 44; *vgl.* I 613[1]. Leis Wl 8 **9a)** Für 25 £ stehen 2000 Thryms Nordengl.; Norðleod 5. 9 **9b)** In Mercien ist zwar das ~ des Thegn ebenfalls 1200 Schill., aber Mercische, also = 20 £; Mirce 1, 1; *s. o.* 6 **10)** Die übrigen Nachrichten über das ~ höheren Adels entstammen Norðleod und Mirce, wahrscheinl. éinen Verfs. **10a)** Höldr und königlicher Heahgerefa haben 4000 Thryms (50 £), Bischof und Ealdorman 8000 (100 £), Erzbischof und Ætheling (*s.* Eorl 7) 15000 ~; Norðleod 2 ff. = In Cn III 56, 2; die Verhältniszahlen *s.* Stand 19 **10b)** Abweichend hiervon gibt um 1110 dem Grafen doppeltes ~ des *liberalis* (Adels, Thegn) In Cn III 55 **11)** Des Königs ~, 30000 Thryms [= 375 £] in Nordengland [bei Anglo-Skandinaven], 60000 Sceat [= 240 £] in Mercien, zerfällt [wie beim Baiernherzog] in zwei gleiche Hälften: eine dynastische, für seine Sippe, und eine völkisch-staatl. [*vgl.* Pol Mai II 502] für die Kronwürde. Jene Hälfte verhält sich zum ~ des Gemeinfreien in Nordengland wie c. 56 : 1 und in Mercien wie 36 : 1; Norðleod 1. Mirce 2 ff. Die Summe beider heisst ~, *cynegild,* in einer Var. *gild;* die zweite Hälfte [nicht vassallitisch; gegen Schmid 551 f.] heisst *cynebot;* die erste Hälfte heisst *wer* und ~; *s.* S. 240 f. Nach des Königs ~, das auch bei anderen Germanen vorkommt

(Wilda 991; Brunner II 688; Maurer *Königslösung* 2), bemisst sich die Eidesschwere behufs Reinigung von Attentat gegen ihn; Af 4, 1 = V Atr 30; *vgl.* Hochverrat 2. Jene 30000 Sceatt entstanden durch Abrundung (*s. d.* 4) aus 28800 Pfg. [Dortiger Ergänzung durch den Namen einziger Münze bedarf ebenso Ine 59 E. VI As 6, 2 und Sceatt 2d] **11a)** Als 679 *Ælfvini frater regis Ecgfridi* gegen Mercien kämpfend fiel, vermittelte der Erzbischof, dass *nullius anima hominis pro interfecto regis fratre, sed debita solummodo multa pecuniae regi ultori daretur;* Beda IV 19 **12)** Das ∾ des Geistlichen (*s. d.* 17ff.) blieb das angeborene; im 10. Jh. aber wird dem Priester das des Thegn gewährt, nach einigen Stellen nur dem kanonisch regulierten **12a)** Das ∾ des Mönches *s. d.* 9, Geistliche 15iff. **13)** Das ∾ dient zum Abkaufe der Blutrache (*s. d.* 15) für Totschlag; die beleidigte Sippe wählt, ob sie Sühne eintreten lassen will, zu der der Totschläger dann verpflichtet ist. Wo der Totschläger Rache oder Leibesstrafe leidet oder ausgeliefert wird (II Atr 5), tritt es nicht ein; Hn 68, 1. 79, 5. 88, 20a. *Vgl.* Busse 5. Wohl aber, wo er flieht, zur Hälfte (Abt 23. Af 27, 1) oder $^1/_3$; Af 27 **13a)** So selbstverständlich folgt ∾ aus Totschlag, dass es unerwähnt bleibt, wenn das Gesetz andere Folgen des Totschlags, die Busse für Friedensbruch an den Herrn des Ortes der Missetat oder die Mannbusse, ins Auge fasst; 39. 40. Leis Wl 7 **13b)** Das ∾ ist eine private Busse; es erhöht sich nicht durch die strafrechtliche Schwere der Missetat, wie z. B. den geweihten Ort oder die umfriedete Zeit oder die heimliche oder zauberische Art des Totschlags; VIII Atr 3. Hn 71, 1c **13c)** Wer den Gegner nicht erschlug, nur verwundete, zahlt von dessen ∾ nur Teile oder feste Summen; *s.* Gliederbussen 4ff.; *u.* 21 **13d)** Nur fürs Zeugungsglied (*s. d.*) büsst er ihm dessen ∾ dreifach; Abt 64 **14)** Auf ∾ kann entweder im öffentlichen Gericht geklagt werden, oder im Sühneweg erkennt darauf, auch über die Zahlungstermine, ein Schiedsgericht; *s. d.* 9 **15)** Das ∾ zu zahlen ist verpflichtet nicht der Totschläger allein, sondern auch ihm helfend (ausser wenn das Sippenband durch Lossagung, Verknechtung, Mönchwerden zerriss) seine Sippe; *s. d.* 26. Entflieht er, so verschwindet ihre Haftung nur teilweise; *o.* 13 **15a)** An die Stelle der Sippe treten Gilde (*s.* Genossenschaft 3) und für den Priester der Herr; Af 21 **15b)** Bei gemeinschaftlicher (*s. d.* 7) Missetat, durch Bande (*s. d.* 8), oder bei Beihilfe (*s. d.* 10) zum Totschlag, zahlen mehrere je einen Teil vom ∾ **16)** Das ∾ erhält des Erschlagenen Sippe, und zwar die nächste Familie den Halsfang (*s. d.* 2); Ine 23. 76, 1. Af 29. II Ew 2. II As 6, 1. II Em 4. 7. V Atr 31, 1. VI 36. VIII 3. 25 = I Cn 2, 5. 5, 2d. II 39 = Hn 66, 1. Wer. Norðleod 1 = Mirce 4. Hn 11, 1a. 68, 1 69, 1. 70, 3. 74, 1c. 75, 6 = 91, 1a. 75, 11. 76, 1. 79, 5a. ECf 12, 6. 15, 6. Lib Lond 2. [Das ∾ stellt den an die Familie des Getöteten gezahlten Preis dar schon in Indien; Oldenberg in *Ält. Strafr. Kulturv.* 85] **16a)** Auch bei Erschlagung des Gevatters erhält der Pate Magenbusse [d. i. $^1/_{10}$ vom ∾]; und umgekehrt; bei Konfirmationsverwandtschaft davon die Hälfte; nur der König als Pate empfängt das ∾ ganz [so dass hier also Totschläger das ∾ doppelt entrichten muss]; *s.* Sippe 29 **16b)** N Der ∾ Einklagende muss sich zunächst dem Erschlagenen als verwandt, wenn das bezweifelt wird, durch Eid oder Ordal erweisen; Hn 92, 13 **16c)** Statt der Sippe klagt ∾ ein Genossenschaft (*s. d.* 3b) od. Herr [auf Island der Gode; Scherer *Klage gegen Toten* 57] **17)** Kein ∾ kommt zur Auszahlung, wenn **A.** N Fechtende gleichen Standes einander getötet haben (Hn 70 8; 9a. Der Norden kennt gegenseitige Verrechnung; Heusler (o. 8) 89ff.), **17a) B.** wenn der Totschlag (*s. d.* 3) gerechtfertigt, der Erschlagene *synnig* [Abt 86] war; dann heisst es: 'der Erschlagene liege [tot] unbezahlt' *orgilde, ægilde, ungilde, inultus, im(per)solutus, -lubilis;* Wi 25. Af 1, 5. EGu 6, 7 = II Cn 48, 3 = Hn 11, 11c (88, 5; *s.* Grab 2a D). II As 20, 6. II Atr 3, 4. IV 4 = II Cn 62, 1. V Atr 31, 1 = VI 38; *weram forisfac[it]* Hn 87, 6a [*vgl.* Fränkisch: *incompositus iaceat latro;* Brunner I² 185[27]; *homo in furto occisus non solvatur; Lex Angl. Werin.* ed. Richthofen *Mon. Germ., Leg.* V 132. Ähnlich Nordisch; Heusler (*o.* 8) 115ff]. War jedoch jemand zwar als Verbrecher getötet, wird aber diese Annahme als grundloser, wenn auch gutgläubiger, Irrtum erwiesen, so kommt ∾ zur Zahlung; *s.* Hingerichtete 5a **17b) C.** wenn der Totschlag nicht bloss ohne Absicht (*s. d.* 5ff.) — was nur vom Strafgeld befreit —, sondern auch ohne Veranlassung des Totschlägers geschah; *ebd.* 6 **18)** Nur eine Scheinbusse (*s. d.* 1) zahlt der Totschläger eines Bettlers oder Verworfenen **19)** Halbes ∾ des Engländers hat der Walliser; *s. d.* 4 **19a)** Wer unter Dunsæte (*s. d.* 13), jenseits des Grenzflusses seines Stammes, erschlagen wird, wird mit nur halbem ∾ entgolten **20)** Ausser in Edelmetall kann ∾ gezahlt werden in Waffen (*s. d.* 2), in Sklaven, Hengsten, Stieren, Ebern, Schafen (Ine 54, 1. Leis Wl 9. Hn 76, 7), dies alles nach fester Taxe. 33 Ochsen als normales ∾ sind wohl denkbar; Heusler (*o.* 8) 210 **20a)** 'Aus eigenem Schatze und makelloser Habe' fordert die Herkunft des ∾s Abt 30: d. h. nicht etwa aus nur entliehener oder gerichtlich durch Dritte künftig [im Anfang] zu beanspruchen möglicher **20b)** Land zum Klosterbau empfing [um 670] Prinzessin Eafa als Sühne für Ermordung ihrer Brüder durch den Oheim König Ecgberht von Kent: *þæt wergeld geceas,* 180 *hida landes;* Cockayne *Saxon leechdoms* III 426; *hyre broðra wergildes onfengc* 80 *sulunga innon Tænetlande* (also für jeden Prinzen 40; *vgl.* Eorl 7) Liebermann *Heiligen Engl.* 3 **21)** Vom ∾ abgeleitet sind die Gliederbussen (*o.* 13c. d.). Auch wo ein Glied zur Strafe abgehauen werden soll, wird das Abkaufsgeld nach ∾ geschätzt; Af 32 **21a)** Nach dem ∾ des Erschlagenen richten sich, aber nicht genau proportional, die Mannbusse (*s. d.* 15) älteren Systems, die Busse für geistliche Verwandte (*o.* 16a) und meist (*s.* jedoch *u.* 25), wie nach der Höhe des Eingeklagten überhaupt, das Strafgeld. Dies zeigt sich deutlich, indem die Strafe für Teilnahme an Bande (*s. d.* 6) mit höherem Stande des Erschlagenen steigt **22)** N Abgezogen vom ∾ wird diejenige Wundenbusse, welche schon bezahlt worden war wegen derselben Verwundung, aus der nun der

Tod hervorging, dessen Entgelt jetzt gefordert wird; Hn 70, 11; 11a. 88, 16 **23)** Mit der Höhe des vom Verurteilten zu zahlenden ~s — auch wenn es sein eigenes als Strafgeld ist (12, 3. 64, 4. 85, 4b) — steigt auch die Schwere der Reinigung (*s. d.*), durch die er es abwendet. Sie heisst *were-lada* (66, 1. 92, 14. 88, 9); ebenso auch die Reinigung eines Getöteten durch den Kläger; *s.* Hingerichtete 3. [Dass das ~ des Beklagten die Eideshelferzahl bestimme, behauptet Toller 1208b unrichtig] **24)** Vor dem ~ engeren Sinnes geniesst Priorität (*s. d.* 3a) der Halsfang (*s. d.* 2ff.), den es im weiteren Sinne einschliesst. Eine Magsühne für nahe Verwandte trennt vom ~ auch der Norden; Heusler (*o.* 8) 204. Die Formel *wer and wite* spricht vielleicht dafür, dass Strafgeld erst nách dem ~ entrichtet ward. Dagegen in der Totschlagsühne (*s.* Schiedsgericht 9) folgt Halsfang, Mannbusse, Fechtstrafe und erst dann ~ e. S. **24a)** Strafe für gebrochenen Gerichtsfrieden geht dem ~ des Erschlagenen voran; *s.* Priorität 1. 2 **25)** Die Strafe (*s. d.* 11A) steigt bisweilen mit dem Stande des Missetäters, z. B. in Denalagu die Rechtsbruchbusse; *s. d.* 3. 5 **26)** Sehr häufig bildet das ~ des Täters ein Strafgeldfixum; *s. d.* 1a. Der Verbrecher, der solche Strafe verwirkt, heisst *wergeldþeof*; Ine 72. Dazu gehört der handhafte Dieb, aber nicht er allein. Auch ihn aburteilen zu dürfen, ist ein besonders hohes Privileg privater Gerichtsbarkeit; *s. d.* 9 **27)** Für Missetat, die durch Geld büssbar ist, verwirke niemand mehr als sein ~; III Eg 2, 2; d. h. das Strafgeld findet am ~ des Täters sein Maximum, darf also nicht zu der Vermögenseinziehung (*s. d.* 4), dem Ersatze der Friedlosigkeit, steigen. [Unerwähnt gehen nebenher Bussen für die beleidigten Orts- und Schutzherren und den verletzten Kläger.] **N** Heinrich I. gewährleistet dies London (*s. d.* 58), im Ggs. zur Misericordia regis übers ganze Vermögen. Vielleicht daher setzt der Londoner Reformer als Vollstrafe ~ Wl art retr 17[65] **[27a)** Doppelt ~ trifft aber den dem Gesetze (*s. d.* 21b) wiederholt Widerspenstigen] **27b)** Daher heissen die nicht zu Kapitalverbrechen gehörenden Klagen 'zu einem Strafgeldfixum oder [höchstens] ~ [des Täters] führend'; *s.* Gerichtsbarkeit 37a **28)** Wer Bocland (*s. d.* 23a) besitzt, verwirkt an den König allein (nicht private Gerichtsbarkeit) sein Strafgeld, bes. ~ **29)** In vielen Fällen lässt sich noch erkennen, wie ~ als Strafgeld anstatt der Todesstrafe (*s. d.* 7. **a)** eintritt, die alternativ daneben oder in Parallelen auf dieselbe Missetat steht. So beim Erreicher des Asyls (*s. d.* 4) Griđ 16. Ferner Hl 10. Wi 26. Ine 12. 15. Af 7, 1. EGu 6, 5. II As 1, 4. III 1, 2f. VI 1, 4. 12, 1f. III Eg 4 = II Cn 16. IV Atr 7, 1. V 28f. VIII 2 = I Cn 2, 4. II 61. Griđ 9. 15. Hn 12, 3. In Cn III 48. ECf 12, 3 **29a)** Dagegen nicht Halslösung kann ~ darstellen, wo es eine Missetat bedroht, bei deren Rückfall oder Erschwerung erst Vermögenseinziehung eintritt; so bei Peterspfennigweigerung (*u.* 30b), Ungehorsam gegen das Gesetz (*u.* 30e), Mitwissen (*s. d.* 4) des Herrn oder Vogts bei Diebstahl des Untergebenen (II As 3, 1f.), bei Altarbusse 2, Blutschande 3 **30)** Die Missetaten, für die der Täter ~ (das mit Königsschutz von 5 £ wohl erst im 12. Jh. verschmolz [*o.* 4a B], hier daher davon getrennt bleibt) zahlen muss, sind: Bruch des Königsfriedens (*s. d.* 4d. e) durch Bluttat (Af 7, 1. Griđ 9) oder des Königsschutzes (*s. d.* 6a), Verkehr eines Exkommunizierten am Königshofe (V Atr 29), **N** Tötung eines Forsttiers oder Bruch des Gerichtsfriedens vor dem Oberförster (Ps Cn for 17) in des Königs Forst (*s. d.* 21), **30a)** Verlassen des vom König geführten Heeres (*s. d.* 8e), Friedensbruch im Heer (*s. d.* 7), **30b)** gewaltsamer Widerstand gegen Kirchengeldeintreiber (*s. d.* 1f.), zweite Verweigerung des Peterspfennigs (*s. d.* 17a), **30c)** Verletzung des Christentums durch Heidentum (*s. d.* 10), **30d)** des höchsten Klerus (*s.* Altarbusse 2), des Kirchenfriedens (*s. d.* 6a) durch Bluttat in der Kirche (Griđ 9. Hn 87, 6), **30e)** Ungehorsam gegen das Gesetz (*s. d.* 21. **b)** im Rückfalle, später schon im ersten Falle, **30f)** Erpressung von Beisteuer zur Gastung durch den Vogt (*s. d.* 11b), **30g)** falsches (*s. d.* 1a) Urteil im Gericht und Bestechung (*s. d.* 3), **30h)** Begünstigung (*s. d.* 2. 21a) der (auch nur kirchlich) Geächteten, **30i)** Beihilfe (*s. d.* 12) zur Flucht für einen gerichtlich verklagten Untertan (I Atr 1, 13 = II Cn 31, 2), **30k)** Mitwissen (*s. d.* 4) bei Diebstahl, besonders des Sklaven oder Amtsuntertans, **30l)** Entweichenlassen des bandhaft Ertappten ohne Gerüfte und Unfähigkeit, einen Verbrecher vor Gericht zu stellen, dessen Erscheinen man verbürgt hatte; Hn 12, 3 [**30m)** Im Ggs. zu *o.* h—l wird ~ des begünstigten Verbrechers (wie von anderen Germanen; Brunner II 579) gefordert von dem, der ihn begünstigte (II As 2, 2. 20, 8 = Hn 53, 1f.) oder ihn entweichen (Ine 36. II Cn 29 = Leis Wl 49) oder den angeklagten Dienstmann entfliehen liess (I Atr 1, 11 = II Cn 31, 1 = Hn 41, 8 = Leis Wl 52, 1f.), den Verbrecher der Strafe zu entziehen versuchte oder den handhaft gefangenen schonte (II As 1, 1; 5) oder ihn, der nun neues Verbrechen beging oder dem Gericht entfloh, verbürgt hatte; II As 1, 4. I Atr 1, 7 = II Cn 30, 6 = III Atr 6, 2] **30n)** Das ~ des Täters wird ferner geschuldet für Teilnahme an Plünderei durch Bande (*s. d.* 4: ursprüngliche Achtsache; Schreuer *Verbrechenskonk.* 189), verfrühte Selbsthilfe (*s. d.* 4a), **30o)** Rechtsweigerung (*s. d.* 3), **30p)** Vertrieb falscher Münze (*s.* Münzfälschung 7g), **30q)** Ausfuhr Engl. Unfreier (*s. d.* 2c. 12e) über See, **30r)** Meineid (*s. d.* 15) des Geistlichen (*s. d.* 20h: $^1/_2$ ~), unbewiesene vernichtende Verleumdung (*s. d.* 3a) oder falsche Klage, jemand sei ungerecht hingerichtet (*s. d.* 4f.; III Atr 7, 1. ECf 36, 2), **30s)** Hurerei des Geistlichen (*s. d.* 20a), der Nonne (*s. d.* 13h), des Verheirateten (*s.* Ehebruch 4b), Unzucht mit einer Verheirateten (*ebd.* 5c), mit einer Nonne (*s. d.* 13h), Blutschande (*ebd.* 3), Eheschliessung (*s. d.* 16g) mit einer noch kein Jahr Verwitweten, durch Raubehe (*ebd.* 2h), **30t)** Misslingen dreifachen Ordals (*s. d.* 32), **30u)** handhaften Diebstahl (*s. d.* 12), Ertapptwerden im Anefang (*s. d.* 23), Bruch des Gewährzuges (Urk. c. a. 961 Birch 1063), Stehlen des Geistlichen (EGu 3), **30v)** Bluttat durch Geistliche (*ebd.*), **N** Totschlag durch andere (Hn 12, 3), sogar Murdrum oder Totschlag in der Kirche; 87, 6a; dagegen dem Agsä. Recht gemässer fordert ~ des Erschlagenen 71, 1c. 74, 1a. 76, 1

Werkzeug s. Geräte; *vgl.* Brasch *Namen d. ~e, Altengl.*, Diss. Lpz. 1910

Wert s. Preis, Taxe, Geld 3f., Geldwert, Gold 7ff., Münze 12

Werwolf (die Form *werewulf* auch Napier *Lexicon* 87) heisst der Teufel als Verschlinger geistlicher Herde; I Cn 26, 3. Über den Glauben an den ~, der noch heute in England lebt (Skeat *Specimens of Engl.* III 366), *vgl.* Grimm *Dt. Mythol.* 1048; Kluge *Etym. Wb.*; Mogk in Paul *Grundriss* I 1018

Wessex s. Wb *Westseaxe, Occidentales Saxonici. Vgl.* Angelsachsen, England, Ine, Ælfred **1)** s. Königstitel 4a **2)** Exeter ist ein Teil von ~; ECf 35, 1e. Das Witenagemot von Exeter zitiert als *in occiduis partibus* der Landtag Kents; III As 6 **3)** N Noch um 1115 ist ~ *caput regni et legum;* später London; s. d. 51 **3a)** Asser sagt zu c. 855: *Occidentalis pars Saxoniae semper Orientali principalior;* ed. Stevenson 10 **4)** Zugehörigkeit, samt Tribut und Geiselstellung, der Wentsæte [in Südwales] gebührt jetzt ~, obwohl sie früher politisch unter Dunsæte (s. d. 6) gehörten. Hier steht mit ~ die Krone Englands identisch **5)** Seit Anfang 11. Jhs. zählt ~ als einer der drei Teile Englands geographisch und im Partikularrecht; s. d. 8a. 12

N Westminster 1) Dort wird Heinrich I. [1100] gekrönt **1a)** Dort erlässt er Krönungscharte, Münzordonnanz und Freibrief für London; CHn cor Dat. Hn mon Test. Hn Lond Test **1b)** Dort hält er [1100/1 oder 1103] Weihnachten; Hn mon Test **2)** Dortige Synode 1102; Quadr I 545 **3)** Dort wird CHn cor bearbeitet I 521[d], der Name des Abtes Gilbert von ~ unter Zeugen und eine Bestätigung früherer Freiheitsprivilegien von ~ eingeschwärzt; CHn cor Test[6]; 14, 1[55]

Westsachsen s. Wessex [trag

Wette s. Versprechen; Pfand; Ver-

Whittlebury s. Wb *Witlanbyrig*

Widder s. Schaf

Widerklage s. Wb *wiðertihtle.* Über anderen Sinn dieses Wortes s. Gegenklage **1)** Ungerechte böswillige Absicht beim Anefang soll durch Klägers Eid ausgeschlossen werden; I Ew 1, 5. Hier übs. *iniusta accusatio* Q. *Vgl.* Klage 7. Auch im Mhd. bedeutet präfigiertes *wider-* öfter 'falsch, un-, mis-'; *vgl. widerordenunge, -schikkunge, -spor, -zæme:* Unordnung, Missgeschick, falsche Fährte, unziemlich **2)** N Diesen Sinn unrechtmässiger Klage hat *wiðertihla* und *tihla* in dem Satze über nicht bandhaft ertapptes Fällen fremden Holzes; s. d. 5

widerspenstig s. Widerstand, Ungehorsam

Widerspruch der Gesetze unter einander s. Gesetz 9ff. Zu I xvii[8] ergänze den ~ in Af El 21 gegen Af 24

Widerspruchsrecht der Erben s. Vorkaufsrecht

Widerstand A. gegen die Staatsgewalt s. Wb *geandbyrdan; andbyrdnes. Vgl.* Gerichtsversäumnis, Ungehorsam, Urteilschelte, Rechtssperrung, Pfandkehrung, Begünstigung, Hingerichtete, Kircheneinkünfte 6a, Verbannung, Verpflanzung **1) A.** ~ gegen das Gesetz; s. d. 21ff. **1a)** Der ~ gegen Kirchengeld- [oder Staatsteuer]-Eintreiber (s. d. 1) kann Geld, die Hand, das Leben kosten **2)** Der ~ gegen Strafhaft für Bruch des Versprechens (s. d. 8e) kostet Fahrhabe **3)** Wer das Strafgeld weigert für Bruch des allgemeinen Ehrlichkeitsversprechens (s. d. 3a), wird friedlos; II Ew 5, 1 **4)** Wer der gerichtlichen Vermögenseinziehung und Verhaftung wegen Nichterscheinens vor Gericht ~ leistet oder dem Gericht entfliehen will, wird getötet; II As 20, 5f. (Hn 53, 1d). 1, 2. IV 6, 3 **5)** Blutige tödliche Verfolgung der gesetzlich beauftragten Anzeiger von Viehdiebstahl straft [wohl mit Friedlosigkeit] IV Eg 14 **6)** Der Geistliche oder Laie, Däne oder Engländer, der ~ gegen Kirche, Krone und bürgerlich Recht leistet, zahle Strafgeld oder ist bei Weigerung zu vertilgen oder zu vertreiben; Cn 1020, 9f. **7)** N Bei ~ gegen Oberförster verliere der Vollfreie die Freiheit, der Bauer die rechte Hand; Ps Cn for 15 **8) B.** ~ des Bauern u. Lehnsmannes gegen Grund- und Lehnsherrn s. Gerichtsbarkeit 15; Lehnwesen 15b **9) C.** Wer gegen Nordisches Heer, das seit 991 mit Æthelred II. im Bunde steht, in einem dritten Lande ~ leistend umkommt, liegt unvergolten; II Atr 3, 4 **10)** Wird der ~ Leistende getötet, so liegt er unvergolten; o. 1. 2. 9; dies ist aber selbstverständlich bei jedem gerecht Erschlagenen; s. Wergeld 17a

N Wido, Abt von Pershore, wird 1102 abgesetzt; Quadr I 545[1]

Wiege (*cradol*) s. Kind 4

Wiese s. Heu, Weide, Gemeinheit

Wif, I 442, Abhandlung über Eheschliessung (s. d.; von Q übs. I 541, 2), rechtskundiger Rat für die Brautseite beim Vertrag zwischen den Sippen

N Wight, Insel, falsch vermutet unter *Gurt*, das vielmehr Skye bedeutet; Lond ECf 33**, I 660[o]

Wihtred König der Kenter **1)** Seine Gesetzgebung I 12; benutzt in II Cn 45, 1. 55. Griδ 6. 8; Wi 28 = Ine 20 **2)** Der wirkliche Anteil des Königs an der Form des *Gesetzes* war gering, wenn sein Bekenntnis seiner *ignorantia litterarum* unter der Latein. Urkunde (Birch 97) echt ist **3)** Für den Westsachsenprinzen Mul zahlt Kent Wergeld; s. Abrundung 4

Wild(bann, -dieb) s. Forst, Jagd

Wildpferd, -rind s. Pferd 4, Büffel

Wilfrids Kathedrale s. Ripon

N Wilhelm I. 1) Bastard (Roberts) (ECf 35, 2). ECf retr Insc Lond. Wl art Insc[1]. Wl Lond Lat[*]; Vater Heinrichs I. Quadr Arg 16. 28; I 521[1–3], **2)** Erbe, Vetter und adoptiert von Eadward III.; Wl art 4b. ECf retr Insc. ECf Rb II Pro, I 672 Sp. 2. ECf 35, 2, **2a)** erobert England; *ebd.* Nur 'Erwerbung, Errungenschaft' ist gemeint mit *adquisitio* (ECf Pro) und vielleicht auch mit *conquisitio, cunquest* (Wl art Pro. Leis Wl Pro); dagegen deutlich 'gewaltsame Unterwerfung' Wl art Insc[1] in später Verderbnis. Er heisst *Conquestor* I 670*, **2b)** gekrönt durch Ealdred von York I 627*, **3)** heisst *magnus* Quadr Arg 16; Charakter gerühmt; *ebd.* 28. ECf retr 35, 2. Lond ECf 35, 1 A 1, **4)** seine *Gesetze*: Wl lad, übs. von Quadr I 542, 2 [vermutlich gab es hiervon Latein. Originaltext]; Wl ep I 485, wovon Agsä. Text, laut Add., existierte; Breve für London Wl Lond I 486 **4a)** Die Agsä. Sprache in Akten von ~, wie Wl Lond, steht nicht vereinzelt da. Es gibt andere Agsä. Urkk. von ~ für London, Westminster, Wells; Hardy *Charter rolls* I xiv; Round *Victoria County Hist. of Essex* I 337. 418; Earle 431 **4b)** Privatarbeiten, die Gesetze von ~ enthalten: Leis Wl, etwa 1090—1135 I 492; Wl art I 486, aufgenommen in Quadr I 542, 2; Wl Edmr **4c)** Weltl. Gesetze von ~ waren um 1110 noch Eadmer bekannt, der damit schwerlich bloss Wl lad gemeint haben kann, und sie nur absichtlich fortliess; *ebd.* 3 **4d)** Nur ~s Kirchenstaatsrecht (*s. d.* 25a) zieht er aus **4e)** ~ machte das geistliche (*s. d.* 21) Gericht selbständig, führte Forst, Murdrum, Misericordia regis, Gebühr statt Münzänderung ein [*s.* diese Artt.] und regelte den Beweis (*s. d.* 11a) im Prozess zw. Agsa. und Normannen **5)** Wilhelm von Poitiers kennt Massregeln von ~: **A.** zugunsten Londons, wohl mehr als Wl Ld, **B.** für Englands Kirchen, vermutlich Wl ep, **C** fürs ganze Volk, vielleicht einiges meinend, was mit *o.* 4 identisch ist **D.** Vielleicht nicht schriftlichen Ausdruck, oder doch nicht die Form dauernden Gesetzes, fand, was dieser Vf. ferner rühmt: **I.** Justiz [~ suchte die Gerichtsbarkeit (*s. d.* 33) der Feudalgewalten einzuschränken zugunsten des Staats. Das Eindringen des Sheriff in die gräflichen Gerichte trieb Graf Roger von Hereford zur Empörung], **II.** Mahnung an die Dynasten zur Milde gegen das Volk; *vgl.* Bauer 10, **III.** Mannszucht übers Heer; *s. d.* 7c, **IV.** fremdenfreundliche Handelspolitik; *vgl.* Juden 7f.; Fremde 8 **6)** Weder er noch eines der *Gesetze* erwähnt Domesdaybuch **7)** ~ soll durch Weistum (*s. d.* 2) die *Eadwardi* (*s. d.* 9) *laga* haben feststellen lassen, nach anfänglicher Bevorzugung der Denalagu (*s. d.* 7), weil diese der Urheimat der Normannen entstamme; ECf 34, 1a. [Diese viell. erfundene Erzählung bilden weiter Lond ECf 32 A 8. 35, I A I und der anachronistische Zusatz I 627* über die Aufzeichnung ECf's durch die Bischöfe von York und London] **7a)** Auch sonst gelten *Gesetze* ~s mit der *Eadwardi* (*s. d.* 4d) *laga* identisch **7b)** Das Rechtsbuch ECf 39, 2[6] heisst oft 'Gesetze ~s' **7c)** Die spätere Form der Insc zu Cons Cn I 618, 2 gibt vor, ~s Gesetze zu bringen, folgt aber ECf **7d)** Diese Tatsachen *o.* a — c scheinen zu zeigen, wie schon anf. 12. Jhs. vergessen ward, dass ~ die Agsä. Verfassung stark verändert hatte **7e)** Heinrich I. und seine Zeit nennen die Verfassung unter ~ Hinzufügung und *emendatio* zur *laga Eadwardi;* CHn cor 13; viell. daraus: Quadr Arg 27. II Præf 12. Wl art 7. Als solche Besserung wird Wl lad bezeichnet bei Q Insc **8)** Um 1160—71 erzählte B. Heinrich von Winchester dem Richard Fitz Nigel, sein Oheim ~ habe Englands dreigeteiltes Recht teils gebilligt, teils abgeschafft und Normannisches, Staat stützendes hinzugefügt (*s.* Franko-Engländer 2. 3), um *populum iuri scripto subicere* (Dial. scacc. I 16 A): er meint kaum einzelne Ordonnanzen, sondern einen Traktat, und (da ein authentischer Kodex schwerl. sich spurlos verlor) wohl ein Rechtsbuch, viell. Leis Wl

N Wilhelm II. **1)** Er heisst der Rote ECf retr 11, 2; Lond ECf I 671[48]. Der Beiname (*vgl.* Freeman *Will. Rufus* I 145) sollte schmähen. Das Volksvorurteil belegt z. B. Henr. Huntendon. (ed. Arnold 212): *colore fuscus, sed operibus venustus.* Ferner: *Facetus* (Sitten-Lehrbuch vor 1200): *Inque domum rufi numquam capias tibi pausam* 73; *Raro. . vidi rufosque fideles* 190, ed. Schroeder (Diss. Berl. 1909). Unter den Nord. Wikingern heissen rot z. B. Thorstein zur Zeit Haralds Schönhaar, Olaf Guthfrithson von Dublin; in Cornwall war ein Schimpfwort 'rothaariger Däne' **2)** Ist Bruder Heinrichs I.; I 521[3] **3)** Er streitet [angeblich über Investitur] mit Anselm von Canterbury; Quadr II 4 **4)** Sein Dänengeld (*s. d.* 8) schädigte die Kirchenfreiheit; *s. d.* 3a **5)** Unter ~ bedrückten Beamte und Adel das Volk hart durch Gelderpressung und schlimmes Gewohnheitsrecht; CHn cor 1, 1. Quadr Arg 16*. Dass letzteres aufhöre, verspricht Heinrich I. 1100: **5a)** Er will nicht gegen Kirchenfreiheit (*s. d.* 5) Kirchen verkaufen, verpachten oder Regalienrecht (*s. d.* 1) üben **5b)** Beim Lehnsantritt eines Kronvassallen zwang ~ diesen Erben das Lehn zu erkaufen, zwar nicht mit vollem Werte (laut *aliquid* 6, 1), doch willkürlich hoch übers Relevium hinaus; CHn cor 2. 6, 1; *s.* Heergewäte 14; Erbgang 12b — e **5c)** ~ machte sich zum Erben Intestater; *ebd.* 15a **5d)** Für Heirat der Erbtöchter von Kronvassallen nahm ~ Geld, zwang sie und Witwen derselben zur Heirat und verkaufte Vormundschaft über Hinterbliebene von Kronvassallen; CHn cor 3 f. (*vgl.* Eheschliessung 16p) **5e)** ~ hinterliess dem Thronerben viele fiskalische Forderungen: **A.** aus Domänenpacht, **B.** aus Entgelt für Kauf fremder Erbschaft, **C.** oder Bewilligung fremder Vermögensstücke. Diese hält Heinrich I. aufrecht; 6 **5f)** Dagegen erlässt er ausstehende Lehnsmutung oder geschuldeten Entgelt für des Schuldners eigene Erbschaft (6, 1), sowie noch unbezahltes Murdrum; 9 **5g)** Die von ~ neu unter Forstrecht gebrachten Gelände gibt Heinrich frei; 10

Wille *s.* Absicht, Gefährdeeid

N Willelmus filius Stephani, Londons Lobredner, wird ausgeschrieben von Lond ECf 32 B 12a

Winchester *s.* Wb *Wintanceaster.* *Vgl.* Hampshire **1)** Bischöfe von ~: Hædde, Beirat bei Ines Gesetzgebung; Ine Pro **1a)** Ælfwine hilft 1042 zu Eadwards III Thronbesteigung; Quadr Arg 8 **N 1b)** Wilhelm Giffard bezeugt 1100 CHn cor Test; weigert Weihe durch Erzb. v. York, reist nach Rom; Quadr I 545[f] **1c)** [Heinrich; *s.* Wilhelm I. 8] bezeugt Hn Lond Test **2)** Da unter Ines Anfängen ~ die einzige ganz in Wessex liegende Diözese war, so meint Ine mit 'dem Bischof' (*s. d.* 9a) wesentlich den von ~. Doch ist kaum denkbar, dass rechtsförmliches Versprechen (*s. d.* 6d) oder Zeugnis (*s. d.*) in dem weiten Lande regelmässig vor dem éinen Bischof erfolgen konnte. Denkbar ist, dass ihm hierin sein Pfarrer als Vertreter gleich galt; denn dieser regelte, in dessen Auftrage oder doch Einverständnis, die Busse für Bruch des Versprechens **3)** Im Archiv (*s. d.*) zu ~ werden Gesetze aufbewahrt; I xv **3a)** In ~ ruht der königliche Schatz; *s. d.* 1 **4)** In ~ setzt 6 Münzstätten an II As 14, 2 **4a)** Mass ('und Gewicht'; Zusatz) von ~ gibt Norm für ganz England; III Eg 8, 1 **5)** Dort findet 1027—34 Weihnachten der Reichstag statt, wo Cnuts *Gesetz* ergeht; I Cn Pro. Quadr Arg 4. Dieser [?] Reichstag gilt als Epoche, nach welcher der seitdem Unbescholtene, wenn verklagt, zu einfacher Reinigung gelangt; II Cn 30, 1. [Eine Urk. oder ein Weihnachtsaufenthalt Cnuts ist in ~ nicht vermerkt; aber ~ war Königs Residenz, und später trug Wilhelm I. dort regelmässig jährlich einmal Krone; Ann. Agsax. 1086]

Wind *s.* Schiff 1a

Windfall (*windfylled treow*) im gutsherrlichen Walde erhält der Waldwärter; Rect 19. *Vgl.* für Deutschland Heyne *Nahrungswesen* 157; Grimm *DRA* 513f.

Windhund *s.* Hund 1B

Winkelkind *s.* Bastard

Winter *s.* Wb *winter; vgl.* Jahr(eszeiten), Weihnachten **1)** Landwirtschaftliche Arbeit richtet sich nach dem ~; Ger 10f. **2)** Die ihre Nachkommenschaft erziehende Witwe erhält von der Sippe ihres Mannes einen Ochsen im ~; Ine 38

Wirt *s.* Fremde 12

Wirtschaft *s.* Land~, Herrschaftsgut, Ackerbau, Bauer; Handel; Finanz; Münze, Mass, Gewicht; Gewerbe

Witan (Normannenzeit *s.* Reichsrat)

1. Wort. 2. Verhältnis zum Volk. 3. König. 4. Verwandte des Königs. 5. König beruft ~, 6. bestimmt sie. 7. Geistliche führen. 8. Erlauchte, Gemeinfreie. 9. Landschaftlich partikular. 10 Witenagemot bildet Zeitabschnitt. 11. Zeiten. 12. Orte. 13. Geschäfte ausser Gesetz. 14. Reichsverwesung. 15. Kommission zur Provinz.

1) Die Staatsräte heissen: *witan, þeod-, leod-, woruld-, Angol~* [Entsprechung für Denalagu fehlt; den *Angelcynnes* ~ entspricht Walliser Staatsrat; Duns Pro]; *þa eadigan, rædgifan, rædboran* [*rædbora* Königs erster Ratgeber; Beowulf 1325], *þa þe cyning wið rædde* VI As 12, 1 [ferner bei Toller: *folcwita, kinges rædesmen* (aus Norden; Björkman *Loanwords* 12), *rædgift* (Fries. *redjeva*, Amtsname für *consul;* Heck *Altfries. Gericht* 192f.); *ræd~* (übs. *principes;* Förster *Engl. Stud.* 39, 352), *rædþeahtere*, *(ge)þeahteras* übs. Bedas *consiliarii; vgl.* Wb: *geþeaht(endlic); mid geþeahtunge* in Ælfreds Testament; *mid geþeahte minra witena* Urk. a. 1061 Kemble 1341]. Die Lateiner übersetzen: *sapientes* (*-tia, s.* Wb; auch Urk. a. 901 Birch 595), *consiliarii* (Cn 1027, 11), *primates* (*ebd.* Insc. ECf 34, 2b), *primi* (Urk. Birch 44 unecht), *princeps = dux, ealdorman* (Urk. Earle 501), *optimates* (*s.* Wb, auch VI Atr 40 L; Urkk. a. 734 Birch 152, a. 831 B. 400, a. 833 B. 411, a. 977 Earle 295); *optimates et principes* (IV Eg 1, 4, auch Urk. a. 847 Birch 451), *senatus, senatores* (*s.* Wb; ~ für Bedas *seniores*, das auch in Synode a. 786 bei Alcuin, ed. *Mon. Germ.* p. 23), *maiores natu* (Urk. a. 811 Birch 335; *vgl.* Urteilfinder 1b); *heroici viri* Urk. a. 958 Birch 1043f. And. Bed. von ~ *s.* Urteilfinder 1a **1a)** Die ~-Versammlung heisst *gemot, mæðl* (?), *seonoð, ymbcyme, samnung, sinodalis conventus* (VI Atr 40, 2), *synodus* (Urkk. a. 798 Birch 289, a. 825 B. 384). Für *concilium* Lucas 22, 66 setzt éin Übs. *gemot*, der andere *somnung* **1b)** *witena gemot*, den *Gesetzen* fehlend, ist häufig in Ann. Agsax. **1c)** Die Namen (*vgl.* Purlitz *König und Witenagemot*, Diss. Leipzig, 5) drücken deutlich aus, dass die ~ Angesehene (Vornehme), sowohl durch Geburt wie Reichtum (Macht) und Amtsrang, und ihre Befugnis Ratgeben waren, und ihr Machtkreis die Nation umfasste; Die Hofämter sitzen unter den ~. *Vgl.* Larson *King's household* 102. 193 **1d)** Wie unser 'Rat' kann das Agsä. Wort desselben Stammes abstrakt Beistimmung und konkret beschliessendes Kolleg bedeuten. In letzterem Sinne spricht von 'meinem ~-Rate' II Cn Pro **2)** Das Witenagemot wird als Volksversammlung erst lange nach Agsä. Zeit irrig ausgegeben; *s.* Gesetz 18. Es umfasste zwar einzelne Gemeinfreie, z. B. Königskleriker (*s. d.* 2), allein das Volk (*s. d.* 3 - 5a) findet nur einmal, bei Wi Pro, Erwähnung, und zwar als 'gehorsames' **2a)** Wohl aber verpflichten die ~ das Volk; *s. d.* 5. **2b)** Dass Cnuts Gesetzgebung auch von *Daciæ primatibus* genehmigt worden sei, erfindet Quadr Arg 3f. **3)** Der König (*s. d.* 3. a) erscheint als höchstes Mitglied der ~, wenn er sein *Gesetz* beginnt: 'Ich und wir alle' (II Em Pro 2), wenn Æthelred sagt: *world~ gerædon: Æðelstan, Eadmund, Eadgar* (VIII Atr 43), wenn, nach Erwähnung der Könige Ælfred, Guthrum und Eadward als der Gesetzgeber, der Prolog fortfährt: 'und spätere ~ erneuten und vermehrten die Gesetze' (EGu Pro), ohne den König von diesen Bestätigern auszuschliessen **3a)** Zumeist aber steht der König den ~ gegenüber; *s.* Gesetz 12. 15. Der König dankt den ~ für die Hilfe zu guter Polizei und hofft solche für fernere Reform; II Em 5. Er versichert sie seiner Gnade; IV Eg 16 **4)** Verwandte des Königs begegnen in Urkk. mehrfach unter den ~. In den *Gesetzen* ist aus dem Königsgeschlecht nur Ines Vater erwähnt; Ine Pro **5)** Die Vorladung der ~ ergeht vom König: *wiotan, þe Æðelstan gegadrian* liess (II As Epil); *Eadmund gesamnode sinoð* (I Em Pro); unter Ermahnung der Erzbischöfe; VI Atr Pro. 1010 *bead mon ealle ~ to cynge;* Ann. Agsax. **5a)** Unter den Zwecken, zu denen 'der König seine Leute zu sich heisst', kann auch der Landtag gedacht sein; Abt 2 **6)** Dass der König die ~ bestimmte, wird ausdrücklich gesagt für den Reichstag zu Thundersfield: 'vor Erzbischof, allen Bischöfen und seinen (des Königs) ~, die der König selbst ernannt hatte': VI As 10 **6a)** Cnut wählte *omnem regnorum eius sapientiam meritorum potius quam personarum estimatione* zur Gesetzgebung: eine Phantasie, die um 1114 offenbar wünscht, die Reichstagsmitgliedschaft möchte mehr vom inneren Verdienste als vom äusseren Range abhängen, aber von der Vorstellung ausgeht, dass der König zu ~ ernannte; Quadr Arg 3 **6b)** Die ~ heissen, je nachdem der König spricht oder angeredet wird oder in dritter Person ausgedrückt ist, 'meine, deine, seine (des Königs) ~'; Af El 49, 9. V As Pro III 2. II Em Pro. III Insc. VI As 10. 12. 1. II Eg Pro. IV 2, 1a. 5. 14. I Atr Pro. II Pro. III Pro. V 1, 1—5. VII Pro. VIII Pro 6. IX Pro. I Cn Pro ApAGu8. Des Königs ~ erwähnt auch Urk. Birch 1296 **6c)** Der König (*s. d.* 8a) fordert alle ~ auf, in seine Vassallität zu treten; II Ew 1, 1. III Em 1 **7)** Die ~ sind teils Geistliche, teils Laien; Wi Pro Ine Pro. Af El 49, 7. I Em Pro. II Pro. V Atr Pro; *utriusque ordinis optimates* Urk. Königswahl 3 **7a)** Die Prälaten haben die hauptsächliche Stimme. Sie oder ihre Beauftragten formen den häufig klerikalen Ausdruck und sie allein besorgen die Niederschrift und Erhaltung der Gesetze (*s. d.* 3. 8), sie beeinflussen ihren Inhalt und Geist **7b)** Der Reichstag ist oft begrifflich untrennbar von der Synode; *s. d.* 1 und *o.* 1a **7c)** Wenn, laut der Urkk., vor den ~ über Bocland verfügt, und Prozess darüber entschieden ward (a. 840. 931 Birch 430. 682), so ist doch der Bischof der einzige neben dem König, unter dessen Mitwissen [= Aufsicht] über Veräusserung von Bocland aus der Sippe heraus vor dieser prozessiert wird; Af 41. Der Bischof ist also der Vertreter der ∾ **7d)** Dunstan, als Sprecher des Staats gegenüber dem zu weihenden König, vielleicht in Vertretung der gesamten Prälatur, gibt ihm den Krönungseid zu beschwören. Offenbar gegen das Interesse des Laien-Adels verbietet er ihm, fernere Versprechungen zu machen; Sacr cor Pro **7e)** Trotzdem also der Reichstag nie ohne Prälaten zu denken st, wird bisweilen das Wort ∾ im eng. Sinne 'Staatsräte ohne König und Bischöfe' gebraucht, wo ∾ neben letzteren beiden genannt sind; Ine Pro. III As2. VI Pro Q. 10. III Em Insc. In noch engerem Sinne heissen ∾ vielleicht 'Gemeinfreie durch Amt oder königliches Vertrauen zum Reichstage berufen' *u.* 8d **7f)** Neben den Prälaten nahm 'jeder Ordo der Kirche' teil an Wi Pro 1—2, 'und grosse Versammlung Geistlicher' an Ines *Gesetz;* Pro 8) Die ∾ sind regelmässig 'erlauchte'; so stellt sie sich fürs 7.—9. Jh. vor Af El 49, 7. Und zu dieser Klasse eines *geþungenes* ∾ zählt die Ealdormen Ine 6, 2; *vgl. o.* 1 *eadig* u. die Lat. Namen. Im Beowulf heisst *wita* Edler, Magnat, Vornehmer. Die *þeod*∾, auch Gemeinfreie, genossen [vor 1067] Ehrenrang, vermöge dieser ihrer Stellung als ∾; Geþyncðo 1 **8a)** Neben beiden Bischöfen und allen Ealdormen nehmen teil 'die angesehensten ∾ meines Volkes' an Ine Pro. Es gibt also ∾, welche nicht Geistliche oder Ealdormen sind; da sie vor den Geistlichen erwähnt sind, werden wohl Thegnas gemeint sein. Jedenfalls sind die Träger der Hofämter (*o.* 1c), vermutlich auch die Äbte grösserer königlicher Klöster unter die ∾ zu zählen; ausserdem wahrscheinlich eine grössere Zahl von Königsthegnas (*vgl.* Chadwick *Anglo-Sax. instit.* 310) und Königsklerikern *s. d.* Aus den Urkk. sind Laien ohne Beziehung zu Königshof oder Staatsdienst unter den ∾ nicht nachweisbar. Allein die Stellung der ∾ war eine allgemein bekannte dauernde Vornehmheit, laut Ine 6; sie waren also nicht etwa alle vom König zu einem Reichstage nur vorübergehend berufen **8b)** **N** Die Normannischen Juristen identifizieren die ∾ mit den *barones* des Reichsrats (*s. d.* 1) nach 1067 und diese mit den *sapientes, senatores* vor 1066; Hn 20, 3. Quadr Arg 23. ECf 8, 3. 16f. 34, 2b, 3 **8c)** Kriminelle Gerichtsbarkeit (*s. d.* 12. 34) über *senatores* gehört seit Agsä. Zeit dem König; Hn 20, 3 **8d)** Neben König, Erzbischof und Edelen besuchen ∾ den Reichstag (II As Epil): wohl Gemeinfreie; *o.* 7e **9)** Die Kentischen *Gesetze* sind nur mit Kents ∾, die Ines nur mit Westsächsischen zustande gekommen. Später spricht zwar eine Urk. a. 901 vom *iuditio sapientium Gevisorum et Mercensium* (Birch 595), dagegen die *Gesetze* gedenken nicht besonderer ∾ der Mercier, obwohl mehrere der Reichstagsorte, wie das *Gesetz* von Woodstock I Atr Pro sagt, in Mercien liegen **9a)** Nachdem Eadgar (IV 2, 1f.) den Anglo-Skandinaven legislatorische Autonomie gelassen hatte [weswegen Landtage der Denalagu, vermutlich nicht bloss Fünfburgen-Gericht, Ridings und Wapentakes, angenommen werden müssen], verordnete König Æthelred II. und seine ∾ im Südengl. Wantage das wesentlich die Denalagu betreffende *Gesetz* III Atr; in dessen Prolog sind vielleicht nur uns verloren die Worte *æfter Dena lage*, die entsprechen würden den Worten *æfter Engla lage* in II Atr, der sonst das Muster der Form bildet **10)** Ein Witenagemot macht Epoche (*s.* Winchester 5): über die vór ihm geschehenen Missetaten ergeht ganz oder teilweise Amnestie; *s. d.* 2f. **10a)** Auch fürs 7.—9. Jh. stellt sich Ælfred viele Witenagemote vor, offenbar als häufig wiederkehrend; Af El 49, 8 **11)** Als Zeiten des Witenagemot kommen in den *Gesetzen* vor Weihnachten (*s. d.* 1), Ostern (*s. d.* 6), Pfingstsonntag (VI Atr Pro L). Auch aus Urkunden und der Analogie mit späterem Reichsrat (*s. d.*) geht hervor, dass die 3 hohen Kirchenfeste für Termine der Witenagemote bevorzugt wurden; Purlitz (*o.* 1c) 9. Trotz des gleichen Namens *gemot* schied man also Reichstag von Gericht, denn letzteres war am Feiertag (*s. d.* 8b) verboten **12)** Als Orte der Witenagemote kommen in den *Gesetzen* vor: Andover (*s. d.*), Bath (*s. d.*), Berstead (Wi Pro), Bromdun (*s. d.*), Culinton (III Em Insc), King's Enham (*s. d.*), Exeter (*s. d.*), Faversham (*s. d.*), Gloucester (*s. d.*), Greatley (II As Epil), East Horstead (*s. d.*), London (*s. d.* 49ff.), Thundersfield (IV As), Wantage (*s. d.*), Whittlebury (VI As 10), Wihtbordesstan (*vgl.* Stein **1**; IV Eg 1, 4), Winchester (*s. d.* 5), Woodstock; *s. d.* **12a)** Es sind dies (einige nicht identifizierbare Orte vielleicht ausgenommen) entweder Krondomänen oder königliche Kirchen. Letztere versteht wohl unter 'berühmten Orten', an denen Reichstage 975—1014 stattfanden, VIII Atr 37 **13)** Der Reichstag gibt nicht nur Gesetz (*s. d.* 14ff.) im engeren Sinne. Er bestätigt 1018 und unter Eadward III. die Verfassung Eadgars bzw. Cnuts (Cn 1020, 13. ECf 34, 3 bzw. Quadr Arg 12), 1016 die Reichsteilung zwischen Eadmund und Cnut (ECf 34, 2b); er vollzieht die Königswahlen (*s. d.* 3) 975 und 1042 (Quadr Arg 12); er genehmigt c. 885, c. 935, 991 die Staatsverträge mit Guthrums Ostanglien, den Wallisern und Olafs Nordischem Heere (*s.* international 5), sowie [?] die Friedenszusicherung für die Dänen, wenn auch Cnut sein Dän. Heer heimsende; ECf 16. 16, 1. So bitten *Miercna cyning and his wiotan* a. 853. 868 Wessex um Hilfe gegen Walliser und Nordleute; Ann. Agsax. **13a)** Die ∾ verhandeln auch rein geistliche Dinge; *s.* Gesetz 8b, Kirchenstaatsrecht 22—25a **13b)** König und ∾ konstituieren die Regierung im weitesten Sinne gegenüber dem Volke; *s. d.* 4b **13c)** Die Zehnerschaft führte auf *sapientes* zurück ein Verfassungshistoriker um 1130 (ECf 28. 29), **13d)** ebenso den Kirchenzehnt (8, 3) **13e)** Der Reichstag bewilligt (sagt der Londoner um 1200) von jeher die Steuer; *s. d.* 8b **13f)** Die ∾ beschränken die Herrschermacht des Königs allgemein. Ein Zeichen rechtlicher Regierung ist, dass sie *weotena dome* geschieht; Beowulf 1099 **13g)** Die ∾ fungieren auch als höchstes Gericht des Staats; *s.* Königsgericht 11 **14)** Wohl höchste ∾ sind 1027 Reichsverweser; *s. d.* **15)** Königliche Geschäftsträger gehen von und aus dem Witenagemot zum Landtage der Grafschaft (*s. d.* 10. 13b): *sapient[es] ad nos misisti;* III As 1. Zum *scirgemote on Herefordscire Tofig Pruda com on þæs cinges ærende;* Urk. vor 1035 Kemble 755

wiðernam *s.* Pfändung 13

N Witland I 659[k] unter den Baltischen, angebl. von Arthur unterjochten Ländern **N Witmund** *s.* Tavistock, Abt

Wittum *s.* Wb *weotuma; dos.* Ursprünglich Brautkaufpreis vom Bräutigam an den Brautvormund (Amira 111), dann durch diesen der Braut als Mitgift gegeben. Mit 'Witwe' hat das Wort (schon Indogerm.; Schrader *Reallex. Idg. Altt.* 110) etymologisch nichts zu tun, obwohl ~ später zur Witwenversorgung sich entwickelte; Sohm *Eheschliessung* 23. Bei anderen Germanen ist ~ identisch mit *mund;* Amira *Altnorweg. Oblig. R.* II 645f. 669; Hazeltine *Eheschliessung* 29 **1)** Der Verführer eines Mädchens, das deren Vater ihm nicht zur Ehe lassen wollte, zahlt [diesem als Busse] das Geld gemäss dem ~ (Af El 29); ob 'gleich dem ~', oder 'steigend je nach dem ~', das sich wohl nach dem Stande richtete? Es ist zweitens nicht klar, wie weit der Satz praktisch galt, da er vielleicht nur die Exodus übersetzen wollte; *s.* Jungfrau 7 A. Wohl aber scheint im Falle praktischer Geltung der Schluss daraus sicher, die Braut jedes Standes habe ein festes, typisches, normales ~ zu beanspruchen gehabt (*u.* 3), das vielleicht schon mit dem Brautkauf verschmolz; *s.* Eheschliessung 7ff. **2)** Dass dies ~ bei der Gemeinfreien identisch sei mit der Busse von 60 Schill. = 300 Pfg., die die Braut dem Verlobungsbürgen schuldet, falls sie sich mit einem anderen verging (Af 18,1), ist nur Vermutung **3)** Der Käufer einer Sklavin, die sein Sohn beschlief, gebe ihr Hochzeitskosten, Kleidung und Jungferschaftspreis, d. h. ~, oder lasse sie frei; Af El 12. Eine missverständliche Übersetzung aus Exodus, gewiss ohne praktische Geltung; *s.* Jungfrau 7 E. Ælfreds Gleichstellung von ~ und *pretium pudicitiae* lässt schliessen, dass ~ mit jeder Eheschliessung und besonders mit der Brautnacht verbunden, also der Morgengabe (*s. d.* 5) bereits angenähert war. [Von der Morgengabe hält ~ bis zum Ende der Agsä. Epoche getrennt Hazeltine (*o.* Z. 13) 9. Spätere Verschmelzung des ~s mit ihr nimmt an Schwerin in *Grundr. Geschwiss.* II 5, 86.] Einen Brautkauf darin zu sehen, ist kein Anlass. Ælfric sagt dafür *mægðhades wurð* (ed. Grein 149) und bestimmt es als 12 *scill. be* 12 *penigon.* Diese 144 Pfg. waren vermutlich eine gebräuchliche Hochzeitsgabe in gemeinfreien Familien, möglicherweise von Ælfred El 12 gemeint, aber mit dos oder Morgengabe der Urkunden nicht verbindbar **3a)** Da *paranymphus: witumbora* glossiert ward, so zahlte wohl der Brautführer statt des Bräutigams als Zwischenperson das ~, aber vór der Trauung; Roeder *Nachr. Gött. Ges. Wiss.* 1909, 27. 30 **4)** Die im Trauerjahre (*s.* Ehe 3) wiederheiratende Witwe verliert 'Morgengabe (*s. d.* 2. 6) und alles, was sie durch den ersten Mann erhalten hatte'; darunter ~ **5)** In Urkk.: *miles dedit coniugi villam M. sub hereditario dotalicii dono* a. 1008 Kemble 1305 = Chron. Abingdon. I 378; fernere a. 1016—20 n. 732; W. verhiess ihr, da er sie zu seiner Frau gewann, Land und Gold a. 1023 Kemble 738 **N 5a)** *L. manerium Scalpinus dedit uxori suæ in dote, videntibus* 2 *hominibus;* Domesday II 59 **6)** Das ~ verbleibt der Witwe ohne Eingriff des Lehnsherrn (*s.* ehel. Güterrecht 8ff.) und der unschuldigen Ehefrau (*s. d.* 10d) des Geächteten, wie die Aussteuer; *s. d.* 3—5 **7)** Die Begrenzung der Höhe des ~ findet sich in *Gesetzen* nicht; dass *capitale messuagium* nicht als ~ veräussert werden darf [Pol Mai II 418ff.], folgt aus Erbgang 7ff. 13a

Witwe *s.* Wb *widuwe, laf, wif* 3; *vedve. Vgl.* Aussteuer, Morgengabe, Wittum, Vormund 1, Eheschliessung **1)** Aus der Bibel übernimmt die göttl. Warnung, die ~ nicht zu schädigen, unter Drohung, die Familienväter sterben zu lassen, Af El 34. Vielleicht daher oder mittelbar aus Bibel: man soll die ~ erfreuen; VI Atr 47 **2)** Die ~ steht unter Vormundschaft (Abt 75f.), und zwar der angeborenen Sippe; *s. d.* 10. Diese überwacht die Eheschliessung (*s. d.* 8) nicht bloss der Jungfrau, sondern auch der 'Frau', also der ~; Wif 1 **2a)** Die Sippe (*s. d.* 19A) vertritt der ~ Sohn: er darf den bandhaft ertappten Schänder seiner ehelichen Mutter straflos töten; Af 42, 7 **3)** Über Raubehe und Unzucht mit der ~ *s.* Eheschliessung 2ff.; über Heiratszwang gegen die ~ *ebd.* 16d; über Verbot, dass die ~ Blutsverwandte des ersten Mannes heirate, *s.* Eheverbot 6 **4)** Der ~ Vermögen *s.* eheliches Güterrecht 1—9 [zu 1a: ½ des Gesamtnachlasses versteht Schwerin in *Grundr. Geschwiss.* II 5, 102]; Haus 1e **5)** Die ~ behält die unmündigen Kinder bei sich zur Erziehung; aber die Sippe von deren verstorbenem Vater spielt (oder stellt) deren Vormund; *s. d.* 1 **5a)** **N** Dagegen Heinrich I. versprach 1100 den Vassallen, gegen lehnsherrliche Ansprüche: ~ oder Verwandter des Verstorbenen sei *terrae et liberorum custos*; *s. ebd.* 5a **6)** 4 Klassen von ~n nennt Abt 75. 75, 1 und bewertet Schutz (*s. d.* 17) über sie mit 50, 20, 12, 6 Schill. Die erste und letzten beiden Summen decken sich mit Schutz (*s. d.* 13. 14e. 15) von König, Adel und Gemeinfreiem. Also nur die Verletzung an der vornehmsten ~, nämlich der (nicht gerade nur verwandtschaftlich) dem Königshause zugehörigen, stand unter 'Königsschutz' heissender Geldstrafe. Sonst galt der König noch nicht als Schutzherr jeder ~. Diesen Muntbetrag doppelt zahlt man für Raubehe mit einer ~ an deren Vormund; *s.* Eheschliessung 2f **7)** Seit Ende 10. Jhs. steht jede ~, die keusch bleibt [also nur die eingesegnete (*s.* Nonne 1. 5), nicht etwa jede], in Schutz von Kirche und König [nicht mehr bloss der Sippe]; V Atr 21 = VI 26 = *Homil. n.* Wulfstan 271. Ein Testator bittet 997 *þone bisceop, þæt he amundige mine lafe;* Kemble 699 **7a)** Die arme ~ ohne Land und Vertreter (*s. d.* 13), in der Londoner Genossenschaft (*s. d.* 12k), wird von Beisteuer verschont; VI As 2. *Vgl.* aus anderen Engl. Gildestatuten: *Viduę sint de omni consuetudine quietæ* (Gross *Gild merch.* II 298); *gildam habeat tota vita sua, quia vir eius intravit in gildam* (8). *Vgl.* in Friesland His 233; in Schweden bleibt die ~ von der Nachbarpflicht des Botschafttragens frei; Amira *Stab* 34 [**7b)** Gegen Prozessgefahr versieht das Gericht ~ und Waise mit Rechtskonsulenten; Brunner *Forsch. z. GDR* 355] **8)** Der ~ ist zweite Ehe (*s. d.* 3) verboten vor Ablauf des Trauerjahres (oder eines Monats; *ebd.* 3b, *s.* Frist 121); *vgl.* Wittum 4 **9)** Man segne

~n nicht vorschnell zur Nonne (*s. d.* 2a): ein staatliches Verbot, an die Kirche gerichtet. Diese verbietet Schleiernahme ohne Bischof; Seckel in *Hist. Aufs. f. Zeumer* 619 [121

Witwer *s.* Ehe 4; Eheverbot 6; Frist

wituord *s.* Grundbesitz 5

Woche *wicu* 1) Die ~, auch 7 oder 8 Tage genannt, ist häufige Frist; *s. d.* 6—7 2) Die Altgerman. ~ lebt in der Frist (*s. d.* 5—b. 7a—c) von 5 und neun (*s. d.*) Tagen 3) ~ und Tag *s.* Frist 20

Wohnung *s.* Haus; Burg

Wolf *s.* Wb *wulf(esheved)*; *vgl.* Wer~ 1) Wölfe kommen in England Ende 13. Jhs. vor; z. B. *Calendar of Patent rolls* a. 1272—81 p. 435 **1a)** Die Häufigkeit unter Agsa. erhellt aus den Ortsnamen der Urkk. (z. B. Kemble 752) und aus der Poesie, wo ~ neben dem Raben das Schlachtentier ist. *Vgl.* Toller *s. v. wulf* samt Compositis **N 2)** Selbstschüsse gegen Wölfe im Englischen Walde um 1110 kennt Hn 90, 2 **2a)** Der ~ gehört nicht zu den Forsttieren (*s.* Forst 20 C. 21; *vgl. Athenæum* 23. July 1904 p. 106). Wer ihn tötet, büsst nur leicht 'Königswaldbruch'; Ps Cn for 27, 2; *vgl.* I 625[d]. Auch das Recht von Gwent erlaubt, ~ und Fuchs zu töten; *Anc. laws of Wales* 736. [*Vgl.* Sachsenspiegel II 61, 2. ABR.] 3) Reissenden Wölfen vergleicht die habgierigen Richter aus Kanonistik Iudex 12 4) ~skopf *s.* friedlos 1q. 5

Wolle *s.* Wb *wulle* 1) Ein 'Gewicht' (*s. d.* 5) ~ werde (bei Strafe von 60 Schill. für Käufer und Verkäufer, also zusammen 'Ungehorsamsbusse') nicht unter 120 Pfg. verkauft, d. h. 1 [Engl.] Pfund zu mindestens etwa $^2/_3$ Pfg. **N** In Leicester variiert im 14. Jh. der Minimalpreis von 1—11 Pfg.; Bateson *EHR* 1899, 505; und 1343 ist gesetzlicher Minimalpreis c. $1^3/_4$ Pfg. — c. $6^1/_8$ Pfg., je nach Grafschaft wechselnd; Rymer *Foedera* II 1225; *vgl.* Cunningham *Growth of industry* 547 2) Von einem Schaf getragene ~ gilt 2 Pfg.; Ine 69 **3) N** Wollvliesse zählt unter die der Kirche zu verzehntende Habe ECf 7, 4; *vgl.* I 632[b] 4) Nur ausgeladene ~ (nicht vom Schafzüchter unmittelbar, sondern nur vom Englischen Markte gekaufte) darf der Deutsche (*s. d.* 2b) Händler zur Ausfuhr im Londoner Hafen aufs Schiff laden; IV Atr 2, 9

Woodstock (*Wudustoc*), 2 Meilen nördlich von Oxford. Im Domesday liegt es im Königsforst; es hat seit 12. Jh. ein Jagdschloss; Ann. Agsax. a. 1123 1) Dort Reichstage: IX Atr Pro; im Lande der Mercier; I Pro

Worcester *s.* Wb *Wirecestre* **N 1)** An Bischof Samson von ~ ergeht Hn mon Pro. Hn com Pro 2) Die Grafschaft ~ erhält ein Exemplar von jenen und von CHn cor Pro 3) Sheriff: Urso de Abetot *ebd.* 4) Bücher aus ~: Hss. C. Ci. D. Dm. F. G(?). Os. R. Wo. X; I S. xx—xlii

Wort *s.* Eidesersatz, Versprechen

Wortbesserung *s.* Missesprechen

Wrack *s.* Schiffbruch

writ *s.* Breve, Rechtsgang 7a

Wucher 1) ~ kam bei Agsa. vor. Ælfred führt eigene Worte ins ~verbot der Exodus, das er übersetzt, ein; *s.* Darlehn 2 **1a)** *Usuras prohibuimus;* Synode päpstl. Legaten in England a. 786 c. 17, ed. Dümmler *Alcuin, Mon. Germ., Epist. Karol.* II 26 **N 2)** Den ~ verbot Eadward III. [angeblich] bei Vermögenseinziehung und Friedlosigkeit (*s. d.* 10b), wie er das am Hofe des Franzosenkönigs [Robert 1031?] hörte; ECf 37. 37, 1; *vgl.* dagegen I 668[b] **2a)** Mobiler Nachlass der ~er ward im 12. Jh. konfisziert; *s.* Erbgang 16; *s.* z. B. *Pipe roll* a. 1176 p. 118 **2b)** Aber weder Friedlosigkeit noch staatlicher Eingriff bei Lebzeiten des ~ers, noch Herkunft jenes Gesetzes aus Agsä. Zeit ist glaublich. Vielmehr gleicht es dem der Normandie, stammt also wohl dorther; *vgl.* mein *Über Edw. Conf.* 106. Bei Lebzeiten gehört der ~nde Sünder vors Kirchengericht; *vgl.* Makower *Verfass. Engl. Kirche* 456; Pol Mai I 109 **2c)** Doch Ende 13. Jhs. wird ~ bürgerlich gerügt im Sheriff's tourn, laut Britton I 179 3) ~ der Geistlichen um 1114 tadelt Quadr Ded 16. Die Londoner Synoden von 1125—1139 nehmen solchen Amt und Pfründe; Funk *Gesch. kirchl. Zinsverbots* 21

Wulfstan I. *s.* York 6a

Wulfstan II. Erzbischof von York 1) ~ und der Erzbischof von Canterbury ermahnen zu VI Atr Pro; ~ sagt zu Ende: *decreta in nostro conventu edicta literis infixi* 40, 2. Vielleicht hat er den Agsä. Text bearbeitet und ins Latein übersetzt; oder aber er publiziert (promulgiert) nur für die Geistlichen der Diözesen Worcester und York den [vorher von anderen hergestellten?] Text; oder aber er gibt dem ganzen Stück die stilistische Form. (Solche Stellung des Kanzleihauptes hat ~ am Hofe Æthelreds II. um 1012: *se cyng het þone arcebisceop ~ þærto boc settan;* Kemble 898.) In jedem Falle ist er der leitende Geist für das Gesetz V/VI Atr 2) Er blieb dies unter Cnut und wird von ihm angeredet; Cn 1020, 1 **2a)** Die Homilien des ~ benutzt I Cn 18a—22, 5 3) Die *Homil. n.* ~ benutzen reichlich *Gesetze* Eadgars, Æthelreds, Cnuts. *Vgl.* mein ~ *und Cnut* im *Archiv neu. Sprachen* CIII 47

Wunde *s.* Wb *wund(ian, -wite), for(ge)-wundian, wyndlan; plaga, -giare, hominiplagium, plaie, plaiex. Vgl.* Arzt; Talionsprinzip 1) Der Versuch (*s. d.* 2) zur Gewalttat, obwohl ohne ~, um Verbrecher zu befreien oder zu rächen, kostet Ungehorsam 2) **N** Wie Totschlag, so bricht ~ den Hausfrieden; Hn 80, 7—9b; 12; *vgl.* blutig fechten 1e. f. h. 8c. 11c ff. 3) Gegen den Feind in berechtigter Blutrache (*s. d.* 14) ist wie Tötung so Verwundung erlaubt, aber nicht, wenn sich jener ergibt; Af 42, 4 4) Die Bussen für ungerechtfertigte Verwundung gibt für den verletzten Ceorl die Tafel der Gliederbussen (*s. d.*) an; sie vervielfältigen sich bei höherem Stande des Verwundeten 5) Doch bleiben einzelne Fälle dem Schiedsgericht (*s. d.* 2f.) vorbehalten 6) Qualifiziert wird eine Verwundung durch den besonderen Schutz (*s. d.* 9d. 18a. 19h. 20a), unter dem Verletzter oder Tatort oder -zeit steht 7) Folgt aus der Verletzung der Tod, so wird die für jene schon bezahlte ~nbusse abgezogen vom Wergeld; *s. d.* 22 **N 8)** Bei Totschlag durch gemeinschaftliche Missetat veranlasst die Anzahl der ~n, mehrere als Täter haftbar zu machen; aus Lex Salica Hn 87, 11 9) Wie nach dem Totschlag, so erfolgt nach der ~ Sühne, und zwar mit Gleichheitseid; *s. d.* 3 10) Unter Heinrich I. kann auch vorkommen, dass *qui aliquem plagiaverit, vitæ periculum vel membrorum detri-*

mentum sustinebit; Hn 68, 1. Die Geldbusse beginnt also auch für ∼ durch staatliche Strafe verdrängt zu werden

Wüstung. Zerstörung des Hauses Friedloser auf Grund allgem. Pflicht zur Polizei (*s. d.* 1 G; *vgl.* Brunner I² 236ff. II 465ff.), belegt im Normann. und Anglonormann. Recht (*s.* Haus 10), scheint Agsa. unbekannt. In Daniel 3, 96 übs. *dispereat et domus vastetur* durch 'Vermögen und Leben verlieren' Ælfric *Homil.* II 20

Wye *s.* Dunsæte 2. 6

Y.

York *s.* Wb *Eoforwic, Eboracensis* 1) *Gesetz* dortiger Dompriester: Northu; Asylrecht des Petersdomes zu ∼: Nor grid 1 **1a**) Domkapitel (*s. d.* 3) ∼s hat Vermögen getrennt vom Bischof **1b**) Handschriften aus ∼: Ym, ∼, *s.* I xlij 2) Reisen am Sonntag (*s. d.* 4e) ist zwar verboten, aber in Kriegsläuften erlaubt von ∼ 6 [Engl.] Meilen weit; Northu 56 **3**) Der Erzsprengel ∼ umfasst Schottlands Diözesen; I 544[h] **4**) Besonders über die Diözese ∼ hin griff wahrscheinlich das von Wulfstan um 1000 beklagte Heidentum (*s. d.* 7a) um sich, eingeführt durch die Nordischen Einfälle **5**) Die Grafschaft ∼ gehört unter nördl. Denalagu; *s. d.* 6B **5a**) In ihr heisst der unterste polit. Gerichtsbezirk, statt Hundred, Wapentake (*s. d.*) und angeblich Freibürgschaft *tienmanna-tale; s.* Zehnerschaft 6 **5b**) Sie zerfällt in 3 Ridings; *s. d.* 3 **6**) Erzbischöfe von ∼: Johann *s.* Beverley 4 **6a**) Wulfstan I. anwesend auf Eadmunds I. Londoner Synode; I Em Pro. Er zeichnete a. 942. 944ff. Königsurkk., stand aber 943 auf Seite der Nordleute **6b**) Ælfric wird angeredet als *archiepiscopus*, der Erzb. von Canterbury dagegen als *metropolitanus* durch Cnut 1027 Insc **6c**) Wulfstan II., Ealdred, N Thomas I., *s. d.* **7**) Gerhard, verehrt vom Verf. des Quadr und des Hn, nicht ohne Andeutung von Charakterflecken; I 546[h] **7a**) Das Pallium wird für ihn erbeten; Quadr II 6f.; I 544[h]; er wird gebannt; 546[i] **7b**) Seine Stellung zu Anselm von Canterbury und zur Römischen Kurie, **7c**) seine Briefe an Paschal II., Anselm, Petrus Leonis, Roger von Apulien, Boemund von Antiochien I 545 **7d**) Er erpresst Geld für den Kreuzzug, sorgt jedoch fürs Bistumsgut, wird dennoch, wegen seines Cölibatsgebots, vom Domkapitel angefeindet und 1108 ausserhalb des Doms begraben; I 546 **7e**) Gilt irrig Mai 1108 bei Synode anwesend, als er schon tot war; I 546[n]

Z, *s. auch* C.

Zacharias 1) Dem Papst ∼ wird ein Stück des kirchlichen Bannformulars zugeschrieben; Excom I 14; I 433[q] 2) Sein Verhältnis zu Pipins Erhebung zum König; Korrektur in Lond ECf 11, 1 A 1, I 635[b] (den Martin von Troppau zitierend). 643[b]. Er wird hierbei irrig *Johann* genannt; ECf 17, 1 (der im übrigen dem Ado von Vienne folgt)

Zahl *s.* Wb S. 253 [bessere dort unter ∼*wort* 4a: *Cardinale* st. *Ordinale* und *vgl.* dazu Napier *Lexic.* 94: *þreo.* — Dem Ausdruck *þrinna* (*s. d.*) *XII* = 36 ähnelt Lex Baiuwar. IX 2: *triuniungeldo hoc est ter novem;* ebenso II 12]. *Vgl.* Abrundung [*s.* auch London 2g], Zugabe; Doppelung, halb-, drei(fach), vier, fünf, sieben, Acht∼, neun, zehn, zwölf, dreissig, vierzig, hundert, sechshunderter, tausend. [Über die Geheimnisse der ∼ schrieb Byrhtferð 1011 *Enchiridion*] **1**) Alle Richtungen werden ausgedrückt durch zwei (*s.* Wb *twegen*) od. drei od. vier (*s. d.* 6ff.) nachbarl. Dörfer (*s. d.* 7e), Hundreds (*s. d.* 15ff.), Zehnerschaften (*s. d.* 26d) oder Richtungen **2**) Duodezimalsystem herrscht vor in den Gliederbussen (*s. d.* 13f.) bei Abt, dagegen 15, also daneben Dezimalsystem, bei Af. Ine 58. 70, 1; *s.* dreissig, vierzig, hundert. Doch fehlen auch in Wessex daneben nicht 3, 4, 6, 12, die Spuren des Duodezimalsystems. *Vgl.* Brunner II 618. Vielleicht erklären sich die ∼n 100, 50 bei Af z. T. aus Abrundung (*s. d.* 1) von 96, 48 (2 £), und der Halbierung **2a**) Einige der Gliederbussen (*s. d.* 4c) sind Hälften, Drittel, Viertel des Wergelds **2b**) Die Wergelder (*s.* jedoch *d.* 4a) ruhen auf hundert (*s. d.* 3), nicht dem Grosshundert (120) **3**) Die Strafgeldfixa (*s. d.*), in Kent 12, in Wessex 30, 60, 120, 240 Schill., ruhen auf duodezimaler Grundlage; auf 4 und 12 ruhen die der Denalagu **3a**) Die Busse (*s. d.* 13a) ist bisweilen ein Vielfaches des Eingeklagten **4**) Die Münze (*s. d.*) zeigt in Kent die Teil∼en 20, in Wessex 48 u. 5, in Mercien 60 und 4, in Denalagu 2, 8, 16, bei den Normannen 20 und 12 **4a**) Das Mass ist von der ∼ 4 und 10 beherrscht, bei Ordal und in *Pax* von neun; *s. d.* 2f **5**) ∼ in Zeitbestimmung *s.* Termin, Frist, Asyl, mündig **6**) Als ∼ in Quanten gottesdienstl. Leistung herrschen 7 (*s. d.*), 30, 50; *s.* Psalm, Messe, Vater unser, wie in Dogmatik (*s.* Heilige Geist) und Kirchenrecht **7**) Ein *Gesetz* (*s. d.* 7) zerfällt in 12, ein anderes in 7 Abschnitte; VI As. II 13—18 **8**) Beim Diebstahl, im Handel und im Prozess machen 8 oder 12, bzw. 20 und 30 Pfg. die Wertgrenze zum grossen Gegenstand hin; II As 1. VI 1, 1. II 12, 9. I Atr 1, 3 = II Cn 30, 2 **9**) Einzelverkauf (*s. d.*) ist der unter gewissen Quanten von 12 Stück oder ¹/₄ Zentner **10**) Durch ∼ drückt sich das Verhältnis des Standes aus; *s. d.* 17ff. Es herrschen vor 3 und 2, bzw. deren Vielfaches **11**) Nach der ∼ benannte Verbände *s.* Hundred, Zehnerschaft, Riding, zehn Hufen, fünf Hufen **12**) Die Qualifikation schwereren Friedbruches haftet der gemeinschaftlichen Missetat an, wenn diese von oder an mehr als 7 bzw. 35 Menschen geschah; *s.* Frieden 2 **13**) Drei Kläger zwingen den Bescholtenen zu dreifachem Ordal; II Cn 30 **14**) Bestimmt wird die ∼ der Eideshelfer, Geschworenen, Lagamen, Kaufzeugen, des Ordalumstandes; *s.* alle diese Artt. **15**) Dreimal (*s. d.*) eine Handlung zu wiederholen, qualifiziert deren Wert oder Verdammung bis zur Busslosigkeit **16**) Beim Abstandszählen wird [nach Römischer Art] erstes und letztes Glied mitgezählt [so ist *Olympias: fif wintra fac* in Ælfrics Glossar]; *vgl.* Octave, Frist 6 i. 9 b, Wb: *niht* 3 c; *quindecim;* Sippe 12b **16a**) Elffache Zufügung (I Cn 10, 1) ist identisch mit Zwölffachem (Abt 1. Ine 4) für den der Kirche angetanen Vermögensschaden; *s.* Kirchenpfennig 8

Zahlung 1) ∼ geschieht in Vieh, Futter u. a. Naturalien, gewogenem Gold und Silber, Münze, Waffen oder Arbeit; *s. diese Artt.*, Geld, Taxe **1a**) Auf Fronleistung u. a. zielt auch die Verknechtung (*s. d.* 4eff.), die den zu anderweitiger ~ von Strafgeld und Busse Unfähigen trifft 2) **N** Fiskus untersucht, ob die ~ seines Schuldners nicht vielleicht dadurch unmöglich ward, dass dessen Herr (ausser blosser Schuldeneinziehung) sich Fahrhabe vorwegnahm; Hn 43, 1b 3) ~ wird über Feiertag (*s. d.* 8c) aufgeschoben; *s.* Darlehn 7; Jahr u. Tag 3 **3a**) Termine der ~ *s.* Maria, Johannes, Petrus, Martin-Fest, Weihnachten 5f., Ostern 3, Pfingsten 2 **4**) *Vgl.* Teil~; Verzugsbusse

Zahn *s.*Wb *toð, tusc, wangtoð; caninus* **N 1**) Den Eck~ verwirren mit dem Back~ die Lateiner Af 49, 1Q. (= Hn 93, 7). In **1a**) Aus Isidor entlehnt einen naturhistorisch-philologischen Satz vom ~; Hn 93, 6 2) Der Vulgata entnimmt die Sätze '~ für ~' (*vgl.* Talion), und dass der Herr Unfreie freigebe, denen er einen ~ ausschlug, beide ohne praktische Geltung, Af El 19f. 3) Im Kirchenbann werden neben anderen einzelnen Gliedern auch die Zähne verflucht; Excom VI 9. VII 17 **4**) In den Gliederbussen scheidet vier Wertklassen Abt 51, nur drei, indem er Abts erste und zweite verbindet, Af 49—49, 2 = Hn 93, 7 **4a**) Auch andere Germanen klassifizieren die Zähne; Wilda 770f. Die Friesen zählen Zähneverlust zur Verstümmelung und scheiden *tuschbreke* vom Einschlagen des Back~s; Richthofen *Fries. Rg.* 466. 492; *Fries. Wb. s. v. toth;* His 278

Zauber *s.*Wb *scincræft(iga), scinlac, -læcan, lyblac, gedwimor, uncræft, wiccan, wiccecræft, gealdorcræft(ig)* [über *galdr*, ~sang, *s.* Maurer *Island* 451; und über die anderen Wörter Maria Brie *Agsä. Bezeich. f. ~er* in *Engl. Stud.* 41 (1909), 20], *wælcyrian* [Walkyren teilweise menschlich schon in Mythologie; Chadwick *Origin* 339]; *fantasma, -sia, insorticatus. Vgl.* Wahrsagung, Los, Fluch, Heidentum; über Agsä. Sprüche zum ~ Brandl in Paul *Grundr. Germ. Philol.*[2] II 955. 1127 **1**) Die verschiedenen Arten des ~s — abgesehen von *necromantia* VI Atr 28, 2 — sind aus den *Gesetzen* schwerlich unterscheidbar; es werden Ausdrücke gehäuft z. T. zur rein stilistischen Verstärkung in homiletischer Form. [*Vgl.* zu dieser Ælfrics Warnung: die Kirche würde von ihrem Bräutigam Christo abfallen *hæðenscipe, deofolgylde, wiccecræfte, wiglungum; De s. virginitate* 97, ed. Assmann 28] **1a**) Heidentum ist (neben Verehrung von Götzen, Sternen, Elementen) Hexerei pflegen oder heimlich Mordwerk, bestehend in Opferdienst (Losbefragen Var.), Zukunftschauen oder solcherlei Trugbildern; z. T. aus *Can.* Eadgari II Cn 5, 1 **1b**) Mit Rechtsbruchbusse (*s. d.* 4. 5) belegt diese Verbrechen, deren Namen aus II Cn 5, 1 entliehen sind, Northu 48—52; nach dem Stande des Täters werden Strafgeld und Reinigung (*s.* Eideshelfer 9) abgestuft. Von jenem Strafgeld erhält der Bischof die Hälfte **1c**) Neben teuflischen Taten werden verpönt *blasphemiæ, necromantiæ, sortilegia, idolatriæ* vom Paraphrasten zu VI Atr 28, 2L **1d**) Die Englische Kirche 8. Jhs. verbietet als heidnisch Wahrsager, Beschwörer, *filacteria;* Brief Bonifaz' a. 747, ed. Dümmler, *Mon. Germ., Epist. Karol.* I 350, wiederholt in Synode von Clovesho a. 747 ed. Haddan and Stubbs *Councils* III 364; wörtliche Anklänge zeigt das Kapitular a. 742, ed. Boretius *Mon. Germ., Capit.* I 24 **2**) Der Leben gefährdende ~ wird mitverstanden unter heimlichem *morð* (*o.* 1a, Mord 4ff.), dessen Bestrafung, daher wohl, dem Bischofe untersteht; II Cn 56. Zu beiden gehört Heimlichkeit; sie stehen in *Gesetzen* neben Gift und Brandstiftung **2a**) Auch Prediger verpönen ~ neben Mord, Blutschande und ärgsten Verbrechen; *Homil. n.* Wulfstan 165. 298 **3**) Auf handhafte Tötung durch ~ steht Todesstrafe; konnte der nicht handhaft Ertappte die Reinigung durch dreifach Ordal nicht erbringen, so leidet er 120 Tage Gefängnisstrafe, zahlt 120 Schill. dem König, Wergeld des Ermordeten an dessen Sippe, und seine Sippe muss für sein künftiges Wohlverhalten bürgen; II As 6. 6, 1. Nach Cnut entscheidet über Strafvollzug der Bischof (*s. d.* 91), aber nicht etwa im Geistlichen Gericht; *s.* Mord 7a. 8b **3a**) Die Kirche fügte freilich weltlicher Strafe Pönitenz und ev. Exkommunikation hinzu und stellte ~ mit Sünden gegen Ehe, Treu und Glauben zusammen. Aber dieselben weltlichen Richter, welche [um 1000] *þæm unriht dondum, þeofum, manswarum, unrihthæmendum* strenge Strafen erteilen sollen, strafen auch die, welche *gedwolcræftas begangað;* Blickling Homil. 63. **N** Erst in Normannenzeit gehört ~ vors Kirchengericht; Concil. Lillebonne a. 1080, 16 **3b**) Aus der Kirche stösst aus die falsch schwören und ~ üben I Em 6 **3c**) Auch sonst stehen ~er neben Meineidigen (*vgl.* Brunner II 678ff.): Die Bischöfe warnen uns vor Mördern, Meineidigen, Hexen[meistern?], Zaubrerinnen, Ehebrechern, Blutschanden; Cn 1020, 15 **3d**) Kirchenbannformeln nennen *maleficium* [dies kann u. a. Vergiftung bedeuten; Wilda 965] neben *furtum* als eines der veranlassenden Verbrechen; Excom V 2 **3e**) *veneficium* ist eine der durchs Ordal zu prüfenden Anklagen; Iud Dei I 20[38] **3f**) Statt *maleficos*, die Vulgata zu töten befiehlt, setzt Weiber, die jene begünstigen (*s. d.* 6b), vielleicht durch Übersetzungsfehler Af El 30. Bereits Theodor aber diktierte Kirchenstrafe denen, die Wahrsager *in domus suas introducunt; Poenit.* I 15, 4. Auch andere Germanen heften ~ besonders Weibern an; Wilda 963. Nur Frauen verstehen unter *wiccean* Quadr und In zu EGu 11. II Cn 4a. Dass die *Gesetze* solche mitmeinen, wird aus Nebenstellung von Huren sicher **4**) ~er oder Wahrsager, Mörder, Huren treibe man ausser Landes oder vernichte sie, ausser wenn sie sich bessern und tief [kirchlich] büssen; EGu 11 = VI Atr 7 (wo auch 'Magier' hinzugefügt) = (aus beiden Stellen) II Cn 4a **5**) Unter den einfachen Anklagen gegen Priester, von denen sie sich durch blossen Abendmahlsgenuss reinigen können nach VIII Atr 19, nennt 'böse Künste' I Cn 5; ein Übersetzer versteht *incantatio* **N 6**) Todeswürdig, durch Geld unabbüssbar ist [unleugbare] Tötung *veneno, sortilegio, invultuatione seu maleficio aliquo*, auch wenn das Mittel einen anderen trifft, als auf den der Täter abzielte; z. T. aus Lex Ribuar Hn 71, 1. Der Täter wird der Sippe des Getöteten zur Rache ausgeliefert; im Fall die Tat nicht handhaft, erst durch Misslingen der hier dreifachen Reinigung erwiesen war, bestimmt der Bischof Strafe [dies aus II Cn 56, *o.* 2].

Auch wenn Begnadigung eintritt, zahlt Täter Wergeld des Erschlagenen, Mannbusse und Strafgeld und stellt (dies vielleicht aus *o.* 3) Bürgschaft künftigen Wohlverhaltens; 71, 1—1d **6a**) Die Verhexung einer Person durch magische Behandlung ihres Abbilds ward um 950 als Mord (*s. d.* 7a) mit dem Tode bestraft. Sie ist bekannt schon den Sumeriern [R. C. Thompson *Devils of Babylonia*], Plato, Schotten des MA. (Gomme *Ethnology in folklore* 52) und des 19. Jhs.; *Athenæum* 23. July 1904 p. 103; aus Engl. Urkk. 15. Jhs. *ebd.* 22. Dez. 1906 p. 307. *Vgl.* Joh. Saresber. *Polycrat.* I 12; Grimm *Dt. Mythol.* 1045; Kemble *Saxons* I 432. 526; Rossetti braucht 1853 das Töten durchs Schmelzen wächsernen Abbildes als Motiv für *Sister Helen.* Bussbücher strafen solchen ∼, Agsä. übersetzt: *gif hwa drife stace on man,* ed. Thorpe *Anc. laws* 379. 409 **7**) **N** Ist der Verhexte nicht tot, sondern nur an Haut oder Gesundheit geschädigt, so bestimmt der Gerichtsvorstand die Strafe; z. T. aus Ribuaria, aber ohne deren Strafansatz Hn 71, 2; *vgl.* I 590[1] **8**) Der Exorzismus (*s. d.* B) will die natürlichen Materialien im Ordal (*s. d.* 10. 12b. d) gegen magische Einflüsse wahren (Iud Dei IV 2. XII 5) oder des Prüflings Versuch zunichte machen, durch ∼ das Ordal (*s. d.* 12. 14b. 16a) zu fälschen **9**) Verschiedene Arten von medizinischem ∼ sammelt Payne *Engl. medicine in Ags. times* 114

Zaum *s.* Pferd 9a

Zaun *s.* Gehege; Heu 2; *vgl.* Schwerin in *Grundr. Geschwiss.* II 5, 47

Zehe *s.* Fuss 2b ff., Fingernagel 2

zehn (Gebote) *s.* Zahl 2 (Dekalog)

zehn Hufen **1**) ∼ ∼ gelten in der Frühzeit als typisches Areal eines normalen Dorfes oder Herrschaftsgutes; *vgl.* Beda III 24; Rhamm *Grosshufen* 821. Die Landschenkungen sind ausgedrückt in Hufensummen durch 10 teilbar; Ine 64. 65. 70, 1; Beda IV 3. V 19. Als Einheit zur Einschätzung des Volkes behufs Leistung an den Staat in Steuer oder Mannschaftsstellung dienen ∼ ∼, später, doch auch schon daneben unter Ine, statt dessen fünf (*s. d.* 1f.) Hufen; *vgl.* Round *Feudal England* 45. 68. 92 **2**) Für ∼ ∼ schwört unter Ine der abendmahlsfähige Gemeinfreie, späterhin jeder; *s.* Eideshufen 7b **3**) Von je ∼ ∼ werden Abgabe des Beliehenen an den Grundherrn und Quantum bestellter Flur berechnet; Ine 64. 65. 70, 1 **4**) Æthelwulf belastete je ∼ ∼ all seines Boclands mit Ernährung eines Armen; *vgl.* Stevenson *Asser* 210 über Eadwards I. sich darauf beziehende Urkunde und Armenpflege 4 **5**) Je ∼ ∼ innerhalb des Hundred (*s. d.* 5k) stellen éinen Strassenwächter; *s. d.*

Zehnerschaft. [Nach Vollendung dieses Art. erschien W. A. Morris *The frankpledge system* (N. York 1910), eine für die geograph. Ausbreitung und die Geschichte der ∼ seit Heinrich II. höchst wichtige Forschung]

1. *teoðingman.* 1f. *teoðung:* Zehnergruppe 1i. *decanus.* 2. Dutzend 3. *friborg* älter als *friðborg.* 3k. *borg.* 3l. *borges ealdor.* 4. *ward.* 5. *francumplegium.* 6. *tenmantale.* 7. ∼ zuerst c. 935, noch ohne Freibürgschaft. 8 Nicht vor 10. Jh. 9. Freibürgschaft frühestens im 10. Jh. 10. Cnuts zwei Sätze von ∼ und Bürgschaft geben éinen Gedanken. 11. Beide Institute schon unter Agsa. verschmolzen. 12. ∼ aus keiner anderen Zehngruppe. 13. Hundred und ∼ entsprangen éiner Idee und Zeit. 14. Normannische Stellen. 15. Geographische Verbreitung 16. Wer gehört in ∼? 17. Bauern, Stadter. 18. Zwölfjährige. 19. Zehnzahl. 20. Vorsteher. 21. ∼ persönlich, 22. territorialisiert. 23. ∼ und Dorf zusammenfallend. 24. Vermögen. 25. Freibürgschaftschau. 26 Agsä. Befugnis. 26a. Durch Wilhelm I. erweitert. 27. In Eideshilfe.

1) Das Vorkommen des Namens *teoðung* in derselben Gegend neben 'Freibürgschaft' a. 1179 bemerkt Lapsley *EHR* 1910, 155. Die Latinisierung *tethinga* steht in *Pipe Rolls* seit Heinrich II., in Magna charta a. 1217 c, 42 = a. 1225 c. 35 **1a**) *teoðingmann* (I 651[m]), mengl. *thethingman* (*Pleas of Gloucester* ed. Maitland n. 175 p. xxxII; *Select pleas manor.* ed. Maitland II 181; abgekürzt *thg' ebd.* 180) bed.: **A.** Vorsteher der ∼ (wie *teoðungealdor, tyna ealdor, aldormonn ofer teno, tyn manna ealdor* Übersetzung von *decanus;* Toller 980b. 987b) **1b**) Hierfür *tienðe heved, decimae caput* nur ECf 28 **1c**) **B.** Mitglied der ∼; Hudson *Leet jurisd. in Norwich* xxIx [**1d**) Von Compositis gehört *teoðingland* zu kirchlichem Zehnt; *s. d.* 12b] **1e**) *teoðung* kann, ebenso wie *decima* (Wb 1c. d), $^1/_{10}$, speziell den kirchlichen Zehnt (*s. d.*) bedeuten [und daher stammt wahrscheinlich der Irrtum über die ∼ *u.* 22], aber daneben, und so allein hier, auch die Gemeinschaft von 10. Denn für *decanus,* den Vorsteher von 10, die keineswegs ein Zehntel einer Hundertzahl ausmachen, steht *teoðingmann, teoðungealdor; o.* **1a** **1f**) Laut brieflicher Mitteilung von E. SIEVERS (30. XII. 1909) gehen zwei Wörter *teoðung* auf zwei Verba *teoðian* zurück, deren eines nachgewiesen, das andere nur hypothetisch ist. Jenem liegt zugrunde *teoða* $^1/_{10}$, Zehnt (*s. d.*), diesem aber ein Altags. Nomen **teoð* 'Zehnzahl', so dass dieses **teoðian* 'zu Zehnergruppe machen', *teoðung* 'Zehnergruppenmachung' und konkretiviert 'gemachte Zehnergruppe' = ∼ heisst. | Um künftig jeden Anklang an $^1/_{10}$ auszuschliessen, führe ich den Namen ∼ ein; *Zehnung* empfahl (in Anlehnung an Ahd. *zehanunga: decas, decuria*) Waitz *Dt. VerfG.* I 459 **N 1g**) Die Lateiner sagen *decania, decima* (so Will. Malm. *Reg.* II 122, ed Stubbs p. 129), *decimatio,* s. Wb. Daneben *decenna* in *Pleas of Gloucester* ed. Maitland n. 175. Auch *decima* kann im Mittellatein (neben dem Zehntel eines Ganzen) *societas* 10 *virorum* heissen; DuCange **1h**) Der Vorsteher heisst Lateinisch [nur in gelehrter, unpraktischer Übersetzung?] *decanus, decimus, decimalis homo, decimationarius* (*s.* Wb; *decennarius*) z. B. *Select pleas manor.* ed. Maitland II 168f. In Norwich hält *decanus* für technisch Jessopp (*Thomas Monmuth.* xxxvj) gegen Hudson (*o.* 1c) xcıj und Index s. v. *dean* [über ähnliche Namen Deutscher Magistrate *vgl.* Rhamm *Grosshufen* 729, über *decania* der Langobarden Amira 75] **2**) Erst seit 13. Jh., so bei Fleta, kommen die 'Dutzend' bedeutenden Namen für ∼ vor, vielleicht nur durch Klangähnlichkeit von *dozeine* (*douzaine*) mit *diseine* bei Vinogradoff *Villainage* 364. Beide Formen hat *Mirror of justices* 29. 156. *Vgl.* Stubbs *Constit. hist.* I 86 **2a**) Demgemäss *dozener* fürs Oberhaupt, *dozeners* auch für die Mitglieder, *duodena* für ∼; Vinogradoff *ebd.* 363; Maitland *Sel. pleas man.* p. xxix. xxxv **3**) Die ∼ als Freibürgschaft heisst *friborg* (*s.* Wb und *u.* 25a, *freborgh* in *Leges Angl. s. XIII. Lond. coll.* S. 20), wofür *friðborg* (*vgl.* I 645[e]) schon seit 1170 in Pipe Rollen und bei

Schreibern ECfs bereits im 12. Jh. vorkommt, sodann seit 13. Jh. in Rechtsbüchern vorwiegt **3a**) Beide Formen begegnen in derselben Stadt: *freborrow* neben *firdeborowe* bei Bateson *Records of Leicester* II 322; *friborg* a. 1171 in Lincolnshire in *Great roll of the Pipe* a. 17. *Henr. II.* p. 106. 108, *fridborg* 1177 in Staffordshire in *Great roll of the Pipe a.* 22. *Hen. II.* (1904) **3b**) Der Name *friborg* bezeichnet laut Etymologie des Mittelalters eine Institution Freier; Vinogradoff (*o.* 2) 66 **3c**) *friborg, francplegium* (*s.* Bürgschaft Z. 9) heißt auch Verbürgung eines Untergebenen durch dessen Herrn, also Haftung (*s. d.* 7d. 17a) ohne Gegenseitigkeit anstatt der Freibürgschaft; genauer bezeichnet diese als *dominorum plegios* Hn **3d**) Die Verderbnis zu *friðborh* entstand, weil schon die Literatur 12. Jhs. als den Zweck der Freibürgschaft den Frieden erkannte (*u.* 11d) und 'Friede' die Vereinigung zu Polizei und gegenseitiger Versicherung bedeuten kann; Friedensgilde nannte sich unter Æthelstan Londons Genossenschaft (*s. d.* 12d) ihres Polizeizwecks wegen [**3e**) Der Franzose hörte die auslautende Dentale in *frið* nicht. Ähnlich schreibt *frithsocn* statt *frisocn* (*freosocn* Urk. Eadwards III. bei Kemble 845) ein Glossar vor 1123 (*Red book of the Exchequer* ed. Hall 1033, auch Fleta und Freibrief Richards I. bei Hardy *Rot. cart.* p. xxxvij); umgekehrt macht aus *griðbryce* Domesday *gribryce*, und leitet ECf *grieve* von *grið* und *ve* ab; *s.* Vogt 19a] **3f**) Ein anderer Grund für das Überwiegen und den Sieg des Namens 'Friedensbürgschaft' statt 'Bürgschaft unter Freien' lag darin, dass die Villani, die hauptsächliche Menge der in ~ Organisierten, seit Mitte 12. Jhs. nicht mehr zu Freien zählten, während der *liber(alis)*, nur noch den Überfreien bedeutend, ausserhalb der ~ stand **3g**) Dass der Name *friborg* nicht mehr verstanden wurde, bezeugt vielleicht schon die lose Ausdehnung der Bedeutung c. 1130; *o.* 3c **3h**) Dass umgekehrt *frankpledge* 'a misinterpretation of Saxon *friðborh*' sei (Nichols *Britton* I 181), findet keinen Anklang bei neuesten Forschern (Maitland, Vinogradoff). Auch ist *francum, (liberum) plegium (liberale), friborg* (*u.* 25a) mehr als ein Menschenalter früher bezeugt denn *friðborh*, und nirgends **plegium pacis* od. ähnl. dafür nachgewiesen. Und wie hätten etwa Normannen von dem Agsächs. Worte das erste Glied falsch, das zweite richtig übersetzen sollen und solche falsche Übersetzung den Eingeborenen für deren eigene Institution aufdrängen können? **3i**) Auch blosses *borg* (*s.* I 618[1]) kann Freibürgschaft, sogar im territorialisierten Zustande, heissen, besonders in Kent; Maitland, *EHR* 1894, 138; auch bei Vinogradoff (*o.* 2) 363[1]; *Growth* 271; *S. le borges aldre cum borga sua* 1227 bei Palgrave *Rise of Engl. com.* II cxxi. Schon bei Cnut halte ich *borh* mit *teoðing* identisch; *u.* 10 **3k**) *borh* ward verderbt zu *borough* und also vermengt mit Stadtverband; *u.* 1 **3l**) Das Freibürgschaftshaupt heisst *friborges heavod* nur bei ECf, sonst *borges aldor* in Kent a. 1292; Lambard *Perambulation* 496. 515. Dies ward zu *borsholder* (bei Gomme *Index of munic. offices* 23) verderbt. *Headborg* wird auch zu *headborough* umgeformt, als stecke *burg* in dem Worte; Merewether *Boroughs* 50; Hudson *Eastbourne* 11. 21. 27 **4**) Auch *ward* (*s.* Wb) heisst ~ [in Rollen 13. Jhs.; Morris 62]. *In Bristollia nullum est francum plegium nec warda que debeat respondere de fugitivis;* Pleas of Gloucester ed. Maitland n. 486 **5**) Die Lateiner sagen *plegium liberale, franc(um) plegium* [anderen Sinn: Haftung *o.* 3c], *francos suos plegios* (Urk. bei Pol Mai I 567[3]), *liberum plegium;* Assisa Clarendon. a. 1164, c. 9. Nur gelehrte Übersetzung scheint *fideiussio libera* eines Londoner Antiquars um 1200; *Leges Angl. s. XIII* p. 20 **5a**) Auch *plegium* kann Freibürgschaft heissen; *u.* 10d, *o.* 3i **5b**) Das Freibürgschaftshaupt (*o.* 1b) heisst Latein. *capitalis plegius* (*Three rolls of the King's court* a. 1194 ed. Maitland p. 137. 141), aber in Leicester auch *francus plegius; Rec. of Leic.* ed. Bateson I 365. II 2. 291 **6**) Nur ECf 20 bringt für ~ den Nordenglischen Namen *tien mannatale*, was er und ein Yorkshirer als Zehn-Männer-Zahl erklären **6a**) Der Name kommt 1184 vor für einen Bezirk in Richmondshire; Stubbs (*o.* 2) 88 **6b**) Übertragen ward er auf die Pflicht, zur Freibürgschaftschau zu kommen, und auf die für Ablösung dieser Pflicht gezahlte Abgabe [wie auch *sac 7 soc* zum Namen einer Abgabe wurde (Domesday I 11b 2. 30a 1. 336b 2), und schon 1181 *francum plegium* (Domesday of St. Paul's ed. Haie 144), dann *visus franci plegii* eine Abgabe an den Gerichtsherrn heisst; *Cart. Ramsei.* I 335; Round in *EHR* 1888, 507; Maitland *Sel. pleas man.* p. xxx; Rog. Hoveden. a. 1194, III 242]. Nordengl. Klöster werden in Privilegien befreit von *tenmantale* in diesem Sinne; *Chartul. Rievall.* (seit Heinrich I.) p. 11. 127. 128. 142. 417; Whitby I 196; *Placita Quo warranto* (Richard I. für Thornton in Yorks.) p. 211b **6c**) Jene Etymologie in *o.* 6 bezweifelt und das Wort deutet aus Nord. *mantal* (d. i. eines Mannes Landlos, Hufe) Maitland *Domesday* 387; 'toft' Vinogradoff *English soc.* 197 [über den Sinn von *tenmanland* von 120 Acres in Ely zweifelt er *Villainage* 255[4]]. *Vgl.* Rhamm (*o.* 1h) 523—9. 727 **6d**) Das Wort kann Nordisch sein und dennoch (laut Fritzner *Ordbog s. v. manntal*) 'Zehn-Männer-Zahl' bedeuten [**6e**) Morris 53 sieht in ECf 'pure legend'] **7**) Die früheste sichere Erwähnung der ~ liegt vor in VI As 4, um 935. Die ~ gilt hier aber schon als etwas in Wessex und Middlesex Regelmässiges und Bekanntes, wird nicht etwa erst hiermit neu begründet. Zur Hilfe bei der Aufspürung verlorenen Viehs, bzw. seines Diebes, stellt ein Dorf, wenn volksarm, von éiner ~ 1 Mann, ein stärker bevölkertes nur von zweien einen; VI 4 **7a**) Die Vorsteher der ~ erhalten vom Hundred-Vorsteher den Befehl zur Nacheile hinter dem Diebe und zum Strafvollzuge an ihm; Hu 2 **7b**) Vieh, das man nicht selbst aufgezogen hat, darf man nur halten unter Vorwissen des Vorstehers entweder des Hundred oder der ~; letzterer sei recht vertrauenswert; 4 **7c**) Die Almosensammlung und das Fasten zur Landesbusse geschieht unter Aufsicht des Pfarrers, des Dorfvogts und, nach dem volleren Latein. Texte, der *decimales homines;* VII Atr 2, 5. Hiernach scheint in éinem Dorfe (worauf der éine Pfarrer und éine Vogt deutet) mehr als eine ~

regelmässig angenommen, aber viell. nur vom Übersetzer um **1114**, nicht sicher von Atr, weil Quadr auch den Sing. *teođingmannes* durch *hominum decimalium* anderswo übersetzt; Hu 4. Auch wenn er *teođungmen* hier las, war dies vielleicht dt. sing. **8)** Obige 4 Stellen sind die einzigen über die ~ vór der Zeit ihrer Verschmelzung mit der Freibürgschaft. Drei zeigen die ~ als Organ der Spurfolge; *s. d.* 3. Diese kommt zwar vór 10. Jh. in *Gesetzen* vor, ohne dass ~ sich ihr verbindet. Allein Nichterwähnung hierbei bietet schwerlich ein Argument des Nichtdaseins, weil an Stellen über Spurfolge unter und nach Æthelstan die ~ auch nicht auftritt **8a)** Dagegen muss der ~ von Anbeginn eine genaue Kenntnis der Charaktere der 10 Beteiligten geeignet haben, der Staat also, wenn er aus polizeilichen Gründen von dem Abwanderungslustigen ein Zeugnis der Unbescholtenheit forderte, dieses zunächst durch die ~ ausgestellt zu sehen gewünscht haben. Ælfred aber verlangt solchen Laufpass durch den Grafschafts-Ealdorman, ohne der ~ zu gedenken; **Af 37.** Dieses Schweigen ist vielleicht ein (freilich unsicheres) Argument gegen damaliges Vorhandensein der ~. (Unsicher auch darum, weil jener Abwanderer auf Herrensuche geht, also vielleicht, als persönlich Untergebener unter Haftung des Herrn stehend, von ~ frei blieb) **8b)** Gewichtiger spricht für die Entstehung der ~ erst in den letzten Jahrzehnten vor 930 die Tatsache ihres Vorkommens nicht bloss im eigentlichen Wessex, sondern auch in den erst von Ælfreds Sohn und Enkel erworbenen Mercien u. Ostanglien, über die einheitliche Verwaltungsorgane zu errichten dem 9. Jh. noch nicht möglich war. [Freilich konnte ~ früher in Wessex bestehen und später dorther übertragen sein] **8c)** Die landrechtliche Einteilung in Hundred und ~ bestand aber, bevor sie von Londons Genossenschaft (*s. d.* 12f) um 935 nachgeabmt ward **8d)** Das Fehlen der ~ in Northumbrien deutet auf ihre Entstehung zur Zeit, da dieses noch eigene Verfassung hatte, d. h. vor Eadgar oder Cnut **9)** Besser sind wir über die Freibürgschaft unterrichtet. Sie entstand frühestens im 10. Jh. Denn erstens wurde ihre Funktion, als verbürgend, schützend und Eideshilfe leistend, in früherer Zeit erfüllt durch Sippe, Genossenschaft, Herrn oder private Bürgen; Hl 5. Wi 8. Ine 16. 21. I Ew 1, 4. II 3. II As 2. III 7, 2. III Em 3. I Atr 1, 2 **9a)** Zweitens liegt Eadgars Verallgemeinerung der Pflicht, Bürgschaft (*s. d.* 5f.) zu haben, genetisch vór der Freibürgschaft. Ein Magnat, der zu viele Untertanen für direkte Aufsicht besitzt, bestelle jedem Dorfe einen Vogt, der *concredat hominibus* [den Untertanen allgemein, also nicht einer organisierten Gruppe, einer Vorstufe zur ~] und für einen Verdächtigen 12 Verwandte haftbar mache [also nicht wie später die ~]; III As 7, 1 **9b)** Noch unter Æthelred II. ist Bürgschaft jedermanns ohne ~ erwähnt; I Atr 1, 5. Unter ihm erst oder wahrscheinlicher unter Cnut sind beide polizeilichem Zwecke dienenden Institutionen verschmolzen. Die Zweiheit lebt fort im Doppelnamen; *s. plegium et friborg u.* 25a; Bracton spricht von *franco plegio et decenna* für die éine Einrichtung III 2, 10, fol. 124b. Auch entwickelte sich private Bürgschaft gesondert weiter, nachdem die allgemeine öffentliche in ~ aufging **10)** Jeder Freie über 12 Jahr alt, welcher gegen Verklagung Reinigungsrecht geniessen und, wenn erschlagen, entgolten werden will, werde in Hundred und in ~ gebracht; sonst sei er keines Freienrechtes würdig; Hausbesitzer oder Gefolgsmann, jeder werde in Hundred und [Frei]bürgschaft gebracht; und der Bürgenverband halte ihn in Aufsicht und stelle ihn zu jeder Rechtspflicht; II Cn 20. **20a.** Die letzten Worte sind zwar aus Eadgar kopiert, aber der Sinn von *borh* ist in den zwei Menschenaltern ein anderer geworden, dort ein privater Verband, unter Cnut eine öffentliche Einrichtung; jener aber ist die deutliche Vorstufe für diese; *s.* Bürgschaft 5b **10a)** 'Jeder' und 'jeder Freie' sind nicht etwa verschiedene Subjekte, m. a. W. 'jeder' umfasst nicht etwa Unfreie. Denn erstens steht der Unfreie auch ohne dieses Gesetz unter Bürgschaft seines Herrn, und dieser muss für ihn vor Gericht dessen Missetat verantworten; zweitens gehört der Unfreie nicht ins Hundred. Auch steht 'ein Freier' Agsä. sehr oft synonym mit 'jemand'; *s.* gemeinfrei 2a, Wb *frigman* 2 **10b)** Gemessen an strengem Juristenstil müsste zwar Cnuts Tautologie auffallen. Allein erstens steht sie fürs Hundred ja jedenfalls fest, zweitens erklärt sie sich durch den langen Zwischensatz, den unsere Übersetzung an die Spitze stellt **10c)** Und Wiederholungen kommen drittens in Cnuts *Gesetzen* auch sonst vor: I 4, 1 *Mycel is 7 mære þæt sacerd ah to donne* . . . 4, 2 *Mycel is seo halsung 7 mære* | 19 *gehwylc Cristen . . . gime his Cristendomes; . . .* 21 *Cristene men . . . Cristendom healdan.* | Der Satz VIII Atr 27, 1 ist zweimal abgeschrieben durch Cnut I 5, 4 und II 41, 1. | Ferner deckt sich I Cn 25f. im Sinne und teilweise in Wörtern mit II 84, 2ff. | Der Gedanke, dass die Ureigen-Erklärung des Besitzers gegen Anefangsklage nur erlaubt sei, wenn er Kaufzeugen habe, wird II Cn 23—24, 3 gar dreimal in ähnlichen Worten vorgebracht **10d)** Der eine der drei Lateinischen Übersetzer gibt viertens Cnuts *teođung* mit *plegio* (*o.* 5a) wieder, identifiziert also, m. E. richtig, ~ mit Freibürgschaft; In Cn II 20 = Wl art 8 = Lond retr 14; zwei Benutzer Cnuts um 1114 und 1125 übertragen dessen ~ sogar mit *plegio liberali, francplegio* (Hn 8, 2. Leis Wl 25 L), freilich ohne Cnuts Namen **11)** Noch unter Agsa. ward ~ mit Freibürgschaft verbunden. Dies nahmen an um 1110—1130 Malmesbury (*u.* d), Übersetzer und Benutzer 10d, ECf 28, endlich ein Peterborougher Fälscher 12. Jhs.: *monachi habeant francum plegium* im Privileg (*u.* 25a) von angebl. a. 664 Birch 22 **11a)** Auch scheint Wilhelm I. bei Einrichtung des Murdrum (*s. d.* 5e) bereits die ~ zum Muster zu nehmen **11b)** Auf die letzten Agsä. und Dänischen Könige [d. h. 975—1042] führt die Freibürgschaft zurück der neueste Verfassungshistoriker Vinogradoff *Growth* 198. 250; für Agsä. gilt sie Pol Mai I 558 **11c)** Es erhellt kein Gegengrund, dass die Verbindung von ~ und Bürgschaft zur Freibürgschaft nicht eben durch Cnut, *o.* 10a, erfolgt sein könne **11d)** Um 1120 behauptet Wilhelm von Malmesbury, Ælfred habe, gegen den durch

Däneneinfälle veranlassten Zustand der Räubereien, den Landfrieden hergestellt, indem er einrichtete Hundred (*s. d.* 10bff.) und ~, der jeder ehrliche Engländer zugehöre; wenn verklagt, finde er Bürgen aus ihnen [zunächst prozessuale für sein künftiges Erscheinen vor Gericht] oder leide gesetzliche Strafe; wenn er dem Gericht entfliehe, zahlen ~ und Hundred dem Staate Strafe; *Reg.* II 122, ed. Stubbs p. 129. Hierin stecken mehrere Fehler: **A.** Das Hundred haftete für den Genossen nie allgemein, sondern nur bei Murdrum. **B.** Bürgschaft und ~ waren nicht von Anfang an verbunden. C. Ælfred wird dieses Stück der Verfassung (wie von anderen manches andere) irrig zugeschrieben, und wahrscheinlich so die ~ ein Menschenalter zu früh datiert **11e)** Der Wilhelm abschreibende Fälscher von Crowland im 14. Jh. fügt den weit gröberen Irrtum hinzu, Ælfred habe auch die Grafschaften (*s. d.* 3ff.) eingeführt; Ingulph ed. Birch p. 47 **12)** Keinen Grund seh ich, die ~ etwa zu verbinden mit der Gruppierung von 10 Sklaven unter einem *magister præfectus* im Grossgute Römischer Kaiserzeit oder mit der von zehn Fusssoldaten unter einem Reiter bei den Germanen (Rhamm [*o.* 1h] 802) oder mit der Ansiedlung (*ebd.* 836) oder der Anordnung von Zehn (*s. d.* 1) Hufen zu einem Dorfe bei den frühen Agsa. [der Bauer der ~ ist vielmehr in der Regel nur als Viertelhufner anzusehen] oder der Gewannform in 10 Anteilen zu 4 Ruten (Rhamm 832) **13)** Einem Menschenalter. und vielleicht (wie jene Rechtshistoriker Malmesbury u ECf glaubten) einem staatsmännischen Kopfe, in Eadwards I. oder eher Æthelstans Regierung, entstammen Hundred und ~. Ging die eine Einrichtung der anderen voran, so war das Hundred (wie allgemein angenommen wird; zuletzt Rietschel *German. Hundert.* 57) älter **13a)** Agsä. Kultur seit Ælfred ist durchs Festland stark beeinflusst. Möglicherweise also wusste jener Staatsmann, dass bei den Franken die Hundertschaft, wo Missetat geschehen war, für Eingeklagtes haftete und sich durch Zwölfereid von Mitschuld reinigte (Schröder *DRG*[5] 126), oder dass bei den Friesen für das Bussgeld des armen oder flüchtigen Missetäters seine Bauergemeinde haftete; His 61 **N 14)** Die übrigen Stellen der *Gesetze* entstammen Heinrichs I. Zeit **15)** Alle Rechtsbücher behandeln die ~ als überall in England vorhanden, wenigstens überall, wo es Hundreds gab [also vielleicht den Norden ausgenommen]; Hn 6, 1b. Das traf dennoch nicht zu: *Nullum est francum plegium in foresta* oder in Stadt Bristol; *Pleas of Gloucester* ed. Maitland n. 183. 486. [Den Ausschluss des Forstes von ~ widerlegt aber Morris 63.] Auch Northumbrien, Westmoreland, Shropshire hatten keine ~; Palgrave *Rise* II cxxIII f; Maitland *Select pleas of the crown* I 82; *Pleas of Glouc.* xxxij; Pol Mai I 556 [~ bestand in allen Grafschaften südl. von Yorks., östl. von Cheshire, Shropshire, Herefords.; Morris 45. 64, Palgrave korrigierend] **16)** Alle rechtsfähigen Freien gehören nach Gesetz und Theorie zur ~; *o.* 10; Wl art 8 = Lond retr 14 **16a)** In Praxi (13. Jhs.) bleiben ausgeschlossen *magnates, milites, eorum parentes, clericus, liber* (= überfrei) *homo,* wer *dignitatem, ordinem, liberum tenementum,* städtisches Grundstück besitzt (Bracton *o.* 9b), d. h. Adlige weitesten Sinnes, Vollfreie, Freisassen, Klerus, Magistrate, Vollbürger; *vgl.* Pol Mai I 555. 558; *s.* jedoch *u.* 17 **16b)** Den Ausschluss des Klerus belegen u. a. Maitland (*o.* 15) n. 396. 59; *Records of Leicester* ed. Bateson II 3, den der Patrizier für Norwich *EHR* 1894, 751, den des *liber* für Staffords. Pol Mai I 558[1] **16c)** Ausgeschlossen von ~ und unter Verbürgung durch den Herrn bleibt das Gefolge des Adels und Immunen; ECf 21 = Bracton *o.* 9b **16d)** Ausgeschlossen bleibt um 1100—30 der Unfreie; wenn Bracton jeden *liber sive servus* entweder in ~ *aut de manupastu* sein lässt, so meint er mit *servus* (wie schon seit 1178 Gebrauch; Dial. de scacc.) den Villan **17)** Von jeher müssen Bauern die Mehrzahl der Mitglieder der ~ gebildet haben: so unter Heinrich II.; Vinogr. *Vill.* 193. Daher wohl schon im 12. Jh. die irrige Nachricht, nur Villane bzw. Dörfler seien in ~ (Leis Wl 20, 3a. ECf 20, 5, jedoch in Selbstwiderspruch zu 20, wonach 'alle' in ~ seien). In Ramsey und Essex sind neben *villanis* doch auch *liberi* in ~; *Cartul. Ramesei.* II 341f.; *EHR* 1904, 716 [Exemtion Vollfreier variierte lokal; Morris 77] **17a)** Tatsächl. war die ~ auch städtisch (Cons Cn II 19, 2a, I 618), so in Leicester (*Records* [*o.* 16a] I 153. 157. 365f.), Bury St. Edmunds a. 1198 (Jocel. Brakel. 74), Southampton (Gross *Gild merch.* II 224), Norwich (Hudson *Leet jurisd.*) **17b)** Da nun im 12./13. Jh. *liberi* und *socmen* in Ggs. zu den halb unfrei gewordenen Bauern stehen (Vinogradoff *Engl. soci.* 99; *Vill.* 446), so lehren (im Widerspruch zur Wirklichkeit und zu *o.* 17) Juristen um 1300 und 1400, Freibürgen dürften Villane nicht sein; Vinogr. *Vill.* 66[2] [**17c)** Frauen waren nicht in ~; Morris 81] **18)** Mit 12 Jahren trat man in die ~ ein; *o.* 10; *Glouc.* (*o.* 15) 150; Cartul. Gloucestr. III n. 966; aus Essex um 1330 *EHR* 1904, 719 **18a)** Bracton (*o.* 9b) führt dies auf *Leges Edwardi* zurück, womit er, wie schon das 12. Jh. (*s.* Eadwardi laga 4c), die durch Cnut (*o.* 10) dargestellte Agsä. Verfassung meint; er benutzt hierfür In Cn 21. 20. 28, 1 neben ECf 21. 23. 23, 1 **19)** Die Mindestzahl der ~ war theoretisch 9 neben dem Vorsteher; *s.* die Namen *o.* 1—i, die städtische Nachbildung *o.* 8c; Hn 8, 1a. ECf 20, 1; 5. 28. Cons Cn II 19, 2a. Doch stieg die Zahl schon im Laufe der Natur durch Mündigwerden der Nachbarn und sank durch Todesfälle. Sie vereine je nach Ortsbrauch auch 20, 30 Männer nach Cons Cn II 19, 2a. In Essex (*o.* 18) umfasste je eine ~ 7—15, aber 6 zusammen: 57—60 Genossen, also durchschnittl. jede 10. [Die ~ hatte 1—25 Mitglieder; Morris 88] **19a)** Häufig muss die Dutzendzahl gewesen sein; *o.* 2 **20)** Der Vorsteher (seinen Namen *s.* **1a.** b. h. **2a.** 31. 5b) fungiert nach Agsä. Stellen bei der Diebesverfolgung, Strafvollstrekkung, Aufsicht, ob das Vieh der Genossen seiner ~ nicht verdächtiger Herkunft sei, und ob sie richtig fasten und Almosen spenden; *o.* 7a. b. c **20a)** Weiter geht seine Amtsgewalt nach ECf. Da liegt ihm hauptsächlich die Reinigung der ~ von Begünstigung ob; *u.* 26a **20b)** Ferner richtet er angebl. über Weide, Wiese, Ernte u. viele alltägliche Bagatellen; 28f. Er heisst hier geradezu *iusticiarius*. Polizeiliche Aufsicht und Führung agrarischer Interessen scheinen hier übertrieben zum Bagatellgericht ausgedehnt (*vgl.* Vinogradoff *Growth* 191), vielleicht unter Einwirkung der Stellung des festländischen *decanus*. Nur wo das Dorf mit der ∼ zusammenfiel, beide denselben Vorsteher hatten, mochte dieser das Dorfgericht (*s. d.* 3ff.) leiten. [Das ∼-Haupt ist oft Bauermeister; Morris 105. Nicht auf ∼ beziehe man die Glosse *decurio*: *gemotman* (Ælfric *Gramm.* ed. Zupitza 28. 35. 303), da *decurio* dort wohl nur Vogt (*s. d.* 1c. 11c) bedeutet] **20c)** Dass der Hauptbürge eine überragende Stellung einnahm, beweist die Benennung seiner ∼ nach seinem Namen (*Rot. Pipae a.* 16. *Hen. II* p. 148f., a. 17 p. 106. 108), ferner seine besondere Haftung neben ihr für den entflohenen Genossen (*ebd.* a. 13 p. 10). Ein Genoss ward 1293 gestraft, der *in contributionibus et aliis non obedit decen*[*ario*] *prout decet; Sel. pleas man.* II 169 **20d)** Ausnahmsweise begegnen je 2 *capitales plegii* in der ∼, denen je 5 Genossen unterstehen, in Essex; *o.* 18 p. 716 **20e)** Mehrere ∼-Vorsteher empfangen Befehle vom Hundred-Vorsteher; *o.* 7a. Der ∼-Vorsteher ist diesem also untergeordnet **20f)** Er ist von der Obrigkeit eingesetzt; ECf 28 [von ∼ gewählt; Morris 103] **21)** Die ∼ erscheint überall an éinen dörflichen oder städtischen Wohnort gebunden; *o.* 7—c. Sie kann aber einstmals ein rein persönlicher Verband gewesen sein, wovon der Name (*o.* 20c) eine Spur birgt [Lapsley *EHR* 1905, 559]. Unter den Agsa. gab sie schwerlich schon den Namen für ein geographisches Gebiet; ein solches würde wohl sonst in Urkunden oder Domesday als ∼ auftauchen; Schmid 648 **22)** Zu Heinrichs I. Zeit dagegen ist die ∼ territorialisiert als der unterste Ortsverband und ein Teil des Hundred (*o.* 20e; Hn 6, 1b; *dividitur centenarium in decimationes* Cons Cn II 19, 2a; für das 13. Jh. Vinogradoff *Growth* 277). Das Hundred Burn zerfällt z. B. in 6 ∼en; Hudson *Eastbourne* 11. Über je 10 Hauptbürgen, also über 100 Freibürgen, sei der Hundredrichter für wichtigere Prozesse eingesetzt, meldet ECf 28f.: eine irrige Systematik, vielleicht veranlasst durch wörtliche Missdeutung des Namens Hundred und irrige Etymologie von *teoðung, decima* (*o.* 1b. e), vielleicht auch durch Erinnerung an Londons Genossenschaft; *s. d.* 12f. Einen Beleg für je 10 ∼en in 1 Hundred meinte Pearson (*Histor. maps* 30) zu finden in den Grafschaften Buckingham und Cambridge mit 18 bzw. 14 Hundreds, die 178 bzw. 136 Manors haben; das Manor ruhe auf der ∼. Letzteres ist nicht der Fall; *u.* 23. [Wessex zeigt in éinem Hundred vielfach nahezu je 10 ∼en; Morris 14] **22a)** Benachbarte ∼en fungieren, wie andere nachbarliche Bezirke, mit einander; *u.* 26d; 4 *thethingi propinquiores* geben 1249 eidliche Auskunft; Palgrave *Rise* II CLXXXVI **23)** Bisweilen kommen in éinem Dorfe mehr als éine ∼ vor; *o.* 7 (7c?), um 1330 in éinem Manor sechs; *EHR* 1904, 716 **23a)** Oft fällt die ∼ mit der Dorfschaft zusammen; Vinogradoff *Engl. soci.* 99². 197²; *Villainage* 363. 395. 448; *Growth* 198; Hudson (*o.* 22) 18; Maitland *Pleas of Glouc.* XXXIJ n. 150. 153. 250. 252; *Sel. pleas of the Crown* n. 131; Lapsley *EHR* 1907, 559 [Morris 38]. Die ∼ heisst nach ihrer Ortschaft in Sussex, Gloucestershire, Somerset, Lincolnshire in *Rotuli Pipae* a. 1166—89 (Pipe Roll soci., Indices) **23b)** Ein Totschläger floh *et fuit in francoplegio villate de Horslege; ideo villata* in Geldstrafe; *Pleas of Glouc.* ed. Maitland n 300; das Dorf, wo jemand wohnt, ohne in ∼ zu sein, wird gebüsst; *ebd.* n. 286; ebenso 335 **23c)** Oder die *villata*, wo *nullum francum plegium est*, wird gebüsst, wenn ein dortiger Missetäter dem Gericht entfloh (*Pleas of Glouc.* 183. 364), tritt also an Stelle der ∼ **23d)** Dieses Zusammenfallen von ∼ und Dorf war namentlich dort möglich, wo letzteres, wie gewöhnlich, nur 10—15 Haushalte umfasste; Maitland *Township and borough* 23 **23e)** Im Falle geographischer und personaler Identität mochte die ∼ in den Quellen leicht unerwähnt bleiben; Rhamm (*o.* 1h) 728. Allein ursprünglich oder regelmässig ist das Zusammenfallen von Dorf und ∼ nicht: jenes ist ein halbes Jahrtausend früher volksmässig, vielleicht sippenhaft, erwachsen, dient agrarischen und nachbarlichen Interessen; die ∼ ist von der Obrigkeit eingesetzt zu Polizeizwecken **24)** Eigenes Vermögen besass die ∼, wo sie mit dem Dorfe zusammenfiel, aber vielleicht sonst nicht, so dass die ihr obliegenden Bussen den augenblicklichen Mitgliedern zur Last fielen; *vgl. contributiones o.* 20c. Wohl vom Hundred, aber nicht von der ∼ wird Empfang des Justizertrages oder eine Busse für Bruch des Schutzes (Ungehorsam) gemeldet. Auch in der städtischen Genossenschaft (*s. d.* 12g) hat wohl der Hundertverband, aber nicht die ∼ eine Kasse **25)** Beaufsichtigt wird die ∼ durch die Freibürgschaftschau. In einer besonders vollzähligen Hundredsitzung wird zweimal jährlich untersucht, ob die ∼ vollständig, wer, wie, warum jemand ausgeschieden oder eingetreten ist; Hn 8, 1. Es ist dies der früheste Beleg des *visus francplegii* **25a)** Doch datiert auch schon unter Heinrich I. das Privileg für die Hintersassen der Abtei Bury St. Edmunds, *ne exeant de soka* (Immunitätsbezirk) *sua pro plegiis et* (*o.* 9b) *friborgis renovandis;* Davies *EHR* 1909, 422. Solche Verleihungen der Freibürgschaftschau samt Strafgeld, des im 13. Jh. gewöhnlichsten Adelsprivilegs (Pol Mai I 557), bilden das Muster für den Fälscher *o.* 11 **25b)** Doch bestimmte die Assise von Clarendon 1166, der Sheriff dürfe in jedes Gericht und Territorium eintreten *ad videndos francos plegios, et quod omnes sint sub plegiis; et ante vicecomites mittantur sub libero plegio;* auch verpflichtete sie jedermann, Leute, die er in Haus, Land oder Gerichtsbezirk aufnehme, vor Gericht zu stellen, falls sie nicht *sint sub francoplegio*, c. 9f. Die Magna charta von 1217 setzte fest: *Vicecomes vel ballivus faciat turnum suum per hundredum bis in anno, et visus de franco plegio fiat ad s. Michaelis;* c. 42. Fernere Belege 13. Jhs.: Bracton III 2, 35; Fleta I 27. 47. II 52 (mit Benutzung beider voriger); Du Cange *s. v. plegium*. *Vgl.* für später Pol Mai I 546. 556f.; Hearnshaw *Leet jurisdiction*. Bei Vinogradoff *Vill.* 363¹ emendiere *borchtruning* zu *triming:* ∼sfestigung **26)** Die Aufgabe der ∼ ist schon nach Agsä. Stellen **A.** Spurfolge, Diebesverfolgung,

Hilfe zum Strafvollzuge, also kriminalpolizeilich, *o.* 7—b; **B.** Mitaufsicht über Almosenspende und Fasten, *o.* 7c; diese Funktionen sind berichtet nur vom Vorsteher; C. [polizeiliche allgemeine] Aufsicht über die Genossen mit der Pflicht, sie, wenn sie verklagt werden, vor Gericht zu stellen; *o.* 10 **26a)** **N** Dieses letzte, Cnutsche, Gesetz findet, wahrscheinlich durch Wilhelm I., bestimmteren Ausdruck oder eingehendere Weiterbildung. Jeder Freie *sit in plegio, ut plegius teneat et habeat illum ad iusticiam* (so weit Cnut); die Genossen zahlen, falls er entflieht, den eingeklagten Wert und schwören den Reinigungseid, ihn nicht als Dieb gekannt zu haben; Wl art 8 = retr 14. Diese Zahlung und Ableugnung der Begünstigung (*s. d.* 14. 16) eignen der privaten Bürgschaft (*s. d.* 3c ff.; *u.* c) der Agsa.; vielleicht hierher drangen sie in die ~ ein. Der Wortlaut dieses Artikels ist nicht authentisch, da er an In Cn anklingt, eine erst einige Jahrzehnte nach Wilhelms I. Tode gemachte Übersetzung Cnuts **26b)** Wie ECf und Will. Malmesbur. so erkennt die politische, wesentlich polizeiliche, Wichtigkeit der ~ auch der Zeitgenoss jener, wenn er sagt, sie wahre Stadt oder Hundred *sub una societate;* Cons Cn II 19, 2a **26c)** Diese Verbürgung gegenüber dem Gericht durch die ~ belegen Hn 6, 1b. 8, 2. ECf 20, 1. Cons Cn II 19, 2a. Will. Malmesb. *o.* 11d **26d)** Der Königsrichter gewährt der ~ 31 Tage Frist [*vgl.* Murdrum 13, Haftung 7b; Leis Wl 3], den verbrecherischen Genossen zu suchen. Findet sie ihn, so haften sein Leib und Gut [und sie ist frei]; ECf 20, 2a. Sonst bedarf es entweder des Reinigungseides durch ~shaupt mit 2 Genossen und der ~shäupter dreier nachbarlicher ~en (*o.* 22a) ebenfalls je mit 2 Genossen, also eines Zwölfereides [wie beim Verdacht der Begünstigung durch private Bürgschaft; Leis Wl 3]. Oder falls dieser Eid nicht gelingt, zahlen die Genossen das Eingeklagte und dem Richter Strafgeld neben einem anderen Eide, nur ihrer selbst, der sie von Mitschuld reinigt. Auch bleiben sie späterhin verpflichtet, den Flüchtigen, wenn möglich, zu verhaften oder dessen Aufenthalt dem Königsrichter zu melden; ECf 20, 3—6 **26e)** Die ~ büsst z. B. 1194 *pro fuga capitalis plegii; Three rolls of the King's court* ed. Maitland 137. 141; *vgl. o.* 23b **26f)** Im 13. Jh. fällt, falls der Reinigungseid die Mitwissenschaft widerlegt, die Haftung der ~ fürs Eingeklagte fort; das Strafgeld wegen der Flucht aber bleibt dem Richter; Pol Mai II 528 **26g)** Nur durch die Stellung des Angeklagten vor Gericht konnte der Prozess beginnen; die ~ dient also wie die Bürgschaft auch dem Gericht; Opet *Prozesseinleitung* 35. 49 **27)** Wie mit der Verbürgung die ~ eine Pflicht übernimmt, die einst der Sippe oder Nachbarschaft zugekommen war, so auch bei der Eideshilfe. Verklagter *ex sua propria decimatione secum iuraturos assumet* Cons Cn II 19, 2a **27a)** Gegen Kriminalklage verteidigt sich der Westsachse durch Reinigungseid *se sexto decimæ suæ*, mit 5 Helfern aus seiner ~; Hn 66, 8 **27b)** Das Eisenordal tritt an Stelle des Reinigungseides *cum una decima;* 64, 1g. Wahrscheinlich [*s.* Auswahleid 17] meinte zwar Verf. *manu undecima;* aber jene irrige Lesung beweist für c. 1120—90 Eideshilfe durch ~

Zehnt

1. Wort. 2. Augustin zugeschrieben. 3. Im 7.—9. Jh. 4. Ælfred. 5. Noch nicht staatsgesetzlich. 6. Æthelstan. 7. Eadmund. 8. Erst seit Eadgar Rechtspflicht. 9. Ende 10., anf. 11. Jhs. 10. ~ zur Landesbusse. 11. Northumbr. Strafdrohung. 12. Wie Flur verzehntet. 13. Empfänger. 14. Einfluss auf Norden. 15. Anderes verzehntet. 16. Angebliche Minderung.

1) *s.* Wb (*eorðwæstma, geoguðe*) *teoðung, teoða* (*dæl, æcer, sceat*), *teoðingsceat, teoðian; decima, -malis, -matio, -mare.* Anderwärts *teoðungceap;* Blickling hom. 39. *Vgl.* Erstlinge **1a)** Kircheneinkünfte (*s. d.*), umfassen oft den ~en mit, wie deutlich VII Atr 7, 1 = VIIa 8 **2)** Dass Augustin, der Apostel der Engländer, den ~en predigte, und dieser vom König, Baronen [!] u. Volk zugestanden sei, berichtet ECf 8, 3 um 1135 [sicher falsch] **2a)** Dieser Irrtum rührt schwerlich her von einer Verwechselung mit dem Kirchenvater Augustin v. Hippo, von dem Sätze über ~en zitiert werden bei Remedius von Chur c. 80 ed. Kunstmann S. 136, Pseudo-Egbert *Excerpt.* 102, Anselm und Gratian Decr. II. pars, c. 66 C. 16 qu. 1 **2b)** Viell. kannte ECf die um 1200 nachweisbare Legende, Augustin von Canterbury habe durch das Wunder der Totenerweckung einen ~weigerer bekehrt; Selden *Hist. of tithes* 273 **2c)** Oder er dachte an Augustins Frage an Gregor I. vom *stipendio quod accedit* (Beda I 27) und verstand darunter den ~en **2d)** Wahrscheinlich legte er, wie schon Bonifaz 742 (ed. Dümmler *Mon. Germ., Epist. Merow.* I 301) und die Englische Kirche auf Synoden 786 und 969, alle christlichen Einrichtungen Englands gleich dem ersten Missionar bei und umgab so den ~en mit dem Scheine heiliger Herkunft und ehrwürdigen Alters **3)** Theodors *Poenit.* kennt den ~en als eine nur von geistlichem Einfluss und Ortsgewohnheit abhängige Einnahme, die man Armen nicht abpressen solle (II 2, 8. 14, 9f.), **3a)** Beda IV 29 als ein gewöhnliches, doch nicht allgemeines u. noch freiwilliges, Zeichen der Tugend (Kirchensteuern allgemeiner, nicht gerade ~en, meint er *Epist. ad Egb.* ed. Plummer I 410. II 382); *vgl.* Selborn *Ancient facts conc. tithes* 107. 137. 301 **3b)** Nicht Egbert von York, Bedas Schüler, sondern einem weit späteren Kanonisten gehören Ps.-Egb. *Excerpta* über ~en **3c)** Bei Bonifaz (*o.* 2d) sind *decimae fidelium* etwas Gewöhnliches; 354. 375 **3d)** Die Legaten-Synode 786 c. 17, der Stubbs *Constit. hist.* I 228 die Geltung eines Witenagemot zuschreibt, da Könige und Ealdormen dabei waren, ordnet doch nur homiletisch an: *omnes studeant de omnibus quae possident decimas dare;* ed. Dümmler *Mon. Germ., Epist. Karol.* II 25. [Vielleicht hierauf bezieht sich I As 3] **3e)** Karl d. Gr. erzwang den ~en bei neubekehrten Sachsen und Hunen und gefährdete damit, wie Alcuin warnt, deren Gläubigkeit; *ebd.* 154[1] **3f)** Der Fränkische Staat tritt für Ausschreibung und Eintreibung des ~en schon seit Pippin ein, z. T. gemäss Irischer, von Bibel beeinflusster Kanonistik; Stutz *Karol.* ~ in *Ztschr. Savigny Rechtsg., Germ.* 29 (1908) 180; Levison *Iren u. Fränk. Ki.* in *Hist. Zschr.* 109 (1912) 10 **3g)** Viell. nur *o.* d bildet den historischen Kern der Nachricht späten 14. Jhs., Offa habe Ende 8. Jhs. den ~en aus Mercien, *decimam omnium* *rerum suarum* [vielleicht nur seines Privatgutes], bewilligt; Bromton 776 **3h)** Æthelwulfs Schenkung bestand nicht, wie seit 12. Jh. missverstanden, in einer gesetzlichen Einführung des ~en über sein ganzes Reich [sondern in einer Überbuchung von $^1/_{10}$ seines Bocland, frei von Staatslast, zunächst an Thegnas, mit schliesslichem Heimfall an Kirchen; Stevenson *Asser* 186]. Doch beweist diese Schenkung, dass der ~ bereits starke Geltung gewann; Haddan and Stubbs *Councils* III 637 **3i)** Asser (*o.* h) 99 zitiert fürs ~gebot Ps.-Ambrosius; ed. Stevenson p. 336: vielleicht auch ein Argument, dass der ~ unter Ælfred noch nicht reichsgesetzlich galt **4)** Ælfred übersetzt das ~-Gebot aus der Vulgata, aber zusammen mit vielem, was er nicht alles praktisch ausgeführt sehen wollte oder konnte; Af El 38 **5)** Erst unter dem Enkel oder Urenkel Ælfreds wird der ~ in staatlichem Gesetz befohlen. Wer ~en vorenthält, zahle Strafgeldfixum, bzw. in Denalagu Rechtsbruchbusse [d. i. 150 bzw. 192 Pfg.]; EGu 6: ein vielleicht Eadward nur ein bis zwei Menschenalter später beigelegter Satz **6)** Æthelstan verordnet den ~en erstens von seinen Eigengütern und fordert, dass er der Kirche von Bischöfen, Ealdormen, Vögten aus deren Gütern gegeben werde. Richtet sich dies zwar nur an seinen höchsten und beamteten Adel, so fährt er dann aber fort: Bischöfe und Vögte [d. h. die provinziellen Regierungsvertreter] sollen allen ihren Eingesessenen den ~en anbefohlen (I Pro 1); freilich setzt er noch keine weltliche Strafe fest. Vielmehr droht er I 3 den Verlust der übrigen $^9/_{10}$ nur als göttliche Strafe an, während später $^8/_{10}$ konfisziert werden konnten. Er zitiert nur die Bibel und vielleicht *o.* 3d **6a)** Ein Bearbeiter setzt als Zahltag für ~ 29. Aug.; I As 1 Ld; anders *u.* 8. Die Termine schwanken; nicht diesen Begriff bedeutet *teoðungdæg* bei Toller **6b)** Auf I As oder viell. eine andere ~verordnung antwortete die Grafschaft Kent, sie werde sie gern ausführen, dankbar für die Ermahnung; III As 1, 1 **7)** Eadmund befiehlt den ~en zwar jedem Christen an, doch nur bei Drohung des Kirchenbannes; I Em 2. Diese wiederholt dann die Englische Synode von 1138 **7a)** Königshof und Beamtenschaft hatte mit dem ~begonnen, die Kirche ihn von jedem Christen gefordert und am dritten Fastensonntag gepredigt; Blickling homil. 39 **8)** Erst unter Eadgar aber ist 'arm und reich mit irgend welcher Ackernutzung' (IV 1, 4), später (*u.* 12) auch Handel und Gewerbe, ~pflichtig. Nunmehr erst erscheint der ~ deutlich allgemein als gesetzliche Pflichtabgabe, nicht mehr als freiwilliges Opfer, und zwar für ganz England einschl. Kelten und Denalagu; 1, 6. Eadgar bleibt massgebend für die spätere Gesetzgebung. Jungvieh~ werde zu Pfingsten, Feldfrucht~ am 23. Sept. entrichtet. Der bepflügbare Acker bildet die Grundlage für den ~. Den Weigerer pfänden der staatliche und der bischöfl. Vogt samt dem Pfarrer, der seinen ~en erhält, während Gerichtsherr und Kirche je $^4/_{10}$ vom Jahresertrag nehmen und dem Schuldigen nur $^1/_{10}$ belassen (*s.* spiegelnd 3); II 3. 3, 1 = V Atr 11, 1 = VI 17 = VIII 8—9, 1, wo für den staatlichen Vogt alternativ der des Immunitätsherrn eintritt, und für den Septembertermin alternativ der 1. November (den *Canon* Eadgari 54, V Atr 11, 1 = VI 17 allein haben). Obige Stellen kombiniert I Cn 8, 1; 2, mit jenen 3 Vögten als Zwangsvollstreckern = Hn 11, 2; 2a. Aus Eg schöpft VII Atr 4. **N** *Justicia ecclesie et regis, si necesse fuerit*, erzwingen den ~en; auch ECf 8, 3 **8a)** Jeder ~ fliesse an die alte Pfarre [*s. d.* 2a; die 'Mutterkirche', so auch VI Atr 15, 2 L. VII 4, 1. Cn 1027, 16. Ps.-Egb. *Exc.* 24. ECf 8, 3a]; nur erhalte [davon] $^1/_3$ die mit Friedhof versehene Eigenkirche (*s. d.* 2) eines Adligen. Hat sie keinen Friedhof, so darf also der Grundbesitzer seinem Eigenpriester nichts vom ~en zuweisen; II Eg 1, 1—2, 1 = I Cn 11 f. **8b)** Durch die Sünde der Hinterziehung des ~en hält Eadgar die Pest a. 962 veranlasst, indem er Gottes Zorn vergleicht dem des Grundherrn gegen einen mit dem Bodenzins säumigen Hintersassen; IV 1. 1, 3. Er bezieht sich auf *o.* 8 **8c)** Hier also zuerst ist als der berechtigte Empfänger der Pfarrer genannt; *vgl.* Selborn (*o.* 3a) 137. Von den Geistlichen (*s. d.* 22. 29) als den Empfängern fordert Eadgar kanonisches Leben (ähnlich der Prediger *Blickling homil.* 43). Er bedroht die staatlichen Vögte, die die Beitreibung des ~en vernachlässigen, mit Verlust der Regierungsgunst und aller Habe; 1, 5—8 **8d)** Dass Eadgar hierin unter Einfluss der hh. Dunstan, Æthelwold und Oswald dachte und handelte, nimmt Kemble *Saxons* II 547 wohl richtig an **9)** Die Halbteilung (*s. d.* A) des Strafgeldes für Weigerung des ~en zwischen Staat und Kirche wiederholt in systematischerem Ausdrucke VIII Atr 15; sie ist für alles durch den Staat erzwungene Kirchenbussgeld angeordnet in EGu Pro 2 **9a)** Æthelred zitiert Eadgar oder 'unsere Vorgänger' VII 4. 7. VIII 8 **9b)** *Homileten nach* Wulfstan 116. 208. 272 = 311 benutzen wie Cnut (*o.* 8) Eadgar und Æthelred; ebenso *Blickling homil.* 39. 49 **9c)** Jungvieh~ u. Mitte Aug. Frucht~ fordert Cn 1027, 16; *vgl. o.* 6a. 8 **9d)** Um 1020 behält sich eine Land verleihende Kirche vor: *gange teoðung to þam mynstre;* Earle 236 **10)** Unabhängig von jenem jährl. ~en fordert einen ausserordentl. ~en nur vom Thegn (Adligen) zum Almosen der Landesbusse gegen Dänennot VII Atr 1, 3 = VII a 5 **11)** Vielleicht mit EGu, *o.* 5, hängt zusammen die Rechtsbruchbusse (*s. d.* 4a. 9) für den ~weigerer, die aber hier mit dessen Stande steigt, in Northu 60 **12)** Je der Ertrag des ~en Ackers stellt den ~en dar; VII Atr 4 = VIII 7 (ähnlich *Hom. n.* Wulfstan 310); dies ist schon gemeint in II Eg 1, 1: 'wie der Pflug es überschreitet'. Hier ist in der Adelsherrschaft sowohl Domanialboden wie das von Bauern bewirtschaftete Hintersassenland ausdrücklich als pflichtig erwähnt; und der Bauer wird gewarnt, das der Pfarre gehörige Zehntel nicht etwa lässiger zu bewirtschaften als seine $^9/_{10}$; IV 1, 5a; der Prediger mahnt, nicht das schlechteste Zehntel Gott zu geben *Blickling homil.* 41. [Wie hier der 'zehnte Acker' für $^1/_{10}$ des Landguts gesagt wird, so *feorða æcer æt F.* für '$^1/_4$ F.' Birch 1256]. Dass die Ackerflur den ~en trägt, lehrt auch *o.* 8. Über diese Art der Verzehntung *s.* Seebohm *Village comm.* 80; Cunningham *Growth of industry* 42; Taylor *Domesday studies* 54. *Vgl.*

æcerteoðung (*Homil. n.* Wulfstan 310), *cornteoðung ebd.* 116. 208 **12a**) Für Deutschland *vgl.* Sprichwort *wo der Pflug hingeht, da geht auch der ∼ hin;* Graf und Dietherr *Rechtssprichw.* III 314 **12b**) Das bestimmt begrenzte Flurstück, das in seinem Ertrag den ∼en darstellte, hiess *teoðungland;* Middendorff *Altengl. Flurnamen* 134 aus Urk. a. 907 Birch 591. Dagegen versteht Toller diesen Feldnamen als 'dem ∼en unterworfen (also nur zu $^1/_{10}$ dem Besitzer zugunsten der Kirche entzogen) im Ggs. zu ∼freiem' **13**) Über die Verteilung *s.* Kirchengeldverwendung 4 **14**) Auch der Norden regelte den ∼en nach Agsä. Vorbilde; *vgl.* Dahn *Bausteine* II 366; Maurer *Abh. Bair. Akad.* XIII (1874) [er erblickt in der Vierteilung für Island und Norwegen eher Deutsches Vorbild]; *Island* 92; Lundby *Kirkehist. Saml.*, 5. *R.* IV 2 **15**) **N** Eine spätere Entwicklung zeigt ECf, sowohl in der Menge des zu Verzehntenden, (nicht bloss mehr Früchte und Vieh), wie in der Ersetzung der früher ganz naturalen Abgabe in einigen Stücken durch Geld. Schon Ende 11. Jhs. aber fliesst *teoðung of ælcere hide 8 penegas;* Kemble 897. Der Name *teoða sceatt* (*s. d.* Z. 5), schon Af El 38, schliesst Naturalien nicht aus **15a**) Das Getreide wird durch die zehnte Garbe des Ertrages [spätere Form als *o.* 12; Rhamm *Grosshufen* 644] verzehntet, die Herde durchs zehnte Fohlen, Kalb, Lamm, Ferkel, ebenso der Ertrag an Käse, Butter, Wollvliesen natural durch je $^1/_{10}$, auch die Milch je des zehnten Tages; ECf 7—7, 4; *vgl.* I 632* [Kalb, Fohlen, Lamm im Engl. Stadtrecht bei Bateson II 213]; *decimam quadrupedum, frugum, pomorum, vestimentorum* nennt Beda IV 29; *vituli et agniculi* VI Atr 17 L; *animalium ipsius anni procreatorum* Cn 1027, 16 **15b**) Wer aber nur ein oder zwei Stuten oder Kühe besitzt, gibt für jedes Fohlen oder Kalb 1 oder $^1/_2$ Pfg. ∼ (ECf 7, 1 f.), **15c**) von Bienen $^1/_{10}$ des Ertrages [vom Honig und Wachs? oder vom Gelderlös?]; 8, 1 **15d**) Nur der Gelderlös als zu verzehnten kann gemeint sein beim ∼en von *negotiationibus* d. i. Handel (und Gewerbe?), wahrscheinlich also auch bei den daneben stehenden Holzungen, Forsten, Büschen, Gewässern, Mühlen, Teichen, Fischereien, Wiesen, Gärten und ähnlichem; 8, 2. Von Land, 'Dingen' (Vieh?) und anderen *gestreonum* (Erwerbungen) fordert ∼en *Blickling hom.* 51. **N** [Als ungewohnter ∼ galt um 1237 der aus Steinbrüchen, Holzung, Weiderecht; und der Klerus klagte, dass sich staatliches Gericht darüber zu urteilen anmasse; Ann. Burton. ed. Luard I 254] **16**) Um 1135 sei der ∼ gemindert und verfallen gegen frühere Zeit, angeblich weil die einst reichen Pfarrer der [richtig] vormals weit grösseren Kirchspiele die Beitreibung vernachlässigten; ECf 8a: letzteres eine falsche Vorstellung; *vgl.* Selborn (*o.* 3a) 300

Zeidler *s.* Bienen 3ff.

Zeigefinger *s.* Finger 3a ff., Waffe 1

N Zeit definiert philosophisch Quadr Ded 13. *Vgl.* Frist, Termin, Datierung; Tag, Nacht, Vorabend, Feiertag, Woche, Monat, Jahr, Jahres∼, Winter

Zeitpacht *s.* Pacht 1 **Zelt** *s.* Haus 8

Zentner *s. quarterium*

Zepter *s.* Krone 1b

Zetergeschrei *s.* Gerüfte

Zeugen

1. Wort. 1a. Eideshelfern verwandt. 2. ∼beweis leichter. 3. Zeugnisfähig. 4. ∼ ohne Eid. 5. Falsch Zeugnis. 6. ∼eid. 7. Augen∼. 8. Zahl, Wert der ∼. 9. A. Zufällig wissende, B. gezogene ∼. 9a. Partei- und Inquisitions∼. 10. A. I. ∼ durch absichtlose Wahrnehmung, 11. II. durch Nachbarschaft. 12. B. I. Zu künftiger Bezeugung, 13. II. kraft obrigkeitlicher Einrichtung. 14. Rechtskraft. 15. Gefährdung der ∼ 16. Rechtsgangstadium, in dem ∼ zu nennen.

1) *s.* Wb *(ge)wita, (ge)witnes, wente; secgan (mid), (ge)cyðan* [nicht in *Gesetzen: cyðere, cyðness*]; über die Wörter *vgl.* Brunner I² 570. II 391; *testes, testificare, -atio, testimonie, -nier* **1a**) Von Eideshelfern (*s. d.* 1) scheidet die Sprache die ∼ nicht immer. Daher bleibt an einigen Stellen (*ebd.* 2a ff.) fraglich, ob ∼ oder jene gemeint sind, oder ein allgemeinerer Begriff: menschliche, rechtsförmliche Bestätigung der Aussage, die, wenn von der Partei allein ausgehend, bezweifelt würde. Doppelstellung der Eideshelfer, die zugleich Wissende sind, zeigt H. Meyer *Publizität* 55f. **1b**) Die Kauf∼ (*s. d.* 8), falls Gekauftes später angefochten wird, und Gerichts∼ treten als Eideshelfer (*s. d.* 2c) auf **1c**) Sogar Gewährzug kann *attestatio* heissen; *s.* Anefang 1d **1d**) Begrifflich bleiben ∼ von Eideshelfern geschieden: jene 'ebnen den Weg zum Ureigen[-Eide]'; II Atr 9, 4 **2**) Zeugnis erscheint als der leichtere Beweis gegenüber Reinigungseid: Von der Schuld am Verluste des Anvertrauten (*s. d.* 2a) reinigt sich beklagter Depositar durch ∼, dass Feindesheer es geraubt habe, und erst in deren Ermangelung durch Eid; Af El 28, zwar aus Exodus, aber so sehr frei, dass es wohl praktisch gemeint scheint **2a**) Der gegen Anefang (*s. d.* 12) sich verteidigende Besitzer bedarf zu Gewährzug oder Ureigen-Erklärung (*u.* 11b) ∼ oder Helfereid; I Ew 1, 2f. Die leichtere Alternative steht voran **3**) Zur Zeugnisfähigkeit sind dieselben Eigenschaften erfordert wie für Eidesfähige (*s. d.* 7); unfähig zum Zeugnis ist der Unfreie, Bescholtene (*s. d.* 1b) und wer je falsches, z. B. als Kaufzeuge (*s. d.* 11), abgab **N 3a**) Aus Kanonistik sammelt Stellen über Eigenschaft der ∼ Hn; ihr Verhältnis und ihre Neigung soll vom Gericht erwogen werden (5, 1a; 3a. 28, 3); besonders ∼ gegen Geistliche seien makellos; 5, 9. [Das hier gemeinte Verhör der ∼ widerspricht Altgerman. Prozess; Brunner II 434ff.] **3b**) Andere Personen als Partei oder Richter müssen ∼ sein; 5 **3c**) ∼ können durch Rassenhass oder Verwandtschaft mit der Partei an Glaubwürdigkeit leiden; *s.* Geschworene 6 **4**) Die ∼ schwören nicht immer; *o.* 2 **4a**) Nur für dás sollen ∼ auftreten, was sie [auch] beschwören können; III Atr 2, 1. Pfarrer, Dorfvogt und Zehnerschaftvorsteher sollen Fasten und Almosen ihres Dorfes zur Landesbusse be∼, *sicut in sanctis iurare poterunt;* VII 2, 5 **4b**) Als Rechtsmissbrauch Westenglands wird gerügt, dass noch so glaubwürdige ∼ nicht gelten sollten, obwohl sie ihr [also eidloses] Wort beschwören wollten; V 32, 2. [Vielleicht wünschte dieser Jurist, Kläger solle durch ∼ dem Beklagten den Weg zum Eide verlegen können, wie *u.* 11c und auf dem Festlande; Brunner II 373. 518] **4c**) Vielleicht z. T. gegen jenen Missbrauch verordnet, Zeugnis (oder Eideshilfe? *s. d.* 2f) gelte, auch nachdem ∼[führer?] tot, III Atr 2. 3 = Northu 67, 1 **4d**) Eidloses Zeugnis der Gemeinde∼ über ortskundige Verhältnisse, mit Inhalt und Zweck der Geschworenen, wird aus später Agsä. Zeit berichtet; Brunner *Schwurg.* 400 **4e)** Nur der Führer der Aussage, nicht die Helfer, werden beeidet in Eideshelfer 2a **4f)** König und Bischof be∼ giltig ohne Eid; *s.* Eidesersatz 1 **5)** Falsches Zeugnis ohne Eid wird ausdrücklich getrennt von Meineid (*s. d.* 3b ff.) und nur *u.* b (wie bei and. Germanen; Brunner II 436. 682f.) gleich gestraft **5a)** Davor warnt, aus dem Dekalog, Af El 8 (ferner 40 vor dessen Nachsprechen; *s.* Eideshelfer 2d). III Atr 2, 1 = V 24 = VI 28, 2; aus Ev. Marci Iud Dei I 11, 2 **5b)** Ein Priester, der Meineid (*s. d.* 4) oder falsch Zeugnis abgibt, verliert Klerusgemeinschaft und Ehrenrang **5c)** Der auf falschem Zeugnis Ertappte wird zeugnisunfähig und zahlt Strafe 30 Schill. (als Kaufzeuge II As 10, 1) oder Halsfang (II Cn 37 = Ps Cn for 14 = Hn 11, 7): viel milder als Strafe für Meineid **5d)** Eidlos ist auch das falsche Zeugnis, abgegeben vor Bischof oder Priester [die vermutlich formlos zur Wahrheit ermahnt haben], vor dem Kanonisten warnen; Egberti *Poenit.* I 34; Ælfric *Canon.* 26f. Wer falsch Zeugnis vor dem Bischof abgibt, zahlt dem König 120 Schill. [höchste Strafsumme]; Ine 13 **6)** Der ∼eid lautet, 'wie der der Partei beistehende Zeuge schwören soll: Im Namen des allmächtigen Gottes! só stehe ich hier bei N. in wahrhafter ∼schaft, unaufgefordert und nicht dazu erkauft, wie ich es mit meinen Augen sah und mit meinen Ohren hörte, was ich mit ihm aussage'; Swer 8 **6a)** *Vgl.* aus Schottischem Stadtrecht: *unbought nane procuryt not hyryt* (gemietet); Bateson I 50f. **6b)** Die Kauf∼-Erklärung beteuert 'bei Gottes und des [Vassallitäts]-Herrn Gnade', Beklagtem in wahrem Zeugnis zu stehen, wie man es sah und hörte, dass er Eingeklagtes rechtlich erwarb; II Cn 23, 1. Einen Eid sieht darin der eine Übs. In **N 7)** Diese Qualität der *testes audientes vel videntes* ist vom Angeklagten erfordert für positive Behauptung wirklichen Vorkommnisses, nicht aber für Negierung klägerischer Aussage; vermutlich aus Kanonistik Hn 48, 9 **7a)** Sie ist nötig auch für die Belastungs∼ (*s.* Ehebruch 9b), **7b)** für die 1—2 Ding∼ (*s.* Gerichtszeugnis 2), **7c)** für die Kauf∼; *s. d.* 8a **N 7c)** Im Ggs. zu dieser Qualität steht *relatio* und *estimatio* Hn 9, 1b **8)** Die Zahl der ∼ beträgt 1—4 bei Kauf∼ (*s. d.* 6), 1—2 beim Gerichtszeugnis (*s. d.* 2), 12 bei Geschworenen (*s. d.* 1. 5) zu Rüge und Weistum, wofür auch 8 ∼; *ebd.* 5 **N 8a)** Aus Kanonistik: Belastungs∼ bedarf es 2—3 zur Annahme der Klageschrift gegen Priester oder Klage wegen Hurerei gegen Geistliche; Hn 5, 15f. **8b)** Kriminell verurfeilt werden kann der Bischof nur bei 72 ∼, der Kardinalpriester bei 44, der Kardinaldiakon bei 26, der Subdiakon oder niedere Geistliche bei 7 Belastungs∼; 5, 11ff. **8c)** Der Wert des Zeugnisses steigt erstens mit dem Stande des ∼ (was aber die *Gesetze* höchstens vielleicht darin erkennen lassen, dass sie den geistlichen Stand des falsch ∼den [*o.* 5b] hervorheben), zweitens mit dem Stande des [Eidesabnehmers?], vor dem Zeugnis abgegeben wird; *o.* 5d **9)** Die *Gesetze* bieten keine Einteilung der ∼, weder in sprachlichem Ausdrucke noch verraten sie eine begriffliche Unterscheidung; *o.* 1aff. Im Folgenden treten zuerst **A.** die ∼ auf, deren Zeugnisinhalt nicht mit der Absicht, ihn künftig zu be∼, erfahren ward, sodann **B.** die anderen, 'gezogenen' ∼, die etwas zu dem Zwecke vermerken, um es später zugunsten der sie jetzt Herbeiziehenden be∼ zu können **[9a)** Man könnte auch unterscheiden **I.** die Partei∼, nämlich *α.* Entlastungs∼ (*o.* 1b. d. 2. a. 6b; *u.* 10c. e. 11b. f. i) und *β.* (*o.* 3a. 4b. 7a; *u.* 10d. 11a. c. d. g. h.) Belastungs∼ (als welche wenigstens die der Klage — *s. d.* 14 — in *Gesetzen* begrifflich gesondert vorkommen), neben *γ.* den Ding∼ (*o.* 7b) und *δ.* Partei∼ freiwilliger Gerichtsbarkeit (*u.* 12—f), im Ggs. zu **II.** den im öffentl. (staatl.) Interesse durch die Obrigkeit eingesetzten ∼; es sind dies *α.* dauernd angestellte Kommissionen, Kauf∼ (*s. d.*) od. Beaufsichtiger der Verwaltung (*o.* 4a; *u.* 13a) und *β.* von der Regierung befragte Inquisitions∼ zu Rüge, Weistum, Leumund; *o.* 4d; *u.* 11k**]** **A. I. 10)** Die Agsä. *Gesetze* zeigen, wo sie eindeutig lauten, keine ∼ von zufällig erworbenem Wissen, die nicht zugleich (*u.* 11) Nachbarn wären. Daher bezieht sich wahrscheinlich auch der ∼eid (*o.* 6) nicht auf zufälliges Wissen **N 10a)** Wohl aber begegnen solche in Hn **10b)** Zunächst aus Kanonistik: *o.* 3a. 7a. 8a. b **10c)** Zur Vorbereitung der Verteidigung, u. a. durch ∼, erhalte Beklagter $^1/_2$—$1^1/_2$ Jahr Frist; 5, 25 **10d)** Von Klage, für die Belastungs∼ fehlen, darf sich der Geistliche rein schwören; 5, 27 **10e)** Totschläger entschuldigt sich mit Notwehr (*s. d.* 10. a) durch *legitimos coactionis testes;* 80, 7b. 87, 6 **II. 11)** In polizeilichen Kautelen des Viehhandels und im Prozess um Vieh dienen als ∼ Nachbarn; *s. d.* 3. Nur solche konnten es kennen; diese Eigenschaft ist also zu ergänzen, wo sie in einigen Sätzen fehlt **11a)** Bestohlener, der sein Vieh bei des Diebes Gerichtsherrn aufbewahrt findet, erklärt es als sein eigen durch ∼, was Übs. als Eideshelfer (*s. d.* 2a) missversteht **11b)** Der im Anefang (*s. d.* 25c) Beklagte, der sich durch Gewährzug auf Tote oder Ureigeneid verteidigen will, braucht nachbarliche ∼; II Atr 9, 2; 4. Leis Wl 21, 5 **11c)** Kläger im Anefang (*s. d.* 25e) verlegt den Ureigeneid durch ∼, dass er das angeschlagene Vieh vor $^1/_2$ Jahre noch besass. [Ob II Cn 24, 2 ∼ meine, bezweifelt Meyer (*o.* 1a) 53[a]; allein die Stelle 24, die Cnut zitiert, spricht klar von Kauf∼. Er hält für ∼ die von mir Anefang 26 als Eideshelfer Angesehenen] **11d)** Wer für Viehverlust Schadenersatz von versichernder Genossenschaft beansprucht, bringt nachbarliche ∼, er habe es vor noch 3 Tagen besessen, und es träfe bestimmten Wert an; VI As 6, 1. 8, 7f. **11e)** Der vom Deponenten angeklagte Verwahrer beweist unverschuldeten Verlust durch ∼; o. 2 **11f)** Aber auch Grundbesitz (*s. d.* 10) wird unanfechtbar, wenn man das Grafschaftsgericht (*s. d.* 13d) zu ∼ der davon erfüllten Staatslast anruft **N 11g)** Beim Prozess zwischen Herrn und Lehnsmann über Lehn bedarf es für jenen oder diesen eines ∼ aus demselben Herrschaftskreise; Hn 48, 10 **11h)** Zum Prozess des Hintersassen gegen seinen Herrn über einen Grundbesitzvertrag muss er zu ∼ (oder Eideshelfern; *s. d.* 16e) Besitzrechtsgenossen desselben Lehn haben; Leis Wl 23 **11i)** Als ∼ des Leumunds (*s. d.*) treten des Verdächtigten Herr, Nachbarn und Lagamen (*s. d.* 3. 4c) auf, die jenen längst kennen **11k**) Schon z. T. diese antworten der inquirierenden Obrigkeit. Nur so, ohne Partei, fungieren die Geschworenen (*s. d.*) zu Rüge und Weistum; *s. d.* 2 **11l**) *Vgl.* Gerichtszeugnis 1 **B. I. 12**) Gezogene ~ sind die der Urkunde. Agsä. Urkunde, auch (im Ggs. zu Fränk. Prärogative; Brunner I^2 570; *RG. Germ. Urk.* 158) des Königs, bedarf ~; *vgl.* Siegel 3. **N** So stehen unter CIIn cor., Hn mon, com, Lond *Testes* **12a**) Durch ~ bestimmt der Besitzer den Erbgang seines *bocland* (*s. d.* 8), seinen letzten Willen (*s.* Testament 1), **N** den seiner Verlassenheit Helfenden zum Erben (Hn 88, 15), der Mann seiner Ehefrau Wittum und Aussteuer; aus Ribuaria Hn 70, 22 **12b**) Unter ~ geschehen Verknechtung und Freilassung (*s. d.* 5c; Hn 78, 1f.), Aufnahme ins Gefolge (oder Haus) und Entlassung (V As 1, 1. Hn 8, 5. 41, 12), samt neuer Herrensuche, Einstellung als Kauffahrtgehilfe (Af 34) und, nach Synode von 1102, Heiratsversprechen; I 545^b **12c**) Vor ~ löst sich die Erwerbsgenossenschaft (*s. d.*) auf **12d**) Vorladung (*s. d.* 2b. 5), Terminaufschub (*s. d.* 12), Pfändung (*s. d.* 7) handhafter Missetäter bedürfen ~ **12e**) Nur vor 2 ~ der Grafschaft darf die Münze (*s. d.* 8b) umgeprägt werden **12f**) Wiederum (*o.* 11) gegen Viehraub oder dessen Hehler richtet sich die Forderung, ~ hinzuzuziehen beim Handel (*s. d.* 6. 8a—c. k. 9; *o.* 2a, und zwar seit Eadgar aus dem Kolleg amtlicher Kauf~), beim Fund (*s. d.* 1. 2), bei Auftrieb des neu Erworbenen auf Dorfweide (IV Eg 8), beim Schlachten (*s.* Hehlerei 6); zum Gewährzug bedarf Beklagter diese gezogenen Kauf~ gegen den Anefang; *s. d.* 12 **II. 13**) Nicht immer sind es nur Privatleute, die von dem späterhin zu Bezeugenden Kenntnis nehmen. Geradezu allein als ~ geschaffen ist freilich nur éine dauernde Einrichtung, die Kauf~ (und die ~ künftiger Prozesse, vielleicht vielmehr Eideshelfer; *s.* Auswahleid 5) **13a**) Nur vorübergehend treten zum gleichen Zwecke zusammen die Kommissionen des Gerichts (*s. d.* 20a. d), welche die Strafgeld- und Peterspfennig-Einfreihung be~ zugunsten des verantwortlichen Vogts (*s. d.* 9a) und die Landesbusse überwachen; *o.* 4a **13b**) Ein jedes Staatsorgan, jede Körperschaft kann ~ abgeben: so der Pfarrer (über Pönitenz zur Sühne des Meineids; *s. d.*), der Vogt und Ealdorman (*s. d.* 19f. 22), Bischof und König (Af 41), ferner das ordentliche Gericht (34. V As 1, 1), das Dorf (IV Eg 8), bisweilen durch einen Ausschuss vertreten; *o.* 4a **13c**) Das zu ~ Ziehen ist mehrfach identisch mit der Kundmachung (*s. d.*), die den Verdacht des Verstohlenen ausschliesst (*o.* 12b ff.) und den Vorteil der Beweisnähe (*s. d.* 6) bringt, bes. nach Totschlag (*s. d.*) in Blutrache und Notwehr, am Franzosen oder Handhaften **13d**) Die Bezeugung durch die Obrigkeit ist von Beaufsichtigung (Vorwissen, Kenntnisnahme) begrifflich oft untrennbar; beides heisst *gewitnes* **13e**) Schon *o.* 11f. i—l wurden Gericht, Herrschaft und Kollegien erwähnt, die als ~ fungieren, doch ohne von Anfang an 'gezogen' zu sein **14**) Die ~ sind von so hoher Wichtigkeit, dass, wer als Besitzer von Gestohlenem auf Kauf~ sich zu stützen fälschlich vorgab, als Verbrecher gilt und Vermögen und Leben verliert; IV Eg 11 **14a**) **N** Die Rechtskraft der ~ der Klage reicht nicht aus, den Angeklagten [ausgenommen Handhafte] zum Tode zu verdammen: dieser gelangt zur Reinigung; Hn 48, 4. 31, 5 **15**) Die Belastungs~, die Viehräuber zur Bestrafung brachten, liefen durch deren Freunde Lebensgefahr; IV Eg 14 **16**) **N** Beklagter, *qui testes nominandos habet, ante nominet,* bevor Urteilfinder zum Urteil schreiten; Hn 49, 3c **16a**) Die Form, in der ~ gezogen oder später zu gerichtlichem Auftreten veranlasst werden (Brunner II 392), erhellt aus *Gesetzen* nicht

Zeugungsglied *s.* Wb *gecyndelic; eowend; herðan; membre, freres, natura. Vgl.* Entmannung **1**) Die Zerstörung der ~er büsst der Verwunder dem Geschädigten mit dessen dreifachem Wergeld; Abt 64. Dies findet Parallelen im Norden und in Friesland; His 264. 301 **1a**) Wer einem durch Verwundung der Hoden die Zeugungskraft zerstört, büsst ihm 80 Schill.; Af 65 = Hn 93, 24 [was gegenüber den Bussen bei anderen Germanen gering findet Wilda 767] **1b**) Wer einem in die Hoden sticht oder sie durchbohrt, büsst ihm 6[?] Schill.; Abt 64, 1f. **2**) **N** Nur durch Vermischung der *coeuntium naturae* kann Ehebruch vollzogen sein; Hn 82, 9a

Ziege *s.* Wb *gat, ticcen. Vgl.* Fell 3 **1**) Das Herrschaftsgut überlässt dem ~nhirten, der die Herde gut versieht, die Milch der ~nherde nach Martini und vorher sein Teil Molken und ein Zicklein vom Jungvieh des Jahres; Rect 15 **2**) Das gegen Diebstahl und Hehlerei (*s. d.* 6) gemünzte Verbot heimlichen Schlachtens bezieht auch auf ~n III Atr 9 R^{20}, um 1180, wo aber *capre* nur Schreibfehler statt *caput* **3**) Trockener ~nkäse gehört zum Geweihten (*s. d.* 6) Bissen **4**) Eine ~ gilt 2 Pfg.; Duns 7 **5**) Nicht häufig kommen ~n in der Agsä. Landwirtschaft vor; so Earle 188b; a. 1114 im Londoner *Domesday of St. Paul's* ed. Hale 127 **5a**) Alkuin schickt aus Frankreich *vestitum caprinum* um 803 dem Erzbischof Æthelheard von Canterbury; *Mon. Germ., Epist.* IV 480

Zins(bauer) *s.* Wucher, Abgabe, Pacht; Bauer

Zion *s.* Wb *Sion*

Zölibat *s.* Cö-

Zollabgabe *s.* Wb *toll; telonium, extolneare, consuetudo; passagium, lestagium; ostensio* (*s.* London 34b); *vgl.* bei Toller *niedbad(ere).* Wohl ~ ist mitgemeint unter 'Gebühren' *gerihta, riht* Wb n. 14. *Vgl.* Handel, Abgabe, Markt 2, London 30. 33f. 34c. d. 35 **1**) Über das königliche Vorrecht auf ~ bei den Germanen *s.* Brunner II 288; über den Auslandszoll (*u.* 6) in Norwegen, der sich auf den Königsbann, das Recht des Königs, den Auslandsverkehr zu untersagen, gründet, *s.* Lehmann *Königsfriede* 184. Zur Gesch. des Engl. Marktzolls *vgl.* Maitland *Domesday* 194 **2**) In jeder Stadt (= Gerichtstätte) möge ich meine Gerechtsame [auch ~] behalten, wie mein Vater hatte, sagt Eadgar IV 2a **2a**) *Rectitudines civitatum regis sunt;* In Cn III 46, darunter ~ **N 2b**) Jede Stadt hat so viele Hauptstrassen wie Haupttore für Erhebung von ~; Hn 80, 3b **2c**) *In burgo vel villa* kann ~ erhoben werden; Hn Lond 12 **2d**) Markt (*s. d.* 2a) wünscht ein Reformer um 1200 nur in sicher befestigtem Orte, *ubi consuetudines non possunt defraudari; vgl.* Handel 8e. f **3**) Ein unter Æthelred II. abgefasstes

Denkmal berichtet über ∼, die in London (*s. d.* 30ff.) die Händler dem königl. Beamten schuldeten **3a)** Der Stadtvogt dient schon im 7. Jh. als Kaufzeuge (Hl 16), war also wohl schon damals (für Kent) Zolleinnehmer, wie jedenfalls später; IV Atr 3. 3,3 **3b)** Ein Schiff ('Kiel oder Holk'), das in Billingsgate landet und liegt, zahlt 4 Pfg., ein Segler 1, ein kleines Schiff ½, ein Fischerboot an Londonbridge anlegend 1, ein kleineres ½ Pfg., ein Schiff voll Holz 1 Brett als ∼; 2—2,4. [*Vgl.* aus Chester vor 1066: Wenn ein Handelsschiff *discederet, 4 den. de unoquoque lesth habebat rex et comes;* Domesday I 262b] **3c)** Rouener mit Wein oder Walfisch zahlen 6 Schill. vom grösseren Schiff u. die zwanzigste Schnitte vom Wal; Leute aus Flandern, Ponthieu, Normandie, Francien, Huy, Lüttich, Nivelles (die der Warenschau unterlagen oder sie mit Geld ablösten) zahlen ∼, Deutsche (*s. d.* 2d) daneben [vielleicht für die Erlaubnis des Überwinterns?] Naturalien; 2, 5—8. 10 **3d)** Von einem Korb voll Hühner, der zu Markte kommt, entfällt 1 Huhn, von einem voll Eier 5 Eier als ∼; 2, 11 **3e)** Händlerinnen in Käse und Butter zahlen je 1 Pfg. 14 und 7 Tage vor Weihnachten [d. h. wohl vom Marktstand jährlich]; 2, 12 **3f)** Sonntags, Dienstags, Donnerstags findet Tuch-Verzollung (Verkauf durch Fremde) statt; 2, 3 **3g)** Klagt der königliche Beamte auf Zollhinterziehung, so reinigt sich Beklagter entweder durch Nachweis, dass er dessen Unterbeamten, wie dem Büttel, Zoll gezahlt habe, oder durch Eid mit sechs Helfern, dass er keinen schuldig gewesen. Findet er jenen Unterbeamten nicht, so zahlt er den Zoll doppelt und 5 £ Strafe [*s.* Königsschutz 8 oder Wergeld?]; leugnet der angerufene Büttel den Empfang, so kann Beklagter sich nur durch Ordal reinigen; 3—3,3 **4)** Wie der Sklav überhaupt Fahrhabe ist, so kostet es, wie beim anderen Handel, ∼, wenn er den Herrn wechselt (Kemble 1353; für Lewes Domesday I 73) oder freigelassen wird; Earle 253. 256—9. 273 **4a)** **N** Wird jemand verknechtet, so zahlt der neue Herr ∼ im gutsherrl. Hallengericht [dem Gutsvogt] oder [dem öffentlichen Beamten] im Hundred oder im Nachbargericht; Hn 78, 2 **5)** Seit Anfang 8. Jhs. erlassen die Könige einigen Kirchen die ∼ für bestimmte Warenquanten (z. B. eine Schiffsladung) an bestimmten Orten; *vgl.* Birch 149f. 152. 171. 173. 177. 188f. 1094 **5a)** Ein geschenktes Land erklärt *liberam a tributis et vectigalibus* Urk. a. 680 Birch 51, von Hickes u. Hardy für echt, von Kemble für unecht gehalten **5b)** Seit Agsä. Zeit aber verleiht die Krone auch den Genuss der ∼ an Kirchen durch Urkk., z. B. Kemble 726. 737f. 758; Thorpe *Dipl.* 235. 317; und im 11. Jh. verbindet sich formelhaft in Privilegien, die sie gibt, private Gerichtsbarkeit (*s. d.* 24b) mit *toll* im Sinne von Zollempfang. Es erscheint zuerst *toll 7 team* (a. 1020 Earle 236), dann seit Eadward III. dies hinter *sacu 7 socn* und vor *infangenne-þeof;* Kemble *785. 829. 843. 853 **N 5c)** Der Genuss dieser verbundenen 5 Privilegien erhöht den Rang des adligen Grundbesitzers; Leis Wl 2, 3 **5d)** Bischöfe, Grafen und andere *potestates* [jedenfalls Äbte, vielleicht alle Kronbarone] geniessen diese *in terris proprii potentatus* (Amtsterritorien und Stammlehen, nicht auf den in privatem Geschäft hinzu erworbenen Ländereien, wo sie nur niedere Gerichtsbarkeit ausüben); Hn 20, 2 **5e)** *Episcopi in sua propria terra et in suis villis* [den Amtsländern des Bistums] *debent habere toll 7 team et [infangenne þeof];* In Cn III 58, 1 **5f)** Bischöfe, Grafen, Kronbarone sind nicht die einzigen, die jene Privilegien der Gerichtsbarkeit und *toll* geniessen nach einem Bearbeiter 13. Jhs. des ECf retr 21; dagegen nach dem originalen Texte ECf 21 haben nicht alle Barone jene Privilegien. Hier wird *toll* erklärt als *libertas vendendi et emendi in terra sua* (des Privilegierten 22, 2), d. h. erstens Freiheit von ∼ für Handel auf dem Grund und Boden des Privilegierten. Vielleicht ist aber zweitens von ECf mitverstanden, jedenfalls im Privileg mitgemeint, das grundherrliche Recht, ∼ in diesem Distrikt zu empfangen **5g)** Eine spätere Abwandlung des Sinnes liegt vor in der Erklärung: das Recht Hörige zu besteuern; Maitland *Select pleas manorial* I xxij **6)** Bürger Londons (*s. d.* 39) befreit Heinrich I. von ∼ über ganz England und die Ausfuhrhäfen hin [**6a)** Die Kaufgilde vieler Städte wird seit 12. Jh. befreit von ∼ auf Englischen Märkten; Gross *Gild merch.* I 9. II 191. 251] **6b)** London (*s. d.* 59) darf Repressalien üben gegen die in London erscheinenden Fremden aus einem Orte, der Londonern ∼ abgepresst hatte **6c)** Unter den *consuetudines*, die der Einwohner eines privaten Immunitätsbezirks innerhalb Londons an dessen Grundherrn [statt an den Stadtvogt] schuldet, ist wahrscheinlich auch ∼ gemeint; Hn Lond 6 **7)** Cnut (*s. d.* 6a) erreichte 1027 beim Papst, Kaiser und König von Burgund für die aus England und Dänemark nach Rom reisenden Kaufleute und Pilger Zollerleichterung

Zollmass *s.* Wb *ynce; polz; uncia,* (*vgl.* Gewicht 1b) für $^1/_{12}$ Fuss schon antik. Nach ∼ der Wundenlänge bemisst sich Gliederbusse; *s. d.* 9

Züchtigung *s.* Prügel

Zufall (*casus*) *s.* Absicht 1—9; Fahrlässigkeit; Gefährdeeid

Zug *s.* Instanzen∼, Appellation

Zugabe. *Vgl.* Grimm *DRA* I⁴ 309 **1)** ∼ eines Tages zur Frist *s. d.* 20. [Ein *integer* Monat oder Jahr schliesst 1 Tag ∼ ein; Fockema in *Zschr. Savigny RG., Germ.* 14 (1893) 75; auch zu 2 oder 3 Monaten tritt 1—2 Tage ∼; *Très anc. cout. Norm.* 43, 3f. ABR.] **2)** Der Beamte des Gefängnisses (*s. d.* 11), dem ein Hinzurichtender [und dessen Kleidung] entging, erhält 1 Merc. Schill. und 1 *maille* für den Spaten; *s. d.* 1 **2a)** Der Halbpfennig erscheint als ∼ bei der Grenze (2 Ör) vom kleinen Diebstahl zum grossen (Bateson I 73) u. sonst (55f. 180) **2b)** Ebenso zahlt 1 *maille* oder 1 *denar* über eine hohe runde Schillingsumme (60) hinaus der im gerichtl. Zweikampf (*s. d.* 17b) Unterlegene als Strafe; Très anc. cout. Norm. ed. Tardif I 41. 50, 5; Summa legum Norm. 124, 14; Pol Mai II 457; im Engl.-Walliser Stadtrecht Bateson *EHR* 1901, 104; 60 *sol. et maille pur la borse* [*vgl.* Scheinbusse 1] Mirror of justices, ed. Whittaker 110; Coulin *Gerichtl. Zweikampf* 153; auch bei Notzuchtstrafe 161. 164 **2c)** Bei Totschlagsühne lässt zahlen 100 *sols et 1 den.* die Coutume de Bourgogne; His in *Festg. Güterbock* 352. Es ist diese ∼ zu trennen vom Versöhnungsgeschenk übers Wergeld hinaus; *s.*

Schiedsgericht 9b 3) ~ im Längenmass s. Gerste 1 4) 10 Hufen über 300 scheint mildernde ~ zum Quantum des Grundbesitzes, der dem Staate 1 Schiff (s. d. 3d) schuldet

Zukost s. Wb *sufl, gesufl* **1)** Bisweilen verbindet sich ~ mit *hlaf* (20 *gesuflra hlafa* Urk. c. 831 Earle 105), kommt aber auch getrennt vor: 1000 *hlafa* 7 *swa feola sufla* a. 807 Earle 81. Dieser erklärt p. 505 'milk cake?' zu eng. *Vgl.* auch Urkk. Birch 330; Kemble 229. 942. Das Wort glossiert *sorbiliuncula, sorbillum, obsonium, pulmentum, pulmentarium* (Ev. Joh. 21, 5), *dulciferum* und kann jedes Mittel zum Anfetten, Schmieren, Anfeuchten des Brotes als der Hauptnahrung bedeuten, sowohl animalisches [Fleisch (*de gregibus;* Deuter. 15, 14), Milch, Butter, Käse], wie vegetabilisches, z. B. Äpfel (Toller); beides *u.* 3 **2)** Als Almosen für die Seele eines verstorbenen Genossen zahlt der Gildenbruder 1 Brot mit ~; VI As 8, 6. Dasselbe als Almosen von einem Herde; *Homil. n.* Wulfstan 170 **3)** Das Herrschaftsgut zahlt der Sklavin neben Korn als Winter~ 1 Schaf oder 3 Pfg., als Fasten~ 1 Sextar Bohnen, im Sommer Molken oder 1 Pfg.; Rect 9

Zunge s. Wb *tunge* **1)** Unter den Gliederbussen schätzt die durch Verwundung ausgerissene ~ dem Auge gleich Af 52 = Hn 93, 11, wie auch andere Germanen **2)** Unter einzelnen Körperteilen wird die ~ besonders verflucht im Kirchenbann; Excom VII 16 **3)** Zur spiegelnden (s. d. 2) Strafe für Verleumdung (s. d. 3a) wird die ~ ausgeschnitten oder durch Strafgeld ausgelöst **zurückgeben** s. Rückgabe

Zusatzfrist s. Zugabe 1

Zuständigkeit s. Gericht 15. 25; Königsgericht 3, Instanzenzug, Appellation, Grafschaftsgericht 13, Hundred 29. 35, Dorf-, Grenz-, Hallengericht, Gerichtsbarkeit 37ff., Geistliches Gericht, Schiedsgericht 4cff., Bocland 9

Zustellung s. Vorladung 2

Zwang s. Wb *nied, -dæda; -wyrhta, -þearf* **1)** Totschlag unter ~ der Selbstverteidigung s. Notwehr; Unzucht und Heirat unter ~ s. Notzucht, Eheschliessung 2. 16 **1a)** Herrschaftlicher ~ zur Missetat s. gewährleisten 5f.; unfrei 16b. d; gemeinschaftlich 8. 12f.; Anstiftung 3ff. **1b)** Arbeit unter ~ des Herrn am Sonntag s. d. 3a **2)** Missetat aus ~ ist milder zu beurteilen; s. Notwehr 4 **3)** Kaufhandel u. Gericht, bzw. Warentransport und Reisen ist am Sonntag (Feiertag) verboten, ausser bei grosser ~lage; I Cn 15, bzw. Northu 56 **4)** Wer gezwungen ward, Herrenverrat oder Verbrechensbeihilfe zu versprechen, breche lieber seine eidliche Verpflichtung; Af 1, 1 **N 4a)** Wer gezwungen ward, das lange beobachtete Recht abzuschwören und den Schwur bricht, dessen Meineid fällt dem Zwingenden zur Last; aus Kanonistik Hn 5, 28a **5)** Seewurf (s. d.) in Todesgefahr ist buss- und straflos

Zwangspfand, -vollstreckung s. Pfändung, Vermögenseinziehung, Strafvollzug, Selbsthilfe [17cff.

zwei s. Doppelung, Zahl 10, Stand

zweihundert s. Wergeld 4

Zweikampf.

1. Begriff und Wort. 2. Aussergerichtlich. 3. Um die Krone. 4. Nicht vor 1067 sicher. 5. In Denalagu. N 6. Wilhelm I. 7. Ausserhalb Ordals. 8. Von Engländern aufgenommen. 9. Klage darauf. 10. Bei welchen Verbrechen. 11. Bei Streit um Lehn. 12. Schwur der Parteien. 13. Waffen, Kämpe. 14. Gerichtsbarkeit darüber. 15. Exemtion davon. 16. Feiertags verboten. 17. Strafe des Unterlegenen.

1) Der ~ kommt in *Gesetzen* nur als gerichtliches Beweismittel (s. d. 1) vor; s. jedoch *u.* 2ff. **1a)** *ornest* (auch Ann. Agsax. a. 1096) ist Nord. Lehnwort (Steenstrup *Danelag* 227). Aus *orrest* wurde Ortsname, wie *Battle*. Das Wort *anwig* (Toller *Suppl.*) heisst *monomachia* nicht in gerichtl. Sinne, Agsä. *eornost* oder Mengl. *earnest* nicht ~. *S.* Wb *bellum, duellum, bataille; campus artus* **1b)** Das Wort *lex*, 'Beweismittel', umfasst manchmal auch den ~ (Hn 48, 12. 87, 6; Domesday II 337b. 338; Brunner I² 151⁷. II 376), schliesst bisweilen, i. S. 'Reinigungseid', ihn aus; Hn 49, 6; Domesday I 44b; Eadmer *Nov.* a. 1100, ed. Rule 125 **2)** Der aussergerichtliche ~ war den Agsa. aus der Literatur der Bibel und des klassischen Altertums bekannt; *vgl. u.* 7f; Toller *Suppl.* 45. Er darf aber nicht vermutet werden hinter dem Worte *feohtan*, das 'einseitig blutig angreifen, töten' heissen kann **2a)** **N** Den Feind auf der Strasse angreifen, ist Rechtssperrung (s. d. 4b), aber nicht den Vorübergegangenen *evocare:* zum ~ herauszufordern **3)** Einen ~ um die Krone — also nicht einen gerichtlichen — focht, wie 12. Jh. erzählte, Eadmund Eisenseite gegen Cnut 1016: wahrscheinlich historisch falsch; *vgl.* Round *Peerage and pedigree* II 291 **3a)** Wilhelm von der Normandie soll 1066 Harald den II. zum *singulare certamen* gefordert haben; Will. Pictav. ed. Giles 130 **4)** Ein gerichtlicher ~ in England vor 1067 ist nicht nachgewiesen; Brunner I² 263⁵⁶. Im Kentisch-Sächsisch-Mercischen Beweisrecht lassen ihm die Quellen keinen Platz. Gegen sein Bestehen spricht auch, dass Ende 11. Jhs. als Name für ihn ein Nordischer gewählt wird **4a)** Wildas Behauptung, der ~ sei im 11. Jh. nur wiedereingeführt, nachdem ihn das Christentum verdrängt hatte, ist unbewiesen **5)** Möglich bleibt, dass ~ in Denalagu bestand, über welche die Quellen fehlen; Stubbs *Lectures early hist.* 79; Steenstrup (*o.* 1a) 226 **5a)** Die Reinigung von der Klage auf Attentat gegen des Königs Leben geschieht in Engländerrecht durch schwersten Eid oder dreifaches Ordal, in Denalagu nach deren [also anderem] Beweisrecht; VI Atr 37: möglicherweise ist ~ damit gemeint **5b)** Dass der ~ a. 993 in England Sitte gewesen, behauptet die Nordische Saga von Olaf Tryggvason **5c)** Nicht aus Englands Gebiet oder Agsä. Stamm ist die an sich höchst wahrscheinlich unhistorische Erzählung, Gunhild, Cnut des Gr. Tochter, also keine Engländerin, habe sich in Deutschland von Ehebruchsklage gereinigt durch den ~ ihres Knappen; Will. Malm. *Reg.* 230 **5d)** Ein Privileg Eadwards III. von 1062 für Waltham — also vielleicht von Denalagu beeinflusst — erwähnt zwar unter Jurisdiktionsrechten *blodwite, ordel* [s. Ordal 28b] *et orest*, also auch die Abhaltung des gerichtlichen ~s, ist aber verfälscht; Kemble 813 **5e)** Vielleicht eine Spur Nordischen Holmgangs besteht im ~ auf einer Insel bei Bury St. Edmunds [also in Denalagu], in dem der königl. Fahnenträger, des 1157 begangenen Verrats angeklagt, unterlag; Jocel. Brakelonde 51 **N 6)** Ins Englische allgemeine Landrecht ist der gerichtliche ~ eingeführt durch Wilhelm I. mit dem Gesetz Wl lad (s. Beweis 11a); *vgl.* Brunner II 403. 417 **6a)** Im Ggs. zum

Altenglischen Beweisrecht nennt den gerichtlichen ~ einen Teil des *iudicium*, der *iuxta ius Normannorum* gelte; Will. Pictav. *o.* 3a **7)** Englische Quellen 11./12. Jhs. stellen den ~ zwar mit Recht ausserhalb des Ordals; *s. d.* 1c. d und *o.* 5d. Ursprünglich war der ~ nur Mittel zur Prozessbeendigung (im Norden: v. Schwerin in *Gött. gel. Anz.* 1909, 843, selbst trotz religiösen Hintergedankens keine Lösung der Rechtsfrage durch die Gottheit [Heusler *Strafr. Isld.* 36]), beruht aber später auf rechtl. Konstruktion als Ordal; Coulin *Gerichtl.* ~ 85 **7a)** Auch im *duellum iudicium Dei expectatur;* Fleta I 34, 26; der ~ heisst *lex Dei* in *Four* 13. *cent. law tracts* ed. Woodbine 124 **7b)** Das kirchliche Ritual für den ~ bietet Duel I 430; ein Französ. Formular für die Messe zitiert Coulin (*o.* 7) 101, den religiösen Brauch beim ~ behandelnd. Englische Dichtung späteren Mittelalters lässt die Helden vor dem ~ zur Messe gehen; Kahle *Klerus im Mengl. Versroman* 52. Der Priester, schon zum Schwure der Parteien, die dann der Kirche opfern, erfordert, segnet auch die Waffen. Die des Besiegten werden der Kirche geschenkt; I 430*. *Ubicumque fit duellum Eboraci, iuramenta fieri debent super textum vel reliquias* des Doms; Raine *Historians of York* III 36. Ein Fränkisches Statut fordert, das Kloster halte ein besonderes Haus *his qui pugnis baculisve inter se voluerint confligere;* ed. *Mon. Germ., Capitul.* I 346 c. 40 **7c)** Freilich hatte die Kirche vereinzelt den Geistlichen die Mitwirkung verboten; so die Synode von Valence a. 855; Nikolaus I. tadelte 867 den Plan, Theutbergas Ehebruch durch *monomachia* zu beweisen; Jaffé-Löwenfeld *Reg. pontif.* 2872 **7d)** Nach den Segnungen und Weihen zieht sich der Priester zurück und wohnt dem ~ selbst nicht bei; I 431° **7e)** In der Normandie fochten aber sogar Kleriker persönlich unter Wilhelm I. im gerichtlichen ~. Alexander II. bedroht zwar solche mit Absetzung, erlaubt aber dem Diözesan, sie zu begnadigen; Jaffé-L. (*o.* c) 14091 **7f)** Das Ritual, dessen biblischer Stoff dem anderer Ordalien ähnelt (I 430°), entbehrt jeden Bezuges auf Gottes Entscheidung im Gericht, wie ihn doch das Ritual zu jedem anderen Ordal bietet. Es zitiert c. 6 Goliaths Besiegung durch David, die den ~ überhaupt für die Moral des Mittelalters rechtfertigte, noch im *Mirror of justices* ed. Whittaker 109 **7g)** Auch in und nach Gregorianischer Reformzeit nimmt die Englische Kirche am gerichtlichen ~ keinen Anstoss. Das gegen die Abtei Evesham klagende Bistum Worcester unter dem heiligen Wulfstan bietet 1077 ~ an; Bigelow *Hist. Norman proced.* 327. So erbieten sich Kirchen im Domesday öfter, ihren Anspruch auf Land durch ~ zu erweisen. Obwohl Cölestin III. den ~ verbot (Jaffé-L. [*o.* c] 17626. 17662), stellte Bischof Roger von London (1229—41) seinen Kämpen zum Erweise eines Kirchenpatronats; Bracton *Notebook* n. 551 **8)** Gleich in den ersten Jahrzehnten nach 1067 (laut Domesdaybuchs von 1086) nahmen die Engländer den ~ praktisch an, als das vornehmere, ritterlichere Beweismittel (*o.* 1a. 7g, *u.* 13c); Neilson *Trial by combat* 32; Bigelow *Placita Agnorm.* 43. 60 **9)** Die Klage (*s. d.* 6f. 12a), zu deren Beweis ~ pfandlich versprochen wird, darf zwar mit künftiger Wortbesserung angenommen werden, aber nur so, dass diese zur Schwere des Falles etwas hinzufügt, sie nicht verringert. Würde durch Minderung Beklagter nicht mehr zum ~ verpflichtet, so würde Kläger jene (*u.* 17b) 3 £ Königsbann verwirken; Hn 59, 16 **10)** Durch ~ werden entschieden Klagen auf Kapitalverbrechen, die Leibesstrafe bedroht, Friedlosigkeitsachen, Mord, Bruch des Königsfriedens, Totschlag (samt der Entschuldigung durch Notwehr; Hn 87, 6), Diebstahl, Raub und Meineid; Wl lad 1. Wl art 6. Hn 49, 6. 59, 16a. 92, 14 **10a)** Während Eideshilfe *a communibus* reinigt, entkräftet der ~ schwerste Klage; 49, 6 **11)** Beim Prozess über Lehn (Land) im Gericht des Königs, eines Barons oder der Grafschaft entscheidet ~, wenn die Parteien nicht anders kompromittieren; Hn com 3, 3. Der ~ ist nicht die einzige *lex in disratiocinatione feudi* auch Hn 48, 12. Auch in der Normandie war der Beweis durch ~ nicht Kronprärogative; Brunner *Schwurger.* 159 **11a)** Ausser bei Diebstahl ist die Mindestgrenze des eingeklagten Wertes, um welchen im Zivilstreit durch ~ bewiesen wird, 10 Schilling; Hn 59, 16a **12)** Beide Parteien beschwören vor dem ~ die Klage bzw. Unschuld; Iud Dei X 21. Die Eidesformeln gibt *Mirror* (o. 7f) 111f.; den Eid des Kämpen (*Hoc audis, presbyter*) *s. Four law tracts, o.* 7a **13)** Als Waffe dient im ~ neben dem Schild der Kampfstock, eine Keule, oben mit rund gebogenem Horn [so auch bei Südital. Normannen; Niese *Gesetzg. Norm. Sic.* 184], *baculus cornutus*, besonders *ad hoc duellum praeparatus* (Duel 1. 2, 1. 4. 4, 1. 5), anderswo *fustis, clava* genannt, im 13. Jh. eine Elle (etwas weniger als 3 Fuss) lang, einem Eispickel ähnlich sehend, im 15. Jh. von Eschenholz samt Rinde, mit eisernem, widderartigen spitzen Horn; Davies *EHR* 1901, 730. [Im *Mirror* (*o.* 7f) 112: *bastoun cornu*, mit Angabe sonstiger Bewaffnung.] Vielleicht entstammt er der alten Frankenwaffe; *vgl.* Rübel *Fränk. Berufsstreiter* in *Protokolle Dt. Gesch.-Vereine* 1905, 217 **13a)** Die Bewegungsfähigkeit wird durch Fesselung der Hände an bestimmte Formen gebunden; Iud Dei X 21. Die Schranken, in denen der ~ vor sich geht, sind eng begrenzt; *ebd. Vgl. o.* 5e **13b)** Der körperlich schwache Engländer, den ein Normanne in einer nicht friedlos machenden Klage zum ~ forderte, kann einen *spala* (Vertreter, wie beim Ordal; *s. d.* 26) nehmen; *s.* Beweis 11a B. Ein Kämpe (*o.* 7g. 12) für den Normannen wird dabei nicht erwähnt, kommt aber in der Normandie im Prozess zwischen Normannen vor; Pol Mai I 51⁴ **13c)** Im Prozess zwischen Normannischen Adligen treten in England 1097 einmal die Parteien persönlich, das andere Mal durch Englische Kämpen den ~ an, und zwar hier (trotz der vom *Mirror* [*o.* 7f] 109 behaupteten Unzulässigkeit der Kämpen bei Felonie) bei Hochverratsklage; Freeman *Will. Rufus* II 63 ff. 615 **13d)** Der Kämpe ist anfangs wie Eideshelfer oder Zeuge von der guten Sache seiner Partei durchdrungen, heisst *testis* Hn 48, 12 und 1133 in Normandie (Haskins *EHR* 1909, 217) und *tesmoin* noch im *Mirror* *o.* c **13e)** Seit Mitte 12. Jhs. bezahlt aber die Krone einen *campio, probator*, meist einen vom Tode begnadigten Verbrecher, zur Durchfechtung der Kronklage, den sie, falls er unterliegt, dann noch hängt; Great roll of the Pipe a. 6. Hen. II. p. 13 **13f)** Und auch sonstige Kämpen fechten später bloss für Lohn; so erhält der *porcarius* eines Adligen Land, weil er dessen Sache im ~ durchfocht; Raine *North Durham*, App. n. 397f. **14)** Gerichtsbarkeit (*s. d.* 40a; *o.* 11) Privater umfasst den Prozess durch ~ nur, wenn besonders bevorzugt, in Schottland; Lawrie *Early Scot. char.* 384. Dagegen seit Heinrich I. entscheidet in England jedes Lehnsgericht den Streit der Vassallen um Land durch ~ **15)** London (*s. d.* 56a) seit Heinrich I. und manche andere Stadt werden mit Exemtion vom ~ privilegiert **16)** Am Feiertag ist ~ wie sonstige gerichtliche Handlung verboten; Hn 62,1 **17)** Im ~ selbst soll der kriminell Schuldige nicht getötet — auch der Besiegte *o.* 5e bleibt leben, wird aber Mönch —, sondern durch Besiegung überführt werden: die Behörde zahlt dem Henker *pro disfaciendo* (hinrichten oder verstümmeln) *homine victo in duello;* Great Roll of the Pipe a. 1155 ed. Hunter 4 **17a)** Der besiegte kriminell Beklagte leidet die Strafe des damit erwiesenen Verbrechens und verliert sein Land an den Lehnsherrn; Hn 43,7 **17b)** Der besiegte Kläger und im Zivilstreit jede der Parteien, die ~ pfandlich versprochen, aber nicht siegreich durchgefochten hat (*o.* 9), schuldet dem Gerichtsherrn 3 £; Wl lad 2,2. Hn 59, 15; Stadtrecht von Breteuil bei Bateson *EHR* 1900, 507. 756; Glanvilla II 3,11; Summa leg. Norm. 124, 14. *Vgl.* Zugabe 2b. [Vielleicht nur durch Lesefehler 40 *sol.* Wl lad Q. Wl art 6,2[m]; Stadtrecht von Preston; Très anc. cout. Norm. I 41. 50,5]. Dieses Strafgeld von 60 Schill. herrscht in Nordfrankreich; es ist der Fränkische Königsbann; Coulin *Verfall gerichtl.* ~*s* 19f. 23. 25. 29; Pol Mai II 457. 538 **17c)** Auch wo ~ unterblieb, zahlte, wenn auch nur darauf gerichtlich erkannt war, Beklagter dem Fiskus Strafe; Great roll of the Pipe a. 6. Hen. II. p. 59. Dort *pro recreantisa* 34 und 50 *sol.* p. 3. 58. Hinzu tritt bisweilen die kleinste Münze als Zugabe; *s. d.* 2b

zweimündig *s.* Gliederbussen 8A

Zwei Schwerter-Theorie **N 1)** Zur Erzwingung kirchengerichtlicher Ansprüche soll der König helfen: *sic gladius gladium iuvabit;* ECf 2,9b. *Vgl.* Kirchenstaatsrecht 20 **1a)** Æthelred von Rievaulx, ein Menschenalter später, lässt Eadgar zum Klerus sprechen: *Ego Constantini, vos Petri gladium habetis, gladium gladio copulemus;* Birch 1276, auch Migne *Patrol.* 195, 727 **2)** Alcuin hatte a. 799 Karl den Gr. 'als *duobus gladiis* von Gott versehen' angeredet; *Mon. Germ., Epist. Karol.* II 282 **N 3)** Der Yorker Anonymus um 1101 gibt dem Staate unabhängig ein Schwert; ed. Böhmer *Kirche u. Staat* 474 **4)** Dagegen der Engländer Robert Pullus um 1133–45 lässt Gott beide Schwerter der *ecclesia* geben, die, den Staat mitumfassend, eines den Laien verleiht (Böhmer [*o.* 3] 417ff.): im Sinne Bernhards von Clairvaux; *vgl.* Hauck *Päpstl. Weltherrsch.* 22. 30. 32. 35; Gierke, transl. Maitland, *Polit. theories* 13. 113 **5)** Später *s.* Herb. Bosham., *V. s. Thomae Becket* zu Okt. 1163; Bracton II 393

zweite Ehe *s. d.* 3—6

zwiesprachig. *Vgl.* Angelsachsen 28. a **1)** Viell. Lateinisch und Agsächs. erschienen VII u. VIIa Atr, ferner Wl lad, Wl ep, obwohl lad nur Agsä. und ep nur Lateinisch jetzt existieren. Über Agsä. u. Lat. Writ: Stevenson *EHR* 1912, 5 **1a)** Zu VI Atr ist die Latein. Paraphrase fast oder ganz gleichzeitig **2)** ~, Lateinisch und Französisch, mindestens in dem aus Römischem Rechte geschöpften Teile, scheint das Rechtsbuch Leis Wl. Über andere solche Denkmäler *vgl. Archiv neu. Spra.* 106, 121 **3)** Dagegen sind zu den anderen *Gesetzen*, die ~ ediert sind, die Lateinischen Texte nur unauthentische Übersetzungen; nur von Sacr cor ist das Latein älter **3a)** Anfang 12. Jhs. wurden in Canterbury die bisher rein Agsä. Annalen ~ und der Psalter z. T. in 3 Sprachen, auch Franz., geschrieben

Zwischenhandel *s.* Einzelverkauf

Zwischenurteil *s.* Beweisurteil

N 'Zwist erfordert zwei', d. h. jeder trägt etwas Schuld am Streit; Sprichwort Hn 84b—d; *vgl.* I 600[n]

zwölf 1) *s.* Apostel, Propheten; ~ Eideshelfer *s. d.* 27c—30. 40; ~ Bürgen *s.* Bürgschaft 6h. 7b. 10; ~ Freibürgen *s.* Zehnerschaft 2; ~ Kaufzeugen *s. d.* 7b; ~ im Umstand *s.* Ordal 14a; ~ Geschworene *s. d.* 1. 4; ~ Lagamen; *s. d.* 2. 4ff.; ~ Urteilfinder, Schöffen, *ebd.* 6c. d.; Ratmannen *s.* Stadt 19b **1a)** ~ Jahre *s.* mündig 8; ~ Monate *s.* Jahr 1a **1b)** ~ Hundert (Silbers), Ör, Pfennig, Schill., Pfund *s.* Geldrechnung, Strafgeldfixum 4. 25; Rechtsbruchbusse 2 **1c)** Der Gerichtsfrieden (*s. d.* 4) der Fünfburgen verhält sich zu dem des Wapentake wie 12:1 **1d)** ~ Zoll *s.* Fuss 8; ~ Fuss *ebd.* 8c **1e)** ~ Stück *s.* Einzelverkauf **2)** 12×10 *s.* Hundert 2; *vgl.* Brunner II 617[n] **2a)** ~ dreimal = 36. Eine Friedbrecherschar von 36 heisst Heer *s.* Bande 1; *vgl.* Eideshelfer 44ff.; 36 Schilling *s.* Strafgeldfixum 11 **3)** 12 Kapitel zählt das Stück VI As nach Redaktion des 10. od. 11. Jhs. **4)** In 12 Kirchen reinigt man sich von Klage auf Bruch eines bei Gott gelobten Versprechens einer Schuldzahlung; Af 33 **5)** ~ Nächte (*twelfta, twelf nihta*) heissen die Tage von Weihnacht bis Epiphania; *s. d.* 3f. **6)** ~ Schilling gilt die Haut des Wallisers; *s.* Prügel 4a

zwölffach 1) ~ wird ersetzt Diebstahl an der Kirche begangen (Abt 1), **2)** der vorenthaltene Kirchenpfennig (*s. d.* 8) oder Peterspfennig; *s. d.* 17g

zwölfhundert Schilling *s.* Wergeld 4ff, Stand 11, Thegn 13a; *vgl.* Sechshunderter

Berichtigungen zu Band I. [*S. o. S.* VIII f.]

S. XXI, Sp. 1: Ch gehörte Ely; James *Catal. of Corpus Chr. Camb.*

S. XXIII, Sp. 2: Di gehörte dem Dome Canterbury; James *Ancient libr. of Cant.* 527

S. XXVII, Sp. 2, Z. 11 v. u.: Münch *Handschrift H Alfreds* (Diss. Halle 1902) 11 scheidet Kopist und Korrektor

S. XXXII[4] *füge hinzu:* Wright and Halliwell *Reliq. antiq.* II 195

S. XXXIV, Sp. 1 Lond u. S. XXXIX, Sp. 1 *zwischen* Ry *und* Rym *füge ein:* Rylands Ms. zu Manchester um 1200 gleichzeitige Hs. von Lond

S. XLV[5]: Mit Parker's Typen erschienen [1567] Agsä. Stellen in *A defense of priestes mariages;* laut *Athenæum* 31. Dec. 1910, 821

S. LII[27] *füge hinzu:* und Birch *Chron. of Croyland by Ingulf* p. x

S. LIV, Sp. 1, Z. 4 v. u.: Aus Mansi *Concil.* und Ld druckt Teile von Af und and. Agsä. Gesetzen Migne *Patrol. Lat.* 138, 447

S. LIX, Sp. 1, Z. 23 u. 3 v. u.: Wl ep und Wl Lond aus Charter roll Engl. übersetzt: Hart, 29th *annual report of Public records* (1868) p. 41. 43

S. 5, Sp. 2, c. 32 *lies:* rechte Hofeinfriedigung

" " c. 36 *lies:* Hirnhaut

S. 9, Sp. 2, c. 4, Z. 4 *lies:* dass er den

S. 14, Sp. 1, c. 23 *lies:* man gedes, *streiche* *, *übersetze:* eines Konvents in ihrem [der Mönche] Stiftskapitel

S. 41, Sp. 3, c. 43 Rand *lies:* 23, 3; 6

S. 45, Sp. 2, c. 49, 6, Z. 3 ff. Rand *setze:* vgl. Mat. 7, 12; 2

S. 47, Sp. 2, c. 1, Z. 3 *lies:* Versprechen vorsichtig [unterscheidend] halte; *in folg. Z. streiche:* allerdings

S. 49, Sp. 2, c. 1, 4, Z. 3 *lies:* und seine Fahrhabe

S. 53, Sp. 3, c. 5, 3, Z. 3 Rand *setze:* vgl. 42, 1

S. 71, Sp. 3, c. 37 *lies:* einer Provinz fort in e. a. Provinz [h. s. neuen] Herrn

S. 75, Sp. 3, c. 42, 1, Z. 10 Rand *setze:* vgl. 5, 3

S. 101, Sp. 2, c. 23, 3, Z. 2 *lies:* einen hörigen [Wälschen]

" " vorl. Z. *lies:* ist er [nur] Strafgeld

S. 103, Sp. 2, Z. 1 *streiche:* [die — Diebes]

S. 107, Sp. 2, c. 41 *lies:* Von Darlehnschuld kann

S. 117, Sp. 2, c. 59, 1, Z. 2 *lies:* 6 Schwergewichte [fast 1 kleinen W. G.] a.

S. 118, c. 70, 1 *lies:* tu ealdhriðeru

S. 120, c. 74 *lies:* ðeow Wealh, *übersetze:* unfreier W. einen

S. 121, Sp. 3, Z. 4 *lies:* 20 Schwergewichte [fast 3 kleine W.] F.

S. 131, Sp. 2, c. 4, 2, Z. 3 *lies:* Bischofs Entscheidung

S. 133, Sp. 2, c. 7, 1 f. Rand *setze:* vgl. Ine 3. 3, 1; 2

S. 141, Sp. 2, c. 2, Z. 6 *lies:* Grundeigen [Beklagt]er i. e. T. s., w. er i.

S. 147, Sp. 2, Z. 6 *lies:* und fordere euch auf im N. G.

S. 151, Sp. 2, c. 1, 1, Z. 2 f. Rand *setze:* Ine 36. 22

S. 165, Sp. 2, c. 25, 2, Z. 3 Rand *setze:* II Ew 5, 1

S. 169, Sp. 2, c. 1, 5, Z. 3 *lies:* als Z. [Eideshelfer?]

S. 175, Sp. 3, Z. 13 v. u. *lies:* Nutzen, bei [Strafe von] 30 P. oder einem

S. 179, Sp. 3, c. 8, 4, Z. 5 *lies:* wohnen, eingreifen und

S. 205, Sp. 3, c. 7, 3, Z. 2 Rand *setze:* II As 4

" " c. 8, 2, Z. 3 *lies:* [Silber]

S. 221, Sp. 2, c. 4, Z. 3 Rand *setze:* III Eg 7

S. 229, c. 2 *lies:* lebendem [Zeugenführer], so w. wie [wenn er] v.

S. 235, Z. 1 *lies:* Und L. d. K. [Deutsche], die

S. 247, c. 1 Rand *zu* speique *setze:* I. Cor. 13, 13

S. 256, c. 38, Z. 2 *lies:* wite† | *Anm.*† *ergänze* oððe lahslite aus L und V Atr 31

S. 267, c. 33 f. *Petitdruck gebührt* durch irgend etwas je nachdem die Tat ist

S. 283, c. 3, 2 Rand: ebd. 5, 1

S. 293, c. 8, 2, Z. 6 Rand: *ebd. 8

S. 335, Sp. 2, Z 3 v. u. *lies:* annum* | Anm.* vgl. III Eg 6,2

S. 341, Z. 4 v. u., c. 41, 1 Rand: vgl. o. I 5, 4

S. 342, Z. 5 v. u., c. 43 *lies:* Bischofs Entscheidung, je

S. 358, Z. 7 (und 4) v. u. *lies:* 200 [bzw. 50] Mancus [wert: 25 (*bzw.* $6\frac{1}{4}$) Pfund Silbers]

S. 375, c. 1, 1 *lies:* Alsdann greife ein wer

S. 379, Sp. 2, c. 8, 1, Z. 2 Rand *setze:* II As 9

S. 383, Sp. 2, Z. 5 v. u. *lies:* 12* Ör | Rand *setze* *EGu 7

S. 443, Sp. 2, c. 6, Z. 2 *lies:* Sippen eingreifen, indem

S. 444, Sp. 3 Rand *bessere:* V Atr 26, 1

S. 455, Sp. 1, c. 15, Z. 2 *mattuc,* [*c*]*ippingiren* [Meissel, Zimmerereisen?] em. Ritter *Archiv neu. Spra.* 115, 164

S. 455, Sp. 2, Z. 2 *lies:* und flechten und

" " c. 17, Z. 3 *lies:* Ahle [*oder* Dreizack, Gabel?]

" " " Z. 13 Kamm, Fettkasten *aus Em.* rysel; Holthausen *Beibl. zur Anglia,* Nov. 1909, 328

S. 470[a], Z. 5 *lies:* 13, 2††

S. 487[f] *gehört vór*[g] S. 487[i] *lies:* Eidesschelter

S. 501, Sp. 2, c. 10, 2, Z. 7 *lies:* was er jenem anbietet

S. 519, Sp. 3, c. 52, Z. 3 *setze:* oder *kursiv*

S. 530, Ded. 16, Z. 12 cunabulis Rand *setze:* vgl. u. II 17, 4, S. 546, Z. 12

S. 536† *füge hinzu:* ebenso Hn 72, 2b

S. 546, Z. 12 Rand *setze:* vgl. o. Ded. 16, S. 530

S. 547[a], Z. 5 *lies:* in Hss. Rylands [*s. o., Sp.* 1, *Z.* 10] K

S. 553, c. 7, 4, Z. 2 Rand *setze:* Hn com 2, 1

S. 553[t] *lies:* Wirksamkeit, Leistung wie 66, 6b

S. 554[ee] *lies:* wie 6, 1b im

S. 556, c. 10, 1, Z. 5 *lies:* murdrum[ll 18]; falsaria m.

" " " " stretbreche[mm]

S. 556[l] *lies:* a. Angelsächs.; vgl. 15. *Streiche* [ll]

S. 556 *setze* Anmm.: ll) vgl. 13, 2 m) vgl. 12, 2 mm) vgl. 10, 2. 12, 2. 80, 3a

S. 560[a] *lies:* Gerichtsbarkeit mitsamt, besondere [wichtigste] oder [nur] gewöhnliche [niedere]

S. 560[l] *lies:* vgl. 81, 3

S. 561, Z. 4 *lies:* difforciacione[cc]

S. 561, c. 23, 6 *lies:* receptio[pp] | Anm. pp) *bessere* reductio

S. 561 *setze:* Anm. cc) vgl. 57, 5. 82, 2c. 83, 2

S. 563[h] *lies:* aber werde Pfandstück freigegeben bis

S. 565, c. 34, 1a Rand *setze:* ebd. 15, 1a

S. 568, c. 41, 14, erstes Wort *lies:* Quodsi

S. 569, c. 43, 6, Z 2 *lies:* cuius[kk]

S. 572[k] *lies:* 54, 2

S. 572[m] *lies:* Ersatz (ebenso 59, 25a); Leibes. — — Diebstahls; ebenso 59, 25b

S. 580, c. 59, 23 Rand *setze:* vgl. II As 19

S. 581, c. 60, 3 *lies:* detineat, [ni]si de p. c. et de propriis pl.; *streiche* [a]

S. 585, c. 64, 9, Z. 2 *lies:* ordalium — in h. s.

S. 586[b] *lies:* Leistungen; wie 7, 4

S. 586, vorl. Z. *lies:* aut minister[vv] | Anm. vv) vgl. 80, 9a

S. 597, Z. 2 *lies:* Dei[aa] | Anm. aa) vgl. t | Anm. t) *lies:* Welt vgl. 80, 7b. 87, 2a)

S. 597, c. 80, 9a *lies:* ministro[dd] | Anm. dd) vgl. 68, 2[vv]

S. 598[r] *lies:* wie 41, 14. 57, 7

S. 598[s], Z. 2 *lies:* vgl. 83, 1b

S. 602, c. 87, 8, Z. 2 Rand *setze:* s. u. 87, 11

„ c. 87, 9 Rand: s. u. 87, 10b

S. 603[n] *lies:* vielmehr widerrechtlicher Ausdehnung des Kreises der zu Befehdenden z. O. f.

S. 615[h] *lies:* mundbryce

S. 631[b] *lies:* ciricgrið (vgl. K. S. II 398) oder der Treuga Dei; s 2, 9

S. 640[l] *lies:* Edwardus ECf retr 34, 2e und nochmals — — hiess; vgl. ultimo u. 32 C 3

S. 641[d] *lies:* Retr sagt, nur anderer Ausdruck; *streiche Rest*

S. 643[a], Z. 4 *lies:* Retractator

S. 660[**], Z. 2 *lies:* Gurth [d. h. Skye]

S. 660[e] Z. 2 *lies:* nochmals Orkney, Gurth (Skye)

S. 667[f] *lies:* vgl. 2, 9a. 8, 2a. Retr macht den Pfandgeber irrig zum Kläger

Zu Band II. [*S. o. S.* VIII.]

S. 7, Sp. 1, ær Z. 18 *füge ein:* 'ær 7 æfter' *lag vor* VII Atr 6, 2

S. 13, Sp. 3, Z. 5 *lies:* Abt 9. Ine 74. (IV

S. 14, Sp. 3, anteiuramentum Z. 3 *lies:* 9b. 66, 8. 92, 14

S. 17, Sp. 2, að Z. 15 *lies:* V As

S. 18, Sp. 3, -b Z. 2 *lies:* stimmhaften Spiranten

S. 21, Sp. 2, belimpan Z. 8 *lies:* belimpð *welchem G. zusteht*

„ Sp. 3 bellum Z. 4 *lies:* 45, 1a. 48, 7. 87, 6. 92, 14

S. 23, Sp. 2 vor Z. 16 *setze:* berecorna *pl gn*, *Gerstenkörner* Pax

S. 26, Sp. 1 boldgetæl *lies:* Provinz

S. 27, Sp. 1, Z. 21 *lies:* burg-, ciric-,

S. 28, Sp. 3, Z. 18 *lies:* Hn 12, 2. 20, 1.

S. 43, Sp. 1, Z. 5 v. u. *lies:* 9, 4. 33, 1.

S. 45, Sp. 1, Z. 23 v. u. *bessere nach* S. 232 Sp. 1, Z. 4

S. 48, Sp. 1, decima Z. 3 *lies:* 16. ECf 7

S. 54, Sp. 1, divadiare Z. 3 *lies:* 23, 1. 57, 2. 80, 2. 82, 6. 94, 1

S. 58, Sp. 2, vor Z. 15 *setze:* ealdhriðeru *ausgewachsene Rinder* Ine 70, 1

S. 60, Sp. 3, vor Z. 4 *setze:* efficientia Verrichtung, Arbeitspflicht Hn 7, 4. 66, 6b

S. 65, Sp 3, vor Z. 21 *setze:* even- *s.* efen-

S. 69, Sp. 1, vor Z. 5 *setze:* [-fellan] *s.* mus~

S. 73, Sp. 2 folgere Z. 3 *lies* Hauseigner; *vgl.* Hn 59, 26

„ Sp. 3, Z. 5 *lies:* 6 (wohl auxiliar: eingreifen).

S. 85, Sp. 3, Z. 14 *lies:* 5, 2 d; of gerædnesse II As 25, 2

S. 91, Sp. 2, vor Z. 9: 4) *im Anefang fassen* II Atr 8 Insc Ld

S. 96, Sp. 3, Z. 18 *v. u. setze:* 6) *feststellen, erklären* Af 34

S. 104, Sp. 1, vor Z. 7 v. u. *setze:* gifu *s.* giefu

S. 111, Sp. 3, Z. 6 *lies:* *Kopf* I Atr 1, 6. 2, 1; *streiche* Z. 10

S. 113, Sp. 2, Z. 19 helde *dt* Gunst II Cn 23, 1 M. FOERSTER

S. 120, Sp. 2 hyldo Z. 1 *streiche:* *dt* — — 23, 1

S. 122, Sp. 2, Z. 18 v. u. *streiche:* reichsunmittelbare

S. 126, Sp. 1 vor Z. 23 v. u. *setze:* invadiare *verpfänden* Lond ECf 32 A 10

S. 136, Sp. 1 vor Z. 19 v. u. *setze:* [-loc] *s.* fulloc

S. 140, Sp. 2, mancus Z. 1 *streiche:* $^1/_8$ — Goldgewicht

S. 142, Sp. 3, Z. 23 *lies:* *sich verknechten*

S. 151, Sp. 1 vor Z. 22 v. u. *setze:* musfellan *Mausefalle* Ger 18, 1

S. 157, Sp. 3, Z. 6. 8. 11 *füge ein:* heafodman, lahslit, landmann, ploh, unsac, unbesacen

S. 168, Sp. 1, Z. 13 v. u. *lies:* von Northumbrien

S. 169, Sp. 3 hinter Z. 4 *setze:* 7) *und* (*in Negative*) Af 1, 3

„ „ l. Z. *füge ein:* oxa *s. Band* II S. 600: Ochs

S. 180, Sp. 2, radstæfn, Z. 2 *lies:* Königs [zur Vorladung; Toller]

S. 183, Sp. 2, relevatio Z. 10 *lies:* CHn cor 6, 1. Hn

„ „ Z. 5 v. u. *lies:* 7. Hn 75, 3. 79, 1. 88, 20

S. 188, Sp. 2 Sama *aus* Sammael; *Holthausen* in Beibl. z. Anglia Nov. 1910, 328

S. 189, Sp. 2 vor Z. 28 v. u. *setze:* scalc *s.* mare~

S. 190, Sp. 3 scipe *füge zu:* feond-, geburh-, hæðen-

S. 191, Sp. 1, Z. 16 v. u. *lies:* Hamtes~, Hertfords~

S. 198, Sp. 2, siððan vor 2 *füge hinzu:* ~..þe postquam VI As 2

S. 203, Sp. 3, Z. 5 v. u. *lies:* Ine 23 (ältester, Nachkommen vertretend)

S. 210, Sp. 1, thesaurus Z. 2 *lies:* 10, 1. ECf 14f.

S. 212, Sp. 2, Z. 12 v. u. *lies:* fon to; vgl. vor. S. zu I 443

S. 213, Sp. 3, towallet Z. 3 *lies:* 18. 94, 3a

S. 214, Sp. 1, transmarinus Z. 4 *füge hinzu:* nach letzterer IV Atr 5, 2 [V Atr 32, 5

S. 217, Sp. 2, þæt IV vor B. *setze:* 3) Wunsch 'ach dass'

S. 228, Sp. 3, ungerisene Z. 5 *setze:* ~ lag vor für indecentia IV As 7

S. 230, Sp. 3, vor Z. 3 v. u. *setze:* 2a) hervor; o. S. 85 Sp. 3 n. 12a

S. 232, Sp. 2, vadiare Z. 4 *lies:* Hn 53, 5. 59, 4; 14f. 76, 1. 81, 1. 91, 1. 92, 17

S. 234, Sp. 2, virgata Z. 2 *lies:* Rb, Rect 4 Q, gierd

S. 253, Sp. 2, Zahlwort, Z. 10 *lies:* Cardinale

S. 375, Sp. 2, Z. 5 n. 8 *zu streichen; setze dafür:* vgl. Zeugen 4a. b

S. 526, Sp. 1, Z. 5 v. u. *lies:* Gestüt); Thorpe *Dipl.* 574

S. 585, Sp. 2, Z. 8 v. u. *lies:* Miterbe

S. 650, Sp. 3, Z. 9 v. u.: Siegel weist in Agsä. Diplomatik und als den Sinn von *insegel* nach Stevenson *EHR* 1912, 5ff. Danach kann dieses Wort auch Ordal 5, 2 Siegel bedeuten

Buchdruckerei des Waisenhauses in Halle a. d. S.

Lightning Source UK Ltd.
Milton Keynes UK
UKOW06f0622190617
303652UK00016B/639/P

9 781332 635726